C H V

JOHANN WOLFGANG GOETHE

WERKE IN ZWEI BÄNDEN

I

CARL HANSER VERLAG

Herausgegeben von Herbert Reinoß
unter Mitwirkung von Wolfdietrich Rasch
Textredaktion: Andreas Hamburger
Biographie ,,Goethes Leben" sowie Einführungen
in die Werke und Erläuterungen: Herbert Reinoß

ISBN 3-446-13475-1
Hanser Bibliothek

Umschlag: Christian Diener
Druck und Bindung: Mohndruck
Printed in Germany

Wie haben wir uns Johann Wolfgang Goethe vorzustellen, der von 1749 bis 1832 lebte und der unbestritten bedeutendste Dichter deutscher Sprache war?

Angeblich besitzen wir von keinem andern Menschen eine solche Fülle authentischer Selbstzeugnisse wie von ihm; und erst recht zahllos sind die Ausdeutungen dieses vielfältigen Materials. Und trotzdem: Über vieles, was den Menschen Goethe angeht, sind wir im Zweifel und werden es wohl immer bleiben.

Die Mutmaßungen: ob „vielleicht so" oder „eher so", beginnen bereits im Hinblick auf Goethes äußere Erscheinung. Wie hat, zum Beispiel, der etwa Vierzigjährige ausgesehen? Gibt ihn die Kreidezeichnung von Lips (1791) zutreffend wieder? Oder das Aquarell von Johann Heinrich Meyer (zwischen 1792 und 1795 gearbeitet)? Traf zum Beispiel die Beschreibung Johanna Schopenhauers zu, die den Siebenundfünfzigjährigen „das vollkommenste Wesen... auch im

Das Goethehaus am Großen Hirschgraben in Frankfurt am Main

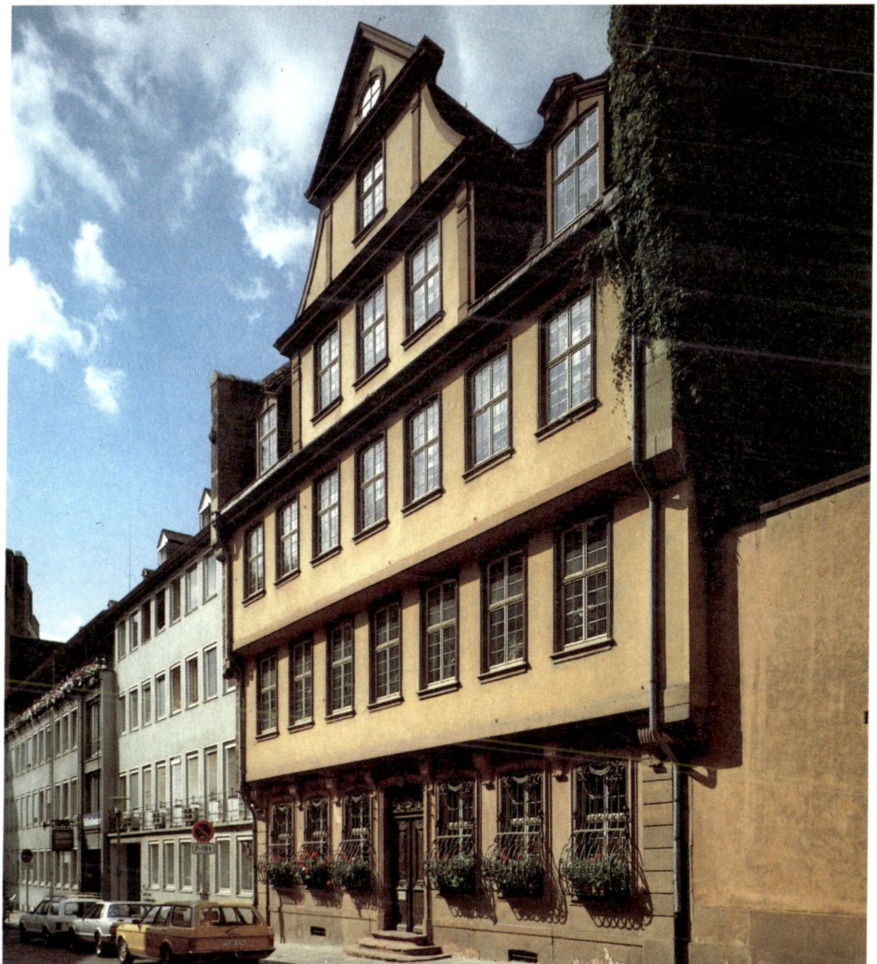

Äußeren“ nannte? Oder kam Charlotte von Stein, die von ihm so lange geliebte, der Wirklichkeit näher, als sie zehn Jahre früher schrieb: „Er war entsetzlich dick, mit kurzen Armen, die er ganz gestreckt in beide Hosentaschen hielt... er ist recht zur Erde geworden, von der wir genommen sind.“

Wir neigen heute dazu, uns an das realistischer erscheinende Bild zu halten; glauben mit mutmaßlich größerer Sicherheit den zahlreichen Belegen, daß Goethe einen ziemlich robusten Körperbau besaß und in den späteren Jahren zur Korpulenz neigte; daß er „leicht gravitätisch“ auf „seinen etwas zu kurzen Beinen“ dahinschritt, die „seinen Gang immer etwas behinderten“ (Friedenthal); daß seine Hände kurze, gar nicht aristokratische, auch nicht „feingeistige“ Finger zeigten, sondern eher wie Arbeiterhände aussahen; daß er zeitlebens Schwierigkeiten mit den Zähnen hatte und schließlich einen zahnlosen Mund, der „beim Sprechen und noch mehr beim Lachen unschön“ aussah (Parthey, 1827).

Wie können wir uns ihn und sein Leben veranschaulichen? Ergiebig sind Besuche jener Orte, an denen er gelebt und gearbeitet hat und die eindrucksvolle Erinnerungen an ihn aufbewahren: Möbel, mit denen er sich umgab, Kunstgegenstände, Bilder, Bücher, Sammlungen, Hilfsmittel und so weiter. Und so geht auch die folgende kleine Lebensbeschreibung von den Stätten seines Lebens aus.

Frankfurt am Main: Kindheit und frühe Jugend

Das Geburtshaus Goethes liegt am Großen Hirschgraben 23 in der Frankfurter Altstadt; es ist ein harmonisch-hübsches, doch äußerlich nicht aufwendiges Gebäude. In den ersten fünf Lebensjahren des Dichters sah es noch nicht so aus: da erhoben sich dort zwei miteinander verbundene Häuser, an deren „alte, winkelhafte, an vielen Stellen düstere Beschaffenheit“ er sich später erinnert; die Mutter seines Vaters hatte sie 1733 für sich und ihren Sohn Johann Caspar gekauft. Kaum war diese Großmutter Goethes 1754 gestorben, da ließ der Vater den Gebäudekomplex umbauen, wobei es ihm vor allem auf eine „innere gute und bequeme Einrichtung“ ankam; das Ganze geriet „durchaus hell und heiter“. So bewundern wir diese Stätte auch heute: als Ausdruck eines wohlhabenden, soliden Bürgertums, das bereits Selbstbewußtsein gegenüber dem Adel entwickelt hatte. Dabei grenzt es an ein Wunder, daß wir sie uns heute noch ansehen können. Denn 1795 hat die Mutter Goethes, Witwe seit 1782, das Haus verkauft; an die siebzig Jahre war es in fremden Händen, ehe es der Gründer des Freien Deutschen Hochstifts, Volger, erwerben und in den früheren Zustand zurückversetzen konnte; alte Einrichtungsgegenstände kamen wieder an ihren Platz. Goethe hat das Gebäude 1814 wiedergesehen: „Zuletzt ging ich an unserem alten Hause vorbei. Die Hausuhr schlug drinnen. Es war ein sehr bekannter Ton.“

1944 fiel es in Schutt und Asche. Die unersetzliche Ausstattung war vorausschauend ausgelagert worden; so können wir sie seit 1951 im heutigen Goethehaus ansehen, das in getreuer Nachbildung wieder aufgebaut wurde.

Hier also wurde Goethe am 28. August 1749 geboren. Die Geburt war schwer,

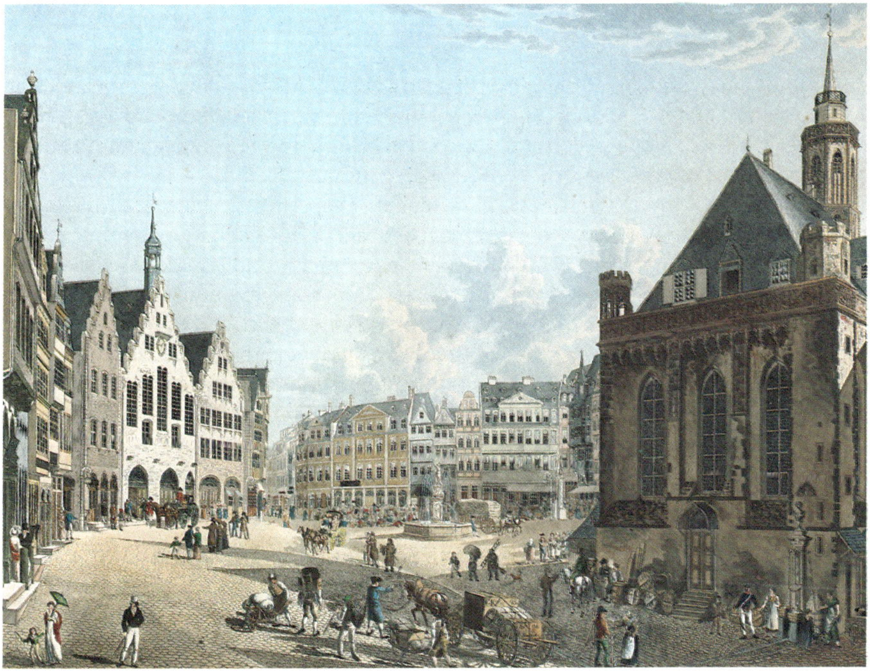

Der Römerberg in Frankfurt. Kolorierter Kupferstich von F. W. Delkeskamp (o. J.)

Das Arbeitszimmer im Mansardengeschoß des Goethehauses in Frankfurt

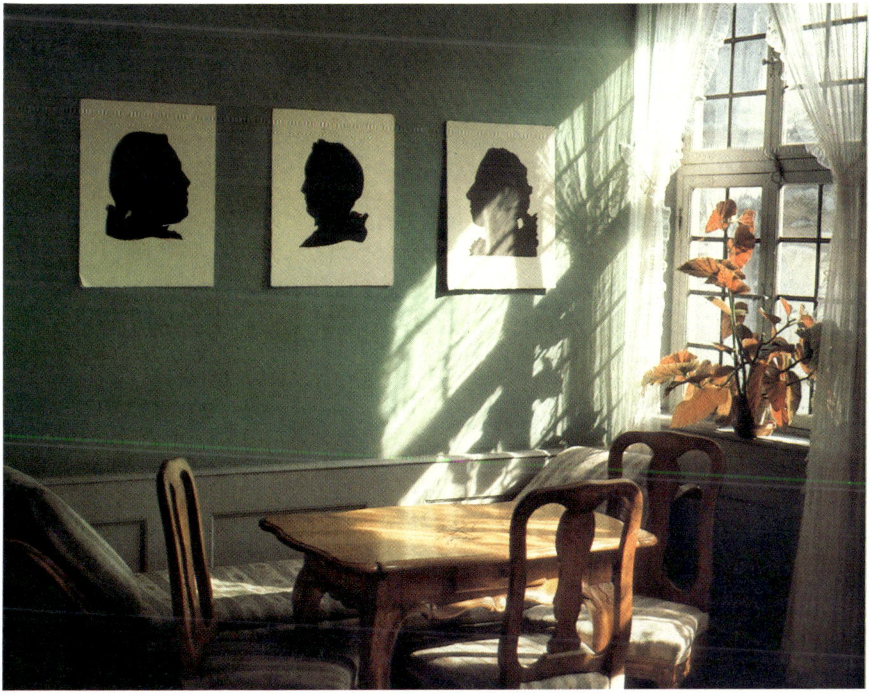

soll drei Tage gedauert haben, und der Junge kam „für tot auf die Welt". Seine Mutter war damals erst achtzehn; der Vater mit seinen neununddreißig Jahren wird als bereits „ältlich" charakterisiert. Es ist lohnend, sich die Eltern Goethes wie auch die weiteren Vorfahren näher anzusehen.

Zunächst die Linie des Vaters. Einer der Urgroßväter Goethes war Hufschmied in Thüringen, der andere Schneider in Frankfurt. Der Großvater, Friedrich Georg Göthé, war ein sehr tüchtiger Schneider, den es bis in die französische Seidenstadt Lyon gezogen hat. Er kam dann nach Frankfurt und heiratete dort eine reiche Schneiderwitwe, die auch einen angesehenen Gasthof an der Zeil in die Ehe brachte. Göthé machte das große Geld im Weinhandel; der jüngere Sohn Johann Caspar (der ältere war schwachsinnig) erbte ein Vermögen.

Dieser Johann Caspar Goethe, Vater Johann Wolfgangs, hat es bei den Chronisten eher schwer gehabt. Von ihm habe er „die Statur", dichtete der Sohn, „des Lebens ernstes Führen". Anderswo lesen wir, er sei lebensscheu gewesen, ohne rechte Tatkraft, mitunter hart, pedantisch und unverständig — aber dies sei viel-

Das Peking-Zimmer, größter Repräsentationsraum der Familie Goethe

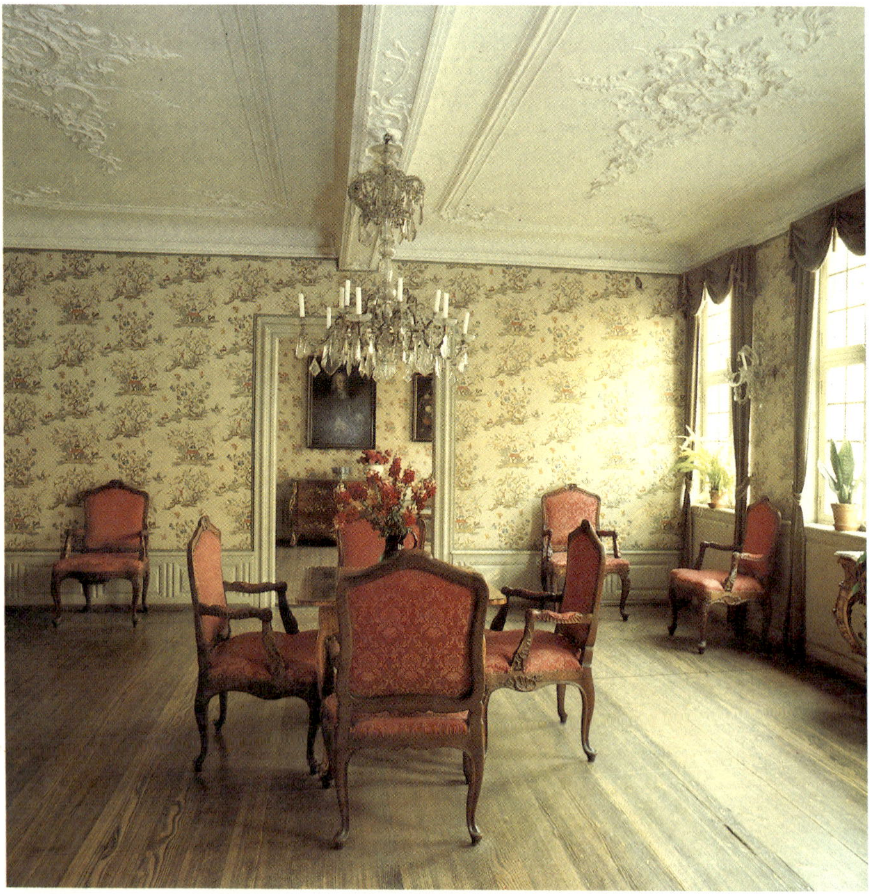

Goethes Vater
Johann Caspar Goethe.
Pastellbild nach einem Relief
von J. P. Melchior aus dem Jahr 1779

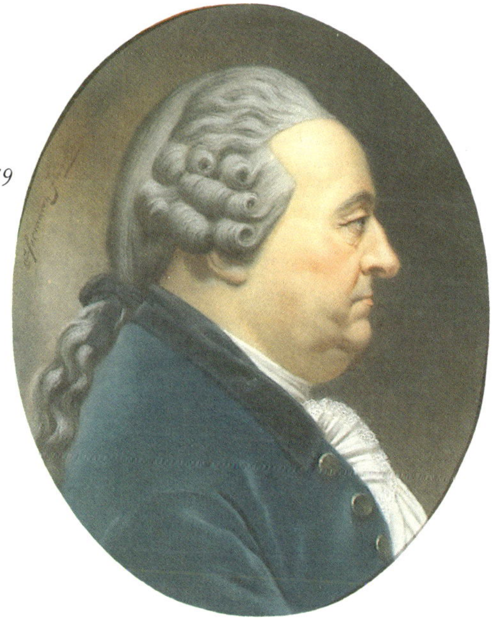

leicht bloß eine Tarnung der inneren Weichheit und Ausdruck des Bewußtseins von Unbeholfenheit gewesen. Er machte den Doktor juris, unternahm eine Italienreise, bewarb sich dann in Frankfurt um eine Stellung in der Stadtverwaltung — sie wurde ihm abgeschlagen. Er war gekränkt, hat dann zeitlebens keinen Beruf ausgeübt. Doch er kaufte sich den Titel eines Kaiserlichen Rates, der ihn den oberen Kreisen zuordnete.

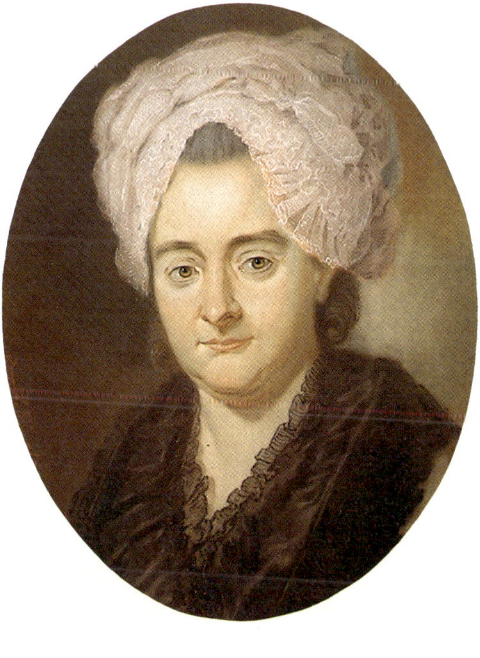

Goethes Mutter
Catharina Elisabeth,
geborene Textor.
Kopie nach einem Pastellporträt
von G. O. May, 1776

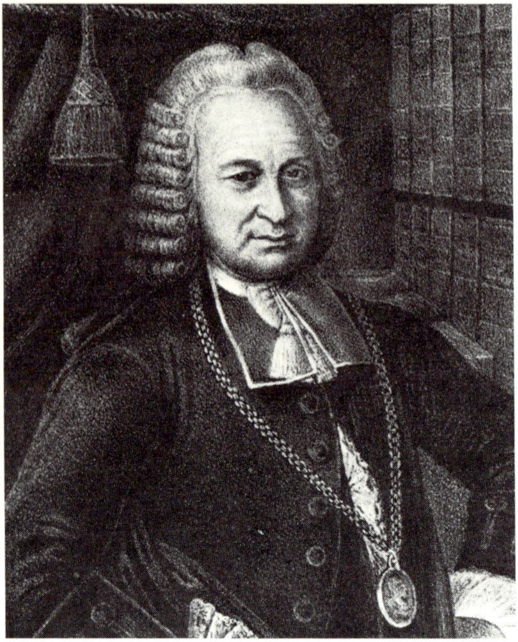

Johann Wolfgang Textor, Goethes Großvater mütterlicherseits. Nach einem Gemälde von J. A. Scheppelin, 1763

Unter den Vorfahren der Mutter, Elisabeth, finden wir vor allem Juristen, doch auch Metzger; ihr Vater, Johann Wolfgang Textor, hatte es zum Stadtschultheißen (d. h. Leiter des Gerichtswesens) gebracht. Goethe will von ihr „die Frohnatur" (hat er die je besessen?), „die Lust zu fabulieren" geerbt haben. Es trifft offenbar zu, daß sie lebensfroh und selbstbewußt, unverbildet gescheit und warmherzig gewesen ist; sie wurde zunehmend verehrt als „Frau Aja".
An seiner um ein Jahr jüngeren Schwester Cornelia hing Goethe sehr. Sie hätte eine Äbtissin werden sollen, hat er später über diese eigentlich einzige Gefährtin seiner Kindheit und frühen Jugend gesagt; treffender läßt sich ihr Wesen nicht umschreiben. Sie litt offenbar an Trübsinn, eine Ehe war ihr zuwider; doch sie heiratete und starb schon 1777 bei der Geburt ihres zweiten Kindes.

In was für eine Welt wuchs Goethe hinein? Nach der eigenen Aussage erschloß sie sich ihm zunehmend etwa von seinem fünften Jahr an.

Zu den schönsten Bildern, die er ein halbes Jahrhundert später in „Dichtung und Wahrheit" von seinen ersten Jahren gab, gehört das des Ausblicks vom zweiten Stock des Elternhauses: Von dort hat er über Gärten, Mauern und Wälle hinaus ins Land gesehen, Nachbarn bei ihren Vergnügungen und Kinder beim Spielen beobachtet — es erregte in ihm „ein Gefühl der Einsamkeit und einer daraus entspringenden Sehnsucht".

Von einer solchen Einsamkeit und Sehnsucht dürften die Jahre der Kindheit ziemlich beherrscht gewesen sein. Mit andern Kindern wurde er nur kurz unterrichtet: mochte das nicht (und erst recht nicht die wilden Spiele und Raufereien der Gleichaltrigen); der Vater erzog dann selbst und engagierte Privatlehrer.

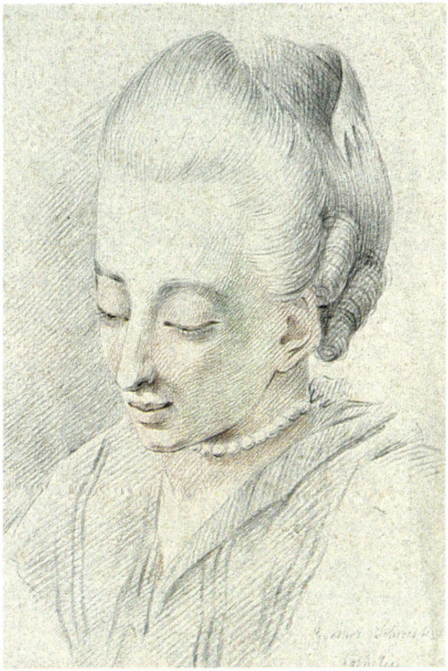

Goethes Schwester Cornelia; sie starb schon 1777, erst sechsundzwanzig Jahre alt. Zeichnung von J. L. E. Morgenstern

Dieser Unterricht war entscheidend geprägt von der „lehrhaften Natur" und den Interessen des Vaters. Alle Bereiche der Künste und Wissenschaften wurden angesprochen, mehrere Sprachen gelernt, die religiöse Unterweisung natürlich nicht vernachlässigt — universale Bildung war das Ziel.

Die Welt außerhalb des Hauses: das war die Freie Reichsstadt Frankfurt, Krönungsort der deutschen Kaiser; Goethe nennt sie zutreffend eine „alte Gewerbstadt". Er erzählt, daß er am liebsten auf der großen Mainbrücke spazierte; am Markttag verlor er sich gern im Gewühl um die Bartholomäuskirche. Der Marktplatz dagegen erschien ihm beschränkt, vollgepfropft und unreinlich; und vor den „daranstoßenden engen und häßlichen Fleischbänken" ist er „immer mit Entsetzen" geflohen. „Der Römerberg war ein desto angenehmerer Spielplatz." Im übrigen habe die Stadt nichts architektonisch Erhebendes besessen; Mauern, Wälle, Türme, Tore haben auf eine „längst vergangne . . . Zeit" gedeutet.

Goethe war sechs, als sich jenes furchtbare Erdbeben in Lissabon (1. 11. 1755) ereignete, das zwei Drittel der alten Stadt vernichtete; das „außerordentliche Weltereignis" hat „seine Gemütsruhe zum erstenmal im tiefsten erschüttert": die Güte Gottes, erinnerte er sich, sei ihm damals „einigermaßen verdächtig geworden".1756 brach der Siebenjährige Krieg aus, 1759 wurde Frankfurt von den an der Seite Österreichs gegen Friedrich (den Großen) von Preußen kämpfenden Franzosen besetzt. Goethe wurde in jenem Jahr zehn; er hat die Einquartierung im Elternhaus für über zwei Jahre sehr bewußt erlebt.

Die Großmutter hatte den kleinen Kindern ein Puppentheater geschenkt; es steht heute noch im Goethehaus. Damit war Goethes Interesse am Dramatischen, am Theater geweckt. Von seinen dichterischen Versuchen in der Kindheit blieb wenig erhalten; mehr als „literarische Vorübungen“ (Rasch) können wir in ihnen nicht sehen.

Die erste Liebe des Fünfzehnjährigen zu einer jungen Kellnerin namens Gretchen und zugleich die Verwicklung in einen Kriminalfall (junge Burschen hatten seine Begabung und seine Verbindungen ausgenutzt) führten zu einer für ihn bezeichnenden Reaktion. Als der Vorfall mit Verhören und dergleichen für ihn unangenehm wurde und man Gretchen zur Abreise zwang: da fühlte er sich „zuletzt glücklich“, „als eine körperliche Krankheit mit ziemlicher Heftigkeit auftrat“. Deutlicher läßt sich eine Flucht in Krankheit kaum enthüllen.

Bleibende Eindrücke hinterließ in dem Fünfzehnjährigen die Krönung Josephs II., Sohn Maria Theresias, zum Kaiser. Er hat jenes Ereignis in „Dichtung und Wahrheit“ noch sehr genau wiedergeben können.

Im Oktober 1765 endete diese Frankfurter Zeit Goethes: seine Kindheit. Der Sechzehnjährige reiste ab zum Studium nach Leipzig.

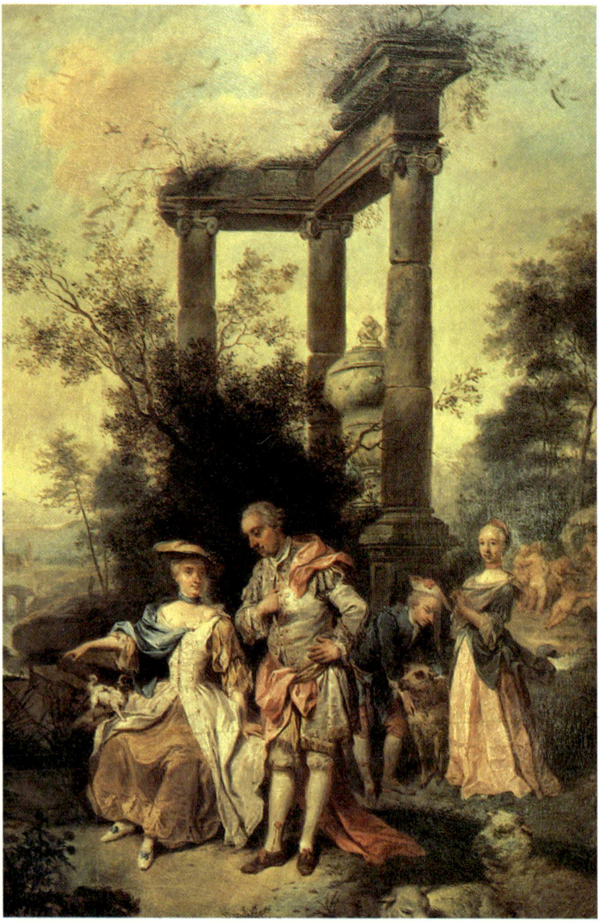

Die Familie Goethe in Schäfertracht, 1762. Kopie eines Gemäldes von J. C. Seekatz

An diesem Punkt erscheint es nötig, wenigstens einen ganz kurzen Blick auf das politische, gesellschaftliche, geistige und literarische Leben jener Zeit zu werfen.

Das alte römisch-deutsche Reich war seit dem Westfälischen Frieden der bekannte „Flickenteppich“ größerer, kleinerer und kleinster Herrschaftsgebiete; an die nationalstaatliche Einheit war noch nicht zu denken. Gesellschaftlich zeigte sich das uneinheitliche Bild einer Übergangsphase; in den Reichsstädten war das Bürgertum hochgekommen, erhob Ansprüche; die Oberschicht aber wurde allgemein vom Adel gebildet. In der Philosophie herrschte seit Mitte des 17. Jahrhunderts die gesamteuropäische Denkbewegung der Aufklärung vor, prägte Wissenschaften und Staatsleben; der höfische Absolutismus wurde vielerorts zum „aufgeklärten“. In Musik, Kunst (Baukunst) und Literatur verklang das Barock in leichteren Rokokoformen. Gottsched, vor allem dann aber Lessing, Klopstock und Wieland leisteten bereits Bedeutendes für die deutsche Dichtung.

Goethe als Rokoko-Student in Leipzig, Standbild vor der dortigen Alten Börse

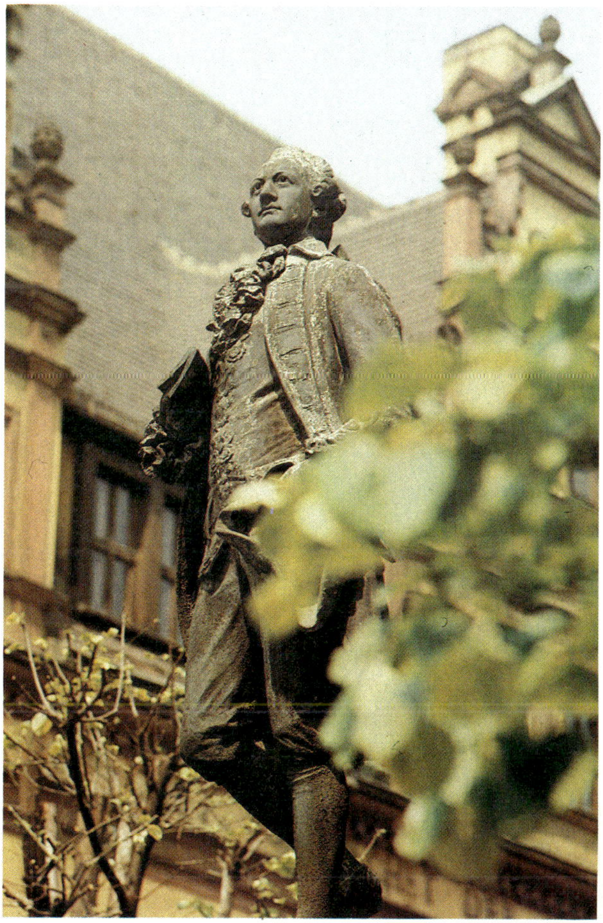

Leipzig, der erste Studienort Goethes, galt als „Klein-Paris" in Deutschland: eine deutlich modernere, elegantere Stadt als Frankfurt. „Auerbachs Keller", durch seinen „Faust" berühmt geworden, und sein Standbild vor der barocken Alten Börse erinnern dort auch heute noch an ihn.

Er mietete in der „Feuerkugel", Neumarkt Nr. 3, „ein paar artige Zimmer" — an Geld hat es ihm nicht gefehlt. Er staffierte sich gleich viel „moderner" aus als nach Frankfurter Art; ein Bekannter schrieb nach Hause, er sei zum Stutzer geworden. Goethe selbst empfand das Gefühl „eines Gefangenen, der seine Ketten abgelöst hat".

Empfehlungsbriefe führten ihn in gute Leipziger Häuser ein. Bei der Frau eines Professors erlernte er die in dieser Metropole gängige Lebensart und die neuesten Kartenspiele. Jura, wie es der Vater wünschte, hat er an der berühmten Leipziger Universität quasi nur „zum Kennenlernen" studiert — er sprach später von „Zerstreuung, ja Zerstückelung" seiner Bildungsbemühungen. Noch lehrten Gottsched und Gellert in Leipzig, berühmte Männer — aber für Gottsched brachte Goethe nur Spott auf, und die Jeremiaden des kränkelnden Gellert enttäuschten ihn. Er folgte seinen Neigungen: befaßte sich mit Theologie, führte Gespräche mit Naturwissenschaftlern und Ärzten, las viel, ging ins Theater (sah u. a. Lessings „Minna von Barnhelm"), lernte radieren, kupferstechen, zeichnen. Letzteres bei Adam Oeser, der, mit Winckelmann befreundet, die Auffassungen des Klassizismus gegen die des Rokoko ins Feld führte. Seine Gedanken, die er vom Schönen habe, seine Kenntnisse, seine Einsichten — das alles habe er durch ihn, schrieb Goethe später an Oeser.

Zwei menschliche Begegnungen dieser Zeit ragen heraus. Goethe fand einen Freund: Ernst Wolfgang Behrisch, elf Jahre älter als er selbst und Hofmeister eines unehelichen Fürstensohns, einer der „wunderlichsten Käuze, die es auf der Welt geben kann", ein bißchen mephistophelisch wohl: dämpfend, kritisierend und zugleich anstiftend.

Der junge Rokoko-Studiosus, altklug und eitel, anspruchsvoll und launisch, hatte seine Liebeleien. Ernster war die Liebe des Siebzehnjährigen zu der zwanzigjährigen Anna Katharina (genannt Käthchen) Schönkopf: wir erfahren von „siedender Leidenschaft" und den Qualen der Eifersucht. Doch die Geschichte endete dann erstaunlich ruhig: man trennte sich freundschaftlich, und bald nach seinem Weggang war Käthchen verheiratet.

Was erbrachten diese Jahre für die Entwicklung Goethes zum großen Dichter? Von dem, was er in jener Zeit schrieb, haben sich Gedichte erhalten, das Schäferspiel „Die Laune des Verliebten", das (erst in Frankfurt fertiggestellte) Lustspiel „Die Mitschuldigen". Dieses „Erhaltene zeigt, daß das Genie als Talent beginnt, daß der Schöpfer neuer Gestaltungsweisen und Sprachwelten damit anfängt, die vorhandenen Formen sich völlig anzueignen. Der Leipziger Goethe beherrscht sie souverän, virtuos" (Rasch).

Am Ende dann jener Zusammenbruch, über den von den Goethe-Biographen so viel gerätselt wurde: Hatte der junge Mann Raubbau mit der Gesundheit betrieben, waren es seelische Ursachen? Er will tagelang „zwischen Leben und

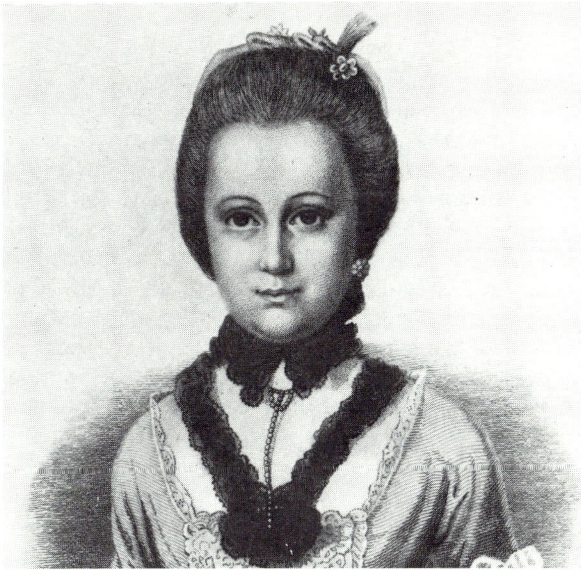

„Jung, hübsch, munter, liebevoll" hat Goethe Käthchen Schönkopf geschildert. Stahlstich von A. Hüsener nach einem verschollenen Gemälde

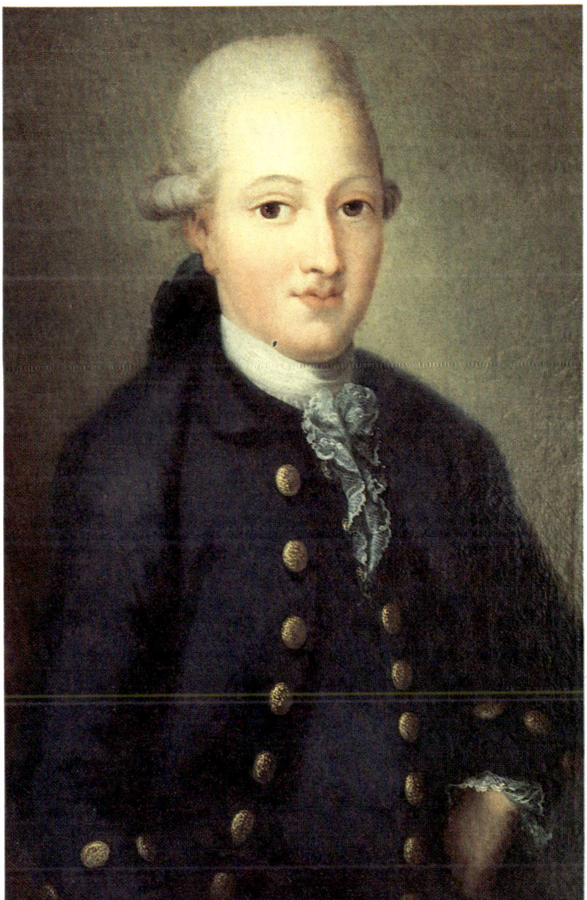

Goethe als angehender Leipziger Student. Porträt eines unbekannten Malers, 1765

Tod" geschwankt haben; als er endlich reisefähig war, kehrte er Ende August/ Anfang September 1768 „gleichsam als ein Schiffbrüchiger" ins Elternhaus nach Frankfurt zurück.

Dort verbrachte er die folgenden eineinhalb Jahre als Rekonvaleszent. Er hatte Erholung nötig; aber die Atmosphäre im Elternhaus war offenbar gerade damals dafür nicht die günstigste — wozu die Unzufriedenheit des Vaters mit dem Sohn beitrug, der die Leipziger Zeit, was das Jura-Studium anging, doch ziemlich verbummelt hatte. Sieht man auf die Beschäftigungen Goethes in diesen fast zwanzig Frankfurter Monaten, so bekommen sie für einen so jungen Menschen erst recht etwas Zwielichtiges, Gedrücktes; er selbst sprach im Rückblick davon, daß ihn die damaligen „mystisch-religiösen chemischen Beschäftigungen... in dunkle Regionen geführt" hätten. Unter dem Einfluß einer Anhängerin der Herrnhuter Brüdergemeine, Susanna von Klettenberg, zeigte er Interesse am Pietismus; unter der Anleitung eines Arztes las er u. a. die Schriften des Paracelsus. Naturphilosophie und Alchimie (einschließlich alchimistischen Versuchen) beschäftigten ihn damals. Das hat nachhaltig in ihm weitergewirkt.

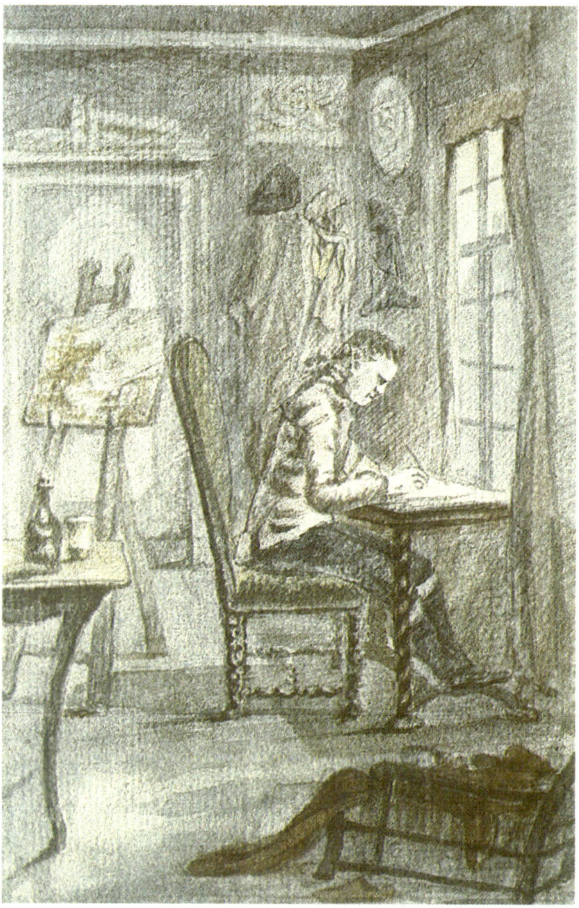

Goethe in seinem Zimmer in Frankfurt. Getuschte und aquarellierte Zeichnung; sie gilt als Selbstbildnis

Strassburg, Sesenheim: Der Durchbruch

Im Kontrast zu dem Weg durch die „dunklen Regionen“ erscheinen die nächsten knapp eineinhalb Jahre Goethes um so lichter; ja, sie sind für das Freiwerden des jungen Mannes, seine Selbstfindung vielleicht die bedeutendsten seines ganzen Lebens. Straßburg mit seinem Münster und das Elsaß, die unschätzbaren Anregungen durch Herder und die Liebe zu Friederike Brion in Sesenheim haben sie bestimmt.

Straßburg war einst ein Mittelpunkt des deutschen Humanismus gewesen; mitten im Frieden hatte Ludwig XIV. 1681 die alte Stadt annektiert. Dadurch wurden die Verbindungen der deutschen Elsässer zu Deutschland jedoch nicht zerstört; die Universität, an die Goethe kam, war eine deutsche Hochschule geblieben.

Um Ostern 1770, d.h. Anfang April, brach er von Frankfurt nach Straßburg auf; unwillkürlich denkt man an den Osterspaziergang im „Faust“: jene aus „dumpfen Gemächern“, der „Straßen quetschender Enge“ einer Stadt „ans

Der Turm des Straßburger Münsters. „Ich ... eilte sogleich, das sehnlichste Verlangen zu befriedigen und mich dem Münster zu nähern ...“ („Dichtung und Wahrheit“)

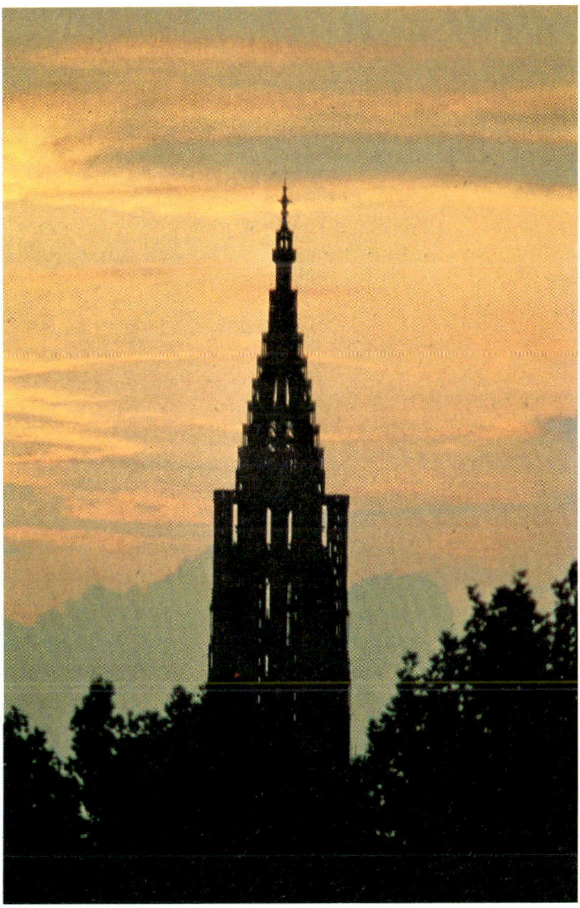

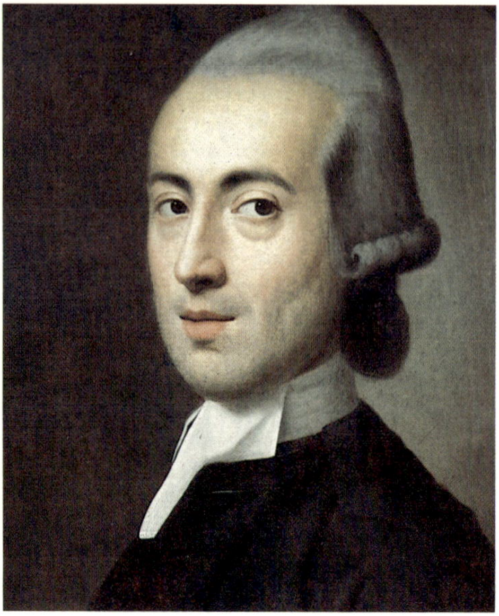

Links: *Johann Gottfried Herder. Ölgemälde von J. L. Strecker, 1775*

Rechts: *Der Pfarrhof in Sesenheim. Rötelzeichnung Goethes, Frühjahr 1771*

Licht" gebrachten Menschen. Die „herrliche Landschaft des Elsaß" um Straßburg hat ihn sofort begeistert.

Er stieg im Gasthof „Zum Geist" ab, nahm sich dann ein Zimmer „Am Fischmarkt". Schon am ersten Tag eilte er zum Straßburger Münster, dem „Wunderwerk", das er bei der Anreise von weitem gesehen hatte. Kurz nach der Straßburger Zeit schrieb er „Von deutscher Baukunst": einen Hymnus auf die deutsche Gotik und den Erbauer des Münsters Erwin von Steinbach.

Fürs Jurastudium konnte er sich auch jetzt nicht erwärmen, strebte aber die vom Vater gewünschten Abschlüsse an. Mit Hilfe eines Repetenten (d. h. Einpaukers) bestand er das Kandidatenexamen schon nach einem Semester; das eigentliche Studium galt damit als beendet. Aber der Vater hatte ja auch die Promotion gefordert; so machte er sich (allerdings erst im Sommer 1771) an eine Dissertation. Die wurde jedoch — angeblich wegen allzu „freier" Thesen zu einem kirchengeschichtlichen Thema — von der Fakultät abgelehnt. Er durfte sich danach in einer öffentlichen Disputation von juristischen Thesen um den Grad eines Lizentiaten bewerben, der damals etwa soviel galt wie der Titel eines Doktor juris, und tat das mit Erfolg.

Stärker als die juristischen haben ihn medizinische und botanische, theologische und philosophische Studien interessiert — und die Chemie, die er seine „noch immer heimliche Geliebte" nannte. Unter seinen Bekannten dieser Monate war Jakob Michael Reinhold Lenz. Und er betrieb in dieser Straßburger Zeit systematisch Übungen, um die Schwächen seines Körpers und Empfindens: all diese hypochondrischen Empfindlichkeiten, so weit wie möglich zurückzudrängen. Weil ihn leicht schwindelte, bestieg er den Münsterturm, sah nach unten; weil Geräusche ihn sehr belästigten, ging er neben der laut trommelnden

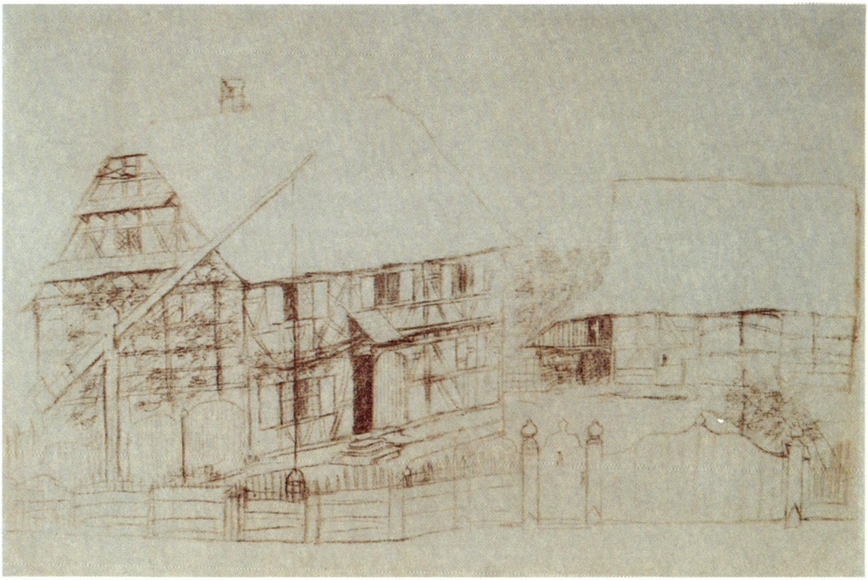

Wache her; und weil Wunden, Kranke, Tote ihn anekelten und mehr noch ängstigten, versuchte er, sich in der Anatomie durch die widerwärtigsten Anblicke abzuhärten. Robusteren mag all das eher komisch erscheinen; in Wirklichkeit verdienen solche Bemühungen allen Respekt. Wie wirkte Goethe damals auf unbefangene andere? Ein Mediziner Meyer, später angesehener Arzt, hat ihn als etwas närrisch, eine leicht überspannte Figur in Erinnerung behalten — wahrscheinlich ein brauchbares Urteil.

Die entscheidende Begegnung dieser Monate wurde jedoch die mit Herder, der von Paris aus im September 1770 in die Stadt kam. „Groß und bedeutend" nannte Goethe im Rückblick die Einwirkung des fünf Jahre Älteren auf sich, und groß und bedeutend sind die Anstöße Herders für die ganze deutsche Literatur gewesen. Er „war es, der die große Erneuerung der deutschen Dichtung inspirierte und die Impulse zu jener literarischen Bewegung gab, die als ‚Sturm und Drang' oder Geniebewegung bezeichnet wird. Sie wendet sich gegen das spielerische literarische Rokoko, verherrlicht alles Naturhafte im Sinne Rousseaus und fordert auch von der Kunst Natürlichkeit statt Stilisierung, fordert in der Sprache Ausdruckskraft statt glatter Gefälligkeit, verlangt Originalität statt Nachahmung, Ursprünglichkeit statt abgeleiteter Bildungspoesie und in den Figuren des Dramas Größe statt Feinheit. Sie fordert den Rückgriff auf die nationale Tradition, also Deutschheit statt der Aufnahme französischer Kultur, und statt der höfischen eine volksnahe Dichtung" (Rasch). Man braucht nur die Dichtungen Goethes dieser und der nächsten Jahre mit diesem Programm zu vergleichen, um zu sehen, wie sehr er sich daran gehalten hat.

Das zweite unvergeßbare Ereignis jener Zeit ist Goethes Liebe zu Friederike Brion — es wurde eine Liebesgeschichte „wie ein Volkslied" (Friedenthal).

Ein Bekannter nahm den Einundzwanzigjährigen im Oktober 1770 zu Verwandten, der Pfarrersfamilie Brion, im Dorf Sesenheim (heute Sessenheim) nördlich von Straßburg mit; zu Pferd schaffte man die dreißig Kilometer in wenigen Stunden. Die Brions galten als sehr gastlich; neben den Eltern und den beiden Töchtern waren oft Vettern und Basen und Nichten dort, man spielte und tanzte gern. Goethe gefiel die Idylle; die Szenerie: den Pfarrerhof hat er in einer Rötelzeichnung festgehalten. Die jüngere der Töchter, Friederike, damals achtzehn, wurde für ihn „an diesem ländlichen Himmel ein allerliebster Stern". Er kam also häufig wieder, blieb auch tagelang; das ging mehrere Monate so. Allmählich mußte er sich aber fragen, wie die Geschichte enden sollte; Zweifel regten sich in ihm. Anfang August 1771 besuchte er sie zum letztenmal, doch ohne es ihr zu sagen. Erst aus Frankfurt teilte er ihr schriftlich mit, daß er nicht wiederkommen werde — ihre Antwort darauf, berichtete er später, „zerriß mir das Herz". Er meinte, „zum erstenmal schuldig" geworden zu sein.

Nach acht Jahren hat er sie auf der Durchreise in die Schweiz als inzwischen Dreißigjähriger noch einmal besucht und fand sie ruhig und ihm freundlich gesonnen. Sie hat niemals geheiratet, wurde das, was man eine alte Jungfer nannte; schließlich kam sie bei einem Bruder im Badischen unter und starb in Meißenheim bei Lahr als Einundsechzigjährige 1813.

Der zweite Teil von Goethes „Dichtung und Wahrheit", der die schöne Darstellung seiner Sesenheimer Zeit enthält, kam im Jahr vor ihrem Tod heraus; sie hätte sie also noch lesen können; doch sie soll im Alter niemals mehr von ihm gesprochen haben. Muß man, wie es häufig geschehen ist, sie eines der Opfer an seinem Lebensweg nennen?

Geblieben, und unsterblich, sind großartige Gedichte, die Goethe für Friederike schrieb, das „Mailied" zum Beispiel und „Willkommen und Abschied".

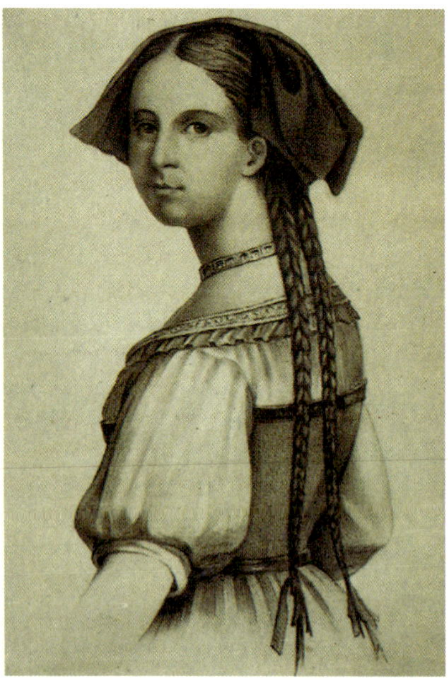

Links: *Diese Darstellung Friederike Brions befindet sich im Museum in Sesenheim*

Rechts: *Der Amtmann Henrich Adam Buff bewohnte mit seinen zahlreichen Kindern in Wetzlar einen Seitenflügel des Deutschordenshofs: dieses Fachwerkhaus*

Der Zweiundzwanzigjährige wurde als Rechtsanwalt beim Schöffengericht der Heimatstadt zugelassen und hat in den folgenden Jahren einige Prozesse geführt. Doch kann nicht die Rede davon sein, daß er das interessiert und bemüht tat. Der enttäuschte Vater konnte durchaus den Eindruck gewinnen, dem Sohn sei an einer geregelten Berufstätigkeit nicht gelegen.

Goethe beschäftigte sich mit Ossian und mit Shakespeare. Der 14. Oktober 1771 war ein denkwürdiges Ereignis im Frankfurter Goethehaus: Der junge Dichter hielt vor Freunden eine Rede zum „Schäkespears Tag“, sagte dem Theater nach französischem Muster ab und forderte auf, Shakespeare zu folgen.

Und er beschäftigte sich nun selbst mit Dramen-Plänen, brachte Ende 1771 den „Götz von Berlichingen“ zu Papier, ein für den „Sturm und Drang“ dann vorbildliches Schauspiel.

Wir sprechen für die zweite Hälfte des 18. Jahrhunderts von Empfindsamkeit. Die Zeit war gefühlsselig, und man schrieb gern und viel. Im nahen Darmstadt hatte sich ein Zirkel von Empfindsamen gebildet; zu ihm stieß Goethe. Dort lernte er Johann Heinrich Merck kennen, einen Mann mit einem guten Urteil.

Goethes Vater versuchte ein letztes Mal, den Sohn in die Bahn des Anwalts zu bringen: er schickte ihn im Mai 1772 nach Wetzlar ans Reichskammergericht. Doch fern der Familie, folgte Goethe erst recht nur seinen Neigungen.

Wetzlar war Reichsstadt, das Reichskammergericht das oberste Gericht des Deutschen Reiches. Doch war der Ort eng und wenig ansprechend mit Ackerbürgern und einer wohl überwiegend bornierten Adelsgesellschaft.

Um so schöner erschien Goethe die Wetzlar umgebende Lahn-Landschaft. Auf einem Ball in Volpertshausen lernte er Charlotte Buff kennen; in Garben-

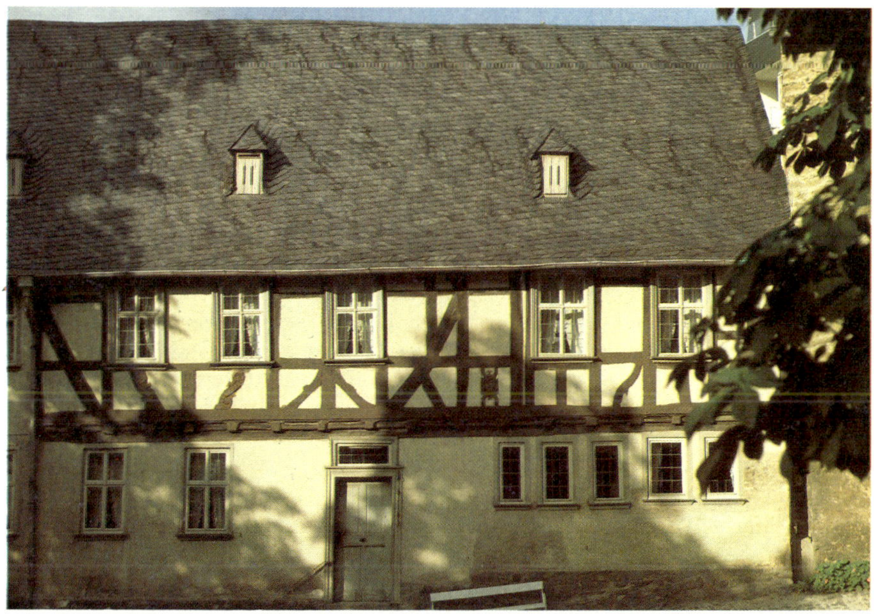

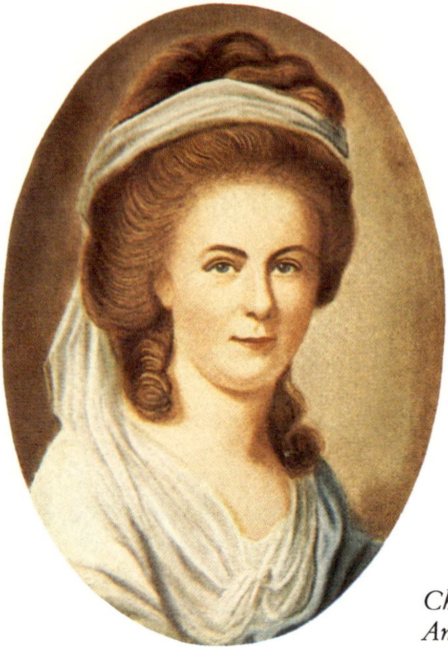

Charlotte Buff.
Anonyme Miniatur, um 1785

heim (dem „Wahlheim“ im „Werther“), machte er die Bekanntschaft Johann Christian Kestners — er war Lottes Verlobter.

Die drei freundeten sich an. Deutliche Worte mußten gesprochen werden, als Goethe Lotte den Hof machte. Der imponierend sachliche Kestner sprach den Unterschied aus zwischen sich und dem jungen Dichter: „Es ist keine Kunst, munter und unterhaltend zu sein, wenn man völlig sein eigener Herr ist . . .«

Merck war es, der Goethe zum Verlassen Wetzlars riet, und der folgte im September dem Vorschlag, ehe er „durch das Unerträgliche vertrieben“ wurde.

In Ehrenbreitstein besuchte er Sophie La Roche, traf mit deren Tochter Maximiliane zusammen. Dann kehrte er ins Elternhaus zurück.

Noch im Herbst 1772 nahm sich der Legationssekretär Karl Wilhelm Jerusalem in Wetzlar das Leben. Er war an der dortigen Adelsclique verzweifelt und hatte eine verheiratete Frau hoffnungslos geliebt. Sein Tod erschütterte Goethe und ging in den „Werther“ ein. Maximiliane La Roche kam als Ehefrau des Kaufmanns Peter Brentano nach Frankfurt; als Goethe die Beziehungen zu ihr fortzusetzen versuchte, machte Brentano Eifersuchtsszenen — dies das letzte der Ereignisse, die im „Werther“ Niederschlag fanden. „Einem Nachtwandler ähnlich“, hat Goethe das Werk im Februar/März 1774 geschrieben.

Mit dem Erscheinen des „Götz“ und des „Werther“ war Goethe zum Haupt des „Sturm und Drang“ geworden, das Frankfurter Goethehaus zur „Zentrale“ der Bewegung. Zahlreiche Besucher fanden sich ein, wurden empfangen und bewirtet. Goethe schrieb Hymnen, Oden, Lieder, „Clavigo“ und „Stella“. Und er machte bedeutende Pläne, u.a. „Faust“ und „Egmont“.

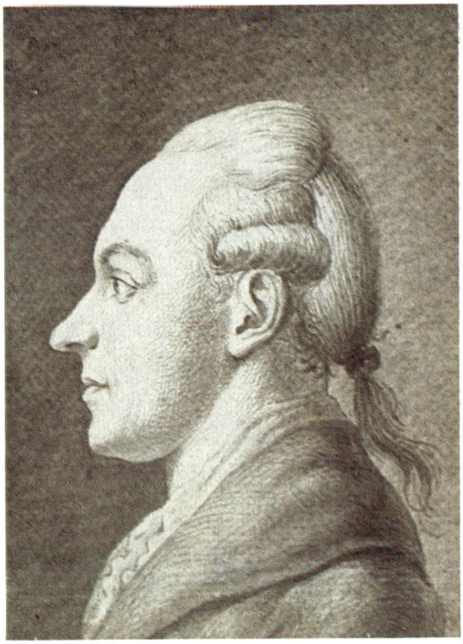

Johann Heinrich Merck,
Kriegsrat (d.h. Zahlmeister)
in Darmstadt.
Er ist oft als Vorbild
für den Mephisto in „Faust"
bezeichnet worden.
Tuschzeichnung von Schmoll, 1774

Eine neue große Liebe beherrschte sein letztes Frankfurter Jahr (1775): die zu Lili Schönemann, einer Bankierstochter. Er wurde im Sommer sechsundzwanzig, sie war erst sechzehn, doch offenbar schon eine selbstbewußte Dame. Er äußerte im hohen Alter: „Sie war in der Tat die erste, die ich tief und wahrhaft liebte. Auch kann ich sagen, daß sie die letzte gewesen ist . . ." Es kam zur Verlobung, aber nicht zur Heirat.

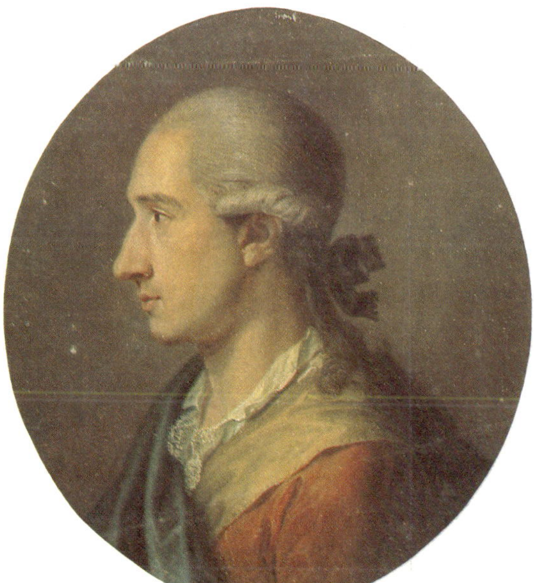

Goethe im Oktober 1773,
d.h. ein Jahr
nach der Rückkehr
aus Wetzlar.
Gemälde von J. D. Bager

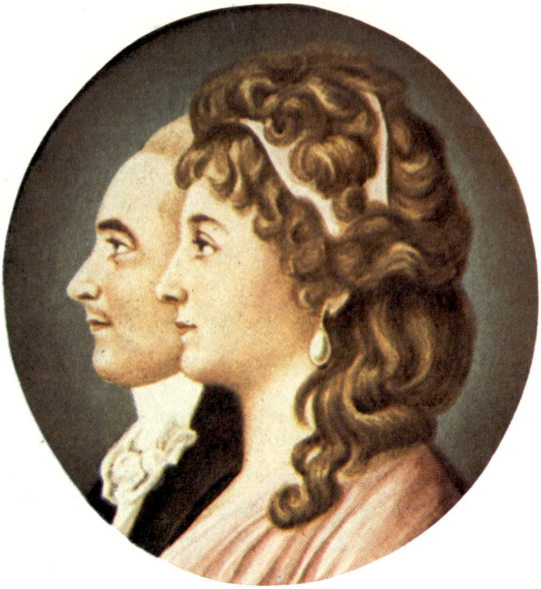

Anna Elisabeth (Lili) von Türckheim, geborene Schönemann, und Bernhard Friedrich von Türckheim. Miniatur von E. M. von Türckheim, um 1798

Weshalb nicht? Haben die Brüder Lilis sie verhindert, die einen Mann mit viel Geld suchten? Sicher nicht. Eher vermochte Goethe sich nicht auf eine bürgerliche Existenz und die Sorge für Frau und Kinder festlegen lassen.

Wieder einmal entfernte er sich von einem ihm unbehaglich gewordenen Ort. Zunächst reiste er mit den Brüdern Stolberg in die Schweiz — sollte er weiter, nach Italien? Er kehrte noch einmal nach Frankfurt zurück — um erneut zu empfinden, daß er in der „unseligsten aller Lagen" sei.

„Scheideblick nach Italien vom Gotthard, den 22. Juni 1775". Zeichnung von Goethe

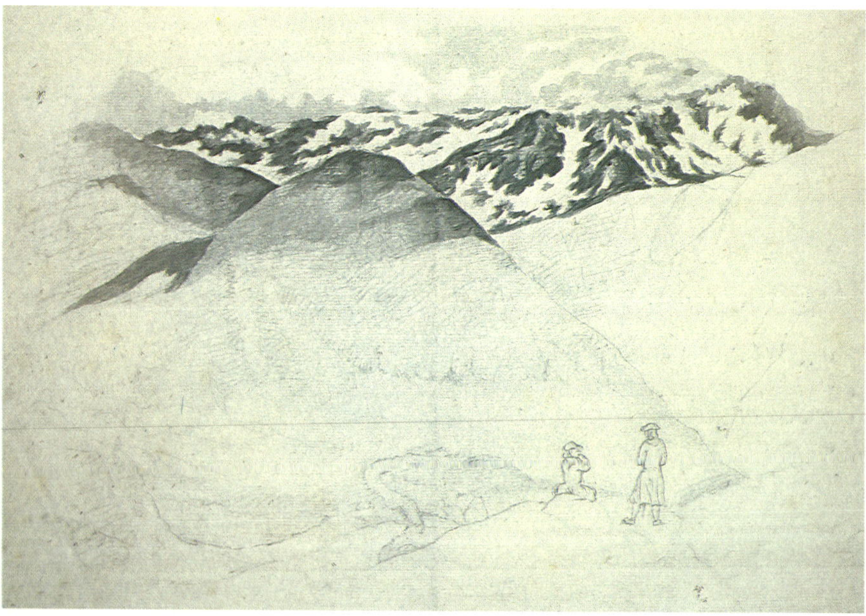

Eine Einladung, ein Zufall, brachte Goethe in eine andere Umgebung. Schon 1774 hatte er den Erbprinzen Karl August von Sachsen-Weimar kennengelernt; der — nun Herzog — lud ihn in seine Residenz ein.

Am 7. November 1775 kam Goethe in Weimar an.

Wenn wir heute von dem „Staat“ Sachsen-Weimar-Eisenach sprechen, der „Hauptstadt“ Weimar, dem „Staatsminister“ Goethe, so neigen wir dazu, die Verhältnisse bei weitem zu groß und zu großartig zu sehen. Das Herzogtum, seit 1815 Großherzogtum, hatte zuletzt eine Ausdehnung von etwa 3600 Quadratkilometern; Regierungsbezirke wie z. B. Stade in Niedersachsen oder Detmold in Nordrhein-Westfalen sind heute fast doppelt so groß. Und: Die Regierung, der Minister Goethe hatten sich um etwa 100 000 Seelen zu kümmern; heutzutage sind in Provinz-Kreisstädten oft mehr Menschen zu betreuen.

Und die Stadt Weimar, diese „Zwergresidenz“, die Herder als ein „Mittelding zwischen Hofstadt und Dorf“ bezeichnete: sie zählte, als Goethe eintraf, etwa 6000 Einwohner. Wer heutige Kleinstädte dieser Größenordnung kennt, der weiß, wie eng und auch engherzig es in ihnen oft noch zugeht — in dem glanzlosen Weimar dürfte das damals eher schlimmer gewesen sein.

Drei der Menschen in Weimar verdienen ein besonderes Interesse. Zunächst die Herzogin-Mutter Anna Amalia; mit dieser geistvollen Frau, Tochter eines Herzogs von Braunschweig, begann der ans Wunderbare grenzende Aufstieg des Provinznestes zum Mittelpunkt des Geisteslebens in Deutschland. Sie machte den großen Schriftsteller Wieland zum Erzieher ihrer Söhne. Goethe hat sie eine „vollkommene Fürstin mit vollkommen menschlichem Sinne“ genannt.

In diesem Gartenhaus außerhalb Weimars wohnte Goethe seit 1776

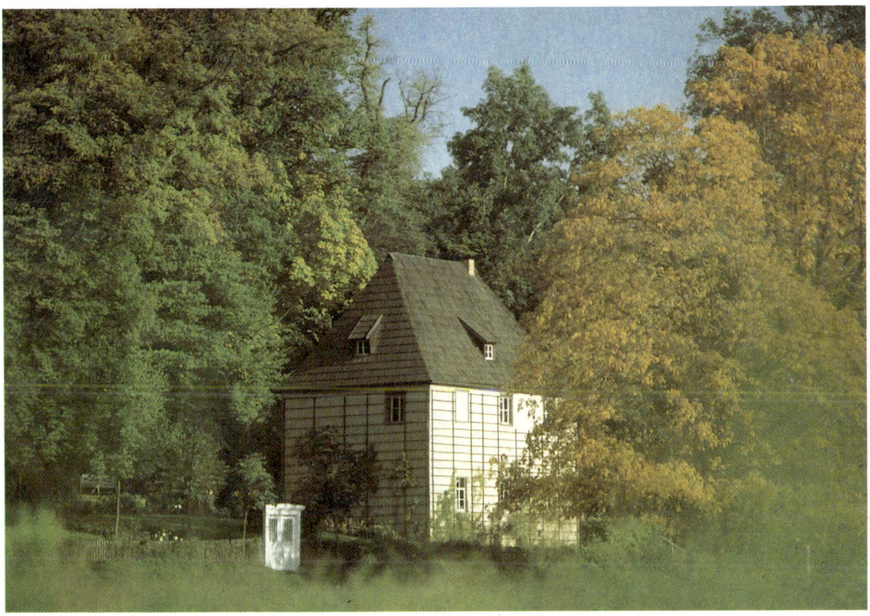

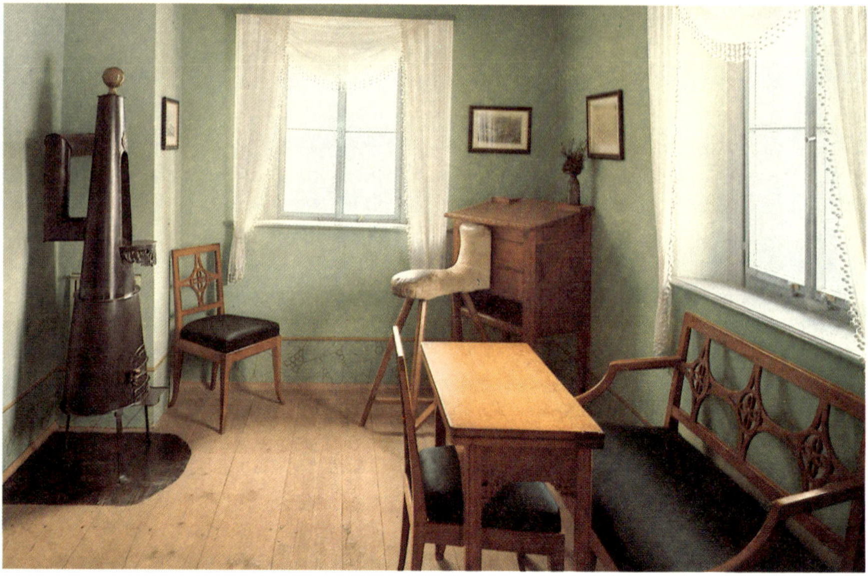

Goethes Arbeitszimmer im Obergeschoß des Gartenhauses, in dem er sich auch nach Übersiedlung ins Haus am Frauenplan noch oft aufgehalten hat

Die Urteile über Karl August, Herzog seit 1775, reichen von der Feststellung, er sei ein Mann von geistigem Niveau und bedeutenden Anlagen gewesen, die er in seinem Miniaturstaat nur nicht so recht habe entwickeln können, bis hin zu dem Bild von einem schon äußerlich etwas groben Mann, der zumal als Jugend-

Ansicht der kleinen Residenzstadt Weimar, um 1800

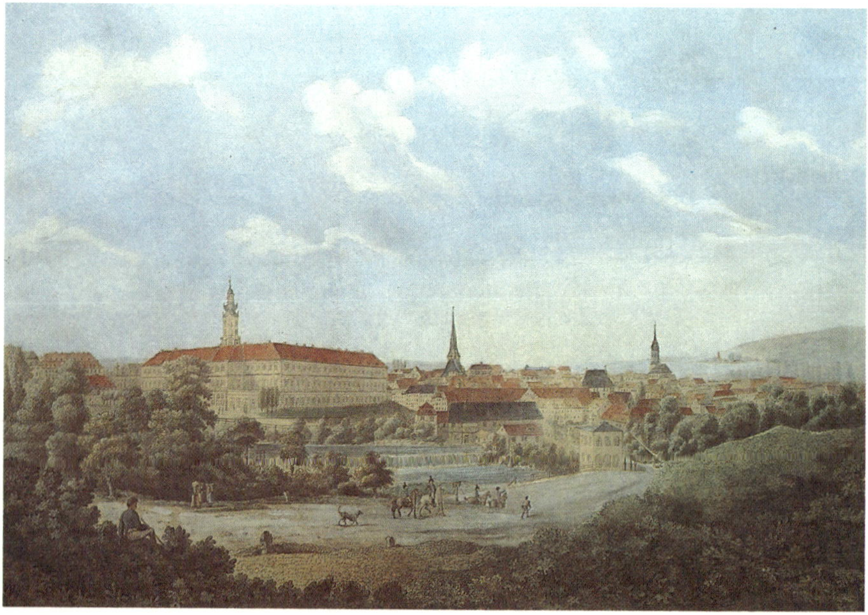

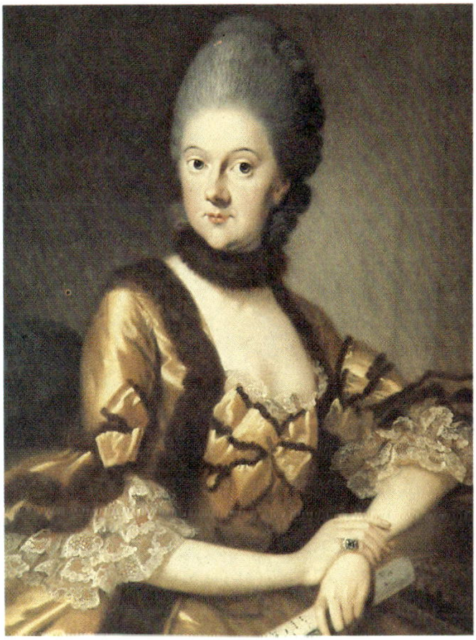 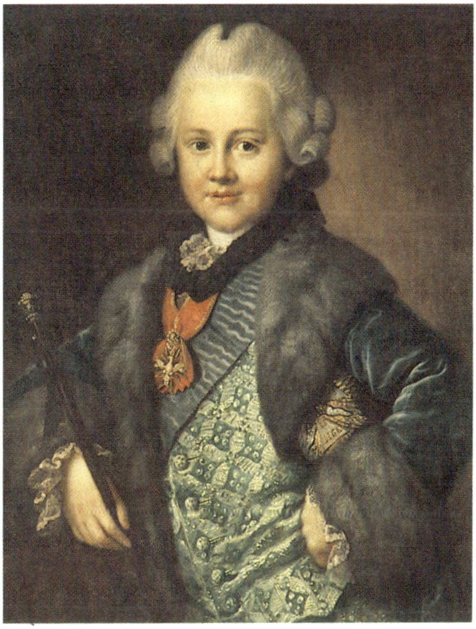

Links: *Anna Amalia Herzogin von Sachsen-Weimar-Eisenach. Gemälde von J. E. Heinsius, 1776.* Rechts: *Erbprinz Karl August. Gemälde von J. G. Ziesenius, 1769*

licher bloß ungezügelt und genußgierig gewesen sei, haltlos getrunken und zahllose Verhältnisse mit Mädchen seiner Dörfer gehabt habe, aus denen viele Kinder hervorgingen. Nach Friedenthal hatte er „andre Interessen" als den Musenhof der Mutter: „die Jagd vor allem, das Militär, die Weiber." Seine Ehe mit einer Darmstädter Prinzessin konnte folglich nur schlecht sein.

Schließlich die Frau von Stein, die auf Goethe während der ersten zehn Jahre in Weimar den stärksten Eindruck machte und ihn nachhaltig verändert hat. Sie war Hofdame und sieben Jahre älter als er, also 1775 schon dreiunddreißig; mit dem Oberstallmeister des Herzogs war sie alles andre als glücklich verheiratet. Josias von Stein hat die Liebesbeziehung seiner Frau zu Goethe geduldet, die in der kleinen Stadt natürlich jeder kannte. Die Annahme, Charlotte von Stein habe als Goethes Vertraute vor allem etwa die Stelle seiner Schwester Cornelia eingenommen, geht sicher nicht fehl; neben der erotischen Komponente war die sozusagen geschwisterliche Goethe durchaus bewußt. („Ach, du warst in abgelebten Zeiten / Meine Schwester oder meine Frau.")

Vielleicht spricht man tatsächlich am zutreffendsten von Seelenfreundschaft. Charlotte von Stein war oft krank und ein sensibler, melancholischer Charakter, der jedoch Festigkeit durch das Ringen um Selbstbeherrschung gewann. Und gerade diese Eigenschaft hat sie Goethe vermittelt oder doch erheblich in ihm verstärkt: sie hat ihm „Mäßigung" für das „heiße Blut" gebracht, sein „Streben nach Reinheit" gefördert.

Am Anfang der Weimarer Zeit Goethes steht jenes „Genietreiben" des Dichters mit dem acht Jahre jüngeren Herzog, das als „wildes Leben" rasch über die

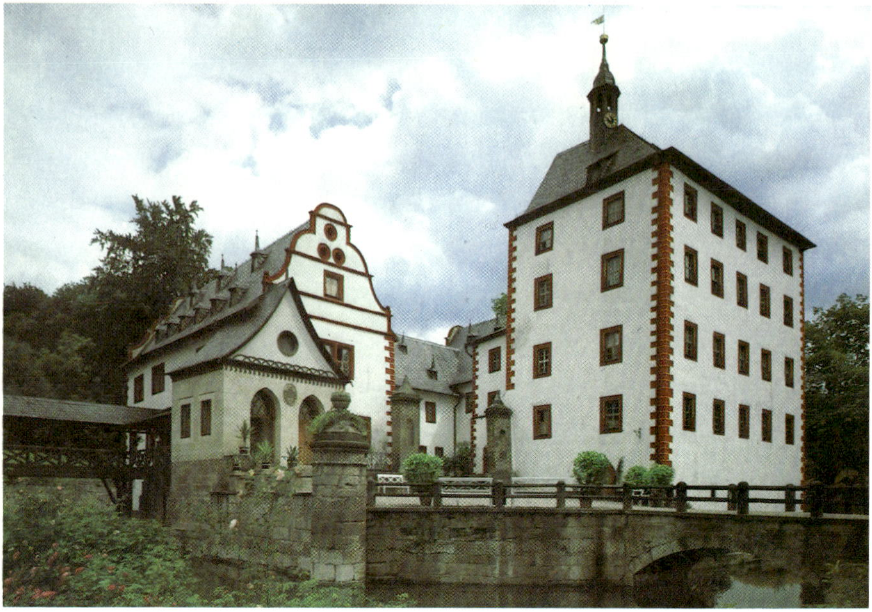

Das Rittergut Kochberg war im Besitz der Familie von Stein. Goethe hat sich hier besonders gern aufgehalten. Oben *das Schloß,* unten *Goethes Arbeitszimmer*

Grenzen des kleinen Staats hinaus bekannt wurde und Anstoß erregte. Klopstock schrieb deswegen an Goethe, redete ihm ins Gewissen, erwähnte unter anderem das ständige Sichbetrinken des Herzogs „bis zum Krankwerden". Goethe hat darauf nach einigen Wochen sehr abweisend geantwortet.

Goethe war als ein Gast nach Weimar gekommen, doch der Herzog tat alles,

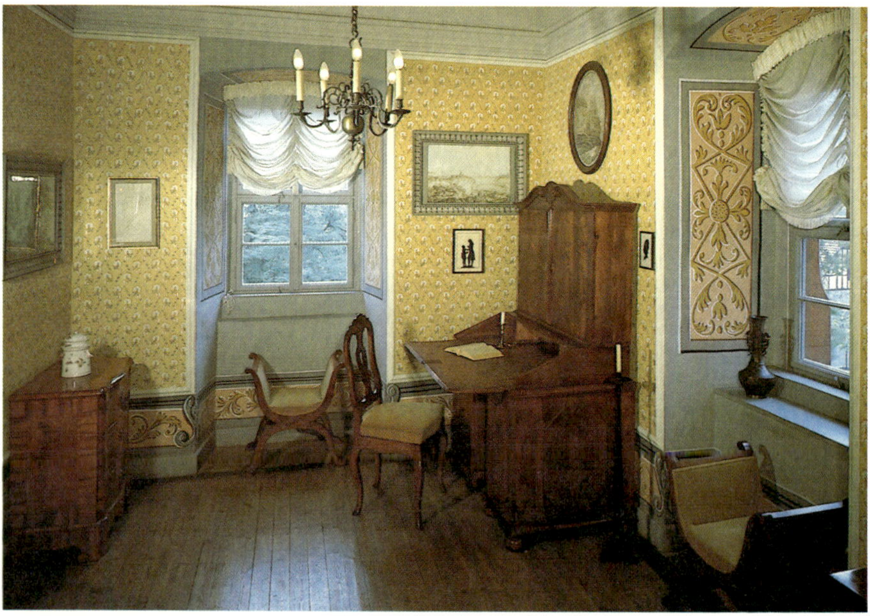

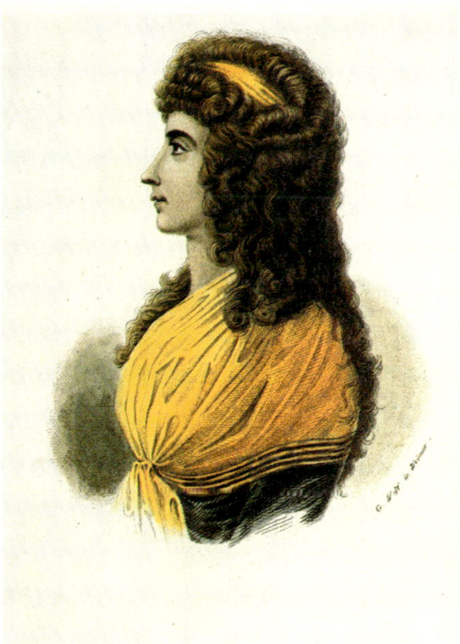

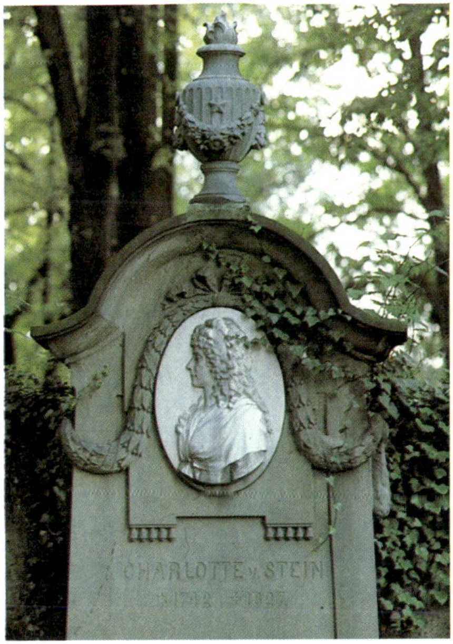

Charlotte von Stein. Stich nach ihrem angeblichen Selbstbildnis und Grabmal

um ihn für länger zu binden. Er kaufte und schenkte ihm ein Gartenhaus an der Ilm und bewilligte ihm, als er ihn für den Staatsdienst engagierte, ein verhältnismäßig hohes Gehalt. Er ging mit ihm die Duzfreundschaft ein, übernachtete mit ihm in Dorfkneipen und Jagdhütten.

Wovon wurden Goethes Weimarer Jahre bis zur Abreise nach Italien beherrscht? Denn dichterisch ergiebig ist diese Zeit nicht gerade; schon wurde unter Dichter-Kollegen und bei Verlegern davon gesprochen, daß von ihm nichts mehr komme, nachdem er zum Fürsten-Günstling geworden sei.

Im Mittelpunkt von Goethes Leben stand bald die Tätigkeit für den kleinen Staat. Der Herzog hatte ihn schon im Juni 1776 als Geheimen Legationsrat in den Geheimen Conseil berufen, der aus nur vier Personen bestand und die Zentrale der Landesregierung war. Drei Jahre später übernahm Goethe die Weimarer Kriegskommission (zu der die Rekrutenaushebung gehörte) und die Direktion des Wegebaus, der sehr im argen lag; als Dreißigjähriger wurde er zum Geheimen Rat ernannt. 1882 machte ihn der Fürst zum Leiter der Finanzkammer. Die Lebensbedingungen für den einzelnen waren damals bekanntlich alles andere als idyllisch; auch im Weimarer Heer gab es noch Prügel und Spießrutenlaufen, die sozialen Verhältnisse der Bauern und z.B. der Textilarbeiter waren oft erschütternd, und häufige Brände und Hochwasser führten jedesmal zu katastrophalen Verhältnissen. Es ist belegbar, daß Goethe sich für die Betroffenen verwandt hat. Seine bedeutendste Leistung ist aber wohl gewesen, Ordnung in die beschränkten Finanzen des Staates zu bringen.

Er selbst hat sicher zu Recht geschlossen, diese Tätigkeiten hätten seinen Sinn für die Wirklichkeit geschärft. Seine Bemühungen um die Wiederbelebung des Bergbaus in Ilmenau (die fehlschlugen) weckten sein Interesse an Geologie und Mineralogie; es hat sich bald auf weitere Gebiete der Natur ausgedehnt.

Dazu kamen bemerkenswerte Reisen. Oft war er dienstlich im Land unterwegs, fuhr aber auch weiter hinaus: zu Jacobi nach Düsseldorf; zur Besteigung des Brockens im Winter in den Harz; mit Karl August nach Berlin; in die Heimatstadt Frankfurt zu den Eltern, ins Elsaß und weiter in die Schweiz; zum zweiten- und drittenmal in den Harz und weiter nach Göttingen und Kassel.

Schon 1777 starb die geliebte Schwester Cornelia, fünf Jahre später der Vater. Im selben Jahr 1782 zog Goethe in das Haus am Frauenplan, wurde er in den Adelsstand erhoben — sinnvolle Ereignisse an einem bestimmten Punkt seiner Entwicklung.

Zu Menschen des Geisteslebens: Wieland und Herder (der auf seinen Rat hin nach Weimar gerufen worden war), entwickelten sich fruchtbare Kontakte. Doch es drängte ihn zunehmend viel stärker zu seinen eigentlichen Interessen; an die Frau von Stein schrieb er: „Wieviel wohler wäre mir's, wenn ich von dem Streit der politischen Elemente abgesondert, den Wissenschaften und Künsten wozu ich geboren bin, meinen Geist verwenden könnte."

So hat er sich der Welt der Staatsgeschäfte 1786 durch die Abreise nach Italien zunächst einmal entzogen: „Den 3. September früh drei Uhr stahl ich mich aus dem Karlsbad weg, man hätte mich sonst nicht fortgelassen ..."

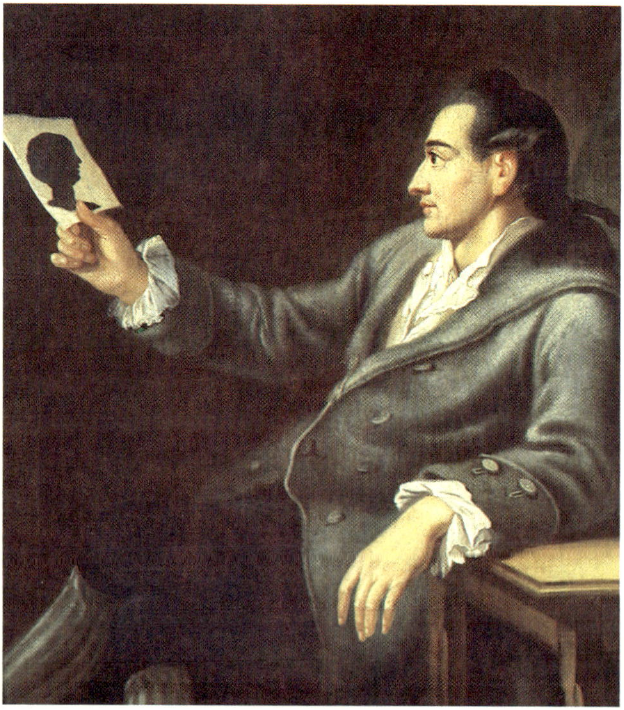

Links: *Goethe in seiner frühen Weimarer Zeit. Das Gemälde von J. E. Schumann, 1778, nach G. M. Kraus, 1775, wurde von der Herzogin Anna Amalia Goethes Mutter geschenkt*

Rechts: *Goethe in der Campagna (bei Rom). Gemälde von J. H. W. Tischbein, 1786—88*

Die Reise nach Italien war also eine weitere Flucht in Goethes Leben; auch Charlotte von Stein hatte er nicht unterrichtet, den Herzog, bis auf ein Urlaubsgesuch auf unbestimmte Zeit, ebenfalls nicht.
Er passierte München, Innsbruck, fuhr über den Brenner, hielt sich in Venedig nur kurz auf. Denkt man an das Mühsame des damaligen Reisens, so erstaunt es, daß er schon nach einer Woche Italien betreten hat.

Von Anfang an fühlte er sich dort eigentümlich heimisch: „Es ist mir als wenn ich hier geboren und erzogen wäre und nun von einer Grönlandfahrt, von einem Walfischfang zurückkäme."

Und dann das ersehnte Rom! „Ich zähle einen zweiten Geburtstag, eine wahre Wiedergeburt von dem Tage, wo ich Rom betrat." Er fühlte sich ohne Einschränkung glücklich.

Die damalige Stadt Rom war bei weitem nicht die Drei-Millionen-Metropole von heute, sie hatte nur etwa 160000 Einwohner. Doch die Lebenden nahmen etwa nur ein Drittel der Fläche der kaiserlichen Stadt des Altertums in Anspruch, daneben verdämmerten in Gärten ruinöse Villen und sonstige Reste alter Baukunst. Goethe verfolgte „getreulich" seinen Grundsatz, möglichst viel „mit Augen" zu erleben und sich selbst „so viel als möglich zu verleugnen und das Objekt so rein als nur zu tun wäre" in sich „aufzunehmen". Er hat ständig gezeichnet und schließlich Hunderte von Blättern mit nach Hause gebracht. Freilich hat er

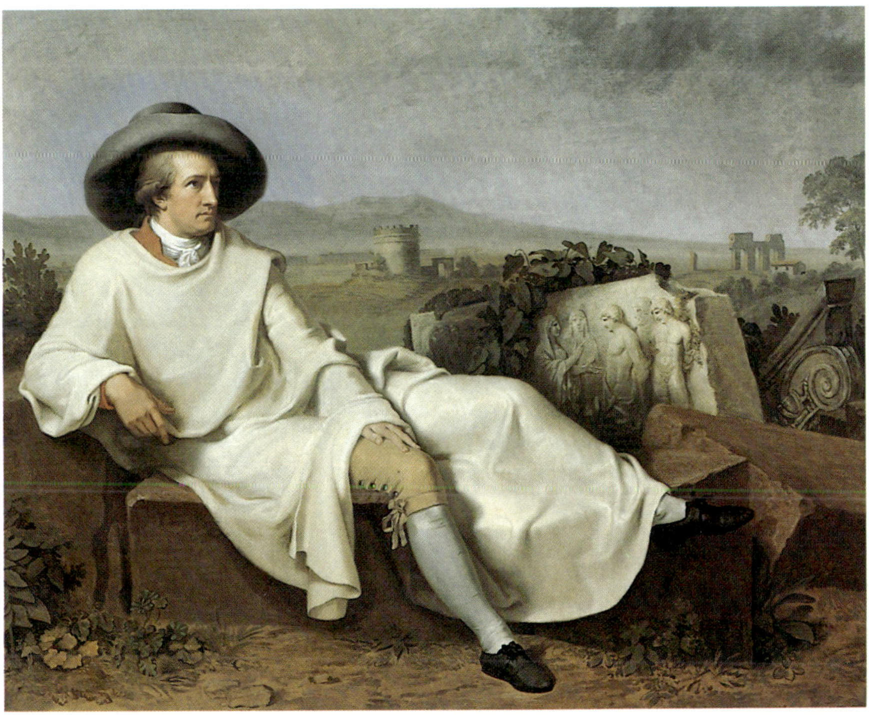

nur die Antike gepriesen und die Renaissance beachtet und für Mittelalter und Barock kaum Interesse gezeigt.

Er kam jetzt und nach der Sizilienreise in Rom vor allem mit deutschen Künstlern und Schriftstellern zusammen, u.a. Tischbein, Angelika Kauffmann, Carl Philipp Moritz. Mit Tischbein hat er gewohnt, und der war erfreut über Goethes „einfaches Leben".

Nach drei Monaten reiste er weiter in den Süden, sah Neapel, die Ausgrabungen von Pompeji, die Tempel von Paestum, bestieg den Vesuv. Sein Ziel aber war Sizilien: „Hier ist erst der Schlüssel zu allem." Im Botanischen Garten in Palermo glaubte er, wie er Herder schrieb, „dem Geheimnis der Pflanzenzeugung und Organisation ganz nahe" zu sein; er sprach von „Urpflanze".

Danach lebte er noch fast ein Jahr in Rom, studierte weiterhin alte Baukunst und die Bildende Kunst in Museen und Sammlungen, zeichnete immer noch viel, arbeitete aber vor allem so konzentriert wie schon lange nicht mehr an Dichtungen. Er brachte den „Egmont" zu Ende, schrieb die „Iphigenie" in Verse um, nahm sich „Tasso" vor und sogar ein wenig „Faust".

Am 23. April 1788 nahm er Abschied. Zuletzt war er tagelang melancholisch durch die Stadt gegangen; er hat sie nicht wiedergesehen. Über Florenz und Mailand reiste er nach Weimar zurück; im Juni kam er wieder dort an. An Karl August hatte er bereits geschrieben: „Ich habe mich in dieser anderthalbjährigen Einsamkeit selbst wiedergefunden; aber als was? — Als Künstler!"

Goethe in seiner Wohnung am Corso in Rom. Zeichnung von J. H. W. Tischbein

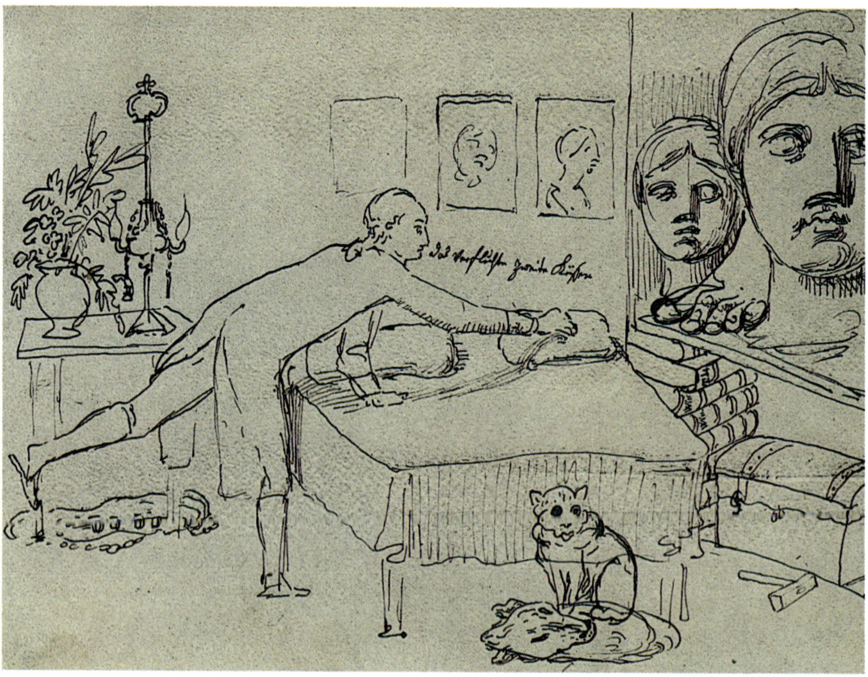

Auch heute noch bildet Goethes Haus am Frauenplan in Weimar den Höhepunkt aller Goethestätten. 1782 konnte er dieses 1709 erbaute, „behaglich stattliche" Gebäude in der Stadt mieten, und 1792 wurde es ihm von Herzog Karl August nach einem Umbau geschenkt — es war eine wahrhaft fürstliche Gabe.

Goethe hat hier etwa fünfzig Jahre gewohnt, länger als sein halbes Leben. Nachdem das Haus von dem letzten Enkel des Dichters, Walther von Goethe, mit den Sammlungen dem Staat vermacht und als Goethe-Nationalmuseum eröffnet wurde, kann man die Wohnräume so besichtigen, wie Goethe sie bei seinem Tod zurückließ. Da kommt man z. B. in das Blaue oder das Juno-Zimmer, wo er die Besucher vorließ, oder in den Gelben Saal, der als Speisesaal bei festlichen Gelegenheiten diente. Den unvergeßlichsten Eindruck hinterläßt vielleicht das äußerst schlichte Arbeitszimmer. Daneben liegt die Schlafkammer, in der er, im Lehnstuhl sitzend, 1832 gestorben ist. Dies also war die „Goethe-Residenz", in der er Kunstschätze und naturwissenschaftliche Sammlungen, Ehrendiplome und Geschenke aller Art zusammentrug.

Als Goethe aus Italien 1788 hierher zurückkam, war er neununddreißig Jahre alt. Der Aufenthalt im Süden hatte ihn zweifellos verändert. Lag es daran, daß die alten Beziehungen sich nicht einfach wiederaufnehmen ließen?

Am nachsichtigsten zeigte sich noch der Herzog: Er nahm Goethe die Entfer-

Goethes Haus am Frauenplan in Weimar

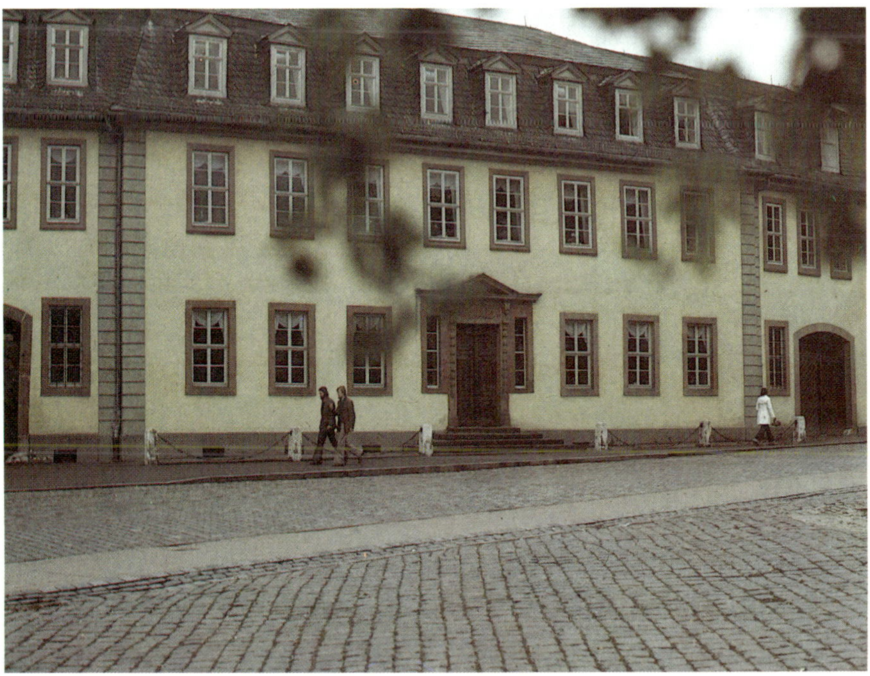

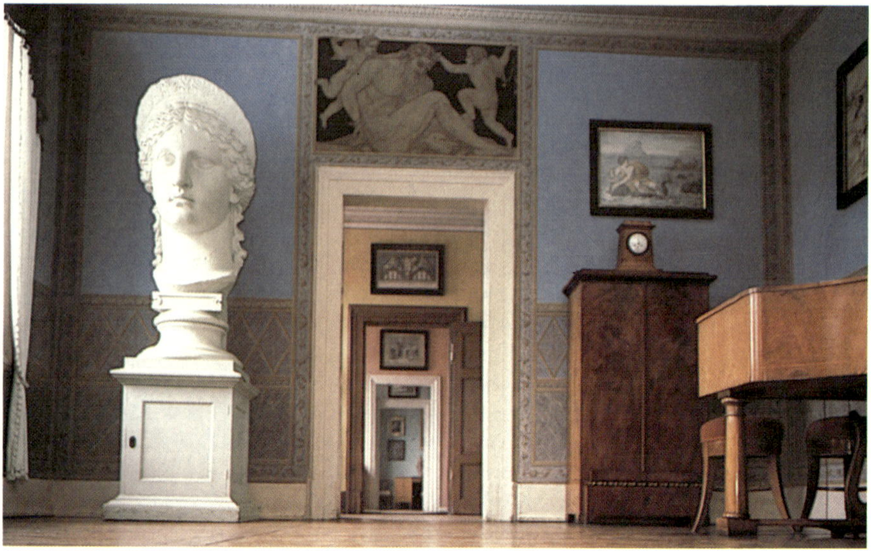

Das Blaue oder Juno-Zimmer im Haus am Frauenplan, wo Goethe Besucher empfing

nung aus dem Dienst nicht übel. Mehr noch: Er entband den Dichter weitgehend von den Regierungsgeschäften, ließ ihm aber den Sitz im Ministerrat sowie die Bezüge. Goethe war künftig eine Art Kulturminister mit der Oberaufsicht über die Anstalten für Wissenschaft und Kunst; in diesen Bereich gehörte auch die

Das Haus am Frauenplan zu Goethes Lebzeiten. Stich nach O. Wagner, 1827

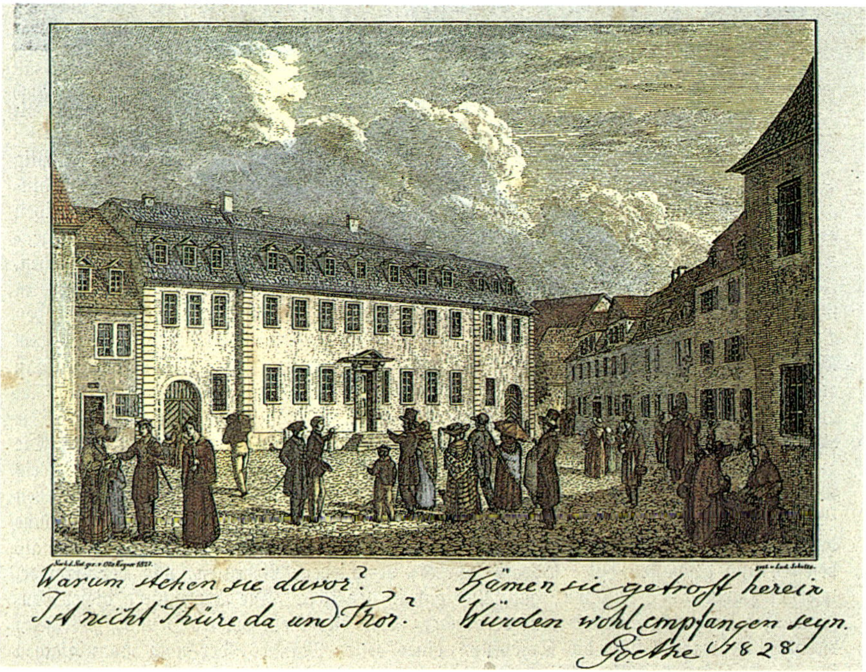

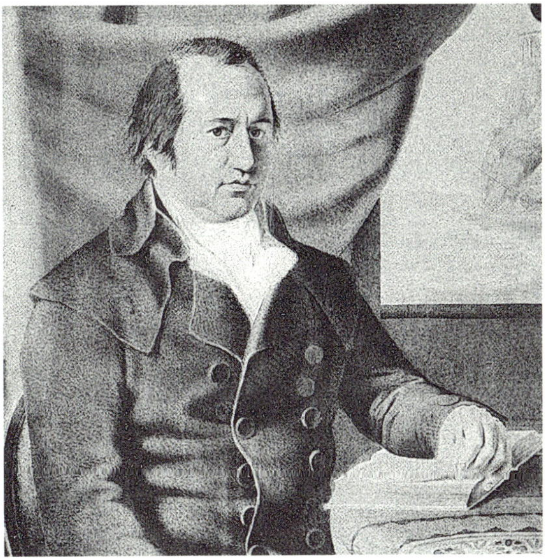

Goethe. Porträt von J. H. Meyer „bald nach der Zurückkunft . . . aus Italien" (Eckermann), zwischen 1792 und 1795

Unten: *Abendgesellschaft bei der Herzogin Anna Amalia mit Goethe (3. v. l.) und Herder (ganz rechts). Aquarell von G. M. Kraus, um 1795*

altberühmte Universität Jena. Drei Jahre später kam die Leitung des Weimarer Hoftheaters dazu.

Das so vertrauliche Verhältnis zu Charlotte von Stein ließ sich jedoch nicht fortsetzen. Goethe näherte sich ihr mit „flehentlichen, fußfälligen Bitten", ihm die Rückkehr zu erleichtern; er fühlte sich „ohne Herz" empfangen. So kam es Anfang 1789 zum Bruch mit ihr.

Da spielte bereits sein Verhältnis zu Christiane Vulpius eine Rolle, einer damals Dreiundzwanzigjährigen, Näherin in einer Werkstatt für künstliche Blu-

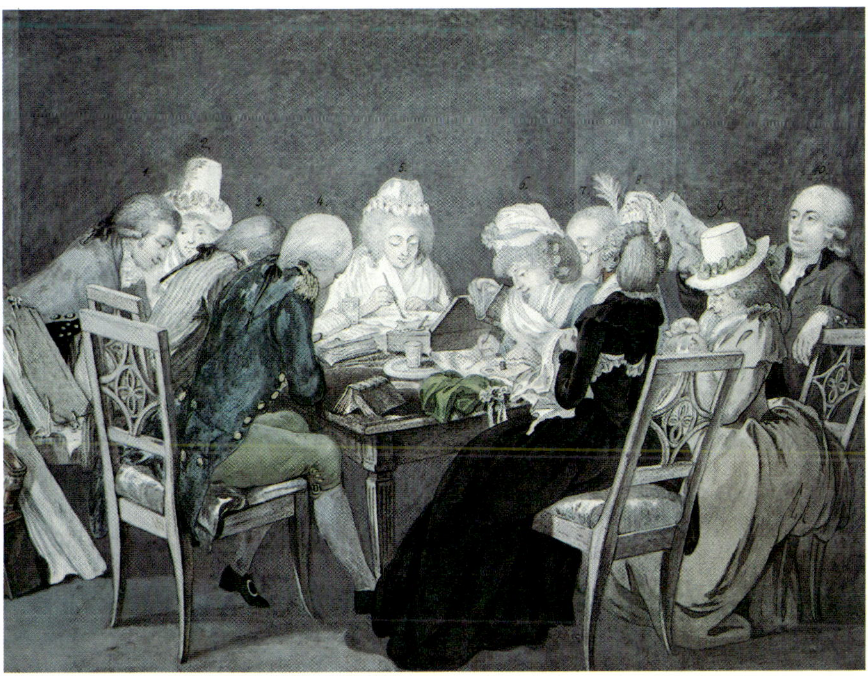

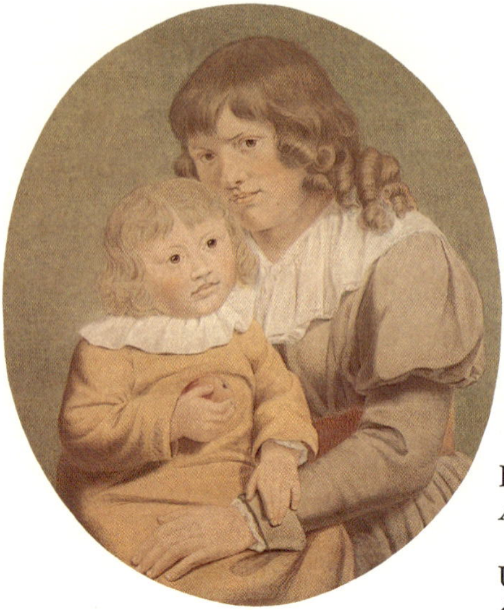

Links: *Christiane und August. Aquarell von J. H. Meyer, 1792*

Unten: *Zimmer Christianes im Haus am Frauenplan*

men. Als Bittstellerin für ihren Bruder hatte er sie kennengelernt, sie war seine Geliebte geworden; als Frau von Goethe ist sie 1816 gestorben.

Es war eine ungewöhnliche Verbindung. So wurde sie in Weimar und weit darüber hinaus beklatscht, herabgezogen, auch aufrichtig bedauert. Wäre nicht Lili Schönemann eine angemessene Gefährtin für den großen Dichter gewesen, hieß es damals und später — statt dieser kaum gebildeten, niemals zu einer einigermaßen gleichwertigen Partnerin aufsteigenden Frau? Doch solche Einwände

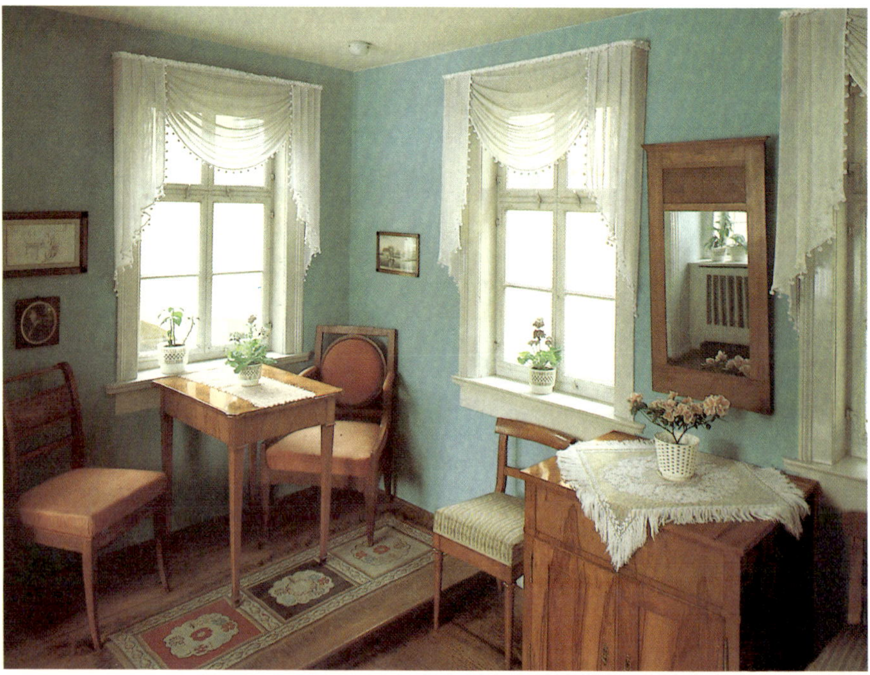

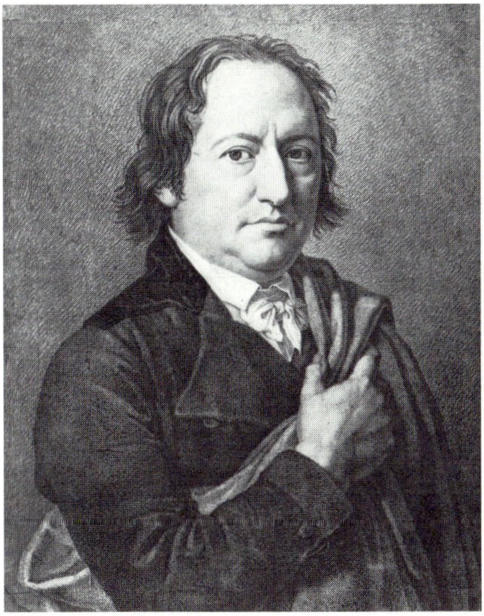 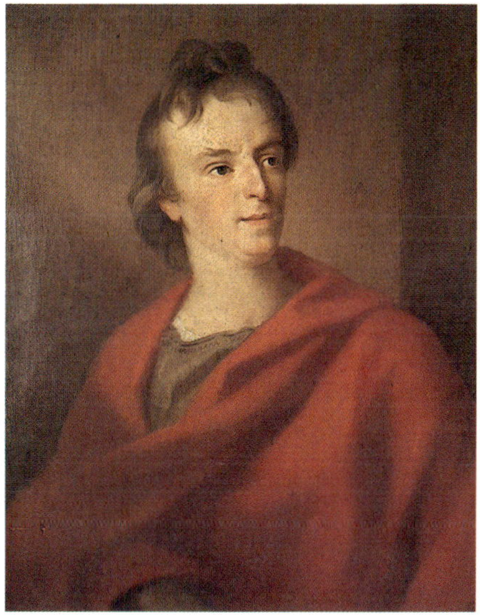

Links: *Der fünfzigjährige Goethe. Zeichnung von F. Bury.* Rechts: *Schiller. Gemälde von J. F. A. Tischbein, wenige Wochen vor Schillers Tod, 1805*

übersehen, daß es Goethes freier Entschluß war, sich so und nicht anders zu binden; und daß es zahlreiche Zeugnisse für die Bedeutung dieser Liebesbeziehung gibt: literarische (z. B. seine „Römischen Elegien"), künstlerische (schöne Zeichnungen von seiner Hand), biographische. Allerdings: Obwohl Christiane schon 1789 den Sohn August gebar und dann vier weitere Kinder, die nicht lebensfähig waren, hat Goethe erst 1806 seine „kleine Freundin, die so viel an mir getan" geheiratet. Sie hat Küche und Haus lange Zeit hindurch besorgt, ohne bei Tisch zu erscheinen, wenn Gäste kamen. Stets, bis ans Ende soll sie Goethe nicht anders als Herr Geheimrat bezeichnet haben. Und er nahm sich jede Freiheit, zu kommen und zu gehen, wie er es mochte; oft blieb er für Monate fort.

Die Französische Revolution mit ihren tiefgehenden Veränderungen hat auch Goethe stark beeindruckt. Anders als zahlreiche andere Bedeutende der Zeit (z. B. Klopstock, Herder, Schiller) hat er sie von vornherein mit Unbehagen beobachtet. Er hatte die Schwächen der davor herrschenden Verhältnisse gesehen wie die andern auch; doch Veränderungen sollten durch die konsequente Entwicklung zum Besseren hin erfolgen, nicht durch einen blutigen Umsturz.

Er blieb ein aufmerksamer Beobachter der Ereignisse. 1792 zog er mit Karl August nach Frankreich in den Krieg Österreichs und Preußens gegen die Revolutionsregierung. In der Schrift „Die Kampagne in Frankreich" hat er später sein Erleben des erfolglosen Unternehmens festgehalten.

Zunehmend waren es die Naturwissenschaften, die ihn nun beschäftigten: Anatomie, Botanik, Mineralogie, Optik, Farbentheorie. In der „stillen Werkstatt" wollte er in diesen lauten Zeiten „verharren" und „das heilige Feuer der Wissenschaft und Kunst" sorgfältig „bewahren".

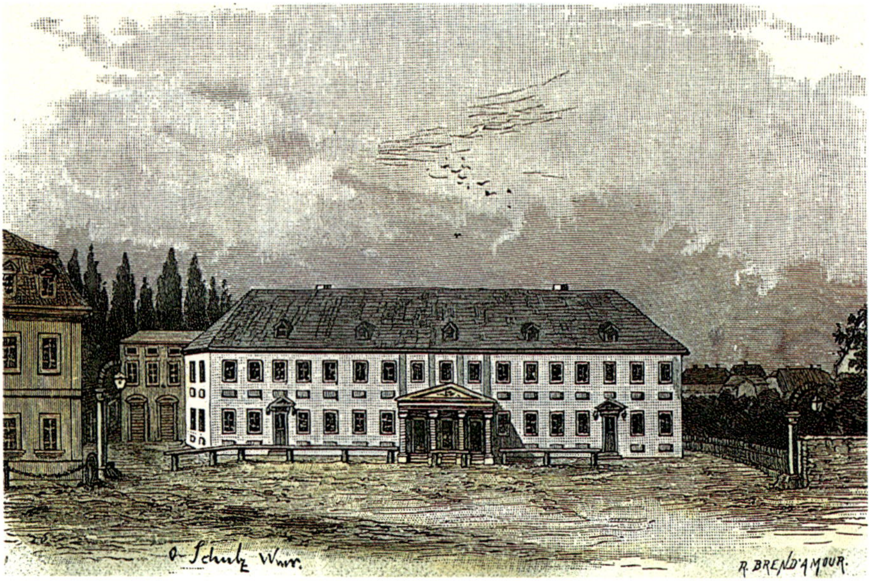

Das Alte Hoftheater in Weimar. Nach einer Zeichnung von O. Schulz

Das Jahr 1794 brachte den Beginn der so bedeutsamen Freundschaft mit Schiller. Goethe war dem zehn Jahre Jüngeren schon früher begegnet, doch zurückhaltend geblieben; er mochte die frühen Dramen Schillers nicht, auch vieles an dem Mann Schiller und seinem Denken nicht; Schiller war zunächst abgestoßen von einer „Handlungsart" Goethes, „die ganz auf den höchsten Genuß der Eigenliebe kalkuliert ist".

In Jena, wo Schiller Professor für Geschichte geworden war, kam es endlich zu einem längeren Gespräch. Beide hatten sie sich inzwischen weiterentwickelt — und waren sich dabei nähergekommen. Der nächste Schritt war ein langer Brief Schillers, in dem er „die Summe" von Goethes „Existenz" zog; Goethe fühlte sich verstanden und schloß sich nun auf. „Reinen Genuß und wahren Nutzen" habe ihm dieser rege Austausch mit Schiller gebracht, hat er später bekannt; sein bedeutsamstes Ergebnis: Schiller drängte den Älteren wieder stark zur dichterischen Produktion hin: „Wilhelm Meister", „Faust", „Hermann und Dorothea". Sie verfaßten zusammen die „Xenien" auf ein unverständiges Publikum und ihnen nicht wohlgesonnene Rezensenten und regten sich im „Balladenjahr" (1797) zu großen Balladen an. 1799 siedelte Schiller nach Weimar über. Gemeinsam setzten sie sich mit den Ansichten der Romantiker auseinander.

1790 war Goethe noch einmal in Italien: der Herzogin-Mutter Anna Amalia bis Venedig entgegengereist; doch das Land, für das er sich unlängst noch so begeistert hatte, erschien ihm nun übel; er sprach vom „Sauleben dieser Nation". 1797 reiste er zum drittenmal in die Schweiz.

1805 erkrankten Goethe und Schiller schwer; der schon länger nicht mehr ge-

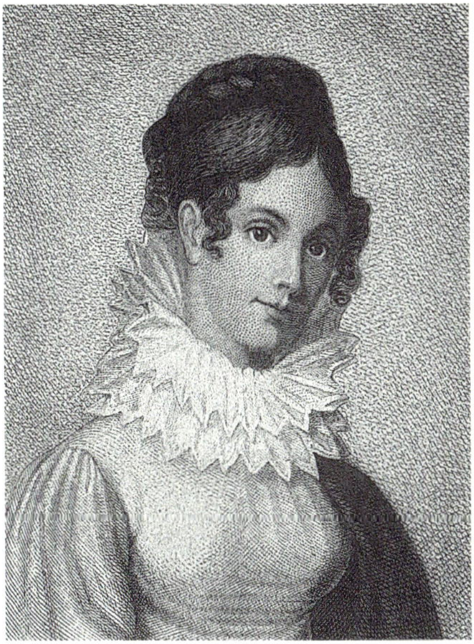 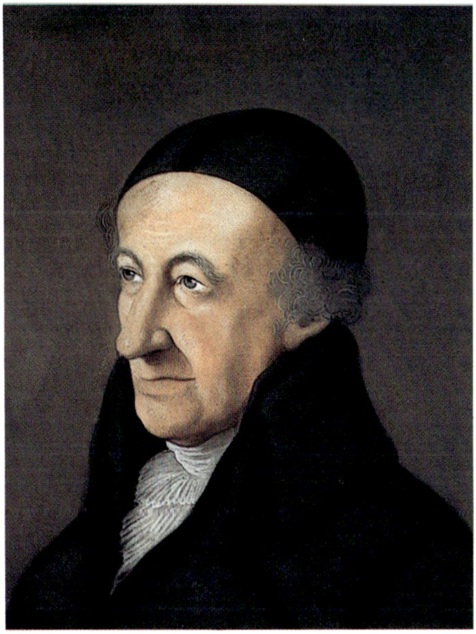

Links: *Wilhelmine (Minchen) Herzlieb. Stich nach einem Gemälde von L. Seidler, 1881.* Rechts: *Christoph Martin Wieland. Pastell von F. Jagemann*

sunde Schiller starb, erst sechsundvierzig Jahre alt. Goethe war tief erschüttert, sah eine Epoche seines Daseins zu Ende gehen.

In diesem Jahr 1805 wurde Goethe sechsundfünfzig; etwa damals habe, so ist gesagt worden, der langsame Prozeß des Alterns bei ihm eingesetzt. Freilich ist ihm die Kraft zur Wandlung immer geblieben; und so blieb er auch geistig rege und schöpferisch bis in seine letzten Tage.

Schon dem in Italien sichtlich Gereiften wurde nachgesagt, er lege Distanz und Kühle zwischen sich und die andern. Der ältere, der alte Goethe gab von sich erst recht das Bild eines unnahbaren „Olympiers" vor jenen zahllosen Besuchern, die aus aller Herren Länder in sein Haus kamen; es waren viele Berühmtheiten ihrer Zeit darunter. Vielleicht blieb ihm auch kaum etwas anderes übrig, sollten diese oft lästigen Pflichten nicht noch mehr ausufern. Wir wissen, daß er im vertrauten Kreis ungezwungen und liebenswürdig erscheinen konnte.

Die napoleonischen Jahre haben ihn deshalb so bewegt, weil er Napoleon rundheraus bewundert hat. Er war für ihn derjenige, der die Französische Revolution in den Griff bekommen und sie überwunden hatte, und er erwartete von ihm eine neue zeitgemäße Ordnung für Europa.

Nach dem Sieg Napoleons im Oktober 1806 bei Jena und Auerstedt drangen französische Soldaten auch nach Weimar. In Goethes Haus wollte man plündern, hat den Dichter gefährlich bedroht. Es wurde die große Stunde Christianes: die einfache Frau mit ihrer Zivilcourage hat ihn von den Angreifern befreit. Danach ließ er sich mit ihr trauen.

Am 2. Oktober 1808 wurde Goethe während des Erfurter Fürstenkongresses

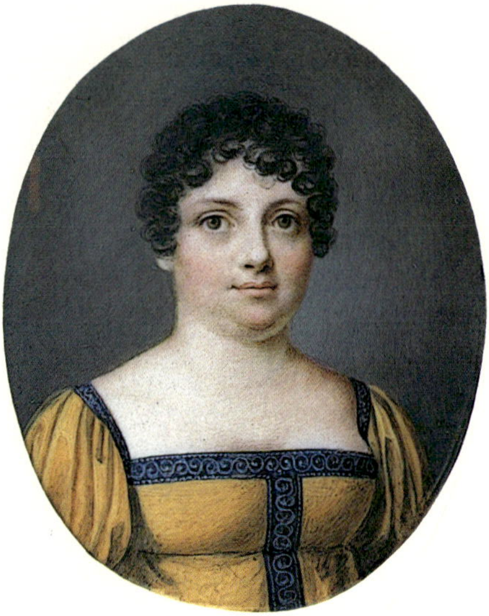 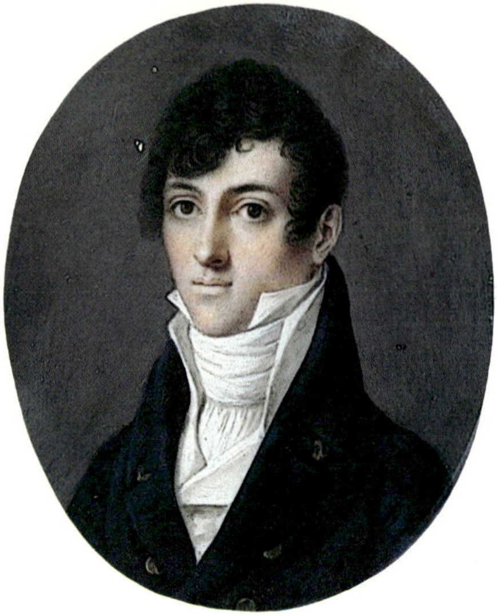

von Napoleon empfangen; er hat darin eines der bedeutsamsten Ereignisse seines Lebens gesehen. Der Kaiser frühstückte, Goethe blieb in einiger Entfernung vor ihm stehen. Man sprach über Literatur, der Kaiser äußerte sich über das Drama, bewies seine Kenntnis des „Werther“, fragte nach den persönlichen Verhältnissen und den Beziehungen zum Fürstenhaus. Dann war das Gespräch schon zu Ende. So hat es Goethe später skizziert. Nach einer anderen Quelle soll Napoleon Goethe aufgefordert haben, nach Paris zu kommen.

Bald darauf begegnete man sich während eines Hofballs im Weimarer Schloß noch einmal, und der Kaiser sprach wieder den Dichter an. Doch hat er sich dann vor allem mit Wieland unterhalten. Kurz danach erhielten Goethe und Wieland das Kreuz der Ehrenlegion.

Nach Schillers Tod lebte Goethe wieder stärker zurückgezogen; oft hielt er sich wochenlang in Jena auf, arbeitete dort. Im Haus des Buchhändlers Frommann begegnete er dessen achtzehnjähriger Pflegetochter Minchen Herzlieb, begann sie zu lieben, resignierte; die „Sonette“ und vor allem die „Wahlverwandtschaften“ sind Ausdruck dieses Erlebens. Viel Zeit verwandte er auf seine „Farbenlehre“; als sie 1810 erschien, war es ein Werk von über tausend Seiten. Es richtete sich gegen Newton; die moderne Wissenschaft hat jedoch den Engländer bestätigt. Goethe schätzte dieses seiner Werke sehr hoch ein und war außerordentlich enttäuscht, als es nur wenig Zustimmung fand.

1811 begann er mit der Niederschrift der Kindheits- und Jugenderinnerungen, die er „Dichtung und Wahrheit“ nannte. Im Alter hat er keine großen Reisen ins Ausland mehr gemacht. Doch fuhr er im Sommer 1814 und noch einmal im Frühjahr und Sommer 1815 in die Rhein- und Maingegenden seiner Kindheit und Jugend. Dort kam ihm vieles zusammen „zur Belebung und Steigerung eines glücklichen Zustandes“ — als erlebe er eine „neue Jugend“. Die Begegnung mit

Links: *Christiane und August von Goethe. Miniaturgemälde von J. F. Raabe, 1811*

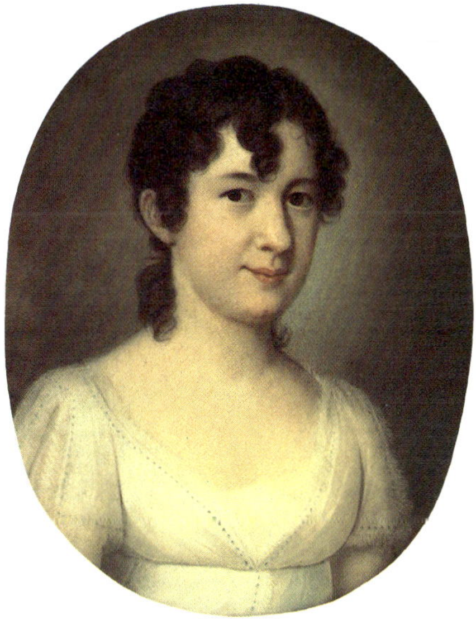

Rechts: *Marianne Jung, verm. von Willemer. Pastellbild von J. J. de Lose, 1809*

Unten: *Blick von der Gerbermühle (dem Pachtgut und Sommersitz Willemers) auf Frankfurt am Main, 1815*

Marianne Jung, bald Frau von Willemer, führte zu den Liebesgedichten im „West-östlichen Diwan". Marianne war etwa dreißig, Goethe fünfundsechzig.

1815 wurde Sachsen-Weimar-Eisenach durch Beschluß des Wiener Kongresses Großherzogtum. Alle kulturellen Institute dieses Staates wurden unter Goethes Leitung zusammengefaßt, er wurde zum Staatsminister ernannt. Menschen starben, die ihm viel bedeuten: die Herzogin Anna Amalia schon 1807, die Mutter 1808, Wieland 1813. Und dann erschütterte ihn 1816 der Tod Christianes.

Sorgen machte ihm der Sohn August, der nur Kind des großen Goethe war

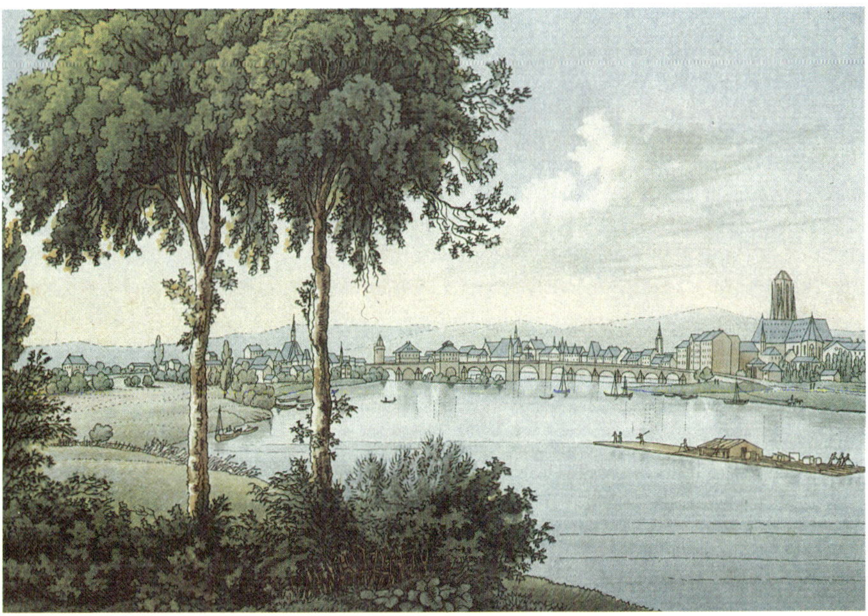

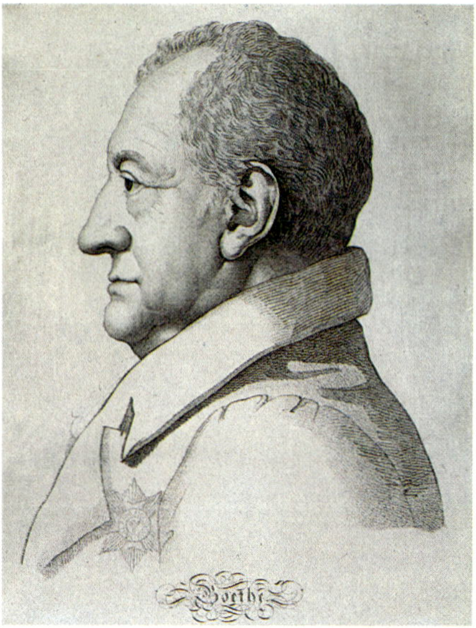

Links: *Goethe 1817, Stich nach einer Zeichnung von Jagemann*

Rechts: *Ulrike von Levetzow (Pastellgemälde). Goethe traf sie in den Sommern 1821 bis 1823 in Marienbad*

Ganz rechts: *Goethe 1826, Zeichnung von Sebbers*

und es zu sonst nichts brachte im Leben. Er hatte früh seine Liebschaften, trank viel, und seine 1817 geschlossene Ehe mit Ottilie von Pogwisch, der ziemlich haltlosen Tochter einer Weimarer Hofdame, konnte kaum gutgehen. Das Ehepaar wohnte mit in Goethes Haus; jeder ging seine Wege. August wurde von Goethe schließlich nach Rom geschickt; er sollte dort wohl, wie einst er selbst, zu sich finden. Doch dort ist er 1830 überraschend gestorben.

So gut wie jeden Sommer fuhr Goethe zur Kur, zunächst vor allem nach

Ottilie und August von Goethe, verheiratet seit 1817

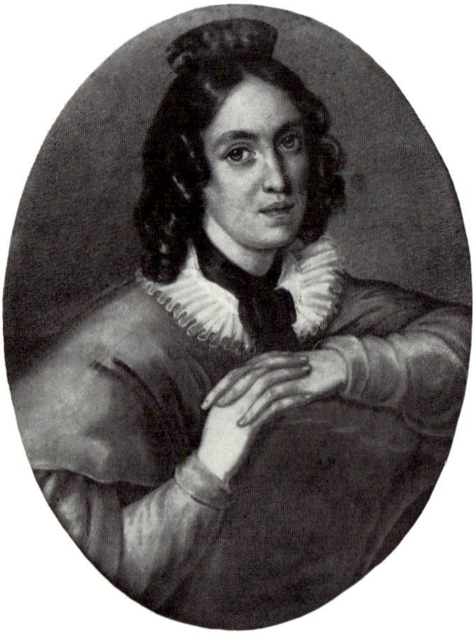

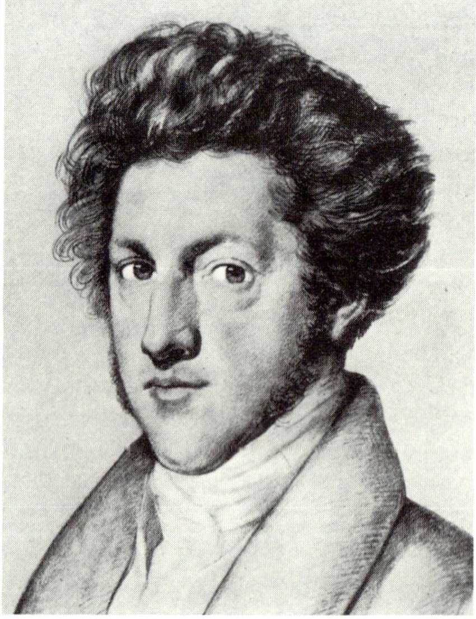

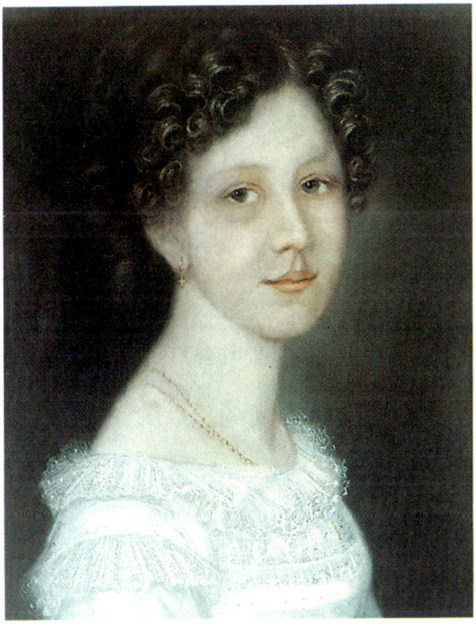 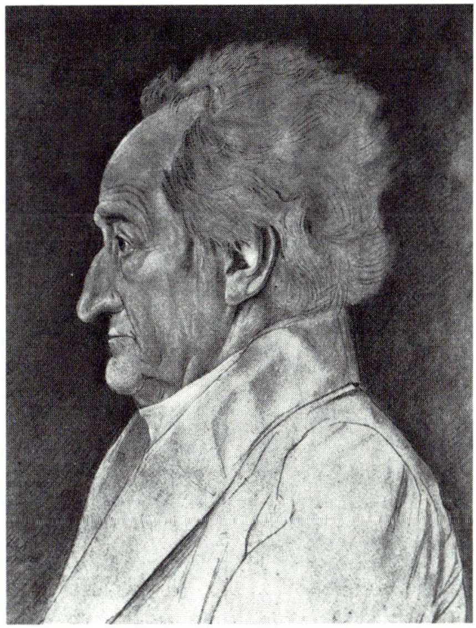

Karlsbad, seit 1821 nach Marienbad. Er machte dort Trinkkuren und genoß das gesellschaftliche Leben. Dort lernte er 1821, in seinem zweiundsiebzigsten Jahr, die siebzehnjährige Ulrike von Levetzow kennen und sah sie in den beiden folgenden Jahren wieder. 1823 warb er um sie, Großherzog Karl August trug der Mutter die Werbung für den alten Freund vor. Man überließ die Entscheidung dem Mädchen, das zögerte und dann nein sagte. Im Reisewagen zurück nach Weimar hat Goethe die „Marienbader Elegie" geschrieben, sein letztes großes Liebesgedicht. Ulrike blieb unverheiratet und starb im sehr hohen Alter 1899.

Auch Goethes letztes Lebensjahrzehnt wurde beherrscht von vielfältigen Tätigkeiten. Das Haus am Frauenplan war vollends zu einer Art Museum geworden, in dem der greise Dichter mehrere Helfer beschäftigte, u. a. Friedrich Wilhelm Riemer und ab 1823 den damals einunddreißigjährigen Johann Peter Ekkermann. Der war die bedeutendste Erscheinung in Goethes letzten Jahren. Seine „Gespräche mit Goethe" sind nach Nietzsches Ansicht „das beste deutsche Buch überhaupt" und sichern ihm wie dem Großen, dem er sich dienend unterordnete, einen festen Platz in unserer Literaturgeschichte. Doch wir verdanken ihm mehr: Wie einst Schiller den Dichter zur Vollendung des ersten Teils des „Faust" drängte, so nun Eckermann zur Arbeit am zweiten, die das „Hauptgeschäft" in Goethes letzten Jahren wurde.

Goethes Leben endete erst nach Vollendung dieses unbestritten größten Werks in unserer Sprache; und es war ihm auch noch vergönnt, die große „Vollständige Ausgabe letzter Hand" zu organisieren; von ihr erschienen 1827—1831 vierzig Bände; weitere zwanzig aus dem Nachlaß kamen hinzu.

1827 starb Charlotte von Stein, mit der es längst zur Aussöhnung gekommen war, 1828 der Großherzog Karl August, Mäzen und Freund, 1830 die Großherzogin Luise. Die Zahl derer, die den berühmten Greis Goethe in Weimar sehen

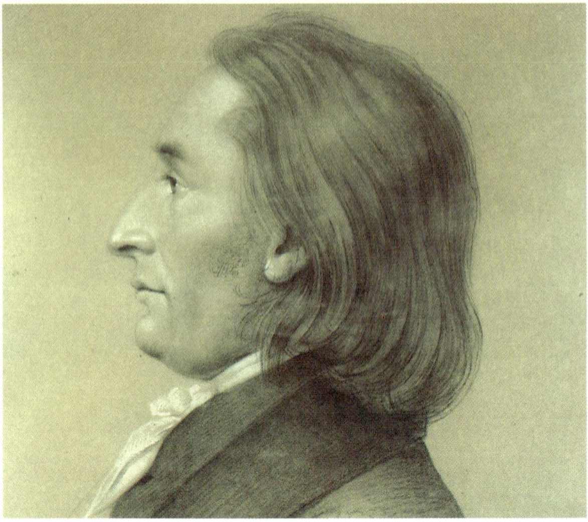

Johann Peter Eckermann. Kreidezeichnung von J. J. Schmeller, 1828

wollten, riß nicht ab. Und doch ist für das Ende seines Lebens festzustellen, daß seine Wirkung nachzulassen begann — Zeit und Zeitgeist hatten sich unaufhörlich gewandelt, das ließ auch sein Ansehen nicht unverändert. Jüngere nannten ihn bald respektlos „Kunstgreis" (Heine) und „Fürstenknecht" (Börne).

An seinem letzten, dem zweiundachtzigsten Geburtstag machte er eine kleine Reise: ließ sich nach Ilmenau fahren, stieg mit einem Begleiter zu der Jagdhütte auf dem Kickelhahn hinaus, wo er vor über einem halben Jahrhundert das Gedicht „Über allen Gipfeln..." auf eine Wand geschrieben hatte. Er las die Verse,

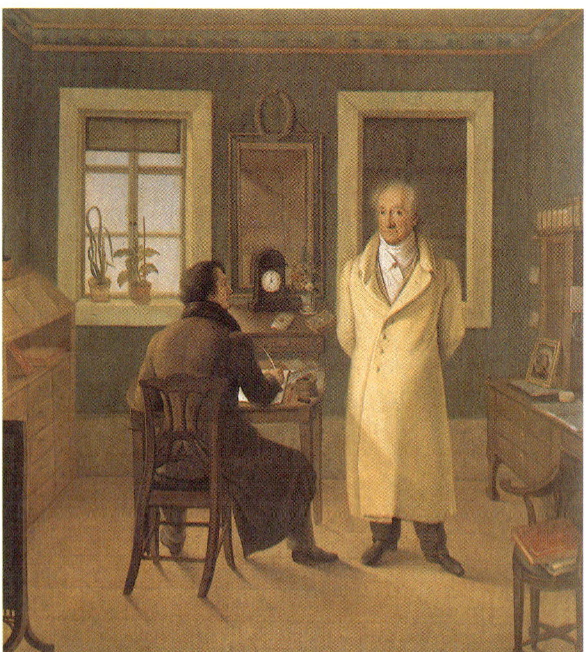

Goethe diktiert in seinem Arbeitszimmer dem Schreiber J. A. John. Gemälde von Schmeller, 1829—1831

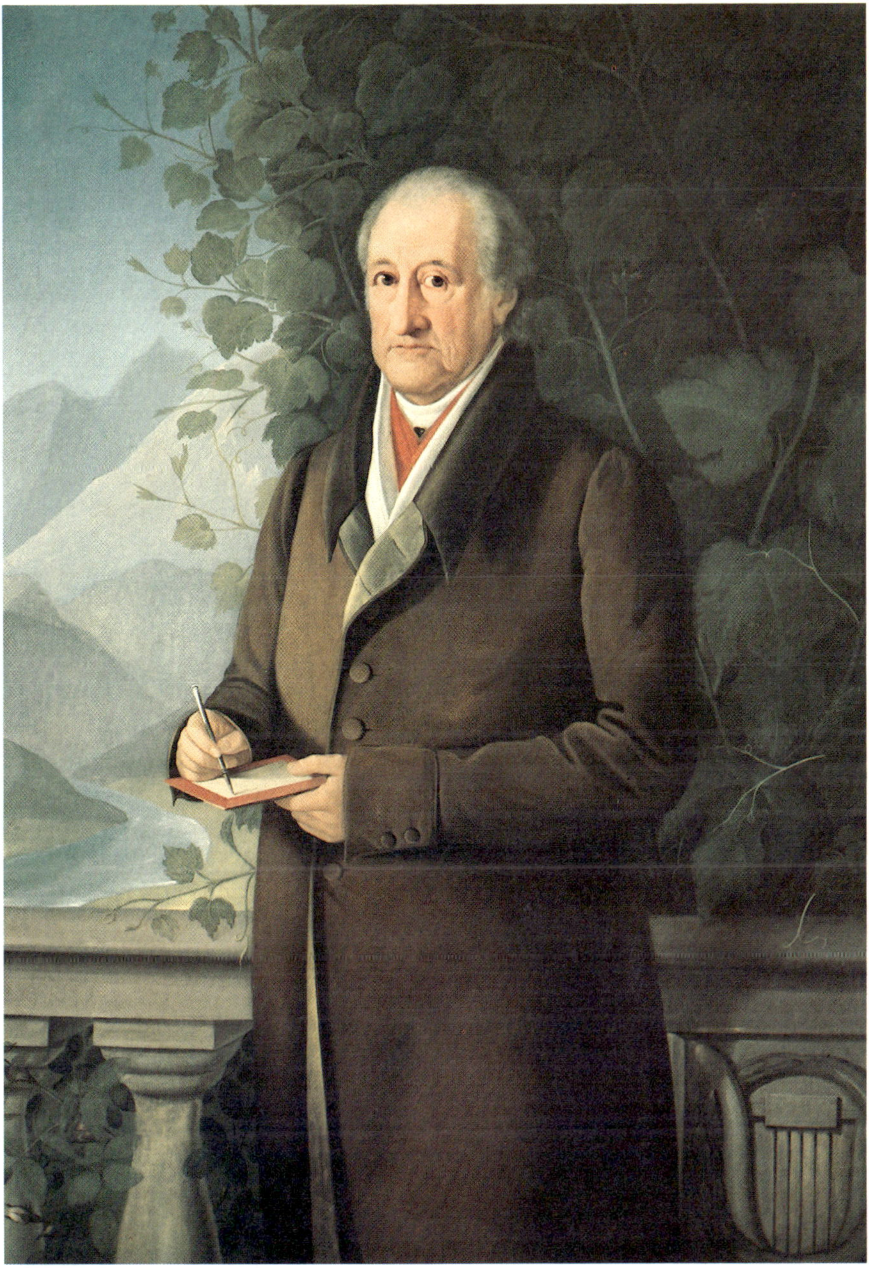

Goethe 1826/27. Gemälde von Schmeller

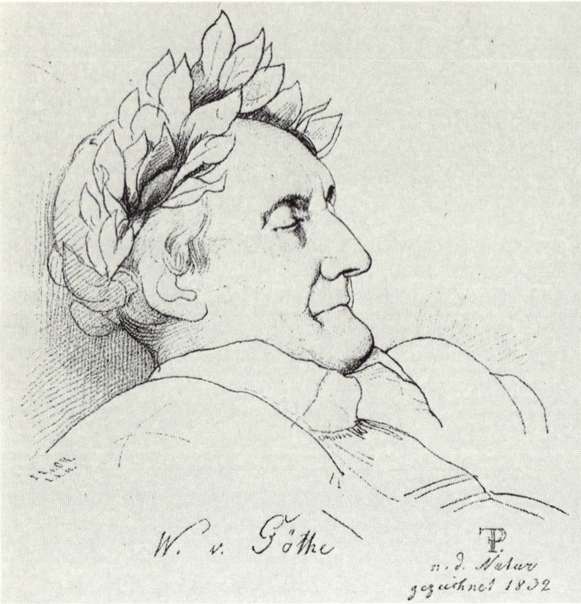

Links: *Goethe im Tode. „Nach der Natur gezeichnet“ von F. Preller, 22. März 1832*

Unten: *Die Fürstengruft in Weimar, in der Goethe vier Tage nach seinem Tod beigesetzt worden ist*

konnte die Tränen nicht zurückhalten. Und er sprach vor sich hin: „Ja, warte nur, balde ruhest du auch.“

Im März 1832 erkältete er sich auf einer Spazierfahrt, bekam Lungenentzündung, Atmung und Herz versagten. Der Arzt Karl Vogel schilderte den Morgen zwei Tage vor seinem Tod, sprach von „fürchterlichster Angst“ und Unruhe — es war kein leichtes Sterben.

Am 22. März 1832 endete Goethes Leben.

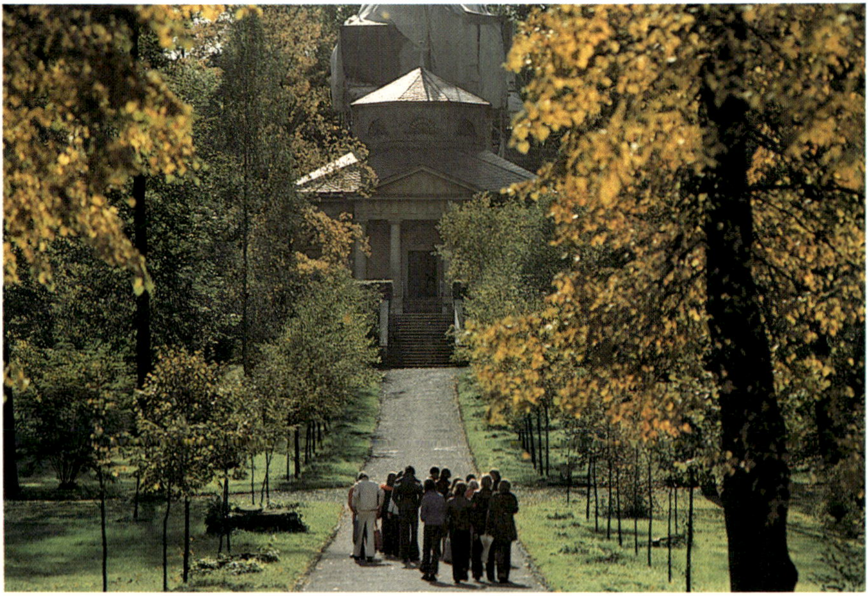

DIE LEIDEN
DES JUNGEN WERTHER

Was ich von der Geschichte des armen Werther
nur habe auffinden können,
habe ich mit Fleiß gesammelt und lege es euch hier vor,
und weiß, daß ihr mir's danken werdet.
Ihr könnt seinem Geiste und seinem Charakter
eure Bewunderung und Liebe,
seinem Schicksale eure Tränen nicht versagen.
Und du gute Seele,
die du eben den Drang fühlst wie er,
schöpfe Trost aus seinem Leiden,
und laß das Büchlein deinen Freund sein,
wenn du aus Geschick
oder eigener Schuld keinen nähern finden kannst.

ERSTES BUCH

Am 4. Mai 1771.

Wie froh bin ich, daß ich weg bin! Bester Freund, was ist das Herz des Menschen! Dich zu verlassen, den ich so liebe, von dem ich unzertrennlich war, und froh zu sein! Ich weiß, du verzeihst mir's. Waren nicht meine übrigen Verbindungen recht ausgesucht vom Schicksal, um ein Herz wie das meine zu ängstigen? Die arme Leonore! Und doch war ich unschuldig. Konnt' ich dafür, daß, während die eigensinnigen Reize ihrer Schwester mir eine angenehme Unterhaltung verschafften, daß eine Leidenschaft in dem armen Herzen sich bildete! Und doch — bin ich ganz unschuldig? Hab' ich nicht ihre Empfindungen genährt? hab' ich mich nicht an den ganz wahren Ausdrücken der Natur, die uns so oft zu lachen machten, so wenig lächerlich sie waren, selbst ergetzt, hab' ich nicht — O was ist der Mensch, daß er über sich klagen darf! Ich will, lieber Freund, ich verspreche dir's, ich will mich bessern, will nicht mehr ein bißchen Übel, das uns das Schicksal vorlegt, wiederkäuen, wie ich's immer getan habe; ich will das Gegenwärtige genießen, und das Vergangene soll mir vergangen sein. Gewiß, du hast Recht, Bester, der Schmerzen wären minder unter den Menschen, wenn sie nicht — Gott weiß, warum sie so gemacht sind — mit so viel Emsigkeit der Einbildungskraft sich beschäftigten, die Erinnerungen des vergangenen Übels zurückzurufen, eher als eine gleichgültige Gegenwart zu ertragen.

Du bist so gut, meiner Mutter zu sagen, daß ich ihr Geschäft bestens betreiben und ihr eh'stens Nachricht davon geben werde. Ich habe meine Tante gesprochen, und bei weitem das böse Weib nicht gefunden, das man bei uns aus ihr macht. Sie ist eine muntere heftige Frau von dem besten Herzen. Ich erklärte ihr meiner Mutter Beschwerden über den zurückgehaltenen Erbschaftsanteil; sie sagte mir ihre Gründe, Ursachen und die Bedingungen, unter welchen sie bereit wäre alles herauszugeben, und mehr als wir verlangten. — Kurz, ich mag jetzt nichts davon schreiben, sage meiner Mutter, es werde alles gut gehen. Und ich habe, mein Lieber, wieder bei diesem kleinen Geschäft gefunden, daß Mißverständnisse und Trägheit vielleicht mehr Irrungen in der Welt machen, als List und Bosheit. Wenigstens sind die beiden letzteren gewiß seltener.

Übrigens befinde ich mich hier gar wohl, die Einsamkeit ist meinem Herzen köstlicher Balsam in dieser paradiesischen Gegend, und diese Jahrszeit der Jugend wärmt mit aller Fülle mein oft schauderndes Herz. Jeder Baum, jede Hecke ist ein Strauß von Blüten, und man möchte zum Maienkäfer werden, um in dem Meer von Wohlgerüchen herumschweben und alle seine Nahrung darin finden zu können.

Die Stadt selbst ist unangenehm, dagegen rings umher eine unaussprechliche Schönheit der Natur. Das bewog den verstorbenen Grafen von M.. seinen Garten auf einem der Hügel anzulegen, die mit der schönsten Mannichfaltigkeit sich kreuzen, und die lieblichsten Täler bilden. Der Garten ist einfach, und man fühlt gleich bei dem Eintritte, daß nicht ein wissenschaftlicher Gärtner, sondern ein fühlendes Herz den Plan gezeichnet, das seiner selbst hier genießen wollte. Schon manche Träne hab' ich dem Abgeschiedenen in dem verfallenen Kabinettchen geweint, das sein Lieblingsplätzchen war und auch meines ist. Bald werde ich Herr vom Garten sein; der Gärtner ist mir zugetan, nur seit den paar Tagen, und er wird sich nicht übel dabei befinden.

Am 10. Mai.

Eine wunderbare Heiterkeit hat meine ganze Seele eingenommen, gleich den süßen Frühlingsmorgen, die ich mit ganzem Herzen genieße. Ich bin allein, und freue mich meines Lebens in dieser Gegend, die für solche Seelen geschaffen ist wie die meine. Ich bin so glücklich, mein Bester, so ganz in dem Gefühle von ruhigem Dasein versunken, daß meine Kunst darunter leidet. Ich könnte jetzt nicht zeichnen, nicht einen Strich, und bin nie ein größerer Maler gewesen als in diesen Augenblicken. Wenn das liebe Tal um mich dampft, und die hohe Sonne an der Oberfläche der undurchdringlichen Finsternis meines Waldes ruht, und nur einzelne Strahlen sich in das innere Heiligtum stehlen, ich dann im hohen Grase am fallenden Bache liege, und näher an der Erde tausend mannichfaltige Gräschen mir merkwürdig werden: wenn ich das Wimmeln der kleinen Welt zwischen Halmen, die unzähligen unergründlichen Gestalten der Würmchen, der Mückchen näher an meinem Herzen fühle, und fühle die Gegenwart des Allmächtigen, der uns nach seinem Bilde schuf, das Wehen des Allliebenden, der uns in ewiger Wonne schwebend trägt und erhält; mein Freund! wenn's dann um meine Augen dämmert, und die Welt um mich her und der Himmel ganz in meiner Seele ruhn wie die Gestalt einer Geliebten; dann sehne ich mich oft und denke: ach könntest du das wieder ausdrücken, könntest du dem Papiere das einhauchen, was so voll, so warm in dir lebt, daß es würde der Spiegel deiner Seele, wie deine Seele ist der Spiegel des unendlichen Gottes! — Mein Freund — Aber ich gehe darüber zu Grunde, ich erliege unter der Gewalt der Herrlichkeit dieser Erscheinungen.

Am 12. Mai.

Ich weiß nicht, ob täuschende Geister um diese Gegend schweben, oder ob die warme himmlische Phantasie in meinem Herzen ist, die mir alles rings umher so paradiesisch macht. Da ist gleich vor dem Orte ein Brunnen, ein Brunnen, an den ich gebannt bin wie Melusine mit ihren Schwestern. — Du gehst einen kleinen Hügel hinunter, und findest dich vor einem Gewölbe, da wohl zwanzig Stufen hinab gehen wo unten das klarste Wasser aus Marmorfelsen quillt. Die kleine Mauer die oben umher die Einfassung macht, die hohen Bäume die den Platz rings umher bedecken, die Kühle des Ortes; das hat alles so was Anzügliches, was Schauerliches. Es vergeht kein Tag, daß ich nicht eine Stunde da sitze. Da kommen dann die Mädchen aus der Stadt, und holen Wasser, das harmloseste Geschäft und das nötigste, das ehemals die Töchter der Könige selbst verrichteten. Wenn ich da sitze, so lebt die patriarchalische Idee so lebhaft um mich, wie sie alle, die Altväter, am Brunnen Bekanntschaft machen und freien, und wie um die Brunnen und Quellen wohltätige Geister schweben. O der muß nie nach einer schweren Sommertagswanderung sich an des Brunnens Kühle gelabt haben, der das nicht mitempfinden kann.

Am 13. Mai.

Du fragst, ob du mir meine Bücher schicken sollst? — Lieber, ich bitte dich um Gottes willen, laß mir sie vom Halse! Ich will nicht mehr geleitet, ermuntert, angefeuert sein, braus't dieses Herz doch genug aus sich selbst: ich brauche Wiegengesang und den habe ich in seiner Fülle gefunden in meinem Homer. Wie oft lull' ich mein empörtes Blut zur Ruhe, denn so ungleich, so unstät hast du nichts gesehn als dieses Herz. Lieber! brauch' ich dir das zu sagen, der du so oft die Last getragen hast, mich vom Kummer zur Ausschweifung und von süßer Melancholie zur verderblichen Leidenschaft übergehen zu sehn? Auch halte ich mein Herzchen wie ein krankes Kind; jeder Wille wird ihm gestattet. Sage das nicht weiter, es gibt Leute, die mir es verübeln würden.

Am 15. Mai.

Die geringen Leute des Ortes kennen mich schon und lieben mich, besonders die Kinder. Wie ich im Anfange mich zu ihnen gesellte, sie freundschaftlich fragte über dies und das, glaubten einige, ich wollte ihrer spotten, und fertigten mich wohl gar grob ab. Ich ließ mich das nicht verdrießen; nur fühlte ich, was ich schon oft bemerkt habe, auf das lebhafteste: Leute von einigem Stande werden sich immer in kalter Entfernung vom gemeinen Volke halten, als glaubten sie durch Annäherung zu verlieren; und dann gibt's Flüchtlinge und üble Spaßvögel, die sich herabzulassen scheinen, um ihren Übermut dem armen Volke desto empfindlicher zu machen.

Ich weiß wohl, daß wir nicht gleich sind, noch sein können; aber ich halte dafür, daß der, der nötig zu haben glaubt, vom sogenannten Pöbel sich zu entfernen, um den Respekt zu erhalten, eben so tadelhaft ist, als ein Feiger, der sich vor seinem Feinde verbirgt, weil er zu unterliegen fürchtet.

Letzthin kam ich zum Brunnen, und fand ein junges Dienstmädchen, das ihr Gefäß auf die unterste Treppe gesetzt hatte, und sich umsah, ob keine Kamerädin kommen wollte, ihr es auf den Kopf zu helfen. Ich stieg hinunter und sah sie an. — Soll ich Ihr helfen, Jungfer? sagte ich. — Sie ward rot über und über. — O nein, Herr! sagte sie. — Ohne Umstände. — Sie legte ihren Kringen zurecht und ich half ihr. Sie dankte und stieg hinauf.

Den 17. Mai.

Ich habe allerlei Bekanntschaft gemacht, Gesellschaft habe ich noch keine gefunden. Ich weiß nicht, was ich Anzügliches für die Menschen haben muß; es mögen mich ihrer so viele und hängen sich an mich, und da tut mir's weh, wenn unser Weg nur eine kleine Strecke mit einander geht. Wenn du fragst, wie die Leute hier sind, muß ich dir sagen: wie überall! Es ist ein einförmiges Ding um das Menschengeschlecht. Die meisten verarbeiten den größten Teil der Zeit, um zu leben, und das Bißchen, das ihnen von Freiheit übrig bleibt, ängstigt sie so, daß sie alle Mittel aufsuchen, um es los zu werden. O Bestimmung des Menschen!

Aber eine recht gute Art Volks! Wenn ich mich manchmal vergesse, manchmal mit ihnen die Freuden genieße, die den Menschen noch gewährt sind, an einem artig besetzten Tisch mit aller Offen- und Treuherzigkeit sich herumzuspaßen, eine Spazierfahrt, einen Tanz zur rechten Zeit anzuordnen, und dergleichen, das tut eine ganz gute Wirkung auf mich; nur muß mir nicht einfallen, daß noch so viele andere Kräfte in mir ruhen, die alle ungenutzt vermodern und die ich sorgfältig verbergen muß. Ach, das engt das ganze Herz so ein. — Und doch! mißverstanden zu werden, ist das Schicksal von unser einem.

Ach, daß die Freundin meiner Jugend dahin ist! ach, daß ich sie je gekannt habe! — Ich würde sagen, du bist ein Tor! du suchst, was hienieden nicht zu finden ist; aber ich habe sie gehabt, ich habe das Herz gefühlt, die große Seele, in deren Gegenwart ich mir schien mehr zu sein als ich war, weil ich alles war was ich sein konnte. Guter Gott! blieb da eine einzige Kraft meiner Seele ungenutzt? Konnt' ich nicht vor ihr das ganze wunderbare Gefühl entwickeln, mit dem mein Herz die Natur umfaßt? War unser Umgang nicht ein ewiges Weben von der feinsten Empfindung, dem schärfsten Witze, dessen Modifikationen, bis zur Unart, alle mit dem Stempel des Genies bezeichnet waren? Und nun! — Ach ihre Jahre, die sie voraus hatte, führten sie früher an's Grab als mich. Nie werde ich sie vergessen, nie ihren festen Sinn und ihre göttliche Duldung.

Vor wenig Tagen traf ich einen jungen V.. an, einen offnen Jungen, mit einer gar glücklichen Gesichtsbildung. Er kommt erst von Akademien, dünkt sich eben nicht weise, aber glaubt doch, er wisse mehr als andere. Auch war er fleißig, wie ich an allerlei spüre, kurz, er hat hübsche Kenntnisse. Da er hörte, daß ich viel zeichnete und Griechisch könnte (zwei Meteore hier zu Lande), wandte er sich an mich und kramte viel Wissens aus, von Batteux bis zu Wood, von de Piles zu Winckelmann, und versicherte mich, er habe Sulzers Theorie, den ersten Teil, ganz durchgelesen und besitze ein Manuskript von Heynen über das Studium der Antike. Ich ließ das gut sein.

Noch gar einen braven Mann habe ich kennen lernen, den fürstlichen Amtmann, einen offenen treuherzigen Menschen. Man sagt, es soll eine Seelenfreude sein, ihn unter seinen Kindern zu sehen, deren er neun hat; besonders macht man viel Wesens von seiner ältesten Tochter. Er hat mich zu sich gebeten, und ich will ihn eh'ster Tage besuchen. Er wohnt auf einem fürstlichen Jagdhofe, anderthalb Stunden von hier, wohin er, nach dem Tode seiner Frau, zu ziehen die Erlaubnis erhielt, da ihm der Aufenthalt hier in der Stadt und im Amthause zu weh tat.

Sonst sind mir einige verzerrte Originale in den Weg gelaufen, an denen alles unausstehlich ist, am unerträglichsten ihre Freundschaftsbezeigungen.

Leb' wohl! der Brief wird dir recht sein, er ist ganz historisch.

Am 22. Mai.

Daß das Leben des Menschen nur ein Traum sei, ist manchen schon so vorgekommen und auch mit mir zieht dieses Gefühl immer herum. Wenn ich die Einschränkung ansehe, in welcher die tätigen und forschenden Kräfte des Menschen eingesperrt sind; wenn ich sehe, wie alle Wirksamkeit dahinaus läuft, sich die Befriedigung von Bedürfnissen zu verschaffen, die wieder keinen Zweck haben, als unsere arme Existenz zu verlängern, und dann, daß alle Beruhigung über gewisse Punkte des Nachforschens nur eine träumende Resignation ist, da man sich die Wände, zwischen denen man gefangen sitzt, mit bunten Gestalten und lichten Aussichten bemalt — Das alles, Wilhelm, macht mich stumm. Ich kehre in mich selbst zurück, und finde eine Welt! Wieder mehr in Ahnung und dunkler Begier, als in Darstellung und lebendiger Kraft. Und da schwimmt alles vor meinen Sinnen und ich lächle dann so träumend weiter in die Welt.

Daß die Kinder nicht wissen, warum sie wollen, darin sind alle hochgelahrten Schul- und Hofmeister einig; daß aber auch Erwachsene gleich Kindern auf diesem Erdboden herumtaumeln, und wie jene nicht wissen, woher sie kommen und wohin sie gehen, eben so wenig nach wahren Zwecken handeln, eben so durch Biskuit und Kuchen und Birkenreiser regiert werden: das will niemand gern glauben, und mich dünkt, man kann es mit Händen greifen.

Ich gestehe dir gern, denn ich weiß, was du mir hierauf sagen möchtest, daß diejenigen die Glücklichsten sind, die gleich den Kindern in den Tag hinein leben, ihre Puppen herumschleppen, aus- und anziehen, und mit großem Respekt um die Schublade umherschleichen, wo Mama das Zuckerbrot hinein geschlossen hat, und wenn sie das gewünschte endlich erhaschen, es mit vollen Backen verzehren und rufen: Mehr! — Das sind glückliche Geschöpfe. Auch denen ist's wohl, die ihren Lumpenbeschäftigungen oder wohl gar ihren Leidenschaften prächtige Titel geben, und sie dem Menschengeschlechte als Riesenoperationen zu dessen Heil und Wohlfahrt anschreiben. — Wohl dem, der so sein kann! Wer aber in seiner Demut erkennt, wo das alles hinausläuft, wer da sieht, wie artig jeder Bürger, dem es wohl ist, sein Gärtchen zum Paradiese zuzustutzen weiß, und wie unverdrossen dann doch auch der Unglückliche unter der Bürde seinen Weg fortkeucht, und alle gleich interessiert sind, das Licht dieser Sonne noch eine Minute länger zu sehn: — ja der ist still, und bildet auch seine Welt aus sich selbst, und ist auch glücklich, weil er ein Mensch ist. Und dann, so eingeschränkt er ist, hält er doch immer im Herzen das süße Gefühl der Freiheit, und daß er diesen Kerker verlassen kann, wann er will.

Am 26. Mai.

Du kennst von Alters her meine Art, mich anzubauen, mir irgend an einem vertraulichen Ort ein Hüttchen aufzuschlagen, und da mit aller Einschränkung zu herbergen. Auch hier hab' ich wieder ein Plätzchen angetroffen, das mich angezogen hat.

Ungefähr eine Stunde von der Stadt liegt ein Ort, den sie Wahlheim* nennen. Die Lage an einem Hügel ist sehr interessant, und wenn man oben auf dem Fußpfade zum Dorf herausgeht, übersieht man auf Einmal das ganze Tal. Eine gute Wirtin, die gefällig und munter in ihrem Alter ist, schenkt Wein, Bier, Kaffee; und was über alles geht, sind zwei Linden, die mit ihren ausgebreiteten Ästen den kleinen Platz vor der Kirche bedecken, der ringsum mit Bauerhäusern, Scheuern und Höfen eingeschlossen ist. So vertraulich, so heimlich hab' ich nicht leicht ein Plätzchen gefunden, und dahin lass' ich mein Tischchen aus dem Wirtshause bringen und meinen Stuhl, trinke meinen Kaffee da, und lese meinen Homer. Das erstemal, als ich durch einen Zufall an einem schönen Nachmittage unter die Linden kam, fand ich das Plätzchen so einsam. Es war alles im Felde; nur ein Knabe von ungefähr vier Jahren saß an der Erde und hielt ein anderes, etwa halbjähriges, vor ihm zwischen seinen Füßen sitzendes Kind mit beiden Armen wider seine Brust, so daß er ihm zu einer Art von Sessel diente, und ungeachtet der Munterkeit, womit er aus seinen schwarzen Augen herumschaute, ganz ruhig saß. Mich vergnügte der Anblick: ich setzte mich auf einen Pflug, der gegenüber stand, und zeichnete die brüderliche Stellung mit vielem Ergetzen. Ich fügte den nächsten Zaun, ein Scheunentor und einige gebrochene Wagenräder bei, alles wie es hinter einander stand, und fand nach Verlauf einer Stunde, daß ich eine wohlgeordnete, sehr interessante Zeichnung verfertigt hatte, ohne das Mindeste von dem Meinen hinzuzutun. Das bestärkte mich in meinem Vorsatze,

* Der Leser wird sich keine Mühe geben, die hier genannten Orte zu suchen, man hat sich genötigt gesehen, die im Originale befindlichen wahren Namen zu verändern.

mich künftig allein an die Natur zu halten. Sie allein ist unendlich reich und sie allein bildet den großen Künstler. Man kann zum Vorteile der Regeln viel sagen, ungefähr was man zum Lobe der bürgerlichen Gesellschaft sagen kann. Ein Mensch, der sich nach ihnen bildet, wird nie etwas Abgeschmacktes und Schlechtes hervorbringen, wie einer, der sich durch Gesetze und Wohlstand modeln läßt, nie ein unerträglicher Nachbar, nie ein merkwürdiger Bösewicht werden kann; dagegen wird aber auch alle Regel, man rede was man wolle, das wahre Gefühl von Natur und den wahren Ausdruck derselben zerstören! Sag' du, das ist zu hart! Sie schränkt nur ein, beschneidet die geilen Reben etc. — Guter Freund, soll ich dir ein Gleichnis geben? Es ist damit wie mit der Liebe. Ein junges Herz hängt ganz an einem Mädchen, bringt alle Stunden seines Tages bei ihr zu, verschwendet alle seine Kräfte, all sein Vermögen, um ihr jeden Augenblick auszudrücken, daß er sich ganz ihr hingibt. Und da käme ein Philister, ein Mann, der in einem öffentlichen Amte steht, und sagte zu ihm: Feiner junger Herr! lieben ist menschlich, nur müßt ihr menschlich lieben! Teilet eure Stunden ein, die einen zur Arbeit, und die Erholungsstunden widmet eurem Mädchen. Berechnet euer Vermögen, und was euch von eurer Notdurft übrig bleibt, davon verwehr' ich euch nicht, ihr ein Geschenk, nur nicht zu oft, zu machen, etwa zu ihrem Geburts- und Namenstage etc. — Folgt der Mensch, so gibt's einen brauchbaren jungen Menschen, und ich will selbst jedem Fürsten raten, ihn in ein Kollegium zu setzen; nur mit seiner Liebe ist's am Ende, und wenn er ein Künstler ist, mit seiner Kunst. O meine Freunde! warum der Strom des Genies so selten ausbricht, so selten in hohen Fluten herein braus't, und eure staunende Seele erschüttert? — Liebe Freunde, da wohnen die gelassenen Herren auf beiden Seiten des Ufers, denen ihre Gartenhäuschen, Tulpenbeete und Krautfelder zu Grunde gehen würden, die daher in Zeiten mit Dämmen und Ableiten der künftig drohenden Gefahr abzuwehren wissen.

Am 27. Mai.

Ich bin, wie ich sehe, in Verzückung, Gleichnisse und Deklamation verfallen, und habe darüber vergessen, dir auszuerzählen, was mit den Kindern weiter geworden ist. Ich saß, ganz in malerische Empfindung vertieft, die dir mein gestriges Blatt sehr zerstückt darlegt, auf meinem Pfluge wohl zwei Stunden. Da kommt gegen Abend eine junge Frau auf die Kinder los, die sich indes nicht gerührt hatten, mit einem Körbchen am Arm und ruft von weitem: Philipps, du bist recht brav. — Sie grüßte mich, ich dankte ihr, stand auf, trat näher hin, und fragte sie, ob sie Mutter von den Kindern wäre? Sie bejahte es, und indem sie dem ältesten einen halben Weck gab, nahm sie das kleine auf und küßte es mit aller mütterlichen Liebe. — Ich habe, sagte sie, meinem Philipps das Kleine zu halten gegeben, und bin mit meinem Ältesten in die Stadt gegangen, um

Weiß-Brot zu holen und Zucker, und ein irden Breipfännchen. — Ich sah das alles in dem Korbe, dessen Deckel abgefallen war. — Ich will meinem Hans (das war der Name des Jüngsten) ein Süppchen kochen zum Abende; der lose Vogel, der Große, hat mir gestern das Pfännchen zerbrochen, als er sich mit Philippsen um die Scharre des Brei's zankte. — Ich fragte nach dem Ältesten, und sie hatte mir kaum gesagt, daß er auf der Wiese sich mit ein paar Gänsen herumjage, als er gesprungen kam und dem Zweiten eine Haselgerte mitbrachte. Ich unterhielt mich weiter mit dem Weibe, und erfuhr, daß sie des Schulmeisters Tochter sei, und daß ihr Mann eine Reise in die Schweiz gemacht habe, um die Erbschaft eines Vetters zu holen. — Sie haben ihn drum betriegen wollen, sagte sie, und ihm auf seine Briefe nicht geantwortet; da ist er selbst hinein gegangen. Wenn ihm nur kein Unglück widerfahren ist, ich höre nichts von ihm. — Es ward mir schwer, mich von dem Weibe loszumachen, gab jedem der Kinder einen Kreuzer, und auch für's jüngste gab ich ihr einen, ihm einen Weck zur Suppe mitzubringen, wenn sie in die Stadt ginge, und so schieden wir von einander.

Ich sage dir, mein Schatz, wenn meine Sinne gar nicht mehr halten wollen, so lindert all den Tumult der Anblick eines solchen Geschöpfs, das in glücklicher Gelassenheit den engen Kreis seines Daseins hingeht, von einem Tage zum andern sich durchhilft, die Blätter abfallen sieht, und nichts dabei denkt, als daß der Winter kommt.

Seit der Zeit bin ich oft draußen. Die Kinder sind ganz an mich gewöhnt, sie kriegen Zucker, wenn ich Kaffee trinke, und teilen das Butterbrot und die saure Milch mit mir des Abends. Sonntags fehlt ihnen der Kreuzer nie, und wenn ich nicht nach der Betstunde da bin, so hat die Wirtin Ordre, ihn auszuzahlen.

Sie sind vertraut, erzählen mir allerhand, und besonders ergetze ich mich an ihren Leidenschaften und simpeln Ausbrüchen des Begehrens, wenn mehr Kinder aus dem Dorfe sich versammeln.

Viel Mühe hat mich's gekostet, der Mutter ihre Besorgnis zu nehmen: sie möchten den Herrn inkommodieren.

Am 30. Mai.

Was ich dir neulich von der Malerei sagte, gilt gewiß auch von der Dichtkunst; es ist nur, daß man das Vortreffliche erkenne und es auszusprechen wage, und das ist freilich mit wenigem viel gesagt. Ich habe heut eine Szene gehabt, die, rein abgeschrieben, die schönste Idylle von der Welt gäbe; doch was soll Dichtung, Szene und Idylle? muß es denn immer gebosselt sein, wenn wir Teil an einer Naturerscheinung nehmen sollen?

Wenn du auf diesen Eingang viel Hohes und Vornehmes erwartest, so bist du wieder übel betrogen; es ist nichts als ein Bauerbursch, der mich zu dieser lebhaften Teilnehmung hingerissen hat — ich werde, wie gewöhnlich, schlecht erzählen, und du wirst mich, wie gewöhnlich, denk' ich, übertrieben finden; es ist wieder Wahlheim, und immer Wahlheim, das diese Seltenheiten hervorbringt.

Es war eine Gesellschaft draußen unter den Linden, Kaffee zu trinken. Weil sie mir nicht ganz anstand, so blieb ich unter einem Vorwande zurück.

Ein Bauerbursch kam aus einem benachbarten Hause und beschäftigte sich, an dem Pfluge, den ich neulich gezeichnet hatte, etwas zurecht zu machen. Da mir sein Wesen gefiel, redete ich ihn an, fragte nach seinen Umständen, wir waren bald bekannt, und wie mir's gewöhnlich mit dieser Art Leuten geht, bald vertraut. Er erzählte mir, daß er bei einer Witwe in Diensten sei und von ihr gar wohl gehalten werde. Er sprach so vieles von ihr und lobte sie dergestalt, daß ich bald merken konnte, er sei ihr mit Leib und Seele zugetan. Sie sei nicht mehr jung, sagte er, sie sei von ihrem ersten Mann übel gehalten worden, wolle nicht mehr heiraten, und aus seiner Erzählung leuchtete so merklich hervor, wie schön, wie reizend sie für ihn sei, wie sehr er wünsche, daß sie ihn wählen möchte, um das Andenken der Fehler ihres ersten Mannes auszulöschen, daß ich Wort für Wort wiederholen müßte, um dir die reine Neigung, die Liebe und Treue dieses Menschen anschaulich zu machen. Ja, ich müßte die Gabe des größten Dichters besitzen, um dir zugleich den Ausdruck seiner Gebärden, die Harmonie seiner Stimme, das heimliche Feuer seiner Blicke lebendig darstellen zu können. Nein, es sprechen keine Worte die Zartheit aus, die in seinem ganzen Wesen und Ausdruck war: es ist alles nur plump, was ich wieder vorbringen könnte. Besonders rührte mich, wie er fürchtete, ich möchte über sein Verhältnis zu ihr ungleich denken und an ihrer guten Aufführung zweifeln. Wie reizend es war, wenn er von ihrer Gestalt, von ihrem Körper sprach, der ihn ohne jugendliche Reize gewaltsam an sich zog und fesselte, kann ich mir nur in meiner innersten Seele wiederholen. Ich hab' in meinem Leben die dringende Begierde und das heiße sehnliche Verlangen nicht in dieser Reinheit gesehen, ja wohl kann ich sagen, in dieser Reinheit nicht gedacht und geträumt. Schelte mich nicht, wenn ich dir sage, daß bei der Erinnerung dieser Unschuld und Wahrheit mir die innerste Seele glüht, und daß mich das Bild dieser Treue und Zärtlichkeit überall verfolgt, und daß ich, wie selbst davon entzündet, lechze und schmachte.

Ich will nun suchen, auch sie eh'stens zu sehn, oder vielmehr, wenn ich's recht bedenke, ich will's vermeiden. Es ist besser, ich sehe sie durch die Augen ihres Liebhabers; vielleicht erscheint sie mir vor meinen eigenen Augen nicht so, wie sie jetzt vor mir steht, und warum soll ich mir das schöne Bild verderben?

Am 16. Junius.

Warum ich dir nicht schreibe? — Fragst du das und bist doch auch der Gelehrten einer? Du solltest raten, daß ich mich wohl befinde, und zwar

— Kurz und gut, ich habe eine Bekanntschaft gemacht, die mein Herz näher angeht. Ich habe — ich weiß nicht.

Dir in der Ordnung zu erzählen, wie's zugegangen ist, daß ich eins der liebenswürdigsten Geschöpfe habe kennen lernen, wird schwer halten. Ich bin vergnügt und glücklich, und also kein guter Historienschreiber.

Einen Engel! — Pfui! das sagt jeder von der Seinigen, nicht wahr? Und doch bin ich nicht im Stande, dir zu sagen, wie sie vollkommen ist, warum sie vollkommen ist; genug, sie hat allen meinen Sinn gefangen genommen.

So viel Einfalt bei so viel Verstand, so viele Güte bei so viel Festigkeit, und die Ruhe der Seele bei dem wahren Leben und der Tätigkeit. —

Das ist alles garstiges Gewäsch, was ich da von ihr sage, leidige Abstraktionen, die nicht einen Zug ihres Selbst ausdrücken. Ein andermal — nein, nicht ein andermal, jetzt gleich will ich dir's erzählen. Tu' ich's jetzt nicht, so geschäh' es niemals. Denn, unter uns, seit ich angefangen habe zu schreiben, war ich schon dreimal im Begriffe die Feder niederzulegen, mein Pferd satteln zu lassen und hinauszureiten. Und doch schwur ich mir heute frühe, nicht hinauszureiten, und gehe doch alle Augenblick' an's Fenster, zu sehen, wie hoch die Sonne noch steht. — — —

Ich hab's nicht überwinden können, ich mußte zu ihr hinaus. Da bin ich wieder, Wilhelm, will mein Butterbrot zu Nacht essen und dir schreiben. Welch eine Wonne das für meine Seele ist, sie in dem Kreise der lieben muntern Kinder, ihrer acht Geschwister zu sehen! —

Wenn ich so fortfahre, wirst du am Ende so klug sein wie am Anfange. Höre denn, ich will mich zwingen in's Detail zu gehen.

Ich schrieb dir neulich, wie ich den Amtmann S.. habe kennen lernen, und wie er mich gebeten habe, ihn bald in seiner Einsiedelei, oder vielmehr seinem kleinen Königreiche zu besuchen. Ich vernachlässigte das, und wäre vielleicht nie hingekommen, hätte mir der Zufall nicht den Schatz entdeckt, der in der stillen Gegend verborgen liegt.

Unsere jungen Leute hatten einen Ball auf dem Lande angestellt, zu dem ich mich denn auch willig finden ließ. Ich bot einem hiesigen guten, schönen, übrigens unbedeutenden Mädchen die Hand, und es wurde ausgemacht, daß ich eine Kutsche nehmen, mit meiner Tänzerin und ihrer Base nach dem Orte der Lustbarkeit hinausfahren, und auf dem Wege Charlotten S.. mitnehmen sollte. — Sie werden ein schönes Frauenzimmer kennen lernen, sagte meine Gesellschafterin, da wir durch den weiten ausgehauenen Wald nach dem Jagdhause fuhren. — Nehmen Sie sich in Acht, versetzte die Base, daß Sie sich nicht verlieben! — Wie so? sagte ich. — Sie ist schon vergeben, antwortete jene, an einen sehr braven Mann, der weggereis't ist, seine Sachen in Ordnung zu bringen, weil sein Vater gestorben ist, und sich um eine ansehnliche Versorgung zu bewerben. — Die Nachricht war mir ziemlich gleichgültig.

Die Sonne war noch eine Viertelstunde vom Gebirge, als wir vor dem

Hoftore anfuhren. Es war sehr schwül, und die Frauenzimmer äußerten ihre Besorgnis wegen eines Gewitters, das sich in weißgrauen dumpfichten Wölkchen rings am Horizonte zusammenzuziehen schien. Ich täuschte ihre Furcht mit anmaßlicher Wetterkunde, ob mir gleich selbst zu ahnen anfing, unsere Lustbarkeit werde einen Stoß leiden.

Ich war ausgestiegen, und eine Magd, die an's Tor kam, bat uns einen Augenblick zu verziehen, Mamsell Lottchen würde gleich kommen. Ich ging durch den Hof nach dem wohlgebauten Hause, und da ich die vorliegenden Treppen hinauf gestiegen war und in die Tür trat, fiel mir das reizendste Schauspiel in die Augen, das ich je gesehen habe. In dem Vorsaale wimmelten sechs Kinder von eilf zu zwei Jahren um ein Mädchen von schöner Gestalt, mittlerer Größe, die ein simples weißes Kleid, mit blaßroten Schleifen an Arm und Brust, anhatte. Sie hielt ein schwarzes Brot und schnitt ihren Kleinen rings herum jedem sein Stück nach Proportion ihres Alters und Appetits ab, gab's jedem mit solcher Freundlichkeit, und jedes rief so ungekünstelt sein: Danke! indem es mit den kleinen Händchen lange in die Höhe gereicht hatte, ehe es noch abgeschnitten war, und nun mit seinem Abendbrote vergnügt, entweder wegsprang, oder nach seinem stillern Charakter gelassen davonging nach dem Hoftore zu, um die Fremden und die Kutsche zu sehen, darin ihre Lotte wegfahren sollte. — Ich bitte um Vergebung, sagte sie, daß ich Sie herein bemühe und die Frauenzimmer warten lasse. Über dem Anziehen und allerlei Bestellungen für's Haus in meiner Abwesenheit habe ich vergessen meinen Kindern ihr Vesperbrot zu geben, und sie wollen von niemanden Brot geschnitten haben als von mir. — Ich machte ihr ein unbedeutendes Kompliment, meine ganze Seele ruhte auf der Gestalt, dem Tone, dem Betragen, und ich hatte eben Zeit, mich von der Überraschung zu erholen, als sie in die Stube lief, ihre Handschuhe und den Fächer zu holen. Die Kleinen sahen mich in einiger Entfernung so von der Seite an, und ich ging auf das jüngste los, das ein Kind von der glücklichsten Gesichtsbildung war. Es zog sich zurück, als eben Lotte zur Türe herauskam und sagte: Louis, gib dem Herrn Vetter eine Hand. — Das tat der Knabe jetzt freimütig, und ich konnte mich nicht enthalten, ihn, ungeachtet seines kleinen Rotznäschens, herzlich zu küssen. — Vetter? sagte ich, indem ich ihr die Hand reichte, glauben Sie, daß ich des Glücks wert sei, mit Ihnen verwandt zu sein? — O, sagte sie mit einem leichtfertigen Lächeln: unsere Vetterschaft ist sehr weitläufig, und es wäre mir leid, wenn Sie der schlimmste drunter sein sollten. — Im Gehen gab sie Sophien, der ältesten Schwester nach ihr, einem Mädchen von ungefähr eilf Jahren, den Auftrag, wohl auf die Kinder Acht zu haben, und den Papa zu grüßen, wenn er vom Spazierritte nach Hause käme. Den Kleinen sagte sie, sie sollten ihrer Schwester Sophie folgen, als wenn sie's selber wäre, das denn auch einige ausdrücklich versprachen. Eine kleine naseweise Blondine aber, von ungefähr sechs Jahren, sagte: Du bist's doch nicht, Lottchen, wir haben dich doch lieber. — Die zwei ältesten Knaben waren auf die Kutsche geklettert, und auf mein Vorbitten erlaubte sie ihnen, bis vor den Wald mitzufahren, wenn sie versprächen, sich nicht zu necken, und sich recht fest zu halten.

Wir hatten uns kaum zurecht gesetzt, die Frauenzimmer sich bewillkommt, wechselsweise über den Anzug, vorzüglich über die Hüte ihre Anmerkungen gemacht, und die Gesellschaft, die man erwartete, gehörig durchgezogen: als Lotte den Kutscher halten und ihre Brüder herabsteigen ließ, die noch einmal ihre Hand zu küssen begehrten, das denn der älteste mit aller Zärtlichkeit, die dem Alter von fünfzehn Jahren eigen sein kann, der andere mit viel Heftigkeit und Leichtsinn tat. Sie ließ die Kleinen noch einmal grüßen und wir fuhren weiter.

Die Base fragte, ob sie mit dem Buche fertig wäre, das sie ihr neulich geschickt hätte? — Nein, sagte Lotte, es gefällt mir nicht, Sie können's wieder haben. Das vorige war auch nicht besser. — Ich erstaunte, als ich fragte, was es für Bücher wären? und sie mir antwortete:* — Ich fand so viel Charakter in allem was sie sagte, ich sah mit jedem Wort neue Reize, neue Strahlen des Geistes aus ihren Gesichtszügen hervorbrechen, die sich nach und nach vergnügt zu entfalten schienen, weil sie an mir fühlte, daß ich sie verstand.

Wie ich jünger war, sagte sie, liebte ich nichts so sehr als Romane. Weiß Gott wie wohl mir's war, wenn ich mich Sonntags so in ein Eckchen setzen, und mit ganzem Herzen an dem Glück und Unstern einer Miß Jenny Teil nehmen konnte. Ich leugne auch nicht, daß die Art noch einige Reize für mich hat. Doch da ich so selten an ein Buch komme, so muß es auch recht nach meinem Geschmack sein. Und der Autor ist mir der liebste, in dem ich meine Welt wieder finde, bei dem es zugeht wie um mich, und dessen Geschichte mir doch so interessant und herzlich wird, als mein eigen häuslich Leben, das freilich kein Paradies, aber doch im Ganzen eine Quelle unsäglicher Glückseligkeit ist.

Ich bemühte mich, meine Bewegungen über diese Worte zu verbergen. Das ging freilich nicht weit: denn da ich sie mit solcher Wahrheit im Vorbeigehen vom Landpriester von Wakefield, vom** — reden hörte, kam ich ganz außer mich, sagte ihr alles was ich wußte, und bemerkte erst nach einiger Zeit, da Lotte das Gespräch an die anderen wendete, daß diese die Zeit über mit offenen Augen, als säßen sie nicht da, dagesessen hatten. Die Base sah mich mehr als einmal mit einem spöttischen Näschen an, daran mir aber nichts gelegen war.

* Man sieht sich genötiget, diese Stelle des Briefes zu unterdrücken, um niemand Gelegenheit zu einiger Beschwerde zu geben. Obgleich im Grunde jedem Autor wenig an dem Urteile eines einzelnen Mädchens, und eines jungen unstäten Menschen gelegen sein kann.

** Man hat auch hier die Namen einiger vaterländischen Autoren ausgelassen. Wer Teil an Lottens Beifalle hat, wird es gewiß an seinem Herzen fühlen, wenn er diese Stelle lesen sollte, und sonst braucht es ja niemand zu wissen.

Das Gespräch fiel auf's Vergnügen am Tanze. — Wenn diese Leidenschaft ein Fehler ist, sagte Lotte, so gestehe ich Ihnen gern, ich weiß mir nichts über's Tanzen. Und wenn ich was im Kopfe habe, und mir auf meinem verstimmten Klavier einen Contretanz vortrommle, so ist alles wieder gut.

Wie ich mich unter dem Gespräche in den schwarzen Augen weidete! wie die lebendigen Lippen und die frischen muntern Wangen meine ganze Seele anzogen! wie ich, in den herrlichen Sinn ihrer Rede ganz versunken, oft gar die Worte nicht hörte, mit denen sie sich ausdrückte! — davon hast du eine Vorstellung, weil du mich kennst. Kurz, ich stieg aus dem Wagen wie ein Träumender, als wir vor dem Lusthause stille hielten, und war so in Träumen rings in der dämmernden Welt verloren, daß ich auf die Musik kaum achtete, die uns von dem erleuchteten Saal herunter entgegen schallte.

Die zwei Herrn Audran und ein gewisser N. N. — wer behält alle die Namen! — die der Base und Lottens Tänzer waren, empfingen uns am Schlage, bemächtigten sich ihrer Frauenzimmer, und ich führte das meinige hinauf.

Wir schlangen uns in Menuetts um einander herum; ich forderte ein Frauenzimmer nach dem andern auf, und just die unleidlichsten konnten nicht dazu kommen, einem die Hand zu reichen und ein Ende zu machen. Lotte und ihr Tänzer fingen einen Englischen an, und wie wohl mir's war, als sie auch in der Reihe die Figur mit uns anfing, magst du fühlen. Tanzen muß man sie sehen! Siehst du, sie ist so mit ganzem Herzen und mit ganzer Seele dabei, ihr ganzer Körper *eine* Harmonie, so sorglos, so unbefangen, als wenn das eigentlich alles wäre, als wenn sie sonst nichts dächte, nichts empfände; und in dem Augenblicke gewiß schwindet alles andere vor ihr.

Ich bat sie um den zweiten Contretanz; sie sagte mir den dritten zu und mit der liebenswürdigsten Freimütigkeit von der Welt versicherte sie mir, daß sie herzlich gern Deutsch tanze. — Es ist hier so Mode, fuhr sie fort, daß jedes Paar, das zusammen gehört, bei'm Deutschen zusammen bleibt, und mein Chapeau walzt schlecht, und dankt mir's, wenn ich ihm die Arbeit erlasse. Ihr Frauenzimmer kann's auch nicht und mag nicht, und ich habe im Englischen gesehn, daß Sie gut walzen; wenn Sie nun mein sein wollen für's Deutsche, so gehn Sie und bitten sich's von meinem Herrn aus, und ich will zu Ihrer Dame gehen. — Ich gab ihr die Hand darauf und wir machten aus, daß ihr Tänzer inzwischen meine Tänzerin unterhalten sollte.

Nun ging's an! und wir ergetzten uns eine Weile an mannichfaltigen Schlingungen der Arme. Mit welchem Reize, mit welcher Flüchtigkeit bewegte sie sich! und da wir nun gar an's Walzen kamen und wie die Sphären um einander herumrollten, ging's freilich anfangs, weil's die Wenigsten können, ein bißchen bunt durch einander. Wir waren klug und ließen sie austoben, und als die Ungeschicktesten den Plan geräumt hatten, fielen wir ein, und hielten mit noch einem Paare, mit Audran und seiner Tänzerin, wacker aus. Nie ist mir's so leicht vom Flecke gegangen. Ich war kein Mensch mehr. Das liebenswürdigste Geschöpf in den Armen zu haben und mit ihr herumzufliegen wie Wetter, daß alles rings umher verging, und — Wilhelm, um ehrlich zu sein, tat ich aber doch den Schwur, daß ein Mädchen, das ich liebte, auf das ich Ansprüche hätte, mir nie mit einem andern walzen sollte als mit mir, und wenn ich drüber zu Grunde gehen müßte. Du verstehst mich!

Wir machten einige Touren gehend im Saale, um zu verschnaufen. Dann setzte sie sich, und die Orangen, die ich beiseite gebracht hatte, die nun die einzigen noch übrigen waren, taten vortreffliche Wirkung, nur daß mir mit jedem Schnittchen, das sie einer unbescheidenen Nachbarin ehrenhalben zuteilte, ein Stich durch's Herz ging.

Bei'm dritten Englischen Tanz waren wir das zweite Paar. Wie wir die Reihe durchtanzten, und ich, weiß Gott mit wie viel Wonne, an ihrem Arm und Auge hing, das voll vom wahrsten Ausdruck des offensten reinsten Vergnügens war, kommen wir an eine Frau, die mir wegen ihrer liebenswürdigen Miene auf einem nicht mehr ganz jungen Gesichte merkwürdig gewesen war. Sie sieht Lotten lächelnd an, hebt einen drohenden Finger auf, und nennt den Namen Albert zweimal im Vorbeifliegen mit viel Bedeutung.

Wer ist Albert? sagte ich zu Lotten, wenn's nicht Vermessenheit ist zu fragen. — Sie war im Begriff zu antworten, als wir uns scheiden mußten, um die große Achte zu machen, und mich dünkte einiges Nachdenken auf ihrer Stirn zu sehen, als wir so vor einander vorbeikreuzten. — Was soll ich's Ihnen leugnen, sagte sie, indem sie mir die Hand zur Promenade bot. Albert ist ein braver Mensch, dem ich so gut als verlobt bin. — Nun war mir das nichts Neues (denn die Mädchen hatten mir's auf dem Wege gesagt) und war mir doch so ganz neu, weil ich es noch nicht im Verhältnis auf sie, die mir in so wenig Augenblicken so wert geworden war, gedacht hatte. Genug, ich verwirrte mich, vergaß mich, und kam zwischen das unrechte Paar hinein, daß alles drunter und drüber ging, und Lottens ganze Gegenwart und Zerren und Ziehen nötig war, um es schnell wieder in Ordnung zu bringen.

Der Tanz war noch nicht zu Ende, als die Blitze, die wir schon lange am Horizonte leuchten gesehn, und die ich immer für Wetterkühlen ausgegeben hatte, viel stärker zu werden anfingen, und der Donner die Musik überstimmte. Drei Frauenzimmer liefen aus der Reihe, denen ihre Herrn folgten; die Unordnung wurde allgemein und die Musik hörte auf. Es ist natürlich, wenn uns ein Unglück, oder etwas Schreckliches im Vergnügen überrascht, daß es stärkere Eindrücke auf uns macht als sonst, teils wegen des Gegensatzes, der sich so lebhaft empfinden läßt, teils und noch mehr, weil unsere Sinne einmal der Fühlbarkeit geöffnet sind und also desto schneller einen Eindruck annehmen. Diesen Ursachen muß ich die wunderbaren Grimassen zuschreiben, in die ich mehrere Frauenzimmer ausbrechen sah. Die klügste setzte sich in eine Ecke, mit dem Rücken gegen das Fenster, und hielt die Ohren zu. Eine andere kniete vor ihr nieder, und verbarg den Kopf in der ersten Schoß. Eine dritte schob sich zwischen beide hinein, und umfaßte ihre Schwesterchen mit tausend Tränen. Einige wollten nach Hause; andere, die noch weniger wußten was sie taten, hatten nicht so viel Besinnungskraft, den Keckheiten unserer jungen Schlucker zu steuern, die sehr beschäftigt zu sein schienen, alle die ängstlichen Gebete, die dem Himmel bestimmt waren, von den Lippen der schönen Bedrängten wegzufangen. Einige unserer Herrn hatten sich hinab begeben, um ein Pfeifchen in Ruhe zu rauchen; und die übrige Gesellschaft schlug es nicht aus, als die Wirtin auf den klugen Einfall kam, uns ein Zimmer anzuweisen, das Laden und Vorhänge hätte. Kaum waren wir da angelangt, als Lotte beschäftiget war einen Kreis von Stühlen zu stellen, und als sich die Gesellschaft auf ihre Bitte gesetzt hatte, den Vortrag zu einem Spiele zu tun.

Ich sah manchen, der in Hoffnung auf ein saftiges Pfand sein Mäulchen spitzte, und seine Glieder reckte. — Wir spielen Zählens, sagte sie. Nun gebt Acht! Ich geh' im Kreise herum von der Rechten zur Linken und so zählt ihr auch rings herum, jeder die Zahl, die an ihn kommt, und das muß gehen wie ein Lauffeuer, und wer stockt, oder sich irrt, kriegt eine Ohrfeige, und so bis tausend. — Nun war das lustig anzusehen. Sie ging mit ausgestrecktem Arm im Kreis herum. Eins, fing der Erste an, der Nachbar zwei, drei der Folgende und so fort. Dann fing sie an, geschwinder zu gehn, immer geschwinder; da versah's einer, patsch! eine Ohrfeige, und über das Gelächter der Folgende auch patsch! Und immer geschwinder. Ich selbst kriegte zwei Maulschellen, und glaubte mit innigem Vergnügen zu bemerken, daß sie stärker seien, als sie sie den Übrigen zuzumessen pflegte. Ein allgemeines Gelächter und Geschwärm endigte das Spiel, ehe noch das Tausend ausgezählt war. Die Vertrautesten zogen einander beiseite, das Gewitter war vorüber, und ich folgte Lotten in den Saal. Unterwegs sagte sie: Über die Ohrfeigen haben sie Wetter und alles vergessen! — Ich konnte ihr nichts antworten. — Ich war, fuhr sie fort, eine der Furchtsamsten, und indem ich mich herzhaft stellte, um den andern Mut zu geben, bin ich mutig geworden. — Wir traten an's Fenster. Es donnerte abseitwärts, und der herrliche Regen säuselte auf das Land, und der erquickend'ste Wohlgeruch stieg in aller Fülle einer warmen Luft zu uns auf. Sie stand, auf ihren Ellenbogen gestützt, ihr Blick durchdrang die Gegend, sie sah gen Himmel und auf mich, ich sah ihr Auge tränenvoll, sie legte ihre Hand auf die meinige, und sagte — Klopstock! — Ich erinnerte mich sogleich der herrlichen Ode, die ihr in Gedanken lag, und versank in dem Strome von Empfindungen, den sie in dieser Losung über mich ausgoß. Ich ertrug's nicht, neigte mich auf ihre Hand und küßte sie unter den wonnevollsten Tränen. Und sah nach ihrem Auge wieder — Edler! hättest du deine Vergötterung in diesem Blicke gesehn, und möcht' ich nun deinen so oft entweihten Namen nie wieder nennen hören.

Am 19. Junius.

Wo ich neulich mit meiner Erzählung geblieben bin, weiß ich nicht mehr; das weiß ich, daß es zwei Uhr des Nachts war, als ich zu Bette kam, und daß, wenn ich dir hätte vorschwatzen können, statt zu schreiben, ich dich vielleicht bis an den Morgen aufgehalten hätte.

Was auf unserer Hereinfahrt vom Balle geschehen ist, habe ich noch nicht erzählt, habe auch heute keinen Tag dazu.

Es war der herrlichste Sonnenaufgang. Der tröpfelnde Wald und das erfrischte Feld umher! Unsere Gesellschafterinnen nickten ein. Sie fragte mich, ob ich nicht auch von der Partie sein wollte? ihrentwegen sollt' ich unbekümmert sein. — So lange ich diese Augen offen sehe, sagte ich und sah sie fest an, so lange hat's keine Gefahr. — Und wir haben beide ausgehalten bis an ihr Tor, da ihr die Magd leise aufmachte, und auf ihr Fragen versicherte, daß Vater und Kleine wohl seien und alle noch schliefen. Da verließ ich sie mit der Bitte: sie selbigen Tags noch sehen zu dürfen, sie gestand mir's zu und ich bin gekommen; und seit der Zeit können Sonne, Mond und Sterne geruhig ihre Wirtschaft treiben, ich weiß weder daß Tag noch daß Nacht ist, und die ganze Welt verliert sich um mich her.

Am 21. Junius.

Ich lebe so glückliche Tage, wie sie Gott seinen Heiligen ausspart; und mit mir mag werden was will, so darf ich nicht sagen, daß ich die Freuden, die reinsten Freuden des Lebens nicht genossen habe. — Du kennst mein Wahlheim; dort bin ich völlig etabliert, von da habe ich nur eine halbe Stunde zu Lotten, dort fühl' ich mich selbst und alles Glück, das dem Menschen gegeben ist.

Hätt' ich gedacht, als ich mir Wahlheim zum Zwecke meiner Spaziergänge wählte, daß es so nahe am Himmel läge! Wie oft habe ich das Jagdhaus, das nun alle meine Wünsche einschließt, auf meinen weiten Wanderungen, bald vom Berge, bald von der Ebne über den Fluß gesehn!

Lieber Wilhelm, ich habe allerlei nachgedacht, über die Begier im Menschen sich auszubreiten, neue Entdeckungen zu machen, herumzuschweifen; und dann wieder über den inneren Trieb, sich der Einschränkung willig zu ergeben, in dem Gleise der Gewohnheit so hinzufahren, und sich weder um Rechts noch um Links zu bekümmern.

Es ist wunderbar; wie ich hierher kam und vom Hügel in das schöne Tal schaute, wie es mich rings umher anzog. — Dort das Wäldchen! — Ach könntest du dich in seine Schatten mischen! — Dort die Spitze des

Berges! — Ach könntest du von da die weite Gegend überschauen! — Die in einander geketteten Hügel und vertraulichen Täler! — O könnte ich mich in ihnen verlieren! — — Ich eilte hin, und kehrte zurück, und hatte nicht gefunden was ich hoffte. O es ist mit der Ferne wie mit der Zukunft! ein großes dämmerndes Ganze ruht vor unserer Seele, unsere Empfindung verschwimmt darin wie unser Auge, und wir sehnen uns, ach! unser ganzes Wesen hinzugeben, uns mit aller Wonne eines einzigen, großen, herrlichen Gefühls ausfüllen zu lassen. — Und ach! wenn wir hinzueilen, wenn das Dort nun Hier wird, ist alles vor wie nach, und wir stehen in unserer Armut, in unserer Eingeschränktheit, und unsere Seele lechzt nach entschlüpftem Labsale.

So sehnt sich der unruhigste Vagabund zuletzt wieder nach seinem Vaterlande, und findet in seiner Hütte, an der Brust seiner Gattin, in dem Kreise seiner Kinder, in den Geschäften zu ihrer Erhaltung die Wonne, die er in der weiten Welt vergebens suchte.

Wenn ich des Morgens mit Sonnenaufgange hinausgehe nach meinem Wahlheim, und dort im Wirtsgarten mir meine Zuckererbsen selbst pflücke, mich hinsetze, sie abfädne und dazwischen in meinem Homer lese; wenn ich dann in der kleinen Küche mir einen Topf wähle, mir Butter aussteche, Schoten an's Feuer stelle, zudecke, und mich dazu setze, sie manchmal umzuschütteln: da fühl' ich so lebhaft, wie die übermütigen Freier der Penelope Ochsen und Schweine schlachten, zerlegen und braten. Es ist nichts, das mich so mit einer stillen wahren Empfindung ausfüllte, als die Züge patriarchalischen Lebens, die ich, Gott sei Dank, ohne Affektation in meine Lebensart verweben kann.

Wie wohl ist mir's, daß mein Herz die simple harmlose Wonne des Menschen fühlen kann, der ein Krauthaupt auf seinen Tisch bringt, das er selbst gezogen, und nun nicht den Kohl allein, sondern all die guten Tage, den schönen Morgen, da er ihn pflanzte, die lieblichen Abende, da er ihn begoß, und da er an dem fortschreitenden Wachstum seine Freude hatte, alle in Einem Augenblicke wieder mitgenießt.

Am 29. Junius.

Vorgestern kam der Medicus hier aus der Stadt hinaus zum Amtmann, und fand mich auf der Erde unter Lottens Kindern, wie einige auf mir herumkrabbelten, andere mich neckten, und wie ich sie kitzelte und ein großes Geschrei mit ihnen erregte. Der Doktor, der eine sehr dogmatische Drahtpuppe ist, unter'm Reden seine Manschetten in Falten legt und einen Kräusel ohne Ende herauszupft, fand dieses unter der Würde eines gescheiten Menschen; das merkte ich an seiner Nase. Ich ließ mich aber in nichts stören, ließ ihn sehr vernünftige Sachen abhandeln, und baute den Kindern ihre Kartenhäuser wieder, die sie zerschlagen hatten. Auch ging er darauf in der Stadt herum und beklagte: Des Amtmanns Kinder wären so schon ungezogen genug, der Werther verderbe sie nun völlig.

Ja, lieber Wilhelm, meinem Herzen sind die Kinder am nächsten auf der Erde. Wenn ich ihnen zusehe, und in dem kleinen Dinge die Keime aller Tugenden, aller Kräfte sehe, die sie einmal so nötig brauchen werden; wenn ich in dem Eigensinne künftige Standhaftigkeit und Festigkeit des Charakters, in dem Mutwillen guten Humor, und Leichtigkeit, über die Gefahren der Welt hinzuschlüpfen, erblicke, alles so unverdorben, so ganz! — immer, immer wiederhole ich dann die goldenen Worte des Lehrers der Menschen: Wenn ihr nicht werdet wie eines von diesen! Und nun, mein Bester, sie, die Unseresgleichen sind, die wir als unsere Muster ansehen sollten, behandeln wir als Untertanen. Sie sollen keinen Willen haben! — Haben wir denn keinen? und wo liegt das Vorrecht? — Weil wir älter sind und gescheiter! — Guter Gott von deinem Himmel, alte Kinder siehst du und junge Kinder, und nichts weiter; und an welchen du mehr Freude hast, das hat dein Sohn schon lange verkündigt. Aber sie glauben an ihn und hören ihn nicht, — das ist auch was Altes! — und bilden ihre Kinder nach sich und — Adieu, Wilhelm! Ich mag darüber nicht weiter radotieren.

Am 1. Julius.

Was Lotte einem Kranken sein muß, fühl' ich an meinem eigenen armen Herzen, das übler dran ist als manches, das auf dem Siechbette verschmachtet. Sie wird einige Tage in der Stadt bei einer rechtschaffnen Frau zubringen, die sich nach der Aussage der Ärzte ihrem Ende naht, und in diesen letzten Augenblicken Lotten um sich haben will. Ich war vorige Woche mit ihr den Pfarrer von St.. zu besuchen; ein Örtchen, das eine Stunde seitwärts im Gebirge liegt. Wir kamen gegen Vier dahin. Lotte hatte ihre zweite Schwester mitgenommen. Als wir in den mit zwei hohen Nußbäumen überschatteten Pfarrhof traten, saß der gute alte Mann auf einer Bank vor der Haustür, und da er Lotten sah, ward er wie neu belebt, vergaß seinen Knotenstock und wagte sich auf, ihr entgegen. Sie lief hin zu ihm, nötigte ihn sich niederzulassen, indem sie sich zu ihm setzte, brachte viele Grüße von ihrem Vater, herzte seinen garstigen, schmutzigen, jüngsten Buben, das Quakelchen seines Alters. Du hättest sie sehen sollen, wie sie den Alten beschäftigte, wie sie ihre Stimme erhob, um seinen halb tauben Ohren vernehmlich zu werden, wie sie ihm von jungen robusten Leuten erzählte, die unvermutet gestorben wären, von der Vortrefflichkeit des Karlsbades, und wie sie seinen Entschluß lobte, künftigen Sommer hinzugehen, wie sie fand, daß er viel besser aussähe, viel munterer sei als das letztemal, da sie ihn gesehen. — Ich hatte indes der Frau Pfarrerin meine Höflichkeiten gemacht. Der Alte wurde ganz munter, und da ich nicht umhin konnte, die schönen Nußbäume zu loben, die uns so lieblich beschatteten, fing er an, uns, wiewohl mit einiger Beschwerlichkeit, die Geschichte davon zu geben. — Den alten, sagte er, wissen wir nicht, wer den gepflanzt hat: einige sagen dieser, andere jener

Pfarrer. Der jüngere aber dort hinten ist so alt als meine Frau, im Oktober funfzig Jahr. Ihr Vater pflanzte ihn des Morgens, als sie gegen Abend geboren wurde. Er war mein Vorfahr im Amt, und wie lieb ihm der Baum war, ist nicht zu sagen; mir ist er's gewiß nicht weniger. Meine Frau saß darunter auf einem Balken und strickte, da ich vor sieben und zwanzig Jahren als ein armer Student zum erstenmale hier in den Hof kam. — Lotte fragte nach seiner Tochter: es hieß, sie sei mit Herrn Schmidt auf die Wiese hinaus zu den Arbeitern, und der Alte fuhr in seiner Erzählung fort: wie sein Vorfahr ihn lieb gewonnen und die Tochter dazu, und wie er erst sein Vikar, und dann sein Nachfolger geworden. Die Geschichte war nicht lange zu Ende, als die Jungfer Pfarrerin mit dem sogenannten Herrn Schmidt durch den Garten herkam: sie bewillkommte Lotten mit herzlicher Wärme, und ich muß sagen, sie gefiel mir nicht übel; eine rasche wohlgewachsene Brünette, die einen die kurze Zeit über auf dem Lande wohl unterhalten hätte. Ihr Liebhaber (denn als solchen stellte sich Herr Schmidt gleich dar), ein feiner, doch stiller Mensch, der sich nicht in unsere Gespräche mischen wollte, ob ihn gleich Lotte immer herein zog. Was mich am meisten betrübte, war, daß ich an seinen Gesichtszügen zu bemerken schien, es sei mehr Eigensinn und übler Humor als Eingeschränktheit des Verstandes, der ihn sich mitzuteilen hinderte. In der Folge war dies leider nur zu deutlich, denn als Friederike bei'm Spazierengehen mit Lotten und gelegentlich auch mit mir ging, wurde des Herrn Angesicht, das ohnedies einer bräunlichen Farbe war, so sichtlich verdunkelt, daß es Zeit war, daß Lotte mich bei'm Ärmel zupfte und mir zu verstehn gab, daß ich mit Friederiken zu artig getan. Nun verdrießt mich nichts mehr, als wenn die Menschen einander plagen, am meisten, wenn junge Leute in der Blüte des Lebens, da sie am offensten für alle Freuden sein könnten, einander die paar guten Tage mit Fratzen verderben, und nur erst zu spät das Unersetzliche ihrer Verschwendung einsehen. Mich wurmte das und ich konnte nicht umhin, da wir gegen Abend in den Pfarrhof zurückkehrten und an einem Tische Milch aßen, und das Gespräch auf Freude und Leid der Welt sich wendete, den Faden zu ergreifen und recht herzlich gegen die üble Laune zu reden. — Wir Menschen beklagen uns oft, fing ich an, daß der guten Tage so wenig sind und der schlimmen so viel, und wie mich dünkt, meist mit Unrecht. Wenn wir immer ein offenes Herz hätten das Gute zu genießen, das uns Gott für jeden Tag bereitet, wir würden alsdann auch Kraft genug haben, das Übel zu tragen, wenn es kommt. — Wir haben aber unser Gemüt nicht in unserer Gewalt, versetzte die Pfarrerin: wie viel hängt vom Körper ab! wenn einem nicht wohl ist, ist's einem überall nicht recht. — Ich gestand ihr das ein. — Wir wollen es also, fuhr ich fort, als eine Krankheit ansehen und fragen, ob dafür kein Mittel ist? — Das läßt sich hören, sagte Lotte: ich glaube wenigstens, daß viel von uns abhängt. Ich weiß es an mir. Wenn mich etwas neckt und mich verdrießlich machen will, spring' ich auf, und sing' ein paar Contretänze den Garten auf und ab, gleich ist's weg. — Das war's, was ich sagen wollte, versetzte ich: es ist mit der üblen Laune völlig wie mit der Trägheit, denn es ist eine Art von Trägheit. Unsere Natur hängt sehr dahin, und doch, wenn wir nur einmal die Kraft haben uns zu ermannen, geht uns die Arbeit frisch von der Hand, und wir finden in der Tätigkeit ein wahres Vergnügen. — Friederike war sehr aufmerksam, und der junge Mensch wandte mir ein: daß man nicht Herr über sich selbst sei, und am wenigsten über seine Empfindungen gebieten könne. — Es ist hier die Frage von einer unangenehmen Empfindung, versetzte ich, die doch jedermann gerne los ist; und niemand weiß, wie weit seine Kräfte gehen, bis er sie versucht hat. Gewiß, wer krank ist, wird bei allen Ärzten herumfragen, und die größten Resignationen, die bittersten Arzeneien wird er nicht abweisen, um seine gewünschte Gesundheit zu erhalten. — Ich bemerkte, daß der ehrliche Alte sein Gehör anstrengte, um an unserem Diskurse Teil zu nehmen, ich erhob die Stimme, indem ich die Rede gegen ihn wandte: Man predigt gegen so viele Laster, sagte ich: ich habe noch nie gehört, daß man gegen die üble Laune vom Predigtstuhle gearbeitet hätte.* — Das müssen die Stadtpfarrer tun, sagte er, die Bauern haben keinen bösen Humor; doch könnte es auch zuweilen nicht schaden, es wäre eine Lektion für seine Frau wenigstens und für den Herrn Amtmann. — Die Gesellschaft lachte, und er herzlich mit, bis er in einen Husten verfiel, der unsern Diskurs eine Zeit lang unterbrach; darauf denn der junge Mensch wieder das Wort nahm: Sie nannten den bösen Humor ein Laster; mich deucht, das ist übertrieben. — Mit nichten, gab ich zur Antwort, wenn das, womit man sich selbst und seinem Nächsten schadet, diesen Namen verdient. Ist es nicht genug, daß wir einander nicht glücklich machen können, müssen wir auch noch einander das Vergnügen rauben, das jedes Herz sich noch manchmal selbst gewähren kann? Und nennen Sie mir den Menschen, der übler Laune ist und so brav dabei, sie zu verbergen, sie allein zu tragen, ohne die Freude um sich her zu zerstören! Oder ist sie nicht vielmehr ein innerer Unmut über unsere eigene Unwürdigkeit, ein Mißfallen an uns selbst, das immer mit einem Neide verknüpft ist, der durch eine törichte Eitelkeit aufgehetzt wird? Wir sehen glückliche Menschen, die *wir* nicht glücklich machen, und das ist unerträglich. — Lotte lächelte mich an, da sie die Bewegung sah, mit der ich redete, und eine Träne in Friederikens Auge spornte mich fortzufahren. — Wehe denen, sagte ich, die sich der Gewalt bedienen, die sie über ein Herz haben, um ihm die einfachen Freuden zu rauben, die aus ihm selbst hervorkeimen. Alle Geschenke, alle Gefälligkeiten der Welt ersetzen nicht einen Augenblick Vergnügen an sich selbst, den uns eine neidische Unbehaglichkeit unsers Tyrannen vergällt hat.

* Wir haben nun von Lavatern eine treffliche Predigt hierüber, unter denen über das Buch Jonas.

Mein ganzes Herz war voll in diesem Augenblicke: die Erinnerung so manches Vergangenen drängte sich an meine Seele, und die Tränen kamen mir in die Augen.

Wer sich das nur täglich sagte, rief ich aus: du vermagst nichts auf deine Freunde, als ihnen ihre Freuden zu lassen und ihr Glück zu vermehren, indem du es mit ihnen genießest. Vermagst du, wenn ihre innere Seele von einer ängstigenden Leidenschaft gequält, vom Kummer zerrüttet ist, ihnen einen Tropfen Linderung zu geben?

Und wenn die letzte bangste Krankheit dann über das Geschöpf herfällt, das du in blühenden Tagen untergraben hast, und sie nun da liegt in dem erbärmlichen Ermatten, das Auge gefühllos gen Himmel sieht, der Todesschweiß auf der blassen Stirne abwechselt, und du vor dem Bette stehst wie ein Verdammter, in dem innigsten Gefühl, daß du nichts vermagst mit deinem ganzen Vermögen, und die Angst dich inwendig krampft, daß du alles hingeben möchtest, dem untergehenden Geschöpfe einen Tropfen Stärkung, einen Funken Mut einflößen zu können.

Die Erinnerung einer solchen Szene, wobei ich gegenwärtig war, fiel mit ganzer Gewalt bei diesen Worten über mich. Ich nahm das Schnupftuch vor die Augen und verließ die Gesellschaft, und nur Lottens Stimme, die mir rief: wir wollten fort, brachte mich zu mir selbst. Und wie sie mich auf dem Wege schalt, über den zu warmen Anteil an allem, und daß ich drüber zu Grunde gehen würde! daß ich mich schonen sollte! — O der Engel! Um deinetwillen muß ich leben!

Am 6. Julius.

Sie ist immer um ihre sterbende Freundin, und ist immer dieselbe, immer das gegenwärtige holde Geschöpf, das, wo sie hinsieht, Schmerzen lindert und Glückliche macht. Sie ging gestern Abend mit Mariannen und dem kleinen Malchen spazieren, ich wußte es und traf sie an, und wir gingen zusammen. Nach einem Wege von anderthalb Stunden kamen wir gegen die Stadt zurück, an den Brunnen, der mir so wert und nun tausendmal werter ist. Lotte setzte sich auf's Mäuerchen, wir standen vor ihr. Ich sah umher, ach! und die Zeit, da mein Herz so allein war, lebte wieder vor mir auf. — Lieber Brunnen, sagte ich, seither hab' ich nicht mehr an deiner Kühle geruht, hab' in eilendem Vorübergehn dich manchmal nicht angesehn. — Ich blickte hinab und sah, daß Malchen mit einem Glase Wasser sehr beschäftigt herauf stieg. — Ich sah Lotten an, und fühlte alles was ich an ihr habe. Indem kommt Malchen mit einem Glase. Marianne wollt' es ihr abnehmen: Nein! rief das Kind mit dem süßesten Ausdrucke, nein, Lottchen, *du* sollst zuerst trinken! — Ich ward über die Wahrheit, über die Güte, womit sie das ausrief, so entzückt, daß ich meine Empfindung mit nichts ausdrücken konnte, als ich nahm das Kind von der Erde, und küßte es lebhaft, das sogleich zu schreien und zu weinen anfing. — Sie haben übel getan, sagte Lotte. — Ich war betroffen. — Komm, Malchen, fuhr sie fort, indem sie es bei der Hand nahm und die Stufen hinab führte, da wasche dich aus der frischen Quelle, geschwind, geschwind, da tut's nichts. — Wie ich so dastand und zusah, mit welcher Emsigkeit das Kleine mit seinen nassen Händchen die Backen rieb, mit welchem Glauben, daß durch die Wunderquelle alle Verunreinigung abgespült, und die Schmach abgetan würde, einen häßlichen Bart zu kriegen; wie Lotte sagte, es ist genug, und das Kind doch immer eifrig fortwusch, als wenn Viel mehr täte als Wenig. — Ich sage dir, Wilhelm, ich habe mit mehr Respekt nie einer Taufhandlung beigewohnt — und als Lotte herauf kam, hätte ich mich gern vor ihr niedergeworfen wie vor einem Propheten, der die Schulden einer Nation weggeweiht hat.

Des Abends konnte ich nicht umhin, in der Freude meines Herzens den Vorfall einem Manne zu erzählen, dem ich Menschensinn zutraute, weil er Verstand hat; aber wie kam ich an! Er sagte, das sei sehr übel von Lotten gewesen; man solle die Kinder nichts weis machen; dergleichen gebe zu unzähligen Irrtümern und Aberglauben Anlaß, wovor man die Kinder frühzeitig bewahren müsse. — Nun fiel mir ein, daß der Mann vor acht Tagen hatte taufen lassen, drum ließ ich's vorbeigehen, und blieb in meinem Herzen der Wahrheit getreu: Wir sollen es mit den Kindern machen, wie Gott mit uns, der uns am glücklichsten macht, wenn er uns in freundlichem Wahne so hintaumeln läßt.

Am 8. Julius.

Was man ein Kind ist! Was man nach so einem Blicke geizt! Was man ein Kind ist! — Wir waren nach Wahlheim gegangen. Die Frauenzimmer fuhren hinaus, und während unserer Spaziergänge glaubte ich in Lottens schwarzen Augen — ich bin ein Tor, verzeih mir's! du solltest sie sehen, diese Augen. — Daß ich kurz bin (denn die Augen fallen mir zu vor Schlaf), siehe, die Frauenzimmer stiegen ein, da standen um die Kutsche der junge W.., Selstadt und Audran und ich. Da ward aus dem Schlage geplaudert mit den Kerlchen, die freilich leicht und lüftig genug waren. — Ich suchte Lottens Augen: ach sie gingen von einem zum andern! Aber auf mich! mich! mich! der ganz allein auf sie resigniert dastand, fielen sie nicht! — Mein Herz sagte ihr tausend Adieu! Und sie sah mich nicht! Die Kutsche fuhr vorbei und eine Träne stand mir im Auge. Ich sah ihr nach, und sah Lottens Kopfputz sich zum Schlage herauslehnen, und sie wandte sich um zu sehen, ach! nach mir? — Lieber! In dieser Ungewißheit schwebe ich; das ist mein Trost: vielleicht hat sie sich nach mir umgesehen! Vielleicht! — Gute Nacht! O was ich ein Kind bin!

Am 10. Julius.

Die alberne Figur, die ich mache, wenn in Gesellschaft von ihr gesprochen wird, solltest du sehen! Wenn man mich nun gar fragt, wie sie mir gefällt? — Gefällt! das Wort hasse ich auf den Tod. Was muß das für ein

Mensch sein, dem Lotte gefällt, dem sie nicht alle Sinne, alle Empfindungen ausfüllt! Gefällt! Neulich fragte mich einer, wie mir Ossian gefiele!

Am 11. Julius.

Frau M.. ist sehr schlecht; ich bete für ihr Leben, weil ich mit Lotten dulde. Ich sehe sie selten bei meiner Freundin, und heute hat sie mir einen wunderbaren Vorfall erzählt. — Der alte M.. ist ein geiziger rangiger Filz, der seine Frau im Leben was rechts geplagt und eingeschränkt hat; doch hat sich die Frau immer durchzuhelfen gewußt. Vor wenigen Tagen, als der Arzt ihr das Leben abgesprochen hatte, ließ sie ihren Mann kommen (Lotte war im Zimmer) und redete ihn also an: Ich muß dir eine Sache gestehen, die nach meinem Tode Verwirrung und Verdruß machen könnte. Ich habe bisher die Haushaltung geführt, so ordentlich und sparsam als möglich: allein du wirst mir verzeihen, daß ich dich diese dreißig Jahre her hintergangen habe. Du bestimmtest im Anfange unserer Heirat ein Geringes für die Bestreitung der Küche und anderer häuslichen Ausgaben. Als unsere Haushaltung stärker wurde, unser Gewerbe größer, warst du nicht zu bewegen, mein Wochengeld nach dem Verhältnisse zu vermehren; kurz du weißt, daß du in den Zeiten, da sie am größten war, verlangtest, ich solle mit sieben Gulden die Woche auskommen. Die habe ich denn ohne Widerrede genommen, und mir den Überschuß wöchentlich aus der Losung geholt, da niemand vermutete, daß die Frau die Kasse bestehlen würde. Ich habe nichts verschwendet, und wäre auch, ohne es zu bekennen, getrost der Ewigkeit entgegen gegangen, wenn nicht diejenige, die nach mir das Hauswesen zu führen hat, sich nicht zu helfen wissen würde, und du doch immer darauf bestehen könntest, deine erste Frau sei damit ausgekommen.

Ich redete mit Lotten über die unglaubliche Verblendung des Menschensinns, daß einer nicht argwohnen soll, dahinter müsse was anders stecken, wenn eins mit sieben Gulden hinreicht, wo man den Aufwand vielleicht um zweimal so viel sieht. Aber ich habe selbst Leute gekannt, die des Propheten ewiges Ölkrüglein ohne Verwunderung in ihrem Hause angenommen hätten.

Am 13. Julius.

Nein, ich betriege mich nicht! Ich lese in ihren schwarzen Augen wahre Teilnehmung an mir und meinem Schicksal. Ja ich fühle, und darin darf ich meinem Herzen trauen, daß sie — o darf ich, kann ich den Himmel in diesen Worten aussprechen? — daß sie mich liebt!

Mich liebt! — Und wie wert ich mir selbst werde, wie ich — dir darf ich's wohl sagen, du hast Sinn für so etwas — wie ich mich selbst anbete, seitdem sie mich liebt!

Ob das Vermessenheit ist oder Gefühl des wahren Verhältnisses? — Ich kenne den Menschen nicht, von dem ich etwas in Lottens Herzen fürchtete. Und doch — wenn sie von ihrem Bräutigam spricht, mit solcher Wärme, solcher Liebe von ihm spricht — da ist mir's wie einem, der aller seiner Ehren und Würden entsetzt und dem der Degen genommen wird.

Am 16. Julius.

Ach wie mir das durch alle Adern läuft, wenn mein Finger unversehens den ihrigen berührt, wenn unsere Füße sich unter dem Tische begegnen! Ich ziehe zurück wie vom Feuer, und eine geheime Kraft zieht mich wieder vorwärts — mir wird's so schwindelig vor allen Sinnen. — O! und ihre Unschuld, ihre unbefangne Seele fühlt nicht, wie sehr mich die kleinen Vertraulichkeiten peinigen. Wenn sie gar im Gespräch ihre Hand auf die meinige legt, und im Interesse der Unterredung näher zu mir rückt, daß der himmlische Atem ihres Mundes meine Lippen erreichen kann: — ich glaube zu versinken, wie vom Wetter gerührt. — Und, Wilhelm! wenn ich mich jemals unterstehe, diesen Himmel, dieses Vertrauen —! Du verstehst mich. Nein, mein Herz ist so verderbt nicht! Schwach! schwach genug! — Und ist das nicht Verderben? —

Sie ist mir heilig. Alle Begier schweigt in ihrer Gegenwart. Ich weiß nie, wie mir ist, wenn ich bei ihr bin; es ist, als wenn die Seele sich mir in allen Nerven umkehrte. — Sie hat eine Melodie, die sie auf dem Klaviere spielet mit der Kraft eines Engels, so simpel und so geistvoll! Es ist ihr Leiblied und mich stellt es von aller Pein, Verwirrung und Grillen her, wenn sie nur die erste Note davon greift.

Kein Wort von der alten Zauberkraft der Musik ist mir unwahrscheinlich. Wie mich der einfache Gesang angreift! Und wie sie ihn anzubringen weiß, oft zur Zeit, wo ich mir eine Kugel vor den Kopf schießen möchte! Die Irrung und Finsternis meiner Seele zerstreut sich, und ich atme wieder freier.

Am 18. Julius.

Wilhelm, was ist unserem Herzen die Welt ohne Liebe! Was eine Zauberlaterne ist ohne Licht! Kaum bringst du das Lämpchen hinein, so scheinen dir die buntesten Bilder an deine weiße Wand! Und wenn's nichts wäre als das, als vorübergehende Phantome, so macht's doch immer unser Glück, wenn wir wie frische Jungen davor stehen, und uns über die Wundererscheinungen entzücken. Heute konnte ich nicht zu Lotten, eine unvermeidliche Gesellschaft hielt mich ab. Was war zu tun? Ich schickte meinen Diener hinaus, nur um einen Menschen um mich zu haben, der ihr heute nahe gekommen wäre. Mit welcher Ungeduld ich ihn erwartete, mit welcher Freude ich ihn wieder sah! Ich hätte ihn gern bei'm Kopfe genommen und geküßt, wenn ich mich nicht geschämt hätte.

Man erzählt von dem Bononischen Steine, daß er, wenn man ihn in die Sonne legt, ihre Strahlen anzieht und eine Weile bei Nacht leuchtet. So war mir's mit dem Burschen. Das Gefühl, daß ihre Augen auf seinem Gesichte, seinen Backen, seinen Rockknöpfen, und dem Kragen am Surtout geruht hatten, machte mir das alles so heilig, so wert! Ich hätte in dem Augenblick den Jungen nicht um tausend Taler gegeben. Es war mir so wohl in seiner Gegenwart. — Bewahre dich Gott, daß du darüber lachest. Wilhelm, sind das Phantome, wenn es uns wohl ist?

Den 19. Julius.

Ich werde sie sehen! ruf' ich Morgens aus, wenn ich mich ermuntere, und mit aller Heiterkeit der schönen Sonne entgegen blicke; ich werde sie sehen! Und da habe ich für den ganzen Tag keinen Wunsch weiter. Alles, alles verschlingt sich in dieser Aussicht.

Den 20. Julius.

Eure Idee will noch nicht die meinige werden, daß ich mit dem Gesandten nach *** gehen soll. Ich liebe die Subordination nicht sehr, und wir wissen alle, daß der Mann noch dazu ein widriger Mensch ist. Meine Mutter möchte mich gern in Aktivität haben, sagst du: das hat mich zu lachen gemacht. Bin ich jetzt nicht auch aktiv? und ist's im Grunde nicht einerlei: ob ich Erbsen zähle oder Linsen? Alles in der Welt läuft doch auf eine Lumperei hinaus, und ein Mensch, der um anderer willen, ohne daß es seine eigene Leidenschaft, sein eigenes Bedürfnis ist, sich um Geld oder Ehre oder sonst was abarbeitet, ist immer ein Tor.

Am 24. Julius.

Da dir so sehr daran gelegen ist, daß ich mein Zeichnen nicht vernachlässige, möchte ich lieber die ganze Sache übergehen, als dir sagen, daß zeither wenig getan wird.

Noch nie war ich glücklicher, noch nie war meine Empfindung an der Natur, bis auf's Steinchen, auf's Gräschen herunter, voller und inniger, und doch — Ich weiß nicht, wie ich mich ausdrücken soll, meine vorstellende Kraft ist so schwach, alles schwimmt und schwankt so vor meiner Seele, daß ich keinen Umriß packen kann; aber ich bilde mir ein, wenn ich Ton hätte oder Wachs, so wollte ich's wohl herausbilden. Ich werde auch Ton nehmen, wenn's länger währt, und kneten, und sollten's Kuchen werden!

Lottens Porträt habe ich dreimal angefangen, und habe mich dreimal prostituiert; das mich um so mehr verdrießt, weil ich vor einiger Zeit sehr glücklich im Treffen war. Darauf habe ich denn ihren Schattenriß gemacht und damit soll mir g'nügen.

Am 26. Julius.

Ja, liebe Lotte, ich will alles besorgen und bestellen; geben Sie mir nur mehr Aufträge, nur recht oft. Um eins bitte ich Sie: keinen Sand mehr auf die Zettelchen, die Sie mir schreiben. Heute führte ich es schnell nach der Lippe und die Zähne knisterten mir.

Am 26. Julius.

Ich habe mir schon manchmal vorgenommen, sie nicht so oft zu sehn. Ja, wer das halten könnte! Alle Tage unterlieg' ich der Versuchung und verspreche mir heilig: morgen willst du einmal wegbleiben, und wenn der Morgen kommt, finde ich doch wieder eine unwiderstehliche Ursache, und ehe ich mich's versehe, bin ich bei ihr. Entweder sie hat des Abends gesagt: Sie kommen doch morgen? — Wer könnte da wegbleiben? oder sie gibt mir einen Auftrag und ich finde schicklich, ihr selbst die Antwort zu bringen; oder der Tag ist gar zu schön, ich gehe nach Wahlheim, und wenn ich nun da bin, ist's nur noch eine halbe Stunde zu ihr! — Ich bin zu nah in der Atmosphäre — Zuck! so bin ich dort. Meine Großmutter hatte ein Märchen vom Magnetenberg: die Schiffe, die zu nahe kamen, wurden auf einmal alles Eisenwerks beraubt, die Nägel flogen dem Berge zu, und die armen Elenden scheiterten zwischen den über einander stürzenden Brettern.

Am 30. Julius.

Albert ist angekommen und ich werde gehen; und wenn er der beste, der edelste Mensch wäre, unter den ich mich in jeder Betrachtung zu stellen bereit wäre, so wär's unerträglich, ihn vor meinem Angesicht im Besitz so vieler Vollkommenheiten zu sehen. — Besitz! — Genug, Wilhelm, der Bräutigam ist da! Ein braver lieber Mann, dem man gut sein muß. Glücklicher Weise war ich nicht bei'm Empfange! Das hätte mir das Herz zerrissen. Auch ist er so ehrlich, und hat Lotten in meiner Gegenwart noch nicht ein einzigmal geküßt. Das lohn' ihm Gott! Um des Respekts willen, den er vor dem Mädchen hat, muß ich ihn lieben. Er will mir wohl, und ich vermute, das ist Lottens Werk mehr, als seiner eigenen Empfindung: denn darin sind die Weiber fein und haben Recht; wenn sie zwei Verehrer in gutem Vernehmen mit einander erhalten können, ist der Vorteil immer ihr, so selten es auch angeht.

Indes kann ich Alberten meine Achtung nicht versagen. Seine gelassene Außenseite sticht gegen die Unruhe meines Charakters sehr lebhaft ab, die sich nicht verbergen läßt. Er hat viel Gefühl, und weiß was er an Lotten hat. Er scheint wenig üble Laune zu haben, und du weißt, das ist die Sünde, die ich ärger hasse am Menschen als alle andre.

Er hält mich für einen Menschen von Sinn; und meine Anhänglichkeit an Lotten, meine warme Freude, die ich an allen ihren Handlungen habe, vermehrt seinen Triumph, und er liebt sie nur desto mehr. Ob er sie nicht manchmal mit kleiner Eifersüchtelei peinigt, das lasse ich dahin gestellt sein, wenigstens würd' ich an seinem Platze nicht ganz sicher vor diesem Teufel bleiben.

Dem sei nun wie ihm wolle! meine Freude, bei Lotten zu sein, ist hin.

Soll ich das Torheit nennen oder Verblendung? — Was braucht's Namen! erzählt die Sache an sich! — Ich wußte alles was ich jetzt weiß, ehe Albert kam: ich wußte, daß ich keine Prätension auf sie zu machen hatte, machte auch keine — das heißt, in so fern es möglich ist, bei so viel Liebenswürdigkeit nicht zu begehren — Und jetzt macht der Fratze große Augen, da der andre nun wirklich kommt und ihm das Mädchen wegnimmt.

Ich beiße die Zähne auf einander und spotte über mein Elend, und spottete derer doppelt und dreifach, die sagen könnten, ich sollte mich resignieren und weil es nun einmal nicht anders sein könnte. — Schafft mir diese Strohmänner vom Halse! — Ich laufe in den Wäldern herum, und wenn ich zu Lotten komme und Albert bei ihr sitzt im Gärtchen unter der Laube und ich nicht weiter kann, so bin ich ausgelassen närrisch, und fange viel Possen, viel verwirrtes Zeug an. — Um Gottes willen, sagte mir Lotte heut, ich bitte Sie, keine Szene wie die von gestern Abend! Sie sind fürchterlich, wenn Sie so lustig sind. — Unter uns, ich passe die Zeit ab, wenn er zu tun hat; wutsch! bin ich drauß, und da ist mir's immer wohl, wenn ich sie allein finde.

Am 8. August.

Ich bitte dich, lieber Wilhelm, es war gewiß nicht auf dich geredet, wenn ich die Menschen unerträglich schalt, die von uns Ergebung in unvermeidliche Schicksale fordern. Ich dachte wahrlich nicht daran, daß du von ähnlicher Meinung sein könntest. Und im Grunde hast du Recht. Nur eins, mein Bester, in der Welt ist es sehr selten mit dem *Entweder Oder* getan; die Empfindungen und Handlungsweisen schattieren sich so mannichfaltig, als Abfälle zwischen einer Habichts- und Stumpfnase sind.

Du wirst mir also nicht übel nehmen, wenn ich dir dein ganzes Argument einräume, und mich doch zwischen dem *Entweder Oder* durchzustehlen suche.

Entweder, sagst du, hast du Hoffnung auf Lotten, oder du hast keine. Gut, im ersten Fall suche sie durchzutreiben, suche die Erfüllung deiner Wünsche zu umfassen: im anderen Fall ermanne dich, und suche einer elenden Empfindung los zu werden, die alle deine Kräfte verzehren muß. Bester! das ist wohl gesagt, und — bald gesagt.

Und kannst du von dem Unglücklichen, dessen Leben unter einer schleichenden Krankheit unaufhaltsam allmählich abstirbt, kannst du von ihm verlangen, er solle durch einen Dolchstoß der Qual auf einmal ein Ende machen? Und raubt das Übel, das ihm die Kräfte verzehrt, ihm nicht auch zugleich den Mut sich davon zu befreien?

Zwar könntest du mir mit einem verwandten Gleichnisse antworten: Wer ließe sich nicht lieber den Arm abnehmen, als daß er durch Zaudern und Zagen sein Leben auf's Spiel setzte? — Ich weiß nicht! — und wir wollen uns nicht in Gleichnissen herumbeißen. Genug — Ja, Wilhelm, ich habe manchmal so einen Augenblick aufspringenden, abschüttelnden Mutes, und da — wenn ich nur wüßte wohin? ich ginge wohl.

Abends.

Mein Tagebuch, das ich seit einiger Zeit vernachlässiget, fiel mir heut wieder in die Hände, und ich bin erstaunt, wie ich so wissentlich in das alles Schritt vor Schritt hinein gegangen bin! Wie ich über meinen Zustand immer so klar gesehen und doch gehandelt habe wie ein Kind, jetzt noch so klar sehe, und es noch keinen Anschein zur Besserung hat.

Am 10. August.

Ich könnte das beste glücklichste Leben führen, wenn ich nicht ein Tor wäre. So schöne Umstände vereinigen sich nicht leicht, eines Menschen Seele zu ergetzen, als die sind, in denen ich mich jetzt befinde. Ach so gewiß ist's, daß unser Herz allein sein Glück macht. — Ein Glied der liebenswürdigen Familie zu sein, von dem Alten geliebt zu werden wie ein Sohn, von den Kleinen wie ein Vater, und von Lotten! — dann der ehrliche Albert, der durch keine launische Unart mein Glück stört, der mich mit herzlicher Freundschaft umfaßt: dem ich nach Lotten das Liebste auf der Welt bin! — Wilhelm, es ist eine Freude uns zu hören, wenn wir spazieren gehen und uns einander von Lotten unterhalten: es ist in der Welt nichts Lächerlichers erfunden worden als dieses Verhältnis, und doch kommen mir oft darüber die Tränen in die Augen.

Wenn er mir von ihrer rechtschaffenen Mutter erzählt: wie sie auf ihrem Todbette Lotten ihr Haus und ihre Kinder übergeben und ihm Lotten anbefohlen habe, wie seit der Zeit ein ganz anderer Geist Lotten belebt habe, wie sie, in der Sorge für ihre Wirtschaft, und in dem Ernste, eine wahre Mutter geworden, wie kein Augenblick ihrer Zeit ohne tätige Liebe, ohne Arbeit verstrichen, und dennoch ihre Munterkeit, ihr leichter Sinn sie nie dabei verlassen habe. — Ich gehe so neben ihm hin und pflücke Blumen am Wege, füge sie sehr sorgfältig in einen Strauß und — werfe sie in den vorüberfließenden Strom, und sehe ihnen nach, wie sie leise hinunterwallen. — Ich weiß nicht, ob ich dir geschrieben habe, daß Albert hier bleiben, und ein Amt mit einem artigen Auskommen vom Hofe erhalten wird, wo er sehr beliebt ist. In Ordnung und Emsigkeit in Geschäften habe ich wenig Seinesgleichen gesehen.

Am 12. August.

Gewiß, Albert ist der beste Mensch unter dem Himmel. Ich habe gestern eine wunderbare Szene mit ihm gehabt. Ich kam zu ihm, um Abschied von ihm zu nehmen; denn mich wandelte die Lust an, in's Gebirge zu reiten, von woher ich dir auch jetzt schreibe, und wie ich in der Stube auf- und abgehe, fallen mir seine Pistolen in die Augen. — Borge mir die Pistolen, sagte ich, zu meiner Reise. — Meinetwegen, sagte er, wenn du dir die Mühe nehmen willst sie zu laden; bei mir hängen sie nur pro forma. — Ich nahm eine herunter, und er fuhr fort: Seit mir meine Vorsicht einen so unartigen Streich gespielt hat, mag ich mit dem Zeuge nichts mehr zu tun haben. — Ich war neugierig, die Geschichte zu wissen. — Ich hielt mich, erzählte er, wohl ein Vierteljahr auf dem Lande bei einem Freunde auf, hatte ein paar Terzerolen ungeladen und schlief ruhig. Einmal an einem regnichten Nachmittage, da ich müßig sitze, weiß ich nicht, wie mir einfällt: wir könnten überfallen werden, wir könnten die Terzerolen nötig haben und könnten — du weißt ja, wie das ist. — Ich gab sie dem Bedienten, sie zu putzen und zu laden; und der dahlt mit den Mädchen, will sie erschrecken, und Gott weiß wie, das Gewehr geht los, da der Ladstock noch drin steckt, und schießt den Ladstock einem Mädchen zur Maus herein an der rechten Hand, und zerschlägt ihr den Daumen. Da hatte ich das Lamentieren, und die Kur zu bezahlen oben drein, und seit der Zeit lass' ich alles Gewehr ungeladen. Lieber Schatz, was ist Vorsicht? die Gefahr läßt sich nicht auslernen! Zwar — Nun weißt du, daß ich den Menschen sehr lieb habe bis auf seine *Zwar:* denn versteht sich's nicht von selbst, daß jeder allgemeine Satz Ausnahmen leidet? Aber so rechtfertig ist der Mensch! wenn er glaubt, etwas Übereiltes, Allgemeines, Halbwahres gesagt zu haben: so hört er dir nicht auf zu limitieren, zu modifizieren und ab- und zuzutun, bis zuletzt gar nichts mehr an der Sache ist. Und bei diesem Anlaß kam er jetzt tief in Text: ich hörte endlich gar nicht weiter auf ihn, verfiel in Grillen, und mit einer auffahrenden Gebärde drückte ich mir die Mündung der Pistole über's rechte Aug' an die Stirn. — Pfui! sagte Albert, indem er mir die Pistole herabzog, was soll das? — Sie ist nicht geladen, sagte ich. — Und auch so, was soll's? versetzte er ungeduldig. Ich kann mir nicht vorstellen, wie ein Mensch so töricht sein kann, sich zu erschießen; der bloße Gedanke erregt mir Widerwillen.

Daß ihr Menschen, rief ich aus, um von einer Sache zu reden, gleich sprechen müßt: das ist töricht, das ist klug, das ist gut, das ist bös! Und was will das alles heißen? Habt ihr deswegen die inneren Verhältnisse einer Handlung erforscht? wißt ihr mit Bestimmtheit die Ursachen zu entwickeln, warum sie geschah, warum sie geschehen mußte? Hättet ihr das, ihr würdet nicht so eilfertig mit euren Urteilen sein.

Du wirst mir zugeben, sagte Albert, daß gewisse Handlungen lasterhaft bleiben, sie mögen geschehen, aus welchem Beweggrunde sie wollen.

Ich zuckte die Achseln und gab's ihm zu. — Doch, mein Lieber, fuhr ich fort, finden sich auch hier einige Ausnahmen. Es ist wahr, der Diebstahl ist ein Laster: aber der Mensch, der, um sich und die Seinigen vom gegenwärtigen Hungertode zu erretten, auf Raub ausgeht, verdient der Mitleiden oder Strafe? Wer hebt den ersten Stein auf gegen den Ehemann, der im gerechten Zorne sein untreues Weib und ihren nichtswürdigen Verführer aufopfert? Gegen das Mädchen, das in einer wonnevollen

Stunde sich in den unaufhaltsamen Freuden der Liebe verliert? Unsere Gesetze selbst, diese kaltblütigen Pedanten, lassen sich rühren und halten ihre Strafe zurück.

Das ist ganz was anders, versetzte Albert, weil ein Mensch, den seine Leidenschaften hinreißen, alle Besinnungskraft verliert, und als ein Trunkener, als ein Wahnsinniger angesehen wird.

Ach ihr vernünftigen Leute! rief ich lächelnd aus. Leidenschaft! Trunkenheit! Wahnsinn! Ihr steht so gelassen, so ohne Teilnehmung da, ihr sittlichen Menschen! scheltet den Trinker, verabscheut den Unsinnigen, geht vorbei wie der Priester und dankt Gott wie der Pharisäer, daß er euch nicht gemacht hat wie einen von diesen. Ich bin mehr als einmal trunken gewesen, meine Leidenschaften waren nie weit vom Wahnsinn, und beides reut mich nicht: denn ich habe in meinem Maße begreifen lernen, wie man alle außerordentlichen Menschen, die etwas Großes, etwas Unmöglichscheinendes wirkten, von jeher für Trunkene und Wahnsinnige ausschreien mußte.

Aber auch im gemeinen Leben ist's unerträglich, fast einem jeden bei halbweg einer freien, edlen, unerwarteten Tat nachrufen zu hören: der Mensch ist trunken, der ist närrisch! Schämt euch, ihr Nüchternen! Schämt euch, ihr Weisen!

Das sind nun wieder von deinen Grillen, sagte Albert, du überspannst alles, und hast wenigstens hier gewiß Unrecht, daß du den Selbstmord, wovon jetzt die Rede ist, mit großen Handlungen vergleichst: da man es doch für nichts anders als eine Schwäche halten kann. Denn freilich ist es leichter zu sterben, als ein qualvolles Leben standhaft zu ertragen.

Ich war im Begriff abzubrechen; denn kein Argument bringt mich so aus der Fassung, als wenn einer mit einem unbedeutenden Gemeinspruche angezogen kommt, wenn ich aus ganzem Herzen rede. Doch faßte ich mich, weil ich's schon oft gehört, und mich öfter darüber geärgert hatte, und versetzte ihm mit einiger Lebhaftigkeit: Du nennst das Schwäche? Ich bitte dich, laß dich vom Anscheine nicht verführen. Ein Volk, das unter dem unerträglichen Joch eines Tyrannen seufzt, darfst du das schwach heißen, wenn es endlich aufgärt und seine Ketten zerreißt? Ein Mensch, der über dem Schrecken, daß Feuer sein Haus ergriffen hat, alle Kräfte gespannt fühlt, und mit Leichtigkeit Lasten wegträgt, die er bei ruhigem Sinne kaum bewegen kann; Einer, der in der Wut der Beleidigung es mit Sechsen aufnimmt und sie überwältigt, sind die schwach zu nennen? Und, mein Guter, wenn Anstrengung Stärke ist, warum soll die Überspannung das Gegenteil sein? — Albert sah mich an und sagte: Nimm mir's nicht übel, die Beispiele, die du da gibst, scheinen hieher gar nicht zu gehören. — Es mag sein, sagte ich, man hat mir schon öfters vorgeworfen, daß meine Kombinationsart manchmal an Radotage gränze. Laßt uns denn sehen, ob wir uns auf eine andere Weise vorstellen können, wie dem Menschen zu Mute sein mag, der sich entschließt, die sonst angenehme Bürde des Lebens abzuwerfen. Denn nur in so fern wir mitempfinden, haben wir Ehre, von einer Sache zu reden.

Die menschliche Natur, fuhr ich fort, hat ihre Gränzen: sie kann Freude, Leid, Schmerzen bis auf einen gewissen Grad ertragen, und geht zu Grunde, sobald *der* überstiegen ist. Hier ist also nicht die Frage, ob einer schwach oder stark ist? sondern ob er das Maß seines Leidens ausdauern kann? es mag nun moralisch oder körperlich sein: und ich finde es eben so wunderbar zu sagen, der Mensch ist feige, der sich das Leben nimmt, als es ungehörig wäre, den einen Feigen zu nennen, der an einem bösartigen Fieber stirbt.

Paradox! sehr paradox! rief Albert aus. — Nicht so sehr als du denkst, versetzte ich. Du gibst mir zu, wir nennen das eine Krankheit zum Tode, wodurch die Natur so angegriffen wird, daß teils ihre Kräfte verzehrt, teils so außer Wirkung gesetzt werden, daß sie sich nicht wieder aufzuhelfen, durch keine glückliche Revolution den gewöhnlichen Umlauf des Lebens wieder herzustellen fähig ist.

Nun, mein Lieber, laß uns das auf den Geist anwenden. Sieh den Menschen an in seiner Eingeschränktheit, wie Eindrücke auf ihn wirken, Ideen sich bei ihm festsetzen, bis endlich eine wachsende Leidenschaft ihn aller ruhigen Sinneskraft beraubt, und ihn zu Grunde richtet.

Vergebens daß der gelassene vernünftige Mensch den Zustand des Unglücklichen übersieht, vergebens daß er ihm zuredet! Eben so wie ein Gesunder, der am Bette des Kranken steht, ihm von seinen Kräften nicht das Geringste einflößen kann.

Alberten war das zu allgemein gesprochen. Ich erinnerte ihn an ein Mädchen, das man vor weniger Zeit im Wasser tot gefunden, und wiederholte ihm ihre Geschichte. — Ein gutes junges Geschöpf, das in dem engen Kreise häuslicher Beschäftigungen, wöchentlicher bestimmter Arbeit herangewachsen war, das weiter keine Aussicht von Vergnügen kannte, als etwa Sonntags in einem nach und nach zusammengeschafften Putz mit Ihresgleichen um die Stadt spazieren zu gehen, vielleicht alle hohen Feste einmal zu tanzen, und übrigens mit aller Lebhaftigkeit des herzlichsten Anteils manche Stunde über den Anlaß eines Gezänkes, einer übeln Nachrede mit einer Nachbarin zu verplaudern — Deren feurige Natur fühlt nun endlich innigere Bedürfnisse, die durch die Schmeicheleien der Männer vermehrt werden: ihre vorigen Freuden werden ihr nach und nach unschmackhaft, bis sie endlich einen Menschen antrifft, zu dem ein unbekanntes Gefühl sie unwiderstehlich hinreißt, auf den sie nun alle ihre Hoffnungen wirft, die Welt rings um sich vergißt, nichts hört, nichts sieht, nichts fühlt als ihn, den Einzigen, sich nur sehnt nach ihm, dem Einzigen. Durch die leeren Vergnügungen einer unbeständigen Eitelkeit nicht verdorben, zieht ihr Verlangen gerade nach dem Zweck, sie will die Seinige werden, sie will in ewiger Verbindung all das Glück antreffen, das ihr mangelt, die Vereinigung aller Freuden genießen, nach denen sie sich sehnte. Wiederholtes Versprechen, das ihr die Gewißheit aller Hoffnungen versiegelt, kühne Liebkosungen, die ihre Begierden vermehren, umfangen ganz ihre Seele; sie schwebt in einem dumpfen Bewußtsein, in einem Vorgefühl aller Freuden, sie ist bis auf den höchsten Grad gespannt. Sie streckt endlich ihre Arme aus, all ihre Wünsche zu umfassen — und ihr Geliebter verläßt sie. — Erstarrt, ohne Sinne steht sie vor einem Abgrunde; alles ist Finsternis um sie her, keine Aussicht, kein Trost, keine Ahnung! denn *der* hat sie verlassen, in dem sie allein ihr Dasein fühlte. Sie sieht nicht die weite Welt, die vor ihr liegt, nicht die Vielen, die ihr den Verlust ersetzen könnten, sie fühlt sich allein, verlassen von aller Welt, — und blind, in die Enge gepreßt von der entsetzlichen Not ihres Herzens, stürzt sie sich hinunter, um in einem rings umfangenden Tode alle ihre Qualen zu ersticken. — Sieh, Albert, das ist die Geschichte so manches Menschen! und sag', ist das nicht der Fall der Krankheit? Die Natur findet keinen Ausweg aus dem Labyrinthe der verworrenen und widersprechenden Kräfte, und der Mensch muß sterben.

Wehe dem, der zusehen und sagen könnte: die Törin! Hätte sie gewartet, hätte sie die Zeit wirken lassen, die Verzweifelung würde sich schon gelegt, es würde sich schon ein anderer sie zu trösten vorgefunden haben. — Das ist eben, als wenn einer sagte: der Tor, stirbt am Fieber! Hätte er gewartet, bis seine Kräfte sich erholt, seine Säfte sich verbessert, der Tumult seines Blutes sich gelegt hätten: alles wäre gut gegangen, und er lebte bis auf den heutigen Tag!

Albert, dem die Vergleichung noch nicht anschaulich war, wandte noch einiges ein, und unter andern: ich hätte nur von einem einfältigen Mädchen gesprochen; wie aber ein Mensch von Verstande, der nicht so eingeschränkt sei, der mehr Verhältnisse übersehe, zu entschuldigen sein möchte, könne er nicht begreifen. — Mein Freund, rief ich aus, der Mensch ist Mensch, und das bißchen Verstand, das einer haben mag, kommt wenig oder nicht in Anschlag, wenn Leidenschaft wütet und die Gränzen der Menschheit einen drängen. Vielmehr — Ein andermal davon, sagte ich, und griff nach meinem Hute. O mir war das Herz so voll — Und wir gingen aus einander, ohne einander verstanden zu haben. Wie denn auf dieser Welt keiner leicht den andern versteht.

Am 15. August.

Es ist doch gewiß, daß in der Welt den Menschen nichts notwendig macht als die Liebe. Ich fühl's an Lotten, daß sie mich ungern verlöre, und die Kinder haben keinen andern Begriff, als daß ich immer morgen wieder kommen würde. Heute war ich hinausgegangen, Lottens Klavier zu stimmen, ich konnte aber nicht dazu kommen, denn die Kleinen verfolgten mich um ein Märchen, und Lotte sagte selbst, ich sollte ihnen den Willen tun. Ich schnitt ihnen das Abendbrot, das sie nun fast so gern von mir als von Lotten annehmen, und erzählte ihnen das Hauptstückchen von der Prinzessin, die von Händen bedient wird. Ich lerne viel dabei, das versichre ich dich, und ich bin erstaunt, was es auf sie für Eindrücke macht. Weil ich manchmal einen Inzidentpunkt erfinden muß, den ich bei'm zweitenmal vergesse, sagen sie gleich, das vorigemal wär' es anders gewesen, so daß ich mich jetzt übe, sie unveränderlich in einem singenden Sylbenfall an einem Schnürchen weg zu rezitieren. Ich habe daraus gelernt, wie ein Autor durch eine zweite veränderte Ausgabe seiner Geschichte, und wenn sie poetisch noch so besser geworden wäre, notwendig seinem Buche schaden muß. Der erste Eindruck findet uns willig, und der Mensch ist gemacht, daß man ihn das Abenteuerlichste überreden kann; das haftet aber auch gleich so fest, und wehe dem, der es wieder auskratzen und austilgen will!

Am 18. August.

Mußte denn das so sein, daß das, was des Menschen Glückseligkeit macht, wieder die Quelle seines Elendes würde?

Das volle warme Gefühl meines Herzens an der lebendigen Natur, das mich mit so vieler Wonne überströmte, das rings umher die Welt mir zu einem Paradiese schuf, wird mir jetzt zu einem unerträglichen Peiniger, zu einem quälenden Geist, der mich auf allen Wegen verfolgt. Wenn ich sonst vom Felsen über den Fluß bis zu jenen Hügeln das fruchtbare Tal überschaute und alles um mich her keimen und quellen sah; wenn ich jene Berge, vom Fuße bis auf zum Gipfel, mit hohen dichten Bäumen bekleidet, jene Täler in ihren mannichfaltigen Krümmungen von den lieblichsten Wäldern beschattet sah, und der sanfte Fluß zwischen den lispelnden Rohren dahin gleitete und die lieben Wolken abspiegelte, die der sanfte Abendwind am Himmel herüber wiegte; wenn ich dann die Vögel um mich den Wald beleben hörte, und die Millionen Mückenschwärme im letzten roten Strahle der Sonne mutig tanzten, und ihr letzter zuckender Blick den summenden Käfer aus seinem Grase befreite: und das Schwirren und Weben um mich her mich auf den Boden aufmerksam machte und das Moos, das meinem harten Felsen seine Nahrung abzwingt, und das Geniste, das den dürren Sandhügel hinunter wächs't, mir das innere, glühende, heilige Leben der Natur eröffnete: wie faßte ich das alles in mein warmes Herz, fühlte mich in der überfließenden Fülle wie vergöttert, und die herrlichen Gestalten der unendlichen Welt bewegten sich allbelebend in meiner Seele. Ungeheure Berge umgaben mich, Abgründe lagen vor mir, und Wetterbäche stürzten herunter, die Flüsse strömten unter mir, und Wald und Gebirg erklang; und ich sah sie wirken und schaffen in einander in den Tiefen der Erde, alle die unergründlichen Kräfte: und nun über der Erde und unter dem Himmel wimmeln die Geschlechter der mannichfaltigen Geschöpfe. Alles, alles bevölkert mit tausendfachen Gestalten; und die Menschen dann sich in Häuslein zusammen sichern und sich annisten und herrschen in ihrem Sinne über die weite Welt! Armer Tor! der du alles so gering achtest, weil du so klein bist. — Vom unzugänglichen Gebirge über die Einöde, die kein Fuß betrat, bis an's Ende des unbekannten Ozeans weht der Geist des Ewigschaffenden, und freut sich jedes Staubes, der ihn vernimmt und lebt. — Ach damals, wie oft habe ich mich mit Fittigen eines Kranichs, der über mich hinflog, zu dem Ufer des ungemessenen Meeres gesehnt, aus dem schäumenden Becher des Unendlichen jene schwellende Lebenswonne zu trinken, und nur einen Augenblick, in der eingeschränkten Kraft meines Busens, einen Tropfen der Seligkeit des Wesens zu fühlen, das alles in sich und durch sich hervorbringt.

Bruder, nur die Erinnerung jener Stunden macht mir wohl. Selbst diese Anstrengung, jene unsäglichen Gefühle zurückzurufen, wieder auszusprechen, hebt meine Seele über sich selbst, und läßt mich dann das Bange des Zustandes doppelt empfinden, der mich jetzt umgibt.

Es hat sich vor meiner Seele wie ein Vorhang weggezogen, und der Schauplatz des unendlichen Lebens verwandelt sich vor mir in den Abgrund des ewig offnen Grabs. Kannst du sagen: *Das ist!* da alles vorüber geht? da alles mit der Wetterschnelle vorüber rollt, so selten die ganze Kraft seines Daseins ausdauert, ach! in den Strom fortgerissen, untergetaucht und an Felsen zerschmettert wird? Da ist kein Augenblick, der nicht dich verzehrte und die Deinigen um dich her, kein Augenblick, da du nicht ein Zerstörer bist, sein mußt; der harmloseste Spaziergang kostet tausend armen Würmchen das Leben, es zerrüttet Ein Fußtritt die mühseligen Gebäude der Ameisen, und stampft eine kleine Welt in ein schmähliches Grab. Ha! nicht die große seltne Not der Welt, diese Fluten, die eure Dörfer wegspülen, diese Erdbeben, die eure Städte verschlingen, rühren mich: mir untergräbt das Herz die verzehrende Kraft, die in dem All der Natur verborgen liegt; die nichts gebildet hat, das nicht seinen Nachbar, nicht sich selbst zerstörte. Und so taumle ich beängstigt. Himmel und Erde und ihre webenden Kräfte um mich her: Ich sehe nichts, als ein ewig verschlingendes, ewig wiederkäuendes Ungeheuer.

Am 21. August.

Umsonst strecke ich meine Arme nach ihr aus. Morgens, wenn ich von schweren Träumen aufdämmere, vergebens suche ich sie Nachts in meinem Bette, wenn mich ein glücklicher unschuldiger Traum getäuscht hat, als säß' ich neben ihr auf der Wiese und hielt' ihre Hand und deckte sie mit tausend Küssen. Ach wenn ich dann noch halb im Taumel des Schlafes nach ihr tappe, und drüber mich ermuntere — ein Strom von Tränen bricht aus meinem gepreßten Herzen, und ich weine trostlos einer finstern Zukunft entgegen.

Am 22. August.

Es ist ein Unglück, Wilhelm, meine tätigen Kräfte sind zu einer unruhigen Lässigkeit verstimmt, ich kann nicht müßig sein und kann doch auch nichts tun. Ich habe keine Vorstellungskraft, kein Gefühl an der Natur und die Bücher ekeln mich an. Wenn wir uns selbst fehlen, fehlt uns doch alles. Ich schwöre dir, manchmal wünschte ich ein Tagelöhner zu sein, um nur des Morgens bei'm Erwachen eine Aussicht auf den künftigen Tag, einen Drang, eine Hoffnung zu haben. Oft beneide ich Alberten, den ich über die Ohren in Akten begraben sehe, und bilde mir ein, mir wäre wohl, wenn ich an seiner Stelle wäre! Schon etlichemal ist mir's so aufgefahren, ich wollte dir schreiben und dem Minister, um die Stelle bei der Gesandtschaft anzuhalten, die, wie du versicherst, mir nicht versagt werden würde. Ich glaube es selbst. Der Minister liebt mich seit langer Zeit, hatte lange mir angelegen, ich sollte mich irgend einem Geschäfte widmen; und eine Stunde ist mir's auch wohl drum zu tun. Hernach wenn ich wieder dran denke, und mir die Fabel vom Pferde einfällt, das seiner Freiheit ungeduldig sich Sattel und Zeug auflegen läßt, und zu Schanden geritten wird; — ich weiß nicht was ich soll — Und, mein Lieber! ist nicht vielleicht das Sehnen in mir nach Veränderung des Zustands eine innere unbehagliche Ungeduld, die mich überall hin verfolgen wird?

Am 28. August.

Es ist wahr, wenn meine Krankheit zu heilen wäre, so würden diese Menschen es tun. Heute ist mein Geburtstag, und in aller Frühe empfange ich ein Päcktchen von Alberten. Mir fällt bei'm Eröffnen sogleich eine der blaßroten Schleifen in die Augen, die Lotte vor hatte, als ich sie kennen lernte, und um die ich seither etlichemal gebeten hatte. Es waren zwei Büchelchen in Duodez dabei, der kleine Wetsteinische Homer, eine Ausgabe, nach der ich so oft verlangt, um mich auf dem Spaziergange mit dem Ernestischen nicht zu schleppen. Sieh! so kommen sie meinen Wünschen zuvor, so suchen sie alle die kleinen Gefälligkeiten der Freundschaft auf, die tausendmal werter sind als jene blendenden Geschenke, wodurch uns die Eitelkeit des Gebers erniedrigt. Ich küsse diese Schleife tausendmal, und mit jedem Atemzuge schlürfe ich die Erinnerung jener Seligkeiten ein, mit denen mich jene wenigen, glücklichen, unwiederbringlichen Tage überfüllten. Wilhelm, es ist so, und ich murre nicht, die Blüten des Lebens sind nur Erscheinungen! Wie viele gehn vorüber, ohne eine Spur hinter sich zu lassen, wie wenige setzen Frucht an, und wie wenige dieser Früchte werden reif! Und doch sind deren noch genug da; und doch — O mein Bruder! — können wir gereifte Früchte vernachlässigen, verachten, ungenossen verfaulen lassen?

Lebe wohl! Es ist ein herrlicher Sommer; ich sitze oft auf den Obstbäumen in Lottens Baumstück mit dem Obstbrecher, der langen Stange, und hole die Birnen aus dem Gipfel. Sie steht unten und nimmt sie ab, wenn ich sie ihr herunter lasse.

Am 30. August.

Unglücklicher! Bist du nicht ein Tor? betriegst du dich nicht selbst? Was soll diese tobende endlose Leidenschaft? Ich habe kein Gebet mehr als an sie; meiner Einbildungskraft erscheint keine andere Gestalt als die ihrige, und alles in der Welt um mich her seh ich nur im Verhältnisse mit ihr. Und das macht mir denn so manche glückliche Stunde — bis ich mich wieder von ihr losreißen muß! Ach Wilhelm! wozu mich mein Herz oft drängt! — Wenn ich bei ihr gesessen bin, zwei, drei Stunden, und mich an ihrer Gestalt, an ihrem Betragen, an dem himmlischen Ausdruck ihrer Worte geweidet habe, und nun nach und nach alle meine Sinne ausgespannt werden, mir es düster vor den Augen wird, ich kaum noch höre, und es mich an die Gurgel faßt wie ein Meuchelmörder, dann mein Herz in wilden Schlägen den bedrängten Sinnen Luft zu machen sucht, und ihre Verwirrung nur vermehrt — Wilhelm, ich weiß oft nicht, ob ich auf der Welt bin! Und, — wenn nicht manchmal die Wehmut das Übergewicht nimmt, und Lotte mir den elenden Trost erlaubt, auf ihrer Hand meine Beklemmung auszuweinen, — so muß ich fort, muß hinaus! und schweife dann weit im Feld umher; einen jähen Berg zu klettern ist dann meine Freude, durch einen unwegsamen Wald einen Pfad durchzuarbeiten, durch die Hecken, die mich verletzen, durch die Dornen, die mich zerreißen! Da wird mir's etwas besser! Etwas! Und wenn ich vor Müdigkeit und Durst manchmal unterwegs liegen bleibe, manchmal in der tiefen Nacht, wenn der hohe Vollmond über mir steht, im einsamen Walde, auf einen krummgewachsenen Baum mich setze, um meinen verwundeten Sohlen nur einige Linderung zu verschaffen, und dann in einer ermattenden Ruhe in dem Dämmerschein hinschlummre! O Wilhelm! die einsame Wohnung einer Zelle, das härene Gewand und der Stachelgürtel wären Labsale, nach denen meine Seele schmachtet. Adieu! Ich seh' dieses Elendes kein Ende als das Grab.

Am 3. September.

Ich muß fort! Ich danke dir, Wilhelm, daß du meinen wankenden Entschluß bestimmt hast. Schon vierzehn Tage gehe ich mit dem Gedanken um, sie zu verlassen. Ich muß fort. Sie ist wieder in der Stadt bei einer Freundin. Und Albert — und — ich muß fort!

Am 10. September.

Das war eine Nacht! Wilhelm! nun überstehe ich alles. Ich werde sie nicht wieder sehn! O daß ich nicht an deinen Hals fliegen, dir mit tausend Tränen und Entzückungen ausdrücken kann, mein Bester, die Empfindungen, die mein Herz bestürmen. Hier sitze ich und schnappe nach Luft, suche mich zu beruhigen, erwarte den Morgen, und mit Sonnenaufgang sind die Pferde bestellt.

Ach sie schläft ruhig und denkt nicht, daß sie mich nie wieder sehen wird. Ich habe mich losgerissen, bin stark genug gewesen, in einem Gespräch von zwei Stunden mein Vorhaben nicht zu verraten. Und Gott, welch ein Gespräch!

Albert hatte mir versprochen, gleich nach dem Nachtessen mit Lotten im Garten zu sein. Ich stand auf der Terrasse unter den hohen Kastanienbäumen und sah der Sonne nach, die mir nun zum letztenmal über dem lieblichen Tale, über dem sanften Fluß unterging. So oft hatte ich hier gestanden mit ihr und eben dem herrlichen Schauspiele zugesehen, und nun — Ich ging in der Allee auf und ab, die mir so lieb war; ein geheimer sympathetischer Zug hatte mich hier so oft gehalten, ehe ich noch Lotten kannte, und wie freuten wir uns, als wir im Anfang unserer Bekanntschaft die wechselseitige Neigung zu diesem Plätzchen entdeckten, das wahrhaftig eins von den romantischsten ist, die ich von der Kunst hervorgebracht gesehen habe.

Erst hast du zwischen Kastanienbäumen die weite Aussicht — Ach ich erinnere mich, ich habe dir, denk ich, schon viel davon geschrieben, wie hohe Buchenwände einen endlich einschließen, und durch ein daran stoßendes Boskett die Allee immer düsterer wird, bis zuletzt alles sich in ein geschlossenes Plätzchen endigt, das alle Schauer der Einsamkeit umschweben. Ich fühle es noch, wie heimlich mir's ward, als ich zum erstenmale an einem hohen Mittage hinein trat; ich ahnete ganz leise, was für ein Schauplatz das noch werden sollte von Seligkeit und Schmerz.

Ich hatte mich etwa eine halbe Stunde in den schmachtenden süßen Gedanken des Abscheidens, des Wiedersehens geweidet, als ich sie die Terrasse herauf steigen hörte. Ich lief ihnen entgegen, mit einem Schauer faßte ich ihre Hand und küßte sie. Wir waren eben herauf getreten, als der Mond hinter dem buschigen Hügel aufging; wir redeten mancherlei und kamen unvermerkt dem düstern Kabinette näher. Lotte trat hinein und setzte sich, Albert neben sie, ich auch; doch meine Unruhe ließ mich nicht lange sitzen; ich stand auf, trat vor sie, ging auf und ab, setzte mich wieder: es war ein ängstlicher Zustand. Sie machte uns aufmerksam auf die schöne Wirkung des Mondenlichtes, das am Ende der Buchenwände die ganze Terrasse vor uns erleuchtete: ein herrlicher Anblick, der um so viel frappanter war, weil uns rings eine tiefe Dämmerung einschloß. Wir waren still, und sie fing nach einer Weile an: Niemals gehe ich im Mondenlichte spazieren, niemals, daß mir nicht der Gedanke an meine Verstorbenen begegnete, daß nicht das Gefühl von Tod, von Zukunft über mich käme. Wir werden sein! fuhr sie mit der Stimme des herrlichsten Gefühls fort; aber, Werther, sollen wir uns wieder finden? wieder erkennen? was ahnen Sie? was sagen Sie?

Lotte, sagte ich, indem ich ihr die Hand reichte, und mir die Augen voll Tränen wurden, wir werden uns wieder sehn! hier und dort wieder sehn! — Ich konnte nicht weiter reden — Wilhelm, mußte sie mich das fragen, da ich diesen ängstlichen Abschied im Herzen hatte!

Und ob die lieben Abgeschiednen von uns wissen, fuhr sie fort, ob sie fühlen, wann's uns wohl geht, daß wir mit warmer Liebe uns ihrer erinnern? O! die Gestalt meiner Mutter schwebt immer um mich, wenn ich am stillen Abend unter ihren Kindern, unter meinen Kindern sitze, und sie um mich versammelt sind, wie sie um sie versammelt waren. Wenn ich dann mit einer sehnenden Träne gen Himmel sehe, und wünsche, daß sie herein schauen könnte einen Augenblick, wie ich mein Wort halte, das ich ihr in der Stunde des Todes gab: die Mutter ihrer Kinder zu sein. Mit welcher Empfindung rufe ich aus: Verzeihe mir's, Teuerste, wenn ich ihnen nicht bin was du ihnen warst. Ach! tue ich doch alles, was ich kann; sind sie doch gekleidet, genährt, ach, und was mehr ist als das alles, gepflegt und geliebt. Könntest du unsere Eintracht sehen, liebe Heilige! du würdest mit dem heißesten Danke den Gott verherrlichen, den du mit den letzten bittersten Tränen um die Wohlfahrt deiner Kinder batest. —

Sie sagte das! o Wilhelm, wer kann wiederholen was sie sagte! Wie kann der kalte tote Buchstabe diese himmlische Blüte des Geistes darstellen! Albert fiel ihr sanft in die Rede: Es greift Sie zu stark an, liebe Lotte! ich weiß, Ihre Seele hängt sehr nach diesen Ideen, aber ich bitte Sie — O Albert, sagte sie, ich weiß, du vergissest nicht die Abende, da wir zusammen saßen an dem kleinen runden Tischchen, wenn der Papa verreis't war, und wir die Kleinen schlafen geschickt hatten. Du hattest oft ein gutes Buch und kamst so selten dazu, etwas zu lesen — War der Umgang dieser herrlichen Seele nicht mehr als alles? die schöne, sanfte, muntere und immer tätige Frau! Gott kennt meine Tränen, mit denen ich mich oft in meinem Bette vor ihn hinwarf: er möchte mich ihr gleich machen.

Lotte! rief ich aus, indem ich mich vor sie hinwarf, ihre Hand nahm und mit tausend Tränen netzte, Lotte! der Segen Gottes ruht über dir, und der Geist deiner Mutter! — Wenn Sie sie gekannt hätten, sagte sie, indem sie mir die Hand drückte, — sie war wert von Ihnen gekannt zu sein! — Ich glaubte zu vergehen. Nie war ein größeres stolzeres Wort über mich ausgesprochen worden — und sie fuhr fort: Und diese Frau mußte in der Blüte ihrer Jahre dahin, da ihr jüngster Sohn nicht sechs Monate alt war! Ihre Krankheit dauerte nicht lange; sie war ruhig, hingegeben, nur ihre Kinder taten ihr weh, besonders das kleine. Wie es gegen das Ende ging, und sie zu mir sagte: Bringe mir sie herauf, und wie ich sie herein führte, die kleinen, die nicht wußten, und die ältesten, die ohne Sinne waren, wie sie um's Bette standen, und wie sie die Hände aufhob, und über sie betete, und sie küßte nach einander und sie wegschickte, und zu mir sagte: Sei ihre Mutter! — Ich gab ihr die Hand drauf! — Du versprichst viel, meine Tochter, sagte sie, das Herz einer Mutter und das Aug' einer Mutter. Ich habe oft an deinen dankbaren Tränen gesehen, daß du fühlst was das sei. Habe es für deine Geschwister, und für deinen Vater die Treue und den Gehorsam einer Frau. Du wirst ihn trösten. — Sie fragte nach ihm, er war ausgegangen, um uns den unerträglichen Kummer zu verbergen, den er fühlte, der Mann war ganz zerrissen.

Albert, du warst im Zimmer. Sie hörte jemand gehn und fragte und forderte dich zu sich, und wie sie dich ansah und mich, mit dem getrösteten ruhigen Blicke, daß wir glücklich sein, zusammen glücklich sein würden. — Albert fiel ihr um den Hals und küßte sie und rief: Wir sind es! wir werden es sein! — Der ruhige Albert war ganz aus seiner Fassung, und ich wußte nichts von mir selber.

Werther, fing sie an, und diese Frau sollte dahin sein! Gott! wenn ich manchmal denke, wie man das Liebste seines Lebens wegtragen läßt, und niemand als die Kinder das so scharf fühlt, die sich noch lange beklagten, die schwarzen Männer hätten die Mama weggetragen!

Sie stand auf und ich ward erweckt und erschüttert, blieb sitzen und hielt ihre Hand. — Wir wollen fort, sagte sie, es wird Zeit. — Sie wollte ihre Hand zurückziehen und ich hielt sie fester. — Wir werden uns wieder sehen, rief ich, wir werden uns finden, unter allen Gestalten werden wir uns erkennen. Ich gehe, fuhr ich fort, ich gehe willig, und doch, wenn ich sagen sollte auf ewig, ich würde es nicht aushalten. Leb' wohl, Lotte! Leb' wohl, Albert! Wir sehn uns wieder. — Morgen, denke ich, versetzte sie scherzend. — Ich fühlte das Morgen! Ach sie wußte nicht, als sie ihre Hand aus der meinen zog — Sie gingen die Allee hinaus, ich stand, sah ihnen nach im Mondscheine und warf mich an die Erde und weinte mich aus und sprang auf und lief auf die Terrasse hervor und sah noch dort unten im Schatten der hohen Lindenbäume ihr weißes Kleid nach der Gartentür schimmern, ich streckte meine Arme aus, und es verschwand.

ZWEITES BUCH

Am 20. Oktober 1771.

Gestern sind wir hier angelangt. Der Gesandte ist unpaß, und wird sich also einige Tage einhalten. Wenn er nur nicht so unhold wäre, wär' alles gut. Ich merke, ich merke, das Schicksal hat mir harte Prüfungen zugedacht. Doch gutes Muts! Ein leichter Sinn trägt alles! Ein leichter Sinn? das macht mich zu lachen, wie das Wort in meine Feder kommt. O ein bißchen leichteres Blut würde mich zum Glücklichsten unter der Sonne machen. Was! da wo andere mit ihrem bißchen Kraft und Talent vor mir in behaglicher Selbstgefälligkeit herumschwadronieren, verzweifle ich an meiner Kraft, an meinen Gaben? Guter Gott, der du mir das alles schenktest, warum hieltest du nicht die Hälfte zurück, und gabst mir Selbstvertrauen und Genügsamkeit!

Geduld! Geduld! es wird besser werden. Denn ich sage dir, Lieber, du hast Recht. Seit ich unter dem Volke alle Tage herumgetrieben werde, und sehe was sie tun und wie sie's treiben, stehe ich viel besser mit mir selbst. Gewiß, weil wir doch einmal so gemacht sind, daß wir alles mit uns und uns mit allem vergleichen, so liegt Glück oder Elend in den Gegenständen, womit wir uns zusammenhalten, und da ist nichts gefährlicher als die Einsamkeit. Unsere Einbildungskraft, durch ihre Natur gedrungen sich zu erheben, durch die phantastischen Bilder der Dichtkunst genährt, bildet sich eine Reihe Wesen hinauf, wo wir das unterste sind, und alles außer uns herrlicher erscheint, jeder andere vollkommner ist. Und das geht ganz natürlich zu. Wir fühlen so oft, daß uns manches mangelt, und eben was uns fehlt scheint uns oft ein anderer zu besitzen, dem wir denn auch alles dazu geben, was *wir* haben, und noch eine gewisse idealische Behaglichkeit dazu. Und so ist der Glückliche vollkommen fertig, das Geschöpf unsrer selbst.

Dagegen wenn wir mit all unserer Schwachheit und Mühseligkeit nur gerade fortarbeiten, so finden wir gar oft, daß wir mit unserem Schlendern und Lavieren es weiter bringen, als andere mit ihrem Segeln und Rudern — und — das ist doch ein wahres Gefühl seiner selbst, wenn man andern gleich oder gar vorläuft.

Am 26. November 1771.

Ich fange an, mich in so fern ganz leidlich hier zu befinden. Das Beste ist, daß es zu tun genug gibt; und dann die vielerlei Menschen, die allerlei neuen Gestalten machen mir ein buntes Schauspiel vor meiner Seele. Ich habe den Grafen C.. kennen lernen, einen Mann, den ich jeden Tag mehr verehren muß, einen weiten großen Kopf, und der deswegen nicht kalt ist, weil er viel übersieht; aus dessen Umgange so viel Empfindung für Freundschaft und Liebe hervorleuchtet. Er nahm Teil an mir, als ich einen Geschäftsauftrag an ihn ausrichtete, und er bei den ersten Worten merkte, daß wir uns verstanden, daß er mit mir reden konnte wie nicht mit jedem. Auch kann ich sein offnes Betragen gegen mich nicht genug rühmen. So eine wahre warme Freude ist nicht in der Welt, als eine große Seele zu sehen, die sich gegen einen öffnet.

Am 24. Dezember 1771.

Der Gesandte macht mir viel Verdruß, ich habe es voraus gesehn. Er ist der pünktlichste Narr, den es nur geben kann; Schritt vor Schritt, und umständlich wie eine Base; ein Mensch, der nie mit sich selbst zufrieden ist, und dem es daher niemand zu Danke machen kann. Ich arbeite gern leicht weg, und wie es steht so steht es: da ist er im Stande, mir einen Aufsatz zurückzugeben und zu sagen: Er ist gut, aber sehen Sie ihn durch, man findet immer ein besseres Wort, eine reinere Partikel. — Da möchte ich des Teufels werden. Kein Und, kein Bindewörtchen darf außenbleiben, und von allen Inversionen, die mir manchmal entfahren, ist er ein Todfeind; wenn man seinen Perioden nicht nach der hergebrachten Melodie heraborgelt, so versteht er gar nichts drin. Das ist ein Leiden, mit so einem Menschen zu tun zu haben.

Das Vertrauen des Grafen von C.. ist noch das Einzige, was mich schadlos hält. Er sagte mir letzthin ganz aufrichtig, wie unzufrieden er mit der Langsamkeit und Bedenklichkeit meines Gesandten sei. Die Leute erschweren es sich und andern; doch, sagte er, man muß sich darein resignieren, wie ein Reisender, der über einen Berg muß; freilich, wäre der Berg nicht da, so wäre der Weg viel bequemer und kürzer; er ist nun aber da, und man soll hinüber! —

Mein Alter spürt auch wohl den Vorzug, den mir der Graf vor ihm gibt, und das ärgert ihn, und er ergreift jede Gelegenheit, Übels gegen mich vom Grafen zu reden: ich halte, wie natürlich, Widerpart, und dadurch wird die Sache nur schlimmer. Gestern gar brachte er mich auf, denn ich war mitgemeint: zu so Weltgeschäften sei der Graf ganz gut, er habe viele Leichtigkeit zu arbeiten und führe eine gute Feder, doch an gründlicher Gelehrsamkeit mangle es ihm wie allen Bellettristen. Dazu machte er eine Miene, als ob er sagen wollte: Fühlst du den Stich? Aber es tat bei mir nicht die Wirkung, ich verachtete den Menschen, der so denken und sich so betragen konnte. Ich hielt ihm Stand, und focht mit ziemlicher Heftigkeit. Ich sagte, der Graf sei ein Mann, vor dem man Achtung haben müsse, wegen seines Charakters sowohl als wegen seiner Kenntnisse. Ich habe, sagt' ich, niemand gekannt, dem es so geglückt wäre, seinen Geist zu erweitern, ihn über unzählige Gegenstände zu verbreiten und doch diese Tätigkeit für's gemeinsame Leben zu behalten. — Das waren dem

Gehirne spanische Dörfer, und ich empfahl mich, um nicht über ein weiteres Deraisonnement noch mehr Galle zu schlucken.

Und daran seid ihr alle Schuld, die ihr mich in das Joch geschwatzt, und mir so viel von Aktivität vorgesungen habt. Aktivität! Wenn nicht der mehr tut, der Kartoffeln legt, und in die Stadt reitet sein Korn zu verkaufen, als ich, so will ich zehn Jahre noch mich auf der Galeere abarbeiten, auf der ich nun angeschmiedet bin.

Und das glänzende Elend, die Langeweile unter dem garstigen Volke, das sich hier neben einander sieht! die Rangsucht unter ihnen, wie sie nur wachen und aufpassen, einander ein Schrittchen abzugewinnen; die elendesten erbärmlichsten Leidenschaften, ganz ohne Röckchen. Da ist ein Weib, zum Exempel, die jedermann von ihrem Adel und ihrem Lande unterhält, so daß jeder Fremde denken muß: das ist eine Närrin, die sich auf das bißchen Adel und auf den Ruf ihres Landes Wunderstreiche einbildet. — Aber es ist noch viel ärger: eben das Weib ist hier aus der Nachbarschaft eines Amtschreibers Tochter. — Sieh, ich kann das Menschengeschlecht nicht begreifen, das so wenig Sinn hat, um sich so platt zu prostituieren.

Zwar ich merke täglich mehr, mein Lieber, wie töricht man ist, andere nach sich zu berechnen. Und weil ich so viel mit mir selbst zu tun habe, und dieses Herz so stürmisch ist — ach ich lasse gern die andern ihres Pfades gehen, wenn sie mich nur auch könnten gehen lassen.

Was mich am meisten neckt, sind die fatalen bürgerlichen Verhältnisse. Zwar weiß ich so gut als einer, wie nötig der Unterschied der Stände ist, wie viel Vorteile er mir selbst verschafft: nur soll er mir nicht eben gerade im Wege stehen, wo ich noch ein wenig Freude, einen Schimmer von Glück auf dieser Erde genießen könnte. Ich lernte neulich auf dem Spaziergange ein Fräulein von B.. kennen, ein liebenswürdiges Geschöpf, das sehr viele Natur mitten in dem steifen Leben erhalten hat. Wir gefielen uns in unserem Gespräche, und da wir schieden, bat ich sie um Erlaubnis, sie bei sich sehen zu dürfen. Sie gestattete mir das mit so vieler Freimütigkeit, daß ich den schicklichen Augenblick kaum erwarten konnte, zu ihr zu gehen. Sie ist nicht von hier und wohnt bei einer Tante im Hause. Die Physiognomie der Alten gefiel mir nicht. Ich bezeigte ihr viel Aufmerksamkeit, mein Gespräch war meist an sie gewandt, und in minder als einer halben Stunde hatte ich so ziemlich weg, was mir das Fräulein nachher selbst gestand: daß die liebe Tante in ihrem Alter Mangel von allem, kein anständiges Vermögen, keinen Geist, und keine Stütze hat als die Reihe ihrer Vorfahren, keinen Schirm als den Stand, in den sie sich verpalisadiert, und kein Ergetzen, als von ihrem Stockwerk herab über die bürgerlichen Häupter wegzusehen. In ihrer Jugend soll sie schön gewesen sein und ihr Leben weggegaukelt, erst mit ihrem Eigensinne manchen armen Jungen gequält, und in den reiferen Jahren sich unter den Gehorsam eines alten Offiziers geduckt haben, der gegen diesen Preis und einen leidlichen Unterhalt das eherne Jahrhundert mit ihr zubrachte und starb. Nun sieht sie im eisernen sich allein und würde nicht angesehn, wär' ihre Nichte nicht so liebenswürdig.

Den 8. Januar 1772.

Was das für Menschen sind, deren ganze Seele auf dem Zeremoniell ruht, deren Dichten und Trachten Jahre lang dahin geht, wie sie um einen Stuhl weiter hinauf bei Tische sich einschieben wollen! Und nicht, daß sie sonst keine Angelegenheit hätten: nein, vielmehr häufen sich die Arbeiten, eben weil man über den kleinen Verdrießlichkeiten von Beförderung der wichtigen Sachen abgehalten wird. Vorige Woche gab es bei der Schlittenfahrt Händel und der ganze Spaß wurde verdorben.

Die Toren, die nicht sehen, daß es eigentlich auf den Platz gar nicht ankommt, und daß der, der den ersten hat, so selten die erste Rolle spielt! Wie mancher König wird durch seinen Minister, wie mancher Minister durch seinen Sekretär regiert! Und wer ist dann der Erste? der, dünkt mich, der die andern übersieht, und so viel Gewalt oder List hat, ihre Kräfte und Leidenschaften zu Ausführung seiner Plane anzuspannen.

Am 20. Januar.

Ich muß Ihnen schreiben, liebe Lotte, hier in der Stube einer geringen Bauernherberge, in die ich mich vor einem schweren Wetter geflüchtet habe. So lange ich in dem traurigen Neste D.., unter dem fremden, meinem Herzen ganz fremden Volke herumziehe, habe ich keinen Augenblick gehabt, keinen, an dem mein Herz mich geheißen hätte Ihnen zu schreiben; und jetzt in dieser Hütte, in dieser Einsamkeit, in dieser Einschränkung, da Schnee und Schloßen wider mein Fensterchen wüten, hier waren Sie mein erster Gedanke. Wie ich herein trat, überfiel mich Ihre Gestalt, Ihr Andenken, o Lotte! so heilig, so warm! Guter Gott! der erste glückliche Augenblick wieder.

Wenn Sie mich sähen, meine Beste, in dem Schwall von Zerstreuung! wie ausgetrocknet meine Sinne werden; nicht Einen Augenblick der Fülle des Herzens, nicht Eine selige Stunde! nichts! nichts! Ich stehe wie vor einem Raritätenkasten, und sehe die Männchen und Gäulchen vor mir herumrücken, und frage mich oft, ob es nicht optischer Betrug ist. Ich spiele mit, vielmehr, ich werde gespielt, wie eine Marionette, und fasse manchmal meinen Nachbar an der hölzernen Hand und schaudere zurück. Des Abends nehme ich mir vor, den Sonnenaufgang zu genießen, und komme nicht aus dem Bette; am Tage hoffe ich mich des Mondscheins zu erfreuen, und bleibe in meiner Stube. Ich weiß nicht recht, warum ich aufstehe, warum ich schlafen gehe.

Der Sauerteig, der mein Leben in Bewegung setzte, fehlt; der Reiz, der mich in tiefen Nächten munter erhielt, ist hin, der mich des Morgens aus dem Schlafe weckte, ist weg.

Ein einzig weibliches Geschöpf habe ich hier gefunden, eine Fräulein von B.., sie gleicht Ihnen, liebe Lotte, wenn man Ihnen gleichen kann. Ei! werden Sie sagen, der Mensch legt sich auf niedliche Komplimente! Ganz unwahr ist es nicht. Seit einiger Zeit bin ich sehr artig, weil ich doch nicht anders sein kann, habe viel Witz, und die Frauenzimmer sagen: es wüßte niemand so fein zu loben als ich (und zu lügen, setzen Sie hinzu, denn ohne das geht es nicht ab, verstehen Sie?). Ich wollte von Fräulein B.. reden. Sie hat viel Seele, die voll aus ihren blauen Augen hervorblickt. Ihr Stand ist ihr zur Last, der keinen der Wünsche ihres Herzens befriedigt. Sie sehnt sich aus dem Getümmel, und wir verphantasieren manche Stunde in ländlichen Szenen von ungemischter Glückseligkeit; ach! und von Ihnen! Wie oft muß sie Ihnen huldigen, muß nicht, tut es freiwillig, hört so gern von Ihnen, liebt Sie. —

O säß' ich zu Ihren Füßen in dem lieben vertraulichen Zimmerchen, und unsere kleinen Lieben wälzten sich mit einander um mich herum, und wenn sie Ihnen zu laut würden, wollte ich sie mit einem schauerlichen Märchen um mich zur Ruhe versammeln.

Die Sonne geht herrlich unter über der schneeglänzenden Gegend, der Sturm ist hinüber gezogen, und ich — muß mich wieder in meinen Käfig sperren. — Adieu! Ist Albert bei Ihnen? Und wie —? Gott verzeihe mir diese Frage!

Den 8. Februar.

Wir haben seit acht Tagen das abscheulichste Wetter und mir ist es wohltätig. Denn so lang ich hier bin, ist mir noch kein schöner Tag am Himmel erschienen, den mir nicht jemand verdorben oder verleidet hätte. Wenn's nun recht regnet und stöbert und fröstelt und taut: ha! denk' ich, kann's doch zu Hause nicht schlimmer werden, als es draußen ist, oder umgekehrt, und so ist's gut. Geht die Sonne des Morgens auf und verspricht einen feinen Tag, erwehr' ich mir niemals auszurufen: da haben sie doch wieder ein himmliches Gut, worum sie einander bringen können. Es ist nichts, worum sie einander nicht bringen. Gesundheit, guter Name, Freudigkeit, Erholung! Und meist aus Albernheit, Unbegriff und Enge, und wenn man sie anhört, mit der besten Meinung. Manchmal möcht' ich sie auf den Knieen bitten, nicht so rasend in ihre eigenen Eingeweide zu wüten.

Am 17. Februar.

Ich fürchte, mein Gesandter und ich halten es zusammen nicht lange mehr aus. Der Mann ist ganz und gar unerträglich. Seine Art zu arbeiten und Geschäfte zu treiben ist so lächerlich, daß ich mich nicht enthalten kann ihm zu widersprechen, und oft eine Sache nach meinem Kopf und meiner Art zu machen, das ihm denn, wie natürlich, niemals recht ist. Darüber hat er mich neulich bei Hofe verklagt, und der Minister gab mir einen zwar sanften Verweis, aber es war doch ein Verweis, und ich stand im Begriffe meinen Abschied zu begehren, als ich einen Privatbrief* von ihm erhielt, einen Brief, vor dem ich niedergekniet, und den hohen, edlen, weisen Sinn angebetet habe. Wie er meine allzugroße Empfindlichkeit zurecht weiset, wie er meine überspannten Ideen von Wirksamkeit, von Einfluß auf andere, von Durchdringen in Geschäften als jugendlichen guten Mut zwar ehrt, sie nicht auszurotten, nur zu mildern und dahin zu leiten sucht, wo sie ihr wahres Spiel haben, ihre kräftige Wirkung tun können. Auch bin ich auf acht Tage gestärkt und in mir selbst einig geworden. Die Ruhe der Seele ist ein herrlich Ding und die Freude an sich selbst. Lieber Freund, wenn nur das Kleinod nicht eben so zerbrechlich wäre, als es schön und kostbar ist.

Am 20. Februar.

Gott segne euch, meine Lieben, gebe euch alle die guten Tage, die er mir abzieht!

Ich danke dir, Albert, daß du mich betrogen hast: ich wartete auf Nachricht, wann euer Hochzeittag sein würde, und hatte mir vorgenommen, feierlichst an demselben Lottens Schattenriß von der Wand zu nehmen und ihn unter andere Papiere zu begraben. Nun seid ihr ein Paar und ihr Bild ist noch hier! Nun so soll es bleiben! Und warum nicht? Ich weiß, ich bin ja auch bei euch, bin dir unbeschadet in Lottens Herzen, habe, ja ich habe den zweiten Platz darin und will und muß ihn behalten. O ich würde rasend werden, wenn sie vergessen könnte — Albert, in dem Gedanken liegt eine Hölle. Albert, leb' wohl! Leb' wohl, Engel des Himmels! Leb' wohl, Lotte!

Den 15. März.

Ich habe einen Verdruß gehabt, der mich von hier wegtreiben wird. Ich knirsche mit den Zähnen! Teufel! er ist nicht zu ersetzen, und ihr seid doch allein Schuld daran, die ihr mich sporntet und triebt und quältet, mich in einen Posten zu begeben, der nicht nach meinem Sinne war. Nun habe ich's! nun habt ihr's! Und daß du nicht wieder sagst, meine überspannten Ideen verdürben alles, so hast du hier, lieber Herr, eine Erzählung, plan und nett, wie ein Chronikenschreiber das aufzeichnen würde.

Der Graf von C.. liebt mich, distinguiert mich, das ist bekannt, das habe ich dir schon hundertmal gesagt. Nun war ich gestern bei ihm zu Tafel, eben an dem Tage, da Abends die noble Gesellschaft von Herrn und Frauen bei ihm zusammen kommt, an die ich nie gedacht habe, auch mir nie aufgefallen ist, daß wir Subalternen nicht hinein gehören. Gut. Ich

* Man hat aus Ehrfurcht für diesen trefflichen Herrn gedachten Brief, und einen andern, dessen weiter hinten erwähnt wird, dieser Sammlung entzogen, weil man nicht glaubte, eine solche Kühnheit durch den wärmsten Dank des Publikums entschuldigen zu können.

speise bei dem Grafen und nach Tische gehn wir in dem großen Saal auf und ab, ich rede mit ihm, mit dem Obristen B.., der dazu kommt, und so rückt die Stunde der Gesellschaft heran. Ich denke, Gott weiß, an nichts. Da tritt herein die übergnädige Dame von S.. mit ihrem Herrn Gemahle und wohl ausgebrüteten Gänslein Tochter, mit der flachen Brust und niedlichem Schnürleibe, machen en passant ihre hergebrachten hochadelichen Augen und Naslöcher, und wie mir die Nation von Herzen zuwider ist, wollte ich mich eben empfehlen und wartete nur, bis der Graf vom garstigen Gewäsche frei wäre, als meine Fräulein B.. herein trat. Da mir das Herz immer ein bißchen aufgeht, wenn ich sie sehe, blieb ich eben, stellte mich hinter ihren Stuhl, und bemerkte erst nach einiger Zeit, daß sie mit weniger Offenheit als sonst, mit einiger Verlegenheit mit mir redete. Das fiel mir auf. Ist sie auch wie alle das Volk, dachte ich, und war angestochen und wollte gehen, und doch blieb ich, weil ich sie gerne entschuldigt hätte, und es nicht glaubte, und noch ein gut Wort von ihr hoffte und — was du willst. Unterdessen füllt sich die Gesellschaft. Der Baron F.. mit der ganzen Garderobe von den Krönungszeiten Franz des Ersten her, der Hofrat R.., hier aber in qualitate Herr von R.. genannt, mit seiner tauben Frau etc., den übel fournierten J.. nicht zu vergessen, der die Lücken seiner altfränkischen Garderobe mit neumodischen Lappen ausflickt, das kommt zu Hauf, und ich rede mit einigen meiner Bekanntschaft, die alle sehr lakonisch sind. Ich dachte — und gab nur auf meine B.. Acht. Ich merkte nicht, daß die Weiber am Ende des Saales sich in die Ohren flüsterten, daß es auf die Männer zirkulierte, daß Frau von S.. mit dem Grafen redete (das alles hat mir Fräulein B.. nachher erzählt), bis endlich der Graf auf mich losging und mich in ein Fenster nahm — Sie wissen, sagte er, unsere wunderbaren Verhältnisse; die Gesellschaft ist unzufrieden, merke ich, Sie hier zu sehn. Ich wollte nicht um alles — Ihro Excellenz, fiel ich ein, ich bitte tausendmal um Verzeihung; ich hätte eher dran denken sollen, und ich weiß, Sie vergeben mir diese Inkonsequenz; ich wollte schon vorhin mich empfehlen, ein böser Genius hat mich zurückgehalten, setzte ich lächelnd hinzu, indem ich mich neigte. — Der Graf drückte meine Hände mit einer Empfindung, die alles sagte. Ich strich mich sacht aus der vornehmen Gesellschaft, ging, setzte mich in ein Kabriolett, und fuhr nach M.., dort vom Hügel die Sonne untergehen zu sehen, und dabei in meinem Homer den herrlichen Gesang zu lesen, wie Ulyß von dem trefflichen Schweinhirten bewirtet wird. Das war alles gut.

Des Abends komme ich zurück zu Tische, es waren noch wenige in der Gaststube; die würfelten auf einer Ecke, hatten das Tischtuch zurückgeschlagen. Da kommt der ehrliche Adelin hinein, legt seinen Hut nieder, indem er mich ansieht, tritt zu mir und sagt leise: Du hast Verdruß gehabt? — Ich? sagte ich. — Der Graf hat dich aus der Gesellschaft gewiesen. — Hole sie der Teufel! sagt' ich, mir war's lieb, daß ich in die freie Luft kam. — Gut, sagte er, daß du es auf die leichte Achsel nimmst. Nur verdrießt mich's, es ist schon überall herum. — Da fing mich das Ding erst an zu wurmen. Alle die zu Tische kamen und mich ansahen, dachte ich, die sehen dich darum an! Das gab böses Blut.

Und da man nun heute gar, wo ich hintrete, mich bedauert, da ich höre, daß meine Neider nun triumphieren und sagen: da sähe man's, wo es mit den Übermütigen hinausginge, die sich ihres bißchen Kopfs überhöben und glaubten, sich darum über alle Verhältnisse hinaussetzen zu dürfen, und was des Hundegeschwätzes mehr ist — da möchte man sich ein Messer in's Herz bohren; denn man rede von Selbstständigkeit was man will, den will ich sehen, der dulden kann, daß Schurken über ihn reden, wenn sie einen Vorteil über ihn haben; wenn ihr Geschwätze leer ist, ach, da kann man sie leicht lassen.

Am 16. März.

Es hetzt mich alles. Heute treffe ich die Fräulein B.. in der Allee, ich konnte mich nicht enthalten sie anzureden, und ihr, sobald wir etwas entfernt von der Gesellschaft waren, meine Empfindlichkeit über ihr neuliches Betragen zu zeigen. — O Werther, sagte sie mit einem innigen Tone, konnten Sie meine Verwirrung so auslegen, da Sie mein Herz kennen? Was ich gelitten habe um Ihrentwillen, von dem Augenblicke an, da ich in den Saal trat! Ich sah alles voraus, hundertmal saß mir's auf der Zunge, es Ihnen zu sagen. Ich wußte, daß die von S.. und T.. mit ihren Männern eher aufbrechen würden, als in Ihrer Gesellschaft zu bleiben; ich wußte, daß der Graf es mit ihnen nicht verderben darf, — und jetzt der Lärm! — Wie, Fräulein? sagte ich, und verbarg meinen Schrecken; denn alles, was Adelin mir ehegestern gesagt hatte, lief mir wie siedend Wasser durch die Adern in diesem Augenblicke. — Was hat mich es schon gekostet! sagte das süße Geschöpf, indem ihr die Tränen in den Augen standen. — Ich war nicht Herr mehr von mir selbst, war im Begriffe, mich ihr zu Füßen zu werfen. — Erklären Sie sich, rief ich. — Die Tränen liefen ihr die Wangen herunter. Ich war außer mir. Sie trocknete sie ab, ohne sie verbergen zu wollen. — Meine Tante kennen Sie, fing sie an; sie war gegenwärtig, und hat, o mit was für Augen hat sie das angesehen! Werther, ich habe gestern Nacht ausgestanden, und heute früh eine Predigt über meinen Umgang mit Ihnen, und ich habe müssen zuhören Sie herabsetzen, erniedrigen, und konnte und durfte Sie nur halb verteidigen.

Jedes Wort, das sie sprach, ging mir wie ein Schwert durch's Herz. Sie fühlte nicht, welche Barmherzigkeit es gewesen wäre, mir das alles zu verschweigen, und nun fügte sie noch dazu, was weiter würde geträtscht werden, was eine Art Menschen darüber triumphieren würde. Wie man sich nunmehr über die Strafe meines Übermuts und meiner Geringschätzung anderer, die sie mir schon lange vorwerfen, kitzeln und freuen würde. Das alles, Wilhelm, von ihr zu hören, mit der Stimme der wahresten Teilnehmung — ich war zerstört, und bin noch wütend in mir. Ich wollte, daß sich einer unterstünde mir es vorzuwerfen, daß ich ihm den Degen durch den Leib stoßen könnte; wenn ich Blut sähe, würde mir es besser werden. Ach ich habe hundertmal ein Messer ergriffen, um diesem gedrängten Herzen Luft zu machen. Man erzählt von einer edlen Art Pferde, die, wenn sie schrecklich erhitzt und aufgejagt sind, sich selbst aus Instinkt eine Ader aufbeißen, um sich zum Atem zu helfen. So ist mir's oft, ich möchte mir eine Ader öffnen, die mir die ewige Freiheit schaffte.

Am 24. März.

Ich habe meine Entlassung vom Hofe verlangt und werde sie, hoffe ich, erhalten, und ihr werdet mir verzeihen, daß ich nicht erst Erlaubnis dazu bei euch geholt habe. Ich mußte nun einmal fort, und was ihr zu sagen hattet, um mir das Bleiben einzureden, weiß ich alles, und also — Bringe das meiner Mutter in einem Säftchen bei, ich kann mir selbst nicht helfen, und sie mag sich gefallen lassen, wenn ich ihr auch nicht helfen kann. Freilich muß es ihr wehe tun. Den schönen Lauf, den ihr Sohn gerade zum Geheimenrat und Gesandten ansetzte, so auf einmal Halte zu sehen und rückwärts mit dem Tierchen in den Stall! Macht nun daraus was ihr wollt, und kombiniert die möglichen Fälle, unter denen ich hätte bleiben können und sollen; genug, ich gehe, und damit ihr wißt, wo ich hinkomme, so ist hier der Fürst **, der vielen Geschmack an meiner Gesellschaft findet; der hat mich gebeten, da er von meiner Absicht hörte, mit ihm auf seine Güter zu gehen, und den schönen Frühling da zuzubringen. Ich soll ganz mir selbst gelassen sein, hat er mir versprochen, und da wir uns zusammen bis auf einen gewissen Punkt verstehn, so will ich es denn auf gut Glück wagen und mit ihm gehen.

Zur Nachricht.

Am 19. April.

Danke für deine beiden Briefe. Ich antworte nicht, weil ich dieses Blatt liegen ließ, bis mein Abschied vom Hofe da wäre; ich fürchtete, meine Mutter möchte sich an den Minister wenden, und mir mein Vorhaben erschweren. Nun aber ist es geschehen, mein Abschied ist da. Ich mag euch nicht sagen, wie ungern man mir ihn gegeben hat, und was mir der Minister schreibt: ihr würdet in neue Lamentationen ausbrechen. Der Erbprinz hat mir zum Abschiede fünf und zwanzig Dukaten geschickt, mit einem Wort, das mich bis zu Tränen gerührt hat; also brauche ich von der Mutter das Geld nicht, um das ich neulich schrieb.

Am 5. Mai.

Morgen gehe ich von hier ab, und weil mein Geburtsort nur sechs Meilen vom Wege liegt, so will ich den auch wieder sehen, will mich der alten, glücklich verträumten Tage erinnern. Zu eben dem Tore will ich hinein gehn, aus dem meine Mutter mit mir herausfuhr, als sie nach dem Tode meines Vaters den lieben vertraulichen Ort verließ, um sich in ihre unerträgliche Stadt einzusperren. Adieu, Wilhelm, du sollst von meinem Zuge hören.

Am 9. Mai.

Ich habe die Wallfahrt nach meiner Heimat mit aller Andacht eines Pilgrims vollendet, und manche unerwarteten Gefühle haben mich ergriffen. An der großen Linde, die eine Viertelstunde von der Stadt nach S.. zu steht, ließ ich halten, stieg aus und hieß den Postillon fortfahren, um zu Fuße jede Erinnerung ganz neu, lebhaft, nach meinem Herzen zu kosten. Da stand ich nun unter der Linde, die ehedem, als Knabe, das Ziel und die Gränze meiner Spaziergänge gewesen. Wie anders! Damals sehnte ich mich in glücklicher Unwissenheit hinaus in die unbekannte Welt, wo ich für mein Herz so viele Nahrung, so vielen Genuß hoffte, meinen strebenden, sehnenden Busen auszufüllen und zu befriedigen. Jetzt komme ich zurück aus der weiten Welt — o mein Freund, mit wie viel fehlgeschlagenen Hoffnungen, mit wie viel zerstörten Planen! — Ich sah das Gebirge vor mir liegen, das so tausendmal der Gegenstand meiner Wünsche gewesen war. Stundenlang konnt' ich hier sitzen und mich hinüber sehnen, mit inniger Seele mich in den Wäldern, den Tälern verlieren, die sich meinen Augen so freundlich-dämmernd darstellten; und wenn ich dann um die bestimmte Zeit wieder zurück mußte, mit welchem Widerwillen verließ ich nicht den lieben Platz! — Ich kam der Stadt näher, alle die alten bekannten Gartenhäuschen wurden von mir gegrüßt, die neuen waren mir zuwider, so auch alle Veränderungen, die man sonst vorgenommen hatte. Ich trat zum Tor hinein, und fand mich doch gleich und ganz wieder. Lieber, ich mag nicht in's Detail gehn; so reizend, als es mir war, so einförmig würde es in der Erzählung werden. Ich hatte beschlossen, auf dem Markte zu wohnen, gleich neben unserem alten Hause. Im Hingehen bemerkte ich, daß die Schulstube, wo ein ehrliches altes Weib unsere Kindheit zusammengepfercht hatte, in einen Kramladen verwandelt war. Ich erinnerte mich der Unruhe, der Tränen, der Dumpfheit des Sinnes, der Herzensangst, die ich in dem Loche ausgestanden hatte. — Ich tat keinen Schritt, der nicht merkwürdig war. Ein Pilger im heiligen Lande trifft nicht so viele Stätten religiöser Erinnerungen an, und seine Seele ist schwerlich so voll heiliger Bewegung. — Noch eins für tausend. Ich ging den Fluß hinab, bis an einen gewissen Hof; das war sonst auch mein Weg, und die Plätzchen, wo wir Knaben uns übten, die meisten Sprünge der flachen Steine im Wasser hervorzubringen. Ich erinnerte mich so lebhaft, wenn ich manchmal stand und dem Wasser nachsah, mit wie wunderbaren Ahnungen ich es verfolgte, wie abenteuerlich ich mir die Gegenden vorstellte, wo es nun hinflösse, und wie ich da so bald Gränzen meiner Vorstellungskraft fand; und doch mußte das weiter gehen, immer weiter, bis ich mich ganz in dem Anschauen einer unsichtbaren Ferne verlor. —

Sieh, mein Lieber, so beschränkt und so glücklich waren die herrlichen Altväter! so kindlich ihr Gefühl, ihre Dichtung! Wenn Ulyß von dem ungemess'nen Meer und von der unendlichen Erde spricht, das ist so wahr, menschlich, innig, eng und geheimnisvoll. Was hilft mich's, daß ich jetzt mit jedem Schulknaben nachsagen kann, daß sie rund sei? Der Mensch braucht nur wenige Erdschollen, um drauf zu genießen, weniger, um drunter zu ruhen.

Nun bin ich hier, auf dem fürstlichen Jagdschloß. Es läßt sich noch ganz wohl mit dem Herrn leben, er ist wahr und einfach. Wunderliche Menschen sind um ihn herum, die ich gar nicht begreife. Sie scheinen keine Schelmen und haben doch auch nicht das Ansehen von ehrlichen Leuten. Manchmal kommen sie mir ehrlich vor und ich kann ihnen doch nicht trauen. Was mir noch leid tut, ist, daß er oft von Sachen redet, die er nur gehört und gelesen hat, und zwar aus eben dem Gesichtspunkte, wie sie ihm der andere vorstellen mochte.

Auch schätzt er meinen Verstand und meine Talente mehr als dies Herz, das doch mein einziger Stolz ist, das ganz allein die Quelle von allem ist, aller Kraft, aller Seligkeit und alles Elendes. Ach, was ich weiß, kann jeder wissen — mein Herz habe ich allein.

Am 25. Mai.

Ich hatte etwas im Kopfe, davon ich euch nichts sagen wollte, bis es ausgeführt wäre: jetzt da nichts draus wird, ist es eben so gut. Ich wollte in den Krieg; das hat mir lange am Herzen gelegen. Vornehmlich darum bin ich dem Fürsten hierher gefolgt, der General in ***schen Diensten ist. Auf einem Spaziergang entdeckte ich ihm mein Vorhaben; er widerriet mir es, und es müßte bei mir mehr Leidenschaft als Grille gewesen sein, wenn ich seinen Gründen nicht hätte Gehör geben wollen.

Am 11. Junius.

Sage was du willst, ich kann nicht länger bleiben. Was soll ich hier? die Zeit wird mir lang. Der Fürst hält mich, so gut man nur kann, und doch bin ich nicht in meiner Lage. Wir haben im Grunde nichts gemein mit einander. Er ist ein Mann von Verstande, aber von ganz gemeinem Verstande; sein Umgang unterhält mich nicht mehr, als wenn ich ein wohlgeschriebenes Buch lese. Noch acht Tage bleibe ich und dann ziehe ich wieder in der Irre herum. Das Beste, was ich hier getan habe, ist mein Zeichnen. Der Fürst fühlt in der Kunst und würde noch stärker fühlen, wenn er nicht durch das garstige wissenschaftliche Wesen und durch die gewöhnliche Terminologie eingeschränkt wäre. Manchmal knirsche ich mit den Zähnen, wenn ich ihn mit warmer Imagination an Natur und Kunst herumführe und er es auf einmal recht gut zu machen denkt, wenn er mit einem gestempelten Kunstworte drein stolpert.

Am 16. Junius.

Ja wohl bin ich nur ein Wandrer, ein Waller auf der Erde! Seid ihr denn mehr?

Am 18. Junius.

Wo ich hin will? das laß dir im Vertrauen eröffnen. Vierzehn Tage muß ich doch noch hier bleiben, und dann habe ich mir weis gemacht, daß ich die Bergwerke im ***schen besuchen wollte; ist aber im Grunde nichts dran, ich will nur Lotten wieder näher, das ist alles. Und ich lache über mein eignes Herz — und tu' ihm seinen Willen.

Am 29. Julius.

Nein, es ist gut! es ist alles gut! — Ich — ihr Mann! O Gott, der du mich machtest, wenn du mir diese Seligkeit bereitet hättest, mein ganzes Leben sollte ein anhaltendes Gebet sein. Ich will nicht rechten, und verzeihe mir diese Tränen, verzeihe mir meine vergeblichen Wünsche! — Sie meine Frau! Wenn ich das liebste Geschöpf unter der Sonne in meine Arme geschlossen hätte — Es geht mir ein Schauder durch den ganzen Körper, Wilhelm, wenn Albert sie um den schlanken Leib faßt.

Und, darf ich es sagen? Warum nicht, Wilhelm? Sie wäre mit mir glücklicher geworden als mit ihm! O er ist nicht der Mensch, die Wünsche dieses Herzens alle zu füllen. Ein gewisser Mangel an Fühlbarkeit, ein Mangel — nimm es, wie du willst; daß sein Herz nicht sympathetisch schlägt bei — oh! — bei der Stelle eines lieben Buches, wo mein Herz und Lottens in Einem zusammen treffen; in hundert andern Vorfällen, wenn es kommt, daß unsere Empfindungen über eine Handlung eines Dritten laut werden. Lieber Wilhelm! — Zwar er liebt sie von ganzer Seele, und so eine Liebe was verdient die nicht! —

Ein unerträglicher Mensch hat mich unterbrochen. Meine Tränen sind getrocknet. Ich bin zerstreut. Adieu, Lieber!

Am 4. August.

Es geht mir nicht allein so. Alle Menschen werden in ihren Hoffnungen getäuscht, in ihren Erwartungen betrogen. Ich besuchte mein gutes Weib unter der Linde. Der älteste Junge lief mir entgegen, sein Freudengeschrei führte die Mutter herbei, die sehr niedergeschlagen aussah. Ihr erstes Wort war: Guter Herr, ach mein Hans ist mir gestorben! — Es war der jüngste ihrer Knaben. Ich war stille. — Und mein Mann, sagte sie, ist aus der Schweiz zurück, und hat nichts mitgebracht, und ohne gute Leute hätte er sich heraus betteln müssen, er hatte das Fieber unterwegs gekriegt. — Ich konnte ihr nichts sagen und schenkte dem Kleinen was, sie bat mich, einige Äpfel anzunehmen, das ich tat, und den Ort des traurigen Andenkens verließ.

Am 21. August.

Wie man eine Hand umwendet, ist es anders mit mir. Manchmal will wohl ein freudiger Blick des Lebens wieder aufdämmern, ach! nur für einen Augenblick! — Wenn ich mich so in Träumen verliere, kann ich mich des Gedankens nicht erwehren: wie, wenn Albert stürbe? Du würdest! ja, sie würde — und dann laufe ich dem Hirngespinste nach, bis es mich an Abgründe führet, vor denen ich zurückbebe.

Wenn ich zum Tor hinausgehe, den Weg, den ich zum erstenmal fuhr, Lotten zum Tanze zu holen, wie war das so ganz anders! Alles, alles ist vorüber gegangen! Kein Wink der vorigen Welt, kein Pulsschlag meines damaligen Gefühles. Mir ist es, wie es einem Geiste sein müßte, der in das ausgebrannte zerstörte Schloß zurückkehrte, das er als blühender Fürst einst gebaut und mit allen Gaben der Herrlichkeit ausgestattet, sterbend seinem geliebten Sohne hoffnungsvoll hinterlassen hätte.

Am 3. September.

Ich begreife manchmal nicht, wie sie ein anderer lieb haben *kann*, lieb haben *darf*, da ich sie so ganz allein, so innig, so voll liebe, nichts anders kenne, noch weiß, noch habe als sie!

Am 4. September.

Ja, es ist so. Wie die Natur sich zum Herbste neigt, wird es Herbst in mir und um mich her. Meine Blätter werden gelb und schon sind die Blätter der benachbarten Bäume abgefallen. Hab' ich dir nicht einmal von einem Bauerburschen geschrieben, gleich da ich herkam? Jetzt erkundigte ich mich wieder nach ihm in Wahlheim; es hieß, er sei aus dem Dienste gejagt worden, und niemand wollte was weiter von ihm wissen. Gestern traf ich ihn von ungefähr auf dem Wege nach einem andern Dorfe, ich redete ihn an und er erzählte mir seine Geschichte, die mich doppelt und dreifach gerührt hat, wie du leicht begreifen wirst, wenn ich dir sie wieder erzähle. Doch wozu das alles? warum behalt' ich nicht für mich, was mich ängstigt und kränkt? warum betrüb' ich noch dich? warum geb' ich dir immer Gelegenheit, mich zu bedauern und mich zu schelten! Sei's denn, auch das mag zu meinem Schicksal gehören!

Mit einer stillen Traurigkeit, in der ich ein wenig scheues Wesen zu bemerken schien, antwortete der Mensch mir erst auf meine Fragen; aber gar bald offner, als wenn er sich und mich auf einmal wieder erkennte, gestand er mir seine Fehler, klagte er mir sein Unglück. Könnt' ich dir, mein Freund, jedes seiner Worte vor Gericht stellen! Er bekannte, ja, er erzählte mit einer Art von Genuß und Glück der Wiedererinnerung, daß die Leidenschaft zu seiner Hausfrau sich in ihm tagtäglich vermehrt, daß er zuletzt nicht gewußt habe was er tue, nicht, wie er sich ausdrückte, wo er mit dem Kopf hingesollt? Er habe weder essen noch trinken noch schlafen können, es habe ihm an der Kehle gestockt, er habe getan was er nicht tun sollen, was ihm aufgetragen worden hab' er vergessen, er sei als wie von einem bösen Geist verfolgt gewesen, bis er eines Tags, als er sie in einer obern Kammer gewußt, ihr nachgegangen, ja vielmehr ihr nachgezogen worden sei; da sie seinen Bitten kein Gehör gegeben, hab' er sich ihrer mit Gewalt bemächtigen wollen, er wisse nicht, wie ihm geschehen sei, und nehme Gott zum Zeugen, daß seine Absichten gegen sie immer redlich gewesen, und daß er nichts sehnlicher gewünscht, als daß sie ihn heiraten, daß sie mit ihm ihr Leben zubringen möchte. Da er eine Zeit lang geredet hatte, fing er an zu stocken wie einer, der noch etwas zu sagen hat und sich es nicht herauszusagen getraut; endlich gestand er mir auch mit Schüchternheit, was sie ihm für kleine Vertraulichkeiten erlaubt, und welche Nähe sie ihm vergönnet. Er brach zwei-, dreimal ab und wiederholte die lebhaftesten Protestationen, daß er das nicht sage, um sie schlecht zu machen, wie er sich ausdrückte, daß er sie liebe und schätze wie vorher, daß so etwas nicht über seinen Mund gekommen sei, und daß er es mir nur sage, um mich zu überzeugen, daß er kein ganz verkehrter und unsinniger Mensch sei. — Und hier, mein Bester, fang' ich mein altes Lied wieder an, das ich ewig anstimmen werde: könnt' ich dir den Menschen vorstellen, wie er vor mir stand, wie er noch vor mir steht! Könnt' ich dir alles recht sagen, damit du fühltest, wie ich an seinem Schicksale Teil nehme, Teil nehmen muß! Doch genug, da du auch mein Schicksal kennst, auch mich kennst, so weißt du nur zu wohl, was mich zu allen Unglücklichen, was mich besonders zu diesem Unglücklichen hinzieht.

Da ich das Blatt wieder durchlese, seh' ich, daß ich das Ende der Geschichte zu erzählen vergessen habe, das sich aber leicht hinzudenken läßt. Sie erwehrte sich sein; ihr Bruder kam dazu, der ihn schon lange gehaßt, der ihn schon lange aus dem Hause gewünscht hatte, weil er fürchtet, durch eine neue Heirat der Schwester werde seinen Kindern die Erbschaft entgehn, die ihnen jetzt, da sie kinderlos ist, schöne Hoffnungen gibt; dieser habe ihn gleich zum Hause hinausgestoßen und einen solchen Lärm von der Sache gemacht, daß die Frau, auch selbst wenn sie gewollt, ihn nicht wieder hätte aufnehmen können. Jetzt habe sie wieder einen andern Knecht genommen, auch über den, sage man, sei sie mit dem Bruder zerfallen, und man behaupte für gewiß, sie werde ihn heiraten, aber er sei fest entschlossen, das nicht zu erleben.

Was ich dir erzähle, ist nicht übertrieben, nichts verzärtelt, ja ich darf wohl sagen, schwach, schwach hab' ich's erzählt und vergröbert hab' ich's, indem ich's mit unsern hergebrachten sittlichen Worten vorgetragen habe.

Diese Liebe, diese Treue, diese Leidenschaft ist also keine dichterische Erfindung. Sie lebt, sie ist in ihrer größten Reinheit unter der Klasse von Menschen, die wir ungebildet, die wir roh nennen. Wir Gebildeten — zu Nichts Verbildeten! Lies die Geschichte mit Andacht, ich bitte dich. Ich bin heute still, indem ich das hinschreibe; du siehst an meiner Hand, daß ich nicht so strudele und sudele wie sonst. Lies, mein Geliebter, und denke dabei, daß es auch die Geschichte deines Freundes ist. Ja, so ist mir's gegangen, so wird mir's gehn, und ich bin nicht halb so brav, nicht halb so entschlossen als der arme Unglückliche, mit dem ich mich zu vergleichen mich fast nicht getraue.

Am 5. September.

Sie hatte ein Zettelchen an ihren Mann auf's Land geschrieben, wo er sich Geschäfte wegen aufhielt. Es fing an: Bester, Liebster, komme, sobald du kannst, ich erwarte dich mit tausend Freuden. — Ein Freund, der herein kam, brachte Nachricht, daß er wegen gewisser Umstände so bald noch nicht zurückkehren würde. Das Billet blieb liegen und fiel mir Abends in die Hände. Ich las es und lächelte; sie fragte worüber? — Was die Einbildungskraft für ein göttliches Geschenk ist, rief ich aus, ich konnte mir einen Augenblick vorspiegeln, als wäre es an mich geschrieben. — Sie brach ab, es schien ihr zu mißfallen, und ich schwieg.

Am 6. September.

Es hat schwer gehalten, bis ich mich entschloß, meinen blauen einfachen Frack, in dem ich mit Lotten zum erstenmale tanzte, abzulegen, er ward aber zuletzt gar unscheinbar. Auch habe ich mir einen machen lassen ganz wie den vorigen, Kragen und Aufschlag, und auch wieder so gelbe Weste und Beinkleider dazu.

Ganz will es doch die Wirkung nicht tun. Ich weiß nicht — Ich denke, mit der Zeit soll mir der auch lieber werden.

Am 12. September.

Sie war einige Tage verreis't, Alberten abzuholen. Heute trat ich in ihre Stube, sie kam mir entgegen und ich küßte ihre Hand mit tausend Freuden.

Ein Kanarienvogel flog von dem Spiegel ihr auf die Schulter. — Einen neuen Freund, sagte sie und lockte ihn auf ihre Hand, er ist meinen Kleinen zugedacht. Er tut gar zu lieb! Sehen Sie ihn! Wenn ich ihm Brot gebe, flattert er mit den Flügeln und pickt so artig. Er küßt mich auch, sehen Sie!

Als sie dem Tierchen den Mund hinhielt, drückte es sich so lieblich in die süßen Lippen, als wenn es die Seligkeit hätte fühlen können, die es genoß.

Er soll Sie auch küssen, sagte sie, und reichte den Vogel herüber. — Das Schnäbelchen machte den Weg von ihrem Munde zu dem meinigen, und die pickende Berührung war wie ein Hauch, eine Ahnung liebevollen Genusses.

Sein Kuß, sagte ich, ist nicht ganz ohne Begierde, er sucht Nahrung und kehrt unbefriedigt von der leeren Liebkosung zurück.

Er ißt mir auch aus dem Munde, sagte sie. — Sie reichte ihm einige Brosamen mit ihren Lippen, aus denen die Freuden unschuldig teilnehmender Liebe in aller Wonne lächelten.

Ich kehrte das Gesicht weg. Sie sollte es nicht tun! sollte nicht meine Einbildungskraft mit diesen Bildern himmlischer Unschuld und Seligkeit reizen und mein Herz aus dem Schlafe, in den es manchmal die Gleichgültigkeit des Lebens wiegt, nicht wecken! — Und warum nicht? — Sie traut mir so! sie weiß, wie ich sie liebe!

Am 15. September.

Man möchte rasend werden, Wilhelm, daß es Menschen geben soll ohne Sinn und Gefühl an dem Wenigen, was auf Erden noch einen Wert hat. Du kennst die Nußbäume, unter denen ich bei dem ehrlichen Pfarrer zu St.. mit Lotten gesessen, die herrlichen Nußbäume! die mich, Gott weiß, immer mit dem größten Seelenvergnügen füllten! Wie vertraulich sie den Pfarrhof machten, wie kühl! und wie herrlich die Äste waren! und die Erinnerung bis zu den ehrlichen Geistlichen, die sie vor so vielen Jahren pflanzten. Der Schulmeister hat uns den einen Namen oft genannt, den er von seinem Großvater gehört hatte; und so ein braver Mann soll er gewesen sein, und sein Andenken war mir immer heilig unter den Bäumen. Ich sage dir, dem Schulmeister standen die Tränen in den Augen, da wir gestern davon redeten, daß sie abgehauen worden — Abgehauen! Ich möchte toll werden, ich könnte den Hund ermorden, der den ersten Hieb dran tat. Ich, der ich mich vertrauern könnte, wenn so ein paar Bäume in meinem Hofe stünden und einer davon stürbe vor Alter ab, ich muß zusehen. Lieber Schatz, eins ist doch dabei! Was Menschengefühl ist! Das ganze Dorf murrt, und ich hoffe, die Frau Pfarrerin soll es an Butter und Eiern und übrigem Zutrauen spüren, was für eine Wunde sie ihrem Orte gegeben hat. Denn *sie* ist es, die Frau des neuen Pfarrers (unser alter ist auch gestorben), ein hageres kränkliches Geschöpf, das sehr Ursache hat, an der Welt keinen Anteil zu nehmen, denn niemand nimmt Anteil an ihr. Eine Närrin, die sich abgibt gelehrt zu sein, sich in die Untersuchung des Kanons meliert, gar viel an der neumodischen moralisch-kritischen Reformation des Christentumes arbeitet und über Lavaters Schwärmereien die Achseln zuckt, eine ganz zerrüttete Gesundheit hat und deswegen auf Gottes Erdboden keine Freude. So einer Kreatur war es auch allein möglich, meine Nußbäume abzuhauen. Siehst du, ich komme nicht zu mir! Stelle dir vor, die abfallenden Blätter machen ihr den Hof unrein und dumpfig, die Bäume nehmen ihr das Tageslicht, und wenn die Nüsse reif sind, so werfen die Knaben mit Steinen darnach, und das fällt ihr auf die Nerven, das stört sie in ihren tiefen Überlegungen, wenn sie Kennikot, Semler und Michaelis gegen einander abwiegt. Da ich die Leute im Dorfe, besonders die alten, so unzufrieden sah, sagte ich: Warum habt ihr es gelitten? — Wenn der Schulze will, hier zu Lande, sagten sie, was kann man machen? — Aber eins ist recht geschehen. Der Schulze und der Pfarrer, der doch auch von seiner Frauen Grillen, die ihm ohnedies die Suppen nicht fett machen, was haben wollte, dachten es mit einander zu teilen; da erfuhr es die Kammer und sagte: hier herein! denn sie hatte noch alte Prätensionen an den Teil des Pfarrhofes, wo die Bäume standen, und verkaufte sie an den Meistbietenden. Sie liegen! O wenn ich Fürst wäre! ich wollte die Pfarrerin, den Schulzen und die Kammer — Fürst! — Ja, wenn ich Fürst wäre, was kümmerten mich die Bäume in meinem Lande!

Am 10. Oktober.

Wenn ich nur ihre schwarzen Augen sehe, ist mir es schon wohl! Sieh, und was mich verdrießt, ist, daß Albert nicht so beglückt zu sein scheinet, als er — hoffte — als ich — zu sein glaubte — wenn — Ich mache nicht gern Gedankenstriche, aber hier kann ich mich nicht anders ausdrücken — und mich dünkt deutlich genug.

Am 12. Oktober.

Ossian hat in meinem Herzen den Homer verdrängt. Welch eine Welt, in die der Herrliche mich führt! Zu wandern über die Heide, umsaus't vom Sturmwinde, der in dampfenden Nebeln die Geister der Väter im dämmernden Lichte des Mondes hinführt. Zu hören vom Gebirge her im Gebrülle des Waldstroms halb verwehtes Ächzen der Geister aus ihren Höhlen, und die Wehklagen des zu Tode sich jammernden Mädchens, um die vier moosbedeckten grasbewachsenen Steine des Edelgefallnen, ihres Geliebten. Wenn ich ihn dann finde, den wandelnden grauen Barden, der auf der weiten Heide die Fußstapfen seiner Väter sucht, und ach! ihre Grabsteine findet, und dann jammernd nach dem lieben Sterne des Abends hinblickt, der sich in's rollende Meer verbirgt, und die Zeiten der Vergangenheit in des Helden Seele lebendig werden, da noch der freundliche Strahl den Gefahren der Tapferen leuchtete, und der Mond ihr bekränztes siegrückkehrendes Schiff beschien. Wenn ich den tiefen Kummer auf seiner Stirn lese, den letzten verlassenen Herrlichen in aller Ermattung dem Grabe zu wanken sehe, wie er immer neue schmerzlich glühende Freuden in der kraftlosen Gegenwart der Schatten seiner Abgeschiedenen einsaugt, und nach der kalten Erde, dem hohen wehenden Grase niedersieht und ausruft: Der Wanderer wird kommen, kommen, der mich kannte in meiner Schönheit, und fragen: Wo ist der Sänger, Fingals trefflicher Sohn? Sein Fußtritt geht über mein Grab hin, und er fragt vergebens nach mir auf der Erde. — O Freund! ich möchte gleich einem edlen Waffenträger das Schwert ziehen, meinen Fürsten von der zückenden Qual des langsam absterbenden Lebens auf einmal befreien und dem befreiten Halbgott meine Seele nachsenden.

Am 19. Oktober.

Ach diese Lücke! diese entsetzliche Lücke, die ich hier in meinem Busen fühle! — Ich denke oft, wenn du sie nur Einmal, nur Einmal an dieses Herz drücken könntest, diese ganze Lücke würde ausgefüllt sein.

Am 26. Oktober.

Ja es wird mir gewiß, Lieber! gewiß und immer gewisser, daß an dem Dasein eines Geschöpfes wenig gelegen ist, ganz wenig. Es kam eine Freundin zu Lotten, und ich ging herein in's Nebenzimmer, ein Buch zu nehmen, und konnte nicht lesen, und dann nahm ich eine Feder zu schreiben. Ich hörte sie leise reden; sie erzählten einander unbedeutende Sachen, Stadtneuigkeiten: Wie diese heiratet, wie jene krank, sehr krank ist: — sie hat einen trocknen Husten, die Knochen stehn ihr zum Gesichte heraus, und kriegt Ohnmachten; ich gebe keinen Kreuzer für ihr Leben, sagte die eine. — Der N. N. ist auch so übel dran, sagte Lotte. — Er ist geschwollen, sagte die andere. — Und meine lebhafte Einbildungskraft versetzte mich an's Bett dieser Armen; ich sah sie, mit welchem Widerwillen sie dem Leben den Rücken wandten, wie sie — Wilhelm! und meine Weibchen redeten davon, wie man eben davon redet — daß ein Fremder stirbt. — Und wenn ich mich umsehe, und sehe das Zimmer an, und rings um mich Lottens Kleider und Alberts Skripturen und diese Möbeln, denen ich nun so befreundet bin, sogar diesem Dintenfasse, und denke: Siehe, was du nun diesem Hause bist! Alles in allem. Deine Freunde ehren dich! du machst oft ihre Freude, und deinem Herzen scheint es, als wenn es ohne sie nicht sein könnte; und doch — wenn du nun gingst, wenn du aus diesem Kreise schiedest? würden sie, wie lange würden sie die Lücke fühlen, die dein Verlust in ihr Schicksal reißt? wie lange? — O so vergänglich ist der Mensch, daß er auch da, wo er seines Daseins eigentliche Gewißheit hat, da, wo er den einzigen wahren Eindruck seiner Gegenwart macht, in dem Andenken, in der Seele seiner Lieben, daß er auch da verlöschen, verschwinden muß, und das so bald!

Am 27. Oktober.

Ich möchte mir oft die Brust zerreißen und das Gehirn einstoßen, daß man einander so wenig sein kann. Ach die Liebe, Freude, Wärme und Wonne, die ich nicht hinzubringe, wird mir der andere nicht geben, und mit einem ganzen Herzen voll Seligkeit werde ich den andern nicht beglücken, der kalt und kraftlos vor mir steht.

Am 27. Oktober Abends.

Ich habe so viel und die Empfindung an ihr verschlingt alles, ich habe so viel und ohne sie wird mir alles zu nichts.

Am 30. Oktober.

Wenn ich nicht schon hundertmal auf dem Punkte gestanden bin, ihr um den Hals zu fallen! Weiß der große Gott, wie einem das tut, so viele Liebenswürdigkeit vor einem herumkreuzen zu sehen und nicht zugreifen zu dürfen; und das Zugreifen ist doch der natürlichste Trieb der Menschheit. Greifen die Kinder nicht nach allem, was ihnen in den Sinn fällt? — Und ich?

Am 3. November.

Weiß Gott! ich lege mich so oft zu Bette mit dem Wunsche, ja manchmal mit der Hoffnung, nicht wieder zu erwachen: und Morgens schlage ich die Augen auf, sehe die Sonne wieder und bin elend. O daß ich launisch sein könnte, könnte die Schuld auf's Wetter, auf einen Dritten, auf eine fehlgeschlagene Unternehmung schieben, so würde die unerträgliche Last des Unwillens doch nur halb auf mir ruhen. Wehe mir! ich fühle zu wahr, daß an mir allein alle Schuld liegt, — nicht Schuld! Genug daß in mir die Quelle alles Elendes verborgen ist, wie ehemals die Quelle aller Seligkeiten. Bin ich nicht noch eben derselbe, der ehemals in aller Fülle der Empfindung herumschwebte, dem auf jedem Tritte ein Paradies folgte, der ein Herz hatte, eine ganze Welt liebevoll zu umfassen? Und dies Herz ist jetzt tot, aus ihm fließen keine Entzückungen mehr, meine Augen sind trocken, und meine Sinne, die nicht mehr von erquickenden Tränen gelabt werden, ziehen ängstlich meine Stirn zusammen. Ich leide viel, denn ich habe verloren was meines Lebens einzige Wonne war, die heilige belebende Kraft, mit der ich Welten um mich schuf; sie ist dahin! — Wenn ich zu meinem Fenster hinaus an den fernen Hügel sehe, wie die Morgensonne über ihn her den Nebel durchbricht und den stillen Wiesengrund bescheint, und der sanfte Fluß zwischen seinen entblätterten Weiden zu mir herschlängelt, — o! wenn da diese herrliche Natur so starr vor mir steht wie ein lackiertes Bildchen, und alle die Wonne keinen Tropfen Seligkeit aus meinem Herzen herauf in das Gehirn pumpen kann, und der ganze Kerl vor Gottes Angesicht steht wie ein versiegter Brunnen, wie ein verlechter Eimer. Ich habe mich oft auf den Boden geworfen und Gott um Tränen gebeten, wie ein Ackersmann um Regen, wenn der Himmel ehern über ihm ist, und um ihn die Erde verdürstet.

Aber ach! ich fühle es, Gott gibt Regen und Sonnenschein nicht unserm ungestümen Bitten, und jene Zeiten, deren Andenken mich quält, warum waren sie so selig, als weil ich mit Geduld seinen Geist erwartete, und die Wonne, die er über mich ausgoß, mit ganzem, innig dankbarem Herzen aufnahm!

Am 8. November.

Sie hat mir meine Exzesse vorgeworfen! ach, mit so viel Liebenswürdigkeit! Meine Exzesse, daß ich mich manchmal von einem Glase Wein verleiten lasse, eine Bouteille zu trinken. — Tun Sie es nicht! sagte sie, denken Sie an Lotten! — Denken! sagte ich, brauchen Sie mir das zu heißen? Ich denke! — ich denke nicht! Sie sind immer vor meiner Seele. Heute saß ich an dem Flecke, wo Sie neulich aus der Kutsche stiegen — Sie redete was anders, um mich nicht tiefer in den Text kommen zu lassen. Bester! ich bin dahin! sie kann mit mir machen was sie will.

Am 15. November.

Ich danke dir, Wilhelm, für deinen herzlichen Anteil, für deinen wohlmeinenden Rat, und bitte dich, ruhig zu sein. Laß mich ausdulden, ich habe bei aller meiner Müdseligkeit noch Kraft genug durchzusetzen. Ich ehre die Religion, das weißt du, ich fühle, daß sie manchem Ermatteten Stab, manchem Verschmachtenden Erquickung ist. Nur — kann sie denn, muß sie denn das einem jeden sein? Wenn du die große Welt ansiehst, so siehst du Tausende, denen sie es nicht war, Tausende, denen sie es nicht sein wird, gepredigt oder ungepredigt, und muß sie mir es denn sein? Sagt nicht selbst der Sohn Gottes: daß die um ihn sein würden, die ihm der Vater gegeben hat? Wenn ich ihm nun nicht gegeben bin? wenn mich nun der Vater für sich behalten will, wie mir mein Herz sagt? — Ich bitte dich, lege das nicht falsch aus; sieh nicht etwa Spott in diesen unschuldigen Worten; es ist meine ganze Seele, die ich dir vorlege; sonst wollte ich lieber, ich hätte geschwiegen: wie ich denn über alles das, wovon jedermann so wenig weiß als ich, nicht gern ein Wort verliere. Was ist es anders als Menschenschicksal, sein Maß auszuleiden, seinen Becher auszutrinken? — Und ward der Kelch dem Gott vom Himmel auf seiner Menschenlippe zu bitter, warum soll ich groß tun und mich stellen, als schmeckte er mir süß? Und warum sollte ich mich schämen, in dem schrecklichen Augenblick, da mein ganzes Wesen zwischen Sein und Nichtsein zittert, da die Vergangenheit wie ein Blitz über dem finstern Abgrunde der Zukunft leuchtet, und alles um mich her versinkt, und mit mir die Welt untergeht — Ist es da nicht die Stimme der ganz in sich gedrängten, sich selbst ermangelnden und unaufhaltsam hinabstürzenden Kreatur, in den innern Tiefen ihrer vergebens aufarbeitenden Kräfte zu knirschen: Mein Gott! mein Gott! warum hast du mich verlassen? Und sollt' ich mich des Ausdruckes schämen, sollte mir es vor dem Augenblicke bange sein, da ihm der nicht entging, der die Himmel zusammenrollt wie ein Tuch?

Am 21. November.

Sie sieht nicht, sie fühlt nicht, daß sie ein Gift bereitet, das mich und sie zu Grunde richten wird; und ich mit voller Wollust schlürfe den Becher aus, den sie mir zu meinem Verderben reicht. Was soll der gütige Blick, mit dem sie mich oft — oft? — nein, nicht oft, aber doch manchmal ansieht, die Gefälligkeit, womit sie einen unwillkürlichen Ausdruck meines Gefühles aufnimmt, das Mitleiden mit meiner Duldung, das sich auf ihrer Stirne zeichnet?

Gestern, als ich wegging, reichte sie mir die Hand und sagte: Adieu, lieber Werther! — Lieber Werther! Es war das erstemal, daß sie mich Lieber hieß, und es ging mir durch Mark und Bein. Ich habe es mir hundertmal wiederholt und gestern Nacht, da ich zu Bette gehen wollte, und mit mir selbst allerlei schwatzte, sagte ich so auf einmal: Gute Nacht, lieber Werther! und mußte hernach selbst über mich lachen.

Am 22. November.

Ich kann nicht beten: Laß mir sie! und doch kommt sie mir oft als die Meine vor. Ich kann nicht beten: Gib mir sie! denn sie ist eines andern. Ich witzle mich mit meinen Schmerzen herum; wenn ich mir's nachließe, es gäbe eine ganze Litanei von Antithesen.

Am 24. November.

Sie fühlt was ich dulde. Heute ist mir ihr Blick tief durch's Herz gedrungen. Ich fand sie allein; ich sagte nichts und sie sah mich an. Und ich sah nicht mehr in ihr die liebliche Schönheit, nicht mehr das Leuchten des trefflichen Geistes, das war alles vor meinen Augen verschwunden. Ein weit herrlicherer Blick wirkte auf mich, voll Ausdruck des innigsten Anteils, des süßesten Mitleidens. Warum durfte ich mich nicht ihr zu Füßen werfen? warum durfte ich nicht an ihrem Halse mit tausend Küssen antworten? Sie nahm ihre Zuflucht zum Klavier und hauchte mit süßer leiser Stimme harmonische Laute zu ihrem Spiele. Nie habe ich ihre Lippen so reizend gesehn; es war, als wenn sie sich lechzend öffneten, jene süßen Töne in sich zu schlürfen, die aus dem Instrument hervorquollen, und nur der heimliche Wiederschall aus dem reinen Munde zurückklänge — Ja, wenn ich dir das so sagen könnte! — Ich widerstand nicht länger, neigte mich und schwur: nie will ich es wagen, einen Kuß euch aufzudrükken, Lippen! auf denen die Geister des Himmels schweben — Und doch — ich will — Ha! siehst du, das steht wie eine Scheidewand vor meiner Seele — diese Seligkeit — und dann untergegangen, diese Sünde abzubüßen — Sünde?

Am 26. November.

Manchmal sag' ich mir: Dein Schicksal ist einzig; preise die Übrigen glücklich — so ist noch keiner gequält worden. Dann lese ich einen Dichter der Vorzeit, und es ist mir, als säh' ich in mein eignes Herz. Ich habe so viel auszustehn! Ach sind denn Menschen vor mir schon so elend gewesen?

Am 30. November.

Ich soll, ich soll nicht zu mir selbst kommen! wo ich hintrete, begegnet mir eine Erscheinung, die mich aus aller Fassung bringt. Heute! o Schicksal! o Menschheit!

Ich gehe an dem Wasser hin in der Mittagsstunde, ich hatte keine Lust zu essen. Alles war öde, ein naßkalter Abendwind blies vom Berge, und die grauen Regenwolken zogen das Tal hinein. Von fern seh' ich einen Menschen in einem grünen schlechten Rocke, der zwischen den Felsen herumkrabbelte und Kräuter zu suchen schien. Als ich näher zu ihm kam und er sich auf das Geräusch, das ich machte, herumdrehte, sah ich eine gar interessante Physiognomie, darin eine stille Trauer den Hauptzug machte, die aber sonst nichts als einen geraden guten Sinn ausdrückte; seine schwarzen Haare waren mit Nadeln in zwei Rollen gesteckt und die übrigen in einen starken Zopf geflochten, der ihm den Rücken herunter hing. Da mir seine Kleidung einen Menschen von geringem Stande zu bezeichnen schien, glaubte ich, er würde es nicht übel nehmen, wenn ich auf seine Beschäftigung aufmerksam wäre, und daher fragte ich ihn, was er suchte? — Ich suche, antwortete er mit einem tiefen Seufzer, Blumen — und finde keine. — Das ist auch die Jahrszeit nicht, sagte ich lächelnd. — Es gibt so viele Blumen, sagte er, indem er zu mir herunter kam. In meinem Garten sind Rosen und Jelängerjelieber zweierlei Sorten, eine hat mir mein Vater gegeben, sie wachsen wie Unkraut; ich suche schon zwei Tage darnach und kann sie nicht finden. Da haußen sind auch immer Blumen, gelbe und blaue und rote, und das Tausendgüldenkraut hat ein schönes Blümchen. Keines kann ich finden. — Ich merkte was Unheimliches, und drum fragte ich durch einen Umweg: Was will Er denn mit den Blumen? — Ein wunderbares zuckendes Lächeln verzog sein Gesicht. — Wenn Er mich nicht verraten will, sagte er, indem er den Finger auf den Mund drückte, ich habe meinem Schatz einen Strauß versprochen. — Das ist brav, sagte ich. — O, sagte er, sie hat viel andere Sachen, sie ist reich. — Und doch hat sie Seinen Strauß lieb, versetzte ich. — O! fuhr er fort, sie hat Juwelen und eine Krone. — Wie heißt sie denn! — Wenn mich die Generalstaaten bezahlen wollten, versetzte er, ich wär' ein anderer Mensch! Ja, es war einmal eine Zeit, da mir es so wohl war! Jetzt ist es aus mit mir. Ich bin nun — Ein nasser Blick zum Himmel drückte alles aus. — Er war also glücklich? fragte ich. — Ach ich wollte, ich wäre wieder so! sagte er. Da war mir es so wohl, so lustig, so leicht wie einem Fisch im Wasser! — Heinrich! rief eine alte Frau, die den Weg herkam, Heinrich, wo steckst du? wir haben dich überall gesucht, komm zum Essen! — Ist das euer Sohn? fragt' ich, zu ihr tretend. — Wohl, mein armer Sohn! versetzte sie. Gott hat mir ein schweres Kreuz aufgelegt. — Wie lange ist er so? fragte ich. — So stille, sagte sie, ist er nun ein halbes Jahr. Gott sei Dank, daß er nur so weit ist, vorher war er ein ganzes Jahr rasend, da hat er an Ketten im Tollhause gelegen. Jetzt tut er niemand nichts, nur hat er immer mit Königen und Kaisern zu schaffen. Es war ein so guter stiller Mensch, der mich ernähren half, seine schöne Hand schrieb, und auf einmal wird er tiefsinnig, fällt in ein hitziges Fieber, daraus in Raserei, und nun ist er wie Sie ihn sehen. Wenn ich Ihnen erzählen sollte, Herr — Ich unterbrach den Strom ihrer Worte mit der Frage: Was war denn das für eine Zeit, von der er rühmt, daß er so glücklich, so wohl darin gewesen sei? — Der törichte Mensch! rief sie mit mitleidigem Lächeln, da meint er die Zeit, da er von sich war, das rühmt er immer; das ist die Zeit, da er im Tollhause war, wo er nichts von sich wußte — Das fiel mir auf wie ein Donnerschlag, ich drückte ihr ein Stück Geld in die Hand und verließ sie eilend.

Da du glücklich warst! rief ich aus, schnell vor mich hin nach der Stadt zu gehend, da dir es wohl war wie einem Fisch im Wasser! — Gott im Himmel! hast du das zum Schicksale der Menschen gemacht, daß sie nicht glücklich sind, als ehe sie zu ihrem Verstande kommen und wenn sie ihn wieder verlieren! — Elender! und auch wie beneide ich deinen Trübsinn, die Verwirrung deiner Sinne, in der du verschmachtest! Du gehst hoffnungsvoll aus, deiner Königin Blumen zu pflücken — im Winter — und trauerst, da du keine findest, und begreifst nicht, warum du keine finden kannst. Und ich — und ich gehe ohne Hoffnung, ohne Zweck heraus, und kehre wieder heim wie ich gekommen bin. — Du wähnst, welcher Mensch du sein würdest, wenn die Generalstaaten dich bezahlten. Seliges Geschöpf! das den Mangel seiner Glückseligkeit einer irdischen Hindernis zuschreiben kann. Du fühlst nicht! du fühlst nicht, daß in deinem zerstörten Herzen, in deinem zerrütteten Gehirne dein Elend liegt, wovon alle Könige der Erde dir nicht helfen können.

Müsse der trostlos umkommen, der eines Kranken spottet, der nach der entferntesten Quelle reis't, die seine Krankheit vermehren, sein Ausleben schmerzhafter machen wird! der sich über das bedrängte Herz erhebt, das, um seine Gewissensbisse los zu werden und die Leiden seiner Seele abzutun, eine Pilgrimschaft nach dem heiligen Grabe tut. Jeder Fußtritt, der seine Sohlen auf ungebahntem Wege durchschneidet, ist ein Linderungstropfen der geängsteten Seele, und mit jeder ausgedauerten Tagereise legt sich das Herz um viele Bedrängnisse leichter nieder. — Und dürft ihr das Wahn nennen, ihr Wortkrämer auf euren Polstern? — Wahn! — O Gott! du siehst meine Tränen! Mußtest du, der du den Menschen arm genug erschufst, ihm auch Brüder zugeben, die ihm das bißchen Armut, das bißchen Vertrauen noch raubten, das er auf dich hat, auf dich, du Allliebender! Denn das Vertrauen zu einer heilenden Wurzel, zu den Tränen des Weinstockes, was ist es als Vertrauen zu dir, daß du in alles, was uns umgibt, Heil- und Linderungskraft gelegt hast, der wir so stündlich bedürfen? Vater! den ich nicht kenne! Vater! der sonst meine ganze Seele füllte, und nun sein Angesicht von mir gewendet hat! rufe mich zu dir! schweige nicht länger! dein Schweigen wird diese dürstende Seele nicht aufhalten — Und würde ein Mensch, ein Vater zürnen können, dem sein unvermutet rückkehrender Sohn um den Hals fiele und riefe: Ich bin wieder da, mein Vater? Zürne nicht, daß ich die Wanderschaft abbreche, die ich nach deinem Willen länger aushalten sollte. Die

Welt ist überall einerlei, auf Mühe und Arbeit Lohn und Freude; aber was soll mir das? mir ist nur wohl, wo du bist, und vor deinem Angesichte will ich leiden und genießen. — Und du, lieber himmlischer Vater, solltest ihn von dir weisen?

Am 1. Dezember.

Wilhelm! der Mensch, von dem ich dir schrieb, der glückliche Unglückliche, war Schreiber bei Lottens Vater, und eine Leidenschaft zu ihr, die er nährte, verbarg, entdeckte und worüber er aus dem Dienst geschickt wurde, hat ihn rasend gemacht. Fühle bei diesen trocknen Worten, mit welchem Unsinne mich die Geschichte ergriffen hat, da mir sie Albert eben so gelassen erzählte, als du sie vielleicht liesest.

Am 4. Dezember.

Ich bitte dich — Siehst du, mit mir ist's aus, ich trag' es nicht länger! Heute saß ich bei ihr — saß, sie spielte auf ihrem Klavier, mannichfaltige Melodieen, und all den Ausdruck! all! — all! — Was willst du? — Ihr Schwesterchen putzte ihre Puppe auf meinem Knie. Mir kamen die Tränen in die Augen. Ich neigte mich und ihr Trauring fiel mir in's Gesicht — meine Tränen flossen — Und auf einmal fiel sie in die alte himmelsüße Melodie ein, so auf einmal, und mir durch die Seele gehn ein Trostgefühl, und eine Erinnerung des Vergangenen, der Zeiten, da ich das Lied gehört, der düstern Zwischenräume, des Verdrusses, der fehlgeschlagenen Hoffnungen, und dann — Ich ging in der Stube auf und nieder, mein Herz erstickte unter dem Zudringen. — Um Gottes willen, sagte ich, mit einem heftigen Ausbruch hin gegen sie fahrend, um Gottes willen, hören Sie auf! — Sie hielt, und sah mich starr an. — Werther, sagte sie mit einem Lächeln, das mir durch die Seele ging, Werther, Sie sind sehr krank, Ihre Lieblingsgerichte widerstehen Ihnen. Gehen Sie! Ich bitte Sie, beruhigen Sie sich. — Ich riß mich von ihr weg, und — Gott! du siehst mein Elend, und wirst es enden.

Am 6. Dezember.

Wie mich die Gestalt verfolgt! Wachend und träumend füllt sie meine ganze Seele! Hier, wenn ich die Augen schließe, hier in meiner Stirne, wo die innere Sehkraft sich vereinigt, stehen ihre schwarzen Augen. Hier! ich kann dir es nicht ausdrücken. Mache ich meine Augen zu, so sind sie da: wie ein Meer, wie ein Abgrund ruhen sie vor mir, in mir, füllen die Sinne meiner Stirn.

Was ist der Mensch, der gepriesene Halbgott! Ermangeln ihm nicht eben da die Kräfte, wo er sie am nötigsten braucht? Und wenn er in Freude sich aufschwingt, oder im Leiden versinkt, wird er nicht in beiden eben da aufgehalten, eben da zu dem stumpfen kalten Bewußtsein wieder zurückgebracht, da er sich in der Fülle des Unendlichen zu verlieren sehnte?

Der Herausgeber an den Leser

Wie sehr wünscht' ich, daß uns von den letzten merkwürdigen Tagen unsers Freundes so viel eigenhändige Zeugnisse übrig geblieben wären, daß ich nicht nötig hätte, die Folge seiner hinterlassenen Briefe durch Erzählung zu unterbrechen.

Ich habe mir angelegen sein lassen, genaue Nachrichten aus dem Munde derer zu sammeln, die von seiner Geschichte wohl unterrichtet sein konnten; sie ist einfach und es kommen alle Erzählungen davon bis auf wenige Kleinigkeiten mit einander überein; nur über die Sinnesarten der handelnden Personen sind die Meinungen verschieden und die Urteile geteilt.

Was bleibt uns übrig, als dasjenige, was wir mit wiederholter Mühe erfahren können, gewissenhaft zu erzählen, die von dem Abscheidenden hinterlassenen Briefe einzuschalten und das kleinste aufgefundene Blättchen nicht gering zu achten; zumal da es so schwer ist, die eigensten wahren Triebfedern auch nur einer einzelnen Handlung zu entdecken, wenn sie unter Menschen vorgeht, die nicht gemeiner Art sind.

Unmut und Unlust hatten in Werthers Seele immer tiefer Wurzel geschlagen, sich fester unter einander verschlungen und sein ganzes Wesen nach und nach eingenommen. Die Harmonie seines Geistes war völlig zerstört, eine innerliche Hitze und Heftigkeit, die alle Kräfte seiner Natur durch einander arbeitete, brachte die widrigsten Wirkungen hervor und ließ ihm zuletzt nur eine Ermattung übrig, aus der er noch ängstlicher empor strebte, als er mit allen Übeln bisher gekämpft hatte. Die Beängstigung seines Herzens zehrte die übrigen Kräfte seines Geistes, seine Lebhaftigkeit, seinen Scharfsinn auf, er ward ein trauriger Gesellschafter, immer unglücklicher, und immer ungerechter, je unglücklicher er ward. Wenigstens sagen dies Alberts Freunde; sie behaupten, daß Werther einen reinen ruhigen Mann, der nun eines lang gewünschten Glücks teilhaftig geworden, und sein Betragen, sich dieses Glück auch auf die Zukunft zu erhalten, nicht habe beurteilen können, er, der gleichsam mit jedem Tage sein ganzes Vermögen verzehrte, um an dem Abend zu leiden und zu darben. Albert, sagen sie, hatte sich in so kurzer Zeit nicht verändert, er war noch immer derselbige, den Werther so vom Anfang her kannte, so sehr schätzte und ehrte. Er liebte Lotten über alles, er war stolz auf sie und wünschte sie auch von jedermann als das herrlichste Geschöpf anerkannt zu wissen. War es ihm daher zu verdenken, wenn er auch jeden Schein des Verdachtes abzuwenden wünschte, wenn er in dem Augenblicke mit niemand diesen köstlichen Besitz auch auf die unschuldigste Weise zu teilen Lust hatte? Sie gestehen ein, daß Albert oft das Zimmer seiner Frau verlassen, wenn Werther bei ihr war, aber nicht aus Haß noch Abneigung gegen seinen Freund, sondern nur weil er gefühlt habe, daß dieser von seiner Gegenwart gedrückt sei.

Lottens Vater war von einem Übel befallen worden, das ihn in der Stube hielt, er schickte ihr seinen Wagen, und sie fuhr hinaus. Es war ein schöner Wintertag, der erste Schnee war stark gefallen und deckte die ganze Gegend.

Werther ging ihr den andern Morgen nach, um, wenn Albert sie nicht abzuholen käme, sie herein zu begleiten.

Das klare Wetter konnte wenig auf sein trübes Gemüt wirken, ein dumpfer Druck lag auf seiner Seele, die traurigen Bilder hatten sich bei ihm festgesetzt und sein Gemüt kannte keine Bewegung als von einem schmerzlichen Gedanken zum andern.

Wie er mit sich in ewigem Unfrieden lebte, schien ihm auch der Zustand andrer nur bedenklicher und verworrner, er glaubte, das schöne Verhältnis zwischen Albert und seiner Gattin gestört zu haben, er machte sich Vorwürfe darüber, in die sich ein heimlicher Unwille gegen den Gatten mischte.

Seine Gedanken fielen auch unterwegs auf diesen Gegenstand. Ja, ja, sagte er zu sich selbst, mit heimlichem Zähnknirschen: das ist der vertraute, freundliche, zärtliche, an allem teilnehmende Umgang, die ruhige dauernde Treue! Sattigkeit ist's und Gleichgültigkeit! Zieht ihn nicht jedes elende Geschäft mehr an als die teure köstliche Frau? Weiß er sein Glück zu schätzen? Weiß er sie zu achten, wie sie es verdient? Er hat sie, nun gut, er hat sie — Ich weiß das, wie ich was anders auch weiß, ich glaube an den Gedanken gewöhnt zu sein, er wird mich noch rasend machen, er wird mich noch umbringen — Und hat denn die Freundschaft zu mir Stich gehalten? Sieht er nicht in meiner Anhänglichkeit an Lotten schon einen Eingriff in seine Rechte, in meiner Aufmerksamkeit für sie einen stillen Vorwurf? Ich weiß es wohl, ich fühl' es, er sieht mich ungern, er wünscht meine Entfernung, meine Gegenwart ist ihm beschwerlich.

Oft hielt er seinen raschen Schritt an, oft stand er stille, und schien umkehren zu wollen; allein er richtete seinen Gang immer wieder vorwärts und war mit diesen Gedanken und Selbstgesprächen endlich gleichsam wider Willen bei dem Jagdhause angekommen.

Er trat in die Tür, fragte nach dem Alten und nach Lotten, er fand das Haus in einiger Bewegung. Der älteste Knabe sagte ihm, es sei drüben in Wahlheim ein Unglück geschehn, es sei ein Bauer erschlagen worden! — Es machte das weiter keinen Eindruck auf ihn. — Er trat in die Stube und fand Lotten beschäftigt, dem Alten zuzureden, der ungeachtet seiner Krankheit hinüber wollte, um an Ort und Stelle die Tat zu untersuchen. Der Täter war noch unbekannt, man hatte den Erschlagenen des Morgens vor der Haustür gefunden, man hatte Mutmaßungen: der Entleibte war Knecht einer Witwe, die vorher einen andern im Dienste gehabt, der mit Unfrieden aus dem Hause gekommen war.

Da Werther dieses hörte, fuhr er mit Heftigkeit auf. — Ist's möglich!

rief er aus, ich muß hinüber, ich kann nicht einen Augenblick ruhn. — Er eilte nach Wahlheim zu, jede Erinnerung ward ihm lebendig und er zweifelte nicht einen Augenblick, daß jener Mensch die Tat begangen, den er so manchmal gesprochen, der ihm so wert geworden war.

Da er durch die Linden mußte, um nach der Schenke zu kommen, wo sie den Körper hingelegt hatten, entsetzt' er sich vor dem sonst so geliebten Platze. Jene Schwelle, worauf die Nachbarskinder so oft gespielt hatten, war mit Blut besudelt. Liebe und Treue, die schönsten menschlichen Empfindungen, hatten sich in Gewalt und Mord verwandelt. Die starken Bäume standen ohne Laub und bereift, die schönen Hecken, die sich über die niedrige Kirchhofmauer wölbten, waren entblättert und die Grabsteine sahen mit Schnee bedeckt durch die Lücken hervor.

Als er sich der Schenke näherte, vor welcher das ganze Dorf versammelt war, entstand auf einmal ein Geschrei. Man erblickte von fern einen Trupp bewaffneter Männer und ein jeder rief, daß man den Täter herbeiführte. Werther sah hin und blieb nicht lange zweifelhaft. Ja! es war der Knecht, der jene Witwe so sehr liebte, den er vor einiger Zeit mit dem stillen Grimme, mit der heimlichen Verzweiflung umhergehend angetroffen hatte.

Was hast du begangen, Unglücklicher! rief Werther aus, indem er auf den Gefangenen losging. — Dieser sah ihn still an, schwieg und versetzte endlich ganz gelassen: Keiner wird sie haben, sie wird keinen haben. — Man brachte den Gefangnen in die Schenke und Werther eilte fort.

Durch die entsetzliche gewaltige Berührung war alles, was in seinem Wesen lag, durch einander geschüttelt worden. Aus seiner Trauer, seinem Mißmut, seiner gleichgültigen Hingegebenheit wurde er auf einen Augenblick herausgerissen: unüberwindlich bemächtigte sich die Teilnehmung seiner und es ergriff ihn eine unsägliche Begierde, den Menschen zu retten. Er fühlte ihn so unglücklich, er fand ihn als Verbrecher selbst so schuldlos, er setzte sich so tief in seine Lage, daß er gewiß glaubte, auch andere davon zu überzeugen. Schon wünschte er für ihn sprechen zu können, schon drängte sich der lebhafteste Vortrag nach seinen Lippen, er eilte nach dem Jagdhause und konnte sich unterwegs nicht enthalten, alles das, was er dem Amtmann vorstellen wollte, schon halblaut auszusprechen.

Als er in die Stube trat, fand er Alberten gegenwärtig, dies verstimmte ihn einen Augenblick; doch faßte er sich bald wieder und trug dem Amtmanne feurig seine Gesinnungen vor. Dieser schüttelte einigemal den Kopf, und obgleich Werther mit der größten Lebhaftigkeit, Leidenschaft und Wahrheit alles vorbrachte, was ein Mensch zur Entschuldigung eines Menschen sagen kann, so war doch, wie sich's leicht denken läßt, der Amtmann dadurch nicht gerührt. Er ließ vielmehr unsern Freund nicht ausreden, widersprach ihm eifrig und tadelte ihn, daß er einen Meuchelmörder in Schutz nehme! er zeigte ihm, daß auf diese Weise jedes Gesetz aufgehoben, alle Sicherheit des Staats zu Grund gerichtet werde, auch, setzte er hinzu, daß er in einer solchen Sache nichts tun könne, ohne sich die größte Verantwortung aufzuladen, es müsse alles in der Ordnung, in dem vorgeschriebenen Gang gehen.

Werther ergab sich noch nicht, sondern bat nur, der Amtmann möchte durch die Finger sehn, wenn man dem Menschen zur Flucht behülflich wäre! Auch damit wies ihn der Amtmann ab. Albert, der sich endlich in's Gespräch mischte, trat auch auf des Alten Seite: Werther wurde überstimmt und mit einem entsetzlichen Leiden machte er sich auf den Weg, nachdem ihm der Amtmann einigemal gesagt hatte: Nein, er ist nicht zu retten! Wie sehr ihm diese Worte aufgefallen sein müssen, sehn wir aus einem Zettelchen, das sich unter seinen Papieren fand, und das gewiß an dem nämlichen Tage geschrieben worden.

„Du bist nicht zu retten, Unglücklicher! ich sehe wohl, daß wir nicht zu retten sind."

Was Albert zuletzt über die Sache des Gefangenen in Gegenwart des Amtmanns gesprochen, war Werthern höchst zuwider gewesen: er glaubte einige Empfindlichkeit gegen sich darin bemerkt zu haben, und wenn gleich bei mehrerem Nachdenken seinem Scharfsinne nicht entging, daß beide Männer Recht haben möchten, so war es ihm doch, als ob er seinem innersten Dasein entsagen müßte, wenn er es gestehen, wenn er es zugeben sollte.

Ein Blättchen, das sich darauf bezieht, das vielleicht sein ganzes Verhältnis zu Albert ausdrückt, finden wir unter seinen Papieren.

„Was hilft es, daß ich mir's sage und wieder sage, er ist brav und gut, aber es zerreißt mir mein inneres Eingeweide; ich kann nicht gerecht sein."

Weil es ein gelinder Abend war und das Wetter anfing sich zum Tauen zu neigen, ging Lotte mit Alberten zu Fuße zurück. Unterwegs sah sie sich hier und da um, eben, als wenn sie Werthers Begleitung vermißte. Albert fing von ihm an zu reden, er tadelte ihn, indem er ihm Gerechtigkeit widerfahren ließ. Er berührte seine unglückliche Leidenschaft und wünschte, daß es möglich sein möchte, ihn zu entfernen. — Ich wünsch' es auch um unsertwillen, sagt' er, und ich bitte dich, siehe zu, seinem Betragen gegen dich eine andere Richtung zu geben, seine öftern Besuche zu vermindern. Die Leute werden aufmerksam, und ich weiß, daß man hier und da drüber gesprochen hat. — Lotte schwieg und Albert schien ihr Schweigen empfunden zu haben, wenigstens seit der Zeit erwähnte er Werthers nicht mehr gegen sie, und wenn sie seiner erwähnte, ließ er das Gespräch fallen oder lenkte es wo anders hin.

Der vergebliche Versuch, den Werther zur Rettung des Unglücklichen gemacht hatte, war das letzte Auflodern der Flamme eines verlöschenden Lichtes; er versank nur desto tiefer in Schmerz und Untätigkeit; besonders kam er fast außer sich, als er hörte, daß man ihn vielleicht gar zum Zeugen gegen den Menschen, der sich nun auf's Leugnen legte, auffordern könnte.

Alles was ihm Unangenehmes jemals in seinem wirksamen Leben begegnet war, der Verdruß bei der Gesandtschaft, alles was ihm sonst mißlungen war, was ihn je gekränkt hatte, ging in seiner Seele auf und nieder. Er fand sich durch alles dieses wie zur Untätigkeit berechtigt, er fand sich abgeschnitten von aller Aussicht, unfähig, irgend eine Handhabe zu ergreifen, mit denen man die Geschäfte des gemeinen Lebens anfaßt, und so rückte er endlich, ganz seiner wunderbaren Empfindung, Denkart und einer endlosen Leidenschaft hingegeben, in dem ewigen Einerlei eines traurigen Umgangs mit dem liebenswürdigen und geliebten Geschöpfe, dessen Ruhe er störte, in seine Kräfte stürmend, sie ohne Zweck und Aussicht abarbeitend, immer einem traurigen Ende näher.

Von seiner Verworrenheit, Leidenschaft, von seinem rastlosen Treiben und Streben, von seiner Lebensmüde sind einige hinterlassene Briefe die stärksten Zeugnisse, die wir hier einrücken wollen.

„Am 12. Dezember.

Lieber Wilhelm, ich bin in einem Zustande, in dem jene Unglücklichen gewesen sein müssen, von denen man glaubte, sie würden von einem bösen Geiste umhergetrieben. Manchmal ergreift mich's; es ist nicht Angst, nicht Begier — es ist ein inneres unbekanntes Toben, das meine Brust zu zerreißen droht, das mir die Gurgel zupreßt! Wehe! wehe! und dann schweife ich umher in den furchtbaren nächtlichen Szenen dieser menschenfeindlichen Jahrszeit.

Gestern Abend mußte ich hinaus. Es war plötzlich Tauwetter eingefallen, ich hatte gehört, der Fluß sei übergetreten, alle Bäche geschwollen und von Wahlheim herunter mein liebes Tal überschwemmt! Nachts nach Eilfe rannte ich hinaus. Ein fürchterliches Schauspiel, vom Fels herunter die wühlenden Fluten in dem Mondlichte wirbeln zu sehen, über Äcker und Wiesen und Hecken und alles, und das weite Tal hinauf und hinab Eine stürmende See im Sausen des Windes! Und wenn dann der Mond wieder hervortrat und über der schwarzen Wolke ruhte und vor mir hinaus die Flut in fürchterlich herrlichem Wiederschein rollte und klang: da überfiel mich ein Schauer und wieder ein Sehnen! Ach mit offenen Armen stand ich gegen den Abgrund und atmete hinab! hinab! und verlor mich in der Wonne, meine Qualen, mein Leiden da hinab zu stürmen! dahin zu brausen wie die Wellen! Oh! — und den Fuß vom Boden zu heben vermochtest du nicht, und alle Qualen zu enden! — Meine Uhr ist noch nicht ausgelaufen, ich fühle es! O Wilhelm! wie gern hätte ich mein

Menschsein drum gegeben, mit jenem Sturmwinde die Wolken zu zerreißen, die Fluten zu fassen! Ha! und wird nicht vielleicht dem Eingekerkerten einmal diese Wonne zu Teil? —

Und wie ich wehmüthig hinab sah auf ein Plätzchen, wo ich mit Lotten unter einer Weide geruht, auf einem heißen Spaziergange, — das war auch überschwemmt, und kaum daß ich die Weide erkannte, Wilhelm! Und ihre Wiesen, dachte ich, die Gegend um ihr Jagdhaus! wie verstört jetzt vom reißenden Strome unsere Laube! dacht' ich. Und der Vergangenheit Sonnenstrahl blickte herein, wie einem Gefangenen ein Traum von Herden, Wiesen und Ehrenämtern! Ich stand! — Ich schelte mich nicht, denn ich habe Mut zu sterben. — Ich hätte — Nun sitze ich hier wie ein altes Weib, das ihr Holz von Zäunen stoppelt und ihr Brot an den Türen, um ihr hinsterbendes freudeloses Dasein noch einen Augenblick zu verlängern und zu erleichtern."

„Am 14. Dezember.

Was ist das, mein Lieber? Ich erschrecke vor mir selbst! Ist nicht meine Liebe zu ihr die heiligste, reinste, brüderlichste Liebe? Habe ich jemals einen strafbaren Wunsch in meiner Seele gefühlt? — Ich will nicht beteuern — Und nun, Träume! O wie wahr fühlten die Menschen, die so widersprechende Wirkungen fremden Mächten zuschrieben! Diese Nacht! ich zittere es zu sagen, hielt ich sie in meinen Armen, fest an meinen Busen gedrückt, und deckte ihren liebelispelnden Mund mit unendlichen Küssen; mein Auge schwamm in der Trunkenheit des ihrigen! Gott! bin ich strafbar, daß ich auch jetzt noch eine Seligkeit fühle, mir diese glühenden Freuden mit voller Innigkeit zurückzurufen? Lotte! Lotte! — Und mit mir ist es aus! meine Sinne verwirren sich, schon acht Tage habe ich keine Besinnungskraft mehr, meine Augen sind voll Tränen. Ich bin nirgend wohl, und überall wohl. Ich wünsche nichts, verlange nichts. Mir wäre besser, ich ginge."

Der Entschluß, die Welt zu verlassen, hatte in dieser Zeit, unter solchen Umständen in Werthers Seele immer mehr Kraft gewonnen. Seit der Rückkehr zu Lotten war es immer seine letzte Aussicht und Hoffnung gewesen; doch hatte er sich gesagt, es solle keine übereilte, keine rasche Tat sein, er wolle mit der besten Überzeugung, mit der möglichst ruhigen Entschlossenheit diesen Schritt tun.

Seine Zweifel, sein Streit mit sich selbst blicken aus einem Zettelchen hervor, das wahrscheinlich ein angefangener Brief an Wilhelm ist und ohne Datum unter seinen Papieren gefunden worden.

„Ihre Gegenwart, ihr Schicksal, ihre Teilnehmung an dem meinigen preßt noch die letzten Tränen aus meinem versengten Gehirne.

Den Vorhang aufzuheben und dahinter zu treten! das ist alles! Und warum das Zaudern und Zagen? Weil man nicht weiß, wie es dahinten aussieht? und man nicht wiederkehrt? Und daß das nun die Eigenschaft unseres Geistes ist, da Verwirrung und Finsternis zu ahnen, wovon wir nichts Bestimmtes wissen."

Endlich ward er mit dem traurigen Gedanken immer mehr verwandt und befreundet und sein Vorsatz fest und unwiderruflich, wovon folgender zweideutige Brief, den er an seinen Freund schrieb, ein Zeugnis abgibt.

„Am 20. Dezember.

Ich danke deiner Liebe, Wilhelm, daß du das Wort so aufgefangen hast. Ja, du hast Recht: mir wäre besser, ich ginge. Der Vorschlag, den du zu einer Rückkehr zu euch tust, gefällt mir nicht ganz; wenigstens möchte ich noch gern einen Umweg machen, besonders da wir anhaltenden Frost und gute Wege zu hoffen haben. Auch ist mir es sehr lieb, daß du kommen willst, mich abzuholen; verziehe nur noch vierzehn Tage, und erwarte noch einen Brief von mir mit dem Weiteren. Es ist nötig, daß nichts gepflückt werde, ehe es reif ist. Und vierzehn Tage auf oder ab tun viel. Meiner Mutter sollst du sagen: daß sie für ihren Sohn beten soll und daß ich sie um Vergebung bitte, wegen alles Verdrusses, den ich ihr gemacht habe. Das war nun mein Schicksal, die zu betrüben, denen ich Freude schuldig war. Leb' wohl, mein Teuerster! Allen Segen des Himmels über dich! Leb' wohl!"

Was in dieser Zeit in Lottens Seele vorging, wie ihre Gesinnungen gegen ihren Mann, gegen ihren unglücklichen Freund gewesen, getrauen wir uns kaum mit Worten auszudrücken, ob wir uns gleich davon, nach der Kenntnis ihres Charakters, wohl einen stillen Begriff machen können und eine schöne weibliche Seele sich in die ihrige denken und mit ihr empfinden kann.

So viel ist gewiß, sie war fest bei sich entschlossen alles zu tun, um Werthern zu entfernen, und wenn sie zauderte, so war es eine herzliche freundschaftliche Schonung, weil sie wußte, wie viel es ihm kosten, ja daß es ihm beinahe unmöglich sein würde. Doch ward sie in dieser Zeit mehr gedrängt Ernst zu machen; es schwieg ihr Mann ganz über dies Verhältnis, wie sie auch immer darüber geschwiegen hatte, und um so mehr war ihr angelegen, ihm durch die Tat zu beweisen, wie ihre Gesinnungen der seinigen wert seien.

An demselben Tage, als Werther den zuletzt eingeschalteten Brief an seinen Freund geschrieben, es war der Sonntag vor Weihnachten, kam er Abends zu Lotten und fand sie allein. Sie beschäftigte sich, einige Spielwerke in Ordnung zu bringen, die sie ihren kleinen Geschwistern zum Christgeschenke zurecht gemacht hatte. Er redete von dem Vergnügen, das die Kleinen haben würden, und von den Zeiten, da einen die unerwartete Öffnung der Tür und die Erscheinung eines aufgeputzten Baumes mit Wachslichtern, Zuckerwerk und Äpfeln in paradiesische Entzückung setzte. — Sie sollen, sagte Lotte, indem sie ihre Verlegenheit unter ein liebes Lächeln verbarg, Sie sollen auch beschert kriegen, wenn Sie recht geschickt sind; ein Wachsstöckchen und noch was. — Und was heißen Sie geschickt sein? rief er aus; wie soll ich sein? wie kann ich sein? beste Lotte! — Donnerstag Abend, sagte sie, ist Weihnachtsabend, da kommen die Kinder, mein Vater auch, da kriegt jedes das Seinige, da kommen Sie auch — aber nicht eher. — Werther stutzte. — Ich bitte Sie, fuhr sie fort, es ist nun einmal so, ich bitte Sie, um meiner Ruhe willen, es kann nicht, es kann nicht so bleiben. — Er wendete seine Augen von ihr, und ging in der Stube auf und ab, und murmelte das: Es kann nicht so bleiben! zwischen den Zähnen. Lotte, die den schrecklichen Zustand fühlte, worein ihn diese Worte versetzt hatten, suchte durch allerlei Fragen seine Gedanken abzulenken, aber vergebens. — Nein, Lotte, rief er aus: ich werde Sie nicht wieder sehen! — Warum das? versetzte sie, Werther, Sie können, Sie müssen uns wieder sehen, nur mäßigen Sie sich. O, warum mußten Sie mit dieser Heftigkeit, dieser unbezwinglich haftenden Leidenschaft für alles, was Sie einmal anfassen, geboren werden! Ich bitte Sie, fuhr sie fort, indem sie ihn bei der Hand nahm, mäßigen Sie sich! Ihr Geist, Ihre Wissenschaften, Ihre Talente, was bieten die Ihnen für mannichfaltige Ergetzungen dar? Sein Sie ein Mann! wenden Sie diese traurige Anhänglichkeit von einem Geschöpf, das nichts tun kann, als Sie bedauern. — Er knirrte mit den Zähnen und sah sie düster an. Sie hielt seine Hand: Nur einen Augenblick ruhigen Sinn, Werther! sagte sie. Fühlen Sie nicht, daß Sie sich betriegen, sich mit Willen zu Grunde richten! Warum denn mich, Werther? just mich, das Eigentum eines andern? just das? Ich fürchte, ich fürchte, es ist nur die Unmöglichkeit mich zu besitzen, die Ihnen diesen Wunsch so reizend macht. — Er zog seine Hand aus der ihrigen, indem er sie mit einem starren unwilligen Blick ansah. — Weise! rief er, sehr weise! hat vielleicht Albert diese Anmerkung gemacht? Politisch! sehr politisch! — Es kann sie jeder machen, versetzte sie drauf. Und sollte denn in der weiten Welt kein Mädchen sein, das die Wünsche Ihres Herzens erfüllte? Gewinnen Sie's über sich, suchen Sie darnach, und ich schwöre Ihnen, Sie werden sie finden; denn schon lange ängstet mich, für Sie und uns, die Einschränkung, in die Sie sich diese Zeit her selbst gebannt haben. Gewinnen Sie es über sich! eine Reise wird Sie, muß Sie zerstreuen! Suchen Sie, finden Sie einen werten Gegenstand Ihrer Liebe, und kehren Sie zurück und lassen Sie uns zusammen die Seligkeit einer wahren Freundschaft genießen.

Das könnte man, sagte er mit einem kalten Lachen, drucken lassen und allen Hofmeistern empfehlen. Liebe Lotte! lassen Sie mir noch ein klein wenig Ruh, es wird alles werden! — Nur das, Werther, daß Sie nicht eher kommen als Weihnachtsabend! — Er wollte antworten, und Albert trat in die Stube. Man bot sich einen frostigen Guten Abend und ging verlegen im Zimmer neben einander auf und nieder. Werther fing einen unbedeutenden Diskurs an, der bald aus war. Albert desgleichen, der sodann seine Frau nach gewissen Aufträgen fragte, und als er hörte, sie seien noch nicht ausgerichtet, ihr einige Worte sagte, die Werthern kalt, ja gar hart vorkamen. Er wollte gehen, er konnte nicht und zauderte bis Acht, da sich denn sein Unmut und Unwillen immer vermehrte, bis der Tisch gedeckt wurde und er Hut und Stock nahm. Albert lud ihn zu bleiben, er aber, der nur ein unbedeutendes Kompliment zu hören glaubte, dankte kalt dagegen und ging weg.

Er kam nach Hause, nahm seinem Burschen, der ihm leuchten wollte, das Licht aus der Hand und ging allein in sein Zimmer, weinte laut, redete aufgebracht mit sich selbst, ging heftig die Stube auf und ab, und warf sich endlich in seinen Kleidern auf's Bette, wo ihn der Bediente fand, der es gegen Eilfe wagte hinein zu gehn, um zu fragen, ob er dem Herrn die Stiefeln ausziehen sollte? das er denn zuließ und dem Bedienten verbot, den andern Morgen in's Zimmer zu kommen, bis er ihm rufen würde.

Montags früh, den ein und zwanzigsten Dezember, schrieb er folgenden Brief an Lotten, den man nach seinem Tode versiegelt auf seinem Schreibtische gefunden und ihr überbracht hat, und den ich absatzweise hier einrücken will, so wie aus den Umständen erhellet, daß er ihn geschrieben habe.

„Es ist beschlossen, Lotte, ich will sterben, und das schreibe ich dir ohne romantische Überspannung, gelassen, an dem Morgen des Tages, an dem ich dich zum letztenmale sehen werde. Wenn du dieses liesest, meine Beste, deckt schon das kühle Grab die erstarrten Reste des Unruhigen, Unglücklichen, der für die letzten Augenblicke seines Lebens keine größere Süßigkeit weiß, als sich mit dir zu unterhalten. Ich habe eine schreckliche Nacht gehabt, und ach! eine wohltätige Nacht. Sie ist es, die meinen Entschluß befestiget, bestimmt hat: ich will sterben! Wie ich mich gestern von dir riß, in der fürchterlichen Empörung meiner Sinne, wie sich alles das nach meinem Herzen drängte, und mein hoffnungsloses freudeloses Dasein neben dir in gräßlicher Kälte mich anpackte — ich erreichte kaum mein Zimmer, ich warf mich außer mir auf meine Knie, und o Gott! du gewährtest mir das letzte Labsal der bittersten Tränen! Tausend Anschläge, tausend Aussichten wüteten durch meine Seele, und zuletzt stand er da, fest, ganz, der letzte einzige Gedanke: ich will sterben! — Ich legte mich nieder, und Morgens, in der Ruhe des Erwachens, steht er noch fest, noch ganz stark in meinem Herzen: ich will sterben! — Es ist nicht Verzweiflung, es ist Gewißheit, daß ich ausgetragen habe, und daß ich mich opfere für dich. Ja, Lotte! warum sollte ich es verschweigen? eins von uns dreien muß hinweg und das will ich sein! O meine Beste! in diesem zerrissenen Herzen ist es wütend herumgeschlichen, oft — deinen Mann zu ermorden! — dich! — mich! — So sei es denn! — Wenn du hinauf steigst auf den Berg, an einem schönen Sommerabende, dann erinnere dich meiner, wie ich so oft das Tal herauf kam, und dann blicke nach dem Kirchhofe hinüber nach meinem Grabe, wie der Wind das hohe Gras im Scheine der sinkenden Sonne hin- und herwiegt. — Ich war ruhig, da ich anfing, nun, nun weine ich wie ein Kind, da alles das so lebhaft um mich wird. —"

Gegen zehn Uhr rief Werther seinem Bedienten und unter dem Anziehen sagte er ihm: wie er in einigen Tagen verreisen würde, er solle daher die Kleider auskehren und alles zum Einpacken zurecht machen; auch gab er ihm Befehl, überall Kontos zu fordern, einige ausgeliehene Bücher abzuholen und einigen Armen, denen er wöchentlich etwas zu geben gewohnt war, ihr Zugeteiltes auf zwei Monate voraus zu bezahlen.

Er ließ sich das Essen auf die Stube bringen, und nach Tische ritt er hinaus zum Amtmanne, den er nicht zu Hause antraf. Er ging tiefsinnig im Garten auf und ab und schien noch zuletzt alle Schwermut der Erinnerung auf sich häufen zu wollen.

Die Kleinen ließen ihn nicht lange in Ruhe, sie verfolgten ihn, sprangen an ihm hinauf, erzählten ihm: daß, wenn morgen, und wieder morgen, und noch ein Tag wäre, sie die Christgeschenke bei Lotten holten, und erzählten ihm Wunder, die sich ihre kleine Einbildungskraft versprach. — Morgen! rief er aus, und wieder morgen! und noch ein Tag! — und küßte sie alle herzlich und wollte sie verlassen, als ihm der Kleine noch etwas in das Ohr sagen wollte. Der verriet ihm, die großen Brüder hätten schöne Neujahrswünsche geschrieben, *so* groß! und einen für den Papa, für Albert und Lotten einen und auch einen für Herrn Werther; die wollten sie am Neujahrstage früh überreichen. Das übermannte ihn, er schenkte jedem etwas, setzte sich zu Pferde, ließ den Alten grüßen und ritt mit Tränen in den Augen davon.

Gegen Fünf kam er nach Hause, befahl der Magd, nach dem Feuer zu sehen und es bis in die Nacht zu unterhalten. Den Bedienten hieß er Bücher und Wäsche unten in den Koffer packen und die Kleider einnähen. Darauf schrieb er wahrscheinlich folgenden Absatz seines letzten Briefes an Lotten.

„Du erwartest mich nicht! du glaubst, ich würde gehorchen und erst Weihnachtsabend dich wieder sehn. O Lotte! heut oder nie mehr. Weihnachtsabend hältst du dieses Papier in deiner Hand, zitterst und benetzest es mit deinen lieben Tränen. Ich will, ich muß! O wie wohl ist es mir, daß ich entschlossen bin."

Lotte war indes in einen sonderbaren Zustand geraten. Nach der letzten Unterredung mit Werthern hatte sie empfunden, wie schwer es ihr fallen werde, sich von ihm zu trennen, was er leiden würde, wenn er sich von ihr entfernen sollte.

Es war wie im Vorübergehn in Alberts Gegenwart gesagt worden, daß Werther vor Weihnachtsabend nicht wieder kommen werde, und Albert war zu einem Beamten in der Nachbarschaft geritten, mit dem er Geschäfte abzutun hatte, und wo er über Nacht ausbleiben mußte.

Sie saß nun allein, keins von ihren Geschwistern war um sie, sie überließ sich ihren Gedanken, die stille über ihren Verhältnissen herumschweiften. Sie sah sich nun mit dem Mann auf ewig verbunden, dessen Liebe und Treue sie kannte, dem sie von Herzen zugetan war, dessen Ruhe, dessen Zuverlässigkeit recht vom Himmel dazu bestimmt zu sein schien, daß eine wackere Frau das Glück ihres Lebens darauf gründen sollte; sie fühlte, was er ihr und ihren Kindern auf immer sein würde. Auf der andern Seite war ihr Werther so teuer geworden, gleich von dem ersten Augenblick ihrer Bekanntschaft an hatte sich die Übereinstimmung ihrer Gemüter so schön gezeigt, der lange dauernde Umgang mit ihm, so manche durchlebten Situationen hatten einen unauslöschlichen Eindruck auf ihr Herz gemacht. Alles, was sie Interessantes fühlte und dachte, war sie gewohnt mit ihm zu teilen, und seine Entfernung drohete in ihr ganzes Wesen eine Lücke zu reißen, die nicht wieder ausgefüllt werden konnte. O, hätte sie ihn in dem Augenblick zum Bruder umwandeln können! wie glücklich wäre sie gewesen! — hätte sie ihn einer ihrer Freundinnen verheiraten dürfen, hätte sie hoffen können, auch sein Verhältnis gegen Albert ganz wieder herzustellen!

Sie hatte ihre Freundinnen der Reihe nach durchgedacht und fand bei einer jeglichen etwas auszusetzen, fand keine, der sie ihn gegönnt hätte.

Über allen diesen Betrachtungen fühlte sie erst tief, ohne sich es deutlich zu machen, daß ihr herzliches heimliches Verlangen sei, ihn für sich zu behalten, und sagte sich daneben, daß sie ihn nicht behalten könne, behalten dürfe; ihr reines, schönes, sonst so leichtes und leicht sich helfendes Gemüt empfand den Druck einer Schwermut, dem die Aussicht zum Glück verschlossen ist. Ihr Herz war gepreßt und eine trübe Wolke lag über ihrem Auge.

So war es halb Sieben geworden, als sie Werthern die Treppe herauf kommen hörte und seinen Tritt, seine Stimme, die nach ihr fragte, bald erkannte. Wie schlug ihr Herz, und wir dürfen fast sagen zum erstenmal bei seiner Ankunft. Sie hätte sich gern vor ihm verleugnen lassen, und als er herein trat, rief sie ihm mit einer Art von leidenschaftlicher Verwirrung entgegen: Sie haben nicht Wort gehalten. — Ich habe nichts versprochen, war seine Antwort. — So hätten Sie wenigstens meiner Bitte Statt geben sollen, versetzte sie, ich bat Sie um unser beider Ruhe.

Sie wußte nicht recht was sie sagte, eben so wenig was sie tat, als sie nach einigen Freundinnen schickte, um nicht mit Werthern allein zu sein. Er legte einige Bücher hin, die er gebracht hatte, fragte nach andern, und sie wünschte, bald daß ihre Freundinnen kommen, bald daß sie wegbleiben möchten. Das Mädchen kam zurück und brachte die Nachricht, daß sich beide entschuldigen ließen.

Sie wollte das Mädchen mit ihrer Arbeit in das Nebenzimmer sitzen lassen, dann besann sie sich wieder anders. Werther ging in der Stube auf und ab, sie trat an's Klavier und fing eine Menuett an, sie wollte nicht fließen. Sie nahm sich zusammen und setzte sich gelassen zu Werthern, der seinen gewöhnlichen Platz auf dem Kanapee eingenommen hatte.

Haben Sie nichts zu lesen? sagte sie. — Er hatte nichts. — Da drin in meiner Schublade, fing sie an, liegt Ihre Übersetzung einiger Gesänge Ossians; ich habe sie noch nicht gelesen, denn ich hoffte immer, sie von Ihnen zu hören; aber zeither hat sich's nicht finden, nicht machen wollen. — Er lächelte, holte die Lieder, ein Schauer überfiel ihn, als er sie in die Hände nahm, und die Augen standen ihm voll Tränen, als er hinein sah. Er setzte sich nieder und las.

„Stern der dämmernden Nacht, schön funkelst du in Westen, hebst dein strahlend Haupt aus deiner Wolke, wandelst stattlich deinen Hügel hin. Wornach blickst du auf die Heide? Die stürmenden Winde haben sich gelegt; von ferne kommt des Gießbachs Murmeln; rauschende Wellen spielen am Felsen ferne; das Gesumme der Abendfliegen schwärmet über's Feld. Wornach siehst du, schönes Licht? Aber du lächelst und gehst, freudig umgeben dich die Wellen, und baden dein liebliches Haar. Lebe wohl, ruhiger Strahl. Erscheine, du herrliches Licht von Ossians Seele!

Und es erscheint in seiner Kraft. Ich sehe meine geschiedenen Freunde, sie sammeln sich auf Lora, wie in den Tagen, die vorüber sind. — Fingal kommt wie eine feuchte Nebelsäule; um ihn sind seine Helden, und, siehe! die Barden des Gesanges: Grauer Ullin! stattlicher Ryno! Alpin, lieblicher Sänger! und du, sanft klagende Minona! — Wie verändert seid ihr, meine Freunde, seit den festlichen Tagen auf Selma, da wir buhlten um die Ehre des Gesanges, wie Frühlingslüfte den Hügel hin wechselnd beugen das schwach lispelnde Gras.

Da trat Minona hervor in ihrer Schönheit, mit niedergeschlagenem Blick und tränenvollem Auge, schwer floß ihr Haar im unstäten Winde, der von dem Hügel herstieß. — Düster ward's in der Seele der Helden, als sie die liebliche Stimme erhob; denn oft hatten sie das Grab Salgars gesehen, oft die finstere Wohnung der weißen Colma. Colma, verlassen auf dem Hügel, mit der harmonischen Stimme; Salgar versprach zu kommen; aber ringsum zog sich die Nacht. Höret Colma's Stimme, da sie auf dem Hügel allein saß.

Colma

Es ist Nacht! — ich bin allein, verloren auf dem stürmischen Hügel. Der Wind saus't im Gebirge. Der Strom heult den Felsen hinab. Keine Hütte schützt mich vor dem Regen, mich Verlass'ne auf dem stürmischen Hügel.

Tritt, o Mond, aus deinen Wolken! erscheinet, Sterne der Nacht! Leite mich irgend ein Strahl zu dem Orte, wo meine Liebe ruht von den Beschwerden der Jagd, sein Bogen neben ihm angespannt, seine Hunde schnobend um ihn! Aber hier muß ich sitzen allein auf dem Felsen des verwachsenen Stroms. Der Strom und der Sturm saus't, ich höre nicht die Stimme meines Geliebten.

Warum zaudert mein Salgar? Hat er sein Wort vergessen? — Da ist der Fels und der Baum und hier der rauschende Strom! Mit einbrechender Nacht versprachst du hier zu sein; ach! wohin hat sich mein Salgar verirrt? Mit dir wollt' ich fliehen, verlassen Vater und Bruder! die Stolzen! Lange sind unsere Geschlechter Feinde, aber wir sind keine Feinde, o Salgar!

Schweig' eine Weile, o Wind! still eine kleine Weile, o Strom! daß meine Stimme klinge durch's Tal, daß mein Wanderer mich höre. Salgar! ich bin's, die ruft! Hier ist der Baum und der Fels! Salgar! mein Lieber! hier bin ich; warum zauderst du zu kommen?

Sieh, der Mond erscheint, die Flut glänzt im Tale, die Felsen stehen grau den Hügel hinauf; aber ich seh' ihn nicht auf der Höhe, seine Hunde vor ihm her verkündigen nicht seine Ankunft. Hier muß ich sitzen allein.

Aber wer sind, die dort unten liegen auf der Heide? — Mein Geliebter? Mein Bruder? — Redet, o meine Freunde! Sie antworten nicht. Wie geängstet ist meine Seele! — Ach sie sind tot! Ihre Schwerter rot vom Gefechte! O mein Bruder, mein Bruder! warum hast du meinen Salgar erschlagen? O mein Salgar! warum hast du meinen Bruder erschlagen? Ihr wart mir beide so lieb! O du warst schön an dem Hügel unter Tausenden! Er war schrecklich in der Schlacht. Antwortet mir! hört meine Stimme, meine Geliebten! Aber ach! sie sind stumm! stumm auf ewig! kalt, wie die Erde, ist ihr Busen!

O von dem Felsen des Hügels, von dem Gipfel des stürmenden Berges, redet, Geister der Toten! redet! mir soll es nicht grausen! — Wohin seid ihr zur Ruhe gegangen? in welcher Gruft des Gebirges soll ich euch finden! — Keine schwache Stimme vernehme ich im Winde, keine wehende Antwort im Sturme des Hügels.

Ich sitze in meinem Jammer, ich harre auf den Morgen in meinen Tränen. Wühlet das Grab, ihr Freunde der Toten, aber schließt es nicht, bis ich komme. Mein Leben schwindet wie ein Traum, wie sollt' ich zurückbleiben. Hier will ich wohnen mit meinen Freunden an dem Strome des klingenden Felsens — Wenn's Nacht wird auf dem Hügel und Wind kommt über die Heide, soll mein Geist im Winde stehn und trauern den

Tod meiner Freunde. Der Jäger hört mich aus seiner Laube, fürchtet meine Stimme und liebt sie; denn süß soll meine Stimme sein und meine Freunde, sie waren mir beide so lieb!

Das war dein Gesang, o Minona, Tormans sanft errötende Tochter. Unsere Tränen flossen um Colma, und unsere Seele ward düster.

Ullin trat auf mit der Harfe und gab uns Alpins Gesang — Alpins Stimme war freundlich, Ryno's Seele ein Feuerstrahl. Aber schon ruhten sie im engen Hause und ihre Stimme war verhallet in Selma. Einst kehrte Ullin zurück von der Jagd, ehe die Helden noch fielen. Er hörte ihren Wettegesang auf dem Hügel. Ihr Lied war sanft, aber traurig. Sie klagten Morars Fall, des ersten der Helden. Seine Seele war wie Fingals Seele, sein Schwert wie das Schwert Oskars — Aber er fiel, und sein Vater jammerte, und seiner Schwester Augen waren voll Tränen, Minona's Augen waren voll Tränen, der Schwester des herrlichen Morars. Sie trat zurück vor Ullins Gesang, wie der Mond in Westen, der den Sturmregen voraus sieht und sein schönes Haupt in eine Wolke verbirgt. — Ich schlug die Harfe mit Ullin zum Gesange des Jammers.

Ryno

Vorbei sind Wind und Regen, der Mittag ist so heiter, die Wolken teilen sich. Fliehend bescheint den Hügel die unbeständige Sonne. Rötlich fließt der Strom des Bergs im Tale hin. Süß ist dein Murmeln, Strom; doch süßer die Stimme, die ich höre. Es ist Alpins Stimme, er bejammert den Toten. Sein Haupt ist vor Alter gebeugt, und rot sein tränendes Auge. Alpin, trefflicher Sänger! warum allein auf dem schweigenden Hügel? warum jammerst du, wie ein Windstoß im Walde, wie eine Welle am fernen Gestade?

Alpin

Meine Tränen, Ryno, sind für den Toten, meine Stimme für die Bewohner des Grabs. Schlank bist du auf dem Hügel, schön unter den Söhnen der Heide. Aber du wirst fallen wie Morar, und auf deinem Grabe der Trauernde sitzen. Die Hügel werden dich vergessen, dein Bogen in der Halle liegen ungespannt.

Du warst schnell, o Morar, wie ein Reh auf dem Hügel, schrecklich wie die Nachtfeuer am Himmel. Dein Grimm war ein Sturm, dein Schwert in der Schlacht wie Wetterleuchten über der Heide. Deine Stimme glich dem Waldstrome nach dem Regen, dem Donner auf fernen Hügeln. Manche fielen vor deinem Arm, die Flamme deines Grimmes verzehrte sie. Aber wenn du wiederkehrtest vom Kriege, wie friedlich war deine Stirne! dein Angesicht war gleich der Sonne nach dem Gewitter, gleich dem Monde in der schweigenden Nacht, ruhig deine Brust wie der See, wenn sich des Windes Brausen gelegt hat.

Eng ist nun deine Wohnung! finster deine Stätte! mit drei Schritten mess' ich dein Grab, o du! der du ehe so groß warst! vier Steine mit moosigen Häuptern sind dein einziges Gedächtnis, ein entblätterter Baum, langes Gras, das im Winde wispelt, deutet dem Auge des Jägers das Grab des mächtigen Morars. Keine Mutter hast du, dich zu beweinen, kein Mädchen mit Tränen der Liebe. Tot ist, die dich gebar, gefallen die Tochter von Morglan.

Wer auf seinem Stabe ist das? Wer ist es, dessen Haupt weiß ist vor Alter, dessen Augen rot sind von Tränen? Es ist dein Vater, o Morar! der Vater keines Sohnes außer dir. Er hörte von deinem Ruf in der Schlacht, er hörte von zerstobenen Feinden; er hörte Morars Ruhm! Ach! nichts von seiner Wunde? Weine, Vater Morars! weine! aber dein Sohn hört dich nicht. Tief ist der Schlaf der Toten, niedrig ihr Kissen von Staube. Nimmer achtet er auf die Stimme, nie erwacht er auf deinen Ruf. O wann wird es Morgen im Grabe, zu bieten dem Schlummerer: Erwache!

Lebe wohl! edelster der Menschen, du Eroberer im Felde! Aber nimmer wird dich das Feld sehen! nimmer der düstere Wald leuchten vom Glanze deines Stahls. Du hinterließest keinen Sohn, aber der Gesang soll deinen Namen erhalten, künftige Zeiten sollen von dir hören, hören von dem gefallenen Morar.

Laut war die Trauer der Helden, am lautesten Armins berstender Seufzer. Ihn erinnerte es an den Tod seines Sohnes, er fiel in den Tagen der Jugend. Carmor saß nah bei dem Helden, der Fürst des hallenden Galmal. Warum schluchzet der Seufzer Armins? sprach er, was ist hier zu weinen? Klingt nicht Lied und Gesang, die Seele zu schmelzen und zu ergetzen? sie sind wie sanfter Nebel, der steigend vom See auf's Tal sprüht, und die blühenden Blumen füllet das Naß; aber die Sonne kommt wieder in ihrer Kraft und der Nebel ist gegangen. Warum bist du so jammervoll, Armin, Herrscher des seeumflossenen Gorma?

Jammervoll! Wohl das bin ich, und nicht gering die Ursache meines Wehs. — Garmor, du verlorst keinen Sohn, verlorst keine blühende Tochter; Colgar, der Tapfere, lebt, und Annira, die schönste der Mädchen. Die Zweige deines Hauses blühen, o Carmor; aber Armin ist der letzte seines Stammes. Finster ist dein Bett, o Daura! dumpf ist dein Schlaf in dem Grabe — Wann erwachst du mit deinen Gesängen, mit deiner melodischen Stimme? Auf! ihr Winde des Herbstes! auf! stürmt über die finstere Heide! Waldströme, braus't! heult, Stürme, im Gipfel der Eichen! Wandle durch gebrochene Wolken, o Mond, zeige wechselnd dein bleiches Gesicht! Erinnre mich der schrecklichen Nacht, da meine Kinder umkamen, da Arindal, der Mächtige, fiel, Daura, die Liebe, verging.

Daura, meine Tochter, du warst schön! schön wie der Mond auf den Hügeln von Fura, weiß wie der gefallene Schnee, süß wie die atmende Luft! Arindal, dein Bogen war stark, dein Speer schnell auf dem Felde, dein Blick wie Nebel auf der Welle, dein Schild eine Feuerwolke im Sturme!

Armar, berühmt im Kriege, kam und warb um Daura's Liebe; sie widerstand nicht lange. Schön waren die Hoffnungen ihrer Freunde.

Erath, der Sohn Odgals, grollte, denn sein Bruder lag erschlagen von Armar. Er kam in einen Schiffer verkleidet. Schön war sein Nachen auf der Welle, weiß seine Locken vor Alter, ruhig sein ernstes Gesicht. Schönste der Mädchen, sagte er, liebliche Tochter von Armin, dort am Felsen, nicht fern in der See, wo die rote Frucht vom Baume herblinkt, dort wartet Armar auf Daura; ich komme, seine Liebe zu führen über die rollende See.

Sie folgt' ihm und rief nach Armar; nichts antwortete als die Stimme des Felsens. Armar! mein Lieber! mein Lieber! warum ängstest du mich so? Höre, Sohn Arnarths! höre! Daura ist's, die dich ruft!

Erath, der Verräter, floh lachend zum Lande. Sie erhob ihre Stimme, rief nach ihrem Vater und Bruder: Arindal! Armin! Ist keiner, seine Daura zu retten?

Ihre Stimme kam über die See. Arindal, mein Sohn, stieg vom Hügel herab, rauh in der Beute der Jagd, seine Pfeile rasselten an seiner Seite, seinen Bogen trug er in der Hand, fünf schwarzgraue Doggen waren um ihn. Er sah den kühnen Erath am Ufer, faßte und band ihn an die Eiche, fest umflocht er seine Hüften, der Gefesselte füllt mit Ächzen die Winde.

Arindal betritt die Wellen in seinem Boote, Daura herüber zu bringen. Armar kam in seinem Grimme, drückt' ab den grau befiederten Pfeil, er klang, er sank in dein Herz, o Arindal, mein Sohn! Statt Eraths, des Verräters, kamst du um, das Boot erreichte den Felsen, er sank dran nieder und starb. Zu deinen Füßen floß deines Bruders Blut, welch war dein Jammer, o Daura!

Die Wellen zerschmettern das Boot. Armar stürzt sich in die See, seine Daura zu retten oder zu sterben. Schnell stürmt ein Stoß vom Hügel in die Wellen, er sank und hob sich nicht wieder.

Allein auf dem seebespülten Felsen hörte ich die Klagen meiner Tochter. Viel und laut war ihr Schreien, doch konnte sie ihr Vater nicht retten. Die ganze Nacht stand ich am Ufer, ich sah sie im schwachen Strahle des Mondes, die ganze Nacht hörte ich ihr Schreien, laut war der Wind, und der Regen schlug scharf nach der Seite des Berges. Ihre Stimme ward schwach, ehe der Morgen erschien, sie starb weg wie die Abendluft zwischen dem Grase der Felsen. Beladen mit Jammer starb sie und ließ Armin allein! Dahin ist meine Stärke im Kriege, gefallen mein Stolz unter den Mädchen.

Wenn die Stürme des Berges kommen, wenn der Nord die Wellen hoch hebt, sitze ich am schallenden Ufer, schaue nach dem schrecklichen Felsen. Oft im sinkenden Monde sehe ich die Geister meiner Kinder, halb dämmernd wandeln sie zusammen in trauriger Eintracht.“

Ein Strom von Tränen, der aus Lottens Augen brach und ihrem gepreßten Herzen Luft machte, hemmte Werthers Gesang. Er warf das Papier hin, faßte ihre Hand und weinte die bittersten Tränen. Lotte ruhte auf der andern und verbarg ihre Augen in's Schnupftuch. Die Bewegung beider war fürchterlich. Sie fühlten ihr eigenes Elend in dem Schicksale der Edlen, fühlten es zusammen und ihre Tränen vereinigten sie. Die Lippen und Augen Werthers glühten an Lottens Arme; ein Schauer überfiel sie; sie wollte sich entfernen und Schmerz und Anteil lagen betäubend wie Blei auf ihr. Sie atmete sich zu erholen, und bat ihn schluchzend fortzufahren, bat mit der ganzen Stimme des Himmels! Werther zitterte, sein Herz wollte bersten, er hob das Blatt auf und las halb gebrochen.

„Warum weckst du mich, Frühlingsluft? Du buhlst und sprichst: Ich betaue mit Tropfen des Himmels! Aber die Zeit meines Welkens ist nahe, nahe der Sturm, der meine Blätter herabstört! Morgen wird der Wanderer kommen, kommen der mich sah in meiner Schönheit, ringsum wird sein Auge im Felde mich suchen, und wird mich nicht finden. —"

Die ganze Gewalt dieser Worte fiel über den Unglücklichen. Er warf sich vor Lotten nieder in der vollen Verzweifelung, faßte ihre Hände, drückte sie in seine Augen, wider seine Stirn, und ihr schien eine Ahnung seines schrecklichen Vorhabens durch die Seele zu fliegen. Ihre Sinne verwirrten sich, sie drückte seine Hände, drückte sie wider ihre Brust, neigte sich mit einer wehmütigen Bewegung zu ihm, und ihre glühenden Wangen berührten sich. Die Welt verging ihnen. Er schlang seine Arme um sie her, preßte sie an seine Brust und deckte ihre zitternden, stammelnden Lippen mit wütenden Küssen. — Werther! rief sie mit erstickter Stimme, sich abwendend, Werther! — und drückte mit schwacher Hand seine Brust von der ihrigen; — Werther! rief sie mit dem gefaßten Tone des edelsten Gefühles. — Er widerstand nicht, ließ sie aus seinen Armen und warf sich unsinnig vor sie hin. Sie riß sich auf und in ängstlicher Verwirrung, bebend zwischen Liebe und Zorn, sagte sie: Das ist das letztemal! Werther! Sie sehn mich nicht wieder. — Und mit dem vollsten Blick der Liebe auf den Elenden eilte sie in's Nebenzimmer und schloß hinter sich zu. Werther streckte ihr die Arme nach, getraute sich nicht sie zu halten. Er lag an der Erde, den Kopf auf dem Kanapee, und in dieser Stellung blieb er über eine halbe Stunde, bis ihn ein Geräusch zu sich selbst rief. Es war das Mädchen, das den Tisch decken wollte. Er ging im Zimmer auf und ab, und da er sich wieder allein sah, ging er zur Türe des Kabinetts und rief mit leiser Stimme: Lotte! Lotte! nur noch Ein Wort! ein Lebe wohl! — Sie schwieg. Er harrte und bat und harrte; dann riß er sich weg und rief: Lebe wohl, Lotte! auf ewig lebe wohl!

Er kam an's Stadttor. Die Wächter, die ihn schon gewohnt waren, ließen ihn stillschweigend hinaus. Es stiebte zwischen Regen und Schnee, und erst gegen Eilfe klopfte er wieder. Sein Diener bemerkte, als Werther nach Hause kam, daß seinem Herrn der Hut fehlte. Er getraute sich nicht, etwas zu sagen, entkleidete ihn, alles war naß. Man hat nachher den Hut auf einem Felsen, der an dem Abhange des Hügels in's Tal sieht, gefunden, und es ist unbegreiflich, wie er ihn in einer finstern feuchten Nacht, ohne zu stürzen, erstiegen hat.

Er legte sich zu Bette und schlief lange. Der Bediente fand ihn schreibend, als er ihm den andern Morgen auf sein Rufen den Kaffee brachte. Er schrieb Folgendes am Briefe an Lotten.

„Zum letztenmale denn, zum letztenmale schlage ich diese Augen auf. Sie sollen ach! die Sonne nicht mehr sehen, ein trüber neblichter Tag hält sie bedeckt. So traure denn, Natur! dein Sohn, dein Freund, dein Geliebter naht sich seinem Ende. Lotte, das ist ein Gefühl ohne gleichen, und doch kommt es dem dämmernden Traum am nächsten, zu sich zu sagen: das ist der letzte Morgen. Der letzte! Lotte, ich habe keinen Sinn für das Wort der letzte! Stehe ich nicht da in meiner ganzen Kraft, und morgen liege ich ausgestreckt und schlaff am Boden. Sterben! was heißt das? Siehe, wir träumen, wenn wir vom Tode reden. Ich habe manchen sterben sehen; aber so eingeschränkt ist die Menschheit, daß sie für ihres Daseins Anfang und Ende keinen Sinn hat. Jetzt noch mein, dein! dein, o Geliebte! Und einen Augenblick — getrennt, geschieden — vielleicht auf ewig? — Nein, Lotte, nein — Wie kann ich vergehen? wie kannst du vergehen? Wir *sind* ja! — Vergehen! — Was heißt das? Das ist wieder ein Wort! ein leerer Schall! ohne Gefühl für mein Herz. — — Tot, Lotte! eingescharrt der kalten Erde, so eng! so finster! — Ich hatte eine Freundin, die mein Alles war meiner hülflosen Jugend; sie starb, und ich folgte ihrer Leiche, und stand an dem Grabe, wie sie den Sarg hinunter ließen und die Seile schnurrend unter ihm weg und wieder herauf schnellten, dann die erste Schaufel hinunter schollerte, und die ängstliche Lade einen dumpfen Ton wiedergab, und dumpfer und immer dumpfer, und endlich bedeckt war! — Ich stürzte neben das Grab hin — ergriffen, erschüttert, geängstet, zerrissen mein Innerstes, aber ich wußte nicht, wie mir geschah — wie mir geschehen wird — Sterben! Grab! ich verstehe die Worte nicht!

O vergib mir! vergib mir! Gestern! Es hätte der letzte Augenblick meines Lebens sein sollen. O du Engel! zum erstenmale, zum erstenmale ganz ohne Zweifel durch mein innig Innerstes durchglühte mich das Wonnegefühl: Sie liebt mich! sie liebt mich! Es brennt noch auf meinen Lippen das heilige Feuer, das von den deinigen strömte, neue warme Wonne ist in meinem Herzen. Vergib mir! vergib mir!

Ach ich wußte, daß du mich liebtest, wußte es an den ersten seelenvollen Blicken, an dem ersten Händedruck, und doch, wenn ich wieder weg war, wenn ich Alberten an deiner Seite sah, verzagte ich wieder in fieberhaften Zweifeln.

Erinnerst du dich der Blumen, die du mir schicktest, als du in jener fatalen Gesellschaft mir kein Wort sagen, keine Hand reichen konntest? o ich habe die halbe Nacht davor gekniet, und sie versiegelten mir deine Liebe. Aber ach! diese Eindrücke gingen vorüber, wie das Gefühl der Gnade seines Gottes allmählich wieder aus der Seele des Gläubigen weicht, die ihm mit ganzer Himmelsfülle in heiligen sichtbaren Zeichen gereicht ward.

Alles das ist vergänglich, aber keine Ewigkeit soll das glühende Leben auslöschen, das ich gestern auf deinen Lippen genoß, das ich in mir fühle! Sie liebt mich! Dieser Arm hat sie umfaßt, diese Lippen haben auf ihren Lippen gezittert, dieser Mund hat an dem ihrigen gestammelt. Sie ist mein! du bist mein! ja, Lotte, auf ewig.

Und was ist das, daß Albert dein Mann ist? Mann! Das wäre denn für diese Welt — und für diese Welt Sünde, daß ich dich liebe, daß ich dich aus seinen Armen in die meinigen reißen möchte? Sünde? Gut, und ich strafe mich dafür; ich habe sie in ihrer ganzen Himmelswonne geschmeckt, diese Sünde, habe Lebensbalsam und Kraft in mein Herz gesaugt. Du bist von diesem Augenblicke mein! mein, o Lotte! Ich gehe voran! gehe zu meinem Vater, zu deinem Vater. Dem will ich's klagen, und er wird mich trösten bis du kommst, und ich fliege dir entgegen und fasse dich und bleibe bei dir vor dem Angesichte des Unendlichen in ewigen Umarmungen.

Ich träume nicht, ich wähne nicht! nahe am Grabe wird mir es heller. Wir werden sein! wir werden uns wieder sehen! Deine Mutter sehen! ich werde sie sehen, werde sie finden, ach und vor ihr mein ganzes Herz ausschütten! Deine Mutter, dein Ebenbild."

Gegen Eilfe fragte Werther seinen Bedienten, ob wohl Albert zurück gekommen sei? Der Bediente sagte: ja, er habe dessen Pferd dahin führen sehen. Drauf gibt ihm der Herr ein offenes Zettelchen des Inhalts:

„Wollten Sie mir wohl zu einer vorhabenden Reise Ihre Pistolen leihen? Leben Sie recht wohl!"

Die liebe Frau hatte die letzte Nacht wenig geschlafen, was sie gefürchtet hatte, war entschieden, auf eine Weise entschieden, die sie weder ahnen noch fürchten konnte. Ihr sonst so rein und leicht fließendes Blut war in einer fieberhaften Empörung, tausenderlei Empfindungen zerrütteten das schöne Herz. War es das Feuer von Werthers Umarmungen, das sie in ihrem Busen fühlte? war es Unwille über seine Verwegenheit? war es eine unmutige Vergleichung ihres gegenwärtigen Zustandes mit jenen Tagen ganz unbefangener freier Unschuld und sorglosen Zutrauens an sich selbst? Wie sollte sie ihrem Manne entgegen gehen? wie ihm eine Szene bekennen, die sie so gut gestehen durfte und die sie sich doch zu gestehen nicht getraute? Sie hatten so lange gegen einander geschwiegen, und sollte sie die erste sein, die das Stillschweigen bräche und eben zur unrechten Zeit ihrem Gatten eine so unerwartete Entdeckung machte? Schon fürchtete sie, die bloße Nachricht von Werthers Besuch werde ihm einen unangenehmen Eindruck machen, und nun gar diese unerwartete Katastrophe! Konnte sie wohl hoffen, daß ihr Mann sie ganz im rechten Licht sehen, ganz ohne Vorurteil aufnehmen würde? und konnte sie wünschen, daß er in ihrer Seele lesen möchte? Und doch wieder, konnte sie sich verstellen gegen den Mann, vor dem sie immer wie ein krystallhelles Glas offen und frei gestanden war, und dem sie keine ihre Empfindungen jemals verheimlicht noch verheimlichen können? Eins und das andre machte ihr Sorgen und setzte sie in Verlegenheit; und immer kehrten ihre Gedanken wieder zu Werthern, der für sie verloren war, den sie nicht lassen konnte, den sie leider! sich selbst überlassen mußte, und dem, wenn er sie verloren hatte, nichts mehr übrig blieb.

Wie schwer lag jetzt, was sie sich in dem Augenblick nicht deutlich machen konnte, die Stockung auf ihr, die sich unter ihnen festgesetzt hatte! So verständige, so gute Menschen fingen wegen gewisser heimlicher Verschiedenheiten unter einander zu schweigen an, jedes dachte seinem Recht und dem Unrechte des andern nach, und die Verhältnisse verwickelten und verhetzten sich dergestalt, daß es unmöglich ward, den Knoten eben in dem kritischen Momente, von dem alles abhing, zu lösen. Hätte eine glückliche Vertraulichkeit sie früher wieder einander näher gebracht, wäre Liebe und Nachsicht wechselsweise unter ihnen lebendig worden, und hätte ihre Herzen aufgeschlossen, vielleicht wäre unser Freund noch zu retten gewesen.

Noch ein sonderbarer Umstand kam dazu. Werther hatte, wie wir aus seinen Briefen wissen, nie ein Geheimnis daraus gemacht, daß er sich, diese Welt zu verlassen, sehnte. Albert hatte ihn oft bestritten, auch war zwischen Lotten und ihrem Mann manchmal die Rede davon gewesen. Dieser, wie er einen entschiedenen Widerwillen gegen die Tat empfand, hatte auch gar oft mit einer Art von Empfindlichkeit, die sonst ganz außer seinem Charakter lag, zu erkennen gegeben, daß er an dem Ernst eines solchen Vorsatzes sehr zu zweifeln Ursach' finde, er hatte sich sogar darüber einigen Scherz erlaubt, und seinen Unglauben Lotten mitgeteilt. Dies beruhigte sie zwar von einer Seite, wenn ihre Gedanken ihr das traurige Bild vorführten, von der andern aber fühlte sie sich auch dadurch gehindert, ihrem Manne die Besorgnisse mitzuteilen, die sie in dem Augenblicke quälten.

Albert kam zurück, und Lotte ging ihm mit einer verlegenen Hastigkeit entgegen, er war nicht heiter, sein Geschäft war nicht vollbracht, er hatte an dem benachbarten Amtmanne einen unbiegsamen kleinsinnigen Menschen gefunden. Der üble Weg auch hatte ihn verdrießlich gemacht.

Er fragte, ob nichts vorgefallen sei, und sie antwortete mit Übereilung:

Werther sei gestern Abends da gewesen. Er fragte, ob Briefe gekommen, und er erhielt zur Antwort, daß ein Brief und Pakete auf seiner Stube lägen. Er ging hinüber, und Lotte blieb allein. Die Gegenwart des Mannes, den sie liebte und ehrte, hatte einen neuen Eindruck in ihr Herz gemacht. Das Andenken seines Edelmuts, seiner Liebe und Güte hatte ihr Gemüt mehr beruhigt, sie fühlte einen heimlichen Zug ihm zu folgen, sie nahm ihre Arbeit und ging auf sein Zimmer, wie sie mehr zu tun pflegte. Sie fand ihn beschäftigt, die Pakete zu erbrechen und zu lesen. Einige schienen nicht das Angenehmste zu enthalten. Sie tat einige Fragen an ihn, die er kurz beantwortete, und sich an den Pult stellte zu schreiben.

Sie waren auf diese Weise eine Stunde neben einander gewesen und es ward immer dunkler in Lottens Gemüt. Sie fühlte, wie schwer es ihr werden würde, ihrem Mann, auch wenn er bei dem besten Humor wäre, das zu entdecken, was ihr auf dem Herzen lag: sie verfiel in eine Wehmut, die ihr um desto ängstlicher ward, als sie solche zu verbergen und ihre Tränen zu verschlucken suchte.

Die Erscheinung von Werthers Knaben setzte sie in die größte Verlegenheit; er überreichte Alberten das Zettelchen, der sich gelassen nach seiner Frau wendete und sagte: Gib ihm die Pistolen. — Ich lasse ihm glückliche Reise wünschen, sagte er zum Jungen. — Das fiel auf sie wie ein Donnerschlag, sie schwankte aufzustehen, sie wußte nicht, wie ihr geschah. Langsam ging sie nach der Wand, zitternd nahm sie das Gewehr herunter, putzte den Staub ab und zauderte und hätte noch lange gezögert, wenn nicht Albert durch einen fragenden Blick sie gedrängt hätte. Sie gab das unglückliche Werkzeug dem Knaben, ohne ein Wort vorbringen zu können, und als der zum Hause hinaus war, machte sie ihre Arbeit zusammen, ging in ihr Zimmer, in dem Zustande der unaussprechlichsten Ungewißheit. Ihr Herz weissagte ihr alle Schrecknisse. Bald war sie im Begriffe, sich zu den Füßen ihres Mannes zu werfen, ihm alles zu entdekken, die Geschichte des gestrigen Abends, ihre Schuld und ihre Ahnungen. Dann sah sie wieder keinen Ausgang des Unternehmens, am wenigsten konnte sie hoffen, ihren Mann zu einem Gange nach Werthern zu bereden. Der Tisch ward gedeckt, und eine gute Freundin, die nur etwas zu fragen kam, gleich gehen wollte — und blieb, machte die Unterhaltung bei Tische erträglich; man zwang sich, man redete, man erzählte, man vergaß sich.

Der Knabe kam mit den Pistolen zu Werthern, der sie ihm mit Entzükken abnahm, als er hörte, Lotte habe sie ihm gegeben. Er ließ sich Brot und Wein bringen, hieß den Knaben zu Tische gehen und setzte sich nieder zu schreiben.

„Sie sind durch deine Hände gegangen, du hast den Staub davon geputzt, ich küsse sie tausendmal, du hast sie berührt: und du, Geist des Himmels, begünstigst meinen Entschluß! und du, Lotte, reichst mir das

Werkzeug, du, von deren Händen ich den Tod zu empfangen wünschte, und ach! nun empfange. O ich habe meinen Jungen ausgefragt. Du zittertest, als du sie ihm reichtest, du sagtest kein Lebe wohl! — Wehe! wehe! kein Lebe wohl! — Solltest du dein Herz für mich verschlossen haben, um des Augenblicks willen, der mich ewig an dich befestigte? Lotte, kein Jahrtausend vermag den Eindruck auszulöschen! und ich fühle es, du kannst den nicht hassen, der so für dich glüht."

Nach Tische hieß er den Knaben alles vollends einpacken, zerriß viele Papiere, ging aus und brachte noch kleine Schulden in Ordnung. Er kam wieder nach Hause, ging wieder aus vor's Tor, ungeachtet des Regens, in den gräflichen Garten, schweifte weiter in der Gegend umher und kam mit anbrechender Nacht zurück und schrieb.

„Wilhelm, ich habe zum letztenmale Feld und Wald und den Himmel gesehen. Lebe wohl auch du! Liebe Mutter, verzeiht mir! Tröste sie, Wilhelm! Gott segne euch! Meine Sachen sind alle in Ordnung. Lebt wohl! wir sehen uns wieder und freudiger."

„Ich habe dir übel gelohnt, Albert, und du vergibst mir. Ich habe den Frieden deines Hauses gestört, ich habe Mißtrauen zwischen euch gebracht. Lebe wohl! ich will es enden. O daß ihr glücklich wäret durch meinen Tod! Albert! Albert! mache den Engel glücklich! Und so wohne Gottes Segen über dir!"

Er kramte den Abend noch viel in seinen Papieren, zerriß vieles und warf es in den Ofen, versiegelte einige Päcke mit den Adressen an Wilhelm. Sie enthielten kleine Aufsätze, abgerissene Gedanken, deren ich verschiedene gesehen habe; und nachdem er um zehn Uhr Feuer hatte nachlegen und sich eine Flasche Wein geben lassen, schickte er den Bedienten, dessen Kammer wie auch die Schlafzimmer der Hausleute weit hinten hinaus waren, zu Bette, der sich dann in seinen Kleidern niederlegte, um frühe bei der Hand zu sein; denn sein Herr hatte gesagt, die Postpferde würden vor Sechse vor's Haus kommen.

„*Nach Eilfe.*

Alles ist so still um mich her, und so ruhig meine Seele. Ich danke dir, Gott, der du diesen letzten Augenblicken diese Wärme, diese Kraft schenkest.

Ich trete an das Fenster, meine Beste! und sehe und sehe noch durch die stürmenden, vorüberfliehenden Wolken einzelne Sterne des ewigen Himmels! Nein, ihr werdet nicht fallen! der Ewige trägt euch an seinem Herzen, und mich. Ich sehe die Deichselsterne des Wagens, des liebsten unter allen Gestirnen. Wenn ich Nachts von dir ging, wie ich aus deinem Tore trat, stand er gegen mir über. Mit welcher Trunkenheit habe ich ihn oft angesehen! oft mit aufgehobenen Händen ihn zum Zeichen, zum heiligen Merksteine meiner gegenwärtigen Seligkeit gemacht! und noch — O Lotte, was erinnert mich nicht an dich! umgibst du mich nicht! und habe ich nicht, gleich einem Kinde, ungenügsam allerlei Kleinigkeiten zu mir gerissen, die du Heilige berührt hattest!

Liebes Schattenbild! Ich vermache dir es zurück, Lotte, und bitte dich, es zu ehren. Tausend, tausend Küsse habe ich drauf gedrückt, tausend Grüße ihm zugewinkt, wenn ich ausging oder nach Hause kam.

Ich habe deinen Vater in einem Zettelchen gebeten, meine Leiche zu schützen. Auf dem Kirchhofe sind zwei Lindenbäume, hinten in der Ecke nach dem Felde zu; dort wünsche ich zu ruhen. Er kann, er wird das für seinen Freund tun. Bitte ihn auch. Ich will frommen Christen nicht zumuten, ihren Körper neben einen armen Unglücklichen zu legen. Ach ich wollte, ihr begrübt mich am Wege, oder im einsamen Tale, daß Priester und Levit vor dem bezeichneten Steine sich segnend vorübergingen und der Samariter eine Träne weinte.

Hier, Lotte! Ich schaudere nicht, den kalten schrecklichen Kelch zu fassen, aus dem ich den Taumel des Todes trinken soll! Du reichtest mir ihn und ich zage nicht. All! all! So sind alle die Wünsche und Hoffnungen meines Lebens erfüllt! So kalt, so starr an der ehernen Pforte des Todes anzuklopfen.

Daß ich des Glückes hätte teilhaftig werden können, für *dich* zu sterben! Lotte, für *dich* mich hinzugeben! Ich wollte mutig, ich wollte freudig sterben, wenn ich dir die Ruhe, die Wonne deines Lebens wieder schaffen könnte. Aber ach! das ward nur wenigen Edeln gegeben, ihr Blut für die Ihrigen zu vergießen und durch ihren Tod ein neues hundertfältiges Leben ihren Freunden anzufachen.

In diesen Kleidern, Lotte, will ich begraben sein, du hast sie berührt, geheiligt; ich habe auch deinen Vater *dar*um gebeten. Meine Seele schwebt über dem Sarge. Man soll meine Taschen nicht aussuchen. Diese blaßrote Schleife, die du am Busen hattest, als ich dich zum erstenmale unter deinen Kindern fand — O küsse sie tausendmal und erzähle ihnen das Schicksal ihres unglücklichen Freundes. Die Lieben! sie wimmeln um mich. Ach wie ich mich an dich schloß! seit dem ersten Augenblicke dich nicht lassen konnte! — Diese Schleife soll mit mir begraben werden. An meinem Geburtstage schenktest du mir sie! Wie ich das alles verschlang! — Ach ich dachte nicht, daß mich der Weg hierher führen sollte! — — Sei ruhig! ich bitte dich, sei ruhig! —

Sie sind geladen — Es schlägt Zwölfe! So sei es denn! — Lotte! Lotte, lebe wohl! lebe wohl!"

Ein Nachbar sah den Blick vom Pulver und hörte den Schuß fallen; da aber alles stille blieb, achtete er nicht weiter drauf.

Morgens um Sechse tritt der Bediente herein mit dem Lichte. Er findet seinen Herrn an der Erde, die Pistole und Blut. Er ruft, er faßt ihn an; keine Antwort, er röchelte nur noch. Er läuft nach den Ärzten, nach Alberten. Lotte hört die Schelle ziehen, ein Zittern ergreift alle ihre Glieder. Sie weckt ihren Mann, sie stehen auf, der Bediente bringt heulend und stotternd die Nachricht, Lotte sinkt ohnmächtig vor Alberten nieder.

Als der Medicus zu dem Unglücklichen kam, fand er ihn an der Erde ohne Rettung, der Puls schlug, die Glieder waren alle gelähmt. Über dem rechten Auge hatte er sich durch den Kopf geschossen, das Gehirn war herausgetrieben. Man ließ ihm zum Überfluß eine Ader am Arme, das Blut lief, er holte noch immer Atem.

Aus dem Blut auf der Lehne des Sessels konnte man schließen, er habe sitzend vor dem Schreibtische die Tat vollbracht, dann ist er heruntergesunken, hat sich konvulsivisch um den Stuhl herum gewälzt. Er lag gegen das Fenster entkräftet auf dem Rücken, war in völliger Kleidung, gestiefelt, im blauen Frack mit gelber Weste.

Das Haus, die Nachbarschaft, die Stadt kam in Aufruhr. Albert trat herein. Werthern hatte man auf das Bette gelegt, die Stirn verbunden, sein Gesicht schon wie eines Toten, er rührte kein Glied. Die Lunge röchelte noch fürchterlich, bald schwach, bald stärker; man erwartete sein Ende.

Von dem Weine hatte er nur ein Glas getrunken. Emilia Galotti lag auf dem Pulte aufgeschlagen.

Von Alberts Bestürzung, von Lottens Jammer laßt mich nichts sagen.

Der alte Amtmann kam auf die Nachricht herein gesprengt, er küßte den Sterbenden unter den heißesten Tränen. Seine ältesten Söhne kamen bald nach ihm zu Fuße, sie fielen neben dem Bette nieder im Ausdrucke des unbändigsten Schmerzens, küßten ihm die Hände und den Mund, und der ält'ste, den er immer am meisten geliebt, hing an seinen Lippen, bis er verschieden war und man den Knaben mit Gewalt wegriß. Um Zwölfe Mittags starb er. Die Gegenwart des Amtmannes und seine Anstalten tuschten einen Auflauf. Nachts gegen Eilfe ließ er ihn an die Stätte begraben, die er sich erwählt hatte. Der Alte folgte der Leiche und die Söhne, Albert vermocht's nicht. Man fürchtete für Lottens Leben. Handwerker trugen ihn. Kein Geistlicher hat ihn begleitet.

WILHELM MEISTERS LEHRJAHRE

ERSTES BUCH

Erstes Kapitel

Das Schauspiel dauerte sehr lange. Die alte Barbara trat einigemal an's Fenster und horchte, ob die Kutschen nicht rasseln wollten. Sie erwartete Marianen, ihre schöne Gebieterin, die heute im Nachspiele als junger Offizier gekleidet das Publikum entzückte, mit größerer Ungeduld als sonst, wenn sie ihr nur ein mäßiges Abendessen vorzusetzen hatte; diesmal sollte sie mit einem Paket überrascht werden, das Norberg, ein junger reicher Kaufmann, mit der Post geschickt hatte, um zu zeigen, daß er auch in der Entfernung seiner Geliebten gedenke.

Barbara war als alte Dienerin, Vertraute, Ratgeberin, Unterhändlerin und Haushälterin in Besitz des Rechtes, die Siegel zu eröffnen, und auch diesen Abend konnte sie ihrer Neugierde um so weniger widerstehen, als ihr die Gunst des freigebigen Liebhabers mehr als selbst Marianen am Herzen lag. Zu ihrer größten Freude hatte sie in dem Paket ein feines Stück Nesseltuch und die neuesten Bänder für Marianen, für sich aber ein Stück Kattun, Halstücher und ein Röllchen Geld gefunden. Mit welcher Neigung, welcher Dankbarkeit erinnerte sie sich des abwesenden Norbergs! wie lebhaft nahm sie sich vor, auch bei Marianen seiner im Besten zu gedenken, sie zu erinnern, was sie ihm schuldig sei und was er von ihrer Treue hoffen und erwarten müsse.

Das Nesseltuch, durch die Farbe der halbaufgerollten Bänder belebt, lag wie ein Christgeschenk auf dem Tischchen; die Stellung der Lichter erhöhte den Glanz der Gabe, alles war in Ordnung, als die Alte den Tritt Marianens auf der Treppe vernahm und ihr entgegen eilte. Aber wie sehr verwundert trat sie zurück, als das weibliche Offizierchen, ohne auf die Liebkosungen zu achten, sich an ihr vorbei drängte, mit ungewöhnlicher Hast und Bewegung in das Zimmer trat, Federhut und Degen auf den Tisch warf, unruhig auf und nieder ging und den feierlich angezündeten Lichtern keinen Blick gönnte.

Was hast du, Liebchen? rief die Alte verwundert aus. Um's Himmels willen, Töchterchen, was gibt's? Sieh hier diese Geschenke! Von wem können sie sein, als von deinem zärtlichsten Freunde? Norberg schickt dir das Stück Mousselin zum Nachtkleide; bald ist er selbst da; er scheint mir eifriger und freigebiger als jemals.

Die Alte kehrte sich um, und wollte die Gaben, womit er auch *sie* bedacht, vorweisen, als Mariane, sich von den Geschenken wegwendend, mit Leidenschaft ausrief: Fort! Fort! heute will ich nichts von allem diesen hören; ich habe dir gehorcht, du hast es gewollt, es sei so! Wenn Norberg zurückkehrt, bin ich wieder sein, bin ich dein, mache mit mir, was du willst, aber bis dahin will ich mein sein, und hättest du tausend Zungen, du solltest mir meinen Vorsatz nicht ausreden. Dieses ganze Mein will ich dem geben, der mich liebt und den ich liebe. Keine Gesichter! Ich will mich dieser Leidenschaft überlassen, als wenn sie ewig dauern sollte.

Der Alten fehlte es nicht an Gegenvorstellungen und Gründen; doch da sie in fernerem Wortwechsel heftig und bitter ward, sprang Mariane auf sie los und faßte sie bei der Brust. Die Alte lachte überlaut. Ich werde sorgen müssen, rief sie aus, daß sie wieder bald in lange Kleider kommt, wenn ich meines Lebens sicher sein will. Fort, zieht euch aus! Ich hoffe das Mädchen wird mir abbitten, was mir der flüchtige Junker Leids zugefügt hat; herunter mit dem Rock und immer so fort alles herunter! es ist eine unbequeme Tracht, und für euch gefährlich, wie ich merke. Die Achselbänder begeistern euch.

Die Alte hatte Hand an sie gelegt, Mariane riß sich los. Nicht so geschwind! rief sie aus: ich habe noch heute Besuch zu erwarten.

Das ist nicht gut, versetzte die Alte. Doch nicht den jungen, zärtlichen, unbefiederten Kaufmannssohn? Eben den, versetzte Mariane.

Es scheint, als wenn die Großmut eure herrschende Leidenschaft werden wollte, erwiderte die Alte spottend; ihr nehmt euch der Unmündigen, der Unvermögenden mit großem Eifer an. Es muß reizend sein, als uneigennützige Geberin angebetet zu werden. –

Spotte, wie du willst. Ich lieb' ihn! ich lieb' ihn! Mit welchem Entzükken sprech' ich zum erstenmal diese Worte aus! Das ist diese Leidenschaft, die ich so oft vorgestellt habe, von der ich keinen Begriff hatte. Ja, ich will mich ihm um den Hals werfen! ich will ihn fassen, als wenn ich ihn ewig halten wollte. Ich will ihm meine ganze Liebe zeigen, seine Liebe in ihrem ganzen Umfang genießen. –

Mäßigt euch, sagte die Alte gelassen: mäßigt euch! Ich muß eure Freude durch Ein Wort unterbrechen: Norberg kommt! in vierzehn Tagen kommt er! Hier ist sein Brief, der die Geschenke begleitet hat. –

Und wenn mir die Morgensonne meinen Freund rauben sollte, will ich mir's verbergen. Vierzehn Tage! Welche Ewigkeit! In vierzehn Tagen, was kann da nicht vorfallen, was kann sich da nicht verändern!

Wilhelm trat herein. Mit welcher Lebhaftigkeit flog sie ihm entgegen! mit welchem Entzücken umschlang er die rote Uniform! drückte er das weiße Atlaswestchen an seine Brust! Wer wagte hier zu beschreiben, wem geziemt es, die Seligkeit zweier Liebenden auszusprechen! Die Alte ging murrend bei Seite, wir entfernen uns mit ihr und lassen die Glücklichen allein.

Zweites Kapitel

Als Wilhelm seine Mutter des andern Morgens begrüßte, eröffnete sie ihm, daß der Vater sehr verdrießlich sei und ihm den täglichen Besuch des Schauspiels nächstens untersagen werde. Wenn ich gleich selbst, fuhr sie fort, manchmal gern in's Theater gehe, so möchte ich es doch oft verwünschen, da meine häusliche Ruhe durch deine unmäßige Leidenschaft zu diesem Vergnügen gestört wird. Der Vater wiederholt immer, wozu es nur nütze sei? Wie man seine Zeit nur so verderben könne? —

Ich habe es auch schon von ihm hören müssen, versetzte Wilhelm, und habe ihm vielleicht zu hastig geantwortet; aber um's Himmels willen, Mutter! ist denn alles unnütz, was uns nicht unmittelbar Geld in den Beutel bringt, was uns nicht den allernächsten Besitz verschafft? Hatten wir in dem alten Hause nicht Raum genug? und war es nötig, ein neues zu bauen? Verwendet der Vater nicht jährlich einen ansehnlichen Teil seines Handelsgewinnes zur Verschönerung der Zimmer? Diese seidenen Tapeten, diese englischen Mobilien sind sie nicht auch unnütz? Könnten wir uns nicht mit geringeren begnügen? Wenigstens bekenne ich, daß mir diese gestreiften Wände, diese hundertmal wiederholten Blumen, Schnörkel, Körbchen und Figuren einen durchaus unangenehmen Eindruck machen. Sie kommen mir höchstens vor, wie unser Theatervorhang. Aber wie anders ist's vor diesem zu sitzen! Wenn man noch so lange warten muß, so weiß man doch, er wird in die Höhe gehen, und wir werden die mannichfaltigsten Gegenstände sehen, die uns unterhalten, aufklären und erheben. —

Mach' es nur mäßig, sagte die Mutter: der Vater will auch Abends unterhalten sein; und dann glaubt er, es zerstreue dich, und am Ende trag' ich, wenn er verdrießlich wird, die Schuld. Wie oft mußte ich mir das verwünschte Puppenspiel vorwerfen lassen, das ich euch vor zwölf Jahren zum heiligen Christ gab, und das euch zuerst Geschmack am Schauspiele beibrachte!

Schelten Sie das Puppenspiel nicht, lassen Sie sich Ihre Liebe und Vorsorge nicht gereuen! Es waren die ersten vergnügten Augenblicke, die ich in dem neuen leeren Hause genoß; ich sehe es diesen Augenblick noch vor mir, ich weiß, wie sonderbar es mir vorkam, als man uns, nach Empfang der gewöhnlichen Christgeschenke, vor einer Türe niedersitzen hieß, die aus einem andern Zimmer herein ging. Sie eröffnete sich; allein nicht wie sonst zum Hin- und Wiederlaufen, der Eingang war durch eine unerwartete Festlichkeit ausgefüllt. Es baute sich ein Portal in die Höhe, das von einem mystischen Vorhang verdeckt war. Erst standen wir alle von ferne, und wie unsere Neugierde größer ward, um zu sehen was wohl Blinkendes und Rasselndes sich hinter der halb durchsichtigen Hülle verbergen möchte, wies man jedem sein Stühlchen an und gebot uns, in Geduld zu warten.

So saß nun alles und war still; eine Pfeife gab das Signal, der Vorhang rollte in die Höhe, und zeigte eine hochrot gemalte Aussicht in den Tempel. Der Hohepriester Samuel erschien mit Jonathan, und ihre wechselnden wunderlichen Stimmen kamen mir höchst ehrwürdig vor. Kurz darauf betrat Saul die Szene, in großer Verlegenheit über die Impertinenz des schwerlötigen Kriegers, der ihn und die Seinigen herausgefordert hatte. Wie wohl ward es mir daher, als der zwerggestaltete Sohn Isai mit Schäferstab, Hirtentasche und Schleuder hervorhüpfte und sprach: Großmächtigster König und Herr Herr! es entfalle keinem der Mut um deswillen; wenn Ihro Majestät mir erlauben wollen, so will ich hingehen und mit dem gewaltigen Riesen in den Streit treten. — Der erste Akt war geendet und die Zuschauer höchst begierig zu sehen, was nun weiter vorgehen sollte; jedes wünschte, die Musik möchte nur bald aufhören. Endlich ging der Vorhang wieder in die Höhe. David weihte das Fleisch des Ungeheuers den Vögeln unter dem Himmel und den Tieren auf dem Felde; der Philister sprach Hohn, stampfte viel mit beiden Füßen, fiel endlich wie ein Klotz und gab der ganzen Sache einen herrlichen Ausschlag. Wie dann nachher die Jungfrauen sangen: Saul hat Tausend geschlagen, David aber Zehntausend! der Kopf des Riesen vor dem kleinen Überwinder hergetragen wurde, und er die schöne Königstochter zur Gemahlin erhielt, verdroß es mich doch bei aller Freude, daß der Glücksprinz so zwergmäßig gebildet sei. Denn nach der Idee vom großen Goliath und kleinen David hatte man nicht verfehlt, beide recht charakteristisch zu machen. Ich bitte Sie, wo sind die Puppen hingekommen? Ich habe versprochen, sie einem Freunde zu zeigen, dem ich viel Vergnügen machte, indem ich ihn neulich von diesem Kinderspiel unterhielt.

Es wundert mich nicht, daß du dich dieser Dinge so lebhaft erinnerst: denn du nahmst gleich den größten Anteil daran. Ich weiß, wie du mir das Büchlein entwendetest und das ganze Stück auswendig lerntest; ich wurde es erst gewahr, als du eines Abends dir einen Goliath und David von Wachs machtest, sie beide gegen einander perorieren ließest, dem Riesen endlich einen Stoß gabst und sein unförmliches Haupt auf einer großen Stecknadel mit wächsernem Griff dem kleinen David in die Hand klebtest. Ich hatte damals so eine herzliche mütterliche Freude über dein gutes Gedächtnis und deine pathetische Rede, daß ich mir sogleich vornahm, dir die hölzerne Truppe nun selbst zu übergeben. Ich dachte damals nicht, daß es mir so manche verdrießliche Stunde machen sollte. —

Lassen Sie sich's nicht gereuen, versetzte Wilhelm: denn es haben uns diese Scherze manche vergnügte Stunde gemacht.

Und mit diesem erbat er sich die Schlüssel, eilte, fand die Puppen und war einen Augenblick in jene Zeiten versetzt, wo sie ihm noch belebt schienen, wo er sie durch die Lebhaftigkeit seiner Stimme, durch die Bewegung seiner Hände zu beleben glaubte. Er nahm sie mit auf seine Stube und verwahrte sie sorgfältig.

Drittes Kapitel

Wenn die erste Liebe, wie ich allgemein behaupten höre, das Schönste ist, was ein Herz früher oder später empfinden kann, so müssen wir unsern Helden dreifach glücklich preisen, daß ihm gegönnt ward, die Wonne dieser einzigen Augenblicke in ihrem ganzen Umfange zu genießen. Nur wenig Menschen werden so vorzüglich begünstigt, indeß die meisten von ihren frühern Empfindungen nur durch eine harte Schule geführt werden, in welcher sie, nach einem kümmerlichen Genuß, gezwungen sind, ihren besten Wünschen entsagen, und das, was ihnen als höchste Glückseligkeit vorschwebte, für immer entbehren zu lernen.

Auf den Flügeln der Einbildungskraft hatte sich Wilhelms Begierde zu dem reizenden Mädchen erhoben; nach einem kurzen Umgange hatte er ihre Neigung gewonnen, er fand sich im Besitz einer Person, die er so sehr liebte, ja verehrte: denn sie war ihm zuerst in dem günstigen Lichte theatralischer Vorstellung erschienen, und seine Leidenschaft zur Bühne verband sich mit der ersten Liebe zu einem weiblichen Geschöpfe. Seine Jugend ließ ihn reiche Freuden genießen, die von einer lebhaften Dichtung erhöht und erhalten wurden. Auch der Zustand seiner Geliebten gab ihrem Betragen eine Stimmung, welche seinen Empfindungen sehr zu Hülfe kam; die Furcht, ihr Geliebter möchte ihre übrigen Verhältnisse vor der Zeit entdecken, verbreitete über sie einen liebenswürdigen Anschein von Sorge und Scham, ihre Leidenschaft für ihn war lebhaft, selbst ihre Unruhe schien ihre Zärtlichkeit zu vermehren; sie war das lieblichste Geschöpf in seinen Armen.

Als er aus dem ersten Taumel der Freude erwachte, und auf sein Leben und seine Verhältnisse zurückblickte, erschien ihm alles neu, seine Pflichten heiliger, seine Liebhabereien lebhafter, seine Kenntnisse deutlicher, seine Talente kräftiger, seine Vorsätze entschiedener. Es war ihm daher leicht, eine Einrichtung zu treffen, um den Vorwürfen seines Vaters zu entgehen, seine Mutter zu beruhigen und Marianens Liebe ungestört zu genießen. Er verrichtete des Tags seine Geschäfte pünktlich, entsagte gewöhnlich dem Schauspiel, war Abends bei Tische unterhaltend, und schlich, wenn alles zu Bette war, in seinen Mantel gehüllt, sachte zu dem Garten hinaus und eilte, alle Lindors und Leanders im Busen, unaufhaltsam zu seiner Geliebten.

Was bringen Sie? fragte Mariane, als er eines Abends ein Bündel hervorwies, das die Alte, in Hoffnung angenehmer Geschenke, sehr aufmerksam betrachtete. Sie werden es nicht erraten, versetzte Wilhelm.

Wie verwunderte sich Mariane, wie entsetzte sich Barbara, als die aufgebundene Serviette einen verworrenen Haufen spannenlanger Puppen sehen ließ. Mariane lachte laut, als Wilhelm die verworrenen Drähte auseinander zu wickeln und jede Figur einzeln vorzuzeigen bemüht war. Die Alte schlich verdrießlich bei Seite.

Es bedarf nur einer Kleinigkeit, um zwei Liebende zu unterhalten, und so vergnügten sich unsre Freunde diesen Abend auf's beste. Die kleine Truppe wurde gemustert, jede Figur genau betrachtet und belacht. König Saul im schwarzen Samtrocke mit der goldenen Krone wollte Marianen gar nicht gefallen; er sehe ihr, sagte sie, zu steif und pedantisch aus. Desto besser behagte ihr Jonathan, sein glattes Kinn, sein gelb und rotes Kleid und der Turban. Auch wußte sie ihn gar artig am Drahte hin und her zu drehen, ließ ihn Reverenzen machen und Liebeserklärungen hersagen. Dagegen wollte sie dem Propheten Samuel nicht die mindeste Aufmerksamkeit schenken, wenn ihr gleich Wilhelm das Brustschildchen anpries und erzählte, daß der Schillertaft des Leibrocks von einem alten Kleide der Großmutter genommen sei. David war ihr zu klein, und Goliath zu groß; sie hielt sich an ihren Jonathan. Sie wußte ihm so artig zu tun, und zuletzt ihre Liebkosungen von der Puppe auf unsern Freund herüber zu tragen, daß auch diesmal wieder ein geringes Spiel die Einleitung glücklicher Stunden ward.

Aus der Süßigkeit ihrer zärtlichen Träume wurden sie durch einen Lärm geweckt, welcher auf der Straße entstand. Mariane rief der Alten, die, nach ihrer Gewohnheit noch fleißig, die veränderlichen Materialien der Theatergarderobe zum Gebrauch des nächsten Stückes anzupassen beschäftigt war. Sie gab die Auskunft, daß eben eine Gesellschaft lustiger Gesellen aus dem Italiäner Keller nebenan heraus taumle, wo sie bei frischen Austern, die eben angekommen, des Champagners nicht geschont hätten.

Schade, sagte Mariane, daß es uns nicht früher eingefallen ist, wir hätten uns auch was zu Gute tun sollen.

Es ist wohl noch Zeit, versetzte Wilhelm und reichte der Alten einen Louisd'or hin: Verschafft Sie uns, was wir wünschen, so soll Sie's mit genießen.

Die Alte war behend, und in kurzer Zeit stand ein artig bestellter Tisch mit einer wohlgeordneten Collation vor den Liebenden. Die Alte mußte sich dazu setzen; man aß, trank und ließ sich's wohl sein.

In solchen Fällen fehlt es nie an Unterhaltung. Mariane nahm ihren Jonathan wieder vor, und die Alte wußte das Gespräch auf Wilhelms Lieblingsmaterie zu wenden. Sie haben uns schon einmal, sagte sie, von der ersten Aufführung eines Puppenspiels am Weihnachtsabend unterhalten; es war lustig zu hören. Sie wurden eben unterbrochen, als das Ballet angehen sollte. Nun kennen wir das herrliche Personal, das jene großen Wirkungen hervorbrachte.

Ja, sagte Mariane: erzähle uns weiter, wie war dir's zu Mute?

Es ist eine schöne Empfindung, liebe Mariane, versetzte Wilhelm, wenn wir uns alter Zeiten und alter unschädlicher Irrtümer erinnern, besonders wenn es in einem Augenblick geschieht, da wir eine Höhe glücklich erreicht haben, von welcher wir uns umsehen und den zurückgelegten Weg überschauen können. Es ist so angenehm, selbstzufrieden sich mancher Hindernisse zu erinnern, die wir oft mit einem peinlichen Gefühle für unüberwindlich hielten, und dasjenige, was wir jetzt entwickelt *sind*, mit dem zu vergleichen, was wir damals unentwickelt *waren*. Aber unaussprechlich glücklich fühl' ich mich jetzt, da ich in diesem Augenblicke mit dir von dem Vergangnen rede, weil ich zugleich vorwärts in das reizende Land schaue, das wir zusammen Hand in Hand durchwandern können.

Wie war es mit dem Ballet? fiel die Alte ihm ein. Ich fürchte, es ist nicht alles abgelaufen, wie es sollte.

O ja, versetzte Wilhelm: sehr gut! Von jenen wunderlichen Sprüngen der Mohren und Mohrinnen, Schäfer und Schäferinnen, Zwerge und Zwerginnen, ist mir eine dunkle Erinnerung auf mein ganzes Leben geblieben. Nun fiel der Vorhang, die Türe schloß sich und die ganze kleine Gesellschaft eilte wie betrunken und taumelnd zu Bette; ich weiß aber wohl, daß ich nicht einschlafen konnte, daß ich noch etwas erzählt haben wollte, daß ich noch viele Fragen tat, und daß ich nur ungern die Wärterin entließ, die uns zur Ruhe gebracht hatte.

Den andern Morgen war leider das magische Gerüste wieder verschwunden, der mystische Schleier weggehoben, man ging durch jene Türe wieder frei aus einer Stube in die andere, und so viel Abenteuer hatten keine Spur zurückgelassen. Meine Geschwister liefen mit ihren Spielsachen auf und ab, ich allein schlich hin und her, es schien mir unmöglich, daß da nur zwo Türpfosten sein sollten, wo gestern so viel Zauberei gewesen war. Ach, wer eine verlorne Liebe sucht, kann nicht unglücklicher sein, als ich mir damals schien!

Ein freudetrunkner Blick, den er auf Marianen warf, überzeugte sie, daß er nicht fürchtete, jemals in diesen Fall kommen zu können.

Viertes Kapitel

Mein einziger Wunsch war nunmehr, fuhr Wilhelm fort, eine zweite Aufführung des Stücks zu sehen. Ich lag der Mutter an, und diese suchte zu einer gelegenen Stunde den Vater zu bereden; allein ihre Mühe war vergebens. Er behauptete, nur ein seltenes Vergnügen könne bei den Menschen einen Wert haben, Kinder und Alte wüßten nicht zu schätzen, was ihnen Gutes täglich begegnete.

Wir hätten auch noch lange, vielleicht bis wieder Weihnachten, warten müssen, hätte nicht der Erbauer und heimliche Direktor des Schauspiels selbst Lust gefühlt, die Vorstellung zu wiederholen und dabei in einem Nachspiele einen ganz frisch fertig gewordenen Hanswurst zu produzieren.

Ein junger Mann von der Artillerie, mit vielen Talenten begabt, besonders in mechanischen Arbeiten geschickt, der dem Vater während des Bauens viele wesentliche Dienste geleistet hatte und von ihm reichlich beschenkt worden war, wollte sich am Christfeste der kleinen Familie dankbar erzeigen, und machte dem Hause seines Gönners ein Geschenk mit diesem ganz eingerichteten Theater, das er ehmals in müßigen Stunden zusammen gebaut, geschnitzt und gemalt hatte. Er war es, der mit Hülfe eines Bedienten selbst die Puppen regierte und mit verstellter Stimme die verschiedenen Rollen hersagte. Ihm ward nicht schwer, den Vater zu bereden, der einem Freunde aus Gefälligkeit zugestand, was er seinen Kindern aus Überzeugung abgeschlagen hatte. Genug, das Theater ward wieder aufgestellt, einige Nachbarskinder gebeten und das Stück wiederholt.

Hatte ich das erstemal die Freude der Überraschung und des Staunens, so war zum zweitenmale die Wollust des Aufmerkens und Forschens groß. *Wie* das zugehe, war jetzt mein Anliegen. Daß die Puppen nicht selbst redeten, hatte ich mir schon das erstemal gesagt; daß sie sich nicht von selbst bewegten, vermutete ich auch; aber warum das alles doch so hübsch war, und es doch so aussah, als wenn sie selbst redeten und sich bewegten, und wo die Lichter und die Leute sein möchten, diese Rätsel beunruhigten mich um desto mehr, je mehr ich wünschte, zugleich unter den Bezauberten und Zauberern zu sein, zugleich meine Hände verdeckt im Spiel zu haben und als Zuschauer die Freude der Illusion zu genießen.

Das Stück war zu Ende, man machte Vorbereitungen zum Nachspiel, die Zuschauer waren aufgestanden und schwatzten durch einander. Ich drängte mich näher an die Türe und hörte inwendig am Klappern, daß man mit Aufräumen beschäftigt sei. Ich hub den untern Teppich auf und guckte zwischen dem Gestelle durch. Meine Mutter bemerkte es und zog mich zurück; allein ich hatte doch so viel gesehen, daß man Freunde und Feinde, Saul und Goliath und wie sie alle heißen mochten, in Einen Schiebkasten packte, und so erhielt meine halbbefriedigte Neugierde frische Nahrung. Dabei hatte ich zu meinem größten Erstaunen den Lieutenant im Heiligtume sehr geschäftig erblickt. Nunmehr konnte mich der Hanswurst, so sehr er mit seinen Absätzen klapperte, nicht unterhalten. Ich verlor mich in tiefes Nachdenken und war nach dieser Entdeckung ruhiger und unruhiger als vorher. Nachdem ich etwas erfahren hatte, kam es mir erst vor, als ob ich gar nichts wisse, und ich hatte Recht: denn es fehlte mir der Zusammenhang, und darauf kommt doch eigentlich alles an.

Fünftes Kapitel

Die Kinder haben, fuhr Wilhelm fort, in wohleingerichteten und geordneten Häusern eine Empfindung, wie ungefähr Ratten und Mäuse haben mögen: sie sind aufmerksam auf alle Ritzen und Löcher, wo sie zu einem verbotenen Naschwerk gelangen können; sie genießen es mit einer solchen verstohlnen wollüstigen Furcht, die einen großen Teil des kindischen Glücks ausmacht.

Ich war vor allen meinen Geschwistern aufmerksam, wenn irgend ein Schlüssel stecken blieb. Je größer die Ehrfurcht war, die ich für die verschlossenen Türen in meinem Herzen herumtrug, an denen ich Wochen und Monate lang vorbeigehen mußte, und in die ich nur manchmal, wenn die Mutter das Heiligtum öffnete, um etwas heraus zu holen, einen verstohlnen Blick tat; desto schneller war ich, einen Augenblick zu benutzen, den mich die Nachlässigkeit der Wirtschafterinnen manchmal treffen ließ.

Unter allen Türen war, wie man leicht erachten kann, die Türe der Speisekammer diejenige, auf die meine Sinne am schärfsten gerichtet waren. Wenig ahnungsvolle Freuden des Lebens glichen der Empfindung, wenn mich meine Mutter manchmal hineinrief, um ihr etwas heraustragen zu helfen, und ich dann einige gedörrte Pflaumen entweder ihrer Güte oder meiner List zu danken hatte. Die aufgehäuften Schätze über einander umfingen meine Einbildungskraft mit ihrer Fülle, und selbst der wunderliche Geruch, den so mancherlei Spezereien durch einander aushauchten, hatte so eine leckere Wirkung auf mich, daß ich niemals versäumte, so oft ich in der Nähe war, mich wenigstens an der eröffneten Atmosphäre zu weiden. Dieser merkwürdige Schlüssel blieb eines Sonntag-Morgens, da die Mutter von dem Geläute übereilt ward, und das ganze Haus in einer tiefen Sabbatstille lag, stecken. Kaum hatte ich es bemerkt, als ich etlichemal sachte an der Wand hin und her ging, mich endlich still und fein andrängte, die Türe öffnete, und mich mit Einem Schritt in der Nähe so vieler langgewünschter Glückseligkeit fühlte. Ich besah Kästen, Säcke, Schachteln, Büchsen, Gläser mit einem schnellen zweifelnden Blicke, was ich wählen und nehmen sollte, griff endlich nach den vielgeliebten gewelkten Pflaumen, versah mich mit einigen getrockneten Äpfeln, und nahm genügsam noch eine eingemachte Pomeranzenschale dazu: mit welcher Beute ich meinen Weg wieder rückwärts glitschen wollte, als mir ein paar nebeneinander stehende Kasten in die Augen fielen, aus deren einem Drähte, oben mit Häkchen versehen, durch den übel verschlossenen Schieber heraushingen. Ahnungsvoll fiel ich darüber her; und mit welcher überirdischen Empfindung entdeckte ich, daß darin meine Helden- und Freudenwelt auf einander gepackt sei? Ich wollte die obersten aufheben, betrachten, die untersten hervorziehen; allein gar bald verwirrte ich die leichten Drähte, kam darüber in Unruhe und Bangigkeit, besonders da die Köchin in der benachbarten Küche einige Bewegungen machte, daß ich alles, so gut ich konnte, zusammendrückte, den Kasten zuschob, nur ein geschriebenes Büchelchen, worin die Komödie von David und Goliath aufgezeichnet war, das oben aufgelegen hatte, zu mir steckte, und mich mit dieser Beute leise die Treppe hinauf in eine Dachkammer rettete.

Von der Zeit an wandte ich alle verstohlenen einsamen Stunden darauf, mein Schauspiel wiederholt zu lesen, es auswendig zu lernen, und mir in Gedanken vorzustellen, wie herrlich es sein müßte, wenn ich auch die Gestalten dazu mit meinen Fingern beleben könnte. Ich ward darüber in meinen Gedanken selbst zum David und Goliath. In allen Winkeln des Bodens, der Ställe, des Gartens, unter allerlei Umständen, studierte ich das Stück ganz in mich hinein, ergriff alle Rollen, und lernte sie auswendig, nur daß ich mich meist an den Platz der Hauptthelden zu setzen pflegte, und die übrigen wie Trabanten nur im Gedächtnisse mitlaufen ließ. So lagen mir die großmütigen Reden Davids, mit denen er den übermütigen Riesen Goliath herausforderte, Tag und Nacht im Sinne; ich murmelte sie oft vor mich hin, niemand gab Acht darauf, als der Vater, der manchmal einen solchen Ausruf bemerkte, und bei sich selbst das gute Gedächtnis seines Knaben pries, der von so wenigem Zuhören so mancherlei habe behalten können.

Hierdurch ward ich immer verwegener, und rezitierte eines Abends das Stück zum größten Teile vor meiner Mutter, indem ich mir einige Wachsklümpchen zu Schauspielern bereitete. Sie merkte auf, drang in mich, und ich gestand.

Glücklicher Weise fiel diese Entdeckung in die Zeit, da der Lieutenant selbst den Wunsch geäußert hatte, mich in diese Geheimnisse einweihen zu dürfen. Meine Mutter gab ihm sogleich Nachricht von dem unerwarteten Talente ihres Sohnes, und er wußte nun einzuleiten, daß man ihm ein Paar Zimmer im obersten Stocke, die gewöhnlich leer standen, überließ, in deren einem wieder die Zuschauer sitzen, in dem andern die Schauspieler sein, und das Proszenium abermals die Öffnung der Türe ausfüllen sollte. Der Vater hatte seinem Freunde das alles zu veranstalten erlaubt, er selbst schien nur durch die Finger zu sehen, nach dem Grundsatze, man müsse den Kindern nicht merken lassen, wie lieb man sie habe, sie griffen immer zu weit um sich; er meinte, man müsse bei ihren Freuden ernst scheinen, und sie ihnen manchmal verderben, damit ihre Zufriedenheit sie nicht übermäßig und übermütig mache.

Sechstes Kapitel

Der Lieutenant schlug nunmehr das Theater auf, und besorgte das Übrige. Ich merkte wohl, daß er die Woche mehrmals zu ungewöhnlicher Zeit in's Haus kam, und vermutete die Absicht. Meine Begierde wuchs unglaublich, da ich wohl fühlte, daß ich vor Sonnabends keinen Teil an dem, was zubereitet wurde, nehmen durfte. Endlich erschien der gewünschte Tag. Abends um fünf Uhr kam mein Führer, und nahm mich mit hinauf. Zitternd vor Freude trat ich hinein, und erblickte auf beiden Seiten des Gestelles die herabhängenden Puppen in der Ordnung, wie sie auftreten sollten; ich betrachtete sie sorgfältig, stieg auf den Tritt, der mich über das Theater erhub, so daß ich nun über der kleinen Welt schwebte. Ich sah nicht ohne Ehrfurcht zwischen die Brettchen hinunter, weil die Erinnerung, welche herrliche Wirkung das Ganze von außen tue, und das Gefühl, in welche Geheimnisse ich eingeweiht sei, mich umfaßten. Wir machten einen Versuch, und es ging gut.

Den andern Tag, da eine Gesellschaft Kinder geladen war, hielten wir uns trefflich, außer daß ich in dem Feuer der Aktion meinen Jonathan fallen ließ, und genötigt war, mit der Hand hinunter zu greifen, und ihn zu holen: ein Zufall, der die Illusion sehr unterbrach, ein großes Gelächter verursachte, und mich unsäglich kränkte. Auch schien dieses Versehn dem Vater sehr willkommen zu sein, der das große Vergnügen, sein Söhnchen so fähig zu sehen, wohlbedächtig nicht an den Tag gab, nach geendigtem Stücke sich gleich an die Fehler hing, und sagte, es wäre recht artig gewesen, wenn nur dies oder das nicht versagt hätte.

Mich kränkte das innig, ich ward traurig für den Abend, hatte aber am kommenden Morgen allen Verdruß schon wieder verschlafen, und war in dem Gedanken selig, daß ich, außer jenem Unglück, trefflich gespielt habe. Dazu kam der Beifall der Zuschauer, welche durchaus behaupteten: obgleich der Lieutenant in Absicht der groben und feinen Stimme sehr viel getan habe, so peroriere er doch meist zu affektiert und steif; dagegen spreche der neue Anfänger seinen David und Jonathan vortrefflich; besonders lobte die Mutter den freimütigen Ausdruck, wie ich den Goliath herausgefordert, und dem Könige den bescheidenen Sieger vorgestellt habe.

Nun blieb zu meiner größten Freude das Theater aufgeschlagen, und da der Frühling herbeikam, und man ohne Feuer bestehen konnte, lag ich in meinen Frei- und Spielstunden in der Kammer, und ließ die Puppen wacker durch einander spielen. Oft lud ich meine Geschwister und Kameraden hinauf; wenn sie aber auch nicht kommen wollten, war ich allein oben. Meine Einbildungskraft brütete über der kleinen Welt, die gar bald eine andere Gestalt gewann.

Ich hatte kaum das erste Stück, wozu Theater und Schauspieler geschaffen und gestempelt waren, etlichemal aufgeführt, als es mir schon keine Freude mehr machte. Dagegen waren mir unter den Büchern des Großvaters die Deutsche Schaubühne und verschiedene italiänisch-deutsche Opern in die Hände gekommen, in die ich mich sehr vertiefte und jedesmal nur erst vorne die Personen überrechnete, und dann sogleich, ohne weiteres, zur Aufführung des Stückes schritt. Da mußte nun König Saul in seinem schwarzen Samtkleide den Chaumigrem, Cato und Darius spielen; wobei zu bemerken ist, daß die Stücke niemals ganz, sondern meistenteils nur die fünften Akte, wo es an ein Totstechen ging, aufgeführt wurden.

Auch war es natürlich, daß mich die Oper mit ihren mannichfaltigen

Veränderungen und Abenteuern mehr als alles anziehen mußte. Ich fand darin stürmische Meere, Götter, die in Wolken herabkommen, und, was mich vorzüglich glücklich machte, Blitze und Donner. Ich half mir mit Pappe, Farbe und Papier, wußte gar trefflich Nacht zu machen, der Blitz war fürchterlich anzusehen, nur der Donner gelang nicht immer, doch das hatte so viel nicht zu sagen. Auch fand sich in den Opern mehr Gelegenheit, meinen David und Goliath anzubringen, welches im regelmäßigen Drama gar nicht angehen wollte. Ich fühlte täglich mehr Anhänglichkeit für das enge Plätzchen, wo ich so manche Freude genoß; und ich gestehe, daß der Geruch, den die Puppen aus der Speisekammer an sich gezogen hatten, nicht wenig dazu beitrug.

Die Dekorationen meines Theaters waren nunmehr in ziemlicher Vollkommenheit; denn, daß ich von Jugend auf ein Geschickt gehabt hatte, mit dem Zirkel umzugehen, Pappe auszuschneiden, und Bilder zu illuminieren, kam mir jetzt wohl zu statten. Um desto weher tat es mir, wenn mich gar oft das Personal an Ausführung großer Sachen hinderte.

Meine Schwestern, indem sie ihre Puppen aus- und ankleideten, erregten in mir den Gedanken, meinen Helden auch nach und nach bewegliche Kleider zu verschaffen. Man trennte ihnen die Läppchen vom Leibe, setzte sie, so gut man konnte, zusammen, sparte sich etwas Geld, kaufte neues Band und Flittern, bettelte sich manches Stückchen Taft zusammen, und schaffte nach und nach eine Theater-Garderobe an, in welcher besonders die Reifröcke für die Damen nicht vergessen waren.

Die Truppe war nun wirklich mit Kleidern für das größte Stück versehen, und man hätte denken sollen, es würde nun erst recht eine Aufführung der andern folgen; aber es ging mir, wie es den Kindern öfter zu gehen pflegt: sie fassen weite Plane, machen große Anstalten, auch wohl einige Versuche, und es bleibt alles zusammen liegen. Dieses Fehlers muß ich mich auch anklagen. Die größte Freude lag bei mir in der Erfindung, und in der Beschäftigung der Einbildungskraft. Dieß oder jenes Stück interessierte mich um irgend einer Szene willen, und ich ließ gleich wieder neue Kleider dazu machen. Über solchen Anstalten waren die ursprünglichen Kleidungsstücke meiner Helden in Unordnung geraten und verschleppt worden, daß also nicht einmal das erste große Stück mehr aufgeführt werden konnte. Ich überließ mich meiner Phantasie, probierte und bereitete ewig, baute tausend Luftschlösser, und spürte nicht, daß ich den Grund des kleinen Gebäudes zerstört hatte.

Während dieser Erzählung hatte Mariane alle ihre Freundlichkeit gegen Wilhelm aufgeboten, um ihre Schläfrigkeit zu verbergen. So scherzhaft die Begebenheit von einer Seite schien, so war sie ihr doch zu einfach, und die Betrachtungen dabei zu ernsthaft. Sie setzte zärtlich ihren Fuß auf den Fuß des Geliebten, und gab ihm scheinbare Zeichen ihrer Aufmerksamkeit und ihres Beifalls. Sie trank aus seinem Glase, und Wilhelm war überzeugt, es sei kein Wort seiner Geschichte auf die Erde gefallen. Nach einer kleinen Pause rief er aus: Es ist nun an dir, Mariane, mir auch deine ersten jugendlichen Freuden mitzuteilen. Noch waren wir immer zu sehr mit dem Gegenwärtigen beschäftigt, als daß wir uns wechselseitig um unsere vorige Lebensweise hätten bekümmern können. Sage mir: unter welchen Umständen bist du erzogen? Welche sind die ersten lebhaften Eindrücke, deren du dich erinnerst?

Diese Fragen würden Marianen in große Verlegenheit gesetzt haben, wenn ihr die Alte nicht sogleich zu Hülfe gekommen wäre. Glauben Sie denn, sagte das kluge Weib, daß wir auf das, was uns früh begegnet, so aufmerksam sind, daß wir so artige Begebenheiten zu erzählen haben, und, wenn wir sie zu erzählen hätten, daß wir der Sache auch ein solches Geschick zu geben wüßten?

Als wenn es dessen bedürfte! rief Wilhelm aus. Ich liebe dieses zärtliche, gute, liebliche Geschöpf so sehr, daß mich jeder Augenblick meines Lebens verdrießt, den ich ohne sie zugebracht habe. Laß mich wenigstens durch die Einbildungskraft Teil an deinem vergangenen Leben nehmen! Erzähle mir alles, ich will dir alles erzählen. Wir wollen uns wo möglich täuschen, und jene für die Liebe verlornen Zeiten wieder zu gewinnen suchen.

Wenn Sie so eifrig darauf bestehen, können wir Sie wohl befriedigen, sagte die Alte. Erzählen Sie uns nur erst, wie Ihre Liebhaberei zum Schauspiele nach und nach gewachsen sei, wie Sie sich geübt, wie Sie so glücklich zugenommen haben, daß Sie nunmehr für einen guten Schauspieler gelten können? Es hat Ihnen dabei gewiß nicht an lustigen Begebenheiten gemangelt. Es ist nicht der Mühe wert, daß wir uns zur Ruhe legen, ich habe noch eine Flasche in Reserve; und wer weiß, ob wir bald wieder so ruhig und zufrieden zusammensitzen?

Mariane schaute mit einem traurigen Blick nach ihr auf, den Wilhelm nicht bemerkte, und in seiner Erzählung fortfuhr.

Siebentes Kapitel

Die Zerstreuungen der Jugend, da meine Gespannschaft sich zu vermehren anfing, taten dem einsamen stillen Vergnügen Eintrag. Ich war wechselsweise bald Jäger, bald Soldat, bald Reiter, wie es unsre Spiele mit sich brachten: doch hatte ich immer darin einen kleinen Vorzug vor den andern, daß ich im Stande war, ihnen die nötigen Gerätschaften schicklich auszubilden. So waren die Schwerter meistens aus meiner Fabrik; ich verzierte und vergoldete die Schlitten, und ein geheimer Instinkt ließ mich nicht ruhen, bis ich unsre Miliz in's Antike umgeschaffen hatte. Helme wurden verfertiget, mit papiernen Büschen geschmückt, Schilde, sogar Harnische wurden gemacht, Arbeiten, bei denen die Bedienten im

Hause, die etwa Schneider waren, und die Nähterinnen manche Nadel zerbrachen.

Einen Teil meiner jungen Gesellen sah ich nun wohlgerüstet; die übrigen wurden auch nach und nach, doch geringer, ausstaffiert, und es kam ein stattliches Corps zusammen. Wir marschierten in Höfen und Gärten, schlugen uns brav auf die Schilde und auf die Köpfe; es gab manche Mißhelligkeit, die aber bald beigelegt war.

Dieses Spiel, das die andern sehr unterhielt, war kaum etlichemal getrieben worden, als es mich schon nicht mehr befriedigte. Der Anblick so vieler gerüsteten Gestalten mußte in mir notwendig die Ritter-Ideen aufreizen, die seit einiger Zeit, da ich in das Lesen alter Romane gefallen war, meinen Kopf anfüllten.

Das befreite Jerusalem, davon mir Koppens Übersetzung in die Hände fiel, gab meinen herumschweifenden Gedanken endlich eine bestimmte Richtung. Ganz konnte ich zwar das Gedicht nicht lesen; es waren aber Stellen, die ich auswendig wußte, deren Bilder mich umschwebten. Besonders fesselte mich Chlorinde mit ihrem ganzen Tun und Lassen. Die Mannweiblichkeit, die ruhige Fülle ihres Daseins, taten mehr Wirkung auf den Geist, der sich zu entwickeln anfing, als die gemachten Reize Armidens, ob ich gleich ihren Garten nicht verachtete.

Aber hundert und hundertmal, wenn ich Abends auf dem Altan, der zwischen den Giebeln des Hauses angebracht ist, spazierte, über die Gegend hinsah, und von der hinabgewichenen Sonne ein zitternder Schein am Horizont heraufdämmerte, die Sterne hervortraten, aus allen Winkeln und Tiefen die Nacht hervordrang, und der klingende Ton der Grillen durch die feierliche Stille schrillte, sagte ich mir die Geschichte des traurigen Zweikampfs zwischen Tankred und Chlorinden vor.

So sehr ich, wie billig, von der Partei der Christen war, stand ich doch der heidnischen Heldin mit ganzem Herzen bei, als sie unternahm, den großen Turm der Belagerer anzuzünden. Und wie nun Tankred dem vermeinten Krieger in der Nacht begegnet, unter der düstern Hülle der Streit beginnt, und sie gewaltig kämpfen! — Ich konnte nie die Worte aussprechen:

Allein das Lebensmaß Chlorindens ist nun voll,
Und ihre Stunde kommt, in der sie sterben soll!

daß mir nicht die Tränen in die Augen kamen, die reichlich flossen, wie der unglückliche Liebhaber ihr das Schwert in die Brust stößt, der Sinkenden den Helm lös't, sie erkennt, und zur Taufe bebend das Wasser holt.

Aber wie ging mir das Herz über, wenn in dem bezauberten Walde Tankredens Schwert den Baum trifft, Blut nach dem Hiebe fließt, und eine Stimme ihm in die Ohren tönt, daß er auch hier Chlorinden verwunde, daß er vom Schicksal bestimmt sei, das was er liebt überall unwissend zu verletzen!

Es bemächtigte sich die Geschichte meiner Einbildungskraft so, daß sich mir, was ich von dem Gedichte gelesen hatte, dunkel zu einem Ganzen in der Seele bildete, von dem ich dergestalt eingenommen war, daß ich es auf irgend eine Weise vorzustellen gedachte. Ich wollte Tankreden und Reinalden spielen, und fand dazu zwei Rüstungen ganz bereit, die ich schon gefertiget hatte. Die eine von dunkelgrauem Papier mit Schuppen sollte den ernsten Tankred, die andere von Silber- und Goldpapier den glänzenden Reinald zieren. In der Lebhaftigkeit meiner Vorstellung erzählte ich alles meinen Gespannen, die davon ganz entzückt wurden, und nur nicht wohl begreifen konnten, daß das alles aufgeführt, und zwar von ihnen aufgeführt werden sollte.

Diesen Zweifeln half ich mit vieler Leichtigkeit ab. Ich disponierte gleich über ein paar Zimmer in eines benachbarten Gespielen Haus, ohne zu berechnen, daß die alte Tante sie nimmermehr hergeben würde; eben so war es mit dem Theater, wovon ich auch keine bestimmte Idee hatte, außer daß man es auf Balken setzen, die Kulissen von geteilten spanischen Wänden hinstellen und zum Grund ein großes Tuch nehmen müsse. Woher aber die Materialien und Gerätschaften kommen sollten, hatte ich nicht bedacht.

Für den Wald fanden wir eine gute Auskunft: wir gaben einem alten Bedienten aus einem der Häuser, der nun Förster geworden war, gute Worte, daß er uns junge Birken und Fichten schaffen möchte, die auch wirklich geschwinder, als wir hoffen konnten, herbeigebracht wurden. Nun aber fand man sich in großer Verlegenheit, wie man das Stück, eh die Bäume verdorrten, zu Stande bringen könne. Da war guter Rat teuer! Es fehlte an Platz, am Theater, an Vorhängen. Die spanischen Wände waren das Einzige, was wir hatten.

In dieser Verlegenheit gingen wir wieder den Lieutenant an, dem wir eine weitläufige Beschreibung von der Herrlichkeit machten, die es geben sollte. So wenig er uns begriff, so behülflich war er, schob in eine kleine Stube, was sich von Tischen im Hause und der Nachbarschaft nur finden wollte, an einander, stellte die Wände darauf, machte eine hintere Aussicht von grünen Vorhängen, die Bäume wurden auch gleich mit in die Reihe gestellt.

Indessen war es Abend geworden, man hatte die Lichter angezündet, die Mägde und Kinder saßen auf ihren Plätzen, das Stück sollte angehn, die ganze Heldenschar war angezogen; nun spürte aber jeder zum erstenmal, daß er nicht wisse, was er zu sagen habe. In der Hitze der Erfindung, da ich ganz von meinem Gegenstande durchdrungen war, hatte ich vergessen, daß doch jeder wissen müsse, was und wo er es zu sagen habe; und in der Lebhaftigkeit der Ausführung war es den übrigen auch nicht beigefallen: sie glaubten, sie würden sich leicht als Helden darstellen, leicht so handeln und reden können, wie die Personen, in deren Welt ich sie versetzt hatte. Sie standen alle erstaunt, fragten sich einander, was zuerst kommen sollte? und ich, der ich mich als Tankred vorne an gedacht hatte, fing, allein auftretend, einige Verse aus dem Heldengedichte herzusagen an. Weil aber die Stelle gar zu bald in's Erzählende überging, und ich in meiner eignen Rede endlich als dritte Person vorkam, auch der Gottfried, von dem die Sprache war, nicht herauskommen wollte, so mußte ich unter großem Gelächter meiner Zuschauer eben wieder abziehen: ein Unfall, der mich tief in der Seele kränkte. Verunglückt war die Expedition; die Zuschauer saßen da, und wollten etwas sehen. Gekleidet waren wir; ich raffte mich zusammen, und entschloß mich kurz und gut, David und Goliath zu spielen. Einige der Gesellschaft hatten ehemals das Puppenspiel mit mir aufgeführt, alle hatten es oft gesehn; man teilte die Rollen aus, es versprach jeder sein Bestes zu tun, und ein kleiner drolliger Junge malte sich einen schwarzen Bart, um, wenn ja eine Lücke einfallen sollte, sie als Hanswurst mit einer Posse auszufüllen, eine Anstalt, die ich, als dem Ernste des Stückes zuwider, sehr ungern geschehen ließ. Doch schwur ich mir, wenn ich nur einmal aus dieser Verlegenheit gerettet wäre, mich nie, als mit der größten Überlegung, an die Vorstellung eines Stücks zu wagen.

Achtes Kapitel

Mariane, vom Schlaf überwältigt, lehnte sich an ihren Geliebten, der sie fest an sich drückte und in seiner Erzählung fortfuhr, indes die Alte den Überrest des Weins mit gutem Bedachte genoß.

Die Verlegenheit, sagte er, in der ich mich mit meinen Freunden befunden hatte, indem wir ein Stück, das nicht existierte, zu spielen unternahmen, war bald vergessen. Meiner Leidenschaft, jeden Roman den ich las, jede Geschichte die man mich lehrte, in einem Schauspiele darzustellen, konnte selbst der unbiegsamste Stoff nicht widerstehen. Ich war völlig überzeugt, daß alles, was in der Erzählung ergötzte, vorgestellt eine viel größere Wirkung tun müsse; alles sollte vor meinen Augen, alles auf der Bühne vorgehen. Wenn uns in der Schule die Weltgeschichte vorgetragen wurde, zeichnete ich mir sorgfältig aus, wo einer auf eine besondere Weise erstochen oder vergiftet wurde, und meine Einbildungskraft sah über Exposition und Verwicklung hinweg und eilte dem interessanten fünften Akte zu. So fing ich auch wirklich an, einige Stücke von hinten hervor zu schreiben, ohne daß ich auch nur bei einem einzigen bis zum Anfange gekommen wäre.

Zu gleicher Zeit las ich, teils aus eignem Antrieb, teils auf Veranlassung meiner guten Freunde, welche in den Geschmack gekommen waren, Schauspiele aufzuführen, einen ganzen Wust theatralischer Produktionen durch, wie sie der Zufall mir in die Hände führte. Ich war in den glücklichen Jahren, wo uns noch alles gefällt, wo wir in der Menge und

Abwechslung unsre Befriedigung finden. Leider aber ward mein Urteil noch auf eine andere Weise bestochen. Die Stücke gefielen mir besonders, in denen ich zu gefallen hoffte, und es waren wenige, die ich nicht in dieser angenehmen Täuschung durchlas; und meine lebhafte Vorstellungskraft, da ich mich in alle Rollen denken konnte, verführte mich zu glauben, daß ich auch alle darstellen würde; gewöhnlich wählte ich daher bei der Austeilung diejenigen, welche sich gar nicht für mich schickten, und, wenn es nur einigermaßen angehn wollte, wohl gar ein paar Rollen.

Kinder wissen bei'm Spiele aus allem alles zu machen; ein Stab wird zur Flinte, ein Stückchen Holz zum Degen, jedes Bündelchen zur Puppe, und jeder Winkel zur Hütte. In diesem Sinne entwickelte sich unser Privattheater. Bei der völligen Unkenntnis unserer Kräfte unternahmen wir alles, bemerkten kein qui pro quo, und waren überzeugt, jeder müsse uns dafür nehmen, wofür wir uns gaben. Leider ging alles einen so gemeinen Gang, daß mir nicht einmal eine merkwürdige Albernheit zu erzählen übrig bleibt. Erst spielten wir die wenigen Stücke durch, in welchen nur Mannspersonen auftreten; dann verkleideten wir einige aus unserm Mittel, und zogen zuletzt die Schwestern mit in's Spiel. In einigen Häusern hielt man es für eine nützliche Beschäftigung und lud Gesellschaften darauf. Unser Artillerie-Lieutenant verließ uns auch hier nicht. Er zeigte uns, wie wir kommen und gehen, deklamieren und gestikulieren sollten; allein er erntete für seine Bemühung meistens wenig Dank, indem wir die theatralischen Künste schon besser als er zu verstehen glaubten.

Wir verfielen gar bald auf das Trauerspiel: denn wir hatten oft sagen hören, und glaubten selbst, es sei leichter, eine Tragödie zu schreiben und vorzustellen, als im Lustspiele vollkommen zu sein. Auch fühlten wir uns bei'm ersten tragischen Versuche ganz in unserm Elemente; wir suchten uns der Höhe des Standes, der Vortrefflichkeit der Charaktere, durch Steifheit und Affektation zu nähern, und dünkten uns durchaus nicht wenig; allein vollkommen glücklich waren wir nur, wenn wir recht rasen, mit den Füßen stampfen und uns wohl gar vor Wut und Verzweiflung auf die Erde werfen durften.

Knaben und Mädchen waren in diesen Spielen nicht lange beisammen, als die Natur sich zu regen, und die Gesellschaft sich in verschiedene kleine Liebesgeschichten zu teilen anfing, da denn meistenteils Komödie in der Komödie gespielt wurde. Die glücklichen Paare drückten sich hinter den Theaterwänden die Hände auf das zärtlichste; sie verschwammen in Glückseligkeit, wenn sie einander, so bebändert und aufgeschmückt, recht idealisch vorkamen, indes gegenüber die unglücklichen Nebenbuhler sich vor Neid verzehrten, und mit Trotz und Schadenfreude allerlei Unheil anrichteten.

Diese Spiele, obgleich ohne Verstand unternommen und ohne Anleitung durchgeführt, waren doch nicht ohne Nutzen für uns. Wir übten unser Gedächtnis und unsern Körper, und erlangten mehr Geschmeidigkeit im Sprechen und Betragen, als man sonst in so frühen Jahren gewinnen kann. Für mich aber war jene Zeit besonders Epoche, mein Geist richtete sich ganz nach dem Theater, und ich fand kein größer Glück, als Schauspiele zu lesen, zu schreiben und zu spielen.

Der Unterricht meiner Lehrer dauerte fort; man hatte mich dem Handelsstand gewidmet, und zu unserm Nachbar auf das Comptoir getan; aber eben zu selbiger Zeit entfernte sich mein Geist nur gewaltsamer von allem, was ich für ein niedriges Geschäft halten mußte. Der Bühne wollte ich meine ganze Tätigkeit widmen, auf ihr mein Glück und meine Zufriedenheit finden.

Ich erinnere mich noch eines Gedichtes, das sich unter meinen Papieren finden muß, in welchem die Muse der tragischen Dichtkunst und eine andere Frauengestalt, in der ich das Gewerbe personifiziert hatte, sich um meine werte Person recht wacker zanken. Die Erfindung ist gemein, und ich erinnere mich nicht, ob die Verse etwas taugen; aber ihr sollt es sehen, um der Furcht, des Abscheues, der Liebe und der Leidenschaft willen, die darin herrschen. Wie ängstlich hatte ich die alte Hausmutter geschildert mit dem Rocken im Gürtel, mit Schlüsseln an der Seite, Brillen auf der Nase, immer fleißig, immer in Unruhe, zänkisch und haushältisch, kleinlich und beschwerlich! Wie kümmerlich beschrieb ich den Zustand dessen, der sich unter ihrer Rute bücken und sein knechtisches Tagewerk im Schweiße des Angesichtes verdienen sollte!

Wie anders trat jene dagegen auf! Welche Erscheinung ward sie dem bekümmerten Herzen! Herrlich gebildet, in ihrem Wesen und Betragen als eine Tochter der Freiheit anzusehen. Das Gefühl ihrer selbst gab ihr Würde ohne Stolz; ihre Kleider ziemten ihr, sie umhüllten jedes Glied, ohne es zu zwängen, und die reichlichen Falten des Stoffes wiederholten, wie ein tausendfaches Echo, die reizenden Bewegungen der Göttlichen. Welch ein Kontrast! Und auf welche Seite sich mein Herz wandte, kannst du leicht denken. Auch war nichts vergessen, um meine Muse kenntlich zu machen. Kronen und Dolche, Ketten und Masken, wie sie mir meine Vorgänger überliefert hatten, waren ihr auch hier zugeteilt. Der Wettstreit war heftig, die Reden beider Personen kontrastierten gehörig, da man im vierzehnten Jahre gewöhnlich das Schwarze und Weiße recht nah an einander zu malen pflegt. Die Alte redete, wie es einer Person geziemt, die eine Stecknadel aufhebt, und jene, wie eine, die Königreiche verschenkt. Die warnenden Drohungen der Alten wurden verschmäht; ich sah die mir versprochenen Reichtümer schon mit dem Rücken an: enterbt und nackt übergab ich mich der Muse, die mir ihren goldnen Schleier zuwarf und meine Blöße bedeckte. —

Hätte ich denken können, o meine Geliebte! rief er aus, indem er Marianen fest an sich drückte, daß eine ganz andere, eine lieblichere Gottheit kommen, mich in meinem Vorsatz stärken, mich auf meinem Wege begleiten würde; welch eine schönere Wendung würde mein Gedicht genommen haben, wie interessant würde nicht der Schluß desselben geworden sein! Doch es ist kein Gedicht, es ist Wahrheit und Leben, was ich in deinen Armen finde; laß uns das süße Glück mit Bewußtsein genießen!

Durch den Druck seines Armes, durch die Lebhaftigkeit seiner erhöhten Stimme, war Mariane erwacht, und verbarg durch Liebkosungen ihre Verlegenheit: denn sie hatte auch nicht ein Wort von dem letzten Teile seiner Erzählung vernommen, und es ist zu wünschen, daß unser Held für seine Lieblingsgeschichten aufmerksamere Zuhörer künftig finden möge.

Neuntes Kapitel

So brachte Wilhelm seine Nächte im Genusse vertraulicher Liebe, seine Tage in Erwartung neuer seliger Stunden zu. Schon zu jener Zeit, als ihn Verlangen und Hoffnung zu Marianen hinzog, fühlte er sich wie neu belebt, er fühlte, daß er ein anderer Mensch zu werden beginne; nun war er mit ihr vereinigt, die Befriedigung seiner Wünsche ward eine reizende Gewohnheit. Sein Herz strebte, den Gegenstand seiner Leidenschaft zu veredeln, sein Geist, das geliebte Mädchen mit sich empor zu heben. In der kleinsten Abwesenheit ergriff ihn ihr Andenken. War sie ihm sonst notwendig gewesen, so war sie ihm jetzt unentbehrlich, da er mit allen Banden der Menschheit an sie geknüpft war. Seine reine Seele fühlte, daß sie die Hälfte, mehr als die Hälfte seiner selbst sei. Er war dankbar und hingegeben ohne Gränzen.

Auch Mariane konnte sich eine Zeitlang täuschen; sie teilte die Empfindung seines lebhaften Glücks mit ihm. Ach! wenn nur nicht manchmal die kalte Hand des Vorwurfs ihr über das Herz gefahren wäre! Selbst an dem Busen Wilhelms war sie nicht sicher davor, selbst unter den Flügeln seiner Liebe. Und wenn sie nun gar wieder allein war, und aus den Wolken, in denen seine Leidenschaft sie emportrug, in das Bewußtsein ihres Zustandes herabsank, dann war sie zu bedauern. Denn Leichtsinn kam ihr zu Hülfe, so lange sie in niedriger Verworrenheit lebte, sich über ihre Verhältnisse betrog, oder vielmehr sie nicht kannte; da erschienen ihr die Vorfälle, denen sie ausgesetzt war, nur einzeln: Vergnügen und Verdruß lös'ten sich ab, Demütigung wurde durch Eitelkeit, und Mangel oft durch augenblicklichen Überfluß vergütet; sie konnte Not und Gewohnheit sich als Gesetz und Rechtfertigung anführen, und so lange ließen sich alle unangenehmen Empfindungen von Stunde zu Stunde, von Tag zu Tage abschütteln. Nun aber hatte das arme Mädchen sich Augenblicke in eine bessere Welt hinüber gerückt gefühlt, hatte, wie von oben herab, aus Licht und Freude in's Öde, Verworfene ihres Lebens herunter gesehen, hatte gefühlt, welche elende Kreatur ein Weib ist, das mit dem Verlangen nicht zugleich Liebe und Ehrfurcht einflößt, und fand sich äußerlich und innerlich um nichts gebessert. Sie hatte nichts, was sie aufrichten konnte. Wenn sie in sich blickte und suchte, war es in ihrem Geiste leer, und ihr Herz hatte keinen Widerhalt. Je trauriger dieser Zustand war, desto heftiger schloß sich ihre Neigung an den Geliebten fest; ja die Leidenschaft wuchs mit jedem Tage, wie die Gefahr, ihn zu verlieren, mit jedem Tage näher rückte.

Dagegen schwebte Wilhelm glücklich in höheren Regionen, ihm war auch eine neue Welt aufgegangen, aber reich an herrlichen Aussichten. Kaum ließ das Übermaß der ersten Freude nach, so stellte sich das hell vor seine Seele, was ihn bisher dunkel durchwühlt hatte. Sie ist dein! Sie hat sich dir hingegeben! Sie, das geliebte, gesuchte, angebetete Geschöpf, dir auf Treu und Glauben hingegeben; aber sie hat sich keinem Undankbaren überlassen. Wo er stand und ging, redete er mit sich selbst; sein Herz floß beständig über, und er sagte sich in einer Fülle von prächtigen Worten die erhabensten Gesinnungen vor. Er glaubte den hellen Wink des Schicksals zu verstehen, das ihm durch Marianen die Hand reichte, sich aus dem stockenden, schleppenden bürgerlichen Leben heraus zu reißen, aus dem er schon so lange sich zu retten gewünscht hatte. Seines Vaters Haus, die Seinigen zu verlassen, schien ihm etwas Leichtes. Er war jung und neu in der Welt, und sein Mut, in ihren Weiten nach Glück und Befriedigung zu rennen, durch die Liebe erhöht. Seine Bestimmung zum Theater war ihm nunmehr klar; das hohe Ziel, das er sich vorgesteckt sah, schien ihm näher, indem er an Marianens Hand hinstrebte, und in selbstgefälliger Bescheidenheit erblickte er in sich den trefflichen Schauspieler, den Schöpfer eines künftigen National-Theaters, nach dem er so vielfältig hatte seufzen hören. Alles, was in den innersten Winkeln seiner Seele bisher geschlummert hatte, wurde rege. Er bildete aus den vielerlei Ideen mit Farben der Liebe ein Gemälde auf Nebelgrund, dessen Gestalten freilich sehr in einander flossen; dafür aber auch das Ganze eine desto reizendere Wirkung tat.

Zehntes Kapitel

Er saß nun zu Hause, kramte unter seinen Papieren, und rüstete sich zur Abreise. Was nach seiner bisherigen Bestimmung schmeckte, ward bei Seite gelegt; er wollte bei seiner Wanderung in die Welt auch von jeder unangenehmen Erinnerung frei sein. Nur Werke des Geschmacks, Dichter und Kritiker, wurden als bekannte Freunde unter die Erwählten gestellt; und da er bisher die Kunstrichter sehr wenig genutzt hatte, so erneuerte sich seine Begierde nach Belehrung, als er seine Bücher wieder durchsah und fand, daß die theoretischen Schriften noch meist unaufgeschnitten waren. Er hatte sich, in der völligen Überzeugung von der Notwendigkeit solcher Werke, viele davon angeschafft, und mit dem besten Willen in keines auch nur bis in die Hälfte sich hinein lesen können.

Dagegen hatte er sich desto eifriger an Beispiele gehalten, und in allen Arten, die ihm bekannt worden waren, selbst Versuche gemacht.

Werner trat herein, und als er seinen Freund mit den bekannten Heften beschäftigt sah, rief er aus: Bist du schon wieder über diesen Papieren? Ich wette, du hast nicht die Absicht, eins oder das andere zu vollenden! Du siehst sie durch und wieder durch, und beginnst allenfalls etwas Neues. —

Zu vollenden ist nicht die Sache des Schülers, es ist genug, wenn er sich übt. —

Aber doch fertig macht, so gut er kann.

Und doch ließe sich wohl die Frage aufwerfen: ob man nicht eben gute Hoffnung von einem jungen Menschen fassen könne, der bald gewahr wird, wenn er etwas Ungeschicktes unternommen hat: in der Arbeit nicht fortfährt, und an etwas, das niemals einen Wert haben kann, weder Mühe noch Zeit verschwenden mag.

Ich weiß wohl, es war nie deine Sache, etwas zu Stande zu bringen, du warst immer müde, eh' es zur Hälfte kam. Da du noch Direktor unsers Puppenspiels warst, wie oft wurden neue Kleider für die Zwerggesellschaft gemacht, neue Dekorationen ausgeschnitten? Bald sollte dieses, bald jenes Trauerspiel aufgeführt werden, und höchstens gabst du einmal den fünften Akt, wo alles recht bunt durch einander ging, und die Leute sich erstachen.

Wenn du von jenen Zeiten sprechen willst, wer war denn Schuld, daß wir die Kleider, die unsern Puppen angepaßt und auf den Leib fest genäht waren, herunter trennen ließen, und den Aufwand einer weitläufigen und unnützen Garderobe machten? Warst du's nicht, der immer ein neues Stück Band zu verhandeln hatte, der meine Liebhaberei anzufeuern und zu nützen wußte? —

Werner lachte und rief aus: Ich erinnere mich immer noch mit Freuden, daß ich von euren theatralischen Feldzügen Vorteil zog, wie Lieferanten vom Kriege. Als ihr euch zur Befreiung Jerusalems rüstetet, machte ich auch einen schönen Profit, wie ehemals die Venetianer im ähnlichen Falle. Ich finde nichts vernünftiger in der Welt, als von den Torheiten anderer Vorteil zu ziehen.

Ich weiß nicht, ob es nicht ein edleres Vergnügen wäre, die Menschen von ihren Torheiten zu heilen. —

Wie ich sie kenne, möchte das wohl ein eitles Bestreben sein. Es gehört schon etwas dazu, wenn ein einziger Mensch klug und reich werden soll, und meistens wird er es auf Unkosten der andern.

Es fällt mir eben recht der Jüngling am Scheidewege in die Hände, versetzte Wilhelm, indem er ein Heft aus den übrigen Papieren herauszog: das ist doch fertig geworden, es mag übrigens sein wie es will.

Leg' es bei Seite, wirf es in's Feuer! versetzte Werner. Die Erfindung ist nicht im geringsten lobenswürdig; schon vormals ärgerte mich diese Komposition genug, und zog dir den Unwillen des Vaters zu. Es mögen ganz artige Verse sein; aber die Vorstellungsart ist grundfalsch. Ich erinnere mich noch deines personifizierten Gewerbes, deiner zusammengeschrumpften erbärmlichen Sibylle. Du magst das Bild in irgend einem elenden Kramladen aufgeschnappt haben. Von der Handlung hattest du damals keinen Begriff; ich wüßte nicht, wessen Geist ausgebreiteter wäre, ausgebreiteter sein müßte, als der Geist eines echten Handelsmannes. Welchen Überblick verschafft uns nicht die Ordnung, in der wir unsere Geschäfte führen! Sie läßt uns jederzeit das Ganze überschauen, ohne daß wir nötig hätten, uns durch das Einzelne verwirren zu lassen. Welche Vorteile gewährt die doppelte Buchhaltung dem Kaufmanne! Es ist eine der schönsten Erfindungen des menschlichen Geistes, und ein jeder gute Haushalter sollte sie in seiner Wirtschaft einführen.

Verzeih mir, sagte Wilhelm lächelnd, du fängst von der Form an, als wenn das die Sache wäre; gewöhnlich vergeßt ihr aber auch über eurem Addieren und Bilanzieren das eigentliche Fazit des Lebens.

Leider siehst du nicht, mein Freund, wie Form und Sache hier nur eins ist, eins ohne das andere nicht bestehen könnte. Ordnung und Klarheit vermehrt die Lust zu sparen und zu erwerben. Ein Mensch, der übel haushält, befindet sich in der Dunkelheit sehr wohl; er mag die Posten nicht gerne zusammen rechnen, die er schuldig ist. Dagegen kann einem guten Wirte nichts angenehmer sein, als sich alle Tage die Summe seines wachsenden Glückes zu ziehen. Selbst ein Unfall, wenn er ihn verdrießlich überrascht, erschreckt ihn nicht; denn er weiß sogleich, was für erworbene Vorteile er auf die andere Waagschale zu legen hat. Ich bin überzeugt, mein lieber Freund, wenn du nur einmal einen rechten Geschmack an unsern Geschäften finden könntest, so würdest du dich überzeugen, daß manche Fähigkeiten des Geistes auch dabei ihr freies Spiel haben können.

Es ist möglich, daß mich die Reise, die ich vorhabe, auf andere Gedanken bringt.

O gewiß! Glaube mir, es fehlt dir nur der Anblick einer großen Tätigkeit, um dich auf immer zu dem unsern zu machen; und wenn du zurück kommst, wirst du dich gern zu denen gesellen, die durch alle Arten von Spedition und Spekulation einen Teil des Geldes und Wohlbefindens, das in der Welt seinen notwendigen Kreislauf führt, an sich zu reißen wissen. Wirf einen Blick auf die natürlichen und künstlichen Produkte aller Weltteile, betrachte, wie sie wechselsweise zur Notdurft geworden sind! Welch eine angenehme geistreiche Sorgfalt ist es, alles, was in dem Augenblicke am meisten gesucht wird und doch bald fehlt, bald schwer zu haben ist, zu kennen, jedem, was er verlangt, leicht und schnell zu verschaffen, sich vorsichtig in Vorrat zu setzen, und den Vorteil jedes Augenblickes dieser großen Zirkulation zu genießen! Dies ist, dünkt mich, was jedem, der Kopf hat, eine große Freude machen wird.

Wilhelm schien nicht abgeneigt, und Werner fuhr fort: Besuche nur erst ein paar große Handelsstädte, ein paar Häfen und du wirst gewiß mit fortgerissen werden. Wenn du siehst, wie viele Menschen beschäftiget sind; wenn du siehst, wo so manches herkommt, wo es hingeht, so wirst du es gewiß auch mit Vergnügen durch deine Hände gehen sehen. Die geringste Ware siehst du im Zusammenhange mit dem ganzen Handel, und eben darum hältst du nichts für gering, weil alles die Zirkulation vermehrt, von welcher dein Leben seine Nahrung zieht.

Werner, der seinen richtigen Verstand in dem Umgange mit Wilhelm ausbildete, hatte sich gewöhnt, auch an *sein* Gewerbe, an *seine* Geschäfte mit Erhebung der Seele zu denken, und glaubte immer, daß er es mit mehrerem Rechte tue, als sein sonst verständiger und geschätzter Freund, der, wie es ihm schien, auf das Unreellste von der Welt einen so großen Wert und das Gewicht seiner ganzen Seele legte. Manchmal dachte er, es könne gar nicht fehlen, dieser falsche Enthusiasmus müsse zu überwältigen, und ein so guter Mensch auf den rechten Weg zu bringen sein. In dieser Hoffnung fuhr er fort: Es haben die Großen dieser Welt sich der Erde bemächtiget, sie leben in Herrlichkeit und Überfluß. Der kleinste Raum unsers Weltteils ist schon in Besitz genommen, jeder Besitz befestigt, Ämter und andere bürgerliche Geschäfte tragen wenig ein; wo gibt es nun noch einen rechtmäßigeren Erwerb, eine billigere Eroberung, als den Handel? Haben die Fürsten dieser Welt die Flüsse, die Wege, die Häfen in ihrer Gewalt, und nehmen von dem, was durch und vorbei geht, einen starken Gewinn: sollen wir nicht mit Freuden die Gelegenheit ergreifen, und durch unsere Tätigkeit auch Zoll von jenen Artikeln nehmen, die teils das Bedürfnis, teils der Übermut den Menschen unentbehrlich gemacht hat? Und ich kann dir versichern, wenn du nur deine dichterische Einbildungskraft anwenden wolltest, so könntest du meine Göttin als eine unüberwindliche Siegerin der deinigen kühn entgegenstellen. Sie führt freilich lieber den Ölzweig als das Schwert; Dolch und Ketten kennt sie gar nicht: aber Kronen teilet sie auch ihren Lieblingen aus, die, es sei ohne Verachtung jener gesagt, von echtem aus der Quelle geschöpftem Golde und von Perlen glänzen, die sie aus der Tiefe des Meeres durch ihre immer geschäftigen Diener geholt hat.

Wilhelmen verdroß dieser Ausfall ein wenig, doch verbarg er seine Empfindlichkeit; denn er erinnerte sich, daß Werner auch seine Apostrophen mit Gelassenheit anzuhören pflegte. Übrigens war er billig genug, um gerne zu sehen, wenn jeder von seinem Handwerk auf's beste dachte; nur mußte man ihm das seinige, dem er sich mit Leidenschaft gewidmet hatte, unangefochten lassen.

Und dir, rief Werner aus, der du an menschlichen Dingen so herzlichen Anteil nimmst, was wird es dir für ein Schauspiel sein, wenn du das Glück, das mutige Unternehmungen begleitet, vor deinen Augen den Menschen wirst gewährt sehen! Was ist reizender, als der Anblick eines Schiffes, das von einer glücklichen Fahrt wieder anlangt, das von einem reichen Fange frühzeitig zurückkehrt! Nicht der Verwandte, der Bekannte, der Teilnehmer allein, ein jeder fremde Zuschauer wird hingerissen, wenn er die Freude sieht, mit welcher der eingesperrte Schiffer an's Land springt, noch ehe sein Fahrzeug es ganz berührt, sich wieder frei fühlt, und nunmehr das, was er dem falschen Wasser entzogen, der getreuen Erde anvertrauen kann. Nicht in Zahlen allein, mein Freund, erscheint uns der Gewinn; das Glück ist die Göttin der lebendigen Menschen, und um ihre Gunst wahrhaft zu empfinden, muß man leben und Menschen sehen, die sich recht lebendig bemühen und recht sinnlich genießen.

Eilftes Kapitel

Es ist nun Zeit, daß wir auch die Väter unsrer beiden Freunde näher kennen lernen; ein paar Männer von sehr verschiedener Denkungsart, deren Gesinnungen aber darin übereinkamen, daß sie den Handel für das edelste Geschäft hielten, und beide höchst aufmerksam auf jeden Vorteil waren, den ihnen irgend eine Spekulation bringen konnte. Der alte Meister hatte gleich nach dem Tode seines Vaters eine kostbare Sammlung von Gemälden, Zeichnungen, Kupferstichen und Antiquitäten in's Geld gesetzt, sein Haus nach dem neuesten Geschmacke von Grund aus aufgebaut und möbliert, und sein übriges Vermögen auf alle mögliche Weise gelten gemacht. Einen ansehnlichen Teil davon hatte er dem alten Werner in die Handlung gegeben, der als ein tätiger Handelsmann berühmt war, und dessen Spekulationen gewöhnlich durch das Glück begünstigt wurden. Nichts wünschte aber der alte Meister so sehr, als seinem Sohne Eigenschaften zu geben, die ihm selbst fehlten, und seinen Kindern Güter zu hinterlassen, auf deren Besitz er den größten Wert legte. Zwar empfand er eine besondere Neigung zum Prächtigen, zu dem was in die Augen fällt, das aber auch zugleich einen innern Wert und eine Dauer haben sollte. In seinem Hause mußte alles solid und massiv sein, der Vorrat reichlich, das Silbergeschirr schwer, das Tafelservice kostbar; dagegen waren die Gäste selten, denn eine jede Mahlzeit ward ein Fest, das sowohl wegen der Kosten als wegen der Unbequemlichkeit nicht oft wiederholt werden konnte. Sein Haushalt ging einen gelassenen und einförmigen Schritt, und alles, was sich darin bewegte und erneuerte, war gerade das, was niemanden einigen Genuß gab.

Ein ganz entgegengesetztes Leben führte der alte Werner in einem dunkeln und finstern Hause. Hatte er seine Geschäfte in der engen Schreibstube am uralten Pulte vollendet, so wollte er gut essen, und wo möglich noch besser trinken, auch konnte er das Gute nicht allein genießen: neben seiner Familie mußte er seine Freunde, alle Fremden, die nur mit seinem Hause in einiger Verbindung standen, immer bei Tische sehen; seine Stühle waren uralt, aber er lud täglich jemanden ein, darauf zu sitzen. Die guten Speisen zogen die Aufmerksamkeit der Gäste auf sich, und niemand bemerkte, daß sie in gemeinem Geschirr aufgetragen wurden. Sein Keller hielt nicht viel Wein, aber der ausgetrunkene ward gewöhnlich durch einen bessern ersetzt.

So lebten die beiden Väter, welche öfter zusammen kamen, sich wegen gemeinschaftlicher Geschäfte beratschlagten und eben heute die Versendung Wilhelms in Handelsangelegenheiten beschlossen.

Er mag sich in der Welt umsehen, sagte der alte Meister, und zugleich unsre Geschäfte an fremden Orten betreiben; man kann einem jungen Menschen keine größere Wohltat erweisen, als wenn man ihn zeitig in die Bestimmung seines Lebens einweiht. Ihr Sohn ist von seiner Expedition so glücklich zurückgekommen, hat seine Geschäfte so gut zu machen gewußt, daß ich recht neugierig bin, wie sich der meinige beträgt; ich fürchte, er wird mehr Lehrgeld geben, als der Ihrige.

Der alte Meister, welcher von seinem Sohne und dessen Fähigkeiten einen großen Begriff hatte, sagte diese Worte in Hoffnung, daß sein Freund ihm widersprechen und die vortrefflichen Gaben des jungen Mannes herausstreichen sollte. Allein hierin betrog er sich; der alte Werner, der in praktischen Dingen niemanden traute, als dem, den er geprüft hatte, versetzte gelassen: Man muß alles versuchen; wir können ihn eben denselben Weg schicken, wir geben ihm eine Vorschrift, wornach er sich richtet; es sind verschiedene Schulden einzukassieren, alte Bekanntschaften zu erneuern, neue zu machen. Er kann auch die Spekulation, mit der ich Sie neulich unterhielt, befördern helfen; denn ohne genaue Nachrichten an Ort und Stelle zu sammeln, läßt sich dabei wenig tun.

Er mag sich vorbereiten, versetzte der alte Meister, und so bald als möglich aufbrechen. Wo nehmen wir ein Pferd für ihn her, das sich zu dieser Expedition schickt?

Wir werden nicht weit darnach suchen. Ein Krämer in H***, der uns noch einiges schuldig, aber sonst ein guter Mann ist, hat mir eins an Zahlungsstatt angeboten; mein Sohn kennt es, es soll ein recht brauchbares Tier sein.

Er mag es selbst holen, mag mit dem Postwagen hinüberfahren, so ist er übermorgen bei Zeiten wieder da, man macht ihm indessen den Mantelsack und die Briefe zurechte, und so kann er zu Anfang der künftigen Woche aufbrechen.

Wilhelm wurde gerufen, und man machte ihm den Entschluß bekannt. Wer war froher als er, da er die Mittel zu seinem Vorhaben in seinen Händen sah, da ihm die Gelegenheit ohne sein Mitwirken zubereitet worden! So groß war seine Leidenschaft, so rein seine Überzeugung, er handle vollkommen recht, sich dem Drucke seines bisherigen Lebens zu entziehen, und einer neuen edlern Bahn zu folgen, daß sein Gewissen sich nicht im mindesten regte, keine Sorge in ihm entstand, ja daß er vielmehr diesen Betrug für heilig hielt. Er war gewiß, daß ihn Eltern und Verwandte in der Folge für diesen Schritt preisen und segnen sollten, er erkannte den Wink eines leitenden Schicksals an diesen zusammentreffenden Umständen.

Wie lang ward ihm die Zeit bis zur Nacht, bis zur Stunde, in der er seine Geliebte wieder sehen sollte! Er saß auf seinem Zimmer und überdachte seinen Reiseplan, wie ein künstlicher Dieb oder Zauberer in der Gefangenschaft manchmal die Füße aus den festgeschlossenen Ketten herauszieht, um die Überzeugung bei sich zu nähren, daß seine Rettung möglich, ja noch näher sei, als kurzsichtige Wächter glauben.

Endlich schlug die nächtliche Stunde; er entfernte sich aus seinem Hause, schüttelte allen Druck ab, und wandelte durch die stillen Gassen. Auf dem großen Platze hub er seine Hände gen Himmel, fühlte alles hinter und unter sich; er hatte sich von allem los gemacht. Nun dachte er sich in den Armen seiner Geliebten, dann wieder mit ihr auf dem blendenden Theatergerüste, er schwebte in einer Fülle von Hoffnungen, und nur manchmal erinnerte ihn der Ruf des Nachtwächters, daß er noch auf dieser Erde wandle.

Seine Geliebte kam ihm an der Treppe entgegen, und wie schön! wie lieblich! In dem neuen weißen Negligee empfing sie ihn, er glaubte sie noch nie so reizend gesehen zu haben. So weihte sie das Geschenk des abwesenden Liebhabers in den Armen des gegenwärtigen ein, und mit wahrer Leidenschaft verschwendete sie den ganzen Reichtum ihrer Liebkosungen, welche ihr die Natur eingab, welche die Kunst sie gelehrt hatte, an ihren Liebling, und man frage, ob er sich glücklich, ob er sich selig fühlte?

Er entdeckte ihr, was vorgegangen war, und ließ ihr im Allgemeinen seinen Plan, seine Wünsche sehen. Er wolle unterzukommen suchen, sie alsdann abholen, er hoffe, sie werde ihm ihre Hand nicht versagen. Das arme Mädchen aber schwieg, verbarg ihre Tränen und drückte den Freund an ihre Brust, der, ob er gleich ihr Verstummen auf das günstigste auslegte, doch eine Antwort gewünscht hätte, besonders da er sie zuletzt auf das bescheidenste, auf das freundlichste fragte: ob er sich denn nicht Vater glauben dürfe? Aber auch darauf antwortete sie nur mit einem Seufzer, einem Kusse.

Zwölftes Kapitel

Den andern Morgen erwachte Mariane nur zu neuer Betrübnis; sie fand sich sehr allein, mochte den Tag nicht sehen, blieb im Bette und weinte. Die Alte setzte sich zu ihr, suchte ihr einzureden, sie zu trösten;

aber es gelang ihr nicht, das verwundete Herz so schnell zu heilen. Nun war der Augenblick nahe, dem das arme Mädchen wie dem letzten ihres Lebens entgegen gesehen hatte. Konnte man sich auch in einer ängstlichern Lage fühlen? Ihr Geliebter entfernte sich, ein unbequemer Liebhaber drohte zu kommen, und das größte Unheil stand bevor, wenn beide, wie es leicht möglich war, einmal zusammentreffen sollten.

Beruhige dich, Liebchen, rief die Alte: verweine mir deine schönen Augen nicht! Ist es denn ein so großes Unglück, zwei Liebhaber zu besitzen? Und wenn du auch deine Zärtlichkeit nur dem einen schenken kannst, so sei wenigstens dankbar gegen den andern, der, nach der Art wie er für dich sorgt, gewiß dein Freund genannt zu werden verdient.

Es ahnte meinem Geliebten, versetzte Mariane dagegen mit Tränen, daß uns eine Trennung bevorstehe; ein Traum hat ihm entdeckt, was wir ihm so sorgfältig zu verbergen suchen. Er schlief so ruhig an meiner Seite. Auf einmal höre ich ihn ängstliche unvernehmliche Töne stammeln. Mir wird bange, und ich wecke ihn auf. Ach! mit welcher Liebe, mit welcher Zärtlichkeit, mit welchem Feuer umarmt' er mich! O Mariane! rief er aus, welchem schrecklichen Zustande hast du mich entrissen! Wie soll ich dir danken, daß du mich aus dieser Hölle befreit hast? Mir träumte, fuhr er fort, ich befände mich, entfernt von dir, in einer unbekannten Gegend; aber dein Bild schwebte mir vor; ich sah dich auf einem schönen Hügel, die Sonne beschien den ganzen Platz; wie reizend kamst du mir vor! Aber es währte nicht lange, so sah ich dein Bild hinuntergleiten, immer hinuntergleiten; ich streckte meine Arme nach dir aus, sie reichten nicht durch die Ferne. Immer sank dein Bild und näherte sich einem großen See, der am Fuße des Hügels weit ausgebreitet lag, eher ein Sumpf als ein See. Auf einmal gab dir ein Mann die Hand; er schien dich hinaufführen zu wollen, aber leitete dich seitwärts, und schien dich nach sich zu ziehen. Ich rief, da ich dich nicht erreichen konnte, ich hoffte dich zu warnen. Wollte ich gehen, so schien der Boden mich fest zu halten; konnt' ich gehen, so hinderte mich das Wasser, und sogar mein Schreien erstickte in der beklemmten Brust. — So erzählte der Arme, indem er sich von seinem Schrecken an meinem Busen erholte, und sich glücklich pries, einen fürchterlichen Traum durch die seligste Wirklichkeit verdrängt zu sehen.

Die Alte suchte so viel möglich durch ihre Prose die Poesie ihrer Freundin in's Gebiet des gemeinen Lebens herunter zu locken, und bediente sich dabei der guten Art, welche Vogelstellern zu gelingen pflegt, indem sie durch ein Pfeifchen die Töne derjenigen nachzuahmen suchen, welche sie bald und häufig in ihrem Garne zu sehen wünschen. Sie lobte Wilhelmen, rühmte seine Gestalt, seine Augen, seine Liebe. Das arme Mädchen hörte ihr gerne zu, stand auf, ließ sich ankleiden und schien ruhiger. Mein Kind, mein Liebchen, fuhr die Alte schmeichelnd fort, ich will dich nicht betrüben, nicht beleidigen, ich denke dir nicht dein Glück zu rauben. Darfst du meine Absicht verkennen, und hast du vergessen, daß ich jederzeit mehr für dich als für mich gesorgt habe? Sag' mir nur, was du willst; wir wollen schon sehen, wie wir es ausführen.

Was kann ich wollen? versetzte Mariane; ich bin elend, auf mein ganzes Leben elend; ich liebe ihn, der mich liebt, sehe, daß ich mich von ihm trennen muß, und weiß nicht, wie ich es überleben kann. Norberg kommt, dem wir unsere ganze Existenz schuldig sind, den wir nicht entbehren können. Wilhelm ist sehr eingeschränkt, er kann nichts für mich tun. —

Ja, er ist unglücklicherweise von jenen Liebhabern, die nichts als ihr Herz bringen, und eben diese haben die meisten Prätensionen.

Spotte nicht! der Unglückliche denkt sein Haus zu verlassen, auf das Theater zu gehen, mir seine Hand anzubieten.

Leere Hände haben wir schon viere.

Ich habe keine Wahl, fuhr Mariane fort, entscheide du! Stoße mich da oder dort hin, nur wisse noch eins: wahrscheinlich trag' ich ein Pfand im Busen, das uns noch mehr an einander fesseln sollte; das bedenke und entscheide, wen soll ich lassen? wem soll ich folgen?

Nach einigem Stillschweigen rief die Alte: Daß doch die Jugend immer zwischen den Extremen schwankt! Ich finde nichts natürlicher, als alles zu verbinden, was uns Vergnügen und Vorteil bringt. Liebst du den einen, so mag der andere bezahlen; es kommt nur darauf an, daß wir klug genug sind, sie beide aus einander zu halten. —

Mache was du willst, ich kann nichts denken; aber folgen will ich.

Wir haben den Vorteil, daß wir den Eigensinn des Direktors, der auf die Sitten seiner Truppe stolz ist, vorschützen können. Beide Liebhaber sind schon gewohnt, heimlich und vorsichtig zu Werke zu gehen. Für Stunde und Gelegenheit will ich sorgen; nur mußt du hernach die Rolle spielen, die ich dir vorschreibe. Wer weiß, welcher Umstand uns hilft. Käme Norberg nur jetzt, da Wilhelm entfernt ist! Wer wehrt dir, in den Armen des einen an den andern zu denken? Ich wünsche dir zu einem Sohne Glück; er soll einen reichen Vater haben.

Mariane war durch diese Vorstellungen nur für kurze Zeit gebessert. Sie konnte ihren Zustand nicht in Harmonie mit ihrer Empfindung, ihrer Überzeugung bringen; sie wünschte diese schmerzlichen Verhältnisse zu vergessen, und tausend kleine Umstände mußten sie jeden Augenblick daran erinnern.

Dreizehntes Kapitel

Wilhelm hatte indessen die kleine Reise vollendet, und überreichte, da er seinen Handelsfreund nicht zu Hause fand, das Empfehlungsschreiben der Gattin des Abwesenden. Aber auch diese gab ihm auf seine Fragen wenig Bescheid; sie war in einer heftigen Gemütsbewegung und das ganze Haus in großer Verwirrung.

Es währte jedoch nicht lange, so vertraute sie ihm (und es war auch nicht zu verheimlichen), daß ihre Stieftochter mit einem Schauspieler davon gegangen sei, mit einem Menschen, der sich von einer kleinen Gesellschaft vor kurzem los gemacht, sich im Orte aufgehalten, und im Französischen Unterricht gegeben habe. Der Vater, außer sich vor Schmerz und Verdruß, sei in's Amt gelaufen, um die Flüchtigen verfolgen zu lassen. Sie schalt ihre Tochter heftig, schmähte den Liebhaber, so daß an beiden nichts Lobenswürdiges übrig blieb, beklagte mit vielen Worten die Schande, die dadurch auf die Familie gekommen, und setzte Wilhelmen in nicht geringe Verlegenheit, der sich und sein heimliches Vorhaben durch diese Sibylle gleichsam mit prophetischem Geiste voraus getadelt und gestraft fühlte. Noch stärkern und innigern Anteil mußte er aber an den Schmerzen des Vaters nehmen, der aus dem Amte zurückkam, mit stiller Trauer und halben Worten seine Expedition der Frau erzählte, und, indem er, nach eingesehenem Briefe, das Pferd Wilhelmen vorführen ließ, seine Zerstreuung und Verwirrung nicht verbergen konnte.

Wilhelm gedachte sogleich das Pferd zu besteigen, und sich aus einem Hause zu entfernen, in welchem ihm, unter den gegebenen Umständen, unmöglich wohl werden konnte; allein der gute Mann wollte den Sohn eines Hauses, dem er so viel schuldig war, nicht unbewirtet und ohne ihn eine Nacht unter seinem Dache behalten zu haben, entlassen.

Unser Freund hatte ein trauriges Abendessen eingenommen, eine unruhige Nacht ausgestanden, und eilte frühmorgens so bald als möglich sich von Leuten zu entfernen, die, ohne es zu wissen, ihn mit ihren Erzählungen und Äußerungen auf das empfindlichste gequält hatten.

Er ritt langsam und nachdenkend die Straße hin, als er auf einmal eine Anzahl bewaffneter Leute durch's Feld kommen sah, die er an ihren weiten und langen Röcken, großen Aufschlägen, unförmlichen Hüten und plumpen Gewehren, an ihrem treuherzigen Gange und dem bequemen Tragen ihres Körpers sogleich für ein Kommando Landmiliz erkannte. Unter einer alten Eiche hielten sie stille, setzten ihre Flinten nieder, und lagerten sich bequem auf dem Rasen, um eine Pfeife zu rauchen. Wilhelm verweilte bei ihnen, und ließ sich mit einem jungen Menschen, der zu Pferde herbeikam, in ein Gespräch ein. Er mußte die Geschichte der beiden Entflohenen, die ihm nur zu sehr bekannt war, leider noch einmal und zwar mit Bemerkungen, die weder dem jungen Paare noch den Eltern sonderlich günstig waren, vernehmen. Zugleich erfuhr er, daß man hierher gekommen sei, die jungen Leute wirklich in Empfang zu nehmen, die in dem benachbarten Städtchen eingeholt und angehalten worden waren. Nach einiger Zeit sah man von ferne einen Wagen herbeikommen, der von einer Bürgerwache mehr lächerlich als fürchterlich umgeben war.

Ein unförmlicher Stadtschreiber ritt voraus, und komplimentierte mit dem gegenseitigen Actuarius (denn das war der junge Mann, mit dem Wilhelm gesprochen hatte) an der Gränze mit großer Gewissenhaftigkeit und wunderlichen Gebärden, wie es etwa Geist und Zauberer, der eine inner- der andere außerhalb des Kreises, bei gefährlichen nächtlichen Operationen tun mögen.

Die Aufmerksamkeit der Zuschauer war indes auf den Bauerwagen gerichtet, und man betrachtete die armen Verirrten nicht ohne Mitleiden, die auf ein paar Bündeln Stroh bei einander saßen, sich zärtlich anblickten, und die Umstehenden kaum zu bemerken schienen. Zufälligerweise hatte man sich genötigt gesehen, sie von dem letzten Dorfe auf eine so unschickliche Art fort zu bringen, indem die alte Kutsche, in welcher man die Schöne transportierte, zerbrochen war. Sie erbat sich bei dieser Gelegenheit die Gesellschaft ihres Freundes, den man, in der Überzeugung, er sei auf einem kapitalen Verbrechen betroffen, bis dahin mit Ketten beschwert nebenher gehen lassen. Diese Ketten trugen denn freilich nicht wenig bei, den Anblick der zärtlichen Gruppe interessanter zu machen, besonders weil der junge Mann sie mit vielem Anstand bewegte, indem er wiederholt seiner Geliebten die Hände küßte.

Wir sind sehr unglücklich! rief sie den Umstehenden zu; aber nicht so schuldig, wie wir scheinen. So belohnen grausame Menschen treue Liebe, und Eltern, die das Glück ihrer Kinder gänzlich vernachlässigen, reißen sie mit Ungestüm aus den Armen der Freude, die sich ihrer nach langen trüben Tagen bemächtigte!

Indes die Umstehenden auf verschiedene Weise ihre Teilnahme zu erkennen gaben, hatten die Gerichte ihre Zeremonien absolviert; der Wagen ging weiter, und Wilhelm, der an dem Schicksal der Verliebten großen Teil nahm, eilte auf dem Fußpfade voraus, um mit dem Amtmanne, noch ehe der Zug ankäme, Bekanntschaft zu machen. Er erreichte aber kaum das Amthaus, wo alles in Bewegung und zum Empfang der Flüchtlinge bereit war, als ihn der Actuarius einholte, und durch eine umständliche Erzählung, wie alles gegangen, besonders aber durch ein weitläufiges Lob seines Pferdes, das er erst gestern vom Juden getauscht, jedes andere Gespräch verhinderte.

Schon hatte man das unglückliche Paar außen am Garten, der durch eine kleine Pforte mit dem Amthause zusammenhing, abgesetzt, und sie in der Stille hineingeführt. Der Actuarius nahm über diese schonende Behandlung von Wilhelmen ein aufrichtiges Lob an, ob er gleich eigentlich dadurch nur das vor dem Amthause versammelte Volk necken, und ihm das angenehme Schauspiel einer gedemütigten Mitbürgerin entziehen wollte.

Der Amtmann, der von solchen außerordentlichen Fällen kein sonderlicher Liebhaber war, weil er meistenteils dabei einen und den andern Fehler machte, und für den besten Willen gewöhnlich von fürstlicher Regierung mit einem derben Verweise belohnt wurde, ging mit schweren Schritten nach der Amtsstube, wohin ihm der Actuarius, Wilhelm und einige angesehene Bürger folgten.

Zuerst ward die Schöne vorgeführt, die, ohne Frechheit, gelassen und mit Bewußtsein ihrer selbst hereintrat. Die Art, wie sie gekleidet war und sich überhaupt betrug, zeigte, daß sie ein Mädchen sei, die etwas auf sich halte. Sie fing auch, ohne gefragt zu werden, über ihren Zustand nicht unschicklich zu reden an.

Der Actuarius gebot ihr zu schweigen, und hielt seine Feder über dem gebrochenen Blatte. Der Amtmann setzte sich in Fassung, sah ihn an, räusperte sich, und fragte das arme Kind, wie ihr Name heiße und wie alt sie sei?

Ich bitte Sie, mein Herr, versetzte sie, es muß mir gar wunderbar vorkommen, daß Sie mich um meinen Namen und mein Alter fragen, da Sie sehr gut wissen, wie ich heiße, und daß ich so alt wie Ihr ältester Sohn bin. Was Sie von mir wissen wollen, und was Sie wissen müssen, will ich gern ohne Umschweife sagen.

Seit meines Vaters zweiter Heirat werde ich zu Hause nicht zum besten gehalten. Ich hätte einige hübsche Partien tun können, wenn nicht meine Stiefmutter, aus Furcht vor der Ausstattung, sie zu vereiteln gewußt hätte. Nun habe ich den jungen Melina kennen lernen, ich habe ihn lieben müssen, und da wir die Hindernisse voraussahen, die unserer Verbindung im Wege stunden, entschlossen wir uns, mit einander in der weiten Welt ein Glück zu suchen, das uns zu Hause nicht gewährt schien. Ich habe nichts mitgenommen, als was mein eigen war; wir sind nicht als Diebe und Räuber entflohen, und mein Geliebter verdient nicht, daß er mit Ketten und Banden belegt herumgeschleppt werde. Der Fürst ist gerecht, er wird diese Härte nicht billigen. Wenn wir strafbar sind, so sind wir es nicht auf diese Weise.

Der alte Amtmann kam hierüber doppelt und dreifach in Verlegenheit. Die gnädigsten Ausputzer summten ihm schon um den Kopf, und die geläufige Rede des Mädchens hatte ihm den Entwurf des Protokolls gänzlich zerrüttet. Das Übel wurde noch größer, als sie bei wiederholten ordentlichen Fragen sich nicht weiter einlassen wollte, sondern sich auf das, was sie eben gesagt, standhaft berief.

Ich bin keine Verbrecherin, sagte sie. Man hat mich auf Strohbündeln zur Schande hierher geführt; es ist eine höhere Gerechtigkeit, die uns wieder zu Ehren bringen soll.

Der Actuarius hatte indessen immer ihre Worte nachgeschrieben, und flüsterte dem Amtmanne zu: er solle nur weiter gehen; ein förmliches Protokoll würde sich nachher schon verfassen lassen.

Der Alte nahm wieder Mut, und fing nun an, nach den süßen Geheimnissen der Liebe mit dürren Worten und in hergebrachten trockenen Formeln sich zu erkundigen.

Wilhelmen stieg die Röte in's Gesicht, und die Wangen der artigen Verbrecherin belebten sich gleichfalls durch die reizende Farbe der Schamhaftigkeit. Sie schwieg und stockte, bis die Verlegenheit selbst zuletzt ihren Mut zu erhöhen schien.

Sein Sie versichert, rief sie aus, daß ich stark genug sein würde, die Wahrheit zu bekennen, wenn ich auch gegen mich selbst sprechen müßte; sollte ich nun zaudern und stocken, da sie mir Ehre macht? Ja, ich habe ihn von dem Augenblicke an, da ich seiner Neigung und seiner Treue gewiß war, als meinen Ehemann angesehen; ich habe ihm alles gerne gegönnt, was die Liebe fordert, und was ein überzeugtes Herz nicht versagen kann. Machen Sie nun mit mir, was Sie wollen. Wenn ich einen Augenblick zu gestehen zauderte, so war die Furcht, daß mein Bekenntnis für meinen Geliebten schlimme Folgen haben könnte, allein daran Ursache.

Wilhelm faßte, als er ihr Geständnis hörte, einen hohen Begriff von den Gesinnungen des Mädchens, indes sie die Gerichtspersonen für eine freche Dirne erkannten, und die gegenwärtigen Bürger Gott dankten, daß dergleichen Fälle in ihren Familien entweder nicht vorgekommen oder nicht bekannt geworden waren.

Wilhelm versetzte seine Mariane in diesem Augenblicke vor den Richterstuhl, legte ihr noch schönere Worte in den Mund, ließ ihre Aufrichtigkeit noch herzlicher und ihr Bekenntnis noch edler werden. Die heftigste Leidenschaft, beiden Liebenden zu helfen, bemächtigte sich seiner. Er verbarg sie nicht, und bat den zaudernden Amtmann heimlich, er möchte doch der Sache ein Ende machen, es sei ja alles so klar als möglich, und bedürfe keiner weitern Untersuchung.

Dieses half so viel, daß man das Mädchen abtreten, dafür aber den jungen Menschen, nachdem man ihm vor der Türe die Fesseln abgenommen hatte, hereinkommen ließ. Dieser schien über sein Schicksal mehr nachdenkend. Seine Antworten waren gesetzter, und wenn er von einer Seite weniger heroische Freimütigkeit zeigte, so empfahl er sich hingegen durch Bestimmtheit und Ordnung seiner Aussage.

Da auch dieses Verhör geendiget war, welches mit dem vorigen in allem übereinstimmte, nur daß er, um das Mädchen zu schonen, hartnäckig leugnete, was sie selbst schon bekannt hatte, ließ man auch sie endlich wieder vortreten, und es entstand zwischen beiden eine Szene, welche ihnen das Herz unsers Freundes gänzlich zu eigen machte.

Was nur in Romanen und Komödien vorzugehen pflegt, sah er hier in einer unangenehmen Gerichtsstube vor seinen Augen: den Streit wechselseitiger Großmut, die Stärke der Liebe im Unglück.

Ist es denn also wahr, sagte er bei sich selbst, daß die schüchterne Zärtlichkeit, die vor dem Auge der Sonne und der Menschen sich verbirgt, und nur in abgesonderter Einsamkeit, in tiefem Geheimnisse zu genießen wagt, wenn sie durch einen feindseligen Zufall hervorgeschleppt wird, sich alsdann mutiger, stärker, tapferer zeigt, als andere brausende und großtuende Leidenschaften?

Zu seinem Troste schloß sich die ganze Handlung noch ziemlich bald. Sie wurden beide in leidliche Verwahrung genommen, und wenn es möglich gewesen wäre, so hätte er noch diesen Abend das Frauenzimmer zu ihren Eltern hinüber gebracht. Denn er setzte sich fest vor, hier ein Mittelsmann zu werden, und die glückliche und anständige Verbindung beider Liebenden zu befördern.

Er erbat sich von dem Amtmanne die Erlaubnis, mit Melina allein zu reden, welche ihm denn auch ohne Schwierigkeit verstattet wurde.

Vierzehntes Kapitel

Das Gespräch der beiden neuen Bekannten wurde gar bald vertraut und lebhaft. Denn als Wilhelm dem niedergeschlagnen Jüngling sein Verhältnis zu den Eltern des Frauenzimmers entdeckte, sich zum Mittler anbot, und selbst die besten Hoffnungen zeigte, erheiterte sich das traurige und sorgenvolle Gemüt des Gefangnen, er fühlte sich schon wieder befreit, mit seinen Schwiegereltern versöhnt; und es war nun von künftigem Erwerb und Unterkommen die Rede.

Darüber werden Sie doch nicht in Verlegenheit sein, versetzte Wilhelm; denn Sie scheinen mir beiderseits von der Natur bestimmt, in dem Stande, den Sie gewählt haben, Ihr Glück zu machen. Eine angenehme Gestalt, eine wohlklingende Stimme, ein gefühlvolles Herz! Können Schauspieler besser ausgestattet sein? Kann ich Ihnen mit einigen Empfehlungen dienen, so wird es mir viel Freude machen.

Ich danke Ihnen von Herzen, versetzte der andere; aber ich werde wohl schwerlich davon Gebrauch machen können, denn ich denke, wo möglich, nicht auf das Theater zurückzukehren.

Daran tun Sie sehr übel, sagte Wilhelm nach einer Pause, in welcher er sich von seinem Erstaunen erholt hatte, denn er dachte nicht anders, als daß der Schauspieler, sobald er mit seiner jungen Gattin befreit worden, das Theater aufsuchen werde. Es schien ihm eben so natürlich und notwendig, als daß der Frosch das Wasser sucht. Nicht einen Augenblick hatte er daran gezweifelt, und mußte nun zu seinem Erstaunen das Gegenteil erfahren.

Ja, versetzte der andere, ich habe mir vorgenommen, nicht wieder auf das Theater zurückzukehren, vielmehr eine bürgerliche Bedienung, sie sei auch welche sie wolle, anzunehmen, wenn ich nur eine erhalten kann.

Das ist ein sonderbarer Entschluß, den ich nicht billigen kann; denn ohne besondere Ursache ist es niemals ratsam, die Lebensart, die man ergriffen hat, zu verändern, und überdies wüßte ich keinen Stand, der so viel Annehmlichkeiten, so viel reizende Aussichten darböte, als den eines Schauspielers.

Man sieht, daß Sie keiner gewesen sind, versetzte jener. —

Darauf sagte Wilhelm: Mein Herr, wie selten ist der Mensch mit dem Zustande zufrieden, in dem er sich befindet! Er wünscht sich immer den seines Nächsten, aus welchem sich dieser gleichfalls heraussehnt. —

Indes bleibt doch ein Unterschied, versetzte Melina, zwischen dem Schlimmen und dem Schlimmern; Erfahrung, nicht Ungeduld, macht mich so handeln. Ist wohl irgend ein Stückchen Brot kümmerlicher, unsicherer und mühseliger in der Welt? Beinahe wäre es eben so gut, vor den Türen zu betteln. Was hat man von dem Neide seiner Mitgenossen, und der Parteilichkeit des Direktors, von der veränderlichen Laune des Publikums auszustehen! Wahrhaftig, man muß ein Fell haben wie ein Bär, der in Gesellschaft von Affen und Hunden an der Kette herumgeführt und geprügelt wird, um bei dem Tone eines Dudelsacks vor Kindern und Pöbel zu tanzen.

Wilhelm dachte allerlei bei sich selbst, was er jedoch dem guten Menschen nicht in's Gesicht sagen wollte. Er ging also nur von ferne mit dem Gespräch um ihn herum. Jener ließ sich desto aufrichtiger und weitläufiger heraus. — Täte es nicht Not, sagte er, daß ein Direktor jedem Stadtrate zu Füßen fiele, um nur die Erlaubnis zu haben, vier Wochen zwischen der Messe ein paar Groschen mehr an einem Orte zirkulieren zu lassen. Ich habe den unsrigen, der so weit ein guter Mann war, oft bedauert, wenn er mir gleich zu anderer Zeit Ursache zu Mißvergnügen gab. Ein guter Akteur steigert ihn, die schlechten kann er nicht los werden; und wenn er seine Einnahme einigermaßen der Ausgabe gleich setzen will, so ist es dem Publikum gleich zu viel, das Haus steht leer, und man muß, um nur nicht gar zu Grunde zu gehen, mit Schaden und Kummer spielen. Nein, mein Herr! da Sie sich unsrer, wie Sie sagen, annehmen mögen, so bitte ich Sie, sprechen Sie auf das ernstlichste mit den Eltern meiner Geliebten! Man versorge mich hier, man gebe mir einen kleinen Schreiber- oder Einnehmer-Dienst, und ich will mich glücklich schätzen.

Nachdem sie noch einige Worte gewechselt hatten, schied Wilhelm mit dem Versprechen, morgen ganz früh die Eltern anzugehen und zu sehen, was er ausrichten könne. Kaum war er allein, so mußte er sich in folgenden Ausrufungen Luft machen: Unglücklicher Melina, nicht in deinem Stande, sondern in dir liegt das Armselige, über das du nicht Herr werden kannst! Welcher Mensch in der Welt, der ohne innern Beruf ein Handwerk, eine Kunst oder irgend eine Lebensart ergriffe, müßte nicht wie du seinen Zustand unerträglich finden? Wer *mit* einem Talente *zu* einem Talente geboren ist, findet in demselben sein schönstes Dasein! Nichts ist auf der Erde ohne Beschwerlichkeit! Nur der innere Trieb, die Lust, die Liebe helfen uns Hindernisse überwinden, Wege bahnen, und uns aus dem engen Kreise, worin sich andere kümmerlich abängstigen, emporheben. *Dir* sind die Bretter nichts als Bretter, und die Rollen, was einem Schulknaben sein Pensum ist. Die Zuschauer siehst du an, wie sie sich selbst an Werkeltagen vorkommen. Dir könnte es also freilich einerlei sein, hinter einem Pult über liniierten Büchern zu sitzen, Zinsen einzutragen und Reste herauszustochern. Du fühlst nicht das zusammenbrennende, zusammentreffende Ganze, das allein durch den Geist erfunden, begriffen und ausgeführt wird; du fühlst nicht, daß in den Menschen ein besserer Funke lebt, der, wenn er keine Nahrung erhält, wenn er nicht geregt wird, von der Asche täglicher Bedürfnisse und Gleichgültigkeit tiefer bedeckt, und doch so spät und fast nie erstickt wird. Du fühlst in deiner Seele keine Kraft ihn aufzublasen, in deinem eignen Herzen keinen Reichtum, um dem erweckten Nahrung zu geben. Der Hunger treibt dich, die Unbequemlichkeiten sind dir zuwider, und es ist dir verborgen, daß in jedem Stande diese Feinde lauern, die nur mit Freudigkeit und Gleichmut zu überwinden sind. Du tust wohl, dich in jene Gränzen einer gemeinen Stelle zu sehnen; denn welche würdest du wohl ausfüllen, die Geist und Mut verlangt! Gib einem Soldaten, einem Staatsmanne, einem Geistlichen deine Gesinnungen, und mit eben so viel Recht wird er sich über das Kümmerliche seines Standes beschweren können. Ja, hat es nicht sogar Menschen gegeben, die von allem Lebensgefühl so ganz verlassen waren, daß sie das ganze Leben und Wesen der Sterblichen für ein Nichts, für ein kummervolles und staubgleiches Dasein erklärt haben? Regten sich lebendig in deiner Seele die Gestalten wirkender Menschen, wärmte deine Brust ein teilnehmendes Feuer, verbreitete sich über deine ganze Gestalt die Stimmung, die aus dem Innersten kommt, wären die Töne deiner Kehle, die Worte deiner Lippen lieblich anzuhören, fühltest du dich genug in dir selbst, so würdest du dir gewiß Ort und Gelegenheit aufsuchen, dich in andern fühlen zu können.

Unter solchen Worten und Gedanken hatte sich unser Freund ausgekleidet, und stieg mit einem Gefühle des innigsten Behagens zu Bette. Ein ganzer Roman, was er an der Stelle des Unwürdigen morgenden Tages tun würde, entwickelte sich in seiner Seele, angenehme Phantasien begleiteten ihn in das Reich des Schlafes sanft hinüber, und überließen ihn dort ihren Geschwistern, den Träumen, die ihn mit offenen Armen aufnahmen, und das ruhende Haupt unsers Freundes mit dem Vorbilde des Himmels umgaben.

Am frühen Morgen war er schon wieder erwacht, und dachte seiner vorstehenden Unterhandlung nach. Er kehrte in das Haus der verlassenen Eltern zurück, wo man ihn mit Verwunderung aufnahm. Er trug sein Anbringen bescheiden vor, und fand gar bald mehr und weniger Schwierigkeiten, als er vermutet hatte. Geschehen war es einmal, und wenn gleich außerordentlich strenge und harte Leute sich gegen das Vergangene und Nichtzuändernde mit Gewalt zu setzen, und das Übel dadurch zu vermehren pflegen, so hat dagegen das Geschehene auf die Gemüter der meisten eine unwiderstehliche Gewalt, und was unmöglich schien, nimmt sogleich, als es geschehen ist, neben dem Gemeinen seinen Platz ein. Es war also bald ausgemacht, daß der Herr Melina die Tochter heiraten sollte; dagegen sollte sie wegen ihrer Unart kein Heiratsgut mitnehmen und versprechen, das Vermächtnis einer Tante, noch einige Jahre, gegen geringe Interessen, in des Vaters Händen zu lassen. Der zweite Punkt, wegen einer bürgerlichen Versorgung, fand schon größere Schwierigkeiten. Man wollte das ungeratene Kind nicht vor Augen sehen, man wollte die Verbindung eines hergelaufenen Menschen mit einer so angesehenen Familie, welche sogar mit einem Superintendenten verwandt war, sich durch die Gegenwart nicht beständig aufrücken lassen; man konnte eben so wenig hoffen, daß die fürstlichen Kollegien ihm eine Stelle anvertrauen würden. Beide Eltern waren gleich stark dagegen, und Wilhelm, der sehr eifrig dafür sprach, weil er dem Menschen, den er geringschätzte, die Rückkehr auf das Theater nicht gönnte, und überzeugt war, daß er eines solchen Glückes nicht wert sei, konnte mit allen seinen Argumenten nichts ausrichten. Hätte er die geheimen Triebfedern gekannt, so würde er sich die Mühe gar nicht gegeben haben, die Eltern überreden zu wollen. Denn der Vater, der seine Tochter gerne bei sich behalten hätte, haßte den jungen Menschen, weil seine Frau selbst ein Auge auf ihn geworfen hatte, und diese konnte in ihrer Stieftochter eine glückliche Nebenbuhlerin nicht vor Augen leiden. Und so mußte Melina wider seinen Willen mit seiner jungen Braut, die schon größere Lust bezeigte, die Welt zu sehen und sich der Welt sehen zu lassen, nach einigen Tagen abreisen, um bei irgend einer Gesellschaft ein Unterkommen zu finden.

Funfzehntes Kapitel

Glückliche Jugend! Glückliche Zeiten des ersten Liebesbedürfnisses! Der Mensch ist dann wie ein Kind, das sich am Echo stundenlang ergötzt, die Unkosten des Gespräches allein trägt, und mit der Unterhaltung wohl zufrieden ist, wenn der unsichtbare Gegenpart auch nur die letzten Sylben der ausgerufenen Worte wiederholt.

So war Wilhelm in den frühern, besonders aber in den spätern Zeiten seiner Leidenschaft für Marianen, als er den ganzen Reichtum seines Gefühls auf sie hinüber trug, und sich dabei als einen Bettler ansah, der von ihren Almosen lebte. Und wie uns eine Gegend reizender, ja allein reizend vorkommt, wenn sie von der Sonne beschienen wird, so war auch alles in seinen Augen verschönert und verherrlicht, was sie umgab, was sie berührte.

Wie oft stand er auf dem Theater hinter den Wänden, wozu er sich das Privilegium von dem Direktor erbeten hatte! Dann war freilich die perspektivische Magie verschwunden, aber die viel mächtigere Zauberei der Liebe fing erst an zu wirken. Stundenlang konnte er am schmutzigen Lichtwagen stehen, den Qualm der Unschlitt-Lampen einziehen, nach der Geliebten hinausblicken, und, wenn sie wieder hereintrat und ihn freundlich ansah, sich in Wonne verloren dicht an dem Balken- und Latten-Gerippe in einen paradiesischen Zustand versetzt fühlen. Die ausgestopften Lämmchen, die Wasserfälle von Zindel, die pappenen Rosenstöcke und die einseitigen Strohhütten erregten in ihm liebliche dichterische Bilder uralter Schäferwelt. Sogar die in der Nähe häßlich erscheinenden Tänzerinnen waren ihm nicht immer zuwider, weil sie auf Einem Brette mit seiner Vielgeliebten standen. Und so ist es gewiß, daß Liebe, welche Rosenlauben, Myrtenwäldchen und Mondschein erst beleben muß, auch sogar Hobelspänen und Papierschnitzeln einen Anschein belebter Naturen geben kann. Sie ist eine so starke Würze, daß selbst schale und ekle Brühen davon schmackhaft werden.

Solch einer Würze bedurft' es freilich, um jenen Zustand leidlich, ja in der Folge angenehm zu machen, in welchem er gewöhnlich ihre Stube, ja gelegentlich sie selbst antraf.

In einem feinen Bürgerhause erzogen, war Ordnung und Reinlichkeit das Element, worin er atmete, und indem er von seines Vaters Prunkliebe einen Teil geerbt hatte, wußte er in den Knabenjahren sein Zimmer, das er als sein kleines Reich ansah, stattlich auszustaffieren. Seine Bettvorhänge waren in große Falten aufgezogen und mit Quasten befestigt, wie man Thronen vorzustellen pflegt; er hatte sich einen Teppich in die Mitte des Zimmers, und einen feinern auf den Tisch anzuschaffen gewußt; seine Bücher und Gerätschaften legte und stellte er fast mechanisch so, daß ein niederländischer Maler gute Gruppen zu seinen Still-Leben hätte herausnehmen können. Eine weiße Mütze hatte er wie einen Turban zurecht gebunden, und die Ärmel seines Schlafrocks nach orientalischem Kostüme kurz stutzen lassen. Doch gab er hiervon die Ursache an, daß die langen weiten Ärmel ihn im Schreiben hinderten. Wenn er Abends ganz allein war, und nicht mehr fürchten durfte gestört zu werden, trug er gewöhnlich eine seidene Schärpe um den Leib, und er soll manchmal einen Dolch, den er sich aus einer alten Rüstkammer zugeeignet, in den Gürtel gesteckt, und so die ihm zugeteilten tragischen Rollen memoriert und probiert, ja in eben dem Sinne sein Gebet knieend auf dem Teppich verrichtet haben.

Wie glücklich pries er daher in früheren Zeiten den Schauspieler, den er im Besitz so mancher majestätischen Kleider, Rüstungen und Waffen, und in steter Übung eines edlen Betragens sah, dessen Geist einen Spiegel des Herrlichsten und Prächtigsten, was die Welt an Verhältnissen, Gesinnungen und Leidenschaften hervorgebracht, darzustellen schien. Eben so dachte sich Wilhelm auch das häusliche Leben eines Schauspielers als eine Reihe von würdigen Handlungen und Beschäftigungen, davon die Erscheinung auf dem Theater die äußerste Spitze sei, etwa wie ein Silber, das vom Läuter-Feuer lange herum getrieben worden, endlich farbigschön vor den Augen des Arbeiters erscheint, und ihm zugleich andeutet, daß das Metall nunmehr von allen fremden Zusätzen gereiniget sei.

Wie sehr stutzte er daher anfangs, wenn er sich bei seiner Geliebten befand, und durch den glücklichen Nebel, der ihn umgab, neben aus auf Tische, Stühle und Boden sah. Die Trümmer eines augenblicklichen, leichten und falschen Putzes lagen, wie das glänzende Kleid eines abgeschuppten Fisches, zerstreut in wilder Unordnung durch einander. Die Werkzeuge menschlicher Reinlichkeit, als Kämme, Seife, Tücher waren mit den Spuren ihrer Bestimmung gleichfalls nicht versteckt. Musik, Rollen und Schuhe, Wäsche und italiänische Blumen, Etuis, Haarnadeln, Schminktöpfchen und Bänder, Bücher und Strohhüte, keines verschmähte die Nachbarschaft des andern, alle waren durch ein gemeinschaftliches Element, durch Puder und Staub, vereinigt. Jedoch da Wilhelm in ihrer Gegenwart wenig von allem andern bemerkte, ja vielmehr ihm alles, was ihr gehörte, sie berührt hatte, lieb werden mußte, so fand er zuletzt in dieser verworrenen Wirtschaft einen Reiz, den er in seiner stattlichen Prunkordnung niemals empfunden hatte. Es war ihm — wenn er hier ihre Schnürbrust wegnahm, um zum Klavier zu kommen, dort ihre Röcke auf's Bette legte, um sich setzen zu können, wenn sie selbst mit unbefangener Freimütigkeit manches Natürliche, das man sonst gegen einen andern aus Anstand zu verheimlichen pflegt, vor ihm nicht zu verbergen suchte — es war ihm, sag' ich, als wenn er ihr mit jedem Augenblicke näher würde, als wenn eine Gemeinschaft zwischen ihnen durch unsichtbare Bande befestigt würde.

Nicht eben so leicht konnte er die Aufführung der übrigen Schauspieler, die er bei seinen ersten Besuchen manchmal bei ihr antraf, mit seinen Begriffen vereinigen. Geschäftig im Müßiggange schienen sie an ihren Beruf und Zweck am wenigsten zu denken; über den poetischen Wert eines Stückes hörte er sie niemals reden, und weder richtig noch unrichtig darüber urteilen; es war immer nur die Frage: Was wird das Stück *machen*? Ist es ein Zugstück? Wie lange wird es spielen? Wie oft kann es wohl gegeben werden? und was Fragen und Bemerkungen dieser Art mehr waren. Dann ging es gewöhnlich auf den Direktor los, daß er mit der Gage zu karg, und besonders gegen den einen und den andern ungerecht sei, dann auf das Publikum, daß es mit seinem Beifall selten den rechten Mann belohne, daß das deutsche Theater sich täglich verbessere, daß der Schauspieler nach seinen Verdiensten immer mehr geehrt werde, und nicht genug geehrt werden könne. Dann sprach man viel von Kaffeehäusern und Weingärten, und was daselbst vorgefallen, wie viel irgend ein Kamerad Schulden habe und Abzug leiden müsse, von Disproportion der wöchentlichen Gage, von Kabalen einer Gegenpartei; wobei denn doch zuletzt die große und verdiente Aufmerksamkeit des Publikums wieder in

Betracht kam, und der Einfluß des Theaters auf die Bildung einer Nation und der Welt nicht vergessen wurde.

Alle diese Dinge, die Wilhelmen sonst schon manche unruhige Stunde gemacht hatten, kamen ihm gegenwärtig wieder in's Gedächtnis, als ihn sein Pferd langsam nach Hause trug, und er die verschiedenen Vorfälle, die ihm begegnet waren, überlegte. Die Bewegung, welche durch die Flucht eines Mädchens in eine gute Bürgerfamilie, ja in ein ganzes Städtchen gekommen war, hatte er mit Augen gesehen; die Szenen auf der Landstraße und im Amthause, die Gesinnungen Melina's, und was sonst noch vorgegangen war, stellten sich ihm wieder dar, und brachten seinen lebhaften vordringenden Geist in eine Art von sorglicher Unruhe, die er nicht lange ertrug, sondern seinem Pferde die Sporen gab und nach der Stadt zueilte.

Allein auch auf diesem Wege rannte er nur neuen Unannehmlichkeiten entgegen. Werner, sein Freund und vermutlicher Schwager, wartete auf ihn, um ein ernsthaftes, bedeutendes und unerwartetes Gespräch mit ihm anzufangen.

Werner war einer von der geprüften, in ihrem Dasein bestimmten Leuten, die man gewöhnlich kalte Leute zu nennen pflegt, weil sie bei Anlässen weder schnell noch sichtlich auflodern; auch war sein Umgang mit Wilhelmen ein anhaltender Zwist, wodurch sich ihre Liebe aber nur desto fester knüpfte: denn ungeachtet ihrer verschiedenen Denkungsart fand jeder seine Rechnung bei dem andern. Werner tat sich darauf etwas zu gute, daß er dem vortrefflichen, obgleich gelegentlich ausschweifenden Geist Wilhelms mitunter Zügel und Gebiß anzulegen schien, und Wilhelm fühlte oft einen herrlichen Triumph, wenn er seinen bedächtlichen Freund in warmer Aufwallung mit sich fortnahm. So übte sich einer an dem andern, sie wurden gewohnt sich täglich zu sehen, und man hätte sagen sollen, das Verlangen einander zu finden, sich mit einander zu besprechen, sei durch die Unmöglichkeit, einander verständlich zu werden, vermehrt worden. Im Grunde aber gingen sie doch, weil sie beide gute Menschen waren, neben einander, mit einander nach Einem Ziel, und konnten niemals begreifen, warum denn keiner den andern auf seine Gesinnung reduzieren könne.

Werner bemerkte seit einiger Zeit, daß Wilhelms Besuche seltner wurden, daß er in Lieblingsmaterien kurz und zerstreut abbrach, daß er sich nicht mehr in lebhafte Ausbildung seltsamer Vorstellungen vertiefte, an welcher sich freilich ein freies, in der Gegenwart des Freundes Ruhe und Zufriedenheit findendes Gemüt am sichersten erkennen läßt. Der pünktliche und bedächtige Werner suchte anfangs den Fehler in seinem eignen Betragen, bis ihn einige Stadtgespräche auf die rechte Spur brachten, und einige Unvorsichtigkeiten Wilhelms ihn der Gewißheit näher führten. Er ließ sich auf eine Untersuchung ein, und entdeckte gar bald, daß Wilhelm vor einiger Zeit eine Schauspielerin öffentlich besucht, mit ihr auf dem

Theater gesprochen und sie nach Hause gebracht habe; er wäre trostlos gewesen, wenn ihm auch die nächtlichen Zusammenkünfte bekannt geworden wären; denn er hörte, daß Mariane ein verführerisches Mädchen sei, die seinen Freund wahrscheinlich um's Geld bringe, und sich noch nebenher von dem unwürdigsten Liebhaber unterhalten lasse.

Sobald er seinen Verdacht so viel möglich zur Gewißheit erhoben, beschloß er einen Angriff auf Wilhelmen, und war mit allen Anstalten völlig in Bereitschaft, als dieser eben verdrießlich und verstimmt von seiner Reise zurückkam.

Werner trug ihm noch denselbigen Abend alles, was er wußte, erst gelassen, dann mit dem dringenden Ernste einer wohldenkenden Freundschaft vor, ließ keinen Zug unbestimmt, und gab seinem Freunde alle die Bitterkeiten zu kosten, die ruhige Menschen an Liebende mit tugendhafter Schadenfreude so freigebig auszuspenden pflegen. Aber wie man sich denken kann, richtete er wenig aus. Wilhelm versetzte mit inniger Bewegung, doch mit großer Sicherheit: Du kennst das Mädchen nicht! Der Schein ist vielleicht nicht zu ihrem Vorteil, aber ich bin ihrer Treue und Tugend so gewiß, als meiner Liebe.

Werner beharrte auf seiner Anklage, und erbot sich zu Beweisen und Zeugen. Wilhelm verwarf sie, und entfernte sich von seinem Freunde verdrießlich und erschüttert, wie einer, dem ein ungeschickter Zahnarzt einen schadhaften festsitzenden Zahn gefaßt und vergebens daran geruckt hat.

Höchst unbehaglich fand sich Wilhelm, das schöne Bild Marianens erst durch die Grillen der Reise, dann durch Werners Unfreundlichkeit in seiner Seele getrübt und beinahe entstellt zu sehen. Er griff zum sichersten Mittel, ihm die völlige Klarheit und Schönheit wieder herzustellen, indem er Nachts auf den gewöhnlichen Wegen zu ihr hineilte. Sie empfing ihn mit lebhafter Freude; denn er war bei seiner Ankunft vorbei geritten, sie hatte ihn diese Nacht erwartet, und es läßt sich denken, daß alle Zweifel bald aus seinem Herzen vertrieben wurden. Ja, ihre Zärtlichkeit schloß sein ganzes Vertrauen wieder auf, und er erzählte ihr, wie sehr sich das Publikum, wie sehr sich sein Freund an ihr versündiget.

Mancherlei lebhafte Gespräche führten sie auf die ersten Zeiten ihrer Bekanntschaft, deren Erinnerung eine der schönsten Unterhaltungen zweier Liebenden bleibt. Die ersten Schritte, die uns in den Irrgarten der Liebe bringen, sind so angenehm, die ersten Aussichten so reizend, daß man sie gar zu gern in sein Gedächtnis zurück ruft. Jeder Teil sucht einen Vorzug vor dem andern zu behalten, er habe früher uneigennütziger geliebt, und jedes wünscht in diesem Wettstreite lieber überwunden zu werden, als zu überwinden.

Wilhelm wiederholte Marianen, was sie schon so oft gehört hatte, daß sie bald seine Aufmerksamkeit von dem Schauspiel ab und auf sich allein gezogen habe, daß ihre Gestalt, ihr Spiel, ihre Stimme ihn gefesselt; wie er zuletzt nur die Stücke, in denen *sie* gespielt, besucht habe, wie er endlich auf's Theater geschlichen sei, oft, ohne von ihr bemerkt zu werden, neben ihr gestanden habe; dann sprach er mit Entzücken von dem glücklichen Abende, an dem er eine Gelegenheit gefunden, ihr eine Gefälligkeit zu erzeigen, und ein Gespräch einzuleiten.

Mariane dagegen wollte nicht Wort haben, daß sie ihn so lange nicht bemerkt hätte; sie behauptete, ihn schon auf dem Spaziergange gesehen zu haben, und bezeichnete ihm zum Beweis das Kleid, das er am selbigen Tage angehabt; sie behauptete, daß er ihr damals vor allen andern gefallen, und daß sie seine Bekanntschaft gewünscht habe.

Wie gern glaubte Wilhelm das alles! wie gern ließ er sich überreden, daß sie zu ihm, als er sich ihr genähert, durch einen unwiderstehlichen Zug hingeführt worden, daß sie absichtlich zwischen die Kulissen neben ihn getreten sei, um ihn näher zu sehen und Bekanntschaft mit ihm zu machen, und daß sie zuletzt, da seine Zurückhaltung und Blödigkeit nicht zu überwinden gewesen, ihm selbst Gelegenheit gegeben, und ihn gleichsam genötigt habe, ein Glas Limonade herbeizuholen.

Unter diesem liebevollen Wettstreit, den sie durch alle kleinen Umstände ihres kurzen Romans verfolgten, vergingen ihnen die Stunden sehr schnell, und Wilhelm verließ völlig beruhigt seine Geliebte, mit dem festen Vorsatze, sein Vorhaben unverzüglich in's Werk zu richten.

Sechzehntes Kapitel

Was zu seiner Abreise nötig war, hatten Vater und Mutter besorgt; nur einige Kleinigkeiten, die an der Equipage fehlten, verzögerten seinen Aufbruch um einige Tage. Wilhelm benutzte diese Zeit, um an Marianen einen Brief zu schreiben, wodurch er die Angelegenheit endlich zur Sprache bringen wollte, über welche sie sich mit ihm zu unterhalten bisher immer vermieden hatte. Folgendermaßen lautete der Brief:

„Unter der lieben Hülle der Nacht, die mich sonst in deinen Armen bedeckte, sitze ich und denke und schreibe an dich, und was ich sinne und treibe, ist nur um deinetwillen. O Mariane! mir, dem glücklichsten unter den Männern, ist es wie einem Bräutigam, der ahnungsvoll, welch eine neue Welt sich in ihm und durch ihn entwickeln wird, auf den festlichen Teppichen steht, und, während der heiligen Zeremonien, sich gedankenvoll lüstern vor die geheimnisreichen Vorhänge versetzt, woher ihm die Lieblichkeit der Liebe entgegen säuselt.

Ich habe über mich gewonnen, dich in einigen Tagen nicht zu sehen; es war leicht, in Hoffnung einer solchen Entschädigung, ewig mit dir zu sein, ganz der deinige zu bleiben! Soll ich wiederholen was ich wünsche? und doch ist es nötig; denn es scheint, als habest du mich bisher nicht verstanden.

Wie oft habe ich mit leisen Tönen der Treue, die, weil sie alles zu halten wünscht, wenig zu sagen wagt, an deinem Herzen geforscht nach dem Verlangen einer ewigen Verbindung. Verstanden hast du mich gewiß: denn in deinem Herzen muß eben der Wunsch keimen; vernommen hast du mich in jedem Kusse, in der anschmiegenden Ruhe jener glücklichen Abende. Da lernt' ich deine Bescheidenheit kennen, und wie vermehrte sich meine Liebe! Wo eine andere sich künstlich betragen hätte, um durch überflüssigen Sonnenschein einen Entschluß in dem Herzen ihres Liebhabers zur Reife zu bringen, eine Erklärung hervor zu locken, und ein Versprechen zu befestigen, eben da ziehst du dich zurück, schließest die halbgeöffnete Brust deines Geliebten wieder zu, und suchst durch eine anscheinende Gleichgültigkeit deine Beistimmung zu verbergen; aber ich verstehe dich! Welch ein Elender müßte ich sein, wenn ich an diesen Zeichen die reine, uneigennützige, nur für den Freund besorgte Liebe nicht erkennen wollte! Vertraue mir und sei ruhig! Wir gehören einander an, und keins von beiden verläßt oder verliert etwas, wenn wir für einander leben.

Nimm sie hin, diese Hand! feierlich noch dies überflüssige Zeichen! Alle Freuden der Liebe haben wir empfunden, aber es sind neue Seligkeiten in dem bestätigten Gedanken der Dauer. Frage nicht, wie? Sorge nicht! Das Schicksal sorgt für die Liebe, und um so gewisser, da Liebe genügsam ist.

Mein Herz hat schon lange meiner Eltern Haus verlassen; es ist bei dir, wie mein Geist auf der Bühne schwebt. O meine Geliebte! Ist wohl einem Menschen so gewährt, seine Wünsche zu verbinden, wie mir? Kein Schlaf kömmt in meine Augen, und wie eine ewige Morgenröte steigt deine Liebe und dein Glück vor mir auf und ab.

Kaum daß ich mich halte, nicht auffahre, zu dir hinrenne und mir deine Einwilligung erzwinge, und gleich morgen frühe weiter in die Welt nach meinem Ziele hinstrebe. — Nein, ich will mich bezwingen! ich will nicht unbesonnen törichte verwegene Schritte tun; mein Plan ist entworfen, und ich will ihn ruhig ausführen.

Ich bin mit Direktor Serlo bekannt, meine Reise geht gerade zu ihm, er hat vor einem Jahre oft seinen Leuten etwas von meiner Lebhaftigkeit und Freude am Theater gewünscht, und ich werde ihm gewiß willkommen sein; denn bei eurer Truppe möchte ich aus mehr als einer Ursache nicht eintreten; auch spielt Serlo so weit von hier, daß ich anfangs meinen Schritt verbergen kann. Einen leidlichen Unterhalt finde ich da gleich; ich sehe mich in dem Publico um, lerne die Gesellschaft kennen, und hole dich nach.

Mariane, du siehst, was ich über mich gewinnen kann, um dich gewiß zu haben; denn dich so lange nicht zu sehen, dich in der weiten Welt zu wissen! recht lebhaft darf ich mir's nicht denken. Wenn ich mir dann aber wieder deine Liebe vorstelle, die mich vor allem sichert, wenn du meine

Bitte nicht verschmähst, ehe wir scheiden, und du mir deine Hand vor dem Priester reichst, so werde ich ruhig gehen. Es ist nur eine Formel unter uns, aber eine so schöne Formel, der Segen des Himmels zu dem Segen der Erde. In der Nachbarschaft, im Ritterschaftlichen, geht es leicht und heimlich an.

Für den Anfang habe ich Geld genug; wir wollen teilen, es wird für uns beide hinreichen; ehe das verzehrt ist, wird der Himmel weiter helfen.

Ja, Liebste, es ist mir gar nicht bange. Was mit so viel Fröhlichkeit begonnen wird, muß ein glückliches Ende erreichen. Ich habe nie gezweifelt, daß man sein Fortkommen in der Welt finden könne, wenn es einem Ernst ist, und ich fühle Mut genug für zwei, ja für mehrere einen reichlichen Unterhalt zu gewinnen. Die Welt ist undankbar, sagen viele; ich habe noch nicht gefunden, daß sie undankbar sei, wenn man auf die rechte Art etwas für sie zu tun weiß. Mir glüht die ganze Seele bei dem Gedanken, endlich einmal aufzutreten und den Menschen in das Herz hinein zu reden, was sie sich so lange zu hören sehnen. Wie tausendmal ist es freilich mir, der ich von der Herrlichkeit des Theaters so eingenommen bin, bang durch die Seele gegangen, wenn ich die Elendesten gesehen habe sich einbilden, sie könnten uns ein großes treffliches Wort an's Herz reden! Ein Ton, der durch die Fistel gezwungen wird, klingt viel besser und reiner; es ist unerhört, wie sich diese Bursche in ihrer groben Ungeschicklichkeit versündigen.

Das Theater hat oft einen Streit mit der Kanzel gehabt; sie sollten, dünkt mich, nicht mit einander hadern. Wie sehr wäre zu wünschen, daß an beiden Orten nur durch edle Menschen Gott und Natur verherrlicht würden! Es sind keine Träume, meine Liebste! Wie ich an deinem Herzen habe fühlen können, daß du in Liebe bist; so ergreife ich auch den glänzenden Gedanken und sage — ich will's nicht aussagen, aber hoffen will ich, daß wir einst als ein Paar gute Geister den Menschen erscheinen werden, ihre Herzen aufzuschließen, ihre Gemüter zu berühren, und ihnen himmlische Genüsse zu bereiten, so gewiß mir an deinem Busen Freuden gewährt waren, die immer himmlisch genennt werden müssen, weil wir uns in jenen Augenblicken aus uns selbst gerückt, über uns selbst erhaben fühlen.

Ich kann nicht schließen; ich habe schon zu viel gesagt, und weiß nicht, ob ich dir schon alles gesagt habe, alles, was *dich* angeht: denn die Bewegung des Rades, das sich in meinem Herzen dreht, sind keine Worte vermögend auszudrücken.

Nimm dieses Blatt indes, meine Liebe! ich habe es wieder durchgelesen und finde, daß ich von vorne anfangen sollte; doch enthält es alles, was du zu wissen nötig hast, was dir Vorbereitung ist, wenn ich bald mit Fröhlichkeit der süßen Liebe an deinen Busen zurückkehre. Ich komme mir vor wie ein Gefangener, der in einem Kerker lauschend seine Fesseln abfeilt. Ich sage gute Nacht meinen sorglos schlafenden Eltern! — Lebe wohl, Geliebte! Lebe wohl! Für diesmal schließ' ich; die Augen sind mir zwei-, dreimal zugefallen; es ist schon tief in der Nacht."

Siebzehntes Kapitel

Der Tag wollte nicht endigen, als Wilhelm, seinen Brief schön gefaltet in der Tasche, sich zu Marianen hinsehnte; auch war es kaum düster geworden, als er sich wider seine Gewohnheit nach ihrer Wohnung hinschlich. Sein Plan war: sich auf die Nacht anzumelden, seine Geliebte auf kurze Zeit wieder zu verlassen, ihr, eh' er wegginge, den Brief in die Hand zu drücken, und bei seiner Rückkehr in tiefer Nacht ihre Antwort, ihre Einwilligung zu erhalten, oder durch die Macht seiner Liebkosungen zu erzwingen. Er flog in ihre Arme und konnte sich an ihrem Busen kaum wieder fassen. Die Lebhaftigkeit seiner Empfindungen verbarg ihm anfangs, daß sie nicht wie sonst mit Herzlichkeit antwortete; doch konnte sie einen ängstlichen Zustand nicht lange verbergen; sie schützte eine Krankheit, eine Unpäßlichkeit vor; sie beklagte sich über Kopfweh, sie wollte sich auf den Vorschlag, daß er heute Nacht wieder kommen wolle, nicht einlassen. Er ahnte nichts Böses, drang nicht weiter in sie; fühlte aber, daß es nicht die Stunde sei, ihr seinen Brief zu übergeben. Er behielt ihn bei sich, und da verschiedene ihrer Bewegungen und Reden ihn auf eine höfliche Weise wegzugehen nötigten, ergriff er im Taumel seiner ungenügsamen Liebe eines ihrer Halstücher, steckte es in die Tasche, und verließ wider Willen ihre Lippen und ihre Türe. Er schlich nach Hause, konnte aber auch da nicht lange bleiben, kleidete sich um, und suchte wieder die freie Luft.

Als er einige Straßen auf- und abgegangen war, begegnete ihm ein Unbekannter, der nach einem gewissen Gasthofe fragte: Wilhelm erbot sich, ihm das Haus zu zeigen; der Fremde erkundigte sich nach dem Namen der Straße, nach den Besitzern verschiedener großen Gebäude, vor denen sie vorbei gingen, sodann nach einigen Polizeieinrichtungen der Stadt, und sie waren in einem ganz interessanten Gespräche begriffen, als sie am Tore des Wirtshauses ankamen. Der Fremde nötigte seinen Führer hinein zu treten, und ein Glas Punsch mit ihm zu trinken; zugleich gab er seinen Namen an und seinen Geburtsort, auch die Geschäfte, die ihn hierher gebracht hätten, und ersuchte Wilhelmen um ein gleiches Vertrauen. Dieser verschwieg eben so wenig seinen Namen, als seine Wohnung.

Sind Sie nicht ein Enkel des alten Meisters, der die schöne Kunstsammlung besaß? fragte der Fremde.

Ja, ich bin's. Ich war zehn Jahre, als der Großvater starb, und es schmerzte mich lebhaft, diese schönen Sachen verkaufen zu sehen.

Ihr Vater hat eine große Summe Geldes dafür erhalten.

Sie wissen also davon?

O ja, ich habe diesen Schatz noch in Ihrem Hause gesehen. Ihr Großvater war nicht bloß ein Sammler, er verstand sich auf die Kunst, er war in einer frühern glücklichen Zeit in Italien gewesen, und hatte Schätze von dort mit zurück gebracht, welche jetzt um keinen Preis mehr zu haben wären. Er besaß treffliche Gemälde von den besten Meistern; man traute kaum seinen Augen, wenn man seine Handzeichnungen durchsah; unter seinen Marmorn waren einige unschätzbare Fragmente; von Bronzen besaß er eine sehr instruktive Suite; so hatte er auch seine Münzen für Kunst und Geschichte zweckmäßig gesammelt; seine wenigen geschnittenen Steine verdienten alles Lob; auch war das Ganze gut aufgestellt, wenn gleich die Zimmer und Säle des alten Hauses nicht symmetrisch gebaut waren.

Sie können denken, was wir Kinder verloren, als alle die Sachen herunter genommen und eingepackt wurden. Es waren die ersten traurigen Zeiten meines Lebens. Ich weiß noch, wie leer uns die Zimmer vorkamen, als wir die Gegenstände nach und nach verschwinden sahen, die uns von Jugend auf unterhalten hatten, und die wir eben so unveränderlich hielten, als das Haus und die Stadt selbst.

Wenn ich nicht irre, so gab Ihr Vater das gelös'te Kapital in die Handlung eines Nachbars, mit dem er eine Art Gesellschaftshandel einging.

Ganz richtig! und ihre gesellschaftlichen Spekulationen sind ihnen wohl geglückt; sie haben in diesen zwölf Jahren ihr Vermögen sehr vermehrt, und sind beide nur desto heftiger auf den Erwerb gestellt; auch hat der alte Werner einen Sohn, der sich viel besser zu diesem Handwerke schickt, als ich.

Es tut mir leid, daß dieser Ort eine solche Zierde verloren hat, als das Kabinett Ihres Großvaters war. Ich sah es noch kurz vorher, ehe es verkauft wurde, und ich darf wohl sagen, ich war Ursache, daß der Kauf zu Stande kam. Ein reicher Edelmann, ein großer Liebhaber, der aber bei so einem wichtigen Handel sich nicht allein auf sein eigen Urteil verließ, hatte mich hierher geschickt und verlangte meinen Rat. Sechs Tage besah ich das Kabinett, und am siebenten riet ich meinem Freunde, die ganze geforderte Summe ohne Anstand zu bezahlen. Sie waren als ein munterer Knabe oft um mich herum; Sie erklärten mir die Gegenstände der Gemälde, und wußten überhaupt das Kabinett recht gut auszulegen.

Ich erinnere mich einer solchen Person, aber in Ihnen hätte ich sie nicht wieder erkannt.

Es ist auch schon eine geraume Zeit, und wir verändern uns doch mehr oder weniger. Sie hatten, wenn ich mich recht erinnere, ein Lieblingsbild darunter, von dem Sie mich gar nicht weglassen wollten.

Ganz richtig! es stellte die Geschichte vor, wie der kranke Königssohn sich über die Braut seines Vaters in Liebe verzehrt.

Es war eben nicht das beste Gemälde, nicht gut zusammengesetzt, von keiner sonderlichen Farbe, und die Ausführung durchaus manieriert.

Das verstand ich nicht, und versteh' es noch nicht; der Gegenstand ist es, der mich an einem Gemälde reizt, nicht die Kunst.

Da schien Ihr Großvater anders zu denken; denn der größte Teil seiner Sammlung bestand aus trefflichen Sachen, in denen man immer das Verdienst ihres Meisters bewunderte, sie mochten vorstellen was sie wollten; auch hing dieses Bild in dem äußersten Vorsaale, zum Zeichen, daß er es wenig schätzte.

Da war es eben, wo wir Kinder immer spielen durften, und wo dieses Bild einen unauslöschlichen Eindruck auf mich machte, den mir selbst Ihre Kritik, die ich übrigens verehre, nicht auslöschen könnte, wenn wir auch jetzt vor dem Bilde stünden. Wie jammerte mich, wie jammert mich noch ein Jüngling, der die süßen Triebe, das schönste Erbteil, das uns die Natur gab, in sich verschließen, und das Feuer, das ihn und andere erwärmen und beleben sollte, in seinem Busen verbergen muß, so daß sein Innerstes unter ungeheuren Schmerzen verzehrt wird! Wie bedaure ich die Unglückliche, die sich einem andern widmen soll, wenn ihr Herz schon den würdigen Gegenstand eines wahren und reinen Verlangens gefunden hat!

Diese Gefühle sind freilich sehr weit von jenen Betrachtungen entfernt, unter denen ein Kunstliebhaber die Werke großer Meister anzusehen pflegt; wahrscheinlich würde Ihnen aber, wenn das Kabinett ein Eigentum Ihres Hauses geblieben wäre, nach und nach der Sinn für die Werke selbst aufgegangen sein, so daß sie nicht immer nur sich selbst und Ihre Neigung in den Kunstwerken gesehen hätten.

Gewiß tat mir der Verkauf des Kabinetts gleich sehr leid, und ich habe es auch in reifern Jahren öfters vermißt; wenn ich aber bedenke, daß es gleichsam so sein mußte, um eine Liebhaberei, um ein Talent in mir zu entwickeln, die weit mehr auf mein Leben wirken sollten, als jene leblosen Bilder je getan hätten; so bescheide ich mich dann gern, und verehre das Schicksal, das mein Bestes und eines jeden Bestes einzuleiten weiß.

Leider höre ich schon wieder das Wort Schicksal von einem jungen Manne aussprechen, der sich eben in einem Alter befindet, wo man gewöhnlich seinen lebhaften Neigungen den Willen höherer Wesen unterzuschieben pflegt.

So glauben Sie kein Schicksal? Keine Macht, die über uns waltet, und alles zu unserm Besten lenkt?

Es ist hier die Rede nicht von meinem Glauben, noch der Ort, auszulegen, wie ich mir Dinge, die uns allen unbegreiflich sind, einigermaßen denkbar zu machen suche; hier ist nur die Frage, welche Vorstellungsart zu unserm Besten gereicht. Das Gewebe dieser Welt ist aus Notwendigkeit und Zufall gebildet; die Vernunft des Menschen stellt sich zwischen beide, und weiß sie zu beherrschen; sie behandelt das Notwendige als den

Grund ihres Daseins; das Zufällige weiß sie zu lenken, zu leiten und zu nutzen, und nur, indem sie fest und unerschütterlich steht, verdient der Mensch ein Gott der Erde genannt zu werden. Wehe dem, der sich von Jugend auf gewöhnt, in dem Notwendigen etwas Willkürliches finden zu wollen, der dem Zufälligen eine Art von Vernunft zuschreiben möchte, welcher zu folgen sogar eine Religion sei. Heißt das etwas weiter, als seinem eignen Verstande entsagen, und seinen Neigungen unbedingten Raum geben? Wir bilden uns ein, fromm zu sein, indem wir ohne Überlegung hinschlendern, uns durch angenehme Zufälle determinieren lassen, und endlich dem Resultate eines solchen schwankenden Lebens den Namen einer göttlichen Führung geben.

Waren Sie niemals in dem Falle, daß ein kleiner Umstand Sie veranlaßte, einen gewissen Weg einzuschlagen, auf welchem bald eine gefällige Gelegenheit Ihnen entgegen kam, und eine Reihe von unerwarteten Vorfällen Sie endlich an's Ziel brachte, das Sie selbst noch kaum in's Auge gefaßt hatten? Sollte das nicht Ergebenheit in das Schicksal, Zutrauen zu einer solchen Leitung einflößen? —

Mit diesen Gesinnungen könnte kein Mädchen ihre Tugend, niemand sein Geld im Beutel behalten; denn es gibt Anlässe genug, beides los zu werden. Ich kann mich nur über *den* Menschen freuen, der weiß, was ihm und andern nütze ist, und seine Willkür zu beschränken arbeitet. Jeder hat sein eigen Glück unter den Händen, wie der Künstler eine rohe Materie, die er zu einer Gestalt umbilden will. Aber es ist mit dieser Kunst wie mit allen; nur die Fähigkeit dazu wird uns angeboren, sie will gelernt und sorgfältig ausgeübt sein.

Dieses und mehreres wurde noch unter ihnen abgehandelt; endlich trennten sie sich, ohne daß sie einander sonderlich überzeugt zu haben schienen, doch bestimmten sie auf den folgenden Tag einen Ort der Zusammenkunft.

Wilhelm ging noch einige Straßen auf und nieder; er hörte Klarinetten, Waldhörner und Fagotte, es schwoll sein Busen. Durchreisende Spielleute machten eine angenehme Nachtmusik. Er sprach mit ihnen, und um ein Stück Geld folgten sie ihm zu Marianens Wohnung. Hohe Bäume zierten den Platz vor ihrem Hause, darunter stellte er seine Sänger; er selbst ruhte auf einer Bank in einiger Entfernung, und überließ sich ganz den schwebenden Tönen, die in der labenden Nacht um ihn säuselten. Unter den holden Sternen hingestreckt war ihm sein Dasein wie ein goldner Traum. — Sie hört auch diese Flöten, sagte er in seinem Herzen; sie fühlt, wessen Andenken, wessen Liebe die Nacht wohlklingend macht; auch in der Entfernung sind wir durch diese Melodien zusammengebunden, wie in jeder Entfernung durch die feinste Stimmung der Liebe. Ach! zwei liebende Herzen, sie sind wie zwei Magnetuhren; was in der einen sich regt, muß auch die andere mit bewegen, denn es ist nur Eins, was in beiden wirkt, Eine Kraft, die sie durchgeht. Kann ich in ihren Armen eine

Möglichkeit fühlen, mich von ihr zu trennen? und doch, ich werde fern von ihr sein, werde einen Heilort für unsere Liebe suchen, und werde sie immer mit mir haben.

Wie oft ist mir's geschehen, daß ich abwesend von ihr, in Gedanken an sie verloren, ein Buch, ein Kleid oder sonst etwas berührte, und glaubte ihre Hand zu fühlen, so ganz war ich mit ihrer Gegenwart umkleidet. Und jener Augenblicke mich zu erinnern, die das Licht des Tages wie das Auge des kalten Zuschauers fliehen, die zu genießen Götter den schmerzlosen Zustand der reinen Seligkeit zu verlassen sich entschließen dürften! — Mich zu erinnern? — Als wenn man den Rausch des Taumelkelchs in der Erinnerung erneuern könnte, der unsere Sinne, von himmlischen Banden umstrickt, aus aller ihrer Fassung reißt. — Und ihre Gestalt — — Er verlor sich im Andenken an sie, seine Ruhe ging in Verlangen über, er umfaßte einen Baum, fühlte seine heiße Wange an der Rinde, und die Winde der Nacht saugten begierig den Hauch auf, der aus dem reinen Busen bewegt hervordrang. Er fühlte nach dem Halstuch, das er von ihr mitgenommen hatte, es war vergessen, es steckte im vorigen Kleide. Seine Lippen lechzten, seine Glieder zitterten vor Verlangen.

Die Musik hörte auf, und es war ihm, als wär' er aus dem Elemente gefallen, in dem seine Empfindungen bisher empor getragen wurden. Seine Unruhe vermehrte sich, da seine Gefühle nicht mehr von den sanften Tönen genährt und gelindert wurden. Er setzte sich auf ihre Schwelle nieder, und war schon mehr beruhigt. Er küßte den messingenen Ring, womit man an ihre Türe pochte, er küßte die Schwelle, über die ihre Füße aus und ein gingen, und erwärmte sie durch das Feuer seiner Brust. Dann saß er wieder eine Weile stille, und dachte sie hinter ihren Vorhängen, im weißen Nachtkleide mit dem roten Band um den Kopf in süßer Ruhe, und dachte sich selbst so nahe zu ihr hin, daß ihm vorkam, sie müßte nun von ihm träumen. Seine Gedanken waren lieblich, wie die Geister der Dämmerung; Ruhe und Verlangen wechselten in ihm; die Liebe lief mit schaudernder Hand tausendfältig über alle Saiten seiner Seele; es war, als wenn der Gesang der Sphären über ihm stille stünde, um die leisen Melodien seines Herzens zu belauschen.

Hätte er den Hauptschlüssel bei sich gehabt, der ihm sonst Marianens Türe öffnete, er würde sich nicht gehalten haben, würde in's Heiligtum der Liebe eingedrungen sein. Doch er entfernte sich langsam, schwankte halb träumend unter den Bäumen hin, wollte nach Hause, und ward immer wieder umgewendet; endlich als er's über sich vermochte, ging, und an der Ecke noch einmal zurücksah, kam es ihm vor, als wenn Marianens Türe sich öffnete, und eine dunkle Gestalt sich heraus bewegte. Er war zu weit, um deutlich zu sehen, und eh' er sich faßte und recht aufsah, hatte sich die Erscheinung schon in der Nacht verloren; nur ganz weit glaubte er sie wieder an einem weißen Hause vorbei streifen zu sehen. Er stund und blinzte, und ehe er sich ermannte und nacheilte, war das Phantom verschwunden. Wohin sollt' er ihm folgen? Welche Straße hatte den Menschen aufgenommen, wenn es einer war?

Wie einer, dem der Blitz die Gegend in einem Winkel erhellte, gleich darauf mit geblendeten Augen die vorigen Gestalten, den Zusammenhang der Pfade in der Finsternis vergebens sucht, so war's vor seinen Augen, so war's in seinem Herzen. Und wie ein Gespenst der Mitternacht, das ungeheure Schrecken erzeugt, in folgenden Augenblicken der Fassung für ein Kind des Schreckens gehalten wird, und die fürchterliche Erscheinung Zweifel ohne Ende in der Seele zurückläßt, so war auch Wilhelm in der größten Unruhe, als er, an einen Eckstein gelehnt, die Helle des Morgens und das Geschrei der Hähne nicht achtete, bis die frühen Gewerbe lebendig zu werden anfingen, und ihn nach Hause trieben.

Er hatte, wie er zurück kam, das unerwartete Blendwerk mit den triftigsten Gründen beinahe aus der Seele vertrieben; doch die schöne Stimmung der Nacht, an die er jetzt auch nur wie an eine Erscheinung zurück dachte, war auch dahin. Sein Herz zu letzen, ein Siegel seinem wiederkehrenden Glauben aufzudrücken, nahm er das Halstuch aus der vorigen Tasche. Das Rauschen eines Zettels, der herausfiel, zog ihm das Tuch von den Lippen; er hob auf und las:

„So hab' ich dich lieb, kleiner Narre! was war dir auch gestern? Heute Nacht komm' ich zu dir. Ich glaube wohl, daß dir's leid tut, von hier wegzugehen; aber habe Geduld; auf die Messe komm' ich dir nach. Höre, tu' mir nicht wieder die schwarzgrünbraune Jacke an, du siehst drin aus wie die Hexe von Endor. Hab' ich dir nicht das weiße Negligé darum geschickt, daß ich ein weißes Schäfchen in meinen Armen haben will? Schick' mir deine Zettel immer durch die alte Sibylle; die hat der Teufel selbst zur Iris bestellt."

ZWEITES BUCH

Erstes Kapitel

Jeder, der mit lebhaften Kräften vor unsern Augen eine Absicht zu erreichen strebt, kann, wir mögen seinen Zweck loben oder tadeln, sich unsre Teilnahme versprechen; sobald aber die Sache entschieden ist, wenden wir unser Auge sogleich von ihm weg; alles, was geendigt, was abgetan da liegt, kann unsre Aufmerksamkeit keineswegs fesseln, besonders wenn wir schon frühe der Unternehmung einen übeln Ausgang prophezeit haben.

Deswegen sollen unsre Leser nicht umständlich mit dem Jammer und der Not unsers verunglückten Freundes, in die er geriet, als er seine Hoffnungen und Wünsche auf eine so unerwartete Weise zerstört sah, unterhalten werden. Wir überspringen vielmehr einige Jahre, und suchen ihn erst da wieder auf, wo wir ihn in einer Art von Tätigkeit und Genuß zu finden hoffen, wenn wir vorher nur kürzlich so viel, als zum Zusammenhang der Geschichte nötig ist, vorgetragen haben.

Die Pest oder ein böses Fieber rasen in einem gesunden, vollsaftigen Körper, den sie anfallen, schneller und heftiger, und so ward der arme Wilhelm unvermutet von einem unglücklichen Schicksale überwältigt, daß in Einem Augenblicke sein ganzes Wesen zerrüttet war. Wie wenn von ungefähr unter der Zurüstung ein Feuerwerk in Brand gerät, und die künstlich gebohrten und gefüllten Hülsen, die, nach einem gewissen Plane geordnet und abgebrannt, prächtig abwechselnde Feuerbilder in die Luft zeichnen sollten, nunmehr unordentlich und gefährlich durch einander zischen und sausen: so gingen auch jetzt in seinem Busen Glück und Hoffnung, Wollust und Freuden, Wirkliches und Geträumtes auf einmal scheiternd durch einander. In solchen wüsten Augenblicken erstarrt der Freund, der zur Rettung hinzu eilt, und dem, den es trifft, ist es eine Wohltat, daß ihn die Sinne verlassen.

Tage des lauten, ewig wiederkehrenden und mit Vorsatz erneuerten Schmerzens folgten darauf; doch sind auch diese für eine Gnade der Natur zu achten. In solchen Stunden hatte Wilhelm seine Geliebte noch nicht ganz verloren; seine Schmerzen waren unermüdet erneuerte Versuche, das Glück, das ihm aus der Seele entfloh, noch fest zu halten, die Möglichkeit desselben in der Vorstellung wieder zu erhaschen, seinen auf immer abgeschiedenen Freuden ein kurzes Nachleben zu verschaffen. Wie man einen Körper, so lange die Verwesung dauert, nicht ganz tot nennen kann, so lange die Kräfte, die vergebens nach ihren alten Bestimmungen zu wirken suchen, an der Zerstörung der Teile, die sie sonst belebten, sich abarbeiten; nur dann, wenn sich alles an einander aufgerieben hat, wenn wir das Ganze in gleichgültigen Staub zerlegt sehen, dann entsteht das erbärmliche leere Gefühl des Todes in uns, nur durch den Atem des Ewiglebenden zu erquicken.

In einem so neuen, ganzen, lieblichen Gemüte war viel zu zerreißen, zu zerstören, zu ertöten, und die schnellheilende Kraft der Jugend gab selbst der Gewalt des Schmerzens neue Nahrung und Heftigkeit. Der Streich hatte sein ganzes Dasein an der Wurzel getroffen. Werner, aus Not sein Vertrauter, griff voll Eifer zu Feuer und Schwert, um einer verhaßten Leidenschaft, dem Ungeheuer, in's innerste Leben zu dringen. Die Gelegenheit war so glücklich, das Zeugnis so bei der Hand, und wie viel Geschichten und Erzählungen wußt' er nicht zu nutzen. Er trieb's mit solcher Heftigkeit und Grausamkeit Schritt vor Schritt, ließ dem Freunde nicht das Labsal des mindesten augenblicklichen Betruges, vertrat ihm jeden Schlupfwinkel, in welchen er sich vor der Verzweiflung hätte retten können, daß die Natur, die ihren Liebling nicht wollte zu Grunde gehen lassen, ihn mit Krankheit anfiel, um ihm von der andern Seite Luft zu machen.

Ein lebhaftes Fieber mit seinem Gefolge, den Arzeneien, der Überspannung und der Mattigkeit; dabei die Bemühungen der Familie, die Liebe der Mitgebornen, die durch Mangel und Bedürfnisse sich erst recht fühlbar macht, waren so viele Zerstreuungen eines veränderten Zustandes, und eine kümmerliche Unterhaltung. Erst als er wieder besser wurde, das heißt, als seine Kräfte erschöpft waren, sah Wilhelm mit Entsetzen in den qualvollen Abgrund eines dürren Elendes hinab, wie man in den ausgebrannten hohlen Becher eines Vulkans hinunter blickt.

Nunmehr machte er sich selbst die bittersten Vorwürfe, daß er, nach so großem Verlust, noch einen schmerzenlosen, ruhigen, gleichgültigen Augenblick haben könne. Er verachtete sein eigen Herz, und sehnte sich nach dem Labsal des Jammers und der Tränen.

Um diese wieder in sich zu erwecken, brachte er vor sein Andenken alle Szenen des vergangenen Glücks. Mit der größten Lebhaftigkeit malte er sie sich aus, strebte wieder in sie hinein, und wenn er sich zur möglichsten Höhe hinauf gearbeitet hatte, wenn ihm der Sonnenschein voriger Tage wieder die Glieder zu beleben, den Busen zu heben schien, sah er rückwärts auf den schrecklichen Abgrund, labte sein Auge an der zerschmetternden Tiefe, warf sich hinunter, und erzwang von der Natur die bittersten Schmerzen. Mit so wiederholter Grausamkeit zerriß er sich selbst; denn die Jugend, die so reich an eingehüllten Kräften ist, weiß nicht, was sie verschleudert, wenn sie dem Schmerz, den ein Verlust erregt, noch so viele erzwungene Leiden zugesellt, als wollte sie dem Verlornen dadurch noch erst einen rechten Wert geben. Auch war er so überzeugt, daß dieser Verlust der einzige, der erste und letzte sei, den er in seinem Leben empfinden könne, daß er jeden Trost verabscheute, der ihm diese Leiden als endlich vorzustellen unternahm.

Zweites Kapitel

Gewöhnt, auf diese Weise sich selbst zu quälen, griff er nun auch das Übrige, was ihm nach der Liebe und mit der Liebe die größten Freuden und Hoffnungen gegeben hatte, sein Talent als Dichter und Schauspieler mit hämischer Kritik von allen Seiten an. Er sah in seinen Arbeiten nichts als eine geistlose Nachahmung einiger hergebrachten Formen, ohne innern Wert; er wollte darin nur steife Schul-Exerzitien erkennen, denen es an jedem Funken von Naturell, Wahrheit und Begeisterung fehle. In seinen Gedichten fand er nur ein monotones Sylbenmaß, in welchem, durch einen armseligen Reim zusammen gehalten, ganz gemeine Gedanken und Empfindungen sich hinschleppten; und so benahm er sich auch jede Aussicht, jede Lust, die ihn von dieser Seite noch allenfalls hätte wieder aufrichten können.

Seinem Schauspieler-Talente ging es nicht besser. Er schalt sich, daß er nicht früher die Eitelkeit entdeckt, die allein dieser Anmaßung zum Grunde gelegen. Seine Figur, sein Gang, seine Bewegung und Deklamation mußten herhalten; er sprach sich jede Art von Vorzug, jedes Verdienst, das ihn über das Gemeine empor gehoben hätte, entscheidend ab, und vermehrte seine stumme Verzweiflung dadurch auf den höchsten Grad. Denn, wenn es hart ist, der Liebe eines Weibes zu entsagen, so ist die Empfindung nicht weniger schmerzlich, von dem Umgange der Musen sich loszureißen, sich ihrer Gemeinschaft auf immer unwürdig zu erklären, und auf den schönsten und nächsten Beifall, der unsrer Person, unserm Betragen, unsrer Stimme öffentlich gegeben wird, Verzicht zu tun.

So hatte sich denn unser Freund völlig resigniert, und sich zugleich mit großem Eifer den Handelsgeschäften gewidmet. Zum Erstaunen seines Freundes und zur größten Zufriedenheit seines Vaters war niemand auf dem Comptoir und der Börse, im Laden und Gewölbe tätiger, als er; Korrespondenz und Rechnungen, und was ihm aufgetragen wurde, besorgte und verrichtete er mit größtem Fleiß und Eifer. Freilich nicht mit dem heitern Fleiße, der zugleich dem Geschäftigen Belohnung ist, wenn wir dasjenige, wozu wir geboren sind, mit Ordnung und Folge verrichten, sondern mit dem stillen Fleiße der Pflicht, der den besten Vorsatz zum Grunde hat, der durch Überzeugung genährt und durch ein innres Selbstgefühl belohnt wird; der aber doch oft, selbst dann, wenn ihm das schönste Bewußtsein die Krone reicht, einen vordringenden Seufzer kaum zu ersticken vermag.

Auf diese Weise hatte Wilhelm eine Zeitlang sehr emsig fortgelebt und sich überzeugt, daß jene harte Prüfung vom Schicksale zu seinem Besten veranstaltet worden. Er war froh, auf dem Wege des Lebens sich bei Zeiten, obgleich unfreundlich genug, gewarnt zu sehen, anstatt daß andere später und schwerer die Mißgriffe büßen, wozu sie ein jugendlicher Dünkel verleitet hat. Denn gewöhnlich wehrt sich der Mensch so lange als er kann, den Toren, den er im Busen hegt, zu verabschieden, einen Hauptirrtum zu bekennen, und eine Wahrheit einzugestehen, die ihn zur Verzweiflung bringt.

So entschlossen er war, seinen liebsten Vorstellungen zu entsagen, so war doch einige Zeit nötig, um ihn von seinem Unglücke völlig zu überzeugen. Endlich aber hatte er jede Hoffnung der Liebe, des poetischen Hervorbringens und der persönlichen Darstellung, mit triftigen Gründen, so ganz in sich vernichtet, daß er Mut faßte, alle Spuren seiner Torheit, alles, was ihn irgend noch daran erinnern könnte, völlig auszulöschen. Er hatte daher an einem kühlen Abende ein Kaminfeuer angezündet, und holte ein Reliquienkästchen hervor, in welchem sich hunderterlei Kleinigkeiten fanden, die er in bedeutenden Augenblicken von Marianen erhalten, oder derselben geraubt hatte. Jede vertrocknete Blume erinnerte ihn an die Zeit, da sie noch frisch in ihren Haaren blühte; jedes Zettelchen an die glückliche Stunde, wozu sie ihn dadurch einlud; jede Schleife an den lieblichen Ruheplatz seines Hauptes, ihren schönen Busen. Mußte nicht auf diese Weise jede Empfindung, die er schon lange getötet glaubte, sich wieder zu bewegen anfangen? Mußte nicht die Leidenschaft, über die er, abgeschieden von seiner Geliebten, Herr geworden war, in der Gegenwart dieser Kleinigkeiten wieder mächtig werden? Denn wir merken erst, wie traurig und unangenehm ein trüber Tag ist, wenn ein einziger durchdringender Sonnenblick uns den aufmunternden Glanz einer heitern Stunde darstellt.

Nicht ohne Bewegung sah er daher diese so lange bewahrten Heiligtümer nach einander in Rauch und Flamme vor sich aufgehen. Einigemal hielt er zaudernd inne, und hatte noch eine Perlenschnur und ein flornes Halstuch übrig, als er sich entschloß, mit den dichterischen Versuchen seiner Jugend das abnehmende Feuer wieder aufzufrischen.

Bis jetzt hatte er alles sorgfältig aufgehoben, was ihm, von der frühsten Entwicklung seines Geistes an, aus der Feder geflossen war. Noch lagen seine Schriften in Bündel gebunden auf dem Boden des Koffers, wohin er sie gepackt hatte, als er sie auf seiner Flucht mitzunehmen hoffte. Wie ganz anders eröffnete er sie jetzt, als er sie damals zusammen band!

Wenn wir einen Brief, den wir unter gewissen Umständen geschrieben und gesiegelt haben, der aber den Freund, an den er gerichtet war, nicht antrifft, sondern wieder zu uns zurück gebracht wird, nach einiger Zeit eröffnen, überfällt uns eine sonderbare Empfindung, indem wir unser eignes Siegel erbrechen, und uns mit unserm veränderten Selbst wie mit einer dritten Person unterhalten. Ein ähnliches Gefühl ergriff mit Heftigkeit unsern Freund, als er das erste Paket eröffnete, und die zerteilten Hefte in's Feuer warf, die eben gewaltsam aufloderten, als Werner hereintrat, sich über die lebhafte Flamme verwunderte und fragte, was hier vorgehe?

Ich gebe einen Beweis, sagte Wilhelm, daß es mir Ernst sei, ein Handwerk aufzugeben, wozu ich nicht geboren ward; und mit diesen Worten warf er das zweite Paket in das Feuer. Werner wollte ihn abhalten, allein es war geschehen.

Ich sehe nicht ein, wie du zu diesem Extrem kommst, sagte dieser. Warum sollen denn nun diese Arbeiten, wenn sie nicht vortrefflich sind, gar vernichtet werden?

Weil ein Gedicht entweder vortrefflich sein, oder gar nicht existieren soll; weil jeder, der keine Anlage hat, das Beste zu leisten, sich der Kunst enthalten, und sich vor jeder Verführung dazu ernstlich in Acht nehmen sollte. Denn freilich regt sich in jedem Menschen ein gewisses unbestimmtes Verlangen, dasjenige, was er sieht, nachzuahmen; aber dieses Verlangen beweis't gar nicht, daß auch die Kraft in uns wohne, mit dem, was wir unternehmen, zu Stande zu kommen. Sieh nur die Knaben an, wie sie jedesmal, so oft Seiltänzer in der Stadt gewesen, auf allen Planken und Balken hin und wieder gehen und balancieren, bis ein anderer Reiz sie wieder zu einem ähnlichen Spiele hinzieht. Hast du es nicht in dem Zirkel unsrer Freunde bemerkt? So oft sich ein Virtuose hören läßt, finden sich immer einige, die sogleich dasselbe Instrument zu lernen anfangen. Wie viele irren auf diesem Wege herum! Glücklich, wer den Fehlschluß von seinen Wünschen auf seine Kräfte bald gewahr wird!

Werner widersprach; die Unterredung ward lebhaft, und Wilhelm konnte nicht ohne Bewegung die Argumente, mit denen er sich selbst so oft gequält hatte, gegen seinen Freund wiederholen. Werner behauptete, es sei nicht vernünftig, ein Talent, zu dem man nur einigermaßen Neigung und Geschick habe, deswegen, weil man es niemals in der größten Vollkommenheit ausüben werde, ganz aufzugeben. Es finde sich ja so manche leere Zeit, die man dadurch ausfüllen, und nach und nach etwas hervorbringen könne, wodurch wir uns und andern ein Vergnügen bereiten.

Unser Freund, der hierin ganz anderer Meinung war, fiel ihm sogleich ein, und sagte mit großer Lebhaftigkeit:

Wie sehr irrst du, lieber Freund, wenn du glaubst, daß ein Werk, dessen erste Vorstellung die ganze Seele füllen muß, in unterbrochenen, zusammen gegeizten Stunden könne hervorgebracht werden. Nein, der Dichter muß ganz *sich*, ganz in seinen geliebten Gegenständen leben. Er, der vom Himmel innerlich auf das köstlichste begabt ist, der einen sich immer selbst vermehrenden Schatz im Busen bewahrt, er muß auch von außen ungestört mit seinen Schätzen in der stillen Glückseligkeit leben, die ein Reicher vergebens mit aufgehäuften Gütern um sich hervorzubringen sucht. Sieh die Menschen an, wie sie nach Glück und Vergnügen rennen! Ihre Wünsche, ihre Mühe, ihr Geld jagen rastlos, und wonach? nach dem, was der Dichter von der Natur erhalten hat, nach dem Genuß der Welt, nach dem Mitgefühl seiner selbst in andern, nach einem harmonischen Zusammensein mit vielen oft unvereinbaren Dingen.

Was beunruhiget die Menschen, als daß sie ihre Begriffe nicht mit den Sachen verbinden können, daß der Genuß sich ihnen unter den Händen wegstiehlt, daß das Gewünschte zu spät kommt, und daß alles Erreichte und Erlangte auf ihr Herz nicht die Wirkung tut, welche die Begierde uns in der Ferne ahnen läßt. Gleichsam wie einen Gott hat das Schicksal den Dichter über dieses alles hinüber gesetzt. Er sieht das Gewirre der Leidenschaften, Familien und Reiche sich zwecklos bewegen, er sieht die unauflöslichen Rätsel der Mißverständnisse, denen oft nur ein einsylbiges Wort zur Entwicklung fehlt, unsäglich verderbliche Verwirrungen verursachen. Er fühlt das Traurige und das Freudige jedes Menschenschicksals mit. Wenn der Weltmensch in einer abzehrenden Melancholie über großen Verlust seine Tage hinschleicht, oder in ausgelassener Freude seinem Schicksale entgegen geht, so schreitet die empfängliche leichtbewegliche Seele des Dichters wie die wandelnde Sonne von Nacht zu Tag fort, und mit leisen Übergängen stimmt seine Harfe zu Freude und Leid. Eingeboren auf dem Grund seines Herzens wächs't die schöne Blume der Weisheit hervor, und wenn die andern wachend träumen, und von ungeheuren Vorstellungen aus allen ihren Sinnen geängstiget werden, so lebt er den Traum des Lebens als ein Wachender, und das Seltenste, was geschieht, ist ihm zugleich Vergangenheit und Zukunft. Und so ist der Dichter zugleich Lehrer, Wahrsager, Freund der Götter und der Menschen. Wie! willst du, daß er zu einem kümmerlichen Gewerbe herunter steige? Er, der wie ein Vogel gebaut ist, um die Welt zu überschweben, auf hohen Gipfeln zu nisten, und seine Nahrung von Knospen und Früchten, einen Zweig mit dem andern leicht verwechselnd, zu nehmen, er sollte zugleich wie der Stier am Pfluge ziehen, wie der Hund sich auf eine Fährte gewöhnen, oder vielleicht gar an die Kette geschlossen einen Meierhof durch sein Bellen sichern?

Werner hatte, wie man sich denken kann, mit Verwunderung zugehört. Wenn nur auch die Menschen, fiel er ihm ein, wie die Vögel gemacht wären, und, ohne daß sie spinnen und weben, holdselige Tage in beständigem Genuß zubringen könnten! Wenn sie nur auch bei Ankunft des Winters sich so leicht in ferne Gegenden begäben, dem Mangel auszuweichen, und sich vor dem Froste zu sichern!

So haben die Dichter in Zeiten gelebt, wo das Ehrwürdige mehr erkannt ward, rief Wilhelm aus, und so sollten sie immer leben. Genugsam in ihrem Innersten ausgestattet bedurften sie wenig von außen; die Gabe, schöne Empfindungen, herrliche Bilder den Menschen in süßen, sich an jeden Gegenstand anschmiegenden Worten und Melodien mitzuteilen, bezauberte von jeher die Welt, und war für den Begabten ein reichliches Erbteil. An der Könige Höfen, an den Tischen der Reichen, vor den Türen der Verliebten horchte man auf sie, indem sich das Ohr und die Seele für alles andere verschloß, wie man sich selig preis't und entzückt stille steht, wenn aus den Gebüschen, durch die man wandelt, die Stimme der

Nachtigall gewaltig rührend hervordringt! Sie fanden eine gastfreie Welt, und ihr niedrig scheinender Stand erhöhte sie nur desto mehr. Der Held lauschte ihren Gesängen, und der Überwinder der Welt huldigte einem Dichter, weil er fühlte, daß ohne diesen sein ungeheures Dasein nur wie ein Sturmwind vorüberfahren würde; der Liebende wünschte sein Verlangen und seinen Genuß so tausendfach und so harmonisch zu fühlen, als ihn die beseelte Lippe zu schildern verstand; und selbst der Reiche konnte seine Besitztümer, seine Abgötter, nicht mit eigenen Augen so kostbar sehen, als sie ihm vom Glanz des allen Wert fühlenden und erhöhenden Geistes beleuchtet erschienen. Ja, wer hat, wenn du willst, Götter gebildet, uns zu ihnen erhoben, sie zu uns herniedergebracht, als der Dichter?

Mein Freund, versetzte Werner nach einigem Nachdenken, ich habe schon oft bedauert, daß du das, was du so lebhaft fühlst, mit Gewalt aus deiner Seele zu verbannen strebst. Ich müßte mich sehr irren, wenn du nicht besser tätest, dir selbst einigermaßen nachzugeben, als dich durch die Widersprüche eines so harten Entsagens aufzureiben, und dir mit der einen unschuldigen Freude den Genuß aller übrigen zu entziehen.

Darf ich dir's gestehen, mein Freund, versetzte der andre, und wirst du mich nicht lächerlich finden, wenn ich dir bekenne, daß jene Bilder mich noch immer verfolgen, so sehr ich sie fliehe, und daß, wenn ich mein Herz untersuche, alle frühen Wünsche fest, ja noch fester als sonst darin haften? Doch was bleibt mir Unglücklichem gegenwärtig übrig? Ach, wer mir vorausgesagt hätte, daß die Arme meines Geistes so bald zerschmettert werden sollten, mit denen ich in's Unendliche griff, und mit denen ich doch gewiß ein Großes zu umfassen hoffte, wer mir das vorausgesagt hätte, würde mich zur Verzweiflung gebracht haben. Und noch jetzt, da das Gericht über mich ergangen ist, jetzt, daß ich *die* verloren habe, die anstatt einer Gottheit mich zu meinen Wünschen hinüber führen sollte, was bleibt mir übrig, als mich den bittersten Schmerzen zu überlassen? O mein Bruder, fuhr er fort, ich leugne nicht, sie war mir bei meinen heimlichen Anschlägen der Kloben, an den eine Strickleiter befestigt ist; gefährlich hoffend schwebt der Abenteurer in der Luft, das Eisen bricht, und er liegt zerschmettert am Fuße seiner Wünsche. Es ist auch nun für mich kein Trost, keine Hoffnung mehr! Ich werde, rief er aus, indem er aufsprang, von diesen unglückseligen Papieren keines übrig lassen. Er faßte abermals ein paar Hefte an, riß sie auf und warf sie in's Feuer. Werner wollte ihn abhalten, aber vergebens. Laß mich! rief Wilhelm, was sollen diese elenden Blätter? Für mich sind sie weder Stufe noch Aufmunterung mehr. Sollen sie übrig bleiben, um mich bis an's Ende meines Lebens zu peinigen? Sollen sie vielleicht einmal der Welt zum Gespötte dienen, anstatt Mitleiden und Schauer zu erregen? Weh über mich und über mein Schicksal! Nun verstehe ich erst die Klagen der Dichter, der aus Not weise gewordnen Traurigen. Wie lange hielt ich mich für unzerstörbar, für unverwundlich, und ach! nun seh' ich, daß ein tiefer früher Schade nicht wieder auswachsen, sich nicht wieder herstellen kann; ich fühle, daß ich ihn mit in's Grab nehmen muß. Nein! keinen Tag des Lebens soll der Schmerz von mir weichen, der mich noch zuletzt umbringt, und auch *ihr* Andenken soll bei mir bleiben, mit mir leben und sterben, das Andenken der Unwürdigen — ach, mein Freund! wenn ich von Herzen reden soll — der gewiß nicht ganz Unwürdigen! Ihr Stand, ihre Schicksale haben sie tausendmal bei mir entschuldigt. Ich bin zu grausam gewesen, du hast mich in deine Kälte, in deine Härte unbarmherzig eingeweiht, meine zerrütteten Sinne gefangen gehalten und mich verhindert, das für sie und für mich zu tun, was ich uns beiden schuldig war. Wer weiß, in welchen Zustand ich sie versetzt habe, und erst nach und nach fällt mir's auf's Gewissen, in welcher Verzweiflung, in welcher Hülflosigkeit ich sie verließ!

War's nicht möglich, daß sie sich entschuldigen konnte? War's nicht möglich? Wie viel Mißverständnisse können die Welt verwirren, wie viel Umstände können dem größten Fehler Vergebung erflehen? — Wie oft denke ich mir sie, in der Stille für sich sitzend, auf ihren Ellenbogen gestützt. — Das ist, sagt sie, die Treue, die Liebe, die er mir zuschwur! Mit diesem unsanften Schlag das schöne Leben zu endigen, das uns verband! — Er brach in einen Strom von Tränen aus, indem er sich mit dem Gesichte auf den Tisch warf und die übergebliebenen Papiere benetzte.

Werner stand in der größten Verlegenheit dabei. Er hatte sich dieses rasche Auflodern der Leidenschaft nicht vermutet. Etlichemal wollte er seinem Freunde in die Rede fallen, etlichemal das Gespräch wo anders hinlenken, vergebens! er widerstand dem Strome nicht. Auch hier übernahm die ausdauernde Freundschaft wieder ihr Amt. Er ließ den heftigsten Anfall des Schmerzes vorüber, indem er durch seine stille Gegenwart eine aufrichtige reine Teilnehmung am besten sehen ließ, und so blieben sie diesen Abend; Wilhelm in's stille Nachgefühl des Schmerzens versenkt, und der andere erschreckt durch den neuen Ausbruch einer Leidenschaft, die er lange gemeistert und durch guten Rat und eifriges Zureden überwältigt zu haben glaubte.

Drittes Kapitel

Nach solchen Rückfällen pflegte Wilhelm meist nur desto eifriger sich den Geschäften und der Tätigkeit zu widmen, und es war der beste Weg, dem Labyrinthe, das ihn wieder anzulocken suchte, zu entfliehen. Seine gute Art, sich gegen Fremde zu betragen, seine Leichtigkeit, fast in allen lebenden Sprachen Korrespondenz zu führen, gaben seinem Vater und dessen Handelsfreunde immer mehr Hoffnung und trösteten sie über die Krankheit, deren Ursache ihnen nicht bekannt geworden war, und über die Pause, die ihren Plan unterbrochen hatte. Man beschloß Wilhelms

Abreise zum zweitenmal, und wir finden ihn auf seinem Pferde, den Mantelsack hinter sich, erheitert durch freie Luft und Bewegung, dem Gebirge sich nähern, wo er einige Aufträge ausrichten sollte.

Er durchstrich langsam Täler und Berge mit der Empfindung des größten Vergnügens. Überhangende Felsen, rauschende Wasserbäche, bewachsene Wände, tiefe Gründe sah er hier zum erstenmal, und doch hatten seine frühsten Jugendträume schon in solchen Gegenden geschwebt. Er fühlte sich bei diesem Anblicke wieder verjüngt: alle erduldeten Schmerzen waren aus seiner Seele weggewaschen, und mit völliger Heiterkeit sagte er sich Stellen aus verschiedenen Gedichten, besonders aus dem Pastor fido vor, die an diesen einsamen Plätzen scharenweis seinem Gedächtnisse zuflossen. Auch erinnerte er sich mancher Stellen aus seinen eigenen Liedern, die er mit einer besondern Zufriedenheit rezitierte. Er belebte die Welt, die vor ihm lag, mit allen Gestalten der Vergangenheit, und jeder Schritt in die Zukunft war ihm voll Ahnung wichtiger Handlungen und merkwürdiger Begebenheiten.

Mehrere Menschen, die auf einander folgend hinter ihm herkamen, an ihm mit einem Gruße vorbeigingen, und den Weg in's Gebirge, durch steile Fußpfade, eilig fortsetzten, unterbrachen einigemal seine stille Unterhaltung, ohne daß er jedoch aufmerksam auf sie geworden wäre. Endlich gesellte sich ein gesprächiger Gefährte zu ihm, und erzählte die Ursache der starken Pilgerschaft.

Zu Hochdorf, sagte er, wird heute Abend eine Komödie gegeben, wozu sich die ganze Nachbarschaft versammelt.

Wie! rief Wilhelm, in diesen einsamen Gebirgen, zwischen diesen undurchdringlichen Wäldern hat die Schauspielkunst einen Weg gefunden, und sich einen Tempel aufgebaut? und ich muß zu ihrem Feste wallfahrten?

Sie werden sich noch mehr wundern, sagte der andere, wenn Sie hören, durch wen das Stück aufgeführt wird. Es ist eine große Fabrik in dem Orte, die viel Leute ernährt. Der Unternehmer, der so zu sagen von aller menschlichen Gesellschaft entfernt lebt, weiß seine Arbeiter im Winter nicht besser zu beschäftigen, als daß er sie veranlaßt hat, Komödie zu spielen. Er leidet keine Karten unter ihnen, und wünscht sie auch sonst von rohen Sitten abzuhalten. So bringen sie die langen Abende zu, und heute, da des Alten Geburtstag ist, geben sie ihm zu Ehren eine besondere Festlichkeit.

Wilhelm kam zu Hochdorf an, wo er übernachten sollte, und stieg bei der Fabrik ab, deren Unternehmer auch als Schuldner auf seiner Liste stand.

Als er seinen Namen nannte, rief der Alte verwundert aus: Ei, mein Herr, sind Sie der Sohn des braven Mannes, dem ich so viel Dank und bis jetzt noch Geld schuldig bin? Ihr Herr Vater hat so viel Geduld mit mir gehabt, daß ich ein Bösewicht sein müßte, wenn ich nicht eilig und fröhlich bezahlte. Sie kommen eben zur rechten Zeit, um zu sehen, daß es mir Ernst ist.

Er rief seine Frau herbei, welche eben so erfreut war, den jungen Mann zu sehen; sie versicherte, daß er seinem Vater gleiche, und bedauerte, daß sie ihn wegen der vielen Fremden die Nacht nicht beherbergen könne.

Das Geschäft war klar und bald berichtigt; Wilhelm steckte ein Röllchen Gold in die Tasche, und wünschte, daß seine übrigen Geschäfte auch so leicht gehen möchten.

Die Stunde des Schauspiels kam heran, man erwartete nur noch den Oberforstmeister, der endlich auch anlangte, mit einigen Jägern eintrat, und mit der größten Verehrung empfangen wurde.

Die Gesellschaft wurde nunmehr in's Schauspielhaus geführt, wozu man eine Scheune eingerichtet hatte, die gleich am Garten lag. Haus und Theater waren, ohne sonderlichen Geschmack, munter und artig genug angelegt. Einer von den Malern, die auf der Fabrik arbeiteten, hatte bei dem Theater in der Residenz gehandlangt, und hatte nun Wald, Straße und Zimmer, freilich etwas roh, hingestellt. Das Stück hatten sie von einer herumziehenden Truppe geborgt, und nach ihrer eigenen Weise zurecht geschnitten. So wie es war, unterhielt es. Die Intrigue, daß zwei Liebhaber ein Mädchen ihrem Vormunde und wechselsweise sich selbst entreißen wollen, brachte allerlei interessante Situationen hervor. Es war das erste Stück, daß unser Freund nach einer so langen Zeit wieder sah; er machte mancherlei Betrachtungen. Es war voller Handlung, aber ohne Schilderung wahrer Charaktere. Es gefiel und ergötzte. So sind die Anfänge aller Schauspielkunst. Der rohe Mensch ist zufrieden, wenn er nur etwas vorgehen sieht; der gebildete will empfinden, und Nachdenken ist nur dem ganz ausgebildeten angenehm.

Den Schauspielern hätte er hie und da gerne nachgeholfen; denn es fehlte nur wenig, so hätten sie um vieles besser sein können.

In seinen stillen Betrachtungen störte ihn der Tabaksdampf, der immer stärker und stärker wurde. Der Oberforstmeister hatte bald nach Anfang des Stücks seine Pfeife angezündet, und nach und nach nahmen sich mehrere diese Freiheit heraus. Auch machten die großen Hunde dieses Herrn schlimme Auftritte. Man hatte sie zwar ausgesperrt; allein sie fanden bald den Weg zur Hintertür herein, liefen auf das Theater, rannten wider die Acteurs, und gesellten sich endlich durch einen Sprung über das Orchester zu ihrem Herrn, der den ersten Platz im Parterre eingenommen hatte.

Zum Nachspiel ward ein Opfer dargebracht. Ein Porträt, das den Alten in seinem Bräutigamskleide vorstellte, stand auf einem Altar, mit Kränzen behangen. Alle Schauspieler huldigten ihm in demutvollen Stellungen. Das jüngste Kind trat, weiß gekleidet, hervor, und hielt eine Rede in Versen, wodurch die ganze Familie und sogar der Oberforstmeister, der sich dabei an seine Kinder erinnerte, zu Tränen bewegt wurde. So endigte sich das Stück, und Wilhelm konnte nicht umhin, das Theater zu besteigen, die Actricen in der Nähe zu besehen, sie wegen ihres Spiels zu loben, und ihnen auf die Zukunft einigen Rat zu geben.

Die übrigen Geschäfte unsers Freundes, die er nach und nach in größern und kleinern Gebirgsorten verrichtete, liefen nicht alle so glücklich, noch so vergnügt ab. Manche Schuldner baten um Aufschub, manche waren unhöflich, manche leugneten. Nach seinem Auftrage sollte er einige verklagen; er mußte einen Advocaten aufsuchen, diesen instruieren, sich vor Gericht stellen, und was dergleichen verdrießliche Geschäfte noch mehr waren.

Eben so schlimm erging es ihm, wenn man ihm eine Ehre erzeigen wollte. Nur wenig Leute fand er, die ihn einigermaßen unterrichten konnten; wenige, mit denen er in ein nützliches Handelsverhältnis zu kommen hoffte. Da nun auch unglücklicherweise Regentage einfielen, und eine Reise zu Pferd in diesen Gegenden mit unerträglichen Beschwerden verknüpft war, so dankte er dem Himmel, als er sich dem flachen Lande wieder näherte, und am Fuße des Gebirges, in einer schönen und fruchtbaren Ebene, an einem sanften Flusse, im Sonnenscheine, ein heiteres Landstädtchen liegen sah, in welchem er zwar keine Geschäfte hatte, aber eben deswegen sich entschloß, ein paar Tage daselbst zu verweilen, um sich und seinem Pferde, das von dem schlimmen Wege sehr gelitten hatte, einige Erholung zu verschaffen.

Viertes Kapitel

Als er in einem Wirtshause auf dem Markte abtrat, ging es darin sehr lustig, wenigstens sehr lebhaft zu. Eine große Gesellschaft Seiltänzer, Springer und Gaukler, die einen starken Mann bei sich hatten, waren mit Weib und Kindern eingezogen, und machten, indem sie sich auf eine öffentliche Erscheinung bereiteten, einen Unfug über den andern. Bald stritten sie mit dem Wirte, bald unter sich selbst; und wenn ihr Zank unleidlich war, so waren die Äußerungen ihres Vergnügens ganz und gar unerträglich. Unschlüssig, ob er gehen oder bleiben sollte, stand er unter dem Tore, und sah den Arbeitern zu, die auf dem Platze ein Gerüst aufzuschlagen anfingen.

Ein Mädchen, das Rosen und andere Blumen herumtrug, bot ihm ihren Korb dar, und er kaufte sich einen schönen Strauß, den er mit Liebhaberei anders band und mit Zufriedenheit betrachtete, als das Fenster eines, an der Seite des Platzes stehenden, andern Gasthauses sich auftat, und ein wohlgebildetes Frauenzimmer sich an demselben zeigte. Er konnte ungeachtet der Entfernung bemerken, daß eine angenehme Heiterkeit ihr Gesicht belebte. Ihre blonden Haare fielen nachlässig aufgelös't um ihren Nacken; sie schien sich nach dem Fremden umzusehen. Einige Zeit darauf trat ein Knabe, der eine Frisierschürze umgegürtet und ein weißes Jäckchen anhatte, aus der Türe jenes Hauses, ging auf Wilhelmen zu, begrüßte ihn und sagte: Das Frauenzimmer am Fenster läßt Sie fragen, ob Sie ihr nicht einen Teil der schönen Blumen abtreten wollen? — Sie stehn ihr alle zu Diensten, versetzte Wilhelm, indem er dem leichten Boten das Bouquet überreichte, und zugleich der Schönen ein Kompliment machte, welches sie mit einem freundlichen Gegengruß erwiderte, und sich vom Fenster zurückzog.

Nachdenkend über dieses artige Abenteuer ging er nach seinem Zimmer die Treppe hinauf, als ein junges Geschöpf ihm entgegen sprang, das seine Aufmerksamkeit auf sich zog. Ein kurzes seidnes Westchen mit geschlitzten spanischen Ärmeln, knappe lange Beinkleider mit Puffen standen dem Kinde gar artig. Lange schwarze Haare waren in Locken und Zöpfen um den Kopf gekräuselt und gewunden. Er sah die Gestalt mit Verwunderung an, und konnte nicht mit sich einig werden, ob er sie für einen Knaben oder für ein Mädchen erklären sollte. Doch entschied er sich bald für das letzte, und hielt sie auf, da sie bei ihm vorbei kam, bot ihr einen guten Tag, und fragte sie, wem sie angehöre, ob er schon leicht sehen konnte, daß sie ein Glied der springenden und tanzenden Gesellschaft sein müsse. Mit einem scharfen schwarzen Seitenblick sah sie ihn an, indem sie sich von ihm losmachte, und in die Küche lief, ohne zu antworten.

Als er die Treppe hinauf kam, fand er auf dem weiten Vorsaale zwei Mannspersonen, die sich im Fechten übten, oder vielmehr ihre Geschicklichkeit an einander zu versuchen schienen. Der eine war offenbar von der Gesellschaft, die sich im Hause befand, der andere hatte ein weniger wildes Ansehn. Wilhelm sah ihnen zu, und hatte Ursache, sie beide zu bewundern, und als nicht lange darauf der schwarzbärtige nervige Streiter den Kampfplatz verließ, bot der andere, mit vieler Artigkeit, Wilhelmen das Rapier an.

Wenn Sie einen Schüler, versetzte dieser, in die Lehre nehmen wollen, so bin ich wohl zufrieden, mit Ihnen einige Gänge zu wagen. Sie fochten zusammen, und obgleich der Fremde dem Ankömmling weit überlegen war, so war er doch höflich genug, zu versichern, daß alles nur auf Übung ankomme; und wirklich hatte Wilhelm auch gezeigt, daß er früher von einem guten und gründlichen deutschen Fechtmeister unterrichtet worden war.

Ihre Unterhaltung ward durch das Getöse unterbrochen, mit welchem die bunte Gesellschaft aus dem Wirtshause auszog, um die Stadt von ihrem Schauspiel zu benachrichtigen, und auf ihre Künste begierig zu machen. Einem Tambour folgte der Entrepreneur zu Pferde, hinter ihm eine Tänzerin auf einem ähnlichen Gerippe, die ein Kind vor sich hielt, das mit Bändern und Flintern wohl herausgeputzt war. Darauf kam die übrige Truppe zu Fuß, wovon einige auf ihren Schultern Kinder, in abenteuerlichen Stellungen, leicht und bequem daher trugen, unter denen die junge, schwarzköpfige, düstere Gestalt Wilhelms Aufmerksamkeit auf's neue erregte.

Pagliasso lief unter der andringenden Menge drollig hin und her, und teilte mit sehr begreiflichen Späßen, indem er bald ein Mädchen küßte, bald einen Knaben pritschte, seine Zettel aus, und erweckte unter dem Volke eine unüberwindliche Begierde, ihn näher kennen zu lernen.

In den gedruckten Anzeigen waren die mannichfaltigen Künste der Gesellschaft, besonders eines Monsieur Narziß und der Demoiselle Landrinette herausgestrichen, welche beide, als Hauptpersonen, die Klugheit gehabt hatten, sich von dem Zuge zu enthalten, sich dadurch ein vornehmeres Ansehn zu geben, und größere Neugier zu erwecken.

Während des Zuges hatte sich auch die schöne Nachbarin wieder am Fenster sehen lassen, und Wilhelm hatte nicht verfehlt, sich bei seinem Gesellschafter nach ihr zu erkundigen. Dieser, den wir einstweilen Laertes nennen wollen, erbot sich, Wilhelmen zu ihr hinüber zu begleiten. Ich und das Frauenzimmer, sagte er lächelnd, sind ein paar Trümmer einer Schauspielergesellschaft, die vor kurzem hier scheiterte. Die Anmut des Orts hat uns bewogen, einige Zeit hier zu bleiben, und unsre wenige gesammelte Barschaft in Ruhe zu verzehren, indes ein Freund ausgezogen ist, ein Unterkommen für sich und uns zu suchen.

Laertes begleitete sogleich seinen neuen Bekannten zu Philinens Türe, wo er ihn einen Augenblick stehen ließ, um in einem benachbarten Laden Zuckerwerk zu holen. Sie werden mir es gewiß danken, sagte er, indem er zurück kam, daß ich Ihnen diese artige Bekanntschaft verschaffe.

Das Frauenzimmer kam ihnen auf ein paar leichten Pantöffelchen mit hohen Absätzen aus der Stube entgegen getreten. Sie hatte eine schwarze Mantille über ein weißes Neglige geworfen, das, eben weil es nicht ganz reinlich war, ihr ein häusliches und bequemes Ansehn gab; ihr kurzes Röckchen ließ die niedlichsten Füße von der Welt sehen.

Sein Sie mir willkommen! rief sie Wilhelmen zu, und nehmen Sie meinen Dank für die schönen Blumen. Sie führte ihn mit der einen Hand in's Zimmer, indem sie mit der andern den Strauß an die Brust drückte. Als sie sich niedergesetzt hatten, und in gleichgültigen Gesprächen begriffen waren, denen sie eine reizende Wendung zu geben wußte, schüttete ihr Laertes gebrannte Mandeln in den Schoß, von denen sie sogleich zu naschen anfing. Sehn Sie, welch ein Kind dieser junge Mensch ist! rief sie aus: er wird Sie überreden wollen, daß ich eine große Freundin von solchen Näschereien sei, und *er* ist's, der nicht leben kann, ohne irgend etwas Leckeres zu genießen.

Lassen Sie uns nur gestehn, versetzte Laertes, daß wir hierin, wie in mehrerem, einander gern Gesellschaft leisten. Zum Beispiel, sagte er, es ist heute ein sehr schöner Tag; ich dächte wir führen spazieren und nähmen unser Mittagsmahl auf der Mühle. — Recht gern, sagte Philine, wir müssen unserm neuen Bekannten eine kleine Veränderung machen. Laertes sprang fort, denn er ging niemals, und Wilhelm wollte einen Augenblick nach Hause, um seine Haare, die von der Reise noch verworren aussahen, in Ordnung bringen zu lassen. Das können Sie hier! sagte sie, rief ihren kleinen Diener, nötigte Wilhelmen auf die artigste Weise, seinen Rock auszuziehen, ihren Pudermantel anzulegen, und sich in ihrer Gegenwart frisieren zu lassen. Man muß ja keine Zeit versäumen, sagte sie; man weiß nicht, wie lange man beisammen bleibt.

Der Knabe, mehr trotzig und unwillig als ungeschickt, benahm sich nicht zum besten, raufte Wilhelmen, und schien sobald nicht fertig werden zu wollen. Philine verwies ihm einigemal seine Unart, stieß ihn endlich ungeduldig hinweg, und jagte ihn zur Türe hinaus. Nun übernahm sie selbst die Bemühung, und kräuselte die Haare unsers Freundes mit großer Leichtigkeit und Zierlichkeit, ob sie gleich auch nicht zu eilen schien, und bald dieses bald jenes an ihrer Arbeit auszusetzen hatte, indem sie nicht vermeiden konnte, mit ihren Knien die seinigen zu berühren, und Strauß und Busen so nahe an seine Lippen zu bringen, daß er mehr als einmal in Versuchung gesetzt ward, einen Kuß darauf zu drükken.

Als Wilhelm mit einem kleinen Pudermesser seine Stirne gereinigt hatte, sagte sie zu ihm: Stecken Sie es ein, und gedenken Sie meiner dabei. Es war ein artiges Messer; der Griff von eingelegtem Stahl zeigte die freundlichen Worte: *Gedenkt mein.* Wilhelm steckte es zu sich, dankte ihr, und bat um die Erlaubnis, ihr ein kleines Gegengeschenk machen zu dürfen.

Nun war man fertig geworden. Laertes hatte die Kutsche gebracht, und nun begann eine sehr lustige Fahrt. Philine warf jedem Armen, der sie anbettelte, etwas zum Schlage hinaus, indem sie ihm zugleich ein munteres und freundliches Wort zurief.

Sie waren kaum auf der Mühle angekommen, und hatten ein Essen bestellt, als eine Musik vor dem Hause sich hören ließ. Es waren Bergleute, die zu Zither und Triangel mit lebhaften und grellen Stimmen verschiedene artige Lieder vortrugen. Es dauerte nicht lange, so hatte eine herbeiströmende Menge einen Kreis um sie geschlossen, und die Gesellschaft nickte ihnen ihren Beifall aus den Fenstern zu. Als sie diese Aufmerksamkeit gesehen, erweiterten sie ihren Kreis, und schienen sich zu ihrem wichtigsten Stückchen vorzubereiten. Nach einer Pause trat ein Bergmann mit einer Hacke hervor, und stellte, indes die andern eine ernsthafte Melodie spielten, die Handlung des Schürfens vor.

Es währte nicht lange, so trat ein Bauer aus der Menge, und gab jenem pantomimisch drohend zu verstehen, daß er sich von hier hinwegbegeben solle. Die Gesellschaft war darüber verwundert, und erkannte erst den, in einen Bauer verkleideten, Bergmann, als er den Mund auftat, und in einer Art von Rezitativ den andern schalt, daß er wage auf seinem Acker zu hantieren. Jener kam nicht aus der Fassung, sondern fing an, den Landmann zu belehren, daß er Recht habe, hier einzuschlagen, und gab ihm dabei die ersten Begriffe vom Bergbau. Der Bauer, der die fremde Terminologie nicht verstand, tat allerlei alberne Fragen, worüber die Zuschauer, die sich klüger fühlten, ein herzliches Gelächter aufschlugen. Der Bergmann suchte ihn zu berichten, und bewies ihm den Vorteil, der zuletzt auch auf ihn fließe, wenn die unterirdischen Schätze des Landes herausgewühlt würden. Der Bauer, der jenem zuerst mit Schlägen gedroht hatte, ließ sich nach und nach besänftigen, und sie schieden als gute Freunde von einander; besonders aber zog sich der Bergmann auf die honorabelste Art aus diesem Streite.

Wir haben, sagte Wilhelm bei Tische, an diesem kleinen Dialog das lebhafteste Beispiel, wie nützlich allen Ständen das Theater sein könnte, wie vielen Vorteil der Staat selbst daraus ziehen müßte, wenn man die Handlungen, Gewerbe und Unternehmungen der Menschen von ihrer guten lobenswürdigen Seite und in dem Gesichtspunkte auf das Theater brächte, aus welchem sie der Staat selbst ehren und schützen muß. Jetzt stellen wir nur die lächerliche Seite der Menschen dar; der Lustspieldichter ist gleichsam nur ein hämischer Kontrolleur, der auf die Fehler seiner Mitbürger überall ein wachsames Auge hat und froh zu sein scheint, wenn er ihnen eins anhängen kann. Sollte es nicht eine angenehme und würdige Arbeit für einen Staatsmann sein, den natürlichen wechselseitigen Einfluß aller Stände zu überschauen, und einen Dichter, der Humor genug hätte, bei seinen Arbeiten zu leiten? Ich bin überzeugt, es könnten auf diesem Wege manche sehr unterhaltende, zugleich nützliche und lustige Stücke ersonnen werden.

So viel ich, sagte Laertes, überall wo ich herumgeschwärmt bin, habe bemerken können, weiß man nur zu verbieten, zu hindern und abzulehnen; selten aber zu gebieten, zu befördern und zu belohnen. Man läßt alles in der Welt gehn, bis es schädlich wird; dann zürnt man und schlägt drein.

Laßt mir den Staat und die Staatsleute weg, sagte Philine, ich kann mir sie nicht anders als in Perücken vorstellen, und eine Perücke, es mag sie aufhaben wer da will, erregt in meinen Fingern eine krampfhafte Bewegung; ich möchte sie gleich dem ehrwürdigen Herrn herunter nehmen, in der Stube herumspringen und den Kahlkopf auslachen.

Mit einigen lebhaften Gesängen, welche sie sehr schön vortrug, schnitt Philine das Gespräch ab, und trieb zu einer schnellen Rückfahrt, damit man die Künste der Seiltänzer am Abende zu sehen nicht versäumen möchte. Drollig bis zur Ausgelassenheit, setzte sie ihre Freigebigkeit gegen die Armen auf dem Heimwege fort, indem sie zuletzt, da ihr und ihren Reisegefährten das Geld ausging, einem Mädchen ihren Strohhut und einem alten Weibe ihr Halstuch zum Schlage hinauswarf.

Philine lud beide Begleiter zu sich in ihre Wohnung, weil man, wie sie sagte, aus ihren Fenstern das öffentliche Schauspiel besser als im andern Wirtshause sehen könne.

Als sie ankamen, fanden sie das Gerüst aufgeschlagen, und den Hintergrund mit aufgehängten Teppichen geziert. Die Schwungbretter waren schon gelegt, das Schlappseil an die Pfosten befestigt, und das straffe Seil über die Böcke gezogen. Der Platz war ziemlich mit Volk gefüllt, und die Fenster mit Zuschauern einiger Art besetzt.

Pagliaß bereitete erst die Versammlung mit einigen Albernheiten, worüber die Zuschauer immer zu lachen pflegen, zur Aufmerksamkeit und guten Laune vor. Einige Kinder, deren Körper die seltsamsten Verrenkungen darstellten, erregten bald Verwunderung, bald Grausen, und Wilhelm konnte sich des tiefen Mitleidens nicht enthalten, als er das Kind, an dem er beim ersten Anblicke Teil genommen, mit einiger Mühe die sonderbaren Stellungen hervorbringen sah. Doch bald erregten die lustigen Springer ein lebhaftes Vergnügen, wenn sie erst einzeln, dann hinter einander und zuletzt alle zusammen sich vorwärts und rückwärts in der Luft überschlugen. Ein lautes Händeklatschen und Jauchzen erscholl aus der ganzen Versammlung.

Nun aber ward die Aufmerksamkeit auf einen ganz andern Gegenstand gewendet. Die Kinder, eins nach dem andern, mußten das Seil betreten, und zwar die Lehrlinge zuerst, damit sie durch ihre Übungen das Schauspiel verlängerten, und die Schwierigkeit der Kunst in's Licht setzten. Es zeigten sich auch einige Männer und erwachsene Frauenspersonen mit ziemlicher Geschicklichkeit; allein es war noch nicht Monsieur Narziß, noch nicht Demoiselle Landrinette.

Endlich traten auch diese aus einer Art von Zelt hinter aufgespannten roten Vorhängen hervor, und erfüllten durch ihre angenehme Gestalt und zierlichen Putz die bisher glücklich genährte Hoffnung der Zuschauer. *Er*, ein munteres Bürschchen von mittlerer Größe, schwarzen Augen und einem starken Haarzopf; *sie*, nicht minder wohl und kräftig gebildet; beide zeigten sich nach einander auf dem Seile mit leichten Bewegungen, Sprüngen und seltsamen Posituren. Ihre Leichtigkeit, seine Verwegenheit, die Genauigkeit, womit beide ihre Kunststücke ausführten, erhöhten mit jedem Schritt und Sprung das allgemeine Vergnügen. Der Anstand, womit sie sich betrugen, die anscheinenden Bemühungen der andern um sie gaben ihnen das Ansehn, als wenn sie Herr und Meister der ganzen Truppe wären, und jedermann hielt sie des Ranges wert.

Die Begeisterung des Volks teilte sich den Zuschauern an den Fenstern mit, die Damen sahen unverwandt nach Narzissen, die Herren nach Landrinetten. Das Volk jauchzte, und das feinere Publikum enthielt sich nicht des Klatschens; kaum daß man noch über Pagliassen lachte. Wenige nur schlichen sich weg, als einige von der Truppe, um Geld zu sammeln, sich mit zinnernen Tellern durch die Menge drängten.

Sie haben ihre Sache, dünkt mich, gut gemacht, sagte Wilhelm zu Philinen, die bei ihm am Fenster lag, ich bewundere ihren Verstand, womit sie auch geringe Kunststückchen, nach und nach und zur rechten Zeit angebracht, gelten zu machen wußten, und wie sie aus der Ungeschicklichkeit ihrer Kinder und aus der Virtuosität ihrer Besten ein Ganzes zusammen arbeiteten, das erst unsre Aufmerksamkeit erregte, und dann uns auf das angenehmste unterhielt.

Das Volk hatte sich nach und nach verlaufen, und der Platz war leer geworden, indes Philine und Laertes über die Gestalt und die Geschicklichkeit Narzissens und Landrinettens in Streit gerieten und sich wechselsweise neckten. Wilhelm sah das wunderbare Kind auf der Straße bei andern spielenden Kindern stehen, machte Philinen darauf aufmerksam, die sogleich, nach ihrer lebhaften Art, dem Kinde rief und winkte, und da es nicht kommen wollte, singend die Treppe hinunter klapperte und es heraufführte.

Hier ist das Rätsel, rief sie, als sie das Kind zur Türe herein zog. Es blieb am Eingange stehen, eben als wenn es gleich wieder hinaus schlüpfen wollte, legte die rechte Hand vor die Brust, die linke vor die Stirn, und bückte sich tief. Fürchte dich nicht, liebe Kleine, sagte Wilhelm, indem er auf sie los ging. Sie sah ihn mit unsicherm Blick an, und trat einige Schritte näher.

Wie nennest du dich? fragte er. — Sie heißen mich Mignon. — Wie viel Jahre hast du? — Es hat sie niemand gezählt. — Wer war dein Vater? — Der große Teufel ist tot. —

Nun das ist wunderlich genug! rief Philine aus. Man fragte sie noch einiges; sie brachte ihre Antworten in einem gebrochenen Deutsch und mit einer sonderbar feierlichen Art vor; dabei legte sie jedesmal die Hände an Brust und Haupt und neigte sich tief.

Wilhelm konnte sie nicht genug ansehen. Seine Augen und sein Herz wurden unwiderstehlich von dem geheimnisvollen Zustande dieses Wesens angezogen. Er schätzte sie zwölf bis dreizehn Jahre; ihr Körper war gut gebaut, nur daß ihre Glieder einen stärkern Wuchs versprachen, oder einen zurückgehaltenen ankündigten. Ihre Bildung war nicht regelmäßig, aber auffallend; ihre Stirne geheimnisvoll, ihre Nase außerordentlich schön, und der Mund, ob er schon für ihr Alter zu sehr geschlossen schien, und sie manchmal mit den Lippen nach einer Seite zuckte, noch immer treuherzig und reizend genug. Ihre bräunliche Gesichtsfarbe konnte man durch die Schminke kaum erkennen. Diese Gestalt prägte sich Wilhelmen sehr tief ein; er sah sie noch immer an, schwieg und vergaß der Gegenwärtigen über seinen Betrachtungen. Philine weckte ihn aus seinem Halbtraume, indem sie dem Kinde etwas übriggebliebenes Zuckerwerk reichte, und ihm ein Zeichen gab, sich zu entfernen. Es machte seinen Bückling, wie oben, und fuhr blitzschnell zur Türe hinaus.

Als die Zeit nunmehr herbei kam, daß unsre neuen Bekannten sich für diesen Abend trennen sollten, redeten sie vorher noch eine Spazierfahrt auf den morgenden Tag ab. Sie wollten abermals an einem andern Orte, auf einem benachbarten Jägerhause, ihr Mittagsmahl einnehmen. Wilhelm sprach diesen Abend noch manches zu Philinens Lobe, worauf Laertes nur kurz und leichtsinnig antwortete.

Den andern Morgen, als sie sich abermals eine Stunde im Fechten geübt hatten, gingen sie nach Philinens Gasthofe, vor welchem sie die bestellte Kutsche schon hatten anfahren sehen. Aber wie verwundert war Wilhelm, als die Kutsche verschwunden, und wie noch mehr, als Philine nicht zu Hause anzutreffen war. Sie hatte sich, so erzählte man, mit ein paar Fremden, die diesen Morgen angekommen waren, in den Wagen gesetzt, und war mit ihnen davon gefahren. Unser Freund, der sich in ihrer Gesellschaft eine angenehme Unterhaltung versprochen hatte, konnte seinen Verdruß nicht verbergen. Dagegen lachte Laertes, und rief: So gefällt sie mir! Das sieht ihr ganz ähnlich! Lassen Sie uns nur gerade nach dem Jagdhause gehen; sie mag sein, wo sie will, wir wollen ihretwegen unsere Promenade nicht versäumen.

Als Wilhelm unterwegs diese Inkonsequenz des Betragens zu tadeln fortfuhr, sagte Laertes: Ich kann nicht inkonsequent finden, wenn jemand seinem Charakter treu bleibt. Wenn sie sich etwas vornimmt oder jemanden etwas verspricht, so geschieht es nur unter der stillschweigenden Bedingung, daß es ihr auch bequem sein werde, den Vorsatz auszuführen oder ihr Versprechen zu halten. Sie verschenkt gern, aber man muß immer bereit sein, ihr das Geschenkte wieder zu geben.

Dies ist ein seltsamer Charakter, versetzte Wilhelm.

Nichts weniger als seltsam, nur daß sie keine Heuchlerin ist. Ich liebe sie deswegen, ja ich bin ihr Freund, weil sie mir das Geschlecht so rein darstellt, das ich zu hassen so viel Ursache habe. Sie ist mir die wahre Eva, die Stammmutter des weiblichen Geschlechts; so sind alle, nur wollen sie es nicht Wort haben.

Unter mancherlei Gesprächen, in welchen Laertes seinen Haß gegen das weibliche Geschlecht sehr lebhaft ausdruckte, ohne jedoch die Ursache davon anzugeben, waren sie in den Wald gekommen, in welchen Wilhelm sehr verstimmt eintrat, weil die Äußerungen des Laertes ihm die Erinnerung an sein Verhältnis zu Marianen wieder lebendig gemacht hatten. Sie fanden nicht weit von einer beschatteten Quelle, unter herrlichen alten Bäumen, Philinen allein, an einem steinernen Tische sitzen. Sie sang ihnen ein lustiges Liedchen entgegen, und als Laertes nach ihrer Gesellschaft fragte, rief sie aus: Ich habe sie schön angeführt; ich habe sie zum Besten gehabt, wie sie es verdienten. Schon unterwegs setzte ich ihre Freigebigkeit auf die Probe, und da ich bemerkte, daß sie von den kargen Näschern waren, nahm ich mir gleich vor, sie zu bestrafen. Nach unsrer Ankunft fragten sie den Kellner, was zu haben sei, der mit der gewöhnlichen Geläufigkeit seiner Zunge alles, was da war, und mehr als da war, hererzählte. Ich sah ihre Verlegenheit, sie blickten einander an, stotterten, und fragten nach dem Preise. Was bedenken Sie sich lange, rief ich aus, die Tafel ist das Geschäft eines Frauenzimmers, lassen Sie mich dafür sorgen. Ich fing darauf an, ein unsinniges Mittagmahl zu bestellen, wozu noch manches durch Boten aus der Nachbarschaft geholt werden sollte. Der Kellner, den ich durch ein paar schiefe Mäuler zum Vertrauten gemacht hatte, half mir endlich, und so haben wir sie durch die Vorstellung eines herrlichen Gastmahls dergestalt geängstigt, daß sie sich kurz und gut zu einem Spaziergange in den Wald entschlossen, von dem sie wohl schwerlich zurückkommen werden. Ich habe eine Viertelstunde auf meine eigene Hand gelacht, und werde lachen, so oft ich an die Gesichter denke. Bei Tische erinnerte sich Laertes an ähnliche Fälle; sie kamen in den Gang, lustige Geschichten, Mißverständnisse und Prellereien zu erzählen.

Ein junger Mann von ihrer Bekanntschaft aus der Stadt kam mit einem Buche durch den Wald geschlichen, setzte sich zu ihnen, und rühmte den schönen Platz. Er machte sie auf das Rieseln der Quelle, auf die Bewegung der Zweige, auf die einfallenden Lichter und auf den Gesang der Vögel aufmerksam. Philine sang ein Liedchen vom Kuckuck, welches dem Ankömmling nicht zu behagen schien; er empfahl sich bald.

Wenn ich nur nichts mehr von Natur und Naturszenen hören sollte, rief Philine aus, als er weg war; es ist nichts unerträglicher, als sich das Vergnügen vorrechnen zu lassen, das man genießt. Wenn schön Wetter ist, geht man spazieren, wie man tanzt, wenn aufgespielt wird. Wer mag aber nur einen Augenblick an die Musik, wer an's schöne Wetter denken? Der Tänzer interessiert uns, nicht die Violine, und in ein paar schöne schwarze Augen zu sehen tut einem paar blauen Augen gar zu wohl. Was sollen dagegen Quellen und Brunnen, und alte morsche Linden! Sie sah, indem sie so sprach, Wilhelmen, der ihr gegenüber saß, mit einem Blick in die Augen, dem er nicht wehren konnte, wenigstens bis an die Türe seines Herzens vorzudringen.

Sie haben Recht, versetzte er mit einiger Verlegenheit, der Mensch ist dem Menschen das Interessanteste, und sollte ihn vielleicht ganz allein interessieren. Alles andere, was uns umgibt, ist entweder nur Element, in dem wir leben, oder Werkzeug, dessen wir uns bedienen. Jemehr wir uns dabei aufhalten, jemehr wir darauf merken und Teil daran nehmen, desto schwächer wird das Gefühl unsers eignen Wertes und das Gefühl der Gesellschaft. Die Menschen, die einen großen Wert auf Gärten, Gebäude, Kleider, Schmuck oder irgend ein Besitztum legen, sind weniger gesellig und gefällig; sie verlieren die Menschen aus den Augen, welche zu erfreuen und zu versammeln nur sehr wenigen glückt. Sehn wir es nicht auch auf dem Theater? Ein guter Schauspieler macht uns bald eine elende unschickliche Dekoration vergessen, dahingegen das schönste Theater den Mangel an guten Schauspielern erst recht fühlbar macht.

Nach Tische setzte Philine sich in das beschattete hohe Gras. Ihre beiden Freunde mußten ihr Blumen in Menge herbeischaffen. Sie wand sich einen vollen Kranz, und setzte ihn auf; sie sah unglaublich reizend aus. Die Blumen reichten noch zu einem andern hin; auch den flocht sie, indem sich beide Männer neben sie setzten. Als er unter allerlei Scherz und Anspielungen fertig geworden war, drückte sie ihn Wilhelmen mit der größten Anmut auf's Haupt und rückte ihn mehr als einmal anders, bis er recht zu sitzen schien. Und ich werde, wie es scheint, leer ausgehen, sagte Laertes.

Mit nichten, versetzte Philine. Ihr sollt euch keineswegs beklagen. Sie nahm *ihren* Kranz vom Haupte und setzte ihn Laertes auf.

Wären wir Nebenbuhler, sagte dieser, so würden wir sehr heftig streiten können, welchen von beiden du am meisten begünstigst.

Da wärt ihr rechte Toren, versetzte sie, indem sie sich zu ihm hinüberbog, und ihm den Mund zum Kuß reichte, sich aber sogleich umwendete, ihren Arm um Wilhelmen schlang und einen lebhaften Kuß auf seine Lippen drückte. Welcher schmeckt am besten? fragte sie neckisch.

Wunderlich! rief Laertes. Es scheint, als wenn so etwas niemals nach Wermut schmecken könne.

So wenig, sagte Philine, als irgend eine Gabe, die jemand ohne Neid und Eigensinn genießt. Nun hätte ich, rief sie aus, noch Lust, eine Stunde zu tanzen, und dann müssen wir wohl wieder nach unsern Springern sehen.

Man ging nach dem Hause, und fand Musik daselbst. Philine, die eine gute Tänzerin war, belebte ihre beiden Gesellschafter. Wilhelm war nicht ungeschickt, allein es fehlte ihm an einer künstlichen Übung. Seine beiden Freunde nahmen sich vor, ihn zu unterrichten.

Man verspätete sich. Die Seiltänzer hatten ihre Künste schon zu produzieren angefangen. Auf dem Platze hatten sich viele Zuschauer eingefunden, doch war unsern Freunden, als sie ausstiegen, ein Getümmel merkwürdig, das eine große Anzahl Menschen nach dem Tore des Gasthofes, in welchem Wilhelm eingekehrt war, hingezogen hatte. Wilhelm sprang hinüber, um zu sehen, was es sei, und mit Entsetzen erblickte er, als er sich durch's Volk drängte, den Herrn der Seiltänzergesellschaft, der das interessante Kind bei den Haaren aus dem Hause zu schleppen bemüht war, und mit einem Peitschenstiel unbarmherzig auf den kleinen Körper losschlug.

Wilhelm fuhr wie ein Blitz auf den Mann zu, und faßte ihn bei der Brust. Laß das Kind los! schrie er wie ein Rasender, oder Einer von uns bleibt hier auf der Stelle. Er faßte zugleich den Kerl mit einer Gewalt, die nur der Zorn geben kann, bei der Kehle, daß dieser zu ersticken glaubte, das Kind losließ, und sich gegen den Angreifenden zu verteidigen suchte. Einige Leute, die mit dem Kinde Mitleiden fühlten, aber Streit anzufangen nicht gewagt hatten, fielen dem Seiltänzer sogleich in die Arme, entwaffneten ihn, und drohten ihm mit vielen Schimpfreden. Dieser, der sich jetzt nur auf die Waffen seines Mundes reduziert sah, fing gräßlich zu drohen und zu fluchen an: die faule unnütze Kreatur wolle ihre Schuldigkeit nicht tun; sie verweigere den Eiertanz zu tanzen, den er dem Publico versprochen habe; er wolle sie totschlagen, und es solle ihn niemand daran hindern. Er suchte sich los zu machen, um das Kind, das sich unter der Menge verkrochen hatte, aufzusuchen. Wilhelm hielt ihn zurück, und rief: Du sollst nicht eher dieses Geschöpf weder sehen noch berühren, bis du vor Gericht Rechenschaft gibst, wo du es gestohlen hast; ich werde dich auf's Äußerste treiben; du sollst mir nicht entgehen. Diese Rede, welche Wilhelm in der Hitze, ohne Gedanken und Absicht, aus einem dunklen Gefühl, oder, wenn man will, aus Inspiration ausgesprochen hatte, brachte den wütenden Menschen auf einmal zur Ruhe. Er rief: Was hab' ich mit der unnützen Kreatur zu schaffen! Zahlen Sie mir, was mich ihre Kleider kosten, und Sie mögen sie behalten; wir wollen diesen Abend noch einig werden. Er eilte darauf, die unterbrochene Vorstellung fortzusetzen, und die Unruhe des Publikums durch einige bedeutende Kunststücke zu befriedigen.

Wilhelm suchte nunmehr, da es stille geworden war, nach dem Kinde, das sich aber nirgends fand. Einige wollten es auf dem Boden, andere auf den Dächern der benachbarten Häuser gesehen haben. Nachdem man es aller Orten gesucht hatte, mußte man sich beruhigen, und abwarten, ob es nicht von selbst wieder herbei kommen wolle.

Indes war Narziß nach Hause gekommen, welchen Wilhelm über die Schicksale und die Herkunft des Kindes befragte. Dieser wußte nichts davon, denn er war nicht lange bei der Gesellschaft, erzählte dagegen mit großer Leichtigkeit und vielem Leichtsinne seine eigenen Schicksale. Als ihm Wilhelm zu dem großen Beifall Glück wünschte, dessen er sich zu erfreuen hatte, äußerte er sich sehr gleichgültig darüber. Wir sind gewohnt, sagte er, daß man über uns lacht, und unsre Künste bewundert; aber wir werden durch den außerordentlichen Beifall um nichts gebessert. Der Entrepreneur zahlt uns, und mag sehen, wie er zurechte kömmt. Er beurlaubte sich darauf, und wollte sich eilig entfernen.

Auf die Frage, wo er so schnell hinwolle, lächelte der junge Mensch, und gestand, daß seine Figur und Talente ihm einen solidern Beifall zugezogen, als der des großen Publikums sei. Er habe von einigen Frauenzimmern Botschaft erhalten, die sehr eifrig verlangten, ihn näher kennen zu lernen, und er fürchte, mit den Besuchen, die er abzulegen habe, vor Mitternacht kaum fertig zu werden. Er fuhr fort mit der größten Aufrichtigkeit seine Abenteuer zu erzählen, und hätte die Namen, Straßen und Häuser angezeigt, wenn nicht Wilhelm eine solche Indiskretion abgelehnt und ihn höflich entlassen hätte.

Laertes hatte indessen Landrinetten unterhalten, und versicherte, sie sei vollkommen würdig ein Weib zu sein und zu bleiben.

Nun ging die Unterhaltung mit dem Entrepreneur wegen des Kindes an, das unserm Freunde für dreißig Taler überlassen wurde, gegen welche der schwarzbärtige heftige Italiäner seine Ansprüche völlig abtrat, von der Herkunft des Kindes aber weiter nichts bekennen wollte, als daß er solches nach dem Tode seines Bruders, den man wegen seiner außerordentlichen Geschicklichkeit den großen Teufel genannt, zu sich genommen habe.

Der andere Morgen ging meist mit Aufsuchen des Kindes hin. Vergebens durchkroch man alle Winkel des Hauses und der Nachbarschaft; es war verschwunden, und man fürchtete, es möchte in ein Wasser gesprungen sein, oder sich sonst ein Leids angetan haben.

Philinens Reize konnten die Unruhe unsers Freundes nicht ableiten. Er brachte einen traurigen nachdenklichen Tag zu. Auch des Abends, da Springer und Tänzer alle ihre Kräfte aufboten, um sich dem Publico auf's beste zu empfehlen, konnte sein Gemüt nicht erheitert und zerstreut werden.

Durch den Zulauf aus benachbarten Ortschaften hatte die Anzahl der Menschen außerordentlich zugenommen, und so wälzte sich auch der Schneeball des Beifalls zu einer ungeheuren Größe. Der Sprung über die Degen und durch das Faß mit papiernen Böden machte eine große Sensation. Der starke Mann ließ zum allgemeinen Grausen, Entsetzen und Erstaunen, indem er sich mit dem Kopf und den Füßen auf ein Paar aus einander geschobene Stühle legte, auf seinen hohlschwebenden Leib einen Amboß heben und auf demselben, von einigen wackern Schmiedegesellen, ein Hufeisen fertig schmieden.

Auch war die sogenannte Herkules-Stärke, da eine Reihe Männer, auf den Schultern einer ersten Reihe stehend, abermals Frauen und Jünglinge trägt, so daß zuletzt eine lebendige Pyramide entsteht, deren Spitze ein Kind, auf den Kopf gestellt, als Knopf und Wetterfahne ziert, in diesen Gegenden noch nie gesehen worden, und endigte würdig das ganze Schauspiel. Narziß und Landrinette ließen sich in Tragsesseln auf den Schultern der Übrigen durch die vornehmsten Straßen der Stadt unter lautem Freudengeschrei des Volkes tragen. Man warf ihnen Bänder, Blumensträuße und seidene Tücher zu, und drängte sich, sie in's Gesicht zu fassen. Jedermann schien glücklich zu sein, sie anzusehen, und von ihnen eines Blicks gewürdigt zu werden.

Welcher Schauspieler, welcher Schriftsteller, ja welcher Mensch überhaupt würde sich nicht auf dem Gipfel seiner Wünsche sehen, wenn er durch irgend ein edles Wort oder eine gute Tat einen so allgemeinen Eindruck hervorbrächte? Welche köstliche Empfindung müßte es sein, wenn man gute, edle, der Menschheit würdige Gefühle eben so schnell durch einen elektrischen Schlag ausbreiten, ein solches Entzücken unter dem Volke erregen könnte, als diese Leute durch ihre körperliche Geschicklichkeit getan haben; wenn man der Menge das Mitgefühl alles Menschlichen geben, wenn man sie mit der Vorstellung des Glücks und Unglücks, der Weisheit und Torheit, ja des Unsinns und der Albernheit entzünden, erschüttern, und ihr stockendes Innere in freie, lebhafte und reine Bewegung setzen könnte. So sprach unser Freund, und da weder Philine noch Laertes gestimmt schienen, einen solchen Diskurs fortzusetzen, unterhielt er sich allein mit diesen Lieblingsbetrachtungen, als er bis spät in die Nacht um die Stadt spazierte, und seinen alten Wunsch, das Gute, Edle, Große durch das Schauspiel zu versinnlichen, wieder einmal mit aller Lebhaftigkeit und aller Freiheit einer losgebundenen Einbildungskraft verfolgte.

Fünftes Kapitel

Des andern Tages, als die Seiltänzer mit großem Geräusch abgezogen waren, fand sich Mignon sogleich wieder ein, und trat hinzu, als Wilhelm und Laertes ihre Fechtübungen auf dem Saale fortsetzten. Wo hast du gesteckt? fragte Wilhelm freundlich: du hast uns viel Sorge gemacht. Das Kind antwortete nichts, und sah ihn an. Du bist nun unser, rief Laertes, wir haben dich gekauft. — Was hast du bezahlt? fragte das Kind ganz trocken. — Hundert Dukaten, versetzte Laertes; wenn du sie wieder gibst, kannst du frei sein. — Das ist wohl viel? fragte das Kind. — O ja, du magst dich nur gut aufführen. — Ich will dienen, versetzte sie.

Von dem Augenblicke an merkte sie genau, was der Kellner den beiden Freunden für Dienste zu leisten hatte, und litt schon des andern Tages nicht mehr, daß er in's Zimmer kam. Sie wollte alles selbst tun, und machte auch ihre Geschäfte, zwar langsam und mitunter unbehülflich, doch genau und mit großer Sorgfalt.

Sie stellte sich oft an ein Gefäß mit Wasser, und wusch ihr Gesicht mit so großer Emsigkeit und Heftigkeit, daß sie sich fast die Backen aufrieb, bis Laertes durch Fragen und Necken erfuhr, daß sie die Schminke von ihren Wangen auf alle Weise los zu werden suche, und über dem Eifer, womit sie es tat, die Röte, die sie durch's Reiben hervorgebracht hatte, für die hartnäckigste Schminke halte. Man bedeutete sie, und sie ließ ab, und nachdem sie wieder zur Ruhe gekommen war, zeigte sich eine schöne braune, obgleich nur von wenigem Rot erhöhte Gesichtsfarbe.

Durch die frevelhaften Reize Philinens, durch die geheimnisvolle Gegenwart des Kindes, mehr als er sich selbst gestehen durfte, unterhalten, brachte Wilhelm verschiedene Tage in dieser sonderbaren Gesellschaft zu, und rechtfertigte sich bei sich selbst durch eine fleißige Übung in der Fecht- und Tanzkunst, wozu er so leicht nicht wieder Gelegenheit zu finden glaubte.

Nicht wenig verwundert, und gewissermaßen erfreut war er, als er eines Tages Herrn und Frau Melina ankommen sah, welche, gleich nach dem ersten frohen Gruße, sich nach der Direktrice und den übrigen Schauspielern erkundigten, und mit großem Schrecken vernahmen, daß jene sich schon lange entfernt habe, und diese bis auf wenige zerstreut seien.

Das junge Paar hatte sich nach ihrer Verbindung, zu der, wie wir wissen, Wilhelm behülflich gewesen, an einigen Orten nach Engagement umgesehen, keines gefunden, und war endlich in dieses Städtchen gewiesen worden, wo einige Personen, die ihnen unterwegs begegneten, ein gutes Theater gesehen haben wollten.

Philinen wollte Madame Melina, und Herr Melina dem lebhaften Laertes, als sie Bekanntschaft machten, keineswegs gefallen. Sie wünschten die neuen Ankömmlinge gleich wieder los zu sein, und Wilhelm konnte ihnen keine günstigen Gesinnungen beibringen, ob er ihnen gleich wiederholt versicherte, daß es recht gute Leute seien.

Eigentlich war auch das bisherige lustige Leben unsrer drei Abenteurer durch die Erweiterung der Gesellschaft auf mehr als eine Weise gestört; denn Melina fing im Wirtshause (er hatte in eben demselben, in welchem Philine wohnte, Platz gefunden) gleich zu markten und zu quengeln an. Er wollte für weniges Geld besseres Quartier, reichlichere Mahlzeit und promptere Bedienung haben. In kurzer Zeit machten Wirt und Kellner verdrießliche Gesichter, und wenn die andern, um froh zu leben, sich alles gefallen ließen, und nur geschwind bezahlten, um nicht länger an das zu denken, was schon verzehrt war, so mußte die Mahlzeit, die Melina regelmäßig sogleich berichtigte, jederzeit von vorn wieder durchgenommen werden, so daß Philine ihn ohne Umstände ein wiederkäuendes Tier nannte.

Noch verhaßter war Madame Melina dem lustigen Mädchen. Diese junge Frau war nicht ohne Bildung, doch fehlte es ihr gänzlich an Geist und Seele. Sie deklamierte nicht übel, und wollte immer deklamieren; allein man merkte bald, daß es nur eine Wortdeklamation war, die auf einzelnen Stellen lastete, und die Empfindung des Ganzen nicht ausdruckte. Bei diesem allen war sie nicht leicht jemanden, besonders Männern, unangenehm. Vielmehr schrieben ihr diejenigen, die mit ihr umgingen, gewöhnlich einen schönen Verstand zu: denn sie war, was ich mit einem Worte eine *Anempfinderin* nennen möchte; sie wußte einem Freunde, um dessen Achtung ihr zu tun war, mit einer besondern Aufmerksamkeit zu schmeicheln, in seine Ideen so lange als möglich einzugehen, sobald sie aber ganz über ihren Horizont waren, mit Ekstase eine solche neue Erscheinung aufzunehmen. Sie verstand zu sprechen und zu schweigen, und ob sie gleich kein tückisches Gemüt hatte, mit großer Vorsicht aufzupassen, wo des andern schwache Seite sein möchte.

Sechstes Kapitel

Melina hatte sich indessen nach den Trümmern der vorigen Direktion genau erkundigt. Sowohl Dekorationen als Garderobe waren an einige Handelsleute versetzt, und ein Notarius hatte den Auftrag von der Direktrice erhalten, unter gewissen Bedingungen, wenn sich Liebhaber fänden, in den Verkauf aus freier Hand zu willigen. Melina wollte die Sachen besehen und zog Wilhelmen mit sich. Dieser empfand, als man ihnen die Zimmer eröffnete, eine gewisse Neigung dazu, die er sich jedoch selbst nicht gestand. In so einem schlechten Zustande auch die geklecks'ten Dekorationen waren, so wenig scheinbar auch türkische und heidnische Kleider, alte Karrikaturröcke für Männer und Frauen, Kutten für Zauberer, Juden und Pfaffen sein mochten, so konnt' er sich doch der Empfindung nicht erwehren, daß er die glücklichsten Augenblicke seines Lebens in der Nähe eines ähnlichen Trödelkrams gefunden hatte. Hätte Melina in sein Herz sehen können, so würde er ihm eifriger zugesetzt haben, eine Summe Geldes auf die Befreiung, Aufstellung und neue Belebung dieser zerstreuten Glieder zu einem schönen Ganzen herzugeben. Welch ein glücklicher Mensch, rief Melina aus, könnte ich sein, wenn ich nur zweihundert Taler besäße, um zum Anfange den Besitz dieser ersten theatralischen Bedürfnisse zu erlangen. Wie bald wollt' ich ein kleines Schauspiel beisammen haben, das uns in dieser Stadt, in dieser Gegend, gewiß sogleich ernähren sollte. Wilhelm schwieg, und beide verließen nachdenklich die wieder eingesperrten Schätze.

Melina hatte von dieser Zeit an keinen andern Diskurs als Projekte und Vorschläge, wie man ein Theater einrichten und dabei seinen Vorteil finden könnte. Er suchte Philinen und Laertes zu interessieren, und man tat Wilhelmen Vorschläge, Geld herzuschießen, und Sicherheit dagegen anzunehmen. Diesem fiel aber erst bei dieser Gelegenheit recht auf, daß er hier so lange nicht hätte verweilen sollen; er entschuldigte sich, und wollte Anstalten machen, seine Reise fortzusetzen.

Indessen war ihm Mignons Gestalt und Wesen immer reizender geworden. In alle seinem Tun und Lassen hatte das Kind etwas Sonderbares. Es ging die Treppe weder auf noch ab, sondern sprang; es stieg auf den Geländern der Gänge weg, und eh' man sich's versah, saß es oben auf dem Schranke, und blieb eine Weile ruhig. Auch hatte Wilhelm bemerkt, daß es für jeden eine besondere Art von Gruß hatte. Ihn grüßte sie, seit einiger Zeit, mit über die Brust geschlagenen Armen. Manche Tage war sie ganz stumm, zu Zeiten antwortete sie mehr auf verschiedene Fragen, immer sonderbar, doch so, daß man nicht unterscheiden konnte, ob es Witz oder Unkenntnis der Sprache war, indem sie ein gebrochnes mit Französisch und Italiänisch durchflochtenes Deutsch sprach. In seinem Dienste war das Kind unermüdet, und früh mit der Sonne auf; es verlor sich dagegen Abends zeitig, schlief in einer Kammer auf der nackten Erde, und war durch nichts zu bewegen, ein Bette oder einen Strohsack anzunehmen. Er fand sie oft, daß sie sich wusch. Auch ihre Kleider waren reinlich, obgleich alles fast doppelt und dreifach an ihr geflickt war. Man sagte Wilhelmen auch, daß sie alle Morgen ganz früh in die Messe gehe, wohin er ihr einmal folgte, und sie in der Ecke der Kirche mit dem Rosenkranze knien und andächtig beten sah. Sie bemerkte ihn nicht, er ging nach Hause, machte sich vielerlei Gedanken über diese Gestalt, und konnte sich bei ihr nichts Bestimmtes denken!

Neues Andringen Melina's um eine Summe Geldes, zur Auslösung der mehr erwähnten Theatergerätschaften, bestimmte Wilhelmen noch mehr, an seine Abreise zu denken. Er wollte den Seinigen, die lange nichts von ihm gehört hatten, noch mit dem heutigen Posttage schreiben; er fing auch wirklich einen Brief an Wernern an, und war mit Erzählung seiner Abenteuer, wobei er, ohne es selbst zu bemerken, sich mehrmal von der Wahrheit entfernt hatte, schon ziemlich weit gekommen, als er, zu seinem Verdruß, auf der hintern Seite des Briefblatts schon einige Verse geschrieben fand, die er für Madame Melina aus seiner Schreibtafel zu kopieren angefangen hatte. Unwillig zerriß er das Blatt und verschob die Wiederholung seines Bekenntnisses auf den nächsten Posttag.

Siebentes Kapitel

Unsre Gesellschaft befand sich abermals beisammen, und Philine, die auf jedes Pferd, das vorbei kam, auf jeden Wagen, der anfuhr, äußerst aufmerksam war, rief mit großer Lebhaftigkeit: Unser Pedant! Da kommt unser allerliebster Pedant! Wen mag er bei sich haben? Sie rief und winkte zum Fenster hinaus, und der Wagen hielt stille.

Ein kümmerlich armer Teufel, den man an seinem verschabten, graulich-braunen Rocke und an seinen übelkonditionierten Unterkleidern für einen Magister, wie sie auf Akademien zu vermodern pflegen, hätte halten sollen, stieg aus dem Wagen, und entblößte, indem er Philinen zu grüßen den Hut abtat, eine übelgepuderte, aber übrigens sehr steife Perrücke, und Philine warf ihm hundert Kußhände zu.

So wie sie ihre Glückseligkeit fand, einen Teil der Männer zu lieben und ihre Liebe zu genießen, so war das Vergnügen nicht viel geringer, das sie sich so oft als möglich gab, die übrigen, die sie eben in diesem Augenblicke nicht liebte, auf eine sehr leichtfertige Weise zum Besten zu haben.

Über den Lärm, womit sie diesen alten Freund empfing, vergaß man auf die Übrigen zu achten, die ihm nachfolgten. Doch glaubte Wilhelm die zwei Frauenzimmer und einen ältlichen Mann, der mit ihnen hereintrat, zu kennen. Auch entdeckte sich's bald, daß er sie alle drei vor einigen Jahren bei der Gesellschaft, die in seiner Vaterstadt spielte, mehrmals gesehen hatte. Die Töchter waren seit der Zeit heran gewachsen; der Alte aber hatte sich wenig verändert. Dieser spielte gewöhnlich die gutmütigen polternden Alten, wovon das deutsche Theater nicht leer wird, und die man auch im gemeinen Leben nicht selten antrifft. Denn da es der Charakter unsrer Landsleute ist, das Gute ohne viel Prunk zu tun und zu leisten, so denken sie selten daran, daß es auch eine Art gebe, das Rechte mit Zierlichkeit und Anmut zu tun, und verfallen vielmehr, von einem Geiste des Widerspruchs getrieben, leicht in den Fehler, durch ein mürrisches Wesen ihre liebste Tugend im Kontraste darzustellen.

Solche Rollen spielte unser Schauspieler sehr gut, und er spielte sie so oft und ausschließlich, daß er darüber eine ähnliche Art sich zu betragen im gemeinen Leben angenommen hatte.

Wilhelm geriet in große Bewegung, sobald er ihn erkannte; denn er erinnerte sich, wie oft er diesen Mann neben seiner geliebten Mariane auf dem Theater gesehen hatte; er hörte ihn noch schelten, er hörte ihre schmeichelnde Stimme, mit der sie seinem rauhen Wesen in manchen Rollen zu begegnen hatte.

Die erste lebhafte Frage an die neuen Ankömmlinge, ob ein Unterkommen auswärts zu finden und zu hoffen sei? ward leider mit Nein beantwortet, und man mußte vernehmen, daß die Gesellschaften, bei denen man sich erkundigt, besetzt, und einige davon sogar in Sorgen seien, wegen des bevorstehenden Krieges aus einander gehen zu müssen. Der polternde Alte hatte mit seinen Töchtern, aus Verdruß und Liebe zur Abwechselung, ein vorteilhaftes Engagement aufgegeben, hatte mit dem Pedanten, den er unterwegs antraf, einen Wagen gemietet, um hieher zu kommen, wo denn auch, wie sie fanden, guter Rat teuer war.

Die Zeit, in welcher sich die Übrigen über ihre Angelegenheiten sehr lebhaft unterhielten, brachte Wilhelm nachdenklich zu. Er wünschte den Alten allein zu sprechen, wünschte und fürchtete von Marianen zu hören, und befand sich in der größten Unruhe.

Die Artigkeiten der neuangekommenen Frauenzimmer konnten ihn nicht aus seinem Traume reißen; aber ein Wortwechsel, der sich erhub, machte ihn aufmerksam. Es war Friedrich, der blonde Knabe, der Philinen aufzuwarten pflegte, sich aber diesmal lebhaft widersetzte, als er den Tisch decken und Essen herbeischaffen sollte. Ich habe mich verpflichtet, rief er aus, Ihnen zu dienen, aber nicht allen Menschen aufzuwarten. Sie gerieten darüber in einen heftigen Streit. Philine bestand darauf, er habe seine Schuldigkeit zu tun, und als er sich hartnäckig widersetzte, sagte sie ihm ohne Umstände, er könnte gehn, wohin er wolle.

Glauben Sie etwa, daß ich mich nicht von Ihnen entfernen könne? rief er aus, ging trotzig weg, machte seinen Bündel zusammen, und eilte sogleich zum Hause hinaus. Geh, Mignon, sagte Philine, und schaff' uns was wir brauchen; sag' es dem Kellner, und hilf aufwarten!

Mignon trat vor Wilhelm hin, und fragte in ihrer lakonischen Art: Soll ich? darf ich? und Wilhelm versetzte: Tu', mein Kind, was Mademoiselle dir sagt.

Das Kind besorgte alles, und wartete den ganzen Abend mit großer Sorgfalt den Gästen auf. Nach Tische suchte Wilhelm mit dem Alten einen Spaziergang allein zu machen: es gelang ihm, und nach mancherlei Fragen, wie es ihm bisher gegangen, wendete sich das Gespräch auf die ehemalige Gesellschaft, und Wilhelm wagte zuletzt nach Marianen zu fragen.

Sagen Sie mir nichts von dem abscheulichen Geschöpf! rief der Alte, ich habe verschworen, nicht mehr an sie zu denken. Wilhelm erschrak über diese Äußerung, war aber noch in größerer Verlegenheit, als der Alte fortfuhr, auf ihre Leichtigkeit und Liederlichkeit zu schmälen. Wie gern hätte unser Freund das Gespräch abgebrochen; allein er mußte nun einmal die polternden Ergießungen des wunderlichen Mannes aushalten.

Ich schäme mich, fuhr dieser fort, daß ich ihr so geneigt war. Doch hätten Sie das Mädchen näher gekannt, Sie würden mich gewiß entschuldigen. Sie war so artig, natürlich und gut, so gefällig und in jedem Sinne leidlich. Nie hätt' ich mir vorgestellt, daß Frechheit und Undank die Hauptzüge ihres Charakters sein sollten.

Schon hatte sich Wilhelm gefaßt gemacht, das Schlimmste von ihr zu hören, als er auf einmal mit Verwunderung bemerkte, daß der Ton des Alten milder wurde, seine Rede endlich stockte, und er ein Schnupftuch aus der Tasche nahm, um die Tränen zu trocknen, die zuletzt seine Rede unterbrachen.

Was ist Ihnen? rief Wilhelm aus. Was gibt Ihren Empfindungen auf einmal eine so entgegengesetzte Richtung? Verbergen Sie mir es nicht; ich nehme an dem Schicksale dieses Mädchens mehr Anteil, als Sie glauben; nur lassen Sie mich alles wissen.

Ich habe wenig zu sagen, versetzte der Alte, indem er wieder in seinen ernstlichen verdrießlichen Ton überging: ich werde es ihr nie vergeben, was ich um sie geduldet habe. Sie hatte, fuhr er fort, immer ein gewisses Zutrauen zu mir; ich liebte sie wie meine Tochter, und hatte, da meine Frau noch lebte, den Entschluß gefaßt, sie zu mir zu nehmen, und sie aus den Händen der Alten zu retten, von deren Anleitung ich mir nicht viel Gutes versprach. Meine Frau starb, das Projekt zerschlug sich.

Gegen das Ende des Aufenthalts in Ihrer Vaterstadt; es sind nicht gar drei Jahre, merkte ich ihr eine sichtbare Traurigkeit an; ich fragte sie, aber sie wich aus. Endlich machten wir uns auf die Reise. Sie fuhr mit mir in Einem Wagen, und ich bemerkte, was sie mir auch bald gestand, daß sie guter Hoffnung sei, und in der größten Furcht schwebe, von unserm Direktor verstoßen zu werden. Auch dauerte es nur kurze Zeit, so machte er die Entdeckung, kündigte ihr den Kontrakt, der ohnedies nur auf sechs Wochen stand, sogleich auf, zahlte was sie zu fordern hatte, und ließ sie, aller Vorstellungen ungeachtet, in einem kleinen Städtchen, in einem schlechten Wirtshause zurück.

Der Henker hole alle liederlichen Dirnen! rief der Alte mit Verdruß, und besonders diese, die mir so manche Stunde meines Lebens verdorben hat. Was soll ich lange erzählen, wie ich mich ihrer angenommen, was ich für sie getan, was ich an sie gehängt, wie ich auch in der Abwesenheit für sie gesorgt habe. Ich wollte lieber mein Geld in den Teich werfen, und meine Zeit hinbringen, räudige Hunde zu erziehen, als nur jemals wieder auf so ein Geschöpf die mindeste Aufmerksamkeit wenden. Was war's? Im Anfang erhielt ich Danksagungsbriefe, Nachricht von einigen Orten ihres Aufenthalts, und zuletzt kein Wort mehr, nicht einmal Dank für das Geld, das ich ihr zu ihren Wochen geschickt hatte. O die Verstellung und der Leichtsinn der Weiber ist so recht zusammengepaart, um ihnen ein bequemes Leben, und einem ehrlichen Kerl manche verdrießliche Stunde zu schaffen!

Achtes Kapitel

Man denke sich Wilhelms Zustand, als er von dieser Unterredung nach Hause kam. Alle seine alten Wunden waren wieder aufgerissen, und das Gefühl, daß sie seiner Liebe nicht ganz unwürdig gewesen, wieder lebhaft geworden; denn in dem Interesse des Alten, in dem Lobe, das er ihr wider Willen geben mußte, war unserm Freunde ihre ganze Liebenswürdigkeit wieder erschienen; ja selbst die heftige Anklage des leidenschaftlichen Mannes enthielt nichts, was sie vor Wilhelms Augen hätte herabsetzen können. Denn dieser bekannte sich selbst als Mitschuldigen ihrer Vergehungen, und ihr Schweigen zuletzt schien ihm nicht tadelhaft; er machte sich vielmehr nur traurige Gedanken darüber, sah sie als Wöchnerin, als Mutter, in der Welt ohne Hülfe herumirren, wahrscheinlich mit seinem eigenen Kinde herumirren, Vorstellungen, welche das schmerzlichste Gefühl in ihm erregten.

Mignon hatte auf ihn gewartet, und leuchtete ihm die Treppe hinauf. Als sie das Licht niedergesetzt hatte, bat sie ihn zu erlauben, daß sie ihm heute Abend mit einem Kunststücke aufwarten dürfe. Er hätte es lieber verbeten, besonders da er nicht wußte, was es werden sollte. Allein er konnte diesem guten Geschöpfe nichts abschlagen. Nach einer kurzen Zeit trat sie wieder herein. Sie trug einen Teppich unter dem Arme, den sie auf der Erde ausbreitete. Wilhelm ließ sie gewähren. Sie brachte darauf vier Lichter, stellte eins auf jeden Zipfel des Teppichs. Ein Körbchen mit Eiern, das sie darauf holte, machte die Absicht deutlicher. Künstlich abgemessen schritt sie nunmehr auf dem Teppich hin und her, und legte in gewissen Maßen die Eier aus einander, dann rief sie einen Menschen herein, der im Hause aufwartete und die Violine spielte. Er trat mit seinem Instrumente in die Ecke; sie verband sich die Augen, gab das Zeichen, und fing zugleich mit der Musik, wie ein aufgezogenes Räderwerk, ihre Bewegungen an, indem sie Takt und Melodie mit dem Schlage der Kastagnetten begleitete.

Behende, leicht, rasch, genau führte sie den Tanz. Sie trat so scharf und so sicher zwischen die Eier hinein, bei den Eiern nieder, daß man jeden Augenblick dachte, sie müsse eins zertreten oder bei schnellen Wendungen das andre fortschleudern. Mit nichten! Sie berührte keines, ob sie gleich mit allen Arten von Schritten, engen und weiten, ja sogar mit Sprüngen, und zuletzt halb knieend sich durch die Reihen durchwand.

Unaufhaltsam, wie ein Uhrwerk, lief sie ihren Weg, und die sonderbare Musik gab dem immer wieder von vorne anfangenden und losrauschenden Tanze bei jeder Wiederholung einen neuen Stoß. Wilhelm war von dem sonderbaren Schauspiele ganz hingerissen; er vergaß seiner Sorgen, folgte jeder Bewegung der geliebten Kreatur, und war verwundert, wie in diesem Tanze sich ihr Charakter vorzüglich entwickelte.

Streng, scharf, trocken, heftig, und in sanften Stellungen mehr feierlich als angenehm, zeigte sie sich. Er empfand was er schon für Mignon gefühlt in diesem Augenblicke auf einmal. Er sehnte sich, dieses verlassene Wesen an Kindesstatt seinem Herzen einzuverleiben, es in seine Arme zu nehmen, und mit der Liebe eines Vaters Freude des Lebens in ihm zu erwecken.

Der Tanz ging zu Ende; sie rollte die Eier mit den Füßen sachte zusammen auf ein Häufchen, ließ keines zurück, beschädigte keines, und stellte sich dazu, indem sie die Binde von den Augen nahm, und ihr Kunststück mit einem Bücklinge endigte.

Wilhelm dankte ihr, daß sie ihm den Tanz, den er zu sehen gewünscht, so artig und unvermutet vorgetragen habe. Er streichelte sie, und bedauerte, daß sie sich's habe so sauer werden lassen. Er versprach ihr ein neues Kleid, worauf sie heftig antwortete: Deine Farbe! Auch das versprach er ihr, ob er gleich nicht deutlich wußte, was sie darunter meine. Sie nahm die Eier zusammen, den Teppich unter den Arm, fragte, ob er noch etwas zu befehlen habe, und schwang sich zur Türe hinaus.

Von dem Musicus erfuhr er, daß sie sich seit einiger Zeit viele Mühe gegeben, ihm den Tanz, welches der bekannte Fandango war, so lange vorzusingen, bis er ihn habe spielen können. Auch habe sie ihm für seine Bemühungen etwas Geld angeboten, das er aber nicht nehmen wollen.

Neuntes Kapitel

Nach einer unruhigen Nacht, die unser Freund teils wachend, teils von schweren Träumen geängstigt, zubrachte, in denen er Marianen bald in aller Schönheit, bald in kümmerlicher Gestalt, jetzt mit einem Kinde auf dem Arm, bald desselben beraubt sah, war der Morgen kaum angebrochen, als Mignon schon mit einem Schneider hereintrat. Sie brachte graues Tuch und blauen Taffet, und erklärte nach ihrer Art, daß sie ein neues Westchen und Schifferhosen, wie sie solche an den Knaben in der Stadt gesehen, mit blauen Aufschlägen und Bändern haben wolle.

Wilhelm hatte seit dem Verlust Marianens alle muntern Farben abgelegt. Er hatte sich an das Grau, an die Kleidung der Schatten, gewöhnt, und nur etwa ein himmelblaues Futter oder ein kleiner Kragen von dieser Farbe belebte einigermaßen jene stille Kleidung. Mignon, begierig seine Farbe zu tragen, trieb den Schneider, der in kurzem die Arbeit zu liefern versprach.

Die Tanz- und Fecht-Stunden, die unser Freund heute mit Laertes nahm, wollten nicht zum besten glücken. Auch wurden sie bald durch Melina's Ankunft unterbrochen, der umständlich zeigte, wie jetzt eine kleine Gesellschaft beisammen sei, mit welcher man schon Stücke genug aufführen könne. Er erneuerte seinen Antrag, daß Wilhelm einiges Geld zum Etablissement vorstrecken solle, wobei dieser abermals seine Unentschlossenheit zeigte.

Philine und die Mädchen kamen bald hierauf mit Lachen und Lärmen herein. Sie hatten sich abermals eine Spazierfahrt ausgedacht: denn Veränderung des Orts und der Gegenstände war eine Lust, nach der sie sich immer sehnten. Täglich an einem andern Orte zu essen, war ihr höchster Wunsch. Diesmal sollte es eine Wasserfahrt werden.

Das Schiff, womit sie die Krümmungen des angenehmen Flusses hinunterfahren wollten, war schon durch den Pedanten bestellt. Philine trieb, die Gesellschaft zauderte nicht, und war bald eingeschifft.

Was fangen wir nun an? sagte Philine, indem sich alle auf die Bänke niedergelassen hatten.

Das Kürzeste wäre, versetzte Laertes, wir extemporierten ein Stück. Nehme jeder eine Rolle, die seinem Charakter am angemessensten ist, und wir wollen sehen, wie es uns gelingt.

Fürtrefflich! sagte Wilhelm, denn in einer Gesellschaft, in der man sich nicht verstellt, in welcher jedes nur seinem Sinne folgt, kann Anmut und Zufriedenheit nicht lange wohnen, und wo man sich immer verstellt, dahin kommen sie gar nicht. Es ist also nicht übel getan, wir geben uns die Verstellung gleich von Anfang zu, und sind nachher unter der Maske so aufrichtig, als wir wollen.

Ja, sagte Laertes, deswegen geht sich's so angenehm mit Weibern um, die sich niemals in ihrer natürlichen Gestalt sehen lassen.

Das macht, versetzte Madame Melina, daß sie nicht so eitel sind, wie die Männer, welche sich einbilden, sie seien schon immer liebenswürdig genug, wie sie die Natur hervorgebracht hat.

Indessen war man zwischen angenehmen Büschen und Hügeln, zwischen Gärten und Weinbergen hingefahren, und die jungen Frauenzimmer, besonders aber Madame Melina, drückten ihr Entzücken über die Gegend aus. Letztre fing sogar an, ein artiges Gedicht von der beschreibenden Gattung über eine ähnliche Naturszene feierlich herzusagen; allein Philine unterbrach sie, und schlug ein Gesetz vor, daß sich niemand unterfangen solle, von einem unbelebten Gegenstande zu sprechen; sie setzte vielmehr den Vorschlag zur extemporierten Komödie mit Eifer durch. Der polternde Alte sollte einen pensionierten Officier, Laertes einen vacierenden Fechtmeister, der Pedant einen Juden vorstellen, sie selbst wollte eine Tyrolerin machen, und überließ den Übrigen sich ihre Rollen zu wählen. Man sollte fingieren, als ob sie eine Gesellschaft weltfremder Menschen seien, die so eben auf einem Marktschiffe zusammen komme.

Sie fing sogleich mit dem Juden ihre Rolle zu spielen an, und eine allgemeine Heiterkeit verbreitete sich.

Man war nicht lange gefahren, als der Schiffer stille hielt, um mit Erlaubnis der Gesellschaft noch jemand einzunehmen, der am Ufer stand, und gewinkt hatte.

Das ist eben noch was wir brauchten, rief Philine: ein blinder Passagier fehlte noch der Reisegesellschaft.

Ein wohlgebildeter Mann stieg in das Schiff, den man an seiner Kleidung und seiner ehrwürdigen Miene wohl für einen Geistlichen hätte nehmen können. Er begrüßte die Gesellschaft, die ihm nach ihrer Weise dankte, und ihn bald mit ihrem Scherz bekannt machte. Er nahm darauf die Rolle eines Landgeistlichen an, die er zur Verwunderung aller auf das artigste durchsetzte, indem er bald ermahnte, bald Histörchen erzählte, einige schwache Seiten blicken ließ, und sich doch im Respekt zu erhalten wußte.

Indessen hatte jeder, der nur ein einzigesmal aus seinem Charakter herausgegangen war, ein Pfand geben müssen. Philine hatte sie mit großer Sorgfalt gesammlet, und besonders den geistlichen Herrn mit vielen Küssen bei der künftigen Einlösung bedroht, ob er gleich selbst nie in Strafe genommen ward. Melina dagegen war völlig ausgeplündert, Hemdenknöpfe und Schnallen, und alles, was Bewegliches an seinem Leibe war, hatte Philine zu sich genommen; denn er wollte einen reisenden Engländer vorstellen, und konnte auf keine Weise in seine Rolle hineinkommen.

Die Zeit war indes auf das angenehmste vergangen, jedes hatte seine Einbildungskraft und seinen Witz auf's möglichste angestrengt, und jedes seine Rolle mit angenehmen und unterhaltenden Scherzen ausstaffiert. So kam man an dem Ort an, wo man sich den Tag über aufhalten wollte, und Wilhelm geriet mit dem Geistlichen, wie wir ihn, seinem Aussehn und seiner Rolle nach, nennen wollen, auf dem Spaziergange bald in ein interessantes Gespräch.

Ich finde diese Übung, sagte der Unbekannte, unter Schauspielern, ja in Gesellschaft von Freunden und Bekannten, sehr nützlich. Es ist die beste Art die Menschen aus sich heraus und durch einen Umweg wieder in sich hinein zu führen. Es sollte bei jeder Truppe eingeführt sein, daß sie sich manchmal auf diese Weise üben müßte, und das Publikum würde gewiß dabei gewinnen, wenn alle Monate ein nicht geschriebenes Stück aufgeführt würde, worauf sich freilich die Schauspieler in mehrern Proben müßten vorbereitet haben.

Man dürfte sich, versetzte Wilhelm, ein extemporiertes Stück nicht als ein solches denken, das aus dem Stegreife sogleich componiert würde, sondern als ein solches, wovon zwar Plan, Handlung und Szenen-Einteilung gegeben wären, dessen Ausführung aber dem Schauspieler überlassen bliebe.

Ganz richtig, sagte der Unbekannte, und eben was diese Ausführung betrifft, würde ein solches Stück, sobald die Schauspieler nur einmal im Gang wären, außerordentlich gewinnen. Nicht die Ausführung durch Worte, denn durch diese muß freilich der überlegende Schriftsteller seine Arbeit zieren, sondern die Ausführung durch Gebärden und Mienen, Ausrufungen und was dazu gehört, kurz das stumme halblaute Spiel, welches nach und nach bei uns ganz verloren zu gehen scheint. Es sind wohl Schauspieler in Deutschland, deren Körper das zeigt, was sie denken und fühlen, die durch Schweigen, Zaudern, durch Winke, durch zarte anmutige Bewegungen des Körpers eine Rede vorzubereiten, und die Pausen des Gesprächs durch eine gefällige Pantomime mit dem Ganzen zu verbinden wissen; aber eine Übung, die einem glücklichen Naturell zu Hülfe käme, und es lehrte, mit dem Schriftsteller zu wetteifern, ist nicht so im Gange, als es zum Troste derer, die das Theater besuchen, wohl zu wünschen wäre.

Sollte aber nicht, versetzte Wilhelm, ein glückliches Naturell, als das Erste und Letzte, einen Schauspieler, wie jeden andern Künstler, ja vielleicht wie jeden Menschen, allein zu einem so hochaufgesteckten Ziele bringen?

Das Erste und Letzte, Anfang und Ende möchte es wohl sein und bleiben; aber in der Mitte dürfte dem Künstler manches fehlen, wenn nicht Bildung das erst aus ihm macht, was er sein soll, und zwar frühe Bildung; denn vielleicht ist derjenige, dem man Genie zuschreibt, übler daran als der, der nur gewöhnliche Fähigkeiten besitzt; denn jener kann leichter verbildet und viel heftiger auf falsche Wege gestoßen werden, als dieser.

Aber, versetzte Wilhelm, wird das Genie sich nicht selbst retten, die Wunden, die es sich geschlagen, selbst heilen?

Mit nichten, versetzte der andere, oder wenigstens nur notdürftig; denn niemand glaube die ersten Eindrücke der Jugend überwinden zu können. Ist er in einer löblichen Freiheit, umgeben von schönen und edlen Gegenständen, in dem Umgange mit guten Menschen aufgewachsen, haben ihn seine Meister das gelehrt, was er zuerst wissen mußte, um das

Übrige leichter zu begreifen, hat er gelernt, was er nie zu verlernen braucht, wurden seine ersten Handlungen so geleitet, daß er das Gute künftig leichter und bequemer vollbringen kann, ohne sich irgend etwas abgewöhnen zu müssen, so wird dieser Mensch ein reineres, vollkommeneres und glücklicheres Leben führen, als ein anderer, der seine ersten Jugendkräfte im Widerstand und im Irrtum zugesetzt hat. Es wird so viel von Erziehung gesprochen und geschrieben, und ich sehe nur wenig Menschen, die den einfachen aber großen Begriff, der alles andere in sich schließt, fassen und in die Ausführung übertragen können.

Das mag wohl wahr sein, sagte Wilhelm, denn jeder Mensch ist beschränkt genug, den andern zu seinem Ebenbild erziehen zu wollen. Glücklich sind diejenigen daher, deren sich das Schicksal annimmt, das jeden nach seiner Weise erzieht!

Das Schicksal, versetzte lächelnd der andere, ist ein vornehmer, aber teurer Hofmeister. Ich würde mich immer lieber an die Vernunft eines menschlichen Meisters halten. Das Schicksal, für dessen Weisheit ich alle Ehrfurcht trage, mag an dem Zufall, durch den es wirkt, ein sehr ungelenkes Organ haben. Denn selten scheint dieser genau und rein auszuführen, was jenes beschlossen hatte.

Sie scheinen einen sehr sonderbaren Gedanken auszusprechen, versetzte Wilhelm.

Mit nichten! Das Meiste, was in der Welt begegnet, rechtfertigt meine Meinung. Zeigen viele Begebenheiten im Anfange nicht einen großen Sinn, und gehen die meisten nicht auf etwas Albernes hinaus?

Sie wollen scherzen.

Und ist es nicht, fuhr der andere fort, mit dem, was einzelnen Menschen begegnet, eben so? Gesetzt, das Schicksal hätte einen zu einem guten Schauspieler bestimmt, (und warum sollt' es uns nicht auch mit guten Schauspielern versorgen?) unglücklicherweise führte der Zufall aber den jungen Mann in ein Puppenspiel, wo er sich früh nicht enthalten könnte, an etwas Abgeschmacktem Teil zu nehmen, etwas Albernes leidlich, wohl gar interessant zu finden, und so die jugendlichen Eindrücke, welche nie verlöschen, denen wir eine gewisse Anhänglichkeit nie entziehen können, von einer falschen Seite zu empfangen.

Wie kommen Sie auf's Puppenspiel? fiel ihm Wilhelm mit einiger Bestürzung ein.

Es war nur ein unwillkürliches Beispiel; wenn es Ihnen nicht gefällt, so nehmen wir ein andres. Gesetzt, das Schicksal hätte einen zu einem großen Maler bestimmt, und dem Zufall beliebte es, seine Jugend in schmutzige Hütten, Ställe und Scheunen zu verstoßen, glauben Sie, daß ein solcher Mann sich jemals zur Reinlichkeit, zum Adel, zur Freiheit der Seele erheben werde? Mit je lebhafterm Sinn er das Unreine in seiner Jugend angefaßt und nach seiner Art veredelt hat, desto gewaltsamer wird es sich in der Folge seines Lebens an ihm rächen, indem es sich, inzwischen daß er es zu überwinden suchte, mit ihm auf's innigste verbunden hat. Wer früh in schlechter unbedeutender Gesellschaft gelebt hat, wird sich, wenn er auch später eine bessere haben kann, immer nach jener zurücksehnen, deren Eindruck ihm, zugleich mit der Erinnerung jugendlicher, nur selten zu wiederholender Freuden, geblieben ist.

Man kann denken, daß unter diesem Gespräch sich nach und nach die übrige Gesellschaft entfernt hatte. Besonders war Philine gleich vom Anfang auf die Seite getreten. Man kam durch einen Seitenweg zu ihnen zurück. Philine brachte die Pfänder hervor, welche auf allerlei Weise gelös't werden mußten, wobei der Fremde sich durch die artigsten Erfindungen und durch eine ungezwungene Teilnahme der ganzen Gesellschaft, und besonders den Frauenzimmern, sehr empfahl, und so flossen die Stunden des Tages unter Scherzen, Singen, Küssen und allerlei Neckereien auf das angenehmste vorbei.

Zehntes Kapitel

Als sie sich wieder nach Hause begeben wollten, sahen sie sich nach ihrem Geistlichen um; allein er war verschwunden, und an keinem Orte zu finden.

Es ist nicht artig von dem Manne, der sonst viel Lebensart zu haben scheint, sagte Madame Melina, eine Gesellschaft, die ihn so freundlich aufgenommen, ohne Abschied zu verlassen.

Ich habe mich die ganze Zeit her schon besonnen, sagte Laertes, wo ich diesen sonderbaren Mann schon ehemals möchte gesehen haben. Ich war eben im Begriff, ihn bei'm Abschiede darüber zu befragen.

Mir ging es eben so, versetzte Wilhelm, und ich hätte ihn gewiß nicht entlassen, bis er uns etwas Näheres von seinen Umständen entdeckt hätte. Ich müßte mich sehr irren, wenn ich ihn nicht schon irgendwo gesprochen hätte.

Und doch könntet ihr euch, sagte Philine, darin wirklich irren. Dieser Mann hat eigentlich nur das falsche Ansehen eines Bekannten, weil er aussieht wie ein Mensch, und nicht wie Hans oder Kunz.

Was soll das heißen, sagte Laertes, sehen wir nicht auch aus wie Menschen?

Ich weiß, was ich sage, versetzte Philine, und wenn ihr mich nicht begreift, so laßt's gut sein. Ich werde nicht am Ende noch gar meine Worte auslegen sollen.

Zwei Kutschen fuhren vor. Man lobte die Sorgfalt des Laertes, der sie bestellt hatte. Philine nahm neben Madame Melina, Wilhelmen gegenüber, Platz, und die Übrigen richteten sich ein so gut sie konnten. Laertes selbst ritt auf Wilhelms Pferde, das auch mit heraus gekommen war, nach der Stadt zurück.

Philine saß kaum in dem Wagen, als sie artige Lieder zu singen und das Gespräch auf Geschichten zu lenken wußte, von denen sie behauptete, daß sie mit Glück dramatisch behandelt werden könnten. Durch diese kluge Wendung hatte sie gar bald ihren jungen Freund in seine beste Laune gesetzt, und er komponierte aus dem Reichtum seines lebendigen Bildervorrats sogleich ein ganzes Schauspiel mit allen seinen Akten, Szenen, Charakteren und Verwicklungen. Man fand für gut, einige Arien und Gesänge einzuflechten; man dichtete sie, und Philine, die in alles einging, paßte ihnen gleich bekannte Melodien an, und sang sie aus dem Stegreife.

Sie hatte eben heute ihren schönen, sehr schönen Tag; sie wußte mit allerlei Neckereien unsern Freund zu beleben; es ward ihm wohl, wie es ihm lange nicht gewesen war.

Seitdem ihn jene grausame Entdeckung von der Seite Marianens gerissen hatte, war er dem Gelübde treu geblieben, sich vor der zusammenschlagenden Falle einer weiblichen Umarmung zu hüten, das treulose Geschlecht zu meiden, seine Schmerzen, seine Neigung, seine süßen Wünsche in seinem Busen zu verschließen. Die Gewissenhaftigkeit, womit er dies Gelübde beobachtete, gab seinem ganzen Wesen eine geheime Nahrung, und da sein Herz nicht ohne Teilnehmung bleiben konnte, so ward eine liebevolle Mitteilung nun zum Bedürfnisse. Er ging wieder wie von dem ersten Jugendnebel begleitet umher, seine Augen faßten jeden reizenden Gegenstand mit Freuden auf, und nie war sein Urteil über eine liebenswürdige Gestalt schonender gewesen. Wie gefährlich ihm in einer solchen Lage das verwegene Mädchen werden mußte, läßt sich leider nur zu gut einsehen.

Zu Hause fanden sie auf Wilhelms Zimmer schon alles zum Empfange bereit, die Stühle zu einer Vorlesung zurechte gestellt, und den Tisch in die Mitte gesetzt, auf welchem der Punschnapf seinen Platz nehmen sollte.

Die deutschen Ritterstücke waren damals eben neu, und hatten die Aufmerksamkeit und Neigung des Publikums an sich gezogen. Der alte Polterer hatte eines dieser Art mitgebracht, und die Vorlesung war beschlossen worden. Man setzte sich nieder. Wilhelm bemächtigte sich des Exemplars und fing zu lesen an.

Die geharnischten Ritter, die alten Burgen, die Treuherzigkeit, Rechtlichkeit und Redlichkeit, besonders aber die Unabhängigkeit der handelnden Personen wurden mit großem Beifall aufgenommen. Der Vorleser tat sein Möglichstes, und die Gesellschaft kam außer sich. Zwischen dem zweiten und dritten Akt kam der Punsch in einem großen Napfe, und da in dem Stücke selbst sehr viel getrunken und angestoßen wurde, so war nichts natürlicher, als daß die Gesellschaft bei jedem solchen Falle sich lebhaft an den Platz der Helden versetzte, gleichfalls anklingte und die Günstlinge unter den handelnden Personen hoch leben ließ.

Jedermann war von dem Feuer des edelsten Nationalgeistes entzündet. Wie sehr gefiel es dieser deutschen Gesellschaft, sich ihrem Charakter gemäß auf eignem Grund und Boden poetisch zu ergötzen! Besonders taten die Gewölbe und Keller, die verfallenen Schlösser, das Moos und die hohlen Bäume, über alles aber die nächtlichen Zigeunerszenen und das heimliche Gericht eine ganz unglaubliche Wirkung. Jeder Schauspieler sah nun, wie er bald in Helm und Harnisch, jede Schauspielerin, wie sie mit einem großen stehenden Kragen ihre Deutschheit vor dem Publiko producieren werde. Jeder wollte sich sogleich einen Namen aus dem Stücke oder aus der deutschen Geschichte zueignen, und Madame Melina beteuerte, Sohn oder Tochter, wozu sie Hoffnung hatte, nicht anders als Adelbert oder Mechthilde taufen zu lassen.

Gegen den fünften Akt ward der Beifall lärmender und lauter, ja zuletzt, als der Held wirklich seinem Unterdrücker entging, und der Tyrann gestraft wurde, war das Entzücken so groß, daß man schwur, man habe nie so glückliche Stunden gehabt. Melina, den der Trank begeistert hatte, war der Lauteste, und da der zweite Punschnapf geleert war und Mitternacht herannahte, schwur Laertes hoch und teuer, es sei kein Mensch würdig, an diese Gläser jemals wieder eine Lippe zu setzen, und warf mit dieser Beteurung sein Glas hinter sich und durch die Scheiben auf die Gasse hinaus. Die Übrigen folgten seinem Beispiele, und ungeachtet der Protestationen des herbeieilenden Wirtes wurde der Punschnapf selbst, der nach einem solchen Feste durch unheiliges Getränk nicht wieder entweiht werden sollte, in tausend Stücke geschlagen. Philine, der man ihren Rausch am wenigsten ansah, indes die beiden Mädchen nicht in den anständigsten Stellungen auf dem Canapee lagen, reizte die andern mit Schadenfreude zum Lärm. Madame Melina rezitierte einige erhabene Gedichte, und ihr Mann, der im Rausche nicht sehr liebenswürdig war, fing an auf die schlechte Bereitung des Punsches zu schelten, versicherte, daß *er* ein Fest ganz anders einzurichten verstehe, und ward zuletzt, als Laertes Stillschweigen gebot, immer gröber und lauter, so daß dieser, ohne sich lange zu bedenken, ihm die Scherben des Napfs an den Kopf warf und dadurch den Lärm nicht wenig vermehrte.

Indessen war die Scharwache herbei gekommen und verlangte in's Haus eingelassen zu werden. Wilhelm, vom Lesen sehr erhitzt, ob er gleich nur wenig getrunken, hatte genug zu tun, um mit Beihülfe des Wirts die Leute durch Geld und gute Worte zu befriedigen und die Glieder der Gesellschaft in ihren mißlichen Umständen nach Hause zu schaffen. Er warf sich, als er zurück kam, vom Schlafe überwältigt, voller Unmut, unausgekleidet auf's Bette, und nichts glich der unangenehmen Empfindung, als er des andern Morgens die Augen aufschlug, und mit düsterm Blick auf die Verwüstungen des vergangenen Tages, den Unrat und die bösen Wirkungen hinsah, die ein geistreiches, lebhaftes und wohlgemeintes Dichterwerk hervorgebracht hatte.

Eilftes Kapitel

Nach einem kurzen Bedenken rief er sogleich den Wirt herbei, und ließ sowohl den Schaden als die Zeche auf seine Rechnung schreiben. Zugleich vernahm er nicht ohne Verdruß, daß sein Pferd von Laertes gestern bei dem Hereinreiten dergestalt angegriffen worden, daß es wahrscheinlich, wie man zu sagen pflegt, verschlagen habe, und daß der Schmied wenig Hoffnung zu seinem Aufkommen gebe.

Ein Gruß von Philinen, den sie ihm aus ihrem Fenster zuwinkte, versetzte ihn dagegen wieder in einen heitern Zustand, und er ging sogleich in den nächsten Laden, um ihr ein kleines Geschenk, das er ihr gegen das Pudermesser noch schuldig war, zu kaufen, und wir müssen bekennen, er hielt sich nicht in den Gränzen eines proportionierten Gegengeschenks. Er kaufte ihr nicht allein ein Paar sehr niedliche Ohrringe, sondern nahm dazu noch einen Hut und Halstuch, und einige andere Kleinigkeiten, die er sie den ersten Tag hatte verschwenderisch wegwerfen sehen.

Madame Melina, die ihn eben, als er seine Gaben überreichte, zu beobachten kam, suchte noch vor Tische eine Gelegenheit, ihn sehr ernstlich über die Empfindung für dieses Mädchen zur Rede zu setzen, und er war um so erstaunter, als er nichts weniger denn diese Vorwürfe zu verdienen glaubte. Er schwur hoch und teuer, daß es ihm keineswegs eingefallen sei, sich an diese Person, deren ganzen Wandel er wohl kenne, zu wenden; er entschuldigte sich, so gut er konnte, über sein freundliches und artiges Betragen gegen sie, befriedigte aber Madame Melina auf keine Weise, vielmehr ward diese immer verdrießlicher, da sie bemerken mußte, daß die Schmeichelei, wodurch sie sich eine Art von Neigung unsers Freundes erworben hatte, nicht hinreiche, diesen Besitz gegen die Angriffe einer lebhaften, jüngern und von der Natur glücklicher begabten Person zu verteidigen.

Ihren Mann fanden sie gleichfalls, da sie zu Tische kamen, bei sehr üblem Humor, und er fing schon an, ihn über Kleinigkeiten auszulassen, als der Wirt hereintrat und einen Harfenspieler anmeldete. Sie werden, sagte er, gewiß Vergnügen an der Musik und an den Gesängen dieses Mannes finden; es kann sich niemand, der ihn hört, enthalten, ihn zu bewundern und ihm etwas Weniges mitzuteilen.

Lassen Sie ihn weg, versetzte Melina, ich bin nichts weniger als gestimmt, einen Leiermann zu hören, und wir haben allenfalls Sänger unter uns, die gern etwas verdienten. Er begleitete diese Worte mit einem tückischen Seitenblicke, den er auf Philinen warf. Sie verstand ihn, und war gleich bereit, zu seinem Verdruß, den angemeldeten Sänger zu beschützen. Sie wendete sich zu Wilhelmen, und sagte: Sollen wir den Mann nicht hören, sollen wir nichts tun, um uns aus der erbärmlichen Langenweile zu retten?

Melina wollte ihr antworten, und der Streit wäre lebhafter geworden, wenn nicht Wilhelm den im Augenblick hereintretenden Mann begrüßt und ihn herbeigewinkt hätte.

Die Gestalt dieses seltsamen Gastes setzte die ganze Gesellschaft in Erstaunen, und er hatte schon von einem Stuhle Besitz genommen, ehe jemand ihn zu fragen oder sonst etwas vorzubringen das Herz hatte. Sein kahler Scheitel war von wenig grauen Haaren umkränzt, große blaue Augen blickten sanft unter langen weißen Augenbrauen hervor. An eine wohlgebildete Nase schloß sich ein langer weißer Bart an, ohne die gefällige Lippe zu bedecken, und ein langes dunkelbraunes Gewand umhüllte den schlanken Körper vom Halse bis zu den Füßen; und so fing er auf der Harfe, die er vor sich genommen hatte, zu präludieren an.

Die angenehmen Töne, die er aus dem Instrumente hervorlockte, erheiterten gar bald die Gesellschaft.

Ihr pflegt auch zu singen, guter Alter, sagte Philine.

Gebt uns etwas, das Herz und Geist zugleich mit den Sinnen ergötze, sagte Wilhelm. Das Instrument sollte nur die Stimme begleiten; denn Melodien, Gänge und Läufe ohne Worte und Sinn, scheinen mir Schmetterlingen oder schönen bunten Vögeln ähnlich zu sein, die in der Luft vor unsern Augen herum schweben, die wir allenfalls haschen und uns zueignen möchten; da sich der Gesang dagegen wie ein Genius gen Himmel hebt, und das bessere Ich in uns ihn zu begleiten anreizt.

Der Alte sah Wilhelmen an, alsdann in die Höhe, tat einige Griffe auf der Harfe, und begann sein Lied. Es enthielt ein Lob auf den Gesang, pries das Glück der Sänger, und ermahnte die Menschen, sie zu ehren. Er trug das Lied mit so viel Leben und Wahrheit vor, daß es schien, als hätte er es in diesem Augenblicke und bei diesem Anlasse gedichtet. Wilhelm enthielt sich kaum, ihm um den Hals zu fallen; nur die Furcht, ein lautes Gelächter zu erregen, zog ihn auf seinen Stuhl zurück; denn die Übrigen machten schon halb laut einige alberne Anmerkungen, und stritten, ob es ein Pfaffe oder ein Jude sei.

Als man nach dem Verfasser des Liedes fragte, gab er keine bestimmte Anwort; nur versicherte er, daß er reich an Gesängen sei, und wünsche nur, daß sie gefallen möchten. Der größte Teil der Gesellschaft war fröhlich und freudig, ja selbst Melina nach seiner Art offen geworden, und indem man unter einander schwatzte und scherzte, fing der Alte das Lob des geselligen Lebens auf das geistreichste zu singen an. Er pries Einigkeit und Gefälligkeit mit einschmeichelnden Tönen. Auf einmal ward sein Gesang trocken, rauh und verworren, als er gehässige Verschlossenheit, kurzsinnige Feindschaft und gefährlichen Zwiespalt bedauerte, und gern warf jede Seele diese unbequemen Fesseln ab, als er, auf den Fittigen einer vordringenden Melodie getragen, die Friedensstifter pries, und das Glück der Seelen die sich wiederfinden sang.

Kaum hatte er geendigt, als ihm Wilhelm zurief: Wer du auch seist, der du, als ein hülfreicher Schutzgeist, mit einer segnenden und belebenden

Stimme zu uns kommst, nimm meine Verehrung und meinen Dank! fühle, daß wir alle dich bewundern, und vertrau' uns, wenn du etwas bedarfst!

Der Alte schwieg, ließ erst seine Finger über die Saiten schleichen, dann griff er sie stärker an, und sang:

Was hör' ich draußen vor dem Tor,
Was auf der Brücke schallen?
Laßt den Gesang zu unserm Ohr
Im Saale widerhallen!
Der König sprach's, der Page lief,
Der Knabe kam, der König rief:
Bring' ihn herein den Alten.

Gegrüßet seid ihr hohen Herrn,
Gegrüßt ihr, schöne Damen!
Welch reicher Himmel! Stern bei Stern!
Wer kennet ihre Namen?
Im Saal voll Pracht und Herrlichkeit
Schließt, Augen, euch, hier ist nicht Zeit
Sich staunend zu ergötzen.

Der Sänger drückt die Augen ein,
Und schlug die vollen Töne;
Der Ritter schaute mutig drein,
Und in den Schoß die Schöne.
Der König, dem das Lied gefiel,
Ließ ihm, zum Lohne für sein Spiel,
Eine goldne Kette holen.

Die goldne Kette gib mir nicht,
Die Kette gib den Rittern,
Vor deren kühnem Angesicht
Der Feinde Lanzen splittern.
Gib sie dem Kanzler, den du hast,
Und laß ihn noch die goldne Last
Zu andern Lasten tragen.

Ich singe, wie der Vogel singt,
Der in den Zweigen wohnet.
Das Lied, das aus der Kehle dringt,
Ist Lohn, der reichlich lohnet;
Doch darf ich bitten, bitt' ich eins,
Laß einen Trunk des besten Weins
In reinem Glase bringen.

Er setzt es an, er trank es aus:
O Trank der süßen Labe!
O! dreimal hochbeglücktes Haus,
Wo das ist kleine Gabe!
Ergeht's euch wohl, so denkt an mich,
Und danket Gott so warm, als ich
Für diesen Trunk euch danke.

Da der Sänger nach geendigtem Liede ein Glas Wein, das für ihn eingeschenkt dastand, ergriff, und es mit freundlicher Miene, sich gegen seine Wohltäter wendend, austrank, entstand eine allgemeine Freude in der Versammlung. Man klatschte und rief ihm zu, es möge dieses Glas zu seiner Gesundheit, zur Stärkung seiner alten Glieder gereichen. Er sang noch einige Romanzen, und erregte immer mehr Munterkeit in der Gesellschaft.

Kannst du die Melodie, Alter, rief Philine, der Schäfer putzte sich zum Tanz?

O ja, versetzte er; wenn Sie das Lied singen und aufführen wollen, an mir soll es nicht fehlen.

Philine stand auf, und hielt sich fertig. Der Alte begann die Melodie, und sie sang ein Lied, das wir unsern Lesern nicht mitteilen können, weil sie es vielleicht abgeschmackt oder wohl gar unanständig finden könnten.

Inzwischen hatte die Gesellschaft, die immer heiterer geworden war, noch manche Flasche Wein ausgetrunken, und fing an sehr laut zu werden. Da aber unserm Freunde die bösen Folgen ihrer Lust noch in frischem Andenken schwebten, suchte er abzubrechen, steckte dem Alten für seine Bemühung eine reichliche Belohnung in die Hand, die andern taten auch etwas, man ließ ihn abtreten und ruhen, und versprach sich auf den Abend eine wiederholte Freude von seiner Geschicklichkeit.

Als er hinweg war, sagte Wilhelm zu Philinen: Ich kann zwar in Ihrem Leibgesange weder ein dichterisches noch sittliches Verdienst finden; doch wenn Sie mit eben der Naivetät, Eigenheit und Zierlichkeit etwas Schickliches auf dem Theater jemals ausführen, so wird Ihnen allgemeiner lebhafter Beifall gewiß zu Teil werden.

Ja, sagte Philine, es müßte eine recht angenehme Empfindung sein, sich am Eise zu wärmen.

Überhaupt, sagte Wilhelm, wie sehr beschämt dieser Mann manchen Schauspieler. Haben Sie bemerkt, wie richtig der dramatische Ausdruck seiner Romanzen war? Gewiß, es lebte mehr Darstellung in seinem Gesang, als in unsern steifen Personen auf der Bühne; man sollte die Aufführung mancher Stücke eher für eine Erzählung halten und diesen musikalischen Erzählungen eine sinnliche Gegenwart zuschreiben.

Sie sind ungerecht! versetzte Laertes: ich gebe mich weder für einen großen Schauspieler noch Sänger; aber das weiß ich, daß, wenn die Musik die Bewegungen des Körpers leitet, ihnen Leben gibt, und ihnen zugleich das Maß vorschreibt; wenn Deklamationen und Ausdruck schon von dem Compositeur auf mich übertragen werden: so bin ich ein ganz andrer Mensch, als wenn ich im prosaischen Drama das alles erst erschaffen, und Takt und Deklamation mir erst erfinden soll, worin mich noch dazu jeder Mitspielende stören kann.

So viel weiß ich, sagte Melina, daß uns dieser Mann in Einem Punkte gewiß beschämt, und zwar in einem Hauptpunkte. Die Stärke seiner Talente zeigt sich in dem Nutzen, den er davon zieht. Uns, die wir vielleicht bald in Verlegenheit sein werden, wo wir eine Mahlzeit hernehmen, bewegt er, unsre Mahlzeit mit ihm zu teilen. Er weiß uns das Geld, das wir anwenden könnten, um uns in einige Verfassung zu setzen, durch ein Liedchen aus der Tasche zu locken. Es scheint so angenehm zu sein, das Geld zu verschleudern, womit man sich und andern eine Existenz verschaffen könnte.

Das Gespräch bekam durch diese Bemerkung nicht die angenehmste Wendung. Wilhelm, auf den der Vorwurf eigentlich gerichtet war, antwortete mit einiger Leidenschaft, und Melina, der sich eben nicht der größten Feinheit befliß, brachte zuletzt seine Beschwerden mit ziemlich trocknen Worten vor. Es sind nun schon vierzehn Tage, sagte er, daß wir das hier verpfändete Theater und die Garderobe besehen haben, und beides konnten wir für eine sehr leidliche Summe haben. Sie machten mir damals Hoffnung, daß Sie mir so viel kreditieren würden, und bis jetzt habe ich noch nicht gesehen, daß Sie die Sache weiter bedacht oder sich einem Entschluß genähert hätten. Griffen Sie damals zu, so wären wir jetzt im Gange. Ihre Absicht zu verreisen haben Sie auch noch nicht ausgeführt, und Geld scheinen Sie mir diese Zeit über auch nicht gespart zu haben; wenigstens gibt es Personen, die immer Gelegenheit zu verschaffen wissen, daß es geschwinder weggehe.

Dieser nicht ganz ungerechte Vorwurf traf unsern Freund. Er versetzte einiges darauf mit Lebhaftigkeit, ja mit Heftigkeit, und ergriff, da die Gesellschaft aufstund und sich zerstreute, die Türe, indem er nicht undeutlich zu erkennen gab, daß er sich nicht lange mehr bei so unfreundlichen und undankbaren Menschen aufhalten wolle. Er eilte verdrießlich hinunter, sich auf eine steinerne Bank zu setzen, die vor dem Tore seines Gasthofs stand, und bemerkte nicht, daß er halb aus Lust, halb aus Verdruß mehr als gewöhnlich getrunken hatte.

Zwölftes Kapitel

Nach einer kurzen Zeit, die er, beunruhigt von mancherlei Gedanken, sitzend und vor sich hinsehend zugebracht hatte, schlenderte Philine singend zur Haustüre heraus, setzte sich zu ihm, ja man dürfte beinahe sagen, auf ihn, so nahe rückte sie an ihn heran, lehnte sich auf seine Schultern, spielte mit seinen Locken, streichelte ihn, und gab ihm die besten Worte von der Welt. Sie bat ihn, er möchte ja bleiben, und sie nicht in der Gesellschaft allein lassen, in der sie vor langer Weile sterben müßte; sie könne nicht mehr mit Melina unter Einem Dache ausdauern, und habe sich deswegen herüber quartiert.

Vergebens suchte er sie abzuweisen, ihr begreiflich zu machen, daß er länger weder bleiben könne noch dürfe. Sie ließ mit Bitten nicht ab, ja unvermutet schlang sie ihren Arm um seinen Hals, und küßte ihn mit dem lebhaftesten Ausdrucke des Verlangens.

Sind Sie toll, Philine? rief Wilhelm aus, indem er sich loszumachen suchte, die öffentliche Straße zum Zeugen solcher Liebkosungen zu machen, die ich auf keine Weise verdiene! Lassen Sie mich los, ich kann nicht und ich werde nicht bleiben.

Und ich werde dich fest halten, sagte sie, und ich werde dich hier auf öffentlicher Gasse so lange küssen, bis du mir versprichst, was ich wünsche. Ich lache mich zu Tode, fuhr sie fort; nach dieser Vertraulichkeit halten mich die Leute gewiß für deine Frau von vier Wochen, und die Ehemänner, die eine so anmutige Szene sehen, werden mich ihren Weibern als ein Muster einer kindlich unbefangenen Zärtlichkeit anpreisen.

Eben gingen einige Leute vorbei, und sie liebkos'te ihn auf das anmutigste, und er, um kein Skandal zu geben, war gezwungen, die Rolle des geduldigen Ehemannes zu spielen. Dann schnitt sie den Leuten Gesichter im Rücken, und trieb voll Übermut allerhand Ungezogenheiten, bis er zuletzt versprechen mußte, noch heute und morgen und übermorgen zu bleiben.

Sie sind ein rechter Stock! sagte sie darauf, indem sie von ihm abließ, und ich eine Törin, daß ich so viel Freundlichkeit an Sie verschwende. Sie stand verdrießlich auf, und ging einige Schritte; dann kehrte sie lachend zurück, und rief: Ich glaube eben, daß ich darum in dich vernarrt bin, ich will nur gehen und meinen Strickstrumpf holen, daß ich etwas zu tun habe. Bleibe ja, damit ich den steinernen Mann auf der steinernen Bank wieder finde.

Diesmal tat sie ihm unrecht: denn so sehr er sich von ihr zu enthalten strebte, so würde er doch in diesem Augenblicke, hätte er sich mit ihr in einer einsamen Laube befunden, ihre Liebkosungen wahrscheinlich nicht unerwidert gelassen haben.

Sie ging, nachdem sie ihm einen leichtfertigen Blick zugeworfen, in das Haus. Er hatte keinen Beruf, ihr zu folgen, vielmehr hatte ihr Betragen einen neuen Widerwillen in ihm erregt; doch hob er sich, ohne selbst recht zu wissen warum, von der Bank, um ihr nachzugehen.

Er war eben im Begriff, in die Türe zu treten, als Melina herbeikam, ihn bescheiden anredete, und ihn wegen einiger im Wortwechsel zu hart ausgesprochenen Ausdrücke um Verzeihung bat. Sie nehmen mir nicht übel, fuhr er fort, wenn ich in dem Zustande, in dem ich mich befinde, mich vielleicht zu ängstlich bezeige; aber die Sorge für eine Frau, vielleicht bald für ein Kind, verhindert mich von einem Tag zum andern, ruhig zu leben und meine Zeit mit dem Genuß angenehmer Empfindungen hinzubringen, wie Ihnen noch erlaubt ist. Überdenken Sie, und wenn es Ihnen möglich ist, so setzen Sie mich in den Besitz der theatralischen Gerätschaften, die sich hier vorfinden. Ich werde nicht lange Ihr Schuldner und Ihnen dafür ewig dankbar bleiben.

Wilhelm, der sich ungern auf der Schwelle aufgehalten sah, über die ihn eine unwiderstehliche Neigung in diesem Augenblicke zu Philinen hinüberzog, sagte mit einer überraschten Zerstreuung und eilfertigen Gutmütigkeit: Wenn ich Sie dadurch glücklich und zufrieden machen kann, so will ich mich nicht länger bedenken. Gehn Sie hin, machen Sie alles richtig. Ich bin bereit, noch diesen Abend oder morgen früh das Geld zu zahlen. Er gab hierauf Melina'n die Hand zur Bestätigung seines Versprechens, und war sehr zufrieden, als er ihn eilig über die Straße weggehen sah; leider aber wurde er von seinem Eindringen in's Haus zum zweitenmal, und auf eine unangenehmere Weise zurück gehalten.

Ein junger Mensch mit einem Bündel auf dem Rücken kam eilig die Straße her, und trat zu Wilhelmen, der ihn gleich für Friedrichen erkannte.

Da bin ich wieder! rief er aus, indem er seine großen blauen Augen freudig umher und hinauf an alle Fenster gehen ließ; wo ist Mamsell? Der Henker mag es länger in der Welt aushalten, ohne sie zu sehen!

Der Wirt, der eben dazu getreten war, versetzte: Sie ist oben, und mit wenigen Sprüngen war er die Treppe hinauf, und Wilhelm blieb auf der Schwelle wie eingewurzelt stehen. Er hätte in den ersten Augenblicken den Jungen bei den Haaren rückwärts die Treppe herunterreißen mögen; dann hemmte der heftige Krampf einer gewaltsamen Eifersucht auf einmal den Lauf seiner Lebensgeister und seiner Ideen, und da er sich nach und nach von seiner Erstarrung erholte, überfiel ihn eine Unruhe, ein Unbehagen, dergleichen er in seinem Leben noch nicht empfunden hatte.

Er ging auf seine Stube, und fand Mignon mit Schreiben beschäftigt. Das Kind hatte sich eine Zeit her mit großem Fleiße bemüht, alles, was es auswendig wußte, zu schreiben, und hatte seinem Herrn und Freund das Geschriebene zu korrigieren gegeben. Sie war unermüdet, und faßte gut; aber die Buchstaben blieben ungleich und die Linien krumm. Auch hier schien ihr Körper dem Geiste zu widersprechen. Wilhelm, dem die Aufmerksamkeit des Kindes, wenn er ruhigen Sinnes war, große Freude machte, achtete diesmal wenig auf das, was sie ihm zeigte; sie fühlte es, und betrübte sich darüber nur destomehr, als sie glaubte, diesmal ihre Sache recht gut gemacht zu haben.

Wilhelms Unruhe trieb ihn auf den Gängen des Hauses auf und ab, und bald wieder an die Haustüre. Ein Reiter sprengte vor, der ein gutes

Ansehn hatte, und der bei gesetzten Jahren noch viel Munterkeit verriet. Der Wirt eilte ihm entgegen, reichte ihm als einem bekannten Freunde die Hand, und rief: Ei, Herr Stallmeister, sieht man Sie auch einmal wieder!

Ich will nur hier füttern, versetzte der Fremde, ich muß gleich hinüber auf das Gut, um in der Geschwindigkeit allerlei einrichten zu lassen. Der Graf kömmt morgen mit seiner Gemahlin, sie werden sich eine Zeitlang drüben aufhalten, um den Prinzen von *** auf das beste zu bewirten, der in dieser Gegend wahrscheinlich sein Hauptquartier aufschlägt.

Es ist Schade, daß Sie nicht bei uns bleiben können, versetzte der Wirt: wir haben gute Gesellschaft. Der Reitknecht, der nachsprengte, nahm dem Stallmeister das Pferd ab, der sich unter der Türe mit dem Wirt unterhielt, und Wilhelmen von der Seite ansah.

Dieser, da er merkte, daß von ihm die Rede sei, begab sich weg, und ging einige Straßen auf und ab.

Dreizehntes Kapitel

In der verdrießlichen Unruhe, in der er sich befand, fiel ihm ein, den Alten aufzusuchen, durch dessen Harfe er die bösen Geister zu verscheuchen hoffte. Man wies ihn, als er nach dem Manne fragte, an ein schlechtes Wirtshaus in einem entfernten Winkel des Städtchens, und in demselben die Treppe hinauf bis auf den Boden, wo ihm der süße Harfenklang aus einer Kammer entgegen schallte. Es waren herzrührende klagende Töne, von einem traurigen ängstlichen Gesange begleitet. Wilhelm schlich an die Türe, und da der gute Alte eine Art von Phantasie vortrug, und wenige Strophen teils singend teils rezitierend immer wiederholte, konnte der Horcher, nach einer kurzen Aufmerksamkeit, ungefähr Folgendes verstehen:

Wer nie sein Brot mit Tränen aß,
Wer nie die kummervollen Nächte
Auf seinem Bette weinend saß,
Der kennt euch nicht, ihr himmlischen Mächte.

Ihr führt in's Leben uns hinein,
Ihr laßt den Armen schuldig werden,
Dann überlaßt ihr ihn der Pein;
Denn alle Schuld rächt sich auf Erden.

Die wehmütige herzliche Klage drang tief in die Seele des Hörers. Es schien ihm, als ob der Alte manchmal von Tränen gehindert würde fortzufahren; dann klangen die Saiten allein, bis sich wieder die Stimme leise in gebrochenen Lauten darein mischte. Wilhelm stand an dem Pfosten, seine Seele war tief gerührt, die Trauer des Unbekannten schloß sein beklommenes Herz auf; er widerstand nicht dem Mitgefühl, und konnte und wollte die Tränen nicht zurückhalten, die des Alten herzliche Klage endlich auch aus seinen Augen hervorlockte. Alle Schmerzen, die seine Seele drückten, lös'ten sich zu gleicher Zeit auf, er überließ sich ihnen ganz, stieß die Kammertüre auf, und stand vor dem Alten, der ein schlechtes Bette, den einzigen Hausrat dieser armseligen Wohnung, zu seinem Sitze zu nehmen genötigt gewesen.

Was hast du mir für Empfindungen rege gemacht, guter Alter! rief er aus: alles, was in meinem Herzen stockte, hast du los gelös't; laß dich nicht stören, sondern fahre fort, indem du deine Leiden linderst, einen Freund glücklich zu machen. Der Alte wollte aufstehen und etwas reden, Wilhelm verhinderte ihn daran; denn er hatte zu Mittage bemerkt, daß der Mann ungern sprach; er setzte sich vielmehr zu ihm auf den Strohsack nieder.

Der Alte trocknete seine Tränen, und fragte mit einem freundlichen Lächeln: Wie kommen Sie hierher? Ich wollte Ihnen diesen Abend wieder aufwarten.

Wir sind hier ruhiger, versetzte Wilhelm, singe mir, was du willst, was zu deiner Lage paßt, und tue nur, als ob ich gar nicht hier wäre. Es scheint mir, als ob du heute nicht irren könntest. Ich finde dich sehr glücklich, daß du dich in der Einsamkeit so angenehm beschäftigen und unterhalten kannst, und, da du überall ein Fremdling bist, in deinem Herzen die angenehmste Bekanntschaft findest.

Der Alte blickte auf seine Saiten, und nachdem er sanft präludiert hatte, stimmte er an und sang:

Wer sich der Einsamkeit ergibt,
Ach! der ist bald allein;
Ein jeder lebt, ein jeder liebt,
Und läßt ihn seiner Pein.

Ja! laßt mich meiner Qual!
Und kann ich nur einmal
Recht einsam sein,
Dann bin ich nicht allein.

Es schleicht ein Liebender lauschend sacht,
Ob seine Freundin allein?
So überschleicht bei Tag und Nacht
Mich Einsamen die Pein,

Mich Einsamen die Qual.
Ach werd' ich erst einmal
Einsam im Grabe sein,
Da läßt sie mich allein!

Wir würden zu weitläufig werden, und doch die Anmut der seltsamen Unterredung nicht ausdrücken können, die unser Freund mit dem abenteuerlichen Fremden hielt. Auf alles, was der Jüngling zu ihm sagte, antwortete der Alte mit der reinsten Übereinstimmung durch Anklänge, die alle verwandten Empfindungen rege machten und der Einbildungskraft ein weites Feld eröffneten.

Wer einer Versammlung frommer Menschen, die sich, abgesondert von der Kirche, reiner, herzlicher und geistreicher zu erbauen glauben, beigewohnt hat, wird sich auch einen Begriff von der gegenwärtigen Szene machen können; er wird sich erinnern, wie der Liturg seinen Worten den Vers eines Gesanges anzupassen weiß, der die Seele dahin erhebt, wohin der Redner wünscht, daß sie ihren Flug nehmen möge, wie bald darauf ein anderer aus der Gemeinde, in einer andern Melodie, den Vers eines andern Liedes hinzufügt, und an diesen wieder ein dritter einen dritten anknüpft, wodurch die verwandten Ideen der Lieder, aus denen sie entlehnt sind, zwar erregt werden, jede Stelle aber durch die neue Verbindung neu und individuell wird, als wenn sie in dem Augenblicke erfunden worden wäre; wodurch denn aus einem bekannten Kreise von Ideen, aus bekannten Liedern und Sprüchen, für diese besondere Gesellschaft, für diesen Augenblick ein eigenes Ganzes entsteht, durch dessen Genuß sie belebt, gestärkt und erquickt wird. So erbaute der Alte seinen Gast, indem er, durch bekannte und unbekannte Lieder und Stellen, nahe und ferne Gefühle, wachende und schlummernde, angenehme und schmerzliche Empfindungen in eine Zirkulation brachte, von der in dem gegenwärtigen Zustande unsers Freundes das Beste zu hoffen war.

Vierzehntes Kapitel

Denn wirklich fing er auf dem Rückwege über seine Lage lebhafter, als bisher geschehen, zu denken an, und war mit dem Vorsatze, sich aus derselben heraus zu reißen, nach Hause gelangt, als ihm der Wirt sogleich im Vertrauen eröffnete, daß Mademoiselle Philine an dem Stallmeister des Grafen eine Eroberung gemacht habe, der, nachdem er seinen Auftrag auf dem Gute ausgerichtet, in höchster Eile zurück gekommen sei, und ein gutes Abendessen oben auf ihrem Zimmer mit ihr verzehre.

In eben diesem Augenblicke trat Melina mit dem Notarius herein; sie gingen zusammen auf Wilhelms Zimmer, wo dieser, wiewohl mit einigem Zaudern, seinem Versprechen Genüge leistete, dreihundert Taler, auf Wechsel, an Melina auszahlte, welche dieser sogleich dem Notarius übergab, und dagegen das Dokument über den geschlossenen Kauf der ganzen theatralischen Gerätschaft erhielt, welche ihm morgen früh übergeben werden sollte.

Kaum waren sie aus einander gegangen, als Wilhelm ein entsetzliches

Geschrei in dem Hause vernahm. Er hörte eine jugendliche Stimme, die, zornig und drohend, durch ein unmäßiges Weinen und Heulen durchbrach. Er hörte diese Wehklage von oben herunter, an seiner Stube vorbei, nach dem Hausplatze eilen.

Als die Neugierde unsern Freund herunter lockte, fand er Friedrichen in einer Art von Raserei. Der Knabe weinte, knirschte, stampfte, drohte mit geballten Fäusten, und stellte sich ganz ungebärdig vor Zorn und Verdruß, Mignon stand gegenüber und sah mit Verwunderung zu, und der Wirt erklärte einigermaßen diese Erscheinung.

Der Knabe sei nach seiner Rückkunft, da ihn Philine gut aufgenommen, zufrieden, lustig und munter gewesen, habe gesungen und gesprungen bis zur Zeit, da der Stallmeister mit Philinen Bekanntschaft gemacht. Nun habe das Mittelding zwischen Kind und Jüngling angefangen, seinen Verdruß zu zeigen, die Türen zuzuschlagen, und auf und nieder zu rennen. Philine habe ihm befohlen, heute Abend bei Tische aufzuwarten, worüber er nur noch mürrischer und trotziger geworden; endlich habe er eine Schüssel mit Ragout, anstatt sie auf den Tisch zu setzen, zwischen Mademoiselle und den Gast, die ziemlich nahe zusammen gesessen, hineingeworfen, worauf ihm der Stallmeister ein paar tüchtige Ohrfeigen gegeben und ihn zur Türe hinausgeschmissen. Er, der Wirt, habe darauf die beiden Personen säubern helfen, deren Kleider sehr übel zugerichtet gewesen.

Als der Knabe die gute Wirkung seiner Rache vernahm, fing er laut zu lachen an, indem ihm noch immer die Tränen an den Backen herunter liefen. Er freute sich einige Zeit herzlich, bis ihm der Schimpf, den ihm der Stärkere angetan, wieder einfiel, da er denn von neuem zu heulen und zu drohen anfing.

Wilhelm stand nachdenklich und beschämt vor dieser Szene. Er sah sein eignes Innerstes, mit starken und übertriebenen Zügen dargestellt; auch er war von einer unüberwindlichen Eifersucht entzündet; auch er, wenn ihn der Wohlstand nicht zurückgehalten hätte, würde gern seine wilde Laune befriedigt, gern, mit tückischer Schadenfreude, den geliebten Gegenstand verletzt, und seinen Nebenbuhler ausgefordert haben; er hätte die Menschen, die nur zu seinem Verdrusse da zu sein schienen, vertilgen mögen.

Laertes, der auch herbeigekommen war, und die Geschichte vernommen hatte, bestärkte schelmisch den aufgebrachten Knaben, als dieser beteuerte und schwur: der Stallmeister müsse ihm Satisfaktion geben, er habe noch keine Beleidigung auf sich sitzen lassen; weigere sich der Stallmeister, so werde er sich zu rächen wissen.

Laertes war hier grade in seinem Fache. Er ging ernsthaft hinauf, den Stallmeister im Namen des Knaben heraus zu fordern.

Das ist lustig, sagte dieser; einen solchen Spaß hätte ich mir heut Abend kaum vorgestellt. Sie gingen hinunter, und Philine folgte ihnen.

Mein Sohn, sagte der Stallmeister zu Friedrichen, du bist ein braver Junge, und ich weigere mich nicht, mit dir zu fechten; nur da die Ungleichheit unsrer Jahre und Kräfte die Sache ohnehin etwas abenteuerlich macht, so schlage ich statt anderer Waffen ein Paar Rapiere vor; wir wollen die Knöpfe mit Kreide bestreichen, und wer dem andern den ersten, oder die meisten Stöße auf den Rock zeichnet, soll für den Überwinder gehalten, und von dem andern mit dem besten Weine, der in der Stadt zu haben ist, tractiert werden.

Laertes entschied, daß dieser Vorschlag angenommen werden könnte; Friedrich gehorchte ihm als seinem Lehrmeister. Die Rapiere kamen herbei, Philine setzte sich hin, strickte, und sah beiden Kämpfern mit großer Gemütsruhe zu.

Der Stallmeister, der sehr gut focht, war gefällig genug, seinen Gegner zu schonen, und sich einige Kreidenflecke auf den Rock bringen zu lassen, worauf sie sich umarmten, und Wein herbeigeschafft wurde. Der Stallmeister wollte Friedrichs Herkunft und seine Geschichte wissen, der denn ein Märchen erzählte, das er schon oft wiederholt hatte, und mit dem wir ein andermal unsre Leser bekannt zu machen gedenken.

In Wilhelms Seele vollendete indessen dieser Zweikampf die Darstellung seiner eigenen Gefühle: denn er konnte sich nicht leugnen, daß er das Rapier, ja lieber noch einen Degen selbst gegen den Stallmeister zu führen wünschte, wenn er schon einsah, daß ihm dieser in der Fechtkunst weit überlegen sei. Doch würdigte er Philinen nicht eines Blicks, hütete sich vor jeder Äußerung, die seine Empfindung hätte verraten können, und eilte, nachdem er einigemal auf die Gesundheit der Kämpfer Bescheid getan, auf sein Zimmer, wo sich tausend unangenehme Gedanken auf ihn zudrängten.

Er erinnerte sich der Zeit, in der sein Geist durch ein unbedingtes hoffnungsreiches Streben empor gehoben wurde, wo er in dem lebhaftesten Genusse aller Art, wie in einem Elemente schwamm. Es ward ihm deutlich, wie er letzt in ein unbestimmtes Schlendern geraten war, in welchem er nur noch schlürfend kostete, was er sonst mit vollen Zügen eingesogen hatte; aber deutlich konnte er nicht sehen, welches unüberwindliche Bedürfnis ihm die Natur zum Gesetz gemacht hatte, und wie sehr dieses Bedürfnis durch Umstände nur gereizt, halb befriedigt und irre geführt worden war.

Es darf also niemand wundern, wenn er bei Betrachtung seines Zustandes, und indem er sich aus demselben heraus zu denken arbeitete, in die größte Verwirrung geriet. Es war nicht genug, daß er durch seine Freundschaft zu Laertes, durch seine Neigung zu Philinen, durch seinen Anteil an Mignon, länger als billig an einem Orte und in einer Gesellschaft festgehalten wurde, in welcher er seine Lieblingsneigung hegen, gleichsam verstohlen seine Wünsche befriedigen, und, ohne sich einen Zweck vorzusetzen, seinen alten Träumen nachschleichen konnte. Aus diesen Verhältnissen sich loszureißen, und gleich zu scheiden, glaubte er Kraft genug zu besitzen. Nun hatte er aber vor wenigen Augenblicken sich mit Melina in ein Geldgeschäft eingelassen, er hatte den rätselhaften Alten kennen lernen, welchen zu entziffern er eine unbeschreibliche Begierde fühlte. Allein auch dadurch sich nicht zurückhalten zu lassen, war er nach lang hin und her geworfenen Gedanken entschlossen, oder glaubte wenigstens entschlossen zu sein. Ich muß fort, rief er aus, ich will fort! Er warf sich in einen Sessel, und war sehr bewegt. Mignon trat herein und fragte, ob sie ihn aufwickeln dürfe? Sie kam still; es schmerzte sie tief, daß er sie heute so kurz abgefertigt hatte.

Nichts ist rührender, als wenn eine Liebe, die sich im Stillen genährt, eine Treue, die sich im Verborgenen befestigt hat, endlich dem, der ihrer bisher nicht wert gewesen, zur rechten Stunde nahe kommt und ihm offenbar wird. Die lange und streng verschlossene Knospe war reif, und Wilhelms Herz konnte nicht empfänglicher sein.

Sie stand vor ihm und sah seine Unruhe. — Herr! rief sie aus, wenn du unglücklich bist, was soll Mignon werden? — Liebes Geschöpf, sagte er, indem er ihre Hände nahm, du bist auch mit unter meinen Schmerzen. — Ich muß fort. — Sie sah ihm in die Augen, die von verhaltenen Tränen blinkten, und kniete mit Heftigkeit vor ihm nieder. Er behielt ihre Hände, sie legte ihr Haupt auf seine Kniee, und war ganz still. Er spielte mit ihren Haaren, und war freundlich. Sie blieb lange ruhig. Endlich fühlte er an ihr eine Art Zucken, das ganz sachte anfing, und sich durch alle Glieder wachsend verbreitete. — Was ist dir, Mignon? rief er aus, was ist dir? — Sie richtete ihr Köpfchen auf, und sah ihn an, fuhr auf einmal nach dem Herzen, wie mit einer Gebärde, welche Schmerzen verbeißt. Er hob sie auf, und sie fiel auf seinen Schoß; er drückte sie an sich, und küßte sie. Sie antwortete durch keinen Händedruck, durch keine Bewegung. Sie hielt ihr Herz fest, und auf einmal tat sie einen Schrei, der mit krampfigen Bewegungen des Körpers begleitet war. Sie fuhr auf, und fiel auch sogleich wie an allen Gelenken gebrochen vor ihm nieder. Es war ein gräßlicher Anblick! — Mein Kind! rief er aus, indem er sie aufhob und fest umarmte, mein Kind, was ist dir? — Die Zuckung dauerte fort, die vom Herzen sich den schlotternden Gliedern mitteilte; sie hing nur in seinen Armen. Er schloß sie an sein Herz, und benetzte sie mit seinen Tränen. Auf einmal schien sie wieder angespannt, wie eins, das den höchsten körperlichen Schmerz erträgt; und bald mit einer neuen Heftigkeit wurden alle ihre Glieder wieder lebendig, und sie warf sich ihm, wie ein Ressort, das zuschlägt, um den Hals, indem in ihrem Innersten wie ein gewaltiger Riß geschah, und in dem Augenblicke floß ein Strom von Tränen aus ihren geschlossenen Augen in seinen Busen. Er hielt sie fest. Sie weinte, und keine Zunge spricht die Gewalt dieser Tränen aus. Ihre langen Haare waren aufgegangen, und hingen von der Weinenden nieder, und ihr ganzes Wesen schien in einen Bach von Tränen unaufhaltsam dahin zu schmelzen. Ihre starren Glieder wurden gelinde, es ergoß sich ihr Innerstes, und in der Verirrung des Augenblickes fürchtete Wilhelm, sie werde in seinen Armen zerschmelzen, und er nichts von ihr übrig behalten. Er hielt sie nur fester und fester. — Mein Kind! rief er aus, mein Kind! Du bist ja mein! Wenn dich das Wort trösten kann. Du bist mein! Ich werde dich behalten, dich nicht verlassen! — Ihre Tränen flossen noch immer. — Endlich richtete sie sich auf. Eine weiche Heiterkeit glänzte von ihrem Gesichte. — Mein Vater! rief sie, du willst mich nicht verlassen! willst mein Vater sein! — Ich bin dein Kind!

Sanft fing vor der Türe die Harfe an zu klingen; der Alte brachte seine herzlichsten Lieder dem Freunde zum Abendopfer, der, sein Kind immer fester in Armen haltend, des reinsten unbeschreiblichsten Glückes genoß.

DRITTES BUCH

Erstes Kapitel

Kennst du das Land, wo die Zitronen blühn,
Im dunkeln Laub die Gold-Orangen glühn,
Ein sanfter Wind vom blauen Himmel weht,
Die Myrte still und hoch der Lorbeer steht,
Kennst du es wohl?
Dahin! Dahin
Möcht' ich mit dir, o mein Geliebter, ziehn!

Kennst du das Haus, auf Säulen ruht sein Dach,
Es glänzt der Saal, es schimmert das Gemach,
Und Marmorbilder stehn und sehn mich an:
Was hat man dir, du armes Kind getan?
Kennst du es wohl?
Dahin! Dahin
Möcht' ich mit dir, o mein Beschützer, ziehn!

Kennst du den Berg und seinen Wolkensteg?
Das Maultier sucht im Nebel seinen Weg,
In Höhlen wohnt der Drachen alte Brut,
Es stürzt der Fels und über ihn die Flut:
Kennst du ihn wohl?
Dahin! Dahin
Geht unser Weg; o Vater, laß uns ziehn!

Als Wilhelm des Morgens sich nach Mignon im Hause umsah, fand er sie nicht, hörte aber, daß sie früh mit Melina ausgegangen sei, welcher sich, um die Garderobe und die übrigen Theater-Gerätschaften zu übernehmen, bei Zeiten aufgemacht hatte.

Nach Verlauf einiger Stunden hörte Wilhelm Musik vor seiner Türe. Er glaubte anfänglich, der Harfenspieler sei schon wieder zugegen; allein er unterschied bald die Töne einer Zither, und die Stimme, welche zu singen anfing, war Mignons Stimme. Wilhelm öffnete die Türe, das Kind trat herein und sang das Lied, das wir so eben aufgezeichnet haben.

Melodie und Ausdruck gefielen unserm Freunde besonders, ob er gleich die Worte nicht alle verstehen konnte. Er ließ sich die Strophen wiederholen und erklären, schrieb sie auf und übersetzte sie in's Deutsche. Aber die Originalität der Wendungen konnte er nur von ferne nachahmen. Die kindliche Unschuld des Ausdrucks verschwand, indem die gebrochene Sprache übereinstimmend, und das Unzusammenhängende verbunden ward. Auch konnte der Reiz der Melodie mit nichts verglichen werden.

Sie fing jeden Vers feierlich und prächtig an, als ob sie auf etwas Sonderbares aufmerksam machen, als ob sie etwas Wichtiges vortragen wollte. Bei der dritten Zeile ward der Gesang dumpfer und düsterer; das: *kennst du es wohl?* drückte sie geheimnisvoll und bedächtig aus; in dem: *dahin! dahin!* lag eine unwiderstehliche Sehnsucht, und ihr: *Laß uns ziehn!* wußte sie, bei jeder Wiederholung, dergestalt zu modifizieren, daß es bald bittend und dringend, bald treibend und vielversprechend war.

Nachdem sie das Lied zum zweitenmal geendigt hatte, hielt sie einen Augenblick inne, sah Wilhelmen scharf an und fragte: Kennst du das Land? — Es muß wohl Italien gemeint sein, versetzte Wilhelm; woher hast du das Liedchen? — Italien! sagte Mignon bedeutend: gehst du nach Italien, so nimm mich mit, es friert mich hier. — Bist du schon dort gewesen, liebe Kleine? fragte Wilhelm. — Das Kind war still und nichts weiter aus ihm zu bringen.

Melina, der hereinkam, besah die Zither und freute sich, daß sie schon so hübsch zurecht gemacht sei. Das Instrument war ein Inventarienstück der alten Garderobe. Mignon hatte sich's diesen Morgen ausgebeten, der Harfenspieler bezog es sogleich, und das Kind entwickelte bei dieser Gelegenheit ein Talent, das man an ihm bisher noch nicht kannte.

Melina hatte schon die Garderobe mit allem Zugehör übernommen; einige Glieder des Stadtrats versprachen ihm gleich die Erlaubnis, einige Zeit im Orte zu spielen. Mit frohem Herzen und erheitertem Gesicht kam er nunmehr wieder zurück. Er schien ein ganz anderer Mensch zu sein: denn er war sanft, höflich gegen jedermann, ja zuvorkommend und einnehmend. Er wünschte sich Glück, daß er nunmehr seine Freunde, die bisher verlegen und müßig gewesen, werde beschäftigen und auf eine Zeitlang engagieren können, wobei er zugleich bedauerte, daß er freilich zum Anfange nicht im Stande sei, die vortrefflichen Subjekte, die das Glück ihm zugeführt, nach ihren Fähigkeiten und Talenten zu belohnen, da er seine Schuld einem so großmütigen Freunde, als Wilhelm sich gezeigt habe, vor allen Dingen abtragen müsse.

Ich kann Ihnen nicht ausdrücken, sagte Melina zu ihm, welche Freundschaft Sie mir erzeigen, indem Sie mir zur Direktion eines Theaters verhelfen. Denn als ich Sie antraf, befand ich mich in einer sehr wunderlichen Lage. Sie erinnern sich, wie lebhaft ich Ihnen bei unsrer ersten Bekanntschaft meine Abneigung gegen das Theater sehen ließ, und doch mußte ich mich, sobald ich verheiratet war, aus Liebe zu meiner Frau, welche sich viel Freude und Beifall versprach, nach einem Engagement umsehen. Ich fand keins, wenigstens kein beständiges, dagegen aber, glücklicherweise, einige Geschäftsmänner, die eben in außerordentlichen Fällen jemanden brauchen konnten, der mit der Feder umzugehen wußte, Französisch verstand, und im Rechnen nicht ganz unerfahren war. So ging es mir eine Zeitlang recht gut, ich ward leidlich bezahlt, schaffte mir manches an, und meine Verhältnisse machten mir keine Schande. Allein die außerordentlichen Aufträge meiner Gönner gingen zu Ende, an eine dauerhafte Versorgung war nicht zu denken, und meine Frau verlangte nur desto eifriger nach dem Theater, leider zu einer Zeit, wo ihre Umstände nicht die vorteilhaftesten sind, um sich dem Publikum mit Ehren darzustellen. Nun, hoffe ich, soll die Anstalt, die ich durch Ihre Hülfe einrichten werde, für mich und die Meinigen ein guter Anfang sein, und ich verdanke Ihnen mein künftiges Glück, es werde auch wie es wolle.

Wilhelm hörte diese Äußerungen mit Zufriedenheit an, und die sämtlichen Schauspieler waren gleichfalls mit den Erklärungen des neuen Direktors so ziemlich zufrieden, freuten sich heimlich, daß sich so schnell ein Engagement zeige, und waren geneigt, für den Anfang, mit einer geringen Gage vorlieb zu nehmen, weil die meisten dasjenige, was ihnen so unvermutet angeboten wurde, als einen Zuschuß ansahen, auf den sie vor kurzem noch nicht Rechnung machen konnten. Melina war im Begriff diese Disposition zu benutzen, suchte auf eine geschickte Weise jeden besonders zu sprechen, und hatte bald den einen auf diese, den andern auf eine andere Weise zu bereden gewußt, daß sie die Kontrakte geschwind abzuschließen geneigt waren, über das neue Verhältnis kaum nachdachten, und sich schon gesichert glaubten, mit sechswöchentlicher Aufkündigung wieder loskommen zu können.

Nun sollten die Bedingungen in gehörige Form gebracht werden, und Melina dachte schon an die Stücke, mit denen er zuerst das Publikum anlocken wollte, als ein Kurier dem Stallmeister die Ankunft der Herrschaft verkündigte, und dieser die untergelegten Pferde vorzuführen befahl.

Bald darauf fuhr der hochbepackte Wagen, von dessen Bocke zwei Bedienten heruntersprangen, vor dem Gasthause vor, und Philine war nach ihrer Art am ersten bei der Hand und stellte sich unter die Türe.

Wer ist Sie? fragte die Gräfin im Hereintreten.

Eine Schauspielerin, Ihro Exzellenz zu dienen, war die Antwort, indem der Schalk mit einem gar frommen Gesichte und demütigen Gebärden sich neigte und der Dame den Rock küßte.

Der Graf, der noch einige Personen umher stehen sah, die sich gleichfalls für Schauspieler ausgaben, erkundigte sich nach der Stärke der Gesellschaft, nach dem letzten Orte ihres Aufenthalts und ihrem Direktor. Wenn es Franzosen wären, sagte er zu seiner Gemahlin, könnten wir dem Prinzen eine unerwartete Freude machen, und ihm bei uns seine Lieblingsunterhaltung verschaffen.

Es käme darauf an, versetzte die Gräfin, ob wir nicht diese Leute, wenn sie schon unglücklicherweise nur Deutsche sind, auf dem Schloß, so lange der Fürst bei uns bleibt, spielen ließen. Sie haben doch wohl einige Geschicklichkeit. Eine große Sozietät läßt sich am besten durch ein Theater unterhalten, und der Baron würde sie schon zustutzen.

Unter diesen Worten gingen sie die Treppe hinauf, und Melina präsentierte sich oben als Direktor. Ruf Er seine Leute zusammen, sagte der Graf: und stell Er sie mir vor, damit ich sehe, was an ihnen ist. Ich will auch zugleich die Liste von den Stücken sehen, die sie allenfalls aufführen könnten.

Melina eilte mit einem tiefen Bücklinge aus dem Zimmer, und kam bald mit den Schauspielern zurück. Sie drückten sich vor und hinter einander, die einen präsentierten sich schlecht, aus großer Begierde zu gefallen, und die andern nicht besser, weil sie sich leichtsinnig darstellten. Philine bezeigte der Gräfin, die außerordentlich gnädig und freundlich war, alle Ehrfurcht; der Graf musterte indes die Übrigen. Er fragte einen jeden nach seinem Fache, und äußerte gegen Melina, daß man streng auf Fächer halten müsse, welchen Ausspruch dieser in der größten Devotion aufnahm.

Der Graf bemerkte sodann einem jeden, worauf er besonders zu studieren, was er an seiner Figur und Stellung zu bessern habe, zeigte ihnen einleuchtend, woran es den Deutschen immer fehle, und ließ so außerordentliche Kenntnisse sehen, daß alle in der größten Demut vor so einem erleuchteten Kenner und erlauchten Beschützer standen, und kaum Atem zu holen sich getrauten.

Wer ist der Mensch dort in der Ecke? fragte der Graf, indem er nach einem Subjekte sah, das ihm noch nicht vorgestellt worden war, und eine hagre Figur nahte sich in einem abgetragenen, auf dem Ellbogen mit Fleckchen besetzten Rocke; eine kümmerliche Perücke bedeckte das Haupt des demütigen Klienten.

Dieser Mensch, den wir schon aus dem vorigen Buche als Philinens Liebling kennen, pflegte gewöhnlich Pedanten, Magister und Poeten zu spielen, und meistens die Rolle zu übernehmen, wenn jemand Schläge kriegen oder begossen werden sollte. Er hatte sich gewisse kriechende, lächerliche, furchtsame Bücklinge angewöhnt, und seine stockende Sprache, die zu seinen Rollen paßte, machte die Zuschauer lachen, so daß er immer noch als ein brauchbares Glied der Gesellschaft angesehen wurde, besonders da er übrigens sehr dienstfertig und gefällig war. Er nahte sich auf seine Weise dem Grafen, neigte sich vor demselben, und beantwortete jede Frage auf die Art, wie er sich in seinen Rollen auf dem Theater zu gebärden pflegte. Der Graf sah ihn mit gefälliger Aufmerksamkeit und mit Überlegung eine Zeitlang an, alsdann rief er, indem er sich zu der Gräfin wendete: Mein Kind, betrachte mir diesen Mann genau; ich hafte dafür, das ist ein großer Schauspieler, oder kann es werden. Der Mensch machte von ganzem Herzen einen albernen Bückling, so daß der Graf laut über ihn lachen mußte, und ausrief: Er macht seine Sachen exzellent! Ich wette, dieser Mensch kann spielen was er will, und es ist Schade, daß man ihn bisher zu nichts Besserm gebraucht hat.

Ein so außerordentlicher Vorzug war für die Übrigen sehr kränkend, nur Melina empfand nichts davon, er gab vielmehr dem Grafen vollkommen recht, und versetzte mit ehrfurchtsvoller Miene: Ach ja, es hat wohl ihm und mehreren von uns nur ein solcher Kenner und eine solche Aufmunterung gefehlt, wie wir sie gegenwärtig an Ew. Exzellenz gefunden haben.

Ist das die sämtliche Gesellschaft? sagte der Graf.

Es sind einige Glieder abwesend, versetzte der kluge Melina, und überhaupt könnten wir, wenn wir nur Unterstützung fänden, sehr bald aus der Nachbarschaft vollzählig sein.

Indessen sagte Philine zur Gräfin: Es ist noch ein recht hübscher junger Mann oben, der sich gewiß bald zum ersten Liebhaber qualifizieren würde.

Warum läßt er sich nicht sehen? versetzte die Gräfin.

Ich will ihn holen, rief Philine, und eilte zur Türe hinaus.

Sie fand Wilhelmen noch mit Mignon beschäftigt, und beredete ihn mit herunter zu gehen. Er folgte ihr mit einigem Unwillen, doch trieb ihn die Neugier: denn da er von vornehmen Personen hörte, war er voll Verlangen, sie näher kennen zu lernen. Er trat in's Zimmer, und seine Augen begegneten sogleich den Augen der Gräfin, die auf ihn gerichtet waren. Philine zog ihn zu der Dame, indes der Graf sich mit den Übrigen beschäftigte. Wilhelm neigte sich, und gab auf verschiedene Fragen, welche die reizende Dame an ihn tat, nicht ohne Verwirrung Antwort. Ihre Schönheit, Jugend, Anmut, Zierlichkeit und feines Betragen machten den angenehmsten Eindruck auf ihn, um so mehr, da ihre Reden und Gebärden mit einer gewissen Schamhaftigkeit, ja man dürfte sagen, Verlegenheit begleitet waren. Auch dem Grafen ward er vorgestellt, der aber wenig Acht auf ihn hatte, sondern zu seiner Gemahlin an's Fenster trat, und sie um etwas zu fragen schien. Man konnte bemerken, daß ihre Meinung auf das lebhafteste mit der seinigen übereinstimmte, ja daß sie ihn eifrig zu bitten und ihn in seiner Gesinnung zu bestärken schien.

Er kehrte sich darauf bald zu der Gesellschaft, und sagte: Ich kann mich gegenwärtig nicht aufhalten, aber ich will einen Freund zu euch schicken, und wenn ihr billige Bedingungen macht, und euch recht viel Mühe geben wollt, so bin ich nicht abgeneigt, euch auf dem Schlosse spielen zu lassen.

Alle bezeigten ihre große Freude darüber, und besonders küßte Philine mit der größten Lebhaftigkeit der Gräfin die Hände.

Sieht Sie, Kleine, sagte die Dame, indem sie dem leichtfertigen Mädchen die Backen klopfte: sieht Sie, mein Kind, da kommt Sie wieder zu mir, ich will schon mein Versprechen halten, Sie muß sich nur besser anziehen. Philine entschuldigte sich, daß sie wenig auf ihre Garderobe zu verwenden habe, und sogleich befahl die Gräfin ihren Kammerfrauen, einen englischen Hut und ein seidnes Halstuch, die leicht auszupacken waren, herauf zu geben. Nun putzte die Gräfin selbst Philinen an, die fortfuhr, sich mit einer scheinheiligen unschuldigen Miene gar artig zu gebärden und zu betragen.

Der Graf bot seiner Gemahlin die Hand und führte sie hinunter. Sie grüßte die ganze Gesellschaft im Vorbeigehen freundlich, und kehrte sich nochmals gegen Wilhelmen um, indem sie mit der huldreichsten Miene zu ihm sagte: Wir sehen uns bald wieder.

So glückliche Aussichten belebten die ganze Gesellschaft; jeder ließ nunmehr seinen Hoffnungen, Wünschen und Einbildungen freien Lauf, sprach von den Rollen, die er spielen, von dem Beifall, den er erhalten wollte. Melina überlegte, wie er noch geschwind, durch einige Vorstellungen, den Einwohnern des Städtchens etwas Geld abnehmen und zugleich die Gesellschaft in Atem setzen könne, indes andere in die Küche gingen, um ein besseres Mittagessen zu bestellen, als man sonst einzunehmen gewohnt war.

Zweites Kapitel

Nach einigen Tagen kam der Baron, und Melina empfing ihn nicht ohne Furcht. Der Graf hatte ihn als einen Kenner angekündigt, und es war zu besorgen, er werde gar bald die schwache Seite des kleinen Haufens entdecken, und einsehen, daß er keine formierte Truppe vor sich habe, indem sie kaum Ein Stück gehörig besetzen konnten; allein sowohl der Direktor als die sämtlichen Glieder waren bald aus aller Sorge, da sie an dem Baron einen Mann fanden, der mit dem größten Enthusiasmus das vaterländische Theater betrachtete, dem ein jeder Schauspieler und jede Gesellschaft willkommen und erfreulich war. Er begrüßte sie alle mit Feierlichkeit, pries sich glücklich eine deutsche Bühne so unvermutet anzutreffen, mit ihr in Verbindung zu kommen, und die vaterländischen Musen in das Schloß seines Verwandten einzuführen. Er brachte bald darauf ein Heft aus der Tasche, in welchem Melina die Punkte des Kontraktes zu erblicken hoffte; allein es war ganz etwas anderes. Der Baron bat sie, ein Drama, das er selbst verfertigt, und das er von ihnen gespielt zu sehen wünschte, mit Aufmerksamkeit anzuhören. Willig schlossen sie einen Kreis, und waren erfreut, mit so geringen Kosten sich in der Gunst eines so notwendigen Mannes befestigen zu können, obgleich ein jeder nach der Dicke des Heftes übermäßig lange Zeit befürchtete. Auch war es wirklich so; das Stück war in fünf Akten geschrieben, und von der Art, die gar kein Ende nimmt.

Der Held war ein vornehmer, tugendhafter, großmütiger und dabei verkannter und verfolgter Mann, der aber denn doch zuletzt den Sieg über seine Feinde davon trug, über welche sodann die strengste poetische Gerechtigkeit ausgeübt worden wäre, wenn er ihnen nicht auf der Stelle verziehen hätte.

Indem dieses Stück vorgetragen wurde, hatte jeder Zuhörer Raum genug an sich selbst zu denken, und ganz sachte aus der Demut, zu der er sich noch vor kurzem geneigt fühlte, zu einer glücklichen Selbstgefälligkeit empor zu steigen, und von da aus die anmutigsten Aussichten in die Zukunft zu überschauen. Diejenigen, die keine ihnen angemessene Rolle in dem Stück fanden, erklärten es bei sich für schlecht, und hielten den Baron für einen unglücklichen Autor, dagegen die andern eine Stelle, bei der sie beklatscht zu werden hofften, mit dem größten Lobe zur möglichsten Zufriedenheit des Verfassers verfolgten.

Mit dem Ökonomischen waren sie geschwind fertig. Melina wußte zu seinem Vorteil mit dem Baron den Kontrakt abzuschließen, und ihn vor den übrigen Schauspielern geheim zu halten.

Über Wilhelmen sprach Melina den Baron im Vorbeigehen, und versicherte, daß er sich sehr gut zum Theaterdichter qualifiziere, und zum Schauspieler selbst keine üblen Anlagen habe. Der Baron machte sogleich mit ihm als einem Kollegen Bekanntschaft, und Wilhelm produzierte einige kleine Stücke, die nebst wenigen Reliquien an jenem Tage, als er den größten Teil seiner Arbeiten in Feuer aufgehen ließ, durch einen Zufall gerettet wurden. Der Baron lobte sowohl die Stücke als den Vortrag, nahm als bekannt an, daß er mit hinüber auf das Schloß kommen würde, versprach, bei seinem Abschiede, allen die beste Aufnahme, bequeme Wohnung, gutes Essen, Beifall und Geschenke, und Melina setzte noch die Versicherung eines bestimmten Taschengeldes hinzu.

Man kann denken, in welche gute Stimmung durch diesen Besuch die Gesellschaft gesetzt war, indem sie statt eines ängstlichen und niedrigen Zustandes auf einmal Ehre und Behagen vor sich sah. Sie machten sich schon zum voraus auf jene Rechnung lustig, und jedes hielt für unschicklich, nur noch irgend einen Groschen Geld in der Tasche zu behalten.

Wilhelm ging indessen mit sich zu Rate, ob er die Gesellschaft auf das Schloß begleiten solle, und fand in mehr als einem Sinne rätlich dahin zu gehen. Melina hoffte bei diesem vorteilhaften Engagement seine Schuld wenigstens zum Teil abtragen zu können, und unser Freund, der auf Menschenkenntnis ausging, wollte die Gelegenheit nicht versäumen, die große Welt näher kennen zu lernen, in der er viele Aufschlüsse über das Leben, über sich selbst und die Kunst zu erlangen hoffte. Dabei durfte er sich nicht gestehen, wie sehr er wünschte, der schönen Gräfin wieder näher zu kommen. Er suchte sich vielmehr im Allgemeinen zu überzeugen, welchen großen Vorteil ihm die nähere Kenntnis der vornehmen und reichen Welt bringen würde. Er machte seine Betrachtungen über den Grafen, die Gräfin, den Baron, über die Sicherheit, Bequemlichkeit und Anmut ihres Betragens, und rief, als er allein war, mit Entzücken aus:

Dreimal glücklich sind diejenigen zu preisen, die ihre Geburt sogleich über die untern Stufen der Menschheit hinaus hebt; die durch jene Verhältnisse, in welchen sich manche guten Menschen die ganze Zeit ihres

Lebens abängstigen, nicht durchzugehen, auch nicht einmal darin als Gäste zu verweilen brauchen. Allgemein und richtig muß ihr Blick auf dem höheren Standpunkte werden, leicht ein jeder Schritt ihres Lebens! Sie sind von Geburt an gleichsam in ein Schiff gesetzt, um bei der Überfahrt, die wir alle machen müssen, sich des günstigen Windes zu bedienen, und den widrigen abzuwarten, anstatt daß andere nur für ihre Person schwimmend sich abarbeiten, vom günstigen Winde wenig Vorteil genießen, und im Sturme mit bald erschöpften Kräften untergehen. Welche Bequemlichkeit, welche Leichtigkeit gibt ein angebornes Vermögen! und wie sicher blühet ein Handel, der auf ein gutes Kapital gegründet ist, so daß nicht jeder mißlungene Versuch sogleich in Untätigkeit versetzt! Wer kann den Wert und Unwert irdischer Dinge besser kennen, als der sie zu genießen von Jugend auf im Falle war, und wer kann seinen Geist früher auf das Notwendige, das Nützliche, das Wahre leiten, als der sich von so vielen Irrtümern in einem Alter überzeugen muß, wo es ihm noch an Kräften nicht gebricht, ein neues Leben anzufangen!

So rief unser Freund allen denenjenigen Glück zu, die sich in den höheren Regionen befinden; aber auch denen, die sich einem solchen Kreise nähern, aus diesen Quellen schöpfen können, und pries seinen Genius, der Anstalt machte, auch ihn diese Stufen hinan zu führen.

Indessen mußte Melina, nachdem er lange sich den Kopf zerbrochen, wie er, nach dem Verlangen des Grafen und nach seiner eigenen Überzeugung, die Gesellschaft in Fächer einteilen und einem jeden seine bestimmte Mitwirkung übertragen wollte, zuletzt, da es an die Ausführung kam, sehr zufrieden sein, wenn er bei einem so geringen Personal die Schauspieler willig fand, sich nach Möglichkeit in diese oder jene Rollen zu schicken. Doch übernahm gewöhnlich Laertes die Liebhaber, Philine die Kammermädchen, die beiden jungen Frauenzimmer teilten sich in die naiven und zärtlichen Liebhaberinnen, der alte Polterer ward am besten gespielt. Melina selbst glaubte als Chevalier auftreten zu dürfen, Madame Melina mußte, zu ihrem größten Verdruß, in das Fach der jungen Frauen, ja sogar der zärtlichen Mütter übergehen, und weil in den neuern Stücken nicht leicht mehr ein Pedant oder Poet, wenn er auch vorkommen sollte, lächerlich gemacht wird, so mußte der bekannte Günstling des Grafen nunmehr die Präsidenten und Minister spielen, weil diese gewöhnlich als Bösewichter vorgestellt und im fünften Akte übel behandelt werden. Eben so steckte Melina mit Vergnügen, als Kammerjunker oder Kammerherr, die Grobheiten ein, welche ihm von biedern deutschen Männern, hergebrachtermaßen, in mehreren beliebten Stücken aufgedrungen wurden, weil er sich doch bei dieser Gelegenheit artig herausputzen konnte, und das Air eines Hofmannes, das er vollkommen zu besitzen glaubte, anzunehmen die Erlaubnis hatte.

Es dauerte nicht lange, so kamen von verschiedenen Gegenden mehrere Schauspieler herbeigeflossen, welche ohne sonderliche Prüfung angenommen, aber auch ohne sonderliche Bedingungen festgehalten wurden.

Wilhelm, den Melina vergebens einigemal zu einer Liebhaberrolle zu bereden suchte, nahm sich der Sache mit vielem guten Willen an, ohne daß unser neuer Direktor seine Bemühungen im mindesten anerkannte; vielmehr glaubte dieser mit seiner Würde auch alle nötige Einsicht überkommen zu haben; besonders war das *Streichen* eine seiner angenehmsten Beschäftigungen, wodurch er ein jedes Stück auf das gehörige Zeitmaß herunter zu setzen wußte, ohne irgend eine andere Rücksicht zu nehmen. Er hatte viel Zuspruch, das Publikum war sehr zufrieden, und die geschmackvollsten Einwohner des Städtchens behaupteten, daß das Theater in der Residenz keineswegs so gut als das ihre bestellt sei.

Drittes Kapitel

Endlich kam die Zeit herbei, daß man sich zur Überfahrt schicken, die Kutschen und Wagen erwarten sollte, die unsere ganze Truppe nach dem Schlosse des Grafen hinüber zu führen bestellt waren. Schon zum voraus fielen große Streitigkeiten vor, wer mit dem andern fahren, wie man sitzen sollte. Die Ordnung und Einteilung ward endlich nur mit Mühe ausgemacht und festgesetzt, doch leider ohne Wirkung. Zur bestimmten Stunde kamen weniger Wagen als man erwartet hatte, und man mußte sich einrichten. Der Baron, der zu Pferde nicht lange hinterdrein folgte, gab zur Ursache an, daß im Schlosse alles in großer Bewegung sei, weil nicht allein der Fürst einige Tage früher eintreffen werde, als man geglaubt, sondern weil auch unerwarteter Besuch schon gegenwärtig angelangt sei; der Platz gehe sehr zusammen, sie würden auch deswegen nicht so gut logieren, als man es ihnen vorher bestimmt habe, welches ihm außerordentlich leid tue.

Man teilte sich in die Wagen, so gut es gehen wollte, und da leidlich Wetter und das Schloß nur einige Stunden entfernt war, machten sich die Lustigsten lieber zu Fuße auf den Weg, als daß sie die Rückkehr der Kutschen hätten abwarten sollen. Die Karawane zog mit Freudengeschrei aus, zum erstenmal ohne Sorgen wie der Wirt zu bezahlen sei. Das Schloß des Grafen stand ihnen wie ein Feengebäude vor der Seele, sie waren die glücklichsten und fröhlichsten Menschen von der Welt, und jeder knüpfte unterwegs an diesen Tag, nach seiner Art zu denken, eine Reihe von Glück, Ehre und Wohlstand.

Ein starker Regen, der unerwartet einfiel, konnte sie nicht aus diesen angenehmen Empfindungen reißen; da er aber immer anhaltender und stärker wurde, spürten viele von ihnen eine ziemliche Unbequemlichkeit. Die Nacht kam herbei, und erwünschter konnte ihnen nichts erscheinen, als der durch alle Stockwerke erleuchtete Palast des Grafen, der ihnen von einem Hügel entgegen glänzte, so daß sie die Fenster zählen konnten.

Als sie näher kamen, fanden sie auch alle Fenster der Seitengebäude erhellet. Ein jeder dachte bei sich, welches wohl sein Zimmer werden möchte, und die meisten begnügten sich bescheiden mit einer Stube in der Mansarde oder den Flügeln.

Nun fuhren sie durch das Dorf und am Wirtshause vorbei. Wilhelm ließ halten, um dort abzusteigen; allein der Wirt versicherte, daß er ihm nicht den geringsten Raum anweisen könne. Der Herr Graf habe, weil unvermutete Gäste angekommen, sogleich das ganze Wirtshaus besprochen, an allen Zimmern stehe schon seit gestern mit Kreide deutlich angeschrieben, wer darin wohnen solle. Wider seinen Willen mußte also unser Freund mit der übrigen Gesellschaft zum Schloßhofe hineinfahren.

Um die Küchenfeuer in einem Seitengebäude sahen sie geschäftige Köche sich hin und her bewegen, und waren durch diesen Anblick schon erquickt; eilig kamen Bediente mit Lichtern auf die Treppe des Hauptgebäudes gesprungen, und das Herz der guten Wanderer quoll über diesen Aussichten auf. Wie sehr verwunderten sie sich dagegen, als sich dieser Empfang in ein entsetzliches Fluchen auflös'te. Die Bedienten schimpften auf die Fuhrleute, daß sie hier hereingefahren seien; sie sollten umwenden, rief man, und wieder hinaus nach dem alten Schlosse zu, hier sei kein Raum für diese Gäste! Einem so unfreundlichen und unerwarteten Bescheide fügten sie noch allerlei Spöttereien hinzu, und lachten sich unter einander aus, daß sie durch diesen Irrtum in den Regen gesprengt worden. Er goß noch immer, keine Sterne standen am Himmel, und nun wurde die Gesellschaft durch einen holperichten Weg zwischen zwei Mauern in das alte hintere Schloß gezogen, welches unbewohnt da stand, seit der Vater des Grafen das vordere gebaut hatte. Teils im Hofe, teils unter einem langen gewölbten Torwege hielten die Wagen still, und die Fuhrleute, Anspanner aus dem Dorfe, spannten aus und ritten ihrer Wege.

Da niemand zum Empfange der Gesellschaft sich zeigte, stiegen sie aus, riefen, suchten, vergebens! Alles blieb finster und stille. Der Wind blies durch das hohe Tor, und grauerlich waren die alten Türme und Höfe, wovon sie kaum die Gestalten in der Finsternis unterschieden. Sie froren und schauerten, die Frauen fürchteten sich, die Kinder fingen an zu weinen, ihre Ungeduld vermehrte sich mit jedem Augenblicke, und ein so schneller Glückswechsel, auf den niemand vorbereitet war, brachte sie alle ganz und gar aus der Fassung.

Da sie jeden Augenblick erwarteten, daß jemand kommen und ihnen aufschließen werde, da bald Regen, bald Sturm sie täuschte, und sie mehr als einmal den Tritt des erwünschten Schloßvoigts zu hören glaubten, blieben sie eine lange Zeit unmutig und untätig, es fiel keinem ein, in das neue Schloß zu gehen, und dort mitleidige Seelen um Hülfe anzurufen. Sie konnten nicht begreifen, wo ihr Freund, der Baron, geblieben sei, und waren in einer höchstbeschwerlichen Lage.

Endlich kamen wirklich Menschen an, und man erkannte an ihren Stimmen jene Fußgänger, die auf dem Wege hinter den Fahrenden zurück geblieben waren. Sie erzählten, daß der Baron mit dem Pferde gestürzt sei, sich am Fuße stark beschädigt habe, und daß man auch sie, da sie im Schlosse nachgefragt, mit Ungestüm hieher gewiesen habe.

Die ganze Gesellschaft war in der größten Verlegenheit; man ratschlagte, was man tun sollte, und konnte keinen Entschluß fassen. Endlich sah man von weitem eine Laterne kommen, und holte frischen Atem; allein die Hoffnung einer baldigen Erlösung verschwand auch wieder, indem die Erscheinung näher kam und deutlich ward. Ein Reitknecht leuchtete dem bekannten Stallmeister des Grafen vor, und dieser erkundigte sich, als er näher kam, sehr eifrig nach Mademoiselle Philinen. Sie war kaum aus dem übrigen Haufen hervorgetreten, als er ihr sehr dringend anbot, sie in das neue Schloß zu führen, wo ein Plätzchen für sie bei den Kammerjungfern der Gräfin bereitet sei. Sie besann sich nicht lange, das Anerbieten dankbar zu ergreifen, faßte ihn bei dem Arme und wollte, da sie den andern ihren Koffer empfohlen, mit ihm forteilen; allein man trat ihnen in den Weg, fragte, bat, beschwor den Stallmeister, daß er endlich, um nur mit seiner Schönen los zu kommen, alles versprach, und versicherte, in kurzem solle das Schloß eröffnet und sie auf das beste einquartiert werden. Bald darauf sahen sie den Schein seiner Laterne verschwinden, und hofften lange vergebens auf das neue Licht, das ihnen endlich nach vielem Warten, Schelten und Schmähen erschien, und sie mit einigem Troste und Hoffnung belebte.

Ein alter Hausknecht eröffnete die Türe des alten Gebäudes, in das sie mit Gewalt eindrangen. Ein jeder sorgte nur für seine Sachen, sie abzupacken, sie herein zu schaffen. Das Meiste war, wie die Personen selbst, tüchtig durchweicht. Bei dem Einen Lichte ging alles sehr langsam. Im Gebäude stieß man sich, stolpterte, fiel. Man bat um mehr Lichter, man bat um Feuerung. Der einsylbige Hausknecht ließ mit genauer Not seine Laterne da, ging, und kam nicht wieder.

Nun fing man an das Haus zu durchsuchen; die Türen aller Zimmer waren offen, große Öfen, gewirkte Tapeten, eingelegte Fußböden waren von seiner vorigen Pracht noch übrig, von anderm Hausgeräte aber nichts zu finden, kein Tisch, kein Stuhl, kein Spiegel, kaum einige ungeheuere leere Bettstellen, alles Schmuckes und alles Notwendigen beraubt. Die nassen Koffer und Mantelsäcke wurden zu Sitzen gewählt, ein Teil der müden Wandrer bequemte sich auf dem Fußboden, Wilhelm hatte sich auf einige Stufen gesetzt, Mignon lag auf seinen Knien; das Kind war unruhig, und auf seine Frage, was ihm fehlte? antwortete es: Mich hungert! Er fand nichts bei sich, um das Verlangen des Kindes zu stillen, die übrige

Gesellschaft hatte jeden Vorrat auch aufgezehrt, und er mußte die arme Kreatur ohne Erquickung lassen. Er blieb bei dem ganzen Vorfalle untätig, still in sich gekehrt: denn er war sehr verdrießlich und grimmig, daß er nicht auf seinem Sinne bestanden und bei dem Wirtshause abgestiegen sei, wenn er auch auf dem obersten Boden hätte sein Lager nehmen sollen.

Die Übrigen gebärdeten sich jeder nach seiner Art. Einige hatten einen Haufen altes Gehölz in einen ungeheuren Kamin des Saals geschafft und zündeten mit großem Jauchzen den Scheiterhaufen an. Unglücklicherweise ward auch diese Hoffnung sich zu trocknen und zu wärmen auf das schrecklichste getäuscht, denn dieser Kamin stand nur zur Zierde da, und war von oben herein vermauert; der Dampf trat schnell zurück und erfüllte auf einmal die Zimmer; das dürre Holz schlug prasselnd in Flammen auf, und auch die Flamme ward herausgetrieben; der Zug, der durch die zerbrochenen Fensterscheiben drang, gab ihr eine unstäte Richtung, man fürchtete das Schloß anzuzünden, mußte das Feuer aus einander ziehen, austreten, dämpfen, der Rauch vermehrte sich, der Zustand wurde unerträglicher, man kam der Verzweiflung nahe.

Wilhelm war vor dem Rauch in ein entferntes Zimmer gewichen, wohin ihm bald Mignon folgte und einen wohlgekleideten Bedienten, der eine hohe, hellbrennende, doppelt erleuchtete Laterne trug, hereinführte; dieser wendete sich an Wilhelmen, und indem er ihm auf einem schön porzellanenen Teller Konfekt und Früchte überreichte, sagte er: Dies schickt Ihnen das junge Frauenzimmer von drüben, mit der Bitte, zur Gesellschaft zu kommen; sie läßt sagen, setzte der Bediente mit einer leichtfertigen Miene hinzu, es gehe ihr sehr wohl, und sie wünschte ihre Zufriedenheit mit ihren Freunden zu teilen.

Wilhelm erwartete nichts weniger als diesen Antrag, denn er hatte Philinen, seit dem Abenteuer der steinernen Bank, mit entschiedener Verachtung begegnet, und war so fest entschlossen, keine Gemeinschaft mehr mit ihr zu machen, daß er im Begriff stand, die süße Gabe wieder zurück zu schicken, als ein bittender Blick Mignons ihn vermochte, sie anzunehmen, und im Namen des Kindes dafür zu danken; die Einladung schlug er ganz aus. Er bat den Bedienten, einige Sorge für die angekommene Gesellschaft zu haben, und erkundigte sich nach dem Baron. Dieser lag zu Bette, hatte aber schon, so viel der Bediente zu sagen wußte, einem andern Auftrag gegeben, für die elend Beherbergten zu sorgen.

Der Bediente ging und hinterließ Wilhelmen eins von seinen Lichtern, das dieser in Ermanglung eines Leuchters auf das Fenstergesims kleben mußte, und nun wenigstens bei seinen Betrachtungen die vier Wände des Zimmers erhellt sah. Denn es währte noch lange, ehe die Anstalten rege wurden, die unsere Gäste zur Ruhe bringen sollten. Nach und nach kamen Lichter, jedoch ohne Lichtputzen, dann einige Stühle, eine Stunde darauf Deckbetten, dann Kissen, alles wohl durchnetzt, und es war schon weit über Mitternacht, als endlich Strohsäcke und Matratzen herbeigeschafft wurden, die, wenn man sie zuerst gehabt hätte, höchst willkommen gewesen wären.

In der Zwischenzeit war auch etwas von Essen und Trinken angelangt, das ohne viele Kritik genossen wurde, ob es gleich einem sehr unordentlichen Abhub ähnlich sah, und von der Achtung, die man für die Gäste hatte, kein sonderliches Zeugnis ablegte.

Viertes Kapitel

Durch die Unart und den Übermut einiger leichtfertigen Gesellen, vermehrte sich die Unruhe und das Übel der Nacht, indem sie sich einander neckten, aufweckten und sich wechselsweise allerlei Streiche spielten. Der andere Morgen brach an, unter lauten Klagen über ihren Freund, den Baron, daß er sie so getäuscht und ihnen ein ganz anderes Bild von der Ordnung und Bequemlichkeit, in die sie kommen würden, gemacht habe. Doch zur Verwunderung und Trost erschien in aller Frühe der Graf selbst mit einigen Bedienten, und erkundigte sich nach ihren Umständen. Er war sehr entrüstet, als er hörte, wie übel es ihnen ergangen, und der Baron, der geführt herbei hinkte, verklagte den Haushofmeister, wie befehlswidrig er sich bei dieser Gelegenheit gezeigt, und glaubte ihm ein rechtes Bad angerichtet zu haben.

Der Graf befahl sogleich, daß alles in seiner Gegenwart zur möglichsten Bequemlichkeit der Gäste geordnet werden solle. Darauf kamen einige Offiziere, die von den Actricen sogleich Kundschaft nahmen, und der Graf ließ sich die ganze Gesellschaft vorstellen, redete einen jeden bei seinem Namen an, und mischte einige Scherze in die Unterredung, daß alle über einen so gnädigen Herrn ganz entzückt waren. Endlich mußte Wilhelm auch an die Reihe, an den sich Mignon anhing. Wilhelm entschuldigte sich so gut er konnte über seine Freiheit, der Graf hingegen schien seine Gegenwart als bekannt anzunehmen.

Ein Herr, der neben dem Grafen stand, den man für einen Offizier hielt, ob er gleich keine Uniform anhatte, sprach besonders mit unserm Freunde, und zeichnete sich vor allen andern aus. Große hellblaue Augen leuchteten unter einer hohen Stirne hervor, nachlässig waren seine blonden Haare aufgeschlagen, und seine mittlere Statur zeigte ein sehr wackres, festes und bestimmtes Wesen. Seine Fragen waren lebhaft, und er schien sich auf alles zu verstehen, wonach er fragte.

Wilhelm erkundigte sich nach diesem Manne bei dem Baron, der aber nicht viel Gutes von ihm zu sagen wußte. Er habe den Charakter als Major, sei eigentlich der Günstling des Prinzen, versehe dessen geheimste Geschäfte und werde für dessen rechten Arm gehalten, ja man habe Ursache zu glauben, er sei sein natürlicher Sohn. In Frankreich, England, Italien sei er mit Gesandtschaften gewesen, er werde überall sehr distinguiert, und das mache ihn einbildisch; er wähne, die deutsche Literatur aus dem Grunde zu kennen, und erlaube sich allerlei schale Spöttereien gegen dieselbe. Er, der Baron, vermeide alle Unterredung mit ihm, und Wilhelm werde wohl tun, sich auch von ihm entfernt zu halten, denn am Ende gebe er jedermann etwas ab. Man nenne ihn Jarno, wisse aber nicht recht, was man aus dem Namen machen solle.

Wilhelm hatte darauf nichts zu sagen, denn er empfand gegen den Fremden, ob er gleich etwas Kaltes und Abstoßendes hatte, eine gewisse Neigung.

Die Gesellschaft wurde in dem Schlosse eingeteilt, und Melina befahl sehr strenge, sie sollten sich nunmehr ordentlich halten, die Frauen sollten besonders wohnen, und jeder nur auf seine Rollen, auf die Kunst sein Augenmerk und seine Neigung richten. Er schlug Vorschriften und Gesetze, die aus vielen Punkten bestanden, an alle Türen. Die Summe der Strafgelder war bestimmt, die ein jeder Übertreter in eine gemeine Büchse entrichten sollte.

Diese Verordnungen wurden wenig geachtet. Junge Offiziere gingen aus und ein, spaßten nicht eben auf das feinste mit den Actricen, hatten die Acteure zum Besten, und vernichteten die ganze kleine Polizeiordnung, noch ehe sie Wurzel fassen konnte. Man jagte sich durch die Zimmer, verkleidete sich, versteckte sich. Melina, der anfangs einigen Ernst zeigen wollte, ward mit allerlei Mutwillen auf das Äußerste gebracht, und als ihn bald darauf der Graf holen ließ, um den Platz zu sehen, wo das Theater aufgerichtet werden sollte, ward das Übel nur immer ärger. Die jungen Herren ersannen sich allerlei platte Späße, durch Hülfe einiger Acteure wurden sie noch plumper, und es schien, als wenn das ganze alte Schloß vom wütenden Heere besessen sei; auch endigte der Unfug nicht eher, als bis man zur Tafel ging.

Der Graf hatte Melina'n in einen großen Saal geführt, der noch zum alten Schlosse gehörte, durch eine Galerie mit dem neuen verbunden war, und worin ein kleines Theater sehr wohl aufgestellt werden konnte. Daselbst zeigte der einsichtsvolle Hausherr, wie er alles wolle eingerichtet haben.

Nun ward die Arbeit in großer Eile vorgenommen, das Theatergerüste aufgeschlagen und ausgeziert, was man von Dekorationen in dem Gepäcke hatte und brauchen konnte, angewendet, und das Übrige mit Hülfe einiger geschickten Leute des Grafen verfertiget. Wilhelm griff selbst mit an, half die Perspektive bestimmen, die Umrisse abschnüren, und war höchst beschäftigt, daß es nicht unschicklich werden sollte. Der Graf, der öfters dazu kam, war sehr zufrieden damit, zeigte, wie sie das, was sie wirklich taten, eigentlich machen sollten, und ließ dabei ungemeine Kenntnisse jeder Kunst sehen.

Nun fing das Probieren recht ernstlich an, wozu sie auch Raum und

Muße genug gehabt hätten, wenn sie nicht von den vielen anwesenden Fremden immer gestört worden wären. Denn es kamen täglich neue Gäste an, und ein jeder wollte die Gesellschaft in Augenschein nehmen.

Fünftes Kapitel

Der Baron hatte Wilhelmen einige Tage mit der Hoffnung hingehalten, daß er der Gräfin noch besonders vorgestellt werden sollte. — Ich habe, sagte er, dieser vortrefflichen Dame so viel von Ihren geistreichen und empfindungsvollen Stücken erzählt, daß sie nicht erwarten kann, Sie zu sprechen und sich eins und das andere vorlesen zu lassen. Halten Sie sich ja gefaßt auf den ersten Wink hinüber zu kommen, denn bei dem nächsten ruhigen Morgen werden Sie gewiß gerufen werden. Er bezeichnete ihm darauf das Nachspiel, welches er zuerst vorlesen sollte, wodurch er sich ganz besonders empfehlen würde. Die Dame bedaure gar sehr, daß er zu einer solchen unruhigen Zeit eingetroffen sei, und sich mit der übrigen Gesellschaft in dem alten Schlosse schlecht behelfen müsse. —

Mit großer Sorgfalt nahm darauf Wilhelm das Stück vor, womit er seinen Eintritt in die große Welt machen sollte. Du hast, sagte er, bisher im Stillen für dich gearbeitet, nur von einzelnen Freunden Beifall erhalten; du hast eine Zeitlang ganz an deinem Talente verzweifelt, und du mußt immer noch in Sorgen sein, ob du denn auch auf dem rechten Wege bist, und ob du so viel Talent als Neigung zum Theater hast. Vor den Ohren solcher geübten Kenner, im Kabinette, wo keine Illusion statt findet, ist der Versuch weit gefährlicher als anderwärts, und ich möchte doch auch nicht gerne zurückbleiben, diesen Genuß an meine vorigen Freuden knüpfen, und die Hoffung auf die Zukunft erweitern.

Er nahm darauf einige Stücke durch, las sie mit der größten Aufmerksamkeit, korrigierte hier und da, rezitierte sie sich laut vor, um auch in Sprache und Ausdruck recht gewandt zu sein, und steckte dasjenige, welches er am meisten geübt, womit er die größte Ehre einzulegen glaubte, in die Tasche, als er an einem Morgen hinüber vor die Gräfin gefordert wurde.

Der Baron hatte ihm versichert, sie würde allein mit einer guten Freundin sein. Als er in das Zimmer trat, kam die Baronesse von C** ihm mit vieler Freundlichkeit entgegen, freute sich seine Bekanntschaft zu machen, und präsentierte ihn der Gräfin, die sich eben frisieren ließ, und ihn mit freundlichen Worten und Blicken empfing, neben deren Stuhl er aber leider Philinen knien und allerlei Torheiten machen sah. — Das schöne Kind, sagte die Baronesse, hat uns verschiedenes vorgesungen. Endige Sie doch das angefangene Liedchen, damit wir nichts davon verlieren. —

Wilhelm hörte das Stückchen mit großer Geduld an, indem er die Entfernung des Friseurs wünschte, ehe er seine Vorlesung anfangen wollte.

Man bot ihm eine Tasse Schokolade an, wozu ihm die Baronesse selbst den Zwieback reichte. Dessen ungeachtet schmeckte ihm das Frühstück nicht, denn er wünschte zu lebhaft der schönen Gräfin irgend etwas vorzutragen, was sie interessieren, wodurch er ihr gefallen könnte. Auch Philine war ihm nur zu sehr im Wege, die ihm als Zuhörerin oft schon unbequem gewesen war. Er sah mit Schmerzen dem Friseur auf die Hände, und hoffte in jedem Augenblicke mehr auf die Vollendung des Baues.

Indessen war der Graf hereingetreten, und erzählte von den heut zu erwartenden Gästen, von der Einteilung des Tages, und was sonst etwa Häusliches vorkommen möchte. Da er hinaus ging, ließen einige Offiziere bei der Gräfin um die Erlaubnis bitten, ihr, weil sie noch vor der Tafel wegreiten müßten, aufwarten zu dürfen. Der Kammerdiener war indessen fertig geworden, und sie ließ die Herren hereinkommen.

Die Baronesse gab sich inzwischen Mühe unsern Freund zu unterhalten, und ihm viele Achtung zu bezeigen, die er mit Ehrfurcht, obgleich etwas zerstreut, aufnahm. Er fühlte manchmal nach dem Manuskripte in der Tasche, hoffte auf jeden Augenblick, und fast wollte seine Geduld reißen, als ein Galanteriehändler hereingelassen wurde, der seine Pappen, Kasten, Schachteln unbarmherzig eine nach der andern eröffnete, und jede Sorte seiner Waren mit einer diesem Geschlechte eigenen Zudringlichkeit vorwies.

Die Gesellschaft vermehrte sich. Die Baronesse sah Wilhelmen an, und sprach leise mit der Gräfin; er bemerkte es, ohne die Absicht zu verstehen, die ihm endlich zu Hause klar wurde, als er sich nach einer ängstlich und vergebens durchharrten Stunde wegbegab. Er fand ein schönes englisches Portefeuille in der Tasche. Die Baronesse hatte es ihm heimlich beizustecken gewußt, und gleich darauf folgte der Gräfin kleiner Mohr, der ihm eine artig gestickte Weste überbrachte, ohne recht deutlich zu sagen, woher sie komme.

Sechstes Kapitel

Das Gemisch der Empfindungen von Verdruß und Dankbarkeit verdarb ihm den ganzen Rest des Tages, bis er gegen Abend wieder Beschäftigung fand, indem Melina ihm eröffnete, der Graf habe von einem Vorspiele gesprochen, das dem Prinzen zu Ehren, den Tag seiner Ankunft, aufgeführt werden sollte. Er wolle darin die Eigenschaften dieses großen Helden und Menschenfreundes personifizieret haben. Diese Tugenden sollten mit einander auftreten, sein Lob verkündigen und zuletzt seine Büste mit Blumen- und Lorbeerkränzen umwinden, wobei sein verzogener Name mit dem Fürstenhute durchscheinend glänzen sollte. Der Graf habe ihm aufgegeben, für die Versifikation und übrige Einrichtung dieses Stückes zu sorgen, und er hoffe, daß ihm Wilhelm, dem es etwas Leichtes sei, hierin gerne beistehen werde.

Wie! rief dieser verdrießlich aus, haben wir nichts als Porträte, verzogene Namen und allegorische Figuren, um einen Fürsten zu ehren, der nach meiner Meinung ein ganz anderes Lob verdient? Wie kann es einem vernünftigen Manne schmeicheln, sich in Effigie aufgestellt und seinen Namen auf geöltem Papier schimmern zu sehen! Ich fürchte sehr, die Allegorien würden, besonders bei unserer Garderobe, zu manchen Zweideutigkeiten und Späßen Anlaß geben. Wollen Sie das Stück machen oder machen lassen, so kann ich nichts dawider haben, nur bitte ich, daß ich damit verschont bleibe.

Melina entschuldigte sich, es sei nur die ungefähre Angabe des Herrn Grafen, der ihnen übrigens ganz überlasse, wie sie das Stück arrangieren wollten. Herzlich gerne, versetzte Wilhelm, trage ich etwas zum Vergnügen dieser vortrefflichen Herrschaft bei, und meine Muse hat noch kein so angenehmes Geschäfte gehabt, als zum Lob eines Fürsten, der so viel Verehrung verdient, auch nur stammelnd sich hören zu lassen. Ich will der Sache nachdenken, vielleicht gelingt es mir, unsre kleine Truppe so zu stellen, daß wir doch wenigstens einigen Effekt machen.

Von diesem Augenblicke sann Wilhelm eifrig dem Auftrage nach. Ehe er einschlief, hatte er alles schon ziemlich geordnet, und den andern Morgen, bei früher Zeit, war der Plan fertig, die Szenen entworfen, ja schon einige der vornehmsten Stellen und Gesänge in Verse und zu Papiere gebracht.

Wilhelm eilte Morgens gleich den Baron wegen gewisser Umstände zu sprechen, und legte ihm seinen Plan vor. Diesem gefiel er sehr wohl, doch bezeigte er einige Verwunderung. Denn er hatte den Grafen gestern Abend von einem ganz andern Stücke sprechen hören, welches nach seiner Angabe in Verse gebracht werden sollte.

Es ist mir nicht wahrscheinlich, versetzte Wilhelm, daß es die Absicht des Herrn Grafen gewesen sei, gerade das Stück, so wie er es Melina'n angegeben, fertigen zu lassen: wenn ich nicht irre, so wollte er uns bloß durch einen Fingerzeig auf den rechten Weg weisen. Der Liebhaber und Kenner zeigt dem Künstler an, was er wünscht, und überläßt ihm alsdann die Sorge das Werk hervorzubringen.

Mitnichten, versetzte der Baron; der Herr Graf verläßt sich darauf, daß das Stück so und nicht anders, wie er es angegeben, aufgeführt werde. Das Ihrige hat freilich eine entfernte Ähnlichkeit mit seiner Idee, und wenn wir es durchsetzen und ihn von seinem ersten Gedanken abbringen wollen, so müssen wir es durch die Damen bewirken. Vorzüglich weiß die Baronesse dergleichen Operationen meisterhaft anzulegen; es wird die Frage sein, ob ihr der Plan so gefällt, daß sie sich der Sache annehmen mag, und dann wird es gewiß gehen.

Wir brauchen ohnedies die Hülfe der Damen, sagte Wilhelm, denn es möchte unser Personal und unsere Garderobe zu der Ausführung nicht hinreichen. Ich habe auf einige hübsche Kinder gerechnet, die im Hause hin und wieder laufen, und die dem Kammerdiener und dem Haushofmeister zugehören.

Darauf ersuchte er den Baron, die Damen mit seinem Plane bekannt zu machen. Dieser kam bald zurück und brachte die Nachricht, sie wollten ihn selbst sprechen. Heute Abend, wenn die Herren sich zum Spiele setzten, das ohnedies wegen der Ankunft eines gewissen Generals ernsthafter werden würde als gewöhnlich, wollten sie sich unter dem Vorwande einer Unpäßlichkeit in ihr Zimmer zurückziehen, er sollte durch die geheime Treppe eingeführt werden, und könnte alsdann seine Sache auf das beste vortragen. Diese Art von Geheimnis gebe der Angelegenheit nunmehr einen doppelten Reiz, und die Baronesse besonders freue sich wie ein Kind auf dieses Rendezvous, und mehr noch darauf, daß es heimlich und geschickt gegen den Willen des Grafen unternommen werden sollte.

Gegen Abend, um die bestimmte Zeit, ward Wilhelm abgeholt und mit Vorsicht hinauf geführt. Die Art, mit der ihm die Baronesse in einem kleinen Kabinette entgegen kam, erinnerte ihn einen Augenblick an vorige glückliche Zeiten. Sie brachte ihn in das Zimmer der Gräfin, und nun ging es an ein Fragen, an ein Untersuchen. Er legte seinen Plan mit der möglichsten Wärme und Lebhaftigkeit vor, so daß die Damen dafür ganz eingenommen wurden, und unsere Leser werden erlauben, daß wir sie auch in der Kürze damit bekannt machen.

In einer ländlichen Szene sollten Kinder das Stück mit einem Tanze eröffnen, der jenes Spiel vorstellte, wo eins herum gehen und dem andern einen Platz abgewinnen muß. Darauf sollten sie mit andern Scherzen abwechseln und zuletzt zu einem immer wiederkehrenden Reihentanze ein fröhliches Lied singen. Darauf sollte der Harfner mit Mignon herbeikommen, Neugierde erregen und mehrere Landleute herbeilocken; der Alte sollte verschiedene Lieder zum Lobe des Friedens, der Ruhe, der Freude singen, und Mignon darauf den Eiertanz tanzen.

In dieser unschuldigen Freude werden sie durch eine kriegerische Musik gestört, und die Gesellschaft von einem Trupp Soldaten überfallen. Die Mannspersonen setzen sich zur Wehre und werden überwunden, die Mädchen fliehen und werden eingeholt. Es scheint alles im Getümmel zu Grunde zu gehen, als eine Person, über deren Bestimmung der Dichter noch ungewiß war, herbei kommt und durch die Nachricht, daß der Heerführer nicht weit sei, die Ruhe wieder herstellt. Hier wird der Charakter des Helden mit den schönsten Zügen geschildert, mitten unter den Waffen Sicherheit versprochen, dem Übermut und der Gewalttätigkeit Schranken gesetzt. Es wird ein allgemeines Fest zu Ehren des großmütigen Heerführers begangen.

Die Damen waren mit dem Plane sehr zufrieden, nur behaupteten sie, es müsse notwendig etwas Allegorisches in dem Stücke sein, um es dem Herrn Grafen angenehm zu machen. Der Baron tat den Vorschlag, den

Anführer der Soldaten als den Genius der Zwietracht und der Gewalttätigkeit zu bezeichnen; zuletzt aber müsse Minerva herbei kommen, ihm Fesseln anzulegen, Nachricht von der Ankunft des Helden zu geben und dessen Lob zu preisen. Die Baronesse übernahm das Geschäft, den Grafen zu überzeugen, daß der von ihm angegebene Plan, nur mit einiger Veränderung, ausgeführt worden sei; dabei verlangte sie ausdrücklich, daß am Ende des Stücks notwendig die Büste, der verzogene Namen und der Fürstenhut erscheinen müßten, weil sonst alle Unterhandlung vergeblich sein würde.

Wilhelm, der sich schon im Geiste vorgestellt hatte, wie fein er seinen Helden aus dem Munde der Minerva preisen wollte, gab nur nach langem Widerstande in diesem Punkte nach, allein er fühlte sich auf eine sehr angenehme Weise gezwungen. Die schönen Augen der Gräfin und ihr liebenswürdiges Betragen hätten ihn gar leicht bewogen, auch auf die schönste und angenehmste Erfindung, auf die so erwünschte Einheit einer Komposition und auf alle schicklichen Details Verzicht zu tun, und gegen sein poetisches Gewissen zu handeln. Eben so stand auch seinem bürgerlichen Gewissen ein harter Kampf bevor, indem bei bestimmterer Austeilung der Rollen die Damen ausdrücklich darauf bestanden, daß er mitspielen müsse.

Laertes hatte zu seinem Teil jenen gewalttätigen Kriegsgott erhalten. Wilhelm sollte den Anführer der Landleute vorstellen, der einige sehr artige und gefühlvolle Verse zu sagen hatte. Nachdem er sich eine Zeitlang gesträubt, mußte er sich endlich doch ergeben; besonders fand er keine Entschuldigung, da die Baronesse ihm vorstellte, die Schaubühne hier auf dem Schlosse sei ohnedem nur als ein Gesellschaftstheater anzusehen, auf dem sie gern, wenn man nur eine schickliche Einleitung machen könnte, mitzuspielen wünschte. Darauf entließen die Damen unsern Freund mit vieler Freundlichkeit. Die Baronesse versicherte ihm, daß er ein unvergleichlicher Mensch sei, und begleitete ihn bis an die kleine Treppe, wo sie ihm mit einem Händedruck gute Nacht gab.

Siebentes Kapitel

Befeuert durch den aufrichtigen Anteil, den die Frauenzimmer an der Sache nahmen, ward der Plan, der ihm durch die Erzählung gegenwärtiger geworden war, ganz lebendig. Er brachte den größten Teil der Nacht und den andern Morgen mit der sorgfältigsten Versifikation des Dialogs und der Lieder zu.

Er war so ziemlich fertig, als er in das neue Schloß gerufen wurde, wo er hörte, daß die Herrschaft, die eben frühstückte, ihn sprechen wollte. Er trat in den Saal, die Baronesse kam ihm wieder zuerst entgegen, und unter dem Vorwande, als wenn sie ihm einen guten Morgen bieten wollte, lispelte sie heimlich zu ihm: Sagen Sie nichts von Ihrem Stücke, als was Sie gefragt werden.

Ich höre, rief ihm der Graf zu, Sie sind recht fleißig und arbeiten an meinem Vorspiele, das ich zu Ehren des Prinzen geben will. Ich billige, daß Sie eine Minerva darin anbringen wollen, und ich denke bei Zeiten darauf, wie die Göttin zu kleiden ist, damit man nicht gegen das Kostüm verstößt. Ich lasse deswegen aus meiner Bibliothek alle Bücher herbeibringen, worin sich das Bild derselben befindet.

In eben dem Augenblicke traten einige Bedienten mit großen Körben voll Bücher allerlei Formats in den Saal.

Montfaucon, die Sammlungen antiker Statuen, Gemmen und Münzen, alle Arten mythologischer Schriften wurden aufgeschlagen und die Figuren verglichen. Aber auch daran war es noch nicht genug! Des Grafen vortreffliches Gedächtnis stellte ihm alle Minerven vor, die etwa noch auf Titelkupfern, Vignetten oder sonst vorkommen mochten. Es mußte deshalb ein Buch nach dem andern aus der Bibliothek herbei geschafft werden, so daß der Graf zuletzt in einem Haufen von Büchern saß. Endlich, da ihm keine Minerva mehr einfiel, rief er mit Lachen aus: Ich wollte wetten, daß nun keine Minerva mehr in der ganzen Bibliothek sei, und es möchte wohl das erstemal vorkommen, daß eine Büchersammlung so ganz und gar des Bildes ihrer Schutzgöttin entbehren muß.

Die ganze Gesellschaft freute sich über den Einfall, und besonders Jarno, der den Grafen immer mehr Bücher herbeizuschaffen gereizt hatte, lachte ganz unmäßig.

Nunmehr, sagte der Graf, indem er sich zu Wilhelm wendete, ist es eine Hauptsache, welche Göttin meinen Sie? Minerva oder Pallas? die Göttin des Krieges oder der Künste?

Sollte es nicht am schicklichsten sein, Ew. Exzellenz, versetzte Wilhelm, wenn man hierüber sich nicht bestimmt ausdrückte, und sie, eben weil sie in der Mythologie eine doppelte Person spielt, auch hier in doppelter Qualität erscheinen ließe. Sie meldet einen Krieger an, aber nur um das Volk zu beruhigen, sie preis't einen Helden, indem sie seine Menschlichkeit erhebt, sie überwindet die Gewalttätigkeit, und stellt die Freude und Ruhe unter dem Volke wieder her.

Die Baronesse, der es bange wurde, Wilhelm möchte sich verraten, schob geschwinde den Leibschneider der Gräfin dazwischen, der seine Meinung abgeben mußte, wie ein solcher antiker Rock auf das beste gefertiget werden könnte. Dieser Mann, in Maskenarbeiten erfahren, wußte die Sache sehr leicht zu machen, und da Madame Melina, ungeachtet ihrer hohen Schwangerschaft, die Rolle der himmlischen Jungfrau übernommen hatte, so wurde er angewiesen, ihr das Maß zu nehmen, und die Gräfin bezeichnete, wiewohl mit einigem Unwillen ihrer Kammerjungfern, die Kleider aus der Garderobe, welche dazu verschnitten werden sollten.

Auf eine geschickte Weise wußte die Baronesse Wilhelmen wieder bei Seite zu schaffen, und ließ ihn bald darauf wissen, sie habe die übrigen Sachen auch besorgt. Sie schickte ihm zugleich den Musikus, der des Grafen Hauskapelle dirigierte, damit dieser teils die notwendigen Stücke komponieren, teils schickliche Melodien aus dem Musikvorrate dazu aussuchen sollte. Nunmehr ging alles nach Wunsche, der Graf fragte dem Stücke nicht weiter nach, sondern war hauptsächlich mit der transparenten Dekoration beschäftigt, welche am Ende des Stückes die Zuschauer überraschen sollte. Seine Erfindung und die Geschicklichkeit seines Konditors brachten zusammen wirklich eine recht angenehme Erleuchtung zuwege. Denn auf seinen Reisen hatte er die größten Feierlichkeiten dieser Art gesehen, viele Kupfer und Zeichnungen mitgebracht, und wußte, was dazu gehörte, mit vielem Geschmacke anzugeben.

Unterdessen endigte Wilhelm sein Stück, gab einem jeden seine Rolle, übernahm die seinige, und der Musikus, der sich zugleich sehr gut auf den Tanz verstand, richtete das Ballet ein, und so ging alles zum besten.

Nur ein unerwartetes Hindernis legte sich in den Weg, das ihm eine böse Lücke zu machen drohte. Er hatte sich den größten Effekt von Mignons Eiertanze versprochen, und wie erstaunt war er daher, als das Kind ihm, mit seiner gewöhnlichen Trockenheit, abschlug zu tanzen, versicherte, es sei nunmehr sein und werde nicht mehr auf das Theater gehen. Er suchte es durch allerlei Zureden zu bewegen, und ließ nicht eher ab, als bis es bitterlich zu weinen anfing, ihm zu Füßen fiel und rief: Lieber Vater! bleib auch du von den Brettern! Er merkte nicht auf diesen Wink, und sann, wie er durch eine andere Wendung die Szene interessant machen wollte.

Philine, die eins von den Landmädchen machte, und in dem Reihentanz die einzelne Stimme singen und die Verse dem Chore zubringen sollte, freute sich recht ausgelassen darauf. Übrigens ging es ihr vollkommen nach Wunsche, sie hatte ihr besonderes Zimmer, war immer um die Gräfin, die sie mit ihren Affenpossen unterhielt, und dafür täglich etwas geschenkt bekam: ein Kleid zu diesem Stücke wurde auch für sie zurechte gemacht; und weil sie von einer leichten nachahmenden Natur war, so hatte sie sich bald aus dem Umgange der Damen so viel gemerkt, als sich für sie schickte, und war in kurzer Zeit voll Lebensart und guten Betragens geworden. Die Sorgfalt des Stallmeisters nahm mehr zu als ab, und da die Offiziere auch stark auf sie eindrangen, und sie sich in einem so reichlichen Elemente befand, fiel es ihr ein, auch einmal die Spröde zu spielen, und auf eine geschickte Weise sich in einem gewissen vornehmen Ansehen zu üben. Kalt und fein wie sie war, kannte sie in acht Tagen die Schwächen des ganzen Hauses, daß, wenn sie absichtlich hätte verfahren können, sie gar leicht ihr Glück würde gemacht haben. Allein auch hier bediente sie sich ihres Vorteils nur, um sich zu belustigen, um sich einen guten Tag zu machen und impertinent zu sein, wo sie merkte, daß es ohne Gefahr geschehen konnte.

Die Rollen waren gelernt, eine Hauptprobe des Stücks ward befohlen, der Graf wollte dabei sein, und seine Gemahlin fing an zu sorgen, wie er es aufnehmen möchte. Die Baronesse berief Wilhelm heimlich, und man zeigte, je näher die Stunde herbei rückte, immer mehr Verlegenheit: denn es war doch eben ganz und gar nichts von der Idee des Grafen übrig geblieben. Jarno, der eben herein trat, wurde in das Geheimnis gezogen. Es freute ihn herzlich, und er war geneigt, seine guten Dienste den Damen anzubieten. Es wäre gar schlimm, sagte er, gnädige Frau, wenn Sie sich aus dieser Sache nicht allein heraushelfen wollten; doch auf alle Fälle will ich im Hinterhalte liegen bleiben. Die Baronesse erzählte hierauf, wie sie bisher dem Grafen das ganze Stück, aber nur immer stellenweise und ohne Ordnung erzählt habe, daß er also auf jedes Einzelne vorbereitet sei, nur stehe er freilich in Gedanken, das Ganze werde mit seiner Idee zusammentreffen. Ich will mich, sagte sie, heute Abend in der Probe zu ihm setzen, und ihn zu zerstreuen suchen. Den Konditor habe ich auch schon vorgehabt, daß er ja die Dekorationen am Ende recht schön macht, dabei aber doch etwas Geringes fehlen läßt.

Ich wüßte einen Hof, versetzte Jarno, wo wir so tätige und kluge Freunde brauchten, als Sie sind. Will es heute Abend mit Ihren Künsten nicht mehr fort, so winken Sie mir, und ich will den Grafen heraus holen, und ihn nicht eher wieder hinein lassen, bis Minerva auftritt und von der Illumination bald Succurs zu hoffen ist. Ich habe ihm schon seit einigen Tagen etwas zu eröffnen, das seinen Vetter betrifft, und das ich noch immer aus Ursachen aufgeschoben habe. Es wird ihm auch das eine Distraktion geben, und zwar nicht die angenehmste.

Einige Geschäfte hinderten den Grafen, bei'm Anfange der Probe zu sein, dann unterhielt ihn die Baronesse. Jarno's Hülfe war gar nicht nötig. Denn indem der Graf genug zurecht zu weisen, zu verbessern und anzuordnen hatte, vergaß er sich ganz und gar darüber, und da Frau Melina zuletzt nach seinem Sinne sprach, und die Illumination gut ausfiel, bezeigte er sich vollkommen zufrieden. Erst als alles vorbei war, und man zum Spiele ging, schien ihm der Unterschied aufzufallen, und er fing an nachzudenken, ob denn das Stück auch wirklich von seiner Erfindung sei? Auf einen Wink fiel nun Jarno aus seinem Hinterhalte hervor, der Abend verging, die Nachricht, daß der Prinz wirklich komme, bestätigte sich, man ritt einigemal aus, die Avantgarde in der Nachbarschaft kampieren zu sehen, das Haus war voll Lärmen und Unruhe, und unsere Schauspieler, die nicht immer zum besten von den unwilligen Bedienten versorgt wurden, mußten, ohne daß jemand sonderlich sich ihrer erinnerte, in dem alten Schlosse ihre Zeit in Erwartungen und Übungen zubringen.

Achtes Kapitel

Endlich war der Prinz angekommen; die Generalität, die Stabsoffiziere und das übrige Gefolge, das zu gleicher Zeit eintraf, die vielen Menschen, die teils zum Besuche, teils geschäftswegen einsprachen, machten das Schloß einem Bienenstocke ähnlich, der eben schwärmen will. Jedermann drängte sich herbei, den vortrefflichen Fürsten zu sehen, und jedermann bewunderte seine Leutseligkeit und Herablassung, jedermann erstaunte in dem Helden und Heerführer zugleich den gefälligsten Hofmann zu erblicken.

Alle Hausgenossen mußten nach Ordre des Grafen bei der Ankunft des Fürsten auf ihrem Posten sein, kein Schauspieler durfte sich blicken lassen, weil der Prinz mit den vorbereiteten Feierlichkeiten überrascht werden sollte, und so schien er auch des Abends, als man ihn in den großen wohlerleuchteten und mit gewirkten Tapeten des vorigen Jahrhunderts ausgezierten Saal führte, ganz und gar nicht auf ein Schauspiel, vielweniger auf ein Vorspiel zu seinem Lobe, vorbereitet zu sein. Alles lief auf das beste ab, und die Truppe mußte nach vollendeter Vorstellung herbei und sich dem Prinzen zeigen, der jeden auf die freundlichste Weise etwas zu fragen, jedem auf die gefälligste Art etwas zu sagen wußte. Wilhelm als Autor mußte besonders vortreten, und ihm ward gleichfalls sein Teil Beifall zugespendet.

Nach dem Vorspiele fragte niemand sonderlich, in einigen Tagen war es, als wenn nichts dergleichen wäre aufgeführt worden, außer daß Jarno mit Wilhelmen gelegentlich davon sprach, und es sehr verständig lobte; nur setzte er hinzu: Es ist Schade, daß Sie mit hohlen Nüssen um hohle Nüsse spielen. — Mehrere Tage lag Wilhelmen dieser Ausdruck im Sinne, er wußte nicht, wie er ihn auslegen, noch was er daraus nehmen sollte.

Unterdessen spielte die Gesellschaft jeden Abend so gut, als sie es nach ihren Kräften vermochte, und tat das Mögliche, um die Aufmerksamkeit der Zuschauer auf sich zu ziehen. Ein unverdienter Beifall munterte sie auf, und in ihrem alten Schlosse glaubten sie nun wirklich, eigentlich um ihretwillen dränge sich die große Versammlung herbei, nach ihren Vorstellungen ziehe sich die Menge der Fremden, und sie seien der Mittelpunkt, um den und um deswillen sich alles drehe und bewege.

Wilhelm allein bemerkte zu seinem großen Verdrusse gerade das Gegenteil. Denn obgleich der Prinz die ersten Vorstellungen von Anfange bis zu Ende auf seinem Sessel sitzend, mit der größten Gewissenhaftigkeit abwartete, so schien er sich doch nach und nach auf eine gute Weise davon zu dispensieren. Gerade diejenigen, welche Wilhelm im Gespräche als die Verständigsten gefunden hatte, Jarno an ihrer Spitze, brachten nur flüchtige Augenblicke im Theatersaale zu, übrigens saßen sie im Vorzimmer, spielten, oder schienen sich von Geschäften zu unterhalten.

Wilhelmen verdroß gar sehr, bei seinen anhaltenden Bemühungen des erwünschtesten Beifalls zu entbehren. Bei der Auswahl der Stücke, der Abschrift der Rollen, den häufigen Proben, und was sonst nur immer vorkommen konnte, ging er Melina'n eifrig zur Hand, der ihn denn auch, seine eigene Unzulänglichkeit im Stillen fühlend, zuletzt gewähren ließ. Die Rollen memorierte Wilhelm mit Fleiß, und trug sie mit Wärme und Lebhaftigkeit, und mit so viel Anstand vor, als die wenige Bildung erlaubte, die er sich selbst gegeben hatte.

Die fortgesetzte Teilnahme des Barons benahm indes der übrigen Gesellschaft jeden Zweifel, indem er sie versicherte, daß sie die größten Effekte hervorbringe, besonders indem sie eins seiner eigenen Stücke aufführte, nur bedauerte er, daß der Prinz eine ausschließende Neigung für das französische Theater habe, daß ein Teil seiner Leute hingegen, worunter sich Jarno besonders auszeichne, den Ungeheuern der englischen Bühne einen leidenschaftlichen Vorzug gebe.

War nun auf diese Weise die Kunst unsrer Schauspieler nicht auf das beste bemerkt und bewundert, so waren dagegen ihre Personen den Zuschauern und Zuschauerinnen nicht völlig gleichgültig. Wir haben schon oben angezeigt, daß die Schauspielerinnen gleich von Anfang die Aufmerksamkeit junger Offiziere erregten; allein sie waren in der Folge glücklicher und machten wichtigere Eroberungen. Doch wir schweigen davon und bemerken nur, daß Wilhelm der Gräfin von Tag zu Tag interessanter vorkam, so wie auch in ihm eine stille Neigung gegen sie aufzukeimen anfing. Sie konnte, wenn er auf dem Theater war, die Augen nicht von ihm abwenden, und er schien bald nur allein gegen sie gerichtet zu spielen und zu rezitieren. Sich wechselseitig anzusehen, war ihnen ein unaussprechliches Vergnügen, dem sich ihre harmlosen Seelen ganz überließen, ohne lebhaftere Wünsche zu nähren, oder für irgend eine Folge besorgt zu sein.

Wie über einen Fluß hinüber, der sie scheidet, zwei feindliche Vorposten sich ruhig und lustig zusammen besprechen, ohne an den Krieg zu denken, in welchem ihre beiderseitigen Parteien begriffen sind, so wechselte die Gräfin mit Wilhelm bedeutende Blicke über die ungeheure Kluft der Geburt und des Standes hinüber, und jedes glaubte an seiner Seite, sicher seinen Empfindungen nachhängen zu dürfen.

Die Baronesse hatte sich indessen den Laertes ausgesucht, der ihr als ein wackerer munterer Jüngling besonders gefiel, und der, so sehr Weiberfeind er war, doch ein vorbeigehendes Abenteuer nicht verschmähete, und wirklich diesmal wider Willen durch die Leutseligkeit und das einnehmende Wesen der Baronesse gefesselt worden wäre, hätte ihm der Baron zufällig nicht einen guten, oder, wenn man will, einen schlimmen Dienst erzeigt, indem er ihn mit den Gesinnungen dieser Dame näher bekannt machte.

Denn als Laertes sie einst laut rühmte, und sie allen andern ihres Geschlechts vorzog, versetzte der Baron scherzend: Ich merke schon, wie die Sachen stehen, unsre liebe Freundin hat wieder einen für ihre Ställe gewonnen. Dieses unglückliche Gleichnis, das nur zu klar auf die gefährlichen Liebkosungen einer Circe deutete, verdroß Laertes über die Maßen, und er konnte dem Baron nicht ohne Ärgernis zuhören, der ohne Barmherzigkeit fortfuhr:

Jeder Fremde glaubt, daß er der erste sei, dem ein so angenehmes Betragen gelte; aber er irrt gewaltig, denn wir alle sind einmal auf diesem Wege herumgeführt worden; Mann, Jüngling oder Knabe, er sei wer er sei, muß sich eine Zeitlang ihr ergeben, ihr anhängen, und sich mit Sehnsucht um sie bemühen.

Den Glücklichen, der eben, in die Gärten einer Zauberin hinein tretend, von allen Seligkeiten eines künstlichen Frühlings empfangen wird, kann nichts unangenehmer überraschen, als wenn ihm, dessen Ohr ganz auf den Gesang der Nachtigall lauscht, irgend ein verwandelter Vorfahr unvermutet entgegen grunzt.

Laertes schämte sich nach dieser Entdeckung recht von Herzen, daß ihn seine Eitelkeit nochmals verleitet habe, von irgend einer Frau auch nur im mindesten gut zu denken. Er vernachlässigte sie nunmehr völlig, hielt sich zu dem Stallmeister, mit dem er fleißig focht und auf die Jagd ging, bei Proben und Vorstellungen aber sich betrug, als wenn dies bloß eine Nebensache wäre.

Der Graf und die Gräfin ließen manchmal Morgens einige von der Gesellschaft rufen, da jeder denn immer Philinens unverdientes Glück zu beneiden Ursache fand. Der Graf hatte seinen Liebling, den Pedanten, oft stundenlang bei seiner Toilette. Dieser Mensch ward nach und nach bekleidet, und bis auf Uhr und Dose equipiert und ausgestattet.

Auch wurde die Gesellschaft manchmal samt und sonders nach Tafel vor die hohen Herrschaften gefordert. Sie schätzten sich es zur größten Ehre, und bemerkten es nicht, daß man zu eben derselben Zeit durch Jäger und Bediente eine Anzahl Hunde hereinbringen, und Pferde im Schloßhofe vorführen ließ.

Man hatte Wilhelmen gesagt, daß er ja gelegentlich des Prinzen Liebling, Racine, loben, und dadurch auch von sich eine gute Meinung erwekken solle. Er fand dazu an einem solchen Nachmittage Gelegenheit, da er auch mit vorgefordert worden war, und der Prinz ihn fragte, ob er auch fleißig die großen französischen Theaterschriftsteller lese, darauf ihm denn Wilhelm mit einem sehr lebhaften Ja antwortete. Er bemerkte nicht, daß der Fürst, ohne seine Antwort abzuwarten, schon im Begriff war, sich weg und zu jemand andern zu wenden, er faßte ihn vielmehr sogleich und trat ihm beinah in den Weg, indem er fortfuhr: er schätze das französische Theater sehr hoch und lese die Werke der großen Meister mit Entzücken; besonders habe er zu wahrer Freude gehört, daß der Fürst den großen Talenten des Racine völlige Gerechtigkeit widerfahren lasse. Ich kann es mir vorstellen, fuhr er fort, wie vornehme und erhabene Personen einen Dichter schätzen müssen, der die Zustände ihrer höheren Verhältnisse so vortrefflich und richtig schildert. Corneille hat, wenn ich so sagen darf, große Menschen dargestellt, und Racine vornehme Personen. Ich kann mir, wenn ich seine Stücke lese, immer den Dichter denken, der an einem glänzenden Hofe lebt, einen großen König vor Augen hat, mit den Besten umgeht, und in die Geheimnisse der Menschheit dringt, wie sie sich hinter kostbar gewirkten Tapeten verbergen. Wenn ich seinen Britannicus, seine Berenice studiere, so kommt es mir wirklich vor, ich sei am Hofe, sei in das Große und Kleine dieser Wohnungen der irdischen Götter geweiht, und ich sehe, durch die Augen eines feinfühlenden Franzosen, Könige, die eine ganze Nation anbetet, Hofleute, die von viel Tausenden beneidet werden, in ihrer natürlichen Gestalt mit ihren Fehlern und Schmerzen. Die Anekdote, daß Racine sich zu Tode gegrämt habe, weil Ludwig der Vierzehnte ihn nicht mehr angesehen, ihn seine Unzufriedenheit fühlen lassen, ist mir ein Schlüssel zu allen seinen Werken, und es ist unmöglich, daß ein Dichter von so großen Talenten, dessen Leben und Tod an den Augen eines Königes hängt, nicht auch Stücke schreiben solle, die des Beifalls eines Königes und eines Fürsten wert seien.

Jarno war herbei getreten und hörte unserem Freunde mit Verwunderung zu; der Fürst, der nicht geantwortet und nur mit einem gefälligen Blicke seinen Beifall gezeigt hatte, wandte sich seitwärts, obgleich Wilhelm, dem es noch unbekannt war, daß es nicht anständig sei, unter solchen Umständen einen Discurs fortzusetzen und eine Materie erschöpfen zu wollen, noch gerne mehr gesprochen und dem Fürsten gezeigt hätte, daß er nicht ohne Nutzen und Gefühl seinen Lieblingsdichter gelesen.

Haben Sie denn niemals, sagte Jarno, indem er ihn beiseite nahm, ein Stück von Shakespearen gesehen?

Nein, versetzte Wilhelm: denn seit der Zeit, daß sie in Deutschland bekannter geworden sind, bin ich mit dem Theater unbekannt worden, und ich weiß nicht, ob ich mich freuen soll, daß sich zufällig eine alte jugendliche Liebhaberei und Beschäftigung gegenwärtig wieder erneuerte. Indessen hat mich alles, was ich von jenen Stücken gehört, nicht neugierig gemacht, solche seltsame Ungeheuer näher kennen zu lernen, die über alle Wahrscheinlichkeit, allen Wohlstand hinauszuschreiten scheinen.

Ich will Ihnen denn doch raten, versetzte jener, einen Versuch zu machen; es kann nichts schaden, wenn man auch das Seltsame mit eigenen Augen sieht. Ich will Ihnen ein paar Teile borgen, und Sie können Ihre Zeit nicht besser anwenden, als wenn Sie sich gleich von allem losmachen, und in der Einsamkeit Ihrer alten Wohnung in die Zauberlaterne dieser unbekannten Welt sehen. Es ist sündlich, daß Sie Ihre Stunden verderben, diese Affen menschlicher auszuputzen, und diese Hunde tanzen zu lehren. Nur Eins bedinge ich mir aus, daß Sie sich an die Form nicht stoßen; das Übrige kann ich Ihrem richtigen Gefühle überlassen.

Die Pferde standen vor der Tür, und Jarno setzte sich mit einigen Kavalieren auf, um sich mit der Jagd zu erlustigen. Wilhelm sah ihm traurig nach. Er hätte gern mit diesem Manne noch vieles gesprochen, der ihm, wiewohl auf eine unfreundliche Art, neue Ideen gab, Ideen, deren er bedurfte.

Der Mensch kommt manchmal, indem er sich einer Entwicklung seiner Kräfte, Fähigkeiten und Begriffe nähert, in eine Verlegenheit, aus der ihm ein guter Freund leicht helfen könnte. Er gleicht einem Wanderer, der nicht weit von der Herberge in's Wasser fällt; griffe jemand sogleich zu, risse ihn an's Land, so wäre es um einmal naß werden getan, anstatt daß er sich auch wohl selbst, aber am jenseitigen Ufer, heraus hilft, und einen beschwerlichen weiten Umweg nach seinem bestimmten Ziele zu machen hat.

Wilhelm fing an zu wittern, daß es in der Welt anders zugehe, als er es sich gedacht. Er sah das wichtige und bedeutungsvolle Leben der Vornehmen und Großen in der Nähe, und verwunderte sich, wie einen leichten Anstand sie ihm zu geben wußten. Ein Heer auf dem Marsche, ein fürstlicher Held an seiner Spitze, so viele mitwirkende Krieger, so viele zudringende Verehrer erhöhten seine Einbildungskraft. In dieser Stimmung erhielt er die versprochenen Bücher, und in kurzem, wie man es vermuten kann, ergriff ihn der Strom jenes großen Genius, und führte ihn einem unübersehlichen Meere zu, worin er sich gar bald völlig vergaß und verlor.

Neuntes Kapitel

Das Verhältnis des Barons zu den Schauspielern hatte seit ihrem Aufenthalte im Schlosse verschiedene Veränderungen erlitten. Im Anfange gereichte es zu beiderseitiger Zufriedenheit: denn indem der Baron das erstemal in seinem Leben eines seiner Stücke, mit denen er ein Gesellschaftstheater schon belebt hatte, in den Händen wirklicher Schauspieler und auf dem Wege zu einer anständigen Vorstellung sah, war er von dem besten Humor, bewies sich freigebig, und kaufte bei jedem Galanteriehändler, deren sich manche einstellten, kleine Geschenke für die Schauspielerinnen, und wußte den Schauspielern manche Bouteille Champagner extra zu verschaffen; dagegen gaben sie sich auch mit seinen Stükken alle Mühe, und Wilhelm sparte keinen Fleiß, die herrlichen Reden des vortrefflichen Helden, dessen Rolle ihm zugefallen war, auf das genaueste zu memorieren.

Indessen hatten sich doch auch nach und nach einige Mißhelligkeiten eingeschlichen. Die Vorliebe des Barons für gewisse Schauspieler wurde von Tag zu Tag merklicher, und notwendig mußte dies die Übrigen verdrießen. Er erhob seine Günstlinge ganz ausschließlich, und brachte dadurch Eifersucht und Uneinigkeit unter die Gesellschaft. Melina, der sich bei streitigen Fällen ohnedem nicht zu helfen wußte, befand sich in einem sehr unangenehmen Zustande. Die Gepriesenen nahmen das Lob an, ohne sonderlich dankbar zu sein, und die Zurückgesetzten ließen auf allerlei Weise ihren Verdruß spüren, und wußten ihrem erst hochverehrten Gönner den Aufenthalt unter ihnen auf eine oder die andere Weise unangenehm zu machen; ja es war ihrer Schadenfreude keine geringe Nahrung, als ein gewisses Gedicht, dessen Verfasser man nicht kannte, im Schlosse viele Bewegung verursachte. Bisher hatte man sich immer, doch auf eine ziemlich feine Weise, über den Umgang des Barons mit den Komödianten aufgehalten, man hatte allerlei Geschichten auf ihn gebracht, gewisse Vorfälle ausgeputzt, und ihnen eine lustige und interessante Gestalt gegeben. Zuletzt fing man an zu erzählen, es entstehe eine Art von Handwerksneid zwischen ihm und einigen Schauspielern, die sich auch einbildeten, Schriftsteller zu sein, und auf diese Sage gründet sich das Gedicht, von welchem wir sprachen, und welches lautete wie folgt:

Ich armer Teufel, Herr Baron,
Beneide Sie um Ihren Stand,
Um Ihren Platz so nah am Thron,
Und um manch schön Stück Acker Land,
Um Ihres Vaters festes Schloß,
Um seine Wildbahn und Geschoß.

Mich armen Teufel, Herr Baron,
Beneiden Sie, so wie es scheint,
Weil die Natur vom Knaben schon
Mit mir es mütterlich gemeint.
Ich ward mit leichtem Mut und Kopf,
Zwar arm, doch nicht ein armer Tropf.

Nun dächt' ich, lieber Herr Baron,
Wir ließen's beide wie wir sind:
Sie blieben des Herrn Vaters Sohn,
Und ich blieb' meiner Mutter Kind.
Wir leben ohne Neid und Haß,
Begehren nicht des andern Titel,
Sie keinen Platz auf dem Parnaß,
Und keinen ich in dem Kapitel.

Die Stimmen über dieses Gedicht, das in einigen fast unleserlichen Abschriften sich in verschiedenen Händen befand, waren sehr geteilt, auf den Verfasser aber wußte niemand zu mutmaßen, und als man mit einiger

Schadenfreude sich darüber zu ergötzen anfing, erklärte sich Wilhelm sehr dagegen.

Wir Deutschen, rief er aus, verdienten, daß unsere Musen in der Verachtung blieben, in der sie so lange geschmachtet haben, da wir nicht Männer von Stande zu schätzen wissen, die sich mit unserer Literatur auf irgend eine Weise abgeben mögen. Geburt, Stand und Vermögen stehen in keinem Widerspruch mit Genie und Geschmack, das haben uns fremde Nationen gelehrt, welche unter ihren besten Köpfen eine große Anzahl Edelleute zählen. War es bisher in Deutschland ein Wunder, wenn ein Mann von Geburt sich den Wissenschaften widmete, wurden bisher nur wenige berühmte Namen durch ihre Neigung zu Kunst und Wissenschaft noch berühmter; stiegen dagegen manche aus der Dunkelheit hervor, und traten wie unbekannte Sterne an den Horizont: so wird das nicht immer so sein, und wenn ich mich nicht sehr irre, so ist die erste Klasse der Nation auf dem Wege, sich ihrer Vorteile auch zu Erringung des schönsten Kranzes der Musen in Zukunft zu bedienen. Es ist mir daher nichts unangenehmer, als wenn ich nicht allein den Bürger oft über den Edelmann, der die Musen zu schätzen weiß, spotten, sondern auch Personen von Stande selbst, mit unüberlegter Laune und niemals zu billigender Schadenfreude, ihresgleichen von einem Wege abschrecken sehe, auf dem einen jeden Ehre und Zufriedenheit erwartet.

Es schien die letzte Äußerung gegen den Grafen gerichtet zu sein, von welchem Wilhelm gehört hatte, daß er das Gedicht wirklich gut finde. Freilich war diesem Herrn, der immer auf seine Art mit dem Baron zu scherzen pflegte, ein solcher Anlaß sehr erwünscht, seinen Verwandten auf alle Weise zu plagen. Jedermann hatte seine eigenen Mutmaßungen, wer der Verfasser des Gedichtes sein könnte, und der Graf, der sich nicht gern im Scharfsinn von jemand übertroffen sah, fiel auf einen Gedanken, den er sogleich zu beschwören bereit war: das Gedicht könnte sich nur von seinem Pedanten herschreiben, der ein sehr feiner Bursche sei, und an dem er schon lange so etwas poetisches Genie gemerkt habe. Um sich ein rechtes Vergnügen zu machen, ließ er deswegen an einem Morgen diesen Schauspieler rufen, der ihm in Gegenwart der Gräfin, der Baronesse und Jarno's das Gedicht nach seiner Art vorlesen mußte, und dafür Lob, Beifall und ein Geschenk einerntete, und die Frage des Grafen, ob er nicht sonst noch einige Gedichte von frühern Zeiten besitze, mit Klugheit abzulehnen wußte. So kam der Pedant zum Rufe eines Dichters, eines Witzlings, und in den Augen derer, die dem Baron günstig waren, eines Pasquillanten und schlechten Menschen. Von der Zeit an applaudierte ihm der Graf nur immer mehr, er mochte seine Rolle spielen wie er wollte, so daß der arme Mensch zuletzt aufgeblasen, ja beinahe verrückt wurde, und darauf sann, gleich Philinen ein Zimmer im Schlosse zu beziehen.

Wäre dieser Plan sogleich zu vollführen gewesen, so möchte er einen großen Unfall vermieden haben. Denn als er eines Abends spät nach dem alten Schlosse ging, und in dem dunklen engen Wege herum tappte, ward er auf einmal angefallen, von einigen Personen festgehalten, indessen andere auf ihn wacker losschlugen, und ihn im Finstern so zerdraschen, daß er beinahe liegen blieb, und nur mit Mühe zu seinen Kameraden hinauf kroch, die, so sehr sie sich entrüstet stellten, über diesen Unfall ihre heimliche Freude fühlten, und sich kaum des Lachens erwehren konnten, als sie ihn so wohl durchwalkt, und seinen neuen braunen Rock über und über weiß, als wenn er mit Müllern Händel gehabt, bestäubt und befleckt sahen.

Der Graf, der sogleich hiervon Nachricht erhielt, brach in einen unbeschreiblichen Zorn aus. Er behandelte diese Tat als das größte Verbrechen, qualifizierte sie zu einem beleidigten Burgfrieden, und ließ durch seinen Gerichtshalter die strengste Inquisition vornehmen. Der weißbestäubte Rock sollte eine Hauptanzeige geben. Alles, was nur irgend mit Puder und Mehl im Schlosse zu schaffen haben konnte, wurde mit in die Untersuchung gezogen, jedoch vergebens.

Der Baron versicherte bei seiner Ehre feierlich: jene Art zu scherzen habe ihm freilich sehr mißfallen, und das Betragen des Herrn Grafen sei nicht das freundschaftlichste gewesen, aber er habe sich darüber hinauszusetzen gewußt, und an dem Unfall, der dem Poeten oder Pasquillanten, wie man ihn nennen wolle, begegnet, habe er nicht den mindesten Anteil.

Die übrigen Bewegungen der Fremden und die Unruhe des Hauses brachten bald die ganze Sache in Vergessenheit, und der unglückliche Günstling mußte das Vergnügen, fremde Federn eine kurze Zeit getragen zu haben, teuer bezahlen.

Unsere Truppe, die regelmäßig alle Abende fortspielte, und im Ganzen sehr wohl gehalten wurde, fing nun an, je besser es ihr ging, desto größere Anforderungen zu machen. In kurzer Zeit war ihnen Essen, Trinken, Aufwartung, Wohnung zu gering, und sie lagen ihrem Beschützer, dem Baron, an, daß er für sie besser sorgen, und ihnen zu dem Genusse und der Bequemlichkeit, die er ihnen versprochen, doch endlich verhelfen solle. Ihre Klagen wurden lauter, und die Bemühungen ihres Freundes, ihnen genug zu tun, immer fruchtloser.

Wilhelm kam indessen, außer in Proben und Spielstunden, wenig mehr zum Vorscheine. In einem der hintersten Zimmer verschlossen, wozu nur Mignon und dem Harfner der Zutritt gerne verstattet wurde, lebte und webte er in der Shakespearischen Welt, so daß er außer sich nichts kannte noch empfand.

Man erzählte von Zauberern, die durch magische Formeln eine ungeheure Menge allerlei geistiger Gestalten in ihre Stube herbeiziehen. Die Beschwörungen sind so kräftig, daß sich bald der Raum des Zimmers ausfüllt, und die Geister, bis an den kleinen gezogenen Kreis hinangedrängt, um denselben und über dem Haupte des Meisters in ewig drehender Verwandlung sich bewegend vermehren. Jeder Winkel ist vollgepfropft, und jedes Gesims besetzt. Eier dehnen sich aus, und Riesengestalten ziehen sich in Pilze zusammen. Unglücklicherweise hat der Schwarzkünstler das Wort vergessen, womit er diese Geisterflut wieder zur Ebbe bringen könnte. — So saß Wilhelm, und mit unbekannter Bewegung wurden tausend Empfindungen und Fähigkeiten in ihm rege, von denen er keinen Begriff und keine Ahnung gehabt hatte. Nichts konnte ihn aus diesem Zustande reißen, und er war sehr unzufrieden, wenn irgend jemand zu kommen Gelegenheit nahm, um ihn von dem, was auswärts vorging, zu unterhalten.

So merkte er kaum auf, als man ihm die Nachricht brachte, es sollte in dem Schloßhofe eine Exekution vorgehen und ein Knabe gestäupt werden, der sich eines nächtlichen Einbruchs verdächtig gemacht habe, und da er den Rock eines Perückenmachers trage, wahrscheinlich mit unter den Meuchlern gewesen sei. Der Knabe leugne zwar auf das hartnäckigste, und man könne ihn deswegen nicht förmlich bestrafen, wolle ihm aber als einem Vagabunden einen Denkzettel geben und ihn weiter schikken, weil er einige Tage in der Gegend herumgeschwärmt sei, sich des Nachts in den Mühlen aufgehalten, endlich eine Leiter an eine Gartenmauer angelehnt habe, und herüber gestiegen sei.

Wilhelm fand an dem ganzen Handel nichts sonderlich merkwürdig, als Mignon hastig herein kam und ihm versicherte, der Gefangene sei Friedrich, der sich seit den Händeln mit dem Stallmeister von der Gesellschaft und aus unsern Augen verloren hatte.

Wilhelm, den der Knabe interessierte, machte sich eilends auf, und fand im Schloßhofe schon Zurüstungen. Denn der Graf liebte die Feierlichkeit auch in dergleichen Fällen. Der Knabe wurde herbeigebracht: Wilhelm trat dazwischen und bat, daß man inne halten möchte, indem er den Knaben kenne, und vorher erst verschiedenes seinetwegen anzubringen habe. Er hatte Mühe mit seinen Vorstellungen durchzudringen, und erhielt endlich die Erlaubnis, mit dem Delinquenten allein zu sprechen. Dieser versicherte, von dem Überfalle, bei dem ein Acteur sollte gemißhandelt worden sein, wisse er gar nichts. Er sei nur um das Schloß herum gestreift, und des Nachts herein geschlichen, um Philinen aufzusuchen, deren Schlafzimmer er ausgekundschaftet gehabt und es auch gewiß würde getroffen haben, wenn er nicht unterwegs aufgefangen worden wäre.

Wilhelm, der, zur Ehre der Gesellschaft, das Verhältnis nicht gerne entdecken wollte, eilte zu dem Stallmeister und bat ihn, nach seiner Kenntnis der Personen und des Hauses, diese Angelegenheit zu vermitteln und den Knaben zu befreien.

Dieser launige Mann erdachte, unter Wilhelms Beistand, eine kleine Geschichte, daß der Knabe zur Truppe gehört habe, von ihr entlaufen sei, doch wieder gewünscht, sich bei ihr einzufinden und aufgenommen zu werden. Er habe deswegen die Absicht gehabt, bei Nachtzeit einige seiner Gönner aufzusuchen, und sich ihnen zu empfehlen. Man bezeugte übrigens, daß er sich sonst gut aufgeführt, die Damen mischten sich darein, und er ward entlassen.

Wilhelm nahm ihn auf, und er war nunmehr die dritte Person der wunderbaren Familie, die Wilhelm seit einiger Zeit als seine eigene ansah. Der Alte und Mignon nahmen den Wiederkehrenden freundlich auf, und alle drei verbanden sich nunmehr, ihrem Freunde und Beschützer aufmerksam zu dienen, und ihm etwas Angenehmes zu erzeigen.

Zehntes Kapitel

Philine wußte sich nun täglich besser bei den Damen einzuschmeicheln. Wenn sie zusammen allein waren, leitete sie meistenteils das Gespräch auf die Männer, welche kamen und gingen, und Wilhelm war nicht der letzte, mit dem man sich beschäftigte. Dem klugen Mädchen blieb es nicht verborgen, daß er einen tiefen Eindruck auf das Herz der Gräfin gemacht habe; sie erzählte daher von ihm, was sie wußte und nicht wußte; hütete sich aber irgend etwas vorzubringen, das man zu seinem Nachteil hätte deuten können, und rühmte dagegen seinen Edelmut, seine Freigebigkeit und besonders seine Sittsamkeit im Betragen gegen das weibliche Geschlecht. Alle übrigen Fragen, die an sie geschahen, beantwortete sie mit Klugheit, und als die Baronesse die zunehmende Neigung ihrer schönen Freundin bemerkte, war auch ihr diese Entdeckung sehr willkommen. Denn ihre Verhältnisse zu mehrern Männern, besonders in diesen letzten Tagen zu Jarno, blieben der Gräfin nicht verborgen, deren reine Seele einen solchen Leichtsinn nicht ohne Mißbilligung und ohne sanften Tadel bemerken konnte.

Auf diese Weise hatte die Baronesse sowohl als Philine, jede ein besonderes Interesse, unsern Freund der Gräfin näher zu bringen, und Philine hoffte noch überdies bei Gelegenheit wieder für sich zu arbeiten, und die verlorne Gunst des jungen Mannes sich wo möglich wieder zu erwerben.

Eines Tags, als der Graf mit der übrigen Gesellschaft auf die Jagd geritten war, und man die Herren erst den andern Morgen zurück erwartete, ersann sich die Baronesse einen Scherz, der völlig in ihrer Art war; denn sie liebte die Verkleidungen und kam, um die Gesellschaft zu überraschen, bald als Bauermädchen, bald als Page, bald als Jägerbursche zum Vorschein. Sie gab sich dadurch das Ansehn einer kleinen Fee, die überall, und gerade da, wo man sie am wenigsten vermutet, gegenwärtig ist. Nichts glich ihrer Freude, wenn sie unerkannt eine Zeitlang die Gesellschaft bedient, oder sonst unter ihr gewandelt hatte, und sie sich zuletzt auf eine scherzhafte Weise zu entdecken wußte.

Gegen Abend ließ sie Wilhelmen auf ihr Zimmer fordern, und da sie eben noch etwas zu tun hatte, sollte Philine ihn vorbereiten.

Er kam und fand, nicht ohne Verwunderung, statt der gnädigen Frauen, das leichtfertige Mädchen im Zimmer. Sie begegnete ihm mit einer gewissen anständigen Freimütigkeit, in der sie sich bisher geübt hatte, und nötigte ihn dadurch gleichfalls zur Höflichkeit.

Zuerst scherzte sie im Allgemeinen über das gute Glück, das ihn verfolge, und ihn auch, wie sie wohl merke, gegenwärtig hierher gebracht habe; sodann warf sie ihm auf eine angenehme Art sein Betragen vor, womit er sie bisher gequält habe, schalt und beschuldigte sich selbst, gestand, daß sie sonst wohl so seine Begegnung verdient, machte eine so aufrichtige Beschreibung ihres Zustandes, den sie den vorigen nannte, und setzte hinzu: daß sie sich selbst verachten müsse, wenn sie nicht fähig wäre sich zu ändern, und sich seiner Freundschaft wert zu machen.

Wilhelm war über diese Rede betroffen. Er hatte zu wenig Kenntnis der Welt, um zu wissen, daß eben ganz leichtsinnige und der Besserung unfähige Menschen sich oft am lebhaftesten anklagen, ihre Fehler mit großer Freimütigkeit bekennen und bereuen, ob sie gleich nicht die mindeste Kraft in sich haben, von dem Wege zurück zu treten, auf den eine übermächtige Natur sie hinreißt. Er konnte daher nicht unfreundlich gegen die zierliche Sünderin bleiben; er ließ sich mit ihr in ein Gespräch ein, und vernahm von ihr den Vorschlag zu einer sonderbaren Verkleidung, womit man die schöne Gräfin zu überraschen gedachte.

Er fand dabei einiges Bedenken, das er Philinen nicht verhehlte; allein die Baronesse, welche in dem Augenblick hereintrat, ließ ihm keine Zeit zu Zweifeln übrig, sie zog ihn vielmehr mit sich fort, indem sie versicherte, es sei eben die rechte Stunde.

Es war dunkel geworden, und sie führte ihn in die Garderobe des Grafen, ließ ihn seinen Rock ausziehen, und in den seidnen Schlafrock des Grafen hinein schlüpfen, setzte ihm darauf die Mütze mit dem roten Bande auf, führte ihn in's Cabinet und hieß ihn sich in den großen Sessel setzen und ein Buch nehmen, zündete die argantische Lampe selbst an, die vor ihm stand, und unterrichtete ihn, was er zu tun, und was er für eine Rolle zu spielen habe.

Man werde, sagte sie, der Gräfin die unvermutete Ankunft ihres Gemahls und seine üble Laune ankündigen; sie werde kommen, einigemal im Zimmer auf- und abgehn, sich alsdann auf die Lehne des Sessels setzen, ihren Arm auf seine Schultern legen, und einige Worte sprechen. Er solle seine Ehemannsrolle so lange und so gut als möglich spielen; wenn er sich aber endlich entdecken müßte, so solle er hübsch artig und galant sein.

Wilhelm saß nun unruhig genug in dieser wunderlichen Maske; der Vorschlag hatte ihn überrascht, und die Ausführung eilte der Überlegung zuvor. Schon war die Baronesse wieder zum Zimmer hinaus, als er erst bemerkte, wie gefährlich der Posten war, den er eingenommen hatte. Er leugnete sich nicht, daß die Schönheit, die Jugend, die Anmut der Gräfin einigen Eindruck auf ihn gemacht hatten; allein da er seiner Natur nach von aller leeren Galanterie weit entfernt war, und ihm seine Grundsätze einen Gedanken an ernsthaftere Unternehmungen nicht erlaubten, so war er wirklich in diesem Augenblicke in nicht geringer Verlegenheit. Die Furcht, der Gräfin zu mißfallen, oder ihr mehr als billig zu gefallen, war gleich groß bei ihm.

Jeder weibliche Reiz, der jemals auf ihn gewirkt hatte, zeigte sich wieder vor seiner Einbildungskraft. Mariane erschien ihm im weißen Morgenkleide, und flehte um sein Andenken. Philinens Liebenswürdigkeit, ihre schönen Haare, und ihr einschmeichelndes Betragen waren durch ihre neueste Gegenwart wieder wirksam geworden; doch alles trat wie hinter den Flor der Entfernung zurück, wenn er sich die edle blühende Gräfin dachte, deren Arm er in wenig Minuten an seinem Halse fühlen sollte, deren unschuldige Liebkosungen er zu erwidern aufgefordert war.

Die sonderbare Art, wie er aus dieser Verlegenheit sollte gezogen werden, ahnete er freilich nicht. Denn wie groß war sein Erstaunen, ja sein Schrecken, als hinter ihm die Türe sich auftat, und er bei dem ersten verstohlnen Blick in den Spiegel den Grafen ganz deutlich erblickte, der mit einem Lichte in der Hand herein trat. Sein Zweifel, was er zu tun habe, ob er sitzen bleiben oder aufstehen, fliehen, bekennen, leugnen oder um Vergebung bitten solle, dauerte nur einige Augenblicke. Der Graf, der unbeweglich in der Türe stehen geblieben war, trat zurück und machte sie sachte zu. In dem Moment sprang die Baronesse zur Seitentüre herein, löschte die Lampe aus, riß Wilhelmen vom Stuhle, und zog ihn nach sich in das Cabinet. Geschwind warf er den Schlafrock ab, der sogleich wieder seinen gewöhnlichen Platz erhielt. Die Baronesse nahm Wilhelms Rock über den Arm, und eilte mit ihm durch einige Stuben, Gänge und Verschläge in ihr Zimmer, wo Wilhelm, nachdem sie sich erholt hatte, von ihr vernahm: sie sei zu der Gräfin gekommen, um ihr die erdichtete Nachricht von der Ankunft des Grafen zu bringen. Ich weiß es schon, sagte die Gräfin: was mag wohl begegnet sein? Ich habe ihn so eben zum Seitentor herein reiten sehen. Erschrocken sei die Baronesse sogleich auf des Grafen Zimmer gelaufen, um ihn abzuholen.

Unglücklicherweise sind Sie zu spät gekommen! rief Wilhelm aus; der Graf war vorhin im Zimmer, und hat mich sitzen sehen.

Hat er Sie erkannt?

Ich weiß es nicht. Er sah mich im Spiegel, so wie ich ihn, und eh' ich wußte, ob es ein Gespenst oder er selbst war, trat er schon wieder zurück, und drückte die Türe hinter sich zu.

Die Verlegenheit der Baronesse vermehrte sich, als ein Bedienter sie zu rufen kam, und anzeigte, der Graf befinde sich bei seiner Gemahlin. Mit schwerem Herzen ging sie hin, und fand den Grafen zwar still und in sich gekehrt, aber in seinen Äußerungen milder und freundlicher als gewöhnlich. Sie wußte nicht, was sie denken sollte. Man sprach von den Vorfällen der Jagd und den Ursachen seiner früheren Zurückkunft. Das Gespräch ging bald aus. Der Graf ward stille, und besonders mußte der Baronesse auffallen, als er nach Wilhelmen fragte, und den Wunsch äußerte, man möchte ihn rufen lassen, damit er etwas vorlese.

Wilhelm, der sich im Zimmer der Baronesse wieder angekleidet und einigermaßen erholt hatte, kam nicht ohne Sorgen auf den Befehl herbei. Der Graf gab ihm ein Buch, aus welchem er eine abenteuerliche Novelle nicht ohne Beklemmung vorlas. Sein Ton hatte etwas Unsicheres, Zitterndes, das glücklicherweise dem Inhalt der Geschichte gemäß war. Der Graf gab einigemal freundliche Zeichen des Beifalls, und lobte den besonderen Ausdruck der Vorlesung, da er zuletzt unsern Freund entließ.

Eilftes Kapitel

Wilhelm hatte kaum einige Stücke Shakespears gelesen, als ihre Wirkung auf ihn so stark wurde, daß er weiter fortzufahren nicht im Stande war. Seine ganze Seele geriet in Bewegung. Er suchte Gelegenheit, mit Jarno zu sprechen, und konnte ihm nicht genug für die verschaffte Freude danken.

Ich habe es wohl vorausgesehen, sagte dieser, daß Sie gegen die Trefflichkeiten des außerordentlichsten und wunderbarsten aller Schriftsteller nicht unempfindlich bleiben würden.

Ja, rief Wilhelm aus, ich erinnere mich nicht, daß ein Buch, ein Mensch oder irgend eine Begebenheit des Lebens so große Wirkungen auf mich hervorgebracht hätte, als die köstlichen Stücke, die ich durch Ihre Gütigkeit habe kennen lernen. Sie scheinen ein Werk eines himmlischen Genius zu sein, der sich den Menschen nähert, um sie mit sich selbst auf die gelindeste Weise bekannt zu machen. Es sind keine Gedichte! Man glaubt vor den aufgeschlagenen ungeheuren Büchern des Schicksals zu stehen, in denen der Sturmwind des bewegtesten Lebens saus't, und sie mit Gewalt rasch hin und wieder blättert. Ich bin über die Stärke und Zartheit, über die Gewalt und Ruhe so erstaunt und außer aller Fassung gebracht, daß ich nur mit Sehnsucht auf die Zeit warte, da ich mich in einem Zustande befinden werde, weiter zu lesen.

Bravo, sagte Jarno, indem er unserm Freunde die Hand reichte und sie ihm drückte, so wollte ich es haben! und die Folgen, die ich hoffe, werden gewiß auch nicht ausbleiben. –

Ich wünschte, versetzte Wilhelm, daß ich Ihnen alles, was gegenwärtig in mir vorgeht, entdecken könnte. Alle Vorgefühle, die ich jemals über Menschheit und ihre Schicksale gehabt, die mich von Jugend auf, mir selbst unbemerkt, begleiteten, finde ich in Shakespears Stücken erfüllt und entwickelt. Es scheint, als wenn er uns alle Rätsel offenbarte, ohne daß man doch sagen kann: hier oder da ist das Wort der Auflösung. Seine Menschen scheinen natürliche Menschen zu sein, und sie sind es doch nicht. Diese geheimnisvollsten und zusammengesetztesten Geschöpfe der Natur handeln vor uns in seinen Stücken, als wenn sie Uhren wären, deren Zifferblatt und Gehäuse man von Krystall gebildet hätte, sie zeigten nach ihrer Bestimmung den Lauf der Stunden an, und man kann zugleich das Räder- und Federwerk erkennen, das sie treibt. Diese wenigen Blicke, die ich in Shakespears Welt getan, reizen mich mehr als irgend etwas andres, in der wirklichen Welt schnellere Fortschritte vorwärts zu tun, mich in die Flut der Schicksale zu mischen, die über sie verhängt sind, und dereinst, wenn es mir glücken sollte, aus dem großen Meere der wahren Natur wenige Becher zu schöpfen, und sie von der Schaubühne dem lechzenden Publikum meines Vaterlandes auszuspenden.

Wie freut mich die Gemütsverfassung, in der ich Sie sehe, versetzte Jarno, und legte dem bewegten Jüngling die Hand auf die Schulter. Lassen Sie den Vorsatz nicht fahren, in ein tätiges Leben überzugehen, und eilen Sie, die guten Jahre, die Ihnen gegönnt sind, wacker zu nutzen. Kann ich Ihnen behülflich sein, so geschieht es von ganzem Herzen. Noch habe ich nicht gefragt, wie Sie in diese Gesellschaft gekommen sind, für die Sie weder geboren noch erzogen sein können. So viel hoffe ich und sehe ich, daß Sie sich heraus sehnen. Ich weiß nichts von Ihrer Herkunft, von ihren häuslichen Umständen; überlegen Sie, was Sie mir vertrauen wollen. So viel kann ich Ihnen nur sagen, die Zeiten des Krieges, in denen wir leben, können schnelle Wechsel des Glückes hervorbringen; mögen Sie Ihre Kräfte und Talente unserm Dienste widmen, Mühe, und wenn es Not tut, Gefahr nicht scheuen, so habe ich eben jetzo eine Gelegenheit, Sie an einen Platz zu stellen, den eine Zeitlang bekleidet zu haben Sie in der Folge nicht gereuen wird. Wilhelm konnte seinen Dank nicht genug ausdrücken, und war willig, seinem Freunde und Beschützer die ganze Geschichte seines Lebens zu erzählen.

Sie hatten sich unter diesem Gespräche weit in den Park verloren, und waren auf die Landstraße, welche durch denselben ging, gekommen. Jarno stand einen Augenblick still, und sagte: Bedenken Sie meinen Vorschlag, entschließen Sie sich, geben Sie mir in einigen Tagen Antwort, und schenken Sie mir Ihr Vertrauen. Ich versichre Sie, es ist mir bisher unbegreiflich gewesen, wie Sie sich mit solchem Volke haben gemein machen können. Ich hab' es oft mit Ekel und Verdruß gesehen, wie Sie, um nur einigermaßen leben zu können, Ihr Herz an einen herumziehenden Bänkelsänger und an ein albernes zwitterhaftes Geschöpf hängen mußten.

Er hatte noch nicht ausgeredet, als ein Offizier zu Pferde eilends herankam, dem ein Reitknecht mit einem Handpferd folgte. Jarno rief ihm einen lebhaften Gruß zu. Der Offizier sprang vom Pferde, beide umarmten sich und unterhielten sich mit einander, indem Wilhelm, bestürzt über die letzten Worte seines kriegerischen Freundes, in sich gekehrt an der Seite stand. Jarno durchblätterte einige Papiere, die ihm der Ankommende überreicht hatte; dieser aber ging auf Wilhelmen zu, reichte ihm die Hand, und rief mit Emphase: Ich treffe Sie in einer würdigen Gesellschaft; folgen Sie dem Rate Ihres Freundes, und erfüllen Sie dadurch zugleich die Wünsche eines Unbekannten, der herzlichen Teil an Ihnen nimmt. Er sprach's, umarmte Wilhelmen, drückte ihn mit Lebhaftigkeit an seine Brust. Zu gleicher Zeit trat Jarno herbei, und sagte zu dem Fremden: Es ist am besten, ich reite gleich mit Ihnen hinein, so können Sie die nötigen Ordres erhalten, und Sie reiten noch vor Nacht wieder fort. Beide schwangen sich darauf zu Pferde, und überließen unsern verwunderten Freund seinen eigenen Betrachtungen.

Die letzten Worte Jarno's klangen noch in seinen Ohren. Ihm war unerträglich, das Paar menschlicher Wesen, das ihm unschuldigerweise seine Neigung abgewonnen hatte, durch einen Mann, den er so sehr verehrte, so tief heruntergesetzt zu sehen. Die sonderbare Umarmung des Offiziers, den er nicht kannte, machte wenig Eindruck auf ihn, sie beschäftigte seine Neugierde und Einbildungskraft einen Augenblick; aber Jarno's Reden hatten sein Herz getroffen; er war tief verwundet, und nun brach er auf seinem Rückwege gegen sich selbst in Vorwürfe aus, daß er nur einen Augenblick die hartherzige Kälte Jarno's, die ihm aus den Augen heraussehe, und aus allen seinen Gebärden spreche, habe verkennen und vergessen mögen. — Nein, rief er aus, du bildest dir nur ein, du abgestorbener Weltmann, daß du ein Freund sein könntest! Alles was du mir anbieten magst, ist der Empfindung nicht wert, die mich an diese Unglücklichen bindet. Welch ein Glück, daß ich noch bei Zeiten entdecke, was ich von dir zu erwarten hätte! —

Er schloß Mignon, die ihm entgegen kam, in die Arme, und rief aus: Nein, uns soll nichts trennen, du gutes kleines Geschöpf! Die scheinbare Klugheit der Welt soll mich nicht vermögen, dich zu verlassen, noch zu vergessen, was ich dir schuldig bin.

Das Kind, dessen heftige Liebkosungen er sonst abzulehnen pflegte, erfreute sich dieses unerwarteten Ausdrucks der Zärtlichkeit, und hing sich so fest an ihn, daß er es nur mit Mühe zuletzt los werden konnte.

Seit dieser Zeit gab er mehr auf Jarno's Handlungen Acht, die ihm nicht alle lobenswürdig schienen; ja es kam wohl manches vor, das ihm durchaus mißfiel. So hatte er zum Beispiel starken Verdacht, das Gedicht auf den Baron, welches der arme Pedant so teuer hatte bezahlen müssen, sei Jarno's Arbeit. Da nun dieser in Wilhelms Gegenwart über den Vorfall gescherzt hatte, glaubte unser Freund hierin das Zeichen eines höchst verdorbenen Herzens zu erkennen; denn was konnte boshafter sein, als einen Unschuldigen, dessen Leiden man verursacht, zu verspotten, und weder an Genugtuung noch Entschädigung zu denken. Gern hätte Wilhelm sie selbst veranlaßt, denn er war durch einen sehr sonderbaren Zufall den Tätern jener nächtlichen Mißhandlung auf die Spur gekommen.

Man hatte ihm bisher immer zu verbergen gewußt, daß einige junge Offiziere, im unteren Saale des alten Schlosses, mit einem Teile der Schauspieler und Schauspielerinnen ganze Nächte auf eine lustige Weise zubrachten. Eines Morgens, als er nach seiner Gewohnheit früh aufgestanden, kam er von ungefähr in das Zimmer, und fand die jungen Herren, die eine höchst sonderbare Toilette zu machen im Begriff stunden. Sie hatten in einen Napf mit Wasser Kreide eingerieben, und trugen den Teig mit einer Bürste auf ihre Westen und Beinkleider, ohne sie auszuziehen, und stellten also die Reinlichkeit ihrer Garderobe auf das schnellste wieder her. Unserm Freunde, der sich über diese Handgriffe wunderte, fiel der weiß bestäubte und befleckte Rock des Pedanten ein; der Verdacht wurde um so viel stärker, als er erfuhr, daß einige Verwandte des Barons sich unter der Gesellschaft befänden.

Um diesem Verdacht näher auf die Spur zu kommen, suchte er die jungen Herren mit einem kleinen Frühstücke zu beschäftigen. Sie waren sehr lebhaft, und erzählten viele lustige Geschichten. Der eine besonders, der eine Zeitlang auf Werbung gestanden, wußte nicht genug die List und Tätigkeit seines Hauptmanns zu rühmen, der alle Arten von Menschen an sich zu ziehen, und jeden nach seiner Art zu überlisten verstand. Umständlich erzählte er, wie junge Leute von gutem Hause und sorgfältiger Erziehung, durch allerlei Vorspiegelungen einer anständigen Versorgung, betrogen worden, und lachte herzlich über die Gimpel, denen es im Anfange so wohl getan habe, sich von einem angesehenen, tapferen, klugen und freigebigen Offizier geschätzt und hervorgezogen zu sehen.

Wie segnete Wilhelm seinen Genius, der ihm so unvermutet den Abgrund zeigte, dessen Rande er sich unschuldigerweise genähert hatte. Er sah nun in Jarno nichts als den Werber; die Umarmung des fremden Offiziers war ihm leicht erklärlich. Er verabscheuete die Gesinnungen dieser Männer, und vermied von dem Augenblicke mit irgend jemand, der eine Uniform trug, zusammen zu kommen, und so wäre ihm die Nachricht, daß die Armee weiter vorwärts rücke, sehr angenehm gewesen, wenn er nicht zugleich hätte fürchten müssen, aus der Nähe seiner schönen Freundin, vielleicht auf immer, verbannt zu werden.

Zwölftes Kapitel

Inzwischen hatte die Baronesse mehrere Tage, von Sorgen und einer unbefriedigten Neugierde gepeinigt, zugebracht. Denn das Betragen des Grafen seit jenem Abenteuer war ihr ein völliges Rätsel. Er war ganz aus seiner Manier herausgegangen; von seinen gewöhnlichen Scherzen hörte man keinen. Seine Forderungen an die Gesellschaft und an die Bedienten hatten sehr nachgelassen. Von Pedanterie und gebieterischem Wesen merkte man wenig, vielmehr war er still und in sich gekehrt, jedoch schien er heiter, und wirklich ein anderer Mensch zu sein. Bei Vorlesungen, zu denen er zuweilen Anlaß gab, wählte er ernsthafte, oft religiöse Bücher, und die Baronesse lebte in beständiger Furcht, es möchte hinter dieser anscheinenden Ruhe sich ein geheimer Groll verbergen, ein stiller Vorsatz, den Frevel, den er so zufällig entdeckt, zu rächen. Sie entschloß sich daher, Jarno zu ihrem Vertrauten zu machen, und sie konnte es um so mehr, als sie mit ihm in einem Verhältnisse stand, in dem man sich sonst wenig zu verbergen pflegt. Jarno war seit kurzer Zeit ihr entschiedener Freund; doch waren sie klug genug, ihre Neigung und ihre Freuden vor der lärmenden Welt, die sie umgab, zu verbergen. Nur den Augen der Gräfin war dieser neue Roman nicht entgangen, und höchst wahrscheinlich suchte die Baronesse ihre Freundin gleichfalls zu beschäftigen, um den stillen Vorwürfen zu entgehen, welche sie denn doch manchmal von jener edlen Seele zu erdulden hatte.

Kaum hatte die Baronesse ihrem Freunde die Geschichte erzählt, als er lachend ausrief: Da glaubt der Alte gewiß sich selbst gesehen zu haben! er fürchtet, daß ihm diese Erscheinung Unglück, ja vielleicht gar den Tod bedeute, und nun ist er zahm geworden, wie alle die Halbmenschen, wenn sie an die Auflösung denken, welcher niemand entgangen ist, noch entgehen wird. Nur stille! da ich hoffe, daß er noch lange leben soll, so wollen wir ihn bei dieser Gelegenheit wenigstens so formieren, daß er seiner Frau und seinen Hausgenossen nicht mehr zur Last sein soll.

Sie fingen nun, sobald es nur schicklich war, in Gegenwart des Grafen an, von Ahnungen, Erscheinungen, und dergleichen zu sprechen. Jarno spielte den Zweifler, seine Freundin gleichfalls, und sie trieben es so weit, daß der Graf endlich Jarno bei Seite nahm, ihm seine Freigeisterei verwies, und ihn, durch sein eignes Beispiel, von der Möglichkeit und Wirklichkeit solcher Geschichten zu überzeugen suchte. Jarno spielte den Betroffenen, Zweifelnden und endlich den Überzeugten, machte sich aber gleich darauf in stiller Nacht mit seiner Freundin desto lustiger über den schwachen Weltmann, der nun auf einmal von seinen Unarten durch einen Popanz bekehrt worden, und nur noch deswegen zu loben sei, weil er mit so vieler Fassung ein bevorstehendes Unglück, ja vielleicht gar den Tod erwarte.

Auf die natürlichste Folge, welche diese Erscheinung hätte haben können, möchte er doch wohl nicht gefaßt sein, rief die Baronesse mit ihrer gewöhnlichen Munterkeit, zu der sie, sobald ihr eine Sorge vom Herzen genommen war, gleich wieder übergehen konnte. Jarno ward reichlich belohnt, und man schmiedete neue Anschläge, den Grafen noch mehr kirre zu machen, und die Neigung der Gräfin zu Wilhelm noch mehr zu reizen und zu bestärken.

In dieser Absicht erzählte man der Gräfin die ganze Geschichte, die sich zwar anfangs unwillig darüber zeigte, aber seit der Zeit nachdenklicher ward, und in ruhigen Augenblicken jene Szene, die ihr zubereitet war, zu bedenken, zu verfolgen und auszumalen schien.

Die Anstalten, welche nunmehr von allen Seiten getroffen wurden, ließen keinen Zweifel mehr übrig, daß die Armeen bald vorwärts rücken, und der Prinz zugleich sein Hauptquartier verändern würde; ja es hieß, daß der Graf zugleich auch das Gut verlassen und wieder nach der Stadt zurückkehren werde. Unsere Schauspieler konnten sich also leicht die Nativität stellen; doch nur der einzige Melina nahm seine Maßregeln darnach, die andern suchten nur noch von dem Augenblicke so viel als möglich das Vergnüglichste zu erhaschen.

Wilhelm war indessen auf eine eigene Weise beschäftigt. Die Gräfin hatte von ihm die Abschrift seiner Stücke verlangt, und er sah diesen Wunsch der liebenswürdigen Frau als die schönste Belohnung an.

Ein junger Autor, der sich noch nicht gedruckt gesehn, wendet in einem solchen Falle die größte Aufmerksamkeit auf eine reinliche und zierliche Abschrift seiner Werke. Es ist gleichsam das goldne Zeitalter der Autorschaft; man sieht sich in jene Jahrhunderte versetzt, in denen die Presse noch nicht die Welt mit so viel unnützen Schriften überschwemmt hatte; wo nur würdige Geistesprodukte abgeschrieben, und von den edelsten Menschen verwahrt wurden, und wie leicht begeht man alsdann den Fehlschluß, daß ein sorgfältig abgezirkeltes Manuskript auch ein würdiges Geistesprodukt sei, wert von einem Kenner und Beschützer besessen und aufgestellt zu werden.

Man hatte zu Ehren des Prinzen, der nun in kurzem abgehen sollte, noch ein großes Gastmahl angestellt. Viele Damen aus der Nachbarschaft waren geladen, und die Gräfin hatte sich bei Zeiten angezogen. Sie hatte diesen Tag ein reicheres Kleid angelegt, als sie sonst zu tun gewohnt war. Frisur und Aufsatz waren gesuchter, sie war mit allen ihren Juwelen geschmückt. Eben so hatte die Baronesse das Mögliche getan, um sich mit Pracht und Geschmack anzukleiden.

Philine, als sie merkte, daß den beiden Damen in Erwartung ihrer Gäste die Zeit zu lang wurde, schlug vor, Wilhelmen kommen zu lassen, der sein fertiges Manuskript zu überreichen und noch einige Kleinigkeiten vorzulesen wünsche. Er kam und erstaunte im Hereintreten über die Gestalt, über die Anmut der Gräfin, die durch ihren Putz nur sichtbarer geworden waren. Er las nach dem Befehle der Damen, allein so zerstreut und schlecht, daß, wenn die Zuhörerinnen nicht so nachsichtig gewesen wären, sie ihn gar bald würden entlassen haben.

So oft er die Gräfin anblickte, schien es ihm, als wenn ein elektrischer Funke sich vor seinen Augen zeigte; er wußte zuletzt nicht mehr, wo er Atem zu seiner Rezitation hernehmen solle. Die schöne Dame hatte ihm immer gefallen; aber jetzt schien es ihm, als ob er nie etwas Vollkommneres gesehen hätte, und von den tausenderlei Gedanken, die sich in seiner Seele kreuzten, mochte ungefähr Folgendes der Inhalt sein:

Wie töricht lehnen sich doch so viele Dichter und sogenannte gefühlvolle Menschen gegen Putz und Pracht auf, und verlangen nur in einfachen, der Natur angemessenen Kleidern die Frauen alles Standes zu sehen. Sie schelten den Putz, ohne zu bedenken, daß es der arme Putz nicht ist, der uns mißfällt, wenn wir eine häßliche oder minder schöne Person reich und sonderbar gekleidet erblicken; aber ich wollte alle Kenner der Welt hier versammeln und sie fragen, ob sie wünschten etwas von diesen Falten, von diesen Bändern und Spitzen, von diesen Puffen, Locken und leuchtenden Steinen wegzunehmen? Würden sie nicht fürchten, den angenehmen Eindruck zu stören, der ihnen hier so willig und natürlich entgegen kommt? Ja, natürlich darf ich wohl sagen! Wenn Minerva ganz gerüstet aus dem Haupte des Jupiter entsprang, so scheinet diese Göttin in ihrem vollen Putze aus irgend einer Blume mit leichtem Fuße hervorgetreten zu sein.

Er sah sie oft im Lesen an, als wenn er diesen Eindruck sich auf ewig einprägen wollte, und las einigemal falsch, ohne darüber in Verwirrung zu geraten, ob er gleich sonst über die Verwechselung eines Wortes oder Buchstabens als über einen leidigen Schandfleck einer ganzen Vorlesung verzweifeln konnte.

Ein falscher Lärm, als wenn die Gäste angefahren kämen, machte der Vorlesung ein Ende; die Baronesse ging weg, und die Gräfin, im Begriff ihren Schreibtisch zuzumachen, der noch offen stand, ergriff ein Ringkästchen und steckte noch einige Ringe an die Finger. Wir werden uns bald trennen, sagte sie, indem sie ihre Augen auf das Kästchen heftete: nehmen Sie ein Andenken von einer guten Freundin, die nichts lebhafter wünscht, als daß es Ihnen wohl gehen möge. Sie nahm darauf einen Ring heraus, der unter einem Krystall ein schön von Haaren geflochtenes Schild zeigte, und mit Steinen besetzt war. Sie überreichte ihn Wilhelmen, der, als er ihn annahm, nichts zu sagen und nichts zu tun wußte, sondern wie eingewurzelt in den Boden da stand. Die Gräfin schloß den Schreibtisch zu, und setzte sich auf ihren Sopha.

Und ich soll leer ausgehn, sagte Philine, indem sie zur rechten Hand der Gräfin niederkniete: seht nur den Menschen, der zur Unzeit so viele Worte im Munde führt, und jetzt nicht einmal eine armselige Danksagung herstammeln kann. Frisch, mein Herr, tun Sie wenigstens pantomimisch Ihre Schuldigkeit, und wenn Sie heute selbst nichts zu erfinden wissen, so ahmen Sie mir wenigstens nach.

Philine ergriff die rechte Hand der Gräfin, und küßte sie mit Lebhaftigkeit. Wilhelm stürzte auf seine Kniee, faßte die linke, und drückte sie an seine Lippen. Die Gräfin schien verlegen, aber ohne Widerwillen.

Ach! rief Philine aus, so viel Schmuck hab' ich wohl schon gesehen, aber noch nie eine Dame, so würdig ihn zu tragen. Welche Armbänder!

aber auch welche Hand! Welcher Halsschmuck! aber auch welche Brust!

Stille, Schmeichlerin, rief die Gräfin.

Stellt denn das den Herrn Grafen vor? sagte Philine, indem sie auf ein reiches Medaillon deutete, das die Gräfin an kostbaren Ketten an der linken Seite trug.

Er ist als Bräutigam gemalt, versetzte die Gräfin.

War er denn damals so jung? fragte Philine: Sie sind ja nur erst, wie ich weiß, wenige Jahre verheiratet.

Diese Jugend kommt auf die Rechnung des Malers, versetzte die Gräfin.

Es ist ein schöner Mann, sagte Philine. Doch sollte wohl niemals, fuhr sie fort, indem sie die Hand auf das Herz der Gräfin legte, in diese verborgene Kapsel sich ein ander Bild eingeschlichen haben?

Du bist sehr verwegen, Philine! rief sie aus: ich habe dich verzogen. Laß mich so etwas nicht zum zweitenmal hören.

Wenn Sie zürnen, bin ich unglücklich, rief Philine, sprang auf und eilte zur Türe hinaus.

Wilhelm hielt die schönste Hand noch in seinen Händen. Er sah unverwandt auf das Armschloß, das, zu seiner größten Verwunderung, die Anfangsbuchstaben seiner Namen in brillantenen Zügen sehen ließ.

Besitz' ich, fragte er bescheiden, in dem kostbaren Ringe denn wirklich Ihre Haare?

Ja, versetzte sie mit halber Stimme; dann nahm sie sich zusammen, und sagte, indem sie ihm die Hand drückte: Stehen Sie auf, und leben Sie wohl!

Hier steht mein Name, rief er aus, durch den sonderbarsten Zufall! Er zeigte auf das Armschloß.

Wie? rief die Gräfin: es ist die Chiffer einer Freundin!

Es sind die Anfangsbuchstaben meines Namens. Vergessen Sie meiner nicht. Ihr Bild steht unauslöschlich in meinem Herzen. Leben Sie wohl, lassen Sie mich fliehen!

Er küßte ihre Hand, und wollte aufstehn; aber wie im Traum das Seltsamste aus dem Seltsamsten sich entwickelnd uns überrascht, so hielt er, ohne zu wissen wie es geschah, die Gräfin in seinen Armen, ihre Lippen ruhten auf den seinigen und ihre wechselseitigen lebhaften Küsse gewährten ihnen eine Seligkeit, die wir nur aus dem ersten aufbrausenden Schaum des frisch eingeschenkten Bechers der Liebe schlürfen.

Ihr Haupt ruhte auf seiner Schulter, und der zerdrückten Locken und Bänder ward nicht gedacht. Sie hatte ihren Arm um ihn geschlungen; er umfaßte sie mit Lebhaftigkeit, und drückte sie wiederholend an seine Brust. O daß ein solcher Augenblick nicht Ewigkeiten währen kann, und wehe dem neidischen Geschick, das auch unsern Freunden diese kurzen Augenblicke unterbrach.

Wie erschrak Wilhelm, wie betäubt fuhr er aus einem glücklichen Traume auf, als die Gräfin sich auf einmal mit einem Schrei von ihm losriß, und mit der Hand nach ihrem Herzen fuhr.

Er stand betäubt vor ihr da; sie hielt die andere Hand vor die Augen, und rief nach einer Pause: Entfernen Sie sich, eilen Sie!

Er stand noch immer.

Verlassen Sie mich, rief sie, und indem sie die Hand von den Augen nahm und ihn mit einem unbeschreiblichen Blicke ansah, setzte sie mit der lieblichsten Stimme hinzu: Fliehen Sie mich, wenn Sie mich lieben.

Wilhelm war aus dem Zimmer, und wieder auf seiner Stube, eh er wußte, wo er sich befand.

Die Unglücklichen! Welche sonderbare Warnung des Zufalls oder der Schickung riß sie auseinander?

VIERTES BUCH

Erstes Kapitel

Laertes stand nachdenklich am Fenster und blickte auf seinen Arm gestützt in das Feld hinaus. Philine schlich über den großen Saal herbei, lehnte sich auf den Freund, und verspottete sein ernsthaftes Ansehen.

Lache nur nicht, versetzte er, es ist abscheulich, wie die Zeit vergeht, wie alles sich verändert und ein Ende nimmt! Sieh nur, hier stand vor kurzem noch ein schönes Lager, wie lustig sahen die Zelte aus! wie lebhaft ging es darin zu! wie sorgfältig bewachte man den ganzen Bezirk! und nun ist alles auf einmal verschwunden. Nur kurze Zeit werden das zertretene Stroh und die eingegrabenen Kochlöcher noch eine Spur zeigen; dann wird alles bald umgepflügt sein, und die Gegenwart so vieler tausend rüstiger Menschen in dieser Gegend wird nur noch in den Köpfen einiger alten Leuten spuken.

Philine fing an zu singen, und zog ihren Freund zu einem Tanze in den Saal. Laß uns, rief sie, da wir der Zeit nicht nachlaufen können, wenn sie vorüber ist, sie wenigstens als eine schöne Göttin, indem sie bei uns vorbeizieht, fröhlich und zierlich verehren.

Sie hatten kaum einige Wendungen gemacht, als Madame Melina durch den Saal ging. Philine war boshaft genug, sie gleichfalls zum Tanze einzuladen, und sie dadurch an die Mißgestalt zu erinnern, in welche sie durch ihre Schwangerschaft versetzt war.

Wenn ich nur, sagte Philine hinter ihrem Rücken, keine Frau mehr guter Hoffnung sehen sollte!

Sie hofft doch, sagte Laertes.

Aber es kleidet sie so häßlich. Hast du die vordere Wackelfalte des verkürzten Rocks gesehen, die immer voraus spaziert, wenn sie sich bewegt? Sie hat gar keine Art noch Geschick, sich nur ein bißchen zu mustern und ihren Zustand zu verbergen.

Laß nur, sagte Laertes, die Zeit wird ihr schon zu Hülfe kommen.

Es wäre doch immer hübscher, rief Philine, wenn man die Kinder von den Bäumen schüttelte.

Der Baron trat herein, und sagte ihnen etwas Freundliches im Namen des Grafen und der Gräfin, die ganz früh abgereis't waren, und machte ihnen einige Geschenke. Er ging darauf zu Wilhelmen, der sich im Nebenzimmer mit Mignon beschäftigte. Das Kind hatte sich sehr freundlich und zutätig bezeigt, nach Wilhelms Eltern, Geschwistern und Verwandten gefragt, und ihn dadurch an seine Pflicht erinnert, den Seinigen von sich einige Nachricht zu geben.

Der Baron brachte ihm, nebst einem Abschiedsgruße von den Herrschaften, die Versicherung, wie sehr der Graf mit ihm, seinem Spiele, seinen poetischen Arbeiten und seinen theatralischen Bemühungen zufrieden gewesen sei. Er zog darauf zum Beweis dieser Gesinnung einen Beutel hervor, durch dessen schönes Gewebe die reizende Farbe neuer Goldstücke durchschimmerte; Wilhelm trat zurück, und weigerte sich ihn anzunehmen.

Sehen Sie, fuhr der Baron fort, diese Gabe als einen Ersatz für Ihre Zeit, als eine Erkenntlichkeit für Ihre Mühe, nicht als eine Belohnung Ihres Talents an. Wenn uns dieses einen guten Namen und die Neigung der Menschen verschafft, so ist billig, daß wir durch Fleiß und Anstrengung zugleich die Mittel erwerben, unsre Bedürfnisse zu befriedigen, da wir doch einmal nicht ganz Geist sind. Wären wir in der Stadt, wo alles zu finden ist, so hätte man diese kleine Summe in eine Uhr, einen Ring oder sonst etwas verwandelt; nun gebe ich aber den Zauberstab unmittelbar in Ihre Hände; schaffen Sie sich ein Kleinod dafür, das Ihnen am liebsten und am dienlichsten ist, und verwahren Sie es zu unserm Andenken. Dabei halten Sie ja den Beutel in Ehren. Die Damen haben ihn selbst gestrickt, und ihre Absicht war, durch das Gefäß dem Inhalt die annehmlichste Form zu geben.

Vergeben Sie, versetzte Wilhelm, meiner Verlegenheit und meinen Zweifeln, dieses Geschenk anzunehmen. Es vernichtet gleichsam das Wenige, was ich getan habe, und hindert das freie Spiel einer glücklichen Erinnerung. Geld ist eine schöne Sache, wo etwas abgetan werden soll, und ich wünschte nicht in dem Andenken Ihres Hauses so ganz abgetan zu sein.

Das ist nicht der Fall, versetzte der Baron; aber indem Sie selbst zart empfinden, werden Sie nicht verlangen, daß der Graf sich völlig als Ihren Schuldner denken soll: ein Mann, der seinen größten Ehrgeiz darein setzt, aufmerksam und gerecht zu sein. Ihm ist nicht entgangen, welche Mühe Sie sich gegeben, und wie Sie seinen Absichten ganz Ihre Zeit gewidmet haben, ja er weiß, daß Sie, um gewisse Anstalten zu beschleunigen, Ihr eignes Geld nicht schonten. Wie will ich wieder vor ihm erscheinen, wenn ich ihn nicht versichern kann, daß seine Erkenntlichkeit Ihnen Vergnügen gemacht hat.

Wenn ich nur an mich selbst denken, wenn ich nur meinen eigenen Empfindungen folgen dürfte, versetzte Wilhelm, würde ich mich, ungeachtet aller Gründe, hartnäckig weigern, diese Gabe, so schön und ehrenvoll sie ist, anzunehmen; aber ich leugne nicht, daß sie mich in dem Augenblicke, in dem sie mich in Verlegenheit setzt, aus einer Verlegenheit reißt, in der ich mich bisher gegen die Meinigen befand, und die mir manchen stillen Kummer verursachte. Ich habe sowohl mit dem Gelde als mit der Zeit, von denen ich Rechenschaft zu geben habe, nicht zum besten hausgehalten; nun wird es mir durch den Edelmut des Herrn Grafen möglich, den Meinigen getrost von dem Glücke Nachricht zu geben, zu dem mich dieser sonderbare Seitenweg geführt hat. Ich opfre die Delikatesse, die uns wie ein zartes Gewissen bei solchen Gelegenheiten warnt, einer höhern Pflicht auf, und um meinem Vater mutig unter die Augen treten zu können, steh' ich beschämt vor den Ihrigen.

Es ist sonderbar, versetzte der Baron, welch ein wunderlich Bedenken man sich macht, Geld von Freunden und Gönnern anzunehmen, von denen man jede andere Gabe mit Dank und Freude empfangen würde. Die menschliche Natur hat mehr ähnliche Eigenheiten, solche Skrupel gern zu erzeugen und sorgfältig zu nähren.

Ist es nicht das Nämliche mit allen Ehrenpunkten? fragte Wilhelm.

Ach ja, versetzte der Baron, und andern Vorurteilen. Wir wollen sie nicht ausjäten, um nicht vielleicht edle Pflanzen zugleich mit auszuraufen. Aber mich freut immer, wenn einzelne Personen fühlen, über was man sich hinaussetzen kann und soll, und ich denke mit Vergnügen an die Geschichte des geistreichen Dichters, der für ein Hoftheater einige Stücke verfertigte, welche den ganzen Beifall des Monarchen erhielten. Ich muß ihn ansehnlich belohnen, sagte der großmütige Fürst; man forsche an ihm, ob ihm irgend ein Kleinod Vergnügen macht, oder ob er nicht verschmäht Geld anzunehmen. Nach seiner scherzhaften Art antwortete der Dichter dem abgeordneten Hofmann: Ich danke lebhaft für die gnädigen Gesinnungen, und da der Kaiser alle Tage Geld von uns nimmt, so sehe ich nicht ein, warum ich mich schämen sollte, Geld von ihm anzunehmen.

Der Baron hatte kaum das Zimmer verlassen, als Wilhelm eifrig die Barschaft zählte, die ihm so unvermutet, und, wie er glaubte, so unverdient zugekommen war. Es schien, als ob ihm der Wert und die Würde des Goldes, die uns in spätern Jahren erst fühlbar werden, ahnungsweise zum erstenmal entgegen blickten, als die schönen blinkenden Stücke aus dem zierlichen Beutel hervorrollten. Er machte seine Rechnung und fand, daß er, besonders da Melina den Vorschuß sogleich wieder zu bezahlen versprochen hatte, eben so viel, ja noch mehr in Kassa habe, als an jenem Tage, da Philine ihm den ersten Strauß abfordern ließ. Mit heimlicher Zufriedenheit blickte er auf sein Talent, mit einem kleinen Stolze auf das Glück, das ihn geleitet und begleitet hatte. Er ergriff nunmehr mit Zuversicht die Feder, um einen Brief zu schreiben, der auf einmal die Familie aus aller Verlegenheit, und sein bisheriges Betragen in das beste Licht setzen sollte. Er vermied eine eigentliche Erzählung, und ließ nur in bedeutenden und mystischen Ausdrücken dasjenige, was ihm begegnet sein könnte, erraten. Der gute Zustand seiner Kasse, der Erwerb, den er seinem Talent schuldig war, die Gunst der Großen, die Neigung der Frauen, die Bekanntschaft in einem weiten Kreise, die Ausbildung seiner körperlichen und geistigen Anlagen, die Hoffnung für die Zukunft bildeten ein solches wunderliches Luftgemälde, daß Fata Morgagna selbst es nicht seltsamer hätte durch einander wirken können.

In dieser glücklichen Exaltation fuhr er fort, nachdem der Brief geschlossen war, ein langes Selbstgespräch zu unterhalten, in welchem er den Inhalt des Schreibens rekapitulierte, und sich eine tätige und würdige Zukunft ausmalte. Das Beispiel so vieler edlen Krieger hatte ihn angefeuert, die Shakespearische Dichtung hatte ihm eine neue Welt eröffnet, und von den Lippen der schönen Gräfin hatte er ein unaussprechliches Feuer in sich gesogen. Das alles konnte, das sollte nicht ohne Wirkung bleiben.

Der Stallmeister kam und fragte, ob sie mit Einpacken fertig seien. Leider hatte, außer Melina, noch niemand daran gedacht. Nun sollte man eilig aufbrechen. Der Graf hatte versprochen, die ganze Gesellschaft einige Tagereisen weit transportieren zu lassen, die Pferde waren eben bereit, und konnten nicht lange entbehrt werden. Wilhelm fragte nach seinem Koffer; Madame Melina hatte sich ihn zu Nutze gemacht; er verlangte nach seinem Gelde, Herr Melina hatte es ganz unten in den Koffer mit großer Sorgfalt gepackt. Philine sagte: Ich habe in dem meinigen noch Platz, nahm Wilhelms Kleider, und befahl Mignon, das Übrige nachzubringen. Wilhelm mußte es, nicht ohne Widerwillen, geschehen lassen.

Indem man aufpackte, und alles zubereitete, sagte Melina: Es ist mir verdrießlich, daß wir wie Seiltänzer und Marktschreier reisen; ich wünschte, daß Mignon Weiberkleider anzöge, und daß der Harfenspieler sich noch geschwinde den Bart scheren ließe. Mignon hielt sich fest an Wilhelm, und sagte mit großer Lebhaftigkeit: Ich bin ein Knabe: ich will kein Mädchen sein! Der Alte schwieg, und Philine machte bei dieser Gelegenheit über die Eigenheit des Grafen, ihres Beschützers, einige lustige Anmerkungen. Wenn der Harfner seinen Bart abschneidet, sagte sie, so mag er ihn nur sorgfältig auf Band nähen und bewahren, daß er ihn gleich wieder vornehmen kann, sobald er dem Herrn Grafen irgendwo in der Welt begegnet: denn dieser Bart allein hat ihm die Gnade dieses Herrn verschafft.

Als man in sie drang und eine Erklärung dieser sonderbaren Äußerung verlangte, ließ sie sich folgendergestalt vernehmen: Der Graf glaubt, daß es zur Illusion sehr viel beitrage, wenn der Schauspieler auch im gemeinen Leben seine Rolle fortspielt, und seinen Charakter souteniert; deswegen war er dem Pedanten so günstig, und er fand, es sei recht gescheit, daß der Harfner seinen falschen Bart nicht allein Abends auf dem Theater, sondern auch beständig bei Tage trage, und freute sich sehr über das natürliche Aussehen der Maskerade.

Als die andern über diesen Irrtum und über die sonderbaren Meinungen des Grafen spotteten, ging der Harfner mit Wilhelm bei Seite, nahm von ihm Abschied, und bat mit Tränen, ihn ja sogleich zu entlassen. Wilhelm redete ihm zu, und versicherte, daß er ihn gegen jedermann schützen werde, daß ihm niemand ein Haar krümmen, vielweniger ohne seinen Willen abschneiden solle.

Der Alte war sehr bewegt, und in seinen Augen glühte ein sonderbares

Feuer. Nicht dieser Anlaß treibt mich hinweg, rief er aus; schon lange mache ich mir stille Vorwürfe, daß ich um Sie bleibe. Ich sollte nirgends verweilen, denn das Unglück ereilt mich und beschädigt die, die sich zu mir gesellen. Fürchten Sie alles, wenn Sie mich nicht entlassen, aber fragen Sie mich nicht, ich gehöre nicht mir zu, ich kann nicht bleiben.

Wem gehörst du an? Wer kann eine solche Gewalt über dich ausüben?

Mein Herr, lassen Sie mir mein schaudervolles Geheimnis, und geben Sie mich los! Die Rache, die mich verfolgt, ist nicht des irdischen Richters; ich gehöre einem unerbittlichen Schicksale; ich kann nicht bleiben, und ich darf nicht!

In diesem Zustande, in dem ich dich sehe, werde ich dich gewiß nicht lassen.

Es ist Hochverrat an Ihnen, mein Wohltäter, wenn ich zaudre. Ich bin sicher bei Ihnen, aber Sie sind in Gefahr. Sie wissen nicht, wen Sie in Ihrer Nähe hegen. Ich bin schuldig, aber unglücklicher als schuldig. Meine Gegenwart verscheucht das Glück, und die gute Tat wird ohnmächtig, wenn ich dazu trete. Flüchtig und unstät sollt' ich sein, daß mein unglücklicher Genius mich nicht einholet, der mich nur langsam verfolgt, und nur dann sich merken läßt, wenn ich mein Haupt niederlegen und ruhen will. Dankbarer kann ich mich nicht bezeigen, als wenn ich Sie verlasse.

Sonderbarer Mensch! du kannst mir das Vertrauen in dich so wenig nehmen, als die Hoffnung, dich glücklich zu sehen. Ich will in die Geheimnisse deines Aberglaubens nicht eindringen; aber wenn du ja in Ahnung wunderbarer Verknüpfungen und Vorbedeutungen lebst, so sage ich dir zu deinem Trost und zu deiner Aufmunterung: geselle dich zu meinem Glücke, und wir wollen sehen, welcher Genius der stärkste ist, dein schwarzer oder mein weißer!

Wilhelm ergriff diese Gelegenheit, um ihm noch mancherlei Tröstliches zu sagen; denn er hatte schon seit einiger Zeit in seinem wunderbaren Begleiter einen Menschen zu sehen geglaubt, der durch Zufall oder Schickung eine große Schuld auf sich geladen hat und nun die Erinnerung derselben immer mit sich fortschleppt. Noch vor wenigen Tagen hatte Wilhelm seinen Gesang behorcht, und folgende Zeilen wohl bemerkt:

Ihm färbt der Morgensonne Licht
Den reinen Horizont mit Flammen,
Und über seinem schuld'gen Haupte bricht
Das schöne Bild der ganzen Welt zusammen.

Der Alte mochte nun sagen was er wollte, so hatte Wilhelm immer ein stärker Argument, wußte alles zum besten zu kehren und zu wenden, wußte so brav, so herzlich und tröstlich zu sprechen, daß der Alte selbst wieder aufzuleben und seinen Grillen zu entsagen schien.

Zweites Kapitel

Melina hatte Hoffnung, in einer kleinen aber wohlhabenden Stadt mit seiner Gesellschaft unterzukommen. Schon befanden sie sich an dem Orte, wohin sie die Pferde des Grafen gebracht hatten, und sahen sich nach andern Wagen und Pferden um, mit denen sie weiter zu kommen hofften. Melina hatte den Transport übernommen, und zeigte sich, nach seiner Gewohnheit, übrigens sehr karg. Dagegen hatte Wilhelm die schönen Dukaten der Gräfin in der Tasche, auf deren fröhliche Verwendung er das größte Recht zu haben glaubte, und sehr leicht vergaß er, daß er sie in der stattlichen Bilanz, die er den Seinigen zuschickte, schon sehr ruhmredig aufgeführt hatte.

Sein Freund Shakespear, den er mit großer Freude auch als seinen Paten anerkannte, und sich nur um so lieber Wilhelm nennen ließ, hatte ihm einen Prinzen bekannt gemacht, der sich unter geringer, ja sogar schlechter Gesellschaft eine Zeitlang aufhält, und, ungeachtet seiner edlen Natur, an der Roheit, Unschicklichkeit und Albernheit solcher ganz sinnlichen Bursche sich ergötzt. Höchst willkommen war ihm das Ideal, womit er seinen gegenwärtigen Zustand vergleichen konnte, und der Selbstbetrug, wozu er eine fast unüberwindliche Neigung spürte, ward ihm dadurch außerordentlich erleichtert.

Er fing nun an über seine Kleidung nachzudenken. Er fand, daß ein Westchen, über das man im Notfall einen kurzen Mantel würfe, für einen Wanderer eine sehr angemessene Tracht sei. Lange gestrickte Beinkleider und ein Paar Schnürstiefeln schienen die wahre Tracht eines Fußgängers. Dann verschaffte er sich eine schöne seidne Schärpe, die er zuerst unter dem Vorwande, den Leib warm zu halten, umband; dagegen befreite er seinen Hals von der Knechtschaft einer Binde, und ließ sich einige Streifen Nesseltuch an's Hemde heften, die aber etwas breit gerieten, und das völlige Ansehen eines antiken Kragens erhielten. Das schöne seidne Halstuch, das gerettete Andenken Marianens, lag nur locker geknüpft unter der nesseltuchnen Krause. Ein runder Hut mit einem bunten Bande und einer großen Feder machte die Maskerade vollkommen.

Die Frauen beteuerten, diese Tracht lasse ihm vorzüglich gut. Philine stellte sich ganz bezaubert darüber, und bat sich seine schönen Haare aus, die er, um dem natürlichen Ideal nur desto näher zu kommen, unbarmherzig abgeschnitten hatte. Sie empfahl sich dadurch nicht übel, und unser Freund, der durch seine Freigebigkeit sich das Recht erworben hatte, auf Prinz Harry's Manier mit den Übrigen umzugehen, kam bald selbst in den Geschmack, einige tolle Streiche anzugeben und zu befördern. Man focht, man tanzte, man erfand allerlei Spiele, und in der Fröhlichkeit des Herzens genoß man des leidlichen Weins, den man angetroffen hatte, in starkem Maße, und Philine lauerte in der Unordnung dieser Lebensart dem spröden Helden auf, für den sein guter Genius Sorge tragen möge.

Eine vorzügliche Unterhaltung, mit der sich die Gesellschaft besonders ergötzte, bestand in einem extemporierten Spiel, in welchem sie ihre bisherigen Gönner und Wohltäter nachahmten und durchzogen. Einige unter ihnen hatten sich sehr gut die Eigenheiten des äußern Anstandes verschiedner vornehmer Personen gemerkt, und die Nachbildung derselben ward von der übrigen Gesellschaft mit dem größten Beifall aufgenommen, und als Philine aus dem geheimen Archiv ihrer Erfahrungen einige besondere Liebeserklärungen, die an sie geschehen waren, vorbrachte, wußte man sich vor Lachen und Schadenfreude kaum zu lassen.

Wilhelm schalt ihre Undankbarkeit; allein man setzte ihm entgegen, daß sie das, was sie dort erhalten, genugsam abverdient, und daß überhaupt das Betragen gegen so verdienstvolle Leute, wie sie sich zu sein rühmten, nicht das beste gewesen sei. Nun beschwerte man sich, mit wie wenig Achtung man ihnen begegnet, wie sehr man sie zurückgesetzt habe. Das Spotten, Necken und Nachahmen ging wieder an, und man ward immer bitterer und ungerechter.

Ich wünschte, sagte Wilhelm darauf, daß durch eure Äußerungen weder Neid noch Eigenliebe durchschiene, und daß ihr jene Personen und ihre Verhältnisse aus dem rechten Gesichtspunkte betrachtetet. Es ist eine eigene Sache, schon durch die Geburt auf einen erhabenen Platz in der menschlichen Gesellschaft gesetzt zu sein. Wem ererbte Reichtümer eine vollkommene Leichtigkeit des Daseins verschafft haben, wer sich, wenn ich mich so ausdrücken darf, von allem Beiwesen der Menschheit, von Jugend auf, reichlich umgeben findet, gewöhnt sich meist, diese Güter als das Erste und Größte zu betrachten, und der Wert einer von der Natur schön ausgestatteten Menschheit wird ihm nicht so deutlich. Das Betragen der Vornehmen gegen Geringere, und auch unter einander, ist nach äußern Vorzügen abgemessen; sie erlauben jedem seinen Titel, seinen Rang, seine Kleider und Equipage, nur nicht seine Verdienste geltend zu machen.

Diesen Worten gab die Gesellschaft einen unmäßigen Beifall. Man fand abscheulich, daß der Mann von Verdienst immer zurück stehen müsse, und daß in der großen Welt keine Spur von natürlichem und herzlichem Umgang zu finden sei. Sie kamen besonders über diesen letzten Punkt aus dem Hundertsten in's Tausendste.

Scheltet sie nicht darüber, rief Wilhelm aus, bedauert sie vielmehr! Denn von jenem Glück, das wir als das höchste erkennen, das aus dem innern Reichtum der Natur fließt, haben sie selten eine erhöhte Empfindung. Nur uns Armen, die wir wenig oder nichts besitzen, ist es gegönnt, das Glück der Freundschaft in reichem Maße zu genießen. Wir können unsre Geliebten weder durch Gnade erheben, noch durch Gunst befördern, noch durch Geschenke beglücken. Wir haben nichts als uns selbst. Dieses ganze Selbst müssen wir hingeben, und, wenn es einigen Wert haben soll, dem Freunde das Gut auf ewig versichern. Welch ein Genuß, welch ein Glück für den Geber und Empfänger! In welchen seligen Zustand versetzt uns die Treue! sie gibt dem vorübergehenden Menschenleben eine himmlische Gewißheit; sie macht das Hauptkapital unsers Reichtums aus.

Mignon hatte sich ihm unter diesen Worten genähert, schlang ihre zarten Arme um ihn, und blieb mit dem Köpfchen an seine Brust gelehnt stehen. Er legte die Hand auf des Kindes Haupt, und fuhr fort: Wie leicht wird es einem Großen, die Gemüter zu gewinnen! wie leicht eignet er sich die Herzen zu. Ein gefälliges, bequemes, nur einigermaßen menschliches Betragen tut Wunder, und wie viele Mittel hat er, die einmal erworbenen Geister fest zu halten. Uns kommt alles seltner, wird alles schwerer, und wie natürlich ist es, daß wir auf das, was wir erwerben und leisten, einen größern Wert legen. Welche rührenden Beispiele von treuen Dienern, die sich für ihre Herren aufopferten! Wie schön hat uns Shakespear solche geschildert! Die Treue ist, in diesem Falle, ein Bestreben einer edlen Seele, einem Größern gleich zu werden. Durch fortdauernde Anhänglichkeit und Liebe wird der Diener seinem Herrn gleich, der ihn sonst nur als einen bezahlten Sklaven anzusehen berechtigt ist. Ja, diese Tugenden sind nur für den geringen Stand; er kann sie nicht entbehren, und sie kleiden ihn schön. Wer sich leicht loskaufen kann, wird so leicht versucht, sich auch der Erkenntlichkeit zu überheben. Ja, in diesem Sinne glaube ich behaupten zu können, daß ein Großer wohl Freunde haben, aber nicht Freund sein könne.

Mignon drückte sich immer fester an ihn.

Nun gut, versetzte einer aus der Gesellschaft: Wir brauchen ihre Freundschaft nicht, und haben sie niemals verlangt. Nur sollten sie sich besser auf Künste verstehen, die sie doch beschützen wollen. Wenn wir am besten gespielt haben, hat uns niemand zugehört: alles war lauter Parteilichkeit. Wem man günstig war, der gefiel, und man war dem nicht günstig, der zu gefallen verdiente. Es war nicht erlaubt, wie oft das Alberne und Abgeschmackte Aufmerksamkeit und Beifall auf sich zog.

Wenn ich abrechne, versetzte Wilhelm, was Schadenfreude und Ironie gewesen sein mag; so denk' ich, es geht in der Kunst, wie in der Liebe. Wie will der Weltmann bei seinem zerstreuten Leben die Innigkeit erhalten, in der ein Künstler bleiben muß, wenn er etwas Vollkommenes hervorzubringen denkt, und die selbst demjenigen nicht fremd sein darf, der einen solchen Anteil am Werke nehmen will, wie der Künstler ihn wünscht und hofft.

Glaubt mir, meine Freunde, es ist mit den Talenten wie mit der Tugend: man muß sie um ihrer selbst willen lieben, oder sie ganz aufgeben. Und doch werden sie beide nicht anders erkannt und belohnt, als wenn man sie, gleich einem gefährlichen Geheimnis, im Verborgenen üben kann.

Unterdessen, bis ein Kenner uns auffindet, kann man Hungers sterben, rief einer aus der Ecke.

Nicht eben sogleich, versetzte Wilhelm. Ich habe gesehen, so lange einer lebt und sich rührt, findet er immer seine Nahrung, und wenn sie auch gleich nicht die reichlichste ist. Und worüber habt ihr euch denn zu beschweren? Sind wir nicht ganz unvermutet, eben da es mit uns am schlimmsten aussah, gut aufgenommen und bewirtet worden? Und jetzt, da es uns noch an nichts gebricht, fällt es uns denn ein, etwas zu unserer Übung zu tun, und nur einigermaßen weiter zu streben? Wir treiben fremde Dinge, und entfernen, den Schulkindern ähnlich, alles, was uns nur an unsre Lektion erinnern könnte.

Wahrhaftig, sagte Philine, es ist unverantwortlich! Laßt uns ein Stück wählen; wir wollen es auf der Stelle spielen. Jeder muß sein Möglichstes tun, als wenn er vor dem größten Auditorium stünde.

Man überlegte nicht lange; das Stück ward bestimmt. Es war eines derer, die damals in Deutschland großen Beifall fanden, und nun verschollen sind. Einige pfiffen eine Symphonie, jeder besann sich schnell auf seine Rolle, man fing an und spielte mit der größten Aufmerksamkeit das Stück durch, und wirklich über Erwartung gut. Man applaudierte sich wechselsweise; man hatte sich selten so wohl gehalten.

Als sie fertig waren, empfanden sie alle ein ausnehmendes Vergnügen, teils über ihre wohlzugebrachte Zeit, teils weil jeder besonders mit sich zufrieden sein konnte. Wilhelm ließ sich weitläufig zu ihrem Lobe heraus, und ihre Unterhaltung war heiter und fröhlich.

Ihr solltet sehen, rief unser Freund, wie weit wir kommen müßten, wenn wir unsre Übungen auf diese Art fortsetzten, und nicht bloß auf Auswendiglernen, Probieren und Spielen uns mechanisch pflicht- und handwerksmäßig einschränkten. Wie viel mehr Lob verdienen die Tonkünstler, wie sehr ergötzen sie sich, wie genau sind sie, wenn sie gemeinschaftlich ihre Übungen vornehmen! Wie sind sie bemüht, ihre Instrumente übereinzustimmen, wie genau halten sie Takt, wie zart wissen sie sie Stärke und Schwäche des Tons auszudrücken! Keinem fällt es ein, sich bei dem Solo eines andern durch ein vorlautes Akkompagnieren Ehre zu machen. Jeder sucht in dem Geist und Sinne des Komponisten zu spielen, und jeder das, was ihm aufgetragen ist, es mag viel oder wenig sein, gut auszudrücken. Sollten wir nicht eben so genau und eben so geistreich zu Werke gehen, da wir eine Kunst treiben, die noch viel zarter, als jede Art von Musik ist, da wir die gewöhnlichsten und seltensten Äußerungen der Menschheit geschmackvoll und ergötzend darzustellen berufen sind? Kann etwas abscheulicher sein, als in den Proben zu sudeln, und sich bei der Vorstellung auf Laune und gut Glück zu verlassen? Wir sollten unser größtes Glück und Vergnügen darein setzen, mit einander übereinzustimmen, um uns wechselsweise zu gefallen, und auch nur in so fern den Beifall des Publikums zu schätzen, als wir ihn uns gleichsam unter einander schon selbst garantiert hätten. Warum ist der Kapellmeister seines Orchesters gewisser, als der Direktor seines Schauspiels? Weil dort jeder sich seines Mißgriffs, der das äußere Ohr beleidigt, schämen muß; aber wie selten hab' ich einen Schauspieler verzeihliche und unverzeihliche Mißgriffe, durch die das innere Ohr so schnöde beleidigt wird, anerkennen und sich ihrer schämen sehen! Ich wünschte nur, daß das Theater so schmal wäre, als der Draht eines Seiltänzers, damit sich kein Ungeschickter hinauf wagte, anstatt daß jetzo ein jeder sich Fähigkeit genug fühlt, darauf zu paradieren.

Die Gesellschaft nahm diese Apostrophe gut auf, indem jeder überzeugt war, daß nicht von ihm die Rede sein könne, da er sich noch vor kurzem nebst den Übrigen so gut gehalten. Man kam vielmehr überein, daß man in dem Sinne, wie man angefangen, auf dieser Reise und künftig, wenn man zusammen bliebe, eine gesellige Bearbeitung wolle obwalten lassen. Man fand nur, daß weil dieses eine Sache der guten Laune und des freien Willens sei, so müsse sich eigentlich kein Direktor darein mischen. Man nahm als ausgemacht an, daß unter guten Menschen die republikanische Form die beste sei; man behauptete, das Amt eines Direktors müsse herumgehen; er müsse von allen gewählt werden, und eine Art von kleinem Senat ihm jederzeit beigesetzt bleiben. Sie waren so von diesem Gedanken eingenommen, daß sie wünschten, ihn gleich in's Werk zu richten.

Ich habe nichts dagegen, sagte Melina, wenn ihr auf der Reise einen solchen Versuch machen wollt; ich suspendiere meine Direktorschaft gern, bis wir wieder an Ort und Stelle kommen. Er hoffte, dabei zu sparen, und manche Ausgaben der kleinen Republik oder dem Interimsdirektor aufzuwälzen. Nun ging man sehr lebhaft zu Rate, wie man die Form des neuen Staates auf's beste einrichten wolle.

Es ist ein wanderndes Reich, sagte Laertes; wir werden wenigstens keine Grenzstreitigkeiten haben.

Man schritt sogleich zur Sache, und erwählte Wilhelmen zum ersten Direktor. Der Senat ward bestellt, die Frauen erhielten Sitz und Stimme, man schlug Gesetze vor, man verwarf, man genehmigte. Die Zeit ging unvermerkt unter diesem Spiele vorüber, und weil man sie angenehm zubrachte, glaubte man auch wirklich etwas Nützliches getan und durch die neue Form eine neue Aussicht für die vaterländische Bühne eröffnet zu haben.

Drittes Kapitel

Wilhelm hoffte nunmehr, da er die Gesellschaft in so guter Disposition sah, sich auch mit ihr über das dichterische Verdienst der Stücke unterhalten zu können. Es ist nicht genug, sagte er zu ihnen, als sie des andern

Tages wieder zusammen kamen, daß der Schauspieler ein Stück nur so obenhin ansehe, dasselbe nach dem ersten Eindruck beurteilte, und ohne Prüfung seinen Gefallen oder Mißfallen daran zu erkennen gebe. Dies ist dem Zuschauer wohl erlaubt, der gerührt und unterhalten sein, aber eigentlich nicht urteilen will. Der Schauspieler dagegen soll von dem Stücke und von den Ursachen seines Lobes und Tadels Rechenschaft geben können: und wie will er das, wenn er nicht in den Sinn seines Autors, wenn er nicht in die Absichten desselben einzudringen versteht? Ich habe den Fehler, ein Stück aus einer Rolle zu beurteilen, eine Rolle nur an sich und nicht im Zusammenhange mit dem Stück zu betrachten, an mir selbst in diesen Tagen so lebhaft bemerkt, daß ich euch das Beispiel erzählen will, wenn ihr mir ein geneigtes Gehör gönnen wollt.

Ihr kennt Shakespears unvergleichlichen Hamlet aus einer Vorlesung, die euch schon auf dem Schlosse das größte Vergnügen machte. Wir setzten uns vor, das Stück zu spielen, und ich hatte, ohne zu wissen was ich tat, die Rolle des Prinzen übernommen; ich glaubte sie zu studieren, indem ich anfing, die stärksten Stellen, die Selbstgespräche und jene Auftritte zu memorieren, in denen Kraft der Seele, Erhebung des Geistes und Lebhaftigkeit freien Spielraum haben, wo das bewegte Gemüt sich in einem gefühlvollen Ausdrucke zeigen kann.

Auch glaubte ich recht in den Geist der Rolle einzudringen, wenn ich die Last der tiefen Schwermut gleichsam selbst auf mich nähme, und unter diesem Druck meinem Vorbilde durch das seltsame Labyrinth so mancher Launen und Sonderbarkeiten zu folgen suchte. So memorierte ich, und so übte ich mich, und glaubte nach und nach mit meinem Helden zu einer Person zu werden.

Allein je weiter ich kam, desto schwerer ward mir die Vorstellung des Ganzen, und mir schien zuletzt fast unmöglich, zu einer Übersicht zu gelangen. Nun ging ich das Stück in einer ununterbrochenen Folge durch, und auch da wollte mir leider manches nicht passen. Bald schienen sich die Charaktere, bald der Ausdruck zu widersprechen, und ich verzweifelte fast, einen Ton zu finden, in welchem ich meine ganze Rolle mit allen Abweichungen und Schattierungen vortragen könnte. In diesen Irrgängen bemühte ich mich lange vergebens, bis ich mich endlich auf einem ganz besondern Wege meinem Ziele zu nähern hoffte.

Ich suchte jede Spur auf, die sich von dem Charakter Hamlets in früher Zeit vor dem Tode seines Vaters zeigte; ich bemerkte, was unabhängig von dieser traurigen Begebenheit, unabhängig von den nachfolgenden schrecklichen Ereignissen, dieser interessante Jüngling gewesen war, und was er ohne sie vielleicht geworden wäre.

Zart und edel entsprossen wuchs die königliche Blume, unter den unmittelbaren Einflüssen der Majestät, hervor; der Begriff des Rechts und der fürstlichen Würde, das Gefühl des Guten und Anständigen mit dem Bewußtsein der Höhe seiner Geburt, entwickelten sich zugleich in ihm.

Er war ein Fürst, ein geborner Fürst, und wünschte zu regieren, nur damit der Gute ungehindert gut sein möchte. Angenehm von Gestalt, gesittet von Natur, gefällig von Herzen aus, sollte er das Muster der Jugend sein und die Freude der Welt werden.

Ohne irgend eine hervorstechende Leidenschaft war seine Liebe zu Ophelien ein stilles Vorgefühl süßer Bedürfnisse; sein Eifer zu ritterlichen Übungen war nicht ganz original; vielmehr mußte diese Lust, durch das Lob, das man dem Dritten beilegte, geschärft und erhöht werden; rein fühlend kannte er die Redlichen, und wußte die Ruhe zu schätzen, die ein aufrichtiges Gemüt an dem offnen Busen eines Freundes genießt. Bis auf einen gewissen Grad hatte er in Künsten und Wissenschaften das Gute und Schöne erkennen und würdigen gelernt; das Abgeschmackte war ihm zuwider, und wenn in seiner zarten Seele der Haß aufkeimen konnte, so war es nur eben so viel als nötig ist, um bewegliche und falsche Höflinge zu verachten, und spöttisch mit ihnen zu spielen. Er war gelassen in seinem Wesen, in seinem Betragen einfach, weder im Müßiggange behaglich, noch allzubegierig nach Beschäftigung. Ein akademisches Hinschlendern schien er auch bei Hofe fortzusetzen. Er besaß mehr Fröhlichkeit der Laune als des Herzens, war ein guter Gesellschafter, nachgiebig, bescheiden, besorgt, und konnte eine Beleidigung vergeben und vergessen; aber niemals konnte er sich mit dem vereinigen, der die Gränzen des Rechten, des Guten, des Anständigen überschritt.

Wenn wir das Stück wieder zusammen lesen werden, könnt ihr beurteilen, ob ich auf dem rechten Wege bin. Wenigstens hoffe ich meine Meinung durchaus mit Stellen belegen zu können.

Man gab der Schilderung lauten Beifall; man glaubte voraus zu sehen, daß sich nun die Handelsweise Hamlets gar gut werde erklären lassen; man freute sich über diese Art, in den Geist des Schriftstellers einzudringen. Jeder nahm sich vor, auch irgend ein Stück auf diese Art zu studieren und den Sinn des Verfassers zu entwickeln.

Viertes Kapitel

Nur einige Tage mußte die Gesellschaft an dem Orte liegen bleiben, und sogleich zeigten sich für verschiedene Glieder derselben nicht unangenehme Abenteuer, besonders aber ward Laertes von einer Dame angereizt, die in der Nachbarschaft ein Gut hatte, gegen die er sich aber äußerst kalt, ja unartig betrug, und darüber von Philinen viele Spöttereien erdulden mußte. Sie ergriff die Gelegenheit, unserm Freund die unglückliche Liebesgeschichte zu erzählen, über die der arme Jüngling dem ganzen weiblichen Geschlechte feind geworden war. Wer wird ihm übel nehmen, rief sie aus, daß er ein Geschlecht haßt, das ihm so übel mitgespielt hat, und ihm alle Übel, die sonst Männer von Weibern zu befürchten haben, in einem sehr konzentrierten Tranke zu verschlucken gab? Stellen Sie sich vor: binnen vier und zwanzig Stunden war er Liebhaber, Bräutigam, Ehmann, Hahnrei, Patient und Wittwer! Ich wüßte nicht, wie man's einem ärger machen wollte.

Laertes lief halb lachend, halb verdrießlich zur Stube hinaus, und Philine fing in ihrer allerliebsten Art die Geschichte zu erzählen an, wie Laertes als ein junger Mensch von achtzehn Jahren, eben als er bei einer Theatergesellschaft eingetroffen, ein schönes vierzehnjähriges Mädchen gefunden, die eben mit ihrem Vater, der sich mit dem Direktor entzweiet, abzureisen Willens gewesen. Er habe sich aus dem Stegreife sterblich verliebt, dem Vater alle möglichen Vorstellungen getan zu bleiben, und endlich versprochen das Mädchen zu heiraten. Nach einigen angenehmen Stunden des Brautstandes sei er getraut worden, habe eine glückliche Nacht als Ehmann zugebracht, darauf habe ihn seine Frau des andern Morgens, als er in der Probe gewesen, nach Standesgebühr mit einem Hörnerschmuck beehrt; weil er aber aus allzugroßer Zärtlichkeit viel zu früh nach Hause geeilt, habe er leider einen ältern Liebhaber an seiner Stelle gefunden, habe mit unsinniger Leidenschaft drein geschlagen, Liebhaber und Vater herausgefordert, und sei mit einer leidlichen Wunde davon gekommen. Vater und Tochter seien darauf noch in der Nacht abgereis't, und er sei leider auf eine doppelte Weise verwundet zurück geblieben. Sein Unglück habe ihn zu dem schlechtesten Feldscheer von der Welt geführt, und der Arme sei leider mit schwarzen Zähnen und triefenden Augen aus diesem Abenteuer geschieden. Er sei zu bedauern, weil er übrigens der bravste Junge sei, den Gottes Erdboden trüge. Besonders, sagte sie, tut es mir leid, daß der arme Narr nun die Weiber haßt: denn wer die Weiber haßt, wie kann der leben?

Melina unterbrach sie mit der Nachricht, daß alles zum Transport völlig bereit sei, und daß sie morgen früh abfahren könnten. Er überreichte ihnen eine Disposition, wie sie fahren sollten.

Wenn mich ein guter Freund auf den Schoß nimmt, sagte Philine, so bin ich zufrieden, daß wir eng und erbärmlich sitzen; übrigens ist mir alles einerlei.

Es tut nichts, sagte Laertes, der auch herbei kam.

Es ist verdrießlich! sagte Wilhelm, und eilte weg. Er fand für sein Geld noch einen gar bequemen Wagen, den Melina verleugnet hatte. Eine andere Einteilung ward gemacht, und man freute sich, bequem abreisen zu können, als die bedenkliche Nachricht einlief: daß auf dem Wege, den sie nehmen wollten, sich ein Freicorps sehen lasse, von dem man nicht viel Gutes erwartete.

An dem Orte selbst war man sehr auf diese Zeitung aufmerksam, wenn sie gleich nur schwankend und zweideutig war. Nach der Stellung der Armeen schien es unmöglich, daß ein feindliches Corps sich habe durchschleichen, oder daß ein freundliches so weit habe zurückbleiben können. Jedermann war eifrig unsrer Gesellschaft die Gefahr, die auf sie wartete, recht gefährlich zu beschreiben, und ihr einen andern Weg anzuraten.

Die Meisten waren darüber in Unruhe und Furcht gesetzt, und als nach der neuen republikanischen Form die sämtlichen Glieder des Staats zusammen gerufen wurden, um über diesen außerordentlichen Fall zu beratschlagen, waren sie fast einstimmig der Meinung, daß man das Übel vermeiden und am Orte bleiben, oder ihm ausweichen und einen andern Weg erwählen müsse.

Nur Wilhelm, von Furcht nicht eingenommen, hielt für schimpflich, einen Plan, in den man mit so viel Überlegung eingegangen war, nunmehr auf ein bloßes Gerücht aufzugeben. Er sprach ihnen Mut ein, und seine Gründe waren männlich und überzeugend.

Noch, sagte er, ist es nichts als ein Gerücht, und wie viele dergleichen entstehen im Kriege! Verständige Leute sagen, daß der Fall höchst unwahrscheinlich, ja beinah unmöglich sei. Sollten wir uns in einer so wichtigen Sache bloß durch ein so ungewisses Gerede bestimmen lassen? Die Route, welche uns der Herr Graf angegeben hat, auf die unser Paß lautet, ist die kürzeste, und wir finden auf selbiger den besten Weg. Sie führt uns nach der Stadt, wo ihr Bekanntschaften, Freunde vor euch seht, und eine gute Aufnahme zu hoffen habt. Der Umweg bringt uns auch dahin, aber in welche schlimmen Wege verwickelt er uns, wie weit führt er uns ab! Können wir Hoffnung haben, uns in der späten Jahrszeit wieder heraus zu finden, und was für Zeit und Geld werden wir indessen versplittern! Er sagte noch viel, und trug die Sache von so mancherlei vorteilhaften Seiten vor, daß ihre Furcht sich verringerte, und ihr Mut zunahm. Er wußte ihnen so viel von der Mannszucht der regelmäßigen Truppen vorzusagen, und ihnen die Marodeurs und das hergelaufene Gesindel so nichtswürdig zu schildern, und selbst die Gefahr so lieblich und lustig darzustellen, daß alle Gemüter aufgeheitert wurden.

Laertes war vom ersten Moment an auf seiner Seite, und versicherte, daß er nicht wanken noch weichen wolle. Der alte Polterer fand wenigstens einige übereinstimmende Ausdrücke in seiner Manier, Philine lachte sie alle zusammen aus, und da Madame Melina, die, ihrer hohen Schwangerschaft ungeachtet, ihre natürliche Herzhaftigkeit nicht verloren hatte, den Vorschlag heroisch fand; so konnte Melina, der denn freilich auf dem nächsten Wege, auf den er akkordiert hatte, viel zu sparen hoffte, nicht widerstehen, und man willigte in den Vorschlag von ganzem Herzen.

Nun fing man an, sich auf alle Fälle zur Verteidigung einzurichten. Man kaufte große Hirschfänger, und hing sie an wohlgestickten Riemen über die Schultern. Wilhelm steckte noch überdies ein Paar Terzerole in den Gürtel, Laertes hatte ohnedem eine gute Flinte bei sich, und man machte sich mit einer hohen Freudigkeit auf den Weg.

Den zweiten Tag schlugen die Fuhrleute, die der Gegend wohl kundig waren, vor: sie wollten auf einem waldigen Bergplatze Mittagsruhe halten, weil das Dorf weit abgelegen sei, und man bei guten Tagen gern diesen Weg nähme.

Die Witterung war schön, und jedermann stimmte leicht in den Vorschlag ein. Wilhelm eilte zu Fuß durch das Gebirge voraus, und über seine sonderbare Gestalt mußte jeder, der ihm begegnete, stutzig werden. Er eilte mit schnellen und zufriedenen Schritten den Wald hinauf, Laertes pfiff hinter ihm drein, nur die Frauen ließen sich in den Wagen fortschleppen. Mignon lief gleichfalls nebenher, stolz auf den Hirschfänger, den man ihr, als die Gesellschaft sich bewaffnete, nicht abschlagen konnte. Um ihren Hut hatte sie die Perlenschnur gewunden, die Wilhelm von Marianens Reliquien übrig behalten hatte. Friedrich der Blonde trug die Flinte des Laertes, der Harfner hatte das friedlichste Ansehen. Sein langes Kleid war in den Gürtel gesteckt, und so ging er freier. Er stützte sich auf einen knotigen Stab, sein Instrument war bei den Wagen zurück geblieben.

Nachdem sie nicht ganz ohne Beschwerlichkeit die Höhe erstiegen, erkannten sie sogleich den angezeigten Platz an den schönen Buchen, die ihn umgaben und bedeckten. Eine große, sanft abhängige Waldwiese lud zum Bleiben ein; eine eingefaßte Quelle bot die lieblichste Erquickung dar, und es zeigte sich an der andern Seite durch Schluchten und Waldrücken eine ferne, schöne und hoffnungsvolle Aussicht. Da lagen Dörfer und Mühlen in den Gründen, Städtchen in der Ebene, und neue, in der Ferne eintretende Berge machten die Aussicht noch hoffnungsvoller, indem sie nur wie eine sanfte Beschränkung hereintraten.

Die ersten Ankommenden nahmen Besitz von der Gegend, ruhten im Schatten aus, machten ein Feuer an, und erwarteten geschäftig, singend, die übrige Gesellschaft, welche nach und nach herbei kam, und den Platz, das schöne Wetter, die unaussprechlich schöne Gegend mit Einem Munde begrüßte.

Fünftes Kapitel

Hatte man oft zwischen vier Wänden gute und fröhliche Stunden zusammen genossen; so war man natürlich noch viel aufgeweckter hier, wo die Freiheit des Himmels und die Schönheit der Gegend jedes Gemüt zu reinigen schien. Alle fühlten sich einander näher, alle wünschten in einem so angenehmen Aufenthalt ihr ganzes Leben hinzubringen. Man beneidete die Jäger, Köhler und Holzhauer, Leute, die ihr Beruf in diesen glücklichen Wohnplätzen fest hält; über alles aber pries man die reizende Wirtschaft eines Zigeunerhaufens. Man beneidete die wunderlichen Gesellen, die in seligem Müßiggange alle abenteuerlichen Reize der Natur zu genießen berechtigt sind; man freute sich, ihnen einigermaßen ähnlich zu sein.

Indessen hatten die Frauen angefangen Erdäpfel zu sieden und die mitgebrachten Speisen auszupacken und zu bereiten. Einige Töpfe standen bei'm Feuer, gruppenweise lagerte sich die Gesellschaft unter den Bäumen und Büschen. Ihre seltsamen Kleidungen und die mancherlei Waffen gaben ihr ein fremdes Ansehen. Die Pferde wurden bei Seite gefüttert, und wenn man die Kutschen hätte verstecken wollen, so wäre der Anblick dieser kleinen Horde bis zur Illusion romantisch gewesen.

Wilhelm genoß ein nie gefühltes Vergnügen. Er konnte hier eine wandernde Kolonie und sich als Anführer derselben denken. In diesem Sinne unterhielt er sich mit einem jeden und bildete den Wahn des Moments so poetisch als möglich aus. Die Gefühle der Gesellschaft erhöhten sich; man aß, trank und jubilierte, und bekannte wiederholt, niemals schönere Augenblicke erlebt zu haben.

Nicht lange hatte das Vergnügen zugenommen, als bei den jungen Leuten die Tätigkeit erwachte. Wilhelm und Laertes griffen zu den Rapieren, und fingen diesmal in theatralischer Absicht ihre Übungen an. Sie wollten den Zweikampf darstellen, in welchem Hamlet und sein Gegner ein so tragisches Ende nehmen. Beide Freunde waren überzeugt, daß man in dieser wichtigen Szene nicht, wie es wohl auf Theatern zu geschehen pflegt, nur ungeschickt hin und wieder stoßen dürfe: sie hofften ein Muster darzustellen, wie man, bei der Aufführung, auch dem Kenner der Fechtkunst ein würdiges Schauspiel zu geben habe. Man schloß einen Kreis um sie her; beide fochten mit Eifer und Einsicht, das Interesse der Zuschauer wuchs mit jedem Gange.

Auf einmal aber fiel im nächsten Busche ein Schuß, und gleich darauf noch einer, und die Gesellschaft fuhr erschreckt aus einander. Bald erblickte man bewaffnete Leute, die auf den Ort zudrangen, wo die Pferde nicht weit von den bepackten Kutschen ihr Futter einnahmen.

Ein allgemeiner Schrei entfuhr dem weiblichen Geschlechte, unsre Helden warfen die Rapiere weg, griffen nach den Pistolen, eilten den Räubern entgegen, und forderten, unter lebhaften Drohungen, Rechenschaft des Unternehmens.

Als man ihnen lakonisch mit ein paar Musketenschüssen antwortete, drückte Wilhelm seine Pistole auf einen Krauskopf ab, der den Wagen erstiegen hatte, und die Stricke des Gepäckes aus einander schnitt. Wohlgetroffen stürzte er sogleich herunter; Laertes hatte auch nicht fehl geschossen, und beide Freunde zogen beherzt ihre Seitengewehre, als ein Teil der räuberischen Bande mit Fluchen und Gebrüll auf sie losbrach, einige Schüsse auf sie tat, und sich mit blinkenden Säbeln ihrer Kühnheit entgegen setzte. Unsre jungen Helden hielten sich tapfer; sie riefen ihren übrigen Gesellen zu, und munterten sie zu einer allgemeinen Verteidigung auf. Bald aber verlor Wilhelm den Anblick des Lichtes, und das Bewußtsein dessen, was vorging. Von einem Schuß, der ihn zwischen der Brust und dem linken Arm verwundete, von einem Hiebe, der ihm den Hut spaltete, und fast bis auf die Hirnschale durchdrang, betäubt, fiel er nieder, und mußte das unglückliche Ende des Überfalls nur erst in der Folge aus der Erzählung vernehmen.

Als er die Augen wieder aufschlug, befand er sich in der wunderbarsten Lage. Das Erste, was ihm durch die Dämmerung, die noch vor seinen Augen lag, entgegen blickte, war das Gesicht Philinens, das sich über das seine herüber neigte. Er fühlte sich schwach, und da er, um sich empor zu richten, eine Bewegung machte, fand er sich in Philines Schoß, in den er auch wieder zurück sank. Sie saß auf dem Rasen, hatte den Kopf des vor ihr ausgestreckten Jünglings leise an sich gedrückt, und ihm in ihren Armen, so viel sie konnte, ein sanftes Lager bereitet. Mignon kniete mit zerstreuten blutigen Haaren an seinen Füßen, und umfaßte sie mit vielen Tränen.

Als Wilhelm seine blutigen Kleider ansah, fragte er mit gebrochener Stimme, wo er sich befinde, was ihm und den andern begegnet sei? Philine bat ihn, ruhig zu bleiben; die Übrigen, sagte sie, seien alle in Sicherheit, und niemand als er und Laertes verwundet. Weiter wollte sie nichts erzählen, und bat ihn inständig, er möchte sich ruhig halten, weil seine Wunden nur schlecht und in der Eile verbunden seien. Er reichte Mignon die Hand, und erkundigte sich nach der Ursache der blutigen Locken des Kindes, das er auch verwundet glaubte.

Um ihn zu beruhigen, erzählte Philine: dieses gutherzige Geschöpf, da es seinen Freund verwundet gesehen, habe sich in der Geschwindigkeit auf nichts besonnen, um das Blut zu stillen, es habe seine eigenen Haare die um den Kopf geflogen, genommen, um die Wunden zu stopfen, habe aber bald von dem vergeblichen Unternehmen abstehen müssen. Nachher verband man ihn mit Schwamm und Moos, Philine hatte dazu ihr Halstuch hergegeben.

Wilhelm bemerkte, daß Philine mit dem Rücken gegen ihren Koffer saß, der noch ganz wohl verschlossen und unbeschädigt aussah. Er fragte, ob die andern auch so glücklich gewesen, ihre Habseligkeiten zu retten? Sie antwortete mit Achselzucken und einem Blick auf die Wiese, wo zerbrochene Kasten, zerschlagene Koffer, zerschnittene Mantelsäcke und eine Menge kleiner Gerätschaften zerstreut hin und wieder lagen. Kein Mensch war auf dem Platze zu sehen, und die wunderliche Gruppe fand sich in dieser Einsamkeit allein.

Wilhelm erfuhr nun immer mehr, als er wissen wollte: die übrigen Männer, die allenfalls noch Widerstand hätten tun können, waren gleich in Schrecken gesetzt und bald überwältigt; ein Teil floh, ein Teil sah mit Entsetzen dem Unfalle zu. Die Fuhrleute, die sich noch wegen ihrer Pferde am hartnäckigsten gehalten hatten, wurden niedergeworfen und gebunden, und in kurzem war alles rein ausgeplündert und weggeschleppt. Die beängstigten Reisenden fingen, sobald die Sorge für ihr Leben vorüber war, ihren Verlust zu bejammern an, eilten, mit möglichster Geschwindigkeit, dem benachbarten Dorfe zu, führten den leicht verwundeten Laertes mit sich und brachten nur wenige Trümmer ihrer Besitztümer davon. Der Harfner hatte sein beschädigtes Instrument an einen Baum gelehnt, und war mit nach dem Orte geeilt, einen Wundarzt aufzusuchen, und seinem für tot zurückgelassenen Wohltäter nach Möglichkeit beizuspringen.

Sechstes Kapitel

Unsre drei verunglückten Abenteurer blieben indes noch eine Zeitlang in ihrer seltsamen Lage, niemand eilte ihnen zu Hülfe. Der Abend kam herbei, die Nacht drohte hereinzubrechen; Philinens Gleichgültigkeit fing an in Unruhe überzugehen, Mignon lief hin und wieder, und die Ungeduld des Kindes nahm mit jedem Augenblicke zu. Endlich, da ihnen ihr Wunsch gewährt ward, und Menschen sich ihnen näherten, überfiel sie ein neuer Schrecken. Sie hörten ganz deutlich einen Trupp Pferde in dem Wege herauf kommen, den auch sie zurückgelegt hatten, und fürchteten, daß abermals eine Gesellschaft ungebetener Gäste diesen Wahlplatz besuchen möchte, um Nachlese zu halten.

Wie angenehm wurden sie dagegen überrascht, als ihnen aus den Büschen, auf einem Schimmel reitend, ein Frauenzimmer zu Gesichte kam, die von einem ältlichen Herrn und einigen Kavalieren begleitet wurde; Reitknechte, Bedienten und ein Trupp Husaren folgten nach.

Philine, die zu dieser Erscheinung große Augen machte, war eben im Begriff zu rufen und die schöne Amazone um Hülfe anzuflehen, als diese schon erstaunt ihre Augen nach der wunderbaren Gruppe wendete, sogleich ihr Pferd lenkte, herzuritt und stille hielt. Sie erkundigte sich eifrig nach dem Verwundeten, dessen Lage, in dem Schoße der leichtfertigen Samariterin, ihr höchst sonderbar vorzukommen schien.

Ist es Ihr Mann? fragte sie Philinen. Es ist nur ein guter Freund, versetzte diese mit einem Ton, der Wilhelmen höchst zuwider war. Er hatte seine Augen auf die sanften, hohen, stillen, teilnehmenden Gesichtszüge der Ankommenden geheftet; er glaubte nie etwas Edleres noch Liebenswürdigeres gesehen zu haben. Ein weiter Mannsüberrock verbarg ihm ihre Gestalt; sie hatte ihn, wie es schien, gegen die Einflüsse der kühlen Abendluft, von einem ihrer Gesellschafter geborgt.

Die Ritter waren indes auch näher gekommen; einige stiegen ab, die Dame tat ein Gleiches, und fragte, mit menschenfreundlicher Teilnehmung, nach allen Umständen des Unfalls, der die Reisenden betroffen hatte, besonders aber nach den Wunden des hingestreckten Jünglings. Darauf wandte sie sich schnell um, und ging mit einem alten Herrn seitwärts nach den Wagen, welche langsam den Berg herauf kamen, und auf dem Wahlplatze stille hielten.

Nachdem die junge Dame eine kurze Zeit am Schlage der einen Kutsche gestanden, und sich mit den Ankommenden unterhalten hatte, stieg ein Mann von untersetzter Gestalt heraus, den sie zu unserm verwundeten Helden führte. An dem Kästchen, das er in der Hand hatte, und an der ledernen Tasche mit Instrumenten erkannte man ihn bald für einen Wundarzt. Seine Manieren waren mehr rauh als einnehmend, doch seine Hand leicht, und seine Hülfe willkommen.

Er untersuchte genau, erklärte, keine Wunde sei gefährlich, er wolle sie auf der Stelle verbinden, alsdann könne man den Kranken in das nächste Dorf bringen.

Die Besorgnisse der jungen Dame schienen sich zu vermehren. Sehen Sie nur, sagte sie, nachdem sie einigemal hin- und hergegangen war, und den alten Herrn wieder herbei führte, sehen Sie, wie man ihn zugerichtet hat! Und leidet er nicht um unsertwillen? Wilhelm hörte diese Worte, und verstand sie nicht. Sie ging unruhig hin und wieder; es schien, als könnte sie sich nicht von dem Anblick des Verwundeten losreißen, und als fürchtete sie zugleich den Wohlstand zu verletzen, wenn sie stehen bliebe, zu der Zeit, da man ihn, wiewohl mit Mühe, zu entkleiden anfing. Der Chirurgus schnitt eben den linken Ärmel auf, als der alte Herr hinzutrat und ihr, mit einem ernsthaften Tone, die Notwendigkeit, ihre Reise fortzusetzen vorstellte. Wilhelm hatte seine Augen auf sie gerichtet, und war von ihren Blicken so eingenommen, daß er kaum fühlte, was mit ihm vorging.

Philine war indessen aufgestanden, um der gnädigen Dame die Hand zu küssen. Als sie neben einander standen, glaubte unser Freund nie einen solchen Abstand gesehn zu haben. Philine war ihm noch nie in einem so ungünstigen Lichte erschienen. Sie sollte, wie es ihm vorkam, sich jener edlen Natur nicht nahen, noch weniger sie berühren.

Die Dame fragte Philinen Verschiedenes, aber leise. Endlich kehrte sie sich zu dem alten Herrn, der noch immer trocken dabei stand, und sagte: Lieber Oheim, darf ich auf Ihre Kosten freigebig sein? Sie zog sogleich den Überrock aus, und ihre Absicht, ihn dem Verwundeten und Unbekleideten hinzugeben, war nicht zu verkennen.

Wilhelm, den der heilsame Blick ihrer Augen bisher festgehalten hatte, war nun, als der Überrock fiel, von ihrer schönen Gestalt überrascht. Sie trat näher herzu, und legte den Rock sanft über ihn. In diesem Augenblicke, da er den Mund öffnen und einige Worte des Dankes stammeln wollte, wirkte der lebhafte Eindruck ihrer Gegenwart so sonderbar auf seine schon angegriffenen Sinne, daß es ihm auf einmal vorkam, als sei ihr Haupt mit Strahlen umgeben, und über ihr ganzes Bild verbreite sich nach und nach ein glänzendes Licht. Der Chirurgus berührte ihn eben unsanfter, indem er die Kugel, welche in der Wunde stak, herauszuziehen

Anstalt machte. Die Heilige verschwand vor den Augen des Hinsinkenden; er verlor alles Bewußtsein, und als er wieder zu sich kam, waren Reiter und Wagen, die Schöne samt ihren Begleitern, verschwunden.

Siebentes Kapitel

Nachdem unser Freund verbunden und angekleidet war, eilte der Chirurgus weg, eben als der Harfenspieler mit einer Anzahl Bauern herauf kam. Sie bereiteten eilig aus abgehauenen Ästen und eingeflochtenem Reisig eine Trage, luden den Verwundeten darauf, und brachten ihn unter Anführung eines reitenden Jägers, den die Herrschaft zurückgelassen hatte, sachte den Berg hinunter. Der Harfner, still und in sich gekehrt, trug sein beschädigtes Instrument, einige Leute schleppten Philinens Koffer, sie schlenderte mit einem Bündel nach, Mignon sprang bald voraus, bald zur Seite durch Busch und Wald, und blickte sehnlich nach ihrem kranken Beschützer hinüber.

Dieser lag in seinen warmen Überrock gehüllt, ruhig auf der Bahre. Eine elektrische Wärme schien aus der feinen Wolle in seinen Körper überzugehen; genug, er fühlte sich in die behaglichste Empfindung versetzt. Die schöne Besitzerin des Kleides hatte mächtig auf ihn gewirkt. Er sah noch den Rock von ihren Schultern fallen, die edelste Gestalt, von Strahlen umgeben, vor sich stehen, und seine Seele eilte der Verschwundenen durch Felsen und Wälder auf dem Fuße nach.

Nur mit sinkender Nacht kam der Zug im Dorfe vor dem Wirtshause an, in welchem sich die übrige Gesellschaft befand, und verzweiflungsvoll den unersetzlichen Verlust beklagte. Die einzige kleine Stube des Hauses war von Menschen vollgepfropft: einige lagen auf der Streue, andere hatten die Bänke eingenommen: einige sich hinter den Ofen gedruckt, und Frau Melina erwartete, in einer benachbarten Kammer, ängstlich ihre Niederkunft. Der Schrecken hatte sie beschleunigt, und unter dem Beistande der Wirtin, einer jungen unerfahrnen Frau, konnte man wenig Gutes erwarten.

Als die neuen Ankömmlinge herein gelassen zu werden verlangten, entstand ein allgemeines Murren. Man behauptete nun, daß man allein auf Wilhelms Rat, unter seiner besondern Anführung, diesen gefährlichen Weg unternommen, und sich diesem Unfall ausgesetzt habe. Man warf die Schuld des übeln Ausgangs auf ihn, widersetzte sich an der Türe seinem Eintritt, und behauptete: er müsse anderswo unterzukommen suchen. Philinen begegnete man noch schnöder; der Harfenspieler und Mignon mußten auch das Ihrige leiden.

Nicht lange hörte der Jäger, dem die Vorsorge für die Verlassenen von seiner schönen Herrschaft ernstlich anbefohlen war, dem Streite mit Geduld zu; er fuhr mit Fluchen und Drohen auf die Gesellschaft los, gebot ihnen zusammenzurücken, und den Ankommenden Platz zu machen. Man fing an sich zu bequemen. Er bereitete Wilhelmen einen Platz auf einem Tische, den er in eine Ecke schob; Philine ließ ihren Koffer daneben stellen, und setzte sich drauf. Jeder druckte sich so gut er konnte, und der Jäger begab sich weg, um zu sehen, ob er nicht ein bequemeres Quartier für das Ehepaar ausmachen könne.

Kaum war er fort, als der Unwille wieder laut zu werden anfing, und ein Vorwurf den andern drängte. Jedermann erzählte und erhöhte seinen Verlust, man schalt die Verwegenheit, durch die man so vieles eingebüßt, man verhehlte sogar die Schadenfreude nicht, die man über die Wunden unseres Freundes empfand, man verhöhnte Philinen, und wollte ihr die Art und Weise, wie sie ihren Koffer gerettet, zum Verbrechen machen. Aus allerlei Anzüglichkeiten und Stichelreden hätte man schließen sollen, sie habe sich während der Plünderung und Niederlage um die Gunst des Anführers der Bande bemüht, und habe ihn, wer weiß durch welche Künste und Gefälligkeiten, vermocht ihren Koffer frei zu geben. Man wollte sie eine ganze Weile vermißt haben. Sie antwortete nichts und klapperte nur mit den großen Schlössern ihres Koffers, um ihre Neider recht von seiner Gegenwart zu überzeugen, und die Verzweiflung des Haufens durch ihr eigenes Glück zu vermehren.

Achtes Kapitel

Wilhelm, ob er gleich durch den starken Verlust des Blutes schwach, und nach der Erscheinung jenes hülfreichen Engels mild und sanft geworden war, konnte sich doch zuletzt des Verdrusses über die harten und ungerechten Reden nicht enthalten, welche bei seinem Stillschweigen von der unzufriednen Gesellschaft immer erneuert wurden. Endlich fühlte er sich gestärkt genug, um sich aufzurichten, und ihnen die Unart vorzustellen, mit der sie ihren Freund und Führer beunruhigten. Er hob sein verbundenes Haupt in die Höhe, und fing, indem er sich mit einiger Mühe stützte und gegen die Wand lehnte, folgendergestalt zu reden an:

Ich vergebe dem Schmerze, den jeder über seinen Verlust empfindet, daß ihr mich in einem Augenblicke beleidigt, wo ihr mich beklagen solltet, daß ihr mir widersteht und mich von euch stoßt, das erstemal, da ich Hülfe von euch erwarten könnte. Für die Dienste, die ich euch erzeigte, für die Gefälligkeiten, die ich euch erwies, habe ich mich durch euren Dank, durch euer freundschaftliches Betragen bisher genugsam belohnt gefunden; verleitet mich nicht, zwingt mein Gemüt nicht, zurückzugehen und zu überdenken, was ich für euch getan habe; diese Berechnung würde mir nur peinlich werden. Der Zufall hat mich zu euch geführt, Umstände und eine heimliche Neigung haben mich bei euch gehalten. Ich nahm an euren Arbeiten, an euren Vergnügungen Teil; meine wenigen Kenntnisse waren zu eurem Dienste. Gebt ihr mir jetzt auf eine bittre

Weise den Unfall Schuld, der uns betroffen hat, so erinnert ihr euch nicht, daß der erste Vorschlag, diesen Weg zu nehmen, von fremden Leuten kam, von euch allen geprüft, und so gut von jedem als von mir gebilligt worden ist. Wäre unsre Reise glücklich vollbracht, so würde sich jeder wegen des guten Einfalls loben, daß er diesen Weg angeraten, daß er ihn vorgezogen; er würde sich unsrer Überlegungen und seines ausgeübten Stimmrechts mit Freuden erinnern; jetzo macht ihr mich allein verantwortlich, ihr zwingt mir eine Schuld auf, die ich willig übernehmen wollte, wenn mich das reinste Bewußtsein nicht frei spräche, ja wenn ich mich nicht auf euch selbst berufen könnte. Habt ihr gegen mich etwas zu sagen, so bringt es ordentlich vor, und ich werde mich zu verteidigen wissen; habt ihr nichts Gegründetes anzugeben, so schweigt, und quält mich nicht, jetzt da ich der Ruhe so äußerst bedürftig bin.

Statt aller Antwort fingen die Mädchen an abermals zu weinen und ihren Verlust umständlich zu erzählen; Melina war ganz außer Fassung: denn er hatte freilich am meisten, und mehr als wir denken können, eingebüßt. Wie ein Rasender stolperte er in dem engen Raume hin und her, stieß den Kopf wider die Wand, fluchte und schalt auf das unziemlichste; und da nun gar zu gleicher Zeit die Wirtin aus der Kammer trat, mit der Nachricht, daß seine Frau mit einem toten Kinde niedergekommen, erlaubte er sich die heftigsten Ausbrüche, und einstimmig mit ihm heulte, schrie, brummte und lärmte alles durch einander.

Wilhelm, der zugleich von mitleidiger Teilnehmung an ihrem Zustande und von Verdruß über ihre niedrige Gesinnung bis in sein Innerstes bewegt war, fühlte, unerachtet der Schwäche seines Körpers, die ganze Kraft seiner Seele lebendig. Fast, rief er aus, muß ich euch verachten, so beklagenswert ihr auch sein mögt. Kein Unglück berechtigt uns, einen Unschuldigen mit Vorwürfen zu beladen; habe ich Teil an diesem falschen Schritte, so büße ich auch mein Teil. Ich liege verwundet hier, und wenn die Gesellschaft verloren hat, so verliere ich das Meiste. Was an Garderobe geraubt worden, was an Dekorationen zu Grunde gegangen, war mein: denn Sie, Herr Melina, haben mich noch nicht bezahlt, und ich spreche Sie von dieser Forderung hiemit völlig frei.

Sie haben gut schenken, rief Melina, was niemand wiedersehen wird. Ihr Geld lag in meiner Frau Koffer, und es ist Ihre Schuld, daß es Ihnen verloren geht. Aber, o! wenn das alles wäre! — Er fing auf's neue zu stampfen, zu schimpfen und zu schreien an. Jedermann erinnerte sich der schönen Kleider aus der Garderobe des Grafen, der Schnallen, Uhren, Dosen, Hüte, welche Melina von dem Kammerdiener so glücklich gehandelt hatte. Jedem fielen seine eigenen, obgleich viel geringeren, Schätze dabei wieder in's Gedächtnis; man blickte mit Verdruß auf Philinens Koffer, man gab Wilhelmen zu verstehen, er habe wahrlich nicht übel getan, sich mit dieser Schönen zu assoziieren, und durch ihr Glück auch seine Habseligkeiten zu retten.

Glaubt ihr denn, rief er endlich aus, daß ich etwas Eignes haben werde, so lange ihr darbt, und ist es wohl das erstemal, daß ich in der Not mit euch redlich teile? Man öffne den Koffer, und was mein ist, will ich zum öffentlichen Bedürfnis niederlegen.

Es ist *mein* Koffer, sagte Philine, und ich werde ihn nicht eher aufmachen, bis es mir beliebt. Ihre paar Fittige, die ich Ihnen aufgehoben, können wenig betragen, und wenn sie an die redlichsten Juden verkauft werden. Denken Sie an sich, was Ihre Heilung kosten, was Ihnen in einem fremden Lande begegnen kann.

Sie werden mir, Philine, versetzte Wilhelm, nichts vorenthalten, was mein ist, und das Wenige wird uns aus der ersten Verlegenheit retten. Allein der Mensch besitzt noch manches, womit er seinen Freunden beistehen kann, das eben nicht klingende Münze zu sein braucht. Alles, was in mir ist, soll diesen Unglücklichen gewidmet sein, die gewiß, wenn sie wieder zu sich selbst kommen, ihr gegenwärtiges Betragen bereuen werden. Ja, fuhr er fort, ich fühle, daß ihr bedürft, und was ich vermag, will ich euch leisten; schenkt mir euer Vertrauen auf's neue, beruhigt euch für diesen Augenblick, nehmet an, was ich euch verspreche! Wer will die Zusage im Namen aller von mir empfangen?

Hier streckte er seine Hand aus, und rief: Ich verspreche, daß ich nicht eher von euch weichen, euch nicht eher verlassen will, als bis ein jeder seinen Verlust doppelt und dreifach ersetzt sieht, bis ihr den Zustand, in dem ihr euch, durch wessen Schuld es wolle, befindet, völlig vergessen, und mit einem glücklichern vertauscht habt.

Er hielt seine Hand noch immer ausgestreckt, und niemand wollte sie fassen. Ich versprech' es noch einmal, rief er aus, indem er auf sein Kissen zurück sank. Alle blieben stille; sie waren beschämt, aber nicht getröstet, und Philine auf ihrem Koffer sitzend, knackte Nüsse auf, die sie in ihrer Tasche gefunden hatte.

Neuntes Kapitel

Der Jäger kam mit einigen Leuten zurück, und machte Anstalt, den Verwundeten wegzuschaffen. Er hatte den Pfarrer des Orts beredet, das Ehepaar aufzunehmen; Philinens Koffer ward fortgetragen, und sie folgte mit natürlichem Anstand. Mignon lief voraus, und da der Kranke im Pfarrhaus ankam, ward ihm ein weites Ehebette, das schon lange Zeit als Gast- und Ehrenbette bereit stand, eingegeben. Hier bemerkte man erst, daß die Wunde aufgegangen war und stark geblutet hatte. Man mußte für einen neuen Verband sorgen. Der Kranke verfiel in ein Fieber, Philine wartete ihn treulich, und als die Müdigkeit sie übermeisterte, lös'te sie der Harfenspieler ab; Mignon war mit dem festen Vorsatz zu wachen in einer Ecke eingeschlafen.

Des Morgens, als Wilhelm sich ein wenig erholt hatte, erfuhr er von dem Jäger, daß die Herrschaft, die ihnen gestern zu Hülfe gekommen sei, vor kurzem ihre Güter verlassen habe, um den Kriegsbewegungen auszuweichen, und sich bis zum Frieden in einer ruhigern Gegend aufzuhalten. Er nannte den ältlichen Herrn und seine Nichte, zeigte den Ort an, wohin sie sich zuerst begeben, erklärte Wilhelmen, wie das Fräulein ihm eingebunden, für die Verlassenen Sorge zu tragen.

Der hereintretende Wundarzt unterbrach die lebhaften Danksagungen, in welche sich Wilhelm gegen den Jäger ergoß, machte eine umständliche Beschreibung der Wunden, versicherte, daß sie leicht heilen würden, wenn der Patient sich ruhig hielte und sich abwartete.

Nachdem der Jäger weggeritten war, erzählte Philine, daß er ihr einen Beutel mit zwanzig Louisd'orn zurückgelassen, daß er dem Geistlichen eine Douceur für die Wohnung gegeben, und die Kurkosten für den Chirurgus bei ihm niedergelegt habe. Sie gelte durchaus für Wilhelms Frau, introduziere sich ein für allemal bei ihm in dieser Qualität, und werde nicht zugeben, daß er sich nach einer andern Wartung umsehe.

Philine, sagte Wilhelm, ich bin Ihnen bei dem Unfall, der uns begegnet ist, schon manchen Dank schuldig geworden, und ich wünschte nicht, meine Verbindlichkeiten gegen Sie vermehrt zu sehen. Ich bin unruhig, so lange Sie um mich sind: denn ich weiß nichts, womit ich Ihnen die Mühe vergelten kann. Geben Sie mir meine Sachen, die Sie in Ihrem Koffer gerettet haben, heraus, schließen Sie sich an die übrige Gesellschaft an, suchen Sie ein ander Quartier, nehmen Sie meinen Dank und die goldne Uhr als eine kleine Erkenntlichkeit; nur verlassen Sie mich; Ihre Gegenwart beunruhigt mich mehr, als Sie glauben.

Sie lachte ihm in's Gesicht, als er geendigt hatte. Du bist ein Tor, sagte sie, du wirst nicht klug werden. Ich weiß besser, was dir gut ist; ich werde bleiben, ich werde mich nicht von der Stelle rühren. Auf den Dank der Männer habe ich niemals gerechnet, also auch auf deinen nicht; und wenn ich dich lieb habe, was geht's dich an?

Sie blieb, und hatte sich bald bei dem Pfarrer und seiner Familie eingeschmeichelt, indem sie immer lustig war, jedem etwas zu schenken, jedem nach dem Sinne zu reden wußte, und dabei immer tat was sie wollte. Wilhelm befand sich nicht übel; der Chirurgus, ein unwissender, aber nicht ungeschickter Mensch, ließ die Natur walten, und so war der Patient bald auf dem Wege der Besserung. Sehnlich wünschte dieser sich wieder hergestellt zu sehen, um seine Plane, seine Wünsche eifrig verfolgen zu können.

Unaufhörlich rief er sich jene Begebenheit zurück, welche einen unauslöschlichen Eindruck auf sein Gemüt gemacht hatte. Er sah die schöne Amazone reitend aus den Büschen hervorkommen, sie näherte sich ihm, stieg ab, ging hin und wieder, und bemühte sich um seinetwillen. Er sah das umhüllende Kleid von ihren Schultern fallen; ihr Gesicht, ihre Gestalt glänzend verschwinden. Alle seine Jugendträume knüpften sich an dieses Bild. Er glaubte nunmehr die edle heldenmütige Chlorinde mit eignen Augen gesehen zu haben: ihm fiel der kranke Königssohn wieder ein, an dessen Lager die schöne teilnehmende Prinzessin mit stiller Bescheidenheit herantritt.

Sollten nicht, sagte er manchmal im Stillen zu sich selbst, uns in der Jugend wie im Schlafe, die Bilder zukünftiger Schicksale umschweben, und unserm unbefangenen Auge ahnungsvoll sichtbar werden? Sollten die Keime dessen, was uns begegnen wird, nicht schon von der Hand des Schicksals ausgestreut, sollte nicht ein Vorgenuß der Früchte, die wir einst zu brechen hoffen, möglich sein?

Sein Krankenlager gab ihm Zeit, jene Szene tausendmal zu wiederholen. Tausendmal rief er den Klang jener süßen Stimme zurück, und wie beneidete er Philinen, die jene hülfreiche Hand geküßt hatte. Oft kam ihm die Geschichte wie ein Traum vor, und er würde sie für ein Märchen gehalten haben, wenn nicht das Kleid zurück geblieben wäre, das ihm die Gewißheit der Erscheinung versicherte.

Mit der größten Sorgfalt für dieses Gewand war das lebhafteste Verlangen verbunden, sich damit zu bekleiden. Sobald er aufstand, warf er es über, und befürchtete den ganzen Tag, es möchte durch einen Flecken, oder auf sonst eine Weise beschädigt werden.

Zehntes Kapitel

Laertes besuchte seinen Freund. Er war bei jener lebhaften Szene im Wirtshause nicht gegenwärtig gewesen, denn er lag in einer obern Kammer. Über seinen Verlust war er sehr getröstet, und half sich mit seinem gewöhnlichen: Was tut's? Er erzählte verschiedene lächerliche Züge von der Gesellschaft, besonders gab er Frau Melina Schuld: sie beweine den Verlust ihrer Tochter nur deswegen, weil sie nicht das altdeutsche Vergnügen haben könne, eine Mechthilde taufen zu lassen. Was ihren Mann betreffe, so offenbare sich's nun, daß er viel Geld bei sich gehabt, und auch schon damals des Vorschusses, den er Wilhelmen abgelockt, keineswegs bedurft habe. Melina wolle nunmehr mit dem nächsten Postwagen abgehn, und werde von Wilhelmen ein Empfehlungsschreiben an seinen Freund den Direktor Serlo verlangen, bei dessen Gesellschaft er, weil die eigne Unternehmung gescheitert, nun unterzukommen hoffe.

Mignon war einige Tage sehr still gewesen, und als man in sie drang, gestand sie endlich, daß ihr rechter Arm verrenkt sei. Das hast du deiner Verwegenheit zu danken, sagte Philine, und erzählte: wie das Kind im Gefechte seinen Hirschfänger gezogen, und, als es seinen Freund in Gefahr gesehen, wacker auf die Freibeuter zugehauen habe. Endlich sei es bei'm Arme ergriffen und auf die Seite geschleudert worden. Man schalt auf sie, daß sie das Übel nicht eher entdeckt habe, doch merkte man wohl, daß sie sich vor dem Chirurgus gescheut, der sie bisher immer für einen Knaben gehalten hatte. Man suchte das Übel zu heben, und sie mußte den Arm in der Binde tragen. Hierüber war sie auf's neue empfindlich, weil sie den besten Teil der Pflege und Wartung ihres Freundes Philinen überlassen mußte, und die angenehme Sünderin zeigte sich nur um desto tätiger und aufmerksamer.

Eines Morgens, als Wilhelm erwachte, fand er sich mit ihr in einer sonderbaren Nähe. Er war auf seinem weiten Lager in der Unruhe des Schlafs ganz an die hintere Seite gerutscht. Philine lag quer über den vordern Teil hingestreckt; sie schien auf dem Bette sitzend und lesend eingeschlafen zu sein. Ein Buch war ihr aus der Hand gefallen; sie war zurück und mit dem Kopf nah an seine Brust gesunken, über die sich ihre blonden aufgelös'ten Haare in Wellen ausbreiteten. Die Unordnung des Schlafs erhöhte mehr als Kunst und Vorsatz ihre Reize; eine kindische lächelnde Ruhe schwebte über ihrem Gesichte. Er sah sie eine Zeitlang an, und schien sich selbst über das Vergnügen zu tadeln, womit er sie ansah, und wir wissen nicht, ob er seinen Zustand segnete oder tadelte, der ihm Ruhe und Mäßigung zur Pflicht machte. Er hatte sie eine Zeitlang aufmerksam betrachtet, als sie sich zu regen anfing. Er schloß die Augen sachte zu, doch konnte er nicht unterlassen zu blinzen und nach ihr zu sehen, als sie sich wieder zurecht putzte und wegging, nach dem Frühstück zu fragen.

Nach und nach hatten sich nun die sämtlichen Schauspieler bei Wilhelmen gemeldet, hatten Empfehlungsschreiben und Reisegeld, mehr oder weniger unartig und ungestüm, gefordert und immer mit Widerwillen Philinens erhalten. Vergebens stellte sie ihrem Freunde vor, daß der Jäger auch diesen Leuten eine ansehnliche Summe zurückgelassen, daß man ihn nur zum Besten habe. Vielmehr kamen sie darüber in einen lebhaften Zwist, und Wilhelm behauptete nunmehr ein für allemal, daß sie sich gleichfalls an die übrige Gesellschaft anschließen und ihr Glück bei Serlo versuchen sollte.

Nur einige Augenblicke verließ sie ihr Gleichmut, dann erholte sie sich schnell wieder, und rief: Wenn ich nur meinen Blonden wieder hätte, so wollt' ich mich um euch alle nichts kümmern. Sie meinte Friedrichen, der sich vom Wahlplatze verloren und nicht wieder gezeigt hatte.

Des andern Morgens brachte Mignon die Nachricht an's Bette: daß Philine in der Nacht abgereis't sei; im Nebenzimmer habe sie alles, was ihm gehöre, sehr ordentlich zusammen gelegt. Er empfand ihre Abwesenheit; er hatte an ihr eine treue Wärterin, eine muntere Gesellschafterin verloren, er war nicht mehr gewohnt, allein zu sein. Allein Mignon füllte die Lücke bald wieder aus.

Seitdem jene leichtfertige Schöne in ihren freundlichen Bemühungen den Verwundeten umgab, hatte sich die Kleine nach und nach zurückgezogen, und war stille für sich geblieben; nun aber, da sie wieder freies Feld gewann, trat sie mit Aufmerksamkeit und Liebe hervor, war eifrig, ihm zu dienen, und munter, ihn zu unterhalten.

Eilftes Kapitel

Mit lebhaften Schritten nahete er sich der Besserung; er hoffte nun in wenig Tagen seine Reise antreten zu können. Er wollte nicht etwa planlos ein schlenderndes Leben fortsetzen, sondern zweckmäßige Schritte sollten künftig seine Bahn bezeichnen. Zuerst wollte er die hülfreiche Herrschaft aufsuchen, um seine Dankbarkeit an den Tag zu legen, alsdann zu seinem Freunde dem Direktor eilen, um für die verunglückte Gesellschaft auf das beste zu sorgen, und zugleich die Handelsfreunde, an die er mit Adressen versehen war, besuchen, und die ihm aufgetragenen Geschäfte verrichten. Er machte sich Hoffnung, daß ihm das Glück wie vorher auch künftig beistehen und ihm Gelegenheit verschaffen werde, durch eine glückliche Spekulation den Verlust zu ersetzen, und die Lücke seiner Kasse wieder auszufüllen.

Das Verlangen, seine Retterin wieder zu sehen, wuchs mit jedem Tage. Um seine Reiseroute zu bestimmen, ging er mit dem Geistlichen zu Rate, der schöne geographische und statistische Kenntnisse hatte, und eine artige Bücher- und Karten-Sammlung besaß. Man suchte nach dem Orte, den die edle Familie während des Kriegs zu ihrem Sitz erwählt hatte, man suchte Nachrichten von ihr selbst auf; allein der Ort war in keiner Geographie, auf keiner Karte zu finden, und die genealogischen Handbücher sagten nichts von einer solchen Familie.

Wilhelm wurde unruhig, und als er seine Bekümmernis laut werden ließ, entdeckte ihm der Harfenspieler: er habe Ursache zu glauben, daß der Jäger, es sei aus welcher Ursache es wolle, den wahren Namen verschwiegen habe.

Wilhelm, der nun einmal sich in der Nähe der Schönen glaubte, hoffte einige Nachricht von ihr zu erhalten, wenn er den Harfenspieler abschickte; aber auch diese Hoffnung ward getäuscht. So sehr der Alte sich auch erkundigte, konnte er doch auf keine Spur kommen. In jenen Tagen waren verschiedene lebhafte Bewegungen und unvorgesehene Durchmärsche in diesen Gegenden vorgefallen; niemand hatte auf die reisende Gesellschaft besonders Acht gegeben, so daß der ausgesendete Bote, um nicht für einen jüdischen Spion angesehn zu werden, wieder zurück gehen und ohne Ölblatt vor seinem Herrn und Freund erscheinen mußte. Er legte strenge Rechenschaft ab, wie er den Auftrag auszurichten gesucht, und war bemüht, allen Verdacht einer Nachlässigkeit von sich zu entfernen. Er suchte auf alle Weise Wilhelms Betrübnis zu lindern, besann sich auf alles, was er von dem Jäger erfahren hatte, und brachte mancherlei Mutmaßungen vor, wobei denn endlich ein Umstand vorkam, woraus Wilhelm einige rätselhafte Worte der schönen Verschwundenen deuten konnte.

Die räuberische Bande nämlich hatte nicht der wandernden Truppe, sondern jener Herrschaft aufgepaßt, bei der sie mit Recht vieles Geld und Kostbarkeiten vermutete, und von deren Zug sie genaue Nachricht mußte gehabt haben. Man wußte nicht, ob man die Tat einem Freicorps, ob man sie Marodeurs oder Räubern zuschreiben sollte. Genug, zum Glücke der vornehmen und reichen Karavane waren die Geringen und Armen zuerst auf den Platz gekommen, und hatten das Schicksal erduldet, das jenen zubereitet war. Darauf bezogen sich die Worte der jungen Dame, deren sich Wilhelm noch gar wohl erinnerte. Wenn er nun vergnügt und glücklich sein konnte, daß ein vorsichtiger Genius ihn zum Opfer bestimmt hatte, eine vollkommene Sterbliche zu retten, so war er dagegen nahe an der Verzweiflung, da ihm, sie wieder zu finden, sie wieder zu sehen wenigstens für den Augenblick alle Hoffnung verschwunden war.

Was diese sonderbare Bewegung in ihm vermehrte, war die Ähnlichkeit, die er zwischen der Gräfin und der schönen Unbekannten entdeckt zu haben glaubte. Sie glichen sich, wie sich Schwestern gleichen mögen, deren keine die jüngere noch die ältere genannt werden darf, denn sie scheinen Zwillinge zu sein.

Die Erinnerung an die liebenswürdige Gräfin war ihm unendlich süß. Er rief sich ihr Bild nur allzugern wieder in's Gedächtnis. Aber nun trat die Gestalt der edlen Amazone gleich dazwischen, eine Erscheinung verwandelte sich in die andere, ohne daß er im Stande gewesen wäre, diese oder jene fest zu halten.

Wie wunderbar mußte ihm daher die Ähnlichkeit ihrer Handschriften sein! denn er verwahrte ein reizendes Lied von der Hand der Gräfin in seiner Schreibtafel, und in dem Überrock hatte er ein Zettelchen gefunden, worin man sich mit viel zärtlicher Sorgfalt nach dem Befinden eines Oheims erkundigte.

Wilhelm war überzeugt, daß seine Retterin dieses Billet geschrieben, daß es auf der Reise in einem Wirtshause aus einem Zimmer in das andere geschickt und von dem Oheim in die Tasche gesteckt worden sei. Er hielt beide Handschriften gegen einander, und wenn die zierlich gestellten Buchstaben der Gräfin ihm sonst so sehr gefallen hatten, so fand er in den ähnlichen aber freieren Zügen der Unbekannten eine unaussprechlich fließende Harmonie. Das Billet enthielt nichts, und schon die Züge schienen ihn, so wie ehemals die Gegenwart der Schönen, zu erheben.

Er verfiel in eine träumende Sehnsucht, und wie einstimmend mit seinen Empfindungen war das Lied, das eben in dieser Stunde Mignon und der Harfner als ein unregelmäßiges Duett mit dem herzlichsten Ausdrucke sangen:

Nur wer die Sehnsucht kennt
Weiß, was ich leide!
Allein und abgetrennt
Von aller Freude,
Seh' ich an's Firmament
Nach jener Seite.
Ach! der mich liebt und kennt
Ist in der Weite.
Es schwindelt mir, es brennt
Mein Eingeweide.
Nur wer die Sehnsucht kennt
Weiß, was ich leide!

Zwölftes Kapitel

Die sanften Lockungen des lieben Schutzgeistes, anstatt unsern Freund auf irgend einen Weg zu führen, nährten und vermehrten die Unruhe, die er vorher empfunden hatte. Eine heimliche Glut schlich in seinen Adern; bestimmte und unbestimmte Gegenstände wechselten in seiner Seele und erregten ein endloses Verlangen. Bald wünschte er sich ein Roß, bald Flügel, und indem es ihm unmöglich schien, bleiben zu können, sah er sich erst um, wohin er denn eigentlich begehre.

Der Faden seines Schicksals hatte sich so sonderbar verworren; er wünschte die seltsamen Knoten aufgelös't oder zerschnitten zu sehen. Oft, wenn er ein Pferd traben oder einen Wagen rollen hörte, schaute er eilig zum Fenster hinaus, in der Hoffnung, es würde jemand sein, der ihn aufsuchte, und, wäre es auch nur durch Zufall, ihm Nachricht, Gewißheit und Freude brächte. Er erzählte sich Geschichten vor, wie sein Freund Werner in diese Gegend kommen und ihn überraschen könnte, daß Mariane vielleicht erscheinen dürfte. Der Ton eines jeden Posthorns setzte ihn in Bewegung. Melina sollte von seinem Schicksale Nachricht geben, vorzüglich aber sollte der Jäger wieder kommen und ihn zu jener angebeteten Schönheit einladen.

Von allem diesen geschah leider nichts, und er mußte zuletzt wieder mit sich allein bleiben, und indem er das Vergangene wieder durchnahm, ward ihm ein Umstand, je mehr er ihn betrachtete und beleuchtete, immer widriger und unerträglicher. Es war seine verunglückte Heerführerschaft, an die er ohne Verdruß nicht denken konnte. Denn ob er gleich am Abend jenes bösen Tages sich vor der Gesellschaft so ziemlich herausgeredet hatte, so konnte er sich doch selbst seine Schuld nicht verleugnen. Er schrieb sich vielmehr in hypochondrischen Augenblicken den ganzen Vorfall allein zu.

Die Eigenliebe läßt uns sowohl unsre Tugenden als unsre Fehler viel bedeutender, als sie sind, erscheinen. Er hatte das Vertrauen auf sich rege gemacht, den Willen der Übrigen gelenkt, und war, von Unerfahrenheit und Kühnheit geleitet, vorangegangen; es ergriff sie eine Gefahr, der sie nicht gewachsen waren. Laute und stille Vorwürfe verfolgten ihn, und wenn er der irregeführten Gesellschaft nach dem empfindlichen Verluste zugesagt hatte, sie nicht zu verlassen, bis er ihnen das Verlorne mit Wucher ersetzt hätte, so hatte er sich über eine neue Verwegenheit zu schelten, womit er ein allgemein ausgeteiltes Übel auf seine Schultern zu nehmen sich vermaß. Bald verwies er sich, daß er durch Aufspannung und Drang des Augenblicks ein solches Versprechen getan hatte; bald fühlte er wieder, daß jenes gutmütige Hinreichen seiner Hand, die niemand anzunehmen würdigte, nur eine leichte Förmlichkeit sei gegen das Gelübde, das sein Herz getan hatte. Er sann auf Mittel, ihnen wohltätig und nützlich zu sein, und fand alle Ursache, seine Reise zu Serlo zu beschleunigen. Er packte nunmehr seine Sachen zusammen, und eilte, ohne seine völlige Genesung abzuwarten, ohne auf den Rat des Pastors und Wundarztes zu hören, in der wunderbaren Gesellschaft Mignons und des Alten, der Untätigkeit zu entfliehen, in der ihn sein Schicksal abermals nur zu lange gehalten hatte.

Dreizehntes Kapitel

Serlo empfing ihn mit offenen Armen, und rief ihm entgegen: Seh' ich Sie? Erkenn' ich Sie wieder? Sie haben sich wenig oder nicht geändert. Ist Ihre Liebe zur edelsten Kunst noch immer so stark und lebendig? So sehr erfreu' ich mich über Ihre Ankunft, daß ich selbst das Mißtrauen nicht mehr fühle, das Ihre letzten Briefe bei mir erregt haben.

Wilhelm bat betroffen um eine nähere Erklärung.

Sie haben sich, versetzte Serlo, gegen mich nicht wie ein alter Freund betragen; Sie haben mich wie einen großen Herrn behandelt, dem man mit gutem Gewissen unbrauchbare Leute empfehlen darf. Unser Schicksal hängt von der Meinung des Publikums ab, und ich fürchte, daß Ihr Herr Melina mit den Seinigen schwerlich bei uns wohl aufgenommen werden dürfte.

Wilhelm wollte etwas zu ihren Gunsten sprechen, aber Serlo fing an, eine so unbarmherzige Schilderung von ihnen zu machen, daß unser Freund sehr zufrieden war, als ein Frauenzimmer in das Zimmer trat, das Gespräch unterbrach, und ihm sogleich als Schwester Aurelia von seinem Freunde vorgestellt ward. Sie empfing ihn auf das freundschaftlichste, und ihre Unterhaltung war so angenehm, daß er nicht einmal einen entschiedenen Zug des Kummers gewahr wurde, der ihrem geistreichen Gesicht noch ein besonderes Interesse gab.

Zum erstenmal seit langer Zeit fand sich Wilhelm wieder in seinem Elemente. Bei seinen Gesprächen hatte er sonst nur notdürftig gefällige Zuhörer gefunden, da er gegenwärtig mit Künstlern und Kennern zu sprechen das Glück hatte, die ihn nicht allein vollkommen verstanden, sondern die auch sein Gespräch belehrend erwiderten. Mit welcher Geschwindigkeit ging man die neusten Stücke durch! Mit welcher Sicherheit beurteilte man sie! Wie wußte man das Urteil des Publikums zu prüfen und zu schätzen! In welcher Geschwindigkeit klärte man einander auf!

Nun mußte sich bei Wilhelms Vorliebe für Shakespearen das Gespräch notwendig auf diesen Schrifsteller lenken. Er zeigte die lebhafteste Hoffnung auf die Epoche, welche diese vortrefflichen Stücke in Deutschland machen müßten, und bald brachte er seinen Hamlet vor, der ihn so sehr beschäftigt hatte.

Serlo versicherte, daß er das Stück längst, wenn es nur möglich gewesen wäre, gegeben hätte, daß er gern die Rolle des Polonius übernehmen wolle. Dann setzte er mit Lächeln hinzu: Und Ophelien finden sich wohl auch, wenn wir nur erst den Prinzen haben.

Wilhelm bemerkte nicht, daß Aurelien dieser Scherz des Bruders zu mißfallen schien; er ward vielmehr nach seiner Art weitläufig und lehrreich, in welchem Sinne er den Hamlet gespielt haben wolle. Er legte ihnen die Resultate umständlich dar, mit welchen wir ihn oben beschäftigt gesehn, und gab sich alle Mühe, seine Meinung annehmlich zu machen, so viel Zweifel auch Serlo gegen seine Hypothese erregte. Nun gut, sagte dieser zuletzt, wir geben Ihnen alles zu; was wollen Sie weiter daraus erklären?

Vieles, alles, versetzte Wilhelm. Denken Sie sich einen Prinzen, wie ich ihn geschildert habe, dessen Vater unvermutet stirbt. Ehrgeiz und Herrschsucht sind nicht die Leidenschaften, die ihn beleben; er hatte sich's gefallen lassen, Sohn eines Königs zu sein; aber nun ist er erst genötigt, auf den Abstand aufmerksamer zu werden, der den König vom Untertanen scheidet. Das Recht zur Krone war nicht erblich, und doch hätte ein längeres Leben seines Vaters die Ansprüche seines einzigen Sohnes mehr befestigt, und die Hoffnung zur Krone gesichert. Dagegen sieht er sich nun durch seinen Oheim, ungeachtet scheinbarer Versprechungen, vielleicht auf immer ausgeschlossen; er fühlt sich nun so arm an Gnade, an Gütern, und fremd in dem, was er von Jugend auf als sein Eigentum betrachten konnte. Hier nimmt sein Gemüt die erste traurige Richtung. Er fühlt, daß er nicht mehr, ja nicht so viel ist als jeder Edelmann; er gibt sich für einen Diener eines jeden, er ist nicht höflich, nicht herablassend, nein, herabgesunken und bedürftig.

Nach seinem vorigen Zustande blickt er nur wie nach einem verschwundnen Traume. Vergebens, daß sein Oheim ihn aufmuntern, ihm seine Lage aus einem andern Gesichtspunkte zeigen will; die Empfindung seines Nichts verläßt ihn nie.

Der zweite Schlag, der ihn traf, verletzte tiefer, beugte noch mehr. Es ist die Heirat seiner Mutter. Ihm, einem treuen und zärtlichen Sohne, blieb, da sein Vater starb, eine Mutter noch übrig; er hoffte in Gesellschaft seiner hinterlassenen edlen Mutter die Heldengestalt jenes großen Abgeschiedenen zu verehren; aber auch seine Mutter verliert er, und es ist schlimmer, als wenn sie ihm der Tod geraubt hätte. Das zuverlässige Bild, das sich ein wohlgeratenes Kind so gern von seinen Eltern macht, verschwindet; bei dem Toten ist keine Hülfe, und an der Lebendigen kein Halt. Sie ist auch ein Weib, und unter dem allgemeinen Geschlechtsnamen, Gebrechlichkeit, ist auch sie begriffen.

Nun erst fühlt er sich recht gebeugt, nun erst verwais't, und kein Glück der Welt kann ihm wieder ersetzen was er verloren hat. Nicht traurig, nicht nachdenklich von Natur, wird ihm Trauer und Nachdenken zur schweren Bürde. So sehen wir ihn auftreten. Ich glaube nicht, daß ich etwas in das Stück hineinlege, oder einen Zug übertreibe.

Serlo sah seine Schwester an, und sagte: Habe ich dir ein falsches Bild von unserm Freunde gemacht? Er fängt gut an, und wird uns noch manches vorerzählen und viel überreden. Wilhelm schwur hoch und teuer, daß er nicht überreden, sondern überzeugen wolle, und bat nur noch um einen Augenblick Geduld.

Denken Sie sich, rief er aus, diesen Jüngling, diesen Fürstensohn recht lebhaft, vergegenwärtigen Sie sich seine Lage, und dann beobachten Sie ihn, wenn er erfährt, die Gestalt seines Vaters erscheine; stehen Sie ihm bei in der schrecklichen Nacht, wenn der ehrwürdige Geist selbst vor ihm auftritt. Ein ungeheures Entsetzen ergreift ihn; er redet die Wundergestalt an, sieht sie winken, folgt und hört. — Die schreckliche Anklage wider seinen Oheim ertönt in seinen Ohren, Aufforderung zur Rache und die dringende wiederholte Bitte: Erinnere dich meiner!

Und da der Geist verschwunden ist, wen sehen wir vor uns stehen? Einen jungen Helden, der nach Rache schnaubt? Einen gebornen Fürsten, der sich glücklich fühlt, gegen den Usurpator seiner Krone aufgefordert zu werden? Nein! Staunen und Trübsinn überfällt den Einsamen; er wird bitter gegen die lächelnden Bösewichter, schwört, den Abgeschiedenen nicht zu vergessen, und schließt mit dem bedeutenden Seufzer: Die Zeit ist aus dem Gelenke; wehe mir, daß ich geboren ward sie wieder einzurichten.

In diesen Worten, dünkt mich, liegt der Schlüssel zu Hamlets ganzem Betragen, und mir ist deutlich, daß Shakespear habe schildern wollen: eine große Tat auf eine Seele gelegt, die der Tat nicht gewachsen ist. Und in diesem Sinne find' ich das Stück durchgängig gearbeitet. Hier wird ein Eichbaum in ein köstliches Gefäß gepflanzt, das nur liebliche Blumen in seinen Schoß hätte aufnehmen sollen; die Wurzeln dehnen aus, das Gefäß wird zernichtet.

Ein schönes, reines, edles, höchst moralisches Wesen, ohne die sinnliche Stärke, die den Helden macht, geht unter einer Last zu Grunde, die es weder tragen noch abwerfen kann; jede Pflicht ist ihm heilig, diese zu schwer. Das Unmögliche wird von ihm gefordert, nicht das Unmögliche an sich, sondern das, was ihm unmöglich ist. Wie er sich windet, dreht, ängstigt, vor- und zurücktritt, immer erinnert wird: sich immer erinnert und zuletzt fast seinen Zweck aus dem Sinne verliert, ohne doch jemals wieder froh zu werden.

Vierzehntes Kapitel

Verschiedene Personen traten herein, die das Gespräch unterbrachen. Es waren Virtuosen, die sich bei Serlo gewöhnlich einmal die Woche zu einem kleinen Konzerte versammelten. Er liebte die Musik sehr, und behauptete, daß ein Schauspieler ohne diese Liebe niemals zu einem deutlichen Begriff und Gefühl seiner eignen Kunst gelangen könne. So wie man viel leichter und anständiger agiere, wenn die Gebärden durch eine Melodie begleitet und geleitet werden, so müsse der Schauspieler sich auch seine prosaische Rolle gleichsam im Sinne komponieren, daß er sie nicht etwa eintönig nach seiner individuellen Art und Weise hinsudele, sondern sie in gehöriger Abwechselung nach Takt und Maß behandle.

Aurelie schien an allem, was vorging, wenig Anteil zu nehmen, vielmehr führte sie zuletzt unsern Freund in ein Seitenzimmer, und indem sie an's Fenster trat und den gestirnten Himmel anschaute, sagte sie zu ihm: Sie sind uns manches über Hamlet schuldig geblieben; ich will zwar nicht voreilig sein, und wünsche, daß mein Bruder auch mit anhören möge, was Sie uns noch zu sagen haben, doch lassen Sie mich Ihre Gedanken über Ophelien hören.

Von ihr läßt sich nicht viel sagen, versetzte Wilhelm, denn nur mit wenig Meisterzügen ist ihr Charakter vollendet. Ihr ganzes Wesen schwebt in reifer süßer Sinnlichkeit. Ihre Neigung zu dem Prinzen, auf dessen Hand sie Anspruch machen darf, fließt so aus der Quelle, das gute Herz überläßt sich so ganz seinem Verlangen, daß Vater und Bruder beide fürchten, beide geradezu und unbescheiden warnen. Der Wohlstand, wie der leichte Flor auf ihrem Busen, kann die Bewegung ihres Herzens nicht verbergen, er wird vielmehr ein Verräter dieser leisen Bewegung. Ihre Einbildungskraft ist angesteckt, ihre stille Bescheidenheit atmet eine liebevolle Begierde, und sollte die bequeme Göttin Gelegenheit das Bäumchen schütteln, so würde die Furcht sogleich herabfallen.

Und nun, sagte Aurelie, wenn sie sich verlassen sieht, verstoßen und verschmäht, wenn in der Seele ihres wahnsinnigen Geliebten sich das Höchste zum Tiefsten umwendet, und er ihr, statt des süßen Bechers der Liebe, den bittern Kelch der Leiden hinreicht —

Ihr Herz bricht, rief Wilhelm aus, das ganze Gerüst ihres Daseins rückt aus seinen Fugen, der Tod ihres Vaters stürmt herein, und das schöne Gebäude stürzt völlig zusammen.

Wilhelm hatte nicht bemerkt, mit welchem Ausdruck Aurelie die letzten Worte aussprach. Nur auf das Kunstwerk, dessen Zusammenhang und Vollkommenheit gerichtet, ahnete er nicht, daß seine Freundin eine ganz andere Wirkung empfand; nicht, daß ein eigner tiefer Schmerz durch diese dramatischen Schattenbilder in ihr lebhaft erregt ward.

Noch immer hatte Aurelie ihr Haupt von ihren Armen unterstützt, und ihre Augen, die sich mit Tränen füllten, gen Himmel gewendet. Endlich hielt sie nicht länger ihren verborgnen Schmerz zurück; sie faßte des Freundes beide Hände, und rief, indem er erstaunt vor ihr stand: Verzeihen Sie, verzeihen Sie einem geängstigten Herzen! die Gesellschaft schnürt und preßt mich zusammen; vor meinem unbarmherzigen Bruder muß ich mich zu verbergen suchen; nun hat Ihre Gegenwart alle Bande aufgelös't. Mein Freund! fuhr sie fort, seit einem Augenblicke sind wir erst bekannt, und schon werden Sie mein Vertrauter. Sie konnte die Worte kaum aussprechen, und sank an seine Schulter. Denken Sie nicht übler von mir, sagte sie schluchzend, daß ich mich Ihnen so schnell eröffne, daß Sie mich so schwach sehen. Sei'n Sie, bleiben Sie mein Freund, ich verdiene es. Er redete ihr auf das herzlichste zu; umsonst! ihre Tränen flossen und erstickten ihre Worte.

In diesem Augenblicke trat Serlo sehr unwillkommen herein, und sehr unerwartet Philine, die er bei der Hand hielt. Hier ist Ihr Freund, sagte er zu ihr; er wird sich freun, Sie zu begrüßen.

Wie! rief Wilhelm erstaunt, muß ich Sie hier sehen? Mit einem bescheidnen gesetzten Wesen ging sie auf ihn los, hieß ihn willkommen, rühmte Serlo's Güte, der sie ohne ihr Verdienst, bloß in Hoffnung, daß sie sich bilden werde, unter seine treffliche Truppe aufgenommen habe. Sie tat dabei gegen Wilhelmen freundlich, doch aus einer ehrerbietigen Entfernung.

Diese Verstellung währte aber nicht länger, als die beiden zugegen waren. Denn als Aurelie ihren Schmerz zu verbergen wegging, und Serlo abgerufen ward, sah Philine erst recht genau nach den Türen, ob beide auch gewiß fort seien, dann hüpfte sie wie töricht in der Stube herum, setzte sich an die Erde, und wollte vor Kichern und Lachen ersticken. Dann sprang sie auf, schmeichelte unserm Freunde, und freute sich über alle Maßen, daß sie so klug gewesen sei, vorauszugehen, das Terrain zu rekognoszieren und sich einzunisten.

Hier geht es bunt zu, sagte sie, gerade so wie mir's recht ist. Aurelie hat einen unglücklichen Liebeshandel mit einem Edelmanne gehabt, der ein prächtiger Mensch sein muß, und den ich selbst wohl einmal sehen möchte. Er hat ihr ein Andenken hinterlassen, oder ich müßte mich sehr irren. Es läuft da ein Knabe herum, ungefähr von drei Jahren, schön wie die Sonne; der Papa mag allerliebst sein. Ich kann sonst die Kinder nicht leiden, aber dieser Junge freut mich. Ich habe ihr nachgerechnet. Der Tod ihres Mannes, die neue Bekanntschaft, das Alter des Kindes, alles trifft zusammen.

Nun ist der Freund seiner Wege gegangen; seit einem Jahre sieht er sie nicht mehr. Sie ist darüber außer sich und untröstlich. Die Närrin! — Der Bruder hat unter der Truppe eine Tänzerin, mit der er schön tut, ein Actrischen, mit der er vertraut ist, in der Stadt noch einige Frauen, denen er aufwartet, und nun steh' ich auch auf der Liste. Der Narr! — Vom übrigen Volke sollst du morgen hören. Und nun noch ein Wörtchen von Philinen, die du kennst; die Erznärrin ist in dich verliebt. Sie schwur, daß es wahr sei, und beteuerte, daß es ein rechter Spaß sei. Sie bat Wilhelmen inständig, er möchte sich in Aurelien verlieben, dann werde die Hetze erst recht angehen. Sie läuft ihrem Ungetreuen, du ihr, ich dir und der Bruder mir nach. Wenn das nicht eine Lust auf ein halbes Jahr gibt, so will ich an der ersten Episode sterben, die sich zu diesem vierfach verschlungenen Romane hinzuwirft. Sie bat ihn, er möchte ihr den Handel nicht verderben, und ihr so viel Achtung bezeigen, als sie durch ihr öffentliches Betragen verdienen wolle.

Funfzehntes Kapitel

Den nächsten Morgen gedachte Wilhelm Madame Melina zu besuchen; er fand sie nicht zu Hause, fragte nach den übrigen Gliedern der wandernden Gesellschaft, und erfuhr: Philine habe sie zum Frühstück eingeladen. Aus Neugier eilte er hin, und traf sie alle sehr aufgeräumt und getröstet. Das kluge Geschöpf hatte sie versammelt, sie mit Schokolade bewirtet, und ihnen zu verstehen gegeben, noch sei nicht alle Aussicht versperrt; sie hoffe durch ihren Einfluß den Direktor zu überzeugen, wie vorteilhaft es ihm sei, so geschickte Leute in seine Gesellschaft aufzunehmen. Sie hörten ihr aufmerksam zu, schlürften eine Tasse nach der andern hinunter, fanden das Mädchen gar nicht übel, und nahmen sich vor, das Beste von ihr zu reden.

Glauben Sie denn, sagte Wilhelm, der mit Philinen allein geblieben war, daß Serlo sich noch entschließen werde, unsre Gefährten zu behalten? Mit nichten, versetzte Philine, es ist mir auch gar nichts daran gelegen; ich wollte, sie wären je eher je lieber fort! Den einzigen Laertes wünscht' ich zu behalten; die Übrigen wollen wir schon nach und nach bei Seite bringen.

Hierauf gab sie ihrem Freunde zu verstehen, daß sie gewiß überzeugt sei, er werde nunmehr sein Talent nicht länger vergraben, sondern unter Direktion eines Serlo auf's Theater gehen. Sie konnte die Ordnung, den Geschmack, den Geist, der hier herrsche, nicht genug rühmen; sie sprach so schmeichelnd zu unserm Freunde, so schmeichelhaft von seinen Talenten, daß sein Herz und seine Einbildungskraft sich eben so sehr diesem Vorschlage näherten, als sein Verstand und seine Vernunft sich davon entfernten. Er verbarg seine Neigung vor sich selbst und vor Philinen, und brachte einen unruhigen Tag zu, an dem er sich nicht entschließen konnte, zu seinen Handelskorrespondenten zu gehen, und die Briefe, die dort für ihn liegen möchten, abzuholen. Denn, ob er sich gleich die Unruhe der Seinigen diese Zeit über vorstellen konnte, so scheute er sich doch, ihre Sorgen und Vorwürfe umständlich zu erfahren, um so mehr, da er sich einen großen und reinen Genuß diesen Abend von der Aufführung eines neuen Stücks versprach.

Serlo hatte sich geweigert, ihn bei der Probe zuzulassen. Sie müssen uns, sagte er, erst von der besten Seite kennen lernen, eh' wir zugeben, daß Sie uns in die Karte sehen.

Mit der größten Zufriedenheit wohnte aber auch unser Freund den Abend darauf der Vorstellung bei. Es war das erstemal, daß er ein Theater in solcher Vollkommenheit sah. Man traute sämtlichen Schauspielern fürtreffliche Gaben, glückliche Anlagen und einen hohen und klaren Begriff von ihrer Kunst zu, und doch waren sie einander nicht gleich; aber sie hielten und trugen sich wechselsweise, feuerten einander an, und waren in ihrem ganzen Spiele sehr bestimmt und genau. Man fühlte bald, daß Serlo die Seele des Ganzen war, und er zeichnete sich sehr zu seinem Vorteil aus. Eine heitere Laune, eine gemäßigte Lebhaftigkeit, ein bestimmtes Gefühl des Schicklichen bei einer großen Gabe der Nachahmung, mußte man an ihm, wie er auf's Theater trat, wie er den Mund öffnete, bewundern. Die innere Behaglichkeit seines Daseins schien sich über alle Zuhörer auszubreiten, und die geistreiche Art, mit der er die feinsten Schattierungen der Rollen leicht und gefällig ausdrückte, erweckte um so viel mehr Freude, als er die Kunst zu verbergen wußte, die er sich durch eine anhaltende Übung eigen gemacht hatte.

Seine Schwester Aurelie blieb nicht hinter ihm, und erhielt noch größeren Beifall, indem sie die Gemüter der Menschen rührte, die er zu erheitern und zu erfreuen so sehr im Stande war.

Nach einigen Tagen, die auf eine angenehme Weise zugebracht wurden, verlangte Aurelie nach unserm Freund. Er eilte zu ihr, und fand sie auf dem Kanapee liegen; sie schien an Kopfweh zu leiden, und ihr ganzes Wesen konnte eine fieberhafte Bewegung nicht verbergen. Ihr Auge erheiterte sich, als sie den Hereintretenden ansah. Vergeben Sie! rief sie ihm entgegen; das Zutrauen, das Sie mir einflößten, hat mich schwach gemacht. Bisher konnt' ich mich mit meinen Schmerzen im Stillen unterhalten, ja sie gaben mir Stärke und Trost; nun haben Sie, ich weiß nicht wie es zugegangen ist, die Bande der Verschwiegenheit gelös't, und Sie werden nun selbst wider Willen Teil an dem Kampfe nehmen, den ich gegen mich selbst streite.

Wilhelm antwortete ihr freundlich und verbindlich. Er versicherte, daß ihr Bild und ihre Schmerzen ihm beständig vor der Seele geschwebt, daß er sie um ihr Vertrauen bitte, daß er sich ihr zum Freund widme.

Indem er so sprach, wurden seine Augen von dem Knaben angezogen, der vor ihr auf der Erde saß, und allerlei Spielwerk durch einander warf. Er mochte, wie Philine schon angegeben, ungefähr drei Jahre alt sein, und Wilhelm verstand nun erst, warum das leichtfertige, in ihren Ausdrücken selten erhabene Mädchen den Knaben der Sonne verglichen. Denn um die offnen Augen und das volle Gesicht kräuselten sich die schönsten goldnen Locken, an einer blendend weißen Stirne zeigten sich zarte, dunkle, sanftgebogene Augenbrauen, und die lebhafte Farbe der Gesundheit glänzte auf seinen Wangen. Setzen Sie sich zu mir, sagte Aurelie: Sie sehen das glückliche Kind mit Verwunderung an; gewiß, ich habe es mit Freuden auf meine Arme genommen, ich bewahre es mit Sorgfalt; nur kann ich auch recht an ihm den Grad meiner Schmerzen erkennen, denn sie lassen mich den Wert einer solchen Gabe nur selten empfinden.

Erlauben Sie mir, fuhr sie fort, daß ich nun auch von mir und meinem Schicksale rede; denn es ist mir sehr daran gelegen, daß Sie mich nicht verkennen. Ich glaubte einige gelassene Augenblicke zu haben, darum ließ ich Sie rufen; Sie sind nun da, und ich habe meinen Faden verloren.

Ein verlass'nes Geschöpf mehr in der Welt! werden Sie sagen. Sie sind ein Mann, und denken: wie gebärdet sie sich bei einem notwendigen Übel, das gewisser als der Tod über einem Weibe schwebt, bei der Untreue eines Mannes, die Törin! — O mein Freund, wäre mein Schicksal gemein, ich wollte gern gemeines Übel ertragen; aber es ist so außerordentlich; warum kann ich's Ihnen nicht im Spiegel zeigen, warum nicht jemand auftragen, es Ihnen zu erzählen! O wäre, wäre ich verführt, überrascht und dann verlassen, dann würde in der Verzweiflung noch Trost sein; aber ich bin weit schlimmer daran, ich habe mich selbst hintergangen, mich selbst wider Wissen betrogen, das ist's, was ich mir niemals verzeihen kann.

Bei edlen Gesinnungen, wie die Ihrigen sind, versetzte der Freund, können Sie nicht ganz unglücklich sein.

Und wissen Sie, wem ich meine Gesinnung schuldig bin? fragte Aurelie; der allerschlechtesten Erziehung, durch die jemals ein Mädchen hätte verderbt werden sollen, dem schlimmsten Beispiele, um Sinne und Neigung zu verführen.

Nach dem frühzeitigen Tode meiner Mutter bracht' ich die schönsten Jahre der Entwicklung bei einer Tante zu, die sich zum Gesetz machte, die Gesetze der Ehrbarkeit zu verachten. Blindlings überließ sie sich einer jeden Neigung, sie mochte über den Gegenstand gebieten oder sein Sclav sein, wenn sie nur im wilden Genuß ihrer selbst vergessen konnte.

Was mußten wir Kinder mit dem reinen und deutlichen Blick der Unschuld uns für Begriffe von dem männlichen Geschlechte machen? Wie dumpf, dringend, dreist, ungeschickt war jeder, den sie herbeireizte; wie satt, übermütig, leer und abgeschmackt dagegen, sobald er seiner Wünsche Befriedigung gefunden hatte. So hab' ich diese Frau Jahre lang unter dem Gebote der schlechtesten Menschen erniedrigt gesehen; was für Begegnungen mußte sie erdulden, und mit welcher Stirne wußte sie sich in ihr Schicksal zu finden, ja mit welcher Art diese schändlichen Fesseln zu tragen!

So lernte ich Ihr Geschlecht kennen, mein Freund, und wie rein haßte ich's, da ich zu bemerken schien, daß selbst leidliche Männer, im Verhältnis gegen das unsrige, jedem guten Gefühl zu entsagen schienen, zu dem sie die Natur sonst noch mochte fähig gemacht haben.

Leider mußt' ich auch bei solchen Gelegenheiten viel traurige Erfahrungen über mein eigen Geschlecht machen, und wahrhaftig, als Mädchen von sechzehn Jahren war ich klüger als ich jetzt bin, jetzt, da ich mich selbst kaum verstehe. Warum sind wir so klug, wenn wir jung sind, so klug, um immer törichter zu werden!

Der Knabe machte Lärm, Aurelie ward ungeduldig und klingelte. Ein altes Weib kam herein, ihn wegzuholen. Hast du noch immer Zahnweh? sagte Aurelie zu der Alten, die das Gesicht verbunden hatte. Fast unleidliches, versetzte diese mit dumpfer Stimme, hob den Knaben auf, der gerne mitzugehen schien, und brachte ihn weg.

Kaum war das Kind bei Seite, als Aurelie bitterlich zu weinen anfing. Ich kann nichts als jammern und klagen, rief sie aus, und ich schäme mich, wie ein armer Wurm vor Ihnen zu liegen. Meine Besonnenheit ist schon weg, und ich kann nicht mehr erzählen. Sie stockte und schwieg. Ihr Freund, der nichts Allgemeines sagen wollte, und nichts Besonderes zu sagen wußte, drückte ihre Hand, und sah sie eine Zeitlang an. Endlich nahm er in der Verlegenheit ein Buch auf, das er vor sich auf dem Tischchen liegen fand; es waren Shakespears Werke, und Hamlet aufgeschlagen.

Serlo, der eben zur Tür herein kam, nach dem Befinden seiner Schwester fragte, schaute in das Buch, das unser Freund in der Hand hielt, und rief aus: Find' ich Sie wieder über Ihrem Hamlet? Eben recht! Es sind mir gar manche Zweifel aufgestoßen, die das kanonische Ansehn, das Sie dem Stücke so gerne geben möchten, sehr zu vermindern scheinen. Haben doch die Engländer selbst bekannt, daß das Hauptinteresse sich mit dem dritten Akt schlösse, daß die zwei letzten Akte nur kümmerlich das Ganze zusammen hielten, und es ist doch wahr, das Stück will gegen das Ende weder gehen noch rücken.

Es ist sehr möglich, sagte Wilhelm, daß einige Glieder einer Nation, die so viel Meisterstücke aufzuweisen hat, durch Vorurteile und Beschränktheit auf falsche Urteile geleitet werden; aber das kann uns nicht hindern, mit eignen Augen zu sehen, und gerecht zu sein. Ich bin weit entfernt, den Plan dieses Stücks zu tadeln, ich glaube vielmehr, daß kein größerer ersonnen worden sei; ja, er ist nicht ersonnen, es ist so.

Wie wollen Sie das auslegen? fragte Serlo.

Ich will nichts auslegen, versetzte Wilhelm, ich will Ihnen nur vorstellen, was ich mir denke.

Aurelie hob sich von ihrem Kissen auf, stützte sich auf ihre Hand, und sah unsern Freund an, der mit der größten Versicherung, daß er Recht habe, also zu reden fortfuhr: Es gefällt uns so wohl, es schmeichelt so sehr, wenn wir einen Helden sehen, der durch sich selbst handelt, der liebt und haßt, wenn es ihm sein Herz gebietet, der unternimmt und ausführt, alle Hindernisse abwendet und zu einem großen Zwecke gelangt. Geschichtschreiber und Dichter möchten uns gerne überreden, daß ein so stolzes Los dem Menschen fallen könne. Hier werden wir anders belehrt; der Held hat keinen Plan, aber das Stück ist planvoll. Hier wird nicht etwa nach einer starr und eigensinnig durchgeführten Idee von Rache ein Bösewicht bestraft, nein, es geschieht eine ungeheure Tat, sie wälzt sich in ihren Folgen fort, reißt Unschuldige mit; der Verbrecher scheint dem Abgrunde, der ihm bestimmt ist, ausweichen zu wollen, und stürzt hinein, eben da, wo er seinen Weg glücklich auszulaufen gedenkt. Denn das ist die Eigenschaft der Greueltat, daß sie auch Böses über den Unschuldigen, wie der guten Handlung, daß sie viele Vorteile auch über den Unverdienten ausbreitet, ohne daß der Urheber von beiden oft weder bestraft noch belohnt wird. Hier in unserm Stücke wie wunderbar! Das Fegefeuer sendet seinen Geist und fordert Rache, aber vergebens. Alle Umstände kommen zusammen, und treiben die Rache, vergebens! Weder Irdischen noch Unterirdischen kann gelingen, was dem *Schicksal* allein vorbehalten ist. Die Gerichtsstunde kommt. Der Böse fällt mit dem Guten. Ein Geschlecht wird weggemäht, und das andere sproßt auf.

Nach einer Pause, in der sie einander ansahen, nahm Serlo das Wort: Sie machen der Vorsehung kein sonderlich Kompliment, indem Sie den Dichter erheben, und dann scheinen Sie mir wieder zu Ehren Ihres Dichters, wie andere zu Ehren der Vorsehung, ihm Endzweck und Plane unterzuschieben, an die er nicht gedacht hat.

Sechzehntes Kapitel

Lassen Sie mich, sagte Aurelie, nun auch eine Frage tun. Ich habe Opheliens Rolle wieder angesehen, ich bin zufrieden damit, und getraue mir, sie unter gewissen Umständen zu spielen. Aber sagen Sie mir, hätte der Dichter seiner Wahnsinnigen nicht andere Liedchen unterlegen sollen? Könnte man nicht Fragmente aus melancholischen Balladen wählen? Was sollen Zweideutigkeiten und lüsterne Albernheiten in dem Munde dieses edlen Mädchens?

Beste Freundin, versetzte Wilhelm, ich kann auch hier nicht ein Jota nachgeben. Auch in diesen Sonderbarkeiten, auch in dieser anscheinenden Unschicklichkeit liegt ein großer Sinn. Wissen wir doch gleich zu Anfange des Stücks, womit das Gemüt des guten Kindes beschäftigt ist. Stille lebte sie vor sich hin, aber kaum verbarg sie ihre Sehnsucht, ihre Wünsche. Heimlich klangen die Töne der Lüsternheit in ihrer Seele, und wie oft mag sie versucht haben, gleich einer unvorsichtigen Wärterin, ihre Sinnlichkeit zur Ruhe zu singen mit Liedchen, die sie nur mehr wach halten mußten. Zuletzt, da ihr jede Gewalt über sich selbst entrissen ist, da ihr Herz auf der Zunge schwebt, wird diese Zunge ihre Verräterin, und in der Unschuld des Wahnsinns ergötzt sie sich, vor König und Königin, an dem Nachklange ihrer geliebten losen Lieder: vom Mädchen, das gewonnen ward; vom Mädchen, das zum Knaben schleicht, und so weiter.

Er hatte noch nicht ausgeredet, als auf einmal eine wunderbare Szene vor seinen Augen entstand, die er sich auf keine Weise erklären konnte.

Serlo war einigemal in der Stube auf und ab gegangen, ohne daß er irgend eine Absicht merken ließ. Auf einmal trat er an Aureliens Putztisch, griff schnell nach etwas, das darauf lag, und eilte mit seiner Beute der Türe zu. Aurelie bemerkte kaum seine Handlung, als sie auffuhr, sich ihm in den Weg warf, ihn mit unglaublicher Leidenschaft angriff, und geschickt genug war, ein Ende des geraubten Gegenstandes zu fassen. Sie rangen und balgten sich sehr hartnäckig, drehten und wanden sich sehr lebhaft mit einander herum; er lachte, sie ereiferte sich, und als Wilhelm hinzu eilte, sie aus einander zu bringen und zu besänftigen, sah er auf einmal Aurelien mit einem bloßen Dolch in der Hand auf die Seite springen, indem Serlo die Scheide, die ihm zurückgeblieben war, verdrießlich auf den Boden warf. Wilhelm trat erstaunt zurück und seine stumme Verwunderung schien nach der Ursache zu fragen, warum ein so sonderbarer Streit über einen so wunderbaren Hausrat habe unter ihnen entstehen können.

Sie sollen, sprach Serlo, Schiedsrichter zwischen uns beiden sein. Was hat sie mit dem scharfen Stahle zu tun? Lassen Sie sich ihn zeigen. Dieser Dolch ziemt keiner Schauspielerin; spitz und scharf wie Nadel und Messer! Zu was die Posse? Heftig wie sie ist, tut sie sich noch einmal von ungefähr ein Leides. Ich habe einen innerlichen Haß gegen solche Sonderbarkeiten: ein ernstlicher Gedanke dieser Art ist toll, und ein so gefährliches Spielwerk ist abgeschmackt.

Ich habe ihn wieder! rief Aurelie, indem sie die blanke Klinge in die Höhe hielt: ich will meinen treuen Freund nun besser verwahren. Verzeih' mir, rief sie aus, indem sie den Stahl küßte, daß ich dich so vernachlässigt habe!

Serlo schien im Ernste böse zu werden. — Nimm es wie du willst, Bruder, fuhr sie fort; kannst du denn wissen, ob mir nicht etwa unter dieser Form ein köstlicher Talisman beschert ist; ob ich nicht Hülfe und Rat zur schlimmsten Zeit bei ihm finde; muß denn alles schädlich sein was gefährlich aussieht?

Dergleichen Reden, in denen kein Sinn ist, können mich toll machen! sagte Serlo, und verließ mit heimlichem Grimme das Zimmer. Aurelie verwahrte den Dolch sorgfältig in der Scheide, und steckte ihn zu sich. Lassen Sie uns das Gespräch fortsetzen, das der unglückliche Bruder gestört hat, fiel sie ein, als Wilhelm einige Fragen über den sonderbaren Streit vorbrachte.

Ich muß Ihre Schilderung Opheliens wohl gelten lassen, fuhr sie fort: ich will die Absicht des Dichters nicht verkennen; nur kann ich sie mehr bedauern, als mit ihr empfinden. Nun aber erlauben Sie mir eine Betrachtung, zu der Sie mir in der kurzen Zeit oft Gelegenheit gegeben haben. Mit Bewunderung bemerke ich an Ihnen den tiefen und richtigen Blick, mit dem Sie Dichtung und besonders dramatische Dichtung beurteilen; die tiefsten Abgründe der Erfindung sind Ihnen nicht verborgen, und die feinsten Züge der Ausführung sind Ihnen bemerkbar. Ohne die Gegenstände jemals in der Natur erblickt zu haben, erkennen Sie die Wahrheit im Bilde; es scheint eine Vorempfindung der ganzen Welt in Ihnen zu liegen, welche durch die harmonische Berührung der Dichtkunst erregt und entwickelt wird. Denn wahrhaftig, fuhr sie fort, von außen kommt nichts in Sie hinein; ich habe nicht leicht jemanden gesehen, der die Menschen, mit denen er lebt, so wenig kennt, so von Grund aus verkennt, wie Sie. Erlauben Sie mir, es zu sagen: wenn man Sie Ihren Shakespear erklären hört, glaubt man, Sie kämen eben aus dem Rate der Götter, und hätten zugehört, wie man sich daselbst beredet, Menschen zu bilden; wenn Sie dagegen mit Leuten umgehen, seh' ich in Ihnen gleichsam das erste, groß geborne Kind der Schöpfung, das mit sonderlicher Verwunderung und erbaulicher Gutmütigkeit Löwen und Affen, Schafe und Elefanten anstaunt, und sie treuherzig als seines Gleichen anspricht, weil sie eben auch da sind und sich bewegen.

Die Ahnung meines schülerhaften Wesens, werte Freundin, versetzte er, ist mir öfters lästig, und ich werde Ihnen danken, wenn Sie mir über die Welt zu mehrerer Klarheit verhelfen wollen. Ich habe von Jugend auf die Augen meines Geistes mehr nach innen als nach außen gerichtet, und da ist es sehr natürlich, daß ich den Menschen bis auf einen gewissen Grad habe kennen lernen, ohne die Menschen im mindesten zu verstehen und zu begreifen.

Gewiß, sagte Aurelie, ich hatte Sie anfangs in Verdacht, als wollten Sie uns zum Besten haben, da Sie von den Leuten, die Sie meinem Bruder zugeschickt haben, so manches Gute sagten, wenn ich Ihre Briefe mit den Verdiensten dieser Menschen zusammen hielt.

Die Bemerkung Aureliens, so wahr sie sein mochte, und so gern ihr Freund diesen Mangel bei sich gestand, führte doch etwas Drückendes, ja sogar Beleidigendes mit sich, daß er still ward, und sich zusammen nahm, teils um keine Empfindlichkeit merken zu lassen, teils in seinem Busen nach der Wahrheit dieses Vorwurfs zu forschen.

Sie dürfen nicht darüber betreten sein, fuhr Aurelie fort: zum Lichte des Verstandes können wir immer gelangen; aber die Fülle des Herzens kann uns niemand geben. Sind Sie zum Künstler bestimmt, so können Sie diese Dunkelheit und Unschuld nicht lange genug bewahren; sie ist die schöne Hülle über der jungen Knospe; Unglücks genug, wenn wir zu früh herausgetrieben werden. Gewiß ist es gut, wenn wir die nicht immer kennen, für die wir arbeiten.

O! ich war auch einmal in diesem glücklichen Zustande, als ich mit dem höchsten Begriff von mir selbst und meiner Nation die Bühne betrat. Was waren die Deutschen nicht in meiner Einbildung, was konnten sie nicht sein! Zu dieser Nation sprach ich, über die mich ein kleines Gerüst erhob, von welcher mich eine Reihe Lampen trennte, deren Glanz und Dampf mich hinderte, die Gegenstände vor mir genau zu unterscheiden. Wie willkommen war mir der Klang des Beifalls, der aus der Menge herauf tönte; wie dankbar nahm ich das Geschenk an, das mir einstimmig von so vielen Händen dargebracht wurde! Lange wiegte ich mich so hin; wie ich wirkte, wirkte die Menge wieder auf mich zurück; ich war mit meinem Publikum in dem besten Vernehmen; ich glaubte eine vollkommene Harmonie zu fühlen, und jederzeit die Edelsten und Besten der Nation vor mir zu sehen.

Unglücklicherweise war es nicht die Schauspielerin allein, deren Naturell und Kunst die Theaterfreunde interessierte, sie machten auch Ansprüche an das junge lebhafte Mädchen. Sie gaben mir nicht undeutlich zu verstehen, daß meine Pflicht sei, die Empfindungen, die ich in ihnen rege gemacht, auch persönlich mit ihnen zu teilen. Leider war das nicht meine Sache; ich wünschte ihre Gemüter zu erheben, aber an das, was sie ihr Herz nannten, hatte ich nicht den mindesten Anspruch; und nun wurden mir alle Stände, Alter und Charaktere, einer um den andern, zur Last, und nichts war mir verdrießlicher, als daß ich mich nicht, wie ein anderes ehrliches Mädchen, in mein Zimmer verschließen, und so mir manche Mühe ersparen konnte.

Die Männer zeigten sich meist, wie ich sie bei meiner Tante zu sehen gewohnt war, und sie würden mir auch diesmal nur wieder Abscheu erregt haben, wenn mich nicht ihre Eigenheiten und Albernheiten unterhalten hätten. Da ich nicht vermeiden konnte, sie bald auf dem Theater, bald an öffentlichen Orten, bald zu Hause zu sehen, nahm ich mir vor, sie alle auszulauern, und mein Bruder half mir wacker dazu. Und wenn Sie denken, daß vom beweglichen Ladendiener und dem eingebildeten Kaufmannssohn, bis zum gewandten abwiegenden Weltmann, dem kühnen Soldaten und dem raschen Prinzen, alle nach und nach, bei mir vorbei gegangen sind, und jeder nach seiner Art seinen Roman anzuknüpfen gedachte; so werden Sie mir verzeihen, wenn ich mir einbildete, mit meiner Nation ziemlich bekannt zu sein.

Den phantastisch aufgestutzten Studenten, den demütig-stolz verlegenen Gelehrten, den schwankfüßigen genügsamen Domherrn, den steifen aufmerksamen Geschäftsmann, den derben Landbaron, den freundlich glatt-platten Hofmann, den jungen, aus der Bahn schreitenden Geistlichen, den gelassenen, so wie den schnellen und tätig spekulierenden Kaufmann, alle habe ich in Bewegung gesehen, und bei'm Himmel! wenige fanden sich darunter, die mir nur ein gemeines Interesse einzuflößen im Stande gewesen wären; vielmehr war es mir äußerst verdrießlich, den Beifall der Toren im Einzelnen, mit Beschwerlichkeit und langer Weile einzukassieren, der mir im Ganzen so wohl behagt hatte, den ich mir im Großen so gerne zueignete.

Wenn ich über mein Spiel ein vernünftiges Kompliment erwartete, wenn ich hoffte, sie sollten einen Autor loben, den ich hochschätzte; so machten sie eine alberne Anmerkung über die andere, und nannten ein abgeschmacktes Stück, in welchem sie wünschten mich spielen zu sehen. Wenn ich in der Gesellschaft herum horchte, ob nicht etwa ein edler, geistreicher, witziger Zug nachklänge, und zur rechten Zeit wieder zum Vorschein käme, konnte ich selten eine Spur vernehmen. Ein Fehler, der vorgekommen war, wenn ein Schauspieler sich versprach oder irgend einen Provinzialism hören ließ, das waren die wichtigen Punkte, an denen sie sich fest hielten, von denen sie nicht los kommen konnten. Ich wußte zuletzt nicht, wohin ich mich wenden sollte; sie dünkten sich zu klug, sich unterhalten zu lassen, und sie glaubten mich wundersam zu unterhalten, wenn sie an mir herumtätschelten. Ich fing an, sie alle von Herzen zu verachten, und es war mir eben, als wenn die ganze Nation sich recht vorsätzlich bei mir durch ihre Abgesandten habe prostituieren wollen. Sie kam mir im Ganzen so linkisch vor, so übel erzogen, so schlecht unterrichtet, so leer von gefälligem Wesen, so geschmacklos. Oft rief ich aus: Es kann doch kein Deutscher einen Schuh zuschnallen, der es nicht von einer fremden Nation gelernt hat!

Sie sehen, wie verblendet, wie hypochondrisch ungerecht ich war, und je länger es währte, desto mehr nahm meine Krankheit zu. Ich hätte mich umbringen können; allein ich verfiel auf ein ander Extrem: ich verheiratete mich, oder vielmehr ich ließ mich verheiraten. Mein Bruder, der das Theater übernommen hatte, wünschte sehr einen Gehülfen zu haben. Seine Wahl fiel auf einen jungen Mann, der mir nicht zuwider war, dem alles mangelte, was mein Bruder besaß, Genie, Leben, Geist und rasches Wesen; an dem sich aber auch alles fand, was jenem abging: Liebe zur Ordnung, Fleiß, eine köstliche Gabe hauszuhalten und mit Gelde umzugehen.

Er ist mein Mann geworden, ohne daß ich weiß wie; wir haben zusammen gelebt, ohne daß ich recht weiß, warum. Genug, unsre Sachen gingen gut. Wir nahmen viel ein, davon war die Tätigkeit meines Bruders Ursache; wir kamen gut aus, und das war das Verdienst meines Mannes. Ich dachte nicht mehr an Welt und Nation. Mit der Welt hatte ich nichts zu teilen, und den Begriff von Nation hatte ich verloren. Wenn ich auftrat, tat ich's um zu leben; ich öffnete den Mund nur, weil ich nicht schweigen durfte, weil ich doch heraus gekommen war, um zu reden.

Doch, daß ich es nicht zu arg mache, eigentlich hatte ich mich ganz in die Absicht meines Bruders ergeben; ihm war um Beifall und Geld zu tun: denn, unter uns, er hört sich gerne loben und braucht viel. Ich spielte nun nicht mehr nach meinem Gefühl, nach meiner Überzeugung, sondern wie er mich anwies, und wenn ich es ihm zu Danke gemacht hatte, war ich zufrieden. Er richtete sich nach allen Schwächen des Publikums; es ging Geld ein, er konnte nach seiner Willkür leben, und wir hatten gute Tage mit ihm.

Ich war indessen in einen handwerksmäßigen Schlendrian gefallen. Ich zog meine Tage ohne Freude und Anteil hin, meine Ehe war kinderlos und dauerte nur kurze Zeit. Mein Mann ward krank, seine Kräfte nahmen sichtbar ab, die Sorge für ihn unterbrach meine allgemeine Gleichgültigkeit. In diesen Tagen machte ich eine Bekanntschaft, mit der ein neues Leben für mich anfing, ein neues und schnelleres, denn es wird bald zu Ende sein.

Sie schwieg eine Zeitlang stille, dann fuhr sie fort: Auf einmal stockt meine geschwätzige Laune, und ich getraue mir den Mund nicht weiter aufzutun. Lassen Sie mich ein wenig ausruhen; Sie sollen nicht weggehen, ohne ausführlich all mein Unglück zu wissen. Rufen Sie doch indessen Mignon herein, und hören was sie will.

Das Kind war während Aureliens Erzählung einigemal im Zimmer gewesen. Da man bei seinem Eintritt leiser sprach, war es wieder weggeschlichen, saß auf dem Saale still und wartete. Als man sie wieder hereinkommen hieß, brachte sie ein Buch mit, das man bald an Form und Einband für einen kleinen geographischen Atlas erkannte. Sie hatte bei dem Pfarrer unterwegs mit großer Verwunderung die ersten Landkarten gesehen, ihn viel darüber gefragt, und sich, so weit es gehen wollte, unterrichtet. Ihr Verlangen, etwas zu lernen, schien durch diese neue Kenntnis noch viel lebhafter zu werden. Sie bat Wilhelmen inständig, ihr das Buch zu kaufen. Sie habe dem Bildermann ihre großen silbernen Schnallen dafür eingesetzt, und wolle sie, weil es heute Abend so spät geworden, morgen früh wieder einlösen. Es ward ihr bewilligt, und sie fing nun an, dasjenige, was sie wußte, teils herzusagen, teils nach ihrer Art die wunderlichsten Fragen zu tun. Man konnte auch hier wieder bemerken, daß bei einer großen Anstrengung sie nur schwer und mühsam begriff. So war auch ihre Handschrift, mit der sie sich viele Mühe gab. Sie sprach noch immer sehr gebrochen Deutsch, und nur wenn sie den Mund zum Singen auftat, wenn sie die Zither rührte, schien sie sich des einzigen Organs zu bedienen, wodurch sie ihr Innerstes aufschließen und mitteilen konnte.

Wir müssen, da wir gegenwärtig von ihr sprechen, auch der Verlegenheit gedenken, in die sie seit einiger Zeit unsern Freund öfters versetzte.

Wenn sie kam oder ging, guten Morgen, oder gute Nacht sagte, schloß sie ihn so fest in ihre Arme, und küßte ihn mit solcher Inbrunst, daß ihm die Heftigkeit dieser aufkeimenden Natur oft angst und bange machte. Die zuckende Lebhaftigkeit schien sich in ihrem Betragen täglich zu vermehren, und ihr ganzes Wesen bewegte sich in einer rastlosen Stille. Sie konnte nicht sein, ohne einen Bindfaden in den Händen zu drehen, ein Tuch zu kneten, Papier oder Hölzchen zu kauen. Jedes ihrer Spiele schien nur eine innere heftige Erschütterung abzuleiten. Das Einzige, was ihr einige Heiterkeit zu geben schien, war die Nähe des kleinen Felix, mit dem sie sich sehr artig abzugeben wußte.

Aurelie, die nach einiger Ruhe gestimmt war, sich mit ihrem Freunde über einen Gegenstand, der ihr so sehr am Herzen lag, endlich zu erklären, ward über die Beharrlichkeit der Kleinen diesmal ungeduldig, und gab ihr zu verstehen, daß sie sich wegbegeben sollte, und man mußte sie endlich, da alles nicht helfen wollte, ausdrücklich und wider ihren Willen fortschicken.

Jetzt oder niemals, sagte Aurelie, muß ich Ihnen den Rest meiner Geschichte erzählen. Wäre mein zärtlich geliebter, ungerechter Freund nur wenige Meilen von hier, ich würde sagen, setzen Sie sich zu Pferde, suchen Sie auf irgend eine Weise Bekanntschaft mit ihm, und wenn Sie zurückkehren, so haben Sie mir gewiß verziehen, und bedauern mich von Herzen. Jetzt kann ich Ihnen nur mit Worten sagen, wie liebenswürdig er war, und wie sehr ich ihn liebte.

Eben zu der kritischen Zeit, da ich für die Tage meines Mannes besorgt sein mußte, lernt' ich ihn kennen. Er war eben aus Amerika zurückgekommen, wo er in Gesellschaft einiger Franzosen mit vieler Distinktion unter den Fahnen der Vereinigten Staaten gedient hatte.

Er begegnete mir mit einem gelass'nen Anstande, mit einer offnen Gutmütigkeit, sprach über mich selbst, meine Lage, mein Spiel, wie ein alter Bekannter, so teilnehmend und so deutlich, daß ich mich zum erstenmal freuen konnte, meine Existenz in einem andern Wesen so klar wieder zu erkennen. Seine Urteile waren richtig ohne absprechend, treffend ohne lieblos zu sein. Er zeigte keine Härte, und sein Mutwille war zugleich gefällig. Er schien des guten Glücks bei Frauen gewohnt zu sein, das machte mich aufmerksam; er war keineswegs schmeichelnd und andringend, das machte mich sorglos.

In der Stadt ging er mit wenigen um, war meist zu Pferde, besuchte seine vielen Bekannten in der Gegend, und besorgte die Geschäfte seines Hauses. Kam er zurück, so stieg er bei mir ab, behandelte meinen immer kränkern Mann mit warmer Sorge, schaffte dem Leidenden durch einen geschickten Arzt Linderung, und wie er an allem was mich betraf, Teil nahm, ließ er mich auch an seinem Schicksale Teil nehmen. Er erzählte mir die Geschichte seiner Kampagne, seiner unüberwindlichen Neigung zum Soldatenstande, seine Familienverhältnisse; er vertraute mir seine gegenwärtigen Beschäftigungen. Genug, er hatte nichts Geheimes vor mir; er entwickelte mir sein Innerstes, ließ mich in die verborgensten Winkel seiner Seele sehen; ich lernte seine Fähigkeiten, seine Leidenschaften kennen. Es war das erstemal in meinem Leben, daß ich eines herzlichen geistreichen Umgangs genoß. Ich war von ihm angezogen, von ihm hingerissen, eh' ich über mich selbst Betrachtungen anstellen konnte.

Inzwischen verlor ich meinen Mann ungefähr wie ich ihn genommen hatte. Die Last der theatralischen Geschäfte fiel nun ganz auf mich. Mein Bruder, unverbesserlich auf dem Theater, war in der Haushaltung niemals nütze; ich besorgte alles, und studierte dabei meine Rollen fleißiger als jemals. Ich spielte wieder wie vor Alters, ja mit ganz anderer Kraft und neuem Leben, zwar durch ihn und um seinetwillen, doch nicht immer gelang es mir zum besten, wenn ich meinen edlen Freund im Schauspiel wußte; aber einigemal behorchte er mich, und wie angenehm mich sein unvermuteter Beifall überraschte, können Sie denken.

Gewiß, ich bin ein seltsames Geschöpf. Bei jeder Rolle, die ich spielte, war es mir eigentlich nur immer zu Mute, als wenn ich ihn lobte und zu seinen Ehren spräche; denn das war die Stimmung meines Herzens, die Worte mochten übrigens sein, wie sie wollten. Wußt' ich ihn unter den Zuhörern, so getraute ich mich nicht, mit der ganzen Gewalt zu sprechen, eben als wenn ich ihm meine Liebe, mein Lob nicht geradezu in's Gesicht aufdringen wollte; war er abwesend, dann hatte ich freies Spiel, ich tat mein Bestes mit einer gewissen Ruhe, mit einer unbeschreiblichen Zufriedenheit. Der Beifall freute mich wieder, und wenn ich dem Publikum Vergnügen machte, hätte ich immer zugleich hinunter rufen mögen: Das seid ihr ihm schuldig!

Ja, mir war wie durch ein Wunder das Verhältnis zum Publikum, zur ganzen Nation verändert. Sie erschien mir auf einmal wieder in dem vorteilhaftesten Lichte, und ich erstaunte recht über meine bisherige Verblendung.

Wie unverständig, sagt' ich oft zu mir selbst, war es, als du ehemals auf eine Nation schaltest, eben weil es eine Nation ist. Müssen denn, können denn einzelne Menschen so interessant sein? Keinesweges! Es fragt sich, ob unter der großen Masse eine Menge von Anlagen, Kräften und Fähigkeiten verteilt sei, die durch günstige Umstände entwickelt, durch vorzügliche Menschen zu einem gemeinsamen Endzwecke geleitet werden können. Ich freute mich nun, so wenig hervorstechende Originalität unter meinen Landsleuten zu finden; ich freute mich, daß sie eine Richtung von außen anzunehmen nicht verschmähten; ich freute mich, einen Anführer gefunden zu haben.

Lothar — lassen Sie mich meinen Freund mit seinem geliebten Vornamen nennen — hatte mir immer die Deutschen von der Seite der Tapferkeit vorgestellt, und mir gezeigt, daß keine bravere Nation in der Welt sei, wenn sie recht geführt werde, und ich schämte mich, an die erste Eigenschaft eines Volks niemals gedacht zu haben. Ihm war die Geschichte bekannt, und mit den meisten verdienstvollen Männern seines Zeitalters stand er in Verhältnissen. So jung er war, hatte er ein Auge auf die hervorkeimende hoffnungsvolle Jugend seines Vaterlandes, auf die stillen Arbeiten in so vielen Fächern beschäftigter und tätiger Männer. Er ließ mich einen Überblick über Deutschland tun, was es sei, und was es sein könne, und ich schämte mich, eine Nation nach der verworrenen Menge beurteilt zu haben, die sich in eine Theatergarderobe drängen mag. Er machte mir's zur Pflicht, auch in meinem Fache wahr, geistreich und belebend zu sein. Nun schien ich mir selbst inspiriert, so oft ich auf das Theater trat. Mittelmäßige Stellen wurden zu Gold in meinem Munde, und hätte mir damals ein Dichter zweckmäßig beigestanden, ich hätte die wunderbarsten Wirkungen hervorgebracht.

So lebte die junge Witwe Monate lang fort. Er konnte mich nicht entbehren, und ich war höchst unglücklich, wenn er außen blieb. Er zeigte mir die Briefe seiner Verwandten, seiner vortrefflichen Schwester. Er nahm an den kleinsten Umständen meiner Verhältnisse Teil; inniger, vollkommener ist keine Einigkeit zu denken. Der Name der Liebe ward nicht genannt. Er ging und kam, kam und ging — und nun, mein Freund, ist es hohe Zeit, daß Sie auch gehen.

Siebzehntes Kapitel

Wilhelm konnte nun nicht länger den Besuch bei seinen Handelsfreunden aufschieben. Er ging nicht ohne Verlegenheit dahin; denn er wußte, daß er Briefe von den Seinigen daselbst antreffen werde. Er fürchtete sich vor den Vorwürfen, die sie enthalten mußten; wahrscheinlich hatte man auch dem Handelshause Nachricht von der Verlegenheit gegeben, in der man sich seinetwegen befand. Er scheute sich, nach so vielen ritterlichen Abenteuern, vor dem schülerhaften Ansehen, in dem er erscheinen würde, und nahm sich vor, recht trotzig zu tun, und auf diese Weise seine Verlegenheit zu verbergen.

Allein zu seiner großen Verwunderung und Zufriedenheit ging alles sehr gut und leidlich ab. In dem großen lebhaften und beschäftigten Comptoir hatte man kaum Zeit, seine Briefe aufzusuchen; seines längern Außenbleibens ward nur im Vorbeigehn gedacht. Und als er die Briefe seines Vaters und seines Freundes Werner eröffnete, fand er sie sämtlich sehr leidlichen Inhalts. Der Alte, in Hoffnung eines weitläufigen Journals, dessen Führung er dem Sohne bei'm Abschiede sorgfältig empfohlen, und wozu er ihm ein tabellarisches Schema mitgegeben, schien über das Stillschweigen der ersten Zeit ziemlich beruhigt, so wie er sich nur über das Rätselhafte des ersten und einzigen vom Schlosse des Grafen noch abgesandten Briefes beschwerte. Werner scherzte nur auf seine Art, erzählte lustige Stadtgeschichten, und bat sich Nachricht von Freunden und Bekannten aus, die Wilhelm nunmehr in der großen Handelsstadt häufig würde kennen lernen. Unser Freund, der außerordentlich erfreut war, um einen so wohlfeilen Preis loszukommen, antwortete sogleich in einigen sehr muntern Briefen, und versprach dem Vater ein ausführliches Reise-Journal, mit allen verlangten geographischen, statistischen und merkantilischen Bemerkungen. Er hatte vieles auf der Reise gesehen, und hoffte daraus ein leidliches Heft zusammenschreiben zu können. Er merkte nicht, daß er beinah in eben dem Falle war, in dem er sich befand, als er, um ein Schauspiel, das weder geschrieben, noch weniger memoriert war, aufzuführen, Lichter angezündet und Zuschauer herbei gerufen hatte. Als er daher wirklich anfing, an seine Komposition zu gehen, ward er leider gewahr, daß er von Empfindungen und Gedanken, von manchen Erfahrungen des Herzens und Geistes sprechen und erzählen konnte, nur nicht von äußern Gegenständen, denen er, wie er nun merkte, nicht die mindeste Aufmerksamkeit geschenkt hatte.

In dieser Verlegenheit kamen die Kenntnisse seines Freundes Laertes ihm gut zu statten. Die Gewohnheit hatte beide jungen Leute, so unähnlich sie sich waren, zusammen verbunden, und jener war, bei allen seinen Fehlern, mit seinen Sonderbarkeiten wirklich ein interessanter Mensch. Mit einer heitern glücklichen Sinnlichkeit begabt, hätte er alt werden können, ohne über seinen Zustand irgend nachzudenken. Nun hatte ihm aber sein Unglück und seine Krankheit das reine Gefühl der Jugend geraubt, und ihm dagegen einen Blick auf die Vergänglichkeit, auf das Zerstückelte unsers Daseins eröffnet. Daraus war eine launichte rhapsodische Art über die Gegenstände zu denken, oder vielmehr ihre unmittelbaren Eindrücke zu äußern, entstanden. Er war nicht gern allein, trieb sich auf allen Kaffeehäusern, an allen Wirtstischen herum, und wenn er ja zu Hause blieb, waren Reisebeschreibungen seine liebste, ja seine einzige Lektüre. Diese konnte er nun, da er eine große Leihbibliothek fand, nach Wunsch befriedigen, und bald spukte die halbe Welt in seinem guten Gedächtnisse.

Wie leicht konnte er daher seinem Freunde Mut einsprechen, als dieser ihm den völligen Mangel an Vorrat zu der von ihm so feierlich versprochenen Relation entdeckte. Da wollen wir ein Kunststück machen, sagte jener, das seines Gleichen nicht haben soll.

Ist nicht Deutschland von einem Ende zum andern durchreis't, durchkreuzt, durchzogen, durchkrochen und durchflogen? Und hat nicht jeder deutsche Reisende den herrlichen Vorteil, sich seine großen oder kleinen Ausgaben vom Publikum wieder erstatten zu lassen? Gib mir nur deine Reiseroute, ehe du zu uns kamst: das andere weiß ich. Die Quellen und Hülfsmittel zu deinem Werke will ich dir aufsuchen; an Quadratmeilen, die nicht gemessen sind, und an Volksmenge, die nicht gezählt ist, müssen wir's nicht fehlen lassen. Die Einkünfte der Länder nehmen wir aus Taschenbüchern und Tabellen, die, wie bekannt, die zuverlässigsten Dokumente sind. Darauf gründen wir unsre politischen Räsonnements; an Seitenblicken auf die Regierungen soll's nicht fehlen. Ein paar Fürsten beschreiben wir als wahre Väter des Vaterlandes, damit man uns desto eher glaubt, wenn wir einigen andern etwas anhängen; und wenn wir nicht geradezu durch den Wohnort einiger berühmter Leute durchreisen, so begegnen wir ihnen in einem Wirtshause, lassen uns im Vertrauen das albernste Zeug sagen. Besonders vergessen wir nicht eine Liebesgeschichte mit irgend einem naiven Mädchen auf das anmutigste einzuflechten, und es soll ein Werk geben, das nicht allein Vater und Mutter mit Entzücken erfüllen soll, sondern das dir auch jeder Buchhändler mit Vergnügen bezahlt.

Man schritt zum Werke, und beide Freunde hatten viel Lust an ihrer Arbeit, indes Wilhelm Abends im Schauspiel und in dem Umgange mit Serlo und Aurelien die größte Zufriedenheit fand, und seine Ideen, die nur zu lange sich in einem engen Kreise herumgedreht hatten, täglich weiter ausbreitete.

Achtzehntes Kapitel

Nicht ohne das größte Interesse vernahm er stückweise den Lebenslauf Serlo's: denn es war nicht die Art dieses seltnen Mannes, vertraulich zu sein, und über irgend etwas im Zusammenhange zu sprechen. Er war, man darf sagen, auf dem Theater geboren und gesäugt. Schon als stummes Kind mußte er durch seine bloße Gegenwart die Zuschauer rühren, weil auch schon damals die Verfasser diese natürlichen und unschuldigen Hülfsmittel kannten, und sein erstes: Vater und Mutter, brachte in beliebten Stücken ihm schon den größten Beifall zuwege, ehe er wußte, was das Händeklatschen bedeute. Als Amor kam er, zitternd, mehr als einmal, im Flugwerke herunter, entwickelte sich als Harlekin aus dem Ei, und machte als kleiner Essenkehrer schon früh die artigsten Streiche.

Leider mußte er den Beifall, den er an glänzenden Abenden erhielt, in den Zwischenzeiten sehr teuer bezahlen. Sein Vater, überzeugt, daß nur durch Schläge die Aufmerksamkeit der Kinder erregt und festgehalten werden könne, prügelte ihn bei'm Einstudieren einer jeden Rolle zu abgemessenen Zeiten; nicht, weil das Kind ungeschickt war, sondern damit es sich desto gewisser und anhaltender geschickt zeigen möge. So gab man ehemals, indem ein Gränzstein gesetzt wurde, den umstehenden Kindern tüchtige Ohrfeigen, und die ältesten Leute erinnern sich noch genau des Ortes und der Stelle. Er wuchs heran, und zeigte außerordentliche Fähigkeiten des Geistes und Fertigkeiten des Körpers, und dabei eine große Biegsamkeit sowohl in seiner Vorstellungsart, als in Handlungen und Gebärden. Seine Nachahmungsgabe überstieg allen Glauben. Schon als

Knabe ahmte er Personen nach, so daß man sie zu sehen glaubte, ob sie ihm schon an Gestalt, Alter und Wesen völlig unähnlich und unter einander verschieden waren. Dabei fehlte es ihm nicht an der Gabe, sich in die Welt zu schicken, und sobald er sich einigermaßen seiner Kräfte bewußt war, fand er nichts natürlicher, als seinem Vater zu entfliehen, der, wie die Vernunft des Knaben zunahm, und seine Geschicklichkeit sich vermehrte, ihnen noch durch harte Begegnung nachzuhelfen für nötig fand.

Wie glücklich fühlte sich der lose Knabe nun in der freien Welt, da ihm seine Eulenspiegelspossen überall eine gute Aufnahme verschafften. Sein guter Stern führte ihn zuerst in der Fastnachtszeit in ein Kloster, wo er, weil eben der Pater, der die Umgänge zu besorgen und durch geistliche Maskeraden die christliche Gemeinde zu ergötzen hatte, gestorben war, als ein hülfreicher Schutzengel auftrat. Auch übernahm er sogleich die Rolle Gabriels in der Verkündigung, und mißfiel dem hübschen Mädchen nicht, die als Maria seinen obligeanten Gruß, mit äußerlicher Demut und innerlichem Stolze, sehr zierlich aufnahm. Er spielte darauf sukzessive in den Mysterien die wichtigsten Rollen, und wußte sich nicht wenig, da er endlich gar als Heiland der Welt verspottet, geschlagen und an's Kreuz geheftet wurde.

Einige Kriegsknechte mochten bei dieser Gelegenheit ihre Rollen gar zu natürlich spielen; daher er sie, um sich auf die schicklichste Weise an ihnen zu rächen, bei Gelegenheit des jüngsten Gerichts in die prächtigsten Kleider von Kaisern und Königen steckte, und ihnen in dem Augenblicke, da sie, mit ihren Rollen sehr wohl zufrieden, auch in dem Himmel allen andern vorauszugehen den Schritt nahmen, unvermutet in Teufelsgestalt begegnete, und sie mit der Ofengabel, zur herzlichsten Erbauung sämtlicher Zuschauer und Bettler, weidlich durchdrosch, und unbarmherzig zurück in die Grube stürzte, wo sie sich von einem hervordringenden Feuer auf's übelste empfangen sahen.

Er war klug genug einzusehen, daß die gekrönten Häupter sein freches Unternehmen nicht wohl vermerken, und selbst vor seinem privilegierten Ankläger- und Schergen-Amte keinen Respekt haben würden; er machte sich daher, noch ehe das tausendjährige Reich anging, in aller Stille davon, und ward in einer benachbarten Stadt von einer Gesellschaft, die man damals Kinder der Freude nannte, mit offnen Armen aufgenommen. Es waren verständige, geistreiche, lebhafte Menschen, die wohl einsahen, daß die Summe unsrer Existenz, durch Vernunft dividiert, niemals rein aufgehe, sondern daß immer ein wunderlicher Bruch übrig bleibe. Diesen hinderlichen, und, wenn er sich in die ganze Masse verteilt, gefährlichen Bruch suchten sie zu bestimmten Zeiten vorsätzlich los zu werden. Sie waren einen Tag der Woche recht ausführlich Narren, und straften an demselben wechselseitig durch allegorische Vorstellungen, was sie während der übrigen Tage an sich und andern Närrisches bemerkt hatten.

War diese Art gleich roher als eine Folge von Ausbildung, in welcher der sittliche Mensch sich täglich zu bemerken, zu warnen und zu strafen pflegt; so war sie doch lustiger und sicherer: denn indem man einen gewissen Schoßnarren nicht verleugnete, so traktierte man ihn auch nur für das, was er war, anstatt daß er auf dem andern Wege, durch Hülfe des Selbstbetrugs, oft im Hause zur Herrschaft gelangt, und die Vernunft zur heimlichen Knechtschaft zwingt, die sich einbildet, ihn lange verjagt zu haben. Die Narrenmaske ging in der Gesellschaft herum, und jedem war erlaubt, sie an seinem Tage, mit eigenen oder fremden Attributen, charakteristisch auszuzieren. In der Karnavalszeit nahm man sich die größte Freiheit, und wetteiferte mit der Bemühung der Geistlichen, das Volk zu unterhalten und anzuziehen. Die feierlichen und allegorischen Aufzüge von Tugenden und Lastern, Künsten und Wissenschaften, Weltteilen und Jahrszeiten versinnlichten dem Volke eine Menge Begriffe, und gaben ihm Ideen entfernter Gegenstände, und so waren diese Scherze nicht ohne Nutzen, da von einer andern Seite die geistlichen Mummereien nur einen abgeschmackten Aberglauben noch mehr befestigten.

Der junge Serlo war auch hier wieder ganz in seinem Elemente; eigentliche Erfindungskraft hatte er nicht, dagegen aber das größte Geschick, was er vor sich fand zu nutzen, zurecht zu stellen, und scheinbar zu machen. Seine Einfälle, seine Nachahmungsgabe, ja sein beißender Witz, den er wenigstens einen Tag in der Woche völlig frei, selbst gegen seine Wohltäter, üben durfte, machte ihn der ganzen Gesellschaft wert, ja unentbehrlich.

Doch trieb ihn seine Unruhe bald aus dieser vorteilhaften Lage in andere Gegenden seines Vaterlandes, wo er wieder eine neue Schule durchzugehen hatte. Er kam in den gebildeten, aber auch bildlosen Teil von Deutschland, wo es zur Verehrung des Guten und Schönen zwar nicht an Wahrheit, aber oft an Geist gebricht; er konnte mit seinen Masken nichts mehr ausrichten; er mußte suchen auf Herz und Gemüt zu wirken. Nur kurze Zeit hielt er sich bei kleinen und großen Gesellschaften auf, und merkte, bei dieser Gelegenheit, sämtlichen Stücken und Schauspielern ihre Eigenheiten ab. Die Monotonie, die damals auf dem deutschen Theater herrschte, den albernen Fall und Klang der Alexandriner, den geschraubt-platten Dialog, die Trockenheit und Gemeinheit der unmittelbaren Sittenprediger hatte er bald gefaßt, und zugleich bemerkt was rührte und gefiel.

Nicht *eine* Rolle der gangbaren Stücke, sondern die ganzen Stücke blieben leicht in seinem Gedächtnis, und zugleich der eigentümliche Ton des Schauspielers, der sie mit Beifall vorgetragen hatte. Nun kam er zufälligerweise auf seinen Streifereien, da ihm das Geld völlig ausgegangen war, zu dem Einfall, allein ganze Stücke besonders auf Edelhöfen und in Dörfern vorzustellen, und sich dadurch überall sogleich Unterhalt und Nachtquartier zu verschaffen. In jeder Schenke, jedem Zimmer und Garten war sein Theater gleich aufgeschlagen; mit einem schelmischen Ernst und anscheinenden Enthusiasmus wußte er die Einbildungskraft seiner Zuschauer zu gewinnen, ihre Sinne zu täuschen, und vor ihren offenen Augen einen alten Schrank zu einer Burg, und einen Fächer zum Dolche umzuschaffen. Seine Jugendwärme ersetzte den Mangel eines tiefen Gefühls; seine Heftigkeit schien Stärke, und seine Schmeichelei Zärtlichkeit. Diejenigen, die das Theater schon kannten, erinnerte er an alles, was sie gesehen und gehört hatten, und in den Übrigen erregte er eine Ahnung von etwas Wunderbarem, und den Wunsch, näher damit bekannt zu werden. Was an einem Orte Wirkung tat, verfehlte er nicht am andern zu wiederholen, und hatte die herzlichste Schadenfreude, wenn er alle Menschen auf gleiche Weise aus dem Stegreife zum Besten haben konnte.

Bei seinem lebhaften, freien und durch nichts gehinderten Geist verbesserte er sich, indem er Rollen und Stücke oft wiederholte, sehr geschwind. Bald rezitierte und spielte er dem Sinne gemäßer, als die Muster, die er anfangs nur nachgeahmt hatte. Auf diesem Wege kam er nach und nach dazu, natürlich zu spielen und doch immer verstellt zu sein. Er schien hingerissen, und lauerte auf den Effekt, und sein größter Stolz war, die Menschen stufenweise in Bewegung zu setzen. Selbst das tolle Handwerk, das er trieb, nötigte ihn bald mit einer gewissen Mäßigung zu verfahren, und so lernte er, teils gezwungen, teils aus Instinkt, das, wovon so wenig Schauspieler einen Begriff zu haben scheinen: mit Organ und Gebärden ökonomisch zu sein.

So wußte er selbst rohe und unfreundliche Menschen zu bändigen und für sich zu interessieren. Da er überall mit Nahrung und Obdach zufrieden war, jedes Geschenk dankbar annahm, das man ihm reichte, ja manchmal gar das Geld, wenn er dessen nach seiner Meinung genug hatte, ausschlug; so schickte man ihn mit Empfehlungsschreiben einander zu, und so wanderte er eine ganze Zeit von einem Edelhofe zum andern, wo er manches Vergnügen erregte, manches genoß, und nicht ohne die angenehmsten und artigsten Abenteuer blieb.

Bei der innerlichen Kälte seines Gemütes liebte er eigentlich niemand; bei der Klarheit seines Blicks konnte er niemand achten, denn er sah nur immer die äußern Eigenheiten der Menschen, und trug sie in seine mimische Sammlung ein. Dabei aber war seine Selbstigkeit äußerst beleidigt, wenn er nicht jedem gefiel, und wenn er nicht überall Beifall erregte. Wie dieser zu erlangen sei, darauf hatte er nach und nach so genau Acht gegeben, und hatte seinen Sinn so geschärft, daß er nicht allein bei seinen Darstellungen, sondern auch im gemeinen Leben nicht mehr anders als schmeicheln konnte. Und so arbeitete seine Gemütsart, sein Talent und seine Lebensart dergestalt wechselsweise gegen einander, daß er sich unvermerkt zu einem vollkommnen Schauspieler ausgebildet sah. Ja, durch eine seltsam scheinende, aber ganz natürliche Wirkung und Gegenwirkung stieg, durch Einsicht und Übung, seine Rezitation, Deklamation und sein Gebärdenspiel zu einer hohen Stufe von Wahrheit, Freiheit und Offenheit, indem er im Leben und Umgang immer heimlicher, künstlicher, ja verstellt und ängstlich zu werden schien.

Von seinen Schicksalen und Abenteuern sprechen wir vielleicht an einem andern Orte, und bemerken hier nur so viel: daß er in spätern Zeiten, da er schon ein gemachter Mann, im Besitz von entschiedenem Namen, und in einer sehr guten obgleich nicht festen Lage war, sich angewöhnt hatte, im Gespräch auf eine feine Weise teils ironisch, teils spöttisch den Sophisten zu machen, und dadurch fast jede ernsthafte Unterhaltung zu zerstören. Besonders gebrauchte er diese Manier gegen Wilhelm, sobald dieser, wie es ihm oft begegnete, ein allgemeines theoretisches Gespräch anzuknüpfen Lust hatte. Dessen ungeachtet waren sie sehr gern beisammen, indem durch ihre beiderseitige Denkart die Unterhaltung lebhaft werden mußte. Wilhelm wünschte, alles aus den Begriffen, die er gefaßt hatte, zu entwickeln, und wollte die Kunst in einem Zusammenhange behandelt haben. Er wollte ausgesprochene Regeln festsetzen, bestimmen, was recht, schön und gut sei, und was Beifall verdiene; genug, er behandelte alles auf das ernstlichste. Serlo hingegen nahm die Sache sehr leicht, und indem er niemals direkt auf eine Frage antwortete, wußte er durch eine Geschichte oder einen Schwank die artigste und vergnüglichste Erläuterung beizubringen, und die Gesellschaft zu unterrichten, indem er sie erheiterte.

Neunzehntes Kapitel

Indem nun Wilhelm auf diese Weise sehr angenehme Stunden zubrachte, befanden sich Melina und die Übrigen in einer desto verdrießlichern Lage. Sie erschienen unserm Freunde manchmal wie böse Geister, und machten ihm nicht bloß durch ihre Gegenwart, sondern auch oft durch flämische Gesichter und bittre Reden einen verdrießlichen Augenblick. Serlo hatte sie nicht einmal zu Gastrollen gelassen, geschweige daß er ihnen Hoffnung zum Engagement gemacht hätte, und hatte dessen ungeachtet nach und nach ihre sämtlichen Fähigkeiten kennen gelernt. So oft sich Schauspieler bei ihm gesellig versammelten, hatte er die Gewohnheit lesen zu lassen, und manchmal selbst mitzulesen. Er nahm Stücke vor, die noch gegeben werden sollten, die lange nicht gegeben waren, und zwar meistens nur teilweise. So ließ er auch, nach einer ersten Aufführung, Stellen, bei denen er etwas zu erinnern hatte, wiederholen, vermehrte dadurch die Einsicht der Schauspieler, und verstärkte ihre Sicherheit den rechten Punkt zu treffen. Und wie ein geringer aber richtiger Verstand mehr als ein verworrenes und ungeläutertes Genie zur Zufriedenheit anderer wirken kann; so erhub er mittelmäßige Talente, durch die deutliche Einsicht, die er ihnen unmerklich verschaffte, zu einer bewundernswürdigen Fähigkeit. Nicht wenig trug dazu bei, daß er auch Gedichte lesen ließ, und in ihnen das Gefühl jenes Reizes erhielt, den ein wohlvorgetragener Rhythmus in unsrer Seele erregt, anstatt daß man bei andern Gesellschaften schon anfing, nur diejenige Prosa vorzutragen, wozu einem jeden der Schnabel gewachsen war.

Bei solchen Gelegenheiten hatte er auch die sämtlichen angekommenen Schauspieler kennen lernen, das was sie waren, und was sie werden konnten, beurteilt, und sich in der Stille vorgenommen, von ihren Talenten, bei einer Revolution, die seiner Gesellschaft drohete, sogleich Vorteil zu ziehen. Er ließ die Sache eine Weile auf sich beruhen, lehnte alle Interzessionen Wilhelms für sie mit Achselzucken ab, bis er seine Zeit ersah, und seinem jungen Freunde ganz unerwartet den Vorschlag tat: er solle doch selbst bei ihm auf's Theater gehen, und unter dieser Bedingung wolle er auch die Übrigen engagieren.

Die Leute müssen also doch so unbrauchbar nicht sein, wie Sie mir solche bisher geschildert haben, versetzte ihm Wilhelm, wenn sie jetzt auf einmal zusammen angenommen werden können, und ich dächte, ihre Talente müßten auch ohne mich dieselbigen bleiben.

Serlo eröffnete ihm darauf, unter dem Siegel der Verschwiegenheit, seine Lage: wie sein erster Liebhaber Miene mache, ihn bei der Erneuerung des Kontrakts zu steigern, und wie er nicht gesinnt sei, ihm nachzugeben, besonders da die Gunst des Publikums gegen ihn so groß nicht mehr sei. Ließe er diesen gehen, so würde sein ganzer Anhang ihm folgen, wodurch denn die Gesellschaft einige gute, aber auch einige mittelmäßige Glieder verlöre. Hierauf zeigte er Wilhelmen, was er dagegen an ihm, an Laertes, dem alten Polterer und selbst an Frau Melina zu gewinnen hoffe. Ja, er versprach dem armen Pedanten als Juden, Minister, und überhaupt als Bösewicht einen entschiedenen Beifall zu verschaffen.

Wilhelm stutzte, und vernahm den Vortrag nicht ohne Unruhe, und nur, um etwas zu sagen, versetzte er, nachdem er tief Atem geholt hatte: Sie sprechen auf eine sehr freundliche Weise nur von dem Guten, was Sie an uns finden und von uns hoffen; wie sieht es denn aber mit den schwachen Seiten aus, die Ihrem Scharfsinne gewiß nicht entgangen sind?

Die wollen wir bald durch Fleiß, Übung und Nachdenken zu starken Seiten machen, versetzte Serlo. Es ist unter euch allen, die ihr denn doch nur Naturalisten und Pfuscher seid, keiner, der nicht mehr oder weniger Hoffnung von sich gäbe; denn so viel ich alle beurteilen kann, so ist kein einziger Stock darunter, und Stöcke allein sind die Unverbesserlichen, sie mögen nun aus Eigendünkel, Dummheit oder Hypochondrie ungelenk oder unbiegsam sein.

Serlo legte darauf mit wenigen Worten die Bedingungen dar, die er machen könne und wolle, bat Wilhelmen um schleunige Entscheidung, und verließ ihn in nicht geringer Unruhe.

Bei der wunderlichen und gleichsam nur zum Scherz unternommenen Arbeit jener fingierten Reisebeschreibung, die er mit Laertes zusammensetzte, war er auf die Zustände und das tägliche Leben der wirklichen Welt aufmerksamer geworden, als er sonst gewesen war. Er begriff jetzt selbst erst die Absicht des Vaters, als er ihm die Führung des Journals so lebhaft empfohlen. Er fühlte zum erstenmale, wie angenehm und nützlich es sein könne, sich zur Mittelsperson so vieler Gewerbe und Bedürfnisse zu machen, und bis in die tiefsten Gebirge und Wälder des festen Landes Leben und Tätigkeit verbreiten zu helfen. Die lebhafte Handelsstadt, in der er sich befand, gab ihm bei der Unruhe des Laertes, der ihn überall mit herumschleppte, den anschaulichsten Begriff eines großen Mittelpunktes, woher alles ausfließt, und wohin alles zurückkehrt, und es war das erstemal, daß sein Geist im Anschauen dieser Art von Tätigkeit sich wirklich ergötzte. In diesem Zustande hatte ihm Serlo den Antrag getan, und seine Wünsche, seine Neigung, sein Zutrauen auf ein angebornes Talent, und seine Verpflichtung gegen die hülflose Gesellschaft wieder rege gemacht.

Da steh' ich nun, sagte er zu sich selbst, abermals am Scheidewege zwischen den beiden Frauen, die mir in meiner Jugend erschienen. Die eine sieht nicht mehr so kümmerlich aus, wie damals, und die andere nicht so prächtig. Der einen wie der andern zu folgen fühlst du eine Art von innerm Beruf, und von beiden Seiten sind die äußern Anlässe stark genug; es scheint dir unmöglich, dich zu entscheiden; du wünschest, daß irgend ein Übergewicht von außen deine Wahl bestimmen möge, und doch, wenn du dich recht untersuchst, so sind es nur äußere Umstände, die dir eine Neigung zu Gewerb, Erwerb und Besitz einflößen, aber dein innerstes Bedürfnis erzeugt und nährt den Wunsch, die Anlagen, die in dir zum Guten und Schönen ruhen mögen, sie seien körperlich oder geistig, immer mehr zu entwickeln und auszubilden. Und muß ich nicht das Schicksal verehren, das mich ohne mein Zutun hierher an das Ziel aller meiner Wünsche führt? Geschieht nicht alles, was ich mir ehemals ausgedacht und vorgesetzt, nun zufällig ohne mein Mitwirken? Sonderbar genug! Der Mensch scheint mit nichts vertrauter zu sein als mit seinen Hoffnungen und Wünschen, die er lange im Herzen nährt und bewahrt, und doch, wenn sie ihm nun begegnen, wenn sie sich ihm gleichsam aufdringen, erkennt er sie nicht und weicht vor ihnen zurück. Alles, was ich mir vor jener unglücklichen Nacht, die mich von Marianen entfernte, nur träumen ließ, steht vor mir, und bietet sich mir selbst an. Hierher wollte ich flüchten, und bin sachte hergeleitet worden; bei Serlo wollte ich unterzukommen suchen, er sucht nun mich, und bietet mir Bedingungen an, die ich als Anfänger nie erwarten konnte. War es denn bloß Liebe zu Marianen, die mich an's Theater fesselte? oder war es Liebe zur Kunst, die mich an das Mädchen festknüpfte? War jene Aussicht, jener Ausweg nach der Bühne bloß einem unordentlichen unruhigen Menschen willkommen, der ein Leben fortzusetzen wünschte, das ihm die Verhältnisse der bürgerlichen Welt nicht gestatteten, oder war es alles anders, reiner, würdiger? und was sollte dich bewegen können, deine damaligen Gesinnungen zu ändern? Hast du nicht vielmehr bisher selbst unwissend deinen Plan verfolgt? Ist nicht jetzt der letzte Schritt noch mehr zu billigen, da keine Nebenabsichten dabei im Spiele sind, und da du zugleich ein feierlich gegebenes Wort halten, und dich auf eine edle Weise von einer schweren Schuld befreien kannst?

Alles, was in seinem Herzen und seiner Einbildungskraft sich bewegte, wechselte nun auf das lebhafteste gegen einander ab. Daß er seine Mignon behalten könne, daß er den Harfner nicht zu verstoßen brauche, war kein kleines Gewicht auf der Wagschale, und doch schwankte sie noch hin und wieder, als er seine Freundin Aurelie gewohnter Weise zu besuchen ging.

Zwanzigstes Kapitel

Er fand sie auf ihrem Ruhebette; sie schien stille. Glauben Sie noch morgen spielen zu können? fragte er. O ja, versetzte sie lebhaft; Sie wissen, daran hindert mich nichts. — Wenn ich nur ein Mittel wüßte, den Beifall unsers Parterre's von mir abzulehnen; sie meinen es gut und werden mich noch umbringen. Vorgestern dacht' ich, das Herz müßte mir reißen! Sonst konnt' ich es wohl leiden, wenn ich mir selbst gefiel; wenn ich lange studiert und mich vorbereitet hatte, dann freute ich mich, wenn das willkommene Zeichen, nun sei es gelungen, von allen Enden widertönte. Jetzo sag' ich nicht, was ich will, nicht wie ich's will; ich werde hingerissen; ich verwirre mich, und mein Spiel macht einen weit größern Eindruck. Der Beifall wird lauter, und ich denke: Wüßtet ihr, was euch entzückt! Die dunkeln, heftigen, unbestimmten Anklänge rühren euch, zwingen euch Bewundrung ab, und ihr fühlt nicht, daß es die Schmerzenstöne der Unglücklichen sind, der ihr euer Wohlwollen geschenkt habt.

Heute früh hab' ich gelernt, jetzt wiederholt und versucht. Ich bin müde, zerbrochen, und morgen geht es wieder von vorn an. Morgen Abend soll gespielt werden. So schlepp' ich mich hin und her; es ist mir langweilig aufzustehen, und verdrießlich zu Bette zu gehen. Alles macht einen ewigen Zirkel in mir. Dann treten die leidigen Tröstungen vor mir auf, dann werf' ich sie weg, und verwünsche sie. Ich will mich nicht ergeben, nicht der Notwendigkeit ergeben — warum soll das notwendig sein, was mich zu Grunde richtet? Könnte es nicht auch anders sein? Ich muß es eben bezahlen, daß ich eine Deutsche bin; es ist der Charakter der Deutschen, daß sie über allem schwer werden, daß alles über ihnen schwer wird.

O, meine Freundin, fiel Wilhelm ein, könnten Sie doch aufhören, selbst den Dolch zu schärfen, mit dem Sie sich unablässig verwunden! Bleibt Ihnen denn nichts? Ist denn Ihre Jugend, Ihre Gestalt, Ihre Gesundheit, sind

Ihre Talente nichts? Wenn Sie ein Gut ohne Ihr Verschulden verloren haben, müssen Sie denn alles Übrige hinterdrein werfen? Ist das auch notwendig?

Sie schwieg einige Augenblicke, dann fuhr sie auf: Ich weiß es wohl, daß es Zeitverderb ist, nichts als Zeitverderb ist die Liebe! Was hätte ich nicht tun können! tun sollen! Nun ist alles rein zu nichts geworden. Ich bin ein armes verliebtes Geschöpf, nichts als verliebt! Haben Sie Mitleiden mit mir, bei Gott, ich bin ein armes Geschöpf!

Sie versank in sich, und nach einer kurzen Pause rief sie heftig aus: Ihr seid gewohnt, daß sich euch alles an den Hals wirft. Nein, ihr könnt es nicht fühlen, kein Mann ist im Stande, den Wert eines Weibes zu fühlen, das sich zu ehren weiß! Bei allen heiligen Engeln, bei allen Bildern der Seligkeit, die sich ein reines gutmütiges Herz erschafft, es ist nichts Himmlischeres, als ein weibliches Wesen, das sich dem geliebten Manne hingibt! Wir sind kalt, stolz, hoch, klar, klug, wenn wir verdienen, Weiber zu heißen, und alle diese Vorzüge legen wir euch zu Füßen, sobald wir lieben, sobald wir hoffen, Gegenliebe zu erwerben. O wie hab' ich mein ganzes Dasein so mit Wissen und Willen weggeworfen! Aber nun will ich auch verzweifeln, absichtlich verzweifeln. Es soll kein Blutstropfen in mir sein, der nicht gestraft wird, keine Faser, die ich nicht peinigen will. Lächeln Sie nur, lachen Sie nur über den theatralischen Aufwand von Leidenschaft!

Fern war von unserm Freunde jede Anwandlung des Lachens. Der entsetzliche, halb natürliche, halb erzwungene Zustand seiner Freundin peinigte ihn nur zu sehr. Er empfand die Foltern der unglücklichen Anspannung mit: sein Gehirn zerrüttete sich, und sein Blut war in einer fieberhaften Bewegung.

Sie war aufgestanden, und ging in der Stube hin und wieder. Ich sage mir alles vor, rief sie aus, warum ich ihn nicht lieben sollte. Ich weiß auch, daß er es nicht wert ist; ich wende mein Gemüt ab, dahin und dorthin, beschäftige mich, wie es nur gehen will. Bald nehm' ich eine Rolle vor, wenn ich sie auch nicht zu spielen habe; ich übe die alten, die ich durch und durch kenne, fleißiger und fleißiger, in's Einzelne, und übe und übe — mein Freund, mein Vertrauter, welche entsetzliche Arbeit ist es, sich mit Gewalt von sich selbst zu entfernen! Mein Verstand leidet, mein Gehirn ist so angespannt; um mich vom Wahnsinne zu retten, überlass' ich mich wieder dem Gefühle, daß ich ihn liebe. — Ja, ich liebe ihn, ich liebe ihn! rief sie unter tausend Tränen, ich liebe ihn, und so will ich sterben.

Er faßte sie bei der Hand, und bat sie auf das inständigste, sich nicht selbst aufzureiben. O, sagte er, wie sonderbar ist es, daß dem Menschen nicht allein so manches Unmögliche, sondern auch so manches Mögliche versagt ist. Sie waren nicht bestimmt, ein treues Herz zu finden, das Ihre ganze Glückseligkeit würde gemacht haben. Ich war dazu bestimmt, das ganze Heil meines Lebens an eine Unglückliche festzuknüpfen, die ich durch die Schwere meiner Treue wie ein Rohr zu Boden zog, ja vielleicht gar zerbrach.

Er hatte Aurelien seine Geschichte mit Marianen vertraut, und konnte sich also jetzt darauf beziehen. Sie sah ihm starr in die Augen und fragte: Können Sie sagen, daß Sie noch niemals ein Weib betrogen, daß Sie keiner mit leichtsinniger Galanterie, mit frevelhafter Beteurung, mit herzlokkenden Schwüren ihre Gunst abzuschmeicheln gesucht?

Das kann ich, versetzte Wilhelm, und zwar ohne Ruhmredigkeit: denn mein Leben war sehr einfach, und ich bin selten in die Versuchung geraten, zu versuchen. Und welche Warnung, meine schöne, meine edle Freundin, ist mir der traurige Zustand, in den ich Sie versetzt sehe! Nehmen Sie ein Gelübde von mir, das meinem Herzen ganz angemessen ist, das durch die Rührung, die Sie mir einflößten, sich bei mir zur Sprache und Form bestimmt, und durch diesen Augenblick geheiligt wird: jeder flüchtigen Neigung will ich widerstehen, und selbst die ernstlichsten in meinem Busen bewahren; kein weibliches Geschöpf soll ein Bekenntnis der Liebe von meinen Lippen vernehmen, dem ich nicht mein ganzes Leben widmen kann!

Sie sah ihn mit einer wilden Gleichgültigkeit an, und entfernte sich, als er ihr die Hand reichte, um einige Schritte. Es ist nichts daran gelegen! rief sie: so viel Weibertränen mehr oder weniger, die See wird darum doch nicht wachsen. Doch, fuhr sie fort, unter Tausenden Eine gerettet, das ist doch etwas, unter Tausenden Einen Redlichen gefunden, das ist anzunehmen! Wissen Sie auch, was Sie versprechen?

Ich weiß es, versetzte Wilhelm lächelnd, und hielt seine Hand hin.

Ich nehm' es an, versetzte sie, und machte eine Bewegung mit ihrer Rechten, so daß er glaubte, sie würde die seine fassen; aber schnell fuhr sie in die Tasche, riß den Dolch blitzgeschwind heraus, und fuhr mit Spitze und Schneide ihm rasch über die Hand weg. Er zog sie schnell zurück, aber schon lief das Blut herunter.

Man muß euch Männer scharf zeichnen, wenn ihr merken sollt, rief sie mit einer wilden Heiterkeit aus, die bald in eine hastige Geschäftigkeit überging. Sie nahm ihr Schnupftuch und umwickelte seine Hand damit, um das erste hervordringende Blut zu stillen. Verzeihen Sie einer Halbwahnsinnigen, rief sie aus, und lassen Sie sich diese Tropfen Bluts nicht reuen. Ich bin versöhnt, ich bin wieder bei mir selber. Auf meinen Knien will ich Abbitte tun, lassen Sie mir den Trost, Sie zu heilen.

Sie eilte nach ihrem Schranke, holte Leinwand und einiges Gerät, stillte das Blut, und besah die Wunde sorgfältig. Der Schnitt ging durch den Ballen gerade unter dem Daumen, teilte die Lebenslinie, und lief gegen den kleinen Finger aus. Sie verband ihn still, und mit einer nachdenklichen Bedeutsamkeit in sich gekehrt. Er fragte einigemal: Beste, wie konnten Sie Ihren Freund verletzen?

Still, erwiederte sie, indem sie den Finger auf den Mund legte: still!

FÜNFTES BUCH

Erstes Kapitel

So hatte Wilhelm zu seinen zwei kaum geheilten Wunden abermals eine frische dritte, die ihm nicht wenig unbequem war. Aurelie wollte nicht zugeben, daß er sich eines Wundarztes bediente; sie selbst verband ihn unter allerlei wunderlichen Reden, Zeremonien und Sprüchen, und setzte ihn dadurch in eine sehr peinliche Lage. Doch nicht er allein, sondern alle Personen, die sich in ihrer Nähe befanden, litten durch ihre Unruhe und Sonderbarkeit; niemand aber mehr als der kleine Felix. Das lebhafte Kind war unter einem solchen Druck höchst ungeduldig und zeigte sich immer unartiger, je mehr sie es tadelte und zurecht wies.

Der Knabe gefiel sich in gewissen Eigenheiten, die man auch Unarten zu nennen pflegt, und die sie ihm keineswegs nachzusehen gedachte. Er trank, zum Beispiel, lieber aus der Flasche als aus dem Glase, und offenbar schmeckten ihm die Speisen aus der Schüssel besser als von dem Teller. Eine solche Unschicklichkeit wurde nicht übersehen, und wenn er nun gar die Türe aufließ oder zuschlug, und, wenn ihm etwas befohlen wurde, entweder nicht von der Stelle wich oder ungestüm davon rannte, so mußte er eine große Lektion anhören, ohne daß er darauf je einige Besserung hätte spüren lassen. Vielmehr schien die Neigung zu Aurelien sich täglich mehr zu verlieren; in seinem Tone war nichts Zärtliches, wenn er sie Mutter nannte, er hing vielmehr leidenschaftlich an der alten Amme, die ihm denn freilich allen Willen ließ.

Aber auch diese war seit einiger Zeit so krank geworden, daß man sie aus dem Hause in ein stilles Quartier bringen mußte, und Felix hätte sich ganz allein gesehen, wäre nicht Mignon auch ihm als ein liebevoller Schutzgeist erschienen. Auf das artigste unterhielten sich beide Kinder mit einander; sie lehrte ihm kleine Lieder, und er, der ein sehr gutes Gedächtnis hatte, rezitierte sie oft zur Verwunderung der Zuhörer. Auch wollte sie ihm die Landkarten erklären, mit denen sie sich noch immer sehr abgab, wobei sie jedoch nicht mit der besten Methode verfuhr. Denn eigentlich schien sie bei den Ländern kein besonderes Interesse zu haben, als ob sie kalt oder warm seien. Von den Weltpolen, von dem schrecklichen Eise daselbst, und von der zunehmenden Wärme, je mehr man sich von ihnen entfernte, wußte sie sehr gut Rechenschaft zu geben. Wenn jemand reis'te, fragte sie nur, ob er nach Norden oder nach Süden gehe, und bemühte sich die Wege auf ihren kleinen Karten aufzufinden. Besonders wenn Wilhelm von Reisen sprach, war sie sehr aufmerksam, und schien sich immer zu betrüben, sobald das Gespräch auf eine andere Materie überging. So wenig man sie bereden konnte, eine Rolle zu übernehmen, oder auch nur, wenn gespielt wurde, auf das Theater zu gehen; so gern und fleißig lernte sie Oden und Lieder auswendig, und erregte, wenn sie ein solches Gedicht, gewöhnlich von der ernsten und feierlichen Art, oft unvermutet wie aus dem Stegreife deklamierte, bei jedermann Erstaunen.

Serlo, der auf jede Spur eines aufkeimenden Talentes zu achten gewohnt war, suchte sie aufzumuntern; am meisten aber empfahl sie sich ihm durch einen sehr artigen, mannichfaltigen und manchmal selbst muntern Gesang, und auf eben diesem Wege hatte sich der Harfenspieler seine Gunst erworben.

Serlo, ohne selbst Genie zur Musik zu haben, oder irgend ein Instrument zu spielen, wußte ihren hohen Wert zu schätzen; er suchte sich so oft als möglich diesen Genuß, der mit keinem andern verglichen werden kann, zu verschaffen. Er hatte wöchentlich einmal Konzert, und nun hatte sich ihm durch Mignon, den Harfenspieler und Laertes, der auf der Violine nicht ungeschickt war, eine wunderliche kleine Hauskapelle gebildet.

Er pflegte zu sagen: Der Mensch ist so geneigt, sich mit dem Gemeinsten abzugeben, Geist und Sinne stumpfen sich so leicht gegen die Eindrücke des Schönen und Vollkommenen ab, daß man die Fähigkeit, es zu empfinden, bei sich auf alle Weise erhalten sollte. Denn einen solchen Genuß kann niemand ganz entbehren, und nur die Ungewohntheit etwas Gutes zu genießen, ist Ursache, daß viele Menschen schon am Albernen und Abgeschmackten, wenn es nur neu ist, Vergnügen finden. Man sollte, sagte er, alle Tage wenigstens ein kleines Lied hören, ein gutes Gedicht lesen, ein treffliches Gemälde sehen, und, wenn es möglich zu machen wäre, einige vernünftige Worte sprechen.

Bei diesen Gesinnungen, die Serlo gewissermaßen natürlich waren, konnte es den Personen, die ihn umgaben, nicht an angenehmer Unterhaltung fehlen. Mitten in diesem vergnüglichen Zustande brachte man Wilhelmen eines Tags einen schwarzgesiegelten Brief. Werners Petschaft deutete auf eine traurige Nachricht, und er erschrak nicht wenig, als er den Tod seines Vaters nur mit einigen Worten angezeigt fand. Nach einer unerwarteten kurzen Krankheit war er aus der Welt gegangen, und hatte seine häuslichen Angelegenheiten in der besten Ordnung hinterlassen.

Diese unvermutete Nachricht traf Wilhelmen im Innersten. Er fühlte tief, wie unempfindlich man oft Freunde und Verwandte, so lange sie sich mit uns des irdischen Aufenthaltes erfreuen, vernachlässigt, und nur dann erst die Versäumnis bereut, wenn das schöne Verhältnis wenigstens für diesmal aufgehoben ist. Auch konnte der Schmerz über das zeitige Absterben des braven Mannes nur durch das Gefühl gelindert werden, daß er auf der Welt wenig geliebt, und durch die Überzeugung, daß er wenig genossen habe.

Wilhelms Gedanken wandten sich nun bald auf seine eigenen Verhältnisse, und er fühlte sich nicht wenig beunruhigt. Der Mensch kann in keine gefährlichere Lage versetzt werden, als wenn durch äußere Umstände eine große Veränderung seines Zustandes bewirkt wird, ohne daß seine Art zu empfinden und zu denken darauf vorbereitet ist. Es gibt alsdann eine Epoche ohne Epoche, und es entsteht nur ein desto größerer Widerspruch, je weniger der Mensch bemerkt, daß er zu dem neuen Zustande noch nicht ausgebildet sei.

Wilhelm sah sich in einem Augenblicke frei, in welchem er mit sich selbst noch nicht einig werden konnte. Seine Gesinnungen waren edel, seine Absichten lauter, und seine Vorsätze schienen nicht verwerflich. Das alles durfte er sich mit einigem Zutrauen selbst bekennen; allein er hatte Gelegenheit genug gehabt zu bemerken, daß es ihm an Erfahrung fehle, und er legte daher auf die Erfahrung anderer und auf die Resultate, die sie daraus mit Überzeugung ableiteten, einen übermäßigen Wert, und kam dadurch nur immer mehr in die Irre. Was ihm fehlte, glaubte er am ersten zu erwerben, wenn er alles Denkwürdige, was ihm in Büchern und im Gespräch vorkommen mochte, zu erhalten und zu sammeln unternähme. Er schrieb daher fremde und eigene Meinungen und Ideen, ja ganze Gespräche, die ihm interessant waren, auf, und hielt leider auf diese Weise das Falsche so gut als das Wahre fest, blieb viel zu lange an einer Idee, ja man möchte sagen an einer Sentenz hängen, und verließ dabei seine natürliche Denk- und Handelsweise, indem er oft fremden Lichtern als Leitsternen folgte. Aureliens Bitterkeit und seines Freundes Laertes kalte Verachtung der Menschen bestachen öfter als billig war sein Urteil: niemand aber war ihm gefährlicher gewesen als Jarno, ein Mann, dessen heller Verstand von gegenwärtigen Dingen ein richtiges strenges Urteil fällte, dabei aber den Fehler hatte, daß er diese einzelnen Urteile mit einer Art von Allgemeinheit aussprach, da doch die Aussprüche des Verstandes eigentlich nur einmal und zwar in dem bestimmtesten Falle gelten, und schon unrichtig werden, wenn man sie auf den nächsten anwendet.

So entfernte sich Wilhelm, indem er mit sich selbst einig zu werden strebte, immer mehr von der heilsamen Einheit, und bei dieser Verwirrung ward es seinen Leidenschaften um so leichter, alle Zurüstungen zu ihrem Vorteil zu gebrauchen, und ihn über das, was er zu tun hatte, nur noch mehr zu verwirren.

Serlo benutzte die Todespost zu seinem Vorteil, und wirklich hatte er auch täglich immer mehr Ursache, an eine andere Einrichtung seines Schauspiels zu denken. Er mußte entweder seine alten Kontrakte erneuern, wozu er keine große Lust hatte, indem mehrere Mitglieder, die sich für unentbehrlich hielten, täglich unleidlicher wurden; oder er mußte, wohin auch sein Wunsch ging, der Gesellschaft eine ganz neue Gestalt geben.

Ohne selbst in Wilhelmen zu dringen, regte er Aurelien und Philinen auf; und die übrigen Gesellen, die sich nach Engagement sehnten, ließen unserm Freunde gleichfalls keine Ruhe, so daß er mit ziemlicher Verlegenheit an einem Scheidewege stand. Wer hätte gedacht, daß ein Brief von Wernern, der ganz im entgegengesetzten Sinne geschrieben war, ihn endlich zu einer Entschließung hindrängen sollte. Wir lassen nur den Eingang weg und geben übrigens das Schreiben mit weniger Veränderung.

Zweites Kapitel

„— So war es und so muß es denn auch wohl recht sein, daß jeder bei jeder Gelegenheit seinem Gewerbe nachgeht und seine Tätigkeit zeigt. Der gute Alte war kaum verschieden, als auch in der nächsten Viertelstunde schon nichts mehr nach seinem Sinne im Hause geschah. Freunde, Bekannte und Verwandte drängten sich zu, besonders aber alle Menschenarten, die bei solchen Gelegenheiten etwas zu gewinnen haben. Man brachte, man trug, man zahlte, schrieb und rechnete; die einen holten Wein und Kuchen, die andern tranken und aßen; niemanden sah ich aber ernsthafter beschäftigt, als die Weiber, indem sie die Trauer aussuchten.

Du wirst mir also verzeihen, mein Lieber, wenn ich bei dieser Gelegenheit auch an *meinen* Vorteil dachte, mich deiner Schwester so hülfreich und tätig als möglich zeigte, und ihr, sobald es nur einigermaßen schicklich war, begreiflich machte, daß es nunmehr unsre Sache sei, eine Verbindung zu beschleunigen, die unsre Väter aus allzugroßer Umständlichkeit bisher verzögert hatten.

Nun mußt du aber ja nicht denken, daß es uns eingefallen sei, das große leere Haus in Besitz zu nehmen. Wir sind bescheidner und vernünftiger; unsern Plan sollst du hören. Deine Schwester zieht nach der Heirat gleich in unser Haus herüber, und sogar auch deine Mutter mit.

Wie ist das möglich? wirst du sagen; ihr habt ja selbst in dem Neste kaum Platz. Das ist eben die Kunst, mein Freund! Die geschickte Einrichtung macht alles möglich, und du glaubst nicht, wie viel Platz man findet, wenn man wenig Raum braucht. Das große Haus verkaufen wir, wozu sich sogleich eine gute Gelegenheit darbietet; das daraus gelös'te Geld soll hundertfältige Zinsen tragen.

Ich hoffe du bist damit einverstanden, und wünsche, daß du nichts von den unfruchtbaren Liebhabereien deines Vaters und Großvaters geerbt haben mögest. Dieser setzte seine höchste Glückseligkeit in eine Anzahl unscheinbarer Kunstwerke, die niemand, ich darf wohl sagen niemand, mit ihm genießen konnte: jener lebte in einer kostbaren Einrichtung, die er niemand mit sich genießen ließ. Wir wollen es anders machen, und ich hoffe deine Beistimmung.

Es ist wahr, ich selbst behalte in unserm ganzen Hause keinen Platz als den an meinem Schreibepulte, und noch seh' ich nicht ab, wo man künftig eine Wiege hinsetzen will; aber dafür ist der Raum außer dem Hause desto größer. Die Kaffeehäuser und Clubs für den Mann, die Spaziergänge und Spazierfahrten für die Frau, und die schönen Luftörter auf dem Lande für beide. Dabei ist der größte Vorteil, daß auch unser runder Tisch ganz besetzt ist, und es dem Vater unmöglich wird, Freunde zu sehen, die sich nur desto leichtfertiger über ihn aufhalten, je mehr er sich Mühe gegeben hat, sie zu bewirten.

Nur nichts Überflüssiges im Hause! nur nicht zu viel Möbeln, Gerätschaften, nur keine Kutsche und Pferde! Nichts als Geld, und dann auf eine vernünftige Weise jeden Tag getan, was dir beliebt. Nur keine Garderobe, immer das Neueste und Beste auf dem Leibe; der Mann mag seinen Rock abtragen und die Frau den ihrigen vertrödeln, sobald er nur einigermaßen aus der Mode kömmt. Es ist mir nichts unerträglicher, als so ein alter Kram von Besitztum. Wenn man mir den kostbarsten Edelstein schenken wollte, mit der Bedingung ihn täglich am Finger zu tragen, ich würde ihn nicht annehmen; denn wie läßt sich bei einem toten Kapital nur irgend eine Freude denken? Das ist also mein lustiges Glaubensbekenntniß: seine Geschäfte verrichtet, Geld geschafft, sich mit den Seinigen lustig gemacht, und um die übrige Welt sich nicht mehr bekümmert, als in sofern man sie nutzen kann.

Nun wirst du aber sagen: wie ist denn in eurem saubern Plane an *mich* gedacht? Wo soll ich unterkommen, wenn ihr mir das väterliche Haus verkauft, und in dem eurigen nicht der mindeste Raum übrig bleibt?

Das ist freilich der Hauptpunkt, Brüderchen, und auf den werde ich dir gleich dienen können, wenn ich dir vorher das gebührende Lob über deine vortrefflich angewendete Zeit werde entrichtet haben.

Sage nur, wie hast du es angefangen, in so wenigen Wochen ein Kenner aller nützlichen und interessanten Gegenstände zu werden? So viel Fähigkeiten ich an dir kenne, hätte ich dir doch solche Aufmerksamkeit und solchen Fleiß nicht zugetraut. Dein Tagebuch hat uns überzeugt, mit welchem Nutzen du die Reise gemacht hast; die Beschreibung der Eisen- und Kupferhämmer ist vortrefflich und zeigt von vieler Einsicht in die Sache. Ich habe sie ehemals auch besucht; aber meine Relation, wenn ich sie dagegen halte, sieht sehr stümpermäßig aus. Der ganze Brief über die Leinwandfabrikation ist lehrreich, und die Anmerkung über die Konkurrenz sehr treffend. An einigen Orten hast du Fehler in der Addition gemacht, die jedoch sehr verzeihlich sind.

Was aber mich und meinen Vater am meisten und höchsten freut, sind deine gründlichen Einsichten in die Bewirtschaftung und besonders in die Verbesserung der Feldgüter. Wir haben Hoffnung, ein großes Gut, das in Sequestration liegt, in einer sehr fruchtbaren Gegend zu erkaufen. Wir wenden das Geld, das wir aus dem väterlichen Hause lösen, dazu an; ein Teil wird geborgt, und ein Teil kann stehen bleiben; und wir rechnen auf dich, daß du dahin ziehst, den Verbesserungen vorstehst, und so kann, um nicht zu viel zu sagen, das Gut in einigen Jahren um ein Drittel an Wert steigen; man verkauft es wieder, sucht ein größeres, verbessert und handelt wieder, und dazu bist du der Mann. Unsere Federn sollen indes zu Hause nicht müßig sein, und wir wollen uns bald in einen beneidenswerten Zustand versetzen.

Jetzt lebe wohl! Genieße das Leben auf der Reise, und ziehe hin, wo du es vergnüglich und nützlich findest. Vor dem ersten halben Jahre bedürfen wir deiner nicht; du kannst dich also nach Belieben in der Welt umsehen: denn die beste Bildung findet ein gescheiter Mensch auf Reisen. Lebe wohl, ich freue mich, so nahe mit dir verbunden, auch nunmehr im Geist der Tätigkeit mit dir vereint zu werden."

So gut dieser Brief geschrieben war, und so viel ökonomische Wahrheiten er enthalten mochte, mißfiel er doch Wilhelmen auf mehr als eine Weise. Das Lob, das er über seine fingierten statistischen, technologischen und ruralischen Kenntnisse erhielt, war ihm ein stiller Vorwurf; und das Ideal, das ihm sein Schwager vom Glück des bürgerlichen Lebens vorzeichnete, reizte ihn keineswegs; vielmehr ward er durch einen heimlichen Geist des Widerspruchs mit Heftigkeit auf die entgegengesetzte Seite getrieben. Er überzeugte sich, daß er nur auf dem Theater die Bildung, die er sich zu geben wünschte, vollenden könne und schien in seinem Entschlusse nur destomehr bestärkt zu werden, je lebhafter Werner, ohne es zu wissen, sein Gegner geworden war. Er faßte darauf alle seine Argumente zusammen und bestätigte bei sich seine Meinung nur um destomehr, je mehr er Ursache zu haben glaubte, sie dem klugen Werner in einem günstigen Lichte darzustellen, und auf diese Weise entstand eine Antwort, die wir gleichfalls einrücken.

Drittes Kapitel

„Dein Brief ist so wohl geschrieben, und so gescheit und klug gedacht, daß sich nichts mehr dazu setzen läßt. Du wirst mir aber verzeihen, wenn ich sage, daß man gerade das Gegenteil davon meinen, behaupten und tun, und doch auch Recht haben kann. Deine Art zu sein und zu denken geht auf einen unbeschränkten Besitz und auf eine leichte lustige Art zu genießen hinaus, und ich brauche dir kaum zu sagen, daß ich daran nichts, was mich reizte, finden kann.

Zuerst muß ich dir leider bekennen, daß mein Tagebuch aus Not, um meinem Vater gefällig zu sein, mit Hülfe eines Freundes aus mehreren Büchern zusammengeschrieben ist, und daß ich wohl die darin enthaltenen Sachen und noch mehrere dieser Art weiß, aber keineswegs verstehe, noch mich damit abgeben mag. Was hilft es mir, gutes Eisen zu fabrizieren, wenn mein eigenes Inneres voller Schlacken ist? und was, ein Landgut in Ordnung zu bringen, wenn ich mit mir selber uneins bin?

Daß ich dir's mit Einem Worte sage, mich selbst ganz wie ich da bin, auszubilden, das war dunkel von Jugend auf mein Wunsch und meine Absicht. Noch hege ich eben diese Gesinnungen, nur daß mir die Mittel, die mir es möglich machen werden, etwas deutlicher sind. Ich habe mehr Welt gesehen, als du glaubst, und sie besser benutzt, als du denkst. Schenke deswegen dem, was ich sage, einige Aufmerksamkeit, wenn es gleich nicht ganz nach deinem Sinne sein sollte.

Wäre ich ein Edelmann, so wäre unser Streit bald abgetan; da ich aber nur ein Bürger bin, so muß ich einen eigenen Weg nehmen, und ich wünsche, daß du mich verstehen mögest. Ich weiß nicht wie es in fremden Ländern ist, aber in Deutschland ist nur dem Edelmann eine gewisse allgemeine, wenn ich sagen darf personelle, Ausbildung möglich. Ein Bürger kann sich Verdienst erwerben und zur höchsten Not seinen Geist ausbilden; seine Persönlichkeit geht aber verloren, er mag sich stellen wie er will. Indem es dem Edelmann, der mit den Vornehmsten umgeht, zur Pflicht wird, sich selbst einen vornehmen Anstand zu geben, indem dieser Anstand, da ihm weder Tür noch Tor verschlossen ist, zu einem freien Anstand wird, da er mit seiner Figur, mit seiner Person, es sei bei Hofe oder bei der Armee, bezahlen muß: so hat er Ursache, etwas auf sie zu halten, und zu zeigen, daß er etwas auf sie hält. Eine gewisse feierliche Grazie bei gewöhnlichen Dingen, eine Art von leichtsinniger Zierlichkeit bei ernsthaften und wichtigen kleidet ihn wohl, weil er sehen läßt, daß er überall im Gleichgewicht steht. Er ist eine öffentliche Person, und je ausgebildeter seine Bewegungen, je sonorer seine Stimme, je gehaltner und gemessener sein ganzes Wesen ist, desto vollkommner ist er. Wenn er gegen Hohe und Niedre, gegen Freunde und Verwandte immer eben derselbe bleibt, so ist nichts an ihm auszusetzen, man darf ihn nicht anders wünschen. Er sei kalt, aber verständig; verstellt, aber klug. Wenn er sich äußerlich in jedem Momente seines Lebens zu beherrschen weiß, so hat niemand eine weitere Forderung an ihn zu machen, und alles Übrige, was er an und um sich hat, Fähigkeit, Talent, Reichtum, alles scheinen nur Zugaben zu sein.

Nun denke dir irgend einen Bürger, der an jene Vorzüge nur einigen Anspruch zu machen gedächte; durchaus muß es ihm mißlingen, und er müßte desto unglücklicher werden, je mehr sein Naturell ihm zu jener Art zu sein Fähigkeit und Trieb gegeben hätte.

Wenn der Edelmann im gemeinen Leben gar keine Gränzen kennt, wenn man aus ihm Könige oder königähnliche Figuren erschaffen kann; so darf er überall mit einem stillen Bewußtsein vor Seinesgleichen treten; er darf überall vorwärts dringen, anstatt daß dem Bürger nichts besser ansteht, als das reine stille Gefühl der Gränzlinie, die ihm gezogen ist. Er darf nicht fragen: was bist du? sondern nur: was hast du? welche Einsicht, welche Kenntnis, welche Fähigkeit, wie viel Vermögen? Wenn der Edelmann durch die Darstellung seiner Person alles gibt, so gibt der Bürger durch seine Persönlichkeit nichts und soll nichts geben. Jener darf und soll scheinen; dieser soll nur sein, und was er scheinen will, ist lächerlich und abgeschmackt. Jener soll tun und wirken, dieser soll leisten und schaffen; er soll einzelne Fähigkeiten ausbilden, um brauchbar zu werden, und es wird schon vorausgesetzt, daß in seinem Wesen keine Harmonie sei, noch sein dürfe, weil er, um sich auf eine Weise brauchbar zu machen, alles Übrige vernachlässigen muß.

An diesem Unterschiede ist nicht etwa die Anmaßung der Edelleute und die Nachgiebigkeit der Bürger, sondern die Verfassung der Gesellschaft selbst Schuld; ob sich daran einmal etwas ändern wird und was sich ändern wird, bekümmert mich wenig; genug, ich habe, wie die Sachen jetzt stehen, an mich selbst zu denken, und wie ich mich selbst und das, was mir ein unerläßliches Bedürfnis ist, rette und erreiche.

Ich habe nun einmal gerade zu jener harmonischen Ausbildung meiner Natur, die mir meine Geburt versagt, eine unwiderstehliche Neigung. Ich habe, seit ich dich verlassen, durch Leibesübung viel gewonnen; ich habe viel von meiner gewöhnlichen Verlegenheit abgelegt und stelle mich so ziemlich dar. Eben so habe ich meine Sprache und Stimme ausgebildet, und ich darf ohne Eitelkeit sagen, daß ich in Gesellschaften nicht mißfalle. Nun leugne ich dir nicht, daß mein Trieb täglich unüberwindlicher wird, eine öffentliche Person zu sein, und in einem weitern Kreise zu gefallen und zu wirken. Dazu kömmt meine Neigung zur Dichtkunst und zu allem, was mit ihr in Verbindung steht, und das Bedürfnis, meinen Geist und Geschmack auszubilden, damit ich nach und nach auch bei dem Genuß, den ich nicht entbehren kann, nur das Gute wirklich für gut und das Schöne für schön halte. Du siehst wohl, daß das alles für mich nur auf dem Theater zu finden ist, und daß ich mich in diesem einzigen Elemente nach Wunsch rühren und ausbilden kann. Auf den Brettern erscheint der gebildete Mensch so gut persönlich in seinem Glanz, als in den obern Klassen; Geist und Körper müssen bei jeder Bemühung gleichen Schritt gehen, und ich werde da so gut sein und scheinen können, als irgend anderswo. Suche ich daneben noch Beschäftigungen, so gibt es dort mechanische Quälereien genug, und ich kann meiner Geduld tägliche Übung verschaffen.

Disputiere mit mir nicht darüber; denn eh' du mir schreibst, ist der Schritt schon geschehen. Wegen der herrschenden Vorurteile will ich meinen Namen verändern, weil ich mich ohnehin schäme als Meister aufzutreten. Lebe wohl. Unser Vermögen ist in so guter Hand, daß ich mich darum gar nicht bekümmere; was ich brauche, verlange ich gelegentlich von dir; es wird nicht viel sein, denn ich hoffe, daß mich meine Kunst auch nähren soll.“

Der Brief war kaum abgeschickt, als Wilhelm auf der Stelle Wort hielt und zu Serlo's und der Übrigen großen Verwunderung sich auf einmal erklärte: daß er sich zum Schauspieler widme und einen Kontrakt auf billige Bedingungen eingehen wolle. Man war hierüber bald einig, denn Serlo hatte schon früher sich so erklärt, daß Wilhelm und die Übrigen damit gar wohl zufrieden sein konnten. Die ganze verunglückte Gesellschaft, mit der wir uns so lange unterhalten haben, ward auf einmal angenommen, ohne daß jedoch, außer etwa Laertes, sich einer gegen Wilhelmen dankbar erzeigt hätte. Wie sie ohne Zutrauen gefordert hatten, so empfingen sie ohne Dank. Die meisten wollten lieber ihre Anstellung dem Einflusse Philinens zuschreiben, und richteten ihre Danksagungen an sie. Indessen wurden die ausgefertigten Kontrakte unterschrieben, und durch eine unerklärliche Verknüpfung von Ideen entstand vor Wilhelms Einbildungskraft, in dem Augenblicke, als er seinen fingierten Namen unterzeichnete, das Bild jenes Waldplatzes, wo er verwundet in Philinens Schoß gelegen. Auf einem Schimmel kam die liebenswürdige Amazone aus den Büschen, nahte sich ihm und stieg ab. Ihr menschenfreundliches Bemühen hieß sie gehen und kommen; endlich stand sie vor ihm. Das Kleid fiel von ihren Schultern; ihr Gesicht, ihre Gestalt fing an zu glänzen und sie verschwand. So schrieb er seinen Namen nur mechanisch hin, ohne zu wissen was er tat, und fühlte erst, nachdem er unterzeichnet hatte, daß Mignon an seiner Seite stand, ihn am Arm hielt und ihm die Hand leise wegzuziehen versucht hatte.

Viertes Kapitel

Eine der Bedingungen, unter denen Wilhelm sich auf's Theater begab, war von Serlo nicht ohne Einschränkung zugestanden worden. Jener verlangte, daß Hamlet ganz und unzerstückt aufgeführt werden sollte, und dieser ließ sich das wunderliche Begehren in so fern gefallen, als es *möglich* sein würde. Nun hatten sie hierüber bisher manchen Streit gehabt; denn was möglich oder nicht möglich sei, und was man von dem Stück weglassen könne, ohne es zu zerstücken, darüber waren beide sehr verschiedener Meinung.

Wilhelm befand sich noch in den glücklichen Zeiten, da man nicht begreifen kann, daß an einem geliebten Mädchen, an einem verehrten Schriftsteller irgend etwas mangelhaft sein könne. Unsere Empfindung von ihnen ist so ganz, so mit sich selbst übereinstimmend, daß wir uns auch in ihnen eine solche vollkommene Harmonie denken müssen. Serlo hingegen sonderte gern und beinah zu viel; sein scharfer Verstand wollte in einem Kunstwerke gewöhnlich nur ein mehr oder weniger unvollkommenes Ganze erkennen. Er glaubte, so wie man die Stücke finde, habe man wenig Ursache mit ihnen so gar bedächtig umzugehen, und so mußte auch Shakespear, so mußte besonders Hamlet vieles leiden.

Wilhelm wollte gar nicht hören, wenn jener von der Absonderung der Spreu von dem Weizen sprach. Es ist nicht Spreu und Weizen durch einander, rief dieser, es ist ein Stamm, Äste, Zweige, Blätter, Knospen, Blüten und Früchte. Ist nicht eins mit dem andern und durch das andere? Jener behauptete, man bringe nicht den ganzen Stamm auf den Tisch; der Künstler müsse goldene Äpfel in silbernen Schalen seinen Gästen reichen. Sie erschöpften sich in Gleichnissen, und ihre Meinungen schienen sich immer weiter von einander zu entfernen.

Gar verzweifeln wollte unser Freund, als Serlo ihm einst nach langem Streit das einfachste Mittel anriet, sich kurz zu resolvieren, die Feder zu ergreifen und in dem Trauerspiele, was eben nicht gehen wolle, noch könne, abzustreichen, mehrere Personen in Eine zu drängen, und wenn er mit dieser Art noch nicht bekannt genug sei, oder noch nicht Herz genug dazu habe, so solle er ihm die Arbeit überlassen, und er wolle bald fertig sein.

Das ist nicht unserer Abrede gemäß, versetzte Wilhelm. Wie können Sie bei so viel Geschmack so leichtsinnig sein?

Mein Freund, rief Serlo aus, Sie werden es auch schon werden. Ich kenne das Abscheuliche dieser Manier nur zu wohl, die vielleicht noch auf keinem Theater in der Welt statt gefunden hat. Aber wo ist auch eins so verwahrlos't, als das unsere? Zu dieser ekelhaften Verstümmelung zwingen uns die Autoren, und das Publikum erlaubt sie. Wie viel Stücke haben wir denn, die nicht über das Maß des Personals, der Dekorationen und Theatermechanik, der Zeit, des Dialogs und der physischen Kräfte des Acteurs hinausschritten? und doch sollen wir spielen, und immer spielen, und immer neu spielen. Sollen wir uns dabei nicht unsers Vorteils bedienen, da wir mit zerstückelten Werken eben so viel ausrichten als mit ganzen? Setzt uns das Publikum doch selbst in den Vorteil! Wenig Deutsche, und vielleicht nur wenige Menschen aller neuern Nationen, haben Gefühl für ein ästhetisches Ganze; sie loben und tadeln nur stellenweise; sie entzücken sich nur stellenweise: und für wen ist das ein größeres Glück als für den Schauspieler, da das Theater immer nur ein gestoppeltes und gestückeltes Wesen bleibt.

Ist! versetzte Wilhelm; aber *muß* es denn auch so bleiben, muß denn alles bleiben was ist? Überzeugen Sie mich ja nicht, daß Sie recht haben; denn keine Macht in der Welt würde mich bewegen können, einen Kontrakt zu halten, den ich nur im gröbsten Irrtum geschlossen hätte.

Serlo gab der Sache eine lustige Wendung und ersuchte Wilhelmen, ihre öftern Gespräche über Hamlet nochmals zu bedenken, und selbst die Mittel zu einer glücklichen Bearbeitung zu ersinnen.

Nach einigen Tagen, die er in der Einsamkeit zugebracht hatte, kam Wilhelm mit frohem Blicke zurück. Ich müßte mich sehr irren, rief er aus, wenn ich nicht gefunden hätte, wie dem Ganzen zu helfen ist; ja ich bin überzeugt, daß Shakespear es selbst so würde gemacht haben, wenn sein Genie nicht auf die Hauptsache so sehr gerichtet, und nicht vielleicht durch die Novellen, nach denen er arbeitete, verführt worden wäre.

Lassen Sie hören, sagte Serlo, indem er sich gravitätisch auf's Kanapee setzte; ich werde ruhig aufhorchen, aber auch desto strenger richten.

Wilhelm versetzte: Mir ist nicht bange; hören Sie nur. Ich unterscheide, nach der genausten Untersuchung, nach der reiflichsten Überlegung, in der Komposition dieses Stücks zweierlei: das erste sind die großen innern Verhältnisse der Personen und der Begebenheiten, die mächtigen Wirkungen, die aus den Charakteren und Handlungen der Hauptfiguren entstehen, und diese sind einzeln vortrefflich, und die Folge, in der sie aufgestellt sind, unverbesserlich. Sie können durch keine Art von Behandlung zerstört, ja kaum verunstaltet werden. Diese sind's, die jedermann zu sehen verlangt, die niemand anzutasten wagt, die sich tief in die Seele eindrücken, und die man, wie ich höre, beinahe alle auf das deutsche Theater gebracht hat. Nur hat man, wie ich glaube, darin gefehlt, daß man das zweite, was bei diesem Stück zu bemerken ist, ich meine die äußern Verhältnisse der Personen, wodurch sie von einem Orte zum andern gebracht, oder auf diese und jene Weise durch gewisse zufällige Begebenheiten verbunden werden, für allzu unbedeutend angesehen, nur im Vorbeigehn davon gesprochen, oder sie gar weggelassen hat. Freilich sind diese Fäden nur dünn und lose, aber sie gehen doch durch's ganze Stück, und halten zusammen, was sonst aus einander fiele, auch wirklich aus einander fällt, wenn man sie wegschneidet, und ein Übriges getan zu haben glaubt, daß man die Enden stehen läßt.

Zu diesen äußern Verhältnissen zähle ich die Unruhen in Norwegen, den Krieg mit dem jungen Fortinbras, die Gesandtschaft an den alten Oheim, den geschlichteten Zwist, den Zug des jungen Fortinbras nach Polen und seine Rückkehr am Ende; ingleichen die Rückkehr des Horatio von Wittenberg, die Lust Hamlets dahin zu gehen, die Reise des Laertes nach Frankreich, seine Rückkunft, die Verschickung Hamlets nach England, seine Gefangenschaft bei'm Seeräuber, der Tod der beiden Hofleute auf den Uriasbrief: alles dieses sind Umstände und Begebenheiten, die einen Roman weit und breit machen können, die aber der Einheit dieses Stücks, in dem besonders der Held keinen Plan hat, auf das äußerste Schaden und höchst fehlerhaft sind.

So höre ich Sie einmal gerne! rief Serlo.

Fallen Sie mir nicht ein, versetzte Wilhelm, Sie möchten mich nicht immer loben. Diese Fehler sind wie flüchtige Stützen eines Gebäudes, die man nicht wegnehmen darf, ohne vorher eine feste Mauer unterzuziehen. Mein Vorschlag ist also, an jenen ersten großen Situationen gar nicht zu rühren, sondern sie sowohl im Ganzen als Einzelnen möglichst zu schonen, aber diese äußern, einzelnen, zerstreuten und zerstreuenden Motive alle auf einmal weg zu werfen und ihnen ein einziges zu substituieren.

Und das wäre? fragte Serlo, indem er sich aus seiner ruhigen Stellung aufhob.

Es liegt auch schon im Stücke, erwiederte Wilhelm, nur mache ich den rechten Gebrauch davon. Es sind die Unruhen in Norwegen. Hier haben Sie meinen Plan zur Prüfung.

Nach dem Tode des alten Hamlet werden die ersteroberten Norweger unruhig. Der dortige Statthalter schickt seinen Sohn Horatio, einen alten Schulfreund Hamlets, der aber an Tapferkeit und Lebensklugheit allen andern vorgelaufen ist, nach Dänemark, auf die Ausrüstung der Flotte zu dringen, welche unter dem neuen, der Schwelgerei ergebenen König nur saumselig von statten geht. Horatio kennt den alten König, denn er hat seinen letzten Schlachten beigewohnt, hat bei ihm in Gunsten gestanden, und die erste Geisterszene wird dadurch nicht verlieren. Der neue König gibt sodann dem Horatio Audienz und schickt den Laertes nach Norwegen mit der Nachricht, daß die Flotte bald anlanden werde, indes Horatio den Auftrag erhält, die Rüstung derselben zu beschleunigen; dagegen will die Mutter nicht einwilligen, daß Hamlet, wie er wünschte, mit Horatio zur See gehe.

Gott sei Dank! rief Serlo, so werden wir auch Wittenberg und die hohe Schule los, die mir immer ein leidiger Anstoß war. Ich finde Ihren Gedanken recht gut: denn außer den zwei einzigen fernen Bildern, Norwegen und der Flotte, braucht der Zuschauer sich nichts zu *denken*; das Übrige *sieht* er alles, das Übrige geht alles vor, anstatt daß sonst seine Einbildungskraft in der ganzen Welt herumgejagt würde.

Sie sehen leicht, versetzte Wilhelm, wie ich nunmehr auch das Übrige zusammenhalten kann. Wenn Hamlet dem Horatio die Missetat seines Stiefvaters entdeckt, so rät ihm dieser, mit nach Norwegen zu gehen, sich der Armee zu versichern und mit gewaffneter Hand zurück zu kehren. Da Hamlet dem König und der Königin zu gefährlich wird, haben sie kein näheres Mittel, ihn los zu werden, als ihn nach der Flotte zu schikken, und ihm Rosenkranz und Güldenstern zu Beobachtern mitzugeben; und da indes Laertes zurück kommt, soll dieser bis zum Meuchelmord erhitzte Jüngling ihm nachgeschickt werden. Die Flotte bleibt wegen ungünstigen Windes liegen; Hamlet kehrt nochmals zurück, seine Wanderung über den Kirchhof kann vielleicht glücklich motiviert werden; sein Zusammentreffen mit Laertes in Opheliens Grabe ist ein großer unentbehrlicher Moment. Hierauf mag der König bedenken, daß es besser sei, Hamlet auf der Stelle los zu werden; das Fest der Abreise, der scheinbaren Versöhnung mit Laertes wird nun feierlich begangen, wobei man Ritterspiele hält und auch Hamlet und Laertes fechten. Ohne die vier Leichen kann ich das Stück nicht schließen; es darf niemand übrig bleiben. Hamlet gibt, da nun das Wahlrecht des Volks wieder eintritt, seine Stimme sterbend dem Horatio.

Nur geschwind, versetzte Serlo, setzen Sie sich hin und arbeiten das Stück aus; die Idee hat völlig meinen Beifall; nur daß die Lust nicht verraucht.

Fünftes Kapitel

Wilhelm hatte sich schon lange mit einer Übersetzung Hamlets abgegeben; er hatte sich dabei der geistvollen Wieland'schen Arbeit bedient, durch die er überhaupt Shakespearn zuerst kennen lernte. Was in derselben ausgelassen war, fügte er hinzu, und so war er im Besitz eines vollständigen Exemplars in dem Augenblicke, da er mit Serlo über die Behandlung so ziemlich einig geworden war. Er fing nun an, nach seinem Plane auszuheben und einzuschieben, zu trennen und zu verbinden, zu verändern und oft wiederherzustellen; denn so zufrieden er auch mit seiner Idee war, so schien ihm doch bei der Ausführung immer, daß das Original nur verdorben werde.

Sobald er fertig war, las er es Serlo und der übrigen Gesellschaft vor. Sie bezeugten sich sehr zufrieden damit; besonders machte Serlo manche günstige Bemerkung.

Sie haben, sagte er unter andern, sehr richtig empfunden, daß äußere Umstände dieses Stück begleiten, aber einfacher sein müssen, als sie uns der große Dichter gegeben hat. Was außer dem Theater vorgeht, was der Zuschauer nicht sieht, was er sich vorstellen muß, ist wie ein Hintergrund, vor dem die spielenden Figuren sich bewegen. Die große einfache Aussicht auf die Flotte und Norwegen wird dem Stücke sehr gut tun; nähme man sie ganz weg, so ist es nur eine Familienszene, und der große Begriff, daß hier ein ganzes königliches Haus durch innere Verbrechen und Ungeschicklichkeiten zu Grunde geht, wird nicht in seiner ganzen Würde dargestellt. Bliebe aber jener Hintergrund selbst mannichfaltig, beweglich, konfus: so täte er dem Eindrucke der Figuren Schaden.

Wilhelm nahm nun wieder die Partie Shakespears, und zeigte, daß er für Insulaner geschrieben habe, für Engländer, die selbst im Hintergrunde nur Schiffe und Seereisen, die Küste von Frankreich und Kaper zu sehen gewohnt sind, und daß, was jenen etwas ganz Gewöhnliches sei, uns schon zerstreue und verwirre.

Serlo mußte nachgeben, und beide stimmten darin überein, daß, da das Stück nun einmal auf das deutsche Theater solle, dieser ernstere einfachere Hintergrund für unsre Vorstellungsart am besten passen werde.

Die Rollen hatte man schon früher ausgeteilt; den Polonius übernahm Serlo; Aurelie, Ophelien; Laertes war durch seinen Namen schon bezeichnet; ein junger, untersetzter, muntrer, neuangekommener Jüngling erhielt die Rolle des Horatio; nur wegen des Königs und des Geistes war man in einiger Verlegenheit. Für beide Rollen war nur der alte Polterer da. Serlo schlug den Pedanten zum Könige vor; wogegen Wilhelm aber auf's äußerste protestierte. Man konnte sich nicht entschließen. Ferner hatte Wilhelm in seinem Stücke die beiden Rollen von Rosenkranz und Güldenstern stehen lassen. Warum haben Sie diese nicht in Eine verbunden? fragte Serlo; diese Abbreviatur ist doch so leicht gemacht.

Gott bewahre mich vor solchen Verkürzungen, die zugleich Sinn und Wirkung aufheben! versetzte Wilhelm. Das, was diese beiden Menschen sind und tun, kann nicht durch Einen vorgestellt werden. In solchen Kleinigkeiten zeigt sich Shakespears Größe. Dieses leise Auftreten, dieses Schmiegen und Biegen, dies Jasagen, Streicheln und Schmeicheln, diese Behendigkeit, dies Schwänzeln, diese Allheit und Leerheit, diese rechtliche Schurkerei, diese Unfähigkeit, wie kann sie durch Einen Menschen ausgedrückt werden? Es sollten ihrer wenigstens ein Dutzend sein, wenn man sie haben könnte; denn sie sind bloß in Gesellschaft etwas, sie sind die Gesellschaft, und Shakespear war sehr bescheiden und weise, daß er nur zwei solche Repräsentanten auftreten ließ. Überdies brauche ich sie in meiner Bearbeitung als ein Paar, das mit dem Einen, guten, trefflichen Horatio kontrastiert.

Ich verstehe Sie, sagte Serlo, und wir können uns helfen. Den einen geben wir Elmiren (so nannte man die älteste Tochter des Polterers); es kann nicht schaden, wenn sie gut aussehen, und ich will die Puppen putzen und dressieren, daß es eine Lust sein soll.

Philine freute sich außerordentlich, daß sie die Herzogin in der kleinen Komödie spielen sollte. Das will ich so natürlich machen, rief sie aus, wie man in der Geschwindigkeit einen Zweiten heiratet, nachdem man den Ersten ganz außerordentlich geliebt hat. Ich hoffe mir den größten Beifall zu erwerben, und jeder Mann soll wünschen, der Dritte zu werden.

Aurelie machte ein verdrießliches Gesicht bei diesen Äußerungen; ihr Widerwille gegen Philinen nahm mit jedem Tage zu.

Es ist recht Schade, sagte Serlo, daß wir kein Ballet haben; sonst sollten Sie mir mit Ihrem ersten und zweiten Manne ein Pas de deux tanzen, und der Alte sollte nach dem Takt einschlafen, und Ihre Füßchen und Wädchen würden sich dort hinten auf dem Kindertheater ganz allerliebst ausnehmen.

Von meinen Wädchen wissen Sie ja wohl nicht viel, versetzte sie schnippisch, und was meine Füßchen betrifft, rief sie, indem sie schnell unter den Tisch reichte, ihre Pantöffelchen herauf holte und neben einander vor Serlo hinstellte: hier sind die Stelzchen, und ich gebe Ihnen auf, niedlichere zu finden.

Es war Ernst! sagte er, als er die zierlichen Halbschuhe betrachtete. Gewiß, man konnte nicht leicht etwas Artigers sehen.

Sie waren Pariser Arbeit; Philine hatte sie von der Gräfin zum Geschenk erhalten, einer Dame, deren schöner Fuß berühmt war.

Ein reizender Gegenstand! rief Serlo; das Herz hüpft mir, wenn ich sie ansehe.

Welche Verzuckungen! sagte Philine.

Es geht nichts über ein Paar Pantöffelchen von so feiner schöner Arbeit, rief Serlo; doch ist ihr Klang noch reizender, als ihr Anblick. Er hub sie auf und ließ sie einigemal hinter einander wechselsweise auf den Tisch fallen.

Was soll das heißen? Nur wieder her damit! rief Philine.

Darf ich sagen, versetzte er mit verstellter Bescheidenheit und schalkhaftem Ernst, wir andern Junggesellen, die wir Nachts meist allein sind, und uns doch wie andre Menschen fürchten, und im Dunkeln uns nach Gesellschaft sehnen, besonders in Wirtshäusern und fremden Orten, wo es nicht ganz geheuer ist, wir finden es gar tröstlich, wenn ein gutherziges Kind uns Gesellschaft und Beistand leisten will. Es ist Nacht, man liegt im Bette, es raschelt, man schaudert, die Türe tut sich auf, man erkennt ein liebes pisperndes Stimmchen, es schleicht was herbei, die Vorhänge rauschen, klipp! klapp! die Pantoffeln fallen, und husch! man ist nicht mehr allein. Ach der liebe, der einzige Klang, wenn die Absätzchen auf den Boden aufschlagen! Je zierlicher sie sind, je feiner klingt's. Man spreche mir von Philomelen, von rauschenden Bächen, vom Säuseln der Winde, und von allem, was je georgelt und gepfiffen worden ist, ich halte mich an das Klipp! Klapp! — Klipp! Klapp! ist das schönste Thema zu einem Rondeau, das man immer wieder von vorne zu hören wünscht.

Philine nahm ihm die Pantoffeln aus den Händen und sagte: Wie ich sie krumm getreten habe! Sie sind mir viel zu weit. Dann spielte sie damit und rieb die Sohlen gegen einander. Was das heiß wird! rief sie aus, indem sie die eine Sohle flach an die Wange hielt, dann wieder rieb und sie gegen Serlo hinreichte. Er war gutmütig genug nach der Wärme zu fühlen, und Klipp! Klapp! rief sie, indem sie ihm einen derben Schlag mit dem Absatz versetzte, daß er schreiend die Hand zurück zog. Ich will euch lehren bei meinen Pantoffeln was anders denken, sagte Philine lachend.

Und ich will dich lehren alte Leute wie Kinder anführen! rief Serlo dagegen, sprang auf, faßte sie mit Heftigkeit und raubte ihr manchen Kuß, deren jeden sie sich mit ernstlichem Widerstreben gar künstlich abzwingen ließ. Über dem Balgen fielen ihre langen Haare herunter und wickelten sich um die Gruppe, der Stuhl schlug an den Boden, und Aurelie, die von diesem Unwesen innerlich beleidigt war, stand mit Verdruß auf.

Sechstes Kapitel

Obgleich bei der neuen Bearbeitung Hamlets manche Personen weggefallen waren, so blieb die Anzahl derselben doch immer noch groß genug, und fast wollte die Gesellschaft nicht hinreichen.

Wenn das so fort geht, sagte Serlo, wird unser Souffleur auch noch aus dem Loche hervorsteigen müssen, unter uns wandeln, und zur Person werden.

Schon oft habe ich ihn an seiner Stelle bewundert, versetzte Wilhelm.

Ich glaube nicht, daß es einen vollkommenern Einhelfer gibt, sagte Serlo. Kein Zuschauer wird ihn jemals hören; wir auf dem Theater verstehen jede Sylbe. Er hat sich gleichsam ein eigen Organ dazu gemacht, und ist wie ein Genius, der uns in der Not vernehmlich zulispelt. Er fühlt, welchen Teil seiner Rolle der Schauspieler vollkommen inne hat, und ahnet von weitem, wenn ihn das Gedächtnis verlassen will. In einigen Fällen, da ich die Rolle kaum überlesen konnte, da er sie mir Wort vor Wort vorsagte, spielte ich sie mit Glück; nur hat er Sonderbarkeiten, die jeden andern unbrauchbar machen würden: er nimmt so herzlichen Anteil an den Stücken, daß er pathetische Stellen nicht eben deklamiert, aber doch affektvoll rezitiert. Mit dieser Unart hat er mich mehr als einmal irre gemacht.

So wie er mich, sagte Aurelie, mit einer andern Sonderbarkeit einst an einer sehr gefährlichen Stelle stecken ließ.

Wie war das bei seiner Aufmerksamkeit möglich? fragte Wilhelm.

Er wird, versetzte Aurelie, bei gewissen Stellen so gerührt, daß er heiße Tränen weint, und einige Augenblicke ganz aus der Fassung kommt; und es sind eigentlich nicht die sogenannten rührenden Stellen, die ihn in diesen Zustand versetzen; es sind, wenn ich mich deutlich ausdrücke, die *schönen* Stellen, aus welchen der reine Geist des Dichters gleichsam aus hellen offenen Augen hervorsieht, Stellen, bei denen wir andern uns nur höchstens freuen, und worüber viele Tausende wegsehen.

Und warum erscheint er mit dieser zarten Seele nicht auf dem Theater?

Ein heiseres Organ und ein steifes Betragen schließen ihn von der Bühne, und seine hypochondrische Natur von der Gesellschaft aus, versetzte Serlo. Wie viel Mühe habe ich mir gegeben, ihn an mich zu gewöhnen! aber vergebens. Er lies't vortrefflich, wie ich nicht wieder habe lesen hören; niemand hält wie er die zarte Gränzlinie zwischen Deklamation und affektvoller Rezitation.

Gefunden! rief Wilhelm, gefunden! Welch eine glückliche Entdekkung! Nun haben wir den Schauspieler, der uns die Stelle vom *rauhen Pyrrhus* rezitieren soll.

Man muß so viel Leidenschaft haben wie Sie, versetzte Serlo, um alles zu seinem Endzwecke zu nutzen.

Gewiß, ich war in der größten Sorge, rief Wilhelm, daß vielleicht diese Stelle wegbleiben müßte, und das ganze Stück würde dadurch gelähmt werden.

Das kann ich doch nicht einsehen, versetzte Aurelie.

Ich hoffe, Sie werden bald meiner Meinung sein, sagte Wilhelm. Shakespear führt die ankommenden Schauspieler zu einem doppelten Endzweck herein. Erst macht der Mann, der den Tod des Priamus mit so viel eigner Rührung deklamiert, tiefen Eindruck auf den *Prinzen* selbst; er schärft das Gewissen des jungen schwankenden Mannes: und so wird diese Szene das Präludium zu jener, in welcher das kleine Schauspiel so große Wirkung auf den *König* tut. Hamlet fühlt sich durch den Schauspieler beschämt, der an fremden, an fingierten Leiden so großen Teil nimmt; und der Gedanke, auf eben die Weise einen Versuch auf das Gewissen seines Stiefvaters zu machen, wird dadurch bei ihm sogleich erregt. Welch ein herrlicher Monolog ist's, der den zweiten Akt schließt! Wie freue ich mich darauf, ihn zu rezitieren:

„O! welch ein Schurke, welch ein niedriger Sklave bin ich! — Ist es nicht ungeheuer, daß dieser Schauspieler hier, nur durch Erdichtung, durch einen Traum von Leidenschaft, seine Seele so nach seinem Willen zwingt, daß ihre Wirkung sein ganzes Gesicht entfärbt: — Tränen im Auge! Verwirrung im Betragen! Gebrochene Stimme! Sein ganzes Wesen von einem Gefühl durchdrungen! und das alles um nichts — um Hekuba! — Was ist Hekuba für ihn oder er für Hekuba, daß er um sie weinen sollte?"

Wenn wir nur unsern Mann auf das Theater bringen können, sagte Aurelie.

Wir müssen, versetzte Serlo, ihn nach und nach hineinführen. Bei den Proben mag er die Stelle lesen, und wir sagen, daß wir einen Schauspieler, der sie spielen soll, erwarten, und so sehen wir, wie wir ihm näher kommen.

Nachdem sie darüber einig waren, wendete sich das Gespräch auf den *Geist*. Wilhelm konnte sich nicht entschließen, die Rolle des lebenden Königs dem Pedanten zu überlassen, damit der Polterer den Geist spielen könne, und meinte vielmehr, daß man noch einige Zeit warten sollte, indem sich doch noch einige Schauspieler gemeldet hätten, und sich unter ihnen der rechte Mann finden könnte.

Man kann sich daher denken, wie verwundert Wilhelm war, als er unter der Adresse seines Theaternamens Abends folgendes Billet mit wunderbaren Zügen, versiegelt, auf seinem Tische fand!

„Du bist, o sonderbarer Jüngling, wir wissen es, in großer Verlegenheit. Du findest kaum Menschen zu deinem Hamlet, geschweige Geister. Dein Eifer verdient ein Wunder; Wunder können wir nicht tun, aber etwas Wunderbares soll geschehen. Hast du Vertrauen, so soll zur rechten Stunde der Geist erscheinen! Habe Mut und bleibe gefaßt! Es bedarf keiner Antwort; dein Entschluß wird uns bekannt werden."

Mit diesem seltsamen Blatte eilte er zu Serlo zurück, der es las und wieder las, und endlich mit bedenklicher Miene versicherte: die Sache sei von Wichtigkeit; man müsse wohl überlegen, ob man es wagen dürfe und könne. Sie sprachen vieles hin und wieder; Aurelie war still und lächelte von Zeit zu Zeit, und als nach einigen Tagen wieder davon die Rede war, gab sie nicht undeutlich zu verstehen, daß sie es für einen Scherz von Serlo halte. Sie bat Wilhelmen, völlig außer Sorge zu sein, und den Geist geduldig zu erwarten.

Überhaupt war Serlo von dem besten Humor; denn die abgehenden

Schauspieler gaben sich alle mögliche Mühe gut zu spielen, damit man sie ja recht vermissen sollte, und von der Neugierde auf die neue Gesellschaft konnte er auch die beste Einnahme erwarten.

Sogar hatte der Umgang Wilhelms auf ihn einigen Einfluß gehabt. Er fing an mehr über Kunst zu sprechen, denn er war am Ende doch ein Deutscher, und diese Nation gibt sich gern Rechenschaft von dem, was sie tut. Wilhelm schrieb sich manche solche Unterredung auf; und wir werden, da die Erzählung hier nicht so oft unterbrochen werden darf, denjenigen unsrer Leser, die sich dafür interessieren, solche dramaturgische Versuche bei einer andern Gelegenheit vorlegen.

Besonders war Serlo eines Abends sehr lustig, als er von der Rolle des Polonius sprach, wie er sie zu fassen gedachte. Ich verspreche, sagte er, diesmal einen recht würdigen Mann zum Besten zu geben; ich werde die gehörige Ruhe und Sicherheit, Leerheit und Bedeutsamkeit, Annehmlichkeit und geschmackloses Wesen, Freiheit und Aufpassen, treuherzige Schalkheit und erlogene Wahrheit, da wo sie hin gehören, recht zierlich aufstellen. Ich will einen solchen grauen, redlichen, ausdauernden, der Zeit dienenden Halbschelm auf's allerhöflichste vorstellen und vortragen, und dazu sollen mir die etwas rohen und groben Pinselstriche unsers Autors gute Dienste leisten. Ich will reden wie ein Buch, wenn ich mich vorbereitet habe, und wie ein Tor, wenn ich bei guter Laune bin. Ich werde abgeschmackt sein, um jedem nach dem Maule zu reden, und immer so fein, es nicht zu merken, wenn mich die Leute zum Besten haben. Nicht leicht habe ich eine Rolle mit solcher Lust und Schalkheit übernommen.

Wenn ich nur auch von der meinigen so viel hoffen könnte, sagte Aurelie. Ich habe weder Jugend noch Weichheit genug, um mich in diesen Charakter zu finden. Nur eins weiß ich leider: das Gefühl, das Ophelien den Kopf verrückt, wird mich nicht verlassen.

Wir wollen es ja nicht so genau nehmen, sagte Wilhelm: denn eigentlich hat mein Wunsch, den Hamlet zu spielen, mich bei allem Studium des Stücks, auf's äußerste irre geführt. Je mehr ich mich in die Rolle studiere, desto mehr sehe ich, daß in meiner ganzen Gestalt kein Zug der Physiognomie ist, wie Shakespear seinen Hamlet aufstellt. Wenn ich es recht überlege, wie genau in der Rolle alles zusammen hängt, so getraue ich mir kaum, eine leidliche Wirkung hervor zu bringen.

Sie treten mit großer Gewissenhaftigkeit in Ihre Laufbahn, versetzte Serlo. Der Schauspieler schickt sich in die Rolle wie er kann, und die Rolle richtet sich nach ihm wie sie muß. Wie hat aber Shakespear seinen Hamlet vorgezeichnet? Ist er Ihnen denn so ganz unähnlich?

Zuvörderst ist Hamlet blond, erwiderte Wilhelm.

Das heiß' ich weit gesucht, sagte Aurelie. Woher schließen Sie das?

Als Däne, als Nordländer, ist er blond von Hause aus, und hat blaue Augen.

Sollte Shakespear daran gedacht haben?

Bestimmt find' ich es nicht ausgedrückt, aber in Verbindung mit andern Stellen scheint es mir unwidersprechlich. Ihm wird das Fechten sauer, der Schweiß läuft ihm vom Gesichte, und die Königin spricht: Er ist fett, laßt ihn zu Atem kommen. Kann man sich ihn da anders als blond und wohlbehäglich vorstellen: denn braune Leute sind in ihrer Jugend selten in diesen Falle. Paßt nicht auch seine schwankende Melancholie, seine weiche Trauer, seine tätige Unentschlossenheit besser zu einer solchen Gestalt, als wenn Sie sich einen schlanken braunlockigen Jüngling denken, von dem man mehr Entschlossenheit und Behendigkeit erwartet.

Sie verderben mir die Imagination, rief Aurelie, weg mit Ihrem fetten Hamlet! stellen Sie uns ja nicht Ihren wohlbeleibten Prinzen vor! Geben Sie uns lieber irgend ein Quiproquo, das uns reizt, das uns rührt. Die Intention des Autors liegt uns nicht so nahe, als unser Vergnügen, und wir verlangen einen Reiz, der uns homogen ist.

Siebentes Kapitel

Einen Abend stritt die Gesellschaft, ob der Roman oder das Drama den Vorzug verdiene? Serlo versicherte, es sei ein vergeblicher mißverstandener Streit; beide könnten in ihrer Art vortrefflich sein, nur müßten sie sich in den Gränzen ihrer Gattung halten.

Ich bin selbst noch nicht ganz im Klaren darüber, versetzte Wilhelm.

Wer ist es auch? sagte Serlo, und doch wäre es der Mühe wert, daß man der Sache näher käme.

Sie sprachen viel herüber und hinüber, und endlich war Folgendes ungefähr das Resultat ihrer Unterhaltung:

Im Roman wie im Drama sehen wir menschliche Natur und Handlung. Der Unterschied beider Dichtungsarten liegt nicht bloß in der äußern Form, nicht darin, daß die Personen in dem einen sprechen, und daß in dem andern gewöhnlich von ihnen erzählt wird. Leider viele Dramen sind nur dialogierte Romane, und es wäre nicht unmöglich, ein Drama in Briefen zu schreiben.

Im Roman sollen vorzüglich Gesinnungen und Begebenheiten vorgestellt werden; im Drama Charaktere und Taten. Der Roman muß langsam gehen, und die Gesinnungen der Hauptfigur müssen, es sei auf welche Weise es wolle, das Vordringen des Ganzen zur Entwickelung aufhalten. Das Drama soll eilen, und der Charakter der Hauptfigur muß sich nach dem Ende drängen, und nur aufgehalten werden. Der Romanheld muß leidend, wenigstens nicht im hohen Grade wirkend sein; von dem dramatischen verlangt man Wirkung und Tat. Grandison, Clarisse, Pamela, der Landpriester von Wakefield, Tom Jones selbst sind, wo nicht leidende, doch retardierende Personen, und alle Begebenheiten werden gewissermaßen nach ihren Gesinnungen gemodelt. Im Drama modelt der Held nichts nach sich, alles widersteht ihm, und er räumt und rückt die Hindernisse aus dem Wege, oder unterliegt ihnen.

So vereinigte man sich auch darüber, daß man dem Zufall im Roman gar wohl sein Spiel erlauben könne; daß er aber immer durch die Gesinnungen der Personen gelenkt und geleitet werden müsse; daß hingegen das Schicksal, das die Menschen, ohne ihr Zutun, durch unzusammenhängende äußere Umstände zu einer unvorgesehenen Katastrophe hindrängt, nur im Drama statt habe; daß der Zufall wohl pathetische, niemals aber tragische Situationen hervorbringen dürfe; das Schicksal hingegen müsse immer fürchterlich sein, und werde im höchsten Sinne tragisch, wenn es schuldige und unschuldige, von einander unabhängige Taten in eine unglückliche Verknüpfung bringt.

Diese Betrachtungen führten wieder auf den wunderlichen Hamlet, und auf die Eigenheiten dieses Stücks. Der Held, sagte man, hat eigentlich auch nur Gesinnungen; es sind nur Begebenheiten, die zu ihm stoßen, und deswegen hat das Stück etwas von dem Gedehnten des Romans; weil aber das Schicksal den Plan gezeichnet hat, weil das Stück von einer fürchterlichen Tat ausgeht, und der Held immer vorwärts zu einer fürchterlichen Tat gedrängt wird, so ist es im höchsten Sinne tragisch, und leidet keinen andern als einen tragischen Ausgang.

Nun sollte Leseprobe gehalten werden, welche Wilhelm eigentlich als ein Fest ansah. Er hatte die Rollen vorher kollationiert, daß also von dieser Seite kein Anstoß sein konnte. Die sämtlichen Schauspieler waren mit dem Stücke bekannt, und er suchte sie nur, ehe sie anfingen, von der Wichtigkeit einer Leseprobe zu überzeugen. Wie man von jedem Musikus verlange, daß er, bis auf einen gewissen Grad, vom Blatte spielen könne, so solle auch jeder Schauspieler, ja jeder wohlerzogene Mensch, sich üben, vom Blatte zu lesen, einem Drama, einem Gedicht, einer Erzählung sogleich ihren Charakter abzugewinnen, und sie mit Fertigkeit vorzutragen. Alles Memorieren helfe nichts, wenn der Schauspieler nicht vorher in den Geist und Sinn des guten Schriftstellers eingedrungen sei; der Buchstabe könne nichts wirken.

Serlo versicherte, daß er jeder andern Probe, ja der Hauptprobe nachsehen wolle, sobald der Leseprobe ihr Recht widerfahren sei: denn gewöhnlich, sagte er, ist nichts lustiger, als wenn Schauspieler von Studieren sprechen; es kommt mir eben so vor, als wenn die Freimäurer von Arbeiten reden.

Die Probe lief nach Wunsch ab, und man kann sagen, daß der Ruhm und die gute Einnahme der Gesellschaft sich auf diese wenigen wohlangewandten Stunden gründete.

Sie haben wohl getan, mein Freund, sagte Serlo, nachdem sie wieder allein waren, daß Sie unsern Mitarbeitern so ernstlich zusprachen, wenn ich gleich fürchte, daß sie Ihre Wünsche schwerlich erfüllen werden.

Wie so? versetzte Wilhelm.

Ich habe gefunden, sagte Serlo, daß so leicht man der Menschen Imagination in Bewegung setzen kann, so gern sie sich Märchen erzählen lassen, eben so selten ist es, eine Art von produktiver Imagination bei ihnen zu finden. Bei den Schauspielern ist dieses sehr auffallend. Jeder ist sehr wohl zufrieden, eine schöne, lobenswürdige, brillante Rolle zu übernehmen; selten aber tut einer mehr, als sich mit Selbstgefälligkeit an die Stelle des Helden setzen, ohne sich im mindesten zu bekümmern, ob ihn auch jemand dafür halten werde. Aber mit Lebhaftigkeit zu umfassen, was sich der Autor bei'm Stück gedacht hat, was man von seiner Individualität hingeben müsse, um einer Rolle genug zu tun, wie man durch eigene Überzeugung, man sei ein ganz anderer Mensch, den Zuschauer gleichfalls zur Überzeugung hinreiße, wie man, durch eine innere Wahrheit der Darstellungskraft, diese Bretter in Tempel, diese Pappen in Wälder verwandelt, ist wenigen gegeben. Diese innere Stärke des Geistes, wodurch ganz allein der Zuschauer getäuscht wird, diese erlogene Wahrheit, die ganz allein Wirkung hervorbringt, wodurch ganz allein die Illusion erzielt wird, wer hat davon einen Begriff?

Lassen Sie uns daher ja nicht zu sehr auf Geist und Empfindung dringen! Das sicherste Mittel ist, wenn wir unsern Freunden mit Gelassenheit zuerst den Sinn des Buchstabens erklären, und ihnen den Verstand eröffnen. Wer Anlage hat, eilt alsdann selbst dem geistreichen und empfindungsvollen Ausdrucke entgegen; und wer sie nicht hat, wird wenigstens niemals ganz falsch spielen und rezitieren. Ich habe aber bei Schauspielern, so wie überhaupt, keine schlimmere Anmaßung gefunden, als wenn jemand Ansprüche an Geist macht, so lange ihm der Buchstabe noch nicht deutlich und geläufig ist.

Achtes Kapitel

Wilhelm kam zur ersten Theaterprobe sehr zeitig und fand sich auf den Brettern allein. Das Lokal überraschte ihn, und gab ihm die wunderbarsten Erinnerungen. Die Wald- und Dorfdekoration stand genau so, wie auf der Bühne seiner Vaterstadt; auch bei einer Probe, als ihm an jenem Morgen Mariane lebhaft ihre Liebe bekannte, und ihm die erste glückliche Nacht zusagte. Die Bauernhäuser glichen sich auf dem Theater wie auf dem Lande; die wahre Morgensonne beschien, durch einen halb offenen Fensterladen hereinfallend, einen Teil der Bank, die neben der Türe schlecht befestigt war; nur leider schien sie nicht wie damals auf Marianens Schoß und Busen. Er setzte sich nieder, dachte dieser wunderbaren Übereinstimmung nach, und glaubte zu ahnen, daß er sie vielleicht auf diesem Platze bald wieder sehen werde. Ach, und es war weiter nichts, als daß ein Nachspiel, zu welchem diese Dekoration gehörte, damals auf dem deutschen Theater sehr oft gegeben wurde.

In diesen Betrachtungen störten ihn die übrigen ankommenden Schauspieler, mit denen zugleich zwei Theater- und Garderobenfreunde herein traten, und Wilhelmen mit Enthusiasmus begrüßten. Der eine war gewissermaßen an Madame Melina attachiert; der andere aber ein ganz reiner Freund der Schauspielkunst, und beide von der Art, wie sich jede gute Gesellschaft Freunde wünschen sollte. Man wußte nicht zu sagen, ob sie das Theater mehr kannten oder liebten. Sie liebten es zu sehr, um es recht zu kennen; sie kannten es genug, um das Gute zu schätzen und das Schlechte zu verbannen. Aber bei ihrer Neigung war ihnen das Mittelmäßige nicht unerträglich, und der herrliche Genuß, mit dem sie das Gute vor und nach kosteten, war über allen Ausdruck. Das Mechanische machte ihnen Freude, das Geistige entzückte sie, und ihre Neigung war so groß, daß auch eine zerstückelte Probe sie in eine Art von Illusion versetzte. Die Mängel schienen ihnen jederzeit in die Ferne zu treten, das Gute berührte sie wie ein naher Gegenstand. Kurz sie waren Liebhaber, wie sie sich der Künstler in seinem Fache wünscht. Ihre liebste Wanderung war von den Kulissen in's Parterre, vom Parterre in die Kulissen, ihr angenehmster Aufenthalt in der Garderobe, ihre emsigste Beschäftigung an der Stellung, Kleidung, Rezitation und Deklamation der Schauspieler etwas zuzustutzen, ihr lebhaftestes Gespräch über den Effekt, den man hervorgebracht hatte, und ihre beständigste Bemühung, den Schauspieler aufmerksam, tätig und genau zu erhalten, ihm etwas zu Gute oder zu Liebe zu tun, und, ohne Verschwendung, der Gesellschaft manchen Genuß zu verschaffen. Sie hatten sich beide das ausschließliche Recht verschafft, bei Proben und Aufführungen auf dem Theater zu erscheinen. Sie waren, was die Aufführung Hamlets betraf, mit Wilhelmen nicht bei allen Stellen einig; hie und da gab er nach, meistens aber behauptete er seine Meinung, und im Ganzen diente diese Unterhaltung sehr zur Bildung seines Geschmacks. Er ließ die beiden Freunde sehen, wie sehr er sie schätze, und sie dagegen weissagten nichts weniger von diesen vereinten Bemühungen, als eine neue Epoche für's deutsche Theater.

Die Gegenwart dieser beiden Männer war bei den Proben sehr nützlich. Besonders überzeugten sie unsre Schauspieler, daß man bei der Probe Stellung und Aktion, wie man sie bei der Aufführung zu zeigen gedenke, immerfort mit der Rede verbinden und alles zusammen durch Gewohnheit mechanisch vereinigen müsse. Besonders mit den Händen solle man ja bei der Probe einer Tragödie keine gemeine Bewegung vornehmen; ein tragischer Schauspieler, der in der Probe Tabak schnupft, mache sie immer bange: denn höchst wahrscheinlich werde er an einer solchen Stelle, bei der Aufführung, die Prise vermissen. Ja, sie hielten dafür, daß niemand in Stiefeln probieren solle, wenn die Rolle in Schuhen zu spielen sei. Nichts aber, versicherten sie, schmerze sie mehr, als wenn die Frauenzimmer in den Proben ihre Hände in die Rockfalten versteckten.

Außerdem ward durch das Zureden dieser Männer noch etwas sehr Gutes bewirkt, daß nämlich alle Mannspersonen exerzieren lernten. Da so viele Militärrollen vorkommen, sagten sie, sieht nichts betrübter aus, als Menschen, die nicht die mindeste Dressur zeigen, in Hauptmanns- und Majors-Uniform auf dem Theater herumschwanken zu sehen.

Wilhelm und Laertes waren die ersten, die sich der Pädagogik eines Unteroffiziers unterwarfen, und setzten dabei ihre Fechtübungen mit großer Anstrengung fort.

So viel Mühe gaben sich beide Männer mit der Ausbildung einer Gesellschaft, die sich so glücklich zusammengefunden hatte. Sie sorgten für die künftige Zufriedenheit des Publikums, indes sich dieses über ihre entschiedene Liebhaberei gelegentlich aufhielt. Man wußte nicht, wie viel Ursache man hatte ihnen dankbar zu sein, besonders da sie nicht versäumten, den Schauspielern oft den Hauptpunkt einzuschärfen, daß es nämlich ihre Pflicht sei, laut und vernehmlich zu sprechen. Sie fanden hierbei mehr Widerstand und Unwillen, als sie anfangs gedacht hatten. Die meisten wollten so gehört sein, wie sie sprachen, und wenige bemühten sich so zu sprechen, daß man sie hören könnte. Einige schoben den Fehler auf's Gebäude, andere sagten, man könne doch nicht schreien, wenn man natürlich, heimlich oder zärtlich zu sprechen habe.

Unsre Theaterfreunde, die eine unsägliche Geduld hatten, suchten auf alle Weise diese Verwirrung zu lösen, diesem Eigensinne beizukommen. Sie sparten weder Gründe noch Schmeicheleien, und erreichten zuletzt doch ihren Endzweck, wobei ihnen das gute Beispiel Wilhelms besonders zu statten kam. Er bat sich aus, daß sie sich bei den Proben in die entferntesten Ecken setzen, und sobald sie nicht vollkommen verstünden, mit dem Schlüssel auf die Bank pochen möchten. Er artikulierte gut, sprach gemäßigt aus, steigerte den Ton stufenweise, und überschrie sich nicht in den heftigsten Stellen. Die pochenden Schlüssel hörte man bei jeder Probe weniger; nach und nach ließen sich die andern dieselbe Operation gefallen, und man konnte hoffen, daß das Stück endlich in allen Winkeln des Hauses von jedermann würde verstanden werden.

Man sieht aus diesem Beispiel, wie gern die Menschen ihren Zweck nur auf ihre eigene Weise erreichen möchten, wie viel Not man hat, ihnen begreiflich zu machen, was sich eigentlich von selbst versteht, und wie schwer es ist, denjenigen, der etwas zu leisten wünscht, zur Erkenntnis der ersten Bedingungen zu bringen, unter denen sein Vorhaben allein möglich wird.

Neuntes Kapitel

Man fuhr nun fort, die nötigen Anstalten zu Dekorationen und Kleidern und was sonst erforderlich war zu machen. Über einige Szenen und Stellen hatte Wilhelm besondere Grillen, denen Serlo nachgab, teils in Rücksicht auf den Kontrakt, teils aus Überzeugung, und weil er hoffte, Wilhelmen durch diese Gefälligkeit zu gewinnen, und in der Folge destomehr nach seinen Absichten zu lenken.

So sollte zum Beispiel König und Königin bei der ersten Audienz auf dem Throne sitzend erscheinen, die Hofleute an den Seiten und Hamlet unbedeutend unter ihnen stehen. Hamlet, sagte er, muß sich ruhig verhalten; seine schwarze Kleidung unterscheidet ihn schon genug. Er muß sich eher verbergen als zum Vorschein kommen. Nur dann, wenn die Audienz geendigt ist, wenn der König mit ihm als Sohn spricht, dann mag er herbei treten und die Szene ihren Gang gehen.

Noch eine Hauptschwierigkeit machten die beiden Gemälde, auf die sich Hamlet in der Szene mit seiner Mutter so heftig bezieht. Mir sollen, sagte Wilhelm, in Lebensgröße beide im Grunde des Zimmers neben der Haupttüre sichtbar sein, und zwar muß der alte König in völliger Rüstung, wie der Geist, auf eben der Seite hängen, wo dieser hervortritt. Ich wünsche, daß die Figur mit der rechten Hand eine befehlende Stellung annehme, etwas gewandt sei und gleichsam über die Schuler sehe, damit sie dem Geiste völlig gleiche, in dem Augenblicke, da dieser zur Türe hinaus geht. Es wird eine sehr große Wirkung tun, wenn in diesem Augenblick Hamlet nach dem Geiste und die Königin nach dem Bilde sieht. Der Stiefvater mag dann im königlichen Ornat, doch unscheinbarer als jener, vorgestellt werden.

So gab es noch verschiedene Punkte, von denen wir zu sprechen vielleicht Gelegenheit haben.

Sind Sie auch unerbittlich, daß Hamlet am Ende sterben muß? fragte Serlo.

Wie kann ich ihn am Leben erhalten, sagte Wilhelm, da ihn das ganze Stück zu Tode drückt? Wir haben ja schon so weitläufig darüber gesprochen.

Aber das Publikum wünscht ihn lebendig.

Ich will ihm gern jeden andern Gefallen tun, nur diesmal ist's unmöglich. Wir wünschen auch, daß ein braver nützlicher Mann, der an einer chronischen Krankheit stirbt, noch länger leben möge. Die Familie weint und beschwört den Arzt, der ihn nicht halten kann: und so wenig als dieser einer Naturnotwendigkeit zu widerstehen vermag, so wenig können wir einer anerkannten Kunstnotwendigkeit gebieten. Es ist eine falsche Nachgiebigkeit gegen die Menge, wenn man ihnen die Empfindungen erregt, die sie haben *wollen,* und nicht die sie haben *sollen.*

Wer das Geld bringt, kann die Ware nach seinem Sinne verlangen.

Gewissermaßen; aber ein großes Publikum verdient, daß man es achte, daß man es nicht wie Kinder, denen man das Geld abnehmen will, behandle. Man bringe ihm nach und nach, durch das Gute, Gefühl und Geschmack für das Gute bei, und es wird sein Geld mit doppeltem Vergnügen einlegen, weil ihm der Verstand, ja die Vernunft selbst bei dieser Ausgabe nichts vorzuwerfen hat. Man kann ihm schmeicheln wie einem geliebten Kinde, schmeicheln, um es zu bessern, um es künftig aufzuklären; nicht wie einem Vornehmen und Reichen, um den Irrtum, den man nutzt, zu verewigen.

So handelten sie noch manches ab, das sich besonders auf die Frage bezog: was man noch etwa an dem Stücke verändern dürfe, und was unberührt bleiben müsse? Wir lassen uns hierauf nicht weiter ein, sondern legen vielleicht künftig die neue Bearbeitung Hamlets selbst demjenigen Teile unsrer Leser vor, der sich etwa dafür interessieren könnte.

Zehntes Kapitel

Die Hauptprobe war vorbei; sie hatte übermäßig lange gedauert. Serlo und Wilhelm fanden noch manches zu besorgen: denn ungeachtet der vielen Zeit, die man zur Vorbereitung verwendet hatte, waren doch sehr notwendige Anstalten bis auf den letzten Augenblick verschoben worden.

So waren zum Beispiel die Gemälde der beiden Könige noch nicht fertig, und die Szene zwischen Hamlet und seiner Mutter, von der man einen so großen Effekt hoffte, sah noch sehr mager aus, indem weder der Geist noch sein gemaltes Ebenbild dabei gegenwärtig war. Serlo scherzte bei dieser Gelegenheit und sagte: Wir wären doch im Grunde recht übel angeführt, wenn der Geist ausbliebe, die Wache wirklich mit der Luft fechten, und unser Souffleur aus der Kulisse den Vortrag des Geistes supplieren müßte.

Wir wollen den wunderbaren Freund nicht durch unsern Unglauben verscheuchen, versetzte Wilhelm; er kommt gewiß zur rechten Zeit, und wird uns so gut als die Zuschauer überraschen.

Gewiß, rief Serlo, ich werde froh sein, wenn das Stück morgen gegeben ist: es macht uns mehr Umstände, als ich geglaubt habe.

Aber niemand in der Welt wird froher sein als ich, wenn das Stück morgen gespielt ist, versetzte Philine, so wenig mich meine Rolle drückt. Denn immer und ewig von einer Sache reden zu hören, wobei doch nichts weiter heraus kommt, als eine Repräsentation, die, wie so viele hundert andere, vergessen werden wird, dazu will meine Geduld nicht hinreichen. Macht doch in Gottesnamen nicht so viel Umstände! Die Gäste, die vom Tische aufstehen, haben nachher an jedem Gerichte was auszusetzen; ja wenn man sie zu Hause reden hört, so ist es ihnen kaum begreiflich, wie sie eine solche Not haben ausstehen können.

Lassen Sie mich Ihr Gleichnis zu meinem Vorteile brauchen, schönes Kind, versetzte Wilhelm. Bedenken Sie, was Natur und Kunst, was Handel, Gewerke und Gewerbe zusammen schaffen müssen, bis ein Gastmahl gegeben werden kann. Wie viel Jahre muß der Hirsch im Walde, der Fisch im Fluß oder Meere zubringen, bis er unsre Tafel zu besetzen würdig ist, und was hat die Hausfrau, die Köchin nicht alles in der Küche zu tun! Mit welcher Nachlässigkeit schlürft man die Sorge des entferntesten Winzers, des Schiffers, des Kellermeisters bei'm Nachtische hinunter, als müsse es nur so sein. Und sollten deswegen alle diese Menschen nicht arbeiten, nicht schaffen und bereiten, sollte der Hausherr das alles nicht sorgfältig zusammen bringen und zusammen halten, weil am Ende der Genuß nur vorübergehend ist? Aber kein Genuß ist vorübergehend: denn der Eindruck, den er zurückläßt, ist bleibend, und was man mit Fleiß und Anstrengung tut, teilt dem Zuschauer selbst eine verborgene Kraft mit, von der man nicht wissen kann, wie weit sie wirkt.

Mir ist alles einerlei, versetzte Philine, nur muß ich auch diesmal erfahren, daß Männer immer im Widerspruch mit sich selbst sind. Bei all eurer Gewissenhaftigkeit, den großen Autor nicht verstümmeln zu wollen, laßt ihr doch den schönsten Gedanken aus dem Stücke.

Den schönsten? rief Wilhelm.

Gewiß den schönsten, auf den sich Hamlet selbst was zu Gute tut.

Und der wäre? rief Serlo.

Wenn Sie eine Perücke auf hätten, versetzte Philine, würde ich sie Ihnen ganz säuberlich abnehmen: denn es scheint nötig, daß man Ihnen das Verständnis eröffne.

Die andern dachten nach, und die Unterhaltung stockte. Man war aufgestanden, es war schon spät, man schien aus einander gehen zu wollen. Als man so unentschlossen da stand, fing Philine ein Liedchen, auf eine sehr zierliche und gefällige Melodie, zu singen an.

Singet nicht in Trauertönen
Von der Einsamkeit der Nacht;
Nein, sie ist, o holde Schönen,
Zur Geselligkeit gemacht.

Wie das Weib dem Mann gegeben
Als die schönste Hälfte war,
Ist die Nacht das halbe Leben,
Und die schönste Hälfte zwar.

Könnt ihr euch des Tages freuen,
Der nur Freuden unterbricht?
Er ist gut, sich zu zerstreuen;
Zu was anderm taugt er nicht.

Aber wenn in nächt'ger Stunde
Süßer Lampe Dämmrung fließt,
Und vom Mund zum nahen Munde
Scherz und Liebe sich ergießt;

Wenn der rasche lose Knabe,
Der sonst wild und feurig eilt,
Oft bei einer kleinen Gabe
Unter leichten Spielen weilt;

Wenn die Nachtigall Verliebten
Liebevoll ein Liedchen singt,
Das Gefangnen und Betrübten
Nur wie Ach und Wehe klingt:

Mit wie leichtem Herzensregen
Horchet ihr der Glocke nicht,
Die mit zwölf bedächt'gen Schlägen
Ruh und Sicherheit verspricht!

Darum an dem langen Tage
Merke dir es, liebe Brust:
Jeder Tag hat seine Plage
Und die Nacht hat ihre Lust.

Sie machte eine leichte Verbeugung, als sie geendigt hatte, und Serlo rief ihr ein lautes Bravo zu. Sie sprang zur Tür hinaus und eilte mit Gelächter fort. Man hörte sie die Treppe hinunter singen und mit den Absätzen klappern.

Serlo ging in das Seitenzimmer, und Aurelie blieb vor Wilhelmen, der ihr eine gute Nacht wünschte, noch einige Augenblicke stehen und sagte:

Wie sie mir zuwider ist! recht meinem innern Wesen zuwider! bis auf die kleinsten Zufälligkeiten. Die rechte braune Augenwimper bei den blonden Haaren, die der Bruder so reizend findet, mag ich gar nicht ansehen, und die Schramme auf der Stirne hat mir so was Widriges, so was Niedriges, daß ich immer zehn Schritte von ihr zurücktreten möchte. Sie erzählte neulich als einen Scherz, ihr Vater habe ihr in ihrer Kindheit einen Teller an den Kopf geworfen, davon sie noch das Zeichen trage. Wohl ist sie recht an Augen und Stirne gezeichnet, daß man sich vor ihr hüten möge.

Wilhelm antwortete nichts, und Aurelie schien mit mehr Unwillen fortzufahren:

Es ist mir beinahe unmöglich, ein freundliches höfliches Wort mit ihr zu reden, so sehr hasse ich sie, und doch ist sie so anschmiegend. Ich wollte, wir wären sie los. Auch Sie, mein Freund, haben eine gewisse Gefälligkeit gegen dieses Geschöpf, ein Betragen, das mich in der Seele kränkt, eine Aufmerksamkeit, die an Achtung gränzt, und die sie, bei Gott, nicht verdient!

Wie sie ist, bin ich ihr Dank schuldig, versetzte Wilhelm; ihre Aufführung ist zu tadeln; ihrem Charakter muß ich Gerechtigkeit widerfahren lassen.

Charakter! rief Aurelie: glauben Sie, daß so eine Kreatur einen Charakter hat? O ihr Männer, daran erkenne ich euch! Solcher Frauen seid ihr wert!

Sollten Sie mich in Verdacht haben, meine Freundin? versetzte Wilhelm. Ich will von jeder Minute Rechenschaft geben, die ich mit ihr zugebracht habe.

Nun, nun, sagte Aurelie, es ist spät, wir wollen nicht streiten. Alle wie einer, einer wie alle! Gute Nacht, mein Freund! gute Nacht, mein feiner Paradiesvogel!

Wilhelm fragte, wie er zu diesem Ehrentitel komme?

Ein andermal, versetzte Aurelie, ein andermal. Man sagt, sie hätten keine Füße, sie schwebten in der Luft, und nährten sich vom Äther. Es ist aber ein Märchen, fuhr sie fort, eine poetische Fiktion. Gute Nacht, laßt euch was Schönes träumen, wenn ihr Glück habt.

Sie ging in ihr Zimmer und ließ ihn allein; er eilte auf das seinige.

Halb unwillig ging er auf und nieder. Der scherzende aber entschiedne Ton Aureliens hatte ihn beleidigt: er fühlte tief, wie Unrecht sie ihm tat. Philine konnte er nicht widrig, nicht unhold begegnen; sie hatte nichts gegen ihn verbrochen, und dann fühlte er sich so fern von jeder Neigung zu ihr, daß er recht stolz und standhaft vor sich selbst bestehen konnte.

Eben war er im Begriffe sich auszuziehen, nach seinem Lager zu gehen und die Vorhänge aufzuschlagen, als er zu seiner größten Verwunderung ein Paar Frauenpantoffeln vor dem Bett erblickte; der eine stand, der andere lag. — Es waren Philinens Pantoffeln, die er nur zu gut erkannte; er glaubte auch eine Unordnung an den Vorhängen zu sehen, ja es schien als bewegten sie sich; er stand und sah mit unverwandten Augen hin.

Eine neue Gemütsbewegung, die er für Verdruß hielt, versetzte ihm den Atem; und nach einer kurzen Pause, in der er sich erholt hatte, rief er gefaßt:

Stehen Sie auf, Philine! Was soll das heißen? Wo ist Ihre Klugheit, Ihr gutes Betragen? Sollen wir morgen das Märchen des Hauses werden?

Es rührte sich nichts.

Ich scherze nicht, fuhr er fort, diese Neckereien sind bei mir übel angewandt.

Kein Laut! Keine Bewegung!

Entschlossen und unmutig ging er endlich auf das Bette zu, und riß die Vorhänge von einander. Stehen Sie auf, sagte er, wenn ich Ihnen nicht das Zimmer diese Nacht überlassen soll.

Mit großem Erstaunen fand er sein Bette leer, die Kissen und Decken in schönster Ruhe. Er sah sich um, suchte nach, suchte alles durch, und fand keine Spur von dem Schalk. Hinter dem Bette, dem Ofen, den Schränken war nichts zu sehen; er suchte emsiger und emsiger; ja, ein boshafter Zuschauer hätte glauben mögen, er suche um zu finden.

Kein Schlaf stellte sich ein; er setzte die Pantoffeln auf seinen Tisch, ging auf und nieder, blieb manchmal bei dem Tische stehen, und ein schelmischer Genius, der ihn belauschte, will versichern: er habe sich einen großen Teil der Nacht mit den allerliebsten Stelzchen beschäftigt; er habe sie mit einem gewissen Interesse angesehen, behandelt, damit gespielt, und sich erst gegen Morgen in seinen Kleidern auf's Bette geworfen, wo er unter den seltsamsten Phantasien einschlummerte.

Und wirklich schlief er noch, als Serlo herein trat und rief: Wo sind Sie? Noch im Bette? Unmöglich! Ich suchte Sie auf dem Theater, wo noch so mancherlei zu tun ist.

Eilftes Kapitel

Vor- und Nachmittag verflossen eilig. Das Haus war schon voll und Wilhelm eilte sich anzuziehen. Nicht mit der Behaglichkeit, mit der er die Maske zum erstenmal anprobierte, konnte er sie gegenwärtig anlegen; er zog sich an, um fertig zu werden. Als er zu den Frauen in's Versammlungszimmer kam, beriefen sie ihn einstimmig, daß nichts recht sitze; der schöne Federbusch sei verschoben, die Schnalle passe nicht; man fing wieder an aufzutrennen, zu nähen, zusammen zu stecken. Die Symphonie ging an, Philine hatte etwas gegen die Krause einzuwenden, Aurelie viel an dem Mantel auszusetzen. Laßt mich, ihr Kinder! rief er, diese Nachlässigkeit wird mich erst recht zum Hamlet machen. Die Frauen ließen ihn nicht los und fuhren fort zu putzen. Die Symphonie hatte aufgehört und das Stück war angegangen. Er besah sich im Spiegel, drückte den Hut tiefer in's Gesicht und erneuerte die Schminke.

In diesem Augenblick stürzte jemand herein und rief: Der Geist! der Geist!

Wilhelm hatte den ganzen Tag nicht Zeit gehabt, an die Hauptsorge zu denken, ob der Geist auch kommen werde. Nun war sie ganz weggenommen, und man hatte die wunderlichste Gastrolle zu erwarten. Der Theatermeister kam und fragte über dieses und jenes; Wilhelm hatte nicht Zeit, sich nach dem Gespenst umzusehen, und eilte nur sich am Throne einzufinden, wo König und Königin schon von ihrem Hofe umgeben in aller Herrlichkeit glänzten; er hörte nur noch die letzten Worte des Horatio, der über die Erscheinung des Geistes ganz verwirrt sprach, und fast seine Rolle vergessen zu haben schien.

Der Zwischenvorhang ging in die Höhe und er sah das volle Haus vor sich. Nachdem Horatio seine Rede gehalten und vom Könige abgefertigt war, drängte er sich an Hamlet, und als ob er sich ihm, dem Prinzen, präsentiere, sagte er: Der Teufel steckt in dem Harnische! Er hat uns alle in Furcht gejagt.

In der Zwischenzeit sah man nur zwei große Männer in weißen Mänteln und Kapuzen in den Kulissen stehen, und Wilhelm, dem in der Zerstreuung, Unruhe und Verlegenheit der erste Monolog, wie er glaubte, mißglückt war, trat, ob ihn gleich ein lebhafter Beifall bei'm Abgehen begleitete, in der schauerlichen dramatischen Winternacht wirklich recht unbehaglich auf. Doch nahm er sich zusammen und sprach die so zweckmäßig angebrachte Stelle, über das Schmausen und Trinken der Nordländer, mit der gehörigen Gleichgültigkeit, vergaß, so wie die Zuschauer, darüber des Geistes und erschrak wirklich, als Horatio ausrief: Seht her, es kommt! Er fuhr mit Heftigkeit herum, und die edle große Gestalt, der leise unhörbare Tritt, die leichte Bewegung in der schwerscheinenden Rüstung, machten einen so starken Eindruck auf ihn, daß er wie versteinert da stand, und nur mit halber Stimme: Ihr Engel und himmlischen Geister beschützt uns! ausrufen konnte. Er starrte ihn an, holte einigemal Atem, und brachte die Anrede an den Geist so verwirrt, zerstückt und gezwungen vor, daß die größte Kunst sie nicht so trefflich hätte ausdrücken können.

Seine Übersetzung dieser Stelle kam ihm sehr zu statten. Er hatte sich nahe an das Original gehalten, dessen Wortstellung ihm die Verfassung eines überraschten, erschreckten, von Entsetzen ergriffenen Gemüts einzig auszudrücken schien.

„Sei du ein guter Geist, sei ein verdammter Kobold, bringe Düfte des Himmels mit dir oder Dämpfe der Hölle, sei Gutes oder Böses dein Beginnen, du kommst in einer so würdigen Gestalt, ja ich rede mit dir, ich nenne dich Hamlet, König, Vater, o antworte mir!" —

Man spürte im Publico die größte Wirkung. Der Geist winkte, der Prinz folgte ihm unter dem lautesten Beifall.

Das Theater verwandelte sich, und als sie auf den entfernten Platz kamen, hielt der Geist unvermutet inne und wandte sich um; dadurch kam ihm Hamlet etwas zu nahe zu stehen. Mit Verlangen und Neugierde sah Wilhelm sogleich zwischen das niedergelassene Visier hinein, konnte aber nur tiefliegende Augen neben einer wohlgebildeten Nase erblicken. Furchtsam ausspähend stand er vor ihm; allein als die ersten Töne aus dem Helme hervordrangen, als eine wohlklingende, nur ein wenig rauhe Stimme sich in den Worten hören ließ: Ich bin der Geist deines Vaters, trat Wilhelm einige Schritte schaudernd zurück, und das ganze Publikum schauderte. Die Stimme schien jedermann bekannt, und Wilhelm glaubte eine Ähnlichkeit mit der Stimme seines Vaters zu bemerken. Diese wunderbaren Empfindungen und Erinnerungen, die Neugierde, den seltsamen Freund zu entdecken, und die Sorge, ihn zu beleidigen, selbst die Unschicklichkeit, ihm als Schauspieler in dieser Situation zu nahe zu treten, bewegten Wilhelmen nach entgegengesetzten Seiten. Er veränderte während der langen Erzählung des Geistes seine Stellung so oft, schien so unbestimmt und verlegen, so aufmerksam und so zerstreut, daß sein Spiel eine allgemeine Bewunderung, so wie der Geist ein allgemeines Entsetzen erregte. Dieser sprach mehr mit einem tiefen Gefühl des Verdrusses, als des Jammers, aber eines geistigen, langsamen und unübersehlichen Verdrusses. Es war der Mißmut einer großen Seele, die von allem Irdischen getrennt ist, und doch unendlichen Leiden unterliegt. Zuletzt versank der Geist, aber auf eine sonderbare Art: denn ein leichter, grauer, durchsichtiger Flor, der wie ein Dampf aus der Versenkung zu steigen schien, legte sich über ihn weg und zog sich mit ihm hinunter.

Nun kamen Hamlets Freunde zurück und schwuren auf das Schwert. Da war der alte Maulwurf so geschäftig unter der Erde, daß er ihnen, wo sie auch stehen mochten, immer unter den Füßen rief: Schwört! und sie, als ob der Boden unter ihnen brennte, schnell von einem Ort zum andern eilten. Auch erschien da, wo sie standen, jedesmal eine kleine Flamme aus dem Boden, vermehrte die Wirkung, und hinterließ bei allen Zuschauern den tiefsten Eindruck.

Nun ging das Stück unaufhaltsam seinen Gang fort, nichts mißglückte, alles geriet; das Publikum bezeigte seine Zufriedenheit; die Lust und der Mut der Schauspieler schien mit jeder Szene zuzunehmen.

Zwölftes Kapitel

Der Vorhang fiel und der lebhafteste Beifall erscholl aus allen Ecken und Enden. Die vier fürstlichen Leichen sprangen behend in die Höhe und umarmten sich vor Freuden. Polonius und Ophelia kamen auch aus ihren Gräbern hervor und hörten noch mit lebhaftem Vergnügen, wie Horatio, als er zum Ankündigen heraustrat, auf das heftigste beklatscht wurde. Man wollte ihn zu keiner Anzeige eines andern Stücks lassen, sondern begehrte mit Ungestüm die Wiederholung des heutigen.

Nun haben wir gewonnen, rief Serlo, aber auch heute Abend kein vernünftig Wort mehr! Alles kommt auf den ersten Eindruck an. Man soll ja keinem Schauspieler übel nehmen, wenn er bei seinen Debüts vorsichtig und eigensinnig ist.

Der Kassier kam und überreichte ihm eine schwere Kasse. Wir haben gut debütiert, rief er aus, und das Vorurteil wird uns zu statten kommen. Wo ist denn nun das versprochene Abendessen? Wir dürfen es uns heute schmecken lassen.

Sie hatten ausgemacht, daß sie in ihren Theaterkleidern beisammen bleiben und sich selbst ein Fest feiern wollten. Wilhelm hatte unternommen das Lokal, und Madame Melina das Essen zu besorgen.

Ein Zimmer, worin man sonst zu malen pflegte, war auf's beste gesäubert, mit allerlei kleinen Dekorationen umstellt und so herausgeputzt worden, daß es halb einem Garten, halb einem Säulengange ähnlich sah. Bei'm Hereintreten wurde die Gesellschaft von dem Glanz vieler Lichter geblendet, die einen feierlichen Schein durch den Dampf des süßesten Räucherwerks, das man nicht gespart hatte, über eine wohl geschmückte und bestellte Tafel verbreiteten. Mit Ausrufungen lobte man die Anstalten und nahm wirklich mit Anstand Platz; es schien, als wenn eine königliche Familie im Geisterreiche zusammen käme. Wilhelm saß zwischen Aurelien und Madame Melina; Serlo zwischen Philinen und Elmiren; niemand war mit sich selbst noch mit seinem Platze unzufrieden.

Die beiden Theaterfreunde, die sich gleichfalls eingefunden hatten, vermehrten das Glück der Gesellschaft. Sie waren einigemal während der Vorstellung auf die Bühne gekommen, und konnten nicht genug von ihrer eignen und von des Publikums Zufriedenheit sprechen; nunmehr ging's aber an's Besondere; jedes ward für seinen Teil reichlich belohnt.

Mit einer unglaublichen Lebhaftigkeit ward ein Verdienst nach dem andern, eine Stelle nach der andern herausgehoben. Dem Souffleur, der bescheiden am Ende der Tafel saß, ward ein großes Lob über seinen rauhen Pyrrhus; die Fechtübung Hamlets und Laertes konnte man nicht genug erheben; Opheliens Trauer war über allen Ausdruck schön und erhaben; von Polonius Spiel durfte man gar nicht sprechen; jeder Gegenwärtige hörte sein Lob in dem andern und durch ihn.

Aber auch der abwesende Geist nahm seinen Teil Lob und Bewunderung hinweg. Er hatte die Rolle mit einem sehr glücklichen Organ und in einem großen Sinne gesprochen, und man wunderte sich am meisten, daß er von allem, was bei der Gesellschaft vorgegangen war, unterrichtet schien. Er glich völlig dem gemalten Bilde, als wenn er dem Künstler gestanden hätte, und die Theaterfreunde konnten nicht genug rühmen, wie schauerlich es ausgesehen habe, als er unfern von dem Gemälde hervorgetreten und vor seinem Ebenbilde vorbeigeschritten sei. Wahrheit und Irrtum habe sich dabei so sonderbar vermischt, und man habe wirklich sich überzeugt, daß die Königin die eine Gestalt nicht sehe. Madame Melina ward bei dieser Gelegenheit sehr gelobt, daß sie bei dieser Stelle in die Höhe nach dem Bilde gestarrt, indes Hamlet nieder auf den Geist gewiesen.

Man erkundigte sich, wie das Gespenst habe hereinschleichen können, und erfuhr vom Theatermeister, daß zu einer hintern Türe, die sonst immer mit Dekorationen verstellt sei, diesen Abend aber, weil man den gotischen Saal gebraucht, frei geworden, zwei große Figuren in weißen Mänteln und Kapuzen hereingekommen, die man von einander nicht unterscheiden können, und so seien sie nach geendigtem dritten Akt wahrscheinlich auch wieder hinausgegangen.

Serlo lobte besonders an ihm, daß er nicht so schneidermäßig gejammert und sogar am Ende eine Stelle, die einem so großen Helden besser zieme, seinen Sohn zu befeuern, angebracht habe. Wilhelm hatte sie im Gedächtnis behalten und versprach sie in's Manuskript nachzutragen.

Man hatte in der Freude des Gastmahls nicht bemerkt, daß die Kinder und der Harfenspieler fehlten; bald aber machten sie eine sehr angenehme Erscheinung. Denn sie traten zusammen herein, sehr abenteuerlich ausgeputzt; Felix schlug den Triangel, Mignon das Tamburin und der Alte hatte die schwere Harfe umgehangen und spielte sie, indem er sie vor sich trug. Sie zogen um den Tisch und sangen allerlei Lieder. Man gab ihnen zu essen, und die Gäste glaubten den Kindern eine Wohltat zu erzeigen, wenn sie ihnen so viel süßen Wein gäben, als sie nur trinken wollten; denn die Gesellschaft selbst hatte die köstlichen Flaschen nicht geschont, welche diesen Abend, als ein Geschenk der Theaterfreunde, in einigen Körben angekommen waren. Die Kinder sprangen und sangen fort, und besonders war Mignon ausgelassen, wie man sie niemals gesehen. Sie schlug das Tamburin mit aller möglichen Zierlichkeit und Lebhaftigkeit, indem sie bald mit druckendem Finger auf dem Felle schnell hin und her schnurrte, bald mit dem Rücken der Hand, bald mit den Knöcheln darauf pochte, ja mit abwechselnden Rhythmen das Pergament bald wider die Knie, bald wider den Kopf schlug, bald schüttelnd die Schellen allein klingen ließ, und so aus dem einfachsten Instrumente gar verschiedene Töne hervorlockte. Nachdem sie lange gelärmt hatten, setzten sie sich in einen Lehnsessel, der gerade Wilhelmen gegenüber am Tische leer geblieben war.

Bleibt von dem Sessel weg! rief Serlo, er steht vermutlich für den Geist da; wenn er kommt, kann's euch übel gehen.

Ich fürchte ihn nicht, rief Mignon; kommt er, so stehen wir auf. Es ist mein Oheim, er tut mir nichts zu Leide. Diese Rede verstand niemand, als wer wußte, daß sie ihren vermeintlichen Vater den großen Teufel genannt hatte.

Die Gesellschaft sah einander an, und ward noch mehr in dem Verdacht bestärkt, daß Serlo um die Erscheinung des Geistes wisse. Man schwatzte und trank, und die Mädchen sahen von Zeit zu Zeit furchtsam nach der Türe.

Die Kinder, die, in dem großen Sessel sitzend, nur wie Pulcinellpuppen aus dem Kasten, über den Tisch hervorragten, fingen an, auf diese Weise ein Stück aufzuführen. Mignon machte den schnarrenden Ton sehr artig nach, und sie stießen zuletzt die Köpfe dergestalt zusammen und auf die Tischkante, wie es eigentlich nur Holzpuppen aushalten können. Mignon ward bis zur Wut lustig, und die Gesellschaft, so sehr sie anfangs über den Scherz gelacht hatte, mußte zuletzt Einhalt tun. Aber wenig half das

Zureden, denn nun sprang sie auf und ras'te, die Schellentrommel in der Hand, um den Tisch herum. Ihre Haare flogen, und indem sie den Kopf zurück und alle ihre Glieder gleichsam in die Luft warf, schien sie einer Mänade ähnlich, deren wilde und beinah unmögliche Stellungen uns auf alten Monumenten noch oft in Erstaunen setzen.

Durch das Talent der Kinder und ihren Lärm aufgereizt, suchte jedermann zur Unterhaltung der Gesellschaft etwas beizutragen. Die Frauenzimmer sangen einige Kanons, Laertes ließ eine Nachtigall hören, und der Pedant gab ein Konzert pianissimo auf der Maultrommel. Indessen spielten die Nachbarn und Nachbarinnen allerlei Spiele, wobei sich die Hände begegnen und vermischen, und es fehlte manchem Paare nicht am Ausdruck einer hoffnungsvollen Zärtlichkeit. Madame Melina besonders schien eine lebhafte Neigung zu Wilhelmen nicht zu verhehlen. Es war spät in der Nacht, und Aurelie, die fast allein noch Herrschaft über sich behalten hatte, ermahnte die Übrigen, indem sie aufstand, aus einander zu gehen.

Serlo gab noch zum Abschied ein Feuerwerk, indem er mit dem Munde, auf eine fast unbegreifliche Weise, den Ton der Raketen, Schwärmer und Feuerräder nachzuahmen wußte. Man durfte die Augen nur zumachen, so war die Täuschung vollkommen. Indessen war jedermann aufgestanden, und man reichte den Frauenzimmern den Arm, sie nach Hause zu führen. Wilhelm ging zuletzt mit Aurelien. Auf der Treppe begegnete ihnen der Theatermeister, und sagte: Hier ist der Schleier, worin der Geist verschwand. Er ist an der Versenkung hängen geblieben und wir haben ihn eben gefunden. Eine wunderbare Reliquie! rief Wilhelm, und nahm ihn ab.

In dem Augenblicke fühlte er sich am linken Arme ergriffen und zugleich einen sehr heftigen Schmerz. Mignon hatte sich versteckt gehabt, hatte ihn angefaßt und ihn in den Arm gebissen. Sie fuhr an ihm die Treppe hinunter und verschwand.

Als die Gesellschaft in die freie Luft kam, merkte fast jedes, daß man für diesen Abend des Guten zu viel genossen hatte. Ohne Abschied zu nehmen verlor man sich aus einander.

Wilhelm hatte kaum seine Stube erreicht, als er seine Kleider abwarf und nach ausgelöschtem Licht in's Bett eilte. Der Schlaf wollte sogleich sich seiner bemeistern; allein ein Geräusch, das in seiner Stube hinter dem Ofen zu entstehen schien, machte ihn aufmerksam. Eben schwebte vor seiner erhitzten Phantasie das Bild des geharnischten Königs; er richtete sich auf, das Gespenst anzureden, als er sich von zarten Armen umschlungen, seinen Mund mit lebhaften Küssen verschlossen, und eine Brust an der seinigen fühlte, die er wegzustoßen nicht Mut hatte.

Dreizehntes Kapitel

Wilhelm fuhr des andern Morgens mit einer unbehaglichen Empfindung in die Höhe, und fand sein Bett leer. Von dem nicht völlig ausgeschlafenen Rausche war ihm der Kopf düster, und die Erinnerung an den unbekannten nächtlichen Besuch machte ihn unruhig. Sein erster Verdacht fiel auf Philinen, und doch schien der liebliche Körper, den er in seine Arme geschlossen hatte, nicht der ihrige gewesen zu sein. Unter lebhaften Liebkosungen war unser Freund an der Seite dieses seltsamen stummen Besuches eingeschlafen und nun war weiter keine Spur mehr davon zu entdecken. Er sprang auf, und indem er sich anzog, fand er seine Türe, die er sonst zu verriegeln pflegte, nur angelehnt, und wußte sich nicht zu erinnern, ob er sie gestern Abend zugeschlossen hatte.

Am wunderbarsten aber erschien ihm der Schleier des Geistes, den er auf seinem Bette fand. Er hatte ihn mit herauf gebracht und wahrscheinlich selbst dahin geworfen. Es war ein grauer Flor, an dessen Saum er eine Schrift mit schwarzen Buchstaben gestickt sah. Er entfaltete sie und las die Worte: *Zum ersten und letztenmal! Flieh! Jüngling, flieh!* Er war betroffen und wußte nicht was er sagen sollte.

In eben dem Augenblick trat Mignon herein und brachte ihm das Frühstück. Wilhelm erstaunte über den Anblick des Kindes, ja man kann sagen, er erschrak. Sie schien diese Nacht größer geworden zu sein; sie trat mit einem hohen edlen Anstand vor ihn hin und sah ihm sehr ernsthaft in die Augen, so daß er den Blick nicht ertragen konnte. Sie rührte ihn nicht an, wie sonst, da sie gewöhnlich ihm die Hand drückte, seine Wange, seinen Mund, seinen Arm, oder seine Schulter küßte, sondern ging, nachdem sie seine Sachen in Ordnung gebracht, stillschweigend wieder fort.

Die Zeit einer angesetzten Leseprobe kam nun herbei; man versammelte sich, und alle waren durch das gestrige Fest verstimmt. Wilhelm nahm sich zusammen, so gut er konnte, um nicht gleich anfangs gegen seine so lebhaft gepredigten Grundsätze zu verstoßen. Seine große Übung half ihm durch; denn Übung und Gewohnheit müssen in jeder Kunst die Lücken ausfüllen, welche Genie und Laune so oft lassen würden.

Eigentlich aber konnte man bei dieser Gelegenheit die Bemerkung recht wahr finden, daß man keinen Zustand, der länger dauern, ja der eigentlich ein Beruf, eine Lebensweise werden soll, mit einer Feierlichkeit anfangen dürfe. Man feire nur, was glücklich vollendet ist; alle Zeremonien zum Anfange erschöpfen Lust und Kräfte, die das Streben hervor bringen und uns bei einer fortgesetzten Mühe beistehen sollen. Unter allen Festen ist das Hochzeitfest das unschicklichste; keines sollte mehr in Stille, Demut und Hoffnung begangen werden als dieses.

So schlich der Tag nun weiter, und Wilhelmen war noch keiner jemals so alltäglich vorgekommen. Statt der gewöhnlichen Unterhaltung

Abends fing man zu gähnen an; das Interesse an Hamlet war erschöpft, und man fand eher unbequem, daß er des folgenden Tages zum zweitenmal vorgestellt werden sollte. Wilhelm zeigte den Schleier des Geistes vor; man mußte daraus schließen, daß er nicht wieder kommen werde. Serlo war besonders dieser Meinung; er schien mit den Ratschlägen der wunderbaren Gestalt sehr vertraut zu sein; dagegen ließen sich aber die Worte: Flieh! Jüngling, flieh! nicht erklären. Wie konnte Serlo mit jemanden einstimmen, der den vorzüglichsten Schauspieler seiner Gesellschaft zu entfernen die Absicht zu haben schien.

Notwendig war es nunmehr, die Rolle des Geistes dem Polterer und die Rolle des Königs dem Pedanten zu geben. Beide erklärten, daß sie schon einstudiert seien, und es war kein Wunder, denn bei den vielen Proben und der weitläufigen Behandlung dieses Stücks waren alle so damit bekannt geworden, daß sie sämtlich gar leicht mit den Rollen hätten wechseln können. Doch probierte man einiges in der Geschwindigkeit, und als man spät genug aus einander ging, flüsterte Philine bei'm Abschiede Wilhelmen leise zu: Ich muß meine Pantoffeln holen; du schiebst doch den Riegel nicht vor? Diese Worte setzten ihn, als er auf seine Stube kam, in ziemliche Verlegenheit; denn die Vermutung, daß der Gast der vorigen Nacht Philine gewesen, ward dadurch bestärkt, und wir sind auch genötigt, uns zu dieser Meinung zu schlagen, besonders da wir die Ursachen, welche ihn hierüber zweifelhaft machten und ihm einen andern sonderbaren Argwohn einflößen mußten, nicht entdecken können. Er ging unruhig einigemal in seinem Zimmer auf und ab, und hatte wirklich den Riegel noch nicht vorgeschoben.

Auf einmal stürzte Mignon in das Zimmer, faßte ihn an und rief: Meister! Rette das Haus! Es brennt! Wilhelm sprang vor die Türe und ein gewaltiger Rauch drängte sich die obere Treppe herunter ihm entgegen. Auf der Gasse hörte man schon das Feuergeschrei, und der Harfenspieler kam, sein Instrument in der Hand, durch den Rauch atemlos die Treppe herunter. Aurelie stürzte aus ihrem Zimmer und warf den kleinen Felix in Wilhelms Arme.

Retten Sie das Kind! rief sie; wir wollen nach dem Übrigen greifen.

Wilhelm, der die Gefahr nicht für so groß hielt, gedachte zuerst nach dem Ursprunge des Brandes hinzudringen, um ihn vielleicht noch im Anfange zu ersticken. Er gab dem Alten das Kind, und befahl ihm, die steinerne Wendeltreppe hinunter, die durch ein kleines Gartengewölbe in den Garten führte, zu eilen, und mit den Kindern im Freien zu bleiben. Mignon nahm ein Licht, ihm zu leuchten. Wilhelm bat darauf Aurelien, ihre Sachen auf eben diesem Wege zu retten. Er selbst drang durch den Rauch hinauf; aber vergebens setzte er sich der Gefahr aus. Die Flamme schien von dem benachbarten Hause herüber zu dringen und hatte schon das Holzwerk des Bodens und eine leichte Treppe gefaßt; andre, die zur Rettung herbeieilten, litten, wie er, vom Qualm und Feuer. Doch sprach er ihnen Mut ein und rief nach Wasser; er beschwor sie, der Flamme nur Schritt vor Schritt zu weichen, und versprach, bei ihnen zu bleiben. In diesem Augenblick sprang Mignon herauf und rief: Meister! Rette deinen Felix! Der Alte ist rasend! der Alte bringt ihn um! Wilhelm sprang, ohne sich zu besinnen, die Treppe hinab und Mignon folgte ihm an den Fersen.

Auf den letzten Stufen, die in's Gartengewölbe führten, blieb er mit Entsetzen stehen. Große Bündel Stroh und Reisholz, die man daselbst aufgehäuft hatte, brannten mit heller Flamme; Felix lag am Boden und schrie; der Alte stand mit niedergesenktem Haupte seitwärts an der Wand. Was machst du, Unglücklicher? rief Wilhelm. Der Alte schwieg, Mignon hatte den Felix aufgehoben, und schleppte mit Mühe den Knaben in den Garten, indes Wilhelm das Feuer aus einander zu zerren und zu dämpfen strebte, aber dadurch nur die Gewalt und Lebhaftigkeit der Flamme vermehrte. Endlich mußte er mit verbrannten Augenwimpern und Haaren auch in den Garten fliehen, indem er den Alten mit durch die Flamme riß, der ihm mit versengtem Barte unwillig folgte.

Wilhelm eilte sogleich, die Kinder im Garten zu suchen. Auf der Schwelle eines entfernten Lusthäuschens fand er sie, und Mignon tat ihr Möglichstes, den Kleinen zu beruhigen. Wilhelm nahm ihn auf den Schoß, fragte ihn, befühlte ihn und konnte nichts Zusammenhängendes aus beiden Kindern herausbringen.

Indessen hatte das Feuer gewaltsam mehrere Häuser ergriffen und erhellte die ganze Gegend. Wilhelm besah das Kind bei'm roten Schein der Flamme; er konnte keine Wunde, kein Blut, ja keine Beule wahrnehmen. Er betastete es überall, es gab kein Zeichen von Schmerz von sich, es beruhigte sich vielmehr nach und nach, und fing an sich über die Flamme zu verwundern, ja sich über die schönen, der Ordnung nach, wie eine Illumination, brennenden Sparren und Gebälke zu erfreuen.

Wilhelm dachte nicht an die Kleider und was er sonst verloren haben konnte; er fühlte stark, wie wert ihm diese beiden menschlichen Geschöpfe seien, die er einer so großen Gefahr entronnen sah. Er drückte den Kleinen mit einer ganz neuen Empfindung an sein Herz, und wollte auch Mignon mit freudiger Zärtlichkeit umarmen, die es aber sanft ablehnte, ihn bei der Hand nahm und sie fest hielt.

Meister, sagte sie (noch niemals, als diesen Abend, hatte sie ihm diesen Namen gegeben, denn anfangs pflegte sie ihn Herr, und nachher Vater zu nennen), Meister! wir sind einer großen Gefahr entronnen: dein Felix war am Tode.

Durch viele Fragen erfuhr endlich Wilhelm, daß der Harfenspieler, als sie in das Gewölbe gekommen, ihr das Licht aus der Hand gerissen und das Stroh sogleich angezündet habe. Darauf habe er den Felix niedergesetzt, mit wunderlichen Gebärden die Hände auf des Kindes Kopf gelegt und ein Messer gezogen, als wenn er ihn opfern wolle. Sie sei zugesprungen und habe ihm das Messer aus der Hand gerissen; sie habe geschrieen, und einer vom Hause, der einige Sachen nach dem Garten zu gerettet, sei ihr zu Hülfe gekommen, der müsse aber in der Verwirrung wieder weggegangen sein, und den Alten und das Kind allein gelassen haben.

Zwei bis drei Häuser standen in vollen Flammen. In den Garten hatte sich niemand retten können, wegen des Brandes im Gartengewölbe. Wilhelm war verlegen wegen seiner Freunde, weniger wegen seiner Sachen. Er getraute sich nicht die Kinder zu verlassen, und sah das Unglück sich immer vergrößern.

Er brachte einige Stunden in einer bänglichen Lage zu. Felix war auf seinem Schoße eingeschlafen, Mignon lag neben ihm und hielt seine Hand fest. Endlich hatten die getroffenen Anstalten dem Feuer Einhalt getan. Die ausgebrannten Gebäude stürzten zusammen, der Morgen kam herbei, die Kinder fingen an zu frieren, und ihm selbst ward in seiner leichten Kleidung der fallende Tau fast unerträglich. Er führte sie zu den Trümmern des zusammengestürzten Gebäudes, und sie fanden neben einem Kohlen- und Aschenhaufen eine sehr behagliche Wärme.

Der anbrechende Tag brachte nun alle Freunde und Bekannte nach und nach zusammen. Jedermann hatte sich gerettet, niemand hatte viel verloren.

Wilhelms Koffer fand sich auch wieder, und Serlo trieb, als es gegen zehn Uhr ging, zur Probe von Hamlet, wenigstens einiger Szenen, die mit neuen Schauspielern besetzt waren. Er hatte darauf noch einige Debatten mit der Polizei. Die Geistlichkeit verlangte: daß nach einem solchen Strafgerichte Gottes das Schauspielhaus geschlossen bleiben sollte, und Serlo behauptete: daß teils zum Ersatz dessen, was er diese Nacht verloren, teils zur Aufheiterung der erschreckten Gemüter, die Aufführung eines interessanten Stückes mehr als jemals am Platz sei. Diese letzte Meinung drang durch, und das Haus war gefüllt. Die Schauspieler spielten mit seltenem Feuer und mit mehr leidenschaftlicher Freiheit als das erstemal. Die Zuschauer, deren Gefühl durch die schreckliche nächtliche Szene erhöht, und durch die Langeweile eines zerstreuten und verdorbenen Tages noch mehr auf eine interessante Unterhaltung gespannt war, hatten mehr Empfänglichkeit für das Außerordentliche. Der größte Teil waren neue, durch den Ruf des Stücks herbeigezogene Zuschauer, die keine Vergleichung mit dem ersten Abend anstellen konnten. Der Polterer spielte ganz im Sinne des unbekannten Geistes, und der Pedant hatte seinem Vorgänger gleichfalls gut aufgepaßt; daneben kam ihm seine Erbärmlichkeit sehr zu statten, daß ihm Hamlet wirklich nicht Unrecht tat, wenn er ihn, trotz seines Purpurmantels und Hermelinkragens, einen zusammengeflickten Lumpen-König schalt.

Sonderbarer als er, war vielleicht niemand zum Throne gelangt; und obgleich die Übrigen, besonders aber Philine, sich über seine neue Würde äußerst lustig machten, so ließ er doch merken, daß der Graf, als ein großer Kenner, das und noch viel mehr von ihm bei'm ersten Anblick voraus gesagt habe; dagegen ermahnte ihn Philine zur Demut und versicherte: sie werde ihm gelegentlich die Rockärmel pudern, damit er sich jener unglücklichen Nacht im Schlosse erinnern, und die Krone mit Bescheidenheit tragen möge.

Vierzehntes Kapitel

Man hatte sich in der Geschwindigkeit nach Quartieren umgesehen, und die Gesellschaft war dadurch sehr zerstreut worden. Wilhelm hatte das Lusthaus in dem Garten, bei dem er die Nacht zugebracht, liebgewonnen; er erhielt leicht die Schlüssel dazu und richtete sich daselbst ein; da aber Aurelie in ihrer neuen Wohnung sehr eng war, mußte er den Felix bei sich behalten und Mignon wollte den Knaben nicht verlassen.

Die Kinder hatten ein artiges Zimmer in dem ersten Stocke eingenommen, Wilhelm hatte sich in dem untern Saale eingerichtet. Die Kinder schliefen, aber er konnte keine Ruhe finden.

Neben dem anmutigen Garten, den der eben aufgegangene Vollmond herrlich erleuchtete, standen die traurigen Ruinen, von denen hier und da noch Dampf aufstieg; die Luft war angenehm und die Nacht außerordentlich schön. Philine hatte, bei'm Herausgehen aus dem Theater, ihn mit dem Ellenbogen angestrichen und ihm einige Worte zugelispelt, die er aber nicht verstanden hatte. Er war verwirrt und verdrießlich, und wußte nicht, was er erwarten oder tun sollte. Philine hatte ihn einige Tage gemieden und ihm nur diesen Abend wieder ein Zeichen gegeben. Leider war nun die Türe verbrannt, die er nicht zuschließen sollte, und die Pantöffelchen waren in Rauch aufgegangen. Wie die Schöne in den Garten kommen wollte, wenn es ihre Absicht war, wußte er nicht. Er wünschte sie nicht zu sehen, und doch hätte er sich gar zu gern mit ihr erklären mögen.

Was ihm aber noch schwerer auf dem Herzen lag, war das Schicksal des Harfenspielers, den man nicht wieder gesehen hatte. Wilhelm fürchtete, man würde ihn bei'm Aufräumen tot unter dem Schutte finden. Wilhelm hatte gegen jedermann den Verdacht verborgen, den er hegte, daß der Alte Schuld an dem Brande sei. Denn er kam ihm zuerst von dem brennenden und rauchenden Boden entgegen, und die Verzweiflung im Gartengewölbe schien die Folge eines solchen unglücklichen Ereignisses zu sein. Doch war es bei der Untersuchung, welche die Polizei sogleich anstellte, wahrscheinlich geworden, daß nicht in dem Hause, wo sie wohnten, sondern in dem dritten davon der Brand entstanden sei, der sich auch sogleich unter den Dächern weggeschlichen hatte.

Wilhelm überlegte das alles in einer Laube sitzend, als er in einem nahen Gange jemanden schleichen hörte. An dem traurigen Gesange, der sogleich angestimmt ward, erkannte er den Harfenspieler. Das Lied, das er sehr wohl verstehen konnte, enthielt den Trost eines Unglücklichen, der sich dem Wahnsinne ganz nahe fühlt. Leider hat Wilhelm davon nur die letzte Strophe behalten.

An die Türen will ich schleichen,
Still und sittsam will ich stehn,
Fromme Hand wird Nahrung reichen,
Und ich werde weiter gehn.
Jeder wird sich glücklich scheinen,
Wenn mein Bild vor ihm erscheint,
Eine Träne wird er weinen,
Und ich weiß nicht was er weint.

Unter diesen Worten war er an die Gartentüre gekommen, die nach einer entlegenen Straße ging; er wollte, da er sie verschlossen fand, an den Spalieren übersteigen; allein Wilhelm hielt ihn zurück und redete ihn freundlich an. Der Alte bat ihn, aufzuschließen, weil er fliehen wolle und müsse. Wilhelm stellte ihm vor: daß er wohl aus dem Garten, aber nicht aus der Stadt könne, und zeigte ihm, wie sehr er sich durch einen solchen Schritt verdächtig mache; allein vergebens! Der Alte bestand auf seinem Sinne. Wilhelm gab nicht nach und drängte ihn endlich halb mit Gewalt in's Gartenhaus, schloß sich daselbst mit ihm ein und führte ein wunderbares Gespräch mit ihm, das wir aber, um unsere Leser nicht mit unzusammenhängenden Ideen und bänglichen Empfindungen zu quälen, lieber verschweigen als ausführlich mitteilen.

Funfzehntes Kapitel

Aus der großen Verlegenheit, worin sich Wilhelm befand, was er mit dem unglücklichen Alten beginnen sollte, der so deutliche Spuren des Wahnsinns zeigte, riß ihn Laertes noch am selbigen Morgen. Dieser, der nach seiner alten Gewohnheit überall zu sein pflegte, hatte auf dem Kaffeehaus einen Mann gesehen, der vor einiger Zeit die heftigsten Anfälle von Melancholie erduldete. Man hatte ihn einem Landgeistlichen anvertraut, der sich ein besonders Geschäft daraus machte, dergleichen Leute zu behandeln. Auch diesmal war es ihm gelungen; noch war er in der Stadt, und die Familie des Wiederhergestellten erzeigte ihm große Ehre.

Wilhelm eilte sogleich den Mann aufzusuchen, vertraute ihm den Fall und ward mit ihm einig. Man wußte unter gewissen Vorwänden ihm den Alten zu übergeben. Die Scheidung schmerzte Wilhelmen tief, und nur die Hoffnung, ihn wieder hergestellt zu sehen, konnte sie ihm einigermaßen erträglich machen, so sehr war er gewohnt, den Mann um sich zu sehen und seine geistreichen und herzlichen Töne zu vernehmen. Die

Harfe war mit verbrannt; man suchte eine andere, die man ihm auf die Reise mitgab.

Auch hatte das Feuer die kleine Garderobe Mignons verzehrt, und als man ihr wieder etwas Neues schaffen wollte, tat Aurelie den Vorschlag, daß man sie doch endlich als Mädchen kleiden solle.

Nun gar nicht! rief Mignon aus und bestand mit großer Lebhaftigkeit auf ihrer alten Tracht, worin man ihr denn auch willfahren mußte.

Die Gesellschaft hatte nicht viel Zeit, sich zu besinnen; die Vorstellungen gingen ihren Gang.

Wilhelm horchte oft in's Publikum, und nur selten kam ihm eine Stimme entgegen, wie er sie zu hören wünschte, ja öfters vernahm er, was ihn betrübte oder verdroß. So erzählte zum Beispiel, gleich nach der ersten Aufführung Hamlets, ein junger Mensch mit großer Lebhaftigkeit, wie zufrieden er an jenem Abend im Schauspielhause gewesen. Wilhelm lauschte und hörte, zu seiner großen Beschämung, daß der junge Mann zum Verdruß seiner Hintermänner den Hut aufbehalten und ihn hartnäkkig das ganze Stück hindurch nicht abgetan hatte, welcher Heldentat er sich mit dem größten Vergnügen erinnerte.

Ein anderer versicherte: Wilhelm habe die Rolle des Laertes sehr gut gespielt; hingegen mit dem Schauspieler, der den Hamlet unternommen, könne man nicht eben so zufrieden sein. Diese Verwechslung war nicht ganz unnatürlich, denn Wilhelm und Laertes glichen sich, wiewohl in einem sehr entfernten Sinne.

Ein dritter lobte sein Spiel, besonders in der Szene mit der Mutter, auf's lebhafteste, und bedauerte nur: daß eben in diesem feurigen Augenblick ein weißes Band unter der Weste hervorgesehen habe, wodurch die Illusion äußerst gestört worden sei.

In dem Innern der Gesellschaft gingen indessen allerlei Veränderungen vor. Philine hatte seit jenem Abend nach dem Brande Wilhelmen auch nicht das geringste Zeichen einer Annäherung gegeben. Sie hatte, wie es schien vorsätzlich, ein entfernteres Quartier gemietet, vertrug sich mit Elmiren und kam seltener zu Serlo, womit Aurelie wohl zufrieden war. Serlo, der ihr immer gewogen blieb, besuchte sie manchmal, besonders da er Elmiren bei ihr zu finden hoffte, und nahm eines Abends Wilhelmen mit sich. Beide waren im Hereintreten sehr verwundert, als sie Philinen in dem zweiten Zimmer in den Armen eines jungen Offiziers sahen, der eine rote Uniform und weiße Unterkleider an hatte, dessen abgewendetes Gesicht sie aber nicht sehen konnten. Philine kam ihren besuchenden Freunden in das Vorzimmer entgegen und verschloß das andere. Sie überraschen mich bei einem wunderbaren Abenteuer! rief sie aus.

So wunderbar ist es nicht, sagte Serlo: lassen Sie uns den hübschen, jungen, beneidenswerten Freund sehen; Sie haben uns ohnedem schon so zugestutzt, daß wir nicht eifersüchtig sein dürfen.

Ich muß Ihnen diesen Verdacht noch eine Zeitlang lassen, sagte Philine scherzend; doch kann ich Sie versichern, daß es nur eine gute Freundin ist, die sich einige Tage unbekannt bei mir aufhalten will. Sie sollen ihre Schicksale künftig erfahren, ja vielleicht das interessante Mädchen selbst kennen lernen, und ich werde wahrscheinlich alsdann Ursache haben, meine Bescheidenheit und Nachsicht zu üben; denn ich fürchte, die Herren werden über ihre neue Bekanntschaft ihre alte Freundin vergessen.

Wilhelm stand versteinert da; denn gleich bei'm ersten Anblick hatte ihn die rote Uniform an den so sehr geliebten Rock Marianens erinnert; es war ihre Gestalt, es waren ihre blonden Haare, nur schien ihm der gegenwärtige Offizier etwas größer zu sein.

Um des Himmels Willen! rief er aus, lassen Sie uns mehr von Ihrer Freundin wissen, lassen Sie uns das verkleidete Mädchen sehen. Wir sind nun einmal Teilnehmer des Geheimnisses; wir wollen versprechen, wir wollen schwören, aber lassen Sie uns das Mädchen sehen!

O wie er in Feuer ist! rief Philine, nur gelassen, nur geduldig, heute wird einmal nichts draus.

So lassen Sie uns nur ihren Namen wissen! rief Wilhelm.

Das wäre alsdann ein schönes Geheimnis, versetzte Philine.

Wenigstens nur den Vornamen.

Wenn Sie ihn raten, meinetwegen. Dreimal dürfen Sie raten, aber nicht öfter; Sie könnten mich sonst durch den ganzen Kalender durchführen.

Gut, sagte Wilhelm: Cecilie also?

Nichts von Cecilien!

Henriette?

Keineswegs! Nehmen Sie sich in Acht! Ihre Neugierde wird ausschlafen müssen.

Wilhelm zauderte und zitterte; er wollte seinen Mund auftun, aber die Sprache versagte ihm. Mariane? stammelte er endlich, Mariane!

Bravo! rief Philine, getroffen! indem sie sich nach ihrer Gewohnheit auf dem Absatze herum drehte.

Wilhelm konnte kein Wort hervorbringen, und Serlo, der seine Gemütsbewegung nicht bemerkte, fuhr fort in Philinen zu dringen, daß sie die Türe öffnen sollte.

Wie verwundert waren daher beide, als Wilhelm auf einmal heftig ihre Neckerei unterbrach, sich Philinen zu Füßen warf und sie mit dem lebhaftesten Ausdrucke der Leidenschaft bat und beschwor. Lassen Sie mich das Mädchen sehen, rief er aus, sie ist mein, es ist meine Mariane! Sie, nach der ich mich alle Tage meines Lebens gesehnt habe, sie, die mir noch immer statt aller andern Weiber in der Welt ist! Gehen Sie wenigstens zu ihr hinein, sagen Sie ihr, daß ich hier bin, daß der Mensch hier ist, der seine erste Liebe und das ganze Glück seiner Jugend an sie knüpfte. Er will sich rechtfertigen, daß er sie unfreundlich verließ, er will sie um Verzeihung bitten, er will ihr vergeben, was sie auch gegen ihn gefehlt haben mag, er will sogar keine Ansprüche an sie mehr machen, wenn er sie nur noch einmal sehen kann, wenn er nur sehen kann, daß sie lebt und glücklich ist!

Philine schüttelte den Kopf und sagte: Mein Freund, reden Sie leise! Betrügen wir uns nicht; und ist das Frauenzimmer wirklich Ihre Freundin, so müssen wir sie schonen, denn sie vermutet keinesweges, Sie hier zu sehen. Ganz andere Angelegenheiten führen sie hierher, und das wissen Sie doch, man möchte oft lieber ein Gespenst als einen alten Liebhaber zur unrechten Zeit vor Augen sehen. Ich will sie fragen, ich will sie vorbereiten und wir wollen überlegen, was zu tun ist. Ich schreibe Ihnen morgen ein Billet, zu welcher Stunde Sie kommen sollen, oder ob Sie kommen dürfen; gehorchen Sie mir pünktlich, denn ich schwöre, niemand soll gegen meinen und meiner Freundin Willen dieses liebenswürdige Geschöpf mit Augen sehen. Meine Türen werde ich besser verschlossen halten, und mit Axt und Beil werden Sie mich nicht besuchen wollen.

Wilhelm beschwor sie, Serlo redete ihr zu; vergebens! Beide Freunde mußten zuletzt nachgeben, das Zimmer und das Haus räumen.

Welche unruhige Nacht Wilhelm zubrachte, wird sich jedermann denken. Wie langsam die Stunden des Tages dahinzogen, in denen er Philinens Billet erwartete, läßt sich begreifen. Unglücklicherweise mußte er selbigen Abend spielen; er hatte niemals eine größere Pein ausgestanden. Nach geendigtem Stücke eilte er zu Philinen, ohne nur zu fragen, ob er eingeladen worden. Er fand ihre Türe verschlossen, und die Hausleute sagten: Mademoiselle sei heute früh mit einem jungen Offizier weggefahren; sie habe zwar gesagt, daß sie in einigen Tagen wiederkomme, man glaube es aber nicht, weil sie alles bezahlt und ihre Sachen mitgenommen habe.

Wilhelm war außer sich über diese Nachricht. Er eilte zu Laertes, und schlug ihm vor, ihr nachzusetzen, und, es koste was es wolle, über ihren Begleiter Gewißheit zu erlangen. Laertes dagegen verwies seinem Freunde seine Leidenschaft und Leichtgläubigkeit. Ich will wetten, sagte er, es ist niemand anders als Friedrich. Der Junge ist von gutem Hause, ich weiß es recht wohl; er ist unsinnig in das Mädchen verliebt, und hat wahrscheinlich seinen Verwandten so viel Geld abgelockt, daß er wieder eine Zeitlang mit ihr leben kann.

Durch diese Einwendungen ward Wilhelm nicht überzeugt, doch zweifelhaft. Laertes stellte ihm vor, wie unwahrscheinlich das Märchen sei, das Philine ihnen vorgespiegelt hatte, wie Figur und Haar sehr gut auf Friedrichen passe, wie sie bei zwölf Stunden Vorsprung so leicht nicht einzuholen sein würden, und hauptsächlich wie Serlo keinen von ihnen beiden bei'm Schauspiele entbehren könne.

Durch alle diese Gründe wurde Wilhelm endlich nur so weit gebracht, daß er Verzicht darauf tat, selbst nachzusetzen. Laertes wußte noch in selbiger Nacht einen tüchtigen Mann zu schaffen, dem man den Auftrag geben konnte. Es war ein gesetzter Mann, der mehreren Herrschaften auf

Reisen als Kurier und Führer gedient hatte, und eben jetzt ohne Beschäftigung stille lag. Man gab ihm Geld, man unterrichtete ihn von der ganzen Sache, mit dem Auftrage, daß er die Flüchtlinge aufsuchen und einholen, sie alsdann nicht aus den Augen lassen und die Freunde sogleich, wo und wie er sie fände, benachrichtigen solle. Er setzte sich in derselbigen Stunde zu Pferde und ritt dem zweideutigen Paare nach, und Wilhelm war durch diese Anstalt wenigstens einigermaßen beruhigt.

Sechzehntes Kapitel

Die Entfernung Philinens machte keine auffallende Sensation weder auf dem Theater noch im Publico. Es war ihr mit allem wenig Ernst; die Frauen haßten sie durchgängig, und die Männer hätten sie lieber unter vier Augen als auf dem Theater gesehen, und so war ihr schönes und für die Bühne selbst glückliches Talent verloren. Die übrigen Glieder der Gesellschaft gaben sich desto mehr Mühe; Madame Melina besonders tat sich durch Fleiß und Aufmerksamkeit sehr hervor. Sie merkte, wie sonst, Wilhelmen seine Grundsätze ab, richtete sich nach seiner Theorie und seinem Beispiel, und hatte zeither ein ich weiß nicht was in ihrem Wesen, das sie interessanter machte. Sie erlangte bald ein richtiges Spiel und gewann den natürlichen Ton der Unterhaltung vollkommen, und den der Empfindung bis auf einen gewissen Grad. Sie wußte sich in Serlo's Launen zu schicken, und befliß sich des Singens ihm zu Gefallen, worin sie auch bald so weit kam, als man dessen zur geselligen Unterhaltung bedarf.

Durch einige neu angenommene Schauspieler ward die Gesellschaft noch vollständiger, und indem Wilhelm und Serlo jeder in seiner Art wirkte, jener bei jedem Stücke auf den Sinn und Ton des Ganzen drang, dieser die einzelnen Teile gewissenhaft durcharbeitete, belebte ein lobenswürdiger Eifer auch die Schauspieler, und das Publikum nahm an ihnen einen lebhaften Anteil.

Wir sind auf einem guten Wege, sagte Serlo einst, und wenn wir so fortfahren, wird das Publikum auch bald auf dem rechten sein. Man kann die Menschen sehr leicht durch tolle und unschickliche Darstellungen irre machen; aber man lege ihnen das Vernünftige und Schickliche auf eine interessante Weise vor, so werden sie gewiß darnach greifen.

Was unserm Theater hauptsächlich fehlt, und warum weder Schauspieler noch Zuschauer zur Besinnung kommen, ist, daß es darauf im Ganzen zu bunt aussieht, und daß man nirgends eine Gränze hat, woran man sein Urteil anlehnen könnte. Es scheint mir kein Vorteil zu sein, daß wir unser Theater gleichsam zu einem unendlichen Naturschauplatze ausgeweitet haben; doch kann jetzt weder Direktor noch Schauspieler sich in die Enge ziehen, bis vielleicht der Geschmack der Nation in der Folge den rechten Kreis selbst bezeichnet. Eine jede gute Sozietät existiert nur unter gewissen Bedingungen, so auch ein gutes Theater. Gewisse Manieren und Redensarten, gewisse Gegenstände und Arten des Betragens müssen ausgeschlossen sein. Man wird nicht ärmer, wenn man sein Hauswesen zusammen zieht.

Sie waren hierüber mehr oder weniger einig und uneinig. Wilhelm und die meisten waren auf der Seite des englischen, Serlo und einige auf der Seite des französischen Theaters.

Man ward einig in leeren Stunden, deren ein Schauspieler leider so viele hat, in Gesellschaft die berühmtesten Schauspiele beider Theater durchzugehen, und das Beste und Nachahmenswerte derselben zu bemerken. Man machte auch wirklich einen Anfang mit einigen französischen Stücken. Aurelie entfernte sich jedesmal, sobald die Vorlesung anging. Anfangs hielt man sie für krank; einst aber fragte sie Wilhelm darüber, dem es aufgefallen war.

Ich werde bei keiner solchen Vorlesung gegenwärtig sein, sagte sie, denn wie soll ich hören und urteilen, wenn mir das Herz zerrissen ist? Ich hasse die französische Sprache von ganzer Seele.

Wie kann man einer Sprache feind sein, rief Wilhelm aus, der man den größten Teil seiner Bildung schuldig ist, und der wir noch viel schuldig werden müssen, ehe unser Wesen eine Gestalt gewinnen kann?

Es ist kein Vorurteil! versetzte Aurelie: ein unglücklicher Eindruck, eine verhaßte Erinnerung an meinen treulosen Freund hat mir die Lust an dieser schönen und ausgebildeten Sprache geraubt. Wie ich sie jetzt von ganzem Herzen hasse! Während der Zeit unserer freundschaftlichen Verbindung schrieb er Deutsch, und welch ein herzliches, wahres, kräftiges Deutsch! Nun da er mich los sein wollte, fing er an Französisch zu schreiben, das vorher manchmal nur im Scherze geschehen war. Ich fühlte, ich merkte, was es bedeuten sollte. Was er in seiner Muttersprache zu sagen errötete, konnte er nun mit gutem Gewissen hinschreiben. Zu Reservationen, Halbheiten und Lügen ist es eine treffliche Sprache; sie ist eine perfide Sprache! ich finde, Gott sei Dank! kein deutsches Wort, um perfid in seinem ganzen Umfange auszudrücken. Unser armseliges *treulos* ist ein unschuldiges Kind dagegen. Perfid ist treulos mit Genuß, mit Übermut und Schadenfreude. O, die Ausbildung einer Nation ist zu beneiden, die so feine Schattierungen in *einem* Worte auszudrücken weiß! Französisch ist recht die Sprache der Welt, wert, die allgemeine Sprache zu sein, damit sie sich nur alle unter einander recht betrügen und belügen können! Seine französischen Briefe ließen sich noch immer gut genug lesen. Wenn man sich's einbilden wollte, klangen sie warm und selbst leidenschaftlich; doch genau besehen, waren es Phrasen, vermaledeite Phrasen! Er hat mir alle Freude an der ganzen Sprache, an der französischen Literatur, selbst an dem schönen und köstlichen Ausdruck edler Seelen in dieser Mundart verdorben; mich schaudert, wenn ich ein französisches Wort höre!

Auf diese Weise konnte sie stundenlang fortfahren ihren Unmut zu zeigen und jede andere Unterhaltung zu unterbrechen oder zu verstimmen. Serlo machte früher oder später ihren launischen Äußerungen mit einiger Bitterkeit ein Ende; aber gewöhnlich war für diesen Abend das Gespräch zerstört.

Überhaupt ist es leider der Fall, daß alles was durch mehrere zusammentreffende Menschen und Umstände hervorgebracht werden soll, keine lange Zeit sich vollkommen erhalten kann. Von einer Theatergesellschaft so gut wie von einem Reiche, von einem Zirkel Freunde so gut wie von einer Armee, läßt sich gewöhnlich der Moment angeben, wenn sie auf der höchsten Stufe ihrer Vollkommenheit, ihrer Übereinstimmung, ihrer Zufriedenheit und Tätigkeit standen; oft aber verändert sich schnell das Personal, neue Glieder treten hinzu, die Personen passen nicht mehr zu den Umständen, die Umstände nicht mehr zu den Personen; es wird alles anders, und was vorher verbunden war, fällt nunmehr bald aus einander. So konnte man sagen, daß Serlo's Gesellschaft eine Zeitlang so vollkommen war, als irgend eine deutsche sich hätte rühmen können. Die meisten Schauspieler standen an ihrem Platze; alle hatten genug zu tun, und alle taten gern was zu tun war. Ihre persönlichen Verhältnisse waren leidlich, und jedes schien in seiner Kunst viel zu versprechen, weil jedes die ersten Schritte mit Feuer und Munterkeit tat. Bald aber entdeckte sich, daß ein Teil doch nur Automaten waren, die nur das erreichen konnten, wohin man ohne Gefühl gelangen kann, und bald mischten sich die Leidenschaften dazwischen, die gewöhnlich jeder guten Einrichtung im Wege stehen und alles so leicht aus einander zerren, was vernünftige und wohldenkende Menschen zusammen zu halten wünschen.

Philinens Abgang war nicht so unbedeutend als man anfangs glaubte. Sie hatte mit großer Geschicklichkeit Serlo zu unterhalten, und die Übrigen mehr oder weniger zu reizen gewußt. Sie ertrug Aureliens Heftigkeit mit großer Geduld, und ihr eigenstes Geschäft war, Wilhelmen zu schmeicheln. So war sie eine Art von Bindungsmittel für's Ganze, und ihr Verlust mußte bald fühlbar werden.

Serlo konnte ohne eine kleine Liebschaft nicht leben. Elmire, die in weniger Zeit herangewachsen und man könnte beinahe sagen schön geworden war, hatte schon lange seine Aufmerksamkeit erregt, und Philine war klug genug, diese Leidenschaft, die sie merkte, zu begünstigen. Man muß sich, pflegte sie zu sagen, bei Zeiten auf's Kuppeln legen; es bleibt uns doch weiter nichts übrig, wenn wir alt werden. Dadurch hatten sich Serlo und Elmire dergestalt genähert, daß sie nach Philinens Abschiede bald einig wurden, und der kleine Roman interessierte sie beide um so mehr, als sie ihn vor dem Alten, der über eine solche Unregelmäßigkeit keinen Scherz verstanden hätte, geheim zu halten alle Ursache hatten. Elmirens Schwester war mit im Verständnis, und Serlo mußte beiden Mädchen daher vieles nachsehen. Eine ihrer größten Untugenden war eine unmäßige Näscherei, ja wenn man will, eine unleidliche Gefräßigkeit, worin sie Philinen keinesweges glichen, die dadurch einen neuen Schein von Liebenswürdigkeit erhielt, daß sie gleichsam nur von der Luft lebte, sehr wenig aß, und nur den Schaum eines Champagnerglases mit der größten Zierlichkeit wegschlürfte.

Nun aber mußte Serlo, wenn er seiner Schönen gefallen wollte, das Frühstück mit dem Mittagessen verbinden, und an dieses durch ein Vesperbrot das Abendessen anknüpfen. Dabei hatte Serlo einen Plan, dessen Ausführung ihn beunruhigte. Er glaubte eine gewisse Neigung zwischen Wilhelmen und Aurelien zu entdecken, und wünschte sehr, daß sie ernstlich werden möchte. Er hoffte den ganzen mechanischen Teil der Theaterwirtschaft Wilhelmen aufzubürden, und an ihm, wie an seinem ersten Schwager, ein treues und fleißiges Werkzeug zu finden. Schon hatte er ihm nach und nach den größten Teil der Besorgung unmerklich übertragen, Aurelie führte die Kasse, und Serlo lebte wieder wie in früheren Zeiten ganz nach seinem Sinne. Doch war etwas, was sowohl ihn als seine Schwester heimlich kränkte.

Das Publikum hat eine eigene Art, gegen öffentliche Menschen von anerkanntem Verdienste zu verfahren; es fängt nach und nach an gleichgültig gegen sie zu werden, und begünstigt viel geringere aber neu erscheinende Talente; es macht an jene übertriebene Forderungen, und läßt sich von diesen alles gefallen.

Serlo und Aurelie hatten Gelegenheit genug hierüber Betrachtungen anzustellen. Die neuen Ankömmlinge, besonders die jungen und wohlgebildeten, hatten alle Aufmerksamkeit, allen Beifall auf sich gezogen, und beide Geschwister mußten die meiste Zeit, nach ihren eifrigsten Bemühungen, ohne den willkommenen Klang der zusammenschlagenden Hände abtreten. Freilich kamen dazu noch besondere Ursachen. Aureliens Stolz war auffallend, und von ihrer Verachtung des Publikums waren viele unterrichtet. Serlo schmeichelte zwar jedermann im Einzelnen, aber seine spitzen Reden über das Ganze waren doch auch öfters herumgetragen und wiederholt worden. Die neuen Glieder hingegen waren teils fremd und unbekannt, teils jung, liebenswürdig und hülfsbedürftig, und hatten also auch sämtlich Gönner gefunden.

Nun gab es auch bald innerliche Unruhen und manches Mißvergnügen; denn kaum bemerkte man, daß Wilhelm die Beschäftigung eines Regisseurs übernommen hatte, so fingen die meisten Schauspieler um desto mehr an unartig zu werden, als er nach seiner Weise etwas mehr Ordnung und Genauigkeit in das Ganze zu bringen wünschte, und besonders darauf bestand, daß alles Mechanische vor allen Dingen pünktlich und ordentlich gehen solle.

In kurzer Zeit war das ganze Verhältnis, das wirklich eine Zeitlang beinahe idealisch gehalten hatte, so gemein, als man es nur irgend bei einem herumreisenden Theater finden mag. Und leider in dem Augenblicke, als Wilhelm durch Mühe, Fleiß und Anstrengung sich mit allen Erfordernissen des Metiers bekannt gemacht und seine Person sowohl als seine Geschäftigkeit vollkommen dazu gebildet hatte, schien es ihm endlich in trüben Stunden, daß dieses Handwerk weniger, als irgend ein andres, den nötigen Aufwand von Zeit und Kräften verdiene. Das Geschäft war lästig und die Belohnung gering. Er hätte jedes andere lieber übernommen, bei dem man doch, wenn es vorbei ist, der Ruhe des Geistes genießen kann, als dieses, wo man nach überstandenen mechanischen Mühseligkeiten noch durch die höchste Anstrengung des Geistes und der Empfindung erst das Ziel seiner Tätigkeit erreichen soll. Er mußte die Klagen Aureliens über die Verschwendung des Bruders hören, er mußte die Winke Serlo's mißverstehen, wenn dieser ihn zu einer Heirat mit der Schwester von ferne zu leiten suchte. Er hatte dabei seinen Kummer zu verbergen, der ihn auf das tiefste drückte, indem der nach dem zweideutigen Offizier fortgeschickte Bote nicht zurückkam, auch nichts von sich hören ließ, und unser Freund daher seine Mariane zum zweitenmal verloren zu haben fürchten mußte.

Zu eben der Zeit fiel eine allgemeine Trauer ein, wodurch man genötigt ward, das Theater auf einige Wochen zu schließen. Er ergriff diese Zwischenzeit, um jenen Geistlichen zu besuchen, bei welchem der Harfenspieler in der Kost war. Er fand ihn in einer angenehmen Gegend, und das Erste, was er in dem Pfarrhofe erblickte, war der Alte, der einem Knaben auf seinem Instrumente Lektion gab. Er bezeugte viel Freude, Wilhelmen wieder zu sehen, stand auf und reichte ihm die Hand und sagte: Sie sehen, daß ich in der Welt doch noch zu etwas nütze bin; Sie erlauben, daß ich fortfahre, denn die Stunden sind eingeteilt.

Der Geistliche begrüßte Wilhelmen auf das freundlichste und erzählte ihm, daß der Alte sich schon recht gut anlasse, und daß man Hoffnung zu seiner völligen Genesung habe.

Ihr Gespräch fiel natürlich auf die Methode, Wahnsinnige zu kurieren.

Außer dem Physischen, sagte der Geistliche, das uns oft unüberwindliche Schwierigkeiten in den Weg legt und worüber ich einen denkenden Arzt zu Rate ziehe, finde ich die Mittel vom Wahnsinne zu heilen sehr einfach. Es sind eben dieselben, wodurch man gesunde Menschen hindert, wahnsinnig zu werden. Man errege ihre Selbsttätigkeit, man gewöhne sie an Ordnung, man gebe ihnen einen Begriff, daß sie ihr Sein und Schicksal mit so vielen gemein haben, daß das außerordentliche Talent, das größte Glück und das höchste Unglück nur kleine Abweichungen von dem gewöhnlichen sind; so wird sich kein Wahnsinn einschleichen, und wenn er da ist, nach und nach wieder verschwinden. Ich habe des alten Mannes Stunden eingeteilt, er unterrichtet einige Kinder auf der Harfe, er hilft im Garten arbeiten, und ist schon viel heiterer. Er wünscht von dem Kohle zu genießen, den er pflanzt, und wünscht meinen Sohn, dem er die Harfe auf den Todesfall geschenkt hat, recht emsig zu unterrichten, damit sie der Knabe ja auch brauchen könne. Als Geistlicher suche ich ihm über seine wunderbaren Skrupel nur wenig zu sagen, aber ein tätiges Leben führt so viele Ereignisse herbei, daß er bald fühlen muß, daß jede Art von Zweifel nur durch Wirksamkeit gehoben werden kann. Ich gehe sachte zu Werke; wenn ich ihm aber noch seinen Bart und seine Kutte wegnehmen kann, so habe ich viel gewonnen: denn es bringt uns nichts näher dem Wahnsinn, als wenn wir uns vor andern auszeichnen, und nichts erhält so sehr den gemeinen Verstand, als im allgemeinen Sinne mit vielen Menschen zu leben. Wie vieles ist leider nicht in unserer Erziehung und in unsern bürgerlichen Einrichtungen, wodurch wir uns und unsere Kinder zur Tollheit vorbereiten.

Wilhelm verweilte bei diesem vernünftigen Manne einige Tage, und erfuhr die interessantesten Geschichten, nicht allein von verrückten Menschen, sondern auch von solchen, die man für klug, ja für weise zu halten pflegt, und deren Eigentümlichkeiten nahe an den Wahnsinn gränzen.

Dreifach belebt aber ward die Unterhaltung, als der Medikus eintrat, der den Geistlichen, seinen Freund, öfters zu besuchen, und ihm bei seinen menschenfreundlichen Bemühungen beizustehen pflegte. Es war ein ältlicher Mann, der bei einer schwächlichen Gesundheit viele Jahre in Ausübung der edelsten Pflichten zugebracht hatte. Er war ein großer Freund vom Landleben und konnte fast nicht anders als in freier Luft sein; dabei war er äußerst gesellig und tätig, und hatte seit vielen Jahren eine besondere Neigung, mit allen Landgeistlichen Freundschaft zu stiften. Jedem, an dem er eine nützliche Beschäftigung kannte, suchte er auf alle Weise beizustehen; andern, die noch unbestimmt waren, suchte er eine Liebhaberei einzureden; und da er zugleich mit den Edelleuten, Amtmännern und Gerichtshaltern in Verbindung stand, so hatte er in Zeit von zwanzig Jahren sehr viel im Stillen zur Kultur mancher Zweige der Landwirtschaft beigetragen, und alles, was dem Felde, Tieren und Menschen ersprießlich ist, in Bewegung gebracht, und so die wahrste Aufklärung befördert. Für den Menschen, sagte er, sei nur das Eine ein Unglück, wenn sich irgend eine Idee bei ihm festsetze, die keinen Einfluß in's tätige Leben habe oder ihn wohl gar vom tätigen Leben abziehe. Ich habe, sagte er, gegenwärtig einen solchen Fall an einem vornehmen und reichen Ehepaar, wo mir bis jetzt noch alle Kunst mißglückt ist; fast gehört der Fall in Ihr Fach, lieber Pastor, und dieser junge Mann wird ihn nicht weiter erzählen.

In der Abwesenheit eines vornehmen Mannes verkleidete man, mit einem nicht ganz lobenswürdigen Scherze, einen jungen Menschen in die Hauskleidung dieses Herrn. Seine Gemahlin sollte dadurch angeführt werden, und ob man mir es gleich nur als eine Posse erzählt hat, so fürchte ich doch sehr, man hatte die Absicht, die edle, liebenswürdige Dame vom rechten Wege abzuleiten. Der Gemahl kommt unvermutet zurück, tritt in sein Zimmer, glaubt sich selbst zu sehen, und fällt von der Zeit an in eine Melancholie, in der er die Überzeugung nährt, daß er bald sterben werde.

Er überläßt sich Personen, die ihm mit religiösen Ideen schmeicheln, und ich sehe nicht, wie er abzuhalten ist, mit seiner Gemahlin unter die Herrenhuter zu gehen, und den größten Teil seines Vermögens, da er keine Kinder hat, seinen Verwandten zu entziehen.

Mit seiner Gemahlin? rief Wilhelm, den diese Erzählung nicht wenig erschreckt hatte, ungestüm aus.

Und leider, versetzte der Arzt, der in Wilhelms Ausrufung nur eine menschenfreundliche Teilnahme zu hören glaubte, ist diese Dame mit einem noch tiefern Kummer behaftet, der ihr eine Entfernung von der Welt nicht widerlich macht. Eben dieser junge Mensch nimmt Abschied von ihr, sie ist nicht vorsichtig genug, eine aufkeimende Neigung zu verbergen; er wird kühn, schließt sie in seine Arme, und drückt ihr das große mit Brillanten besetzte Portrait ihres Gemahls gewaltsam wider die Brust. Sie empfindet einen heftigen Schmerz, der nach und nach vergeht, erst eine kleine Röte und dann keine Spur zurück läßt. Ich bin als Mensch überzeugt, daß sie sich nichts weiter vorzuwerfen hat; ich bin als Arzt gewiß, daß dieser Druck keine üblen Folgen haben werde, aber sie läßt sich nicht ausreden, es sei eine Verhärtung da, und wenn man ihr durch das Gefühl den Wahn benehmen will, so behauptet sie, nur in diesem Augenblick sei nichts zu fühlen; sie hat sich fest eingebildet, es werde dieses Übel mit einem Krebsschaden sich endigen, und so ist ihre Jugend, ihre Liebenswürdigkeit für sie und andere völlig verloren.

Ich Unglückseliger! rief Wilhelm, indem er sich vor die Stirne schlug und aus der Gesellschaft in's Feld lief. Er hatte sich noch nie in einem solchen Zustande befunden.

Der Arzt und der Geistliche, über diese seltsame Entdeckung höchlich erstaunt, hatten Abends genug mit ihm zu tun, als er zurückkam und bei dem umständlichern Bekenntnis dieser Begebenheit sich auf's lebhafteste anklagte. Beide Männer nahmen den größten Anteil an ihm, besonders da er ihnen seine übrige Lage nun auch mit schwarzen Farben der augenblicklichen Stimmung malte.

Den andern Tag ließ sich der Arzt nicht lange bitten, mit ihm nach der Stadt zu gehen, um ihm Gesellschaft zu leisten, um Aurelien, die ihr Freund in bedenklichen Umständen zurückgelassen hatte, wo möglich Hülfe zu verschaffen.

Sie fanden sie auch wirklich schlimmer, als sie vermuteten. Sie hatte eine Art von überspringendem Fieber, dem um so weniger beizukommen war, als sie die Anfälle nach ihrer Art vorsätzlich unterhielt und verstärkte. Der Fremde ward nicht als Arzt eingeführt, und betrug sich sehr gefällig und klug. Man sprach über den Zustand ihres Körpers und ihres Geistes, und der neue Freund erzählte manche Geschichten, wie Personen, ungeachtet einer solchen Kränklichkeit, ein hohes Alter erreichen könnten; nichts aber sei schädlicher in solchen Fällen, als eine vorsätzliche Erneuerung leidenschaftlicher Empfindungen. Besonders verbarg er nicht, daß er diejenigen Personen sehr glücklich gefunden habe, die bei einer nicht ganz herzustellenden kränklichen Anlage wahrhaft religiöse Gesinnungen bei sich zu nähren bestimmt gewesen wären. Er sagte das auf eine sehr bescheidene Weise und gleichsam historisch, und versprach dabei seinen neuen Freunden eine sehr interessante Lektüre an einem Manuskript zu verschaffen, das er aus den Händen einer nunmehr abgeschiedenen vortrefflichen Freundin erhalten habe. Es ist mir unendlich wert, sagte er, und ich vertraue Ihnen das Original selbst an. Nur der Titel ist von meiner Hand: *Bekenntnisse einer schönen Seele.*

Über diätetische und medizinische Behandlung der unglücklichen aufgespannten Aurelie vertraute der Arzt Wilhelmen noch seinen besten Rat, versprach zu schreiben und wo möglich selbst wieder zu kommen.

Inzwischen hatte sich in Wilhelms Abwesenheit eine Veränderung vorbereitet, die er nicht vermuten konnte. Wilhelm hatte während der Zeit seiner Regie das ganze Geschäft mit einer gewissen Freiheit und Liberalität behandelt, vorzüglich auf die Sache gesehen, und besonders bei Kleidungen, Dekorationen und Requisiten alles reichlich und anständig angeschafft, auch, um den guten Willen der Leute zu erhalten, ihrem Eigennutze geschmeichelt, da er ihnen durch edlere Motive nicht beikommen konnte; und er fand sich hierzu um so mehr berechtigt, als Serlo selbst keine Ansprüche machte, ein genauer Wirt zu sein, den Glanz seines Theaters gerne loben hörte und zufrieden war, wenn Aurelie, welche die ganze Haushaltung führte, nach Abzug aller Kosten, versicherte, daß sie keine Schulden habe, und noch so viel hergab, als nötig war, die Schulden abzutragen, die Serlo unterdessen durch außerordentliche Freigebigkeit gegen seine Schönen und sonst etwa auf sich geladen haben mochte.

Melina, der indessen die Garderobe besorgte, hatte, kalt und heimtükkisch wie er war, der Sache im Stillen zugesehen, und wußte, bei der Entfernung Wilhelms und bei der zunehmenden Krankheit Aureliens, Serlo fühlbar zu machen, daß man eigentlich mehr einnehmen, weniger ausgeben, und entweder etwas zurücklegen oder doch am Ende nach Willkür noch lustiger leben könne. Serlo hörte das gern und Melina wagte sich mit seinem Plane hervor.

Ich will, sagte er, nicht behaupten, daß einer von den Schauspielern gegenwärtig zu viel Gage hat: es sind verdienstvolle Leute, und sie würden an jedem Orte willkommen sein; allein für die Einnahme, die sie uns verschaffen, erhalten sie doch zu viel. Mein Vorschlag wäre eine Oper einzurichten, und was das Schauspiel betrifft, so muß ich Ihnen sagen, Sie sind der Mann, allein ein ganzes Schauspiel auszumachen. Müssen Sie jetzt nicht selbst erfahren, daß man Ihre Verdienste verkennt. Nicht, weil Ihre

Mitspieler vortrefflich, sondern weil sie gut sind, läßt man Ihrem außerordentlichen Talente keine Gerechtigkeit mehr widerfahren.

Stellen Sie sich, wie wohl sonst geschehen ist, nur allein hin, suchen Sie mittelmäßige, ja ich darf sagen schlechte Leute für geringe Gage an sich zu ziehen, stutzen Sie das Volk, wie Sie es so sehr verstehen, im Mechanischen zu, wenden Sie das Übrige an die Oper, und Sie werden sehen, daß Sie mit derselben Mühe und mit denselben Kosten mehr Zufriedenheit erregen, und ungleich mehr Geld als bisher gewinnen werden.

Serlo war zu sehr geschmeichelt, als daß seine Einwendungen einige Stärke hätten haben sollen. Er gestand Melina'n gern zu, daß er bei seiner Liebhaberei zur Musik längst so etwas gewünscht habe; doch sehe er freilich ein, daß die Neigung des Publikums dadurch noch mehr auf Abwege geleitet, und daß bei so einer Vermischung eines Theaters, das nicht recht Oper nicht recht Schauspiel sei, notwendig der Überrest von Geschmack an einem bestimmten und ausführlichen Kunstwerke sich völlig verlieren müsse.

Melina scherzte nicht ganz fein über Wilhelms pedantische Ideale dieser Art, über die Anmaßung das Publikum zu bilden, statt sich von ihm bilden zu lassen, und beide vereinigten sich mit großer Überzeugung, daß man nur Geld einnehmen, reich werden oder sich lustig machen solle, und verbargen sich kaum, daß sie nur jener Personen los zu sein wünschten, die ihrem Plane im Wege standen. Melina bedauerte, daß die schwächliche Gesundheit Aureliens ihr kein langes Leben verspreche, dachte aber gerade das Gegenteil. Serlo schien zu beklagen, daß Wilhelm nicht Sänger sei, und gab dadurch zu verstehen, daß er ihn für bald entbehrlich halte. Melina trat mit einem ganzen Register von Ersparnissen, die zu machen seien, hervor, und Serlo sah in ihm seinen ersten Schwager dreifach ersetzt. Sie fühlten wohl, daß sie sich über diese Unterredung das Geheimnis zuzusagen hatten, wurden dadurch nur noch mehr an einander geknüpft und nahmen Gelegenheit, insgeheim über alles, was vorkam, sich zu besprechen, was Aurelie und Wilhelm unternahmen zu tadeln, und ihr neues Projekt in Gedanken immer mehr auszuarbeiten.

So verschwiegen auch beide über ihren Plan sein mochten, und so wenig sie durch Worte sich verrieten, so waren sie doch nicht politisch genug, in dem Betragen ihre Gesinnungen zu verbergen. Melina widersetzte sich Wilhelmen in manchen Fällen, die in seinem Kreise lagen, und Serlo, der niemals glimpflich mit seiner Schwester umgegangen war, ward nur bitterer, jemehr ihre Kränklichkeit zunahm, und jemehr sie bei ihren ungleichen leidenschaftlichen Launen Schonung verdient hätte.

Zu eben dieser Zeit nahm man Emilie Galotti vor. Dieses Stück war sehr glücklich besetzt, und alle konnten in dem beschränkten Kreise dieses Trauerspiels die ganze Mannichfaltigkeit ihres Spieles zeigen. Serlo war als Marinelli an seinem Platze, Odoardo ward sehr gut vorgetragen,

Madame Melina spielte die Mutter mit vieler Einsicht, Elmire zeichnete sich in der Rolle Emiliens zu ihrem Vorteil aus, Laertes trat als Appiani mit vielem Anstand auf, und Wilhelm hatte ein Studium von mehreren Monaten auf die Rolle des Prinzen verwendet. Bei dieser Gelegenheit hatte er, sowohl mit sich selbst als mit Serlo und Aurelien, die Frage oft abgehandelt: welch ein Unterschied sich zwischen einem edlen und vornehmen Betragen zeige, und in wiefern jenes in diesem, dieses aber nicht in jenem enthalten zu sein brauche?

Serlo, der selbst als Marinelli den Hofmann rein, ohne Karikatur vorstellte, äußerte über diesen Punkt manchen guten Gedanken. Der vornehme Anstand, sagte er, ist schwer nachzuahmen, weil er eigentlich negativ ist, und eine lange anhaltende Übung voraussetzt. Denn man soll nicht etwa in seinem Benehmen etwas darstellen, das Würde anzeigt: denn leicht fällt man dadurch in ein förmliches stolzes Wesen; man soll vielmehr nur alles vermeiden, was unwürdig, was gemein ist; man soll sich nie vergessen, immer auf sich und andere Acht haben, sich nichts vergeben, andern nicht zu viel, nicht zu wenig tun, durch nichts gerührt scheinen, durch nichts bewegt werden, sich niemals übereilen, sich in jedem Momente zu fassen wissen, und so ein äußeres Gleichgewicht erhalten, innerlich mag es stürmen wie es will. Der edle Mensch kann sich in Momenten vernachlässigen, der vornehme nie. Dieser ist wie ein sehr wohlgekleideter Mann: er wird sich nirgends anlehnen, und jedermann wird sich hüten, an ihn zu streichen; er unterscheidet sich vor andern, und doch darf er nicht allein stehen bleiben; denn wie in jeder Kunst, also auch in dieser, soll zuletzt das Schwerste mit Leichtigkeit ausgeführt werden; so soll der Vornehme, ungeachtet aller Absonderung, immer mit andern verbunden scheinen, nirgends steif, überall gewandt sein, immer als der erste erscheinen, und sich nie als ein solcher aufdringen.

Man sieht also, daß man, um vornehm zu scheinen, wirklich vornehm sein müsse; man sieht, warum Frauen im Durchschnitt sich eher dieses Ansehen geben können als Männer, warum Hofleute und Soldaten am schnellsten zu diesem Anstande gelangen.

Wilhelm verzweifelte nun fast an seiner Rolle, allein Serlo half ihm wieder auf, indem er ihm über das Einzelne die feinsten Bemerkungen mitteilte, und ihn dergestalt ausstattete, daß er bei der Aufführung, wenigstens in den Augen der Menge, einen recht feinen Prinzen darstellte.

Serlo hatte versprochen ihm nach der Vorstellung die Bemerkungen mitzuteilen, die er noch allenfalls über ihn machen würde; allein ein unangenehmer Streit zwischen Bruder und Schwester hinderte jede kritische Unterhaltung. Aurelie hatte die Rolle der Orsina auf eine Weise gespielt, wie man sie wohl niemals wieder sehen wird. Sie war mit der Rolle überhaupt sehr bekannt, und hatte sie in den Proben gleichgültig behandelt; bei der Aufführung selbst aber zog sie, möchte man sagen, alle Schleusen ihres individuellen Kummers auf, und es ward dadurch eine

Darstellung, wie sie sich kein Dichter in dem ersten Feuer der Empfindung hätte denken können. Ein unmäßiger Beifall des Publikums belohnte ihre schmerzlichen Bemühungen, aber sie lag auch halb ohnmächtig in einem Sessel, als man sie nach der Aufführung aufsuchte.

Serlo hatte schon über ihr übertriebenes Spiel, wie er es nannte, und über die Entblößung ihres innersten Herzens vor dem Publikum, das doch mehr oder weniger mit jener fatalen Geschichte bekannt war, seinen Unwillen zu erkennen gegeben, und, wie er es im Zorn zu tun pflegte, mit den Zähnen geknirscht und mit den Füßen gestampft. Laßt sie, sagte er, als er sie von den übrigen umgeben in dem Sessel fand, sie wird noch eh'stens ganz nackt auf das Theater treten, und dann wird erst der Beifall recht vollkommen sein.

Undankbarer! rief sie aus, Unmenschlicher! Man wird mich bald nackt dahin tragen, wo kein Beifall mehr zu unsern Ohren kommt! Mit diesen Worten sprang sie auf und eilte nach der Türe. Die Magd hatte versäumt, ihr den Mantel zu bringen, die Portechaise war nicht da; es hatte geregnet und ein sehr rauher Wind zog durch die Straßen. Man redete ihr vergebens zu, denn sie war übermäßig erhitzt; sie ging vorsätzlich langsam und lobte die Kühlung, die sie recht begierig einzusaugen schien. Kaum war sie zu Hause, als sie vor Heiserkeit kaum ein Wort mehr sprechen konnte; sie gestand aber nicht, daß sie im Nacken und den Rücken hinab eine völlige Steifigkeit fühlte. Nicht lange, so überfiel sie eine Art von Lähmung der Zunge, so daß sie ein Wort für's andere sprach; man brachte sie zu Bette, durch häufig angewandte Mittel legte sich ein Übel, indem sich das andere zeigte. Das Fieber ward stark und ihr Zustand gefährlich.

Den andern Morgen hatte sie eine ruhige Stunde. Sie ließ Wilhelm rufen und übergab ihm einen Brief. Dieses Blatt, sagte sie, wartet schon lange auf diesen Augenblick. Ich fühle, daß das Ende meines Lebens bald heran naht; versprechen Sie mir, daß Sie es selbst abgeben und daß Sie durch wenige Worte meine Leiden an dem Ungetreuen rächen wollen. Er ist nicht fühllos, und wenigstens soll ihn mein Tod einen Augenblick schmerzen.

Wilhelm übernahm den Brief, indem er sie jedoch tröstete und den Gedanken des Todes von ihr entfernen wollte.

Nein, versetzte sie, benehmen Sie mir nicht meine nächste Hoffnung. Ich habe ihn lange erwartet und will ihn freudig in die Arme schließen.

Kurz darauf kam das vom Arzt versprochene Manuskript an. Sie ersuchte Wilhelmen, ihr daraus vorzulesen, und die Wirkung, die es tat, wird der Leser am besten beurteilen können, wenn er sich mit dem folgenden Buche bekannt gemacht hat. Das heftige und trotzige Wesen unsrer armen Freundin ward auf einmal gelindert. Sie nahm den Brief zurück und schrieb einen andern, wie es schien in sehr sanfter Stimmung; auch forderte sie Wilhelmen auf, ihren Freund, wenn er irgend durch die Nachricht ihres Todes betrübt werden sollte, zu trösten, ihn zu versichern, daß sie ihm verziehen habe, und daß sie ihm alles Glück wünsche.

Von dieser Zeit an war sie sehr still und schien sich nur mit wenigen Ideen zu beschäftigen, die sie sich aus dem Manuskript eigen zu machen suchte, woraus ihr Wilhelm von Zeit zu Zeit vorlesen mußte. Die Abnahme ihrer Kräfte war nicht sichtbar, und unvermutet fand sie Wilhelm eines Morgens tot, als er sie besuchen wollte.

Bei der Achtung, die er für sie gehabt, und bei der Gewohnheit, mit ihr zu leben, war ihm ihr Verlust sehr schmerzlich. Sie war die einzige Person, die es eigentlich gut mit ihm meinte, und die Kälte Serlo's in der letzten Zeit hatte er nur allzusehr gefühlt. Er eilte daher, die aufgetragene Botschaft auszurichten und wünschte sich auf einige Zeit zu entfernen. Von der andern Seite war für Melina diese Abreise sehr erwünscht: denn dieser hatte sich bei der weitläufigen Korrespondenz, die er unterhielt, gleich mit einem Sänger und einer Sängerin eingelassen, die das Publikum einstweilen durch Zwischenspiele zur künftigen Oper vorbereiten sollten. Der Verlust Aureliens und Wilhelms Entfernung sollten auf diese Weise in der ersten Zeit übertragen werden, und unser Freund war mit allem zufrieden, was ihm seinen Urlaub auf einige Wochen erleichterte.

Er hatte sich eine sonderbar wichtige Idee von seinem Auftrage gemacht. Der Tod seiner Freundin hatte ihn tief gerührt, und da er sie so frühzeitig von dem Schauplatze abtreten sah, mußte er notwendig gegen den, der ihr Leben verkürzt, und dieses kurze Leben ihr so qualvoll gemacht, feindselig gesinnt sein.

Ungeachtet der letzten gelinden Worte der Sterbenden, nahm er sich doch vor, bei Überreichung des Briefs ein strenges Gericht über den ungetreuen Freund ergehen zu lassen, und da er sich nicht einer zufälligen Stimmung vertrauen wollte, dachte er an eine Rede, die in der Ausarbeitung pathetischer als billig ward. Nachdem er sich völlig von der guten Komposition seines Aufsatzes überzeugt hatte, machte er, indem er ihn auswendig lernte, Anstalt zu seiner Abreise. Mignon war bei'm Einpakken gegenwärtig und fragte ihn, ob er nach Süden oder nach Norden reise? und als sie das letzte von ihm erfuhr, sagte sie: So will ich dich hier wieder erwarten. Sie bat ihn um die Perlenschnur Marianens, die er dem lieben Geschöpf nicht versagen konnte; das Halstuch hatte sie schon. Dagegen steckte sie ihm den Schleier des Geistes in den Mantelsack, ob er ihr gleich sagte, daß ihm dieser Flor zu keinem Gebrauch sei.

Melina übernahm die Regie, und seine Frau versprach auf die Kinder ein mütterliches Auge zu haben, von denen sich Wilhelm ungern losriß. Felix war sehr lustig bei'm Abschied, und als man ihn fragte: was er wolle mitgebracht haben, sagte er: Höre! bringe mir einen Vater mit. Mignon nahm den Scheidenden bei der Hand, und indem sie, auf die Zehen gehoben, ihm einen treuherzigen und lebhaften Kuß, doch ohne Zärtlichkeit, auf die Lippen drückte, sagte sie: Meister! vergiß uns nicht und komm bald wieder.

Und so lassen wir unsern Freund unter tausend Gedanken und Empfindungen seine Reise antreten, und zeichnen hier noch zum Schlusse ein Gedicht auf, das Mignon mit großem Ausdruck einigemal rezitiert hatte, und das wir früher mitzuteilen durch den Drang so mancher sonderbaren Ereignisse verhindert wurden.

Heiß mich nicht reden, heiß mich schweigen,
Denn mein Geheimnis ist mir Pflicht;
Ich möchte dir mein ganzes Innre zeigen,
Allein das Schicksal will es nicht.

Zur rechten Zeit vertreibt der Sonne Lauf
Die finstre Nacht, und sie muß sich erhellen,
Der harte Fels schließt seinen Busen auf,
Mißgönnt der Erde nicht die tiefverborgnen Quellen.

Ein jeder sucht im Arm des Freundes Ruh,
Dort kann die Brust in Klagen sich ergießen;
Allein ein Schwur drückt mir die Lippen zu,
Und nur ein Gott vermag sie aufzuschließen.

SECHSTES BUCH

Bekenntnisse einer schönen Seele

Bis in mein achtes Jahr war ich ein ganz gesundes Kind, weiß mich aber von dieser Zeit so wenig zu erinnern, als von dem Tage meiner Geburt. Mit dem Anfange des achten Jahres bekam ich einen Blutsturz, und in dem Augenblick war meine Seele ganz Empfindung und Gedächtnis. Die kleinsten Umstände dieses Zufalls stehn mir noch vor Augen, als hätte er sich gestern ereignet.

Während des neunmonatlichen Krankenlagers, das ich mit Geduld aushielt, ward, so wie mich dünkt, der Grund zu meiner ganzen Denkart gelegt, indem meinem Geiste die ersten Hülfsmittel gereicht wurden, sich nach seiner eigenen Art zu entwickeln.

Ich litt und liebte, das war die eigentliche Gestalt meines Herzens. In dem heftigsten Husten und abmattenden Fieber war ich stille wie eine Schnecke, die sich in ihr Haus zieht; sobald ich ein wenig Luft hatte, wollte ich etwas Angenehmes fühlen, und da mir aller übrige Genuß versagt war, suchte ich mich durch Augen und Ohren schadlos zu halten. Man brachte mir Puppenwerk und Bilderbücher, und wer Sitz an meinem Bette haben wollte, mußte mir etwas erzählen.

Von meiner Mutter hörte ich die biblischen Geschichten gern an; der Vater unterhielt mich mit Gegenständen der Natur. Er besaß ein artiges Kabinett. Davon brachte er gelegentlich eine Schublade nach der andern herunter, zeigte mir die Dinge und erklärte sie mir nach der Wahrheit. Getrocknete Pflanzen und Insekten und manche Arten von anatomischen Präparaten, Menschenhaut, Knochen, Mumien und dergleichen kamen auf das Krankenbette der Kleinen; Vögel und Tiere, die er auf der Jagd erlegte, wurden mir vorgezeigt, ehe sie nach der Küche gingen; und damit doch auch der Fürst der Welt eine Stimme in dieser Versammlung behielte, erzählte mir die Tante Liebesgeschichten und Feenmärchen. Alles ward angenommen, und alles faßte Wurzel. Ich hatte Stunden, in denen ich mich lebhaft mit dem unsichtbaren Wesen unterhielt; ich weiß noch einige Verse, die ich der Mutter damals in die Feder diktierte.

Oft erzählte ich dem Vater wieder, was ich von ihm gelernt hatte. Ich nahm nicht leicht eine Arzenei, ohne zu fragen, wo wachsen die Dinge, aus denen sie gemacht ist? wie sehen sie aus? wie heißen sie? Aber die Erzählungen meiner Tante waren auch nicht auf einen Stein gefallen. Ich dachte mich in schöne Kleider und begegnete den allerliebsten Prinzen, die nicht ruhen noch rasten konnten, bis sie wußten, wer die unbekannte Schöne war. Ein ähnliches Abenteuer mit einem reizenden kleinen Engel, der in weißem Gewand und goldnen Flügeln sich sehr um mich bemühte, setzte ich so lange fort, daß meine Einbildungskraft sein Bild fast bis zur Erscheinung erhöhte.

Nach Jahresfrist war ich ziemlich wieder hergestellt; aber es war mir aus der Kindheit nichts Wildes übrig geblieben. Ich konnte nicht einmal mit Puppen spielen, ich verlangte nach Wesen, die meine Liebe erwiderten. Hunde, Katzen und Vögel, dergleichen mein Vater von allen Arten ernährte, vergnügten mich sehr; aber was hätte ich nicht gegeben, ein Geschöpf zu besitzen, das in einem der Märchen meiner Tante eine sehr wichtige Rolle spielte. Es war ein Schäfchen, das von einem Bauermädchen in dem Walde aufgefangen und ernährt worden war, aber in diesem artigen Tiere stak ein verwünschter Prinz, der sich endlich wieder als schöner Jüngling zeigte und seine Wohltäterin durch seine Hand belohnte. So ein Schäfchen hätte ich gar zu gerne besessen!

Nun wollte sich aber keines finden, und da alles neben mir so ganz natürlich zuging, mußte mir nach und nach die Hoffnung auf einen so köstlichen Besitz fast vergehen. Unterdessen tröstete ich mich, indem ich solche Bücher las, in denen wunderbare Begebenheiten beschrieben wurden. Unter allen war mir der Christliche deutsche Herkules der liebste; die andächtige Liebesgeschichte war ganz nach meinem Sinne. Begegnete seiner Valiska irgend etwas, und es begegneten ihr grausame Dinge, so betete er erst, eh' er ihr zu Hülfe eilte, und die Gebete standen ausführlich im Buche. Wie wohl gefiel mir das! Mein Hang zu dem Unsichtbaren, den ich immer auf eine dunkle Weise fühlte, ward dadurch nur vermehrt; denn ein für allemal sollte Gott auch mein Vertrauter sein.

Als ich weiter heran wuchs, las ich, der Himmel weiß was, alles durch einander; aber die Römische Octavia behielt vor allen den Preis. Die Verfolgungen der ersten Christen, in einen Roman gekleidet, erregten bei mir das lebhafteste Interesse.

Nun fing die Mutter an, über das stete Lesen zu schmälen; der Vater nahm ihr zu Liebe mir einen Tag die Bücher aus der Hand und gab sie mir den andern wieder. Sie war klug genug zu bemerken, daß hier nichts auszurichten war, und drang nur darauf, daß auch die Bibel eben so fleißig gelesen wurde. Auch dazu ließ ich mich nicht treiben, und ich las die heiligen Bücher mit vielem Anteil. Dabei war meine Mutter immer sorgfältig, daß keine verführerischen Bücher in meine Hände kämen, und ich selbst würde jede schändliche Schrift aus der Hand geworfen haben; denn meine Prinzen und Prinzessinnen waren alle äußerst tugendhaft, und ich wußte übrigens von der natürlichen Geschichte des menschlichen Geschlechts mehr, als ich merken ließ, und hatte es meistens aus der Bibel gelernt. Bedenkliche Stellen hielt ich mit Worten und Dingen, die mir vor Augen kamen, zusammen, und brachte bei meiner Wißbegierde und Kombinationsgabe die Wahrheit glücklich heraus. Hätte ich von Hexen gehört, so hätte ich auch mit der Hexerei bekannt werden müssen.

Meiner Mutter und dieser Wißbegierde hatte ich es zu danken, daß ich bei dem heftigen Hang zu Büchern doch kochen lernte; aber dabei war etwas zu sehen. Ein Huhn, ein Ferkel aufzuschneiden war für mich ein Fest. Dem Vater brachte ich die Eingeweide, und er redete mit mir darüber, wie mit einem jungen Studenten, und pflegte mich oft mit inniger Freude seinen mißratenen Sohn zu nennen.

Nun war das zwölfte Jahr zurückgelegt. Ich lernte Französisch, Tanzen und Zeichnen, und erhielt den gewöhnlichen Religionsunterricht. Bei dem letzten wurden manche Empfindungen und Gedanken rege, aber nichts was sich auf meinen Zustand bezogen hätte. Ich hörte gern von Gott reden, ich war stolz darauf, besser als Meinesgleichen von ihm reden zu können; ich las nun mit Eifer manche Bücher, die mich in den Stand setzten, von Religion zu schwatzen, aber nie fiel es mir ein zu denken, wie es denn mit mir stehe, ob meine Seele auch so gestaltet sei, ob sie einem Spiegel gleiche, von dem die ewige Sonne widerglänzen könnte; das hatte ich ein für allemal schon vorausgesetzt.

Französisch lernte ich mit vieler Begierde. Mein Sprachmeister war ein wackerer Mann. Er war nicht ein leichtsinniger Empiriker, nicht ein trockner Grammatiker; er hatte Wissenschaften, er hatte die Welt gesehen. Zugleich mit dem Sprachunterrichte sättigte er meine Wißbegierde auf mancherlei Weise. Ich liebte ihn so sehr, daß ich seine Ankunft immer mit Herzklopfen erwartete. Das Zeichnen fiel mir nicht schwer, und ich würde es weiter gebracht haben, wenn mein Meister Kopf und Kenntnisse gehabt hätte; er hatte aber nur Hände und Übung.

Tanzen war anfangs nur meine geringste Freude; mein Körper war zu empfindlich und ich lernte nur in der Gesellschaft meiner Schwester. Durch den Einfall unsers Tanzmeisters, allen seinen Schülern und Schülerinnen einen Ball zu geben, ward aber die Lust zu dieser Übung ganz anders belebt.

Unter vielen Knaben und Mädchen zeichneten sich zwei Söhne des Hofmarschalls aus: der jüngste so alt wie ich, der andere zwei Jahr älter, Kinder von einer solchen Schönheit, daß sie nach dem allgemeinen Geständnis alles übertrafen, was man je von schönen Kindern gesehen hatte. Auch ich hatte sie kaum erblickt, so sah ich niemand mehr vom ganzen Haufen. In dem Augenblicke tanzte ich mit Aufmerksamkeit und wünschte schön zu tanzen. Wie es kam, daß auch diese Knaben unter allen andern mich vorzüglich bemerkten? — Genug, in der ersten Stunde waren wir die besten Freunde, und die kleine Lustbarkeit ging noch nicht zu Ende, so hatten wir schon ausgemacht, wo wir uns nächstens wieder sehen wollten. Eine große Freude für mich! Aber ganz entzückt war ich, als beide den andern Morgen, jeder in einem galanten Billet, das mit einem Blumenstrauß begleitet war, sich nach meinem Befinden erkundigten. So fühlte ich nie mehr, wie ich da fühlte! Artigkeiten wurden mit Artigkeiten, Briefchen mit Briefchen erwidert. Kirche und Promenaden wurden von nun an zu Rendezvous; unsre jungen Bekannten luden uns schon jederzeit zusammen ein, wir aber waren schlau genug, die Sache dergestalt zu verdecken, daß die Eltern nicht mehr davon einsahen, als wir für gut hielten.

Nun hatte ich auf einmal zwei Liebhaber bekommen. Ich war für keinen entschieden; sie gefielen mir beide, und wir standen auf's beste zusammen. Auf einmal ward der ältere sehr krank; ich war selbst schon oft sehr krank gewesen, und wußte den Leidenden durch Übersendung mancher Artigkeiten und für einen Kranken schicklicher Leckerbissen zu erfreuen, daß seine Eltern die Aufmerksamkeit dankbar erkannten, der Bitte des lieben Sohns Gehör gaben und mich samt meinen Schwestern, sobald er nur das Bette verlassen hatte, zu ihm einluden. Die Zärtlichkeit, womit er mich empfing, war nicht kindisch, und von dem Tage an war ich für ihn entschieden. Er warnte mich gleich, vor seinem Bruder geheim zu sein; allein das Feuer war nicht mehr zu verbergen, und die Eifersucht des jüngern machte den Roman vollkommen. Er spielte uns tausend Streiche; mit Lust vernichtete er unsre Freude, und vermehrte dadurch die Leidenschaft, die er zu zerstören suchte.

Nun hatte ich denn wirklich das gewünschte Schäfchen gefunden, und diese Leidenschaft hatte, wie sonst eine Krankheit, die Wirkung auf mich, daß sie mich still machte und mich von der schwärmenden Freude zurückzog. Ich war einsam und gerührt und Gott fiel mir wieder ein. Er blieb mein Vertrauter, und ich weiß wohl, mit welchen Tränen ich für den Knaben, der fortkränkelte, zu beten anhielt.

So viel Kindisches in dem Vorgang war, so viel trug er zur Bildung meines Herzens bei. Unserm französischen Sprachmeister mußten wir täglich, statt der sonst gewöhnlichen Übersetzung, Briefe von unsrer eigenen Erfindung schreiben. Ich brachte meine Liebesgeschichte unter dem Namen Phyllis und Damon zu Markte. Der Alte sah bald durch, und um mich treuherzig zu machen, lobte er meine Arbeit gar sehr. Ich wurde immer kühner, ging offenherzig heraus und war bis in's Detail der Wahrheit getreu. Ich weiß nicht mehr, bei welcher Stelle er einst Gelegenheit nahm, zu fragen: Wie das artig, wie das natürlich ist! Aber die gute Phyllis mag sich in Acht nehmen, es kann bald ernsthaft werden.

Mich verdroß, daß er die Sache nicht schon für ernsthaft hielt, und fragte ihn pikiert, was er unter ernsthaft verstehe? Er ließ sich nicht zweimal fragen, und erklärte sich so deutlich, daß ich meinen Schrecken kaum verbergen konnte. Doch da sich gleich darauf bei mir der Verdruß einstellte, und ich ihm übel nahm, daß er solche Gedanken hegen könne, faßte ich mich, wollte meine Schöne rechtfertigen und sagte mit feuerroten Wangen: Aber, mein Herr, Phyllis ist ein ehrbares Mädchen!

Nun war er boshaft genug, mich mit meiner ehrbaren Heldin aufzuziehen, und, indem wir Französisch sprachen, mit dem „honnête" zu spielen, um die Ehrbarkeit der Phyllis durch alle Bedeutungen durchzuführen. Ich fühlte das Lächerliche und war äußerst verwirrt. Er, der mich nicht furchtsam machen wollte, brach ab, brachte aber das Gespräch bei andern Gelegenheiten wieder auf die Bahn. Schauspiele und kleine Geschichten, die ich bei ihm las und übersetzte, gaben ihm oft Anlaß zu zeigen, was für ein schwacher Schutz die sogenannte Tugend gegen die Aufforderungen eines Affekts sei. Ich widersprach nicht mehr, ärgerte mich aber immer heimlich, und seine Anmerkungen wurden mir zur Last.

Mit meinem guten Damon kam ich auch nach und nach aus aller Verbindung. Die Chikanen des jüngern hatten unsern Umgang zerrissen. Nicht lange Zeit darauf starben beide blühende Jünglinge. Es tat mir weh, aber bald waren sie vergessen.

Phyllis wuchs nun schnell heran, war ganz gesund und fing an die Welt zu sehen. Der Erbprinz vermählte sich und trat bald darauf nach dem Tode seines Vaters die Regierung an. Hof und Stadt waren in lebhafter Bewegung. Nun hatte meine Neugierde mancherlei Nahrung. Nun gab es Komödien, Bälle und was sich daran anschließt, und ob uns gleich die Eltern so viel als möglich zurück hielten, so mußte man doch bei Hof, wo ich eingeführt war, erscheinen. Die Fremden strömten herbei, in allen Häusern war große Welt, an uns selbst waren einige Kavaliere empfohlen und andre introduziert, und bei meinem Oheim waren alle Nationen anzutreffen.

Mein ehrlicher Mentor fuhr fort mich auf eine bescheidene und doch treffende Weise zu warnen, und ich nahm es ihm immer heimlich übel. Ich war keinesweges von der Wahrheit seiner Behauptung überzeugt, und vielleicht hatte ich auch damals Recht, vielleicht hatte er Unrecht, die Frauen unter allen Umständen für so schwach zu halten; aber er redete zugleich so zudringlich, daß mir einst bange wurde, er möchte Recht haben, da ich denn sehr lebhaft zu ihm sagte: Weil die Gefahr so groß und das menschliche Herz so schwach ist, so will ich Gott bitten, daß er mich bewahre.

Die naive Antwort schien ihn zu freuen, er lobte meinen Vorsatz; aber es war bei mir nichts weniger als ernstlich gemeint; diesmal war es nur ein leeres Wort: denn die Empfindungen für den Unsichtbaren waren bei mir fast ganz verloschen. Der große Schwarm, mit dem ich umgeben war, zerstreute mich und riß mich wie ein starker Strom mit fort. Es waren die leersten Jahre meines Lebens. Tagelang von nichts zu reden, keinen gesunden Gedanken zu haben, und nur zu schwärmen, das war meine Sache. Nicht einmal der geliebten Bücher wurde gedacht. Die Leute, mit denen ich umgeben war, hatten keine Ahnung von Wissenschaften; es waren deutsche Hofleute, und diese Klasse hatte damals nicht die mindeste Kultur.

Ein solcher Umgang, sollte man denken, hätte mich an den Rand des Verderbens führen müssen. Ich lebte in sinnlicher Munterkeit nur so hin, ich sammelte mich nicht, ich betete nicht, ich dachte nicht an mich noch an Gott; aber ich seh' es als eine Führung an, daß mir keiner von den vielen schönen, reichen und wohlgekleideten Männern gefiel. Sie waren liederlich und versteckten es nicht, das schreckte mich zurück; ihr Gespräch zierten sie mit Zweideutigkeiten, das beleidigte mich, und ich hielt mich kalt gegen sie; ihre Unart überstieg manchmal allen Glauben, und ich erlaubte mir grob zu sein.

Überdies hatte mir mein Alter einmal vertraulich eröffnet, daß mit den meisten dieser leidigen Bursche nicht allein die Tugend, sondern auch die Gesundheit eines Mädchens in Gefahr sei. Nun graute mir erst vor ihnen, und ich war schon besorgt, wenn mir einer auf irgend eine Weise zu nahe kam. Ich hütete mich vor Gläsern und Tassen, wie vor dem Stuhle, von dem einer aufgestanden war. Auf diese Weise war ich moralisch und physisch sehr isoliert, und alle die Artigkeiten, die sie mir sagten, nahm ich stolz für schuldigen Weihrauch auf.

Unter den Fremden, die sich damals bei uns aufhielten, zeichnete sich ein junger Mann besonders aus, den wir im Scherz Narciß nannten. Er hatte sich in der diplomatischen Laufbahn guten Ruf erworben, und hoffte bei verschiedenen Veränderungen, die an unserm neuen Hofe vorgingen, vorteilhaft plaziert zu werden. Er ward mit meinem Vater bald bekannt, und seine Kenntnisse und sein Betragen öffneten ihm den Weg in eine geschlossene Gesellschaft der würdigsten Männer. Mein Vater sprach viel zu seinem Lobe, und seine schöne Gestalt hätte noch mehr Eindruck gemacht, wenn sein ganzes Wesen nicht eine Art von Selbstgefälligkeit gezeigt hätte. Ich hatte ihn gesehen, dachte gut von ihm, aber wir hatten uns nie gesprochen.

Auf einem großen Balle, auf dem er sich auch befand, tanzten wir eine Menuett zusammen; auch das ging ohne nähere Bekanntschaft ab. Als die heftigen Tänze angingen, die ich meinem Vater zu Liebe, der für meine Gesundheit besorgt war, zu vermeiden pflegte, begab ich mich in ein Nebenzimmer, und unterhielt mich mit ältern Freundinnen, die sich zum Spiele gesetzt hatten.

Narciß, der eine Weile mit herumgesprungen war, kam auch einmal in das Zimmer, in dem ich mich befand, und fing, nachdem er sich von einem Nasenbluten, das ihn bei'm Tanzen überfiel, erholt hatte, mit mir über mancherlei zu sprechen an. Binnen einer halben Stunde war der Diskurs so interessant, ob sich gleich keine Spur von Zärtlichkeit drein mischte, daß wir nur beide das Tanzen nicht mehr vertragen konnten. Wir wurden bald von den andern darüber geneckt, ohne daß wir uns dadurch irre machen ließen. Den andern Abend konnten wir unser Gespräch wieder anknüpfen und schonten unsre Gesundheit sehr.

Nun war die Bekanntschaft gemacht. Narciß wartete mir und meinen Schwestern auf, und nun fing ich erst wieder an, gewahr zu werden, was ich alles wußte, worüber ich gedacht, was ich empfunden hatte, und worüber ich mich im Gespräche auszudrücken verstand. Mein neuer Freund, der von jeher in der besten Gesellschaft gewesen war, hatte außer dem historischen und politischen Fache, das er ganz übersah, sehr ausgebreitete literarische Kenntnisse, und ihm blieb nichts Neues, besonders was in Frankreich herauskam, unbekannt. Er brachte und sendete mir manch angenehmes Buch, doch das mußte geheimer als ein verbotenes Liebesverständnis gehalten werden. Man hatte die gelehrten Weiber lächerlich gemacht, und man wollte auch die unterrichteten nicht leiden, wahrscheinlich weil man für unhöflich hielt, so viel unwissende Männer beschämen zu lassen. Selbst mein Vater, dem diese neue Gelegenheit, meinen Geist auszubilden, sehr erwünscht war, verlangte ausdrücklich, daß dieses literarische Kommerz ein Geheimnis bleiben sollte.

So währte unser Umgang beinahe Jahr und Tag, und ich konnte nicht sagen, daß Narciß auf irgend eine Weise Liebe oder Zärtlichkeit gegen mich geäußert hätte. Er blieb artig und verbindlich, aber zeigte keinen Affekt; vielmehr schien der Reiz meiner jüngsten Schwester, die damals außerordentlich schön war, ihn nicht gleichgültig zu lassen. Er gab ihr im Scherze allerlei freundliche Namen aus fremden Sprachen, deren mehrere er sehr gut sprach, und deren eigentümliche Redensarten er gern in's deutsche Gespräch mischte. Sie erwiderte seine Artigkeiten nicht sonderlich; sie war von einem andern Fädchen gebunden, und da sie überhaupt sehr rasch und er empfindlich war, so wurden sie nicht selten über Kleinigkeiten uneins. Mit der Mutter und den Tanten wußte er sich gut zu halten, und so war er nach und nach ein Glied der Familie geworden.

Wer weiß wie lange wir noch auf diese Weise fortgelebt hätten, wären durch einen sonderbaren Zufall unsere Verhältnisse nicht auf einmal verändert worden. Ich ward mit meinen Schwestern in ein gewisses Haus gebeten, wohin ich nicht gerne ging. Die Gesellschaft war zu gemischt, und es fanden sich dort oft Menschen wo nicht vom rohsten doch vom plattsten Schlage mit ein. Diesmal war Narciß auch mit geladen, und um seinetwillen war ich geneigt hin zu gehen: denn ich war doch gewiß, jemanden zu finden, mit dem ich mich auf meine Weise unterhalten konnte. Schon bei Tafel hatten wir manches auszustehen, denn einige Männer hatten stark getrunken; nach Tische sollten und mußten Pfänder gespielt werden. Es ging dabei sehr rauschend und lebhaft zu. Narciß hatte ein Pfand zu lösen; man gab ihm auf, der ganzen Gesellschaft etwas in's Ohr zu sagen, das jedermann angenehm wäre. Er mochte sich bei meiner Nachbarin, der Frau eines Hauptmanns, zu lange verweilen. Auf einmal gab ihm dieser eine Ohrfeige, daß mir, die ich gleich daran saß, der Puder in die Augen flog. Als ich die Augen ausgewischt und mich vom Schrekken einigermaßen erholt hatte, sah ich beide Männer mit bloßen Degen. Narciß blutete, und der andere, außer sich von Wein, Zorn und Eifersucht, konnte kaum von der ganzen übrigen Gesellschaft zurück gehalten werden. Ich nahm Narcissen bei'm Arm und führte ihn zur Türe hinaus eine Treppe hinauf in ein ander Zimmer, und weil ich meinen Freund vor seinem tollen Gegner nicht sicher glaubte, riegelte ich die Türe sogleich zu.

Wir hielten beide die Wunde nicht für ernsthaft, denn wir sahen nur einen leichten Hieb über die Hand; bald aber wurden wir einen Strom von Blut, der den Rücken hinunterfloß, gewahr, und es zeigte sich eine große Wunde auf dem Kopfe. Nun ward mir bange. Ich eilte auf den Vorplatz, um nach Hülfe zu schicken, konnte aber niemand ansichtig werden, denn alles war unten geblieben, den rasenden Menschen zu bändigen. Endlich kam eine Tochter des Hauses heraufgesprungen, und ihre Munterkeit ängstigte mich nicht wenig, da sie sich über den tollen Spektakel und über die verfluchte Komödie fast zu Tode lachen wollte. Ich bat sie dringend, mir einen Wundarzt zu schaffen, und sie, nach ihrer wilden Art, sprang gleich die Treppe hinunter, selbst einen zu holen.

Ich ging wieder zu meinem Verwundeten, band ihm mein Schnupftuch um die Hand, und ein Handtuch, das an der Türe hing, um den Kopf. Er blutete noch immer heftig: der Verwundete erblaßte und schien in Ohnmacht zu sinken. Niemand war in der Nähe, der mir hätte beistehen können; ich nahm ihn sehr ungezwungen in den Arm und suchte ihn durch Streicheln und Schmeicheln aufzumuntern. Es schien die Wirkung eines geistigen Heilmittels zu tun; er blieb bei sich, aber saß totenbleich da.

Nun kam endlich die tätige Hausfrau und wie erschrak sie, als sie den Freund in dieser Gestalt in meinen Armen liegen und uns alle beide mit Blut überströmt sah: denn niemand hatte sich vorgestellt, daß Narciß verwundet sei; alle meinten, ich habe ihn glücklich hinaus gebracht.

Nun war Wein, wohlriechendes Wasser und was nur erquicken und erfrischen konnte, im Überfluß da, nun kam auch der Wundarzt und ich hätte wohl abtreten können; allein Narciß hielt mich fest bei der Hand, und ich wäre ohne gehalten zu werden stehen geblieben. Ich fuhr während des Verbandes fort, ihn mit Wein anzustreichen und achtete es wenig, daß die ganze Gesellschaft nunmehr umher stand. Der Wundarzt hatte geendigt, der Verwundete nahm einen stummen verbindlichen Abschied von mir und wurde nach Hause getragen.

Nun führte mich die Hausfrau in ihr Schlafzimmer; sie mußte mich ganz auskleiden, und ich darf nicht verschweigen, daß ich, da man sein Blut von meinem Körper abwusch, zum erstenmal zufällig im Spiegel gewahr wurde, daß ich mich auch ohne Hülle für schön halten durfte. Ich konnte keines meiner Kleidungsstücke wieder anziehn, und da die Personen im Hause alle kleiner oder stärker waren als ich, so kam ich in einer seltsamen Verkleidung zum größten Erstaunen meiner Eltern nach Hause. Sie waren über mein Schrecken, über die Wunden des Freundes, über den Unsinn des Hauptmanns, über den ganzen Vorfall äußerst verdrießlich. Wenig fehlte, so hätte mein Vater selbst, seinen Freund auf der Stelle zu rächen, den Hauptmann herausgefordert. Er schalt die anwesenden Herren, daß sie ein solches meuchlerisches Beginnen nicht auf der

Stelle geahndet; denn es war nur zu offenbar, daß der Hauptmann sogleich, nachdem er geschlagen, den Degen gezogen und Narcissen von hinten verwundet habe; der Hieb über die Hand war erst geführt worden, als Narciß selbst zum Degen griff. Ich war unbeschreiblich alteriert und affiziert, oder wie soll ich es ausdrücken; der Affekt, der im tiefsten Grunde des Herzens ruhte, war auf einmal losgebrochen, wie eine Flamme, welche Luft bekömmt. Und wenn Lust und Freude sehr geschickt sind, die Liebe zuerst zu erzeugen und im Stillen zu nähren, so wird sie, die von Natur herzhaft ist, durch den Schrecken am leichtesten angetrieben, sich zu entscheiden und zu erklären. Man gab dem Töchterchen Arznei ein und legte es zu Bette. Mit dem frühesten Morgen eilte mein Vater zu dem verwundeten Freund, der an einem starken Wundfieber recht krank darnieder lag.

Mein Vater sagte mir wenig von dem, was er mit ihm geredet hatte, und suchte mich wegen der Folgen, die dieser Vorfall haben könnte, zu beruhigen. Es war die Rede, ob man sich mit einer Abbitte begnügen könne, ob die Sache gerichtlich werden müsse und was dergleichen mehr war. Ich kannte meinen Vater zu wohl, als daß ich ihm geglaubt hätte, daß er diese Sache ohne Zweikampf geendigt zu sehen wünschte; allein ich blieb still, denn ich hatte von meinem Vater früh gelernt, daß Weiber in solche Händel sich nicht zu mischen hätten. Übrigens schien es nicht, als wenn zwischen den beiden Freunden etwas vorgefallen wäre, das mich betroffen hätte; doch bald vertraute mein Vater den Inhalt seiner weitern Unterredung meiner Mutter. Narciß, sagte er, sei äußerst gerührt von meinem geleisteten Beistand, habe ihn umarmt, sich für meinen ewigen Schuldner erklärt, bezeigt, er verlange kein Glück, wenn er es nicht mit mir teilen sollte; er habe sich die Erlaubnis ausgebeten, ihn als Vater ansehn zu dürfen. Mama sagte mir das alles treulich wieder, hängte aber die wohlmeinende Erinnerung daran, auf so etwas, das in der ersten Bewegung gesagt worden, dürfe man so sehr nicht achten. Ja freilich, antwortete ich mit angenommener Kälte, und fühlte der Himmel weiß was und wieviel dabei.

Narciß blieb zwei Monate krank, konnte wegen der Wunde an der rechten Hand nicht einmal schreiben, bezeigte mir aber inzwischen sein Andenken durch die verbindlichste Aufmerksamkeit. Alle diese mehr als gewöhnlichen Höflichkeiten hielt ich mit dem, was ich von der Mutter erfahren hatte, zusammen, und beständig war mein Kopf voller Grillen. Die ganze Stadt unterhielt sich von der Begebenheit. Man sprach mit mir davon in einem besondern Tone, man zog Folgerungen daraus, die, so sehr ich sie abzulehnen suchte, mir immer sehr nahe gingen. Was vorher Tändelei und Gewohnheit gewesen war, ward nun Ernst und Neigung. Die Unruhe, in der ich lebte, war um so heftiger, je sorgfältiger ich sie vor allen Menschen zu verbergen suchte. Der Gedanke, ihn zu verlieren, erschreckte mich, und die Möglichkeit einer nähern Verbindung machte mich zittern. Der Gedanke des Ehestandes hat für ein halbkluges Mädchen gewiß etwas Schreckhaftes.

Durch diese heftigen Erschütterungen ward ich wieder an mich selbst erinnert. Die bunten Bilder eines zerstreuten Lebens, die mir sonst Tag und Nacht vor den Augen schwebten, waren auf einmal weggeblasen. Meine Seele fing wieder an sich zu regen; allein die sehr unterbrochene Bekanntschaft mit dem unsichtbaren Freunde war so leicht nicht wieder hergestellt. Wir blieben noch immer in ziemlicher Entfernung; es war wieder etwas, aber gegen sonst ein großer Unterschied.

Ein Zweikampf, worin der Hauptmann stark verwundet wurde, war vorüber, ohne daß ich etwas davon erfahren hatte, und die öffentliche Meinung war in jedem Sinne auf der Seite meines Geliebten, der endlich wieder auf dem Schauplatze erschien. Vor allen Dingen ließ er sich mit verbundnem Haupt und eingewickelter Hand in unser Haus tragen. Wie klopfte mir das Herz bei diesem Besuche! Die ganze Familie war gegenwärtig; es blieb auf beiden Seiten nur bei allgemeinen Danksagungen und Höflichkeiten; doch fand er Gelegenheit, mir einige geheime Zeichen seiner Zärtlichkeit zu geben, wodurch meine Unruhe nur zu sehr vermehrt ward. Nachdem er sich völlig wieder erholt, besuchte er uns den ganzen Winter auf eben dem Fuß wie ehemals, und bei allen leisen Zeichen von Empfindung und Liebe, die er mir gab, blieb alles unerörtert.

Auf diese Weise ward ich in steter Übung gehalten. Ich konnte mich keinem Menschen vertrauen und von Gott war ich zu weit entfernt. Ich hatte diesen während vier wilder Jahre ganz vergessen; nun dachte ich dann und wann wieder an ihn, aber die Bekanntschaft war erkaltet; es waren nur Zeremonienvisiten, die ich ihm machte, und da ich überdies, wenn ich vor ihm erschien, immer schöne Kleider anlegte, meine Tugend, Ehrbarkeit und Vorzüge, die ich vor andern zu haben glaubte, ihm mit Zufriedenheit vorwies; so schien er mich in dem Schmucke gar nicht zu bemerken.

Ein Höfling würde, wenn sein Fürst, von dem er sein Glück erwartet, sich so gegen ihn betrüge, sehr beunruhigt werden; mir aber war nicht übel dabei zu Mute. Ich hatte was ich brauchte, Gesundheit und Bequemlichkeit; wollte sich Gott mein Andenken gefallen lassen, so war es gut; wo nicht, so glaubte ich doch meine Schuldigkeit getan zu haben.

So dachte ich freilich damals nicht von mir; aber es war doch die wahrhafte Gestalt meiner Seele. Meine Gesinnungen zu ändern und zu reinigen, waren aber auch schon Anstalten gemacht.

Der Frühling kam heran, und Narciß besuchte mich unangemeldet zu einer Zeit, da ich ganz allein zu Hause war. Nun erschien er als Liebhaber und fragte mich, ob ich ihm mein Herz, und, wenn er eine ehrenvolle wohlbesoldete Stelle erhielte, auch dereinst meine Hand schenken wollte?

Man hatte ihn zwar in unsre Dienste genommen; allein anfangs hielt man ihn, weil man sich vor seinem Ehrgeiz fürchtete, mehr zurück, als daß man ihn schnell empor gehoben hätte, und ließ ihn, weil er eignes Vermögen hatte, bei einer kleinen Besoldung.

Bei aller meiner Neigung zu ihm wußte ich, daß er der Mann nicht war, mit dem man ganz gerade handeln konnte. Ich nahm mich daher zusammen und verwies ihn an meinen Vater, an dessen Einwilligung er nicht zu zweifeln schien, und mit mir erst auf der Stelle einig sein wollte. Endlich sagte ich Ja, indem ich die Beistimmung meiner Eltern zur notwendigen Bedingung machte. Er sprach alsdann mit beiden förmlich; sie zeigten ihre Zufriedenheit, man gab sich das Wort auf den bald zu hoffenden Fall, daß man ihn weiter avancieren werde. Schwestern und Tanten wurden davon benachrichtigt, und ihnen das Geheimnis auf das strengste anbefohlen.

Nun war aus einem Liebhaber ein Bräutigam geworden. Die Verschiedenheit zwischen beiden zeigte sich sehr groß. Könnte jemand die Liebhaber aller wohldenkenden Mädchen in Bräutigame verwandeln, so wäre es eine große Wohltat für unser Geschlecht, selbst wenn auf dieses Verhältnis keine Ehe erfolgen sollte. Die Liebe zwischen beiden Personen nimmt dadurch nicht ab, aber sie wird vernünftiger. Unzählige kleine Torheiten, alle Koketterien und Launen fallen gleich hinweg. Äußert uns der Bräutigam, daß wir ihm in einer Morgenhaube besser als in dem schönsten Aufsatze gefallen, dann wird einem wohldenkenden Mädchen gewiß die Frisur gleichgültig und es ist nichts natürlicher, als daß er auch solid denkt, und lieber sich eine Hausfrau, als der Welt eine Putzdocke zu bilden wünscht. Und so geht es durch alle Fächer durch.

Hat ein solches Mädchen dabei das Glück, daß ihr Bräutigam Verstand und Kenntnisse besitzt, so lernt sie mehr, als hohe Schulen und fremde Länder geben können. Sie nimmt nicht nur alle Bildung gern an, die er ihr gibt, sondern sie sucht sich auch auf diesem Wege so immer weiter zu bringen. Die Liebe macht vieles Unmögliche möglich, und endlich geht die dem weiblichen Geschlecht so nötige und anständige Unterwerfung sogleich an; der Bräutigam herrscht nicht wie der Ehemann; er bittet nur, und seine Geliebte sucht ihm abzumerken, was er wünscht, um es noch eher zu vollbringen als er bittet.

So hat mich die Erfahrung gelehrt, was ich nicht um vieles missen möchte. Ich war glücklich, wahrhaft glücklich, wie man es in der Welt sein kann, das heißt, auf kurze Zeit.

Ein Sommer ging unter diesen stillen Freuden hin. Narciß gab mir nicht die mindeste Gelegenheit zu Beschwerden; er ward mir immer lieber, meine ganze Seele hing an ihm, das wußte er wohl und wußte es zu schätzen. Inzwischen entspann sich aus anscheinenden Kleinigkeiten etwas, das unserm Verhältnisse nach und nach schädlich wurde.

Narciß ging als Bräutigam mit mir um, und nie wagte er es, das von mir zu begehren, was uns noch verboten war. Allein über die Gränzen der Tugend und Sittsamkeit waren wir sehr verschiedener Meinung. Ich wollte sicher gehen und erlaubte durchaus keine Freiheit, als welche allenfalls die ganze Welt hätte wissen dürfen. Er, an Näschereien gewöhnt, fand diese Diät sehr streng, hier setzte es nun beständigen Widerspruch; er lobte mein Verhalten und suchte meinen Entschluß zu untergraben.

Mir fiel das *ernsthaft* meines alten Sprachmeisters wieder ein, und zugleich das Hülfsmittel, das ich damals dagegen angegeben hatte.

Mit Gott war ich wieder ein wenig bekannter geworden. Er hatte mir so einen lieben Bräutigam gegeben und dafür wußte ich ihm Dank. Die irdische Liebe selbst konzentrierte meinen Geist und setzte ihn in Bewegung, und meine Beschäftigung mit Gott widersprach ihr nicht. Ganz natürlich klagte ich ihm, was mich bange machte, und bemerkte nicht, daß ich selbst das, was mich bange machte, wünschte und begehrte. Ich kam mir sehr stark vor und betete nicht etwa: Bewahre mich vor Versuchung! über die Versuchung war ich meinen Gedanken nach weit hinaus. In diesem losen Flitterschmuck eigner Tugend erschien ich dreist vor Gott; er stieß mich nicht weg; auf die geringste Bewegung zu ihm hinterließ er einen sanften Eindruck in meiner Seele, und dieser Eindruck bewegte mich, ihn immer wieder aufzusuchen.

Die ganze Welt war mir außer Narcissen tot, nichts hatte außer ihm einen Reiz für mich. Selbst meine Liebe zum Putz hatte nur den Zweck, ihm zu gefallen; wußte ich, daß er mich nicht sah, so konnte ich keine Sorgfalt darauf wenden. Ich tanzte gern; wenn er aber nicht dabei war, so schien mir, als wenn ich die Bewegung nicht vertragen könnte. Auf ein brillantes Fest, bei dem er nicht zugegen war, konnte ich mir weder etwas Neues anschaffen, noch das Alte der Mode gemäß aufstutzen. Einer war mir so lieb als der andere, doch möchte ich lieber sagen, einer so lästig als der andere. Ich glaubte meinen Abend recht gut zugebracht zu haben, wenn ich mir mit ältern Personen ein Spiel ausmachen konnte, wozu ich sonst nicht die mindeste Lust hatte, und wenn ein alter guter Freund mich etwa scherzhaft darüber aufzog, lächelte ich vielleicht das erstemal den ganzen Abend. So ging es mit Promenaden und allen gesellschaftlichen Vergnügungen, die sich nur denken lassen.

Ich hatt' ihn einzig mir erkoren;
Ich schien mir nur für ihn geboren,
Begehrte nichts als seine Gunst.

So war ich oft in der Gesellschaft einsam, und die völlige Einsamkeit war mir meistens lieber. Allein mein geschäftiger Geist konnte weder schlafen noch träumen; ich fühlte und dachte, und erlangte nach und nach eine Fertigkeit, von meinen Empfindungen und Gedanken mit Gott zu reden. Da entwickelten sich Empfindungen anderer Art in meiner Seele, die jenen nicht widersprachen. Denn meine Liebe zu Narciß war dem ganzen Schöpfungsplane gemäß und stieß nirgend gegen meine Pflichten an. Sie widersprachen sich nicht und waren doch unendlich verschieden. Narciß war das einzige Bild, das mir vorschwebte, auf das sich meine ganze Liebe bezog; aber das andere Gefühl bezog sich auf kein Bild und war unaussprechlich angenehm. Ich habe es nicht mehr und kann es mir nicht mehr geben.

Mein Geliebter, der sonst alle meine Geheimnisse wußte, erfuhr nichts hiervon. Ich merkte bald, daß er anders dachte; er gab mir öfters Schriften, die alles, was man Zusammenhang mit dem Unsichtbaren heißen kann, mit leichten und schweren Waffen bestritten. Ich las die Bücher, weil sie von ihm kamen, und wußte am Ende kein Wort von allem dem, was darin gestanden hatte.

Über Wissenschaften und Kenntnisse ging es auch nicht ohne Widerspruch ab; er machte es wie alle Männer, spottete über gelehrte Frauen und bildete unaufhörlich an mir. Über alle Gegenstände, die Rechtsgelehrsamkeit ausgenommen, pflegte er mit mir zu sprechen, und indem er mir Schriften von allerlei Art beständig zubrachte, wiederholte er oft die bedenkliche Lehre: daß ein Frauenzimmer sein Wissen heimlicher halten müsse, als der Calvinist seinen Glauben im katholischen Lande; und indem ich wirklich auf eine ganz natürliche Weise vor der Welt mich nicht klüger und unterrichteter als sonst zu zeigen pflegte, war er der erste, der gelegentlich der Eitelkeit nicht widerstehen konnte, von meinen Vorzügen zu sprechen.

Ein berühmter und damals wegen seines Einflusses, seiner Talente und seines Geistes sehr geschätzter Weltmann fand an unserm Hofe großen Beifall. Er zeichnete Narcissen besonders aus und hatte ihn beständig um sich. Sie stritten auch über die Tugend der Frauen. Narciß vertraute mir weitläufig ihre Unterredung; ich blieb mit meinen Anmerkungen nicht dahinten, und mein Freund verlangte von mir einen schriftlichen Aufsatz. Ich schrieb ziemlich geläufig Französisch: ich hatte bei meinem Alten einen guten Grund gelegt. Die Korrespondenz mit meinem Freunde war in dieser Sprache geführt, und eine feinere Bildung konnte man überhaupt damals nur aus französischen Büchern nehmen. Mein Aufsatz hatte dem Grafen gefallen; ich mußte einige kleine Lieder hergeben, die ich vor kurzem gedichtet hatte. Genug, Narciß schien sich auf seine Geliebte ohne Rückhalt etwas zu Gute zu tun, und die Geschichte endigte zu seiner großen Zufriedenheit mit einer geistreichen Epistel in französischen Versen, die ihm der Graf bei seiner Abreise zusandte, worin ihres freundschaftlichen Streites gedacht war, und mein Freund am Ende glücklich gepriesen wurde, daß er nach so manchen Zweifeln und Irrtümern in den Armen einer reizenden und tugendhaften Gattin was Tugend sei am sichersten erfahren würde.

Dieses Gedicht ward mir vor allen und dann aber auch fast jedermann gezeigt, und jeder dachte dabei, was er wollte. So ging es in mehreren Fällen, und so mußten alle Fremden, die er schätzte, in unserm Hause bekannt werden.

Eine gräfliche Familie hielt sich wegen unsres geschickten Arztes eine Zeitlang hier auf. Auch in diesem Hause war Narciß wie ein Sohn gehalten; er führte mich daselbst ein, man fand bei diesen würdigen Personen eine angenehme Unterhaltung für Geist und Herz, und selbst die gewöhnlichen Zeitvertreibe der Gesellschaft schienen in diesem Hause nicht so leer wie anderwärts. Jedermann wußte wie wir zusammen standen; man behandelte uns, wie es die Umstände mit sich brachten, und ließ das Hauptverhältnis unberührt. Ich erwähne dieser einen Bekanntschaft, weil sie in der Folge meines Lebens manchen Einfluß auf mich hatte.

Nun war fast ein Jahr unserer Verbindung verstrichen, und mit ihm war auch unser Frühling dahin. Der Sommer kam und alles wurde ernsthafter und heißer.

Durch einige unerwartete Todesfälle waren Ämter erledigt, auf die Narciß Anspruch machen konnte. Der Augenblick war nahe, in dem sich mein ganzes Schicksal entscheiden sollte, und indes Narciß und alle Freunde sich bei Hofe die möglichste Mühe gaben, gewisse Eindrücke, die ihm ungünstig waren, zu vertilgen, und ihm den erwünschten Platz zu verschaffen, wendete ich mich mit meinem Anliegen zu dem unsichtbaren Freunde. Ich ward so freundlich aufgenommen, daß ich gern wiederkam. Ganz frei gestand ich meinen Wunsch, Narciß möchte zu der Stelle gelangen; allein meine Bitte war nicht ungestüm, und ich forderte nicht, daß es um meines Gebets willen geschehen sollte.

Die Stelle ward durch einen viel geringern Konkurrenten besetzt. Ich erschrak heftig über die Zeitung, und eilte in mein Zimmer, das ich fest hinter mir zumachte. Der erste Schmerz lös'te sich in Tränen auf; der nächste Gedanke war: Es ist aber doch nicht von ungefähr geschehen, und sogleich folgte die Entschließung, es mir recht wohl gefallen zu lassen, weil auch dieses anscheinende Übel zu meinem wahren Besten gereichen würde. Nun drangen die sanftesten Empfindungen, die alle Wolken des Kummers zerteilten, herbei; ich fühlte, daß sich mit dieser Hülfe alles ausstehen ließ. Ich ging heiter zu Tische, zum Erstaunen meiner Hausgenossen.

Narciß hatte weniger Kraft als ich, und ich mußte ihn trösten. Auch in seiner Familie begegneten ihm Widerwärtigkeiten, die ihn sehr drückten, und bei dem wahren Vertrauen, das unter uns statt hatte, vertraute er mir alles. Seine Negoziationen in fremde Dienste zu gehen waren auch nicht glücklicher; alles fühlte ich tief um seinet- und meinetwillen, und alles trug ich zuletzt an den Ort, wo mein Anliegen so wohl aufgenommen wurde.

Je sanfter diese Erfahrungen waren, desto öfter suchte ich sie zu erneuern, und den Trost immer da, wo ich ihn so oft gefunden hatte; allein ich fand ihn nicht immer: es war mir wie einem, der sich an der Sonne wärmen will, und dem etwas im Wege steht, das Schatten macht. Was ist das? fragte ich mich selbst. Ich spürte der Sache eifrig nach, und bemerkte deutlich, daß alles von der Beschaffenheit meiner Seele abhing; wenn die nicht ganz in der geradesten Richtung zu Gott gekehrt war, so blieb ich kalt; ich fühlte seine Rückwirkung nicht, und konnte seine Antwort nicht vernehmen. Nun war die zweite Frage: Was verhindert diese Richtung? Hier war ich in einem weiten Feld, und verwickelte mich in eine Untersuchung, die beinahe das ganze zweite Jahr meiner Liebesgeschichte fortdauerte. Ich hätte sie früher endigen können, denn ich kam bald auf die Spur; aber ich wollte es nicht gestehen, und suchte tausend Ausflüchte.

Ich fand sehr bald, daß die gerade Richtung meiner Seele durch törichte Zerstreuung und Beschäftigung mit unwürdigen Sachen gestört werde; das Wie und Wo war mir bald klar genug. Nun aber wie herauskommen in einer Welt, wo alles gleichgültig oder toll ist? Gern hätte ich die Sache an ihren Ort gestellt sein lassen, und hätte auf Geratewohl hingelebt wie andere Leute auch, die ich ganz wohlauf sah; allein ich durfte nicht: mein Inneres widersprach mir zu oft. Wollte ich mich der Gesellschaft entziehen und meine Verhältnisse verändern, so konnte ich nicht. Ich war nun einmal in einen Kreis hinein gesperrt; gewisse Verbindungen konnte ich nicht los werden, und in der mir so angelegenen Sache drängten und häuften sich die Fatalitäten. Ich legte mich oft mit Tränen zu Bette, und stand nach einer schlaflosen Nacht auch wieder so auf; ich bedurfte einer kräftigen Unterstützung, und die verlieh mir Gott nicht, wenn ich mit der Schellenkappe herumlief.

Nun ging es an ein Abwiegen aller und jeder Handlungen; Tanzen und Spielen wurden am ersten in Untersuchung genommen. Nie ist etwas für oder gegen diese Dinge geredet, gedacht oder geschrieben worden, das ich nicht aufsuchte, besprach, las, erwog, vermehrte, verwarf, und mich unerhört herumplagte. Unterließ ich diese Dinge, so war ich gewiß, Narcissen zu beleidigen; denn er fürchtete sich äußerst vor dem Lächerlichen, das uns der Anschein ängstlicher Gewissenhaftigkeit von der Welt gibt. Weil ich nun das, was ich für Torheit, für schädliche Torheit hielt, nicht einmal aus Geschmack, sondern bloß um seinetwillen tat, so wurde mir alles entsetzlich schwer.

Ohne unangenehme Weitläufigkeiten und Wiederholungen würde ich die Bemühungen nicht darstellen können, welche ich anwendete, um jene Handlungen, die mich nun einmal zerstreuten und meinen innern Frieden störten, so zu verrichten, daß dabei mein Herz für die Einwirkungen des unsichtbaren Wesens offen bliebe, und wie schmerzlich ich empfinden mußte, daß der Streit auf diese Weise nicht beigelegt werden könne. Denn sobald ich mich in das Gewand der Torheit kleidete, blieb es nicht bloß bei der Maske, sondern die Narrheit durchdrang mich sogleich durch und durch.

Darf ich hier das Gesetz einer bloß historischen Darstellung überschreiten, und einige Betrachtungen über dasjenige machen, was in mir vorging? Was konnte das sein, das meinen Geschmack und meine Sinnesart so änderte, daß ich im zwei und zwanzigsten Jahre, ja früher, kein Vergnügen an Dingen fand, die Leute von diesem Alter unschuldig belustigen können? Warum waren sie mir nicht unschuldig? Ich darf wohl antworten: Eben weil sie mir nicht unschuldig waren, weil ich nicht, wie andre Meinesgleichen, unbekannt mit meiner Seele war. Nein, ich wußte aus Erfahrungen, die ich ungesucht erlangt hatte, daß es höhere Empfindungen gebe, die uns ein Vergnügen wahrhaftig gewährten, das man vergebens bei Lustbarkeiten sucht, und daß in diesen höhern Freuden zugleich ein geheimer Schatz zur Stärkung im Unglück aufbewahrt sei.

Aber die geselligen Vergnügungen und Zerstreuungen der Jugend mußten doch notwendig einen starken Reiz für mich haben, weil es mir nicht möglich war, sie zu tun, als täte ich sie nicht. Wie manches könnte ich jetzt mit großer Kälte tun, wenn ich nur wollte, was mich damals irre machte, ja Meister über mich zu werden drohte. Hier konnte kein Mittelweg gehalten werden: ich mußte entweder die reizenden Vergnügungen oder die erquickenden innerlichen Empfindungen entbehren.

Aber schon war der Streit in meiner Seele ohne mein eigentliches Bewußtsein entschieden. Wenn auch etwas in mir war, das sich nach den sinnlichen Freuden hinsehnte, so konnte ich sie doch nicht mehr genießen. Wer den Wein noch so sehr liebt, dem wird alle Lust zum Trinken vergehen, wenn er sich bei vollen Fässern in einem Keller befände, in welchem die verdorbene Luft ihn zu ersticken drohte. Reine Luft ist mehr als Wein, das fühlte ich nur zu lebhaft, und es hätte gleich von Anfang an wenig Überlegung bei mir gekostet, das Gute dem Reizenden vorzuziehen, wenn mich die Furcht, Narcissens Gunst zu verlieren, nicht abgehalten hätte. Aber da ich endlich nach tausendfältigem Streit, nach immer wiederholter Betrachtung, auch scharfe Blicke auf das Band warf, das mich an ihm festhielt, entdeckte ich, daß es nur schwach war, daß es sich zerreißen lasse. Ich erkannte auf einmal, daß es nur eine Glasglocke sei, die mich in den luftleeren Raum sperrte; nur noch so viel Kraft sie entzwei zu schlagen, und du bist gerettet!

Gedacht gewagt. Ich zog die Maske ab und handelte jedesmal, wie mir's um's Herz war. Narcissen hatte ich immer zärtlich lieb; aber das Thermometer, das vorher im heißen Wasser gestanden, hing nun an der natürlichen Luft; es konnte nicht höher steigen, als die Atmosphäre warm war.

Unglücklicherweise erkältete sie sich sehr. Narciß fing an, sich zurückzuziehen und fremd zu tun; das stand ihm frei; aber mein Thermometer fiel, so wie er sich zurückzog. Meine Familie bemerkte es, man befragte mich, man wollte sich verwundern. Ich erklärte mit männlichem Trotz, daß ich mich bisher genug aufgeopfert habe, daß ich bereit sei, noch ferner und bis an's Ende meines Lebens alle Widerwärtigkeiten mit ihm zu teilen; daß ich aber für meine Handlungen völlige Freiheit verlange, daß mein Tun und Lassen von meiner Überzeugung abhängen müsse; daß ich zwar niemals eigensinnig auf meiner Meinung beharren, vielmehr jede Gründe gerne anhören wolle, aber da es mein eignes Glück betreffe, müsse die Entscheidung von mir abhängen, und keine Art von Zwang würde ich dulden. So wenig das Raisonnement des größten Arztes mich bewegen würde, eine, sonst vielleicht ganz gesunde, und von vielen sehr geliebte Speise zu mir zu nehmen, sobald mir meine Erfahrung bewiese, daß sie mir jederzeit schädlich sei, wie ich den Gebrauch des Kaffee's zum Beispiel anführen könnte, so wenig und noch viel weniger würde ich mir irgend eine Handlung, die mich verwirrte, als für mich moralisch zuträglich aufdemonstrieren lassen.

Da ich mich so lange im Stillen vorbereitet hatte, so waren mir die Debatten hierüber eher angenehm als verdrießlich. Ich machte meinem Herzen Luft, und fühlte den ganzen Wert meines Entschlusses. Ich wich nicht ein Haar breit, und wem ich nicht kindlichen Respekt schuldig war, der wurde derb abgefertigt. In meinem Hause siegte ich bald. Meine Mutter hatte von Jugend auf ähnliche Gesinnungen, nur waren sie bei ihr nicht zur Reife gediehen; keine Not hatte sie gedrängt und den Mut, ihre Überzeugung durchzusetzen, erhöht. Sie freute sich, durch mich ihre stillen Wünsche erfüllt zu sehen. Die jüngere Schwester schien sich an mich anzuschließen; die zweite war aufmerksam und still. Die Tante hatte am meisten einzuwenden. Die Gründe, die sie vorbrachte, schienen ihr unwiderleglich, und waren es auch, weil sie ganz gemein waren. Ich war endlich genötigt, ihr zu zeigen, daß sie in keinem Sinne eine Stimme in dieser Sache habe, und sie ließ nur selten merken, daß sie auf ihrem Sinne verharre. Auch war sie die einzige, die diese Begebenheit von nahem ansah und ganz ohne Empfindung blieb. Ich tue ihr nicht zu viel, wenn ich sage, daß sie kein Gemüt und die eingeschränktesten Begriffe hatte.

Der Vater benahm sich ganz seiner Denkart gemäß. Er sprach weniges, aber öfter mit mir über die Sache, und seine Gründe waren verständig, und als *seine* Gründe unwiderleglich; nur das tiefe Gefühl meines Rechts gab mir Stärke, gegen ihn zu disputieren. Aber bald veränderten sich die Szenen; ich mußte an sein Herz Anspruch machen. Gedrängt von seinem Verstande brach ich in die affektvollsten Vorstellungen aus. Ich ließ meiner Zunge und meinen Tränen freien Lauf. Ich zeigte ihm, wie sehr ich Narcissen liebte, und welchen Zwang ich mir seit zwei Jahren angetan hatte, wie gewiß ich sei, daß ich recht handle, daß ich bereit sei, diese Gewißheit mit dem Verlust des geliebten Bräutigams und anscheinenden Glücks, ja wenn es nötig wäre, mit Hab und Gut zu versiegeln; daß ich lieber mein Vaterland, Eltern und Freunde verlassen, und mein Brot in der Fremde verdienen, als gegen meine Einsichten handeln wolle. Er verbarg seine Rührung, schwieg einige Zeit stille und erklärte sich endlich öffentlich für mich.

Narciß vermied seit jener Zeit unser Haus, und nun gab mein Vater die wöchentliche Gesellschaft auf, in der sich dieser befand. Die Sache machte Aufsehn bei Hofe und in der Stadt. Man sprach darüber, wie gewöhnlich in solchen Fällen, an denen das Publikum heftigen Teil zu nehmen pflegt, weil es verwöhnt ist, auf die Entschließungen schwacher Gemüter einigen Einfluß zu haben. Ich kannte die Welt genug, und wußte, daß man oft von eben den Personen über das getadelt wird, wozu man sich durch sie hat bereden lassen, und auch ohne das würden mir bei meiner innern Verfassung alle solche vorübergehende Meinungen weniger als nichts gewesen sein.

Dagegen versagte ich mir nicht, meiner Neigung zu Narcissen nachzuhängen. Er war mir unsichtbar geworden, und mein Herz hatte sich nicht gegen ihn geändert. Ich liebte ihn zärtlich, gleichsam auf das neue und viel gesetzter als vorher. Wollte er meine Überzeugung nicht stören, so war ich die seine; ohne diese Bedingung hätte ich ein Königreich mit ihm ausgeschlagen. Mehrere Monate lang trug ich diese Empfindungen und Gedanken mit mir herum, und da ich mich endlich still und stark genug fühlte, um ruhig und gesetzt zu Werke zu gehen, so schrieb ich ihm ein höfliches, nicht zärtliches Billet, und fragte ihn, warum er nicht mehr zu mir komme?

Da ich seine Art kannte, sich selbst in geringern Dingen nicht gern zu erklären, sondern stillschweigend zu tun, was ihm gut deuchte, so drang ich gegenwärtig mit Vorsatz in ihn. Ich erhielt eine lange und wie mir schien abgeschmackte Antwort, in einem weitläufigen Stil und unbedeutenden Phrasen: daß er ohne bessere Stellen sich nicht einrichten, und mir seine Hand anbieten könne, daß ich am besten wisse, wie hinderlich es ihm bisher gegangen, daß er glaube, ein so lang fortgesetzter fruchtloser Umgang könne meiner Renommée schaden, ich würde ihm erlauben, sich in der bisherigen Entfernung zu halten; sobald er im Stande wäre, mich glücklich zu machen, würde ihm das Wort, das er mir gegeben, heilig sein.

Ich antwortete ihm auf der Stelle: da die Sache aller Welt bekannt sei, möge es zu spät sein, meine Renommée zu menagieren, und für diese wären mir mein Gewissen und meine Unschuld die sichersten Bürgen; ihm aber gäbe ich hiermit sein Wort ohne Bedenken zurück, und wünschte, daß er dabei sein Glück finden möchte. In eben der Stunde erhielt ich eine kurze Antwort, die im Wesentlichen mit der ersten völlig gleichlautend war. Er blieb dabei, daß er nach erhaltener Stelle bei mir anfragen würde, ob ich sein Glück mit ihm teilen wollte.

Mir hieß das nun so viel als nichts gesagt. Ich erklärte meinen Verwandten und Bekannten, die Sache sei abgetan, und sie war es auch wirklich. Denn als er neun Monate hernach auf das erwünschteste befördert wurde, ließ er mir seine Hand nochmals antragen, freilich mit der Bedingung, daß ich als Gattin eines Mannes, der ein Haus machen müßte, meine Gesinnungen würde zu ändern haben. Ich dankte höflich, und eilte mit Herz und Sinn von dieser Geschichte weg, wie man sich aus dem Schauspielhause heraus sehnt, wenn der Vorhang gefallen ist. Und da er kurze Zeit darauf, wie es ihm nun sehr leicht war, eine reiche und ansehnliche Partie gefunden hatte, und ich ihn nach seiner Art glücklich wußte, so war meine Beruhigung ganz vollkommen.

Ich darf nicht mit Stillschweigen übergehen, daß einigemal, noch eh' er eine Bedienung erhielt, auch nachher, ansehnliche Heiratsanträge an mich getan wurden, die ich aber ganz ohne Bedenken ausschlug, so sehr Vater und Mutter mehr Nachgiebigkeit von meiner Seite gewünscht hätten.

Nun schien mir nach einem stürmischen März und April das schönste Maiwetter beschert zu sein. Ich genoß bei einer guten Gesundheit eine unbeschreibliche Gemütsruhe; ich mochte mich umsehen, wie ich wollte, so hatte ich bei meinem Verluste noch gewonnen. Jung und voll Empfindung wie ich war, deuchte mir die Schöpfung tausendmal schöner als vorher, da ich Gesellschaften und Spiele haben mußte, damit mir die Weile in dem schönen Garten nicht zu lang wurde. Da ich mich einmal meiner Frömmigkeit nicht schämte, so hatte ich Herz, meine Liebe zu Künsten und Wissenschaften nicht zu verbergen. Ich zeichnete, malte, las, und fand Menschen genug, die mich unterstützten: statt der großen Welt, die ich verlassen hatte, oder vielmehr, die mich verließ, bildete sich eine kleinere um mich her, die weit reicher und unterhaltender war. Ich hatte eine Neigung zum gesellschaftlichen Leben, und ich leugne nicht, daß mir, als ich meine ältern Bekanntschaften aufgab, vor der Einsamkeit grauete. Nun fand ich mich hinlänglich, ja vielleicht zu sehr entschädigt. Meine Bekanntschaften wurden erst recht weitläufig, nicht nur mit Einheimischen, deren Gesinnungen mit den meinigen übereinstimmten, sondern auch mit Fremden. Meine Geschichte war ruchtbar geworden, und es waren viele Menschen neugierig, das Mädchen zu sehen, die Gott mehr schätzte als ihren Bräutigam. Es war damals überhaupt eine gewisse religiöse Stimmung in Deutschland bemerkbar. In mehreren fürstlichen und gräflichen Häusern war eine Sorge für das Heil der Seele lebendig. Es fehlte nicht an Edelleuten, die gleiche Aufmerksamkeit hegten, und in den geringern Ständen war durchaus diese Gesinnung verbreitet.

Die gräfliche Familie, deren ich oben erwähnt, zog mich nun näher an sich. Sie hatte sich indessen verstärkt, indem sich einige Verwandte in die Stadt gewendet hatten. Diese schätzbaren Personen suchten meinen Umgang, wie ich den ihrigen. Sie hatten große Verwandtschaft und ich lernte in diesem Hause einen großen Teil der Fürsten, Grafen und Herren des Reichs kennen. Meine Gesinnungen waren niemanden ein Geheimnis, und man mochte sie ehren oder auch nur schonen, so erlangte ich doch meinen Zweck und blieb ohne Anfechtung.

Noch auf eine andere Weise sollte ich wieder in die Welt geführt werden. Zu eben der Zeit verweilte ein Stiefbruder meines Vaters, der uns sonst nur im Vorbeigehn besucht hatte, länger bei uns. Er hatte die Dienste seines Hofes, wo er geehrt und von Einfluß war, nur deswegen verlassen, weil nicht alles nach seinem Sinne ging. Sein Verstand war richtig und sein Charakter streng, und er war darin meinem Vater sehr ähnlich; nur hatte dieser dabei einen gewissen Grad von Weichheit, wodurch ihm leichter ward, in Geschäften nachzugeben und etwas gegen seine Überzeugung nicht zu tun, aber geschehen zu lassen, und den Unwillen darüber alsdann entweder in der Stille für sich oder vertraulich mit seiner Familie zu verkochen. Mein Oheim war um vieles jünger, und seine Selbstständigkeit ward durch seine äußern Umstände nicht wenig bestätigt. Er hatte eine sehr reiche Mutter gehabt, und hatte von ihren nahen und fernen Verwandten noch ein großes Vermögen zu hoffen; er bedurfte keines fremden Zuschusses, anstatt daß mein Vater bei seinem mäßigen Vermögen durch Besoldung an den Dienst fest geknüpft war.

Noch unbiegsamer war mein Oheim durch häusliches Unglück geworden. Er hatte eine liebenswürdige Frau und einen hoffnungsvollen Sohn früh verloren, und er schien von der Zeit an alles von sich entfernen zu wollen, was nicht von seinem Willen abhing.

In der Familie sagte man sich gelegentlich mit einiger Selbstgefälligkeit in die Ohren, daß er wahrscheinlich nicht wieder heiraten werde, und daß wir Kinder uns schon als Erben seines großen Vermögens ansehen könnten. Ich achtete nicht weiter darauf; allein das Betragen der Übrigen ward nach diesen Hoffnungen nicht wenig gestimmt. Bei der Festigkeit seines Charakters hatte er sich gewöhnt, in der Unterredung niemand zu widersprechen, vielmehr die Meinung eines jeden freundlich anzuhören, und die Art, wie sich jeder eine Sache dachte, noch selbst durch Argumente und Beispiele zu erheben. Wer ihn nicht kannte, glaubte stets mit ihm einerlei Meinung zu sein; denn er hatte einen überwiegenden Verstand und konnte sich in alle Vorstellungsarten versetzen. Mit mir ging es ihm nicht so glücklich, denn hier war von Empfindungen die Rede, von denen er gar keine Ahnung hatte, und so schonend, teilnehmend und verständig er mit mir über meine Gesinnungen sprach, so war es mir doch auffallend, daß er von dem, worin der Grund aller meiner Handlungen lag, offenbar keinen Begriff hatte.

So geheim er übrigens war, entdeckte sich doch der Endzweck seines ungewöhnlichen Aufenthalts bei uns nach einiger Zeit. Er hatte, wie man endlich bemerken konnte, sich unter uns die jüngste Schwester ausersehen, um sie nach seinem Sinne zu verheiraten und glücklich zu machen; und gewiß sie konnte nach ihren körperlichen und geistigen Gaben, besonders wenn sich ein ansehnliches Vermögen noch mit auf die Schale legte, auf die ersten Partien Anspruch machen. Seine Gesinnungen gegen mich gab er gleichfalls pantomimisch zu erkennen, indem er mir den Platz einer Stiftsdame verschaffte, wovon ich sehr bald auch die Einkünfte zog.

Meine Schwester war mit seiner Fürsorge nicht so zufrieden und nicht so dankbar wie ich. Sie entdeckte mir eine Herzensangelegenheit, die sie bisher sehr weislich verborgen hatte: denn sie fürchtete wohl, was auch wirklich geschah, daß ich ihr auf alle mögliche Weise die Verbindung mit einem Manne, der ihr nicht hätte gefallen sollen, widerraten würde. Ich tat mein Möglichstes, und es gelang mir. Die Absichten des Oheims waren zu ernsthaft und zu deutlich, und die Aussicht für meine Schwester, bei ihrem Weltsinne, zu reizend, als daß sie nicht eine Neigung, die ihr Verstand selbst mißbilligte, aufzugeben Kraft hätte haben sollen.

Da sie nun den sanften Leitungen des Oheims nicht mehr wie bisher auswich, so war der Grund zu seinem Plane bald gelegt. Sie ward Hofdame an einem benachbarten Hofe, wo er sie einer Freundin, die als Oberhofmeisterin in großem Ansehn stand, zur Aufsicht und Ausbildung übergeben konnte. Ich begleitete sie zu dem Ort ihres neuen Aufenthaltes. Wir konnten beide mit der Aufnahme, die wir erfuhren, sehr zufrieden sein, und manchmal mußte ich über die Person, die ich nun als Stiftsdame, als junge und fromme Stiftsdame, in der Welt spielte, heimlich lächeln.

In frühern Zeiten würde ein solches Verhältnis mich sehr verwirrt, ja mir vielleicht den Kopf verrückt haben; nun aber war ich bei allem, was mich umgab, sehr gelassen. Ich ließ mich in großer Stille ein paar Stunden frisieren, putzte mich, und dachte nichts dabei, als daß ich in meinem Verhältnisse diese Galalivrée anzuziehen schuldig sei. In den angefüllten Sälen sprach ich mit allen und jeden, ohne daß mir irgend eine Gestalt oder ein Wesen einen starken Eindruck zurückgelassen hätte. Wenn ich wieder nach Hause kam, waren müde Beine meist alles Gefühl, was ich mit zurückbrachte. Meinem Verstande nützten die vielen Menschen die ich sah; und als Muster aller menschlichen Tugenden, eines guten und edlen Betragens, lernte ich einige Frauen, besonders die Oberhofmeisterin, kennen, unter der meine Schwester sich zu bilden das Glück hatte.

Doch fühlte ich bei meiner Rückkunft nicht so glückliche körperliche Folgen von dieser Reise. Bei der größten Enthaltsamkeit und der genausten Diät war ich doch nicht, wie sonst, Herr von meiner Zeit und meinen Kräften. Nahrung, Bewegung, Aufstehn und Schlafengehn, Ankleiden und Ausfahren hing nicht, wie zu Hause, von meinem Willen und meinem Empfinden ab. Im Laufe des geselligen Kreises darf man nicht stocken, ohne unhöflich zu sein, und alles, was nötig war, leistete ich gern, weil ich es für Pflicht hielt, weil ich wußte, daß es bald vorüber gehen würde, und weil ich mich gesunder als jemals fühlte. Dessen ungeachtet mußte dieses fremde unruhige Leben auf mich stärker, als ich fühlte, gewirkt haben. Denn kaum war ich zu Hause angekommen und hatte meine Eltern mit einer befriedigenden Erzählung erfreut, so überfiel mich ein Blutsturz, der, ob er gleich nicht gefährlich war und schnell vorüberging, doch lange Zeit eine merkliche Schwachheit hinterließ.

Hier hatte ich nun wieder eine neue Lektion aufzusagen. Ich tat es freudig. Nichts fesselte mich an die Welt, und ich war überzeugt, daß ich hier das Rechte niemals finden würde, und so war ich in dem heitersten und ruhigsten Zustande, und ward, indem ich Verzicht auf's Leben getan hatte, bei'm Leben erhalten.

Eine neue Prüfung hatte ich auszustehen, da meine Mutter mit einer drückenden Beschwerde überfallen wurde, die sie noch fünf Jahre trug, ehe sie die Schuld der Natur bezahlte. In dieser Zeit gab es manche Übung. Oft wenn ihr die Bangigkeit zu stark wurde, ließ sie uns des Nachts alle vor ihr Bette rufen, um wenigstens durch unsre Gegenwart zerstreut, wo nicht gebessert zu werden. Schwerer, ja kaum zu tragen, war der Druck, als mein Vater auch elend zu werden anfing. Von Jugend auf hatte er öfters heftige Kopfschmerzen, die aber auf's längste nur sechsunddreißig Stunden anhielten. Nun aber wurden sie bleibend, und wenn sie auf einen hohen Grad stiegen, so zerriß der Jammer mir das Herz. Bei diesen Stürmen fühlte ich meine körperliche Schwäche am meisten, weil sie mich hinderte, meine heiligsten liebsten Pflichten zu erfüllen, oder mir doch ihre Ausübung äußerst beschwerlich machte.

Nun konnte ich mich prüfen, ob auf dem Wege, den ich eingeschlagen, Wahrheit oder Phantasie sei, ob ich vielleicht nur nach andern gedacht, oder ob der Gegenstand meines Glaubens eine Realität habe, und zu meiner größten Unterstützung fand ich immer das letztere. Die gerade Richtung meines Herzens zu Gott, den Umgang mit den beloved ones hatte ich gesucht und gefunden, und das war was mir alles erleichterte. Wie der Wanderer in den Schatten, so eilte meine Seele nach diesem Schutzort, wenn mich alles von außen drückte, und kam niemals leer zurück.

In der neuern Zeit haben einige Verfechter der Religion, die mehr Eifer als Gefühl für dieselbe zu haben scheinen, ihre Mitgläubigen aufgefordert, Beispiele von wirklichen Gebetserhörungen bekannt zu machen, wahrscheinlich weil sie sich Brief und Siegel wünschten, um ihren Gegnern recht diplomatisch und juristisch zu Leibe zu gehen. Wie unbekannt muß ihnen das wahre Gefühl sein, und wie wenig echte Erfahrungen mögen sie selbst gemacht haben!

Ich darf sagen, ich kam nie leer zurück, wenn ich unter Druck und Not Gott gesucht hatte. Es ist unendlich viel gesagt, und doch kann und darf ich nicht mehr sagen. So wichtig jede Erfahrung in dem kritischen Augenblicke für mich war, so matt, so unbedeutend, unwahrscheinlich würde die Erzählung werden, wenn ich einzelne Fälle anführen wollte. Wie glücklich war ich, daß tausend kleine Vorgänge zusammen, so gewiß als das Atemholen Zeichen meines Lebens ist, mir bewiesen, daß ich nicht ohne Gott auf der Welt sei. Er war mir nahe, ich war vor ihm. Das ist's, was ich mit geflissentlicher Vermeidung aller theologischen Systemsprache mit größter Wahrheit sagen kann.

Wie sehr wünschte ich, daß ich mich auch damals ganz ohne System befunden hätte; aber wer kommt früh zu dem Glücke, sich seines eignen Selbsts, ohne fremde Formen, in reinem Zusammenhang bewußt zu sein? Mir war es Ernst mit meiner Seligkeit. Bescheiden vertraute ich fremdem Ansehn; ich ergab mich völlig dem Hallischen Bekehrungssystem, und mein ganzes Wesen wollte auf keine Wege hineinpassen.

Nach diesem Lehrplan muß die Veränderung des Herzens mit einem tiefen Schrecken über die Sünde anfangen; das Herz muß in dieser Not bald mehr bald weniger die verschuldete Strafe erkennen und den Vorschmack der Hölle kosten, der die Lust der Sünde verbittert. Endlich muß man eine sehr merkliche Versicherung der Gnade fühlen, die aber im Fortgange sich oft versteckt und mit Ernst wieder gesucht werden muß.

Das alles traf bei mir weder nahe noch ferne zu. Wenn ich Gott aufrichtig suchte, so ließ er sich finden, und hielt mir von vergangenen Dingen nichts vor. Ich sah hintennach wohl ein, wo ich unwürdig gewesen, und wußte auch, wo ich es noch war; aber die Erkenntnis meiner Gebrechen war ohne alle Angst. Nicht einen Augenblick ist mir eine Furcht vor der Hölle angekommen, ja die Idee eines bösen Geistes und eines Straf- und Quälortes nach dem Tode konnte keineswegs in dem Kreise meiner Ideen Platz finden. Ich fand die Menschen, die ohne Gott lebten, deren Herz dem Vertrauen und der Liebe gegen den Unsichtbaren zugeschlossen war, schon so unglücklich, daß eine Hölle und äußere Strafen mir eher für sie eine Linderung zu versprechen, als eine Schärfung der Strafe zu drohen schienen. Ich durfte nur Menschen auf dieser Welt ansehen, die gehässigen Gefühlen in ihrem Busen Raum geben, die sich gegen das Gute von irgend einer Art verstocken und sich und andern das Schlechte aufdringen wollen, die lieber bei Tage die Augen zuschließen, um nur behaupten zu können, die Sonne gebe keinen Schein von sich — wie über allen Ausdruck schienen mir diese Menschen elend! Wer hätte eine Hölle schaffen können, um ihren Zustand zu verschlimmern!

Diese Gemütsbeschaffenheit blieb mir, einen Tag wie den andern, zehn Jahre lang. Sie erhielt sich durch viele Proben, auch am schmerzhaften Sterbebette meiner geliebten Mutter. Ich war offen genug, um bei dieser Gelegenheit meine heitere Gemütsverfassung frommen, aber ganz schulgerechten Leuten nicht zu verbergen, und ich mußte darüber manchen freundschaftlichen Verweis erdulden. Man meinte mir eben zur rechten Zeit vorzustellen, welchen Ernst man anzuwenden hätte, um in gesunden Tagen einen guten Grund zu legen.

An Ernst wollte ich es auch nicht fehlen lassen. Ich ließ mich für den Augenblick überzeugen und wäre um mein Leben gern traurig und voll Schrecken gewesen. Wie verwundert war ich aber, da es ein- für allemal nicht möglich war. Wenn ich an Gott dachte, war ich heiter und vergnügt; auch bei meiner lieben Mutter schmerzensvollem Ende graute mir vor dem Tode nicht. Doch lernte ich vieles und ganz andere Sachen, als meine unberufenen Lehrmeister glaubten, in diesen großen Stunden.

Nach und nach ward ich an den Einsichten so mancher hochberühmten Leute zweifelhaft und bewahrte meine Gesinnungen in der Stille. Eine gewisse Freundin, der ich erst zu viel eingeräumt hatte, wollte sich immer in meine Angelegenheiten mengen; auch von dieser war ich genötigt mich los zu machen, und einst sagte ich ihr ganz entschieden, sie solle ohne Mühe bleiben, ich brauche ihren Rat nicht; ich kenne meinen Gott und wolle ihn ganz allein zum Führer haben. Sie fand sich sehr beleidigt, und ich glaube, sie hat mir's nie ganz verziehen.

Dieser Entschluß, mich dem Rate und der Einwirkung meiner Freunde in geistlichen Sachen zu entziehen, hatte die Folge, daß ich auch in äußerlichen Verhältnissen meinen eigenen Weg zu gehen Mut gewann. Ohne den Beistand meines treuen unsichtbaren Führers hätte es mir übel geraten können, und noch muß ich über diese weise und glückliche Leitung erstaunen. Niemand wußte eigentlich, worauf es bei mir ankam, und ich wußte es selbst nicht.

Das Ding, das noch nie erklärte böse Ding, das uns von dem Wesen trennt, dem wir das Leben verdanken, von dem Wesen, aus dem alles, was Leben genannt werden soll, sich unterhalten muß, das Ding, das man Sünde nennt, kannte ich noch gar nicht.

In dem Umgange mit dem unsichtbaren Freunde fühlte ich den süßesten Genuß aller meiner Lebenskräfte. Das Verlangen, dieses Glück immer zu genießen, war so groß, daß ich gern unterließ, was diesen Umgang störte, und hierin war die Erfahrung mein bester Lehrmeister. Allein es ging mir wie Kranken, die keine Arznei haben und sich mit der Diät zu helfen suchen. Es tut etwas, aber lange nicht genug.

In der Einsamkeit konnte ich nicht immer bleiben, ob ich gleich in ihr das beste Mittel gegen die mir so eigene Zerstreuung der Gedanken fand. Kam ich nachher in Getümmel, so machte es einen desto größern Eindruck auf mich. Mein eigentlicher Vorteil bestand darin, daß die Liebe zur Stille herrschend war, und ich mich am Ende immer dahin wieder zurück zog. Ich erkannte, wie in einer Art von Dämmerung, mein Elend und meine Schwäche, und ich suchte mir dadurch zu helfen, daß ich mich schonte, daß ich mich nicht aussetzte.

Sieben Jahre lang hatte ich meine diätetische Vorsicht ausgeübt. Ich hielt mich nicht für schlimm und fand meinen Zustand wünschenswert. Ohne sonderbare Umstände und Verhältnisse wäre ich auf dieser Stufe stehen geblieben, und ich kam nur auf einem sonderbaren Wege weiter. Gegen den Rat aller meiner Freunde knüpfte ich ein neues Verhältnis an. Ihre Einwendungen machten mich anfangs stutzig. Sogleich wandte ich mich an meinen unsichtbaren Führer, und da dieser es mir vergönnte, ging ich ohne Bedenken auf meinem Wege fort.

Ein Mann von Geist, Herz und Talenten hatte sich in der Nachbarschaft angekauft. Unter den Fremden, die ich kennen lernte, war auch er und seine Familie. Wir stimmten in unsern Sitten, Hausverfassungen und

Gewohnheiten sehr überein, und konnten uns daher bald an einander anschließen.

Philo, so will ich ihn nennen, war schon in gewissen Jahren, und meinem Vater, dessen Kräfte abzunehmen anfingen, in gewissen Geschäften von der größten Beihülfe. Er ward bald der innige Freund unsers Hauses, und da er, wie er sagte, an mir eine Person fand, die nicht das Ausschweifende und Leere der großen Welt, und nicht das Trockne und Ängstliche der Stillen im Lande habe, so waren wir bald vertraute Freunde. Er war mir sehr angenehm und sehr brauchbar.

Ob ich gleich nicht die mindeste Anlage noch Neigung hatte, mich in weltliche Geschäfte zu mischen und irgend einen Einfluß zu suchen, so hörte ich doch gerne davon, und wußte gern, was in der Nähe und Ferne vorging. Von weltlichen Dingen liebte ich, mir eine gefühllose Deutlichkeit zu verschaffen; Empfindung, Innigkeit, Neigung bewahrte ich für meinen Gott, für die Meinigen und für meine Freunde.

Diese letzten waren, wenn ich so sagen darf, auf meine neue Verbindung mit Philo eifersüchtig, und hatten dabei von mehr als einer Seite Recht, wenn sie mich hierüber warnten. Ich litt viel in der Stille, denn ich konnte selbst ihre Einwendungen nicht ganz für leer oder eigennützig halten. Ich war von jeher gewohnt, meine Einsichten unterzuordnen, und doch wollte diesmal meine Überzeugung nicht nach. Ich flehte zu meinem Gott, auch hier mich zu warnen, zu hindern, zu leiten, und da mich hierauf mein Herz nicht abmahnte, so ging ich meinen Pfad getrost fort.

Philo hatte im Ganzen eine entfernte Ähnlichkeit mit Narcissen; nur hatte eine fromme Erziehung sein Gefühl mehr zusammengehalten und belebt. Er hatte weniger Eitelkeit, mehr Charakter, und wenn jener in weltlichen Geschäften fein, genau, anhaltend und unermüdlich war, so war dieser klar, scharf, schnell, und arbeitete mit einer unglaublichen Leichtigkeit. Durch ihn erfuhr ich die innersten Verhältnisse fast aller der vornehmen Personen, deren Äußeres ich in der Gesellschaft hatte kennen lernen, und ich war froh, von meiner Warte dem Getümmel von weiten zuzusehen. Philo konnte mir nichts mehr verhehlen: er vertraute mir nach und nach seine äußern und innern Verbindungen. Ich fürchtete für ihn, denn ich sah gewisse Umstände und Verwickelungen voraus, und das Übel kam schneller als ich vermutet hatte; denn er hatte mit gewissen Bekenntnissen immer zurückgehalten, und auch zuletzt entdeckte er mir nur so viel, daß ich das Schlimmste vermuten konnte.

Welche Wirkung hatte das auf mein Herz! Ich gelangte zu Erfahrungen, die mir ganz neu waren. Ich sah mit unbeschreiblicher Wehmut einen Agathon, der, in den Hainen von Delphi erzogen, das Lehrgeld noch schuldig war, und es nun mit schweren rückständigen Zinsen abzahlte, und dieser Agathon war mein genau verbundener Freund. Meine Teilnahme war lebhaft und vollkommen; ich litt mit ihm, und wir befanden uns beide in dem sonderbarsten Zustande.

Nachdem ich mich lange mit seiner Gemütsverfassung beschäftigt hatte, wendete sich meine Betrachtung auf mich selbst. Der Gedanke, du bist nicht besser als er, stieg wie eine kleine Wolke vor mir auf, breitete sich nach und nach aus, und verfinsterte meine ganze Seele.

Nun dachte ich nicht mehr bloß, du bist nicht besser als er; ich fühlte es, und fühlte es so, daß ich es nicht noch einmal fühlen möchte: und es war kein schneller Übergang. Mehr als ein Jahr mußte ich empfinden, daß, wenn mich eine unsichtbare Hand nicht umschränkt hätte, ich ein Girard, ein Cartouche, ein Damiens und welches Ungeheuer man nennen will, hätte werden können: die Anlage dazu fühlte ich deutlich in meinem Herzen. Gott, welche Entdeckung!

Hatte ich nun bisher die Wirklichkeit der Sünde in mir durch die Erfahrung nicht einmal auf das leiseste gewahr werden können, so war mir jetzt die Möglichkeit derselben in der Ahnung auf's schrecklichste deutlich geworden, und doch kannte ich das Übel nicht, ich fürchtete es nur; ich fühlte, daß ich schuldig sein könnte, und hatte mich nicht anzuklagen.

So tief ich überzeugt war, daß eine solche Geistesbeschaffenheit, wofür ich die meinige anerkennen mußte, sich nicht zu einer Vereinigung mit dem höchsten Wesen, die ich nach dem Tode hoffte, schicken könne; so wenig fürchtete ich, in eine solche Trennung zu geraten. Bei allem Bösen, das ich in mir entdeckte, hatte ich *Ihn* lieb, und haßte, was ich fühlte, ja ich wünschte es noch ernstlicher zu hassen, und mein ganzer Wunsch war, von dieser Krankheit und dieser Anlage zur Krankheit erlös't zu werden, und ich war gewiß, daß mir der große Arzt seine Hülfe nicht versagen würde.

Die einzige Frage war: was heilt diesen Schaden? Tugendübungen? An die konnte ich nicht einmal denken; denn zehn Jahre hatte ich schon mehr als nur bloße Tugend geübt, und die nun erkannten Greuel hatten dabei tief in meiner Seele verborgen gelegen. Hätten sie nicht auch wie bei David losbrechen können, als er Bathseba erblickte, und war er nicht auch ein Freund Gottes, und war ich nicht im Innersten überzeugt, daß Gott mein Freund sei?

Sollte es also wohl eine unvermeidliche Schwäche der Menschheit sein? Müssen wir uns nun gefallen lassen, daß wir irgend einmal die Herrschaft unsrer Neigung empfinden, und bleibt uns bei dem besten Willen nichts andres übrig, als den Fall, den wir getan, zu verabscheuen, und bei einer ähnlichen Gelegenheit wieder zu fallen?

Aus der Sittenlehre konnte ich keinen Trost schöpfen. Weder ihre Strenge, wodurch sie unsre Neigung meistern will, noch ihre Gefälligkeit, mit der sie unsre Neigungen zu Tugenden machen möchte, konnte mir genügen. Die Grundbegriffe, die mir der Umgang mit dem unsichtbaren Freunde eingeflößt hatte, hatten für mich schon einen viel entschiedenern Wert.

Indem ich einst die Lieder studierte, welche David nach jener häßlichen Katastrophe gedichtet hatte, war mir sehr auffallend, daß er das in ihm wohnende Böse schon in dem Stoff, woraus er geworden war, erblickte, daß er aber entsündigt sein wollte, und daß er auf das dringendste um ein reines Herz flehte.

Wie nun aber dazu zu gelangen? Die Antwort aus den symbolischen Büchern wußte ich wohl: es war mir auch eine Bibelwahrheit, daß das Blut Jesu Christi uns von allen Sünden reinige. Nun aber bemerkte ich erst, daß ich diesen so oft wiederholten Spruch noch nie verstanden hatte. Die Fragen: Was heißt das? Wie soll das zugehen? arbeiteten Tag und Nacht in mir sich durch. Endlich glaubte ich bei einem Schimmer zu sehen, daß das, was ich suchte, in der Menschwerdung des ewigen Worts, durch das alles und auch wir erschaffen sind, zu suchen sei. Daß der Uranfängliche sich in die Tiefen, in denen wir stecken, die er durchschaut und umfaßt, einstmal als Bewohner begeben habe, durch unser Verhältnis von Stufe zu Stufe, von der Empfängnis und Geburt bis zu dem Grabe, durchgegangen sei, daß er durch diesen sonderbaren Umweg wieder zu den lichten Höhen aufgestiegen, wo wir auch wohnen sollten, um glücklich zu sein: das ward mir, wie in einer dämmernden Ferne, offenbart.

O warum müssen wir, um von solchen Dingen zu reden, Bilder gebrauchen, die nur äußere Zustände anzeigen! Wo ist vor ihm etwas Hohes oder Tiefes, etwas Dunkles oder Helles? Wir nur haben ein Oben und Unten, einen Tag und eine Nacht. Und eben darum ist er uns ähnlich geworden, weil wir sonst keinen Teil an ihm haben könnten.

Wie können wir aber an dieser unschätzbaren Wohltat Teil nehmen? Durch den Glauben, antwortet uns die Schrift. Was ist denn Glauben? Die Erzählung einer Begebenheit für wahr halten, was kann mir das helfen? Ich muß mir ihre Wirkungen, ihre Folgen zueignen können. Dieser zueignende Glaube muß ein eigener, dem natürlichen Menschen ungewöhnlicher Zustand des Gemüts sein.

Nun, Allmächtiger! so schenke mir Glauben, flehte ich einst in dem größten Druck des Herzens. Ich lehnte mich auf einen kleinen Tisch, an dem ich saß, und verbarg mein betränte sGesicht in meinen Händen. Hier war ich in der Lage, in der man sein muß, wenn Gott auf unser Gebet achten soll, und in der man selten ist.

Ja, wer nur schildern könnte, was ich da fühlte! Ein Zug brachte meine Seele nach dem Kreuze hin, an dem Jesus einst erblaßte; ein Zug war es, ich kann es nicht anders nennen, demjenigen völlig gleich, wodurch unsre Seele zu einem abwesenden Geliebten geführt wird, ein Zunahen, das vermutlich viel wesentlicher und wahrhafter ist, als wir vermuten. So nahte meine Seele dem Menschgewordnen und am Kreuz Gestorbenen, und in dem Augenblicke wußte ich, was Glauben war.

Das ist Glauben! sagte ich, und sprang wie halb erschreckt in die Höhe. Ich suchte nun meiner Empfindung, meines Anschauens gewiß zu werden, und in kurzem war ich überzeugt, daß mein Geist eine Fähigkeit sich aufzuschwingen erhalten habe, die ihm ganz neu war.

Bei diesen Empfindungen verlassen uns die Worte. Ich konnte sie ganz deutlich von aller Phantasie unterscheiden; sie waren ganz ohne Phantasie, ohne Bild, und gaben doch eben die Gewißheit eines Gegenstandes, auf den sie sich bezogen, als die Einbildungskraft, indem sie uns die Züge eines abwesenden Geliebten vormalt.

Als das erste Entzücken vorüber war, bemerkte ich, daß mir dieser Zustand der Seele schon vorher bekannt gewesen; allein ich hatte ihn nie in dieser Stärke empfunden. Ich hatte ihn niemals fest halten, nie zu eigen behalten können. Ich glaube überhaupt, daß jede Menschenseele ein- und das anderemal davon etwas empfunden hat. Ohne Zweifel ist *er* das, was einem jeden lehrt, daß ein Gott ist.

Mit dieser mich ehemals von Zeit zu Zeit nur anwandelnden Kraft war ich bisher sehr zufrieden gewesen, und wäre mir nicht durch sonderbare Schickung seit Jahr und Tag die unerwartete Plage widerfahren, wäre nicht dabei mein Können und Vermögen bei mir selbst außer allen Kredit gekommen, so wäre ich vielleicht mit jenem Zustande immer zufrieden geblieben.

Nun hatte ich aber seit jenem großen Augenblicke Flügel bekommen. Ich konnte mich über das, was mich vorher bedrohete, aufschwingen, wie ein Vogel singend über den schnellsten Strom ohne Mühe fliegt, vor welchem das Hündchen ängstlich bellend stehen bleibt.

Meine Freude war unbeschreiblich, und ob ich gleich niemand etwas davon entdeckte, so merkten doch die Meinigen eine ungewöhnliche Heiterkeit an mir, ohne begreifen zu können, was die Ursache meines Vergnügens wäre. Hätte ich doch immer geschwiegen, und die reine Stimmung in meiner Seele zu erhalten gesucht! Hätte ich mich doch nicht durch Umstände verleiten lassen, mit meinem Geheimnisse hervor zu treten! dann hätte ich mir abermals einen großen Umweg ersparen können.

Da in meinem vorhergehenden zehnjährigen Christenlauf diese notwendige Kraft nicht in meiner Seele war, so hatte ich mich in dem Fall anderer redlichen Leute auch befunden; ich hatte mir dadurch geholfen, daß ich die Phantasie immer mit Bildern erfüllte, die einen Bezug auf Gott hatten, und auch dieses ist schon wahrhaft nützlich: denn schädliche Bilder und ihre bösen Folgen werden dadurch abgehalten. Sodann ergreift unsre Seele oft ein und das andere von den geistigen Bildern, und schwingt sich ein wenig damit in die Höhe, wie ein junger Vogel von einem Zweige auf den andern flattert. So lange man nichts Besseres hat, ist doch diese Übung nicht ganz zu verwerfen.

Auf Gott zielende Bilder und Eindrücke verschaffen uns kirchliche Anstalten, Glocken, Orgeln und Gesänge, und besonders die Vorträge unsrer Lehrer. Auf sie war ich ganz unsäglich begierig; keine Witterung, keine körperliche Schwäche hielt mich ab, die Kirchen zu besuchen, und nur das sonntägige Geläute konnte mir auf meinem Krankenlager einige Ungeduld verursachen. Unsern Oberhofprediger, der ein trefflicher Mann war, hörte ich mit großer Neigung; auch seine Kollegen waren mir wert, und ich wußte die goldnen Äpfel des göttlichen Wortes auch aus irdenen Schalen unter gemeinem Obste heraus zu finden. Den öffentlichen Übungen wurden alle möglichen Privat-Erbauungen, wie man sie nennt, hinzugefügt, und auch dadurch nur Phantasie und feinere Sinnlichkeit genährt. Ich war so an diesen Gang gewöhnt, ich respektierte ihn so sehr, daß mir auch jetzt nichts Höheres einfiel. Denn meine Seele hat nur Fühlhörner und keine Augen; sie tastet nur und sieht nicht; ach! daß sie Augen bekäme und schauen dürfte!

Auch jetzt ging ich voll Verlangen in die Predigten; aber ach, wie geschah mir! Ich fand das nicht mehr, was ich sonst gefunden. Diese Prediger stumpften sich die Zähne an den Schalen ab, indessen ich den Kern genoß. Ich mußte ihrer nun bald müde werden; aber mich an den allein zu halten, den ich doch zu finden wußte, dazu war ich zu verwöhnt. Bilder wollte ich haben, äußere Eindrücke bedurfte ich, und glaubte ein reines geistiges Bedürfnis zu fühlen.

Philo's Eltern hatten mit der herrnhutischen Gemeinde in Verbindung gestanden; in seiner Bibliothek fanden sich noch viele Schriften des Grafen. Er hatte mir einigemal sehr klar und billig darüber gesprochen, und mich ersucht, einige dieser Schriften durchzublättern, und wäre es auch nur, um ein psychologisches Phänomen kennen zu lernen. Ich hielt den Grafen für einen gar zu argen Ketzer; so ließ ich auch das Ebersdorfer Gesangbuch bei mir liegen, das mir der Freund in ähnlicher Absicht gleichsam aufgedrungen hatte.

In dem völligen Mangel aller äußeren Ermunterungsmittel ergriff ich wie von ungefähr das gedachte Gesangbuch, und fand zu meinem Erstaunen wirklich Lieder darin, die, freilich unter sehr seltsamen Formen, auf dasjenige zu deuten schienen, was ich fühlte; die Originalität und Naivetät der Ausdrücke zog mich an. Eigene Empfindungen schienen auf eine eigene Weise ausgedrückt; keine Schul-Terminologie erinnerte an etwas Steifes oder Gemeines. Ich ward überzeugt, die Leute fühlten, was ich fühlte, und ich fand mich nun sehr glücklich, ein solches Verschen in's Gedächtnis zu fassen und mich einige Tage damit zu tragen.

Seit jenem Augenblick, in welchem mir das Wahre geschenkt worden war, verflossen auf diese Weise ungefähr drei Monate. Endlich faßte ich den Entschluß, meinem Freunde Philo alles zu entdecken, und ihn um die Mitteilung jener Schriften zu bitten, auf die ich nun über die Maßen neugierig geworden war. Ich tat es auch wirklich, ungeachtet mir ein Etwas im Herzen ernstlich davon abriet.

Ich erzählte Philo die ganze Geschichte umständlich, und da er selbst darin eine Hauptperson war, da meine Erzählung auch für ihn die strengste Bußpredigt enthielt, war er äußerst betroffen und gerührt. Er zerfloß in Tränen. Ich freute mich, und glaubte, auch bei ihm sei eine völlige Sinnesänderung bewirkt worden.

Er versorgte mich mit allen Schriften, die ich nur verlangte, und nun hatte ich überflüssige Nahrung für meine Einbildungskraft. Ich machte große Fortschritte in der Zinzendorfischen Art zu denken und zu sprechen. Man glaube nicht, daß ich die Art und Weise des Grafen nicht auch gegenwärtig zu schätzen wisse; ich lasse ihm gern Gerechtigkeit widerfahren; er ist kein leerer Phantast; er spricht von großen Wahrheiten meist in einem kühnen Fluge der Einbildungskraft, und die ihn geschmäht haben, wußten seine Eigenschaften weder zu schätzen, noch zu unterscheiden.

Ich gewann ihn unbeschreiblich lieb. Wäre ich mein eigner Herr gewesen, so hätte ich gewiß Vaterland und Freunde verlassen, wäre zu ihm gezogen; unfehlbar hätten wir uns verstanden, und schwerlich hätten wir uns lange vertragen.

Dank sei meinem Genius, der mich damals in meiner häuslichen Verfassung so eingeschränkt hielt! Es war schon eine große Reise, wenn ich nur in den Hausgarten gehen konnte. Die Pflege meines alten und schwächlichen Vaters machte mir Arbeit genug, und in den Ergötzungsstunden war die edle Phantasie mein Zeitvertreib. Der einzige Mensch, den ich sah, war Philo, den mein Vater sehr liebte, dessen offnes Verhältnis zu mir aber durch die letzte Erklärung einigermaßen gelitten hatte. Bei ihm war die Rührung nicht tief gedrungen, und da ihm einige Versuche, in meiner Sprache zu reden, nicht gelungen waren, so vermied er diese Materie um so leichter, als er durch seine ausgebreiteten Kenntnisse immer neue Gegenstände des Gesprächs herbei zu führen wußte.

Ich war also eine herrnhutische Schwester auf meine eigene Hand, und hatte diese neue Wendung meines Gemüts und meiner Neigungen besonders vor dem Oberhofprediger zu verbergen, den ich als meinen Beichtvater zu schätzen sehr Ursache hatte, und dessen große Verdienste auch gegenwärtig, durch seine äußerste Abneigung gegen die herrnhutische Gemeinde, in meinen Augen nicht geschmälert wurden. Leider sollte dieser würdige Mann an mir und andern viele Betrübnis erleben!

Er hatte vor mehreren Jahren auswärts einen Kavalier als einen redlichen frommen Mann kennen lernen, und war mit ihm, als einem der Gott ernstlich suchte, in einem ununterbrochenen Briefwechsel geblieben. Wie schmerzhaft war es daher für seinen geistlichen Führer, als dieser Kavalier sich in der Folge mit der herrnhutischen Gemeinde einließ, und sich lange unter den Brüdern aufhielt; wie angenehm dagegen, als sein Freund sich mit den Brüdern wieder entzweite, in seiner Nähe zu wohnen sich entschloß, und sich seiner Leitung auf's neue völlig zu überlassen schien.

Nun wurde der Neuangekommene gleichsam im Triumph allen besonders geliebten Schäfchen des Oberhirten vorgestellt. Nur in unser Haus ward er nicht eingeführt, weil mein Vater niemand mehr zu sehen pflegte.

Der Kavalier fand große Approbation; er hatte das Gesittete des Hofs und das Einnehmende der Gemeinde, dabei viel schöne natürliche Eigenschaften, und ward bald der große Heilige für alle, die ihn kennen lernten, worüber sich sein geistlicher Gönner äußerst freute. Leider war jener nur über äußere Umstände mit der Gemeine brouilliert, und im Herzen noch ganz Herrnhuter. Er hing zwar wirklich an der Realität der Sache; allein auch ihm war das Tändelwerk, das der Graf darum gehängt hatte, höchst angemessen. Er war an jene Vorstellungs- und Redensarten nun einmal gewöhnt, und wenn er sich nunmehr vor seinem alten Freunde sorgfältig verbergen mußte, so war es ihm desto notwendiger, sobald er ein Häufchen vertrauter Personen um sich erblickte, mit seinen Verschen, Litaneien und Bilderchen hervor zu rücken, und er fand, wie man denken kann, großen Beifall.

Ich wußte von der ganzen Sache nichts, und tändelte auf meine eigene Art fort. Lange Zeit blieben wir uns unbekannt.

Einst besuchte ich, in einer freien Stunde, eine kranke Freundin. Ich traf mehrere Bekannte dort an, und merkte bald, daß ich sie in einer Unterredung gestört hatte. Ich ließ mir nichts merken, erblickte aber, zu meiner großen Verwunderung, an der Wand einige herrnhutische Bilder, in zierlichen Rahmen. Ich faßte geschwinde, was in der Zeit, da ich nicht im Hause gewesen, vorgegangen sein mochte, und bewillkommte diese neue Erscheinung mit einigen angemessenen Versen.

Man denke sich das Erstaunen meiner Freundinnen. Wir erklärten uns, und waren auf der Stelle einig und vertraut.

Ich suchte nun öfter Gelegenheit auszugehn. Leider fand ich sie nur alle drei bis vier Wochen, ward mit dem adelichen Apostel und nach und nach mit der ganzen heimlichen Gemeinde bekannt. Ich besuchte, wenn ich konnte, ihre Versammlungen, und bei meinem geselligen Sinn war es mir unendlich angenehm, das von andern zu vernehmen und andern mitzuteilen, was ich nur bisher in und mit mir selbst ausgearbeitet hatte.

Ich war nicht so eingenommen, daß ich nicht bemerkt hätte, wie nur wenige den Sinn der zarten Worte und Ausdrücke fühlten, und wie sie dadurch auch nicht mehr, als ehemals durch die kirchlich symbolische Sprache, gefördert waren. Dessen ungeachtet ging ich mit ihnen fort, und ließ mich nicht irre machen. Ich dachte, daß ich nicht zur Untersuchung und Herzensprüfung berufen sei. War ich doch auch durch manche unschuldige Übung zum Besseren vorbereitet worden. Ich nahm einen Teil hinweg, drang, wo ich zur Rede kam, auf den Sinn, der bei so zarten Gegenständen eher durch Worte versteckt als angedeutet wird, und ließ übrigens mit stiller Verträglichkeit einen jeden nach seiner Art gewähren.

Auf diese ruhigen Zeiten des heimlichen gesellschaftlichen Genusses folgten bald die Stürme öffentlicher Streitigkeiten und Widerwärtigkeiten, die am Hofe und in der Stadt große Bewegungen erregten, und ich möchte beinahe sagen, manches Skandal verursachten. Der Zeitpunkt war gekommen, in welchem unser Oberhofprediger, dieser große Widersacher der herrnhutischen Gemeinde, zu seiner gesegneten Demütigung entdecken sollte, daß seine besten und sonst anhänglichsten Zuhörer sich sämtlich auf die Seite der Gemeinde neigten. Er war äußerst gekränkt, vergaß im ersten Augenblicke alle Mäßigung, und konnte in der Folge sich nicht, selbst wenn er gewollt hätte, zurückziehn. Es gab heftige Debatten, bei denen ich glücklicherweise nicht genannt wurde, da ich nur ein zufälliges Mitglied der so sehr verhaßten Zusammenkünfte war, und unser eifriger Führer meinen Vater und meinen Freund in bürgerlichen Angelegenheiten nicht entbehren konnte. Ich erhielt meine Neutralität mit stiller Zufriedenheit; denn mich von solchen Empfindungen und Gegenständen selbst mit wohlwollenden Menschen zu unterhalten, war mir schon verdrießlich, wenn sie den tiefsten Sinn nicht fassen konnten, und nur auf der Oberfläche verweilten. Nun aber gar über das mit Widersachern zu streiten, worüber man sich kaum mit Freunden verstand, schien mir unnütz, ja verderblich. Denn bald konnte ich bemerken, daß liebevolle edle Menschen, die in diesem Falle ihr Herz von Widerwillen und Haß nicht rein halten konnten, gar bald zur Ungerechtigkeit übergingen, und, um eine äußere Form zu verteidigen, ihr bestes Innerste beinahe zerstörten.

So sehr auch der würdige Mann in diesem Fall Unrecht haben mochte, und so sehr man mich auch gegen ihn aufzubringen suchte, konnte ich ihm doch niemals eine herzliche Achtung versagen. Ich kannte ihn genau; ich konnte mich in seine Art, diese Sachen anzusehen, mit Billigkeit versetzen. Ich hatte niemals einen Menschen ohne Schwäche gesehen; nur ist sie auffallender bei vorzüglichen Menschen. Wir wünschen und wollen nun ein für alle Mal, daß die, die so sehr privilegiert sind, auch gar keinen Tribut, keine Abgaben zahlen sollen. Ich ehrte ihn als einen vorzüglichen Mann, und hoffte den Einfluß meiner stillen Neutralität, wo nicht zu einem Frieden, doch zu einem Waffenstillstande zu nutzen. Ich weiß nicht was ich bewirkt hätte; Gott faßte die Sache kürzer, und nahm ihn zu sich. Bei seiner Bahre weinten alle, die noch kurz vorher um Worte mit ihm gestritten hatten. Seine Rechtschaffenheit, seine Gottesfurcht hatte niemals jemand bezweifelt.

Auch ich mußte um diese Zeit das Puppenwerk aus den Händen legen, das mir durch diese Streitigkeiten gewissermaßen in einem andern Lichte erschienen war. Der Oheim hatte seine Plane auf meine Schwester in der Stille durchgeführt. Er stellte ihr einen jungen Mann von Stande und Vermögen als ihren Bräutigam vor, und zeigte sich in einer reichlichen Aussteuer, wie man es von ihm erwarten konnte. Mein Vater willigte mit Freuden ein; die Schwester war frei und vorbereitet, und veränderte gerne ihren Stand. Die Hochzeit wurde auf des Oheims Schloß ausgerichtet, Familie und Freunde waren eingeladen, und wir kamen alle mit heiterm Geiste.

Zum erstenmal in meinem Leben erregte mir der Eintritt in ein Haus Bewunderung. Ich hatte wohl oft von des Oheims Geschmack, von seinem italiänischen Baumeister, von seinen Sammlungen und seiner Bibliothek reden hören; ich verglich aber das alles mit dem, was ich schon gesehen hatte, und machte mir ein sehr buntes Bild davon in Gedanken. Wie verwundert war ich daher über den ernsten und harmonischen Eindruck, den ich bei'm Eintritt in das Haus empfand, und der sich in jedem Saal und Zimmer verstärkte. Hatte Pracht und Zierrat mich sonst nur zerstreut, so fühlte ich mich hier gesammelt und auf mich selbst zurückgeführt. Auch in allen Anstalten zu Feierlichkeiten und Festen erregten Pracht und Würde ein stilles Gefallen, und es war mir eben so unbegreiflich, daß Ein Mensch das alles hätte erfinden und anordnen können, als daß mehrere sich vereinigen könnten, um in einem so großen Sinne zusammenzuwirken. Und bei dem allen schienen der Wirt und die Seinigen so natürlich; es war keine Spur von Steifheit noch von leerem Zeremoniell zu bemerken.

Die Trauung selbst ward unvermutet auf eine herzliche Art eingeleitet; eine vortreffliche Vokalmusik überraschte uns, und der Geistliche wußte dieser Zeremonie alle Feierlichkeit der Wahrheit zu geben. Ich stand neben Philo, und statt mir Glück zu wünschen sagte er mit einem tiefen Seufzer: Als ich die Schwester sah die Hand hingeben, war mir's, als ob man mich mit siedheißem Wasser begossen hätte. Warum? fragte ich. Es ist mir allezeit so, wenn ich eine Kopulation ansehe, versetzte er. Ich lachte über ihn, und habe nachher oft genug an seine Worte zu denken gehabt.

Die Heiterkeit der Gesellschaft, worunter viel junge Leute waren, schien noch einmal so glänzend, indem alles was uns umgab, würdig und ernsthaft war. Aller Hausrat, Tafelzeug, Service und Tischaufsätze stimmten zu dem Ganzen, und wenn mir sonst die Baumeister mit den Konditoren aus Einer Schule entsprungen zu sein schienen; so war hier Konditor und Tafeldecker bei dem Architekten in die Schule gegangen.

Da man mehrere Tage zusammenblieb, hatte der geistreiche und verständige Wirt für die Unterhaltung der Gesellschaft auf das mannichfaltigste gesorgt. Ich wiederholte hier nicht die traurige Erfahrung, die ich so oft in meinem Leben gehabt hatte, wie übel eine große gemischte Gesellschaft sich befinde, die sich selbst überlassen zu den allgemeinsten und schalsten Zeitvertreiben greifen muß, damit ja eher die guten als die schlechten Subjekte Mangel der Unterhaltung fühlen.

Ganz anders hatte es der Oheim veranstaltet. Er hatte zwei bis drei Marschälle, wenn ich sie so nennen darf, bestellt; der eine hatte für die Freuden der jungen Welt zu sorgen: Tänze, Spazierfahrten, kleine Spiele waren von seiner Erfindung, und standen unter seiner Direktion, und da junge Leute gern im Freien leben, und die Einflüsse der Luft nicht scheuen; so war ihnen der Garten und der große Gartensaal übergeben, an den zu diesem Endzwecke noch einige Galerien und Pavillons angebauet waren, zwar nur von Brettern und Leinwand, aber in so edlen Verhältnissen, daß man nur an Stein und Marmor dabei erinnert ward.

Wie selten ist eine Fete, wobei derjenige, der die Gäste zusammenberuft, auch die Schuldigkeit empfindet, für ihre Bedürfnisse und Bequemlichkeiten auf alle Weise zu sorgen!

Jagd und Spielpartien, kurze Promenaden, Gelegenheiten zu vertraulichen einsamen Gesprächen waren für die ältern Personen bereitet, und derjenige, der am frühsten zu Bette ging, war auch gewiß am weitesten von allem Lärm einquartiert.

Durch diese gute Ordnung schien der Raum, in dem wir uns befanden, eine kleine Welt zu sein, und doch, wenn man es bei nahem betrachtete, war das Schloß nicht groß, und man würde ohne genaue Kenntnis desselben und ohne den Geist des Wirtes wohl schwerlich so viele Leute darin beherbergt, und jeden nach seiner Art bewirtet haben.

So angenehm uns der Anblick eines wohlgestalteten Menschen ist, so angenehm ist uns eine ganze Einrichtung, aus der uns die Gegenwart eines verständigen vernünftigen Wesens fühlbar wird. Schon in ein reinliches Haus zu kommen ist eine Freude, wenn es auch sonst geschmacklos gebauet und verziert ist: denn es zeigt uns die Gegenwart wenigstens von Einer Seite gebildeter Menschen. Wie doppelt angenehm ist es uns also, wenn aus einer menschlichen Wohnung uns der Geist einer höhern, obgleich auch nur sinnlichen Kultur entgegen spricht.

Mit vieler Lebhaftigkeit ward mir dieses auf dem Schlosse meines Oheims anschaulich. Ich hatte vieles von Kunst gehört und gelesen; Philo selbst war ein großer Liebhaber von Gemälden, und hatte eine schöne Sammlung; auch ich selbst hatte viel gezeichnet; aber teils war ich zu sehr mit meinen Empfindungen beschäftigt, und trachtete nur das Eine was Not ist, erst recht in's Reine zu bringen, teils schienen doch alle die Sachen, die ich gesehen hatte, mich wie die übrigen weltlichen Dinge zu zerstreuen. Nun war ich zum erstenmal durch etwas Äußerliches auf mich selbst zurückgeführt, und ich lernte den Unterschied zwischen dem natürlichen vortrefflichen Gesang der Nachtigall und einem vierstimmigen Hallelujah aus gefühlvollen Menschenkehlen zu meiner größten Verwunderung erst kennen.

Ich verbarg meine Freude über diese neue Anschauung meinem Oheim nicht, der, wenn alles andere in sein Teil gegangen war, sich mit mir besonders zu unterhalten pflegte. Er sprach mit großer Bescheidenheit von dem, was er besaß und hervorgebracht hatte, mit großer Sicherheit von dem Sinne, in dem es gesammlet und aufgestellt worden war, und ich konnte wohl merken, daß er mit Schonung für mich redete, indem er nach seiner alten Art das Gute, wovon er Herr und Meister zu sein glaubte, demjenigen unterzuordnen schien, was nach meiner Überzeugung das Rechte und Beste war.

Wenn wir uns, sagte er einmal, als möglich denken können, daß der Schöpfer der Welt selbst die Gestalt seiner Kreatur angenommen, und auf ihre Art und Weise sich eine Zeitlang auf der Welt befunden habe, so muß uns dieses Geschöpf schon unendlich vollkommen erscheinen, weil sich der Schöpfer so innig damit vereinigen konnte. Es muß also in dem Begriff des Menschen kein Widerspruch mit dem Begriff der Gottheit liegen, und wenn wir auch oft eine gewisse Unähnlichkeit und Entfernung von ihr empfinden, so ist es doch um desto mehr unsere Schuldigkeit, nicht immer wie der Advokat des bösen Geistes nur auf die Blößen und Schwächen unserer Natur zu sehen, sondern eher alle Vollkommenheiten aufzusuchen, wodurch wir die Ansprüche unsrer Gottähnlichkeit bestätigen können.

Ich lächelte und versetzte: Beschämen Sie mich nicht zu sehr, lieber Oheim, durch die Gefälligkeit, in meiner Sprache zu reden! Das, was Sie mir zu sagen haben, ist für mich von so großer Wichtigkeit, daß ich es in Ihrer eigensten Sprache zu hören wünschte, und ich will alsdann, was ich mir davon nicht ganz zueignen kann, schon zu übersetzen suchen.

Ich werde, sagte er darauf, auch auf meine eigenste Weise, ohne Veränderung des Tons fortfahren können. Des Menschen größtes Verdienst bleibt wohl, wenn er die Umstände so viel als möglich bestimmt und sich so wenig als möglich von ihnen bestimmen läßt. Das ganze Weltwesen liegt vor uns, wie ein großer Steinbruch vor dem Baumeister, der nur dann den Namen verdient, wenn er aus diesen zufälligen Naturmassen ein in seinem Geiste entsprungenes Urbild mit der größten Ökonomie, Zweckmäßigkeit und Festigkeit zusammenstellt. Alles außer uns ist nur Element, ja ich darf wohl sagen, auch alles an uns; aber tief in uns liegt diese schöpferische Kraft, die das zu erschaffen vermag, was sein soll, und uns nicht ruhen und rasten läßt, bis wir es außer uns oder an uns, auf eine oder die andere Weise, dargestellt haben. Sie, liebe Nichte, haben vielleicht das beste Teil erwählt; Sie haben Ihr sittliches Wesen, Ihre tiefe liebevolle Natur mit sich selbst und mit dem höchsten Wesen übereinstimmend zu machen gesucht, indes wir andern wohl auch nicht zu tadeln sind, wenn wir den sinnlichen Menschen in seinem Umfange zu kennen und tätig in Einheit zu bringen suchen.

Durch solche Gespräche wurden wir nach und nach vertrauter, und ich erlangte von ihm, daß er mit mir, ohne Kondeszendenz, wie mit sich selbst sprach. Glauben Sie nicht, sagte der Oheim zu mir, daß ich Ihnen schmeichle, wenn ich Ihre Art zu denken und zu handeln lobe. Ich verehre den Menschen, der deutlich weiß was er will, unablässig vorschreitet, die Mittel zu seinem Zwecke kennt und sie zu ergreifen und zu brauchen weiß; in wie fern sein Zweck groß oder klein sei, Lob oder Tadel verdiene, das kommt bei mir erst nachher in Betrachtung. Glauben Sie mir, meine Liebe, der größte Teil des Unheils und dessen, was man bös in der Welt nennt, entsteht bloß, weil die Menschen zu nachlässig sind, ihre

Zwecke recht kennen zu lernen, und wenn sie solche kennen, ernsthaft darauf los zu arbeiten. Sie kommen mir vor wie Leute, die den Begriff haben, es könne und müsse ein Turm gebauet werden, und die doch an den Grund nicht mehr Steine und Arbeit verwenden, als man allenfalls einer Hütte unterschlüge. Hätten Sie, meine Freundin, deren höchstes Bedürfnis war, mit Ihrer innern sittlichen Natur in's Reine zu kommen, anstatt der großen und kühnen Aufopferungen, sich zwischen Ihrer Familie, einem Bräutigam, vielleicht einem Gemahl nur so hin beholfen, Sie würden, in einem ewigen Widerspruch mit sich selbst, niemals einen zufriedenen Augenblick genossen haben.

Sie brauchen, versetzte ich hier, das Wort Aufopferung, und ich habe manchmal gedacht, wie wir einer höhern Absicht, gleichsam wie einer Gottheit, das Geringere zum Opfer darbringen, ob es uns schon am Herzen liegt, wie man ein geliebtes Schaf für die Gesundheit eines verehrten Vaters gern und willig zum Altar führen würde.

Was es auch sei, versetzte er, der Verstand oder die Empfindung, das uns eins für das andere hingeben, eins vor dem andern wählen heißt, so ist Entschiedenheit und Folge, nach meiner Meinung, das Verehrungswürdigste am Menschen. Man kann die Ware und das Geld nicht zugleich haben; und der ist eben so übel daran, dem es immer nach der Ware gelüstet, ohne daß er das Herz hat das Geld hinzugeben, als der, den der Kauf reut, wenn er die Ware in Händen hat. Aber ich bin weit entfernt, die Menschen deshalb zu tadeln; denn sie sind eigentlich nicht Schuld, sondern die verwickelte Lage, in der sie sich befinden, und in der sie sich nicht zu regieren wissen. So werden Sie, zum Beispiel, im Durchschnitt, weniger üble Wirte auf dem Lande als in den Städten finden, und wieder in kleinen Städten weniger als in großen; und warum? Der Mensch ist zu einer beschränkten Lage geboren; einfache, nahe, bestimmte Zwecke vermag er einzusehen, und er gewöhnt sich, die Mittel zu benutzen, die ihm gleich zur Hand sind; sobald er aber in's Weite kommt, weiß er weder was er will, noch was er soll, und es ist ganz einerlei, ob er durch die Menge der Gegenstände zerstreut, oder ob er durch die Höhe und Würde derselben außer sich gesetzt werde. Es ist immer sein Unglück, wenn er veranlaßt wird, nach etwas zu streben, mit dem er sich durch eine regelmäßige Selbsttätigkeit nicht verbinden kann.

Fürwahr, fuhr er fort, ohne Ernst ist in der Welt nichts möglich, und unter denen, die wir gebildete Menschen nennen, ist eigentlich wenig Ernst zu finden; sie gehen, ich möchte sagen, gegen Arbeiten und Geschäfte, gegen Künste, ja gegen Vergnügungen nur mit einer Art von Selbstverteidigung zu Werke; man lebt, wie man ein Pack Zeitungen lies't, nur damit man sie los werde, und es fällt mir dabei jener junge Engländer in Rom ein, der Abends, in einer Gesellschaft, sehr zufrieden erzählte: daß er doch heute sechs Kirchen und zwei Galerien bei Seite gebracht habe. Man will mancherlei wissen und kennen, und gerade das, was einen am wenigsten angeht, und man bemerkt nicht, daß kein Hunger dadurch gestillt wird, wenn man nach der Luft schnappt. Wenn ich einen Menschen kennen lerne, frage ich sogleich, womit beschäftigt er sich? und wie? und in welcher Folge? und mit der Beantwortung der Frage ist auch mein Interesse an ihm auf Zeitlebens entschieden.

Sie sind, lieber Oheim, versetzte ich darauf, vielleicht zu strenge, und entziehen manchem guten Menschen, dem Sie nützlich sein könnten, Ihre hülfreiche Hand.

Ist es dem zu verdenken, antwortete er, der so lange vergebens an ihnen und um sie gearbeitet hat? Wie sehr leidet man nicht in der Jugend von Menschen, die uns zu einer angenehmen Lustpartie einzuladen glauben, wenn sie uns in die Gesellschaft der Danaiden oder des Sisyphus zu bringen versprechen. Gott sei Dank, ich habe mich von ihnen los gemacht, und wenn einer unglücklicher Weise in meinen Kreis kommt, suche ich ihn auf die höflichste Art hinaus zu komplimentieren: denn gerade von diesen Leuten hört man die bittersten Klagen über den verworrenen Lauf der Welthändel, über die Seichtigkeit der Wissenschaften, über den Leichtsinn der Künstler, über die Leerheit der Dichter und was alles noch mehr ist. Sie bedenken am wenigsten, daß eben sie selbst und die Menge, die ihnen gleich ist, gerade das Buch nicht lesen würden, das geschrieben wäre wie sie es fordern, daß ihnen die echte Dichtung fremd sei, und daß selbst ein gutes Kunstwerk nur durch Vorurteil ihren Beifall erlangen könne. Doch lassen Sie uns abbrechen, es ist hier keine Zeit zu schelten noch zu klagen.

Er leitete meine Aufmerksamkeit auf die verschiedenen Gemälde, die an der Wand aufgehängt waren; mein Auge hielt sich an die, deren Anblick reizend, oder deren Gegenstand bedeutend war; er ließ es eine Weile geschehen, dann sagte er: Gönnen Sie nun auch dem Genius, der diese Werke hervorgebracht hat, einige Aufmerksamkeit. Gute Gemüter sehen so gerne den Finger Gottes in der Natur; warum sollte man nicht auch der Hand seines Nachahmers einige Betrachtung schenken? Er machte mich sodann auf unscheinbare Bilder aufmerksam, und suchte mir begreiflich zu machen, daß eigentlich die Geschichte der Kunst allein uns den Begriff von dem Wert und der Würde eines Kunstwerks geben könne, daß man erst die beschwerlichen Stufen des Mechanismus und des Handwerks, an denen der fähige Mensch sich Jahrhunderte lang hinauf arbeitet, kennen müsse, um zu begreifen wie es möglich sei, daß das Genie auf dem Gipfel, bei dessen bloßem Anblick uns schwindelt, sich frei und fröhlich bewege.

Er hatte in diesem Sinne eine schöne Reihe zusammengebracht, und ich konnte mich nicht enthalten, als er mir sie auslegte, die moralische Bildung hier wie im Gleichnisse vor mir zu sehen. Als ich ihm meine Gedanken äußerte, versetzte er: Sie haben vollkommen Recht, und wir sehen daraus, daß man nicht wohl tut, der sittlichen Bildung, einsam, in sich selbst verschlossen nachzuhängen; vielmehr wird man finden, daß derjenige, dessen Geist nach einer moralischen Kultur strebt, alle Ursache hat, seine feinere Sinnlichkeit zugleich mit auszubilden, damit er nicht in Gefahr komme, von seiner moralischen Höhe herab zu gleiten, indem er sich den Lockungen einer regellosen Phantasie übergibt, und in den Fall kommt, seine edlere Natur durch Vergnügen an geschmacklosen Tändeleien, wo nicht an etwas Schlimmerem herab zu würdigen.

Ich hatte ihn nicht im Verdacht, daß er auf mich ziele, aber ich fühlte mich betroffen, wenn ich zurück dachte, daß unter den Liedern, die mich erbauet hatten, manches abgeschmackte mochte gewesen sein, und daß die Bildchen, die sich an meine geistlichen Ideen anschlossen, wohl schwerlich vor den Augen des Oheims würden Gnade gefunden haben.

Philo hatte sich indessen öfters in der Bibliothek aufgehalten, und führte mich nunmehr auch in selbiger ein. Wir bewunderten die Auswahl und dabei die Menge der Bücher. Sie waren in jedem Sinne gesammelt: denn es waren beinahe auch nur solche darin zu finden, die uns zur deutlichen Erkenntnis führen, oder uns zur rechten Ordnung anweisen, die uns entweder rechte Materialien geben, oder uns von der Einheit unsers Geistes überzeugen.

Ich hatte in meinem Leben unsäglich gelesen, und in gewissen Fächern war mir fast kein Buch unbekannt; um desto angenehmer war mir's hier von der Übersicht des Ganzen zu sprechen, und Lücken zu bemerken, wo ich sonst nur eine beschränkte Verwirrung oder eine unendliche Ausdehnung gesehen hatte.

Zugleich machten wir die Bekanntschaft eines sehr interessanten stillen Mannes. Er war Arzt und Naturforscher, und schien mehr zu den Penaten als zu den Bewohnern des Hauses zu gehören. Er zeigte uns das Naturalienkabinett, das, wie die Bibliothek, in verschlossenen Glasschränken zugleich die Wände der Zimmer verzierte und den Raum veredelte, ohne ihn zu verengen. Hier erinnerte ich mich mit Freuden meiner Jugend, und zeigte meinem Vater mehrere Gegenstände, die er ehemals auf das Krankenbette seines kaum in die Welt blickenden Kindes gebracht hatte. Dabei verhehlte der Arzt so wenig als bei folgenden Unterredungen, daß er sich mir in Absicht auf religiöse Gesinnungen nähere, lobte dabei den Oheim außerordentlich wegen seiner Toleranz und Schätzung von allem, was den Wert und die Einheit der menschlichen Natur anzeige und befördere, nur verlange er freilich von allen andern Menschen ein Gleiches und pflege nichts so sehr, als individuellen Dünkel und ausschließende Beschränktheit, zu verdammen oder zu fliehen.

Seit der Trauung meiner Schwester sah dem Oheim die Freude aus den Augen, und er sprach verschiedenemal mit mir über das, was er für sie und ihre Kinder zu tun denke. Er hatte schöne Güter, die er selbst bewirtschaftete und die er, in dem besten Zustande, seinen Neffen zu übergeben hoffte. Wegen des kleinen Gutes, auf dem wir uns befanden, schien er besondere Gedanken zu hegen: Ich werde es, sagte er, nur einer Person überlassen, die zu kennen, zu schätzen und zu genießen weiß was es enthält, und die einsieht, wie sehr ein Reicher und Vornehmer, besonders in Deutschland, Ursache habe etwas Mustermäßiges aufzustellen.

Schon war der größte Teil der Gäste nach und nach verflogen; wir bereiteten uns zum Abschied und glaubten die letzte Szene der Feierlichkeit erlebt zu haben, als wir auf's neue durch seine Aufmerksamkeit, uns ein würdiges Vergnügen zu machen, überrascht wurden. Wir hatten ihm das Entzücken nicht verbergen können, das wir fühlten, als bei meiner Schwester Trauung ein Chor Menschenstimmen sich, ohne alle Begleitung irgend eines Instruments, hören ließ. Wir legten es ihm nahe genug, uns das Vergnügen noch einmal zu verschaffen; er schien nicht darauf zu merken. Wie überrascht waren wir daher, als er eines Abends zu uns sagte: Die Tanzmusik hat sich entfernt; die jungen flüchtigen Freunde haben uns verlassen; das Ehepaar selbst sieht schon ernsthafter aus als vor einigen Tagen, und in einer solchen Epoche von einander zu scheiden, da wir uns vielleicht nie, wenigstens anders wiedersehen, regt uns zu einer feierlichen Stimmung, die ich nicht edler nähren kann, als durch eine Musik, deren Wiederholung Sie schon früher zu wünschen schienen.

Er ließ durch das indes verstärkte und im Stillen noch mehr geübte Chor uns vier- und achtstimmige Gesänge vortragen, die uns, ich darf wohl sagen, wirklich einen Vorschmack der Seligkeit gaben. Ich hatte bisher nur den frommen Gesang gekannt, in welchem gute Seelen oft mit heiserer Kehle, wie die Waldvögelein, Gott zu loben glauben, weil sie sich selbst eine angenehme Empfindung machen; dann die eitle Musik der Konzerte, in denen man allenfalls zur Bewunderung eines Talents, selten aber, auch nur zu einem vorübergehenden Vergnügen, hingerissen wird. Nun vernahm ich eine Musik aus dem tiefsten Sinne der trefflichsten menschlichen Naturen entsprungen, die durch bestimmte und geübte Organe in harmonischer Einheit wieder zum tiefsten besten Sinne des Menschen sprach, und ihn wirklich in diesem Augenblicke seine Gottähnlichkeit lebhaft empfinden ließ. Alles waren lateinische geistliche Gesänge, die sich, wie Juwelen, in dem goldnen Ringe einer gesitteten weltlichen Gesellschaft ausnahmen, und mich, ohne Anforderung einer sogenannten Erbauung, auf das geistigste erhoben und glücklich machten.

Bei unserer Abreise wurden wir alle auf das edelste beschenkt. Mir überreichte er das Ordenskreuz meines Stiftes, kunstmäßiger und schöner gearbeitet und emailliert als man es sonst zu sehen gewohnt war. Es hing an einem großen Brillanten, wodurch es zugleich an das Band befestigt wurde, und den er als den edelsten Stein einer Naturaliensammlung anzusehen bat.

Meine Schwester zog nun mit ihrem Gemahl auf seine Güter, wir andern kehrten alle nach unsern Wohnungen zurück und schienen uns, was unsere äußren Umstände anbetraf, in ein ganz gemeines Leben zurückgekehrt zu sein. Wir waren, wie aus einem Feenschloß, auf die platte Erde gesetzt und mußten uns wieder nach unsrer Weise benehmen und behelfen.

Die sonderbaren Erfahrungen, die ich in jenem neuen Kreise gemacht hatte, ließen einen schönen Eindruck bei mir zurück; doch blieb er nicht lange in seiner ganzen Lebhaftigkeit, obgleich der Oheim ihn zu unterhalten und zu erneuern suchte, indem er mir, von Zeit zu Zeit, von seinen besten und gefälligsten Kunstwerken zusandte, und wenn ich sie lange genug genossen hatte, wieder mit andern vertauschte.

Ich war zu sehr gewohnt, mich mit mir selbst zu beschäftigen, die Angelegenheiten meines Herzens und meines Gemüts in Ordnung zu bringen, und mich davon mit ähnlich gesinnten Personen zu unterhalten, als daß ich mit Aufmerksamkeit ein Kunstwerk hätte betrachten sollen, ohne bald auf mich selbst zurück zu kehren. Ich war gewohnt, ein Gemälde und einen Kupferstich nur anzusehen wie die Buchstaben eines Buchs. Ein schöner Druck gefällt wohl; aber wer wird ein Buch des Druckes wegen in die Hand nehmen? So sollte mir auch eine bildliche Darstellung etwas sagen, sie sollte mich belehren, rühren, bessern; und der Oheim mochte in seinen Briefen, mit denen er seine Kunstwerke erläuterte, reden was er wollte, so blieb es mit mir doch immer bei'm Alten.

Doch mehr als meine eigene Natur zogen mich äußere Begebenheiten, die Veränderungen in meiner Familie, von solchen Betrachtungen, ja eine Weile von mir selbst ab; ich mußte dulden und wirken, mehr, als meine schwachen Kräfte zu ertragen schienen.

Meine ledige Schwester war bisher mein rechter Arm gewesen; gesund, stark und unbeschreiblich gütig hatte sie die Besorgung der Haushaltung über sich genommen, wie mich die persönliche Pflege des alten Vaters beschäftigte. Es überfällt sie ein Katarrh, woraus eine Brustkrankheit wird, und in drei Wochen liegt sie auf der Bahre; ihr Tod schlug mir Wunden, deren Narben ich jetzt noch nicht gerne ansehe.

Ich lag krank zu Bette, ehe sie noch beerdiget war; der alte Schaden auf meiner Brust schien aufzuwachen, ich hustete heftig, und war so heiser, daß ich keinen lauten Ton hervorbringen konnte.

Die verheiratete Schwester kam vor Schrecken und Betrübnis zu früh in die Wochen. Mein alter Vater fürchtete, seine Kinder und die Hoffnung seiner Nachkommenschaft auf einmal zu verlieren; seine gerechten Tränen vermehrten meinen Jammer; ich flehte zu Gott um Herstellung einer leidlichen Gesundheit, und bat ihn nur, mein Leben bis nach dem Tode des Vaters zu fristen. Ich genas, und war nach meiner Art wohl, konnte wieder meine Pflichten, obgleich nur auf eine kümmerliche Weise, erfüllen.

Meine Schwester ward wieder guter Hoffnung. Mancherlei Sorgen, die in solchen Fällen der Mutter anvertraut werden, wurden mir mitgeteilt; sie lebte nicht ganz glücklich mit ihrem Manne, das sollte dem Vater verborgen bleiben; ich mußte Schiedsrichter sein, und konnte es um so eher, da mein Schwager Zutrauen zu mir hatte, und beide wirklich gute Menschen waren, nur daß beide, anstatt einander nachzusehen, mit einander rechteten, und aus Begierde, völlig mit einander überein zu leben, niemals einig werden konnten. Nun lernte ich auch die weltlichen Dinge mit Ernst angreifen, und das ausüben, was ich sonst nur gesungen hatte.

Meine Schwester gebar einen Sohn; die Unpäßlichkeit meines Vaters verhinderte ihn nicht, zu ihr zu reisen. Bei'm Anblick des Kindes war er unglaublich heiter und froh, und bei der Taufe erschien er mir gegen seine Art wie begeistert, ja ich möchte sagen, als ein Genius mit zwei Gesichtern. Mit dem einen blickte er freudig vorwärts in jene Regionen, in die er bald einzugehen hoffte, mit dem andern auf das neue, hoffnungsvolle irdische Leben, das in dem Knaben entsprungen war, der von ihm abstammte. Er ward nicht müde auf dem Rückwege mich von dem Kinde zu unterhalten, von seiner Gestalt, seiner Gesundheit, und dem Wunsche, daß die Anlagen dieses neuen Weltbürgers glücklich ausgebildet werden möchten. Seine Betrachtungen hierüber dauerten fort, als wir zu Hause anlangten, und erst nach einigen Tagen bemerkte man eine Art Fieber, das sich nach Tisch, ohne Frost, durch eine etwas ermattende Hitze äußerte. Er legte sich jedoch nicht nieder, fuhr des Morgens aus und versah treulich seine Amtsgeschäfte, bis ihn endlich anhaltende ernsthafte Symptome davon abhielten.

Nie werde ich die Ruhe des Geistes, die Klarheit und Deutlichkeit vergessen, womit er die Angelegenheiten seines Hauses, die Besorgung seines Begräbnisses, als wie das Geschäft eines andern, mit der größten Ordnung vornahm.

Mit einer Heiterkeit, die ihm sonst nicht eigen war, und die bis zu einer lebhaften Freude stieg, sagte er zu mir: Wo ist die Todesfurcht hingekommen, die ich sonst noch wohl empfand? Sollt' ich zu sterben scheuen? Ich habe einen gnädigen Gott, das Grab erweckt mir kein Grauen, ich habe ein ewiges Leben.

Mir die Umstände seines Todes zurückzurufen, der bald darauf erfolgte, ist in meiner Einsamkeit eine meiner angenehmsten Unterhaltungen, und die sichtbaren Wirkungen einer höhern Kraft dabei wird mir niemand wegräsonnieren.

Der Tod meines lieben Vaters veränderte meine bisherige Lebensart. Aus dem strengsten Gehorsam, aus der größten Einschränkung kam ich in die größte Freiheit, und ich genoß ihrer wie einer Speise, die man lange entbehrt hat. Sonst war ich selten zwei Stunden außer dem Hause; nun verlebte ich kaum Einen Tag in meinem Zimmer. Meine Freunde, bei denen ich sonst nur abgerissene Besuche machen konnte, wollten sich meines anhaltenden Umgangs, so wie ich mich des ihrigen, erfreuen; öfters wurde ich zu Tische geladen, Spazierfahrten und kleine Lustreisen kamen hinzu, und ich blieb nirgends zurück. Als aber der Zirkel durchlaufen war, sah ich, daß das unschätzbare Glück der Freiheit nicht darin besteht, daß man alles tut, was man tun mag, und wozu uns die Umstände einladen, sondern daß man das ohne Hindernis und Rückhalt, auf dem geraden Wege tun kann, was man für recht und schicklich hält, und ich war alt genug, in diesem Falle ohne Lehrgeld zu der schönen Überzeugung zu gelangen.

Was ich mir nicht versagen konnte, war, sobald als nur möglich, den Umgang mit den Gliedern der herrnhutischen Gemeine fortzusetzen und fester zu knüpfen, und ich eilte, eine ihrer nächsten Einrichtungen zu besuchen: aber auch da fand ich keinesweges, was ich mir vorgestellt hatte. Ich war ehrlich genug meine Meinung merken zu lassen, und man suchte mir hinwieder beizubringen: diese Verfassung sei gar nichts gegen eine ordentlich eingerichtete Gemeine. Ich konnte mir das gefallen lassen; doch hätte nach meiner Überzeugung der wahre Geist aus einer kleinen so gut als aus einer großen Anstalt hervorblicken sollen.

Einer ihrer Bischöfe, der gegenwärtig war, ein unmittelbarer Schüler des Grafen, beschäftigte sich viel mit mir; er sprach vollkommen Englisch, und weil ich es ein wenig verstand, meinte er, es sei ein Wink, daß wir zusammen gehörten; ich meinte es aber ganz und gar nicht; sein Umgang konnte mir nicht im geringsten gefallen. Er war ein Messerschmied, ein geborner Mähre; seine Art zu denken konnte das Handwerksmäßige nicht verleugnen. Besser verstand ich mich mit dem Herrn von L*, der Major in französischen Diensten gewesen war; aber zu der Untertänigkeit, die er gegen seine Vorgesetzten bezeigte, fühlte ich mich niemals fähig; ja es war mir, als wenn man mir eine Ohrfeige gäbe, wenn ich die Majorin und andere, mehr oder weniger angesehene Frauen dem Bischof die Hand küssen sah. Indessen wurde doch eine Reise nach Holland verabredet, die aber, und gewiß zu meinem Besten, niemals zu Stande kam.

Meine Schwester war mit einer Tochter niedergekommen, und nun war die Reihe an uns Frauen, zufrieden zu sein und zu denken, wie sie dereinst, uns ähnlich, erzogen werden sollte. Mein Schwager war dagegen sehr unzufrieden, als in dem Jahr darauf abermals eine Tochter erfolgte; er wünschte bei seinen großen Gütern Knaben um sich zu sehen, die ihm einst in der Verwaltung beistehen könnten.

Ich hielt mich bei meiner schwachen Gesundheit still, und bei einer ruhigen Lebensart ziemlich im Gleichgewicht; ich fürchtete den Tod nicht, ja ich wünschte zu sterben, aber ich fühlte in der Stille, daß mir Gott Zeit gebe, meine Seele zu untersuchen und ihm immer näher zu kommen. In den vielen schlaflosen Nächten habe ich besonders etwas empfunden, das ich eben nicht deutlich beschreiben kann.

Es war als wenn meine Seele ohne Gesellschaft des Körpers dächte; sie sah den Körper selbst als ein ihr fremdes Wesen an, wie man etwa ein Kleid ansieht. Sie stellte sich mit einer außerordentlichen Lebhaftigkeit die vergangenen Zeiten und Begebenheiten vor, und fühlte daraus, was folgen werde. Alle diese Zeiten sind dahin; was folgt wird auch dahin gehen: der Körper wird wie ein Kleid zerreißen, aber Ich, das wohlbekannte Ich, Ich bin.

Diesem großen, erhabenen und tröstlichen Gefühle so wenig als nur möglich nachzuhängen, lehrte mich ein edler Freund, der sich mir immer näher verband; es war der Arzt, den ich in dem Hause meines Oheims hatte kennen lernen, und der sich von der Verfassung meines Körpers und meines Geistes sehr gut unterrichtet hatte; er zeigte mir, wie sehr diese Empfindungen, wenn wir sie unabhängig von äußern Gegenständen in uns nähren, uns gewissermaßen aushöhlen und den Grund unseres Daseins untergraben. Tätig zu sein, sagte er, ist des Menschen erste Bestimmung, und alle Zwischenzeiten, in denen er auszuruhen genötigt ist, sollte er anwenden, eine deutliche Erkenntnis der äußerlichen Dinge zu erlangen, die ihm in der Folge abermals seine Tätigkeit erleichtert.

Da der Freund meine Gewohnheit kannte, meinen eigenen Körper als einen äußern Gegenstand anzusehn, und da er wußte, daß ich meine Konstitution, mein Übel und die medizinischen Hülfsmittel ziemlich kannte, und ich wirklich durch anhaltende eigene und fremde Leiden ein halber Arzt geworden war; so leitete er meine Aufmerksamkeit von der Kenntnis des menschlichen Körpers und der Spezereien auf die übrigen nachbarlichen Gegenstände der Schöpfung, und führte mich wie im Paradiese umher, und nur zuletzt, wenn ich mein Gleichnis fortsetzen darf, ließ er mich den in der Abendkühle im Garten wandelnden Schöpfer aus der Entfernung ahnen.

Wie gerne sah ich nunmehr Gott in der Natur, da ich ihn mit solcher Gewißheit im Herzen trug; wie interessant war mir das Werk seiner Hände, und wie dankbar war ich, daß er mich mit dem Atem seines Mundes hatte beleben wollen!

Wir hofften auf's neue, mit meiner Schwester, auf einen Knaben, dem mein Schwager so sehnlich entgegen sah, und dessen Geburt er leider nicht erlebte. Der wackere Mann starb an den Folgen eines unglücklichen Sturzes vom Pferde, und meine Schwester folgte ihm, nachdem sie der Welt einen schönen Knaben gegeben hatte. Ihre vier hinterlassenen Kinder konnte ich nur mit Wehmut ansehn. So manche gesunde Person war vor mir, der Kranken, hingegangen; sollte ich nicht vielleicht von diesen hoffnungsvollen Blüten manche abfallen sehen? Ich kannte die Welt genug, um zu wissen, unter wie vielen Gefahren ein Kind, besonders in dem höhern Stande, heraufwächs't, und es schien mir, als wenn sie seit der Zeit meiner Jugend sich für die gegenwärtige Welt noch vermehrt hätten. Ich fühlte, daß ich, bei meiner Schwäche, wenig oder nichts für die Kinder zu tun im Stande sei; um desto erwünschter war mir des Oheims Entschluß, der natürlich aus seiner Denkungsart entsprang, seine ganze Aufmerksamkeit auf die Erziehung dieser liebenswürdigen Geschöpfe zu verwenden. Und gewiß, sie verdienten es in jedem Sinne, sie waren wohlgebildet, und versprachen, bei ihrer großen Verschiedenheit, sämtlich gutartige und verständige Menschen zu werden.

Seitdem mein guter Arzt mich aufmerksam gemacht hatte, betrachtete ich gern die Familienähnlichkeit in Kindern und Verwandten. Mein Vater hatte sorgfältig die Bilder seiner Vorfahren aufbewahrt, sich selbst und seine Kinder von leidlichen Meistern malen lassen, auch war meine Mutter und ihre Verwandten nicht vergessen worden. Wir kannten die Charaktere der ganzen Familie genau, und da wir sie oft unter einander verglichen hatten, so suchten wir nun bei den Kindern die Ähnlichkeiten des Äußern und Innern wieder auf. Der älteste Sohn meiner Schwester schien seinem Großvater, väterlicher Seite, zu gleichen, von dem ein jugendliches Bild sehr gut gemalt in der Sammlung unseres Oheims aufgestellt war; auch liebte er wie jener, der sich immer als ein braver Offizier gezeigt hatte, nichts so sehr als das Gewehr, womit er sich immer, so oft er mich besuchte, beschäftigte. Denn mein Vater hatte einen sehr schönen Gewehrschrank hinterlassen, und der Kleine hatte nicht eher Ruhe, bis ich ihm ein Paar Pistolen und eine Jagdflinte schenkte, und bis er herausgebracht hatte, wie ein deutsches Schloß aufzuziehen sei. Übrigens war er in seinen Handlungen und seinem ganzen Wesen nichts weniger als rauh, sondern vielmehr sanft und verständig.

Die älteste Tochter hatte meine ganze Neigung gefesselt, und es mochte wohl daher kommen weil sie mir ähnlich sah, und weil sie sich von allen vieren am meisten zu mir hielt. Aber ich kann wohl sagen, je genauer ich sie beobachtete, da sie heranwuchs, desto mehr beschämte sie mich, und ich konnte das Kind nicht ohne Bewunderung, ja ich darf beinahe sagen, nicht ohne Verehrung ansehn. Man sah nicht leicht eine edlere Gestalt, ein ruhiger Gemüt und eine immer gleiche, auf keinen Gegenstand eingeschränkte Tätigkeit. Sie war keinen Augenblick ihres Lebens unbeschäftigt, und jedes Geschäft ward unter ihren Händen zur würdigen Handlung. Alles schien ihr gleich, wenn sie nur das verrichten konnte, was in der Zeit und am Platz war, und eben so konnte sie ruhig, ohne Ungeduld, bleiben, wenn sich nichts zu tun fand. Diese Tätigkeit ohne Bedürfnis einer Beschäftigung habe ich in meinem Leben nicht wieder gesehen. Unnachahmlich war von Jugend auf ihr Betragen gegen Notleidende und Hülfsbedürftige. Ich gestehe gern, daß ich niemals das Talent hatte, mir aus der Wohltätigkeit ein Geschäft zu machen; ich war nicht karg gegen Arme, ja ich gab oft in meinem Verhältnis zu viel dahin, aber gewissermaßen kaufte ich mich nur los, und es mußte mir jemand angeboren sein, wenn er mir meine Sorgfalt abgewinnen wollte. Gerade das Gegenteil lobe ich an meiner Nichte. Ich habe sie niemals einem Armen Geld geben sehen, und was sie von mir zu diesem Endzweck erhielt, verwandelte sie immer erst in das nächste Bedürfnis. Niemals erschien sie mir liebenswürdiger, als wenn sie meine Kleider- und Wäschschränke plünderte; immer fand sie etwas, das ich nicht trug und nicht brauchte, und diese alten Sachen zusammenzuschneiden und sie irgend einem zerlumpten Kinde anzupassen, war ihre größte Glückseligkeit.

Die Gesinnungen ihrer Schwester zeigten sich schon anders; sie hatte vieles von der Mutter, versprach schon frühe sehr zierlich und reizend zu werden, und scheint ihr Versprechen halten zu wollen; sie ist sehr mit ihrem Äußern beschäftigt und wußte sich, von früher Zeit an, auf eine in die Augen fallende Weise zu putzen und zu tragen. Ich erinnere mich noch immer, mit welchem Entzücken sie sich als ein kleines Kind im Spiegel besah, als ich ihr die schönen Perlen, die mir meine Mutter hinterlassen hatte, und die sie von ungefähr bei mir fand, umbinden mußte.

Wenn ich diese verschiedenen Neigungen betrachtete, war es mir angenehm zu denken, wie meine Besitzungen, nach meinem Tode, unter sie zerfallen und durch sie wieder lebendig werden würden. Ich sah die Jagdflinten meines Vaters schon wieder auf dem Rücken des Neffen im Felde herumwandeln, und aus seiner Jagdtasche schon wieder Hühner herausfallen; ich sah meine sämtliche Garderobe bei der Oster-Konfirmation, lauter kleinen Mädchen angepaßt, aus der Kirche herauskommen, und mit meinen besten Stoffen ein sittsames Bürgermädchen an ihrem Brauttage geschmückt: denn zu Ausstattung solcher Kinder und ehrbarer armer Mädchen hatte Natalie eine besondere Neigung, ob sie gleich, wie ich hier bemerken muß, selbst keine Art von Liebe, und wenn ich so sagen darf, kein Bedürfnis einer Anhänglichkeit an ein sichtbares oder unsichtbares Wesen, wie es sich bei mir in meiner Jugend so lebhaft gezeigt hatte, auf irgend eine Weise merken ließ.

Wenn ich nun dachte, daß die jüngste an eben demselben Tage meine Perlen und Juwelen nach Hofe tragen werde, so sah ich mit Ruhe meine Besitzungen, wie meinen Körper, den Elementen wieder gegeben.

Die Kinder wuchsen heran, und sind zu meiner Zufriedenheit gesunde, schöne und wackre Geschöpfe. Ich ertrage es mit Geduld, daß der Oheim sie von mir entfernt hält, und sehe sie, wenn sie in der Nähe oder auch wohl gar in der Stadt sind, selten.

Ein wunderbarer Mann, den man für einen französischen Geistlichen hält, ohne daß man recht von seiner Herkunft unterrichtet ist, hat die Aufsicht über die sämtlichen Kinder, welche an verschiedenen Orten erzogen werden und bald hier bald da in der Kost sind.

Ich konnte anfangs keinen Plan in dieser Erziehung sehn, bis mir mein Arzt zuletzt eröffnete: der Oheim habe sich durch den Abbé überzeugen lassen, daß, wenn man an der Erziehung des Menschen etwas tun wolle, müsse man sehen, wohin seine Neigungen und Wünsche gehen. Sodann müsse man ihn in die Lage versetzen, jene sobald als möglich zu befriedigen, diese sobald als möglich zu erreichen, damit der Mensch, wenn er sich geirret habe, früh genug seinen Irrtum gewahr werde, und wenn er das getroffen hat, was für ihn paßt, desto eifriger daran halte und sich desto emsiger fortbilde. Ich wünsche, daß dieser sonderbare Versuch gelingen möge; bei so guten Naturen ist es vielleicht möglich.

Aber das, was ich nicht an diesen Erziehern billigen kann, ist, daß sie alles von den Kindern zu entfernen suchen, was sie zu dem Umgange mit sich selbst und mit dem unsichtbaren, einzigen treuen Freunde führen könne. Ja, es verdrießt mich oft von dem Oheim, daß er mich deshalb für die Kinder für gefährlich hält. Im Praktischen ist doch kein Mensch tolerant! Denn wer auch versichert, daß er jedem seine Art und Wesen gerne lassen wolle, sucht doch immer diejenigen von der Tätigkeit auszuschließen, die nicht so denken wie er.

Diese Art, die Kinder von mir zu entfernen, betrübt mich desto mehr, je mehr ich von der Realität meines Glaubens überzeugt sein kann. Warum sollte er nicht einen göttlichen Ursprung, nicht einen wirklichen Gegenstand haben, da er sich im Praktischen so wirksam erweiset? Werden wir durch's Praktische doch unseres eigenen Daseins selbst erst recht gewiß, warum sollten wir uns nicht auch auf eben dem Wege von jenem Wesen überzeugen können, das uns zu allem Guten die Hand reicht?

Daß ich immer vorwärts, nie rückwärts gehe, daß meine Handlungen immer mehr der Idee ähnlich werden, die ich mir von der Vollkommenheit gemacht habe, daß ich täglich mehr Leichtigkeit fühle, das zu tun, was ich für Recht halte, selbst bei der Schwäche meines Körpers, der mir so manchen Dienst versagt; läßt sich das alles aus der menschlichen Natur, deren Verderben ich so tief eingesehen habe, erklären? Für mich nun einmal nicht.

Ich erinnere mich kaum eines Gebotes; nichts erscheint mir in Gestalt eines Gesetzes; es ist ein Trieb, der mich leitet und mich immer recht führet; ich folge mit Freiheit meinen Gesinnungen, und weiß so wenig von Einschränkung als von Reue. Gott sei Dank, daß ich erkenne, wem ich dieses Glück schuldig bin und daß ich an diese Vorzüge nur mit Demut denken darf. Denn niemals werde ich in Gefahr kommen, auf mein eignes Können und Vermögen stolz zu werden, da ich so deutlich erkannt habe, welch Ungeheuer in jedem menschlichen Busen, wenn eine höhere Kraft uns nicht bewahrt, sich erzeugen und nähren könne.

SIEBENTES BUCH

Erstes Kapitel

Der Frühling war in seiner völligen Herrlichkeit erschienen; ein frühzeitiges Gewitter, das den ganzen Tag gedrohet hatte, ging stürmisch an den Bergen nieder, der Regen zog nach dem Lande, die Sonne trat wieder in ihrem Glanze hervor, und auf dem grauen Grunde erschien der herrliche Bogen. Wilhelm ritt ihm entgegen und sah ihn mit Wehmut an. Ach! sagte er zu sich selbst, erscheinen uns denn eben die schönsten Farben des Lebens nur auf dunklem Grunde? Und müssen Tropfen fallen, wenn wir entzückt werden sollen? Ein heiterer Tag ist wie ein grauer, wenn wir ihn ungerührt ansehen, und was kann uns rühren, als die stille Hoffnung, daß die angeborne Neigung unsers Herzens nicht ohne Gegenstand bleiben werde? Uns rührt die Erzählung jeder guten Tat, uns rührt das Anschauen jedes harmonischen Gegenstandes; wir fühlen dabei, daß wir nicht ganz in der Fremde sind, wir wähnen einer Heimat näher zu sein, nach der unser Bestes, Innerstes ungeduldig hinstrebt.

Inzwischen hatte ihn ein Fußgänger eingeholt, der sich zu ihm gesellte, mit starkem Schritte neben dem Pferde blieb, und, nach einigen gleichgültigen Reden, zu dem Reiter sagte: Wenn ich mich nicht irre, so muß ich Sie irgendwo schon gesehen haben.

Ich erinnere mich Ihrer auch, versetzte Wilhelm; haben wir nicht zusammen eine lustige Wasserfahrt gemacht? — Ganz recht! erwiderte der andere.

Wilhelm betrachtete ihn genauer und sagte nach einigem Stillschweigen: Ich weiß nicht was für eine Veränderung mit Ihnen vorgegangen sein mag; damals hielt ich Sie für einen lutherischen Landgeistlichen und jetzt sehen Sie mir eher einem katholischen ähnlich.

Heute betrügen Sie sich wenigstens nicht, sagte der andere, indem er den Hut abnahm und die Tonsur sehen ließ. Wo ist denn Ihre Gesellschaft hingekommen? Sind Sie noch lange bei ihr geblieben?

Länger als billig: denn leider wenn ich an jene Zeit zurück denke, die ich mit ihr zugebracht habe, so glaube ich in ein unendliches Leere zu sehen; es ist mir nichts davon übrig geblieben.

Darin irren Sie sich; alles, was uns begegnet, läßt Spuren zurück, alles trägt unmerklich zu unserer Bildung bei; doch es ist gefährlich, sich davon Rechenschaft geben zu wollen. Wir werden dabei entweder stolz und lässig, oder niedergeschlagen und kleinmütig, und eins ist für die Folge so hinderlich als das andere. Das Sicherste bleibt immer, nur das Nächste zu tun was vor uns liegt, und das ist jetzt, fuhr er mit einem Lächeln fort, daß wir eilen in's Quartier zu kommen.

Wilhelm fragte, wie weit noch der Weg nach Lotario's Gut sei, der andere versetzte, daß es hinter dem Berge liege. Vielleicht treffe ich Sie dort an, fuhr er fort, ich habe nur in der Nachbarschaft noch etwas zu besorgen. Leben Sie so lange wohl! Und mit diesen Worten ging er einen steilen Pfad, der schneller über den Berg hinüber zu führen schien.

Ja wohl hat er Recht! sagte Wilhelm vor sich, indem er weiter ritt: An das Nächste soll man denken, und für mich ist wohl jetzt nichts Näheres als der traurige Auftrag, den ich ausrichten soll. Laß sehen, ob ich die Rede noch ganz im Gedächtnis habe, die den grausamen Freund beschämen soll.

Er fing darauf an, sich dieses Kunstwerk vorzusagen; es fehlte ihm auch nicht eine Silbe, und je mehr ihm sein Gedächtnis zu statten kam, desto mehr wuchs seine Leidenschaft und sein Mut. Aureliens Leiden und Tod waren lebhaft vor seiner Seele gegenwärtig.

Geist meiner Freundin! rief er aus, umschwebe mich! und wenn es dir möglich ist, so gib mir ein Zeichen, daß du besänftigt, daß du versöhnt seist!

Unter diesen Worten und Gedanken war er auf die Höhe des Berges gekommen, und sah an dessen Abhang, an der andern Seite, ein wunderliches Gebäude liegen, das er sogleich für Lothario's Wohnung hielt. Ein altes unregelmäßiges Schloß, mit einigen Türmen und Giebeln, schien die erste Anlage dazu gewesen zu sein; allein noch unregelmäßiger waren die neuen Angebäude, die teils nah, teils in einiger Entfernung davon errichtet, mit dem Hauptgebäude durch Galerien und bedeckte Gänge zusammenhingen. Alle äußere Symmetrie, jedes architektonische Ansehn schien dem Bedürfnis der innern Bequemlichkeit aufgeopfert zu sein. Keine Spur von Wall und Graben war zu sehen, eben so wenig als von künstlichen Gärten und großen Alleen. Ein Gemüse- und Baumgarten drang bis an die Häuser hinan, und kleine nutzbare Gärten waren selbst in den Zwischenräumen angelegt. Ein heiteres Dörfchen lag in einiger Entfernung; Gärten und Felder schienen durchaus in dem besten Zustande.

In seine eignen leidenschaftlichen Betrachtungen vertieft, ritt Wilhelm weiter, ohne viel über das was er sah nachzudenken, stellte sein Pferd in einem Gasthofe ein und eilte nicht ohne Bewegung nach dem Schlosse zu.

Ein alter Bedienter empfing ihn an der Türe, und berichtete ihm mit vieler Gutmütigkeit, daß er heute wohl schwerlich vor den Herren kommen werde; der Herr habe viel Briefe zu schreiben und schon einige seiner Geschäftsleute abweisen lassen. Wilhelm ward dringender, und endlich mußte der Alte nachgeben und ihn melden. Er kam zurück, und führte Wilhelmen in einen großen alten Saal. Dort ersuchte er ihn sich zu gedulden, weil der Herr vielleicht noch eine Zeitlang ausbleiben werde. Wilhelm ging unruhig auf und ab, und warf einige Blicke auf die Ritter und Frauen, deren alte Abbildungen an der Wand umher hingen, er wiederholte den Anfang seiner Rede, und sie schien ihm in Gegenwart dieser Harnische und Kragen erst recht am Platz. So oft er etwas rauschen hörte, setzte er sich in Positur, um seinen Gegner mit Würde zu empfangen, ihm erst den Brief zu überreichen, und ihn dann mit den Waffen des Vorwurfs anzufallen.

Mehrmals war er schon getäuscht worden, und fing wirklich an verdrießlich und verstimmt zu werden, als endlich aus einer Seitentür ein wohlgebildeter Mann in Stiefeln und einem schlichten Überrocke heraustrat. Was bringen Sie mir Gutes? sagte er mit freundlicher Stimme zu Wilhelmen; verzeihen Sie, daß ich Sie habe warten lassen.

Er faltete, indem er dieses sprach, einen Brief, den er in der Hand hielt. Wilhelm, nicht ohne Verlegenheit, überreichte ihm das Blatt Aureliens, und sagte: Ich bringe die letzten Worte einer Freundin, die Sie nicht ohne Rührung lesen werden.

Lothario nahm den Brief und ging sogleich in das Zimmer zurück, wo er, wie Wilhelm recht gut durch die offne Türe sehen konnte, erst noch einige Briefe siegelte und überschrieb, dann Aureliens Brief eröffnete und las. Er schien das Blatt einigemal durchgelesen zu haben, und Wilhelm, obgleich seinem Gefühl nach die pathetische Rede zu dem natürlichen Empfang nicht recht passen wollte, nahm sich doch zusammen, ging auf die Schwelle los und wollte seinen Spruch beginnen, als eine Tapetentüre des Kabinetts sich öffnete, und der Geistliche hereintrat.

Ich erhalte die wunderlichste Depesche von der Welt, rief Lothario ihm entgegen; verzeihn Sie mir, fuhr er fort, indem er sich gegen Wilhelmen wandte, wenn ich in diesem Augenblicke nicht gestimmt bin, mich mit Ihnen weiter zu unterhalten. Sie bleiben heute Nacht bei uns! und Sie sorgen für unsern Gast, Abbé, daß ihm nichts abgeht.

Mit diesen Worten machte er eine Verbeugung gegen Wilhelmen, der Geistliche nahm unsern Freund bei der Hand, der nicht ohne Widerstreben folgte.

Stillschweigend gingen sie durch wunderliche Gänge, und kamen in ein gar artiges Zimmer. Der Geistliche führte ihn ein, und verließ ihn ohne weitere Entschuldigung. Bald darauf erschien ein munterer Knabe, der sich bei Wilhelmen als seine Bedienung ankündigte und das Abendessen brachte, bei der Aufwartung von der Ordnung des Hauses, wie man zu frühstücken, zu speisen, zu arbeiten und sich zu vergnügen pflegte, manches erzählte, und besonders zu Lothario's Ruhm gar vieles vorbrachte.

So angenehm auch der Knabe war, so suchte ihn Wilhelm doch bald los zu werden. Er wünschte allein zu sein, denn er fühlte sich in seiner Lage äußerst gedrückt und beklommen. Er machte sich Vorwürfe, seinen Vorsatz so schlecht vollführt, seinen Auftrag nur halb ausgerichtet zu haben. Bald nahm er sich vor, den andern Morgen das Versäumte nachzuholen, bald ward er gewahr, daß Lothario's Gegenwart ihn zu ganz andern Gefühlen stimmte. Das Haus, worin er sich befand, kam ihm auch so wunderbar vor, er wußte sich in seine Lage nicht zu finden. Er wollte sich ausziehen und öffnete seinen Mantelsack; mit seinen Nachtsachen brachte er zugleich den Schleier des Geistes hervor, den Mignon eingepackt hatte. Der Anblick vermehrte seine traurige Stimmung. Flieh! Jüngling, flieh! rief er aus, was soll das mystische Wort heißen? was fliehen? wohin fliehen? Weit besser hätte der Geist mir zugerufen: Kehre in dich selbst zurück! Er betrachtete die englischen Kupfer, die an der Wand in Rahmen hingen; gleichgültig sah er über die meisten hinweg, endlich fand er auf dem einen ein unglücklich strandendes Schiff vorgestellt: ein Vater mit seinen schönen Töchtern erwartete den Tod von den hereindringenden Wellen. Das eine Frauenzimmer schien Ähnlichkeit mit jener Amazone zu haben; ein unaussprechliches Mitleiden ergriff unsern Freund, er fühlte ein unwiderstehliches Bedürfnis seinem Herzen Luft zu machen, Tränen drangen aus seinem Auge, und er konnte sich nicht wieder erholen, bis ihn der Schlaf überwältigte.

Sonderbare Traumbilder erschienen ihm gegen Morgen. Er fand sich in einem Garten, den er als Knabe öfters besucht hatte, und sah mit Vergnügen die bekannten Alleen, Hecken und Blumenbeete wieder; Mariane begegnete ihm, er sprach liebevoll mit ihr und ohne Erinnerung irgend eines vergangenen Mißverhältnisses. Gleich darauf trat sein Vater zu ihnen, im Hauskleide; und mit vertraulicher Miene, die ihm selten war, hieß er den Sohn zwei Stühle aus dem Gartenhause holen, nahm Marianen bei der Hand und führte sie nach einer Laube.

Wilhelm eilte nach dem Gartensaale, fand ihn aber ganz leer, nur sah er Aurelien an dem entgegengesetzten Fenster stehen; er ging sie anzureden, allein sie blieb unverwandt, und ob er sich gleich neben sie stellte, konnte er doch ihr Gesicht nicht sehen. Er blickte zum Fenster hinaus und sah, in einem fremden Garten, viele Menschen beisammen, von denen er einige sogleich erkannte. Frau Melina saß unter einem Baum und spielte mit einer Rose, die sie in der Hand hielt; Laertes stand neben ihr und zählte Gold aus einer Hand in die andere. Mignon und Felix lagen im Grase, jene ausgestreckt auf dem Rücken, dieser auf dem Gesichte. Philine trat hervor, und klatschte über den Kindern in die Hände, Mignon blieb unbeweglich, Felix sprang auf und floh vor Philinen. Erst lachte er im Laufen, als Philine ihn verfolgte, dann schrie er ängstlich, als der Harfenspieler mit großen langsamen Schritten ihm nachging. Das Kind lief grade auf einen Teich los; Wilhelm eilte ihm nach, aber zu spät, das Kind lag im Wasser! Wilhelm stand wie eingewurzelt. Nun sah er die schöne Amazone an der andern Seite des Teichs, sie streckte ihre rechte Hand gegen das Kind aus und ging am Ufer hin, das Kind durchstrich das Wasser in gerader Richtung auf den Finger zu, und folgte ihr nach, wie sie ging, endlich reichte sie ihm ihre Hand und zog es aus dem Teiche. Wilhelm war indessen näher gekommen, das Kind brannte über und über, und es fielen feurige Tropfen von ihm herab. Wilhelm war noch besorgter, doch die Amazone nahm schnell einen weißen Schleier vom Haupte und bedeckte das Kind damit. Das Feuer war sogleich gelöscht. Als sie den

Schleier aufhob, sprangen zwei Knaben hervor, die zusammen mutwillig hin und her spielten, als Wilhelm mit der Amazone Hand in Hand durch den Garten ging, und in der Entfernung seinen Vater und Marianen in einer Allee spazieren sah, die mit hohen Bäumen den ganzen Garten zu umgeben schien. Er richtete seinen Weg auf beide zu, und machte mit seiner schönen Begleiterin den Durchschnitt des Gartens, als auf einmal der blonde Friedrich ihnen in den Weg trat und sie mit großem Gelächter und allerlei Possen aufhielt. Sie wollten demungeachtet ihren Weg weiter fortsetzen; da eilte er weg und lief auf jenes entfernte Paar zu; der Vater und Mariane schienen vor ihm zu fliehen, er lief nur desto schneller, und Wilhelm sah jene fast im Fluge durch die Allee hinschweben. Natur und Neigung forderten ihn auf, jenen zu Hülfe zu kommen, aber die Hand der Amazone hielt ihn zurück. Wie gern ließ er sich halten! Mit dieser gemischten Empfindung wachte er auf und fand sein Zimmer schon von der hellen Sonne erleuchtet.

Zweites Kapitel

Der Knabe lud Wilhelmen zum Frühstück ein; dieser fand den Abbé schon im Saale; Lothario, hieß es, sei ausgeritten; der Abbé war nicht sehr gesprächig und schien eher nachdenklich zu sein; er fragte nach Aureliens Tode und hörte mit Teilnahme der Erzählung Wilhelms zu. Ach! rief er aus, wem es lebhaft und gegenwärtig ist, welche unendliche Operationen Natur und Kunst machen müssen, bis ein gebildeter Mensch dasteht, wer selbst so viel als möglich an der Bildung seiner Mitbrüder Teil nimmt, der möchte verzweifeln, wenn er sieht, wie freventlich sich oft der Mensch zerstört und so oft in den Fall kommt, mit oder ohne Schuld, zerstört zu werden. Wenn ich das bedenke, so scheint mir das Leben selbst eine so zufällige Gabe, daß ich jeden loben möchte, der sie nicht höher als billig schätzt.

Er hatte kaum ausgesprochen, als die Türe mit Heftigkeit sich aufriß, ein junges Frauenzimmer hereinstürzte, und den alten Bedienten, der sich ihr in den Weg stellte, zurückstieß. Sie eilte gerade auf den Abbé zu, und konnte, indem sie ihn bei'm Arm faßte, vor Weinen und Schluchzen kaum die wenigen Worte hervorbringen: Wo ist er? Wo habt ihr ihn? Es ist eine entsetzliche Verräterei! Gesteht nur! Ich weiß was vorgeht! Ich will ihm nach! Ich will wissen wo er ist.

Beruhigen Sie sich, mein Kind, sagte der Abbé mit angenommener Gelassenheit, kommen Sie auf Ihr Zimmer, Sie sollen alles erfahren, nur müssen Sie hören können, wenn ich Ihnen erzählen soll. Er bot ihr die Hand an, im Sinne sie wegzuführen. Ich werde nicht auf mein Zimmer gehen, rief sie aus, ich hasse die Wände, zwischen denen ihr mich schon so lange gefangen haltet! und doch habe ich alles erfahren, der Obrist hat ihn herausgefordert, er ist hinausgeritten, seinen Gegner aufzusuchen und vielleicht jetzt eben in diesem Augenblicke — es war mir etlichemal, als hörte ich schießen. Lassen Sie anspannen und fahren Sie mit mir, oder ich fülle das Haus, das ganze Dorf mit meinem Geschrei.

Sie eilte unter den heftigsten Tränen nach dem Fenster, der Abbé hielt sie zurück und suchte vergebens sie zu besänftigen.

Man hörte einen Wagen fahren, sie riß das Fenster auf: Er ist tot! rief sie, da bringen sie ihn — Er steigt aus! sagte der Abbé. Sie sehen, er lebt — Er ist verwundet, versetzte sie heftig, sonst käm' er zu Pferde! Sie führen ihn! Er ist gefährlich verwundet! Sie rannte zur Türe hinaus und die Treppe hinunter, der Abbé eilte ihr nach und Wilhelm folgte ihnen; er sah wie die Schöne ihrem heraufkommenden Geliebten begegnete.

Lothario lehnte sich auf seinen Begleiter, welchen Wilhelm sogleich für seinen alten Gönner Jarno erkannte, sprach dem trostlosen Frauenzimmer gar liebreich und freundlich zu, und indem er sich auch auf sie stützte, kam er die Treppe langsam herauf; er grüßte Wilhelmen und ward in sein Kabinett geführt.

Nicht lange darauf kam Jarno wieder heraus und trat zu Wilhelmen: Sie sind, wie es scheint, sagte er, prädestiniert, überall Schauspieler und Theater zu finden; wir sind eben in einem Drama begriffen, das nicht ganz lustig ist.

Ich freue mich, versetzte Wilhelm, Sie in diesem sonderbaren Augenblicke wiederzufinden; ich bin verwundert, erschrocken, und Ihre Gegenwart macht mich gleich ruhig und gefaßt. Sagen Sie mir, hat es Gefahr? Ist der Baron schwer verwundet? — Ich glaube nicht, versetzte Jarno.

Nach einiger Zeit trat der junge Wundarzt aus dem Zimmer. Nun was sagen Sie? rief ihm Jarno entgegen — Daß es sehr gefährlich steht, versetzte dieser, und steckte einige Instrumente in seine lederne Tasche zusammen.

Wilhelm betrachtete das Band, das von der Tasche herunter hing, er glaubte es zu kennen. Lebhafte widersprechende Farben, ein seltsames Muster, Gold und Silber in wunderlichen Figuren, zeichneten dieses Band vor allen Bändern der Welt aus. Wilhelm war überzeugt, die Instrumententasche des alten Chirurgus vor sich zu sehen, der ihn in jenem Walde verbunden hatte, und die Hoffnung, nach so langer Zeit wieder eine Spur seiner Amazone zu finden, schlug wie eine Flamme durch sein ganzes Wesen.

Wo haben Sie die Tasche her? rief er aus. Wem gehörte sie vor Ihnen? Ich bitte, sagen Sie mir's. — Ich habe sie in einer Auktion gekauft, versetzte jener, was kümmert's mich, wem sie angehörte? Mit diesen Worten entfernte er sich, und Jarno sagte: Wenn diesem jungen Menschen nur ein wahres Wort aus dem Munde ginge. — So hat er also diese Tasche nicht erstanden? versetzte Wilhelm. — So wenig als es Gefahr mit Lothario hat, antwortete Jarno.

Wilhelm stand in ein vielfaches Nachdenken versenkt, als Jarno ihn fragte, wie es ihm zeither gegangen sei? Wilhelm erzählte seine Geschichte im Allgemeinen, und als er zuletzt von Aureliens Tod und seiner Botschaft gesprochen hatte, rief jener aus: Es ist doch sonderbar, sehr sonderbar!

Der Abbé trat aus dem Zimmer, winkte Jarno zu, an seiner Statt hinein zu gehen, und sagte zu Wilhelmen: Der Baron läßt Sie ersuchen hier zu bleiben, einige Tage die Gesellschaft zu vermehren und zu seiner Unterhaltung unter diesen Umständen beizutragen. Haben Sie nötig etwas an die Ihrigen zu bestellen, so soll Ihr Brief gleich besorgt werden, und damit Sie diese wunderbare Begebenheit verstehen, von der Sie Augenzeuge sind, muß ich Ihnen erzählen, was eigentlich kein Geheimnis ist. Der Baron hatte ein kleines Abenteuer mit einer Dame, das mehr Aufsehen machte als billig war, weil sie den Triumph, ihn einer Nebenbuhlerin entrissen zu haben, allzu lebhaft genießen wollte. Leider fand er nach einiger Zeit bei ihr nicht die nämliche Unterhaltung, er vermied sie; allein bei ihrer heftigen Gemütsart war es ihr unmöglich ihr Schicksal mit gesetztem Mute zu tragen. Bei einem Balle gab es einen öffentlichen Bruch, sie glaubte sich äußerst beleidigt, und wünschte gerächt zu werden; kein Ritter fand sich, der sich ihrer angenommen hätte, bis endlich ihr Mann, von dem sie sich lange getrennt hatte, die Sache erfuhr und sich ihrer annahm, den Baron herausforderte und heute verwundete; doch ist der Obrist, wie ich höre, noch schlimmer dabei gefahren.

Von diesem Augenblicke an ward unser Freund im Hause, als gehöre er zur Familie, behandelt.

Drittes Kapitel

Man hatte einigemal dem Kranken vorgelesen; Wilhelm leistete diesen kleinen Dienst mit Freuden. Lydie kam nicht vom Bette hinweg, ihre Sorgfalt für den Verwundeten verschlang alle ihre übrige Aufmerksamkeit, aber heute schien auch Lothario zerstreut, ja er bat, daß man nicht weiter lesen möchte.

Ich fühle heute so lebhaft, sagte er, wie töricht der Mensch seine Zeit verstreichen läßt! Wie manches habe ich mir vorgenommen, wie manches durchdacht, und wie zaudert man nicht bei seinen besten Vorsätzen! Ich habe die Vorschläge über die Veränderungen gelesen, die ich auf meinen Gütern machen will, und ich kann sagen, ich freue mich vozüglich dieserwegen, daß die Kugel keinen gefährlichern Weg genommen hat.

Lydie sah ihn zärtlich, ja mit Tränen in den Augen an, als wollte sie fragen, ob denn *sie*, ob seine Freunde nicht auch Anteil an der Lebensfreude fordern könnten? Jarno dagegen versetzte: Veränderungen, wie Sie vorhaben, werden billig erst von allen Seiten überlegt, bis man sich entschließt.

Lange Überlegungen, versetzte Lothario, zeigen gewöhnlich, daß man den Punkt nicht im Auge hat, von dem die Rede ist, übereilte Handlungen, daß man ihn gar nicht kennt. Ich übersehe sehr deutlich, daß ich in vielen Stücken, bei der Wirtschaft meiner Güter, die Dienste meiner Landleute nicht entbehren kann, und daß ich auf gewissen Rechten strack und streng halten muß; ich sehe aber auch, daß andere Befugnisse mir zwar vorteilhaft, aber nicht ganz unentbehrlich sind, so daß ich davon meinen Leuten auch was gönnen kann. Man verliert nicht immer, wenn man entbehrt. Nutze ich nicht meine Güter weit besser als mein Vater? Werde ich meine Einkünfte nicht noch höher treiben? Und soll ich diesen wachsenden Vorteil allein genießen? Soll ich dem, der mit mir und für mich arbeitet, nicht auch in dem Seinigen Vorteile gönnen, die uns erweiterte Kenntnisse, die uns eine vorrückende Zeit darbietet?

Der Mensch ist nun einmal so! rief Jarno, und ich tadle mich nicht, wenn ich mich auch in dieser Eigenheit ertappe; der Mensch begehrt alles an sich zu reißen, um nur nach Belieben damit schalten und walten zu können; das Geld, das er nicht selbst ausgibt, scheint ihm selten wohl angewendet.

O ja! versetzte Lothario, wir könnten manches vom Kapital entbehren, wenn wir mit den Interessen weniger willkürlich umgingen.

Das einzige, was ich zu erinnern habe, sagte Jarno, und warum ich nicht raten kann, daß Sie eben jetzt diese Veränderungen machen, wodurch Sie wenigstens im Augenblicke verlieren, ist, daß Sie selbst noch Schulden haben, deren Abzahlung Sie einengt. Ich würde raten Ihren Plan aufzuschieben, bis Sie völlig im Reinen wären.

Und indessen einer Kugel, oder einem Dachziegel zu überlassen, ob er die Resultate meines Lebens und meiner Tätigkeit auf immer vernichten wollte! O, mein Freund! fuhr Lothario fort: das ist ein Hauptfehler gebildeter Menschen, daß sie alles an eine Idee, wenig oder nichts an einen Gegenstand wenden mögen. Wozu habe ich Schulden gemacht? Warum habe ich mich mit meinem Oheim entzweit? meine Geschwister so lange sich selbst überlassen? als um einer Idee willen. In Amerika glaubte ich zu wirken, über dem Meere glaubte ich nützlich und notwendig zu sein; war eine Handlung nicht mit tausend Gefahren umgeben, so schien sie mir nicht bedeutend, nicht würdig. Wie anders seh' ich jetzt die Dinge, und wie ist mir das Nächste so wert, so teuer geworden.

Ich erinnere mich wohl des Briefes, versetzte Jarno, den ich noch über das Meer erhielt. Sie schrieben mir: Ich werde zurückkehren, und in meinem Hause, in meinem Baumgarten, mitten unter den Meinigen sagen: *hier, oder nirgend ist Amerika!*

Ja, mein Freund, und ich wiederhole noch immer dasselbe, und doch schelte ich mich zugleich, daß ich hier nicht so tätig wie dort bin. Zu einer gewissen gleichen fortdauernden Gegenwart brauchen wir nur Verstand, und wir werden auch nur zu Verstand, so daß wir das Außerordentliche, was jeder gleichgültige Tag von uns fordert, nicht mehr sehen, und wenn wir es erkennen, doch tausend Entschuldigungen finden es nicht zu tun. Ein verständiger Mensch ist viel für sich, aber für's Ganze ist er wenig.

Wir wollen, sagte Jarno, dem Verstande nicht zu nahe treten, und bekennen, daß das Außerordentliche, was geschieht, meistens töricht ist.

Ja, und zwar eben deswegen, weil die Menschen das Außerordentliche außer der Ordnung tun. So gibt mein Schwager sein Vermögen, insofern er es veräußern kann, der Brüdergemeinde, und glaubt seiner Seele Heil dadurch zu befördern; hätte er einen geringen Teil seiner Einkünfte aufgeopfert, so hätte er viel glückliche Menschen machen, und sich und ihnen einen Himmel auf Erden schaffen können. Selten sind unsere Aufopferungen tätig, wir tun gleich Verzicht auf das, was wir weggeben. Nicht entschlossen, sondern verzweifelt entsagen wir dem, was wir besitzen. Diese Tage, ich gesteh' es, schwebt mir der Graf immer vor Augen, und ich bin fest entschlossen, das aus Überzeugung zu tun, wozu ihn ein ängstlicher Wahn treibt; ich will meine Genesung nicht abwarten. Hier sind die Papiere, sie dürfen nur in's Reine gebracht werden. Nehmen Sie den Gerichtshalter dazu, unser Gast hilft Ihnen auch, Sie wissen so gut als ich, worauf es ankommt, und ich will hier genesend oder sterbend dabei bleiben und ausrufen: *hier, oder nirgend ist Herrnhut!*

Als Lydie ihren Freund von sterben reden hörte, stürzte sie vor seinem Bette nieder, hing an seinen Armen und weinte bitterlich. Der Wundarzt kam herein, Jarno gab Wilhelmen die Papiere und nötigte Lydien sich zu entfernen.

Um's Himmels willen! rief Wilhelm, als sie in dem Saal allein waren, was ist das mit dem Grafen? Welch ein Graf ist das, der sich unter die Brüdergemeinde begibt?

Den Sie sehr wohl kennen, versetzte Jarno. Sie sind das Gespenst, das ihn in die Arme der Frömmigkeit jagt, Sie sind der Bösewicht, der sein artiges Weib in einen Zustand versetzt, in dem sie erträglich findet, ihrem Manne zu folgen.

Und sie ist Lothario's Schwester? rief Wilhelm.

Nicht anders.

Und Lothario weiß —?

Alles.

O lassen Sie mich fliehen! rief Wilhelm aus: wie kann ich vor ihm stehen? Was kann er sagen?

Daß niemand einen Stein gegen den andern aufheben soll, und daß niemand lange Reden komponieren soll, um die Leute zu beschämen, er müßte sie denn vor dem Spiegel halten wollen.

Auch das wissen Sie?

Wie manches andere, versetzte Jarno lächelnd; doch diesmal, fuhr er fort, werde ich Sie so leicht nicht wie das vorigemal los lassen, und vor meinem Werbesold haben Sie sich auch nicht mehr zu fürchten. Ich bin kein Soldat mehr, und auch als Soldat hätte ich Ihnen diesen Argwohn nicht einflößen sollen. Seit der Zeit, daß ich Sie nicht gesehen habe, hat sich vieles geändert. Nach dem Tode meines Fürsten, meines einzigen Freundes und Wohltäters, habe ich mich aus der Welt und aus allen weltlichen Verhältnissen herausgerissen. Ich beförderte gern was vernünftig war, verschwieg nicht, wenn ich etwas abgeschmackt fand, und man hatte immer von meinem unruhigen Kopf und von meinem bösen Maule zu reden. Das Menschenpack fürchtet sich vor nichts mehr, als vor dem Verstande; vor der Dummheit sollten sie sich fürchten, wenn sie begriffen, was fürchterlich ist; aber jener ist unbequem, und man muß ihn bei Seite schaffen, diese ist nur verderblich, und das kann man abwarten. Doch es mag hingehen, ich habe zu leben, und von meinem Plane sollen Sie weiter hören. Sie sollen Teil daran nehmen, wenn Sie mögen; aber sagen Sie mir, wie ist es Ihnen ergangen? Ich sehe, ich fühle Ihnen an, auch Sie haben sich verändert. Wie steht's mit Ihrer alten Grille, etwas Schönes und Gutes in Gesellschaft von Zigeunern hervorzubringen?

Ich bin gestraft genug! rief Wilhelm aus: erinnern Sie mich nicht, woher ich komme und wohin ich gehe. Man spricht viel vom Theater, aber wer nicht selbst darauf war, kann sich keine Vorstellung davon machen. Wie völlig diese Menschen mit sich selbst unbekannt sind, wie sie ihr Geschäft ohne Nachdenken treiben, wie ihre Anforderungen ohne Gränzen sind, davon hat man keinen Begriff. Nicht allein will jeder der erste, sondern auch der einzige sein, jeder möchte gerne alle übrigen ausschließen, und sieht nicht, daß er mit ihnen zusammen kaum etwas leistet; jeder dünkt sich wunderoriginal zu sein, und ist unfähig sich in etwas zu finden was außer dem Schlendrian ist; dabei eine immerwährende Unruhe nach etwas Neuem. Mit welcher Heftigkeit wirken sie gegen einander! und nur die kleinlichste Eigenliebe, der beschränkteste Eigennutz macht, daß sie sich mit einander verbinden. Vom wechselseitigen Betragen ist gar die Rede nicht; ein ewiges Mißtrauen wird durch heimliche Tücke und schändliche Reden unterhalten; wer nicht liederlich lebt, lebt albern. Jeder macht Anspruch auf die unbedingteste Achtung, jeder ist empfindlich gegen den mindesten Tadel. Das hat er selbst alles schon besser gewußt! Und warum hat er denn immer das Gegenteil getan? Immer bedürftig und immer ohne Zutrauen, scheint es, als wenn sie sich vor nichts so sehr fürchteten als vor Vernunft und gutem Geschmack, und nichts so sehr zu erhalten suchten, als das Majestätsrecht ihrer persönlichen Willkür.

Wilhelm holte Atem, um seine Litanei noch weiter fortzusetzen, als ein unmäßiges Gelächter Jarno's ihn unterbrach. Die armen Schauspieler! rief er aus, warf sich in einen Sessel und lachte fort: die armen guten Schauspieler! Wissen Sie denn, mein Freund, fuhr er fort, nachdem er sich einigermaßen wieder erholt hatte, daß Sie nicht das Theater, sondern die Welt beschrieben haben, und daß ich Ihnen aus allen Ständen genug Figuren und Handlungen zu Ihren harten Pinselstrichen finden wollte?

Verzeihen Sie mir, ich muß wieder lachen, daß Sie glaubten, diese schönen Qualitäten seien nur auf die Bretter gebannt.

Wilhelm faßte sich, denn wirklich hatte ihn das unbändige und unzeitige Gelächter Jarno's verdrossen. Sie können, sagte er, Ihren Menschenhaß nicht ganz verbergen, wenn Sie behaupten, daß diese Fehler allgemein seien.

Und es zeugt von Ihrer Unbekanntschaft mit der Welt, wenn Sie diese Erscheinungen dem Theater so hoch anrechnen. Wahrhaftig, ich verzeihe dem Schauspieler jeden Fehler, der aus dem Selbstbetrug und aus der Begierde zu gefallen entspringt; denn wenn er sich und andern nicht etwas scheint, so ist er nichts. Zum Schein ist er berufen, er muß den augenblicklichen Beifall hoch schätzen, denn er erhält keinen andern Lohn; er muß zu glänzen suchen, denn deswegen steht er da.

Sie erlauben, versetzte Wilhelm, daß ich von meiner Seite wenigstens lächele. Nie hätte ich geglaubt, daß Sie so billig, so nachsichtig sein könnten.

Nein, bei Gott! dies ist mein völliger wohlbedachter Ernst. Alle Fehler des Menschen verzeih' ich dem Schauspieler, keine Fehler des Schauspielers verzeih' ich dem Menschen. Lassen Sie mich meine Klaglieder hierüber nicht anstimmen, sie würden heftiger klingen als die Ihrigen.

Der Chirurgus kam aus dem Kabinett, und auf Befragen, wie sich der Kranke befinde? sagte er mit lebhafter Freundlichkeit: Recht sehr wohl, ich hoffe ihn bald völlig wieder hergestellt zu sehen. Sogleich eilte er zum Saal hinaus, und erwartete Wilhelms Frage nicht, der schon den Mund öffnete, sich nochmals und dringender nach der Brieftasche zu erkundigen. Das Verlangen, von seiner Amazone etwas zu erfahren, gab ihm Vertrauen zu Jarno; er entdeckte ihm seinen Fall, und bat ihn um seine Beihülfe. Sie wissen so viel, sagte er, sollten Sie nicht auch das erfahren können?

Jarno war einen Augenblick nachdenkend, dann sagte er zu seinem jungen Freunde: Sein Sie ruhig, und lassen Sie sich weiter nichts merken, wir wollen der Schönen schon auf die Spur kommen. Jetzt beunruhigt mich nur Lothario's Zustand, die Sache steht gefährlich, das sagt mir die Freundlichkeit und der gute Trost des Wundarztes. Ich hätte Lydien schon gerne weggeschafft, denn sie nutzt hier gar nichts, aber ich weiß nicht, wie ich es anfangen soll. Heute Abend hoff' ich soll unser alter Medicus kommen, und dann wollen wir weiter ratschlagen.

Viertes Kapitel

Der Medicus kam; es war der gute, alte, kleine Arzt, den wir schon kennen, und dem wir die Mitteilung des interessanten Manuskripts verdanken. Er besuchte vor allen Dingen den Verwundeten, und schien mit dessen Befinden keineswegs zufrieden. Dann hatte er mit Jarno eine lange Unterredung, doch ließen sie nichts merken, als sie Abends zu Tische kamen.

Wilhelm begrüßte ihn auf's freundlichste, und erkundigte sich nach seinem Harfenspieler. — Wir haben noch Hoffnung, den Unglücklichen zu rechte zu bringen, versetzte der Arzt. — Dieser Mensch war eine traurige Zugabe zu Ihrem eingeschränkten und wunderlichen Leben, sagte Jarno. Wie ist es ihm weiter ergangen? Lassen Sie mich es wissen.

Nachdem man Jarno's Neugierde befriediget hatte, fuhr der Arzt fort: Nie habe ich ein Gemüt in einer so sonderbaren Lage gesehen. Seit vielen Jahren hat er an nichts, was außer ihm war, den mindesten Anteil genommen, ja fast auf nichts gemerkt; bloß in sich gekehrt, betrachtete er sein hohles leeres Ich, das ihm als ein unermeßlicher Abgrund erschien. Wie rührend war es, wenn er von diesem traurigen Zustande sprach! Ich sehe nichts vor mir, nichts hinter mir, rief er aus, als eine unendliche Nacht, in der ich mich in der schrecklichsten Einsamkeit befinde; kein Gefühl bleibt mir, als das Gefühl meiner Schuld, die doch auch nur wie ein entferntes unförmliches Gespenst sich rückwärts sehen läßt. Doch da ist keine Höhe, keine Tiefe, kein Vor noch Zurück, kein Wort drückt diesen immer gleichen Zustand aus. Manchmal ruf' ich in der Not dieser Gleichgültigkeit: Ewig! ewig! mit Heftigkeit aus, und dieses seltsame unbegreifliche Wort ist hell und klar gegen die Finsternis meines Zustandes. Kein Strahl einer Gottheit erscheint mir in dieser Nacht, ich weine meine Tränen alle mir selbst und um mich selbst. Nichts ist mir grausamer als Freundschaft und Liebe; denn sie allein locken mir den Wunsch ab, daß die Erscheinungen, die mich umgeben, wirklich sein möchten. Aber auch diese beiden Gespenster sind nur aus dem Abgrunde gestiegen, um mich zu ängstigen, und um mir zuletzt auch das teure Bewußtsein dieses ungeheuren Daseins zu rauben.

Sie sollten ihn hören, fuhr der Arzt fort, wenn er in vertraulichen Stunden auf diese Weise sein Herz erleichtert; mit der größten Rührung habe ich ihm einigemal zugehört. Wenn sich ihm etwas aufdringt, das ihn nötigt, einen Augenblick zu gestehen, eine Zeit sei vergangen, so scheint er wie erstaunt, und dann verwirft er wieder die Veränderung an den Dingen als eine Erscheinung der Erscheinungen. Eines Abends sang er ein Lied über seine grauen Haare; wir saßen alle um ihn her und weinten.

O, schaffen Sie es mir! rief Wilhelm aus.

Haben Sie denn aber, fragte Jarno, nichts entdeckt von dem, was er sein Verbrechen nennt, nicht die Ursache seiner sonderbaren Tracht, sein Betragen bei'm Brande, seine Wut gegen das Kind?

Nur durch Mußmaßungen können wir seinem Schicksale näher kommen; ihn unmittelbar zu fragen, würde gegen unsere Grundsätze sein. Da wir wohl merken, daß er katholisch erzogen ist, haben wir geglaubt, ihm durch eine Beichte Linderung zu verschaffen; aber er entfernt sich auf eine sonderbare Weise jedesmal, wenn wir ihn dem Geistlichen näher zu bringen suchen. Daß ich aber Ihren Wunsch, etwas von ihm zu wissen, nicht ganz unbefriedigt lasse, will ich Ihnen wenigstens unsere Vermutungen entdecken. Er hat seine Jugend in dem geistlichen Stande zugebracht; daher scheint er sein langes Gewand und seinen Bart erhalten zu wollen. Die Freuden der Liebe blieben ihm die größte Zeit seines Lebens unbekannt. Erst spät mag eine Verirrung mit einem sehr nahe verwandten Frauenzimmer, es mag ihr Tod, der einem unglücklichen Geschöpfe das Dasein gab, sein Gehirn völlig zerrüttet haben.

Sein größter Wahn ist, daß er überall Unglück bringe, und daß ihm der Tod durch einen unschuldigen Knaben bevorstehe. Erst fürchtete er sich vor Mignon, eh' er wußte, daß es ein Mädchen war; nun ängstigte ihn Felix, und da er das Leben bei alle seinem Elend unendlich liebt, scheint seine Abneigung gegen das Kind daher entstanden zu sein.

Was haben Sie denn zu seiner Besserung für Hoffnung? fragte Wilhelm.

Es geht langsam vorwärts, versetzte der Arzt, aber doch nicht zurück. Seine bestimmten Beschäftigungen treibt er fort, und wir haben ihn gewöhnt, die Zeitungen zu lesen, die er jetzt immer mit großer Begierde erwartet.

Ich bin auf seine Lieder neugierig, sagte Jarno.

Davon werde ich Ihnen verschiedene geben können, sagte der Arzt. Der älteste Sohn des Geistlichen, der seinem Vater die Predigten nachzuschreiben gewohnt ist, hat manche Strophe, ohne von dem Alten bemerkt zu werden, aufgezeichnet, und mehrere Lieder nach und nach zusammengesetzt.

Den andern Morgen kam Jarno zu Wilhelmen, und sagte ihm: Sie müssen uns einen Gefallen tun; Lydie muß einige Zeit entfernt werden; ihre heftige, und, ich darf wohl sagen, unbequeme Liebe und Leidenschaft hindert des Barons Genesung. Seine Wunde verlangt Ruhe und Gelassenheit, ob sie gleich bei seiner guten Natur nicht gefährlich ist. Sie haben gesehen, wie ihn Lydie mit stürmischer Sorgfalt, unbezwinglicher Angst und nie versiegenden Tränen quält, und — genug, setzte er nach einer Pause, mit einem Lächeln, hinzu, der Medicus verlangt ausdrücklich, daß sie das Haus auf einige Zeit verlassen solle. Wir haben ihr eingebildet, eine sehr gute Freundin halte sich in der Nähe auf, verlange sie zu sehen und erwarte sie jeden Augenblick. Sie hat sich bereden lassen, zu dem Gerichtshalter zu fahren, der nur zwei Stunden von hier wohnt. Dieser ist unterrichtet, und wird herzlich bedauern, daß Fräulein Therese so eben weggefahren sei; er wird wahrscheinlich machen, daß man sie noch einholen könne, Lydie wird ihr nacheilen, und, wenn das Glück gut ist, wird sie von einem Orte zum andern geführt werden. Zuletzt, wenn sie darauf besteht, wieder umzukehren, darf man ihr nicht widersprechen; man muß die Nacht zu Hülfe nehmen, der Kutscher ist ein gescheiter Kerl, mit dem man noch Abrede nehmen muß. Sie setzen sich zu ihr in den Wagen, unterhalten sie und dirigieren das Abenteuer.

Sie geben mir einen sonderbaren und bedenklichen Auftrag, versetzte Wilhelm: wie ängstlich ist die Gegenwart einer gekränkten treuen Liebe! und ich soll selbst dazu das Werkzeug sein? Es ist das erstemal in meinem Leben, daß ich jemanden auf diese Weise hintergehe: denn ich habe immer geglaubt, daß es uns zu weit führen könne, wenn wir einmal um des Guten und Nützlichen willen zu betrügen anfangen.

Können wir doch Kinder nicht anders erziehen, als auf diese Weise, versetzte Jarno.

Bei Kindern möchte es noch hingehen, sagte Wilhelm, indem wir sie so zärtlich lieben und offenbar übersehen; aber bei unsers Gleichen, für die uns nicht immer das Herz so laut um Schonung anruft, möchte es oft gefährlich werden. Doch glauben Sie nicht, fuhr er nach einem kurzen Nachdenken fort, daß ich deswegen diesen Auftrag ablehne. Bei der Ehrfurcht, die mir Ihr Verstand einflößt, bei der Neigung, die ich für Ihren trefflichen Freund fühle, bei dem lebhaften Wunsch, seine Genesung, durch welche Mittel sie auch möglich sei, zu befördern, mag ich mich gerne selbst vergessen. Es ist nicht genug, daß man sein Leben für einen Freund wagen könne, man muß auch im Notfall seine Überzeugung für ihn verleugnen. Unsere liebste Leidenschaft, unsere besten Wünsche sind wir für ihn aufzuopfern schuldig. Ich übernehme den Auftrag, ob ich gleich schon die Qual voraussehe, die ich von Lydiens Tränen, von ihrer Verzweiflung werde zu erdulden haben.

Dagegen erwartet Sie auch keine geringe Belohnung, versetzte Jarno, indem Sie Fräulein Theresen kennen lernen, ein Frauenzimmer, wie es ihrer wenige gibt; sie beschämt hundert Männer, und ich möchte sie eine wahre Amazone nennen, wenn andere nur als artige Hermaphroditen in dieser zweideutigen Kleidung herum gehen.

Wilhelm war betroffen, er hoffte in Theresen seine Amazone wieder zu finden, um so mehr, als Jarno, von dem er einige Auskunft verlangte, kurz abbrach und sich entfernte.

Die neue nahe Hoffnung, jene verehrte und geliebte Gestalt wieder zu sehen, brachte in ihm die sonderbarsten Bewegungen hervor. Er hielt nunmehr den Auftrag, der ihm gegeben worden war, für ein Werk einer ausdrücklichen Schickung, und der Gedanke, daß er ein armes Mädchen von dem Gegenstande ihrer aufrichtigsten und heftigsten Liebe hinterlistig zu entfernen im Begriff war, erschien ihm nur im Vorübergehen, wie der Schatten eines Vogels über die erleuchtete Erde wegfliegt.

Der Wagen stand vor der Türe, Lydie zauderte einen Augenblick hinein zu steigen. Grüßt euren Herrn nochmals, sagte sie zu dem alten Bedienten, vor Abend bin ich wieder zurück. Tränen standen ihr im Auge, als sie im Fortfahren sich nochmals umwendete. Sie kehrte sich darauf zu Wilhelmen, nahm sich zusammen, und sagte: Sie werden an Fräulein Theresen eine sehr interessante Person finden. Mich wundert, wie sie in diese Gegend kommt: denn Sie werden wohl wissen, daß sie und der Baron sich heftig liebten. Ungeachtet der Entfernung war Lothario oft bei ihr; ich war damals um sie, es schien, als ob sie nur für einander leben würden. Auf einmal aber zerschlug sich's, ohne daß ein Mensch begreifen konnte warum. Er hatte mich kennen lernen, und ich leugne nicht, daß ich Theresen herzlich beneidete, daß ich meine Neigung zu ihm kaum verbarg, und daß ich ihn nicht zurückstieß, als er auf einmal mich statt Theresen zu wählen schien. Sie betrug sich gegen mich, wie ich es nicht besser wünschen konnte, ob es gleich beinahe scheinen mußte, als hätte ich ihr einen so werten Liebhaber geraubt. Aber auch wie viel tausend Tränen und Schmerzen hat mich diese Liebe schon gekostet! Erst sahen wir uns nur zuweilen am dritten Orte verstohlen, aber lange konnte ich das Leben nicht ertragen; nur in seiner Gegenwart war ich glücklich, ganz glücklich! Fern von ihm hatte ich kein trocknes Auge, keinen ruhigen Pulsschlag. Einst verzog er mehrere Tage, ich war in Verzweiflung, machte mich auf den Weg, und überraschte ihn hier. Er nahm mich liebevoll auf, und wäre nicht dieser unglückselige Handel dazwischen gekommen, so hätte ich ein himmliches Leben geführt; und was ich ausgestanden habe, seitdem er in Gefahr ist, seitdem er leidet, sag' ich nicht, und noch in diesem Augenblicke mache ich mir lebhafte Vorwürfe, daß ich mich nur einen Tag von ihm habe entfernen können.

Wilhelm wollte sich eben näher nach Theresen erkundigen, als sie bei dem Gerichtshalter vorfuhren, der an den Wagen kam, und von Herzen bedauerte, daß Fräulein Therese schon abgefahren sei. Er bot den Reisenden ein Frühstück an, sagte aber zugleich, der Wagen würde noch im nächsten Dorfe einzuholen sein. Man entschloß sich nachzufahren, und der Kutscher säumte nicht; man hatte schon einige Dörfer zurückgelegt und niemand angetroffen. Lydie bestand nun darauf, man solle umkehren, der Kutscher fuhr zu, als verstände er es nicht. Endlich verlangte sie es mit größter Heftigkeit; Wilhelm rief ihm zu und gab ihm das verabredete Zeichen. Der Kutscher erwiderte: Wir haben nicht nötig denselben Weg zurück zu fahren; ich weiß einen nähern, der zugleich viel bequemer ist. Er fuhr nun seitwärts durch einen Wald und über lange Triften weg. Endlich da kein bekannter Gegenstand zum Vorschein kam, gestand der Kutscher, er sei unglücklicher Weise irre gefahren, wolle sich aber bald wieder zurechte finden, indem er dort ein Dorf sehe. Die Nacht kam herbei, und der Kutscher machte seine Sache so geschickt, daß er überall fragte und nirgends die Antwort abwartete. So fuhr man die ganze Nacht, Lydie schloß kein Auge; bei Mondschein fand sie überall Ähnlichkeiten, und immer verschwanden sie wieder. Morgens schienen ihr die Gegenstände bekannt, aber desto unerwarteter. Der Wagen hielt vor einem kleinen, artig gebauten Landhause stille; ein Frauenzimmer trat aus der Türe und öffnete den Schlag. Lydie sah sie starr an, sah sich um, sah sie wieder an und lag ohnmächtig in Wilhelms Armen.

Fünftes Kapitel

Wilhelm ward in ein Mansardzimmerchen geführt; das Haus war neu, und so klein als es beinah nur möglich war, äußerst reinlich und ordentlich. In Theresen, die ihn und Lydien an der Kutsche empfangen hatte, fand er seine Amazone nicht, es war ein anderes, ein himmelweit von ihr unterschiedenes Wesen. Wohlgebaut, ohne groß zu sein, bewegte sie sich mit viel Lebhaftigkeit, und ihren hellen, blauen, offnen Augen schien nichts verborgen zu bleiben was vorging.

Sie trat in Wilhelms Stube, und fragte, ob er etwas bedürfe? Verzeihen Sie, sagte sie, daß ich Sie in ein Zimmer logiere, das der Ölgeruch noch unangenehm macht; mein kleines Haus ist eben fertig geworden, und Sie weihen dieses Stübchen ein, das meinen Gästen bestimmt ist. Wären Sie nur bei einem angenehmern Anlaß hier! Die arme Lydie wird uns keine guten Tage machen, und überhaupt müssen Sie vorlieb nehmen; meine Köchin ist mir eben zur ganz unrechten Zeit aus dem Dienste gelaufen, und ein Knecht hat sich die Hand zerquetscht. Es täte Not, ich verrichtete alles selbst, und am Ende, wenn man sich darauf einrichtete, müßte es auch gehen. Man ist mit niemand mehr geplagt als mit den Dienstboten; es will niemand dienen, nicht einmal sich selbst.

Sie sagte noch manches über verschiedene Gegenstände, überhaupt schien sie gern zu sprechen. Wilhelm fragte nach Lydien, ob er das gute Mädchen nicht sehen und sich bei ihr entschuldigen könnte?

Das wird jetzt nicht bei ihr wirken, versetzte Therese, die Zeit entschuldigt wie sie tröstet, Worte sind in beiden Fällen von wenig Kraft. Lydie will Sie nicht sehen. — Lassen Sie mir ihn ja nicht vor die Augen kommen, rief sie, als ich sie verließ; ich möchte an der Menschheit verzweifeln! So ein ehrlich Gesicht, so ein offnes Betragen und diese heimliche Tücke! Lothario ist ganz bei ihr entschuldigt, auch sagt er in einem Briefe an das gute Mädchen: „Meine Freunde beredeten mich, meine Freunde nötigten mich!" Zu diesen rechnet Lydie Sie auch, und verdammt Sie mit den übrigen.

Sie erzeigt mir zu viel Ehre, indem sie mich schilt, versetzte Wilhelm: ich darf an die Freundschaft dieses trefflichen Mannes noch keinen Anspruch machen, und bin diesmal nur ein unschuldiges Werkzeug. Ich will meine Handlung nicht loben; genug, ich konnte sie tun! Es war von der Gesundheit, es war von dem Leben eines Mannes die Rede, den ich höher schätzen muß als irgend jemand, den ich vorher kannte. O welch ein Mann ist das! Fräulein, und welche Menschen umgeben ihn! In dieser Gesellschaft hab ich, so darf ich wohl sagen, zum erstenmal ein Gespräch geführt, zum erstenmal kam mir der eigenste Sinn meiner Worte aus dem Munde eines andern reichhaltiger, voller und in einem größern Umfang wieder entgegen; was ich ahnete, ward mir klar, und was ich meinte, lernte ich anschauen. Leider ward dieser Genuß erst durch allerlei Sorgen und Grillen, dann durch den unangenehmen Auftrag unterbrochen. Ich übernahm ihn mit Ergebung: denn ich hielt für Schuldigkeit, selbst mit Aufopferung meines Gefühls diesem trefflichen Kreise von Menschen meinen Einstand abzutragen.

Therese hatte unter diesen Worten ihren Gast sehr freundlich angesehen. O, wie süß ist es, rief sie aus, seine eigne Überzeugung aus einem fremden Munde zu hören! Wie werden wir erst recht wir selbst, wenn uns ein anderer vollkommen Recht gibt. Auch ich denke über Lothario vollkommen wie Sie; nicht jedermann läßt ihm Gerechtigkeit widerfahren; dafür schwärmen aber auch alle *die* für ihn, die ihn näher kennen, und das schmerzliche Gefühl, das sich in meinem Herzen zu seinem Andenken mischt, kann mich nicht abhalten täglich an ihn zu denken. Ein Seufzer erweiterte ihre Brust, indem sie dieses sagte, und in ihrem rechten Auge blinkte eine schöne Träne. Glauben Sie nicht, fuhr sie fort, daß ich so weich, so leicht zu führen bin! Es ist nur das Auge, das weint. Ich hatte eine kleine Warze am untern Augenlid, man hat mir sie glücklich abgebunden, aber das Auge ist seit der Zeit immer schwach geblieben, der geringste Anlaß drängt mir eine Träne hervor. Hier saß das Wärzchen, Sie sehen keine Spur mehr davon.

Er sah keine Spur, aber er sah ihr in's Auge, es war klar wie Krystall, er glaubte bis auf den Grund ihrer Seele zu sehen.

Wir haben, sagte sie, nun das Losungswort unserer Verbindung ausgesprochen; lassen Sie uns sobald als möglich mit einander völlig bekannt werden. Die Geschichte des Menschen ist sein Charakter. Ich will Ihnen erzählen, wie es mir ergangen ist, schenken Sie mir ein kleines Vertrauen, und lassen Sie uns auch in der Ferne verbunden bleiben. Die Welt ist so leer, wenn man nur Berge, Flüsse und Städte darin denkt, aber hie und da jemand zu wissen, der mit uns übereinstimmt, mit dem wir auch stillschweigend fortleben, das macht uns dieses Erdenrund erst zu einem bewohnten Garten.

Sie eilte fort, und versprach ihn bald zum Spaziergange abzuholen. Ihre Gegenwart hatte sehr angenehm auf ihn gewirkt, er wünschte ihr Verhältnis zu Lothario zu erfahren. Er ward gerufen, sie kam ihm aus ihrem Zimmer entgegen.

Als sie die enge und beinah steile Treppe einzeln hinuntergehen mußten, sagte sie: Das könnte alles weiter und breiter sein, wenn ich auf das Anerbieten Ihres großmütigen Freundes hätte hören wollen; doch um seiner wert zu bleiben, muß ich das an mir erhalten, was mich ihm so wert machte. Wo ist der Verwalter? fragte sie, indem sie die Treppe völlig herunter kam. Sie müssen nicht denken, fuhr sie fort, daß ich so reich bin, um einen Verwalter zu brauchen; die wenigen Äcker meines Freigütchens kann ich wohl selbst bestellen. Der Verwalter gehört meinem neuen Nachbarn, der das schöne Gut gekauft hat, das ich in- und auswendig kenne; der gute alte Mann liegt krank am Podagra, seine Leute sind in dieser Gegend neu, und ich helfe ihnen gerne sich einrichten.

Sie machten einen Spaziergang durch Äcker, Wiesen und einige Baumgärten. Therese bedeutete den Verwalter in allem, sie konnte ihm von jeder Kleinigkeit Rechenschaft geben, und Wilhelm hatte Ursache genug sich über ihre Kenntnis, ihre Bestimmtheit und über die Gewandtheit, wie sie in jedem Falle Mittel anzugeben wußte, zu verwundern. Sie hielt sich nirgends auf, eilte immer zu den bedeutenden Punkten, und so war die Sache bald abgetan. Grüßt euren Herrn, sagte sie, als sie den Mann verabschiedete; ich werde ihn sobald als möglich besuchen, und wünsche vollkommene Besserung. Da könnte ich nun auch, sagte sie mit Lächeln, als er weg war, bald reich und vielhabend werden; denn mein guter Nachbar wäre nicht abgeneigt mir seine Hand zu geben.

Der Alte mit dem Podagra? rief Wilhelm; ich wüßte nicht, wie Sie in Ihren Jahren zu so einem verzweifelten Entschluß kommen könnten? — Ich bin auch gar nicht versucht! versetzte Therese. Wohlhabend ist jeder, der dem, was er besitzt, vorzustehen weiß; vielhabend zu sein ist eine lästige Sache, wenn man es nicht versteht.

Wilhelm zeigte seine Verwunderung über ihre Wirtschaftskenntnisse. — Entschiedene Neigung, frühe Gelegenheit, äußerer Antrieb und eine fortgesetzte Beschäftigung in einer nützlichen Sache machen in der Welt noch viel mehr möglich, versetzte Therese, und wenn Sie erst erfahren werden, was mich dazu belebt hat, so werden Sie sich über das sonderbar scheinende Talent nicht mehr wundern.

Sie ließ ihn, als sie zu Hause anlangten, in ihrem kleinen Garten, in welchem er sich kaum herumdrehen konnte; so eng waren die Wege, und so reichlich war alles bepflanzt. Er mußte lächeln, als er über den Hof zurückkehrte, denn da lag das Brennholz so akkurat gesägt, gespalten und geschränkt, als wenn es ein Teil des Gebäudes wäre, und immer so liegen bleiben sollte. Rein standen alle Gefäße an ihren Plätzen, das Häuschen war weiß und rot angestrichen und lustig anzusehen. Was das Handwerk hervorbringen kann, das keine schönen Verhältnisse kennt, aber für Bedürfnis, Dauer und Heiterkeit arbeitet, schien auf dem Platze vereinigt zu sein. Man brachte ihm das Essen auf sein Zimmer, und er hatte Zeit genug Betrachtungen anzustellen. Besonders fiel ihm auf, daß er nun wieder eine so interessante Person kennen lernte, die mit Lothario in einem nahen Verhältnisse gestanden hatte. Billig ist es, sagte er zu sich selbst, daß so ein trefflicher Mann auch treffliche Weiberseelen an sich ziehe! Wie weit verbreitet sich die Wirkung der Männlichkeit und Würde. Wenn nur andere nicht so sehr dabei zu kurz kämen! Ja, gestehe dir nur deine

Furcht. Wenn du dereinst deine Amazone wieder antriffst, diese Gestalt aller Gestalten, du findest sie, trotz aller deiner Hoffnungen und Träume, zu deiner Beschämung und Demütigung doch noch am Ende — als seine Braut.

Sechstes Kapitel

Wilhelm hatte einen unruhigen Nachmittag nicht ganz ohne Langeweile zugebracht, als sich gegen Abend seine Tür öffnete, und ein junger artiger Jägerbursche mit einem Gruße hereintrat. Wollen wir nun spazieren gehen? sagte der junge Mensch, und in dem Augenblicke erkannte Wilhelm Theresen an ihren schönen Augen.

Verzeihn Sie mir diese Maskerade, fing sie an, denn leider ist es jetzt nur Maskerade. Doch da ich Ihnen einmal von der Zeit erzählen soll, in der ich mich so gerne in dieser Weste sah, will ich mir auch jene Tage auf alle Weise vergegenwärtigen. Kommen Sie! selbst der Platz, an dem wir so oft von unsern Jagden und Spaziergängen ausruhten, soll dazu beitragen.

Sie gingen, und auf dem Wege sagte Therese zu ihrem Begleiter: Es ist nicht billig, daß Sie mich allein reden lassen; schon wissen Sie genug von mir, und ich weiß noch nicht das Mindeste von Ihnen; erzählen Sie mir indessen etwas von sich, damit ich Mut bekomme Ihnen auch meine Geschichte und meine Verhältnisse vorzulegen. Leider hab' ich, versetzte Wilhelm, nichts zu erzählen als Irrtümer auf Irrtümer, Verirrungen auf Verirrungen, und ich wüßte nicht, wem ich die Verworrenheiten, in denen ich mich befand und befinde, lieber verbergen möchte als Ihnen. Ihr Blick und alles was Sie umgibt, Ihr ganzes Wesen und Ihr Betragen zeigt mir, daß Sie sich Ihres vergangenen Lebens freuen können, daß Sie auf einem schönen reinen Wege in einer sichern Folge gegangen sind, daß Sie keine Zeit verloren, daß Sie sich nichts vorzuwerfen haben.

Therese lächelte und versetzte: Wir müssen abwarten, ob Sie auch noch so denken, wenn Sie meine Geschichte hören. Sie gingen weiter, und unter einigen allgemeinen Gesprächen fragte ihn Theresen: Sind Sie frei? — Ich glaube es zu sein, versetzte er, aber ich wünsche es nicht. — Gut! sagte sie, das deutet auf einen komplizierten Roman, und zeigt mir, daß Sie auch etwas zu erzählen haben.

Unter diesen Worten stiegen sie den Hügel hinan und lagerten sich bei einer großen Eiche, die ihren Schatten weit umher verbreitete. Hier, sagte Therese, unter diesem deutschen Baume will ich Ihnen die Geschichte eines deutschen Mädchens erzählen, hören Sie mich geduldig an.

Mein Vater war ein wohlhabender Edelmann dieser Provinz, ein heiterer, klarer, tätiger, wackrer Mann, ein zärtlicher Vater, ein redlicher Freund, ein trefflicher Wirt, an dem ich nur den einzigen Fehler kannte, daß er gegen eine Frau zu nachsichtig war, die ihn nicht zu schätzen wußte. Leider muß ich das von meiner eigenen Mutter sagen! Ihr Wesen war dem seinigen ganz entgegengesetzt. Sie war rasch, unbeständig, ohne Neigung weder für ihr Haus noch für mich, ihr einziges Kind; verschwenderisch, aber schön, geistreich, voller Talente, das Entzücken eines Zirkels, den sie um sich zu versammeln wußte. Freilich war ihre Gesellschaft niemals groß, oder blieb es nicht lange. Dieser Zirkel bestand meist aus Männern, denn keine Frau befand sich wohl neben ihr, und noch weniger konnte *sie* das Verdienst irgend eines Weibes dulden. Ich glich meinem Vater an Gestalt und Gesinnungen. Wie eine junge Ente gleich das Wasser sucht, so waren von der ersten Jugend an die Küche, die Vorratskammer, die Scheunen und Böden mein Element. Die Ordnung und Reinlichkeit des Hauses schien, selbst da ich noch spielte, mein einziger Instinkt, mein einziges Augenmerk zu sein. Mein Vater freute sich darüber, und gab meinem kindischen Bestreben stufenweise die zweckmäßigsten Beschäftigungen; meine Mutter dagegen liebte mich nicht, und verhehlte es keinen Augenblick.

Ich wuchs heran, mit den Jahren vermehrte sich meine Tätigkeit und die Liebe meines Vaters zu mir. Wenn wir allein waren, auf die Felder gingen, wenn ich ihm die Rechnungen durchsehen half, dann konnte ich ihm recht anfühlen wie glücklich er war. Wenn ich ihm in die Augen sah, so war es, als wenn ich in mich selbst hinein sähe, denn eben die Augen waren es, die mich ihm vollkommen ähnlich machten. Aber nicht eben den Mut, nicht eben den Ausdruck behielt er in der Gegenwart meiner Mutter; er entschuldigte mich gelind, wenn sie mich heftig und ungerecht tadelte; er nahm sich meiner an, nicht als wenn er mich beschützen, sondern als wenn er meine guten Eigenschaften nur entschuldigen könnte. So setzte er auch keiner von ihren Neigungen Hindernisse entgegen; sie fing an mit größter Leidenschaft sich auf das Schauspiel zu werfen, ein Theater ward erbauet, an Männern fehlte es nicht von allen Altern und Gestalten, die sich mit ihr auf der Bühne darstellten, an Frauen hingegen mangelte es oft. Lydie, ein artiges Mädchen, das mit mir erzogen worden war, und das gleich in ihrer ersten Jugend reizend zu werden versprach, mußte die zweiten Rollen übernehmen, und eine alte Kammerfrau die Mütter und Tanten vorstellen, indes meine Mutter sich die ersten Liebhaberinnen, Heldinnen und Schäferinnen aller Art vorbehielt. Ich kann Ihnen gar nicht sagen, wie lächerlich mir es vorkam, wenn die Menschen, die ich alle recht gut kannte, sich verkleidet hatten, da droben standen, und für etwas anders, als sie waren, gehalten sein wollten. Ich sah immer nur meine Mutter und Lydien, diesen Baron und jenen Sekretär, sie mochten nun als Fürsten und Grafen, oder als Bauern erscheinen, und ich konnte nicht begreifen, wie sie mir zumuten wollten zu glauben, daß es ihnen wohl oder wehe sei, daß sie verliebt oder gleichgültig, geizig oder freigebig seien, da ich doch meist von dem Gegenteile genau unterrichtet war. Deswegen blieb ich auch sehr selten unter den Zuschauern; ich putzte ihnen immer die Lichter, damit ich nur etwas zu tun hatte, besorgte das Abendessen, und hatte des andern Morgens, wenn sie noch lange schliefen, schon ihre Garderobe in Ordnung gebracht, die sie des Abends gewöhnlich über einander geworfen zurückließen.

Meiner Mutter schien diese Tätigkeit ganz recht zu sein, aber ihre Neigung konnte ich nicht erwerben; sie verachtete mich, und ich weiß noch recht gut, daß sie mehr als einmal mit Bitterkeit wiederholte: Wenn die Mutter so ungewiß sein könnte als der Vater, so würde man wohl schwerlich diese Magd für meine Tochter halten. Ich leugnete nicht, daß ihr Betragen mich nach und nach ganz von ihr entfernte, ich betrachtete ihre Handlungen wie die Handlungen einer fremden Person, und da ich gewohnt war wie ein Falke das Gesinde zu beobachten: denn, im Vorbeigehen gesagt, darauf beruht eigentlich der Grund aller Haushaltung; so fielen mir natürlich auch die Verhältnisse meiner Mutter und ihrer Gesellschaft auf. Es ließ sich wohl bemerken, daß sie nicht alle Männer mit ebendenselben Augen ansah, ich gab schärfer Acht, und bemerkte bald, daß Lydie Vertraute war, und bei dieser Gelegenheit selbst mit einer Leidenschaft bekannter wurde, die sie von ihrer ersten Jugend an so oft vorgestellt hatte. Ich wußte alle ihre Zusammenkünfte, aber ich schwieg, und sagte meinem Vater nichts, den ich zu betrüben fürchtete; endlich aber ward ich dazu genötigt. Manches konnten sie nicht unternehmen, ohne das Gesinde zu bestechen. Dieses fing an mir zu trotzen, die Anordnungen meines Vaters zu vernachlässigen und meine Befehle nicht zu vollziehen; die Unordnungen, die daraus entstanden, waren mir unerträglich, ich entdeckte, ich klagte alles meinem Vater.

Er hörte mich gelassen an. Gutes Kind! sagte er zuletzt mit Lächeln, ich weiß alles; sei ruhig, ertrag' es mit Geduld, denn es ist nur um deinetwillen, daß ich es leide.

Ich war nicht ruhig, ich hatte keine Geduld. Ich schalt meinen Vater im Stillen; denn ich glaubte nicht, daß er um irgend einer Ursache willen so etwas zu dulden brauche; ich bestand auf der Ordnung, und ich war entschlossen, die Sache auf's äußerste kommen zu lassen.

Meine Mutter war reich von sich, verzehrte aber doch mehr als sie sollte, und dies gab, wie ich wohl merkte, manche Erklärung zwischen meinen Eltern. Lange war der Sache nicht geholfen, bis die Leidenschaften meiner Mutter selbst eine Art von Entwickelung hervorbrachten.

Der erste Liebhaber ward auf eine eklatante Weise ungetreu; das Haus, die Gegend, ihre Verhältnisse waren ihr zuwider. Sie wollte auf ein anderes Gut ziehen, da war es ihr zu einsam; sie wollte nach der Stadt, da galt sie nicht genug. Ich weiß nicht, was alles zwischen ihr und meinem Vater vorging; genug, er entschloß sich endlich unter Bedingungen, die ich nicht erfuhr, in eine Reise, die sie nach dem südlichen Frankreich tun wollte, einzuwilligen.

Wir waren nun frei und lebten wie im Himmel; ja ich glaube, daß mein

Vater nichts verloren hat, wenn er ihre Gegenwart auch schon mit einer ansehnlichen Summe abkaufte. Alles unnütze Gesinde ward abgeschafft, und das Glück schien unsere Ordnung zu begünstigen; wir hatten einige sehr gute Jahre, alles gelang nach Wunsch. Aber leider dauerte dieser frohe Zustand nicht lange; ganz unvermutet ward mein Vater von einem Schlagflusse befallen, der ihm die rechte Seite lähmte, und den reinen Gebrauch der Sprache benahm. Man mußte alles erraten, was er verlangte, denn er brachte nie das Wort hervor, das er im Sinne hatte. Sehr ängstlich waren mir daher manche Augenblicke, in denen er mit mir ausdrücklich allein sein wollte; er deutete mit heftiger Gebärde, daß jedermann sich entfernen sollte, und wenn wir uns allein sahen, war er nicht im Stande das rechte Wort hervor zu bringen. Seine Ungeduld stieg auf's äußerste, und sein Zustand betrübte mich im innersten Herzen. So viel schien mir gewiß, daß er mir etwas zu vertrauen hatte, das mich besonders anging. Welches Verlangen fühlt' ich nicht es zu erfahren! Sonst konnt' ich ihm alles an den Augen ansehen; aber jetzt war es vergebens! Selbst seine Augen sprachen nicht mehr. Nur so viel war mir deutlich: er wollte nichts, er begehrte nichts, er strebte nur mir etwas zu entdecken, das ich leider nicht erfuhr. Sein Übel wiederholte sich, er ward bald darauf ganz untätig und unfähig; und nicht lange, so war er tot.

Ich weiß nicht, wie sich bei mir der Gedanke festgesetzt hatte, daß er irgendwo einen Schatz niedergelegt habe, den er mir nach seinem Tode lieber als meiner Mutter gönnen wollte; ich suchte schon bei seinen Lebzeiten nach, allein ich fand nichts; nach seinem Tode ward alles versiegelt. Ich schrieb meiner Mutter und bot ihr an als Verwalter im Hause zu bleiben; sie schlug es aus, und ich mußte das Gut räumen. Es kam ein wechselseitiges Testament zum Vorschein, wodurch sie im Besitz und Genuß von allem, und ich, wenigstens ihre ganze Lebenszeit über, von ihr abhängig blieb. Nun glaubte ich erst recht die Winke meines Vaters zu verstehn; ich bedauerte ihn, daß er so schwach gewesen war, auch nach seinem Tode ungerecht gegen mich zu sein. Denn einige meiner Freunde wollten sogar behaupten, es sei beinah nicht besser, als ob er mich enterbt hätte, und verlangten, ich sollte das Testament angreifen, wozu ich mich aber nicht entschließen konnte. Ich verehrte das Andenken meines Vaters zu sehr; ich vertraute dem Schicksal, ich vertraute mir selbst.

Ich hatte mit einer Dame in der Nachbarschaft, die große Güter besaß, immer in gutem Verhältnisse gestanden; sie nahm mich mit Vergnügen auf, und es ward mir leicht, bald ihrer Haushaltung vorzustehn. Sie lebte sehr regelmäßig und liebte die Ordnung in allem, und ich half ihr treulich in dem Kampf mit Verwalter und Gesinde. Ich bin weder geizig noch mißgünstig, aber wir Weiber bestehn überhaupt viel ernsthafter als selbst ein Mann darauf, daß nichts verschleudert werde. Jeder Unterschleif ist uns unerträglich; wir wollen, daß jeder nur genieße, insofern er dazu berechtigt ist.

Nun war ich wieder in meinem Elemente, und trauerte still über den Tod meines Vaters. Meine Beschützerin war mit mir zufrieden, nur ein kleiner Umstand störte meine Ruhe. Lydie kam zurück; meine Mutter war grausam genug das arme Mädchen abzustoßen, nachdem sie aus dem Grunde verdorben war. Sie hatte bei meiner Mutter gelernt, Leidenschaften als Bestimmung anzusehen; sie war gewöhnt sich in nichts zu mäßigen. Als sie unvermutet wieder erschien, nahm meine Wohltäterin auch sie auf; sie wollte mir an die Hand gehn und konnte sich in nichts schikken.

Um diese Zeit kamen die Verwandten und künftigen Erben meiner Dame oft in's Haus, und belustigten sich mit der Jagd. Auch Lothario war manchmal mit ihnen; ich bemerkte gar bald, wie sehr er sich vor allen andern auszeichnete, jedoch ohne die mindeste Beziehung auf mich selbst. Er war gegen alle höflich, und bald schien Lydie seine Aufmerksamkeit auf sich zu ziehen. Ich hatte immer zu tun und war selten bei der Gesellschaft; in seiner Gegenwart sprach ich weniger als gewöhnlich: denn ich will nicht leugnen, daß eine lebhafte Unterhaltung von jeher mir die Würze des Lebens war. Ich sprach mit meinem Vater gern viel über alles, was begegnete. Was man nicht bespricht, bedenkt man nicht recht. Keinem Menschen hatte ich jemals lieber zugehört als Lothario, wenn er von seinen Reisen, von seinen Feldzügen erzählte. Die Welt lag ihm so klar, so offen da, wie mir die Gegend, in der ich gewirtschaftet hatte. Ich hörte nicht etwa die wunderlichen Schicksale des Abenteurers, die übertriebenen Halbwahrheiten eines beschränkten Reisenden, der immer nur seine Person an die Stelle des Landes setzt, wovon er uns ein Bild zu geben verspricht; er erzählte nicht, er führte uns an die Orte selbst; ich habe nicht leicht ein so reines Vergnügen empfunden.

Aber unaussprechlich war meine Zufriedenheit, als ich ihn eines Abends über die Frauen reden hörte. Das Gespräch machte sich ganz natürlich; einige Damen aus der Nachbarschaft hatten uns besucht und über die Bildung der Frauen die gewöhnlichen Gespräche geführt. Man sei ungerecht gegen unser Geschlecht, hieß es, die Männer wollten alle höhere Kultur für sich behalten, man wolle uns zu keinen Wissenschaften zulassen, man verlange, daß wir nur Tändelpuppen oder Haushälterinnen sein sollten. Lothario sprach wenig zu all diesem; als aber die Gesellschaft kleiner ward, sagte er auch hierüber offen seine Meinung. Es ist sonderbar, rief er aus, daß man es dem Manne verargt, der eine Frau an die höchste Stelle setzen will, die sie einzunehmen fähig ist: und welche ist höher als das Regiment des Hauses? Wenn der Mann sich mit äußern Verhältnissen quält, wenn er die Besitztümer herbei schaffen und beschützen muß, wenn er sogar an der Staatsverwaltung Anteil nimmt, überall von Umständen abhängt, und, ich möchte sagen, nichts regiert, indem er zu regieren glaubt, immer nur politisch sein muß, wo er gern vernünftig wäre, versteckt, wo er offen, falsch, wo er redlich zu sein wünschte; wenn er um des Zieles willen, das er nie erreicht, das schönste Ziel, die Harmonie mit sich selbst, in jedem Augenblicke aufgeben muß: indessen herrscht eine vernünftige Hausfrau im Innern wirklich, und macht einer ganzen Familie jede Tätigkeit, jede Zufriedenheit möglich. Was ist das höchste Glück des Menschen, als daß wir das ausführen, was wir als recht und gut einsehen? daß wir wirklich Herren über die Mittel zu unsern Zwecken sind? Und wo sollen, wo können unsere nächsten Zwecke liegen, als innerhalb des Hauses? Alle immer wiederkehrenden unentbehrlichen Bedürfnisse, wo erwarten wir, wo fordern wir sie, als da, wo wir aufstehn und uns niederlegen, wo Küche und Keller und jede Art von Vorrat für uns und die Unsrigen immer bereit sein soll? Welche regelmäßige Tätigkeit wird erfordert, um diese immer wiederkehrende Ordnung in einer unverrückten lebendigen Folge durchzuführen! Wie wenig Männern ist es gegeben, gleichsam als ein Gestirn regelmäßig wiederzukehren, und dem Tage, so wie der Nacht vorzustehn! sich ihre häuslichen Werkzeuge zu bilden, zu pflanzen und zu ernten, zu verwahren und auszuspenden, und den Kreis immer mit Ruhe, Liebe und Zweckmäßigkeit zu durchwandeln! Hat ein Weib einmal diese innere Herrschaft ergriffen, so macht sie den Mann, den sie liebt, erst allein dadurch zum Herrn; ihre Aufmerksamkeit erwirbt alle Kenntnisse, und ihre Tätigkeit weiß sie alle zu benutzen. So ist sie von niemand abhängig und verschafft ihrem Manne die wahre Unabhängigkeit, die häusliche, die innere; das, was er besitzt, sieht er gesichert, das, was er erwirbt, gut benutzt, und so kann er sein Gemüt nach großen Gegenständen wenden, und wenn das Glück gut ist, das dem Staate sein was seiner Gattin zu Hause so wohl ansteht.

Er machte darauf eine Beschreibung, wie er sich eine Frau wünsche. Ich ward rot, denn er beschrieb mich, wie ich leibte und lebte. Ich genoß im Stillen meinen Triumph, um so mehr, da ich aus allen Umständen sah, daß er mich persönlich nicht gemeint hatte, daß er mich eigentlich nicht kannte. Ich erinnere mich keiner angenehmern Empfindung in meinem ganzen Leben, als daß ein Mann, den ich so sehr schätzte, nicht meiner Person, sondern meiner innersten Natur den Vorzug gab. Welche Belohnung fühlte ich! Welche Aufmunterung war mir geworden!

Als sie weg waren, sagte meine würdige Freundin lächelnd zu mir: Schade, daß die Männer oft denken und reden, was sie doch nicht zur Ausführung kommen lassen, sonst wäre eine treffliche Partie für meine liebe Therese geradezu gefunden. Ich scherzte über ihre Äußerung, und fügte hinzu, daß zwar der Verstand der Männer sich nach Haushälterinnen umsehe, daß aber ihr Herz und ihre Einbildungskraft sich nach andern Eigenschaften sehne, und daß wir Haushälterinnen eigentlich gegen die liebenswürdigen und reizenden Mädchen keinen Wettstreit aushalten können. Diese Worte sagte ich Lydien zum Gehör: denn sie verbarg nicht, daß Lothario großen Eindruck auf sie gemacht habe, und auch er schien bei jedem neuen Besuche immer aufmerksamer auf sie zu werden.

Sie war arm, sie war nicht von Stande, sie konnte an keine Heirat mit ihm denken; aber sie konnte der Wonne nicht widerstehen, zu reizen und gereizt zu werden. Ich hatte nie geliebt und liebte auch jetzt nicht; allein ob es mir schon unendlich angenehm war zu sehen, wohin meine Natur von einem so verehrten Manne gestellt und gerechnet werde, will ich doch nicht leugnen, daß ich damit nicht ganz zufrieden war. Ich wünschte nun auch, daß er mich kennen, daß er persönlich Anteil an mir nehmen möchte. Es entstand bei mir dieser Wunsch ohne irgend einen bestimmten Gedanken, was daraus folgen könnte.

Der größte Dienst, den ich meiner Wohltäterin leistete, war, daß ich die schönen Waldungen ihrer Güter in Ordnung zu bringen suchte. In diesen köstlichen Besitzungen, deren großen Wert Zeit und Umstände immer vermehren, ging es leider nur immer nach dem alten Schlendrian fort, nirgends war Plan und Ordnung, und des Stehlens und des Unterschleifs kein Ende. Manche Berge standen öde, und einen gleichen Wuchs hatten nur noch die ältesten Schläge. Ich beging alles selbst mit einem geschickten Forstmann, ich ließ die Waldungen messen, ich ließ schlagen, säen, pflanzen, und in kurzer Zeit war alles im Gange. Ich hatte mir, um leichter zu Pferde fort zu kommen und auch zu Fuße nirgends gehindert zu sein, Mannskleider machen lassen, ich war an vielen Orten, und man fürchtete mich überall.

Ich hörte, daß die Gesellschaft junger Freunde mit Lothario wieder ein Jagen angestellt hatte; zum erstenmal in meinem Leben fiel mir's ein zu *scheinen*, oder, daß ich mir nicht unrecht tue, in den Augen des trefflichen Mannes für das zu gelten, was ich war. Ich zog meine Mannskleider an, nahm die Flinte auf den Rücken und ging mit unserm Jäger hinaus, um die Gesellschaft an der Gränze zu erwarten. Sie kam, Lothario kannte mich nicht gleich; einer von den Neffen meiner Wohltäterin stellte mich ihm als einen geschickten Forstmann vor, scherzte über meine Jugend und trieb sein Spiel zu meinem Lobe so lange, bis endlich Lothario mich erkannte. Der Neffe sekundierte meine Absicht, als wenn wir es abgeredet hätten. Umständlich erzählte er, und dankbar, was ich für die Güter der Tante und also auch für ihn getan hatte.

Lothario hörte mit Aufmerksamkeit zu, unterhielt sich mit mir, fragte nach allen Verhältnissen der Güter und der Gegend, und ich war froh, meine Kenntnisse vor ihm ausbreiten zu können; ich bestand in meinem Examen sehr gut, ich legte ihm einige Vorschläge zu gewissen Verbesserungen zur Prüfung vor, er billigte sie, erzählte mir ähnliche Beispiele, und verstärkte meine Gründe durch den Zusammenhang, den er ihnen gab. Meine Zufriedenheit wuchs mit jedem Augenblick. Aber glücklicher Weise wollte ich nur gekannt, wollte nicht geliebt sein: denn — wir kamen nach Hause, und ich bemerkte mehr als sonst, daß die Aufmerksamkeit, die er Lydien bezeigte, eine heimliche Neigung zu verraten schien. Ich hatte meinen Endzweck erreicht, und war doch nicht ruhig; er zeigte von dem Tage an eine wahre Achtung und ein schönes Vertrauen gegen mich, er redete mich in Gesellschaft gewöhnlich an, fragte mich um meine Meinung und schien besonders in Haushaltungssachen das Zutrauen zu mir zu haben, als wenn ich alles wisse. Seine Teilnahme munterte mich außerordentlich auf; sogar wenn von allgemeiner Landesökonomie und von Finanzen die Rede war, zog er mich in's Gespräch, und ich suchte in seiner Abwesenheit mehr Kenntnisse von der Provinz, ja von dem ganzen Lande zu erlangen. Es ward mir leicht, denn es wiederholte sich nur im Großen, was ich im Kleinen so genau wußte und kannte.

Er kam von dieser Zeit an öfter in unser Haus. Es ward, ich kann wohl sagen, von allem gesprochen, aber gewissermaßen ward unser Gespräch zuletzt immer ökonomisch, wenn auch nur im uneigentlichen Sinne. Was der Mensch durch konsequente Anwendung seiner Kräfte, seiner Zeit, seines Geldes, selbst durch gering scheinende Mittel für ungeheure Wirkungen hervorbringen könne, darüber ward viel gesprochen.

Ich widerstand der Neigung nicht, die mich zu ihm zog, und ich fühlte leider nur zu bald, wie sehr, wie herzlich, wie rein und aufrichtig meine Liebe war, da ich immer mehr zu bemerken glaubte, daß seine öftern Besuche Lydien und nicht mir galten. Sie wenigstens war auf das lebhafteste davon überzeugt; sie machte mich zu ihrer Vertrauten, und dadurch fand ich mich noch einigermaßen getröstet. Das, was sie so sehr zu ihrem Vorteil auslegte, fand ich keinesweges bedeutend; von der Absicht einer ernsthaften dauernden Verbindung zeigte sich keine Spur, um so deutlicher sah ich den Hang des leidenschaftlichen Mädchens, um jeden Preis die Seinige zu werden.

So standen die Sachen, als mich die Frau vom Hause mit einem unvermuteten Antrag überraschte. Lothario, sagte sie, bietet Ihnen seine Hand an, und wünscht Sie in seinem Leben immer zur Seite zu haben. Sie verbreitete sich über meine Eigenschaften, und sagte mir, was ich so gerne anhörte: daß Lothario überzeugt sei, in mir die Person gefunden zu haben, die er so lange gewünscht hatte.

Das höchste Glück war nun für mich erreicht: ein Mann verlangte mich, den ich so sehr schätzte, bei dem und mit dem ich eine völlige, freie, ausgebreitete, nützliche Wirkung meiner angebornen Neigung, meines durch Übung erworbenen Talents vor mir sah; die Summe meines ganzen Daseins schien sich in's Unendliche vermehrt zu haben. Ich gab meine Einwilligung, er kam selbst, er sprach mit mir allein, er reichte mir seine Hand, er sah mir in die Augen, er umarmte mich und drückte einen Kuß auf meine Lippen. Es war der erste und letzte. Er vertraute mir seine ganze Lage, was ihn sein amerikanischer Feldzug gekostet, welche Schulden er auf seine Güter geladen, wie er sich mit seinem Großoheim einigermaßen darüber entzweit habe, wie dieser würdige Mann für ihn zu sorgen denke, aber freilich auf seine eigene Art: er wolle ihm eine reiche Frau geben, da einem wohldenkenden Manne doch nur mit einer haushältischen gedient sei; er hoffe durch seine Schwester den Alten zu bereden. Er legte mir den Zustand seines Vermögens, seine Plane, seine Aussichten vor, und erbat sich meine Mitwirkung. Nur bis zur Einwilligung seines Oheims sollte es ein Geheimnis bleiben.

Kaum hatte er sich entfernt, so fragte mich Lydie: ob er etwa von ihr gesprochen habe? Ich sagte nein, und machte ihr Langeweile mit Erzählung von ökonomischen Gegenständen. Sie war unruhig, mißlaunig, und sein Betragen, als er wieder kam, verbesserte ihren Zustand nicht.

Doch ich sehe, daß die Sonne sich zu ihrem Untergange neigt! Es ist Ihr Glück, mein Freund, Sie hätten sonst die Geschichte, die ich mir so gerne selbst erzähle, mit allen ihren kleinen Umständen durchhören müssen. Lassen Sie mich eilen, wir nahen einer Epoche, bei der nicht gut zu verweilen ist.

Lothario machte mich mit seiner trefflichen Schwester bekannt, und diese wußte mich auf eine schickliche Weise bei'm Oheim einzuführen; ich gewann den Alten, er willigte in unsre Wünsche, und ich kehrte mit einer glücklichen Nachricht zu meiner Wohltäterin zurück. Die Sache war im Hause nun kein Geheimnis mehr, Lydie erfuhr sie, sie glaubte etwas Unmögliches zu vernehmen. Als sie endlich daran nicht mehr zweifeln konnte, verschwand sie auf einmal, und man wußte nicht wohin sie sich verloren hatte.

Der Tag unserer Verbindung nahte heran; ich hatte ihn schon oft um sein Bildnis gebeten, und ich erinnerte ihn, eben als er wegreiten wollte, nochmals an sein Versprechen. Sie haben vergessen, sagte er, mir das Gehäuse zu geben, wohinein Sie es gepaßt wünschen. Es war so: ich hatte ein Geschenk von einer Freundin, das ich sehr wert hielt. Von ihren Haaren war ein verzogener Name unter dem äußern Glase befestigt, inwendig blieb ein leeres Elfenbein, worauf eben ihr Bild gemalt werden sollte, als sie mir unglücklicher Weise durch den Tod entrissen wurde. Lothario's Neigung beglückte mich in dem Augenblicke, da ihr Verlust mir noch sehr schmerzhaft war, und ich wünschte die Lücke, die sie mir in ihrem Geschenk zurückgelassen hatte, durch das Bild meines Freundes auszufüllen.

Ich eile nach meinem Zimmer, hole mein Schmuckkästchen, und eröffne es in seiner Gegenwart; kaum sieht er hinein, so erblickt er ein Medaillon mit dem Bilde eines Frauenzimmers, er nimmt es in die Hand, betrachtet es mit Aufmerksamkeit, und fragt hastig: Wen soll dies Porträt vorstellen? — Meine Mutter, versetzte ich. — Hätt' ich doch geschworen, rief er aus, es sei das Porträt einer Frau von Saint Alban, die ich vor einigen Jahren in der Schweiz antraf. — Es ist einerlei Person, versetzte ich lächelnd, und Sie haben also Ihre Schwiegermutter, ohne es zu wissen, kennen gelernt. Saint Alban ist der romantische Name, unter dem meine Mutter reis't; sie befindet sich unter demselben noch gegenwärtig in Frankreich.

Ich bin der unglücklichste aller Menschen! rief er aus, indem er das Bild in das Kästchen zurück warf, seine Augen mit der Hand bedeckte und sogleich das Zimmer verließ. Er warf sich auf sein Pferd, ich lief auf den Balkon und rief ihm nach; er kehrte sich um, warf mir eine Hand zu; entfernte sich eilig — und ich habe ihn nicht wieder gesehen.

Die Sonne ging unter, Therese sah mit unverwandtem Blicke in die Glut, und ihre beiden schönen Augen füllten sich mit Tränen.

Therese schwieg, und legte auf ihres neuen Freundes Hände ihre Hand; er küßte sie mit Teilnehmung, sie trocknete ihre Tränen, und stand auf. Lassen Sie uns zurück gehen, sagte sie, und für die Unsrigen sorgen!

Das Gespräch auf dem Wege war nicht lebhaft; sie kamen zur Gartentüre herein, und sahen Lydien auf einer Bank sitzen; sie stand auf, wich ihnen aus, und begab sich in's Haus zurück; sie hatte ein Papier in der Hand, und zwei kleine Mädchen waren bei ihr. Ich sehe, sagte Therese, sie trägt ihren einzigen Trost, den Brief Lothario's, noch immer bei sich. Ihr Freund verspricht ihr, daß sie gleich, sobald er sich wohl befindet, wieder an seiner Seite leben soll; er bittet sie, so lange ruhig bei mir zu verweilen. An diesen Worten hängt sie, mit diesen Zeilen tröstet sie sich, aber seine Freunde sind übel bei ihr angeschrieben.

Indessen waren die beiden Kinder herangekommen, begrüßten Theresen, und gaben ihr Rechenschaft von allem, was in ihrer Abwesenheit im Hause vorgegangen war. Sie sehen hier noch einen Teil meiner Beschäftigung, sagte Therese. Ich habe mit Lothario's trefflicher Schwester einen Bund gemacht; wir erziehen eine Anzahl Kinder gemeinschaftlich: ich bilde die lebhaften und dienstfertigen Haushälterinnen, und sie übernimmt diejenigen, an denen sich ein ruhigeres und feineres Talent zeigt; denn es ist billig, daß man auf jede Weise für das Glück der Männer und der Haushaltung sorge. Wenn Sie meine edle Freundin kennen lernen, so werden Sie ein neues Leben anfangen: ihre Schönheit, ihre Güte macht sie der Anbetung einer ganzen Welt würdig. Wilhelm getraute sich nicht zu sagen, daß er leider die schöne Gräfin schon kenne, und daß ihn sein vorübergehendes Verhältnis zu ihr auf ewig schmerzen werde; er war sehr zufrieden, daß Therese das Gespräch nicht fortsetzte, und daß ihre Geschäfte sie in das Haus zurückzugehen nötigten. Er befand sich nun allein, und die letzte Nachricht, daß die junge schöne Gräfin auch schon genötigt sei, durch Wohltätigkeit den Mangel an eignem Glück zu ersetzen, machte ihn äußerst traurig; er fühlte, daß es bei ihr nur eine Notwendigkeit war sich zu zerstreuen und an die Stelle eines frohen Lebensgenusses die Hoffnung fremder Glückseligkeit zu setzen. Er pries Theresen glücklich, daß selbst bei jener unerwarteten traurigen Veränderung keine Veränderung in ihr selbst vorzugehen brauchte. Wie glücklich ist der über alles, rief er aus, der, um sich mit dem Schicksal in Einigkeit zu setzen, nicht sein ganzes vorhergehendes Leben wegzuwerfen braucht!

Therese kam auf sein Zimmer, und bat um Verzeihung, daß sie ihn störe. Hier in dem Wandschrank, sagte sie, steht meine ganze Bibliothek; es sind eher Bücher, die ich nicht wegwerfe, als die ich aufhebe. Lydie verlangt ein geistliches Buch, es findet sich wohl auch eins und das andere darunter. Die Menschen, die das ganze Jahr weltlich sind, bilden sich ein, sie müßten zur Zeit der Not geistlich sein; sie sehen alles Gute und Sittliche wie eine Arzenei an, die man mit Widerwillen zu sich nimmt, wenn man sich schlecht befindet; sie sehen in einem Geistlichen, einem Sittenlehrer nur einen Arzt, den man nicht geschwind genug aus dem Hause los werden kann: ich aber gestehe gern, ich habe vom Sittlichen den Begriff als von einer Diät, die eben dadurch nur Diät ist, wenn ich sie zur Lebensregel mache, wenn ich sie das ganze Jahr nicht außer Augen lasse.

Sie suchten unter den Büchern, und fanden einige sogenannte Erbauungsschriften. Die Zuflucht zu diesen Büchern, sagte Therese, hat Lydie von meiner Mutter gelernt: Schauspiele und Romane waren ihr Leben, so lange der Liebhaber treu blieb; seine Entfernung brachte sogleich diese Bücher wieder in Kredit. Ich kann überhaupt nicht begreifen, fuhr sie fort, wie man hat glauben können, daß Gott durch Bücher und Geschichten zu uns spreche. Wem die Welt nicht unmittelbar eröffnet, was sie für ein Verhältnis zu ihm hat, wem sein Herz nicht sagt, was er sich und andern schuldig ist, der wird es wohl schwerlich aus Büchern erfahren, die eigentlich nur geschickt sind, unsern Irrtümern Namen zu geben.

Sie ließ Wilhelmen allein, und er brachte seinen Abend mit Revision der kleinen Bibliothek zu; sie war wirklich bloß durch Zufall zusammen gekommen.

Therese blieb die wenigen Tage, die Wilhelm bei ihr verweilte, sich immer gleich; sie erzählte ihm die Folgen ihrer Begebenheit in verschiedenen Absätzen sehr umständlich. Ihrem Gedächtnis war Tag und Stunde, Platz und Name gegenwärtig, und wir ziehen, was unsern Lesern zu wissen nötig ist, hier in's Kurze zusammen.

Die Ursache von Lothario's rascher Entfernung ließ sich leider leicht erklären: er war Theresens Mutter auf ihrer Reise begegnet, ihre Reize zogen ihn an, sie war nicht karg gegen ihn, und nun entfernte ihn dieses unglückliche, schnell vorübergegangene Abenteuer von der Verbindung mit einem Frauenzimmer, das die Natur selbst für ihn gebildet zu haben schien. Therese blieb in dem reinen Kreise ihrer Beschäftigung und ihrer Pflicht. Man erfuhr, daß Lydie sich heimlich in der Nachbarschaft aufgehalten habe. Sie war glücklich, als die Heirat, obgleich aus unbekannten Ursachen, nicht vollzogen wurde, sie suchte sich Lothario zu nähern, und es schien, daß er mehr aus Verzweiflung als aus Neigung, mehr überrascht als mit Überlegung, mehr aus langer Weile als aus Vorsatz ihren Wünschen begegnet sei.

Therese war ruhig darüber, sie machte keine weitern Ansprüche auf ihn, und selbst wenn er ihr Gatte gewesen wäre, hätte sie vielleicht Mut genug gehabt, ein solches Verhältnis zu ertragen, wenn es nur ihre häusliche Ordnung nicht gestört hätte; wenigstens äußerte sie oft, daß eine Frau, die das Hauswesen recht zusammenhalte, ihrem Manne jede kleine Phantasie nachsehen und von seiner Rückkehr jederzeit gewiß sein könne.

Theresens Mutter hatte bald die Angelegenheiten ihres Vermögens in Unordnung gebracht; ihre Tochter mußte es entgelten, denn sie erhielt wenig von ihr; die alte Dame, Theresens Beschützerin, starb, hinterließ ihr das kleine Freigut und ein artiges Kapital zum Vermächtnis. Therese wußte sich sogleich in den engen Kreis zu finden, Lothario bot ihr ein besseres Besitztum an, Jarno machte den Unterhändler, sie schlug es aus. Ich will, sagte sie, im Kleinen zeigen, daß ich wert war, das Große mit ihm zu teilen; aber das behalte ich mir vor, daß, wenn der Zufall mich um meiner oder anderer willen in Verlegenheit setzt, ich zuerst zu meinem werten Freund, ohne Bedenken, die Zuflucht nehmen könne.

Nichts bleibt weniger verborgen und ungenutzt als zweckmäßige Tätigkeit. Kaum hatte sie sich auf ihrem kleinen Gute eingerichtet, so suchten die Nachbarn schon ihre nähere Bekanntschaft und ihren Rat, und der neue Besitzer der angränzenden Güter gab nicht undeutlich zu verstehen, daß es nur auf sie ankomme, ob sie seine Hand annehmen und Erbe des größten Teils seines Vermögens werden wolle. Sie hatte schon gegen Wilhelmen dieses Verhältnisses erwähnt, und scherzte gelegentlich über Heiraten und Mißheiraten mit ihm.

Es gibt, sagte sie, den Menschen nichts mehr zu reden, als wenn einmal eine Heirat geschieht, die sie nach ihrer Art eine Mißheirat nennen können, und doch sind die Mißheiraten viel gewöhnlicher als die Heiraten; denn es sieht leider nach einer kurzen Zeit mit den meisten Verbindungen gar mißlich aus. Die Vermischung der Stände durch Heiraten verdienen nur insofern Mißheiraten genannt zu werden, als der eine Teil an der angebornen, angewohnten und gleichsam notwendig gewordenen Existenz des andern keinen Teil nehmen kann. Die verschiedenen Klassen haben verschiedene Lebensweisen, die sie nicht mit einander teilen noch verwechseln können, und das ist's, warum Verbindungen dieser Art besser nicht geschlossen werden; aber Ausnahmen und recht glückliche Ausnahmen sind möglich. So ist die Heirat eines jungen Mädchens mit einem bejahrten Manne immer mißlich, und doch habe ich sie recht gut ausschlagen sehen. Für mich kenne ich nur Eine Mißheirat, wenn ich feiern und repräsentieren müßte; ich wollte lieber jedem ehrbaren Pächterssohn aus der Nachbarschaft meine Hand geben.

Wilhelm gedachte nunmehr zurückzukehren, und bat seine neue Freundin, ihm noch ein Abschiedswort bei Lydien zu verschaffen. Das leidenschaftliche Mädchen ließ sich bewegen, er sagte ihr einige freundliche Worte, sie versetzte: Den ersten Schmerz hab' ich überwunden, Lothario wird mir ewig teuer sein; aber seine Freunde kenne ich, es ist mir leid, daß er so umgeben ist. Der Abbé wäre fähig wegen einer Grille die Menschen in Not zu lassen, oder sie gar hinein zu stürzen; der Arzt möchte gern alles in's Gleiche bringen; Jarno hat kein Gemüt, und Sie — wenigstens keinen Charakter! Fahren Sie nur so fort, und lassen Sie sich als Werkzeug dieser drei Menschen brauchen, man wird Ihnen noch manche Exekution auftragen. Lange, mir ist es recht wohl bekannt, war ihnen meine Gegenwart zuwider, ich hatte ihr Geheimnis nicht entdeckt, aber ich hatte beobachtet, daß sie ein Geheimnis verbargen. Wozu diese verschlossenen Zimmer? diese wunderlichen Gänge? Warum kann niemand zu dem großen Turm gelangen? Warum verbannten sie mich, so oft sie nur konnten, in meine Stube? Ich will gestehen, daß Eifersucht zuerst mich auf diese Entdeckung brachte, ich fürchtete eine glückliche Nebenbuhlerin sei irgendwo versteckt. Nun glaube ich das nicht mehr, ich bin überzeugt, daß Lothario mich liebt, daß er es redlich mit mir meint, aber eben so gewiß bin ich überzeugt, daß er von seinen künstlichen und falschen Freunden betrogen wird. Wenn Sie sich um ihn verdient machen wollen, wenn Ihnen verziehen werden soll, was Sie an mir verbrochen haben, so befreien Sie ihn aus den Händen dieser Menschen. Doch was hoffe ich! Überreichen Sie ihm diesen Brief, wiederholen Sie, was er enthält: daß ich ihn ewig lieben werde, daß ich mich auf sein Wort verlasse. Ach! rief sie aus, indem sie aufstand und am Halse Theresens weinte: er ist von meinen Feinden umgeben, sie werden ihn zu bereden suchen, daß ich ihm nichts aufgeopfert habe; o! der beste Mann mag gerne hören, daß er jedes Opfer wert ist, ohne dafür dankbar sein zu dürfen.

Wilhelms Abschied von Theresen war heiterer; sie wünschte ihn bald wieder zu sehen. Sie kennen mich ganz! sagte sie: Sie haben mich immer reden lassen; es ist das nächstemal Ihre Pflicht meine Aufrichtigkeit zu erwidern.

Auf seiner Rückreise hatte er Zeit genug, diese neue helle Erscheinung lebhaft in der Erinnerung zu betrachten. Welch ein Zutrauen hatte sie ihm eingeflößt! Er dachte an Mignon und Felix, wie glücklich die Kinder unter einer solchen Aufsicht werden könnten; dann dachte er an sich selbst, und fühlte, welche Wonne es sein müsse, in der Nähe eines so ganz klaren menschlichen Wesens zu leben. Als er sich dem Schloß näherte, fiel ihm der Turm mit den vielen Gängen und Seitengebäuden mehr als sonst auf; er nahm sich vor, bei der nächsten Gelegenheit Jarno oder den Abbé darüber zur Rede zu stellen.

Siebentes Kapitel

Als Wilhelm nach dem Schlosse kam, fand er den edlen Lothario auf dem Wege der völligen Besserung; der Arzt und der Abbé waren nicht zugegen, Jarno allein war geblieben. In kurzer Zeit ritt der Genesende schon wieder aus, bald allein, bald mit seinen Freunden. Sein Gespräch war ernsthaft und gefällig, seine Unterhaltung belehrend und erquickend; oft bemerkte man Spuren einer zarten Fühlbarkeit, ob er sie gleich zu verbergen suchte, und wenn sie sich wider seinen Willen zeigte, beinah zu mißbilligen schien.

So war er eines Abends still bei Tische, ob er gleich heiter aussah.

Sie haben heute gewiß ein Abenteuer gehabt, sagte endlich Jarno, und zwar ein angenehmes.

Wie Sie sich auf Ihre Leute verstehen! versetzte Lothario. Ja, es ist mir ein sehr angenehmes Abenteuer begegnet. Zu einer andern Zeit hätte ich es vielleicht nicht so reizend gefunden, als diesmal, da es mich so empfänglich antraf. Ich ritt gegen Abend jenseit des Wassers durch die Dörfer, einen Weg, den ich oft genug in frühern Jahren besucht hatte. Mein körperliches Leiden muß mich mürber gemacht haben, als ich selbst glaubte: ich fühlte mich weich, und bei wieder auflebenden Kräften wie neugeboren. Alle Gegenstände erschienen mir in eben dem Lichte, wie ich sie in frühern Jahren gesehen hatte, alle so lieblich, so anmutig, so reizend, wie sie mir lange nicht erschienen sind. Ich merkte wohl, daß es Schwachheit war, ich ließ mir sie aber ganz wohlgefallen, ritt sachte hin, und es wurde mir ganz begreiflich, wie Menschen eine Krankheit lieb gewinnen können, welche uns zu süßen Empfindungen stimmt. Sie wissen vielleicht, was mich ehemals so oft diesen Weg führte?

Wenn ich mich recht erinnere, versetzte Jarno, so war es ein kleiner Liebeshandel, der sich mit der Tochter eines Pachters entsponnen hatte.

Man dürfte es wohl einen großen nennen, versetzte Lothario: denn wir hatten uns beide sehr lieb, recht im Ernste, und auch ziemlich lange. Zufälligerweise traf heute alles zusammen, mir die ersten Zeiten unserer Liebe recht lebhaft darzustellen. Die Knaben schüttelten eben wieder Maikäfer von den Bäumen, und das Laub der Eschen war eben nicht weiter als an dem Tage, da ich sie zum erstenmal sah. Nun war es lange, daß ich Margareten nicht gesehen habe, denn sie ist weit weg verheiratet, nur hörte ich zufällig, sie sei mit ihren Kindern vor wenigen Wochen gekommen, ihren Vater zu besuchen.

So war ja wohl dieser Spazierritt nicht so ganz zufällig?

Ich leugne nicht, sagte Lothario, daß ich sie anzutreffen wünschte. Als ich nicht weit von dem Wohnhaus war, sah ich ihren Vater vor der Türe sitzen; ein Kind von ungefähr einem Jahre stand bei ihm. Als ich mich näherte, sah eine Frauensperson schnell oben zum Fenster heraus, und als ich gegen die Türe kam, hörte ich jemand die Treppe herunter springen. Ich dachte gewiß, sie sei es, und, ich will's nur gestehen, ich schmeichelte mir, sie habe mich erkannt, und sie komme mir eilig entgegen. Aber wie beschämt war ich, als sie zur Türe heraus sprang, das Kind, dem die Pferde näher kamen, anfaßte und in das Haus hineintrug. Es war mir eine unangenehme Empfindung, und nur wurde meine Eitelkeit ein wenig getröstet, als ich, wie sie hinweg eilte, an ihrem Nacken und an dem freistehenden Ohr eine merkliche Röte zu sehen glaubte.

Ich hielt still und sprach mit dem Vater, und schielte indessen an den Fenstern herum, ob sie sich nicht hier oder da blicken ließe; allein ich bemerkte keine Spur von ihr. Fragen wollt' ich auch nicht, und so ritt ich vorbei. Mein Verdruß wurde durch Verwunderung einigermaßen gemildert: denn ob ich gleich kaum das Gesicht gesehen hatte, so schien sie mir fast gar nicht verändert, und zehn Jahre sind doch eine Zeit! ja sie schien mir jünger, eben so schlank, eben so leicht auf den Füßen, der Hals wo möglich noch zierlicher als vorher, ihre Wange eben so leicht der liebenswürdigen Röte empfänglich, dabei Mutter von sechs Kindern, vielleicht noch von mehrern. Es paßte diese Erscheinung so gut in die übrige Zauberwelt, die mich umgab, daß ich um so mehr mit einem verjüngten Gefühl weiter ritt, und an dem nächsten Walde erst umkehrte, als die Sonne im Untergehen war. So sehr mich auch der fallende Tau an die Vorschrift des Arztes erinnerte, und es wohl rätlicher gewesen wäre, gerade nach Hause zu kehren, so nahm ich doch wieder meinen Weg nach der Seite des Pachthofs zurück. Ich bemerkte, daß ein weibliches Geschöpf in dem Garten auf und nieder ging, der mit einer leichten Hecke umzogen ist. Ich ritt auf dem Fußpfade nach der Hecke zu, und ich fand mich eben nicht weit von der Person, nach der ich verlangte.

Ob mir gleich die Abendsonne in den Augen lag, sah ich doch, daß sie sich am Zaune beschäftigte, der sie nur leicht bedeckte. Ich glaubte meine alte Geliebte zu erkennen. Da ich an sie kam, hielt ich still, nicht ohne Regung des Herzens. Einige hohe Zweige wilder Rosen, die eine leise Luft hin und her wehte, machten mir ihre Gestalt undeutlich. Ich redete sie an, und fragte, wie sie lebe. Sie antwortete mir mit halber Stimme: Ganz wohl. Indes bemerkte ich, daß ein Kind hinter dem Zaune beschäftigt war Blumen auszureißen, und nahm die Gelegenheit sie zu fragen: wo denn ihre übrigen Kinder seien? Es ist nicht mein Kind, sagte sie, das wäre früh! und in diesem Augenblick schickte sich's, daß ich durch die Zweige ihr Gesicht genau sehen konnte, und ich wußte nicht, was ich zu der Erscheinung sagte sollte. Es war meine Geliebte und war es nicht. Fast jünger, fast schöner, als ich sie vor zehen Jahren gekannt hatte. Sind Sie denn nicht die Tochter des Pachters? fragte ich halb verwirrt. Nein, sagte sie, ich bin ihre Muhme.

Aber Sie gleichen einander so außerordentlich, versetzte ich.

Das sagt jedermann, der sie vor zehen Jahren gekannt hat.

Ich fuhr fort sie verschiedenes zu fragen; mein Irrtum war mir angenehm, ob ich ihn gleich schon entdeckt hatte. Ich konnte mich von dem lebendigen Bilde voriger Glückseligkeit, das vor mir stand, nicht losreißen. Das Kind hatte sich indessen von ihr entfernt, und war Blumen zu suchen nach dem Teiche gegangen. Sie nahm Abschied, und eilte dem Kinde nach.

Indessen hatte ich doch erfahren, daß meine alte Geliebte noch wirklich in dem Hause ihres Vaters sei, und indem ich ritt, beschäftigte ich mich mit Mutmaßungen, ob sie selbst, oder die Muhme das Kind vor den Pferden gesichert habe. Ich wiederholte mir die ganze Geschichte mehrmals im Sinne, und ich wüßte nicht leicht, daß irgend etwas angenehmer auf mich gewirkt hätte. Aber ich fühle wohl, ich bin noch krank, und wir wollen den Doktor bitten, daß er uns von dem Überreste dieser Stimmung erlöse.

Es pflegt in vertraulichen Bekenntnissen anmutiger Liebesbegebenheiten wie mit Gespenstergeschichten zu gehen: ist nur erst eine erzählt, so fließen die übrigen von selbst zu.

Unsere kleine Gesellschaft fand in der Rückerinnerung vergangener Zeiten manchen Stoff dieser Art. Lothario hatte am meisten zu erzählen. Jarno's Geschichten trugen alle einen eigenen Charakter, und was Wilhelm zu gestehen hatte, wissen wir schon. Indessen war ihm bange, daß man ihn an die Geschichte mit der Gräfin erinnern möchte; allein niemand dachte derselben auch nur auf die entfernteste Weise.

Es ist wahr, sagte Lothario, angenehmer kann keine Empfindung in der Welt sein, als wenn das Herz nach einer gleichgültigen Pause sich der Liebe zu einem neuen Gegenstande wieder öffnet, und doch wollt' ich diesem Glück für mein Leben entsagt haben, wenn mich das Schicksal mit Theresen hätte verbinden wollen. Man ist nicht immer Jüngling, und man sollte nicht immer Kind sein. Dem Manne, der die Welt kennt, der weiß, was er darin zu tun, was er von ihr zu hoffen hat, was kann ihm erwünschter sein, als eine Gattin zu finden, die überall mit ihm wirkt, und die ihm alles vorzubereiten weiß, deren Tätigkeit dasjenige aufnimmt, was die seinige liegen lassen muß, deren Geschäftigkeit sich nach allen Seiten verbreitet, wenn die seinige nur einen geraden Weg fortgehen darf. Welchen Himmel hatte ich mir mit Theresen geträumt! nicht den Himmel eines schwärmerischen Glücks, sondern eines sichern Lebens auf der Erde: Ordnung im Glück, Mut im Unglück, Sorge für das Geringste, und eine Seele, fähig das Größte zu fassen und wieder fahren zu lassen. O! ich sah in ihr gar wohl die Anlagen, deren Entwickelung wir bewundern, wenn wir in der Geschichte Frauen sehen, die uns weit vorzüglicher als alle Männer erscheinen: diese Klarheit über die Umstände, diese Gewandtheit in allen Fällen, diese Sicherheit im Einzelnen, wodurch das Ganze sich immer so gut befindet, ohne daß sie jemals daran zu denken scheinen. Sie können wohl, fuhr er fort, indem er sich lächelnd gegen Wilhelmen wendete, mir verzeihen, wenn Therese mich Aurelien entführte: mit jener konnte ich ein heitres Leben hoffen, da bei dieser auch nicht an eine glückliche Stunde zu denken war.

Ich leugne nicht, versetzte Wilhelm, daß ich mit großer Bitterkeit im Herzen gegen Sie hierher gekommen bin, und daß ich mir vorgenommen hatte, Ihr Betragen gegen Aurelien sehr streng zu tadeln.

Auch verdient es Tadel, sagte Lothario: ich hätte meine Freundschaft zu ihr nicht mit dem Gefühl der Liebe verwechseln sollen, ich hätte nicht an die Stelle der Achtung, die sie verdiente, eine Neigung eindrängen sollen, die sie weder erregen, noch erhalten konnte. Ach! Sie war nicht liebenswürdig, wenn sie liebte, und das ist das größte Unglück, das einem Weibe begegnen kann.

Es sei drum, erwiderte Wilhelm, wir können nicht immer das Tadelnswerte vermeiden, nicht vermeiden, daß unsere Gesinnungen und Handlungen auf eine sonderbare Weise von ihrer natürlichen und guten Richtung abgelenkt werden; aber gewisse Pflichten sollten wir niemals aus den Augen setzen. Die Asche der Freundin ruhe sanft; wir wollen, ohne uns zu schelten und sie zu tadeln, mitleidig Blumen auf ihr Grab streuen. Aber bei dem Grabe, in welchem die unglückliche Mutter ruht, lassen Sie mich fragen, warum Sie sich des Kindes nicht annehmen? eines Sohnes, dessen sich jedermann erfreuen würde, und den Sie ganz und gar zu vernachlässigen scheinen. Wie können Sie, bei Ihren reinen und zarten Gefühlen, das Herz eines Vaters gänzlich verleugnen? Sie haben diese ganze Zeit noch mit keiner Silbe an das köstliche Geschöpf gedacht, von dessen Anmut so viel zu erzählen wäre.

Von wem reden Sie? versetzte Lothario, ich verstehe Sie nicht.

Von wem anders, als von Ihrem Sohne, dem Sohne Aureliens, dem schönen Kinde, dem zu seinem Glücke nichts fehlt, als daß ein zärtlicher Vater sich seiner annimmt?

Sie irren sehr, mein Freund, rief Lothario: Aurelie hatte keinen Sohn, am wenigsten von mir, ich weiß von keinem Kinde, sonst würde ich mich dessen mit Freuden annehmen; aber auch im gegenwärtigen Falle will ich gern das kleine Geschöpf als eine Verlassenschaft von ihr ansehen, und für seine Erziehung sorgen. Hat sie sich denn irgend etwas merken lassen, daß der Knabe ihr, daß er mir zugehöre?

Nicht daß ich mich erinnere, ein ausdrückliches Wort von ihr gehört zu haben, es war aber einmal so angenommen, und ich habe nicht einen Augenblick daran gezweifelt.

Ich kann, fiel Jarno ein, einigen Aufschluß hierüber geben. Ein altes Weib, das Sie oft müssen gesehen haben, brachte das Kind zu Aurelien, sie nahm es mit Leidenschaft auf, und hoffte ihre Leiden durch seine Gegenwart zu lindern: auch hat es ihr manchen vergnügten Augenblick gemacht.

Wilhelm war durch diese Entdeckung sehr unruhig geworden, er gedachte der guten Mignon neben dem schönen Felix auf das lebhafteste, er zeigte seinen Wunsch, die beiden Kinder aus der Lage, in der sie sich befanden, heraus zu ziehen.

Wir wollen damit bald fertig sein, versetzte Lothario. Das wunderliche Mädchen übergeben wir Theresen, sie kann unmöglich in bessere Hände geraten, und was den Knaben betrifft, den, dächt' ich, nähmen Sie selbst zu sich: denn was sogar die Frauen an uns ungebildet zurück lassen, das bilden die Kinder aus, wenn wir uns mit ihnen abgeben.

Überhaupt dächte ich, versetzte Jarno, Sie entsagten kurz und gut dem Theater, zu dem Sie doch einmal kein Talent haben.

Wilhelm war betroffen; er mußte sich zusammennehmen, denn Jarno's harte Worte hatten seine Eigenliebe nicht wenig verletzt. Wenn Sie mich davon überzeugen, versetzte er mit gezwungenem Lächeln, so werden Sie mir einen Dienst erweisen, ob es gleich nur ein trauriger Dienst ist, wenn man uns aus einem Lieblingstraume aufschüttelt.

Ohne viel weiter darüber zu reden, versetzte Jarno, möchte ich Sie nur antreiben, erst die Kinder zu holen; das Übrige wird sich schon geben.

Ich bin bereit dazu, versetzte Wilhelm; ich bin unruhig und neugierig, ob ich nicht von dem Schicksal des Knaben etwas Näheres entdecken kann; ich verlange das Mädchen wieder zu sehen, das sich mit so vieler Eigenheit an mich angeschlossen hat.

Man ward einig, daß er bald abreisen sollte.

Den andern Tag hatte er sich dazu vorbereitet, das Pferd war gesattelt, nur wollte er noch von Lothario Abschied nehmen. Als die Eßzeit herbei kam, setzte man sich wie gewöhnlich zu Tische, ohne auf den Hausherrn zu warten; er kam erst spät, und setzte sich zu ihnen.

Ich wollte wetten, sagte Jarno, Sie haben heute Ihr zärtliches Herz wieder auf die Probe gestellt, Sie haben der Begierde nicht widerstehen können, Ihre ehemalige Geliebte wiederzusehen.

Erraten! versetzte Lothario.

Lassen Sie uns hören, sagte Jarno, wie ist es abgelaufen? Ich bin äußerst neugierig.

Ich leugne nicht, versetzte Lothario, daß mir das Abenteuer mehr als billig auf dem Herzen lag; ich faßte daher den Entschluß nochmals hinzureiten, und die Person wirklich zu sehen, deren verjüngtes Bild mir eine so angenehme Illusion gemacht hatte. Ich stieg schon in einiger Entfernung vom Hause ab, und ließ die Pferde bei Seite führen, um die Kinder nicht zu stören, die vor dem Tore spielten. Ich ging in das Haus, und von ungefähr kam sie mir entgegen, denn sie war es selbst, und ich erkannte sie ungeachtet der großen Veränderung wieder. Sie war stärker geworden, und schien größer zu sein; ihre Anmut blickte durch ein gesetztes Wesen hindurch, und ihre Munterkeit war in ein stilles Nachdenken übergegangen. Ihr Kopf, den sie sonst so leicht und frei trug, hing ein wenig gesenkt, und leise Falten waren über ihre Stirne gezogen.

Sie schlug die Augen nieder, als sie mich sah, aber keine Röte verkündigte eine innere Bewegung des Herzens. Ich reichte ihr die Hand, sie gab mir die ihrige; ich fragte nach ihrem Manne, er war abwesend, nach ihren Kindern, sie trat an die Türe und rief sie herbei, alle kamen und versammelten sich um sie. Es ist nichts reizender, als eine Mutter zu sehen mit einem Kinde auf dem Arme, und nichts ehrwürdiger, als eine Mutter unter vielen Kindern. Ich fragte nach den Namen der Kleinen, um doch nur etwas zu sagen; sie bat mich hinein zu treten und auf ihren Vater zu warten. Ich nahm es an; sie führte mich in die Stube, wo ich beinahe noch alles auf dem alten Platze fand, und — sonderbar! die schöne Muhme, ihr Ebenbild, saß auf eben dem Schemmel hinter dem Spinnrocken, wo ich meine Geliebte in eben der Gestalt so oft gefunden hatte. Ein kleines Mädchen, das seiner Mutter vollkommen glich, war uns nachgefolgt, und so stand ich in der sonderbarsten Gegenwart, zwischen der Vergangenheit und Zukunft, wie in einem Orangenwalde, wo in einem kleinen Bezirk Blüten und Früchte stufenweis neben einander leben. Die Muhme ging hinaus, einige Erfrischung zu holen, ich gab dem ehemals so geliebten Geschöpfe die Hand, und sagte zu ihr: Ich habe eine rechte Freude, Sie wieder zu sehen. — Sie sind sehr gut, mir das zu sagen, versetzte sie; aber auch ich kann Ihnen versichern, daß ich eine unaussprechliche Freude habe. Wie oft habe ich mir gewünscht, Sie nur noch einmal in meinem Leben wiederzusehen; ich habe es in Augenblicken gewünscht, die ich für meine letzten hielt. Sie sagte das mit einer gesetzten Stimme, ohne Rührung, mit jener Natürlichkeit, die mich ehemals so sehr an ihr entzückte. Die Muhme kam wieder, ihr Vater dazu — und ich überlasse euch zu denken, mit welchem Herzen ich blieb, und mit welchem ich mich entfernte.

Achtes Kapitel

Wilhelm hatte auf seinem Wege nach der Stadt die edlen weiblichen Geschöpfe, die er kannte und von denen er gehört hatte, im Sinne; ihre sonderbaren Schicksale, die wenig Erfreuliches enthielten, waren ihm schmerzlich gegenwärtig. Ach! rief er aus, arme Mariane! was werde ich noch von dir erfahren müssen? Und dich, herrliche Amazone, edler Schutzgeist, dem ich so viel schuldig bin, dem ich überall zu begegnen hoffe, und den ich leider nirgends finde, in welchen traurigen Umständen treff' ich dich vielleicht, wenn du mir einst wieder begegnest!

In der Stadt war niemand von seinen Bekannten zu Hause; er eilte auf das Theater, er glaubte sie in der Probe zu finden; alles war still, das Haus schien leer, doch sah er einen Laden offen. Als er auf die Bühne kam, fand er Aureliens alte Dienerin beschäftigt, Leinwand zu einer neuen Dekoration zusammenzunähen; es fiel nur so viel Licht herein, als nötig war, ihre Arbeit zu erhellen. Felix und Mignon saßen neben ihr auf der Erde; beide hielten ein Buch, und indem Mignon laut las, sagte ihr Felix alle Worte nach, als wenn er die Buchstaben kennte, als wenn er auch zu lesen verstünde.

Die Kinder sprangen auf und begrüßten den Ankommenden: er umarmte sie auf's zärtlichste, und führte sie näher zu der Alten. Bist du es?

sagte er zu ihr mit Ernst, die dieses Kind Aurelien zugeführt hatte. Sie sah von ihrer Arbeit auf, und wendete ihr Gesicht zu ihm; er sah sie in vollem Lichte, erschrak, trat einige Schritte zurück; es war die alte Barbara.

Wo ist Mariane? rief er aus. — Weit von hier, versetzte die Alte.

Und Felix? ...

Ist der Sohn dieses unglücklichen, nur allzuzärtlich liebenden Mädchens. Möchten Sie niemals empfinden, was Sie uns gekostet haben! Möchte der Schatz, den ich Ihnen überliefere, Sie so glücklich machen, als er uns unglücklich gemacht hat!

Sie stand auf, um wegzugehen. Wilhelm hielt sie fest. Ich denke Ihnen nicht zu entlaufen, sagte sie, lassen Sie mich ein Dokument holen, das Sie erfreuen und schmerzen wird. Sie entfernte sich, und Wilhelm sah den Knaben mit einer ängstlichen Freude an; er durfte sich das Kind noch nicht zueignen. Er ist dein, rief Mignon, er ist dein, und drückte das Kind an Wilhelms Kniee.

Die Alte kam, und überreichte ihm einen Brief. Hier sind Marianens letzte Worte, sagte sie.

Sie ist tot! rief er aus.

Tot! sagte die Alte; möchte ich Ihnen doch alle Vorwürfe ersparen können.

Überrascht und verwirrt erbrach Wilhelm den Brief; er hatte aber kaum die ersten Worte gelesen, als ihn ein bittrer Schmerz ergriff; er ließ den Brief fallen, stürzte auf eine Rasenbank, und blieb eine Zeitlang liegen. Mignon bemühte sich um ihn. Indessen hatte Felix den Brief aufgehoben, und zerrte seine Gespielin so lange, bis diese nachgab, und zu ihm kniete und ihm vorlas. Felix wiederholte die Worte, und Wilhelm war genötigt sie zweimal zu hören. „Wenn dieses Blatt jemals zu dir kommt, so bedaure deine unglückliche Geliebte, deine Liebe hat ihr den Tod gegeben. Der Knabe, dessen Geburt ich nur wenige Tage überlebe, ist dein; ich sterbe dir treu, so sehr der Schein auch gegen mich sprechen mag; mit dir verlor ich alles, was mich an das Leben fesselte. Ich sterbe zufrieden, da man mir versichert, das Kind sei gesund und werde leben. Höre die alte Barbara, verzeih ihr, leb' wohl und vergiß mich nicht!"

Welch ein schmerzlicher und noch zu seinem Troste halb rätselhafter Brief! dessen Inhalt ihm erst recht fühlbar ward, da ihn die Kinder stokkend und stammelnd vortrugen und wiederholten.

Da haben Sie es nun! rief die Alte, ohne abzuwarten, bis er sich erholt hatte; danken Sie dem Himmel, daß, nach dem Verluste eines so guten Mädchens, Ihnen noch ein so vortreffliches Kind übrig bleibt. Nichts wird Ihrem Schmerze gleichen, wenn Sie vernehmen, wie das gute Mädchen Ihnen bis an's Ende treu geblieben, wie unglücklich sie geworden ist, und was sie Ihnen alles aufgeopfert hat.

Laß mich den Becher des Jammers und der Freuden, rief Wilhelm aus, auf einmal trinken! Überzeuge mich, ja überrede mich nur, daß sie ein gutes Mädchen war, daß sie meine Achtung wie meine Liebe verdiente, und überlaß mich dann meinen Schmerzen über ihren unersetzlichen Verlust.

Es ist jetzt nicht Zeit, versetzte die Alte, ich habe zu tun, und wünschte nicht, daß man uns beisammen fände. Lassen Sie es ein Geheimnis sein, daß Felix Ihnen angehört; ich hätte über meine bisherige Verstellung zu viel Vorwürfe von der Gesellschaft zu erwarten. Mignon verrät uns nicht, sie ist gut und verschwiegen.

Ich wußte es lange und sagte nichts, versetzte Mignon. — Wie ist es möglich? rief die Alte — Woher? fiel Wilhelm ein.

Der Geist hat mir's gesagt.

Wie? wo?

Im Gewölbe, da der Alte das Messer zog, rief mir's zu: Rufe seinen Vater, und da fielst du mir ein.

Wer rief denn?

Ich weiß nicht, im Herzen, im Kopfe, ich war so angst, ich zitterte, ich betete, da rief's und ich verstand's.

Wilhelm drückte sie an sein Herz, empfahl ihr Felix und entfernte sich. Er bemerkte erst zuletzt, daß sie viel blässer und magerer geworden war, als er sie verlassen hatte. Madame Melina fand er von seinen Bekannten zuerst; sie begrüßte ihn auf's freundlichste. O! daß Sie doch alles, rief sie aus, bei uns finden möchten, wie Sie wünschten!

Ich zweifle daran, sagte Wilhelm, und erwartete es nicht. Gestehen Sie es nur, man hat alle Anstalten gemacht, mich entbehren zu können.

Warum sind Sie auch weggegangen? versetzte die Freundin.

Man kann die Erfahrung nicht früh genug machen, wie entbehrlich man in der Welt ist. Welche wichtige Personen glauben wir zu sein! Wir denken allein den Kreis zu beleben, in welchem wir wirken; in unserer Abwesenheit muß, bilden wir uns ein, Leben, Nahrung und Atem stocken, und die Lücke, die entsteht, wird kaum bemerkt, sie füllt sich so geschwind wieder aus, ja sie wird oft nur der Platz, wo nicht für etwas Besseres, doch für etwas Angenehmeres.

Und die Leiden unserer Freunde bringen wir nicht in Anschlag?

Auch unsere Freunde tun wohl, wenn sie sich bald finden, wenn sie sich sagen: da wo du bist, da wo du bleibst, wirke was du kannst, sei tätig und gefällig, und laß dir die Gegenwart heiter sein.

Bei näherer Erkundigung fand Wilhelm, was er vermutet hatte: die Oper war eingerichtet, und zog die ganze Aufmerksamkeit des Publikums an sich. Seine Rollen waren inzwischen durch Laertes und Horatio besetzt worden, und beide lockten den Zuschauern einen weit lebhaftern Beifall ab, als er jemals hatte erlangen können.

Laertes trat herein, und Madame Melina rief aus: Sehn Sie hier diesen glücklichen Menschen, der bald ein Kapitalist, oder Gott weiß was werden wird! Wilhelm umarmte ihn, und fühlte ein vortrefflich feines Tuch an seinem Rocke; seine übrige Kleidung war einfach, aber alles vom besten Zeuge.

Lösen Sie mir das Rätsel! rief Wilhelm aus.

Es ist noch Zeit genug, versetzte Laertes, um zu erfahren, daß mir mein Hin- und Herlaufen nunmehr bezahlt wird, daß ein Patron eines großen Handelshauses von meiner Unruhe, meinen Kenntnissen und Bekanntschaften Vorteil zieht, und mir einen Teil davon abläßt; ich wollte viel drum geben, wenn ich mir dabei auch Zutrauen gegen die Weiber ermäkeln könnte: denn es ist eine hübsche Nichte im Hause, und ich merke wohl, wenn ich wollte, könnte ich bald ein gemachter Mann sein.

Sie wissen wohl noch nicht, sagte Madame Melina, daß sich indessen auch unter uns eine Heirat gemacht hat? Serlo ist wirklich mit der schönen Elmire öffentlich getraut, da der Vater ihre heimliche Vertraulichkeit nicht gut heißen wollte.

So unterhielten sie sich über manches, was sich in seiner Abwesenheit zugetragen hatte, und er konnte gar wohl bemerken, daß er, dem Geist und dem Sinne der Gesellschaft nach, wirklich längst verabschiedet war.

Mit Ungeduld erwartete er die Alte, die ihm tief in der Nacht ihren sonderbaren Besuch angekündigt hatte. Sie wollte kommen, wenn alles schlief, und verlangte solche Vorbereitungen, eben als wenn das jüngste Mädchen sich zu einem Geliebten schleichen wollte. Er las indes Mariannens Brief wohl hundertmal durch, las mit unaussprechlichem Entzücken das Wort *Treue* von ihrer geliebten Hand, und mit Entsetzen die Ankündigung ihres Todes, dessen Annäherung sie nicht zu fürchten schien.

Mitternacht war vorbei, als etwas an der halboffnen Türe rauschte, und die Alte mit einem Körbchen hereintrat. Ich soll euch, sagte sie, die Geschichte unserer Leiden erzählen, und ich muß erwarten, daß ihr ungerührt dabei sitzt, daß ihr nur, um eure Neugierde zu befriedigen, mich so sorgsam erwartet, und daß ihr euch jetzt, wie damals, in eure kalte Eigenliebe hüllet, wenn uns das Herz bricht. Aber seht her! so brachte ich an jenem glücklichen Abend die Champagnerflasche hervor, so stellte ich drei Gläser auf den Tisch, und so fingt ihr an, uns mit gutmütigen Kindergeschichten zu täuschen und einzuschläfern, wie ich euch jetzt mit traurigen Wahrheiten aufklären und wach erhalten muß.

Wilhelm wußte nicht, was er sagen sollte, als die Alte wirklich den Stöpsel springen ließ, und die drei Gläser vollschenkte.

Trinkt! rief sie, nachdem sie ihr schäumendes Glas schnell ausgeleert hatte, trinkt! eh' der Geist verraucht! Dieses dritte Glas soll zum Andenken meiner unglücklichen Freundin ungenossen verschäumen. Wie rot waren ihre Lippen, als sie euch damals Bescheid tat! Ach! und nun auf ewig verblaßt und erstarrt!

Sibylle! Furie! rief Wilhelm aus, indem er aufsprang und mit der Faust auf den Tisch schlug, welch ein böser Geist besitzt und treibt dich? Für wen hältst du mich, daß du denkst, die einfachste Geschichte von Marianens Tod und Leiden werde mich nicht empfindlich genug kränken, daß du noch solche höllische Kunstgriffe brauchst, um meine Marter zu schärfen? Geht deine unersättliche Völlerei so weit, daß du bei'm Totenmahle schwelgen mußt, so trink' und rede! Ich habe dich von jeher verabscheut, und noch kann ich mir Marianen nicht unschuldig denken, wenn ich dich, ihre Gesellschafterin, nur ansehe.

Gemach, mein Herr! versetzte die Alte: Sie werden mich nicht aus meiner Fassung bringen. Sie sind uns noch sehr verschuldet, und von einem Schuldner läßt man sich nicht übel begegnen. Aber sie haben Recht, auch meine einfachste Erzählung ist Strafe genug für Sie. So hören Sie denn den Kampf und den Sieg Marianens, um die Ihrige zu bleiben.

Die Meinige? rief Wilhelm aus, welch ein Märchen willst du beginnen?

Unterbrechen Sie mich nicht, fiel sie ein, hören Sie mich, und dann glauben Sie, was Sie wollen, es ist ohnedies jetzt ganz einerlei. Haben Sie nicht am letzten Abend, als Sie bei uns waren, ein Billet gefunden und mitgenommen?

Ich fand das Blatt erst, als ich es mitgenommen hatte; es war in das Halstuch verwickelt, das ich aus inbrünstiger Liebe ergriff und zu mir steckte.

Was enthielt das Papier?

Die Aussichten eines verdrießlichen Liebhabers, in der nächsten Nacht besser als gestern aufgenommen zu werden. Und daß man ihm Wort gehalten hat, habe ich mit eignen Augen gesehen, denn er schlich früh vor Tage aus eurem Hause hinweg.

Sie können ihn gesehen haben; aber was bei uns vorging, wie traurig Mariane diese Nacht, wie verdrießlich ich sie zubrachte, das werden Sie erst jetzt erfahren. Ich will ganz aufrichtig sein, weder leugnen noch beschönigen, daß ich Marianen beredete, sich einem gewissen Norberg zu ergeben; sie folgte, ja ich kann sagen, sie gehorchte mir mit Widerwillen. Er war reich, er schien verliebt, und ich hoffte, er werde beständig sein. Gleich darauf mußte er eine Reise machen und Mariane lernte Sie kennen. Was hatte ich da nicht auszustehen! was zu hindern! was zu erdulden! O! rief sie manchmal, hättest du meiner Jugend, meiner Unschuld nur noch vier Wochen geschont, so hätte ich einen würdigen Gegenstand meiner Liebe gefunden, ich wäre seiner würdig gewesen, und die Liebe hätte das mit einem ruhigen Bewußtsein geben dürfen, was ich jetzt wider Willen verkauft habe. Sie überließ sich ganz ihrer Neigung, und ich darf nicht fragen, ob Sie glücklich waren. Ich hatte eine uneingeschränkte Gewalt über ihren Verstand, denn ich kannte alle Mittel ihre kleinen Neigungen zu befriedigen; ich hatte keine Macht über ihr Herz, denn niemals billigte sie, was ich für sie tat, wozu ich sie bewegte, wenn ihr Herz widersprach: nur der unbezwinglichen Not gab sie nach, und die Not erschien ihr bald sehr drückend. In den ersten Zeiten ihrer Jugend hatte es ihr an nichts gemangelt; ihre Familie verlor durch eine Verwickelung von

Umständen ihr Vermögen, das arme Mädchen war an mancherlei Bedürfnisse gewöhnt, und ihrem kleinen Gemüt waren gewisse gute Grundsätze eingeprägt, die sie unruhig machten, ohne ihr viel zu helfen. Sie hatte nicht die mindeste Gewandtheit in weltlichen Dingen, sie war unschuldig im eigentlichen Sinne; sie hatte keinen Begriff, daß man kaufen könne, ohne zu bezahlen; vor nichts war ihr mehr bange, als wenn sie schuldig war; sie hätte immer lieber gegeben als genommen, und nur eine solche Lage machte es möglich, daß sie genötigt ward, sich selbst hinzugeben, um eine Menge kleiner Schulden los zu werden.

Und hättest du, fuhr Wilhelm auf, sie nicht retten können?

O ja, versetzte die Alte, mit Hunger und Not, mit Kummer und Entbehrung, und darauf war ich niemals eingerichtet.

Abscheuliche niederträchtige Kupplerin! so hast du das unglückliche Geschöpf geopfert? so hast du sie deiner Kehle, deinem unersättlichen Heißhunger hingegeben?

Ihr tätet besser euch zu mäßigen, und mit Schimpfreden inne zu halten, versetzte die Alte. Wenn ihr schimpfen wollt, so geht in eure großen vornehmen Häuser, da werdet ihr Mütter finden, die recht ängstlich besorgt sind, wie sie für ein liebenswürdiges himmlisches Mädchen den allerabscheulichsten Menschen auffinden wollen, wenn er nur zugleich der reichste ist. Seht das arme Geschöpf vor seinem Schicksale zittern und beben, und nirgends Trost finden, als bis ihr irgend eine erfahrne Freundin begreiflich macht, daß sie durch den Ehestand das Recht erwerbe, über ihr Herz und ihre Person nach Gefallen disponieren zu können.

Schweig! rief Wilhelm: glaubst du denn, daß ein Verbrechen durch das andere entschuldigt werden könne? Erzähle, ohne weitere Anmerkungen zu machen!

So hören Sie, ohne mich zu tadeln! Mariane ward wider meinen Willen die Ihre. Bei diesem Abenteuer habe ich mir wenigstens nichts vorzuwerfen. Norberg kam zurück, er eilte Marianen zu sehen, die ihn kalt und verdrießlich aufnahm und ihm nicht einen Kuß erlaubte. Ich brauchte meine ganze Kunst, um ihr Betragen zu entschuldigen; ich ließ ihn merken, daß ein Beichtvater ihr das Gewissen geschärft habe, und daß man ein Gewissen, so lange es spricht, respektieren müsse. Ich brachte ihn dahin, daß er ging, und versprach ihm mein Bestes zu tun. Er war reich und roh, aber er hatte einen Grund von Gutmütigkeit, und liebte Marianen auf das äußerste. Er versprach mir Geduld, und ich arbeitete desto lebhafter, um ihn nicht zu sehr zu prüfen. Ich hatte mit Marianen einen harten Stand; ich überredete sie, ja ich kann sagen, ich zwang sie endlich, durch die Drohung, daß ich sie verlassen würde, an ihren Liebhaber zu schreiben, und ihn auf die Nacht einzuladen. Sie kamen und rafften zufälliger Weise seine Antwort in dem Halstuch auf. Ihre unvermutete Gegenwart hatte mir ein böses Spiel gemacht. Kaum waren Sie weg, so ging die Qual von neuem an; sie schwur, daß sie Ihnen nicht untreu werden könne, und war so leidenschaftlich, so außer sich, daß sie mir ein herzliches Mitleid ablockte. Ich versprach ihr endlich, daß ich auch diese Nacht Norbergen beruhigen, und ihn unter allerlei Vorwänden entfernen wollte; ich bat sie zu Bette zu gehen, allein sie schien mir nicht zu trauen: sie blieb angezogen, und schlief zuletzt, bewegt und ausgeweint wie sie war, in ihren Kleidern ein.

Norberg kam; ich suchte ihn abzuhalten, ich stellte ihm ihre Gewissensbisse, ihre Reue mit den schwärzesten Farben vor; er wünschte sie nur zu sehen, und ich ging in das Zimmer, um sie vorzubereiten; er schritt mir nach, und wir traten beide zu gleicher Zeit vor ihr Bette. Sie erwachte, sprang mit Wut auf und entriß sich unsern Armen; sie beschwur und bat, sie flehte, drohte und versicherte, daß sie nicht nachgeben würde. Sie war unvorsichtig genug, über ihre wahre Leidenschaft einige Worte fallen zu lassen, die der arme Norberg im geistlichen Sinne deuten mußte. Endlich verließ er sie, und sie schloß sich ein. Ich behielt ihn noch lange bei mir, und sprach mit ihm über ihren Zustand, daß sie guter Hoffnung sei, und daß man das arme Mädchen schonen müsse. Er fühlte sich so stolz auf seine Vaterschaft, er freute sich so sehr auf einen Knaben, daß er alles einging, was sie von ihm verlangte, und daß er versprach, lieber einige Zeit zu verreisen, als seine Geliebte zu ängstigen, und ihr durch diese Gemütsbewegungen zu schaden. Mit diesen Gesinnungen schlich er Morgens früh von mir weg, und Sie, mein Herr, wenn Sie Schildwache gestanden haben, so hätte es zu Ihrer Glückseligkeit nichts weiter bedurft, als in den Busen Ihres Nebenbuhlers zu sehen, den Sie so begünstigt, so glücklich hielten, und dessen Erscheinung Sie zur Verzweiflung brachte.

Redest du wahr? sagte Wilhelm.

So wahr, sagte die Alte, als ich noch hoffe Sie zur Verzweiflung zu bringen.

Ja, gewiß Sie würden verzweifeln, wenn ich Ihnen das Bild unsers nächsten Morgens recht lebhaft darstellen könnte. Wie heiter wachte sie auf! wie freundlich rief sie mich herein! wie lebhaft dankte sie mir! wie herzlich drückte sie mich an ihren Busen! Nun, sagte sie, indem sie lächelnd vor den Spiegel trat, darf ich mich wieder an mir selbst, mich an meiner Gestalt freuen, da ich wieder mir, da ich meinem einzig geliebten Freund angehöre. Wie ist es so süß überwunden zu haben! welch eine himmlische Empfindung ist es seinem Herzen zu folgen! Wie dank' ich dir, daß du dich meiner angenommen, daß du deine Klugheit, deinen Verstand auch einmal zu meinem Vorteil angewendet hast! Steh mir bei, und ersinne, was mich ganz glücklich machen kann!

Ich gab ihr nach, ich wollte sie nicht reizen, ich schmeichelte ihrer Hoffnung, und sie liebkos'te mich auf das anmutigste. Entfernte sie sich einen Augenblick vom Fenster, so mußte ich Wache stehen: denn *Sie* sollten nun ein für allemal vorbei gehen, man wollte Sie wenigstens sehen; so ging der ganze Tag unruhig hin. Nachts, zur gewöhnlichen Stunde, erwarteten wir Sie ganz gewiß. Ich paßte schon an der Treppe, die Zeit ward mir lang, ich ging wieder zu ihr hinein. Ich fand sie zu meiner Verwunderung in ihrer Offizierstracht, sie sah unglaublich heiter und reizend aus. Verdien' ich nicht, sagte sie, heute in Mannestracht zu erscheinen? Habe ich mich nicht brav gehalten? Mein Geliebter soll mich heute wie das erstemal sehen, ich will ihn so zärtlich und mit mehr Freiheit an mein Herz drücken, als damals: denn bin ich jetzt nicht vielmehr die Seine als damals, da mich ein edler Entschluß noch nicht frei gemacht hatte? Aber, fügte sie nach einigem Nachdenken hinzu, noch hab' ich nicht ganz gewonnen, noch muß ich erst das Äußerste wagen, um seiner wert, um seines Besitzes gewiß zu sein; ich muß ihm alles entdecken, meinen ganzen Zustand offenbaren, und ihm alsdann überlassen, ob er mich behalten oder verstoßen will. Diese Szene bereite ich ihm, bereite ich mir zu; und wäre sein Gefühl mich zu verstoßen fähig, so würde ich alsdann ganz wieder mir selbst angehören, ich würde in meiner Strafe meinen Trost finden, und alles erdulden, was das Schicksal mir auferlegen wollte.

Mit diesen Gesinnungen, mit diesen Hoffnungen, mein Herr, erwartete Sie das liebenswürdige Mädchen; Sie kamen nicht. O! wie soll ich den Zustand des Wartens und Hoffens beschreiben? Ich sehe dich noch vor mir, mit welcher Liebe, mit welcher Inbrunst du von dem Manne sprachst, dessen Grausamkeit du noch nicht erfahren hattest!

Gute liebe Barbara, rief Wilhelm, indem er aufsprang und die Alte bei der Hand faßte: es ist nun genug der Verstellung, genug der Vorbereitung! Dein gleichgültiger, dein ruhiger, dein zufriedner Ton hat dich verraten. Gib mir Marianen wieder! sie lebt, sie ist in der Nähe. Nicht umsonst hast du diese späte einsame Stunde zu deinem Besuche gewählt, nicht umsonst hast du mich durch diese entzückende Erzählung vorbereitet. Wo hast du sie? Wo verbirgst du sie? Ich glaube dir alles, ich verspreche dir alles zu glauben, wenn du mir sie zeigst, wenn du sie meinen Armen wiedergibst. Ihren Schatten habe ich schon im Fluge gesehen, laß mich sie wieder in meine Arme fassen! Ich will vor ihr auf den Knien liegen, ich will sie um Vergebung bitten, ich will ihr zu ihrem Kampfe, zu ihrem Siege über sich und dich Glück wünschen, ich will ihr meinen Felix zuführen. Komm! Wo hast du sie versteckt? Laß *sie*, laß mich nicht länger in Ungewißheit! Dein Endzweck ist erreicht. Wo hast du sie verborgen? Komm, daß ich sie mit diesem Licht beleuchte! daß ich wieder ihr holdes Angesicht sehe!

Er hatte die Alte vom Stuhl aufgezogen, sie sah ihn starr an, die Tränen stürzten ihr aus den Augen, und ein ungeheurer Schmerz ergriff sie. Welch ein unglücklicher Irrtum, rief sie aus, läßt Sie noch einen Augenblick hoffen! — Ja, ich habe sie verborgen, aber unter die Erde; weder das Licht der Sonne noch eine vertrauliche Kerze wird ihr holdes Angesicht jemals wieder erleuchten. Führen Sie den guten Felix an ihr Grab, und sagen Sie ihm, da liegt deine Mutter, die dein Vater ungehört verdammt hat. Das liebe Herz schlägt nicht mehr vor Ungeduld Sie zu sehen, nicht etwa in einer benachbarten Kammer wartet sie auf den Ausgang meiner Erzählung, oder meines Märchens; die dunkle Kammer hat sie aufgenommen, wohin kein Bräutigam folgt, woraus man keinem Geliebten entgegen geht.

Sie warf sich auf die Erde an einem Stuhle nieder und weinte bitterlich; Wilhelm war zum erstenmal völlig überzeugt, daß Mariane tot sei; er befand sich in einem traurigen Zustande. Die Alte richtete sich auf; ich habe Ihnen weiter nichts zu sagen, rief sie, und warf ein Paket auf den Tisch. Hier diese Briefschaften mögen völlig Ihre Grausamkeit beschämen; lesen Sie diese Blätter mit trocknen Augen durch, wenn es Ihnen möglich ist. Sie schlich leise fort, und Wilhelm hatte diese Nacht das Herz nicht, die Brieftasche zu öffnen, er hatte sie selbst Marianen geschenkt, er wußte, daß sie jedes Blättchen, das sie von ihm erhalten hatte, sorgfältig darin aufhob. Den andern Morgen vermochte er es über sich; er lös'te das Band, und es fielen ihm kleine Zettelchen mit Bleistift von seiner eigenen Hand geschrieben entgegen, und riefen ihm jede Situation, von dem ersten Tage ihrer anmutigen Bekanntschaft bis zu dem letzten ihrer grausamen Trennung, wieder herbei. Allein nicht ohne die lebhaftesten Schmerzen durchlas er eine kleine Sammlung von Billeten, die an ihn geschrieben waren, und die, wie er aus dem Inhalt sah, von Wernern waren zurückgewiesen worden.

Keines meiner Blätter hat bis zu dir durchdringen können; mein Bitten und Flehen hat dich nicht erreicht; hast du selbst diese grausamen Befehle gegeben? Soll ich dich nie wieder sehen? Noch einmal versuch' ich es, ich bitte dich: komm, o komm! ich verlange dich nicht zu behalten, wenn ich dich nur noch einmal an mein Herz drücken kann.

Wenn ich sonst bei dir saß, deine Hände hielt, dir in die Augen sah, und mit vollem Herzen der Liebe und des Zutrauens zu dir sagte: lieber, lieber, guter Mann! das hörtest du so gern, ich mußt' es dir so oft wiederholen, ich wiederhole es noch einmal: lieber, lieber, guter Mann! sei gut, wie du warst, komm und laß mich nicht in meinem Elende verderben!

Du hältst mich für schuldig, ich bin es auch, aber nicht wie du denkst. Komm, damit ich nur den einzigen Trost habe, von dir ganz gekannt zu sein, es gehe mir nachher wie es wolle.

Nicht um meinetwillen allein, auch um dein selbst willen fleh' ich dich an, zu kommen. Ich fühle die unerträglichen Schmerzen, die du leidest, indem du mich fliehst; komm, daß unsere Trennung weniger grausam werde! Ich war vielleicht nie deiner würdig, als eben in dem Augenblick, da du mich in ein gränzenloses Elend zurückstößest.

Bei allem, was heilig ist, bei allem, was ein menschliches Herz rühren kann, ruf' ich dich an! Es ist um eine Seele, es ist um ein Leben zu tun, um zwei Leben, von denen dir eins ewig teuer sein muß. Dein Argwohn wird auch das nicht glauben, und doch werde ich es in der Stunde des Todes aussprechen: das Kind, das ich unter dem Herzen trage, ist dein. Seitdem ich dich liebe, hat kein anderer mir auch nur die Hand gedrückt: o daß deine Liebe, daß deine Rechtschaffenheit die Gefährten meiner Jugend gewesen wären!

Du willst mich nicht hören? so muß ich denn zuletzt wohl verstummen, aber diese Blätter sollen nicht untergehen, vielleicht können sie noch zu dir sprechen, wenn das Leichentuch schon meine Lippe bedeckt, und wenn die Stimme deiner Reue nicht mehr zu meinem Ohre reichen kann. Durch mein trauriges Leben bis an den letzten Augenblick wird das mein einziger Trost sein: daß ich ohne Schuld gegen dich war, wenn ich mich auch nicht unschuldig nennen durfte.

Wilhelm konnte nicht weiter; er überließ sich ganz seinem Schmerz, aber noch mehr war er bedrängt, als Laertes herein trat, dem er seine Empfindungen zu verbergen suchte. Dieser brachte einen Beutel mit Dukaten hervor, zählte und rechnete, und versicherte Wilhelmen: es sei nichts Schöneres in der Welt, als wenn man eben auf dem Wege sei reich zu werden; es könne uns auch alsdann nichts stören oder abhalten. Wilhelm erinnerte sich seines Traums und lächelte; aber zugleich gedachte er auch mit Schaudern: daß in jenem Traumgesichte Mariane ihn verlassen, um seinem verstorbenen Vater zu folgen, und daß beide zuletzt wie Geister schwebend sich um den Garten bewegt hatten.

Laertes riß ihn aus seinem Nachdenken, und führte ihn auf ein Kaffeehaus, wo sich sogleich mehrere Personen um ihn versammelten, die ihn sonst gern auf dem Theater gesehen hatten; sie freuten sich seiner Gegenwart, bedauerten aber, daß er, wie sie hörten, die Bühne verlassen wolle; sie sprachen so bestimmt und vernünftig von ihm und seinem Spiele, von dem Grade seines Talents, von ihren Hoffnungen, daß Wilhelm nicht ohne Rührung zuletzt ausrief: O wie unendlich wert wäre mir diese Teilnahme vor wenig Monaten gewesen! Wie belehrend und wie erfreuend! Niemals hätte ich mein Gemüt so ganz von der Bühne abgewendet, und niemals wäre ich so weit gekommen, am Publico zu verzweifeln.

Dazu sollte es überhaupt nicht kommen, sagte ein ältlicher Mann, der hervortrat; das Publikum ist groß, wahrer Verstand und wahres Gefühl sind nicht so selten als man glaubt; nur muß der Künstler niemals einen unbedingten Beifall für das, was er hervorbringt, verlangen: denn eben der unbedingte ist am wenigsten wert, und den bedingten wollen die Herren nicht gerne. Ich weiß wohl, im Leben wie in der Kunst muß man mit sich zu Rate gehen, wenn man etwas tun und hervorbringen soll, wenn es aber getan und vollendet ist, so darf man mit Aufmerksamkeit nur viele hören, und man kann sich mit einiger Übung aus diesen vielen Stimmen gar bald ein ganzes Urteil zusammen setzen: denn diejenigen, die uns diese Mühe ersparen könnten, halten sich meist stille genug.

Das sollten sie eben nicht, sagte Wilhelm. Ich habe so oft gehört, daß Menschen, die selbst über gute Werke schwiegen, doch beklagten und bedauerten, daß geschwiegen wird.

So wollen wir heute laut werden, rief ein junger Mann, Sie müssen mit uns speisen, und wir wollen alles einholen, was wir Ihnen und manchmal der guten Aurelie schuldig geblieben sind.

Wilhelm lehnte die Einladung ab, und begab sich zu Madame Melina, die er wegen der Kinder sprechen wollte, indem er sie von ihr wegzunehmen gedachte.

Das Geheimnis der Alten war nicht zum besten bei ihm verwahrt. Er verriet sich, als er den schönen Felix wieder ansichtig ward. O, mein Kind! rief er aus, mein liebes Kind! Er hub ihn auf, und drückte ihn an sein Herz. Vater! was hast du mir mitgebracht, rief das Kind. Mignon sah beide an, als wenn sie warnen wollte, sich nicht zu verraten.

Was ist das für eine neue Erscheinung? sagte Madame Melina. Man suchte die Kinder bei Seite zu bringen, und Wilhelm, der der Alten das strengste Geheimnis nicht schuldig zu sein glaubte, entdeckte seiner Freundin das ganze Verhältnis. Madame Melina sah in lächelnd an. O! über die leichtgläubigen Männer! rief sie aus: wenn nur etwas auf ihrem Wege ist, so kann man es ihnen sehr leicht aufbürden; aber dafür sehen sie sich auch ein andermal weder rechts noch links um, und wissen nichts zu schätzen, als was sie vorher mit dem Stempel einer willkürlichen Leidenschaft bezeichnet haben. Sie konnte einen Seufzer nicht unterdrükken, und wenn Wilhelm nicht ganz blind gewesen wäre, so hätte er eine nie ganz besiegte Neigung in ihrem Betragen erkennen müssen.

Er sprach nunmehr mit ihr von den Kindern, wie er Felix bei sich zu behalten und Mignon auf das Land zu tun gedächte. Frau Melina, ob sie sich gleich ungerne von beiden zugleich trennte, fand doch den Vorschlag gut, ja notwendig. Felix verwilderte bei ihr, und Mignon schien einer freien Luft und anderer Verhältnisse zu bedürfen; das gute Kind war kränklich und konnte sich nicht erholen.

Lassen Sie sich nicht irren, fuhr Madame Melina fort, daß ich einige Zweifel, ob Ihnen der Knabe wirklich zugehöre, leichtsinnig geäußert habe. Der Alten ist freilich wenig zu trauen, doch wer Unwahrheit zu seinem Nutzen ersinnt, kann auch einmal wahr reden, wenn ihm die Wahrheiten nützlich scheinen. Aurelien hatte die Alte vorgespiegelt, Felix sei ein Sohn Lothario's, und die Eigenheit haben wir Weiber, daß wir die Kinder unserer Liebhaber recht herzlich lieben, wenn wir schon die Mutter nicht kennen, oder sie von Herzen hassen. Felix kam herein gesprungen, sie drückte ihn an sich, mit einer Lebhaftigkeit, die ihr sonst nicht gewöhnlich war.

Wilhelm eilte nach Hause, und bestellte die Alte, die ihn, jedoch nicht eher als in der Dämmerung, zu besuchen versprach; er empfing sie verdrießlich, und sagte zu ihr: Es ist nichts Schändlichers in der Welt, als sich auf Lügen und Märchen einzurichten! Schon hast du viel Böses damit gestiftet, und jetzt, da dein Wort das Glück meines Lebens entscheiden könnte, jetzt steh' ich zweifelhaft, und wage nicht das Kind in meine Arme zu schließen, dessen ungetrübter Besitz mich äußerst glücklich machen würde. Ich kann dich, schändliche Kreatur, nicht ohne Haß und Verachtung ansehen.

Euer Betragen kommt mir, wenn ich aufrichtig reden soll, versetzte die Alte, ganz unerträglich vor. Und wenn's nun euer Sohn nicht wäre, so ist es das schönste angenehmste Kind von der Welt, das man gern für jeden Preis kaufen möchte, um es nur immer um sich zu haben. Ist es nicht wert, daß ihr euch seiner annehmt? Verdiene ich für meine Sorgfalt, für meine Mühe mit ihm, nicht einen kleinen Unterhalt für mein künftiges Leben? O! ihr Herren, denen nichts abgeht, ihr habt gut von Wahrheit und Geradheit reden; aber wie eine arme Kreatur, deren geringstem Bedürfnis nichts entgegen kommt, die in ihren Verlegenheiten keinen Freund, keinen Rat, keine Hülfe sieht, wie die sich durch die selbstischen Menschen durchdrücken, und im Stillen darben muß — davon würde manches zu sagen sein, wenn ihr hören wolltet und könntet. Haben Sie Marianens Briefe gelesen? Es sind dieselben, die sie zu jener unglücklichen Zeit schrieb. Vergebens suchte ich mich Ihnen zu nähern, vergebens Ihnen diese Blätter zuzustellen; Ihr grausamer Schwager hatte Sie so umlagert, daß alle List und Klugheit vergebens war, und zuletzt, als er mir und Marianen mit dem Gefängnis drohte, mußte ich wohl alle Hoffnung aufgeben. Trifft nicht alles mit dem überein, was ich erzählt habe? Und setzt nicht Norbergs Brief die ganze Geschichte außer allen Zweifel?

Was für ein Brief? fragte Wilhelm.

Haben Sie ihn nicht in der Brieftasche gefunden? versetzte die Alte.

Ich habe noch nicht alles durchlesen.

Geben Sie nur die Brieftasche her; auf dieses Dokument kommt alles an. Norbergs unglückliches Billet hat die traurige Verwirrung gemacht, ein anderes von seiner Hand mag auch den Knoten lösen, insofern am Faden noch etwas gelegen ist. Sie nahm ein Blatt aus der Brieftasche, Wilhelm erkannte jene verhaßte Hand, nahm sich zusammen und las.

„Sag' mir nur, Mädchen, wie vermagst du das über mich? Hätt' ich doch nicht geglaubt, daß eine Göttin selbst mich zum seufzenden Liebhaber umschaffen könnte. Anstatt mir mit offenen Armen entgegen zu eilen, ziehst du dich zurück; man hätte es wahrhaftig für Abscheu nehmen können, wie du dich betrugst. Ist's erlaubt, daß ich die Nacht mit der alten Barbara auf einem Koffer in einer Kammer zubringen mußte? Und mein geliebtes Mädchen war nur zwei Türen davon. Es ist zu toll, sag' ich dir! Ich habe versprochen dir einige Bedenkzeit zu lassen, nicht gleich in dich zu dringen, und ich möchte rasend werden über jede verlorne Viertelstunde. Habe ich dir nicht geschenkt, was ich wußte und konnte? Zweifelst du noch an meiner Liebe? Was willst du haben? sag' es mir! Es soll dir an nichts fehlen. Ich wollte, der Pfaffe müßte verstummen und verblinden, der dir solches Zeug in den Kopf gesetzt hat. Mußtest du auch gerade an so einen kommen! Es gibt so viele, die jungen Leuten etwas nachzusehen wissen. Genug, ich sage dir, es muß anders werden, in ein paar Tagen muß ich Antwort wissen, denn ich gehe bald wieder weg, und wenn du nicht wieder freundlich und gefällig bist, so sollst du mich nicht wieder sehen." ...

In dieser Art ging der Brief noch lange fort, drehte sich zu Wilhelms schmerzlicher Zufriedenheit immer um denselben Punkt herum, und zeugte für die Wahrheit der Geschichte, die er von Barbara vernommen hatte. Ein zweites Blatt bewies deutlich, daß Mariane auch in der Folge nicht nachgegeben hatte, und Wilhelm vernahm aus diesen und mehreren Papieren nicht ohne tiefen Schmerz die Geschichte des unglücklichen Mädchens bis zur Stunde ihres Todes.

Die Alte hatte den rohen Menschen nach und nach zahm gemacht, indem sie ihm den Tod Marianens meldete, und ihm den Glauben ließ, als wenn Felix sein Sohn sei; er hatte ihr einigemal Geld geschickt, das sie aber für sich behielt, da sie Aurelien die Sorge für des Kindes Erziehung aufgeschwatzt hatte. Aber leider dauerte dieser heimliche Erwerb nicht lange. Norberg hatte durch ein wildes Leben den größten Teil seines Vermögens verzehrt, und wiederholte Liebesgeschichten sein Herz gegen seinen ersten, eingebildeten Sohn verhärtet.

So wahrscheinlich das alles lautete, und so schön es zusammentraf, traute Wilhelm doch noch nicht, sich der Freude zu überlassen; er schien sich vor einem Geschenke zu fürchten, das ihm ein böser Genius darreichte.

Ihre Zweifelsucht, sagte die Alte, die seine Gemütsstimmung erriet, kann nur die Zeit heilen. Sehen Sie das Kind als ein fremdes an, und geben Sie desto genauer auf ihn Acht, bemerken Sie seine Gaben, seine Natur, seine Fähigkeiten, und wenn Sie nicht nach und nach sich selbst wiedererkennen, so müssen Sie schlechte Augen haben. Denn das versichre ich Sie, wenn ich ein Mann wäre, mir sollte niemand ein Kind unterschieben; aber es ist ein Glück für die Weiber, daß die Männer in diesen Fällen nicht so scharfsichtig sind.

Nach allem diesen setzte sich Wilhelm mit der Alten auseinander; er wollte den Felix mit sich nehmen, sie sollte Mignon zu Theresen bringen, und hernach eine kleine Pension, die er ihr versprach, wo sie wollte, verzehren.

Er ließ Mignon rufen, um sie auf diese Veränderung vorzubereiten. — Meister! sagte sie, behalte mich bei dir, es wird mir wohl tun und weh.

Er stellte ihr vor, daß sie nun herangewachsen sei, und daß doch etwas für ihre weitere Bildung getan werden müsse. — Ich bin gebildet genug, versetzte sie, um zu lieben und zu trauern.

Er machte sie auf ihre Gesundheit aufmerksam, daß sie eine anhaltende Sorgfalt und die Leitung eines geschickten Arztes bedürfe. — Warum soll man für mich sorgen, sagte sie, da so viel zu sorgen ist?

Nachdem er sich viele Mühe gegeben, sie zu überzeugen, daß er sie jetzt nicht mit sich nehmen könne, daß er sie zu Personen bringen wolle, wo er sie öfters sehen werde, schien sie von alle dem nichts gehört zu haben. Du willst mich nicht bei dir? sagte sie. Vielleicht ist es besser, schicke mich zum alten Harfenspieler, der arme Mann ist so allein.

Wilhelm suchte ihr begreiflich zu machen, daß der Alte gut aufgehoben sei. — Ich sehne mich jede Stunde nach ihm, versetzte das Kind.

Ich habe aber nicht bemerkt, sagte Wilhelm, daß du ihm so geneigt seist, als er noch mit uns lebte.

Ich fürchtete mich vor ihm, wenn er wachte; ich konnte nur seine Augen nicht sehen, aber wenn er schlief, setzte ich mich gern zu ihm, ich wehrte ihm die Fliegen, und konnte mich nicht satt an ihm sehen. O! er hat mir in schrecklichen Augenblicken beigestanden, es weiß niemand, was ich ihm schuldig bin. Hätt' ich nur den Weg gewußt, ich wäre schon zu ihm gelaufen.

Wilhelm stellte ihr die Umstände weitläufig vor, und sagte: sie sei so ein vernünftiges Kind, sie möchte doch auch diesmal seinen Wünschen folgen. — Die Vernunft ist grausam, versetzte sie, das Herz ist besser. Ich will hingehen, wohin du willst, aber laß mir deinen Felix!

Nach vielem Hin- und Widerreden war sie immer auf ihrem Sinne geblieben, und Wilhelm mußte sich zuletzt entschließen, die beiden Kinder der Alten zu übergeben, und sie zusammen an Fräulein Therese zu schikken. Es ward ihm das um so leichter, als er sich noch immer fürchtete, den schönen Felix sich als seinen Sohn zuzueignen. Er nahm ihn auf den Arm und trug ihn herum, das Kind mochte gern vor den Spiegel gehoben sein, und, ohne sich es zu gestehen, trug Wilhelm ihn gern vor den Spiegel, und suchte dort Ähnlichkeiten zwischen sich und dem Kinde auszuspähen. Ward es ihm dann einen Augenblick recht wahrscheinlich, so drückte er den Knaben an seine Brust, aber auf einmal, erschreckt durch den Gedanken, daß er sich betriegen könne, setzte er das Kind nieder, und ließ es hinlaufen. O! rief er aus, wenn ich mir dieses unschätzbare Gut zueignen könnte, und es würde mir dann entrissen, so wäre ich der unglücklichste aller Menschen!

Die Kinder waren weggefahren, und Wilhelm wollte nun seinen förmlichen Abschied vom Theater nehmen, als er fühlte, daß er schon abgeschieden sei, und nur zu gehen brauchte. Mariane war nicht mehr, seine zwei Schutzgeister hatten sich entfernt, und seine Gedanken eilten ihnen nach. Der schöne Knabe schwebte wie eine reizende ungewisse Erscheinung vor seiner Einbildungskraft, er sah ihn, an Theresens Hand, durch Felder und Wälder laufen, in der freien Luft und neben einer freien und heitern Begleiterin sich bilden; Therese war ihm noch viel werter geworden, seitdem er das Kind in ihrer Gesellschaft dachte. Selbst als Zuschauer im Theater erinnerte er sich ihrer mit Lächeln; beinahe war er in ihrem Falle, die Vorstellungen machten ihm keine Illusion mehr.

Serlo und Melina waren äußerst höflich gegen ihn, sobald sie merkten, daß er an seinen vorigen Platz keinen weitern Anspruch machte. Ein Teil des Publikums wünschte ihn nochmals auftreten zu sehen; es wäre ihm unmöglich gewesen, und bei der Gesellschaft wünschte es niemand, als allenfalls Frau Melina.

Er nahm nun wirklich Abschied von dieser Freundin, er war gerührt, und sagte: Wenn doch der Mensch sich nicht vermessen wollte irgend etwas für die Zukunft zu versprechen! Das Geringste vermag er nicht zu halten, geschweige wenn sein Vorsatz von Bedeutung ist. Wie schäme ich mich, wenn ich denke, was ich Ihnen allen zusammen in jener unglücklichen Nacht versprach, da wir beraubt, krank, verletzt und verwundet in eine elende Schenke zusammen gedrängt waren. Wie erhöhte damals das Unglück meinen Mut, und welchen Schatz glaubte ich in meinem guten Willen zu finden; nun ist aus allem dem nichts, gar nichts geworden! Ich verlasse Sie als Ihr Schuldner, und mein Glück ist, daß man mein Versprechen nicht mehr achtete, als es wert war, und daß niemand mich jemals deshalb gemahnt hat.

Sein Sie nicht ungerecht gegen sich selbst, versetzte Frau Melina; wenn niemand erkennt, was Sie für uns getan hatten, so werde ich es nicht verkennen: denn unser ganzer Zustand wäre völlig anders, wenn wir Sie nicht besessen hätten. Geht es doch unsern Vorsätzen, wie unsern Wünschen. Sie sehen sich gar nicht mehr ähnlich, wenn sie ausgeführt, wenn sie erfüllt sind, und wir glauben nichts getan, nichts erlangt zu haben.

Sie werden, versetzte Wilhelm, durch Ihre freundschaftliche Auslegung mein Gewissen nicht beruhigen, und ich werde mir immer als Ihr Schuldner vorkommen.

Es ist auch wohl möglich, daß Sie es sind, versetzte Madame Melina, nur nicht auf die Art, wie Sie es denken. Wir rechnen uns zur Schande ein Versprechen nicht zu erfüllen, das wir mit dem Munde getan haben. O, mein Freund, ein guter Mensch verspricht durch seine Gegenwart nur immer zu viel! Das Vertrauen, das er hervorlockt, die Neigung, die er einflößt, die Hoffnungen, die er erregt, sind unendlich; er wird und bleibt ein Schuldner, ohne es zu wissen. Leben Sie wohl. Wenn unsere äußeren Umstände sich unter Ihrer Leitung recht glücklich hergestellt haben, so entsteht in meinem Innern durch Ihren Abschied eine Lücke, die sich so leicht nicht wieder ausfüllen wird.

Wilhelm schrieb vor seiner Abreise aus der Stadt noch einen weitläufigen Brief an Wernern. Sie hatten zwar einige Briefe gewechselt, aber weil sie nicht einig werden konnten, hörten sie zuletzt auf zu schreiben. Nun hatte sich Wilhelm wieder genähert, er war im Begriff dasjenige zu tun, was jener so sehr wünschte, er konnte sagen: ich verlasse das Theater, und verbinde mich mit Männern, deren Umgang mich, in jedem Sinne, zu einer reinen und sichern Tätigkeit führen muß. Er erkundigte sich nach seinem Vermögen, und es schien ihm nunmehr sonderbar, daß er so lange sich nicht darum bekümmert hatte. Er wußte nicht, daß es die Art aller der Menschen sei, denen an ihrer innern Bildung viel gelegen ist, daß sie die äußeren Verhältnisse ganz und gar vernachlässigen. Wilhelm hatte sich in diesem Falle befunden; er schien nunmehr zum erstenmal zu merken, daß er äußerer Hülfsmittel bedürfe, um nachhaltig zu wirken. Er reis'te fort mit einem ganz andern Sinn, als das erstemal; die Aussichten, die sich ihm zeigten, waren reizend, und er hoffte auf seinem Wege etwas Frohes zu erleben.

Neuntes Kapitel

Als er nach Lothario's Gut zurückkam, fand er eine große Veränderung. Jarno kam ihm entgegen mit der Nachricht, daß der Oheim gestorben, daß Lothario hingegangen sei, die hinterlassenen Güter in Besitz zu nehmen. Sie kommen eben zur rechten Zeit, sagte er, um mir und dem Abbé beizustehn. Lothario hat uns den Handel um wichtige Güter in unserer Nachbarschaft aufgetragen; es war schon lange vorbereitet, und nun finden wir Geld und Kredit eben zur rechten Stunde. Das Einzige war dabei bedenklich, daß ein auswärtiges Handelshaus auch schon auf dieselben Güter Absicht hatte; nun sind wir kurz und gut entschlossen mit jenem gemeine Sache zu machen, denn sonst hätten wir uns ohne Not und Vernunft hinaufgetrieben. Wir haben, so scheint es, mit einem klugen Manne zu tun. Nun machen wir Calculs und Anschläge; auch muß ökonomisch überlegt werden, wie wir die Güter teilen können, so daß jeder ein schönes Besitztum erhält. Es wurden Wilhelmen die Papiere vorgelegt, man besah die Felder, Wiesen, Schlösser, und obgleich Jarno und der Abbé die Sache sehr gut zu verstehen schienen, so wünschte Wilhelm doch, daß Fräulein Therese von der Gesellschaft sein möchte.

Sie brachten mehrere Tage mit diesen Arbeiten zu, und Wilhelm hatte kaum Zeit, seine Abenteuer und seine zweifelhafte Vaterschaft den Freunden zu erzählen, die eine ihm so wichtige Begebenheit gleichgültig und leichtsinnig behandelten.

Er hatte bemerkt, daß sie manchmal in vertrauten Gesprächen, bei Tische und auf Spaziergängen, auf einmal inne hielten, ihren Worten eine andere Wendung gaben, und dadurch wenigstens anzeigten, daß sie unter sich manches abzutun hatten, das ihm verborgen sei. Er erinnerte sich an das, was Lydie gesagt hatte, und glaubte um so mehr daran, als eine ganze Seite des Schlosses vor ihm immer unzugänglich gewesen war. Zu gewissen Galerien und besonders zu dem alten Turm, den er von außen recht gut kannte, hatte er bisher vergebens Weg und Eingang gesucht.

Eines Abends sagte Jarno zu ihm: Wir können Sie nun so sicher als den unsern ansehen, daß es unbillig wäre, wenn wir Sie nicht tiefer in unsere Geheimnisse einführten. Es ist gut, daß der Mensch, der erst in die Welt tritt, viel von sich halte, daß er sich viele Vorzüge zu erwerben denke, daß er alles mögliche zu machen suche; aber wenn seine Bildung auf einem gewissen Grade steht, dann ist es vorteilhaft, wenn er sich in einer größern Masse verlieren lernt, wenn er lernt um anderer willen zu leben, und seiner selbst in einer pflichtmäßigen Tätigkeit zu vergessen. Da lernt er erst sich selbst kennen, denn das Handeln eigentlich vergleicht uns mit andern. Sie sollen bald erfahren, welch eine kleine Welt sich in Ihrer Nähe befindet, und wie gut Sie in dieser kleinen Welt gekannt sind; morgen früh vor Sonnenaufgang sein sie angezogen und bereit.

Jarno kam zur bestimmten Stunde, und führte ihn durch bekannte und unbekannte Zimmer des Schlosses, dann durch einige Galerien, und sie gelangten endlich vor eine große alte Türe, die stark mit Eisen beschlagen war. Jarno pochte, die Türe tat sich ein wenig auf, so daß eben ein Mensch hineinschlüpfen konnte. Jarno schob Wilhelmen hinein, ohne ihm zu folgen. Dieser fand sich in einem dunkeln und engen Behältnisse, es war finster um ihn, und als er einen Schritt vorwärts gehen wollte, stieß er schon wider. Eine nicht ganz unbekannte Stimme rief ihm zu: Tritt herein! und nun bemerkte er erst, daß die Seiten des Raums, in dem er sich befand, nur mit Teppichen behangen waren, durch welche ein schwaches Licht hindurch schimmerte. Tritt herein! rief es nochmals; er hob den Teppich auf und trat hinein.

Der Saal, in dem er sich nunmehr befand, schien ehemals eine Kapelle gewesen zu sein; anstatt des Altars stand ein großer Tisch auf einigen Stufen, mit einem grünen Teppich behangen, darüber schien ein zugezogener Vorhang ein Gemälde zu bedecken; an den Seiten waren schön gearbeitete Schränke mit feinen Drahtgittern verschlossen, wie man sie in Bibliotheken zu sehen pflegt, nur sah er anstatt der Bücher viele Rollen aufgestellt. Niemand befand sich in dem Saal; die aufgehende Sonne fiel durch die farbigen Fenster Wilhelmen grade entgegen, und begrüßte ihn freundlich.

Setze dich! rief eine Stimme, die von dem Altar her zu tönen schien. Wilhelm setzte sich auf einen kleinen Armstuhl, der wider den Verschlag des Eingangs stand; es war kein anderer Sitz im ganzen Zimmer, er mußte sich darein ergeben, ob ihn schon die Morgensonne blendete; der Sessel stand fest, er konnte nur die Hand vor die Augen halten.

Indem eröffnete sich, mit einem kleinen Geräusche, der Vorhang über dem Altar, und zeigte, innerhalb eines Rahmens, eine leere dunkle Öffnung. Es trat ein Mann hervor in gewöhnlicher Kleidung, der ihn begrüßte, und zu ihm sagte: Sollten Sie mich nicht wieder erkennen? Sollten Sie, unter andern Dingen, die Sie wissen möchten, nicht auch zu erfahren wünschen, wo die Kunstsammlung Ihres Großvaters sich gegenwärtig befindet? Erinnern Sie sich des Gemäldes nicht mehr, das Ihnen so reizend war? Wo mag der kranke Königssohn wohl jetzo schmachten? — Wilhelm erkannte leicht den Fremden, der, in jener bedeutenden Nacht, sich mit ihm im Gasthause unterhalten hatte. Vielleicht, fuhr dieser fort, können wir jetzt über Schicksal und Charakter eher einig werden.

Wilhelm wollte eben antworten, als der Vorhang sich wieder rasch zusammenzog. Sonderbar! sagte er bei sich selbst, sollten zufällige Ereignisse einen Zusammenhang haben? Und das, was wir Schicksal nennen, sollte es bloß Zufall sein? Wo mag sich meines Großvaters Sammlung befinden? und warum erinnert man mich in diesen feierlichen Augenblicken daran?

Er hatte nicht Zeit weiter zu denken, denn der Vorhang öffnete sich wieder, und ein Mann stand vor seinen Augen, den er sogleich für den Landgeistlichen erkannte, der mit ihm und der lustigen Gesellschaft jene Wasserfahrt gemacht hatte; er glich dem Abbé, ob er gleich nicht dieselbe Person schien. Mit einem heitern Gesichte und einem würdigen Ausdruck fing der Mann an: Nicht vor Irrtum zu bewahren, ist die Pflicht des Menschenerziehers, sondern den Irrenden zu leiten, ja ihn seinen Irrtum aus vollen Bechern ausschlürfen zu lassen, das ist Weisheit der Lehrer. Wer seinen Irrtum nur kostet, hält lange damit Haus, er freuet sich dessen als eines seltenen Glücks, aber wer ihn ganz erschöpft, der muß ihn kennen lernen, wenn er nicht wahnsinnig ist. Der Vorhang schloß sich abermals, und Wilhelm hatte Zeit nachzudenken. Von welchem Irrtum kann der Mann sprechen? sagte er zu sich selbst, als von dem, der mich mein ganzes Leben verfolgt hat, daß ich da Bildung suchte, wo keine zu finden war, daß ich mir einbildete ein Talent erwerben zu können, zu dem ich nicht die geringste Anlage hatte.

Der Vorhang riß sich schneller auf, ein Offizier trat hervor, und sagte nur im Vorbeigehen: Lernen Sie die Menschen kennen, zu denen man Zutrauen haben kann! Der Vorhang schloß sich, und Wilhelm brauchte sich nicht lange zu besinnen, um diesen Offizier für denjenigen zu erkennen, der ihn in des Grafen Park umarmt hatte, und Schuld gewesen war, daß er Jarno für einen Werber hielt. Wie dieser hierher gekommen, und wer er sei, war Wilhelmen völlig ein Rätsel. — Wenn so viele Menschen an dir Teil nahmen, deinen Lebensweg kannten, und wußten, was darauf zu tun sei, warum führten sie dich nicht strenger? warum nicht ernster? warum begünstigten sie deine Spiele, anstatt dich davon wegzuführen?

Rechte nicht mit uns! rief eine Stimme: Du bist gerettet, und auf dem Wege zum Ziel. Du wirst keine deiner Torheiten bereuen und keine zurück wünschen, kein glücklicheres Schicksal kann einem Menschen werden. Der Vorhang riß sich von einander, und, in voller Rüstung, stand der alte König von Dänemark in dem Raume. Ich bin der Geist deines Vaters, sagte das Bildnis, und scheide getrost, da meine Wünsche für dich, mehr als ich sie selbst begriff, erfüllt sind. Steile Gegenden lassen sich nur durch Umwege erklimmen, auf der Ebene führen gerade Wege von einem Ort zum andern. Lebe wohl, und gedenke mein, wenn du genießest, was ich dir vorbereitet habe.

Wilhelm war äußerst betroffen, er glaubte die Stimme seines Vaters zu hören, und doch war sie es auch nicht; er befand sich durch die Gegenwart und die Erinnerung in der verworrensten Lage.

Nicht lange konnte er nachdenken, als der Abbé hervortrat, und sich hinter den grünen Tisch stellte. Treten Sie herbei! rief er seinem verwunderten Freunde zu. Er trat herbei, und stieg die Stufen hinan. Auf dem Teppiche lag eine kleine Rolle. Hier ist Ihr Lehrbrief, sagte der Abbé, beherzigen Sie ihn, er ist von wichtigem Inhalt. Wilhelm nahm ihn auf, öffnete ihn und las:

Lehrbrief

Die Kunst ist lang, das Leben kurz, das Urteil schwierig, die Gelegenheit flüchtig. Handeln ist leicht, Denken schwer; nach dem Gedanken handeln unbequem. Aller Anfang ist heiter, die Schwelle ist der Platz der Erwartung. Der Knabe staunt, der Eindruck bestimmt ihn, er lernt spielend, der Ernst überrascht ihn. Die Nachahmung ist uns angeboren, der Nachzuahmende wird nicht leicht erkannt. Selten wird das Treffliche gefunden, seltner geschätzt. Die Höhe reizt uns, nicht die Stufen; den Gipfel im Auge wandeln wir gerne auf der Ebene. Nur ein Teil der Kunst kann gelehrt werden, der Künstler braucht sie ganz. Wer sie halb kennt, ist immer irre und redet viel; wer sie ganz besitzt, mag nur tun und redet selten oder spät. Jene haben keine Geheimnisse und keine Kraft, ihre Lehre ist wie gebackenes Brot schmackhaft und sättigend für Einen Tag; aber Mehl kann man nicht säen, und die Saatfrüchte sollen nicht vermahlen werden. Die Worte sind gut, sie sind aber nicht das Beste. Das Beste wird nicht deutlich durch Worte. Der Geist, aus dem wir handeln, ist das Höchste. Die Handlung wird nur vom Geiste begriffen und wieder dargestellt. Niemand weiß, was er tut, wenn er recht handelt; aber des Unrechten sind wir uns immer bewußt. Wer bloß mit Zeichen wirkt, ist ein Pedant, ein Heuchler oder ein Pfuscher. Es sind ihrer viele, und es wird ihnen wohl zusammen. Ihr Geschwätz hält den Schüler zurück, und ihre beharrliche Mittelmäßigkeit ängstigt die Besten. Des echten Künstlers Lehre schließt den Sinn auf; denn wo die Worte fehlen, spricht die Tat. Der echte Schüler lernt aus dem Bekannten das Unbekannte entwickeln, und nähert sich dem Meister.

Genug! rief der Abbé, das Übrige zu seiner Zeit. Jetzt sehen Sie sich in jenen Schränken um.

Wilhelm ging hin und las die Aufschriften der Rollen. Er fand mit Verwunderung Lothario's Lehrjahre, Jarno's Lehrjahre und seine eignen Lehrjahre daselbst aufgestellt, unter vielen andern, deren Namen ihm unbekannt waren.

Darf ich hoffen, in diese Rollen einen Blick zu werfen?

Es ist für Sie nunmehr in diesem Zimmer nichts verschlossen.

Darf ich eine Frage tun?

Ohne Bedenken! und Sie können entscheidende Antwort erwarten, wenn es eine Angelegenheit betrifft, die Ihnen zunächst am Herzen liegt, und am Herzen liegen soll.

Gut denn! Ihr sonderbaren und weisen Menschen, deren Blick in so viel Geheimnisse dringt, könnt ihr mir sagen, ob Felix wirklich mein Sohn sei? —

Heil Ihnen über diese Frage! rief der Abbé, indem er vor Freuden die Hände zusammenschlug: Felix ist Ihr Sohn! Bei dem Heiligsten, was unter uns verborgen liegt, schwör' ich Ihnen, Felix ist Ihr Sohn! und der Gesinnung nach war seine abgeschiedne Mutter Ihrer nicht unwert. Empfangen Sie das liebliche Kind aus unserer Hand, kehren Sie sich um, und wagen Sie es, glücklich zu sein.

Wilhelm hörte ein Geräusch hinter sich, er kehrte sich um, und sah ein Kindergesicht schalkhaft durch die Teppiche des Eingangs hervor gukken, es war Felix. Der Knabe versteckte sich sogleich scherzend, als er gesehen wurde. Komm hervor! rief der Abbé. Er kam gelaufen, sein Vater stürzte ihm entgegen, nahm ihn in die Arme, und drückte ihn an sein Herz. Ja, ich fühl's, rief er aus, du bist mein! Welche Gabe des Himmels habe ich meinen Freunden zu verdanken! Wo kommst du her, mein Kind, gerade in diesem Augenblick?

Fragen Sie nicht, sagte der Abbé. Heil dir, junger Mann! deine Lehrjahre sind vorüber; die Natur hat dich losgesprochen.

ACHTES BUCH

Erstes Kapitel

Felix war in den Garten gesprungen, Wilhelm folgte ihm mit Entzükken, der schönste Morgen zeigte jeden Gegenstand mit neuen Reizen, und Wilhelm genoß den heitersten Augenblick. Felix war neu in der freien und herrlichen Welt, und sein Vater nicht viel bekannter mit den Gegenständen, nach denen der Kleine wiederholt und unermüdet fragte. Sie gesellten sich endlich zum Gärtner, der die Namen und den Gebrauch mancher Pflanzen hererzählen mußte; Wilhelm sah die Natur durch ein neues Organ, und die Neugierde, die Wißbegierde des Kindes ließen ihn erst fühlen, welch ein schwaches Interesse er an den Dingen außer sich genommen hatte, wie wenig er kannte und wußte. An diesem Tage, dem vergnügtesten seines Lebens, schien auch seine eigne Bildung erst anzufangen; er fühlte die Notwendigkeit sich zu belehren, indem er zu lehren aufgefordert ward.

Jarno und der Abbé hatten sich nicht wieder sehen lassen; Abends kamen sie, und brachten einen Fremden mit. Wilhelm ging ihm mit Erstaunen entgegen, er traute seinen Augen nicht, es war Werner, der gleichfalls einen Augenblick anstand, ihn anzuerkennen. Beide umarmten sich auf's zärtlichste, und beide konnten nicht verbergen, daß sie sich wechselsweise verändert fanden. Werner behauptete, sein Freund sei größer, stärker, gerader, in seinem Wesen gebildeter und in seinem Betragen angenehmer geworden. — Etwas von seiner alten Treuherzigkeit vermiß' ich, setzte er hinzu. — Sie wird sich auch schon wieder zeigen, wenn wir uns nur von der ersten Verwunderung erholt haben, sagte Wilhelm.

Es fehlte viel, daß Werner einen gleich vorteilhaften Eindruck auf Wilhelmen gemacht hätte. Der gute Mann schien eher zurück als vorwärts gegangen zu sein. Er war viel magerer, als ehemals, sein spitzes Gesicht schien feiner, seine Nase länger zu sein, seine Stirn und sein Scheitel waren von Haaren entblößt, seine Stimme hell, heftig und schreiend, und seine eingedrückte Brust, seine vorfallenden Schultern, seine farblosen Wangen ließen keinen Zweifel übrig, daß ein arbeitsamer Hypochondrist gegenwärtig sei.

Wilhelm war bescheiden genug, um sich über diese große Veränderung sehr mäßig zu erklären, da der andere hingegen seiner freundschaftlichen Freude völligen Lauf ließ. Wahrhaftig! rief er aus, wenn du deine Zeit schlecht angewendet, und, wie ich vermute, nichts gewonnen hast, so bist du doch indessen ein Persönchen geworden, das sein Glück machen kann und muß; verschlendere und verschleudere nur auch das nicht wieder: du sollst mir mit dieser Figur eine reiche und schöne Erbin erkaufen. — Du wirst doch, versetzte Wilhelm lächelnd, deinen Charakter nicht verleugnen! Kaum findest du nach langer Zeit deinen Freund wieder, so siehst du ihn schon als eine Ware, als einen Gegenstand deiner Spekulation an, mit dem sich etwas gewinnen läßt.

Jarno und der Abbé schienen über diese Erkennung keineswegs verwundert, und ließen beide Freunde sich nach Belieben über das Vergangene und Gegenwärtige ausbreiten. Werner ging um seinen Freund herum, drehte ihn hin und her, so daß er ihn fast verlegen machte. Nein! nein! rief er aus, so was ist mir noch nicht vorgekommen, und doch weiß ich wohl, daß ich mich nicht betrüge. Deine Augen sind tiefer, deine Stirn ist breiter, deine Nase feiner und dein Mund liebreicher geworden. Seht nur einmal, wie er steht! wie das alles paßt und zusammenhängt! Wie doch das Faullenzen gedeihet! Ich armer Teufel dagegen — er besah sich im Spiegel — wenn ich diese Zeit her nicht recht viel Geld gewonnen hätte, so wäre doch auch gar nichts an mir.

Werner hatte Wilhelms letzten Brief nicht empfangen; ihre Handlung war das fremde Haus, mit welchem Lothario die Güter in Gemeinschaft zu kaufen die Absicht hatte. Dieses Geschäft führte Wernern hierher; er hatte keine Gedanken, Wilhelmen auf seinem Wege zu finden. Der Gerichtshalter kam, die Papiere wurden vorgelegt, und Werner fand die Vorschläge billig. Wenn Sie es mit diesem jungen Manne, wie es scheint, gut meinen, sagte er, so sorgen Sie selbst dafür, daß unser Teil nicht verkürzt werde; es soll von meinem Freunde abhängen, ob er das Gut annehmen und einen Teil seines Vermögens daran wenden will. Jarno und der Abbé versicherten, daß es dieser Erinnerung nicht bedürfe. Man hatte die Sache kaum im Allgemeinen verhandelt, als Werner sich nach einer Partie Lombre sehnte, wozu sich denn auch gleich der Abbé und Jarno mit hinsetzten; er war es nun einmal so gewohnt, er konnte des Abends ohne Spiel nicht leben.

Als die beiden Freunde nach Tische allein waren, befragten und besprachen sie sich sehr lebhaft über alles, was sie sich mitzuteilen wünschten. Wilhelm rühmte seine Lage und das Glück seiner Aufnahme unter so trefflichen Menschen. Werner dagegen schüttelte den Kopf, und sagte: Man sollte doch auch nichts glauben, als was man mit Augen sieht! Mehr als Ein dienstfertiger Freund hat mir versichert, du lebtest mit einem liederlichen jungen Edelmann, führtest ihm Schauspielerinnen zu, hälfest ihm sein Geld durchbringen, und seiest Schuld, daß er mit seinen sämtlichen Anverwandten gespannt sei. — Es würde mich um meinet- und um der guten Menschen willen verdrießen, daß wir so verkannt werden, versetzte Wilhelm, wenn mich nicht meine theatralische Laufbahn mit jeder übeln Nachrede versöhnt hätte. Wie sollten die Menschen unsere Handlungen beurteilen, die ihnen nur einzeln und abgerissen erscheinen, wovon sie das wenigste sehen, weil Gutes und Böses im Verborgenen geschieht, und eine gleichgültige Erscheinung meistens nur an den Tag kommt. Bringt man ihnen doch Schauspieler und Schauspielerinnen auf erhöhte Bretter, zündet von allen Seiten Licht an, das ganze Werk ist in wenig Stunden abgeschlossen, und doch weiß selten jemand eigentlich, was er daraus machen soll.

Nun ging es an ein Fragen nach der Familie, nach den Jugendfreunden und der Vaterstadt. Werner erzählte, mit großer Hast, alles was sich verändert hatte, und was noch bestand und geschah. Die Frauen im Hause, sagte er, sind vergnügt und glücklich, es fehlt nie an Geld. Die eine Hälfte der Zeit bringen sie zu sich zu putzen, und die andere Hälfte sich geputzt sehen zu lassen. Haushälterisch sind sie soviel als billig ist. Meine Kinder lassen sich zu gescheiten Jungen an. Ich sehe sie im Geiste schon sitzen und schreiben, und rechnen, laufen, handeln und trödeln; einem jeden soll sobald als möglich ein eignes Gewerbe eingerichtet werden, und was unser Vermögen betrifft, daran sollst du deine Lust sehen. Wenn wir mit den Gütern in Ordnung sind, mußt du gleich mit nach Hause: denn es sieht doch aus, als wenn du, mit einiger Vernunft, in die menschlichen Unternehmungen eingreifen könntest. Deine neuen Freunde sollen gepriesen sein, da sie dich auf den rechten Weg gebracht haben. Ich bin ein närrischer Teufel, und merke erst, wie lieb ich dich habe, da ich mich nicht satt an dir sehen kann, daß du so wohl und so gut aussiehst. Das ist doch noch eine andere Gestalt, als das Porträt, das du einmal an die Schwester schicktest, und worüber im Hause großer Streit war. Mutter und Tochter fanden den jungen Herrn allerliebst, mit offenem Halse, halbfreier Brust, großer Krause, herumhängendem Haar, rundem Hut, kurzem Westchen und schlotternden langen Hosen, indessen ich behauptete, das Kostüm sei nur noch zwei Finger breit vom Hanswurst. Nun siehst du doch aus wie ein Mensch, nur fehlt der Zopf, in den ich deine Haare einzubinden bitte, sonst hält man dich denn doch einmal unterweges als Juden an, und fordert Zoll und Geleite von dir.

Felix war indessen in die Stube gekommen, und hatte sich, als man auf ihn nicht achtete, auf's Kanapee gelegt, und war eingeschlafen. Was ist das für ein Wurm? fragte Werner. Wilhelm hatte in dem Augenblicke den Mut nicht, die Wahrheit zu sagen, noch Lust, eine doch immer zweideutige Geschichte einem Manne zu erzählen, der von Natur nichts weniger als gläubig war.

Die ganze Gesellschaft begab sich nunmehr auf die Güter, um sie zu besehen und den Handel abzuschließen. Wilhelm ließ seinen Felix nicht von der Seite, und freute sich, um des Knaben willen, recht lebhaft des Besitzes, dem man entgegen sah. Die Lüsternheit des Kindes nach den Kirschen und Beeren, die bald reif werden sollten, erinnerten ihn an die Zeit seiner Jugend und an die vielfache Pflicht des Vaters, den Seinigen den Genuß vorzubereiten, zu verschaffen und zu erhalten. Mit welchem Interesse betrachtete er die Baumschulen und die Gebäude! Wie lebhaft sann er darauf, das Vernachlässigte wieder herzustellen und das Verfallene zu erneuern! Er sah die Welt nicht mehr wie ein Zugvogel an, ein Gebäude nicht mehr für eine geschwind zusammengestellte Laube, die vertrocknet, ehe man sie verläßt. Alles, was er anzulegen gedachte, sollte dem Knaben entgegen wachsen, und alles, was er herstellte, sollte eine Dauer auf einige Geschlechter haben. In diesem Sinne waren seine Lehrjahre geendigt, und mit dem Gefühl des Vaters hatte er auch alle Tugenden eines Bürgers erworben. Er fühlte es, und seiner Freude konnte nichts gleichen. O, der unnötigen Strenge der Moral! rief er aus, da die Natur uns auf ihre liebliche Weise zu allem bildet, was wir sein sollen. O, der seltsamen Anforderungen der bürgerlichen Gesellschaft, die uns erst verwirrt und mißleitet, und dann mehr als die Natur selbst von uns fordert! Wehe jeder Art von Bildung, welche die wirksamsten Mittel wahrer Bildung zerstört, und uns auf das Ende hinweis't, anstatt uns auf dem Wege selbst zu beglücken!

So manches er auch in seinem Leben schon gesehen hatte, so schien ihm doch die menschliche Natur erst durch die Beobachtung des Kindes deutlich zu werden. Das Theater war ihm, wie die Welt, nur als eine Menge ausgeschütteter Würfel vorgekommen, deren jeder einzeln auf seiner Oberfläche bald mehr, bald weniger bedeutet, und die allenfalls zusammengezählt eine Summe machen. Hier im Kinde lag ihm, konnte man sagen, ein einzelner Würfel vor, auf dessen vielfachen Seiten der Wert und der Unwert der menschlichen Natur so deutlich eingegraben war.

Das Verlangen des Kindes nach Unterscheidung wuchs mit jedem Tage. Da es einmal erfahren hatte, daß die Dinge Namen haben, so wollte es auch den Namen von allem hören; es glaubte nicht anders sein Vater müsse alles wissen, quälte ihn oft mit Fragen, und gab ihm Anlaß sich nach Gegenständen zu erkundigen, denen er sonst wenig Aufmerksamkeit gewidmet hatte. Auch der eingeborne Trieb, die Herkunft und das Ende der Dinge zu erfahren, zeigte sich frühe bei dem Knaben. Wenn er fragte, wo der Wind herkomme und wo die Flamme hinkomme, war dem Vater seine eigene Beschränkung erst recht lebendig; er wünschte zu erfahren, wie weit sich der Mensch mit seinen Gedanken wagen, und wovon er hoffen dürfe sich und andern jemals Rechenschaft zu geben. Die Heftigkeit des Kindes, wenn es irgend einem lebendigen Wesen Unrecht geschehen sah, erfreute den Vater höchlich, als das Zeichen eines trefflichen Gemüts. Das Kind schlug heftig nach dem Küchenmädchen, das einige Tauben abgeschnitten hatte. Dieser schöne Begriff wurde denn freilich bald wieder zerstört, als er den Knaben fand, der ohne Barmherzigkeit Frösche tot schlug und Schmetterlinge zerrupfte. Es erinnerte ihn dieser Zug an so viele Menschen, die höchst gerecht erscheinen, wenn sie ohne Leidenschaft sind und die Handlungen anderer beobachten.

Dieses angenehme Gefühl, daß der Knabe so einen schönen und wahren Einfluß auf sein Dasein habe, ward einen Augenblick gestört, als Wilhelm in kurzem bemerkte, daß wirklich der Knabe mehr ihn als er den

Knaben erziehe. Er hatte an dem Kinde nichts auszusetzen, er war nicht im Stande ihm eine Richtung zu geben, die es nicht selbst nahm, und sogar die Unarten, gegen die Aurelie so viel gearbeitet hatte, waren, so schien es, nach dem Tode dieser Freundin alle wieder in ihre alten Rechte getreten. Noch machte das Kind die Türe niemals hinter sich zu, noch wollte er seinen Teller nicht abessen, und sein Behagen war niemals größer, als wenn man ihm nachsah, daß er den Bissen unmittelbar aus der Schüssel nehmen, das volle Glas stehen lassen und aus der Flasche trinken konnte. So war er auch ganz allerliebst, wenn er sich mit einem Buche in die Ecke setzte, und sehr ernsthaft sagte: Ich muß das gelehrte Zeug studieren! ob er gleich die Buchstaben noch lange weder unterscheiden konnte noch wollte.

Bedachte nun Wilhelm, wie wenig er bisher für das Kind getan hatte, wie wenig er zu tun fähig sei, so entstand eine Unruhe in ihm, die sein ganzes Glück aufzuwiegen im Stande war. Sind wir Männer denn, sagte er zu sich, so selbstisch geboren, daß wir unmöglich für ein Wesen außer uns Sorge tragen können? Bin ich mit dem Knaben nicht eben auf dem Wege, auf dem ich mit Mignon war? Ich zog das liebe Kind an, seine Gegenwart ergötzte mich, und dabei hab' ich es auf's grausamste vernachlässigt. Was tat ich zu seiner Bildung, nach der es so sehr strebte? Nichts! Ich überließ es sich selbst und allen Zufälligkeiten, denen es, in einer ungebildeten Gesellschaft, nur ausgesetzt sein konnte; und dann für diesen Knaben, der dir so merkwürdig war, ehe er dir so wert sein konnte, hat dich denn dein Herz geheißen auch nur jemals das Geringste für ihn zu tun? Es ist nicht mehr Zeit, daß du deine eigenen Jahre und die Jahre anderer vergeudest; nimm dich zusammen, und denke, was du für dich und die guten Geschöpfe zu tun hast, welche Natur und Neigung so fest an dich knüpfte.

Eigentlich war dieses Selbstgespräch nur eine Einleitung, sich zu bekennen, daß er schon gedacht, gesorgt, gesucht und gewählt hatte; er konnte nicht länger zögern, sich es selbst zu gestehen. Nach oft vergebens wiederholtem Schmerz über den Verlust Marianens, fühlte er nur zu deutlich, daß er eine Mutter für den Knaben suchen müsse, und daß er sie nicht sichrer als in Theresen finden werde. Er kannte dieses vortreffliche Frauenzimmer ganz. Eine solche Gattin und Gehülfin schien die einzige zu sein, der man sich und die Seinen anvertrauen könnte. Ihre edle Neigung zu Lothario machte ihm keine Bedenklichkeit. Sie waren durch ein sonderbares Schicksal auf ewig getrennt, Therese hielt sich für frei, und hatte von einer Heirat zwar mit Gleichgültigkeit, doch als von einer Sache gesprochen, die sich von selbst versteht.

Nachdem er lange mit sich zu Rate gegangen war, nahm er sich vor, ihr von sich zu sagen, so viel er nur wußte. Sie sollte ihn kennen lernen, wie er sie kannte, und er fing nun an, seine eigene Geschichte durchzudenken; sie schien ihm an Begebenheiten so leer und im Ganzen jedes Bekenntnis so wenig zu seinem Vorteil, daß er mehr als einmal von dem Vorsatz abzustehn im Begriff war. Endlich entschloß er sich die Rolle seiner Lehrjahre aus dem Turme von Jarno zu verlangen; dieser sagte: Es ist eben zur rechten Zeit, und Wilhelm erhielt sie.

Es ist eine schauderhafte Empfindung, wenn ein edler Mensch mit Bewußtsein auf dem Punkte steht, wo er über sich selbst aufgeklärt werden soll. Alle Übergänge sind Krisen, und ist eine Krise nicht Krankheit? Wie ungern tritt man nach einer Krankheit vor den Spiegel! Die Besserung fühlt man, und man sieht nur die Wirkung des vergangenen Übels. Wilhelm war indessen vorbereitet genug, die Umstände hatten schon lebhaft zu ihm gesprochen, seine Freunde hatten ihn eben nicht geschont, und wenn er gleich das Pergament mit einiger Hast aufrollte, so ward er doch immer ruhiger, je weiter er las. Er fand die umständliche Geschichte seines Lebens in großen scharfen Zügen geschildert; weder einzelne Begebenheiten, noch beschränkte Empfindungen verwirrten seinen Blick, allgemeine liebevolle Betrachtungen gaben ihm Fingerzeige, ohne ihn zu beschämen, und er sah zum erstenmal sein Bild außer sich, zwar nicht, wie im Spiegel, ein zweites Selbst, sondern wie im Porträt ein anderes Selbst: man bekennt sich zwar nicht zu allen Zügen, aber man freut sich, daß ein denkender Geist uns so hat fassen, ein großes Talent uns so hat darstellen wollen, daß ein Bild von dem, was wir waren, noch besteht, und daß es länger als wir selbst dauern kann.

Wilhelm beschäftigte sich nunmehr, indem alle Umstände durch dies Manuskript in sein Gedächtnis zurück kamen, die Geschichte seines Lebens für Theresen aufzusetzen, und er schämte sich fast, daß er gegen ihre großen Tugenden nichts aufzustellen hatte, was eine zweckmäßige Tätigkeit beweisen konnte. So umständlich er in dem Aufsatze war, so kurz faßte er sich in dem Briefe, den er an sie schrieb; er bat sie um ihre Freundschaft, um ihre Liebe, wenn's möglich wäre; er bot ihr seine Hand an, und bat sie um baldige Entscheidung.

Nach einigem innerlichen Streit, ob er diese wichtige Sache noch erst mit seinen Freunden, mit Jarno und dem Abbé beraten solle, entschied er sich zu schweigen. Er war zu fest entschlossen, die Sache war für ihn zu wichtig, als daß er sie noch hätte dem Urteil des vernünftigen und besten Mannes unterwerfen mögen; ja, sogar brauchte er die Vorsicht, seinen Brief auf der nächsten Post selbst zu bestellen. Vielleicht hatte ihm der Gedanke, daß er in so vielen Umständen seines Lebens, in denen er frei und im Verborgenen zu handeln glaubte, beobachtet, ja sogar geleitet worden war, wie ihm aus der geschriebenen Rolle nicht undeutlich erschien, eine Art von unangenehmer Empfindung gegeben, und nun wollte er, wenigstens zu Theresens Herzen, rein vom Herzen reden, und ihrer Entschließung und Entscheidung sein Schicksal schuldig sein, und so machte er sich kein Gewissen, seine Wächter und Aufseher in diesem wichtigen Punkte wenigstens zu umgehen.

Zweites Kapitel

Kaum war der Brief abgesendet, als Lothario zurückkam. Jedermann freuete sich, die vorbereiteten wichtigen Geschäfte abgeschlossen und bald geendigt zu sehen, und Wilhelm erwartete mit Verlangen, wie so viele Fäden teils neu geknüpft, teils aufgelöst, und nun sein eignes Verhältnis auf die Zukunft bestimmt werden sollte, Lothario begrüßte sie alle auf's beste; er war völlig wieder hergestellt und heiter, er hatte das Ansehen eines Mannes, der weiß, was er tun soll, und dem in allem, was er tun will, nichts im Wege steht.

Wilhelm konnte ihm seinen herzlichen Gruß nicht zurückgeben. Dies ist, mußte er zu sich selbst sagen, der Freund, der Geliebte, der Bräutigam Theresens, an dessen Statt du dich einzudrängen denkst. Glaubst du denn jemals einen solchen Eindruck auszulöschen oder zu verbannen? — Wäre der Brief noch nicht fort gewesen, er hätte vielleicht nicht gewagt ihn abzusenden. Glücklicher Weise war der Wurf schon getan, vielleicht war Therese schon entschieden, nur die Entfernung deckte noch eine glückliche Vollendung mit ihrem Schleier. Gewinn und Verlust mußten sich bald entscheiden. Er suchte sich durch alle diese Betrachtungen zu beruhigen, und doch waren die Bewegungen seines Herzens beinahe fieberhaft. Nur wenig Aufmerksamkeit konnte er auf das wichtige Geschäft wenden, woran gewissermaßen das Schicksal seines ganzen Vermögens hing. Ach! wie unbedeutend erscheint dem Menschen in leidenschaftlichen Augenblicken alles was ihn umgibt, alles was ihm angehört!

Zu seinem Glücke behandelte Lothario die Sache groß, und Werner mit Leichtigkeit. Dieser hatte bei seiner heftigen Begierde zum Erwerb eine lebhafte Freude über den schönen Besitz, der ihm oder vielmehr seinem Freunde werden sollte. Lothario von seiner Seite schien ganz andere Betrachtungen zu machen. Ich kann mich nicht sowohl über einen Besitz freuen, sagte er, als über die Rechtmäßigkeit desselben.

Nun, bei'm Himmel! rief Werner, wird denn dieser unser Besitz nicht rechtmäßig genug?

Nicht ganz! versetzte Lothario.

Geben wir denn nicht unser bares Geld dafür?

Recht gut! sagte Lothario; auch werden Sie dasjenige, was ich zu erinnern habe, vielleicht für einen leeren Skrupel halten. Mir kommt kein Besitz ganz rechtmäßig, ganz rein vor, als der dem Staate seinen schuldigen Teil abträgt.

Wie? fragte Werner, so wollten Sie also lieber, daß unsere frei gekauften Güter steuerbar wären?

Ja, versetzte Lothario, bis auf einen gewissen Grad: denn durch diese Gleichheit mit allen übrigen Besitzungen entsteht ganz allein die Sicherheit des Besitzes. Was hat der Bauer in den neuern Zeiten, wo so viele Begriffe schwankend werden, für einen Hauptanlaß, den Besitz des Edelmanns für weniger gegründet anzusehen, als den seinigen? nur den, daß jener nicht belastet ist, und auf ihn lastet.

Wie wird es aber mit den Zinsen unseres Kapitals aussehen? versetzte Werner.

Um nichts schlimmer! sagte Lothario, wenn uns der Staat gegen eine billige regelmäßige Abgabe das Lehns-Hokus-Pokus erlassen, und uns mit unsern Gütern nach Belieben zu schalten erlauben wollte, daß wir sie nicht in so großen Massen zusammenhalten müßten, daß wir sie unter unsere Kinder gleicher verteilen könnten, um alle in eine lebhafte freie Tätigkeit zu versetzen, statt ihnen nur die beschränkten und beschränkenden Vorrechte zu hinterlassen, welche zu genießen wir immer die Geister unserer Vorfahren hervorrufen müssen. Wie viel glücklicher wären Männer und Frauen, wenn sie mit freien Augen umher sehen, und bald ein würdiges Mädchen, bald einen trefflichen Jüngling, ohne andere Rücksichten, durch ihre Wahl erheben könnten. Der Staat würde mehr, vielleicht bessere Bürger haben, und nicht so oft um Köpfe und Hände verlegen sein.

Ich kann Sie versichern, sagte Werner, daß ich in meinem Leben nie an den Staat gedacht habe; meine Abgaben, Zölle und Geleite habe ich nur so bezahlt, weil es einmal hergebracht ist.

Nun, sagte Lothario, ich hoffe Sie noch zum guten Patrioten zu machen: denn wie der nur ein guter Vater ist, der bei Tische erst seinen Kindern vorlegt, so ist der nur ein guter Bürger, der vor allen andern Ausgaben das, was er dem Staate zu entrichten hat, zurücklegt.

Durch solche allgemeine Betrachtungen wurden ihre besonderen Geschäfte nicht aufgehalten, vielmehr beschleunigt. Als sie ziemlich damit zu Stande waren, sagte Lothario zu Wilhelmen: Ich muß Sie nun an einen Ort schicken, wo Sie nötiger sind als hier: meine Schwester läßt Sie ersuchen sobald als möglich zu ihr zu kommen; die arme Mignon scheint sich zu verzehren, und man glaubt Ihre Gegenwart könnte vielleicht noch dem Übel Einhalt tun. Meine Schwester schickte mir dieses Billet noch nach, woraus Sie sehen können, wie viel ihr daran gelegen ist. Lothario überreichte ihm ein Blättchen. Wilhelm, der schon in der größten Verlegenheit zugehört hatte, erkannte sogleich an diesen flüchtigen Bleistiftzügen die Hand der Gräfin, und wußte nicht, was er antworten sollte.

Nehmen Sie Felix mit, sagte Lothario, damit die Kinder sich unter einander aufheitern. Sie müßten morgen früh bei Zeiten weg; der Wagen meiner Schwester, in welchem meine Leute hergefahren sind, ist noch hier, ich gebe Ihnen Pferde bis auf halben Weg, dann nehmen Sie Post. Leben Sie recht wohl, und richten viele Grüße von mir aus. Sagen Sie dabei meiner Schwester, ich werde sie bald wieder sehen, und sie soll sich überhaupt auf einige Gäste vorbereiten. Der Freund unseres Großoheims, der Marchese Cipriani, ist auf dem Wege hierher zu kommen; er hoffte den alten Mann noch am Leben anzutreffen, und sie wollten sich zusammen an der Erinnerung früherer Verhältnisse ergötzen, und sich ihrer gemeinsamen Kunstliebhaberei erfreuen. Der Marchese war viel jünger als mein Oheim, und verdankte ihm den besten Teil seiner Bildung; wir müssen alles aufbieten, um einigermaßen die Lücke auszufüllen, die er finden wird, und daß wird am besten durch eine größere Gesellschaft geschehen.

Lothario ging darauf mit dem Abbé in sein Zimmer, Jarno war vorher weggeritten; Wilhelm eilte auf seine Stube; er hatte niemand, dem er sich vertrauen, niemand, durch den er einen Schritt, vor dem er sich so sehr fürchtete, hätte abwenden können. Der kleine Diener kam, und ersuchte ihn einzupacken, weil sie noch diese Nacht aufbinden wollten, um mit Anbruch des Tages wegzufahren, Wilhelm wußte nicht, was er tun sollte; endlich rief er aus: Du willst nur machen, daß du aus diesem Hause kommst; unterwegs überlegst du, was zu tun ist, und bleibst allenfalls auf der Hälfte des Weges liegen, schickst einen Boten zurück, schreibst was du dir nicht zu sagen getraust, und dann mag werden was will. Ungeachtet dieses Entschlusses brachte er eine schlaflose Nacht zu; nur ein Blick auf den so schön ruhenden Felix gab ihm einige Erquickung. O! rief er aus, wer weiß, was noch für Prüfungen auf mich warten, wer weiß, wie sehr mich begangene Fehler noch quälen, wie oft mir gute und vernünftige Plane für die Zukunft mißlingen sollen; aber diesen Schatz, den ich einmal besitze, erhalte mir, du erbittliches, oder unerbittliches Schicksal! Wäre es möglich, daß dieser beste Teil von mir selbst vor mir zerstört, daß dieses Herz von meinem Herzen gerissen werden könnte, so lebe wohl, Verstand und Vernunft, lebe wohl, jede Sorgfalt und Vorsicht, verschwinde, du Trieb zur Erhaltung! Alles, was uns vom Tiere unterscheidet, verliere sich! und wenn es nicht erlaubt ist, seine traurigen Tage freiwillig zu endigen, so hebe ein frühzeitiger Wahnsinn das Bewußtsein auf, ehe der Tod, der es auf immer zerstört, die lange Nacht herbeiführt!

Er faßte den Knaben in seine Arme, küßte ihn, drückte ihn an sich und benetzte ihn mit reichlichen Tränen. Das Kind wachte auf; sein helles Auge, sein freundlicher Blick rührten den Vater auf's innigste. Welche Szene steht mir bevor, rief er aus, wenn ich dich der schönen unglücklichen Gräfin vorstellen soll, wenn sie dich an ihren Busen drückt, den dein Vater so tief verletzt hat! Muß ich nicht fürchten, sie stößt dich wieder von sich mit einem Schrei, sobald deine Berührung ihren wahren oder eingebildeten Schmerz erneuert!

Der Kutscher ließ ihm nicht Zeit weiter zu denken oder zu wählen, er nötigte ihn vor Tage in den Wagen; nun wickelte er seinen Felix wohl ein, der Morgen war kalt aber heiter, das Kind sah zum erstenmal in seinem Leben die Sonne aufgehen. Sein Erstaunen über den ersten feurigen Blick, über die wachsende Gewalt des Lichts, seine Freude und seine wunderlichen Bemerkungen erfreuten den Vater, und ließen ihn einen Blick in das Herz tun, vor welchem die Sonne wie über einen reinen stillen See empor steigt und schwebt.

In einer kleinen Stadt spannte der Kutscher aus und ritt zurück. Wilhelm nahm sogleich ein Zimmer in Besitz, und fragte sich nun, ob er bleiben oder vorwärts gehen solle? In dieser Unentschlossenheit wagte er das Blättchen wieder hervorzunehmen, das er bisher nochmals anzusehen nicht getraut hatte, es enthielt folgende Worte: Schicke mir deinen jungen Freund ja bald; Mignon hat sich diese beiden letzten Tage eher verschlimmert. So traurig diese Gelegenheit ist, so soll mich's doch freuen ihn kennen zu lernen.

Die letzten Worte hatte Wilhelm bei'm ersten Blick nicht bemerkt. Er erschrak darüber, und war sogleich entschieden, daß er nicht gehen wollte. Wie? rief er aus, Lothario, der das Verhältnis weiß, hat ihr nicht eröffnet, wer ich bin? Sie erwartet nicht mit gesetztem Gemüt einen Bekannten, den sie lieber nicht wieder sähe, sie erwartet einen Fremden, und ich trete hinein! Ich sehe sie zurückschaudern, ich sehe sie erröten! Nein, es ist mir unmöglich dieser Szene entgegen zu gehen. So eben wurden die Pferde herausgeführt und eingespannt; Wilhelm war entschlossen abzupacken und hier zu bleiben. Er war in der größten Bewegung. Als er ein Mädchen zur Treppe herauf kommen hörte, die ihm anzeigen wollte, daß alles fertig sei, sann er geschwind auf eine Ursache, die ihn hier zu bleiben nötigte, und seine Augen ruhten ohne Aufmerksamkeit auf dem Billet, das er in der Hand hielt. Um Gottes Willen! rief er aus, was ist das? das ist nicht die Hand der Gräfin, es ist die Hand der Amazone!

Das Mädchen trat herein, bat ihn herunter zu kommen, und führte Felix mit sich fort. Ist es möglich? rief er aus, ist es wahr! was soll ich tun? bleiben und abwarten und aufklären? oder eilen? eilen und mich einer Entwicklung entgegenstürzen? Du bist auf dem Wege zu ihr, und kannst zaudern? Diesen Abend sollst du sie sehen, und willst dich freiwillig in's Gefängnis einsperren? Es ist ihre Hand, ja sie ist's! diese Hand beruft dich, ihr Wagen ist angespannt, dich zu ihr zu führen, nun lös't sich das Rätsel: Lothario hat zwei Schwestern. Er weiß mein Verhältnis zu der einen: wie viel ich der andern schuldig bin, ist ihm unbekannt. Auch sie weiß nicht, daß der verwundete Vagabund, der ihr, wo nicht sein Leben, doch seine Gesundheit verdankt, in dem Hause ihres Bruders so unverdient gütig aufgenommen worden ist.

Felix, der sich unten im Wagen schaukelte, rief: Vater, komm! o komm! sieh die schönen Wolken, die schönen Farben! Ja, ich komme, rief Wilhelm, indem er die Treppe hinunter sprang, und alle Erscheinungen des Himmels, die du gutes Kind noch sehr bewunderst, sind nichts gegen den Anblick, den ich erwarte.

Im Wagen sitzend rief er nun alle Verhältnisse in sein Gedächtnis zurück. So ist also auch diese Natalie die Freundin Theresens! Welch eine Entdeckung, welche Hoffnung und welche Aussichten! Wie seltsam, daß die Furcht, von der einen Schwester reden zu hören, mir das Dasein der andern ganz und gar verbergen konnte! Mit welcher Freude sah er seinen Felix an; er hoffte für den Knaben wie für sich die beste Aufnahme.

Der Abend kam heran, die Sonne war untergegangen, der Weg nicht der beste, der Postillon fuhr langsam, Felix war eingeschlafen, und neue Sorgen und Zweifel stiegen in dem Busen unseres Freundes auf. Von welchem Wahn, von welchen Einfällen wirst du beherrscht! sagte er zu sich selbst: eine ungewisse Ähnlichkeit der Handschrift macht dich auf einmal sicher, und gibt dir Gelegenheit, das wunderbarste Märchen auszudenken. Er nahm das Billet wieder vor, und bei dem abgehenden Tageslicht glaubte er wieder die Handschrift der Gräfin zu erkennen; seine Augen wollten im Einzelnen nicht wieder finden, was ihm sein Herz im Ganzen auf einmal gesagt hatte. — So ziehen dich denn doch diese Pferde zu einer schrecklichen Szene! wer weiß ob sie dich nicht in wenig Stunden schon wieder zurück führen werden? Und wenn du sie nur noch allein anträfest; aber vielleicht ist ihr Gemahl gegenwärtig, vielleicht die Baronesse! Wie verändert werde ich sie finden? Werde ich vor ihr auf den Füßen stehen können?

Nur eine schwache Hoffnung, daß er seiner Amazone entgegen gehe, konnte manchmal durch die trüben Vorstellungen durchblicken. Es war Nacht geworden, der Wagen rasselte in einen Hof hinein, und hielt still; ein Bedienter, mit einer Wachsfackel, trat aus einem prächtigen Portal hervor, und kam die breiten Stufen hinunter, bis an den Wagen. Sie werden schon lange erwartet, sagte er, indem er das Leder aufschlug. Wilhelm, nachdem er ausgestiegen war, nahm den schlafenden Felix auf den Arm, und der erste Bediente rief zu einem zweiten, der mit einem Lichte in der Türe stand: Führe den Herrn gleich zur Baronesse.

Blitzschnell fuhr Wilhelmen durch die Seele: Welch ein Glück! es sei vorsätzlich oder zufällig, die Baronesse ist hier! ich soll sie zuerst sehen! wahrscheinlich schläft die Gräfin schon! Ihr guten Geister, helft, daß der Augenblick der größten Verlegenheit leidlich vorübergehe!

Er trat in das Haus, und fand sich an dem ernsthaftesten, seinem Gefühle nach, dem heiligsten Orte, den er je betreten hatte. Eine herabhängende blendende Laterne erleuchtete eine breite sanfte Treppe, die ihm entgegenstand, und sich oben bei'm Umwenden in zwei Teile teilte. Marmorne Statuen und Büsten standen auf Piedestalen und in Nischen geordnet; einige schienen ihm bekannt. Jugendeindrücke verlöschen nicht auch in ihren kleinsten Teilen. Er erkannte eine Muse, die seinem Großvater gehört hatte, zwar nicht an ihrer Gestalt und an ihrem Wert, doch an einem restaurierten Arme und an den neueingesetzten Stücken des Gewandes. Es war, als wenn er ein Märchen erlebte. Das Kind ward ihm schwer; er zauderte auf den Stufen, und kniete nieder, als ob er es bequemer fassen wollte. Eigentlich aber bedurfte er einer augenblicklichen Erholung. Er konnte kaum sich wieder aufheben. Der vorleuchtende Bediente wollte ihm das Kind abnehmen, er konnte es nicht von sich lassen. Darauf trat er in den Vorsaal, und zu seinem noch größern Erstaunen erblickte er das wohlbekannte Bild vom kranken Königssohn an der Wand. Er hatte kaum Zeit einen Blick darauf zu werfen, der Bediente nötigte ihn durch ein Paar Zimmer in ein Kabinett. Dort, hinter einem Lichtschirme, der sie beschattete, saß ein Frauenzimmer und las. O daß sie es wäre! sagte er zu sich selbst in diesem entscheidenden Augenblick. Er setzte das Kind nieder, das aufzuwachen schien, und dachte sich der Dame zu nähern, aber das Kind sank schlaftrunken zusammen, das Frauenzimmer stand auf und kam ihm entgegen. Die Amazone war's! er konnte sich nicht halten, stürzte auf seine Knie, und rief aus: Sie ist's! er faßte ihre Hand, und küßte sie mit unendlichem Entzücken. Das Kind lag zwischen ihnen beiden auf dem Teppich und schlief sanft.

Felix ward auf das Kanapee gebracht, Natalie setzte sich zu ihm, sie hieß Wilhelmen auf den Sessel sitzen, der zunächst dabei stand. Sie bot ihm einige Erfrischungen an, die er ausschlug, indem er nur beschäftigt war, sich zu versichern, daß sie es sei, und ihre, durch den Lichtschein beschatteten Züge genau wieder zu sehen, und sicher wieder zu erkennen. Sie erzählte ihm vom Mignons Krankheit im Allgemeinen, daß das Kind von wenigen tiefen Empfindungen nach und nach aufgezehrt werde, daß es bei seiner großen Reizbarkeit, die es verberge, von einem Krampf an seinem armen Herzen oft heftig und gefährlich leide, daß dieses erste Organ des Lebens, bei unvermuteten Gemütsbewegungen, manchmal plötzlich stille stehe, und keine Spur der heilsamen Lebensregung in dem Busen des guten Kindes gefühlt werden könne. Sei dieser ängstliche Krampf vorbei, so äußere sich die Kraft der Natur wieder in gewaltsamen Pulsen, und ängstige das Kind nunmehr durch Übermaß, wie es vorher durch Mangel gelitten habe.

Wilhelm erinnerte sich einer solchen krampfhaften Szene, und Natalie bezog sich auf den Arzt, der weiter mit ihm über die Sache sprechen, und die Ursache, warum man den Freund und Wohltäter des Kindes gegenwärtig herbeigerufen, umständlicher vorlegen würde. Eine sonderbare Veränderung, fuhr Natalie fort, werden Sie an ihr finden; sie geht nunmehr in Frauenkleidern, vor denen sie sonst einen so großen Abscheu zu haben schien.

Wie haben Sie das erreicht? fragte Wilhelm.

Wenn es wünschenswert war, so sind wir es nur dem Zufall schuldig. Hören Sie, wie es zugegangen ist. Sie wissen vielleicht, daß ich immer eine Anzahl junger Mädchen um mich habe, deren Gesinnungen ich, indem sie neben mir aufwachsen, zum Guten und Rechten zu bilden wünsche. Aus meinem Munde hören sie nichts, als was ich selber für wahr halte, doch kann ich und will ich nicht hindern, daß sie nicht auch von andern manches vernehmen, was als Irrtum, als Vorurteil in der Welt gäng und gäbe ist. Fragen sie mich darüber, so suche ich, so viel nur möglich ist, jene fremden ungehörigen Begriffe irgendwo an einen richtigen anzuknüpfen, um sie dadurch, wo nicht nützlich, doch unschädlich zu machen. Schon seit einiger Zeit hatten meine Mädchen, aus dem Munde der Bauerkinder, gar manches von Engeln, vom Knechte Ruprecht, vom heiligen Christe vernommen, die zu gewissen Zeiten in Person erscheinen, gute Kinder beschenken und unartige bestrafen sollten. Sie hatten eine Vermutung, daß es verkleidete Personen sein müßten, worin ich sie denn auch bestärkte, und, ohne mich viel auf Deutungen einzulassen, mir vornahm, ihnen bei der ersten Gelegenheit ein solches Schauspiel zu geben. Es fand sich eben, daß der Geburtstag von Zwillingsschwestern, die sich immer sehr gut betragen hatten, nahe war; ich versprach, daß ihnen diesmal ein Engel die kleinen Geschenke bringen sollte, die sie so wohl verdient hätten. Sie waren äußerst gespannt auf diese Erscheinung. Ich hatte mir Mignon zu dieser Rolle ausgesucht, und sie ward an dem bestimmten Tage in ein langes, leichtes, weißes Gewand anständig gekleidet. Es fehlte nicht an einem goldenen Gürtel um die Brust und an einem gleichen Diadem in den Haaren. Anfangs wollte ich die Flügel weglassen, doch bestanden die Frauenzimmer, die sie anputzten, auf ein Paar großer goldner Schwingen, an denen sie recht ihre Kunst zeigen wollten. So trat, mit einer Lilie in der einen Hand und mit einem Körbchen in der andern, die wundersame Erscheinung in die Mitte der Mädchen, und überraschte mich selbst. Da kommt der Engel! sagte ich. Die Kinder traten alle wie zurück; endlich riefen sie aus: Es ist Mignon! und getrauten sich doch nicht, dem wundersamen Bilde näher zu treten.

Hier sind eure Gaben, sagte sie, und reichte das Körbchen hin. Man versammelte sich um sie, man betrachtete, man befühlte, man befragte sie.

Bist du ein Engel? fragte das eine Kind.

Ich wollte, ich wär' es, versetzte Mignon.

Warum trägst du eine Lilie?

So rein und offen sollte mein Herz sein, dann wär' ich glücklich.

Wie ist's mit den Flügeln? Laß sie sehen!

Sie stellen schönere vor, die noch nicht entfaltet sind.

Und so antwortete sie bedeutend auf jede unschuldige leichte Frage. Als die Neugierde der kleinen Gesellschaft befriedigt war, und der Eindruck dieser Erscheinung stumpf zu werden anfing, wollte man sie wieder auskleiden. Sie verwehrte es, nahm ihre Zither, setzte sich hier auf diesen hohen Schreibtisch hinauf, und sang ein Lied mit unglaublicher Anmut.

So laßt mich scheinen, bis ich werde;
Zieht mir das weiße Kleid nicht aus!
Ich eile von der schönen Erde
Hinab in jenes feste Haus.

Dort ruh' ich eine kleine Stille,
Dann öffnet sich der frische Blick,
Ich lasse dann die reine Hülle,
Den Gürtel und den Kranz zurück.

Und jene himmlischen Gestalten
Sie fragen nicht nach Mann und Weib,
Und keine Kleider, keine Falten
Umgeben den verklärten Leib.

Zwar lebt' ich ohne Sorg' und Mühe,
Doch fühlt' ich tiefen Schmerz genung;
Vor Kummer altert' ich zu frühe;
Macht mich auf ewig wieder jung!

Ich entschloß mich sogleich, fuhr Natalie fort, ihr das Kleid zu lassen, und ihr noch einige der Art anzuschaffen, in denen sie nun auch geht, und in denen, wie es mir scheint, ihr Wesen einen ganz andern Ausdruck hat.

Da es schon spät war, entließ Natalie den Ankömmling, der nicht ohne einige Bangigkeit sich von ihr trennte. Ist sie verheiratet oder nicht? dachte er bei sich selbst. Er hatte gefürchtet, so oft sich etwas regte, eine Türe möchte sich auftun, und der Gemahl hereintreten. Der Bediente, der ihn in sein Zimmer einließ, entfernte sich schneller, als er Mut gefaßt hatte, nach diesem Verhältnis zu fragen. Die Unruhe hielt ihn noch eine Zeitlang wach, und er beschäftigte sich das Bild der Amazone mit dem Bilde seiner neuen gegenwärtigen Freundin zu vergleichen. Sie wollten noch nicht mit einander zusammenfließen; jenes hatte er sich gleichsam geschaffen, und dieses schien fast *ihn* umschaffen zu wollen.

Drittes Kapitel

Den andern Morgen, da noch alles still und ruhig war, ging er sich im Hause umzusehen. Es war die reinste, schönste, würdigste Baukunst, die er gesehen hatte. Ist doch wahre Kunst, rief er aus, wie gute Gesellschaft: sie nötigt uns auf die angenehmste Weise das Maß zu erkennen, nach dem und zu dem unser Innerstes gebildet ist. Unglaublich angenehm war der Eindruck, den die Statuen und Büsten seines Großvaters auf ihn machten. Mit Verlangen eilte er dem Bilde vom kranken Königssohn entgegen, und noch immer fand er es reizend und rührend. Der Bediente öffnete ihm verschiedene andere Zimmer; er fand eine Bibliothek, eine Naturaliensammlung, ein physikalisches Kabinett. Er fühlte sich so fremd vor allen diesen Gegenständen. Felix war indessen erwacht und ihm nachgesprungen; der Gedanke, wie und wann er Theresens Brief erhalten werde, machte ihm Sorge; er fürchtete sich vor dem Anblick Mignons, gewissermaßen vor dem Anblick Nataliens. Wie ungleich war sein gegenwärtiger Zustand mit jenen Augenblicken, als er den Brief an Theresen gesiegelt hatte, und mit frohem Mut sich ganz einem so edlen Wesen hingab.

Natalie ließ ihn zum Frühstück einladen. Er trat in ein Zimmer, in welchem verschiedene reinlich gekleidete Mädchen, alle, wie es schien, unter zehn Jahren, einen Tisch zurechte machten, indem eine ältliche Person verschiedene Arten von Getränken hereinbrachte.

Wilhelm beschaute ein Bild, das über dem Kanapee hing, mit Aufmerksamkeit, er mußte es für das Bild Nataliens erkennen, so wenig es ihm genug tun wollte. Natalie trat herein, und die Ähnlichkeit schien ganz zu verschwinden. Zu seinem Troste hatte es ein Ordenskreuz an der Brust, und er sah ein gleiches an der Brust Nataliens.

Ich habe das Porträt hier angesehen, sagte er zu ihr, und mich verwundert, wie ein Maler zugleich so wahr und so falsch sein kann. Das Bild gleicht Ihnen, im Allgemeinen, recht sehr gut, und doch sind es weder Ihre Züge noch Ihr Charakter.

Es ist vielmehr zu verwundern, versetzte Natalie, daß es so viel Ähnlichkeit hat; denn es ist gar mein Bild nicht; es ist das Bild einer Tante, die mir noch in ihrem Alter glich, da ich erst ein Kind war. Es ist gemalt, als sie ungefähr meine Jahre hatte, und bei'm ersten Anblick glaubt jedermann mich zu sehen. Sie hätten diese treffliche Person kennen sollen. Ich bin ihr so viel schuldig. Eine sehr schwache Gesundheit, vielleicht zu viel Beschäftigung mit sich selbst, und dabei eine sittliche und religiöse Ängstlichkeit ließen sie das der Welt nicht sein, was sie unter andern Umständen hätte werden können. Sie war ein Licht, das nur wenigen Freunden und mir besonders leuchtete.

Wäre es möglich, versetzte Wilhelm, der sich einen Augenblick besonnen hatte, indem nun auf einmal so vielerlei Umstände ihm zusammentreffend erschienen, wäre es möglich, daß jene schöne herrliche Seele, deren stille Bekenntnisse auch mir mitgeteilt worden sind, Ihre Tante sei?

Sie haben das Heft gelesen? fragte Natalie.

Ja! versetzte Wilhelm, mit der größten Teilnahme und nicht ohne Wirkung auf mein ganzes Leben. Was mir am meisten aus dieser Schrift entgegen leuchtete, war, ich möchte so sagen, die Reinlichkeit des Daseins, nicht allein ihrer selbst, sondern auch alles dessen, was sie umgab, diese Selbstständigkeit ihrer Natur und die Unmöglichkeit, etwas in sich aufzunehmen, was mit der edlen liebevollen Stimmung nicht harmonisch war.

So sind Sie, versetzte Natalie, billiger, ja ich darf wohl sagen, gerechter gegen diese schöne Natur, als manche anderen, denen man auch dieses Manuskript mitgeteilt hat. Jeder gebildete Mensch weiß, wie sehr er an sich und andern mit einer gewissen Rohheit zu kämpfen hat, wie viel ihn seine Bildung kostet, und wie sehr er doch in gewissen Fällen nur an sich selbst denkt, und vergißt, was er andern schuldig ist. Wie oft macht der gute Mensch sich Vorwürfe, daß er nicht zart genug gehandelt habe; und doch, wenn nun eine schöne Natur sich allzu zart, sich allzu gewissenhaft bildet, ja, wenn man will, sich überbildet, für diese scheint keine Duldung, keine Nachsicht in der Welt zu sein. Dennoch sind die Menschen dieser Art außer uns, was die Ideale im Innern sind, Vorbilder, nicht zum Nachahmen, sondern zum Nachstreben. Man lacht über die Reinlichkeit der Holländerinnen, aber wäre Freundin Therese was sie ist, wenn ihr nicht eine ähnliche Idee in ihrem Hauswesen immer vorschwebte?

So finde ich also, rief Wilhelm aus, in Theresens Freundin jene Natalie vor mir, an welcher das Herz jener köstlichen Verwandten hing, jene Natalie, die von Jugend an so teilnehmend, so liebevoll und hülfreich war! Nur aus einem solchen Geschlecht konnte eine solche Natur entstehen! Welch eine Aussicht eröffnet sich vor mir, da ich auf einmal Ihre Voreltern und den ganzen Kreis, dem Sie angehören, überschaue.

Ja! versetzte Natalie, Sie könnten in einem gewissen Sinne nicht besser von uns unterrichtet sein, als durch den Aufsatz unserer Tante; freilich hat ihre Neigung zu mir sie zu viel Gutes von dem Kinde sagen lassen. Wenn man von einem Kinde redet, spricht man niemals den Gegenstand, immer nur seine Hoffnungen aus.

Wilhelm hatte indessen schnell überdacht, daß er nun auch von Lothario's Herkunft und früher Jugend unterrichtet sei; die schöne Gräfin erschien ihm als Kind mit den Perlen ihrer Tante um den Hals; auch er war diesen Perlen so nahe gewesen, als ihre zarten liebevollen Lippen sich zu den seinigen herunter neigten; er suchte diese schönen Erinnerungen durch andere Gedanken zu entfernen. Er lief die Bekanntschaften durch, die ihm jene Schrift verschafft hatte. So bin ich denn, rief er aus, in dem Haus des würdigen Oheims! Es ist kein Haus, es ist ein Tempel, und Sie sind die würdige Priesterin, ja der Genius selbst; ich werde mich des Eindrucks von gestern Abend zeitlebens erinnern, als ich hereintrat, und die alten Kunstbilder der frühsten Jugend wieder vor mir standen. Ich erinnerte mich der mitleidigen Marmorbilder in Mignons Lied; aber diese Bilder hatten über mich nicht zu trauern, sie sahen mich mit hohem Ernst an, und schlossen meine früheste Zeit unmittelbar an diesen Augenblick. Diesen unsern alten Familienschatz, diese Lebensfreude meines Großvaters, finde ich hier, zwischen so vielen andern würdigen Kunstwerken aufgestellt, und mich, den die Natur zum Liebling dieses guten alten Mannes gemacht hatte, mich Unwürdigen, finde ich nun auch hier, o Gott! in welchen Verbindungen, in welcher Gesellschaft!

Die weibliche Jugend hatte nach und nach das Zimmer verlassen, um ihren kleinen Beschäftigungen nachzugehn. Wilhelm, der mit Natalien allein geblieben war, mußte ihr seine letzten Worte deutlicher erklären. Die Entdeckung, daß ein schätzbarer Teil der aufgestellten Kunstwerke seinem Großvater angehört hatte, gab eine sehr heitere gesellige Stimmung. So wie er durch jenes Manuskript mit dem Hause bekannt worden war, so fand er sich nun auch gleichsam in seinem Erbteile wieder. Nun wünschte er Mignon zu sehen; die Freundin bat ihn sich noch so lange zu gedulden, bis der Arzt, der in die Nachbarschaft gerufen worden, wieder zurück käme. Man kann leicht denken, daß es derselbe kleine tätige Mann war, den wir schon kennen, und dessen auch die Bekenntnisse einer schönen Seele erwähnten.

Da ich mich, fuhr Wilhelm fort, mitten in jenem Familienkreis befinde, so ist ja wohl der Abbé, dessen jene Schrift erwähnt, auch der wunderbare unerklärliche Mann, den ich in dem Hause Ihres Bruders, nach den seltsamsten Ereignissen, wiedergefunden habe? Vielleicht geben Sie mir einige nähere Aufschlüsse über ihn?

Natalie versetzte: Über ihn wäre vieles zu sagen; wovon ich am genauesten unterrichtet bin, ist der Einfluß, den er auf unsere Erziehung gehabt hat. Er war, wenigstens eine Zeitlang, überzeugt, daß die Erziehung sich nur an die Neigung anschließen müsse; wie er jetzt denkt, kann ich nicht sagen. Er behauptete: das erste und letzte am Menschen sei Tätigkeit, und man könne nichts tun, ohne die Anlage dazu zu haben, ohne den Instinkt, der uns dazu treibe. Man gibt zu, pflegte er zu sagen, daß Poeten geboren werden, man gibt es bei allen Künsten zu, weil man muß, und weil jene Wirkungen der menschlichen Natur kaum scheinbar nachgeäfft werden können; aber wenn man es genau betrachtet, so wird jede auch nur die geringste Fähigkeit uns angeboren, und es gibt keine unbestimmte Fähigkeit. Nur unsere zweideutige zerstreute Erziehung macht die Menschen ungewiß; sie erregt Wünsche statt Triebe zu beleben, und anstatt den wirklichen Anlagen aufzuhelfen, richtet sie das Streben nach Gegenständen, die so oft mit der Natur, die sich nach ihnen bemüht, nicht übereinstimmen. Ein Kind, ein junger Mensch, die auf ihrem eigenen Wege irre gehen, sind mir lieber als manche, die auf fremdem Wege recht wandeln. Finden jene, entweder durch sich selbst, oder durch Anleitung, den rechten Weg, das ist den, der ihrer Natur gemäß ist, so werden sie ihn nie verlassen, anstatt daß diese jeden Augenblick in Gefahr sind, ein fremdes Joch abzuschütteln, und sich einer unbedingten Freiheit zu übergeben.

Es ist sonderbar, sagte Wilhelm, daß dieser merkwürdige Mann auch an mir Teil genommen, und mich, wie es scheint, nach seiner Weise, wo nicht geleitet, doch wenigstens eine Zeitlang in meinen Irrtümern gestärkt hat. Wie er es künftig verantworten will, daß er, in Verbindung mit mehreren, mich gleichsam zum Besten hatte, muß ich wohl mit Geduld erwarten.

Ich habe mich nicht über diese Grille, wenn sie eine ist, zu beklagen, sagte Natalie: denn ich bin freilich unter meinen Geschwistern am besten dabei gefahren. Auch seh' ich nicht, wie mein Bruder Lothario hätte schöner ausgebildet werden können; nur hätte vielleicht meine gute Schwester, die Gräfin, anders behandelt werden sollen, vielleicht hätte man ihrer Natur etwas mehr Ernst und Stärke einflößen können. Was aus Bruder Friedrich werden soll, läßt sich gar nicht denken; ich fürchte, er wird das Opfer dieser pädagogischen Versuche werden.

Sie haben noch einen Bruder? rief Wilhelm.

Ja! versetzte Natalie, und zwar eine sehr lustige leichtfertige Natur, und da man ihn nicht abgehalten hatte in der Welt herumzufahren, so weiß ich nicht, was aus diesem losen lockern Wesen werden soll. Ich habe ihn seit langer Zeit nicht gesehen. Das einzige beruhigt mich, daß der Abbé, und überhaupt die Gesellschaft meines Bruders, jederzeit unterrichtet sind, wo er sich aufhält und was er treibt.

Wilhelm war eben im Begriff Nataliens Gedanken sowohl über diese Paradoxen zu erforschen, als auch über die geheimnisvolle Gesellschaft von ihr Aufschlüsse zu begehren, als der Medicus hereintrat, und nach dem ersten Willkommen sogleich von Mignons Zustande zu sprechen anfing.

Natalie, die darauf den Felix bei der Hand nahm, sagte, sie wolle ihn zu Mignon führen, und das Kind auf die Erscheinung seines Freundes vorbereiten.

Der Arzt war nunmehr mit Wilhelm allein, und fuhr fort: Ich habe Ihnen wunderbare Dinge zu erzählen, die Sie kaum vermuten. Natalie läßt uns Raum, damit wir freier von Dingen sprechen können, die, ob ich sie gleich nur durch sie selbst erfahren konnte, doch in ihrer Gegenwart so frei nicht abgehandelt werden dürften. Die sonderbare Natur des guten Kindes, von dem jetzt die Rede ist, besteht beinah nur aus einer tiefen Sehnsucht; das Verlangen, ihr Vaterland wieder zu sehen, und das Verlangen nach Ihnen, mein Freund, ist, möchte ist fast sagen, das einzige Irdische an ihr; beides greift nur in eine unendliche Ferne, beide Gegenstände liegen unerreichbar vor diesem einzigen Gemüt. Sie mag in der Gegend von Mailand zu Hause sein, und ist in sehr früher Jugend durch ein Gesellschaft Seiltänzer ihren Eltern entführt worden. Näheres kann man von ihr nicht erfahren, teils weil sie zu jung war, um Ort und Namen genau angeben zu können, besonders aber, weil sie einen Schwur getan hat, keinem lebendigen Menschen ihre Wohnung und Herkunft näher zu bezeichnen. Denn eben jene Leute, die sie in der Irre fanden, und denen sie ihre Wohnung so genau beschrieb, mit so dringenden Bitten sie nach Hause zu führen, nahmen sie nur desto eiliger mit sich fort, und scherzten Nachts in der Herberge, da sie glaubten das Kind schlafe schon, über den guten Fang, und beteuerten, daß es den Weg zurück nicht wieder finden sollte. Da überfiel das arme Geschöpf eine gräßliche Verzweiflung, in der ihm zuletzt die Mutter Gottes erschien, und es versicherte, daß sie sich seiner annehmen wolle. Es schwur darauf bei sich selbst einen heiligen Eid, daß sie künftig niemand mehr vertrauen, niemand ihre Geschichte erzählen und in der Hoffnung einer unmittelbaren göttlichen Hülfe leben und sterben wolle. Selbst dieses, was ich Ihnen hier erzähle, hat sie Natalien nicht ausdrücklich vertraut; unsere werte Freundin hat es aus einzelnen Äußerungen, aus Liedern und kindlichen Unbesonnenheiten, die gerade das verraten, was sie verschweigen wollen, zusammmengereiht.

Wilhelm konnte sich nunmehr manches Lied, manches Wort dieses guten Kindes erklären. Er bat seinen Freund auf's dringendste, ihm ja nichts vorzuenthalten, was ihm von den sonderbaren Gesängen und Bekenntnissen des einzigen Wesens bekannt worden sei.

O! sagte der Arzt, bereiten Sie sich auf ein sonderbares Bekenntnis, auf eine Geschichte, an der Sie, ohne sich zu erinnern, viel Anteil haben, die, wie ich fürchte, für Tod und Leben dieses guten Geschöpfs entscheidend ist.

Lassen Sie mich hören, versetzte Wilhelm, ich bin äußerst ungeduldig.

Erinnern Sie sich, sagte der Arzt, eines geheimen, nächtlichen, weiblichen Besuchs nach der Aufführung des Hamlets?

Ja, ich erinnere mich dessen wohl! rief Wilhelm beschämt, aber ich glaubte nicht diesen Augenblick daran erinnert zu werden.

Wissen Sie, wer es war?

Nein! Sie erschrecken mich! um's Himmels willen, doch nicht Mignon? wer war's? sagen Sie mir's!

Ich weiß es selbst nicht.

Also nicht Mignon?

Nein, gewiß nicht! aber Mignon war im Begriff sich zu Ihnen zu schleichen, und mußte aus einem Winkel mit Entsetzen sehen, daß eine Nebenbuhlerin ihr zuvorkam.

Eine Nebenbuhlerin! rief Wilhelm aus, reden Sie weiter, Sie verwirren mich ganz und gar.

Sein Sie froh, sagte der Arzt, daß Sie diese Resultate so schnell von mir erfahren können. Natalie und ich, die wir doch nur einen entferntern Anteil nehmen, wir waren genug gequält, bis wir den verworrenen Zustand dieses guten Wesens, dem wir zu helfen wünschten, nur so deutlich einsehen konnten. Durch leichtsinnige Reden Philinens und der andern Mädchen, durch ein gewisses Liedchen aufmerksam gemacht, war ihr der Gedanke so reizend geworden, eine Nacht bei dem Geliebten zuzubringen, ohne daß sie dabei etwas weiter als eine vertrauliche glückliche Ruhe zu denken wußte. Die Neigung für Sie, mein Freund, war in dem guten Herzen schon lebhaft und gewaltsam, in Ihren Armen hatte das gute Kind schon von manchem Schmerz ausgeruht, sie wünschte sich nun dieses Glück in seiner ganzen Fülle. Bald nahm sie sich vor, Sie freundlich darum zu bitten, bald hielt sie ein heimlicher Schauder wieder davon zurück. Endlich gab ihr der lustige Abend und die Stimmung des häufig genossenen Weins den Mut das Wagestück zu versuchen, und sich jene

Nacht bei Ihnen einzuschleichen. Schon war sie vorausgelaufen, um sich in der unverschlossenen Stube zu verbergen, allein als sie eben die Treppe hinaufgekommen war, hörte sie ein Geräusch; sie verbarg sich, und sah ein weißes weibliches Wesen in Ihr Zimmer schleichen. Sie kamen selbst bald darauf, und sie hörte den großen Riegel zuschieben.

Mignon empfand unerhörte Qual, alle die heftigen Empfindungen einer leidenschaftlichen Eifersucht mischten sich zu dem unerkannten Verlangen einer dunkeln Begierde, und griffen die halb entwickelte Natur gewaltsam an. Ihr Herz, das bisher vor Sehnsucht und Erwartung lebhaft geschlagen hatte, fing auf einmal an zu stocken, und drückte wie eine bleierne Last ihren Busen, sie konnte nicht zu Atem kommen, sie wußte sich nicht zu helfen, sie hörte die Harfe des Alten, eilte zu ihm unter das Dach, und brachte die Nacht zu seinen Füßen unter entsetzlichen Zukkungen hin.

Der Arzt hielt einen Augenblick inne, und da Wilhelm stille schwieg, fuhr er fort: Natalie hat mir versichert, es habe sie in ihrem Leben nichts so erschreckt und angegriffen, als der Zustand des Kindes bei dieser Erzählung; ja unsere edle Freundin machte sich Vorwürfe, daß sie durch ihre Fragen und Anleitungen diese Bekenntnisse hervorgelockt, und durch die Erinnerung die lebhaften Schmerzen des guten Mädchens so grausam erneuert habe.

Das gute Geschöpf, so erzählte mir Natalie, war kaum auf diesem Punkte seiner Erzählung, oder vielmehr seiner Antworten auf meine steigenden Fragen, als es auf einmal vor mir niederstürzte, und, mit der Hand am Busen, über den wiederkehrenden Schmerz jener schrecklichen Nacht sich beklagte. Es wand sich wie ein Wurm an der Erde, und ich mußte alle meine Fassung zusammen nehmen, um die Mittel, die mir für Geist und Körper unter diesen Umständen bekannt waren, zu denken und anzuwenden.

Sie setzen mich in eine bängliche Lage, rief Wilhelm, indem Sie mich, eben im Augenblicke, da ich das liebe Geschöpf wieder sehen soll, mein vielfaches Unrecht gegen dasselbe so lebhaft fühlen lassen. Soll ich sie sehen, warum nehmen Sie mir den Mut ihr mit Freiheit entgegen zu treten? Und soll ich Ihnen gestehen: da ihr Gemüt so gestimmt ist, so seh' ich nicht ein, was meine Gegenwart helfen soll? Sind Sie als Arzt überzeugt, daß jene doppelte Sehnsucht ihre Natur so weit untergraben hat, daß sie sich vom Leben abzuscheiden droht, warum soll ich durch meine Gegenwart ihre Schmerzen erneuern, und vielleicht ihr Ende beschleunigen?

Mein Freund! versetzte der Arzt, wo wir nicht helfen können, sind wir doch schuldig zu lindern, und wie sehr die Gegenwart eines geliebten Gegenstandes der Einbildungskraft ihre zerstörende Gewalt nimmt, und die Sehnsucht in ein ruhiges Schauen verwandelt, davon habe ich die wichtigsten Beispiele. Alles mit Maß und Ziel! Denn eben so kann die Gegenwart eine verlöschende Leidenschaft wieder anfachen. Sehen Sie das gute

Kind, betragen Sie sich freundlich, und lassen Sie uns abwarten, was daraus entsteht.

Natalie kam eben zurück, und verlangte, daß Wilhelm ihr zu Mignon folgen sollte. Sie scheint mit Felix ganz glücklich zu sein, und wird den Freund, hoffe ich, gut empfangen. Wilhelm folgte nicht ohne einiges Widerstreben; er war tief gerührt von dem, was er vernommen hatte, und fürchtete eine leidenschaftliche Szene. Als er hereintrat, ergab sich gerade das Gegenteil.

Mignon im langen weißen Frauengewande, teils mit lockigen, teils aufgebundenen, reichen, braunen Haaren, saß, hatte Felix auf dem Schoße und drückte ihn an ihr Herz; sie sah völlig aus wie ein abgeschiedner Geist, und der Knabe wie das Leben selbst; es schien, als wenn Himmel und Erde sich umarmten. Sie reichte Wilhelmen lächelnd die Hand, und sagte: Ich danke dir, daß du mir das Kind wieder bringst; sie hatten ihn, Gott weiß wie, entführt, und ich konnte nicht leben zeither. So lange mein Herz auf der Erde noch etwas bedarf, soll dieser die Lücke ausfüllen.

Die Ruhe, womit Mignon ihren Freund empfangen hatte, versetzte die Gesellschaft in große Zufriedenheit. Der Arzt verlangte, daß Wilhelm sie öfters sehen, und daß man sie sowohl körperlich als geistig im Gleichgewicht erhalten sollte. Er selbst entfernte sich, und versprach in kurzer Zeit wieder zu kommen.

Wilhelm konnte nun Natalien in ihrem Kreise beobachten: man hätte sich nichts Besseres gewünscht, als neben ihr zu leben. Ihre Gegenwart hatte den reinsten Einfluß auf junge Mädchen und Frauenzimmer von verschiedenem Alter, die teils in ihrem Hause wohnten, teils aus der Nachbarschaft sie mehr oder weniger zu besuchen kamen.

Der Gang Ihres Lebens, sagte Wilhelm einmal zu ihr, ist wohl immer sehr gleich gewesen? denn die Schilderung, die Ihre Tante von Ihnen als Kind macht, scheint, wenn ich nicht irre, noch immer zu passen. Sie haben sich, man fühlt es Ihnen wohl an, nie verwirrt. Sie waren nie genötigt einen Schritt zurück zu tun.

Das bin ich meinem Oheim und dem Abbé schuldig, versetzte Natalie, die meine Eigenheiten so gut zu beurteilen wußten. Ich erinnere mich von Jugend an kaum eines lebhaftern Eindrucks, als daß ich überall die Bedürfnisse der Menschen sah, und ein unüberwindliches Verlangen empfand sie auszugleichen. Das Kind, das noch nicht auf seinen Füßen stehen konnte, der Alte, der sich nicht mehr auf den seinigen erhielt, das Verlangen einer reichen Familie nach Kindern, die Unfähigkeit einer armen die ihrigen zu erhalten, jedes stille Verlangen nach einem Gewerbe, den Trieb zu einem Talente, die Anlagen zu hundert kleinen notwendigen Fähigkeiten, diese überall zu entdecken, schien mein Auge von der Natur bestimmt. Ich sah, worauf mich niemand aufmerksam gemacht hatte; ich schien aber auch nur geboren, um das zu sehen. Die Reize der leblosen Natur, für die so viele Menschen äußerst empfänglich sind, hatten keine

Wirkung auf mich, beinah noch weniger die Reize der Kunst; meine angenehmste Empfindung war und ist es noch, wenn sich mir ein Mangel, ein Bedürfnis in der Welt darstellte, sogleich im Geiste einen Ersatz, ein Mittel, eine Hülfe aufzufinden.

Sah ich einen Armen in Lumpen, so fielen mir die überflüssigen Kleider ein, die ich in den Schränken der Meinigen hatte hängen sehen; sah ich Kinder, die sich ohne Sorgfalt und ohne Pflege verzehrten, so erinnerte ich mich dieser oder jener Frau, der ich, bei Reichtum und Bequemlichkeit, Langeweile abgemerkt hatte; sah ich viele Menschen in einem engen Raume eingesperrt, so dachte ich, sie müßten in die großen Zimmer mancher Häuser und Paläste einquartiert werden. Diese Art zu sehen war bei mir ganz natürlich, ohne die mindeste Reflexion, so daß ich darüber als Kind das wunderlichste Zeug von der Welt machte, und mehr als einmal durch die sonderbarsten Anträge die Menschen in Verlegenheit setzte. Noch eine Eigenheit war es, daß ich das Geld nur mit Mühe, und spät, als ein Mittel die Bedürfnisse zu befriedigen ansehen konnte; alle meine Wohltaten bestanden in Naturalien, und ich weiß, daß oft genug über mich gelacht worden ist. Nur der Abbé schien mich zu verstehen, er kam mir überall entgegen, er machte mich mit mir selbst, mit diesen Wünschen und Neigungen bekannt, und lehrte mich sie zweckmäßig befriedigen.

Haben Sie denn, fragte Wilhelm, bei der Erziehung Ihrer kleinen weiblichen Welt auch die Grundsätze jener sonderbaren Männer angenommen? lassen Sie denn auch jede Natur sich selbst ausbilden? lassen Sie denn auch die Ihrigen suchen und irren, Mißgriffe tun, sich glücklich am Ziele finden, oder unglücklich in die Irre verlieren?

Nein! sagte Natalie, diese Art mit Menschen zu handeln würde ganz gegen meine Gesinnungen sein. Wer nicht im Augenblick hilft, scheint mir nie zu helfen; wer nicht im Augenblicke Rat gibt, nie zu raten. Eben so nötig scheint es mir gewisse Gesetze auszusprechen und den Kindern einzuschärfen, die dem Leben einen gewissen Halt geben. Ja, ich möchte beinah behaupten: es sei besser nach Regeln zu irren, als zu irren, wenn uns die Willkür unserer Natur hin und her treibt, und wie ich die Menschen sehe, scheint mir in ihrer Natur immer eine Lücke zu bleiben, die nur durch ein entschieden ausgesprochenes Gesetz ausgefüllt werden kann.

So ist also Ihre Handlungsweise, sagte Wilhelm, völlig von jener verschieden, welche unsere Freunde beobachten?

Ja! versetzte Natalie, Sie können aber hieraus die unglaubliche Toleranz jener Männer sehen, daß sie eben auch mich, auf meinem Wege, gerade deswegen, weil es mein Weg ist, keinesweges stören, sondern mir in allem, was ich nur wünschen kann, entgegenkommen.

Einen umständlichern Bericht, wie Natalie mit ihren Kindern verfuhr, versparen wir auf eine andere Gelegenheit.

Mignon verlangte oft in der Gesellschaft zu sein, und man vergönnte es ihr um so lieber, als sie sich nach und nach wieder an Wilhelmen zu gewöhnen, ihr Herz gegen ihn aufzuschließen und überhaupt heiterer und lebenslustiger zu werden schien. Sie hing sich bei'm Spazierengehen, da sie leicht müde ward, gern an seinen Arm. Nun, sagte sie, Mignon klettert und springt nicht mehr, und doch fühlt sie noch immer die Begierde über die Gipfel der Berge wegzuspazieren, von einem Hause auf's andere, von einem Baume auf den andern zu schreiten. Wie beneidenswert sind die Vögel, besonders wenn sie so artig und vertraulich ihre Nester bauen.

Es ward nun bald zur Gewohnheit, daß Mignon ihren Freund mehr als einmal in den Garten lud. War dieser beschäftigt oder nicht zu finden, so mußte Felix die Stelle vertreten, und wenn das gute Mädchen in manchen Augenblicken ganz von der Erde los schien, so hielt sie sich in andern gleichsam wieder fest an Vater und Sohn, und schien eine Trennung von diesen mehr als alles zu fürchten.

Natalie schien nachdenklich. Wir haben gewünscht durch Ihre Gegenwart, sagte sie, das arme gute Herz wieder aufzuschließen; ob wir wohl getan haben, weiß ich nicht. Sie schwieg und schien zu erwarten, daß Wilhelm etwas sagen sollte. Auch fiel ihm ein, daß durch seine Verbindung mit Theresen Mignon unter den gegenwärtigen Umständen auf's äußerste gekränkt werden müsse; allein er getraute sich in seiner Ungewißheit nichts von diesem Vorhaben zu sprechen, er vermutete nicht, daß Natalie davon unterrichtet sei.

Eben so wenig konnte er mit Freiheit des Geistes die Unterredung verfolgen, wenn seine edle Freundin von ihrer Schwester sprach, ihre guten Eigenschaften rühmte, und ihren Zustand bedauerte. Er war nicht wenig verlegen, als Natalie ihm ankündigte, daß er die Gräfin bald hier sehen werde. Ihr Gemahl, sagte sie, hat nun keinen andern Sinn, als den abgeschiedenen Grafen in der Gemeinde zu ersetzen, durch Einsicht und Tätigkeit diese große Anstalt zu unterstützen und weiter aufzubauen. Er kommt mit ihr zu uns, um eine Art von Abschied zu nehmen; er wird nachher die verschiedenen Orte besuchen, wo die Gemeinde sich niedergelassen hat; man scheint ihn nach seinen Wünschen zu behandeln, und fast glaub' ich, er wagt mit meiner armen Schwester eine Reise nach Amerika, um ja seinem Vorgänger recht ähnlich zu werden; und da er einmal schon beinah überzeugt ist, daß ihm nicht viel fehle ein Heiliger zu sein, so mag ihm der Wunsch manchmal vor der Seele schweben, wo möglich zuletzt auch noch als Märtyrer zu glänzen.

Viertes Kapitel

Oft genug hatte man bisher von Fräulein Therese gesprochen, oft genug ihrer im Vorbeigehen erwähnt, und fast jedesmal war Wilhelm im Begriff seiner neuen Freundin zu bekennen, daß er jenem trefflichen

Frauenzimmer sein Herz und seine Hand angeboten habe. Ein gewisses Gefühl, das er nicht erklären konnte, hielt ihn zurück; er zauderte so lange, bis endlich Natalie selbst mit dem himmlischen, bescheidnen, heitern Lächeln, das man an ihr zu sehen gewohnt war, zu ihm sagte: So muß ich denn doch zuletzt das Stillschweigen brechen, und mich in Ihr Vertrauen gewaltsam eindrängen! Warum machen Sie mir ein Geheimnis, mein Freund, aus einer Angelegenheit, die Ihnen so wichtig ist, und die mich selbst so nahe angeht? Sie haben meiner Freundin Ihre Hand angeboten; ich mische mich nicht ohne Beruf in diese Sache, hier ist meine Legitimation! hier ist der Brief, den sie Ihnen schreibt, den sie durch mich Ihnen sendet.

Einen Brief von Theresen! rief er aus.

Ja, mein Herr! und Ihr Schicksal ist entschieden, Sie sind glücklich. Lassen Sie mich Ihnen und meiner Freundin Glück wünschen.

Wilhelm verstummte und sah vor sich hin. Natalie sah ihn an; sie bemerkte, daß er blaß ward. Ihre Freude ist stark, fuhr sie fort, sie nimmt die Gestalt des Schreckens an, sie raubt Ihnen die Sprache. Mein Anteil ist darum nicht weniger herzlich, weil er mich noch zum Worte kommen läßt. Ich hoffe Sie werden dankbar sein, denn ich darf Ihnen sagen: mein Einfluß auf Theresens Entschließung war nicht gering; sie fragte mich um Rat, und, sonderbarer Weise, waren Sie eben hier, ich konnte die wenigen Zweifel, die meine Freundin noch hegte, glücklich besiegen, die Boten gingen lebhaft hin und wieder; hier ist ihr Entschluß! hier ist die Entwickelung! Und nun sollen Sie alle ihre Briefe lesen, Sie sollen in das schöne Herz Ihrer Braut einen freien reinen Blick tun.

Wilhelm entfaltete das Blatt, das sie ihm unversiegelt überreichte; es enthielt die freundlichen Worte:

„Ich bin die Ihre, wie ich bin und wie Sie mich kennen. Ich nenne Sie den Meinen, wie Sie sind und wie ich Sie kenne. Was an uns selbst, was an unsern Verhältnissen der Ehestand verändert, werden wir durch Vernunft, frohen Mut und guten Willen zu übertragen wissen. Da uns keine Leidenschaft, sondern Neigung und Zutrauen zusammen führt, so wagen wir weniger als tausend andere. Sie verzeihen mir gewiß, wenn ich mich manchmal meines alten Freundes herzlich erinnere; dafür will ich Ihren Sohn als Mutter an meinen Busen drücken. Wollen Sie mein kleines Haus sogleich mit mir teilen, so sind Sie Herr und Meister, indessen wird der Gutskauf abgeschlossen. Ich wünschte, daß dort keine neue Einrichtung ohne mich gemacht würde, um sogleich zu zeigen, daß ich das Zutrauen verdiene, das Sie mir schenken. Leben Sie wohl, lieber, lieber Freund! geliebter Bräutigam, verehrter Gatte! Therese drückt Sie an ihre Brust mit Hoffnung und Lebensfreude. Meine Freundin wird Ihnen mehr, wird Ihnen alles sagen."

Wilhelm, dem dieses Blatt seine Therese wieder völlig vergegenwärtigt hatte, war auch wieder völlig zu sich selbst gekommen. Unter dem Lesen wechselten die schnellsten Gedanken in seiner Seele. Mit Entsetzen fand er lebhafte Spuren einer Neigung gegen Natalien in seinem Herzen; er schalt sich, er erklärte jeden Gedanken der Art für Unsinn, er stellte sich Theresen in ihrer ganzen Vollkommenheit vor, er las den Brief wieder, er ward heiter, oder vielmehr er erholte sich so weit, daß er heiter scheinen konnte. Natalie legte ihm die gewechselten Briefe vor, aus denen wir einige Stellen ausziehen wollen.

Nachdem Therese ihren Bräutigam nach ihrer Art geschildert hatte, fuhr sie fort:

„So stelle ich mir den Mann vor, der mir jetzt seine Hand anbietet. Wie er von sich selbst denkt, wirst du künftig aus den Papieren sehen, in welchen er sich mir ganz offen beschreibt; ich bin überzeugt, daß ich mit ihm glücklich sein werde."

„Was den Stand betrifft, so weißt du, wie ich von jeher drüber gedacht habe. Einige Menschen fühlen die Mißverhältnisse der äußern Zustände fürchterlich, und können sie nicht übertragen. Ich will niemanden überzeugen, so wie ich nach meiner Überzeugung handeln will. Ich denke kein Beispiel zu geben, wie ich doch noch ohne Beispiel handle. Mich ängstigen nur die innern Mißverhältnisse, ein Gefäß, das sich zu dem, was es enthalten soll, nicht schickt; viel Prunk und wenig Genuß, Reichtum und Geiz, Adel und Rohheit, Jugend und Pedanterei, Bedürfnis und Zeremonien, diese Verhältnisse wären's, die mich vernichten könnten, die Welt mag sie stempeln und schätzen wie sie will."

„Wenn ich hoffe, daß wir zusammen passen werden, so gründe ich meinen Ausspruch vorzüglich darauf, daß er dir, liebe Natalie, die ich so unendlich schätze und verehre, daß er dir ähnlich ist. Ja, er hat von dir das edle Suchen und Streben nach dem Bessern, wodurch wir das Gute, das wir zu finden glauben, selbst hervorbringen. Wie oft habe ich dich nicht im Stillen getadelt, daß du diesen oder jenen Menschen anders behandeltest, daß du in diesem oder jenem Fall dich anders betrugst, als ich würde getan haben, und doch zeigte der Ausgang meist, daß du Recht hattest. Wenn wir, sagtest du, die Menschen nur nehmen wie sie sind, so machen wir sie schlechter; wenn wir sie behandeln, als wären sie, was sie sein sollten, so bringen wir sie dahin, wohin sie zu bringen sind. Ich kann weder so sehen noch handeln, das weiß ich recht gut. Einsicht, Ordnung, Zucht, Befehl, das ist meine Sache. Ich erinnere mich noch wohl, was Jarno sagte: Therese dressiert ihre Zöglinge, Natalie bildet sie. Ja, er ging so weit, daß er mir einst die drei schönen Eigenschaften: Glaube, Liebe und Hoffnung völlig absprach. Statt des Glaubens, sagte er, hat sie die Einsicht, statt der Liebe die Beharrlichkeit, und statt der Hoffnung das Zutrauen. Auch ich will dir gerne gestehen, eh ich dich kannte, kannte ich nichts Höheres in der Welt als Klarheit und Klugheit; nur deine Gegenwart hat mich überzeugt, belebt, überwunden, und deiner schönen hohen Seele tret' ich gerne den Rang ab. Auch meinen Freund verehre ich in eben demselben Sinn; seine Lebensbeschreibung ist ein ewiges Suchen und Nichtfinden; aber nicht das leere Suchen, sondern das wunderbare gutmütige Suchen begabt ihn, er wähnt, man könne ihm das geben, was nur von ihm kommen kann. So, meine Liebe, schadet mir auch diesmal meine Klarheit nichts; ich kenne meinen Gatten besser, als er sich selbst kennt, und ich achte ihn nur um desto mehr. Ich sehe ihn, aber ich übersehe ihn nicht, und alle meine Einsicht reicht nicht hin zu ahnen, was er wirken kann. Wenn ich an ihn denke, vermischt sich sein Bild immer mit dem deinigen, und ich weiß nicht, wie ich es wert bin zwei solchen Menschen anzugehören. Aber ich will es wert sein dadurch, daß ich meine Pflicht tue, dadurch, daß ich erfülle, was man von mir erwarten und hoffen kann."

„Ob ich Lothario's gedenke? Lebhaft und täglich. Ihn kann ich in der Gesellschaft, die mich im Geiste umgibt, nicht einen Augenblick missen. O wie bedaure ich den trefflichen Mann, der durch einen Jugendfehler mit mir verwandt ist, daß die Natur ihn *dir* so nahe gewollt hat. Wahrlich ein Wesen, wie du, wäre seiner mehr wert als ich. Dir könnt' ich, dir müßt' ich ihn abtreten. Laß uns ihm sein, was nur möglich ist, bis er eine würdige Gattin findet, und auch dann laß uns zusammen sein und zusammen bleiben."

Was werden nun aber unsre Freunde sagen? begann Natalie. — Ihr Bruder weiß nichts davon? — Nein! so wenig als die Ihrigen, die Sache ist diesmal nur unter uns Weibern verhandelt worden. Ich weiß nicht, was Lydie Theresen für Grillen in den Kopf gesetzt hat; sie scheint dem Abbé und Jarno zu mißtrauen. Lydie hat ihr gegen gewisse geheime Verbindungen und Plane, von denen ich wohl im Allgemeinen weiß, in die ich aber niemals einzudringen gedachte, wenigstens einigen Argwohn eingeflößt, und bei diesem entscheidenden Schritt ihres Lebens wollte sie niemand als mir einigen Einfluß verstatten. Mit meinem Bruder war sie schon früher übereingekommen, daß sie sich wechselsweise ihre Heirat nur melden, sich darüber nicht zu Rate ziehen wollten.

Natalie schrieb nun einen Brief an ihren Bruder, sie lud Wilhelmen ein, einige Worte dazu zu setzen, Therese hatte sie darum gebeten. Man wollte eben siegeln, als Jarno sich unvermutet anmelden ließ. Aufs freundlichste ward er empfangen, auch schien er sehr munter und scherzhaft, und konnte endlich nicht unterlassen zu sagen: Eigentlich komme ich hieher, um Ihnen eine sehr wunderbare, doch angenehme Nachricht zu bringen; sie betrifft unsere Therese. Sie haben uns manchmal getadelt, schöne Natalie, daß wir uns um so vieles bekümmern; nun aber sehen Sie, wie gut es ist, überall seine Spione zu haben. Raten Sie, und lassen Sie uns einmal Ihre Sagazität sehen!

Die Selbstgefälligkeit, womit er diese Worte aussprach, die schalkhafte Miene, womit er Wilhelmen und Natalien ansah, überzeugten beide, daß ihr Geheimnis entdeckt sei. Natalie antwortete lächelnd: Wir sind viel künstlicher, als Sie denken, wir haben die Auflösung des Rätsels, noch ehe es uns aufgegeben wurde, schon zu Papiere gebracht.

Sie überreichte ihm mit diesen Worten den Brief an Lothario, und war zufrieden, der kleinen Überraschung und Beschämung, die man ihnen zugedacht hatte, auf diese Weise zu begegnen. Jarno nahm das Blatt, mit einiger Verwunderung, überlief es nur, staunte, ließ es aus der Hand sinken, und sah sie beide mit großen Augen, mit einem Ausdruck der Überraschung, ja des Entsetzens an, den man auf seinem Gesichte nicht gewohnt war. Er sagte kein Wort.

Wilhelm und Natalie waren nicht wenig betroffen, Jarno ging in der Stube auf und ab. Was soll ich sagen? rief er aus, oder soll ich's sagen? Es kann kein Geheimnis bleiben, die Verwirrung ist nicht zu vermeiden. Also denn Geheimnis gegen Geheimnis! Überraschung gegen Überraschung! Therese ist nicht die Tochter ihrer Mutter! das Hindernis ist gehoben: ich komme hierher Sie zu bitten, das edle Mädchen zu einer Verbindung mit Lothario vorzubereiten.

Jarno sah die Bestürzung der beiden Freunde, welche die Augen zur Erde niederschlugen. Dieser Fall ist einer von denen, sagte er, die sich in Gesellschaft am schlechtesten ertragen lassen. Was jedes dabei zu denken hat, denkt es am besten in der Einsamkeit; ich wenigstens erbitte mir auf eine Stunde Urlaub. Er eilte in den Garten, Wilhelm folgte ihm mechanisch, aber in der Ferne.

Nach Verlauf einer Stunde fanden sie sich wieder zusammen. Wilhelm nahm das Wort und sagte: Sonst, da ich ohne Zweck und Plan leicht, ja leichtfertig lebte, kamen mir Freundschaft, Liebe, Neigung, Zutrauen mit offenen Armen entgegen, ja sie drängten sich zu mir; jetzt, da es Ernst wird, scheint das Schicksal mit mir einen andern Weg zu nehmen. Der Entschluß, Theresen meine Hand anzubieten, ist vielleicht der erste, der ganz rein aus mir selbst kommt. Mit Überlegung machte ich meinen Plan, meine Vernunft war völlig damit einig, und durch die Zusage des trefflichen Mädchens wurden alle meine Hoffnungen erfüllt. Nun drückt das sonderbarste Geschick meine ausgestreckte Hand nieder. Therese reicht mir die ihrige von ferne, wie im Traume, ich kann sie nicht fassen, und das schöne Bild verläßt mich auf ewig. So lebe denn wohl, du schönes Bild! und ihr Bilder der reichsten Glückseligkeit, die ihr euch darum her versammelt!

Er schwieg einen Augenblick still, sah vor sich hin, und Jarno wollte reden. Lassen Sie mich noch etwas sagen, fiel Wilhelm ihm ein; denn um mein ganzes Geschick wird ja doch diesmal das Los geworfen. In diesem Augenblick kommt mir der Eindruck zu Hülfe, den Lothario's Gegenwart bei'm ersten Anblick mir einprägte, und der mir beständig geblieben ist. Dieser Mann verdient jede Art von Neigung und Freundschaft, und ohne Aufopferung läßt sich keine Freundschaft denken. Um seinetwillen war es mir leicht ein unglückliches Mädchen zu betören, um seinetwillen soll mir möglich werden der würdigsten Braut zu entsagen. Gehen Sie hin, erzählen Sie ihm die sonderbare Geschichte, und sagen Sie ihm wozu ich bereit bin.

Jarno versetzte hierauf: In solchen Fällen, halt ich dafür, ist schon alles getan, wenn man sich nur nicht übereilt. Lassen Sie uns keinen Schritt ohne Lothario's Einwilligung tun! Ich will zu ihm, erwarten Sie meine Zurückkunft oder seine Briefe ruhig.

Er ritt weg und hinterließ die beiden Freunde in der größten Wehmut. Sie hatten Zeit sich diese Begebenheit auf mehr als *eine* Weise zu wiederholen und ihre Bemerkungen darüber zu machen. Nun fiel es ihnen erst auf, daß sie diese wunderbare Erklärung so gerade von Jarno angenommen, und sich nicht um die nähern Umstände erkundigt hatten. Ja Wilhelm wollte sogar einigen Zweifel hegen; aber auf's höchste stieg ihr Erstaunen, ja ihre Verwirrung, als den andern Tag ein Bote von Theresen ankam, der folgenden sonderbaren Brief an Natalien mitbrachte:

„So seltsam es auch scheinen mag, so muß ich doch meinem vorigen Briefe sogleich noch einen nachsenden, und dich ersuchen mir meinen Bräutigam eilig zu schicken. Er soll mein Gatte werden, was man auch für Plane macht, mir ihn zu rauben. Gib ihm inliegenden Brief! Nur vor keinem Zeugen, es mag gegenwärtig sein wer will."

Der Brief an Wilhelmen enthielt Folgendes: „Was werden Sie von Ihrer Therese denken, wenn sie auf einmal, leidenschaftlich, auf eine Verbindung dringt, die der ruhigste Verstand nur eingeleitet zu haben schien? Lassen Sie sich durch nichts abhalten, gleich nach dem Empfang des Briefes abzureisen. Kommen Sie, lieber, lieber Freund, nun dreifach Geliebter, da man mir Ihren Besitz rauben oder wenigstens erschweren will."

Was ist zu tun? rief Wilhelm aus, als er diesen Brief gelesen hatte.

Noch in keinem Fall, versetzte Natalie, nach einigem Nachdenken, hat mein Herz und mein Verstand so geschwiegen, als in diesem; ich wüßte nichts zu tun, so wie ich nichts zu raten weiß.

Wäre es möglich? rief Wilhelm mit Heftigkeit aus, daß Lothario selbst nichts davon wüßte, oder wenn er davon weiß, daß er mit uns das Spiel versteckter Plane wäre? Hat Jarno, indem er unsern Brief gesehen, das Märchen aus dem Stegreife erfunden? Würde er uns was anders gesagt haben, wenn wir nicht zu voreilig gewesen wären? Was kann man wollen? Was für Absichten kann man haben? Was kann Therese für einen Plan meinen? Ja, es läßt sich nicht leugnen, Lothario ist von geheimen Wirkungen und Verbindungen umgeben, ich habe selbst erfahren, daß man tätig ist, daß man sich in einem gewissen Sinne um die Handlungen, um die Schicksale mehrerer Menschen bekümmert, und sie zu leiten weiß. Von den Endzwecken dieser Geheimnisse verstehe ich nichts, aber diese neueste Absicht, mir Theresen zu entreißen, sehe ich nur allzu deutlich. Auf einer Seite malt man mir das mögliche Glück Lothario's, vielleicht nur zum Scheine, vor; auf der andern sehe ich meine Geliebte, meine verehrte Braut, die mich an ihr Herz ruft. Was soll ich tun? Was soll ich unterlassen?

Nur ein wenig Geduld! sagte Natalie, nur eine kurze Bedenkzeit! In dieser sonderbaren Verknüpfung weiß ich nur so viel, daß wir das, was unwiederbringlich ist, nicht übereilen sollen. Gegen ein Märchen, gegen einen künstlichen Plan stehen Beharrlichkeit und Klugheit uns bei; es muß sich bald aufklären, ob die Sache wahr oder ob sie erfunden ist. Hat mein Bruder wirklich Hoffnung sich mit Theresen zu verbinden, so wäre es grausam, ihm ein Glück auf ewig zu entreißen, in dem Augenblicke, da es ihm so freundlich erscheint. Lassen Sie uns nur abwarten, ob er etwas davon weiß, ob er selbst glaubt, ob er selbst hofft.

Diesen Gründen ihres Rats kam glücklicherweise ein Brief von Lothario zu Hülfe: Ich schicke Jarno nicht wieder zurück, schrieb er; von meiner Hand eine Zeile ist dir mehr als die umständlichsten Worte eines Boten. Ich bin gewiß, daß Therese nicht die Tochter ihrer Mutter ist, und ich kann die Hoffnung, sie zu besitzen, nicht aufgeben, bis sie auch überzeugt ist, und alsdann zwischen mir und dem Freunde mit ruhiger Überlegung entscheidet. Laß ihn, ich bitte dich, nicht von deiner Seite! Das Glück, das Leben eines Bruders hängt davon ab. Ich verspreche dir, diese Ungewißheit soll nicht lange dauern.

Sie sehen, wie die Sache steht, sagte sie freundlich zu Wilhelmen: geben Sie mir Ihr Ehrenwort nicht aus dem Hause zu gehen.

Ich gebe es! rief er aus, indem er ihr die Hand reichte; ich will dieses Haus wider Ihren Willen nicht verlassen. Ich danke Gott und meinem guten Geist, daß ich diesmal geleitet werde und zwar von Ihnen.

Natalie schrieb Theresen den ganzen Verlauf und erklärte, daß sie ihren Freund nicht von sich lassen werde; sie schickte zugleich Lothario's Brief mit.

Therese antwortete: „Ich bin nicht wenig verwundert, daß Lothario selbst überzeugt ist, denn gegen seine Schwester wird er sich nicht auf diesen Grad verstellen. Ich bin verdrießlich, sehr verdrießlich. Es ist besser, ich sage nichts weiter. Am besten ist's, ich komme zu dir, wenn ich nur erst die arme Lydie untergebracht habe, mit der man grausam umgeht. Ich fürchte, wir sind alle betrogen, und werden so betrogen, um nie in's Klare zu kommen. Wenn der Freund meinen Sinn hätte, so entschlüpfte er dir doch, und würfe sich an das Herz seiner Therese, die ihm dann niemand entreißen sollte; aber ich fürchte, ich soll ihn verlieren und Lothario nicht wieder gewinnen. Diesem entreißt man Lydien, indem man ihm die Hoffnung, mich besitzen zu können, von weitem zeigt. Ich will nichts weiter sagen, die Verwirrung wird noch größer werden. Ob nicht indessen die schönsten Verhältnisse so verschoben, so untergraben und so zerrüttet werden, daß auch dann, wenn alles im Klaren sein wird, doch nicht wieder zu helfen ist, mag die Zeit lehren. Reißt sich mein Freund nicht los, so komme ich in wenigen Tagen, um ihn bei dir aufzusuchen und fest zu halten. Du wunderst dich, wie diese Leidenschaft sich deiner Therese bemächtiget hat. Es ist keine Leidenschaft, es ist Überzeugung, daß, da Lothario nicht mein werden konnte, dieser neue Freund das Glück meines Lebens machen wird. Sag' ihm das, im Namen des kleinen Knaben, der mit ihm unter der Eiche saß und sich seiner Teilnahme freute! Sag' ihm das, im Namen Theresens, die seinem Antrage mit einer herzlichen Offenheit entgegen kam! Mein erster Traum, wie ich mit Lothario leben würde, ist weit von meiner Seele weggerückt; der Traum, wie ich mit meinem neuen Freund zu leben gedachte, steht noch ganz gegenwärtig vor mir. Achtet man mich so wenig, daß man glaubt, es sei so was Leichtes diesen mit jenem aus dem Stegreife wieder umzutauschen?"

Ich verlasse mich auf Sie, sagte Natalie zu Wilhelmen, indem sie ihm den Brief Theresens gab; Sie entfliehen mir nicht. Bedenken Sie, daß Sie das Glück meines Lebens in Ihrer Hand haben! Mein Dasein ist mit dem Dasein meines Bruders so innig verbunden und verwurzelt, daß er keine Schmerzen fühlen kann, die ich nicht empfinde, keine Freude, die nicht auch mein Glück macht. Ja ich kann wohl sagen, daß ich allein durch ihn empfunden habe, daß das Herz gerührt und erhoben, daß auf der Welt Freude, Liebe und ein Gefühl sein kann, das über alles Bedürfnis hinaus befriedigt.

Sie hielt inne, Wilhelm nahm ihre Hand und rief: O fahren Sie fort! es ist die rechte Zeit zu einem wahren wechselseitigen Vertrauen; wir haben nie nötiger gehabt uns genauer zu kennen.

Ja, mein Freund! sagte sie lächelnd, mit ihrer ruhigen, sanften, unbeschreiblichen Hoheit, es ist vielleicht nicht außer der Zeit, wenn ich Ihnen sage, daß alles, was uns so manches Buch, was uns die Welt als Liebe nennt und zeigt, mir immer nur als ein Märchen erschienen sei.

Sie haben nicht geliebt? rief Wilhelm aus.

Nie oder immer! versetzte Natalie.

Fünftes Kapitel

Sie waren unter diesem Gespräch im Garten auf- und abgegangen, Natalie hatte verschiedene Blumen von seltsamer Gestalt gebrochen, die Wilhelmen völlig unbekannt waren und nach deren Namen er fragte.

Sie vermuten wohl nicht, sagte Natalie, für wen ich diesen Strauß pflücke? Er ist für meinen Oheim bestimmt, dem wir einen Besuch machen wollen. Die Sonne scheint eben so lebhaft nach dem Saale der Vergangenheit, ich muß Sie diesen Augenblick hineinführen, und ich gehe niemals hin, ohne einige von den Blumen, die mein Oheim besonders begünstigte, mitzubringen. Er war ein sonderbarer Mann und der eigensten Eindrücke fähig. Für gewisse Pflanzen und Tiere, für gewisse Menschen und Gegenden, ja sogar zu einigen Steinarten hatte er eine entschiedene Neigung, die selten erklärlich war. Wenn ich nicht, pflegte er oft zu sagen, mir von Jugend auf so sehr widerstanden hätte, wenn ich nicht gestrebt hätte, meinen Verstand in's Weite und Allgemeine auszubilden, so wäre ich der beschränkteste und unerträglichste Mensch geworden: denn nichts ist unerträglicher als abgeschnittene Eigenheit an demjenigen, von dem man eine reine gehörige Tätigkeit fordern kann. Und doch mußte er selbst gestehen, daß ihm gleichsam Leben und Atem ausgehen würde, wenn er sich nicht von Zeit zu Zeit nachsähe, und sich erlaubte, das mit Leidenschaft zu genießen, was er eben nicht immer loben und entschuldigen konnte. Meine Schuld ist es nicht, sagte er, wenn ich meine Triebe und meine Vernunft nicht völlig habe in Einstimmung bringen können. Bei solchen Gelegenheiten pflegte er meist über mich zu scherzen und zu sagen: Natalien kann man bei Leibesleben selig preisen, da ihre Natur nichts fordert, als was die Welt wünscht und braucht.

Unter diesen Worten waren sie wieder in das Hauptgebäude gelangt. Sie führte ihn durch einen geräumigen Gang auf eine Türe zu, vor der zwei Sphinxe von Granit lagen. Die Türe selbst war auf ägyptische Weise oben ein wenig enger als unten, und ihre ehernen Flügel bereiteten zu einem ernsthaften, ja zu einem schauerlichen Anblick vor. Wie angenehm ward man daher überrascht, als diese Erwartung sich in die reinste Heiterkeit auflös'te, indem man in einen Saal trat, in welchem Kunst und Leben jede Erinnerung an Tod und Grab aufhoben. In die Wände waren verhältnismäßige Bogen vertieft, in denen größere Sarkophagen standen; in den Pfeilern dazwischen sah man kleinere Öffnungen, mit Aschenkästchen und Gefäßen geschmückt; die übrigen Flächen der Wände und des Gewölbes sah man regelmäßig abgeteilt, und zwischen heitern und mannichfaltigen Einfassungen, Kränzen und Zierraten heitere und bedeutende Gestalten in Feldern von verschiedener Größe gemalt. Die architektonischen Glieder waren mit dem schönen gelben Marmor, der in's Rötliche hinüberblickt, bekleidet, hellblaue Streifen von einer glücklichen chemischen Komposition ahmten den Lasurstein nach, und gaben, indem sie gleichsam in einem Gegensatz das Auge befriedigten, dem Ganzen Einheit und Verbindung. Alle diese Pracht und Zierde stellte sich in reinen architektonischen Verhältnissen dar, und so schien jeder, der hineintrat, über sich selbst erhoben zu sein, indem er durch die zusammentreffende Kunst erst erfuhr, was der Mensch sei und was er sein könne.

Der Türe gegenüber sah man auf einem prächtigen Sarkophagen das Marmorbild eines würdigen Mannes, an ein Polster gelehnt. Er hielt eine Rolle vor sich, und schien mit stiller Aufmerksamkeit darauf zu blicken. Sie war so gerichtet, daß man die Worte, die sie enthielt, bequem lesen konnte. Es stand darauf: *Gedenke zu leben.*

Natalie, indem sie einen verwelkten Strauß wegnahm, legte den frischen vor das Bild des Oheims; denn er selbst war in der Figur vorgestellt, und Wilhelm glaubte sich noch der Züge des alten Herrn zu erinnern, den er damals im Walde gesehen hatte. — Hier brachten wir manche Stunde zu, sagte Natalie, bis dieser Saal fertig war. In seinen letzten Jahren hatte er einige geschickte Künstler an sich gezogen, und seine beste Unterhaltung war, die Zeichnungen und Kartone zu diesen Gemälden aussinnen und bestimmen zu helfen.

Wilhelm konnte sich nicht genug der Gegenstände freuen, die ihn umgaben. Welch ein Leben, rief er aus, in diesem Saale der Vergangenheit! Man könnte ihn eben so gut den Saal der Gegenwart und der Zukunft nennen. So war alles und so wird alles sein! Nichts ist vergänglich, als der eine, der genießt und zuschaut. Hier dieses Bild der Mutter, die ihr Kind an's Herz drückt, wird viele Generationen glücklicher Mütter überleben. Nach Jahrhunderten vielleicht erfreut sich ein Vater dieses bärtigen Mannes, der seinen Ernst ablegt, und sich mit seinem Sohne neckt. So verschämt wird durch alle Zeiten die Braut sitzen, und bei ihren stillen Wünschen noch bedürfen, daß man sie tröste, daß man ihr zurede; so ungeduldig wird der Bräutigam auf der Schwelle horchen, ob er hereintreten darf.

Wilhelms Augen schweiften auf unzählige Bilder umher. Vom ersten frohen Triebe der Kindheit jedes Glied im Spiele nur zu brauchen und zu üben, bis zum ruhigen abgeschiedenen Ernste des Weisen, konnte man in schöner lebendiger Folge sehen, wie der Mensch keine angeborne Neigung und Fähigkeit besitzt, ohne sie zu brauchen und zu nutzen. Von dem ersten zarten Selbstgefühl, wenn das Mädchen verweilt den Krug aus dem klaren Wasser wieder heraufzuheben, und indessen ihr Bild gefällig betrachtet, bis zu jenen hohen Feierlichkeiten, wenn Könige und Völker zu Zeugen ihrer Verbindungen die Götter am Altare anrufen, zeigte sich alles bedeutend und kräftig.

Es war eine Welt, es war ein Himmel, der den Beschauenden an dieser Stätte umgab, und außer den Gedanken, welche jene gebildeten Gestalten erregten, außer den Empfindungen, welche sie einflößten, schien noch etwas andres gegenwärtig zu sein, wovon der ganze Mensch sich angegriffen fühlte. Auch Wilhelm bemerkte es, ohne sich davon Rechenschaft geben zu können. Was ist das? rief er aus, das, unabhängig von aller Bedeutung, frei von allem Mitgefühl, das uns menschliche Begebenheiten und Schicksale einflößen, so stark und zugleich so anmutig auf mich zu wirken vermag? Es spricht aus dem Ganzen, es spricht aus jedem Teile mich an, ohne daß ich jenes begreifen, ohne daß ich diese mir besonders zueignen könnte! Welchen Zauber ahn' ich in diesen Flächen, diesen Linien, diesen Höhen und Breiten, diesen Massen und Farben! Was ist es, das diese Figuren, auch nur obenhin betrachtet, schon als Zierrat so erfreulich macht! Ja ich fühle, man könnte hier verweilen, ruhen, alles mit den Augen fassen, sich glücklich finden und ganz etwas andres fühlen und denken, als das, was vor Augen steht.

Und gewiß, könnten wir beschreiben, wie glücklich alles eingeteilt war, wie an Ort und Stelle durch Verbindung oder Gegensatz, durch Einfärbigkeit oder Buntheit alles bestimmt, so und nicht anders erschien als es erscheinen sollte, und eine so vollkommene als deutliche Wirkung hervorbrachte, so würden wir den Leser an einen Ort versetzen, von dem er sich sobald nicht zu entfernen wünschte.

Vier große marmorne Kandelaber standen in den Ecken des Saals, vier kleinere in der Mitte um einen sehr schön gearbeiteten Sarkophag, der seiner Größe nach eine junge Person von mittlerer Gestalt konnte enthalten haben.

Natalie blieb bei diesem Monumente stehen, und indem sie die Hand darauf legte, sagte sie: Mein guter Oheim hatte große Vorliebe zu diesem Werke des Altertums. Er sagte manchmal: Nicht allein die ersten Blüten fallen ab, die ihr da oben in jenen kleinen Räumen verwahren könnt, sondern auch Früchte, die am Zweige hängend uns noch lange die schönste Hoffnung geben, indes ein heimlicher Wurm ihre frühere Reife und ihre Zerstörung vorbereitet. Ich fürchte, fuhr sie fort, er hat auf das liebe Mädchen geweissagt, das sich unserer Pflege nach und nach zu entziehen und zu dieser ruhigen Wohnung zu neigen scheint.

Als sie im Begriff waren wegzugehn, sagte Natalie: Ich muß Sie noch auf etwas aufmerksam machen. Bemerken Sie diese halbrunden Öffnungen in der Höhe auf beiden Seiten! Hier können die Chöre der Sänger verborgen stehen, und diese ehrnen Zierraten unter dem Gesimse dienen die Teppiche zu befestigen, die nach der Verordnung meines Oheims bei jeder Bestattung aufgehängt werden sollen. Er konnte nicht ohne Musik, besonders nicht ohne Gesang leben, und hatte dabei die Eigenheit, daß er die Sänger nicht sehen wollte. Er pflegte zu sagen: Das Theater verwöhnt uns gar zu sehr, die Musik dient dort nur gleichsam dem Auge, sie begleitet die Bewegungen, nicht die Empfindungen. Bei Oratorien und Konzerten stört uns immer die Gestalt des Musikus; die wahre Musik ist allein für's Ohr; eine schöne Stimme ist das allgemeinste, was sich denken läßt, und indem das eingeschränkte Individuum, das sie hervorbringt, sich vor's Auge stellt, zerstört es den reinen Effekt jener Allgemeinheit. Ich will jeden sehen, mit dem ich reden soll, denn es ist ein einzelner Mensch, dessen Gestalt und Charakter die Rede wert oder unwert macht; hingegen wer mir singt, soll unsichtbar sein; seine Gestalt soll mich nicht bestechen oder irre machen. Hier spricht nur ein Organ zum Organe, nicht der Geist zum Geiste, nicht eine tausendfältige Welt zum Auge, nicht ein Himmel zum Menschen. Eben so wollte er auch bei Instrumentalmusiken die Orchester so viel als möglich versteckt haben, weil man durch die mechanischen Bemühungen und durch die notdürftigen, immer seltsamen Gebärden der Instrumentenspieler so sehr zerstreut und verwirrt werde.

Er pflegte daher eine Musik nicht anders als mit zugeschlossenen Augen anzuhören, um sein ganzes Dasein auf den einzigen reinen Genuß des Ohrs zu konzentrieren.

Sie wollten eben den Saal verlassen, als sie die Kinder in dem Gange heftig laufen und den Felix rufen hörten: Nein ich! nein ich!

Mignon warf sich zuerst zur geöffneten Türe herein; sie war außer Atem, und konnte kein Wort sagen; Felix, noch in einiger Entfernung, rief: Mutter Therese ist da! Die Kinder hatten, so schien es, die Nachricht zu überbringen, einen Wettlauf angestellt. Mignon lag in Nataliens Armen, ihr Herz pochte gewaltsam.

Böses Kind, sagte Natalie, ist dir nicht alle heftige Bewegung untersagt? Sieh, wie dein Herz schlägt?

Laß es brechen! sagte Mignon, mit einem tiefen Seufzer, es schlägt schon zu lange.

Man hatte sich von dieser Verwirrung, von dieser Art von Bestürzung kaum erholt, als Therese hereintrat. Sie flog auf Natalien zu, umarmte sie und das gute Kind. Dann wendete sie sich zu Wilhelmen, sah ihn mit ihren klaren Augen an, und sagte: Nun, mein Freund, wie steht es, Sie haben sich doch nicht irre machen lassen? Er tat einen Schritt gegen sie, sie sprang auf ihn zu und hing an seinem Halse. O meine Therese! rief er aus.

Mein Freund! mein Geliebter! mein Gatte! ja auf ewig die deine! rief sie unter den lebhaftesten Küssen.

Felix zog sie am Rocke und rief: Mutter Therese, ich bin auch da! Natalie stand und sah vor sich hin; Mignon fuhr auf einmal mit der linken Hand nach dem Herzen und indem sie den rechten Arm heftig ausstreckte, fiel sie mit einem Schrei zu Nataliens Füßen für tot nieder.

Der Schrecken war groß: keine Bewegung des Herzens noch des Pulses war zu spüren. Wilhelm nahm sie auf seinen Arm und trug sie eilig hinauf, der schlotternde Körper hing über seine Schultern. Die Gegenwart des Arztes gab wenig Trost; er und der junge Wundarzt, den wir schon kennen, bemühten sich vergebens. Das liebe Geschöpf war nicht in's Leben zurückzurufen.

Natalie winkte Theresen. Diese nahm ihren Freund bei der Hand und führte ihn aus dem Zimmer. Er war stumm und ohne Sprache, und hatte den Mut nicht, ihren Augen zu begegnen. So saß er neben ihr auf dem Kanapee, auf dem er Natalien zuerst angetroffen hatte. Er dachte mit großer Schnelle eine Reihe von Schicksalen durch, oder vielmehr er dachte nicht, er ließ das auf seine Seele wirken, was er nicht entfernen konnte. Es gibt Augenblicke des Lebens, in welchen die Begebenheiten, gleich geflügelten Weberschiffchen, vor uns sich hin und wieder bewegen, und unaufhaltsam ein Gewebe vollenden, das wir mehr oder weniger selbst gesponnen und angelegt haben. Mein Freund! sagte Therese, mein Geliebter! indem sie das Stillschweigen unterbrach, und ihn bei der Hand nahm: laß uns diesen Augenblick fest zusammenhalten, wie wir noch öfters, vielleicht in ähnlichen Fällen, werden zu tun haben. Dies sind die Ereignisse, welche zu ertragen man zu zweien in der Welt sein muß. Bedenke, mein Freund, fühle, daß du nicht allein bist, zeige, daß du deine Therese liebst, zuerst dadurch, daß du deine Schmerzen ihr mitteilst! Sie umarmte ihn und schloß ihn sanft an ihren Busen; er faßte sie in seine Arme, und drückte sie mit Heftigkeit an sich. Das arme Kind, rief er aus, suchte in traurigen Augenblicken Schutz und Zuflucht an meinem unsichern Busen; laß die Sicherheit des deinigen mir in dieser schrecklichen Stunde zu Gute kommen. Sie hielten sich fest umschlossen, er fühlte ihr Herz an seinem Busen schlagen, aber in seinem Geiste war es öde und leer; nur die Bilder Mignons und Nataliens schwebten wie Schatten vor seiner Einbildungskraft.

Natalie trat herein. Gib uns deinen Segen! rief Therese, laß uns in diesem traurigen Augenblicke vor dir verbunden sein. — Wilhelm hatte sein Gesicht an Theresens Halse verborgen; er war glücklich genug weinen zu können. Er hörte Natalien nicht kommen, er sah sie nicht, nur bei dem Klang ihrer Stimme verdoppelten sich seine Tränen. — Was Gott zusammengefügt, will ich nicht scheiden, sagte Natalie lächelnd, aber verbinden kann ich euch nicht, und kann nicht loben, daß Schmerz und Neigung die Erinnerung an meinen Bruder völlig aus euren Herzen zu verbannen scheint. Wilhelm riß sich bei diesen Worten aus den Armen Theresens. Wo wollen Sie hin? riefen beide Frauen. Lassen Sie mich das Kind sehen, rief er aus, das ich getötet habe! Das Unglück, das wir mit Augen sehen, ist geringer, als wenn unsere Einbildungskraft das Übel gewaltsam in unser Gemüt einsenkt; lassen Sie uns den abgeschiedenen Engel sehen! Seine heitere Miene wird uns sagen, daß ihm wohl ist! — Da die Freundinnen den bewegten Jüngling nicht abhalten konnten, folgten sie ihm, aber der gute Arzt, der mit dem Chirurgus ihnen entgegen kam, hielt sie ab sich der Verblichenen zu nähern, und sagte: Halten Sie sich von diesem traurigen Gegenstande entfernt, und erlauben Sie mir, daß ich den Resten dieses sonderbaren Wesens, so viel meine Kunst vermag, einige Dauer gebe. Ich will die schöne Kunst, einen Körper nicht allein zu balsamieren, sondern ihm auch ein lebendiges Ansehn zu erhalten, bei diesem geliebten Geschöpfe sogleich anwenden. Da ich ihren Tod voraussah, habe ich alle Anstalten gemacht, und mit diesem Gehülfen hier soll mir's gelingen. Erlauben Sie mir nur noch einige Tage Zeit, und verlangen Sie das liebe Kind nicht wieder zu sehen, bis wir es in den Saal der Vergangenheit gebracht haben.

Der junge Chirurgus hatte jene merkwürdige Instrumententasche wieder in Händen. Von wem kann er sie wohl haben? fragte Wilhelm den Arzt. Ich kenne sie sehr gut, versetzte Natalie, er hat sie von seinem Vater, der Sie damals im Walde verband.

O so habe ich mich nicht geirrt, rief Wilhelm, ich erkannte das Band sogleich! Treten Sie mir es ab! Es brachte mich zuerst wieder auf die Spur von meiner Wohltäterin. Wie viel Wohl und Wehe überdauert nicht ein solches lebloses Wesen! Bei wie viel Schmerzen war dies Band nicht schon gegenwärtig, und seine Fäden halten noch immer! Wie vieler Menschen letzten Augenblick hat es schon begleitet, und seine Farben sind noch nicht verblichen! Es war gegenwärtig in einem der schönsten Augenblicke meines Lebens, da ich verwundet auf der Erde lag, und Ihre hülfreiche Gestalt vor mir erschien, als das Kind mit blutigen Haaren, mit der zärtlichsten Sorgfalt für mein Leben besorgt war, dessen frühzeitigen Tod wir nun beweinen.

Die Freunde hatten nicht lange Zeit, sich über diese traurige Begebenheit zu unterhalten, und Fräulein Theresen über das Kind und über die wahrscheinliche Ursache seines unerwarteten Todes aufzuklären; denn es wurden Fremde gemeldet, die, als sie sich zeigten, keinesweges fremd waren. Lothario, Jarno, der Abbé traten herein. Natalie ging ihrem Bruder entgegen; unter den Übrigen entstand ein augenblickliches Stillschweigen. Therese sagte lächelnd zu Lothario: Sie glaubten wohl kaum mich hier zu finden; wenigstens ist es eben nicht rätlich, daß wir uns in diesem Augenblick aufsuchen; indessen sei'n Sie mir nach einer so langen Abwesenheit herzlich gegrüßt.

Lothario reichte ihr die Hand, und versetzte: Wenn wir einmal leiden und entbehren sollen, so mag es immerhin auch in der Gegenwart des geliebten wünschenswerten Gutes geschehen. Ich verlange keinen Einfluß auf Ihre Entschließung, und mein Vertrauen auf Ihr Herz, auf ihren Verstand und reinen Sinn ist noch immer so groß, daß ich Ihnen mein Schicksal und das Schicksal meines Freundes gerne in die Hand lege.

Das Gespräch wendete sich sogleich zu allgemeinen, ja, man darf sagen, zu unbedeutenden Gegenständen. Die Gesellschaft trennte sich bald zum Spazierengehen in einzelne Paare. Natalie war mit Lothario, Therese mit dem Abbé gegangen, und Wilhelm war mit Jarno auf dem Schlosse geblieben.

Die Erscheinung der drei Freunde in dem Augenblick, da Wilhelm ein schwerer Schmerz auf der Brust lag, hatte, statt ihn zu zerstreuen, seine Laune gereizt und verschlimmert; er war verdrießlich und argwöhnisch, und konnte und wollte es nicht verhehlen, als Jarno ihn über sein mürrisches Stillschweigen zur Rede setzte. Was braucht's da weiter? rief Wilhelm aus. Lothario kommt mit seinen Beiständen, und es wäre wunderbar, wenn jene geheimnisvollen Mächte des Turms, die immer so geschäftig sind, jetzt nicht auf uns wirken, und ich weiß nicht was für einen seltsamen Zweck mit und an uns ausführen sollten. So viel ich diese heiligen Männer kenne, scheint es jederzeit ihre löbliche Absicht, das Verbundene zu trennen und das Getrennte zu verbinden. Was daraus für ein Gewebe entstehen kann, mag wohl unsern unheiligen Augen ewig ein Rätsel bleiben.

Sie sind verdrießlich und bitter, sagte Jarno, das ist recht schön und gut. Wenn Sie nur erst einmal recht böse werden, wird es noch besser sein.

Dazu kann auch Rat werden, versetzte Wilhelm, und ich fürchte sehr, daß man Lust hat meine angeborne und angebildete Geduld diesmal auf's äußerste zu reizen.

So möchte ich Ihnen denn doch, sagte Jarno, indessen, bis wir sehen wo unsere Geschichten hinaus wollen, etwas von dem Turme erzählen, gegen den Sie ein so großes Mißtrauen zu hegen scheinen.

Es steht bei Ihnen, versetzte Wilhelm, wenn Sie es auf meine Zerstreuung hin wagen wollen. Mein Gemüt ist so vielfach beschäftigt, daß ich nicht weiß, ob es an diesen würdigen Abenteuern den schuldigen Teil nehmen kann.

Ich lasse mich, sagte Jarno, durch Ihre angenehme Stimmung nicht abschrecken, Sie über diesen Punkt aufzuklären. Sie halten mich für einen gescheiten Kerl, und Sie sollen mich auch noch für einen ehrlichen halten, und, was mehr ist, diesmal hab' ich Auftrag. — Ich wünschte, versetzte Wilhelm, Sie sprächen aus eigner Bewegung und aus gutem Willen mich aufzuklären; und da ich Sie nicht ohne Mißtrauen hören kann, warum soll ich Sie anhören? — Wenn ich jetzt nichts Besseres zu tun habe, sagte Jarno, als Märchen zu erzählen, so haben Sie ja auch wohl Zeit ihnen einige Aufmerksamkeit zu widmen; vielleicht sind Sie dazu geneigter, wenn ich Ihnen gleich anfangs sage: alles, was Sie im Turme gesehen haben, sind eigentlich nur noch Reliquien von einem jugendlichen Unternehmen, bei dem es anfangs den meisten Eingeweihten großer Ernst war, und über das nun alle gelegentlich nur lächeln.

Also mit diesen würdigen Zeichen und Worten spielt man nur, rief Wilhelm aus, man führt uns mit Feierlichkeit an einen Ort, der uns Ehrfurcht einflößt, man läßt uns die wunderlichsten Erscheinungen sehen, man gibt uns Rollen voll herrlicher geheimnisreicher Sprüche, davon wir freilich das Wenigste verstehn, man eröffnet uns, daß wir bisher Lehrlinge waren, man spricht uns los, und wir sind so klug wie vorher. — Haben Sie das Pergament nicht bei der Hand? fragte Jarno, es enthält viel Gutes: denn jene allgemeinen Sprüche sind nicht aus der Luft gegriffen; freilich scheinen Sie demjenigen leer und dunkel, der sich keiner Erfahrung dabei erinnert. Geben Sie mir den sogenannten Lehrbrief doch, wenn er in der Nähe ist. — Gewiß ganz nah, versetzte Wilhelm, so ein Amulett sollte man immer auf der Brust tragen. — Nun, sagte Jarno lächelnd: wer weiß ob der Inhalt nicht einmal in Ihrem Kopf und Herzen Platz findet.

Jarno blickte hinein, und überlief die erste Hälfte mit den Augen. Diese, sagte er, bezieht sich auf die Ausbildung des Kunstsinnes, wovon andere sprechen mögen; die zweite handelt vom Leben, und da bin ich besser zu Hause.

Er fing darauf an Stellen zu lesen, sprach dazwischen und knüpfte Anmerkungen und Erzählungen mit ein. Die Neigung der Jugend zum Geheimnis, zu Zeremonien und großen Worten ist außerordentlich, und oft ein Zeichen einer gewissen Tiefe des Charakters. Man will in diesen Jahren sein ganzes Wesen, wenn auch nur dunkel und unbestimmt, ergriffen und berührt fühlen. Der Jüngling, der vieles ahnet, glaubt in einem Geheimnisse viel zu finden, in ein Geheimnis viel legen und durch dasselbe wirken zu müssen. In diesen Gesinnungen bestärkte der Abbé eine junge Gesellschaft, teils nach seinen Grundsätzen, teils aus Neigung und Gewohnheit, da er wohl ehemals mit einer Gesellschaft in Verbindung stand, die selbst viel im Verborgenen gewirkt haben mochte. Ich konnte mich am wenigsten in dieses Wesen finden. Ich war älter als die andern, ich hatte von Jugend auf klar gesehen, und wünschte in allen Dingen nichts als Klarheit; ich hatte kein ander Interesse, als die Welt zu kennen wie sie war, und steckte mit dieser Liebhaberei die übrigen besten Gefährten an, und fast hätte darüber unsere ganze Bildung eine falsche Richtung genommen: denn wir fingen an nur die Fehler der andern und ihre Beschränkung zu sehen, und uns selbst für treffliche Wesen zu halten. Der Abbé kam uns zu Hülfe und lehrte uns, daß man die Menschen nicht beobachten müsse, ohne sich für ihre Bildung zu interessieren, und daß man sich selbst eigentlich nur in der Tätigkeit zu beobachten und zu erlauschen im Stande sei. Er riet uns jene ersten Formen der Gesellschaft beizubehalten; es blieb daher etwas Gesetzliches in unsern Zusammenkünften, man sah wohl die ersten mystischen Eindrücke auf die Einrichtung des Ganzen, nachher nahm es, wie durch ein Gleichnis, die Gestalt eines Handwerks an, das sich bis zur Kunst erhob. Daher kamen die Benennungen von Lehrlingen, Gehülfen und Meistern. Wir wollten mit eigenen Augen sehen und uns ein eigenes Archiv unserer Weltkenntnis bilden; daher entstanden die vielen Konfessionen, die wir teils selbst schrieben, teils wozu wir andere veranlaßten, und aus denen nachher die Lehrjahre zusammengesetzt wurden. Nicht allen Menschen ist es eigentlich um ihre Bildung zu tun; viele wünschen nur so ein Hausmittel zum Wohlbefinden, Rezepte zum Reichtum und zu jeder Art von Glückseligkeit. Alle diese, die nicht auf ihre Füße gestellt sein wollten, wurden mit Mystifikationen und anderm Hokus Pokus teils aufgehalten, teils bei Seite gebracht. Wir sprachen nach unserer Art nur diejenigen los, die lebhaft fühlten und deutlich bekannten, wozu sie geboren seien, und die sich genug geübt hatten, um, mit einer gewissen Fröhlichkeit und Leichtigkeit, ihren Weg zu verfolgen.

So haben Sie sich mit mir sehr übereilt, versetzte Wilhelm: denn was ich kann, will oder soll, weiß ich, gerade seit jenem Augenblick, am allerwenigsten. — Wir sind ohne Schuld in diese Verwirrung geraten, das gute Glück mag uns wieder heraushelfen; indessen hören Sie nur: derjenige, an dem viel zu entwickeln ist, wird später über sich und die Welt aufgeklärt. Es sind nur wenige, die den Sinn haben und zugleich zur Tat fähig sind. Der Sinn erweitert, aber lähmt; die Tat belebt, aber beschränkt.

Ich bitte Sie, fiel Wilhelm ein, lesen Sie mir von diesen wunderlichen

Worten nichts mehr! Diese Phrasen haben mich schon verwirrt genug gemacht. — So will ich bei der Erzählung bleiben, sagte Jarno, indem er die Rolle halb zuwickelte, und nur manchmal einen Blick hinein tat. Ich selbst habe der Gesellschaft und den Menschen am wenigsten genutzt; ich bin ein sehr schlechter Lehrmeister, es ist mir unerträglich zu sehen, wenn jemand ungeschickte Versuche macht, einem Irrenden muß ich gleich zurufen, und wenn es ein Nachtwandler wäre, den ich in Gefahr sähe geraden Weges den Hals zu brechen. Darüber hatte ich nun immer meine Not mit dem Abbé, der behauptet, der Irrtum könne nur durch das Irren geheilt werden. Auch über Sie haben wir uns oft gestritten; er hatte Sie besonders in Gunst genommen, und es will schon etwas heißen in dem hohen Grade seine Aufmerksamkeit auf sich zu ziehen. Sie müssen mir nachsagen, daß ich Ihnen, wo ich Sie antraf, die reine Wahrheit sagte. — Sie haben mich wenig geschont, sagte Wilhelm, und Sie scheinen Ihren Grundsätzen treu zu bleiben. — Was ist denn da zu schonen, versetzte Jarno, wenn ein junger Mensch von mancherlei guten Anlagen eine ganz falsche Richtung nimmt? — Verzeihen Sie, sagte Wilhelm, Sie haben mir streng genug alle Fähigkeit zum Schauspieler abgesprochen; ich gestehe Ihnen, daß ob ich gleich dieser Kunst ganz entsagt habe, so kann ich mich doch unmöglich bei mir selbst dazu für ganz unfähig erklären. — Und bei mir, sagte Jarno, ist es doch so rein entschieden, daß wer sich nur selbst spielen kann, kein Schauspieler ist. Wer sich nicht dem Sinn und der Gestalt nach in viele Gestalten verwandeln kann, verdient nicht diesen Namen. So haben Sie, zum Beispiel, den Hamlet und einige andere Rollen recht gut gespielt, bei denen Ihr Charakter, Ihre Gestalt und die Stimmung des Augenblicks Ihnen zu Gute kamen. Das wäre nun für ein Liebhabertheater und für einen jeden gut genug, der keinen andern Weg vor sich sähe. Man soll sich, fuhr Jarno fort, indem er auf die Rolle sah, vor einem Talente hüten, das man in Vollkommenheit auszuüben nicht Hoffnung hat. Man mag es darin so weit bringen, als man will, so wird man doch immer zuletzt, wenn uns einmal das Verdienst des Meisters klar wird, den Verlust von Zeit und Kräften, die man auf eine solche Pfuscherei gewendet hat, schmerzlich bedauern.

Lesen Sie nichts! sagte Wilhelm, ich bitte Sie inständig, sprechen Sie fort, erzählen Sie mir, klären Sie mich auf! Und so hat also der Abbé mir zum Hamlet geholfen, indem er einen Geist herbeischaffte? — Ja, denn er versicherte, daß es der einzige Weg sei Sie zu heilen, wenn Sie heilbar wären. — Und darum ließ er mir den Schleier zurück, und hieß mich fliehen? — Ja, er hoffte sogar mit der Vorstellung des Hamlets sollte Ihre ganze Lust gebüßt sein. Sie würden nachher das Theater nicht wieder betreten, behauptete er; ich glaubte das Gegenteil und behielt Recht. Wir stritten noch selbigen Abend nach der Vorstellung darüber. — Und Sie haben mich also spielen sehen? — O gewiß! — Und wer stellte denn den Geist vor? — Das kann ich selbst nicht sagen, entweder der Abbé oder sein Zwillingsbruder, doch glaub' ich dieser, denn er ist um ein weniges größer. — Sie haben also auch Geheimnisse unter einander? — Freunde können und müssen Geheimnisse vor einander haben; sie sind einander doch kein Geheimnis.

Es verwirrt mich schon das Andenken dieser Verworrenheit. Klären Sie mich über den Mann auf, dem ich so viel schuldig bin, und dem ich so viel Vorwürfe zu machen habe.

Was ihn uns so schätzbar macht, versetzte Jarno, was ihm gewissermaßen die Herrschaft über uns alle erhält, ist der freie und scharfe Blick, den ihm die Natur über alle Kräfte, die im Menschen nur wohnen, und wovon sich jede in ihrer Art ausbilden läßt, gegeben hat. Die meisten Menschen, selbst die vorzüglichen, sind nur beschränkt; jeder schätzt gewisse Eigenschaften an sich und andern; nur die begünstigt er, nur die will er ausgebildet wissen. Ganz entgegengesetzt wirkt der Abbé, er hat Sinn für alles, Lust an allem, es zu erkennen und zu befördern. Da muß ich doch wieder in die Rolle sehen! fuhr Jarno fort: Nur alle Menschen machen die Menschheit aus, nur alle Kräfte zusammengenommen die Welt. Diese sind unter sich oft im Widerstreit, und indem sie sich zu zerstören suchen, hält sie die Natur zusammen und bringt sie wieder hervor. Von dem geringsten tierischen Handwerkstriebe bis zur höchsten Ausübung der geistigsten Kunst, vom Lallen und Jauchzen des Kindes bis zur trefflichsten Äußerung des Redners und Sängers, vom ersten Balgen der Knaben bis zu den ungeheuren Anstalten, wodurch Länder erhalten und erobert werden, vom leichtesten Wohlwollen und der flüchtigsten Liebe bis zur heftigsten Leidenschaft und zum ernstesten Bunde, von dem reinsten Gefühl der sinnlichen Gegenwart bis zu den leisesten Ahnungen und Hoffnungen der entferntesten geistigen Zukunft, alles das und weit mehr liegt im Menschen, und muß ausgebildet werden; aber nicht in einem, sondern in vielen. Jede Anlage ist wichtig, und sie muß entwickelt werden. Wenn einer nur das Schöne, der andere nur das Nützliche befördert, so machen beide zusammen erst einen Menschen aus. Das Nützliche befördert sich selbst, denn die Menge bringt es hervor, und alle können's nicht entbehren; das Schöne muß befördert werden, denn wenige stellen's dar, und viele bedürfen's.

Halten Sie inne! rief Wilhelm, ich habe das alles gelesen. — Nur noch einige Zeilen, versetzte Jarno, hier find' ich den Abbé ganz wieder: eine Kraft beherrscht die andere, aber keine kann die andere bilden; in jeder Anlage liegt auch allein die Kraft sich zu vollenden; das verstehen so wenig Menschen, die doch lehren und wirken wollen. — Und ich verstehe es auch nicht, versetzte Wilhelm. — Sie werden über diesen Text den Abbé noch oft genug hören, und so lassen Sie uns nur immer recht deutlich sehen und festhalten, was an *uns* ist, und was wir an *uns* ausbilden können; lassen Sie uns gegen die andern gerecht sein, denn wir sind nur in so fern zu achten, als wir zu schätzen wissen. — Um Gottes willen! keine Sentenzen weiter! ich fühle Sie sind ein schlechtes Heilmittel für ein verwundetes Herz. Sagen Sie mir lieber, mit Ihrer grausamen Bestimmtheit, was Sie von mir erwarten, und wie und auf welche Weise Sie mich aufopfern wollen. — Jeden Verdacht, ich versichere Sie, werden Sie uns künftig abbitten. Es ist Ihre Sache zu prüfen und zu wählen, und die unsere Ihnen beizustehn. Der Mensch ist nicht eher glücklich, als bis sein unbedingtes Streben sich selbst seine Begränzung bestimmt. Nicht an mich halten Sie sich, sondern an den Abbé; nicht an sich denken Sie, sondern an das, was Sie umgibt. Lernen Sie zum Beispiel Lothario's Trefflichkeit einsehen, wie sein Überblick und seine Tätigkeit unzertrennlich mit einander verbunden sind, wie er immer im Fortschreiten ist, wie er sich ausbreitet und jeden mit fortreißt. Er führt, wo er auch sei, eine Welt mit sich, seine Gegenwart belebt und feuert an. Sehen Sie unsern guten Medicus dagegen! Es scheint gerade die entgegengesetzte Natur zu sein. Wenn jener nur in's Ganze und auch in die Ferne wirkt, so richtet dieser seinen hellen Blick nur auf die nächsten Dinge, er verschafft mehr die Mittel zur Tätigkeit, als daß er die Tätigkeit hervorbrächte und belebte; sein Handeln sieht einem guten Wirtschaften vollkommen ähnlich, seine Wirksamkeit ist still, indem er einen jeden in seinem Kreis befördert; sein Wissen ist ein beständiges Sammeln und Ausspenden, ein Nehmen und Mitteilen im Kleinen. Vielleicht könnte Lothario in einem Tage zerstören, woran dieser Jahre lang gebaut hat; aber vielleicht teilt auch Lothario, in einem Augenblick, andern die Kraft mit, das Zerstörte hundertfältig wieder herzustellen. — Es ist ein trauriges Geschäft, sagte Wilhelm, wenn man über die reinen Vorzüge der andern in einem Augenblicke denken soll, da man mit sich selbst uneins ist; solche Betrachtungen stehen dem ruhigen Manne wohl an, nicht dem, der von Leidenschaft und Ungewißheit bewegt ist. — Ruhig und vernünftig zu betrachten ist zu keiner Zeit schädlich, und indem wir uns gewöhnen über die Vorzüge anderer zu denken, stellen sich die unsern unvermerkt selbst an ihren Platz, und jede falsche Tätigkeit, wozu uns die Phantasie lockt, wird alsdann gern von uns aufgegeben. Befreien Sie wo möglich Ihren Geist von allem Argwohn und aller Ängstlichkeit! Dort kommt der Abbé, sein Sie ja freundlich gegen ihn bis Sie noch mehr erfahren, wie viel Dank Sie ihm schuldig sind. Der Schalk! Da geht er zwischen Natalien und Theresen, ich wollte wetten, er denkt sich was aus. So wie er überhaupt gern ein wenig das Schicksal spielt, so läßt er auch nicht von der Liebhaberei, manchmal eine Heirat zu stiften.

Wilhelm, dessen leidenschaftliche und verdrießliche Stimmung durch alle die klugen und guten Worte Jarno's nicht verbessert worden war, fand höchst undelikat, daß sein Freund, gerade in diesem Augenblick, eines solchen Verhältnisses erwähnte, und sagte, zwar lächelnd, doch nicht ohne Bitterkeit: Ich dächte man überließe die Liebhaberei, Heiraten zu stiften, Personen die sich lieb haben.

Sechstes Kapitel

Die Gesellschaft hatte sich eben wieder begegnet, und unsere Freunde sahen sich genötigt, das Gespräch abzubrechen. Nicht lange, so ward ein Kurier gemeldet, der einen Brief in Lothario's eigene Hände übergeben wollte; der Mann ward vorgeführt, er sah rüstig und tüchtig aus, seine Livree war sehr reich und geschmackvoll. Wilhelm glaubte ihn zu kennen, und er irrte sich nicht, es war derselbe Mann, den er damals Philinen und der vermeinten Mariane nachgeschickt hatte, und der nicht wieder zurückgekommen war. Eben wollte er ihn anreden, als Lothario, der den Brief gelesen hatte, ernsthaft und fast verdrießlich fragte: Wie heißt sein Herr?

Das ist unter allen Fragen, versetzte der Kurier mit Bescheidenheit, auf die ich am wenigsten zu antworten weiß; ich hoffe der Brief wird das Nötige vermelden; mündlich ist mir nichts aufgetragen.

Es sei wie ihm sei, versetzte Lothario mit Lächeln, da sein Herr das Zutrauen zu mir hat, mir so hasenfüßig zu schreiben, so soll er uns willkommen sein. Er wird nicht lange auf sich warten lassen, versetzte der Kurier mit einer Verbeugung, und entfernte sich.

Vernehmet nur, sagte Lothario, die tolle abgeschmackte Botschaft. Da unter allen Gästen, so schreibt der Unbekannte, ein guter Humor der angenehmste Gast sein soll, wenn er sich einstellt, und ich denselben als Reisegefährten beständig mit mir herumführe, so bin ich überzeugt, der Besuch, den ich Ew. Gnaden und Liebden zugedacht habe, wird nicht übel vermerkt werden, vielmehr hoffe ich mit der sämtlichen hohen Familie vollkommener Zufriedenheit anzulangen, und gelegentlich mich wieder zu entfernen, der ich mich, und so weiter, Graf von Schneckenfuß.

Das ist eine neue Familie, sagte der Abbé.

Es mag ein Vikariatsgraf sein, versetzte Jarno.

Das Geheimnis ist leicht zu erraten, sagte Natalie; ich wette es ist Bruder Friedrich, der uns schon seit dem Tode des Oheims mit einem Besuche droht.

Getroffen! schöne und weise Schwester, rief jemand aus einem nahen Busche, und zugleich trat ein angenehmer, heiterer, junger Mann hervor; Wilhelm konnte sich kaum eines Schreies enthalten. Wie? rief er, unser blonder Schelm, der soll mir auch hier noch erscheinen? Friedrich ward aufmerksam, sah Wilhelmen an und rief: Wahrlich, weniger erstaunt wär' ich gewesen, die berühmten Pyramiden, die doch in Ägypten so fest stehen, oder das Grab des Königs Mausolus, das, wie man mir versichert hat, gar nicht mehr existiert, hier in dem Garten meines Oheims zu finden, als euch meinen alten Freund und vielfachen Wohltäter. Seid mir besonders und schönstens gegrüßt!

Nachdem er rings herum alles bewillkommt und geküßt hatte, sprang er wieder auf Wilhelmen los, und rief: Haltet mir ihn ja warm diesen Helden, Heerführer und dramatischen Philosophen! Ich habe ihn bei unserer ersten Bekanntschaft schlecht, ja, ich darf wohl sagen, mit der Hechel frisiert, und er hat mir doch nachher eine tüchtige Tracht Schläge erspart. Er ist großmütig wie Scipio, freigebig wie Alexander, gelegentlich auch verliebt, doch ohne seine Nebenbuhler zu hassen. Nicht etwa, daß er seinen Feinden Kohlen auf's Haupt sammelte, welches, wie man sagt, ein schlechter Dienst sein soll, den man jemanden erzeigen kann, nein, er schickt vielmehr den Freunden, die ihm sein Mädchen entführen, gute und treue Diener nach, damit ihr Fuß an keinen Stein stoße.

In diesem Geschmack fuhr er unaufhaltsam fort, ohne daß jemand ihm Einhalt zu tun im Stande gewesen wäre, und da niemand in dieser Art ihm erwidern konnte, so behielt er das Wort ziemlich allein. Verwundert euch nicht, rief er aus, über meine große Belesenheit in heiligen und Profan-Skribenten; ihr sollt erfahren, wie ich zu diesen Kenntnissen gelangt bin. Man wollte von ihm wissen, wie es ihm gehe, wo er herkomme; allein er konnte vor lauter Sittensprüchen und alten Geschichten nicht zur deutlichen Erklärung gelangen.

Natalie sagte leise zu Theresen: Seine Art von Lustigkeit tut mir wehe; ich wollte wetten, daß ihm dabei nicht wohl ist.

Da Friedrich, außer einigen Späßen, die ihm Jarno erwiderte, keinen Anklang für seine Possen in der Gesellschaft fand, sagte er: Es bleibt mir nichts übrig als mit der ernsthaften Familie auch ernsthaft zu werden, und weil mir, unter solchen bedenklichen Umständen, sogleich meine sämtliche Sündenlast schwer auf die Seele fällt, so will ich mich kurz und gut zu einer Generalbeichte entschließen, wovon ihr aber, meine werten Herrn und Damen, nichts vernehmen sollt. Dieser edle Freund hier, dem schon einiges von meinem Leben und Tun bekannt ist, soll es allein erfahren, um so mehr, als er allein darnach zu fragen einige Ursache hat. Wäret ihr nicht neugierig zu wissen, fuhr er gegen Wilhelmen fort, wie und wo? wer? wann und warum? wie sieht's mit der Konjugation des griechischen Verbi Philéo, Philoh? und mit den Derivativis dieses allerliebsten Zeitwortes aus?

Somit nahm er Wilhelmen bei'm Arme, führte ihn fort, indem er ihn auf alle Weise drückte und küßte.

Kaum war Friedrich auf Wilhelms Zimmer gekommen, als er im Fenster ein Pudermesser liegen fand, mit der Inschrift: *Gedenke mein.* Ihr hebt eure werten Sachen gut auf! sagte er; wahrlich das ist Philinens Pudermesser, das sie euch jenen Tag schenkte, als ich euch so gerauft hatte. Ich hoffe ihr habt des schönen Mädchens fleißig dabei gedacht, und versichere euch, sie hat euch auch nicht vergessen, und wenn ich nicht jede Spur von Eifersucht schon lange aus meinem Herzen verbannt hätte, so würde ich euch nicht ohne Neid ansehen.

Reden Sie nichts mehr von diesem Geschöpfe, versetzte Wilhelm. Ich leugne nicht, daß ich den Eindruck ihrer angenehmen Gegenwart lange nicht los werden konnte, aber das war auch alles.

Pfui! schämt euch, rief Friedrich, wer wird eine Geliebte verleugnen? und ihr habt sie so complet geliebt, als man es nur wünschen konnte. Es verging kein Tag, daß ihr dem Mädchen nicht etwas schenktet, und wenn der Deutsche schenkt, liebt er gewiß. Es blieb mir nichts übrig, als sie euch zuletzt wegzuputzen, und dem roten Offizierchen ist es denn auch endlich geglückt.

Wie? Sie waren der Offizier, den wir bei Philinen antrafen, und mit dem sie wegreis'te?

Ja, versetzte Friedrich, den Sie für Marianen hielten. Wir haben genug über den Irrtum gelacht.

Welche Grausamkeit! rief Wilhelm, mich in einer solchen Ungewißheit zu lassen.

Und noch dazu den Kurier, den Sie uns nachschickten, gleich in Dienste zu nehmen! versetzte Friedrich. Es ist ein tüchtiger Kerl, und ist diese Zeit nicht von unserer Seite gekommen. Und das Mädchen lieb' ich noch immer so rasend, wie jemals. Mir hat sie's ganz eigens angetan, daß ich mich ganz nahezu in einem mythologischen Falle befinde, und alle Tage befürchte verwandelt zu werden.

Sagen Sie mir nur, fragte Wilhelm, wo haben Sie Ihre ausgebreitete Gelehrsamkeit her? Ich höre mit Verwunderung der seltsamen Manier zu, die Sie angenommen haben, immer mit Beziehung auf alte Geschichten und Fabeln zu sprechen.

Auf die lustigste Weise, sagte Friedrich, bin ich gelehrt und zwar sehr gelehrt worden. Philine ist nun bei mir, wir haben einem Pachter das alte Schloß eines Rittergutes abgemietet, worin wir, wie die Kobolde, auf's lustigste leben. Dort haben wir eine zwar kompendiöse, aber doch ausgesuchte Bibliothek gefunden, enthaltend eine Bibel in Folio, Gottfrieds Chronik, zwei Bände Theatrum Europaeum, die Acerra Philologica, Gryphii Schriften und noch einige minder wichtige Bücher. Nun hatten wir denn doch, wenn wir ausgetobt hatten, manchmal lange Weile, wir wollten lesen, und ehe wir's uns versahen, ward unsere Weile noch länger. Endlich hatte Philine den herrlichen Einfall, die sämtlichen Bücher auf einem großen Tisch aufzuschlagen, wir setzten uns gegen einander und lasen gegen einander, und immer nur stellenweise, aus einem Buch wie aus dem andern. Das war nun eine rechte Lust! Wir glaubten wirklich in guter Gesellschaft zu sein, wo man für unschicklich hält, irgend eine Materie zu lange fortsetzen, oder wohl gar gründlich erörtern zu wollen; wir glaubten in lebhafter Gesellschaft zu sein, wo keins das andere zum Wort kommen läßt. Diese Unterhaltung geben wir uns regelmäßig alle Tage und werden dadurch nach und nach so gelehrt, daß wir uns selbst darüber verwundern. Schon finden wir nichts Neues mehr unter der Sonne, zu allem bietet uns unsere Wissenschaft einen Beleg an. Wir variieren diese Art uns zu unterrichten auf gar vielerlei Weise. Manchmal lesen wir nach einer alten verdorbenen Sanduhr, die in einigen Minuten ausgelaufen ist. Schnell dreht sie das andere herum, und fängt aus einem Buche zu lesen an, und kaum ist wieder der Sand im untern Glase, so beginnt das andere schon wieder seinen Spruch, und so studieren wir wirklich auf wahrhaft akademische Weise, nur daß wir kürzere Stunden haben, und unsere Studien äußerst mannichfaltig sind.

Diese Tollheit begreife ich wohl, sagte Wilhelm, wenn einmal so ein lustiges Paar beisammen ist; wie aber das lockere Paar so lange beisammen bleiben kann, das ist mir nicht so bald begreiflich.

Das ist, rief Friedrich, eben das Glück und das Unglück: Philine darf sich nicht sehen lassen, sie mag sich selbst nicht sehen, sie ist guter Hoffnung. Unförmlicher und lächerlicher ist nichts in der Welt als sie. Noch kurz ehe ich wegging, kam sie zufälligerweise vor den Spiegel. Pfui Teufel! sagte sie, und wendete das Gesicht ab, die leibhaftige Frau Melina! das garstige Bild! Man sieht doch ganz niederträchtig aus!

Ich muß gestehen, versetzte Wilhelm lächelnd, daß es ziemlich komisch sein mag, euch als Vater und Mutter beisammen zu sehen.

Es ist ein recht närrischer Streich, sagte Friedrich, daß ich noch zuletzt als Vater gelten soll. Sie behauptet's und die Zeit trifft auch. Anfangs machte mich der verwünschte Besuch, den Sie euch nach dem Hamlet abgestattet hatte, ein wenig irre.

Was für ein Besuch?

Ihr werdet das Andenken daran doch nicht ganz und gar verschlafen haben? Das allerliebste fühlbare Gespenst jener Nacht, wenn ihr's noch nicht wißt, war Philine. Die Geschichte war mir freilich eine harte Mitgift, doch wenn man sich so etwas nicht mag gefallen lassen, so muß man gar nicht lieben. Die Vaterschaft beruht überhaupt nur auf der Überzeugung; ich bin überzeugt, und also bin ich Vater. Da seht ihr, daß ich die Logik auch am rechten Orte zu brauchen weiß. Und wenn das Kind sich nicht gleich nach der Geburt auf der Stelle zu Tode lacht, so kann es wo nicht ein nützlicher doch angenehmer Weltbürger werden.

Indessen die Freunde sich auf diese lustige Weise von leichtfertigen Gegenständen unterhielten, hatte die übrige Gesellschaft ein ernsthaftes Gespräch angefangen. Kaum hatten Friedrich und Wilhelm sich entfernt, als der Abbé die Freunde unvermerkt in einen Gartensaal führte, und, als sie Platz genommen hatten, seinen Vortrag begann.

Wir haben, sagte er, im Allgemeinen behauptet, daß Fräulein Therese nicht die Tochter ihrer Mutter sei; es ist nötig, daß wir uns hierüber auch nun im Einzelnen erklären. Hier ist die Geschichte, die ich sodann auf alle Weise zu belegen und zu beweisen mich erbiete.

Frau von *** lebte die ersten Jahre ihres Ehestandes mit ihrem Gemahl in dem besten Vernehmen, nur hatten sie das Unglück, daß die Kinder, zu denen einigemal Hoffnung war, tot zur Welt kamen, und bei dem dritten die Ärzte der Mutter beinahe den Tod verkündigten, und ihn bei einem folgenden als ganz unvermeidlich weissagten. Man war genötigt sich zu entschließen, man wollte das Eheband nicht aufheben, man befand sich, bürgerlich genommen, zu wohl. Frau von *** suchte in der Ausbildung ihres Geistes, in einer gewissen Repräsentation, in den Freuden der Eitelkeit, eine Art von Entschädigung für das Mutterglück, das ihr versagt war. Sie sah ihrem Gemahl mit sehr viel Heiterkeit nach, als er Neigung zu einem Frauenzimmer faßte, welche die ganze Haushaltung versah, eine schöne Gestalt und einen sehr soliden Charakter hatte. Frau von *** bot nach kurzer Zeit einer Einrichtung selbst die Hände, nach welcher das gute Mädchen sich Theresens Vater überließ, in der Besorgung des Hauswesens fortfuhr und gegen die Frau vom Hause fast noch mehr Dienstfertigkeit und Ergebung als vorher bezeigte.

Nach einiger Zeit erklärte sie sich guter Hoffnung, und die beiden Eheleute kamen bei dieser Gelegenheit, obwohl aus ganz verschiedenen Anlässen, auf einerlei Gedanken. Herr von *** wünschte das Kind seiner Geliebten als sein rechtmäßiges im Hause einzuführen, und Frau von ***, verdrießlich, daß durch die Indiskretion ihres Arztes ihr Zustand in der Nachbarschaft hatte verlauten wollen, dachte durch ein untergeschobenes Kind sich wieder in Ansehn zu setzen, und durch eine solche Nachgiebigkeit ein Übergewicht im Hause zu erhalten, das sie unter den übrigen Umständen zu verlieren fürchtete. Sie war zurückhaltender als ihr Gemahl, sie merkte ihm seinen Wunsch ab, und wußte, ohne ihm entgegen zu gehn, eine Erklärung zu erleichtern. Sie machte ihre Bedingungen, und erhielt fast alles, was sie verlangte, und so entstand das Testament, worin so wenig für das Kind gesorgt zu sein schien. Der alte Arzt war gestorben, man wendete sich an einen jungen, tätigen, gescheiten Mann, er ward gut belohnt, und er konnte selbst eine Ehre darin suchen, die Unschicklichkeit und Übereilung seines abgeschiedenen Kollegen in's Licht zu setzen und zu verbessern. Die wahre Mutter willigte nicht ungern ein, man spielte die Verstellung sehr gut, Therese kam zur Welt, und wurde einer Stiefmutter zugeeignet, indes ihre wahre Mutter ein Opfer dieser Verstellung ward, indem sie sich zu früh wieder heraus wagte, starb, und den guten Mann trostlos hinterließ.

Frau von *** hatte indessen ganz ihre Absicht erreicht, sie hatte vor den Augen der Welt ein liebenswürdiges Kind, mit dem sie übertrieben paradierte, sie war zugleich eine Nebenbuhlerin los geworden, deren Verhältnis sie denn doch mit neidischen Augen ansah, und deren Einfluß sie, für die Zukunft wenigstens, heimlich fürchtete; sie überhäufte das Kind mit Zärtlichkeit, und wußte ihren Gemahl in vertraulichen Stunden durch eine so lebhafte Teilnahme an seinem Verlust dergestalt an sich zu ziehen, daß er sich ihr, man kann wohl sagen, ganz ergab, sein Glück und das Glück ihres Kindes in ihre Hände legte, und kaum kurze Zeit vor seinem Tode, und noch gewissermaßen nur durch seine erwachsene Tochter, wieder Herr im Hause ward. Das war, schöne Therese, das Geheimnis, das Ihnen Ihr kranker Vater wahrscheinlich so gern entdeckt hätte, das ist's, was ich Ihnen jetzt, eben da der junge Freund, der durch die sonderbarste Verknüpfung von der Welt Ihr Bräutigam geworden ist, in der Gesellschaft fehlt, umständlich vorlegen wollte. Hier sind die Papiere, die auf's strengste beweisen, was ich behauptet habe. Sie werden daraus zugleich erfahren, wie lange ich schon dieser Entdeckung auf der Spur war, und wie ich doch erst jetzt zur Gewißheit kommen konnte; wie ich nicht wagte, meinem Freund etwas von der Möglichkeit des Glücks zu sagen, da es ihn zu tief gekränkt haben würde, wenn diese Hoffnung zum zweitenmale verschwunden wäre. Sie werden Lydiens Argwohn begreifen: denn ich gestehe gern, daß ich die Neigung unseres Freundes zu diesem guten Mädchen keineswegs begünstigte, seitdem ich seiner Verbindung mit Theresen wieder entgegen sah.

Niemand erwiderte etwas auf diese Geschichte. Die Frauenzimmer gaben die Papiere nach einigen Tagen zurück, ohne derselben weiter zu erwähnen.

Man hatte Mittel genug in der Nähe, die Gesellschaft, wenn sie beisammen war, zu beschäftigen, auch bot die Gegend so manche Reize dar, daß man sich gern darin teils einzeln, teils zusammen, zu Pferde, zu Wagen oder zu Fuße umsah. Jarno richtete, bei einer solchen Gelegenheit, seinen Auftrag an Wilhelmen aus, legte ihm die Papiere vor, schien aber weiter keine Entschließung von ihm zu verlangen.

In diesem höchst sonderbaren Zustand, in dem ich mich befinde, sagte Wilhelm darauf, brauche ich Ihnen nur das zu wiederholen, was ich sogleich Anfangs, in Gegenwart Nataliens, und gewiß mit einem reinen Herzen gesagt habe: Lothario und seine Freunde können jede Art von Entsagung von mir fordern, ich lege Ihnen hiermit alle meine Ansprüche an Theresen in die Hand, verschaffen Sie mir dagegen meine förmliche Entlassung. O! es bedarf, mein Freund, keines großen Bedenkens mich zu entschließen. Schon diese Tage hab' ich gefühlt, daß Therese Mühe hat nur einen Schein der Lebhaftigkeit, mit der sie mich zuerst hier begrüßte, zu erhalten. Ihre Neigung ist mir entwendet, oder vielmehr ich habe sie nie besessen.

Solche Fälle möchten sich wohl besser, nach und nach, unter Schweigen und Erwarten aufklären, versetzte Jarno, als durch vieles Reden, wodurch immer eine Art von Verlegenheit und Gährung entsteht.

Ich dächte vielmehr, sagte Wilhelm, daß gerade dieser Fall der ruhigsten und der reinsten Entscheidung fähig sei. Man hat mir so oft den Vorwurf des Zauderns und der Ungewißheit gemacht; warum will man jetzt, da ich entschlossen bin, geradezu einen Fehler, den man an mir tadelte, gegen mich selbst begehn? Gibt sich die Welt nur darum so viel Mühe uns zu bilden, um uns fühlen zu lassen, daß sie sich nicht bilden mag? Ja, gönnen Sie mir recht bald das heitere Gefühl, ein Mißverhältnis los zu werden, in das ich mit den reinsten Gesinnungen von der Welt geraten bin.

Ungeachtet dieser Bitte vergingen einige Tage, in denen er nichts von dieser Sache hörte, noch auch eine weitere Veränderung an seinen Freunden bemerkte; die Unterhaltung war vielmehr bloß allgemein und gleichgültig.

Siebentes Kapitel

Einst saßen Natalie, Jarno und Wilhelm zusammen, und Natalie begann: Sie sind nachdenklich, Jarno, ich kann es Ihnen schon einige Zeit anmerken.

Ich bin es, versetzte der Freund, und ich sehe ein wichtiges Geschäft vor mir, das bei uns schon lange vorbereitet ist, und jetzt notwendig angegriffen werden muß. Sie wissen schon etwas im Allgemeinen davon, und ich darf wohl vor unserm jungen Freunde davon reden, weil es auf ihn ankommen soll, ob er Teil daran zu nehmen Lust hat. Sie werden mich nicht lange mehr sehen, denn ich bin im Begriff nach Amerika überzuschiffen.

Nach Amerika? versetzte Wilhelm lächelnd; ein solches Abenteuer hätte ich nicht von Ihnen erwartet, noch weniger, daß Sie mich zum Gefährten ausersehen würden.

Wenn Sie unsern Plan ganz kennen, versetzte Jarno, so werden Sie ihm einen bessern Namen geben und vielleicht für ihn eingenommen werden. Hören Sie mich an! Man darf nur ein wenig mit den Welthändeln bekannt sein, um zu bemerken, daß uns große Veränderungen bevorstehn, und daß die Besitztümer beinahe nirgends mehr recht sicher sind.

Ich habe keinen deutlichen Begriff von den Welthändeln, fiel Wilhelm ein, und habe mich erst vor kurzem um meine Besitztümer bekümmert. Vielleicht hätte ich wohl getan, sie mir noch länger aus dem Sinne zu schlagen, da ich bemerken muß, daß die Sorge für ihre Erhaltung so hypochondrisch macht.

Hören Sie mich aus, sagte Jarno, die Sorge geziemt dem Alter, damit die Jugend eine Zeitlang sorglos sein könne. Das Gleichgewicht in den menschlichen Handlungen kann leider nur durch Gegensätze hergestellt werden. Es ist gegenwärtig nichts weniger als rätlich nur an einem Ort zu besitzen, nur einem Platze sein Geld anzuvertrauen, und es ist wieder schwer an vielen Orten Aufsicht darüber zu führen; wir haben uns deswegen etwas anders ausgedacht: aus unserm alten Turm soll eine Sozietät ausgehen, die sich in alle Teile der Welt ausbreiten, in die man aus jedem Teile der Welt eintreten kann. Wir assekurieren uns unter einander unsere Existenz, auf den einzigen Fall, daß eine Staatsrevolution den einen oder den andern von seinen Besitztümern völlig vertriebe. Ich gehe nun hinüber nach Amerika, um die guten Verhältnisse zu benutzen, die sich unser Freund bei seinem dortigen Aufenthalt gemacht hat. Der Abbé will nach Rußland gehn, und Sie sollen die Wahl haben, wenn Sie sich an uns anschließen wollen, ob Sie Lothario in Deutschland beistehn, oder mit mir gehen wollen. Ich dächte Sie wählten das letzte: denn eine große Reise zu tun ist für einen jungen Mann äußerst nützlich.

Wilhelm nahm sich zusammen und antwortete: Der Antrag ist aller Überlegungen wert, denn mein Wahlspruch wird doch nächstens sein: je weiter weg, je besser. Sie werden mich, hoffe ich, mit Ihrem Plane näher bekannt machen. Es kann von meiner Unbekanntschaft mit der Welt herrühren, mir scheinen aber einer solchen Verbindung sich unüberwindliche Schwierigkeiten entgegen zu setzen.

Davon sich die meisten nur dadurch heben werden, versetzte Jarno, daß unser bis jetzt nur wenig sind, redliche, gescheite und entschlossene Leute, die einen gewissen allgemeinen Sinn haben, aus dem allein der gesellige Sinn entstehen kann.

Friedrich, der bisher nur zugehört hatte, versetzte darauf: Und wenn ihr mir ein gutes Wort gebt, gehe ich auch mit.

Jarno schüttelte den Kopf.

Nun, was habt ihr an mir auszusetzen? fuhr Friedrich fort. Bei einer neuen Kolonie werden auch junge Kolonisten erfordert, und die bring' ich gleich mit; auch lustige Kolonisten, das versichre ich euch. Und dann wüßte ich noch ein gutes junges Mädchen, das hierhüben nicht mehr am Platz ist, die süße reizende Lydie. Wo soll das arme Kind mit seinem Schmerz und Jammer hin, wenn sie ihn nicht gelegentlich in die Tiefe des Meeres werfen kann, und wenn sich nicht ein braver Mann ihrer annimmt? Ich dächte, mein Jugendfreund, da ihr doch im Gange seid, Verlassene zu trösten, ihr entschlößt euch, jeder nähme sein Mädchen unter den Arm, und wir folgten dem alten Herrn.

Dieser Antrag verdroß Wilhelmen. Er antwortete mit verstellter Ruhe: Weiß ich doch nicht einmal, ob sie frei ist, und da ich überhaupt im Werben nicht glücklich zu sein scheine, so möchte ich einen solchen Versuch nicht machen.

Natalie sagte darauf: Bruder Friedrich, du glaubst, weil du für dich so leichtsinnig handelst, auch für andere gelte deine Gesinnung. Unser Freund verdient ein weibliches Herz, das ihm ganz angehöre, das nicht an seiner Seite von fremden Erinnerungen bewegt werde; nur mit einem höchst vernünftigen und reinen Charakter, wie Theresens, war ein Wagestück dieser Art zu raten.

Was Wagestück! rief Friedrich: in der Liebe ist alles Wagestück. Unter der Laube oder vor dem Altar, mit Umarmungen oder goldenen Ringen, bei'm Gesange der Heimchen oder bei Trompeten und Pauken, es ist alles nur ein Wagestück und der Zufall tut alles.

Ich habe immer gesehen, versetzte Natalie, daß unsere Grundsätze nur ein Supplement zu unsern Existenzen sind. Wir hängen unsern Fehlern gar zu gern das Gewand eines gültigen Gesetzes um. Gib nur Acht, welchen Weg dich die Schöne noch führen wird, die dich auf eine so gewaltsame Weise angezogen hat und festhält.

Sie ist selbst auf einem sehr guten Wege, versetzte Friedrich, auf dem Wege zur Heiligkeit. Es ist freilich ein Umweg, aber desto lustiger und sichrer; Maria von Magdala ist ihn auch gegangen, und wer weiß wie viel andere. Überhaupt, Schwester, wenn von Liebe die Rede ist, solltest du dich gar nicht drein mischen. Ich glaube du heiratest nicht eher, als bis irgendwo eine Braut fehlt, und du gibst dich alsdann, nach deiner gewohnten Gutherzigkeit, auch als Supplement irgend einer Existenz hin. Also laß uns nur jetzt mit diesem Seelenverkäufer da unsern Handel schließen und über unsere Reisegesellschaft einig werden.

Sie kommen mit Ihren Vorschlägen zu spät, sagte Jarno, für Lydien ist gesorgt.

Und wie? fragte Friedrich.

Ich habe ihr selbst meine Hand angeboten, versetzte Jarno.

Alter Herr, sagte Friedrich, da macht ihr einen Streich, zu dem man, wenn man ihn als ein Substantivum betrachtet, verschiedene Adjektiva, und folglich, wenn man ihn als Subjekt betrachtet, verschiedene Prädikate finden könnte.

Ich muß aufrichtig gestehen, versetzte Natalie, es ist ein gefährlicher Versuch, sich ein Mädchen zuzueignen, in dem Augenblicke, da sie aus Liebe zu einem andern verzweifelt.

Ich habe es gewagt, versetzte Jarno, sie wird unter einer gewissen Bedingung mein. Und, glauben Sie mir, es ist in der Welt nichts schätzbarer als ein Herz, das der Liebe und der Leidenschaft fähig ist. Ob es geliebt habe, ob es noch liebe, darauf kommt es nicht an. Die Liebe, mit der ein anderer geliebt wird, ist mir beinahe reizender als die, mit der ich geliebt werden könnte; ich sehe die Kraft, die Gewalt eines schönen Herzens, ohne daß die Eigenliebe mir den reinen Anblick trübt.

Haben Sie Lydien in diesen Tagen schon gesprochen? versetzte Natalie.

Jarno nickte lächelnd; Natalie schüttelte den Kopf und sagte, indem sie aufstand: Ich weiß bald nicht mehr, was ich aus euch machen soll, aber mich sollt ihr gewiß nicht irre machen.

Sie wollte sich eben entfernen, als der Abbé mit einem Brief in der Hand hereintrat, und zu ihr sagte: Bleiben Sie! ich habe hier einen Vorschlag, bei dem Ihr Rat willkommen sein wird. Der Marchese, der Freund Ihres verstorbenen Oheims, den wir seit einiger Zeit erwarten, muß in diesen Tagen hier sein. Er schreibt mir, daß ihm doch die deutsche Sprache nicht so geläufig sei, als er geglaubt, daß er eines Gesellschafters bedürfe, der sie vollkommen nebst einigem andern besitze; da er mehr wünsche in wissenschaftliche als politische Verbindungen zu treten, so sei ihm ein solcher Dolmetscher unentbehrlich. Ich wüßte niemand geschickter dazu als unsern jungen Freund. Er kennt die Sprache, ist sonst in vielem unterrichtet, und es wird für ihn selbst ein großer Vorteil sein, in so guter Gesellschaft und unter so vorteilhaften Umständen Deutschland zu sehen. Wer sein Vaterland nicht kennt, hat keinen Maßstab für fremde Länder. Was sagen Sie, meine Freunde? was sagen Sie, Natalie?

Niemand wußte gegen den Antrag etwas einzuwenden; Jarno schien seinen Vorschlag, nach Amerika zu reisen, selbst als kein Hindernis anzusehn, indem er ohnehin nicht sogleich aufbrechen würde; Natalie schwieg, und Friedrich führte verschiedene Sprichwörter über den Nutzen des Reisens an.

Wilhelm war über diesen neuen Vorschlag im Herzen so entrüstet, daß er es kaum verbergen konnte. Er sah eine Verabredung, ihn baldmöglichst los zu werden, nur gar zu deutlich, und was das Schlimmste war, man ließ sie so offenbar, so ganz ohne Schonung sehen. Auch der Verdacht, den Lydie bei ihm erregt, alles was er selbst erfahren hatte, wurde wieder auf's neue vor seiner Seele lebendig, und die natürliche Art, wie Jarno ihm alles ausgelegt hatte, schien ihm auch nur eine künstliche Darstellung zu sein.

Er nahm sich zusammen und antwortete: Dieser Antrag verdient allerdings eine reifliche Überlegung.

Eine geschwinde Entschließung möchte nötig sein, versetzte der Abbé.

Dazu bin ich jetzt nicht gefaßt, antwortete Wilhelm. Wir können die Ankunft des Mannes abwarten, und dann sehen, ob wir zusammen passen. Eine Hauptbedingung aber muß man zum voraus eingehen, daß ich meinen Felix mitnehmen und ihn überall mit hinführen darf.

Diese Bedingung wird schwerlich zugestanden werden, versetzte der Abbé.

Und ich sehe nicht, rief Wilhelm aus, warum ich mir von irgend einem Menschen sollte Bedingungen vorschreiben lassen? und warum ich, wenn ich einmal mein Vaterland sehen will, einen Italiäner zur Gesellschaft brauche?

Weil ein junger Mensch, versetzte der Abbé mit einem gewissen imponierenden Ernste, immer Ursache hat sich anzuschließen.

Wilhelm, der wohl merkte, daß er länger an sich zu halten nicht im Stande sei, da sein Zustand nur durch die Gegenwart Nataliens noch einigermaßen gelindert ward, ließ sich hierauf mit einiger Hast vernehmen: Man vergönne mir nur noch kurze Bedenkzeit, und ich vermute, es wird sich geschwind entscheiden, ob ich Ursache habe mich weiter anzuschließen, oder ob nicht vielmehr Herz und Klugheit mir unwiderstehlich gebieten, mich von so mancherlei Banden loszureißen, die mir eine ewige elende Gefangenschaft drohen.

So sprach er mit einem lebhaft bewegten Gemüt. Ein Blick auf Natalien beruhigte ihn einigermaßen, indem sich in diesem leidenschaftlichen Augenblick ihre Gestalt und ihr Wert nur desto tiefer bei ihm eindrückten.

Ja, sagte er zu sich selbst, indem er sich allein fand, gestehe dir nur, du liebst sie, und du fühlst wieder, was es heiße, wenn der Mensch mit allen Kräften lieben kann. So liebte ich Marianen und ward so schrecklich an ihr irre; ich liebte Philinen und mußte sie verachten. Aurelien achtete ich, und konnte sie nicht lieben; ich verehrte Theresen, und die väterliche Liebe nahm die Gestalt einer Neigung zu ihr an; und jetzt da in deinem Herzen alle Empfindungen zusammentreffen, die den Menschen glücklich machen sollten, jetzt bist du genötigt zu fliehen! Ach! warum muß sich zu diesen Empfindungen, zu diesen Erkenntnissen das unüberwindliche Verlangen des Besitzes gesellen? und warum richten, ohne Besitz, eben diese Empfindungen, diese Überzeugungen jede andere Art von Glückseligkeit völlig zu Grunde? Werde ich künftig der Sonne und der Welt, der Gesellschaft oder irgend eines Glücksgutes genießen? wirst du nicht immer zu dir sagen: Natalie ist nicht da! und doch wird leider Natalie dir immer gegenwärtig sein. Schließest du die Augen, so wird sie sich dir darstellen; öffnest du sie, so wird sie vor allen Gegenständen hinschweben, wie die Erscheinung, die ein blendendes Bild im Auge zurück läßt. War nicht schon früher die schnell vorübergegangene Gestalt der Amazone deiner Einbildungskraft immer gegenwärtig? und du hattest sie nur gesehen, du kanntest sie nicht. Nun da du sie kennst, da du ihr so nahe warst, da sie so vielen Anteil an dir gezeigt hat, nun sind ihre Eigenschaften so tief in dein Gemüt geprägt, als ihr Bild jemals in deine Sinne. Ängstlich ist es, immer zu suchen, aber viel ängstlicher, gefunden zu haben und verlassen zu müssen. Wornach soll ich in der Welt nun weiter fragen? wornach soll ich mich weiter umsehen? welche Gegend, welche Stadt verwahrt einen Schatz, der diesem gleich ist? und ich soll reisen, um nur immer das Geringere zu finden? Ist denn das Leben bloß wie eine Rennbahn, wo man sogleich schnell wieder umkehren muß, wenn man das äußerste Ende erreicht hat? Und steht das Gute, das Vortreffliche nur wie ein festes unverrücktes Ziel da, von dem man sich eben so schnell mit raschen Pferden wieder entfernen muß, als man es erreicht zu haben glaubt? anstatt daß jeder andere, der nach irdischen Waren strebt, sie in den verschiedenen Himmelsgegenden, oder wohl gar auf der Messe und dem Jahrmarkt anschaffen kann.

Komm, lieber Knabe! rief er seinem Sohn entgegen, der eben daher gesprungen kam, sei und bleibe du mir alles! Du warst mir zum Ersatz deiner geliebten Mutter gegeben, du solltest mir die zweite Mutter ersetzen, die ich dir bestimmt hatte, und nun hast du noch die größere Lücke auszufüllen. Beschäftige mein Herz, beschäftige meinen Geist mit deiner Schönheit, deiner Liebenswürdigkeit, deiner Wißbegierde und deinen Fähigkeiten!

Der Knabe war mit einem neuen Spielwerke beschäftigt, der Vater suchte es ihm besser, ordentlicher, zweckmäßiger einzurichten; aber in dem Augenblicke verlor auch das Kind die Lust daran. Du bist ein wahrer Mensch! rief Wilhelm aus; komm, mein Sohn! komm, mein Bruder, laß uns in der Welt zwecklos hinspielen, so gut wir können!

Sein Entschluß sich zu entfernen, das Kind mit sich zu nehmen, und sich an den Gegenständen der Welt zu zerstreuen, war nun sein fester Vorsatz. Er schrieb an Wernern, ersuchte ihn um Geld und Creditbriefe, und schickte Friedrichs Kurier mit dem geschärften Auftrage weg, bald wieder zu kommen. So sehr er gegen die übrigen Freunde auch verstimmt war, so rein blieb sein Verhältnis zu Natalien. Er vertraute ihr seine Absicht; auch sie nahm für bekannt an, daß er gehen könne und müsse, und wenn ihn auch gleich diese scheinbare Gleichgültigkeit an ihr schmerzte, so beruhigte ihn doch ihre gute Art und ihre Gegenwart vollkommen. Sie riet ihm verschiedene Städte zu besuchen, um dort einige ihrer Freunde und Freundinnen kennen zu lernen. Der Kurier kam zurück, brachte was Wilhelm verlangt hatte, obgleich Werner mit diesem neuen Ausflug nicht zufrieden zu sein schien. Meine Hoffnung, daß du vernünftig werden würdest, schrieb dieser, ist nun wieder eine gute Weile hinaus geschoben. Wo schweift ihr nun alle zusammen herum? und wo bleibt denn das Frauenzimmer, zu dessen wirtschaftlichem Beistande du mir Hoffnung machtest? Auch die übrigen Freunde sind nicht gegenwärtig; dem Gerichtshalter und mir ist das ganze Geschäft aufgewälzt. Ein Glück, daß er eben ein so guter Rechtsmann ist, als ich ein Finanzmann bin, und daß wir beide etwas zu schleppen gewohnt sind. Lebe wohl! Deine Ausschweifungen sollen dir verziehen sein, da doch ohne sie unser Verhältnis in dieser Gegend nicht hätte so gut werden können.

Was das Äußere betraf, hätte er nun immer abreisen können, allein sein Gemüt war noch durch zwei Hindernisse gebunden. Man wollte ihm ein für allemal Mignons Körper nicht zeigen, als bei den Exequien, welche der Abbé zu halten gedachte, zu welcher Feierlichkeit noch nicht alles bereit war. Auch war der Arzt, durch einen sonderbaren Brief des Landgeistlichen, abgerufen worden. Es betraf den Harfenspieler, von dessen Schicksalen Wilhelm näher unterrichtet sein wollte.

In diesem Zustande fand er weder bei Tag noch bei Nacht Ruhe der Seele oder des Körpers. Wenn alles schlief, ging er in dem Hause hin und her. Die Gegenwart der alten bekannten Kunstwerke zog ihn an, und stieß ihn ab. Er konnte nichts, was ihn umgab, weder ergreifen noch lassen, alles erinnerte ihn an alles, er übersah den ganzen Ring seines Lebens, nur lag er leider zerbrochen vor ihm, und schien sich auf ewig nicht schließen zu wollen. Diese Kunstwerke, die sein Vater verkauft hatte, schienen ihm ein Symbol, daß auch er von einem ruhigen und gründlichen Besitz des Wünschenswerten in der Welt teils ausgeschlossen, teils desselben durch eigne oder fremde Schuld beraubt werden sollte. Er verlor sich so weit in diesen sonderbaren und traurigen Betrachtungen, daß er sich selbst manchmal wie ein Geist vorkam, und, selbst wenn er die Dinge außer sich befühlte und betastete, sich kaum des Zweifels erwehren konnte, ob er denn auch wirklich lebe und da sei.

Nur der lebhafte Schmerz, der ihn manchmal ergriff, daß er alles das

Gefundene und Wiedergefundene so freventlich und doch so notwendig verlassen müsse, nur seine Tränen gaben ihm das Gefühl seines Daseins wieder. Vergebens rief er sich den glücklichen Zustand, in dem er sich doch eigentlich befand, vor's Gedächtnis. So ist denn alles nichts, rief er aus, wenn das Eine fehlt, das dem Menschen alles Übrige wert ist!

Der Abbé verkündigte der Gesellschaft die Ankunft des Marchese. Sie sind zwar, wie es scheint, sagte er zu Wilhelmen, mit Ihrem Knaben allein abzureisen entschlossen; lernen Sie jedoch wenigstens diesen Mann kennen, der Ihnen, wo Sie ihn auch unterwegs antreffen, auf alle Fälle nützlich sein kann. Der Marchese erschien; es war ein Mann noch nicht hoch in Jahren, eine von den wohlgestalteten, gefälligen lombardischen Figuren. Er hatte als Jüngling mit dem Oheim, der schon um vieles älter war, bei der Armee, dann in Geschäften Bekanntschaft gemacht; sie hatten nachher einen großen Teil von Italien zusammen durchreis't, und die Kunstwerke, die der Marchese hier wieder fand, waren zum großen Teil in seiner Gegenwart und unter manchen glücklichen Umständen, deren er sich noch wohl erinnerte, gekauft und angeschafft worden.

Der Italiäner hat überhaupt ein tieferes Gefühl für die hohe Würde der Kunst als andere Nationen; jeder, der nur irgend etwas treibt, will Künstler, Meister und Professor heißen, und bekennt wenigstens durch diese Titelsucht, daß es nicht genug sei nur etwas durch Überlieferung zu erhaschen, oder durch Übung irgend eine Gewandtheit zu erlangen; er gesteht, daß jeder vielmehr über das, was er tut, auch fähig sein solle zu denken, Grundsätze aufzustellen, und die Ursachen, warum dieses oder jenes zu tun sei, sich selbst und andern deutlich zu machen.

Der Fremde ward gerührt, so schöne Besitztümer ohne den Besitzer wieder zu finden, und erfreut, den Geist seines Freundes aus den vortrefflichen Hinterlassenen sprechen zu hören. Sie gingen die verschiedenen Werke durch und fanden eine große Behaglichkeit sich einander verständlich machen zu können. Der Marchese und der Abbé führten das Wort; Natalie, die sich wieder in die Gegenwart ihres Oheims versetzt fühlte, wußte sich sehr gut in ihre Meinungen und Gesinnungen zu finden; Wilhelm mußte sich's in theatralische Terminologie übersetzen, wenn er etwas davon verstehen wollte. Man hatte Not Friedrichs Scherze in Schranken zu halten. Jarno war selten zugegen.

Bei der Betrachtung, daß vortreffliche Kunstwerke in der neuern Zeit so selten seien, sagte der Marchese: Es läßt sich nicht leicht denken und übersehen, was die Umstände für die Künstler tun müssen, und dann sind bei dem größten Genie, bei dem entschiedensten Talente noch immer die Forderungen unendlich, die er an sich selbst zu machen hat, unsäglich der Fleiß, der zu seiner Ausbildung nötig ist. Wenn nun die Umstände wenig für ihn tun, wenn er bemerkt, daß die Welt sehr leicht zu befriedigen ist und selbst nur einen leichten, gefälligen, behaglichen Schein begehrt, so wäre es zu verwundern, wenn nicht Bequemlichkeit und Eigenliebe ihn bei dem Mittelmäßigen fest hielten; es wäre seltsam, wenn er nicht lieber für Modewaren Geld und Lob eintauschen, als den rechten Weg wählen sollte, der ihn mehr oder weniger zu einem kümmerlichen Märtyrertum führt. Deswegen bieten die Künstler unserer Zeit nur immer an, um niemals zu geben. Sie wollen immer reizen, um niemals zu befriedigen; alles ist nur angedeutet, und man findet nirgends Grund noch Ausführung. Man darf aber auch nur eine Zeitlang ruhig in einer Galerie verweilen, und beobachten, nach welchen Kunstwerken sich die Menge zieht, welche gepriesen und welche vernachlässigt werden, so hat man wenig Lust an der Gegenwart, und für die Zukunft wenig Hoffnung.

Ja, versetzte der Abbé, und so bilden sich Liebhaber und Künstler wechselsweise; der Liebhaber sucht nur einen allgemeinen unbestimmten Genuß; das Kunstwerk soll ihm ungefähr wie ein Naturwerk behagen, und die Menschen glauben, die Organe, ein Kunstwerk zu genießen, bildeten sich eben so von selbst aus, wie die Zunge und der Gaum, man urteile über ein Kunstwerk, wie über eine Speise. Sie begreifen nicht, was für einer andern Kultur es bedarf, um sich zum wahren Kunstgenusse zu erheben. Das Schwerste finde ich die Art von Absonderung, die der Mensch in sich selbst bewirken muß, wenn er sich überhaupt bilden will; deswegen finden wir so viel einseitige Kulturen, wovon doch jede sich anmaßt über das Ganze abzusprechen.

Was Sie da sagen, ist mir nicht ganz deutlich, sagte Jarno, der eben hinzutrat.

Auch ist es schwer, versetzte der Abbé, sich in der Kürze bestimmt hierüber zu erklären. Ich sage nur soviel: sobald der Mensch an mannichfaltige Tätigkeit oder mannichfaltigen Genuß Anspruch macht, so muß er auch fähig sein, mannichfaltige Organe an sich gleichsam unabhängig von einander auszubilden. Wer alles und jedes in seiner ganzen Menschheit tun oder genießen will, wer alles außer sich zu einer solchen Art von Genuß verknüpfen will, der wird seine Zeit nur mit einem ewig unbefriedigten Streben hinbringen. Wie schwer ist es, was so natürlich scheint, eine gute Natur, ein treffliches Gemälde an und für sich zu beschauen, den Gesang um des Gesangs willen zu vernehmen, den Schauspieler im Schauspieler zu bewundern, sich eines Gebäudes um seiner eigenen Harmonie und seiner Dauer willen zu erfreuen. Nun sieht man aber meist die Menschen entschiedene Werke der Kunst geradezu behandeln, als wenn es ein weicher Ton wäre. Nach ihren Neigungen, Meinungen und Grillen soll sich der gebildete Marmor sogleich wieder ummodeln, das festgemauerte Gebäude sich ausdehnen oder zusammenziehen, ein Gemälde soll lehren, ein Schauspiel bessern, und alles soll alles werden. Eigentlich aber weil die meisten Menschen selbst formlos sind, weil sie sich und ihrem Wesen selbst keine Gestalt geben können, so arbeiten sie, den Gegenständen ihre Gestalt zu nehmen, damit ja alles loser und lockrer Stoff werde, wozu sie auch gehören. Alles reduzieren sie zuletzt auf den sogenannten Effekt, alles ist relativ, und so wird auch alles relativ, außer dem Unsinn und der Abgeschmacktheit, die denn auch ganz absolut regiert.

Ich verstehe Sie, versetzte Jarno, oder vielmehr ich sehe wohl ein, wie das, was Sie sagen, mit den Grundsätzen zusammenhängt, an denen Sie so fest halten; ich kann es aber mit den armen Teufeln von Menschen unmöglich so genau nehmen. Ich kenne freilich ihrer genug, die sich bei den größten Werken der Kunst und der Natur sogleich ihres armseligsten Bedürfnisses erinnern, ihr Gewissen und ihre Moral mit in die Oper nehmen, ihre Liebe und Haß vor einem Säulengange nicht ablegen, und das Beste und Größte, was ihnen von außen gebracht werden kann, in ihrer Vorstellungsart erst möglichst verkleinern müssen, um es mit ihrem kümmerlichen Wesen nur einigermaßen verbinden zu können.

Achtes Kapitel

Am Abend lud der Abbé zu den Exequien Mignons ein. Die Gesellschaft begab sich in den Saal der Vergangenheit, und fand denselben auf das sonderbarste erhellt und ausgeschmückt. Mit himmelblauen Teppichen waren die Wände fast von oben bis unten bekleidet, so daß nur Sokkel und Fries hervorschienen. Auf den vier Kandelabern in den Ecken brannten große Wachsfackeln, und so nach Verhältnis auf den vier kleinern, die den mittleren Sarkophag umgaben. Neben diesem standen vier Knaben, himmelblau mit Silber gekleidet, und schienen einer Figur, die auf dem Sarkophag ruhte, mit breiten Fächern von Straußenfedern Luft zuzuwehn. Die Gesellschaft setzte sich, und zwei unsichtbare Chöre fingen mit holdem Gesang an zu fragen: Wen bringt ihr uns zur stillen Gesellschaft? Die vier Kinder antworteten mit lieblicher Stimme: Einen müden Gespielen bringen wir euch; laßt ihn unter euch ruhen, bis das Jauchzen himmlischer Geschwister ihn dereinst wieder aufweckt.

Chor

Erstling der Jugend in unserm Kreise, sei willkommen! mit Trauer willkommen! Dir folge kein Knabe, kein Mädchen nach! Nur das Alter nahe sich willig und gelassen der stillen Halle, und in ernster Gesellschaft ruhe das liebe, liebe Kind!

Knaben

Ach! wie ungern brachten wir ihn her! Ach! und er soll hier bleiben! Laßt uns auch bleiben, laßt uns weinen, weinen an seinem Sarge!

Chor

Seht die mächtigen Flügel doch an! seht das leichte reine Gewand! wie blinkt die goldene Binde vom Haupt! seht die schöne, die würdige Ruh!

Knaben

Ach! die Flügel heben sie nicht; im leichten Spiele flattert das Gewand nicht mehr; als wir mit Rosen kränzten ihr Haupt, blickte sie hold und freundlich nach uns.

Chor

Schaut mit den Augen des Geistes hinan! in euch lebe die bildende Kraft, die das Schönste, das Höchste hinauf, über die Sterne das Leben trägt.

Knaben

Aber ach! wir vermissen sie hier, in den Gärten wandelt sie nicht, sammelt der Wiese Blumen nicht mehr. Laßt uns weinen, wir lassen sie hier! laßt uns weinen und bei ihr bleiben!

Chor

Kinder! kehret in's Leben zurück! Eure Tränen trockne die frische Luft, die um das schlängelnde Wasser spielt. Entflieht der Nacht! Tag und Lust und Dauer ist das Los der Lebendigen.

Knaben

Auf, wir kehren in's Leben zurück. Gebe der Tag uns Arbeit und Lust, bis der Abend uns Ruhe bringt, und der nächtliche Schlaf uns erquickt.

Chor

Kinder! eilet in's Leben hinan! In der Schönheit reinem Gewande begegn' euch die Liebe mit himmlischem Blick und dem Kranz der Unsterblichkeit!

Die Knaben waren schon fern, der Abbé stand von seinem Sessel auf, und trat hinter den Sarg. Es ist die Verordnung, sagte er, des Mannes, der diese stille Wohnung bereitet hat, daß jeder neue Ankömmling mit Feierlichkeit empfangen werden soll. Nach ihm, dem Erbauer dieses Hauses, dem Errichter dieser Stätte, haben wir zuerst einen jungen Fremdling hierher gebracht, und so faßt schon dieser kleine Raum zwei ganz verschiedene Opfer der strengen, willkürlichen und unerbittlichen Todesgöttin. Nach bestimmten Gesetzen treten wir in's Leben ein, die Tage sind gezählt, die uns zum Anblicke des Lichts reif machen, aber für die Lebensdauer ist kein Gesetz. Der schwächste Lebensfaden zieht sich in unerwartete Länge, und den stärksten zerschneidet gewaltsam die Schere einer Parze, die sich in Widersprüchen zu gefallen scheint. Von dem Kinde, das wir hier bestatten, wissen wir wenig zu sagen. Noch ist uns unbekannt, woher es kam; seine Eltern kennen wir nicht, und die Zahl seiner Lebensjahre vermuten wir nur. Sein tiefes verschlossenes Herz ließ uns seine innersten Angelegenheiten kaum erraten; nichts war deutlich an ihm, nichts offenbar, als die Liebe zu dem Manne, der es aus den Händen eines Barbaren rettete. Diese zärtliche Neigung, diese lebhafte Dankbarkeit schien die Flamme zu sein, die das Öl ihres Lebens aufzehrte; die Geschicklichkeit des Arztes konnte das schöne Leben nicht erhalten, die sorgfältigste Freundschaft vermochte nicht es zu fristen. Aber wenn die Kunst den scheidenden Geist nicht zu fesseln vermochte, so hat sie alle ihre Mittel angewandt, den Körper zu erhalten und ihn der Vergänglichkeit zu entziehen. Eine balsamische Masse ist durch alle Adern gedrungen, und färbt nun an der Stelle des Bluts die so früh verblichenen Wangen. Treten Sie näher, meine Freunde, und sehen Sie das Wunder der Kunst und Sorgfalt!

Er hob den Schleier auf, und das Kind lag in seinen Engelkleidern, wie schlafend, in der angenehmsten Stellung. Alle traten herbei, und bewunderten diesen Schein des Lebens. Nur Wilhelm blieb in seinem Sessel sitzen, er konnte sich nicht fassen; was er empfand durfte er nicht denken, und jeder Gedanke schien seine Empfindungen zerstören zu wollen.

Die Rede war um des Marchese willen französisch gesprochen worden. Dieser trat mit den andern herbei, und betrachtete die Gestalt mit Aufmerksamkeit. Der Abbé fuhr fort: Mit einem heiligen Vertrauen war auch dieses gute, gegen die Menschen so verschlossene Herz beständig zu seinem Gott gewendet. Die Demut, ja eine Neigung, sich äußerlich zu erniedrigen, schien ihm angeboren. Mit Eifer hing es an der katholischen Religion, in der es geboren und erzogen war. Oft äußerte sie den stillen Wunsch, auf geweihtem Boden zu ruhen, und wir haben, nach den Gebräuchen der Kirche, dieses marmorne Behältnis und die wenige Erde geweihet, die in ihrem Kopfkissen verborgen ist. Mit welcher Inbrunst küßte sie in ihren letzten Augenblicken das Bild des Gekreuzigten, das auf ihren zarten Armen mit vielen hundert Punkten sehr zierlich gebildet steht. Er streifte zugleich, indem er das sagte, ihren rechten Arm auf, und ein Kruzifix, von verschiedenen Buchstaben und Zeichen begleitet, sah man blaulich auf der weißen Haut.

Der Marchese betrachtete diese neue Erscheinung ganz in der Nähe. O Gott! rief er aus, indem er sich aufrichtete, und seine Hände gen Himmel hob, armes Kind! Unglückliche Nichte! Finde ich dich hier wieder! Welche schmerzliche Freude, dich, auf die wir schon lange Verzicht getan hatten, diesen guten lieben Körper, den wir lange im See einen Raub der Fische glaubten, hier wieder zu finden, zwar tot, aber erhalten! Ich wohne deiner Bestattung bei, die so herrlich durch ihr Äußeres, und noch herrlicher durch die guten Menschen wird, die dich zu deiner Ruhestätte begleiten. Und wenn ich werde reden können, sagte er mit gebrochner Stimme, werde ich ihnen danken.

Die Tränen verhinderten ihn, etwas weiter hervorzubringen. Durch den Druck einer Feder versenkte der Abbé den Körper in die Tiefe des Marmors. Vier Jünglinge, bekleidet wie jene Knaben, traten hinter den Teppichen hervor, hoben den schweren schön verzierten Deckel auf den Sarg, und fingen zugleich ihren Gesang an.

Die Jünglinge

Wohl verwahrt ist nun der Schatz, das schöne Gebild der Vergangenheit! hier im Marmor ruht es unverzehrt; auch in euren Herzen lebt es, wirkt es fort. Schreitet, schreitet in's Leben zurück! Nehmet den heiligen Ernst mit hinaus, denn der Ernst, der heilige, macht allein das Leben zur Ewigkeit.

Das unsichtbare Chor fiel in die letzten Worte mit ein, aber niemand von der Gesellschaft vernahm die stärkenden Worte, jedes war zu sehr mit den wunderbaren Entdeckungen und seinen eignen Empfindungen beschäftigt. Der Abbé und Natalie führten den Marchese, Wilhelmen Therese und Lothario hinaus, und erst als der Gesang ihnen völlig verhallte, fielen die Schmerzen, die Betrachtungen, die Gedanken, die Neugierde sie mit aller Gewalt wieder an, und sehnlich wünschten sie sich in jenes Element wieder zurück.

Neuntes Kapitel

Der Marchese vermied von der Sache zu reden, hatte aber heimliche und lange Gespräche mit dem Abbé. Er erbat sich, wenn die Gesellschaft beisammen war, öfters Musik; man sorgte gern dafür, weil jedermann zufrieden war, des Gesprächs überhoben zu sein. So lebte man einige Zeit fort, als man bemerkte, daß er Anstalt zur Abreise mache. Eines Tages sagte er zu Wilhelmen: Ich verlange nicht die Reste des guten Kindes zu beunruhigen; es bleibe an dem Orte zurück, wo es geliebt und gelitten hat, aber seine Freunde müssen mir versprechen, mich in seinem Vaterlande, an dem Platze zu besuchen, wo das arme Geschöpf geboren und erzogen wurde; sie müssen die Säulen und Statuen sehen, von denen ihm noch eine dunkle Idee übrig geblieben ist.

Ich will Sie in die Buchten führen, wo sie so gern die Steinchen zusammenlas. *Sie* werden sich, lieber junger Mann, der Dankbarkeit einer Familie nicht entziehen, die Ihnen so viel schuldig ist. Morgen reise ich weg. Ich habe dem Abbé die ganze Geschichte vertraut, er wird sie Ihnen wieder erzählen; er konnte mir verzeihen, wenn mein Schmerz mich unterbrach, und er wird als ein dritter die Begebenheiten mit mehr Zusammenhang vortragen. Wollen Sie mir noch, wie der Abbé vorschlug, auf meiner Reise durch Deutschland folgen, so sind Sie willkommen. Lassen Sie Ihren Knaben nicht zurück; bei jeder kleinen Unbequemlichkeit, die er uns macht, wollen wir uns Ihrer Vorsorge für meine arme Nichte wieder erinnern.

Noch selbigen Abend ward man durch die Ankunft der Gräfin überrascht. Wilhelm bebte an allen Gliedern, als sie hereintrat, und sie, obgleich vorbereitet, hielt sich an ihrer Schwester, die ihr bald einen Stuhl reichte. Wie sonderbar einfach war ihr Anzug, und wie verändert ihre Gestalt! Wilhelm durfte kaum auf sie hinblicken; sie begrüßte ihn mit

Freundlichkeit und einige allgemeine Worte konnten ihre Gesinnung und Empfindungen nicht verbergen. Der Marchese war bei Zeiten zu Bette gegangen und die Gesellschaft hatte noch keine Lust sich zu trennen; der Abbé brachte ein Manuskript hervor. Ich habe, sagte er, sogleich die sonderbare Geschichte, wie sie mir anvertraut wurde, zu Papier gebracht. Wo man am wenigsten Tinte und Feder sparen soll, das ist bei'm Aufzeichnen einzelner Umstände merkwürdiger Begebenheiten. Man unterrichtete die Gräfin, wovon die Rede sei, und der Abbé las:

Meinen Vater, sagte der Marchese, muß ich, so viel Welt ich auch gesehen habe, immer für einen der wunderbarsten Menschen halten. Sein Charakter war edel und gerade, seine Ideen weit, und man darf sagen groß; er war streng gegen sich selbst; in allen seinen Planen fand man eine unbestechliche Folge, an allen seinen Handlungen eine ununterbrochene Schrittmäßigkeit. So gut sich daher von einer Seite mit ihm umgehen und ein Geschäft verhandeln ließ, so wenig konnte er, um eben dieser Eigenschaften willen, sich in die Welt finden, da er vom Staate, von seinen Nachbarn, von Kindern und Gesinde die Beobachtung aller der Gesetze forderte, die er sich selbst auferlegt hatte. Seine mäßigsten Forderungen wurden übertrieben durch seine Strenge, und er konnte nie zum Genuß gelangen, weil nichts auf diese Weise entstand, wie er sich's gedacht hatte. Ich habe ihn in dem Augenblicke, da er einen Palast bauete, einen Garten anlegte, ein großes neues Gut in der schönsten Lage erwarb, innerlich mit dem ernstesten Ingrimm überzeugt gesehen, das Schicksal habe ihn verdammt, enthaltsam zu sein und zu dulden. In seinem Äußerlichen beobachtete er die größte Würde; wenn er scherzte, zeigte er nur die Überlegenheit seines Verstandes; es war ihm unerträglich, getadelt zu werden, und ich habe ihn nur einmal in meinem Leben ganz außer aller Fassung gesehen, da er hörte, daß man von einer seiner Anstalten wie von etwas Lächerlichem sprach. In eben diesem Geiste hatte er über seine Kinder und sein Vermögen disponiert. Mein ältester Bruder ward als ein Mann erzogen, der künftig große Güter zu hoffen hatte; ich sollte den geistlichen Stand ergreifen, und der jüngste Soldat werden. Ich war lebhaft, feurig, tätig, schnell, zu allen körperlichen Übungen geschickt. Der jüngste schien zu einer Art von schwärmerischer Ruhe geneigter, den Wissenschaften, der Musik und der Dichtkunst ergeben. Nur nach dem härt'sten Kampf, nach der völligsten Überzeugung der Unmöglichkeit gab der Vater, wiewohl mit Widerwillen, nach, daß wir unsern Beruf umtauschen dürften, und ob er gleich jeden von uns beiden zufrieden sah, so konnte er sich doch nicht drein finden, und versicherte, daß nichts Gutes daraus entstehen werde. Je älter er ward, desto abgeschnittener fühlte er sich von aller Gesellschaft. Er lebte zuletzt fast ganz allein. Nur ein alter Freund, der unter den Deutschen gedient, im Feldzuge seine Frau verloren, und eine Tochter mitgebracht hatte, die ungefähr zehn Jahre alt war, blieb sein einziger Umgang. Dieser kaufte sich ein artiges Gut in der

Nachbarschaft, sah meinen Vater zu bestimmten Tagen und Stunden der Woche, in denen er auch manchmal seine Tochter mitbrachte. Er widersprach meinem Vater niemals, der sich zuletzt völlig an ihn gewöhnte, und ihn als den einzigen erträglichen Gesellschafter duldete. Nach dem Tode unseres Vaters merkten wir wohl, daß dieser Mann von unserm Alten trefflich ausgestattet worden war, und seine Zeit nicht umsonst zugebracht hatte; er erweiterte seine Güter, seine Tochter konnte eine schöne Mitgift erwarten. Das Mädchen wuchs heran, und war von sonderbarer Schönheit; mein älterer Bruder scherzte oft mit mir, daß ich mich um sie bewerben sollte.

Indessen hatte Bruder Augustin im Kloster seine Jahre in dem sonderbarsten Zustande zugebracht; er überließ sich ganz dem Genuß einer heiligen Schwärmerei, jenen halb geistigen halb physischen Empfindungen, die, wie sie ihn eine Zeitlang in den dritten Himmel erhuben, bald darauf in einen Abgrund von Ohnmacht und leeres Elend versinken ließen. Bei meines Vaters Lebzeiten war an keine Veränderung zu denken, und was hätte man wünschen oder vorschlagen sollen? Nach dem Tode unsers Vaters besuchte er uns fleißig; sein Zustand, der uns im Anfang jammerte, ward nach und nach um vieles erträglicher, denn die Vernunft hatte gesiegt. Allein je sichrer sie ihm völlige Zufriedenheit und Heilung auf dem reinen Wege der Natur versprach, desto lebhafter verlangte er von uns, daß wir ihn von seinen Gelübden befreien sollten; er gab zu verstehen, daß seine Absicht auf Sperata, unsere Nachbarin, gerichtet sei.

Mein älterer Bruder hatte zu viel durch die Härte unseres Vaters gelitten, als daß er ungerührt bei dem Zustande des jüngsten hätte bleiben können. Wir sprachen mit dem Beichtvater unserer Familie, einem alten würdigen Manne, entdeckten ihm die doppelte Absicht unseres Bruders, und baten ihn die Sache einzuleiten und zu befördern. Wider seine Gewohnheit zögerte er, und als endlich unser Bruder in uns drang, und wir die Angelegenheit dem Geistlichen lebhafter empfahlen, mußte er sich entschließen uns die sonderbare Geschichte zu entdecken.

Sperata war unsre Schwester, und zwar sowohl von Vater als Mutter; Neigung und Sinnlichkeit hatten den Mann in späteren Jahren nochmals überwältigt, in welchen das Recht der Ehegatten schon verloschen zu sein scheint; über einen ähnlichen Fall hatte man sich kurz vorher in der Gegend lustig gemacht, und mein Vater, um sich nicht gleichfalls dem Lächerlichen auszusetzen, beschloß diese späte gesetzmäßige Frucht der Liebe mit eben der Sorgfalt zu verheimlichen, als man sonst die frühern zufälligen Früchte der Neigung zu verbergen pflegt. Unsere Mutter kam heimlich nieder, das Kind wurde auf's Land gebracht, und der alte Hausfreund, der nebst dem Beichtvater allein um das Geheimnis wußte, ließ sich leicht bereden, sie für seine Tochter auszugeben. Der Beichtvater hatte sich nur ausbedungen, im äußersten Fall das Geheimnis entdecken zu dürfen. Der Vater war gestorben, das zarte Mädchen lebte unter der Aufsicht einer alten Frau: wir wußten, daß Gesang und Musik unsern Bruder schon bei ihr eingeführt hatten, und da er uns wiederholt aufforderte, seine alten Bande zu trennen, um das neue zu knüpfen, so war es nötig, ihn, sobald als möglich, von der Gefahr zu unterrichten, in der er schwebte.

Er sah uns mit wilden verachtenden Blicken an. Spart eure unwahrscheinlichen Märchen, rief er aus, für Kinder und leichtglaubige Thoren; mir werdet ihr Speraten nicht vom Herzen reißen, sie ist mein. Verläugnet sogleich euer schreckliches Gespenst, das mich nur vergebens ängstigen würde. Sperata ist nicht meine Schwester, sie ist mein Weib! — Er beschrieb uns mit Entzücken, wie ihn das himmlische Mädchen aus dem Zustande der unnatürlichen Absonderung von den Menschen in das wahre Leben geführt, wie beide Gemüter gleich beiden Kehlen zusammen stimmten, und wie er alle seine Leiden und Verirrungen segnete, weil sie ihn von allen Frauen bis dahin entfernt gehalten, und weil er nun ganz und gar sich dem liebenswürdigsten Mädchen ergeben könne. Wir entsetzten uns über die Entdeckung, uns jammerte sein Zustand, wir wußten uns nicht zu helfen, er versicherte uns mit Heftigkeit, daß Sperata ein Kind von ihm im Busen trage. Unser Beichtvater tat alles, was ihm seine Pflicht eingab, aber dadurch ward das Übel nur schlimmer. Die Verhältnisse der Natur und der Religion, der sittlichen Rechte und der bürgerlichen Gesetze wurden von meinem Bruder auf's heftigste durchgefochten. Nichts schien ihm heilig als das Verhältnis zu Sperata, nichts schien ihm würdig als der Name Vater und Gattin. Diese allein, rief er aus, sind der Natur gemäß, alles andere sind Grillen und Meinungen. Gab es nicht edle Völker, die eine Heirat mit der Schwester billigten? Nennt eure Götter nicht, rief er aus, ihr braucht die Namen nie, als wenn ihr uns betören, uns von dem Wege der Natur abführen, und die edelsten Triebe durch schändlichen Zwang zu Verbrechen entstellen wollt. Zur größten Verwirrung des Geistes, zum schändlichsten Mißbrauche des Körpers nötigt ihr die Schlachtopfer, die ihr lebendig begrabt.

Ich darf reden, denn ich habe gelitten wie keiner, von der höchsten süßesten Fülle der Schwärmerei bis zu den fürchterlichsten Wüsten der Ohnmacht, der Leerheit, der Vernichtung und Verzweiflung, von den höchsten Ahnungen überirdischer Wesen bis zu dem völligsten Unglauben, dem Unglauben an mir selbst. Allen diesen entsetzlichen Bodensatz des am Rande schmeichelnden Kelchs habe ich ausgetrunken, und mein ganzes Wesen war bis in sein Innerstes vergiftet. Nun, da mich die gütige Natur durch ihre größten Gaben, durch die Liebe, wieder geheilt hat, da ich an dem Busen eines himmlischen Mädchens wieder fühle, daß ich bin, daß sie ist, daß wir eins sind, daß aus dieser lebendigen Verbindung ein drittes entstehen und uns entgegenlächeln soll, nun eröffnet ihr die Flammen eurer Höllen, eurer Fegefeuer, die nur eine kranke Einbildungskraft versengen können, und stellt sie dem lebhaften, wahren, unzerstörlichen Genuß der reinen Liebe entgegen! Begegnet uns unter jenen Zypressen, die ihre ernsthaften Gipfel gen Himmel wenden, besucht uns an jenen Spalieren, wo die Zitronen und Pomeranzen neben uns blühn, wo die zierliche Myrte uns ihre zarten Blumen darreicht, und dann wagt es, uns mit euren trüben, grauen, von Menschen gesponnenen Netzen zu ängstigen!

So bestand er lange Zeit auf einem hartnäckigen Unglauben unserer Erzählung, und zuletzt, da wir ihm die Wahrheit derselben beteuerten, da sie ihm der Beichtvater selbst versicherte, ließ er sich doch dadurch nicht irre machen, vielmehr rief er aus: Fragt nicht den Widerhall eurer Kreuzgänge, nicht euer vermodertes Pergament, nicht eure verschränkten Grillen und Verordnungen, fragt die Natur und euer Herz, sie wird euch lehren, vor was ihr zu schaudern habt, sie wird euch mit dem strengsten Finger zeigen, worüber sie ewig und unwiderruflich ihren Fluch ausspricht. Seht die Lilien an: entspringt nicht Gatte und Gattin auf Einem Stengel? Verbindet beide nicht die Blume, die beide gebar, und ist die Lilie nicht das Bild der Unschuld, und ihre geschwisterliche Vereinigung nicht fruchtbar? Wenn die Natur verabscheut, so spricht sie es laut aus; das Geschöpf, das nicht sein soll, kann nicht werden; das Geschöpf, das falsch lebt, wird früh zerstört. Unfruchtbarkeit, kümmerliches Dasein, frühzeitiges Zerfallen, das sind ihre Flüche, die Kennzeichen ihrer Strenge. Nur durch unmittelbare Folgen straft sie. Da seht um euch her, und was verboten, was verflucht ist, wird euch in die Augen fallen. In der Stille des Klosters und im Geräusche der Welt sind tausend Handlungen geheiligt und geehrt, auf denen ihr Fluch ruht. Auf bequemen Müßiggang so gut als überstrengte Arbeit, auf Willkür und Überfluß, wie auf Not und Mangel sieht sie mit traurigen Augen nieder, zur Mäßigkeit ruft sie, wahr sind alle ihre Verhältnisse, und ruhig alle ihre Wirkungen. Wer gelitten hat, wie ich, hat das Recht frei zu sein. Sperata ist mein; nur der Tod soll mir sie nehmen. Wie ich sie behalten kann? wie ich glücklich werden kann? das ist eure Sorge! Jetzt gleich geh' ich zu ihr, um mich nicht wieder von ihr zu trennen.

Er wollte nach dem Schiffe, um zu ihr überzusetzen; wir hielten ihn ab und baten ihn, daß er keinen Schritt tun möchte, der die schrecklichsten Folgen haben könnte. Er solle überlegen, daß er nicht in der freien Welt seiner Gedanken und Vorstellungen, sondern in einer Verfassung lebe, deren Gesetze und Verhältnisse die Unbezwinglichkeit eines Naturgesetzes angenommen haben. Wir mußten dem Beichtvater versprechen, daß wir den Bruder nicht aus den Augen, noch weniger aus dem Schlosse lassen wollten; darauf ging er weg, und versprach in einigen Tagen wieder zu kommen. Was wir vorausgesehen hatten, traf ein; der Verstand hatte unsern Bruder stark gemacht, aber sein Herz war weich; die frühern Eindrücke der Religion wurden lebhaft, und die entsetzlichsten Zweifel bemächtigten sich seiner. Er brachte zwei fürchterliche Tage und Nächte zu; der Beichtvater kam ihm wieder zu Hülfe, umsonst! Der ungebundene freie Verstand sprach ihn los; sein Gefühl, seine Religion, alle gewohnten Begriffe erklärten ihn für einen Verbrecher.

Eines Morgens fanden wir sein Zimmer leer, ein Blatt lag auf dem Tische, worin er uns erklärte, daß er, da wir ihn mit Gewalt gefangen hielten, berechtigt sei, seine Freiheit zu suchen; er entfliehe, er gehe zu Sperata, er hoffe mit ihr zu entkommen, er sei auf alles gefaßt, wenn man sie trennen wolle.

Wir erschraken nicht wenig, allein der Beichtvater bat uns ruhig zu sein. Unser armer Bruder war nahe genug beobachtet worden; die Schiffer, anstatt ihn überzusetzen, führten ihn in sein Kloster. Ermüdet von einem vierzigstündigen Wachen schlief er ein, sobald ihn der Kahn im Mondenschein schaukelte, und erwachte nicht früher, als bis er sich in den Händen seiner geistlichen Brüder sah; er erholte sich nicht eher, als bis er die Klosterpforte hinter sich zuschlagen hörte.

Schmerzlich gerührt von dem Schicksal unseres Bruders machten wir unserm Beichtvater die lebhaftesten Vorwürfe; allein dieser ehrwürdige Mann wußte uns bald mit den Gründen des Wundarztes zu überreden, daß unser Mitleid für den armen Kranken tödlich sei. Er handle nicht aus eigner Willkür, sondern auf Befehl des Bischofs und des hohen Rates. Die Absicht war: alles öffentliche Ärgernis zu vermeiden, und den traurigen Fall mit dem Schleier einer geheimen Kirchenzucht zu verdecken. Sperata sollte geschont werden, sie sollte nicht erfahren, daß ihr Geliebter zugleich ihr Bruder sei. Sie ward einem Geistlichen anempfohlen, dem sie vorher schon ihren Zustand vertraut hatte. Man wußte ihre Schwangerschaft und Niederkunft zu verbergen. Sie war als Mutter in dem kleinen Geschöpfe ganz glücklich. So wie die meisten unserer Mädchen konnte sie weder schreiben, noch Geschriebenes lesen; sie gab daher dem Pater Aufträge, was er ihrem Geliebten sagen sollte. Dieser glaubte den frommen Betrug einer säugenden Mutter schuldig zu sein, er brachte ihr Nachrichten von unserm Bruder, den er niemals sah, ermahnte sie in seinem Namen zur Ruhe, bat sie für sich und das Kind zu sorgen und wegen der Zukunft Gott zu vertrauen.

Sperata war von Natur zur Religiosität geneigt. Ihr Zustand, ihre Einsamkeit vermehrten diesen Zug, der Geistliche unterhielt ihn, um sie nach und nach auf eine ewige Trennung vorzubereiten. Kaum war das Kind entwöhnt, kaum glaubte er ihren Körper stark genug, die ängstlichsten Seelenleiden zu ertragen, so fing er an, das Vergehen ihr mit schrecklichen Farben vorzumalen, das Vergehen sich einem Geistlichen ergeben zu haben, das er als eine Art von Sünde gegen die Natur, als einen Inzest behandelte. Denn er hatte den sonderbaren Gedanken, ihre Reue jener Reue gleich zu machen, die sie empfunden haben würde, wenn sie das wahre Verhältnis ihres Fehltritts erfahren hätte. Er brachte dadurch so viel Jammer und Kummer in ihr Gemüt, er erhöhte die Idee der Kirche und ihres Oberhauptes so sehr vor ihr, er zeigte ihr die schrecklichen Folgen für das Heil aller Seelen, wenn man in solchen Fällen nachgeben, und die Straffälligen durch eine rechtmäßige Verbindung noch gar belohnen wolle; er zeigte ihr, wie heilsam es sei, einen solchen Fehler in der Zeit abzubüßen, und dafür dereinst die Krone der Herrlichkeit zu erwerben, daß sie endlich wie eine arme Sünderin ihren Nacken dem Beil willig darreichte, und inständig bat, daß man sie auf ewig von unserm Bruder entfernen möchte. Als man so viel von ihr erlangt hatte, ließ man ihr, doch unter einer gewissen Aufsicht, die Freiheit, bald in ihrer Wohnung, bald in dem Kloster zu sein, je nachdem sie es für gut hielte.

Ihr Kind wuchs heran, und zeigte bald eine sonderbare Natur. Es konnte sehr früh laufen, und sich mit aller Geschicklichkeit bewegen, es sang bald sehr artig, und lernte die Zither gleichsam von sich selbst. Nur mit Worten konnte es sich nicht ausdrücken, und es schien das Hindernis mehr in seiner Denkungsart als in den Sprachwerkzeugen zu liegen. Die arme Mutter fühlte indessen ein trauriges Verhältnis zu dem Kinde; die Behandlung des Geistlichen hatte ihre Vorstellungsart so verwirrt, daß sie, ohne wahnsinnig zu sein, sich in den seltsamsten Zuständen befand. Ihr Vergehen schien ihr immer schrecklicher und straffälliger zu werden; das oft wiederholte Gleichnis des Geistlichen vom Inzest hatte sich so tief bei ihr eingeprägt, daß sie einen solchen Abscheu empfand, als wenn ihr das Verhältnis selbst bekannt gewesen wäre. Der Beichtvater dünkte sich nicht wenig über das Kunststück, wodurch er das Herz eines unglücklichen Geschöpfes zerriß. Jämmerlich war es anzusehen, wie die Mutterliebe, die über das Dasein des Kindes sich so herzlich zu erfreuen geneigt war, mit dem schrecklichen Gedanken stritt, daß dieses Kind nicht da sein sollte.

Bald stritten diese beiden Gefühle zusammen, bald war der Abscheu über die Liebe gewaltig.

Man hatte das Kind schon lange von ihr weggenommen, und zu guten Leuten unten am See gegeben, und in der mehrern Freiheit, die es hatte, zeigte sich bald seine besondre Lust zum Klettern. Die höchsten Gipfel zu ersteigen, auf den Rändern der Schiffe wegzulaufen, und den Seiltänzern, die sich manchmal in dem Orte sehen ließen, die wunderlichsten Kunststücke nachzumachen, war ein natürlicher Trieb.

Um das alles leichter zu üben, liebte sie mit den Knaben die Kleider zu wechseln, und ob es gleich von ihren Pflegeltern höchst unanständig und unzulässig gehalten wurde, so ließen wir ihr doch so viel als möglich nachsehen. Ihre wunderlichen Wege und Sprünge führten sie manchmal weit, sie verirrte sich, sie blieb aus, und kam immer wieder. Meistenteils wenn sie zurückkehrte, setzte sie sich unter die Säulen des Portals vor einem Landhause in der Nachbarschaft; man suchte sie nicht mehr, man erwartete sie. Dort schien sie auf den Stufen auszuruhen, dann lief sie in den großen Saal, besah die Statuen, und wenn man sie nicht besonders aufhielt, eilte sie nach Hause.

Zuletzt ward denn doch unser Hoffen getäuscht, und unsere Nachsicht bestraft. Das Kind blieb aus, man fand seinen Hut auf dem Wasser schwimmen, nicht weit von dem Orte, wo ein Gießbach sich in den See stürzt. Man vermutete, daß es bei seinem Klettern zwischen den Felsen verunglückt sei; bei allem Nachforschen konnte man den Körper nicht finden.

Durch das unvorsichtige Geschwätz ihrer Gesellschafterin erfuhr Sperata bald den Tod ihres Kindes; sie schien ruhig und heiter, und gab nicht undeutlich zu verstehen, sie freue sich, daß Gott das arme Geschöpf zu sich genommen und so bewahrt habe, ein größeres Unglück zu erdulden oder zu stiften.

Bei dieser Gelegenheit kamen alle Märchen zur Sprache, die man von unsern Wassern zu erzählen pflegt. Es hieß: der See müsse alle Jahre ein unschuldiges Kind haben; er leide keinen toten Körper, und werfe ihn früh oder spät an's Ufer, ja sogar das letzte Knöchelchen, wenn es zu Grunde gesunken sei, müsse wieder heraus. Man erzählte die Geschichte einer untröstlichen Mutter, deren Kind im See ertrunken sei, und die Gott und seine Heiligen angerufen habe, ihr nur wenigstens die Gebeine zum Begräbnis zu gönnen; der nächste Sturm habe den Schädel, der folgende den Rumpf an's Ufer gebracht, und nachdem alles beisammen gewesen, habe sie sämtliche Gebeine in einem Tuch zur Kirche getragen, aber, o Wunder! als sie in den Tempel getreten, sei das Paket immer schwerer geworden, und endlich als sie es auf die Stufen des Altars gelegt, habe das Kind zu schreien angefangen, und sich zu jedermanns Erstaunen aus dem Tuche losgemacht; nur ein Knöchelchen des kleinen Fingers an der rechten Hand habe gefehlt, welches denn die Mutter nachher noch sorgfältig aufgesucht und gefunden, das denn auch noch zum Gedächtnis unter andern Reliquien in der Kirche aufgehoben werde.

Auf die arme Mutter machten diese Geschichten großen Eindruck; ihre Einbildungskraft fühlte einen neuen Schwung, und begünstigte die Empfindung ihres Herzens. Sie nahm an, daß das Kind nunmehr für sich und seine Eltern abgebüßt habe, daß Fluch und Strafe, die bisher auf ihnen geruht, nunmehr gänzlich gehoben sei; daß es nur darauf ankomme, die Gebeine des Kindes wiederzufinden, um sie nach Rom zu bringen, so würde das Kind auf den Stufen des großen Altars der Peterskirche wieder, mit seiner schönen frischen Haut umgeben, vor dem Volke dastehn. Es werde mit seinen eignen Augen wieder Vater und Mutter schauen, und der Papst, von der Einstimmung Gottes und seiner Heiligen überzeugt, werde unter dem lauten Zuruf des Volks, den Eltern die Sünde vergeben, sie lossprechen und sie verbinden.

Nun waren ihre Augen und ihre Sorgfalt immer nach dem See und dem Ufer gerichtet. Wenn Nachts im Mondglanz sich die Wellen umschlugen, glaubte sie, jeder blinkende Saum treibe ihr Kind hervor; es mußte zum Scheine jemand hinablaufen, um es am Ufer aufzufangen.

So war sie auch des Tages unermüdet an den Stellen, wo das kiesige Ufer flach in die See ging; sie sammelte in ein Körbchen alle Knochen, die sie fand. Niemand durfte ihr sagen, daß es Tierknochen seien; die großen begrub sie, die kleinen hub sie auf. In dieser Beschäftigung lebte sie unablässig fort. Der Geistliche, der durch die unerläßliche Ausübung seiner Pflicht ihren Zustand verursacht hatte, nahm sich auch ihrer nun aus allen Kräften an. Durch seinen Einfluß ward sie in der Gegend für eine Entzückte, nicht für eine Verrückte gehalten; man stand mit gefalteten Händen, wenn sie vorbeiging, und die Kinder küßten ihr die Hand.

Ihrer alten Freundin und Begleiterin war von dem Beichtvater die Schuld, die sie bei der unglücklichen Verbindung beider Personen gehabt haben mochte, nur unter der Bedingung erlassen, daß sie unablässig treu ihr ganzes künftiges Leben die Unglückliche begleiten solle, und sie hat mit einer bewundernswürdigen Geduld und Gewissenhaftigkeit ihre Pflichten bis zuletzt ausgeübt.

Wir hatten unterdessen unsern Bruder nicht aus den Augen verloren; weder die Ärzte noch die Geistlichkeit seines Klosters wollten uns erlauben, vor ihm zu erscheinen; allein um uns zu überzeugen, daß es ihm nach seiner Art wohl gehe, konnten wir ihn, so oft wir wollten, in dem Garten, in den Kreuzgängen, ja durch ein Fenster an der Decke seines Zimmers belauschen.

Nach vielen schrecklichen und sonderbaren Epochen, die ich übergehe, war er in einen seltsamen Zustand der Ruhe des Geistes und der Unruhe des Körpers geraten. Er saß fast niemals, als wenn er seine Harfe nahm und darauf spielte, da er sie denn meistens mit Gesang begleitete. Übrigens war er immer in Bewegung, und in allem äußerst lenksam und folgsam, denn alle seine Leidenschaften schienen sich in der einzigen Furcht des Todes aufgelös't zu haben. Man konnte ihn zu allem in der Welt bewegen, wenn man ihm mit einer gefährlichen Krankheit oder mit dem Tode drohte.

Außer dieser Sonderbarkeit, daß er unermüdet im Kloster hin und her ging, und nicht undeutlich zu verstehen gab, daß es noch besser sein würde, über Berg und Täler so zu wandeln, sprach er auch von einer Erscheinung, die ihn gewöhnlich ängstigte. Er behauptete nämlich, daß bei seinem Erwachen, zu jeder Stunde der Nacht, ein schöner Knabe unten an seinem Bette stehe, und ihm mit einem blanken Messer drohe. Man versetzte ihn in ein anderes Zimmer, allein er behauptete, auch da, und zuletzt sogar an andern Stellen des Klosters, stehe der Knabe im Hinterhalt. Sein Auf- und Abwandeln ward unruhiger, ja man erinnerte sich nachher, daß er in der Zeit öfter als sonst an dem Fenster gestanden und über den See hinüber gesehen habe.

Unsere arme Schwester indessen schien von dem einzigen Gedanken, von der beschränkten Beschäftigung nach und nach aufgerieben zu werden, und unser Arzt schlug vor, man sollte ihr nach und nach unter ihre übrigen Gebeine die Knochen eines Kinderskeletts mischen, um dadurch ihre Hoffnung zu vermehren. Der Versuch war zweifelhaft, doch schien wenigstens so viel dabei gewonnen, daß man sie, wenn alle Teile beisammen wären, von dem ewigen Suchen abbringen, und ihr zu einer Reise nach Rom Hoffnung machen könnte.

Es geschah, und ihre Begleiterin vertauschte unmerklich die ihr anvertrauten kleinen Reste mit den gefundenen, und eine unglaubliche Wonne verbreitete sich über die arme Kranke, als die Teile sich nach und nach zusammen fanden, und man diejenigen bezeichnen konnte, die noch fehlten. Sie hatte mit großer Sorgfalt jeden Teil, wo er hingehörte, mit Fäden und Bändern befestigt; sie hatte, wie man die Körper der Heiligen zu ehren pflegt, mit Seide und Stickerei die Zwischenräume ausgefüllt.

So hatte man die Glieder zusammen kommen lassen, es fehlten nur wenige der äußeren Enden. Eines Morgens, als sie noch schlief, und der Medicus gekommen war, nach ihrem Befinden zu fragen, nahm die Alte die verehrten Reste aus dem Kästchen weg, das in der Schlafkammer stand, um dem Arzte zu zeigen, wie sich die gute Kranke beschäftige. Kurz darauf hörte man sie aus dem Bette springen, sie hob das Tuch auf, und fand das Kästchen leer. Sie warf sich auf ihre Knie; man kam und hörte ihr freudiges inbrünstiges Gebet. Ja! es ist wahr, rief sie aus, es war kein Traum, es ist wirklich! Freuet euch, meine Freunde, mit mir! Ich habe das gute schöne Geschöpf wieder lebendig gesehen. Es stand auf, und warf den Schleier von sich, sein Glanz erleuchtete das Zimmer, seine Schönheit war verklärt, es konnte den Boden nicht betreten, ob es gleich wollte. Leicht ward es empor gehoben, und konnte mir nicht einmal seine Hand reichen. Da rief es mich zu sich, und zeigte mir den Weg, den ich gehen soll. Ich werde ihm folgen, und bald folgen, ich fühl' es, und es wird mir so leicht um's Herz. Mein Kummer ist verschwunden, und schon das Anschauen meines wieder Auferstandenen hat mir einen Vorgeschmack der himmlischen Freude gegeben.

Von der Zeit an war ihr ganzes Gemüt mit den heitersten Aussichten beschäftigt, auf keinen irdischen Gegenstand richtete sie ihre Aufmerksamkeit mehr, sie genoß nur wenige Speisen, und ihr Geist machte sich nach und nach von den Banden des Körpers los. Auch fand man sie zuletzt unvermutet erblaßt und ohne Empfindung, sie öffnete die Augen nicht wieder, sie war, was wir tot nennen.

Der Ruf ihrer Vision hatte sich bald unter das Volk verbreitet, und das ehrwürdige Ansehn, das sie in ihrem Leben genoß, verwandelte sich nach ihrem Tode schnell in den Gedanken, daß man sie sogleich für selig, ja für heilig halten müsse.

Als man sie zu Grabe bestatten wollte, drängten sich viele Menschen mit unglaublicher Heftigkeit hinzu, man wollte ihre Hand, man wollte wenigstens ihr Kleid berühren. In dieser leidenschaftlichen Erhöhung fühlten verschiedene Kranke die Übel nicht, von denen sie sonst gequält wurden; sie hielten sich für geheilt, sie bekannten's, sie priesen Gott und seine neue Heilige. Die Geistlichkeit war genötigt, den Körper in eine Kapelle zu stellen, das Volk verlangte Gelegenheit seine Andacht zu verrichten, der Zudrang war unglaublich; die Bergbewohner, die ohnedies zu lebhaften religiösen Gefühlen gestimmt sind, drangen aus ihren Tälern herbei; die Andacht, die Wunder, die Anbetung vermehrten sich mit jedem Tage. Die bischöflichen Verordnungen, die einen solchen neuen Dienst einschränken und nach und nach niederschlagen sollten, konnten nicht zur Ausführung gebracht werden; bei jedem Widerstand war das Volk heftig, und gegen jeden Ungläubigen bereit in Tätlichkeiten auszubrechen. Wandelte nicht auch, riefen sie, der heilige Borromäus unter unsern Vorfahren? Erlebte seine Mutter nicht die Wonne seiner Seligsprechung? Hat man nicht durch jenes große Bildnis auf dem Felsen bei Arona uns seine geistige Größe sinnlich vergegenwärtigen wollen? Leben die Seinigen nicht noch unter uns? Und hat Gott nicht zugesagt unter einem gläubigen Volke seine Wunder stets zu erneuern?

Als der Körper nach einigen Tagen keine Zeichen der Fäulnis von sich gab, und eher weißer und gleichsam durchsichtig ward, erhöhte sich das Zutrauen der Menschen immer mehr, und es zeigten sich unter der Menge verschiedene Kuren, die der aufmerksame Beobachter selbst nicht erklären, und auch nicht geradezu als Betrug ansprechen konnte. Die ganze Gegend war in Bewegung, und wer nicht selbst kam, hörte wenigstens eine Zeitlang von nichts anderem reden.

Das Kloster, worin mein Bruder sich befand, erscholl so gut als die übrige Gegend von diesen Wundern, und man nahm sich um so weniger in Acht, in seiner Gegenwart davon zu sprechen, als er sonst auf nichts aufzumerken pflegte, und sein Verhältnis niemanden bekannt war. Diesmal schien er aber mit großer Genauigkeit gehört zu haben; er führte seine Flucht mit solcher Schlauheit aus, daß niemals jemand hat begreifen können, wie er aus dem Kloster herausgekommen sei. Man erfuhr nachher, daß er sich mit einer Anzahl Wallfahrer übersetzen lassen, und daß er die Schiffer, die weiter nichts Verkehrtes an ihm wahrnahmen, nur um die größte Sorgfalt gebeten, daß das Schiff nicht umschlagen möchte. Tief in der Nacht kam er in jene Kapelle, wo seine unglückliche Geliebte von ihrem Leiden ausruhte; nur wenig Andächtige knieten in den Winkeln, ihre alte Freundin saß zu ihren Häupten, er trat hinzu und grüßte sie, und fragte: wie sich ihre Gebieterin befände? Ihr seht es, versetzte diese nicht ohne Verlegenheit. Er blickte den Leichnam nur von der Seite an. Nach einigem Zaudern nahm er ihre Hand. Erschreckt vor der Kälte, ließ er sie sogleich wieder fahren, er sah sich unruhig um und sagte zu der Alten: Ich kann jetzt nicht bei ihr bleiben, ich habe noch einen sehr weiten Weg zu machen, ich will aber zur rechten Zeit schon wieder da sein; sag' ihr das, wenn sie aufwacht. So ging er hinweg, wir wurden nur spät von diesem Vorgange benachrichtigt, man forschte nach, wo er hingekommen sei, aber vergebens! Wie er sich durch Berge und Täler durchgearbeitet haben mag, ist unbegreiflich. Endlich nach langer Zeit fanden wir in Graubündten eine Spur von ihm wieder, allein zu spät, und sie verlor sich bald. Wir vermuteten, daß er nach Deutschland sei, allein der Krieg hatte solche schwache Fußtapfen gänzlich verwischt.

Zehntes Kapitel

Der Abbé hörte zu lesen auf, und niemand hatte ohne Tränen zugehört. Die Gräfin brachte ihr Tuch nicht von den Augen; zuletzt stand sie auf und verließ mit Natalien das Zimmer. Die Übrigen schwiegen, und der Abbé sprach: Es entsteht nun die Frage, ob man den guten Marchese soll abreisen lassen, ohne ihm unser Geheimnis zu entdecken. Denn wer zweifelt wohl einen Augenblick daran, daß Augustin und unser Harfenspieler Eine Person sei. Es ist zu überlegen, was wir tun, sowohl um des unglücklichen Mannes als der Familie willen. Mein Rat wäre, nichts zu übereilen, abzuwarten, was uns der Arzt, den wir eben von dort zurückerwarten, für Nachrichten bringt.

Jedermann war derselben Meinung, und der Abbé fuhr fort: Eine andere Frage, die vielleicht schneller abzutun ist, entsteht zu gleicher Zeit. Der Marchese ist unglaublich gerührt über die Gastfreundschaft, die seine arme Nichte bei uns, besonders bei unserm jungen Freunde gefunden hat. Ich habe ihm die ganze Geschichte umständlich, ja wiederholt erzählen müssen, und er zeigte seine lebhafteste Dankbarkeit. Der junge Mann, sagte er, hat ausgeschlagen mit mir zu reisen, ehe er das Verhältnis kannte, das unter uns besteht. Ich bin ihm nun kein Fremder mehr, von dessen Art zu sein und von dessen Laune er etwa nicht gewiß wäre; ich bin sein Verbundener, wenn Sie wollen sein Verwandter, und da sein Knabe, den er nicht zurücklassen wollte, erst das Hindernis war, das ihn abhielt sich zu mir zu gesellen, so lassen Sie jetzt dieses Kind zum schönern Bande werden, das uns nur desto fester an einander knüpft. Über die Verbindlichkeit, die ich nun schon habe, sei er mir noch auf der Reise nützlich, er kehre mit mir zurück, mein älterer Bruder wird ihn mit Freuden empfangen, er verschmähe die Erbschaft seines Pflegekindes nicht: denn nach einer geheimen Abrede unseres Vaters mit seinem Freunde ist das Vermögen, das er seiner Tochter zugewendet hatte, wieder an uns zurückgefallen, und wir wollen dem Wohltäter unserer Nichte gewiß das nicht vorenthalten, was er verdient hat.

Therese nahm Wilhelmen bei der Hand, und sagte: Wir erleben abermals hier so einen schönen Fall, daß uneigennütziges Wohltun die höchsten und schönsten Zinsen bringt. Folgen Sie diesem sonderbaren Ruf, und indem Sie sich um den Marchese doppelt verdient machen, eilen Sie einem schönen Land entgegen, das Ihre Einbildungskraft und Ihr Herz mehr als Einmal an sich gezogen hat.

Ich überlasse mich ganz meinen Freunden und ihrer Führung, sagte Wilhelm; es ist vergebens in dieser Welt nach eigenem Willen zu streben. Was ich fest zu halten wünschte, muß ich fahren lassen, und eine unverdiente Wohltat drängt sich mir auf.

Mit einem Druck auf Theresens Hand machte Wilhelm die seinige los. Ich überlasse Ihnen ganz, sagte er zu dem Abbé, was Sie über mich beschließen; wenn ich meinen Felix nicht von mir zu lassen brauche, so bin ich zufrieden überall hinzugehn, und alles, was man für recht hält, zu unternehmen.

Auf diese Erklärung entwarf der Abbé sogleich seinen Plan: man solle, sagte er, den Marchese abreisen lassen, Wilhelm solle die Nachricht des Arztes abwarten, und alsdann, wenn man überlegt habe, was zu tun sei, könne Wilhelm mit Felix nachreisen. So bedeutete er auch den Marchese, unter einem Vorwand, daß die Einrichtungen des jungen Freundes zur Reise ihn nicht abhalten müßten, die Merkwürdigkeiten der Stadt indessen zu besehn. Der Marchese ging ab, nicht ohne wiederholte lebhafte Versicherung seiner Dankbarkeit, wovon die Geschenke, die er zurückließ, und die aus Juwelen, geschnittenen Steinen und gestickten Stoffen bestanden, einen genugsamen Beweis gaben.

Wilhelm war nun auch völlig reisefertig, und man war um so mehr verlegen, daß keine Nachrichten von dem Arzt kommen wollten; man befürchtete dem armen Harfenspieler möchte ein Unglück begegnet sein, zu eben der Zeit als man hoffen konnte, ihn durchaus in einen bessern Zustand zu versetzen. Man schickte den Kurier fort, der kaum weggeritten war, als am Abend der Arzt mit einem Fremden hereintrat, dessen Gestalt und Wesen bedeutend, ernsthaft und auffallend war, und den niemand kannte. Beide Ankömmlinge schwiegen eine Zeitlang still; endlich ging der Fremde auf Wilhelmen zu, reichte ihm die Hand und sagte: Kennen Sie Ihren alten Freund nicht mehr? Es war die Stimme des Harfenspielers, aber von seiner Gestalt schien keine Spur übrig geblieben zu sein. Er war in der gewöhnlichen Tracht eines Reisenden, reinlich und anständig gekleidet, sein Bart war verschwunden, seinen Locken sah man einige Kunst an, und was ihn eigentlich ganz unkenntlich machte, war, daß an seinem bedeutenden Gesichte die Züge des Alters nicht mehr erschienen. Wilhelm umarmte ihn mit der lebhaftesten Freude; er ward den andern vorgestellt, und betrug sich sehr vernünftig, und wußte nicht, wie bekannt er der Gesellschaft noch vor kurzem geworden war. Sie werden Geduld mit einem Menschen haben, fuhr er mit großer Gelassenheit fort, der, so erwachsen er auch aussieht, nach einem langen Leiden erst wie ein unerfahrnes Kind in die Welt tritt. Diesem wackren Mann bin ich schuldig, daß ich wieder in einer menschlichen Gesellschaft erscheinen kann.

Man hieß ihn willkommen, und der Arzt veranlaßte sogleich einen Spaziergang, um das Gespräch abzubrechen, und in's Gleichgültige zu lenken.

Als man allein war, gab der Arzt folgende Erklärung: Die Genesung dieses Mannes ist uns durch den sonderbarsten Zufall geglückt. Wir hatten ihn lange nach unserer Überzeugung moralisch und physisch behandelt, es ging auch bis auf einen gewissen Grad ganz gut, allein die Todesfurcht war noch immer groß bei ihm, und sein Bart und sein langes Kleid wollte er uns nicht aufopfern; übrigens nahm er mehr Teil an den weltlichen Dingen, und seine Gesänge schienen wie seine Vorstellungsart wieder dem Leben sich zu nähern. Sie wissen, welch ein sonderbarer Brief des Geistlichen mich von hier abrief. Ich kam, ich fand unsern Mann ganz verändert, er hatte freiwillig seinen Bart hergegeben, er hatte erlaubt seine Locken in eine hergebrachte Form zuzuschneiden, er verlangte gewöhnliche Kleider, und schien auf einmal ein anderer Mensch geworden zu sein. Wir waren neugierig die Ursache dieser Verwandlung zu ergründen, und wagten doch nicht uns mit ihm selbst darüber einzulassen; endlich entdeckten wir zufällig die sonderbare Bewandtnis. Ein Glas flüssiges Opium fehlte in der Hausapotheke des Geistlichen, man hielt für nötig die strengste Untersuchung anzustellen, jedermann suchte sich des Verdachtes zu erwehren, es gab unter den Hausgenossen heftige Szenen. Endlich trat dieser Mann auf, und gestand, daß er es besitze; man fragte ihn, ob er davon genommen habe? er sagte Nein! fuhr aber fort: Ich danke diesem Besitz die Wiederkehr meiner Vernunft. Es hängt von euch ab mir dieses Fläschchen zu nehmen, und ihr werdet mich ohne Hoffnung in meinen alten Zustand wieder zurückfallen sehen. Das Gefühl, daß es wünschenswert sei die Leiden dieser Erde durch den Tod geendigt zu sehen, brachte mich zuerst auf den Weg der Genesung; bald darauf entstand der Gedanke, sie durch einen freiwilligen Tod zu endigen, und ich nahm in dieser Absicht das Glas hinweg; die Möglichkeit, sogleich die großen Schmerzen auf ewig aufzuheben, gab mir Kraft die Schmerzen zu ertragen, und so habe ich, seitdem ich den Talisman besitze, mich durch die Nähe des Todes wieder in das Leben zurückgedrängt. Sorgt nicht, sagte er, daß ich Gebrauch davon mache, sondern entschließt euch, als Kenner des menschlichen Herzens, mich, indem ihr mir die Unabhängigkeit vom Leben zugesteht, erst vom Leben recht abhängig zu machen. Nach reiflicher Überlegung drangen wir nicht weiter in ihn, und er führt nun in einem festen geschliffnen Glasfläschchen dieses Gift als das sonderbarste Gegengift bei sich.

Man unterrichtete den Arzt von allem, was indessen endeckt worden war, und man beschloß gegen Augustin das tiefste Stillschweigen zu beobachten. Der Abbé nahm sich vor, ihn nicht von seiner Seite zu lassen, und ihn auf dem guten Wege, den er betreten hatte, fortzuführen.

Indessen sollte Wilhelm die Reise durch Deutschland mit dem Marchese vollenden. Schien es möglich Augustinen eine Neigung zu seinem Vaterlande wieder einzuflößen, so wollte man seinen Verwandten den Zustand entdecken, und Wilhelm sollte ihn den Seinigen wieder zuführen.

Dieser hatte nun alle Anstalten zu seiner Reise gemacht, und wenn es im Anfang wunderbar schien, daß Augustin sich freute, als er vernahm, wie sein alter Freund und Wohltäter sich sogleich wieder entfernen sollte, so entdeckte doch der Abbé bald den Grund dieser seltsamen Gemütsbewegung. Augustin konnte seine alte Furcht, die er vor Felix hatte, nicht überwinden, und wünschte den Knaben je eher je lieber entfernt zu sehen.

Nun waren nach und nach so viele Menschen angekommen, daß man sie im Schloß und in den Seitengebäuden kaum alle unterbringen konnte, um so mehr als man nicht gleich anfangs auf den Empfang so vieler Gäste die Einrichtung gemacht hatte. Man frühstückte, man speis'te zusammen, und hätte sich gern beredet, man lebe in einer vergnüglichen Übereinstimmung, wenn schon in der Stille die Gemüter sich gewissermaßen aus einander sehnten. Therese war manchmal mit Lothario, noch öfter allein ausgeritten, sie hatte in der Nachbarschaft schon alle Landwirte und Landwirtinnen kennen lernen; es war ihr Haushaltungsprinzip, und sie mochte nicht Unrecht haben, daß man mit Nachbarn und Nachbarinnen im besten Vernehmen und immer in einem ewigen Gefälligkeitswechsel stehen müsse. Von einer Verbindung zwischen ihr und Lothario schien gar die Rede nicht zu sein, die beiden Schwestern hatten sich viel zu sagen, der Abbé schien den Umgang des Harfenspielers zu suchen, Jarno hatte mit dem Arzt öftere Konferenzen, Friedrich hielt sich an Wilhelmen, und Felix war überall, wo es ihm gut ging. So vereinigten sich auch meistenteils die Paare auf dem Spaziergang, indem die Gesellschaft sich trennte, und wenn sie zusammen sein mußten, so nahm man geschwind seine Zuflucht zur Musik, um alle zu verbinden, indem man jeden sich selbst wiedergab.

Unversehens vermehrte der Graf die Gesellschaft, seine Gemahlin abzuholen, und, wie es schien, einen feierlichen Abschied von seinen weltlichen Verwandten zu nehmen. Jarno eilte ihm bis an den Wagen entgegen, und als der Ankommende fragte, was er für Gesellschaft finde? so sagte jener in einem Anfall von toller Laune, die ihn immer ergriff, sobald er den Grafen gewahr ward: Sie finden den ganzen Adel der Welt beisammen, Marchesen, Marquis, Mylords und Baronen, es hat nur noch an einem Grafen gefehlt. So ging man die Treppe hinauf, und Wilhelm war die erste Person, die ihm im Vorsaal entgegen kam. Mylord! sagte der Graf zu ihm auf französisch, nachdem er ihn einen Augenblick betrachtet hatte, ich freue mich sehr, Ihre Bekanntschaft unvermutet zu erneuern; denn ich müßte mich sehr irren, wenn ich Sie nicht im Gefolge des Prinzen sollte in meinem Schlosse gesehen haben. — Ich hatte das Glück Ew.

Exzellenz damals aufzuwarten, versetzte Wilhelm, nur erzeigen Sie mir zuviel Ehre, wenn Sie mich für einen Engländer und zwar vom ersten Range halten, ich bin ein Deutscher, und — zwar ein sehr braver junger Mann, fiel Jarno sogleich ein. Der Graf sah Wilhelmen lächelnd an, und wollte eben etwas erwidern, als die übrige Gesellschaft herbei kam, und ihn auf's freundlichste begrüßte. Man entschuldigte sich, daß man ihm nicht sogleich ein anständiges Zimmer anweisen könne, und versprach den nötigen Raum ungesäumt zu verschaffen.

Ei ei! sagte er lächelnd, ich sehe wohl, daß man dem Zufalle überlassen hat, den Fourierzettel zu machen; mit Vorsicht und Einrichtung, wie viel ist da nicht möglich! Jetzt bitte ich euch, rührt mir keinen Pantoffel vom Platze, denn sonst, seh' ich wohl, gibt es eine große Unordnung. Jedermann wird unbequem wohnen, und das soll niemand um meinetwillen wo möglich auch nur eine Stunde. Sie waren Zeuge, sagte er zu Jarno, und auch Sie, Mister, indem er sich zu Wilhelmen wandte, wie viele Menschen ich damals auf meinem Schlosse bequem untergebracht habe. Man gebe mir die Liste der Personen und Bedienten, man zeige mir an, wie jedermann gegenwärtig einquartiert ist, ich will einen Dislokationsplan machen, daß mit der wenigsten Bemühung jedermann eine geräumige Wohnung finde, und daß noch Platz für einen Gast bleiben soll, der sich zufälligerweise bei uns einstellen könnte.

Jarno machte sogleich den Adjutanten des Grafen, verschaffte ihm alle nötigen Notizen, und hatte nach seiner Art den größten Spaß, wenn er den alten Herrn mitunter irre machen konnte. Dieser gewann aber bald einen großen Triumph. Die Einrichtung war fertig, er ließ in seiner Gegenwart die Namen über alle Türen schreiben, und man konnte nicht leugnen, daß mit wenig Umständen und Veränderungen der Zweck völlig erreicht war. Auch hatte es Jarno unter anderm so geleitet, daß die Personen, die in dem gegenwärtigen Augenblick ein Interesse an einander nahmen, zusammen wohnten.

Nachdem alles eingerichtet war, sagte der Graf zu Jarno: Helfen Sie mir auf die Spur wegen des jungen Mannes, den Sie da Meister nennen, und der ein Deutscher sein soll. Jarno schwieg still, denn er wußte recht gut, daß der Graf einer von denen Leuten war, die, wenn sie fragen, eigentlich belehren wollen; auch fuhr dieser, ohne Antwort abzuwarten, in seiner Rede fort: Sie hatten mir ihn damals vorgestellt, und im Namen des Prinzen bestens empfohlen. Wenn seine Mutter auch eine Deutsche war, so hafte ich dafür, daß sein Vater ein Engländer ist, und zwar von Stande; wer wollte das englische Blut alles berechnen, das seit dreißig Jahren in deutschen Adern herum fließt! Ich will weiter nicht darauf dringen, ihr habt immer solche Familiengeheimnisse; doch mir wird man in solchen Fällen nichts aufbinden. Darauf erzählte er noch verschiedenes, was damals mit Wilhelmen auf seinem Schloß vorgegangen sein sollte, wozu Jarno gleichfalls schwieg, obgleich der Graf ganz irrig war, und Wilhelmen mit einem jungen Engländer in des Prinzen Gefolge mehr als einmal verwechselte. Der gute Herr hatte in frühern Zeiten ein vortreffliches Gedächtnis gehabt, und war noch immer stolz darauf, sich der geringsten Umstände seiner Jugend erinnern zu können; nun bestimmte er aber mit eben der Gewißheit wunderbare Kombinationen und Fabeln als wahr, die ihm bei zunehmender Schwäche seines Gedächtnisses seine Einbildungskraft einmal vorgespiegelt hatte. Übrigens war er sehr mild und gefällig geworden, und seine Gegenwart wirkte recht günstig auf die Gesellschaft. Er verlangte, daß man etwas Nützliches zusammen lesen sollte, ja sogar gab er manchmal kleine Spiele an, die er wo nicht mitspielte doch mit großer Sorgfalt dirigierte, und da man sich über seine Herablassung verwunderte, sagte er: es sei die Pflicht eines jeden, der sich in Hauptsachen von der Welt entferne, daß er in gleichgültigen Dingen sich ihr destomehr gleich stelle.

Wilhelm hatte unter diesen Spielen mehr als Einen bänglichen und verdrießlichen Augenblick; der leichtsinnige Friedrich ergriff manche Gelegenheit, um auf eine Neigung Wilhelms gegen Natalien zu deuten. Wie konnte er darauf fallen? wodurch war er dazu berechtigt? und mußte nicht die Gesellschaft glauben, daß, weil beide viel mit einander umgingen, Wilhelm ihm eine so unvorsichtige und unglückliche Konfidenz gemacht habe?

Eines Tages waren sie bei einem solchen Scherze heiterer als gewöhnlich, als Augustin auf einmal zur Türe, die er aufriß, mit gräßlicher Gebärde herein stürzte; sein Angesicht war blaß, sein Auge wild, er schien reden zu wollen, die Sprache versagte ihm. Die Gesellschaft entsetzte sich, Lothario und Jarno, die eine Rückkehr des Wahnsinns vermuteten, sprangen auf ihn los, und hielten ihn fest. Stotternd und dumpf, dann heftig und gewaltsam sprach und rief er: Nicht mich haltet, eilt! helft! rettet das Kind! Felix ist vergiftet!

Sie ließen ihn los, er eilte zur Tür hinaus, und voll Entsetzen drängte sich die Gesellschaft ihm nach. Man rief nach dem Arzte, Augustin richtete seine Schritte nach dem Zimmer des Abbés, man fand das Kind, das erschrocken und verlegen schien, als man ihm schon von weitem zurief: Was hast du angefangen?

Lieber Vater! rief Felix, ich habe nicht aus der Flasche, ich habe aus dem Glase getrunken, ich war so durstig.

Augustin schlug die Hände zusammen, rief: Er ist verloren! drängte sich durch die Umstehenden, und eilte davon.

Sie fanden ein Glas Mandelmilch auf dem Tische stehen, und eine Caravine darneben, die über die Hälfte leer war; der Arzt kam, er erfuhr, was man wußte, und sah mit Entsetzen das wohlbekannte Fläschchen, worin sich das flüssige Opium befunden hatte, leer auf dem Tische liegen; er ließ Essig herbei schaffen, und rief alle Mittel seiner Kunst zu Hülfe.

Natalie ließ den Knaben in ein Zimmer bringen, sie bemühte sich ängstlich um ihn. Der Abbé war fortgerannt, Augustinen aufzusuchen, und einige Aufklärungen von ihm zu erdringen. Eben so hatte sich der unglückliche Vater vergebens bemüht und fand, als er zurückkam, auf allen Gesichtern Bangigkeit und Sorge. Der Arzt hatte indessen die Mandelmilch im Glase untersucht, es entdeckte sich die stärkste Beimischung von Opium, das Kind lag auf dem Ruhebette und schien sehr krank, es bat den Vater, daß man ihm nur nichts mehr einschütten, daß man es nur nicht mehr quälen möchte. Lothar hatte seine Leute ausgeschickt und war selbst weggeritten, um der Flucht Augustins auf die Spur zu kommen. Natalie saß bei dem Kinde, es flüchtete auf ihren Schoß, und bat sie flehentlich um Schutz, flehentlich um ein Stückchen Zucker, der Essig sei gar zu sauer! Der Arzt gab es zu; man musse das Kind, das in der entsetzlichsten Bewegung war, einen Augenblick ruhen lassen, sagte er: es sei alles Rätliche geschehen, er wolle das Mögliche tun. Der Graf trat mit einigem Unwillen, wie es schien, herbei, er sah ernst, ja feierlich aus, legte die Hände auf das Kind, blickte gen Himmel, und blieb einige Augenblicke in dieser Stellung. Wilhelm, der trostlos in einem Sessel lag, sprang auf, warf einen Blick voll Verzweiflung auf Natalien und ging zur Türe hinaus.

Kurz darauf verließ auch der Graf das Zimmer.

Ich begreife nicht, sagte der Arzt nach einiger Pause, daß sich auch nicht die geringste Spur eines gefährlichen Zustandes am Kinde zeigt. Auch nur mit einem Schluck muß es eine ungeheure Dosis Opium zu sich genommen haben, und nun finde ich an seinem Pulse keine weitere Bewegung, als die ich meinen Mitteln und der Furcht zuschreiben kann, in die wir das Kind versetzt haben.

Bald darauf trat Jarno mit der Nachricht herein, daß man Augustin auf dem Oberboden in seinem Blute gefunden habe, ein Schermesser mache neben ihm gelegen, wahrscheinlich habe er sich die Kehle abgeschnitten. Der Arzt eilte fort und begegnete den Leuten, welche den Körper die Treppe herunterbrachten. Er ward auf ein Bett gelegt und genau untersucht, der Schnitt war in die Luftröhre gegangen, auf einen starken Blutverlust war eine Ohnmacht gefolgt, doch ließ sich bald bemerken, daß noch Leben, daß noch Hoffnung übrig sei. Der Arzt brachte den Körper in die rechte Lage, fügte die getrennten Teile zusammen, und legte den Verband an. Die Nacht ging allen schlaflos und sorgenvoll vorüber. Das Kind wollte sich nicht von Natalien trennen lassen. Wilhelm saß vor ihr auf einem Schemel; er hatte die Füße des Knaben auf seinem Schoße, Kopf und Brust lagen auf dem ihrigen, so teilten sie die angenehme Last und die schmerzliche Sorge, und verharrten, bis der Tag anbrach, in der unbequemen und traurigen Lage; Natalie hatte Wilhelmen ihre Hand gegeben, sie sprachen kein Wort, sahen auf das Kind, und sahen einander an. Lothario und Jarno saßen am andern Ende des Zimmers, und führten ein sehr bedeutendes Gespräch, das wir gern, wenn uns die Begebenheiten nicht zu sehr drängten, unsern Lesern hier mitteilen würden. Der Knabe schlief sanft, erwachte am frühen Morgen ganz heiter, sprang auf und verlangte ein Butterbrot.

Sobald Augustin sich einigermaßen erholt hatte, suchte man einige Aufklärung von ihm zu erhalten. Man erfuhr nicht ohne Mühe, und nur nach und nach: daß, als er bei der unglücklichen Dislokation des Grafen in Ein Zimmer mit dem Abbé versetzt worden, er das Manuskript und darin seine Geschichte gefunden habe; sein Entsetzen sei ohne gleichen gewesen, und er habe sich nun überzeugt, daß er nicht länger leben dürfe; sogleich habe er seine gewöhnliche Zuflucht zum Opium genommen, habe es in ein Glas Mandelmilch geschüttet, und habe doch, als er es an den Mund gesetzt, geschaudert; darauf habe er es stehen lassen, um nochmals durch den Garten zu laufen und die Welt zu sehen, bei seiner Zurückkunft habe er das Kind gefunden, eben beschäftigt, das Glas, woraus es getrunken, wieder voll zu gießen.

Man bat den Unglücklichen ruhig zu sein, er faßte Wilhelmen krampfhaft bei der Hand: Ach! sagte er, warum habe ich dich nicht längst verlassen, ich wußte wohl, daß ich den Knaben töten würde, und er mich. Der Knabe lebt! sagte Wilhelm. Der Arzt, der aufmerksam zugehört hatte, fragte Augustinen, ob alles Getränke vergiftet gewesen? Nein! versetzte er, nur das Glas. So hat durch den glücklichsten Zufall, rief der Arzt, das Kind aus der Flasche getrunken! Ein guter Genius hat seine Hand geführt, daß es nicht nach dem Tode griff, der so nahe bereitet stand! Nein! nein! rief Wilhelm mit einem Schrei, indem er die Hände vor die Augen hielt, wie fürchterlich ist diese Aussage! Ausdrücklich sagte das Kind, daß es nicht aus der Flasche, sondern aus dem Glase getrunken habe. Seine Gesundheit ist nur ein Schein, es wird uns unter den Händen wegsterben. Er eilte fort, der Arzt ging hinunter und fragte, indem er das Kind liebkos'te: Nicht wahr, Felix, du hast aus der Flasche getrunken und nicht aus dem Glase? Das Kind fing an zu weinen. Der Arzt erzählte Natalien im Stillen, wie sich die Sache verhalte; auch sie bemühte sich vergebens, die Wahrheit von dem Kinde zu erfahren, es weinte nur heftiger, und so lange bis es einschlief.

Wilhelm wachte bei ihm, die Nacht verging ruhig. Den andern Morgen fand man Augustinen tot in seinem Bette; er hatte die Aufmerksamkeit seiner Wärter durch eine scheinbare Ruhe betrogen, den Verband still aufgelös't und sich verblutet. Natalie ging mit dem Kinde spazieren, es war munter wie in seinen glücklichsten Tagen. Du bist doch gut, sagte Felix zu ihr, du zankst nicht, du schlägst mich nicht, ich will dir's nur sagen, ich habe aus der Flasche getrunken; Mutter Aurelie schlug mich immer auf die Finger, wenn ich nach der Caravine griff, der Vater sah so bös aus, ich dachte, er würde mich schlagen.

Mit beflügelten Schritten eilte Natalie zu dem Schlosse, Wilhelm kam ihr, noch voller Sorgen, entgegen. Glücklicher Vater! rief sie laut, indem sie das Kind aufhob und es ihm in die Arme warf, da hast du deinen Sohn! Er hat aus der Flasche getrunken, seine Unart hat ihn gerettet.

Man erzählte den glücklichen Ausgang dem Grafen, der aber nur mit lächelnder, stiller, bescheidner Gewißheit zuhörte, mit der man den Irrtum guter Menschen ertragen mag. Jarno, aufmerksam auf alles, konnte diesmal eine solche hohe Selbstgenügsamkeit nicht erklären, bis er endlich nach manchen Umschweifen erfuhr: der Graf sei überzeugt, das Kind habe wirklich Gift genommen, er habe es aber durch sein Gebet und durch das Auflegen seiner Hände wunderbar am Leben erhalten. Nun beschloß er auch sogleich wegzugehn; gepackt war bei ihm alles wie gewöhnlich in Einem Augenblicke, und bei'm Abschiede faßte die schöne Gräfin Wilhelms Hand, ehe sie noch die Hand der Schwester los ließ, drückte alle vier Hände zusammen, kehrte sich schnell um, und stieg in den Wagen.

So viel schreckliche und wunderbare Begebenheiten, die sich eine über die andere drängten, zu einer ungewohnten Lebensart nötigten, und alles in Unordnung und Verwirrung setzten, hatten eine Art von fieberhafter Schwingung in das Haus gebracht. Die Stunden des Schlafens und Wachens, des Essens, Trinkens und geselligen Zusammenseins waren verrückt und umgekehrt. Außer Theresen war niemand in seinem Gleise geblieben; die Männer suchten durch geistige Getränke ihre gute Laune wieder herzustellen, und, indem sie sich eine künstliche Stimmung gaben, entfernten sie die natürliche, die allein uns wahre Heiterkeit und Tätigkeit gewährt.

Wilhelm war durch die heftigsten Leidenschaften bewegt und zerrüttet, die unvermuteten und schreckhaften Anfälle hatten sein Innerstes ganz aus aller Fassung gebracht, einer Leidenschaft zu widerstehn, die sich des Herzens so gewaltsam bemächtigt hatte. Felix war ihm wiedergegeben, und doch schien ihm alles zu fehlen; die Briefe von Wernern mit den Anweisungen waren da, ihm mangelte nichts zu seiner Reise, als der Mut sich zu entfernen. Alles drängte ihn zu dieser Reise. Er konnte vermuten, daß Lothario und Therese nur auf seine Entfernung warteten, um sich trauen zu lassen. Jarno war wider seine Gewohnheit still, und man hätte beinahe sagen können, er habe etwas von seiner gewöhnlichen Heiterkeit verloren. Glücklicherweise half der Arzt unserm Freunde einigermaßen aus der Verlegenheit, indem er ihn für krank erklärte, und ihm Arznei gab.

Die Gesellschaft kam immer Abends zusammen, und Friedrich, der ausgelassene Mensch, der gewöhnlich mehr Wein als billig trank, bemächtigte sich des Gesprächs, und brachte nach seiner Art, mit hundert Zitaten und eulenspiegelhaften Anspielungen, die Gesellschaft zum Lachen, und setzte sie auch nicht selten in Verlegenheit, indem er laut zu denken sich erlaubte.

An die Krankheit seines Freundes schien er gar nicht zu glauben. Einst, als sie alle beisammen waren, rief er aus: Wie nennt ihr das Übel, Doktor, das unsern Freund angefallen hat? Paßt hier keiner von den dreitausend Namen, mit denen ihr eure Unwissenheit ausputzt? An ähnlichen Beispielen wenigstens hat es nicht gefehlt. Es kommt, fuhr er mit einem emphatischen Tone fort, ein solcher Kasus in der ägyptischen oder babylonischen Geschichte vor.

Die Gesellschaft sah einander an und lächelte.

Wie hieß der König? rief er aus und hielt einen Augenblick inne. Wenn ihr mir nicht einhelfen wollt, fuhr er fort, so werde ich mir selbst zu helfen wissen. Er riß die Türflügel auf, und wies nach dem großen Bilde im Vorsaal. Wie heißt der Ziegenbart mit der Krone dort, der sich am Fuße des Bettes um seinen kranken Sohn abhärmt? Wie heißt die Schöne, die hereintritt, und in ihren sittsamen Schelmenaugen Gift und Gegengift zugleich führt? Wie heißt der Pfuscher und Arzt, dem erst in diesem Augenblicke ein Licht aufgeht, der das erstemal in seinem Leben Gelegenheit findet, ein vernünftiges Rezept zu verordnen, eine Arznei zu reichen, die aus dem Grunde kuriert, und die eben so wohlschmeckend als heilsam ist?

In diesem Tone fuhr er fort zu schwadronieren. Die Gesellschaft nahm sich so gut als möglich zusammen, und verbarg ihre Verlegenheit hinter einem gezwungenen Lächeln. Eine leichte Röte überzog Nataliens Wangen, und verriet die Bewegungen ihres Herzens. Glücklicherweise ging sie mit Jarno auf und nieder; als sie an die Türe kamen, schritt sie mit einer klugen Bewegung hinaus, einigemal in dem Vorsaale hin und wieder, und ging sodann auf ihr Zimmer.

Die Gesellschaft war still. Friedrich fing an zu tanzen und zu singen.

O, ihr werdet Wunder sehn!
Was geschehn ist, ist geschehn,
Was gesagt ist, ist gesagt.
Eh' es tagt,
Sollt ihr Wunder sehn.

Therese war Natalien nachgegangen, Friedrich zog den Arzt vor das große Gemälde, hielt eine lächerliche Lobrede auf die Medizin, und schlich davon.

Lothario hatte bisher in einer Fenstervertiefung gestanden, und sah, ohne sich zu rühren, in den Garten hinunter. Wilhelm war in der schrecklichsten Lage. Selbst da er sich nun mit seinem Freunde allein sah, blieb er eine Zeitlang still; er überlief mit flüchtigem Blick seine Geschichte, und sah zuletzt mit Schaudern auf seinen gegenwärtigen Zustand; endlich sprang er auf und rief: Bin ich Schuld an dem, was vorgeht, an dem, was mir und Ihnen begegnet, so strafen Sie mich! Zu meinen übrigen Leiden entziehen Sie mir Ihre Freundschaft, und lassen Sie mich ohne Trost in die weite Welt hinaus gehen, in der ich mich lange hätte verlieren sollen. Sehen Sie aber in mir das Opfer einer grausamen zufälligen Verwicklung, aus der ich mich heraus zu winden unfähig war, so geben Sie mir die Versicherung Ihrer Liebe, Ihrer Freundschaft auf eine Reise mit, die ich nicht länger verschieben darf. Es wird eine Zeit kommen, wo ich Ihnen werde sagen können, was diese Tage in mir vorgegangen ist. Vielleicht leide ich eben jetzt diese Strafe, weil ich mich Ihnen nicht früh genug entdeckte, weil ich gezaudert habe, mich Ihnen ganz zu zeigen, wie ich bin; Sie hätten mir beigestanden, Sie hätten mir zur rechten Zeit los geholfen. Aber und abermal gehen mir die Augen über mich selbst auf, immer zu spät und immer umsonst. Wie sehr verdiente ich die Strafrede Jarno's! Wie glaubte ich sie gefaßt zu haben, wie hoffte ich sie zu nutzen, ein neues Leben zu gewinnen! Konnte ich's? Sollte ich's? Vergebens klagen wir Menschen uns selbst, vergebens das Schicksal an! Wir sind elend und zum Elend bestimmt, und ist es nicht völlig einerlei, ob eigene Schuld, höherer Einfluß oder Zufall, Tugend oder Laster, Weisheit oder Wahnsinn uns in's Verderben stürzen? Leben Sie wohl! ich werde keinen Augenblick länger in dem Hause verweilen, in welchem ich das Gastrecht, wider meinen Willen, so schrecklich verletzt habe. Die Indiskretion Ihres Bruders ist unverzeihlich, sie treibt mein Unglück auf den höchsten Grad, sie macht mich verzweifeln.

Und wenn nun, versetzte Lothario, indem er ihn bei der Hand nahm, Ihre Verbindung mit meiner Schwester die geheime Bedingung wäre, unter welcher sich Therese entschlossen hat, mir ihre Hand zu geben? Eine solche Entschädigung hat Ihnen das edle Mädchen zugedacht; sie schwur, daß dieses doppelte Paar an Einem Tage zum Altare gehen sollte. Sein Verstand hat mich gewählt, sagte sie, sein Herz fordert Natalien, und mein Verstand wird seinem Herzen zu Hülfe kommen. Wir wurden einig, Natalien und Sie zu beobachten, wir machten den Abbé zu unserm Vertrauten, dem wir versprechen mußten, keinen Schritt zu dieser Verbindung zu tun, sondern alles seinen Gang gehen zu lassen. Wir haben es getan. Die Natur hat gewirkt, und der tolle Bruder hat nur die reife Frucht abgeschüttelt. Lassen Sie uns, da wir einmal so wunderbar zusammen kommen, nicht ein gemeines Leben führen; lassen Sie uns zusammen auf eine würdige Weise tätig sein! Unglaublich ist es, was ein gebildeter Mensch für sich und andere tun kann, wenn er, ohne herrschen zu wollen, das Gemüt hat, Vormund von vielen zu sein, sie leitet dasjenige zur rechten Zeit zu tun, was sie doch alle gerne tun möchten, und sie zu ihren Zwecken führt, die sie meist recht gut im Auge haben, und nur die Wege dazu verfehlen. Lassen Sie uns hierauf einen Bund schließen; es ist keine Schwärmerei, es ist eine Idee, die recht gut ausführbar ist, und die öfters, nur nicht immer mit klarem Bewußtsein, von guten Menschen ausgeführt wird. Meine Schwester Natalie ist hiervon ein lebhaftes Beispiel. Unerreichbar wird immer die Handlungsweise bleiben, welche die Natur dieser schönen Seele vorgeschrieben hat. Ja sie verdient diesen Ehrennamen vor vielen andern, mehr, wenn ich sagen darf, als unsre edle Tante selbst, die zu der Zeit, als unser guter Arzt jenes Manuskript so rubrizierte, die schönste Natur war, die wir in unserm Kreise kannten. Indes hat Natalie sich entwickelt, und die Menschheit freut sich einer solchen Erscheinung.

Er wollte weiter reden, aber Friedrich sprang mit großem Geschrei herein. Welch einen Kranz verdien' ich? rief er aus, und wie werdet ihr mich belohnen? Myrten, Lorbeer, Efeu, Eichenlaub, das frischeste, das ihr finden könnt, windet zusammen; soviel Verdienste habt ihr in mir zu krönen. Natalie ist dein! Ich bin der Zauberer, der diesen Schatz gehoben hat.

Er schwärmt, sagte Wilhelm, und ich gehe.

Hast du Auftrag? sagte der Baron, indem er Wilhelmen fest hielt.

Aus eigner Macht und Gewalt, versetzte Friedrich, auch von Gottes Gnaden, wenn ihr wollt; *so* war ich Freiersmann, *so* bin ich jetzt Gesandter, ich habe an der Türe gehorcht, sie hat sich ganz dem Abbé entdeckt.

Unverschämter! sagte Lothario, wer heißt dich horchen.

Wer heißt sie sich einschließen! versetzte Friedrich; ich hörte alles ganz genau, Natalie war sehr bewegt. In der Nacht, da das Kind so krank schien, und halb auf ihrem Schoße ruhte, als du trostlos vor ihr saßest, und die geliebte Bürde mit ihr teiltest, tat sie das Gelübde, wenn das Kind stürbe, dir ihre Liebe zu bekennen, und dir selbst die Hand anzubieten; jetzt, da das Kind lebt, warum soll sie ihre Gesinnung verändern? Was man einmal so verspricht, hält man unter jeder Bedingung. Nun wird der Pfaffe kommen, und Wunder denken, was er für Neuigkeiten bringt.

Der Abbé trat in's Zimmer. Wir wissen alles, rief Friedrich ihm entgegen, macht es kurz, denn ihr kommt bloß um der Formalität willen; zu weiter nichts werden die Herren verlangt.

Er hat gehorcht, sagte der Baron. — Wie ungezogen! rief der Abbé.

Nun geschwind, versetzte Friedrich, wie sieht's mit den Zeremonien aus? Die lassen sich an den Fingern herzählen, ihr müßt reisen, die Einladung des Marchese kommt euch herrlich zu statten. Seid ihr nur einmal über die Alpen, so findet sich zu Hause alles, die Menschen wissen's euch Dank, wenn ihr etwas Wunderliches unternehmt, ihr verschafft ihnen eine Unterhaltung, die sie nicht zu bezahlen brauchen. Es ist eben, als wenn ihr eine Freiredoute gäbt; es können alle Stände daran Teil nehmen.

Ihr habt euch freilich mit solchen Volksfesten schon sehr um's Publikum verdient gemacht, versetzte der Abbé, und ich komme, so scheint es, heute nicht mehr zu Wort.

Ist nicht alles wie ich's sagte, versetzte Friedrich, so belehrt uns eines Bessern. Kommt herüber, kommt herüber! wir müssen sie sehen und uns freuen.

Lothario umarmte seinen Freund und führte ihn zu der Schwester, sie kam mit Theresen ihm entgegen, alles schwieg.

Nicht gezaudert! rief Friedrich, in zwei Tagen könnt ihr reisefertig sein. Wie meint ihr, Freund, fuhr er fort, indem er sich zu Wilhelmen wendete, als wir Bekanntschaft machten, als ich euch den schönen Strauß abforderte, wer konnte denken, daß ihr jemals eine solche Blume aus meiner Hand empfangen würdet?

Erinnern Sie mich nicht in diesem Augenblick des höchsten Glücks an jene Zeiten!

Deren ihr euch nicht schämen sollet, so wenig man sich seiner Abkunft zu schämen hat. Die Zeiten waren gut, und ich muß lachen, wenn ich dich ansehe: du kommst mir vor wie Saul, der Sohn Kis, der ausging, seines Vaters Eselinnen zu suchen, und ein Königreich fand.

Ich kenne den Wert eines Königreichs nicht, versetzte Wilhelm, aber ich weiß, daß ich ein Glück erlangt habe, das ich nicht verdiene, und das ich mit nichts in der Welt vertauschen möchte.

DIE WAHLVERWANDTSCHAFTEN

Ein Roman

ERSTER TEIL

Erstes Kapitel

Eduard — so nennen wir einen reichen Baron im besten Mannesalter — Eduard hatte in seiner Baumschule die schönste Stunde eines Aprilnachmittags zugebracht, um frisch erhaltene Pfropfreiser auf junge Stämme zu bringen. Sein Geschäft war eben vollendet, er legte die Gerätschaften in das Futteral zusammen und betrachtete seine Arbeit mit Vergnügen, als der Gärtner hinzutrat und sich an dem teilnehmenden Fleiße des Herrn ergetzte.

Hast du meine Frau nicht gesehen? fragte Eduard, indem er sich weiter zu gehen anschickte.

Drüben in den neuen Anlagen, versetzte der Gärtner. Die Mooshütte wird heute fertig, die sie an der Felswand, dem Schlosse gegenüber, gebaut hat. Alles ist recht schön geworden und muß Ew. Gnaden gefallen. Man hat einen vortrefflichen Anblick: unten das Dorf, ein wenig rechter Hand die Kirche, über deren Turmspitze man fast hinwegsieht; gegenüber das Schloß und die Gärten.

Ganz recht, versetzte Eduard; einige Schritte von hier konnte ich die Leute arbeiten sehen.

Dann, fuhr der Gärtner fort, öffnet sich rechts das Tal und man sieht über die reichen Baumwiesen in eine heitere Ferne. Der Stieg die Felsen hinauf ist gar hübsch angelegt. Die gnädige Frau versteht es; man arbeitet unter ihr mit Vergnügen.

Geh zu ihr, sagte Eduard, und ersuche sie, auf mich zu warten. Sage ihr, ich wünsche die neue Schöpfung zu sehen und mich daran zu erfreuen.

Der Gärtner entfernte sich eilig und Eduard folgte bald.

Dieser stieg nun die Terrassen hinunter, musterte im Vorbeigehen Gewächshäuser und Treibebeete, bis er an's Wasser, dann über einen Steg an den Ort kam, wo sich der Pfad nach den neuen Anlagen in zwei Arme teilte. Den einen, der über den Kirchhof ziemlich gerade nach der Felswand hinging, ließ er liegen um den andern einzuschlagen, der sich links etwas weiter durch anmutiges Gebüsch sachte hinaufwand; da wo beide zusammentrafen, setzte er sich für einen Augenblick auf einer wohlangebrachten Bank nieder, betrat sodann den eigentlichen Stieg, und sah sich durch allerlei Treppen und Absätze auf dem schmalen, bald mehr oder weniger steilen Wege endlich zur Mooshütte geleitet.

An der Türe empfing Charlotte ihren Gemahl und ließ ihn dergestalt niedersitzen, daß er durch Tür und Fenster die verschiedenen Bilder, welche die Landschaft gleichsam im Rahmen zeigten, auf Einen Blick übersehen konnte. Er freute sich daran in Hoffnung daß der Frühling bald alles noch reichlicher beleben würde. Nur Eines habe ich zu erinnern, setzte er hinzu: die Hütte scheint mir etwas zu eng.

Für uns beide doch geräumig genug, versetzte Charlotte.

Nun freilich, sagte Eduard, für einen Dritten ist auch wohl noch Platz.

Warum nicht? versetzte Charlotte, und auch für ein Viertes. Für größere Gesellschaft wollen wir schon andere Stellen bereiten.

Da wir denn ungestört hier allein sind, sagte Eduard, und ganz ruhigen heiteren Sinnes; so muß ich dir gestehen, daß ich schon einige Zeit etwas auf dem Herzen habe, was ich dir vertrauen muß und möchte, und nicht dazu kommen kann.

Ich habe dir so etwas angemerkt, versetzte Charlotte.

Und ich will nur gestehen, fuhr Eduard fort, wenn mich der Postbote morgen früh nicht drängte, wenn wir uns nicht heut entschließen müßten, ich hätte vielleicht noch länger geschwiegen.

Was ist es denn? fragte Charlotte freundlich entgegenkommend.

Es betrifft unsern Freund, den Hauptmann, antwortete Eduard. Du kennst die traurige Lage, in die er, wie so mancher andere, ohne sein Verschulden gesetzt ist. Wie schmerzlich muß es einem Manne von seinen Kenntnissen, seinen Talenten und Fertigkeiten sein, sich außer Tätigkeit zu sehen und — ich will nicht lange zurückhalten mit dem was ich für ihn wünsche: ich möchte daß wir ihn auf einige Zeit zu uns nähmen.

Das ist wohl zu überlegen und von mehr als Einer Seite zu betrachten, versetzte Charlotte.

Meine Ansichten bin ich bereit dir mitzuteilen, entgegnete ihr Eduard. In seinem letzten Briefe herrscht ein stiller Ausdruck des tiefsten Mißmutes; nicht daß es ihm an irgend einem Bedürfnis fehle: denn er weiß sich durchaus zu beschränken, und für das Notwendige habe ich gesorgt; auch drückt es ihn nicht, etwas von mir anzunehmen: denn wir sind unsre Lebzeit über einander wechselseitig uns so viel schuldig geworden, daß wir nicht berechnen können, wie unser Kredit und Debet sich gegen einander verhalte — daß er geschäftlos ist, das ist eigentlich seine Qual. Das Vielfache, was er an sich ausgebildet hat, zu andrer Nutzen täglich und stündlich zu gebrauchen, ist ganz allein sein Vergnügen, ja seine Leidenschaft. Und nun die Hände in den Schoß zu legen, oder noch weiter zu studieren, sich weitere Geschicklichkeit zu verschaffen, da er das nicht brauchen kann, was er in vollem Maße besitzt — genug, liebes Kind, es ist eine peinliche Lage, deren Qual er doppelt und dreifach in seiner Einsamkeit empfindet.

Ich dachte doch, sagte Charlotte, ihm wären von verschiedenen Orten Anerbietungen geschehen. Ich hatte selbst um seinetwillen an manche tätige Freunde und Freundinnen geschrieben, und soviel ich weiß, blieb dies auch nicht ohne Wirkung.

Ganz recht, versetzte Eduard; aber selbst diese verschiedenen Gelegenheiten, diese Anerbietungen machen ihm neue Qual, neue Unruhe. Keines von den Verhältnissen ist ihm gemäß. Er soll nicht wirken; er soll sich aufopfern, seine Zeit, seine Gesinnungen, seine Art zu sein, und das ist ihm unmöglich. Je mehr ich das alles betrachte, je mehr ich es fühle, desto lebhafter wird der Wunsch ihn bei uns zu sehen.

Es ist recht schön und liebenswürdig von dir, versetzte Charlotte, daß du des Freundes Zustand mit so viel Teilnahme bedenkst; allein erlaube mir dich aufzufordern, auch deiner, auch unser zu gedenken.

Das habe ich getan, entgegnete ihr Eduard. Wir können von seiner Nähe uns nur Vorteil und Annehmlichkeit versprechen. Von dem Aufwande will ich nicht reden, der auf alle Fälle gering für mich wird, wenn er zu uns zieht; besonders wenn ich zugleich bedenke, daß uns seine Gegenwart nicht die mindeste Unbequemlichkeit verursacht. Auf dem rechten Flügel des Schlosses kann er wohnen, und alles andere findet sich. Wie viel wird ihm dadurch geleistet, und wie manches Angenehme wird uns durch seinen Umgang, ja wie mancher Vorteil! Ich hätte längst eine Ausmessung des Gutes und der Gegend gewünscht; er wird sie besorgen und leiten. Deine Absicht ist, selbst die Güter künftig zu verwalten, sobald die Jahre der gegenwärtigen Pächter verflossen sind. Wie bedenklich ist ein solches Unternehmen! Zu wie manchen Vorkenntnissen kann er uns nicht verhelfen! Ich fühle nur zu sehr, daß mir ein Mann dieser Art abgeht. Die Landleute haben die rechten Kenntnisse; ihre Mitteilungen aber sind konfus und nicht ehrlich. Die Studierten aus der Stadt und von den Akademien sind wohl klar und ordentlich, aber es fehlt an der unmittelbaren Einsicht in die Sache. Vom Freunde kann ich mir beides versprechen; und dann entspringen noch hundert andere Verhältnisse daraus, die ich mir alle gern vorstellen mag, die auch auf dich Bezug haben und wovon ich viel Gutes voraussehe. Nun danke ich dir, daß du mich freundlich angehört hast; jetzt sprich aber auch recht frei und umständlich und sage mir alles was du zu sagen hast; ich will dich nicht unterbrechen.

Recht gut, versetzte Charlotte: so will ich gleich mit einer allgemeinen Bemerkung anfangen. Die Männer denken mehr auf das Einzelne, auf das Gegenwärtige, und das mit Recht, weil sie zu tun, zu wirken berufen sind; die Weiber hingegen mehr auf das was im Leben zusammenhängt, und das mit gleichem Rechte, weil ihr Schicksal, das Schicksal ihrer Familien, an diesen Zusammenhang geknüpft ist, und auch gerade dieses Zusammenhängende von ihnen gefordert wird. Laß uns deswegen einen Blick auf unser gegenwärtiges, auf unser vergangenes Leben werfen, und du wirst mir eingestehen, daß die Berufung des Hauptmanns nicht so ganz mit unsern Vorsätzen, unsern Planen, unsern Einrichtungen zusammentrifft.

Mag ich doch so gern unserer frühsten Verhältnisse gedenken! Wir liebten einander als junge Leute recht herzlich; wir wurden getrennt: du von mir, weil dein Vater, aus nie zu sättigender Begierde des Besitzes, dich mit einer ziemlich älteren reichen Frau verband; ich von dir, weil ich, ohne sonderliche Aussichten, einem wohlhabenden, nicht geliebten, aber geehrten Manne meine Hand reichen mußte. Wir wurden wieder frei; du früher, indem dich dein Mütterchen in Besitz eines großen Vermögens ließ; ich später, eben zu der Zeit, da du von Reisen zurückkamst. So fanden wir uns wieder. Wir freuten uns der Erinnerung, wir liebten die Erinnerung, und konnten ungestört zusammen leben. Du drangst auf eine Verbindung; ich willigte nicht gleich ein: denn da wir ungefähr von denselben Jahren sind, so bin ich als Frau wohl älter geworden, du nicht als Mann. Zuletzt wollte ich dir nicht versagen, was du für dein einziges Glück zu halten schienst. Du wolltest von allen Unruhen, die du bei Hof, im Militär, auf Reisen erlebt hattest, dich an meiner Seite erholen, zur Besinnung kommen, des Lebens genießen; aber auch nur mit mir allein. Meine einzige Tochter tat ich in Pension, wo sie sich freilich mannichfaltiger ausbildet, als bei einem ländlichen Aufenthalte geschehen könnte; und nicht sie allein, auch Ottilien, meine liebe Nichte, tat ich dorthin, die vielleicht zur häuslichen Gehülfin unter meiner Anleitung am besten herangewachsen wäre. Das alles geschah mit deiner Einstimmung, bloß damit wir uns selbst leben, bloß damit wir das früh so sehnlich gewünschte, endlich spät erlangte Glück ungestört genießen möchten. So haben wir unsern ländlichen Aufenthalt angetreten. Ich übernahm das Innere, du das Äußere und was in's Ganze geht. Meine Einrichtung ist gemacht, dir in allem entgegen zu kommen, nur für dich allein zu leben; laß uns wenigstens eine Zeit lang versuchen, in wie fern wir auf diese Weise mit einander ausreichen.

Da das Zusammenhängende, wie du sagst, eigentlich euer Element ist, versetzte Eduard: so muß man euch freilich nicht in einer Folge reden hören, oder sich entschließen euch Recht zu geben, und du sollst auch Recht haben bis auf den heutigen Tag. Die Anlage, die wir bis jetzt zu unserm Dasein gemacht haben, ist von guter Art; sollen wir aber nichts weiter darauf bauen, und soll sich nichts weiter daraus entwickeln? Was ich im Garten leiste, du im Park, soll das nur für Einsiedler getan sein?

Recht gut! versetzte Charlotte, recht wohl! Nur daß wir nichts Hinderndes, Fremdes hereinbringen. Bedenke, daß unsre Vorsätze, auch was die Unterhaltung betrifft, sich gewissermaßen nur auf unser beiderseitiges Zusammensein bezogen. Du wolltest zuerst die Tagebücher deiner Reise mir in ordentlicher Folge mitteilen, bei dieser Gelegenheit so manches dahin Gehörige von Papieren in Ordnung bringen, und unter meiner Teilnahme, mit meiner Beihülfe, aus diesen unschätzbaren, aber verworrenen Heften und Blättern ein für uns und andere erfreuliches Ganze zusammenstellen. Ich versprach dir an der Abschrift zu helfen, und wir dachten es uns so bequem, so artig, so gemütlich und heimlich, die Welt, die wir zusammen nicht sehen sollten, in der Erinnerung zu durchreisen. Ja der Anfang ist schon gemacht. Dann hast du die Abende deine Flöte wieder vorgenommen, begleitest mich am Klavier; und an Besuchen aus der Nachbarschaft und in die Nachbarschaft fehlt es uns nicht. Ich wenigstens habe mir aus allem diesem den ersten wahrhaft fröhlichen Sommer zusammengebaut, den ich in meinem Leben zu genießen dachte.

Wenn mir nur nicht, versetzte Eduard indem er sich die Stirne rieb, bei alle dem, was du mir so liebevoll und verständig wiederholst, immer der Gedanke beiginge, durch die Gegenwart des Hauptmanns würde nichts gestört, ja vielmehr alles beschleunigt und neubelebt. Auch er hat einen Teil meiner Wanderungen mitgemacht; auch er hat manches, und in verschiedenem Sinne, sich angemerkt: wir benutzen das zusammen, und alsdann würde es erst ein hübsches Ganze werden.

So laß mich denn dir aufrichtig gestehen, entgegnete Charlotte mit einiger Ungeduld, daß diesem Vorhaben mein Gefühl widerspricht, daß eine Ahnung mir nichts Gutes weissagt.

Auf diese Weise wäret ihr Frauen wohl unüberwindlich, versetzte Eduard; erst verständig, daß man nicht widersprechen kann, liebevoll, daß man sich gern hingibt, gefühlvoll, daß man euch nicht weh tun mag, ahnungsvoll, daß man erschrickt.

Ich bin nicht abergläubisch, versetzte Charlotte, und gebe nichts auf diese dunklen Anregungen, insofern sie nur solche wären; aber es sind meistenteils unbewußte Erinnerungen glücklicher und unglücklicher Folgen, die wir an eigenen oder fremden Handlungen erlebt haben. Nichts ist bedeutender in jedem Zustande, als die Dazwischenkunft eines Dritten. Ich habe Freunde gesehen, Geschwister, Liebende, Gatten, deren Verhältnis durch den zufälligen oder gewählten Hinzutritt einer neuen Person ganz und gar verändert, deren Lage völlig umgekehrt wurde.

Das kann wohl geschehen, versetzte Eduard, bei Menschen, die nur dunkel vor sich hinleben, nicht bei solchen, die schon durch Erfahrung aufgeklärt sich mehr bewußt sind.

Das Bewußtsein, mein Liebster, entgegnete Charlotte, ist keine hinlängliche Waffe, ja manchmal eine gefährliche, für den der sie führt; und aus diesem allen tritt wenigstens so viel hervor, daß wir uns ja nicht übereilen sollen. Gönne mir noch einige Tage; entscheide nicht!

Wie die Sache steht, erwiderte Eduard, werden wir uns auch nach mehreren Tagen immer übereilen. Die Gründe für und dagegen haben wir wechselsweise vorgebracht; es kommt auf den Entschluß an, und da wär' es wirklich das Beste, wir gäben ihn dem Los anheim.

Ich weiß, versetzte Charlotte, daß du in zweifelhaften Fällen gerne wettest oder würfelst; bei einer so ernsthaften Sache hingegen würde ich dies für einen Frevel halten.

Was soll ich aber dem Hauptmann schreiben? rief Eduard aus: denn ich muß mich gleich hinsetzen.

Einen ruhigen, vernünftigen, tröstlichen Brief, sagte Charlotte.

Das heißt so viel wie keinen, versetzte Eduard.

Und doch ist es in manchen Fällen, versetzte Charlotte, notwendig und freundlich, lieber nichts zu schreiben, als nicht zu schreiben.

Zweites Kapitel

Eduard fand sich allein auf seinem Zimmer, und wirklich hatte die Wiederholung seiner Lebensschicksale aus dem Munde Charlottens, die Vergegenwärtigung ihres beiderseitigen Zustandes, ihrer Vorsätze, sein lebhaftes Gemüt angenehm aufgeregt. Er hatte sich in ihrer Nähe, in ihrer Gesellschaft so glücklich gefühlt, daß er sich einen freundlichen, teilnehmenden, aber ruhigen und auf nichts hindeutenden Brief an den Hauptmann ausdachte. Als er aber zum Schreibtisch ging und den Brief des Freundes aufnahm, um ihn nochmals durchzulesen, trat ihm sogleich wieder der traurige Zustand des trefflichen Mannes entgegen; alle Empfindungen, die ihn diese Tage gepeinigt hatten, wachten wieder auf, und es schien ihm unmöglich, seinen Freund einer so ängstlichen Lage zu überlassen.

Sich etwas zu versagen, war Eduard nicht gewohnt. Von Jugend auf das einzige, verzogene Kind reicher Eltern, die ihn zu einer seltsamen, aber höchst vorteilhaften Heirat mit einer viel ältern Frau zu bereden wußten, von dieser auch auf alle Weise verzärtelt, indem sie sein gutes Betragen gegen sie durch die größte Freigebigkeit zu erwidern suchte, nach ihrem baldigen Tode sein eigner Herr, auf Reisen unabhängig, jeder Abwechselung, jeder Veränderung mächtig, nichts Übertriebenes wollend, aber viel und vielerlei wollend, freimütig, wohltätig, brav, ja tapfer im Fall — was konnte in der Welt seinen Wünschen entgegenstehen!

Bisher war alles nach seinem Sinne gegangen, auch zum Besitz Charlottens war er gelangt, den er sich durch eine hartnäckige, ja romanenhafte Treue doch zuletzt erworben hatte; und nun fühlte er sich zum erstenmal widersprochen, zum erstenmal gehindert, eben da er seinen Jugendfreund an sich heranziehen, da er sein ganzes Dasein gleichsam abschließen wollte. Er war verdrießlich, ungeduldig, nahm einigemal die Feder und legte sie nieder, weil er nicht einig mit sich werden konnte, was er schreiben sollte. Gegen die Wünsche seiner Frau wollte er nicht, nach ihrem Verlangen konnte er nicht; unruhig wie er war, sollte er einen ruhigen Brief schreiben, es wäre ihm ganz unmöglich gewesen. Das Natürlichste war, daß er Aufschub suchte. Mit wenig Worten bat er seinen Freund um Verzeihung, daß er diese Tage nicht geschrieben, daß er heut nicht umständlich schreibe, und versprach für nächstens ein bedeutenderes, ein beruhigendes Blatt.

Charlotte benutzte des andern Tags, auf einem Spaziergang nach derselben Stelle, die Gelegenheit das Gespräch wieder anzuknüpfen, vielleicht in der Überzeugung, daß man einen Vorsatz nicht sicherer abstumpfen kann, als wenn man ihn öfters durchspricht.

Eduarden war diese Wiederholung erwünscht. Er äußerte sich nach seiner Weise freundlich und angenehm: denn wenn er, empfänglich wie er war, leicht aufloderte, wenn sein lebhaftes Begehren zudringlich ward, wenn seine Hartnäckigkeit ungeduldig machen konnte; so waren doch alle seine Äußerungen durch eine vollkommene Schonung des andern dergestalt gemildert, daß man ihn immer noch liebenswürdig finden mußte, wenn man ihn auch beschwerlich fand.

Auf eine solche Weise brachte er Charlotten diesen Morgen erst in die heiterste Laune, dann durch anmutige Gesprächswendungen ganz aus der Fassung, so daß sie zuletzt ausrief: Du willst gewiß, daß ich das, was ich dem Ehemann versagte, dem Liebhaber zugestehen soll.

Wenigstens, mein Lieber, fuhr sie fort, sollst du gewahr werden, daß deine Wünsche, die freundliche Lebhaftigkeit, womit du sie ausdrückst, mich nicht ungerührt, mich nicht unbewegt lassen. Sie nötigen mich zu einem Geständnis. Ich habe dir bisher auch etwas verborgen. Ich befinde mich in einer ähnlichen Lage wie du, und habe mir schon eben die Gewalt angetan, die ich dir nun über dich selbst zumute.

Das hör' ich gern, sagte Eduard; ich merke wohl, im Ehestand muß man sich manchmal streiten, denn dadurch erfährt man was von einander.

Nun sollst du also erfahren, sagte Charlotte, daß es mir mit Ottilien geht, wie dir mit dem Hauptmann. Höchst ungern weiß ich das liebe Kind in der Pension, wo sie sich in sehr drückenden Verhältnissen befindet. Wenn Luciane, meine Tochter, die für die Welt geboren ist, sich dort für die Welt bildet, wenn sie Sprachen, Geschichtliches und was sonst von Kenntnissen ihr mitgeteilt wird, so wie ihre Noten und Variationen vom Blatte wegspielt; wenn bei einer lebhaften Natur und bei einem glücklichen Gedächtnis sie, man möchte wohl sagen, alles vergißt und im Augenblicke sich an alles erinnert; wenn sie durch Freiheit des Betragens, Anmut im Tanze, schickliche Bequemlichkeit des Gesprächs sich vor allen auszeichnet, und durch ein angebornes herrschendes Wesen sich zur Königin des kleinen Kreises macht; wenn die Vorsteherin dieser Anstalt sie als eine kleine Gottheit ansieht, die nun erst unter ihren Händen recht gedeiht, die ihr Ehre machen, Zutrauen erwerben und einen Zufluß von andern jungen Personen verschaffen wird; wenn die ersten Seiten ihrer Briefe und Monatsberichte immer nur Hymnen sind über die Vortrefflichkeit eines solchen Kindes, die ich denn recht gut in meine Prose zu übersetzen weiß: so ist dagegen, was sie schließlich von Ottilien erwähnt, nur immer Entschuldigung auf Entschuldigung, daß ein übrigens so schön heranwachsendes Mädchen sich nicht entwickeln, keine Fähigkeiten und keine Fertigkeiten zeigen wolle. Das wenige was sie sonst noch hinzufügt, ist gleichfalls für mich kein Rätsel, weil ich in diesem lieben

Kinde den ganzen Charakter ihrer Mutter, meiner wertesten Freundin, gewahr werde, die sich neben mir entwickelt hat und deren Tochter ich gewiß, wenn ich Erzieherin oder Aufseherin sein könnte, zu einem herrlichen Geschöpf heraufbilden wollte.

Da es aber einmal nicht in unsern Plan geht, und man an seinen Lebensverhältnissen nicht so viel zupfen und zerren, nicht immer was Neues an sie heranziehen soll; so trag' ich das lieber, ja ich überwinde die unangenehme Empfindung, wenn meine Tochter, welche recht gut weiß, daß die arme Ottilie ganz von uns abhängt, sich ihrer Vorteile übermütig gegen sie bedient, und unsre Wohltat dadurch gewissermaßen vernichtet.

Doch wer ist so gebildet, daß er nicht seine Vorzüge gegen andre manchmal auf eine grausame Weise geltend machte? Wer steht so hoch, daß er unter einem solchen Druck nicht manchmal leiden müßte? Durch diese Prüfungen wächs't Ottiliens Wert; aber seitdem ich den peinlichen Zustand recht deutlich einsehe, habe ich mir Mühe gegeben, sie anderwärts unterzubringen. Stündlich soll mir eine Antwort kommen, und alsdann will ich nicht zaudern. So steht es mit mir, mein Bester. Du siehst, wir tragen beiderseits dieselben Sorgen in einem treuen freundschaftlichen Herzen. Laß uns sie gemeinsam tragen, da sie sich nicht gegen einander aufheben.

Wir sind wunderliche Menschen, sagte Eduard lächelnd. Wenn wir nur etwas das uns Sorge macht aus unserer Gegenwart verbannen können, da glauben wir schon, nun sei es abgetan. Im Ganzen können wir vieles aufopfern, aber uns im Einzelnen herzugeben, ist eine Forderung, der wir selten gewachsen sind. So war meine Mutter. So lange ich als Knabe oder Jüngling bei ihr lebte, konnte sie der augenblicklichen Besorgnisse nicht los werden. Verspätete ich mich bei einem Ausritt, so mußte mir ein Unglück begegnet sein; durchnetzte mich ein Regenschauer, so war das Fieber mir gewiß. Ich verreis'te, ich entfernte mich von ihr, und nun schien ich ihr kaum anzugehören.

Betrachten wir es genauer, fuhr er fort, so handeln wir beide töricht und unverantwortlich, zwei der edelsten Naturen, die unser Herz so nahe angehen, im Kummer und im Druck zu lassen, nur um uns keiner Gefahr auszusetzen. Wenn dies nicht selbstsüchtig genannt werden soll, was will man so nennen! Nimm Ottilien, laß mir den Hauptmann, und in Gottes Namen sei der Versuch gemacht!

Es möchte noch zu wagen sein, sagte Charlotte bedenklich, wenn die Gefahr für uns allein wäre. Glaubst du denn aber, daß es rätlich sei, den Hauptmann mit Ottilien als Hausgenossen zu sehen, einen Mann ungefähr in deinen Jahren, in den Jahren – daß ich dir dieses Schmeichelhafte nur gerade unter die Augen sage – wo der Mann erst liebefähig und erst der Liebe wert wird, und ein Mädchen von Ottiliens Vorzügen?

Ich weiß doch auch nicht, versetzte Eduard, wie du Ottilien so hoch stellen kannst! Nur dadurch erkläre ich mir's, daß sie deine Neigung zu ihrer Mutter geerbt hat. Hübsch ist sie, das ist wahr, und ich erinnre mich, daß der Hauptmann mich auf sie aufmerksam machte, als wir vor einem Jahre zurückkamen und sie mit dir bei deiner Tante trafen. Hübsch ist sie, besonders hat sie schöne Augen; aber ich wüßte doch nicht, daß sie den mindesten Eindruck auf mich gemacht hätte.

Das ist löblich an dir, sagte Charlotte, denn ich war ja gegenwärtig; und ob sie gleich viel jünger ist als ich, so hatte doch die Gegenwart der ältern Freundin so viele Reize für dich, daß du über die aufblühende versprechende Schönheit hinaussahest. Es gehört auch dies zu deiner Art zu sein, deshalb ich so gern das Leben mit dir teile.

Charlotte, so aufrichtig sie zu sprechen schien, verhehlte doch etwas. Sie hatte nämlich damals dem von Reisen zurückkehrenden Eduard Ottilien absichtlich vorgeführt, um dieser geliebten Pflegetochter eine so große Partie zuzuwenden: denn an sich selbst, in Bezug auf Eduard, dachte sie nicht mehr. Der Hauptmann war auch angestiftet, Eduarden aufmerksam zu machen; aber dieser, der seine frühe Liebe zu Charlotten hartnäckig im Sinne behielt, sah weder rechts noch links, und war nur glücklich in dem Gefühl, daß es möglich sei, eines so lebhaft gewünschten und durch eine Reihe von Ereignissen scheinbar auf immer versagten Gutes endlich doch teilhaft zu werden.

Eben stand das Ehepaar im Begriff die neuen Anlagen herunter nach dem Schlosse zu gehen, als ein Bedienter ihnen hastig entgegen stieg und mit lachendem Munde sich schon von unten herauf vernehmen ließ. Kommen Ew. Gnaden doch ja schnell herüber! Herr Mittler ist in den Schloßhof gesprengt. Er hat uns alle zusammengeschrien, wir sollen Sie aufsuchen, wir sollen Sie fragen, ob es Not tue? Ob es Not tut, rief er uns nach: hört ihr? aber geschwind, geschwind!

Der drollige Mann! rief Eduard aus: kommt er nicht gerade zur rechten Zeit, Charlotte? Geschwind zurück! befahl er dem Bedienten: sage ihm: es tue Not, sehr Not! Er soll nur absteigen. Versorgt sein Pferd, führt ihn in den Saal, setzt ihm ein Frühstück vor; wir kommen gleich.

Laß uns den nächsten Weg nehmen, sagte er zu seiner Frau, und schlug den Pfad über den Kirchhof ein, den er sonst zu vermeiden pflegte. Aber wie verwundert war er, als er fand, daß Charlotte auch hier für das Gefühl gesorgt habe. Mit möglichster Schonung der alten Denkmäler hatte sie alles so zu vergleichen und zu ordnen gewußt, daß es ein angenehmer Raum erschien, auf dem das Auge und die Einbildungskraft gerne verweilten.

Auch dem ältesten Stein hatte sie seine Ehre gegönnt. Den Jahren nach waren sie an der Mauer aufgerichtet, eingefügt oder sonst angebracht; der hohe Sockel der Kirche selbst war damit vermannichfaltigt und geziert. Eduard fühlte sich sonderbar überrascht, wie er durch die kleine Pforte hereintrat; er drückte Charlotten die Hand und im Auge stand ihm eine Träne.

Aber der närrische Gast verscheuchte sie gleich. Denn dieser hatte keine Ruh im Schloß gehabt, war spornstreichs durch's Dorf bis an das Kirchhoftor geritten, wo er still hielt und seinen Freunden entgegen rief: Ihr habt mich doch nicht zum Besten? Tut's wirklich Not, so bleibe ich zu Mittage hier. Haltet mich nicht auf: ich habe heute noch viel zu tun.

Da Ihr Euch so weit bemüht habt, rief ihm Eduard entgegen, so reitet noch vollends herein, wir kommen an einem ernsthaften Orte zusammen, und seht wie schön Charlotte diese Trauer ausgeschmückt hat.

Hier herein, rief der Reiter, komm' ich weder zu Pferde, noch zu Wagen, noch zu Fuße. Diese da ruhen in Frieden, mit ihnen habe ich nichts zu schaffen. Gefallen muß ich mir's lassen, wenn man mich einmal, die Füße voran hereinschleppt. Also ist's Ernst?

Ja, rief Charlotte, recht Ernst! Es ist das erstemal, daß wir neuen Gatten in Not und Verwirrung sind, woraus wir uns nicht zu helfen wissen.

Ihr seht nicht darnach aus, versetzte er: doch will ich's glauben. Führt ihr mich an, so laß ich euch künftig stecken. Folgt geschwinde nach; meinem Pferde mag die Erholung zu Gut kommen.

Bald fanden sich die dreie im Saale zusammen; das Essen ward aufgetragen, und Mittler erzählte von seinen heutigen Taten und Vorhaben. Dieser seltsame Mann war früherhin Geistlicher gewesen und hatte sich bei einer rastlosen Tätigkeit in seinem Amte dadurch ausgezeichnet, daß er alle Streitigkeiten, sowohl die häuslichen, als die nachbarlichen, erst der einzelnen Bewohner, sodann ganzer Gemeinden und mehrerer Gutsbesitzer, zu stillen und zu schlichten wußte. So lange er im Dienste war, hatte sich kein Ehepaar scheiden lassen, und die Landeskollegien wurden mit keinen Händeln und Prozessen von dorther behelliget. Wie nötig ihm die Rechtskunde sei, ward er zeitig gewahr. Er warf sein ganzes Studium darauf, und fühlte sich bald den geschicktesten Advokaten gewachsen. Sein Wirkungskreis dehnte sich wunderbar aus, und man war im Begriff ihn nach der Residenz zu ziehen, um das von oben herein zu vollenden, was er von unten herauf begonnen hatte, als er einen ansehnlichen Lotteriegewinst tat, sich ein mäßiges Gut kaufte, es verpachtete und zum Mittelpunkt seiner Wirksamkeit machte, mit dem festen Vorsatz, oder vielmehr nach alter Gewohnheit und Neigung, in keinem Hause zu verweilen, wo nichts zu schlichten und nichts zu helfen wäre. Diejenigen, die auf Namensbedeutungen abergläubisch sind, behaupten, der Name Mittler habe ihn genötigt, diese seltsamste aller Bestimmungen zu ergreifen.

Der Nachtisch war aufgetragen, als der Gast seine Wirte ernstlich vermahnte, nicht weiter mit ihren Entdeckungen zurückzuhalten, weil er gleich nach dem Kaffee fort müsse. Die beiden Eheleute machten umständlich ihre Bekenntnisse; aber kaum hatte er den Sinn der Sache vernommen, als er verdrießlich vom Tische auffuhr, an's Fenster sprang und sein Pferd zu satteln befahl.

Entweder ihr kennt mich nicht, rief er aus, ihr versteht mich nicht, oder ihr seid sehr boshaft. Ist denn hier ein Streit? ist denn hier eine Hülfe nötig? Glaubt ihr, daß ich in der Welt bin, um Rat zu gaben? Das ist das dümmste Handwerk das einer treiben kann. Rate sich jeder selbst und tue was er nicht lassen kann. Gerät es gut, so freue er sich seiner Weisheit und seines Glücks; läuft's übel ab, dann bin ich bei der Hand. Wer ein Übel los sein will, der weiß immer was er will; wer was Bessers will als er hat, der ist ganz starblind — Ja ja! lacht nur — er spielt Blindekuh, er ertappt's vielleicht; aber was? Tut was ihr wollt: es ist ganz einerlei! Nehmt die Freunde zu euch, laßt sie weg: alles einerlei! Das Vernünftigste habe ich mißlingen sehen, das Abgeschmackteste gelingen. Zerbrecht euch die Köpfe nicht, und wenn's auf eine oder die andere Weise übel abläuft, zerbrecht sie euch auch nicht. Schickt nur nach mir, und euch soll geholfen sein. Bis dahin euer Diener!

Und so schwang er sich auf's Pferd, ohne den Kaffee abzuwarten.

Hier siehst du, sagte Charlotte, wie wenig eigentlich ein Dritter fruchtet, wenn es zwischen zwei nah verbundenen Personen nicht ganz im Gleichgewicht steht. Gegenwärtig sind wir doch wohl noch verworrner und ungewisser, wenn's möglich ist, als vorher.

Beide Gatten würden auch wohl noch eine Zeit lang geschwankt haben, wäre nicht ein Brief des Hauptmanns im Wechsel gegen Eduards letzten angekommen. Er hatte sich entschlossen, eine der ihm angebotenen Stellen anzunehmen, ob sie ihm gleich keineswegs gemäß war. Er sollte mit vornehmen und reichen Leuten die Langeweile teilen, indem man auf ihn das Zutrauen setzte, daß er sie vertreiben würde.

Eduard übersah das ganze Verhältnis recht deutlich und malte es noch recht scharf aus. Wollen wir unsern Freund in einem solchen Zustande wissen? rief er: du kannst nicht so grausam sein, Charlotte!

Der wunderliche Mann, unser Mittler, versetzte Charlotte, hat am Ende doch Recht. Alle solche Unternehmungen sind Wagestücke. Was daraus werden kann, sieht kein Mensch voraus. Solche neue Verhältnisse können fruchtbar sein an Glück und an Unglück, ohne daß wir uns dabei Verdienst oder Schuld sonderlich zurechnen dürfen. Ich fühle mich nicht stark genug, dir länger zu widerstehen. Laß uns den Versuch machen. Das Einzige was ich dich bitte: es sei nur auf kurze Zeit angesehen. Erlaube mir, daß ich mich tätiger als bisher für ihn verwende, und meinen Einfluß, meine Verbindungen eifrig benutze und aufrege, ihm eine Stelle zu verschaffen, die ihm nach seiner Weise einige Zufriedenheit gewähren kann. —

Eduard versicherte seine Gattin auf die anmutigste Weise der lebhaftesten Dankbarkeit. Er eilte mit freiem frohem Gemüt seinem Freunde Vorschläge schriftlich zu tun. Charlotte mußte in einer Nachschrift ihren Beifall eigenhändig hinzufügen, ihre freundschaftlichen Bitten mit den seinen vereinigen. Sie schrieb mit gewandter Feder gefällig und verbindlich, aber doch mit einer Art von Hast, die ihr sonst nicht gewöhnlich war; und was ihr nicht leicht begegnete, sie verunstaltete das Papier zuletzt mit einem Dintenfleck, der sie ärgerlich machte und nur größer wurde, indem sie ihn wegwischen wollte.

Eduard scherzte darüber, und weil noch Platz war fügte er eine zweite Nachschrift hinzu: der Freund solle aus diesen Zeichen die Ungeduld sehen, womit er erwartet werde, und nach der Eile womit der Brief geschrieben, die Eilfertigkeit seiner Reise einrichten.

Der Bote war fort und Eduard glaubte seine Dankbarkeit nicht überzeugender ausdrücken zu können, als indem er aber und abermals darauf bestand: Charlotte solle sogleich Ottilien aus der Pension holen lassen.

Sie bat um Aufschub und wußte diesen Abend bei Eduard die Lust zu einer musikalischen Unterhaltung aufzuregen. Charlotte spielte sehr gut Klavier; Eduard nicht eben so bequem die Flöte: denn ob er sich gleich zu Zeiten viel Mühe gegeben hatte, so war ihm doch nicht die Geduld, die Ausdauer verliehen, die zur Ausbildung eines solchen Talentes gehört. Er führte deshalb seine Partie sehr ungleich aus, einige Stellen gut, nur vielleicht zu geschwind; bei andern wieder hielt er an, weil sie ihm nicht geläufig waren, und so wär' es für jeden andern schwer gewesen ein Duett mit ihm durchzubringen. Aber Charlotte wußte sich darein zu finden; sie hielt an und ließ sich wieder von ihm fortreißen, und versah also die doppelte Pflicht eines guten Kapellmeisters und einer klugen Hausfrau, die im Ganzen immer das Maß zu erhalten wissen, wenn auch die einzelnen Passagen nicht immer im Takt bleiben sollten.

Drittes Kapitel

Der Hauptmann kam. Er hatte einen sehr verständigen Brief vorausgeschickt, der Charlotten völlig beruhigte. So viel Deutlichkeit über sich selbst, so viel Klarheit über seinen eigenen Zustand, über den Zustand seiner Freunde, gab eine heitere und fröhliche Aussicht.

Die Unterhaltungen der ersten Stunden waren, wie unter Freunden zu geschehen pflegt, die sich eine Zeit lang nicht gesehen haben, lebhaft, ja fast erschöpfend. Gegen Abend veranlaßte Charlotte einen Spaziergang auf die neuen Anlagen. Der Hauptmann gefiel sich sehr in der Gegend und bemerkte jede Schönheit, welche durch die neuen Wege erst sichtbar und genießbar geworden. Er hatte ein geübtes Auge und dabei ein genügsames; und ob er gleich das Wünschenswerte sehr wohl kannte, machte er doch nicht, wie es öfters zu geschehen pflegt, Personen die ihn in dem Ihrigen herumführten, dadurch einen üblen Humor, daß er mehr verlangte als die Umstände zuließen, oder auch wohl gar an etwas Vollkommneres erinnerte, das er anderswo gesehen.

Als sie die Mooshütte erreichten, fanden sie solche auf das lustigste ausgeschmückt, zwar nur mit künstlichen Blumen und Wintergrün, doch darunter so schöne Büschel natürlichen Weizens und anderer Feld- und Baumfrüchte angebracht, daß sie dem Kunstsinn der Anordnenden zur Ehre gereichten. Obschon mein Mann nicht liebt, daß man seinen Geburts- oder Namenstag feire, so wird er mir doch heute nicht verargen, einem dreifachen Feste diese wenigen Kränze zu widmen.

Ein dreifaches? rief Eduard. Ganz gewiß! versetzte Charlotte: unseres Freundes Ankunft behandeln wir billig als ein Fest; und dann habt ihr beide wohl nicht daran gedacht, daß heute euer Namenstag ist. Heißt nicht einer Otto so gut als der andere?

Beide Freunde reichten sich die Hände über den kleinen Tisch. Du erinnerst mich, sagte Eduard, an dieses jugendliche Freundschaftsstück. Als Kinder hießen wir beide so; doch als wir in der Pension zusammen lebten und manche Irrung daraus entstand, so trat ich ihm freiwillig diesen hübschen lakonischen Namen ab.

Wobei du denn doch nicht gar zu großmütig warst, sagte der Hauptmann. Denn ich erinnere mich recht wohl, daß dir der Name Eduard besser gefiel, wie er denn auch von angenehmen Lippen ausgesprochen einen besonders guten Klang hat.

Nun saßen sie also zu dreien um dasselbe Tischchen, wo Charlotte so eifrig gegen die Ankunft des Gastes gesprochen hatte. Eduard in seiner Zufriedenheit wollte die Gattin nicht an jene Stunden erinnern; doch erhielt er sich nicht, zu sagen: für ein Viertes wäre auch noch recht gut Platz.

Waldhörner ließen sich in diesem Augenblick vom Schloß herüber vernehmen, bejahten gleichsam und bekräftigten die guten Gesinnungen und Wünsche der beisammen verweilenden Freunde. Stillschweigend hörten sie zu, indem jedes in sich selbst zurückkehrte, und sein eigenes Glück in so schöner Verbindung doppelt empfand.

Eduard unterbrach die Pause zuerst, indem er aufstand und vor die Mooshütte hinaustrat. Laß uns, sagte er zu Charlotten, den Freund gleich völlig auf die Höhe führen, damit er nicht glaube, dieses beschränkte Tal nur sei unser Erbgut und Aufenthalt; der Blick wird oben freier und die Brust erweitert sich.

So müssen wir diesmal noch, versetzte Charlotte, den alten etwas beschwerlichen Fußpfad erklimmen; doch, hoffe ich, sollen meine Stufen und Steige nächstens bequemer bis ganz hinauf leiten.

Und so gelangte man denn über Felsen, durch Busch und Gesträuch zur letzten Höhe, die zwar keine Fläche, doch fortlaufende fruchtbare Rücken bildete. Dorf und Schloß hinterwärts waren nicht mehr zu sehen. In der Tiefe erblickte man ausgebreitete Teiche; drüben bewachsene Hügel, an denen sie sich hinzogen; endlich steile Felsen, welche senkrecht den letzten Wasserspiegel entschieden begränzten und ihre bedeutenden Formen auf der Oberfläche desselben abbildeten. Dort in der Schlucht, wo ein starker Bach den Teichen zufiel, lag eine Mühle halb versteckt, die mit ihren Umgebungen als ein freundliches Ruheplätzchen erschien. Mannichfaltig wechselten im ganzen Halbkreise, den man übersah, Tiefen und Höhen, Büsche und Wälder, deren erstes Grün für die Folge den füllereichsten Anblick versprach. Auch einzelne Baumgruppen hielten an mancher Stelle das Auge fest. Besonders zeichnete zu den Füßen der schauenden Freunde sich eine Masse Pappeln und Platanen zunächst an dem Rande des mittleren Teiches vorteilhaft aus. Sie stand in ihrem besten Wachstum, frisch, gesund, empor und in die Breite strebend.

Eduard lenkte besonders auf diese die Aufmerksamkeit seines Freundes. Diese habe ich, rief er aus, in meiner Jugend selbst gepflanzt. Es waren junge Stämmchen, die ich rettete, als mein Vater, bei der Anlage zu einem neuen Teil des großen Schloßgartens, sie mitten im Sommer ausroden ließ. Ohne Zweifel werden sie auch dieses Jahr sich durch neue Triebe wieder dankbar hervortun.

Man kehrte zufrieden und heiter zurück. Dem Gaste ward auf dem rechten Flügel des Schlosses ein freundliches geräumiges Quartier angewiesen, wo er sehr bald Bücher, Papiere und Instrumente aufgestellt und geordnet hatte, um in seiner gewohnten Tätigkeit fortzufahren. Aber Eduard ließ ihm in den ersten Tagen keine Ruhe; er führte ihn überall herum, bald zu Pferde bald zu Fuße, und machte ihn mit der Gegend, mit dem Gute bekannt; wobei er ihm zugleich die Wünsche mitteilte, die er zu besserer Kenntnis und vorteilhafterer Benutzung desselben seit langer Zeit bei sich hegte.

Das Erste was wir tun sollten, sagte der Hauptmann, wäre, daß ich die Gegend mit der Magnetnadel aufnähme. Es ist das ein leichtes heiteres Geschäft, und wenn es auch nicht die größte Genauigkeit gewährt, so bleibt es doch immer nützlich und für den Anfang erfreulich; auch kann man es ohne große Beihülfe leisten und weiß gewiß, daß man fertig wird. Denkst du einmal an eine genauere Ausmessung, so läßt sich dazu wohl auch noch Rat finden.

Der Hauptmann war in dieser Art des Aufnehmens sehr geübt. Er hatte die nötige Gerätschaft mitgebracht und fing sogleich an. Er unterrichtete Eduarden, einige Jäger und Bauern, die ihm bei dem Geschäft behülflich sein sollten. Die Tage waren günstig; die Abende und die frühsten Morgen brachte er mit Aufzeichnen und Schraffieren zu. Schnell war auch alles laviert und illuminiert, und Eduard sah seine Besitzungen auf das deutlichste, aus dem Papier, wie eine neue Schöpfung hervorgewachsen. Er glaubte sie jetzt erst kennen zu lernen; sie schienen ihm jetzt erst recht zu gehören.

Es gab Gelegenheit über die Gegend, über Anlagen zu sprechen, die man nach einer solchen Übersicht viel besser zu Stande bringe, als wenn man nur einzeln, nach zufälligen Eindrücken, an der Natur herumversuche.

Das müssen wir meiner Frau deutlich machen, sagte Eduard.

Tue das nicht! versetzte der Hauptmann, der die Überzeugungen anderer nicht gern mit den seinigen durchkreuzte, den die Erfahrung gelehrt hatte, daß die Ansichten der Menschen viel zu mannichfaltig sind, als daß sie, selbst durch die vernünftigsten Vorstellungen, auf Einen Punkt versammelt werden könnten. Tue es nicht! rief er: sie dürfte leicht irre werden. Es ist ihr, wie allen denen, die sich nur aus Liebhaberei mit solchen Dingen beschäftigen, mehr daran gelegen, daß sie etwas tue, als daß etwas getan werde. Man tastet an der Natur, man hat Vorliebe für dieses oder jenes Plätzchen; man wagt nicht dieses oder jenes Hindernis wegzuräumen, man ist nicht kühn genug etwas aufzuopfern; man kann sich voraus nicht vorstellen was entstehen soll, man probiert, es gerät, es mißrät, man verändert, verändert vielleicht was man lassen sollte, läßt was man verändern sollte, und so bleibt es zuletzt immer ein Stückwerk, das gefällt und anregt, aber nicht befriedigt.

Gesteh mir aufrichtig, sagte Eduard, du bist mit ihren Anlagen nicht zufrieden.

Wenn die Ausführung den Gedanken erschöpfte, der sehr gut ist, so wäre nichts zu erinnern. Sie hat sich mühsam durch das Gestein hinaufgequält und quält nun jeden, wenn du willst, den sie hinaufführt. Weder neben einander, noch hinter einander schreitet man mit einer gewissen Freiheit. Der Takt des Schrittes wird jeden Augenblick unterbrochen; und was ließe sich nicht noch alles einwenden.

Wäre es denn leicht anders zu machen gewesen? fragte Eduard.

Gar leicht, versetzte der Hauptmann; sie durfte nur die eine Felsenecke, die noch dazu unscheinbar ist, weil sie aus kleinen Teilen besteht, wegbrechen; so erlangte sie eine schön geschwungene Wendung zum Aufstieg und zugleich überflüssige Steine, um die Stellen heraufzumauern, wo der Weg schmal und verkrüppelt geworden wäre. Doch sei dies im engsten Vertrauen unter uns gesagt: sie wird sonst irre und verdrießlich. Auch muß man, was gemacht ist, bestehen lassen. Will man weiter Geld und Mühe aufwenden, so wäre von der Mooshütte hinaufwärts und über die Anhöhe noch mancherlei zu tun und viel Angenehmes zu leisten.

Hatten auf diese Weise die beiden Freunde am Gegenwärtigen manche Beschäftigung, so fehlte es nicht an lebhafter und vergnüglicher Erinnerung vergangener Tage, woran Charlotte wohl Teil zu nehmen pflegte. Auch setzte man sich vor, wenn nur die nächsten Arbeiten erst getan wären, an die Reisejournale zu gehen und auch auf diese Weise die Vergangenheit hervorzurufen.

Übrigens hatte Eduard mit Charlotten allein weniger Stoff zur Unterhaltung, besonders seitdem er den Tadel ihrer Parkanlagen, der ihm so gerecht schien, auf dem Herzen fühlte. Lange verschwieg er was ihm der Hauptmann vertraut hatte; aber als er seine Gattin zuletzt beschäftigt sah, von der Mooshütte hinauf zur Anhöhe wieder mit Stüfchen und

Pfädchen sich emporzuarbeiten; so hielt er nicht länger zurück, sondern machte sie nach einigen Umschweifen mit seinen neuen Einsichten bekannt.

Charlotte stand betroffen. Sie war geistreich genug, um schnell einzusehen, daß jene Recht hatten; aber das Getane widersprach, es war nun einmal so gemacht; sie hatte es recht, sie hatte es wünschenswert gefunden, selbst das Getadelte war ihr in jedem einzelnen Teile lieb; sie widerstrebte der Überzeugung, sie verteidigte ihre kleine Schöpfung, sie schalt auf die Männer, die gleich in's Weite und Große gingen, aus einem Scherz, aus einer Unterhaltung gleich ein Werk machen wollten, nicht an die Kosten denken, die ein erweiterter Plan durchaus nach sich zieht. Sie war bewegt, verletzt, verdrießlich; sie konnte das Alte nicht fahren lassen, das Neue nicht ganz abweisen; aber entschlossen wie sie war, stellte sie sogleich die Arbeit ein und nahm sich Zeit, die Sache zu bedenken und bei sich reif werden zu lassen.

Indem sie nun auch diese tätige Unterhaltung vermißte, da indes die Männer ihr Geschäft immer geselliger betrieben und besonders die Kunstgärten und Glashäuser mit Eifer besorgten, auch dazwischen die gewöhnlichen ritterlichen Übungen fortsetzten, als Jagen, Pferde-Kaufen, -Tauschen, -Bereiten und -Einfahren; so fühlte sich Charlotte täglich einsamer. Sie führte ihren Briefwechsel, auch um des Hauptmanns willen, lebhafter, und doch gab es manche einsame Stunde. Desto angenehmer und unterhaltender waren ihr die Berichte, die sie aus der Pensionsanstalt erhielt.

Einem weitläufigen Briefe der Vorsteherin, welcher sich wie gewöhnlich über der Tochter Fortschritte mit Behagen verbreitete, war eine kurze Nachschrift hinzugefügt, nebst einer Beilage von der Hand eines männlichen Gehülfen am Institut, die wir beide mitteilen.

Nachschrift der Vorsteherin

Von Ottilien, meine Gnädige, hätte ich eigentlich nur zu wiederholen, was in meinen vorigen Berichten enthalten ist. Ich wüßte sie nicht zu schelten und doch kann ich nicht zufrieden mit ihr sein. Sie ist nach wie vor bescheiden und gefällig gegen andere; aber dieses Zurücktreten, diese Dienstbarkeit will mir nicht gefallen. Ew. Gnaden haben ihr neulich Geld und verschiedene Zeuge geschickt. Das erste hat sie nicht angegriffen; die andern liegen auch noch da, unberührt. Sie hält freilich ihre Sachen sehr reinlich und gut, und scheint nur in diesem Sinn die Kleider zu wechseln. Auch kann ich ihre große Mäßigkeit im Essen und Trinken nicht loben. An unserm Tisch ist kein Überfluß; doch sehe ich nichts lieber als wenn die Kinder sich an schmackhaften und gesunden Speisen satt essen. Was mit Bedacht und Überzeugung aufgetragen und vorgelegt ist, soll auch aufgegessen werden. Dazu kann ich Ottilien niemals bringen. Ja sie macht sich irgend ein Geschäft, um eine Lücke auszufüllen, wo die Dienerinnen etwas versäumen, nur um eine Speise oder den Nachtisch zu übergehen. Bei diesem allen kommt jedoch in Betrachtung, daß sie manchmal, wie ich erst spät erfahren habe, Kopfweh auf der linken Seite hat, das zwar vorübergeht, aber schmerzlich und bedeutend sein mag. So viel von diesem übrigens so schönen und lieben Kinde.

Beilage des Gehülfen

Unsere vortreffliche Vorsteherin läßt mich gewöhnlich die Briefe lesen, in welchen sie Beobachtungen über ihre Zöglinge den Eltern und Vorgesetzten mitteilt. Diejenigen, die an Ew. Gnaden gerichtet sind lese ich immer mit doppelter Aufmerksamkeit, mit doppeltem Vergnügen: denn indem wir Ihnen zu einer Tochter Glück zu wünschen haben, die alle jene glänzenden Eigenschaften vereinigt, wodurch man in der Welt emporsteigt: so muß ich wenigstens Sie nicht minder glücklich preisen, daß Ihnen in Ihrer Pflegetochter ein Kind beschert ist, das zum Wohl, zur Zufriedenheit anderer und gewiß auch zu seinem eigenen Glück geboren ward. Ottilie ist fast unser einziger Zögling, über den ich mit unserer so sehr verehrten Vorsteherin nicht einig werden kann. Ich verarge dieser tätigen Frau keineswegs, daß sie verlangt, man soll die Früchte ihrer Sorgfalt äußerlich und deutlich sehen; aber es gibt auch verschlossene Früchte, die erst die rechten kernhaften sind, und die sich früher oder später zu einem schönen Leben entwickeln. Dergleichen ist gewiß Ihre Pflegetochter. So lange ich sie unterrichte, sehe ich sie immer gleichen Schrittes gehen, langsam, langsam vorwärts, nie zurück. Wenn es bei einem Kinde nötig ist, vom Anfange anzufangen, so ist es gewiß bei ihr. Was nicht aus dem Vorhergehenden folgt, begreift sie nicht. Sie steht unfähig, ja stöckisch vor einer leicht faßlichen Sache, die für sie mit nichts zusammenhängt. Kann man aber die Mittelglieder finden und ihr deutlich machen, so ist ihr das Schwerste begreiflich.

Bei diesem langsamen Vorschreiten bleibt sie gegen ihre Mitschülerinnen zurück, die mit ganz andern Fähigkeiten immer vorwärts eilen, alles, auch das Unzusammenhängende, leicht fassen, leicht behalten und bequem wieder anwenden. So lernt sie, so vermag sie bei einem beschleunigten Lehrvortrage gar nichts; wie es der Fall in einigen Stunden ist, welche von trefflichen, aber raschen und ungeduldigen Lehrern gegeben werden. Man hat über ihre Handschrift geklagt, über ihre Unfähigkeit die Regeln der Grammatik zu fassen. Ich habe diese Beschwerde näher untersucht: es ist wahr, sie schreibt langsam und steif wenn man so will, doch nicht zaghaft und ungestalt. Was ich ihr von der französischen Sprache, die zwar mein Fach nicht ist, schrittweise mitteilte, begriff sie leicht. Freilich ist es wunderbar, sie weiß vieles und recht gut, nur wenn man sie fragt, scheint sie nichts zu wissen.

Soll ich mit einer allgemeinen Bemerkung schließen, so möchte ich sagen: sie lernt nicht als eine die erzogen werden soll, sondern als eine die erziehen will; nicht als Schülerin, sondern als künftige Lehrerin. Vielleicht kommt es Ew. Gnaden sonderbar vor, daß ich selbst als Erzieher und Lehrer jemanden nicht mehr zu loben glaube, als wenn ich ihn für Meinesgleichen erkläre. Ew. Gnaden bessere Einsicht, tiefere Menschen- und Weltkenntnis wird aus meinen beschränkten wohlgemeinten Worten das Beste nehmen. Sie werden sich überzeugen, daß auch in diesem Kinde viel Freude zu hoffen ist. Ich empfehle mich zu Gnaden und bitte um die Erlaubnis wieder zu schreiben, sobald ich glaube, daß mein Brief etwas Bedeutendes und Angenehmes enthalten werde.

Charlotte freute sich über dieses Blatt. Sein Inhalt traf ganz nahe mit den Vorstellungen zusammen, welche sie von Ottilien hegte; dabei konnte sie sich eines Lächelns nicht enthalten, indem der Anteil des Lehrers herzlicher zu sein schien, als ihn die Einsicht in die Tugenden eines Zöglings hervorzubringen pflegt. Bei ihrer ruhigen vorurteilsfreien Denkweise ließ sie auch ein solches Verhältnis, wie so viele andre, vor sich liegen; die Teilnahme des verständigen Mannes an Ottilien hielt sie wert: denn sie hatte in ihrem Leben genugsam einsehen gelernt, wie hoch jede wahre Neigung zu schätzen sei, in einer Welt wo Gleichgültigkeit und Abneigung eigentlich recht zu Hause sind.

Viertes Kapitel

Die topographische Karte, auf welcher das Gut mit seinen Umgebungen, nach einem ziemlich großen Maßstabe, charakteristisch und faßlich durch Federstriche und Farben dargestellt war, und welche der Hauptmann durch einige trigonometrische Messungen sicher zu gründen wußte, war bald fertig: denn weniger Schlaf, als dieser tätige Mann, bedurfte kaum jemand, so wie sein Tag stets dem augenblicklichen Zwecke gewidmet und deswegen jederzeit am Abende etwas getan war.

Laß uns nun, sagte er zu seinem Freunde, an das Übrige gehen, an die Gutsbeschreibung, wozu schon genugsame Vorarbeit da sein muß, aus der sich nachher Pachtanschläge und anderes schon entwickeln werden. Nur Eines laß uns festsetzen und einrichten: trenne alles was eigentlich Geschäft ist vom Leben. Das Geschäft verlangt Ernst und Strenge, das Leben Willkür; das Geschäft die reinste Folge, dem Leben tut eine Inkonsequenz oft Not, ja sie ist liebenswürdig und erheiternd. Bist du bei dem einen sicher, so kannst du in dem andern desto freier sein; anstatt daß bei einer Vermischung das Sichre durch das Freie weggerissen und aufgehoben wird.

Eduard fühlte in diesen Vorschlägen einen leisen Vorwurf. Zwar von Natur nicht unordentlich, konnte er doch niemals dazu kommen, seine Papiere nach Fächern abzuteilen. Das was er mit andern abzutun hatte, was bloß von ihm selbst abhing, es war nicht geschieden; so wie er auch Geschäfte und Beschäftigung, Unterhaltung und Zerstreuung nicht genugsam von einander absonderte. Jetzt wurde es ihm leicht, da ein Freund diese Bemühungen übernahm, ein zweites Ich die Sonderung bewirkte, in die das eine Ich nicht immer sich spalten mag.

Sie errichteten auf dem Flügel des Hauptmanns eine Repositur für das Gegenwärtige, ein Archiv für das Vergangene; schafften alle Dokumente, Papiere, Nachrichten, aus verschiedenen Verhältnissen, Kammern, Schränken und Kisten herbei, und auf das geschwindeste war der Wust in eine erfreuliche Ordnung gebracht, lag rubriziert in bezeichneten Fächern. Was man wünschte ward vollständiger gefunden als man gehofft hatte. Hiebei ging ihnen ein alter Schreiber sehr an die Hand, der den Tag über, ja einen Teil der Nacht, nicht vom Pulte kam, und mit dem Eduard bisher immer unzufrieden gewesen war.

Ich kenne ihn nicht mehr, sagte Eduard zu seinem Freund, wie tätig und brauchbar der Mensch ist. Das macht, versetzte der Hauptmann, wir tragen ihm nichts Neues auf, als bis er das Alte nach seiner Bequemlichkeit vollendet hat, und so leistet er, wie du siehst, sehr viel; sobald man ihn stört, vermag er gar nichts.

Brachten die Freunde auf diese Weise ihre Tage zusammen zu, so versäumten sie Abends nicht, Charlotten regelmäßig zu besuchen. Fand sich keine Gesellschaft von benachbarten Orten und Gütern, welches öfters geschah: so war das Gespräch wie das Lesen meist solchen Gegenständen gewidmet, welche den Wohlstand, die Vorteile und das Behagen der bürgerlichen Gesellschaft vermehren.

Charlotte, ohnehin gewohnt die Gegenwart zu nutzen, fühlte sich, indem sie ihren Mann zufrieden sah, auch persönlich gefördert. Verschiedene häusliche Anstalten, die sie längst gewünscht, aber nicht recht einleiten können, wurden durch die Tätigkeit des Hauptmanns bewirkt. Die Hausapotheke, die bisher nur aus wenigen Mitteln bestanden, ward bereichert, und Charlotte, sowohl durch faßliche Bücher als durch Unterredung, in den Stand gesetzt, ihr tätiges und hülfreiches Wesen öfter und wirksamer als bisher in Übung zu bringen.

Da man auch die gewöhnlichen und dessenungeachtet nur zu oft überraschenden Notfälle durchdachte; so wurde alles was zur Rettung der Ertrunkenen nötig sein möchte um so mehr angeschafft, als bei der Nähe so mancher Teiche, Gewässer und Wasserwerke, öfters ein und der andere Unfall dieser Art vorkam. Diese Rubrik besorgte der Hauptmann sehr ausführlich, und Eduarden entschlüpfte die Bemerkung, daß ein solcher Fall in dem Leben seines Freundes auf die seltsamste Weise Epoche gemacht. Doch als dieser schwieg und einer traurigen Erinnerung auszuweichen schien, hielt Eduard gleichfalls an, so wie auch Charlotte, die nicht weniger im Allgemeinen davon unterrichtet war, über jene Äußerungen hinausging.

Wir wollen alle diese vorsorglichen Anstalten loben, sagte eines Abends der Hauptmann; nun geht uns aber das Notwendigste noch ab, ein tüchtiger Mann, der das alles zu handhaben weiß. Ich kann hiezu einen mir bekannten Feldchirurgus vorschlagen, der jetzt um leidliche Bedingung zu haben ist, ein vorzüglicher Mann in seinem Fache, und der mir auch in Behandlung heftiger innerer Übel öfters mehr Genüge getan hat als ein berühmter Arzt; und augenblickliche Hülfe ist doch immer das, was auf dem Lande am meisten vermißt wird.

Auch dieser wurde sogleich verschrieben, und beide Gatten freuten sich, daß sie so manche Summe, die ihnen zu willkürlichen Ausgaben übrig blieb, auf die nötigsten zu verwenden Anlaß gefunden.

So benutzte Charlotte die Kenntnisse, die Tätigkeit des Hauptmanns auch nach ihrem Sinne und fing an mit seiner Gegenwart völlig zufrieden und über alle Folgen beruhigt zu werden. Sie bereitete sich gewöhnlich vor, manches zu fragen, und da sie gern leben mochte, so suchte sie alles Schädliche, alles Tödliche zu entfernen. Die Bleiglasur der Töpferwaren, der Grünspan kupferner Gefäße hatte ihr schon manche Sorge gemacht. Sie ließ sich hierüber belehren, und natürlicherweise mußte man auf die Grundbegriffe der Physik und Chemie zurückgehen.

Zufälligen, aber immer willkommenen Anlaß zu solchen Unterhaltungen gab Eduards Neigung, der Gesellschaft vorzulesen. Er hatte eine sehr wohlklingende tiefe Stimme und war früher wegen lebhafter gefühlter Rezitation dichterischer und rednerischer Arbeiten angenehm und berühmt gewesen. Nun waren es andre Gegenstände die ihn beschäftigten, andre Schriften woraus er vorlas, und eben seit einiger Zeit vorzüglich Werke physischen, chemischen und technischen Inhalts.

Eine seiner besondern Eigenheiten, die er jedoch vielleicht mit mehrern Menschen teilt, war die, daß es ihm unerträglich fiel, wenn jemand ihm bei'm Lesen in das Buch sah. In früherer Zeit, bei'm Vorlesen von Gedichten, Schauspielen, Erzählungen, war es die natürliche Folge der lebhaften Absicht, die der Vorlesende so gut als der Dichter, der Schauspieler, der Erzählende hat, zu überraschen, Pausen zu machen, Erwartungen zu erregen; da es denn freilich dieser beabsichtigten Wirkung sehr zuwider ist, wenn ihm ein Dritter wissentlich mit den Augen vorspringt. Er pflegte sich auch deswegen in solchem Falle immer so zu setzen, daß er niemand im Rücken hatte. Jetzt zu dreien war diese Vorsicht unnötig; und da es diesmal nicht auf Erregung des Gefühls, auf Überraschung der Einbildungskraft angesehen war; so dachte er selbst nicht daran, sich sonderlich in Acht zu nehmen.

Nur eines Abends fiel es ihm auf, als er sich nachlässig gesetzt hatte, daß Charlotte ihm in das Buch sah. Seine alte Ungeduld erwachte und er verwies es ihr, gewissermaßen unfreundlich. Wollte man sich doch solche Unarten, wie so manches andre was der Gesellschaft lästig ist, ein- für allemal abgewöhnen. Wenn ich jemand vorlese, ist es denn nicht als wenn ich ihm mündlich etwas vortrüge? Das Geschriebene, das Gedruckte tritt an die Stelle meines eigenen Sinnes, meines eigenen Herzens; und würde ich mich wohl zu reden bemühen, wenn ein Fensterchen vor meiner Stirn, vor meiner Brust angebracht wäre, so daß der, dem ich meine Gedanken einzeln zuzählen, meine Empfindungen einzeln zureichen will, immer schon lange vorher wissen könnte, wo es mit mir hinaus wollte? Wenn mir jemand in's Buch sieht, so ist mir immer als wenn ich in zwei Stücke gerissen würde.

Charlotte, deren Gewandtheit sich in größeren und kleineren Zirkeln besonders dadurch bewies, daß sie jede unangenehme, jede heftige, ja selbst nur lebhafte Äußerung zu beseitigen, ein sich verlängerndes Gespräch zu unterbrechen, ein stockendes anzuregen wußte, war auch diesmal von ihrer guten Gabe nicht verlassen. Du wirst mir meinen Fehler gewiß verzeihen, wenn ich bekenne was mir diesen Augenblick begegnet ist. Ich hörte von Verwandtschaften lesen, und da dacht' ich eben gleich an meine Verwandten, an ein paar Vettern, die mir gerade in diesem Augenblick zu schaffen machen. Meine Aufmerksamkeit kehrt zu deiner Vorlesung zurück; ich höre daß von ganz leblosen Dingen die Rede ist, und blicke dir in's Buch, um mich wieder zurecht zu finden.

Es ist eine Gleichnisrede, die dich verführt und verwirrt hat, sagte Eduard. Hier wird freilich nur von Erden und Mineralien gehandelt, aber der Mensch ist ein wahrer Narziß; er bespiegelt sich überall gern selbst; er legt sich als Folie der ganzen Welt unter.

Ja wohl! fuhr der Hauptmann fort: so behandelt er alles was er außer sich findet; seine Weisheit wie seine Torheit, seinen Willen wie seine Willkür leiht er den Tieren, den Pflanzen, den Elementen und den Göttern. Möchtet ihr mich, versetzte Charlotte, da ich euch nicht zu weit von dem augenblicklichen Interesse wegführen will, nur kürzlich belehren, wie es eigentlich hier mit den Verwandtschaften gemeint sei.

Das will ich wohl gerne tun, erwiderte der Hauptmann, gegen den sich Charlotte gewendet hatte; freilich nur so gut als ich es vermag, wie ich es etwa vor zehn Jahren gelernt, wie ich es gelesen habe. Ob man in der wissenschaftlichen Welt noch so darüber denkt, ob es zu den neuern Lehren paßt, wüßte ich nicht zu sagen.

Es ist schlimm genug, rief Eduard, daß man jetzt nichts mehr für sein ganzes Leben lernen kann. Unsre Vorfahren hielten sich an den Unterricht, den sie in ihrer Jugend empfangen; wir aber müssen jetzt alle fünf Jahre umlernen, wenn wir nicht ganz aus der Mode kommen wollen.

Wir Frauen, sagte Charlotte, nehmen es nicht so genau; und wenn ich aufrichtig sein soll, so ist es mir eigentlich nur um den Wortverstand zu tun: denn es macht in der Gesellschaft nichts lächerlicher, als wenn man ein fremdes, ein Kunst-Wort falsch anwendet. Deshalb möchte ich nur wissen, in welchem Sinne dieser Ausdruck eben bei diesen Gegenständen gebraucht wird. Wie es wissenschaftlich damit zusammenhänge, wollen wir den Gelehrten überlassen, die übrigens, wie ich habe bemerken können, sich wohl schwerlich jemals vereinigen werden.

Wo fangen wir aber nun an, um am schnellsten in die Sache zu kommen? fragte Eduard nach einer Pause den Hauptmann, der sich ein wenig bedenkend bald darauf erwiderte:

Wenn es mir erlaubt ist, dem Scheine nach weit auszuholen, so sind wir bald am Platze.

Sei'n Sie meiner ganzen Aufmerksamkeit versichert, sagte Charlotte, indem sie ihre Arbeit bei Seite legte.

Und so begann der Hauptmann: An allen Naturwesen, die wir gewahr werden, bemerken wir zuerst, daß sie einen Bezug auf sich selbst haben. Es klingt freilich wunderlich, wenn man etwas ausspricht was sich ohnehin versteht; doch nur indem man sich über das Bekannte völlig verständigt hat, kann man mit einander zum Unbekannten fortschreiten.

Ich dächte, fiel ihm Eduard ein, wir machten ihr und uns die Sache durch Beispiele bequem. Stelle dir nur das Wasser, das Öl, das Quecksilber vor, so wirst du eine Einigkeit, einen Zusammenhang ihrer Teile finden. Diese Einung verlassen sie nicht, außer durch Gewalt oder sonstige Bestimmung. Ist diese beseitigt, so treten sie gleich wieder zusammen.

Ohne Frage, sagte Charlotte beistimmend. Regentropfen vereinigen sich gern zu Strömen. Und schon als Kinder spielen wir erstaunt mit dem Quecksilber, indem wir es in Kügelchen trennen und es wieder zusammenlaufen lassen.

Und so darf ich wohl, fügte der Hauptmann hinzu, eines bedeutenden Punktes im flüchtigen Vorbeigehen erwähnen, daß nämlich dieser völlig reine, durch Flüssigkeit mögliche Bezug sich entschieden und immer durch die Kugelgestalt auszeichnet. Der fallende Wassertropfen ist rund; von den Quecksilberkügelchen haben Sie selbst gesprochen; ja ein fallendes geschmolzenes Blei wenn es Zeit hat, völlig zu erstarren, kommt unten in Gestalt einer Kugel an.

Lassen Sie mich voreilen, sagte Charlotte, ob ich treffe, wo Sie hin wollen. Wie jedes gegen sich selbst einen Bezug hat, so muß es auch gegen andere ein Verhältnis haben.

Und das wird nach Verschiedenheit der Wesen verschieden sein, fuhr Eduard eilig fort. Bald werden sie sich als Freunde und alte Bekannte begegnen, die schnell zusammentreten, sich vereinigen, ohne an einander etwas zu verändern, wie sich Wein mit Wasser vermischt. Dagegen werden andre fremd neben einander verharren und selbst durch mechanisches Mischen und Reiben sich keinesweges verbinden; wie Öl und Wasser zusammengerüttelt sich den Augenblick wieder aus einander sondert.

Es fehlt nicht viel, sagte Charlotte, so sieht man in diesen einfachen

Formen die Menschen, die man gekannt hat; besonders aber erinnert man sich dabei der Sozietäten, in denen man lebte. Die meiste Ähnlichkeit jedoch mit diesen seelenlosen Wesen haben die Massen, die in der Welt sich einander gegenüber stellen, die Stände, die Berufsbestimmungen, der Adel und der dritte Stand, der Soldat und der Zivilist.

Und doch, versetzte Eduard, wie diese durch Sitten und Gesetze vereinbar sind, so gibt es auch in unserer chemischen Welt Mittelglieder, dasjenige zu verbinden, was sich einander abweis't.

So verbinden wir, fiel der Hauptmann ein, das Öl durch Laugensalz mit dem Wasser.

Nur nicht zu geschwind mit Ihrem Vortrag, sagte Charlotte, damit ich zeigen kann, daß ich Schritt halte. Sind wir nicht hier schon zu den Verwandtschaften gelangt?

Ganz richtig, erwiderte der Hauptmann, und wir werden sie gleich in ihrer vollen Kraft und Bestimmtheit kennen lernen. Diejenigen Naturen, die sich bei'm Zusammentreffen einander schnell ergreifen und wechselseitig bestimmen, nennen wir verwandt. An den Alkalien und Säuren, die, obgleich einander entgegengesetzt und vielleicht eben deswegen, weil sie einander entgegengesetzt sind, sich am entschiedensten suchen und fassen, sich modifizieren und zusammen einen neuen Körper bilden, ist diese Verwandtschaft auffallend genug. Gedenken wir nur des Kalks, der zu allen Säuren eine große Neigung, eine entschiedene Vereinigungslust äußert. Sobald unser chemisches Kabinett ankommt, wollen wir Sie verschiedene Versuche sehen lassen, die sehr unterhaltend sind und einen bessern Begriff geben als Worte, Namen und Kunstausdrücke.

Lassen Sie mich gestehen, sagte Charlotte, wenn Sie diese Ihre wunderlichen Wesen verwandt nennen, so kommen sie mir nicht sowohl als Blutsverwandte, vielmehr als Geistes- und Seelenverwandte vor. Auf eben diese Weise können unter Menschen wahrhaft bedeutende Freundschaften entstehen; denn entgegengesetzte Eigenschaften machen eine innigere Vereinigung möglich. Und so will ich denn abwarten, was Sie mir von diesen geheimnisvollen Wirkungen vor die Augen bringen werden. Ich will dich — sagte sie zu Eduard gewendet — jetzt im Vorlesen nicht weiter stören, und um so viel besser unterrichtet, deinen Vortrag mit Aufmerksamkeit vernehmen.

Da du uns einmal aufgerufen hast, versetzte Eduard, so kommst du so leicht nicht los: denn eigentlich sind die verwickelten Fälle die interessantesten. Erst bei diesen lernt man die Grade der Verwandtschaften, die nähern stärkern, entferntern geringern Beziehungen kennen; die Verwandtschaften werden erst interessant, wenn sie Scheidungen bewirken.

Kommt das traurige Wort, rief Charlotte, das man leider in der Welt jetzt so oft hört, auch in der Naturlehre vor?

Allerdings, erwiderte Eduard. Es war sogar ein bezeichnender Ehrentitel der Chemiker, daß man sie Scheidekünstler nannte.

Das tut man also nicht mehr, versetzte Charlotte, und tut sehr wohl daran. Das Vereinigen ist eine größere Kunst, ein größeres Verdienst. Ein Einungskünstler wäre in jedem Fache der ganzen Welt willkommen. — Nun so laßt mich denn, weil ihr doch einmal im Zuge seid, ein paar solche Fälle wissen.

So schließen wir uns denn gleich, sagte der Hauptmann, an dasjenige wieder an, was wir oben schon benannt und besprochen haben. Z. B. was wir Kalkstein nennen ist eine mehr oder weniger reine Kalkerde, innig mit einer zarten Säure verbunden, die uns in Luftform bekannt geworden ist. Bringt man ein Stück solchen Steines in verdünnte Schwefelsäure, so ergreift diese den Kalk und erscheint mit ihm als Gips; jene zarte luftige Säure hingegen entflieht. Hier ist eine Trennung, eine neue Zusammensetzung entstanden und man glaubt sich nunmehr berechtigt, sogar das Wort Wahlverwandtschaft anzuwenden, weil es wirklich aussieht als wenn ein Verhältnis dem andern vorgezogen, eins vor dem andern erwählt würde.

Verzeihen Sie mir, sagte Charlotte, wie ich dem Naturforscher verzeihe; aber ich würde hier niemals eine Wahl, eher eine Naturnotwendigkeit erblicken, und diese kaum; denn es ist am Ende vielleicht gar nur die Sache der Gelegenheit. Gelegenheit macht Verhältnisse wie sie Diebe macht; und wenn von Ihren Naturkörpern die Rede ist, so scheint mir die Wahl bloß in den Händen des Chemikers zu liegen, der diese Wesen zusammenbringt. Sind sie aber einmal beisammen, dann gnade ihnen Gott! In dem gegenwärtigen Falle dauert mich nur die arme Luftsäure, die sich wieder im Unendlichen herumtreiben muß.

Es kommt nur auf sie an, versetzte der Hauptmann, sich mit dem Wasser zu verbinden und als Mineralquelle Gesunden und Kranken zur Erquickung zu dienen.

Der Gips hat gut reden, sagte Charlotte, der ist nun fertig, ist ein Körper, ist versorgt, anstatt daß jenes ausgetriebene Wesen noch manche Not haben kann bis es wieder unterkommt.

Ich müßte sehr irren, sagte Eduard lächelnd, oder es steckt eine kleine Tücke hinter deinen Reden. Gesteh nur deine Schalkheit! Am Ende bin ich in deinen Augen der Kalk, der vom Hauptmann, als einer Schwefelsäure ergriffen, deiner anmutigen Gesellschaft entzogen und in einen refraktären Gips verwandelt wird.

Wenn das Gewissen, versetzte Charlotte, dich solche Betrachtungen machen heißt, so kann ich ohne Sorge sein. Diese Gleichnisreden sind artig und unterhaltend, und wer spielt nicht gern mit Ähnlichkeiten? Aber der Mensch ist doch um so manche Stufe über jene Elemente erhöht, und wenn er hier mit den schönen Worten Wahl und Wahlverwandtschaft etwas freigebig gewesen, so tut er wohl, wieder in sich selbst zurückzukehren und den Wert solcher Ausdrücke bei diesem Anlaß recht zu bedenken. Mir sind leider Fälle genug bekannt, wo eine innige unauflöslich scheinende Verbindung zweier Wesen durch gelegentliche Zugesellung eines dritten aufgehoben, und eins der erst so schön verbundenen in's lose Weite hinausgetrieben ward.

Da sind die Chemiker viel galanter, sagte Eduard: sie gesellen ein viertes dazu, damit keines leer ausgehe.

Ja wohl! versetzte der Hauptmann: diese Fälle sind allerdings die bedeutendsten und merkwürdigsten, wo man das Anziehen, das Verwandtsein, dieses Verlassen, dieses Vereinigen gleichsam über's Kreuz, wirklich darstellen kann; wo vier, bisher je zwei zu zwei verbundene, Wesen in Berührung gebracht, ihre bisherige Vereinigung verlassen und sich auf's neue verbinden. In diesem Fahrenlassen und Ergreifen, in diesem Fliehen und Suchen glaubt man wirklich eine höhere Bestimmung zu sehen; man traut solchen Wesen eine Art von Wollen und Wählen zu, und hält das Kunstwort Wahlverwandtschaften für vollkommen gerechtfertigt.

Beschreiben Sie mir einen solchen Fall, sagte Charlotte.

Man sollte dergleichen, versetzte der Hauptmann, nicht mit Worten abtun. Wie schon gesagt! sobald ich Ihnen die Versuche selbst zeigen kann, wird alles anschaulicher und angenehmer werden. Jetzt müßte ich Sie mit schrecklichen Kunstworten hinhalten, die Ihnen doch keine Vorstellung gäben. Man muß diese totscheinenden und doch zur Tätigkeit innerlich immer bereiten Wesen wirkend vor seinen Augen sehen, mit Teilnahme schauen, wie sie einander suchen, sich anziehen, ergreifen, zerstören, verschlingen, aufzehren und sodann aus der innigsten Verbindung wieder in erneuter, neuer, unerwarteter Gestalt hervortreten: dann traut man ihnen erst ein ewiges Leben, ja wohl gar Sinn und Verstand zu, weil wir unsere Sinne kaum genügend fühlen, sie recht zu beobachten, und unsre Vernunft kaum hinlänglich, sie zu fassen.

Ich leugne nicht, sagte Eduard, daß die seltsamen Kunstwörter demjenigen, der nicht durch sinnliches Anschauen, durch Begriffe mit ihnen versöhnt ist, beschwerlich, ja lächerlich werden müssen. Doch könnten wir leicht mit Buchstaben einstweilen das Verhältnis ausdrücken, wovon hier die Rede war.

Wenn Sie glauben, daß es nicht pedantisch aussieht, versetzte der Hauptmann, so kann ich wohl in der Zeichensprache mich kürzlich zusammenfassen. Denken Sie sich ein A, das mit einem B innig verbunden ist, durch viele Mittel und durch manche Gewalt nicht von ihm zu trennen; denken Sie sich ein C, das sich eben so zu einem D verhält; bringen Sie nun die beiden Paare in Berührung: A wird sich zu D, C zu B werfen, ohne daß man sagen kann, wer das andere zuerst verlassen, wer sich mit dem andern zuerst wieder verbunden habe.

Nun denn! fiel Eduard ein: bis wir alles dieses mit Augen sehen, wollen wir diese Formel als Gleichnisrede betrachten, woraus wir uns eine Lehre zum unmittelbaren Gebrauch ziehen. Du stellst das A vor, Charlotte, und ich dein B: denn eigentlich hänge ich doch nur von dir ab und folge dir, wie dem A das B. Das C ist ganz deutlich der Capitän, der mich für diesmal dir einigermaßen entzieht. Nun ist es billig, daß, wenn du nicht in's Unbestimmte entweichen sollst, dir für ein D gesorgt werde, und das ist ganz ohne Frage das liebenswürdige Dämchen Ottilie, gegen deren Annäherung du dich nicht länger verteidigen darfst.

Gut! versetzte Charlotte, wenn auch das Beispiel, wie mir scheint, nicht ganz auf unsern Fall paßt; so halte ich es doch für ein Glück, daß wir heute einmal völlig zusammentreffen, und daß diese Natur- und Wahlverwandtschaften unter uns eine vertrauliche Mitteilung beschleunigen. Ich will es also nur gestehen, daß ich seit diesem Nachmittage entschlossen bin, Ottilien zu berufen: denn meine bisherige treue Beschließerin und Haushälterin wird abziehen, weil sie heiratet. Dies wäre von meiner Seite und um meinetwillen; was mich um Ottiliens willen bestimmt, das wirst du uns vorlesen. Ich will dir nicht in's Blatt sehen, aber freilich ist mir der Inhalt schon bekannt. Doch lies nur, lies! Mit diesen Worten zog sie einen Brief hervor und reichte ihn Eduarden.

Fünftes Kapitel

Brief der Vorsteherin

Ew. Gnaden werden verzeihen, wenn ich mich heute ganz kurz fasse! denn ich habe nach vollendeter öffentlicher Prüfung dessen, was wir im vergangenen Jahr an unsern Zöglingen geleistet haben, an die sämtlichen Eltern und Vorgesetzten den Verlauf zu melden; auch darf ich wohl kurz sein, weil ich mit wenigem viel sagen kann. Ihre Fräulein Tochter hat sich in jedem Sinne als die Erste bewiesen. Die beiliegenden Zeugnisse, ihr eigner Brief, der die Beschreibung der Preise enthält die ihr geworden sind, und zugleich das Vergnügen ausdrückt das sie über ein so glückliches Gelingen empfindet, wird Ihnen zur Beruhigung, ja zur Freude gereichen. Die meinige wird dadurch einigermaßen gemindert, daß ich voraussehe, wir werden nicht lange mehr Ursache haben ein so weit vorgeschrittenes Frauenzimmer bei uns zurückzuhalten. Ich empfehle mich zu Gnaden und nehme mir die Freiheit nächstens meine Gedanken über das was ich am vorteilhaftesten für sie halte, zu eröffnen. Von Ottilien schreibt mein freundlicher Gehülfe.

Brief des Gehülfen

Von Ottilien läßt mich unsre ehrwürdige Vorsteherin schreiben, teils weil es ihr, nach ihrer Art zu denken, peinlich wäre dasjenige was zu melden ist zu melden, teils auch weil sie selbst einer Entschuldigung bedarf, die sie lieber mir in den Mund legen mag.

Da ich nun allzuwohl weiß, wie wenig die gute Ottilie das zu äußern im Stande ist, was in ihr liegt und was sie vermag; so war mir vor der öffentlichen Prüfung einigermaßen bange, um so mehr als überhaupt dabei keine Vorbereitung möglich ist, und auch, wenn es nach der gewöhnlichen Weise sein könnte, Ottilie auf den Schein nicht vorzubreiten wäre. Der Ausgang hat meine Sorge nur zu sehr gerechtfertigt; sie hat keinen Preis erhalten und ist auch unter denen die kein Zeugnis empfangen haben. Was soll ich viel sagen? Im Schreiben hatten andere kaum so wohlgeformte Buchstaben, doch viel freiere Züge; im Rechnen waren alle schneller, und an schwierige Aufgaben, welche sie besser lös't, kam es bei der Untersuchung nicht. Im Französischen überparlierten und überexponierten sie manche; in der Geschichte waren ihr Namen und Jahrzahlen nicht gleich bei der Hand; bei der Geographie vermißte man Aufmerksamkeit auf die politische Einteilung. Zum musikalischen Vortrag ihrer wenigen bescheidenen Melodien fand sich weder Zeit noch Ruhe. Im Zeichnen hätte sie gewiß den Preis davon getragen; ihre Umrisse waren rein und die Ausführung bei vieler Sorgfalt geistreich. Leider hatte sie etwas zu Großes unternommen und war nicht fertig geworden.

Als die Schülerinnen abgetreten waren, die Prüfenden zusammen Rat hielten und uns Lehrern wenigstens einiges Wort dabei gönnten, merkte ich wohl bald, daß von Ottilien gar nicht, und wenn es geschah, wo nicht mit Mißbilligung doch mit Gleichgültigkeit gesprochen wurde. Ich hoffte durch eine offne Darstellung ihrer Art zu sein, einige Gunst zu erregen, und wagte mich daran mit doppeltem Eifer, einmal weil ich nach meiner Überzeugung sprechen konnte, und sodann weil ich mich in jüngeren Jahren in eben demselben traurigen Fall befunden hatte. Man hörte mich mit Aufmerksamkeit an; doch als ich geendigt hatte, sagte mir der vorsitzende Prüfende zwar freundlich aber lakonisch: Fähigkeiten werden vorausgesetzt, sie sollen zu Fertigkeiten werden. Dies ist der Zweck aller Erziehung, dies ist die laute deutliche Absicht der Eltern und Vorgesetzten, die stille, nur halbbewußte der Kinder selbst. Dies ist auch der Gegenstand der Prüfung, wobei zugleich Lehrer und Schüler beurteilt werden. Aus dem was wir von Ihnen vernehmen, schöpfen wir gute Hoffnung von dem Kinde, und Sie sind allerdings lobenswürdig, indem Sie auf die Fähigkeiten der Schülerinnen genau Acht geben. Verwandeln Sie solche bis über's Jahr in Fertigkeiten, so wird es Ihnen und Ihrer begünstigten Schülerin nicht an Beifall mangeln.

In das was hierauf folgte hatte ich mich schon ergeben, aber ein noch Übleres nicht befürchtet, das sich bald darauf zutrug. Unsere gute Vorsteherin, die wie ein guter Hirte auch nicht eins von ihren Schäfchen verloren, oder wie es hier der Fall war, ungeschmückt sehen möchte, konnte, nachdem die Herren sich entfernt hatten, ihren Unwillen nicht bergen und sagte zu Ottilien, die ganz ruhig, indem die andern sich über ihre Preise freuten, am Fenster stand: aber sagen Sie mir, um's Himmels willen! wie kann man so dumm aussehen, wenn man es nicht ist? Ottilie versetzte ganz gelassen: verzeihen Sie, liebe Mutter; ich habe gerade heute wieder mein Kopfweh und ziemlich stark. Das kann niemand wissen! versetzte die sonst so teilnehmende Frau und kehrte sich verdrießlich um.

Nun es ist wahr; niemand kann es wissen; denn Ottilie verändert das Gesicht nicht, und ich habe auch nicht gesehen, daß sie einmal die Hand nach dem Schlafe zu bewegt hätte.

Das war noch nicht alles. Ihre Fräulein Tochter, gnädige Frau, sonst lebhaft und freimütig, war im Gefühl ihres heutigen Triumphs ausgelassen und übermütig. Sie sprang mit ihren Preisen und Zeugnissen in den Zimmern herum, und schüttelte sie auch Ottilien vor dem Gesicht. Du bist heute schlecht gefahren! rief sie aus. Ganz gelassen antwortete Ottilie: es ist noch nicht der letzte Prüfungstag. Und doch wirst du immer die Letzte bleiben! rief das Fräulein und sprang hinweg.

Ottilie schien gelassen für jeden andern, nur nicht für mich. Eine innere, unangenehme, lebhafte Bewegung, der sie widersteht, zeigt sich durch eine ungleiche Farbe des Gesichts. Die linke Wange wird auf einen Augenblick rot, indem die rechte bleich wird. Ich sah dies Zeichen und meine Teilnehmung konnte sich nicht zurückhalten. Ich führte unsre Vorsteherin bei Seite, sprach ernsthaft mit ihr über die Sache. Die treffliche Frau erkannte ihren Fehler. Wir berieten, wir besprachen uns lange, und ohne deshalb weitläufiger zu sein, will ich Ew. Gnaden unsern Beschluß und unsre Bitte vortragen: Ottilien auf einige Zeit zu sich zu nehmen. Die Gründe werden Sie sich selbst am besten entfalten. Bestimmen Sie sich hiezu, so sage ich mehr über die Behandlung des guten Kindes. Verläßt uns dann Ihre Fräulein Tochter, wie zu vermuten steht; so sehen wir Ottilien mit Freuden zurückkehren.

Noch Eins, das ich vielleicht in der Folge vergessen könnte: ich habe nie gesehen, daß Ottilie etwas verlangt, oder gar um etwas dringend gebeten hätte. Dagegen kommen Fälle, wiewohl selten, daß sie etwas abzulehnen sucht was man von ihr fordert. Sie tut das mit einer Gebärde, die für den der den Sinn davon gefaßt hat unwiderstehlich ist. Sie drückt die flachen Hände, die sie in die Höhe hebt, zusammen und führt sie gegen die Brust, indem sie sich nur wenig vorwärts neigt und den dringend Fordernden mit einem solchen Blick ansieht, daß er gern von allem absteht was er verlangen oder wünschen möchte. Sehen Sie jemals diese Gebärde, gnädige Frau, wie es bei Ihrer Behandlung nicht wahrscheinlich ist; so gedenken Sie meiner und schonen Ottilien.

Eduard hatte diese Briefe vorgelesen, nicht ohne Lächeln und Kopfschütteln. Auch konnte es an Bemerkungen über die Personen und über die Lage der Sache nicht fehlen.

Genug! rief Eduard endlich aus: es ist entschieden, sie kommt! Für dich wäre gesorgt, meine Liebe, und wir dürfen nun auch mit unserm Vorschlag hervorrücken. Es wird höchst nötig, daß ich zu dem Hauptmann auf den rechten Flügel hinüberziehe. Sowohl Abends als Morgens ist erst die rechte Zeit zusammen zu arbeiten. Du erhältst dagegen für dich und Ottilien auf deiner Seite den schönsten Raum.

Charlotte ließ sich's gefallen, und Eduard schilderte ihre künftige Lebensart. Unter andern rief er aus: Es ist doch recht zuvorkommend von der Nichte, ein wenig Kopfweh auf der linken Seite zu haben; ich habe es manchmal auf der rechten. Trifft es zusammen und wir sitzen gegen einander, ich auf den rechten Ellbogen, sie auf den linken gestützt, und die Köpfe nach verschiedenen Seiten in die Hand gelegt; so muß das ein Paar artige Gegenbilder geben.

Der Hauptmann wollte das gefährlich finden; Eduard hingegen rief aus: Nehmen Sie sich nur, lieber Freund, vor dem D in Acht! Was sollte B denn anfangen, wenn ihm C entrissen würde?

Nun ich dächte doch, versetzte Charlotte, das verstünde sich von selbst.

Freilich, rief Eduard: es kehrte zu seinem A zurück, zu seinem A und O! rief er, indem er aufsprang und Charlotten fest an seine Brust drückte.

Sechstes Kapitel

Ein Wagen, der Ottilien brachte, war angefahren. Charlotte ging ihr entgegen; das liebe Kind eilte sich ihr zu nähern, warf sich ihr zu Füßen und umfaßte ihre Kniee.

Wozu die Demütigung! sagte Charlotte, die einigermaßen verlegen war und sie aufheben wollte. Es ist so demütig nicht gemeint, versetzte Ottilie, die in ihrer vorigen Stellung blieb. Ich mag mich nur so gern jener Zeit erinnern, da ich noch nicht höher reichte als bis an Ihre Kniee und Ihrer Liebe schon so gewiß war.

Sie stand auf und Charlotte umarmte sie herzlich. Sie ward den Männern vorgestellt und gleich mit besonderer Achtung als Gast behandelt. Schönheit ist überall ein gar willkommner Gast. Sie schien aufmerksam auf das Gespräch, ohne daß sie daran Teil genommen hätte.

Den andern Morgen sagte Eduard zu Charlotten: Es ist ein angenehmes unterhaltendes Mädchen.

Unterhaltend? versetzte Charlotte mit Lächeln: sie hat ja den Mund noch nicht aufgetan.

So? erwiderte Eduard, indem er sich zu besinnen schien: das wäre doch wunderbar!

Charlotte gab dem neuen Ankömmling nur wenige Winke, wie es mit dem Hausgeschäfte zu halten sei. Ottilie hatte schnell die ganze Ordnung eingesehen, ja was noch mehr ist, empfunden. Was sie für alle, für einen jeden insbesondre zu besorgen hatte, begriff sie leicht. Alles geschah pünktlich. Sie wußte anzuordnen, ohne daß sie zu befehlen schien, und wo jemand säumte, verrichtete sie das Geschäft gleich selbst.

Sobald sie gewahr wurde, wie viel Zeit ihr übrig blieb, bat sie Charlotten ihre Stunden einteilen zu dürfen, die nun genau beobachtet wurden. Sie arbeitete das Vorgesetzte auf eine Art, von der Charlotte durch den Gehülfen unterrichtet war. Man ließ sie gewähren. Nur zuweilen suchte Charlotte sie anzuregen. So schob sie ihr manchmal abgeschriebene Federn unter, um sie auf einen freieren Zug der Handschrift zu leiten; aber auch diese waren bald wieder scharf geschnitten.

Die Frauenzimmer hatten unter einander festgesetzt, französisch zu reden wenn sie allein wären; und Charlotte beharrte um so mehr dabei, als Ottilie gesprächiger in der fremden Sprache war, indem man ihr die Übung derselben zur Pflicht gemacht hatte. Hier sagte sie oft mehr als sie zu wollen schien. Besonders ergetzte sich Charlotte an einer zufälligen, zwar genauen, aber doch liebevollen Schilderung der ganzen Pensionsanstalt. Ottilie ward ihr eine liebe Gesellschafterin, und sie hoffte dereinst an ihr eine zuverlässige Freundin zu finden.

Charlotte nahm indes die älteren Papiere wieder vor, die sich auf Ottilien bezogen, um sich in Erinnerung zu bringen, was die Vorsteherin, was der Gehülfe über das gute Kind geurteilt, um es mit ihrer Persönlichkeit selbst zu vergleichen. Denn Charlotte war der Meinung, man könne nicht geschwind genug mit dem Charakter der Menschen bekannt werden, mit denen man zu leben hat, um zu wissen, was sich von ihnen erwarten, was sich an ihnen bilden läßt, oder was man ihnen ein- für allemal zugestehen und verzeihen muß.

Sie fand zwar bei dieser Untersuchung nichts Neues, aber manches Bekannte ward ihr bedeutender und auffallender. So konnte ihr z. B. Ottiliens Mäßigkeit im Essen und Trinken wirklich Sorge machen.

Das Nächste was die Frauen beschäftigte war der Anzug. Charlotte verlangte von Ottilien, sie solle in Kleidern reicher und mehr ausgesucht erscheinen. Sogleich schnitt das gute tätige Kind die ihr früher geschenkten Stoffe selbst zu und wußte sie sich, mit geringer Beihülfe anderer, schnell und höchst zierlich anzupassen. Die neuen modischen Gewänder erhöhten ihre Gestalt: denn indem das Angenehme einer Person sich auch über ihre Hülle verbreitet, so glaubt man sie immer wieder von neuem und anmutiger zu sehen, wenn sie ihre Eigenschaften einer neuen Umgebung mitteilt.

Dadurch ward sie den Männern, wie von Anfang so immer mehr, daß wir es nur mit dem rechten Namen nennen, ein wahrer Augentrost. Denn wenn der Smaragd durch seine herrliche Farbe dem Gesicht wohltut, ja sogar einige Heilkraft an diesem edlen Sinn ausübt; so wirkt die menschliche Schönheit noch mit weit größerer Gewalt auf den äußern und innern Sinn. Wer sie erblickt, den kann nichts Übles anwehen; er fühlt sich mit sich selbst und mit der Welt in Übereinstimmung.

Auf manche Weise hatte daher die Gesellschaft durch Ottiliens Ankunft gewonnen. Die beiden Freunde hielten regelmäßiger die Stunden, ja die Minuten der Zusammenkünfte. Sie ließen weder zum Essen, noch zum Tee, noch zum Spaziergang länger als billig auf sich warten. Sie eilten, besonders Abends, nicht so bald von Tische weg. Charlotte bemerkte das wohl und ließ beide nicht unbeobachtet. Sie suchte zu erforschen, ob einer vor dem andern hiezu den Anlaß gäbe; aber sie konnte keinen Unterschied bemerken. Beide zeigten sich überhaupt geselliger. Bei ihren Unterhaltungen schienen sie zu bedenken, was Ottiliens Teilnahme zu erregen geeignet sein möchte, was ihren Einsichten, ihren übrigen Kenntnissen gemäß wäre. Bei'm Lesen und Erzählen hielten sie inne, bis sie wiederkam. Sie wurden milder und im Ganzen mitteilender.

In Erwiderung dagegen wuchs die Dienstbeflissenheit Ottiliens mit jedem Tage. Je mehr sie das Haus, die Menschen, die Verhältnisse kennen lernte, desto lebhafter griff sie ein, desto schneller verstand sie jeden Blick, jede Bewegung, ein halbes Wort, einen Laut. Ihre ruhige Aufmerksamkeit blieb sich immer gleich, so wie ihre gelassene Regsamkeit. Und so war ihr Sitzen, Aufstehen, Gehen, Kommen, Holen, Bringen, Wiederniedersitzen, ohne einen Schein von Unruhe, ein ewiger Wechsel, die ewige angenehme Bewegung. Dazu kam, daß man sie nicht gehen hörte, so leise trat sie auf.

Diese anständige Dienstfertigkeit Ottiliens machte Charlotten viel Freude. Ein Einziges, was ihr nicht ganz angemessen vorkam, verbarg sie Ottilien nicht. Es gehört, sagte sie eines Tages zu ihr, unter die lobenswürdigen Aufmerksamkeiten, daß wir uns schnell bücken, wenn jemand etwas aus der Hand fallen läßt, und es eilig aufzuheben suchen. Wir bekennen uns dadurch ihm gleichsam dienstpflichtig: nur ist in der größern Welt dabei zu bedenken, wem man eine solche Ergebenheit bezeigt. Gegen Frauen will ich dir darüber keine Gesetze vorschreiben. Du bist jung. Gegen Höhere und Ältere ist es Schuldigkeit, gegen Deinesgleichen Artigkeit, gegen Jüngere und Niedere zeigt man sich dadurch menschlich und gut; nur will es einem Frauenzimmer nicht wohl geziemen, sich Männern auf diese Weise ergeben und dienstbar zu bezeigen.

Ich will es mir abzugewöhnen suchen, versetzte Ottilie. Indessen werden Sie mir diese Unschicklichkeit vergeben, wenn ich Ihnen sage, wie ich dazu gekommen bin. Man hat uns die Geschichte gelehrt; ich habe nicht so viel daraus behalten, als ich wohl gesollt hätte: denn ich wußte nicht wozu ich's brauchen würde. Nur einzelne Begebenheiten sind mir sehr eindrücklich gewesen; so folgende:

Als Karl der Erste von England vor seinen sogenannten Richtern stand, fiel der goldne Knopf des Stöckchens das er trug herunter. Gewohnt, daß bei solchen Gelegenheiten sich alles für ihn bemühte, schien er sich umzusehen und zu erwarten, daß ihm jemand auch diesmal den kleinen Dienst erzeigen sollte. Es regte sich niemand; er bückte sich selbst, um den Knopf aufzuheben. Mir kam das so schmerzlich vor, ich weiß nicht ob mit Recht, daß ich von jenem Augenblick an niemanden kann etwas aus den Händen fallen sehn, ohne mich darnach zu bücken. Da es aber freilich nicht immer schicklich sein mag, und ich, fuhr sie lächelnd fort, nicht jederzeit meine Geschichte erzählen kann; so will ich mich künftig mehr zurückhalten.

Indessen hatten die guten Anstalten, zu denen sich die beiden Freunde berufen fühlten, ununterbrochenen Fortgang. Ja täglich fanden sie neuen Anlaß etwas zu bedenken und zu unternehmen.

Als sie eines Tages zusammen durch das Dorf gingen, bemerkten sie mißfällig, wie weit es an Ordnung und Reinlichkeit hinter jenen Dörfern zurückstehe, wo die Bewohner durch die Kostbarkeit des Raums auf beides hingewiesen werden. —

Du erinnerst dich, sagte der Hauptmann, wie wir auf unserer Reise durch die Schweiz den Wunsch äußerten, eine ländliche sogenannte Parkanlage recht eigentlich zu verschönern, indem wir ein so gelegenes Dorf nicht zur Schweizer-Bauart, sondern zur Schweizer-Ordnung und -Sauberkeit, welche die Benutzung so sehr befördern, einrichteten.

Hier z. B., versetzte Eduard, ginge das wohl an. Der Schloßberg verläuft sich in einen vorspringenden Winkel herunter; das Dorf ist ziemlich regelmäßig im Halbzirkel gegenüber gebaut; dazwischen fließt der Bach, gegen dessen Anschwellen sich der eine mit Steinen, der andre mit Pfählen, wieder einer mit Balken, und der Nachbar sodann mit Planken verwahren will, keiner aber den andern fördert, vielmehr sich und den Übrigen Schaden und Nachteil bringt. So geht der Weg auch in ungeschickter Bewegung bald herauf, bald herab, bald durch's Wasser, bald über Steine. Wollten die Leute mit Hand anlegen, so würde kein großer Zuschuß nötig sein, um hier eine Mauer im Halbkreis aufzuführen, den Weg dahinter bis an die Häuser zu erhöhen, den schönsten Raum herzustellen, der Reinlichkeit Platz zu geben und durch eine in's Große gehende Anstalt alle kleine unzulängliche Sorge auf Einmal zu verbannen.

Laß es uns versuchen, sagte der Hauptmann, indem er die Lage mit den Augen überlief und schnell beurteilte.

Ich mag mit Bürgern und Bauern nichts zu tun haben, wenn ich ihnen nicht geradezu befehlen kann, versetzte Eduard.

Du hast so Unrecht nicht, erwiderte der Hauptmann: denn auch mir machten dergleichen Geschäfte im Leben schon viel Verdruß. Wie schwer ist es, daß der Mensch recht abwäge, was man aufopfern muß gegen das was zu gewinnen ist! wie schwer, den Zweck zu wollen und die Mittel nicht zu verschmähen! Viele verwechseln gar die Mittel und den Zweck, erfreuen sich an jenen, ohne diesen im Auge zu behalten. Jedes Übel soll an der Stelle geheilt werden, wo es zum Vorschein kommt, und man bekümmert sich nicht um jenen Punkt, wo es eigentlich seinen Ursprung nimmt, woher es wirkt. Deswegen ist es so schwer Rat zu pflegen, besonders mit der Menge, die im Täglichen ganz verständig ist, aber selten weiter sieht als auf morgen. Kommt nun gar dazu, daß der eine bei einer gemeinsamen Anstalt gewinnen, der andre verlieren soll, da ist mit Vergleich nun gar nichts auszurichten. Alles eigentlich gemeinsame Gute muß durch das unumschränkte Majestätsrecht gefördert werden.

Indem sie standen und sprachen, bettelte sie ein Mensch an, der mehr frech als bedürftig aussah. Eduard, ungern unterbrochen und beunruhigt, schalt ihn, nachdem er ihn einigemal vergebens gelassener abgewiesen hatte; als aber der Kerl sich murrend, ja gegenscheltend, mit kleinen Schritten entfernte, auf die Rechte des Bettlers trotzte, dem man wohl ein Almosen versagen, ihn aber nicht beleidigen dürfe, weil er so gut wie jeder andere unter dem Schutze Gottes und der Obrigkeit stehe, kam Eduard ganz aus der Fassung.

Der Hauptmann, ihn zu begütigen, sagte darauf: Laß uns diesen Vorfall als eine Aufforderung annehmen, unsere ländliche Polizei auch hierüber zu erstrecken. Almosen muß man einmal geben; man tut aber besser, wenn man sie nicht selbst gibt, besonders zu Hause. Da sollte man mäßig und gleichförmig in allem sein, auch im Wohltun. Eine allzureichliche Gabe lockt Bettler herbei, anstatt sie abzufertigen; dagegen man wohl auf der Reise, im Vorbeifliegen, einem Armen an der Straße in der Gestalt des zufälligen Glücks erscheinen und ihm eine überraschende Gabe zuwerfen mag. Uns macht die Lage des Dorfes, des Schlosses, eine solche Anstalt sehr leicht; ich habe schon früher darüber nachgedacht.

An dem einen Ende des Dorfes liegt das Wirtshaus, an dem andern wohnen ein Paar alte gute Leute; an beiden Orten mußt du eine kleine Geldsumme niederlegen. Nicht der in's Dorf Hereingehende, sondern der Hinausgehende erhält etwas; und da die beiden Häuser zugleich an den Wegen stehen die auf das Schloß führen, so wird auch alles, was sich hinaufwenden wollte, an die beiden Stellen gewiesen.

Komm, sagte Eduard, wir wollen das gleich abmachen; das Genauere können wir immer noch nachholen.

Sie gingen zum Wirt und zu dem alten Paare, und die Sache war abgetan.

Ich weiß recht gut, sagte Eduard, indem sie zusammen den Schloßberg wieder hinaufstiegen, daß alles in der Welt ankommt auf einen gescheiten Einfall und auf einen festen Entschluß. So hast du die Parkanlagen meiner Frau sehr richtig beurteilt, und mir auch schon einen Wink zum Bessern gegeben, den ich ihr, wie ich gar nicht leugnen will, sogleich mitgeteilt habe.

Ich konnte es vermuten, versetzte der Hauptmann, aber nicht billigen. Du hast sie irre gemacht; sie läßt alles liegen und trutzt in dieser einzigen Sache mit uns: denn sie vermeidet davon zu reden und hat uns nicht wieder zur Mooshütte geladen, ob sie gleich mit Ottilien in den Zwischenstunden hinaufgeht.

Dadurch müssen wir uns, versetzte Eduard, nicht abschrecken lassen. Wenn ich von etwas Gutem überzeugt bin, was geschehen könnte und sollte, so habe ich keine Ruhe bis ich es getan sehe. Sind wir doch sonst klug etwas einzuleiten. Laß uns die englischen Parkbeschreibungen mit Kupfern zur Abendunterhaltung vornehmen, nachher deine Guts-Karte. Man muß es erst problematisch und nur wie zum Scherz behandeln; der Ernst wird sich schon finden.

Nach dieser Verabredung wurden die Bücher aufgeschlagen, worin man jedesmal den Grundriß der Gegend und ihre landschaftliche Ansicht in ihrem ersten rohen Naturzustande gezeichnet sah, sodann auf andern Blättern die Veränderung vorgestellt fand, welche die Kunst daran vorgenommen, um alles das bestehende Gute zu nutzen und zu steigern. Hievon war der Übergang zur eigenen Besitzung, zur eignen Umgebung, und zu dem was man daran ausbilden könnte, sehr leicht.

Die von dem Hauptmann entworfene Karte zum Grunde zu legen war nunmehr eine angenehme Beschäftigung, nur konnte man sich von jener ersten Vorstellung, nach der Charlotte die Sache einmal angefangen hatte, nicht ganz losreißen. Doch erfand man einen leichtern Aufgang auf die Höhe; man wollte oberwärts am Abhange vor einem angenehmen Hölzchen ein Lustgebäude aufführen; dieses sollte einen Bezug auf's Schloß haben, aus den Schloßfenstern sollte man es übersehen, von dorther Schloß und Gärten wieder bestreichen können.

Der Hauptmann hatte alles wohl überlegt und gemessen, und brachte jenen Dorfweg, jene Mauer am Bache her, jene Ausfüllung wieder zur Sprache. Ich gewinne, sagte er, indem ich einen bequemen Weg zur Anhöhe hinaufführe, gerade so viel Steine, als ich zu jener Mauer bedarf. Sobald eins in's andre greift, wird beides wohlfeiler und geschwinder bewerkstelligt.

Nun aber, sagte Charlotte, kommt meine Sorge. Notwendig muß etwas Bestimmtes ausgesetzt werden; und wenn man weiß, wie viel zu einer solchen Anlage erforderlich ist, dann teilt man es ein, wo nicht auf Wochen, doch wenigstens auf Monate. Die Kasse ist unter meinem Beschluß; ich zahle die Zettel, und die Rechnung führe ich selbst.

Du scheinst uns nicht sonderlich viel zu vertrauen, sagte Eduard.

Nicht viel in willkürlichen Dingen, versetzte Charlotte. Die Willkür wissen wir besser zu beherrschen als ihr.

Die Einrichtung war gemacht, die Arbeit rasch angefangen, der Hauptmann immer gegenwärtig, und Charlotte nunmehr fast täglich Zeuge seines ernsten und bestimmten Sinnes. Auch er lernte sie näher kennen, und beiden wurde es leicht zusammen zu wirken und etwas zu Stande zu bringen.

Es ist mit den Geschäften wie mit dem Tanze; Personen, die gleichen Schritt halten, müssen sich unentbehrlich werden; ein wechselseitiges Wohlwollen muß notwendig daraus entspringen, und daß Charlotte dem

Hauptmann, seitdem sie ihn näher kennen gelernt, wirklich wohlwollte, davon war ein sicherer Beweis, daß sie ihn einen schönen Ruheplatz, den sie bei ihren ersten Anlagen besonders ausgesucht und verziert hatte, der aber seinem Plane entgegenstand, ganz gelassen zerstören ließ, ohne auch nur die mindeste unangenehme Empfindung dabei zu haben.

Siebentes Kapitel

Indem nun Charlotte mit dem Hauptmann eine gemeinsame Beschäftigung fand, so war die Folge, daß sich Eduard mehr zu Ottilien gesellte. Für sie sprach ohnehin seit einiger Zeit eine stille freundliche Neigung in seinem Herzen. Gegen jedermann war sie dienstfertig und zuvorkommend; daß sie es gegen ihn am meisten sei, das wollte seiner Selbstliebe scheinen. Nun war keine Frage: was für Speisen und wie er sie liebte, hatte sie schon genau bemerkt; wie viel er Zucker zum Tee zu nehmen pflegte, und was dergleichen mehr ist, entging ihr nicht. Besonders war sie sorgfältig, alle Zugluft abzuwehren, gegen die er eine übertriebene Empfindsamkeit zeigte, und deshalb mit seiner Frau, der es nicht luftig genug sein konnte, manchmal in Widerspruch geriet. Eben so wußte sie im Baum- und Blumengarten Bescheid. Was er wünschte suchte sie zu befördern, was ihn ungeduldig machen konnte zu verhüten, dergestalt, daß sie in kurzem wie ein freundlicher Schutzgeist ihm unentbehrlich ward und er anfing ihre Abwesenheit schon peinlich zu empfinden. Hiezu kam noch, daß sie gesprächiger und offener schien, sobald sie sich allein trafen.

Eduard hatte bei zunehmenden Jahren immer etwas Kindliches behalten, das der Jugend Ottiliens besonders zusagte. Sie erinnerten sich gern früherer Zeiten, wo sie einander gesehen; es stiegen diese Erinnerungen bis an die ersten Epochen der Neigung Eduards zu Charlotten. Ottilie wollte sich der beiden noch als des schönsten Hofpaares erinnern; und wenn Eduard ihr ein solches Gedächtnis aus ganz früher Jugend absprach, so behauptete sie doch besonders Einen Fall noch vollkommen gegenwärtig zu haben, wie sie sich einmal, bei seinem Hereintreten, in Charlottens Schoß versteckt nicht aus Furcht, sondern aus kindischer Überraschung. Sie hätte dazu setzen können: weil er so lebhaften Eindruck auf sie gemacht, weil er ihr gar so wohl gefallen. —

Bei solchen Verhältnissen waren manche Geschäfte, welche die beiden Freunde zusammen früher vorgenommen, gewissermaßen in Stocken geraten, so daß sie für nötig fanden sich wieder eine Übersicht zu verschaffen, einige Aufsätze zu entwerfen, Briefe zu schreiben. Sie bestellten sich deshalb auf ihre Kanzlei, wo sie den alten Kopisten müßig fanden. Sie gingen an die Arbeit und gaben ihm bald zu tun, ohne zu bemerken, daß sie ihm manches aufbürdeten, was sie sonst selbst zu verrichten gewohnt waren. Gleich der erste Aufsatz wollte dem Hauptmann, gleich der erste Brief Eduarden nicht gelingen. Sie quälten sich eine Zeit lang mit Konzipieren und Umschreiben, bis endlich Eduard, dem es am wenigsten von Statten ging, nach der Zeit fragte.

Da zeigte sich denn, daß der Hauptmann vergessen hatte seine chronometrische Sekunden-Uhr aufzuziehen, das erstemal seit vielen Jahren; und sie schienen, wo nicht zu empfinden, doch zu ahnen, daß die Zeit anfange ihnen gleichgültig zu werden.

Indem so die Männer einigermaßen in ihrer Geschäftigkeit nachließen, wuchs vielmehr die Tätigkeit der Frauen. Überhaupt nimmt die gewöhnliche Lebensweise einer Familie, die aus den gegebenen Personen und aus notwendigen Umständen entspringt, auch wohl eine außerordentliche Neigung, eine werdende Leidenschaft, in sich wie ein Gefäß auf, und es kann eine ziemliche Zeit vergehen, ehe dieses neue Ingrediens eine merkliche Gärung verursacht und schäumend über den Rand schwillt.

Bei unsern Freunden waren die entstehenden wechselseitigen Neigungen von der angenehmsten Wirkung. Die Gemüter öffneten sich, und ein allgemeines Wohlwollen entsprang aus dem besonderen. Jeder Teil fühlte sich glücklich und gönnte dem andern sein Glück.

Ein solcher Zustand erhebt den Geist, indem er das Herz erweitert, und alles was man tut und vornimmt hat eine Richtung gegen das Unermeßliche. So waren auch die Freunde nicht mehr in ihrer Wohnung befangen. Ihre Spaziergänge dehnten sich weiter aus, und wenn dabei Eduard mit Ottilien, die Pfade zu wählen, die Wege zu bahnen, vorauseilte; so folgte der Hauptmann mit Charlotten in bedeutender Unterhaltung, teilnehmend an manchem neuentdeckten Plätzchen, an mancher unerwarteten Aussicht, geruhig der Spur jener rascheren Vorgänger.

Eines Tages leitete sie ihr Spaziergang durch die Schloßpforte des rechten Flügels hinunter nach dem Gasthofe, über die Brücke gegen die Teiche zu, an denen sie hingingen, so weit man gewöhnlich das Wasser verfolgte, dessen Ufer sodann von einem buschigen Hügel und weiterhin von Felsen eingeschlossen aufhörte gangbar zu sein.

Aber Eduard, dem von seinen Jagdwanderungen her die Gegend bekannt war, drang mit Ottilien auf einem bewachsenen Pfade weiter vor, wohl wissend, daß die alte zwischen Felsen versteckte Mühle nicht weit abliegen konnte. Allein der wenig betretene Pfad verlor sich bald, und sie fanden sich im dichten Gebüsch zwischen moosigem Gestein verirrt, doch nicht lange: denn das Rauschen der Räder verkündigte ihnen sogleich die Nähe des gesuchten Ortes.

Auf eine Klippe vorwärts tretend sahen sie das alte, schwarze, wunderliche Holzgebäude im Grunde vor sich, von steilen Felsen so wie von hohen Bäumen umschattet. Sie entschlossen sich kurz und gut über Moos und Felstrümmer hinabzusteigen: Eduard voran; und wenn er nun in die Höhe sah, und Ottilie leicht schreitend, ohne Furcht und Ängstlichkeit, im schönsten Gleichgewicht von Stein zu Stein ihm folgte, glaubte er ein himmliches Wesen zu sehen, das über ihm schwebte. Und wenn sie nun manchmal an unsicherer Stelle seine ausgestreckte Hand ergriff, ja sich auf seine Schulter stützte, dann konnte er sich nicht verleugnen, daß es das zarteste weibliche Wesen sei, das ihn berührte. Fast hätte er gewünscht, sie möchte straucheln, gleiten, daß er sie in seine Arme auffangen, sie an sein Herz drücken könnte. Doch dies hätte er unter keiner Bedingung getan, aus mehr als Einer Ursache: er fürchtete sie zu beleidigen, sie zu beschädigen.

Wie dies gemeint sei, erfahren wir sogleich. Denn als er nun herabgelangt, ihr unter den hohen Bäumen am ländlichen Tische gegenüber saß, die freundliche Müllerin nach Milch, der bewillkommende Müller Charlotten und dem Hauptmann entgegen gesandt war, fing Eduard mit einigem Zaudern zu sprechen an.

Ich habe eine Bitte, liebe Ottilie: verzeihen Sie mir die, wenn Sie mir sie auch versagen. Sie machen kein Geheimnis daraus, und es braucht es auch nicht, daß Sie unter Ihrem Gewand, auf Ihrer Brust ein Miniaturbild tragen. Es ist das Bild Ihres Vaters, des braven Mannes, den Sie kaum gekannt, und der in jedem Sinne eine Stelle an Ihrem Herzen verdient. Aber vergeben Sie mir: das Bild ist ungeschickt groß, und dieses Metall, dieses Glas macht mir tausend Ängste, wenn Sie ein Kind in die Höhe heben, etwas vor sich hintragen, wenn die Kutsche schwankt, wenn wir durch's Gebüsch dringen, eben jetzt, wie wir vom Felsen herabstiegen. Mir ist die Möglichkeit schrecklich, daß irgend ein unvorgesehener Stoß, ein Fall, eine Berührung Ihnen schädlich und verderblich sein könnte. Tun Sie es mir zu Liebe, entfernen Sie das Bild, nicht aus Ihrem Andenken, nicht aus Ihrem Zimmer; ja geben Sie ihm den schönsten, den heiligsten Ort Ihrer Wohnung: nur von Ihrer Brust entfernen Sie etwas, dessen Nähe mir, vielleicht aus übertriebener Ängstlichkeit, so gefährlich scheint.

Ottilie schwieg, und hatte während er sprach vor sich hingesehen; dann, ohne Übereilung und ohne Zaudern, mit einem Blick mehr gen Himmel als auf Eduard gewendet, lös'te sie die Kette, zog das Bild hervor, drückte es gegen ihre Stirn und reichte es dem Freunde hin, mit den Worten: Heben Sie es mir auf, bis wir nach Hause kommen. Ich vermag Ihnen nicht besser zu bezeugen, wie sehr ich Ihre freundliche Sorgfalt zu schätzen weiß.

Der Freund wagte nicht das Bild an seine Lippen zu drücken, aber er faßte ihre Hand und drückte sie an seine Augen. Es waren vielleicht die zwei schönsten Hände, die sich jemals zusammenschlossen. Ihm war, als wenn ihm ein Stein vom Herzen gefallen wäre, als wenn sich eine Scheidewand zwischen ihm und Ottilien niedergelegt hätte.

Vom Müller geführt langten Charlotte und der Hauptmann auf einem bequemeren Pfade herunter. Man begrüßte sich, man erfreute und erquickte sich. Zurück wollte man denselben Weg nicht kehren, und Eduard schlug einen Felspfad auf der andern Seite des Baches vor, auf welchem die Teiche wieder zu Gesicht kamen, indem man ihn mit einiger Anstrengung zurücklegte. Nun durchstrich man ein abwechselndes Gehölz und erblickte nach dem Lande zu, mancherlei Dörfer, Flecken, Meiereien mit ihren grünen und fruchtbaren Umgebungen; zunächst ein Vorwerk, das an der Höhe, mitten im Holze, gar vertraulich lag. Am schönsten zeigte sich der größte Reichtum der Gegend, vor- und rückwärts, auf der sanfterstiegenen Höhe, von da man zu einem lustigen Wäldchen gelangte, und bei'm Heraustreten aus demselben sich auf dem Felsen dem Schlosse gegenüber befand.

Wie froh waren sie, als sie daselbst gewissermaßen unvermutet ankamen. Sie hatten eine kleine Welt umgangen; sie standen auf dem Platze, wo das neue Gebäude hinkommen sollte, und sahen wieder in die Fenster ihrer Wohnung.

Man stieg zur Mooshütte hinunter, und saß zum erstenmal darin zu vieren. Nichts war natürlicher, als daß einstimmig der Wunsch ausgesprochen wurde, dieser heutige Weg, den sie langsam und nicht ohne Beschwerlichkeit gemacht, möchte dergestalt geführt und eingerichtet werden, daß man ihn gesellig, schlendernd und mit Behaglichkeit zurücklegen könnte. Jedes tat Vorschläge, und man berechnete, daß der Weg, zu welchem sie mehrere Stunden gebraucht hatten, wohlgebahnt in einer Stunde zum Schloß zurückführen müßte. Schon legte man in Gedanken, unterhalb der Mühle, wo der Bach in die Tiefe fließt, eine wegverkürzende und die Landschaft zierende Brücke an, als Charlotte der erfindenden Einbildungskraft einigen Stillstand gebot, indem sie an die Kosten erinnerte, welche zu einem solchen Unternehmen erforderlich sein würden.

Hier ist auch zu helfen, versetzte Eduard. Jenes Vorwerk im Walde, das so schön zu liegen scheint, und so wenig einträgt, dürfen wir nur veräußern und das daraus Gelös'te zu diesen Anlagen verwenden; so genießen wir vergnüglich auf einem unschätzbaren Spaziergange die Interessen eines wohlangelegten Kapitals, da wir jetzt mit Mißmut, bei letzter Berechnung am Schlusse des Jahrs, eine kümmerliche Einnahme davon ziehen.

Charlotte selbst konnte als gute Haushälterin nicht viel dagegen erinnern. Die Sache war schon früher zur Sprache gekommen. Nun wollte der Hauptmann einen Plan zu Zerschlagung der Grundstücke unter die Waldbauern machen; Eduard aber wollte kürzer und bequemer verfahren wissen. Der gegenwärtige Pachter, der schon Vorschläge getan hatte, sollte es erhalten, terminweise zahlen und so terminweise wollte man die planmäßigen Anlagen von Strecke zu Strecke vornehmen.

So eine vernünftige gemäßigte Einrichtung mußte durchaus Beifall finden, und schon sah die ganze Gesellschaft im Geiste die neuen Wege sich schlängeln, auf denen und in deren Nähe man noch die angenehmsten Ruhe- und Aussichtsplätze zu entdecken hoffte.

Um sich alles mehr im Einzelnen zu vergegenwärtigen nahm man Abends zu Hause sogleich die neue Karte vor. Man übersah den zurückgelegten Weg und wie er vielleicht an einigen Stellen noch vorteilhafter zu führen wäre. Alle früheren Vorsätze wurden nochmals durchgesprochen und mit den neuesten Gedanken verbunden, der Platz des neuen Hauses, gegen dem Schloß über, nochmals gebilligt und der Kreislauf der Wege bis dahin abgeschlossen.

Ottilie hatte zu dem allen geschwiegen, als Eduard zuletzt den Plan, der bisher vor Charlotten gelegen, vor sie hinwandte und sie zugleich einlud, ihre Meinung zu sagen, und als sie einen Augenblick anhielt, sie liebevoll ermunterte, doch ja nicht zu schweigen: alles sei ja noch gleichgültig, alles noch im Werden.

Ich würde, sagte Ottilie, indem sie den Finger auf die höchste Fläche der Anhöhe setzte, das Haus hieher bauen. Man sähe zwar das Schloß nicht: denn es wird von dem Wäldchen bedeckt; aber man befände sich auch dafür wie in einer andern und neuen Welt, indem zugleich das Dorf und alle Wohnungen verborgen wären. Die Aussicht auf die Teiche, nach der Mühle, auf die Höhen, in die Gebirge, nach dem Lande zu, ist außerordentlich schön; ich habe es im Vorbeigehen bemerkt.

Sie hat Recht! rief Eduard: wie konnte uns das nicht einfallen? Nicht wahr, so ist es gemeint, Ottilie? — Er nahm einen Bleistift und strich ein längliches Viereck recht stark und derb auf die Anhöhe.

Dem Hauptmann fuhr das durch das Seele: denn er sah einen sorgfältigen, reinlich gezeichneten Plan ungern auf diese Weise verunstaltet; doch faßte er sich nach einer leisen Mißbilligung und ging auf den Gedanken ein. Ottilie hat Recht, sagte er: macht man nicht gern eine entfernte Spazierfahrt, um einen Kaffee zu trinken, einen Fisch zu genießen, der uns zu Hause nicht so gut geschmeckt hätte? Wir verlangen Abwechselung und fremde Gegenstände. Das Schloß haben die Alten mit Vernunft hieher gebaut: denn es liegt geschutzt vor den Winden, und nah an allen täglichen Bedürfnissen; ein Gebäude hingegen, mehr zum geselligen Aufenthalt als zur Wohnung, wird sich dorthin recht wohl schicken und in der guten Jahrszeit die angenehmsten Stunden gewähren.

Je mehr man die Sache durchsprach desto günstiger erschien sie, und Eduard konnte seinen Triumph nicht bergen, daß Ottilie den Gedanken gehabt. Er war so stolz darauf, als ob die Erfindung sein gewesen wäre.

Achtes Kapitel

Der Hauptmann untersuchte gleich am frühsten Morgen den Platz, entwarf erst einen flüchtigen, und als die Gesellschaft an Ort und Stelle sich nochmals entschieden hatte, einen genauen Riß nebst Anschlag und allem Erforderlichen. Es fehlte nicht an der nötigen Vorbereitung.

Jenes Geschäft wegen Verkauf des Vorwerks ward auch sogleich wieder angegriffen. Die Männer fanden zusammen neuen Anlaß zur Tätigkeit.

Der Hauptmann machte Eduarden bemerklich, daß es eine Artigkeit, ja wohl gar eine Schuldigkeit sei, Charlottens Geburtstag durch Legung des Grundsteins zu feiern. Es bedurfte nicht viel, die alte Abneigung Eduards gegen solche Feste zu überwinden: denn es kam ihm schnell in den Sinn, Ottiliens Geburtstag, der später fiel, gleichfalls recht feierlich zu begehen.

Charlotte, der die neuen Anlagen, und was deshalb geschehen sollte, bedeutend, ernstlich, ja fast bedenklich vorkamen, beschäftigte sich damit, die Anschläge, Zeit- und Geldeinteilungen nochmals für sich durchzugehen. Man sah sich des Tages weniger, und mit desto mehr Verlangen suchte man sich des Abends auf.

Ottilie war indessen schon völlig Herrin des Haushaltes, und wie konnte es anders sein, bei ihrem stillen und sichern Betragen. Auch war ihre ganze Sinnesweise dem Hause und dem Häuslichen mehr als der Welt, mehr als dem Leben im Freien zugewendet. Eduard bemerkte bald, daß sie eigentlich nur aus Gefälligkeit in die Gegend mitging, daß sie nur aus geselliger Pflicht Abends länger draußen verweilte, auch wohl manchmal einen Vorwand häuslicher Tätigkeit suchte, um wieder hineinzugehen. Sehr bald wußte er daher die gemeinschaftlichen Wanderungen so einzurichten, daß man vor Sonnenuntergang wieder zu Hause war, und fing an, was er lange unterlassen hatte, Gedichte vorzulesen, solche besonders, in deren Vortrag der Ausdruck einer reinen, doch leidenschaftlichen Liebe zu legen war.

Gewöhnlich saßen sie Abends um einen kleinen Tisch, auf hergebrachten Plätzen: Charlotte auf dem Sopha, Ottilie auf einem Sessel gegen ihr über, und die Männer nahmen die beiden andern Seiten ein. Ottilie saß Eduarden zur Rechten, wohin er auch das Licht schob, wenn er las. Alsdann rückte sich Ottilie wohl näher, um in's Buch zu sehen: denn auch sie traute ihren eigenen Augen mehr als fremden Lippen; und Eduard gleichfalls rückte zu, um es ihr auf alle Weise bequem zu machen; ja er hielt oft längere Pausen als nötig, damit er nur nicht eher umwendete, bis auch sie zu Ende der Seite gekommen.

Charlotte und der Hauptmann bemerkten es wohl und sahen manchmal einander lächelnd an; doch wurden beide von einem andern Zeichen überrascht, in welchem sich Ottiliens stille Neigung gelegentlich offenbarte.

An einem Abende, welcher der kleinen Gesellschaft durch einen lästigen Besuch zum Teil verloren gegangen, tat Eduard den Vorschlag noch beisammen zu bleiben. Er fühlte sich aufgelegt seine Flöte vorzunehmen, welche lange nicht an die Tagesordnung gekommen war. Charlotte suchte nach den Sonaten, die sie zusammen gewöhnlich auszuführen pflegten, und da sie nicht zu finden waren, gestand Ottilie nach einigem Zaudern, daß sie solche mit auf ihr Zimmer genommen.

Und Sie können, Sie wollen mich auf dem Flügel begleiten? rief Eduard, dem die Augen vor Freude glänzten. Ich glaube wohl, versetzte Ottilie, daß es gehen wird. Sie brachte die Noten herbei und setzte sich an's Klavier. Die Zuhörenden waren aufmerksam und überrascht, wie vollkommen Ottilie das Musikstück für sich selbst eingelernt hatte, aber noch mehr überrascht, wie sie es der Spielart Eduards anzupassen wußte. Anzupassen wußte ist nicht der rechte Ausdruck: denn wenn es von Charlottens Geschicklichkeit und freiem Willen abhing, ihrem bald zögernden bald voreilenden Gatten zu Liebe, hier anzuhalten, dort mitzugehen, so schien Ottilie, welche die Sonate von jenen einigemal spielen gehört, sie nur in dem Sinne eingelernt zu haben, wie jener sie begleitete. Sie hatte seine Mängel so zu den ihrigen gemacht, daß daraus wieder eine Art von lebendigem Ganzen entsprang, das sich zwar nicht taktgemäß bewegte, aber doch höchst angenehm und gefällig lautete. Der Komponist selbst hätte seine Freude daran gehabt, sein Werk auf eine so liebevolle Weise entstellt zu sehen.

Auch diesem wundersamen unerwarteten Begegnis sahen der Hauptmann und Charlotte stillschweigend mit einer Empfindung zu, wie man oft kindische Handlungen betrachtet, die man wegen ihrer besorglichen Folgen gerade nicht billigt und doch nicht schelten kann, ja vielleicht beneiden muß. Denn eigentlich war die Neigung dieser beiden eben so gut im Wachsen als jene, und vielleicht nur noch gefährlicher dadurch, daß beide ernster, sicherer von sich selbst, sich zu halten fähiger waren.

Schon fing der Hauptmann an zu fühlen, daß eine unwiderstehliche Gewohnheit ihn an Charlotten zu fesseln drohte. Er gewann es über sich, den Stunden auszuweichen, in denen Charlotte nach den Anlagen zu kommen pflegte, indem er schon am frühsten Morgen aufstand, alles anordnete und sich dann zur Arbeit auf seinen Flügel in's Schloß zurückzog. Die ersten Tage hielt es Charlotte für zufällig; sie suchte ihn an allen wahrscheinlichen Stellen; dann glaubte sie ihn zu verstehen und achtete ihn nur um desto mehr.

Vermied nun der Hauptmann mit Charlotten allein zu sein, so war er desto emsiger, zur glänzenden Feier des herannahenden Geburtsfestes die Anlagen zu betreiben und zu beschleunigen: denn indem er von unten hinauf, hinter dem Dorfe her, den bequemen Weg führte, so ließ er, vorgeblich um Steine zu brechen, auch von oben herunter arbeiten, und hatte alles so eingerichtet und berechnet, daß erst in der letzten Nacht die beiden Teile des Weges sich begegnen sollten. Zum neuen Hause oben war auch schon der Keller mehr gebrochen als gegraben, und ein schöner Grundstein mit Fächern und Deckplatten zugehauen.

Die äußere Tätigkeit, diese kleinen, freundlichen, geheimnisvollen Absichten, bei innern, mehr oder weniger zurückgedrängten Empfindungen, ließen die Unterhaltung der Gesellschaft, wenn sie beisammen war, nicht lebhaft werden, dergestalt daß Eduard, der etwas Lückenhaftes empfand, den Hauptmann eines Abends aufrief, seine Violine hervorzunehmen und Charlotten bei dem Klavier zu begleiten. Der Hauptmann konnte dem allgemeinen Verlangen nicht widerstehen, und so führten beide, mit Empfindung, Behagen und Freiheit, eins der schwersten Musikstücke zusammen auf, daß es ihnen und dem zuhörenden Paar zum größten Vergnügen gereichte. Man versprach sich öftere Wiederholung und mehrere Zusammenübung.

Sie machen es besser, als wir, Ottilie! sagte Eduard. Wir wollen sie bewundern, aber uns doch zusammen freuen.

Neuntes Kapitel

Der Geburtstag war herbeigekommen und alles fertig geworden: die ganze Mauer, die den Dorfweg gegen das Wasser zu einfaßte und erhöhte, eben so der Weg an der Kirche vorbei, wo er eine Zeit lang in dem von Charlotten angelegten Pfade fortlief, sich dann die Felsen hinaufwärts schlang, die Mooshütte links über sich, dann nach einer völligen Wendung links unter sich ließ und so allmählich auf die Höhe gelangte.

Es hatte sich diesen Tag viel Gesellschaft eingefunden. Man ging zur Kirche, wo man die Gemeinde im festlichen Schmuck versammelt antraf. Nach dem Gottesdienste zogen Knaben, Jünglinge und Männer, wie es angeordnet war, voraus; dann kam die Herrschaft mit ihrem Besuch und Gefolge; Mädchen, Jungfrauen und Frauen machten den Beschluß.

Bei der Wendung des Weges war ein erhöhter Felsenpaltz eingerichtet; dort ließ der Hauptmann Charlotten und die Gäste ausruhen. Hier übersahen sie den ganzen Weg, die hinaufgeschrittene Männerschar, die nachwandelnden Frauen, welche nun vorbeizogen. Es war bei dem herrlichen Wetter ein wunderschöner Anblick. Charlotte fühlte sich überrascht, gerührt und drückte dem Hauptmann herzlich die Hand.

Man folgte der sachte fortschreitenden Menge, die nun schon einen Kreis um den künftigen Hausraum gebildet hatte. Der Bauherr, die Seinigen und die vornehmsten Gäste wurden eingeladen in die Tiefe hinabzusteigen, wo der Grundstein an einer Seite unterstützt eben zum Niederlassen bereit lag. Ein wohlgeputzter Maurer, die Kelle in der einen, den Hammer in der andern Hand, hielt in Reimen eine anmutige Rede, die wir in Prosa nur unvollkommen wiedergeben können.

Drei Dinge, fing er an, sind bei einem Gebäude zu beachten: daß es am rechten Fleck stehe, daß es wohlgegründet, daß es vollkommen ausgeführt sei. Das Erste ist eigentlich die Sache des Bauherrn: denn wie in der Stadt nur der Fürst und die Gemeine bestimmen können, wohin gebaut werden soll, so ist es auf dem Lande das Vorrecht des Grundherrn, daß er sage: hier soll meine Wohnung stehen und nirgends anders.

Eduard und Ottilie wagten nicht bei diesen Worten einander anzusehen, ob sie gleich nahe gegen einander über standen.

Das Dritte, die Vollendung, ist die Sorge gar vieler Gewerke; ja wenige sind, die nicht dabei beschäftigt wären. Aber das Zweite, die Gründung, ist des Maurers Angelegenheit, und daß wir es nur keck heraussagen, die Hauptangelegenheit des ganzen Unternehmens. Es ist ein ernstes Geschäft und unsre Einladung ist ernsthaft: denn diese Feierlichkeit wird in der Tiefe begangen. Hier innerhalb dieses engen ausgegrabenen Raums erweisen Sie uns die Ehre als Zeugen unseres geheimnisvollen Geschäftes zu erscheinen. Gleich werden wir diesen wohlzugehauenen Stein niederlegen und bald werden diese mit schönen und würdigen Personen gezierten Erdwände nicht mehr zugänglich, sie werden ausgefüllt sein.

Diesen Grundstein, der mit seiner Ecke die rechte Ecke des Gebäudes, mit seiner Rechtwinklichkeit die Regelmäßigkeit desselben, mit seiner wasser- und senkrechten Lage Lot und Waage aller Mauern und Wände bezeichnet, könnten wir ohne weiteres niederlegen: denn er ruhte wohl auf seiner eignen Schwere. Aber auch hier soll es am Kalk, am Bindungsmittel nicht fehlen: denn so wie Menschen, die einander von Natur geneigt sind, noch besser zusammenhalten, wenn das Gesetz sie verkittet, so werden auch Steine, deren Form schon zusammenpaßt, noch besser durch diese bindenden Kräfte vereinigt: und da es sich nicht ziemen will unter den Tätigen müßig zu sein, so werden Sie nicht verschmähen auch hier Mitarbeiter zu werden.

Er überreichte hierauf seine Kelle Charlotten, welche damit Kalk unter den Stein warf. Mehreren wurde ein Gleiches zu tun angesonnen und der Stein alsobald niedergesenkt; worauf denn Charlotten und den Übrigen sogleich der Hammer gereicht wurde, um durch ein dreimaliges Pochen die Verbindung des Steins mit dem Grunde ausdrücklich zu segnen.

Des Maurers Arbeit, fuhr der Redner fort, zwar jetzt unter freiem Himmel, geschieht wo nicht immer im Verborgnen doch zum Verborgnen. Der regelmäßig aufgeführte Grund wird verschüttet, und sogar bei den Mauern, die wir am Tage aufführen, ist man unser am Ende kaum eingedenk. Die Arbeiten des Steinmetzen und Bildhauers fallen mehr in die Augen, und wir müssen es sogar noch gut heißen, wenn der Tüncher die Spur unserer Hände völlig auslöscht und sich unser Werk zueignet, indem er es überzieht, glättet und färbt.

Wem muß also mehr daran gelegen sein, das was er tut sich selbst recht zu machen, indem er es recht macht, als dem Maurer? Wer hat mehr als er das Selbstbewußtsein zu nähren Ursach? Wenn das Haus aufgeführt, der Boden geplattet und gepflastert, die Außenseite mit Zierraten überdeckt ist, so sieht er durch alle Hüllen immer noch hinein und erkennt noch jene regelmäßigen sorgfältigen Fugen, denen das Ganze sein Dasein und seinen Halt zu danken hat.

Aber wie jeder, der eine Übeltat begangen, fürchten muß, daß, ungeachtet allen Abwehrens, sie dennoch an's Licht kommen werde, so muß derjenige erwarten, der in's Geheim das Gute getan, daß auch dieses wider seinen Willen an den Tag komme. Deswegen machen wir diesen Grundstein zugleich zum Denkstein. Hier in diese unterschiedlichen gehauenen Vertiefungen soll Verschiedenes eingesenkt werden, zum Zeugnis für eine entfernte Nachwelt. Diese metallnen zugelöteten Köcher enthalten schriftliche Nachrichten; auf diese Metallplatten ist allerlei Merkwürdiges eingegraben; in diesen schönen gläsernen Flaschen versenken wir den besten alten Wein, mit Bezeichnung seines Geburtsjahrs; es fehlt nicht an Münzen verschiedener Art, in diesem Jahre geprägt: alles dieses erhielten wir durch die Freigebigkeit unseres Bauherrn. Auch ist hier noch mancher Platz, wenn irgend ein Gast und Zuschauer etwas der Nachwelt zu übergeben Belieben trüge.

Nach einer kleinen Pause sah der Geselle sich um; aber wie es in solchen Fällen zu gehen pflegt, niemand war vorbereitet, jedermann überrascht, bis endlich ein junger munterer Offizier anfing und sagte: Wenn ich etwas beitragen soll, so muß ich ein paar Knöpfe von der Uniform schneiden, die doch wohl auch verdienen auf die Nachwelt zu kommen. Gesagt, getan! und nun hatte mancher einen ähnlichen Einfall. Die Frauenzimmer säumten nicht von ihren kleinen Haarkämmen hineinzulegen; Riechfläschchen und andre Zierden wurden nicht geschont: nur Ottilie zauderte, bis Eduard sie durch ein freundliches Wort aus der Betrachtung aller der beigesteuerten und eingelegten Dinge herausriß. Sie lös'te darauf die goldne Kette vom Halse, an der das Bild ihres Vaters gehangen hatte, und legte sie mit leiser Hand über die anderen Kleinode hin, worauf Eduard mit einiger Hast veranstaltete, daß der wohlgefugte Deckel sogleich aufgestürzt und eingekittet wurde.

Der junge Gesell, der sich dabei am tätigsten erwiesen, nahm seine Rednermiene wieder an und fuhr fort: Wir gründen diesen Stein für ewig, zur Sicherung des längsten Genusses der gegenwärtigen und künftigen Besitzer dieses Hauses. Allein indem wir hier gleichsam einen Schatz vergraben, so denken wir zugleich, bei dem gründlichsten aller Geschäfte, an die Vergänglichkeit der menschlichen Dinge; wir denken uns eine Möglichkeit, daß dieser festversiegelte Deckel wieder aufgehoben werden könne, welches nicht anders geschehen dürfte, als wenn das alles wieder zerstört wäre, was wir noch nicht einmal aufgeführt haben.

Aber eben, damit dieses aufgeführt werde, zurück mit den Gedanken aus der Zukunft, zurück in's Gegenwärtige! Laßt uns, nach begangenem heutigem Feste, unsre Arbeit sogleich fördern, damit keiner von den Gewerken, die auf unserm Grunde fortarbeiten, zu feiern brauche, daß der Bau eilig in die Höhe steige und vollendet werde, und aus den Fenster, die noch nicht sind, der Hausherr mit den Seinigen und seinen Gästen sich fröhlich in der Gegend umschaue, deren aller so wie sämtlicher Anwesenden Gesundheit hiermit getrunken sei!

Und so leerte er ein wohlgeschliffenes Kelchglas auf einen Zug aus und warf es in die Luft: denn es bezeichnet das Übermaß einer Freude, das Gefäß zu zerstören, dessen man sich in der Fröhlichkeit bedient. Aber diesmal ereignete es sich anders: das Glas kam nicht wieder auf den Boden, und zwar ohne Wunder.

Man hatte nämlich, um mit dem Bau vorwärts zu kommen, bereits an der entgegengesetzten Ecke den Grund völlig herausgeschlagen, ja schon angefangen die Mauern aufzuführen, und zu dem Endzweck das Gerüst erbaut, so hoch als es überhaupt nötig war.

Daß man es besonders zu dieser Feierlichkeit mit Brettern belegt und eine Menge Zuschauer hinaufgelassen hatte, war zum Vorteil der Arbeitsleute geschehen. Dort hinauf flog das Glas und wurde von einem aufgefangen, der diesen Zufall als ein glückliches Zeichen für sich ansah. Er wies es zuletzt herum, ohne es aus der Hand zu lassen, und man sah darauf die Buchstaben E und O in sehr zierlicher Verschlingung eingeschnitten: es war eins der Gläser, die für Eduarden in seiner Jugend verfertigt worden.

Die Gerüste standen wieder leer, und die leichtesten unter den Gästen stiegen hinauf, sich umzusehen, und konnten die schöne Aussicht nach allen Seiten nicht genugsam rühmen: denn was entdeckt der nicht alles, der auf einem hohen Punkte nur um ein Geschoß höher steht. Nach dem Innern des Landes zu kamen mehrere neue Dörfer zum Vorschein; den silbernen Streifen des Flusses erblickte man deutlich; ja selbst die Türme der Hauptstadt wollte einer gewahr werden. An der Rückseite, hinter den waldigen Hügeln, erhoben sich die blauen Gipfel eines fernen Gebirges, und die nächste Gegend übersah man im Ganzen. Nun sollten nur noch, rief einer, die drei Teiche zu einem See vereinigt werden; dann hätte der Anblick alles was groß und wünschenswert ist.

Das ließe sich wohl machen, sagte der Hauptmann: denn sie bildeten schon vor Zeiten einen Bergsee.

Nur bitte ich meine Platanen- und Pappelgruppe zu schonen, sagte Eduard, die so schön am mittelsten Teiche steht. Sehen Sie — wandte er sich zu Ottilien, die er einige Schritte vorführte, indem er hinabwies — diese Bäume habe ich selbst gepflanzt.

Wie lange stehen sie wohl schon? fragte Ottilie. Etwa so lange, versetzte Eduard, als Sie auf der Welt sind. Ja, liebes Kind, ich pflanzte schon, da Sie noch in der Wiege lagen.

Die Gesellschaft begab sich wieder in das Schloß zurück. Nach aufgehobener Tafel wurde sie zu einem Spaziergang durch das Dorf eingeladen, um auch hier die neuen Anstalten in Augenschein zu nehmen. Dort hatten sich, auf des Hauptmanns Veranlassung, die Bewohner vor ihren

Häusern versammelt; sie standen nicht in Reihen, sondern familienweise natürlich gruppiert, teils wie es der Abend forderte beschäftigt, teils auf neuen Bänken ausruhend. Es ward ihnen zur angenehmen Pflicht gemacht, wenigstens jeden Sonntag und Festtag, diese Reinlichkeit, diese Ordnung zu erneuen.

Eine innere Geselligkeit mit Neigung, wie sie sich unter unseren Freunden erzeugt hatte, wird durch eine größere Gesellschaft immer nur unangenehm unterbrochen. Alle vier waren zufrieden sich wieder im großen Saale allein zu finden; doch ward dieses häusliche Gefühl einigermaßen gestört, indem ein Brief, der Eduarden überreicht wurde, neue Gäste auf morgen ankündigte.

Wie wir vermuteten, rief Eduard Charlotten zu: der Graf wird nicht ausbleiben, er kommt morgen.

Da ist also auch die Baronesse nicht weit, versetzte Charlotte.

Gewiß nicht! antwortete Eduard: sie wird auch morgen von ihrer Seite anlangen. Sie bitten um ein Nachtquartier und wollen übermorgen zusammen wieder fortreisen.

Da müssen wir unsere Anstalten bei Zeiten machen, Ottilie! sagte Charlotte.

Wie befehlen Sie die Einrichtung? fragte Ottilie.

Charlotte gab es im Allgemeinen an, und Ottilie entfernte sich.

Der Hauptmann erkundigte sich nach dem Verhältnis dieser beiden Personen, das er nur im Allgemeinsten kannte. Sie hatten früher, beide schon anderwärts verheiratet, sich leidenschaftlich liebgewonnen. Eine doppelte Ehe war nicht ohne Aufsehn gestört; man dachte an Scheidung. Bei der Baronesse war sie möglich geworden, bei dem Grafen nicht. Sie mußten sich zum Scheine trennen, allein ihr Verhältnis blieb; und wenn sie Winters in der Residenz nicht zusammen sein konnten, so entschädigten sie sich Sommers auf Lustreisen und in Bädern. Sie waren beide um etwas älter als Eduard und Charlotte und sämtlich genaue Freunde aus früher Hofzeit her. Man hatte immer ein gutes Verhältnis erhalten, ob man gleich nicht alles an seinen Freunden billigte. Nur diesmal war Charlotten ihre Ankunft gewissermaßen ganz ungelegen, und wenn sie die Ursache genau untersucht hätte, es war eigentlich um Ottiliens willen. Das gute reine Kind sollte ein solches Beispiel so früh nicht gewahr werden.

Sie hätten wohl noch ein paar Tage wegbleiben können, sagte Eduard, als eben Ottilie wieder hereintrat, bis wir den Vorwerksverkauf in Ordnung gebracht. Der Aufsatz ist fertig; die eine Abschrift habe ich hier; nun fehlt es aber an der zweiten und unser alter Kanzellist ist recht krank. Der Hauptmann bot sich an, auch Charlotte; dagegen waren einige Einwendungen zu machen. Geben Sie mir's nur! rief Ottilie, mit einiger Hast.

Du wirst nicht damit fertig, sagte Charlotte.

Freilich müßte ich es übermorgen früh haben, und es ist viel, sagte

Eduard. Es soll fertig sein, rief Ottilie, und hatte das Blatt schon in den Händen.

Des andern Morgens, als sie sich aus dem obern Stock nach den Gästen umsahen, denen sie entgegen zu gehen nicht verfehlen wollten, sagte Eduard: Wer reitet denn so langsam dort die Straße her? Der Hauptmann beschrieb die Figur des Reiters genauer. So ist er's doch, sagte Eduard: denn das Einzelne, das du besser siehst als ich, paßt sehr gut zu dem Ganzen, das ich recht wohl sehe. Es ist Mittler. Wie kommt er aber dazu, langsam und so langsam zu reiten?

Die Figur kam näher, und Mittler war es wirklich. Man empfing ihn freundlich, als er langsam die Treppe heraufstieg. Warum sind Sie nicht gestern gekommen? rief ihm Eduard entgegen.

Laute Feste lieb' ich nicht, versetzte jener. Heute komm' ich aber, den Geburtstag meiner Freundin mit euch im Stillen nachzufeiern.

Wie können Sie denn so viel Zeit gewinnen? fragte Eduard scherzend.

Meinen Besuch, wenn er euch etwas wert ist, seid ihr einer Betrachtung schuldig, die ich gestern gemacht habe. Ich freute mich recht herzlich den halben Tag in einem Hause wo ich Frieden gestiftet hatte, und dann hörte ich, daß hier Geburtstag gefeiert werde. Das kann man doch am Ende selbstisch nennen, dachte ich bei mir, daß du dich nur mit denen freuen willst die du zum Frieden bewogen hast. Warum freust du dich nicht auch einmal mit Freunden die Frieden halten und hegen? Gesagt, getan! Hier bin ich, wie ich mir vorgenommen hatte.

Gestern hätten Sie große Gesellschaft gefunden, heute finden Sie nur kleine, sagte Charlotte. Sie finden den Grafen und die Baronesse, die Ihnen auch schon zu schaffen gemacht haben.

Aus der Mitte der vier Hausgenossen, die den seltsamen willkommenen Mann umgeben hatten, fuhr er mit verdrießlicher Lebhaftigkeit heraus, indem er sogleich nach Hut und Reitgerte suchte. Schwebt doch immer ein Unstern über mir, sobald ich einmal ruhen und mir wohltun will! Aber warum gehe ich auch aus meinem Charakter heraus! Ich hätte nicht kommen sollen, und nun werd' ich vertrieben. Denn mit jenen will ich nicht unter Einem Dache bleiben; und nehmt euch in Acht: sie bringen nichts als Unheil! Ihr Wesen ist wie ein Sauerteig, der seine Ansteckung fortpflanzt.

Man suchte ihn zu begütigen; aber vergebens. Wer mir den Ehstand angreift, rief er aus, wer mir durch Wort, ja durch Tat, diesen Grund aller sittlichen Gesellschaft untergräbt, der hat es mit mir zu tun; oder wenn ich sein nicht Herr werden kann, habe ich nichts mit ihm zu tun. Die Ehe ist der Anfang und der Gipfel aller Kultur. Sie macht den Rohen mild, und der Gebildet'ste hat keine bessere Gelegenheit seine Milde zu beweisen. Unauflöslich muß sie sein: denn sie bringt so vieles Glück, daß alles einzelne Unglück dagegen gar nicht zu rechnen ist. Und was will man von Unglück reden? Ungeduld ist es, die den Menschen von Zeit zu Zeit anfällt, und dann beliebt er sich unglücklich zu finden. Lasse man den Augenblick vorübergehen, und man wird sich glücklich preisen, daß ein so lange Bestandenes noch besteht. Sich zu trennen gibt's gar keinen hinlänglichen Grund. Der menschliche Zustand ist so hoch in Leiden und Freuden gesetzt, daß gar nicht berechnet werden kann, was ein Paar Gatten einander schuldig werden. Es ist eine unendliche Schuld, die nur durch die Ewigkeit abgetragen werden kann. Unbequem mag es manchmal sein, das glaub' ich wohl, und das ist eben recht. Sind wir nicht auch mit dem Gewissen verheiratet, das wir oft gerne los sein möchten, weil es unbequemer ist als uns je ein Mann oder eine Frau werden könnte?

So sprach er lebhaft und hätte wohl noch lange fortgesprochen, wenn nicht blasende Postillons die Ankunft der Herrschaften angekündigt hätten, welche wie abgemessen von beiden Seiten zu gleicher Zeit in den Schloßhof hereinfuhren. Als ihnen die Hausgenossen entgegen eilten, versteckte sich Mittler, ließ sich das Pferd an den Gasthof bringen, und ritt verdrießlich davon.

Zehntes Kapitel

Die Gäste waren bewillkommt und eingeführt; sie freuten sich das Haus, die Zimmer wieder zu betreten, wo sie früher schon so manchen guten Tag erlebt und die sie eine lange Zeit nicht gesehen hatten. Höchst angenehm war auch den Freunden ihre Gegenwart. Den Grafen so wie die Baronesse konnte man unter jene hohen schönen Gestalten zählen, die man in einem mittlern Alter fast lieber als in der Jugend sieht: denn wenn ihnen auch etwas von der ersten Blüte abgehn möchte, so erregen sie doch nun mit der Neigung ein entschiedenes Zutrauen. Auch dieses Paar zeigte sich höchst bequem in der Gegenwart. Ihre freie Weise die Zustände des Lebens zu nehmen und zu behandeln, ihre Heiterkeit und scheinbare Unbefangenheit teilte sich sogleich mit, und ein hoher Anstand begränzte das Ganze, ohne daß man irgend einen Zwang bemerkt hätte.

Diese Wirkung ließ sich augenblicks in der Gesellschaft empfinden. Die Neueintretenden, welche unmittelbar aus der Welt kamen, wie man sogar an ihren Kleidern, Gerätschaften und allen Umgebungen sehen konnte, machten gewissermaßen mit unsern Freunden, ihrem ländlichen und heimlich leidenschaftlichen Zustande eine Art von Gegensatz, der sich jedoch sehr bald verlor, indem alte Erinnerungen und gegenwärtige Teilnahme sich vermischten, und ein schnelles lebhaftes Gespräch alle geschwind zusammenverband.

Es währte indessen nicht lange, als schon eine Sonderung vorging. Die Frauen zogen sich auf ihren Flügel zurück und fanden daselbst, indem sie sich mancherlei vertrauten und zugleich die neusten Formen und Zuschnitte von Frühkleidern, Hüten und dergleichen zu mustern anfingen, genugsame Unterhaltung, während die Männer sich um die neuen Reisewagen, mit vorgeführten Pferden, beschäftigten und gleich zu handeln und zu tauschen anfingen.

Erst zu Tische kam man wieder zusammen. Die Umkleidung war geschehen, und auch hier zeigte sich das angekommene Paar zu seinem Vorteile. Alles was sie an sich trugen war neu und gleichsam ungesehen und doch schon durch den Gebrauch zur Gewohnheit und Bequemlichkeit eingeweiht.

Das Gespräch war lebhaft und abwechselnd, wie denn in Gegenwart solcher Personen alles und nichts zu interessieren scheint. Man bediente sich der französischen Sprache, um die Aufwartenden von dem Mitverständnis auszuschließen, und schweifte mit mutwilligem Behagen über hohe und mittlere Weltverhältnisse hin. Auf einem einzigen Punkt blieb die Unterhaltung länger als billig haften, indem Charlotte nach einer Jugendfreundin sich erkundigte und mit einiger Befremdung vernahm, daß sie eh'stens geschieden werden sollte.

Es ist unerfreulich, sagte Charlotte, wenn man seine abwesenden Freunde irgendwann einmal geborgen, eine Freundin, die man liebt, versorgt glaubt; eh' man sich's versieht, muß man wieder hören, daß ihr Schicksal im Schwanken ist, und daß sie erst wieder neue und vielleicht abermals unsichre Pfade des Lebens betreten soll.

Eigentlich, meine Beste, versetzte der Graf, sind wir selbst Schuld, wenn wir auf solche Weise überrascht werden. Wir mögen uns die irdischen Dinge, und besonders auch die ehlichen Verbindungen gern so recht dauerhaft vorstellen, und was den letzten Punkt betrifft, so verführen uns die Lustspiele, die wir immer wiederholen sehen, zu solchen Einbildungen, die mit dem Gange der Welt nicht zusammentreffen. In der Komödie sehen wir eine Heirat als das letzte Ziel eines durch die Hindernisse mehrerer Akte verschobenen Wunsches, und im Augenblick, da es erreicht ist, fällt der Vorhang, und die momentane Befriedigung klingt bei uns nach. In der Welt ist es anders; da wird hinten immer fortgespielt, und wenn der Vorhang wieder aufgeht, mag man gern nichts weiter davon sehen noch hören.

Es muß doch so schlimm nicht sein, sagte Charlotte lächelnd, da man sieht, daß auch Personen, die von diesem Theater abgetreten sind, wohl gern darauf wieder eine Rolle spielen mögen.

Dagegen ist nichts einzuwenden, sagte der Graf. Eine neue Rolle mag man gern wieder übernehmen, und wenn man die Welt kennt, so sieht man wohl auch bei dem Ehestande ist es nur diese entschiedene, ewige Dauer zwischen so viel Beweglichem in der Welt, die etwas Ungeschicktes an sich trägt. Einer von meinen Freunden, dessen gute Laune sich meist in Vorschlägen zu neuen Gesetzen hervortat, behauptet: eine jede Ehe solle nur auf fünf Jahre geschlossen werden. Es sei, sagte er, dies eine schöne, ung'rade heilige Zahl und ein solcher Zeitraum eben hinreichend, um sich kennen zu lernen, einige Kinder heranzubringen, sich zu entzweien und, was das Schönste sei, sich wieder zu versöhnen. Gewöhnlich rief er aus: wie glücklich würde die erste Zeit verstreichen! Zwei, drei Jahre wenigstens gingen vergnüglich hin. Dann würde doch wohl dem einen Teil daran gelegen sein, das Verhältnis länger dauern zu sehen, die Gefälligkeit würde wachsen, je mehr man sich dem Termin der Aufkündigung näherte. Der gleichgültige, ja selbst der unzufriedene Teil würde durch ein solches Betragen begütigt und eingenommen. Man vergäße, wie man in guter Gesellschaft die Stunden vergißt, daß die Zeit verfließe, und fände sich auf's angenehmste überrascht, wenn man nach verlaufenem Termin erst bemerkte, daß er schon stillschweigend verlängert sei.

So artig und lustig dies klang und so gut man, wie Charlotte wohl empfand, diesem Scherz eine tiefe moralische Deutung geben konnte, so waren ihr dergleichen Äußerungen, besonders um Ottiliens willen, nicht angenehm. Sie wußte recht gut, daß nichts gefährlicher sei, als ein allzufreies Gespräch, das einen strafbaren oder halbstrafbaren Zustand als einen gewöhnlichen, gemeinen, ja löblichen behandelt; und dahin gehört doch gewiß alles was die eheliche Verbindung antastet. Sie suchte daher nach ihrer gewandten Weise das Gespräch abzulenken; da sie es nicht vermochte, tat es ihr leid, daß Ottilie alles so gut eingerichtet hatte, um nicht aufstehen zu dürfen. Das ruhig aufmerksame Kind verstand sich mit dem Haushofmeister durch Blick und Wink, daß alles auf das trefflichste geriet, obgleich ein paar neue ungeschickte Bedienten in der Livree staken.

Und so fuhr der Graf, Charlottens Ablenken nicht empfindend, über diesen Gegenstand sich zu äußern fort. Ihm, der sonst nicht gewohnt war im Gespräch irgend lästig zu sein, lastete diese Sache zu sehr auf dem Herzen, und die Schwierigkeiten, sich von seiner Gemahlin getrennt zu sehen, machten ihn bitter gegen alles was eheliche Verbindung betraf, die er doch selbst mit der Baronesse so eifrig wünschte.

Jener Freund, so fuhr er fort, tat noch einen andern Gesetzvorschlag. Eine Ehe sollte nur alsdann für unauflöslich gehalten werden, wenn entweder beide Teile, oder wenigstens der eine Teil, zum drittenmal verheiratet wäre. Denn was eine solche Person betreffe, so bekenne sie unwidersprechlich, daß sie die Ehe für etwas Unentbehrliches halte. Nun sei auch schon bekannt geworden, wie sie sich in ihren frühern Verbindungen betragen, ob sie Eigenheiten habe, die oft mehr zur Trennung Anlaß geben als üble Eigenschaften. Man habe sich also wechselseitig zu erkundigen; man habe eben so gut auf Verheiratete wie auf Unverheiratete Acht zu geben, weil man nicht wisse, wie die Fälle kommen können.

Das würde freilich das Interesse der Gesellschaft sehr vermehren, sagte Eduard: denn in der Tat jetzt, wenn wir verheiratet sind, fragt niemand weiter mehr nach unsern Tugenden, nach unsern Mängeln.

Bei einer solchen Einrichtung, fiel die Baronesse lächelnd ein, hätten unsre lieben Wirte schon zwei Stufen glücklich überstiegen, und könnten sich zu der dritten vorbereiten.

Ihnen ist's wohl geraten, sagte der Graf: hier hat der Tod willig getan, was die Konsistorien sonst nur ungern zu tun pflegen.

Lassen wir die Toten ruhen, versetzte Charlotte, mit einem halb ernsten Blicke.

Warum? versetzte der Graf, da man ihrer in Ehren gedenken kann. Sie waren bescheiden genug sich mit einigen Jahren zu begnügen für mannichfaltiges Gute das sie zurückließen.

Wenn nur nicht gerade, sagte die Baronesse mit einem verhaltenen Seufzer, in solchen Fällen das Opfer der besten Jahre gebracht werden müßte.

Ja wohl, versetzte der Graf: man müßte darüber verzweifeln, wenn nicht überhaupt in der Welt so weniges eine gehoffte Folge zeigte. Kinder halten nicht was sie versprechen; junge Leute sehr selten, und wenn sie Wort halten, hält es ihnen die Welt nicht.

Charlotte, welche froh war, daß das Gespräch sich wendete, versetzte heiter: Nun! wir müssen uns ja ohnehin bald genug gewöhnen, das Gute stück- und teilweise zu genießen.

Gewiß, versetzte der Graf, Sie haben beide sehr schöne Zeiten genossen. Wenn ich mir die Jahre zurückerinnere, da Sie und Eduard das schönste Paar bei Hof waren; weder von so glänzenden Zeiten noch von so hervorleuchtenden Gestalten ist jetzt die Rede mehr. Wenn Sie beide zusammen tanzten, aller Augen waren auf Sie gerichtet und wie umworben beide, indem Sie sich nur in einander bespiegelten.

Da sich so manches verändert hat, sagte Charlotte, können wir wohl so viel Schönes mit Bescheidenheit anhören.

Eduarden habe ich doch oft im Stillen getadelt, sagte der Graf, daß er nicht beharrlicher war: denn am Ende hätten seine wunderlichen Eltern wohl nachgegeben; und zehn frühe Jahre gewinnen ist keine Kleinigkeit.

Ich muß mich seiner annehmen, fiel die Baronesse ein. Charlotte war nicht ganz ohne Schuld, nicht ganz rein von allem Umhersehen, und ob sie gleich Eduarden von Herzen liebte und sich ihn auch heimlich zum Gatten bestimmte, so war ich doch Zeuge, wie sehr sie ihn manchmal quälte, so daß man ihn leicht zu dem unglücklichen Entschluß drängen konnte, zu reisen, sich zu entfernen, sich von ihr zu entwöhnen.

Eduard nickte der Baronesse zu und schien dankbar für ihre Fürsprache.

Und dann muß ich eins, fuhr sie fort, zu Charlottens Entschuldigung beifügen: der Mann, der zu jener Zeit um sie warb, hatte sich schon lange durch Neigung zu ihr ausgezeichnet und war, wenn man ihn näher kannte, gewiß liebenswürdiger als ihr andern gern zugestehen mögt.

Liebe Freundin, versetzte der Graf etwas lebhaft: bekennen wir nur, daß er Ihnen nicht ganz gleichgültig war, und daß Charlotte von Ihnen mehr zu befürchten hatte als von einer andern. Ich finde das einen sehr hübschen Zug an den Frauen, daß sie ihre Anhänglichkeit an irgend einen Mann so lange noch fortsetzen, ja durch keine Art von Trennung stören oder aufheben lassen.

Diese gute Eigenschaft besitzen vielleicht die Männer noch mehr, versetzte die Baronesse; wenigstens an Ihnen, lieber Graf, habe ich bemerkt, daß niemand mehr Gewalt über Sie hat als ein Frauenzimmer, dem Sie früher geneigt waren. So habe ich gesehen, daß Sie auf die Fürsprache einer solchen sich mehr Mühe gaben, um etwas auszuwirken, als vielleicht die Freundin des Augenblicks von Ihnen erlangt hätte.

Einen solchen Vorwurf darf man sich wohl gefallen lassen, versetzte der Graf; doch was Charlottens ersten Gemahl betrifft, so konnte ich ihn deshalb nicht leiden, weil er mir das schöne Paar auseinander sprengte, ein wahrhaft prädestiniertes Paar, das, einmal zusammengegeben, weder fünf Jahre zu scheuen, noch auf eine zweite oder gar dritte Verbindung hinzusehen brauchte.

Wir wollen versuchen, sagte Charlotte, wieder einzubringen was wir versäumt haben.

Da müssen Sie sich dazu halten, sagte der Graf. Ihre ersten Heiraten, fuhr er mit einiger Heftigkeit fort, waren doch so eigentlich rechte Heiraten von der verhaßten Art; und leider haben überhaupt die Heiraten — verzeihen Sie mir einen lebhafteren Ausdruck — etwas Tölpelhaftes; sie verderben die zartesten Verhältnisse, und es liegt doch eigentlich nur an der plumpen Sicherheit, auf die sich wenigstens ein Teil etwas zu Gute tut. Alles versteht sich von selbst, und man scheint sich nur verbunden zu haben, damit eins wie das andre nunmehr seiner Wege gehe.

In diesem Augenblick machte Charlotte, die ein- für allemal dies Gespräch abbrechen wollte, von einer kühnen Wendung Gebrauch; es gelang ihr. Die Unterhaltung ward allgemeiner, die beiden Gatten und der Hauptmann konnten daran Teil nehmen; selbst Ottilie ward veranlaßt sich zu äußern, und der Nachtisch ward mit der besten Stimmung genossen, woran der in zierlichen Fruchtkörben aufgestellte Obstreichtum, die bunteste in Prachtgefäßen schön verteilte Blumenfülle, den vorzüglichen Anteil hatte.

Auch die neuen Parkanlagen kamen zur Sprache, die man sogleich nach Tische besuchte. Ottilie zog sich unter dem Vorwande häuslicher Beschäftigungen zurück; eigentlich aber setzte sie sich wieder zur Abschrift. Der Graf wurde von dem Hauptmann unterhalten; später gesellte sich Charlotte zu ihm. Als sie oben auf die Höhe gelangt waren, und der Hauptmann gefällig hinuntereilte, um den Plan zu holen, sagte der Graf zu Charlotten: Dieser Mann gefällt mir außerordentlich. Er ist sehr wohl und im Zusammenhang unterrichtet. Eben so scheint seine Tätigkeit sehr ernst und folgerecht. Was er hier leistet, würde in einem höhern Kreise von viel Bedeutung sein.

Charlotte vernahm des Hauptmanns Lob mit innigem Behagen. Sie faßte sich jedoch und bekräftigte das Gesagte mit Ruhe und Klarheit. Wie überrascht war sie aber, als der Graf fortfuhr: Diese Bekanntschaft kommt mir sehr zu gelegener Zeit. Ich weiß eine Stelle, an die der Mann vollkommen paßt, und ich kann mir durch eine solche Empfehlung, indem ich ihn glücklich mache, einen hohen Freund auf das allerbeste verbinden.

Es war wie ein Donnerschlag, der auf Charlotten herabfiel. Der Graf bemerkte nichts: denn die Frauen, gewohnt sich jederzeit zu bändigen, behalten in den außerordentlichsten Fällen immer noch eine Art von scheinbarer Fassung. Doch hörte sie schon nicht mehr, was der Graf sagte, indem er fortfuhr: Wenn ich von etwas überzeugt bin, geht es bei mir geschwind her. Ich habe schon meinen Brief im Kopfe zusammengestellt, und mich drängt's ihn zu schreiben. Sie verschaffen mir einen reitenden Boten, den ich noch heute Abend wegschicken kann.

Charlotte war innerlich zerrissen. Von diesen Vorschlägen so wie von sich selbst überrascht, konnte sie kein Wort hervorbringen. Der Graf fuhr glücklicherweise fort von seinen Planen für den Hauptmann zu sprechen, deren Günstiges Charlotten nur allzusehr in die Augen fiel. Es war Zeit, daß der Hauptmann herauftrat und seine Rolle vor dem Grafen entfaltete. Aber mit wie andern Augen sah sie den Freund an, den sie verlieren sollte! Mit einer notdürftigen Verbeugung wandte sie sich weg und eilte hinunter nach der Mooshütte. Schon auf halbem Wege stürzten ihr die Tränen aus den Augen, und nun warf sie sich in den engen Raum der kleinen Einsiedelei und überließ sich ganz einem Schmerz, einer Leidenschaft, einer Verzweiflung, von deren Möglichkeit sie wenig Augenblicke vorher auch nicht die leiseste Ahnung gehabt hatte.

Auf der andern Seite war Eduard mit der Baronesse an den Teichen hergegangen. Die kluge Frau, die gern von allem unterrichtet sein mochte, bemerkte bald in einem tastenden Gespräch, daß Eduard sich zu Ottiliens Lobe weitläufig herausließ, und wußte ihn auf eine so natürliche Weise nach und nach in den Gang zu bringen, daß ihr zuletzt kein Zweifel übrig blieb, hier sei eine Leidenschaft nicht auf dem Wege, sondern wirklich angelangt.

Verheiratete Frauen, wenn sie sich auch unter einander nicht lieben, stehen doch stillschweigend mit einander, besonders gegen junge Mädchen, im Bündnis. Die Folgen einer solchen Zuneigung stellten sich ihrem weltgewandten Geiste nur allzugeschwind dar. Dazu kam noch, daß sie schon heute früh mit Charlotten über Ottilien gesprochen und den Aufenthalt dieses Kindes auf dem Lande, besonders bei seiner stillen Gemütsart, nicht gebilligt und den Vorschlag getan hatte, Ottilien in die Stadt zu einer Freundin zu bringen, die sehr viel an die Erziehung ihrer einzigen

Tochter wende, und sich nur nach einer gutartigen Gespielin umsehe, die an die zweite Kindesstatt eintreten und alle Vorteile mitgenießen solle. Charlotte hatte sich's zur Überlegung genommen.

Nun aber brachte der Blick in Eduards Gemüt diesen Vorschlag bei der Baronesse ganz zur vorsätzlichen Festigkeit, und um so schneller dieses in ihr vorging, um desto mehr schmeichelte sie äußerlich Eduards Wünschen. Denn niemand besaß sich mehr als diese Frau, und diese Selbstbeherrschung in außerordentlichen Fällen gewöhnt uns sogar einen gemeinen Fall mit Verstellung zu behandeln, macht uns geneigt, indem wir so viel Gewalt über uns selbst üben, unsre Herrschaft auch über die andern zu verbreiten, um uns durch das was wir äußerlich gewinnen, für dasjenige was wir innerlich entbehren, gewissermaßen schadlos zu halten.

An diese Gesinnung schließt sich meist eine Art heimlicher Schadenfreude über die Dunkelheit der andern, über das Bewußtlose, womit sie in eine Falle gehen. Wir freuen uns nicht allein über das gegenwärtige Gelingen, sondern zugleich auch auf die künftig überraschende Beschämung. Und so war die Baronesse boshaft genug, Eduarden zur Weinlese auf ihre Güter mit Charlotten einzuladen und die Frage Eduards: ob sie Ottilien mitbringen dürften, auf eine Weise, die er beliebig zu seinen Gunsten auslegen konnte, zu beantworten.

Eduard sprach schon mit Entzücken von der herrlichen Gegend, dem großen Flusse, den Hügeln, Felsen und Weinbergen, von alten Schlössern, von Wasserfahrten, von dem Jubel der Weinlese, des Kelterns u.s.w., wobei er in der Unschuld seines Herzens sich schon zum voraus laut über den Eindruck freute, den dergleichen Szenen auf das frische Gemüt Ottiliens machen würden. In diesem Augenblick sah man Ottilien herankommen, und die Baronesse sagte schnell zu Eduard: er möchte von dieser vorhabenden Herbstreise ja nichts reden: denn gewöhnlich geschähe das nicht worauf man sich so lange im voraus freue. Eduard versprach, nötigte sie aber Ottilien entgegen geschwinder zu gehen, und eilte ihr endlich, dem lieben Kinde zu, mehrere Schritte voran. Eine herzliche Freude drückte sich in seinem ganzen Wesen aus. Er küßte ihr die Hand, in die er einen Strauß Feldblumen drückte, die er unterwegs zusammengepflückt hatte. Die Baronesse fühlte sich bei diesem Anblick in ihrem Innern fast erbittert. Denn wenn sie auch das, was an dieser Neigung strafbar sein mochte, nicht billigen durfte, so konnte sie das, was daran liebenswürdig und angenehm war, jenem unbedeutenden Neuling von Mädchen keineswegs gönnen.

Als man sich zum Abendessen zusammen gesetzt hatte, war eine völlig andre Stimmung in der Gesellschaft verbreitet. Der Graf, der schon vor Tische geschrieben und den Boten fortgeschickt hatte, unterhielt sich mit dem Hauptmann, den er auf eine verständige und bescheidene Weise immer mehr ausforschte, indem er ihn diesen Abend an seine Seite gebracht hatte. Die zur Rechten des Grafen sitzende Baronesse fand von daher wenig Unterhaltung; eben so wenig an Eduard, der erst durstig, dann aufgeregt, des Weines nicht schonte und sich sehr lebhaft mit Ottilien unterhielt, die er an sich gezogen hatte, wie von der andern Seite neben dem Hauptmann Charlotte saß, der es schwer, ja beinahe unmöglich ward, die Bewegungen ihres Innern zu verbergen.

Die Baronesse hatte Zeit genug, Beobachtungen anzustellen. Sie bemerkte Charlottens Unbehagen, und weil sie nur Eduards Verhältnis zu Ottilien im Sinn hatte, so überzeugte sie sich leicht, auch Charlotte sei bedenklich und verdrießlich über ihres Gemahls Benehmen, und überlege, wie sie nunmehr am besten zu ihren Zwecken gelangen könne.

Auch nach Tische fand sich ein Zwiespalt in der Gesellschaft. Der Graf, der den Hauptmann recht ergründen wollte, brauchte bei einem so ruhigen, keineswegs eitlen und überhaupt lakonischen Manne verschiedene Wendungen, um zu erfahren was er wünschte. Sie gingen mit einander an der einen Seite des Saals auf und ab, indes Eduard, aufgeregt von Wein und Hoffnung, mit Ottilien an einem Fenster scherzte, Charlotte und die Baronesse aber stillschweigend an der andern Seite des Saals neben einander hin und wieder gingen. Ihr Schweigen und müßiges Umherstehen brachte denn auch zuletzt eine Stockung in die übrige Gesellschaft. Die Frauen zogen sich zurück auf ihren Flügel, die Männer auf den andern, und so schien dieser Tag abgeschlossen.

Eilftes Kapitel

Eduard begleitete den Grafen auf sein Zimmer und ließ sich recht gern durch's Gespräch verführen, noch eine Zeit lang bei ihm zu bleiben. Der Graf verlor sich in vorige Zeiten, gedachte mit Lebhaftigkeit an die Schönheit Charlottens, die er als ein Kenner mit vielem Feuer entwikkelte. Ein schöner Fuß ist eine große Gabe der Natur. Diese Anmut ist unverwüstlich. Ich habe sie heute im Gehen beobachtet; noch immer möchte man ihren Schuh küssen, und die zwar etwas barbarische, aber doch tief gefühlte Ehrenbezeugung der Sarmaten wiederholen, die sich nichts Bessers kennen, als aus dem Schuh einer geliebten und verehrten Person ihre Gesundheit zu trinken.

Die Spitze des Fußes blieb nicht allein der Gegenstand des Lobes unter zwei vertrauten Männern. Sie gingen von der Person auf alte Geschichten und Abenteuer zurück, und kamen auf die Hindernisse, die man ehemals den Zusammenkünften dieser beiden Liebenden entgegensetzt, welche Mühe sie sich gegeben, welche Kunstgriffe sie erfunden, nur um sich sagen zu können, daß sie sich liebten.

Erinnerst du dich, fuhr der Graf fort, welche Abenteuer ich dir recht freundschaftlich und uneigennützig bestehen helfen, als unsre höchsten Herrschaften ihren Oheim besuchten und auf dem weitläufigen Schlosse zusammenkamen? Der Tag war in Feierlichkeiten und Feierkleidern hingegangen; ein Teil der Nacht sollte wenigstens unter freiem liebevollem Gespräch verstreichen.

Den Hinweg zu dem Quartier der Hofdamen hatten Sie sich wohl gemerkt, sagte Eduard. Wir gelangten glücklich zu meiner Geliebten.

Die, versetzte der Graf, mehr an den Anstand als an meine Zufriedenheit gedacht und eine sehr häßliche Ehrenwächterin bei sich behalten hatte; da mir denn, indessen ihr euch mit Blicken und Worten sehr gut unterhieltet, ein höchst unerfreuliches Los zu Teil ward.

Ich habe mich noch gestern, versetzte Eduard, als Sie sich anmelden ließen, mit meiner Frau an die Geschichte erinnert, besonders an unsern Rückzug. Wir verfehlten den Weg und kamen an den Vorsaal der Garden. Weil wir uns nun von da recht gut zu finden wußten, so glaubten wir auch hier ganz ohne Bedenken hindurch und an dem Posten, wie an den übrigen, vorbeigehen zu können. Aber wie groß war bei'm Eröffnen der Türe unsere Verwunderung! Der Weg war mit Matratzen verlegt, auf denen die Riesen in mehreren Reihen ausgestreckt lagen und schliefen. Der einzige Wachende auf dem Posten sah uns verwundert an; wir aber im jugendlichen Mute und Mutwillen stiegen ganz gelassen über die ausgestreckten Stiefel weg, ohne daß auch nur einer von diesen schnarchenden Enakskindern erwacht wäre.

Ich hatte große Lust zu stolpern, sagte der Graf, damit es Lärm gegeben hätte: denn welch eine seltsame Auferstehung würden wir gesehen haben.

In diesem Augenblick schlug die Schloßglocke Zwölf.

Es ist hoch Mitternacht, sagte der Graf lächelnd, und eben gerechte Zeit. Ich muß Sie, lieber Baron, um eine Gefälligkeit bitten: führen Sie mich heute wie ich Sie damals führte; ich habe der Baronesse das Versprechen gegeben sie noch zu besuchen. Wir haben uns den ganzen Tag nicht allein gesprochen, wir haben uns so lange nicht gesehen, und nichts ist natürlicher als daß man sich nach einer vertraulichen Stunde sehnt. Zeigen Sie mir den Hinweg, den Rückweg will ich schon finden und auf alle Fälle werde ich über keine Stiefel wegzustolpern haben.

Ich will Ihnen recht gern diese gastliche Gefälligkeit erzeigen, versetzte Eduard; nur sind die drei Frauenzimmer drüben zusammen auf dem Flügel. Wer weiß, ob wir sie nicht noch bei einander finden, oder was wir sonst für Händel anrichten, die irgend ein wunderliches Ansehn gewinnen.

Nur ohne Sorge! sagte der Graf; die Baronesse erwartet mich. Sie ist um diese Zeit gewiß auf ihrem Zimmer und allein.

Die Sache ist übrigens leicht, versetzte Eduard, und nahm ein Licht, dem Grafen vorleuchtend eine geheime Treppe hinunter, die zu einem langen Gang führte. Am Ende desselben öffnete Eduard eine kleine Türe. Sie erstiegen eine Wendeltreppe; oben auf einem engen Ruheplatz deutete Eduard dem Grafen, dem er das Licht in die Hand gab, nach einer Tapetentüre rechts, die bei'm ersten Vrsuch sogleich sich öffnete, den Grafen aufnahm und Eduard in dem dunklen Raum zurückließ.

Eine andre Türe links ging in Charlottens Schlafzimmer. Er hörte reden und horchte. Charlotten sprach zu ihrem Kammermädchen: Ist Ottilie schon zu Bette? Nein, versetzte jene; sie sitzt noch unten und schreibt. So zünde Sie das Nachtlicht an, sagt Charlotte, und gehe Sie nur hin: es ist spät. Die Kerze will ich selbst auslöschen und für mich zu Bette gehen.

Eduard hörte mit Entzücken, daß Ottilie noch schreibe. Sie beschäftigt sich für mich! dachte er triumphierend. Durch die Finsternis ganz in sich selbst geengt sah er sie sitzen, schreiben; er glaubte zu ihr zu treten, sie zu sehen, wie sie sich nach ihm umkehrte; er fühlte ein unüberwindliches Verlangen ihr noch einmal nahe zu sein. Von hier aber war kein Weg in das Halbgeschoß wo sie wohnte. Nun fand er sich unmittelbar an seiner Frauen Türe, eine sonderbare Verwechselung ging in seiner Seele vor, er suchte die Türe aufzudrehen, er fand sie verschlossen, er pochte leise an, Charlotte hörte nicht.

Sie ging in dem größeren Nebenzimmer lebhaft auf und ab. Sie wiederholte sich aber und abermals, was sie seit jenem unerwarteten Vorschlag des Grafen oft genug bei sich um und um gewendet hatte. Der Hauptmann schien vor ihr zu stehen. Er füllte noch das Haus, er belebte noch die Spaziergänge und er sollte fort, das alles sollte leer werden! Sie sagte sich alles, was man sich sagen kann, ja sie antizipierte, wie man gewöhnlich pflegt, den leidigen Trost, daß auch solche Schmerzen durch die Zeit gelindert werden. Sie verwünschte die Zeit, die es braucht, um sie zu lindern; sie verwünschte die totenhafte Zeit, wo sie würden gelindert sein.

Da war denn zuletzt die Zuflucht zu den Tränen um so willkommner, als sie bei ihr selten statt fand. Sie warf sich auf den Sopha und überließ sich ganz ihrem Schmerz. Eduard seinerseits konnte von der Türe nicht weg; er pochte nochmals, und zum drittenmal etwas stärker, so daß Charlotte durch die Nachtstille es ganz deutlich vernahm und erschreckt auffuhr. Der erste Gedanke war: es könne, es müsse der Hauptmann sein; der zweite: das sei unmöglich! Sie hielt es für Täuschung; aber sie hatte es gehört, sie wünschte, sie fürchtete es gehört zu haben. Sie ging in's Schlafzimmer, trat leise zu der verriegelten Tapetentür. Sie schalt sich über die Furcht: Wie leicht kann die Baronesse etwas bedürfen! sagte sie zu sich selbst und rief gefaßt und gesetzt: Ist jemand da? Eine leise Stimme antwortete: Ich bin's. Wer? entgegnete Charlotte, die den Ton nicht unterscheiden konnte. Ihr stand des Hauptmanns Gestalt vor der Tür. Etwas lauter klang es ihr entgegen: Eduard! Sie öffnete und ihr Gemahl stand vor ihr. Er begrüßte sie mit einem Scherz. Es ward ihr möglich in diesem Tone fortzufahren. Er verwickelte den rätselhaften Besuch in rätselhafte Erklärungen. Warum ich denn aber eigentlich komme, sagte er zuletzt, muß ich dir nur gestehen. Ich habe ein Gelübde getan, heute Abend noch deinen Schuh zu küssen.

Das ist dir lange nicht eingefallen, sagte Charlotte. Desto schlimmer, versetzte Eduard, und desto besser!

Sie hatte sich in einen Sessel gesetzt, um ihre leichte Nachtkleidung seinen Blicken zu entziehen. Er warf sich vor ihr nieder und sie konnte sich nicht erwehren, daß er nicht ihren Schuh küßte, und daß, als dieser ihm in der Hand blieb, er den Fuß ergriff und ihn zärtlich an seine Brust drückte.

Charlotte war eine von den Frauen, die von Natur mäßig, im Ehestande, ohne Vorsatz und Anstrengung, die Art und Weise der Liebhaberinnen fortführen. Niemals reizte sie den Mann, ja seinem Verlangen kam sie kaum entgegen; aber ohne Kälte und abstoßende Strenge glich sie immer einer liebevollen Braut, die selbst vor dem Erlaubten noch innige Scheu trägt. Und so fand sie Eduard diesen Abend in doppeltem Sinne. Wie sehnlich wünschte sie den Gatten weg: denn die Luftgestalt des Freundes schien ihr Vorwürfe zu machen. Aber das was Eduarden hätte entfernen sollen, zog ihn nur mehr an. Eine gewisse Bewegung war an ihr sichtbar. Sie hatte geweint, und wenn weiche Personen dadurch meist an Anmut verlieren, so gewinnen diejenigen dadurch unendlich, die wir gewöhnlich als stark und gefaßt kennen. Eduard war so liebenswürdig, so freundlich, so dringend; er bat sie, bei ihr bleiben zu dürfen, er forderte nicht, bald ernst bald scherzhaft suchte er sie zu bereden, er dachte nicht daran, daß er Rechte habe und löschte zuletzt mutwillig die Kerze aus.

In der Lampendämmerung sogleich behauptete die innre Neigung, behauptete die Einbildungskraft ihre Rechte über das Wirkliche. Eduard hielt nur Ottilien in seinen Armen; Charlotten schwebte der Hauptmann näher oder ferner vor der Seele, und so verwebten, wundersam genug, sich Abwesendes und Gegenwärtiges reizend und wonnevoll durch einander.

Und doch läßt sich die Gegenwart ihr ungeheures Recht nicht rauben. Sie brachten einen Teil der Nacht unter allerlei Gesprächen und Scherzen zu, die um desto freier waren, als das Herz leider keinen Teil daran nahm. Aber als Eduard des andern Morgens an dem Busen seiner Frau erwachte, schien ihm der Tag ahnungsvoll hereinzublicken, die Sonne schien ihm ein Verbrechen zu beleuchten; er schlich sich leise von ihrer Seite, und sie fand sich, seltsam genug, allein als sie erwachte.

Zwölftes Kapitel

Als die Gesellschaft zum Frühstück wieder zusammenkam, hätte ein aufmerksamer Beobachter an dem Betragen der Einzelnen die Verschiedenheit der innern Gesinnungen und Empfindungen abnehmen können. Der Graf und die Baronesse begegneten sich mit dem heitern Behagen, das ein Paar Liebende empfinden, die sich, nach erduldeter Trennung, ihrer wechselseitigen Neigung abermals versichert halten; dagegen Charlotte und Eduard gleichsam beschämt und reuig dem Hauptmann und Ottilien entgegen traten. Denn so ist die Liebe beschaffen, daß sie allein Rechte zu haben glaubt und alle anderen Rechte vor ihr verschwinden. Ottilie war kindlich heiter, nach ihrer Weise konnte man sie offen nennen. Ernst erschien der Hauptmann; ihm war bei der Unterredung mit dem Grafen, indem dieser alles in ihm aufregte, was einige Zeit geruht und geschlafen hatte, nur zu fühlbar geworden, daß er eigentlich hier seine Bestimmung nicht erfülle und im Grunde bloß in einem halbtätigen Müßiggang hinschlendere. Kaum hatten sich die beiden Gäste entfernt, als schon wieder neuer Besuch eintraf, Charlotten willkommen, die aus sich herauszugehen, sich zu zerstreuen wünschte; Eduarden ungelegen, der eine doppelte Neigung fühlte sich mit Ottilien zu beschäftigen; Ottilien gleichfalls unerwünscht, die mit ihrer auf morgen früh so nötigen Abschrift noch nicht fertig war. Und so eilte sie auch, als die Fremden sich spät entfernten, sogleich auf ihr Zimmer.

Es war Abend geworden. Eduard, Charlotte und der Hauptmann, welche die Fremden, ehe sie sich in den Wagen setzten, eine Strecke zu Fuß begleitet hatten, wurden einig noch einen Spaziergang nach den Teichen zu machen. Ein Kahn war angekommen, den Eduard mit ansehnlichen Kosten aus der Ferne verschrieben hatte. Man wollte versuchen, ob er sich leicht bewegen und lenken lasse.

Er war am Ufer des mittelsten Teiches nicht weit von einigen alten Eichbäumen angebunden, auf die man schon bei künftigen Anlagen gerechnet hatte. Hier sollte ein Landungsplatz angebracht, unter den Bäumen ein architektonischer Ruhesitz aufgeführt werden, wonach diejenigen, die über den See fahren, zu steuern hätten.

Wo wird man denn nun drüben die Landung am besten anlegen? fragte Eduard. Ich sollte denken bei meinen Platanen.

Sie stehen ein wenig zu weit rechts, sagte der Hauptmann. Landet man weiter unten, so ist man dem Schlosse näher; doch muß man es überlegen.

Der Hauptmann stand schon im Hinterteile des Kahns und hatte ein Ruder ergriffen. Charlotte stieg ein. Eduard gleichfalls und faßte das andere Ruder; aber als er eben im Abstoßen begriffen war, gedachte er Ottiliens, gedachte, daß ihn diese Wasserfahrt verspäten, wer weiß erst wann zurückführen würde. Er entschloß sich kurz und gut, sprang wieder an's

Land, reichte dem Hauptmann das andre Ruder und eilte, sich flüchtig entschuldigend, nach Hause.

Dort vernahm er: Ottilie habe sich eingeschlossen, sie schreibe. Bei dem angenehmen Gefühle, daß sie für ihn etwas tue, empfand er das lebhafteste Mißbehagen sie nicht gegenwärtig zu sehen. Seine Ungeduld vermehrte sich mit jedem Augenblicke. Er ging in dem großen Saale auf und ab, versuchte allerlei und nichts vermochte seine Aufmerksamkeit zu fesseln. Sie wünschte er zu sehen, allein zu sehen, ehe noch Charlotte mit dem Hauptmann zurückkäme. Es ward Nacht, die Kerzen wurden angezündet.

Endlich trat sie herein, glänzend von Liebenswürdigkeit. Das Gefühl, etwas für den Freund getan zu haben, hatte ihr ganzes Wesen über sich selbst gehoben. Sie legte das Original und die Abschrift vor Eduard auf den Tisch. Wollen wir kollationieren? fragte sie lächelnd. Eduard wußte nicht was er erwidern sollte. Er sah sie an, er besah die Abschrift. Die ersten Blätter waren mit der größten Sorgfalt, mit einer zarten weiblichen Hand geschrieben; dann schienen sich die Züge zu verändern, leichter und freier zu werden: aber wie erstaunt war er, als er die letzten Seiten mit den Augen überlief! Um Gottes willen! rief er aus, was ist das? Das ist meine Hand! Er sah Ottilien an und wieder auf die Blätter; besonders der Schluß war ganz als wenn er ihn selbst geschrieben hätte. Ottilie schwieg, aber sie blickte ihm mit der größten Zufriedenheit in die Augen. Eduard hob seine Arme empor: Du liebst mich! rief er aus: Ottilie du liebst mich! und sie hielten einander umfaßt. Wer das andere zuerst ergriffen, wäre nicht zu unterscheiden gewesen.

Von diesem Augenblick an war die Welt für Eduarden umgewendet, er nicht mehr was er gewesen, die Welt nicht mehr was sie gewesen. Sie standen vor einander, er hielt ihre Hände, sie sahen einander in die Augen, im Begriff sich wieder zu umarmen.

Charlotte mit dem Hauptmann trat herein. Zu den Entschuldigungen eines längeren Außenbleibens lächelte Eduard heimlich. O wie viel zu früh kommt ihr! sagte er zu sich selbst.

Sie setzten sich zum Abendessen. Die Personen des heutigen Besuchs wurden beurteilt. Eduard liebevoll aufgeregt sprach gut von einem jeden, immer schonend, oft billigend. Charlotte, die nicht durchaus seiner Meinung war, bemerkte diese Stimmung und scherzte mit ihm, daß er, der sonst über die scheidende Gesellschaft immer das strengste Zungengericht ergehen lasse, heute so mild und nachsichtig sei.

Mit Feuer und herzlicher Überzeugung rief Eduard: Man muß nur Ein Wesen recht von Grund aus lieben, da kommen einem die übrigen alle liebenswürdig vor! Ottilie schlug die Augen nieder, und Charlotte sah vor sich hin.

Der Hauptmann nahm das Wort und sagte: Mit den Gefühlen der Hochachtung , der Verehrung, ist es doch auch etwas Ähnliches. Man erkennt nur erst das Schätzenswerte in der Welt, wenn man solche Gesinnungen an Einem Gegenstande zu üben Gelegenheit findet.

Charlotte suchte bald in ihr Schlafzimmer zu gelangen, um sich der Erinnerung dessen zu überlassen, was diesen Abend zwischen ihr und dem Hauptmann vorgegangen war.

Als Eduard an's Ufer springend den Kahn vom Lande stieß, Gattin und Freund dem schwankenden Element selbst überantwortete, sah nunmehr Charlotte den Mann, um den sie im Stillen schon so viel gelitten hatte, in der Dämmerung vor sich sitzen und durch die Führung zweier Ruder das Fahrzeug in beliebiger Richtung fortbewegen. Sie empfand eine tiefe, selten gefühlte Traurigkeit. Das Kreisen des Kahns, das Plätschern der Ruder, der über den Wasserspiegel hinschauernde Windhauch, das Säuseln der Rohre, das letzte Schweben der Vögel, das Blinken und Widerblinken der ersten Sterne, alles hatte etwas Geisterhaftes in dieser allgemeinen Stille. Es schien ihr, der Freund führe sie weit weg, um sie auszusetzen, sie allein zu lassen. Eine wunderbare Bewegung war in ihrem Innern, und sie konnte nicht weinen.

Der Hauptmann beschrieb ihr unterdessen, wie nach seiner Absicht die Anlagen werden sollten. Er rühmte die guten Eigenschaften des Kahns, daß er sich leicht mit zwei Rudern von Einer Person bewegen und regieren lasse. Sie werde das selbst lernen, es sei eine gute Empfindung manchmal allein auf dem Wasser hinzuschwimmen und sein eigner Fähr- und Steuermann zu sein.

Bei diesen Worten fiel der Freundin die bevorstehende Trennung auf's Herz. Sagt er das mit Vorsatz? dachte sie bei sich selbst: Weiß er schon davon? vermutet er's? oder sagt er es zufällig, so daß er mir bewußtlos mein Schicksal vorausverkündigt? Es ergriff sie eine große Wehmut, eine Ungeduld; sie bat ihn, baldmöglichst zu landen und mit ihr nach dem Schlosse zurückzukehren.

Es war das erstemal, daß der Hauptmann die Teiche befuhr, und ob er gleich im Allgemeinen ihre Tiefe untersucht hatte, so waren ihm doch die einzelnen Stellen unbekannt. Dunkel fing es an zu werden, er richtete seinen Lauf dahin, wo er einen bequemen Ort zum Aussteigen vermutete und den Fußpfad nicht entfernt wußte, der nach dem Schlosse führte. Aber auch von dieser Bahn wurde er einigermaßen abgelenkt, als Charlotte mit einer Art von Ängstlichkeit den Wunsch wiederholte, bald am Lande zu sein. Er näherte sich mit erneuten Anstrengungen dem Ufer, aber leider fühlte er sich in einiger Entfernung davon angehalten; er hatte sich festgefahren und seine Bemühungen wieder los zu kommen waren vergebens. Was war zu tun? Ihm blieb nichts übrig als in das Wasser zu steigen, das seicht genug war, und die Freundin an Land zu tragen. Glücklich brachte er die liebe Bürde hinüber, stark genug um nicht zu schwanken oder ihr einige Sorge zu geben, aber doch hatte sie ängstlich ihre Arme um seinen Hals geschlungen. Er hielt sie fest und drückte sie an sich. Erst auf einem Rasenabhang ließ er sie nieder, nicht ohne Bewegung und Verwirrung. Sie lag noch an seinem Halse; er schloß sie auf's neue in seine Arme und drückte einen lebhaften Kuß auf ihre Lippen; aber auch im Augenblick lag er zu ihren Füßen, drückte seinen Mund auf ihre Hand und rief: Charlotte, werden Sie mir vergeben?

Der Kuß, den der Freund gewagt, den sie ihm beinahe zurückgegeben, brachte Charlotten wieder zu sich selbst. Sie drückte seine Hand, aber sie hob ihn nicht auf. Doch indem sie sich zu ihm hinunterneigte und eine Hand auf seine Schultern legte, rief sie aus: Daß dieser Augenblick in unserm Leben Epoche mache, können wir nicht verhindern; aber daß sie unser wert sei, hängt von uns ab. Sie müssen scheiden, lieber Freund, und Sie werden scheiden. Der Graf macht Anstalt Ihr Schicksal zu verbessern; es freut und schmerzt mich. Ich wollte es verschweigen, bis es gewiß wäre; der Augenblick nötigt mich dies Geheimnis zu entdecken. Nur in sofern kann ich Ihnen, kann ich mir verzeihen, wenn wir den Mut haben unsre Lage zu ändern, da es von uns nicht abhängt unsre Gesinnung zu ändern. Sie hub ihn auf und ergriff seinen Arm, um sich darauf zu stützen, und so kamen sie stillschweigend nach dem Schlosse.

Nun aber stand sie in ihrem Schlafzimmer, wo sie sich als Gattin Eduards empfinden und betrachten mußte. Ihr kam bei diesen Widersprüchen ihr tüchtiger und durch's Leben mannichfaltig geübter Charakter zu Hülfe. Immer gewohnt sich ihrer selbst bewußt zu sein, sich selbst zu gebieten, ward es ihr auch jetzt nicht schwer, durch ernste Betrachtung sich dem erwünschten Gleichgewichte zu nähern; ja sie mußte über sich selbst lächeln, indem sie des wunderlichen Nachtbesuches gedachte. Doch schnell ergriff sie eine seltsame Ahnung, ein freudig bängliches Erzittern, das in fromme Wünsche und Hoffnungen sich auflös'te. Gerührt kniete sie nieder, sie wiederholte den Schwur den sie Eduarden vor dem Altar getan. Freundschaft, Neigung, Entsagen gingen vor ihr in heitern Bildern vorüber. Sie fühlte sich innerlich wieder hergestellt. Bald ergreift sie eine süße Müdigkeit und ruhig schläft sie ein.

Dreizehntes Kapitel

Eduard von seiner Seite ist in einer ganz verschiedenen Stimmung. Zu schlafen denkt er so wenig, daß es ihm nicht einmal einfällt sich auszuziehen. Die Abschrift des Dokuments küßt er tausendmal, den Anfang von Ottiliens kindlich schüchterner Hand; das Ende wagt er kaum zu küssen, weil er seine eigene Hand zu sehen glaubt. O daß es ein andres Dokument wäre! sagt er sich im Stillen; und doch ist es ihm auch so schon die schönste Versicherung, daß sein höchster Wunsch erfüllt sei. Bleibt es ja doch in seinen Händen, und wird er es nicht immerfort an sein Herz drücken, obgleich entstellt durch die Unterschrift eines Dritten!

Der abnehmende Mond steigt über den Wald hervor. Die warme Nacht lockt Eduarden in's Freie; er schweift umher, er ist der unruhigste und der glücklichste aller Sterblichen. Er wandelt durch die Gärten; sie sind ihm zu enge; er eilt auf das Feld, und es wird ihm zu weit. Nach dem Schlosse zieht es ihn zurück; er findet sich unter Ottiliens Fenstern. Dort setzt er sich auf eine Terrassentreppe. Mauern und Riegel, sagt er zu sich selbst, trennen uns jetzt, aber unsre Herzen sind nicht getrennt. Stünde sie vor mir, in meine Arme würde sie fallen, ich in die ihrigen, und was bedarf es weiter als diese Gewißheit! Alles war still um ihn her, kein Lüftchen regte sich; so still war's, daß er das wühlende Arbeiten emsiger Tiere unter der Erde vernehmen konnte, denen Tag und Nacht gleich sind. Er hing ganz seinen glücklichen Träumen nach, schlief endlich ein und erwachte nicht eher wieder, als bis die Sonne mit herrlichem Blick heraufstieg und die frühsten Nebel gewältigte.

Nun fand er sich den ersten Wachenden in seinen Besitzungen. Die Arbeiter schienen ihm zu lange auszubleiben. Sie kamen; es schienen ihm ihrer zu wenig, und die vorgesetzte Tagesarbeit für seine Wünsche zu gering. Er fragte nach mehreren Arbeitern: man versprach sie und stellte sie im Laufe des Tages. Aber auch diese sind ihm nicht genug, um seine Vorsätze schleunig ausgeführt zu sehen. Das Schaffen macht ihm keine Freude mehr: es soll schon alles fertig sein, und für wen? Die Wege sollen gebahnt sein, damit Ottilie bequem sie gehen, die Sitze schon an Ort und Stelle, damit Ottilie dort ruhen könne. Auch an dem neuen Hause treibt er was er kann: es soll an Ottiliens Geburtstage gerichtet werden. In Eduards Gesinnungen, wie in seinen Handlungen, ist kein Maß mehr. Das Bewußtsein zu lieben und geliebt zu werden treibt ihn in's Unendliche. Wie verändert ist ihm die Ansicht von allen Zimmern, von allen Umgebungen! Er findet sich in seinem eigenen Hause nicht mehr. Ottiliens Gegenwart verschlingt ihm alles: er ist ganz in ihr versunken; keine andre Betrachtung steigt vor ihm auf, kein Gewissen spricht ihm zu; alles was in seiner Natur gebändigt war bricht los, sein ganzes Wesen strömt gegen Ottilien.

Der Hauptmann beobachtet dieses leidenschaftliche Treiben und wünscht den traurigen Folgen zuvorzukommen. Alle diese Anlagen, die jetzt mit einem einseitigen Triebe übermäßig gefördert werden, hatte er auf ein ruhig freundliches Zusammenleben berechnet. Der Verkauf des Vorwerks war durch ihn zu Stande gebracht, die erste Zahlung geschehen, Charlotte hatte sie der Abrede nach in ihre Kasse genommen. Aber sie muß gleich in der ersten Woche Ernst und Geduld und Ordnung mehr als sonst üben und im Auge haben: denn nach der übereilten Weise wird das Ausgesetzte nicht lange reichen.

Es war viel angefangen und viel zu tun. Wie soll er Charlotten in dieser Lage lassen! Sie beraten sich und kommen überein, man wolle die planmäßigen Arbeiten lieber selbst beschleunigen, zu dem Ende Gelder aufnehmen, und zu deren Abtragung die Zahlungstermine anweisen, die vom Vorwerksverkauf zurückgeblieben waren. Es ließ sich fast ohne Verlust durch Zession der Gerechtsame tun; man hatte freiere Hand; man leistete, da alles im Gange, Arbeiter genug vorhanden waren, mehr auf einmal, und gelangte gewiß und bald zum Zweck. Eduard stimmte gern bei, weil es mit seinen Absichten übereintraf.

Im innern Herzen beharrt indessen Charlotte bei dem was sie bedacht und sich vorgesetzt, und männlich steht ihr der Freund mit gleichem Sinn zur Seite. Aber eben dadurch wird ihre Vertraulichkeit nur vermehrt. Sie erklären sich wechselseitig über Eduards Leidenschaft; sie beraten sich darüber. Charlotte schließt Ottilien näher an sich, beobachtet sie strenger, und je mehr sie ihr eigen Herz gewahr worden, desto tiefer blickt sie in das Herz des Mädchens. Sie sieht keine Rettung, als sie muß das Kind entfernen.

Nun scheint es ihr eine glückliche Fügung, daß Luciane ein so ausgezeichnetes Lob in der Pension erhalten: denn die Großtante, davon unterrichtet, will sie nun ein- für allemal zu sich nehmen, sie um sich haben, sie in die Welt einführen. Ottilie konnte in die Pension zurückkehren; der Hauptmann entfernte sich, wohl versorgt; und alles stand wie vor wenigen Monaten, ja um so viel besser. Ihr eigenes Verhältnis hoffte Charlotte zu Eduard bald wieder herzustellen, und sie legte das alles so verständig bei sich zurecht, daß sie sich nur immer mehr in dem Wahn bestärkte: in einen frühern beschränktern Zustand könne man zurückkehren, ein gewaltsam Entbundenes lasse sich wieder in's Enge bringen.

Eduard empfand indessen die Hindernisse sehr hoch, die man ihm in den Weg legte. Er bemerkte gar bald, daß man ihn und Ottilien aus einander hielt, daß man ihm erschwerte sie allein zu sprechen, ja sich ihr zu nähern, außer in Gegenwart von mehreren; und indem er hierüber verdrießlich war, ward er es über manches andere. Konnte er Ottilien flüchtig sprechen, so war es nicht nur sie seiner Liebe zu versichern, sondern sich auch über seine Gattin, über den Hauptmann zu beschweren. Er fühlte nicht, daß er selbst durch sein heftiges Treiben die Kasse zu erschöpfen auf dem Wege war; er tadelte bitter Charlotten und den Hauptmann, daß sie bei dem Geschäft gegen die erste Abrede handelten, und doch hatte er in die zweite Abrede gewilligt, ja er hatte sie selbst veranlaßt und notwendig gemacht.

Der Haß ist parteiisch, aber die Liebe ist es noch mehr. Auch Ottilie entfremdete sich einigermaßen von Charlotten und dem Hauptmann. Als Eduard sich einst gegen Ottilien über den Letztern beklagte, daß er als Freund und in einem solchen Verhältnisse nicht ganz aufrichtig handle, versetzte Ottilie unbedachtsam: Es hat mir schon früher mißfallen, daß er nicht ganz redlich gegen Sie ist. Ich hörte ihn einmal zu Charlotten sagen: wenn uns nur Eduard mit seiner Flötendudelei verschonte:

es kann daraus nichts werden und ist für die Zuhörer so lästig. Sie können denken, wie mich das geschmerzt hat, da ich Sie so gern akkompagniere.

Kaum hatte sie es gesagt, als ihr schon der Geist zuflüsterte, daß sie hätte schweigen sollen; aber es war heraus. Eduards Gesichtszüge verwandelten sich. Nie hatte ihn etwas mehr verdrossen: er war in seinen liebsten Forderungen angegriffen, er war sich eines kindlichen Strebens ohne die mindeste Anmaßung bewußt. Was ihn unterhielt, was ihn erfreute, sollte doch mit Schonung von Freunden behandelt werden. Er dachte nicht, wie schrecklich es für einen Dritten sei, sich die Ohren durch ein unzulängliches Talent verletzen zu lassen. Er war beleidigt, wütend um nicht wieder zu vergeben. Er fühlte sich von allen Pflichten losgesprochen.

Die Notwendigkeit mit Ottilien zu sein, sie zu sehen, ihr etwas zuzuflüstern, ihr zu vertrauen, wuchs mit jedem Tage. Er entschloß sich ihr zu schreiben, sie um einen geheimen Briefwechsel zu bitten. Das Streifchen Papier, worauf er dies lakonisch genug getan hatte, lag auf dem Schreibtisch und ward vom Zugwind heruntergeführt, als der Kammerdiener hereintrat, ihm die Haare zu kräuseln. Gewöhnlich, um die Hitze des Eisens zu versuchen, bückte sich dieser nach Papierschnitzeln auf der Erde; diesmal ergriff er das Billet, zwickte es eilig, und es war versengt. Eduard den Mißgriff bemerkend riß es ihm aus der Hand. Bald darauf setzte er sich hin, es noch einmal zu schreiben; es wollte nicht ganz so zum zweitenmal aus der Feder. Er fühlte einiges Bedenken, einige Besorgnis, die er jedoch überwand. Ottilien wurde das Blättchen in die Hand gedrückt, den ersten Augenblick wo er sich ihr nähern konnte.

Ottilie versäumte nicht ihm zu antworten. Ungelesen steckte er das Zettelchen in die Weste, die modisch kurz es nicht gut verwahrte. Es schob sich heraus und fiel, ohne von ihm bemerkt zu werden, auf den Boden. Charlotte sah es und hob es auf, und reichte es ihm mit einem flüchtigen Überblick. Hier ist etwas von deiner Hand, sagte sie, das du vielleicht ungern verlörest.

Er war betroffen. Verstellt sie sich? dachte er. Ist sie den Inhalt des Blättchens gewahr geworden, oder irrt sie sich an der Ähnlichkeit der Hände? Er hoffte, er dachte das Letzte. Er war gewarnt, doppelt gewarnt, aber diese sonderbaren zufälligen Zeichen, durch die ein höheres Wesen mit uns zu sprechen scheint, waren seiner Leidenschaft unverständlich; vielmehr indem sie ihn immer weiter führte, empfand er die Beschränkung, in der man ihn zu halten schien, immer unangenehmer. Die freundliche Geselligkeit verlor sich. Sein Herz war verschlossen, und wenn er mit Freund und Frau zusammen zu sein genötigt war, so gelang es ihm nicht, seine frühere Neigung zu ihnen in seinem Busen wieder aufzufinden, zu beleben. Der stille Vorwurf, den er sich selbst hierüber machen mußte, war ihm unbequem, und er suchte sich durch eine Art von Humor zu helfen, der aber, weil er ohne Liebe war, auch der gewohnten Anmut ermangelte.

Über alle diese Prüfungen half Charlotten ihr inneres Gefühl hinweg. Sie war sich ihres ernsten Vorsatzes bewußt, auf eine so schöne edle Neigung Verzicht zu tun.

Wie sehr wünschte sie jenen beiden auch zu Hülfe zu kommen. Entfernung, fühlte sie wohl, wird nicht allein hinreichend sein, ein solches Übel zu heilen. Sie nimmt sich vor die Sache gegen das gute Kind zur Sprache zu bringen; aber sie vermag es nicht; die Erinnerung ihres eignen Schwankens steht ihr im Wege. Sie sucht sich darüber im Allgemeinen ausdrücken; das Allgemeine paßt auch auf ihren eignen Zustand, den sie auszusprechen scheut. Ein jeder Wink, den sie Ottilien geben will, deutet zurück in ihr eignes Herz. Sie will warnen und fühlt, daß sie wohl selbst noch einer Warnung bedürfen könnte.

Schweigend hält sie daher die Liebenden noch immer aus einander, und die Sache wird dadurch nicht besser. Leise Andeutungen, die ihr manchmal entschlüpfen, wirken auf Ottilien nicht: denn Eduard hatte diese von Charlottens Neigung zum Hauptmann überzeugt, sie überzeugt, daß Charlotte selbst eine Scheidung wünsche, die er nun auf eine anständige Weise zu bewirken denke.

Ottilie getragen durch das Gefühl ihrer Unschuld, auf dem Wege zu dem erwünschtesten Glück, lebt nur für Eduard. Durch die Liebe zu ihm in allem Guten gestärkt, um seinetwillen freudiger in ihrem Tun, aufgeschlossener gegen andre, findet sie sich in einem Himmel auf Erden.

So setzen alle zusammen, jeder auf seine Weise, das tägliche Leben fort, mit und ohne Nachdenken; alles scheint seinen gewöhnlichen Gang zu gehen, wie man auch in ungeheuren Fällen, wo alles auf dem Spiele steht, noch immer so fortlebt, als wenn von nichts die Rede wäre.

Vierzehntes Kapitel

Von dem Grafen war indessen ein Brief an den Hauptmann angekommen, und zwar ein doppelter, einer zum Vorzeigen, der sehr schöne Aussichten in die Ferne darwies, der andre hingegen, der ein entschiedenes Anerbieten für die Gegenwart enthielt, eine bedeutende Hof- und Geschäftsstelle, den Charakter als Major, ansehnlichen Gehalt, und andre Vorteile, sollte wegen verschiedener Nebenumstände noch geheim gehalten werden. Auch unterrichtete der Hauptmann seine Freunde nur von jenen Hoffnungen und verbarg was so nahe bevorstand.

Indessen setzte er die gegenwärtigen Geschäfte lebhaft fort und machte in der Stille Einrichtungen, wie alles in seiner Abwesenheit ungehinderten Fortgang haben könnte. Es ist ihm nun selbst daran gelegen, daß für manches ein Termin bestimmt werde, daß Ottiliens Geburtstag manches beschleunige. Nun wirken die beiden Freunde, obschon ohne ausdrückliches Einverständnis, gern zusammen. Eduard ist nun recht zufrieden, daß man durch das Vorauserheben der Gelder die Kasse verstärkt hat; die ganze Anstalt rückt auf das rascheste vorwärts.

Die drei Teiche in einen See zu verwandeln hätte jetzt der Hauptmann am liebsten ganz widerraten. Der untere Damm war zu verstärken, die mittlern abzutragen, und die ganze Sache in mehr als Einem Sinne wichtig und bedenklich. Beide Arbeiten aber, wie sie in einander wirken konnten, waren schon angefangen, und hier kam ein junger Architekt, ein ehemaliger Zögling des Hauptmanns, sehr erwünscht, der teils mit Anstellung tüchtiger Meister, teils mit Verdingen der Arbeit, wo sich's tun ließ; die Sache förderte und dem Werke Sicherheit und Dauer versprach; wobei sich der Hauptmann im Stillen freute, daß man seine Entfernung nicht fühlen würde. Denn er hatte den Grundsatz, aus einem übernommenen unvollendeten Geschäft nicht zu scheiden, bis er seine Stelle genugsam ersetzt sähe. Ja er verachtete diejenigen, die, um ihren Abgang fühlbar zu machen, erst noch Verwirrung in ihrem Kreise anrichten, indem sie als ungebildete Selbstler das zu zerstören wünschen, wobei sie nicht mehr fortwirken sollen.

So arbeitete man immer mit Anstrengung, um Ottiliens Geburtstag zu verherrlichen, ohne daß man es aussprach, oder sich's recht aufrichtig bekannte. Nach Charlottens obgleich neidlosen Gesinnungen konnte es doch kein entschiedenes Fest werden. Die Jugend Ottiliens, ihre Glücksumstände, das Verhältnis zur Familie berechtigten sie nicht als Königin eines Tages zu erscheinen. Und Eduard wollte nicht davon gesprochen haben, weil alles wie von selbst entspringen, überraschen und natürlich erfreuen sollte.

Alle kamen daher stillschweigend in dem Vorwande überein, als wenn an diesem Tage, ohne weitere Beziehung, jenes Lusthaus gerichtet werden sollte, und bei diesem Anlaß konnte man dem Volke so wie den Freunden ein Fest ankündigen.

Eduards Neigung war aber gränzenlos. Wie er sich Ottilien zuzueignen begehrte, so kannte er auch kein Maß des Hingebens, Schenkens, Versprechens. Zu einigen Gaben, die er Ottilien an diesem Tage verehren wollte, hatte ihm Charlotte viel zu ärmliche Vorschläge getan. Er sprach mit seinem Kammerdiener, der seine Garderobe besorgte und mit Handelsleuten und Modehändlern in beständigem Verhältnis blieb; dieser, nicht unbekannt sowohl mit den angenehmsten Gaben selbst als mit der besten Art sie zu überreichen, bestellte sogleich in der Stadt den niedlichsten Koffer mit rotem Saffian überzogen, mit Stahlnägeln beschlagen, und angefüllt mit Geschenken, einer solchen Schale würdig.

Noch einen andern Vorschlag tat er Eduarden. Es war ein kleines Feuerwerk vorhanden, das man immer abzubrennen versäumt hatte. Dies konnte man leicht verstärken und erweitern. Eduard ergriff den Gedanken, und jener versprach für die Ausführung zu sorgen. Die Sache sollte ein Geheimnis bleiben.

Der Hauptmann hatte unterdessen, je näher der Tag heranrückte, seine polizeilichen Einrichtungen getroffen, die er für so nötig hielt, wenn eine Masse Menschen zusammenberufen oder -gelockt wird. Ja sogar hatte er wegen des Bettelns und andrer Unbequemlichkeiten, wodurch die Anmut eines Festes gestört wird, durchaus Vorsorge genommen.

Eduard und sein Vertrauter dagegen beschäftigten sich vorzüglich mit dem Feuerwerk. Am mittelsten Teich vor jenen großen Eichenbäumen sollte es abgebrannt werden; gegenüber unter den Platanen sollte die Gesellschaft sich aufhalten, um die Wirkung aus gehöriger Ferne, die Abspiegelung im Wasser, und was auf dem Wasser selbst brennend zu schwimmen bestimmt war, mit Sicherheit und Bequemlichkeit anzuschauen.

Unter einem andern Vorwand ließ daher Eduard den Raum unter den Platanen von Gesträuch, Gras und Moos säubern, und nun erschien erst die Herrlichkeit des Baumwuchses sowohl an Höhe als Breite auf dem gereinigten Boden. Eduard empfand darüber die größte Freude. — Es war ungefähr um diese Jahrszeit, als ich sie pflanzte. Wie lange mag es her sein? sagte er zu sich selbst. — Sobald er nach Hause kam, schlug er in alten Tagebüchern nach, die sein Vater, besonders auf dem Lande, sehr ordentlich geführt hatte. Zwar dieser Pflanzung konnte nicht darin erwähnt sein, aber eine andre häuslich wichtige Begebenheit an demselben Tage, deren sich Eduard noch recht wohl erinnerte, mußte notwendig darin angemerkt stehen. Er durchblättert einige Bände; der Umstand findet sich: aber wie erstaunt, wie erfreut ist Eduard, als er das wunderbarste Zusammentreffen bemerkt. Der Tag, das Jahr jener Baumpflanzung ist zugleich der Tag, das Jahr von Ottiliens Geburt.

Funfzehntes Kapitel

Endlich leuchtete Eduarden der sehnlich erwartete Morgen und nach und nach stellten viele Gäste sich ein: denn man hatte die Einladungen weit umhergeschickt, und manche, die das Legen des Grundsteins versäumt hatten, wovon man so viel Artiges erzählte, wollten diese zweite Feierlichkeit um so weniger verfehlen.

Vor Tafel erschienen die Zimmerleute mit Musik im Schloßhofe, ihren reichen Kranz tragend, der aus vielen stufenweise über einander schwankenden Laub- und Blumenreifen zusammengesetzt war. Sie sprachen ihren Gruß, und erbaten sich zur gewöhnlichen Ausschmückung seidene Tücher und Bänder von dem schönen Geschlecht. Indes die Herrschaft speis'te, setzten sie ihren jauchzenden Zug weiter fort, und nachdem sie sich eine Zeit lang im Dorfe aufgehalten und daselbst Frauen und Mädchen gleichfalls um manches Band gebracht, so kamen sie endlich, begleitet und erwartet von einer großen Menge, auf die Höhe wo das gerichtete Haus stand.

Charlotte hielt nach der Tafel die Gesellschaft einigermaßen zurück. Sie wollte keinen feierlichen förmlichen Zug, und man fand sich daher in einzelnen Partien, ohne Rang und Ordnung, auf dem Platz gemächlich ein. Charlotte zögerte mit Ottilien und machte dadurch die Sache nicht besser: denn weil Ottilie wirklich die Letzte war die herantrat, so schien es als wenn Trompeten und Pauken nur auf sie gewartet hätten, als wenn die Feierlichkeit bei ihrer Ankunft nun gleich beginnen müßte.

Dem Hause das rohe Ansehn zu nehmen, hatte man es mit grünem Reisig und Blumen, nach Angabe des Hauptmanns, architektonisch ausgeschmückt, allein ohne dessen Mitwissen hatte Eduard den Architekten veranlaßt, in dem Gesims das Datum mit Blumen zu bezeichnen. Das mochte noch hingehen; allein zeitig genug langte der Hauptmann an, um zu verhindern, daß nicht auch der Name Ottiliens im Giebelfelde glänzte. Er wußte dieses Beginnen auf eine geschickte Weise abzulehnen und die schon fertigen Blumenbuchstaben bei Seite zu bringen.

Der Kranz war aufgesteckt und weit umher in der Gegend sichtbar. Bunt flatterten die Bänder und Tücher in der Luft, und eine kurze Rede verscholl zum größten Teil im Winde. Die Feierlichkeit war zu Ende, der Tanz auf dem geebneten und mit Lauben umkreiseten Platze vor dem Gebäude sollte nun angehen. Ein schmucker Zimmergeselle führte Eduarden ein Bauernmädchen zu, und forderte Ottilien auf, welche daneben stand. Die beiden Paare fanden sogleich ihre Nachfolger und bald genug wechselte Eduard, indem er Ottilien ergriff und mit ihr die Runde machte. Die jüngere Gesellschaft mischte sich fröhlich in den Tanz des Volks, indes die Ältern beobachteten.

Sodann, ehe man sich auf den Spaziergängen zerstreute, ward abgeredet, daß man sich mit Untergang der Sonne bei den Platanen wieder versammeln wolle. Eduard fand sich zuerst ein, ordnete alles und nahm Abrede mit dem Kammerdiener, der auf der andern Seite, in Gesellschaft des Feuerwerkers, die Lufterscheinungen zu besorgen hatte.

Der Hauptmann bemerkte die dazu getroffenen Vorrichtungen nicht mit Vergnügen; er wollte wegen des zu erwartenden Andrangs der Zuschauer mit Eduard sprechen, als ihn derselbe etwas hastig bat, er möge ihm diesen Teil der Feierlichkeit doch allein überlassen.

Schon hatte sich das Volk auf die oberwärts abgestochenen und vom Rasen entblößten Dämme gedrängt, wo das Erdreich uneben und unsicher war. Die Sonne ging unter, die Dämmerung trat ein, und in Erwartung größerer Dunkelheit wurde die Gesellschaft unter den Platanen mit Erfrischungen bedient. Man fand den Ort unvergleichlich und freute sich in Gedanken, künftig von hier die Aussicht auf einen weiten und so mannichfaltig begränzten See zu genießen.

Ein ruhiger Abend, eine vollkommene Windstille versprachen das nächtliche Fest zu begünstigen, als auf einmal ein entsetzliches Geschrei entstand. Große Schollen hatten sich vom Damme losgetrennt, man sah mehrere Menschen ins Wasser stürzen. Das Erdreich hatte nachgegeben unter dem Drängen und Treten der immer zunehmenden Menge. Jeder wollte den besten Platz haben, und nun konnte niemand vorwärts noch zurück.

Jedermann sprang auf und hinzu, mehr um zu schauen als zu tun: denn was war da zu tun, wo niemand hinreichen konnte. Nebst einigen Entschlossenen eilte der Hauptmann, trieb sogleich die Menge von dem Damm herunter nach den Ufern, um den Hülfreichen freie Hand zu geben, welche die Versinkenden herauszuziehen suchten. Schon waren alle, teils durch eignes, teils durch fremdes Bestreben, wieder auf dem Trocknen, bis auf einen Knaben, der durch allzu ängstliches Bemühen, statt sich dem Damm zu nähern, sich davon entfernt hatte. Die Kräfte schienen ihn zu verlassen, nur einigemal kam noch eine Hand, ein Fuß in die Höhe. Unglücklicherweise war der Kahn auf der andern Seite, mit Feuerwerk gefüllt, nur langsam konnte man ihn ausladen und die Hülfe verzögerte sich. Des Hauptmanns Entschluß war gefaßt, er warf die Oberkleider weg, aller Augen richteten sich auf ihn, und seine tüchtige kräftige Gestalt flößte jedermann Zutrauen ein; aber ein Schrei der Überraschung drang aus der Menge hervor, als er sich in's Wasser stürzte. Jedes Auge begleitete ihn, der als geschickter Schwimmer den Knaben bald erreichte, und ihn, jedoch für tot, an den Damm brachte.

Indessen ruderte der Kahn herbei, der Hauptmann bestieg ihn und forschte genau von den Anwesenden, ob denn auch wirklich alle gerettet seien. Der Chirurgus kommt und übernimmt den totgeglaubten Knaben; Charlotte tritt hinzu, sie bittet den Hauptmann nur für sich zu sorgen, nach dem Schlosse zurückzukehren und die Kleider zu wechseln. Er zaudert, bis ihm gesetzte verständige Leute, die ganz nahe gegenwärtig gewesen, die selbst zur Rettung der Einzelnen beigetragen, auf das heiligste versichern, daß alle gerettet seien.

Charlotte sieht ihn nach Hause gehen, sie denkt, daß Wein und Tee, und was sonst nötig wäre, verschlossen ist, daß in solchen Fällen die Menschen gewöhnlich verkehrt handeln; sie eilt durch die zerstreute Gesellschaft, die sich noch unter den Platanen befindet; Eduard ist beschäftigt jedermann zuzureden: man soll bleiben; in kurzem gedenkt er das Zeichen zu geben und das Feuerwerk zu beginnen; Charlotte tritt hinzu und bittet ihn, ein Vergnügen zu verschieben das jetzt nicht am Platze sei, das in dem gegenwärtigen Augenblick nicht genossen werden könne; sie erinnert ihn, was man dem Geretteten und dem Retter schuldig sei. Der Chirurgus wird schon seine Pflicht tun, versetzte Eduard. Er ist mit allem versehen, und unser Zudringen wäre nur eine hinderliche Teilnahme.

Charlotte bestand auf ihrem Sinne und winkte Ottilien, die sich sogleich zum Weggehn anschickte. Eduard ergriff ihre Hand und rief: Wir wollen diesen Tag nicht im Lazarett endigen! Zur barmherzigen Schwester ist sie zu gut. Auch ohne uns werden die Scheintoten erwachen und die Lebendigen sich abtrocknen.

Charlotte schwieg und ging. Einige folgten ihr, andere diesen; endlich wollte niemand der Letzte sein und so folgten alle. Eduard und Ottilie fanden sich allein unter den Platanen. Er bestand darauf zu bleiben, so dringend, so ängstlich sie ihn auch bat, mit ihr nach dem Schlosse zurückzukehren. Nein, Ottilie! rief er: das Außerordentliche geschieht nicht auf glattem gewöhnlichem Wege. Dieser überraschende Vorfall von heute Abend bringt uns schneller zusammen. Du bist die Meine! Ich habe dir's schon so oft gesagt und geschworen; wir wollen es nicht mehr sagen und schwören, nun soll es werden.

Der Kahn von der andern Seite schwamm herüber. Es war der Kammerdiener, der verlegen anfragte: was nunmehr mit dem Feuerwerk werden sollte. Brennt es ab! rief er ihm entgegen. Für dich allein war es bestellt, Ottilie, und nun sollst du es auch allein sehen! Erlaube mir an deiner Seite sitzend, es mitzugenießen. Zärtlich bescheiden setzte er sich neben sie ohne sie zu berühren.

Raketen rauschten auf, Kanonenschläge donnerten, Leuchtkugeln stiegen, Schwärmer schlängelten und platzten, Räder gischten, jedes erst einzeln, dann gepaart, dann alle zusammen, und immer gewaltsamer hinter einander und zusammen. Eduard, dessen Busen brannte, verfolgte mit lebhaft zufriedenem Blick diese feurigen Erscheinungen. Ottiliens zartem aufgeregtem Gemüt war dieses rauschende blitzende Entstehen und Verschwinden eher ängstlich als angenehm. Sie lehnte sich schüchtern an Eduard, dem diese Annäherung, dieses Zutrauen das volle Gefühl gab, daß sie ihm ganz angehöre.

Die Nacht war kaum in ihre Rechte wieder eingetreten, als der Mond aufging und die Pfade der beiden Rückkehrenden beleuchtete. Eine Figur, den Hut in der Hand, vertrat ihnen den Weg, und sprach sie um ein Almosen an, da er an diesem festlichen Tage versäumt worden sei. Der Mond schien ihm in's Gesicht, und Eduard erkannte die Züge jenes zudringlichen Bettlers. Aber so glücklich wie er war, konnte er nicht ungehalten sein, konnte es ihm nicht einfallen, daß besonders für heute das Betteln höchlich verpönt worden. Er forschte nicht lange in der Tasche und gab ein Goldstück hin. Er hätte jeden gern glücklich gemacht, da sein Glück ohne Gränzen schien.

Zu Hause war indes alles erwünscht gelungen. Die Tätigkeit des Chirurgen, die Bereitschaft alles Nötigen, der Beistand Charlottens, alles wirkte zusammen, und der Knabe ward wieder zum Leben hergestellt.

Die Gäste zerstreuten sich, sowohl um noch etwas vom Feuerwerk aus der Ferne zu sehen, als auch, um nach solchen verworrnen Szenen ihre ruhige Heimat wieder zu betreten.

Auch hatte der Hauptmann, geschwind umgekleidet, an der nötigen Vorsorge tätigen Anteil genommen; alles war beruhigt und er fand sich mit Charlotten allein. Mit zutraulicher Freundlichkeit erklärte er nun, daß seine Abreise nahe bevorstehe. Sie hatte diesen Abend so viel erlebt, daß diese Entdeckung wenig Eindruck auf sie machte; sie hatte gesehen, wie der Freund sich aufopferte, wie er rettete und selbst gerettet war. Diese wunderbaren Ereignisse schienen ihr eine bedeutende Zukunft aber keine unglückliche zu weissagen.

Eduarden, der mit Ottilien hereintrat, wurde die bevorstehende Abreise des Hauptmanns gleichfalls angekündigt. Er argwohnte, daß Charlotte früher um das Nähere gewußt habe, war aber viel zu sehr mit sich und seinen Absichten beschäftigt, als daß er es hätte übel empfinden sollen.

Im Gegenteil vernahm er aufmerksam und zufrieden die gute und ehrenvolle Lage in die der Hauptmann versetzt werden solle. Unbändig drangen seine geheimen Wünsche den Begebenheiten vor. Schon sah er jenen mit Charlotten verbunden, sich mit Ottilien. Man hätte ihm zu diesem Fest kein größeres Geschenk machen können.

Aber wie erstaunt war Ottilie, als sie auf ihr Zimmer trat und den köstlichen kleinen Koffer auf ihrem Tische fand. Sie säumte nicht ihn zu eröffnen. Da zeigte sich alles so schön gepackt und geordnet, daß sie es nicht aus einander zu nehmen, ja kaum zu lüften wagte. Musselin, Battist, Seide, Schawls und Spitzen wetteiferten an Feinheit, Zierlichkeit und Kostbarkeit. Auch war der Schmuck nicht vergessen. Sie begriff wohl die Absicht, sie mehr als Einmal vom Kopf bis auf den Fuß zu kleiden: es war aber alles so kostbar und fremd, daß sie sich's in Gedanken nicht zuzueignen getraute.

Sechzehntes Kapitel

Des andern Morgens war der Hauptmann verschwunden, und ein dankbar gefühltes Blatt an die Freunde von ihm zurückgeblieben. Er und Charlotte hatten Abends vorher schon halben und einsylbigen Abschied genommen. Sie empfand eine ewige Trennung und ergab sich darein: denn in dem zweiten Briefe des Grafen, den ihr der Hauptmann zuletzt mitteilte, war auch von einer Aussicht auf eine vorteilhafte Heirat die Rede; und obgleich er diesem Punkt keine Aufmerksamkeit schenkte, so hielt sie doch die Sache schon für gewiß und entsagte ihm rein und völlig.

Dagegen glaubte sie nun auch die Gewalt, die sie über sich selbst ausgeübt, von andern fordern zu können. Ihr war es nicht unmöglich gewesen, andern sollte das Gleiche möglich sein. In diesem Sinne begann sie das

Gespräch mit ihrem Gemahl, um so mehr offen und zuversichtlich, als sie empfand, daß die Sache ein für allemal abgetan werden müsse.

Unser Freund hat uns verlassen, sagte sie: wir sind nun wieder gegen einander über wie vormals, und es käme nun wohl auf uns an, ob wir wieder völlig in den alten Zustand zurückkehren wollten.

Eduard, der nichts vernahm als was seiner Leidenschaft schmeichelte, glaubte daß Charlotte durch diese Worte den früheren Witwenstand bezeichnen und, obgleich auf unbestimmte Weise, zu einer Scheidung Hoffnung machen wolle. Er antwortete deshalb mit Lächeln: Warum nicht? Es käme nur darauf an, daß man sich verständigte.

Er fand sich daher gar sehr betrogen, als Charlotte versetzte: Auch Ottilien in eine andere Lage zu bringen, haben wir gegenwärtig nur zu wählen; denn es findet sich eine doppelte Gelegenheit, ihr Verhältnisse zu geben die für sie wünschenswert sind. Sie kann in die Pension zurückkehren, da meine Tochter zur Großtante gezogen ist; sie kann in ein angesehenes Haus aufgenommen werden, um mit einer einzigen Tochter alle Vorteile einer standesmäßigen Erziehung zu genießen.

Indessen, versetzte Eduard ziemlich gefaßt, hat Ottilie sich in unserer freundlichen Gesellschaft so verwöhnt, daß ihr eine andere wohl schwerlich willkommen sein möchte.

Wir haben uns alle verwöhnt, sagte Charlotte, und du nicht zum letzten. Indessen ist es eine Epoche, die uns zur Besinnung auffordert, die uns ernstlich ermahnt, an das Beste sämtlicher Mitglieder unseres kleinen Zirkels zu denken und auch irgend eine Aufopferung nicht zu versagen.

Wenigstens finde ich nicht billig, versetzte Eduard, daß Ottilie aufgeopfert werde, und das geschähe doch wenn man sie gegenwärtig unter fremde Menschen hinunterstieße. Den Hauptmann hat sein gutes Geschick hier aufgesucht; wir dürfen ihn mit Ruhe, ja mit Behagen von uns wegscheiden lassen. Wer weiß, was Ottilien bevorsteht; warum sollten wir uns übereilen?

Was uns bevorsteht ist ziemlich klar, versetzte Charlotte mit einiger Bewegung, und da sie die Absicht hatte ein- für allemal sich auszusprechen, fuhr sie fort: du liebst Ottilien, du gewöhnst dich an sie. Neigung und Leidenschaft entspringt und nährt sich auch von ihrer Seite. Warum sollen wir nicht mit Worten aussprechen, was uns jede Stunde gesteht und bekennt? Sollen wir nicht so viel Vorsicht haben, uns zu fragen, was das werden wird?

Wenn man auch sogleich darauf nicht antworten kann, versetzte Eduard, der sich zusammennahm, so läßt sich doch so viel sagen, daß man eben alsdann sich am ersten entschließt abzuwarten was uns die Zukunft lehren wird, wenn man gerade nicht sagen kann, was aus einer Sache werden soll.

Hier vorauszusehen, versetzte Charlotte, bedarf es wohl keiner großen

Weisheit, und so viel läßt sich auf alle Fälle gleich sagen, daß wir beide nicht mehr jung genug sind, um blindlings dahin zu gehen, wohin man nicht möchte oder nicht sollte. Niemand kann mehr für uns sorgen; wir müssen unsre eigenen Freunde sein, unsre eigenen Hofmeister. Niemand erwartet von uns, daß wir uns in ein Äußerstes verlieren werden, niemand erwartet uns tadelnswert oder gar lächerlich zu finden.

Kannst du mir's verdenken, versetzte Eduard, der die offne reine Sprache seiner Gattin nicht zu erwidern vermochte: kannst du mich schelten, wenn mir Ottiliens Glück am Herzen liegt? und nicht etwa ein künftiges, das immer nicht zu berechnen ist; sondern ein gegenwärtiges? Denke dir, aufrichtig und ohne Selbstbetrug, Ottilien aus unserer Gesellschaft gerissen, und fremden Menschen untergeben — ich wenigstens fühle mich nicht grausam genug, ihr eine solche Veränderung zuzumuten.

Charlotte ward gar wohl die Entschlossenheit ihres Gemahls hinter seiner Verstellung gewahr. Erst jetzt fühlte sie, wie weit er sich von ihr entfernt hatte. Mit einiger Bewegung rief sie aus: Kann Ottilie glücklich sein, wenn sie uns entzweit! wenn sie mir einen Gatten, seinen Kindern einen Vater entreißt!

Für unsere Kinder, dächte ich, wäre gesorgt, sagte Eduard lächelnd und kalt; etwas freundlicher aber fügte er hinzu: wer wird auch sogleich das Äußerste denken!

Das Äußerste liegt der Leidenschaft zu allernächst, bemerkte Charlotte. Lehne, so lange es noch Zeit ist, den guten Rat nicht ab, nicht die Hülfe die ich uns biete. In trüben Fällen muß derjenige wirken und helfen der am klarsten sieht. Diesmal bin ich's. Lieber, liebster Eduard, laß mich gewähren! Kannst du mir zumuten, daß ich auf mein wohlerworbenes Glück, auf die schönsten Rechte, auf dich so geradehin Verzicht leisten soll?

Wer sagt das? versetzte Eduard mit einiger Verlegenheit.

Du selbst, versetzte Charlotte: indem du Ottilien in der Nähe behalten willst, gestehst du nicht alles zu, was daraus entspringen muß? Ich will nicht in dich dringen; aber wenn du dich nicht überwinden kannst, so wirst du wenigstens dich nicht lange mehr betriegen können.

Eduard fühlte wie Recht sie hatte. Ein ausgesprochnes Wort ist fürchterlich, wenn es das auf einmal ausspricht, was das Herz lange sich erlaubt hat; und um nur für den Augenblick auszuweichen, erwiderte Eduard: es ist mir ja noch nicht einmal klar, was du vorhast.

Meine Absicht war, versetzte Charlotte, mit dir die beiden Vorschläge zu überlegen. Beide haben viel Gutes. Die Pension würde Ottilien am gemäßesten sein, wenn ich betrachte, wie das Kind jetzt ist. Jene größere und weitere Lage verspricht aber mehr, wenn ich bedenke, was sie werden soll. Sie legte darauf umständlich ihrem Gemahl die beiden Verhältnisse dar und schloß mit den Worten: Was meine Meinung betrifft, so würde ich das Haus jener Dame der Pension vorziehen aus mehreren Ursachen, besonders aber auch, weil ich die Neigung, ja die Leidenschaft des jungen Mannes, den Ottilie dort für sich gewonnen, nicht vermehren will.

Eduard schien ihr Beifall zu geben, nur aber um einigen Aufschub zu suchen. Charlotte, die darauf ausging etwas Entscheidendes zu tun, ergriff sogleich die Gelegenheit, als Eduard nicht unmittelbar widersprach, die Abreise Ottiliens, zu der sie schon alles im Stillen vorbereitet hatte, auf die nächsten Tage festzusetzen.

Eduard schauderte; er hielt sich für verraten und die liebevolle Sprache seiner Frau für ausgedacht, künstlich und planmäßig, um ihn auf ewig von seinem Glücke zu trennen. Er schien ihr die Sache ganz zu überlassen; allein schon war innerlich sein Entschluß gefaßt. Um nur zu Atem zu kommen, um das bevorstehende unabsehliche Unheil der Entfernung Ottiliens abzuwenden, entschied er sich sein Haus zu verlassen, und zwar nicht ganz ohne Vorbewußt Charlottens, die er jedoch durch die Einleitung zu täuschen verstand, daß er bei Ottiliens Abreise nicht gegenwärtig sein, ja sie von diesem Augenblick an nicht mehr sehen wolle. Charlotte, die gewonnen zu haben glaubte, tat ihm allen Vorschub. Er befahl seine Pferde, gab dem Kammerdiener die nötige Anweisung was er einpacken und wie er ihm folgen solle, und so, wie schon im Stegreife, setzte er sich hin und schrieb.

Eduard an Charlotten

Das Übel, meine Liebe, das uns befallen hat, mag heilbar sein oder nicht, dies nur fühl' ich, wenn ich im Augenblicke nicht verzweifeln soll, so muß ich Aufschub finden für mich, für uns alle. Indem ich mich aufopfre kann ich fordern. Ich verlasse mein Haus und kehre nur unter günstigern ruhigern Aussichten zurück. Du sollst es indessen besitzen, aber mit Ottilien. Bei dir will ich sie wissen, nicht unter fremden Menschen. Sorge fur sie, behandle sie wie sonst, wie bisher, ja nur immer liebevoller, freundlicher und zarter. Ich verspreche kein heimliches Verhältnis zu Ottilien zu suchen. Laßt mich lieber eine Zeit lang ganz unwissend, wie ihr lebt; ich will mir das Beste denken. Denkt auch so von mir. Nur, was ich dich bitte, auf das innigste, auf das lebhafteste: mache keinen Versuch Ottilien sonst irgendwo unterzugeben, in neue Verhältnisse zu bringen. Außer dem Bezirk deines Schlosses, deines Parks, fremden Menschen anvertraut, gehört sie mir und ich werde mich ihrer bemächtigen. Ehrst du aber meine Neigung, meine Wünsche, meine Schmerzen; schmeichelst du meinem Wahn, meinen Hoffnungen, so will ich auch der Genesung nicht widerstreben, wenn sie sich mir anbietet.

Diese letzte Wendung floß ihm aus der Feder, nicht aus dem Herzen. Ja wie er sie auf dem Papier sah, fing er bitterlich zu weinen an. Er sollte auf irgend eine Weise dem Glück, ja dem Unglück, Ottilien zu lieben, entsagen! Jetzt erst fühlte er was er tat. Er entfernte sich, ohne zu wissen was daraus entstehen konnte. Er sollte sie wenigstens jetzt nicht wiedersehen; ob er sie je wiedersähe, welche Sicherheit konnte er sich darüber versprechen? Aber der Brief war geschrieben; die Pferde standen vor der Tür; jeden Augenblick mußte er fürchten Ottilien irgendwo zu erblicken und zugleich seinen Entschluß vereitelt zu sehen. Er faßte sich; er dachte daß es ihm doch möglich sei, jeden Augenblick zurückzukehren und durch die Entfernung gerade seinen Wünschen näher zu kommen. Im Gegenteil stellte er sich Ottilien vor aus dem Hause gedrängt, wenn er bliebe. Er siegelte den Brief, eilte die Treppe hinab und schwang sich auf's Pferd.

Als er bei'm Wirtshause vorbeiritt, sah er den Bettler in der Laube sitzen, den er gestern Nacht so reichlich beschenkt hatte. Dieser saß behaglich an seinem Mittagsmahle, stand auf und neigte sich ehrerbietig, ja anbetend vor Eduarden. Eben diese Gestalt war ihm gestern erschienen, als er Ottilien am Arm führte; nun erinnerte sie ihn schmerzlich an die glücklichste Stunde seines Lebens. Seine Leiden vermehrten sich; das Gefühl dessen was er zurückließ, war ihm unerträglich; nochmals blickte er nach dem Bettler: O du Beneidenswerter! rief er aus: du kannst noch am gestrigen Almosen zehren, und ich nicht mehr am gestrigen Glücke!

Siebzehntes Kapitel

Ottilie trat an's Fenster als sie jemanden wegreiten hörte und sah Eduarden noch im Rücken. Es kam ihr wunderbar vor, daß er das Haus verließ, ohne sie gesehen, ohne ihr einen Morgengruß geboten zu haben. Sie ward unruhig und immer nachdenklicher, als Charlotte sie auf einen weiten Spaziergang mit sich zog und von mancherlei Gegenständen sprach, aber des Gemahls, und wie es schien, vorsätzlich, nicht erwähnte. Doppelt betroffen war sie daher, bei ihrer Zurückkunft den Tisch mit nur zwei Gedecken besetzt zu finden.

Wir vermissen ungern gering scheinende Gewohnheiten, aber schmerzlich empfinden wir erst ein solches Entbehren in bedeutenden Fällen. Eduard und der Hauptmann fehlten, Charlotte hat seit langer Zeit zum erstenmal den Tisch selbst angeordnet, und es wollte Ottilien scheinen als wenn sie abgesetzt wäre. Die beiden Frauen saßen gegen einander über; Charlotte sprach ganz unbefangen von der Anstellung des Hauptmanns und von der wenigen Hoffnung ihn bald wiederzusehen. Das Einzige tröstete Ottilien in ihrer Lage, daß sie glauben konnte, Eduard sei, um den Freund noch eine Strecke zu begleiten, ihm nachgeritten.

Allein, da sie von Tische aufstanden sahen sie Eduards Reisewagen unter dem Fenster, und als Charlotte einigermaßen unwillig fragte: wer ihn hieher bestellt habe, so antwortete man ihr, es sei der Kammerdiener, der hier noch Einiges aufpacken wolle. Ottilie brauchte ihre ganze Fassung, um ihre Verwunderung und ihren Schmerz zu verbergen.

Der Kammerdiener trat herein und verlangte noch Einiges. Es war eine Mundtasse des Herrn, ein paar silberne Löffel und mancherlei was Ottilien auf eine weitere Reise, auf ein längeres Außenbleiben zu deuten schien. Charlotte verwies ihm sein Begehren ganz trocken: sie verstehe nicht was er damit sagen wolle; denn er habe alles was sich auf den Herrn beziehe, selbst im Beschluß. Der gewandte Mann, dem es freilich nur darum zu tun war, Ottilien zu sprechen, und sie deswegen unter irgend einem Vorwande aus dem Zimmer zu locken, wußte sich zu entschuldigen und auf seinem Verlangen zu beharren, das ihm Ottilie auch zu gewähren wünschte; allein Charlotte lehnte es ab, der Kammerdiener mußte sich entfernen, und der Wagen rollte fort.

Es war für Ottilien ein schrecklicher Augenblick, sie begriff es nicht; aber daß ihr Eduard auf geraume Zeit entrissen war, konnte sie fühlen. Charlotte fühlte den Zustand mit und ließ sie allein. Wir wagen nicht ihren Schmerz, ihre Tränen zu schildern, sie litt unendlich. Sie bat nur Gott, daß er ihr nur über diesen Tag weghelfen möchte; sie überstand den Tag und die Nacht und als sie sich wieder gefunden, glaubte sie ein anderes Wesen anzutreffen.

Sie hatte sich nicht gefaßt, sich nicht ergeben, aber sie war, nach so großem Verluste, noch da und hatte noch mehr zu befürchten. Ihre nächste Sorge, nachdem das Bewußtsein wiedergekehrt, war sogleich: sie möchte nun, nach Entfernung der Männer, gleichfalls entfernt werden. Sie ahnte nichts von Eduards Drohungen, wodurch ihr Aufenthalt neben Charlotten gesichert war; doch diente ihr das Betragen Charlottens zu einiger Beruhigung. Diese suchte das gute Kind zu beschäftigen und ließ sie nur selten, nur ungern von sich; und ob sie gleich wohl wußte, daß man mit Worten nicht viel gegen eine entschiedene Leidenschaft zu wirken vermag, so kannte sie doch die Macht der Besonnenheit, des Bewußtseins, und brachte daher manches zwischen sich und Ottilien zur Sprache.

So war es für diese ein großer Trost, als jene gelegentlich, mit Bedacht und Vorsatz, die weise Betrachtung anstellte: Wie lebhaft ist, sagte sie, die Dankbarkeit derjenigen, denen wir mit Ruhe über leidenschaftliche Verlegenheiten hinaushelfen. Laß uns freudig und munter in das eingreifen, was die Männer unvollendet zurückgelassen haben; so bereiten wir uns die schönste Aussicht auf ihre Rückkehr, indem wir das was ihr stürmendes ungeduldiges Wesen zerstören möchte, durch unsre Mäßigung erhalten und fördern.

Da Sie von Mäßigung sprechen, liebe Tante, versetzte Ottilie, so kann ich nicht bergen, daß mir dabei die Unmäßigkeit der Männer, besonders was den Wein betrifft, einfällt. Wie oft hat es mich betrübt und geängstigt, wenn ich bemerken mußte, daß reiner Verstand, Klugheit, Schonung anderer und Liebenswürdigkeit, selbst für mehrere Stunden, verloren gingen, und oft statt alles des Guten, was ein trefflicher Mann hervorzubringen und zu gewähren vermag, Unheil und Verwirrung hereinzubrechen drohte. Wie oft mögen dadurch gewaltsame Entschließungen veranlaßt werden.

Charlotte gab ihr Recht; doch setzte sie das Gespräch nicht fort: denn sie fühlte nur zu wohl, daß auch hier Ottilie bloß Eduarden wieder im Sinne hatte, der zwar nicht gewöhnlich, aber doch öfter als es wünschenswert war, sein Vergnügen, seine Gesprächigkeit, seine Tätigkeit durch einen gelegentlichen Weingenuß zu steigern pflegte.

Hatte bei jener Äußerung Charlottens sich Ottilie die Männer, besonders Eduarden, wieder herandenken können, so war es ihr um desto auffallender, als Charlotte von einer bevorstehenden Heirat des Hauptmanns, wie von einer ganz bekannten und gewissen Sache sprach, wodurch denn alles ein andres Ansehn gewann, als sie nach Eduards frühern Versicherungen sich vorstellen mochte. Durch alles dies vermehrte sich die Aufmerksamkeit Ottiliens auf jede Äußerung, jeden Wink, jede Handlung, jeden Schritt Charlottens. Ottilie war klug, scharfsinnig, argwöhnisch geworden ohne es zu wissen.

Charlotte durchdrang indessen das Einzelne ihrer ganzen Umgebung mit scharfem Blick und wirkte darin mit ihrer klaren Gewandtheit, wobei sie Ottilien beständig Teil zu nehmen nötigte. Sie zog ihren Haushalt, ohne Bänglichkeit, in's Enge; ja, wenn sie alles genau betrachtete, so hielt sie den leidenschaftlichen Vorfall für eine Art von glücklicher Schickung. Denn auf dem bisherigen Wege wäre man leicht in's Gränzenlose geraten und hätte den schönen Zustand reichlicher Glücksgüter, ohne sich zeitig genug zu besinnen, durch ein vordringliches Leben und Treiben, wo nicht zerstört, doch erschüttert.

Was von Parkanlagen im Gange war, störte sie nicht. Sie ließ vielmehr dasjenige forsetzen, was zum Grunde künftiger Ausbildung liegen mußte; aber dabei hatte es auch sein Bewenden. Ihr zurückkehrender Gemahl sollte noch genug erfreuliche Beschäftigung finden.

Bei diesen Arbeiten und Vorsätzen konnte sie nicht genug das Verfahren des Architekten loben. Der See lag in kurzer Zeit ausgebreitet vor ihren Augen, und die neuentstandenen Ufer zierlich und mannichfaltig bepflanzt und beraset. An dem neuen Hause ward alle rauhe Arbeit vollbracht, was zur Erhaltung nötig war, besorgt, und dann machte sie einen Abschluß da wo man mit Vergnügen wieder von vorn anfangen konnte. Dabei war sie ruhig und heiter; Ottilie schien es nur: denn in allem beobachtete sie nichts als Symptome, ob Eduard wohl bald erwartet werde, oder nicht. Nichts interessiert sie an allem als diese Betrachtung.

Willkommen war ihr daher eine Anstalt, zu der man die Bauerknaben versammelte und die darauf abzielte, den weitläufig gewordenen Park immer rein zu erhalten. Eduard hatte schon den Gedanken gehegt. Man ließ den Knaben eine Art von heiterer Montierung machen, die sie in den

Abendstunden anzogen, nachdem sie sich durchaus gereinigt und gesäubert hatten. Die Garderobe war im Schloß; dem verständigsten genausten Knaben vertraute man die Aufsicht an; der Architekt leitete das Ganze, und ehe man sich's versah, so hatten die Knaben alle ein gewisses Geschick. Man fand an ihnen eine bequeme Dressur und sie verrichteten ihr Geschäft nicht ohne eine Art von Manöver. Gewiß, wenn sie mit ihren Scharreisen, gestielten Messerklingen, Rechen, kleinen Spaten und Hakken und wedelartigen Besen einherzogen; wenn andre mit Körben hinterdrein kamen, um Unkraut und Steine bei Seite zu schaffen; andre das hohe, große, eiserne Walzenrad hinter sich herzogen: so gab es einen hübschen erfreulichen Aufzug, in welchem der Architekt eine artige Folge von Stellungen und Tätigkeiten für den Fries eines Gartenhauses sich anmerkte; Ottilie hingegen sah darin nur eine Art von Parade, welche den rückkehrenden Hausherrn bald begrüßen sollte.

Dies gab ihr Mut und Lust ihn mit etwas Ähnlichem zu empfangen. Man hatte zeither die Mädchen des Dorfes im Nähen, Stricken, Spinnen und andern weiblichen Arbeiten zu ermuntern gesucht. Auch diese Tugenden hatten zugenommen seit jenen Anstalten zu Reinlichkeit und Schönheit des Dorfes. Ottilie wirkte stets mit ein; aber mehr zufällig, nach Gelegenheit und Neigung. Nun gedachte sie es vollständiger und folgerechter zu machen. Aber aus einer Anzahl Mädchen läßt sich kein Chor bilden, wie aus einer Anzahl Knaben. Sie folgte ihrem guten Sinne, und ohne sich's ganz deutlich zu machen, suchte sie nichts als einem jeden Mädchen Anhänglichkeit an sein Haus, seine Eltern und seine Geschwister einzuflößen.

Das gelang ihr mit vielen. Nur über ein kleines lebhaftes Mädchen wurde immer geklagt, daß sie ohne Geschick sei, und im Hause nun ein- für allemal nichts tun wolle. Ottilie konnte dem Mädchen nicht feind sein, denn ihr war es besonders freundlich. Zu ihr zog es sich, mit ihr ging und lief es, wenn sie es erlaubte. Da war es tätig, munter und unermüdet. Die Anhänglichkeit an eine schöne Herrin schien dem Kinde Bedürfnis zu sein. Anfänglich duldete Ottilie die Begleitung des Kindes; dann faßte sie selbst Neigung zu ihm; endlich trennten sie sich nicht mehr und Nanny begleitete ihre Herrin überall hin.

Diese nahm öfters den Weg nach dem Garten und freute sich über das schöne Gedeihen. Die Beeren- und Kirschenzeit ging zu Ende, deren Spätlinge jedoch Nanny sich besonders schmecken ließ. Bei dem übrigen Obste, das für den Herbst eine so reichliche Ernte versprach, gedachte der Gärtner beständig des Herrn und niemals ohne ihn herbeizuwünschen. Ottilie hörte dem guten alten Manne so gern zu. Er verstand sein Handwerk vollkommen und hörte nicht auf, ihr von Eduard vorzusprechen.

Als Ottilie sich freute, daß die Pfropfreiser dieses Frühjahrs alle so gar schön gekommen, erwiderte der Gärtner bedenklich: Ich wünsche nur, daß der gute Herr viel Freude daran erleben möge. Wäre er diesen Herbst hier, so würde er sehen, was für köstliche Sorten noch von seinem Herrn Vater her im alten Schloßgarten stehen. Die jetzigen Herren Obstgärtner sind nicht so zuverlässig als sonst die Kartäuser waren. In den Katalogen findet man wohl lauter honette Namen. Man pfropft und erzieht und endlich, wenn sie Früchte tragen, so ist es nicht der Mühe wert, daß solche Bäume im Garten stehen.

Am wiederholtesten aber fragte der treue Diener, fast so oft er Ottilien sah, nach der Rückkunft des Herrn, und nach dem Termin derselben. Und wenn Ottilie ihn nicht angeben konnte, so ließ ihr der gute Mann nicht ohne stille Betrübnis merken, daß er glaube sie vertraue ihm nicht, und peinlich war ihr das Gefühl der Unwissenheit, das ihr auf diese Weise recht aufgedrungen ward. Doch konnte sie sich von diesen Rabatten und Beeten nicht trennen. Was sie zusammen zum Teil gesäet, alles gepflanzt hatten, stand nun im völligen Flor; kaum bedurfte es noch einer Pflege, außer daß Nanny immer zum Gießen bereit war. Mit welchen Empfindungen betrachtete Ottilie die späteren Blumen, die sich erst anzeigten, deren Glanz und Fülle dereinst an Eduards Geburtstag, dessen Feier sie sich manchmal versprach, prangen, ihre Neigung und Dankbarkeit ausdrücken sollten. Doch war die Hoffnung dieses Fest zu sehen nicht immer gleich lebendig. Zweifel und Sorgen umflüsterten stets die Seele des guten Mädchens.

Zu einer eigentlichen offnen Übereinstimmung mit Charlotten konnte es auch wohl nicht wieder gebracht werden. Denn freilich war der Zustand beider Frauen sehr verschieden. Wenn alles bei'm Alten blieb, wenn man in das Gleis des gesetzmäßigen Lebens zurückkehrte, gewann Charlotte an gegenwärtigem Glück, und eine frohe Aussicht in die Zukunft öffnete sich ihr; Ottilie hingegen verlor alles, man kann wohl sagen, alles: denn sie hatte zuerst Leben und Freude in Eduard gefunden, und in dem gegenwärtigen Zustande fühlte sie eine unendliche Leere, wovon sie früher kaum etwas geahnet hatte. Denn ein Herz das sucht, fühlt wohl daß ihm etwas mangle, ein Herz das verloren hat, fühlt daß es entbehre. Sehnsucht verwandelt sich in Unmut und Ungeduld, und ein weibliches Gemüt, zum Erwarten und Abwarten gewöhnt, möchte nun aus seinem Kreise herausschreiten, tätig werden, unternehmen und auch etwas für sein Glück tun.

Ottilie hatte Eduarden nicht entsagt. Wie konnte sie es auch, obgleich Charlotte klug genug, gegen ihre eigne Überzeugung, die Sache für bekannt annahm, und als entschieden voraussetzte, daß ein freundschaftliches ruhiges Verhältnis zwischen ihrem Gatten und Ottilien möglich sei. Wie oft aber lag diese Nachts, wenn sie sich eingeschlossen, auf den Knieen vor dem eröffneten Koffer und betrachtete die Geburtstagsgeschenke, von denen sie noch nichts gebraucht, nichts zerschnitten, nichts gefertigt. Wie oft eilte das gute Mädchen mit Sonnenaufgang aus dem

Hause, in dem sie sonst alle ihre Glückseligkeit gefunden hatte, in's Freie hinaus, in die Gegend, die sie sonst nicht ansprach. Auch auf dem Boden mochte sie nicht verweilen. Sie sprang in den Kahn, und ruderte sich bis mitten in den See: dann zog sie eine Reisebeschreibung hervor, ließ sich von den bewegten Wellen schaukeln, las, träumte sich in die Fremde und immer fand sie dort ihren Freund; seinem Herzen war sie noch immer nahe geblieben, er dem ihrigen.

Achtzehntes Kapitel

Daß jener wunderlich tätige Mann, den wir bereits kennen gelernt, daß Mittler, nachdem er von dem Unheil, das unter diesen Freunden ausgebrochen, Nachricht erhalten, obgleich kein Teil noch seine Hülfe angerufen, in diesem Falle seine Freundschaft, seine Geschicklichkeit zu beweisen, zu üben geneigt war, läßt sich denken. Doch schien es ihm rätlich, erst eine Weile zu zaudern; denn er wußte nur zu wohl, daß es schwerer sei, gebildeten Menschen bei sittlichen Verworrenheiten zu Hülfe zu kommen, als ungebildeten. Er überließ sie deshalb eine Zeit lang sich selbst; allein zuletzt konnte er es nicht mehr aushalten, und eilte Eduarden aufzusuchen, dem er schon auf die Spur gekommen war.

Sein Weg führte ihn zu einem angenehmen Tal, dessen anmutig grünen baumreichen Wiesengrund die Wasserfülle eines immer lebendigen Baches bald durchschlängelte bald durchrauschte. Auf den sanften Anhöhen zogen sich fruchtbare Felder und wohlbestandene Obstpflanzungen hin. Die Dörfer lagen nicht zu nah an einander, das Ganze hatte einen friedlichen Charakter und die einzelnen Partien, wenn auch nicht zum Malen, schienen doch zum Leben vorzüglich geeignet zu sein.

Ein wohlerhaltenes Vorwerk mit einem reinlichen bescheidenen Wohnhause, von Gärten umgeben, fiel ihm endlich in die Augen. Er vermutete, hier sei Eduards gegenwärtiger Aufenthalt, und er irrte nicht.

Von diesem einsamen Freunde können wir nur so viel sagen, daß er sich im Stillen dem Gefühl seiner Leidenschaft ganz überließ und dabei mancherlei Plane sich ausdachte, mancherlei Hoffnungen nährte. Er konnte sich nicht leugnen, daß er Ottilien hier zu sehen wünsche, daß er wünsche sie hieher zu führen, zu locken, und was er sich sonst noch Erlaubtes und Unerlaubtes zu denken nicht verwehrte. Dann schwankte seine Einbildungskraft in allen Möglichkeiten herum. Sollte er sie hier nicht besitzen, nicht rechtmäßig besitzen können, so wollte er ihr den Besitz des Gutes zueignen. Hier sollte sie still für sich, unabhängig leben; sie sollte glücklich sein, und wenn ihn eine selbstquälerische Einbildungskraft noch weiter führte, vielleicht mit einem andern glücklich sein.

So verflossen ihm seine Tage in einem ewigen Schwanken zwischen Hoffnung und Schmerz, zwischen Tränen und Heiterkeit, zwischen Vorsätzen, Vorbereitungen und Verzweiflung. Der Anblick Mittlers überraschte ihn nicht. Er hatte dessen Ankunft längst erwartet, und so war er ihm auch halb willkommen. Glaubte er ihn von Charlotten gesendet, so hatte er sich schon auf allerlei Entschuldigungen und Verzögerungen und sodann auf entscheidendere Vorschläge bereitet; hoffte er nun aber von Ottilien wieder etwas zu vernehmen, so war ihm Mittler so lieb als ein himmlischer Bote.

Verdrießlich daher und verstimmt war Eduard als er vernahm, Mittler komme nicht von dorther, sondern aus eignem Antriebe. Sein Herz verschloß sich, und das Gespräch wollte sich anfangs nicht einleiten. Doch wußte Mittler nur zu gut, daß ein liebevoll beschäftigtes Gemüt das dringende Bedürfnis hat, sich zu äußern, das was in ihm vorgeht, vor einem Freunde auszuschütten, und ließ sich daher gefallen, nach einigem Hin- und Widerreden, diesmal aus seiner Rolle herauszugehen, und statt des Vermittlers den Vertrauten zu spielen.

Als er hiernach, auf eine freundliche Weise, Eduarden wegen seines einsamen Lebens tadelte, erwiderte dieser: O ich wüßte nicht, wie ich meine Zeit angenehmer zubringen sollte! Immer bin ich mit ihr beschäftigt, immer in ihrer Nähe. Ich habe den unschätzbaren Vorteil mir denken zu können, wo sich Ottilie befindet, wo sie geht, wo sie steht, wo sie ausruht. Ich sehe sie vor mir tun und handeln wie gewöhnlich, schaffen und vornehmen, freilich immer das was mir am meisten schmeichelt. Dabei bleibt es aber nicht: denn wie kann ich fern von ihr glücklich sein! Nun arbeitet meine Phantasie durch, was Ottilie tun sollte sich mir zu nähern. Ich schreibe süße zutrauliche Briefe in ihrem Namen an mich; ich antworte ihr und verwahre die Blätter zusammen. Ich habe versprochen keinen Schritt gegen sie zu tun, und das will ich halten. Aber was bindet sie, daß sie sich nicht zu mir wendet? Hat etwa Charlotte die Grausamkeit gehabt, Versprechen und Schwur von ihr zu fordern, daß sie mir nicht schreiben, keine Nachricht von sich geben wolle? Es ist natürlich, es ist wahrscheinlich, und doch finde ich es unerhört, unerträglich. Wenn sie mich liebt, wie ich glaube, wie ich weiß, warum entschließt sie sich nicht, warum wagt sie es nicht, zu fliehen und sich in meine Arme zu werfen? Sie sollte das, denke ich manchmal, sie könnte das. Wenn sich etwas auf dem Vorsaale regt, sehe ich gegen die Türe. Sie soll hereintreten! denk' ich, hoff' ich. Ach! und da das Mögliche unmöglich ist, bilde ich mir ein, das Unmögliche müsse möglich werden. Nachts, wenn ich aufwache, die Lampe einen unsichern Schein durch das Schlafzimmer wirft, da sollte ihre Gestalt, ihr Geist, eine Ahnung von ihr, vorüberschweben, herantreten, mich ergreifen, nur einen Augenblick, daß ich eine Art von Versicherung hätte, sie denke mein, sie sei mein.

Eine einzige Freude bleibt mir noch. Da ich ihr nahe war, träumte ich nie von ihr; jetzt aber in der Ferne sind wir im Traume zusammen, und sonderbar genug, seit ich andre liebenswürdige Personen hier in der

Nachbarschaft kennen gelernt, jetzt erst erscheint mir ihr Bild im Traum, als wenn sie mir sagen wollte: siehe nur hin und her! du findest doch nichts Schöneres und Lieberes als mich. Und so mischt sich ihr Bild in jeden meiner Träume. Alles was mir mit ihr begegnet, schiebt sich durch und über einander. Bald unterschreiben wir einen Kontrakt; da ist ihre Hand und die meinige, ihr Name und der meinige, beide löschen einander aus, beide verschlingen sich. Auch nicht ohne Schmerz sind diese wonnevollen Gaukeleien der Phantasie. Manchmal tut sie etwas, das die reine Idee beleidigt, die ich von ihr habe; dann fühl' ich erst, wie sehr ich sie liebe, indem ich über alle Beschreibung geängstet bin. Manchmal neckt sie mich ganz gegen ihre Art und quält mich; aber sogleich verändert sich ihr Bild, ihr schönes, rundes, himmlisches Gesichtchen verlängert sich: es ist eine andre. Aber ich bin doch gequält, unbefriedigt und zerrüttet.

Lächeln Sie nicht, lieber Mittler, oder, lächeln Sie auch! O ich schäme mich nicht dieser Anhänglichkeit, dieser, wenn Sie wollen, törigen rasenden Neigung. Nein, ich habe noch nie geliebt; jetzt erfahre ich erst, was das heißt. Bisher war alles in meinem Leben nur Vorspiel, nur Hinhalten, nur Zeitvertreib, nur Zeitverderb, bis ich sie kennen lernte, bis ich sie liebte und ganz und eigentlich liebte. Man hat mir, nicht gerade in's Gesicht, aber doch wohl im Rücken, den Vorwurf gemacht: ich pfusche, ich stümpere nur in den meisten Dingen. Es mag sein, aber ich hatte das noch nicht gefunden, worin ich mich als Meister zeigen kann. Ich will den sehen, der mich im Talent des Liebens übertrifft.

Zwar ist es ein jammervolles, ein schmerzen-, ein tränenreiches; aber ich finde es mir so natürlich, so eigen, daß ich es wohl schwerlich je wieder aufgebe.

Durch diese lebhaften herzlichen Äußerungen hatte sich Eduard wohl erleichtert, aber es war ihm auch auf einmal jeder einzelne Zug seines wunderlichen Zustandes deutlich vor die Augen getreten, daß er vom schmerzlichen Widerstreit überwältigt in Tränen ausbrach, die um so reichlicher flossen, als sein Herz durch Mitteilung weich geworden war.

Mittler, der sein rasches Naturell, seinen unerbittlichen Verstand um so weniger verleugnen konnte, als er sich durch diesen schmerzlichen Ausbruch der Leidenschaft Eduards weit von dem Ziel seiner Reise verschlagen sah, äußerte aufrichtig und derb seine Mißbilligung. Eduard — hieß es — solle sich ermannen, solle bedenken, was er seiner Manneswürde schuldig sei; solle nicht vergessen, daß dem Menschen zur höchsten Ehre gereiche im Unglück sich zu fassen, den Schmerz mit Gleichmut und Anstand zu ertragen, um höchlich geschätzt, verehrt und als Muster aufgestellt zu werden.

Aufgeregt, durchdrungen von den peinlichsten Gefühlen, wie Eduard war, mußten ihm diese Worte hohl und nichtig vorkommen. Der Glückliche, der Behagliche hat gut reden, fuhr Eduard auf: aber schämen würde er sich, wenn er einsähe, wie unerträglich er dem Leidenden wird. Eine unendliche Geduld soll es geben, einen unendlichen Schmerz will der starre Behagliche nicht anerkennen. Es gibt Fälle, ja es gibt deren! wo jeder Trost niederträchtig und Verzweiflung Pflicht ist. Verschmäht doch ein edler Grieche, der auch Helden zu schildern weiß, keineswegs, die seinigen bei schmerzlichem Drange weinen zu lassen. Selbst im Sprichwort sagt er: tränenreiche Männer sind gut. Verlasse mich jeder, der trocknen Herzens, trockner Augen ist! Ich verwünsche die Glücklichen, denen der Unglückliche nur zum Spektakel dienen soll. Er soll sich in der grausamsten Lage körperlicher und geistiger Bedrängnis noch edel gebärden, um ihren Beifall zu erhalten; und damit sie ihm bei'm Verscheiden noch applaudieren, wie ein Gladiator mit Anstand vor ihren Augen umkommen. Lieber Mittler, ich danke Ihnen für Ihren Besuch; aber Sie erzeigten mir eine große Liebe, wenn Sie sich im Garten, in der Gegend umsähen. Wir kommen wieder zusammen. Ich suche gefaßter und Ihnen ähnlicher zu werden.

Mittler mochte lieber einlenken als die Unterhaltung abbrechen, die er so leicht nicht wieder anknüpfen konnte. Auch Eduarden war es ganz gemäß, das Gespräch weiter fortzusetzen, das ohnehin zu seinem Ziele abzulaufen strebte.

Freilich, sagte Eduard, hilft das Hin- und Widerdenken, das Hin- und Widerreden zu nichts; doch unter diesem Reden bin ich mich selbst erst gewahr worden, habe ich erst entschieden gefühlt, wozu ich mich entschließen sollte, wozu ich entschlossen bin. Ich sehe mein gegenwärtiges, mein zukünftiges Leben vor mir; nur zwischen Elend und Genuß habe ich zu wählen. Bewirken Sie, bester Mann, eine Scheidung die so notwendig, die schon geschehen ist; schaffen Sie mir Charlottens Einwilligung. Ich will nicht weiter ausführen, warum ich glaube, daß sie zu erlangen sein wird. Gehen Sie hin, lieber Mann, beruhigen Sie uns alle, machen Sie uns glücklich!

Mittler stockte. Eduard fuhr fort: Mein Schicksal und Ottiliens ist nicht zu trennen und wir werden nicht zu Grunde gehen. Sehen Sie dieses Glas! Unsere Namenszüge sind darein geschnitten. Ein fröhlich Jubelnder warf es in die Luft; niemand sollte mehr daraus trinken; auf dem felsigen Boden sollte es zerschellen, aber es ward aufgefangen. Um hohen Preis habe ich es wieder eingehandelt, und ich trinke nun täglich daraus, um mich täglich zu überzeugen: daß alle Verhältnisse unzerstörlich sind, die das Schicksal beschlossen hat.

O wehe mir, rief Mittler, was muß ich nicht mit meinen Freunden für Geduld haben! Nun begegnet mir noch gar der Aberglaube, der mir als das Schädlichste was bei den Menschen einkehren kann, verhaßt bleibt. Wir spielen mit Voraussagungen, Ahnungen und Träumen und machen dadurch das alltägliche Leben bedeutend. Aber wenn das Leben nun selbst bedeutend wird, wenn alles um uns sich bewegt und braus't, dann wird das Gewitter durch jene Gespenster nur noch fürchterlicher.

Lassen Sie in dieser Ungewißheit des Lebens, rief Eduard, zwischen diesem Hoffen und Bangen, dem bedürftigen Herzen doch nur eine Art von Leitstern, nach welchem es hinblicke, wenn es auch nicht darnach steuern kann.

Ich ließe mir's wohl gefallen, versetzte Mittler, wenn dabei nur eine Konsequenz zu hoffen wäre; aber ich habe immer gefunden, auf die warnenden Symptome achtet kein Mensch, auf die schmeichelnden und versprechenden allein ist die Aufmerksamkeit gerichtet und der Glaube für sie ganz allein lebendig.

Da sich nun Mittler sogar in die dunklen Regionen geführt sah, in denen er sich immer unbehaglicher fühlte, je länger er darin verweilte, so nahm er den dringenden Wunsch Eduards, der ihn zu Charlotten gehen hieß, etwas williger auf. Denn was wollte er überhaupt Eduarden in diesem Augenblicke noch entgegensetzen? Zeit zu gewinnen, zu erforschen wie es um die Frauen stehe, das war es, was ihm selbst nach seinen eignen Gesinnungen zu tun übrig blieb.

Er eilte zu Charlotten, die er wie sonst gefaßt und heiter fand. Sie unterrichtete ihn gern von allem was vorgefallen war: denn aus Eduards Reden konnte er nur die Wirkung abnehmen. Er trat von seiner Seite behutsam heran, konnte es aber nicht über sich gewinnen, das Wort Scheidung auch nur im Vorbeigehn auszusprechen. Wie verwundert, erstaunt und, nach seiner Gesinnung, erheitert war er daher, als Charlotte ihm, in Erfolg so manches Unerfreulichen, endlich sagte: Ich muß glauben, ich muß hoffen, daß alles sich wieder geben, daß Eduard sich wieder nähern werde. Wie kann es auch wohl anders sein, da Sie mich guter Hoffnung finden.

Versteh' ich Sie recht? fiel Mittler ein — Vollkommen, versetzte Charlotte — Tausendmal gesegnet sei mir diese Nachricht! rief er, die Hände zusammenschlagend. Ich kenne die Stärke dieses Arguments auf ein männliches Gemüt. Wie viele Heiraten sah ich dadurch beschleunigt, befestigt, wieder hergestellt! Mehr als tausend Worte wirkt eine solche gute Hoffnung, die fürwahr die beste Hoffnung ist die wir haben können. Doch, fuhr er fort, was mich betrifft, so hätte ich alle Ursache verdrießlich zu sein. In diesem Falle, sehe ich wohl, wird meiner Eigenliebe nicht geschmeichelt. Bei euch kann meine Tätigkeit keinen Dank verdienen. Ich komme mir vor wie jener Arzt, mein Freund, dem alle Kuren gelangen, die er um Gottes willen an Armen tat, der aber selten einen Reichen heilen konnte, der es gut bezahlen wollte. Glücklicherweise hilft sich hier die Sache von selbst, da meine Bemühungen, mein Zureden fruchtlos geblieben wären.

Charlotte verlangte nun von ihm, er solle die Nachricht Eduarden bringen, einen Brief von ihr mitnehmen und sehen, was zu tun, was herzustellen sei. Er wollte das nicht eingehen. Alles ist schon getan, rief er aus. Schreiben Sie! ein jeder Bote ist so gut als ich. Muß ich doch meine Schritte hinwenden wo ich nötiger bin. Ich komme nur wieder, um Glück zu wünschen, ich komme zur Taufe.

Charlotte war diesmal, wie schon öfters, über Mittlern unzufrieden. Sein rasches Wesen brachte manches Gute hervor, aber seine Übereilung war Schuld an manchem Mißlingen. Niemand war abhängiger von augenblicklich vorgefaßten Meinungen als er.

Charlottens Bote kam zu Eduarden, der ihn mit halbem Schrecken empfing. Der Brief konnte eben so gut für Nein als für Ja entscheiden. Er wagte lange nicht ihn aufzubrechen, und wie stand er betroffen, als er das Blatt gelesen, versteinert bei folgender Stelle, womit es sich endigte.

„Gedenke jener nächtlichen Stunden, in denen du deine Gattin abenteuerlich als Liebender besuchtest, sie unwiderstehlich an dich zogst, sie als eine Geliebte, als eine Braut in die Arme schlossest. Laß uns in dieser seltsamen Zufälligkeit eine Fügung des Himmels verehren, die für ein neues Band unserer Verhältnisse gesorgt hat, in dem Augenblick da das Glück unsres Lebens aus einander zu fallen und zu verschwinden droht."

Was von dem Augenblick an in der Seele Eduards vorging, würde schwer zu schildern sein. In einem solchen Gedränge treten zuletzt alte Gewohnheiten, alte Neigungen wieder hervor, um die Zeit zu töten und den Lebensraum auszufüllen. Jagd und Krieg sind eine solche für den Edelmann immer bereite Aushülfe. Eduard sehnte sich nach äußerer Gefahr, um der innerlichen das Gleichgewicht zu halten. Er sehnte sich nach dem Untergang, weil ihm das Dasein unerträglich zu werden drohte; ja es war ihm ein Trost zu denken, daß er nicht mehr sein werde und eben dadurch seine Geliebten, seine Freunde glücklich machen könne. Niemand stellte seinem Willen ein Hindernis entgegen, da er seinen Entschluß verheimlichte. Mit allen Förmlichkeiten setzte er sein Testament auf: es war ihm eine süße Empfindung, Ottilien das Gut vermachen zu können. Für Charlotten, für das Ungeborne, für den Hauptmann, für seine Dienerschaft war gesorgt. Der wieder ausgebrochene Krieg begünstigte sein Vorhaben. Militärische Halbheiten hatten ihm in seiner Jugend viel zu schaffen gemacht; er hatte deswegen den Dienst verlassen: nun war es ihm eine herrliche Empfindung, mit einem Feldherrn zu ziehen, von dem er sich sagen konnte: unter seiner Anführung ist der Tod wahrscheinlich und der Sieg gewiß.

Ottilie, nachdem auch ihr Charlottens Geheimnis bekannt geworden, betroffen wie Eduard, und mehr, ging in sich zurück. Sie hatte nichts weiter zu sagen. Hoffen konnte sie nicht, und wünschen durfte sie nicht. Einen Blick jedoch in ihr Inneres gewährt uns ihr Tagebuch, aus dem wir einiges mitzuteilen gedenken.

ZWEITER TEIL

Erstes Kapitel

Im gemeinen Leben begegnet uns oft was wir in der Epopöe als Kunstgriff des Dichters zu rühmen pflegen, daß nämlich, wenn die Hauptfiguren sich entfernen, verbergen, sich der Untätigkeit hingeben, gleich sodann schon ein zweiter, dritter, bisher kaum Bemerkter den Platz füllt, und indem er seine ganze Tätigkeit äußert, uns gleichfalls der Aufmerksamkeit, der Teilnahme, ja des Lobes und Preises würdig erscheint.

So zeigte sich gleich nach der Entfernung des Hauptmanns und Eduards jener Architekt täglich bedeutender, von welchem die Anordnung und Ausführung so manches Unternehmens allein abhing, wobei er sich genau, verständig und tätig erwies, und zugleich den Damen auf mancherlei Art beistand und in stillen langwierigen Stunden sie zu unterhalten wußte. Schon sein Äußeres war von der Art, daß es Zutrauen einflößte und Neigung erweckte. Ein Jüngling im vollen Sinne des Worts, wohlgebaut, schlank, eher ein wenig zu groß, bescheiden ohne ängstlich, zutraulich ohne zudringend zu sein. Freudig übernahm er jede Sorge und Bemühung, und weil er mit großer Leichtigkeit rechnete, so war ihm bald das ganze Hauswesen kein Geheimnis, und überall hin verbreitete sich sein günstiger Einfluß. Die Fremden ließ man ihn gewöhnlich empfangen, und er wußte einen unerwarteten Besuch entweder abzulehnen, oder die Frauen wenigstens dergestalt darauf vorzubereiten, daß ihnen keine Unbequemlichkeit daraus entsprang.

Unter andern gab ihm eines Tages ein junger Rechtsgelehrter viel zu schaffen, der von einem benachbarten Edelmann gesendet eine Sache zur Sprache brachte, die, zwar von keiner sonderlichen Bedeutung, Charlotten jedoch innig berührte. Wir müssen dieses Vorfalls gedenken, weil er verschiedenen Dingen einen Anstoß gab, die sonst vielleicht lange geruht hätten.

Wir erinnern uns jener Veränderung, welche Charlotte mit dem Kirchhofe vorgenommen hatte. Die sämtlichen Monumente waren von ihrer Stelle gerückt und hatten an der Mauer, an dem Sockel der Kirche Platz gefunden. Der übrige Raum war geebnet. Außer einem breiten Wege, der zur Kirche und an derselben vorbei zu dem jenseitigen Pförtchen führte, war das Übrige alles mit verschiedenen Arten Klee besäet, der auf das schönste grünte und blühte. Nach einer gewissen Ordnung sollten vom Ende heran die neuen Gräber bestellt, doch der Platz jederzeit wieder verglichen und ebenfalls besäet werden. Niemand konnte leugnen, daß diese Anstalt bei'm sonn- und festtägigen Kirchgang eine heitere und würdige Ansicht gewährte. Sogar der betagte und an alten Gewohnheiten haftende Geistliche, der anfänglich mit der Einrichtung nicht sonderlich zufrieden gewesen, hatte nunmehr seine Freude daran, wenn er unter den alten Linden, gleich Philemon, mit seiner Baucis vor der Hintertür ruhend, statt der holprigen Grabstätten einen schönen bunten Teppich vor sich sah; der noch überdies seinem Haushalt zu Gute kommen sollte, indem Charlotte die Nutzung dieses Fleckes der Pfarre zusichern lassen.

Allein desungeachtet hatten schon manche Gemeindeglieder früher gemißbilligt, daß man die Bezeichnung der Stelle, wo ihre Vorfahren ruhten, aufgehoben und das Andenken dadurch gleichsam ausgelöscht: denn die wohlerhaltenen Monumente zeigen zwar an, wer begraben sei, aber nicht wo er begraben sei, und auf das Wo komme es eigentlich an, wie viele behaupteten.

Von eben solcher Gesinnung war eine benachbarte Familie, die sich und den Ihrigen einen Raum auf dieser allgemeinen Ruhestätte vor mehreren Jahren ausbedungen und dafür der Kirche eine kleine Stiftung zugewendet hatte. Nun war der junge Rechtsgelehrte abgesendet, um die Stiftung zu widerrufen und anzuzeigen, daß man nicht weiter zahlen werde, weil die Bedingung unter welcher dieses bisher geschehen, einseitig aufgehoben und auf alle Vorstellungen und Widerreden nicht geachtet worden. Charlotte, die Urheberin dieser Veränderung, wollte den jungen Mann selbst sprechen, der zwar lebhaft, aber nicht allzuvorlaut, seine und seines Prinzipals Gründe darlegte und der Gesellschaft manches zu denken gab.

Sie sehen, sprach er, nach einem kurzen Eingang, in welchem er seine Zudringlichkeit zu rechtfertigen wußte: Sie sehen, daß dem Geringsten wie dem Höchsten daran gelegen ist, den Ort zu bezeichnen, der die Seinigen aufbewahrt. Dem ärmsten Landmann, der ein Kind begräbt, ist es eine Art von Trost, ein schwaches hölzernes Kreuz auf das Grab zu stellen, es mit einem Kranze zu zieren, um wenigstens das Andenken so lange zu erhalten, als der Schmerz währt, wenn auch ein solches Merkzeichen, wie die Trauer selbst, durch die Zeit aufgehoben wird. Wohlhabende verwandeln diese Kreuze in eiserne, befestigen und schützen sie auf mancherlei Weise, und hier ist schon Dauer für mehrere Jahre. Doch weil auch diese endlich sinken und unscheinbar werden, so haben Begüterte nichts Angelegeneres, als einen Stein aufzurichten, der für mehrere Generationen zu dauern verspricht und von den Nachkommen erneut und aufgefrischt werden kann. Aber dieser Stein ist es nicht, der uns anzieht, sondern das darunter Enthaltene, das daneben der Erde Vertraute. Es ist nicht sowohl vom Andenken die Rede, als von der Person selbst, nicht von der Erinnerung, sondern von der Gegenwart. Ein geliebtes Abgeschiedenes umarme ich weit eher und inniger im Grabhügel als im Denkmal: denn dieses ist für sich eigentlich nur wenig; aber um dasselbe her sollen sich, wie um einen Markstein, Gatten, Verwandte, Freunde, selbst nach ihrem Hinscheiden noch versammeln, und der Lebende soll das

Recht behalten, Fremde und Mißwollende auch von der Seite seiner geliebten Ruhenden abzuweisen und zu entfernen.

Ich halte deswegen dafür, daß mein Prinzipal völlig Recht habe, die Stiftung zurückzunehmen; und dies ist doch billig genug, denn die Glieder der Familie sind auf eine Weise verletzt, wofür gar kein Ersatz zu denken ist. Sie sollen das schmerzlich süße Gefühl entbehren, ihren Geliebten ein Totenopfer zu bringen, die tröstliche Hoffnung dereinst unmittelbar neben ihnen zu ruhen.

Die Sache ist nicht von der Bedeutung, versetzte Charlotte, daß man sich deshalb durch einen Rechtshandel beunruhigen sollte. Meine Anstalt reut mich so wenig, daß ich die Kirche gern, wegen dessen was ihr entgeht, entschädigen will. Nur muß ich Ihnen aufrichtig gestehen, Ihre Argumente haben mich nicht überzeugt. Das reine Gefühl einer endlichen allgemeinen Gleichheit, wenigstens nach dem Tode, scheint mir beruhigender als dieses eigensinnige starre Forsetzen unserer Persönlichkeiten, Anhänglichkeiten und Lebensverhältnisse. Und was sagen Sie hiezu? richtete sie ihre Frage an den Architekten.

Ich möchte, versetzte dieser, in einer solchen Sache weder streiten, noch den Ausschlag geben. Lassen Sie mich das, was meiner Kunst, meiner Denkweise am nächsten liegt, bescheidentlich äußern. Seitdem wir nicht mehr so glücklich sind, die Reste eines geliebten Gegenstandes eingeurnt an unsere Brust zu drücken; da wir weder reich noch heiter genug sind, sie unversehrt in großen wohlausgezierten Sarkophagen zu verwahren; ja da wir nicht einmal in den Kirchen mehr Platz für uns und für die Unsrigen finden, sondern hinaus in's Freie gewiesen sind, so haben wir alle Ursache, die Art und Weise, die Sie, meine gnädige Frau, eingeleitet haben, zu billigen. Wenn die Glieder einer Gemeinde reihenweise neben einander liegen, so ruhen sie bei und unter den Ihrigen; und wenn die Erde uns einmal aufnehmen soll, so finde ich nichts natürlicher und reinlicher, als daß man die zufällig entstandenen, nach und nach zusammen sinkenden Hügel ungesäumt vergleiche, und so die Decke, indem alle sie tragen, einem jeden leichter gemacht werde.

Und ohne irgend ein Zeichen des Andenkens, ohne irgend etwas das der Erinnerung entgegen käme, sollte das alles so vorübergehen? versetzte Ottilie.

Keineswegs! fuhr der Architekt fort: nicht vom Andenken, nur vom Platze soll man sich lossagen. Der Baukünstler, der Bildhauer sind höchlich interessiert, daß der Mensch von ihnen, von ihrer Kunst, von ihrer Hand, eine Dauer seines Daseins erwarte; und deswegen wünschte ich gut gedachte, gut ausgeführte Monumente, nicht einzeln und zufällig ausgesäet, sondern an einem Orte aufgestellt, wo sie sich Dauer versprechen können. Da selbst die Frommen und Hohen auf das Vorrecht Verzicht tun, in den Kirchen persönlich zu ruhen, so stelle man wenigstens dort, oder in schönen Hallen um die Begräbnisplätze, Denkzeichen,

Denkschriften auf. Es gibt tausenderlei Formen, die man ihnen vorschreiben, tausenderlei Zierraten, womit man sie ausschmücken kann.

Wenn die Künstler so reich sind, versetzte Charlotte, so sagen Sie mir doch: wie kann man sich niemals aus der Form eines kleinlichen Obelisken, einer abgestutzten Säule und eines Aschenkrugs herausfinden? Anstatt der tausend Erfindungen, deren Sie sich rühmen, habe ich nur immer tausend Wiederholungen gesehen.

Das ist wohl bei uns so, entgegnete ihr der Architekt, aber nicht überall. Und überhaupt mag es mit der Erfindung und der schicklichen Anwendung eine eigne Sache sein. Besonders hat es in diesem Falle manche Schwierigkeit, einen ernsten Gegenstand zu erheitern und bei einem unerfreulichen nicht in's Unerfreuliche zu geraten. Was Entwürfe zu Monumenten aller Art betrifft, deren habe ich viele gesammelt und zeige sie gelegentlich; doch bleibt immer das schönste Denkmal des Menschen eigenes Bildnis. Dieses gibt mehr als irgend etwas anders einen Begriff von dem was er war; es ist der beste Text zu vielen oder wenigen Noten: nur müßte es aber auch in seiner besten Zeit gemacht sein, welches gewöhnlich versäumt wird. Niemand denkt daran lebende Formen zu erhalten, und wenn es geschieht, so geschieht es auf unzulängliche Weise. Da wird ein Toter geschwind noch abgegossen und eine solche Maske auf einen Block gesetzt, und das heißt man eine Büste. Wie selten ist der Künstler im Stande sie völlig wieder zu beleben!

Sie haben, ohne es vielleicht zu wissen und zu wollen, versetzte Charlotte, dies Gespräch zu meinen Gunsten gelenkt. Das Bild eines Menschen ist doch wohl unabhängig; überall wo es steht, steht es für sich und wir werden von ihm nicht verlangen, daß es die eigentliche Grabstätte bezeichne. Aber soll ich Ihnen eine wunderliche Empfindung bekennen? selbst gegen die Bildnisse habe ich eine Art von Abneigung: denn sie scheinen mir immer einen stillen Vorwurf zu machen; sie deuten auf etwas Entferntes, Abgeschiedenes und erinnern mich, wie schwer es sei, die Gegenwart recht zu ehren. Gedenkt man, wie viel Menschen man gesehen, gekannt, und gesteht sich, wie wenig wir ihnen, wie wenig sie uns gewesen, wie wird uns da zu Mute! Wir begegnen dem Geistreichen ohne uns mit ihm zu unterhalten, dem Gelehrten ohne von ihm zu lernen, dem Gereis'ten ohne uns zu unterrichten, dem Liebevollen ohne ihm etwas Angenehmes zu erzeigen.

Und leider ereignet sich dies nicht bloß mit den Vorübergehenden. Gesellschaften und Familien betragen sich so gegen ihre liebsten Glieder, Städte gegen ihre würdigsten Bürger, Völker gegen ihre trefflichsten Fürsten, Nationen gegen ihre vorzüglichsten Menschen.

Ich hörte fragen, warum man von den Toten so unbewunden Gutes sage, von den Lebenden immer mit einer gewissen Vorsicht. Es wurde geantwortet: weil wir von jenen nichts zu befürchten haben, und diese uns noch irgendwo in den Weg kommen könnten. So unrein ist die Sorge für das Andenken der andern; es ist meist nur ein selbstischer Scherz, wenn es dagegen ein heiliger Ernst wäre, seine Verhältnisse gegen die Überbliebenen immer lebendig und tätig zu erhalten.

Zweites Kapitel

Aufgeregt durch den Vorfall und die daran sich knüpfenden Gespräche, begab man sich des andern Tages nach dem Begräbnisplatz, zu dessen Verzierung und Erheiterung der Architekt manchen glücklichen Vorschlag tat. Allein auch auf die Kirche sollte sich seine Sorgfalt erstrecken, auf ein Gebäude das gleich anfänglich seine Aufmerksamkeit an sich gezogen hatte.

Diese Kirche stand seit mehrern Jahrhunderten, nach deutscher Art und Kunst, in guten Maßen errichtet und auf eine glückliche Weise verziert. Man konnte wohl nachkommen, daß der Baumeister eines benachbarten Klosters mit Einsicht und Neigung sich auch an diesem kleineren Gebäude bewährt, und es wirkte noch immer ernst und angenehm auf den Betrachter, obgleich die innere neue Einrichtung zum protestantischen Gottesdienste ihm etwas von seiner Ruhe und Majestät genommen hatte.

Dem Architekten fiel es nicht schwer, sich von Charlotten eine mäßige Summe zu erbitten, wovon er das Äußere sowohl als das Innere im altertümlichen Sinne herzustellen und mit dem davor liegenden Auferstehungsfelde zur Übereinstimmung zu bringen gedachte. Er hatte selbst viel Handgeschick, und einige Arbeiter, die noch am Hausbau beschäftigt waren, wollte man gern so lange beibehalten bis auch dieses fromme Werk vollendet wäre.

Man war nunmehr in dem Falle, das Gebäude selbst mit allen Umgebungen und Angebäuden zu untersuchen, und da zeigte sich zum größten Erstaunen und Vergnügen des Architekten eine wenig bemerkte kleine Seitenkapelle von noch geistreichern und leichtern Maßen, von noch gefälligern und fleißigern Zierraten. Sie enthielt zugleich manchen geschnitzten und gemalten Rest jenes älteren Gottesdienstes, der mit mancherlei Gebild und Gerätschaft die verschiedenen Feste zu bezeichnen und jedes auf seine eigne Weise zu feiern wußte.

Der Architekt konnte nicht unterlassen, die Kapelle sogleich in seinen Plan mit hereinzuziehen und besonders diesen engen Raum als ein Denkmal voriger Zeiten und ihres Geschmacks wieder herzustellen. Er hatte sich die leeren Flächen nach seiner Neigung schon verziert gedacht, und freute sich dabei sein malerisches Talent zu üben; allein er machte seinen Hausgenossen für's erste ein Geheimnis davon.

Vor allem andern zeigte er versprochenermaßen den Frauen die verschiedenen Nachbildungen und Entwürfe von alten Grabmonumenten,

Gefäßen und andern dahin sich nähernden Dingen, und als man im Gespräch auf die einfachern Grabhügel der nordischen Völker zu reden kam, brachte er seine Sammlung von mancherlei Waffen und Gerätschaften, die darin gefunden worden, zur Ansicht. Er hatte alles sehr reinlich und tragbar in Schubladen und Fächern auf eingeschnittenen, mit Tuch überzogenen Brettern, so daß diese alten ernsten Dinge durch seine Behandlung etwas Putzhaftes annahmen und man mit Vergnügen darauf, wie auf die Kästchen eines Modehändlers hinblickte. Und da er einmal im Vorzeigen war, da die Einsamkeit eine Unterhaltung forderte, so pflegte er jeden Abend mit einem Teil seiner Schätze hervorzutreten. Sie waren meistenteils deutschen Ursprungs: Brakteaten, Dickmünzen, Siegel und was sonst sich noch anschließen mag. Alle diese Dinge richteten die Einbildungskraft gegen die ältere Zeit hin, und da er zuletzt mit den Anfängen des Drucks, Holzschnitten und den ältesten Kupfern seine Unterhaltung zierte, und die Kirche täglich auch, jenem Sinne gemäß, an Farbe und sonstiger Auszierung gleichsam der Vergangenheit entgegen wuchs; so mußte man sich beinahe selbst fragen: ob man denn wirklich in der neueren Zeit leben, ob es nicht ein Traum sei, daß man nunmehr in ganz andern Sitten, Gewohnheiten, Lebensweisen und Überzeugungen verweile.

Auf solche Art vorbereitet tat ein größeres Portefeuille, das er zuletzt herbeibrachte, die beste Wirkung. Es enthielt zwar meist nur umrissene Figuren, die aber, weil sie auf die Bilder selbst durchgezeichnet waren, ihren altertümlichen Charakter vollkommen erhalten hatten, und diesen, wie einnehmend fanden ihn die Beschauenden! Aus allen Gestalten blickte nur das reinste Dasein hervor, alle mußte man, wo nicht für edel, doch für gut ansprechen. Heitere Sammlung, willige Anerkennung eines Ehrwürdigen über uns, stille Hingebung in Liebe und Erwartung auf allen Gesichtern, in allen Gebärden ausgedrückt. Der Greis mit dem kahlen Scheitel, der reichlockige Knabe, der muntere Jüngling, der ernste Mann, der verklärte Heilige, der schwebende Engel, alle schienen selig in einem unschuldigen Genügen, in einem frommen Erwarten. Das Gemeinste was geschah hatte einen Zug von himmlischem Leben, und eine gottesdienstliche Handlung schien ganz jeder Natur angemessen.

Nach einer solchen Region blicken wohl die meisten wie nach einem verschwundenen goldenen Zeitalter, nach einem verlorenen Paradiese hin. Nur vielleicht Ottilie war in dem Fall sich unter Ihresgleichen zu fühlen.

Wer hätte nun widerstehen können, als der Architekt sich erbot, nach dem Anlaß dieser Urbilder, die Räume zwischen den Spitzbogen der Kapelle auszumalen und dadurch sein Andenken entschieden an einem Orte zu stiften, wo es ihm so gut gegangen war. Er erklärte sich hierüber mit einiger Wehmut: denn er konnte nach der Lage der Sache wohl einsehen, daß sein Aufenthalt in so vollkommener Gesellschaft nicht immer dauern könne, ja vielleicht bald abgebrochen werden müsse.

Übrigens waren diese Tage zwar nicht reich an Begebenheiten, doch voller Anlässe zu ernsthafter Unterhaltung. Wir nehmen daher Gelegenheit von demjenigen was Ottilie sich daraus in ihren Heften angemerkt, einiges mitzuteilen, wozu wir keinen schicklichern Übergang finden als durch ein Gleichnis, das sich uns bei'm Betrachten ihrer liebenswürdigen Blätter aufdringt. Wir hören von einer besondern Einrichtung bei der englischen Marine. Sämtliche Tauwerke der königlichen Flotte, vom stärksten bis zum schwächsten, sind dergestalt gesponnen, daß ein roter Faden durch das Ganze durchgeht, den man nicht herauswinden kann ohne alles aufzulösen, und woran auch die kleinsten Stücke kenntlich sind, daß sie der Krone gehören.

Eben so zieht sich durch Ottiliens Tagebuch ein Faden der Neigung und Anhänglichkeit, der alles verbindet und das Ganze bezeichnet. Dadurch werden diese Bemerkungen, Betrachtungen, ausgezogenen Sinnsprüche und was sonst vorkommen mag, der Schreibenden ganz besonders eigen und für sie von Bedeutung. Selbst jede einzelne von uns ausgewählte Stelle gibt davon das entschiedenste Zeugnis.

Aus Ottiliens Tagebuche

„Neben denen dereinst zu ruhen die man liebt, ist die angenehmste Vorstellung welche der Mensch haben kann, wenn er einmal über das Leben hinausdenkt. Zu den Seinigen versammelt werden, ist ein so herzlicher Ausdruck."

„Es gibt mancherlei Denkmale und Merkzeichen, die uns Entfernte und Abgeschiedene näher bringen. Keins ist von der Bedeutung des Bildes. Die Unterhaltung mit einem geliebten Bilde, selbst wenn es unähnlich ist, hat was Reizendes, wie es manchmal etwas Reizendes hat, sich mit einem Freunde streiten. Man fühlt auf eine angenehme Weise, daß man zu zweien ist und doch nicht aus einander kann."

„Man unterhält sich manchmal mit einem gegenwärtigen Menschen als mit einem Bilde. Er braucht nicht zu sprechen, uns nicht anzusehen, sich nicht mit uns zu beschäftigen: wir sehen ihn, wir fühlen unser Verhältnis zu ihm, ja sogar unsere Verhältnisse zu ihm können wachsen, ohne daß er etwas dazu tut, ohne daß er etwas davon empfindet, daß er sich eben bloß zu uns wie ein Bild verhält."

„Man ist niemals mit einem Porträt zufrieden von Personen die man kennt. Deswegen habe ich die Porträtmaler immer bedauert. Man verlangt so selten von den Leuten das Unmögliche, und gerade von diesen fordert man's. Sie sollen einem jeden sein Verhältnis zu den Personen, seine Neigung und Abneigung mit in ihr Bild aufnehmen; sie sollen nicht bloß darstellen, wie sie einen Menschen fassen, sondern wie jeder ihn fassen würde. Es nimmt mich nicht Wunder, wenn solche Künstler nach und nach verstockt, gleichgültig und eigensinnig werden. Daraus möchte denn entstehen was wollte, wenn man nur nicht gerade darüber die Abbildungen so mancher lieben und teuren Menschen entbehren müßte."

„Es ist wohl wahr, die Sammlung des Architekten von Waffen und alten Gerätschaften, die nebst dem Körper mit hohen Erdhügeln und Felsenstücken zugedeckt waren, bezeugt uns, wie unnütz die Vorsorge des Menschen sei für die Erhaltung seiner Persönlichkeit nach dem Tode. Und so widersprechend sind wir! Der Architekt gesteht, selbst solche Grabhügel der Vorfahren geöffnet zu haben und fährt dennoch fort sich mit Denkmälern für die Nachkommen zu beschäftigen."

„Warum soll man es aber so streng nehmen! Ist denn alles was wir tun für die Ewigkeit getan? Ziehen wir uns nicht Morgens an, um uns Abends wieder auszuziehen? Verreisen wir nicht, um wiederzukehren? Und warum sollten wir nicht wünschen, neben den Unsrigen zu ruhen, und wenn es auch nur für ein Jahrhundert wäre."

„Wenn man die vielen versunkenen, die durch Kirchgänger abgetretenen Grabsteine, die über ihren Grabmälern selbst zusammengestürzten Kirchen erblickt, so kann einem das Leben nach dem Tode doch immer wie ein zweites Leben vorkommen, in das man nun im Bilde, in der Überschrift eintritt und länger darin verweilt als in dem eigentlichen lebendigen Leben. Aber auch dieses Bild, dieses zweite Dasein, verlischt früher oder später. Wie über die Menschen so auch über die Denkmäler läßt sich die Zeit ihr Recht nicht nehmen."

Drittes Kapitel

Es ist eine so angenehme Empfindung sich mit etwas zu beschäftigen, was man nur halb kann, daß niemand den Dilettanten schelten sollte, wenn er sich mit einer Kunst abgibt, die er nie lernen wird, noch den Künstler tadeln dürfte, wenn er, über die Gränze seiner Kunst hinaus, in einem benachbarten Felde sich zu ergehen Lust hat.

Mit so billigen Gesinnungen betrachten wir die Anstalten des Architekten zum Ausmalen der Kapelle. Die Farben waren bereitet, die Maße genommen, die Kartone gezeichnet; allen Anspruch auf Erfindung hatte er aufgegeben; er hielt sich an seine Umrisse: nur die sitzenden und schwebenden Figuren geschickt auszuteilen, den Raum damit geschmackvoll auszuzieren, war seine Sorge.

Das Gerüste stand, die Arbeit ging vorwärts, und da schon einiges was in die Augen fiel erreicht war, konnte es ihm nicht zuwider sein, daß Charlotte mit Ottilien ihn besuchte. Die lebendigen Engelsgesichter, die lebhaften Gewänder auf dem blauen Himmelsgrunde erfreuten das Auge, indem ihr stilles frommes Wesen das Gemüt zur Sammlung berief und eine sehr zarte Wirkung hervorbrachte.

Die Frauen waren zu ihm auf's Gerüst gestiegen, und Ottilie bemerkte kaum, wie abgemessen leicht und bequem das alles zuging, als sich in ihr das durch frühern Unterricht Empfangene mit einmal zu entwickeln schien, sie nach Farbe und Pinsel griff und auf erhaltene Anweisung ein faltenreiches Gewand mit so viel Reinlichkeit als Geschicklichkeit anlegte.

Charlotte, welche gern sah, wenn Ottilie sich auf irgend eine Weise beschäftigte und zerstreute, ließ die beiden gewähren und ging, um ihren eigenen Gedanken nachzuhängen, um ihre Betrachtungen und Sorgen, die sie niemanden mitteilen konnte, für sich durchzuarbeiten.

Wenn gewöhnliche Menschen, durch gemeine Verlegenheiten des Tags zu einem leidenschaftlich ängstlichen Betragen aufgeregt, uns ein mitleidiges Lächeln abnötigen, so betrachten wir dagegen mit Ehrfurcht ein Gemüt, in welchem die Saat eines großen Schicksals ausgesäet worden, das die Entwicklung dieser Empfängnis abwarten muß, und weder das Gute noch das Böse, weder das Glückliche noch das Unglückliche, was daraus entspringen soll, beschleunigen darf und kann.

Eduard hatte durch Charlottens Boten, den sie ihm in seine Einsamkeit gesendet, freundlich und teilnehmend, aber doch eher gefaßt und ernst als zutraulich und liebevoll, geantwortet. Kurz darauf war Eduard verschwunden, und seine Gattin konnte zu keiner Nachricht von ihm gelangen, bis sie endlich von ungefähr seinen Namen in den Zeitungen fand, wo er unter denen, die sich bei einer bedeutenden Kriegsgelegenheit hervorgetan hatten, mit Auszeichnung genannt war. Sie wußte nun, welchen Weg er genommen hatte, sie erfuhr daß er großen Gefahren entronnen war; allein sie überzeugte sich zugleich, daß er größere aufsuchen würde, und sie konnte sich daraus nur allzusehr deuten, daß er in jedem Sinne schwerlich vom Äußersten würde zurückzuhalten sein. Sie trug diese Sorgen für sich allein immer in Gedanken und mochte sie hin und wieder legen wie sie wollte, so konnte sie doch bei keiner Ansicht Beruhigung finden.

Ottilie, von alle dem nichts ahnend, hatte indessen zu jener Arbeit die größte Neigung gefaßt, und von Charlotten gar leicht die Erlaubnis erhalten, regelmäßig darin fortfahren zu dürfen. Nun ging es rasch weiter und der azurne Himmel war bald mit würdigen Bewohnern bevölkert. Durch eine anhaltende Übung gewannen Ottilie und der Architekt bei den letzten Bildern mehr Freiheit, sie wurden zusehends besser. Auch die Gesichter, welche dem Architekten zu malen allein überlassen war, zeigten nach und nach eine ganz besondere Eigenschaft: sie fingen sämtlich an Ottilien zu gleichen. Die Nähe des schönen Kindes mußte wohl in die Seele des jungen Mannes, der noch keine natürliche oder künstlerische Physiognomie vorgefaßt hatte, einen so lebhaften Eindruck machen, daß ihm nach und nach, auf dem Wege vom Auge zur Hand, nichts verloren ging, ja daß beide zuletzt ganz gleichstimmig arbeiteten. Genug, eins der letzten Gesichtchen glückte vollkommen, so daß es schien als wenn Ottilie selbst aus den himmlischen Räumen heruntersähe.

An dem Gewölbe war man fertig; die Wände hatte man sich vorgenommen einfach zu lassen und nur mit einer hellern bräunlichen Farbe zu überziehen; die zarten Säulen und künstlichen bildhauerischen Zieraten sollten sich durch eine dunklere auszeichnen. Aber wie in solchen Dingen immer eins zum andern führt, so wurden noch Blumen und Fruchtgehänge beschlossen, welche Himmel und Erde gleichsam zusammenknüpfen sollten. Hier war nun Ottilie ganz in ihrem Felde. Die Gärten lieferten die schönsten Muster, und obschon die Kränze sehr reich ausgestattet wurden, so kam man doch früher als man gedacht hatte damit zu Stande.

Noch sah aber alles wüste und roh aus. Die Gerüste waren durch einander geschoben, die Bretter über einander geworfen, der ungleiche Fußboden durch mancherlei vergossene Farben noch mehr verunstaltet. Der Architekt erbat sich nunmehr, daß die Frauenzimmer ihm acht Tage Zeit lassen und bis dahin die Kapelle nicht betreten möchten. Endlich ersuchte er sie an einem schönen Abende, sich beiderseits dahin zu verfügen; doch wünschte er sie nicht begleiten zu dürfen und empfahl sich sogleich.

Was er uns auch für eine Überraschung zugedacht haben mag, sagte Charlotte als er weggegangen war, so habe ich doch gegenwärtig keine Lust hinunterzugehen. Du nimmst es wohl allein über dich und gibst mir Nachricht. Gewiß hat er etwas Angenehmes zu Stande gebracht. Ich werde es erst in deiner Beschreibung und dann gern in Wirklichkeit genießen.

Ottilie, die wohl wußte, daß Charlotte sich in manchen Stücken in Acht nahm, alle Gemütsbewegungen vermied, und besonders nicht überrascht sein wollte, begab sich sogleich allein auf den Weg und sah sich unwillkürlich nach dem Architekten um, der aber nirgends erschien und sich mochte verborgen haben. Sie trat in die Kirche, die sie offen fand. Diese war schon früher fertig, gereinigt und eingeweiht. Sie trat zur Türe der Kapelle, deren schwere, mit Erz beschlagene Last sich leicht vor ihr auftat und sie in einem bekannten Raume mit einem unerwarteten Anblick überraschte.

Durch das einzige hohe Fenster fiel ein ernstes buntes Licht herein: denn es war von farbigen Gläsern anmutig zusammengesetzt. Das Ganze erhielt dadurch einen fremden Ton und bereitete zu einer eigenen Stimmung. Die Schönheit des Gewölbes und der Wände ward durch die Zierde des Fußbodens erhöht, der aus besonders geformten, nach einem schönen Muster gelegten, durch eine gegossene Gipsfläche verbundenen Ziegelsteinen bestand. Diese sowohl als die farbigen Scheiben hatte der Architekt heimlich bereiten lassen, und konnte nun in kurzer Zeit alles zusammenfügen. Auch für Ruheplätze war gesorgt. Es hatten sich unter jenen kirchlichen Altertümern einige schöngeschnitzte Chorstühle vorgefunden, die nun gar schicklich an den Wänden angebracht umherstanden.

Ottilie freute sich der bekannten, ihr als ein unbekanntes Ganze entgegentretenden Teile. Sie stand, ging hin und wieder, sah und besah; endlich setzte sie sich auf einen der Stühle, und es schien ihr, indem sie auf- und umherblickte, als wenn sie wäre und nicht wäre, als wenn sie sich empfände und nicht empfände, als wenn dies alles vor ihr, sie vor sich selbst verschwinden sollte, und nur als die Sonne das bisher sehr lebhaft beschienene Fenster verließ, erwachte Ottilie vor sich selbst und eilte nach dem Schlosse.

Sie verbarg sich nicht, in welche sonderbare Epoche diese Überraschung gefallen sei. Es war der Abend vor Eduards Geburtstage. Diesen hatte sie freilich ganz anders zu feiern gehofft: wie sollte nicht alles zu diesem Feste geschmückt sein? Aber nunmehr stand der ganze herbstliche Blumenreichtum ungepflückt. Diese Sonnenblumen wendeten noch immer ihr Angesicht gen Himmel; diese Astern sahen noch immer stillbescheiden vor sich hin, und was allenfalls davon zu Kränzen gebunden war, hatte zum Muster gedient einen Ort auszuschmücken, der, wenn er nicht bloß eine Künstlergrille bleiben, wenn er zu irgend etwas genutzt werden sollte, nur zu einer gemeinsamen Grabstätte geeignet schien.

Sie mußte sich dabei der geräuschvollen Geschäftigkeit erinnern, mit welcher Eduard ihr Geburtsfest gefeiert; sie mußte des neueingerichteten Hauses gedenken, unter dessen Decke man sich so viel Freundliches versprach. Ja das Feuerwerk rauschte ihr wieder vor Augen und Ohren, je einsamer sie war, desto mehr vor der Einbildungskraft; aber sie fühlte sich auch nur um desto mehr allein. Sie lehnte sich nicht mehr auf seinen Arm, und hatte keine Hoffnung, an ihm jemals wieder eine Stütze zu finden.

Aus Ottiliens Tagebuche

„Eine Bemerkung des jungen Künstlers muß ich aufzeichnen: wie am Handwerker so am bildenden Künstler kann man auf das deutlichste gewahr werden, daß der Mensch sich das am wenigsten zuzueignen vermag was ihm ganz eigens angehört. Seine Werke verlassen ihn, so wie die Vögel das Nest, worin sie ausgebrütet worden."

„Der Baukünstler vor allen hat hierin das wunderlichste Schicksal. Wie oft wendet er seinen ganzen Geist, seine ganze Neigung auf, um Räume hervorzubringen, von denen er sich selbst ausschließen muß. Die königlichen Säle sind ihm ihre Pracht schuldig, deren größte Wirkung er nicht mitgenießt. In den Tempeln zieht er eine Gränze zwischen sich und dem Allerheiligsten; er darf die Stufen nicht mehr betreten, die er zur herzerhebenden Feierlichkeit gründete, so wie der Goldschmied die Monstranz nur von so fern anbetet, deren Schmelz und Edelsteine er zusammengeordnet hat. Dem Reichen übergibt der Baumeister mit dem Schlüssel des Palastes alle Bequemlichkeit und Behäbigkeit, ohne irgend etwas davon mitzugenießen. Muß sich nicht allgemach auf diese Weise die Kunst von dem Künstler entfernen, wenn das Werk, wie ein ausgestattetes Kind, nicht mehr auf den Vater zurückwirkt? und wie sehr mußte die Kunst sich selbst befördern, als sie fast allein mit dem Öffentlichen, mit dem was allen und also auch dem Künstler gehörte, sich zu beschäftigen bestimmt war!"

„Eine Vorstellung der alten Völker ist ernst und kann furchtbar scheinen. Sie dachten sich ihre Vorfahren in großen Höhlen rings umher auf Thronen sitzend in stummer Unterhaltung. Dem Neuen der hereintrat, wenn er würdig genug war, standen sie auf und neigten ihm einen Willkommen. Gestern als ich in der Kapelle saß und meinem geschnitzten Stuhle gegenüber noch mehrere umhergestellt sah, erschien mir jener Gedanke gar freundlich und anmutig. Warum kannst du nicht sitzen bleiben? dachte ich bei mir selbst, still und in dich gekehrt sitzen bleiben, lange, lange, bis endlich die Freunde kämen, denen du aufstündest und ihren Platz mit freundlichem Neigen anwiesest. Die farbigen Scheiben machen den Tag zur ernsten Dämmerung und jemand müßte eine ewige Lampe stiften, damit auch die Nacht nicht ganz finster bliebe."

„Man mag sich stellen wie man will, und man denkt sich immer sehend. Ich glaube der Mensch träumt nur, damit er nicht aufhöre zu sehen. Es könnte wohl sein, daß das innere Licht einmal aus uns heraus träte, so daß wir keines andern mehr bedürften."

„Das Jahr klingt ab. Der Wind geht über die Stoppeln und findet nichts mehr zu bewegen; nur die roten Beeren jener schlanken Bäume scheinen uns noch an etwas Munteres erinnern zu wollen, so wie uns der Taktschlag des Dreschers den Gedanken erweckt, daß in der abgesichelten Ähre so viel Nährendes und Lebendiges verborgen liegt."

Viertes Kapitel

Wie seltsam mußte, nach solchen Ereignissen, nach diesem aufgedrungenen Gefühl von Vergänglichkeit und Hinschwinden, Ottilie durch die Nachricht getroffen werden, die ihr nicht länger verborgen bleiben konnte, daß Eduard sich dem wechselnden Kriegsglück überliefert habe. Es entging ihr leider keine von den Betrachtungen, die sie dabei zu machen Ursache hatte. Glücklicherweise kann der Mensch nur einen gewissen Grad des Unglücks fassen; was darüber hinausgeht vernichtet ihn oder läßt ihn gleichgültig. Es gibt Lagen, in denen Furcht und Hoffnung Eins werden, sich einander wechselseitig aufheben und in eine dunkle Fühllosigkeit verlieren. Wie könnten wir sonst die entfernten Geliebtesten in stündlicher Gefahr wissen und dennoch unser tägliches gewöhnliches Leben immer so forttreiben.

Es war daher als wenn ein guter Geist für Ottilien gesorgt hätte, indem er auf einmal in diese Stille, in der sie einsam und unbeschäftigt zu versinken schien, ein wildes Heer hereinbrachte, das, indem es ihr von außen genug zu schaffen gab und sie aus sich selbst führte, zugleich in ihr das Gefühl eigener Kraft anregte.

Charlottens Tochter, Luciane, war kaum aus der Pension in die große Welt getreten, hatte kaum in dem Hause ihrer Tante sich von zahlreicher Gesellschaft umgeben gesehen, als ihr Gefallenwollen wirklich Gefallen erregte, und ein junger, sehr reicher Mann gar bald eine heftige Neigung empfand, sie zu besitzen. Sein ansehnliches Vermögen gab ihm ein Recht, das Beste jeder Art sein eigen zu nennen, und es schien ihm nichts weiter abzugehen als eine vollkommene Frau, um die ihn die Welt so wie um das Übrige zu beneiden hätte.

Diese Familienangelegenheit war es, welche Charlotten bisher sehr viel zu tun gab, der sie ihre ganze Überlegung, ihre Korrespondenz widmete, insofern diese nicht darauf gerichtet war, von Eduard nähere Nachricht zu erhalten; deswegen auch Ottilie mehr als sonst in der letzten Zeit allein blieb. Diese wußte zwar um die Ankunft Lucianens; im Hause hatte sie deshalb die nötigsten Vorkehrungen getroffen; allein so nahe stellte man sich den Besuch nicht vor. Man wollte vorher noch schreiben, abreden, näher bestimmen, als der Sturm auf einmal über das Schloß und Ottilien hereinbrach.

Angefahren kamen nun Kammerjungfern und Bediente, Brancards mit Koffern und Kisten; man glaubte schon eine doppelte und dreifache Herrschaft im Hause zu haben; aber nun erschienen erst die Gäste selbst: die Großtante mit Lucianen und einigen Freundinnen, der Bräutigam gleichfalls nicht unbegleitet. Da lag das Vorhaus voll Vachen, Mantelsäcke und anderer lederner Gehäuse. Mit Mühe sonderte man die vielen Kästchen und Futterale aus einander. Des Gepäckes und Geschleppes war kein Ende. Dazwischen regnete es mit Gewalt, woraus manche Unbequemlichkeit entstand. Diesem ungestümen Treiben begegnete Ottilie mit gleichmütiger Tätigkeit, ja ihr heiteres Geschick erschien im schönsten Glanze: denn sie hatte in kurzer Zeit alles untergebracht und angeordnet. Jedermann war logiert, jedermann nach seiner Art bequem, und glaubte gut bedient zu sein, weil er nicht gehindert war sich selbst zu bedienen.

Nun hätten alle gern, nach einer höchst beschwerlichen Reise, einige Ruhe genossen; der Bräutigam hätte sich seiner Schwiegermutter gern genähert, um ihr seine Liebe, seinen guten Willen zu beteuern: aber Luciane konnte nicht rasten. Sie war nun einmal zu dem Glücke gelangt, ein Pferd besteigen zu dürfen. Der Bräutigam hatte schöne Pferde, und sogleich mußte man aufsitzen. Wetter und Wind, Regen und Sturm kamen nicht in Anschlag; es war als wenn man nur lebte, um naß zu werden und sich wieder zu trocknen. Fiel es ihr ein, zu Fuße auszugehen, so fragte sie nicht, was für Kleider sie anhatte und wie sie beschuht war: sie mußte die

Anlagen besichtigen, von denen sie vieles gehört hatte. Was nicht zu Pferde geschehen konnte, wurde zu Fuß durchrannt. Bald hatte sie alles gesehen und abgeurteilt. Bei der Schnelligkeit ihres Wesens war ihr nicht leicht zu widersprechen. Die Gesellschaft hatte manches zu leiden, am meisten aber die Kammermädchen, die mit Waschen und Bügeln, Auftrennen und Annähen nicht fertig werden konnten.

Kaum hatte sie das Haus und die Gegend erschöpft, als sie sich verpflichtet fühlte, rings in der Nachbarschaft Besuch abzulegen. Weil man sehr schnell ritt und fuhr, so reichte die Nachbarschaft ziemlich fern umher. Das Schloß ward mit Gegenbesuchen überschwemmt, und damit man sich ja nicht verfehlen möchte, wurden bald bestimmte Tage angesetzt.

Indessen Charlotte mit der Tante und dem Geschäftsträger des Bräutigams die innern Verhältnisse festzustellen bemüht war, und Ottilie mit ihren Untergebenen dafür zu sorgen wußte, daß es an nichts bei so großem Zudrang fehlen möchte, da denn Jäger und Gärtner, Fischer und Krämer in Bewegung gesetzt wurden, zeigte sich Luciane immer wie ein brennender Kometenkern, der einen langen Schweif nach sich zieht. Die gewöhnlichen Besuchsunterhaltungen dünkten ihr bald ganz unschmackhaft. Kaum daß sie den ältesten Personen eine Ruhe am Spieltisch gönnte; wer noch einigermaßen beweglich war — und wer ließ sich nicht durch ihre reizenden Zudringlichkeiten in Bewegung setzen? — mußte herbei, wo nicht zum Tanze, doch zum lebhaften Pfand-, Straf- und Vexierspiel. Und obgleich das alles, so wie hernach die Pfänderlösung, auf die selbst berechnet war, so ging doch von der andren Seite niemand, besonders kein Mann, er mochte von einer Art sein von welcher er wollte, ganz leer aus; ja es glückte ihr, einige ältere Personen von Bedeutung ganz für sich zu gewinnen, indem sie ihre eben einfallenden Geburts- und Namenstage ausgeforscht hatte und besonders feierte. Dabei kam ihr ein ganz eignes Geschick zu Statten, so daß, indem alle sich begünstigt sahen, jeder sich für den am meisten Begünstigten hielt: eine Schwachheit, deren sich sogar der Älteste in der Gesellschaft am allermerklichsten schuldigmachte.

Schien es bei ihr Plan zu sein, Männer die etwas vorstellten, Rang, Ansehen, Ruhm oder sonst etwas Bedeutendes für sich hatten, für sich zu gewinnen, Weisheit und Besonnenheit zu Schanden zu machen und ihrem wilden wunderlichen Wesen selbst bei der Bedächtigkeit Gunst zu erwerben; so kam die Jugend doch dabei nicht zu kurz: jeder hatte sein Teil, seinen Tag, seine Stunde, in der sie ihn zu entzücken und zu fesseln wußte. So hatte sie den Architekten schon bald in's Auge gefaßt, der jedoch aus seinem schwarzen langlockigen Haar so unbefangen heraussah, so gerad und ruhig in der Entfernung stand, auf alle Fragen kurz und verständig antwortete, sich aber auf nichts weiter einzulassen geneigt schien, daß sie sich endlich einmal, halb unwillig halb listig, entschloß ihn zum

Helden des Tages zu machen und dadurch auch für ihren Hof zu gewinnen.

Nicht umsonst hatte sie so vieles Gepäcke mitgebracht, ja es war ihr noch manches gefolgt. Sie hatte sich auf eine unendliche Abwechslung in Kleidern vorgesehen. Wenn es ihr Vergnügen machte, sich des Tags drei-, viermal umzuziehen und mit gewöhnlichen, in der Gesellschaft üblichen Kleidern vom Morgen bis in die Nacht zu wechseln; so erschien sie dazwischen wohl auch einmal im wirklichen Maskenkleid, als Bäuerin und Fischerin, als Fee und Blumenmädchen. Sie verschmähte nicht, sich als alte Frau zu verkleiden, um desto frischer ihr junges Gesicht aus der Kutte hervorzuzeigen; und wirklich verwirrte sie dadurch das Gegenwärtige und das Eingebildete dergestalt, daß man sich mit der Saalnixe verwandt und verschwägert zu sein glaubte.

Wozu sie aber diese Verkleidungen hauptsächlich benutzte, waren pantomimische Stellungen und Tänze, in denen sie verschiedene Charaktere auszudrücken gewandt war. Ein Kavalier aus ihrem Gefolge hatte sich eingerichtet, auf dem Flügel ihre Gebärden mit der wenigen nötigen Musik zu begleiten; es bedurfte nur einer kurzen Abrede und sie waren sogleich in Einstimmung.

Eines Tages, als man sie bei der Pause eines lebhaften Balls auf ihren eigenen heimlichen Antrieb gleichsam aus dem Stegereife zu einer solchen Darstellung aufgefordert hatte, schien sie verlegen und überrascht und ließ sich wider ihre Gewohnheit lange bitten. Sie zeigte sich unentschlossen, ließ die Wahl, bat wie ein Improvisator um einen Gegenstand, bis endlich jener Klavier spielende Gehülfe, mit dem es abgeredet sein mochte, sich an den Flügel setzte, einen Trauermarsch zu spielen anfing und sie aufforderte, jene Artemisia zu geben, welche sie so vortrefflich einstudiert habe. Sie ließ sich erbitten, und nach einer kurzen Abwesenheit erschien sie, bei den zärtlich traurigen Tönen des Totenmarsches, in Gestalt der königlichen Witwe, mit gemessenem Schritt, einen Aschenkrug vor sich hertragend. Hinter ihr brachte man eine große schwarze Tafel und in einer goldenen Reißfeder ein wohlzugeschnitztes Stück Kreide.

Einer ihrer Verehrer und Adjutanten, dem sie etwas in's Ohr sagte, ging sogleich den Architekten aufzufordern, zu nötigen und gewissermaßen herbeizuschieben, daß er als Baumeister das Grab des Mausolus zeichnen, und also keineswegs einen Statisten, sondern einen ernstlich Mitspielenden vorstellen sollte. Wie verlegen der Architekt auch äußerlich erschien — denn er machte in seiner ganz schwarzen, knappen, modernen Zivilgestalt einen wunderlichen Kontrast mit jenen Flören, Kreppen, Franzen, Schmelzen, Quasten und Kronen — so faßte er sich doch gleich innerlich, allein um so wunderlicher war es anzusehen. Mit dem größten Ernst stellte er sich vor die große Tafel, die von ein paar Pagen gehalten wurde, und zeichnete mit viel Bedacht und Genauigkeit ein

Grabmal, das zwar eher einem longobardischen als einem karischen König wäre gemäß gewesen, aber doch in so schönen Verhältnissen, so ernst in seinen Teilen, so geistreich in seinen Zierraten, daß man es mit Vergnügen entstehen sah, und als es fertig war bewunderte.

Er hatte sich in diesem ganzen Zeitraum fast nicht gegen die Königin gewendet, sondern seinem Geschäft alle Aufmerksamkeit gewidmet. Endlich als er sich vor ihr neigte und andeutete, daß er nun ihre Befehle vollzogen zu haben glaube, hielt sie ihm noch die Urne hin, und bezeichnete das Verlangen, diese oben auf dem Gipfel abgebildet zu sehen. Er tat es, obgleich ungern, weil sie zu dem Charakter seines übrigen Entwurfs nicht passen wollte. Was Lucianen betraf, so war sie endlich von ihrer Ungeduld erlös't: denn ihre Absicht war keineswegs eine gewissenhafte Zeichnung von ihm zu haben. Hätte er mit wenigen Strichen nur hinskizziert, was etwa einem Monument ähnlich gesehen, und sich die übrige Zeit mit ihr abgegeben, so wäre das wohl dem Endzweck und ihren Wünschen gemäßer gewesen. Bei seinem Benehmen dagegen kam sie in die größte Verlegenheit: denn ob sie gleich in ihrem Schmerz, ihren Anordnungen und Andeutungen, ihrem Beifall über das nach und nach Entstehende, ziemlich abzuwechseln suchte und sie ihn einigemal beinahe herumzerrte, um nur mit ihm in eine Art von Verhältnis zu kommen, so erwies er sich doch gar zu steif, dergestalt, daß sie allzu oft ihre Zuflucht zur Urne nehmen, sie an ihr Herz drücken und zum Himmel schauen mußte, ja zuletzt, weil sich doch dergleichen Situationen immer steigern, mehr einer Witwe von Ephesus als einer Königin von Karien ähnlich sah. Die Vorstellung zog sich daher in die Länge; der Klavierspieler, der sonst Geduld genug hatte, wußte nicht mehr in welchen Ton er ausweichen sollte. Er dankte Gott als er die Urne auf der Pyramide stehn sah und fiel unwillkürlich, als die Königin ihren Dank ausdrücken wollte, in ein lustiges Thema; wodurch die Vorstellung zwar ihren Charakter verlor, die Gesellschaft jedoch völlig aufgeheitert wurde, die sich denn sogleich teilte, der Dame für ihren vortrefflichen Ausdruck, und dem Architekten für seine künstliche und zierliche Zeichnung eine freudige Bewunderung zu beweisen.

Besonders der Bräutigam unterhielt sich mit dem Architekten. Es tut mir leid, sagte jener, daß die Zeichnung so vergänglich ist. Sie erlauben wenigstens, daß ich sie mir auf mein Zimmer bringen lasse und mich mit Ihnen darüber unterhalte. Wenn es Ihnen Vergnügen macht, sagte der Architekt, so kann ich Ihnen sorgfältige Zeichnungen von dergleichen Gebäuden und Monumenten vorlegen, wovon dieses nur ein zufälliger flüchtiger Entwurf ist.

Ottilie stand nicht fern und trat zu den beiden. Versäumen Sie nicht, sagte sie zum Architekten, den Herrn Baron gelegentlich ihre Sammlung sehen zu lassen: er ist ein Freund der Kunst und des Altertums; ich wünsche, daß Sie sich näher kennen lernen.

Luciane kam herbeigefahren und fragte: Wovon ist die Rede?

Von einer Sammlung Kunstwerke, antwortete der Baron, welche dieser Herr besitzt und die er uns gelegentlich zeigen will.

Er mag sie nur gleich bringen, rief Luciane. Nicht wahr, Sie bringen sie gleich, setzte sie schmeichelnd hinzu, indem sie ihn mit beiden Händen freundlich anfaßte.

Es möchte jetzt der Zeitpunkt nicht sein, versetzte der Architekt.

Was! rief Luciane gebieterisch: Sie wollen dem Befehl Ihrer Königin nicht gehorchen? Dann legte sie sich auf ein neckisches Bitten.

Sei'n Sie nicht eigensinnig, sagte Ottilie halb leise.

Der Architekt entfernte sich mit einer Beugung, sie war weder bejahend noch verneinend.

Kaum war er fort, als Luciane sich mit einem Windspiel im Saale herumjagte. Ach! rief sie aus, indem sie zufällig an ihre Mutter stieß: wie bin ich nicht unglücklich! Ich habe meinen Affen nicht mitgenommen; man hat mir es abgeraten, es ist aber nur die Bequemlichkeit der Leute, die mich um dieses Vergnügen bringt. Ich will ihn aber nachkommen lassen, es soll mir jemand hin ihn zu holen. Wenn ich nur sein Bildnis sehen könnte, so wäre ich schon vergnügt. Ich will ihn aber gewiß auch malen lassen und er soll mir nicht von der Seite kommen.

Vielleicht kann ich dich trösten, versetzte Charlotte, wenn ich dir aus der Bibliothek einen ganzen Band der wunderlichsten Affenbilder kommen lasse. Luciane schrie vor Freuden laut auf, und der Folioband wurde gebracht. Der Anblick dieser menschenähnlichen und durch den Künstler noch mehr vermenschlichten abscheulichen Geschöpfe machte Lucianen die größte Freude. Ganz glücklich aber fühlte sie sich, bei einem jeden dieser Tiere die Ähnlichkeit mit bekannten Menschen zu finden. Sieht der nicht aus wie der Onkel? rief sie unbarmherzig: der wie der Galanteriehändler M—, der wie der Pfarrer S— und dieser ist der Dings — der — leibhaftig. Im Grunde sind doch die Affen die eigentlichen Incroyables, und es ist unbegreiflich, wie man sie aus der besten Gesellschaft ausschließen mag.

Sie sagte das in der besten Gesellschaft, doch niemand nahm es ihr übel. Man war so gewohnt ihrer Anmut vieles zu erlauben, daß man zuletzt ihrer Unart alles erlaubte.

Ottilie unterhielt sich indessen mit dem Bräutigam. Sie hoffte auf die Rückkunft des Architekten, dessen ernstere geschmackvollere Sammlungen die Gesellschaft von diesem Affenwesen befreien sollten. In dieser Erwartung hatte sie sich mit dem Baron besprochen und ihn auf manches aufmerksam gemacht. Allein der Architekt blieb aus, und als er endlich wiederkam, verlor er sich unter der Gesellschaft, ohne etwas mitzubringen, und ohne zu tun, als ob von etwas die Frage gewesen wäre. Ottilie ward einen Augenblick — wie soll man's nennen? — verdrießlich, ungehalten, betroffen; sie hatte ein gutes Wort an ihn gewendet, sie gönnte dem Bräutigam eine vergnügte Stunde nach seinem Sinne, der bei seiner unendlichen Liebe für Lucianen doch von ihrem Betragen zu leiden schien.

Die Affen mußten einer Collation Platz machen. Gesellige Spiele, ja sogar noch Tänze, zuletzt ein freudeloses Herumsitzen und Wiederaufjagen einer schon gesunkenen Lust dauerten diesmal, wie sonst auch, weit über Mitternacht. Denn schon hatte sich Luciane gewöhnt, Morgens nicht aus dem Bette und Abends nicht in's Bette gelangen zu können.

Um diese Zeit finden sich in Ottiliens Tagebuch Ereignisse seltner angemerkt, dagegen häufiger auf das Leben bezügliche und vom Leben abgezogene Maximen und Sentenzen. Weil aber die meisten derselben wohl nicht durch ihre eigene Reflexion entstanden sein können, so ist es wahrscheinlich, daß man ihr irgend einen Heft mitgeteilt, aus dem sie sich, was ihr gemütlich war, ausgeschrieben. Manches Eigene von innigerem Bezug wird an dem roten Faden wohl zu erkennen sein.

Aus Ottiliens Tagebuche

„Wir blicken so gern in die Zukunft, weil wir das Ungefähre, was sich in ihr hin- und herbewegt, durch stille Wünsche so gern zu unsern Gunsten heranleiten möchten."

„Wir befinden uns nicht leicht in großer Gesellschaft, ohne zu denken: der Zufall, der so viele zusammenbringt, solle uns auch unsre Freunde herbeiführen."

„Man mag noch so eingezogen leben, so wird man, ehe man sich's versieht, ein Schuldner oder ein Gläubiger."

„Begegnet uns jemand, der uns Dank schuldig ist, gleich fällt es uns ein. Wie oft können wir jemand begegnen, dem wir Dank schuldig sind, ohne daran zu denken."

„Sich mitzuteilen ist Natur; Mitgeteiltes aufzunehmen wie es gegeben wird, ist Bildung."

„Niemand würde viel in Gesellschaften sprechen, wenn er sich bewußt wäre, wie oft er die andern mißversteht."

„Man verändert fremde Reden bei'm Wiederholen wohl nur darum so sehr, weil man sie nicht verstanden hat."

„Wer vor andern lange allein spricht, ohne den Zuhörern zu schmeicheln, erregt Widerwillen."

„Jedes ausgesprochene Wort erregt den Gegensinn."

„Widerspruch und Schmeichelei machen beide ein schlechtes Gespräch."

„Die angenehmsten Gesellschaften sind die, in welchen eine heitere Ehrerbietung der Glieder gegen einander obwaltet."

„Durch nichts bezeichnen die Menschen mehr ihren Charakter als durch das was sie lächerlich finden."

„Das Lächerliche entspringt aus einem sittlichen Kontrast, der auf eine unschädliche Weise für die Sinne in Verbindung gebracht wird."

„Der sinnliche Mensch lacht oft wo nichts zu lachen ist. Was ihn auch anregt, sein inneres Behagen kommt zum Vorschein."

„Der Verständige findet fast alles lächerlich, der Vernünftige fast nichts."

„Einem bejahrten Manne verdachte man, daß er sich noch um junge Frauenzimmer bemühte. Es ist das einzige Mittel, versetzte er, sich zu verjüngen und das will doch jedermann."

„Man läßt sich seine Mängel vorhalten, man läßt sich strafen, man leidet manches, um ihrer willen mit Geduld; aber ungeduldig wird man, wenn man sie ablegen soll."

„Gewisse Mängel sind notwendig zum Dasein des Einzelnen. Es würde uns unangenehm sein, wenn alte Freunde gewisse Eigenheiten ablegten."

„Man sagt: er stirbt bald, wenn einer etwas gegen seine Art und Weise tut."

„Was für Mängel dürfen wir behalten, ja an uns kultivieren? Solche die den andern eher schmeicheln als sie verletzen."

„Die Leidenschaften sind Mängel oder Tugenden, nur gesteigerte."

„Unsre Leidenschaften sind wahre Phönixe. Wie der alte verbrennt, steigt der neue sogleich wieder aus der Asche hervor."

„Große Leidenschaften sind Krankheiten ohne Hoffnung. Was sie heilen könnte, macht sie erst recht gefährlich."

„Die Leidenschaft erhöht und mildert sich durch's Bekennen. In nichts wäre die Mittelstraße vielleicht wünschenswerter als im Vertrauen und Verschweigen gegen die die wir lieben."

Fünftes Kapitel

So peitschte Luciane den Lebensrausch im geselligen Strudel immer vor sich her. Ihr Hofstaat vermehrte sich täglich, teils weil ihr Treiben so manchen anregte und anzog, teils weil sie sich andre durch Gefälligkeit und Wohltun zu verbinden wußte. Mitteilend war sie im höchsten Grade: denn da ihr durch die Neigung der Tante und des Bräutigams so viel Schönes und Köstliches auf einmal zugeflossen war, so schien sie nichts Eigenes zu besitzen, und den Wert der Dinge nicht zu kennen, die sich um sie gehäuft hatten. So zauderte sie nicht einen Augenblick einen kostbaren Schawl abzunehmen und ihn einem Frauenzimmer umzuhängen, das ihr gegen die übrigen zu ärmlich gekleidet schien, und sie tat das auf eine so neckische geschickte Weise, daß niemand eine solche Gabe ablehnen konnte. Einer von ihrem Hofstaat hatte stets eine Börse und den Auftrag, in den Orten, wo sie einkehrten, sich nach den Ältesten und Kränksten zu erkundigen, und ihren Zustand wenigstens für den Augenblick zu erleichtern. Dadurch entstand ihr in der ganzen Gegend ein Name von Vortrefflichkeit, der ihr doch auch manchmal unbequem ward, weil er allzuviel lästige Notleidende an sie heranzog.

Durch nichts aber vermehrte sie so sehr ihren Ruf, als durch ein auffallendes, gutes beharrliches Benehmen gegen einen unglücklichen jungen Mann, der die Gesellschaft floh, weil er, übrigens schön und wohlgebildet, seine rechte Hand, obgleich rühmlich, in der Schlacht verloren hatte. Diese Verstümmlung erregte ihm einen solchen Mißmut; es war ihm so verdrießlich, daß jede neue Bekanntschaft sich auch immer mit seinem Unfall bekannt machen sollte, daß er sich lieber versteckte, sich dem Lesen und andern Studien ergab, und ein- für allemal mit der Gesellschaft nichts wollte zu schaffen haben.

Das Dasein dieses jungen Mannes blieb ihr nicht verborgen. Er mußte herbei, erst in kleiner Gesellschaft, dann in größerer, dann in der größten. Sie benahm sich anmutiger gegen ihn als gegen irgend einen andern, besonders wußte sie durch zudringliche Dienstfertigkeit ihm seinen Verlust wert zu machen, indem sie geschäftig war ihn zu ersetzen. Bei Tafel mußte er neben ihr seinen Platz nehmen, sie schnitt ihm vor, so daß er nur die Gabel gebrauchen durfte. Nahmen Ältere, Vornehmere ihm ihre Nachbarschaft weg, so erstreckte sie ihre Aufmerksamkeit über die ganze Tafel hin, und die eilenden Bedienten mußten das ersetzen was ihm die Entfernung zu rauben drohte. Zuletzt munterte sie ihn auf, mit der linken Hand zu schreiben; er mußte alle seine Versuche an sie richten, und so stand sie entfernt oder nah, immer mit ihm in Verhältnis. Der junge Mann wußte nicht wie ihm geworden war, und wirklich fing er von diesem Augenblick ein neues Leben an.

Vielleicht sollte man denken, ein solches Betragen wäre dem Bräutigam mißfällig gewesen; allein es fand sich das Gegenteil. Er rechnete ihr diese Bemühungen zu großem Verdienst an, und war um so mehr darüber ganz ruhig, als er ihre fast übertriebenen Eigenheiten kannte, wodurch sie alles was im mindesten verfänglich schien, von sich abzulehnen wußte. Sie wollte mit jedermann nach Belieben umspringen, jeder war in Gefahr, von ihr einmal angestoßen, gezerrt oder sonst geneckt zu werden; niemand aber durfte sich gegen sie ein Gleiches erlauben, niemand sie nach Willkür berühren, niemand, auch nur im entferntesten Sinne, eine Freiheit, die sie sich nahm, erwidern; und so hielt sie die andern in den strengsten Gränzen der Sittlichkeit gegen sich, die sie gegen andere jeden Augenblick zu übertreten schien.

Überhaupt hätte man glauben können, es sei bei ihr Maxime gewesen, sich dem Lobe und dem Tadel, der Neigung und der Abneigung gleichmäßig auszusetzen. Denn wenn sie die Menschen auf mancherlei Weise für sich zu gewinnen suchte, so verdarb sie es wieder mit ihnen gewöhnlich durch eine böse Zunge, die niemanden schonte. So wurde kein Besuch in der Nachbarschaft abgelegt, nirgends sie und ihre Gesellschaft in Schlössern und Wohnungen freundlich aufgenommen, ohne daß sie bei der Rückkehr auf das ausgelassenste merken ließ, wie sie alle menschlichen Verhältnisse nur von der lächerlichen Seite zu nehmen geneigt sei. Da waren drei Brüder, welche unter lauter Komplimenten, wer zuerst heiraten sollte, das Alter übereilt hatte; hier eine kleine junge Frau mit einem großen alten Mann; dort umgekehrt ein kleiner munterer Mann und eine unbehülfliche Riesin. In dem einen Hause stolperte man bei jedem Schritt über ein Kind; das andre wollte ihr bei der größten Gesellschaft nicht voll erscheinen, weil keine Kinder gegenwärtig waren. Alte Gatten sollten sich nur schnell begraben lassen, damit doch wieder einmal jemand im Hause zum Lachen käme, da ihnen keine Noterben gegeben waren. Junge Eheleute sollten reisen, weil das Haushalten sie gar nicht kleide. Und wie mit den Personen, so machte sie es auch mit den Sachen, mit den Gebäuden, wie mit dem Haus- und Tischgeräte. Besonders alle Wandverzierungen reizten sie zu lustigen Bemerkungen. Von dem ältesten Hautelisseteppich bis zu der neusten Papiertapete, vom ehrwürdigsten Familienbilde bis zum frivolsten neuen Kupferstich, eins wie das andre mußte leiden, eins wie das andre wurde durch ihre spöttischen Bemerkungen gleichsam aufgezehrt, so daß man sich hätte verwundern sollen, wie fünf Meilen umher irgend etwas nur noch existierte.

Eigentliche Bosheit war vielleicht nicht in diesem verneinenden Bestreben; ein selbstischer Mutwille mochte sie gewöhnlich anreizen, aber eine wahrhafte Bitterkeit hatte sich in ihrem Verhältnis zu Ottilien erzeugt. Auf die ruhige ununterbrochene Tätigkeit des lieben Kindes, die von jedermann bemerkt und gepriesen wurde, sah sie mit Verachtung herab; und als zur Sprache kam, wie sehr sich Ottilie der Gärten und der Treibhäuser annehme, spottete sie nicht allein darüber, indem sie, uneingedenk des tiefen Winters in dem man lebte, sich zu verwundern schien, daß man weder Blumen noch Früchte gewahr werde; sondern sie ließ auch von nun an so viel Grünes, so viel Zweige und was nur irgend keimte, herbeiholen und zur täglichen Zierde der Zimmer und des Tisches verschwenden, daß Ottilie und der Gärtner nicht wenig gekränkt waren, ihre Hoffnungen für das nächste Jahr und vielleicht auf längere Zeit zerstört zu sehen.

Eben so wenig gönnte sie Ottilien die Ruhe des häuslichen Ganges, worin sie sich mit Bequemlichkeit fortbewegte. Ottilie sollte mit auf die Lust- und Schlittenfahrten; sie sollte mit auf die Bälle, die in der Nachbarschaft veranstaltet wurden; sie sollte weder Schnee noch Kälte noch gewaltsame Nachtstürme scheuen, da ja so viel andre nicht davon stürben. Das zarte Kind litt nicht wenig darunter, aber Luciane gewann nichts dabei: denn obgleich Ottilie sehr einfach gekleidet ging, so war sie doch, oder so schien sie wenigstens immer den Männern die Schönste. Ein sanftes Anziehen versammelte alle Männer um sie her, sie mochte sich in den großen Räumen am ersten oder am letzten Platze befinden, ja der Bräutigam Lucianens selbst unterhielt sich oft mit ihr, und zwar um so mehr, als er in einer Angelegenheit die ihn beschäftigte, ihren Rat, ihre Mitwirkung verlangte.

Er hatte den Architekten näher kennen lernen, bei Gelegenheit seiner Kunstsammlung viel über das Geschichtliche mit ihm gesprochen, in andern Fällen auch, besonders bei Betrachtung der Kapelle, sein Talent schätzen gelernt. Der Baron war jung, reich; er sammelte, er wollte bauen; seine Liebhaberei war lebhaft, seine Kenntnisse schwach; er glaubte in dem Architekten seinen Mann zu finden, mit dem er mehr als Einen Zweck zugleich erreichen könnte. Er hatte seiner Braut von dieser Absicht gesprochen; sie lobte ihn darum und war höchlich mit dem Vorschlag zufrieden, doch vielleicht mehr, um diesen jungen Mann Ottilien zu entziehen — denn sie glaubte so etwas von Neigung bei ihm zu bemerken — als daß sie gedacht hätte, sein Talent zu ihren Absichten zu benutzen. Denn ob er gleich bei ihren extemporierten Festen sich sehr tätig erwiesen und manche Ressourcen bei dieser und jener Anstalt dargeboten, so glaubte sie es doch immer selbst besser zu verstehen; und da ihre Erfindungen gewöhnlich gemein waren, so reichte, um sie auszuführen, die Geschicklichkeit eines gewandten Kammerdieners eben so gut hin, als die des vorzüglichsten Künstlers. Weiter als zu einem Altar, worauf geopfert ward, und zu einer Bekränzung, es mochte nun ein gipsernes oder ein lebendes Haupt sein, konnte ihre Einbildungskraft sich nicht versteigen, wenn sie irgend jemand zum Geburts- und Ehrentage ein festliches Kompliment zu machen gedachte.

Ottilie konnte dem Bräutigam, der sich nach dem Verhältnis des Architekten zum Hause erkundigte, die beste Auskunft geben. Sie wußte daß Charlotte sich schon früher nach einer Stelle für ihn umgetan hatte: denn wäre die Gesellschaft nicht gekommen, so hätte sich der junge Mann gleich nach Vollendung der Kapelle entfernt, weil alle Bauten den Winter über still stehn sollten und mußten; und es war daher sehr erwünscht, wenn der geschickte Künstler durch einen neuen Gönner wieder genutzt und befördert wurde.

Das persönliche Verhältnis Ottiliens zum Architekten war ganz rein und unbefangen. Seine angenehme und tätige Gegenwart hatte sie, wie die Nähe eines ältern Bruders, unterhalten und erfreut. Ihre Empfindungen für ihn blieben auf der ruhigen leidenschaftslosen Oberfläche der Blutsverwandschaft: denn in ihrem Herzen war kein Raum mehr; es war von der Liebe zu Eduard ganz gedrängt ausgefüllt, und nur die Gottheit, die alles durchdringt, konnte dieses Herz zugleich mit ihm besitzen.

Indessen je tiefer der Winter sich senkte, je wilderes Wetter, je unzugänglicher die Wege, desto anziehender schien es, in so guter Gesellschaft die abnehmenden Tage zuzubringen. Nach kurzen Ebben überflutete die Menge von Zeit zu Zeit das Haus. Offiziere von entfernteren Garnisonen, die gebildeten zu ihrem großen Vorteil, die roheren zur Unbequemlichkeit der Gesellschaft, zogen sich herbei; am Zivilstande fehlte es auch nicht, und ganz unerwartet kamen eines Tages der Graf und die Baronesse zusammen angefahren.

Ihre Gegenwart schien erst einen wahren Hof zu bilden. Die Männer von Stand und Sitten umgaben den Grafen, und die Frauen ließen der Baronesse Gerechtigkeit widerfahren. Man verwunderte sich nicht lange, sie beide zusammen und so heiter zu sehen: denn man vernahm, des Grafen Gemahlin sei gestorben, und eine neue Verbindung werde geschlossen sein, sobald es die Schicklichkeit nur erlaube. Ottilie erinnerte sich jenes ersten Besuchs, jedes Worts was über Ehestand und Scheidung, über Verbindung und Trennung, über Hoffnung, Erwartung, Entbehren und Entsagen gesprochen ward. Beide Personen, damals noch ganz ohne Aussichten, standen nun vor ihr, dem gehofften Glück so nahe, und ein unwillkürlicher Seufzer drang aus ihrem Herzen.

Luciane hörte kaum, daß der Graf ein Liebhaber von Musik sei, so wußte sie ein Konzert zu veranstalten; sie wollte sich dabei mit Gesang zur Guitarre hören lassen. Es geschah. Das Instrument spielte sie nicht ungeschickt, ihre Stimme war angenehm; was aber die Worte betraf, so verstand man sie so wenig, als wenn sonst eine deutsche Schöne zur Guitarre singt. Indes versicherte jedermann, sie habe mit viel Ausdruck gesungen, und sie konnte mit dem lauten Beifall zufrieden sein. Nur ein wunderliches Unglück begegnete bei dieser Gelegenheit. In der Gesellschaft befand sich ein Dichter, den sie auch besonders zu verbinden hoffte, weil sie einige Lieder von ihm an sie gerichtet wünschte, und deshalb diesen Abend meist nur von seinen Liedern vortrug. Er war überhaupt, wie alle, höflich gegen sie, aber sie hatte mehr erwartet. Sie legte es ihm einigemal nahe, konnte aber weiter nichts von ihm vernehmen, bis sie endlich aus Ungeduld einen ihrer Hofleute an ihn schickte und sondieren ließ, ob er denn nicht entzückt gewesen sei, seine vortrefflichen Gedichte so vortrefflich vortragen zu hören. Meine Gedichte? versetzte dieser mit Erstaunen. Verzeihen Sie, mein Herr, fügte er hinzu: ich habe nichts als Vokale gehört und die nicht einmal alle. Unterdessen ist es meine Schuldigkeit mich für eine so liebenswürdige Intention dankbar zu erweisen. Der Hofmann schwieg und verschwieg. Der andre suchte sich durch einige wohltönende Komplimente aus der Sache zu ziehen. Sie ließ ihre Absicht nicht undeutlich merken, auch etwas eigens für sie Erdichtetes zu besitzen. Wenn es nicht allzu unfreundlich gewesen wäre, so hätte er ihr das Alphabet überreichen können, um sich daraus ein beliebiges Lobgedicht zu irgend einer vorkommenden Melodie selbst einzubilden. Doch sollte sie nicht ohne Kränkung aus dieser Begebenheit scheiden. Kurze Zeit darauf erfuhr sie: er habe noch selbigen Abend einer von Ottiliens

Lieblingsmelodien ein allerliebstes Gedicht unterlegt, das noch mehr als verbindlich sei.

Luciane, wie alle Menschen ihrer Art, die immer durch einander mischen, was ihnen vorteilhaft und was ihnen nachteilig ist, wollte nun ihr Glück im Rezitieren versuchen. Ihr Gedächtnis war gut, aber wenn man aufrichtig reden sollte, ihr Vortrag geistlos und heftig, ohne leidenschaftlich zu sein. Sie rezitierte Balladen, Erzählungen und was sonst in Deklamatorien vorzukommen pflegt. Dabei hatte sie die unglückliche Gewohnheit angenommen, das was sie vortrug mit Gesten zu begleiten, wodurch man das was eigentlich episch und lyrisch ist, auf eine unangenehme Weise mit dem Dramatischen mehr verwirrt als verbindet.

Der Graf, ein einsichtsvoller Mann, der gar bald die Gesellschaft, ihre Neigungen, Leidenschaften und Unterhaltungen übersah, brachte Lucianen, glücklicher oder unglücklicher Weise, auf eine neue Art von Darstellung, die ihrer Persönlichkeit sehr gemäß war. Ich finde, sagte er, hier so manche wohlgestaltete Personen, denen es gewiß nicht fehlt, malerische Bewegungen und Stellungen nachzuahmen. Sollten Sie es noch nicht versucht haben, wirkliche bekannte Gemälde vorzustellen? Eine solche Nachbildung, wenn sie auch manche mühsame Anordnung erfordert, bringt dagegen auch einen unglaublichen Reiz hervor.

Schnell ward Luciane gewahr, daß sie hier ganz in ihrem Fach sein würde. Ihr schöner Wuchs, ihre volle Gestalt, ihr regelmäßiges und doch bedeutendes Gesicht, ihre lichtbraunen Haarflechten, ihr schlanker Hals, alles war schon wie auf's Gemälde berechnet; und hätte sie nun gar gewußt, daß sie schöner aussah, wenn sie still stand, als wenn sie sich bewegte, indem ihr im letzten Falle manchmal etwas Störendes, Ungraziöses entschlüpfte, so hätte sie sich mit noch mehrerem Eifer dieser natürlichen Bildnerei ergeben.

Man suchte nun Kupferstiche nach berühmten Gemälden; man wählte zuerst den Belisar nach van Dyk. Ein großer und wohlgebauter Mann von gewissen Jahren sollte den sitzenden blinden General, der Architekt den vor ihm teilnehmend traurig stehenden Krieger nachbilden, dem er wirklich etwas ähnlich sah. Luciane hatte sich, halb bescheiden, das junge Weibchen im Hintergrunde gewählt, das reichliche Almosen aus einem Beutel in die flache Hand zählt, indes eine Alte sie abzumahnen und ihr vorzustellen scheint, daß sie zu viel tue. Eine andre ihm wirklich Almosen reichende Frauensperson war nicht vergessen.

Mit diesen und andern Bildern beschäftigte man sich sehr ernstlich. Der Graf gab dem Architekten über die Art der Einrichtung einige Winke, der sogleich ein Theater dazu aufstellte und wegen der Beleuchtung die nötige Sorge trug. Man war schon tief in die Anstalten verwickelt, als man erst bemerkte, daß ein solches Unternehmen einen ansehnlichen Aufwand verlangte, und daß auf dem Lande mitten im Winter gar manches Erfordernis abging. Deshalb ließ, damit ja nichts stocken möge,

Luciane beinah ihre sämtliche Garderobe zerschneiden, um die verschiedenen Kostüme zu liefern, die jene Künstler willkürlich genug angegeben haben.

Der Abend kam herbei, und die Darstellung wurde vor einer großen Gesellschaft und zu allgemeinem Beifall ausgeführt. Eine bedeutende Musik spannte die Erwartung. Jener Belisar eröffnete die Bühne. Die Gestalten waren so passend, die Farben so glücklich ausgeteilt, die Beleuchtung so kunstreich, daß man fürwahr in einer andern Welt zu sein glaubte; nur daß die Gegenwart des Wirklichen statt des Scheins eine Art von ängstlicher Empfindung hervorbrachte.

Der Vorhang fiel und ward auf Verlangen mehr als Einmal wieder aufgezogen. Ein musikalisches Zwischenspiel unterhielt die Gesellschaft, die man durch ein Bild höherer Art überraschen wollte. Es war die bekannte Vorstellung von Poussin: Ahasverus und Esther. Diesmal hatte sich Luciane besser bedacht. Sie entwickelte in der ohnmächtig hingesunkenen Königin alle ihre Reize, und hatte sich kluger Weise zu den umgebenden unterstützenden Mädchen lauter hübsche, wohlgebildete Figuren ausgesucht, worunter sich jedoch keine mit ihr auch nur im mindesten messen konnte. Ottilie blieb von diesem Bilde wie von den übrigen ausgeschlossen. Auf den goldenen Thron hatte sie, um den Zeus gleichen König vorzustellen, den rüstigsten und schönsten Mann der Gesellschaft gewählt, so daß dieses Bild wirklich eine unvergleichliche Vollkommenheit gewann.

Als drittes hatte man die sogenannte väterliche Ermahnung von Terburg gewählt, und wer kennt nicht den herrlichen Kupferstich unseres Wille von diesem Gemälde? Einen Fuß über den andern geschlagen, sitzt ein edler ritterlicher Vater und scheint seiner vor ihm stehenden Tochter in's Gewissen zu reden. Diese, eine herrliche Gestalt, im faltenreichen weißen Atlaskleide, wird zwar nur von hinten gesehen, aber ihr ganzes Wesen scheint anzudeuten, daß sie sich zusammennimmt. Daß jedoch die Ermahnung nicht heftig und beschämend sei, sieht man aus der Miene und Gebärde des Vaters; und was die Mutter betrifft, so scheint diese eine kleine Verlegenheit zu verbergen, indem sie in ein Glas Wein blickt, das sie eben auszuschlürfen im Begriff ist.

Bei dieser Gelegenheit nun sollte Luciane in ihrem höchsten Glanze erscheinen. Ihre Zöpfe, die Form ihres Kopfes, Hals und Nacken, waren über alle Begriffe schön, und die Taille, von der bei den modernen antikisierenden Bekleidungen der Frauenzimmer wenig sichtbar wird, höchst zierlich, schlank und leicht, zeigte sich an ihr in dem älteren Kostüm äußerst vorteilhaft; und der Architekt hatte gesorgt, die reichen Falten des weißen Atlasses mit der künstlichsten Natur zu legen, so daß ganz ohne Frage diese lebendige Nachbildung weit über jenes Originalbildnis hinausreichte und ein allgemeines Entzücken erregte. Man konnte mit dem Wiederverlangen nicht endigen, und der ganz natürliche Wunsch, einem so schönen Wesen, das man genugsam von der Rückseite gesehen, auch in's Angesicht zu schauen, nahm dergestalt überhand, daß ein lustiger ungeduldiger Vogel die Worte, die man manchmal an das Ende einer Seite zu schreiben pflegt: tournez s'il vous plait laut ausrief und eine allgemeine Beistimmung erregte. Die Darstellenden aber kannten ihren Vorteil zu gut, und hatten den Sinn dieser Kunststücke zu wohl gefaßt, als daß sie dem allgemeinen Ruf hätten nachgeben sollen. Die beschämt scheinende Tochter blieb ruhig stehen, ohne den Zuschauern den Ausdruck ihres Angesichts zu gönnen; der Vater blieb in seiner ermahnenden Stellung sitzen, und die Mutter brachte Nase und Augen nicht aus dem durchsichtigen Glase, worin sich, ob sie gleich zu trinken schien, der Wein nicht verminderte. — Was sollen wir noch viel von kleinen Nachstücken sagen, wozu man niederländische Wirtshaus- und Jahrmarktsszenen gewählt hatte?

Der Graf und die Baronesse reis'ten ab und versprachen in den ersten glücklichen Wochen ihrer nahen Verbindung wiederzukehren, und Charlotte hoffte nunmehr, nach zwei mühsam überstandenen Monaten, die übrige Gesellschaft gleichfalls los zu werden. Sie war des Glücks ihrer Tochter gewiß, wenn bei dieser der erste Braut- und Jugendtaumel sich würde gelegt haben: denn der Bräutigam hielt sich für den glücklichsten Menschen von der Welt. Bei großem Vermögen und gemäßigter Sinnesart schien er auf eine wunderbare Weise von dem Vorzuge geschmeichelt, ein Frauenzimmer zu besitzen, das der ganzen Welt gefallen mußte. Er hatte einen so ganz eigenen Sinn, alles auf sie und erst durch sie auf sich zu beziehen, daß es ihm eine unangenehme Empfindung machte, wenn sich nicht gleich ein Neuankommender mit aller Aufmerksamkeit auf sie richtete, und mit ihm, wie es wegen seiner guten Eigenschaften besonders von älteren Personen oft geschah, eine nähere Verbindung suchte, ohne sich sonderlich um sie zu bekümmern. Wegen des Architekten kam es bald zur Richtigkeit. Auf's Neujahr sollte ihm dieser folgen und das Karneval mit ihm in der Stadt zubringen, wo Luciane sich von der Wiederholung der so schön eingerichteten Gemälde, so wie von hundert andern Dingen, die größte Glückseligkeit versprach, um so mehr als Tante und Bräutigam jeden Aufwand für gering zu achten schienen, der zu ihrem Vergnügen erfordert wurde.

Nun sollte man scheiden, aber das konnte nicht auf eine gewöhnliche Weise geschehen. Man scherzte einmal ziemlich laut, daß Charlottens Wintervorräte nun bald aufgezehrt seien, als der Ehrenmann, der den Belisar vorgestellt hatte, und freilich reich genug war, von Lucianens Vorzügen hingerissen, denen er nun schon so lange huldigte, unbedachtsam ausrief: So lassen Sie es uns auf polnische Art halten! Kommen Sie nun und zehren mich auf, und so geht es dann weiter in die Runde herum. Gesagt, getan: Luciane schlug ein. Den andern Tag war gepackt, und der Schwarm warf sich auf ein anderes Besitztum. Dort hatte man auch Raum genug, aber weniger Bequemlichkeit und Einrichtung. Daraus entstand manches Unschickliche, das erst Lucianen recht glücklich machte. Das Leben wurde immer wüster und wilder. Treibjagen im tiefsten Schnee, und was man sonst nur Unbequemes auffinden konnte, wurde veranstaltet. Frauen so wenig als Männer durften sich ausschließen, und so zog man, jagend und reitend, schlittenfahrend und lärmend, von einem Gute zum andern, bis man sich endlich der Residenz näherte; da denn die Nachrichten und Erzählungen, wie man sich bei Hofe und in der Stadt vergnüge, der Einbildungskraft eine andere Wendung gaben, und Lucianen mit ihrer sämtlichen Begleitung, indem die Tante schon vorausgegangen war, unaufhaltsam in einen andern Lebenskreis hineinzogen.

Aus Ottiliens Tagebuche

„Man nimmt in der Welt jeden wofür er sich gibt; aber er muß sich auch für etwas geben. Man erträgt die Unbequemen lieber als man die Unbedeutenden duldet."

„Man kann der Gesellschaft alles aufdringen, nur nicht was eine Folge hat."

„Wir lernen die Menschen nicht kennen, wenn sie zu uns kommen; wir müssen zu ihnen gehen, um zu erfahren, wie es mit ihnen steht."

„Ich finde es beinahe natürlich, daß wir an Besuchenden mancherlei auszusetzen haben, daß wir sogleich, wenn sie weg sind, über sie nicht zum liebevollsten urteilen: denn wir haben so zu sagen ein Recht, sie nach unserm Maßstabe zu messen. Selbst verständige und billige Menschen enthalten sich in solchen Fällen kaum einer scharfen Zensur."

„Wenn man dagegen bei andern gewesen ist und hat sie mit ihren Umgebungen, Gewohnheiten, ihren notwendigen unausweichlichen Zuständen gesehen, wie sie um sich wirken, oder wie sie sich fügen, so gehört schon Unverstand und böser Wille dazu, um das lächerlich zu finden, was uns in mehr als Einem Sinne ehrwürdig scheinen müßte."

„Durch das was wir Betragen und gute Sitten nennen, soll das erreicht werden, was außerdem nur durch Gewalt, oder auch nicht einmal durch Gewalt zu erreichen ist."

„Der Umgang mit Frauen ist das Element guter Sitten."

„Wie kann der Charakter, die Eigentümlichkeit des Menschen, mit der Lebensart bestehen?"

„Das Eigentümliche müßte durch die Lebensart erst recht hervorgehoben werden. Das Bedeutende will jedermann, nur soll es nicht unbequem sein."

„Die größten Vorteile im Leben überhaupt wie in der Gesellschaft hat ein gebildeter Soldat."

„Rohe Kriegsleute gehen wenigstens nicht aus ihrem Charakter, und weil doch meist hinter der Stärke eine Gutmütigkeit verborgen liegt, so ist im Notfall auch mit ihnen auszukommen."

„Niemand ist lästiger als ein täppischer Mensch vom Zivilstande. Von ihm könnte man die Feinheit fordern, da er sich mit nichts Rohem zu beschäftigen hat."

„Wenn wir mit Menschen leben, die ein zartes Gefühl für das Schickliche haben, so wird es uns Angst um ihretwillen, wenn etwas Ungeschicktes begegnet. So fühle ich immer für und mit Charlotten, wenn jemand mit dem Stuhle schaukelt, weil sie das in den Tod nicht leiden kann."

„Es käme niemand mit der Brille auf der Nase in ein vertrauliches Gemach, wenn er wüßte, daß uns Frauen sogleich die Lust vergeht ihn anzusehen und uns mit ihm zu unterhalten."

„Zutraulichkeit an der Stelle der Ehrfurcht ist immer lächerlich. Es würde niemand den Hut ablegen, nachdem er kaum das Kompliment gemacht hat, wenn er wüßte, wie komisch das aussieht."

„Es gibt kein äußeres Zeichen der Höflichkeit, das nicht einen tiefen sittlichen Grund hätte. Die rechte Erziehung wäre, welche dieses Zeichen und den Grund zugleich überlieferte."

„Das Betragen ist ein Spiegel, in welchem jeder sein Bild zeigt."

„Es gibt eine Höflichkeit des Herzens; sie ist der Liebe verwandt. Aus ihr entspringt die bequemste Höflichkeit des äußern Betragens."

„Freiwillige Abhängigkeit ist der schönste Zustand, und wie wäre der möglich ohne Liebe."

„Wir sind nie entfernter von unsern Wünschen, als wenn wir uns einbilden das Gewünschte zu besitzen."

„Niemand ist mehr Sklave als der sich für frei hält ohne es zu sein."

„Es darf sich einer nur für frei erklären, so fühlt er sich den Augenblick als bedingt. Wagt er es sich für bedingt zu erklären, so fühlt er sich frei."

„Gegen große Vorzüge eines andern gibt es kein Rettungsmittel als die Liebe."

„Es ist was Schreckliches um einen vorzüglichen Mann, auf den sich die Dummen was zu Gute tun."

„Es gibt, sagt man, für den Kammerdiener keinen Helden. Das kommt aber bloß daher, weil der Held nur vom Helden anerkannt werden kann. Der Kammerdiener wird aber wahrscheinlich Seinesgleichen zu schätzen wissen."

„Es gibt keinen größern Trost für die Mittelmäßigkeit als daß das Genie nicht unsterblich sei."

„Die größten Menschen hängen immer mit ihrem Jahrhundert durch eine Schwachheit zusammen."

„Man hält die Menschen gewöhnlich für gefährlicher als sie sind."

„Toren und gescheite Leute sind gleich unschädlich. Nur die Halbnarren und Halbweisen, das sind die gefährlichsten."

„Man weicht der Welt nicht sicherer aus als durch die Kunst, und man verknüpft sich nicht sicherer mit ihr als durch die Kunst."

„Selbst im Augenblick des höchsten Glücks und der höchsten Not bedürfen wir des Künstlers."

„Die Kunst beschäftigt sich mit dem Schweren und Guten."

„Das Schwierige leicht behandelt zu sehen, gibt uns das Anschauen des Unmöglichen."

„Die Schwierigkeiten wachsen, je näher man dem Ziele kommt."

„Säen ist nicht so beschwerlich als ernten."

Sechstes Kapitel

Die große Unruhe, welche Charlotten durch diesen Besuch erwuchs, ward ihr dadurch vergütet, daß sie ihre Tochter völlig begreifen lernte, worin ihr die Bekanntschaft mit der Welt sehr zu Hülfe kam. Es war nicht zum erstenmal, daß ihr ein so seltsamer Charakter begegnete, ob er ihr gleich noch niemals auf dieser Höhe erschien. Und doch hatte sie aus der Erfahrung, daß solche Personen durch's Leben, durch mancherlei Ereignisse, durch elterliche Verhältnisse gebildet eine sehr angenehme und liebenswürdige Reife erlangen können, indem die Selbstigkeit gemildert wird und die schwärmende Tätigkeit eine entschiedene Richtung erhält. Charlotte ließ als Mutter sich um desto eher eine für andere vielleicht unangenehme Erscheinung gefallen, als es Eltern wohl geziemt da zu hoffen, wo Fremde nur zu genießen wünschen, oder wenigstens nicht belästigt sein wollen.

Auf eine eigne und unerwartete Weise jedoch sollte Charlotte nach ihrer Tochter Abreise getroffen werden, indem diese nicht sowohl durch das Tadelnswerte in ihrem Betragen, als durch das was man daran lobenswürdig hätte finden können, eine üble Nachrede hinter sich gelassen hatte. Luciane schien sich's zum Gesetz gemacht zu haben, nicht allein mit den Fröhlichen fröhlich, sondern auch mit den Traurigen traurig zu sein, und um den Geist des Widerspruchs recht zu üben, manchmal die Fröhlichen verdrießlich und die Traurigen heiter zu machen. In allen Familien wo sie hinkam, erkundigte sie sich nach den Kranken und Schwachen, die nicht in Gesellschaft erscheinen konnten. Sie besuchte sie auf ihren Zimmern, machte den Arzt und drang einem jeden aus ihrer Reiseapotheke, die sie beständig im Wagen mit sich führte, energische Mittel auf; da denn eine solche Kur, wie sich vermuten läßt, gelang oder mißlang, wie es der Zufall herbeiführte.

In dieser Art von Wohltätigkeit war sie ganz grausam und ließ sich gar nicht einreden, weil sie fest überzeugt war, daß sie vortrefflich handle. Allein es mißriet ihr auch ein Versuch von der sittlichen Seite, und dieser war es, der Charlotten viel zu schaffen machte, weil er Folgen hatte, und jedermann darüber sprach. Erst nach Lucianens Abreise hörte sie davon; Ottilie, die gerade jene Partie mitgemacht hatte, mußte ihr umständlich davon Rechenschaft geben.

Eine der Töchter eines angesehenen Hauses hatte das Unglück gehabt, an dem Tode eines ihrer jüngeren Geschwister Schuld zu sein, und sich darüber nicht beruhigen noch wieder finden können. Sie lebte auf ihrem Zimmer beschäftigt und still, und ertrug selbst den Anblick der Ihrigen nur wenn sie einzeln kamen; denn sie argwohnte sogleich, wenn mehrere beisammen waren, daß man unter einander über sie und ihren Zustand reflectiere. Gegen jedes allein äußerte sie sich vernünftig und unterhielt sich stundenlang mit ihm.

Luciane hatte davon gehört und sich sogleich im Stillen vorgenommen, wenn sie in das Haus käme, gleichsam ein Wunder zu tun und das Frauenzimmer der Gesellschaft wiederzugeben. Sie betrug sich dabei vorsichtiger als sonst, wußte sich allein bei der Seelenkranken einzuführen, und soviel man merken konnte, durch Musik ihr Vertrauen zu gewinnen. Nur zuletzt versah sie es: denn eben weil sie Aufsehn erregen wollte, so brachte sie das schöne blasse Kind, das sie genug vorbereitet wähnte, eines Abends plötzlich in die bunte glänzende Gesellschaft; und vielleicht wäre auch das noch gelungen, wenn nicht die Sozietät selbst, aus Neugierde und Apprehension, sich ungeschickt benommen, sich um die Kranke versammelt, sie wieder gemieden, sie durch Flüstern, Köpfezusammenstecken irre gemacht und aufgeregt hätte. Die zart Empfindende ertrug das nicht. Sie entwich unter fürchterlichem Schreien, das gleichsam ein Entsetzen vor einem eindringenden Ungeheuren auszudrücken schien. Erschreckt fuhr die Gesellschaft nach allen Seiten auseinander, und Ottilie war unter denen, welche die völlig Ohnmächtige wieder auf ihr Zimmer begleiteten.

Indessen hatte Luciane eine starke Strafrede nach ihrer Weise an die Gesellschaft gehalten, ohne im Mindesten daran zu denken, daß sie allein alle Schuld habe, und ohne sich durch dieses und andres Mißlingen von ihrem Tun und Treiben abhalten zu lassen.

Der Zustand der Kranken war seit jener Zeit bedenklicher geworden, ja das Übel hatte sich so gesteigert, daß die Eltern das arme Kind nicht im Hause behalten konnten, sondern einer öffentlichen Anstalt überantworten mußten. Charlotten blieb nichts übrig als durch ein besonder zartes Benehmen gegen jene Familie den von ihrer Tochter verursachten Schmerz einigermaßen zu lindern. Auf Ottilien hatte die Sache einen tiefen Eindruck gemacht; sie bedauerte das arme Mädchen um so mehr, als sie überzeugt war, wie sie auch gegen Charlotten nicht leugnete, daß bei einer konsequenten Behandlung die Kranke gewiß herzustellen gewesen wäre.

So kam auch, weil man sich gewöhnlich vom vergangenen Unangenehmen mehr als vom Angenehmen unterhält, ein kleines Mißverständnis zur

Sprache, das Ottilien an dem Architekten irre gemacht hatte, als er jenen Abend seine Sammlung nicht vorzeigen wollte, ob sie ihn gleich so freundlich darum ersuchte. Es war ihr dieses abschlägige Betragen immer in der Seele geblieben und sie wußte selbst nicht warum. Ihre Empfindungen waren sehr richtig: denn was ein Mädchen wie Ottilie verlangen kann, sollte ein Jüngling wie der Architekt nicht versagen. Dieser brachte jedoch auf ihre gelegentlichen leisen Vorwürfe ziemlich gültige Entschuldigungen zur Sprache.

Wenn Sie wüßten, sagte er, wie roh selbst gebildete Menschen sich gegen die schätzbaren Kunstwerke verhalten, Sie würden mir verzeihen, wenn ich die meinigen nicht unter die Menge bringen mag. Niemand weiß eine Medaille am Rand anzufassen; sie betasten das schönste Gepräge, den reinsten Grund, lassen die köstlichsten Stücke zwischen dem Daumen und Zeigefinger hin- und hergehen, als wenn man Kunstformen auf diese Weise prüfte. Ohne daran zu denken, daß man ein großes Blatt mit zwei Händen anfassen müsse, greifen sie mit Einer Hand nach einem unschätzbaren Kupferstich, einer unersetzlichen Zeichnung, wie ein anmaßlicher Politiker eine Zeitung faßt und durch das Zerknittern des Papiers schon im Voraus sein Urteil über die Weltbegebenheiten zu erkennen gibt. Niemand denkt daran, daß wenn nur zwanzig Menschen mit einem Kunstwerke hinter einander eben so verführen, der einundzwanzigste nicht mehr viel daran zu sehen hätte.

Habe ich Sie nicht auch manchmal, fragte Ottilie, in solche Verlegenheit gesetzt? habe ich nicht etwan Ihre Schätze, ohne es zu ahnen, gelegentlich einmal beschädigt?

Niemals, versetzte der Architekt: niemals! Ihnen wäre es unmöglich: das Schickliche ist mit Ihnen geboren.

Auf alle Fälle, versetzte Ottilie, wäre es nicht übel, wenn man künftig in das Büchlein von guten Sitten, nach den Kapiteln, wie man sich in Gesellschaft bei'm Essen und Trinken benehmen soll, ein recht umständliches einschöbe, wie man sich in Kunstsammlungen und Museen zu betragen habe.

Gewiß, versetzte der Architekt, würden alsdann Kustoden und Liebhaber ihre Seltenheiten fröhlicher mitteilen.

Ottilie hatte ihm schon lange verziehen; als er sich aber den Vorwurf sehr zu Herzen zu nehmen schien und immer auf's neue beteuerte, daß er gewiß gerne mitteile, gern für Freunde tätig sei, so empfand sie, daß sie sein zartes Gemüt verletzt habe, und fühlte sich als seine Schuldnerin. Nicht wohl konnte sie ihm daher eine Bitte rund abschlagen, die er in Gefolg dieses Gesprächs an sie tat, ob sie gleich, indem sie schnell ihr Gefühl zu Rate zog, nicht einsah wie sie ihm seine Wünsche gewähren könne.

Die Sache verhielt sich also. Daß Ottilie durch Lucianens Eifersucht von den Gemäldedarstellungen ausgeschlossen worden, war ihm höchst empfindlich gewesen; daß Charlotte diesem glänzenden Teil der geselligen Unterhaltung nur unterbrochen beiwohnen können, weil sie sich nicht wohl befand, hatte er gleichfalls mit Bedauern bemerkt: nun wollte er sich nicht entfernen, ohne seine Dankbarkeit auch dadurch zu beweisen, daß er zur Ehre der einen und zur Unterhaltung der andern, eine weit schönere Darstellung veranstaltete, als die bisherigen gewesen waren. Vielleicht kam hiezu, ihm selbst unbewußt, ein andrer geheimer Antrieb: es ward ihm so schwer, dieses Haus, diese Familie zu verlassen, ja es schien ihm unmöglich von Ottiliens Augen zu scheiden, von deren ruhig freundlich gewogenen Blicken er die letzte Zeit fast ganz allein gelebt hatte.

Die Weihnachtsfeiertage nahten sich, und es wurde ihm auf einmal klar, daß eigentlich jene Gemäldedarstellungen durch runde Figuren von dem sogenannten Präsepe ausgegangen, von der frommen Vorstellung, die man in dieser heiligen Zeit der göttlichen Mutter und dem Kinde widmete, wie sie in ihrer scheinbaren Niedrigkeit erst von Hirten, bald darauf von Königen verehrt werden.

Er hatte sich die Möglichkeit eines solchen Bildes vollkommen vergegenwärtigt. Ein schöner frischer Knabe war gefunden; an Hirten und Hirtinnen konnte es auch nicht fehlen; aber ohne Ottilien war die Sache nicht auszuführen. Der junge Mann hatte sie in seinem Sinne zur Mutter Gottes erhoben, und wenn sie es abschlug, so war bei ihm keine Frage, daß das Unternehmen fallen müsse. Ottilie halb verlegen über seinen Antrag wies ihn mit seiner Bitte an Charlotten. Diese erteilte ihm gern die Erlaubnis, und auch durch sie ward die Scheu Ottiliens, sich jener heiligen Gestalt anzumaßen, auf eine freundliche Weise überwunden. Der Architekt arbeitete Tag und Nacht, damit am Weihnachtsabend nichts fehlen möge.

Und zwar Tag und Nacht im eigentlichen Sinne. Er hatte ohnehin wenig Bedürfnisse, und Ottiliens Gegenwart schien ihm statt alles Labsals zu sein; indem er um ihretwillen arbeitete, war es als wenn er keines Schlafs, indem er sich um sie beschäftigte, keiner Speise bedürfte. Zur feierlichen Abendstunde war deshalb alles fertig und bereit. Es war ihm möglich gewesen wohltönende Blasinstrumente zu versammeln, welche die Einleitung machten und die gewünschte Stimmung hervorzubringen wußten. Als der Vorhang sich hob, war Charlotte wirklich überrascht. Das Bild das sich ihr vorstellte, war so oft in der Welt wiederholt, daß man kaum einen neuen Eindruck davon erwarten sollte. Aber hier hatte die Wirklichkeit als Bild ihre besondern Vorzüge. Der ganze Raum war eher nächtlich als dämmernd, und doch nichts undeutlich im Einzelnen der Umgebung. Den unübertrefflichen Gedanken, daß alles Licht vom Kinde ausgehe, hatte der Künstler durch einen klugen Mechanismus der Beleuchtung auszuführen gewußt, der durch die beschatteten, nur von Streiflichtern erleuchteten Figuren im Vordergrunde zugedeckt wurde. Frohe Mädchen und Knaben standen umher; die frischen Gesichter scharf von unten beleuchtet. Auch an Engeln fehlte es nicht, deren eigener Schein von dem göttlichen verdunkelt, deren ätherischer Leib vor dem göttlich-menschlichen verdichtet und lichtsbedürftig schien.

Glücklicherweise war das Kind in der anmutigsten Stellung eingeschlafen, so daß nichts die Betrachtung störte, wenn der Blick auf der scheinbaren Mutter verweilte, die mit unendlicher Anmut einen Schleier aufgehoben hatte, um den verborgenen Schatz zu offenbaren. In diesem Augenblick schien das Bild festgehalten und erstarrt zu sein. Physisch geblendet, geistig überrascht, schien das umgebende Volk sich eben bewegt zu haben, um die getroffnen Augen wegzuwenden, neugierig erfreut wieder hinzublinzen und mehr Verwunderung und Lust, als Bewunderung und Verehrung anzuzeigen; obgleich diese auch nicht vergessen und einigen ältern Figuren der Ausdruck derselben übertragen war.

Ottiliens Gestalt, Gebärde, Miene, Blick übertraf aber alles was je ein Maler dargestellt hat. Der gefühlvolle Kenner, der diese Erscheinung gesehen hätte, wäre in Furcht geraten, es möge sich nur irgend etwas bewegen, er wäre in Sorge gestanden, ob ihm jemals etwas wieder so gefallen könne. Unglücklicherweise war niemand da, der diese ganze Wirkung aufzufassen vermocht hätte. Der Architekt allein, der als langer schlanker Hirt von der Seite über die Knieenden hereinsah, hatte, obgleich nicht in dem genauesten Standpunkt, noch den größten Genuß. Und wer beschreibt auch die Miene der neugeschaffenen Himmelskönigin? Die reinste Demut, das liebenswürdigste Gefühl von Bescheidenheit bei einer großen, unverdient erhaltenen Ehre, einem unbegreiflich unermeßlichen Glück, bildete sich in ihren Zügen, sowohl indem sich ihre eigene Empfindung, als indem sich die Vorstellung ausdrückte, die sie sich von dem machen konnte was sie spielte.

Charlotten erfreute das schöne Gebilde, doch wirkte hauptsächlich das Kind auf sie. Ihre Augen stromten von Tränen und sie stellte sich auf das lebhafteste vor, daß sie ein ähnliches liebes Geschöpf bald auf ihrem Schoße zu hoffen habe.

Man hatte den Vorhang niedergelassen, teils um den Vorstellenden einige Erleichterung zu geben, teils eine Veränderung in dem Dargestellten anzubringen. Der Künstler hatte sich vorgenommen, das erste Nacht- und Niedrigkeitsbild in ein Tag- und Glorienbild zu verwandeln, und deswegen von allen Seiten eine unmäßige Erleuchtung vorbereitet, die in der Zwischenzeit angezündet wurde.

Ottilien war in ihrer halb theatralischen Lage bisher die größte Beruhigung gewesen, daß außer Charlotten und wenigen Hausgenossen niemand dieser frommen Kunstmummerei zugesehen. Sie wurde daher einigermaßen betroffen, als sie in der Zwischenzeit vernahm, es sei ein Fremder angekommen, im Saale von Charlotten freundlich begrüßt. Wer es war, konnte man ihr nicht sagen. Sie ergab sich darein, um keine Störung zu verursachen. Lichter und Lampen brannten und eine ganz unendliche Hellung umgab sie. Der Vorhang ging auf, für die Zuschauenden ein überraschender Anblick: das ganze Bild war alles Licht, und statt des völlig aufgehobenen Schattens blieben nur die Farben übrig, die bei der klugen Auswahl eine liebliche Mäßigung hervorbrachten. Unter ihren langen Augenwimpern hervorblickend bemerkte Ottilie eine Mannsperson neben Charlotten sitzend. Sie erkannte ihn nicht, aber sie glaubte die Stimme des Gehülfen aus der Pension zu hören. Eine wunderbare Empfindung ergriff sie. Wie vieles war begegnet, seitdem sie die Stimme dieses treuen Lehrers nicht vernommen! Wie im zackigen Blitz fuhr die Reihe ihrer Freuden und Leiden schnell vor ihrer Seele vorbei und regte die Frage auf: darfst du ihm alles bekennen und gestehen? Und wie wenig wert bist du unter dieser heiligen Gestalt vor ihm zu erscheinen, und wie seltsam muß es ihm vorkommen, dich die er nur natürlich gesehen, als Maske zu erblicken? Mit einer Schnelligkeit die Keinesgleichen hat, wirkten Gefühl und Betrachtung in ihr gegen einander. Ihr Herz war befangen, ihre Augen füllten sich mit Tränen, indem sie sich zwang immerfort als ein starres Bild zu erscheinen; und wie froh war sie, als der Knabe sich zu regen anfing, und der Künstler sich genötigt sah das Zeichen zu geben, daß der Vorhang wieder fallen sollte.

Hatte das peinliche Gefühl, einem werten Freunde nicht entgegen eilen zu können, sich schon die letzten Augenblicke zu den übrigen Empfindungen Ottiliens gesellt, so war sie jetzt in noch größerer Verlegenheit. Sollte sie in diesem fremden Anzug und Schmuck ihm entgegen gehn? sollte sie sich umkleiden? Sie wählte nicht, sie tat das Letzte und suchte sich in der Zwischenzeit zusammenzunehmen, sich zu beruhigen, und war nur erst wieder mit sich selbst in Einstimmung, als sie endlich im gewohnten Kleide den Angekommenen begrüßte.

Siebentes Kapitel

Insofern der Architekt seinen Gönnerinnen das Beste wünschte, war es ihm angenehm, da er doch endlich scheiden mußte, sie in der guten Gesellschaft des schätzbaren Gehülfen zu wissen; indem er jedoch ihre Gunst auf sich selbst bezog, empfand er es einigermaßen schmerzhaft, sich so bald, und wie es seiner Bescheidenheit dünken mochte, so gut, ja vollkommen, ersetzt zu sehen. Er hatte noch immer gezaudert, nun aber drängte es ihn hinweg: denn was er sich nach seiner Entfernung mußte gefallen lassen, das wollte er wenigstens gegenwärtig nicht erleben.

Zu großer Erheiterung dieser halb traurigen Gefühle machten ihm die Damen bei'm Abschiede noch ein Geschenk mit einer Weste, an der er sie beide lange Zeit hatte stricken sehen, mit einem stillen Neid über den unbekannten Glücklichen dem sie dereinst werden könnte. Eine solche Gabe ist die angenehmste die ein liebender verehrender Mann erhalten mag: denn wenn er dabei des unermüdeten Spiels der schönen Finger gedenkt, so kann er nicht umhin sich zu schmeicheln, das Herz werde bei einer so anhaltenden Arbeit doch auch nicht ganz ohne Teilnahme geblieben sein.

Die Frauen hatten nun einen neuen Mann zu bewirten, dem sie wohlwollten und dem es bei ihnen wohl werden sollte. Das weibliche Geschlecht hegt ein eignes, inneres, unwandelbares Interesse, von dem sie nichts in der Welt abtrünnig macht; im äußern geselligen Verhältnis hingegen lassen sie sich gern und leicht durch den Mann bestimmen der sie eben beschäftigt und so durch Abweisen wie durch Empfänglichkeit, durch Beharren und Nachgiebigkeit führen sie eigentlich das Regiment, dem sich in der gesitteten Welt kein Mann zu entziehen wagt.

Hatte der Architekt, gleichsam nach eigener Lust und Belieben, seine Talente vor den Freundinnen zum Vergnügen und zu den Zwecken derselben geübt und bewiesen; war Beschäftigung und Unterhaltung in diesem Sinne und nach solchen Absichten eingerichtet: so machte sich in kurzer Zeit durch die Gegenwart des Gehülfen eine andere Lebensweise. Seine große Gabe war, gut zu sprechen und menschliche Verhältnisse, besonders in Bezug auf Bildung der Jugend, in der Unterredung zu behandeln. Und so entstand gegen die bisherige Art zu leben ein ziemlich fühlbarer Gegensatz, um so mehr als der Gehülfe nicht ganz dasjenige billigte, womit man sich die Zeit über ausschließlich beschäftigt hatte.

Von dem lebendigen Gemälde, das ihn bei seiner Ankunft empfing, sprach er gar nicht. Als man ihm hingegen Kirche, Kapelle und was sich darauf bezog, mit Zufriedenheit sehen ließ, konnte er seine Meinung, seine Gesinnungen darüber nicht zurückhalten. Was mich betrifft, sagte er, so will mir diese Annäherung, diese Vermischung des Heiligen zu und mit dem Sinnlichen keineswegs gefallen; nicht gefallen, daß man sich gewisse besondere Räume widmet, weihet und ausschmückt, um erst dabei ein Gefühl der Frömmigkeit zu hegen und zu unterhalten. Keine Umgebung, selbst die gemeinste nicht, soll in uns das Gefühl des Göttlichen stören, das uns überall hin begleiten und jede Stätte zu einem Tempel einweihen kann. Ich mag gern einen Hausgottesdienst in dem Saale gehalten sehen, wo man zu speisen, sich gesellig zu versammeln, mit Spiel und Tanz zu ergötzen pflegt. Das Höchste, das Vorzüglichste am Menschen ist gestaltlos, und man soll sich hüten es anders als in edler Tat zu gestalten.

Charlotte, die seine Gesinnung schon im Ganzen kannte und sie noch mehr in kurzer Zeit erforschte, brachte ihn gleich in seinem Fache zur Tätigkeit, indem sie ihre Gartenknaben, welche der Architekt vor seiner Abreise eben gemustert hatte, in dem großen Saal aufmarschieren ließ; da sie sich denn in ihren heitern reinlichen Uniformen, mit gesetzlichen Bewegungen und einem natürlichen lebhaften Wesen, sehr gut ausnahmen. Der Gehülfe prüfte sie nach seiner Weise, und hatte durch mancherlei

Fragen und Wendungen gar bald die Gemütsarten und Fähigkeiten der Kinder zu Tage gebracht, und ohne daß es so schien, in Zeit von weniger als einer Stunde sie wirklich bedeutend unterrichtet und gefördert.

Wie machen Sie das nur? fragte Charlotte, indem die Knaben wegzogen. Ich habe sehr aufmerksam zugehört; es sind nichts als ganz bekannte Dinge vorgekommen, und doch wüßte ich nicht, wie ich es anfangen sollte, sie in so kurzer Zeit, bei so vielem Hin- und Widerreden, in solcher Folge zur Sprache zu bringen.

Vielleicht sollte man, versetzte der Gehülfe, aus den Vorteilen seines Handwerks ein Geheimnis machen. Doch kann ich Ihnen die ganz einfache Maxime nicht verbergen, nach der man dieses und noch viel mehr zu leisten vermag. Fassen Sie einen Gegenstand, eine Materie, einen Begriff, wie man es nennen will; halten Sie ihn recht fest; machen Sie sich ihn in allen seinen Teilen recht deutlich, und dann wird es Ihnen leicht sein, gesprächsweise, an einer Masse Kinder zu erfahren was sich davon schon in ihnen entwickelt hat, was noch anzuregen, zu überliefern ist. Die Antworten auf Ihre Fragen mögen noch so ungehörig sein, mögen noch so sehr in's Weite gehen, wenn nur sodann Ihre Gegenfrage Geist und Sinn wieder hereinwärts zieht, wenn Sie sich nicht von Ihrem Standpunkte verrücken lassen; so müssen die Kinder zuletzt denken, begreifen, sich überzeugen, nur von dem was und wie es der Lehrende will. Sein größter Fehler ist der, wenn er sich von den Lernenden mit in die Weite reißen läßt, wenn er sie nicht auf dem Punkte festzuhalten weiß den er eben jetzt behandelt. Machen Sie nächstens einen Versuch und er wird zu Ihrer großen Unterhaltung dienen.

Das ist artig, sagte Charlotte: die gute Pädagogik ist also gerade das Umgekehrte von der guten Lebensart. In der Gesellschaft soll man auf nichts verweilen, und bei dem Unterricht wäre das höchste Gebot, gegen alle Zerstreuung zu arbeiten.

Abwechselung ohne Zerstreuung wäre für Lehre und Leben der schönste Wahlspruch, wenn dieses löbliche Gleichgewicht nur so leicht zu erhalten wäre! sagte der Gehülfe, und wollte weiter fortfahren, als ihn Charlotte aufrief, die Knaben nochmals zu betrachten, deren munterer Zug sich so eben über den Hof bewegte. Er bezeigte seine Zufriedenheit, daß man die Kinder in Uniform zu gehen anhalte. Männer — so sagte er — sollten von Jugend auf Uniform tragen, weil sie sich gewöhnen müssen zusammen zu handeln, sich unter Ihresgleichen zu verlieren, in Masse zu gehorchen und in's Ganze zu arbeiten. Auch befördert jede Art von Uniform einen militärischen Sinn, so wie ein knapperes strackeres Betragen, und alle Knaben sind ja ohnehin geborne Soldaten: man sehe nur ihre Kampf- und Streitspiele, ihr Erstürmen und Erklettern.

So werden Sie mich dagegen nicht tadeln, versetzte Ottilie, daß ich meine Mädchen nicht überein kleide. Wenn ich sie Ihnen vorführe, hoffe ich Sie durch ein buntes Gemisch zu ergetzen.

Ich billige das sehr, versetzte jener. Frauen sollten durchaus mannichfaltig gekleidet gehen; jede nach eigner Art und Weise, damit eine jede fühlen lernte, was ihr eigentlich gut stehe und wohl zieme. Eine wichtigere Ursache ist noch die: weil sie bestimmt sind, ihr ganzes Leben allein zu stehen und allein zu handeln.

Das scheint mir sehr paradox, versetzte Charlotte; sind wir doch fast niemals für uns.

O ja! versetzte der Gehülfe, in Absicht auf andere Frauen ganz gewiß. Man betrachte ein Frauenzimmer als Liebende, als Braut, als Frau, Hausfrau und Mutter, immer steht sie isoliert, immer ist sie allein, und will allein sein. Ja die Eitle selbst ist in dem Falle. Jede Frau schließt die andre aus, ihrer Natur nach: denn von jeder wird alles gefordert, was dem ganzen Geschlechte zu leisten obliegt. Nicht so verhalt es sich mit den Männern. Der Mann verlangt den Mann; er würde sich einen zweiten erschaffen, wenn es keinen gäbe: eine Frau könnte eine Ewigkeit leben, ohne daran zu denken, sich Ihresgleichen hervorzubringen.

Man darf, sagte Charlotte, das Wahre nur wunderlich sagen, so scheint zuletzt das Wunderliche auch wahr. Wir wollen uns aus Ihren Bemerkungen das Beste herausnehmen und doch als Frauen mit Frauen zusammenhalten, und auch gemeinsam wirken, um den Männern nicht allzugroße Vorzüge über uns einzuräumen. Ja, Sie werden uns eine kleine Schadenfreude nicht übel nehmen, die wir künftig und desto lebhafter empfinden müssen, wenn sich die Herren unter einander auch nicht sonderlich vertragen.

Mit vieler Sorgfalt untersuchte der verständige Mann nunmehr die Art, wie Ottilie ihre kleinen Zöglinge behandelte, und bezeigte darüber seinen entschiedenen Beifall. Sehr richtig heben Sie, sagte er, Ihre Untergebenen nur zur nächsten Brauchbarkeit heran. Reinlichkeit veranlaßt die Kinder mit Freuden etwas auf sich selbst zu halten, und alles ist gewonnen, wenn sie das was sie tun, mit Munterkeit und Selbstgefühl zu leisten angeregt sind.

Übrigens fand er zu seiner großen Befriedigung nichts auf den Schein und nach außen getan, sondern alles nach innen und für die unerläßlichen Bedürfnisse. Mit wie wenig Worten, rief er aus, ließe sich das ganze Erziehungsgeschäft aussprechen, wenn jemand Ohren hätte zu hören.

Mögen Sie es nicht mit mir versuchen? fragte freundlich Ottilie.

Recht gern, versetzte jener, nur müssen Sie mich nicht verraten. Man erziehe die Knaben zu Dienern und die Mädchen zu Müttern, so wird es überall wohl stehn.

Zu Müttern, versetzte Ottilie, das könnten die Frauen noch hingehen lassen, da sie sich, ohne Mütter zu sein, doch immer einrichten müssen, Wärterinnen zu werden; aber freilich zu Dienern würden sich unsre jungen Männer viel zu gut halten, da man jedem leicht ansehen kann, daß er sich zum Gebieten fähiger dünkt.

Deswegen wollen wir es ihnen verschweigen, sagte der Gehülfe. Man schmeichelt sich in's Leben hinein, aber das Leben schmeichelt uns nicht. Wie viel Menschen mögen denn das freiwillig zugestehen, was sie am Ende doch müssen? Lassen wir aber diese Betrachtungen, die uns hier nicht berühren.

Ich preise Sie glücklich, daß Sie bei Ihren Zöglingen ein richtiges Verfahren anwenden können. Wenn Ihre kleinsten Mädchen sich mit Puppen herumtragen und einige Läppchen für sie zusammenflicken, wenn ältere Geschwister alsdann für die jüngern sorgen, und das Haus sich in sich selbst bedient und aushilft: dann ist der weitere Schritt in's Leben nicht groß, und ein solches Mädchen findet bei ihrem Gatten, was sie bei ihren Eltern verließ.

Aber in den gebildeten Ständen ist die Aufgabe sehr verwickelt. Wir haben auf höhere, zartere, feinere, besonders auf gesellschaftliche Verhältnisse Rücksicht zu nehmen. Wir andern sollen daher unsre Zöglinge nach außen bilden; es ist notwendig, es ist unerläßlich und möchte recht gut sein, wenn man dabei nicht das Maß überschritte: denn indem man die Kinder für einen weiteren Kreis zu bilden gedenkt, treibt man sie leicht in's Gränzenlose, ohne im Auge zu behalten was denn eigentlich die innere Natur fordert. Hier liegt die Aufgabe, welche mehr oder weniger von den Erziehern gelös't oder verfehlt wird.

Bei manchem, womit wir unsere Schülerinnen in der Pension ausstatten, wird mir bange, weil die Erfahrung mir sagt, von wie geringem Gebrauch es künftig sein werde. Was wird nicht gleich abgestreift, was nicht gleich der Vergessenheit überantwortet, sobald ein Frauenzimmer sich im Stande der Hausfrau, der Mutter befindet!

Indessen kann ich mir den frommen Wunsch nicht versagen, da ich mich einmal diesem Geschäft gewidmet habe, daß es mir dereinst in Gesellschaft einer treuen Gehülfin gelingen möge, an meinen Zöglingen dasjenige rein auszubilden was sie bedürfen, wenn sie in das Feld eigener Tätigkeit und Selbstständigkeit hinüberschreiten; das ich mir sagen könnte: in diesem Sinne ist an ihnen die Erziehung vollendet. Freilich schließt sich eine andere immer wieder an, die beinahe mit jedem Jahre unsers Lebens, wo nicht von uns selbst, doch von den Umständen veranlaßt wird.

Wie wahr fand Ottilie diese Bemerkung! Was hatte nicht eine ungeahnete Leidenschaft im vergangenen Jahr an ihr erzogen! was sah sie nicht alles für Prüfungen vor sich schweben, wenn sie nur auf's Nächste, auf's Nächstkünftige hinblickte!

Der junge Mann hatte nicht ohne Vorbedacht einer Gehülfin, einer Gattin erwähnt: denn bei aller seiner Bescheidenheit konnte er nicht unterlassen, seine Absichten auf eine entfernte Weise anzudeuten; ja er war durch mancherlei Umstände und Vorfälle aufgeregt worden, bei diesem Besuch einige Schritte seinem Ziele näher zu tun.

Die Vorsteherin der Pension war bereits in Jahren, sie hatte sich unter ihren Mitarbeitern und Mitarbeiterinnen schon lange nach einer Person umgesehen, die eigentlich mit ihr in Gesellschaft träte, und zuletzt dem Gehülfen, dem sie zu vertrauen höchlich Ursache hatte, den Antrag getan: er solle mit ihr die Lehranstalt fortführen, darin als in dem Seinigen mitwirken, und nach ihrem Tode als Erbe und einziger Besitzer eintreten. Die Hauptsache schien hiebei, daß er eine einstimmende Gattin finden müsse. Er hatte im Stillen Ottilien vor Augen und im Herzen, allein es regten sich mancherlei Zweifel, die wieder durch günstige Ereignisse einiges Gegengewicht erhielten. Luciane hatte die Pension verlassen; Ottilie konnte freier zurückkehren; von dem Verhältnisse zu Eduard hatte zwar etwas verlautet; allein man nahm die Sache, wie ähnliche Vorfälle mehr, gleichgultig auf, und selbst dieses Ereignis konnte zu Ottiliens Rückkehr beitragen. Doch wäre man zu keinem Entschluß gekommen, kein Schritt wäre geschehen, hätte nicht ein unvermuteter Besuch auch hier eine besondere Anregung gegeben. Wie denn die Erscheinung von bedeutenden Menschen in irgend einem Kreise niemals ohne Folgen bleiben kann.

Der Graf und die Baronesse, welche so oft in den Fall kamen, über den Wert verschiedener Pensionen befragt zu werden, weil fast jedermann um die Erziehung seiner Kinder verlegen ist, hatten sich vorgenommen, diese besonders kennen zu lernen, von der so viel Gutes gesagt wurde, und konnten nunmehr in ihren neuen Verhältnissen zusammen eine solche Untersuchung anstellen. Allein die Baronesse beabsichtigte noch etwas anderes. Während ihres letzten Aufenthalts bei Charlotten hatte sie mit dieser alles umständlich durchgesprochen, was sich auf Eduarden und Ottilien bezog. Sie bestand aber und abermals darauf: Ottilie müsse entfernt werden. Sie suchte Charlotten hiezu Mut einzusprechen, welche sich vor Eduards Drohungen noch immer fürchtete. Man sprach über die verschiedenen Auswege, und bei Gelegenheit der Pension war auch von der Neigung des Gehülfen die Rede, und die Baronesse entschloß sich um so mehr zu dem gedachten Besuch.

Sie kommt an, lernt den Gehülfen kennen, man beobachtet die Anstalt und spricht von Ottilien. Der Graf selbst unterhält sich gern über sie, indem er sie bei dem neulichen Besuch genauer kennen gelernt. Sie hatte sich ihm genähert, ja sie ward von ihm angezogen, weil sie durch sein gehaltvolles Gespräch dasjenige zu sehen und zu kennen glaubte, was ihr bisher ganz unbekannt geblieben war. Und wie sie in dem Umgange mit Eduard die Welt vergaß, so schien ihr an der Gegenwart des Grafen die Welt erst recht wünschenswert zu sein. Jede Anziehung ist wechselseitig. Der Graf empfand eine Neigung für Ottilien, daß er sie gern als seine Tochter betrachtete. Auch hier war sie der Baronesse zum zweitenmal und mehr als das erstemal im Wege. Wer weiß was diese, in Zeiten lebhafterer Leidenschaft, gegen sie angestiftet hätte; jetzt war es ihr genug, sie durch eine Verheiratung den Ehefrauen unschädlicher zu machen.

Sie regte daher den Gehülfen auf eine leise, doch wirksame Art klüglich an, daß er sich zu einer kleinen Exkursion auf das Schloß einrichten und seinen Planen und Wünschen, von denen er der Dame kein Geheimnis gemacht, sich ungesäumt nähern solle.

Mit vollkommener Beistimmung der Vorsteherin trat er daher seine Reise an, und hegte in seinem Gemüte die besten Hoffnungen. Er weiß, Ottilie ist ihm nicht ungünstig; und wenn zwischen ihnen einiges Mißverhältnis des Standes war, so glich sich dieses gar leicht durch die Denkart der Zeit aus. Auch hatte die Baronesse ihm wohl fühlen lassen, daß Ottilie immer ein armes Mädchen bleibe. Mit einem reichen Hause verwandt zu sein, hieß es, kann niemanden helfen: denn man würde sich, selbst bei dem größten Vermögen, ein Gewissen daraus machen, denjenigen eine ansehnliche Summe zu entziehen, die dem näheren Grade nach ein vollkommneres Recht auf ein Besitztum zu haben scheinen. Und gewiß bleibt es wunderbar, daß der Mensch das große Vorrecht, nach seinem Tode noch über seine Habe zu disponieren, sehr selten zu Gunsten seiner Lieblinge gebraucht, und wie es scheint, aus Achtung für das Herkommen, nur diejenigen begünstigt, die nach ihm kein Vermögen besitzen würden, wenn er auch selbst keinen Willen hätte.

Sein Gefühl setzte ihn auf der Reise Ottilien völlig gleich. Eine gute Aufnahme erhöhte seine Hoffnungen. Zwar fand er gegen sich Ottilien nicht ganz so offen wie sonst; aber sie war auch erwachsener, gebildeter und wenn man will, im Allgemeinen mitteilender als er sie gekannt hatte. Vertraulich ließ man ihn in manches Einsicht nehmen, was sich besonders auf sein Fach bezog. Doch wenn er seinem Zwecke sich nähern wollte, so hielt ihn immer eine gewisse innere Scheu zurück.

Einst gab ihm jedoch Charlotte hiezu Gelegenheit, indem sie in Beisein Ottiliens zu ihm sagte: Nun, Sie haben alles was in meinem Kreise heranwächs't so ziemlich geprüft; wie finden Sie denn Ottilien? Sie dürfen es wohl in ihrer Gegenwart aussprechen.

Der Gehülfe bezeichnete hierauf, mit sehr viel Einsicht und ruhigem Ausdruck, wie er Ottilien in Absicht eines freieren Betragens, einer bequemeren Mitteilung, eines höheren Blicks in die weltlichen Dinge, der sich mehr in ihren Handlungen als in ihren Worten betätige, sehr zu ihrem Vorteil verändert finde; daß er aber doch glaube, es könne ihr sehr zum Nutzen gereichen, wenn sie auf einige Zeit in die Pension zurückkehre, um das in einer gewissen Folge gründlich und für immer sich zuzueignen, was die Welt nur stückweise und eher zur Verwirrung als zur Befriedigung, ja manchmal nur allzuspät überliefere. Er wolle darüber nicht weitläufig sein: Ottilie wisse selbst am besten, aus was für zusammenhängenden Lehrvorträgen sie damals herausgerissen worden.

Ottilie konnte das nicht leugnen; aber sie konnte nicht gestehen, was sie bei diesen Worten empfand, weil sie sich es kaum selbst auszulegen wußte. Es schien ihr in der Welt nichts mehr unzusammenhängend, wenn sie an den geliebten Mann dachte, und sie begriff nicht, wie ohne ihn noch irgend etwas zusammenhängen könne.

Charlotte beantwortete den Antrag mit kluger Freundlichkeit. Sie sagte, daß sowohl sie als Ottilie eine Rückkehr nach der Pension längst gewünscht hätten. In dieser Zeit nur sei ihr die Gegenwart einer so lieben Freundin und Helferin unentbehrlich gewesen; doch wolle sie in der Folge nicht hinderlich sein, wenn es Ottiliens Wunsch bliebe, wieder auf so lange dorthin zurückzukehren, bis sie das Angefangene geendet und das Unterbrochene sich vollständig zugeeignet.

Der Gehülfe nahm diese Anerbietung freudig auf; Ottilie durfte nichts dagegen sagen, ob es ihr gleich vor dem Gedanken schauderte. Charlotte hingegen dachte Zeit zu gewinnen; sie hoffte, Eduard sollte sich erst als glücklicher Vater wieder finden und einfinden, dann, war sie überzeugt, würde sich alles geben und auch für Ottilien auf eine oder die andere Weise gesorgt werden.

Nach einem bedeutenden Gespräch, über welches alle Teilnehmenden nachzudenken haben, pflegt ein gewisser Stillstand einzutreten, der einer allgemeinen Verlegenheit ähnlich sieht. Man ging im Saale auf und ab, der Gehülfe blätterte in einigen Büchern und kam endlich an den Folioband, der noch von Lucianens Zeiten her liegen geblieben war. Als er sah, daß darin nur Affen enthalten waren, schlug er ihn gleich wieder zu. Dieser Vorfall mag jedoch zu einem Gespräch Anlaß gegeben haben, wovon wir die Spuren in Ottiliens Tagebuch finden.

Aus Ottiliens Tagebuche

„Wie man es nur über das Herz bringen kann, die garstigen Affen so sorgfältig abzubilden. Man erniedrigt sich schon, wenn man sie nur als Tiere betrachtet; man wird aber wirklich bösartiger, wenn man dem Reize folgt, bekannte Menschen unter dieser Maske aufzusuchen."

„Es gehört durchaus eine gewisse Verschrobenheit dazu, um sich gern mit Karikaturen und Zerrbildern abzugeben. Unserm guten Gehülfen danke ich's, daß ich nicht mit der Naturgeschichte gequält worden bin: ich konnte mich mit den Würmern und Käfern niemals befreunden."

„Diesmal gestand er mir, daß es ihm eben so gehe. Von der Natur, sagte er, sollten wir nichts kennen, als was uns unmittelbar lebendig umgibt. Mit den Bäumen, die um uns blühen, grünen, Frucht tragen, mit jeder Staude an der wir vorbeigehen, mit jedem Grashalm über den wir hinwandeln, haben wir ein wahres Verhältnis, sie sind unsre echten Kompatrioten. Die Vögel, die auf unsern Zweigen hin und wieder hüpfen, die in unserm Laube singen, gehören uns an, sie sprechen zu uns, von Jugend auf, und wir lernen ihre Sprache verstehen. Man frage sich, ob nicht ein jedes fremde, aus seiner Umgebung gerissene Geschöpf einen gewissen ängstlichen Eindruck auf uns macht, der nur durch Gewohnheit abgestumpft wird. Es gehört schon ein buntes geräuschvolles Leben dazu, um Affen, Papageien und Mohren um sich zu ertragen."

„Manchmal wenn mich ein neugieriges Verlangen nach solchen abenteuerlichen Dingen anwandelte, habe ich den Reisenden beneidet, der solche Wunder mit andern Wundern in lebendiger alltäglicher Verbindung sieht. Aber auch er wird ein anderer Mensch. Es wandelt niemand ungestraft unter Palmen, und die Gesinnungen ändern sich gewiß in einem Lande wo Elephanten und Tiger zu Hause sind."

„Nur *der* Naturforscher ist verehrungswert, der uns das Fremdeste, Seltsamste, mit seiner Lokalität, mit aller Nachbarschaft, jedesmal in dem eigensten Elemente zu schildern und darzustellen weiß. Wie gern möchte ich nur einmal Humboldten erzählen hören."

„Ein Naturalien-Kabinett kann uns vorkommen wie eine ägyptische Grabstätte, wo die verschiedenen Tier- und Pflanzengötzen balsamiert umherstehen. Einer Priester-Kaste geziemt es wohl, sich damit in geheimnisvollem Halbdunkel abzugeben; aber in den allgemeinen Unterricht sollte dergleichen nicht einfließen, um so weniger, als etwas Näheres und Würdigeres sich dadurch leicht verdrängt sieht."

„Ein Lehrer der das Gefühl an einer einzigen guten Tat, an einem einzigen guten Gedicht erwecken kann, leistet mehr als einer der uns ganze Reihen untergeordneter Naturbildungen der Gestalt und dem Namen nach überliefert: denn das ganze Resultat davon ist, was wir ohnedies wissen können, daß das Menschengebild am vorzüglichsten und einzigsten das Gleichnis der Gottheit an sich trägt."

„Dem Einzelnen bleibe die Freiheit sich mit dem zu beschäftigen, was ihn anzieht, was ihm Freude macht, was ihm nützlich deucht; aber das eigentliche Studium der Menschheit ist der Mensch."

Achtes Kapitel

Es gibt wenig Menschen, die sich mit dem Nächstvergangenen zu beschäftigen wissen. Entweder das Gegenwärtige hält uns mit Gewalt an sich, oder wir verlieren uns in die Vergangenheit und suchen das völlig Verlorene, wie es nur möglich sein will, wieder hervorzurufen und herzustellen. Selbst in großen und reichen Familien, die ihren Vorfahren vieles schuldig sind, pflegt es so zu gehen, daß man des Großvaters mehr als des Vaters gedenkt.

Zu solchen Betrachtungen ward unser Gehülfe aufgefordert, als er an einem der schönen Tage, an welchen der scheidende Winter den Frühling zu lügen pflegt, durch den großen alten Schloßgarten gegangen war und die hohen Lindenalleen, die regelmäßigen Anlagen, die sich von Eduards Vater herschrieben, bewundert hatte. Sie waren vortrefflich gediehen, in dem Sinne desjenigen der sie pflanzte, und nun, da sie erst anerkannt und genossen werden sollten, sprach niemand mehr von ihnen; man besuchte sie kaum und hatte Liebhaberei und Aufwand gegen eine andere Seite hin in's Freie und Weite gerichtet.

Er machte bei seiner Rückkehr Charlotten die Bemerkung, die sie nicht ungünstig aufnahm. Indem uns das Leben fortzieht, versetzte sie, glauben wir aus uns selbst zu handeln, unsre Tätigkeit, unsre Vergnügungen zu wählen; aber freilich, wenn wir es genau ansehen, so sind es nur die Plane, die Neigungen der Zeit, die wir mit auszuführen genötigt sind.

Gewiß, sagte der Gehülfe: und wer widersteht dem Strome seiner Umgebungen? Die Zeit rückt fort und in ihr Gesinnungen, Meinungen, Vorurteile und Liebhabereien. Fällt die Jugend eines Sohnes gerade in die Zeit der Umwendung, so kann man versichert sein, daß er mit seinem Vater nichts gemein haben wird. Wenn dieser in einer Periode lebte, wo man Lust hatte sich manches anzueignen, dieses Eigentum zu sichern, zu beschränken, einzuengen und in der Absonderung von der Welt seinen Genuß zu befestigen, so wird jener sodann sich auszudehnen suchen, mitteilen, verbreiten und das Verschlossene eröffnen.

Ganze Zeiträume, versetzte Charlotte, gleichen diesem Vater und Sohn, den Sie schildern. Von jenen Zuständen, da jede kleine Stadt ihre Mauern und Gräben haben mußte, da man jeden Edelhof noch in einen Sumpf baute, und die geringsten Schlösser nur durch eine Zugbrücke zugänglich waren, davon können wir uns kaum einen Begriff machen. Sogar größere Städte tragen jetzt ihre Wälle ab, die Gräben selbst fürstlicher Schlösser werden ausgefüllt, die Städte bilden nur große Flecken, und wenn man so auf Reisen das ansieht, sollte man glauben: der allgemeine Friede sei befestigt und das goldne Zeitalter vor der Tür. Niemand glaubt sich in einem Garten behaglich, der nicht einem freien Lande ähnlich sieht; an Kunst, an Zwang soll nichts erinnern, wir wollen völlig frei und unbedingt Atem schöpfen. Haben Sie wohl einen Begriff, mein Freund, daß man aus diesem in einen andern, in den vorigen Zustand zurückkehren könne?

Warum nicht? versetzte der Gehülfe: jeder Zustand hat seine Beschwerlichkeit, der beschränkte sowohl als der losgebundene. Der letztere setzt Überfluß voraus und führt zur Verschwendung. Lassen Sie uns bei Ihrem Beispiel bleiben, das auffallend genug ist. Sobald der Mangel eintritt, sogleich ist die Selbstbeschränkung wiedergegeben. Menschen, die ihren Grund und Boden zu nutzen genötigt sind, führen schon wieder Mauern um ihre Gärten auf, damit sie ihrer Erzeugnisse sicher seien. Daraus entsteht nach und nach eine neue Ansicht der Dinge. Das Nützliche erhält wieder die Oberhand, und selbst der Vielbesitzende meint zuletzt auch das alles nutzen zu müssen. Glauben Sie mir: es ist möglich, daß Ihr Sohn die sämtlichen Parkanlagen vernachlässigt und sich wieder hinter die ernsten Mauern und unter die hohen Linden seines Großvaters zurückzieht.

Charlotte war im Stillen erfreut, sich einen Sohn verkündigt zu hören, und verzieh dem Gehülfen deshalb die etwas unfreundliche Prophezeiung, wie es dereinst ihrem lieben schönen Park ergehen könne. Sie versetzte deshalb ganz freundlich: Wir sind beide noch nicht alt genug um dergleichen Widersprüche mehrmals erlebt zu haben; allein wenn man sich in seine frühe Jugend zurückdenkt, sich erinnert worüber man von älteren Personen klagen gehört, Länder und Städte mit in die Betrachtung aufnimmt: so möchte wohl gegen die Bemerkung nichts einzuwenden sein. Sollte man denn aber einem solchen Naturgang nichts entgegensetzen, sollte man Vater und Sohn, Eltern und Kinder nicht in Übereinstimmung bringen können? Sie haben mir freundlich einen Knaben geweissagt; müßte denn der gerade mit seinem Vater im Widerspruch stehen? Zerstören was seine Eltern erbaut haben, anstatt es zu vollenden und zu erheben wenn er in demselben Sinne fortfährt?

Dazu gibt es auch wohl ein vernünftiges Mittel, versetzte der Gehülfe, das aber von den Menschen selten angewandt wird. Der Vater erhebe seinen Sohn zum Mitbesitzer, er lasse ihn mitbauen, -pflanzen, und erlaube ihm, wie sich selbst, eine unschädliche Willkür. Eine Tätigkeit läßt sich in die andre verweben, keine an die andre anstückeln. Ein junger Zweig verbindet sich mit einem alten Stamme gar leicht und gern, an den kein erwachsener Ast mehr anzufügen ist.

Es freute den Gehülfen, in dem Augenblick da er Abschied zu nehmen sich genötigt sah, Charlotten zufälligerweise etwas Angenehmes gesagt und ihre Gunst auf's neue dadurch befestigt zu haben. Schon allzulange war er von Hause weg, doch konnte er zur Rückreise sich nicht eher entschließen, als nach völliger Überzeugung, er müsse die herannahende Epoche von Charlottens Niederkunft erst vorbeigehen lassen, bevor er wegen Ottiliens irgend eine Entscheidung hoffen könne. Er fügte sich deshalb in die Umstände und kehrte mit diesen Aussichten und Hoffnungen wieder zur Vorsteherin zurück.

Charlottens Niederkunft nahte heran. Sie hielt sich mehr in ihren Zimmern. Die Frauen, die sich um sie versammelt hatten, waren ihre geschlossenere Gesellschaft. Ottilie besorgte das Hauswesen, indem sie kaum daran denken durfte, was sie tat. Sie hatte sich zwar völlig ergeben, sie wünschte für Charlotte, für das Kind, für Eduarden, sich auch noch ferner auf das dienstlichste zu bemühen, aber sie sah nicht ein, wie es möglich werden wollte. Nichts konnte sie vor völliger Verworrenheit retten, als daß sie jeden Tag ihre Pflicht tat.

Ein Sohn war glücklich zur Welt gekommen, und die Frauen versicherten sämtlich, es sei der ganze leibhafte Vater. Nur Ottilie konnte es im Stillen nicht finden, als sie der Wöchnerin Glück wünschte und das Kind auf das herzlichste begrüßte. Schon bei den Anstalten zur Verheiratung ihrer Tochter war Charlotten die Abwesenheit ihres Gemahls höchst fühlbar gewesen; nun sollte der Vater auch bei der Geburt des Sohnes nicht gegenwärtig sein; er sollte den Namen nicht bestimmen, bei dem man ihn künftig rufen würde.

Der erste von allen Freunden die sich glückwünschend sehen ließen, war Mittler, der seine Kundschafter ausgestellt hatte um von diesem Ereignis sogleich Nachricht zu erhalten. Er fand sich ein und zwar sehr behaglich. Kaum daß er seinen Triumph in Gegenwart Ottiliens verbarg, so sprach er sich gegen Charlotten laut aus, und war der Mann alle Sorgen zu heben und alle augenblicklichen Hindernisse bei Seite zu bringen. Die Taufe sollte nicht lange aufgeschoben werden. Der alte Geistliche, mit Einem Fuß schon im Grabe, sollte durch seinen Segen das Vergangene mit dem Zukünftigen zusammenknüpfen; Otto sollte das Kind heißen: es konnte keinen andern Namen führen als den Namen des Vaters und des Freundes.

Es bedurfte der entschiedenen Zudringlichkeit dieses Mannes, um die hunderterlei Bedenklichkeiten, das Widerreden, Zaudern, Stocken, Besser- und Anderswissen, das Schwanken, Meinen, Um- und Wiedermeinen zu beseitigen; da gewöhnlich bei solchen Gelegenheiten aus einer gehobenen Bedenklichkeit immer wieder neue entstehen, und indem man alle Verhältnisse schonen will, immer der Fall eintritt, einige zu verletzten.

Alle Meldungsschreiben und Gevatterbriefe übernahm Mittler; sie sollten gleich ausgefertigt sein: denn ihm war selbst höchlich daran gelegen, ein Glück, das er für die Familie so bedeutend hielt, auch der übrigen mitunter mißwollenden und mißredenden Welt bekannt zu machen. Und freilich waren die bisherigen leidenschaftlichen Vorfälle dem Publikum nicht entgangen, das ohnehin in der Überzeugung steht, alles was geschieht, geschehe nur dazu, damit es etwas zu reden habe.

Die Feier des Taufaktes sollte würdig, aber beschränkt und kurz sein. Man kam zusammen, Ottilie und Mittler sollten das Kind als Taufzeugen halten. Der alte Geistliche, unterstützt vom Kirchdiener, trat mit langsamen Schritten heran. Das Gebet war verrichtet, Ottilien das Kind auf die Arme gelegt, und als sie mit Neigung auf dasselbe heruntersah, erschrak sie nicht wenig an seinen offenen Augen: denn sie glaubte in ihre eigenen zu sehen, eine solche Übereinstimmung hätte jeden überraschen müssen. Mittler, der zunächst das Kind empfing, stutzte gleichfalls, indem er in der Bildung desselben eine so auffallende Ähnlichkeit, und zwar mit dem Hauptmann erblickte, dergleichen ihm sonst noch nie vorgekommen war.

Die Schwäche des guten alten Geistlichen hatte ihn gehindert, die Taufhandlung mit mehrerem als der gewöhnlichen Liturgie zu begleiten. Mittler indessen, voll von dem Gegenstande, gedachte seiner frühern Amtsverrichtungen und hatte überhaupt die Art, sich sogleich in jedem Falle zu denken, wie er nun reden, wie er sich äußern würde. Diesmal konnte er sich um so weniger zurückhalten, als es nur eine kleine Gesellschaft von lauter Freunden war, die ihn umgab. Er fing daher an, gegen das Ende des Akts, mit Behaglichkeit sich an die Stelle des Geistlichen zu versetzen, in einer muntern Rede seine Patenpflichten und Hoffnungen zu äußern und um so mehr dabei zu verweilen, als er Charlottens Beifall in ihrer zufriedenen Miene zu erkennen glaubte.

Daß der gute alte Mann sich gern gesetzt hätte, entging dem rüstigen Redner, der noch viel weniger dachte, daß er ein größeres Übel hervorzubringen auf dem Wege war: denn nachdem er das Verhältnis eines jeden Anwesenden zum Kinde mit Nachdruck geschildert und Ottiliens Fassung dabei ziemlich auf die Probe gestellt hatte, so wandte er sich zuletzt gegen den Greis mit diesen Worten: Und Sie, mein würdiger Altvater, können nunmehr mit Simeon sprechen: Herr laß deinen Diener in Frieden fahren; denn meine Augen haben den Heiland dieses Hauses gesehen.

Nun war er im Zuge recht glänzend zu schließen, aber er bemerkte bald, daß der Alte, dem er das Kind hinhielt, sich zwar erst gegen dasselbe zu neigen schien, nachher aber schnell zurücksank. Vom Fall kaum abgehalten ward er in einen Sessel gebracht, und man mußte ihn, ungeachtet aller augenblicklichen Beihülfe, für tot ansprechen.

So unmittelbar Geburt und Tod, Sarg und Wiege neben einander zu sehen und zu denken, nicht bloß mit der Einbildungskraft, sondern mit den Augen diese ungeheuern Gegensätze zusammenzufassen, war für die Umstehenden eine schwere Aufgabe, je überraschender sie vorgelegt wurde. Ottilie allein betrachtete den Eingeschlummerten, der noch immer seine freundliche einnehmende Miene behalten hatte, mit einer Art von Neid. Das Leben ihrer Seele war getötet, warum sollte der Körper noch erhalten werden?

Führten sie auf diese Weise gar manchmal die unerfreulichen Begebenheiten des Tags auf die Betrachtung der Vergänglichkeit, des Scheidens, des Verlierens, so waren ihr dagegen wundersame nächtliche Erscheinungen zum Trost gegeben, die ihr das Dasein des Geliebten versicherten und ihr eigenes befestigten und belebten. Wenn sie sich Abends zur Ruhe gelegt, und im süßen Gefühl noch zwischen Schlaf und Wachen schwebte, schien es ihr, als wenn sie in einen ganz hellen, doch mild erleuchteten Raum hineinblickte. In diesem sah sie Eduarden ganz deutlich und zwar nicht gekleidet wie sie ihn sonst gesehen, sondern im kriegerischen Anzug, jedesmal in einer andern Stellung, die aber vollkommen natürlich war und nichts Phantastisches an sich hatte: stehend, gehend, liegend, reitend. Die Gestalt bis auf's kleinste ausgemalt bewegte sich willig vor ihr, ohne daß sie das mindeste dazu tat, ohne daß sie wollte oder die Einbildungskraft anstrengte. Manchmal sah sie ihn auch umgeben, besonders von etwas Beweglichem, das dunkler war als der helle Grund; aber sie unterschied kaum Schattenbilder, die ihr zuweilen als Menschen, als Pferde, als Bäume und Gebirge vorkommen konnten. Gewöhnlich schlief sie über der Erscheinung ein, und wenn sie nach einer ruhigen Nacht Morgens wieder erwachte, so war sie erquickt, getröstet, sie fühlte sich überzeugt: Eudard lebe noch, sie stehe mit ihm noch in dem innigsten Verhältnis.

Neuntes Kapitel

Der Frühling war gekommen, später, aber auch rascher und freudiger als gewöhnlich. Ottilie fand nun im Garten die Frucht ihres Vorsehens: alles keimte, grünte und blühte zur rechten Zeit; manches, was hinter wohlangelegten Glashäusern und Beeten vorbereitet worden, trat nun sogleich der endlich von außen wirkenden Natur entgegen, und alles was zu tun und zu besorgen war, blieb nicht bloß hoffnungsvolle Mühe wie bisher, sondern ward zum heitern Genusse.

An dem Gärtner aber hatte sie zu trösten über manche durch Lucianens Wildheit entstandene Lücke unter den Topfgewächsen, über die zerstörte Symmetrie mancher Baumkrone. Sie machte ihm Mut, daß sich das alles bald wieder herstellen werde; aber er hatte zu ein tiefes Gefühl, zu einen reinen Begriff von seinem Handwerk, als daß diese Trostgründe viel bei ihm hätten fruchten sollen. So wenig der Gärtner sich durch andere Liebhabereien und Neigungen zerstreuen darf, so wenig darf der ruhige Gang unterbrochen werden, den die Pflanze zur dauernden oder zur vorübergehenden Vollendung nimmt. Die Pflanze gleicht den eigensinnigen Menschen, von denen man alles erhalten kann, wenn man sie nach ihrer Art behandelt. Ein ruhiger Blick, eine stille Konsequenz, in jeder Jahrszeit, in jeder Stunde das ganz Gehörige zu tun, wird vielleicht von niemand mehr als vom Gärtner verlangt.

Diese Eigenschaften besaß der gute Mann in einem hohen Grade, deswegen auch Ottilie so gern mit ihm wirkte; aber sein eigentliches Talent konnte er schon einige Zeit nicht mehr mit Behaglichkeit ausüben. Denn ob er gleich alles was die Baum- und Küchengärtnerei betraf, auch die Erfordernisse eines ältern Ziergartens, vollkommen zu leisten verstand — wie denn überhaupt einem vor dem andern dieses oder jenes gelingt — ob er schon in Behandlung der Orangerie, der Blumenzwiebeln, der Nelken- und Aurikelnstöcke, die Natur selbst hätte herausfordern können: so waren ihm doch die neuen Zierbäume und Modeblumen einigermaßen fremd geblieben, und er hatte vor dem unendlichen Felde der Botanik, das sich nach der Zeit auftat, und den darin herumsummenden fremden Namen, eine Art von Scheu, die ihn verdrießlich machte. Was die Herrschaft voriges Jahr zu verschreiben angefangen, hielt er um so mehr für unnützen Aufwand und Verschwendung, als er gar manche kostbare Pflanze ausgehen sah, und mit den Handelsgärtnern die ihn, wie er glaubte, nicht redlich genug bedienten, in keinem sonderlichen Verhältnisse stand.

Er hatte sich darüber, nach mancherlei Versuchen, eine Art von Plan gemacht, in welchem ihn Ottilie um so mehr bestärkte, als er auf die Wiederkehr Eduards eigentlich gegründet war, dessen Abwesenheit man in diesem wie in manchem andern Falle täglich nachteiliger empfinden mußte.

Indem nun die Pflanzen immer mehr Wurzel schlugen und Zweige trieben, fühlte sich auch Ottilie immer mehr an diese Räume gefesselt. Gerade vor einem Jahre trat sie als Fremdling, als ein unbedeutendes Wesen hier ein; wie viel hatte sie sich seit jener Zeit nicht erworben! aber leider wie viel hatte sie nicht auch seit jener Zeit wieder verloren! Sie war nie so reich und nie so arm gewesen. Das Gefühl von beidem wechselte augenblicklich mit einander ab, ja durchkreuzte sich auf's innigste, so daß sie sich nicht anders zu helfen wußte, als daß sie immer wieder das Nächste mit Anteil, ja mit Leidenschaft ergriff.

Daß alles was Eduarden besonders lieb war auch ihre Sorgfalt am stärksten an sich zog, läßt sich denken; ja warum sollte sie nicht hoffen, daß er selbst nun bald wiederkommen, daß er die fürsorgliche Dienstlichkeit, die sie dem Abwesenden geleistet, dankbar gegenwärtig bemerken werde.

Aber noch auf eine viel andre Weise war sie veranlaßt für ihn zu wirken. Sie hatte vorzüglich die Sorge für das Kind übernommen, dessen unmittelbare Pflegerin sie um so mehr werden konnte, als man es keiner Amme zu übergeben, sondern mit Milch und Wasser aufzuziehen sich entschieden hatte. Es sollte in jener schönen Zeit der freien Luft genießen; und so trug sie es am liebsten selbst heraus, trug das schlafende unbewußte zwischen Blumen und Blüten her, die dereinst seiner Kindheit so freundlich entgegen lachen sollten, zwischen jungen Sträuchen und Pflanzen, die mit ihm in die Höhe zu wachsen durch ihre Jugend bestimmt schienen. Wenn sie um sich her sah, so verbarg sie sich nicht, zu welchem großen reichen Zustande das Kind geboren sei: denn fast alles wohin das Auge blickte, sollte dereinst ihm gehören. Wie wünschenswert war es zu diesem allem, daß es vor den Augen des Vaters, der Mutter, aufwüchse und eine erneute frohe Verbindung bestätigte.

Ottilie fühlte dies alles so rein, daß sie sich's als entschieden wirklich dachte und sich selbst dabei gar nicht empfand. Unter diesem klaren Himmel, bei diesem hellen Sonnenschein, ward es ihr auf einmal klar, daß ihre Liebe, um sich zu vollenden, völlig uneigennützig werden müsse; ja in manchen Augenblicken glaubte sie diese Höhe schon erreicht zu haben. Sie wünschte nun das Wohl ihres Freundes, sie glaubte sich fähig ihm zu entsagen, sogar ihn niemals wieder zu sehen, wenn sie ihn nur glücklich wisse. Aber ganz entschieden war sie für sich, niemals einem andern anzugehören.

Daß der Herbst eben so herrlich würde wie der Frühling, dafür war gesorgt. Alle sogenannten Sommergewächse, alles was im Herbst mit Blühen nicht enden kann und sich der Kälte noch keck entgegen entwickelt, Astern besonders, waren in der größten Mannichfaltigkeit gesäet und sollten nun überall hin verpflanzt einen Sternhimmel über die Erde bilden.

Aus Ottiliens Tagebuche

„Einen guten Gedanken den wir gelesen, etwas Auffallendes das wir gehört, tragen wir wohl in unser Tagebuch. Nähmen wir uns aber zugleich die Mühe, aus den Briefen unserer Freunde eigentümliche Bemerkungen, originelle Ansichten, flüchtige geistreiche Worte auszuzeichnen, so würden wir sehr reich werden. Briefe hebt man auf, um sie nie wieder zu lesen; man zerstört sie zuletzt einmal aus Diskretion, und so verschwindet der schönste unmittelbarste Lebenshauch unwiederbringlich für uns und andre. Ich nehme mir vor, dieses Versäumnis wieder gut zu machen."

„So wiederholt sich denn abermals das Jahresmärchen von vorn. Wir sind nun wieder, Gott sei Dank! an seinem artigsten Kapitel. Veilchen und Maiblumen sind wie Überschriften oder Vignetten dazu. Es macht uns immer einen angenehmen Eindruck, wenn wir sie in dem Buche des Lebens wieder aufschlagen."

„Wir schelten die Armen, besonders die Unmündigen, wenn sie sich an den Straßen herumlegen und betteln. Bemerken wir nicht, daß sie gleich tätig sind, sobald es was zu tun gibt? Kaum entfaltet die Natur ihre freundlichen Schätze, so sind die Kinder dahinterher um ein Gewerbe zu eröffnen; keines bettelt mehr; jedes reicht dir einen Strauß; es hat ihn gepflückt ehe du vom Schlaf erwachtest, und das bittende sieht dich so freundlich an wie die Gabe. Niemand sieht erbärmlich aus, der sich einiges Recht fühlt, fordern zu dürfen."

„Warum nur das Jahr manchmal so kurz, manchmal so lang ist, warum es so kurz scheint und so lang in der Erinnerung! Mir ist es mit dem vergangenen so, und nirgends auffallender als im Garten, wie Vergängliches und Dauerndes in einander greift. Und doch ist nichts so flüchtig das nicht eine Spur, das nicht Seinesgleichen zurücklasse."

„Man läßt sich den Winter auch gefallen. Man glaubt sich freier auszubreiten, wenn die Bäume so geisterhaft, so durchsichtig vor uns stehen. Sie sind nichts, aber sie decken auch nichts zu. Wie aber einmal Knospen und Blüten kommen, dann wird man ungeduldig bis das volle Laub hervortritt, bis die Landschaft sich verkörpert und der Baum sich als eine Gestalt uns entgegen drängt."

„Alles Vollkommene in seiner Art muß über seine Art hinausgehen, es muß etwas anderes Unvergleichbares werden. In manchen Tönen ist die Nachtigall noch Vogel; dann steigt sie über ihre Klasse hinüber und scheint jedem Gefiederten andeuten zu wollen, was eigentlich singen heiße."

„Ein Leben ohne Liebe, ohne die Nähe des Geliebten, ist nur eine Comédie à tiroir, ein schlechtes Schubladenstück. Man schiebt eine nach der andern heraus und wieder hinein und eilt zur folgenden. Alles was auch Gutes und Bedeutendes vorkommt, hängt nur kümmerlich zusammen. Man muß überall von vorn anfangen und möchte überall enden."

Zehntes Kapitel

Charlotte von ihrer Seite befindet sich munter und wohl. Sie freut sich an dem tüchtigen Knaben, dessen viel versprechende Gestalt ihr Auge und Gemüt stündlich beschäftigt. Sie erhält durch ihn einen neuen Bezug auf die Welt und auf den Besitz; ihre alte Tätigkeit regt sich wieder; sie erblickt, wo sie auch hinsieht, im vergangenen Jahre vieles getan und empfindet Freude am Getanen. Von einem eigenen Gefühl belebt steigt sie zur Mooshütte mit Ottilien und dem Kinde, und indem sie dieses auf den kleinen Tisch, als auf einen häuslichen Altar niederlegt, und noch zwei Plätze leer sieht, gedenkt sie der vorigen Zeiten und eine neue Hoffnung für sie und Ottilien dringt hervor.

Junge Frauenzimmer sehen sich bescheiden vielleicht nach diesem oder jenem Jüngling um, mit stiller Prüfung, ob sie ihn wohl zum Gatten wünschten; wer aber für eine Tochter oder einen weiblichen Zögling zu sorgen hat, schaut in einem weitern Kreis umher. So ging es auch in diesem Augenblick Charlotten, der eine Verbindung des Hauptmanns mit Ottilien nicht unmöglich schien, wie sie doch auch schon ehemals in dieser Hütte neben einander gesessen hatten. Ihr war nicht unbekannt geblieben, daß jene Aussicht auf eine vorteilhafte Heirat wieder verschwunden sei.

Charlotte stieg weiter und Ottilie trug das Kind. Jene überließ sich mancherlei Betrachtungen. Auch auf dem festen Lande gibt es wohl Schiffbruch; sich davon auf das schnellste zu erholen und herzustellen, ist schön und preiswürdig. Ist doch das Leben nur auf Gewinn und Verlust berechnet. Wer macht nicht irgend eine Anlage und wird darin gestört! Wie oft schlägt man einen Weg ein und wird davon abgeleitet! Wie oft werden wir von einem scharf in's Auge gefaßten Ziel abgelenkt, um ein höheres zu erreichen! Der Reisende bricht unterwegs zu seinem höchsten Verdruß ein Rad und gelangt durch diesen unangenehmen Zufall zu den erfreulichsten Bekanntschaften und Verbindungen, die auf sein ganzes Leben Einfluß haben. Das Schicksal gewährt uns unsre Wünsche, aber auf seine Weise, um uns etwas über unsere Wünsche geben zu können.

Diese und ähnliche Betrachtungen waren es, unter denen Charlotte zum neuen Gebäude auf der Höhe gelangte, wo sie vollkommen bestätigt wurden. Denn die Umgebung war viel schöner als man sich's hatte denken können. Alles störende Kleinliche war rings umher entfernt; alles Gute der Landschaft, was die Natur, was die Zeit daran getan hatte, trat reinlich hervor und fiel in's Auge, und schon grünten die jungen Pflanzungen, die bestimmt waren, einige Lücken auszufüllen und die abgesonderten Teile angenehm zu verbinden.

Das Haus selbst war nahezu bewohnbar; die Aussicht, besonders aus den obern Zimmern, höchst mannichfaltig. Je länger man sich umsah, desto mehr Schönes entdeckte man. Was mußten nicht hier die verschiedenen Tagszeiten, was Mond und Sonne für Wirkungen hervorbringen! Hier zu verweilen war höchst wünschenswert, und wie schnell ward die Lust zu bauen und zu schaffen in Charlotten wieder erweckt, da sie alle grobe Arbeit getan fand. Ein Tischer, ein Tapezierer, ein Maler, der mit Patronen und leichter Vergoldung sich zu helfen wußte, nur dieser bedurfte man, und in kurzer Zeit war das Gebäude im Stande. Keller und Küche wurden schnell eingerichtet: denn in der Entfernung vom Schlosse mußte man alle Bedürfnisse um sich versammeln. So wohnten die Frauenzimmer mit dem Kinde nun oben, und von diesem Aufenthalt, als von einem neuen Mittelpunkt, eröffneten sich ihnen unerwartete Spaziergänge. Sie genossen vergnüglich in einer höheren Region der freien frischen Luft bei dem schönsten Wetter.

Ottiliens liebster Weg, teils allein, teils mit dem Kind ging herunter nach den Platanen auf einem bequemen Fußsteig, der sodann zu dem Punkte leitete, wo einer der Kähne angebunden war, mit denen man überzufahren pflegte. Sie erfreute sich manchmal einer Wasserfahrt; allein ohne das Kind, weil Charlotte deshalb einige Besorgnis zeigte. Doch verfehlte sie nicht, täglich den Gärtner im Schloßgarten zu besuchen und an seiner Sorgfalt für die vielen Pflanzenzöglinge, die nun alle der freien Luft genossen, freundlich Teil zu nehmen.

In dieser schönen Zeit kam Charlotten der Besuch eines Engländers sehr gelegen, der Eduarden auf Reisen kennen gelernt, einigemal getroffen hatte und nunmehr neugierig war, die schönen Anlagen zu sehen, von denen er so viel Gutes erzählen hörte. Er brachte ein Empfehlungsschreiben vom Grafen mit und stellte zugleich einen stillen, aber sehr gefälligen Mann als seinen Begleiter vor. Indem er nun bald mit Charlotten und Ottilien, bald mit Gärtnern und Jägern, öfters mit seinem Begleiter, und manchmal allein die Gegend durchstrich, so konnte man seinen Bemerkungen wohl ansehen, daß er ein Liebhaber und Kenner solcher Anlagen war, der wohl auch manche dergleichen selbst ausgeführt hatte. Obgleich in Jahren nahm er auf eine heitere Weise an allem Teil, was dem Leben zur Zierde gereichen und es bedeutend machen kann.

In seiner Gegenwart genossen die Frauenzimmer erst vollkommen ihrer Umgebung. Sein geübtes Auge empfing jeden Effekt ganz frisch, und er hatte um so mehr Freude an dem Entstandenen, als er die Gegend vorher nicht gekannt, und was man daran getan, von dem was die Natur geliefert, kaum zu unterscheiden wußte.

Man kann wohl sagen, daß durch seine Bemerkungen der Park wuchs und sich bereicherte. Schon zum voraus erkannte er was die neuen heranstrebenden Pflanzungen versprachen. Keine Stelle blieb ihm unbemerkt, wo noch irgend eine Schönheit hervorzuheben oder anzubringen war. Hier deutete er auf eine Quelle, welche gereinigt, die Zierde einer ganzen Buschpartie zu werden versprach; hier auf eine Höhle die ausgeräumt und erweitert einen erwünschten Ruheplatz geben konnte, indessen man nur wenige Bäume zu fällen brauchte, um von ihr aus herrliche Felsenmassen aufgetürmt zu erblicken. Er wünschte den Bewohnern Glück, daß ihnen so manches nachzuarbeiten übrig blieb, und ersuchte sie, damit nicht zu eilen, sondern für folgende Jahre sich das Vergnügen des Schaffens und Einrichtens vorzubehalten.

Übrigens war er außer den geselligen Stunden keineswegs lästig: denn er beschäftigte sich die größte Zeit des Tags, die malerischen Aussichten des Parks in einer tragbaren dunklen Kammer aufzufangen und zu zeichnen, um dadurch sich und andern von seinen Reisen eine schöne Frucht zu gewinnen. Er hatte dieses, schon seit mehreren Jahren, in allen bedeutenden Gegenden getan und sich dadurch die angenehmste und interessanteste Sammlung verschafft. Ein großes Portefeuille das er mit sich führte, zeigte er den Damen vor und unterhielt sie, teils durch das Bild, teils durch die Auslegung. Sie freuten sich, hier in ihrer Einsamkeit die Welt so bequem zu durchreisen, Ufer und Häfen, Berge, Seen und Flüsse, Städte, Kastelle und manches andre Lokal, das in der Geschichte einen Namen hat, vor sich vorbeiziehen zu sehen.

Jede von beiden Frauen hatte ein besonderes Interesse; Charlotte das allgemeinere, gerade an dem, wo sich etwas historisch Merkwürdiges fand, während Ottilie sich vorzüglich bei den Gegenden aufhielt, wovon Eduard viel zu erzählen pflegte, wo er gern verweilt, wohin er öfters zurückgekehrt: denn jeder Mensch hat in der Nähe und in der Ferne gewisse örtliche Einzelnheiten die ihn anziehen, die ihm, seinem Charakter nach, um des ersten Eindrucks, gewisser Umstände, der Gewohnheit willen, besonders lieb und aufregend sind.

Sie fragte daher den Lord, wo es ihm denn am besten gefalle, und wo er nun seine Wohnung aufschlagen würde wenn er zu wählen hätte. Da wußte er denn mehr als Eine schöne Gegend vorzuzeigen, und was ihm dort widerfahren, um sie ihm lieb und wert zu machen, in seinem eigens akzentuierten Französisch gar behaglich mitzuteilen.

Auf die Frage hingegen, wo er sich denn jetzt gewöhnlich aufhalte, wohin er am liebsten zurückkehre, ließ er sich ganz unbewunden, doch den Frauen unerwartet, also vernehmen.

Ich habe mir nun angewöhnt überall zu Hause zu sein und finde zuletzt nichts bequemer, als daß andre für mich bauen, pflanzen und sich häuslich bemühen. Nach meinen eigenen Besitzungen sehne ich mich nicht zurück, teils aus politischen Ursachen, vorzüglich aber weil mein Sohn, für den ich alles eigentlich getan und eingerichtet, dem ich es zu übergeben, mit dem ich es noch zu genießen hoffte, an allem keinen Teil nimmt, sondern nach Indien gegangen ist, um sein Leben dort, wie mancher andere, höher zu nutzen, oder gar zu vergeuden.

Gewiß, wir machen viel zu viel vorarbeitenden Aufwand auf's Leben. Anstatt daß wir gleich anfingen uns in einem mäßigen Zustand behaglich zu finden, so gehen wir immer mehr in's Breite, um es uns immer unbequemer zu machen. Wer genießt jetzt meine Gebäude, meinen Park, meine Gärten? Nicht ich, nicht einmal die Meinigen, fremde Gäste, Neugierige, unruhige Reisende.

Selbst bei vielen Mitteln sind wir immer nur halb und halb zu Hause, besonders auf dem Lande, wo uns manches Gewohnte der Stadt fehlt. Das Buch das wir am eifrigsten wünschten, ist nicht zur Hand, und gerade was wir am meisten bedürften, ist vergessen. Wir richten uns immer häuslich ein, um wieder auszuziehen, und wenn wir es nicht mit Willen und Willkür tun, so wirken Verhältnisse, Leidenschaften, Zufälle, Notwendigkeiten und was nicht alles.

Der Lord ahnete nicht, wie tief durch seine Betrachtungen die Freundinnen getroffen wurden. Und wie oft kommt nicht jeder in diese Gefahr, der eine allgemeine Betrachtung selbst in einer Gesellschaft, deren Verhältnisse ihm sonst bekannt sind, ausspricht. Charlotten war eine solche zufällige Verletzung auch durch Wohlwollende und Gutmeinende nichts Neues; und die Welt lag ohnehin so deutlich vor ihren Augen, daß sie keinen besondern Schmerz empfand, wenn gleich jemand sie unbedachtsam und unvorsichtig nötigte, ihren Blick da- und dorthin auf eine unerfreuliche Stelle zu richten. Ottilie hingegen, die in halbbewußter Jugend mehr ahnete als sah, und ihren Blick wegwenden durfte, ja mußte, von dem was sie nicht sehen mochte und sollte, Ottilie ward durch diese traulichen Reden in den schrecklichsten Zustand versetzt: denn es zerriß mit Gewalt vor ihr der anmutige Schleier, und es schien ihr, als wenn alles was bisher für Haus und Hof, für Garten, Park und die ganze Umgebung geschehen war, ganz eigentlich umsonst sei, weil der dem es alles gehörte, es nicht genösse, weil auch der, wie der gegenwärtige Gast, zum Herumschweifen in der Welt und zwar zu dem gefährlichsten, durch die Liebsten und Nächsten gedrängt worden. Sie hatte sich an Hören und Schweigen gewöhnt, aber sie saß diesmal in der peinlichsten Lage, die durch des Fremden weiteres Gespräch eher vermehrt als vermindert wurde, das er mit heiterer Eigenheit und Bedächtlichkeit fortsetzte.

Nun glaub' ich, sagte er, auf dem rechten Wege zu sein, da ich mich immerfort als einen Reisenden betrachte, der vielem entsagt, um vieles zu genießen. Ich bin an den Wechsel gewöhnt, ja er wird mir Bedürfnis, wie man in der Oper immer wieder auf eine neue Dekoration wartet, gerade weil schon so viele da gewesen. Was ich mir von dem besten und dem schlechtesten Wirtshause versprechen darf, ist mir bekannt: es mag so gut oder schlimm sein als es will, nirgends find' ich das Gewohnte, und am Ende läuft es auf Eins hinaus, ganz von einer notwendigen Gewohnheit, aber ganz von der willkürlichsten Zufälligkeit abzuhangen. Wenigstens habe ich jetzt nicht den Verdruß, daß etwas verlegt oder verloren ist, daß mir ein tägliches Wohnzimmer unbrauchbar wird, weil ich es muß reparieren lassen, daß man mir eine liebe Tasse zerbricht und es mir eine ganze Zeit aus keiner andern schmecken will. Alles dessen bin ich überhoben, und wenn mir das Haus über dem Kopf zu brennen anfängt, so pakken meine Leute gelassen ein und auf, und wir fahren zu Hofraum und Stadt hinaus. Und bei allen diesen Vorteilen, wenn ich es genau berechne, habe ich am Ende des Jahrs nicht mehr ausgegeben, als es mich zu Hause gekostet hätte.

Bei dieser Schilderung sah Ottilie nur Eduarden vor sich, wie er nun auch, mit Entbehren und Beschwerde, auf ungebahnten Straßen hinziehe, mit Gefahr und Not zu Felde liege, und bei so viel Unbestand und Wagnis sich gewöhne heimatlos und freundlos zu sein, alle wegzuwerfen nur um nicht verlieren zu können. Glücklicherweise trennte sich die Gesellschaft für einige Zeit. Ottilie fand Raum sich in der Einsamkeit auszuweinen. Gewaltsamer hatte sie kein dumpfer Schmerz ergriffen, als diese Klarheit, die sie sich noch klarer zu machen strebte, wie man es zu tun pflegt, daß man sich selbst peinigt, wenn man einmal auf dem Wege ist gepeinigt zu werden.

Der Zustand Eduards kam ihr so kümmerlich, so jämmerlich vor, daß sie sich entschloß, es koste was es wolle, zu seiner Wiedervereinigung mit Charlotten alles beizutragen, ihren Schmerz und ihre Liebe an irgend einem stillen Orte zu verbergen und durch irgend eine Art von Tätigkeit zu betriegen.

Indessen hatte der Begleiter des Lords, ein verständiger ruhiger Mann und guter Beobachter, den Mißgriff in der Unterhaltung bemerkt und die Ähnlichkeit der Zustände seinem Freunde offenbart. Dieser wußte nichts von den Verhältnissen der Familie; allein jener, den eigentlich auf der Reise nichts mehr interessierte als die sonderbaren Ereignisse, welche durch natürliche und künstliche Verhältnisse durch den Konflikt des Gesetzlichen und des Ungebändigten, des Verstandes und der Vernunft, der Leidenschaft und des Vorurteils hervorgebracht werden, jener hatte sich schon früher, und mehr noch im Hause selbst, mit allem bekannt gemacht was vorgegangen war und noch vorging.

Dem Lord tat es leid, ohne daß er darüber verlegen gewesen wäre. Man müßte ganz in Gesellschaft schweigen, wenn man nicht manchmal in den Fall kommen sollte: denn nicht allein bedeutende Bemerkungen, sondern die trivialsten Äußerungen können auf eine so mißklingende Weise mit dem Interesse der Gegenwärtigen zusammentreffen. Wir wollen es heute Abend wieder gut machen, sagte der Lord, und uns aller allgemeinen Gespräche enthalten. Geben Sie der Gesellschaft etwas von den vielen angenehmen und bedeutenden Anekdoten und Geschichten zu hören, womit Sie Ihr Portefeuille und Ihr Gedächtnis auf unserer Reise bereichert haben.

Allein auch mit dem besten Vorsatze gelang es den Fremden nicht, die Freunde diesmal mit einer unverfänglichen Unterhaltung zu erfreuen. Denn nachdem der Begleiter durch manche sonderbare, bedeutende, heitere, rührende, furchtbare Geschichten die Aufmerksamkeit erregt und die Teilnahme auf's höchste gespannt hatte, so dachte er mit einer zwar sonderbaren, aber sanfteren Begebenheit zu schließen, und ahnete nicht, wie nahe diese seinen Zuhörern verwandt war.

Die wunderlichen Nachbarskinder
Novelle

Zwei Nachbarskinder von bedeutenden Häusern, Knabe und Mädchen, in verhältnismäßigem Alter um dereinst Gatten zu werden, ließ man in dieser angenehmen Aussicht mit einander aufwachsen, und die beiderseitigen Eltern freuten sich einer künftigen Verbindung. Doch man bemerkte gar bald, daß die Absicht zu mißlingen schien, indem sich zwischen den beiden trefflichen Naturen ein sonderbarer Widerwille hervortat. Vielleicht waren sie einander zu ähnlich. Beide in sich selbst gewendet, deutlich in ihrem Wollen, fest in ihren Vorsätzen; jedes einzeln geliebt und geehrt von seinen Gespielen; immer Widersacher wenn sie zusammen waren, immer aufbauend für sich allein, immer wechselsweise zerstörend wo sie sich begegneten, nicht wetteifernd nach Einem Ziel, aber immer kämpfend um Einen Zweck; gutartig durchaus und liebenswürdig, und nur hassend, ja bösartig, indem sie sich auf einander bezogen.

Dieses wunderliche Verhältnis zeigte sich schon bei kindischen Spielen, es zeigte sich bei zunehmenden Jahren. Und wie die Knaben Krieg zu spielen, sich in Parteien zu sondern, einander Schlachten zu liefern pflegen, so stellte sich das trotzig mutige Mädchen einst an die Spitze des einen Heers, und focht gegen das andre mit solcher Gewalt und Erbitterung, daß dieses schimpflich wäre in die Flucht geschlagen worden, wenn ihr einzelner Widersacher sich nicht sehr brav gehalten und seine Gegnerin doch noch zuletzt entwaffnet und gefangen genommen hätte. Aber auch da noch wehrte sie sich so gewaltsam, daß er, um seine Augen zu erhalten, und die Feindin doch nicht zu beschädigen, sein seidenes Halstuch abreißen und ihr die Hände damit auf den Rücken binden mußte.

Dies verzieh sie ihm nie, ja sie machte so heimliche Anstalten und Versuche ihn zu beschädigen, daß die Eltern, die auf diese seltsamen Leidenschaften schon längst Acht gehabt, sich mit einander verständigten und beschlossen, die beiden feindlichen Wesen zu trennen und jene lieblichen Hoffnungen aufzugeben.

Der Knabe tat sich in seinen neuen Verhältnissen bald hervor. Jede Art von Unterricht schlug bei ihm an. Gönner und eigene Neigung bestimmten ihn zum Soldatenstande. Überall wo er sich fand, war er geliebt und geehrt. Seine tüchtige Natur schien nur zum Wohlsein, zum Behagen anderer zu wirken, und er war in sich, ohne deutliches Bewußtsein, recht glücklich, den einzigen Widersacher verloren zu haben, den die Natur ihm zugedacht hatte.

Das Mädchen dagegen trat auf einmal in einen veränderten Zustand. Ihre Jahre, eine zunehmende Bildung, und mehr noch ein gewisses inneres Gefühl zogen sie von den heftigen Spielen hinweg, die sie bisher in Gesellschaft der Knaben auszuüben pflegte. Im Ganzen schien ihr etwas zu fehlen, nichts war um sie herum, das wert gewesen wäre, ihren Haß zu erregen. Liebenswürdig hatte sie noch niemanden gefunden.

Ein junger Mann, älter als ihr ehemaliger nachbarlicher Widersacher, von Stand, Vermögen und Bedeutung, beliebt in der Gesellschaft, gesucht von Frauen, wendete ihr seine ganze Neigung zu. Es war das erstemal, daß sich ein Freund, ein Liebhaber, ein Diener um sie bemühte. Der Vorzug den er ihr vor vielen gab, die älter, gebildeter, glänzender und anspruchsreicher waren als sie, tat ihr gar zu wohl. Seine fortgesetzte Aufmerksamkeit, ohne daß er zudringlich gewesen wäre, sein treuer Beistand bei verschiedenen unangenehmen Zufällen, sein gegen ihre Eltern zwar ausgesprochnes, doch ruhiges und nur hoffnungsvolles Werben, da sie freilich noch sehr jung war: das alles nahm sie für ihn ein, wozu die Gewohnheit, die äußern nun von der Welt als bekannt angenommenen Verhältnisse, das Ihrige beitrugen. Sie war so oft Braut genannt worden, daß sie sich endlich selbst dafür hielt, und weder sie noch irgend jemand dachte daran, daß noch eine Prüfung nötig sei, als sie den Ring mit demjenigen wechselte, der so lange Zeit für ihren Bräutigam galt.

Der ruhige Gang den die ganze Sache genommen hatte, war auch durch das Verlöbnis nicht beschleunigt worden. Man ließ eben von beiden Seiten alles so fortgewähren; man freute sich des Zusammenlebens und wollte die gute Jahreszeit durchaus noch als einen Frühling des künftigen ernsteren Lebens genießen.

Indessen hatte der Entfernte sich zum schönsten ausgebildet, eine verdiente Stufe seiner Lebensbestimmung erstiegen, und kam mit Urlaub die Seinigen zu besuchen. Auf eine ganz natürliche, aber doch sonderbare Weise stand er seiner schönen Nachbarin abermals entgegen. Sie hatte in der letzten Zeit nur freundliche bräutliche Familienempfindungen bei sich genährt, sie war mit allem was sie umgab in Übereinstimmung; sie glaubte glücklich zu sein und war es auch auf gewisse Weise. Aber nun stand ihr zum erstenmal seit langer Zeit wieder etwas entgegen: es war nicht hassenswert, sie war des Hasses unfähig geworden; ja der kindische Haß, der eigentlich nur ein dunkles Anerkennen des inneren Wertes gewesen, äußerte sich nun in frohem Erstaunen, erfreulichem Betrachten, gefälligem Eingestehen halb willigem halb unwilligem und doch notwendigem Annahen, und das alles war wechselseitig. Eine lange Entfernung gab zu längeren Unterhaltungen Anlaß. Selbst jene kindische Unvernunft diente den Aufgeklärteren zu scherzhafter Erinnerung, und es war als wenn man sich jenen neckischen Haß wenigstens durch eine freundschaftliche aufmerksame Behandlung vergüten müsse, als wenn jenes gewaltsame Verkennen nunmehr nicht ohne ein ausgesprochnes Anerkennen bleiben dürfe.

Von seiner Seite blieb alles in einem verständigen wünschenswerten Maß. Sein Stand, seine Verhältnisse, sein Streben, sein Ehrgeiz beschäftigten ihn so reichlich, daß er die Freundlichkeit der schönen Braut als eine dankenswerte Zugabe mit Behaglichkeit aufnahm, ohne sie deshalb in irgend einem Bezug auf sich zu betrachten, oder sie ihrem Bräutigam zu mißgönnen, mit dem er übrigens in den besten Verhältnissen stand.

Bei ihr hingegen sah es ganz anders aus. Sie schien sich wie aus einem Traum erwacht. Der Kampf gegen ihren jungen Nachbar war die erste Leidenschaft gewesen, und dieser heftige Kampf war doch nur, unter der Form des Widerstrebens, eine heftige, gleichsam angeborne Neigung. Auch kam es ihr in der Erinnerung nicht anders vor, als daß sie ihn immer geliebt habe. Sie lächelte über jenes feindliche Suchen mit den Waffen in der Hand; sie wollte sich des angenehmsten Gefühls erinnern, als er sie entwaffnete; sie bildete sich ein die größte Seligkeit empfunden zu haben, da er sie band, und alles was sie zu seinem Schaden und Verdruß unternommen hatte, kam ihr nur als unschuldiges Mittel vor, seine Aufmerksamkeit auf sich zu ziehen. Sie verwünschte jene Trennung, sie bejammerte den Schlaf in den sie verfallen, sie verfluchte die schleppende träumerische Gewohnheit, durch die ihr ein so unbedeutender Bräutigam hatte werden können, sie war verwandelt, doppelt verwandelt, vorwärts und rückwärts wie man es nehmen will.

Hätte jemand ihre Empfindungen, die sie ganz geheim hielt, entwikkeln und mit ihr teilen können, so würde er sie nicht gescholten haben: denn freilich konnte der Bräutigam die Vergleichung mit dem Nachbarn nicht aushalten, sobald man sie neben einander sah. Wenn man dem einen ein gewisses Zutrauen nicht versagen konnte, so erregte der andere das vollste Vertrauen; wenn man den einen gern zur Gesellschaft mochte, so wünschte man sich den andern zum Gefährten; und dachte man gar an höhere Teilnahme, an außerordentliche Fälle, so hätte man wohl an dem einen gezweifelt, wenn einem der andere vollkommene Gewißheit gab. Für solche Verhältnisse ist den Weibern ein besonderer Takt angeboren, und sie haben Ursache so wie Gelegenheit ihn auszubilden.

Je mehr die schöne Braut solche Gesinnungen bei sich ganz heimlich nährte, je weniger nur irgend jemand dasjenige auszusprechen im Fall war, was zu Gunsten des Bräutigams gelten konnte, was Verhältnisse, was Pflicht anzuraten und zu gebieten, ja was eine unabänderliche Notwendigkeit unwiderruflich zu fordern schien; desto mehr begünstigte das schöne Herz seine Einseitigkeit, und indem sie von der einen Seite durch Welt und Familie, Bräutigam und eigne Zusage unauflöslich gebunden war, von der andern der emporstrebende Jüngling gar kein Geheimnis von seinen Gesinnungen, Planen und Aussichten machte, sich nur als ein treuer und nicht einmal zärtlicher Bruder gegen sie bewies, und nun gar von seiner unmittelbaren Abreise die Rede war, so schien es als ob ihr früher kindischer Geist mit allen seinen Tücken und Gewaltsamkeiten wieder erwachte, und sich nun auf einer höheren Lebensstufe mit Unwillen rüstete, bedeutender und verderblicher zu wirken. Sie beschloß zu sterben, um den ehemals Gehaßten und nun so heftig Geliebten für seine Unteilnahme zu strafen und sich, indem sie ihn nicht besitzen sollte, wenigstens mit seiner Einbildungskraft, seiner Reue auf ewig zu vermählen. Er sollte ihr totes Bild nicht loswerden, er sollte nicht aufhören sich Vorwürfe zu machen, daß er ihre Gesinnungen nicht erkannt, nicht erforscht, nicht geschätzt habe.

Dieser seltsame Wahnsinn begleitete sie überall hin. Sie verbarg ihn unter allerlei Formen, und ob sie den Menschen gleich wunderlich vorkam, so war niemand aufmerksam oder klug genug, die innere wahre Ursache zu entdecken.

Indessen hatten sich Freunde, Verwandte, Bekannte in Anordnungen von mancherlei Festen erschöpft. Kaum verging ein Tag, daß nicht irgend etwas Neues und Unerwartetes angestellt worden wäre. Kaum war ein schöner Platz der Landschaft, den man nicht ausgeschmückt und zum Empfang vieler frohen Gäste bereitet hätte. Auch wollte unser junger Ankömmling noch vor seiner Abreise das Seinige tun, und lud das junge Paar mit einem engeren Familienkreise zu einer Wasserlustfahrt. Man bestieg ein großes, schönes, wohlausgeschmücktes Schiff, eine der Jachten die einen kleinen Saal und einige Zimmer anbieten und auf das Wasser die Bequemlichkeit des Landes überzutragen suchen.

Man fuhr auf dem großen Strome mit Musik dahin; die Gesellschaft hatte sich bei heißer Tageszeit in den untern Räumen versammelt, um sich an Geistes- und Glücksspielen zu ergötzen. Der junge Wirt, der niemals untätig bleiben konnte, hatte sich an's Steuer gesetzt, den alten Schiffsmeister abzulösen, der an seiner Seite eingeschlafen war; und eben brauchte der Wachende alle seine Vorsicht, da er sich einer Stelle nahte, wo zwei Inseln das Flußbette verengten und, indem sie ihre flachen Kiesufer bald an der einen bald an der andern Seite hereinstreckten, ein gefährliches Fahrwasser zubereiteten. Fast war der sorgsame und scharfblickende Steurer in Versuchung den Meister zu wecken, aber er getraute sich's zu und fuhr gegen die Enge. In dem Augenblick erschien auf dem Verdeck seine schöne Feindin mit einem Blumenkranz in den Haaren. Sie nahm ihn ab und warf ihn auf den Steuernden. Nimm dies zum Andenken! rief sie aus. Störe mich nicht! rief er ihr entgegen, indem er den Kranz auffing: ich bedarf aller meiner Kräfte und meiner Aufmerksamkeit. Ich störe dich nicht weiter, rief sie: du siehst mich nicht wieder! Sie sprach's und eilte nach dem Vorderteil des Schiffs, von da sie in's Wasser sprang. Einige Stimmen riefen: rettet! rettet! sie ertrinkt. Er war in der entsetzlichsten Verlegenheit. Über dem Lärm erwacht der alte Schiffsmeister, will das Ruder ergreifen, der jüngere es ihm übergeben; aber es ist keine Zeit die Herrschaft zu wechseln: das Schiff strandet, und in eben dem Augenblick, die lästigsten Kleidungsstücke wegwerfend, stürzte er sich in's Wasser, und schwamm der schönen Feindin nach.

Das Wasser ist ein freundliches Element für den, der damit bekannt ist und es zu behandeln weiß. Es trug ihn, und der geschickte Schwimmer beherrschte es. Bald hatte er die vor ihm fortgerissene Schöne erreicht; er faßte sie, wußte sie zu heben und zu tragen; beide wurden vom Strom gewaltsam fortgerissen, bis sie die Inseln, die Werder, weit hinter sich hatten und der Fluß wieder breit und gemächlich zu fließen anfing. Nun erst ermannte, nun erholte er sich aus der ersten zudringenden Not, in der er ohne Besinnung nur mechanisch gehandelt; er blickte mit emporstrebendem Haupt umher und ruderte nach Vermögen einer flachen buschigten Stelle zu, die sich angenehm und gelegen in den Fluß verlief. Dort brachte er seine schöne Beute auf's Trockne; aber kein Lebenshauch war in ihr zu spüren. Er war in Verzweiflung, als ihm ein betretener Pfad der durch's Gebüsch lief, in die Augen leuchtete. Er belud sich auf's neue mit der teuren Last, er erblickte bald eine einsame Wohnung und erreichte sie. Dort fand er gute Leute, ein junges Ehepaar. Das Unglück, die Not sprach sich geschwind aus. Was er nach einiger Besinnung forderte, ward geleistet. Ein lichtes Feuer brannte; wollne Decken wurden über ein Lager gebreitet; Pelze, Felle und was Erwärmendes vorrätig war, schnell herbeigetragen. Hier überwand die Begierde zu retten jede andre Betrachtung. Nichts ward versäumt, den schönen, halbstarren, nackten Körper wieder in's Leben zu rufen. Es gelang. Sie schlug die Augen auf, sie erblickte den Freund, umschlang seinen Hals mit ihren himmlischen Armen. So blieb sie lange; ein Tränenstrom stürzte aus ihren Augen und vollendete ihre Genesung. Willst du mich verlassen, rief sie aus, da ich dich so wieder finde? Niemals, rief er, niemals! und wußte nicht was er sagte noch was er tat. Nur schone dich, rief er hinzu: schone dich! Denke an dich um deinet- und meinetwillen.

Sie dachte nun an sich und bemerkte jetzt erst den Zustand in dem sie war. Sie konnte sich vor ihrem Liebling, ihrem Retter nicht schämen, aber sie entließ ihn gern, damit er für sich sorgen möge; denn noch war was ihn umgab, naß und triefend.

Die jungen Eheleute beredeten sich: er bot dem Jüngling, und sie der Schönen das Hochzeitkleid an, das noch vollständig da hing, um ein Paar von Kopf zu Fuß und von innen heraus zu bekleiden. In kurzer Zeit waren die beiden Abenteurer nicht nur angezogen sondern geputzt. Sie sahen allerliebst aus, staunten einander an, als sie zusammentraten, und fielen sich mit unmäßiger Leidenschaft, und doch halb lächelnd über die Vermummung, gewaltsam in die Arme. Die Kraft der Jugend und die Regsamkeit der Liebe stellten sie in wenigen Augenblicken völlig wieder her, und es fehlte nur die Musik um sie zum Tanz aufzufordern.

Sich vom Wasser zur Erde, vom Tode zum Leben, aus dem Familienkreise in eine Wildnis, aus der Verzweiflung zum Entzücken, aus der Gleichgültigkeit zur Neigung, zur Leidenschaft gefunden zu haben, alles in einem Augenblick — der Kopf wäre nicht hinreichend das zu fassen, er würde zerspringen oder sich verwirren. Hierbei muß das Herz das Beste tun, wenn eine solche Überraschung ertragen werden soll.

Ganz verloren eins in's andere, konnten sie erst nach einiger Zeit an die Angst, an die Sorgen der Zurückgelassenen denken, und fast konnten sie selbst nicht ohne Angst, ohne Sorge daran denken, wie sie jenen wieder begegnen wollten. Sollen wir fliehen? sollen wir uns verbergen? fragte der Jüngling. Wir wollen zusammen bleiben, sagte sie, indem sie an seinem Hals hing.

Der Landmann, der von ihnen die Geschichte des gestrandeten Schiffs vernommen hatte, eilte ohne weiter zu fragen nach dem Ufer. Das Fahrzeug kam glücklich einhergeschwommen; es war mit vieler Mühe losgebracht worden. Man fuhr auf's ungewisse fort, in Hoffnung die Verlorenen wieder zu finden. Als daher der Landmann mit Rufen und Winken die Schiffenden aufmerksam machte, an eine Stelle lief, wo ein vorteilhafter Landungsplatz sich zeigte, und mit Winken und Rufen nicht aufhörte, wandte sich das Schiff nach dem Ufer, und welch ein Schauspiel ward es, da sie landeten! Die Eltern der beiden Verlobten drängten sich zuerst an's Ufer; den liebenden Bräutigam hatte fast die Besinnung verlassen. Kaum hatten sie vernommen, daß die lieben Kinder gerettet seien, so traten diese in ihrer sonderbaren Verkleidung aus dem Busch hervor. Man erkannte sie nicht eher, als bis sie ganz herangetreten waren. Wen seh' ich? riefen die Mütter, was seh' ich? riefen die Väter. Die Geretteten warfen sich vor ihnen nieder. Eure Kinder! riefen sie aus: ein Paar. Verzeiht! rief das Mädchen. Gebt uns euren Segen! rief der Jüngling. Gebt uns euren Segen! riefen beide, da alle Welt staunend verstummte. Euren Segen! ertönte es zum drittenmal, und wer hätte den versagen können?

Eilftes Kapitel

Der Erzählende machte eine Pause, oder hatte vielmehr schon geendigt als er bemerken mußte, daß Charlotte höchst bewegt sei; ja sie stand auf und verließ mit einer stummen Entschuldigung das Zimmer: denn die Geschichte war ihr bekannt. Diese Begebenheit hatte sich mit dem Hauptmann und einer Nachbarin wirklich zugetragen, zwar nicht ganz wie sie der Engländer erzählte, doch war sie in den Hauptzügen nicht entstellt, nur im Einzelnen mehr ausgebildet und ausgeschmückt, wie es dergleichen Geschichten zu gehen pflegt, wenn sie erst durch den Mund der Menge und sodann durch die Phantasie eines geist- und geschmackreichen Erzählers durchgehen. Es bleibt zuletzt meist alles und nichts wie es war.

Ottilie folgte Charlotten, wie es die beiden Fremden selbst verlangten, und nun kam der Lord an die Reihe zu bemerken, daß vielleicht abermals ein Fehler begangen, etwas dem Hause Bekanntes oder gar Verwandtes erzählt worden. Wir müssen uns hüten, fuhr er fort, daß wir nicht noch mehr Übles stiften. Für das viele Gute und Angenehme das wir hier genossen, scheinen wir den Bewohnerinnen wenig Glück zu bringen; wir wollen uns auf eine schickliche Weise zu empfehlen suchen.

Ich muß gestehen, versetzte der Begleiter, daß mich hier noch etwas anderes festhält, ohne dessen Aufklärung und nähere Kenntnis ich dieses Haus nicht gern verlassen möchte. Sie waren gestern, Mylord, als wir mit der tragbaren dunklen Kammer durch den Park zogen, viel zu beschäftigt, sich einen wahrhaft malerischen Standpunkt auszuwählen, als daß Sie hätten bemerken sollen was nebenher vorging. Sie lenkten vom Hauptwege ab, um zu einem wenig besuchten Platze am See zu gelangen, der Ihnen ein reizendes Gegenüber anbot. Ottilie, die uns begleitete, stand an zu folgen, und bat, sich auf dem Kahne dorthin begeben zu dürfen. Ich setzte mich mit ihr ein und hatte meine Freude an der Gewandtheit der schönen Schifferin. Ich versicherte ihr, daß ich seit der Schweiz, wo auch die reizendsten Mädchen die Stelle des Fuhrmanns vertreten, nicht so angenehm sei über die Wellen geschaukelt worden; konnte mich aber nicht enthalten sie zu fragen, warum sie eigentlich abgelehnt jenen Seitenweg zu machen: denn wirklich war in ihrem Ausweichen eine Art von ängstlicher Verlegenheit. Wenn Sie mich nicht auslachen wollen, versetzte sie freundlich, so kann ich Ihnen darüber wohl einige Auskunft geben, obgleich selbst für mich dabei ein Geheimnis obwaltet. Ich habe jenen Nebenweg niemals betreten, ohne daß mich ein ganz eigener Schauer überfallen hätte, den ich sonst nirgends empfinde und den ich mir nicht zu erklären weiß. Ich vermeide daher lieber, mich einer solchen Empfindung auszusetzen, um so mehr als sich gleich darauf ein Kopfweh an der linken Seite einstellt, woran ich sonst auch manchmal leide. Wir landeten, Ottilie unterhielt sich mit Ihnen, und ich untersuchte indes die Stelle, die sie mir aus der Ferne deutlich angegeben hatte. Aber wie groß war meine Verwunderung, als ich eine sehr deutliche Spur von Steinkohlen entdeckte, die mich überzeugt, man würde bei einigem Nachgraben vielleicht ein ergiebiges Lager in der Tiefe finden.

Verzeihen Sie, Mylord: ich sehe Sie lächeln und weiß recht gut, daß Sie mir meine leidenschaftliche Aufmerksamkeit auf diese Dinge, an die Sie keinen Glauben haben, nur als weiser Mann und als Freund nachsehen; aber es ist mir unmöglich von hier zu scheiden, ohne das schöne Kind auch die Pendelschwingungen versuchen zu lassen.

Es konnte niemals fehlen, wenn die Sache zur Sprache kam, daß der Lord nicht seine Gründe dagegen abermals wiederholte, welche der Begleiter bescheiden und geduldig aufnahm, aber doch zuletzt bei seiner Meinung, bei seinen Wünschen verharrte. Auch er gab wiederholt zu erkennen, daß man deswegen, weil solche Versuche nicht jedermann gelängen, die Sache nicht aufgeben, ja vielmehr nur desto ernsthafter und gründlicher untersuchen müßte; da sich gewiß noch manche Bezüge und Verwandtschaften unorganischer Wesen unter einander, organischer gegen sie und abermals unter einander, offenbaren würden, die uns gegenwärtig verborgen seien.

Er hatte seinen Apparat von goldnen Ringen, Markasiten und andern metallischen Substanzen, den er in einem schönen Kästchen immer bei sich führte, schon ausgebreitet und ließ nun Metalle, an Fäden schwebend, über liegende Metalle zum Versuche nieder. Ich gönne Ihnen die Schadenfreude, Mylord, sagte er dabei, die ich auf Ihrem Gesichte lese, daß sich bei mir und für mich nichts bewegen will. Meine Operation ist aber auch nur ein Vorwand. Wenn die Damen zurückkehren, sollen sie neugierig werden was wir Wunderliches hier beginnen.

Die Frauenzimmer kamen zurück. Charlotte verstand sogleich was vorging. Ich habe manches von diesen Dingen gehört, sagte sie, aber niemals eine Wirkung gesehen. Da Sie alles so hübsch bereit haben, lassen Sie mich versuchen, ob es mir nicht auch anschlägt.

Sie nahm den Faden in die Hand; und da es ihr Ernst war, hielt sie ihn stät und ohne Gemütsbewegung; allein auch nicht das mindeste Schwanken war zu bemerken. Darauf ward Ottilie veranlaßt. Sie hielt den Pendel noch ruhiger, unbefangener, unbewußter über die unterliegenden Metalle. Aber in dem Augenblicke ward das Schwebende wie in einem entschiedenen Wirbel fortgerissen und drehte sich, je nachdem man die Unterlage wechselte, bald nach der einen, bald nach der andern Seite, jetzt in Kreisen, jetzt in Ellipsen, oder nahm seinen Schwung in g'raden Linien, wie es der Begleiter nur erwarten konnte, ja über alle seine Erwartung.

Der Lord selbst stutzte einigermaßen, aber der andere konnte vor Lust und Begierde gar nicht enden und bat immer um Wiederholung und Vermannichfaltigung der Versuche. Ottilie war gefällig genug sich in sein Verlangen zu finden, bis sie ihn zuletzt freundlich ersuchte, er möge sie entlassen, weil ihr Kopfweh sich wieder einstelle. Er darüber verwundert, ja entzückt, versicherte ihr mit Enthusiasmus, daß er sie von diesem Übel völlig heilen wolle, wenn sie sich seiner Kurart anvertraue. Man war einen Augenblick ungewiß; Charlotte aber, die geschwind begriff wovon die Rede sei, lehnte den wohlgesinnten Antrag ab, weil sie nicht gemeint war, in ihrer Umgebung etwas zuzulassen, wovor sie immerfort eine starke Apprehension gefühlt hatte.

Die Fremden hatten sich entfernt, und, ungeachtet man von ihnen auf eine sonderbare Weise berührt worden war, doch den Wunsch zurückgelassen, daß man sie irgendwo wieder antreffen möchte. Charlotte benutzte nunmehr die schönen Tage, um in der Nachbarschaft ihre Gegenbesuche zu enden, womit sie kaum fertig werden konnte, indem sich die ganze Landschaft umher, einige wahrhaft teilnehmend, andre bloß der Gewohnheit wegen, bisher fleißig um sie bekümmert hatten. Zu Hause belebte sie der Anblick des Kindes, es war gewiß jeder Liebe, jeder Sorgfalt wert. Man sah in ihm ein wunderbares, ja ein Wunder-Kind, höchst erfreulich dem Anblick, an Größe, Ebenmaß, Stärke und Gesundheit, und was noch mehr in Verwunderung setzte, war jene doppelte Ähnlichkeit die sich immer mehr entwickelte. Den Gesichtszügen und der ganzen Form nach glich das Kind immer mehr dem Hauptmann, die Augen ließen sich immer weniger von Ottiliens Augen unterscheiden.

Durch diese sonderbare Verwandtschaft und vielleicht noch mehr durch das schöne Gefühl der Frauen geleitet, welche das Kind eines geliebten Mannes auch von einer andern mit zärtlicher Neigung umfangen, ward Ottilie dem heranwachsenden Geschöpf so viel als eine Mutter, oder vielmehr eine andre Art von Mutter. Entfernte sich Charlotte, so blieb Ottilie mit dem Kinde und der Wärterin allein. Nanny hatte sich seit einiger Zeit, eifersüchtig auf den Knaben, dem ihre Herrin allein Neigung zuzuwenden schien, trotzig von ihr entfernt und war zu ihren Eltern zurückgekehrt. Ottilie fuhr fort, das Kind in die freie Luft zu tragen, und gewöhnte sich an immer weitere Spaziergänge. Sie hatte das Milchfläschchen bei sich, um dem Kinde, wenn es nötig, seine Nahrung zu reichen. Selten unterließ sie dabei ein Buch mitzunehmen, und so bildete sie, das Kind auf dem Arm, lesend und wandelnd, eine gar anmutige Penserosa.

Zwölftes Kapitel

Der Hauptzweck des Feldzugs war erreicht, und Eduard, mit Ehrenzeichen geschmückt, rühmlich entlassen. Er begab sich sogleich wieder auf jenes kleine Gut, wo er genaue Nachrichten von den Seinigen fand, die er, ohne daß sie es bemerkten und wußten, scharf hatte beobachten lassen. Sein stiller Aufenthalt blickte ihm auf's freundlichste entgegen:

denn man hatte indessen nach seiner Anordnung manches eingerichtet, gebessert und gefördert, so daß die Anlagen und Umgebungen, was ihnen an Weite und Breite fehlte, durch das Innere und zunächst Genießbare ersetzten.

Eduard, durch einen rascheren Lebensgang an entschiedenere Schritte gewöhnt, nahm sich nunmehr vor dasjenige auszuführen, was er lange genug zu überdenken Zeit gehabt hatte. Vor allen Dingen berief er den Major. Die Freude des Wiedersehens war groß. Jugendfreundschaften, wie Blutsverwandtschaften, haben den bedeutenden Vorteil, daß ihnen Irrungen und Mißverständnisse, von welcher Art sie auch seien, niemals von Grund aus schaden, und die alten Verhältnisse sich nach einiger Zeit wieder herstellen.

Zum frohen Empfang erkundigte sich Eduard nach dem Zustande des Freundes, und vernahm, wie vollkommen nach seinen Wünschen ihn das Glück begünstigt habe. Halb scherzend vertraulich fragte Eduard sodann, ob nicht auch eine schöne Verbindung im Werke sei. Der Freund verneinte es, mit bedeutendem Ernst.

Ich kann und darf nicht hinterhaltig sein, fuhr Eduard fort: ich muß dir meine Gesinnungen und Vorsätze sogleich entdecken. Du kennst meine Leidenschaft für Ottilien und hast längst begriffen, daß sie es ist, die mich in diesen Feldzug gestürzt hat. Ich leugne nicht, daß ich gewünscht hatte, ein Leben los zu werden, das mir ohne sie nichts weiter nütze war; allein zugleich muß ich dir gestehen, daß ich es nicht über mich gewinnen konnte, vollkommen zu verzweifeln. Das Glück mit ihr war so schön, so wünschenswert, daß es mir unmöglich blieb, völlig Verzicht darauf zu tun. So manche tröstliche Ahnung, so manches heitere Zeichen hatte mich in dem Glauben, in dem Wahn bestärkt, Ottilie könne die Meine werden. Ein Glas mit unserm Namenszug bezeichnet, bei der Grundsteinlegung in die Lüfte geworfen, ging nicht zu Trümmern; es ward aufgefangen und ist wieder in meinen Händen. So will ich mich denn selbst, rief ich mir zu, als ich an diesem einsamen Orte so viel zweifelhafte Stunden verlebt hatte: mich selbst will ich an die Stelle des Glases zum Zeichen machen, ob unsre Verbindung möglich sei oder nicht. Ich gehe hin und suche den Tod, nicht als ein Rasender, sondern als einer der zu leben hofft. Ottilie soll der Preis sein, um den ich kämpfe; sie soll es sein, die ich hinter jeder feindlichen Schlachtordnung, in jeder Verschanzung, in jeder belagerten Festung zu gewinnen, zu erobern hoffe. Ich will Wunder tun, mit dem Wunsche verschont zu bleiben, im Sinne Ottilien zu gewinnen, nicht sie zu verlieren. Diese Gefühle haben mich geleitet, sie haben mir durch alle Gefahren beigestanden; aber nun finde ich mich auch wie einen der zu seinem Ziele gelangt ist, der alle Hindernisse überwunden hat, dem nun nichts mehr im Wege steht. Ottilie ist mein, und was noch zwischen diesem Gedanken und der Ausführung liegt, kann ich nur für nichts bedeutend ansehen.

Du löschest, versetzte der Major, mit wenig Zügen alles aus, was man dir entgegensetzen könnte und sollte; und doch muß es wiederholt werden. Das Verhältnis zu deiner Frau in seinem ganzen Werte dir zurückzurufen, überlasse ich dir selbst; aber du bist es ihr, du bist es dir schuldig, dich hierüber nicht zu verdunkeln. Wie kann ich aber nur gedenken, daß euch ein Sohn gegeben ist, ohne zugleich auszusprechen, daß ihr einander auf immer angehört, daß ihr um dieses Wesens willen schuldig seid, vereint zu leben, damit ihr vereint für seine Erziehung und für sein künftiges Wohl sorgen möget.

Es ist bloß ein Dünkel der Eltern, versetzte Eduard, wenn sie sich einbilden, daß ihr Dasein für die Kinder so nötig sei. Alles was lebt findet Nahrung und Beihülfe, und wenn der Sohn, nach dem frühen Tode des Vaters, keine so bequeme, so begünstigte Jugend hat, so gewinnt er vielleicht eben deswegen an schnellerer Bildung für die Welt, durch zeitiges Anerkennen, daß er sich in andere schicken muß, was wir denn doch früher oder später alle lernen müssen. Und hievon ist ja die Rede gar nicht: wir sind reich genug, um mehrere Kinder zu versorgen, und es ist keineswegs Pflicht noch Wohltat, auf Ein Haupt so viele Güter zu häufen.

Als der Major mit einigen Zügen Charlottens Wert und Eduards lange bestandenes Verhältnis zu ihr anzudeuten gedachte, fiel ihm Eduard hastig in die Rede: Wir haben eine Torheit begangen, die ich nur allzuwohl einsehe. Wer in einem gewissen Alter frühere Jugendwünsche und Hoffnungen realisieren will, betriegt sich immer: denn jedes Jahrzehnt des Menschen hat sein eigenes Glück, seine eigenen Hoffnungen und Aussichten. Wehe dem Menschen der vorwärts oder rückwärts zu greifen, durch Umstände oder durch Wahn veranlaßt wird! Wir haben eine Torheit begangen: soll sie es denn für's ganze Leben sein? Sollen wir uns, aus irgend einer Art von Bedenklichkeit, dasjenige versagen, was uns die Sitten der Zeit nicht absprechen? In wie vielen Dingen nimmt der Mensch seinen Vorsatz, seine Tat zurück, und hier gerade sollte es nicht geschehen, wo vom Ganzen und nicht vom Einzelnen, wo nicht von dieser oder jener Bedingung des Lebens, wo vom ganzen Komplex des Lebens die Rede ist!

Der Major verfehlte nicht auf eine eben so geschickte als nachdrückliche Weise Eduarden die verschiedenen Bezüge zu seiner Gemahlin, zu den Familien, zu der Welt, zu seinen Besitzungen vorzustellen; aber es gelang ihm nicht, irgend eine Teilnahme zu erregen.

Alles dieses, mein Freund, erwiderte Eduard, ist mir vor der Seele vorbeigegangen, mitten im Gewühl der Schlacht, wenn die Erde vom anhaltenden Donner bebte, wenn die Kugeln saus'ten und pfiffen, rechts und links die Gefährten niederfielen, mein Pferd getroffen, mein Hut durchlöchert ward; es hat mir vorgeschwebt bei'm stillen nächtlichen Feuer unter dem gestirnten Gewölbe des Himmels. Dann traten mir alle meine Verbindungen vor die Seele; ich habe sie durchgedacht, durchgefühlt; ich habe mir zugeeignet, ich habe mich abgefunden, zu wiederholten Malen, und nun für immer.

In solchen Augenblicken, wie kann ich dir's verschweigen, warst auch du mir gegenwärtig, auch du gehörtest in meinen Kreis; und gehören wir denn nicht schon lange zu einander? Wenn ich dir etwas schuldig geworden, so komme ich jetzt in den Fall dir es mit Zinsen abzutragen; wenn du mir je etwas schuldig geworden, so siehst du dich nun im Stande, mir es zu vergelten. Ich weiß du liebst Charlotten, und sie verdient es; ich weiß du bist ihr nicht gleichgültig, und warum sollte sie deinen Wert nicht erkennen! Nimm sie von meiner Hand! Führe mir Ottilien zu! und wir sind die glücklichsten Menschen auf der Erde.

Eben weil du mich mit so hohen Gaben bestechen willst, versetzte der Major, muß ich desto vorsichtiger, desto strenger sein. Anstatt daß dieser Vorschlag, den ich still verehre, die Sache erleichtern möchte, erschwert er sie vielmehr. Es ist, wie von dir, nun auch von mir die Rede, und so wie von dem Schicksal, so auch von dem guten Namen, von der Ehre zweier Männer, die bis jetzt unbescholten, durch diese wunderliche Handlung, wenn wir sie auch nicht anders nennen wollen, in Gefahr kommen, vor der Welt in einem höchst seltsamen Lichte zu erscheinen.

Eben daß wir unbescholten sind, versetzte Eduard, gibt uns das Recht uns auch einmal schelten zu lassen. Wer sich sein ganzes Leben als einen zuverlässigen Mann bewiesen, der macht eine Handlung zuverlässig, die bei andern zweideutig erscheinen würde. Was mich betrifft, ich fühle mich durch die letzten Prüfungen die ich mir auferlegt, durch die schwierigen gefahrvollen Taten die ich für andere getan, berechtigt auch etwas für mich zu tun. Was dich und Charlotten betrifft, so sei es der Zukunft anheim gegeben; mich aber wirst du, wird niemand von meinem Vorsatze zurückhalten. Will man mir die Hand bieten, so bin ich auch wieder zu allem erbötig; will man mich mir selbst überlassen, oder mir wohl gar entgegen sein, so muß ein Extrem entstehen, es werde auch wie es wolle.

Der Major hielt es für seine Pflicht, dem Vorsatz Eduards so lange als möglich Widerstand zu leisten und er bediente sich nun gegen seinen Freund einer klugen Wendung, indem er nachzugeben schien und nur die Form, den Geschäftsgang zur Sprache brachte, durch welchen man diese Trennung, diese Verbindungen erreichen sollte. Da trat denn so manches Unerfreuliche, Beschwerliche, Unschickliche hervor, daß sich Eduard in die schlimmste Laune versetzt fühlte.

Ich sehe wohl, rief dieser endlich, nicht allein von Feinden, sondern auch von Freunden muß was man wünscht, erstürmt werden. Das was ich will, was mir unentbehrlich ist, halte ich fest im Auge; ich werde es ergreifen und gewiß bald und behende. Dergleichen Verhältnisse, weiß ich wohl, heben sich nicht auf und bilden sich nicht, ohne daß manches falle was steht, ohne daß manches weiche was zu beharren Lust hat. Durch Überlegung wird so etwas nicht geendet; vor dem Verstande sind alle

Rechte gleich, und auf die steigende Waagschale läßt sich immer wieder ein Gegengewicht legen. Entschließe dich also, mein Freund, für mich, für dich zu handeln, für mich, für dich diese Zustände zu entwirren, aufzulösen, zu verknüpfen. Laß dich durch keine Betrachtungen abhalten; wir haben die Welt ohnehin schon von uns reden machen, sie wird noch einmal von uns reden, uns sodann, wie alles Übrige was aufhört neu zu sein, vergessen und uns gewähren lassen wie wir können, ohne weitern Teil an uns zu nehmen.

Der Major hatte keinen andern Ausweg und mußte endlich zugeben, daß Eduard ein- für allemal die Sache als etwas Bekanntes und Vorausgesetztes behandelte, daß er, wie alles anzustellen sei, im Einzelnen durchsprach und sich über die Zukunft auf das heiterste, sogar in Scherzen erging.

Dann wieder ernsthaft und nachdenklich fuhr er fort: Wollten wir uns der Hoffnung, der Erwartung überlassen, daß alles sich von selbst wieder finden, daß der Zufall uns leiten und begünstigen solle, so wäre dies ein sträflicher Selbstbetrug. Auf diese Weise können wir uns unmöglich retten, unsre allseitige Ruhe nicht wieder herstellen; und wie sollte ich mich trösten können, da ich unschuldig die Schuld an allem bin! Durch meine Zudringlichkeit habe ich Charlotten vermocht, dich in's Haus zu nehmen, und auch Ottilie ist nur in Gefolg von dieser Veränderung bei uns eingetreten. Wir sind nicht mehr Herr über das was daraus entsprungen ist, aber wir sind Herr, es unschädlich zu machen, die Verhältnisse zu unserm Glücke zu leiten. Magst du die Augen von den schönen und freundlichen Aussichten abwenden, die ich uns eröffne, magst du mir, magst du uns allen ein trauriges Entsagen gebieten, insofern du dir's möglich denkst, insofern es möglich wäre: ist denn nicht auch alsdann, wenn wir uns vornehmen in die alten Zustände zurückzukehren, manches Unschickliche, Unbequeme, Verdrießliche zu übertragen, ohne daß irgend etwas Gutes, etwas Heiteres daraus entspränge? Würde der glückliche Zustand in dem du dich befindest, dir wohl Freude machen, wenn du gehindert wärst, mich zu besuchen, mit mir zu leben? Und nach dem was vorgegangen ist, würde es doch immer peinlich sein. Charlotte und ich würden mit allem unserm Vermögen uns nur in einer traurigen Lage befinden. Und wenn du mit andern Weltmenschen glauben magst, daß Jahre, daß Entfernung solche Empfindungen abstumpfen, so tief eingegrabene Züge auslöschen; so ist ja eben von diesen Jahren die Rede, die man nicht in Schmerz und Entbehren sondern in Freude und Behagen zubringen will. Und nun zuletzt noch das Wichtigste auszusprechen: wenn wir auch, unserm äußern und innern Zustande nach, das allenfalls abwarten könnten, was soll aus Ottilien werden, die unser Haus verlassen, in der Gesellschaft unserer Vorsorge entbehren und sich in der verruchten kalten Welt jämmerlich herumdrücken müßte! Male mir einen Zustand worin Ottilie, ohne mich, ohne uns, glücklich sein könnte, dann sollst du ein Argument ausgesprochen haben, das stärker ist als jedes andre, das ich, wenn ich's auch nicht zugeben, mich ihm nicht ergeben kann, dennoch recht gern auf's neue in Betrachtung und Überlegung ziehen will.

Diese Aufgabe war so leicht nicht zu lösen, wenigstens fiel dem Freunde hierauf keine hinlängliche Antwort ein, und es blieb ihm nichts übrig, als wiederholt einzuschärfen, wie wichtig, wie bedenklich und in manchem Sinne gefährlich das ganze Unternehmen sei, und daß man wenigstens, wie es anzugreifen wäre, auf das ernstlichste zu bedenken habe. Eduard ließ sich's gefallen, doch nur unter der Bedingung, daß ihn der Freund nicht eher verlassen wolle, als bis sie über die Sache völlig einig geworden, und die ersten Schritte getan seien.

Dreizehntes Kapitel

Völlig fremde und gegen einander gleichgültige Menschen, wenn sie eine Zeit lang zusammen leben, kehren ihr Inneres wechselseitig heraus, und es muß eine gewisse Vertraulichkeit entstehen. Um so mehr läßt sich erwarten, daß unsern beiden Freunden, indem sie wieder neben einander wohnten, täglich und stündlich zusammen umgingen, gegenseitig nichts verborgen blieb. Sie wiederholten das Andenken ihrer früheren Zustände, und der Major verhehlte nicht, daß Charlotte Eduarden, als er von Reisen zurückgekommen, Ottilien zugedacht, daß sie ihm das schöne Kind in der Folge zu vermählen gemeint habe. Eduard bis zur Verwirrung entzückt über diese Entdeckung, sprach ohne Rückhalt von der gegenseitigen Neigung Charlottens und des Majors, die er, weil es ihm gerade bequem und günstig war, mit lebhaften Farben ausmalte.

Ganz leugnen konnte der Major nicht und nicht ganz eingestehen; aber Eduard befestigte, bestimmte sich nur mehr. Er dachte sich alles nicht als möglich, sondern als schon geschehen. Alle Teile brauchten nur in das zu willigen was sie wünschten; eine Scheidung war gewiß zu erlangen; eine baldige Verbindung sollte folgen, und Eduard wollte mit Ottilien reisen.

Unter allem was die Einbildungskraft sich Angenehmes ausmalt, ist vielleicht nichts Reizenderes, als wenn Liebende, wenn junge Gatten, ihr neues frisches Verhältnis in einer neuen frischen Welt zu genießen, und einen dauernden Bund an so viel wechselnden Zuständen zu prüfen und zu bestätigen hoffen. Der Major und Charlotte sollten unterdessen unbeschränkte Vollmacht haben, alles was sich auf Besitz, Vermögen und die irdischen wünschenswerten Einrichtungen bezieht, dergestalt zu ordnen und nach Recht und Billigkeit einzuleiten, daß alle Teile zufrieden sein könnten. Worauf jedoch Eduard am allermeisten zu fußen, wovon er sich den größten Vorteil zu versprechen schien, war dies: Da das Kind bei der Mutter bleiben sollte, so würde der Major den Knaben erziehen, ihn nach seinen Einsichten leiten, seine Fähigkeiten entwickeln können. Nicht umsonst hatte man ihm dann in der Taufe ihren beiderseitigen Namen Otto gegeben.

Das alles war bei Eduarden so fertig geworden, daß er keinen Tag länder anstehen mochte, der Ausführung näher zu treten. Sie gelangten auf ihrem Wege nach dem Gute zu einer kleinen Stadt, in der Eduard ein Haus besaß, wo er verweilen und die Rückkunft des Majors abwarten wollte. Doch konnte er sich nicht überwinden, daselbst sogleich abzusteigen, und begleitete den Freund noch durch den Ort. Sie waren beide zu Pferde, und in bedeutendem Gespräch verwickelt ritten sie zusammen weiter.

Auf einmal erblickten sie in der Ferne das neue Haus auf der Höhe, dessen rote Ziegel sie zum erstenmal blinken sahen. Eduarden ergreift eine unwiderstehliche Sehnsucht; es soll noch diesen Abend alles abgetan sein. In einem ganz nahen Dorfe will er sich verborgen halten; der Major soll die Sache Charlotten dringend vorstellen, ihre Vorsicht überraschen und durch den unerwarteten Antrag sie zu freier Eröffnung ihrer Gesinnung nötigen. Denn Eduard, der seine Wünsche auf sie übergetragen hatte, glaubte nicht anders als daß er ihren entschiedenen Wünschen entgegen komme, und hoffte eine so schnelle Einwilligung von ihr, weil er keinen andern Willen haben konnte.

Er sah den glücklichen Ausgang freudig vor Augen, und damit dieser dem Lauernden schnell verkündet würde, sollten einige Kanonenschläge losgebrannt werden, und wäre es Nacht geworden, einige Raketen steigen.

Der Major ritt nach dem Schlosse zu. Er fand Charlotten nicht, sondern erfuhr vielmehr, daß sie gegenwärtig oben auf dem neuen Gebäude wohne, jetzt aber einen Besuch in der Nachbarschaft ablege, von welchem sie heute wahrscheinlich nicht so bald nach Hause komme. Er ging in das Wirtshaus zurück, wohin er sein Pferd gestellt hatte.

Eduard indessen von unüberwindlicher Ungeduld getrieben, schlich aus seinem Hinterhalte durch einsame Pfade, nur Jägern und Fischern bekannt, nach seinem Park, und fand sich gegen Abend im Gebüsch in der Nachbarschaft des Sees, dessen Spiegel er zum erstenmal vollkommen und rein erblickte.

Ottilie hatte diesen Nachmittag einen Spaziergang an den See gemacht. Sie trug das Kind und las im Gehen nach ihrer Gewohnheit. So gelangte sie zu den Eichen bei der Überfahrt. Der Knabe war eingeschlafen; sie setzte sich, legte ihn neben sich nieder und fuhr fort zu lesen. Das Buch war eins von denen die ein zartes Gemüt an sich ziehen und nicht wieder loslassen. Sie vergaß Zeit und Stunde, und dachte nicht, daß sie zu Lande noch einen weiten Rückweg nach dem neuen Gebäude habe; aber sie saß versenkt in ihr Buch, in sich selbst, so liebenswürdig anzusehen, daß die Bäume, die Sträuche rings umher hätten belebt, mit Augen begabt sein sollen, um sie zu bewundern und sich an ihr zu erfreuen. Und eben fiel ein rötliches Streiflicht der sinkenden Sonne hinter ihr her und vergoldete Wange und Schulter.

Eduard, dem es bisher gelungen war, unbemerkt so weit vorzudringen, der seinen Park leer, die Gegend einsam fand, wagte sich immer weiter. Endlich bricht er durch das Gebüsch bei den Eichen, er sieht Ottilien, sie ihn; er fliegt auf sie zu und liegt zu ihren Füßen. Nach einer langen stummen Pause, in der sich beide zu fassen suchen, erklärt er ihr mit wenig Worten, warum und wie er hieher gekommen. Er habe den Major an Charlotten abgesendet, ihr gemeinsames Schicksal werde vielleicht in diesem Augenblick entschieden. Nie habe er an ihrer Liebe gezweifelt, sie gewiß auch nie an der seinigen. Er bitte sie um ihre Einwilligung. Sie zauderte, er beschwur sie; er wollte seine alten Rechte geltend machen und sie in seine Arme schließen; sie deutete auf das Kind hin.

Eduard erblickt es und staunt. Großer Gott! ruft er aus: wenn ich Ursache hätte an meiner Frau, an meinem Freunde zu zweifeln, so würde diese Gestalt fürchterlich gegen sie zeugen. Ist dies nicht die Bildung des Majors? Solch ein Gleichen habe ich nie gesehen.

Nicht doch! versetzte Ottilie: alle Welt sagt, es gleiche mir. Wär' es möglich? versetzte Eduard, und in dem Augenblick schlug das Kind die Augen auf, zwei große, schwarze, durchdringende Augen, tief und freundlich. Der Knabe sah die Welt schon so verständig an; er schien die beiden zu kennen, die vor ihm standen. Eduard warf sich bei dem Kinde nieder, er kniete zweimal vor Ottilien. Du bist's! rief er aus: deine Augen sind's. Ach! aber laß mich nur in die deinigen schaun. Laß mich einen Schleier werfen über jene unselige Stunde, die diesem Wesen das Dasein gab. Soll ich deine reine Seele mit dem unglücklichen Gedanken erschrekken, daß Mann und Frau entfremdet sich einander an's Herz drücken und einen gesetzlichen Bund durch lebhafte Wünsche entheiligen können! Oder ja, da wir einmal so weit sind, da mein Verhältnis zu Charlotten getrennt werden muß, da du die Meinige sein wirst, warum soll ich es nicht sagen! Warum soll ich das harte Wort nicht aussprechen: dies Kind ist aus einem doppelten Ehbruch erzeugt! es trennt mich von meiner Gattin und meine Gattin von mir, wie es uns hätte verbinden sollen. Mag es denn gegen mich zeugen, mögen diese herrlichen Augen den deinigen sagen, daß ich in den Armen einer andern dir gehörte; mögest du fühlen, Ottilie, recht fühlen, daß ich jenen Fehler, jenes Verbrechen nur in deinen Armen abbüßen kann!

Horch! rief er aus, indem er aufsprang und einen Schuß zu hören glaubte, als das Zeichen das der Major geben sollte. Es war ein Jäger, der im benachbarten Gebirg geschossen hatte. Es erfolgte nichts weiter; Eduard war ungeduldig.

Nun erst sah Ottilie, daß die Sonne sich hinter die Berge gesenkt hatte. Noch zuletzt blinkte sie von den Fenstern des obern Gebäudes zurück.

Entferne dich, Eduard! rief Ottilie. So lange haben wir entbehrt, so lange geduldet. Bedenke was wir beide Charlotten schuldig sind. Sie muß unser Schicksal entscheiden, laß uns ihr nicht vorgreifen. Ich bin die Deine, wenn sie es vergönnt; wo nicht, so muß ich dir entsagen. Da du die Entscheidung so nah glaubst, so laß uns erwarten. Geh in das Dorf zurück, wo der Major dich vermutet. Wie manches kann vorkommen, das eine Erklärung fordert. Ist es wahrscheinlich, daß ein roher Kanonenschlag dir den Erfolg seiner Unterhaltungen verkünde? Vielleicht sucht er dich auf in diesem Augenblick. Er hat Charlotten nicht getroffen, das weiß ich; er kann ihr entgegen gegangen sein, denn man wußte wo sie hin war. Wie vielerlei Fälle sind möglich! Laß mich! Jetzt muß sie kommen. Sie erwartet mich mit dem Kinde dort oben.

Ottilie sprach in Hast. Sie rief sich alle Möglichkeiten zusammen. Sie war glücklich in Eduards Nähe und fühlte, daß sie ihn jetzt entfernen müsse. Ich bitte, ich beschwöre dich, Geliebter! rief sie aus: kehre zurück und erwarte den Major! Ich gehorche deinen Befehlen, rief Eduard, indem er sie erst leidenschaftlich anblickte und sie dann fest in seine Arme schloß. Sie umschlang ihn mit den ihrigen und drückte ihn auf das zärtlichste an ihre Brust. Die Hoffnung fuhr wie ein Stern, der vom Himmel fällt, über ihre Häupter weg. Sie wähnten, sie glaubten einander anzugehören; sie wechselten zum erstenmal entschiedene freie Küsse und trennten sich gewaltsam und schmerzlich.

Die Sonne war untergegangen und es dämmerte schon und duftete feucht um den See. Ottilie stand verwirrt und bewegt; sie sah nach dem Berghause hinüber und glaubte Charlottens weißes Kleid auf dem Altan zu sehen. Der Umweg war groß am See hin; sie kannte Charlottens ungeduldiges Harren nach dem Kinde. Die Platanen sieht sie gegen sich über, nur ein Wasserraum trennt sie von dem Pfade, der sogleich zu dem Gebäude hinaufführt. Mit Gedanken ist sie schon drüben wie mit den Augen. Die Bedenklichkeit, mit dem Kinde sich auf's Waser zu wagen, verschwindet in diesem Drange. Sie eilt nach dem Kahn, sie fühlt nicht daß ihr Herz pocht, daß ihre Füße schwanken, daß ihr die Sinne zu vergehen drohn.

Sie springt in den Kahn, ergreift das Ruder und stößt ab. Sie muß Gewalt brauchen, sie wiederholt den Stoß, der Kahn schwankt und gleitet eine Strecke seewärts. Auf dem linken Arm das Kind, in der linken Hand das Buch, in der rechten das Ruder, schwankt auch sie und fällt in den Kahn. Das Ruder entfährt ihr, nach der einen Seite, und wie sie sich erhalten will, Kind und Buch, nach der andern, alles in's Wasser. Sie ergreift noch des Kindes Gewand; aber ihre unbequeme Lage hindert sie selbst am Aufstehen. Die freie rechte Hand ist nicht hinreichend sich umzuwenden, sich aufzurichten: endlich gelingt's, sie zieht das Kind aus dem Wasser, aber seine Augen sind geschlossen, es hat aufgehört zu atmen.

In dem Augenblicke kehrte ihre ganze Besonnenheit zurück, aber um desto größer ist ihr Schmerz. Der Kahn treibt fast in der Mitte des Sees, das Ruder schwimmt fern, sie erblickt niemanden am Ufer und auch was hätte es ihr geholfen, jemanden zu sehen! Von allem abgesondert schwebt sie auf dem treulosen unzugänglichen Elemente.

Sie sucht Hülfe bei sich selbst. So oft hatte sie von Rettung der Ertrunkenen gehört. Noch am Abend ihres Geburtstags hatte sie es erlebt. Sie entkleidet das Kind, und trocknet's mit ihrem Musselingewand. Sie reißt ihren Busen auf und zeigt ihn zum erstenmal dem freien Himmel; zum erstenmal drückt sie ein Lebendiges an ihre reine nackte Brust, ach! und kein Lebendiges. Die kalten Glieder des unglücklichen Geschöpfs verkälteten ihren Busen bis in's innerste Herz. Unendliche Tränen entquellen ihren Augen und erteilen der Oberfläche des Erstarrten einen Schein von Wärm' und Leben. Sie läßt nicht nach, sie überhüllt es mit ihrem Schawl, und durch Streicheln, Andrücken, Anhauchen, Küssen, Tränen glaubt sie jene Hülfsmittel zu ersetzen, die ihr in dieser Abgeschnittenheit versagt sind.

Alles vergebens! Ohne Bewegung liegt das Kind in ihren Armen, ohne Bewegung steht der Kahn auf der Wasserfläche; aber auch hier läßt ihr schönes Gemüt sie nicht hülflos. Sie wendet sich nach oben. Knieend sinkt sie in dem Kahne nieder und hebt das erstarrte Kind mit beiden Armen über ihre unschuldige Brust, die an Weiße und leider auch an Kälte dem Marmor gleicht. Mit feuchtem Blick sieht sie empor und ruft Hülfe von daher, wo ein zartes Herz die größte Fülle zu finden hofft, wenn es überall mangelt.

Auch wendet sie sich nicht vergebens zu den Sternen die schon einzeln hervorzublinken anfangen. Ein sanfter Wind erhebt sich und treibt den Kahn nach den Platanen.

Vierzehntes Kapitel

Sie eilt nach dem neuen Gebäude, sie ruft den Chirurgus hervor, sie übergibt ihm das Kind. Der auf alles gefaßte Mann behandelt den zarten Leichnam stufenweise nach gewohnter Art. Ottilie steht ihm in allem bei; sie schafft, sie bringt, sie sorgt, zwar wie in einer andern Welt wandelnd: denn das höchste Unglück wie das höchste Glück verändert die Ansicht aller Gegenstände; und nur, als nach allen durchgegangenen Versuchen der wackere Mann den Kopf schüttelt, auf ihre hoffnungsvollen Fragen erst schweigend, dann mit einem leisen Nein antwortet, verläßt sie das Schlafzimmer Charlottens, worin dies alles geschehen, und kaum hat sie das Wohnzimmer betreten, so fällt sie, ohne den Sopha erreichen zu können, erschöpft auf's Angesicht über den Teppich hin.

Eben hört man Charlotten vorfahren. Der Chirurg bittet die Umstehenden dringend zurückzubleiben, er will ihr entgegen, sie vorbereiten; aber schon betritt sie ihr Zimmer. Sie findet Ottilien an der Erde, und ein Mädchen des Hauses stürzt ihr mit Geschrei und Weinen entgegen. Der Chirurg tritt herein und sie erfährt alles auf einmal. Wie sollte sie aber jede Hoffnung mit einmal aufgeben! Der erfahrene, kunstreiche, kluge Mann bittet sie nur das Kind nicht zu sehen; er entfernt sich, sie mit neuen Anstalten zu täuschen. Sie hat sich auf ihren Sopha gesetzt, Ottilie liegt noch auf der Erde, aber an der Freundin Knie' herangehoben, über die ihr schönes Haupt hingesenkt ist. Der ärztliche Freund geht ab und zu; er scheint sich um das Kind zu bemühen, er bemüht sich um die Frauen. So kommt die Mitternacht herbei, die Totenstille wird immer tiefer. Charlotte verbirgt sich's nicht mehr, daß das Kind nie wieder in's Leben zurückkehre; sie verlangt es zu sehen. Man hat es in warme wollne Tücher reinlich eingehüllt, in einen Korb gelegt, den man neben sie auf den Sopha setzt; nur das Gesichtchen ist frei; ruhig und schön liegt es da.

Von dem Unfall war das Dorf bald erregt worden und die Kunde sogleich bis nach dem Gasthof erschollen. Der Major hatte sich die bekannten Wege hinaufbegeben; er ging um das Haus herum, und indem er einen Bedienten anhielt, der in dem Angebäude etwas zu holen lief, verschaffte er sich nähere Nachricht und ließ den Chirurgen herausrufen. Dieser kam, erstaunt über die Erscheinung seines alten Gönners, berichtete ihm die gegenwärtige Lage und übernahm es, Charlotten auf seinen Anblick vorzubereiten. Er ging hinein, fing ein ableitendes Gespräch an und führte die Einbildungskraft von einem Gegenstand auf den andern, bis er endlich den Freund Charlotten vergegenwärtigte, dessen gewisse Teilnahme, dessen Nähe dem Geiste, der Gesinnung nach, die er denn bald in eine wirkliche übergehen ließ. Genug sie erfuhr, der Freund stehe vor der Tür, er wisse alles und wünsche eingelassen zu werden.

Der Major trat herein; ihn begrüßte Charlotte mit einem schmerzlichen Lächeln. Er stand vor ihr. Sie hub die grünseidne Decke auf, die den Leichnam verbarg, und bei dem dunklen Schein einer Kerze erblickte er, nicht ohne geheimes Grausen, sein erstarrtes Ebenbild. Charlotte deutete auf einen Stuhl, und so saßen sie gegen einander über, schweigend, die Nacht hindurch. Ottilie lag noch ruhig auf den Knien Charlottens; sie atmete sanft; sie schlief, oder sie schien zu schlafen.

Der Morgen dämmerte, das Licht verlosch, beide Freunde schienen aus einem dumpfen Traum zu erwachen. Charlotte blickte den Major an und sagte gefaßt: Erklären Sie mir, mein Freund, durch welche Schickung kommen Sie hieher, um Teil an dieser Trauerszene zu nehmen?

Es ist hier, antwortete der Major ganz leise wie sie gefragt hatte, — als wenn sie Ottilien nicht aufwecken wollten — es ist hier nicht Zeit und Ort, zurückzuhalten, Einleitungen zu machen und sachte heranzutreten. Der Fall, in dem ich Sie finde, ist so ungeheuer, daß das Bedeutende selbst weshalb ich komme, dagegen seinen Wert verliert.

Er gestand ihr darauf, ganz ruhig und einfach, den Zweck seiner Sendung, insofern Eduard ihn abgeschickt hatte; den Zweck seines Kommens, insofern sein freier Wille, sein eigenes Interesse dabei war. Er trug beides sehr zart, hoch aufrichtig vor; Charlotte hörte gelassen zu, und schien weder darüber zu staunen, noch unwillig zu sein.

Als der Major geendigt hatte, antwortete Charlotte mit ganz leiser Stimme, so daß er genötigt war seinen Stuhl heranzurücken: In einem Falle wie dieser ist, habe ich mich noch nie befunden; aber in ähnlichen habe ich mir immer gesagt: wie wird es morgen sein? Ich fühle recht wohl, daß das Los von mehreren jetzt in meinen Händen liegt; und was ich zu tun habe ist bei mir außer Zweifel und bald ausgesprochen. Ich willige in die Scheidung. Ich hätte mich früher dazu entschließen sollen; durch mein Zaudern, mein Widerstreben habe ich das Kind getötet. Es sind gewisse Dinge, die sich das Schicksal hartnäckig vornimmt. Vergebens, daß Vernunft und Tugend, Pflicht und alles Heilige sich ihm in den Weg stellen; es soll etwas geschehen was ihm recht ist, was uns nicht recht scheint; und so greift es zuletzt durch, wir mögen uns gebärden wie wir wollen.

Doch was sag' ich! Eigentlich will das Schicksal meinen eigenen Wunsch, meinen eigenen Vorsatz, gegen die ich unbedachtsam gehandelt, wieder in den Weg bringen. Habe ich nicht selbst schon Ottilien und Eduarden mir als das schicklichste Paar zusammengedacht? Habe ich nicht selbst beide einander zu nähern gesucht? Waren Sie nicht selbst, mein Freund, Mitwisser dieses Plans? Und warum konnt' ich den Eigensinn eines Mannes nicht von wahrer Liebe unterscheiden? Warum nahm ich seine Hand an, da ich als Freundin ihn und eine andre Gattin glücklich gemacht hätte? Und betrachten Sie nur diese unglückliche Schlummernde! Ich zittere vor dem Augenblicke, wenn sie aus ihrem halben Totenschlafe zum Bewußtsein erwacht. Wie soll sie leben, wie soll sie sich trösten, wenn sie nicht hoffen kann, durch ihre Liebe Eduarden das zu ersetzen, was sie ihm als Werkzeug des wunderbarsten Zufalls geraubt hat? Und sie kann ihm alles wiedergeben nach der Neigung, nach der Leidenschaft, mit der sie ihn liebt. Vermag die Liebe alles zu dulden, so vermag sie noch vielmehr alles zu ersetzen. An mich darf in diesem Augenblick nicht gedacht werden.

Entfernen Sie sich in der Stille, lieber Major. Sagen Sie Eduarden, daß ich in die Scheidung willige, daß ich ihm, Ihnen, Mittlern die ganze Sache einzuleiten überlasse; daß ich um meine künftige Lage unbekümmert bin und es in jedem Sinne sein kann. Ich will jedes Papier unterschreiben, das man mir bringt; aber man verlange nur nicht von mir, daß ich mitwirke, daß ich bedenke, daß ich berate.

Der Major stand auf. Sie reichte ihm ihre Hand über Ottilien weg. Er drückte seine Lippen auf diese liebe Hand. Und für mich, was darf ich hoffen? lispelte er leise.

Lassen Sie mich Ihnen die Antwort schuldig bleiben, versetzte Charlotte. Wir haben nicht verschuldet unglücklich zu werden; aber auch nicht verdient zusammen glücklich zu sein.

Der Major entfernte sich, Charlotten tief im Herzen beklagend, ohne jedoch das arme abgeschiedene Kind bedauern zu können. Ein solches Opfer schien ihm nötig zu ihrem allseitigen Glück. Er dachte sich Ottilien mit einem eignen Kind auf dem Arm, als den vollkommensten Ersatz für das, was sie Eduarden geraubt; er dachte sich einen Sohn auf dem Schoße, der mit mehrerem Recht sein Ebenbild trüge, als der abgeschiedene.

So schmeichelnde Hoffnungen und Bilder gingen ihm durch die Seele, als er auf dem Rückwege nach dem Gasthofe Eduarden fand, der die ganze Nacht im Freien den Major erwartet hatte, da ihm kein Feuerzeichen, kein Donnerlaut ein glückliches Gelingen verkünden wollte. Er wußte bereits von dem Unglück und auch er, anstatt das arme Geschöpf zu bedauern, sah diesen Fall, ohne sich's ganz gestehen zu wollen, als eine Fügung an, wodurch jedes Hindernis an seinem Glück auf Einmal beseitigt wäre. Gar leicht ließ er sich daher durch den Major bewegen, der ihm schnell den Entschuß seiner Gattin verkündigte, wieder nach jenem Dorfe, und sodann nach der kleinen Stadt zurückzukehren, wo sie das Nächste überlegen und einleiten wollten.

Charlotte saß, nachdem der Major sie verlassen hatte, nur wenige Minuten in ihre Betrachtungen versenkt: denn sogleich richtete Ottilie sich auf, ihre Freundin mit großen Augen anblickend. Erst erhob sie sich von dem Schoße, dann von der Erde und stand vor Charlotten.

Zum zweitenmal — so begann das herrliche Kind mit einem unüberwindlichen anmutigen Ernst — zum zweitenmal widerfährt mir dasselbige. Du sagtest mir einst: es begegne den Menschen in ihrem Leben oft Ähnliches auf ähnliche Weise, und immer in bedeutenden Augenblicken. Ich finde nun die Bemerkung wahr, und bin gedrungen dir ein Bekenntnis zu machen. Kurz nach meiner Mutter Tode, als ein kleines Kind, hatte ich meinen Schemel an dich gerückt: du saßest auf dem Sopha wie jetzt; mein Haupt lag auf deinen Knien, ich schlief nicht, ich wachte nicht; ich schlummerte. Ich vernahm alles was um mich vorging, besonders alle Reden sehr deutlich; und doch konnte ich mich nicht regen, mich nicht äußern, und wenn ich auch gewollt hätte, nicht andeuten, daß ich meiner selbst mich bewußt fühlte. Damals sprachst du mit einer Freundin über mich; du bedauertest mein Schicksal, als eine arme Waise in der Welt geblieben zu sein; du schildertest meine abhängige Lage und wie mißlich es um mich stehen könne, wenn nicht ein besondrer Glücksstern über mich walte. Ich faßte alles wohl und genau, vielleicht zu streng, was du für mich zu wünschen, was du von mir zu fordern schienst. Ich machte mir nach meinen beschränkten Einsichten hierüber Gesetze; nach diesen habe ich lange gelebt, nach ihnen war mein Tun und Lassen eingerichtet, zu der Zeit da du mich liebtest, für mich sorgtest, da du mich in dein Haus aufnahmst, und auch noch eine Zeit hernach.

Aber ich bin aus meiner Bahn geschritten, ich habe meine Gesetze gebrochen, ich habe sogar das Gefühl derselben verloren, und nach einem schrecklichen Ereignis klärst du mich wieder über meinen Zustand auf, der jammervoller ist als der erste. Auf deinem Schoße ruhend, halb erstarrt, wie aus einer fremden Welt vernehm' ich abermals deine leise Stimme über meinem Ohr; ich vernehme, wie es mit mir selbst aussieht; ich schaudere über mich selbst; aber wie damals habe ich auch diesmal in meinem halben Totenschlaf mir meine neue Bahn vorgezeichnet.

Ich bin entschlossen, wie ich's war, und wozu ich entschlossen bin, mußt du gleich erfahren. Eduards werd' ich nie! Auf eine schreckliche Weise hat Gott mir die Augen geöffnet, in welchem Verbrechen ich befangen bin. Ich will es büßen; und niemand gedenke mich von meinem Vorsatz abzubringen! Darnach, Liebe, Beste, nimm deine Maßregeln. Laß den Major zurückkommen; schreibe ihm, daß keine Schritte geschehen. Wie ängstlich war mir, daß ich mich nicht rühren und regen konnte, als er ging. Ich wollte auffahren, aufschreien: du solltest ihn nicht mit so frevelhaften Hoffnungen entlassen.

Charlotte sah Ottiliens Zustand, sie empfand ihn; aber sie hoffte durch Zeit und Vorstellungen etwas über sie zu gewinnen. Doch als sie einige Worte aussprach, die auf eine Zukunft, auf eine Milderung des Schmerzes, auf Hoffnung deuteten: Nein! rief Ottilie mit Erhebung: sucht mich nicht zu bewegen, nicht zu hintergehen! In dem Augenblick, in dem ich erfahre: du habest in die Scheidung gewilligt, büße ich in demselbigen See mein Vergehen, mein Verbrechen.

Funfzehntes Kapitel

Wenn sich in einem glücklichen friedlichen Zusammenleben Verwandte, Freunde, Hausgenossen, mehr als nötig und billig ist, von dem unterhalten was geschieht oder geschehen soll; wenn sie sich einander ihre Vorsätze, Unternehmungen, Beschäftigungen wiederholt mitteilen, und ohne gerade wechselseitigen Rat anzunehmen, doch immer das ganze Leben gleichsam ratschlagend behandeln: so findet man dagegen, in wichtigen Momenten, eben da wo es scheinen sollte, der Mensch bedürfe fremden Beistandes, fremder Bestätigung am allermeisten, daß sich die Einzelnen auf sich selbst zurückziehen, jedes für sich zu handeln, jedes auf seine Weise zu wirken strebt, und indem man sich einander die einzelnen Mittel verbirgt, nur erst der Ausgang, die Zwecke, das Erreichte wieder zum Gemeingut werden.

Nach so viel wundervollen und unglücklichen Ereignissen war denn auch ein gewisser stiller Ernst über die Freundinnen gekommen, der sich in einer liebenswürdigen Schonung äußerte. Ganz in der Stille hatte Charlotte das Kind nach der Kapelle gesendet. Es ruhte dort als das erste Opfer eines ahnungsvollen Verhängnisses.

Charlotte kehrte sich, so viel es ihr möglich war, gegen das Leben zurück, und hier fand sie Ottilien zuerst, die ihres Beistandes bedurfte. Sie beschäftigte sich vorzüglich mit ihr, ohne es jedoch merken zu lassen. Sie wußte wie sehr das himmlische Kind Eduarden liebte; sie hatte nach und nach die Szene die dem Unglück vorher gegangen war, herausgeforscht, und jeden Umstand, teils von Ottilien selbst, teils durch Briefe des Majors erfahren.

Ottilie von ihrer Seite erleichterte Charlotten sehr das augenblickliche Leben. Sie war offen, ja gesprächig, aber niemals war von dem Gegenwärtigen oder kurz Vergangenen die Rede. Sie hatte stets aufgemerkt, stets beobachtet, sie wußte viel; das kam jetzt alles zum Vorschein. Sie unterhielt, sie zerstreute Charlotten, die noch immer die stille Hoffnung nährte, ein ihr so wertes Paar verbunden zu sehen.

Allein bei Ottilien hing es anders zusammen. Sie hatte das Geheimnis ihres Lebensganges der Freundin entdeckt; sie war von ihrer frühen Einschränkung, von ihrer Dienstbarkeit entbunden. Durch ihre Reue, durch ihren Entschuß fühlte sie sich auch befreit von der Last jenes Vergehens, jenes Mißgeschicks. Sie bedurfte keiner Gewalt mehr über sich selbst; sie hatte sich in der Tiefe ihres Herzens nur unter der Bedingung des völligen Entsagens verziehen, und diese Bedingung war für alle Zukunft unerläßlich.

So verfloß einige Zeit, und Charlotte fühlte, wie sehr Haus und Park, Seen, Felsen- und Baumgruppen, nur traurige Empfindungen täglich in ihnen beiden erneuerten. Daß man den Ort verändern müsse, war allzudeutlich; wie es geschehen solle, nicht so leicht zu entscheiden.

Sollten die beiden Frauen zusammenbleiben? Eduards früherer Wille schien es zu gebieten, seine Erklärung, seine Drohung es nötig zu machen: allein wie war es zu verkennen, daß beide Frauen, mit allem guten Willen, mit aller Vernunft, mit aller Anstrengung, sich in einer peinlichen Lage neben einander befanden. Ihre Unterhaltungen waren vermeidend. Manchmal mochte man gern etwas nur halb verstehen, öfters wurde aber doch ein Ausdruck, wo nicht durch den Verstand wenigstens durch die Empfindung, mißdeutet. Man fürchtete sich zu verletzen, und gerade die Furcht war am ersten verletzbar und verletzte am ersten.

Wollte man den Ort verändern und sich zugleich, wenigstens auf einige Zeit, von einander trennen, so trat die alte Frage wieder hervor: wo sich Ottilie hinbegeben solle? Jenes große reiche Haus hatte vergebliche Versuche gemacht, einer hoffnungsvollen Erbtochter unterhaltende und wetteifernde Gespielinnen zu verschaffen. Schon bei der letzten Anwesenheit der Baronesse, und neuerlich durch Briefe, war Charlotte aufgefordert worden, Ottilien dorthin zu senden; jetzt brachte sie es abermals zur Sprache. Ottilie verweigerte aber ausdrücklich dahin zu gehen, wo sie dasjenige finden würde, was man große Welt zu nennen pflegt.

Lassen Sie mich, liebe Tante, sagte sie, damit ich nicht eingeschränkt und eigensinnig erscheine, dasjenige aussprechen was zu verschweigen, zu verbergen, in einem andern Falle Pflicht wäre. Ein seltsam unglücklicher Mensch, und wenn er auch schuldlos wäre, ist auf eine fürchterliche Weise gezeichnet. Seine Gegenwart erregt in allen die ihn sehen, die ihn gewahr werden, eine Art von Entsetzen. Jeder will das Ungeheure ihm ansehen was ihm auferlegt ward; jeder ist neugierig und ängstlich zugleich. So bleibt ein Haus, eine Stadt, worin eine ungeheure Tat geschehen, jedem furchtbar der sie betritt. Dort leuchtet das Licht des Tages nicht so hell, und die Sterne scheinen ihren Glanz zu verlieren.

Wie groß, und doch vielleicht zu entschuldigen, ist gegen solche Unglückliche die Indiskretion der Menschen, ihre alberne Zudringlichkeit und ungeschickte Gutmütigkeit. Verzeihen Sie mir, daß ich so rede; aber ich habe unglaublich mit jenem armen Mädchen gelitten, als es Luciane aus den verborgenen Zimmern des Hauses hervorzog, sich freundlich mit ihm beschäftigte, es in der besten Absicht zu Spiel und Tanz nötigen wollte. Als das arme Kind bange und immer bänger zuletzt floh und in Ohnmacht sank, ich es in meine Arme faßte, die Gesellschaft erschreckt aufgeregt und jeder erst recht neugierig auf die Unglückselige ward: da dachte ich nicht, daß mir ein gleiches Schicksal bevorstehe; aber mein Mitgefühl, so wahr und lebhaft, ist noch lebendig. Jetzt kann ich mein Mitleiden gegen mich selbst wenden und mich hüten, daß ich nicht zu ähnlichen Auftritten Anlaß gebe.

Du wirst aber, liebes Kind, versetzte Charlotte, dem Anblick der Menschen dich nirgends entziehen können. Klöster haben wir nicht, in denen sonst eine Freistatt für solche Gefühle zu finden war.

Die Einsamkeit macht nicht die Freistatt, liebe Tante, versetzte Ottilie. Die schätzenswerteste Freistatt ist da zu suchen, wo wir tätig sein können. Alle Büßungen, alle Enbehrungen sind keineswegs geeignet uns einem ahnungsvollen Geschick zu entziehen, wenn es uns zu verfolgen entschieden ist. Nur, wenn ich im müßigen Zustande der Welt zur Schau dienen soll, dann ist sie mir widerwärtig und ängstigt mich. Findet man mich aber freudig bei der Arbeit, unermüdet in meiner Pflicht, dann kann ich die Blicke eines jeden aushalten, weil ich die göttlichen nicht zu scheuen brauche.

Ich müßte mich sehr irren, versetzte Charlotte, wenn deine Neigung dich nicht zur Pension zurückzöge.

Ja, versetzte Ottilie, ich leugne es nicht: ich denke es mir als eine glückliche Bestimmung, andre auf dem gewöhnlichen Wege zu erziehen, wenn wir auf dem sonderbarsten erzogen worden. Und sehen wir nicht in der Geschichte, daß Menschen, die wegen großer sittlicher Unfälle sich in die Wüsten zurückzogen, dort keineswegs, wie sie hofften, verborgen und gedeckt waren? Sie wurden zurückgerufen in die Welt, um die Verirrten auf den rechten Weg zu führen; und wer konnte es besser als die in den Irrgängen des Lebens schon Eingeweihten! Sie wurden berufen den Unglücklichen beizustehen, und wer vermochte das eher als sie, denen kein irdisches Unheil mehr begegnen konnte!

Du wählst eine sonderbare Bestimmung, versetzte Charlotte. Ich will dir nicht widerstreben: es mag sein, wenn auch nur, wie ich hoffe, auf kurze Zeit.

Wie sehr danke ich Ihnen, sagte Ottilie, daß Sie mir diesen Versuch, diese Erfahrung gönnen wollen. Schmeichle ich mir nicht zu sehr, so soll es mir glücken. An jenem Orte will ich mich erinnern, wie manche Prüfungen ich ausgestanden, und wie klein, wie nichtig sie waren gegen die, die ich nachher erfahren mußte. Wie heiter werde ich die Verlegenheiten der jungen Aufschößlinge betrachten, bei ihren kindlichen Schmerzen lächeln und sie mit leiser Hand aus allen kleinen Verirrungen herausführen. Der Glückliche ist nicht geignet Glücklichen vorzustehen: es liegt in der menschlichen Natur, immer mehr von sich und von andern zu fordern, je mehr man empfangen hat. Nur der Unglückliche der sich erholt, weiß für sich und andere das Gefühl zu nähren, daß auch ein mäßiges Gute mit Entzücken genossen werden soll.

Laß mich gegen deinen Vorsatz, sagte Charlotte zuletzt nach einigem Bedenken, noch einen Einwurf anführen, der mir der wichtigste scheint. Es ist nicht von dir, es ist von einem Dritten die Rede. Die Gesinnungen des guten, vernünftigen, frommen Gehülfen sind dir bekannt; auf dem Wege den du gehst, wirst du ihm jeden Tag werter und unentbehrlicher sein. Da er schon jetzt, seinem Gefühl nach, nicht gern ohne dich leben mag, so wird er auch künftig, wenn er einmal deine Mitwirkung gewohnt ist, ohne dich sein Geschäft nicht mehr verwalten können. Du wirst ihm anfangs darin beistehen, um es ihm hernach zu verleiden.

Das Geschick ist nicht sanft mit mir verfahren, versetzte Ottilie; und wer mich liebt, hat vielleicht nicht viel Besseres zu erwarten. So gut und verständig als der Freund ist, eben so, hoffe ich, wird sich in ihm auch die Empfindung eines reinen Verhältnisses zu mir entwickeln; er wird in mir eine geweihte Person erblicken, die nur dadurch ein ungeheures Übel für sich und andre vielleicht aufzuwiegen vermag, wenn sie sich dem Heiligen widmet, das uns unsichtbar umgebend allein gegen die ungeheuren zudringenden Mächte beschirmen kann.

Charlotte nahm alles was das liebe Kind so herzlich geäußert zur stillen Überlegung. Sie hatte verschiedentlich, obgleich auf das leiseste, angeforscht, ob nicht eine Annäherung Ottiliens zu Eduard denkbar sei; aber auch nur die leiseste Erwähnung, die mindeste Hoffnung, der kleinste Verdacht schien Ottilien aufs tiefste zu rühren, ja sie sprach sich einst, da sie es nicht umgehen konnte, hierüber ganz deutlich aus.

Wenn dein Entschluß, entgegnete ihr Charlotte, Eduarden zu entsagen, so fest und unveränderlich ist, so hüte dich nur vor der Gefahr des Wiedersehens. In der Entfernung von dem geliebten Gegenstande scheinen wir, je lebhafter unsere Neigung ist, desto mehr Herr von uns selbst zu werden, indem wir die ganze Gewalt der Leidenschaft, wie sie sich nach außen erstreckte, nach innen wenden; aber wie bald, wie geschwind sind wir aus diesem Irrtum gerissen, wenn dasjenige, was wir entbehren zu können glaubten, auf einmal wieder als unentbehrlich vor unsern Augen steht. Tue jetzt was du deinen Zuständen am gemäßesten hältst; prüfe dich, ja verändre lieber deinen gegenwärtigen Entschluß: aber aus dir selbst, aus freiem wollendem Herzen. Laß dich nicht zufällig, nicht durch Überraschung, in die vorigen Verhältnisse wieder hineinziehen: dann gibt es erst einen Zwiespalt im Gemüt der unerträglich ist. Wie gesagt, ehe du diesen Schritt tust, ehe du dich von mir entfernst und ein neues Leben anfängst, das dich wer weiß auf welche Wege leitet, so bedenke noch einmal, ob du denn wirklich für alle Zukunft Eduarden entsagen kannst. Hast du dich aber hiezu bestimmt, so schließen wir einen Bund, daß du dich mit ihm nicht einlassen willst, selbst nicht in eine Unterredung, wenn er dich aufsuchen, wenn er sich zu dir drängen sollte. Ottilie besann sich nicht einen Augenblick, sie gab Charlotten das Wort, das sie sich schon selbst gegeben hatte.

Nun aber schwebte Charlotten immer noch jene Drohung Eduards vor der Seele, daß er Ottilien nur so lange entsagen könne, als sie sich von Charlotten nicht trennte. Es hatten sich zwar seit der Zeit die Umstände so verändert, es war so mancherlei vorgefallen, daß jenes vom Augenblick ihm abgedrungene Wort gegen die folgenden Ereignisse für aufgehoben zu achten war; dennoch wollte sie auch im entferntesten Sinne weder etwas wagen, noch etwas vornehmen das ihn verletzen könnte, und so sollte Mittler in diesem Falle Eduards Gesinnung erforschen.

Mittler hatte seit dem Tode des Kindes Charlotten öfters, obgleich nur auf Augenblicke, besucht. Dieser Unfall, der ihm die Wiedervereinigung beider Gatten höchst unwahrscheinlich machte, wirkte gewaltsam auf ihn; aber immer nach seiner Sinnesweise hoffend und strebend, freute er sich nun im Stillen über den Entschluß Ottiliens. Er vertraute der lindernden vorüberziehenden Zeit, dachte noch immer die beiden Gatten zusammenzuhalten und sah diese leidenschaftlichen Bewegungen nur als Prüfungen ehelicher Liebe und Treue an.

Charlotte hatte gleich anfangs den Major von Ottiliens erster Erklärung schriftlich unterrichtet, ihn auf das inständigste gebeten, Eduarden dahin zu vermögen, daß keine weiteren Schritte geschähen, daß man sich ruhig verhalte, daß man abwarte, ob das Gemüt des schönen Kindes sich wieder herstelle. Auch von den spätern Ereignissen und Gesinnungen hatte sie das Nötige mitgeteilt, und nun war freilich Mittlern die schwierige Aufgabe übertragen, auf eine Veränderung des Zustandes Eduarden vorzubereiten. Mittler aber, wohlwissend, daß man das Geschehene sich eher gefallen läßt, als daß man in ein noch zu Geschehendes einwilligt, überredete Charlotten: es sei das Beste, Ottilien gleich nach der Pension zu schicken.

Deshalb wurden, sobald er weg war, Anstalten zur Reise gemacht. Ottilie packte zusammen, aber Charlotte sah wohl, daß sie weder das schöne Köfferchen, noch irgend etwas daraus mitzunehmen sich anschickte. Die Freundin schwieg und ließ das schweigende Kind gewähren. Der Tag der Abreise kam herbei; Charlottens Wagen sollte Ottilien den ersten Tag bis in ein bekanntes Nachtquartier, den zweiten bis in die Pension bringen; Nanny sollte sie begleiten und ihre Dienerin bleiben. Das leidenschaftliche Mädchen hatte sich gleich nach dem Tode des Kindes wieder an Ottilien zurückgefunden und hing nun an ihr wie sonst durch Natur und Neigung; ja sie schien, durch unterhaltende Redseligkeit, das bisher Versäumte wieder nachbringen und sich ihrer geliebten Herrin völlig widmen zu wollen. Ganz außer sich war sie nun über das Glück mitzureisen, fremde Gegenden zu sehen, da sie noch niemals außer ihrem Geburtsort gewesen, und rannte vom Schlosse ins Dorf, zu ihren Eltern, Verwandten, um ihr Glück zu verkündigen und Abschied zu nehmen. Unglücklicherweise trat sie dabei in die Zimmer der Maserkranken und empfand sogleich die Folgen der Ansteckung. Man wollte die Reise nicht aufschieben; Ottilie drang selbst darauf: sie hatte den Weg schon gemacht, sie kannte die Wirtsleute bei denen sie einkehren sollte, der Kutscher vom Schlosse führte sie; es war nichts zu besorgen.

Charlotte widersetzte sich nicht; auch sie eilte schon in Gedanken aus diesen Umgebungen weg, nur wollte sie noch die Zimmer die Ottilie im Schloß bewohnt hatte wieder für Eduarden einrichten, gerade so wie sie vor der Ankunft des Hauptmanns gewesen. Die Hoffnung ein altes Glück wieder herzustellen flammt immer einmal wieder in dem Menschen auf, und Charlotte war zu solchen Hoffnungen abermals berechtigt, ja genötigt.

Sechzehntes Kapitel

Als Mittler gekommen war, sich mit Eduarden über die Sache zu unterhalten, fand er ihn allein, den Kopf in die rechte Hand gelehnt, den Arm auf den Tisch gestemmt. Er schien sehr zu leiden. Plagt Ihr Kopfweh Sie wieder? fragte Mittler. Es plagt mich, versetzte jener; und doch kann ich es nicht hassen: denn es erinnert mich an Ottilien. Vielleicht leidet auch sie jetzt, denk' ich, auf ihren linken Arm gestützt, und leidet wohl mehr als ich. Und warum soll ich es nicht tragen, wie sie? Diese Schmerzen sind mir heilsam, sind mir, ich kann beinah sagen, wünschenswert: denn nur mächtiger, deutlicher, lebhafter schwebt mir das Bild ihrer Geduld, von allen ihren übrigen Vorzügen begleitet, vor der Seele; nur im Leiden empfinden wir recht vollkommen alle die großen Eigenschaften, die nötig sind um es zu ertragen.

Als Mittler den Freund in diesem Grade resigniert fand, hielt er mit seinem Anbringen nicht zurück, das er jedoch stufenweise, wie der Gedanke bei den Frauen entsprungen, wie er nach und nach zum Vorsatz gereift war, historisch vortrug. Eduard äußerte sich kaum dagegen. Aus dem wenigen was er sagte, schien hervorzugehen, daß er jenen alles überlasse; sein gegenwärtiger Schmerz schien ihn gegen alles gleichgültig gemacht zu haben.

Kaum aber war er allein, so stand er auf und ging in dem Zimmer hin und wieder. Er fühlte seinen Schmerz nicht mehr, er war ganz außer sich beschäftigt. Schon unter Mittlers Erzählung hatte die Einbildungskraft des Liebenden sich lebhaft ergangen. Er sah Ottilien, allein oder so gut als allein, auf wohlbekanntem Wege, in einem gewohnten Wirtshause, dessen Zimmer er so oft betreten; er dachte, er überlegte, oder vielmehr, er dachte, er überlegte nicht; er wünschte, er wollte nur. Er mußte sie sehn, sie sprechen. Wozu, warum, was daraus entstehen sollte? davon konnte die Rede nicht sein. Er widerstand nicht, er mußte.

Der Kammerdiener ward ins Vertrauen gezogen, und erforschte sogleich Tag und Stunde, wann Ottilie reisen würde. Der Morgen brach an; Eduard säumte nicht, unbegleitet sich zu Pferde dahin zu begeben, wo Ottilie übernachten sollte. Er kam nur allzuzeitig dort an; die überraschte Wirtin empfing ihn mit Freuden: sie war ihm ein großes Familienglück schuldig geworden. Er hatte ihrem Sohn, der als Soldat sich sehr brav gehalten, ein Ehrenzeichen verschafft, indem er dessen Tat, wobei er allein gegenwärtig gewesen, heraushob, mit Eifer bis vor den Feldherrn brachte und die Hindernisse einiger Mißwollenden überwand. Sie wußte nicht, was sie ihm alles zu Liebe tun sollte. Sie räumte schnell in ihrer Putzstube, die freilich auch zugleich Garderobe und Vorratskammer war, möglichst zusammen; allein er kündigte ihr die Ankunft eines Frauenzimmers an, die hier hereinziehen sollte, und ließ für sich eine Kammer hinten auf dem Gange notdürftig einrichten. Der Wirtin erschien die Sache geheimnisvoll, und es war ihr angenehm, ihrem Gönner, der sich dabei sehr interessiert und tätig zeigte, etwas Gefälliges zu erweisen. Und er, mit welcher Empfindung brachte er die lange Zeit bis zum Abend hin! Er betrachtete das Zimmer rings umher, in dem er sie sehen sollte; es schien ihm in seiner ganzen häuslichen Seltsamkeit ein himmlischer Aufenthalt. Was dachte er sich nicht alles aus, ob er Ottilien überraschen, ob er sie vorbereiten sollte! Endlich gewann die letztere Meinung Oberhand; er setzte sich hin und schrieb. Dies Blatt sollte sie empfangen.

Eduard an Ottilien

Indem du diesen Brief liesest, Geliebteste, bin ich in deiner Nähe. Du mußt nicht erschrecken, dich nicht entsetzen; du hast von mir nichts zu befürchten. Ich werde mich nicht zu dir drängen. Du siehst mich nicht eher als du es erlaubst.

Bedenke vorher deine Lage, die meinige. Wie sehr danke ich dir, daß du keinen entscheidenden Schritt zu tun vorhast; aber bedeutend genug ist er, tu' ihn nicht! Hier, auf einer Art von Scheideweg, überlege nochmals: kannst du mein sein, willst du mein sein? O du erzeigest uns allen eine große Wohltat und mir eine überschwängliche.

Laß mich dich wiedersehen, dich mit Freuden wiedersehen. Laß mich die schöne Frage mündlich tun, und beantworte sie mir mit deinem schönen Selbst. An meine Brust, Ottilie! hieher, wo du manchmal geruht hast und wo du immer hingehörst!

Indem er schrieb, ergriff ihn das Gefühl, sein Höchstersehntes nahe sich, es werde nun gleich gegenwärtig sein. Zu dieser Türe wird sie hereintreten, diesen Brief wird sie lesen, wirklich wird sie wie sonst vor mir dastehen, deren Erscheinung ich mir so oft herbeisehnte. Wird sie noch dieselbe sein? Hat sich ihre Gestalt, haben sich ihre Gesinnungen verändert? Er hielt die Feder noch in der Hand, er wollte schreiben wie er dachte; aber der Wagen rollte in den Hof. Mit flüchtiger Feder setzte er noch hinzu: Ich höre dich kommen. Auf einen Augenblick leb' wohl!

Er faltete den Brief, überschrieb ihn; zum Siegeln war es zu spät. Er sprang in die Kammer, durch die er nachher auf den Gang zu gelangen wußte, und augenblicks fiel ihm ein, daß er die Uhr mit dem Petschaft noch auf dem Tisch gelassen. Sie sollte diese nicht zuerst sehen; er sprang zurück und holte sie glücklich weg. Vom Vorsaal her vernahm er schon die Wirtin, die auf das Zimmer losging, um es dem Gast anzuweisen. Er eilte gegen die Kammertür, aber sie war zugefahren. Den Schlüssel hatte er beim Hineinspringen heruntergeworfen, der lag inwendig; das Schloß war zugeschnappt und er stund gebannt. Heftig drängte er an der Türe; sie gab nicht nach. O wie hätte er gewünscht als ein Geist durch die Spalten zu schlüpfen! Vergebens! Er verbarg sein Gesicht an den Türpfosten. Ottilie trat herein, die Wirtin, als sie ihn erblickte, zurück. Auch Ottilien konnte er nicht einen Augenblick verborgen bleiben. Er wendete sich gegen sie, und so standen die Liebenden abermals auf die seltsamste Weise gegen einander. Sie sah ihn ruhig und ernsthaft an, ohne vor- oder zurückzugehen, und als er eine Bewegung machte, sich ihr zu nähern, trat sie einige Schritte zurück bis an den Tisch. Auch er trat wieder zurück. Ottilie, rief er aus, laß mich das furchtbare Schweigen brechen! Sind wir nur Schatten, die einander gegenüber stehen? Aber vor allen Dingen höre! es ist Zufall, daß du mich gleich jetzt hier findest. Neben dir liegt ein Brief, der dich vorbereiten sollte. Lies, ich bitte dich, lies ihn! und dann beschließe was du kannst.

Sie blickte herab auf den Brief und nach einigem Besinnen nahm sie ihn auf, erbrach und las ihn. Ohne die Miene zu verändern hatte sie ihn gelesen und so legte sie ihn leise weg; dann drückte sie die flachen, in die Höhe gehobenen Hände zusammen, führte sie gegen die Brust, indem sie sich nur wenig vorwärts neigte, und sah den dringend Fordernden mit einem solchen Blick an, daß er von allem abzustehen genötigt war, was er verlangen oder wünschen mochte. Diese Bewegung zerriß ihm das Herz. Er konnte den Anblick, er konnte die Stellung Ottiliens nicht ertragen. Es sah völlig aus, als würde sie in die Kniee sinken, wenn er beharrte. Er eilte verzweifelnd zur Tür hinaus und schickte die Wirtin zu der Einsamen.

Er ging auf dem Vorsaal auf und ab. Es war Nacht geworden, im Zimmer blieb es stille. Endlich trat die Wirtin heraus, und zog den Schlüssel ab. Die gute Frau war gerührt, war verlegen, sie wußte nicht was sie tun sollte. Zuletzt im Weggehen bot sie den Schlüssel Eduarden an, der ihn ablehnte. Sie ließ das Licht stehen und entfernte sich.

Eduard im tiefsten Kummer warf sich auf Ottiliens Schwelle, die er mit seinen Tränen benetzte. Jammervoller brachten kaum jemals in solcher Nähe Liebende eine Nacht zu.

Der Tag brach an; der Kutscher trieb, die Wirtin schloß auf und trat in das Zimmer. Sie fand Ottilien angekleidet eingeschlafen, sie ging zurück und winkte Eduarden mit einem teilnehmenden Lächeln. Beide traten vor die Schlafende; aber auch diesen Anblick vermochte Eduard nicht auszuhalten. Die Wirtin wagte nicht das ruhende Kind zu wecken, sie setzte sich gegenüber. Endlich schlug Ottilie die schönen Augen auf und richtete sich auf ihre Füße. Sie lehnt das Frühstück ab, und nun tritt Eduard vor sie. Er bittet sie inständig nur ein Wort zu reden, ihren Willen zu erklären: er wolle allen ihren Willen, schwört er; aber sie schweigt. Nochmals fragt er sie liebevoll und dringend, ob sie ihm angehören wolle? Wie lieblich bewegt sie, mit niedergeschlagenen Augen, ihr Haupt zu einem sanften Nein. Er fragt, ob sie nach der Pension wolle? Gleichgültig verneint sie das. Aber als er fragt, ob er sie zu Charlotten zurückfahren dürfe? bejaht sie's mit einem getrosten Neigen des Hauptes. Er eilt ans Fenster dem Kutscher Befehle zu geben; aber hinter ihm weg ist sie, wie der Blitz zur Stube hinaus, die Treppe hinab in dem Wagen. Der Kutscher nimmt den Weg nach dem Schlosse zurück; Eduard folgt zu Pferde in einiger Entfernung.

Siebzehntes Kapitel

Wie höchst überrascht war Charlotte als sie Ottilien vorfahren und Eduarden zu Pferde sogleich in den Schloßhof hereinsprengen sah. Sie eilte bis zur Türschwelle: Ottilie steigt aus und nähert sich mit Eduarden.

Mit Eifer und Gewalt faßt sie die Hände beider Ehegatten, drückt sie zusammen und eilt auf ihr Zimmer. Eduard wirft sich Charlotten um den Hals und zerfließt in Tränen; er kann sich nicht erklären, bittet Geduld mit ihm zu haben, Ottilien beizustehen, ihr zu helfen. Charlotte eilt auf Ottiliens Zimmer und ihr schaudert da sie hineintritt: es war schon ganz ausgeräumt, nur die leeren Wände standen da. Es erschien so weitläufig als unerfreulich. Man hatte alles weggetragen, nur das Köfferchen, unschlüssig wo man es hinstellen sollte, in der Mitte des Zimmers stehen gelassen. Ottilie lag auf dem Boden, Arm und Haupt über den Koffer gestreckt. Charlotte bemüht sich um sie, fragt was vorgegangen, und erhält keine Antwort.

Sie läßt ihr Mädchen, das mit Erquickungen kommt, bei Ottilien und eilt zu Eduarden. Sie findet ihn im Saal; auch er belehrt sie nicht. Er wirft sich vor ihr nieder, er badet ihre Hände in Tränen, er flieht auf sein Zimmer, und als sie ihm nachfolgen will, begegnet ihr der Kammerdiener, der sie aufklärt so weit er vermag. Das Übrige denkt sie sich zusammen, und dann sogleich mit Entschlossenheit an das was der Augenblick fordert. Ottiliens Zimmer ist auf's baldigste wieder eingerichtet. Eduard hat die seinigen angetroffen, bis auf das letzte Papier, wie er sie verlassen.

Die dreie scheinen sich wieder gegen einander zu finden; aber Ottilie fährt fort zu schweigen, und Eduard vermag nichts als seine Gattin um Geduld zu bitten, die ihm selbst zu fehlen scheint. Charlotte sendet Boten an Mittlern und an den Major. Jener war nicht anzutreffen; dieser kommt. Gegen ihn schüttet Eduard sein Herz aus, ihm gesteht er jeden kleinsten Umstand, und so erfährt Charlotte was begegnet, was die Lage so sonderbar verändert, was die Gemüter aufgeregt.

Sie spricht aufs liebevollste mit ihrem Gemahl. Sie weiß keine andere Bitte zu tun als nur, daß man das Kind gegenwärtig nicht bestürmen möge. Eduard fühlt den Wert, die Liebe, die Vernunft seiner Gattin; aber seine Neigung beherrscht ihn ausschließlich. Charlotte macht ihm Hoffnung, verspricht ihm in die Scheidung zu willigen. Er traut nicht; er ist so krank, daß ihn Hoffnung und Glaube abwechselnd verlassen; er dringt in Charlotten, sie soll dem Major ihre Hand zusagen; eine Art von wahnsinnigem Unmut hat ihn ergriffen. Charlotte, ihn zu besänftigen, ihn zu erhalten, tut was er fordert. Sie sagt dem Major ihre Hand zu, auf den Fall, daß Ottilie sich mit Eduarden verbinden wolle, jedoch unter ausdrücklicher Bedingung, daß die beiden Männer für den Augenblick zusammen eine Reise machen. Der Major hat für seinen Hof ein auswärtiges Geschäft, und Eduard verspricht ihn zu begleiten. Man macht Anstalten und man beruhigt sich einigermaßen, indem wenigstens etwas geschieht.

Unterdessen kann man bemerken, daß Ottilie kaum Speise noch Trank zu sich nimmt, indem sie immerfort bei ihrem Schweigen verharrt. Man redet ihr zu, sie wird ängstlich; man unterläßt es. Denn haben wir nicht meistenteils die Schwäche, daß wir jemanden auch zu seinem Besten nicht gern quälen mögen? Charlotte sann alle Mittel durch, endlich geriet sie auf den Gedanken, jenen Gehülfen aus der Pension kommen zu lassen, der über Ottilien viel vermochte, der wegen ihres unvermuteten Außenbleibens sich sehr freundlich geäußert, aber keine Antwort erhalten hatte.

Man spricht, um Ottilien nicht zu überraschen, von diesem Vorsatz in ihrer Gegenwart. Sie scheint nicht einzustimmen; sie bedenkt sich; endlich scheint ein Entschluß in ihr zu reifen, sie eilt nach ihrem Zimmer und sendet noch vor Abend an die Versammelten folgendes Schreiben.

Ottilie den Freunden

Warum soll ich ausdrücklich sagen, meine Geliebten, was sich von selbst versteht? Ich bin aus meiner Bahn geschritten und ich soll nicht wieder hinein. Ein feindseliger Dämon, der Macht über mich gewonnen, scheint mich von außen zu hindern, hätte ich mich auch mit mir selbst wieder zur Einigkeit gefunden.

Ganz rein war mein Vorsatz, Eduarden zu entsagen, mich von ihm zu entfernen. Ihm hofft' ich nicht wieder zu begegnen. Es ist anders geworden; er stand selbst gegen seinen eigenen Willen vor mir. Mein Versprechen mich mit ihm in keine Unterredung einzulassen, habe ich vielleicht zu buchstäblich genommen und gedeutet. Nach Gefühl und Gewissen des Augenblicks schwieg ich, verstummt' ich vor dem Freunde, und nun habe ich nichts mehr zu sagen. Ein strenges Ordensgelübde, welches den, der es mit Überlegung eingeht, vielleicht unbequem ängstiget, habe ich zufällig vom Gefühl gedrungen, über mich genommen. Laßt mich darin beharren, so lange mir das Herz gebietet. Beruft keine Mittelsperson! Dringt nicht in mich, daß ich reden, daß ich mehr Speise und Trank genießen soll, als ich höchstens bedarf. Helft mir durch Nachsicht und Geduld über diese Zeit hinweg. Ich bin jung, die Jugend stellt sich unversehens wieder her. Duldet mich in eurer Gegenwart, erfreut mich durch eure Liebe, belehrt mich durch eure Unterhaltung! aber mein Innres überlaßt mir selbst.

Die längst vorbereitete Abreise der Männer unterblieb, weil jenes auswärtige Geschäft des Majors sich verzögerte: wie erwünscht für Eduard! Nun durch Ottiliens Blatt aufs neue angeregt, durch ihre trostvollen hoffnunggebenden Worte wieder ermutigt und zu standhaftem Ausharren berechtigt, erklärte er auf einmal: er werde sich nicht entfernen. Wie töricht! rief er aus, das Unentbehrlichste, Notwendigste vorsätzlich, voreilig wegzuwerfen, das, wenn uns auch der Verlust bedroht, vielleicht noch zu erhalten wäre. Und was soll es heißen? Doch nur, daß der Mensch ja scheine, wollen, wählen zu können. So habe ich oft, beherrscht von solchem albernen Dünkel, Stunden ja Tage zu früh mich von Freunden losgerissen, um nur nicht von dem letzten unausweichlichen Termin entschieden gezwungen zu werden. Diesmal aber will ich bleiben. Warum soll ich mich entfernen? Ist sie nicht schon von mir entfernt? Es fällt mir nicht ein, ihre Hand zu fassen, sie an mein Herz zu drücken; sogar darf ich es nicht denken, es schaudert mir. Sie hat sich nicht von mir weg-, sie hat sich über mich weggehoben.

Und so blieb er, wie er wollte, wie er mußte. Aber auch dem Behagen glich nichts, wenn er sich mit ihr zusammenfand. Und so war auch ihr dieselbe Empfindung geblieben; auch sie konnte sich dieser seligen Notwendigkeit nicht entziehen. Nach wie vor übten sie eine unbeschreibliche, fast magische Anziehungskraft gegen einander aus. Sie wohnten unter Einem Dache; aber selbst ohne gerade an einander zu denken, mit andern Dingen beschäftigt, von der Gesellschaft hin- und hergezogen, näherten sie sich einander. Fanden sie sich in Einem Saale, so dauerte es nicht lange und sie standen, sie saßen neben einander. Nur die nächste Nähe konnte sie beruhigen, aber auch völlig beruhigen, und diese Nähe war genug; nicht eines Blickes, nicht eines Wortes, keiner Gebärde, keiner Berührung bedurfte es, nur des reinen Zusammenseins. Dann waren es nicht zwei Menschen, es war nur ein Ein Mensch im bewußtlosen vollkommnen Behagen, mit sich selbst zufrieden und mit der Welt. Ja, hätte man eins von beiden am letzten Ende der Wohnung festgehalten, das andere hätte sich nach und nach von selbst, ohne Vorsatz zu ihm hinbewegt. Das Leben war ihnen ein Rätsel, dessen Auflösung sie nur mit einander fanden.

Ottilie war durchaus heiter und gelassen, so daß man sich über sie völlig beruhigen konnte. Sie entfernte sich wenig aus der Gesellschaft, nur hatte sie es erlangt, allein zu speisen. Niemand als Nanny bediente sie.

Was einem jeden Menschen gewöhnlich begegnet, wiederholt sich mehr als man glaubt, weil seine Natur hiezu die nächste Bestimmung gibt. Charakter, Individualität, Neigung, Richtung, Örtlichkeit, Umgebungen und Gewohnheiten bilden zusammen ein Ganzes, in welchem jeder Mensch, wie in einem Elemente, in einer Atmosphäre, schwimmt, worin es ihm allein bequem und behaglich ist. Und so finden wir die Menschen, über deren Veränderlichkeit so viele Klage geführt wird, nach vielen Jahren zu unserm Erstaunen unverändert, und nach äußern und innern unendlichen Anregungen unveränderlich.

So bewegte sich auch in dem täglichen Zusammenleben unserer Freunde fast alles wieder in dem alten Gleise. Noch immer äußerte Ottilie stillschweigend durch manche Gefälligkeit ihr zuvorkommendes Wesen; und so jedes nach seiner Art. Auf diese Weise zeigte sich der häusliche Zirkel als ein Scheinbild des vorigen Lebens, und der Wahn, als ob noch alles beim Alten sei, war verzeihlich.

Die herbstlichen Tage, an Länge jenen Frühlingstagen gleich, riefen die Gesellschaft um eben die Stunde aus dem Freien ins Haus zurück. Der Schmuck an Früchten und Blumen, der dieser Zeit eigen ist, ließ glauben als wenn es der Herbst jenes ersten Frühlings wäre: die Zwischenzeit war ins Vergessen gefallen. Denn nun blühten die Blumen, dergleichen man in jenen ersten Tagen auch gesäet hatte; nun reiften Früchte an den Bäumen, die man damals blühen gesehen.

Der Major ging ab und zu; auch Mittler ließ sich öfter sehen. Die Abendsitzungen waren meistens regelmäßig. Eduard las gewöhnlich; lebhafter, gefühlvoller, besser, ja sogar heiterer, wenn man will, als jemals. Es war als wenn er, so gut durch Fröhlichkeit als durch Gefühl, Ottiliens Erstarren wieder beleben, ihr Schweigen wieder auflösen wollte. Er setzte sich wie vormals, daß sie ihm ins Buch sehen konnte, ja er ward unruhig, zerstreut, wenn sie nicht hineinsah, wenn er nicht gewiß war, daß sie seinen Worten mit ihren Augen folgte.

Jedes unerfreuliche unbequeme Gefühl der mittleren Zeit war ausgelöscht. Keines trug mehr dem andern etwas nach; jede Art von Bitterkeit war verschwunden. Der Major begleitete mit der Violine das Klavierspiel Charlottens, so wie Eduards Flöte mit Ottiliens Behandlung des Saiteninstruments wieder wie vormals zusammentraf. So rückte man dem Geburtstage Eduards näher, dessen Feier man vor einem Jahre nicht erreicht hatte. Er sollte ohne Festlichkeit in stillem freundlichem Behagen diesmal gefeiert werden. So war man, halb stillschweigend halb ausdrücklich, mit einander übereingekommen. Doch je näher diese Epoche heranrückte, vermehrte sich das Feierliche in Ottiliens Wesen, das man bisher mehr empfunden als bemerkt hatte. Sie schien im Garten oft die Blumen zu mustern; sie hatte dem Gärtner angedeutet, die Sommergewächse aller Art zu schonen, und sich besonders bei den Astern aufgehalten, die gerade dieses Jahr in unmäßiger Menge blühten.

Achtzehntes Kapitel

Das Bedeutendste jedoch was die Freunde mit stiller Aufmerksamkeit beobachteten, war, daß Ottilie den Koffer zum erstenmal ausgepackt und daraus Verschiedenes gewählt und abgeschnitten hatte, was zu einem einzigen, aber ganzen und vollen Anzug hinreichte. Als sie das Übrige mit Beihülfe Nannys wieder einpacken wollte, konnte sie kaum damit zu Stande kommen; der Raum war übervoll, obgleich schon ein Teil herausgenommen war. Das junge habgierige Mädchen konnte sich nicht satt sehen, besonders da sie auch für alle kleineren Stücke des Anzugs gesorgt fand. Schuhe, Strümpfe, Strumpfbänder mit Devisen, Handschuhe und so manches andere war noch übrig. Sie bat Ottilien, ihr nur etwas davon zu schenken. Diese verweigerte es; zog aber sogleich die Schublade einer Kommode heraus und ließ das Kind wählen, das hastig und ungeschickt zugriff und mit der Beute gleich davon lief, um den übrigen Hausgenossen ihr Glück zu verkünden und vorzuzeigen.

Zuletzt gelang es Ottilien alles sorgfältig wieder einzuschichten; sie öffnete hierauf ein verborgenes Fach das im Deckel angebracht war. Dort hatte sie kleine Zettelchen und Briefe Eduards, mancherlei aufgetrocknete Blumenerinnerungen früherer Spaziergänge, eine Locke ihres Geliebten, und was sonst noch verborgen. Noch Eins fügte sie hinzu — es war das Porträt ihres Vaters — und verschloß das Ganze, worauf sie den zarten Schlüssel an dem goldenen Kettchen wieder um den Hals an ihre Brust hing.

Mancherlei Hoffnungen waren indes in dem Herzen der Freunde rege geworden. Charlotte war überzeugt, Ottilie werde auf jenen Tag wieder zu sprechen anfangen: denn sie hatte bisher eine heimliche Geschäftigkeit bewiesen, eine Art von heiterer Selbstzufriedenheit, ein Lächeln wie es demjenigen auf dem Gesichte schwebt, der Geliebten etwas Gutes und Erfreuliches verbirgt. Niemand wußte, daß Ottilie gar manche Stunde in großer Schwachheit hinbrachte, aus der sie sich nur für die Zeiten, wo sie erschien, durch Geisteskraft emporhielt.

Mittler hatte sich diese Zeit öfter sehen lassen und war länger geblieben als sonst gewöhnlich. Der hartnäckige Mann wußte nur zu wohl, daß es einen gewissen Moment gibt, wo allein das Eisen zu schmieden ist. Ottiliens Schweigen so wie ihre Weigerung legte er zu seinen Gunsten aus. Es war bisher kein Schritt zu Scheidung der Gatten geschehen; er hoffte das Schicksal des guten Mädchens auf irgend eine andere günstige Weise zu bestimmen; er horchte, er gab nach, er gab zu verstehen und führte sich nach seiner Weise klug genug auf.

Allein überwältigt war er stets sobald er Anlaß fand, sein Räsonnement über Materien zu äußern, denen er eine große Wichtigkeit beilegte. Er lebte viel in sich, und wenn er mit andern war, so verhielt er sich gewöhnlich nur handelnd gegen sie. Brach nun einmal unter Freunden seine Rede los, wie wir schon öfter gesehen haben, so rollte sie ohne Rücksicht fort, verletzte oder heilte, nutzte oder schadete, wie es sich gerade fügen mochte.

Den Abend vor Eduards Geburtstage saßen Charlotte und der Major, Eduarden der ausgeritten war, erwartend beisammen; Mittler ging im Zimmer auf und ab; Ottilie war auf dem ihrigen geblieben, den morgenden Schmuck aus einander legend und ihrem Mädchen manches andeutend, welches sie vollkommmen verstand und die stummen Anordnungen geschickt befolgte.

Mittler war gerade auf eine seiner Lieblingsmaterien gekommen. Er pflegte gern zu behaupten, daß sowohl bei der Erziehung der Kinder als bei der Leitung der Völker nichts ungeschickter und barbarischer sei als Verbote, als verbietende Gesetze und Anordnungen. Der Mensch ist von Hause aus tätig, sagte er, und wenn man ihm zu gebieten versteht, so fährt er gleich dahinter her, handelt und richtet aus. Ich für meine Person, mag lieber in meinem Kreise Fehler und Gebrechen so lange dulden, bis ich die entgegengesetzte Tugend gebieten kann, als daß ich den Fehler los würde und nichts Rechtes an seiner Stelle sähe. Der Mensch tut recht gern das Gute, das Zweckmäßige, wenn er nur dazu kommen kann; er tut es, damit er was zu tun hat, und sinnt darüber nicht weiter nach, als über alberne Streiche, die er aus Müßiggang und langer Weile vornimmt.

Wie verdrießlich ist mir's oft, mit anzuhören, wie man die Zehngebote in der Kinderlehre wiederholen läßt. Das vierte ist noch ein ganz hübsches, vernünftiges, gebietendes Gebot: Du sollst Vater und Mutter ehren. Wenn sich das die Kinder recht in den Sinn schreiben, so haben sie den ganzen Tag daran auszuüben. Nun aber das fünfte, was soll man dazu sagen? Du sollst nicht töten. Als wenn irgend ein Mensch im mindesten Lust hätte den andern tot zu schlagen! Man haßt einen, man erzürnt sich, man übereilt sich und in Gefolg von dem und manchem andern kann es wohl kommen, daß man gelegentlich einen tot schlägt. Aber ist es nicht eine barbarische Anstalt, den Kindern Mord und Totschlag zu verbieten? Wenn es hieße: sorge für des andern Leben, entferne was ihm schädlich sein kann, rette ihn mit deiner eigenen Gefahr; wenn du ihn beschädigst, denke daß du dich selbst beschädigst: das sind Gebote wie sie unter gebildeten vernünftigen Völkern Statt haben, und die man bei der Katechismuslehre nur kümmerlich in dem Wasistdas nachschleppt.

Und nun gar das sechste, das finde ich ganz abscheulich! Was? die Neugierde vorahnender Kinder auf gefährliche Mysterien reizen, ihre Einbildungskraft zu wunderlichen Bildern und Vorstellungen aufregen, die gerade das was man entfernen will, mit Gewalt heranbringen! Weit besser wäre es, daß dergleichen von einem heimlichen Gericht willkürlich bestraft würde, als daß man vor Kirch' und Gemeinde davon plappern läßt. In dem Augenblick trat Ottilie herein — Du sollst nicht ehebrechen, fuhr Mittler fort: wie grob, wie unanständig! Klänge es nicht ganz anders wenn es hieße: Du sollst Ehrfurcht haben vor der ehelichen Verbindung; wo du Gatten siehst die sich lieben, sollst du dich darüber freuen und Teil daran nehmen wie an dem Glück eines heitern Tages. Sollte sich irgend in ihrem Verhältnis etwas trüben, so sollst du suchen es aufzuklären: du sollst suchen sie zu begütigen, sie zu besänftigen, ihnen ihre wechselseitigen Vorteile deutlich zu machen, und mit schöner Uneigennützigkeit das Wohl der andern fördern, indem du ihnen fühlbar machst was für ein Glück aus jeder Pflicht und besonders aus dieser entspringt, welche Mann und Weib unauflöslich verbindet.

Charlotte saß wie auf Kohlen, und der Zustand war ihr um so ängstlicher als sie überzeugt war, daß Mittler nicht wußte, was und wo er's sagte, und ehe sie ihn noch unterbrechen konnte, sah sie schon Ottilien, deren Gestalt sich verwandelt hatte, aus dem Zimmer gehen.

Sie erlassen uns wohl das siebente Gebot, sagte Charlotte mit einem erzwungenem Lächeln. Alle die übrigen, versetzte Mittler, wenn ich nur das rette, worauf die andern beruhen.

Mit entsetzlichem Schrei hereinstürzend rief Nanny: Sie stirbt! Das Fräulein stirbt! Kommen Sie! Kommen Sie!

Als Ottilie nach ihrem Zimmer schwankend zurückgekommen war, lag der morgende Schmuck auf mehreren Stühlen völlig ausgebreitet, und das Mädchen, das betrachtend und bewundernd daran hin- und herging, rief jubelnd aus: Sehen Sie nur, liebstes Fräulein, das ist ein Brautschmuck ganz Ihrer wert!

Ottilie vernahm diese Worte und sank auf den Sopha. Nanny sieht ihre Herrin erblassen, erstarren: sie läuft zu Charlotten; man kommt. Der ärztliche Hausfreund eilt herbei; es scheint ihm nur eine Erschöpfung. Er läßt etwas Kraftbrühe bringen; Ottilie weist sie mit Abscheu weg, ja sie fällt fast in Zuckungen als man die Tasse dem Munde nähert. Er fragt mit Ernst und Hast, wie es ihm der Umstand eingab: was Ottilie heute genossen habe? Das Mädchen stockt; er wiederholt seine Frage, das Mädchen bekennt, Ottilie habe nichts genossen.

Nanny erscheint ihm ängstlicher als billig. Er reißt sie in ein Nebenzimmer, Charlotte folgt, das Mädchen wirft sich auf die Knie, sie gesteht, daß Ottilie schon lange so gut wie nichts genieße. Auf Andringen Ottiliens habe sie die Speisen an ihrer Statt genossen; verschwiegen habe sie es wegen bittender und drohender Gebärden ihrer Gebieterin, und auch, setzte sie unschuldig hinzu: weil es ihr gar so gut geschmeckt.

Der Major und Mittler kamen heran, sie fanden Charlotten tätig in Gesellschaft des Arztes. Das bleiche himmlische Kind saß, sich selbst bewußt wie es schien, in der Ecke des Sophas. Man bittet sie sich niederzulegen; sie verweigert's, winkt aber daß man das Köfferchen herbeibringe. Sie setzt ihre Füße darauf und findet sich in einer halb liegenden bequemen Stellung. Sie scheint Abschied nehmen zu wollen, ihre Gebärden drücken den Umstehenden die zarteste Anhänglichkeit aus, Liebe, Dankbarkeit, Abbitte und das herzlichste Lebewohl.

Eduard der vom Pferde steigt, vernimmt den Zustand, er stürzt in das Zimmer, er wirft sich an ihre Seite nieder, faßt ihre Hand und überschwemmt sie mit stummen Tränen. So bleibt er lange. Endlich ruft er aus: Soll ich deine Stimme nicht wieder hören? wirst du nicht mit einem Wort für mich ins Leben zurückkehren? Gut, gut! ich folge dir hinüber: da werden wir mit andern Sprachen reden!

Sie drückt ihm kräftig die Hand, sie blickt ihn lebevoll und liebevoll an, und nach einem tiefen Atemzug, nach einer himmlischen stummen Bewegung der Lippen: Versprich mir zu leben! ruft sie aus, mit holder zärtlicher Anstrengung, doch gleich sinkt sie zurück. Ich versprech' es! rief er ihr entgegen, doch er rief es ihr nur nach; sie war schon abgeschieden.

Nach einer tränenvollen Nacht fiel die Sorge, die geliebten Reste zu bestatten, Charlotten anheim. Der Major und Mittler standen ihr bei. Eduards Zustand war zu bejammern. Wie er sich aus seiner Verzweiflung nur hervorheben und einigermaßen besinnen konnte, bestand er darauf: Ottilie sollte nicht aus dem Schlosse gebracht, sie sollte gewartet, gepflegt, als eine Lebende behandelt werden; denn sie sei nicht tot, sie könne nicht tot sein. Man tat ihm seinen Willen, insofern man wenigstens das unterließ was er verboten hatte. Er verlangte nicht sie zu sehen.

Noch ein anderer Schreck ergriff, noch eine andere Sorge beschäftigte die Freunde. Nanny von dem Arzt heftig gescholten, durch Drohungen zum Bekenntnis genötigt, und nach dem Bekenntnis mit Vorwürfen überhäuft, war entflohen. Nach langem Suchen fand man sie wieder, sie schien außer sich zu sein. Ihre Eltern nahmen sie zu sich. Die beste Begegnung schien nicht anzuschlagen, man mußte sie einsperren, weil sie wieder zu entfliehen drohte.

Stufenweise gelang es, Eduarden der heftigsten Verzweiflung zu entreißen, aber nur zu seinem Unglück: denn es ward ihm deutlich, es ward ihm gewiß, daß er das Glück seines Lebens für immer verloren habe. Man wagte es ihm vorzustellen, daß Ottilie in jener Kapelle beigesetzt, noch immer unter den Lebendigen bleiben und einer freundlichen stillen Wohnung nicht entbehren würde. Es fiel schwer seine Einwilligung zu erhalten, und nur unter der Bedingung, daß sie im offenen Sarge hinausgetragen, und in dem Gewölbe allenfalls nur mit einem Glasdeckel zugedeckt und eine immerbrennende Lampe gestiftet werden sollte, ließ er sich's zuletzt gefallen und schien sich in alles ergeben zu haben.

Man kleidete den holden Körper in jenen Schmuck den sie sich selbst vorbereitet hatte; man setzte ihr einen Kranz von Asterblumen auf das Haupt, die wie traurige Gestirne ahnungsvoll glänzten. Die Bahre, die Kirche, die Kapelle zu schmücken, wurden alle Gärten ihres Schmucks beraubt. Sie lagen verödet als wenn bereits der Winter alle Freude aus den Beeten weggetilgt hätte. Beim frühsten Morgen wurde sie im offnen Sarge aus dem Schloß getragen und die aufgehende Sonne rötete nochmals das himmlische Gesicht. Die Begleitenden drängten sich um die Träger, niemand wollte vorausgehn, niemand folgen, jedermann sie umgeben, jedermann noch zum letztenmale ihre Gegenwart genießen. Knaben, Männer und Frauen, keins blieb ungerührt. Untröstlich waren die Mädchen, die ihren Verlust am unmittelbarsten empfanden.

Nanny fehlte. Man hatte sie zurückgehalten oder vielmehr man hatte ihr den Tag und die Stunde des Begräbnisses verheimlicht. Man bewachte sie bei ihren Eltern in einer Kammer, die nach dem Garten ging. Als sie aber die Glocken läuten hörte, ward sie nur allzubald inne was vorging, und da ihre Wächterin, aus Neugierde den Zug zu sehen, sie verließ, entkam sie zum Fenster hinaus auf einen Gang und von da, weil sie alle Türen verschlossen fand, auf den Oberboden.

Eben schwankte der Zug den reinlichen, mit Blättern bestreuten Weg durchs Dorf hin. Nanny sah ihre Gebieterin deutlich unter sich, deutlicher, vollständiger, schöner als alle die dem Zuge folgten. Überirdisch, wie auf Wolken oder Wogen getragen, schien sie ihrer Dienerin zu winken, und diese verworren, schwankend, taumelnd stürzte hinab.

Aus einander fuhr die Menge mit einem entsetzlichen Schrei nach allen Seiten. Vom Drängen und Getümmel waren die Träger genötigt die Bahre niederzusetzen. Das Kind lag ganz nahe daran; es schien an allen Gliedern zerschmettert. Man hob es auf; und zufällig oder aus besonderer Fügung lehnte man es über die Leiche, ja es schien selbst noch mit dem letzten Lebensrest seine geliebte Herrin erreichen zu wollen. Kaum aber hatten ihr schlotternden Glieder Ottiliens Gewand, ihre kraftlosen Finger Ottiliens gefaltete Hände berührt, als das Mädchen aufsprang, Arme und Augen zuerst gen Himmel erhob, dann auf die Knie vor dem Sarge niederstützte und andächtig entzückt zu der Herrin hinaufstaunte.

Endlich sprang sie wie begeistert auf und rief mit heiliger Freude: Ja, sie hat mir vergeben! Was mir kein Mensch, was ich mir selbst nicht vergeben konnte, vergibt mir Gott durch ihren Blick, ihre Gebärde, ihren Mund. Nun ruht sie wieder so still und sanft: aber ihr habt gesehen wie sie sich aufrichtete und mit entfalteten Händen mich segnete, wie sie mich freundlich anblickte! Ihr habt es alle gehört, ihr seid Zeugen, daß sie zu mir sagte: Dir ist vergeben! — Ich bin nun keine Mörderin mehr unter euch; sie hat mir verziehen, Gott hat mir verziehen, und niemand kann mir mehr etwas anhaben.

Umhergedrängt stand die Menge; sie waren erstaunt, sie horchten und sahen hin und wieder, und kaum wußte jemand was er beginnen sollte. Tragt sie nun zur Ruhe! sagte das Mädchen: sie hat das Ihrige getan und gelitten, und kann nicht mehr unter uns wohnen. Die Bahre bewegte sich weiter, Nanny folgte zuerst und man gelangte zur Kirche, zur Kapelle.

So stand nun der Sarg Ottiliens, zu ihren Häupten der Sarg des Kindes, zu ihren Füßen das Köfferchen, in ein starkes eichenes Behältnis eingeschlossen. Man hatte für eine Wächterin gesorgt, welche in der ersten Zeit des Leichnams wahrnehmen sollte, der unter seiner Glasdecke gar liebenswürdig dalag. Aber Nanny wollte sich dieses Amt nicht nehmen lassen; sie wollte allein, ohne Gesellin bleiben und der zum erstenmal angezündeten Lampe fleißig warten. Sie verlangte dies so eifrig und hartnäckig, daß man ihr nachgab, um ein größeres Gemütsübel das sich befürchten ließ, zu verhüten.

Aber sie blieb nicht lange allein: denn gleich mit sinkender Nacht, als das schwebende Licht sein volles Recht ausübend einen helleren Schein verbreitete, öffnete sich die Türe und es trat der Architekt in die Kapelle, deren fromm verzierte Wände, bei so mildem Schimmer, altertümlicher und ahnungsvoller, als er je hätte glauben können, ihm entgegen drangen.

Nanny saß an der einen Seite des Sarges. Sie erkannte ihn gleich; aber schweigend deutete sie auf die verblichene Herrin. Und so stand er auf der andern Seite, in jugendlicher Kraft und Anmut, auf sich selbst zurückgewiesen, starr, in sich gekehrt, mit niedergesenkten Armen, gefalteten, mitleidig gerungenen Händen, Haupt und Blick nach der Entseelten hingeneigt.

Schon einmal hatte er so vor Belisar gestanden. Unwillkürlich geriet er jetzt in die gleiche Stellung; und wie natürlich war sie auch diesmal! Auch hier war etwas unschätzbar Würdiges von seiner Höhe herabgestürzt: und wenn dort Tapferkeit, Klugheit, Macht, Rang und Vermögen in einem Manne als unwiederbringlich verloren bedauert wurden; wenn Eigenschaften, die der Nation, dem Fürsten, in entscheidenden Momenten unentbehrlich sind, nicht geschätzt, vielmehr verworfen und ausgestoßen worden, so waren hier so viel andere stille Tugenden, von der Natur erst kurz aus ihren gehaltreichen Tiefen hervorgerufen, durch ihre gleichgültige Hand schnell wieder ausgetilgt: seltene, schöne, liebenswürdige Tugenden, deren friedliche Einwirkung die bedürftige Welt zu jeder Zeit mit wonnevollem Genügen umfängt und mit sehnsüchtiger Trauer vermißt.

Der Jüngling schwieg, auch das Mädchen eine Zeit lang, als sie ihm aber die Tränen häufig aus dem Auge quellen sah, als er sich im Schmerz ganz aufzulösen schien, sprach sie mit so viel Wahrheit und Kraft, mit so viel Wohlwollen und Sicherheit ihm zu, daß er über den Fluß ihrer Rede erstaunt, sich zu fassen vermochte, und seine schöne Freundin ihm in einer höhern Region lebend und wirkend vorschwebte. Seine Tränen trockneten, seine Schmerzen linderten sich, kniend nahm er von Ottilien, mit einem herzlichen Händedruck von Nanny Abschied, und noch in der Nacht ritt er vom Orte weg ohne weiter jemand gesehen zu haben.

Der Wundarzt war die Nacht über, ohne des Mädchens Wissen, in der Kirche geblieben, und fand, als er sie des Morgens besuchte, sie heiter und getrosten Mutes. Er war auf mancherlei Verirrungen gefaßt; er dachte schon, sie werde ihm von nächtlichen Unterredungen mit Ottilien und von andern solchen Erscheinungen sprechen, aber sie war natürlich, ruhig und sich völlig selbstbewußt. Sie erinnerte sich vollkommen aller früheren Zeiten, aller Zustände mit großer Genauigkeit, und nichts in ihren Reden schritt aus dem Gange des Wahren und Wirklichen heraus, als nur die Begebenheit bei'm Leichenbegängnis, die sie mit Freudigkeit oft wiederholte, wie Ottilie sich aufgerichtet, sie gesegnet, ihr verziehen, und sie dadurch für immer beruhigt habe.

Der fortdauernd schöne, mehr schlaf- als totenähnliche Zustand Ottiliens zog mehrere Menschen herbei. Die Bewohner und Anwohner wollten sie noch sehen, und jeder mochte gern aus Nanny's Munde das Unglaubliche hören; manche um darüber zu spotten, die meisten um daran zu zweifeln und wenige um sich glaubend dagegen zu verhalten.

Jedes Bedürfnis dessen wirkliche Befriedigung versagt ist, nötigt zum Glauben. Die vor den Augen aller Welt zerschmetterte Nanny war durch Berührung des frommen Körpers wieder gesund geworden: warum sollte nicht auch ein ähnliches Glück hier andern bereitet werden? Zärtliche Mütter brachten zuerst heimlich ihre Kinder, die von irgend einem Übel behaftet waren, und sie glaubten eine plötzliche Besserung zu spüren. Das Zutrauen vermehrte sich, und zuletzt war niemand so alt und so schwach, der sich nicht an dieser Stelle eine Erquickung und Erleichterung gesucht hätte. Der Zudrang wuchs und man sah sich genötigt die Kapelle, ja, außer den Stunden des Gottesdienstes, die Kirche zu verschließen.

Eduard wagte sich nicht wieder zu der Abgeschiedenen. Er lebte nur vor sich hin, er schien keine Träne mehr zu haben, keines Schmerzes weiter fähig zu sein. Seine Teilnahme an der Unterhaltung, sein Genuß von Speis' und Trank vermindert sich mit jedem Tage. Nur noch einige Erquickung scheint er aus dem Glase zu schlürfen, das ihm freilich kein wahrhafter Prophet gewesen. Er betrachtet noch immer gern die verschlungenen Namenszüge und sein ernstheiterer Blick dabei scheint anzudeuten, daß er auch jetzt noch auf eine Vereinigung hoffe. Und wie den Glücklichen jeder Nebenumstand zu begünstigen, jedes Ungefähr mit emporzuheben scheint, so mögen sich auch gern die kleinsten Vorfälle zur Kränkung, zum Verderben des Unglücklichen vereinigen. Denn eines Tages, als Eduard das geliebte Glas zum Munde brachte, entfernte er es mit Entsetzen wieder: es war dasselbe und nicht dasselbe; er vermißt ein kleines Kennzeichen. Man dringt in den Kammerdiener und dieser muß gestehen: das echte Glas sei unlängst zerbrochen, und ein gleiches, auch aus Eduards Jugendzeit, untergeschoben worden. Eduard kann nicht zürnen, sein Schicksal ist ausgesprochen durch die Tat: wie soll ihn das Gleichnis rühren? Aber doch drückt es ihn tief. Der Trank scheint ihm von nun an zu widerstehen; er scheint sich mit Vorsatz der Speise, des Gesprächs zu enthalten.

Aber von Zeit zu Zeit überfällt ihn eine Unruhe. Er verlangt wieder etwas zu genießen, er fängt wieder an zu sprechen. Ach! sagte er einmal zu dem Major, der ihm wenig von der Seite kam: was bin ich unglücklich, daß mein ganzes Bestreben nur immer eine Nachahmung, ein falsches Bemühen bleibt! Was ihr Seligkeit gewesen, wird mir Pein; und doch, um dieser Seligkeit willen, bin ich genötigt diese Pein zu übernehmen. Ich muß ihr nach, auf diesem Wege nach: aber meine Natur hält mich zurück und mein Versprechen. Es ist eine schreckliche Aufgabe, das Unnachahmliche nachzuahmen. Ich fühle wohl, Bester, es gehört Genie zu allem, auch zum Märtyrertum.

Was sollen wir, bei diesem hoffnungslosen Zustande, der ehegattlichen, freundschaftlichen, ärztlichen Bemühungen gedenken, in welchen sich Eduards Angehörige eine Zeit lang hin- und herwogten. Endlich fand man ihn tot. Mittler machte zuerst diese traurige Entdeckung. Er berief den Arzt und beobachtete, nach seiner gewöhnlichen Fassung, genau die Umstände in denen man den Verblichenen angetroffen hatte. Charlotte stürzte herbei: ein Verdacht des Selbstmordes regte sich in ihr; sie wollte sich, sie wollte die andern einer unverzeihlichen Unvorsichtigkeit anklagen. Doch der Arzt aus natürlichen, und Mittler aus sittlichen Gründen, wußten sie bald vom Gegenteil zu überzeugen. Ganz deutlich war Eduard von seinem Ende überrascht worden. Er hatte, was er bisher sorgfältig zu verbergen pflegte, das ihm von Ottilien übrig Gebliebene, in einem stillen Augenblick, vor sich aus einem Kästchen, aus einer Brieftasche ausgebreitet: eine Locke, Blumen in glücklicher Stunde gepflückt, alle Blättchen die sie ihm geschrieben, von jenem ersten an das ihm seine Gattin so zufällig ahnungsreich übergeben hatte. Das alles konnte er nicht einer ungefähren Entdeckung mit Willen Preis geben. Und so lag denn auch dieses vor kurzem zu unendlicher Bewegung aufgeregte Herz in unstörbarer Ruhe; und wie er in Gedanken an die Heilige eingeschlafen war, so konnte man wohl ihn selig nennen. Charlotte gab ihm seinen Platz neben Ottilien und verordnete, daß niemand weiter in diesem Gewölbe beigesetzt werde. Unter dieser Bedingung machte sie für Kirche und Schule, für den Geistlichen und den Schullehrer ansehnliche Stiftungen.

So ruhen die Liebenden neben einander. Friede schwebt über ihrer Stätte, heitere verwandte Engelsbilder schauen vom Gewölbe auf sie herab, und welch ein freundlicher Augenblick wird es sein, wenn sie dereinst wieder zusammen erwachen.

NOVELLE

Ein dichter Herbstnebel verhüllte noch in der Frühe die weiten Räume des fürstlichen Schloßhofes, als man schon mehr oder weniger durch den sich lichtenden Schleier die ganze Jägerei zu Pferde und zu Fuß durch einander bewegt sah. Die eiligen Beschäftigungen der Nächsten ließen sich erkennen: man verlängerte, man verkürzte die Steigbügel, man reichte sich Büchse und Patrontäschchen, man schob die Dachsranzen zurecht, indes die Hunde ungeduldig am Riemen den Zurückhaltenden mit fortzuschleppen drohten. Auch hie und da gebärdete ein Pferd sich mutiger, von feuriger Natur getrieben oder von dem Sporn des Reiters angeregt, der selbst hier in der Halbhelle eine gewisse Eitelkeit sich zu zeigen nicht verleugnen konnte. Alle jedoch warteten auf den Fürsten, der, von seiner jungen Gemahlin Abschied nehmend, allzulange zauderte.

Erst vor kurzer Zeit zusammen getraut empfanden sie schon das Glück übereinstimmender Gemüter; beide waren von tätig-lebhaftem Charakter, eines nahm gern an des andern Neigungen und Bestrebungen Anteil. Des Fürsten Vater hatte noch den Zeitpunkt erlebt und genutzt, wo es deutlich wurde, daß alle Staatsglieder in gleicher Betriebsamkeit ihre Tage zubringen, in gleichem Wirken und Schaffen, jeder nach seiner Art, erst gewinnen und dann genießen sollte.

Wie sehr dieses gelungen war, ließ sich in diesen Tagen gewahr werden, als eben der Hauptmarkt sich versammelte, den man gar wohl eine Messe nennen konnte. Der Fürst hatte seine Gemahlin gestern durch das Gewimmel der aufgehäuften Waren zu Pferde geführt und sie bemerken lassen, wie gerade hier das Gebirgsland mit dem flachen Lande einen glücklichen Umtausch treffe; er wußte sie an Ort und Stelle auf die Betriebsamkeit seines Länderkreises aufmerksam zu machen.

Wenn sich nun der Fürst fast ausschließlich in diesen Tagen mit den Seinigen über diese zudringenden Gegenstände unterhielt, auch besonders mit dem Finanzminister anhaltend arbeitete, so behielt doch auch der Landjägermeister sein Recht, auf dessen Vorstellung es unmöglich war, der Versuchung zu widerstehen, an diesen günstigen Herbsttagen eine schon verschobene Jagd zu unternehmen, sich selbst und den vielen angekommenen Fremden ein eignes und seltnes Fest zu eröffnen.

Die Fürstin blieb ungern zurück; man hatte sich vorgenommen, weit in das Gebirg hineinzudringen, um die friedlichen Bewohner der dortigen Wälder durch einen unerwarteten Kriegszug zu beunruhigen.

Scheidend versäumte der Gemahl nicht einen Spazierritt vorzuschlagen, den sie im Geleit Friedrichs, des fürstlichen Oheims, unternehmen sollte; auch lasse ich, sagte er, dir unsern Honorio, als Stall- und Hofjunker, der für alles sorgen wird; und im Gefolg dieser Worte gab er im Hinabsteigen einem wohlgebildeten jungen Mann die nötigen Aufträge, verschwand sodann bald mit Gästen und Gefolge.

Die Fürstin, die ihrem Gemahl noch in den Schloßhof hinab mit dem Schnupftuch nachgewinkt hatte, begab sich in die hintern Zimmer, welche nach dem Gebirg eine freie Aussicht ließen, die um desto schöner war, als das Schloß selbst von dem Flusse herauf in einiger Höhe stand und so vor- als hinterwärts mannichfaltige bedeutende Ansichten gewährte. Sie fand das treffliche Teleskop noch in der Stellung wo man es gestern Abend gelassen hatte, als man, über Busch, Berg und Waldgipfel die hohen Ruinen der uralten Stammburg betrachtend, sich unterhielt, die in der Abendbeleuchtung merkwürdig hervortraten, indem alsdann die größten Licht- und Schattenmassen den deutlichsten Begriff von einem so ansehnlichen Denkmal alter Zeit verleihen konnten. Auch zeigte sich heute früh durch die annähernden Gläser recht auffallend die herbstliche Färbung jener mannichfaltigen Baumarten, die zwischen dem Gemäuer ungehindert und ungestört durch lange Jahre emporstrebten. Die schöne Dame richtete jedoch das Fernrohr etwas tiefer nach einer öden steinigen Fläche, über welche der Jagdzug weggehen mußte; sie erharrte den Augenblick mit Geduld und betrog sich nicht: denn bei der Klarheit und Vergrößerungsfähigkeit des Instrumentes erkannten ihre glänzenden Augen deutlich den Fürsten und den Oberstallmeister; ja sie enthielt sich nicht abermals mit dem Schnupftuche zu winken, als sie ein augenblickliches Stillhalten und Rückblicken mehr vermutete als gewahr ward.

Fürst Oheim, Friedrich mit Namen, trat sodann, angemeldet, mit seinem Zeichner herein, der ein großes Portefeuille unter dem Arm trug. Liebe Kusine, sagte der alte rüstige Herr, hier legen wir die Ansichten der Stammburg vor, gezeichnet um von verschiedenen Seiten anschaulich zu machen, wie der mächtige Trutz- und Schutzbau von alten Zeiten her dem Jahr und seiner Witterung sich entgegen stemmte, und wie doch hie und da sein Gemäuer weichen, da und dort in wüste Ruinen zusammenstürzen mußte. Nun haben wir manches getan um diese Wildnis zugänglicher zu machen, denn mehr bedarf es nicht um jeden Wanderer, jeden Besuchenden in Erstaunen zu setzen, zu entzücken.

Indem nun der Fürst die einzelnen Blätter deutete, sprach er weiter: Hier, wo man, den Hohlweg durch die äußern Ringmauern heraufkommend, vor die eigentliche Burg gelangt, steigt uns ein Felsen entgegen von den festesten des ganzen Gebirgs; hierauf nun steht gemauert ein Turm, doch niemand wüßte zu sagen wo die Natur aufhört, Kunst und Handwerk aber anfangen. Ferner sieht man seitwärts Mauern angeschlossen und Zwinger terrassenmäßig herab sich erstreckend. Doch ich sage nicht recht, denn es ist eigentlich ein Wald der diesen uralten Gipfel umgibt; seit hundert und funfzig Jahren hat keine Axt hier geklungen und überall sind die mächtigsten Stämme emporgewachsen; wo Ihr Euch an den

Mauern andrängt, stellt sich der glatte Ahorn, die rauhe Eiche, die schlanke Fichte mit Schaft und Wurzeln entgegen; um diese müssen wir uns herumschlängeln und unsere Fußpfade verständig führen. Seht nur wie trefflich unser Meister dies Charakteristische auf dem Papier ausgedrückt hat, wie kenntlich die verschiedenen Stamm- und Wurzelarten zwischen das Mauerwerk verflochten und die mächtigen Äste durch die Lücken durchgeschlungen sind! Es ist eine Wildnis wie keine, ein zufällig-einziges Lokal, wo die alten Spuren längst verschwundener Menschenkraft mit der ewig lebenden und fortwirkenden Natur sich in dem ernstesten Streit erblicken lassen.

Ein anderes Blatt aber vorlegend fuhr er fort: Was sagt Ihr nun zum Schloßhofe, der, durch das Zusammenstürzen des alten Torturmes unzugänglich, seit undenklichen Jahren von niemand betreten ward? Wir suchten ihm von der Seite beizukommen, haben Mauern durchbrochen, Gewölbe gesprengt und so einen bequemen, aber geheimen Weg bereitet. Inwendig bedurft' es keines Aufräumens, hier findet sich ein flacher Felsgipfel von der Natur geplättet, aber doch haben mächtige Bäume hie und da zu wurzeln Glück und Gelegenheit gefunden; sie sind sachte aber entschieden aufgewachsen, nun erstrecken sie ihre Äste bis in die Galerien hinein, auf denen der Ritter sonst auf und ab schritt; ja durch Türen durch und Fenster in die gewölbten Säle, aus denen wir sie nicht vertreiben wollen; sie sind eben Herr geworden und mögen's bleiben. Tiefe Blätterschichten wegräumend haben wir den merkwürdigsten Platz geebnet gefunden, Dessengleichen in der Welt vielleicht nicht wieder zu sehen ist.

Nach allem diesem aber ist es immer noch bemerkenswert und an Ort und Stelle zu beschauen, daß auf den Stufen die in den Hauptturm hinaufführen ein Ahorn Wurzel geschlagen und sich zu einem so tüchtigen Baume gebildet hat, daß man nur mit Not daran vorbeidringen kann um die Zinne, der unbegränzten Aussicht wegen, zu besteigen. Aber auch hier verweilt man bequem im Schatten, denn dieser Baum ist es der sich über das Ganze wunderbar hoch in die Luft hebt.

Danken wir also dem wackern Künstler, der uns so löblich in verschiedenen Bildern von allem überzeugt als wenn wir gegenwärtig wären; er hat die schönsten Stunden des Tages und der Jahrszeit dazu angewendet und sich wochenlang um diese Gegenstände herumbewegt. In dieser Ecke ist für ihn und den Wächter den wir ihm zugegeben eine kleine angenehme Wohnung eingerichtet. Sie sollten nicht glauben, meine Beste, welch eine schöne Aus- und Ansicht er in's Land, in Hof und Gemäuer sich dort bereitet hat. Nun aber da alles so rein und charakteristisch umrissen ist, wird er es hier unten mit Bequemlichkeit ausführen. Wir wollen mit diesen Bildern unsern Gartensaal zieren, und niemand soll über unsere regelmäßigen Parterre, Lauben und schattigen Gänge seine Augen spielen lassen, der nicht wünschte dort oben in dem wirklichen Anschauen des Alten und Neuen, des Starren, Unnachgiebigen, Unzerstörlichen und des Frischen, Schmiegsamen, Unwiderstehlichen seine Betrachtungen anzustellen.

Honorio trat ein und meldete die Pferde seien vorgeführt; da sagte die Fürstin, zum Oheim gewendet: Reiten wir hinauf und lassen Sie mich in der Wirklichkeit sehen, was Sie mir hier im Bilde zeigten. Seit ich hier bin, hör' ich von diesem Unternehmen, und werde jetzt erst recht verlangend mit Augen zu sehen, was mir in der Erzählung unmöglich schien und in der Nachbildung unwahrscheinlich bleibt. — Noch nicht, meine Liebe, versetzte der Fürst; was Sie hier sahen, ist, was es werden kann und wird; jetzt stockt noch manches; die Kunst muß erst vollenden, wenn sie sich vor der Natur nicht schämen soll. — Und so reiten wir wenigstens hinaufwärts, und wär' es nur bis an den Fuß; ich habe große Lust mich heute weit in der Welt umzusehen. — Ganz nach Ihrem Willen, versetzte der Fürst. — Lassen Sie uns aber durch die Stadt reiten, fuhr die Dame fort, über den großen Marktplatz, wo eine zahllose Menge von Buden die Gestalt einer kleinen Stadt, eines Feldlagers angenommen hat. Es ist als wären die Bedürfnisse und Beschäftigungen sämtlicher Familien des Landes umher, nach außen gekehrt, in diesem Mittelpunkt versammelt, an das Tageslicht gebracht worden; denn hier sieht der aufmerksame Beobachter alles was der Mensch leistet und bedarf; man bildet sich einen Augenblick ein, es sei kein Geld nötig, jedes Geschäft könne hier durch Tausch abgetan werden; und so ist es auch im Grunde. Seitdem der Fürst gestern mir Anlaß zu diesen Übersichten gegeben, ist es mir gar angenehm zu denken, wie hier, wo Gebirg und flaches Land an einander gränzen, beide so deutlich aussprechen, was sie brauchen und was sie wünschen. Wie nun der Hochländer das Holz seiner Wälder in hundert Formen umzubilden weiß, das Eisen zu einem jeden Gebrauch zu vermannichfaltigen, so kommen jene drüben mit den vielfältigsten Waren ihm entgegen, an denen man den Stoff kaum unterscheiden und den Zweck oft nicht erkennen mag.

Ich weiß, versetzte der Fürst, daß mein Neffe hierauf die größte Aufmerksamkeit wendet; denn gerade zu dieser Jahrszeit kommt es hauptsächlich darauf an, daß man mehr empfange als gebe; dies zu bewirken ist am Ende die Summe des ganzen Staatshaushaltes, so wie der kleinsten häuslichen Wirtschaft. Verzeihen Sie aber, meine Beste, ich reite niemals gern durch Markt und Messe: bei jedem Schritt ist man gehindert und aufgehalten, und dann flammt mir das ungeheure Unglück wieder in die Einbildungskraft, das sich mir gleichsam in die Augen eingebrannt, als ich eine solche Güter- und Warenbreite in Feuer aufgehen sah. Ich hatte mich kaum —

Lassen Sie uns die schönen Stunden nicht versäumen, fiel ihm die Fürstin ein, da der würdige Mann sie schon einigemal mit ausführlicher Beschreibung jenes Unheils geängstigt hatte, wie er sich nämlich, auf einer großen Reise begriffen, Abends im besten Wirtshause auf dem Markte, der eben von einer Hauptmesse wimmelte, höchst ermüdet zu Bette gelegt, und Nachts durch Geschrei und Flammen, die sich gegen seine Wohnung wälzten, gräßlich aufgeweckt worden.

Die Fürstin eilte das Lieblingspferd zu besteigen, und führte, statt zum Hintertore bergauf, zum Vordertore bergunter ihren widerwillig-bereiten Begleiter; denn wer wäre nicht gern an ihrer Seite geritten, wer wäre ihr nicht gern gefolgt. Und so war auch Honorio von der sonst so ersehnten Jagd willig zurückgeblieben, um ihr ausschließlich dienstbar zu sein.

Wie voraus zu sehen durften sie auf dem Markte nur Schritt vor Schritt reiten; aber die schöne Liebenswürdige erheiterte jeden Aufenthalt durch eine geistreiche Bemerkung. Ich wiederhole, sagte sie, meine gestrige Lektion, da denn doch die Notwendigkeit unsere Geduld prüfen will. Und wirklich drängte sich die ganze Menschenmasse dergestalt an die Reitenden heran, daß sie ihren Weg nur langsam fortsetzen konnten. Das Volk schaute mit Freuden die junge Dame, und auf so viel lächelnden Gesichtern zeigte sich das entschiedene Behagen, zu sehen, daß die erste Frau im Lande auch die schönste und anmutigste sei.

Unter einander gemischt standen Bergbewohner, die zwischen Felsen, Fichten und Föhren ihre stillen Wohnsitze hegten, Flachländer von Hügeln, Auen und Wiesen her, Gewerbsleute der kleinen Städte und was sich alles versammelt hatte. Nach einem ruhigen Überblick bemerkte die Fürstin ihrem Begleiter, wie alle diese, woher sie auch seien, mehr Stoff als nötig zu ihren Kleidern genommen, mehr Tuch und Leinwand, mehr Band zum Besatz. Ist es doch als ob die Weiber nicht bauschig und die Männer nicht pausig genug sich gefallen könnten.

Wir wollen ihnen das ja lassen, versetzte der Oheim; wo auch der Mensch seinen Überfluß hinwendet, ihm ist wohl dabei, am wohlsten wenn er sich damit schmückt und aufputzt. Die schöne Dame winkte Beifall.

So waren sie nach und nach auf einen freien Platz gelangt, der zur Vorstadt hinführte, wo am Ende vieler kleinen Buden und Kramstände ein größeres Brettergebäude in die Augen fiel, das sie kaum erblickten, als ein ohrzerreißendes Gebrülle ihnen entgegen tönte. Die Fütterungsstunde der dort zur Schau stehenden wilden Tiere schien herangekommen; der Löwe ließ seine Wald- und Wüstenstimme auf's kräftigste hören, die Pferde schauderten und man konnte der Bemerkung nicht entgehen, wie in dem friedlichen Wesen und Wirken der gebildeten Welt der König der Einöde sich so furchtbar verkündige. Zur Bude näher gelangt durften sie die bunten kolossalen Gemälde nicht übersehen, die mit heftigen Farben und kräftigen Bildern jene fremden Tiere darstellten, welche der friedliche Staatsbürger zu schauen unüberwindliche Lust empfinden sollte. Der grimmig ungeheure Tiger sprang auf einen Mohren los, im Begriff ihn zu zerreißen; ein Löwe stand ernsthaft majestätisch, als wenn er keine Beute seiner würdig vor sich sähe; andere wunderliche bunte Geschöpfe verdienten neben diesen mächtigen weniger Aufmerksamkeit.

Wir wollen, sagte die Fürstin, bei unserer Rückkehr doch absteigen und die seltenen Gäste näher betrachten. — Es ist wunderbar, versetzte der Fürst, daß der Mensch durch Schreckliches immer aufgeregt sein will. Drinnen liegt der Tiger ganz ruhig in seinem Kerker, und hier muß er grimmig auf einen Mohren losfahren, damit man glaube dergleichen inwendig ebenfalls zu sehen; es ist an Mord und Totschlag noch nicht genug, an Brand und Untergang; die Bänkelsänger müssen es an jeder Ecke wiederholen. Die guten Menschen wollen eingeschüchtert sein, um hinterdrein erst recht zu fühlen, wie schön und löblich es sei frei Atem zu holen.

Was denn aber auch Bängliches von solchen Schreckensbildern mochte übrig geblieben sein, alles und jedes war sogleich ausgelöscht, als man, zum Tore hinausgelangt, in die heiterste Gegend eintrat. Der Weg führte zuerst am Flusse hinan, an einem zwar noch schmalen, nur leichte Kähne tragenden Wasser, das aber nach und nach als größter Strom seinen Namen behalten und ferne Länder beleben sollte. Dann ging es weiter durch wohlversorgte Frucht- und Lustgärten sachte hinaufwärts, und man sah sich nach und nach in der aufgetanen wohlbewohnten Gegend um, bis erst ein Busch, sodann ein Wäldchen die Gesellschaft aufnahm, und die anmutigsten Örtlichkeiten ihren Blick begränzten und erquickten. Ein aufwärts leitendes Wiesental, erst vor kurzem zum zweitenmale gemäht, sammetähnlich anzusehen, von einer oberwärts, lebhaft auf einmal reich entspringenden Quelle gewässert, empfing sie freundlich, und so zogen sie einem höheren freieren Standpunkt entgegen, den sie, aus dem Walde sich bewegend, nach einem lebhaften Stieg erreichten, alsdann aber vor sich noch in bedeutender Entfernung über neuen Baumgruppen das alte Schloß, den Zielpunkt ihrer Wallfahrt, als Fels- und Waldgipfel hervorragen sahen. Rückwärts aber — denn niemals gelangte man hierher ohne sich umzukehren — erblickten sie durch zufällige Lücken der hohen Bäume das fürstliche Schloß links, von der Morgensonne beleuchtet; den wohlgebauten höhern Teil der Stadt von leichten Rauchwolken gedämpft, und so fort nach der Rechten zu die untere Stadt, den Fluß in einigen Krümmungen, mit seinen Wiesen und Mühlen; gegenüber eine weite nahrhafte Gegend.

Nachdem sie sich an dem Anblick ersättigt, oder vielmehr, wie es uns bei dem Umblick auf so hoher Stelle zu geschehen pflegt, erst recht verlangend geworden nach einer weitern, weniger begränzten Aussicht, ritten sie eine steinige breite Fläche hinan, wo ihnen die mächtige Ruine als ein grüngekrönter Gipfel entgegen stand, wenig alte Bäume tief unten um seinen Fuß; sie ritten hindurch und so fanden sie sich gerade vor der steilsten unzugänglichsten Seite. Mächtige Felsen standen von Urzeiten her, jedem Wechsel unangetastet, fest, wohlgegründet voran, und so türmte sich's aufwärts; das dazwischen Herabgestürzte lag in mächtigen Platten und Trümmern unregelmäßig über einander und schien dem Kühnsten jeden Angriff zu verbieten. Aber das Steile, Jähe scheint der Jugend zuzusagen; dies zu unternehmen, zu erstürmen, zu erobern ist jungen Gliedern ein Genuß. Die Fürstin bezeigte Neigung zu einem Versuch, Honorio war bei der Hand, der fürstliche Oheim, wenn schon bequemer, ließ sich's gefallen und wollte sich doch auch nicht unkräftig zeigen; die Pferde sollten am Fuß unter den Bäumen halten, und man wollte bis zu einem gewissen Punkte gelangen, wo ein vorstehender mächtiger Fels einen Flächenraum darbot, von wo man eine Aussicht hatte, die zwar schon in den Blick des Vogels überging, aber sich doch noch malerisch genug hinter einander schob.

Die Sonne, beinahe auf ihrer höchsten Stelle, verlieh die klarste Beleuchtung; das fürstliche Schloß mit seinen Teilen, Hauptgebäuden, Flügeln, Kuppeln und Türmen erschien gar stattlich; die obere Stadt in ihrer völligen Ausdehnung; auch in die untere konnte man bequem hineinsehen, ja durch das Fernrohr auf dem Markte sogar die Buden unterscheiden. Honorio war immer gewohnt ein so förderliches Werkzeug überzuschnallen; man schaute den Fluß hinauf und hinab; diesseits das bergartig terrassenweis unterbrochene, jenseits das aufgleitende flache und in mäßigen Hügeln abwechselnde fruchtbare Land; Ortschaften unzählige; denn es war längst herkömmlich über die Zahl zu streiten, wie viel man deren von hier oben gewahr werde.

Über die große Weite lag eine heitere Stille, wie es am Mittag zu sein pflegt, wo die Alten sagten, Pan schlafe, und alle Natur halte den Atem an, um ihn nicht aufzuwecken.

Es ist nicht das erstemal, sagte die Fürstin, daß ich auf so hoher weitumschauender Stelle die Betrachtung mache, wie doch die klare Natur so reinlich und friedlich aussieht, und den Eindruck verleiht als wenn gar nichts Widerwärtiges in der Welt sein könne; und wenn man denn wieder in die Menschenwohnung zurückkehrt, sie sei hoch oder niedrig, weit oder eng, so gibt's immer etwas zu kämpfen, zu streiten, zu schlichten und zurecht zu legen.

Honorio, der indessen durch das Sehrohr nach der Stadt geschaut hatte, rief: Seht hin! seht hin! auf dem Markte fängt es an zu brennen. Sie sahen hin und bemerkten wenigen Rauch, die Flamme dämpfte der Tag. Das Feuer greift weiter um sich! rief man, immer durch die Gläser schauend; auch wurde das Unheil den guten unbewaffneten Augen der Fürstin bemerklich; von Zeit zu Zeit erkannte man eine rote Flammenglut, der Dampf stieg empor und Fürst Oheim sprach: Laßt uns zurückkehren, das ist nicht gut, ich fürchtete immer das Unglück zum zweitenmale zu erleben. Als sie, herabgekommen, den Pferden wieder zugingen, sagte die Fürstin zu dem alten Herrn: Reiten Sie hinein, eilig, aber nicht ohne den Reitknecht, lassen Sie mir Honorio, wir folgen sogleich. Der

Oheim fühlte das Vernünftige, ja das Notwendige dieser Worte und ritt, so eilig als der Boden erlaubte, den wüsten steinigen Hang hinunter.

Als die Fürstin aufsaß, sagte Honorio: Reiten Ew. Durchlaucht, ich bitte, langsam! in der Stadt wie auf dem Schloß sind die Feueranstalten in bester Ordnung, man wird sich durch einen so unerwartet außerordentlichen Fall nicht irre machen lassen. Hier aber ist ein böser Boden, kleine Steine und kurzes Gras, schnelles Reiten ist unsicher, ohnehin bis wir hineinkommen, wird das Feuer schon nieder sein. Die Fürstin glaubte nicht daran, sie sah den Rauch sich verbreiten, sie glaubte einen aufflammenden Blitz gesehen, einen Schlag gehört zu haben und nun bewegten sich in ihrer Einbildungskraft alle die Schreckbilder, welche des trefflichen Oheims wiederholte Erzählung von dem erlebten Jahrmarkts-Brande leider nur zu tief eingesenkt hatte.

Fürchterlich wohl war jener Fall, überraschend und eindringlich genug, um zeitlebens eine Ahnung und Vorstellung wiederkehrenden Unglücks ängstlich zurückzulassen, als zur Nachtzeit auf dem großen budenreichen Marktraum ein plötzlicher Brand Laden auf Laden ergriffen hatte, ehe noch die in und an diesen leichten Hütten Schlafenden aus tiefen Träumen geschüttelt wurden; der Fürst selbst als ein ermüdet angelangter, erst eingeschlafener Fremder an's Fenster sprang, alles fürchterlich erleuchtet sah, Flamme nach Flamme, rechts und links sich überspringend, ihm entgegen züngelte. Die Häuser des Marktes, vom Widerschein gerötet, schienen schon zu glühen, drohend sich jeden Augenblick zu entzünden und in Flammen aufzuschlagen; unten wütete das Element unaufhaltsam, die Bretter prasselten, die Latten knackten, Leinwand flog auf und ihre düstern, an den Enden flammend ausgezackten Fetzen trieben in der Höhe sich umher, als wenn die bösen Geister in ihrem Elemente, um und um gestaltet, sich mutwillig tanzend verzehren und da und dort aus den Gluten wieder auftauchen wollten. Dann aber mit kreischendem Geheul rettete jeder was zur Hand lag; Diener und Knechte mit den Herren bemühten sich von Flammen ergriffene Ballen fortzuschleppen, von dem brennenden Gestell noch einiges wegzureißen, um es in die Kiste zu pakken, die sie denn doch zuletzt den eilenden Flammen zum Raube lassen mußten. Wie mancher wünschte nur einen Augenblick Stillstand dem heranprasselnden Feuer, nach der Möglichkeit einer Besinnung sich umsehend, und er war mit aller seiner Habe schon ergriffen; an der einen Seite brannte, glühte schon, was an der andern noch in finsterer Nacht stand. Hartnäckige Charaktere, willenstarke Menschen widersetzten sich grimmig dem grimmigen Feinde und retteten manches, mit Verlust ihrer Augenbraunen und Haare. Leider nun erneuerte sich vor dem schönen Geiste der Fürstin der wüste Wirrwarr, nun schien der heitere morgendliche Gesichtskreis umnebelt, ihre Augen verdüstert, Wald und Wiese hatten einen wunderbaren bänglichen Anschein.

In das friedliche Tal einreitend, seiner labenden Kühle nicht achtend, waren sie kaum einige Schritte von der lebhaften Quelle des nahen fließenden Baches herab, als die Fürstin ganz unten im Gebüsche des Wiesentals etwas Seltsames erblickte, das sie alsobald für den Tiger erkannte; heranspringend, wie sie ihn vor kurzem gemalt gesehen, kam er entgegen; und dieses Bild zu den furchtbaren Bildern, die sie so eben beschäftigten, machte den wundersamsten Eindruck. Flieht! gnädige Frau, rief Honorio, flieht! Sie wandte das Pferd um, dem steilen Berg zu, wo sie herabgekommen waren. Der Jüngling aber, dem Untier entgegen, zog die Pistole und schoß, als er sich nahe genug glaubte; leider jedoch war gefehlt, der Tiger sprang seitwärts, das Pferd stutzte, das ergrimmte Tier aber verfolgte seinen Weg, aufwärts unmittelbar der Fürstin nach. Sie sprengte, was das Pferd vermochte, die steile steinige Strecke hinan, kaum fürchtend, daß ein zartes Geschöpf, solcher Anstrengung ungewohnt, sie nicht aushalten werde. Es übernahm sich, von der bedrängten Reiterin angeregt, stieß am kleinen Gerölle des Hanges an und wieder an, und stürzte zuletzt nach heftigem Bestreben kraftlos zu Boden. Die schöne Dame, entschlossen und gewandt, verfehlte nicht sich strack auf ihre Füße zu stellen, auch das Pferd richtete sich auf; aber der Tiger nahte schon, obgleich nicht mit heftiger Schnelle; der ungleiche Boden, die scharfen Steine schienen seinen Antrieb zu hindern, und nur daß Honorio unmittelbar hinter ihm herflog, neben ihm gemäßigt heraufritt, schien seine Kraft auf's neue anzuspornen und zu reizen. Beide Renner erreichten zugleich den Ort wo die Fürstin am Pferde stand; der Ritter beugte sich herab, schoß und traf mit der zweiten Pistole das Ungeheuer durch den Kopf, daß es sogleich niederstürzte, und ausgestreckt in seiner Länge erst recht die Macht und Furchtbarkeit sehen ließ, von der nur noch das Körperliche übrig geblieben da lag. Honorio war vom Pferde gesprungen und knieete schon auf dem Tiere, dämpfte seine letzten Bewegungen und hielt den gezogenen Hirschfänger in der rechten Hand. Der Jüngling war schön, er war herangesprengt, wie ihn die Fürstin oft im Lanzen- und Ringelspiel gesehen hatte. Eben so traf in der Reitbahn seine Kugel im Vorbeisprengen den Türkenkopf auf dem Pfahl, gerade unter dem Turban in die Stirne; eben so spießte er, flüchtig heransprengend, mit dem blanken Säbel das Mohrenhaupt vom Boden auf. In allen solchen Künsten war er gewandt und glücklich, hier kam beides zu Statten.

Gebt ihm den Rest, sagte die Fürstin, ich fürchte er beschädigt Euch noch mit den Krallen. — Verzeiht! erwiderte der Jüngling, er ist schon tot genug, und ich mag das Fell nicht verderben, das nächsten Winter auf Eurem Schlitten glänzen soll. — Frevelt nicht! sagte die Fürstin; alles was von Frömmigkeit im tiefen Herzen wohnt, entfaltet sich in solchem Augenblick. — Auch ich, rief Honorio, war nicht frömmer als jetzt eben, deshalb aber denk' ich an's Freudigste, ich blicke dieses Fell nur an wie es Euch zur Lust begleiten kann. — Es würde mich immer an diesen schrecklichen Augenblick erinnern, versetzte sie. — Ist es doch, erwiderte der Jüngling mit glühender Wange, ein unschuldigeres Triumphzeichen, als wenn die Waffen erschlagener Feinde vor dem Sieger her zur Schau getragen wurden. — Ich werde mich an Eure Kühnheit und Gewandtheit dabei erinnern, und darf nicht hinzusetzen, daß Ihr auf meinen Dank und auf die Gnade des Fürsten lebenslänglich rechnen könnt. Aber steht auf; schon ist kein Leben mehr im Tiere, bedenken wir das Weitere, vor allen Dingen steht auf! — Da ich nun einmal kniee, versetzte der Jüngling, da ich mich in einer Stellung befinde, die mir auf jede andere Weise untersagt wäre, so laßt mich bitten von der Gunst, von der Gnade die Ihr mir zuwendet in diesem Augenblick versichert zu werden. Ich habe schon so oft Euren hohen Gemahl gebeten um Urlaub und Vergünstigung einer weitern Reise. Wer das Glück hat an Eurer Tafel zu sitzen, wen Ihr beehrt Eure Gesellschaft unterhalten zu dürfen, der muß die Welt gesehen haben. Reisende strömen von allen Orten her, und wenn von einer Stadt, von einem wichtigen Punkte irgend eines Weltteils gesprochen wird, ergeht an den Eurigen jedesmal die Frage, ob er daselbst gewesen sei? Niemanden traut man Verstand zu, als wer das alles gesehen hat; es ist als wenn man sich nur für andere zu unterrichten hätte.

Steht auf! wiederholte die Fürstin, ich möchte nicht gern gegen die Überzeugung meines Gemahls irgend etwas wünschen und bitten; allein wenn ich nicht irre, so ist die Ursache, warum er Euch bisher zurückhielt, bald gehoben. Seine Absicht war, Euch zum selbstständigen Edelmann herangereift zu sehen, der sich und ihm auch auswärts Ehre machte wie bisher am Hofe, und ich dächte Eure Tat wäre ein so empfehlender Reisepaß als ein junger Mann nur in die Welt mitnehmen kann.

Daß anstatt einer jugendlichen Freude eine gewisse Trauer über sein Gesicht zog, hatte die Fürstin nicht Zeit zu bemerken, noch er seiner Empfindung Raum zu geben, denn hastig den Berg herauf, einen Knaben an der Hand, kam eine Frau, geradezu auf die Gruppe los, die wir kennen; und kaum war Honorio sich besinnend aufgestanden, als sie sich heulend und schreiend über den Leichnam her warf, und an dieser Handlung, so wie an einer, obgleich reinlich anständigen, doch bunten und seltsamen Kleidung sogleich erraten ließ, sie sei die Meisterin und Wärterin dieses dahin gestreckten Geschöpfes, wie denn der schwarzaugige schwarzlockige Knabe, der eine Flöte in der Hand hielt, gleich der Mutter weinend, weniger heftig, aber tief gerührt, neben ihr knieete.

Den gewaltsamen Ausbrüchen der Leidenschaft dieses unglücklichen Weibes folgte, zwar unterbrochen stoßweise, ein Strom von Worten, wie ein Bach sich in Absätzen von Felsen zu Felsen stürzt. Eine natürliche Sprache, kurz und abgebrochen, machte sich eindringlich und rührend; vergebens würde man sie in unsern Mundarten übersetzen wollen, den ungefähren Inhalt dürfen wir nicht verhehlen. Sie haben dich ermordet, armes Tier! ermordet ohne Not! Du warst zahm und hättest dich gern ruhig niedergelassen und auf uns gewartet; denn deine Fußballen schmerzten dich, und deine Krallen hatten keine Kraft mehr! Die heiße Sonne fehlte dir, sie zu reifen. Du warst der Schönste Deinesgleichen; wer hat je einen königlichen Tiger so herrlich ausgestreckt im Schlafe gesehen, wie du nun hier liegst, tot um nicht wieder aufzustehen. Wenn du des Morgens aufwachtest bei'm frühen Tagschein und den Rachen aufsperrtest, ausstreckend die rote Zunge, so schienst du uns zu lächeln, und, wenn schon brüllend, nahmst du doch spielend dein Futter aus den Händen einer Frau, von den Fingern eines Kindes! Wie lange begleiteten wir dich auf deinen Fahrten, wie lange war deine Gesellschaft uns wichtig und fruchtbar! Uns! uns ganz eigentlich kam die Speise von den Fressern, und süße Labung von den Starken. So wird es nicht mehr sein! Wehe, wehe!

Sie hatte nicht ausgeklagt, als über die mittlere Höhe des Bergs am Schlosse herab Reiter heransprengten, die alsobald für das Jagdgefolge des Fürsten erkannt wurden, er selbst voran. Sie hatten, in den hintern Gebirgen jagend, die Brandwolken aufsteigen sehen und durch Täler und Schluchten, wie auf gewaltsam hetzender Jagd, den geraden Weg nach diesem traurigen Zeichen genommen. Über die steinige Blöße einhersprengend stutzten und starrten sie, nun die unerwartete Gruppe gewahr werdend, die sich auf der leeren Fläche merkwürdig auszeichnete. Nach dem ersten Erkennen verstummte man, und nach einigem Erholen ward, was der Anblick nicht selbst ergab, mit wenigen Worten erläutert. So stand der Fürst vor dem seltsamen unerhörten Ereignis, einen Kreis umher von Reitern und Nacheilenden zu Fuße. Unschlüssig war man nicht was zu tun sei; anzuordnen, auszuführen war der Fürst beschäftigt, als ein Mann sich in den Kreis drängte, groß von Gestalt, bunt und wunderlich gekleidet wie Frau und Kind. Und nun gab die Familie zusammen Schmerz und Überraschung zu erkennen. Der Mann aber gefaßt, stand in ehrfurchtsvoller Entfernung vor dem Fürsten und sagte: Es ist nicht Klagenszeit; ach, mein Herr und mächtiger Jäger, auch der Löwe ist los, auch hier nach dem Gebirg ist er hin, aber schont ihn, habt Barmherzigkeit, daß er nicht umkomme wie dies gute Tier.

Der Löwe? sagte der Fürst, hast du seine Spur? — Ja Herr! Ein Bauer dort unten, der sich ohne Not auf einen Baum gerettet hatte, wies mich weiter hier links hinauf, aber ich sah den großen Trupp Menschen und Pferde vor mir, neugierig und hülfsbedürftig eilt' ich hierher. — Also, beorderte der Fürst, muß die Jagd sich auf diese Seite ziehen; ihr ladet eure Gewehre, geht sachte zu Werk, es ist kein Unglück, wenn ihr ihn in die tiefen Wälder treibt; aber am Ende, guter Mann, werden wir euer Geschöpf nicht schonen können; warum wart ihr unvorsichtig genug sie entkommen zu lassen? — Das Feuer brach aus, versetzte jener, wir hielten uns still und gespannt, es verbreitete sich schnell, aber fern von uns, wir hatten Wasser genug zu unserer Verteidigung, aber ein Pulverschlag flog auf und warf die Brände bis an uns heran, über uns weg; wir übereilten uns und sind nun unglückliche Leute.

Noch war der Fürst mit Anordnungen beschäftigt, aber einen Augenblick schien alles zu stocken, als oben vom alten Schloß herab eilig ein Mann heranspringend gesehen ward, den man bald für den angestellten Wächter erkannte, der die Werkstätte des Malers bewachte, indem er darin seine Wohnung nahm und die Arbeiter beaufsichtigte. Er kam außer Atem springend, doch hatte er bald mit wenigen Worten angezeigt: oben hinter der höhern Ringmauer habe sich der Löwe im Sonnenschein gelagert, am Fuße einer hundertjährigen Buche, und verhalte sich ganz ruhig. Ärgerlich aber schloß der Mann: Warum habe ich gestern meine Büchse in die Stadt getragen um sie ausputzen zu lassen! Hätte ich sie bei der Hand gehabt, er wäre nicht wieder aufgestanden, das Fell wäre doch mein gewesen, und ich hätte mich dessen, wie billig, zeitlebens gebrüstet.

Der Fürst, dem seine militärischen Erfahrungen auch hier zu Statten kamen, da er sich wohl schon in Fällen gefunden hatte, wo von mehreren Seiten unvermeidliches Übel herandrohte, sagte hierauf: Welche Bürgschaft gebt ihr mir, daß wenn wir eures Löwen schonen, er nicht im Lande unter den Meinigen Verderben anrichtet?

Hier diese Frau und dieses Kind, erwiderte der Vater hastig, erbieten sich ihn zu zähmen, ihn ruhig zu erhalten, bis ich den beschlagenen Kasten heraufschaffe, da wir ihn denn unschädlich und unbeschädigt wieder zurückbringen werden.

Der Knabe schien seine Flöte versuchen zu wollen, ein Instrument von der Art, das man sonst die sanfte süße Flöte zu nennen pflegte; sie war kurz geschnäbelt wie die Pfeifen; wer es verstand wußte die anmutigsten Töne daraus hervorzulocken. Indes hatte der Fürst den Wärtel gefragt, wie der Löwe hinaufgekommen. Dieser aber versetzte: Durch den Hohlweg, der, auf beiden Seiten vermauert, von jeher der einzige Zugang war und der einzige bleiben soll; zwei Fußpfade, die noch hinaufführten, haben wir dergestalt entstellt, daß niemand als durch jenen ersten engen Anweg zu dem Zauberschlosse gelangen könne, wozu es Fürst Friedrichs Geist und Geschmack ausbilden will.

Nach einigem Nachdenken, wobei sich der Fürst nach dem Kinde umsah, das immer sanft gleichsam zu präludieren fortgefahren hatte, wendete er sich zu Honorio und sagte: Du hast heute viel geleistet, vollende das Tagwerk. Besetze den schmalen Weg, haltet eure Büchsen bereit, aber schießt nicht eher als bis ihr das Geschöpf nicht sonst zurückscheuchen könnt; allenfalls macht ein Feuer an, vor dem er sich fürchtet, wenn er herunter will. Mann und Frau möge für das Übrige stehen. Eilig schickte Honorio sich an die Befehle zu vollführen.

Das Kind verfolgte seine Melodie, die keine war, eine Tonfolge ohne Gesetz, und vielleicht eben deswegen so herzergreifend; die Umstehenden schienen wie bezaubert von der Bewegung einer liederartigen Weise, als der Vater mit anständigem Enthusiasmus zu reden anfing und fortfuhr:

Gott hat dem Fürsten Weisheit gegeben, und zugleich die Erkenntnis, daß alle Gotteswerke weise sind, jedes nach seiner Art. Seht den Felsen wie er fest steht und sich nicht rührt, der Witterung trotzt und dem Sonnenschein; uralte Bäume zieren sein Haupt, und so gekrönt schaut er weit umher; stürzt aber ein Teil herunter, so will es nicht bleiben was es war; es fällt zertrümmert in viele Stücke und bedeckt die Seite des Hanges. Aber auch da wollen sie nicht verharren, mutwillig springen sie tief hinab, der Bach nimmt sie auf, zum Flusse trägt er sie. Nicht widerstehend, nicht widerspenstig, eckig, nein, glatt und abgerundet gewinnen sie schneller ihren Weg und gelangen von Fluß zu Fluß, endlich zum Ozean, wo die Riesen in Scharen daher ziehen und in der Tiefe die Zwerge wimmeln.

Doch wer preis't den Ruhm des Herrn, den die Sterne loben von Ewigkeit zu Ewigkeit! Warum seht ihr aber im Fernen umher? betrachtet hier die Biene! noch spät im Herbst sammelt sie emsig und baut sich ein Haus, winkel- und waagerecht, als Meister und Geselle; schaut die Ameise da! sie kennt ihren Weg und verliert ihn nicht, sie baut sich eine Wohnung aus Grashalmen, Erdbröslein und Kiefernadeln, sie baut es in die Höhe und wölbet es zu; aber sie hat umsonst gearbeitet, denn das Pferd stampft und scharrt alles aus einander; seht hin! es zertritt ihre Balken und zerstreut ihre Planken, ungeduldig schnaubt es und kann nicht rasten; denn der Herr hat das Roß zum Gesellen des Windes gemacht und zum Gefährten des Sturms, daß es den Mann dahin trage wohin er will, und die Frau wohin sie begehrt. Aber im Palmenwald trat er auf, der Löwe, ernsten Schrittes durchzog er die Wüste, dort herrscht er über alles Getier und nichts widersteht ihm. Doch der Mensch weiß ihn zu zähmen und das grausamste der Geschöpfe hat Ehrfurcht vor dem Ebenbilde Gottes, wornach auch die Engel gemacht sind, die dem Herrn dienen und seinen Dienern. Denn in der Löwengrube scheute sich Daniel nicht; er blieb fest und getrost, und das wilde Brüllen unterbrach nicht seinen frommen Gesang.

Diese mit dem Ausdruck eines natürlichen Enthusiasmus gehaltene Rede begleitete das Kind hie und da mit anmutigen Tönen; als aber der Vater geendigt hatte, fing es mit reiner Kehle, heller Stimme und geschickten Läufen zu intonieren an, worauf der Vater die Flöte ergriff, im Einklang sich hören ließ, das Kind aber sang:

Aus den Gruben, hier im Graben
Hör' ich des Propheten Sang;
Engel schweben ihn zu laben,
Wäre da dem Guten bang?
Löw' und Löwin, hin und wieder,
Schmiegen sich um ihn heran;
Ja, die sanften frommen Lieder
Haben's ihnen angetan!

Der Vater fuhr fort die Strophe mit der Flöte zu begleiten, die Mutter trat hie und da als zweite Stimme mit ein.

Eindringlich aber ganz besonders war, daß das Kind die Zeilen der Strophe nunmehr zu anderer Ordnung durch einander schob, und dadurch wo nicht einen neuen Sinn hervorbrachte, doch das Gefühl in und durch sich selbst aufregend erhöhte.

Engel schweben auf und nieder
Uns in Tönen zu erlaben,
Welch ein himmlischer Gesang!
In den Gruben, in dem Graben
Wäre da dem Kinde bang?
Diese sanften frommen Lieder
Lassen Unglück nicht heran:
Engel schweben hin und wieder
Und so ist es schon getan.

Hierauf mit Kraft und Erhebung begannen alle drei:

Denn der Ew'ge herrscht auf Erden,
Über Meere herrscht sein Blick;
Löwen sollen Lämmer werden,
Und die Welle schwankt zurück;
Blankes Schwert erstarrt im Hiebe;
Glaub' und Hoffnung sind erfüllt;
Wundertätig ist die Liebe,
Die sich im Gebet enthüllt.

Alles war still, hörte, horchte und nur erst als die Töne verhallten, konnte man den Eindruck bemerken und allenfalls beobachten. Alles war wie beschwichtigt; jeder in seiner Art gerührt. Der Fürst, als wenn er erst jetzt das Unheil übersähe, das ihn vor kurzem bedroht hatte, blickte nieder auf seine Gemahlin, die, an ihn gelehnt, sich nicht versagte das gestickte Tüchlein hervorzuziehen und die Augen damit zu bedecken. Es tat ihr wohl die jugendliche Brust von dem Druck erleichtert zu fühlen, mit dem die vorhergehenden Minuten sie belastet hatten. Eine vollkommene Stille beherrschte die Menge, man schien die Gefahren vergessen zu haben, unten den Brand und von oben das Erstehen eines bedenklich ruhenden Löwen.

Durch einen Wink, die Pferde näher herbei zu führen, brachte der Fürst zuerst wieder in die Gruppe Bewegung, dann wendete er sich zu dem Weibe und sagte: Ihr glaubt also, daß ihr den entsprungenen Löwen wo ihr ihn antrefft durch euren Gesang, durch den Gesang dieses Kindes, mit Hülfe dieser Flötentöne beschwichtigen und ihn sodann unschädlich, so wie unbeschädigt in seinen Verschluß wieder zurückbringen könntet? Sie bejahten es, versichernd und beteuernd; der Kastellan wurde ihnen als Wegweiser zugegeben. Nun entfernte der Fürst mit Wenigen sich eiligst, die Fürstin folgte langsamer mit dem übrigen Gefolge; Mutter aber und Sohn stiegen, von dem Wärtel, der sich eines Gewehrs bemächtigt hatte, begleitet, steiler gegen den Berg hinan.

Vor dem Eintritt in den Hohlweg, der den Zugang zu dem Schloß eröffnete, fanden sie die Jäger beschäftigt dürres Reisig zu häufen, damit sie auf jeden Fall ein großes Feuer anzünden könnten. — Es ist nicht Not, sagte die Frau, es wird ohne das alles in Güte geschehen.

Weiter hin, auf einem Mauerstücke sitzend, erblickten sie Honorio, seine Doppelbüchse in den Schoß gelegt, auf einem Posten als wie zu jedem Ereignis gefaßt. Aber die Herankommenden schien er kaum zu bemerken, er saß wie in tiefen Gedanken versunken, er sah umher wie zerstreut. Die Frau sprach ihn an mit Bitte, das Feuer nicht anzünden zu lassen, er schien jedoch ihrer Rede wenig Aufmerksamkeit zu schenken; sie redete lebhaft fort und rief: Schöner junger Mann, du hast meinen Tiger erschlagen, ich fluche dir nicht, schone meinen Löwen, guter junger Mann, ich segne dich.

Honorio schaute gerad vor sich hin, dorthin wo die Sonne auf ihrer Bahn sich zu senken begann. — Du schaust nach Abend, rief die Frau, du tust wohl daran, dort gibt's viel zu tun; eile nur, säume nicht, du wirst überwinden. Aber zuerst überwinde dich selbst. Hierauf schien er zu lächeln, die Frau stieg weiter, konnte sich aber nicht enthalten nach dem Zurückbleibenden nochmals umzublicken; eine rötliche Sonne überschien sein Gesicht, sie glaubte nie einen schönern Jüngling gesehen zu haben.

Wenn Euer Kind, sagte nunmehr der Wärtel, flötend und singend, wie ihr überzeugt seid, den Löwen anlocken und beruhigen kann, so werden wir uns desselben sehr leicht bemeistern, da sich das gewaltige Tier ganz nah an die durchbrochenen Gewölbe hingelagert hat, durch die wir, da das Haupttor verschüttet ist, einen Eingang in den Schloßhof gewonnen haben. Lockt ihn das Kind hinein, so kann ich die Öffnung mit leichter Mühe schließen, und der Knabe, wenn es ihm gut deucht, durch eine der kleinen Wendeltreppen, die er in der Ecke sieht, dem Tiere entschlüpfen. Wir wollen uns verbergen, aber ich werde mich so stellen, daß meine Kugel jeden Augenblick dem Kinde zu Hülfe kommen kann.

Die Umstände sind alle nicht nötig, Gott und Kunst, Frömmigkeit und Glück müssen das Beste tun. — Es sei, versetzte der Wärtel, aber ich kenne meine Pflichten. Erst führ' ich euch durch einen beschwerlichen Stieg auf das Gemäuer hinauf, gerade dem Eingang gegenüber, den ich erwähnt habe; das Kind mag hinabsteigen, gleichsam in die Arena des Schauspiels, und das besänftigte Tier dort hereinlocken. Das geschah; Wärtel und Mutter sahen versteckt von oben herab, wie das Kind die

Wendeltreppen hinunter in dem klaren Hofraum sich zeigte und in der düstern Öffnung gegenüber verschwand, aber sogleich seinen Flötenton hören ließ, der sich nach und nach verlor und endlich verstummte. Die Pause war ahnungsvoll genug, den alten, mit Gefahr bekannten Jäger beengte der seltene menschliche Fall. Er sagte sich, daß er lieber persönlich dem gefährlichen Tiere entgegen ginge; die Mutter jedoch, mit heiterem Gesicht, übergebogen horchend, ließ nicht die mindeste Unruhe bemerken.

Endlich hörte man die Flöte wieder, das Kind trat aus der Höhle hervor mit glänzend befriedigten Augen, der Löwe hinter ihm drein, aber langsam und wie es schien mit einiger Beschwerde. Er zeigte hie und da Lust sich niederzulegen, doch der Knabe führte ihn im Halbkreise durch die wenig entblätterten, buntbelaubten Bäume, bis er sich endlich in den letzten Strahlen der Sonne, die sie durch eine Ruinenlücke hereinsandte, wie verklärt niedersetzte und sein beschwichtigendes Lied abermals begann, dessen Wiederholung wir uns auch nicht entziehen können.

Aus den Gruben, hier im Graben
Hör' ich des Propheten Sang;
Engel schweben ihn zu laben,
Wäre da dem Guten bang?
Löw' und Löwin, hin und wieder,
Schmiegen sich um ihn heran;
Ja, die sanften frommen Lieder
Haben's ihnen angetan!

Indessen hatte sich der Löwe ganz knapp an das Kind hingelegt und ihm die schwere rechte Vordertatze auf den Schoß gehoben, die der Knabe fortsingend anmutig streichelte, aber gar bald bemerkte, daß ein scharfer Dornzweig zwischen die Ballen eingestochen war. Sorgfältig zog er die verletzende Spitze hervor, nahm lächelnd sein buntseidenes Halstuch vom Nacken, und verband die gräuliche Tatze des Untiers, so daß die Mutter sich vor Freuden mit ausgestreckten Armen zurückbog und vielleicht angewohnter Weise Beifall gerufen und geklatscht hätte, wäre sie nicht durch einen derben Faustgriff des Wärtels erinnert worden, daß die Gefahr nicht vorüber sei.

Glorreich sang das Kind weiter, nachdem es mit wenigen Tönen vorgespielt hatte:

Denn der Ew'ge herrscht auf Erden,
Über Meere herrscht sein Blick;
Löwen sollen Lämmer werden,
Und die Welle schwankt zurück;
Blankes Schwert erstarrt im Hiebe;

Glaub' und Hoffnung sind erfüllt;
Wundertätig ist die Liebe,
Die sich im Gebet enthüllt.

Ist es möglich zu denken, daß man in den Zügen eines so grimmigen Geschöpfes, des Tyrannen der Wälder, des Despoten des Tierreiches, einen Ausdruck von Freundlichkeit, von dankbarer Zufriedenheit habe spüren können, so geschah es hier, und wirklich sah das Kind in seiner Verklärung aus wie ein mächtiger siegreicher Überwinder, jener zwar nicht wie der Überwundene, denn seine Kraft blieb in ihm verborgen, aber doch wie der Gezähmte, wie der dem eigenen friedlichen Willen Anheimgegebene. Das Kind flötete und sang so weiter, nach seiner Art die Zeilen verschränkend und neue hinzufügend:

Und so geht mit guten Kindern
Sel'ger Engel gern zu Rat,
Böses Wollen zu verhindern,
Zu befördern schöne Tat.
So beschwören, fest zu bannen,
Liebem Sohn an's zarte Knie
Ihn, des Waldes Hochtyrannen,
Frommer Sinn und Melodie.

HERMANN UND DOROTHEA

Kalliope

Schicksal und Anteil

Hab' ich den Markt und die Straßen doch nie so einsam gesehen!
Ist doch die Stadt wie gekehrt! wie ausgestorben! Nicht funfzig,
Deucht mir, blieben zurück, von allen unsern Bewohnern.
Was die Neugier nicht tut! So rennt und läuft nun ein jeder,
Um den traurigen Zug der armen Vertriebnen zu sehen.
Bis zum Dammweg, welchen sie ziehn, ist's immer ein Stündchen,
Und da läuft man hinab, im heißen Staube des Mittags.
Möcht' ich mich doch nicht rühren vom Platz, um zu sehen das Elend
Guter fliehender Menschen, die nun, mit geretteter Habe,
Leider, das überrheinische Land, das schöne, verlassend,
Zu uns herüber kommen, und durch den glücklichen Winkel
Dieses fruchtbaren Tals und seiner Krümmungen wandern.
Trefflich hast du gehandelt, o Frau, daß du milde den Sohn fort
Schicktest, mit altem Linnen und etwas Essen und Trinken,
Um es den Armen zu spenden; denn Geben ist Sache des Reichen.
Was der Junge doch fährt! und wie er bändigt die Hengste!
Sehr gut nimmt das Kütschchen sich aus, das neue; bequemlich
Säßen Viere darin, und auf dem Bocke der Kutscher.
Diesmal fuhr er allein; wie rollt es leicht um die Ecke!
So sprach, unter dem Tore des Hauses sitzend am Markte,
Wohlbehaglich, zur Frau der Wirt zum goldenen Löwen.

Und es versetzte darauf die kluge verständige Hausfrau:
Vater, nicht gerne verschenk' ich die abgetragene Leinwand;
Denn sie ist zu manchem Gebrauch und für Geld nicht zu haben,
Wenn man ihrer bedarf. Doch heute gab ich so gerne
Manches bessere Stück an Überzügen und Hemden;
Denn ich hörte von Kindern und Alten, die nackend daher gehn.
Wirst du mir aber verzeihn? denn auch dein Schrank ist geplündert.
Und besonders den Schlafrock mit indianischen Blumen,
Von dem feinsten Kattun, mit feinem Flanelle gefüttert,
Gab ich hin; er ist dünn und alt und ganz aus der Mode.

Aber es lächelte drauf der treffliche Hauswirt und sagte:
Ungern vermiss' ich ihn doch, den alten kattunenen Schlafrock,
Echt ostindischen Stoffs; so etwas kriegt man nicht wieder.
Wohl! ich trug ihn nicht mehr. Man will jetzt freilich, der Mann soll
Immer gehn im Sürtout und in der Pekesche sich zeigen,
Immer gestiefelt sein; verbannt ist Pantoffel und Mütze.

Siehe! versetzte die Frau, dort kommen schon einige wieder,
Die den Zug mit gesehn; er muß doch wohl schon vorbei sein.
Seht, wie allen die Schuhe so staubig sind! wie die Gesichter
Glühen! und jeglicher führt das Schnupftuch, und wischt sich den Schweiß ab.
Möcht' ich doch auch, in der Hitze, nach solchem Schauspiel so weit nicht
Laufen und leiden! Fürwahr, ich habe genug am Erzählten.

Und es sagte darauf der gute Vater mit Nachdruck:
Solch ein Wetter ist selten zu solcher Ernte gekommen,
Und wir bringen die Frucht herein, wie das Heu schon herein ist,
Trocken; der Himmel ist hell, es ist kein Wölkchen zu sehen,
Und von Morgen wehet der Wind mit lieblicher Kühlung.
Das ist beständiges Wetter! und überreif ist das Korn schon;
Morgen fangen wir an zu schneiden die reichliche Ernte.

Als er so sprach, vermehrten sich immer die Scharen der Männer
Und der Weiber, die über den Markt sich nach Hause begaben;
Und so kam auch zurück mit seinen Töchtern gefahren
Rasch, an die andere Seite des Markts, der begüterte Nachbar,
An sein erneuertes Haus, der erste Kaufmann des Ortes,
Im geöffneten Wagen (er war in Landau verfertigt).
Lebhaft wurden die Gassen; denn wohl war bevölkert das Städchen,
Mancher Fabriken befliß man sich da, und manches Gewerbes.

Und so saß das trauliche Paar, sich, unter dem Torweg,
Über das wandernde Volk mit mancher Bemerkung ergötzend.
Endlich aber begann die würdige Hausfrau, und sagte:
Seht! dort kommt der Prediger her; es kommt auch der Nachbar
Apotheker mit ihm: die sollen uns alles erzählen,
Was sie draußen gesehn und was zu schauen nicht froh macht.

Freundlich kamen heran die beiden, und grüßten das Ehpaar,
Setzten sich auf die Bänke, die hölzernen, unter dem Torweg,
Staub von den Füßen schüttelnd, und Luft mit dem Tuche sich fächelnd.
Da begann denn zuerst, nach wechselseitigen Grüßen,
Der Apotheker zu sprechen und sagte, beinahe verdrießlich:
So sind die Menschen fürwahr! und einer ist doch wie der andre,
Daß er zu gaffen sich freut, wenn den Nächsten ein Unglück befället!
Läuft doch jeder, die Flamme zu sehn, die verderblich emporschlägt,
Jeder den armen Verbrecher, der peinlich zum Tode geführt wird.
Jeder spaziert nun hinaus, zu schauen der guten Vertriebnen
Elend, und niemand bedenkt, daß ihn das ähnliche Schicksal

Auch, vielleicht zunächst, betreffen kann, oder doch künftig.
Unverzeihlich find' ich den Leichtsinn; doch liegt er im Menschen.

Und es sagte darauf der edle verständige Pfarrherr,
Er, die Zierde der Stadt, ein Jüngling näher dem Manne.
Dieser kannte das Leben, und kannte der Hörer Bedürfnis,
War vom hohen Werte der heiligen Schriften durchdrungen,
Die uns der Menschen Geschick enthüllen, und ihre Gesinnung;
Und so kannt' er auch wohl die besten weltlichen Schriften.
Dieser sprach: Ich tadle nicht gern, was immer dem Menschen
Für unschädliche Triebe die gute Mutter Natur gab;
Denn was Verstand und Vernunft nicht immer vermögen, vermag oft
Solch ein glücklicher Hang, der unwiderstehlich uns leitet.
Lockte die Neugier nicht den Menschen mit heftigen Reizen,
Sagt! erführ' er wohl je, wie schön sich die weltlichen Dinge
Gegen einander verhalten? Denn erst verlangt er das Neue,
Suchet das Nützliche dann mit unermüdetem Fleiße;
Endlich begehrt er das Gute, das ihn erhebet und wert macht.
In der Jugend ist ihm ein froher Gefährte der Leichtsinn,
Der die Gefahr ihm verbirgt, und heilsam geschwinde die Spuren
Tilget des schmerzlichen Übels, sobald es nur irgend vorbeizog.
Freilich ist er zu preisen, der Mann, dem in reiferen Jahren
Sich der gesetzte Verstand aus solchem Frohsinn entwickelt,
Der im Glück wie im Unglück sich eifrig und tätig bestrebet;
Denn das Gute bringt er hervor und ersetzet den Schaden.

Freundlich begann sogleich die ungeduldige Hausfrau:
Saget uns, was ihr gesehn; denn das begehrt' ich zu wissen.

Schwerlich, versetzte darauf der Apotheker mit Nachdruck,
Werd' ich so bald mich freun nach dem, was ich alles erfahren.
Und wer erzählet es wohl, das mannichfaltigste Elend!
Schon von ferne sahn wir den Staub, noch eh' wir die Wiesen
Abwärts kamen; der Zug war schon von Hügel zu Hügel
Unabsehlich dahin, man konnte wenig erkennen.
Als wir nun aber den Weg, der quer durch's Tal geht, erreichten,
War Gedräng' und Getümmel noch groß der Wandrer und Wagen.
Leider sahen wir noch genug der Armen vorbeiziehn,
Konnten einzeln erfahren, wie bitter die schmerzliche Flucht sei,
Und wie froh das Gefühl des eilig geretteten Lebens.
Traurig war es zu sehn, die mannichfaltige Habe,
Die ein Haus nur verbirgt, das wohlversehne, und die ein
Guter Wirt umher an die rechten Stellen gesetzt hat,
Immer bereit zum Gebrauche, denn alles ist nötig und nützlich,

Nun zu sehen das alles, auf mancherlei Wagen und Karren
Durch einander geladen, mit Übereilung geflüchtet.
Über dem Schranke lieget das Sieb und die wollene Decke;
In dem Backtrog das Bett, und das Leintuch über dem Spiegel.
Ach! und es nimmt die Gefahr, wie wir bei'm Brande vor zwanzig
Jahren auch wohl gesehn, dem Menschen alle Besinnung,
Daß er das Unbedeutende faßt, und das Teure zurückläßt.
Also führten auch hier, mit unbesonnener Sorgfalt,
Schlechte Dinge sie fort, die Ochsen und Pferde beschwerend:
Alte Bretter und Fässer, den Gänsestall und den Käfig.
Auch so keuchten die Weiber und Kinder mit Bündeln sich schleppend.
Unter Körben und Butten voll Sachen keines Gebrauches;
Denn es verläßt der Mensch so ungern das Letzte der Habe.
Und so zog auf dem staubigen Weg der drängende Zug fort,
Ordnungslos und verwirrt. Mit schwächeren Tieren, der eine
Wünschte langsam zu fahren, ein andrer emsig zu eilen.
Da entstand ein Geschrei der gequetschten Weiber und Kinder,
Und ein Blöken des Viehes, dazwischen der Hunde Gebelfer,
Und ein Wehlaut der Alten und Kranken, die hoch auf dem schweren
Übergepackten Wagen auf Betten saßen und schwankten.
Aber, aus dem Gleise gedrängt, nach dem Rande des Hochwegs
Irrte das knarrende Rad; es stürzt' in den Graben das Fuhrwerk,
Umgeschlagen, und weithin entstürzten im Schwunge die Menschen,
Mit entsetzlichem Schrein, in das Feld hin, aber doch glücklich.
Später stürzten die Kasten, und fielen näher dem Wagen.
Wahrlich, wer im Fallen sie sah, der erwartete nun sie
Unter der Last der Kisten und Schränke zerschmettert zu schauen.
Und so lag zerbrochen der Wagen, und hülflos die Menschen;
Denn die übrigen gingen und zogen eilig vorüber,
Nur sich selber bedenkend und hingerissen vom Strome.
Und wir eilten hinzu, und fanden die Kranken und Alten,
Die zu Haus' und im Bett schon kaum ihr dauerndes Leiden
Trügen, hier auf dem Boden, beschädigt, ächzen und jammern,
Von der Sonne verbrannt und erstickt vom wogenden Staube.

Und es sagte darauf, gerührt, der menschliche Hauswirt:
Möge doch Hermann sie treffen und sie erquicken und kleiden.
Ungern würd' ich sie sehn; mich schmerzt der Anblick des Jammers.
Schon von dem ersten Bericht so großer Leiden gerühret,
Schickten wir eilend ein Scherflein von unserm Überfluß, daß nur
Einige würden gestärkt, und schienen uns selber beruhigt.
Aber laßt uns nicht mehr die traurigen Bilder erneuern;
Denn es beschleichet die Furcht gar bald die Herzen der Menschen,
Und die Sorge, die mehr als selbst mir das Übel verhaßt ist.

Tretet herein in den hinteren Raum, das kühlere Sälchen.
Nie scheint Sonne dahin, nie dringet wärmere Luft dort
Durch die stärkeren Mauern; und Mütterchen bringt uns ein Gläschen
Dreiundachtziger her, damit wir die Grillen vertreiben.
Hier ist nicht freundlich zu trinken; die Fliegen umsummen die Gläser.
Und sie gingen dahin und freuten sich alle der Kühlung.

Sorgsam brachte die Mutter des klaren herrlichen Weines,
In geschliffener Flasche auf blankem zinnernem Runde,
Mit den grünlichen Römern, den echten Bechern des Rheinweins. —
Und so sitzend umgaben die Drei den glänzend gebohnten,
Runden, braunen Tisch, er stand auf mächtigen Füßen.
Heiter klangen sogleich die Gläser des Wirtes und Pfarrers;
Doch unbeweglich hielt der dritte denkend das seine,
Und es fordert' ihn auf der Wirt mit freundlichen Worten:

Frisch, Herr Nachbar, getrunken! denn noch bewahrte vor Unglück
Gott uns gnädig, und wird auch künftig uns also bewahren.
Denn wer erkennet es nicht, daß seit dem schrecklichen Brande
Da er so hart uns gestraft, er uns nun beständig erfreut hat,
Und beständig beschützt, so wie der Mensch sich des Auges
Köstlichen Apfel bewahrt, der vor allen Gliedern ihm lieb ist.
Sollt' er fernerhin nicht uns schützen und Hülfe bereiten?
Denn man sieht es erst recht, wie viel er vermag, in Gefahren;
Sollt' er die blühende Stadt, die er erst durch fleißige Bürger
Neu aus der Asche gebaut und dann sie reichlich gesegnet,
Jetzo wieder zerstören und alle Bemühung vernichten?

Heiter sagte darauf der treffliche Pfarrer, und milde:
Haltet am Glauben fest, und fest an dieser Gesinnung;
Denn sie macht im Glücke verständig und sicher, im Unglück
Reicht sie den schönsten Trost und belebt wie herrlichste Hoffnung.

Das versetzte der Wirt, mit männlichen klugen Gedanken:
Wie begrüßt' ich so oft mit Staunen die Fluten des Rheinstroms,
Wenn ich, reisend nach meinem Geschäft, ihm wieder mich nahte!
Immer schien er mir groß, und erhob mir Sinn und Gemüte;
Aber ich konnte nicht denken, daß bald sein liebliches Ufer
Sollte werden ein Wall, um abzuwehren den Franken,
Und sein verbreitetes Bett ein allverhindernder Graben.
Seht, so schützt die Natur, so schützen die wackeren Deutschen
Und so schützt uns der Herr; wer wollte töricht verzagen?
Müde schon sind die Streiter, und alles deutet auf Frieden.
Möge doch auch, wenn das Fest, das lang' erwünschte, gefeiert
Wird, in unserer Kirche, die Glocke dann tönt zu der Orgel,

Und die Trompete schmettert, das hohe Te Deum begleitend, —
Möge mein Hermann doch auch an diesem Tage, Herr Pfarrer,
Mit der Braut, entschlossen, vor euch, am Altare, sich stellen,
Und das glückliche Fest, in allen den Landen begangen,
Auch mir künftig erscheinen, der häuslichen Freuden ein Jahrstag!
Aber ungern seh' ich den Jüngling, der immer so tätig
Mir in dem Hause sich regt, nach außen langsam und schüchtern.
Wenig findet er Lust sich unter Leuten zu zeigen;
Ja, er vermeidet sogar der jungen Mädchen Gesellschaft,
Und den fröhlichen Tanz, den alle Jugend begehret.

Also sprach er und horchte. Man hörte der stampfenden Pferde
Fernes Getöse sich nahn, man hörte den rollenden Wagen,
Der mit gewaltiger Eile nun donnert' unter den Torweg.

Terpsichore

Hermann

Als nun der wohlgebildete Sohn in's Zimmer hereintrat,
Schaute der Prediger ihm mit scharfen Blicken entgegen,
Und betrachtete seine Gestalt und sein ganzes Benehmen,
Mit dem Auge des Forschers, der leicht die Mienen enträtselt;
Lächelte dann, und sprach zu ihm mit traulichen Worten:
Kommt ihr doch als ein veränderter Mensch! Ich habe noch niemals
Euch so munter gesehn und eure Blicke so lebhaft.
Fröhlich kommt ihr und heiter; man sieht, ihr habet die Gaben
Unter die Armen verteilt und ihren Segen empfangen.

Ruhig erwiderte drauf der Sohn, mit ernstlichen Worten:
Ob ich löblich gehandelt? ich weiß es nicht; aber mein Herz hat
Mich geheißen zu tun, so wie ich genau nun erzähle.
Mutter, ihr kramtet so lange, die alten Stücke zu suchen
Und zu wählen; nur spät war erst das Bündel zusammen,
Auch der Wein und das Bier ward langsam, sorglich gepacket.
Als ich nun endlich vor's Tor und auf die Straße hinauskam,
Strömte zurück die Menge der Bürger mit Weibern und Kindern,
Mir entgegen; denn fern war schon der Zug der Vertriebnen.
Schneller hielt ich mich dran, und fuhr behende dem Dorf zu,
Wo sie, wie ich gehört, heut' übernachten und rasten.
Als ich nun meines Weges die neue Straße hinanfuhr,
Fiel mir ein Wagen in's Auge, von tüchtigen Bäumen gefüget,
Von zwei Ochsen gezogen, den größten und stärksten des Auslands,
Neben her aber ging, mit starken Schritten, ein Mädchen.

Lenkte mit langem Stabe die beiden gewaltigen Tiere,
Trieb sie an und hielt sie zurück, sie leitete klüglich.
Als mich das Mädchen erblickte, so trat sie den Pferden gelassen
Näher und sagte zu mir: Nicht immer war es mit uns so
Jammervoll, als ihr uns heut' auf diesen Wegen erblicket.
Noch nicht bin ich gewohnt, vom Fremden die Gabe zu heischen,
Die er oft ungern gibt, um los zu werden den Armen;
Aber mich dränget die Not zu reden. Hier auf dem Strohe
Liegt die erst entbundene Frau des reichen Besitzers,
Die ich mit Stieren und Wagen noch kaum, die Schwangre, gerettet.
Spät nur kommen wir nach, und kaum das Leben erhielt sie.
Nun liegt, neugeboren, das Kind ihr nackend im Arme,
Und mit wenigem nur vermögen die Unsern zu helfen,
Wenn wir im nächsten Dorf, wo wir heute zu rasten gedenken,
Auch sie finden, wiewohl ich fürchte, sie sind schon vorüber.
Wär' euch irgend von Leinwand nur was Entbehrliches, wenn ihr
Hier aus der Nachbarschaft seid, so spendet's gütig den Armen.

Also sprach sie, und matt erhob sich vom Strohe die bleiche
Wöchnerin, schaute nach mir; ich aber sagte dagegen:
Guten Menschen, fürwahr, spricht oft ein himmlischer Geist zu,
Daß sie fühlen die Not, die dem armen Bruder bevorsteht;
Denn so gab mir die Mutter, im Vorgefühle von eurem
Jammer, ein Bündel, sogleich es der nackten Notdurft zu reichen.
Und ich lös'te die Knoten der Schnur, und gab ihr den Schlafrock
Unsers Vaters dahin, und gab ihr Hemden und Leintuch.
Und sie dankte mit Freuden, und rief: Der Glückliche glaubt nicht,
Daß noch Wunder geschehn; denn nur im Elend erkennt man
Gottes Hand und Finger, der gute Menschen zum Guten
Leitet. Was er durch euch an uns tut, tu' er euch selber.
Und ich sah die Wöchnerin froh die verschiedene Leinwand,
Aber besonders den weichen Flanell des Schlafrocks befühlen.
Eilen wir, sagte zu ihr die Jungfrau, dem Dorf zu, in welchem
Unsre Gemeine schon rastet und diese Nacht durch sich aufhält;
Dort besorg' ich sogleich das Kinderzeug, alles und jedes.
Und sie grüßte mich noch, und sprach den herzlichsten Dank aus,
Trieb die Ochsen; da ging der Wagen. Ich aber verweilte,
Hielt die Pferde noch an; denn Zwiespalt war mir im Herzen,
Ob ich mit eilenden Rossen das Dorf erreichte, die Speisen
Unter das übrige Volk zu spenden, oder sogleich hier
Alles dem Mädchen gäbe, damit sie es weislich verteilte.
Und ich entschied mich gleich in meinem Herzen, und fuhr ihr
Sachte nach, und erreichte sie bald, und sagte behende:
Gutes Mädchen, mir hat die Mutter nicht Leinwand alleine

Auf den Wagen gegeben, damit ich den Nackten bekleide,
Sondern sie fügte dazu noch Speis' und manches Getränke,
Und es ist mir genug davon im Kasten des Wagens.
Nun bin ich aber geneigt, auch diese Gaben in deine
Hand zu legen, und so erfüll' ich am besten den Auftrag;
Du verteilst sie mit Sinn, ich müßte dem Zufall gehorchen.
Drauf versetzte das Mädchen: Mit aller Treue verwend' ich
Eure Gaben; der Dürftige soll sich derselben erfreuen.
Also sprach sie. Ich öffnete schnell die Kasten des Wagens,
Brachte die Schinken hervor, die schweren, brachte die Brote,
Flaschen Weines und Biers, und reicht' ihr alles und jedes.
Gerne hätt' ich noch mehr ihr gegeben; doch leer war der Kasten.
Alles packte sie drauf zu der Wöchnerin Füßen, und zog so
Weiter; ich eilte zurück mit meinen Pferden der Stadt zu.

Als nun Hermann geendet, da nahm der gesprächige Nachbar
Gleich das Wort, und rief: O glücklich, wer in den Tagen
Dieser Flucht und Verwirrung in seinem Haus nur allein lebt,
Wem nicht Frau und Kinder zur Seite bange sich schmiegen!
Glücklich fühl' ich mich jetzt; ich möcht' um vieles nicht heute
Vater heißen und nicht für Frau und Kinder besorgt sein.
Öfters dacht' ich mir auch schon die Flucht, und habe die besten
Sachen zusammengepackt, das alte Geld und die Ketten
Meiner seligen Mutter, wovon noch nichts verkauft ist.
Freilich bliebe noch vieles zurück, das so leicht nicht geschafft wird.
Selbst die Kräuter und Wurzeln, mit vielem Fleiße gesammelt,
Mißt' ich ungern, wenn auch der Wert der Ware nicht groß ist.
Bleibt der Provisor zurück, so geh' ich getröstet von Hause.
Hab' ich die Barschaft gerettet und meinen Körper, so hab' ich
Alles gerettet; der einzelne Mann entfliehet am leichtsten.

Nachbar, versetzte darauf der junge Hermann, mit Nachdruck:
Keineswegs denk' ich wie ihr und tadle die Rede.
Ist wohl der ein würdiger Mann, der, im Glück und im Unglück,
Sich nur allein bedenkt, und Leiden und Freuden zu teilen
Nicht verstehet, und nicht dazu von Herzen bewegt wird?
Lieber möcht' ich, als je, mich heute zur Heirat entschließen;
Denn manch gutes Mädchen bedarf des schützenden Mannes,
Und der Mann des erheiternden Weibs, wenn ihm Unglück bevorsteht.

Lächelnd sagte darauf der Vater: So hör' ich dich gerne!
Solch ein vernünftiges Wort hast du mir selten gesprochen.
Aber es fiel sogleich die gute Mutter behend ein:
Sohn, fürwahr! du hast Recht; wir Eltern gaben das Beispiel.
Denn wir haben uns nicht an fröhlichen Tagen erwählet,

Und uns knüpfte vielmehr die traurigste Stunde zusammen.
Montag Morgens — ich weiß es genau; denn Tages vorher war
Jener schreckliche Brand, der unser Städtchen verzehrte —
Zwanzig Jahre sind's nun; es war ein Sonntag wie heute,
Heiß und trocken die Zeit, und wenig Wasser im Orte.
Alle Leute waren, spazierend in festlichen Kleidern,
Auf den Dörfern verteilt und in den Schenken und Mühlen.
Und am Ende der Stadt begann das Feuer. Der Brand lief
Eilig die Straßen hindurch, erzeugend sich selber den Zugwind.
Und es brannten die Scheunen der reichgesammelten Ernte,
Und es brannten die Straßen bis zu dem Markt, und das Haus war
Meines Vaters hierneben verzehrt, und dieses zugleich mit.
Wenig flüchteten wir. Ich saß, die traurige Nacht durch,
Vor der Stadt auf dem Anger, die Kasten und Betten bewahrend;
Doch zuletzt befiel mich der Schlaf, und als nun des Morgens
Mich die Kühlung erweckte, die vor der Sonne herabfällt,
Sah ich den Rauch und die Glut und die hohlen Mauern und Essen.
Da war beklemmt mein Herz; allein die Sonne ging wieder
Herrlicher auf als je, und flößte mir Mut in die Seele.
Da erhob ich mich eilend. Es trieb mich, die Stätte zu sehen,
Wo die Wohnung gestanden, und ob sich die Hühner gerettet,
Die ich besonders geliebt; denn kindisch war mein Gemüt noch.
Als ich nun über die Trümmer des Hauses und Hofes daher stieg,
Die noch rauchten, und so die Wohnung wüst und zerstört sah,
Kamst du zur andern Seite herauf, und durchsuchtest die Stätte.
Dir war ein Pferd in dem Stalle verschüttet; die glimmenden Balken
Lagen darüber und Schutt, und nichts zu sehn war vom Tiere.
Also standen wir gegen einander, bedenklich und traurig:
Denn die Wand war gefallen, die unsere Höfe geschieden.
Und du faßtest darauf mich bei der Hand an, und sagtest:
Lieschen, wie kommst du hieher? Geh weg! du verbrennest die Sohlen;
Denn der Schutt ist heiß, er sengt mir die stärkeren Stiefeln.
Und du hobest mich auf, und trugst mich herüber, durch deinen
Hof weg. Da stand noch das Tor des Hauses mit seinem Gewölbe,
Wie es jetzt steht; es war allein von allem geblieben.
Und du setztest mich nieder und küßtest mich und ich verwehrt' es.
Aber du sagtest darauf mit freundlich bedeutenden Worten:
Siehe, das Haus liegt nieder. Bleib hier, und hilf mir es bauen,
Und ich helfe dagegen auch deinem Vater an seinem.
Doch ich verstand dich nicht, bis du zum Vater die Mutter
Schicktest und schnell das Gelübd der fröhlichen Ehe vollbracht war.
Noch erinnr' ich mich heute des halbverbrannten Gebälkes
Freudig, und sehe die Sonne noch immer so herrlich heraufgehn;
Denn mir gab der Tag den Gemahl, es haben die ersten

Zeiten der wilden Zerstörung den Sohn mir der Jugend gegeben.
Darum lob' ich dich, Hermann, daß du mit reinem Vertrauen
Auch ein Mädchen dir denkst in diesen traurigen Zeiten,
Und es wagtest zu frein im Krieg und über den Trümmern.

Da versetzte sogleich der Vater lebhaft und sagte:
Die Gesinnung ist löblich, und wahr ist auch die Geschichte,
Mütterchen, die du erzählst; denn so ist alles begegnet.
Aber besser ist besser. Nicht einen jeden betrifft es
Anzufangen von vorn sein ganzes Leben und Wesen;
Nicht soll jeder sich quälen, wie wir und andere taten,
O, wie glücklich ist der, dem Vater und Mutter das Haus schon
Wohlbestellt übergeben, und der mit Gedeihen es ausziert!
Aller Anfang ist schwer, am schwersten der Anfang der Wirtschaft.
Mancherlei Dinge bedarf der Mensch, und alles wird täglich
Teurer; da seh' er sich vor, des Geldes mehr zu erwerben.
Und so hoff' ich von dir, mein Hermann, daß du mir nächstens
In das Haus die Braut mit schöner Mitgift hereinführst;
Denn ein wackerer Mann verdient ein begütertes Mädchen,
Und es behaget so wohl, wenn mit dem gewünscheten Weibchen,
Auch in Körben und Kasten die nützliche Gabe hereinkommt.
Nicht umsonst bereitet durch manche Jahre die Mutter
Viele Leinwand der Tochter, von feinem und starkem Gewebe;
Nicht umsonst verehren die Paten ihr Silbergeräte,
Und der Vater sondert im Pulte das seltene Goldstück:
Denn sie soll dereinst mit ihren Gütern und Gaben
Jenen Jüngling erfreun, der sie vor allen erwählt hat.
Ja, ich weiß, wie behaglich ein Weibchen im Hause sich findet,
Das ihr eignes Gerät in Küch' und Zimmern erkennet,
Und das Bette sich selbst und den Tisch sich selber gedeckt hat.
Nur wohl ausgestattet möcht' ich im Hause die Braut sehn;
Denn die Arme wird doch nur zuletzt vom Manne verachtet,
Und er hält sie als Magd, die als Magd mit dem Bündel hereinkam.
Ungerecht bleiben die Männer, und die Zeiten der Liebe vergehen.
Ja, mein Hermann, du würdest mein Alter höchlich erfreuen,
Wenn du mir bald in's Haus ein Schwiegertöchterchen brächtest
Aus der Nachbarschaft her, aus jenem Hause, dem grünen.
Reich ist der Mann fürwahr: sein Handel und seine Fabriken
Machen ihn täglich reicher: denn wo gewinnt nicht der Kaufmann?
Nur drei Töchter sind da; sie teilen allein das Vermögen.
Schon ist die ältste bestimmt, ich weiß es; aber die zweite,
Wie die dritte sind noch, und vielleicht nicht lange, zu haben.
Wär' ich an deiner Statt, ich hätte bis jetzt nicht gezaudert,
Eins mir der Mädchen geholt, so wie ich das Mütterchen forttrug.

Da versetzte der Sohn bescheiden dem dringenden Vater:
Wirklich, mein Wille war auch, wie eurer, eine der Töchter
Unsers Nachbars zu wählen. Wir sind zusammen erzogen,
Spielten neben dem Brunnen am Markt in früheren Zeiten,
Und ich habe sie oft vor der Knaben Wildheit beschützet.
Doch das ist lange schon her; es bleiben die wachsenden Mädchen
Endlich billig zu Haus', und fliehn die wilderen Spiele.
Wohlgezogen sind sie gewiß! Ich ging auch zu Zeiten
Noch aus alter Bekanntschaft, so wie ihr es wünschtet, hinüber;
Aber ich konnte mich nie in ihrem Umgang erfreuen.
Denn sie tadelten stets an mir, das mußt' ich ertragen:
Gar zu lang war mein Rock, zu grob das Tuch, und die Farbe
Gar zu gemein, und die Haare nicht recht gestutzt und gekräuselt.
Endlich hatt' ich im Sinne, mich auch zu putzen, wie jene
Handelsbübchen, die stets am Sonntag drüben sich zeigen,
Und um die, halbseiden, im Sommer das Läppchen herumhängt.
Aber noch früh genug merkt' ich, sie hatten mich immer zum Besten;
Und das war mir empfindlich, mein Stolz war beleidigt; doch mehr noch
Kränkte mich's tief, daß so sie den guten Willen verkannten,
Den ich gegen sie hegte, besonders Minchen die jüngste.
Denn so war ich zuletzt an Ostern hinübergegangen,
Hatte den neuen Rock, der jetzt nur oben im Schrank hängt,
Angezogen und war frisiert wie die übrigen Bursche.
Als ich eintrat, kicherten sie; doch zog ich's auf mich nicht.
Minchen saß am Klavier; es war der Vater zugegen,
Hörte die Töchterchen singen, und war entzückt und in Laune.
Manches verstand ich nicht, was in den Liedern gesagt war;
Aber ich hörte viel von Pamina, viel von Tamino,
Und ich wollte doch auch nicht stumm sein! Sobald sie geendet,
Fragt' ich dem Texte nach, und nach den beiden Personen.
Alle schwiegen darauf und lächelten; aber der Vater
Sagte: Nicht wahr, mein Freund, Er kennt nur Adam und Eva?
Niemand hielt sich alsdann, und laut auf lachten die Mädchen,
Laut auf lachten die Knaben, es hielt den Bauch sich der Alte.
Fallen ließ ich den Hut vor Verlegenheit, und das Gekicher
Dauerte fort und fort, so viel sie auch sangen und spielten.
Und ich eilte beschämt und verdrießlich wieder nach Hause,
Hängte den Rock in den Schrank, und zog die Haare herunter
Mit den Fingern, und schwur nicht mehr zu betreten die Schwelle.
Und ich hatte wohl Recht; denn eitel sind sie und lieblos,
Und ich höre, noch heiß' ich bei ihnen immer Tamino.

Da versetzte die Mutter: Du solltest, Hermann, so lange
Mit den Kindern nicht zürnen; denn Kinder sind sie ja sämtlich.

Minchen fürwahr ist gut, und war dir immer gewogen;
Neulich fragte sie noch nach dir. Die solltest du wählen!

Da versetzte bedenklich der Sohn: Ich weiß nicht, es prägte
Jener Verdruß sich so tief bei mir ein, ich möchte fürwahr nicht
Sie am Klaviere mehr sehn und ihre Liedchen vernehmen.

Doch der Vater fuhr auf und sprach die zornigen Worte:
Wenig Freud' erleb' ich an dir! Ich sagt' es doch immer,
Als du zu Pferden nur und Lust nur bezeigtest zum Acker:
Was ein Knecht schon verrichtet des wohlbegüterten Mannes,
Tust du; indessen muß der Vater des Sohnes entbehren,
Der ihm zur Ehre doch auch vor andern Bürgern sich zeigte.
Und so täuschte mich früh mit leerer Hoffnung die Mutter,
Wenn in der Schule das Lesen und Schreiben und Lernen dir niemals
Wie den andern gelang und du immer der Unterste saßest.
Freilich! das kommt daher, wenn Ehrgefühl nicht im Busen
Eines Jünglinges lebt, und wenn er nicht höher hinauf will.
Hätte mein Vater gesorgt für mich, so wie ich für dich tat,
Mich zur Schule gesendet und mir die Lehrer gehalten,
Ja, ich wäre was anders als Wirt zum goldenen Löwen.

Aber der Sohn stand auf und nahte sich schweigend der Türe,
Langsam und ohne Geräusch; allein der Vater, entrüstet,
Rief ihm nach: So gehe nur hin! ich kenne den Trotzkopf!
Geh' und führe fortan die Wirtschaft, daß ich nicht schelte;
Aber denke nur nicht, du wollest ein bäurisches Mädchen
Je mir bringen in's Haus, als Schwiegertochter, die Trulle!
Lange hab' ich gelebt und weiß mit Menschen zu handeln,
Weiß zu bewirten die Herren und Frauen, daß sie zufrieden
Von mir weggehn; ich weiß den Fremden gefällig zu schmeicheln.
Aber so soll mir denn auch ein Schwiegertöchterchen endlich
Wiederbegegnen und so mir die viele Mühe versüßen;
Spielen soll sie mir auch das Klavier; es sollen die schönsten,
Besten Leute der Stadt sich mit Vergnügen versammeln,
Wie es Sonntags geschieht im Hause des Nachbars. Da drückte
Leise der Sohn auf die Klinke, und so verließ er die Stube.

Thalia

Die Bürger

Also entwich der bescheidene Sohn der heftigen Rede;
Aber der Vater fuhr in der Art fort, wie er begonnen:
Was im Menschen nicht ist, kommt auch nicht aus ihm, und schwerlich

Wird mich des herzlichsten Wunsches Erfüllung jemals erfreuen,
Daß der Sohn dem Vater nicht gleich sei, sondern ein Bess'rer.
Denn was wäre das Haus, was wäre die Stadt, wenn nicht immer
Jeder gedächte mit Lust zu erhalten und zu erneuen,
Und zu verbessern auch, wie die Zeit uns lehrt und das Ausland!
Soll doch nicht als ein Pilz der Mensch dem Boden entwachsen,
Und verfaulen geschwind an dem Platze, der ihn erzeugt hat,
Keine Spur nachlassend von seiner lebendigen Wirkung!
Sieht man am Hause doch gleich so deutlich, wes Sinnes der Herr sei,
Wie man, das Städtchen betretend, die Obrigkeiten beurteilt.
Denn wo die Türme verfallen und Mauern, wo in den Gräben
Unrat sich häufet, und Unrat auf allen Gassen herumliegt,
Wo der Stein aus der Fuge sich rückt und nicht wieder gesetzt wird,
Wo der Balken verfault und das Haus vergeblich die neue
Unterstützung erwartet: der Ort ist übel regieret.
Denn wo nicht immer von oben die Ordnung und Reinlichkeit wirket,
Da gewöhnet sich leicht der Bürger zu schmutzigem Saumsal,
Wie der Bettler sich auch an lumpige Kleider gewöhnet.
Darum hab' ich gewünscht, es solle sich Hermann auf Reisen
Bald begeben, und sehn zum wenigsten Strasburg und Frankfurt.
Und das freundliche Mannheim, das gleich und heiter gebaut ist.
Denn wer die Städte gesehn, die großen und reinlichen, ruht nicht,
Künftig die Vaterstadt selbst, so klein sie auch sei, zu verzieren.
Lobt nicht der Fremde bei uns die ausgebesserten Tore,
Und den geweißten Turm und die wohlerneuerte Kirche?
Rühmt nicht jeder das Pflaster? die wasserreichen, verdeckten,
Wohlverteilten Kanäle, die Nutzen und Sicherheit bringen,
Daß dem Feuer sogleich bei'm ersten Ausbruch gewehrt sei,
Ist das nicht alles geschehn seit jenem schrecklichen Brande?
Bauherr war ich sechsmal im Rat, und habe mir Beifall,
Habe mir herzlichen Dank von guten Bürgern verdienet,
Was ich angab, emsig betrieben, und so auch die Anstalt
Redlicher Männer vollführt, die sie unvollendet verließen.
So kam endlich die Lust in jedes Mitglied des Rates.
Alle bestreben sich jetzt, und schon ist der neue Chausseebau
Fest beschlossen, der uns mit der großen Straße verbindet.
Aber ich fürchte nur sehr, so wird die Jugend nicht handeln!
Denn die einen, sie denken auf Lust und vergänglichen Putz nur;
Andere hocken zu Haus' und brüten hinter dem Ofen.
Und das fürcht' ich, ein solcher wird Hermann immer mir bleiben.

Und es versetzte sogleich die gute verständige Mutter:
Immer bist du doch, Vater, so ungerecht gegen den Sohn! und
So wird am wenigsten dir dein Wunsch des Guten erfüllet.

Denn wir können die Kinder nach unserem Sinne nicht formen;
So wie Gott sie uns gab, so muß man sie haben und lieben,
Sie erziehen auf's beste und jeglichen lassen gewähren.
Denn der eine hat die, die anderen andere Gaben;
Jeder braucht sie, und jeder ist doch nur auf eigene Weise
Gut und glücklich. Ich lasse mir meinen Hermann nicht schelten;
Denn, ich weiß es, er ist der Güter, die er dereinst erbt,
Wert und ein trefflicher Wirt, ein Muster Bürgern und Bauern,
Und im Rate gewiß, ich seh' es voraus, nicht der Letzte.
Aber täglich mit Schelten und Tadeln hemmst du dem Armen
Allen Mut in der Brust, so wie du es heute getan hast.
Und sie verließ die Stube sogleich, und eilte dem Sohn nach,
Daß sie ihn irgendwo fänd' und ihn mit gütigen Worten
Wieder erfreute; denn er, der treffliche Sohn, er verdient' es.

Lächelnd sagte darauf, sobald sie hinweg war, der Vater:
Sind doch ein wunderlich Volk die Weiber, so wie die Kinder!
Jedes lebet so gern nach seinem eignen Belieben,
Und man sollte hernach nur immer loben und streicheln.
Einmal für allemal gilt das wahre Sprüchlein der Alten:
Wer nicht vorwärts geht, der kommt zurücke! So bleibt es.

Und es versetzte darauf der Apotheker bedächtig:
Gerne geb' ich es zu, Herr Nachbar, und sehe mich immer
Selbst nach dem Besseren um, wofern es nicht teuer doch neu ist;
Aber hilft es fürwahr, wenn man nicht die Fülle des Gelds hat,
Tätig und rührig zu sein und innen und außen zu bessern?
Nur zu sehr ist der Bürger beschränkt; das Gute vermag er
Nicht zu erlangen, wenn er es kennt. Zu schwach ist sein Beutel,
Das Bedürfnis zu groß; so wird er immer gehindert.
Manches hätt' ich getan; allein wer scheut nicht die Kosten
Solcher Verändrung, besonders in diesen gefährlichen Zeiten!
Lange lachte mir schon mein Haus im modischen Kleidchen,
Lange glänzten durchaus mit großen Scheiben die Fenster;
Aber wer tut dem Kaufmann es nach, der bei seinem Vermögen
Auch die Wege noch kennt, auf welchen das Beste zu haben?
Seht nur das Haus an da drüben, das neue! Wie prächtig in grünen
Feldern die Stukkatur der weißen Schnörkel sich ausnimmt!
Groß sind die Tafeln der Fenster; wie glänzen und spiegeln die Scheiben,
Daß verdunkelt stehn die übrigen Häuser des Marktes!
Und doch waren die unsern gleich nach dem Brande die schönsten,
Die Apotheke zum Engel, so wie der goldene Löwe.
So war mein Garten auch in der ganzen Gegend berühmt, und
Jeder Reisende stand und sah durch die roten Staketen

Nach den Bettlern von Stein, und nach den farbigen Zwergen.
Wenn ich den Kaffee dann gar in dem herrlichen Grottenwerk reichte,
Das nun freilich verstaubt und halb verfallen mir dasteht,
Der erfreute sich hoch des farbig schimmernden Lichtes
Schöngeordneter Muscheln; und mit geblendetem Auge
Schaute der Kenner selbst den Bleiglanz und die Korallen.
Eben so ward in dem Saale die Malerei auch bewundert,
Wo die geputzten Herren und Damen im Garten spazieren
Und mit spitzigen Fingern die Blumen reichen und halten.
Ja, wer sähe das jetzt nur noch an! Ich gehe verdrießlich
Kaum mehr hinaus; denn alles soll anders sein und geschmackvoll,
Wie sie's heißen, und weiß die Latten und hölzernen Bänke.
Alles ist einfach und glatt; nicht Schnitzwerk oder Vergoldung
Will man mehr, und es kostet das fremde Holz nun am meisten.
Nun, ich wär' es zufrieden, mir auch was Neues zu schaffen;
Auch zu gehn mit der Zeit, und oft zu verändern den Hausrat;
Aber es fürchtet sich jeder, auch nur zu rücken das Kleinste,
Denn wer vermöchte wohl jetzt die Arbeitsleute zu zahlen?
Neulich kam mir's in Sinn, den Engel Michael wieder,
Der mir die Offizin bezeichnet, vergolden zu lassen,
Und den gräulichen Drachen, der ihm zu Füßen sich windet;
Aber ich ließ ihn verbräunt, wie er ist; mich schreckte die Fordrung.

Euterpe

Mutter und Sohn

Also sprachen die Männer sich unterhaltend. Die Mutter
Ging indessen, den Sohn erst vor dem Hause zu suchen,
Auf der steinernen Bank, wo sein gewöhnlicher Sitz war.
Als sie daselbst ihn nicht fand, so ging sie, im Stalle zu schauen,
Ob er die herrlichen Pferde, die Hengste, selber besorgte,
Die er als Fohlen gekauft und die er niemand vertraute.
Und es sagte der Knecht: Er ist in den Garten gegangen.
Da durchschritt sie behende die langen doppelten Höfe,
Ließ die Ställe zurück und die wohlgezimmerten Scheunen,
Trat in den Garten, der weit bis an die Mauern des Städtchens
Reichte, schritt ihn hindurch, und freute sich jegliches Wachstums,
Stellte die Stützen zurecht, auf denen beladen die Äste
Ruhten des Apfelbaums, wie des Birnbaums lastende Zweige,
Nahm gleich einige Raupen vom kräftig strotzenden Kohl weg;
Denn ein geschäftiges Weib tut keine Schritte vergebens.
Also war sie an's Ende des langen Gartens gekommen,

Bis zur Laube mit Geißblatt bedeckt; nicht fand sie den Sohn da,
Eben so wenig als sie bis jetzt ihn im Garten erblickte.
Aber nur angelehnt war das Pförtchen, das aus der Laube,
Aus besonderer Gunst, durch die Mauer des Städtchens gebrochen
Hatte der Ahnherr einst, der würdige Burgemeister.
Und so ging sie bequem den trocknen Graben hinüber,
Wo an der Straße sogleich der wohlumzäunete Weinberg
Aufstieg steileren Pfads, die Fläche zur Sonne gekehret.
Auch den schritt sie hinauf, und freute der Fülle der Trauben
Sich im Steigen, die kaum sich unter den Blättern verbargen.
Schattig war und bedeckt der hohe mittlere Laubgang,
Den man auf Stufen erstieg von unbehauenen Platten.
Und es hingen herein Gutedel und Muskateller,
Rötlich blaue daneben von ganz besonderer Größe,
Alle mit Fleiße gepflanzt, der Gäste Nachtisch zu zieren.
Aber den übrigen Berg bedeckten einzelne Stöcke,
Kleinere Trauben tragend, von denen der köstliche Wein kommt.
Also schritt sie hinauf, sich schon des Herbstes erfreuend
Und des festlichen Tags, an dem die Gegend im Jubel
Trauben lieset und tritt, und den Most in die Fässer versammelt,
Feuerwerke des Abends von allen Orten und Enden
Leuchten und knallen, und so der Ernten schönste geehrt wird.
Doch unruhiger ging sie, nachdem sie dem Sohne gerufen
Zwei- auch dreimal, und nur das Echo vielfach zurückkam,
Das von den Türmen der Stadt, ein sehr geschwätziges, herklang.
Ihn zu suchen, war ihr so fremd; er entfernte sich niemals
Weit, er sagt' es ihr denn, um zu verhüten die Sorge
Seiner liebenden Mutter und ihre Furcht vor dem Unfall.
Aber sie hoffte noch stets, ihn doch auf dem Wege zu finden;
Denn die Türen, die untre, so wie die obre, des Weinbergs
Standen gleichfalls offen. Und so nun trat sie in's Feld ein,
Das mit weiter Fläche den Rücken des Hügels bedeckte.
Immer noch wandelte sie auf eigenem Boden, und freute
Sich der eigenen Saat und des herrlich nickenden Kornes,
Das mit goldener Kraft sich im ganzen Felde bewegte.
Zwischen den Äckern schritt sie hindurch, auf dem Raine, den Fußpfad,
Hatte den Birnbaum im Auge, den großen, der auf dem Hügel
Stand, die Gränze der Felder, die ihrem Hause gehörten.
Wer ihn gepflanzt, man konnt' es nicht wissen. Er war in der Gegend
Weit und breit gesehn, und berühmt die Früchte des Baumes.
Unter ihm pflegten die Schnitter des Mahls sich zu freuen am Mittag.
Und die Hirten des Viehs in seinem Schatten zu warten;
Bänke fanden sie da von rohen Steinen und Rasen.
Und sie irrete nicht; dort saß ihr Hermann und ruhte,

Saß mit dem Arme gestützt und schien in die Gegend zu schauen
Jenseits, nach dem Gebirg', er kehrte der Mutter den Rücken.
Sachte schlich sie hinan, und rührt' ihm leise die Schulter.
Und er wandte sich schnell; da sah sie ihm Tränen im Auge.

Mutter, sagt' er betroffen, ihr überrascht mich! Und eilig
Trocknet' er ab die Träne, der Jüngling edlen Gefühles.
Wie? du weinest, mein Sohn? versetzte die Mutter betroffen:
Daran kenn' ich dich nicht! ich habe das niemals erfahren!
Sag', was beklemmt dir das Herz? was treibt dich, einsam zu sitzen
Unter dem Birnbaum hier? was bringt dir Tränen in's Auge?

Und es nahm sich zusammen der treffliche Jüngling, und sagte:
Wahrlich, dem ist kein Herz im ehernen Busen, der jetzo
Nicht die Not der Menschen, der umgetriebnen, empfindet;
Dem ist kein Sinn in dem Haupte, der nicht um sein eigenes Wohl sich
Und um des Vaterlands Wohl in diesen Tagen bekümmert.
Was ich heute gesehn und gehört, das rührte das Herz mir;
Und nun ging ich heraus, und sah die herrliche weite
Landschaft, die sich vor uns in fruchtbaren Hügeln umher schlingt;
Sah die goldene Frucht den Garben entgegen sich neigen,
Und ein reichliches Obst uns volle Kammern versprechen.
Aber, ach! wie nah ist der Feind! Die Fluten des Rheines
Schützen uns zwar; doch ach! was sind nun Fluten und Berge
Jenem schrecklichen Volke, das wie ein Gewitter daherzieht!
Denn sie rufen zusammen aus allen Enden die Jugend,
Wie das Alter, und dringen gewaltig vor, und die Menge
Scheut den Tod nicht; es dringt gleich nach der Menge die Menge.
Ach! und ein Deutscher wagt in seinem Hause zu bleiben?
Hofft vielleicht zu entgehen dem alles bedrohenden Unfall?
Liebe Mutter, ich sag' euch, am heutigen Tage verdrießt mich,
Daß man mich neulich entschuldigt, als man die Streitenden auslas
Aus den Bürgern. Fürwahr! ich bin der einzige Sohn nur,
Und die Wirtschaft ist groß, und wichtig unser Gewerbe;
Aber wär' ich nicht besser, zu widerstehen da vorne
An der Gränze, als hier zu erwarten Elend und Knechtschaft?
Ja, mir hat es der Geist gesagt, und im innersten Busen
Regt sich Mut und Begier, dem Vaterlande zu leben
Und zu sterben, und andern ein würdiges Beispiel zu geben.
Wahrlich, wäre die Kraft der deutschen Jugend beisammen,
An der Gränze, verbündet, nicht nachzugeben den Fremden,
O, sie sollten uns nicht den herrlichen Boden betreten,
Und vor unseren Augen die Früchte des Landes verzehren,
Nicht den Männern gebieten und rauben Weiber und Mädchen!

Sehet, Mutter, mir ist im tiefsten Herzen beschlossen,
Bald zu tun und gleich, was recht mir deucht und verständig;
Denn wer lange bedenkt, der wählt nicht immer das Beste.
Sehet, ich werde nicht wieder nach Hause kehren! Von hier aus
Geh' ich gerad in die Stadt, und übergebe den Kriegern
Diesen Arm und dies Herz, dem Vaterlande zu dienen.
Sage der Vater alsdann, ob nicht der Ehre Gefühl mir
Auch den Busen belebt, und ob ich nicht höher hinauf will!

Da versetzte bedeutend die gute verständige Mutter,
Stille Tränen vergießend, sie kamen ihr leichtlich in's Auge:
Sohn, was hat sich in dir verändert und deinem Gemüte,
Daß du zu deiner Mutter nicht redest, wie gestern und immer,
Offen und frei, und sagst was deinen Wünschen gemäß ist?
Hörte jetzt ein dritter dich reden, er würde fürwahr dich
Höchlich loben und deinen Entschluß als den edelsten preisen,
Durch dein Wort verführt und deine bedeutenden Reden.
Doch ich tadle dich nur; denn sieh, ich kenne dich besser.
Du verbirgst dein Herz und hast ganz andre Gedanken.
Denn ich weiß es, dich ruft nicht die Trommel, nicht die Trompete,
Nicht begehrst du zu scheinen in der Montur vor den Mädchen;
Denn es ist deine Bestimmung, so wacker und brav du auch sonst bist,
Wohl zu verwahren das Haus und stille das Feld zu besorgen.
Darum sage mir frei: was dringt dich zu dieser Entschließung?

Ernsthaft sagte der Sohn: Ihr irret, Mutter. Ein Tag ist
Nicht dem anderen gleich. Der Jüngling reifet zum Manne;
Besser im Stillen reift er zur Tat oft, als im Geräusche
Wilden schwankenden Lebens, das manchen Jüngling verderbt hat.
Und so still ich auch bin und war, so hat in der Brust mir
Doch sich gebildet ein Herz, das Unrecht hasset und Unbill,
Und ich verstehe recht gut die weltlichen Dinge zu sondern;
Auch hat die Arbeit den Arm und die Füße mächtig gestärket.
Alles, fühl' ich, ist wahr; ich darf es kühnlich behaupten.
Und doch tadelt ihr mich mit Recht, o Mutter, und habt mich
Auf halbwahren Worten ertappt und halber Verstellung.
Denn, gesteh' ich es nur, nicht ruft die nahe Gefahr mich
Aus dem Hause des Vaters, und nicht der hohe Gedanke,
Meinem Vaterland hülfreich zu sein und schrecklich den Feinden.
Worte waren es nur, die ich sprach: sie sollten vor euch nur
Meine Gefühle verstecken, die mir das Herz zerreißen.
Und so laßt mich, o Mutter! Denn da ich vergebliche Wünsche
Hege im Busen, so mag auch mein Leben vergeblich dahin gehn.
Denn ich weiß es recht wohl: der Einzelne schadet sich selber,
Der sich hingibt, wenn sich nicht alle zum Ganzen bestreben.

Fahre nur fort, so sagte darauf die verständige Mutter,
Alles mir zu erzählen, das Größte wie das Geringste;
Denn die Männer sind heftig, und denken nur immer das Letzte,
Und die Hindernis treibt die Heftigen leicht von dem Wege;
Aber ein Weib ist geschickt, auf Mittel zu denken, und wandelt
Auch den Umweg, geschickt zu ihrem Zweck zu gelangen.
Sage mir alles daher, warum du so heftig bewegt bist,
Wie ich dich niemals gesehn, und das Blut dir wallt in den Adern,
Wider Willen die Träne dem Auge sich dringt zu entstürzen.

Da überließ sich dem Schmerze der gute Jüngling, und weinte,
Weinte laut an der Brust der Mutter, und sprach so erweichet:
Wahrlich! des Vaters Wort hat heute mich kränkend getroffen,
Das ich niemals verdient, nicht heut' und keinen der Tage.
Denn die Eltern zu ehren war früh mein Liebstes, und niemand
Schien mir klüger zu sein und weiser, als die mich erzeugten,
Und mit Ernst mir in dunkeler Zeit der Kindheit geboten.
Vieles hab' ich fürwahr von meinen Gespielen geduldet,
Wenn sie mit Tücke mir oft den guten Willen vergalten;
Oftmals hab' ich an ihnen nicht Wurf noch Streiche gerochen:
Aber spotteten sie mir den Vater aus, wenn er Sonntags
Aus der Kirche kam mit würdig bedächtigem Schritte;
Lachten sie über das Band der Mütze, die Blumen des Schlafrocks,
Den er so stattlich trug und der erst heute verschenkt ward:
Fürchterlich ballte sich gleich die Faust mir; mit grimmigem Wüten
Fiel ich sie an und schlug und traf, mit blindem Beginnen,
Ohne zu sehen wohin. Sie heulten mit blutigen Nasen,
Und entrissen sich kaum den wütenden Tritten und Schlägen.
Und so wuchs ich heran, um viel vom Vater zu dulden,
Der statt anderer mich gar oft mit Worten herum nahm,
Wenn bei Rat ihm Verdruß in der letzten Sitzung erregt ward;
Und ich büßte den Streit und die Ränke seiner Kollegen.
Oftmals habt ihr mich selbst bedauert; denn vieles ertrug ich,
Stets in Gedanken der Eltern von Herzen zu ehrende Wohltat,
Die nur sinnen, für uns zu mehren die Hab' und die Güter,
Und sich selber manches entziehn, um zu sparen den Kindern.
Aber, ach! nicht das Sparen allein, um spät zu genießen,
Macht das Glück, es macht nicht das Glück der Haufe bei'm Haufen,
Nicht der Acker am Acker, so schön sich die Güter auch schließen.
Denn der Vater wird alt, und mit ihm altern die Söhne,
Ohne die Freude des Tags, und mit der Sorge für morgen.
Sagt mir, und schauet hinab, wie herrlich liegen die schönen,
Reichen Gebreite nicht da, und unten Weinberg und Gärten,
Dort die Scheunen und Ställe, die schöne Reihe der Güter;

Aber seh' ich dann dort das Hinterhaus, wo an dem Giebel
Sich das Fenster uns zeigt von meinem Stübchen im Dache;
Denk' ich die Zeiten zurück, wie manche Nacht ich den Mond schon
Dort erwartet und schon so manchen Morgen die Sonne,
Wenn der gesunde Schlaf mir nur wenige Stunden genügte:
Ach! da kommt mir so einsam vor, wie die Kammer, der Hof und
Garten, das herrliche Feld, das über die Hügel sich hinstreckt;
Alles liegt so öde vor mir: ich entbehre der Gattin.

Da antwortete drauf die gute Mutter verständig:
Sohn, mehr wünschest du nicht die Braut in die Kammer zu führen,
Daß dir werde die Nacht zur schönen Hälfte des Lebens,
Und die Arbeit des Tags dir freier und eigener werde,
Als der Vater es wünscht und die Mutter. Wir haben dir immer
Zugeredet, ja dich getrieben, ein Mädchen zu wählen.
Aber mir ist es bekannt, und jetzo sagt es das Herz mir:
Wenn die Stunde nicht kommt, die rechte, wenn nicht das rechte
Mädchen zur Stunde sich zeigt, so bleibt das Wählen im Weiten,
und es wirket die Furcht die falsche zu greifen am meisten.
Soll ich dir sagen, mein Sohn, so hast du, ich glaube, gewählet,
Denn dein Herz ist getroffen und mehr als gewöhnlich empfindlich.
Sag' es gerad nur heraus, denn mir schon sagt es die Seele:
Jenes Mädchen ist's, das vertriebene, die du gewählt hast.

Liebe Mutter, ihr sagt's! versetzte lebhaft der Sohn drauf.
Ja, sie ist's! und führ' ich sie nicht als Braut mir nach Hause
Heute noch, zieht sie fort, verschwindet vielleicht mir auf immer
In der Verwirrung des Kriegs und im traurigen Hin- und Herziehn.
Mutter, ewig umsonst gedeiht mir die reiche Besitzung
Dann vor Augen; umsonst sind künftige Jahre mir fruchtbar.
Ja, das gewohnte Haus und der Garten ist mir zuwider;
Ach! und die Liebe der Mutter, sie selbst nicht tröstet den Armen.
Denn es löset die Liebe, das fühl' ich, jegliche Bande,
Wenn sie die ihrigen knüpft; und nicht das Mädchen allein läßt
Vater und Mutter zurück, wenn sie dem erwähleten Mann folgt;
Auch der Jüngling, er weiß nichts mehr von Mutter und Vater,
Wenn er das Mädchen sieht, das einziggeliebte, davon ziehn.
Darum lasset mich gehn, wohin die Verzweiflung mich antreibt.
Denn mein Vater, er hat die entscheidenden Worte gesprochen,
Und sein Haus ist nicht mehr das meine, wenn er das Mädchen
Ausschließt, das ich allein nach Haus zu führen begehre.

Da versetzte behend die gute verständige Mutter:
Stehen wie Felsen doch zwei Männer gegen einander!

Unbewegt und stolz will keiner dem andern sich nähern,
Keiner zum guten Worte, dem ersten, die Zunge bewegen.
Darum sag' ich dir, Sohn: noch lebt die Hoffnung in meinem
Herzen, daß er sie dir, wenn sie gut und brav ist, verlobe,
Obgleich arm, so entschieden er auch die Arme versagt hat.
Denn er redet gar manches in seiner heftigen Art aus,
Das er doch nicht vollbringt; so gibt er auch zu das Versagte.
Aber ein gutes Wort verlangt er, und kann es verlangen;
Denn er ist Vater! Auch wissen wir wohl, sein Zorn ist nach Tische,
Wo er heftiger spricht und anderer Gründe bezweifelt,
Nie bedeutend; es reget der Wein dann jegliche Kraft auf
Seines heftigen Wollens, und läßt ihn die Worte der andern
Nicht vernehmen, er hört und fühlt alleine sich selber.
Aber es kommt der Abend heran, und die vielen Gespräche
Sind nun zwischen ihm und seinen Freunden gewechselt.
Milder ist er fürwahr, ich weiß, wenn das Räuschchen vorbei ist,
Und er das Unrecht fühlt, das er andern lebhaft erzeigte.
Komm! wir wagen es gleich; das Frischgewagte gerät nur,
Und wir bedürfen der Freunde, die jetzo bei ihm noch versammelt
Sitzen; besonders wird uns der würdige Geistliche helfen.

Also sprach sie behende, und zog vom Steine sich hebend,
Auch vom Sitze den Sohn, den willig folgenden. Beide
Kamen schweigend herunter, den wichtigen Vorsatz bedenkend.

Polyhymnia

Der Weltbürger

Aber es saßen die Drei noch immer sprechend zusammen,
Mit dem geistlichen Herrn der Apotheker bei'm Wirte,
Und es war das Gespräch noch immer ebendasselbe,
Das viel hin und her nach allen Seiten geführt ward.
Aber der treffliche Pfarrer versetzte, würdig gesinnt, drauf:
Widersprechen will ich euch nicht. Ich weiß es, der Mensch soll
Immer streben zum Bessern; und, wie wir sehen, er strebt auch
Immer dem Höheren nach, zum wenigsten sucht er das Neue.
Aber geht nicht zu weit! Denn neben diesen Gefühlen
Gab die Natur uns auch die Lust zu verharren im Alten,
Und sich dessen zu freun, was jeder lange gewohnt ist.
Aller Zustand ist gut, der natürlich ist und vernünftig.
Vieles wünscht sich der Mensch, und doch bedarf er nur wenig;
Denn die Tage sind kurz, und beschränkt der Sterblichen Schicksal.

Niemals tadl' ich den Mann, der immer, tätig und rastlos
Umgetrieben, das Meer und alle Straßen der Erde
Kühn und emsig befährt und sich des Gewinnes erfreuet,
Welcher sich reichlich um ihn und um die Seinen herum häuft;
Aber jener ist auch mir wert, der ruhige Bürger,
Der sein väterlich Erbe mit stillen Schritten umgehet,
Und die Erde besorgt, so wie es die Stunden gebieten.
Nicht verändert sich ihm in jedem Jahre der Boden,
Nicht streckt eilig der Baum, der neugepflanzte, die Arme
Gegen den Himmel aus, mit reichlichen Blüten gezieret.
Nein, der Mann bedarf der Geduld; er bedarf auch des reinen,
Immer gleichen, ruhigen Sinns und des graden Verstandes.
Denn nur wenige Samen vertraut er der nährenden Erde,
Wenige Tiere nur versteht er, mehrend, zu ziehen;
Denn das Nützliche bleibt allein sein ganzer Gedanke.
Glücklich, wem die Natur ein so gestimmtes Gemüt gab!
Er ernähret uns alle. Und Heil dem Bürger des kleinen
Städtchens, welcher ländlich Gewerb mit Bürgergewerb paart!
Auf ihm liegt nicht der Druck, der ängstlich den Landmann beschränket;
Ihn verwirrt nicht die Sorge der vielbegehrenden Städter,
Die dem Reicheren stets und dem Höheren, wenig vermögend,
Nachzustreben gewohnt sind, besonders die Weiber und Mädchen.
Segnet immer darum des Sohnes ruhig Bemühen,
Und die Gattin, die einst er, die gleichgesinnte, sich wählet.

Also sprach er. Es trat die Mutter zugleich mit dem Sohn ein,
Führend ihn bei der Hand und vor den Gatten ihn stellend.
Vater, sprach sie, wie oft gedachten wir, unter einander
Schwatzend, des fröhlichen Tags, der kommen würde, wenn künftig
Hermann, seine Braut sich erwählend, uns endlich erfreute!
Hin und wieder dachten wir da; bald dieses, bald jenes
Mädchen bestimmten wir ihm mit elterlichem Geschwätze.
Nun ist er kommen der Tag; nun hat die Braut ihm der Himmel
Hergeführt und gezeigt, es hat sein Herz nun entschieden.
Sagten wir damals nicht immer: er solle selber sich wählen?
Wünschtest du nicht noch vorhin, er möchte heiter und lebhaft
Für ein Mädchen empfinden? Nun ist die Stunde gekommen!
Ja, er hat gefühlt und gewählt, und ist männlich entschieden.
Jenes Mädchen ist's, die Fremde, die ihm begegnet.
Gib sie ihm; oder er bleibt, so schwur er, im ledigen Stande.

Und es sagte der Sohn: Die gebt mir, Vater! Mein Herz hat
Rein und sicher gewählt; euch ist sie die würdigste Tochter.

Aber der Vater schwieg. Da stand der Geistliche schnell auf,
Nahm das Wort und sprach: Der Augenblick nur entscheidet
Über das Leben des Menschen und über sein ganzes Geschicke;
Denn nach langer Beratung ist doch ein jeder Entschluß nur
Werk des Moments, es ergreift doch nur der Verständ'ge das Rechte.
Immer gefährlicher ist's, bei'm Wählen dieses und jenes
Nebenher zu bedenken und so das Gefühl zu verwirren.
Rein ist Hermann; ich kenn' ihn von Jugend auf; und er streckte
Schon als Knabe die Hände nicht aus nach diesem und jenem.
Was er begehrte, das war ihm gemäß; so hielt er es fest auch.
Seid nicht scheu und verwundert, daß nun auf einmal erscheinet,
Was ihr so lange gewünscht. Es hat die Erscheinung fürwahr nicht
Jetzt die Gestalt des Wunsches, so wie ihr ihn etwa geheget.
Denn die Wünsche verhüllen uns selbst das Gewünschte; die Gaben
Kommen von oben herab, in ihren eignen Gestalten.
Nun verkennet es nicht, das Mädchen, das eurem geliebten,
Guten, verständigen Sohn zuerst die Seele bewegt hat.
Glücklich ist der, dem sogleich die erste Geliebte die Hand reicht,
Dem der lieblichste Wunsch nicht heimlich im Herzen verschmachtet!
Ja, ich seh' es ihm an, es ist sein Schicksal entschieden.
Wahre Neigung vollendet sogleich zum Manne den Jüngling.
Nicht beweglich ist er; ich fürchte, versagt ihr ihm dieses,
Gehen die Jahre dahin, die schönsten, in traurigem Leben.

Da versetzte sogleich der Apotheker bedächtig,
Dem schon lange das Wort von der Lippe zu springen bereit war:
Laßt uns auch diesmal doch nur die Mittelstraße betreten!
Eile mit Weile! das war selbst Kaiser Augustus Devise.
Gerne schick' ich mich an, den lieben Nachbarn zu dienen,
Meinen geringen Verstand zu ihrem Nutzen zu brauchen:
Und besonders bedarf die Jugend, daß man sie leite.
Laßt mich also hinaus; ich will es prüfen, das Mädchen,
Will die Gemeinde befragen, in der sie lebt und bekannt ist.
Niemand betriegt mich so leicht; ich weiß die Worte zu schätzen.

Da versetzte sogleich der Sohn mit geflügelten Worten:
Tut es, Nachbar, und geht und erkundigt euch. Aber ich wünsche,
Daß der Herr Pfarrer sich auch in eurer Gesellschaft befinde;
Zwei so treffliche Männer sind unverwerfliche Zeugen.
O, mein Vater! sie ist nicht hergelaufen, das Mädchen,
Keine, die durch das Land auf Abenteuer umherschweift,
Und den Jüngling bestrickt, den unerfahrnen, mit Ränken.
Nein; das wilde Geschick des allverderblichen Krieges,
Das die Welt zerstört und manches feste Gebäude

Schon aus dem Grunde gehoben, hat auch die Arme vertrieben.
Streifen nicht herrliche Männer von hoher Geburt nun im Elend?
Fürsten fliehen vermummt, und Könige leben verbannet.
Ach, so ist auch sie, von ihren Schwestern die beste,
Aus dem Lande getrieben; ihr eignes Unglück vergessend,
Steht sie anderen bei, ist ohne Hülfe noch hülfreich.
Groß sind Jammer und Not, die über die Erde sich breiten;
Sollte nicht auch ein Glück aus diesem Unglück hervorgehn,
Und ich, im Arme der Braut, der zuverlässigen Gattin,
Mich nicht erfreuen des Kriegs, so wie ihr des Brandes euch freutet?

Da versetzte der Vater, und tat bedeutend den Mund auf:
Wie ist, o Sohn, dir die Zunge gelös't, die schon dir im Munde
Lange Jahre gestockt, und nur sich dürftig bewegte!
Muß ich doch heut' erfahren, was jedem Vater gedroht ist:
Daß den Willen des Sohns, den heftigen, gerne die Mutter
Allzugelind begünstigt, und jeder Nachbar Partei nimmt.
Wenn es über den Vater nur hergeht oder den Ehmann.
Aber ich will euch zusammen nicht widerstehen; was hülf' es?
Denn ich sehe doch schon hier Trotz und Tränen im voraus.
Gehet und prüfet, und bringt in Gottes Namen die Tochter
Mir in's Haus; wo nicht, so mag er das Mädchen vergessen.

Also der Vater. Es rief der Sohn mit froher Gebärde:
Noch vor Abend ist euch die trefflichste Tochter bescheret.
Wie sie der Mann sich wünscht, dem ein kluger Sinn in der Brust lebt.
Glücklich ist die Gute dann auch, so darf ich es hoffen.
Ja, sie danket mir ewig, daß ich ihr Vater und Mutter
Wiedergegeben in euch, so wie sie verständige Kinder
Wünschen. Aber ich zaudre nicht mehr; ich schirre die Pferde
Gleich, und führe die Freunde hinaus auf die Spur der Geliebten,
Überlasse die Männer sich selbst und der eigenen Klugheit,
Richte, so schwör' ich euch zu, mich ganz nach ihrer Entscheidung,
Und ich seh' es nicht wieder, als bis es mein ist, das Mädchen.
Und so ging er hinaus, indessen manches die andern
Weislich erwogen und schnell die wichtige Sache besprachen.

Hermann eilte zum Stalle sogleich, wo die mutigen Hengste
Ruhig standen und rasch den reinen Hafer verzehrten,
Und das trockene Heu, auf der besten Wiese gehauen.
Eilig legt' er ihnen darauf das blanke Gebiß an,
Zog die Riemen sogleich durch die schön versilberten Schnallen,
Und befestigte dann die langen, breiteren Zügel,
Führte die Pferde heraus in den Hof, wo der willige Knecht schon
Vorgeschoben die Kutsche, sie leicht an der Deichsel bewegend.

Abgemessen knüpften sie drauf an die Waage mit saubern
Stricken die rasche Kraft der leicht hinziehenden Pferde.
Hermann faßte die Peitsche; dann saß er und rollt' in den Torweg.
Als die Freunde nun gleich die geräumigen Platze genommen,
Rollte der Wagen eilig, und ließ das Pflaster zurücke,
Ließ zurück die Mauern der Stadt und die reinlichen Türme.
So fuhr Hermann dahin, der wohlbekannten Chaussee zu,
Rasch, und säumete nicht und fuhr bergan wie bergunter.
Als er aber nunmehr den Turm des Dorfes erblickte,
Und nicht fern mehr lagen die gartenumgebenen Häuser,
Dacht' er bei sich selbst, nun anzuhalten die Pferde.

Von dem würdigen Dunkel erhabener Linden umschattet,
Die Jahrhunderte schon an dieser Stelle gewurzelt,
War mit Rasen bedeckt ein weiter grünender Anger
Vor dem Dorfe, den Bauern und nahen Städtern ein Luftort.
Flachgegraben befand sich unter den Bäumen ein Brunnen.
Stieg man die Stufen hinab, so zeigten sich steinerne Bänke,
Rings um die Quelle gesetzt, die immer lebendig hervorquoll,
Reinlich, mit niedriger Mauer gefaßt, zu schöpfen bequemlich.
Hermann aber beschloß, in diesem Schatten die Pferde
Mit dem Wagen zu halten. Er tat so, und sagte die Worte:
Steiget, Freunde, nun aus und geht, damit ihr erfahret,
Ob das Mädchen auch wert der Hand sei, die ich ihr biete.
Zwar ich glaub' es, und mir erzählt ihr nichts Neues und Seltnes;
Hätt' ich allein zu tun, so ging' ich behend zu dem Dorf hin,
Und mit wenigen Worten entschiede die Gute mein Schicksal.
Und ihr werdet sie bald vor allen andern erkennen;
Denn wohl schwerlich ist an Bildung ihr Eine vergleichbar.
Aber ich geb' euch noch die Zeichen der reinlichen Kleider:
Denn der rote Latz erhebt den gewölbeten Busen,
Schön geschnürt, und es liegt das schwarze Mieder ihr knapp an;
Sauber hat sie den Saum des Hemdes zur Krause gefaltet,
Die ihr das Kinn umgibt, das runde, mit reinlicher Anmut;
Frei und heiter zeigt sich des Kopfes zierliches Eirund;
Stark sind vielmal die Zöpfe um silberne Nadeln gewickelt;
Vielgefaltet und blau fängt unter dem Latze der Rock an,
Und umschlägt ihr im Gehn die wohlgebildeten Knöchel.
Doch das will ich euch sagen, und noch mir ausdrücklich erbitten:
Redet nicht mit dem Mädchen, und laßt nicht merken die Absicht,
Sondern befraget die andern, und hört, was sie alles erzählen.
Habt ihr Nachricht genug, zu beruhigen Vater und Mutter,
Kehret zu mir dann zurück, und wir bedenken das Weitre.
Also dacht' ich mir's aus, den Weg her, den wir gefahren.

Also sprach er. Es gingen darauf die Freunde dem Dorf zu.
Wo in Gärten und Scheunen und Häusern die Menge von Menschen
Wimmelte, Karrn an Karrn die breite Straße dahin stand.
Männer versorgten das brüllende Vieh und die Pferd' an den Wagen,
Wäsche trockneten emsig auf allen Hecken die Weiber,
Und es ergötzten die Kinder sich plätschernd im Wasser des Baches.
Also durch die Wagen sich drängend, durch Menschen und Tiere,
Sahen sie rechts und links sich um, die gesendeten Späher,
Ob sie nicht etwa das Bild des bezeichneten Mädchens erblickten;
Aber keine von allen erschien die herrliche Jungfrau.
Stärker fanden sie bald das Gedränge. Da war um die Wagen
Streit der drohenden Männer, worein sich mischten die Weiber,
Schreiend. Da nahte sich schnell mit würdigen Schritten ein Alter,
Trat zu den Scheltenden hin; und sogleich verklang das Getöse,
Als er Ruhe gebot, und väterlich ernst sie bedrohte.
Hat uns, rief er, noch nicht das Unglück also gebändigt,
Daß wir endlich verstehn, uns unter einander zu dulden
Und zu vertragen, wenn auch nicht jeder die Handlungen abmißt?
Unverträglich fürwahr ist der Glückliche! Werden die Leiden
Endlich euch lehren, nicht mehr, wie sonst, mit dem Bruder zu hadern?
Gönnet einander den Platz auf fremdem Boden, und teilet
Was ihr habet, zusammen, damit ihr Barmherzigkeit findet.

Also sagte der Mann, und alle schwiegen; verträglich
Ordneten Vieh und Wagen die wieder besänftigten Menschen.
Als der Geistliche nun die Rede des Mannes vernommen,
Und den ruhigen Sinn des fremden Richters entdeckte,
Trat er an ihn heran, und sprach die bedeutenden Worte:
Vater, fürwahr! wenn das Volk in glücklichen Tagen dahin lebt,
Von der Erde sich nährend, die weit und breit sich auftut
Und die erwünschten Gaben in Jahren und Monden erneuert,
Da geht alles von selbst, und jeder ist sich der Klügste,
Wie der Beste; und so bestehen sie neben einander,
Und der vernünftigste Mann ist wie ein andrer gehalten:
Denn was alles geschieht, geht still, wie von selber, den Gang fort.
Aber zerrüttet die Not die gewöhnlichen Wege des Lebens,
Reißt das Gebäude nieder, und wühlet Garten und Saat um,
Treibt den Mann und das Weib vom Raume der traulichen Wohnung.
Schleppt in die Irre sie fort, durch ängstliche Tage und Nächte:
Ach! da sieht man sich um, wer wohl der verständigste Mann sei,
Und er redet nicht mehr die herrlichen Worte vergebens.
Sagt mir, Vater, ihr seid gewiß der Richter von diesen
Flüchtigen Männern, der ihr sogleich die Gemüter beruhigt?
Ja, ihr erscheint mir heut' als einer der ältesten Führer,

Die durch Wüsten und Irren vertriebene Völker geleitet.
Denk' ich doch eben, ich rede mit Josua oder mit Moses.

Und es versetzte darauf mit ernstem Blicke der Richter:
Wahrlich unsere Zeit vergleicht sich den seltensten Zeiten,
Die die Geschichte bemerkt, die heilige wie die gemeine.
Denn wer gestern und heut' in diesen Tagen gelebt hat,
Hat schon Jahre gelebt: so drängen sich alle Geschichten.
Denk' ich ein wenig zurück, so scheint mir ein graues Alter
Auf dem Haupte zu liegen, und doch ist die Kraft noch lebendig.
O, wir anderen dürfen uns wohl mit jenen vergleichen,
Denen in ernster Stund' erschien im feurigen Busche
Gott der Herr; auch uns erschien er in Wolken und Feuer.

Als nun der Pfarrer darauf noch weiter zu sprechen geneigt war
Und das Schicksal des Manns und der Seinen zu hören verlangte,
Sagte behend der Gefährte mit heimlichen Worten in's Ohr ihm:
Sprecht mit dem Richter nur fort, und bringt das Gespräch auf das Mädchen.
Aber ich gehe herum, sie aufzusuchen, und komme
Wieder, sobald ich sie finde. Es nickte der Pfarrer dagegen,
Und durch die Hecken und Gärten und Scheunen suchte der Späher.

Klio

Das Zeitalter

Als nun der geistliche Herr den fremden Richter befragte,
Was die Gemeine gelitten, wie lang sie von Hause vertrieben;
Sagte der Mann darauf: Nicht kurz sind unsere Leiden;
Denn wir haben das Bittre der sämtlichen Jahre getrunken,
Schrecklicher, weil auch uns die schönste Hoffnung zerstört ward.
Denn wer leugnet es wohl, daß hoch sich das Herz ihm erhoben,
Ihm die freiere Brust mit reineren Pulsen geschlagen,
Als sich der erste Glanz der neuen Sonne heranhob,
Als man hörte vom Rechte der Menschen, das allen gemein sei,
Von der begeisternden Freiheit und von der löblichen Gleichheit!
Damals hoffte jeder sich selbst zu leben; es schien sich
Aufzulösen das Band, das viele Länder umstrickte,
Das der Müßiggang und der Eigennutz in der Hand hielt.
Schauten nicht alle Völker in jenen drängenden Tagen
Nach der Hauptstadt der Welt, die es schon so lange gewesen,
Und jetzt mehr als je den herrlichen Namen verdiente?

Waren nicht jener Männer, der ersten Verkünder der Botschaft,
Namen den höchsten gleich, die unter die Sterne gesetzt sind?
Wuchs nicht jeglichem Menschen der Mut und der Geist und die Sprache?

Und wir waren zuerst, als Nachbarn, lebhaft entzündet.
Drauf begann der Krieg, und die Züge bewaffneter Franken
Rückten näher; allein sie schienen nur Freundschaft zu bringen.
Und die brachten sie auch: denn ihnen erhöht war die Seele
Allen; sie pflanzten mit Lust die munteren Bäume der Freiheit,
Jedem das Seine versprechend, und jedem die eigne Regierung;
Hoch erfreute sich da die Jugend, sich freute das Alter,
Und der muntere Tanz begann um die neue Standarte.
So gewannen sie bald, die überwiegenden Franken,
Erst der Männer Geist, mit feurigem munterm Beginnen,
Dann die Herzen der Weiber, mit unwiderstehlicher Anmut.
Leicht selbst schien uns der Druck des vielbedürfenden Krieges;
Denn die Hoffnung umschwebte vor unsern Augen die Ferne,
Lockte die Blicke hinaus in neueröffnete Bahnen.

O, wie froh ist die Zeit, wenn mit der Braut sich der Bräut'gam
Schwinget im Tanze, den Tag der gewünschten Verbindung erwartend!
Aber herrlicher war die Zeit, in der uns das Höchste,
Was der Mensch sich denkt, als nah und erreichbar sich zeigte.
Da war jedem die Zunge gelös't; es sprachen die Greise,
Männer und Jünglinge laut voll hohen Sinns und Gefühles.

Aber der Himmel trübte sich bald. Um den Vorteil der Herrschaft
Stritt ein verderbtes Geschlecht, unwürdig das Gute zu schaffen.
Sie ermordeten sich und unterdrückten die neuen
Nachbarn und Brüder, und sandten die eigennützige Menge.
Und es praßten bei uns die Obern, und raubten im Großen,
Und es raubten und praßten bis zu dem Kleinsten die Kleinen;
Jeder schien nur besorgt, es bleibe was übrig für morgen.
Allzugroß war die Not, und täglich wuchs die Bedrückung;
Niemand vernahm das Geschrei, sie waren die Herren des Tages.
Da fiel Kummer und Wut auch selbst ein gelass'nes Gemüt an;
Jeder sann nur und schwur, die Beleidigung alle zu rächen,
Und den bittern Verlust der doppelt betrogenen Hoffnung.
Und es wendete sich das Glück auf die Seite der Deutschen,
Und der Franke floh mit eiligen Märschen zurücke.
Ach, da fühlten wir erst das traurige Schicksal des Krieges!
Denn der Sieger ist groß und gut; zum wenigsten scheint er's,
Und er schonet den Mann, den besiegten, als wär' er der seine,

Wenn er ihm täglich nützt und mit den Gütern ihm dienet.
Aber der Flüchtige kennt kein Gesetz; denn er wehrt nur den Tod ab,
Und verzehret nur schnell und ohne Rücksicht die Güter.
Dann ist sein Gemüt auch erhitzt, und es kehrt die Verzweiflung
Aus dem Herzen hervor das frevelhafte Beginnen.
Nichts ist heilig ihm mehr; er raubt es. Die wilde Begierde
Dringt mit Gewalt auf das Weib, und macht die Lust zum Entsetzen.
Überall sieht er den Tod, und genießt die letzten Minuten
Grausam, freut sich des Bluts, und freut sich des heulenden Jammers.

Grimmig erhob sich darauf in unsern Männern die Wut nun,
Das Verlorne zu rächen und zu verteid'gen die Reste.
Alles ergriff die Waffen, gelockt von der Eile des Flüchtlings,
Und vom blassen Gesicht und scheu unsicheren Blicke.
Rastlos nun erklang das Getön der stürmenden Glocke
Und die künft'ge Gefahr hielt nicht die grimmige Wut auf.
Schnell verwandelte sich des Feldbau's friedliche Rüstung
Nun in Wehre; da troff von Blute Gabel und Sense.
Ohne Begnadigung fiel der Feind, und ohne Verschonung;
Überall ras'te die Wut und die feige tückische Schwäche.
Möcht' ich den Menschen doch nie in dieser schnöden Verirrung
Wiedersehn! Das wütende Tier ist ein besserer Anblick.
Sprech' er doch nie von Freiheit, als könn' er sich selber regieren!
Losgebunden erscheint, sobald die Schranken hinweg sind,
Alles Böse, das tief das Gesetz in die Winkel zurücktrieb.

Trefflicher Mann! versetzte darauf der Pfarrer mit Nachdruck:
Wenn ihr den Menschen verkennt, so kann ich euch darum nicht schelten;
Habt ihr doch Böses genug erlitten vom wüsten Beginnen!
Wolltet ihr aber zurück die traurigen Tage durchschauen,
Würdet ihr selber gestehen, wie oft ihr auch Gutes erblicktet,
Manches Treffliche, das verborgen bleibt in dem Herzen,
Regt die Gefahr es nicht auf, und drängt die Not nicht den Menschen,
Daß er als Engel sich zeig', erscheine den andern ein Schutzgott.

Lächelnd versetzte darauf der alte würdige Richter:
Ihr erinnert mich klug, wie oft nach dem Brande des Hauses
Man den betrübten Besitzer an Gold und Silber erinnert,
Das geschmolzen im Schutt nun überblieben zerstreut liegt.
Wenig ist es fürwahr, doch auch das wenige köstlich;
Und der Verarmte gräbet ihm nach, und freut sich des Fundes.
Und so kehr' ich auch gern die heitern Gedanken zu jenen
Wenigen guten Taten, die aufbewahrt das Gedächtnis.

Ja, ich will es nicht leugnen, ich sah sich Feinde versöhnen,
Um die Stadt vom Übel zu retten; ich sah auch der Freunde,
Sah der Eltern Lieb' und der Kinder Unmögliches wagen;
Sah wie der Jüngling auf einmal zum Mann ward: sah wie der Greis sich
Wieder verjüngte, das Kind sich selbst als Jüngling enthüllte.
Ja, und das schwache Geschlecht, so wie es gewöhnlich genannt wird,
Zeigte sich tapfer und mächtig, und gegenwärtigen Geistes.
Und so laßt mich vor allen der schönen Tat noch erwähnen,
Die hochherzig ein Mädchen vollbrachte, die treffliche Jungfrau,
Die auf dem großen Gehöft allein mit den Mädchen zurückblieb;
Denn es waren die Männer auch gegen die Fremden gezogen.
Da überfiel den Hof ein Trupp verlaufnen Gesindels,
Plündernd, und drängte sogleich sich in die Zimmer der Frauen.
Sie erblickten das Bild der schön erwachsenen Jungfrau
Und die lieblichen Mädchen, noch eher Kinder zu heißen.
Da ergriff sie wilde Begier; sie stürmten gefühllos
Auf die zitternde Schar und auf's hochherzige Mädchen.
Aber sie riß dem einen sogleich von der Seite den Säbel,
Hieb ihn nieder gewaltig; er stürzt' ihr blutend zu Füßen.
Dann mit männlichen Streichen befreite sie tapfer die Mädchen,
Traf noch viere der Räuber; doch die entflohen dem Tode.
Dann verschloß sie den Hof, und harrte der Hülfe, bewaffnet.

Als der Geistliche nun das Lob des Mädchens vernommen,
Stieg die Hoffnung sogleich für seinen Freund im Gemüt auf,
Und er war im Begriff zu fragen, wohin sie geraten?
Ob auf der traurigen Flucht sie nun mit dem Volk sich befinde?

Aber da trat herbei der Apotheker behende,
Zupfte den geistlichen Herrn, und sagte die wispernden Worte:
Hab' ich doch endlich das Mädchen aus vielen hundert gefunden,
Nach der Beschreibung! So kommt und sehet sie selber mit Augen;
Nehmet den Richter mit euch, damit wir das Weitere hören.
Und sie kehrten sich um, und weg war gerufen der Richter
Von den Seinen, die ihn, bedürftig des Rates, verlangten.
Doch es folgte sogleich dem Apotheker der Pfarrherr
An die Lücke des Zauns, und jener deutete listig.
Seht ihr, sagt: er, das Mädchen? Sie hat die Puppe gewickelt,
Und ich erkenne genau den alten Kattun und den blauen
Kissenüberzug wohl, den ihr Hermann im Bündel gebracht hat.
Sie verwendete schnell, fürwahr, und gut die Geschenke.
Diese sind deutliche Zeichen, es treffen die übrigen alle;
Denn der rote Latz erhebt den gewölbeten Busen,
Schön geschnürt, und es liegt das schwarze Mieder ihr knapp an;

Sauber ist der Saum des Hemdes zur Krause gefaltet,
Und umgibt ihr das Kinn, das runde, mit reinlicher Anmut;
Frei und heiter zeigt sich des Kopfes zierliches Eirund,
Und die starken Zöpfe um silberne Nadeln gewickelt;
Sitzt sie gleich, so sehen wir doch die treffliche Größe,
Und den blauen Rock, der, vielgefaltet, vom Busen
Reichlich herunterwallt zum wohlgebildeten Knöchel.
Ohne Zweifel sie ist's. Drum kommet, damit wir vernehmen,
Ob sie gut und tugendhaft sei, ein häusliches Mädchen.

Da versetzte der Pfarrer, mit Blicken die Sitzende prüfend:
Daß sie den Jüngling entzückt, fürwahr, es ist mir kein Wunder;
Denn sie hält vor dem Blick des erfahrenen Mannes die Probe.
Glücklich, wem doch Mutter Natur die rechte Gestalt gab!
Denn sie empfiehlet ihn stets, und nirgends ist er ein Fremdling.
Jeder nahet sich gern, und jeder möchte verweilen,
Wenn die Gefälligkeit nur sich zu der Gestalt noch gesellet.
Ich versichr' euch, es ist dem Jüngling ein Mädchen gefunden,
Das ihm die künftigen Tage des Lebens herrlich erheitert,
Treu mit weiblicher Kraft durch alle Zeiten ihm beisteht.
So ein vollkommener Körper gewiß verwahrt auch die Seele
Rein, und die rüstige Jugend verspricht ein glückliches Alter.

Und es sagte darauf der Apotheker bedenklich:
Trüget doch öfter der Schein! Ich mag dem Äußern nicht trauen;
Denn ich habe das Sprichwort so oft erprobet gefunden:
Eh' du den Scheffel Salz mit dem neuen Bekannten verzehret,
Darfst du nicht leichtlich ihm trauen; dich macht die Zeit nur gewisser,
Wie du es habest mit ihm, und wie die Freundschaft bestehe.
Lasset uns also zuerst bei guten Leuten uns umtun,
Denen das Mädchen bekannt ist, und die uns von ihr nun erzählen.

Auch ich lobe die Vorsicht, versetzte der Geistliche folgend;
Frein wir doch nicht für uns! Für andere frein ist bedenklich.
Und sie gingen darauf dem wackern Richter entgegen,
Der in seinen Geschäften die Straße wieder heraufkam.
Und zu ihm sprach sogleich der kluge Pfarrer mit Vorsicht:
Sagt! wir haben ein Mädchen gesehn, das im Garten zunächst hier
Unter dem Apfelbaum sitzt, und Kindern Kleider verfertigt
Aus getragnem Kattun, der ihr vermutlich geschenkt ward.
Uns gefiel die Gestalt; sie scheint der Wackeren eine.
Saget uns, was ihr wißt; wir fragen aus löblicher Absicht.

Als in den Garten zu blicken der Richter sogleich nun herzutrat,
Sagt' er: Diese kennet ihr schon; denn wenn ich erzählte

Von der herrlichen Tat, die jene Jungfrau verrichtet,
Als sie das Schwert ergriff und sich und die Ihren beschützte —
Diese war's! Ihr seht es ihr an, sie ist rüstig geboren,
Aber so gut wie stark; denn ihren alten Verwandten
Pflegte sie bis zum Tode, da ihn der Jammer dahinriß
Über des Städtchens Not und seiner Besitzung Gefahren.
Auch, mit stillem Gemüt, hat sie die Schmerzen ertragen
Über des Bräutigams Tod, der, ein edler Jüngling, im ersten
Feuer des hohen Gedankens nach edler Freiheit zu streben,
Selbst hinging nach Paris und bald den schrecklichen Tod fand;
Denn wie zu Hause, so dort, bestritt er Willkür und Ränke.
Also sagte der Richter. Die beiden schieden und dankten,
Und der Geistliche zog ein Goldstück (das Silber des Beutels
War vor einigen Stunden von ihm schon milde verspendet,
Als er die Flüchtlinge sah in traurigen Haufen vorbeiziehn).
Und er reicht' es dem Schulzen und sagte: Teilet den Pfennig
Unter die Dürftigen aus, und Gott vermehre die Gabe!
Doch es weigerte sich der Mann, und sagte: Wir haben
Manchen Taler gerettet und manche Kleider und Sachen,
Und ich hoffe, wir kehren zurück, noch eh' es verzehrt ist.

Da versetzte der Pfarrer, und drückt ihm das Geld in die Hand ein:
Niemand säume zu geben in diesen Tagen, und niemand
Weigre sich anzunehmen, was ihm die Milde geboten!
Niemand weiß, wie lang' er es hat, was er ruhig besitzet;
Niemand, wie lang' er noch in fremden Landen umherzieht
Und des Ackers entbehrt und des Gartens, der ihn ernähret.

Ei doch! sagte darauf der Apotheker geschäftig:
Wäre mir jetzt nur Geld in der Tasche, so solltet ihr's haben,
Groß wie klein; denn viele gewiß der Euren bedürfen's.
Unbeschenkt doch lass' ich euch nicht, damit ihr den Willen
Sehet, woferne die Tat auch hinter dem Willen zurückbleibt.
Also sprach er, und zog den gestickten ledernen Beutel
An den Riemen hervor, worin der Tobak ihm verwahrt war,
Öffnete zierlich und teilte; da fanden sich einige Pfeifen.
Klein ist die Gabe, setzt' er dazu. Da sagte der Schultheiß:
Guter Tobak ist doch dem Reisenden immer willkommen.
Und es lobte darauf der Apotheker den Knaster.

Aber der Pfarrherr zog ihn hinweg, und sie schieden vom Richter.
Eilen wir! sprach der verständige Mann; es wartet der Jüngling
Peinlich. Er höre so schnell als möglich die fröhliche Botschaft.
Und sie eilten und kamen und fanden den Jüngling gelehnet

An den Wagen unter den Linden. Die Pferde zerstampften
Wild den Rasen; er hielt sie im Zaum, und stand in Gedanken,
Blickte still vor sich hin und sah die Freunde nicht eher,
Bis sie kommend ihn riefen und fröhliche Zeichen ihm gaben.
Schon von ferne begann der Apotheker zu sprechen;
Doch sie traten näher hinzu. Da faßte der Pfarrherr
Seine Hand, und sprach und nahm dem Gefährten das Wort weg:
Heil dir, junger Mann! dein treues Auge, dein treues
Herz hat richtig gewählt! Glück dir und dem Weibe der Jugend!
Deiner ist sie wert; drum komm' und wende den Wagen,
Daß wir fahrend sogleich die Ecke des Dorfes erreichen,
Um sie werben und bald nach Hause führen die Gute.

Aber der Jüngling stand, und ohne Zeichen der Freude
Hört' er die Worte des Boten, die himmlisch waren und tröstlich,
Seufzete tief und sprach: Wir kamen mit eilendem Fuhrwerk,
Und wir ziehen vielleicht beschämt und langsam nach Hause;
Denn hier hat mich, seitdem ich warte, die Sorge befallen,
Argwohn und Zweifel und alles, was nur ein liebendes Herz kränkt.
Glaubt ihr, wenn wir nur kommen, so werde das Mädchen uns folgen,
Weil wir reich sind, aber sie arm und vertrieben einherzieht?
Armut selbst macht stolz, die unverdiente. Genügsam
Scheint das Mädchen und tätig; und so gehört ihr die Welt an.
Glaubt ihr, es sei ein Weib von solcher Schönheit und Sitte
Aufgewachsen, um nie den guten Jüngling zu reizen?
Glaubt ihr, sie habe bis jetzt ihr Herz verschlossen der Liebe?
Fahret nicht rasch bis hinan; wir möchten zu unsrer Beschämung
Sachte die Pferde herum nach Hause lenken. Ich fürchte,
Irgend ein Jüngling besitzt dies Herz, und die wackere Hand hat
Eingeschlagen und schon dem Glücklichen Treue versprochen.
Ach! da steh' ich vor ihr mit meinem Antrag beschämet.

Ihn zu trösten, öffnete drauf der Pfarrer den Mund schon;
Doch es fiel der Gefährte mit seiner gesprächigen Art ein:
Freilich! so wären wir nicht vor Zeiten verlegen gewesen,
Da ein jedes Geschäft nach seiner Weise vollbracht ward.
Hatten die Eltern die Braut für ihren Sohn sich ersehen,
Ward zuvörderst ein Freund vom Hause vertraulich gerufen;
Diesen sandte man dann als Freiersmann zu den Eltern
Der erkorenen Braut, der dann in stattlichem Putze
Sonntags etwa nach Tische den würdigen Bürger besuchte,
Freundliche Worte mit ihm im Allgemeinen zuvörderst
Wechselnd, und klug das Gespräch zu lenken und wenden verstehend.
Endlich nach langem Umschweif ward auch der Tochter erwähnet,

Rühmlich, und rühmlich des Manns und des Hauses, von dem man gesandt war.
Kluge Leute merkten die Absicht; der kluge Gesandte
Merkte den Willen gar bald, und konnte sich weiter erklären.
Lehnte den Antrag man ab, so war auch ein Korb nicht verdrießlich.
Aber gelang es denn auch, so war der Freiersmann immer
In dem Hause der Erste bei jedem häuslichen Feste;
Denn es erinnerte sich durch's ganze Leben das Ehpaar,
Daß die geschickte Hand den ersten Knoten geschlungen.
Jetzt ist aber das alles, mit andern guten Gebräuchen,
Aus der Mode gekommen, und jeder freit für sich selber.
Nehme denn jeglicher auch den Korb mit eigenen Händen,
Der ihm etwa beschert ist, und stehe beschämt vor dem Mädchen!

Sei es, wie ihm auch sei! versetzte der Jüngling, der kaum auf
Alle die Worte gehört, und schon sich im Stillen entschlossen:
Selber geh' ich und will mein Schicksal selber erfahren
Aus dem Munde des Mädchens, zu dem ich das größte Vertrauen
Hege, das irgend ein Mensch nur je zu dem Weibe gehegt hat.
Was sie sagt, das ist gut, es ist vernünftig, das weiß ich.
Soll ich sie auch zum letztenmal sehn, so will ich noch einmal
Diesem offenen Blick des schwarzen Auges begegnen;
Drück' ich sie nie an das Herz, so will ich die Brust und die Schultern
Einmal noch sehn, die mein Arm so sehr zu umschließen begehret;
Will den Mund noch sehen, von dem ein Kuß und das Ja mich
Glücklich macht auf ewig, das Nein mich auf ewig zerstöret.
Aber laßt mich allein! Ihr sollt nicht warten. Begebet
Euch zu Vater und Mutter zurück, damit sie erfahren,
Daß sich der Sohn nicht geirrt, und daß es wert ist das Mädchen.
Und so laßt mich allein! Den Fußweg über den Hügel
An dem Birnbaum hin, und unsern Weinberg hinunter,
Geh' ich näher nach Hause zurück. O, daß ich die Traute
Freudig und schnell heimführte! Vielleicht auch schleich' ich alleine
Jene Pfade nach Haus, und betrete froh sie nicht wieder.

Also sprach er und gab dem geistlichen Herrn die Zügel,
Der verständig sie faßte, die schäumenden Rosse beherrschend,
Schnell den Wagen bestieg und den Sitz des Führers besetzte.

Aber du zaudertest noch, vorsichtiger Nachbar, und sagtest:
Gerne vertrau' ich, mein Freund, euch Seel' und Geist und Gemüt an;
Aber Leib und Gebein ist nicht zum besten verwahret,
Wenn die geistliche Hand der weltlichen Zügel sich anmaßt.
Doch du lächeltest drauf, verständiger Pfarrer, und sagtest:

Sitzet nur ein, und getrost vertraut mir den Leib, wie die Seele;
Denn geschickt ist die Hand schon lange, den Zügel zu führen,
Und das Auge geübt, die künstlichste Wendung zu treffen.
Denn wir waren in Strasburg gewohnt den Wagen zu lenken,
Als ich den jungen Baron dahin begleitete; täglich
Rollte der Wagen, geleitet von mir, das hallende Tor durch,
Staubige Wege hinaus, bis fern zu den Auen und Linden,
Mitten durch Scharen des Volks, das mit Spazieren den Tag lebt.

Halb getröstet bestieg darauf der Nachbar den Wagen,
Saß wie einer, der sich zum weislichen Sprunge bereitet;
Und die Hengste rannten nach Hause, begierig des Stalles.
Aber die Wolke des Staubs quoll unter den mächtigen Hufen.
Lange noch stand der Jüngling, und sah den Staub sich erheben,
Sah den Staub sich zerstreun; so stand er ohne Gedanken.

Erato

Dorothea

Wie der wandernde Mann, der vor dem Sinken der Sonne
Sie noch einmal in's Auge, die schnellverschwindende, faßte,
Dann im dunkeln Gebüsch und an der Seite des Felsens
Schweben siehet ihr Bild; wohin er die Blicke nur wendet,
Eilet es vor und glänzt und schwankt in herrlichen Farben:
So bewegte vor Hermann die liebliche Bildung des Mädchens
Sanft sich vorbei, und schien dem Pfad' in's Getreide zu folgen.
Aber er fuhr aus dem staunenden Traum auf, wendete langsam
Nach dem Dorfe sich zu, und staunte wieder; denn wieder
Kam ihm die hohe Gestalt des herrlichen Mädchens entgegen.
Fest betrachtet er sie; es war kein Scheinbild, sie war es
Selber. Den größeren Krug und einen kleinern am Henkel
Tragend in jeglicher Hand: so schritt sie geschäftig zum Brunnen.
Und er ging ihr freudig entgegen. Es gab ihm ihr Anblick
Mut und Kraft; er sprach zu seiner Verwunderten also:
Find' ich dich, wackeres Mädchen, so bald auf's neue beschäftigt,
Hülfreich andern zu sein und gern zu erquicken die Menschen?
Sag', warum kommst du allein zum Quell, der doch so entfernt liegt,
Da sich andere doch mit dem Wasser des Dorfes begnügen?
Freilich ist dies von besonderer Kraft und lieblich zu kosten.
Jener Kranken bringst du es wohl, die du treulich gerettet?

Freundlich begrüßte sogleich das gute Mädchen den Jüngling,
Sprach: So ist schon hier der Weg mir zum Brunnen belohnet,

Da ich finde den Guten, der uns so vieles gereicht hat;
Denn der Anblick des Gebers ist, wie die Gaben, erfreulich.
Kommt und sehet doch selber, wer eure Milde genossen,
Und empfanget den ruhigen Dank von allen Erquickten.
Daß ihr aber sogleich vernehmet, warum ich gekommen,
Hier zu schöpfen, wo rein und unablässig der Quell fließt,
Sag' ich euch dies: es haben die unvorsichtigen Menschen
Alles Wasser getrübt im Dorfe, mit Pferden und Ochsen
Gleich durchwatend den Quell, der Wasser bringt den Bewohnern.
Und so haben sie auch mit Waschen und Reinigen alle
Tröge des Dorfes beschmutzt und alle Brunnen besudelt;
Denn ein jeglicher denkt nur, sich selbst und das nächste Bedürfnis
Schnell zu befried'gen und rasch, und nicht des Folgenden denkt er.

Also sprach sie und war die breiten Stufen hinunter
Mit dem Begleiter gelangt; und auf das Mäuerchen setzten
Beide sich nieder des Quells. Sie beugte sich über, zu schöpfen;
Und er faßte den anderen Krug, und beugte sich über.
Und sie sahen gespiegelt ihr Bild in der Bläue des Himmels
Schwanken, und nickten sich zu, und grüßten sich freundlich im Spiegel.
Laß mich trinken, sagte darauf der heitere Jüngling;
Und sie reicht' ihm den Krug. Dann ruhten sie beide, vertraulich
Auf die Gefäße gelehnt; sie aber sagte zum Freunde:
Sage, wie find' ich dich hier? und ohne Wagen und Pferde
Ferne vom Ort, wo ich erst dich gesehn? wie bist du gekommen?

Denkend schaute Hermann zur Erde; dann hob er die Blicke
Ruhig gegen sie auf, und sah ihr freundlich in's Auge,
Fühlte sich still und getrost. Jedoch ihr von Liebe zu sprechen,
Wär' ihm unmöglich gewesen; ihr Auge blickte nicht Liebe,
Aber hellen Verstand, und gebot verständig zu reden.
Und er faßte sich schnell, und sagte traulich zum Mädchen:
Laß mich reden, mein Kind, und deine Fragen erwidern.
Deinetwegen kam ich hierher! was soll ich's verbergen?
Denn ich lebe beglückt mit beiden liebenden Eltern,
Denen ich treulich das Haus und die Güter helfe verwalten,
Als der einzige Sohn, und unsre Geschäfte sind vielfach.
Alle Felder besorg' ich: der Vater waltet im Hause
Fleißig; die tätige Mutter belebt im Ganzen die Wirtschaft.
Aber du hast gewiß auch erfahren, wie sehr das Gesinde
Bald durch Leichtsinn und bald durch Untreu plaget die Hausfrau,
Immer sie nötigt zu wechseln und Fehler um Fehler zu tauschen.
Lange wünschte die Mutter daher sich ein Mädchen im Hause,
Das mit der Hand nicht allein, das auch mit dem Herzen ihr hülfe,

An der Tochter Statt, der leider frühe verlornen.
Nun, als ich heut' am Wagen dich sah, in froher Gewandtheit,
Sah die Stärke des Arms und die volle Gesundheit der Glieder,
Als ich die Worte vernahm, die verständigen, war ich betroffen,
Und ich eilte nach Hause, den Eltern und Freunden die Fremde
Rühmend nach ihrem Verdienst. Nun komm' ich dir aber zu sagen,
Was sie wünschen, wie ich. — Verzeih' mir die stotternde Rede.

Scheuet euch nicht, so sagte sie drauf, das Weitre zu sprechen;
Ihr beleidigt mich nicht, ich hab' es dankbar empfunden.
Sagt es nur grad heraus; mich kann das Wort nicht erschrecken:
Dingen möchtet ihr mich als Magd für Vater und Mutter,
Zu versehen das Haus, das wohlerhalten euch dasteht;
Und ihr glaubet an mir ein tüchtiges Mädchen zu finden,
Zu der Arbeit geschickt und nicht von rohem Gemüte.
Euer Antrag war kurz; so soll die Antwort auch kurz sein.
Ja, ich gehe mit euch, und folge dem Rufe des Schicksals.
Meine Pflicht ist erfüllt, ich habe die Wöchnerin wieder
Zu den Ihren gebracht, sie freuen sich alle der Rettung;
Schon sind die meisten beisammen, die übrigen werden sich finden.
Alle denken gewiß, in kurzen Tagen zur Heimat
Wiederzukehren; so pflegt sich stets der Vertriebne zu schmeicheln;
Aber ich täusche mich nicht mit leichter Hoffnung in diesen
Traurigen Tagen, die uns noch traurige Tage versprechen:
Denn gelös't sind die Bande der Welt; wer knüpfet sie wieder
Als allein nur die Not, die höchste, die uns bevorsteht!
Kann ich im Hause des würdigen Manns mich, dienend, ernähren
Unter den Augen der trefflichen Frau, so tu' ich es gerne;
Denn ein wanderndes Mädchen ist immer von schwankendem Rufe.
Ja, ich gehe mit euch, sobald ich die Krüge den Freunden
Wiedergebracht und noch mir den Segen der Guten erbeten.
Kommt! Ihr müsset sie sehen, und mich von ihnen empfangen.

Fröhlich hörte der Jüngling des willigen Mädchens Entschließung,
Zweifelnd, ob er ihr nun die Wahrheit sollte gestehen.
Aber es schien ihm das Beste zu sein, in dem Wahn sie zu lassen,
In sein Haus sie zu führen, zu werben um Liebe nur dort erst.
Ach! und den goldenen Ring erblickt' er am Finger des Mädchens;
Und so ließ er sie sprechen, und horchte fleißig den Worten.

Laßt uns, fuhr sie nun fort, zurücke kehren! Die Mädchen
Werden immer getadelt, die lange bei'm Brunnen verweilen;
Und doch ist es am rinnenden Quell so lieblich zu schwätzen.
Also standen sie auf und schauten beide noch einmal
In den Brunnen zurück, und süßes Verlangen ergriff sie.

Schweigend nahm sie darauf die beiden Krüge bei'm Henkel,
Stieg die Stufen hinan, und Hermann folgte der Lieben.
Einen Krug verlangt' er von ihr, die Bürde zu teilen.
Laßt ihn, sprach sie; es trägt sich besser die gleichere Last so.
Und der Herr, der künftig befiehlt, er soll mir nicht dienen.
Seht mich so ernst nicht an, als wäre mein Schicksal bedenklich!
Dienen lerne bei Zeiten das Weib nach ihrer Bestimmung:
Denn durch Dienen allein gelangt sie endlich zum Herrschen,
Zu der verdienten Gewalt, die doch ihr im Hause gehöret.
Dienet die Schwester dem Bruder doch früh, sie dienet den Eltern,
Und ihr Leben ist immer ein ewiges Gehen und Kommen,
Oder ein Heben und Tragen, Bereiten und Schaffen für andre.
Wohl ihr, wenn sie daran sich gewöhnt, daß kein Weg ihr zu sauer
Wird, und die Stunden der Nacht ihr sind wie die Stunden des Tages,
Daß ihr niemals die Arbeit zu klein und die Nadel zu fein dünkt,
Daß sie sich ganz vergißt und leben mag nur in andern!
Denn als Mutter, fürwahr, bedarf sie der Tugenden alle,
Wenn der Säugling die Krankende weckt und Nahrung begehret
Von der Schwachen, und so zu Schmerzen Sorgen sich häufen.
Zwanzig Männer verbunden ertrügen nicht diese Beschwerde,
Und sie sollen es nicht; doch sollen sie dankbar es einsehn.

Also sprach sie, und war, mit ihrem stillen Begleiter,
Durch den Garten gekommen, bis an die Tenne der Scheune,
Wo die Wöchnerin lag, die sie froh mit den Töchtern verlassen,
Jenen geretteten Mädchen, den schönen Bildern der Unschuld.
Beide traten hinein; und von der anderen Seite
Trat, ein Kind an jeglicher Hand, der Richter zugleich ein.
Diese waren bisher der jammernden Mutter verloren;
Aber gefunden hatte sie nun im Gewimmel der Alte.
Und sie sprangen mit Lust, die liebe Mutter zu grüßen,
Sich des Bruders zu freun, des unbekannten Gespielen!
Auf Dorotheen sprangen sie dann und grüßten sie freundlich,
Brot verlangend und Obst, vor allem aber zu trinken.
Und sie reichte das Wasser herum. Da tranken die Kinder,
Und die Wöchnerin trank, mit den Töchtern, so trank auch der Richter.
Alle waren geletzt, und lobten das herrliche Wasser;
Säuerlich war's und erquicklich, gesund zu trinken den Menschen.

Da versetzte das Mädchen mit ernsten Blicken und sagte:
Freunde, dieses ist wohl das letztemal, daß ich den Krug euch
Führe zum Munde, daß ich die Lippen mit Wasser euch netze:
Aber wenn euch fortan am heißen Tage der Trunk labt,
Wenn ihr im Schatten der Ruh' und der reinen Quellen genießet,

Dann gedenket auch mein und meines freundlichen Dienstes,
Den ich aus Liebe mehr als aus Verwandtschaft geleistet.
Was ihr mir Gutes erzeigt, erkenn' ich durch's künftige Leben.
Ungern lass' ich euch zwar; doch jeder ist diesmal dem andern
Mehr zur Last als zum Trost, und alle müssen wir endlich
Uns im fremden Lande zerstreun, wenn die Rückkehr versagt ist.
Seht, hier steht der Jüngling, dem wir die Gaben verdanken,
Diese Hülle des Kinds und jene willkommene Speise.
Dieser kommt und wirbt, in seinem Haus mich zu sehen,
Daß ich diene daselbst den reichen trefflichen Eltern;
Und ich schlag' es nicht ab; denn überall dienet das Mädchen,
Und ihr wäre zur Last, bedient im Hause zu ruhen.
Also folg' ich ihm gern; er scheint ein verständiger Jüngling,
Und so werden die Eltern es sein, wie Reichen geziemet.
Darum lebet nun wohl, geliebte Freundin, und freuet
Euch des lebendigen Säuglings, der schon so gesund euch anblickt.
Drücket ihr ihn an die Brust in diesen farbigen Wickeln,
O, so gedenket des Jünglings, des guten, der sie uns reichte,
Und der künftig auch mich, die Eure, nähret und kleidet.
Und ihr, trefflicher Mann, so sprach sie gewendet zum Richter,
Habet Dank, daß ihr Vater mir wart in mancherlei Fällen.

Und sie kniete darauf zur guten Wöchnerin nieder,
Küßte die weinende Frau, und vernahm des Segens Gelispel.
Aber du sagtest indes, ehrwürdiger Richter, zu Hermann:
Billig seid ihr, o Freund, zu den guten Wirten zu zählen,
Die mit tüchtigen Menschen den Haushalt zu führen bedacht sind.
Denn ich habe wohl oft gesehn, daß man Rinder und Pferde,
So wie Schafe, genau bei Tausch und Handel betrachtet;
Aber den Menschen, der alles erhält, wenn er tüchtig und gut ist,
Und der alles zerstreut und zerstört durch falsches Beginnen,
Diesen nimmt man nur so auf Glück und Zufall in's Haus ein,
Und bereuet zu spät ein übereiltes Entschließen.
Aber es scheint, ihr versteht's; denn ihr habt ein Mädchen erwählet,
Euch zu dienen im Haus und euren Eltern, das brav ist.
Haltet sie wohl! Ihr werdet, so lang sie der Wirtschaft sich annimmt,
Nicht die Schwester vermissen, noch eure Eltern die Tochter.

Viele kamen indes, der Wöchnerin nahe Verwandte,
Manches bringend und ihr die bessere Wohnung verkündend.
Alle vernahmen des Mädchens Entschluß, und segneten Hermann
Mit bedeutenden Blicken und mit besondern Gedanken.
Denn so sagte wohl eine zur andern flüchtig an's Ohr hin
Wenn aus dem Herrn ein Bräutigam wird, so ist sie geborgen

Hermann faßte darauf sie bei der Hand an und sagte:
Laß uns gehen; es neigt sich der Tag und fern ist das Städtchen
Lebhaft gesprächig umarmten darauf Dorotheen die Weiber.
Hermann zog sie hinweg; noch viele Grüße befahl sie.
Aber da fielen die Kinder, mit Schrein und entsetzlichem Weinen
Ihr in die Kleider, und wollten die zweite Mutter nicht lassen
Aber ein' und die andre der Weiber sagte gebietend:
Stille, Kinder! sie geht in die Stadt, und bringt euch des guten
Zuckerbrotes genug, das euch der Bruder bestellte,
Als der Storch ihn jüngst bei'm Zuckerbäcker vorbeitrug,
Und ihr sehet sie bald mit den schön vergoldeten Deuten.
Und so ließen die Kinder sie los, und Hermann entriß sie
Noch den Umarmungen kaum und den fernewinkenden Tüchern.

Melpomene

Hermann und Dorothea

Also gingen die zwei entgegen der sinkenden Sonne,
Die in Wolken sich tief, gewitterdrohend, verhüllte,
Aus dem Schleier, bald hier bald dort, mit glühenden Blicken
Strahlend über das Feld die ahnungsvolle Beleuchtung.
Möge das drohende Wetter, so sagte Hermann, nicht etwa
Schloßen uns bringen und heftigen Guß; denn schön ist die Ernte.
Und sie freuten sich beide des hohen wankenden Kornes,
Das die Durchschreitenden fast, die hohen Gestalten, erreichte.
Und es sagte darauf das Mädchen zum leitenden Freunde:
Guter, dem ich zunächst ein freundlich Schicksal verdanke,
Dach und Fach, wenn im Freien so manchem Vertriebnen der Sturm dräut!
Saget mir jetzt vor allem, und lehret die Eltern mich kennen,
Denen ich künftig zu dienen von ganzer Seele geneigt bin;
Denn kennt jemand den Herrn, so kann er ihm leichter genug tun,
Wenn er die Dinge bedenkt, die jenem die wichtigsten scheinen,
Und auf die er den Sinn, den festbestimmten, gesetzt hat.
Darum saget mir doch: wie gewinn' ich Vater und Mutter?

Und es versetzte dagegen der gute verständige Jüngling:
O, wie geb' ich dir Recht, du kluges treffliches Mädchen,
Daß du zuvörderst dich nach dem Sinne der Eltern befragest!
Denn so strebt ich bisher vergebens, dem Vater zu dienen,
Wenn ich der Wirtschaft mich als wie der meinigen annahm,
Früh den Acker und spät und so besorgend den Weinberg.

Meine Mutter befriedigt' ich wohl, sie wußt' es zu schätzen;
Und so wirst du ihr auch das trefflichste Mädchen erscheinen,
Wenn du das Haus besorgst, als wenn du das Deine bedächtest.
Aber dem Vater nicht so; denn dieser liebet den Schein auch.
Gutes Mädchen, halte mich nicht für kalt und gefühllos,
Wenn ich den Vater dir sogleich, der Fremden, enthülle.
Ja, ich schwör' es, das erstemal ist's, daß frei mir ein solches
Wort die Zunge verläßt, die nicht zu schwatzen gewohnt ist;
Aber du lockst mir hervor aus der Brust ein jedes Vertrauen.
Einige Zierde verlangt der gute Vater im Leben,
Wünschet äußere Zeichen der Liebe, so wie der Verehrung,
Und er würde vielleicht vom schlechteren Diener befriedigt,
Der dies wüßte zu nutzen, und würde dem bessern gram sein.

Freudig sagte sie drauf, zugleich die schnelleren Schritte
Durch den dunkelnden Pfad verdoppelnd mit leichter Bewegung:
Beide zusammen hoff' ich fürwahr zufrieden zu stellen;
Denn der Mutter Sinn ist wie mein eigenes Wesen,
Und der äußeren Zierde bin ich von Jugend nicht fremde.
Unsere Nachbarn, die Franken, in ihren früheren Zeiten
Hielten auf Höflichkeit viel; sie war dem Edlen und Bürger
Wie den Bauern gemein, und jeder empfahl sie den Seinen.
Und so brachten bei uns auf deutscher Seite gewöhnlich
Auch die Kinder des Morgens mit Händeküssen und Knixchen
Segenswünsche den Eltern, und hielten sittlich den Tag aus.
Alles, was ich gelernt und was ich von jung auf gewohnt bin,
Was von Herzen mir geht — ich will es dem Alten erzeigen.
Aber wer sagt mir nunmehr: wie soll ich dir selber begegnen,
Dir, dem einzigen Sohn, und künftig meinem Gebieter?

Also sprach sie, und eben gelangten sie unter den Birnbaum.
Herrlich glänzte der Mond, der volle, vom Himmel herunter;
Nacht war's, völlig bedeckt das letzte Schimmern der Sonne.
Und so lagen vor ihnen in Massen gegen einander,
Lichter, hell wie der Tag, und Schatten dunkeler Nächte.
Und es hörte die Frage, die freundliche, gern in dem Schatten
Hermann, des herrlichen Baums, am Orte, der ihm so lieb war,
Der noch heute die Tränen um seine Vertriebne gesehen.
Und indem sie sich nieder ein wenig zu ruhen gesetzet,
Sagte der liebende Jüngling, die Hand des Mädchens ergreifend:
Laß dein Herz dir es sagen, und folg' ihm frei nur in allem.
Aber er wagte kein weiteres Wort, so sehr auch die Stunde
Günstig war; er fürchtete, nur ein Nein zu ereilen,
Ach, und er fühlte den Ring am Finger, das schmerzliche Zeichen.

Also saßen sie still und schweigend neben einander;
Aber das Mädchen begann und sagte: Wie find' ich des Mondes
Herrlichen Schein so süß! er ist der Klarheit des Tags gleich.
Seh' ich doch dort in der Stadt die Häuser deutlich und Höfe,
An dem Giebel ein Fenster; mich deucht, ich zähle die Scheiben.

Was du siehst, versetzte darauf der gehaltene Jüngling,
Das ist unsere Wohnung, in die ich nieder dich führe,
Und dies Fenster dort ist meines Zimmers im Dache,
Das vielleicht das deine nun wird; wir verändern im Hause.
Diese Felder sind unser, sie reifen zur morgenden Ernte.
Hier im Schatten wollen wir ruhn und des Mahles genießen.
Aber laß uns nunmehr hinab durch Weinberg und Garten
Steigen; denn sieh, es rückt das schwere Gewitter herüber,
Wetterleuchtend und bald verschlingend den lieblichen Vollmond.
Und so standen sie auf und wandelten nieder, das Feld hin,
Durch das mächtige Korn, der nächtlichen Klarheit sich freuend;
Und sie waren zum Weinberg gelangt und traten in's Dunkel.

Und so leitet' er sie die vielen Platten hinunter,
Die, unbehauen gelegt, als Stufen dienten im Laubgang.
Langsam schritt sie hinab, auf seinen Schultern die Hände;
Und mit schwankenden Lichtern, durch's Laub, überblickte der Mond sie,
Eh' er, von Wetterwolken umhüllt, im Dunkeln das Paar ließ.
Sorglich stützte der Starke das Mädchen, das über ihn herhing;
Aber sie, unkundig des Steigs und der roheren Stufen,
Fehlte tretend, es knackte der Fuß, sie drohte zu fallen.
Eilig streckte gewandt der sinnige Jüngling den Arm aus,
Hielt empor die Geliebte; sie sank ihm leis' auf die Schulter,
Brust war gesenkt an Brust und Wang' an Wange. So stand er,
Starr wie ein Marmorbild, vom ernsten Willen gebändigt,
Drückte nicht fester sie an, er stemmte sich gegen die Schwere.
Und so fühlt' er die herrliche Last, die Wärme des Herzens,
Und den Balsam des Atems, an seinen Lippen verhauchet,
Trug mit Mannesgefühl die Heldengröße des Weibes.

Doch sie verhehlte den Schmerz, und sagte die scherzenden Worte:
Das bedeutet Verdruß, so sagen bedenkliche Leute,
Wenn bei'm Eintritt in's Haus, nicht fern von der Schwelle, der Fuß knackt,
Hätt' ich mir doch fürwahr ein besseres Zeichen gewünschet!
Laß uns ein wenig verweilen, damit dich die Eltern nicht tadeln
Wegen der hinkenden Magd, und ein schlechter Wirt du erscheinest.

Urania

Aussicht

Musen, die ihr so gern die herzliche Liebe begünstigt,
Auf dem Wege bisher den trefflichen Jüngling geleitet,
An die Brust ihm das Mädchen noch vor der Verlobung gedrückt habt:
Helfet auch ferner den Bund des lieblichen Paares vollenden,
Teilet die Wolken sogleich, die über ihr Glück sich heraufziehn!
Aber saget vor allem, was jetzt im Hause geschiehet.

Ungeduldig betrat die Mutter zum drittenmal wieder
Schon das Zimmer der Männer, das sorglich erst sie verlassen,
Sprechend vom nahen Gewitter, vom schnellen Verdunkeln des Mondes,
Dann vom Außenbleiben des Sohns und der Nächte Gefahren;
Tadelte lebhaft die Freunde, daß, ohne das Mädchen zu sprechen,
Ohne zu werben für ihn, sie so bald sich vom Jüngling getrennet.

Mache nicht schlimmer das Übel! versetzt' unmutig der Vater;
Denn du siehst, wir harren ja selbst, und warten des Ausgangs.

Aber gelassen begann der Nachbar sitzend zu sprechen:
Immer verdank' ich es doch in solch unruhiger Stunde
Meinem seligen Vater, der mir, als Knaben, die Wurzel
Aller Ungeduld ausriß, daß auch kein Fäschen zurück blieb
Und ich erwarten lernte sogleich, wie keiner der Weisen.
Sagt, versetzte der Pfarrer, welch Kunststück brauchte der Alte?
Das erzähl' ich euch gern, denn jeder kann es sich merken,
Sagte der Nachbar darauf. Als Knabe stand ich am Sonntag
Ungeduldig einmal, die Kutsche begierig erwartend,
Die uns sollte hinaus zum Brunnen führen der Linden.
Doch sie kam nicht; ich lief, wie ein Wiesel, dahin und dorthin,
Treppen hinauf und hinab, und von dem Fenster zur Türe.
Meine Hände prickelten mir; ich kratzte die Tische,
Trappelte stampfend herum, und nahe war mir das Weinen.
Alles sah der gelassene Mann; doch als ich es endlich
Gar zu törich betrieb, ergriff er mich ruhig bei'm Arme,
Führte zum Fenster mich hin, und sprach die bedenklichen Worte:
Siehst du des Tischlers da drüben für heute geschlossene Werkstatt?
Morgen eröffnet er sie; da rühret sich Hobel und Säge,
Und so geht es von frühe bis Abend die fleißigen Stunden.
Aber bedenke dir dies: der Morgen wird künftig erscheinen,
Da der Meister sich regt mit allen seinen Gesellen,
Dir den Sarg zu bereiten und schnell und geschickt zu vollenden;

Und sie tragen das bretterne Haus geschäftig herüber,
Das den Geduld'gen zuletzt und den Ungeduldigen aufnimmt,
Und gar bald ein drückendes Dach zu tragen bestimmt ist.
Alles sah ich sogleich im Geiste wirklich geschehen,
Sah die Bretter gefügt und die schwarze Farbe bereitet,
Saß geduldig nunmehr und harrete ruhig der Kutsche.
Rennen andere nun in zweifelhafter Erwartung
Ungebärdig herum, da muß ich des Sarges gedenken.

Lächelnd sagte der Pfarrer: Des Todes rührendes Bild steht,
Nicht als Schrecken dem Weisen, und nicht als Ende dem Frommen.
Jenen drängt es in's Leben zurück, und lehret ihn handeln;
Diesem stärkt es, zu künftigem Heil, im Trübsal die Hoffnung;
Beiden wird zum Leben der Tod. Der Vater mit Unrecht
Hat dem empfindlichen Knaben den Tod im Tode gewiesen.
Zeige man doch dem Jüngling des edel reifenden Alters
Wert, und dem Alter die Jugend, daß beide des ewigen Kreises
Sich erfreuen und so sich Leben im Leben vollende!

Aber die Tür' ging auf. Es zeigte das herrliche Paar sich,
Und es erstaunten die Freunde, die liebenden Eltern erstaunten
Über die Bildung der Braut, des Bräutigams Bildung vergleichbar;
Ja, es schien die Türe zu klein, die hohen Gestalten
Einzulassen, die nun zusammen betraten die Schwelle.
Hermann stellte den Eltern sie vor, mit fliegenden Worten.
Hier ist, sagt' er, ein Mädchen, so wie ihr im Hause sie wünschet.
Lieber Vater, empfanget sie gut; sie verdient es. Und liebe
Mutter, befragt sie sogleich nach dem ganzen Umfang der Wirtschaft,
Daß ihr seht, wie sehr sie verdient, euch näher zu werden.
Eilig führt' er darauf den trefflichen Pfarrer bei Seite,
Sagte: Würdiger Herr, nun helft mir aus dieser Besorgnis
Schnell, und löset den Knoten, vor dessen Entwicklung ich schaudre.
Denn ich habe das Mädchen als meine Braut nicht geworben,
Sondern sie glaubt, als Magd in das Haus zu gehn, und ich fürchte,
Daß unwillig sie flieht, sobald wir gedenken der Heirat.
Aber entschieden sei es sogleich! Nicht länger im Irrtum
Soll sie bleiben, wie ich nicht länger den Zweifel ertrage.
Eilet und zeiget auch hier die Weisheit, die wir verehren!
Und es wendete sich der Geistliche gleich zur Gesellschaft.
Aber leider getrübt war durch die Rede des Vaters
Schon die Seele des Mädchens; er hatte die munteren Worte,
Mit behaglicher Art, im guten Sinne gesprochen:
Ja, das gefällt mir, mein Kind! Mit Freuden erfahr' ich, der Sohn hat
Auch wie der Vater Geschmack, der seiner Zeit es gewiesen,

Immer die Schönste zum Tanze geführt, und endlich die Schönste
In sein Haus, als Frau, sich geholt; das Mütterchen war es.
Denn an der Braut, die der Mann sich erwählt, läßt gleich sich erkennen,
Welches Geistes er ist, und ob er sich eigenen Wert fühlt.
Aber ihr brauchtet wohl auch nur wenig Zeit zur Entschließung?
Denn mich dünket fürwahr, ihm ist so schwer nicht zu folgen.

Hermann hörte die Worte nur flüchtig; ihm bebten die Glieder
Innen, und stille war der ganze Kreis nun auf einmal.

Aber das treffliche Mädchen, von solchen spöttischen Worten,
Wie sie ihr schienen, verletzt und tief in der Seele getroffen,
Stand, mit fliegender Röte die Wange bis gegen den Nacken
Übergossen; doch hielt sie sich an und nahm sich zusammen,
Sprach zu dem Alten darauf, nicht völlig die Schmerzen verbergend:
Traun! zu solchem Empfang hat mich der Sohn nicht bereitet,
Der mir des Vaters Art geschildert, des trefflichen Bürgers;
Und ich weiß, ich stehe vor euch, dem gebildeten Manne,
Der sich klug mit jedem beträgt, und gemäß den Personen.
Aber so scheint es, ihr fühlt nicht Mitleid genug mit der Armen,
Die nun die Schwelle betritt und die euch zu dienen bereit ist;
Denn sonst würdet ihr nicht mit bitterem Spotte mir zeigen,
Wie entfernt mein Geschick von eurem Sohn und von euch sei.
Freilich tret' ich nur arm, mit kleinem Bündel in's Haus ein,
Das mit allem versehn die frohen Bewohner gewiß macht;
Aber ich kenne mich wohl, und fühle das ganze Verhältnis.
Ist es edel, mich gleich mit solchem Spotte zu treffen,
Der auf der Schwelle beinah mich schon aus dem Hause zurücktreibt?

Bang bewegte sich Hermann, und winkte dem geistlichen Freunde,
Daß er in's Mittel sich schlüge, sogleich zu verscheuchen den Irrtum.
Eilig trat der Kluge heran, und schaute des Mädchens
Stillen Verdruß und gehaltenen Schmerz und Tränen im Auge.
Da befahl ihm sein Geist, nicht gleich die Verwirrung zu lösen,
Sondern vielmehr das bewegte Gemüt zu prüfen des Mädchens.
Und er sagte darauf zu ihr mit versuchenden Worten:
Sicher, du überlegtest nicht wohl, o Mädchen des Auslands,
Wenn du bei Fremden zu dienen dich allzu eilig entschlossest,
Was es heiße das Haus des gebietenden Herrn zu betreten;
Denn der Handschlag bestimmt das ganze Schicksal des Jahres,
Und gar vieles zu dulden verbindet ein einziges Jawort.
Sind doch nicht das schwerste des Diensts die ermüdenden Wege,
Nicht der bittere Schweiß der ewig drängenden Arbeit;
Denn mit dem Knechte zugleich bemüht sich der tätige Freie:

Aber zu dulden die Laune des Herrn, wenn er ungerecht tadelt,
Oder dieses und jenes begehrt, mit sich selber in Zwiespalt,
Und die Heftigkeit noch der Frauen, die leicht sich erzürnet,
Mit der Kinder roher und übermütiger Unart:
Das ist schwer zu ertragen, und doch die Pflicht zu erfüllen
Ungesäumt und rasch, und selbst nicht mürrisch zu stocken.
Doch du scheinst mir dazu nicht geschickt, da die Scherze des Vaters
Schon dich treffen so tief, und doch nichts gewöhnlicher vorkommt,
Als ein Mädchen zu plagen, daß wohl ihr ein Jüngling gefalle.

Also sprach er. Es fühlte die treffende Rede das Mädchen,
Und sie hielt sich nicht mehr; es zeigten sich ihre Gefühle
Mächtig, es hob sich die Brust, aus der ein Seufzer hervordrang,
Und sie sagte sogleich mit heiß vergossenen Tränen:
O, nie weiß der verständige Mann, der im Schmerz uns zu raten
Denkt, wie wenig sein Wort, das kalte, die Brust zu befreien
Je von dem Leiden vermag, das ein hohes Schicksal uns auflegt.
Ihr seid glücklich und froh, wie sollt' ein Scherz euch verwunden!
Doch der Krankende fühlt auch schmerzlich die leise Berührung.
Nein; es hülfe mir nichts, wenn selbst mir Verstellung gelänge.
Zeige sich gleich, was später nur tiefere Schmerzen vermehrte
Und mich drängte vielleicht in stillverzehrendes Elend.
Laßt mich wieder hinweg! Ich darf im Hause nicht bleiben;
Ich will fort und gehe, die armen Meinen zu suchen,
Die ich im Unglück verließ, für mich nur das Bessere wählend.
Dies ist mein fester Entschluß; und ich darf euch darum nun bekennen,
Was im Herzen sich sonst wohl Jahre hätte verborgen.
Ja, des Vaters Spott hat tief mich getroffen: nicht, weil ich
Stolz und empfindlich bin, wie es wohl der Magd nicht geziemet,
Sondern weil mir fürwahr im Herzen die Neigung sich regte
Gegen den Jüngling, der heute mir als ein Erretter erschienen.
Denn als er erst auf der Straße mich ließ, so war er mir immer
In Gedanken geblieben; ich dachte des glücklichen Mädchens,
Das er vielleicht schon als Braut im Herzen möchte bewahren.
Und als ich wieder am Brunnen ihn fand, da freut' ich mich seines
Anblicks so sehr, als wär' mir der Himmlischen einer erschienen.
Und ich folgt' ihm so gern, als nun er zur Magd mich geworben.
Doch mir schmeichelte freilich das Herz (ich will es gestehen)
Auf dem Wege hierher, als könnt' ich vielleicht ihn verdienen,
Wenn ich würde des Hauses dereinst unentbehrliche Stütze.
Aber, ach! nun seh' ich zuerst die Gefahren, in die ich
Mich begab, so nah dem still Geliebten zu wohnen.
Nun erst fühl' ich, wie weit ein armes Mädchen entfernt ist
Von dem reicheren Jüngling, und wenn sie die Tüchtigste wäre.

Alles das hab' ich gesagt, damit ihr das Herz nicht verkennet,
Das ein Zufall beleidigt, dem ich die Besinnung verdanke.
Denn das mußt' ich erwarten, die stillen Wünsche verbergend,
Daß er sich brächte zunächst die Braut zum Hause geführet;
Und wie hätt' ich alsdann die heimlichen Schmerzen ertragen!
Glücklich bin ich gewarnt, und glücklich lös't das Geheimnis
Von dem Busen sich los, jetzt, da noch das Übel ist heilbar.
Aber das sei nun gesagt. Und nun soll im Hause mich länger
Hier nichts halten, wo ich beschämt und ängstlich nur stehe,
Frei die Neigung bekennend, und jene törichte Hoffnung.
Nicht die Nacht, die breit sich bedeckt mit sinkenden Wolken,
Nicht der rollende Donner (ich hör' ihn) soll mich verhindern,
Nicht des Regens Guß, der draußen gewaltsam herabschlägt,
Noch der sausende Sturm. Das hab' ich alles ertragen
Auf der traurigen Flucht, und nah' am verfolgenden Feinde.
Und ich gehe nun wieder hinaus, wie ich lange gewohnt bin,
Von dem Strudel der Zeit ergriffen, von allem zu scheiden.
Lebet wohl! ich bleibe nicht länger; es ist nun geschehen.

Also sprach sie, sich rasch zurück nach der Türe bewegend,
Unter dem Arm das Bündelchen noch, das sie brachte, bewahrend.
Aber die Mutter ergriff mit beiden Armen das Mädchen,
Um den Leib sie fassend, und rief verwundert und staunend:
Sag', was bedeutet mir dies? und diese vergeblichen Tränen?
Nein, ich lasse dich nicht; du bist mir des Sohnes Verlobte.
Aber der Vater stand mit Widerwillen dagegen,
Auf die Weinende schauend, und sprach die verdrießlichen Worte:
Also das ist mir zuletzt für die höchste Nachsicht geworden,
Daß mir das Unangenehmste geschieht noch zum Schlusse des Tages!
Denn mir ist unleidlicher nichts, als Tränen der Weiber,
Leidenschaftlich Geschrei, das heftig verworren beginnet,
Was mit ein wenig Vernunft sich ließe gemächlicher schlichten.
Mir ist lästig, noch länger dies wunderliche Beginnen
Anzuschauen. Vollendet es selbst; ich gehe zu Bette.
Und er wandte sich schnell, und eilte zur Kammer zu gehen,
Wo ihm das Ehbett stand, und wo er zu ruhen gewohnt war.
Aber ihn hielt der Sohn, und sagte die flehenden Worte:
Vater, eilet nur nicht und zürnt nicht über das Mädchen!
Ich nur habe die Schuld von aller Verwirrung zu tragen,
Die unerwartet der Freund noch durch Verstellung vermehrt hat.
Redet, würdiger Herr! denn euch vertraut' ich die Sache.
Häufet nicht Angst und Verdruß; vollendet lieber das Ganze!
Denn ich möchte so hoch euch nicht in Zukunft verehren,
Wenn ihr Schadenfreude nur übt statt herrlicher Weisheit.

Lächelnd versetzte darauf der würdige Pfarrer und sagte:
Welche Klugheit hätte denn wohl das schöne Bekenntnis
Dieser Guten entlockt, und uns enthüllt ihr Gemüte?
Ist nicht die Sorge sogleich dir zur Wonn' und Freude geworden?
Rede darum nur selbst! was bedarf es fremder Erklärung?
Nun trat Hermann hervor, und sprach die freundlichen Worte:
Laß dich die Tränen nicht reun, noch diese flüchtigen Schmerzen;
Denn sie vollenden mein Glück und, wie ich wünsche, das deine.
Nicht das treffliche Mädchen als Magd, die Fremde, zu dingen,
Kam ich zum Brunnen; ich kam, um deine Liebe zu werben.
Aber, ach! mein schüchterner Blick, er konnte die Neigung
Deines Herzens nicht sehn; nur Freundlichkeit sah er im Auge,
Als aus dem Spiegel du ihn des ruhigen Brunnens begrüßtest.
Dich in's Haus nur zu führen, es war schon die Hälfte des Glückes.
Aber nun vollendest du mir's! O, sei mir gesegnet! —
Und es schaute das Mädchen mit tiefer Rührung zum Jüngling,
Und vermied nicht Umarmung und Kuß, den Gipfel der Freude,
Wenn sie den Liebenden sind die lang' ersehnte Versichrung
Künftigen Glücks im Leben, das nun ein unendliches scheint.

Und den Übrigen hatte der Pfarrherr alles erkläret.
Aber das Mädchen kam, vor dem Vater sich herzlich mit Anmut
Neigend, und so ihm die Hand, die zurückgezogene, küssend,
Sprach: Ihr werdet gerecht der Überraschten verzeihen,
Erst die Tränen des Schmerzes, und nun die Tränen der Freude.
O, vergebt mir jenes Gefühl! vergebt mir auch dieses,
Und laßt nur mich in's Glück, das neu mir gegönnte, mich finden!
Ja, der erste Verdruß, an dem ich Verworrene Schuld war,
Sei der letzte zugleich! Wozu die Magd sich verpflichtet,
Treu, zu liebendem Dienst, den soll die Tochter euch leisten.

Und der Vater umarmte sie gleich, die Tränen verbergend.
Traulich kam die Mutter herbei und küßte sie herzlich,
Schüttelte Hand in Hand; es schwiegen die weinenden Frauen.

Eilig faßte darauf der gute verständige Pfarrherr
Erst des Vaters Hand und zog ihm vom Finger den Trauring,
(Nicht so leicht; er war vom rundlichen Gliede gehalten)
Nahm den Ring der Mutter darauf und verlobte die Kinder;
Sprach: Noch einmal sei der goldenen Reifen Bestimmung,
Fest ein Band zu knüpfen, das völlig gleiche dem alten.
Dieser Jüngling ist tief von der Liebe zum Mädchen durchdrungen,
Und das Mädchen gesteht, daß auch ihr der Jüngling erwünscht ist.
Also verlob' ich euch hier und segn' euch künftigen Zeiten,
Mit dem Willen der Eltern, und mit dem Zeugnis des Freundes.

Und es neigte sich gleich mit Segenswünschen der Nachbar.
Aber als der geistliche Herr den goldenen Reif nun
Steckt' an die Hand des Mädchens, erblickt' er den anderen staunend,
Den schon Hermann zuvor am Brunnen sorglich betrachtet.
Und er sagte darauf mit freundlich scherzenden Worten:
Wie! du verlobest dich schon zum zweitenmal? Daß nicht der erste
Bräutigam bei dem Altar sich zeige mit hinderndem Einspruch!

Aber sie sagte darauf: O, laßt mich dieser Erinnrung
Einen Augenblick weihen! Denn wohl verdient sie der Gute,
Der mir ihn scheidend gab und nicht zur Heimat zurückkam.
Alles sah er voraus, als rasch die Liebe der Freiheit,
Als ihn die Lust im neuen veränderten Wesen zu wirken
Trieb nach Paris zu gehn, dahin, wo er Kerker und Tod fand.
Lebe glücklich, sagt' er. Ich gehe; denn alles bewegt sich
Jetzt auf Erden einmal, es scheint sich alles zu trennen.
Grundgesetze lösen sich auf der festesten Staaten,
Und es lös't der Besitz sich los vom alten Besitzer,
Freund sich los von Freund: so lös't sich Liebe von Liebe.
Ich verlasse dich hier; und, wo ich jemals dich wieder
Finde — wer weiß es? Vielleicht sind diese Gespräche die letzten.
Nur ein Fremdling, sagt man mit Recht, ist der Mensch hier auf Erden;
Mehr ein Fremdling als jemals, ist nun ein jeder geworden.
Uns gehört der Boden nicht mehr; es wandern die Schätze;
Gold und Silber schmilzt aus den alten heiligen Formen;
Alles regt sich, als wollte die Welt, die gestaltete, rückwärts
Lösen in Chaos und Nacht sich auf, und neu sich gestalten.
Du bewahrst mir dein Herz; und finden dereinst wir uns wieder
Über den Trümmern der Welt, so sind wir erneute Geschöpfe,
Umgebildet und frei und unabhängig vom Schicksal.
Denn was fesselte den, der solche Tage durchlebt hat!
Aber soll es nicht sein, daß je wir, aus diesen Gefahren
Glücklich entronnen, uns einst mit Freuden wieder umfangen,
O, so erhalte mein schwebendes Bild vor deinen Gedanken,
Daß du mit gleichem Mute zu Glück und Unglück bereit seist!
Locket neue Wohnung dich an und neue Verbindung,
So genieße mit Dank, was dann dir das Schicksal bereitet.
Liebe die Liebenden rein, und halte dem Guten dich dankbar.
Aber dann auch setze nur leicht den beweglichen Fuß auf;
Denn es lauert der doppelte Schmerz des neuen Verlustes.
Heilig sei dir der Tag; doch schätze das Leben nicht höher
Als ein anderes Gut, und alle Güter sind trüglich.
Also sprach er: und nie erschien der Edle mir wieder.
Alles verlor ich indes, und tausendmal dacht' ich der Warnung.

Nun auch denk' ich des Worts, da schön mir die Liebe das Glück hier
Neu bereitet und mir die herrlichsten Hoffnungen aufschließt.
O, verzeih, mein trefflicher Freund, daß ich, selbst an dem Arm dich
Haltend, bebe! So scheint dem endlich gelandeten Schiffer
Auch der sicherste Grund des festesten Bodens zu schwanken.

Also sprach sie, und steckte die Ringe neben einander.
Aber der Bräutigam sprach, mit edler männlicher Rührung:
Desto fester sei, bei der allgemeinen Erschüttrung,
Dorothea, der Bund! Wir wollen halten und dauern,
Fest uns halten und fest der schönen Güter Besitztum.
Denn der Mensch, der zur schwankenden Zeit auch schwankend gesinnt ist,
Der vermehret das Übel, und breitet es weiter und weiter;
Aber wer fest auf dem Sinne beharrt, der bildet die Welt sich.
Nicht dem Deutschen geziemt es, die fürchterliche Bewegung
Fortzuleiten, und auch zu wanken hierhin und dorthin.
Dies ist unser! so laß uns sagen und so es behaupten!
Denn es werden noch stets die entschlossenen Völker gepriesen,
Die für Gott und Gesetz, für Eltern, Weiber und Kinder
Stritten und gegen den Feind zusammenstehend erlagen.
Du bist mein; und nun ist das Meine meiner als jemals.
Nicht mit Kummer will ich's bewahren und sorgend genießen,
Sondern mit Mut und Kraft. Und drohen diesmal die Feinde,
Oder künftig, so rüste mich selbst und reiche die Waffen.
Weiß ich durch dich nur versorgt das Haus und die liebenden Eltern,
O, so stellt sich die Brust dem Feinde sicher entgegen.
Und gedächte jeder wie ich, so stünde die Macht auf
Gegen die Macht, und wir erfreuten uns alle des Friedens.

VON DEUTSCHER BAUKUNST

D. M. Ervini a Steinbach. 1773

Als ich auf deinem Grabe herumwandelte, edler *Erwin*, und den Stein suchte, der mir deuten sollte: Anno domini 1318. XVI. Kal. Febr. obiit Magister Ervinus, Gubernator Fabricae Ecclesiae Argentinensis, und ich ihn nicht finden, keiner deiner Landsleute mir ihn zeigen konnte, daß sich meine Verehrung deiner an der heiligen Stätte ergossen hätte, da ward ich tief in die Seele betrübt, und mein Herz, jünger, wärmer, töriger und besser als jetzt, gelobte dir ein Denkmal, wenn ich zum ruhigen Genuß meiner Besitztümer gelangen würde, von Marmor oder Sandsteinen, wie ich's vermöchte.

Was braucht's dir Denkmal! Du hast dir das herrlichste errichtet; und kümmert die Ameisen, die drum krabbeln, dein Name nichts, hast du gleiches Schicksal mit dem Baumeister, der Berge auftürmte in die Wolken.

Wenigen ward es gegeben, einen Babelgedanken in der Seele zu erzeugen, ganz, groß, und bis in den kleinsten Teil notwendig schön, wie Bäume Gottes; wenigern, auf tausend bietende Hände zu treffen, Felsengrund zu graben, steile Höhen darauf zu zaubern, und dann sterbend ihren Söhnen zu sagen: ich bleibe bei euch, in den Werken meines Geistes, vollendet das Begonnene in die Wolken.

Was braucht's dir Denkmal! und von mir! Wenn der Pöbel heilige Namen ausspricht, ist's Aberglaube oder Lästerung. Dem schwachen Geschmäckler wird's immer schwindeln an deinem Koloß, und ganze Seelen werden dich erkennen ohne Deuter.

Also nur, trefflicher Mann, eh' ich mein geflicktes Schiffchen wieder auf den Ozean wage, wahrscheinlicher dem Tod als dem Gewinst entgegen, siehe hier in diesem Hain, wo ringsum die Namen meiner Geliebten grünen, schneid' ich den deinigen in eine deinem Turm gleich schlank aufsteigende Buche, hänge an seinen vier Zipfeln dies Schnupftuch mit Gaben dabei auf — nicht ungleich jenem Tuche, das dem heiligen Apostel aus den Wolken herabgelassen worden, voll reiner und unreiner Tiere; so auch voll Blumen, Blüten, Blätter, auch wohl dürres Gras und Moos und über Nacht geschossene Schwämme, das alles ich auf dem Spaziergang durch unbedeutende Gegenden, kalt zu meinem Zeitvertreib botanisierend eingesammelt, dir nun zu Ehren der Verwesung weihe.

Es ist im kleinen Geschmack, sagt der Italiäner, und geht vorbei. Kindereien, lallt der Franzose nach, und schnellt triumphierend auf seine Dose à la Grecque. Was habt ihr getan, daß ihr verachten dürft?

Hat nicht der seinem Grab entsteigende Genius der Alten den deinen gefesselt, Wälscher! Krochst an den mächtigen Resten Verhältnisse zu betteln, flicktest aus den heiligen Trümmern dir Lusthäuser zusammen, und hältst dich für Verwahrer der Kunstgeheimnisse, weil du auf Zoll und Linie von Riesengebäuden Rechenschaft geben kannst. Hättest du mehr gefühlt als gemessen, wäre der Geist der Massen über dich gekommen, die du anstauntest, du hättest nicht so nur nachgeahmt, weil sie's taten und es schön ist; notwendig und wahr hättest du deine Plane geschaffen, und lebendige Schönheit wäre bildend aus ihnen gequollen.

So hast du deinen Bedürfnissen einen Schein von Wahrheit und Schönheit aufgetüncht. Die herrliche Wirkung der Säulen traf dich, du wolltest auch ihrer brauchen und mauertest sie ein, wolltest auch Säulenreihen haben, und umzirkeltest den Vorhof der Peterskirche mit Marmorgängen, die nirgends hin noch her führen, daß Mutter Natur, die das Ungehörige und Unnötige verachtet und haßt, deinen Pöbel trieb, jene Herrlichkeit zu öffentlichen Kloaken zu prostituieren, daß ihr die Augen wegwendet und die Nasen zuhaltet vor'm Wunder der Welt.

Das geht nun alles seinen Gang: die Grille des Künstlers dient dem Eigensinne des Reichen; der Reisebeschreiber gafft, und unsere schönen Geister, genannt Philosophen, erdrechseln aus protoplastischen Märchen Prinzipien und Geschichte der Künste bis auf den heutigen Tag, und echte Menschen ermordet der böse Genius im Vorhof der Geheimnisse.

Schädlicher als Beispiele sind dem Genius Prinzipien. Vor ihm mögen einzelne Menschen einzelne Teile bearbeitet haben. Er ist der erste, aus dessen Seele die Teile, in Ein ewiges Ganzes zusammen gewachsen, hervortreten. Aber Schule und Prinzipium fesselt alle Kraft der Erkenntnis und Tätigkeit. Was soll uns das, du neu-französischer philosophierender Kenner, daß der erste zum Bedürfnis erfindsame Mensch vier Stämme einrammelte, vier Stangen drüber verband, und Äste und Moos drauf deckte? Daraus entscheidest du das Gehörige unserer heurigen Bedürfnisse, eben als wenn du dein neues Babylon mit einfältigem patriarchalischem Hausvatersinn regieren wolltest.

Und es ist noch dazu falsch, daß deine Hütte die erstgeborne der Welt ist. Zwei an ihrem Gipfel sich kreuzende Stangen vornen, zwei hinten und eine Stange quer über zum First, ist und bleibt, wie du alltäglich an Hütten der Felder und Weinberge erkennen kannst, eine weit primävere Erfindung, von der du doch nicht einmal Prinzipium für deine Schweinställe abstrahieren könntest.

So vermag keiner deiner Schlüsse sich zur Region der Wahrheit zu erheben, sie schweben alle in der Atmosphäre deines Systems. Du willst uns lehren was wir brauchen sollen, weil das, was wir brauchen, sich nach deinen Grundsätzen nicht rechtfertigen läßt.

Die Säule liegt dir sehr am Herzen, und in anderer Weltgegend wärst du Prophet. Du sagst: die Säule ist der erste, wesentliche Bestandteil des Gebäudes, und der schönste. Welche erhabene Eleganz der Form, welche reine mannichfaltige Größe, wenn sie in Reihen dastehen! Nur hütet euch sie ungehörig zu brauchen; ihre Natur ist, freizustehn. Wehe den Elenden, die ihren schlanken Wuchs an plumpe Mauern geschmiedet haben!

Und doch dünkt mich, lieber Abt, hätte die öftere Wiederholung dieser Unschicklichkeit des Säuleneinmauerns, daß die Neuern sogar antiker Tempel Intercolumnia mit Mauerwerk ausstopften, dir einiges Nachdenken erregen können. Wäre dein Ohr nicht für Wahrheit taub, diese Steine würden sie dir gepredigt haben.

Säule ist mit nichten ein Bestandteil unserer Wohnungen; sie widerspricht vielmehr dem Wesen all unserer Gebäude. Unsere Häuser entstehen nicht aus vier Säulen in vier Ecken; sie entstehen aus vier Mauern auf vier Seiten, die statt aller Säulen sind, alle Säulen ausschließen, und wo ihr sie anflickt, sind sie belastender Überfluß. Eben das gilt von unsern Palästen und Kirchen, wenige Fälle ausgenommen, auf die ich nicht zu achten brauche.

Eure Gebäude stellen euch also Flächen dar, die, je weiter sie sich ausbreiten, je kühner sie zum Himmel steigen, mit desto unerträglicherer Einförmigkeit die Seele unterdrücken müssen! Wohl! wenn uns der Genius nicht zu Hülfe käme, der *Erwinen von Steinbach* eingab: vermannichfaltige die ungeheure Mauer, die du gen Himmel führen sollst, daß sie aufsteige gleich einem hocherhabenen, weitverbreiteten Baume Gottes, der mit tausend Ästen, Millionen Zweigen, und Blättern wie Sand am Meer, ringsum der Gegend verkündet die Herrlichkeit des Herrn, seines Meisters.

Als ich das erstemal nach dem Münster ging, hatt' ich den Kopf voll allgemeiner Erkenntnis guten Geschmacks. Auf Hörensagen ehrt' ich die Harmonie der Massen, die Reinheit der Formen, war ein abgesagter Feind der verworrenen Willkürlichkeiten gotischer Verzierungen. Unter der Rubrik *gotisch*, gleich dem Artikel eines Wörterbuchs, häufte ich alle synonymischen Mißverständnisse, die mir von Unbestimmtem, Ungeordnetem, Unnatürlichem, Zusammengestoppeltem, Aufgeflicktem, Überladenem, jemals durch den Kopf gezogen waren. Nicht gescheiter als ein Volk, das die ganze fremde Welt barbarisch nennt, hieß alles *gotisch*, was nicht in mein System paßte, von dem gedrechselten, bunten Puppen- und Bilderwerk an, womit unsere bürgerlichen Edelleute ihre Häuser schmükken, bis zu den ernsten Resten der älteren deutschen Baukunst, über die ich, auf Anlaß einiger abenteuerlichen Schnörkel, in den allgemeinen Gesang stimmte: »Ganz von Zierrat erdrückt!« und so graute mir's im Gehen vor'm Anblick eines mißgeformten krausborstigen Ungeheuers.

Mit welcher unerwarteten Empfindung überraschte mich der Anblick, als ich davor trat! Ein ganzer, großer Eindruck füllte meine Seele, den, weil er aus tausend harmonierenden Einzelnheiten bestand, ich wohl schmecken und genießen, keineswegs aber erkennen und erklären konnte. Sie sagen, daß es also mit den Freuden des Himmels sei. Wie oft bin ich zurückgekehrt, diese himmlisch-irdische Freude zu genießen, den

Riesengeist unserer ältern Brüder in ihren Werken zu umfassen. Wie oft bin ich zurückgekehrt, von allen Seiten, als allen Entfernungen, in jedem Lichte des Tags zu schauen seine Würde und Herrlichkeit. Schwer ist's dem Menschengeist, wenn seines Bruders Werk so hoch erhaben ist, daß er nur beugen und anbeten muß. Wie oft hat die Abenddämmerung mein durch forschendes Schauen ermattetes Auge mit freundlicher Ruhe geletzt, wenn durch sie die unzähligen Teile zu ganzen Massen schmolzen, und nun diese, einfach und groß, vor meiner Seele standen, und meine Kraft sich wonnevoll entfaltete, zugleich zu genießen und zu erkennen. Da offenbarte sich mir, in leisen Ahnungen, der Genius des großen Werkmeisters. Was staunst du, lispelt' er mir entgegen. Alle diese Massen waren notwendig, und siehst du sie nicht an allen älteren Kirchen meiner Stadt? Nur ihre willkürlichen Größen hab' ich zum stimmenden Verhältnis erhoben. Wie über dem Haupteingange, der zwei kleinere zur Seite beherrscht, sich der weite Kreis des Fensters öffnet, der dem Schiffe der Kirche antwortet und sonst nur Tageloch war, wie hoch darüber der Glockenplatz die kleineren Fenster forderte! das all' war notwendig, und ich bildete es schön. Aber ach, wenn ich durch die düsteren erhabenen Öffnungen hier zur Seite schwebe, die leer und vergebens da zu stehen scheinen. In ihre kühne schlanke Gestalt hab' ich die geheimnisvollen Kräfte verborgen, die jene beiden Türme hoch in die Luft heben sollten, deren, ach, nur einer traurig da steht, ohne den fünfgetürmten Hauptschmuck, den ich ihm bestimmte, daß ihm und seinem königlichen Bruder die Provinzen umher huldigten. — Und so schied er von mir, und ich versank in teilnehmende Traurigkeit, bis die Vögel des Morgens, die in seinen tausend Öffnungen wohnen, der Sonne entgegen jauchzten, und mich aus dem Schlummer weckten. Wie frisch leuchtet' er im Morgenduftglanz mir entgegen, wie froh konnt' ich ihm meine Arme entgegen strecken, schauen die großen harmonischen Massen, zu unzählig kleinen Teilen belebt: wie in Werken der ewigen Natur, bis auf's geringste Zäserchen, alles Gestalt, und alles zweckend zum Ganzen; wie das festgegründete ungeheure Gebäude sich leicht in die Luft hebt; wie durchbrochen alles und doch für die Ewigkeit. Deinem Unterricht dank' ich's, Genius, daß mir's nicht mehr schwindelt an deinen Tiefen, daß in meine Seele ein Tropfen sich senkt der Wonneruh des Geistes, der auf solch eine Schöpfung herabschauen, und Gott gleich sprechen kann: es ist gut!

Und nun soll ich nicht ergrimmen, heiliger *Erwin*, wenn der deutsche Kunstgelehrte, auf Hörensagen neidischer Nachbarn, seinen Vorzug verkennt, dein Werk mit dem unverstandenen Worte *gotisch* verkleinert, da er Gott danken sollte, laut verkündigen zu können, das ist deutsche Baukunst, unsere Baukunst, da der Italiäner sich keiner eigenen rühmen darf, viel weniger der Franzos. Und wenn du dir selbst diesen Vorzug nicht zugestehen willst, so erweis uns, daß die Goten schon wirklich so gebaut haben, wo sich einige Schwierigkeiten finden werden. Und, ganz am Ende, wenn du nicht dartust, ein Homer sei schon vor dem Homer gewesen, so lassen wir dir gerne die Geschichte kleiner gelungener und mißlungener Versuche, und treten anbetend vor das Werk des Meisters, der zuerst die zerstreuten Elemente in ein lebendiges Ganzes zusammenschuf. Und du, mein lieber Bruder im Geiste des Forschens nach Wahrheit und Schönheit, verschließ dein Ohr vor allem Wortgeprahle über bildende Kunst, komm, genieße und schaue. Hüte dich, den Namen deines edelsten Künstlers zu entheiligen, und eile herbei, daß du schauest sein herrliches Werk. Macht es dir einen widrigen Eindruck, oder keinen, so gehab dich wohl, laß einspannen, und so weiter nach Paris.

Aber zu dir, teurer Jüngling, gesell' ich mich, der du bewegt dastehst, und die Widersprüche nicht vereinigen kannst, die sich in deiner Seele kreuzen, bald die unwiderstehliche Macht des großen Ganzen fühlst, bald mich einen Träumer schiltst, daß ich da Schönheit sehe, wo du nur Stärke und Rauhheit siehst. Laß einen Mißverstand uns nicht trennen, laß die weiche Lehre neuerer Schönheitelei dich für das bedeutende Rauhe nicht verzärteln, daß nicht zuletzt deine kränkelnde Empfindung nur eine unbedeutende Glätte ertragen könne. Sie wollen euch glauben machen, die schönen Künste seien entstanden aus dem Hang, den wir haben sollen, die Dinge rings um uns zu verschönern. Das ist nicht wahr! Denn in dem Sinne, darin es wahr sein könnte, braucht wohl der Bürger und Handwerker die Worte, kein Philosoph.

Die Kunst ist lange bildend, eh' sie schön ist, und doch so wahre, große Kunst, ja oft wahrer und größer als die schöne selbst. Denn in dem Menschen ist eine bildende Natur, die gleich sich tätig beweis't, wann seine Existenz gesichert ist. Sobald er nichts zu sorgen und zu fürchten hat, greift der Halbgott, wirksam in seiner Ruhe, umher nach Stoff ihm seinen Geist einzuhauchen. Und so modelt der Wilde mit abenteuerlichen Zügen, gräßlichen Gestalten, hohen Farben, seine Kokos, seine Federn, und seinen Körper. Und laßt diese Bildnerei aus den willkürlichsten Formen bestehen, sie wird ohne Gestaltsverhältnis zusammenstimmen, denn Eine Empfindung schuf sie zum charakteristischen Ganzen.

Diese charakteristische Kunst ist nun die einzige wahre. Wenn sie aus inniger, einiger, eigner, selbstständiger Empfindung um sich wirkt, unbekümmert, ja unwissend alles Fremden, da mag sie aus rauher Wildheit, oder aus gebildeter Empfindsamkeit geboren werden, sie ist ganz und lebendig. Da seht ihr bei Nationen und einzelnen Menschen dann unzählige Grade. Je mehr sich die Seele erhebt zu dem Gefühl der Verhältnisse, die allein schön und von Ewigkeit sind, deren Hauptakkorde man beweisen, deren Geheimnisse man nur fühlen kann, in denen sich allein das Leben des gottgleichen Genius in seligen Melodien herumwälzt; je mehr diese Schönheit in das Wesen eines Geistes eindringt, daß sie mit ihm entstanden zu sein scheint, daß ihm nichts genug tut als sie, daß er nichts aus sich wirkt als sie, desto glücklicher ist der Künstler, desto herrlicher ist er, desto tiefgebeugter stehen wir da und beten an den Gesalbten Gottes.

Und von der Stufe, auf welche *Erwin* gestiegen ist, wird ihn keiner herabstoßen. Hier steht sein Werk, tretet hin, und erkennt das tiefste Gefühl von Wahrheit und Schönheit der Verhältnisse, wirkend aus starker, rauher, deutscher Seele, auf dem eingeschränkten düstern Pfaffenschauplatz des medii aevi.

Und unser aevum? hat auf seinen Genius verziehen, hat seine Söhne umhergeschickt, fremde Gewächse zu ihrem Verderben einzusammeln. Der leichte Franzose, der noch weit ärger stoppelt, hat wenigstens eine Art von Witz, seine Beute zu Einem Ganzen zu fügen, er baut jetzt aus griechischen Säulen und deutschen Gewölben seiner Magdalene einen Wundertempel. Von einem unserer Künstler, als er ersucht ward, zu einer altdeutschen Kirche ein Portal zu erfinden, hab' ich gesehen ein Modell fertigen, stattlichen antiken Säulenwerks.

Wie sehr unsere geschminkten Puppenmaler mir verhaßt sind, mag ich nicht deklamieren. Sie haben durch theatralische Stellungen, erlogene Teints, und bunte Kleider die Augen der Weiber gefangen. Männlicher Albrecht Dürer, den die Neulinge anspötteln, deine holzgeschnitzteste Gestalt ist mir willkommener.

Und ihr selbst, treffliche Menschen, denen die höchste Schönheit zu genießen gegeben ward, und nunmehr herabtretet, zu verkünden eure Seligkeit, ihr schadet dem Genius. Er will auf keinen fremden Flügeln, und wären's die Flügel der Morgenröte, emporgehoben und fortgerückt werden. Seine eigenen Kräfte sind's, die sich im Kindertraum entfalten, im Jünglingsleben bearbeiten, bis er stark und behend wie der Löwe des Gebirges auseilt auf Raub. Drum erzieht sie meist die Natur, weil ihr Pädagogen ihm nimmer den mannichfaltigen Schauplatz erkünsteln könnt, stets im gegenwärtigen Maß seiner Kräfte zu handeln und zu genießen.

Heil dir, Knabe! der du mit einem scharfen Aug' für Verhältnisse geboren wirst, dich mit Leichtigkeit an allen Gestalten zu üben. Wenn denn nach und nach die Freude des Lebens um dich erwacht, und du jauchzenden Menschengenuß nach Arbeit, Furcht und Hoffnung fühlst; das mutige Geschrei des Winzers, wenn die Fülle des Herbsts seine Gefäße anschwellt, den belebten Tanz des Schnitters, wenn er die müßige Sichel hoch in den Balken geheftet hat; wenn dann männlicher die gewaltige Nerve der Begierden und Leiden in deinem Pinsel lebt, du gestrebt und gelitten genug hast, und genug genossen, und satt bist irdischer Schönheit, und wert bist auszuruhen in dem Arme der Göttin, wert an ihrem Busen zu fühlen, was den vergötterten Herkules neu gebar — nimm ihn auf, himmlische Schönheit, du Mittlerin zwischen Göttern und Menschen, und mehr als Prometheus leit' er die Seligkeit der Götter auf die Erde.

EINFACHE NACHAHMUNG DER NATUR, MANIER, STIL

Es scheint nicht überflüssig zu sein, genau anzuzeigen, was wir uns bei diesen Worten denken, welche wir öfters brauchen werden. Denn wenn man sich gleich auch derselben schon lange in Schriften bedient, wenn sie gleich durch theoretische Schriften bestimmt zu sein scheinen, so braucht denn doch jeder sie meistens in einem eignen Sinne, und denkt sich mehr oder weniger dabei, je schärfer oder schwächer er den Begriff gefaßt hat, der dadurch ausgedrückt werden soll.

Einfache Nachahmung der Natur

Wenn ein Künstler, bei dem man das natürliche Talent voraussetzen muß, in der frühsten Zeit, nachdem er nur einigermaßen Auge und Hand an Mustern geübt, sich an die Gegenstände der Natur wendete, mit Treue und Fleiß ihre Gestalten, ihre Farben auf das genaueste nachahmte, sich gewissenhaft niemals von ihr entfernte, jedes Gemälde, das er zu fertigen hätte, wieder in ihrer Gegenwart anfinge und vollendete, ein solcher würde immer ein schätzenswerter Künstler sein: denn es könnte ihm nicht fehlen, daß es in einem unglaublichen Grade wahr würde, daß seine Arbeiten sicher, kräftig und reich sein müßten.

Wenn man diese Bedingungen genau überlegt, so sieht man leicht, daß eine zwar fähige aber beschränkte Natur angenehme aber beschränkte Gegenstände auf diese Weise behandeln könne.

Solche Gegenstände müssen leicht und immer zu haben sein; sie müssen bequem gesehen und ruhig nachgebildet werden können; das Gemüt, das sich mit einer solchen Arbeit beschäftigt, muß still, in sich gekehrt, und in einem mäßigen Genuß genügsam sein.

Diese Art der Nachbildung würde also bei sogenannten toten oder stillliegenden Gegenständen von ruhigen, treuen, eingeschränkten Menschen in Ausübung gebracht werden. Sie schließt ihrer Natur nach eine hohe Vollkommenheit nicht aus.

Manier

Allein gewöhnlich wird dem Menschen eine solche Art zu verfahren zu ängstlich, oder nicht hinreichend. Er sieht eine Übereinstimmung vieler Gegenstände, die er nur in ein Bild bringen kann indem er das Einzelne aufopfert; es verdrießt ihn, der Natur ihre Buchstaben im Zeichnen nur gleichsam nachzubuchstabieren; er erfindet sich selbst eine Weise, macht sich selbst eine Sprache, um das, was er mit der Seele ergriffen, wieder nach seiner Art auszudrücken, einem Gegenstande den er öfters wiederholt hat, eine eigne bezeichnende Form zu geben, ohne, wenn er ihn wiederholt, die Natur selbst vor sich zu haben, noch auch sich geradezu ihrer ganz lebhaft zu erinnern.

Nun wird es eine Sprache, in welcher sich der Geist des Sprechenden unmittelbar ausdrückt und bezeichnet. Und wie die Meinungen über sittliche Gegenstände sich in der Seele eines jeden, der selbst denkt, anders reihen und gestalten, so wird auch jeder Künstler dieser Art die Welt anders sehen, ergreifen und nachbilden, er wird ihre Erscheinungen bedächtiger oder leichter fassen, er wird sie gesetzter oder flüchtiger wieder hervorbringen.

Wir sehen daß diese Art der Nachahmung am geschicktesten bei Gegenständen angewendet wird, welche in einem großen Ganzen viele kleine subordinierte Gegenstände enthalten. Diese letztern müssen aufgeopfert werden, wenn der allgemeine Ausdruck des großen Gegenstandes erreicht werden soll, wie z. E. bei Landschaften der Fall ist, wo man ganz die Absicht verfehlen würde, wenn man sich ängstlich bei'm Einzelnen aufhalten und den Begriff des Ganzen nicht vielmehr festhalten wollte.

Stil

Gelangt die Kunst durch Nachahmung der Natur, durch Bemühung sich eine allgemeine Sprache zu machen, durch genaues und tiefes Studium der Gegenstände selbst endlich dahin, daß sie die Eigenschaften der Dinge und die Art wie sie bestehen, genau und immer genauer kennen lernt, daß sie die Reihe der Gestalten übersieht, und die verschiedenen charakteristischen Formen neben einander zu stellen und nachzuahmen weiß: dann wird der *Stil* der höchste Grad wohin sie gelangen kann, der Grad, wo sie sich den höchsten menschlichen Bemühungen gleichstellen darf.

Wie die einfache Nachahmung auf dem ruhigen Dasein und einer liebevollen Gegenwart beruht, die Manier eine Erscheinung mit einem leichten fähigen Gemüt ergreift, so ruht der *Stil* auf den tiefsten Grundfesten der Erkenntnis, auf dem Wesen der Dinge, in so fern uns erlaubt ist es in sichtbaren und greiflichen Gestalten zu erkennen.

Die Ausführung des oben Gesagten würde ganze Bände einnehmen; man kann auch schon manches darüber in Büchern finden; der reine Begriff aber ist allein an der Natur und den Kunstwerken zu studieren. Wir fügen noch einige Betrachtungen hinzu, und werden, so oft von bildender Kunst die Rede ist, Gelegenheit haben uns dieser Blätter zu erinnern.

Es läßt sich leicht einsehen, daß diese drei hier von einander geteilten Arten, Kunstwerke hervorzubringen, genau mit einander verwandt sind, und daß eine in die andere sich zart verlaufen kann.

Die einfache Nachahmung leicht faßlicher Gegenstände (wir wollen hier zum Beispiel Blumen und Früchte nehmen) kann schon auf einen hohen Grad gebracht werden. Es ist natürlich, daß einer, der Rosen nachbildet, bald die schönsten und frischesten Rosen kennen und unterscheiden, und unter Tausenden, die ihm der Sommer anbietet, heraussuchen werde. Also tritt hier schon die Wahl ein, ohne daß sich der Künstler einen allgemeinen bestimmten Begriff von der Schönheit der Rose gemacht hätte. Er hat mit faßlichen Formen zu tun; alles kommt auf die mannichfaltige Bestimmung und die Farbe der Oberfläche an. Die pelzige Pfirsche, die fein bestaubte Pflaume, den glatten Apfel, die glänzende Kirsche, die blendende Rose, die mannichfaltigen Nelken, die bunten Tulpen, alle wird er nach Wunsch im höchsten Grade der Vollkommenheit ihrer Blüte und Reife in seinem stillen Arbeitszimmer vor sich haben; er wird ihnen die günstigste Beleuchtung geben; sein Auge wird sich an die Harmonie der glänzenden Farben, gleichsam spielend, gewöhnen; er wird alle Jahre dieselben Gegenstände zu erneuern wieder im Stande sein, und durch eine ruhige nachahmende Betrachtung des simpeln Daseins die Eigenschaften dieser Gegenstände ohne mühsame Abstraktion erkennen und fassen: und so werden die Wunderwerke eines Huysum, einer Rachel Ruysch entstehen, welche Künstler sich gleichsam über das Mögliche hinüber gearbeitet haben. Es ist offenbar, daß ein solcher Künstler nur desto größer und entschiedener werden muß, wenn er zu seinem Talente noch ein unterrichteter Botaniker ist; wenn er von der Wurzel an den Einfluß der verschiedenen Teile auf das Gedeihen und den Wachstum der Pflanze, ihre Bestimmung und wechselseitigen Wirkungen erkennt; wenn er die sukzessive Entwicklung der Blätter, Blumen, Befruchtung, Frucht und des neuen Keimes einsiehet und überdenkt. Er wird alsdann nicht bloß durch die Wahl aus den Erscheinungen seinen Geschmack zeigen, sondern er wird uns auch durch eine richtige Darstellung der Eigenschaften zugleich in Verwunderung setzen und belehren. In diesem Sinne würde man sagen können, er habe sich einen Stil gebildet, da man von der andern Seite leicht einsehen kann, wie ein solcher Meister, wenn er es nicht gar so genau nähme, wenn er nur das Auffallende, Blendende leicht auszudrücken beflissen wäre, gar bald in die Manier übergehen würde.

Die einfache Nachahmung arbeitet also gleichsam im Vorhofe des Stils. Je treuer, sorgfältiger, reiner sie zu Werke geht, je ruhiger sie das was sie erblickt, empfindet, je gelassener sie es nachahmt, je mehr sie sich dabei zu denken gewöhnt, das heißt, je mehr sie das Ähnliche zu vergleichen, das Unähnliche von einander abzusondern, und einzelne Gegenstände unter allgemeine Begriffe zu ordnen lernet, desto würdiger wird sie sich machen, die Schwelle des Heiligtums selbst zu betreten.

Wenn wir nun ferner die Manier betrachten, so sehen wir, daß sie im höchsten Sinne und in der reinsten Bedeutung des Worts ein Mittel zwischen der einfachen Nachahmung und dem Stil sein könne. Je mehr sie bei ihrer leichteren Methode sich der treuen Nachahmung nähert, je eifriger sie von der andern Seite das Charakteristische der Gegenstände zu ergreifen und faßlich auszudrücken sucht, je mehr sie beides durch eine reine, lebhafte, tätige Individualität verbindet, desto höher, größer und respektabler wird sie werden. Unterläßt ein solcher Künstler sich an die Natur zu halten und an die Natur zu denken, so wird er sich immer mehr von der Grundfeste der Kunst entfernen, seine Manier wird immer leerer und unbedeutender werden, je weiter sie sich von der einfachen Nachahmung und von dem Stil entfernt.

Wir brauchen hier nicht zu wiederholen, daß wir das Wort Manier in einem hohen und respektablen Sinne nehmen, daß also die Künstler, deren Arbeiten, nach unsrer Meinung, in den Kreis der Manier fallen, sich über uns nicht zu beschweren haben. Es ist uns bloß angelegen, das Wort Stil in den höchsten Ehren zu halten, damit uns ein Ausdruck übrig bleibe um den höchsten Grad zu bezeichnen, welchen die Kunst je erreicht hat und je erreichen kann. Diesen Grad auch nur erkennen, ist schon eine große Glückseligkeit, und davon sich mit Verständigen unterhalten ein edles Vergnügen, das wir uns in der Folge zu verschaffen manche Gelegenheit finden werden.

ÜBER DEN GRANIT

Der Granit war in den ältsten Zeiten schon eine merkwürdige Steinart und ist es zu den unsrigen noch mehr geworden. Die Alten kannten ihn nicht unter diesem Namen. Sie nannten ihn Syenit, von Syene, einem Orte an den Gränzen von Äthyopien. Die ungeheuren Massen dieses Steines flößten Gedanken zu ungeheuren Werken den Ägyptiern ein. Ihre Könige errichteten der Sonne zu Ehren Spitzsäulen aus ihm, und von seiner rotgespengten Farbe erhielt er in der Folge den Namen des Feurigbunten. Noch sind die Sphynxe, die Memnonsbilder, die ungeheuren Säulen die Bewunderung der Reisenden und noch am heutigen Tage hebt der ohnmächtige Herr von Rom die Trümmer eines alten Obelisken in die Höhe, die seine allgewaltige Vorfahren aus einem fremden Weltteile ganz herüber brachten.

Die Neuern gaben dieser Gesteinart den Namen, den sie jetzt trägt von ihrem körnigten Ansehen, und sie mußte in unsern Tagen erst einige Augenblicke der Erniedrigung dulden, ehe sie sich zu dem Ansehen, in dem sie nun bei allen Naturkundigen steht, empor hob. Die ungeheuren Massen jener Spitzsäulen und die wunderbare Abwechselung ihres Kornes verleiteten einen italiänischen Naturforscher zu glauben, daß sie von den Ägyptiern durch Kunst aus einer flüssigen Masse zusammen gehäuft seien.

Aber diese Meinung verwehete geschwind, und die Würde dieses Gesteines wurde von vielen trefflich beobachtenden Reisenden endlich befestigt. Jeder Weg in unbekannte Gebirge bestätigte die alte Erfahrung, daß das Höchste und das Tiefste Granit sei, daß diese Steinart, die man nun näher kennen und von andern unterscheiden lernte, die Grundveste unserer Erde sei, worauf sich alle übrigen mannichfaltigen Gebirge hinauf gebildet. In den innersten Eingeweiden der Erde ruht sie unerschüttert, ihre hohe Rücken steigen empor, deren Gipfel nie das alles umgebende Wasser erreichten. So viel wissen wir von diesem Gesteine und wenig mehr. Aus bekannten Bestandteilen, auf eine geheimnisreiche Weise zusammengesetzt, erlaubt es eben so wenig seinen Ursprung aus Feuer wie aus Wasser herzuleiten. Höchst mannichfaltig, in der größten Einfalt wechselt seine Mischung in's Unzählige ab. Die Lage und das Verhältnis seiner Teile, seine Dauer, seine Farbe ändert sich mit jedem Gebirge, und die Massen eines jeden Gebirges sind oft von Schritt zu Schritt wieder in sich unterschieden, und im Ganzen doch wieder immer einander gleich. Und so wird jeder, der den Reiz kennt, den natürliche Geheimnisse für den Menschen haben, sich nicht wundern, daß ich den Kreis der Beobachtungen, den ich sonst betreten, verlassen und mich mit einer recht leidenschaftlichen Neigung in diesen gewandt habe. Ich fürchte den Vorwurf nicht, daß es ein Geist des Widerspruches sein müsse, der mich von Betrachtung und Schilderung des menschlichen Herzens, des jüngsten, mannichfaltigsten, beweglichsten, veränderlichsten, erschütterlichsten Teiles der Schöpfung zu der Beobachtung des ältesten, festesten, tiefsten, unerschütterlichsten Sohnes der Natur geführt hat. Denn man wird mir gerne zugeben, daß alle natürlichen Dinge in einem genauen Zusammenhange stehen, daß der forschende Geist sich nicht gerne von etwas Erreichbarem ausschließen läßt. Ja man gönne mir, der ich durch die Abwechselungen der menschlichen Gesinnungen, durch die schnellen Bewegungen derselben in mir selbst und in andern manches gelitten habe und leide, die erhabene Ruhe, die jene einsame stumme Nähe der großen, leise sprechenden Natur gewährt, und wer davon eine Ahndung hat, folge mir.

Mit diesen Gesinnungen nähere ich mich euch, ihr ältesten würdigsten Denkmäler der Zeit. Auf einem hohen nackten Gipfel sitzend und eine weite Gegend überschauend kann ich mir sagen: Hier ruhst du unmittelbar auf einem Grunde, der bis zu den tiefsten Orten der Erde hinreicht, keine neuere Schicht, keine aufgehäufte zusammengeschwemmte Trümmer haben sich zwischen dich und den festen Boden der Urwelt gelegt, du gehst nicht wie in jenen fruchtbaren schönen Tälern über ein anhaltendes Grab, diese Gipfel haben nichts Lebendiges erzeugt und nichts Lebendiges verschlungen, sie sind vor allem Leben und über alles Leben. In diesem Augenblicke, da die innern anziehenden und bewegenden Kräfte der Erde gleichsam unmittelbar auf mich wirken, da die Einflüsse des Himmels mich näher umschweben, werde ich zu höheren Betrachtungen der Natur hinauf gestimmt, und wie der Menschengeist alles belebt, so wird auch ein Gleichnis in mir rege, dessen Erhabenheit ich nicht widerstehen kann. So einsam sage ich zu mir selber, indem ich diesen ganz nackten Gipfel hinab sehe, und kaum in der Ferne am Fuße ein geringwachsendes Moos erblicke, so einsam sage ich, wird es dem Menschen zu Mute, der nur den ältsten, ersten, tiefsten Gefühlen der Wahrheit seine Seele eröffnen will.

Ja, er kann zu sich sagen: hier auf dem ältesten ewigen Altare, der unmittelbar auf die Tiefe der Schöpfung gebaut ist, bring' ich dem Wesen aller Wesen ein Opfer. Ich fühle die ersten festesten Anfänge unsers Daseins; ich überschaue die Welt, ihre schrofferen und gelinderen Täler und ihre fernen fruchtbaren Weiden, meine Seele wird über sich selbst und über alles erhaben und sehnt sich nach dem nähern Himmel. Aber bald ruft die brennende Sonne Durst und Hunger, seine menschlichen Bedürfnisse, zurück. Er sieht sich nach jenen Tälern um, über die sich sein Geist schon hinausschwang, er bemerkt die Bewohner jener fruchtbaren quellreichen Ebnen, die auf dem Schutte und Trümmern von Irrtümern und Meinungen ihre glücklichen Wohnungen aufgeschlagen haben, den

Staub ihrer Voreltern aufkratzen und das geringe Bedürfnis ihrer Tage in einem engen Kreise ruhig befriedigen. Vorbereitet durch diese Gedanken, dringt die Seele in die vergangene Jahrhunderte hinauf, sie vergegenwärtigt sich alle Erfahrungen sorgfältiger Beobachter, alle Vermutungen feuriger Geister. Diese Klippe, sage ich zu mir selber, stand schroffer, zackiger, höher in die Wolken, da dieser Gipfel noch als eine meerumflossne Insel in den alten Wassern dastand; um sie sauste der Geist, der über den Wogen brütete, und in ihrem weiten Schoße die höheren Berge aus den Trümmern des Urgebirges und aus ihren Trümmern und den Resten der eigenen Bewohner die späteren und ferneren Berge sich bildeten. Schon fängt das Moos zuerst sich zu erzeugen an, schon bewegen sich seltner die schaligen Bewohner des Meeres, es senkt sich das Wasser, die höhern Berge werden grün, es fängt alles an, von Leben zu wimmeln.

Aber bald setzen sich diesem Leben neue Szenen der Zerstörungen entgegen. In der Ferne heben sich tobende Vulkane in die Höhe; sie scheinen der Welt den Untergang zu drohen, jedoch unerschüttert bleibt die Grundveste, auf der ich noch sicher ruhe, indes die Bewohner der fernen Ufer und Inseln unter dem untreuen Boden begraben werden. Ich kehre von jeder schweifenden Betrachtung zurück und sehe die Felsen selbst an, deren Gegenwart meine Seele erhebt und sicher macht. Ich sehe ihre Massen von verworrenen Rissen durchschnitten, hier gerade, dort gelehnt in die Höhe stehen, bald scharf über einander gebaut, bald in unförmlichen Klumpen wie über einander geworfen, und fast möchte ich bei dem ersten Anblicke ausrufen: hier ist nichts in seiner ersten alten Lage, hier ist alles Trümmer, Unordnung und Zerstörung. Eben diese Meinung werden wir finden, wenn wir von dem lebendigen Anschauen dieser Gebirge uns in die Studierstube zurücke ziehen und die Bücher unserer Vorfahren aufschlagen. Hier heißt es bald, das Urgebirge sei durchaus ganz, als wenn es aus einem Stücke gegossen wäre, bald es sei durch Flözklüfte in Lager und Bänke getrennt, die durch eine große Anzahl Gänge nach allen Richtungen durchschnitten werden, bald es sei dieses Gestein keine Schichten sondern in ganzen Massen, die ohne das geringste Regelmäßige abwechselnd getrennt seien, ein anderer Beobachter will dagegen bald starke Schichten, bald wieder Verwirrung angetroffen haben. Wie vereinigen wir alle diese Widersprüche und finden einen Leitfaden zu ferneren Beobachtungen?

Dies ist es, was ich zu tun mir gegenwärtig vorsetze; und sollte ich auch nicht so glücklich sein, wie ich wünsche und hoffe, so werden doch meine Bemühungen andern Gelegenheit geben weiter zu gehen; denn bei Beobachtungen sind selbst die Irrtümer nützlich, indem sie aufmerksam machen und dem Scharfsichtigen Gelegenheit geben sich zu üben. Nur möchte eine Warnung hier nicht überflüssig sein. Mehr für Ausländer, wenn diese Schrift bis zu ihnen kommen sollte als für Deutsche: diese Gesteinart von andern wohl unterscheiden zu lernen. Noch verwechseln die

Italiäner eine Lava mit dem kleinkörnichten Granit, und die Franzosen den Gneis, den sie blättrichten Granit oder Granit der zweiten Ordnung nennen; ja, sogar wir Deutsche, die wir sonst in dergleichen Dingen so gewissenhaft sind, haben noch vor kurzem das Toteliegende, eine zusammengebackene Steinart aus Quarz und Hornsteinarten und meist unter den Schieferflözen, ferner die graue Wacke des Harzes, ein innigeres Gemisch von Quarz und Schieferteilen, mit dem Granit verwechselt.

MAXIMEN UND REFLEXIONEN

aus „Kunst und Altertum“

Die Kunst ist ein ernsthaftes Geschäft, am ernsthaftesten, wenn sie sich mit edlen heiligen Gegenständen beschäftigt; der Künstler aber steht über der Kunst und dem Gegenstande: über jener, da er sie zu seinen Zwecken braucht, über diesem, weil er ihn nach eigner Weise behandelt.

Die bildende Kunst ist auf das Sichtbare angewiesen, auf die äußere Erscheinung des Natürlichen. Das rein Natürliche, insofern es sittlich gefällig ist, nennen wir naiv. Naive Gegenstände sind also das Gebiet der Kunst, die ein sittlicher Ausdruck des Natürlichen sein soll. Gegenstände, die nach beiden Seiten hinweisen, sind die günstigsten.

Das Naive als natürlich ist mit dem Wirklichen verschwistert. Das Wirkliche ohne sittlichen Bezug nennen wir gemein.

Die Kunst an und für sich selbst ist edel; deshalb fürchtet sich der Künstler nicht vor dem Gemeinen. Ja, indem er es aufnimmt, ist es schon geadelt, und so sehen wir die größten Künstler mit Kühnheit ihr Majestätsrecht ausüben.

In jedem Künstler liegt ein Keim von Verwegenheit, ohne den kein Talent denkbar ist, und dieser wird besonders rege, wenn man den Fähigen einschränken und zu einseitigen Zwecken dingen und brauchen will.

Raphael ist unter den neuern Künstlern und hier wohl der reinste. Er ist durchaus naiv, das Wirkliche kommt bei ihm nicht zum Streit mit dem Sittlichen oder gar Heiligen. Der Teppich, worauf die Anbetung der Könige abgebildet ist, eine überschwänglich herrliche Komposition, zeigt, von dem ältesten anbetenden Fürsten bis zu den Mohren und Affen, die sich auf den Kamelen mit Äpfeln ergetzen, eine ganze Welt. Hier durfte der heilige Joseph auch ganz naiv charakterisiert werden als Pflegevater, der sich über die eingekommenen Geschenke freut.

Auf den heiligen Joseph überhaupt haben es die Künstler abgesehen. Die Byzantiner, denen man nicht nachsagen kann, daß sie überflüssigen Humor anbrächten, stellen doch bei der Geburt den Heiligen immer verdrießlich vor. Das Kind liegt in der Krippe, die Tiere schauen hinein, verwundert, statt ihres trockenen Futters ein lebendiges, himmlisch-anmutiges Geschöpf zu finden. Engel verehren den Ankömmling; die Mutter sitzt still dabei; St. Joseph aber sitzt abgewendet und kehrt unmutig den Kopf nach der sonderbaren Szene.

Der Humor ist eins der Elemente des Genies, aber sobald er vorwaltet, nur ein Surrogat desselben; er begleitet die abnehmende Kunst, zerstört, vernichtet sie zuletzt.

Hierüber kann eine Arbeit anmutig aufklären, die wir vorbereiten: sämtliche Künstler nämlich, die uns schon von so manchen Seiten bekannt sind, ausschließlich von der *ethischen* zu betrachten, aus den Gegenständen und der Behandlung ihrer Werke zu entwickeln, was Zeit und Ort, Nation und Lehrmeister, was eigne unzerstörliche Individualität beigetragen, sich zu dem zu bilden, was sie wurden, sie bei dem zu erhalten, was sie waren.

Bedenklichstes

Gar oft im Laufe des Lebens, mitten in der größten Sicherheit des Wandels, bemerken wir auf einmal, daß wir in einem Irrtum befangen sind, daß wir uns für Personen, für Gegenstände einnehmen ließen, ein Verhältnis zu ihnen erträumten, das dem erwachten Auge sogleich verschwindet; und doch können wir uns nicht losreißen, eine Macht hält uns fest, die uns unbegreiflich scheint. Manchmal jedoch kommen wir zum völligen Bewußtsein und begreifen, daß ein Irrtum so gut als ein Wahres zur Tätigkeit bewegen und antreiben kann. Weil nun die Tat überall entscheidend ist, so kann aus einem tätigen Irrtum etwas Treffliches entstehen, weil die Wirkung jedes Getanen in's Unendliche reicht. So ist das Hervorbringen freilich immer das Beste, aber auch das Zerstören ist nicht ohne glückliche Folge.

Der wunderbarste Irrtum aber ist derjenige, der sich auf uns selbst und unsere Kräfte bezieht, daß wir uns einem würdigen Geschäft, einem ehrsamen Unternehmen widmen dem wir nicht gewachsen sind, daß wir nach einem Ziel streben das wir nie erreichen können. Die daraus entspringende Tantalisch-Sysiphische Qual empfindet jeder nur um desto bitterer, je redlicher er es meinte. Und doch sehr oft, wenn wir uns von dem Beabsichtigten für ewig getrennt sehen, haben wir schon auf unserm Wege irgend ein anderes Wünschenswertes gefunden, etwas uns Gemäßes, mit dem uns zu begnügen wir eigentlich geboren sind.

Eigenes und Angeeignetes in Sprüchen

Wenn der Mensch alles leisten soll, was man von ihm fordert, so muß er sich für mehr halten als er ist.

So lange das nicht in's Absurde geht, erträgt man's auch gern.

Die Arbeit macht den Gesellen.

Gewisse Bücher scheinen geschrieben zu sein, nicht damit man daraus lerne, sondern damit man wisse, daß der Verfasser etwas gewußt hat.

Sie peitschen den Quark, ob nicht etwas Crême daraus werden wolle.

Es ist weit eher möglich, sich in den Zustand eines Gehirns zu versetzen, das im entschiedensten Irrtum befangen ist, als eines, das Halbwahrheiten sich vorspiegelt.

Die Lust der Deutschen am Unsichern in den Künsten kommt aus der Pfuscherei her: denn wer pfuscht, darf das Rechte nicht gelten lassen, sonst wäre er gar nichts.

Es ist traurig anzusehen, wie ein außerordentlicher Mensch sich gar oft mit sich selbst, seinen Umständen, seiner Zeit herumwürgt, ohne auf einen grünen Zweig zu kommen. Trauriges Beispiel *Bürger.*

Die größte Achtung, die ein Autor für sein Publikum haben kann, ist, daß er niemals bringt was man erwartet, sondern was er selbst auf der jedesmaligen Stufe eigner und fremder Bildung für recht und nützlich hält.

Die Weisheit ist nur in der Wahrheit.

Wenn ich irre, kann es jeder bemerken, wenn ich lüge, nicht.

Der Deutsche hat Freiheit der Gesinnung und daher merkt er nicht, wenn es ihm an Geschmacks- und Geistesfreiheit fehlt.

Ist denn die Welt nicht schon voller Rätsel genug, daß man die einfachsten Erscheinungen auch noch zu Rätseln machen soll?

Das kleinste Haar wirft seinen Schatten.

Was ich in meinem Leben durch falsche Tendenzen versucht habe zu tun, hab' ich denn doch zuletzt gelernt begreifen.

Die Freigebigkeit erwirbt einem jeden Gunst, vorzüglich wenn sie von Demut begleitet wird.

Vor dem Gewitter erhebt sich zum letztenmale der Staub gewaltsam, der nun bald für lange getilgt sein soll.

Die Menschen kennen einander nicht leicht, selbst mit dem besten Willen und Vorsatz; nun tritt noch der böse Wille hinzu, der alles entstellt.

Man würde einander besser kennen, wenn sich nicht immer einer dem andern gleichstellen wollte.

Ausgezeichnete Personen sind daher übler dran als andere; da man sich mit ihnen nicht vergleicht, paßt man ihnen auf.

In der Welt kommt's nicht drauf an, daß man die Menschen kenne, sondern daß man im Augenblick klüger sei als der vor uns Stehende. Alle Jahrmärkte und Marktschreier geben Zeugnis.

Nicht überall wo Wasser ist, sind Frösche; aber wo man Frösche hört, ist Wasser.

Wer fremde Sprachen nicht kennt, weiß nichts von seiner eigenen.

Der Irrtum ist recht gut, so lange wir jung sind, man muß ihn nur nicht mit in's Alter schleppen.

Alle travers, die veralten, sind unnützes ranziges Zeug.

Durch die despotische Unvernunft des Kardinal *Richelieu* war *Corneille* an sich selbst irre geworden.

Die Natur gerät auf Spezifikationen wie in eine Sackgasse, sie kann nicht durch und mag nicht wieder zurück; daher die Hartnäckigkeit der Nationalbildung.

Metamorphose im höhern Sinn durch Nehmen und Geben, Gewinnen und Verlieren hat schon *Dante* trefflich geschildert.

Jeder hat etwas in seiner Natur, das, wenn er es öffentlich ausspräche, Mißfallen erregen müßte.

Wenn der Mensch über sein Physisches oder Moralisches nachdenkt, findet er sich gewöhnlich krank.

Es ist eine Forderung der Natur, daß der Mensch mitunter betäubt werde ohne zu schlafen, daher der Genuß im Tabakrauchen, Branntweintrinken, Opiaten.

Dem tätigen Menschen kommt es darauf an, daß er das Rechte tue; ob das Rechte geschehe, soll ihn nicht kümmern.

Mancher klopft mit dem Hammer an der Wand herum und glaubt, er treffe jedesmal den Nagel auf den Kopf.

Die französischen Worte sind nicht aus geschriebenen lateinischen Worten entstanden, sondern aus gesprochenen.

Das Zufällig-Wirkliche, an dem wir weder ein Gesetz der Natur noch der Freiheit für den Augenblick entdecken, nennen wir das Gemeine.

Bemalung und Punktierung der Körper ist eine Rückkehr zur Tierheit.

Geschichte schreiben ist eine Art, sich das Vergangene vom Halse zu schaffen.

Was man nicht versteht, besitzt man nicht.

Nicht jeder, dem man Prägnantes überliefert, wird produktiv; es fällt ihm wohl etwas ganz Bekanntes dabei ein.

Gunst, als Symbol der Souveränität, von schwachen Menschen ausgeübt.

Es gibt nichts Gemeines, was, fratzenhaft ausgedrückt, nicht humoristisch aussähe.

Es bleibt einem jeden immer noch so viel Kraft, das auszuführen, wovon er überzeugt ist.

Das Gedächtnis mag immer schwinden, wenn das Urteil im Augenblick nicht fehlt.

Die sogenannten Naturdichter sind frisch und neu aufgeforderte, aus einer überbildeten, stockenden, manierierten Kunstepoche zurückgewiesene Talente. Dem Platten können sie nicht ausweichen, man kann sie daher als rückschreitend ansehen; sie sind aber regenerierend und veranlassen neue Vorschritte.

Keine Nation gewinnt ein Urteil, als wenn sie über sich selbst urteilen kann. Zu diesem großen Vorteil gelangt sie aber sehr spät.

Anstatt meinen Worten zu widersprechen, sollten sie nach meinem Sinne handeln.

Die Natur verstummt auf der Folter; ihre treue Antwort auf redliche Frage ist: Ja! ja! Nein! nein! Alles übrige ist vom Übel.

Die Menschen verdrießt's, daß das Wahre so einfach ist; sie sollten bedenken, daß sie noch Mühe genug haben, es praktisch zu ihrem Nutzen anzuwenden.

Ich verwünsche die, die aus dem Irrtum eine eigene Welt machen und doch unablässig fordern, daß der Mensch nützlich sein müsse.

Eine Schule ist als ein einziger Mensch anzusehen, der hundert Jahre mit sich selbst spricht und sich in seinem eignen Wesen, und wenn es auch noch so albern wäre, ganz außerordentlich gefällt.

Eine falsche Lehre läßt sich nicht widerlegen, denn sie ruht ja auf der Überzeugung, daß das Falsche wahr sei. Aber das Gegenteil kann, darf und muß man wiederholt aussprechen.

Man streiche zwei Stäbchen, einen rot an, den andern blau, man bringe sie nebeneinander ins Wasser, und einer wird gebrochen erscheinen wie der andere. Jeder kann dieses einfache Experiment mit den Augen des Leibes erblicken; wer es mit Geistesaugen beschaut, wird von tausend und aber tausend irrtümlichen Paragraphen befreit sein.

Alle Gegner einer geistreichen Sache schlagen nur in die Kohlen, diese springen umher und zünden da, wo sie sonst nicht gewirkt hätten.

Der Mensch wäre nicht der Vornehmste auf der Erde, wenn er nicht zu vornehm für sie wäre.

Das längst Gefundene wird wieder verscharrt: wie bemühte sich *Tycho,* die Kometen zu regelmäßigen Körpern zu machen, wofür sie *Seneca* längst anerkannt.

Wie lange hat man über die Antipoden hin- und hergestritten.

Gewissen Geistern muß man ihre Idiotismen lassen.

Es werden jetzt Produktionen möglich, die Null sind, ohne schlecht zu sein: Null, weil sie keinen Gehalt haben, nicht schlecht, weil eine allgemeine Form guter Muster den Verfassern vorschwebt.

Der Schnee ist eine erlogene Reinlichkeit.

Wer sich vor der Idee scheut, hat auch zuletzt den Begriff nicht mehr.

Unsere Meister nennen wir billig die, von denen wir immer lernen. Nicht ein jeder, von dem wir lernen, verdient diesen Titel.

Alles Lyrische muß im Ganzen sehr vernünftig, im Einzelnen ein bißchen unvernünftig sein.

Es hat mit euch eine Beschaffenheit wie mit dem Meer, dem man unterschiedliche Namen gibt, und es ist doch endlich alles gesalzen Wasser.

Man sagt: eitles Eigenlob stinket; das mag sein; was aber fremder und ungerechter Tadel für einen Geruch habe, dafür hat das Publikum keine Nase.

Der Roman ist eine subjektive Epopöe, in welcher der Verfasser sich die Erlaubnis ausbittet, die Welt nach seiner Weise zu behandeln. Es fragt sich also nur, ob er eine Weise habe, das andere wird sich schon finden.

Es gibt problematische Naturen, die keiner Lage gewachsen sind, in der sie sich befinden, und denen keine genug tut. Daraus entsteht der ungeheure Widerstreit, der das Leben ohne Genuß verzehrt.

Das eigentlich wahrhaft Gute, was wir tun, geschieht größtenteils clam, vi et precario.

Ein lustiger Gefährte ist ein Rollwagen auf der Wanderschaft.

Der Schmutz ist glänzend, wenn die Sonne scheinen mag.

Der Müller denkt, es wachse kein Weizen, als damit seine Mühle gehe.

Es ist schwer, gegen den Augenblick gerecht sein: der gleichgültige macht uns lange Weile, am guten hat man zu tragen und am bösen zu schleppen.

Der ist der glücklichste Mensch, der das Ende seines Lebens mit dem Anfang in Verbindung setzen kann.

So eigensinnig widersprechend ist der Mensch: zu seinem Vorteil will er keine Nötigung, zu seinem Schaden leidet er jeden Zwang.

Die Vorsicht ist einfach, die Hinterdreinsicht vielfach.

Ein Zustand, der alle Tage neuen Verdruß zuzieht, ist nicht der rechte.

Bei Unvorsichtigkeiten ist nichts gewöhnlicher, als Aussichten auf die Möglichkeit eines Auswegs zu suchen.

Die Hindus der Wüste geloben, keine Fische zu essen.

Ein unzulängliches Wahre wirkt eine Zeit lang fort; statt völliger Aufklärung aber tritt auf einmal ein blendendes Falsche herein; das genügt der Welt, und so sind Jahrhunderte betört.

In den Wissenschaften ist es höchst verdienstlich, das unzulängliche Wahre, was die Alten schon besessen, aufzusuchen und weiterzuführen.

Es ist mit Meinungen, die man wagt, wie mit Steinen, die man voran im Brette bewegt; sie können geschlagen werden, aber sie haben ein Spiel eingeleitet, das gewonnen wird.

Es ist so gewiß als wunderbar, daß Wahrheit und Irrtum aus Einer Quelle entstehen; deswegen man oft dem Irrtum nicht schaden darf, weil man zugleich der Wahrheit schadet.

Die Wahrheit gehört dem Menschen, der Irrtum der Zeit an. Deswegen sagte man von einem außerordentlichen Manne: Le malheur des temps a causé son erreur, mais la force de son âme l'en a fait sortir avec gloire.

Jedermann hat seine Eigenheiten und kann sie nicht los werden; und doch geht mancher an seinen Eigenheiten, oft an den unschuldigsten, zu Grunde.

Wer sich nicht zu viel dünkt, ist viel mehr, als er glaubt.

In Kunst und Wissenschaft so wie im Tun und Handeln kommt alles darauf an, daß die Objekte rein aufgefaßt und ihrer Natur gemäß behandelt werden.

Wenn verständige sinnige Personen im Alter die Wissenschaft gering schätzen, so kommt es nur daher, daß sie von ihr und von sich zu viel gefordert haben.

Ich bedauere die Menschen, welche von der Vergänglichkeit der Dinge viel Wesens machen und sich in Betrachtung irdischer Richtigkeit verlieren; sind wir ja eben deshalb da, um das Vergängliche unvergänglich zu machen, das kann ja nur dadurch geschehen, wenn man beides zu schätzen weiß.

Ein Phänomen, ein Versuch kann nichts beweisen; es ist das Glied einer großen Kette, das erst im Zusammenhange gilt. Wer eine Perlenschnur verdecken und nur die schönste einzeln vorzeigen wollte, verlangend, wir sollten ihm glauben, die übrigen seien alle so, schwerlich würde sich jemand auf den Handel einlassen.

Abbildungen, Wortbeschreibung, Maß, Zahl und Zeichen stellen noch immer kein Phänomen dar. Darum bloß konnte sich die Newtonische Lehre so lange halten, daß der Irrtum in dem Quartbande der lateinischen Übersetzung für ein paar Jahrhunderte einbalsamiert war.

Man muß sein Glaubensbekenntnis von Zeit zu Zeit wiederholen, aussprechen, was man billigt, was man verdammt; der Gegenteil läßt's ja auch nicht daran fehlen.

In der jetzigen Zeit soll niemand schweigen oder nachgeben; man muß reden und sich rühmen, nicht um zu überwinden, sondern sich auf seinem Posten zu erhalten, ob bei der Majorität oder Minorität, ist ganz gleichgültig.

Was die Franzosen tournure nennen, ist eine zur Anmut gemilderte Anmaßung. Man sieht daraus, daß die Deutschen keine tournure haben können, ihre Anmaßung ist hart und herb, ihre Anmut mild und demütig, das eine schließt das andere aus und sind nicht zu verbinden.

Einen Regenbogen, der eine Viertelstunde steht, sieht man nicht mehr an.

Es begegnete und geschieht mir noch, daß ein Werk bildender Kunst mir bei'm ersten Anblick mißfällt, weil ich ihm nicht gewachsen bin; ahn' ich aber ein Verdienst daran, so such' ich ihm beizukommen, und dann fehlt es nicht an den erfreulichsten Entdeckungen; an den Dingen werd' ich neue Eigenschaften und an mir neue Fähigkeiten gewahr.

Der Glaube ist ein häuslich heimlich Kapital, wie es öffentliche Spar- und Hülfskassen gibt, woraus man in Tagen der Not Einzelnen ihr Bedürfnis reicht; hier nimmt der Gläubige sich seine Zinsen im Stillen selbst.

Das Leben, so gemein es aussieht, so leicht es sich mit dem Gewöhnlichen, Alltäglichen zu befriedigen scheint, hegt und pflegt doch immer gewisse höhere Forderungen im Stillen fort und sieht sich nach Mitteln um, sie zu befriedigen.

Der eigentliche Obskurantismus ist nicht, daß man die Ausbreitung des Wahren, Klaren, Nützlichen hindert, sondern daß man das Falsche in Kurs bringt.

Eigenes und Angeeignetes

Der Irrtum ist viel leichter zu erkennen, als die Wahrheit zu finden; jener liegt auf der Oberfläche, damit läßt sich wohl fertig werden; diese ruht in der Tiefe, danach zu forschen ist nicht jedermanns Sache.

Wir alle leben vom Vergangnen und gehen am Vergangenen zu Grunde.

Wie wir was Großes lernen sollen, flüchten wir uns gleich in unsre angeborne Armseligkeit und haben doch immer etwas gelernt.

Den Deutschen ist nichts daran gelegen, zusammen zu bleiben, aber doch, für sich zu bleiben. Jeder, sei er auch welcher er wolle, hat so ein eignes *Fürsich,* das er sich nicht gern möchte nehmen lassen.

Die empirisch-sittliche Welt besteht größtenteils nur aus bösem Willen und Neid.

Der Aberglaube ist die Poesie des Lebens, deswegen schadet's dem Dichter nicht, abergläubisch zu sein.

Mit dem Vertrauen ist es eine wunderliche Sache. Hört man nur Einen, der kann sich irren oder sich betriegen; hört man viele, die sind in demselbigen Falle, und gewöhnlich findet man da die Wahrheit gar nicht heraus.

Unreine Lebensverhältnisse soll man niemand wünschen; sie sind aber für den, der zufällig hinein gerät, Prüfsteine des Charakters und des Entschiedensten, was der Mensch vermag.

Ein beschränkter ehrlicher Mensch sieht oft die Schelmerei der feinsten Mächler (faiseurs) durch und durch.

Wer keine Liebe fühlt, muß schmeicheln lernen, sonst kommt er nicht aus.

Gegen die Kritik kann man sich weder schützen noch wehren; man muß ihr zum Trutz handeln, und das läßt sie sich nach und nach gefallen.

Die Menge kann tüchtige Menschen nicht entbehren, und die Tüchtigen sind ihnen jederzeit zur Last.

Wer meine Fehler überträgt, ist mein Herr, und wenn's mein Diener wäre.

Memoiren von oben herunter oder von unten hinauf, sie müssen sich immer begegnen.

Wenn man von den Leuten Pflichten fordert und ihnen keine Rechte zugestehen will, muß man sie gut bezahlen.

Das sogenannte Romantische einer Gegend ist ein stilles Gefühl des Erhabenen unter der Form der Vergangenheit oder, was gleich lautet, der Einsamkeit, Abwesenheit, Abgeschiedenheit.

Der herrliche Kirchengesang: Veni Creator Spiritus ist ganz eigentlich ein Appell an's Genie: deswegen er auch geist- und kraftreiche Menschen gewaltig anspricht.

Das Schöne ist eine Manifestation geheimer Naturgesetze, die uns ohne dessen Erscheinung ewig wären verborgen geblieben.

Aufrichtig zu sein kann ich versprechen, unparteiisch zu sein aber nicht.

Der Undank ist immer eine Art Schwäche. Ich habe nie gesehen, daß tüchtige Menschen wären undankbar gewesen.

Wir alle sind so borniert, daß wir immer glauben, Recht zu haben; und so läßt sich ein außerordentlicher Geist denken, der nicht allein irrt, sondern sogar Lust am Irrtum hat.

Reine mittlere Wirkung zur Vollendung des Guten und Rechten ist sehr selten; gewöhnlich sehen wir Pedanterie, welche zu retardieren, Frechheit, die zu übereilen strebt.

Worte und Bild sind Korrelate, die sich immerfort suchen, wie wir an Tropen und Gleichnissen genugsam gewahr werden. So von jeher, was dem Ohr nach innen gesagt oder gesungen war, sollte dem Auge gleichfalls entgegen kommen. Und so sehen wir in kindlicher Zeit in Gesetzbuch und Heilsordnung, in Bibel und Fibel sich Wort und Bild immerfort balancieren. Wenn man aussprach, was sich nicht bilden, bildete, was sich nicht aussprechen ließ, so war das ganz recht; aber man vergriff sich gar oft und sprach statt zu bilden, und daraus entstanden die doppelt bösen symbolisch-mystischen Ungeheuer.

„Wer sich mit Wissenschaften abgibt, leidet erst durch Retardationen und dann durch Präokkupationen. Die erste Zeit wollen die Menschen dem keinen Wert zugestehen, was wir ihnen überliefern, und dann gebärden sie sich, als wenn ihnen alles schon bekannt wäre, was wir ihnen überliefern könnten."

Eine Sammlung von Anekdoten und Maximen ist für den Weltmann der größte Schatz, wenn er die ersten an schicklichen Orten in's Gespräch einzustreuen, der letzten im treffenden Falle sich zu erinnern weiß.

Man sagt: studiere, Künstler, die Natur! Es ist aber keine Kleinigkeit, aus dem Gemeinen das Edle, aus der Unform das Schöne zu entwikkeln.

Wo der Anteil sich verliert, verliert sich auch das Gedächtnis.

Die Welt ist eine Glocke, die einen Riß hat, sie klappert, aber klingt nicht.

Die Zudringlichkeiten junger Dilettanten muß man mit Wohlwollen ertragen, sie werden im Alter die wahrsten Verehrer der Kunst und des Meisters.

Wenn die Menschen recht schlecht werden, haben sie keinen Anteil mehr als die Schadenfreude.

Gescheite Leute sind immer das beste Konversationslexikon.

Es gibt Menschen, die gar nicht irren, weil sie sich nichts Vernünftiges vorsetzen.

Kenne ich mein Verhältnis zu mir selbst und zur Außenwelt, so heiß' ich's Wahrheit. Und so kann jeder seine eigene Wahrheit haben, und es ist doch immer dieselbige.

Das Besondere unterliegt ewig dem Allgemeinen; das Allgemeine hat ewig sich dem Besondern zu fügen.

Vom eigentlich Produktiven ist niemand Herr, und sie müssen es alle nur so gewähren lassen.

Wem die Natur ihr offenbares Geheimnis zu enthüllen anfängt, der empfindet eine unwiderstehliche Sehnsucht nach ihrer würdigsten Auslegerin, der Kunst.

Die Zeit ist selbst ein Element.

Der Mensch begreift niemals, wie anthropomorphisch er ist.

Ein Unterschied, der dem Verstand nichts gibt, ist kein Unterschied.

In der Phanerogamie ist noch so viel Kryptogamisches, daß Jahrhunderte es nicht entziffern werden.

Die Verwechselung eines Konsonanten mit dem andern möchte wohl aus Unfähigkeit des Organs, die Verwandlung der Vokale in Diphthongen aus einem eingebildeten Pathos entstehen.

Wenn man alle Gesetze studieren sollte, so hätte man gar keine Zeit sie zu übertreten.

Man kann nicht für jedermann leben, besonders für die nicht, mit denen man nicht leben möchte.

Der Appell an die Nachwelt entspringt aus dem reinen lebendigen Gefühl, daß es ein Unvergängliches gebe und, wenn auch nicht gleich anerkannt, doch zuletzt aus der Minorität sich der Majorität werde zu erfreuen haben.

Geheimnisse sind noch keine Wunder.

I convertiti stanno freschi appresso di me.

Leichtsinnige leidenschaftliche Begünstigung problematischer Talente war ein Fehler meiner frühern Jahre, den ich niemals ganz ablegen konnte.

Ich möchte gern ehrlich mit dir sein, ohne daß wir uns entzweiten, das geht aber nicht. Du benimmst dich falsch und setzest dich zwischen zwei Stühle, Anhänger gewinnst du nicht und verlierst deine Freunde. Was soll daraus werden!

Es ist ganz einerlei, vornehm oder gering sein, das Menschliche muß man immer ausbaden.

Die liberalen Schriftsteller spielen jetzt ein gutes Spiel, sie haben das ganze Publikum zu Suppleanten.

Wenn ich von liberalen Ideen reden höre, so verwundere ich mich immer, wie die Menschen sich gern mit leeren Wortschällen hinhalten; eine Idee darf nicht liberal sein. Kräftig sei sie, tüchtig, in sich selbst abgeschlossen, damit sie den göttlichen Auftrag, produktiv zu sein, erfülle; noch weniger darf der Begriff liberal sein, denn der hat einen ganz andern Auftrag.

Wo man die Liberalität aber suchen muß, das ist in den Gesinnungen, und diese sind das lebendige Gemüt.

Gesinnungen aber sind selten liberal, weil die Gesinnung unmittelbar aus der Person, ihren nächsten Beziehungen und Bedürfnissen hervorgeht.

Weiter schreiben wir nicht; an diesem Maßstab halte man, was man tagtäglich hört.

Es sind immer nur unsere Augen, unsere Vorstellungsarten, die Natur weiß ganz allein, was sie will, was sie gewollt hat.

Gib mir wo ich stehe!
Archimedes.
Nimm dir wo du stehest!
Rose!
Behaupte wo du stehst!
G.

Allgemeines Kausalverhältnis, das der Beobachter aufsucht und ähnliche Erscheinungen einer allgemeinen Ursache zuschreibt; an die nächste wird selten gedacht.

Einem Klugen widerfährt keine geringe Torheit.

Bei jedem Kunstwerk, groß oder klein, bis in's Kleinste kommt alles auf die Konzeption an.

Es gibt eine Poesie ohne Tropen, die ein einziger Tropus ist.

Ein alter gutmütiger Examinator sagt einem Schüler in's Ohr:
Etiam nihil didicisti,
und läßt ihn für gut hingehen.

Das Fürtreffliche ist unergründlich, man mag damit anfangen was man will.

Aemilium Paulum — virum in tantum laudandum, in quantum intelligi virtus potest.

Ich habe mich so lange um's Allgemeine bemüht, bis ich einsehen lernte, was vorzügliche Menschen im Besondern leisten.

Einzelnes
[1824]

Indem ich mich zeither mit der Lebensgeschichte wenig und viel bedeutender Menschen anhaltender beschäftigte, kam ich auf den Gedanken: es möchten sich wohl die einen in dem Weltgewebe als Zettel, die andern als Einschlag betrachten lassen; jene gäben eigentlich die Breite des Gewebes an, diese dessen Halt, Festigkeit, vielleicht auch mit Zutat irgend eines Gebildes. Die Schere der Parze hingegen bestimmt die Länge, dem sich denn das Übrige alles zusammen unterwerfen muß. Weiter wollen wir das Gleichnis nicht verfolgen.

Auch Bücher haben ihr *Erlebtes,* das ihnen nicht entzogen werden kann.

Wer nie sein Brot mit Tränen aß,
Wer nicht die kummervollen Nächte
Auf seinem Bette weinend saß,
Der kennt euch nicht, ihr himmlischen Mächte.

Diese tiefschmerzlichen Zeilen wiederholte sich eine höchst vollkommene angebetete Königin in der grausamsten Verbannung, zu gränzenlosem Elend verwiesen. Sie befreundete sich mit dem Buche, das diese Worte und noch manche schmerzliche Erfahrung überliefert, und zog daraus einen peinlichen Trost; wer dürfte diese schon in die Ewigkeit sich erstreckende Wirkung wohl jemals verkümmern?

Mit dem größten Entzücken sieht man im Apollo-Saal der Villa Aldobrandini zu Frascati, auf welche glückliche Weise Dominichin die Ovidischen Metamorphosen mit der schicklichsten Örtlichkeit umgibt; dabei nun erinnert man sich gern, daß die glücklichsten Ereignisse doppelt selig empfunden werden, wenn sie uns in herrlicher Gegend gegönnt werden, ja daß gleichgültige Momente durch würdige Lokalität zu hoher Bedeutung gesteigert wurden.

Poesie wirkt am meisten im Anfang der Zustände, sie seien nun ganz roh, halbkultiviert oder bei Abänderung einer Kultur, bei'm Gewahrwerden einer fremden Kultur, daß man also sagen kann, die Wirkung der Neuheit findet durchaus statt.

Mannräuschlein nannte man im siebzehnten Jahrhundert gar ausdrucksvoll die Geliebte.

Liebes gewaschenes Seelchen ist der verliebteste Ausdruck auf Hiddensee.

Das Wahre ist eine Fackel, aber eine ungeheure; deswegen suchen wir alle nur blinzend so daran vorbei zu kommen, in Furcht sogar, uns zu verbrennen.

Die Klugen haben mit einander viel gemein. *Äschylus.*

Das eigentlich Unverständige sonst verständiger Menschen ist, daß sie nicht zurecht zu legen wissen, was ein anderer sagt, aber nicht gerade trifft, wie er's hätte sagen sollen.

Ein jeder, weil er spricht, glaubt, auch über die Sprache sprechen zu können.

Man darf nur alt werden, um milder zu sein; ich sehe keinen Fehler begehen, den ich nicht auch begangen hätte.

Der Handelnde ist immer gewissenlos, es hat niemand Gewissen als der Betrachtende.

Ob denn die Glücklichen glauben, daß der Unglückliche wie ein Gladiator mit Anstand vor ihnen umkommen solle, wie der römische Pöbel zu fordern pflegte?

Den *Timon* fragte jemand wegen des Unterrichts seiner Kinder. Laßt sie, sagte der, unterrichten in dem, was sie niemals begreifen werden.

Es gibt Personen, denen ich wohl will, und wünschte, ihnen besser wollen zu können.

Der eine Bruder brach Töpfe, der andere Krüge. Verderbliche Wirtschaft!

Wie man aus Gewohnheit nach einer abgelaufenen Uhr hinsieht, als wenn sie noch ginge, so blickt man auch wohl einer Schönen in's Gesicht, als wenn sie noch liebte.

Der Haß ist ein aktives Mißvergnügen, der Neid ein passives; deshalb darf man sich nicht wundern, wenn der Neid so schnell in Haß übergeht.

Der Rhythmus hat etwas Zauberisches, sogar macht er uns glauben, das Erhabene gehöre uns an.

Dilettantismus, ernstlich behandelt, und Wissenschaft, mechanisch betrieben, werden Pedanterie.

Die Kunst kann niemand fördern als der Meister. Gönner fördern den Künstler, das ist recht und gut; aber dadurch wird nicht immer die Kunst gefördert.

Deutlichkeit ist eine gehörige Verteilung von Licht und Schatten. *Hamann.* Hört!

Shakespeare ist reich an wundersamen Tropen, die aus personifizierten Begriffen entstehen und uns gar nicht kleiden würden, bei ihm aber völlig am Platze sind, weil zu seiner Zeit alle Kunst von der Allegorie beherrscht wurde.

Auch findet derselbe Gleichnisse, wo wir sie nicht hernehmen würden; z.B. vom Buche. Die Druckerkunst war schon über hundert Jahre erfunden, dessen ungeachtet erschien ein Buch noch als ein Heiliges, wie wir aus dem damaligen Einbande sehen, und so war es dem edeln Dichter lieb und ehrenwert; wir aber broschieren jetzt alles und haben nicht leicht vor dem Einbande noch seinem Inhalte Respekt.

Herr *von Schweinichen* ist ein merkwürdiges Geschichts- und Sittenbuch; für die Mühe, die es kostet es zu lesen, finden wir uns reichlich belohnt; es wird für gewisse Zustände eine Symbolik der vollkommensten Art. Es ist kein Lesebuch, aber man muß es gelesen haben.

Der törigste von allen Irrtümern ist, wenn junge gute Köpfe glauben, ihre Originalität zu verlieren, indem sie das Wahre anerkennen, was von andern schon anerkannt worden.

Die Gelehrten sind meist gehässig, wenn sie widerlegen; einen Irrenden sehen sie gleich als ihren Todfeind an.

Die Schönheit kann nie über sich selbst deutlich werden.

Sobald man der subjektiven oder sogenannten sentimentalen Poesie mit der objektiven darstellenden gleiche Rechte verlieh, wie es denn auch wohl nicht anders sein konnte, weil man sonst die moderne Poesie ganz hätte ablehnen müssen, so war voraus zu sehen, daß, wenn auch wahrhafte poetische Genies geboren werden sollten, sie doch immer mehr das Gemütliche des inneren Lebens als das Allgemeine des großen Weltlebens darstellen würden. Dieses ist nun in dem Grade eingetroffen, daß es eine Poesie ohne Tropen gibt, der man doch keineswegs allen Beifall versagen kann.

Einzelnes
[1825]

Madame *Roland*, auf dem Blutgerüste, verlangte Schreibzeug, um die ganz besondern Gedanken aufzuschreiben, die ihr auf dem letzten Wege vorgeschwebt. Schade daß man ihr's versagte; denn am Ende des Lebens gehen dem gefaßten Geiste Gedanken auf, bisher undenkbare; sie sind wie selige Dämonen, die sich auf den Gipfeln der Vergangenheit glänzend niederlassen.

Man sagt sich oft im Leben, daß man die Vielgeschäftigkeit, Polypragmosyne, vermeiden, besonders, je älter man wird, sich desto weniger in ein neues Geschäft einlassen solle. Aber man hat gut reden, gut sich und anderen raten. Älter werden heißt selbst ein neues Geschäft antreten; alle Verhältnisse verändern sich, und man muß entweder zu handeln ganz aufhören oder mit Willen und Bewußtsein das neue Rollenfach übernehmen.

Große Talente sind selten, und selten ist es, daß sie sich selbst erkennen; nun aber hat kräftiges unbewußtes Handeln und Sinnen so höchst erfreuliche als unerfreuliche Folgen, und in solchem Konflikt schwindet ein bedeutendes Leben vorüber. Hievon ergeben sich in Medwins Unterhaltungen so merkwürdige als traurige Beispiele.

Vom Absoluten in theoretischem Sinne wag' ich nicht zu reden; behaupten aber darf ich: daß wer es in der Erscheinung anerkannt und immer im Auge behalten hat, sehr großen Gewinn davon erfahren wird.

In der Idee leben heißt das Unmögliche behandeln, als wenn es möglich wäre. Mit dem Charakter hat es dieselbe Bewandtnis: treffen beide zusammen, so entstehen Ereignisse, worüber die Welt vom Erstaunen sich Jahrtausende nicht erholen kann.

Napoleon, der ganz in der Idee lebte, konnte sie doch im Bewußtsein nicht erfassen; er leugnet alles Ideelle durchaus und spricht ihm jede Wirklichkeit ab, indessen er eifrig es zu verwirklichen trachtet. Einen solchen innern perpetuierlichen Widerspruch kann aber sein klarer unbestechlicher Verstand nicht ertragen, und es ist höchst wichtig, wenn er, gleichsam genötigt, sich darüber gar eigen und anmutig ausdrückt.

Er betrachtet die Idee als ein geistiges Wesen, das zwar keine Realität hat, aber wenn es verfliegt, ein Residuum (caput mortuum) zurückläßt, dem wir die Wirklichkeit nicht ganz absprechen können. Wenn dieses uns auch starr und materiell genug scheinen mag, so spricht er sich ganz anders aus, wenn er von den unaufhaltsamen Folgen seines Lebens und Treibens mit Glauben und Zutrauen die Seinen unterhält. Da gesteht er wohl gern: daß Leben Lebendiges hervorbringe, daß eine gründliche Befruchtung auf alle Zeiten hinauswirke. Er gefällt sich zu bekennen, daß er dem Weltgange eine frische Anregung, eine neue Richtung gegeben habe.

Höchst bemerkenswert bleibt es immer, daß Menschen, deren Persönlichkeit fast ganz Idee ist, sich so äußerst vor dem Phantastischen scheuen. So war *Hamann,* dem es unerträglich schien, wenn von *Dingen einer andern Welt* gesprochen wurde. Er drückte sich gelegentlich darüber in einem gewissen Paragraphen aus, den er aber, weil er ihm unzulänglich schien, vierzehnmal variierte und sich doch immer wahrscheinlich nicht genug tat. Zwei von diesen Versuchen sind uns übrig geblieben; einen dritten haben wir selbst gewagt, welchen hier abdrucken zu lassen wir durch Obenstehendes veranlaßt sind.

Der Mensch ist als wirklich in die Mitte einer wirklichen Welt gesetzt und mit solchen Organen begabt, daß er das Wirkliche und nebenbei das Mögliche erkennen und hervorbringen kann. Alle gesunde Menschen haben die Überzeugung ihres Daseins und eines Daseienden um sie her. Indessen gibt es auch einen hohlen Fleck im Gehirn, d. h. eine Stelle, wo sich kein Gegenstand abspiegelt, wie denn auch im Auge selbst ein Fleckchen ist, das nicht sieht. Wird der Mensch auf diese Stelle besonders aufmerksam, vertieft er sich darin, so verfällt er in eine Geisteskrankheit, ahnet hier *Dinge aus einer andern Welt,* die aber eigentlich Undinge sind und weder Gestalt noch Begränzung haben, sondern als leere Nacht-Räumlichkeit ängstigen und den, der sich nicht losreißt, mehr als gespensterhaft verfolgen.

Wie wenig von dem Geschehenen ist geschrieben worden, wie wenig von dem Geschriebenen gerettet! Die Literatur ist von Haus aus fragmentarisch, sie enthält nur Denkmale des menschlichen Geistes, in so fern sie in Schriften verfaßt und zuletzt übrig geblieben sind.

Und doch bei aller Unvollständigkeit des Literarwesens finden wir tausendfältige Wiederholung, woraus hervorgeht, wie beschränkt des Menschen Geist und Schicksal sei.

Da wir denn doch zu dieser allgemeinen Weltberatung als Assessoren, obgleich sine voto, berufen sind und wir uns von den Zeitungsschreibern tagtäglich referieren lassen, so ist es ein Glück, auch aus der Vorzeit tüchtig Referierende zu finden. Für mich sind *von Raumer* und Wachler in den neusten Tagen dergleichen geworden.

Die Frage, wer höher steht, der Historiker oder der Dichter, darf gar nicht aufgeworfen werden; sie konkurrieren nicht mit einander, so wenig als der Wettläufer und der Faustkämpfer. Jedem gebührt seine eigene Krone.

Die Pflicht des Historikers ist zwiefach: erst gegen sich selbst, dann gegen den Leser. Bei sich selbst muß er genau prüfen, was wohl geschehen sein könnte, und um des Lesers willen muß er festsetzen, was geschehen sei. Wie er mit sich selbst handelt, mag er mit seinen Kollegen ausmachen, das Publikum muß aber nicht in's Geheimnis hineinsehen, wie wenig in der Geschichte als entschieden ausgemacht kann angesprochen werden.

Es geht uns mit Büchern wie mit neuen Bekanntschaften. Die erste Zeit sind wir hoch vergnügt, wenn wir im Allgemeinen Übereinstimmung finden, wenn wir uns an irgend einer Hauptseite unserer Existenz freundlich berührt fühlen; bei näherer Bekanntschaft treten alsdann erst die Differenzen hervor, und da ist denn die Hauptsache eines vernünftigen Betragens, daß man nicht, wie etwa in der Jugend geschieht, sogleich zurückschaudere, sondern daß man gerade das Übereinstimmende recht fest halte und sich über die Differenzen vollkommen aufkläre; ohne sich deshalb vereinigen zu wollen.

Eine solche freundlich-belehrende Unterhaltung ist mir durch Stiedenroths Psychologie geworden. Alle Wirkung des Äußern auf's Innere trägt er unvergleichlich vor, und wir sehen die Welt nochmals nach und nach in uns entstehen. Aber mit der Gegenwirkung des Innern nach außen gelingt es ihm nicht eben so. Der Entelechie, die nichts aufnimmt, ohne sich's durch eigene Zutat anzueignen, läßt er nicht Gerechtigkeit widerfahren, und mit dem Genie will es auf diesem Weg gar nicht fort; und wenn er das Ideal aus der Erfahrung abzuleiten denkt und sagt: *das Kind idealisiert nicht,* so mag man antworten: das Kind *zeugt* nicht: denn zum Gewahrwerden des Ideellen gehört auch eine Pubertät. Doch genug, er bleibt uns ein werter Gesell und Gefährte und soll nicht von unserer Seite kommen.

Wer viel mit Kindern lebt, wird finden, daß keine äußere Einwirkung auf sie ohne Gegenwirkung bleibt.

Die Gegenwirkung eines vorzüglich kindlichen Wesens ist sogar leidenschaftlich, das Eingreifen tüchtig.

Deshalb leben Kinder in Schnellurteilen, um nicht zu sagen in Vorurteilen; denn bis das schnell, aber einseitig Gefaßte sich auslöscht, um einem Allgemeinern Platz zu machen, erfordert es Zeit. Hierauf zu achten ist eine der größten Pflichten des Erziehers.

Ein zweijähriger Knabe hatte die Geburtstagsfeier begriffen, an der seinigen die bescherten Gaben mit Dank und Freude sich zugeeignet, nicht weniger dem Bruder die seinigen bei gleichem Feste gegönnt. Hiedurch veranlaßt fragte er am Weihnachtsabend, wo so viele Geschenke vorlagen: wann denn sein Weihnachten komme? Dies allgemeine Fest zu begreifen war noch ein ganzes Jahr nötig.

Die große Schwierigkeit bei psychologischen Reflexionen ist, daß man immer das Innere und Äußere parallel oder vielmehr verflochten betrachten muß. Es ist immerfort Systole und Diastole, Einatmen und Ausatmen des lebendigen Wesens; kann man es auch nicht aussprechen, so beobachte man es genau und merke darauf.

Mein Verhältnis zu Schiller gründete sich auf die entschiedene Richtung beider auf Einen Zweck, unsere gemeinsame Tätigkeit auf die Verschiedenheit der Mittel, wodurch wir jenen zu erreichen strebten.
Bei einer zarten Differenz, die einst zwischen uns zur Sprache kam, und woran ich durch eine Stelle seines Briefs wieder erinnert werde, macht' ich folgende Betrachtungen.
Es ist ein großer Unterschied, ob der Dichter zum Allgemeinen das Besondere sucht oder im Besondern das Allgemeine schaut. Aus jener Art entsteht Allegorie, wo das Besondere nur als Beispiel, als Exempel des Allgemeinen gilt; die letztere aber ist eigentlich die Natur der Poesie; sie spricht ein Besonderes aus, ohne an's Allgemeine zu denken oder darauf hinzuweisen. Wer nun dieses Besondere lebendig faßt, erhält zugleich das Allgemeine mit, ohne es gewahr zu werden, oder erst spät.

Den einzelnen Verkehrtheiten des Tags sollte man immer nur große weltgeschichtliche Massen entgegensetzen.

Einzelnes
[1826]

Eigentlich weiß man nur, wenn man wenig weiß; mit dem Wissen wächs't der Zweifel.

Die Irrtümer des Menschen machen ihn eigentlich liebenswürdig.

Bonus vir semper tiro.

Es gibt Menschen, die ihr Gleiches lieben und aufsuchen, und wieder solche, die ihr Gegenteil lieben und diesem nachgehn.

Wer sich von jeher erlaubt hätte, die Welt so schlecht anzusehen, wie uns die Widersacher darstellen, der müßte ein miserables Subjekt geworden sein.

Mißgunst und Haß beschränken den Beobachter auf die Oberfläche, selbst wenn Scharfsinn sich zu ihnen gesellt; verschwistert sich dieser hingegen mit Wohlwollen und Liebe, so durchdringt er die Welt und den Menschen, ja er kann hoffen, zum Allerhöchsten zu gelangen.

Panoramic ability schreibt mir ein englischer Kritiker zu, wofür ich allerschönstens zu danken habe.

Einem jeden wohlgesinnten Deutschen ist eine gewisse Portion poetischer Gabe zu wünschen als das wahre Mittel, seinen Zustand, von welcher Art er auch sei, mit Wert und Anmut einigermaßen zu umkleiden.

Den Stoff sieht jedermann vor sich; den Gehalt findet nur der, der etwas dazu zu tun hat, und die Form ist ein Geheimnis den meisten.

Die Menschen halten sich mit ihren Neigungen an's Lebendige. Die Jugend bildet sich wieder an der Jugend.

Wir mögen die Welt kennen lernen, wie wir wollen, sie wird immer eine Tag- und eine Nachtseite behalten.

Der Irrtum wiederholt sich immerfort in der Tat, deswegen muß man das Wahre unermüdlich in Worten wiederholen.

Wie in Rom außer den Römern noch ein Volk von Statuen war, so ist außer dieser realen Welt noch eine Welt des Wahns, viel mächtiger beinahe, in der die meisten leben.

Die Menschen sind wie das rote Meer: der Stab hat sie kaum aus einander gehalten, gleich hinterdrein fließen sie wieder zusammen.

Pflicht des Historikers: das Wahre vom Falschen, das Gewisse vom Ungewissen, das Zweifelhafte vom Verwerflichen zu unterscheiden.

Eine Chronik schreibt nur derjenige, dem die Gegenwart wichtig ist.

Die Gedanken kommen wieder, die Überzeugungen pflanzen sich fort, die Zustände gehen unwiederbringlich vorüber.

„Unter allen Völkerschaften haben die Griechen den Traum des Lebens am schönsten geträumt.“

Übersetzer sind als geschäftige Kuppler anzusehen, die uns eine halbverschleierte Schöne als höchst liebenswürdig anpreisen, sie erregen eine unwiderstehliche Neigung nach dem Original.

Das Altertum setzen wir gern über uns, aber die Nachwelt nicht. Nur ein Vater neidet seinem Sohn nicht das Talent.

Sich subordinieren ist überhaupt keine Kunst; aber in absteigender Linie, in der Deszendenz etwas über sich erkennen, was unter einem steht!

Unser ganzes Kunststück besteht darin, daß wir unsere Existenz aufgeben, um zu existieren.

Alles, was wir treiben und tun, ist ein Abmüden; wohl dem, der nicht müde wird.

„Hoffnung ist die zweite Seele der Unglücklichen."

„L'amour est un vrai recommenceur."

Es gibt im Menschen auch ein Dienenwollendes; daher die chevalerie der Franzosen eine servage.

„Im Theater wird durch die Belustigung des Gesichts und Gehörs die Reflexion sehr eingeschränkt."

Erfahrung kann sich in's Unendliche erweitern, Theorie nicht in eben dem Sinne reinigen und vollkommener werden. Jener steht das Universum nach allen Richtungen offen, diese bleibt innerhalb der Gränze der menschlichen Fähigkeiten eingeschlossen. Deshalb müssen alle Vorstellungsarten wiederkehren, und der wunderliche Fall tritt ein, daß bei erweiterter Erfahrung eine bornierte Theorie wieder Gunst erwerben kann.

Es ist immer dieselbe Welt, die der Betrachtung offen steht, die immerfort angeschaut oder geahnet wird, und es sind immer dieselben Menschen, die im Wahren oder Falschen leben, im letzten bequemer als im ersten.

Die Wahrheit widerspricht unserer Natur, der Irrtum nicht, und zwar aus einem sehr einfachen Grunde: die Wahrheit fordert, daß wir uns für beschränkt erkennen sollen, der Irrtum schmeichelt uns, wir seien auf ein- oder die andere Weise unbegränzt.

Es ist nun schon bald zwanzig Jahre, daß die Deutschen sämtlich transzendieren. Wenn sie es einmal gewahr werden, müssen sie sich wunderlich vorkommen.

Daß Menschen dasjenige noch zu können glauben, was sie gekonnt haben, ist natürlich genug; daß andere zu vermögen glauben, was sie nie vermochten, ist wohl seltsam, aber nicht selten.

Zu allen Zeiten sind es nur die Individuen, welche für die Wissenschaft gewirkt, nicht das Zeitalter. Das Zeitalter war's, das den *Sokrates* durch Gift hinrichtete, das Zeitalter, das *Hussen* verbrannte; die Zeitalter sind sich immer gleich geblieben.

Das ist die wahre Symbolik, wo das Besondere das Allgemeinere repräsentiert, nicht als Traum und Schatten, sondern als lebendig-augenblickliche Offenbarung des Unerforschlichen.

Alles Ideelle, sobald es vom Realen gefordert wird, zehrt endlich dieses und sich selbst auf. So der Kredit (Papiergeld) das Silber und sich selbst.

Die Meisterschaft gilt oft für Egoismus.

Sobald die guten Werke und das Verdienstliche derselben aufhören, sogleich tritt die Sentimentalität dafür ein bei den Protestanten.

Es ist eben als ob man es selbst vermöchte, wenn man sich guten Rats erholen kann.

Die Wahlsprüche deuten auf das, was man nicht hat, wornach man strebt. Man stellt sich solches wie billig immer vor Augen.

„Wer einen Stein nicht allein erheben mag, der soll ihn auch selbander liegen lassen."

Der Despotismus fördert die Autokratie eines jeden, indem er von oben bis unten die Verantwortlichkeit dem Individuum zumutet und so den höchsten Grad von Tätigkeit hervorbringt.

Alles *Spinozistische* in der poetischen Produktion wird in der Reflexion Machiavellismus.

Man muß seine Irrtümer teuer bezahlen, wenn man sie los werden will, und dann hat man noch von Glück zu sagen.

Wenn ein deutscher Literator seine Nation vormals beherrschen wollte, so mußte er ihr nur glauben machen, es sei einer da, der sie beherrschen wolle. Da waren sie gleich so verschüchtert, daß sie sich von wem es auch wäre gern beherrschen ließen.

„Nihil rerum mortalium tam instabile ac fluxum est quam potentia non sua vi nixa."

Es gibt auch Afterkünstler, *Dilettanten* und *Spekulanten:* jene treiben die Kunst um des Vergnügens, diese um des Nutzens willen.

Geselligkeit lag in meiner Natur, deswegen ich bei vielfachem Unternehmen mir Mitarbeiter gewann und mich ihnen zum Mitarbeiter bildete und so das Glück erreichte, mich in ihnen und sie in mir fortleben zu sehn.

Mein ganzes inneres Wirken erwies sich als eine lebendige Heuristik, welche, eine unbekannte geahnete Regel anerkennend, solche in der Außenwelt zu finden und in die Außenwelt einzuführen trachtet.

Es gibt eine enthusiastische Reflexion, die von dem größten Wert ist, wenn man sich von ihr nur nicht hinreißen läßt.

Nur in der Schule selbst ist die eigentliche Vorschule.

Der Irrtum verhält sich gegen das Wahre wie der Schlaf gegen das Wachen. Ich habe bemerkt, daß man aus dem Irren sich wie erquickt wieder zu dem Wahren hinwende.

Ein jeder leidet, der nicht für sich selbst handelt. Man handelt für andere, um mit ihnen zu genießen.

Das Faßliche gehört der Sinnlichkeit und dem Verstande. Hieran schließt sich das Gehörige, welches verwandt ist mit dem Schicklichen. Das Gehörige jedoch ist ein Verhältnis zu einer besondern Zeit und entschiedenen Umständen.

Eigentlich lernen wir nur von Büchern, die wir nicht beurteilen können. Der Autor eines Buchs, das wir beurteilen könnten, müßte von uns lernen.

Deshalb ist die Bibel ein ewig wirksames Buch, weil, so lange die Welt steht, niemand auftreten und sagen wird: Ich begreife es im Ganzen und verstehe es im Einzelnen. Wir aber sagen bescheiden: Im Ganzen ist es ehrwürdig und im Einzelnen anwendbar.

Alle Mystik ist ein Transzendieren und ein Ablösen von irgend einem Gegenstande, den man hinter sich zu lassen glaubt. Je größer und bedeutender dasjenige war, dem man absagt, desto reicher sind die Produktionen des Mystikers.

Die orientalische mystische Poesie hat deswegen den großen Vorzug, daß der Reichtum der Welt, den der Adepte wegweis't, ihm noch jederzeit zu Gebote steht. Er befindet sich also noch immer mitten in der Fülle, die er verläßt, und schwelgt in dem, was er gern los sein möchte.

Christliche Mystiker sollte es gar nicht geben, da die Religion selbst Mysterien darbietet. Auch gehen sie immer gleich in's Abstruse, in den Abgrund des Subjekts.

Ein geistreicher Mann sagte, die neuere Mystik sei die Dialektik des Herzens und deswegen mitunter so erstaunenswert und verführerisch, weil sie Dinge zur Sprache bringe, zu denen der Mensch auf dem gewöhnlichen Verstands-, Vernunfts- und Religionswege nicht gelangen würde. Wer sich Mut und Kraft glaube, sie zu studieren, ohne sich betäuben zu lassen, der möge sich in diese Höhle des *Trophonios* versenken, jedoch auf seine eigene Gefahr.

Die Deutschen sollten in einem Zeitraume von dreißig Jahren das Wort Gemüt nicht aussprechen, dann würde nach und nach Gemüt sich wieder erzeugen; jetzt heißt es nur: Nachsicht mit Schwächen, eignen und fremden.

Die Vorurteile der Menschen beruhen auf dem jedesmaligen Charakter der Menschen, daher sind sie, mit dem Zustand innig vereinigt, ganz unüberwindlich. Weder Evidenz noch Verstand noch Vernunft haben den mindesten Einfluß darauf.

Charaktere machen oft die Schwäche zum Gesetz. Weltkenner haben gesagt: „Die Klugheit ist unüberwindlich, hinter welcher sich die Furcht versteckt." Schwache Menschen haben oft revolutionäre Gesinnungen: sie meinen, es wäre ihnen wohl, wenn sie nicht regiert würden, und fühlen nicht, daß sie weder sich noch andere regieren können.

In eben dem Falle sind die neuern deutschen Künstler: den Zweig der Kunst, den sie nicht besitzen, erklären sie für schädlich und daher wegzuhauen.

Der Menschenverstand wird mit dem gesunden Menschen rein geboren, entwickelt sich aus sich selbst und offenbart sich durch ein entschiedenes Gewahrwerden und Anerkennen des Notwendigen und Nützlichen. Praktische Männer und Frauen bedienen sich dessen mit Sicherheit. Wo er mangelt, halten beide Geschlechter, was sie begehren, für notwendig und für nützlich, was ihnen gefällt.

Alle Menschen, wie sie zur Freiheit gelangen, machen ihre Fehler gelten: die Starken das Übertreiben, die Schwachen das Vernachlässigen.

Der Kampf des Alten, Bestehenden, Beharrenden mit Entwicklung, Aus- und Umbildung ist immer derselbe. Aus aller Ordnung entsteht zuletzt Pedanterie, um diese los zu werden, zerstört man jene, und es geht eine Zeit hin, bis man gewahr wird, daß man wieder Ordnung machen müsse. Klassizismus und Romantizismus, Innungszwang und Gewerbsfreiheit, Festhalten und Zersplittern des Grundbodens, es ist immer derselbe Konflikt, der zuletzt wieder einen neuen erzeugt. Der größte Verstand des Regierenden wäre daher, diesen Kampf so zu mäßigen, daß er ohne Untergang der einen Seite sich in's Gleiche stellte; dies ist aber den Menschen nicht gegeben und Gott scheint es auch nicht zu wollen.

Welche Erziehungsart ist für die beste zu halten? Antwort: die der Hydrioten. Als Insulaner und Seefahrer nehmen sie ihre Knaben gleich mit zu Schiffe und lassen sie im Dienste herankrabbeln. Wie sie etwas leisten, haben sie Teil am Gewinn; und so kümmern sie sich schon um Handel, Tausch und Beute, und es bilden sich die tüchtigsten Küsten- und Seefahrer, die klügsten Handelsleute und verwegensten Piraten. Aus einer solchen Masse können denn freilich Helden hervortreten, die den verderblichen Brander mit eigener Hand an das Admiralschiff der feindlichen Flotte festklammern.

Alles Vortreffliche beschränkt uns für einen Augenblick, indem wir uns demselben nicht gewachsen fühlen; nur in so fern wir es nachher in unsere Kultur aufnehmen, es unsern Geist- und Gemütskräften aneignen, wird es uns lieb und wert.

Kein Wunder, daß wir uns alle mehr oder weniger im Mittelmäßigen gefallen, weil es uns in Ruhe läßt; es gibt das behagliche Gefühl, als wenn man mit seines Gleichen umginge.

Das Gemeine muß man nicht rügen, denn das bleibt sich ewig gleich.

Wir können einem Widerspruch in uns selbst nicht entgehen; wir müssen ihn auszugleichen suchen. Wenn uns andere widersprechen, das geht uns nichts an, das ist ihre Sache.

Es ist so viel gleichzeitig Tüchtiges und Treffliches auf der Welt, aber es berührt sich nicht.

Welche Regierung die beste sei? Diejenige, die uns lehrt, uns selbst zu regieren.

Dozieren kannst du Tüchtiger freilich nicht, es ist, wie das Predigen, durch unsern Zustand geboten, wahrhaft nützlich, wenn Konversation und Katechisation sich anschließen, wie es auch ursprünglich gehalten wurde. *Lehren* aber kannst du und wirst du, das ist: wenn Tat dem Urteil, Urteil der Tat zum Leben hilft.

Gegen die drei Einheiten ist nichts zu sagen, wenn das Sujet sehr einfach ist; gelegentlich aber werden dreimal drei Einheiten, glücklich verschlungen, eine sehr angenehme Wirkung tun.

Wenn die Männer sich mit den Weibern schleppen, so werden sie so gleichsam abgesponnen wie ein Wocken.

Es kann wohl sein, daß der Mensch durch öffentliches und häusliches Geschick zu Zeiten gräßlich gedroschen wird; allein das rücksichtlose Schicksal, wenn es die reichen Garben trifft, zerknittert nur das Stroh, die Körner aber spüren nichts davon und springen lustig auf der Tenne hin und wider, unbekümmert, ob sie zur Mühle, ob sie zum Saatfeld wandern.

Arden von Feversham, Shakespeare's Jugendarbeit. Es ist der ganze reintreue Ernst des Auffassens und Wiedergebens, ohne Spur von Rücksicht auf den Effekt, vollkommen dramatisch, ganz untheatralisch.

Shakespeare's trefflichsten Theaterstücken mangelt es hie und da an Fazilität: sie sind etwas mehr als sie sein sollten, und eben deshalb deuten sie auf den großen Dichter.

Die größte Wahrscheinlichkeit der Erfüllung läßt noch einen Zweifel zu; daher ist das Gehoffte, wenn es in die Wirklichkeit eintritt, jederzeit überraschend.

Allen andern Künsten muß man etwas vorgeben, der griechischen allein bleibt man ewig Schuldner.

Vis superba formae. Ein schönes Wort von *Johannes Secundus.*

Die Sentimentalität der Engländer ist humoristisch und zart, der Franzosen populär und weinerlich, der Deutschen naiv und realistisch.

Das Absurde, mit Geschmack dargestellt, erregt Widerwillen und Bewunderung.

Von der besten Gesellschaft sagte man: ihr Gespräch ist unterrichtend, ihr Schweigen bildend.

Von einem bedeutenden frauenzimmerlichen Gedichte sagte jemand, es habe mehr Energie als Enthusiasmus, mehr Charakter als Gehalt, mehr Rhetorik als Poesie und im Ganzen etwas Männliches.

Es ist nichts schrecklicher als eine tätige Unwissenheit.

Schönheit und Geist muß man entfernen, wenn man nicht ihr Knecht werden will.

Der Mystizismus ist die Scholastik des Herzens, die Dialektik des Gefühls.

Man schont die Alten, wie man die Kinder schont.

Der Alte verliert eins der größten Menschenrechte, er wird nicht mehr von seines Gleichen beurteilt.

Es ist mir in den Wissenschaften gegangen wie einem, der früh aufsteht, in der Dämmrung die Morgenröte, sodann aber die Sonne ungeduldig erwartet und doch, wie sie hervortritt, geblendet wird.

Man streitet viel und wird viel streiten über Nutzen und Schaden der Bibelverbreitung. Mir ist klar: schaden wird sie wie bisher, dogmatisch und phantastisch gebraucht; nutzen wie bisher, didaktisch und gefühlvoll aufgenommen.

Große, von Ewigkeit her oder in der Zeit entwickelte, ursprüngliche Kräfte wirken unaufhaltsam, ob nutzend oder schadend, das ist zufällig.

Die Idee ist ewig und einzig; daß wir auch den Plural brauchen, ist nicht wohlgetan. Alles was wir gewahr werden und wovon wir reden können, sind nur Manifestationen der Idee; Begriffe sprechen wir aus, und insofern ist die Idee selbst ein Begriff.

Im Ästhetischen tut man nicht wohl zu sagen: die Idee des Schönen; dadurch vereinzelt man das Schöne, das doch einzeln nicht gedacht werden kann. Vom Schönen kann man einen Begriff haben, und dieser Begriff kann überliefert werden.

Die Manifestation der Idee als des Schönen ist eben so flüchtig als die Manifestation des Erhabenen, des Geistreichen, des Lustigen, des Lächerlichen. Dies ist die Ursache, warum so schwer darüber zu reden ist.

Echt ästhetisch-didaktisch könnte man sein, wenn man mit seinen Schülern an allem Empfindungswerten vorüber ginge oder es ihnen zubrächte im Moment wo es kulminiert und sie höchst empfänglich sind. Da aber diese Forderung nicht zu erfüllen ist, so müßte der höchste Stolz des Kathederlehrers sein, die Begriffe so vieler Manifestationen in seinen Schülern dergestalt zum Leben zu bringen, daß sie für alles Gute, Schöne, Große, Wahre empfänglich würden, um es mit Freuden aufzufassen, wo es ihnen zur rechten Stunde begegnete. Ohne daß sie es merkten und wüßten, wäre somit die Grundidee, woraus alles hervorgeht, in ihnen lebendig geworden.

Wie man gebildete Menschen sieht, so findet man daß sie nur für Eine Manifestation des Urwesens oder doch nur für wenige empfänglich sind, und das ist schon genug. Das Talent entwickelt im Praktischen alles und braucht von den theoretischen Einzelnheiten nicht Notiz zu nehmen: der Musikus kann ohne seinen Schaden den Bildhauer ignorieren und umgekehrt.

Man soll sich alles praktisch denken und deshalb auch dahin trachten, daß verwandte Manifestationen der großen Idee, insofern sie durch Menschen zur Erscheinung kommen sollen, auf eine gehörige Weise in einander wirken. Malerei, Plastik und Mimik stehen in einem unzertrennlichen Bezug; doch muß der Künstler, zu dem einen berufen, sich hüten, von dem andern beschädigt zu werden: der Bildhauer kann sich vom Maler, der Maler vom Mimiker verführen lassen, und alle drei können einander so verwirren, daß keiner derselben auf den Füßen stehen bleibt.

Die mimische Tanzkunst würde eigentlich alle bildenden Künste zu Grunde richten, und mit Recht. Glücklicherweise ist der Sinnenreiz den sie bewirkt, so flüchtig, und sie muß, um zu reizen, in's Übertriebene gehen. Dieses schreckt die übrigen Künstler glücklicherweise sogleich ab; doch können sie, wenn sie klug und vorsichtig sind, viel dabei lernen.

Das Erste und Letzte, was vom Genie gefordert wird, ist Wahrheitsliebe.

Wer gegen sich selbst und andere wahr ist und bleibt, besitzt die schönste Eigenschaft der größten Talente.

Die Kunst ist eine Vermittlerin des Unaussprechlichen; darum scheint es eine Torheit, sie wieder durch Worte vermitteln zu wollen. Doch indem wir uns darin bemühen, findet sich für den Verstand so mancher Gewinn, der dem ausübenden Vermögen auch wieder zu Gute kommt.

Verhältnis, Neigung, Liebe, Leidenschaft, Gewohnheit

Die Liebe, deren Gewalt die Jugend empfindet, ziemt nicht dem Alten: so wie alles, was Produktivität voraussetzt. Daß diese sich mit den Jahren erhält, ist ein seltener Fall.

Alle Ganz- und Halbpoeten machen uns mit der Liebe dergestalt bekannt, daß sie müßte trivial geworden sein, wenn sie sich nicht naturgemäß in voller Kraft und Glanz immer wieder erneute.

Der Mensch, abgesehen von der Herrschaft, in welcher die Passion ihn fesselt, ist noch von manchen notwendigen Verhältnissen gebunden. Wer diese nicht kennt oder in Liebe umwandeln will, der muß unglücklich werden.

Alle Liebe bezieht sich auf Gegenwart; was mir in der Gegenwart angenehm ist, sich abwesend mir immer darstellt, den Wunsch des erneuerten Gegenwärtigseins immerfort erregt, bei Erfüllung dieses Wunsches von einem lebhaften Entzücken, bei Fortsetzung dieses Glücks von einer immer gleichen Anmut begleitet wird, das eigentlich lieben wir, und hieraus folgt, daß wir alles lieben können, was zu unserer Gegenwart gelangen kann; ja, um das Letzte auszusprechen: die Liebe des Göttlichen strebt immer darnach, sich das Höchste zu vergegenwärtigen.

Ganz nahe daran steht die Neigung, aus der nicht selten Liebe sich entwickelt. Sie bezieht sich auf ein reines Verhältnis, das in allem der Liebe gleicht, nur nicht in der notwendigen Forderung einer fortgesetzten Gegenwart.

Diese Neigung kann nach vielen Seiten gerichtet sein, sich auf manche Personen und Gegenstände beziehen, und sie ist es eigentlich, die den Menschen, wenn er sie sich zu erhalten weiß, in einer schönen Folge glücklich macht. Es ist einer eignen Betrachtung wert, daß die Gewohnheit sich vollkommen an die Stelle der Liebesleidenschaft setzen kann, sie fordert nicht sowohl eine anmutige als bequeme Gegenwart, alsdann aber ist sie unüberwindlich. Es gehört viel dazu, ein gewohntes Verhältnis aufzuheben, es besteht gegen alles Widerwärtige; Mißvergnügen, Unwillen, Zorn vermögen nichts gegen dasselbe, ja es überdauert die Verachtung, den Haß. Ich weiß nicht, ob es einem Romanschreiber geglückt ist, dergleichen vollkommen darzustellen, auch müßte er es nur beiläufig, episodisch unternehmen; denn er würde immer bei einer genauen Entwickelung mit manchen Unwahrscheinlichkeiten zu kämpfen haben.

ANHANG

Norbert Miller kritisierte ein Editionsprinzip, dem „die Literatur als Vorwand für Gelehrsamkeit“ dient: „Germanistik statt Goethe“. Im folgenden wird, dem Charakter der Ausgabe entsprechend, die sich an möglichst viele Leser wendet, lediglich versucht, all diesen Interessierten das Verstehen der Texte des Dichters so unaufdringlich wie möglich zu erleichtern. Eine Skizze des Hintergrunds, vor dem die Dichtung entstand und erschien, soll zu ihr hinführen; Wörter und Begriffe, die heute nicht mehr geläufig sind oder deren Inhalt sich verändert hat, werden erklärt (ohne daß in eine in Klassiker-Ausgaben inzwischen verbreitete Sucht verfallen wird, auch noch das letzte Fremdwort zu übersetzen).

Auf ausführliche Interpretationen wird in jedem Fall verzichtet. Paul Fechter hat einmal dazu aufgefordert, Werke früherer Generationen, z. B. „den Werther wie eine gerade erschienene ‚Novität‘“ zu lesen — zum eigenen Überprüfen der Klassiker-Dichtungen am Heute, zur subjektiven Reaktion, sei auch hier ausdrücklich Mut gemacht.

H. R.

Bei der Erarbeitung der Einführungen und Erläuterungen wurden u. a. herangezogen: Goethes Werke, mit Anmerkungen versehen von E. Trunz (Hamburger Ausgabe), 14 Bde., Hamburg 1948—59; Goethe, Gedenkausgabe der Werke, Briefe und Gespräche, hrsg. von E. Beutler, 24 Bde., Zürich 1948—54; Goethe, Werke, 6 Bde., München (Winkler) o. J.; Goethe, Werke, 6 Bde., Leipzig 1909 (u. Neuausgaben; Insel-Goethe); Kindlers Literatur Lexikon, 6 Bde., Zürich 1965; Lexikon der Weltliteratur II, Hauptwerke der Weltliteratur in Charakteristiken und Kurzinterpretationen, Stuttgart 1980; Johannes Klein, Geschichte der deutschen Lyrik, Wiesbaden 1957; Richard Friedenthal, Goethe. Sein Leben und seine Zeit, München 1964; Peter Boerner, Johann Wolfgang von Goethe in Selbstzeugnissen und Bilddokumenten, Hamburg 1964; Goethes Leben und Werk in Daten und Bildern, Frankfurt am Main 1966; Brockhaus Enzyklopädie in 20 Bdn., Wiesbaden 1966 ff.; Wahrig: Das große deutsche Wörterbuch, Gütersloh 1966.

Die Leiden des jungen Werther

Goethe war knapp dreiundzwanzig Jahre alt, als er im Mai 1772 als Rechtspraktikant an das Reichskammergericht nach Wetzlar kam. Er hatte in Leipzig studiert und dann in Straßburg; in Sesenheim war er Friederike Brion begegnet.

Anfang Juni 1772 nahm er an einem Ball in Volpertshausen im Süden von Wetzlar teil; dort lernte er Charlotte Buff, Tochter des Deutschordens-Amtmanns, kennen. Er verliebte sich in das unaufdringlich schöne, ungekünstelte Mädchen; und obwohl er erfuhr, daß sie mit dem hannoverschen Gesandtschaftssekretär Johann Christian Kestner verlobt war, wurde er häufiger Gast im Hause Buff und machte ihr leidenschaftlich den Hof. Kestner verdroß das; doch er blieb dem Rivalen gegenüber freundschaftlich. Als Goethe dreister wurde, Lotte dem Verlobten etwas von einem Kuß zu gestehen hatte und das zur Verstimmung führte, sah sie ein, daß sie sich deutlicher verhalten mußte. Kestner hat all das aufgeschrieben mit bewundernswerter Objektivität — er, der bedächtige, redliche Mann, trug den Sieg davon über den unsteten Eroberer.

Goethe hatte Mühe mit seiner Niederlage; und Anfang September 1772 reiste er überraschend, fast fluchtartig aus Wetzlar ab. Im Abschiedsbrief schrieb er: „Ich bin nun allein und darf weinen. Ich lasse euch glücklich und gehe nicht aus euren Herzen, und seh euch wieder, aber nicht morgen ist nimmer."

Er wanderte das Lahntal hinunter „in einem Zustand, in welchem uns die Gegenwart der stummen Natur so wohltätig ist". So ähnlich hat es auch Rousseau formuliert.

In Ehrenbreitstein am Rhein besuchte er die Schriftstellerin Sophie von La Roche (die einst, in Biberach, die Jugendliebe Wielands gewesen war). Ihre sechzehnjährige Tochter Maximiliane machte auf den noch Liebeskranken einen tiefen Eindruck. Im Oktober desselben Jahres 1772 erschoß sich in Wetzlar Karl Wilhelm Jerusalem (und zwar mit von Kestner entliehenen Pistolen). Die Gründe: peinigende Schwierigkeiten des braunschweigischen Legationssekretärs mit seinem Vorgesetzten, einem schlimmen Bürokraten, und seinem Ansehen sehr abträgliche Differenzen mit der bornierten adligen Hautevolee der Stadt — vor allem aber seine hoffnungslose Liebe zu einer verheirateten Frau. Goethe, der den grüblerischen jungen Mann seit Jahren gekannt hatte, ließ sich bei einem kurzen Besuch in Wetzlar im November Einzelheiten erzählen und von Kestner eine ausführliche schriftliche Schilderung geben. Später äußerte er, der Tod Jerusalems sei der Anstoß zum „Werther" gewesen.

Doch er schrieb ihn nicht gleich und auch nicht im folgenden Jahr. Ein dritter Anlaß kam hinzu: die Ereignisse um das Wiedersehen mit Maximiliane La Roche, die als junge Frau des mehr als doppelt so alten Kaufmanns Peter Anton Brentano Anfang 1774 nach Frankfurt gekommen war — also nun Goethe unerreichbar sein mußte wie Charlotte Buff vor eineinhalb Jahren. Er machte sich trotzdem zum Freund des Hauses — die Wetzlarer Konstellation schien sich zu wiederholen. Aber Brentano war von anderer Art als Kestner; so kam es zu heftigen Zusammenstößen, Goethe mußte sich zurückziehen.

Und nun gestaltete er, „einem Nachtwandler ähnlich", im Haus am Hirschgraben den „Werther" „in vier Wochen", „ohne daß ein Schema des Ganzen oder die Behandlung eines Teils irgend vorher wäre zu Papier gebracht gewesen".

Ist das Werk auch durch die skizzierten biographischen Fakten stark geprägt worden, so sind die literarischen Einflüsse ebenso unübersehbar. Vor allem: Rousseaus Ansichten finden sich in denen Werthers wieder; und der Empfindsamkeits-Stil englischer Autoren (Richardson) diente als deutliches Vorbild.

Goethe hat später davon gesprochen, das Buch gehöre „nicht dem Gange der Weltliteratur" an, „sondern dem Lebensgange jedes einzelnen, der mit angeborenem Natursinn sich in die Formen einer veralteten Welt finden und schicken lernen soll". An anderer Stelle äußerte er, es sei aus dem pathologischen Zustand des Taedium vitae, des Lebensekels hervorgegangen und dokumentiere poetisch die Zeitkrankheit der Empfindsamkeit. Sein Inhalt kann so umrissen werden: Er ist „Ausdruck eines extremen Subjektivismus" und behandelt „das Thema der Leidenschaft als Begrenzung des Individuums durch die Macht der Natur und des Schicksals" (A. Viviani).

In „Dichtung und Wahrheit" formulierte Goethe, daß die „Wirkung des Büchleins ... groß, ja ungeheuer" war, „weil es genau in die rechte Zeit traf".

Man las den „Werther" nicht nur, man versuchte damals, wie Werther zu leben, zu lieben, zu leiden; das mindeste war, daß man sich wie Werther kleidete: blauer Frack mit Messingknöpfen, gelbe Weste, braune Stulpenstiefel, das Haar ungepudert, auf dem Kopf ein Filzhut. Es gab „Eau de Werther" und Werther-Nippes; und man wallfahrtete zu Jerusalems Grab. Ja: man erschoß sich wie Jerusalem — Werther: Es „knallte in allen Büschen", heißt es in einer satirischen Äußerung der Zeit; und die Theologische Fakultät der Universität Leipzig erließ vorsorglich ein Verbot, das Buch zu lesen.

Das Werk des fünfundzwanzigjährigen Goethe war für lange Zeit der populärste deutsche Beitrag zur Weltliteratur.

Entstanden: Februar/März 1774. Erschienen 1774 bei Weygand in Leipzig. Die 2., überarbeitete Fassung (die auch in der vorliegenden Ausgabe wiedergegeben ist) kam 1787 bei G. J. Göschen in Leipzig in Goethes „Schriften", Band I, heraus.

ERSTES BUCH *S. 52 Melusine* Meerfrau der Sage · *S. 53 Anzügliches* Anziehendes · *Flüchtlinge* Flüchtige, Oberflächliche · *S. 54 Kringen* ringförmiges Kopfpolster, Tragring · *von Batteux bis zu Wood* Charles Batteux (1713—1780) hat eine „Einleitung in die schönen Wissenschaften" verfaßt; Robert Wood (1716—1771) war Altertumsforscher · *von de Piles zu Winckelmann* Roger de Piles (1653—1709), Kunsttheoretiker; Johann Joachim Winckelmann (1717—1768), berühmter deutscher Archäologe und Kunstwissenschaftler · *S. 55 Sulzers Theorie ...* Johann Georg Sulzers (1720—1779) „Allgemeine Theorie der schönen Künste" · *Heynen* Christian Gottlob Heyne (1729—1812), Professor in Göttingen · *S. 56 Wahlheim* Garbenheim bei Wetzlar · *heimlich* heimelig · *S. 57 durch ... Wohlstand modeln* durch ... Sitten gestalten, formen · *S. 58 Scharre* der Rest im Kochtopf, den man zusammenscharrt · *inkommodieren* belästigen, Ungelegenheiten machen · *gebosselt* kleinlich genau gearbeitet · *S. 62 Miß Jenny* Heldin eines französischen Mode-Romans des 18. Jahrhunderts · *Landpriester von Wakefield* der damals vielbeachtete und bis heute unvergessene Roman „The Vicar of Wakefield" von Oliver Goldsmith (1728—1774) · *S. 63 Contretanz* Kontertanz, „englischer Tanz zu zwei oder vier einander gegenüberstehenden Paaren" (Wahrig) · *Deutsch tanzen* d.h. Walzer, einen damals neuen Tanz · *Chapeau* Tänzer · *S. 64 Wetterkühlen* Wetterleuchten · *S. 65 Vortrag* hier: Vorschlag · *Klopstock! ... Ode* gemeint ist Klopstocks Werk „Die Frühlingsfeier" · *S. 67 Kräusel* Halskrause · *S. 68 radotieren* schwatzen, faseln · *Quakelchen* kleiner Schreihals · *S. 70 von Lavatern eine treffliche Predigt* die Predigt „Mittel gegen Unzufriedenheit und üble Laune" · *S. 73 Ossian* 1760 hatte der schottische Dichter James Macpherson 15 „Fragments of ancient poetry, collected in the Highlands of Scotland" veröffentlicht, angeblich Übersetzungen des keltischen Sängers des 3. Jahrhunderts Ossian. Die schwermütigen Werke faszinierten viele bedeutende Zeitgenossen, u. a. Herder und Goethe · *ist sehr schlecht*... sehr krank · *rangig* habgierig · *aus der Losung*... Erlös, Kasse · *des Propheten ewiges Ölkrüglein* siehe 1. Kön. 17, 12—16 · *S. 74 Bonomischer Stein* Kalkspat aus dem Gebiet von Bologna · *S. 75 Surtout* Jacke, Überzieher · *Subordination* Unterordnung, Dienstgehorsam · *prostituiert* hier: blamiert · *S. 77 Prätension* Ansprüche · *S. 79 Terzerolen* kleine Taschenpistolen · *dahlt* albert herum · *Maus* hier: Muskel des Handballens · *rechtfertig* gewissenhaft, genau · *S. 80 Radotage* leeres Gerede, Geschwätz · *S. 83 Inzidentpunkt* Nebenpunkt, (nebenher zu erledigender) Zwischenfall · *S. 85 Duodez* kleines Buchformat (halb so groß wie normal) · *Wetsteinischer, Ernestischer Homer* Homer-Ausgaben: die erste nach ihrem Amsterdamer Verleger, die zweite nach ihrem Leipziger Herausgeber benannt · *S. 87 sympathetisch* mitfühlend · *Abscheiden* Trennung

ZWEITES BUCH *S. 90 unpaß* unpäßlich · *S. 91 Partikel* hier: unbeugbares Wort · *Inversion* Umkehrung der normalen Wortfolge · *Bellettrist* Schriftsteller „schöngeistiger" Literatur · *S. 92 Deraisonnement* unvernünftige Beurteilung · *verpalisadiert* verschanzt · *S. 93 Schloßen* Hagelkörner · *S. 94 Unbegriff* Unverstand · *S. 95 dinstinguieren* hier: auszeichnen · *S. 96 Nation* hier: Klasse, Stand · *angestochen* gereizt · *in qualitate* in seiner amtlichen Eigenschaft · *übel fourniert* schlecht ausgestattet · *Kabriolett* einspänniger, leichter, zweirädriger Kutschwagen · *Ulyß* Odysseus · *S. 98 in einem Säftchen* wie Medizin in einem Saft gereicht · *S. 100 gemeinem Verstande* üblichem, durchschnittlichem ... · *S. 105 Kanons*... der biblischen Bücher · *meliert* mischt, mengt · *Kennikot, Semler und Michaelis* der erste ein englischer, die andern beiden deutsche Theologen des 18. Jahrhunderts · *Schulze* Gemeindevorsteher, Dorfrichter · *S. 106 Barde* (keltischer) Dichter und Sänger, Heldensänger · *Fingals... Sohn* Ossian · *S. 108 verlechter Eimer* lecker ... · *S. 110 Litanei von Antithesen* Litanei: lange eintönige Aufzählung; Antithese: der These gegenübergestellte Behauptung · *S. 111 Generalstaaten* die Niederlande · *S. 125 „Stern der dämmernden Nacht..."* Im folgenden liest Werther Ossians „Songs of Selma" · *S. 126 schnobend* schnobernd, schnuppernd · *verwachsener Strom* zugewachsener, d. h. durch Pflanzen be- und verdeckter Strom · *S. 134 das Gewehr* hier: allgemein für Schußwaffe · *S. 136 Priester und Levit* siehe Lukas 10, 31—33 · *S. 137 Blick* hier: Blitz, Strahl · *konvulsivisch* in Krämpfen, Zuckungen · *Emilia Galotti* Der historische Jerusalem kannte Lessing und hat noch am Abend seines Todes in dessen Trauerspiel gelesen · *tuschten* vertuschten, d. h. hier: unterdrückten

Wilhelm Meisters Lehrjahre

Entstand der „Werther" in einer einzigen eindrucksvollen Anstrengung innerhalb weniger Wochen, so zeigt die Entstehungsgeschichte des „Wilhelm Meister" ein völlig gegensätzliches, etwa zwei Jahrzehnte beanspruchendes Bild. Über den Beginn der Arbeit wissen wir nichts (lag er in der Frankfurter oder erst in der frühen Weimarer Zeit?). Die früheste bekannte ihn erwähnende Notiz stammt vom 16. Februar 1777; der siebenundzwanzigjährige Goethe, seit etwa eineinhalb Jahren in Weimar, hielt fest: „Im Garten, dictiert an Wilhelm Meister". Das klingt jedenfalls nicht nach Anfangen.

Etwa ein Jahr später war das erste Buch fertig. Beim zweiten aber blieb die Arbeit stecken, und zwar für Jahre; erst im Frühjahr 1782 wurde sie wieder aufgenommen. Im Herbst 1782 lagen Buch zwei und Buch drei abgeschlossen vor, bis Ende 1785 waren es 6 Bücher nach dem ursprünglichen Plan. Nochmals sechs sollten es werden — sie wurden nie geschrieben.

Denn nun ereignete sich ein tiefer Einschnitt. Das nächste Jahr 1786 brachte Goethes große Reise nach Italien und als Folge seine betonte Hinwendung zur klassischen Form. Für den Plan „Wilhelm Meister" bedeutete das — trotz der noch 1787 erklärten Absicht, Mitte 1788 den Roman fertigzubekommen —: Aufgabe der ursprünglichen Konzeption für ein Werk mit dem Titel „Wilhelm Meisters theatralische Sendung", es blieb Fragment.

Den Text des bis zur italienischen Reise Erarbeiteten förderte erst 1910 ein glücklicher Zufall wieder zutage. Seither wissen wir vor allem dies: Es läßt sich „eine biographische Grundschicht" erkennen; „die frankfurterische Welt" blickt „an den verschiedensten Stellen durch"; ja: „Ebenso erinnert die Konstellation der Gestalten an das Goethische Lebensbild" (Wolfgang Baumgart). Anders gesagt: Auch „Wilhelm Meister" kam, wie „Werther", ursprünglich stark aus dem Persönlichen, Goethe hat in der Hauptgestalt weitgehend sich selber dargestellt. Einmal (1782 in einem Brief an Frau von Stein) hat er sie ein „geliebtes dramatisches Ebenbild" genannt.

Nach dem tiefgehenden Bildungserlebnis der italienischen Reise also Beiseitelegen des alten Plans; Jahre des Liegenlassens; und schließlich 1793/94 bei der Neuaufnahme eine Umarbeitung auf ein anderes Ziel hin: nicht mehr (wie nach dem ursprünglichen Konzept zu schließen) bloß einen Theaterroman, sondern einen Bildungsroman nach dem Ideal klassischer Humanität, ein Werk der Klassik. Auch der Titel wurde verändert, lautet seither: „Wilhelm Meisters Lehrjahre".

Die Freundschaft von Goethe und Schiller stand eindrucksvoll auch über der Ausformung und Vollendung dieser Arbeit; der Briefwechsel der beiden Dichter beinhaltet die Geschichte der Fertigstellung der „Lehrjahre" in vielen Einzelheiten. Zu Weihnachten 1794 begann das Werk dann zu erscheinen, und zwar in vier Teillieferungen; im Oktober 1796 lag der abschließende vierte Band vor. Ein etwa Fünfundzwanzigjähriger hatte den Roman begonnen, ein Siebenundvierzigjähriger hat ihn zum Ende gebracht.

Der Bildungsweg der Hauptgestalt dieses Romans: Wilhelm Meisters, führt aus der jugendlichen Unreife zu einem besonnenen, der Wirklichkeit zugewandten Dasein. Schiller stellte im Hinblick auf den Helden fest: „Er tritt von einem leeren und unbestimmten Ideal in ein bestimmtes tätiges, aber ohne die idealisierende Kraft dabei einzubüßen."

Man hat das Werk als den „ersten wahrhaft modernen Bildungsroman Deutschlands" bezeichnet (Emil Staiger), es „eines der Hauptdokumente klassischer Lebenslehre" genannt (Baumgart). Doch es hätte sicher nicht für lange Zeit einen so beherrschenden Einfluß auf die erzählende deutschsprachige Literatur ausgeübt, wäre es nicht, über seinen Inhalt hinaus, umfassend ein Höhe- und Wendepunkt für die Geschichte unseres Romans gewesen. Gegen Ende des 18. Jahrhunderts erschienen, hat es weit ins folgende (von Novalis bis Gottfried Keller) hineingewirkt, ja noch bis ins 20. (u.a. Th. Mann, Hesse).

Entstanden: die „Lehrjahre" 1793—1796. Erschienen in vier Bänden, davon Band I zu Weihnachten 1794 (als Erscheinungsjahr wurde schon 1795 genannt), Band II und III 1795, Band IV 1796. Verlag: J. F. Unger in Berlin.

ERSTES BUCH *S. 144 schwerlötig* schwerfällig, plump · *perorieren* mit Nachdruck reden · *S. 145 Lindors und Leanders* beliebte Namen der Bühne des 18. Jahrhunderts · *S. 146 Collation* leichte Zwischenmahlzeit, Imbiß · *S. 149 Spezereien* Gewürze, feine überseeische Eßwaren · *Pomeranzenschale* Pomeranze: heute für Bitterorange, im 18./19. Jahrhundert allgemein für Orange · *S. 151 Deutsche Schaubühne* von Gottsched 1740—45 herausgegebene Sammlung von Theaterstücken · *Chaumigrem* Tyrann in dem Drama „Banise" von Melchior Grimm · *S. 154 Das befreite Jerusalem* Epos (1575) von Torquato Tasso · *S. 157 qui pro quo* Verwechslung · *S. 158 gemein* gewöhnlich · *S. 161 wie ehemals die Venetianer* gemeint ist: als Organisatoren des Vierten Kreuzzugs · *S. 163 Apostrophen* feierliche Anreden für abwesende Personen oder auch Dinge (Wahrig) · *S. 168 Prätensionen* Ansprüche · *S. 170 gegenseitigen Aktuarius* Gerichtsschreiber der Gegenseite · *S. 173 Bedienung* Anstellung, Amt · *S. 177 Unschlitt-Lampen* Unschlitt = Talg · *Zindel* leichter Taft · *S. 178 Läuter-Feuer* Schmelzfeuer · *Kabalen* Intrigen, geheime Machenschaften · *S. 185 instruktive Suite* lehrreiche Folge · ... *der kranke Königssohn* Vermutlich erinnerte sich Goethe an ein Gemälde in Kassel. Früher wurde es Andrea Celesti zugeschrieben, heute Antonio Belucci (1654—1726). Dargestellt ist eine Geschichte aus Plutarch: Ein syrischer Königssohn, Antiochus Soter I., ist erkrankt: Er liebt seine junge Stiefmutter Stratonike; sein Arzt erkennt das, als er ihm den Puls fühlt und die Königin eintritt — sofort schlägt er heftiger · *S. 186 manieriert* gesucht, gekünstelt · *S. 189 Hexe von Endor* siehe 1. Sam. 28, 7ff. · *Iris* schöne Götterbotin

ZWEITES BUCH *S. 198 Pastor fido* gemeint ist das Spiel „Der getreue Schäfer" von G. B. Guarini (1585) · *S. 200 Aktrice* Schauspielerin · *S. 201 Rapier* Fechtwaffe, Degen · *Entrepreneur* Unternehmer, Veranstalter · *Flintern* Flittern · *S. 202 Pagliasso* Hanswurst · *S. 215 übelkonditionierten* übel beschaffenen · *S. 220 extemporieren* aus dem Stegreif spielen · *S. 221 vacierend* ohne Anstellung · *fingieren* vorgeben · *S. 225 Die deutschen Ritterstücke* ... Goethe selbst hatte mit dem „Götz" die Mode der Ritterstücke angeregt · *S. 226 Scharwache* aus einer kleinen Schar bestehende Wache · *S. 239 ihn aufwickeln* ihm die Haare aufwickeln · *Ressort* Springfeder an einem Schloß

DRITTES BUCH *S. 243 untergelegte Pferde* frische Pferde (für die Weiterfahrt) · *Sozietät* Gesellschaft · *S. 244 Devotion* Ergebenheit, hingebende Verehrung · *S. 250 Anspanner* Bauern, die der Herrschaft Spanndienste leisten mußten · *S. 253 Abhub* abgehobene, d.h. abgeräumte Speisen der Herrschaftstafel · *Kundschaft nahmen* Kenntnis nahmen, sich für sie interessierten · *natürlicher Sohn* unehelicher ... · *S. 254 abschnüren* mit Schnur abmessen · *S. 256 Portefeuille* Brieftasche · *S. 257 verzogene Namen* verschnörkelt geschriebene ... · *in Effigie* im Bild · *auf geöltem Papier* d.h. vor Licht durchscheinendem · *S. 259 Minerva* der Athene gleichgestellte römische Göttin · *S. 260 Montfaucon* Bernard de M. (1655—1741), bedeutender Altertumsforscher · *S. 262 Konditor* hier — so im 18. Jahrhundert üblich — auch Verfertiger von Dekorationen · *Succurs* Unterstützung · *Distraktion* Ablenkung · *Avantgarde* Vorhut · *S. 265 Circe* Zauberin in der „Odyssee" Homers · *equipiert* ausgerüstet · *S. 265, 266 Racine, Corneille* bedeutende französische Theaterdichter des 17. Jahrhunderts · *S. 268 Geschoß* hier: der Geschoß, d.h. die an den Herrn abzuführende Grundsteuer · *Parnaß* Berg in Mittelgriechenland, galt als Sitz der Musen · *Kapitel* ... der Ordensritter · *S. 269 Pasquillant* Verfasser einer Schmähschrift · *S. 271 gestäupt* mit der Rute geprügelt · *S. 273 argantische Lampe* von Aimé Argand in den achtziger Jahren des 18. Jahrhunderts konstruierte — also z.Zt. der Niederschrift des Romans sehr moderne — Lampe mit hohlem Runddocht

VIERTES BUCH *S. 287 souteniert* durchhält · *S. 290 extemporiert* aus dem Stegreif gespielt · *S. 292 Akkompagnieren* Begleiten · *S. 293 Apostrophe* feierliche Anrede · *S. 296 Feldscheer* Wundarzt · *S. 297 Marodeurs* Plünderer · *Terzerole* kleine Taschenpistolen · *S. 301 Wahlplatz* Kampfplatz · *S. 303 Streue* Stroh-Lager · *S. 307 Louisd'or* französisches Geldstück · *Douceur* Vergütung · *introduziere sich* führe sich ein · *S. 308 Chlorinde* Figur in Tassos „Befreitem Jerusalem" · *S. 310 ohne Ölblatt* siehe I. Mose 8, 8 ff. · *S. 312 mein Eingeweide* mein Inneres (mein Herz) · *S. 313 Aufspannung* Aufregung · *S. 315 Usurpator* Besitzer durch rechtswidrige Aneignung · *S. 317 Terrain rekognoszieren* Gebiet erkunden · *S. 320 gemein, gemeines* gewöhnlich (im Sinn von üblich, normal) · *S. 321 kanonisches Ansehn* unbestreitbares Ansehn (wie es die biblisch anerkannten Bücher haben) · *S. 322 nicht ein Jota* nicht das geringste · *S. 326 Geschäftsmann* hier: Staatsbeamter, Staatsmann · *S. 328 Distinktion* Auszeichnung · *Kampagne* Feldzug · *S. 330 Journal* Tagebuch · *S. 332 Essenkehrer* Kaminkehrer, Schornsteinfeger · *S. 333 die Umgänge zu besorgen* Umgänge = Prozessionen · *obligeanten* verbindlichen · *in den Mysterien* hier: geistlichen Schauspielen des Mittelalters, die sich z. T. bis weit in die Neuzeit hielten · *S. 334 gebildeten, aber auch bildlosen Teil* gemeint ist der protestantische Norden Deutschlands · *S. 336 flämische Gesichter* mißmutige Gesichter · *S. 337 Interzessionen* Vermittlungen · *Naturalisten* Nachahmer der Wirklichkeit

FÜNFTES BUCH *S. 343 Petschaft* Siegel · *S. 346 in Sequestration* in Zwangsverwaltung · *S. 347 ruralisch* ländlich, die Landwirtschaft betreffend · *S. 352 substituieren* (dafür) einsetzen · *S. 354 geistvolle Wieland'sche Arbeit* Wielands Shakespeare-Übersetzung, erschienen 1762—66, nach Trunz „die erste, die mehrere Stücke des Dichters verhältnismäßig getreu übertrug" und überhaupt erst allgemeiner bekanntmachte, nach Friedenthal eine Übertragung, „die wenig genug von Shakespeare hat, sondern ganz und gar wielandisch ist" · *Kaper* Kaperschiffe, Seeräuber · *Abbreviatur* Verkürzung, Zusammenziehung · *S. 355 Pas de deux* Tanz oder Ballett für zwei · *S. 356 Philomele* Nachtigall · *Rondeau* = Rondo, d. h. Rundgesang, Tanzlied, heiteres Musikstück · *S. 358 Hekuba* Gattin des Trojanerkönigs Priamus · *S. 360/361 Grandison, Clarisse, Pamela, der Landpriester von Wakefield, Tom Jones* die ersten drei: Romane von Samuel Richardson, „Der Landpriester" von Goldsmith, „Tom Jones" von Fielding. Zu Goethes Zeit allgemein bekannte Werke und von erheblichem Einfluß auf die damalige deutsche Literatur · *S. 361 kollationieren* vergleichen, vergleichend überprüfen · *S. 363 attachiert* angeschlossen · *S. 366 supplieren* ergänzen, ersetzen · *S. 369 Märchen* hier etwa: Gerücht, Erfundenes · *S. 374 Pulcinellpuppen* von Pulcinello, dem Hanswurst der italienischen Komödie, abgeleitet, also etwa: Kasperlepuppen · *S. 375 Mänade* ekstatisch verzückte Verehrerin des Dionysos · *Maultrommel* Brummeisen, ein primitives Zupfzungeninstrument; als Resonanzraum dient die Mundhöhle · *S. 386 Reservationen* Vorbehalte · *S. 391 Herrenhuter* die Herrnhuter Brüdergemeine, eine von Zinzendorf 1722 gegründete pietistische Sekte · *S. 393 Emilie Galotti* Trauerspiel von Lessing · *S. 395 Portechaise* Tragstuhl, Sänfte · *S. 396 übertragen* überbrücken, ertragen

SECHSTES BUCH *S. 398 schöne Seele* „Meist bezeichnete man damit einen von der Seele her geformten Menschen, eine harmonische, von Natur aus auf das Gute gerichtete Seele" (Trunz) · *S. 399 der Christliche deutsche Herkules . . . die römische Octavia* Romane des Barock · *schmälen* zanken, streiten · *S. 400 Empiriker* Erfahrungsmensch · *S. 401 honnête* ehrenhaft, anständig, gesittet · *S. 404 Affekt* Erregung, Leidenschaft · *S. 406 alteriert und affiziert* erregt und aufgereizt · *S. 408 Aufsatz* hier: das aufs Haar Gesetzte, Kopfputz · *Putzdocke* Docke = Puppe · *S. 411 Zeitung* Nachricht · *Negoziationen* Verhandlungen, Geschäfte · *S. 415 meine Renommée zu menagieren* meinen Ruf zu schonen · *S. 417 Platz einer Stiftsdame* Mitglied eines der weltlichen adligen Damenstifte, die im 18. Jahrhundert in hohem Ansehen standen · *S. 419 beloved ones* geliebte Gesinnungsfreunde · *S. 420 Hallisches Bekehrungssystem* ein pietistischer „Weg zu Gott", der August Hermann Frankes (1663—1727) innerer Entwicklung folgt; „hallisch", weil Halle der Hauptort von Frankes Pietismus war · *S. 422 Agathon* Hauptgestalt in Wielands damals berühmtem Roman „Geschichte des Agathon" (1766/67) · *S. 423 ein Girard, ein Cartouche, ein Damiens* bekannte (angebliche bzw. tatsächliche) Verbrecher des 18. Jahrhunderts: Girard soll ein Beichtkind verführt haben, Cartouche leitete eine Diebesbande, Damiens versuchte, Ludwig XIV. zu ermorden · *wie ein David . . ., als er Bathseba erblickte* siehe II. Samuel 11 · *S. 426 Ebersdorfer Gesangbuch* genauer Titel: Evangelisches Gesangbuch der Gemeine in Ebersdorf; es enthielt vorwiegend pietistische Lieder · *S. 427 Zinzendorfische Art* nach dem Grafen Zinzendorf (1700—1760), Begründer der Herrnhuter Brüdergemeine · *S. 428 Approbation* Zustimmung · *brouilliert* überworfen, entzweit · *S. 430 Kopulation* Trauung, Eheschließung · *S. 432 Kondeszendenz* Entgegenkommen, Nachgiebigkeit · *S. 434 der Danaiden oder des Sisyphus* Danaiden = sagenhafte Töchter des Danaos; sie wurden ihrer Verbrechen wegen verurteilt, in der Unterwelt ewig Wasser in ein bodenloses Faß zu schöpfen. Sisyphus: Er mußte in der Unterwelt unaufhörlich einen Felsblock einen Berg hinaufwälzen, der, schon unterhalb des Gipfels, jedesmal wieder hinunterrollte · *S. 435 Penaten* Schutzgötter des Hauses · *S. 440 Spezereien* Gewürzwaren, auch: Drogen · *S. 441 deutsches Schloß* gemeint ist hier: das Schloß alter Gewehre · *S. 443 dem unsichtbaren . . . Freunde* Christus

SIEBENTES BUCH *S. 457 Hermaphroditen* in der antiken Mythologie Zwitterwesen: halb Mann, halb Weib · *S. 461 Freigütchen* von gewissen (u. a. steuerlichen) Pflichten freies Landgut · *Podagra* Fußgicht · *S. 462 Wirt* hier im früheren Sinn: Hausherr · *S. 468 Unterschleif* Unterschlagung · *S. 475 Fühlbarkeit* Empfindungsvermögen, Empfindsamkeit · *S. 476 Muhme* Tante · *S. 495 Calculs* Berechnungen

ACHTES BUCH *S. 501 eine Partie Lombre* ein damals sehr beliebtes Kartenspiel der Gesellschaft · *S. 507 Lehns-Hokus-Pokus* das überholte Lehnswesen, das den adligen Grundbesitz mit Vorschriften belegte (u. a. für die Erbfolge) · *S. 510 Piedestale* Fußgestelle, Sockel · *S. 512 anständig* hier: angemessen, passend · *S. 522 den abgeschiedenen Grafen* gemeint ist Zinzendorf († 1760) · *S. 525 Sagazität* Spürsinn · *S. 530 hinüberblickt* hinüberglänzt · *S. 541 hasenfüßig* hier: närrisch, wunderlich · *Ew. . . . Liebden* alte ehrende Anrede · *Vikariatsgraf* der einstweilige Verwalter eines Grafenamtes (hier abfällig gemeint) · *S. 542 mit der Hechel frisiert* Hechel = kammartiges Gerät (mit scharfen Drahtspitzen) zum Spalten der Fasern bei der Flachsbearbeitung · *griechische Verbi Philéo, Philoh . . .* ich liebe, ich liebte · *Derivativis* Ableitungen · *S. 543 kompendiöse* hier: gedrängte · *Gottfrieds Chronik* „Historische Chronica oder Beschreibung der Geschichte vom Anfang der Welt bis auf das Jahr 1619" von J. L. Gottfried · *Theatrum Europaeum* eine Zeitgeschichte, die 1633 bis 1718 erschien, herausgegeben von J. Ph. Abele und anderen · *Acerra Philologica* „Acerra Philologica, das ist: 200 auserlesene, nützliche und denkwürdige Historien und Discurse, aus den berühmten griechischen und lateinischen Skribenten zusammengetragen". Von Peter Lauremberg, 1633 · *Gryphii Schriften* die gesammelten Werke von Andreas Gryphius (1616—1664). Bedeutendster Dichter des deutschen Hochbarock · *S. 545 paradierte* sich brüstete, ausgab · *S. 547 hypochondrisch* hier: schwermütig · *assekurieren* versichern · *S. 548 Supplement* Ergänzung · *S. 552 Exequien* Totenfeierlichkeiten · *S. 556 Schere einer Parze . . .* einer Schicksalsgöttin · *S. 568 der heilige Borromäus* 1538—1583; geboren in

Arona am Lago Maggiore. Dort errichtete man ihm 1697 eine Kolossalstatue · *S. 573 Fourierzettel* Liste, die Unterkunft und Verpflegung betreffend · *Dislokationsplan* Plan für den Wohnungswechsel · *S. 574 Konfidenz* vertrauliche Mitteilung · *Caravine* kleine Karaffe · *S. 580 rubrizieren* einordnen · *Freiredoute* Redoute = Maskenball · *S. 581 Saul, der Sohn Kis* siehe I. Samuel 9f.

Die Wahlverwandtschaften

Zutreffend ist gesagt worden, dieser Roman befremde „einen Stimmung suchenden Leser durch seine zergliedernde, wissenschaftlicher Darstellung nahestehende Erzählweise" (Stöcklein). Und doch schuf Goethe auch die „Wahlverwandtschaften", ähnlich wie „Werthers Leiden", aus aufwühlendem eigenem Erleben und Erleiden heraus: vor allem heftiger, schmerzlicher Liebe.

Die ersten Tagebuch-Notizen des Dichters dieses Werk betreffend führen uns ins Jahr 1807. Goethe war damals achtundfünfzig Jahre alt und seit wenigen Monaten mit Christiane Vulpius formell verheiratet. In diesem Jahr begegnete er Minchen Herzlieb wieder, Pflegetochter einer in Jena wohnenden befreundeten Familie; er kannte sie von kind auf, nun aber war sie achtzehn. Eine heftige Leidenschaft für sie erfaßte den Alternden — und zugleich war von Anfang an das Wissen da, daß er sich zur Entsagung würde durchringen müssen.

Ein weiteres Mal in seinem Leben galt für Goethe: aussprechen, was er litt, und durch dieses „Sagen" die schmerzlichen Empfindungen lindern, über die ärgste Gefahr hinwegkommen, sich, wenn möglich, heilen.

Sieht man auf die Daten zur Entstehung des Romans und die biographischen Daten, dann ist eine große Merkwürdigkeit festzustellen: Goethe hatte das Werk bereits konzipiert, ehe er Minchen Herzlieb wiedersah! Das persönliche Erleben warf sich über eine theoretisch erarbeitete Konstellation, führte zu Vertiefung und Veränderung.

Und dazu, daß dieses Werk sich auswuchs zu einem Roman. Denn geplant war ursprünglich eine Novelle (Goethe rechnete sie zu den „kleinen Erzählungen"), und zwar als Einlage für „Wilhelm Meisters Wanderjahre". Anfang Mai 1808 reiste er mit einem befreundeten Maler und Kunsthistoriker im Wagen von Jena nach Weimar und vermerkte darüber u.a. im Tagebuch: „Hofrat Meyern die erste Hälfte der ‚Wahlverwandtschaften' erzählt."

Dieser Meyer berichtete, damit übereinstimmend, Goethe habe ihm „ganze Abschnitte" aus dem Werk, „von denen damals noch nichts niedergeschrieben gewesen, so geläufig vorgetragen, als ob er von einem Buch abgelesen habe".

Ende Mai 1808 notierte Goethe: „Angefangen, an den Wahlverwandtschaften zu schematisieren." Anfang Juni hatte er zwei Kapitel des Romans diktiert, Ende Juli war ein gewisser Abschluß der Ausarbeitung festzuhalten. Dann begann die Arbeit zu stocken; erst im April 1809 wurde sie zielstrebig wiederaufgenommen. Goethe sprach zunächst von „Überlegung des Schemas zur Auffüllung und Ausführung". Anfang Oktober des Jahres war der Roman bereits vollendet, und noch 1809 kam er bei Cotta vollständig heraus.

Der Titel des Werks entstammt, das mag den heutigen Leser zunächst erstaunen, dem naturwissenschaftlichen Bereich. Mit „Wahlverwandtschaften" war ein 1785 deutsch erschienenes Werk des schwedischen Chemikers Torbern Bergmann überschrieben: es stellte die Eigenschaft bestimmter Stoffe dar, bestehende Verbindungen aufzugeben, wenn sie durch andere Elemente „wahlverwandtschaftlich" zu einer anderen Vereinigung angezogen werden. Sind auch Menschen bloß von einer solchen Determination bestimmt: d. h. einer Naturgewalt in sich? Ist ihr Ringen um ein Handeln nach sittlichen Normen zum Scheitern verurteilt? Das Stichwort für einen Ausweg lautet bei Goethe: Entsagung.

Aus der Zeit des Erscheinens des Werks liegen widersprüchliche Reaktionen vor. Marianne von Eybenberg z. B. schrieb an den Dichter: „Nie habe ich so enthusiastisch, so gescheut und so dumm und absurd über etwas sprechen hören, als über diesen Roman, und nie sind die Buchhändler so bestürmt worden ..." Aufs Ganze gesehen muß man feststellen, daß es bei den Zeitgenossen nur wenig Verständnis fand. Immer wieder wurde, auch im Freundeskreis Goethes, der Vorwurf erhoben, es sei unmoralisch.

Fritz Jacobi z. B. äußerte in einem Brief. „In dem ganzen Roman ist keine Figur, an der man ein wahres Wohlgefallen haben könnte." Den doppelten „Ehebruch durch Phantasie" empfindet er als besonders ärgerlich und ekelhaft und schließt: „Was mich vollends empört, ist die scheinbare Verwandlung am Ende der Fleischlichkeit in Geistigkeit; man dürfte sagen: die Himmelfahrt der bösen Lust."

Erst im späten 19. Jahrhundert und dann im 20. „setzte sich ... die Einsicht in die Modernität dieses Romans durch" (H. Eilert). Äußerungen Fontanes, Hofmannsthals, der Brüder Mann, Döblins und anderer sind Belege dafür.

Entstanden: 1808/09. Erschienen 1809 bei Cotta in Tübingen.

ERSTER TEIL *S. 587 Planen* Plänen · *S. 588 dein Mütterchen* gemeint ist Eduards erste Frau · *artig* im früheren Sinn: hübsch, nett, angenehm · *S. 593 zu vergleichen* auszugleichen · *S. 595 aufrege* in Bewegung, Tätigkeit bringe · *S. 596 Humor* hier: Stimmung · *S. 598 laviert und illuminiert* getuscht und farbig ausgemalt · *S. 601 stöckisch* verstockt, steif · *S. 602 Folge* Folgerichtigkeit · *S. 603 Repositur* Aufstellungsraum für Bücher-, Aktengestelle · *S. 605 Verwandtschaft* hier ein Begriff aus der Wissenschaft, wie auch der Titel des Werks: Wahlverwandtschaften, der eine „Verdeutschung des von dem Schweden T. O. Bergmann geprägten, Verhältnisse in der Chemie charakterisierenden Ausdruckes ‚attractio electiva'" ist, „der das eigentümliche Bestreben von Körpern bezeichnet, sich miteinander zu vereinigen, obwohl sie schon mit anderen verbunden sind". Siehe dazu auch die Einführung in den Roman · *Narziß* der in sich selbst Verliebte · *Folie* hier etwa: spiegelnder Hintergrund · *kürzlich* in Kürze, kurz · *S. 607 Sozietäten* Gesellschaftskreise · *Kabinett* Sammlungsraum, hier: Sammlung · *Kunstausdrücke* Fachausdrücke · *S. 608 refraktär* reaktionsträge, nur träge reagierend · *S. 611 auf den Schein* zum Erwecken des Anscheins, d. h. zur Vortäuschung von Kenntnissen · *überparlierten und überexponierten sie manche* übertrafen sie manche im Reden und in der schriftlichen Äußerung · *S. 612 nach dem Schlafe* nach der Schläfe · *S. 615 Karl der Erste von England* 1600—1649, König seit 1625. Wollte den Absolutismus durchsetzen, regierte jahrelang ohne Parlament, wurde von seinen Gegnern (Cromwell) verurteilt und hingerichtet · *S. 618 bestreichen* mit Blicken drüber hin streichen, ... erreichen · *ausgesetzt* als Ausgabe vorgesehen · *Beschluß* Verwaltung, Schlüsselgewalt · *Zettel* hier: Rechnungen · *S. 623 gegen dem Schloß über* dem Schloß gegenüber · *S. 627 Gewerke* Handwerke · *S. 630 Aufsatz* hier: das Aufgesetzte, der Entwurf · *S. 635 Konsistorien* Verwaltungsbehörden der evangelischen Kirchen · *S. 636 auszuwirken* zu erwirken · *S. 638 besaß sich* beherrschte sich, hatte sich in Gewalt · *S. 639 aufgeregt* angeregt · *Sarmaten* altes Nomadenvolk der südrussischen Steppe · *S. 640 Enakskinder* Riesenkinder (Enakiter = ein sagenhaftes Riesenvolk in Kanaan) · *S. 641 seiner Frauen* seiner Frau · *antizipieren* (in Gedanken) vorwegnehmen · *S. 643 abnehmen* entnehmen, ablesen · *S. 644 kollationieren* (Abschrift und Urschrift) vergleichen · *S. 645 bewußtlos* unbewußt · *S. 647 gewältigte* bewältigte, bezwang · *S. 648 Zession der Gerechtsame* Abtretung von Eigentumsrechten · *S. 650 Charakter als Major* Rang eines Majors (ohne Pflichten) · *S. 651 Selbstler* Egoist · *S. 659 im Stegreife* ursprünglich: im Steigbügel · *S. 662 rauhe Arbeit* rohe ...; d.h. der Rohbau · *heitere Montierung* heiter = hell, freundlich · *S. 663 Manöver* hier etwa: Kunstgriff · *S. 664 Kartäuser* Angehörige eines Mönchsordens, der besonders Feld- und Gartenarbeit verrichtete · *S. 667 peinlich* peinigend, quälend · *S. 668 edler Grieche* Homer · *zum Spektakel* ... Schauspiel · *S. 669 jener Arzt* gemeint ist Jung-Stilling

ZWEITER TEIL *S. 671 Epopöe* Epos · *S. 672 Philemon ... Baucis* greisenhaftes Ehepaar der griechischen Sage, das arm, aber zufrieden und gastfreundlich lebte (siehe auch „Faust", 2. Teil) · *Prinzipal* Herr, Auftraggeber · *S. 674 unbewunden* unumwunden · *S. 675 nachkommen* nachvollziehen, einsehen, verstehen · *S. 676 Brakteaten* dünne, nur einseitig geprägte Münzen · *Portefeuille* hier: Mappe (für Kunstwerke) · *Gemeinste* Üblichste, Alltäglichste · *nach dem Anlaß* ... Muster · *S. 678 billigen* angemessenen, vernünftigen · *S. 683 Brancards* Packwagen · *Vachen* Lederkoffer, die man auf den Reisewagen schnallte · *Geschick* Geschicklichkeit · *S. 684 einfallenden* fälligen · *S. 685 Saalnixe* dies der Titel einer Bearbeitung des Singspiels „Das Donauweibchen" von K. Fr. Hensler · *jene Artemisia* „Schwester und Gattin des Mausolos, herrschte nach dessen Tod über Karien und Rhodos (353—351 v.Chr.). Zu dem großartigen Grabbau für ihren Gemahl (Mausoleum) rief sie Künstler aus ganz Hellas herbei" · *S. 686 Witwe von Ephesus* Diese Witwe wollte nach dem Tod ihres Gatten verhungern, tröstete sich dann aber schnell und noch in seiner Gruft mit einem Soldaten · *S. 687 Incroyables* „Unglaubliche"; Bezeichnung der Stutzer zur Zeit der Direktorialregierung in Frankreich · *S. 688 Collation* Imbiß, kleine Mahlzeit · *S. 689 Der Verständige* der reine Verstandesmensch · *Mitteilend* hier: freigebig · *S. 691 Noterben* jene, die Anspruch auf das Pflichtteil haben · *Hautelisseteppich* in Hautelisseweberei, d.h. einer Webart mit senkrechter Kette, gefertigter Teppich · *S. 692 extemporierten* improvisierten · *Ressourcen* Hilfsquellen, Hilfen · *gemein* (wie) gewöhnlich, alltäglich · *S. 694 Belisar* erfolgreicher oströmischer Feldherr des 6. Jahrhunderts · *van Dyck* Anthonis van Dyck (1599—1641), neben Rubens der bedeutendste Meister der flämischen Barock-Malerei · *S. 695 Poussin* Nicolas Poussin, französischer Maler des 17. Jahrhunderts · *Ahasverus und Esther* siehe dazu das Buch Esther des Alten Testaments · *Terburg* gemeint ist Gerard Terborch, holländischer Maler des 17. Jahrhunderts · *Wille* Johann Georg Wille (1715—1808), Kupferstecher · *S. 696 tournez s'il vous plait* bitte wenden (umblättern) · *auf polnische Art* gemeint ist: auf Kosten aller · *S. 699 einreden* hereinreden · *S. 700 Apprehension* Besorgnis, Furcht · *S. 701 ein anmaßlicher Politiker* einer, der sich anmaßt, Politiker zu sein · *Kustoden* Aufseher · *S. 702 Präsepe* Krippe (des Christkinds) · *S. 706 strackeres* strammeres, strafferes · *S. 707 heben Sie... heran* heranziehen (und dabei emporziehen) · *S. 711 Kompatrioten* Landsleute · *S. 712 Humboldten* gemeint ist Alexander von Humboldt (1769—1859), der bedeutendste deutsche Naturforscher der Goethe-Zeit · *S. 715 gehobenen* behobenen · *Meldungsschreiben und Gevatterbriefe* Anzeigen von Geburt und Taufe sowie Bitten um Gevatterschaft, d.h. Patenschaft · *S. 716 Simeon* siehe dazu Lukas 2, 25 ff. · *S. 717 Vorsehen* Vorsorge · *nach der Zeit* mit der Zeit · *S. 721 Tischer* Tischler · *Patronen* Schablonen · *S. 722 tragbare dunkle Kammer* Camera obskura, Lochkamera · *Lokal* Lokalität, Örtlichkeit · *ei-*

gens eigentümlich · *S. 727 entwickeln* im wörtlichen Sinn: entwirren · *S. 728 überzutragen* zu übertragen · *Wirt* Gastgeber · *S. 729 Werder* Flußinseln · *S. 731 stand an* hatte Bedenken · *S. 732 Markasiten* Eisen- und Schwefelkies · *S. 733 gemeint war* gesonnen · *Penserosa* Gedankenvolle · *S. 735 betriegt* betrügt · *S. 737 übertragen* ertragen · *S. 752 Putzstube* geputzte Stube, „gute Stube" · *S. 758 des Anzugs* der (vollständigen) Bekleidung · *Devisen* Wahlsprüche · *S. 761 morgende* morgige · *S. 764 mehrere* mehr, weitere

Novelle

Goethe schrieb die „Novelle" vom Oktober 1826 bis zum Februar 1827 als Siebenundsiebzigjähriger; sie gehört also in den Umkreis von „Wilhelm Meisters Wanderjahre" (und war als Einlage in den Roman geplant) sowie von Faust II.

Der Plan zu dem Werk ist allerdings bedeutend älter. Dreißig Jahre früher, 1797, sollte es zunächst ein Epos in Hexametern werden und „Die Jagd" heißen; noch im selben Jahr hat Goethe, wie er an Schiller schrieb, an eine Ballade gedacht. Dann geriet das Ganze für drei Jahrzehnte in Vergessenheit.

Goethe sah in dem Werk ein Modell für die Gattung Novelle. Zu Eckermann sagte er: „Wir wollen es die Novelle nennen; denn was ist eine Novelle anders als eine sich ereignete unerhörte Begebenheit. Dies ist der eigentliche Begriff, und so vieles, was in Deutschland unter dem Titel Novelle geht, ist gar keine Novelle, sondern bloß Erzählung oder was Sie sonst wollen."

Eckermann hat sich 1831, sicher im Sinne Goethes, über die „Novelle" geäußert: In einem Tischgespräch führte er aus, „daß Gehalt und Kunst darin viel zu hoch stehen, als daß die Menschen wüßten was sie damit anzufangen haben. Man will immer wieder hören und wieder sehen, was man schon einmal gehört und gesehen hat; und wie man gewohnt ist, die Blume Poesie in durchaus poetischen Gefilden anzutreffen, so ist man in diesem Falle erstaunt, sie aus einem durchaus realen Boden hervorwachsen zu sehen ... Zu dem Schluß von Goethes Novelle wird im Grunde nichts weiter verlangt, als die Empfindung, daß der Mensch von höheren Wesen nicht ganz verlassen sei, daß sie ihn vielmehr im Auge haben, an ihm Teil nehmen, und in der Not ihm helfend zur Seite sind."

Diese Altersdichtung in ihrer hochstilisierten Form ist bis in unser Jahrhundert hinein vielfach verkannt worden. Erst in den dreißiger Jahren begann man sich gründlicher mit Goethes Spätwerk zu beschäftigen und hat auch Reiz und Bedeutung der „Novelle" aufgezeigt.

Entstanden 1826/27. Erschienen 1828 im 15. Band der „Ausgabe letzter Hand" bei Cotta in Stuttgart und Tübingen.

S. 771 Lokal hier: Örtlichkeit · *S. 772 Güter- und Warenbreite* ausgedehnte Fläche, auf der Güter und Waren gestapelt werden · *S. 773 bauschig* wulstig · *pausig* aufgebläht · *S. 774 Stieg* Anstieg, Aufstieg · *S. 779 Speise von den Fressern* Simsons Rätsel im „Buch der Richter", 14, 14 · *S. 780 die sanfte süße Flöte* = flauto dolce; sie war wegen ihres leisen Tons schon von der Querflöte verdrängt · *Wärtel* Wärter · *entstellt* verstellt · *S. 781 Denn in der Löwengrube* siehe Buch David 6, 16ff. · *S. 782 Und die Welle schwankt zurück* siehe 3. Mose 15, 8 · *Blankes Schwert erstarrt im Hiebe* siehe 1. Mose 22, 10ff. · *S. 784 Aus den Gruben* Anklingen des Daniel-Motivs · *Indessen hatte sich der Löwe ...* siehe die Geschichte von Androklus und dem Löwen, berichtet von Aulus Gallius (2. Jahrh. n. Chr.); in der Literatur des 20. Jahrh.: Shaw, Androklus und der Löwe (Schauspiel, 1916)

Hermann und Dorothea

1783/84 erschien die Idylle „Luise" von Johann Heinrich Voß in Teildrucken, 1795 (in der 2. Fassung) als „Ein ländliches Gedicht..." vollständig. Ohne dieses Werk, bekannte Goethe, wäre „Hermann und Dorothea" nicht entstanden. Er (wie auch Schiller und viele andere bis ins 19. Jahrhundert hinein) hielten das Epos antiker Tradition für die höchste aller Dichtungsgattungen; nun wagte er, durch Voß' Arbeit angeregt, ein modernes, jener Tradition entsprechendes Werk.

Quelle war ihm eine Anekdote aus der „Vollkommenen Emigrationsgeschichte von denen aus dem Erzbistum Salzburg vertriebenen Lutheranern" von Göcking (1734). Er verlegte sie in seine Zeit sowie zu zeitgenössischen Ereignissen und Problemen: Deutsche links des Rheins fliehen vor französischen Revolutionstruppen; Gelegenheit, ein deutliches (verurteilendes) Wort zur Revolution in Frankreich zu sagen.

Doch hatte Goethe, als er „Hermann und Dorothea" bei zwei Aufenthalten im alten Jenaer Schloß im September 1796 und März 1797 „mit Leichtigkeit und Behagen" schrieb, nicht in erster Linie Zeitkritik im Sinn, sondern Allgemein-Menschliches. Meyer erklärte er im April 1797, er stelle „unter dem modernen Kostüm die wahren echten Menschenproportionen und Gliederformen" dar. Anders gesagt: Er schuf „eine ins Klassische, Typische erhöhte Familienidylle" (Jörg Drews).

Schiller sprach, als das Werk 1797 erschienen war, vom „Gipfel seiner und unserer ganzen neueren Kunst"; und es lobten weitere Prominente der Zeit, u. a. A. W. von Schlegel. Doch früh setzte auch Kritik an diesem aus konservativer Gesinnung heraus geschriebenen Werk ein, in dem „problemlose patriarchalische Ruhe mit sympathisierender Beschaulichkeit verklärt" wird (so ein Autor unserer Zeit, H. von Maltzahn). Wolfgang Menzel nannte 1836 das Epos rundheraus eine Huldigung an das Spießbürgertum.

Für ein heutiges Urteil wird man trennen müssen zwischen der Wirkung von Inhalt und Gehalt auf den Leser der Gegenwart und der Wirkung von Stimmung und Poesie. Allzu fern liegt uns längst die Welt solcher Stilleben in Ackerbürgerstädtchen vor fast zweihundert Jahren; so sind es kaum den unseren verwandte Probleme, die Goethe gestaltet hat. Die dichterischen Qualitäten des Werks aber bewundern wir immer noch: so wie schon Schiller es tat.

Entstanden: 1796/1797. Erschienen 1797 im „Taschenbuch für 1798" bei Friedrich Vieweg d. Ä. in Berlin.

ERSTER GESANG. KALLIOPE *S. 789 Kalliope* Muse der epischen Dichtung · *Anteil* Teilnahme, Mitgefühl · *milde* freigebig · *indianischen* indischen · *Sürtout* Überrock · *Pekesche* mit Schnüren besetzte Jacke · *S. 790 in Landau verfertigt* d. h. ein Landauer (viersitziger Wagen mit Klappverdeck) · *S. 792 Butten* hölzerne Gefäße, Kiepen · *Sachen keines Gebrauches* d. h. Sachen, die man nicht gebrauchte · *Hochweg* Hauptstraße · *S. 793 nach meinem Geschäft* meinem Geschäft nachgehend

ZWEITER GESANG. TERPSICHORE *S. 794 Terpsichore* Muse des Tanzes und Chorgesangs · *S. 796 Provisor* erster Gehilfe des Apothekers · *S. 797 Wenig flüchteten wir...* retteten wir durch Flucht · *S. 798 da seh' er sich vor* da seh er vorsorglich · *S. 799 billig* angemessen, geziemend · *Pamina... Tamino* Hauptfiguren in Mozarts „Zauberflöte" (von 1791) · *S. 800 mit Menschen zu handeln* Menschen zu behandeln, mit ihnen umzugehen

DRITTER GESANG. THALIA *S. 800 Thalia* Muse der Komödie · *S. 801 gleich... ge-*

baut ist d.h. gleichmäßig (Hinweis auf den schachbrettartigen Grundriß Mannheims) · *S. 803 Bleiglanz* grauglänzendes Bleierz · *Offizin* hier: Apotheke

VIERTER GESANG. EUTERPE *S. 803 Euterpe* Muse der (von Flötenspiel begleiteten) lyrischen Dichtung · *S. 804 Gutedel und Muskateller* Weintrauben-Sorten · *S. 805 sich . . . bekümmert* Kummer empfindet · *S. 806 zu scheinen in der Montur* gut auszusehen in der Uniform · *S. 807 gerochen* gerächt

FÜNFTER GESANG. POLYHYMNIA *S. 809 Polyhymnia* Muse des (ernsten) Gesanges · *S. 812 im Elend* hier im alten Sinn: abgeleitet von mittelhochdeutsch „ellende = Ausland, Verbannung, Not“ · *S. 813 die Waage* hier: bewegliches Querholz am unteren Deichselende eines Zweispänners · *Bildung* hier: Gestalt · *S. 815 Josua* Nachfolger des Moses in der Führung der Kinder Israels · *im feurigen Busche* siehe 2. Mose 3, 2 ff.

SECHSTER GESANG. KLIO *S. 815 Klio* Muse der Geschichtsschreibung · *Hauptstadt der Welt* gemeint ist Paris · *S. 816 Drauf begann der Krieg* d.h. 1792 der Erste Koalitionskrieg (Österreich und Preußen gegen Frankreich) *Bäume der Freiheit* Das Pflanzen von Freiheits-Bäumen war eine der Moden der Revolutionszeit · *das Geschrei* Wehgeschrei (der Bedrückten) *S. 820 Milde* Mildtätigkeit · *S. 822 . . . wert ist das Mädchen* lieb und teuer, würdig . . .

SIEBENTER GESANG. ERATO *S. 823 Erato* Muse der Liebesdichtung · *S. 827 erkenn' ich* anerkenne ich dankbar · *S. 828 Deuten* Tüten

ACHTER GESANG. MELPOMENE *S. 828 Melpomene* Muse der Tragödie · *S. 830 der gehaltene Jüngling* der an sich haltende, beherrschte . . .

NEUNTER GESANG. URANIA *S. 831 Urania* Muse der Sternkunde · *sorglich* sorgenvoll · *Fäschen* Fäserchen · *bedenklichen Worte* bedenkenswerten . . . · *S. 834 der Frauen* der Frau

Von deutscher Baukunst

Geschrieben z.T. wohl schon 1771 im Elsaß, abgeschlossen 1772 in Frankfurt (nach der Rückkehr aus Wetzlar).

Eine für das Weltgefühl des „Sturm und Drang“ charakteristische Arbeit. Die gotische ist nach Ansicht des jungen Goethe „deutsche Baukunst“. Italiener und Franzosen dürfen sich „keiner eignen rühmen“. „Als einer der Wenigen seiner Zeit vermochte der Zwanzigjährige die Größe der damals noch weithin als barbarisch verschrienen gotischen Architektur zu erkennen“ (Peter Boerner).

Von unseren Erkenntnissen aus ist allerdings anzumerken: Was Goethe als das großartige Werk eines einzigen ansah, ist eine Schöpfung von Generationen.

1823, ein halbes Jahrhundert später, hat er die Schrift selbst noch einmal veröffentlicht und ihr eine Betrachtung mit demselben Titel vorausgeschickt. „Erinnern dürfen wir uns hierbei gar wohl jüngerer Jahre“, heißt es darin, „wo der Straßburger Münster so große Wirkung auf uns ausübte, daß wir unberufen unser Entzükken auszusprechen nicht unterlassen konnten.“

Entstanden 1771/72. Erschienen 1772 als anonyme Flugschrift in Frankfurt; dann 1773 in Herders Sammlung „Von Deutscher Art und Kunst“.

S. 839 D. M. Ervini a Steinbach. Dem seligen Geist Erwins von Steinbach · *Anno domini 1318 . . .* Im Jahre des Herrn 1318, am 17. Februar, starb Meister Erwin, Leiter des Baus der Straßburger Kirche · *jenem Tuche* siehe Apostelgesch. 10, 11 ff.

· *der Franzose* gemeint ist der Abbé Marc Antoine Laugier (1713—1769) · *Dose à la Grecque* Tabaksdose mit griechischen Ornamenten · *S. 840 Marmorgängen* die von G. L. Bernini entworfenen Kolonnaden · *protoplastischen* die Urgestalt deutenden · *primävere* ursprünglichere · *S. 841 Abt* gemeint ist wieder der Abbé Laugier · *Intercolumnia* Räume zwischen den Säulen · *synonymisch* aus sinnverwandten Wörtern kommend · *S. 842 Tageloch* Öffnung fürs Licht · *Zäserchen* Fäserchen · *der deutsche Kunstgelehrte* gemeint ist Johann Georg Sulzer (1720—1779) · *S. 843 modeln* in eine Form bringen, gestalten · *S. 844 medii aevi* Mittelalter · *unser aevum* unser Zeitalter · *Magdalene* die Kirche Sainte Marie-Madeleine in Paris? (Sie war 1764 erst begonnen worden) · *Puppenmaler* etwa: Puttenmaler, d. h. Maler des späten Barock · *Flügel der Morgenröte* siehe Psalm 139, 9 · *wie der Löwe des Gebirges* siehe Sirach 17, 11

Einfache Nachahmung der Natur, Manier, Stil

Verfaßt nach dem Erlebnis der italienischen Reise und dem durch sie ausgelösten vielfältigen Nachdenken über das Wesen der bildenden Kunst. Die unmittelbare Anregung kam wohl von Karl Philipp Moritz, der selbst 1788 einen Aufsatz „Über die bildende Nachahmung des Schönen" nach Diskussionen mit Goethe veröffentlichte.

Aus heutiger Sicht ist anzumerken, daß Goethes Begriffsbestimmungen im Gang der Kunstgeschichte keine Nachfolge gehabt haben (Christian Beutler).

Entstanden 1789. Zuerst erschienen 1789 in Wielands „Teutschem Merkur".

S. 846 subordinierte untergeordnete · *S. 847 eines Huysum* Jan von H. (1682—1749), Schöpfer feingemalter Frucht- und Blumenstücke · *einer Rachel Ruysch* R. R. (1664—1750) malte „Blumen- und Fruchtstücke in meisterhaft feiner Durchführung"

Über den Granit

Fragment, niedergeschrieben am 18. Januar 1784. Der Aufsatz war wohl für den (seit 1781 geplanten) „Roman vom Weltall" gedacht. Hier wiedergegeben als ein Beispiel für Goethes naturwissenschaftliche Arbeits- und Denkweise.

Goethe war 1776 in Weimar die Leitung des Wiederaufbaus des Ilmenauer Bergwerks übertragen worden; das drängte ihn zu intensiven geologischen und mineralogischen Studien. Der Granit hat ihn in besonderem Maß beschäftigt, ja in ihm „geradezu ehrfürchtige Gefühle" (H. Fischer) erregt.

Entstanden 1784. Erschienen 1878 (fast ein Jahrhundert nach der Entstehung) in der „Werke"-Ausgabe bei G. Hempel, Berlin.

S. 849 Syenit Tiefengestein aus Kalifeldspat und Hornblende; wird heute vom Granit unterschieden · *Memnonsbilder* die sog. Memnonskolosse bei Theben, zwei ursprünglich 19 Meter hohe Sitzfiguren · *der ohnmächtige Herr von Rom* der Papst

Maximen und Reflexionen

Die „Maximen und Reflexionen", d.h. Kernsprüche, Lebensregeln, Überlegungen, Betrachtungen, sind Hervorbringungen des älteren und vor allem des alten Goethe. Zwar ist bekannt, daß einige dieser Aphorismen bereits in der Zeit der italienischen Reise entstanden, d.h. in der zweiten Hälfte der achtziger Jahre; den weitaus größten Teil aber formulierte erst ein über Fünfzigjähriger in den Jahrzehnten nach 1800. Wir haben sie also neben „Wilhelm Meisters Wanderjahre" (die ja aphoristische „Betrachtungen im Sinne der Wanderer" enthalten), den „Wahlverwandtschaften", dem „West-östlichen Diwan" und „Faust, zweiter Teil" zu sehen.

Als das „Tor zum Werk der Aphorismen" hat Paul Stöcklein Goethes berühmt gewordenes Wort „Alles Gescheite ist schon gedacht worden, man muß nur versuchen, es noch einmal zu denken" bezeichnet. Die „Maximen und Reflexionen" wurden nicht als geschlossenes Werk eines bestimmten Inhalts und Umfangs geplant und erarbeitet, sondern die Sprüche und Betrachtungen: Erkenntnisse zum Sosein des Lebens, über Mensch und Welt, Natur und Kunst, reihten sich aneinander, wie sie Goethe zukamen: als spontane Eingebung wie als Produkt längeren Nachdenkens, als Überzeugung anderer Autoren und früherer Zeiten (die er mitunter abwandelte). Entsprechend wurden sie fixiert: auf Zetteln, Fetzen Packpapier, alten Briefumschlägen und so weiter; aufbewahrt in Schachteln. Ihrem jeweiligen Charakter gemäß hat Goethe sie unterschiedlich bezeichnet: als Bemerkungen, Betrachtungen, Aphorismen, Sentenzen, Sprüche, Einzelheiten, Merkwürdigkeiten, und als Gnomen, Späne.

Goethe selbst hat den Titel „Maximen und Reflexionen" 1822 nur für einen Teil seiner Spruchdichtung in Prosa verwendet; erst seit Max Heckers grundlegender Ausgabe des Ganzen (1907) wird er allgemein für das gesamte aphoristische Werk des Dichters gebraucht.

Goethe schrieb etwa 1400 „Maximen und Reflexionen", von denen er selbst etwa 800 veröffentlichen ließ. Die vorliegende Goethe-Ausgabe enthält etwa 330 von ihnen, und zwar alle 1818—1827 in der (von Goethe begründeten) Zeitschrift „Kunst und Altertum" in „mehreren zusammenhängenden Reihen" erschienenen.

S. 855 gemein, Gemeines in der früheren Bedeutung von: gewöhnlich, Gewöhnliches; alltäglich, Alltägliches · *Teppich* hier: Gobelin · *Byzantiner* nämlich die des 6.—12. Jahrhunderts · *S. 856 Surrogat* Ersatz, Ersatzstoff, Behelf · *Tantalisch-Sysiphische Qual* Tantalos war der Sage nach dazu verdammt, beim Anblick von Speisen und Getränken Hunger und Durst zu leiden; Sysiphus mußte vergebliche Arbeit leisten: einen immer wieder hinunterrollenden Stein bergauf wälzen · *S. 857 Bürger* Gottfried August Bürger (1747—1794), deutscher Dichter, besonders von Schiller übertrieben hart kritisiert · *S. 858 travers* hier im Sinn von: Fehler, Mängel · *Richelieu* R. (1585—1642), französischer Kardinal, seit 1624 leitender Minister. Er hatte (worauf hier Bezug genommen wird) veranlaßt, daß die Französische Akademie die Forderung nach den drei Einheiten für das Drama erhob · *Metamorphose im höhern Sinn* Metamorphose = Verwandlung, Umwandlung; Goethe dachte an Dantes Inferno, 25. Gesang · *S. 859 Naturdichter* als einen solchen sah Goethe z.B. Johann Peter Hebel an · *S. 860 Tycho* Tycho Brahe (1546—1601), bedeutender Astronom (Däne) · *Seneca* römischer Philosoph und Dichter (4. v.Chr.—65 n.Chr.) · *Antipoden* Menschen auf der entgegengesetzten Seite der Erde · *Idiotismen* im früheren Sinn: kennzeichnende Eigenheiten ·

S. 861 Epopöe Epos · *clam, vi et precario* heimlich, gewaltsam und widerruflich · *Rollwagen* Reisewagen · *S. 862 le malheur des temps . . .* Das Unglück der Zeiten ist schuld an seinem Irrtum, aber die Kraft seiner Seele ließ ihn mit Ruhm abtreten · *S. 863 die Newtonische Lehre* die von Goethe mit zahlreichen Attacken bedachte Lehre Newtons von den Farben, der er die eigene Farbenlehre entgegensetzte · *tournure* gewandtes Auftreten · *S. 864 Obskurantismus* Aufklärungs- und Wissenschaftsfeindlichkeit · *empirisch* wirklich vorhanden · *Schelmerei* üble Tat · *Mächler* Macher, Schwindler · *S. 865 überträgt* erträgt · *Veni Creator Spiritus* Hymne von Hrabanus Maurus (780—856) · *retardieren* verzögern · *Korrelate* Begriffe, die zueinander in wechselseitiger Beziehung stehen · *Tropen* Tropus = poetische Wendung, poetisches Bild · *S. 866 Retardationen* Verzögerungen · *Präokkupationen* Vorwegnahmen, vorwegnehmende Veröffentlichung des von andern Entdeckten · *Maximen* als literarische Gattung: Kernsprüche, (Lebens)regeln. „Zu einer hohen Form philosophischer Aussage" wurden die Maximen u. a. „in Goethes ‚Maximen und Reflexionen'" (Brockhaus) · *S. 867 anthropomorphisch* vermenschlichend (in seinen Vorstellungen) · *Phanerogamie* Fortpflanzung von Pflanzen durch (aus Staub- und Fruchtblättern bestehenden) Blüten · *Kryptogamisches* den Sporen-Pflanzen Eigenes · *Diphthongen* Zwielaute, Doppellaute (z. B. ei, au) · *I convertiti stanno freschi apresso di me* Die Konvertiten werden bei mir kaltgestellt · *Suppleanten* Stellvertretern, Ersatzmännern · *S. 868 Archimedes* bedeutender griechischer Wissenschaftler des 3. Jahrhunderts v. Chr. (Mathematiker, Physiker) · *Nose* K. W. Nose (1753—1835), Arzt und Geologe · *Etiam nihil didicisti* Du hast auch nichts gelernt · *Aemilium Paulum . . .* „Den Aemilius Paulus — einen Mann, der derart Lob verdient, als männliche Vortrefflichkeit überhaupt aufgefaßt werden kann" · *S. 869 Zettel . . . Einschlag* Begriffe aus dem Weberhandwerk; sie bedeuten hier: polare Gegensätzlichkeit · *Parze* (altrömische) Schicksalsgöttin · *angebetete Königin* die preußische Königin Luise · *peinlichen* hier: Pein bereitenden, d. h. schmerzlichen, quälenden · *Dominichin* = Domenichino, eigentl. Domenico Zampieri, italienischer Maler (1581—1641) · *S. 870 Timon* ein Athener des Altertums, bekannt als Misanthrop. (Siehe auch Shakespeares Werk „Timon von Athen") · *S. 871 Hamann* Johann Georg H. (1730—1788), deutscher Philosoph („Magus des Nordens") · *Herr von Schweinichen* Hans von Schweinichen (1552—1616); sein tagebuchartiger Lebensbericht gilt als ein wertvolles Kulturbild der zweiten Hälfte des 16. Jahrhunderts · *S. 872 Madame Roland* Jeanne Manon R. de la Platière (1754—1793); während der Jakobinerherrschaft als Girondistin hingerichtet · *Medwins Unterhaltungen* Th. Medwin (1788—1869); veröffentlichte Gespräche Lord Byrons · *perpetuierlich* fortwährend, beständig · *Residuum (caput mortuum)* Rest, Rückstand; c. m.: wörtlich: toter Kopf, Totenkopf; Bezeichnung für den Glührückstand von Eisenvitriol, Eisenrot · *S. 873 Assessoren* „Beisitzer" · *sine voto* ohne Votum, Stimmrecht · *von Raumer* Friedrich von R. (1781—1873), deutscher Historiker · *Wachler* Ludwig W. (1767—1838), deutscher Historiker · *S. 874 Stiedenroths Psychologie* Ernst St. (1794—1858) · *Entelechie* die dem Organismus innewohnende Gestaltungskraft zur Entwicklung und Vollendung der Anlagen · *S. 875 Systole und Diastole* Zusammenziehung und Ausdehnen · *Bonus vir semper tiro* Ein guter Mann ist immer Rekrut · *S. 876 Panoramic ability* panoramic = panoramaartig, in die Runde sehend; ability = Fähigkeit, Begabung · *S. 877 sich subordinieren* sich unterordnen · *„L'amour est un vrai recommenceur"* Die Liebe ist ein wahrer Neuanfänger · *chevalerie* Ritterlichkeit · *servage* Dienst tun, Dienen · *S. 878 transzendieren* die Grenze der sinnlichen Wahrnehmung, der Erfahrung überschreiten · *Hussen* Jan (Johannes) Hus (Huß), 1415 als angeblicher Ketzer verbrannt · *alles Spinozistische* Spinozismus = die Lehre Baruch Spinozas (niederländischer Philosoph des 17. Jahrhunderts); nach ihr gibt es nur *eine* Substanz, von deren (unendlich vielen) Attributen wir nur zwei kennen: Denken und Ausdehnung. Diese Substanz ist Gott oder die Natur (d. h. es erfolgt die Gleichsetzung von Gott und Natur). (Insbesondere in seiner Frühphase stand Goethe stark unter dem Einfluß Spinozas) · *Machiavellismus* die nach Niccolò Machiavelli benannte Staatskunst, in der allein der Erfolg zählt und den Einsatz aller Mittel rechtfertigt · *S. 879 Nihil rerum mortalium* ... Nichts von dem, was sterblich ist, ist so unbeständig und flüchtig wie eine Macht, welche sich nicht auf ihre eigene Kraft stützt · *Heuristik* Lehre von den Methoden zur Auffindung neuer wissenschaftlicher Erkenntnisse · *S. 880 Transzendieren* Überschreiten der Grenze der Wahrnehmung und Erfahrung · *Adepte* = Adept, d. h. in eine Geheimlehre Eingeweihter · *Mystiker* Anhänger einer Mystik, jener Lehre, in der durch Versenkung eine innige Verbindung zu Gott gesucht wird · *Höhle des Trophonios* Trophonios erteilte aus seiner Höhle heraus Orakel, die bei den um Rat Fragenden nicht selten Schwermut auslösten · *Evidenz* Augenschein, Deutlichkeit · *S. 881 Hydrioten* Bewohner der griechischen Insel Hydra · *Brander* mit Pulver beladenes Schiff, mit dem man gegnerische Schiffe zu rammen und in Brand zu stecken versuchte · *S. 882 Katechisation* religiöse Unterweisung · *Arden von Feversham* Heute wird dieses Stück nicht mehr Shakespeare zugeschrieben · *Fazilität* Leichtigkeit · *Johannes Secundus* niederländischer neulateinischer Dichter des frühen 16. Jahrhunderts

Bildquellen

Archiv für Kunst und Geschichte, Berlin *2, 20 (Hessisches Landesmuseum, Darmstadt), 21, 22, 25 oben, 34, 36 unten, 37 oben, 40, 41 links, 44 unten rechts, 48 oben*
Freies Deutsches Hochstift, Goethe-Museum, Frankfurt *11 oben, 47 (Fotos: Ursula Edelmann), 13, 14, 17 unten, 29 links u. rechts, 32, 43 oben (Fotos: Karl-Heinz Klubescheidt)*
Goethe-Museum, Düsseldorf *41 rechts, 42 links u. rechts, 43 unten, 44 oben (Fotos: Klein)*
Historia-Photo, Hamburg *24, 26 oben*
Historisches Museum, Frankfurt *9 oben (Foto: Ursula Seitz-Gray)*
Bildarchiv Huber, Garmisch-Partenkirchen *10*
Bildarchiv Jürgens, Köln *28 oben, 30 oben u. unten, 36 oben, 38 unten*
Bildarchiv Joachim Kinkelin, Worms *7 (Foto: Mader)*
Karl-Heinz Klubescheidt, Rheda-Wiedenbrück *9 unten, 19, 23, 27, 31 rechts, 35, 48 unten*
Mauritius, Mittenwald *15 (Foto: Findeisen)*
Nationale Forschungs- und Gedenkstätten der klassischen deutschen Literatur, Weimar *11 unten, 12, 17 oben, 37 unten, 38 oben, 39 links, 44 unten links, 45 links u. rechts, 46 oben u. unten*
Österreichische Nationalbibliothek, Wien *25 unten*
Bildarchiv Preußischer Kulturbesitz, Berlin *18, 26 unten, 31 links*
Schiller-Nationalmuseum, Marbach *28 unten, 39 rechts*
Städelsches Kunstinstitut, Frankfurt *33 (Foto: Joachim Blauel)*

Inhalt

JOHANN WOLFGANG GOETHE

WERKE IN ZWEI BÄNDEN

II

CARL HANSER VERLAG

Herausgegeben von Herbert Reinoß
unter Mitwirkung von Wolfdietrich Rasch
Textredaktion: Andreas Hamburger
Nachwort: Wolfdietrich Rasch
Einführungen in alle Werke dieses Bandes,
Erläuterungen bis einschließlich ,,Iphigenie": Herbert Reinoß;
Erläuterungen zu ,,Tasso" und ,,Faust": Andreas Hamburger

ISBN 3-446-13475-1
Hanser Bibliothek

Umschlag: Christian Diener
Druck und Bindung: Mohndruck
Printed in Germany

GEDICHTE

An den Schlaf

Der du mit deinem Mohne
Der Götter Augen zwingst,
Und Bettler oft zum Throne,
Zum Mädchen Schäfer bringst;
Hör' mich, kein Traumgespinste
Verlang' ich heut von dir,
Den größten deiner Dienste,
Geliebter, leiste mir.

An meines Mädchens Seite
Sitz' ich, ihr Aug' spricht Lust,
Und unter neid'scher Seide
Steigt fühlbar ihre Brust;
Oft wären sie zu küssen
Die gier'gen Lippen nah,
Doch ach, dies muß ich missen,
Es sitzt die Mutter da.

Heut Abend bin ich wieder
Bei ihr, o tritt herein.
Sprüh' Mohn von dem Gefieder,
Da schlaf' die Mutter ein;
Blaß werd' der Lichter Scheinen,
Von Lieb' mein Mädchen warm
Sink' wie Mama in deinen,
Ganz still in meinen Arm.

Brautnacht

Im Schlafgemach, entfernt vom Feste,
Sitzt Amor dir getreu und bebt,
Daß nicht die List mutwill'ger Gäste
Des Brautbetts Frieden untergräbt.
Es blinkt mit mystisch heil'gem Schimmer
Vor ihm der Flammen blasses Gold;
Ein Weihrauchswirbel füllt das Zimmer,
Damit ihr recht genießen sollt.

Wie schlägt dein Herz beim Schlag der Stunde,
Der deiner Gäste Lärm verjagt;
Wie glühst du nach dem schönen Munde,
Der bald verstummt und nichts versagt.
Du eilst um alles zu vollenden
Mit ihr in's Heiligtum hinein;

Das Feuer in des Wächters Händen
Wird wie ein Nachtlicht still und klein.

Wie bebt vor deiner Küsse Menge
Ihr Busen und ihr voll Gesicht;
Zum Zittern wird nun ihre Strenge,
Denn deine Kühnheit wird zur Pflicht.
Schnell hilft dir Amor sie entkleiden,
Und ist nicht halb so schnell als du;
Dann hält er schalkhaft und bescheiden
Sich fest die beiden Augen zu.

Drei Oden
an meinen Freund Behrisch

Erste Ode

Verpflanze den schönen Baum,
Gärtner, er jammert mich.
Glücklicheres Erdreich
Verdiente der Stamm.

Noch hat seiner Natur Kraft
Der Erde aussaugendem Geize,
Der Lust verderbender Fäulnis,
Ein Gegengift, widerstanden.

Sieh, wie er im Frühling
Lichtgrüne Blätter schlägt,
Ihr Orangenduft
Ist dem Geschmeiße Gift.

Der Raupen tückischer Zahn
Wird stumpf an ihnen,
Es blinkt ihr Silberglanz
Im Sonnenscheine.

Von seinen Zweigen
Wünscht das Mädchen
Im Brautkranze,
Früchte hoffen Jünglinge.

Aber sieh, der Herbst kömmt,
Da geht die Raupe,
Klagt der listigen Spinne
Des Baums Unverwelklichkeit.

Schwebend zieht sich
Von ihrer Taxuswohnung
Die Prachtfeindin herüber
Zum wohltätigen Baume.

Und kann nicht schaden.
Aber die Vielkünstliche
Überzieht mit grauem Ekel
Die Silberblätter.

Sieht triumphierend,
Wie das Mädchen schauernd,
Der Jüngling jammernd
Vorübergeht.

Verpflanze den schönen Baum,
Gärtner, er jammert mich.
Baum, danke dem Gärtner,
Der dich verpflanzt!

Zwote Ode

Du gehst! Ich murre.
Geh! Laß mich murren.
Ehrlicher Mann,
Fliehe dieses Land.

Tote Sümpfe,
Dampfende Oktobernebel
Verweben ihre Ausflüsse
Hier unzertrennlich.

Gebärort
Schädlicher Insekten,
Mörderhülle
Ihrer Bosheit.

Am schilfigten Ufer
Liegt die wollüstige,
Flammengezüngte Schlange,
Gestreichelt vom Sonnenstrahl.

Fliehe sanfte Nachtgänge
In der Mondendämmerung,
Dort halten zuckende Kröten
Zusammenkünfte auf Kreuzwegen.

Schaden sie nicht,
Werden sie schrecken.

Ehrlicher Mann,
Fliehe dieses Land!

Dritte Ode

Sei gefühllos!
Ein leichtbewegtes Herz
Ist ein elend Gut
Auf der wankenden Erde.

Behrisch, des Frühlings Lächeln
Erheitre deine Stirne nie,
Nie trübt sie dann mit Verdruß
Des Winters stürmischer Ernst.

Lehne dich nie an des Mädchens
Sorgenverwiegende Brust,
Nie auf des Freundes
Elendtragenden Arm.

Schon versammelt
Von seiner Klippenwarte
Der Neid auf dich
Den ganzen luchsgleichen Blick,

Dehnt die Klauen,
Stürzt und schlägt
Hinterlistig sie
Dir in die Schultern.

Stark sind die magern Arme,
Wie Panther-Arme,
Er schüttelt dich
Und reißt dich los.

Tod ist Trennung,
Dreifacher Tod
Trennung ohne Hoffnung
Wiederzusehn.

Gerne verließest du
Dieses gehaßte Land,
Hielte dich nicht Freundschaft
Mit Blumenfesseln an mir.

Zerreiß sie! Ich klage nicht.
Kein edler Freund
Hält den Mitgefangenen
Der fliehn kann zurück.

Der Gedanke
Von des Freundes Freiheit
Ist ihm Freiheit
Im Kerker.

Du gehst, ich bleibe.
Aber schon drehen
Des letzten Jahrs Flügelspeichen
Sich um die rauchende Achse.

Ich zähle die Schläge
Des donnerndes Rads,
Segne den letzten,
Da springen die Riegel, frei bin ich wie du.

Die schöne Nacht

Nun verlass' ich diese Hütte,
Meiner Liebsten Aufenthalt,
Wandle mit verhülltem Schritte
Durch den öden finstern Wald:
Luna bricht durch Busch und Eichen,
Zephyr meldet ihren Lauf,
Und die Birken streun mit Neigen
Ihr den süßten Weihrauch auf.

Wie ergötz' ich mich im Kühlen
Dieser schönen Sommernacht!
O wie still ist hier zu fühlen,
Was die Seele glücklich macht!
Läßt sich kaum die Wonne fassen;
Und doch wollt' ich, Himmel, dir
Tausend solcher Nächte lassen,
Gäb' mein Mädchen Eine mir.

Glück und Traum

Du hast uns oft im Traum gesehen
Zusammen zum Altare gehen,
Und dich als Frau, und mich als Mann.
Oft nahm ich wachend deinem Munde,
In einer unbewachten Stunde,
So viel man Küsse nehmen kann.

Das reinste Glück, das wir empfunden,
Die Wollust mancher reichen Stunden
Floh wie die Zeit mit dem Genuß.
Was hilft es mir, daß ich genieße?
Wie Träume fliehn die wärmsten Küsse,
Und alle Freude wie ein Kuß.

Wechsel

Auf Kieseln im Bache da lieg' ich, wie helle!
Verbreite die Arme der kommenden Welle,
Und buhlerisch drückt sie die sehnende Brust;
Dann führt sie der Leichtsinn im Strome danieder;
Es naht sich die zweite, sie streichelt mich wieder:
So fühl' ich die Freuden der wechselnden Lust.

Und doch, und so traurig, verschleifst du vergebens
Die köstlichen Stunden des eilenden Lebens,
Weil dich das geliebteste Mädchen vergißt!
O ruf' sie zurücke die vorigen Zeiten!
Es küßt sich so süße die Lippe der Zweiten,
Als kaum sich die Lippe der Ersten geküßt.

An Luna

Schwester von dem ersten Licht,
Bild der Zärtlichkeit in Trauer!
Nebel schwimmt mit Silberschauer
Um dein reizendes Gesicht;
Deines leisen Fußes Lauf
Weckt aus tagverschloss'nen Höhlen
Traurig abgeschiedne Seelen,
Mich, und nächt'ge Vögel auf.

Forschend übersieht dein Blick
Eine großgemess'ne Weite.
Hebe mich an deine Seite!
Gib der Schwärmerei dies Glück;
Und in wollustvoller Ruh
Säh' der weitverschlagne Ritter
Durch das gläserne Gegitter
Seines Mädchens Nächten zu.

Des Beschauens holdes Glück
Mildert solcher Ferne Qualen,

Und ich sammle deine Strahlen
Und ich schärfe meinen Blick;
Hell und heller wird es schon
Um die unverhüllten Glieder,
Und nun zieht sie mich hernieder,
Wie dich einst Endymion.

Willkommen und Abschied

Es schlug mein Herz, geschwind zu Pferde!
Es war getan fast eh' gedacht;
Der Abend wiegte schon die Erde
Und an den Bergen hing die Nacht:
Schon stand im Nebelkleid die Eiche,
Ein aufgetürmter Riese, da,
Wo Finsternis aus dem Gesträuche
Mit hundert schwarzen Augen sah.

Der Mond von einem Wolkenhügel
Sah kläglich aus dem Duft hervor,
Die Winde schwangen leise Flügel,
Umsaus'ten schauerlich mein Ohr;
Die Nacht schuf tausend Ungeheuer;
Doch frisch und fröhlich war mein Mut:
In meinen Adern welches Feuer!
In meinem Herzen welche Glut!

Dich sah ich, und die milde Freude
Floß von dem süßen Blick auf mich;
Ganz war mein Herz an deiner Seite
Und jeder Atemzug für dich.
Ein rosenfarbnes Frühlingswetter
Umgab das liebliche Gesicht,
Und Zärtlichkeit für mich — ihr Götter!
Ich hofft' es, ich verdient' es nicht!

Doch ach, schon mit der Morgensonne
Verengt der Abschied mir das Herz:
In deinen Küssen welche Wonne!
In deinem Auge welcher Schmerz!
Ich ging, du standst und sahst zur Erden,
Und sahst mir nach mit nassem Blick:
Und doch, welch Glück geliebt zu werden!
Und lieben, Götter, welch ein Glück!

Mit einem gemalten Band

Kleine Blumen, kleine Blätter
Streuen mir mit leichter Hand
Gute junge Frühlings-Götter
Tändelnd auf ein luftig Band.

Zephyr, nimm's auf deine Flügel,
Schling's um meiner Liebsten Kleid;
Und so tritt sie vor den Spiegel
All in ihrer Munterkeit.

Sieht mit Rosen sich umgeben,
Selbst wie eine Rose jung.
Einen Blick, geliebtes Leben!
Und ich bin belohnt genung.

Fühle, was dies Herz empfindet,
Reiche frei mir deine Hand,
Und das Band, das uns verbindet,
Sei kein schwaches Rosenband!

Mailied

Wie herrlich leuchtet
Mir die Natur!
Wie glänzt die Sonne!
Wie lacht die Flur!

Es dringen Blüten
Aus jedem Zweig
Und tausend Stimmen
Aus dem Gesträuch.

Und Freud' und Wonne
Aus jeder Brust.
O Erd', o Sonne!
O Glück, o Lust!

O Lieb', o Liebe!
So golden schön,
Wie Morgenwolken
Auf jenen Höhn!

Du segnest herrlich
Das frische Feld,
Im Blütendampfe
Die volle Welt.

O Mädchen, Mädchen,
Wie lieb' ich dich!
Wie blickt dein Auge!
Wie liebst du mich!

So liebt die Lerche
Gesang und Luft,
Und Morgenblumen
Den Himmelsduft,

Wie ich dich liebe
Mit warmem Blut,
Die du mir Jugend
Und Freud' und Mut

Zu neuen Liedern
Und Tänzen gibst.
Sei ewig glücklich,
Wie du mich liebst!

HEIDENRÖSLEIN

Sah ein Knab' ein Röslein stehn,
Röslein auf der Heiden,
War so jung und morgenschön,
Lief er schnell es nah zu sehn,
Sah's mit vielen Freuden.
Röslein, Röslein, Röslein rot,
Röslein auf der Heiden.

Knabe sprach: ich breche dich,
Röslein auf der Heiden!
Röslein sprach: ich steche dich,
Daß du ewig denkst an mich,
Und ich will's nicht leiden.
Röslein, Röslein, Röslein rot,
Röslein auf der Heiden.

Und der wilde Knabe brach
's Röslein auf der Heiden;
Röslein wehrte sich und stach,
Half ihm doch kein Weh und Ach,
Mußt' es eben leiden.
Röslein, Röslein, Röslein rot,
Röslein auf der Heiden.

Wandrers Sturmlied

Wen du nicht verlässest, Genius,
Nicht der Regen, nicht der Sturm
Haucht ihm Schauer über's Herz.
Wen du nicht verlässest, Genius,
Wird dem Regengewölk,
Wird dem Schlossensturm
Entgegen singen,
Wie die Lerche,
Du da droben.

Den du nicht verlässest, Genius,
Wirst ihn heben über'n Schlammpfad
Mit den Feuerflügeln;
Wandeln wird er
Wie mit Blumenfüßen
Über Deukalions Flutschlamm,
Python tötend, leicht, groß,
Pythius Apollo.

Den du nicht verlässest, Genius,
Wirst die wollnen Flügel unterspreiten,
Wenn er auf dem Felsen schläft,
Wirst mit Hüterfittigen ihn decken
In des Haines Mitternacht.

Wen du nicht verlässest, Genius,
Wirst im Schneegestöber
Wärmumhüllen;
Nach der Wärme ziehn sich Musen,
Nach der Wärme Charitinnen.

Umschwebet mich, ihr Musen,
Ihr Charitinnen!
Das ist Wasser, das ist Erde
Und der Sohn des Wassers und der Erde,
Über den ich wandle
Göttergleich.

Ihr seid rein, wie das Herz der Wasser,
Ihr seid rein, wie das Mark der Erde,
Ihr umschwebt mich und ich schwebe
Über Wasser, über Erde,
Göttergleich.

Soll der zurückkehren
Der kleine, schwarze, feurige Bauer?
Soll der zurückkehren, erwartend
Nur deine Gaben, Vater Bromius,
Und hellleuchtend umwärmend Feuer?
Der kehren mutig?
Und ich, den ihr begleitet,
Musen und Charitinnen alle,
Den alles erwartet, was ihr,
Musen und Charitinnen,
Umkränzende Seligkeit
Rings um's Leben verherrlicht habt,
Soll mutlos kehren?

Vater Bromius!
Du bist Genius,
Jahrhunderts Genius,
Bist, was innre Glut
Pindarn war,
Was der Welt
Phöbus Apoll ist.

Weh! Weh! Innre Wärme,
Seelenwärme,
Mittelpunkt!
Glüh entgegen
Phöb' Apollen;
Kalt wird sonst
Sein Fürstenblick
Über dich vorübergleiten,
Neidgetroffen
Auf der Zeder Kraft verweilen,
Die zu grünen
Sein nicht harrt.

Warum nennt mein Lied dich zuletzt?
Dich, von dem es begann,
Dich, in dem es endet,
Dich, aus dem es quillt,
Jupiter Pluvius!
Dich, dich strömt mein Lied,
Und kastalischer Quell
Rinnt ein Nebenbach,
Rinnet Müßigen,
Sterblich Glücklichen
Abseits von dir,

Der du mich fassend deckst,
Jupiter Pluvius!

Nicht am Ulmenbaum
Hast du ihn besucht,
Mit dem Taubenpaar
In dem zärtlichen Arm,
Mit der freundlichen Ros' umkränzt,
Tändelnden ihn, blumenglücklichen
Anakreon,
Sturmatmende Gottheit!

Nicht im Pappelwald
An des Sybaris Strand,
An des Gebirges
Sonnebeglänzter Stirn nicht
Faßtest du ihn,
Den Blumen-singenden
Honig-lallenden
Freundlich winkenden
Theokrit.

Wenn die Räder rasselten
Rad an Rad rasch um's Ziel weg,
Hoch flog
Siegdurchglühter
Jünglinge Peitschenknall,
Und sich Staub wälzt',
Wie vom Gebirg' herab
Kieselwetter in's Tal,
Glühte deine Seel' Gefahren, Pindar,
Mut. — Glühte? —
Armes Herz!
Dort auf dem Hügel,
Himmlische Macht!
Nur so viel Glut,
Dort meine Hütte,
Dorthin zu waten!

Elegie

Ein zärtlich jugendlicher Kummer
Führt mich in's öde Feld; es liegt
In einem stillen Morgenschlummer
Die Mutter Erde. Rauschend wiegt
Ein kalter Wind die starren Äste. Schauernd

Tönt er die Melodie zu meinem Lied voll Schmerz.
Und die Natur ist still und trauernd,
Doch hoffnungsvoller als mein Herz.

Denn sieh, bald gaukelt dir, mit Rosenkränzen
In runder Hand, du Sonnengott, das Zwillingspaar
Mit offnem blauen Aug', mit krausem goldnen Haar
In deiner Laufbahn dir entgegen. Und zu Tänzen
Auf neuen Wiesen schickt
Der Jüngling sich und schmückt
Den Hut mit Bändern, und das Mädchen pflückt
Die Veilchen aus dem jungen Gras, und bückend sieht
Sie heimlich nach dem Busen, sieht mit Seelenfreude
Entfalteter und reizender ihn heute,
Als er vor'm Jahr am Maienfest geblüht,
Und fühlt und hofft.
Gott segne mir den Mann
In seinem Garten dort! Wie zeitig fängt er an
Ein lockres Beet dem Samen zu bereiten!
Kaum riß der März das Schneegewand
Dem Winter von den hagern Seiten,
Der stürmend floh und hinter sich auf's Land
Den Nebelschleier warf, der Fluß und Au
Und Berg in kaltes Grau
Versteckt, da geht er ohne Säumen,
Die Seele voll von Ernteträumen,
Und sä't und hofft.

Der Wandrer

Wandrer

Gott segne dich, junge Frau,
Und den säugenden Knaben
An deiner Brust!
Laß mich an der Felsenwand hier,
In des Ulmbaums Schatten,
Meine Bürde werfen,
Neben dir ausruhn.

Frau

Welch Gewerbe treibt dich
Durch des Tages Hitze
Den staubigen Pfad her?
Bringst du Waren aus der Stadt
Im Land herum?
Lächelst, Fremdling,
Über meine Frage?

Wandrer

Keine Waren bring' ich aus der Stadt:
Kühl wird nun der Abend.
Zeige mir den Brunnen,
Draus du trinkest,
Liebes junges Weib!

Frau

Hier den Felsenpfad hinauf.
Geh voran! Durch's Gebüsche
Geht der Pfad nach der Hütte,
Drin ich wohne,
Zu dem Brunnen,
Den ich trinke.

Wandrer

Spuren ordnender Menschenhand
Zwischen dem Gesträuch!
Diese Steine hast du nicht gefügt,
Reichhinstreuende Natur!

Frau

Weiter hinauf!

Wandrer

Von dem Moos gedeckt ein Architrav!
Ich erkenne dich, bildender Geist!
Hast dein Siegel in den Stein geprägt.

Frau

Weiter, Fremdling!

Wandrer

Eine Inschrift, über die ich trete!
Nicht zu lesen!
Weggewandelt seid ihr,
Tiefgegrabne Worte,
Die ihr eures Meisters Andacht
Tausend Enkeln zeigen solltet.

Frau

Staunest, Fremdling,
Diese Stein' an?
Droben sind der Steine viel
Um meine Hütte.

Wandrer
Droben?

Frau
Gleich zur Linken
Durch's Gebüsch hinan;
Hier.

Wandrer
Ihr Musen und Grazien!

Frau
Das ist meine Hütte.

Wandrer
Eines Tempels Trümmer!

Frau
Hier zur Seit' hinab
Quillt der Brunnen,
Den ich trinke.

Wandrer
Glühend webst du
Über deinem Grabe,
Genius! über dir
Ist zusammengestürzt
Dein Meisterstück,
O du Unsterblicher!

Frau
Wart', ich hole das Gefäß
Dir zum Trinken.

Wandrer
Efeu hat deine schlanke
Götterbildung umkleidet.
Wie du emporstrebst
Aus dem Schutte,
Säulenpaar!
Und du einsame Schwester dort,
Wie ihr,
Düstres Moos auf dem heiligen Haupt,
Majestätisch trauernd herabschaut
Auf die zertrümmerten
Zu euern Füßen,
Eure Geschwister!

In des Brombeergesträuches Schatten
Deckt sie Schutt und Erde,
Und hohes Gras wankt drüber hin.
Schätzest du so, Natur,
Deines Meisterstücks Meisterstück?
Unempfindlich zertrümmerst du
Dein Heiligtum?
Säest Disteln drein?

Frau

Wie der Knabe schläft!
Willst du in der Hütte ruhn,
Fremdling? Willst du hier
Lieber in dem Freien bleiben?
Es ist kühl! Nimm den Knaben,
Daß ich Wasser schöpfen gehe.
Schlafe, Lieber! schlaf'!

Wandrer

Süß ist deine Ruh!
Wie's, in himmlischer Gesundheit
Schwimmend, ruhig atmet!
Du, geboren über Resten
Heiliger Vergangenheit,
Ruh ihr Geist auf dir!
Welchen der umschwebt,
Wird in Götterselbstgefühl
Jedes Tags genießen.
Voller Keim blüh' auf,
Des glänzenden Frühlings
Herrlicher Schmuck,
Und leuchte vor deinen Gesellen!
Und welkt die Blütenhülle weg,
Dann steig' aus deinem Busen
Die volle Frucht,
Und reife der Sonn' entgegen!

Frau

Gesegne's Gott! — Und schläft er noch?
Ich habe nichts zum frischen Trunk,
Als ein Stück Brot, das ich dir bieten kann.

Wandrer

Ich danke dir.
Wie herrlich alles blüht umher
Und grünt!

Frau
Mein Mann wird bald
Nach Hause sein
Vom Feld. O bleibe, bleibe, Mann!
Und iß mit uns das Abendbrot.

Wandrer
Ihr wohnet hier?

Frau
Da, zwischen dem Gemäuer her.
Die Hütte baute noch mein Vater
Aus Ziegeln und des Schuttes Steinen.
Hier wohnen wir.
Er gab mich einem Ackersmann,
Und starb in unsern Armen. —
Hast du geschlafen, liebes Herz?
Wie er munter ist, und spielen will!
Du Schelm!

Wandrer
Natur! du ewig keimende,
Schaffst jeden zum Genuß des Lebens,
Hast deine Kinder alle mütterlich
Mit Erbteil ausgestattet, einer Hütte.
Hoch baut die Schwalb' an das Gesims,
Unfühlend, welchen Zierrat
Sie verklebt;
Die Raup' umspinnt den goldnen Zweig
Zum Winterhaus für ihre Brut;
Und du flickst zwischen der Vergangenheit
Erhabne Trümmer
Für deine Bedürfniss'
Eine Hütte, o Mensch,
Genießest über Gräbern! —
Leb' wohl, du glücklich Weib!

Frau
Du willst nicht bleiben?

Wandrer
Gott erhalt' euch,
Segn' euern Knaben!

Frau
Glück auf den Weg!

Wandrer
Wohin führt mich der Pfad
Dort über'n Berg?

Frau
Nach Cuma.

Wandrer
Wie weit ist's hin?

Frau
Drei Meilen gut.

Wandrer
Leb' wohl!
O leite meinen Gang, Natur!
Den Fremdlings-Reisetritt,
Den über Gräber
Heiliger Vergangenheit
Ich wandle.
Leit' ihn zum Schutzort,
Vor'm Nord gedeckt,
Und wo dem Mittagsstrahl
Ein Pappelwäldchen wehrt.
Und kehr' ich dann
Am Abend heim
Zur Hütte,
Vergoldet vom letzten Sonnenstrahl;
Laß mich empfangen solch ein Weib,
Den Knaben auf dem Arm!

Pilgers Morgenlied
Mai 1772

An Lila

Morgennebel, Lila,
Hüllen deinen Turm um.
Soll ich ihn zum
Letzten Mal nicht sehn!
Doch mir schweben
Tausend Bilder
Seliger Erinnerung
Heilig warm um's Herz.
Wie er dastand,
Zeuge meiner Wonne,
Als zum ersten Mal

Du dem Fremdling
Ängstlich liebevoll
Begegnetest
Und mit einem Mal
Ew'ge Flammen
In die Seel' ihm warfst! —
Zische, Nord,
Tausend-schlangenzüngig
Mir um's Haupt!
Beugen sollst du's nicht!
Beugen magst du
Kind'scher Zweige Haupt,
Von der Sonne
Muttergegenwart geschieden.

Allgegenwärt'ge Liebe!
Durchglühst mich,
Beutst dem Wetter die Stirn,
Gefahren die Brust;
Hast mir gegossen
In's früh welkende Herz
Doppeltes Leben,
Freude zu leben
Und Mut!

Mahomets Gesang

Seht den Felsenquell,
Freudehell,
Wie ein Sternenblick;
Über Wolken
Nährten seine Jugend
Gute Geister
Zwischen Klippen im Gebüsch.

Jünglingfrisch
Tanzt er aus der Wolke
Auf die Marmorfelsen nieder,
Jauchzet wieder
Nach dem Himmel.

Durch die Gipfelgänge
Jagt er bunten Kieseln nach,
Und mit frühem Führertritt
Reißt er seine Bruderquellen
Mit sich fort.

Drunten werden in dem Tal
Unter seinem Fußtritt Blumen,
Und die Wiese
Lebt von seinem Hauch.

Doch ihn hält kein Schattental,
Keine Blumen,
Die ihm seine Knie' umschlingen,
Ihm mit Liebes-Augen schmeicheln:
Nach der Ebne dringt sein Lauf
Schlangenwandelnd.

Bäche schmiegen
Sich gesellig an. Nun tritt er
In die Ebne silberprangend,
Und die Ebne prangt mit ihm,
Und die Flüsse von der Ebne
Und die Bäche von den Bergen
Jauchzen ihm und rufen: Bruder!
Bruder, nimm die Brüder mit,
Mit zu deinem alten Vater,
Zu dem ew'gen Ocean,
Der mit ausgespannten Armen
Unser wartet,
Die sich ach! vergebens öffnen,
Seine Sehnenden zu fassen;
Denn uns frißt in öder Wüste
Gier'ger Sand; die Sonne droben
Saugt an unserm Blut; ein Hügel
Hemmet uns zum Teiche! Bruder,
Nimm die Brüder von der Ebne,
Nimm die Brüder von den Bergen
Mit, zu deinem Vater mit!

Kommt ihr alle! —
Und nun schwillt er
Herrlicher; ein ganz Geschlechte
Trägt den Fürsten hoch empor!
Und im rollenden Triumphe
Gibt er Ländern Namen, Städte
Werden unter seinem Fuß.

Unaufhaltsam rauscht er weiter,
Läßt der Türme Flammengipfel,
Marmorhäuser, eine Schöpfung
Seiner Fülle, hinter sich.

Zedernhäuser trägt der Atlas
Auf den Riesenschultern: sausend
Wehen über seinem Haupte
Tausend Flaggen durch die Lüfte,
Zeugen seiner Herrlichkeit.

Und so trägt er seine Brüder,
Seine Schätze, seine Kinder,
Dem erwartenden Erzeuger
Freudebrausend an das Herz.

Das Veilchen

Ein Veilchen auf der Wiese stand
Gebückt in sich und unbekannt;
Es war ein herzigs Veilchen.
Da kam eine junge Schäferin,
Mit leichtem Schritt und munterm Sinn,
Daher, daher,
Die Wiese her, und sang.

Ach! denkt das Veilchen, wär' ich nur
Die schönste Blume der Natur,
Ach, nur ein kleines Weilchen,
Bis mich das Liebchen abgepflückt,
Und an dem Busen matt gedrückt!
Ach nur, ach nur
Ein Viertelstündchen lang!

Ach! aber ach! das Mädchen kam
Und nicht in Acht das Veilchen nahm,
Ertrat das arme Veilchen.
Es sank und starb und freut' sich noch:
Und sterb' ich denn, so sterb' ich doch
Durch sie, durch sie,
Zu ihren Füßen doch.

Ganymed

Wie im Morgenglanze
Du rings mich anglühst,
Frühling, Geliebter!
Mit tausendfacher Liebeswonne
Sich an mein Herz drängt
Deiner ewigen Wärme

Heilig Gefühl,
Unendliche Schöne!

Daß ich dich fassen möcht'
In diesen Arm!

Ach an deinem Busen
Lieg' ich, schmachte,
Und deine Blumen, dein Gras
Drängen sich an mein Herz.
Du kühlst den brennenden
Durst meines Busens,
Lieblicher Morgenwind!
Ruft drein die Nachtigall
Liebend nach mir aus dem Nebeltal.

Ich komm', ich komme!
Wohin? Ach, wohin?

Hinauf! Hinauf strebt's.
Es schweben die Wolken
Abwärts, die Wolken
Neigen sich der sehnenden Liebe.
Mir! Mir!
In euerm Schoße
Aufwärts!
Umfangend umfangen!
Aufwärts an deinen Busen,
Allliebender Vater!

An Schwager Kronos

Spude dich, Kronos!
Fort den rasselnden Trott!
Bergab gleitet der Weg;
Ekles Schwindeln zögert
Mir vor die Stirne dein Zaudern.
Frisch, holpert es gleich,
Über Stock und Steine den Trott
Rasch in's Leben hinein!

Nun schon wieder
Den eratmenden Schritt
Mühsam Berg hinauf!
Auf denn, nicht träge denn,
Strebend und hoffend hinan!

Weit, hoch, herrlich der Blick
Rings in's Leben hinein,
Vom Gebirg' zum Gebirg'
Schwebet der ewige Geist,
Ewigen Lebens ahndevoll.

Seitwärts des Überdachs Schatten
Zieht dich an,
Und ein Frischung verheißender Blick
Auf der Schwelle des Mädchens da.
Labe dich! — Mir auch, Mädchen,
Diesen schäumenden Trank,
Diesen frischen Gesundheitsblick!

Ab denn, rascher hinab!
Sieh, die Sonne sinkt!
Eh' sie sinkt, eh' mich Greisen
Ergreift im Moore Nebelduft,
Entzahnte Kiefer schnattern
Und das schlotternde Gebein.

Trunknen vom letzten Strahl
Reiß mich, ein Feuermeer
Mir im schäumenden Aug',
Mich geblendeten Taumelnden
In der Hölle nächtliches Tor.

Töne, Schwager, in's Horn,
Raßle den schallenden Trab,
Daß der Orcus vernehme: wir kommen,
Daß gleich an der Türe
Der Wirt uns freundlich empfange.

Prometheus

Bedecke deinen Himmel, Zeus,
Mit Wolkendunst,
Und übe, dem Knaben gleich,
Der Disteln köpft,
An Eichen dich und Bergeshöhn;
Mußt mir meine Erde
Doch lassen stehn,
Und meine Hütte, die du nicht gebaut,
Und meinen Herd,
Um dessen Glut
Du mich beneidest.

Ich kenne nichts Ärmeres
Unter der Sonn', als euch, Götter!
Ihr nähret kümmerlich
Von Opfersteuern
Und Gebetshauch
Eure Majestät,
Und darbtet, wären
Nicht Kinder und Bettler
Hoffnungsvolle Toren.

Da ich ein Kind war,
Nicht wußte wo aus noch ein,
Kehrt' ich mein verirrtes Auge
Zur Sonne, als wenn drüber wär'
Ein Ohr, zu hören meine Klage,
Ein Herz, wie mein's,
Sich des Bedrängten zu erbarmen.

Wer half mir
Wider der Titanen Übermut?
Wer rettete vom Tode mich,
Von Sklaverei?
Hast du nicht alles selbst vollendet,
Heilig glühend Herz?
Und glühtest jung und gut,
Betrogen, Rettungsdank
Den Schlafenden da droben?

Ich dich ehren? Wofür?
Hast du die Schmerzen gelindert
Je des Beladenen?
Hast du die Tränen gestillet
Je des Geängsteten?
Hat nicht mich zum Manne geschmiedet
Die allmächtige Zeit
Und das ewige Schicksal,
Meine Herrn und deine?

Wähntest du etwa,
Ich sollte das Leben hassen,
In Wüsten fliehen,
Weil nicht alle
Blütenträume reiften?

Hier sitz' ich, forme Menschen
Nach meinem Bilde,
Ein Geschlecht, das mir gleich sei,

Zu leiden, zu weinen,
Zu genießen und zu freuen sich,
Und dein nicht zu achten,
Wie ich!

Bleibe, bleibe bei mir,
Holder Fremdling, süße Liebe,
Holde süße Liebe,
Und verlasse die Seele nicht!
Ach, wie anders, wie schön
Lebt der Himmel, lebt die Erde,
Ach, wie fühl' ich, wie fühl' ich
Dieses Leben zum ersten Mal!

Neue Liebe neues Leben

Herz, mein Herz, was soll das geben?
Was bedränget dich so sehr?
Welch ein fremdes neues Leben!
Ich erkenne dich nicht mehr.
Weg ist alles, was du liebtest,
Weg warum du dich betrübtest,
Weg dein Fleiß und deine Ruh —
Ach wie kamst du nur dazu!

Fesselt dich die Jugendblüte,
Diese liebliche Gestalt,
Dieser Blick voll Treu' und Güte,
Mit unendlicher Gewalt?
Will ich rasch mich ihr entziehen,
Mich ermannen, ihr entfliehen,
Führet mich im Augenblick
Ach mein Weg zu ihr zurück.

Und an diesem Zauberfädchen,
Das sich nicht zerreißen läßt,
Hält das liebe lose Mädchen
Mich so wider Willen fest;
Muß in ihrem Zauberkreise
Leben nun auf ihre Weise.
Die Verändrung ach wie groß!
Liebe! Liebe! laß mich los!

An Belinden

Warum ziehst du mich unwiderstehlich
Ach in jene Pracht?
War ich guter Junge nicht so selig
In der öden Nacht?

Heimlich in mein Zimmerchen verschlossen,
Lag im Mondenschein
Ganz von seinem Schauerlicht umflossen,
Und ich dämmert' ein;

Träumte da von vollen goldnen Stunden
Ungemischter Lust,
Hatte schon dein liebes Bild empfunden
Tief in meiner Brust.

Bin ich's noch, den du bei so viel Lichtern
An dem Spieltisch hältst?
Oft so unerträglichen Gesichtern
Gegenüber stellst?

Reizender ist mir des Frühlings Blüte
Nun nicht auf der Flur;
Wo du, Engel, bist, ist Lieb' und Güte,
Wo du bist, Natur.

Sehnsucht

Melodie: O Vater der Barmherzigkeit

Dies wird die letzte Trän' nicht sein,
Die glühend Herz aufquillet,
Das mit unsäglich neuer Pein
Sich schmerzvermehrend stillet.

O! laß doch immer hier und dort
Mich ewig Liebe fühlen,
Und möcht' der Schmerz auch also fort
Durch Nerv' und Adern wühlen.

Könnt' ich doch ausgefüllt einmal
Von dir, o Ew'ger, werden —
Ach, diese lange tiefe Qual,
Wie dauert sie auf Erden!

Auf dem See

Und frische Nahrung, neues Blut
Saug' ich aus freier Welt;
Wie ist Natur so hold und gut,
Die mich am Busen hält!
Die Welle wieget unsern Kahn
Im Rudertakt hinauf,
Und Berge, wolkig himmelan,
Begegnen unserm Lauf.

Aug', mein Aug', was sinkst du nieder?
Goldne Träume, kommt ihr wieder?
Weg, du Traum! so Gold du bist;
Hier auch Lieb' und Leben ist.

Auf der Welle blinken
Tausend schwebende Sterne,
Weiche Nebel trinken
Rings die türmende Ferne;
Morgenwind umflügelt
Die beschattete Bucht,
Und im See bespiegelt
Sich die reifende Frucht.

Herbstgefühl

Fetter grüne, du Laub,
Am Rebengeländer
Hier mein Fenster herauf!
Gedrängter quellet,
Zwillingsbeeren, und reifet
Schneller und glänzend voller!
Euch brütet der Mutter Sonne
Scheideblick; euch umsäuselt
Des holden Himmels
Fruchtende Fülle;
Euch kühlet des Mondes
Freundlicher Zauberhauch,
Und euch betauen, ach!
Aus diesen Augen
Der ewig belebenden Liebe
Vollschwellende Tränen.

Wonne der Wehmut

Trocknet nicht, trocknet nicht,
Tränen der ewigen Liebe!
Ach nur dem halbgetrockneten Auge
Wie öde, wie tot die Welt ihm erscheint!
Trocknet nicht, trocknet nicht,
Tränen unglücklicher Liebe!

Lili's Park

Ist doch keine Menagerie
So bunt, als meiner Lili ihre!
Sie hat darin die wunderbarsten Tiere,
Und kriegt sie 'rein, weiß selbst nicht wie.
O wie sie hüpfen, laufen, trappeln,
Mit abgestumpften Flügeln zappeln,
Die armen Prinzen allzumal,
In nie gelöschter Liebesqual!

„Wie hieß die Fee? — Lili?" — Fragt nicht nach ihr!
Kennt ihr sie nicht, so danket Gott dafür.

Welch ein Geräusch, welch ein Gegacker,
Wenn sie sich in die Türe stellt
Und in der Hand das Futterkörbchen hält!
Welch ein Gequiek, welch ein Gequacker!
Alle Bäume, alle Büsche
Scheinen lebendig zu werden:
So stürzen sich ganze Herden
Zu ihren Füßen; sogar im Bassin die Fische
Patschen ungeduldig mit den Köpfen heraus.
Und sie streut dann das Futter aus
Mit einem Blick — Götter zu entzücken,
Geschweige die Bestien. Da geht's an ein Picken,
An ein Schlürfen, an ein Hacken;
Sie stürzen einander über die Nacken,
Schieben sich, drängen sich, reißen sich,
Jagen sich, ängsten sich, beißen sich,
Und das all um ein Stückchen Brot,
Das, trocken, aus den schönen Händen schmeckt,
Als hätt' es in Ambrosia gesteckt.

Aber der Blick auch! der Ton,
Wenn sie ruft: Pipi! Pipi!
Zöge den Adler Jupiters vom Thron;

Der Venus Taubenpaar,
Ja der eitle Pfau sogar,
Ich schwöre, sie kämen,
Wenn sie den Ton von weitem nur vernähmen.

Denn so hat sie aus des Waldes Nacht
Einen Bären, ungeleckt und ungezogen,
Unter ihren Beschluß herein betrogen,
Unter die zahme Compagnie gebracht,
Und mit den andern zahm gemacht:
Bis auf einen gewissen Punkt versteht sich!
Wie schön und ach! wie gut
Schien sie zu sein! Ich hätte mein Blut
Gegeben, um ihre Blumen zu begießen.

„Ihr sagtet *ich!* Wie? Wer?"
Gut denn, ihr Herrn, g'rad aus: *Ich* bin der Bär;
In einem Filetschurz gefangen,
An einem Seidenfaden ihr zu Füßen.
Doch wie das alles zugegangen,
Erzähl' ich euch zur andern Zeit;
Dazu bin ich zu wütig heut.

Denn ha! steh' ich so an der Ecke,
Und hör' von weitem das Geschnatter,
Seh' das Geflitter, das Geflatter,
Kehr' ich mich um
Und brumm',
Und renne rückwärts eine Strecke,
Und seh' mich um
Und brumm',
Und laufe wieder eine Strecke,
Und kehr' doch endlich wieder um.

Dann fängt's auf einmal an zu rasen,
Ein mächt'ger Geist schnaubt aus der Nasen,
Es wildzt die innere Natur.
Was, du ein Tor, ein Häschen nur!
So ein Pipi! Eichhörnchen, Nuß zu knacken;
Ich sträube meinen borst'gen Nacken,
Zu dienen ungewöhnt.
Ein jedes aufgestutzte Bäumchen höhnt
Mich an! Ich flieh' vom Boulingreen,
Vom niedlich glatt gemähten Grase;
Der Buchsbaum zieht mir eine Nase,
Ich flieh' in's dunkelste Gebüsche hin,
Durch's Gehäge zu dringen,

Über die Planken zu springen!
Mir versagt Klettern und Sprung,
Ein Zauber bleit mich nieder,
Ein Zauber häkelt mich wider,
Ich arbeite mich ab, und bin ich matt genung,
Dann lieg' ich an gekünstelten Kaskaden,
Und kau' und wein' und wälze halb mich tot,
Und ach! es hören meine Not
Nur porzellanene Oreaden.

Auf einmal! Ach, es dringt
Ein seliges Gefühl durch alle meine Glieder!
Sie ist's, die dort in ihrer Laube singt!
Ich höre die liebe, liebe Stimme wieder,
Die ganze Luft ist warm, ist blütevoll.
Ach singt sie wohl, daß ich sie hören soll?
Ich dringe zu, tret' alle Sträuche nieder,
Die Büsche fliehn, die Bäume weichen mir,
Und so — zu ihren Füßen liegt das Tier.

Sie sieht es an: „Ein Ungeheuer! doch drollig!
Für einen Bären zu mild,
Für einen Pudel zu wild,
So zottig, täpsig, knollig!"
Sie streicht ihm mit dem Füßchen über'n Rücken;
Er denkt im Paradiese zu sein.
Wie ihn alle sieben Sinne jücken!
Und Sie, sieht ganz gelassen drein.
Ich küss' ihre Schuhe, kau' an den Sohlen,
So sittig als ein Bär nur mag;
Ganz sachte heb' ich mich, und schwinge mich verstohlen
Leis an ihr Knie — Am günst'gen Tag
Läßt sie's geschehn, und kraut mir um die Ohren,
Und patscht mich mit mutwillig derbem Schlag;
Ich knurr', in Wonne neu geboren;
Dann fordert sie mit süßem eitlem Spotte:
Allons tout doux! eh la menotte!
Et faites Serviteur,
Comme un joli Seigneur.
So treibt sie's fort mit Spiel und Lachen!
Es hofft der oft betrogne Tor;
Doch will er sich ein bißchen unnütz machen;
Hält sie ihn kurz als wie zuvor.

Doch hat sie auch ein Fläschchen Balsam-Feuers,
Dem keiner Erde Honig gleicht,
Wovon sie wohl einmal, von Lieb' und Treu' erweicht,

Um die verlechzten Lippen ihres Ungeheuers
Ein Tröpfchen mit der Fingerspitze streicht,
Und wieder flieht und mich mir überläßt,
Und ich dann, losgebunden, fest
Gebannt bin, immer nach ihr ziehe,
Sie suche, schaudre, wieder fliehe —
So läßt sie den zerstörten Armen gehn,
Ist seiner Lust, ist seinen Schmerzen still;
Ha! manchmal läßt sie mir die Tür halb offen stehn,
Seitblickt mich spottend an, ob ich nicht fliehen will.

Und ich! — Götter, ist's in euren Händen,
Dieses dumpfe Zauberwerk zu enden;
Wie dank' ich, wenn ihr mir die Freiheit schafft!
Doch sendet ihr mir keine Hülfe nieder —
Nicht ganz umsonst reck' ich so meine Glieder:
Ich fühl's! Ich schwör's! Noch hab' ich Kraft.

An ein goldnes Herz, das er am Halse trug

Angedenken du verklungner Freude,
Das ich immer noch am Halse trage,
Hältst du länger als das Seelenband uns beide?
Verlängerst du der Liebe kurze Tage?

Flieh' ich, Lili, vor dir! Muß noch an deinem Bande
Durch fremde Lande,
Durch ferne Täler und Wälder wallen!
Ach, Lili's Herz konnte so bald nicht
Von meinem Herzen fallen.

Wie ein Vogel, der den Faden bricht
Und zum Walde kehrt,
Er schleppt des Gefängnisses Schmach
Noch ein Stückchen des Fadens nach;
Er ist der alte freigeborne Vogel nicht,
Er hat schon jemand angehört.

Jägers Abendlied

Im Felde schleich' ich still und wild,
Gespannt mein Feuerrohr.
Da schwebt so licht dein liebes Bild
Dein süßes Bild vor mir.

Du wandelst jetzt wohl still und mild
Durch Feld und liebes Tal,
Und ach mein schnell verrauschend Bild,
Stellt sich dir's nicht einmal?

Des Menschen, der die Welt durchstreift
Voll Unmut und Verdruß,
Nach Osten und nach Westen schweift,
Weil er dich lassen muß.

Mir ist es, denk' ich nur an dich,
Als in den Mond zu sehn;
Ein stiller Friede kommt auf mich,
Weiß nicht wie mir geschehn.

Wandrers Nachtlied

Der du von dem Himmel bist,
Alles Leid und Schmerzen stillest,
Den, der doppelt elend ist,
Doppelt mit Erquickung füllest,
Ach ich bin des Treibens müde!
Was soll all der Schmerz und Lust?
Süßer Friede,
Komm, ach komm in meine Brust!

Erklärung eines alten Holzschnittes vorstellend
Hans Sachsens poetische Sendung

In seiner Werkstatt Sonntags früh
Steht unser teurer Meister hie,
Sein schmutzig Schurzfell abgelegt,
Einen saubern Feierwams er trägt,
Läßt Pechdraht, Hammer und Kneipe rasten,
Die Ahl steckt an dem Arbeitskasten;
Er ruht nun auch am sieb'nten Tag
Von manchem Zug und manchem Schlag.

Wie er die Frühlings-Sonne spürt,
Die Ruh ihm neue Arbeit gebiert:
Er fühlt, daß er eine kleine Welt
In seinem Gehirne brütend hält,
Daß die fängt an zu wirken und leben,
Daß er sie gerne möcht' von sich geben.

Er hätt' ein Auge treu und klug,
Und wär' auch liebevoll genug,
Zu schauen manches klar und rein,
Und wieder alles zu machen fein;
Hätt' auch eine Zunge, die sich ergoß,
Und leicht und fein in Worte floß;
Des täten die Musen sich erfreun,
Wollten ihn zum Meistersänger weihn.

Da tritt herein ein junges Weib,
Mit voller Brust und rundem Leib,
Kräftig sie auf den Füßen steht,
Grad, edel vor sich hin sie geht,
Ohne mit Schlepp und Steiß zu schwänzen,
Oder mit den Augen herum zu scharlenzen.
Sie trägt einen Maßstab in ihrer Hand,
Ihr Gürtel ist ein gülden Band,
Hätt' auf dem Haupt einen Kornähr-Kranz,
Ihr Auge war lichten Tages Glanz;
Man nennt sie tätig Ehrbarkeit,
Sonst auch Großmut, Rechtfertigkeit.

Die tritt mit gutem Gruß herein;
Er drob nicht mag verwundert sein,
Denn wie sie ist, so gut und schön,
Meint er, er hätt' sie lang gesehn.

Die spricht: „Ich habe dich auserlesen
Vor vielen in dem Weltwirrwesen,
Daß du sollst haben klare Sinnen,
Nichts Ungeschicklichs magst beginnen.
Wenn andre durcheinander rennen,
Sollst du's mit treuem Blick erkennen;
Wenn andre bärmlich sich beklagen,
Sollst schwankweis deine Sach' fürtragen;
Sollst halten über Ehr' und Recht,
In allem Ding sein schlicht und schlecht,
Frummkeit und Tugend bieder preisen,
Das Böse mit seinem Namen heißen.
Nichts verlindert und nichts verwitzelt,
Nichts verzierlicht und nichts verkritzelt;
Sondern die Welt soll vor dir stehn,
Wie Albrecht Dürer sie hat gesehn,
Ihr festes Leben und Männlichkeit,
Ihre innre Kraft und Ständigkeit.
Der Natur-Genius an der Hand
Soll dich führen durch alle Land,

Soll dir zeigen alles Leben,
Der Menschen wunderliches Weben,
Ihr Wirren, Suchen, Stoßen und Treiben,
Schieben, Reißen, Drängen und Reiben,
Wie kunterbunt die Wirtschaft tollert,
Der Ameishauf durcheinander kollert;
Mag dir aber bei allem geschehn,
Als tät'st in einen Zauberkasten sehn.
Schreib' das dem Menschenvolk auf Erden,
Ob's ihm möcht' eine Witzung werden."
Da macht sie ihm ein Fenster auf,
Zeigt ihm draußen viel bunten Hauf,
Unter dem Himmel allerlei Wesen,
Wie ihr's mögt in seinen Schriften lesen.

Wie nun der liebe Meister sich
An der Natur freut wunniglich,
Da seht ihr an der andern Seiten
Ein altes Weiblein zu ihm gleiten;
Man nennet sie Historia,
Mythologia, Fabula;
Sie schleppt mit keichend-wankenden Schritten
Eine große Tafel in Holz geschnitten;
Darauf seht ihr mit weiten Ärmeln und Falten
Gott Vater Kinderlehre halten,
Adam, Eva, Paradies und Schlang',
Sodom und Gomorra's Untergang,
Könnt auch die zwölf durchlauchtigen Frauen
Da in einem Ehren-Spiegel schauen;
Dann allerlei Blutdurst, Frevel und Mord,
Der zwölf Tyrannen Schandenport,
Auch allerlei Lehr' und gute Weis,
Könnt sehn St. Peter mit der Geiß,
Über der Welt Regiment unzufrieden,
Von unserm Herrn zurecht beschieden.
Auch war bemalt der weite Raum
Ihres Kleids und Schlepps und auch der Saum
Mit weltlich Tugend- und Laster-Geschicht.

Unser Meister das all ersicht
Und freut sich dessen wundersam,
Denn es dient sehr in seinen Kram.
Von wannen er sich eignet sehr
Gut Exempel und gute Lehr',
Erzählt das eben fix und treu,
Als wär' er selbst gesyn dabei.
Sein Geist war ganz dahin gebannt,

Er hätt' kein Auge davon verwandt,
Hätt' er nicht hinter seinem Rucken
Hören mit Klappern und Schellen spucken.

Da tät er einen Narren spüren
Mit Bocks- und Affensprüng' hofieren,
Und ihm mit Schwank und Narretheiden
Ein lustig Zwischenspiel bereiten.
Schleppt hinter sich an einer Leinen
Alle Narren, groß- und kleinen,
Dick und hager, gestreckt und krumb,
All zu witzig und all zu dumb.
Mit einem großen Farrenschwanz
Regiert er sie wie ein'n Affentanz,
Bespöttet eines jeden Fürm,
Treibt sie in's Bad, schneid't ihnen die Würm',
Und führt gar bitter viel Beschwerden,
Daß ihrer doch nicht wollen wen'ger werden.

Wie er sich sieht so um und um,
Kehrt ihm das fast den Kopf herum,
Wie er wollt' Worte zu allem finden?
Wie er möcht' so viel Schwall verbinden?
Wie er möcht' immer mutig bleiben,
So fort zu singen und zu schreiben?
Da steigt auf einer Wolke Saum
Herein zu 's Oberfensters Raum
Die Muse, heilig anzuschauen,
Wie ein Bild unsrer lieben Frauen.
Die umgibt ihn mit ihrer Klarheit
Immer kräftig wirkender Wahrheit.
Sie spricht: „Ich komm' um dich zu weihn,
Nimm meinen Segen und Gedeihn!
Ein heilig Feuer, das in dir ruht,
Schlag' aus in hohe lichte Glut!
Doch daß das Leben, das dich treibt,
Immer bei holden Kräften bleibt;
Hab' ich deinem innern Wesen
Nahrung und Balsam auserlesen,
Daß deine Seel' sei wonnereich
Einer Knospe im Taue gleich."

Da zeigt sie ihm hinter seinem Haus
Heimlich zur Hintertür hinaus,
In dem eng umzäunten Garten,
Ein holdes Mägdlein sitzend warten
Am Bächlein, bei'm Holunderstrauch;

Mit abgesenktem Haupt und Aug',
Sitzt unter einem Apfelbaum
Und spürt die Welt rings um sich kaum,
Hat Rosen in ihren Schoß gepflückt
Und bindet ein Kränzlein sehr geschickt,
Mit hellen Knospen und Blättern drein:
Für wen mag wohl das Kränzel sein?
So sitzt sie in sich selbst geneigt,
In Hoffnungsfülle ihr Busen steigt,
Ihr Wesen ist so ahndevoll,
Weiß nicht, was sie sich wünschen soll,
Und unter vieler Grillen Lauf
Steigt wohl einmal ein Seufzer auf.

Warum ist deine Stirn so trüb?
Das was dich dränget, süße Lieb',
Ist volle Wonn' und Seligkeit,
Die dir in Einem ist bereit,
Der manches Schicksal wirrevoll
An deinem Auge sich lindern soll;
Der durch manch wunniglichen Kuß
Wiedergeboren werden muß,
Wie er den schlanken Leib umfaßt,
Von aller Mühe findet Rast,
Wie er in's liebe Ärmlein sinkt,
Neue Lebenstag' und Kräfte trinkt.
Und dir kehrt neues Jugendglück,
Deine Schalkheit kehret dir zurück.
Mit Necken und manchen Schelmereien
Wirst ihn bald nagen, bald erfreuen.
So wird die Liebe nimmer alt,
Und wird der Dichter nimmer kalt!

Wie er so heimlich glücklich lebt,
Da droben in den Wolken schwebt
Ein Eichkranz ewig jung belaubt,
Den setzt die Nachwelt ihm auf's Haupt;
In Froschpfuhl all das Volk verbannt,
Das seinen Meister je verkannt.

Warum gabst du uns die tiefen Blicke,
Unsre Zukunft ahnungsvoll zu schaun,
Unsrer Liebe, unserm Erdenglücke
Wähnend selig nimmer hinzutraun?
Warum gabst uns, Schicksal, die Gefühle,
Uns einander in das Herz zu sehn,

Um durch all die seltenen Gewühle
Unser wahr Verhältnis auszuspähn?

Ach, so viele tausend Menschen kennen,
Dumpf sich treibend, kaum ihr eigen Herz,
Schweben zwecklos hin und her und rennen
Hoffnungslos in unversehnen Schmerz;
Jauchzen wieder, wenn der schnellen Freuden
Unerwart'te Morgenröte tagt;
Nur uns armen liebevollen Beiden
Ist das wechselseit'ge Glück versagt,
Uns zu lieben, ohn' uns zu verstehen,
In dem andern sehn was er nie war,
Immer frisch auf Traumglück auszugehen
Und zu schwanken auch in Traumgefahr.

Glücklich, den ein leerer Traum beschäftigt,
Glücklich, dem die Ahnung eitel wär'!
Jede Gegenwart und jeder Blick bekräftigt
Traum und Ahnung leider uns noch mehr.
Sag', was will das Schicksal uns bereiten?
Sag', wie band es uns so rein genau?
Ach, du warst in abgelebten Zeiten
Meine Schwester oder meine Frau.

Kanntest jeden Zug in meinem Wesen,
Spähtest wie die reinste Nerve klingt,
Konntest mich mit Einem Blicke lesen,
Den so schwer ein sterblich Aug' durchdringt;
Tropftest Mäßigung dem heißen Blute,
Richtetest den wilden irren Lauf,
Und in deinen Engelsarmen ruhte
Die zerstörte Brust sich wieder auf;
Hieltest zauberleicht ihn angebunden
Und vergaukeltest ihm manchen Tag.
Welche Seligkeit glich jenen Wonnestunden,
Da er dankbar dir zu Füßen lag,
Fühlt' sein Herz an deinem Herzen schwellen,
Fühlte sich in deinem Auge gut,
Alle seine Sinnen sich erhellen
Und beruhigen sein brausend Blut!

Und von allem dem schwebt ein Erinnern
Nur noch um das ungewisse Herz,
Fühlt die alte Wahrheit ewig gleich im Innern,
Und der neue Zustand wird ihm Schmerz.
Und wir scheinen uns nur halb beseelet,

Dämmernd ist um uns der hellste Tag.
Glücklich, daß das Schicksal das uns quälet
Uns doch nicht verändern mag!

Rastlose Liebe

Dem Schnee, dem Regen,
Dem Wind entgegen,
Im Dampf der Klüfte,
Durch Nebeldüfte,
Immer zu! Immer zu!
Ohne Rast und Ruh!

Lieber durch Leiden
Möcht' ich mich schlagen,
Als so viel Freuden
Des Lebens ertragen.
Alle das Neigen
Von Herzen zu Herzen,
Ach wie so eigen
Schaffet das Schmerzen!

Wie soll ich fliehen?
Wälderwärts ziehen?
Alles vergebens!
Krone des Lebens,
Glück ohne Ruh,
Liebe, bist du!

An Frau von Stein

Den 29. Juni 1776

Hier bildend nach der reinen stillen
Natur ist ach! mein Herz der alten Schmerzen voll.
Leb' ich doch stets um derentwillen,
Um derentwillen ich nicht leben soll.

Elgersburg, den 7. August 1776

Ach, wie bist du mir,
Wie bin ich dir geblieben!
Nein, an der Wahrheit
Verzweifl' ich nicht mehr.
Ach, wenn du da bist,
Fühl' ich, ich soll dich nicht lieben,
Ach, wenn du fern bist,
Fühl' ich, ich lieb' dich so sehr.

Seefahrt

Lange Tag' und Nächte stand mein Schiff befrachtet;
Günst'ger Winde harrend, saß mit treuen Freunden,
Mir Geduld und guten Mut erzechend,
Ich im Hafen.

Und sie waren doppelt ungeduldig:
Gerne gönnen wir die schnellste Reise,
Gern die hohe Fahrt dir; Güterfülle
Wartet drüben in den Welten deiner,
Wird Rückkehrendem in unsern Armen
Lieb' und Preis dir.

Und am frühen Morgen ward's Getümmel,
Und dem Schlaf entjauchzt uns der Matrose,
Alles wimmelt, alles lebet, webet,
Mit dem ersten Segenshauch zu schiffen.

Und die Segel blühen in dem Hauche,
Und die Sonne lockt mit Feuerliebe;
Ziehn die Segel, ziehn die hohen Wolken,
Jauchzen an dem Ufer alle Freunde
Hoffnungslieder nach, im Freudetaumel
Reisefreuden wähnend, wie des Einschiffmorgens,
Wie der ersten hohen Sternennächte:

Aber gottgesandte Wechselwinde treiben
Seitwärts ihn der vorgesteckten Fahrt ab,
Und er scheint sich ihnen hinzugeben,
Strebet leise sie zu überlisten,
Treu dem Zweck auch auf dem schiefen Wege.

Aber aus der dumpfen grauen Ferne
Kündet leisewandelnd sich der Sturm an,
Drückt die Vögel nieder auf's Gewässer,
Drückt der Menschen schwellend Herz darnieder,
Und er kommt. Vor seinem starren Wüten
Streckt der Schiffer klug die Segel nieder,
Mit dem angsterfüllten Balle spielen
Wind und Wellen.

Und an jenem Ufer drüben stehen
Freund' und Lieben, beben auf dem Festen:
Ach, warum ist er nicht hier geblieben!
Ach, der Sturm! Verschlagen weg vom Glücke!
Soll der Gute so zu Grunde gehen?
Ach, er sollte, ach, er könnte! Götter!

Doch er stehet männlich an dem Steuer;
Mit dem Schiffe spielen Wind und Wellen;
Wind und Wellen nicht mit seinem Herzen:
Herrschend blickt er auf die grimme Tiefe,
Und vertrauet, scheiternd oder landend,
Seinen Göttern.

Alles geben die Götter, die unendlichen,
Ihren Lieblingen ganz,
Alle Freuden, die unendlichen,
Alle Schmerzen, die unendlichen, ganz.

An den Mond

Füllest wieder Busch und Tal
Still mit Nebelglanz,
Lösest endlich auch einmal
Meine Seele ganz;

Breitest über mein Gefild
Lindernd deinen Blick,
Wie des Freundes Auge mild
Über mein Geschick.

Jeden Nachklang fühlt mein Herz
Froh- und trüber Zeit,
Wandle zwischen Freud' und Schmerz
In der Einsamkeit.

Fließe, fließe, lieber Fluß!
Nimmer werd' ich froh,
So verrauschte Scherz und Kuß,
Und die Treue so.

Ich besaß es doch einmal,
Was so köstlich ist!
Daß man doch zu seiner Qual
Nimmer es vergißt!

Rausche, Fluß, das Tal entlang,
Ohne Rast und Ruh,
Rausche, flüstre meinem Sang
Melodien zu,

Wenn du in der Winternacht
Wütend überschwillst,

Oder um die Frühlingspracht
Junger Knospen quillst.

Selig, wer sich vor der Welt
Ohne Haß verschließt,
Einen Freund am Busen hält
Und mit dem genießt,

Was, von Menschen nicht gewußt
Oder nicht bedacht,
Durch das Labyrinth der Brust
Wandelt in der Nacht.

Harzreise im Winter

Dem Geier gleich,
Der auf schweren Morgenwolken
Mit sanftem Fittig ruhend
Nach Beute schaut,
Schwebe mein Lied.

Denn ein Gott hat
Jedem seine Bahn
Vorgezeichnet,
Die der Glückliche
Rasch zum freudigen
Ziele rennt:
Wem aber Unglück
Das Herz zusammenzog,
Er sträubt vergebens
Sich gegen die Schranken
Des ehernen Fadens,
Den die doch bittre Schere
Nur einmal lös't.

In Dickichts-Schauer
Drängt sich das rauhe Wild,
Und mit den Sperlingen
Haben längst die Reichen
In ihre Sümpfe sich gesenkt.

Leicht ist's folgen dem Wagen,
Den Fortuna führt,
Wie der gemächliche Troß
Auf gebesserten Wegen
Hinter des Fürsten Einzug.

Aber abseits wer ist's?
In's Gebüsch verliert sich sein Pfad,
Hinter ihm schlagen
Die Sträuche zusammen,
Das Gras steht wieder auf,
Die Öde verschlingt ihn.

Ach, wer heilet die Schmerzen
Des, dem Balsam zu Gift ward?
Der sich Menschenhaß
Aus der Fülle der Liebe trank?
Erst verachtet, nun ein Verächter,
Zehrt er heimlich auf
Seinen eignen Wert
In ung'nügender Selbstsucht.

Ist auf deinem Psalter,
Vater der Liebe, ein Ton
Seinem Ohre vernehmlich,
So erquicke sein Herz!
Öffne den umwölkten Blick
Über die tausend Quellen
Neben dem Durstenden
In der Wüste.

Der du der Freuden viel schaffst,
Jedem ein überfließend Maß,
Segne die Brüder der Jagd
Auf der Fährte des Wilds
Mit jugendlichem Übermut
Fröhlicher Mordsucht,
Späte Rächer des Unbills,
Dem schon Jahre vergeblich
Wehrt mit Knütteln der Bauer.

Aber den Einsamen hüll'
In deine Goldwolken!
Umgib mit Wintergrün,
Bis die Rose wieder heranreift,
Die feuchten Haare,
O Liebe, deines Dichters!

Mit der dämmernden Fackel
Leuchtest du ihm
Durch die Furten bei Nacht,
Über grundlose Wege
Auf öden Gefilden;

Mit dem tausendfarbigen Morgen
Lachst du in's Herz ihm;
Mit dem beizenden Sturm
Trägst du ihn hoch empor;
Winterströme stürzen vom Felsen
In seine Psalmen,
Und Altar des lieblichsten Danks
Wird ihm des gefürchteten Gipfels
Schneebehangner Scheitel,
Den mit Geisterreihen
Kränzten ahnende Völker.

Du stehst mit unerforschtem Busen
Geheimnisvoll offenbar
Über der erstaunten Welt,
Und schaust aus Wolken
Auf ihre Reiche und Herrlichkeit,
Die du aus den Adern deiner Brüder
Neben dir wässerst.

Der Fischer

Das Wasser rauscht', das Wasser schwoll,
Ein Fischer saß daran,
Sah nach dem Angel ruhevoll,
Kühl bis an's Herz hinan.
Und wie er sitzt und wie er lauscht,
Teilt sich die Flut empor;
Aus dem bewegten Wasser rauscht
Ein feuchtes Weib hervor.

Sie sang zu ihm, sie sprach zu ihm:
Was lockst du meine Brut
Mit Menschenwitz und Menschenlist
Hinauf in Todesglut?
Ach wüßtest du, wie's Fischlein ist
So wohlig auf dem Grund,
Du stiegst herunter wie du bist,
Und würdest erst gesund.

Labt sich die liebe Sonne nicht,
Der Mond sich nicht im Meer?
Kehrt wellenatmend ihr Gesicht
Nicht doppelt schöner her?
Lockt dich der tiefe Himmel nicht,
Das feuchtverklärte Blau?

Lockt dich dein eigen Angesicht
Nicht her in ew'gen Tau?

Das Wasser rauscht', das Wasser schwoll,
Netzt' ihm den nackten Fuß;
Sein Herz wuchs ihm so sehnsuchtsvoll,
Wie bei der Liebsten Gruß.
Sie sprach zu ihm, sie sang zu ihm;
Da war's um ihn geschehn:
Halb zog sie ihn, halb sank er hin,
Und ward nicht mehr gesehn.

Gränzen der Menschheit

Wenn der uralte
Heilige Vater
Mit gelassener Hand
Aus rollenden Wolken
Segnende Blitze
Über die Erde sät,
Küss' ich den letzten
Saum seines Kleides,
Kindliche Schauer
Treu in der Brust.

Denn mit Göttern
Soll sich nicht messen
Irgend ein Mensch.
Hebt er sich aufwärts,
Und berührt
Mit dem Scheitel die Sterne,
Nirgends haften dann
Die unsichern Sohlen,
Und mit ihm spielen
Wolken und Winde.

Steht er mit festen
Markigen Knochen
Auf der wohlgegründeten
Dauernden Erde;
Reicht er nicht auf,
Nur mit der Eiche
Oder der Rebe
Sich zu vergleichen.

Was unterscheidet
Götter von Menschen?

Daß viele Wellen
Vor jenen wandeln,
Ein ewiger Strom:
Uns hebt die Welle,
Verschlingt die Welle,
Und wir versinken.

Ein kleiner Ring
Begränzt unser Leben,
Und viele Geschlechter
Reihen sich dauernd
An ihres Daseins
Unendliche Kette.

Gesang der Geister über den Wassern

Des Menschen Seele
Gleicht dem Wasser:
Vom Himmel kommt es,
Zum Himmel steigt es,
Und wieder nieder
Zur Erde muß es,
Ewig wechselnd.

Strömt von der hohen
Steilen Felswand
Der reine Strahl,
Dann stäubt er lieblich
In Wolkenwellen
Zum glatten Fels,
Und leicht empfangen,
Wallt er verschleiernd,
Leisrauschend,
Zur Tiefe nieder.

Ragen Klippen
Dem Sturz entgegen,
Schäumt er unmutig
Stufenweise
Zum Abgrund.

Im flachen Bette
Schleicht er das Wiesental hin,
Und in dem glatten See
Weiden ihr Antlitz
Alle Gestirne.

Wind ist der Welle
Lieblicher Buhler;
Wind mischt vom Grund aus
Schäumende Wogen.

Seele des Menschen,
Wie gleichst du dem Wasser!
Schicksal des Menschen,
Wie gleichst du dem Wind!

Wandrers Nachtlied

Über allen Gipfeln
Ist Ruh,
In allen Wipfeln
Spürest du
Kaum einen Hauch;
Die Vögelein schweigen im Walde.
Warte nur, balde
Ruhest du auch.

Meine Göttin

Welcher Unsterblichen
Soll der höchste Preis sein?
Mit niemand streit' ich,
Aber ich geb' ihn
Der ewig beweglichen,
Immer neuen,
Seltsamen Tochter Jovis,
Seinem Schoßkinde,
Der Phantasie.

Denn ihr hat er
Alle Launen,
Die er sonst nur allein
Sich vorbehält,
Zugestanden,
Und hat seine Freude
An der Törin.

Sie mag rosenbekränzt
Mit dem Lilienstengel
Blumentäler betreten,
Sommervögeln gebieten,

Und leichtnährenden Tau
Mit Bienenlippen
Von Blüten saugen:

Oder sie mag
Mit fliegendem Haar
Und düsterm Blicke
Im Winde sausen
Und Felsenwände,
Und tausendfarbig,
Wie Morgen und Abend,
Immer wechselnd,
Wie Mondesblicke,
Den Sterblichen scheinen.

Laßt uns alle
Den Vater preisen!
Den alten hohen,
Der solch eine schöne
Unverwelkliche Gattin
Dem sterblichen Menschen
Gesellen mögen!

Denn uns allein
Hat er sie verbunden
Mit Himmelsband,
Und ihr geboten,
In Freud' und Elend,
Als treue Gattin
Nicht zu entweichen.

Alle die andern
Armen Geschlechter
Der kinderreichen
Lebendigen Erde
Wandeln und weiden
In dunkelm Genuß
Und trüben Schmerzen
Des augenblicklichen
Beschränkten Lebens,
Gebeugt vom Joche
Der Notdurft.

Uns aber hat er
Seine gewandteste
Verzärtelte Tochter,
Freut euch! gegönnt.

Begegnet ihr lieblich,
Wie einer Geliebten!
Laßt ihr die Würde
Der Frauen im Haus!

Und daß die alte
Schwiegermutter Weisheit
Das zarte Seelchen
Ja nicht beleid'ge!

Doch kenn' ich ihre Schwester,
Die ältere, gesetztere,
Meine stille Freundin:
O daß die erst
Mit dem Lichte des Lebens
Sich von mir wende,
Die edle Treiberin,
Trösterin Hoffnung!

Epiphaniasfest

Die heil'gen drei König' mit ihrem Stern,
Sie essen, sie trinken, und bezahlen nicht gern;
Sie essen gern, sie trinken gern,
Sie essen, trinken, und bezahlen nicht gern.

Die heil'gen drei König' sind kommen allhier,
Es sind ihrer drei und sind nicht ihrer vier;
Und wenn zu dreien der vierte wär',
So wär' ein heil'ger drei König mehr.

Ich erster bin der weiß' und auch der schön',
Bei Tage solltet ihr erst mich sehn!
Doch ach mit allen Spezerein
Werd' ich sein Tag kein Mädchen mir erfrein.

Ich aber bin der braun' und bin der lang',
Bekannt bei Weibern wohl und bei Gesang.
Ich bringe Gold statt Spezerein,
Da werd' ich überall willkommen sein.

Ich endlich bin der schwarz' und bin der klein'
Und mag auch wohl einmal recht lustig sein.
Ich esse gern, ich trinke gern,
Ich esse, trinke und bedanke mich gern.

Die heil'gen drei König' sind wohl gesinnt,
Sie suchen die Mutter und das Kind;
Der Joseph fromm sitzt auch dabei,
Der Ochs und Esel liegen auf der Streu.

Wir bringen Myrrhen, wir bringen Gold,
Dem Weihrauch sind die Damen hold;
Und haben wir Wein von gutem Gewächs,
So trinken wir drei so gut als ihrer sechs.

Da wir nun hier schöne Herrn und Fraun,
Aber keine Ochsen und Esel schaun;
So sind wir nicht am rechten Ort
Und ziehen unseres Weges weiter fort.

Schlafsegen

Der Segen wird gesprochen!
Die Riesin liegt in den Wochen;
Drei Wölfe sind ausgekrochen.
Sie liegt zwischen Eis und Nebel und Schnee,
Tränke gern Eicheln- und Rübenkaffee,
Wenn sie ihn nur hätte! —
Da läuft die Maus! —
Kind, geh zu Bette
Und lösche die Lichter aus!

Nachtgedanken

Euch bedaur' ich, unglücksel'ge Sterne,
Die ihr schön seid und so herrlich scheinet,
Dem bedrängten Schiffer gerne leuchtet,
Unbelohnt von Göttern und von Menschen:
Denn ihr liebt nicht, kanntet nie die Liebe!
Unaufhaltsam führen ew'ge Stunden
Eure Reihen durch den weiten Himmel.
Welche Reise habt ihr schon vollendet!
Seit ich weilend in dem Arm der Liebsten
Euer und der Mitternacht vergessen.

Erlkönig

Wer reitet so spät durch Nacht und Wind?
Es ist der Vater mit seinem Kind;

Er hat den Knaben wohl in dem Arm,
Er faßt ihn sicher, er hält ihn warm.

Mein Sohn, was birgst du so bang dein Gesicht? —
Siehst, Vater, du den Erlkönig nicht?
Den Erlenkönig mit Kron' und Schweif? —
Mein Sohn, es ist ein Nebelstreif. —

„Du liebes Kind, komm, geh mit mir!
„Gar schöne Spiele spiel' ich mit dir;
„Manch bunte Blumen sind an dem Strand;
„Meine Mutter hat manch gülden Gewand."

Mein Vater, mein Vater, und hörest du nicht,
Was Erlenkönig mir leise verspricht? —
Sei ruhig, bleibe ruhig, mein Kind;
In dürren Blättern säuselt der Wind. —

„Willst, feiner Knabe, du mit mir gehn?
„Meine Töchter sollen dich warten schön;
„Meine Töchter führen den nächtlichen Reihn,
„Und wiegen und tanzen und singen dich ein."

Mein Vater, mein Vater, und siehst du nicht dort
Erlkönigs Töchter am düstern Ort? —
Mein Sohn, mein Sohn, ich seh' es genau;
Es scheinen die alten Weiden so grau. —

„Ich liebe dich, mich reizt deine schöne Gestalt;
„Und bist du nicht willig, so brauch' ich Gewalt."
Mein Vater, mein Vater, jetzt faßt er mich an!
Erlkönig hat mir ein Leids getan! —

Dem Vater grauset's, er reitet geschwind,
Er hält in Armen das ächzende Kind,
Erreicht den Hof mit Mühe und Not;
In seinen Armen das Kind war tot.

Der Sänger

Was hör' ich draußen vor dem Tor,
Was auf der Brücke schallen?
Laß den Gesang vor unserm Ohr
Im Saale wiederhallen!
Der König sprach's, der Page lief;
Der Knabe kam, der König rief:
Laßt mir herein den Alten!

Gegrüßet seid mir, edle Herrn,
Gegrüßt ihr, schöne Damen!
Welch reicher Himmel! Stern bei Stern!
Wer kennet ihre Namen?
Im Saal voll Pracht und Herrlichkeit
Schließt, Augen, euch; hier ist nicht Zeit,
Sich staunend zu ergetzen.

Der Sänger drückt' die Augen ein,
Und schlug in vollen Tönen;
Die Ritter schauten mutig drein,
Und in den Schoß die Schönen.
Der König, dem das Lied gefiel,
Ließ, ihn zu ehren für sein Spiel,
Eine goldne Kette holen.

Die goldne Kette gib mir nicht,
Die Kette gib den Rittern,
Vor deren kühnem Angesicht
Der Feinde Lanzen splittern;
Gib sie dem Kanzler, den du hast,
Und laß ihn noch die goldne Last
Zu andern Lasten tragen.

Ich singe, wie der Vogel singt,
Der in den Zweigen wohnet;
Das Lied, das aus der Kehle dringt,
Ist Lohn, der reichlich lohnet.
Doch darf ich bitten, bitt' ich eins:
Laß mir den besten Becher Weins
In purem Golde reichen.

Er setzt' ihn an, er trank ihn aus:
O Trank voll süßer Labe!
O wohl dem hochbeglückten Haus,
Wo das ist kleine Gabe!
Ergeht's euch wohl, so denkt an mich,
Und danket Gott so warm, als ich
Für diesen Trunk euch danke.

Das Göttliche

Edel sei der Mensch,
Hülfreich und gut!
Denn das allein
Unterscheidet ihn

Von allen Wesen,
Die wir kennen.

Heil den unbekannten
Höhern Wesen,
Die wir ahnen!
Ihnen gleiche der Mensch;
Sein Beispiel lehr' uns
Jene glauben.

Denn unfühlend
Ist die Natur:
Es leuchtet die Sonne
Über Bös' und Gute,
Und dem Verbrecher
Glänzen, wie dem Besten,
Der Mond und die Sterne.

Wind und Ströme,
Donner und Hagel
Rauschen ihren Weg,
Und ergreifen,
Vorüber eilend,
Einen um den andern.

Auch so das Glück
Tappt unter die Menge,
Faßt bald des Knaben
Lockige Unschuld,
Bald auch den kahlen
Schuldigen Scheitel.

Nach ewigen, ehrnen,
Großen Gesetzen
Müssen wir alle
Unseres Daseins
Kreise vollenden.

Nur allein der Mensch
Vermag das Unmögliche:
Er unterscheidet,
Wählet und richtet;
Er kann dem Augenblick
Dauer verleihen.

Er allein darf
Den Guten lohnen,

Den Bösen strafen,
Heilen und retten,
Alles Irrende, Schweifende
Nützlich verbinden.

Und wir verehren
Die Unsterblichen,
Als wären sie Menschen,
Täten im Großen,
Was der beste im Kleinen
Tut oder möchte.

Der edle Mensch
Sei hülfreich und gut!
Unermüdet schaff' er
Das Nützliche, Rechte,
Sei uns ein Vorbild
Jener geahneten Wesen!

Der Morgen kam; es scheuchten seine Tritte
Den leisen Schlaf, der mich gelind umfing,
Daß ich, erwacht, aus meiner stillen Hütte
Den Berg hinauf mit frischer Seele ging;
Ich freute mich bei einem jeden Schritte
Der neuen Blume die voll Tropfen hing;
Der junge Tag erhob sich mit Entzücken,
Und alles war erquickt mich zu erquicken.

Und wie ich stieg, zog von dem Fluß der Wiesen
Ein Nebel sich in Streifen sacht hervor.
Er wich und wechselte mich zu umfließen,
Und wuchs geflügelt mir um's Haupt empor:
Des schönen Blicks sollt' ich nicht mehr genießen,
Die Gegend deckte mir ein trüber Flor;
Bald sah ich mich von Wolken wie umgossen
Und mit mir selbst in Dämmrung eingeschlossen.

Auf einmal schien die Sonne durchzudringen,
Im Nebel ließ sich eine Klarheit sehn.
Hier sank er leise sich hinabzuschwingen;
Hier teilt' er steigend sich um Wald und Höhn.
Wie hofft' ich ihr den ersten Gruß zu bringen!
Sie hofft' ich nach der Trübe doppelt schön.
Der luft'ge Kampf war lange nicht vollendet,
Ein Glanz umgab mich und ich stand geblendet.

Bald machte mich, die Augen aufzuschlagen,
Ein innrer Trieb des Herzens wieder kühn,
Ich konnt' es nur mit schnellen Blicken wagen,
Denn alles schien zu brennen und zu glühn.
Da schwebte mit den Wolken hergetragen
Ein göttlich Weib vor meinen Augen hin,
Kein schöner Bild sah ich in meinem Leben,
Sie sah mich an und blieb verweilend schweben.

Kennst du mich nicht? sprach sie mit einem Munde,
Dem aller Lieb' und Treue Ton entfloß:
Erkennst du mich, die ich in manche Wunde
Des Lebens dir den reinsten Balsam goß?
Du kennst mich wohl, an die, zu ew'gem Bunde,
Dein strebend Herz sich fest und fester schloß.
Sah ich dich nicht mit heißen Herzenstränen
Als Knabe schon nach mir dich eifrig sehnen?

Ja! rief ich aus, indem ich selig nieder
zur Erde sank, lang' hab' ich dich gefühlt;
Du gabst mir Ruh, wenn durch die jungen Glieder
Die Leidenschaft sich rastlos durchgewühlt;
Du hast mir wie mit himmlischem Gefieder
Am heißen Tag die Stirne sanft gekühlt;
Du schenktest mir der Erde beste Gaben,
Und jedes Glück will ich durch dich nur haben!

Dich nenn' ich nicht. Zwar hör' ich dich von vielen
Gar oft genannt, und jeder heißt dich *sein,*
Ein jedes Auge glaubt auf dich zu zielen,
Fast jedem Auge wird dein Strahl zur Pein.
Ach, da ich irrte, hatt' ich viel Gespielen,
Da ich dich kenne, bin ich fast allein;
Ich muß mein Glück nur mit mir selbst genießen,
Dein holdes Licht verdecken und verschließen.

Sie lächelte, sie sprach: du siehst, wie klug,
Wie nötig war's, euch wenig zu enthüllen!
Kaum bist du sicher vor dem gröbsten Trug,
Kaum bist du Herr vom ersten Kinderwillen,
So glaubst du dich schon Übermensch genug,
Versäumst die Pflicht des Mannes zu erfüllen!
Wie viel bist du von andern unterschieden?
Erkenne dich, leb' mit der Welt in Frieden!

Verzeih mir, rief ich aus, ich meint' es gut;
Soll ich umsonst die Augen offen haben?

Ein froher Wille lebt in meinem Blut,
Ich kenne ganz den Wert von deinen Gaben!
Für andre wächs't in mir das edle Gut,
Ich kann und will das Pfund nicht mehr vergraben!
Warum sucht' ich den Weg so sehnsuchtsvoll,
Wenn ich ihn nicht den Brüdern zeigen soll?

Und wie ich sprach, sah mich das hohe Wesen
Mit einem Blick mitleid'ger Nachsicht an;
Ich konnte mich in ihrem Auge lesen,
Was ich verfehlt und was ich recht getan.
Sie lächelte, da war ich schon genesen,
Zu neuen Freuden stieg mein Geist heran;
Ich konnte nun mit innigem Vertrauen
Mich zu ihr nahn und ihre Nähe schauen.

Da reckte sie die Hand aus in die Streifen
Der leichten Wolken und des Dufts umher;
Wie sie ihn faßte, ließ er sich ergreifen,
Er ließ sich ziehn, es war kein Nebel mehr.
Mein Auge konnt' im Tale wieder schweifen,
Gen Himmel blickt' ich, er war hell und hehr.
Nur sah ich sie den reinsten Schleier halten,
Er floß um sie und schwoll in tausend Falten.

Ich kenne dich, ich kenne deine Schwächen,
Ich weiß was Gutes in dir lebt und glimmt!
— So sagte sie, ich hör' sie ewig sprechen, —
Empfange hier was ich dir lang' bestimmt,
Dem Glücklichen kann es an nichts gebrechen,
Der dies Geschenk mit stiller Seele nimmt:
Aus Morgenduft gewebt und Sonnenklarheit,
Der Dichtung Schleier aus der Hand der Wahrheit.

Und wenn es dir und deinen Freunden schwüle
Am Mittag wird, so wirf ihn in die Luft!
Sogleich umsäuselt Abendwindeskühle,
Umhaucht euch Blumen-Würzgeruch und Duft.
Es schweigt das Wehen banger Erdgefühle,
Zum Wolkenbette wandelt sich die Gruft,
Besänftiget wird jede Lebenswelle,
Der Tag wird lieblich und die Nacht wird helle.

So kommt denn, Freunde, wenn auf euren Wegen
Das Lebens Bürde schwer und schwerer drückt,
Wenn eure Bahn ein frischerneuter Segen
Mit Blumen ziert, mit goldnen Früchten schmückt,

Wir gehn vereint dem nächsten Tag entgegen!
So leben wir, so wandeln wir beglückt.
Und dann auch soll, wenn Enkel um uns trauern,
Zu ihrer Lust noch unsre Liebe dauern.

Für ewig

Denn was der Mensch in seinen Erdeschranken
Von hohem Glück mit Götternamen nennt,
Die Harmonie der Treue, die kein Wanken,
Der Freundschaft, die nicht Zweifelsorge kennt;
Das Licht, das Weisen nur zu einsamen Gedanken,
Das Dichtern nur in schönen Bildern brennt,
Das hatt' ich all in meinen besten Stunden
In ihr entdeckt und es für mich gefunden.

Kophtisches Lied

Lasset Gelehrte sich zanken und streiten,
Streng und bedächtig die Lehrer auch sein!
Alle die Weisesten aller der Zeiten
Lächeln und winken und stimmen mit ein:
Töricht, auf Bess'rung der Toren zu harren!
Kinder der Klugheit, o habet die Narren
Eben zum Narren auch, wie sich's gehört!

Merlin der Alte, im leuchtenden Grabe,
Wo ich als Jüngling gesprochen ihn habe,
Hat mich mit ähnlicher Antwort belehrt:
Töricht, auf Bess'rung der Toren zu harren!
Kinder der Klugheit, o habet die Narren
Eben zum Narren auch, wie sich's gehört!

Und auf den Höhen der indischen Lüfte
Und in den Tiefen ägyptischer Grüfte
Hab' ich das heilige Wort nur gehört:
Töricht, auf Bess'rung der Toren zu harren!
Kinder der Klugheit, o habet die Narren
Eben zum Narren auch, wie sich's gehört!

Ein andres

Geh! gehorche meinen Winken,
Nutze deine jungen Tage,

Lerne zeitig klüger sein:
Auf des Glückes großer Waage
Steht die Zunge selten ein;
Du mußt steigen oder sinken,
Du mußt herrschen und gewinnen,
Oder dienen und verlieren,
Leiden oder triumphieren,
Amboß oder Hammer sein.

Cupido, loser eigensinniger Knabe!
Du batst mich um Quartier auf einige Stunden.
Wie viele Tag' und Nächte bist du geblieben!
Und bist nun herrisch und Meister im Hause geworden!

Von meinem breiten Lager bin ich vertrieben;
Nun sitz' ich an der Erde, Nächte gequälet;
Dein Mutwill' schüret Flamm' auf Flamme des Herdes,
Verbrennet den Vorrat des Winters und senget mich Armen.

Du hast mir mein Geräte verstellt und verschoben;
Ich such', und bin wie blind und irre geworden.
Du lärmst so ungeschickt, ich fürchte das Seelchen
Entflieht, um dir zu entfliehn, und räumet die Hütte.

Römische Elegien

Wie wir einst so glücklich waren!
Müssen's jetzt durch euch erfahren.

I.

Saget, Steine, mir an, o sprecht, ihr hohen Paläste!
  Straßen, redet ein Wort! Genius, regst du dich nicht?
Ja, es ist alles beseelt in deinen heiligen Mauern,
  Ewige Roma; nur mir schweiget noch alles so still.
O wer flüstert mir zu, an welchem Fenster erblick' ich
  Einst das holde Geschöpf, das mich versengend erquickt?
Ahn' ich die Wege noch nicht, durch die ich immer und immer,
  Zu ihr und von ihr zu gehn, opfre die köstliche Zeit?
Noch betracht' ich Kirch' und Palast, Ruinen und Säulen,
  Wie ein bedächtiger Mann schicklich die Reise benutzt.
Doch bald ist es vorbei; dann wird ein einziger Tempel,
  Amors Tempel, nur sein, der den Geweihten empfängt.
Eine Welt zwar bist du, o Rom; doch ohne die Liebe
  Wäre die Welt nicht die Welt, wäre denn Rom auch nicht Rom.

II.

Ehret wen ihr auch wollt! Nun bin ich endlich geborgen!
Schöne Damen und ihr Herren der feineren Welt,
Fraget nach Oheim und Vetter und alten Muhmen und Tanten;
Und dem gebundnen Gespräch folge das traurige Spiel.
Auch ihr Übrigen fahret mir wohl, in großen und kleinen
Zirkeln, die ihr mich oft nah der Verzweiflung gebracht.
Wiederholet, politisch und zwecklos, jegliche Meinung,
Die den Wandrer mit Wut über Europa verfolgt.
So verfolgte das Liedchen *Malbrough* den reisenden Briten
Einst von Paris nach Livorn, dann von Livorno nach Rom,
Weiter nach Napel hinunter; und wär' er nach Smyrna gesegelt,
Malbrough! empfing ihn auch dort! Malbrough! im Hafen das Lied.
Und so mußt' ich bis jetzt auf allen Tritten und Schritten
Schelten hören das Volk, schelten der Könige Rat.
Nun entdeckt ihr mich nicht so bald in meinem Asyle,
Das mir Amor der Fürst, königlich schützend, verlieh.
Hier bedecket er mich mit seinem Fittich; die Liebste
Fürchtet, römisch gesinnt, wütende Gallier nicht;
Sie erkundigt sich nie nach neuer Märe, sie spähet
Sorglich den Wünschen des Mann's, dem sie sich eignete, nach.
Sie ergetzt sich an ihm, dem freien rüstigen Fremden,
Der von Bergen und Schnee, hölzernen Häusern erzählt;
Teilt die Flammen, die sie in seinem Busen entzündet,
Freut sich, daß er das Gold nicht wie der Römer bedenkt.
Besser ist ihr Tisch nun bestellt; es fehlet an Kleidern,
Fehlet am Wagen ihr nicht, der nach der Oper sie bringt.
Mutter und Tochter erfreun sich ihres nordischen Gastes,
Und der Barbare beherrscht römischen Busen und Leib.

III.

Laß dich, Geliebte, nicht reun, daß du mir so schnell dich ergeben!
Glaub' es, ich denke nicht frech, denke nicht niedrig von dir.
Vielfach wirken die Pfeile des Amor: einige ritzen,
Und vom schleichenden Gift kranket auf Jahre das Herz.
Aber mächtig befiedert, mit frisch geschliffener Schärfe,
Dringen die andern in's Mark, zünden behende das Blut.
In der heroischen Zeit, da Götter und Göttinnen liebten,
Folgte Begierde dem Blick, folgte Genuß der Begier.
Glaubst du, es habe sich lange die Göttin der Liebe besonnen,
Als im Idäischen Hain einst ihr Anchises gefiel?
Hätte Luna gesäumt, den schönen Schläfer zu küssen;
O, so hätt' ihn geschwind, neidend, Aurora geweckt.
Hero erblickte Leandern am lauten Fest, und behende
Stürzte der Liebende sich heiß in die nächtliche Flut.
Rhea Sylvia wandelt, die fürstliche Jungfrau, der Tiber
Wasser zu schöpfen, hinab, und sie ergreifet der Gott.

So erzeugte die Söhne sich Mars! — Die Zwillinge tränket
  Eine Wölfin, und Rom nennt sich die Fürstin der Welt.

IV.

Fromm sind wir Liebende, still verehren wir alle Dämonen,
  Wünschen uns jeglichen Gott, jegliche Göttin geneigt.
Und so gleichen wir euch, o römische Sieger! Den Göttern
  Aller Völker der Welt bietet ihr Wohnungen an,
Habe sie schwarz und streng aus altem Basalt der Ägypter,
  Oder ein Grieche sie weiß, reizend, aus Marmor geformt.
Doch verdrießet es nicht die Ewigen, wenn wir besonders
  Weihrauch köstlicher Art Einer der Göttlichen streun.
Ja, wir bekennen euch gern, es bleiben unsre Gebete,
  Unser täglicher Dienst Einer besonders geweiht.
Schalkhaft munter und ernst begehen wir heimliche Feste,
  Und das Schweigen geziemt allen Geweihten genau.
Eh' an die Ferse lockten wir selbst, durch gräßliche Taten,
  Uns die Erinnyen her, wagten es eher, des Zeus
Hartes Gericht am rollenden Rad und am Felsen zu dulden,
  Als dem reizenden Dienst unser Gemüt zu entziehn.
Diese Göttin, sie heißt *Gelegenheit;* lernet sie kennen!
  Sie erscheinet euch oft, immer in andrer Gestalt.
Tochter des Proteus möchte sie sein, mit Thetis gezeuget,
  Deren verwandelte List manchen Heroen betrog.
So betriegt nun die Tochter den Unerfahrnen, den Blöden;
  Schlummernde necket sie stets, Wachende fliegt sie vorbei;
Gern ergibt sie sich nur dem raschen tätigen Manne;
  Dieser findet sie zahm, spielend und zärtlich und hold.
Einst erschien sie auch mir, ein bräunliches Mädchen, die Haare
  Fielen ihr dunkel und reich über die Stirne herab,
Kurze Locken ringelten sich um's zierliche Hälschen,
  Ungeflochtenes Haar kraus'te vom Scheitel sich auf.
Und ich verkannte sie nicht, ergriff die Eilende, lieblich
  Gab sie Umarmung und Kuß bald mir gelehrig zurück.
O wie war ich beglückt! — Doch stille, die Zeit ist vorüber,
  Und umwunden bin ich, römische Flechten, von euch.

V.

Froh empfind' ich mich nun auf klassischem Boden begeistert;
  Vor- und Mitwelt spricht lauter und reizender mir.
Hier befolg' ich den Rat, durchblättre die Werke der Alten
  Mit geschäftiger Hand, täglich mit neuem Genuß.
Aber die Nächte hindurch hält Amor mich anders beschäftigt;
  Werd' ich auch halb nur gelehrt, bin ich doch doppelt beglückt.
Und belehr' ich mich nicht, indem ich des lieblichen Busens
  Formen spähe, die Hand leite die Hüften hinab?
Dann versteh' ich den Marmor erst recht; ich denk' und vergleiche,

Sehe mit fühlendem Aug', fühle mit sehender Hand.
Raubt die Liebste denn gleich mir einige Stunden des Tages,
Gibt sie Stunden der Nacht mir zur Entschädigung hin.
Wird doch nicht immer geküßt, es wird vernünftig gesprochen;
Überfällt sie der Schlaf, lieg' ich und denke mir viel.
Oftmals hab' ich auch schon in ihren Armen gedichtet,
Und des Hexameters Maß leise mit fingernder Hand
Ihr auf dem Rücken gezählt. Sie atmet in lieblichem Schlummer,
Und es durchglühet ihr Hauch mir bis in's Tiefste die Brust.
Amor schüret die Lamp' indes und denket der Zeiten,
Da er den nämlichen Dienst seinen Triumvirn getan.

VI.

„Kannst du, o Grausamer! mich in solchen Worten betrüben?
Reden so bitter und hart liebende Männer bei euch?
Wenn das Volk mich verklagt, ich muß es dulden! und bin ich
Etwa nicht schuldig? Doch, ach! schuldig nur bin ich mit dir!
Diese Kleider, sie sind der neidischen Nachbarin Zeugen,
Daß die Witwe nicht mehr einsam den Gatten beweint.
Bist du ohne Bedacht nicht oft bei Mondschein gekommen,
Grau, im dunkeln Surtout, hinten gerundet das Haar?
Hast du dir scherzend nicht selbst die geistliche Maske gewählet?
Soll's ein Prälate denn sein! gut, der Prälate bist du.
In dem geistlichen Rom, kaum scheint es zu glauben, doch schwör' ich:
Nie hat ein Geistlicher sich meiner Umarmung gefreut.
Arm war ich leider! und jung, und wohl bekannt den Verführern.
Falconieri hat mir oft in die Augen gegafft,
Und ein Kuppler Albani's mich, mit gewichtigen Zetteln,
Bald nach Ostia, bald nach den vier Brunnen gelockt.
Aber wer nicht kam, war das Mädchen. So hab' ich von Herzen
Rotstrumpf immer gehaßt und Violettstrumpf dazu.
Denn „ihr Mädchen bleibt am Ende doch die Betrognen,"
Sagte der Vater, wenn auch leichter die Mutter es nahm.
Und so bin ich denn auch am Ende betrogen! Du zürnest
Nur zum Scheine mit mir, weil du zu fliehen gedenkst.
Geh! Ihr seid der Frauen nicht wert! Wir tragen die Kinder
Unter dem Herzen, und so tragen die Treue wir auch;
Aber ihr Männer, ihr schüttet mit eurer Kraft und Begierde
Auch die Liebe zugleich in den Umarmungen aus!"
Also sprach die Geliebte und nahm den Kleinen vom Stuhle,
Drückt' ihn küssend an's Herz, Tränen entquollen dem Blick.
Und wie saß ich beschämt, daß Reden feindlicher Menschen
Dieses liebliche Bild mir zu beflecken vermocht!
Dunkel brennt das Feuer nur augenblicklich und dampfet,
Wenn das Wasser die Glut stürzend und jählings verhüllt;
Aber sie reinigt sich schnell, verjagt die trübenden Dämpfe,
Neuer und mächtiger dringt leuchtende Flamme hinauf.

VII.

O wie fühl' ich in Rom mich so froh! gedenk' ich der Zeiten,
  Da mich ein graulicher Tag hinten im Norden umfing,
Trübe der Himmel und schwer auf meine Scheitel sich senkte,
  Farb- und gestaltlos die Welt um den ermatteten lag,
Und ich über mein Ich, des unbefriedigten Geistes
  Düstre Wege zu spähn, still in Betrachtung versank.
Nun umleuchtet der Glanz des helleren Äthers die Stirne;
  Phöbus rufet, der Gott, Formen und Farben hervor.
Sternhell glänzet die Nacht, sie klingt von weichen Gesängen,
  Und mir leuchtet der Mond heller als nordischer Tag.
Welche Seligkeit ward mir Sterblichem! Träum' ich? Empfänget
  Dein ambrosisches Haus, Jupiter Vater, den Gast?
Ach! hier lieg' ich, und strecke nach deinen Knieen die Hände
  Flehend aus. O vernimm, Jupiter Xenius, mich!
Wie ich hereingekommen, ich kann's nicht sagen; es faßte
  Hebe den Wandrer, und zog mich in die Hallen heran.
Hast du ihr einen Heroen herauf zu führen geboten?
  Irrte die Schöne? Vergib! Laß mir des Irrtums Gewinn!
Deine Tochter Fortuna sie auch! Die herrlichsten Gaben
  Teilt als ein Mädchen sie aus, wie es die Laune gebeut.
Bist du der wirtliche Gott? O dann so verstoße den Gastfreund
  Nicht von deinem Olymp wieder zur Erde hinab!
„Dichter! wohin versteigest du dich?" — Vergib mir; der hohe
  Capitolinische Berg ist dir ein zweiter Olymp.
Dulde mich, Jupiter, hier, und Hermes führe mich später,
  Cestius Mal vorbei, leise zum Orkus hinab.

VIII.

Wenn du mir sagst, du habest als Kind, Geliebte, den Menschen
  Nicht gefallen, und dich habe die Mutter verschmäht,
Bis du größer geworden und still dich entwickelt; ich glaub' es.
  Gerne denk' ich mir dich als ein besonderes Kind.
Fehlet Bildung und Farbe doch auch der Blüte des Weinstocks,
  Wenn die Beere, gereift, Menschen und Götter entzückt.

IX.

Herbstlich leuchtet die Flamme vom ländlich geselligen Herde,
  Knistert und glänzet, wie rasch! sausend vom Reisig empor.
Diesen Abend erfreut sie mich mehr; denn eh' noch zur Kohle
  Sich das Bündel verzehrt, unter die Asche sich neigt,
Kommt mein liebliches Mädchen. Dann flammen Reisig und Scheite,
  Und die erwärmete Nacht wird uns ein glänzendes Fest.
Morgen frühe geschäftig verläßt sie das Lager der Liebe,
  Weckt aus der Asche behend Flammen auf's neue hervor.
Denn vor andern verlieh der Schmeichlerin Amor die Gabe,
  Freude zu wecken, die kaum still wie zu Asche versank.

X.

Alexander und Cäsar und Heinrich und Friedrich, die Großen,
Gäben die Hälfte mir gern ihres erworbenen Ruhms,
Könnt' ich auf Eine Nacht dies Lager jedem vergönnen;
Aber die armen, sie hält strenge des Orkus Gewalt.
Freue dich also, Lebend'ger, der lieberwärmeten Stätte,
Ehe den fliehenden Fuß schauerlich Lethe dir netzt.

XI.

Euch, o Grazien, legt die wenigen Blätter ein Dichter
Auf den reinen Altar, Knospen der Rose dazu,
Und er tut es getrost. Der Künstler freuet sich seiner
Werkstatt, wenn sie um ihn immer ein Pantheon scheint.
Jupiter senket die göttliche Stirn, und Juno erhebt sie;
Phöbus schreitet hervor, schüttelt das lockige Haupt;
Trocken schauet Minerva herab, und Hermes, der leichte,
Wendet zur Seite den Blick, schalkisch und zärtlich zugleich.
Aber nach Bacchus, dem weichen, dem träumenden, hebet Cythere
Blicke der süßen Begier, selbst in dem Marmor noch feucht.
Seiner Umarmung gedenket sie gern und scheinet zu fragen:
Sollte der herrliche Sohn uns an der Seite nicht stehn?

XII.

Hörest du, Liebchen, das muntre Geschrei den Flaminischen Weg her?
Schnitter sind es; sie ziehn wieder nach Hause zurück,
Weit hinweg. Sie haben des Römers Ernte vollendet,
Der für Ceres den Kranz selber zu flechten verschmäht.
Keine Feste sind mehr der großen Göttin gewidmet,
Die, statt Eicheln, zur Kost goldenen Weizen verlieh.
Laß uns beide das Fest im Stillen freudig begehen!
Sind zwei Liebende doch sich ein versammeltes Volk.
Hast du wohl je gehört von jener mystischen Feier,
Die von Eleusis hieher frühe dem Sieger gefolgt?
Griechen stifteten sie, und immer riefen nur Griechen,
Selbst in den Mauern Roms: „Kommt zur geheiligten Nacht!“
Fern entwich der Profane; da bebte der wartende Neuling,
Den ein weißes Gewand, Zeichen der Reinheit, umgab.
Wunderlich irrte darauf der Eingeführte durch Kreise
Seltner Gestalten; im Traum schien er zu wallen: denn hier
Wanden sich Schlangen am Boden umher, verschlossene Kästchen,
Reich mit Ähren umkränzt, trugen hier Mädchen vorbei,
Vielbedeutend gebärdeten sich die Priester, und summten;
Ungeduldig und bang harrte der Lehrling auf Licht.
Erst nach mancherlei Proben und Prüfungen ward ihm enthüllet,
Was der geheiligte Kreis seltsam in Bildern verbarg.
Und was war das Geheimnis! als daß Demeter, die große,
Sich gefällig einmal auch einem Helden bequemt,

Als sie Jasion einst, dem rüstigen König der Kreter,
Ihres unsterblichen Leibs holdes Verborgne gegönnt.
Da war Kreta beglückt! das Hochzeitbette der Göttin
Schwoll von Ähren, und reich drückte den Acker die Saat.
Aber die übrige Welt verschmachtete; denn es versäumte
Über der Liebe Genuß Ceres den schönen Beruf.
Voll Erstaunen vernahm der Eingeweihte das Märchen,
Winkte der Liebsten — Verstehst du nun, Geliebte, den Wink?
Jene buschige Myrte beschattet ein heiliges Plätzchen!
Unsre Zufriedenheit bringt keine Gefährde der Welt.

XIII.

Amor bleibet ein Schalk, und wer ihm vertraut, ist betrogen!
Heuchelnd kam er zu mir: „Diesmal nur traue mir noch.
Redlich mein' ich's mit dir, du hast dein Leben und Dichten,
Dankbar erkenn' ich es wohl, meiner Verehrung geweiht.
Siehe, dir bin ich nun gar nach Rom gefolget; ich möchte
Dir im fremden Gebiet gern was Gefälliges tun.
Jeder Reisende klagt, er finde schlechte Bewirtung;
Welchen Amor empfiehlt, köstlich bewirtet ist er.
Du betrachtest mit Staunen die Trümmern alter Gebäude,
Und durchwandelst mit Sinn diesen geheiligten Raum.
Du verehrest noch mehr die werten Reste des Bildens
Einziger Künstler, die stets ich in der Werkstatt besucht.
Diese Gestalten, ich formte sie selbst! Verzeih mir, ich prahle
Diesmal nicht; du gestehst, was ich dir sage, sei wahr.
Nun du mir lässiger dienst, wo sind die schönen Gestalten,
Wo die Farben, der Glanz deiner Erfindungen hin?
Denkst du nun wieder zu bilden, o Freund? Die Schule der Griechen
Blieb noch offen, das Tor schlossen die Jahre nicht zu.
Ich, der Lehrer, bin ewig jung, und liebe die Jungen.
Altklug lieb' ich dich nicht! Munter! Begreife mich wohl!
War das Antike doch neu, da jene Glücklichen lebten!
Lebe glücklich, und so lebe die Vorzeit in dir!
Stoff zum Liede, wo nimmst du ihn her? Ich muß dir ihn geben,
Und den höheren Styl lehret die Liebe dich nur."
Also sprach der Sophist. Wer widersprăch' ihm? und leider
Bin ich zu folgen gewöhnt, wenn der Gebieter befiehlt. —
Nun, verräterisch hält er sein Wort, gibt Stoff zu Gesängen,
Ach! und raubt mir die Zeit, Kraft und Besinnung zugleich;
Blick und Händedruck, und Küsse, gemütliche Worte,
Sylben köstlichen Sinns wechselt ein liebendes Paar.
Da wird Lispeln Geschwätz, wird Stottern liebliche Rede:
Solch ein Hymnus verhallt ohne prosodisches Maß.
Dich, Aurora, wie kannt' ich dich sonst als Freundin der Musen!
Hat, Aurora, dich auch Amor, der lose, verführt?
Du erscheinest mir nun als seine Freundin, und weckest

Mich an seinem Altar wieder zum festlichen Tag.
Find' ich die Fülle der Locken an meinem Busen! das Köpfchen
Ruhet und drücket den Arm, der sich dem Halse bequemt.
Welch ein freudig Erwachen, erhieltet ihr, ruhige Stunden,
Mir das Denkmal der Lust, die in den Schlaf uns gewiegt! —
Sie bewegt sich im Schlummer, und sinkt auf die Breite des Lagers
Weggewendet; und doch läßt sie mir Hand noch in Hand.
Herzliche Liebe verbindet uns stets und treues Verlangen,
Und den Wechsel behielt nur die Begierde sich vor.
Einen Druck der Hand, ich sehe die himmlischen Augen
Wieder offen. — O nein! laßt auf der Bildung mich ruhn!
Bleibt geschlossen! Ihr macht mich verwirrt und trunken, ihr raubet
Mir den stillen Genuß reiner Betrachtung zu früh.
Diese Formen, wie groß! wie edel gewendet die Glieder!
Schlief Ariadne so schön; Theseus, du konntest entfliehn?
Diesen Lippen ein einziger Kuß! O Theseus, nun scheide!
Blick' ihr in's Auge! Sie wacht! — Ewig nun hält sie dich fest.

XIV.

Zünde mir Licht an, Knabe! — „Noch ist es hell. Ihr verzehret
Öl und Docht nur umsonst. Schließet die Läden doch nicht!
Hinter die Häuser entwich, nicht hinter den Berg, uns die Sonne!
Ein halb Stündchen noch währt's bis zum Geläute der Nacht."
Unglückseliger! geh und gehorch'! Mein Mädchen erwart' ich;
Tröste mich, Lämpchen, indes, lieblicher Bote der Nacht!

XV.

Cäsarn wär' ich wohl nie zu fernen Britannen gefolget,
Florus hätte mich leicht in die Popine geschleppt!
Denn mir bleiben weit mehr die Nebel des traurigen Nordens,
Als ein geschäftiges Volk südlicher Flöhe verhaßt.
Und noch schöner von heut an seid mir gegrüßet, ihr Schenken,
Osterien, wie euch schicklich der Römer benennt;
Denn ihr zeigtet mir heute die Liebste begleitet vom Oheim,
Den die Gute so oft, mich zu besitzen, betriegt.
Hier stand unser Tisch, den Deutsche vertraulich umgaben;
Drüben suchte das Kind neben der Mutter den Platz,
Rückte vielmals die Bank, und wußt' es artig zu machen,
Daß ich halb ihr Gesicht, völlig den Nacken gewann.
Lauter sprach sie, als hier die Römerin pfleget, kredenzte,
Blickte gewendet nach mir, goß und verfehlte das Glas.
Wein floß über den Tisch, und sie, mit zierlichem Finger,
Zog auf dem hölzernen Blatt Kreise der Feuchtigkeit hin.
Meinen Namen verschlang sie dem ihrigen; immer begierig
Schaut' ich dem Fingerchen nach, und sie bemerkte mich wohl.
Endlich zog sie behende das Zeichen der römischen Fünfe
Und ein Strichlein davor. Schnell, und sobald ich's gesehn,

Schlang sie Kreise durch Kreise, die Lettern und Ziffern zu löschen;
Aber die köstliche *Vier* blieb mir in's Auge geprägt.
Stumm war ich sitzen geblieben, und biß die glühende Lippe,
Halb aus Schalkheit und Lust, halb aus Begierde, mir wund.
Erst noch so lange bis Nacht! dann noch vier Stunden zu warten!
Hohe Sonne, du weilst und du beschauest dein Rom!
Größeres sahest du nichts und wirst nichts Größeres sehen,
Wie es dein Priester Horaz in der Entzückung versprach.
Aber heute verweile mir nicht, und wende die Blicke
Von dem Siebengebirg früher und williger ab!
Einem Dichter zu Liebe verkürze die herrlichen Stunden,
Die mit begierigem Blick selig der Maler genießt;
Glühend blicke noch schnell zu diesen hohen Fassaden,
Kuppeln und Säulen zuletzt, und Obelisken herauf;
Stürze dich eilig in's Meer, um morgen früher zu sehen,
Was Jahrhunderte schon göttliche Lust dir gewährt:
Diese feuchten mit Rohr so lange bewachs'nen Gestade,
Diese mit Bäumen und Busch düster beschatteten Höhn.
Wenig Hütten zeigten sie erst; dann sahst du auf einmal
Sie vom wimmelnden Volk glücklicher Räuber belebt.
Alles schleppten sie drauf an diese Stätte zusammen;
Kaum war das übrige Rund deiner Betrachtung noch wert.
Sahst eine Welt hier entstehn, sahst dann eine Welt hier in Trümmern,
Aus den Trümmern auf's neu fast eine größere Welt!
Daß ich diese noch lange von dir beleuchtet erblicke,
Spinne die Parze mir klug langsam den Faden herab;
Aber sie eile herbei, die schön bezeichnete Stunde! —
Glücklich! Hör' ich sie schon? Nein; doch ich höre schon Drei.
So, ihr lieben Musen, betrogt ihr wieder die Länge
Dieser Weile, die mich von der Geliebten getrennt.
Lebet wohl! Nun eil' ich, und fürcht' euch nicht zu beleid'gen;
Denn ihr Stolzen, ihr gebt Amorn doch immer den Rang.

XVI.

„Warum bist du, Geliebter, nicht heute zur Vigne gekommen?
Einsam, wie ich versprach, wartet' ich oben auf dich." —
Beste, schon war ich hinein; da sah ich zum Glücke den Oheim
Neben den Stöcken, bemüht hin sich und her sich zu drehn.
Schleichend eilt' ich hinaus! — „O, welch ein Irrtum ergriff dich!
Eine Scheuche nur war's, was dich vertrieb! Die Gestalt
Flickten wir emsig zusammen aus alten Kleidern und Rohren;
Emsig half ich daran, selbst mir zu schaden bemüht." —
Nun, des Alten Wunsch ist erfüllt; den losesten Vogel
Scheucht' er heute, der ihm Gärtchen und Nichte bestiehlt.

XVII.

Manche Töne sind mir Verdruß, doch bleibet am meisten
  Hundegebell mir verhaßt; kläffend zerreißt es mein Ohr.
Einen Hund nur hör' ich sehr oft mit frohem Behagen
  Bellend kläffen, den Hund, den sich der Nachbar erzog.
Denn er bellte mir einst mein Mädchen an, da sie sich heimlich
  Zu mir stahl, und verriet unser Geheimnis beinah.
Jetzo, hör' ich ihn bellen, so denk' ich nur immer: sie kommt wohl!
  Oder ich denke der Zeit, da die Erwartete kam.

XVIII.

Eines ist mir verdrießlich vor allen Dingen, ein andres
  Bleibt mir abscheulich, empört jegliche Faser in mir;
Nur der bloße Gedanke. Ich will es euch, Freunde, gestehen:
  Gar verdrießlich ist mir einsam das Lager zu Nacht.
Aber ganz abscheulich ist's, auf dem Wege der Liebe
  Schlangen zu fürchten, und Gift unter den Rosen der Lust,
Wenn im schönsten Moment der hin sich gebenden Freude
  Deinem sinkenden Haupt lispelnde Sorge sich naht.
Darum macht Faustine mein Glück; sie teilet das Lager
  Gerne mit mir, und bewahrt Treue dem Treuen genau.
Reizendes Hindernis will die rasche Jugend; ich liebe,
  Mich des versicherten Guts lange bequem zu erfreun.
Welche Seligkeit ist's! wir wechseln sichere Küsse,
  Atem und Leben getrost saugen und flößen wir ein.
So erfreuen wir uns der langen Nächte, wir lauschen,
  Busen an Busen gedrängt, Stürmen und Regen und Guß.
Und so dämmert der Morgen heran; es bringen die Stunden
  Neue Blumen herbei, schmücken uns festlich den Tag.
Gönnet mir, o Quiriten! das Glück, und jedem gewähre
  Aller Güter der Welt erstes und letztes der Gott!

XIX.

Schwer erhalten wir uns den guten Namen, denn Fama
  Steht mit Amorn, ich weiß, meinem Gebieter, in Streit.
Wißt auch ihr, woher es entsprang, daß beide sich hassen?
  Alte Geschichten sind das, und ich erzähle sie wohl.
Immer die mächtige Göttin, doch war sie für die Gesellschaft
  Unerträglich, denn gern führt sie das herrschende Wort;
Und so war sie von je, bei allen Göttergelagen,
  Mit der Stimme von Erz, Großen und Kleinen verhaßt.
So berühmte sie einst sich übermütig, sie habe
  Jovis herrlichen Sohn ganz sich zum Sklaven gemacht.
„Meinen Hercules führ' ich dereinst, o Vater der Götter,"
  Rief triumphierend sie aus, „wiedergeboren dir zu.
Hercules ist es nicht mehr, den dir Alkmene geboren;
  Seine Verehrung für mich macht ihn auf Erden zum Gott.

Schaut er nach dem Olymp, so glaubst du, er schaue nach deinen
Mächtigen Knieen; vergib! nur in den Äther nach mir
Blickt der würdigste Mann; nur mich zu verdienen durchschreitet
Leicht sein mächtiger Fuß Bahnen, die keiner betrat;
Aber auch ich begegn' ihm auf seinen Wegen, und preise
Seinen Namen voraus, eh' er die Tat noch beginnt.
Mich vermählst du ihm einst; der Amazonen Besieger
Werd' auch meiner, und ihn nenn' ich mit Freuden Gemahl!"
Alles schwieg; sie mochten nicht gern die Prahlerin reizen:
Denn sie denkt sich, erzürnt, leicht was Gehässiges aus.
Amorn bemerkte sie nicht: er schlich bei Seite; den Helden
Bracht' er mit weniger Kunst unter der Schönsten Gewalt.
Nun vermummt er sein Paar; ihr hängt er die Bürde des Löwen
Über die Schultern, und lehnt mühsam die Keule dazu
Drauf bespickt er mit Blumen des Helden sträubende Haare,
Reichet den Rocken der Faust, die sich dem Scherze bequemt.
So vollendet er bald die neckische Gruppe; dann läuft er,
Ruft durch den ganzen Olymp: „Herrliche Taten geschehn!
Nie hat Erd' und Himmel, die unermüdete Sonne
Hat auf der ewigen Bahn keines der Wunder erblickt."
Alles eilte; sie glaubten dem losen Knaben, denn ernstlich
Hatt' er gesprochen; und auch Fama, sie blieb nicht zurück.
Wer sich freute, den Mann so tief erniedrigt zu sehen,
Denkt ihr! Juno. Es galt Amorn ein freundlich Gesicht.
Fama daneben, wie stand sie beschämt, verlegen, verzweifelnd!
Anfangs lachte sie nur: „Masken, ihr Götter, sind das!
Meinen Helden, ich kenn' ihn zu gut! Es haben Tragöden
Uns zum Besten!" Doch bald sah sie mit Schmerzen, er war's! —
Nicht den tausendsten Teil verdroß es Vulcanen, sein Weibchen
Mit dem rüstigen Freund unter den Maschen zu sehn,
Als das verständige Netz im rechten Moment sie umfaßte,
Rasch die Verschlungnen umschlang, fest die Genießenden hielt.
Wie sich die Jünglinge freuten! Mercur und Bacchus! sie beide
Mußten gestehn: es sei, über dem Busen zu ruhn
Dieses herrlichen Weibes, ein schöner Gedanke. Sie baten:
Löse, Vulcan, sie noch nicht! Laß sie noch einmal besehn.
Und der Alte war so Hahnrei, und hielt sie nur fester. —
Aber Fama, sie floh rasch und voll Grimmes davon.
Seit der Zeit ist zwischen den zweien der Fehde nicht Stillstand;
Wie sie sich Helden erwählt, gleich ist der Knabe darnach.
Wer sie am höchsten verehrt, den weiß er am besten zu fassen,
Und den Sittlichsten greift er am gefährlichsten an.
Will ihm einer entgehn, den bringt er vom Schlimmen in's Schlimmste.
Mädchen bietet er an; wer sie ihm töricht verschmäht,
Muß erst grimmige Pfeile von seinem Bogen erdulden;
Mann erhitzt er auf Mann, treibt die Begierden auf's Tier.
Wer sich seiner schämt, der muß erst leiden; dem Heuchler

Streut er bittern Genuß unter Verbrechen und Not.
Aber auch sie, die Göttin, verfolgt ihn mit Augen und Ohren;
Sieht sie ihn einmal bei dir, gleich ist sie feindlich gesinnt,
Schreckt dich mit ernstem Blick, verachtenden Mienen, und heftig
Strenge verruft sie das Haus, das er gewöhnlich besucht.
Und so geht es auch mir: schon leid' ich ein wenig; die Göttin
Eifersüchtig, sie forscht meinem Geheimnisse nach.
Doch es ist ein altes Gesetz: ich schweig' und verehre;
Denn der Könige Zwist büßten die Griechen, wie ich.

XX.

Zieret Stärke den Mann und freies mutiges Wesen,
O! so ziemet ihm fast tiefes Geheimnis noch mehr.
Städtebezwingerin, du Verschwiegenheit! Fürstin der Völker!
Teure Göttin, die mich sicher durch's Leben geführt,
Welches Schicksal erfahr' ich! Es löset scherzend die Muse,
Amor löset, der Schalk, mir den verschlossenen Mund.
Ach, schon wird es so schwer, der Könige Schande verbergen!
Weder die Krone bedeckt, weder ein phrygischer Bund
Midas verlängertes Ohr; der nächste Diener entdeckt es,
Und ihm ängstet und drückt gleich das Geheimnis die Brust.
In die Erde vergrüb' er es gern, um sich zu erleichtern:
Doch die Erde verwahrt solche Geheimnisse nicht;
Rohre sprießen hervor, und rauschen und lispeln im Winde:
Midas! Midas, der Fürst, trägt ein verlängertes Ohr!
Schwerer wird es nun mir, ein schönes Geheimnis zu wahren;
Ach, den Lippen entquillt Fülle des Herzens so leicht!
Keiner Freundin darf ich's vertraun: sie möchte mich schelten;
Keinem Freunde: vielleicht brächte der Freund mir Gefahr.
Mein Entzücken dem Hain, dem schallenden Felsen zu sagen,
Bin ich endlich nicht jung, bin ich nicht einsam genug.
Dir, Hexameter, dir, Pentameter, sei es vertrauet,
Wie sie des Tags mich erfreut, wie sie des Nachts mich beglückt.
Sie, von vielen Männern gesucht, vermeidet die Schlingen,
Die ihr der Kühnere frech, heimlich der Listige legt;
Klug und zierlich schlüpft sie vorbei, und kennet die Wege,
Wo sie der Liebste gewiß lauschend begierig empfängt.
Zaudre, Luna, sie kommt! damit sie der Nachbar nicht sehe;
Rausche, Lüftchen, im Laub! Niemand vernehme den Tritt.
Und ihr, wachset und blüht, geliebte Lieder, und wieget
Euch im leisesten Hauch lauer und liebender Luft,
Und entdeckt den Quiriten, wie jene Rohre geschwätzig,
Eines glücklichen Paars schönes Geheimnis zuletzt.

Epigramme

Venedig 1790

Wie man Geld und Zeit vertan,
Zeigt das Büchlein lustig an.

1.

Sarkophagen und Urnen verzierte der Heide mit Leben:
Faunen tanzen umher, mit der Bacchantinnen Chor
Machen sie bunte Reihe; der ziegengefüßete Pausback
Zwingt den heiseren Ton wild aus dem schmetternden Horn.
Cymbeln, Trommeln erklingen; wir sehen und hören den Marmor.
Flatternde Vögel! wie schmeckt herrlich dem Schnabel die Frucht!
Euch verscheuchet kein Lärm, noch weniger scheucht er den Amor,
Der in dem bunten Gewühl erst sich der Fackel erfreut.
So überwältiget Fülle den Tod; und die Asche da drinnen
Scheint, im stillen Bezirk, noch sich des Lebens zu freun.
So umgebe denn spät den Sarkophagen des Dichters
Diese Rolle, von ihm reichlich mit Leben geschmückt.

2.

Kaum an dem blaueren Himmel erblickt' ich die glänzende Sonne,
Reich, vom Felsen herab, Efeu zu Kränzen geschmückt,
Sah den emsigen Winzer die Rebe der Pappel verbinden,
Über die Wiege Virgils kam mir ein laulicher Wind:
Da gesellten die Musen sich gleich zum Freunde; wir pflogen
Abgeriss'nes Gespräch, wie es den Wanderer freut.

3.

Immer halt' ich die Liebste begierig im Arme geschlossen,
Immer drängt sich mein Herz fest an den Busen ihr an,
Immer lehnet mein Haupt an ihren Knieen, ich blicke
Nach dem lieblichen Mund, ihr nach den Augen hinauf.
Weichling! schölte mich einer, und so verbringst du die Tage?
Ach, ich verbringe sie schlimm! Höre nur, wie mir geschieht:
Leider wend' ich den Rücken der einzigen Freude des Lebens;
Schon den zwanzigsten Tag schleppt mich der Wagen dahin.
Vetturine trotzen mir nun, es schmeichelt der Kämmrer,
Und der Bediente vom Platz sinnet auf Lügen und Trug.
Will ich ihnen entgehn, so faßt mich der Meister der Posten,
Postillone sind Herrn, dann die Dogane dazu!
„Ich verstehe dich nicht! du widersprichst dir! du schienest
Paradiesisch zu ruhn, ganz, wie Rinaldo, beglückt."
Ach! ich verstehe mich wohl: es ist mein Körper auf Reisen,
Und es ruhet mein Geist stets der Geliebten im Schoß.

4.

Das ist Italien, das ich verließ. Noch stäuben die Wege,
Noch ist der Fremde geprellt, stell' er sich, wie er auch will.
Deutsche Redlichkeit suchst du in allen Winkeln vergebens;
Leben und Weben ist hier, aber nicht Ordnung und Zucht;
Jeder sorgt nur für sich, mißtrauet dem andern, ist eitel,
Und die Meister des Staats sorgen nur wieder für sich.
Schön ist das Land; doch ach! Faustinen find' ich nicht wieder.
Das ist Italien nicht mehr, das ich mit Schmerzen verließ.

5.

In der Gondel lag ich gestreckt und fuhr durch die Schiffe,
Die in dem großen Kanal, viel befrachtete, stehn.
Mancherlei Ware findest du da für manches Bedürfnis,
Weizen, Wein und Gemüs', Scheite, wie leichtes Gesträuch.
Pfeilschnell drangen wir durch; da traf ein verlorener Lorbeer
Derb mir die Wangen. Ich rief: Daphne, verletzest du mich?
Lohn erwartet' ich eher! Die Nymphe lispelte lächelnd:
Dichter sünd'gen nicht schwer. Leicht ist die Strafe. Nur zu!

6.

Seh' ich den Pilgrim, so kann ich mich nie der Tränen enthalten.
O, wie beseliget uns Menschen ein falscher Begriff!

7.

Eine Liebe hatt' ich, sie war mir lieber als alles!
Aber ich hab' sie nicht mehr! Schweig', und ertrag' den Verlust!

8.

Diese Gondel vergleich' ich der sanft einschaukelnden Wiege,
Und das Kästchen darauf scheint ein geräumiger Sarg.
Recht so! Zwischen der Wieg' und dem Sarg wir schwanken und schweben
Auf dem großen Kanal sorglos durch's Leben dahin.

9.

Feierlich sehn wir neben dem Doge den Nuntius gehen;
Sie begraben den Herrn, einer versiegelt den Stein.
Was der Doge sich denkt, ich weiß es nicht; aber der andre
Lächelt über den Ernst dieses Gepränges gewiß.

10.

Warum treibt sich das Volk so, und schreit? Es will sich ernähren,
Kinder zeugen, und die nähren, so gut es vermag.
Merke dir, Reisender, das, und tue zu Hause desgleichen!
Weiter bringt es kein Mensch, stell' er sich, wie er auch will.

11.

Wie sie klingeln die Pfaffen! Wie angelegen sie's machen,
Daß man komme, nur ja plappre, wie gestern so heut!
Scheltet mir nicht die Pfaffen; sie kennen des Menschen Bedürfnis!
Denn wie ist er beglückt, plappert er morgen wie heut!

12.

Mache der Schwärmer sich Schüler, wie Sand am Meere — der Sand ist
Sand; die Perle sei mein, du, o vernünftiger Freund!

13.

Süß den sprossenden Klee mit weichlichen Füßen im Frühling,
Und die Wolle des Lamms tasten mit zärtlicher Hand;
Süß voll Blüten zu sehn die neulebendigen Zweige,
Dann das grünende Laub locken mit sehnendem Blick.
Aber süßer, mit Blumen dem Busen der Schäferin schmeicheln;
Und dies vielfache Glück läßt mich entbehren der Mai.

14.

Diesem Amboß vergleich' ich das Land, den Hammer dem Herrscher,
Und dem Volke das Blech, das in der Mitte sich krümmt.
Wehe dem armen Blech! wenn nur willkürliche Schläge
Ungewiß treffen, und nie fertig der Kessel erscheint.

15.

Schüler macht sich der Schwärmer genug, und rühret die Menge,
Wenn der vernünftige Mann einzelne Liebende zählt.
Wundertätige Bilder sind meist nur schlechte Gemälde:
Werke des Geists und der Kunst sind für den Pöbel nicht da.

16.

Mache zum Herrscher sich der, der seinen Vorteil verstehet:
Doch wir wählten uns den, der sich auf unsern versteht.

17.

Not lehrt beten, man sagt's; will einer es lernen, er gehe
Nach Italien! Not findet der Fremde gewiß.

18.

Welch ein heftig Gedränge nach diesem Laden! Wie emsig
Wägt man, empfängt man das Geld, reicht man die Ware dahin!
Schnupftabak wird hier verkauft. Das heißt sich selber erkennen!
Nieswurz holt sich das Volk, ohne Verordnung und Arzt.

19.

Jeder Edle Venedigs kann Doge werden; das macht ihn
Gleich als Knaben so fein, eigen, bedächtig und stolz.

Darum sind die Oblaten so zart im katholischen Wälschland;
Denn aus demselbigen Teig weihet der Priester den Gott.

20.

Ruhig am Arsenal stehn zwei altgriechische Löwen;
Klein wird neben dem Paar Pforte, wie Turm und Kanal.
Käme die Mutter der Götter herab, es schmiegten sich beide
Vor den Wagen, und sie freute sich ihres Gespanns.
Aber nun ruhen sie traurig; der neue geflügelte Kater
Schnurrt überall, und ihn nennet Venedig Patron.

21.

Emsig wallet der Pilger! Und wird er den Heiligen finden?
Hören und sehen den Mann, welcher die Wunder getan?
Nein, es führte die Zeit ihn hinweg: du findest nur Reste,
Seinen Schädel, ein paar seiner Gebeine verwahrt.
Pilgrime sind wir alle, die wir Italien suchen;
Nur ein zerstreutes Gebein ehren wir gläubig und froh.

22.

Jupiter Pluvius, heut erscheinst du ein freundlicher Dämon;
Denn ein vielfach Geschenk gibst du in Einem Moment;
Gibst Venedig zu trinken, dem Lande grünendes Wachstum;
Manches kleine Gedicht gibst du dem Büchelchen hier.

23.

Gieße nur, tränke nur fort die rotbemäntelten Frösche,
Wäss're das durstende Land, daß es uns Broccoli schickt.
Nur durchwäss're mir nicht dies Büchlein; es sei mir ein Fläschchen
Reinen Arraks, und Punsch mache sich jeder nach Lust.

24.

Sankt Johannes im Kot heißt jene Kirche; Venedig
Nenn' ich mit doppeltem Recht heute Sankt Marcus im Kot.

25.

Hast du Bajä gesehn, so kennst du das Meer und die Fische.
Hier ist Venedig; du kennst nun auch den Pfuhl und den Frosch.

26.

Schläfst du noch immer? Nur still, und laß mich ruhen; erwach' ich,
Nun, was soll ich denn hier? Breit ist das Bette, doch leer.
Ist überall ja doch Sardinien, wo man allein schläft;
Tibur, Freund, überall, wo dich die Liebliche weckt.

27.

Alle Neun, sie winkten mir oft, ich meine die Musen;
Doch ich achtet' es nicht, hatte das Mädchen im Schoß.
Nun verließ ich mein Liebchen; mich haben die Musen verlassen,
Und ich schielte verwirrt, suchte nach Messer und Strick.
Doch von Göttern ist voll der Olymp; du kamst mich zu retten,
Langeweile! du bist Mutter der Musen gegrüßt.

28.

Welch ein Mädchen ich wünsche zu haben? Ihr fragt mich. Ich hab' sie,
Wie ich sie wünsche, das heißt, dünkt mich, mit Wenigem viel.
An dem Meere ging ich, und suchte mir Muscheln. In einer
Fand ich ein Perlchen; es bleibt nun mir am Herzen verwahrt.

29.

Vieles hab' ich versucht, gezeichnet, in Kupfer gestochen,
Öl gemalt, in Ton hab' ich auch manches gedrückt,
Unbeständig jedoch, und nichts gelernt noch geleistet;
Nur ein einzig Talent bracht' ich der Meisterschaft nah:
Deutsch zu schreiben. Und so verderb' ich unglücklicher Dichter
In dem schlechtesten Stoff leider nun Leben und Kunst.

30.

Schöne Kinder tragt ihr, und steht mit verdeckten Gesichtern,
Bettelt: das heißt, mit Macht reden an's männliche Herz.
Jeder wünscht sich ein Knäbchen, wie ihr das dürftige zeiget,
Und ein Liebchen, wie man's unter dem Schleier sich denkt.

31.

Das ist dein eigenes Kind nicht, worauf du bettelst, und rührst mich;
O, wie rührt mich erst die, die mir mein eigenes bringt!

32.

Warum leckst du dein Mäulchen, indem du mir eilig begegnest?
Wohl, dein Züngelchen sagt mir, wie gesprächig es sei.

33.

Sämtliche Künste lernt und treibet der Deutsche; zu jeder
Zeigt er ein schönes Talent, wenn er sie ernstlich ergreift.
Eine Kunst nur treibt er, und will sie nicht lernen, die Dichtkunst.
Darum pfuscht er auch so; Freunde, wir haben's erlebt.

34 a.

Oft erklärtet ihr euch als Freunde des Dichters, ihr Götter!
Gebt ihm auch, was er bedarf! Mäßiges braucht er, doch viel:
Erstlich freundliche Wohnung, dann leidlich zu essen, zu trinken
Gut; der Deutsche versteht sich auf den Nektar, wie ihr.

Dann geziemende Kleidung und Freunde, vertraulich zu schwatzen;
　Dann ein Liebchen des Nachts, das ihn von Herzen begehrt.
Diese fünf natürlichen Dinge verlang' ich vor allem.
　Gebet mir ferner dazu Sprachen, die alten und neu'n,
Daß ich der Völker Gewerb' und ihre Geschichten vernehme;
　Gebt mir ein reines Gefühl, was sie in Künsten getan.
Ansehn gebt mir im Volke, verschafft bei Mächtigen Einfluß,
　Oder was sonst noch bequem unter den Menschen erscheint;
Gut — schon dank' ich euch, Götter; ihr habt den glücklichsten Menschen
　Eh'stens fertig: denn ihr gönntet das Meiste mir schon.

34b.

Klein ist unter den Fürsten Germaniens freilich der meine;
　Kurz und schmal ist sein Land, mäßig nur, was er vermag.
Aber so wende nach innen, so wende nach außen die Kräfte
　Jeder; da wär's ein Fest, Deutscher mit Deutschen zu sein.
Doch was priesest du Ihn, den Taten und Werke verkünden?
　Und bestochen erschien' deine Verehrung vielleicht;
Denn mir hat er gegeben, was Große selten gewähren,
　Neigung, Muße, Vertraun, Felder und Garten und Haus.
Niemand braucht' ich zu danken als Ihm, und manches bedurft' ich,
　Der ich mich auf den Erwerb schlecht, als ein Dichter, verstand.
Hat mich Europa gelobt, was hat mir Europa gegeben?
　Nichts! Ich habe, wie schwer! meine Gedichte bezahlt.
Deutschland ahmte mich nach, und Frankreich mochte mich lesen.
　England! freundlich empfingst du den zerrütteten Gast.
Doch was fördert es mich, daß auch sogar der Chinese
　Malet, mit ängstlicher Hand, Werthern und Lotten auf Glas?
Niemals frug ein Kaiser nach mir, es hat sich kein König
　Um mich bekümmert, und Er war mir August und Mäcen.

35.

Eines Menschen Leben, was ist's? Doch Tausende können
　Reden über den Mann, was er und wie er's getan.
Weniger ist ein Gedicht; doch können es Tausend genießen,
　Tausende tadeln. Mein Freund, lebe nur, dichte nur fort!

36.

Müde war ich geworden, nur immer Gemälde zu sehen,
　Herrliche Schätze der Kunst, wie sie Venedig bewahrt.
Denn auch dieser Genuß verlangt Erholung und Muße;
　Nach lebendigem Reiz suchte mein schmachtender Blick.
Gauklerin! da ersah ich in dir zu den Bübchen das Urbild,
　Wie sie Johannes Bellin reizend mit Flügeln gemalt,
Wie sie Paul Veronese mit Bechern dem Bräutigam sendet,
　Dessen Gäste, getäuscht, Wasser genießen für Wein.

37.

Wie, von der künstlichsten Hand geschnitzt, das liebe Figürchen,
Weich und ohne Gebein, wie die Molluska nur schwimmt!
Alles ist Glied, und alles Gelenk, und alles gefällig,
Alles nach Maßen gebaut, alles nach Willkür bewegt.
Menschen hab' ich gekannt, und Tiere, so Vögel als Fische,
Manches besondre Gewürm, Wunder der großen Natur;
Und doch staun' ich dich an, Bettine, liebliches Wunder,
Die du alles zugleich bist, und ein Engel dazu.

38.

Kehre nicht, liebliches Kind, die Beinchen hinauf zu dem Himmel;
Jupiter sieht dich, der Schalk, und Ganymed ist besorgt.

39.

Wende die Füßchen zum Himmel nur ohne Sorge! Wir strecken
Arme betend empor; aber nicht schuldlos, wie du.

40.

Seitwärts neigt sich dein Hälschen. Ist das ein Wunder? Es träget
Oft dich ganze; du bist leicht, nur dem Hälschen zu schwer.
Mir ist sie gar nicht zuwider die schiefe Stellung des Köpfchens;
Unter schönerer Last beugte kein Nacken sich je.

41.

So verwirret mit dumpf willkürlich verwebten Gestalten,
Höllisch und trübe gesinnt, Breughel den schwankenden Blick;
So zerrüttet auch Dürer mit apokalyptischen Bildern,
Menschen und Grillen zugleich, unser gesundes Gehirn;
So erreget ein Dichter, von Sphinxen, Sirenen, Centauren
Singend, mit Macht Neugier in dem verwunderten Ohr;
So beweget ein Traum den Sorglichen, wenn er zu greifen,
Vorwärts glaubet zu gehn, alles veränderlich schwebt:
So verwirrt uns Bettine, die holden Glieder verwechselnd;
Doch erfreut sie uns gleich, wenn sie die Sohlen betritt.

42.

Gern überschreit' ich die Grenze, mit breiter Kreide gezogen.
Macht die Bottegha, das Kind, drängt sie mich artig zurück.

43.

„Ach! mit diesen Seelen, was macht er? Jesus Maria!
„Bündelchen Wäsche sind das, wie man zum Brunnen sie trägt.
„Wahrlich, sie fällt! Ich halt' es nicht aus! Komm, gehn wir! Wie zierlich!
„Sieh nur, wie steht sie, wie leicht! Alles mit Lächeln und Lust!"
Altes Weib, du bewunderst mit Recht Bettinen! du scheinst mir
Jünger zu werden und schön, da dich mein Liebling erfreut.

44.

Alles seh' ich so gerne von dir; doch seh' ich am liebsten,
Wenn der Vater behend über dich selber dich wirft,
Du dich im Schwung überschlägst und, nach dem tödlichen Sprunge,
Wieder stehest und läufst, eben ob nichts wär' geschehn.

45.

Schon entrunzelt sich jedes Gesicht; die Furchen der Mühe,
Sorgen und Armut fliehn, Glückliche glaubt man zu sehn.
Dir erweicht sich der Schiffer, und klopft dir die Wange; der Seckel
Tut sich dir kärglich zwar, aber er tut sich doch auf,
Und der Bewohner Venedigs entfaltet den Mantel, und reicht dir,
Eben als flehtest du laut bei den Mirakeln Antons,
Bei des Herrn fünf Wunden, dem Herzen der seligsten Jungfrau,
Bei der feurigen Qual, welche die Seelen durchfegt.
Jeder kleine Knabe, der Schiffer, der Höke, der Bettler
Drängt sich, und freut sich bei dir, daß er ein Kind ist, wie du.

46.

Dichten ist ein lustig Metier; nur find' ich es teuer:
Wie dies Büchlein mir wächst, gehn die Zechinen mir fort.

47.

„Welch ein Wahnsinn ergriff dich müßigen? Hältst du nicht inne?
„Wird dies Mädchen ein Buch? Stimme was Klügeres an!"
Wartet, ich singe die Könige bald, die Großen der Erde,
Wenn ich ihr Handwerk einst besser begreife, wie jetzt.
Doch Bettinen sing' ich indes; denn Gaukler und Dichter
Sind gar nahe verwandt, suchen und finden sich gern.

48.

Böcke, zur Linken mit euch! so ordnet künftig der Richter:
Und ihr Schäfchen, ihr sollt ruhig zur Rechten mir stehn!
Wohl! Doch eines ist noch von ihm zu hoffen; dann sagt er:
Seid, Vernünftige, mir g'rad' gegenüber gestellt!

49.

Wißt ihr, wie ich gewiß zu Hunderten euch Epigramme
Fertige? Führet mich nur weit von der Liebsten hinweg!

50.

Alle Freiheits-Apostel, sie waren mir immer zuwider;
Willkür suchte doch nur jeder am Ende für sich.
Willst du Viele befrein, so wag' es Vielen zu dienen.
Wie gefährlich das sei, willst du es wissen? Versuch's!

51.

Könige wollen das Gute, die Demagogen desgleichen,
  Sagt man; doch irren sie sich: Menschen, ach, sind sie, wie wir.
Nie gelingt es der Menge, für sich zu wollen; wir wissen's:
  Doch wer verstehet, für uns alle zu wollen; er zeig's.

52.

Jeglichen Schwärmer schlagt mir an's Kreuz im dreißigsten Jahre;
  Kennt er nur einmal die Welt, wird der Betrogne der Schelm.

53.

Frankreichs traurig Geschick, die Großen mögen's bedenken;
  Aber bedenken fürwahr sollen es Kleine noch mehr.
Große gingen zu Grunde: doch wer beschützte die Menge
  Gegen die Menge? Da war Menge der Menge Tyrann.

54.

Tolle Zeiten hab' ich erlebt, und hab' nicht ermangelt,
  Selbst auch töricht zu sein, wie es die Zeit mir gebot.

55.

Sage, tun wir nicht recht? Wir müssen den Pöbel betriegen.
  Sieh nur, wie ungeschickt, sieh nur, wie wild er sich zeigt!
Ungeschickt und wild sind alle rohe Betrognen;
  Seid nur redlich, und so führt ihn zum Menschlichen an.

56.

Fürsten prägen so oft auf kaum versilbertes Kupfer
  Ihr bedeutendes Bild; lange betriegt sich das Volk.
Schwärmer prägen den Stempel des Geists auf Lügen und Unsinn;
  Wem der Probierstein fehlt hält sie für redliches Gold.

57.

Jene Menschen sind toll, so sagt ihr von heftigen Sprechern,
  Die wir in Frankreich laut hören auf Straßen und Markt.
Mir auch scheinen sie toll; doch redet ein Toller in Freiheit
  Weise Sprüche, wenn, ach! Weisheit im Sklaven verstummt.

58.

Lange haben die Großen der Franzen Sprache gesprochen,
  Halb nur geachtet den Mann, dem sie vom Munde nicht floß.
Nun lallt alles Volk entzückt die Sprache der Franken.
  Zürnet, Mächtige, nicht! Was ihr verlangtet, geschieht.

59.

„Seid doch nicht so frech, Epigramme!" Warum nicht? Wir sind nur
  Überschriften; die Welt hat die Kapitel des Buchs.

60.

Wie dem hohen Apostel ein Tuch voll Tiere gezeigt ward,
Rein und unrein, zeigt, Lieber, das Büchlein sich dir.

61.

Ein Epigramm, ob wohl es gut sei? Kannst du's entscheiden?
Weiß man doch eben nicht stets, was er sich dachte der Schalk.

62.

Um so gemeiner es ist, und näher dem Neide, der Mißgunst;
Um so eher begreifst du das Gedichtchen gewiß.

63.

Chloe schwöret, sie liebt mich; ich glaub's nicht. Aber sie liebt dich!
Sagt mir ein Kenner. Schon gut; glaubt' ich's, da wär' es vorbei.

64.

Niemand liebst du, und mich, Philarchos, liebst du so heftig.
Ist denn kein anderer Weg, mich zu bezwingen, als der?

65.

Ist denn so groß das Geheimnis, was Gott und der Mensch und die Welt sei?
Nein! Doch niemand hört's gerne; da bleibt es geheim.

66.

Vieles kann ich ertragen. Die meisten beschwerlichen Dinge
Duld' ich mit ruhigem Mut, wie es ein Gott mir gebeut.
Wenige sind mir jedoch wie Gift und Schlange zuwider;
Viere: Rauch des Tabaks, Wanzen und Knoblauch und †.

67.

Längst schon hätt' ich euch gern von jenen Tierchen gesprochen,
Die so zierlich und schnell fahren dahin und daher.
Schlängelchen scheinen sie gleich, doch viergefüßet; sie laufen,
Kriechen und schleichen, und leicht schleppen die Schwänzchen sie nach.
Seht, hier sind sie! und hier! Nun sind sie verschwunden! Wo sind sie?
Welche Ritze, welch Kraut nahm die entfliehenden auf?
Wollt ihr mir's künftig erlauben, so nenn' ich die Tierchen Lazerten;
Denn ich brauche sie noch oft als gefälliges Bild.

68.

Wer Lazerten gesehn, der kann sich die zierlichen Mädchen
Denken, die über den Platz fahren dahin und daher.
Schnell und beweglich sind sie, und gleiten, stehen und schwatzen,
Und es rauscht das Gewand hinter den eilenden drein.
Sieh, hier ist sie! und hier! Verlierst du sie einmal, so suchst du
Sie vergebens; so bald kommt sie nicht wieder hervor.

Wenn du aber die Winkel nicht scheust, nicht Gäßchen und Treppchen,
Folg' ihr, wie sie dich lockt, in die Spelunke hinein!

69.

Was Spelunke nun sei, verlangt ihr zu wissen? Da wird ja
Fast zum Lexikon dies epigrammatische Buch.
Dunkele Häuser sind's in engen Gäßchen; zum Kaffee
Führt dich die Schöne, und sie zeigt sich geschäftig, nicht du.

70.

Zwei der feinsten Lazerten, sie hielten sich immer zusammen;
Eine beinahe zu groß, eine beinahe zu klein.
Siehst du beide zusammen, so wird die Wahl dir unmöglich;
Jede besonders, sie schien einzig die schönste zu sein.

71.

Heilige Leute, sagt man, sie wollten besonders dem Sünder
Und der Sünderin wohl. Geht's mir doch eben auch so.

72.

Wär' ich ein häusliches Weib, und hätte, was ich bedürfte,
Treu sein wollt' ich und froh, herzen und küssen den Mann.
So sang, unter andern gemeinen Liedern, ein Dirnchen
Mir in Venedig, und nie hört' ich ein frömmer Gebet.

73.

Wundern kann es mich nicht, daß Menschen die Hunde so lieben;
Denn ein erbärmlicher Schuft ist, wie der Mensch, so der Hund.

74.

Frech wohl bin ich geworden; es ist kein Wunder. Ihr Götter
Wißt, und wißt nicht allein, daß ich auch fromm bin und treu.

75.

„Hast du nicht gute Gesellschaft gesehn? Es zeigt uns dein Büchlein
Fast nur Gaukler und Volk, ja was noch niedriger ist."
Gute Gesellschaft hab' ich gesehn, man nennt sie die gute,
Wenn sie zum kleinsten Gedicht keine Gelegenheit gibt.

76.

Was mit mir das Schicksal gewollt? Es wäre verwegen,
Das zu fragen; denn meist will es mit Vielen nicht viel.
Einen Dichter zu bilden, die Absicht wär' ihm gelungen,
Hätte die Sprache sich nicht unüberwindlich gezeigt.

77.

Mit Botanik gibst du dich ab? mit Optik? Was tust du?
Ist es nicht schönrer Gewinn, rühren ein zärtliches Herz?

Ach, die zärtlichen Herzen! Ein Pfuscher vermag sie zu rühren;
Sei es mein einziges Glück, dich zu berühren, Natur!

78.

Weiß hat Newton gemacht aus allen Farben. Gar manches
Hat er euch weis gemacht, das ihr ein Säkulum glaubt.

79.

„Alles erklärt sich wohl", so sagt mir ein Schüler, „aus jenen
Theorien, die uns weislich der Meister gelehrt."
Habt ihr einmal das Kreuz von Holze tüchtig gezimmert,
Paßt ein lebendiger Leib freilich zur Strafe daran.

80.

Wenn auf beschwerlichen Reisen ein Jüngling zur Liebsten sich windet,
Hab' er dies Büchlein; es ist reizend und tröstlich zugleich.
Und erwartet dereinst ein Mädchen den Liebsten, sie halte
Dieses Büchlein, und nur, kommt er, so werfe sie's weg.

81.

Gleich den Winken des Mädchens, des eilenden, welche verstohlen
Im Vorbeigehn nur freundlich mir streifet den Arm,
So vergönnt, ihr Musen, dem Reisenden kleine Gedichte:
O, behaltet dem Freund größere Gunst noch bevor!

82.

Wenn, in Wolken und Dünste verhüllt, die Sonne nur trübe
Stunden sendet, wie still wandeln die Pfade wir fort!
Dränget Regen den Wandrer, wie ist uns des ländlichen Daches
Schirm willkommen! Wie sanft ruht sich's in stürmischer Nacht!
Aber die Göttin kehret zurück! Schnell scheuche die Nebel
Von der Stirne hinweg! Gleiche der Mutter Natur!

83.

Willst du mit reinem Gefühl der Liebe Freuden genießen,
O, laß Frechheit und Ernst ferne vom Herzen dir sein.
Die will Amorn verjagen, und *der* gedenkt ihn zu fesseln;
Beiden das Gegenteil lächelt der schelmische Gott.

84.

Göttlicher Morpheus, umsonst bewegst du die lieblichen Mohne;
Bleibt das Auge doch wach, wenn mir es Amor nicht schließt.

85.

Liebe flößest du ein, und Begier; ich fühl' es, und brenne.
Liebenswürdige, nun flöße Vertrauen mir ein!

86.

Ha! ich kenne dich, Amor, so gut als einer! Da bringst du
Deine Fackel, und sie leuchtet im Dunkel uns vor.
Aber du führest uns bald verworrene Pfade; wir brauchten
Deine Fackel erst recht, ach! und die falsche erlischt.

87.

Eine einzige Nacht an deinem Herzen! — Das andre
Gibt sich. Es trennet uns noch Amor in Nebel und Nacht.
Ja, ich erlebe den Morgen, an dem Aurora die Freunde
Busen an Busen belauscht, Phöbus, der frühe, sie weckt.

88.

Ist es dir Ernst, so zaudre nun länger nicht; mache mich glücklich!
Wolltest du scherzen? Es sei, Liebchen, des Scherzes genug!

89.

Daß ich schweige, verdrießt dich? Was soll ich reden? Du merkest
Auf der Seufzer, des Blicks leise Beredsamkeit nicht.
Eine Göttin vermag der Lippe Siegel zu lösen;
Nur Aurora, sie weckt einst dir am Busen mich auf.
Ja, dann töne mein Hymnus den frühen Göttern entgegen,
Wie das Memnonische Bild lieblich Geheimnisse sang.

90.

Welch ein lustiges Spiel! Es windet am Faden die Scheibe,
Die von der Hand entfloh, eilig sich wieder herauf!
Seht, so schein' ich mein Herz bald dieser Schönen, bald jener
Zuzuwerfen; doch gleich kehrt es im Fluge zurück.

91.

O, wie achtet' ich sonst auf alle Zeiten des Jahres;
Grüßte den kommenden Lenz, sehnte dem Herbste mich nach!
Aber nun ist nicht Sommer noch Winter, seit mich beglückten
Amors Fittich bedeckt, ewiger Frühling umschwebt.

92.

Sage, wie lebst du? Ich lebe! und wären hundert und hundert
Jahre dem Menschen gegönnt, wünscht' ich mir morgen, wie heut.

93.

Götter, wie soll ich euch danken! Ihr habt mir alles gegeben,
Was der Mensch sich erfleht; nur in der Regel fast nichts.

94.

In der Dämmrung des Morgens den höchsten Gipfel erklimmen,
Frühe den Boten des Tags grüßen, dich, freundlichen Stern!

Ungeduldig die Blicke der Himmelsfürstin erwarten,
Wonne des Jünglings, wie oft locktest du Nachts mich heraus!
Nun erscheint ihr mir, Boten des Tags, ihr himmlischen Augen
Meiner Geliebten, und stets kommt mir die Sonne zu früh.

95.

Du erstaunest, und zeigst mir das Meer; es scheinet zu brennen.
Wie bewegt sich die Flut flammend um's nächtliche Schiff!
Mich verwundert es nicht, das Meer gebar Aphroditen,
Und entsprang nicht aus ihr uns eine Flamme, der Sohn?

96.

Glänzen sah ich das Meer, und blinken die liebliche Welle
Frisch mit günstigem Wind zogen die Segel dahin.
Keine Sehnsucht fühlte mein Herz; es wendete rückwärts,
Nach dem Schnee des Gebirgs, bald sich der schmachtende Blick.
Südwärts liegen der Schätze wie viel! Doch einer im Norden
Zieht, ein großer Magnet, unwiderstehlich zurück.

97.

Ach! mein Mädchen verreis't! Sie steigt zu Schiffe! — Mein König,
Äolus! mächtiger Fürst! halte die Stürme zurück!
Törichter! ruft mir der Gott: befürchte nicht wütende Stürme:
Fürchte den Hauch, wenn sanft Amor die Flügel bewegt!

98.

Arm und kleiderlos war, als ich sie geworben, das Mädchen;
Damals gefiel sie mir nackt, wie sie mir jetzt noch gefällt.

99.

Oftmals hab' ich geirrt, und habe mich wieder gefunden,
Aber glücklicher nie; nun ist dies Mädchen mein Glück!
Ist auch dieses ein Irrtum, so schont mich, ihr klügeren Götter,
Und benehmt mir ihn erst drüben am kalten Gestad'.

100.

Traurig, Midas, war dein Geschick: in bebenden Händen
Fühltest du, hungriger Greis, schwere verwandelte Kost.
Mir, im ähnlichen Fall, geht's lust'ger; denn was ich berühre,
Wird mir unter der Hand gleich ein behendes Gedicht.
Holde Musen, ich sträube mich nicht; nur daß ihr mein Liebchen,
Drück' ich es fest an die Brust, nicht mir zum Märchen verkehrt.

101.

Ach, mein Hals ist ein wenig geschwollen! so sagte die Beste
Ängstlich. — Stille, mein Kind! still! und vernehme das Wort:
Dich hat die Hand der Venus berührt; sie deutet dir leise,
Daß sie das Körperchen bald, ach! unaufhaltsam verstellt.

Bald verdirbt sie die schlanke Gestalt, die zierlichen Brüstchen.
  Alles schwillt nun; es paßt nirgends das neuste Gewand.
Sei nur ruhig! es deutet die fallende Blüte dem Gärtner,
  Daß die liebliche Frucht schwellend im Herbste gedeiht.

102.

Wonniglich ist's, die Geliebte verlangend im Arme zu halten,
  Wenn ihr klopfendes Herz Liebe zuerst dir gesteht.
Wonniglicher, das Pochen des Neulebendigen fühlen,
  Das in dem lieblichen Schoß immer sich nährend bewegt.
Schon versucht es die Sprünge der raschen Jugend; es klopfet
  Ungeduldig schon an, sehnt sich nach himmlischem Licht.
Harre noch wenige Tage! Auf allen Pfaden des Lebens
  Führen die Horen dich streng, wie es das Schicksal gebeut.
Widerfahre dir, was dir auch will, du wachsender Liebling —
  Liebe bildete dich; werde dir Liebe zu Teil!

103.

Und so tändelt' ich mir, von allen Freunden geschieden,
  In der Neptunischen Stadt Tage wie Stunden hinweg.
Alles, was ich erfuhr, ich würzt' es mit süßer Erinnrung,
  Würzt' es mit Hoffnung; sie sind lieblichste Würzen der Welt.

Meeres Stille

Tiefe Stille herrscht im Wasser,
Ohne Regung ruht das Meer,
Und bekümmert sieht der Schiffer
Glatte Fläche rings umher.
Keine Luft von keiner Seite!
Todesstille fürchterlich!
In der ungeheuern Weite
Reget keine Welle sich.

Glückliche Fahrt

Die Nebel zerreißen.
Der Himmel ist helle
Und Äolus löset
Das ängstliche Band.
Es säuseln die Winde,
Es rührt sich der Schiffer.
Geschwinde! Geschwinde!
Es teilt sich die Welle,
Es naht sich die Ferne;
Schon seh' ich das Land!

Nähe des Geliebten

Ich denke dein, wenn mir der Sonne Schimmer
Vom Meere strahlt;
Ich denke dein, wenn sich des Mondes Flimmer
In Quellen malt.

Ich sehe dich, wenn auf dem fernen Wege
Der Staub sich hebt;
In tiefer Nacht, wenn auf dem schmalen Stege
Der Wandrer bebt.

Ich höre dich, wenn dort mit dumpfem Rauschen
Die Welle steigt.
Im stillen Haine geh' ich oft zu lauschen,
Wenn alles schweigt.

Ich bin bei dir, du seist auch noch so ferne,
Du bist mir nah!
Die Sonne sinkt, bald leuchten mir die Sterne.
O wärst du da!

Der Schatzgräber

Arm am Beutel, krank am Herzen,
Schleppt' ich meine langen Tage.
Armut ist die größte Plage,
Reichtum ist das höchste Gut!
Und, zu enden meine Schmerzen,
Ging ich einen Schatz zu graben.
Meine Seele sollst du haben!
Schrieb ich hin mit eignem Blut.

Und so zog ich Kreis' um Kreise,
Stellte wunderbare Flammen,
Kraut und Knochenwerk zusammen:
Die Beschwörung war vollbracht.
Und auf die gelernte Weise
Grub ich nach dem alten Schatze
Auf dem angezeigten Platze:
Schwarz und stürmisch war die Nacht.

Und ich sah ein Licht von weiten,
Und es kam gleich einem Sterne
Hinten aus der fernsten Ferne,
Eben als es zwölfe schlug.

Und da galt kein Vorbereiten.
Heller ward's mit einemmale
Von dem Glanz der vollen Schale,
Die ein schöner Knabe trug.

Holde Augen sah ich blinken
Unter dichtem Blumenkranze;
In des Trankes Himmelsglanze
Trat er in den Kreis herein.
Und er hieß mich freundlich trinken;
Und ich dacht': es kann der Knabe
Mit der schönen lichten Gabe
Wahrlich nicht der Böse sein.

Trinke Mut des reinen Lebens!
Dann verstehst du die Belehrung,
Kommst, mit ängstlicher Beschwörung,
Nicht zurück an diesen Ort.
Grabe hier nicht mehr vergebens.
Tages Arbeit! Abends Gäste!
Saure Wochen! Frohe Feste!
Sei dein künftig Zauberwort.

Legende

Als noch, verkannt und sehr gering,
Unser Herr auf der Erde ging,
Und viele Jünger sich zu ihm fanden,
Die sehr selten sein Wort verstanden,
Liebt' er sich gar über die Maßen
Seinen Hof zu halten auf der Straßen,
Weil unter des Himmels Angesicht
Man immer besser und freier spricht.
Er ließ sie da die höchsten Lehren
Aus seinem heiligen Munde hören;
Besonders durch Gleichnis und Exempel
Macht' er einen jeden Markt zum Tempel.

So schlendert' er in Geistes Ruh
Mit ihnen einst einem Städtchen zu,
Sah etwas blinken auf der Straß',
Das ein zerbrochen Hufeisen was.
Er sagte zu St. Peter drauf:
Heb' doch einmal das Eisen auf!
Sankt Peter war nicht aufgeräumt,
Er hatte so eben im Gehen geträumt,

So was vom Regiment der Welt,
Was einem jeden wohlgefällt:
Denn im Kopf hat das keine Schranken;
Das waren so seine liebsten Gedanken.
Nun war der Fund ihm viel zu klein,
Hätte müssen Kron' und Szepter sein;
Aber wie sollt' er seinen Rücken
Nach einem halben Hufeisen bücken?
Er also sich zur Seite kehrt
Und tut als hätt' er's nicht gehört.

Der Herr, nach seiner Langmut, drauf
Hebt selber das Hufeisen auf,
Und tut auch weiter nicht dergleichen.
Als sie nun bald die Stadt erreichen,
Geht er vor eines Schmiedes Tür,
Nimmt von dem Mann drei Pfennig dafür.
Und als sie über den Markt nun gehen,
Sieht er daselbst schöne Kirschen stehen,
Kauft ihrer, so wenig oder so viel,
Als man für einen Dreier geben will,
Die er sodann nach seiner Art
Ruhig im Ärmel aufbewahrt.

Nun ging's zum andern Tor hinaus,
Durch Wies' und Felder ohne Haus,
Auch war der Weg von Bäumen bloß;
Die Sonne schien, die Hitz' war groß,
So daß man viel an solcher Stätt'
Für einen Trunk Wasser gegeben hätt'.
Der Herr geht immer voraus vor allen,
Läßt unversehens eine Kirsche fallen.
Sankt Peter war gleich dahinter her,
Als wenn es ein goldner Apfel wär';
Das Beerlein schmeckte seinem Gaum.
Der Herr, nach einem kleinen Raum,
Ein ander Kirschlein zur Erde schickt,
Wornach Sankt Peter schnell sich bückt.

So läßt der Herr ihn seinen Rücken
Gar vielmal nach den Kirschen bücken.
Das dauert eine ganze Zeit.
Dann sprach der Herr mit Heiterkeit:
Tät'st du zur rechten Zeit dich regen,
Hätt'st du's bequemer haben mögen.
Wer geringe Ding' wenig acht't,
Sich um geringere Mühe macht.

Die Braut von Corinth

Nach Corinthus von Athen gezogen
Kam ein Jüngling, dort noch unbekannt.
Einen Bürger hofft' er sich gewogen;
Beide Väter waren gastverwandt,
Hatten frühe schon
Töchterchen und Sohn
Braut und Bräutigam voraus genannt.

Aber wird er auch willkommen scheinen,
Wenn er teuer nicht die Gunst erkauft?
Er ist noch ein Heide mit den Seinen,
Und sie sind schon Christen und getauft.
Keimt ein Glaube neu,
Wird oft Lieb' und Treu'
Wie ein böses Unkraut ausgerauft.

Und schon lag das ganze Haus im Stillen,
Vater, Töchter, nur die Mutter wacht;
Sie empfängt den Gast mit bestem Willen,
Gleich in's Prunkgemach wird er gebracht.
Wein und Essen prangt
Eh' er es verlangt:
So versorgend wünscht sie gute Nacht.

Aber bei dem wohlbestellten Essen
Wird die Lust der Speise nicht erregt;
Müdigkeit läßt Speis' und Trank vergessen,
Daß er angekleidet sich auf's Bette legt;
Und er schlummert fast,
Als ein seltner Gast
Sich zur offnen Tür herein bewegt.

Denn er sieht, bei seiner Lampe Schimmer
Tritt, mit weißem Schleier und Gewand,
Sittsam still ein Mädchen in das Zimmer,
Um die Stirn ein schwarz- und goldnes Band.
Wie sie ihn erblickt,
Hebt sie, die erschrickt,
Mit Erstaunen eine weiße Hand.

Bin ich, rief sie aus, so fremd im Hause,
Daß ich von dem Gaste nichts vernahm?
Ach, so hält man mich in meiner Klause!
Und nun überfällt mich hier die Scham.
Ruhe nur so fort

Auf dem Lager dort,
Und ich gehe schnell, so wie ich kam.

Bleibe, schönes Mädchen! ruft der Knabe,
Rafft von seinem Lager sich geschwind:
Hier ist Ceres, hier ist Bacchus Gabe;
Und du bringst den Amor, liebes Kind!
Bist vor Schrecken blaß!
Liebe, komm und laß,
Laß uns sehn, wie froh die Götter sind.

Ferne bleib', o Jüngling! bleibe stehen;
Ich gehöre nicht den Freuden an.
Schon der letzte Schritt ist ach! geschehen,
Durch der guten Mutter kranken Wahn,
Die genesend schwur:
Jugend und Natur
Sei dem Himmel künftig untertan.

Und der alten Götter bunt Gewimmel
Hat sogleich das stille Haus geleert.
Unsichtbar wird Einer nur im Himmel,
Und ein Heiland wird am Kreuz verehrt;
Opfer fallen hier,
Weder Lamm noch Stier,
Aber Menschenopfer unerhört.

Und er fragt und wäget alle Worte,
Deren keines seinem Geist entgeht.
Ist es möglich, daß am stillen Orte
Die geliebte Braut hier vor mir steht?
Sei die meine nur!
Unsrer Väter Schwur
Hat vom Himmel Segen uns erfleht.

Mich erhältst du nicht, du gute Seele!
Meiner zweiten Schwester gönnt man dich.
Wenn ich mich in stiller Klause quäle,
Ach! in ihren Armen denk' an mich,
Die an dich nur denkt,
Die sich liebend kränkt;
In die Erde bald verbirgt sie sich.

Nein! bei dieser Flamme sei's geschworen,
Gütig zeigt sie Hymen uns voraus;
Bist der Freude nicht und mir verloren,
Kommst mit mir in meines Vaters Haus.

Liebchen, bleibe hier!
Feire gleich mit mir
Unerwartet unsern Hochzeitschmaus.

Und schon wechseln sie der Treue Zeichen;
Golden reicht sie ihm die Kette dar,
Und er will ihr eine Schale reichen,
Silbern, künstlich, wie nicht eine war.
Die ist nicht für mich;
Doch, ich bitte dich,
Eine Locke gib von deinem Haar.

Eben schlug die dumpfe Geisterstunde
Und nun schien es ihr erst wohl zu sein.
Gierig schlürfte sie mit blassem Munde
Nun den dunkel blutgefärbten Wein;
Doch vom Weizenbrot,
Das er freundlich bot,
Nahm sie nicht den kleinsten Bissen ein.

Und dem Jüngling reichte sie die Schale,
Der, wie sie, nun hastig lüstern trank.
Liebe fordert er bei'm stillen Mahle;
Ach, sein armes Herz war liebekrank.
Doch sie widersteht,
Wie er immer fleht,
Bis er weinend auf das Bette sank.

Und sie kommt und wirft sich zu ihm nieder:
Ach, wie ungern seh' ich dich gequält!
Aber, ach! berührst du meine Glieder,
Fühlst du schaudernd, was ich dir verhehlt.
Wie der Schnee so weiß,
Aber kalt wie Eis,
Ist das Liebchen, das du dir erwählt.

Heftig faßt er sie mit starken Armen
Von der Liebe Jugendkraft durchmannt:
Hoffe doch bei mir noch zu erwarmen,
Wärst du selbst mir aus dem Grab gesandt!
Wechselhauch und Kuß!
Liebesüberfluß!
Brennst du nicht und fühlest mich entbrannt?

Liebe schließet fester sie zusammen,
Tränen mischen sich in ihre Lust;
Gierig saugt sie seines Mundes Flammen,

Eins ist nur im andern sich bewußt.
Seine Liebeswut
Wärmt ihr starres Blut,
Doch es schlägt kein Herz in ihrer Brust.

Unterdessen schleichet auf dem Gange
Häuslich spät die Mutter noch vorbei,
Horchet an der Tür und horchet lange,
Welch ein sonderbarer Ton es sei.
Klag- und Wonnelaut
Bräutigams und Braut,
Und des Liebestammelns Raserei.

Unbeweglich bleibt sie an der Türe,
Weil sie erst sich überzeugen muß,
Und sie hört die höchsten Liebesschwüre,
Lieb' und Schmeichelworte, mit Verdruß —
Still! der Hahn erwacht! —
Aber morgen Nacht
Bist du wieder da? — und Kuß auf Kuß.

Länger hält die Mutter nicht das Zürnen,
Öffnet das bekannte Schloß geschwind: —
Gibt es hier im Hause solche Dirnen,
Die dem Fremden gleich zu Willen sind? —
So zur Tür hinein.
Bei der Lampe Schein
Sieht sie — Gott! sie sieht ihr eigen Kind.

Und der Jüngling will im ersten Schrecken
Mit des Mädchens eignem Schleierflor,
Mit dem Teppich die Geliebte decken;
Doch sie windet gleich sich selbst hervor.
Wie mit Geists Gewalt
Hebet die Gestalt
Lang und langsam sich im Bett' empor.

Mutter! Mutter! spricht sie hohle Worte:
So mißgönnt ihr mir die schöne Nacht!
Ihr vertreibt mich von dem warmen Orte.
Bin ich zur Verzweiflung nur erwacht?
Ist's euch nicht genug,
Daß in's Leichentuch,
Daß ihr früh mich in das Grab gebracht?

Aber aus der schwerbedeckten Enge
Treibet mich ein eigenes Gericht.

Eurer Priester summende Gesänge
Und ihr Segen haben kein Gewicht;
Salz und Wasser kühlt
Nicht, wo Jugend fühlt;
Ach! die Erde kühlt die Liebe nicht.

Dieser Jüngling war mir erst versprochen,
Als noch Venus heitrer Tempel stand.
Mutter, habt ihr doch das Wort gebrochen,
Weil ein fremd, ein falsch Gelübd' euch band!
Doch kein Gott erhört,
Wenn die Mutter schwört,
Zu versagen ihrer Tochter Hand.

Aus dem Grabe werd' ich ausgetrieben,
Noch zu suchen das vermißte Gut,
Noch den schon verlornen Mann zu lieben
Und zu saugen seines Herzens Blut.
Ist's um den geschehn,
Muß nach andern gehn,
Und das junge Volk erliegt der Wut.

Schöner Jüngling! kannst nicht länger leben;
Du versiechest nun an diesem Ort.
Meine Kette hab' ich dir gegeben;
Deine Locke nehm' ich mit mir fort.
Sieh sie an genau!
Morgen bist du grau,
Und nur braun erscheinst du wieder dort.

Höre, Mutter, nun die letzte Bitte:
Einen Scheiterhaufen schichte du;
Öffne meine bange kleine Hütte,
Bring' in Flammen Liebende zur Ruh!
Wenn der Funke sprüht,
Wenn die Asche glüht,
Eilen wir den alten Göttern zu.

Der Gott und die Bajadere

Indische Legende

Mahadöh, der Herr der Erde,
Kommt herab zum sechstenmal,
Daß er Unsersgleichen werde,
Mit zu fühlen Freud' und Qual.
Er bequemt sich hier zu wohnen,

Läßt sich alles selbst geschehn.
Soll er strafen oder schonen,
Muß er Menschen menschlich sehn.
Und hat er die Stadt sich als Wandrer betrachtet,
Die Großen belauert, auf Kleine geachtet,
Verläßt er sie Abends, um weiter zu gehn.

Als er nun hinausgegangen,
Wo die letzten Häuser sind,
Sieht er, mit gemalten Wangen
Ein verlornes schönes Kind.
Grüß' dich, Jungfrau! — Dank der Ehre!
Wart', ich komme gleich hinaus —
Und wer bist du? — Bajadere,
Und dies ist der Liebe Haus.
Sie rührt sich die Cymbeln zum Tanze zu schlagen;
Sie weiß sich so lieblich im Kreise zu tragen,
Sie neigt sich und biegt sich, und reicht ihm den Strauß.

Schmeichelnd zieht sie ihn zur Schwelle,
Lebhaft ihn in's Haus hinein.
Schöner Fremdling, lampenhelle
Soll sogleich die Hütte sein.
Bist du müd', ich will dich laben,
Lindern deiner Füße Schmerz.
Was du willst, das sollst du haben,
Ruhe, Freuden oder Scherz.
Sie lindert geschäftig geheuchelte Leiden.
Der Göttliche lächelt; er siehet mit Freuden
Durch tiefes Verderben ein menschliches Herz.

Und er fordert Sklavendienste;
Immer heitrer wird sie nur,
Und des Mädchens frühe Künste
Werden nach und nach Natur.
Und so stellet auf die Blüte
Bald und bald die Frucht sich ein;
Ist Gehorsam im Gemüte,
Wird nicht fern die Liebe sein.
Aber, sie schärfer und schärfer zu prüfen,
Wählet der Kenner der Höhen und Tiefen
Lust und Entsetzen und grimmige Pein.

Und er küßt die bunten Wangen,
Und sie fühlt der Liebe Qual,
Und das Mädchen steht gefangen,
Und sie weint zum erstenmal;

Sinkt zu seinen Füßen nieder,
Nicht um Wollust noch Gewinst,
Ach! und die gelenken Glieder
Sie versagen allen Dienst.
Und so zu des Lagers vergnüglicher Feier
Bereiten den dunklen behaglichen Schleier
Die nächtlichen Stunden das schöne Gespinst.

Spät entschlummert unter Scherzen,
Früh erwacht nach kurzer Rast,
Findet sie an ihrem Herzen
Tot den vielgeliebten Gast.
Schreiend stürzt sie auf ihn nieder;
Aber nicht erweckt sie ihn,
Und man trägt die starren Glieder
Bald zur Flammengrube hin.
Sie höret die Priester, die Totengesänge,
Sie raset und rennet und teilet die Menge.
Wer bist du? was drängt zu der Grube dich hin?

Bei der Bahre stürzt sie nieder,
Ihr Geschrei durchdringt die Luft:
Meinen Gatten will ich wieder!
Und ich such' ihn in der Gruft.
Soll zu Asche mir zerfallen
Dieser Glieder Götterpracht?
Mein! er war es, mein vor allen!
Ach, nur Eine süße Nacht!
Es singen die Priester: wir tragen die Alten,
Nach langem Ermatten und spätem Erkalten,
Wir tragen die Jugend, noch eh' sie's gedacht.

Höre deiner Priester Lehre:
Dieser war dein Gatte nicht.
Lebst du doch als Bajadere,
Und so hast du keine Pflicht.
Nur dem Körper folgt der Schatten
In das stille Totenreich;
Nur die Gattin folgt dem Gatten:
Das ist Pflicht und Ruhm zugleich.
Ertöne, Drommete, zu heiliger Klage!
O nehmet, ihr Götter! die Zierde der Tage,
O nehmet den Jüngling in Flammen zu euch!

So das Chor, das ohn' Erbarmen
Mehret ihres Herzens Not;
Und mit ausgestreckten Armen

Springt sie in den heißen Tod.
Doch der Götter-Jüngling hebet
Aus der Flamme sich empor,
Und in seinen Armen schwebet
Die Geliebte mit hervor.
Es freut sich die Gottheit der reuigen Sünder;
Unsterbliche heben verlorene Kinder
Mit feurigen Armen zum Himmel empor.

Der Zauberlehrling

Hat der alte Hexenmeister
Sich doch einmal wegbegeben!
Und nun sollen seine Geister
Auch nach meinem Willen leben.
Seine Wort' und Werke
Merkt' ich, und den Brauch,
Und mit Geistesstärke
Tu' ich Wunder auch.

Walle! walle
Manche Strecke,
Daß, zum Zwecke,
Wasser fließe,
Und mit reichem vollem Schwalle
Zu dem Bade sich ergieße.

Und nun komm, du alter Besen!
Nimm die schlechten Lumpenhüllen;
Bist schon lange Knecht gewesen;
Nun erfülle meinen Willen!
Auf zwei Beinen stehe,
Oben sei ein Kopf,
Eile nun und gehe
Mit dem Wassertopf!

Walle! walle
Manche Strecke,
Daß, zum Zwecke,
Wasser fließe,
Und mit reichem vollem Schwalle
Zu dem Bade sich ergieße.

Seht, er läuft zum Ufer nieder;
Wahrlich! ist schon an dem Flusse,
Und mit Blitzesschnelle wieder

Ist er hier mit raschem Gusse.
Schon zum zweitenmale!
Wie das Becken schwillt!
Wie sich jede Schale
Voll mit Wasser füllt!

Stehe! stehe!
Denn wir haben
Deiner Gaben
Vollgemessen! —
Ach, ich merk' es! Wehe! wehe!
Hab' ich doch das Wort vergessen!

Ach das Wort, worauf am Ende
Er das wird, was er gewesen.
Ach, er läuft und bringt behende!
Wärst du doch der alte Besen!
Immer neue Güsse
Bringt er schnell herein,
Ach! und hundert Flüsse
Stürzen auf mich ein.

Nein, nicht länger
Kann ich's lassen;
Will ihn fassen.
Das ist Tücke!
Ach! nun wird mir immer bänger!
Welche Miene! welche Blicke!

O, du Ausgeburt der Hölle!
Soll das ganze Haus ersaufen?
Seh' ich über jede Schwelle
Doch schon Wasserströme laufen.
Ein verruchter Besen,
Der nicht hören will!
Stock, der du gewesen,
Steh doch wieder still!

Willst's am Ende
Gar nicht lassen?
Will dich fassen,
Will dich halten,
Und das alte Holz behende
Mit dem scharfen Beile spalten.

Seht, da kommt er schleppend wieder!
Wie ich mich nur auf dich werfe,
Gleich, o Kobold, liegst du nieder;

Krachend trifft die glatte Schärfe.
Wahrlich! brav getroffen!
Seht, er ist entzwei!
Und nun kann ich hoffen,
Und ich atme frei!

Wehe! wehe!
Beide Teile
Stehn in Eile
Schon als Knechte
Völlig fertig in die Höhe!
Helft mir, ach! ihr hohen Mächte!

Und sie laufen! Naß und nässer
Wird's im Saal und auf den Stufen.
Welch entsetzliches Gewässer!
Herr und Meister! hör' mich rufen! —
Ach, da kommt der Meister!
Herr, die Not ist groß!
Die ich rief, die Geister,
Werd' ich nun nicht los.

„In die Ecke,
Besen! Besen!
Seid's gewesen.
Denn als Geister
Ruft euch nur, zu seinem Zwecke,
Erst hervor der alte Meister."

Amyntas

Nikias, trefflicher Mann, du Arzt des Leibs und der Seele!
Krank, ich bin es fürwahr; aber dein Mittel ist hart.
Ach! mir schwanden die Kräfte dahin, dem Rate zu folgen;
Ja, und es scheinet der Freund schon mir ein Gegner zu sein.
Widerlegen kann ich dich nicht; ich sage mir alles,
Sage das härtere Wort, das du verschweigest, mir auch.
Aber, ach! das Wasser entstürzt der Steile des Felsens
Rasch, und die Welle des Bachs halten Gesänge nicht auf.
Ras't nicht unaufhaltsam der Sturm? und wälzet die Sonne
Sich, von dem Gipfel des Tags, nicht in die Wellen hinab?
Und so spricht mir rings die Natur: auch du bist, Amyntas,
Unter das strenge Gesetz ehrner Gewalten gebeugt.
Runzle die Stirne nicht tiefer, mein Freund, und höre gefällig,
Was mich gestern ein Baum, dort an dem Bache, gelehrt.
Wenig Äpfel trägt er mir nur, der sonst so beladne;
Sieh, der Efeu ist schuld, der ihn gewaltig umgibt.

Und ich faßte das Messer, das krummgebogene, scharfe,
  Trennte schneidend, und riß Ranke nach Ranken herab;
Aber ich schauderte gleich, als, tief erseufzend und kläglich,
  Aus den Wipfeln zu mir lispelnde Klage sich goß:
O verletze mich nicht! den treuen Gartengenossen,
  Dem du, als Knabe, so früh, manche Genüsse verdankt.
O verletze mich nicht! du reißest mit diesem Geflechte,
  Das du gewaltig zerstörst, grausam das Leben mir aus.
Hab' ich nicht selbst sie genährt, und sanft sie herauf mir erzogen?
  Ist wie mein eigenes Laub nicht mir das ihre verwandt?
Soll ich nicht lieben die Pflanze, die meiner einzig bedürftig
  Still mit begieriger Kraft mir um die Seite sich schlingt?
Tausend Ranken wurzelten an, mit tausend und tausend
  Fasern senket sie fest mir in das Leben sich ein.
Nahrung nimmt sie von mir; was ich bedürfte, genießt sie,
  Und so saugt sie das Mark, sauget die Seele mir aus.
Nur vergebens nähr' ich mich noch; die gewaltige Wurzel
  Sendet lebendigen Safts, ach! nur die Hälfte hinauf.
Denn der gefährliche Gast, der geliebteste, maßet behende
  Unterweges die Kraft herbstlicher Früchte sich an.
Nichts gelangt zur Krone hinauf; die äußersten Wipfel
  Dorren, es dorret der Ast über dem Bache schon hin.
Ja, die Verräterin ist's! sie schmeichelt mir Leben und Güter,
  Schmeichelt die strebende Kraft, schmeichelt die Hoffnung mir ab.
Sie nur fühl' ich, nur sie, die umschlingende, freue der Fesseln,
  Freue des tötenden Schmucks, fremder Umlaubung mich nur.
Halte das Messer zurück! o Nikias, schone den armen,
  Der sich in liebender Lust, willig gezwungen, verzehrt!
Süß ist jede Verschwendung; o, laß mich der schönsten genießen!
  Wer sich der Liebe vertraut, hält er sein Leben zu Rat?

Schweizeralpe

War doch gestern dein Haupt noch so braun wie die Locke der Lieben,
  Deren holdes Gebild still aus der Ferne mir winkt;
Silbergrau bezeichnet dir früh der Schnee nun die Gipfel,
  Der sich in stürmender Nacht dir um den Scheitel ergoß.
Jugend, ach! ist dem Alter so nah, durch's Leben verbunden,
  Wie ein beweglicher Traum Gestern und Heute verband.

Dauer im Wechsel

Hielte diesen frühen Segen
Ach, nur Eine Stunde fest!
Aber vollen Blütenregen

Schüttelt schon der laue West.
Soll ich mich des Grünen freuen,
Dem ich Schatten erst verdankt?
Bald wird Sturm auch das zerstreuen,
Wenn es falb im Herbst geschwankt.

Willst du nach den Früchten greifen,
Eilig nimm dein Teil davon!
Diese fangen an zu reifen
Und die andern keimen schon;
Gleich mit jedem Regengusse
Ändert sich dein holdes Tal,
Ach, und in demselben Flusse
Schwimmst du nicht zum zweitenmal.

Du nun selbst! Was felsenfeste
Sich vor dir hervorgetan,
Mauern siehst du, siehst Paläste
Stets mit andern Augen an.
Weggeschwunden ist die Lippe,
Die im Kusse sonst genas,
Jener Fuß, der an der Klippe
Sich, mit Gemsenfreche, maß.

Jene Hand, die gern und milde
Sich bewegte wohlzutun,
Das gegliederte Gebilde,
Alles ist ein andres nun.
Und was sich an jener Stelle
Nun mit deinem Namen nennt,
Kam herbei, wie eine Welle,
Und so eilt's zum Element.

Laß den Anfang mit dem Ende
Sich in Eins zusammenziehn!
Schneller als die Gegenstände
Selber dich vorüberfliehn!
Danke, daß die Gunst der Musen
Unvergängliches verheißt,
Den Gehalt in deinem Busen
Und die Form in deinem Geist.

Ritter Curts Brautfahrt

Mit des Bräutigams Behagen
Schwingt sich Ritter Curt auf's Roß;
Zu der Trauung soll's ihn tragen,

Auf der edlen Liebsten Schloß:
Als am öden Felsenorte
Drohend sich ein Gegner naht;
Ohne Zögern, ohne Worte
Schreiten sie zu rascher Tat.

Lange schwankt des Kampfes Welle,
Bis sich Curt im Siege freut;
Er entfernt sich von der Stelle,
Überwinder und gebläut.
Aber was er bald gewahret
In des Busches Zitterschein!
Mit dem Säugling still gepaaret
Schleicht ein Liebchen durch den Hain.

Und sie winkt ihm auf das Plätzchen:
Lieber Herr, nicht so geschwind!
Habt ihr nichts an euer Schätzchen,
Habt ihr nichts für euer Kind?
Ihn durchglühet süße Flamme,
Daß er nicht vorbei begehrt,
Und er findet nun die Amme,
Wie die Jungfrau, liebenswert.

Doch er hört die Diener blasen,
Denket nun der hohen Braut,
Und nun wird auf seinen Straßen
Jahresfest und Markt so laut,
Und er wählet in den Buden
Manches Pfand zu Lieb' und Huld;
Aber ach! da kommen Juden
Mit dem Schein vertagter Schuld.

Und nun halten die Gerichte
Den behenden Ritter auf.
O verteufelte Geschichte!
Heldenhafter Lebenslauf!
Soll ich heute mich gedulden?
Die Verlegenheit ist groß.
Widersacher, Weiber, Schulden,
Ach! kein Ritter wird sie los.

Hochzeitlied

Wir singen und sagen vom Grafen so gern,
Der hier in dem Schlosse gehauset,
Da, wo ihr den Enkel des seligen Herrn,

Den heute vermählten, beschmauset.
Nun hatte sich jener im heiligen Krieg
Zu Ehren gestritten durch mannigen Sieg,
Und als er zu Hause vom Rösselein stieg,
Da fand er sein Schlösselein oben;
Doch Diener und Habe zerstoben.

Da bist du nun, Gräflein, da bist du zu Haus,
Das Heimische findest du schlimmer!
Zum Fenster da ziehen die Winde hinaus,
Sie kommen durch alle die Zimmer.
Was wäre zu tun in der herbstlichen Nacht?
So hab' ich doch manche noch schlimmer vollbracht,
Der Morgen hat alles wohl besser gemacht.
Drum rasch bei der mondlichen Helle
In's Bett, in das Stroh, in's Gestelle.

Und als er im willigen Schlummer so lag,
Bewegt es sich unter dem Bette.
Die Ratte die raschle so lange sie mag!
Ja, wenn sie ein Bröselein hätte!
Doch siehe! da stehet ein winziger Wicht,
Ein Zwerglein so zierlich mit Ampelen-Licht,
Mit Redner-Geberden und Sprecher-Gewicht,
Zum Fuß des ermüdeten Grafen,
Der, schläft er nicht, möcht' er doch schlafen.

Wir haben uns Feste hier oben erlaubt,
Seitdem du die Zimmer verlassen,
Und weil wir dich weit in der Ferne geglaubt,
So dachten wir eben zu prassen.
Und wenn du vergönnest und wenn dir nicht graut,
So schmausen die Zwerge, behaglich und laut,
Zu Ehren der reichen, der niedlichen Braut.
Der Graf im Behagen des Traumes:
Bedienet euch immer des Raumes!

Da kommen drei Reiter, sie reiten hervor,
Die unter dem Bette gehalten;
Dann folget ein singendes klingendes Chor
Possierlicher kleiner Gestalten;
Und Wagen auf Wagen mit allem Gerät,
Daß einem so Hören als Sehen vergeht,
Wie's nur in den Schlössern der Könige steht;
Zuletzt auf vergoldetem Wagen
Die Braut und die Gäste getragen.

So rennet nun alles in vollem Galopp
Und kürt sich im Saale sein Plätzchen;
Zum Drehen und Walzen und lustigen Hopp
Erkieset sich jeder ein Schätzchen.
Da pfeift es und geigt es und klinget und klirrt,
Da ringelt's und schleift es und rauschet und wirrt,
Da pispert's und knistert's und flistert's und schwirrt;
Das Gräflein, es blicket hinüber,
Es dünkt ihn, als läg' er im Fieber.

Nun dappelt's und rappelt's und klappert's im Saal
Von Bänken und Stühlen und Tischen,
Da will nun ein jeder am festlichen Mahl
Sich neben dem Liebchen erfrischen;
Sie tragen die Würste, die Schinken so klein
Und Braten und Fisch und Geflügel herein;
Es kreiset beständig der köstliche Wein;
Das toset und koset so lange,
Verschwindet zuletzt mit Gesange.

Und sollen wir singen, was weiter geschehn,
So schweige das Toben und Tosen.
Denn was er, so artig, im Kleinen gesehn,
Erfuhr er, genoß er im Großen.
Trompeten und klingender singender Schall,
Und Wagen und Reiter und bräutlicher Schwall,
Sie kommen und zeigen und neigen sich all',
Unzählige, selige Leute.
So ging es und geht es noch heute.

Weltseele

Verteilet euch nach allen Regionen
Von diesem heil'gen Schmaus!
Begeistert reißt euch durch die nächsten Zonen
In's All und füllt es aus!

Schon schwebet ihr in ungemess'nen Fernen
Den sel'gen Göttertraum,
Und leuchtet neu, gesellig, unter Sternen
Im lichtbesäten Raum.

Dann treibt ihr euch, gewaltige Kometen,
In's Weit' und Weitr' hinan.
Das Labyrinth der Sonnen und Planeten
Durchschneidet eure Bahn.

Ihr greifet rasch nach ungeformten Erden
Und wirket schöpfrisch jung,
Daß sie belebt und stets belebter werden,
Im abgemess'nen Schwung.

Und kreisend führt ihr in bewegten Lüften
Den wandelbaren Flor,
Und schreibt dem Stein in allen seinen Grüften
Die festen Formen vor.

Nun alles sich mit göttlichem Erkühnen
Zu übertreffen strebt;
Das Wasser will, das unfruchtbare, grünen,
Und jedes Stäubchen lebt.

Und so verdrängt mit liebevollem Streiten
Der feuchten Qualme Nacht;
Nun glühen schon des Paradieses Weiten
In überbunter Pracht.

Wie regt sich bald, ein holdes Licht zu schauen,
Gestaltenreiche Schar,
Und ihr erstaunt auf den beglückten Auen
Nun als das erste Paar,

Und bald verlischt ein unbegränztes Streben
Im sel'gen Wechselblick.
Und so empfangt mit Dank das schönste Leben
Vom All in's All zurück.

Nachtgesang

O gib, vom weichen Pfühle,
Träumend, ein halb Gehör!
Bei meinem Saitenspiele
Schlafe! was willst du mehr?

Bei meinem Saitenspiele
Segnet der Sterne Heer
Die ewigen Gefühle;
Schlafe! was willst du mehr?

Die ewigen Gefühle
Heben mich, hoch und hehr,
Aus irdischem Gewühle;
Schlafe! was willst du mehr?

Vom irdischen Gewühle
Trennst du mich nur zu sehr,
Bannst mich in diese Kühle;
Schlafe! was willst du mehr?

Bannst mich in diese Kühle
Gibst nur im Traum Gehör.
Ach, auf dem weichen Pfühle
Schlafe! was willst du mehr?

Epilog zu Schillers Glocke

Wiederholt und erneut bei der Vorstellung am 10ten Mai 1815

Freude dieser Stadt bedeute,
Friede sei ihr erst Geläute!

Und so geschah's! Dem friedenreichen Klange
Bewegte sich das Land und segenbar
Ein frisches Glück erschien; im Hochgesange
Begrüßten wir das junge Fürstenpaar;
Im Vollgewühl, in lebensregem Drange
Vermischte sich die tät'ge Völkerschar,
Und festlich ward an die geschmückten Stufen
Die *Huldigung der Künste* vorgerufen.

Da hör' ich schreckhaft mitternächt'ges Läuten,
Das dumpf und schwer die Trauertöne schwellt.
Ist's möglich? Soll es unsern Freund bedeuten,
An den sich jeder Wunsch geklammert hält?
Den Lebenswürd'gen soll der Tod erbeuten?
Ach! wie verwirrt solch ein Verlust die Welt!
Ach! was zerstört ein solcher Riß den Seinen!
Nun weint die Welt und sollten wir nicht weinen?

Denn er war unser! Wie bequem gesellig
Den hohen Mann der gute Tag gezeigt,
Wie bald sein Ernst, anschließend, wohlgefällig,
Zur Wechselrede heiter sich geneigt,
Bald raschgewandt, geistreich und sicherstellig
Der Lebensplane tiefen Sinn erzeugt,
Und fruchtbar sich in Rat und Tat ergossen;
Das haben wir erfahren und genossen.

Denn er war unser! Mag das stolze Wort
Den lauten Schmerz gewaltig übertönen!

Er mochte sich bei uns, im sichern Port,
Nach wildem Sturm zum Dauernden gewöhnen.
Indessen schritt sein Geist gewaltig fort
In's Ewige des Wahren, Guten, Schönen,
Und hinter ihm, in wesenlosem Scheine,
Lag, was uns alle bändigt, das Gemeine.

Nun schmückt er sich die schöne Gartenzinne,
Von wannen er der Sterne Wort vernahm,
Das dem gleich ew'gen, gleich lebend'gen Sinne
Geheimnisvoll und klar entgegen kam.
Dort, sich und uns zu köstlichem Gewinne,
Verwechselt er die Zeiten wundersam,
Begegnet so, im Würdigsten beschäftigt,
Der Dämmerung, der Nacht, die uns entkräftigt.

Ihm schwollen der Geschichte Flut auf Fluten,
Verspülend, was getadelt, was gelobt,
Der Erdbeherrscher wilde Heeresgluten,
Die in der Welt sich grimmig ausgetobt,
Im niedrig Schrecklichsten, im höchsten Guten
Nach ihrem Wesen deutlich durchgeprobt. —
Nun sank der Mond und, zu erneuter Wonne,
Vom klaren Berg herüber stieg die Sonne.

Nun glühte seine Wange rot und röter
Von jener Jugend, die uns nie entfliegt,
Von jenem Mut, der, früher oder später,
Den Widerstand der stumpfen Welt besiegt,
Von jenem Glauben, der sich stets erhöhter
Bald kühn hervordrängt, bald geduldig schmiegt,
Damit das Gute wirke, wachse, fromme,
Damit der Tag dem Edlen endlich komme.

Doch hat er, so geübt, so vollgehaltig
Dies bretterne Gerüste nicht verschmäht;
Hier schildert er das Schicksal, das gewaltig
Von Tag zu Nacht die Erdenachse dreht,
Und manches tiefe Werk hat, reichgestaltig,
Den Wert der Kunst, des Künstlers Wert erhöht.
Er wendete die Blüte höchsten Strebens,
Das Leben selbst, an dieses Bild des Lebens.

Ihr kanntet ihn, wie er mit Riesenschritte
Den Kreis des Wollens, des Vollbringens maß,
Durch Zeit und Land, der Völker Sinn und Sitte,
Das dunkle Buch mit heiterm Blicke las;

Doch wie er atemlos in unsrer Mitte
In Leiden bangte, kümmerlich genas,
Das haben wir in traurig schönen Jahren,
Denn er war unser, leidend miterfahren.

Ihn, wenn er vom zerrüttenden Gewühle
Des bittern Schmerzes wieder aufgeblickt,
Ihn haben wir dem lästigen Gefühle
Der Gegenwart, der stockenden, entrückt,
Mit guter Kunst und ausgesuchtem Spiele
Den neubelebten edlen Sinn erquickt,
Und noch am Abend vor den letzten Sonnen
Ein holdes Lächeln glücklich abgewonnen.

Er hatte früh das strenge Wort gelesen,
Dem Leiden war er, war dem Tod vertraut.
So schied er nun, wie er so oft genesen;
Nun schreckt uns das, wofür uns längst gegraut.
Doch schon erblicket sein verklärtes Wesen
Sich hier verklärt, wenn es hernieder schaut.
Was Mitwelt sonst an ihm beklagt, getadelt,
Es hat's der Tod, es hat's die Zeit geadelt.

Auch manche Geister, die mit ihm gerungen,
Sein groß Verdienst unwillig anerkannt,
Sie fühlen sich von seiner Kraft durchdrungen,
In seinem Kreise willig festgebannt:
Zum Höchsten hat er sich emporgeschwungen,
Mit allem, was wir schätzen, eng verwandt.
So feiert Ihn! Denn was dem Mann das Leben
Nur halb erteilt, soll ganz die Nachwelt geben.

So bleibt er uns, der vor so manchen Jahren —
Schon zehne sind's! — von uns sich weggekehrt!
Wir haben alle segenreich erfahren,
Die Welt verdank' ihm, was er sie gelehrt;
Schon längst verbreitet sich's in ganze Scharen,
Das Eigenste, was ihm allein gehört.
Er glänzt uns vor, wie ein Komet entschwindend,
Unendlich Licht mit seinem Licht verbindend.

Vanitas! vanitatum vanitas!

Ich hab' mein Sach auf Nichts gestellt.
Juchhe!
Drum ist's so wohl mir in der Welt.
Juchhe!

Und wer will mein Kamerade sein,
Der stoße mit an, der stimme mit ein
Bei dieser Neige Wein.

Ich stellt' mein Sach auf Geld und Gut.
Juchhe!
Darüber verlor ich Freud' und Mut.
O weh!
Die Münze rollte hier und dort
Und hascht' ich sie an einem Ort,
Am andern war sie fort.

Auf Weiber stellt' ich nun mein Sach.
Juchhe!
Daher mir kam viel Ungemach.
O weh!
Die Falsche sucht' sich ein ander Teil,
Die Treue macht' mir Langeweil:
Die Beste war nicht feil.

Ich stellt' mein Sach auf Reis' und Fahrt.
Juchhe!
Und ließ meine Vaterlandesart.
O weh!
Und mir behagt' es nirgends recht,
Die Kost war fremd, das Bett war schlecht,
Niemand verstand mich recht.

Ich stellt' mein Sach auf Ruhm und Ehr'.
Juchhe!
Und sieh! gleich hatt' ein Andrer mehr.
O weh!
Wie ich mich hatt' hervorgetan,
Da sahen die Leute scheel mich an,
Hatte keinem Recht getan.

Ich setzt' mein Sach auf Kampf und Krieg.
Juchhe!
Und uns gelang so mancher Sieg.
Juchhe!
Wir zogen in Feindes Land hinein,
Dem Freunde sollt's nicht viel besser sein,
Und ich verlor ein Bein.

Nun hab' ich mein Sach auf Nichts gestellt.
Juchhe!
Und mein gehört die ganze Welt.
Juchhe!

Zu Ende geht nun Sang und Schmaus.
Nur trinkt mir alle Neigen aus;
Die letzte muß heraus!

Johanna Sebus

Zum Andenken
der Siebzehnjährigen Schönen Guten aus dem Dorfe Brienen,
die am 13. Januar 1809
bei dem Eisgange des Rheins und dem großen Bruche des Dammes von Cleverham
Hülfe reichend unterging.

Der Damm zerreißt, das Feld erbraus't,
Die Fluten spülen, die Fläche saus't.
„Ich trage dich, Mutter, durch die Flut,
Noch reicht sie nicht hoch, ich wate gut." —
„Auch uns bedenke, bedrängt wie wir sind,
Die Hausgenossin, drei arme Kind!
Die schwache Frau! . . . Du gehst davon!" —
Sie trägt die Mutter durch's Wasser schon.
„Zum Bühle da rettet euch! harret derweil;
Gleich kehr' ich zurück, uns allen ist Heil.
Zum Bühl ist's noch trocken und wenige Schritt';
Doch nehmt auch mir meine Ziege mit!"

Der Damm zerschmilzt, das Feld erbraus't,
Die Fluten wühlen, die Fläche saus't.
Sie setzt die Mutter auf sichres Land,
Schön Suschen, gleich wieder zur Flut gewandt.
„Wohin? Wohin? Die Breite schwoll;
Des Wassers ist hüben und drüben voll.
Verwegen in's Tiefe willst du hinein!" —
„Sie sollen und müssen gerettet sein!"

Der Damm verschwindet, die Welle braus't,
Eine Meereswoge, sie schwankt und saus't.
Schön Suschen schreitet gewohnten Steg,
Umströmt auch gleitet sie nicht vom Weg,
Erreicht den Bühl und die Nachbarin;
Doch der und den Kindern kein Gewinn!

Der Damm verschwand, ein Meer erbraust's,
Den kleinen Hügel im Kreis umsaust's.
Da gähnet und wirbelt der schäumende Schlund
Und ziehet die Frau mit den Kindern zu Grund;

Das Horn der Ziege faßt das ein',
So sollten sie alle verloren sein!
Schön Suschen steht noch strack und gut:
Wer rettet das junge, das edelste Blut!
Schön Suschen steht noch wie ein Stern;
Doch alle Werber sind alle fern.
Rings um sie her ist Wasserbahn,
Kein Schifflein schwimmet zu ihr heran.
Noch einmal blickt sie zum Himmel hinauf,
Da nehmen die schmeichelnden Fluten sie auf.

Kein Damm, kein Feld! Nur hier und dort
Bezeichnet ein Baum, ein Turn den Ort.
Bedeckt ist alles mit Wasserschwall;
Doch Suschens Bild schwebt überall. —
Das Wasser sinkt, das Land erscheint
Und überall wird schön Suschen beweint. —
Und dem sei, wer's nicht singt und sagt,
Im Leben und Tod nicht nachgefragt!

Ergo bibamus!

Hier sind wir versammelt zu löblichem Tun,
Drum, Brüderchen! Ergo bibamus.
Die Gläser sie klingen, Gespräche sie ruhn,
Beherziget Ergo bibamus.
Das heißt noch ein altes, ein tüchtiges Wort:
Es passet zum Ersten und passet so fort,
Und schallet ein Echo vom festlichen Ort,
Ein herrliches Ergo bibamus.

Ich hatte mein freundliches Liebchen gesehn,
Da dacht' ich mir: Ergo bibamus.
Und nahte mich freundlich; da ließ sie mich stehn.
Ich half mir und dachte: Bibamus.
Und wenn sie versöhnet euch herzet und küßt,
Und wenn ihr das Herzen und Küssen vermißt;
So bleibet nur, bis ihr was Besseres wißt,
Beim tröstlichen Ergo bibamus.

Mich ruft mein Geschick von den Freunden hinweg:
Ihr Redlichen! Ergo bibamus.
Ich scheide von hinnen mit leichtem Gepäck;
Drum doppeltes Ergo bibamus.
Und was auch der Filz von dem Leibe sich schmorgt,
So bleibt für den Heitern doch immer gesorgt,

Weil immer dem Frohen der Fröhliche borgt:
    Drum, Brüderchen! Ergo bibamus.

Was sollen wir sagen zum heutigen Tag!
    Ich dächte nur: Ergo bibamus.
Er ist nun einmal von besonderem Schlag;
    Drum immer auf's neue: Bibamus.
Er führet die Freude durch's offene Tor,
Es glänzen die Wolken, es teilt sich der Flor,
Da scheint uns ein Bildchen, ein göttliches, vor;
    Wir klingen und singen: Bibamus.

Das Tagebuch

— aliam tenui, sed iam quum gaudia adirem,
Admonuit dominae deseruitquo Venus.

Wir hören's oft und glauben's wohl am Ende:
Das Menschenherz sei ewig unergründlich,
Und wie man auch sich hin und wider wende,
So sei der Christe wie der Heide sündlich.
Das Beste bleibt, wir geben uns die Hände
Und nehmen's mit der Lehre nicht empfindlich;
Denn zeigt sich auch ein Dämon, uns versuchend,
So waltet Was, gerettet ist die Tugend.

Von meiner Trauten lange Zeit entfernet,
Wie's öfters geht, nach irdischem Gewinne,
Und was ich auch gewonnen und gelernet,
So hatt' ich doch nur immer Sie im Sinne;
Und wie zu Nacht der Himmel erst sich sternet,
Erinnrung uns umleuchtet ferner Minne:
So ward im Federzug des Tags Ereignis
Mit süßen Worten Ihr ein freundlich Gleichnis.

Ich eilte nun zurück. Zerbrochen sollte
Mein Wagen mich noch eine Nacht verspäten;
Schon dacht' ich mich, wie ich zu Hause rollte,
Allein da war Geduld und Werk vonnöten.
Und wie ich auch mit Schmied und Wagner tollte,
Sie hämmerten, verschmähten viel zu reden.
Ein jedes Handwerk hat nun seine Schnurren.
Was blieb mir nun? Zu weilen und zu murren.

So stand ich nun. Der Stern des nächsten Schildes
Berief mich hin, die Wohnung schien erträglich.

Ein Mädchen kam, des seltensten Gebildes,
Das Licht erleuchtend. Mir ward gleich behäglich.
Hausflur und Treppe sah ich als ein Mildes,
Die Zimmerchen erfreuten mich unsäglich.
Den sündigen Menschen der im Freien schwebet —
Die Schönheit spinnt, sie ist's die ihn umwebet.

Nun setzt' ich mich zu meiner Tasch' und Briefen
Und meines Tagebuchs Genauigkeiten,
Um so wie sonst, wenn alle Menschen schliefen,
Mir und der Trauten Freude zu bereiten;
Doch weiß ich nicht, die Tintenworte liefen
Nicht so wie sonst in alle Kleinigkeiten:
Das Mädchen kam, des Abendessens Bürde
Verteilte sie gewandt mit Gruß und Würde.

Sie geht und kommt; ich spreche, sie erwiedert;
Mit jedem Wort erscheint sie mir geschmückter.
Und wie sie leicht mir nun das Huhn zergliedert,
Bewegend Hand und Arm, geschickt, geschickter —
Was auch das tolle Zeug in uns befiedert —
Genug ich bin verworrner, bin verrückter,
Den Stuhl umwerfend spring' ich auf und fasse
Das schöne Kind; sie lispelt: Lasse, lasse!

Die Muhme drunten lauscht, ein alter Drache,
Sie zählt bedächtig des Geschäfts Minute;
Sie denkt sich unten, was ich oben mache,
Bei jedem Zögern schwenkt sie frisch die Rute.
Doch schließe deine Türe nicht und wache,
So kommt die Mitternacht uns wohl zu Gute.
Rasch meinem Arm entwindet sie die Glieder,
Und eilet fort und kommt nur dienend wieder;

Doch blickend auch! So daß aus jedem Blicke
Sich himmlisches Versprechen mir entfaltet.
Den stillen Seufzer drängt sie nicht zurücke,
Der ihren Busen herrlicher gestaltet.
Ich sehe, daß am Ohr, um Hals und G'nicke
Der flüchtigen Röte Liebesblüte waltet,
Und da sie nichts zu leisten weiter findet,
Geht sie und zögert, sieht sich um, verschwindet.

Der Mitternacht gehören Haus und Straßen,
Mir ist ein weites Lager aufgebreitet,
Wovon den kleinsten Teil mir anzumaßen
Die Liebe rät, die alles wohl bereitet;

Ich zaudre noch die Kerzen auszublasen,
Nun hör' ich sie, wie leise sie auch gleitet,
Mit gierigem Blick die Hochgestalt umschweif' ich,
Sie senkt sich her, die Wohlgestalt ergreif' ich.

Sie macht sich los: Vergönne daß ich rede,
Damit ich dir nicht völlig fremd gehöre.
Der Schein ist wider mich, sonst war ich blöde,
Stets gegen Männer setzt' ich mich zur Wehre.
Mich nennt die Stadt, mich nennt die Gegend spröde;
Nun aber weiß ich, wie das Herz sich kehre:
Du bist mein Sieger, laß dich's nicht verdrießen,
Ich sah, ich liebte, schwur dich zu genießen.

Du hast mich rein, und wenn ich's besser wüßte,
So gäb' ich's dir, ich tue was ich sage.
So schließt sie mich an ihre süßen Brüste,
Als ob ihr nur an meiner Brust behage.
Und wie ich Mund und Aug' und Stirne küßte,
So war ich doch in wunderbarer Lage:
Denn der so hitzig sonst den Meister spielet,
Weicht schülerhaft zurück und abgekühlet.

Ihr scheint ein süßes Wort, ein Kuß zu g'nügen,
Als wär' es alles was ihr Herz begehrte.
Wie keusch sie mir, mit liebevollem Fügen,
Des süßen Körpers Fülleform gewährte!
Entzückt und froh in allen ihren Zügen
Und ruhig dann, als wenn sie nichts entbehrte.
So ruht' ich auch, gefällig sie beschauend,
Noch auf den Meister hoffend und vertrauend.

Doch als ich länger mein Geschick bedachte,
Von tausend Flüchen mir die Seele kochte,
Mich selbst verwünschend, grinsend mich belachte,
Nichts besser ward, wie ich auch zaudern mochte,
Da lag sie schlafend, schöner als sie wachte;
Die Lichter dämmerten mit langem Dochte.
Der Tages-Arbeit, jugendlicher Mühe
Gesellt sich gern der Schlaf und nie zu frühe.

So lag sie himmlisch an bequemer Stelle,
Als wenn das Lager ihr allein gehörte,
Und an die Wand gedrückt, gequetscht zur Hölle,
Ohnmächtig jener, dem sie nichts verwehrte.
Vom Schlangenbisse fällt zunächst der Quelle
Ein Wandrer so, den schon der Durst verzehrte.

Sie atmet lieblich holdem Traum entgegen;
Er hält den Atem, sie nicht aufzuregen.

Gefaßt bei dem was ihm noch nie begegnet,
Spricht er zu sich: So mußt du doch erfahren,
Warum der Bräutigam sich kreuzt und segnet,
Vor Nestelknüpfen scheu sich zu bewahren.
Weit lieber da, wo's Hellebarden regnet
Als hier im Schimpf! So war es nicht vor Jahren,
Als deine Herrin dir zum ersten Male
Vor's Auge trat im prachterhellten Saale.

Da quoll dein Herz, da quollen deine Sinnen,
So daß der ganze Mensch entzückt sich regte.
Zum raschen Tanze trugst du sie von hinnen,
Die kaum der Arm und schon der Busen hegte,
Als wolltest du dir selbst sie abgewinnen;
Vervielfacht war, was sich für sie bewegte:
Verstand und Witz und alle Lebensgeister
Und rascher als die andern jener Meister.

So immerfort wuchs Neigung und Begierde,
Brautleute wurden wir im frühen Jahre,
Sie selbst des Maien schönste Blum' und Zierde;
Wie wuchs die Kraft zur Lust im jungen Paare!
Und als ich endlich sie zur Kirche führte,
Gesteh' ich's nur, vor Priester und Altare,
Vor deinem . . . .
Verzeih mir's Gott, es regte sich der Iste.

Und ihr, der Brautnacht reiche Bettgehänge,
Ihr Pfühle, die ihr euch so breit erstrecktet,
Ihr Teppiche, die Lieb' und Lustgedränge
Mit euren seid'nen Fittigen bedecktet!
Ihr Käfigvögel, die durch Zwitscher-Sänge
Zu neuer Lust und nie zu früh erwecktet!
Ihr kanntet uns, von euerm Schutz umfriedet,
Teilnehmend sie, mich immer unermüdet.

Und wie wir oft sodann im Raub genossen
Nach Buhlenart des Ehstands heilige Rechte,
Von reifer Saat umwogt, vom Rohr umschlossen,
An manchem Unort, wo ich's mich erfrechte,
Wir waren augenblicklich, unverdrossen
Und wiederholt bedient vom braven Knechte!
Verfluchter Knecht, wie unerwecklich liegst du!
Und deinen Herrn um's schönste Glück betriegst du.

Doch Meister Iste hat nun seine Grillen
Und läßt sich nicht befehlen noch verachten,
Auf einmal ist er da, und ganz im Stillen
Erhebt er sich zu allen seinen Prachten;
So steht es nun dem Wandrer ganz zu Willen,
Nicht lechzend mehr am Quell zu übernachten.
Er neigt sich hin, er will die Schläferin küssen,
Allein er stockt, er fühlt sich weggerissen.

Wer hat zur Kraft ihn wieder aufgestählet,
Als jenes Bild das ihm auf ewig teuer,
Mit dem er sich in Jugendlust vermählet?
Dort leuchtet hier ein frisch erquicklich Feuer,
Und wie er erst in Ohnmacht sich gequälet,
So wird nun hier dem Starken nicht geheuer;
Er schaudert weg, vorsichtig, leise, leise
Entzieht er sich dem holden Zauberkreise,

Sitzt, schreibt: „Ich nahte mich der heimischen Pforte,
Entfernen wollten mich die letzten Stunden,
Da hab' ich nun, am sonderbarsten Orte,
Mein treues Herz aufs neue dir verbunden.
Zum Schlusse findest du geheime Worte:
Die Krankheit erst bewähret den Gesunden.
Dies Büchlein soll dir manches Gute zeigen,
Das Beste nur muß ich zuletzt verschweigen."

Da kräht der Hahn. Das Mädchen schnell entwindet
Der Decke sich und wirft sich rasch in's Mieder.
Und da sie sich so seltsam wiederfindet,
So stutzt sie, blickt und schlägt die Augen nieder;
Und da sie ihm zum letzten Mal verschwindet,
Im Auge bleiben ihm die schönen Glieder:
Das Posthorn tönt, er wirft sich in den Wagen
Und läßt getrost sich zu der Liebsten tragen.

Und weil zuletzt bei jeder Dichtungsweise
Moralien uns ernstlich fördern sollen,
So will auch ich in so beliebtem Gleise
Euch gern bekennen was die Verse wollen:
Wir stolpern wohl auf unsrer Lebensreise,
Und doch vermögen in der Welt, der tollen,
Zwei Hebel viel aufs irdische Getriebe:
Sehr viel die *Pflicht*, unendlich mehr die *Liebe!*

Gegenwart

Alles kündet dich an!
Erscheinet die herrliche Sonne,
Folgst du, so hoff' ich es, bald.

Trittst du im Garten hervor,
So bist du die Rose der Rosen,
Lilie der Lilien zugleich.

Wenn du im Tanze dich regst,
So regen sich alle Gestirne
Mit dir und um dich umher.

Nacht! und so wär' es denn Nacht!
Nun überscheinst du des Mondes
Lieblichen, ladenden Glanz.

Ladend und lieblich bist du,
Und Blumen, Mond und Gestirne
Huldigen, Sonne, nur dir.

Sonne! so sei du auch mir
Die Schöpferin herrlicher Tage;
Leben und Ewigkeit ist's.

Der getreue Eckart

O wären wir weiter, o wär' ich zu Haus!
Sie kommen. Da kommt schon der nächtliche Graus;
Sie sind's die unholdigen Schwestern.
Sie streifen heran und sie finden uns hier,
Sie trinken das mühsam geholte das Bier,
Und lassen nur leer uns die Krüge.

So sprechen die Kinder und drücken sich schnell;
Da zeigt sich vor ihnen ein alter Gesell:
Nur stille, Kind! Kinderlein, stille!
Die Hulden sie kommen von durstiger Jagd,
Und laßt ihr sie trinken wie's jeder behagt,
Dann sind sie euch hold die Unholden.

Gesagt so geschehn! und da naht sich der Graus
Und siehet so grau und so schattenhaft aus,
Doch schlürft es und schlampft es auf's beste.
Das Bier ist verschwunden, die Krüge sind leer;

Nun saus't es und braus't es, das wütige Heer,
In's weite Getal und Gebirge.

Die Kinderlein ängstlich gen Hause so schnell,
Gesellt sich zu ihnen der fromme Gesell:
Ihr Püppchen, nur seid mir nicht traurig. —
Wir kriegen nun Schelten und Streich' bis auf's Blut. —
Nein keineswegs, alles geht herrlich und gut,
Nur schweiget und horchet wie Mäuslein.

Und der es euch anrät und der es befiehlt,
Er ist es, der gern mit den Kindelein spielt,
Der alte Getreue, der Eckart.
Vom Wundermann hat man euch immer erzählt,
Nur hat die Bestätigung jedem gefehlt,
Die habt ihr nun köstlich in Händen.

Sie kommen nach Hause, sie setzen den Krug
Ein jedes den Eltern bescheiden genug
Und harren der Schläg' und der Schelten.
Doch siehe man kostet: ein herrliches Bier!
Man trinkt in die Runde schon dreimal und vier
Und noch nimmt der Krug nicht ein Ende.

Das Wunder es dauert zum morgenden Tag.
Doch fraget wer immer zu fragen vermag:
Wie ist's mit den Krügen ergangen?
Die Mäuslein sie lächeln, im Stillen ergetzt;
Sie stammeln und stottern und schwatzen zuletzt
Und gleich sind vertrocknet die Krüge.

Und wenn euch, ihr Kinder, mit treuem Gesicht
Ein Vater, ein Lehrer, ein Aldermann spricht,
So horchet und folget ihm pünktlich!
Und liegt auch das Zünglein in peinlicher Hut,
Verplaudern ist schädlich, verschweigen ist gut;
Dann füllt sich das Bier in den Krügen.

Gefunden

Ich ging im Walde
So für mich hin,
Und nichts zu suchen
Das war mein Sinn.

Im Schatten sah ich
Ein Blümchen stehn,

Wie Sterne leuchtend,
Wie Äuglein schön.

Ich wollt' es brechen,
Da sagt' es fein:
Soll ich zum Welken
Gebrochen sein?

Ich grub's mit allen
Den Würzlein aus,
Zum Garten trug ich's
Am hübschen Haus.

Und pflanzt' es wieder
Am stillen Ort;
Nun zweigt es immer
Und blüht so fort.

Ballade

Herein, o du Guter! du Alter herein!
Hier unten im Saale da sind wir allein,
Wir wollen die Pforte verschließen.
Die Mutter sie betet, der Vater im Hain
Ist gangen die Wölfe zu schießen.
O sing' uns ein Märchen, o sing' es uns oft,
Daß ich und der Bruder es lerne,
Wir haben schon längst einen Sänger gehofft,
Die Kinder sie hören es gerne.

Im nächtlichen Schrecken, im feindlichen Graus
Verläßt er das hohe, das herrliche Haus,
Die Schätze die hat er vergraben.
Der Graf nun so eilig zum Pförtchen hinaus,
Was mag er im Arme denn haben?
Was birget er unter dem Mantel geschwind?
Was trägt er so rasch in die Ferne?
Ein Töchterlein ist es, da schläft nun das Kind. —
Die Kinder sie hören es gerne.

Nun hellt sich der Morgen, die Welt ist so weit,
In Tälern und Wäldern die Wohnung bereit,
In Dörfern erquickt man den Sänger,
So schreitet und heischt er undenkliche Zeit,
Der Bart wächs't ihm länger und länger;
Doch wächs't in dem Arme das liebliche Kind,
Wie unter dem glücklichsten Sterne,

Geschützt in dem Mantel vor Regen und Wind —
Die Kinder sie hören es gerne.

Und immer sind weiter die Jahre gerückt,
Der Mantel entfärbt sich, der Mantel zerstückt,
Er könnte sie länger nicht fassen.
Der Vater er schaut sie, wie ist er beglückt!
Er kann sich für Freude nicht lassen;
So schön und so edel erscheint sie zugleich,
Entsprossen aus tüchtigem Kerne,
Wie macht sie den Vater, den teuren, so reich! —
Die Kinder sie hören es gerne.

Da reitet ein fürstlicher Ritter heran,
Sie recket die Hand aus, der Gabe zu nahn,
Almosen will er nicht geben.
Er fasset das Händchen so kräftiglich an:
Die will ich, so ruft er, auf's Leben!
Erkennst du, erwidert der Alte, den Schatz,
Erhebst du zur Fürstin sie gerne;
Sie sei dir verlobet auf grünendem Platz —
Die Kinder sie hören es gerne.

Sie segnet der Priester am heiligen Ort,
Mit Lust und mit Unlust nun ziehet sie fort,
Sie möchte vom Vater nicht scheiden.
Der Alte er wandelt nun hier und bald dort,
Er träget in Freuden sein Leiden.
So hab' ich mir Jahre die Tochter gedacht,
Die Enkelein wohl in der Ferne;
Sie segn' ich bei Tage, sie segn' ich bei Nacht —
Die Kinder sie hören es gerne.

Er segnet die Kinder; da poltert's am Tor,
Der Vater da ist er! Sie springen hervor,
Sie können den Alten nicht bergen —
Was lockst du die Kinder! du Bettler! du Tor!
Ergreift ihn, ihr eisernen Schergen!
Zum tiefsten Verließ den Verwegenen fort!
Die Mutter vernimmt's in der Ferne,
Sie eilet, sie bittet mit schmeichelndem Wort —
Die Kinder sie hören es gerne.

Die Schergen sie lassen den Würdigen stehn,
Und Mutter und Kinder sie bitten so schön;
Der fürstliche Stolze verbeißet
Die grimmige Wut, ihn entrüstet das Flehn,
Bis endlich sein Schweigen zerreißet:

Du niedrige Brut! du vom Bettlergeschlecht!
Verfinsterung fürstlicher Sterne!
Ihr bringt mir Verderben! Geschieht mir doch Recht —
Die Kinder sie hören's nicht gerne.

Noch stehet der Alte mit herrlichem Blick,
Die eisernen Schergen sie treten zurück,
Es wächs't nur das Toben und Wüten.
Schon lange verflucht' ich mein ehliches Glück,
Das sind nun die Früchte der Blüten!
Man leugnete stets, und man leugnet mit Recht,
Daß je sich der Adel erlerne,
Die Bettlerin zeugte mir Bettlergeschlecht —
Die Kinder sie hören's nicht gerne.

Und wenn euch der Gatte, der Vater verstößt,
Die heiligsten Bande verwegentlich lös't;
So kommt zu dem Vater, dem Ahnen!
Der Bettler vermag, so ergraut und entblößt,
Euch herrliche Wege zu bahnen.
Die Burg die ist meine! Du hast sie geraubt,
Mich trieb dein Geschlecht in die Ferne;
Wohl bin ich mit köstlichen Siegeln beglaubt! —
Die Kinder sie hören es gerne.

Rechtmäßiger König er kehret zurück.
Den Treuen verleiht er entwendetes Glück,
Ich löse die Siegel der Schätze.
So rufet der Alte mit freundlichem Blick:
Euch künd' ich die milden Gesetze.
Erhole dich, Sohn! Es entwickelt sich gut,
Heut einen sich selige Sterne,
Die Fürstin sie zeugte dir fürstliches Blut —
Die Kinder sie hören es gerne.

Mai

Leichte Silberwolken schweben
Durch die erst erwärmten Lüfte,
Mild, von Schimmer sanft umgeben,
Blickt die Sonne durch die Düfte;
Leise wallt und drängt die Welle
Sich am reichen Ufer hin,
Und wie reingewaschen helle,
Schwankend hin und her und hin,
Spiegelt sich das junge Grün.

Still ist Luft und Lüftchen stille;
Was bewegt mir das Gezweige?
Schwüle Liebe dieser Fülle,
Vor den Bäumen durch's Gesträuche.
Nun der Blick auf einmal helle,
Sieh! der Bübchen Flatterschar,
Das bewegt und regt so schnelle,
Wie der Morgen sie gebar,
Flügelhaft sich Paar und Paar.

Fangen an das Dach zu flechten; —
Wer bedürfte dieser Hütte?
Und wie Zimmrer, die gerechten,
Bank und Tischchen in der Mitte!
Und so bin ich noch verwundert,
Sonne sinkt, ich fühl' es kaum;
Und nun führen aber hundert
Mir das Liebchen in den Raum,
Tag und Abend, welch ein Traum!

Proömion

Im Namen dessen der Sich selbst erschuf!
Von Ewigkeit in schaffendem Beruf;
In Seinem Namen der den Glauben schafft,
Vertrauen, Liebe, Tätigkeit und Kraft;
In Jenes Namen, der, so oft genannt,
Dem Wesen nach blieb immer unbekannt:

So weit das Ohr, so weit das Auge reicht
Du findest nur Bekanntes das Ihm gleicht,
Und deines Geistes höchster Feuerflug
Hat schon am Gleichnis, hat am Bild genug;
Es zieht dich an, es reißt dich heiter fort,
Und wo du wandelst schmückt sich Weg und Ort;
Du zählst nicht mehr, berechnest keine Zeit,
Und jeder Schritt ist Unermeßlichkeit.

Was wär' ein Gott, der nur von außen stieße,
Im Kreis das All am Finger laufen ließe!
Ihm ziemt's, die Welt im Innern zu bewegen,
Natur in Sich, Sich in Natur zu hegen,
So daß was in Ihm lebt und webt und ist,
Nie Seine Kraft, nie Seinen Geist vermißt.

Im Innern ist ein Universum auch;
Daher der Völker löblicher Gebrauch,
Daß jeglicher das Beste was er kennt,
Er Gott, ja seinen Gott benennt,
Ihm Himmel und Erden übergibt,
Ihn fürchtet, und wo möglich liebt.

Urworte. Orphisch

ΔΑΙΜΩΝ, Dämon

Wie an dem Tag, der dich der Welt verliehen,
Die Sonne stand zum Gruße der Planeten,
Bist alsobald und fort und fort gediehen,
Nach dem Gesetz wonach du angetreten.
So mußt du sein, dir kannst du nicht entfliehen,
So sagten schon Sibyllen, so Propheten;
Und keine Zeit und keine Macht zerstückelt
Geprägte Form die lebend sich entwickelt.

ΤΥΧΗ, das Zufällige

Die strenge Gränze doch umgeht gefällig
Ein Wandelndes, das mit und um uns wandelt;
Nicht einsam bleibst du, bildest dich gesellig,
Und handelst wohl so wie ein andrer handelt:
Im Leben ist's bald hin- bald wiederfällig,
Es ist ein Tand und wird so durchgetandelt.
Schon hat sich still der Jahre Kreis geründet,
Die Lampe harrt der Flamme die entzündet.

ΕΡΩΣ, Liebe

Die bleibt nicht aus! — Er stürzt vom Himmel nieder,
Wohin er sich aus alter Öde schwang,
Er schwebt heran auf luftigem Gefieder
Um Stirn und Brust den Frühlingstag entlang,
Scheint jetzt zu fliehn, vom Fliehen kehrt er wieder,
Da wird ein Wohl im Weh, so süß und bang.
Gar manches Herz verschwebt im Allgemeinen,
Doch widmet sich das edelste dem Einen.

ΑΝΑΓΚΗ, Nötigung

Da ist's denn wieder wie die Sterne wollten;
Bedingung und Gesetz und aller Wille
Ist nur ein Wollen, weil wir eben sollten,
Und vor dem Willen schweigt die Willkür stille;
Das Liebste wird vom Herzen weggescholten,
Dem harten Muß bequemt sich Will' und Grille.

So sind wir scheinfrei denn nach manchen Jahren
Nur enger dran als wir am Anfang waren.

ΕΛΠΙΣ, Hoffnung

Doch solcher Gränze, solcher ehrnen Mauer
Höchst widerwärt'ge Pforte wird entriegelt,
Sie stehe nur mit alter Felsendauer!
Ein Wesen regt sich leicht und ungezügelt:
Aus Wolkendecke, Nebel, Regenschauer
Erhebt sie uns, mit ihr, durch sie beflügelt,
Ihr kennt sie wohl, sie schwärmt durch alle Zonen;
Ein Flügelschlag — und hinter uns Äonen!

Um Mitternacht

Um Mitternacht ging ich, nicht eben gerne,
Klein, kleiner Knabe, jenen Kirchhof hin
Zu Vaters Haus, des Pfarrers, Stern am Sterne
Sie leuchteten doch alle gar zu schön;
Um Mitternacht.

Wenn ich dann ferner in des Lebens Weite
Zur Liebsten mußte, mußte weil sie zog,
Gestirn und Nordschein über mir im Streite,
Ich gehend, kommend Seligkeiten sog;
Um Mitternacht.

Bis dann zuletzt des vollen Mondes Helle
So klar und deutlich mir in's Finstere drang,
Auch der Gedanke willig, sinnig, schnelle
Sich um's Vergangne wie um's Künftige schlang;
Um Mitternacht.

Ein großer Teich war zugefroren,
Die Fröschlein, in der Tiefe verloren,
Durften nicht ferner quacken noch springen,
Versprachen sich aber, im halben Traum,
Fänden sie nur da oben Raum,
Wie Nachtigallen wollten sie singen.
Der Tauwind kam, das Eis zerschmolz,
Nun ruderten sie und landeten stolz,
Und saßen am Ufer weit und breit
Und quackten wie vor alter Zeit.

Wanderlied

Von dem Berge zu den Hügeln,
Niederab das Tal entlang,
Da erklingt es wie von Flügeln,
Da bewegt sich's wie Gesang;
Und dem unbedingten Triebe
Folget Freude, folget Rat;
Und dein Streben, sei's in Liebe,
Und dein Leben sei die Tat.

Denn die Bande sind zerrissen,
Das Vertrauen ist verletzt;
Kann ich sagen, kann ich wissen,
Welchem Zufall ausgesetzt
Ich nun scheiden, ich nun wandern,
Wie die Witwe, trauervoll,
Statt dem einen, mit dem andern
Fort und fort mich wenden soll!

Bleibe nicht am Boden heften,
Frisch gewagt und frisch hinaus!
Kopf und Arm mit heitern Kräften
Überall sind sie zu Haus;
Wo wir uns der Sonne freuen,
Sind wir jede Sorge los;
Daß wir uns in ihr zerstreuen,
Darum ist die Welt so groß.

Eins und Alles

Im Gränzenlosen sich zu finden
Wird gern der Einzelne verschwinden,
Da lös't sich aller Überdruß;
Statt heißem Wünschen, wildem Wollen,
Statt läst'gem Fordern, strengem Sollen,
Sich aufzugeben ist Genuß.

Weltseele komm uns zu durchdringen!
Dann mit dem Weltgeist selbst zu ringen
Wird unsrer Kräfte Hochberuf.
Teilnehmend führen gute Geister,
Gelinde leitend, höchste Meister,
Zu dem der alles schafft und schuf.

Und umzuschaffen das Geschaffne,
Damit sich's nicht zum Starren waffne,

Wirkt ewiges lebendiges Tun.
Und was nicht war, nun will es werden,
Zu reinen Sonnen, farbigen Erden,
In keinem Falle darf es ruhn.

Es soll sich regen, schaffend handeln,
Erst sich gestalten, dann verwandeln;
Nur scheinbar steht's Momente still.
Das Ewige regt sich fort in allen:
Denn alles muß in Nichts zerfallen,
Wenn es im Sein beharren will.

Paria

Des Paria Gebet

Großer Brama, Herr der Mächte!
Alles ist von deinem Samen,
Und so bist du der Gerechte!
Hast du denn allein die Bramen,
Nur die Rajas und die Reichen,
Hast du sie allein geschaffen?
Oder bist auch du's, der Affen
Werden ließ und unseres Gleichen?

Edel sind wir nicht zu nennen:
Denn das Schlechte das gehört uns,
Und was andre tödlich kennen
Das alleine das vermehrt uns.
Mag dies für die Menschen gelten,
Mögen sie uns doch verachten;
Aber du, du sollst uns achten,
Denn du könntest alle schelten.

Also Herr, nach diesem Flehen,
Segne mich zu deinem Kinde;
Oder Eines laß entstehen,
Das auch mich mit dir verbinde!
Denn du hast den Bajaderen
Eine Göttin selbst erhoben;
Auch wir andern, dich zu loben,
Wollen solch ein Wunder hören.

Legende

Wasser holen geht die reine
Schöne Frau des hohen Bramen,
Des verehrten, fehlerlosen,
Ernstester Gerechtigkeit.

Täglich von dem heiligen Flusse
Holt sie köstlichstes Erquicken; —
Aber wo ist Krug und Eimer?
Sie bedarf derselben nicht.
Seligem Herzen, frommen Händen
Ballt sich die bewegte Welle
Herrlich zu krystallner Kugel;
Diese trägt sie, frohen Busens,
Reiner Sitte, holden Wandelns,
Vor den Gatten in das Haus.

Heute kommt die morgendliche
Im Gebet zu Ganges Fluten,
Beugt sich zu der klaren Fläche —
Plötzlich überraschend spiegelt
Aus des höchsten Himmels Breiten
Über ihr vorübereilend
Allerlieblichste Gestalt
Hehren Jünglings, den des Gottes
Uranfänglich schönes Denken
Aus dem ew'gen Busen schuf;
Solchen schauend fühlt ergriffen
Von verwirrenden Gefühlen
Sie das innere tiefste Leben,
Will verharren in dem Anschaun,
Weis't es weg, da kehrt es wieder
Und verworren strebt sie flutwärts,
Mit unsichrer Hand zu schöpfen;
Aber ach! sie schöpft nicht mehr!
Denn des Wassers heilige Welle
Scheint zu fliehn, sich zu entfernen,
Sie erblickt nur hohler Wirbel
Grause Tiefen unter sich.

Arme sinken, Tritte straucheln,
Ist's denn auch der Pfad nach Hause?
Soll sie zaudern? soll sie fliehen?
Will sie denken, wo Gedanke,
Rat und Hülfe gleich versagt? —
Und so tritt sie vor den Gatten;
Er erblickt sie, Blick ist Urteil,
Hohen Sinns ergreift das Schwert er,
Schleppt sie zu dem Totenhügel
Wo Verbrecher büßend bluten.
Wüßte sie zu widerstreben?
Wüßte sie sich zu entschuld'gen,
Schuldig, keiner Schuld bewußt?

Und er kehrt mit blutigem Schwerte
Sinnend zu der stillen Wohnung;
Da entgegnet ihm der Sohn:
„Wessen Blut ist's? Vater! Vater!" —
Der Verbrecherin! — „Mit nichten!
Denn es starret nicht am Schwerte
Wie verbrecherische Tropfen,
Fließt wie aus der Wunde frisch.
Mutter, Mutter! tritt heraus her!
Ungerecht war nie der Vater,
Sage was er jetzt verübt." —
Schweige! Schweige! 's ist das ihre! —
„Wessen ist es?" — Schweige! Schweige! —
„Wäre meiner Mutter Blut!!!
Was geschehen? was verschuldet?
Her das Schwert! ergriffen hab' ich's;
Deine Gattin magst du töten,
Aber meine Mutter nicht!
In die Flammen folgt die Gattin
Ihrem einzig Angetrauten,
Seiner einzig teuren Mutter
In das Schwert der treue Sohn."

Halt', o halte! rief der Vater,
Noch ist Raum, enteil', enteile!
Füge Haupt dem Rumpfe wieder,
Du berührest mit dem Schwerte
Und lebendig folgt sie dir.

Eilend, atemlos erblickt er
Staunend zweier Frauen Körper
Überkreuzt und so die Häupter;
Welch Entsetzen! welche Wahl!
Dann der Mutter Haupt erfaßt er,
Küßt es nicht, das tot erblaßte,
Auf des nächsten Rumpfes Lücke
Setzt er's eilig, mit dem Schwerte
Segnet er das fromme Werk.

Aufersteht ein Riesenbildnis. —
Von der Mutter teuren Lippen,
Göttlich-unverändert-süßen,
Tönt das grausenvolle Wort:
Sohn, o Sohn! welch Übereilen!
Deiner Mutter Leichnam dorten,
Neben ihm das freche Haupt
Der Verbrecherin, des Opfers

Waltender Gerechtigkeit!
Mich nun hast du ihrem Körper
Eingeimpft auf ewige Tage;
Weisen Wollens, wilden Handelns
Werd' ich unter Göttern sein.
Ja des Himmelsknaben Bildnis
Webt so schön vor Stirn und Auge;
Senkt sich's in das Herz herunter,
Regt es tolle Wutbegier.

Immer wird es wieder kehren,
Immer steigen, immer sinken,
Sich verdüstern, sich verklären,
So hat Brama dies gewollt.
Er gebot ja buntem Fittig,
Klarem Antlitz, schlanken Gliedern,
Göttlich-einzigem Erscheinen
Mich zu prüfen, zu verführen;
Denn von oben kommt Verführung,
Wenn's den Göttern so beliebt.
Und so soll ich die Bramane,
Mit dem Haupt im Himmel weilend,
Fühlen Paria dieser Erde
Niederziehende Gewalt.

Sohn, ich sende dich dem Vater!
Tröste! — Nicht ein traurig Büßen,
Stumpfes Harren, stolz Verdienen
Halt' euch in der Wildnis fest;
Wandert aus durch alle Welten,
Wandelt hin durch alle Zeiten
Und verkündet auch Geringstem:
Daß ihn Brama droben hört!

Ihm ist keiner der Geringste —
Wer sich mit gelähmten Gliedern,
Sich mit wild zerstörtem Geiste,
Düster ohne Hülf' und Rettung,
Sei er Brama, sei er Paria,
Mit dem Blick nach oben kehrt,
Wird's empfinden, wird's erfahren:
Dort erglühen tausend Augen,
Ruhend lauschen tausend Ohren,
Denen nichts verborgen bleibt.

Heb' ich mich zu seinem Throne,
Schaut er mich die Grausenhafte

Die er gräßlich umgeschaffen,
Muß er ewig mich bejammern,
Euch zu Gute komme das.
Und ich werd' ihn freundlich mahnen
Und ich werd' ihm wütend sagen,
Wie es mir der Sinn gebietet,
Wie es mir im Busen schwellet.
Was ich denke, was ich fühle —
Ein Geheimnis bleibe das.

Dank des Paria

Großer Brama! nun erkenn' ich,
Daß du Schöpfer bist der Welten!
Dich als meinen Herrscher nenn' ich,
Denn du lässest alle gelten.

Und verschließest auch dem Letzten
Keines von den tausend Ohren;
Uns, die tief herabgesetzten,
Alle hast du neu geboren.

Wendet euch zu dieser Frauen,
Die der Schmerz zur Göttin wandelt;
Nun beharr' ich anzuschauen
Den, der einzig wirkt und handelt.

Äolsharfen
Gespräch

Er.

Ich dacht' ich habe keinen Schmerz
Und doch war mir so bang um's Herz,
Mir war's gebunden vor der Stirn
Und hohl im innersten Gehirn —
Bis endlich Trän' auf Träne fließt,
Verhaltnes Lebewohl ergießt. —
Ihr Lebewohl war heitre Ruh,
Sie weint wohl jetzund auch wie du.

Sie

Ja er ist fort, das muß nun sein!
Ihr Lieben, laßt mich nur allein,
Sollt' ich euch seltsam scheinen,
Es wird nicht ewig währen!
Jetzt kann ich ihn nicht entbehren.
Und da muß ich weinen.

Er

Zur Trauer bin ich nicht gestimmt
Und Freude kann ich auch nicht haben:
Was sollen mir die reifen Gaben,
Die man von jedem Baume nimmt!
Der Tag ist mir zum Überdruß,
Langweilig ist's, wenn Nächte sich befeuern;
Mir bleibt der einzige Genuß
Dein holdes Bild mir ewig zu erneuern,
Und fühltest du den Wunsch nach diesem Segen,
Du kämest mir auf halbem Weg entgegen.

Sie

Du trauerst daß ich nicht erscheine,
Vielleicht entfernt so treu nicht meine,
Sonst wär' mein Geist im Bilde da.
Schmückt Iris wohl des Himmels Bläue?
Laß regnen, gleich erscheint die Neue,
Du weinst! Schon bin ich wieder da.

Er

Ja du bist wohl an Iris zu vergleichen!
Ein liebenswürdig Wunderzeichen.
So schmiegsam herrlich, bunt in Harmonie
Und immer neu und immer gleich wie sie.

Wenn sich lebendig Silber neigt

Wenn sich lebendig Silber neigt
So gibt es Schnee und Regen,
Und wie es wieder aufwärts steigt,
Ist blaues Zelt zugegen.
Auch sinke viel, es steige kaum
Der Freude Wink, des Schmerzens,
Man fühlt ihn gleich im engen Raum
des lieb-lebend'gen Herzens.

Trilogie der Leidenschaft

An Werther

Noch einmal wagst du, vielbeweinter Schatten,
Hervor dich an das Tageslicht,
Begegnest mir auf neu beblümten Matten
Und meinen Anblick scheust du nicht.
Es ist als ob du lebtest in der Frühe,
Wo uns der Tau auf Einem Feld erquickt,

Und nach des Tages unwillkommner Mühe
Der Scheidesonne letzter Strahl entzückt;
Zum Bleiben ich, zum Scheiden du erkoren,
Gingst du voran — und hast nicht viel verloren.

Des Menschen Leben scheint ein herrlich Los:
Der Tag, wie lieblich, so die Nacht, wie groß!
Und wir gepflanzt in Paradieses Wonne,
Genießen kaum der hocherlauchten Sonne,
Da kämpft sogleich verworrene Bestrebung
Bald mit uns selbst und bald mit der Umgebung;
Keins wird vom andern wünschenswert ergänzt,
Von außen düstert's, wenn es innen glänzt,
Ein glänzend Äußres deckt mein trüber Blick,
Da steht es nah — und man verkennt das Glück.

Nun glauben wir's zu kennen! Mit Gewalt
Ergreift uns Liebreiz weiblicher Gestalt:
Der Jüngling, froh wie in der Kindheit Flor,
Im Frühling tritt als Frühling selbst hervor,
Entzückt, erstaunt, wer dies ihm angetan?
Er schaut umher, die Welt gehört ihm an.
In's Weite zieht ihn unbefangne Hast,
Nichts engt ihn ein, nicht Mauer, nicht Palast;
Wie Vögelschar an Wäldergipfeln streift,
So schwebt auch er, der um die Liebste schweift,
Er sucht vom Äther, den er gern verläßt,
Den treuen Blick und dieser hält ihn fest.

Doch erst zu früh und dann zu spät gewarnt,
Fühlt er den Flug gehemmt, fühlt sich umgarnt,
Das Wiedersehn ist froh, das Scheiden schwer,
Das Wieder-Wiedersehn beglückt noch mehr
Und Jahre sind im Augenblick ersetzt;
Doch tückisch harrt das Lebewohl zuletzt.

Du lächelst, Freund, gefühlvoll wie sich ziemt:
Ein gräßlich Scheiden machte dich berühmt;
Wir feierten dein kläglich Mißgeschick,
Du ließest uns zu Wohl und Weh zurück;
Dann zog uns wieder ungewisse Bahn
Der Leidenschaften labyrinthisch an;
Und wir verschlungen wiederholter Not,
Dem Scheiden endlich — Scheiden ist der Tod!
Wie klingt es rührend wenn der Dichter singt,
Den Tod zu meiden, den das Scheiden bringt!
Verstrickt in solche Qualen halbverschuldet
Geb' ihm ein Gott zu sagen was er duldet.

Elegie

Und wenn der Mensch in seiner Qual verstummt,
Gab mir ein Gott zu sagen was ich leide.

Was soll ich nun vom Wiedersehen hoffen,
Von dieses Tages noch geschloss'ner Blüte?
Das Paradies, die Hölle steht dir offen;
Wie wankelsinnig regt sich's im Gemüte!
Kein Zweifeln mehr! Sie tritt an's Himmelstor,
Zu ihren Armen hebt sie dich empor.

So warst du denn im Paradies empfangen,
Als wärst du wert des ewig schönen Lebens;
Dir blieb kein Wunsch, kein Hoffen, kein Verlangen,
Hier war das Ziel des innigsten Bestrebens,
Und in dem Anschaun dieses einzig Schönen
Versiegte gleich der Quell sehnsüchtiger Tränen.

Wie regte nicht der Tag die raschen Flügel,
Schien die Minuten vor sich her zu treiben!
Der Abendkuß, ein treu verbindlich Siegel:
So wird es auch der nächsten Sonne bleiben.
Die Stunden glichen sich in zartem Wandern
Wie Schwestern zwar, doch keine ganz den andern.

Der Kuß der letzte, grausam süß, zerschneidend
Ein herrliches Geflecht verschlungner Minnen.
Nun eilt, nun stockt der Fuß die Schwelle meidend,
Als trieb' ein Cherub flammend ihn von hinnen;
Das Auge starrt auf düstrem Pfad verdrossen,
Es blickt zurück, die Pforte steht verschlossen.

Und nun verschlossen in sich selbst, als hätte
Dies Herz sich nie geöffnet, selige Stunden
Mit jedem Stern des Himmels um die Wette
An ihrer Seite leuchtend nicht empfunden;
Und Mißmut, Reue, Vorwurf, Sorgenschwere
Belasten's nun in schwüler Atmosphäre.

Ist denn die Welt nicht übrig? Felsenwände
Sind sie nicht mehr gekrönt von heiligen Schatten?
Die Ernte reift sie nicht? Ein grün Gelände
Zieht sich's nicht hin am Fluß durch Busch und Matten?
Und wölbt sich nicht das überweltlich Große,
Gestaltenreiche, bald gestaltenlose?

Wie leicht und zierlich, klar und zart gewoben,
Schwebt, Seraph gleich, aus ernster Wolken Chor,
Als glich' es ihr, am blauen Äther droben,
Ein schlank Gebild aus lichtem Duft empor;
So sahst du sie in frohem Tanze walten
Die lieblichste der lieblichsten Gestalten.

Doch nur Momente darfst dich unterwinden
Ein Luftgebild statt ihrer fest zu halten;
In's Herz zurück, dort wirst du's besser finden,
Dort regt sie sich in wechselnden Gestalten;
Zu vielen bildet Eine sich hinüber,
So tausendfach, und immer immer lieber.

Wie zum Empfang sie an den Pforten weilte
Und mich von dannauf stufenweis beglückte;
Selbst nach dem letzten Kuß mich noch ereilte,
Den letztesten mir auf die Lippen drückte:
So klar beweglich bleibt das Bild der Lieben,
Mit Flammenschrift, in's treue Herz geschrieben.

In's Herz, das fest wie zinnenhohe Mauer
Sich ihr bewahrt und sie in sich bewahret,
Für sie sich freut an seiner eignen Dauer,
Nur weiß von sich, wenn sie sich offenbaret,
Sich freier fühlt in so geliebten Schranken
Und nur noch schlägt, für alles ihr zu danken.

War Fähigkeit zu lieben, war Bedürfen
Von Gegenliebe weggelöscht, verschwunden;
Ist Hoffnungslust zu freudigen Entwürfen,
Entschlüssen, rascher Tat sogleich gefunden!
Wenn Liebe je den Liebenden begeistet,
Ward es an mir auf's lieblichste geleistet;

Und zwar durch sie! — Wie lag ein innres Bangen
Auf Geist und Körper, unwillkommner Schwere:
Von Schauerbildern rings der Blick umfangen
Im wüsten Raum beklommner Herzensleere;
Nun dämmert Hoffnung von bekannter Schwelle,
Sie selbst erscheint in milder Sonnenhelle.

Dem Frieden Gottes, welcher euch hienieden
Mehr als Vernunft beseliget — wir lesen's —
Vergleich' ich wohl der Liebe heitern Frieden
In Gegenwart des allgeliebten Wesens;
Da ruht das Herz und nichts vermag zu stören
Den tiefsten Sinn, den Sinn ihr zu gehören.

In unsers Busens Reine wogt ein Streben,
Sich einem Höhern, Reinern, Unbekannten
Aus Dankbarkeit freiwillig hinzugeben,
Enträtselnd sich den ewig Ungenannten;
Wir heißen's: fromm sein! — Solcher seligen Höhe
Fühl' ich mich teilhaft, wenn ich vor ihr stehe.

Vor ihrem Blick, wie vor der Sonne Walten,
Vor ihrem Atem, wie vor Frühlingslüften,
Zerschmilzt, so längst sich eisig starr gehalten,
Der Selbstsinn tief in winterlichen Grüften;
Kein Eigennutz, kein Eigenwille dauert,
Vor ihrem Kommen sind sie weggeschauert.

Es ist als wenn sie sagte: „Stund' um Stunde
Wird uns das Leben freundlich dargeboten,
Das Gestrige ließ uns geringe Kunde,
Das Morgende, zu wissen ist's verboten;
Und wenn ich je mich vor dem Abend scheute,
Die Sonne sank und sah noch was mich freute.

Drum tu' wie ich und schaue, froh verständig,
Dem Augenblick in's Auge! Kein Verschieben!
Begegn' ihm schnell, wohlwollend wie lebendig,
Im Handeln sei's zur Freude, sei's dem Lieben;
Nur wo du bist sei alles, immer kindlich,
So bist du alles, bist unüberwindlich."

Du hast gut reden, dacht' ich, zum Geleite
Gab dir ein Gott die Gunst des Augenblickes,
Und jeder fühlt an deiner holden Seite
Sich Augenblicks den Günstling des Geschickes;
Mich schreckt der Wink von dir mich zu entfernen,
Was hilft es mir so hohe Weisheit lernen!

Nun bin ich fern! Der jetzigen Minute
Was ziemt denn der? Ich wüßt' es nicht zu sagen;
Sie bietet mir zum Schönen manches Gute,
Das lastet nur, ich muß mich ihm entschlagen;
Mich treibt umher ein unbezwinglich Sehnen,
Da bleibt kein Rat als gränzenlose Tränen.

So quellt denn fort! und fließet unaufhaltsam;
Doch nie geläng's die innre Glut zu dämpfen!
Schon rast's und reißt in meiner Brust gewaltsam,
Wo Tod und Leben grausend sich bekämpfen.
Wohl Kräuter gäb's, des Körpers Qual zu stillen;
Allein dem Geist fehlt's am Entschluß und Willen,

Fehlt's am Begriff: wie sollt' er sie vermissen?
Er wiederholt ihr Bild zu tausendmalen.
Das zaudert bald, bald wird es weggerissen,
Undeutlich jetzt und jetzt im reinsten Strahlen;
Wie könnte dies geringstem Troste frommen,
Die Ebb' und Flut, das Gehen wie das Kommen?

Verlaßt mich hier, getreue Weggenossen!
Laßt mich allein am Fels, in Moor und Moos;
Nur immer zu! euch ist die Welt erschlossen,
Die Erde weit, der Himmel hehr und groß;
Betrachtet, forscht, die Einzelheiten sammelt,
Naturgeheimnis werde nachgestammelt.

Mir ist das All, ich bin mir selbst verloren,
Der ich noch erst den Göttern Liebling war;
Sie prüften mich, verliehen mir Pandoren,
So reich an Gütern, reicher an Gefahr;
Sie drängten mich zum gabeseligen Munde,
Sie trennen mich, und richten mich zu Grunde.

Aussöhnung

Die Leidenschaft bringt Leiden! — Wer beschwichtigt
Beklommnes Herz das allzuviel verloren?
Wo sind die Stunden, überschnell verflüchtigt?
Vergebens war das Schönste dir erkoren!
Trüb' ist der Geist, verworren das Beginnen;
Die hehre Welt wie schwindet sie den Sinnen!

Da schwebt hervor Musik mit Engelschwingen,
Verflicht zu Millionen Tön' um Töne,
Des Menschen Wesen durch und durch zu dringen,
Zu überfüllen ihn mit ew'ger Schöne:
Das Auge netzt sich, fühlt im höhern Sehnen
Den Götter-Wert der Töne wie der Tränen.

Und so das Herz erleichtert merkt behende
Daß es noch lebt und schlägt und möchte schlagen,
Zum reinsten Dank der überreichen Spende
Sich selbst erwidernd willig darzutragen.
Da fühlte ich — o daß es ewig bliebe! —
Das Doppel-Glück der Töne wie der Liebe.

Im ernsten Beinhaus war's wo ich beschaute
  Wie Schädel Schädeln angeordnet paßten;
  Die alte Zeit gedacht' ich, die ergraute.

Sie stehn in Reih' geklemmt die sonst sich haßten,
  Und derbe Knochen die sich tödlich schlugen
  Sie liegen kreuzweis zahm allhier zu rasten.
Entrenkte Schulterblätter! was sie trugen
  Fragt niemand mehr, und zierlich tät'ge Glieder,
  Die Hand, der Fuß zerstreut aus Lebensfugen.
Ihr Müden also lagt vergebens nieder,
  Nicht Ruh im Grabe ließ man euch, vertrieben
  Seid ihr herauf zum lichten Tage wieder,
Und niemand kann die dürre Schale lieben,
  Welch herrlich edlen Kern sie auch bewahrte.
  Doch mir Adepten war die Schrift geschrieben
Die heil'gen Sinn nicht jedem offenbarte,
  Als ich in Mitten solcher starren Menge
  Unschätzbar herrlich ein Gebild gewahrte,
Daß in des Raumes Moderkält' und Enge
  Ich frei und wärmefühlend mich erquickte,
  Als ob ein Lebensquell dem Tod entspränge.
Wie mich geheimnisvoll die Form entzückte!
  Die gottgedachte Spur die sich erhalten!
  Ein Blick der mich an jenes Meer entrückte
Das flutend strömt gesteigerte Gestalten.
  Geheim Gefäß! Orakelsprüche spendend,
  Wie bin ich wert dich in der Hand zu halten,
Dich höchsten Schatz aus Moder fromm entwendend
  Und in die freie Luft, zu freiem Sinnen,
  Zum Sonnenlicht andächtig hin mich wendend.
Was kann der Mensch im Leben mehr gewinnen,
  Als daß sich Gott-Natur ihm offenbare?
  Wie sie das Feste läßt zu Geist verrinnen.
  Wie sie das Geisterzeugte fest bewahre.

Ungeduld

Immer wieder in die Weite
Über Länder an das Meer,
Phantasien in der Breite
Schwebt am Ufer hin und her!
Neu ist immer die Erfahrung:
Immer ist dem Herzen bang,
Schmerzen sind der Jugend Nahrung,
Tränen seliger Lobgesang.

Gedichte sind gemalte Fensterscheiben!
Sieht man vom Markt in die Kirche hinein
Da ist alles dunkel und düster;

Und so sieht's auch der Herr Philister:
Der mag denn wohl verdrießlich sein
Und lebenslang verdrießlich bleiben.

Kommt aber nur einmal herein!
Begrüßt die heilige Kapelle;
Da ist's auf einmal farbig helle,
Geschicht' und Zierrat glänzt in Schnelle,
Bedeutend wirkt ein edler Schein;
Dies wird euch Kindern Gottes taugen,
Erbaut euch und ergetzt die Augen!

Vom Vater hab' ich die Statur,
Des Lebens ernstes Führen,
Von Mütterchen die Frohnatur
Und Lust zu fabulieren.
Urahnherr war der Schönsten hold,
Das spukt so hin und wieder,
Urahnfrau liebte Schmuck und Gold,
Das zuckt wohl durch die Glieder.
Sind nun die Elemente nicht
Aus dem Komplex zu trennen,
Was ist denn an dem ganzen Wicht
Original zu nennen?

Chinesisch-deutsche Jahres- und Tageszeiten

I.

Sag', was könnt' uns Mandarinen,
Satt zu herrschen, müd zu dienen,
Sag', was könnt' uns übrig bleiben,
Als in solchen Frühlingstagen
Uns des Nordens zu entschlagen
Und am Wasser und im Grünen
Fröhlich trinken, geistig schreiben,
Schal' auf Schale, Zug in Zügen.

II.

Weiß wie Lilien, reine Kerzen,
Sternen gleich, bescheidner Beugung,
Leuchtet aus dem Mittelherzen,
Rot gesäumt, die Glut der Neigung.

So frühzeitige Narzissen
Blühen reihenweis im Garten.
Mögen wohl die guten wissen,
Wen sie so spaliert erwarten.

III.

Ziehn die Schafe von der Wiese,
Liegt sie da, ein reines Grün,
Aber bald zum Paradiese
Wird sie bunt geblümt erblühn.

Hoffnung breitet leichte Schleier
Nebelhaft vor unsern Blick:
Wunscherfüllung, Sonnenfeier,
Wolkenteilung bring' uns Glück.

IV.

Der Pfau schreit häßlich, aber sein Geschrei
Erinnert mich an's himmlische Gefieder,
So ist mir auch sein Schreien nicht zuwider.
Mit indischen Gänsen ist's nicht gleicherlei,
Sie zu erdulden ist unmöglich:
Die häßlichen sie schreien unerträglich.

V.

Entwickle deiner Lüste Glanz
Der Abendsonne goldnen Strahlen,
Laß deines Schweifes Rad und Kranz
Kühn-äugelnd ihr entgegen prahlen.
Sie forscht wo es im Grünen blüht,
Im Garten überwölbt vom Blauen;
Ein Liebespaar wo sie's ersieht,
Glaubt sie das Herrlichste zu schauen.

VI.

Der Guckuck wie die Nachtigall
Sie möchten den Frühling fesseln,
Doch drängt der Sommer schon überall
Mit Disteln und mit Nesseln.
Auch mir hat er das leichte Laub
An jenem Baum verdichtet,
Durch das ich sonst zu schönstem Raub
Den Liebesblick gerichtet;
Verdeckt ist mir das bunte Dach,
Die Gitter und die Pfosten,
Wohin mein Auge spähend brach,
Dort ewig bleibt mein Osten.

VII.

War schöner als der schönste Tag,
Drum muß man mir verzeihen,
Daß ich sie nicht vergessen mag,

Am wenigsten im Freien.
Im Garten war's, sie kam heran,
Mir ihre Gunst zu zeigen;
Das fühl' ich noch und denke dran,
Und bleib' ihr ganz zu eigen.

VIII.

Dämmrung senkte sich von oben,
Schon ist alle Nähe fern;
Doch zuerst emporgehoben
Holden Lichts der Abendstern!
Alles schwankt in's Ungewisse
Nebel schleichen in die Höh;
Schwarzvertiefte Finsternisse
Wiederspiegelnd ruht der See.

Nun im östlichen Bereiche
Ahn' ich Mondenglanz und -Glut,
Schlanker Weiden Haargezweige
Scherzen auf der nächsten Flut.
Durch bewegter Schatten Spiele
Zittert Luna's Zauberschein,
Und durch's Auge schleicht die Kühle
Sänftigend in's Herz hinein.

IX.

Nun weiß man erst was Rosenknospe sei,
Jetzt da die Rosenzeit vorbei;
Ein Spätling noch am Stocke glänzt
Und ganz allein die Blumenwelt ergänzt.

X.

Als Allerschönste bist du anerkannt,
Bist Königin des Blumenreichs genannt;
Unwidersprechlich allgemeines Zeugnis,
Streitsucht verbannend, wundersam Ereignis!
Du bist es also, bist kein bloßer Schein,
In dir trifft Schaun und Glauben überein;
Doch Forschung strebt und ringt, ermüdend nie,
Nach dem Gesetz, dem Grund, *Warum* und *Wie.*

XI.

Mich ängstigt das Verfängliche
Im widrigen Geschwätz,
Wo nichts verharret, alles flieht,
Wo schon verschwunden was man sieht;
Und mich umfängt das bängliche
Das graugestrickte Netz. —

»Getrost! Das Unvergängliche
Es ist das ewige Gesetz
Wonach die Ros' und Lilie blüht.«

XII.

Hingesunken alten Träumen
Buhlst mit Rosen, sprichst mit Bäumen,
Statt der Mädchen, statt der Weisen;
Können das nicht löblich preisen,
Kommen deshalb die Gesellen
Sich zur Seite dir zu stellen,
Finden, dir und uns zu dienen,
Pinsel, Farbe, Wein im Grünen.

XIII.

Die stille Freude wollt ihr stören?
Laßt mich bei meinem Becher Wein;
Mit andern kann man sich belehren,
Begeistert wird man nur allein.

XIV.

»Nun denn! Eh' wir von hinnen eilen
Hast noch was Kluges mitzuteilen?«

Sehnsucht in's Ferne, Künftige zu beschwichtigen,
Beschäftige dich hier und heut im Tüchtigen.

Der Bräutigam

Um Mitternacht, ich schlief, im Busen wachte
Das liebevolle Herz als wär' es Tag;
Der Tag erschien, mir war als ob es nachte,
Was ist es mir, so viel er bringen mag.

Sie fehlte ja, mein emsig Tun und Streben
Für sie allein ertrug ich's durch die Glut
Der heißen Stunde; welch erquicktes Leben
Am kühlen Abend! lohnend war's und gut.

Die Sonne sank und Hand in Hand verpflichtet
Begrüßten wir den letzten Segensblick,
Und Auge sprach, in's Auge klar gerichtet:
Von Osten, hoffe nur, sie kommt zurück.

Um Mitternacht, der Sterne Glanz geleitet
Im holden Traum zur Schwelle wo sie ruht.
O sei auch mir dort auszuruhn bereitet,
Wie es auch sei das Leben, es ist gut.

Dem aufgehenden Vollmonde
Dornburg, 25. August 1828

Willst du mich sogleich verlassen!
Warst im Augenblick so nah!
Dich umfinstern Wolkenmassen
Und nun bist du gar nicht da.

Doch du fühlst wie ich betrübt bin,
Blickt dein Rand herauf als Stern!
Zeugest mir daß ich geliebt bin,
Sei das Liebchen noch so fern.

So hinan denn! hell und heller,
Reiner Bahn, in voller Pracht!
Schlägt mein Herz auch schmerzlich schneller,
Überselig ist die Nacht.

Vermächtnis

Kein Wesen kann zu Nichts zerfallen!
Das Ew'ge regt sich fort in allen,
Am Sein erhalte dich beglückt!
Das Sein ist ewig: denn Gesetze
Bewahren die lebend'gen Schätze
Aus welchen sich das All geschmückt.

Das Wahre war schon längst gefunden,
Hat edle Geisterschaft verbunden,
Das alte Wahre faß es an!
Verdank' es Erdensohn dem Weisen
Der ihr die Sonne zu umkreisen
Und dem Geschwister wies die Bahn.

Sofort nun wende dich nach innen,
Das Zentrum findest du dadrinnen
Woran kein Edler zweifeln mag.
Wirst keine Regel da vermissen:
Denn das selbstständige Gewissen
Ist Sonne deinem Sittentag.

Den Sinnen hast du dann zu trauen,
Kein Falsches lassen sie dich schauen,
Wenn dein Verstand dich wach erhält.
Mit frischem Blick bemerke freudig,
Und wandle sicher wie geschmeidig
Durch Auen reichbegabter Welt.

Genieße mäßig Füll' und Segen,
Vernunft sei überall zugegen
Wo Leben sich des Lebens freut.
Dann ist Vergangenheit beständig,
Das Künftige voraus lebendig,
Der Augenblick ist Ewigkeit.

Und war es endlich dir gelungen,
Und bist du vom Gefühl durchdrungen:
Was fruchtbar ist, allein ist wahr,
Du prüfst das allgemeine Walten,
Es wird nach seiner Weise schalten,
Geselle dich zur kleinsten Schar.

Und wie von Alters her im Stillen
Ein Liebewerk nach eignem Willen
Der Philosoph, der Dichter schuf,
So wirst du schönste Gunst erzielen:
Denn edlen Seelen vorzufühlen
Ist wünschenswertester Beruf.

MOGANNI NAMEH
BUCH DES SÄNGERS

Zwanzig Jahre ließ ich gehn
Und genoß was mir beschieden;
Eine Reihe völlig schön
Wie die Zeit der Barmekiden.

Hegire

Nord und West und Süd zersplittern,
Throne bersten, Reiche zittern,
Flüchte du, im reinen Osten
Patriarchenluft zu kosten,
Unter Lieben, Trinken, Singen
Soll dich Chisers Quell verjüngen.

Dort im Reinen und im Rechten
Will ich menschlichen Geschlechten
In des Ursprungs Tiefe dringen,
Wo sie noch von Gott empfingen
Himmelslehr' in Erdesprachen,
Und sich nicht den Kopf zerbrachen.

Wo sie Väter hoch verehrten,
Jeden fremden Dienst verwehrten;
Will mich freun der Jugendschranke:
Glaube weit, eng der Gedanke,
Wie das Wort so wichtig dort war,
Weil es ein gesprochen Wort war.

Will mich unter Hirten mischen,
An Oasen mich erfrischen,
Wenn mit Karawanen wandle,
Schawl, Kaffee und Moschus handle;
Jeden Pfad will ich betreten
Von der Wüste zu den Städten.

Bösen Felsweg auf und nieder
Trösten, Hafis, deine Lieder,
Wenn der Führer mit Entzücken
Von des Maultiers hohem Rücken
Singt, die Sterne zu erwecken
Und die Räuber zu erschrecken.

Will in Bädern und in Schenken,
Heil'ger Hafis, dein gedenken;

Wenn den Schleier Liebchen lüftet,
Schüttelnd Ambralocken düftet.
Ja des Dichters Liebeflüstern
Mache selbst die Huris lüstern.

Wolltet ihr ihm dies beneiden,
Oder etwa gar verleiden;
Wisset nur, daß Dichterworte
Um des Paradieses Pforte
Immer leise klopfend schweben
Sich erbittend ew'ges Leben.

Segenspfänder

Talisman in Karneol
Gläub'gen bringt er Glück und Wohl;
Steht er gar auf Onyx Grunde,
Küß ihn mit geweihtem Munde!
Alles Übel treibt er fort,
Schützet dich und schützt den Ort:
Wenn das eingegrabne Wort
Allahs Namen rein verkündet,
Dich zu Lieb' und Tat entzündet.
Und besonders werden Frauen
Sich am Talisman erbauen.

Amulete sind dergleichen
Auf Papier geschriebne Zeichen;
Doch man ist nicht im Gedränge
Wie auf edlen Steines Enge,
Und vergönnt ist frommen Seelen
Längre Verse hier zu wählen.
Männer hängen die Papiere
Gläubig um, als Skapuliere.

Die *Inschrift* aber hat nichts hinter sich,
Sie ist sie selbst, und muß dir alles sagen,
Was hinterdrein mit redlichem Behagen
Du gerne sagst: Ich sag' es! Ich!

Doch *Abraxas* bring' ich selten!
Hier soll meist das Fratzenhafte,
Das ein düstrer Wahnsinn schaffte,
Für das Allerhöchste gelten.
Sag' ich euch absurde Dinge,
Denkt, daß ich Abraxas bringe.

Ein *Siegelring* ist schwer zu zeichnen,
Den höchsten Sinn im engsten Raum;
Doch weißt du hier ein Echtes anzueignen,
Gegraben steht das Wort, du denkst es kaum.

Freisinn

Laßt mich nur auf meinem Sattel gelten!
Bleibt in euren Hütten, euren Zelten!
Und ich reite froh in alle Ferne,
Über meiner Mütze nur die Sterne.

Er hat euch die Gestirne gesetzt
Als Leiter zu Land und See;
Damit ihr euch daran ergetzt
Stets blickend in die Höh.

Talismane

Gottes ist der Orient!
Gottes ist der Okzident!
Nord- und südliches Gelände
Ruht im Frieden seiner Hände.

Er, der einzige Gerechte,
Will für jedermann das Rechte.
Sei, von seinen hundert Namen,
Dieser hochgelobet! Amen.

Mich verwirren will das Irren;
Doch du weißt mich zu entwirren.
Wenn ich handle, wenn ich dichte,
Gib du meinem Weg die Richte.

Ob ich Ird'sches denk' und sinne,
Das gereicht zu höherem Gewinne.
Mit dem Staube nicht der Geist zerstoben,
Dringet, in sich selbst gedrängt, nach oben.

Im Atemholen sind zweierlei Gnaden:
Die Luft einziehen, sich ihrer entladen;

Jenes bedrängt, dieses erfrischt;
So wunderbar ist das Leben gemischt.
Du danke Gott, wenn er dich preßt,
Und dank' ihm, wenn er dich wieder entläßt.

Vier Gnaden

Daß Araber an ihrem Teil
Die Weite froh durchziehen,
Hat Allah zu gemeinem Heil
Der Gnaden vier verliehen.

Den Turban erst, der besser schmückt
Als alle Kaiserkronen;
Ein Zelt, das man vom Orte rückt
Um überall zu wohnen;

Ein Schwert, das tüchtiger beschützt
Als Fels und hohe Mauern;
Ein Liedchen, das gefällt und nützt,
Worauf die Mädchen lauern.

Und Blumen fing' ich ungestört
Von ihrem Schawl herunter,
Sie weiß recht wohl was ihr gehört
Und bleibt mir hold und munter.

Und Blum' und Früchte weiß ich euch
Gar zierlich aufzutischen,
Wollt ihr Moralien zugleich,
So geb' ich von den frischen.

Geständnis

Was ist schwer zu verbergen? Das Feuer!
Denn bei Tage verrät's der Rauch,
Bei Nacht die Flamme, das Ungeheuer.
Ferner ist schwer zu verbergen auch
Die Liebe; noch so stille gehegt,
Sie doch gar leicht aus den Augen schlägt.
Am schwersten zu bergen ist ein Gedicht;
Man stellt es unter'n Scheffel nicht.
Hat es der Dichter frisch gesungen,
So ist er ganz davon durchdrungen,
Hat er es zierlich nett geschrieben,

Will er, die ganze Welt soll's lieben.
Er lies't es jedem froh und laut,
Ob es uns quält, ob es erbaut.

Elemente

Aus wie vielen Elementen
Soll ein echtes Lied sich nähren,
Daß es Laien gern empfinden,
Meister es mit Freuden hören?

Liebe sei vor allen Dingen
Unser Thema, wenn wir singen;
Kann sie gar das Lied durchdringen,
Wird's um desto besser klingen.

Dann muß Klang der Gläser tönen,
Und Rubin des Weins erglänzen:
Denn für Liebende, für Trinker
Winkt man mit den schönsten Kränzen.

Waffenklang wird auch gefodert,
Daß auch die Drommete schmettre;
Daß, wenn Glück zu Flammen lodert,
Sich im Sieg der Held vergöttre.

Dann zuletzt ist unerläßlich,
Daß der Dichter manches hasse;
Was unleidlich ist und häßlich
Nicht wie Schönes leben lasse.

Weiß der Sänger, dieser Viere
Urgewalt'gen Stoff zu mischen,
Hafis gleich wird er die Völker
Ewig freuen und erfrischen.

Erschaffen und Beleben

Hans Adam war ein Erdenkloß,
Den Gott zum Menschen machte,
Doch bracht' er aus der Mutter Schoß
Noch vieles Ungeschlachte.

Die Elohim zur Nas' hinein
Den besten Geist ihm bliesen,

Nun schien er schon was mehr zu sein,
Denn er fing an zu niesen.

Doch mit Gebein und Glied und Kopf
Blieb er ein halber Klumpen,
Bis endlich Noah für den Tropf
Das Wahre fand, den Humpen.

Der Klumpe fühlt sogleich den Schwung,
Sobald er sich benetzet,
So wie der Teig durch Säuerung
Sich in Bewegung setzet.

So, Hafis, mag dein holder Sang,
Dein heiliges Exempel,
Uns führen, bei der Gläser Klang,
Zu unsres Schöpfers Tempel.

Phänomen

Wenn zu der Regenwand
Phöbus sich gattet,
Gleich steht ein Bogenrand
Farbig beschattet.

Im Nebel gleichen Kreis
Seh' ich gezogen,
Zwar ist der Bogen weiß,
Doch Himmelsbogen.

So sollst du, muntrer Greis,
Dich nicht betrüben,
Sind gleich die Haare weiß,
Doch wirst du lieben.

Liebliches

Was doch Buntes dort verbindet
Mir den Himmel mit der Höhe?
Morgennebelung verblindet
Mir des Blickes scharfe Sehe.

Sind es Zelte des Wesires,
Die er lieben Frauen baute?
Sind es Teppiche des Festes,
Weil er sich der Liebsten traute?

Rot und weiß, gemischt, gesprenkelt
Wüßt' ich Schönres nicht zu schauen,
Doch wie, Hafis, kommt dein Schiras
Auf des Nordens trübe Gauen?

Ja es sind die bunten Mohne,
Die sich nachbarlich erstrecken,
Und, dem Kriegesgott zum Hohne,
Felder streifweis freundlich decken.

Möge stets so der Gescheute
Nutzend Blumenzierde pflegen,
Und ein Sonnenschein, wie heute,
Klären sie auf meinen Wegen!

Zwiespalt

Wenn links an Baches Rand
Cupido flötet,
Im Felde rechter Hand
Mavors drommetet,
Da wird dorthin das Ohr
Lieblich gezogen,
Doch um des Liedes Flor
Durch Lärm betrogen.
Nun flötet's immer voll
Im Kriegesthunder,
Ich werde rasend, toll;
Ist das ein Wunder?
Fort wächst der Flötenton,
Schall der Posaunen,
Ich irre, rase schon;
Ist das zu staunen?

Im Gegenwärtigen Vergangnes

Ros' und Lilie morgentaulich
Blüht im Garten meiner Nähe;
Hinten an, bebuscht und traulich,
Steigt der Felsen in die Höhe;
Und mit hohem Wald umzogen,
Und mit Ritterschloß gekrönet,
Lenkt sich hin des Gipfels Bogen,
Bis er sich dem Tal versöhnet.

Und da duftet's wie vor Alters,
Da wir noch von Liebe litten,
Und die Saiten meines Psalters
Mit dem Morgenstrahl sich stritten;
Wo das Jagdlied aus den Büschen
Fülle runden Tons enthauchte,
Anzufeuern, zu erfrischen
Wie's der Busen wollt' und brauchte.

Nun die Wälder ewig sprossen,
So ermutigt euch mit diesen,
Was ihr sonst für euch genossen
Läßt in andern sich genießen.
Niemand wird uns dann beschreien,
Daß wir's uns alleine gönnen;
Nun in allen Lebensreihen
Müsset ihr genießen können.

Und mit diesem Lied und Wendung
Sind wir wieder bei Hafisen,
Denn es ziemt des Tags Vollendung
Mit Genießern zu genießen.

Lied und Gebilde

Mag der Grieche seinen Ton
Zu Gestalten drücken,
An der eignen Hände Sohn
Steigern sein Entzücken;

Aber uns ist wonnereich
In den Euphrat greifen,
Und im flüss'gen Element
Hin und wieder schweifen.

Löscht' ich so der Seele Brand,
Lied es wird erschallen;
Schöpft des Dichters reine Hand,
Wasser wird sich ballen.

Dreistigkeit

Worauf kommt es überall an,
Daß der Mensch gesundet?
Jeder höret gern den Schall an
Der zum Ton sich rundet.

Alles weg, was deinen Lauf stört!
Nur kein düster Streben!
Eh' er singt und eh' er aufhört,
Muß der Dichter leben.

Und so mag des Lebens Erzklang
Durch die Seele dröhnen!
Fühlt der Dichter sich das Herz bang,
Wird sich selbst versöhnen.

Derb und Tüchtig

Dichten ist ein Übermut,
Niemand schelte mich!
Habt getrost ein warmes Blut
Froh und frei wie ich.

Sollte jeder Stunde Pein
Bitter schmecken mir;
Würd' ich auch bescheiden sein
Und noch mehr als ihr.

Denn Bescheidenheit ist fein
Wenn das Mädchen blüht,
Sie will zart geworben sein
Die den Rohen flieht.

Auch ist gut Bescheidenheit,
Spricht ein weiser Mann,
Der von Zeit und Ewigkeit
Mich belehren kann.

Dichten ist ein Übermut!
Treib' es gern allein.
Freund' und Frauen, frisch von Blut,
Kommt nur auch herein!

Mönchlein ohne Kapp' und Kutt'
Schwatz' nicht auf mich ein!
Zwar du machest mich kaputt,
Nicht bescheiden, nein!

Deiner Phrasen leeres Was
Treibet mich davon,
Abgeschliffen hab' ich das
An den Sohlen schon.

Wenn des Dichters Mühle geht,
Halte sie nicht ein:
Denn wer einmal uns versteht
Wird uns auch verzeihn.

Allleben

Staub ist eins der Elemente,
Das du gar geschickt bezwingest,
Hafis, wenn zu Liebchens Ehren,
Du ein zierlich Liedchen singest.

Denn der Staub auf ihrer Schwelle
Ist dem Teppich vorzuziehen,
Dessen goldgewirkte Blumen
Mahmuds Günstlinge beknieen.

Treibt der Wind von ihrer Pforte
Wolken Staubs behend vorüber,
Mehr als Moschus sind die Düfte
Und als Rosenöl dir lieber.

Staub, den hab' ich längst entbehret
In dem stets umhüllten Norden,
Aber in dem heißen Süden
Ist er mir genugsam worden.

Doch schon längst, daß liebe Pforten
Mir auf ihren Angeln schwiegen!
Heile mich, Gewitterregen,
Laß mich, daß es grunelt, riechen!

Wenn jetzt alle Donner rollen
Und der ganze Himmel leuchtet,
Wird der wilde Staub des Windes
Nach dem Boden hingefeuchtet.

Und sogleich entspringt ein Leben,
Schwillt ein heilig heimlich Wirken,
Und es grunelt und es grünet
In den irdischen Bezirken.

Selige Sehnsucht

Sagt es niemand, nur den Weisen,
Weil die Menge gleich verhöhnet,
Das Lebend'ge will ich preisen
Das nach Flammentod sich sehnet.

In der Liebesnächte Kühlung,
Die dich zeugte, wo du zeugtest,
Überfällt dich fremde Fühlung
Wenn die stille Kerze leuchtet.

Nicht mehr bleibest du umfangen
In der Finsternis Beschattung,
Und dich reißet neu Verlangen
Auf zu höherer Begattung.

Keine Ferne macht dich schwierig,
Kommst geflogen und gebannt,
Und zuletzt, des Lichts begierig,
Bist du Schmetterling verbrannt.

Und so lang du das nicht hast,
Dieses: Stirb und werde!
Bist du nur ein trüber Gast
Auf der dunklen Erde.

Tut ein Schilf sich doch hervor,
Welten zu versüßen!
Möge meinem Schreibe-Rohr
Liebliches entfließen!

HAFIS NAMEH
BUCH HAFIS

Sei das Wort die Braut genannt,
Bräutigam der Geist;
Diese Hochzeit hat gekannt
Wer Hafisen preis't.

Beiname

Dichter
Mohamed Schemseddin sage,
Warum hat dein Volk, das hehre,
Hafis dich genannt?

Hafis
Ich ehre,
Ich erwidre deine Frage.
Weil in gücklichem Gedächtnis,
Des Korans geweiht Vermächtnis
Unverändert ich verwahre,
Und damit so fromm gebare,
Daß gemeinen Tages Schlechtnis
Weder mich noch die berühret
Die Prophetenwort und Samen
Schätzen wie es sich gebühret;
Darum gab man mir den Namen.

Dichter
Hafis drum, so will mir scheinen,
Möcht' ich dir nicht gerne weichen:
Denn, wenn wir wie andre meinen,
Werden wir den andern gleichen.
Und so gleich' ich dir vollkommen
Der ich unsrer heil'gen Bücher
Herrlich Bild an mich genommen,
Wie auf jenes Tuch der Tücher
Sich des Herren Bildnis drückte,
Mich in stiller Brust erquickte,
Trotz Verneinung, Hindrung, Raubens,
Mit dem heitern Bild des Glaubens.

Anklage

Wißt ihr denn auf wen die Teufel lauern,
In der Wüste, zwischen Fels und Mauern?
Und, wie sie den Augenblick erpassen,

Nach der Hölle sie entführend fassen?
Lügner sind es und der Bösewicht.

Der Poete, warum scheut er nicht,
Sich mit solchen Leuten einzulassen!

Weiß denn der mit wem er geht und wandelt,
Er, der immer nur im Wahnsinn handelt?
Gränzenlos, von eigensinn'gem Lieben,
Wird er in die Öde fortgetrieben,
Seiner Klagen Reim', in Sand geschrieben,
Sind vom Winde gleich verjagt;
Er versteht nicht was er sagt,
Was er sagt wird er nicht halten.

Doch sein Lied man läßt es immer walten,
Da es doch dem Koran widerspricht.
Lehret nun, ihr des Gesetzes Kenner,
Weisheit-fromme, hochgelahrte Männer,
Treuer Mosleminen feste Pflicht.

Hafis insbesondre schaffet Ärgernisse,
Mirza sprengt den Geist in's Ungewisse,
Saget was man tun und lassen müsse?

Fetwa

Hafis Dichterzüge sie bezeichnen
Ausgemachte Wahrheit unauslöschlich;
Aber hie und da auch Kleinigkeiten
Außerhalb der Gränze des Gesetzes.
Willst du sicher gehn, so mußt du wissen
Schlangengift und Theriak zu sondern —
Doch der reinen Wollust edler Handlung
Sich mit frohem Mut zu überlassen,
Und vor solcher, der nur ew'ge Pein folgt,
Mit besonnenem Sinn sich zu verwahren,
Ist gewiß das Beste um nicht zu fehlen.
Dieses schrieb der arme Ebusuud euch,
Gott verzeih' ihm seine Sünden alle.

Der Deutsche dankt

Heiliger Ebusuud, hat's getroffen!
Solche Heil'ge wünschet sich der Dichter;
Denn gerade jene Kleinigkeiten

Außerhalb der Gränze des Gesetzes
Sind das Erbteil wo er übermütig,
Selbst im Kummer lustig, sich beweget.
Schlangengift und Theriak muß
Ihm das eine wie das andre scheinen.
Töten wird nicht jenes, dies nicht heilen:
Denn das wahre Leben ist des Handelns
Ew'ge Unschuld, die sich so erweiset,
Daß sie niemand schadet als sich selber.
Und so kann der alte Dichter hoffen,
Daß die Huris ihn im Paradiese
Als verklärten Jüngling wohl empfangen.
Heiliger Ebusuud, hast's getroffen!

Fetwa

Der Mufti las des *Misri* Gedichte
Eins nach dem andern, alle zusammen,
Und wohlbedächtig warf sie in die Flammen,
Das schöngeschriebne Buch es ging zunichte.

Verbrannt sei jeder, sprach der hohe Richter,
Wer spricht und glaubt wie *Misri* — er allein
Sei ausgenommen von des Feuers Pein:
Denn Allah gab die Gabe jedem Dichter;
Mißbraucht er sie im Wandel seiner Sünden,
So seh' er zu, mit Gott sich abzufinden.

Unbegränzt

Daß du nicht enden kannst, das macht dich groß,
Und daß du nie beginnst, das ist dein Los.
Dein Lied ist drehend wie das Sterngewölbe,
Anfang und Ende immerfort dasselbe,
Und was die Mitte bringt ist offenbar
Das was zu Ende bleibt und Anfangs war.

Du bist der Freuden echte Dichterquelle,
Und ungezählt entfließt dir Well' auf Welle.
Zum Küssen stets bereiter Mund,
Ein Brustgesang der lieblich fließet,
Zum Trinken stets gereizter Schlund,
Ein gutes Herz das sich ergießet.

Und mag die ganze Welt versinken!
Hafis, mit dir, mit dir allein
Will ich wetteifern! Lust und Pein
Sei uns den Zwillingen gemein!
Wie du zu lieben und zu trinken,
Das soll mein Stolz, mein Leben sein.

Nun töne Lied mit eignem Feuer!
Denn du bist älter, du bist neuer.

Nachbildung

In deine Reimart hoff' ich mich zu finden,
Das Wiederholen soll mir auch gefallen,
Erst werd' ich Sinn, sodann auch Worte finden;
Zum zweitenmal soll mir kein Klang erschallen,
Er müßte denn besondern Sinn begründen,
Wie du's vermagst, Begünstigter vor allen!

Den wie ein Funke fähig zu entzünden
Die Kaiserstadt, wenn Flammen grimmig wallen,
Sich winderzeugend, glühn von eignen Winden,
Er, schon erloschen, schwand zu Sternenhallen;
So schlang's von dir sich fort mit ew'gen Gluten
Ein deutsches Herz von frischem zu ermuten.

Zugemess'ne Rhythmen reizen freilich,
Das Talent erfreut sich wohl darin;
Doch wie schnelle widern sie abscheulich,
Hohle Masken ohne Blut und Sinn;
Selbst der Geist erscheint sich nicht erfreulich,
Wenn er nicht, auf neue Form bedacht,
Jener toten Form ein Ende macht.

Offenbar Geheimnis

Sie haben dich, heiliger Hafis,
Die mystische Zunge genannt,
Und haben, die Wortgelehrten,
Den Wert des Worts nicht erkannt.

Mystisch heißest du ihnen,
Weil sie Närrisches bei dir denken,
Und ihren unlautern Wein
In deinem Namen verschenken.

Du aber bist mystisch rein,
Weil sie dich nicht verstehn,
Der du, ohne fromm zu sein, selig bist!
Das wollen sie dir nicht zugestehn.

Wink

Und doch haben sie Recht, die ich schelte:
Denn, daß ein Wort nicht einfach gelte,
Das müßte sich wohl von selbst verstehn.
Das Wort ist ein Fächer! Zwischen den Stäben
Blicken ein Paar schöne Augen hervor.
Der Fächer ist nur ein lieblicher Flor,
Er verdeckt mir zwar das Gesicht,
Aber das Mädchen verbirgt er nicht,
Weil das Schönste was sie besitzt,
Das Auge, mir in's Auge blitzt.

An Hafis

Was alle wollen weißt du schon
Und hast es wohl verstanden:
Denn Sehnsucht hält, von Staub zu Thron,
Uns all' in strengen Banden.

Es tut so weh, so wohl hernach,
Wer sträubte sich dagegen?
Und wenn den Hals der eine brach,
Der andre bleibt verwegen.

Verzeihe, Meister, wie du weißt
Daß ich mich oft vermesse,
Wenn sie das Auge nach sich reißt
Die wandelnde Zypresse.

Wie Wurzelfasern schleicht ihr Fuß
Und buhlet mit dem Boden;
Wie leicht Gewölk verschmilzt ihr Guß,
Wie Ost-Gekos' ihr Oden.

Das alles drängt uns ahndevoll,
Wo Lock' an Locke kräuselt,
In brauner Fülle ringelnd schwoll,
Sodann im Winde säuselt.

Nun öffnet sich die Stirne klar,
Dein Herz damit zu glätten,
Vernimmst ein Lied so froh und wahr,
Den Geist darin zu betten.

Und wenn die Lippen sich dabei
Auf's niedlichste bewegen;
Sie machen dich auf einmal frei
In Fesseln dich zu legen.

Der Atem will nicht mehr zurück,
Die Seel' zur Seele fliehend,
Gerüche winden sich durch's Glück
Unsichtbar wolkig ziehend.

Doch wenn es allgewaltig brennt,
Dann greifst du nach der Schale:
Der Schenke läuft, der Schenke kömmt
Zum erst- und zweitenmale.

Sein Auge blitzt, sein Herz erbebt,
Er hofft auf deine Lehren,
Dich, wenn der Wein den Geist erhebt,
Im höchsten Sinn zu hören.

Ihm öffnet sich der Welten Raum,
Im Innern Heil und Orden,
Es schwillt die Brust, es bräunt der Flaum,
Er ist ein Jüngling worden.

Und wenn dir kein Geheimnis blieb
Was Herz und Welt enthalte,
Dem Denker winkst du treu und lieb,
Daß sich der Sinn entfalte.

Auch daß vom Throne Fürstenhort
Sich nicht für uns verliere,
Gibst du dem Schach ein gutes Wort
Und gibst es dem Wesire.

Das alles kennst und singst du heut
Und singst es morgen eben:
So trägt uns freundlich dein Geleit
Durch's rauhe milde Leben.

USCHK NAMEH
BUCH DER LIEBE

Sage mir,
Was mein Herz begehrt?

Mein Herz ist bei dir,
Halt' es wert.

Musterbilder

Hör' und bewahre
Sechs Liebespaare.
Wortbild entzündet, Liebe schürt zu:
Rustan und Rodawu.
Unbekannte sind sich nah:
Jussuph und Suleika.
Liebe, nicht Liebesgewinn:
Ferhad und Schirin.
Nur für einander da:
Medschnun und Leila.
Liebend im Alter sah
Dschemil auf Boteinah.
Süße Liebeslaune,
Salomo und die Braune!
Hast du sie wohl vermerkt,
Bist im Lieben gestärkt.

Noch ein Paar

Ja, Lieben ist ein groß Verdienst!
Wer findet schöneren Gewinnst? —
Du wirst nicht mächtig, wirst nicht reich,
Jedoch den größten Helden gleich.
Man wird, so gut wie vom Propheten,
Von *Wamik* und von *Asra* reden. —
Nicht reden wird man, wird sie nennen:
Die Namen müssen alle kennen.
Was sie getan, was sie geübt,
Das weiß kein Mensch! Daß sie geliebt,
Das wissen wir. Genug gesagt,
Wenn man nach *Wamik* und *Asra* fragt.

Lesebuch

Wunderlichstes Buch der Bücher
Ist das Buch der Liebe;

Aufmerksam hab' ich's gelesen:
Wenig Blätter Freuden,
Ganze Hefte Leiden;
Einen Abschnitt macht die Trennung.
Wiedersehn! ein klein Kapitel,
Fragmentarisch. Bände Kummers
Mit Erklärungen verlängert,
Endlos, ohne Maß.
O Nisami! — doch am Ende
Hast den rechten Weg gefunden;
Unauflösliches wer lös't es?
Liebende sich wieder findend.

Ja, die Augen waren's, ja der Mund,
Die mir blickten, die mich küßten.
Hüfte schmal, der Leib so rund
Wie zu Paradieses Lüsten.
War sie da? Wo ist sie hin?
Ja! Sie war's, sie hat's gegeben,
Hat gegeben sich im Fliehn
Und gefesselt all mein Leben.

Gewarnt

Auch in Locken hab' ich mich
Gar zu gern verfangen,
Und so, Hafis, wär's wie dir
Deinem Freund ergangen.

Aber Zöpfe flechten sie
Nun aus langen Haaren,
Unter'm Helme fechten sie,
Wie wir wohl erfahren.

Wer sich aber wohl besann
Läßt sich so nicht zwingen:
Schwere Ketten fürchtet man,
Rennt in leichte Schlingen.

Versunken

Voll Locken kraus ein Haupt so rund! —
Und darf ich dann in solchen reichen Haaren
Mit vollen Händen hin und wieder fahren,

Da kühl' ich mich von Herzensgrund gesund.
Und küss' ich Stirne, Bogen, Auge, Mund,
Dann bin ich frisch und immer wieder wund.
Der fünfgezackte Kamm wo sollt' er stocken?
Er kehrt schon wieder zu den Locken.
Das Ohr versagt sich nicht dem Spiel,
Hier ist nicht Fleisch, hier ist nicht Haut,
So zart zum Scherz, so liebeviel!
Doch wie man auf dem Köpfchen kraut,
Man wird in solchen reichen Haaren
Für ewig auf und nieder fahren.
So hast du, Hafis, auch getan,
Wir fangen es von vornen an.

Bedenklich

Soll ich von Smaragden reden,
Die dein Finger niedlich zeigt?
Manchmal ist ein Wort vonnöten,
Oft ist's besser daß man schweigt.

Also sag' ich: daß die Farbe
Grün und augerquicklich sei!
Sage nicht: daß Schmerz und Narbe
Zu befürchten nah dabei.

Immerhin! du magst es lesen!
Warum übst du solche Macht!
„So gefährlich ist dein Wesen
Als erquicklich der Smaragd."

Liebchen, ach! im starren Bande
Zwängen sich die freien Lieder,
Die im reinen Himmelslande
Munter flogen hin und wieder.
Allem ist die Zeit verderblich,
Sie erhalten sich allein!
Jede Zeile soll unsterblich,
Ewig wie die Liebe sein.

Schlechter Trost

Mitternachts weint' und schluchzt' ich,
Weil ich dein entbehrte.
Da kamen Nachtgespenster

Und ich schämte mich.
Nachtgespenster, sagt' ich,
Schluchzend und weinend
Findet ihr mich, dem ihr sonst
Schlafendem vorüberzogt.
Große Güter vermiss' ich.
Denkt nicht schlimmer von mir
Den ihr sonst weise nanntet,
Großes Übel betrifft ihn! —
Und die Nachtgespenster
Mit langen Gesichtern
Zogen vorbei,
Ob ich weise oder törig
Völlig unbekümmert.

Genügsam

„Wie irrig wähnest du:
Aus Liebe gehöre das Mädchen dir zu.
Das könnte mich nun gar nicht freuen,
Sie versteht sich auf Schmeicheleien."

Dichter
Ich bin zufrieden, daß ich's habe!
Mir diene zur Entschuldigung:
Liebe ist freiwillige Gabe,
Schmeichelei Huldigung.

Gruss

O wie selig ward mir!
Im Lande wandl' ich,
Wo Hudhud über den Weg läuft.
Des alten Meeres Muscheln
Im Stein sucht' ich die versteinten;
Hudhud lief einher
Die Krone entfaltend;
Stolzierte, neckischer Art,
Über das Tote scherzend
Der Lebend'ge.
Hudhud, sagt' ich, fürwahr!
Ein schöner Vogel bist du.
Eile doch, Wiedehopf!
Eile, der Geliebten
Zu verkünden, daß ich ihr

Ewig angehöre.
Hast du doch auch
Zwischen Salomo
Und Saba's Königin
Ehemals den Kuppler gemacht!

Ergebung

„Du vergehst und bist so freundlich,
Verzehrst dich und singst so schön?"

Dichter
Die Liebe behandelt mich feindlich!
Da will ich gern gestehn,
Ich singe mit schwerem Herzen.
Sieh doch einmal die Kerzen,
Sie leuchten indem sie vergehn.

Eine Stelle suchte der Liebe Schmerz,
Wo es recht wüst und einsam wäre;
Da fand er denn mein ödes Herz
Und nistete sich in das leere.

Unvermeidlich

Wer kann gebieten den Vögeln
Still zu sein auf der Flur?
Und wer verbieten zu zappeln
Den Schafen unter der Schur?

Stell' ich mich wohl ungeberdig,
Wenn mir die Wolle kraus't?
Nein! Die Ungeberden entzwingt mir
Der Scherer, der mich zerzaus't.

Wer will mir wehren zu singen
Nach Lust zum Himmel hinan,
Den Wolken zu vertrauen
Wie lieb sie mir's angetan?

Geheimes

Über meines Liebchens Äugeln
Stehn verwundert alle Leute;

Ich, der Wissende, dagegen
Weiß recht gut was das bedeute.

Denn es heißt: ich liebe diesen,
Und nicht etwa den und jenen.
Lasset nur, ihr guten Leute,
Euer Wundern, euer Sehnen!

Ja, mit ungeheuren Mächten
Blicket sie wohl in die Runde;
Doch sie sucht nur zu verkünden
Ihm die nächste süße Stunde.

Geheimstes

„Wir sind emsig, nachzuspüren,
Wir, die Anekdotenjäger,
Wer dein Liebchen sei und ob du
Nicht auch habest viele Schwäger.

Denn, daß du verliebt bist, sehn wir,
Mögen dir es gerne gönnen;
Doch, daß Liebchen so dich liebe,
Werden wir nicht glauben können."

Ungehindert, liebe Herren,
Sucht sie auf! nur hört das Eine:
Ihr erschrecket, wenn sie dasteht!
Ist sie fort, ihr kos't dem Scheine.

Wißt ihr wie *Schehâb-eddin*
Sich auf *Arafat* entmantelt;
Niemand haltet ihr für törig
Der in seinem Sinne handelt.

Wenn vor deines Kaisers Throne,
Oder vor der Vielgeliebten,
Je dein Name wird gesprochen,
Sei es dir zu höchstem Lohne.

Darum war's der höchste Jammer
Als einst *Medschnun* sterbend wollte,
Daß vor *Leila* seinen Namen
Man forthin nicht nennen sollte.

TEFKIR NAHMEH
BUCH DER BETRACHTUNGEN

Höre den Rat den die Leier tönt;
Doch er nutzet nur, wenn du fähig bist.
Das glücklichste Wort, es wird verhöhnt,
Wenn der Hörer ein Schiefohr ist.

„Was tönt denn die Leier?“ Sie tönet laut:
Die schönste das ist nicht die beste Braut;
Doch wenn wir dich unter uns zählen sollen,
So mußt du das Schönste, das Beste wollen.

Fünf Dinge

Fünf Dinge bringen fünfe nicht hervor,
Du, dieser Lehre öffne du dein Ohr:
Der stolzen Brust wird Freundschaft nicht entsprossen;
Unhöflich sind der Niedrigkeit Genossen;
Ein Bösewicht gelangt zu keiner Größe;
Der Neidische erbarmt sich nicht der Blöße;
Der Lügner hofft vergeblich Treu' und Glauben;
Das halte fest und niemand laß dir's rauben.

Fünf andere

Was verkürzt mir die Zeit?
  Tätigkeit!
Was macht sie unerträglich lang?
  Müßiggang!
Was bringt in Schulden?
  Harren und Dulden!
Was macht Gewinnen?
  Nicht lange besinnen!
Was bringt zu Ehren?
  Sich wehren!

Lieblich ist des Mädchens Blick, der winket,
Trinkers Blick ist lieblich, eh' er trinket,
Gruß des Herren, der befehlen konnte,
Sonnenschein im Herbst, der dich besonnte.
Lieblicher als alles dieses habe
Stets vor Augen, wie sich kleiner Gabe

Dürft'ge Hand so hübsch entgegen dränget,
Zierlich dankbar was du reichst empfänget.
Welch ein Blick! ein Gruß! ein sprechend Streben!
Schau' es recht und du wirst immer geben.

Und was im *Pend-Nameh* steht
Ist dir aus der Brust geschrieben:
Jeden dem du selber gibst
Wirst du wie dich selber lieben.
Reiche froh den Pfennig hin,
Häufe nicht ein Gold-Vermächtnis,
Eile freudig vorzuziehn
Gegenwart vor dem Gedachtnis.

Reitest du bei einem Schmied vorbei,
Weißt nicht wann er dein Pferd beschlägt;
Siehst du eine Hütte im Felde frei,
Weißt nicht ob sie dir ein Liebchen hegt;
Einem Jüngling begegnest du schön und kühn,
Er überwindet dich künftig oder du ihn.
Am sichersten kannst du vom Rebstock sagen
Er werde für dich was Gutes tragen.
So bist du denn der Welt empfohlen,
Das Übrige will ich nicht wiederholen.

Den Gruß des Unbekannten ehre ja!
Er sei dir wert als alten Freundes Gruß.
Nach wenig Worten sagt ihr Lebewohl!
Zum Osten du, er westwärts, Pfad an Pfad —
Kreuzt euer Weg nach vielen Jahren drauf
Sich unerwartet, ruft ihr freudig aus:
Er ist es! ja, da war's! als hätte nicht
So manche Tagefahrt zu Land und See,
So manche Sonnenkehr sich drein gelegt.
Nun tauschet War' um Ware, teilt Gewinn!
Ein alt Vertrauen wirke neuen Bund —
Der erste Gruß ist viele tausend wert,
Drum grüße freundlich jeden der begrüßt.

Haben sie von deinen Fehlen
Immer viel erzählt,
Und für wahr sie zu erzählen
Vielfach sich gequält.

Hätten sie von deinem Guten
Freundlich dir erzählt,
Mit verständig treuen Winken
Wie man Bess'res wählt;
O gewiß! das Allerbeste
Blieb mir nicht verhehlt,
Das fürwahr nur wenig Gäste
In der Klause zählt.
Nun als Schüler mich, zu kommen,
Endlich auserwählt,
Lehret mich der Buße Frommen,
Wenn der Mensch gefehlt.

Märkte reizen dich zum Kauf;
Doch das Wissen blähet auf.
Wer im Stillen um sich schaut
Lernet wie die Lieb' erbaut.
Bist du Tag und Nacht beflissen
Viel zu hören viel zu wissen;
Horch an einer andern Türe
Wie zu wissen sich gebühre.
Soll das Rechte zu dir ein,
Fühl' in Gott was Rechts zu sein:
Wer von reiner Lieb' entbrannt
Wird vom lieben Gott erkannt.

Wie ich so ehrlich war,
Hab' ich gefehlt,
Und habe Jahre lang
Mich durchgequält;
Ich galt und galt auch nicht,
Was sollt' es heißen?
Nun wollt' ich Schelm sein,
Tät mich befleißen;
Das wollt' mir gar nicht ein,
Mußt' mich zerreißen.
Da dacht' ich: ehrlich sein
Ist doch das Beste,
War es nur kümmerlich,
So steht es feste.

Frage nicht durch welche Pforte
Du in Gottes Stadt gekommen,
Sondern bleib' am stillen Orte
Wo du einmal Platz genommen.

Schaue dann umher nach Weisen,
Und nach Mächt'gen, die befehlen;
Jene werden unterweisen,
Diese Tat und Kräfte stählen.

Wenn du nützlich und gelassen
So dem Staate treu geblieben,
Wisse! niemand wird dich hassen
Und dich werden viele lieben.

Und der Fürst erkennt die Treue,
Sie erhält die Tat lebendig;
Dann bewährt sich auch das Neue
Nächst dem Alten erst bestandig.

Woher ich kam? Es ist noch eine Frage,
Mein Weg hierher, der ist mir kaum bewußt,
Heut nun und hier am himmelfrohen Tage
Begegnen sich, wie Freunde, Schmerz und Lust.
O süßes Glück, wenn beide sich vereinen!
Einsam, wer möchte lachen, möchte weinen?

Es geht eins nach dem andern hin,
Und auch wohl vor dem andern;
Drum laßt uns rasch und brav und kühn
Die Lebenswege wandern.
Es hält dich auf, mit Seitenblick,
Der Blumen viel zu lesen;
Doch hält nichts grimmiger zurück
Als wenn du falsch gewesen.

Behandelt die Frauen mit Nachsicht!
Aus krummer Rippe ward sie erschaffen,
Gott konnte sie nicht ganz g'rade machen.
Willst du sie biegen, sie bricht;
Läßt du sie ruhig, sie wird noch krümmer;
Du guter Adam, was ist denn schlimmer? —
Behandelt die Frauen mit Nachsicht:
Es ist nicht gut daß euch eine Rippe bricht.

Das Leben ist ein schlechter Spaß,
Dem fehlt's an Dies, dem fehlt's an Das,
Der will nicht wenig, der zuviel,

Und Kann und Glück kommt auch in's Spiel.
Und hat sich's Unglück drein gelegt,
Jeder wie er nicht wollte trägt.
Bis endlich Erben mit Behagen
Herrn Kannnicht-Willnicht weiter tragen.

Das Leben ist ein Gänsespiel:
Je mehr man vorwärts gehet,
Je früher kommt man an das Ziel,
Wo niemand gerne stehet.

Man sagt die Gänse wären dumm,
O glaubt mir nicht den Leuten:
Denn eine sieht einmal sich 'rum
Mich rückwärts zu bedeuten.

Ganz anders ist's in dieser Welt
Wo alles vorwärts drücket,
Wenn einer stolpert oder fällt
Keine Seele rückwärts blicket.

„Die Jahre nahmen dir, du sagst, so vieles:
Die eigentliche Lust des Sinnespieles,
Erinnerung des allerliebsten Tandes
Von gestern, weit- und breiten Landes
Durchschweifen frommt nicht mehr; selbst nicht von Oben
Der Ehren anerkannte Zier, das Loben
Erfreulich sonst. Aus eignem Tun Behagen
Quillt nicht mehr auf, dir fehlt ein dreistes Wagen!
Nun wüßt' ich nicht was dir Besondres bliebe?"

Mir bleibt genug! Es bleibt Idee und Liebe!

Vor den Wissenden sich stellen
Sicher ist's in allen Fällen!
Wenn du lange dich gequälet
Weiß er gleich wo dir es fehlet;
Auch auf Beifall darfst du hoffen,
Denn er weiß wo du's getroffen.

Freigebiger wird betrogen,
Geizhafter ausgesogen,
Verständiger irrgeleitet,

Vernünftiger leer geweitet,
Der Harte wird umgangen,
Der Gimpel wird gefangen.
Beherrsche diese Lüge,
Betrogener betrüge!

Wer befehlen kann wird loben
Und er wird auch wieder schelten,
Und das muß dir, treuer Diener,
Eines wie das andre gelten.

Denn er lobt wohl das Geringe,
Schilt auch, wo er sollte loben;
Aber bleibst du guter Dinge,
Wird er dich zuletzt erproben.

Und so haltet's auch, ihr Hohen,
Gegen Gott wie der Geringe,
Tut und leidet, wie sich's findet,
Bleibt nur immer guter Dinge.

Schach Sedschan und Seinesgleichen

Durch allen Schall und Klang
Der Transoxanen
Erkühnt sich unser Sang
Auf deine Bahnen!
Uns ist für gar nichts bang,
In dir lebendig,
Dein Leben daure lang,
Dein Reich beständig!

Höchste Gunst

Ungezähmt so wie ich war
Hab' ich einen Herrn gefunden,
Und gezähmt nach manchem Jahr
Eine Herrin auch gefunden.
Da sie Prüfung nicht gespart
Haben sie mich treu gefunden,
Und mit Sorgfalt mich bewahrt
Als den Schatz, den sie gefunden.
Niemand diente zweien Herrn

Der dabei sein Glück gefunden;
Herr und Herrin sehn es gern
Daß sie beide mich gefunden,
Und mir leuchtet Glück und Stern
Da ich beide sie gefunden.

Ferdusi
spricht

O Welt! wie schamlos und boshaft du bist!
Du nährst und erziehest und tötest zugleich.

Nur wer von Allah begünstiget ist,
Der nährt sich, erzieht sich, lebendig und reich.

Was heißt denn Reichtum? Eine wärmende Sonne,
Genießt sie der Bettler, wie wir sie genießen!
Es möge doch keinen der Reichen verdrießen
Des Bettlers im Eigensinn selige Wonne.

Dschelâl-eddîn Rumi
spricht

Verweilst du in der Welt, sie flieht als Traum,
Du reisest, ein Geschick bestimmt den Raum;
Nicht Hitze, Kälte nicht vermagst du fest zu halten,
Und was dir blüht, sogleich wird es veralten.

Suleika
spricht

Der Spiegel sagt mir ich bin schön!
Ihr sagt: zu altern sei auch mein Geschick.
Vor Gott muß alles ewig stehn,
In mir liebt Ihn, für diesen Augenblick.

RENDSCH NAMEH
BUCH DES UNMUTS

„Wo hast du das genommen?
Wie konnt' es zu dir kommen?
Wie aus dem Lebensplunder
Erwarbst du diesen Zunder,
Der Funken letzte Gluten
Von frischem zu ermuten?"

Euch mög' es nicht bedünkeln
Es sei gemeines Fünkeln;
Auf ungemess'ner Ferne,
Im Ozean der Sterne,
Mich hatt' ich nicht verloren,
Ich war wie neu geboren.

Von weißer Schafe Wogen
Die Hügel überzogen,
Umsorgt von ernsten Hirten,
Die gern und schmal bewirten,
So ruhig' liebe Leute,
Daß jeder mich erfreute.

In schauerlichen Nächten,
Bedrohet von Gefechten;
Das Stöhnen der Kamele
Durchdrang das Ohr, die Seele,
Und derer, die sie führen,
Einbildung und Stolzieren.

Und immer ging es weiter,
Und immer ward es breiter,
Und unser ganzes Ziehen
Es schien ein ewig Fliehen,
Blau, hinter Wüst' und Heere,
Der Streif erlogner Meere.

Keinen Reimer wird man finden
Der sich nicht den besten hielte,
Keinen Fiedler, der nicht lieber
Eigne Melodieen spielte.

Und ich konnte sie nicht tadeln;
Wenn wir andern Ehre geben,

Müssen wir uns selbst entadeln;
Lebt man denn wenn andre leben?

Und so fand ich's denn auch juste
In gewissen Antichambern,
Wo man nicht zu sondern wußte
Mäusedreck von Koriandern.

Das Gewes'ne wollte hassen
Solche rüst'ge neue Besen,
Diese dann nicht gelten lassen
Was sonst Besen war gewesen.

Und wo sich die Völker trennen
Gegenseitig im Verachten,
Keins von beiden wird bekennen,
Daß sie nach demselben trachten.

Und das grobe Selbstempfinden
Haben Leute hart gescholten,
Die am wenigsten verwinden,
Wenn die andern was gegolten.

Befindet sich einer heiter und gut,
Gleich will ihn der Nachbar pein'gen;
So lang der Tüchtige lebt und tut,
Möchten sie ihn gerne stein'gen.
Ist er hinterher aber tot,
Gleich sammeln sie große Spenden,
Zu Ehren seiner Lebensnot
Ein Denkmal zu vollenden;
Doch ihren Vorteil sollte dann
Die Menge wohl ermessen,
Gescheiter wär's, den guten Mann
Auf immerdar vergessen.

Übermacht, ihr könnt es spüren,
Ist nicht aus der Welt zu bannen;
Mir gefällt zu konversieren
Mit Gescheiten, mit Tyrannen.

Da die dummen Eingeengten
Immerfort am stärksten pochten,
Und die Halben, die Beschränkten
Gar zu gern uns unterjochten;

Hab' ich mich für frei erkläret
Von den Narren, von den Weisen,
Diese bleiben ungestöret,
Jene möchten sich zerreißen.

Denken, in Gewalt und Liebe
Müßten wir zuletzt uns gatten,
Machen mir die Sonne trübe
Und erhitzen mir den Schatten.

Hafis auch und Ulrich Hutten
Mußten ganz bestimmt sich rüsten
Gegen braun' und blaue Kutten,
Meine gehn wie andre Christen.

„Aber nenn' uns doch die Feinde!"
Niemand soll sie unterscheiden:
Denn ich hab' in der Gemeinde
Schon genug daran zu leiden.

Wenn du auf dem Guten ruhst,
Nimmer werd' ich's tadeln.
Wenn du gar das Gute tust,
Sieh, das soll dich adeln!
Hast du aber deinen Zaun
Um dein Gut gezogen,
Leb' ich frei und lebe traun
Keineswegs betrogen.

Denn die Menschen sie sind gut,
Würden besser bleiben,
Sollte nicht, wie's einer tut,
Auch der andre treiben.
Auf dem Weg da ist's ein Wort,
Niemand wird's verdammen:
Wollen wir an Einen Ort,
Nun, wir gehn zusammen.

Vieles wird sich da und hie
Uns entgegen stellen.
In der Liebe mag man nie
Helfer und Gesellen;
Geld und Ehre hätte man
Gern allein zur Spende;
Und der Wein, der treue Mann,
Der entzweit am Ende.

Hat doch über solches Zeug
Hafis auch gesprochen,
Über manchen dummen Streich
Sich den Kopf zerbrochen,
Und ich seh' nicht was es frommt
Aus der Welt zu laufen,
Magst du, wenn's zum Schlimmsten kommt,
Auch einmal dich raufen.

Als wenn das auf Namen ruhte,
Was sich schweigend nur entfaltet!
Lieb' ich doch das schöne Gute
Wie es sich aus Gott gestaltet.

Jemand lieb' ich, das ist nötig;
Niemand hass' ich; soll ich hassen,
Auch dazu bin ich erbötig,
Hasse gleich in ganzen Massen.

Willst sie aber näher kennen?
Sieh auf's Rechte, sieh auf's Schlechte;
Was sie ganz fürtrefflich nennen
Ist wahrscheinlich nicht das Rechte.

Denn das Rechte zu ergreifen
Muß man aus dem Grunde leben,
Und salbadrisch auszuschweifen
Dünket mich ein leicht Bestreben.

Wohl, Herr Knitterer er kann sich
Mit Zersplitterer vereinen,
Und Verwitterer alsdann sich
Allenfalls der Beste scheinen!

Daß nur immer in Erneuung
Jeder täglich Neues höre,
Und zugleich auch die Zerstreuung
Jeden in sich selbst zerstöre.

Dies der Landsmann wünscht und liebet,
Mag er Deutsch mag Teutsch sich schreiben,
Liedchen aber heimlich piepet:
Also war es und wird bleiben.

Medschnun heißt — ich will nicht sagen
Daß es grad' ein Toller heiße;
Doch ihr müßt mich nicht verklagen
Daß ich mich als Medschnun preise.

Wenn die Brust, die redlich volle,
Sich entladet euch zu retten,
Ruft ihr nicht: das ist der Tolle!
Holet Stricke, schaffet Ketten!

Und wenn ihr zuletzt in Fesseln
Seht die Klügeren verschmachten,
Sengt es euch wie Feuernesseln,
Das vergebens zu betrachten.

Hab' ich euch denn je geraten
Wie ihr Kriege führen solltet?
Schalt ich euch, nach euren Taten,
Wenn ihr Friede schließen wolltet?

Und so hab' ich auch den Fischer
Ruhig sehen Netze werfen,
Brauchte dem gewandten Tischer
Winkelmaß nicht einzuschärfen.

Aber ihr wollt besser wissen
Was ich weiß, der ich bedachte,
Was Natur, für mich beflissen,
Schon zu meinem Eigen machte.

Fühlt ihr auch dergleichen Stärke?
Nun, so fördert eure Sachen!
Seht ihr aber meine Werke,
Lernet erst: so wollt' er's machen.

Wanderers Gemütsruhe

Über's Niederträchtige
Niemand sich beklage;
Denn es ist das Mächtige,
Was man dir auch sage.

In dem Schlechten waltet es
Sich zu Hochgewinne,
Und mit Rechtem schaltet es
Ganz nach seinem Sinne.

Wandrer! — Gegen solche Not
Wolltest du dich sträuben?
Wirbelwind und trocknen Kot
Laß sie drehn und stäuben.

Wer wird von der Welt verlangen
Was sie selbst vermißt und träumet,
Rückwärts oder seitwärts blickend
Stets den Tag des Tags versäumet?
Ihr Bemühn, ihr guter Wille
Hinkt nur nach dem raschen Leben,
Und was du vor Jahren brauchtest,
Möchte sie dir heute geben.

Sich selbst zu loben ist ein Fehler,
Doch jeder tut's, der etwas Gutes tut;
Und ist er dann in Worten kein Verhehler,
Das Gute bleibt doch immer gut.

Laßt doch, ihr Narren, doch die Freude
Dem Weisen, der sich weise hält,
Daß er, ein Narr wie ihr, vergeude
Den abgeschmackten Dank der Welt.

Glaubst du denn: von Mund zu Ohr
Sei ein redlicher Gewinnst?
Überliefrung, o du Tor,
Ist auch wohl ein Hirngespinnst!
Nun geht erst das Urteil an;
Dich vermag aus Glaubensketten
Der Verstand allein zu retten,
Dem du schon Verzicht getan.

Und wer franzet oder britet,
Italiänert oder teutschet,
Einer will nur wie der andre
Was die Eigenliebe heischet.

Denn es ist kein Anerkennen,
Weder vieler, noch des Einen,
Wenn es nicht am Tage fördert
Wo man selbst was möchte scheinen.

Morgen habe denn das Rechte
Seine Freunde wohlgesinnet,
Wenn nur heute noch das Schlechte
Vollen Platz und Gunst gewinnet.

Wer nicht von dreitausend Jahren
Sich weiß Rechenschaft zu geben,
Bleib' im Dunkeln unerfahren,
Mag von Tag zu Tage leben.

Sonst, wenn man den heiligen Koran zitierte,
Nannte man die Sure, den Vers dazu,
Und jeder Moslem, wie sich's gebührte,
Fühlte sein Gewissen in Respekt und Ruh.
Die neuen Derwische wissen's nicht besser,
Sie schwatzen das Alte, das Neue dazu.
Die Verwirrung wird täglich größer,
O heiliger Koran! O ewige Ruh!

Der Prophet
spricht

Ärgert's jemand, daß es Gott gefallen
Mahomet zu gönnen Schutz und Glück,
An den stärksten Balken seiner Hallen
Da befestig' er den derben Strick,
Knüpfe sich daran! das hält und trägt;
Er wird fühlen, daß sein Zorn sich legt.

Timur
spricht

Was? Ihr mißbilliget den kräft'gen Sturm
Des Übermuts, verlogne Pfaffen!
Hätt' Allah mich bestimmt zum Wurm,
So hätt' er mich als Wurm geschaffen.

HIKMET NAMEH
BUCH DER SPRÜCHE

Talismane werd' ich in dem Buch zerstreuen,
Das bewirkt ein Gleichgewicht.
Wer mit gläub'ger Nadel sticht
Überall soll gutes Wort ihn freuen.

Vom heut'gen Tag, von heut'ger Nacht
Verlange nichts
Als was die gestrigen gebracht.

Wer geboren in bös'sten Tagen
Dem werden selbst die bösen behagen.

Wie etwas sei leicht
Weiß der es erfunden und der es erreicht.

Das Meer flutet immer,
Das Land behält es nimmer.

Was wird mir jede Stunde so bang? —
Das Leben ist kurz, der Tag ist lang.
Und immer sehnt sich fort das Herz,
Ich weiß nicht recht ob himmelwärts;
Fort aber will es hin und hin,
Und möchte vor sich selber fliehn.
Und fliegt es an der Liebsten Brust,
Da ruht's im Himmel unbewußt;
Der Lebe-Strudel reißt es fort
Und immer hängt's an Einem Ort;
Was es gewollt, was es verlor,
Es bleibt zuletzt sein eigner Tor.

Prüft das Geschick dich, weiß es wohl warum:
Es wünschte dich enthaltsam! Folge stumm.

Noch ist es Tag, da rühre sich der Mann,
Die Nacht tritt ein, wo niemand wirken kann.

Was machst du an der Welt? sie ist schon gemacht,
Der Herr der Schöpfung hat alles bedacht.

Dein Los ist gefallen, verfolge die Weise,
Der Weg ist begonnen, vollende die Reise:
Denn Sorgen und Kummer verändern es nicht,
Sie schleudern dich ewig aus gleichem Gewicht.

Wenn der schwer Gedrückte klagt:
Hülfe, Hoffnung sei versagt,
Bleibet heilsam fort und fort
Immer noch ein freundlich Wort.

„Wie ungeschickt habt ihr euch benommen,
Da euch das Glück in's Haus gekommen!"
Das Mädchen hat's nicht übel genommen,
Und ist noch ein paarmal wieder gekommen.

Mein Erbteil wie herrlich, weit und breit!
Die Zeit ist mein Besitz, mein Acker ist die Zeit.

Gutes tu' rein aus des Guten Liebe!
Das überliefre deinem Blut;
Und wenn's den Kindern nicht verbliebe,
Den Enkeln kommt es doch zu gut.

Enweri sagt's, ein Herrlichster der Männer,
Des tiefsten Herzens, höchsten Hauptes Kenner:
Dir frommt an jedem Ort, zu jeder Zeit:
Geradheit, Urteil und Verträglichkeit.

Was klagst du über Feinde?
Sollten solche je werden Freunde,
Denen das Wesen wie du bist
Im Stillen ein ewiger Vorwurf ist?

Dümmer ist nichts zu ertragen,
Als wenn Dumme sagen den Weisen:
Daß sie sich in großen Tagen
Sollten bescheidentlich erweisen.

Wenn Gott so schlechter Nachbar wäre
Als ich bin und als du bist,

Wir hätten beide wenig Ehre;
Der läßt einen jeden wie er ist.

Gesteht's! die Dichter des Orients
Sind größer als wir des Okzidents.
Worin wir sie aber völlig erreichen,
Das ist im Haß auf Unsresgleichen.

Überall will jeder obenauf sein,
Wie's eben in der Welt so geht.
Jeder sollte freilich grob sein,
Aber nur in dem was er versteht.

Verschon' uns Gott mit deinem Grimme!
Zaunkönige gewinnen Stimme.

Will der Neid sich doch zerreißen,
Laß ihn seinen Hunger speisen.

Sich im Respekt zu erhalten
Muß man recht borstig sein.
Alles jagt man mit Falken,
Nur nicht das wilde Schwein.

Was hilft's dem Pfaffen-Orden
Der mir den Weg verrannt?
Was nicht gerade erfaßt worden
Wird auch schief nicht erkannt.

Einen Helden mit Lust preisen und nennen
Wird jeder, der selbst als kühner stritt.
Des Menschen Wert kann niemand erkennen
Der nicht selbst Hitze und Kälte litt.

Gutes tu' rein aus des Guten Liebe,
Was du tust verbleibt dir nicht;
Und wenn es auch dir verbliebe,
Bleibt es deinen Kindern nicht.

Soll man dich nicht auf's schmählichste berauben,
Verbirg dein Gold, dein Weggehn, deinen Glauben.

Wie kommt's daß man an jedem Orte
So viel Gutes, so viel Dummes hört?
Die Jüngsten wiederholen der Ältesten Worte,
Und glauben, daß es ihnen angehört.

Laß dich nur in keiner Zeit
Zum Widerspruch verleiten,
Weise fallen in Unwissenheit
Wenn sie mit Unwissenden streiten.

„Warum ist Wahrheit fern und weit?
Birgt sich hinab in tiefste Gründe?"

Niemand versteht zur rechten Zeit!
Wenn man zur rechten Zeit verstünde,
So wäre Wahrheit nah und breit,
Und wäre lieblich und gelinde.

Was willst du untersuchen
Wohin die Milde fließt!
In's Wasser wirf deine Kuchen,
Wer weiß, wer sie genießt.

Als ich einmal eine Spinne erschlagen,
Dacht' ich, ob ich das wohl gesollt?
Hat Gott ihr doch wie mir gewollt
Einen Anteil an diesen Tagen!

„Dunkel ist die Nacht, bei Gott ist Licht.
Warum hat er uns nicht auch so zugericht?"

Welch eine bunte Gemeinde!
An Gottes Tisch sitzen Freund' und Feinde.

Ihr nennt mich einen kargen Mann;
Gebt mir was ich verprassen kann.

Soll ich dir die Gegend zeigen,
Mußt du erst das Dach besteigen.

Wer schweigt hat wenig zu sorgen,
Der Mensch bleibt unter der Zunge verborgen.

Ein Herre mit zwei Gesind
Er wird nicht wohl gepflegt.
Ein Haus worin zwei Weiber sind
Es wird nicht rein gefegt.

Ihr lieben Leute, bleibt dabei
Und sagt nur: Autos epha!
Was sagt ihr lange Mann und Weib?
Adam, so heißt's, und Eva.

Wofür ich Allah höchlich danke?
Daß er Leiden und Wissen getrennt.
Verzweifeln müßte jeder Kranke
Das Übel kennend, wie der Arzt es kennt.

Närrisch, daß jeder in seinem Falle
Seine besondere Meinung preis't!
Wenn *Islam* Gott ergeben heißt,
In Islam leben und sterben wir alle.

Wer auf die Welt kommt baut ein neues Haus,
Er geht und läßt es einem Zweiten.
Der wird sich's anders zubereiten
Und niemand baut es aus.

Wer in mein Haus tritt der kann schelten
Was ich ließ viele Jahre gelten;
Vor der Tür aber müßt' er passen,
Wenn ich ihn nicht wollte gelten lassen.

Herr, laß dir gefallen
Dieses kleine Haus,
Größre kann man bauen,
Mehr kommt nicht heraus.

Du bist auf immer geborgen,
Das nimmt dir niemand wieder:
Zwei Freunde, ohne Sorgen,
Weinbecher, Büchlein Lieder.

„Was brachte Lokman nicht hervor,
Den man den garst'gen hieß!"
Die Süßigkeit liegt nicht im Rohr,
Der Zucker der ist süß.

Herrlich ist der Orient
Über's Mittelmeer gedrungen;
Nur wer Hafis liebt und kennt
Weiß was Calderon gesungen.

„Was schmückst du die eine Hand denn nun
Weit mehr als ihr gebührte?"
Was sollte denn die linke tun,
Wenn sie die rechte nicht zierte?

Wenn man auch nach Mekka triebe
Christus Esel, würd' er nicht
Dadurch besser abgericht,
Sondern stets ein Esel bliebe.

Getretner Quark
Wird breit, nicht stark.

Schlägst du ihn aber mit Gewalt
In feste Form, er nimmt Gestalt.
Dergleichen Steine wirst du kennen,
Europäer Pisé sie nennen.

Betrübt euch nicht, ihr guten Seelen!
Denn wer nicht fehlt, weiß wohl wenn andre fehlen;
Allein wer fehlt der ist erst recht daran,
Er weiß nun deutlich wie sie wohl getan.

„Du hast gar vielen nicht gedankt
Die dir so manches Gute gegeben!"

Darüber bin ich nicht erkrankt,
Ihre Gaben mir im Herzen leben.

Guten Ruf mußt du dir machen,
Unterscheiden wohl die Sachen;
Wer was weiter will, verdirbt.

„Die Flut der Leidenschaft sie stürmt vergebens
An's unbezwungne feste Land."
Sie wirft poetische Perlen an den Strand,
Und das ist schon Gewinn des Lebens.

Vertrauter
Du hast so manche Bitte gewährt,
Und wenn sie dir auch schädlich war;
Der gute Mann da hat wenig begehrt,
Dabei hat es doch keine Gefahr.

Wesir
Der gute Mann hat wenig begehrt,
Und hätt' ich's ihm sogleich gewährt,
Er auf der Stelle verloren war.

Schlimm ist es, wie doch wohl geschieht,
Wenn Wahrheit sich nach dem Irrtum zieht;
Das ist auch manchmal ihr Behagen,
Wer wird so schöne Frau befragen?
Herr Irrtum wollt' er an Wahrheit sich schließen,
Das sollte Frau Wahrheit baß verdrießen.

Wisse daß mir sehr mißfällt
Wenn so viele singen und reden!
Wer treibt die Dichtkunst aus der Welt?
Die Poeten!

TIMUR NAMEH
BUCH DES TIMUR

Der Winter und Timur

So umgab sie nun der Winter
Mit gewalt'gem Grimme. Streuend
Seinen Eishauch zwischen alle,
Hetzt' er die verschiednen Winde
Widerwärtig auf sie ein.
Über sie gab er Gewaltkraft
Seinen frostgespitzten Stürmen,
Stieg in Timurs Rat hernieder,
Schrie ihn drohend an und sprach so:
Leise, langsam, Unglücksel'ger!
Wandle du Tyrann des Unrechts;
Sollen länger noch die Herzen
Sengen, brennen deinen Flammen?
Bist du der verdammten Geister
Einer, wohl! ich bin der andre.
Du bist Greis, ich auch, erstarren
Machen wir so Land als Menschen.
Mars! du bist's! ich bin Saturnus,
Übeltätige Gestirne,
Im Verein die schrecklichsten.
Tötest du die Seele, kältest
Du den Luftkreis; meine Lüfte
Sind noch kälter als du sein kannst.
Quälen deine wilden Heere
Gläubige mit tausend Martern;
Wohl, in meinen Tagen soll sich,
Geb' es Gott! was Schlimmres finden.
Und bei Gott, dir schenk' ich nichts.
Hör' es Gott, was ich dir biete!
Ja bei Gott! von Todeskälte
Nicht, o Greis, verteid'gen soll dich
Breite Kohlenglut vom Herde,
Keine Flamme des Dezembers.

An Suleika

Dir mit Wohlgeruch zu kosen,
Deine Freuden zu erhöhn,
Knospend müssen tausend Rosen
Erst in Gluten untergehn.

Um ein Fläschchen zu besitzen
Das den Ruch auf ewig hält,
Schlank wie deine Fingerspitzen,
Da bedarf es einer Welt;

Einer Welt von Lebenstrieben,
Die in ihrer Fülle Drang
Ahneten schon Bulbuls Lieben,
Seeleregenden Gesang.

Sollte jene Qual uns quälen,
Da sie unsre Lust vermehrt?
Hat nicht Myriaden Seelen
Timurs Herrschaft aufgezehrt?

SULEIKA NAMEH
BUCH SULEIKA

Ich gedachte in der Nacht,
Daß ich den Mond sähe im Schlaf;
Als ich aber erwachte,
Ging unvermutet die Sonne auf.

Einladung

Mußt nicht vor dem Tage fliehen:
Denn der Tag, den du ereilest,
Ist nicht besser als der heut'ge;
Aber wenn du froh verweilest
Wo ich mir die Welt beseit'ge,
Um die Welt an mich zu ziehen,
Bist du gleich mit mir geborgen:
Heut ist heute, morgen morgen,
Und was folgt und was vergangen
Reißt nicht hin und bleibt nicht hangen.
Bleibe du, mein Allerliebstes;
Denn du bringst es und du gibst es.

Daß Suleika von Jussuph entzückt war
Ist keine Kunst;
Er war jung, Jugend hat Gunst,
Er war schön, sie sagen zum Entzücken,
Schön war sie, konnten einander beglücken.
Aber daß du, die so lange mir erharrt war,
Feurige Jugendblicke mir schickst,
Jetzt mich liebst, mich später beglückst,
Das sollen meine Lieder preisen,
Sollst mir ewig Suleika heißen.

Da du nun Suleika heißest,
Sollt' ich auch benamset sein.
Wenn du deinen Geliebten preisest,
Hatem! das soll der Name sein.
Nur daß man mich daran erkennet,
Keine Anmaßung soll es sein:
Wer sich St. Georgenritter nennet
Denkt nicht gleich Sankt Georg zu sein.
Nicht Hatem Thai, nicht der alles Gebende
Kann ich in meiner Armut sein;
Hatem Zograi nicht, der reichlichst Lebende

Von allen Dichtern, möcht' ich sein.
Aber beide doch im Auge zu haben
Es wird nicht ganz verwerflich sein:
Zu nehmen, zu geben des Glückes Gaben
Wird immer ein groß Vergnügen sein.
Sich liebend an einander zu laben
Wird Paradieses Wonne sein.

Hatem

Nicht Gelegenheit macht Diebe,
Sie ist selbst der größte Dieb;
Denn sie stahl den Rest der Liebe,
Die mir noch im Herzen blieb.

Dir hat sie ihn übergeben
Meines Lebens Vollgewinn,
Daß ich nun, verarmt, mein Leben
Nur von dir gewärtig bin.

Doch ich fühle schon Erbarmen
Im Karfunkel deines Blicks
Und erfreu' in deinen Armen
Mich erneuerten Geschicks.

Suleika

Hochbeglückt in deiner Liebe
Schelt' ich nicht Gelegenheit;
Ward sie auch an dir zum Diebe,
Wie mich solch ein Raub erfreut!

Und wozu denn auch berauben?
Gib dich mir aus freier Wahl;
Gar zu gerne möcht' ich glauben —
Ja, ich bin's die dich bestahl.

Was so willig du gegeben
Bringt dir herrlichen Gewinn,
Meine Ruh, mein reiches Leben
Geb' ich freudig, nimm es hin!

Scherze nicht! Nichts von Verarmen!
Macht uns nicht die Liebe reich?
Halt' ich dich in meinen Armen,
Jedem Glück ist meines gleich.

Der Liebende wird nicht irre gehn,
Wär's um ihn her auch noch so trübe.
Sollten Leila und Medschnun auferstehn,
Von mir erführen sie den Weg der Liebe.

Ist's möglich, daß ich Liebchen dich kose,
Vernehme der göttlichen Stimme Schall!
Unmöglich scheint immer die Rose,
Unbegreiflich die Nachtigall.

Suleika

Als ich auf dem Euphrat schiffte,
Streifte sich der goldne Ring
Fingerab in Wasserklüfte,
Den ich jüngst von dir empfing.

Also träumt' ich. Morgenröte
Blitz in's Auge durch den Baum,
Sag' Poete, sag' Prophete!
Was bedeutet dieser Traum?

Hatem

Dies zu deuten bin erbötig!
Hab' ich dir nicht oft erzählt,
Wie der Doge von Venedig
Mit dem Meere sich vermählt?

So von deinen Fingergliedern
Fiel der Ring dem Euphrat zu.
Ach zu tausend Himmelsliedern,
Süßer Traum, begeisterst du!

Mich, der von den Indostanen
Streifte bis Damascus hin,
Um mit neuen Karawanen
Bis an's rote Meer zu ziehn,

Mich vermählst du deinem Flusse,
Der Terrasse, diesem Hain,
Hier soll bis zum letzten Kusse
Dir mein Geist gewidmet sein.

Kenne wohl der Männer Blicke,
Einer sagt: ich liebe, leide!
Ich begehre, ja verzweifle!
Und was sonst ist kennt ein Mädchen.
Alles das kann mir nicht helfen,
Alles das kann mich nicht rühren;
Aber, Hatem, deine Blicke
Geben erst dem Tage Glanz.
Denn sie sagen: *die* gefällt mir
Wie mir sonst nichts mag gefallen.
Seh' ich Rosen, seh' ich Lilien,
Aller Gärten Zier und Ehre,
So Zypressen, Myrten, Veilchen,
Aufgeregt zum Schmuck der Erde;
Und geschmückt ist sie ein Wunder,
Mit Erstaunen uns umfangend,
Uns erquickend, heilend, segnend,
Daß wir uns gesundet fühlen,
Wieder gern erkranken möchten.
Da erblicktest du Suleika
Und gesundetest erkrankend,
Und erkranketest gesundend,
Lächeltest und sahst herüber
Wie du nie der Welt gelächelt.
Und Suleika fühlt des Blickes
Ew'ge Rede: *die* gefällt mir
Wie mir sonst nichts mag gefallen.

Gingo biloba

Dieses Baums Blatt, der von Osten
Meinem Garten anvertraut,
Gibt geheimen Sinn zu kosten,
Wie's den Wissenden erbaut.

Ist es Ein lebendig Wesen,
Das sich in sich selbst getrennt?
Sind es zwei, die sich erlesen,
Daß man sie als Eines kennt?

Solche Frage zu erwidern
Fand ich wohl den rechten Sinn;
Fühlst du nicht an meinen Liedern,
Daß ich eins und doppelt bin?

Suleika

Sag, du hast wohl viel gedichtet,
Hin und her dein Lied gerichtet,
Schöne Schrift von deiner Hand,
Prachtgebunden, goldgerändet,
Bis auf Punkt und Strich vollendet,
Zierlich lockend, manchen Band?
Stets wo du sie hingewendet
War's gewiß ein Liebespfand?

Hatem

Ja, von mächtig holden Blicken,
Wie von lächelndem Entzücken
Und von Zähnen blendend klar,
Wimpern-Pfeilen, Locken-Schlangen,
Hals und Busen reizumhangen
Tausendfältige Gefahr!
Denke nun wie von so langem
Prophezeit Suleika war.

Suleika

Die Sonne kommt! Ein Prachterscheinen!
Der Sichelmond umklammert sie.
Wer konnte solch ein Paar vereinen?
Dies Rätsel wie erklärt sich's? wie?

Hatem

Der Sultan konnt' es, er vermählte
Das allerhöchste Weltenpaar,
Um zu bezeichnen Auserwählte,
Die Tapfersten der treuen Schar.

Auch sei's ein Bild von unsrer Wonne!
Schon seh' ich wieder mich und dich,
Du nennst mich, Liebchen, deine Sonne,
Komm, süßer Mond, umklammre mich!

Komm, Liebchen, komm! umwinde mir die Mütze!
Aus deiner Hand nur ist der Tulbend schön.
Hat Abbas doch, auf Irans höchstem Sitze,
Sein Haupt nicht zierlicher umwinden sehn!

Ein Tulbend war das Band, das Alexandern
In Schleifen schön vom Haupte fiel,
Und allen Folgeherrschern, jenen Andern,
Als Königszierde wohlgefiel.

Ein Tulbend ist's, der unsern Kaiser schmücket,
Sie nennen's Krone. Name geht wohl hin!
Juwel und Perle! sei das Aug' entzücket!
Der schönste Schmuck ist stets der Musselin.

Und diesen hier, ganz rein und silberstreifig,
Umwinde, Liebchen, um die Stirn umher.
Was ist denn Hoheit? Mir ist sie geläufig!
Du schaust mich an, ich bin so groß als er.

Nur wenig ist's was ich verlange,
Weil eben alles mir gefällt,
Und dieses Wenige, wie lange,
Gibt mir gefällig schon die Welt!

Oft sitz' ich heiter in der Schenke
Und heiter im beschränkten Haus;
Allein sobald ich dein gedenke,
Dehnt sich mein Geist erobernd aus.

Dir sollten Timurs Reiche dienen,
Gehorchen sein gebietend Heer,
Badakschan zollte dir Rubinen,
Türkisse das Hyrkan'sche Meer.

Getrocknet honigsüße Früchte
Von Bochara dem Sonnenland,
Und tausend liebliche Gedichte
Auf Seidenblatt von Samarkand.

Da solltest du mit Freude lesen
Was ich von Ormus dir verschrieb,
Und wie das ganze Handelswesen
Sich nur bewegte dir zu lieb;

Wie in dem Lande der Bramanen
Viel tausend Finger sich bemüht,
Daß alle Pracht der Indostanen
Für dich auf Woll' und Seide blüht;

Ja, zu Verherrlichung der Lieben,
Gießbäche Soumelpours durchwühlt,
Aus Erde, Grus, Gerill, Geschieben
Dir Diamanten ausgespült;

Wie Taucherschar verwegner Männer
Der Perle Schatz dem Golf entriß,
Darauf ein Diwan scharfer Kenner
Sie dir zu reihen sich befliß;

Wenn nun Bassora noch das Letzte,
Gewürz und Weihrauch, beigetan,
Bringt alles was die Welt ergetzte
Die Karawane dir heran.

Doch alle diese Kaisergüter
Verwirrten doch zuletzt den Blick;
Und wahrhaft liebende Gemüter
Eins nur im andern fühlt sein Glück.

Hätt' ich irgend wohl Bedenken
Balch, Bochâra, Samarkand,
Süßes Liebchen, dir zu schenken,
Dieser Städte Rausch und Tand?

Aber frag' einmal den Kaiser,
Ob er dir die Städte gibt?
Er ist herrlicher und weiser;
Doch er weiß nicht, wie man liebt.

Herrscher, zu dergleichen Gaben
Nimmermehr bestimmst du dich!
Solch ein Mädchen muß man haben
Und ein Bettler sein wie ich.

Die schön geschriebenen,
Herrlich umgüldeten
Belächeltest du,
Die anmaßlichen Blätter,
Verziehst mein Prahlen
Von deiner Lieb' und meinem
Durch dich glücklichen Gelingen,
Verziehst anmutigem Selbstlob.

Selbstlob! Nur dem Neide stinkt's,
Wohlgeruch Freunden
Und eignem Schmack!

Freude des Daseins ist groß,
Größer die Freud' am Dasein.

Wenn du Suleika
Mich überschwenglich beglückst,
Deine Leidenschaft mir zuwirfst
Als wär's ein Ball,
Daß ich ihn fange,
Dir zurückwerfe
Mein gewidmetes Ich;
Das ist ein Augenblick!
Und dann reißt mich von dir
Bald der Franke, bald der Armenier.

Aber Tage währt's,
Jahre dauert's, daß ich neu erschaffe
Tausendfältig deiner Verschwendungen Fülle,
Auftrös'le die bunte Schnur meines Glücks,
Geklöppelt tausendfadig
Von dir, o Suleika.

Hier nun dagegen
Dichtrische Perlen,
Die mir deiner Leidenschaft
Gewaltige Brandung
Warf an des Lebens
Verödeten Strand aus.
Mit spitzen Fingern
Zierlich gelesen,
Durchreiht mit juwelenem
Goldschmuck,
Nimm sie an deinen Hals,
An deinen Busen!
Die Regentropfen Allahs,
Gereift in bescheidener Muschel.

Lieb' um Liebe, Stund' um Stunde,
Wort um Wort und Blick um Blick;
Kuß um Kuß, vom treusten Munde,
Hauch um Hauch und Glück um Glück.
So am Abend, so am Morgen!
Doch du fühlst an meinen Liedern
Immer noch geheime Sorgen;
Jussuphs Reize möcht' ich borgen
Deine Schönheit zu erwidern.

Suleika

Volk und Knecht und Überwinder
Sie gestehn, zu jeder Zeit:

Höchstes Glück der Erdenkinder
Sei nur die Persönlichkeit.

Jedes Leben sei zu führen,
Wenn man sich nicht selbst vermißt;
Alles könne man verlieren,
Wenn man bliebe was man ist.

Hatem

Kann wohl sein! so wird gemeinet;
Doch ich bin auf andrer Spur:
Alles Erdenglück vereinet
Find' ich in Suleika nur.

Wie sie sich an mich verschwendet,
Bin ich mir ein wertes Ich;
Hätte sie sich weggewendet,
Augenblicks verlör' ich mich.

Nun mit Hatem wär's zu Ende;
Doch schon hab' ich umgelos't:
Ich verkörpre mich behende
In den Holden, den sie kos't.

Wollte, wo nicht gar ein Rabbi,
Das will mir so recht nicht ein,
Doch Ferdusi, Motanabbi,
Allenfalls der Kaiser sein.

Hatem

Wie des Goldschmieds Bazarlädchen
Vielgefärbt geschliffne Lichter,
So umgeben hübsche Mädchen
Den beinah ergrauten Dichter.

Mädchen

Singst du schon Suleika wieder!
Diese können wir nicht leiden,
Nicht um dich — um deine Lieder
Wollen, müssen wir sie neiden.

Denn wenn sie auch garstig wäre,
Machst du sie zum schönsten Wesen,
Und so haben wir von Dschemil
Und Boteinah viel gelesen.

Aber eben weil wir hübsch sind,
Möchten wir auch gern gemalt sein,
Und, wenn du es billig machest,
Sollst du auch recht hübsch bezahlt sein.

Hatem

Bräunchen, komm, es wird schon gehen;
Zöpfe, Kämme groß' und kleine
Zieren Köpfchens nette Reine
Wie die Kuppel ziert Moscheen.

Du, Blondinchen, bist so zierlich,
Aller Weis' und Weg' so nette,
Man gedenkt nicht ungebührlich
Alsogleich der Minarette.

Du da hinten hast der Augen
Zweierlei; du kannst die beiden
Einzeln nach Belieben brauchen;
Doch ich sollte dich vermeiden.

Leichtgedrückt der Augenlider
Eines, die den Stern bewhelmen,
Deutet auf den Schelm der Schelmen,
Doch das andre schaut so bieder.

Dies, wenn jen's verwundend angelt,
Heilend, nährend wird sich's weisen.
Niemand kann ich glücklich preisen,
Der des Doppelblicks ermangelt.

Und so könnt' ich alle loben,
Und so könnt' ich alle lieben:
Denn so wie ich euch erhoben
War die Herrin mit beschrieben.

Mädchen

Dichter will so gerne Knecht sein,
Weil die Herrschaft draus entspringet;
Doch vor allem sollt' ihm recht sein,
Wenn das Liebchen selber singet.

Ist sie denn des Liedes mächtig
Wie's auf unsern Lippen waltet?
Denn es macht sie gar verdächtig,
Daß sie im Verborgnen schaltet.

Hatem

Nun wer weiß was sie erfüllet!
Kennt ihr solcher Tiefe Grund?
Selbstgefühltes Lied entquillet,
Selbstgedichtetes dem Mund.

Von euch Dichterinnen allen
Ist ihr eben keine gleich:
Denn sie singt mir zu gefallen,
Und ihr singt und liebt nur euch.

Mädchen

Merke wohl, du hast uns eine
Jener Huris vorgeheuchelt!
Mag schon sein! wenn es nur keine
Sich auf dieser Erde schmeichelt.

Hatem

Locken, haltet mich gefangen
In dem Kreise des Gesichts!
Euch geliebten braunen Schlangen
Zu erwidern hab' ich nichts.

Nur dies Herz, es ist von Dauer,
Schwillt in jugendlichstem Flor;
Unter Schnee und Nebelschauer
Ras't ein Ätna dir hervor.

Du beschämst wie Morgenröte
Jener Gipfel ernste Wand,
Und noch einmal fühlet Hatem
Frühlingshauch und Sommerbrand.

Schenke her! Noch eine Flasche!
Diesen Becher bring' ich ihr!
Findet sie ein Häufchen Asche,
Sagt sie: der verbrannte mir.

Suleika

Nimmer will ich dich verlieren!
Liebe gibt der Liebe Kraft.
Magst du meine Jugend zieren
Mit gewalt'ger Leidenschaft.

Ach! wie schmeichelt's meinem Triebe,
Wenn man meinen Dichter preis't.
Denn das Leben ist die Liebe,
Und des Lebens Leben Geist.

Laß deinen süßen Rubinenmund
Zudringlichkeiten nicht verfluchen;
Was hat Liebesschmerz andern Grund
Als seine Heilung zu suchen?

Bist du von deiner Geliebten getrennt
Wie Orient vom Okzident,
Das Herz durch alle Wüsten rennt;
Es gibt sich überall selbst das Geleit,
Für Liebende ist Bagdad nicht weit.

Mag sie sich immer ergänzen
Eure brüchige Welt in sich!
Diese klaren Augen sie glänzen,
Dieses Herz es schlägt für mich!

O, daß der Sinnen doch so viele sind!
Verwirrung bringen sie in's Glück herein.
Wenn ich dich sehe wünsch' ich taub zu sein,
Wenn ich dich höre blind.

Auch in der Ferne dir so nah!
Und unerwartet kommt die Qual.
Da hör' ich wieder dich einmal,
Auf einmal bist du wieder da!

Wie sollt' ich heiter bleiben,
Entfernt von Tag und Licht?
Nun aber will ich schreiben
Und trinken mag ich nicht.

Wenn sie mich an sich lockte,
War Rede nicht im Brauch,
Und wie die Zunge stockte
So stockt die Feder auch.

Nur zu! geliebter Schenke,
Den Becher fülle still!
Ich sage nur: Gedenke!
Schon weiß man was ich will.

Wenn ich dein gedenke,
Fragt mich gleich der Schenke:
Herr, warum so still?
Da von deinen Lehren
Immer weiter hören
Saki gerne will.

Wenn ich mich vergesse
Unter der Zypresse,
Hält er nichts davon,
Und im stillen Kreise
Bin ich doch so weise,
Klug wie Salomon.

Buch Suleika

Ich möchte dieses Buch wohl gern zusammen schürzen,
Daß es den andern wäre gleich geschnürt.
Allein wie willst du Wort und Blatt verkürzen,
Wenn Liebeswahnsinn dich in's Weite führt?

An vollen Büschelzweigen,
Geliebte, sieh nur hin!
Laß dir die Früchte zeigen
Umschalet stachlig grün.

Sie hängen längst geballet,
Still, unbekannt mit sich,
Ein Ast der schaukelnd wallet
Wiegt sie geduldiglich.

Doch immer reift von Innen
Und schwillt der braune Kern,
Er möchte Luft gewinnen
Und säh' die Sonne gern.

Die Schale platzt und nieder
Macht er sich freudig los;
So fallen meine Lieder
Gehäuft in deinen Schoß.

Suleika

An des lust'gen Brunnens Rand
Der in Wasserfäden spielt,
Wußt' ich nicht, was fest mich hielt;
Doch da war von deiner Hand
Meine Chiffer leis gezogen,
Nieder blickt' ich, dir gewogen.

Hier, am Ende des Kanals
Der gereihten Hauptallee,
Blick' ich wieder in die Höh,
Und da seh' ich abermals
Meine Lettern fein gezogen:
Bleibe! bleibe mir gewogen.

Hatem

Möge Wasser, springend, wallend,
Die Zypressen dir gestehn:
Von Suleika zu Suleika
Ist mein Kommen und mein Gehn.

Suleika

Kaum daß ich dich wieder habe,
Dich mit Kuß und Liedern labe,
Bist du still in dich gekehret;
Was beengt und drückt und störet?

Hatem

Ach, Suleika, soll ich's sagen?
Statt zu loben möcht' ich klagen!
Sangest sonst nur meine Lieder,
Immer neu und immer wieder.

Sollte wohl auch diese loben,
Doch sie sind nur eingeschoben;
Nicht von Hafis, nicht Nisami,
Nicht Saadi, nicht von Dschami.

Kenn' ich doch der Väter Menge,
Sylb' um Sylbe, Klang um Klänge,
Im Gedächtnis unverloren;
Diese da sind neu geboren.

Gestern wurden sie gedichtet.
Sag'! hast du dich neu verpflichtet?
Hauchest du so froh-verwegen
Fremden Atem mir entgegen.

Der dich eben so belebet,
Eben so in Liebe schwebet,
Lockend, ladend zum Vereine,
So harmonisch als der meine?

Suleika

War Hatem lange doch entfernt,
Das Mädchen hatte was gelernt,
Von ihm war sie so schön gelobt,
Da hat die Trennung sich erprobt.
Wohl, daß sie dir nicht fremde scheinen;
Sie sind Suleika's, sind die deinen.

Behramgur, sagt man, hat den Reim erfunden,
Er sprach entzückt aus reiner Seele Drang;
Dilaram schnell, die Freundin seiner Stunden,
Erwiderte mit gleichem Wort und Klang.

Und so, Geliebte, warst du mir beschieden
Des Reims zu finden holden Lustgebrauch,
Daß auch Behramgur ich, den Sassaniden,
Nicht mehr beneiden darf: mir ward es auch.

Hast mir dies Buch geweckt, du hast's gegeben;
Denn was ich froh, aus vollem Herzen sprach,
Das klang zurück aus deinem holden Leben,
Wie Blick dem Blick, so Reim dem Reime nach.

Nun tön' es fort zu dir, auch aus der Ferne
Das Wort erreicht, und schwände Ton und Schall.
Ist's nicht der Mantel noch gesäter Sterne?
Ist's nicht der Liebe hochverklärtes All?

Deinem Blick mich zu bequemen,
Deinem Munde, deiner Brust,
Deine Stimme zu vernehmen
War die letzt' und erste Lust.

Gestern, ach, war sie die letzte,
Dann verlosch mir Leucht' und Feuer,
Jeder Scherz der mich ergetzte
Wird nun schuldenschwer und teuer.

Eh' es Allah nicht gefällt
Uns auf's neue zu vereinen,
Gibt mir Sonne, Mond und Welt
Nur Gelegenheit zum Weinen.

Suleika

Was bedeutet die Bewegung?
Bringt der Ost mir frohe Kunde?
Seiner Schwingen frische Regung
Kühlt des Herzens tiefe Wunde.

Kosend spielt er mit dem Staube,
Jagt ihn auf in leichten Wölkchen,
Treibt zur sichern Rebenlaube
Der Insekten frohes Völkchen.

Lindert sanft der Sonne Glühen,
Kühlt auch mir die heißen Wangen,
Küßt die Reben noch im Fliehen,
Die auf Feld und Hügel prangen.

Und mir bringt sein leises Flüstern
Von dem Freunde tausend Grüße;
Eh' noch diese Hügel düstern,
Grüßen mich wohl tausend Küsse.

Und so kannst du weiter ziehen!
Diene Freunden und Betrübten.
Dort wo hohe Mauern glühen,
Find' ich bald den Vielgeliebten.

Ach, die wahre Herzenskunde,
Liebeshauch, erfrischtes Leben
Wird mir nur aus seinem Munde,
Kann mir nur sein Atem geben.

Hochbild

Die Sonne, Helios der Griechen,
Fährt prächtig auf der Himmelsbahn,
Gewiß, das Weltall zu besiegen,
Blickt er umher, hinab, hinan.

Er sieht die schönste Göttin weinen,
Die Wolkentochter, Himmelskind,

Ihr scheint er nur allein zu scheinen;
Für alle heitre Räume blind

Versenkt er sich in Schmerz und Schauer
Und häuf'ger quillt ihr Tränenguß:
Er sendet Lust in ihre Trauer
Und jeder Perle Kuß auf Kuß.

Nun fühlt sie tief des Blicks Gewalten
Und unverwandt schaut sie hinauf;
Die Perlen wollen sich gestalten:
Denn jede nahm sein Bildnis auf.

Und so, umkränzt von Farb' und Bogen,
Erheitert leuchtet ihr Gesicht,
Entgegen kommt er ihr gezogen;
Doch er, doch ach! erreicht sie nicht.

So, nach des Schicksals hartem Lose,
Weichst du mir, Lieblichste, davon;
Und wär' ich Helios der Große,
Was nützte mir der Wagenthron?

Nachklang

Es klingt so prächtig, wenn der Dichter
Der Sonne bald, dem Kaiser sich vergleicht;
Doch er verbirgt die traurigen Gesichter,
Wenn er in düstern Nächten schleicht.

Von Wolken streifenhaft befangen
Versank zu Nacht des Himmels reinstes Blau;
Vermagert bleich sind meine Wangen
Und meine Herzenstränen grau.

Laß mich nicht so der Nacht, dem Schmerze,
Du Allerliebstes, du mein Mondgesicht,
O, du mein Phosphor, meine Kerze,
Du meine Sonne, du mein Licht!

Suleika

Ach, um deine feuchten Schwingen,
West, wie sehr ich dich beneide:
Denn du kannst ihm Kunde bringen
Was ich in der Trennung leide!

Die Bewegung deiner Flügel
Weckt im Busen stilles Sehnen;
Blumen, Augen, Wald und Hügel
Stehn bei deinem Hauch in Tränen.

Doch dein mildes sanftes Wehen
Kühlt die wunden Augenlider;
Ach, für Leid mußt' ich vergehen,
Hofft' ich nicht zu sehn ihn wieder.

Eile denn zu meinem Lieben,
Spreche sanft zu seinem Herzen;
Doch vermeid' ihn zu betrüben
Und verbirg ihm meine Schmerzen.

Sag' ihm, aber sag's bescheiden:
Seine Liebe sei mein Leben,
Freudiges Gefühl von beiden
Wird mir seine Nähe geben.

Wiederfinden

Ist es möglich! Stern der Sterne,
Drück' ich wieder dich an's Herz!
Ach, was ist die Nacht der Ferne
Für ein Abgrund, für ein Schmerz!
Ja du bist es! meiner Freuden
Süßer, lieber Widerpart;
Eingedenk vergangner Leiden
Schaudr' ich vor der Gegenwart.

Als die Welt im tiefsten Grunde
Lag an Gottes ew'ger Brust,
Ordnet' er die erste Stunde
Mit erhabner Schöpfungslust,
Und er sprach das Wort: Es werde!
Da erklang ein schmerzlich Ach!
Als das All mit Machtgebärde
In die Wirklichkeiten brach.

Auf tat sich das Licht: so trennte
Scheu sich Finsternis von ihm,
Und sogleich die Elemente
Scheidend auseinander fliehn.
Rasch, in wilden wüsten Träumen
Jedes nach der Weite rang,
Starr, in ungemess'nen Räumen,
Ohne Sehnsucht, ohne Klang.

Stumm war alles, still und öde,
Einsam Gott zum erstenmal!
Da erschuf er Morgenröte,
Die erbarmte sich der Qual;
Sie entwickelte dem Trüben
Ein erklingend Farbenspiel,
Und nun konnte wieder lieben
Was erst auseinander fiel.

Und mit eiligem Bestreben
Sucht sich was sich angehört;
Und zu ungemess'nem Leben
Ist Gefühl und Blick gekehrt.
Sei's Ergreifen, sei es Raffen,
Wenn es nur sich faßt und hält!
Allah braucht nicht mehr zu schaffen,
Wir erschaffen seine Welt.

So, mit morgenroten Flügeln,
Riß es mich an deinen Mund,
Und die Nacht mit tausend Siegeln
Kräftigt sternenhell den Bund.
Beide sind wir auf der Erde
Musterhaft in Freud' und Qual,
Und ein zweites Wort: Es werde!
Trennt uns nicht zum zweitenmal.

Vollmondnacht

Herrin, sag' was heißt das Flüstern?
Was bewegt dir leis die Lippen?
Lispelst immer vor dich hin,
Lieblicher als Weines Nippen!
Denkst du deinen Mundgeschwistern
Noch ein Pärchen herzuziehn?

„Ich will küssen! Küssen! sagt' ich."

Schau'! Im zweifelhaften Dunkel
Glühen blühend alle Zweige,
Nieder spielet Stern auf Stern;
Und smaragden, durch's Gesträuche
Tausendfältiger Karfunkel:
Doch dein Geist ist allem fern.

„Ich will küssen! Küssen! sagt' ich."

Dein Geliebter, fern, erprobet
Gleicherweis' im Sauersüßen,
Fühlt ein unglücksel'ges Glück.
Euch im Vollmond zu begrüßen
Habt ihr heilig angelobet,
Dieses ist der Augenblick.

„Ich will küssen! Küssen! sag' ich."

Geheimschrift

Laßt euch, o Diplomaten!
Recht angelegen sein,
Und eure Potentaten
Beratet rein und fein.
Geheimer Chiffern Sendung
Beschäftige die Welt,
Bis endlich jede Wendung
Sich selbst in's Gleiche stellt.

Mir von der Herrin süße
Die Chiffer ist zur Hand,
Woran ich schon genieße,
Weil sie die Kunst erfand;
Es ist die Liebesfülle
Im lieblichsten Revier,
Der holde, treue Wille
Wie zwischen mir und ihr.

Von abertausend Blüten
Ist es ein bunter Strauß,
Von englischen Gemüten
Ein vollbewohntes Haus;
Von buntesten Gefiedern
Der Himmel übersät,
Ein klingend Meer von Liedern
Geruchvoll überweht.

Ist unbedingten Strebens
Geheime Doppelschrift,
Die in das Mark des Lebens
Wie Pfeil um Pfeile trifft.
Was ich euch offenbaret
War längst ein frommer Brauch,
Und wenn ihr es gewahret,
So schweigt und nutzt es auch.

Abglanz

Ein Spiegel er ist mir geworden,
Ich sehe so gerne hinein,
Als hinge des Kaisers Orden
An mir mit Doppelschein;
Nicht etwa selbstgefällig
Such' ich mich überall;
Ich bin so gerne gesellig
Und das ist hier der Fall.

Wenn ich nun vor'm Spiegel stehe,
Im stillen Witwerhaus,
Gleich guckt, eh' ich mich versehe,
Das Liebchen mit heraus.
Schnell kehr' ich mich um, und wieder
Verschwand sie die ich sah;
Dann blick' ich in meine Lieder,
Gleich ist sie wieder da.

Die schreib' ich immer schöner
Und mehr nach meinem Sinn,
Trotz Krittler und Verhöhner,
Zu täglichem Gewinn.
Ihr Bild in reichen Schranken
Verherrlichet sich nur,
In goldnen Rosenranken
Und Rähmchen von Lasur.

Suleika

Wie mit innigstem Behagen,
Lied, empfind' ich deinen Sinn!
Liebevoll du scheinst zu sagen:
Daß ich ihm zur Seite bin.

Daß er ewig mein gedenket,
Seiner Liebe Seligkeit
Immerdar der Fernen schenket,
Die ein Leben ihm geweiht.

Ja, mein Herz es ist der Spiegel,
Freund, worin du dich erblickt;
Diese Brust, wo deine Siegel
Kuß auf Kuß hereingedrückt.

Süßes Dichten, lautre Wahrheit
Fesselt mich in Sympathie!
Rein verkörpert Liebesklarheit
Im Gewand der Poesie.

Laß den Weltenspiegel Alexandern;
Denn was zeigt er? — Da und dort
Stille Völker, die er mit den andern
Zwingend rütteln möchte fort und fort.

Du! nicht weiter, nicht zu Fremdem strebe!
Singe mir, die du dir eigen sangst.
Denke, daß ich liebe, daß ich lebe,
Denke, daß du mich bezwangst.

Die Welt durchaus ist lieblich anzuschauen,
Vorzüglich aber schön die Welt der Dichter;
Auf bunten, hellen oder silbergrauen
Gefilden, Tag und Nacht, erglänzen Lichter.
Heut ist mir alles herrlich; wenn's nur bliebe!
Ich sehe heut durch's Augenglas der Liebe.

SAKI NAMEH
DAS SCHENKENBUCH

Ja, in der Schenke hab' ich auch gesessen,
Mir ward wie andern zugemessen,
Sie schwatzten, schrieen, händelten von heut,
So froh und traurig wie's der Tag gebeut;
Ich aber saß, im Innersten erfreut,
An meine Liebste dacht' ich — wie sie liebt?
Das weiß ich nicht; was aber mich bedrängt!
Ich liebe sie wie es ein Busen gibt
Der treu sich *einer* gab und knechtisch hängt.
Wo war das Pergament, der Griffel wo,
Die alles faßten? — doch so war's! ja so!

Sitz' ich allein,
Wo kann ich besser sein?
Meinen Wein
Trink' ich allein,
Niemand setzt mir Schranken,
Ich hab' so meine eignen Gedanken.

So weit bracht' es Muley, der Dieb,
Daß er trunken schöne Lettern schrieb.

Ob der Koran von Ewigkeit sei?
Darnach frag' ich nicht!
Ob der Koran geschaffen sei?
Das weiß ich nicht!
Daß er das Buch der Bücher sei
Glaub' ich aus Mosleminen-Pflicht.
Daß aber der Wein von Ewigkeit sei
Daran zweifl' ich nicht;
Oder daß er vor den Engeln geschaffen sei
Ist vielleicht auch kein Gedicht.
Der Trinkende, wie es auch immer sei,
Blickt Gott frischer in's Angesicht.

Trunken müssen wir alle sein!
Jugend ist Trunkenheit ohne Wein;
Trinkt sich das Alter wieder zu Jugend,
So ist es wundervolle Tugend,

Für Sorgen sorgt das liebe Leben
Und Sorgenbrecher sind die Reben.

Da wird nicht mehr nachgefragt!
Wein ist ernstlich untersagt.
Soll denn doch getrunken sein,
Trinke nur vom besten Wein:
Doppelt wärest du ein Ketzer
In Verdammnis um den Krätzer.

So lang man nüchtern ist,
Gefällt das Schlechte;
Wie man getrunken hat,
Weiß man das Rechte;
Nur ist das Übermaß
Auch gleich zu Handen;
Hafis, o lehre mich
Wie du's verstanden!

Denn meine Meinung ist
Nicht übertrieben:
Wenn man nicht trinken kann
Soll man nicht lieben;
Doch sollt ihr Trinker euch
Nicht besser dünken,
Wenn man nicht lieben kann
Soll man nicht trinken.

Suleika
Warum du nur oft so unhold bist?

Hatem
Du weißt, daß der Leib ein Kerker ist;
Die Seele hat man hinein betrogen;
Da hat sie nicht freie Ellebogen.
Will sie sich da- und dorthin retten,
Schnürt man den Kerker selbst in Ketten,
Da ist das Liebchen doppelt gefährdet,
Deshalb sie sich oft so seltsam gebärdet.

Wenn der Körper ein Kerker ist,
Warum nur der Kerker so durstig ist?
Seele befindet sich wohl darinnen

Und bliebe gern vergnügt bei Sinnen;
Nun aber soll eine Flasche Wein,
Frisch eine nach der andern herein.
Seele will's nicht länger ertragen,
Sie an der Türe in Stücke schlagen.

Dem Kellner
Setze mir nicht, du Grobian,
Mir den Krug so derb vor die Nase!
Wer mir Wein bringt sehe mich freundlich an,
Sonst trübt sich der Eilfer im Glase.

Dem Schenken
Du zierlicher Knabe, du komm herein,
Was stehst du denn da auf der Schwelle?
Du sollst mir künftig der Schenke sein,
Jeder Wein ist schmackhaft und helle.

SCHENKE
spricht

Du, mit deinen braunen Locken,
Geh' mir weg, verschmitzte Dirne!
Schenk' ich meinem Herrn zu Danke,
Nun so küßt er mir die Stirne.

Aber du, ich wollte wetten,
Bist mir nicht damit zufrieden,
Deine Wangen, deine Brüste
Werden meinen Freund ermüden.

Glaubst du wohl mich zu betriegen,
Daß du jetzt verschämt entweichest?
Auf der Schwelle will ich liegen
Und erwachen wenn du schleichest.

Sie haben wegen der Trunkenheit
Vielfältig uns verklagt,
Und haben von unsrer Trunkenheit
Lange nicht genug gesagt.
Gewöhnlich der Betrunkenheit
Erliegt man bis es tagt;
Doch hat mich meine Betrunkenheit
In der Nacht umher gejagt.

Es ist die Liebestrunkenheit,
Die mich erbärmlich plagt,
Von Tag zu Tag, von Nacht zu Tag
In meinem Herzen zagt.
Dem Herzen, das in Trunkenheit
Der Lieder schwillt und ragt,
Daß keine nüchterne Trunkenheit
Sich gleich zu heben wagt.
Lieb-, Lied- und Weines Trunkenheit,
Ob's nachtet oder tagt,
Die göttlichste Betrunkenheit
Die mich entzückt und plagt.

Du kleiner Schelm du!
Daß ich mir bewußt sei,
Darauf kommt es überall an.
Und so erfreu' ich mich
Auch deiner Gegenwart,
Du Allerliebster,
Obgleich betrunken.

Was in der Schenke waren heute
Am frühsten Morgen für Tumulte!
Der Wirt und Mädchen! Fackeln, Leute!
Was gab's für Händel, für Insulte!
Die Flöte klang, die Trommel scholl!
Es war ein wüstes Wesen —
Doch bin ich, Lust und Liebe voll,
Auch selbst dabei gewesen.

Daß ich von Sitte nichts gelernt
Darüber tadelt mich ein jeder;
Doch bleib' ich weislich weit entfernt
Vom Streit der Schulen und Katheder.

Schenke

Welch ein Zustand! Herr, so späte
Schleichst du heut aus deiner Kammer;
Perser nennen's Bidamag buden,
Deutsche sagen Katzenjammer.

Dichter

Laß mich jetzt, geliebter Knabe,
Mir will nicht die Welt gefallen,

Nicht der Schein, der Duft der Rose,
Nicht der Sang der Nachtigallen.

Schenke

Eben das will ich behandeln,
Und ich denk' es soll mir klecken,
Hier! genieß' die frischen Mandeln
Und der Wein wird wieder schmecken.

Dann will ich auf der Terrasse
Dich mit frischen Lüften tränken;
Wie ich dich in's Auge fasse,
Gibst du einen Kuß dem Schenken.

Schau'! die Welt ist keine Höhle,
Immer reich an Brut und Nestern,
Rosenduft und Rosenöle;
Bulbul auch, sie singt wie gestern.

Jene garstige Vettel,
Die buhlerische,
Welt heißt man sie,
Mich hat sie betrogen
Wie die Übrigen alle.
Glaube nahm sie mir weg,
Dann die Hoffnung,
Nun wollte sie
An die Liebe,
Da riß ich aus.
Den geretteten Schatz
Für ewig zu sichern
Teilt' ich ihn weislich
Zwischen Suleika und Saki.
Jedes der beiden
Beeifert sich um die Wette
Höhere Zinsen zu entrichten.
Und ich bin reicher als je:
Den Glauben hab' ich wieder!
An ihre Liebe den Glauben;
Er, im Becher, gewährt mir
Herrliches Gefühl der Gegenwart;
Was will da die Hoffnung!

Schenke

Heute hast du gut gegessen,
Doch du hast noch mehr getrunken;
Was du bei dem Mahl vergessen
Ist in diesen Napf gesunken.

Sieh, das nennen wir ein Schwänchen
Wie's dem satten Gast gelüstet;
Dieses bring' ich meinem Schwane,
Der sich auf den Wellen brüstet.

Doch vom Singschwan will man wissen
Daß er sich zu Grabe läutet;
Laß mich jedes Lied vermissen,
Wenn es auf dein Ende deutet.

Schenke

Nennen dich den großen Dichter,
Wenn dich auf dem Markte zeigest;
Gerne hör' ich wenn du singest
Und ich horche wenn du schweigest.

Doch ich liebe dich noch lieber,
Wenn du küssest zum Erinnern;
Denn die Worte gehn vorüber
Und der Kuß der bleibt im Innern.

Reim auf Reim will was bedeuten,
Besser ist es viel zu denken.
Singe du den andern Leuten
Und verstumme mit dem Schenken.

Dichter
Schenke komm! Noch einen Becher!

Schenke
Herr, du hast genug getrunken;
Nennen dich den wilden Zecher!

Dichter
Sahst du je daß ich gesunken?

Schenke
Mahomet verbietet's.

Dichter
Liebchen!
Hört es niemand, will dir's sagen.

Schenke
Wenn du einmal gerne redest,
Brauch' ich gar nicht viel zu fragen.

Dichter
Horch! wir andren Muselmannen
Nüchtern sollen wir gebückt sein,
Er, in seinem heil'gen Eifer,
Möchte gern allein verrückt sein.

Saki
Denk', o Herr! wenn du getrunken
Sprüht um dich des Feuers Glast!
Prasselnd blitzen tausend Funken,
Und du weißt nicht wo es faßt.

Mönche seh' ich in den Ecken,
Wenn du auf die Tafel schlägst,
Die sich gleisnerisch verstecken,
Wenn dein Herz du offen trägst.

Sag' mir nur warum die Jugend,
Noch von keinem Fehler frei,
So ermangelnd jeder Tugend,
Klüger als das Alter sei.

Alles weißt du, was der Himmel,
Alles was die Erde trägt,
Und verbirgst nicht das Gewimmel,
Wie sich's dir im Busen regt.

Hatem
Eben drum, geliebter Knabe,
Bleibe jung und bleibe klug;
Dichten zwar ist Himmelsgabe,
Doch im Erdeleben Trug.

Erst sich in Geheimnis wiegen,
Dann verplaudern früh und spat!
Dichter ist umsonst verschwiegen,
Dichten selbst ist schon Verrat.

Sommernacht

Dichter

Niedergangen ist die Sonne,
Doch im Westen glänzt es immer;
Wissen möcht' ich wohl, wie lange
Dauert noch der goldne Schimmer?

Schenke

Willst du, Herr, so will ich bleiben,
Warten außer diesen Zelten;
Ist die Nacht des Schimmers Herrin,
Komm' ich gleich es dir zu melden.

Denn ich weiß du liebst, das Droben,
Das Unendliche zu schauen,
Wenn sie sich einander loben
Jene Feuer in dem Blauen.

Und das hellste will nur sagen:
Jetzo glänz' ich meiner Stelle;
Wollte Gott euch mehr betagen,
Glänztet ihr wie ich so helle.

Denn vor Gott ist alles herrlich,
Eben weil er ist der Beste;
Und so schläft nun aller Vogel
In dem groß- und kleinen Neste.

Einer sitzt auch wohl gestängelt
Auf den Ästen der Zypresse,
Wo der laue Wind ihn gängelt,
Bis zu Taues luft'ger Nässe.

Solches hast du mich gelehret,
Oder etwas auch dergleichen;
Was ich je dir abgehöret
Wird dem Herzen nicht entweichen.

Eule will ich deinetwegen
Kautzen hier auf der Terrasse,
Bis ich erst des Nordgestirnes
Zwillings-Wendung wohl erpasse.

Und da wird es Mitternacht sein,
Wo du oft zu früh ermunterst,
Und dann wird es eine Pracht sein,
Wenn das All mit mir bewunderst.

Dichter

Zwar in diesem Duft und Garten
Tönet Bulbul ganze Nächte;
Doch du könntest lange warten
Bis die Nacht so viel vermöchte.

Denn in dieser Zeit der Flora,
Wie das Griechen-Volk sie nennet,
Die Strohwitwe, die Aurora,
Ist in Hesperus entbrennet.

Sieh dich um! sie kommt! wie schnelle!
Über Blumenfelds Gelänge! —
Hüben hell und drüben helle,
Ja die Nacht kommt in's Gedränge.

Und auf roten leichten Sohlen
Ihn, der mit der Sonn' entlaufen,
Eilt sie irrig einzuholen;
Fühlst du nicht ein Liebe-Schnaufen?

Geh nur, lieblichster der Söhne,
Tief in's Innre, schließ' die Türen;
Denn sie möchte deine Schöne
Als den Hesperus entführen.

Der Schenke

schläfrig

So hab' ich endlich von dir erharrt:
In allen Elementen Gottes Gegenwart.
Wie du mir das so lieblich gibst!
Am lieblichsten aber daß du liebst.

Hatem

Der schläft recht süß und hat ein Recht zu schlafen.
Du guter Knabe hast mir eingeschenkt,
Vom Freund und Lehrer, ohne Zwang und Strafen,
So jung vernommen wie der Alte denkt.
Nun aber kommt Gesundheit holder Fülle
Dir in die Glieder daß du dich erneust.
Ich trinke noch, bin aber stille, stille,
Damit du mich erwachend nicht erfreust.

MATHAL NAMEH
BUCH DER PARABELN

Vom Himmel sank in wilder Meere Schauer
Ein Tropfe bangend, gräßlich schlug die Flut,
Doch lohnte Gott bescheidnen Glaubensmut
Und gab dem Tropfen Kraft und Dauer.
Ihn schloß die stille Muschel ein.
Und nun, zu ew'gem Ruhm und Lohne,
Die Perle glänzt an unsers Kaisers Krone
Mit holdem Blick und mildem Schein.

Bulbuls Nachtlied durch die Schauer
Drang zu Allahs lichtem Throne,
Und dem Wohlgesang zu Lohne
Sperrt' er sie in goldnen Bauer.
Dieser sind des Menschen Glieder.
Zwar sie fühlet sich beschränket;
Doch wenn sie es recht bedenket,
Singt das Seelchen immer wieder.

Wunderglaube

Zerbrach einmal eine schöne Schal'
Und wollte schier verzweifeln;
Unart und Übereil' zumal
Wünscht' ich zu allen Teufeln.
Erst ras't ich aus, dann weint' ich weich
Bei'm traurigen Scherbelesen;
Das jammerte Gott, er schuf es gleich
So ganz als wie es gewesen.

Die Perle die der Muschel entrann,
Die schönste, hochgeboren,
Zum Juwelier, dem guten Mann,
Sprach sie: ich bin verloren!
Durchbohrst du mich, mein schönes All
Es ist sogleich zerrüttet,
Mit Schwestern muß ich, Fall für Fall,
Zu schlechten sein geküttet.

„Ich denke jetzt nur an Gewinn,
Du mußt es mir verzeihen:

Denn wenn ich hier nicht grausam bin,
Wie soll die Schnur sich reihen?"

Ich sah mit Staunen und Vergnügen
Eine Pfauenfeder im Koran liegen:
Willkommen an dem heil'gen Platz,
Der Erdgebilde höchster Schatz!
An dir, wie an des Himmels Sternen,
Ist Gottes Größe im Kleinen zu lernen,
Daß er, der Welten überblickt,
Sein Auge hier hat aufgedrückt,
Und so den leichten Flaum geschmückt,
Daß Könige kaum unternahmen
Die Pracht des Vogels nachzuahmen.
Bescheiden freue dich des Ruhms,
So bist du wert des Heiligtums.

Ein Kaiser hatte zwei Kassiere,
Einen zum Nehmen, einen zum Spenden;
Diesem fiel's nur so aus den Händen,
Jener wußte nicht woher zu nehmen.
Der Spendende starb; der Herrscher wußte nicht gleich,
Wem das Geber-Amt sei anzuvertrauen,
Und wie man kaum tät um sich schauen,
So war der Nehmer unendlich reich;
Man wußte kaum vor Gold zu leben,
Weil man *einen* Tag nichts ausgegeben.
Da ward nun erst dem Kaiser klar
Was Schuld an allem Unheil war.
Den Zufall wußt' er wohl zu schätzen,
Nie wieder die Stelle zu besetzen.

Zum Kessel sprach der neue Topf:
Was hast du einen schwarzen Bauch!
„Das ist bei uns nun Küchgebrauch;
Herbei, herbei du glatter Tropf,
Bald wird dein Stolz sich mindern.
Behält der Henkel ein klar Gesicht,
Darob erhebe du dich nicht.
Besieh nur deinen Hintern."

Alle Menschen groß und klein
Spinnen sich ein Gewebe fein,

Wo sie mit ihrer Scheren Spitzen
Gar zierlich in der Mitte sitzen.
Wenn nun darein ein Besen fährt,
Sagen sie, es sei unerhört,
Man habe den größten Palast zerstört.

Vom Himmel steigend Jesus bracht'
Des Evangeliums ewige Schrift,
Den Jüngern las er sie Tag und Nacht;
Ein göttlich Wort es wirkt und trifft.
Er stieg zurück, nahm's wieder mit;
Sie aber hatten's gut gefühlt,
Und jeder schrieb, so Schritt vor Schritt,
Wie er's in seinem Sinn behielt,
Verschieden. Es hat nichts zu bedeuten:
Sie hatten nicht gleiche Fähigkeiten;
Doch damit können sich die Christen
Bis zu dem jüngsten Tage fristen.

Es ist gut

Bei Mondeschein im Paradeis
Fand Jehovah im Schlafe tief
Adam versunken, legte leis
Zur Seit' ein Evchen, das auch entschlief.
Da lagen nun, in Erdeschranken,
Gottes zwei lieblichste Gedanken. —
Gut!!! rief er sich zum Meisterlohn,
Er ging sogar nicht gern davon.

Kein Wunder, daß es uns berückt,
Wenn Auge frisch in Auge blickt,
Als hätten wir's so weit gebracht
Bei dem zu sein der uns gedacht.
Und ruft er uns, wohlan, es sei!
Nur, das beding' ich, alle zwei.
Dich halten dieser Arme Schranken,
Liebster von allen Gottes-Gedanken.

PARSI NAMEH
BUCH DES PARSEN

Vermächtnis altpersischen Glaubens

Welch Vermächtnis, Brüder, sollt' euch kommen
Von dem Scheidenden, dem armen Frommen,
Den ihr Jüngeren geduldig nährtet.
Seine letzten Tage pflegend ehrtet?

Wenn wir oft gesehn den König reiten,
Gold an ihm und Gold an allen Seiten,
Edelstein' auf ihn und seine Großen
Ausgesät wie dichte Hagelschloßen,

Habt ihr jemals ihn darum beneidet?
Und nicht herrlicher den Blick geweidet,
Wenn die Sonne sich auf Morgenflügeln
Darnawends unzähl'gen Gipfelhügeln

Bogenhaft hervorhob? Wer enthielte
Sich des Blicks dahin? Ich fühlte, fühlte
Tausendmal, in so viel Lebenstagen,
Mich mit ihr, der kommenden, getragen

Gott auf seinem Throne zu erkennen,
Ihn den Herrn des Lebensquells zu nennen,
Jenes hohen Anblicks wert zu handeln
Und in seinem Lichte fortzuwandeln.

Aber stieg der Feuerkreis vollendet,
Stand ich als in Finsternis geblendet,
Schlug den Busen, die erfrischten Glieder
Warf ich, Stirn voran, zur Erde nieder.

Und nun sei ein heiliges Vermächtnis
Brüderlichem Wollen und Gedächtnis:
Schwerer Dienste tägliche Bewahrung,
Sonst bedarf es keiner Offenbarung.

Regt ein Neugeborner fromme Hände,
Daß man ihn sogleich zur Sonne wende,
Tauche Leib und Geist im Feuerbade!
Fühlen wird es jeden Morgens Gnade.

Dem Lebend'gen übergebt die Toten,
Selbst die Tiere deckt mit Schutt und Boden,
Und, so weit sich eure Kraft erstrecket,
Was euch unrein dünkt, es sei bedecket.

Grabet euer Feld in's zierlich Reine,
Daß die Sonne gern den Fleiß bescheine;
Wenn ihr Bäume pflanzt, so sei's in Reihen,
Denn sie läßt Geordnetes gedeihen.

Auch dem Wasser darf es in Kanälen
Nie am Laufe, nie an Reine fehlen;
Wie euch Senderud aus Bergrevieren
Rein entspringt, soll er sich rein verlieren.

Sanften Fall des Wassers nicht zu schwächen,
Sorgt, die Gräben fleißig auszustechen;
Rohr und Binse, Molch und Salamander,
Ungeschöpfe, tilgt sie mit einander!

Habt ihr Erd' und Wasser so im Reinen,
Wird die Sonne gern durch Lüfte scheinen,
Wo sie, ihrer würdig aufgenommen,
Leben wirkt, dem Leben Heil und Frommen.

Ihr, von Müh zu Mühe so gepeinigt,
Seid getrost, nun ist das All gereinigt,
Und nun darf der Mensch als Priester wagen
Gottes Gleichnis aus dem Stein zu schlagen.

Wo die Flamme brennt erkennet freudig,
Hell ist Nacht und Glieder sind geschmeidig.
An des Herdes raschen Feuerkräften
Reift das Rohe Tier- und Pflanzensäften.

Schleppt ihr Holz herbei, so tut's mit Wonne,
Denn ihr tragt den Samen ird'scher Sonne;
Pflückt ihr Pambeh, mögt ihr traulich sagen:
Diese wird als Docht das Heil'ge tragen.

Werdet ihr in jeder Lampe Brennen
Fromm den Abglanz höhern Lichts erkennen,
Soll euch nie ein Mißgeschick verwehren
Gottes Thron am Morgen zu verehren.

Da ist unsers Daseins Kaisersiegel,
Uns und Engeln reiner Gottesspiegel,

Und was nur am Lob des Höchsten stammelt
Ist in Kreis' um Kreise dort versammelt.

Will dem Ufer Senderuds entsagen,
Auf zum Darnawend die Flügel schlagen,
Wie sie tagt ihr freudig zu begegnen
Und von dorther ewig euch zu segnen.

Wenn der Mensch die Erde schätzet,
Weil die Sonne sie bescheinet.
An der Rebe sich ergetzet,
Die dem scharfen Messer weinet,
Da sie fühlt, daß ihre Säfte,
Wohlgekocht, die Welt erquickend,
Werden regsam vielen Kräften,
Aber mehreren erstickend:
Weiß er das der Glut zu danken,
Die das alles läßt gedeihen;
Wird Betrunkner stammelnd wanken,
Mäß'ger wird sich singend freuen.

CHULD NAMEH
BUCH DES PARADIESES

Vorschmack

Der echte Moslem spricht vom Paradiese
Als wenn er selbst allda gewesen wäre,
Er glaubt dem Koran, wie es der verhieße,
Hierauf begründet sich die reine Lehre.

Doch der Prophet, Verfasser jenes Buches,
Weiß unsre Mängel droben auszuwittern,
Und sieht, daß trotz dem Donner seines Fluches,
Die Zweifel oft den Glauben uns verbittern.

Deshalb entsendet er den ew'gen Räumen
Ein Jugend-Muster, alles zu verjüngen;
Sie schwebt heran und fesselt, ohne Säumen,
Um meinen Hals die allerliebsten Schlingen.

Auf meinem Schoß, an meinem Herzen halt' ich
Das Himmels-Wesen, mag nichts weiter wissen;
Und glaube nun an's Paradies gewaltig,
Denn ewig möcht' ich sie so treulich küssen.

Berechtigte Männer

Nach der Schlacht von Bedr, unter'm Sternenhimmel
Mahomet
spricht
Seine Toten mag der Feind betrauern:
Denn sie liegen ohne Wiederkehren;
Unsre Brüder sollt ihr nicht bedauern:
Denn sie wandeln über jenen Sphären.

Die Planeten haben alle sieben
Die metallnen Tore weit getan,
Und schon klopfen die verklärten Lieben
Paradieses Pforten kühnlich an.

Finden, ungehofft und überglücklich,
Herrlichkeiten die mein Flug berührt,
Als das Wunderpferd mich augenblicklich
Durch die Himmel alle durchgeführt.

Weisheitsbaum an Baum zypressenragend
Heben Äpfel goldner Zierd' empor,
Lebensbäume breite Schatten schlagend
Decken Blumensitz und Kräuterflor.

Und nun bringt ein süßer Wind von Osten
Hergeführt die Himmelsmädchenschar;
Mit den Augen fängst du an zu kosten,
Schon der Anblick sättigt ganz und gar.

Forschend stehn sie, was du unternahmest?
Große Plane? fährlich blut'gen Strauß?
Daß du Held seist sehn sie, weil du kamest;
Welch ein Held du seist? Sie forschen's aus.

Und sie sehn es bald an deiner Wunden,
Die sich selbst ein Ehrendenkmal schreibt.
Glück und Hoheit alles ist verschwunden,
Nur die Wunde für den Glauben bleibt.

Führen zu Chiosken dich und Lauben,
Säulenreich von buntem Lichtgestein,
Und zum edlen Saft verklärter Trauben
Laden sie mit Nippen freundlich ein.

Jüngling! mehr als Jüngling bist willkommen!
Alle sind wie alle licht und klar;
Hast du Eine dir an's Herz genommen;
Herrin, Freundin ist sie deiner Schar.

Doch die allertrefflichste gefällt sich
Keineswegs in solchen Herrlichkeiten,
Heiter, neidlos, redlich unterhält dich
Von den mannichfalt'gen andrer Trefflichkeiten.

Eine führt dich zu der andern Schmause,
Den sich jede äußerst ausersinnt;
Viele Frauen hast und Ruh im Hause,
Wert daß man darob das Paradies gewinnt.

Und so schicke dich in diesen Frieden:
Denn du kannst ihn weiter nicht vertauschen;
Solche Mädchen werden nicht ermüden,
Solche Weine werden nicht berauschen.

Und so war das Wenige zu melden
Wie der sel'ge Muselmann sich brüstet:
Paradies der Männer Glaubenshelden
Ist hiemit vollkommen ausgerüstet.

Auserwählte Frauen

Frauen sollen nichts verlieren,
Reiner Treue ziemt zu hoffen;
Doch wir wissen nur von vieren,
Die alldort schon eingetroffen.

Erst Suleika, Erdensonne,
Gegen Jussuph ganz Begierde,
Nun, des Paradieses Wonne,
Glänzt sie der Entsagung Zierde.

Dann die Allgebenedeite,
Die den Heiden Heil geboren,
Und getäuscht, in bittrem Leide,
Sah den Sohn am Kreuz verloren.

Mahoms Gattin auch, sie baute
Wohlfahrt ihm und Herrlichkeiten,
Und empfahl bei Lebenszeiten
Einen Gott und eine Traute.

Kommt Fatima dann, die Holde,
Tochter, Gattin sonder Fehle,
Englisch allerreinste Seele
In dem Leib von Honiggolde.

Diese finden wir alldorten;
Und wer Frauenlob gepriesen
Der verdient an ew'gen Orten
Lustzuwandeln wohl mit diesen.

Einlass

Huri
Heute steh' ich meine Wache
Vor des Paradieses Tor,
Weiß nicht grade wie ich's mache,
Kommst mir so verdächtig vor!

Ob du unsern Mosleminen
Auch recht eigentlich verwandt?
Ob dein Kämpfen, dein Verdienen
Dich an's Paradies gesandt?

Zählst du dich zu jenen Helden?
Zeige deine Wunden an,
Die mir Rühmliches vermelden,
Und ich führe dich heran.

Dichter

Nicht so vieles Federlesen!
Laß mich immer nur herein:
Denn ich bin ein Mensch gewesen
Und das heißt ein Kämpfer sein.

Schärfe deine kräft'gen Blicke!
Hier durchschaue diese Brust,
Sieh der Lebens-Wunden Tücke,
Sieh der Liebes-Wunden Lust.

Und doch sang ich gläub'ger Weise:
Daß mir die Geliebte treu,
Daß die Welt, wie sie auch kreise,
Liebevoll und dankbar sei.

Mit den Trefflichsten zusammen
Wirkt' ich, bis ich mir erlangt
Daß mein Nam' in Liebesflammen
Von den schönsten Herzen prangt.

Nein! du wählst nicht den Geringern!
Gib die Hand, daß Tag für Tag
Ich an deinen zarten Fingern
Ewigkeiten zählen mag.

Anklang

Huri

Draußen am Orte,
Wo ich dich zuerst sprach,
Wacht' ich oft an der Pforte,
Dem Gebote nach.
Da hört' ich ein wunderlich Gesäusel,
Ein Ton- und Sylbengekräusel,

Das wollte herein;
Niemand aber ließ sich sehen,
Da verklang es klein zu klein;
Es klang aber fast wie deine Lieder,
Das erinnr' ich mich wieder.

Dichter

Ewig Geliebte! wie zart
Erinnerst du dich deines Trauten!
Was auch, in irdischer Luft und Art,
Für Töne lauten,
Die wollen alle herauf;
Viele verklingen da unten zu Hauf;
Andere mit Geistes Flug und Lauf,
Wie das Flügel-Pferd des Propheten,
Steigen empor und flöten
Draußen an dem Tor.
Kommt deinen Gespielen so etwas vor,
So sollen sie's freundlich vermerken,
Das Echo lieblich verstärken,
Daß es wieder hinunter halle,
Und sollen Acht haben,
Daß, in jedem Falle,
Wenn er kommt, seine Gaben
Jedem zu Gute kommen;
Das wird beiden Welten frommen.

Sie mögen's ihm freundlich lohnen,
Auf liebliche Weise fügsam,
Sie lassen ihn mit sich wohnen:
Alle Guten sind genügsam.

Du aber bist mir beschieden,
Dich lass' ich nicht aus dem ewigen Frieden;
Auf die Wache sollst du nicht ziehn,
Schick' eine ledige Schwester dahin.

Dichter

Deine Liebe, dein Kuß mich entzückt!
Geheimnisse mag ich nicht erfragen;
Doch sag' mir ob du an irdischen Tagen
Jemals Teil genommen?
Mir ist es oft so vorgekommen,
Ich wollt' es beschwören, ich wollt' es beweisen
Du hast einmal Suleika geheißen.

Huri

Wir sind aus den Elementen geschaffen,
Aus Wasser, Feuer, Erd' und Luft
Unmittelbar; und irdischer Duft
Ist unserm Wesen ganz zuwider.
Wir steigen nie zu euch hernieder;
Doch wenn ihr kommt bei uns zu ruhn,
Da haben wir genug zu tun.

Denn, siehst du, wie die Gläubigen kamen,
Von dem Propheten so wohl empfohlen,
Besitz vom Paradiese nahmen,
Da waren wir, wie er befohlen,
So liebenswürdig, so charmant,
Wie uns die Engel selbst nicht gekannt.

Allein der erste, zweite, dritte
Die hatten vorher eine Favorite,
Gegen uns waren's garstige Dinger,
Sie aber hielten uns doch geringer,
Wir waren reizend, geistig, munter;
Die Moslems wollten wieder hinunter.

Nun war uns himmlisch Hochgebornen
Ein solch Betragen ganz zuwider,
Wir aufgewiegelten Verschwornen
Besannen uns schon hin und wieder;
Als der Prophet durch alle Himmel fuhr,
Da paßten wir auf seine Spur;
Rückkehrend hatt' er sich's nicht versehn,
Das Flügel-Pferd es mußte stehn.

Da hatten wir ihn in der Mitte! —
Freundlich ernst, nach Propheten-Sitte,
Wurden wir kürzlich von ihm beschieden;
Wir aber waren sehr unzufrieden.
Denn seine Zwecke zu erreichen
Sollten wir eben alles lenken,
So wie ihr dächtet, sollten wir denken,
Wir sollten euren Liebchen gleichen.

Unsere Eigenliebe ging verloren,
Die Mädchen krauten hinter den Ohren,
Doch, dachten wir, im ewigen Leben
Muß man sich eben in alles ergeben.

Nun sieht ein jeder was er sah,
Und ihm geschieht was ihm geschah.

Wir sind die Blonden, wir sind die Braunen,
Wir haben Grillen und haben Launen,
Ja, wohl auch manchmal eine Flause,
Ein jeder denkt, er sei zu Hause,
Und wir darüber sind frisch und froh
Daß sie meinen, es wäre so.

Du aber bist von freiem Humor,
Ich komme dir paradiesisch vor;
Du gibst dem Blick, dem Kuß die Ehre,
Und wenn ich auch nicht Suleika wäre.
Doch da sie gar zu lieblich war,
So glich sie mir wohl auf ein Haar.

Dichter

Du blendest mich mit Himmelsklarheit,
Es sei nun Täuschung oder Wahrheit,
Genug ich bewundre dich vor allen.
Um ihre Pflicht nicht zu versäumen,
Um einem Deutschen zu gefallen,
Spricht eine Huri in Knittelreimen.

Huri

Ja, reim' auch du nur unverdrossen,
Wie es dir aus der Seele steigt!
Wir paradiesische Genossen
Sind Wort- und Taten reinen Sinns geneigt.
Die Tiere, weißt du, sind nicht ausgeschlossen,
Die sich gehorsam, die sich treu erzeigt!
Ein derbes Wort kann Huri nicht verdrießen;
Wir fühlen was vom Herzen spricht,
Und was aus frischer Quelle bricht,
Das darf im Paradiese fließen.

Huri

Wieder einen Finger schlägst du mir ein!
Weißt du denn wieviel Äonen
Wir vertraut schon zusammen wohnen?

Dichter

Nein! — Will's auch nicht wissen. Nein!
Mannichfaltiger frischer Genuß,
Ewig bräutlich keuscher Kuß! —
Wenn jeder Augenblick mich durchschauert,
Was soll ich fragen wie lang es gedauert!

Huri

Abwesend bist denn doch auch einmal,
Ich merk' es wohl, ohne Maß und Zahl.
Hast in dem Weltall nicht verzagt,
An Gottes Tiefen dich gewagt;
Nun sei der Liebsten auch gewärtig!
Hast du nicht schon das Liedchen fertig?
Wie klang es draußen an dem Tor?
Wie klingt's? — Ich will nicht stärker in dich dringen,
Sing' mir die Lieder an Suleika vor:
Denn weiter wirst du's doch im Paradies nicht bringen.

Begünstigte Tiere

Vier Tieren auch verheißen war
In's Paradies zu kommen,
Dort leben sie das ew'ge Jahr
Mit Heiligen und Frommen.

Den Vortritt hier ein Esel hat,
Er kommt mit muntern Schritten:
Denn Jesus zur Propheten-Stadt
Auf ihm ist eingeritten.

Halb schüchtern kommt ein Wolf sodann,
Dem Mahomet befohlen:
Laß dieses Schaf dem armen Mann,
Dem Reichen magst du's holen.

Nun, immer wedelnd, munter, brav,
Mit seinem Herrn, dem braven,
Das Hündlein, das den Siebenschlaf
So treulich mit geschlafen.

Abuherrira's Katze hier
Knurrt um den Herrn und schmeichelt:
Denn immer ist's ein heilig Tier
Das der Prophet gestreichelt.

Höheres und Höchstes

Daß wir solche Dinge lehren
Möge man uns nicht bestrafen:
Wie das alles zu erklären,
Dürft ihr euer Tiefstes fragen.

Und so werdet ihr vernehmen:
Daß der Mensch, mit sich zufrieden,
Gern sein Ich gerettet sähe,
So da droben wie hienieden.

Und mein liebes Ich bedürfte
Mancherlei Bequemlichkeiten,
Freuden wie ich hier sie schlürfte
Wünscht' ich auch für ew'ge Zeiten.

So gefallen schöne Gärten,
Blum' und Frucht und hübsche Kinder,
Die uns allen hier gefielen,
Auch verjüngtem Geist nicht minder.

Und so möcht' ich alle Freunde,
Jung und alt, in Eins versammeln,
Gar zu gern in deutscher Sprache
Paradieses-Worte stammeln.

Doch man horcht nun Dialekten
Wie sich Mensch und Engel kosen,
Der Grammatik, der versteckten,
Deklinierend Mohn und Rosen.

Mag man ferner auch in Blicken
Sich rhetorisch gern ergehen
Und zu himmlischem Entzücken
Ohne Klang und Ton erhöhen.

Ton und Klang jedoch entwindet
Sich dem Worte selbstverständlich,
Und entschiedener empfindet
Der Verklärte sich unendlich.

Ist somit dem Fünf der Sinne
Vorgesehn im Paradiese,
Sicher ist es, ich gewinne
Einen Sinn für alle diese.

Und nun dring' ich aller Orten
Leichter durch die ew'gen Kreise,
Die durchdrungen sind vom Worte
Gottes rein-lebend'ger Weise.

Ungehemmt mit heißem Triebe
Läßt sich da kein Ende finden,
Bis im Anschaun ew'ger Liebe
Wir verschweben, wir verschwinden.

Siebenschläfer

Sechs Begünstigte des Hofes
Fliehen vor des Kaisers Grimme,
Der als Gott sich läßt verehren,
Doch als Gott sich nicht bewähret:
Denn ihn hindert eine Fliege
Guter Bissen sich zu freuen.
Seine Diener scheuchen wedelnd,
Nicht verjagen sie die Fliege.
Sie umschwärmt ihn, sticht und irret
Und verwirrt die ganze Tafel,
Kehret wieder wie des häm'schen
Fliegengottes Abgesandter.

Nun — so sagen sich die Knaben —
Sollt' ein Flieglein Gott verhindern?
Sollt' ein Gott auch trinken, speisen,
Wie wir andern? Nein, der Eine,
Der die Sonn' erschuf, den Mond auch,
Und der Sterne Glut uns wölbte,
Dieser ist's, wir fliehn! — Die zarten
Leicht beschuht-, beputzten Knaben
Nimmt ein Schäfer auf, verbirgt sie
Und sich selbst in Felsenhöhle.
Schäfershund er will nicht weichen,
Weggescheucht, den Fuß zerschmettert,
Drängt er sich an seinen Herren,
Und gesellt sich zum Verborgnen,
Zu den Lieblingen des Schlafes.

Und der Fürst, dem sie entflohen,
Liebentrüstet, sinnt auf Strafen,
Weiset ab so Schwert als Feuer,
In die Höhle sie mit Ziegeln
Und mit Kalk sie läßt vermauern.

Aber jene schlafen immer,
Und der Engel, ihr Beschützer,
Sagt vor Gottes Thron berichtend:
So zur Rechten, so zur Linken
Hab' ich immer sie gewendet,
Daß die schönen jungen Glieder
Nicht des Moders Qualm verletze.
Spalten riß ich in die Felsen,
Daß die Sonne steigend, sinkend,
Junge Wangen frisch erneute:

Und so liegen sie beseligt. —
Auch, auf heilen Vorderpfoten,
Schläft das Hündlein süßen Schlummer.

Jahre fliehen, Jahre kommen,
Wachen endlich auf die Knaben,
Und die Mauer, die vermorschte,
Altershalben ist gefallen.
Und Jamblika sagt, der Schöne,
Ausgebildete vor allen,
Als der Schäfer fürchtend zaudert:
Lauf' ich hin! und hol' euch Speise,
Leben wag' ich und das Goldstück! —
Ephesus, gar manches Jahr schon,
Ehrt die Lehre des Propheten
Jesus. (Friede sei dem Guten!)

Und er lief, da war der Tore
Wart' und Turn und alles anders.
Doch zum nächsten Bäckerladen
Wandt' er sich nach Brot in Eile. —
Schelm! so rief der Bäcker, hast du,
Jüngling, einen Schatz gefunden!
Gib mir, dich verrät das Goldstück,
Mir die Hälfte zum Versöhnen!

Und sie hadern. — Vor den König
Kommt der Handel; auch der König
Will nun teilen wie der Bäcker.

Nun betätigt sich das Wunder
Nach und nach aus hundert Zeichen.
An dem selbsterbauten Palast
Weiß er sich sein Recht zu sichern.
Denn ein Pfeiler durchgegraben
Führt zu scharfbenams'ten Schätzen.
Gleich versammeln sich Geschlechter
Ihre Sippschaft zu beweisen.
Und als Urvater prangend
Steht Jamblika's Jugendfülle.

Wie von Ahnherrn hört er sprechen
Hier von seinem Sohn und Enkeln.
Der Urenkel Schar umgibt ihn,
Als ein Volk von tapfern Männern,
Ihn den jüngsten zu verehren.
Und ein Merkmal über's andre
Dringt sich auf, Beweis vollendend;

Sich und den Gefährten hat er
Die Persönlichkeit bestätigt.

Nun zur Höhle kehrt er wieder,
Volk und König ihn geleiten. —
Nicht zum König, nicht zum Volke
Kehrt der Auserwählte wieder:
Denn die Sieben, die von lang her,
Achte waren's mit dem Hunde,
Sich von aller Welt gesondert,
Gabriels geheim Vermögen
Hat, gemäß dem Willen Gottes,
Sie dem Paradies geeignet,
Und die Höhle schien vermauert.

Gute Nacht!

Nun so legt euch, liebe Lieder,
An den Busen meinem Volke!
Und in einer Moschus-Wolke
Hüte Gabriel die Glieder
Des Ermüdeten gefällig;
Daß er frisch und wohlerhalten,
Froh, wie immer, gern gesellig,
Möge Felsenklüfte spalten,
Um des Paradieses Weiten,
Mit Heroen aller Zeiten,
Im Genusse zu durchschreiten;
Wo das Schöne, stets das Neue,
Immer wächs't nach allen Seiten,
Daß die Unzahl sich erfreue:
Ja, das Hündlein gar, das treue,
Darf die Herren hinbegleiten.

GÖTZ VON BERLICHINGEN
mit der eisernen Hand

Ein Schauspiel

PERSONEN

KAISER MAXIMILIAN
GÖTZ VON BERLICHINGEN
ELISABETH, *seine Frau*
MARIA, *seine Schwester*
KARL, *sein Söhnchen*
GEORG, *sein Bube*
BISCHOF VON BAMBERG
WEISLINGEN, ADELHEID VON WALLDORF, LIEBETRAUT } *an des Bischofs Hofe*
ABT VON FULDA
OLEARIUS, *beider Rechte Doktor*
BRUDER MARTIN
HANNS VON SELBITZ
FRANZ VON SICKINGEN
LERSE
FRANZ, *Weislingens Bube*
Kammerfräulein der Adelheid
METZLER, SIEVERS, LINK, KOHL, WILD,
Anführer der rebellischen Bauern
Hoffrauen, Hofleute, am Bamberg'schen Hofe
Kaiserliche Räte
Ratsherrn von Heilbronn
Richter des heimlichen Gerichts
Zwei Nürnberger Kaufleute
MAX STUMPF, *Pfalzgräflicher Diener*
Ein Unbekannter
Brautvater, Bräutigam } *Bauern*
Berliching'sche, Weisling'sche, Bamberg'sche Reiter
Hauptleute, Offiziere, Knechte von der Reichsarmee
Schenkwirt
Gerichtsdiener
Heilbronner Bürger
Stadtwache
Gefängniswärter
Bauern
Zigeunerhauptmann
Zigeuner, Zigeunerinnen

ERSTER AKT

Schwarzenberg in Franken. Herberge

METZLER, SIEVERS *am Tische.* ZWEI REITERSKNECHTE *bei'm Feuer.* WIRT.

SIEVERS Hänsel, noch ein Glas Branntwein, und meß christlich.

WIRT Du bist der Nimmersatt.

METZLER *(leise zu Sievers).* Erzähl das noch einmal vom Berlichingen! Die Bamberger dort ärgern sich, sie möchten schwarz werden.

SIEVERS Bamberger? Was tun *die* hier?

METZLER Der Weislingen ist oben auf'm Schloß bei'm Herrn Grafen schon zwei Tage; dem haben sie das Gleit geben. Ich weiß nicht wo er herkommt; sie warten auf ihn, er geht zurück nach Bamberg.

SIEVERS Wer ist der Weislingen?

METZLER Des Bischofs rechte Hand, ein gewaltiger Herr, der dem Götz auch auf'n Dienst lauert.

SIEVERS Er mag sich in Acht nehmen.

METZLER *(leise).* Nur immer zu! *(Laut.)* Seit wann hat denn der Götz wieder Händel mit dem Bischof von Bamberg? Es hieß ja, alles wäre vertragen und geschlichtet.

SIEVERS Ja, vertrag du mit den Pfaffen! Wie der Bischof sah, er richt nichts aus und zieht immer den Kürzern, kroch er zum Kreuz und war geschäftig, daß der Vergleich zu Stand käm. Und der getreuherzige Berlichingen gab unerhört nach, wie er immer tut wenn er im Vorteil ist.

METZLER Gott erhalt' ihn! Ein rechtschaffener Herr!

SIEVERS Nun denk', ist das nicht schändlich? Da werfen sie ihm einen Buben nieder, da er sich nichts weniger versieht. Wird sie aber schon wieder dafür lausen!

METZLER Es ist doch dumm, daß ihm der letzte Streich mißglückt ist! Er wird sich garstig erbost haben.

SIEVERS Ich glaub nicht, daß ihn lang was so verdrossen hat. Denk' auch, alles war auf's genaueste verkundschaft, wann der Bischof aus dem Bad käm, mit wie viel Reitern, welchen Weg; und wenn's nicht wär durch falsche Leut verraten worden, wollt' er ihm das Bad gesegnet und ihn ausgerieben haben.

ERSTER REITER Was räsoniert ihr von unserm Bischof? Ich glaub' ihr sucht Händel.

SIEVERS Kümmert euch um eure Sachen! Ihr habt an unserm Tisch nichts zu suchen.

ZWEITER REITER Wer heißt euch von unserm Bischof despektierlich reden?

SIEVERS Hab' ich euch Red und Antwort zu geben? Seht doch den Fratzen!

ERSTER REITER *(schlägt ihn hinter die Ohren).*

METZLER Schlag den Hund tot!

Sie fallen über einander her.

ZWEITER REITER Komm her, wenn du's Herz hast.

WIRT *(reißt sie von einander).* Wollt ihr Ruh haben! Tausend Schwerenot! Schert euch 'naus wenn ihr was auszumachen habt. In meiner Stub soll's ehrlich und ordentlich zugehen. *(Schiebt die Reiter zur Tür hinaus.)* Und ihr Esel, was fanget ihr an?

METZLER Nur nit viel geschimpft, Hänsel, sonst kommen wir dir über die Glatze. Komm, Kamerad, wollen die draußen bläuen.

ZWEI BERLICHING'SCHE REITER *kommen.*

ERSTER REITER Was gibt's da?

SIEVERS Ei guten Tag, Peter! Veit, guten Tag! Woher?

ZWEITER REITER Daß du dich nit unterstehst zu verraten wem wir dienen.

SIEVERS *(leise).* Da ist euer Herr Götz wohl auch nit weit?

ERSTER REITER Halt dein Maul! Habt ihr Händel?

SIEVERS Ihr seid den Kerls begegnet draußen, sind Bamberger.

ERSTER REITER Was tun die hier?

METZLER Der Weislingen ist droben auf'm Schloß, bei'm gnädigen Herrn, den haben sie geleit.

ERSTER REITER Der Weislingen?

ZWEITER REITER *(leise).* Peter! das ist ein gefunden Fressen! *(Laut.)* Wie lang ist er da?

METZLER Schon zwei Tage. Aber er will heut noch fort, hört' ich einen von den Kerls sagen.

ERSTER REITER *(leise).* Sagt' ich dir nicht er wär daher! Hätten wir dort drüben eine Weile passen können. Komm, Veit.

SIEVERS Helft uns doch erst die Bamberger ausprügeln.

ZWEITER REITER Ihr seid ja auch zu zwei. Wir müssen fort. Adies! *(Ab.)*

SIEVERS Lumpenhunde die Reiter! wann man sie nit bezahlt, tun sie dir keinen Streich.

METZLER Ich wollt schwören sie haben einen Anschlag. Wem dienen sie?

SIEVERS Ich soll's nit sagen. Sie dienen dem Götz.

METZLER So! nun wollen wir über die draußen. Komm, so lang ich einen Bengel hab fürcht' ich ihre Bratspieße nicht.

SIEVERS Dürften wir nur so einmal an die Fürsten, die uns die Haut über die Ohren ziehen.

Herberge im Wald

GÖTZ *(vor der Tür unter der Linde).* Wo meine Knechte bleiben! Auf und ab muß ich gehen, sonst übermannt mich der Schlaf. Fünf Tag und Nächte schon auf der Lauer. Es wird einem sauer gemacht das bißchen Leben und Freiheit. Dafür, wenn ich dich habe, Weislingen, will ich mir's wohl sein lassen. *(Schenkt ein.)* Wieder leer! Georg! So lang's daran nicht mangelt und an frischem Mut, lach' ich der Fürsten Herrschsucht und Ränke. — Georg! — Schickt ihr nur euern gefälligen Weislingen herum zu Vettern und Gevattern, laßt mich anschwärzen. Nur immer zu. Ich bin wach. Du warst mir entwischt, Bischof! So mag denn dein lieber Weislingen die Zeche bezahlen. — Georg! Hört der Junge nicht? Georg! Georg!

DER BUBE *(im Panzer eines Erwachsenen).* Gestrenger Herr!

GÖTZ Wo stickst du? Hast du geschlafen? Was zum Henker treibst du für Mummerei? Komm her, du siehst gut aus. Schäm dich nicht, Junge. Du bist brav! Ja, wenn du ihn ausfülltest! Es ist Hannsens Küraß?

GEORG Er wollt' ein wenig schlafen und schnallt' ihn aus.

GÖTZ Er ist bequemer als sein Herr.

GEORG Zürnt nicht. Ich nahm ihn leise weg und legt' ihn an, und holte meines Vaters altes Schwert von der Wand, lief auf die Wiese und zog's aus.

GÖTZ Und hiebst um dich herum? Da wird's den Hecken und Dornen gut gegangen sein. Schläft Hanns?

GEORG Auf euer Rufen sprang er auf, und schrie mir, daß ihr rieft. Ich wollt den Harnisch ausschnallen, da hört' ich euch zwei-, dreimal.

GÖTZ Geh! bring' ihm seinen Panzer wieder und sag' ihm, er soll bereit sein, soll nach den Pferden sehen.

GEORG Die hab' ich recht ausgefüttert und wieder aufgezäumt. Ihr könnt aufsitzen wann ihr wollt.

GÖTZ Bring mir einen Krug Wein, gib Hannsen auch ein Glas, sag' ihm, er soll munter sein, es gilt. Ich hoffe jeden Augenblick, meine Kundschafter sollen zurück kommen.

GEORG Ach gestrenger Herr!

GÖTZ Was hast du?

GEORG Darf ich nicht mit?

GÖTZ Ein andermal, Georg, wann wir Kaufleute fangen und Fuhren wegnehmen.

GEORG Ein andermal, das habt ihr schon oft gesagt. O diesmal! diesmal! Ich will nur hinten drein laufen, nur auf der Seite lauern. Ich will euch die verschossenen Bolzen wieder holen.

GÖTZ Das nächstemal, Georg. Du sollst erst ein Wams haben, eine Blechhaube und einen Spieß.

GEORG Nehmt mich mit. Wär' ich letzt dabei gewesen, ihr hättet die Armbrust nicht verloren.

GÖTZ Weißt du das?

GEORG Ihr warft sie dem Feind an Kopf, und einer von den Fußknechten hob sie auf; weg war sie! Gelt ich weiß?

GÖTZ Erzählen dir das meine Knechte?

GEORG Wohl. Dafür pfeif' ich ihnen auch, wann wir die Pferde striegeln, allerlei Weisen, und lerne sie allerlei lustige Lieder.

GÖTZ Du bist ein braver Junge.

GEORG Nehmt mich mit, daß ich's zeigen kann.

GÖTZ Das nächstemal, auf mein Wort. Unbewaffnet, wie du bist, sollst du nicht in Streit. Die künftigen Zeiten brauchen auch Männer. Ich sage dir, Knabe, es wird eine teure Zeit werden: Fürsten werden ihre Schätze bieten um einen Mann, den sie jetzt hassen. Geh, Georg, gib Hannsen seinen Küraß wieder, und bring mir Wein. *(Georg ab.)* Wo meine Knechte bleiben! Es ist unbegreiflich. Ein Mönch! Wo kommt der noch her?

BRUDER MARTIN *kommt.*

GÖTZ Ehrwürdiger Vater, guten Abend! woher so spät? Mann der heiligen Ruhe, ihr beschämt viel Ritter.

MARTIN Dank' euch, edler Herr! Und bin vor der Hand nur demütiger Bruder, wenn's ja Titel sein soll. Augustin mit meinem Klosternamen, doch hör' ich am liebsten Martin, meinen Taufnamen.

GÖTZ Ihr seid müde, Bruder Martin, und ohne Zweifel durstig! *(Der Bub kommt.)* Da kommt der Wein eben recht.

MARTIN Für mich einen Trunk Wasser. Ich darf keinen Wein trinken.

GÖTZ Ist das euer Gelübde?

MARTIN Nein, gnädiger Herr, es ist nicht wider mein Gelübde Wein zu trinken; weil aber der Wein wider mein Gelübde ist, so trinke ich keinen Wein.

GÖTZ Wie versteht ihr das?

MARTIN Wohl euch daß ihr's nicht versteht. Essen und trinken, mein' ich, ist des Menschen Leben.

GÖTZ Wohl!

MARTIN Wenn ihr gegessen und getrunken habt, seid ihr wie neu geboren; seid stärker, mutiger, geschickter zu euerm Geschäft. Der Wein erfreut des Menschen Herz, und die Freudigkeit ist die Mutter aller Tugenden. Wenn ihr Wein getrunken habt, seid ihr alles doppelt was ihr sein sollt, noch einmal so leicht denkend, noch einmal so unternehmend, noch einmal so schnell ausführend.

GÖTZ Wie ich ihn trinke, ist es wahr.

MARTIN Davon red' ich auch. Aber wir —

GEORG *mit Wasser.*

GÖTZ *(zu Georg heimlich).* Geh auf den Weg nach Dachsbach, und leg dich mit dem Ohr auf die Erde, ob du nicht Pferde kommen hörst, und sei gleich wieder hier.

MARTIN Aber wir, wenn wir gegessen und getrunken haben, sind wir grad das Gegenteil von dem, was wir sein sollen. Unsere schläfrige Verdauung stimmt den Kopf nach dem Magen, und in der Schwäche einer überfüllten Ruhe erzeugen sich Begierden, die ihrer Mutter leicht über den Kopf wachsen.

GÖTZ Ein Glas, Bruder Martin, wird euch nicht im Schlaf stören. Ihr seid heute viel gegangen. *(Bringt's ihm.)* Alle Streiter!

MARTIN In Gottes Namen! *(Sie stoßen an.)* Ich kann die müßigen Leute nicht ausstehen; und doch kann ich nicht sagen, daß alle Mönche müßig sind; sie tun was sie können. Da komm' ich von St. Veit, wo ich die letzte Nacht schlief. Der Prior führte mich in den Garten; das ist nun ihr Bienenkorb. Vortrefflicher Salat! Kohl nach Herzens Lust! und besonders Blumenkohl und Artischocken, wie keine in Europa!

GÖTZ Das ist also eure Sache nicht. *(Er steht auf, sieht nach dem Jungen und kommt wieder.)*

MARTIN Wollte, Gott hätte mich zum Gärtner oder Laboranten gemacht! ich könnte glücklich sein. Mein Abt liebt mich, mein Kloster ist Erfurt in Sachsen; er weiß, ich kann nicht ruhn; da schickt er mich herum, wo was zu betreiben ist. Ich geh zum Bischof von Constanz.

GÖTZ Noch Eins! Gute Verrichtung!

MARTIN Gleichfalls.

GÖTZ Was seht ihr mich so an, Bruder?

MARTIN Daß ich in euern Harnisch verliebt bin.

GÖTZ Hättet ihr Lust zu einem? Es ist schwer und beschwerlich ihn zu tragen.

MARTIN Was ist nicht beschwerlich auf dieser Welt! und mir kommt nichts beschwerlicher vor als nicht Mensch sein dürfen. Armut, Keuschheit und Gehorsam — drei Gelübde, deren jedes, einzeln betrachtet, der Natur das Unausstehlichste scheint, so unerträglich sind sie alle. Und sein ganzes Leben unter dieser Last, oder der weit drückendern Bürde des Gewissens mutlos zu keuchen! O Herr! was sind die Mühseligkeiten eures Lebens, gegen die Jämmerlichkeiten eines Standes, der die besten Triebe, durch die wir werden, wachsen und gedeihen, aus mißverstandener Begierde Gott näher zu rücken, verdammt?

GÖTZ Wär' euer Gelübde nicht so heilig, ich wollte euch bereden einen Harnisch anzulegen, wollt' euch ein Pferd geben, und wir zögen mit einander.

MARTIN Wollte Gott, meine Schultern fühlten Kraft, den Harnisch zu ertragen, und mein Arm Stärke, einen Feind vom Pferd zu stechen! — Arme schwache Hand, von jeher gewohnt Kreuze und Friedensfahnen zu führen und Rauchfässer zu schwingen, wie wolltest du Lanze und Schwert regieren! Meine Stimme, nur zu Ave und Halleluja gestimmt, würde dem Feind ein Herold meiner Schwäche sein, wenn ihn die eurige überwältigte. Kein Gelübde sollte mich abhalten wieder in den Orden zu treten, den mein Schöpfer selbst gestiftet hat!

GÖTZ Glückliche Wiederkehr!

MARTIN Das trinke ich nur für euch. Wiederkehr in meinen Käfig ist allemal unglücklich. Wenn ihr wiederkehrt, Herr, in eure Mauern, mit dem Bewußtsein eurer Tapferkeit und Stärke, der keine Müdigkeit etwas anhaben kann, euch zum erstenmal nach langer Zeit, sicher vor feindlichem Überfall, entwaffnet auf euer Bette streckt, und euch nach dem Schlaf dehnt, der euch besser schmeckt, als mir der Trunk nach langem Durst; da könnt ihr von Glück sagen!

GÖTZ Dafür kommt's auch selten.

MARTIN *(feuriger).* Und ist, wenn's kommt, ein Vorschmack des Himmels. — Wenn ihr zurück kehrt, mit der Beute eurer Feinde beladen, und euch erinnert: den stach ich vom Pferd eh er schießen konnte, und den rannt' ich samt dem Pferde nieder, und dann reitet ihr zu euerm Schloß hinauf, und —

GÖTZ Was meint ihr?

MARTIN Und eure Weiber! *(Er schenkt ein.)* Auf Gesundheit eurer Frau! *(Er wischt sich die Augen.)* Ihr habt doch eine?

GÖTZ Ein edles vortreffliches Weib!

MARTIN Wohl dem, der ein tugendsam Weib hat! deß lebt er noch eins so lange. Ich kenne keine Weiber, und doch war die Frau die Krone der Schöpfung!

GÖTZ *(vor sich).* Er dauert mich! Das Gefühl seines Standes frißt ihm das Herz.

GEORG *(gesprungen).* Herr! ich höre Pferde im Galopp! Zwei! Es sind sie gewiß.

GÖTZ Führ mein Pferd heraus! Hanns soll aufsitzen. Lebt wohl, teurer Bruder, Gott geleit' euch! Seid mutig und geduldig. Gott wird euch Raum geben.

MARTIN Ich bitt' um euern Namen.

GÖTZ Verzeiht mir. Lebt wohl! *(Er reicht ihm die linke Hand.)*

MARTIN Warum reicht ihr mir die Linke? Bin ich die ritterliche Rechte nicht wert?

GÖTZ Und wenn ihr der Kaiser wärt, ihr müßtet mit dieser vorlieb nehmen. Meine Rechte, obgleich im Kriege nicht unbrauchbar, ist gegen den Druck der Liebe unempfindlich: sie ist eins mit ihrem Handschuh; ihr seht, er ist Eisen.

MARTIN So seid ihr Götz von Berlichingen! Ich danke dir, Gott, daß du mich ihn hast sehen lassen, diesen Mann, den die Fürsten hassen, und zu dem die Bedrängten sich wenden! *(Er nimmt ihm die rechte Hand.)* Laßt mir diese Hand, laßt mich sie küssen!

GÖTZ Ihr sollt nicht.

MARTIN Laßt mich! Du, mehr wert als Reliquienhand, durch die das heiligste Blut geflossen ist, totes Werkzeug, belebt durch des edelsten Geistes Vertrauen auf Gott!

GÖTZ *setzt den Helm auf und nimmt die Lanze.*

MARTIN Es war ein Mönch bei uns vor Jahr und Tag, der euch besuchte, wie sie euch abgeschossen ward vor Landshut. Wie er uns erzählte, was ihr littet, und wie sehr es euch schmerzte zu eurem Beruf verstümmelt zu sein, und wie euch einfiel, von einem gehört zu haben, der auch nur Eine Hand hatte, und als tapferer Reitersmann doch noch lange diente — ich werde das nie vergessen.

DIE ZWEI KNECHTE *kommen.*

GÖTZ *zu ihnen. Sie reden heimlich.*

MARTIN *(fährt inzwischen fort).* Ich werde das nie vergessen, wie er im edelsten einfältigsten Vertrauen auf Gott sprach: und wenn ich zwölf Händ hätte und deine Gnad wollt mir nicht, was würden sie mir fruchten. So kann ich mit *einer* —

GÖTZ In den Haslacher Wald also. *(Kehrt sich zu Martin.)* Lebt wohl, werter Bruder Martin. *(Küßt ihn.)*

MARTIN Vergeßt mein nicht, wie ich euer nicht vergesse. *(Götz ab.)*

MARTIN Wie mir's so eng um's Herz ward, da ich ihn sah. Er redete nichts, und mein Geist konnte doch den seinigen unterscheiden. Es ist eine Wollust einen großen Mann zu sehn.

GEORG Ehrwürd'ger Herr, ihr schlaft doch bei uns?

MARTIN Kann ich ein Bett haben?

GEORG Nein, Herr! ich kenne Betten nur vom Hörensagen, in unsrer Herberg' ist nichts als Stroh.

MARTIN Auch gut. Wie heißt du?

GEORG Georg, ehrwürd'ger Herr!

MARTIN Georg! da hast du einen tapfern Patron.

GEORG Sie sagen, er sei ein Reiter gewesen; das will ich auch sein.

MARTIN Warte! *(Zieht ein Gebetbuch hervor und gibt dem Buben einen Heiligen.)* Da hast du ihn. Folge seinem Beispiel, sei brav und fürchte Gott! *(Martin geht.)*

GEORG Ach ein schöner Schimmel! wenn ich einmal so einen hätte! — und die goldene Rüstung! — Das ist ein garstiger Drach — Jetzt schieß ich nach Sperlingen — Heiliger Georg! mach mich groß und stark, gib mir so eine Lanze, Rüstung und Pferd, dann laß mir die Drachen kommen!

Jaxthausen. Götzens Burg

ELISABETH. MARIA. KARL *sein Söhnchen.*

KARL Ich bitte dich, liebe Tante, erzähl mir das noch einmal vom frommen Kind, 's is gar zu schön.

MARIA Erzähl du mir's, kleiner Schelm, da will ich hören ob du Acht gibst.

KARL Wart' e bis, ich will mich bedenken. — Es war einmal — ja — es war einmal ein Kind, und sein Mutter war krank, da ging das Kind hin —

MARIA Nicht doch. Da sagte die Mutter: Liebes Kind —

KARL Ich bin krank —

MARIA Und kann nicht ausgehn —

KARL Und gab ihm Geld und sagte: geh hin, und hol dir ein Frühstück. Da kam ein armer Mann —

MARIA Das Kind ging, da begegnet ihm ein alter Mann, der war — nun Karl!

KARL Der war — alt —

MARIA Freilich! der kaum mehr gehen konnte, und sagte: Liebes Kind —

KARL Schenk mir was, ich habe kein Brot gessen gestern und heut. Da gab ihm 's Kind das Geld —

MARIA Das für ein Frühstück sein sollte.

KARL Da sagte der alte Mann —

MARIA Da nahm der alte Mann das Kind —

KARL Bei der Hand, und sagte — und ward ein schöner glänzender Heiliger, und sagte: — Liebes Kind —

MARIA Für deine Wohltätigkeit belohnt dich die Mutter Gottes durch mich: welchen Kranken du anrührst —

KARL Mit der Hand — es war die rechte, glaub' ich.

MARIA Ja.

KARL Der wird gleich gesund.

MARIA Da lief das Kind nach Haus und konnt für Freuden nichts reden.

KARL Und fiel seiner Mutter um den Hals und weinte für Freuden —

MARIA Da rief die Mutter: wie ist mir! und war — nun Karl!

KARL Und war — und war —

MARIA Du gibst schon nicht Acht! — und war gesund. Und das Kind kurierte König und Kaiser, und wurde so reich, daß es ein großes Kloster bauete.

ELISABETH Ich kann nicht begreifen, wo mein Herr bleibt. Schon fünf Tag und Nächte, daß er weg ist, und er hoffte so bald seinen Streich auszuführen.

MARIA Mich ängstigt's lang. Wenn ich so einen Mann haben sollte, der sich immer Gefahren aussetzte, ich stürbe im ersten Jahr.

ELISABETH Dafür dank' ich Gott, daß er mich härter zusammen gesetzt hat.

KARL Aber muß dann der Vater ausreiten, wenn's so gefährlich ist?
MARIA Es ist sein guter Wille so.
ELISABETH Wohl muß er, lieber Karl.
KARL Warum?
ELISABETH Weißt du noch, wie er das letztemal ausritt, da er dir Weck mitbrachte?
KARL Bringt er mir wieder mit?
ELISABETH Ich glaub wohl. Siehst du, da war ein Schneider von Stuttgart, der war ein trefflicher Bogenschütz, und hatte zu Köln auf'm Schießen das Beste gewonnen.
KARL War's viel?
ELISABETH Hundert Taler. Und darnach wollten sie's ihm nicht geben.
MARIA Gelt, das ist garstig, Karl?
KARL Garstige Leut!
ELISABETH Da kam der Schneider zu deinem Vater und bat ihn, er möchte ihm zu seinem Geld verhelfen. Und da ritt er aus und nahm den Kölnern ein paar Kaufleute weg, und plagte sie so lang bis sie das Geld herausgaben. Wärst du nicht auch ausgeritten?
KARL Nein! da muß man durch einen dicken, dicken Wald, sind Zigeuner und Hexen drin.
ELISABETH Ist ein rechter Bursch, fürcht sich vor Hexen.
MARIA Du tust besser, Karl, leb du einmal auf deinem Schloß, als ein frommer christlicher Ritter. Auf seinen eigenen Gütern findet man zum Wohltun Gelegenheit genug. Die rechtschaffensten Ritter begehen mehr Ungerechtigkeit als Gerechtigkeit auf ihren Zügen.
ELISABETH Schwester, du weißt nicht was du redst. Gebe nur Gott, daß unser Junge mit der Zeit braver wird, und dem Weislingen nicht nachschlägt, der so treulos an meinem Mann handelt.
MARIA Wir wollen nicht richten, Elisabeth. Mein Bruder ist sehr erbittert, du auch. Ich bin bei der ganzen Sache mehr Zuschauer, und kann billiger sein.
ELISABETH Er ist nicht zu entschuldigen.
MARIA Was ich von ihm gehört, hat mich eingenommen. Erzählte nicht selbst dein Mann so viel Liebes und Gutes von ihm! Wie glücklich war ihre Jugend, als sie zusammen Edelknaben des Markgrafen waren!
ELISABETH Das mag sein. Nur sag, was kann der Mensch je Gutes gehabt haben, der seinem besten treusten Freunde nachstellt, seine Dienste den Feinden meines Mannes verkauft, und unsern trefflichen Kaiser, der uns so gnädig ist, mit falschen widrigen Vorstellungen einzunehmen sucht.
KARL Der Vater! der Vater! Der Türner bläs't 's Liedel: Heisa, mach 's Tor auf.
ELISABETH Da kommt er mit Beute.

EIN REITER *kommt.*

REITER Wir haben gejagt! wir haben gefangen! Gott grüß' euch, edle Frauen.
ELISABETH Habt ihr den Weislingen?
REITER Ihn und drei Reiter.

ELISABETH Wie ging's zu, daß ihr so lang ausbleibt?

REITER Wir lauerten auf ihn zwischen Nürnberg und Bamberg, er wollte nicht kommen, und wir wußten doch, er war auf dem Wege. Endlich kundschaften wir ihn aus, er war seitwärts gezogen, und saß geruhig bei'm Grafen auf dem Schwarzenberg.

ELISABETH Den möchten Sie auch gern meinem Mann feind haben.

REITER Ich sagt's gleich dem Herrn. Auf! und wir ritten in Haslacher Wald. Und da war's kurios: wie wir so in die Nacht reiten, hütt' just ein Schäfer da, und fallen fünf Wölf in die Herd' und packten weidlich an. Da lachte unser Herr, und sagte: Glück zu, liebe Gesellen! Glück überall und uns auch! Und es freuet' uns all das gute Zeichen. Indem so kommt der Weislingen hergeritten mit vier Knechten.

MARIA Das Herz zittert mir im Leibe.

REITER Ich und mein Kamerad, wie's der Herr befohlen hatte, nistelten uns an ihn, als wären wir zusammengewachsen, daß er sich nicht regen noch rühren konnte, und der Herr und der Hanns fielen über die Knechte her und nahmen sie in Pflicht. Einer ist entwischt.

ELISABETH Ich bin neugierig ihn zu sehn. Kommen sie bald?

REITER Sie reiten das Tal herauf, in einer Viertelstund sind sie hier.

MARIA Er wird niedergeschlagen sein.

REITER Finster genug sieht er aus.

MARIA Sein Anblick wird mir im Herzen weh tun.

ELISABETH Ah! — Ich will gleich das Essen zurecht machen. Hungrig werdet ihr doch alle sein.

REITER Rechtschaffen.

Elisabeth Nimm den Kellerschlüssel und hol vom besten Wein! Sie haben ihn verdient. *(Ab.)*

KARL Ich will mit, Tante.

MARIA Komm, Bursch. *(Ab.)*

REITER Der wird nicht sein Vater, sonst ging' er mit in Stall!

GÖTZ. WEISLINGEN. REITERSKNECHTE.

GÖTZ *(Helm und Schwert auf den Tisch legend).* Schnallt mir den Harnisch auf, und gebt mir mein Wams. Die Bequemlichkeit wird mir wohl tun. Bruder Martin, du sagtest recht — Ihr habt uns in Atem erhalten, Weislingen.

WEISLINGEN *antwortet nichts, auf und abgehend.*

GÖTZ Seid gutes Muts. Kommt, entwaffnet euch. Wo sind eure Kleider? Ich hoffe, es soll nichts verloren gegangen sein. *(Zum Knecht.)* Frag seine Knechte, und öffnet das Gepäcke, und seht zu, daß nichts abhanden komme. Ich könnt' euch auch von den meinigen borgen.

WEISLINGEN Laßt mich so, es ist all eins.

GÖTZ Könnt' euch ein hübsches saubres Kleid geben, ist zwar nur Leinen. Mir ist's zu eng worden. Ich hatt's auf der Hochzeit meines gnädigen Herrn des Pfalzgrafen an, eben damals, als euer Bischof so giftig über mich wurde. Ich hatt' ihm, vierzehn Tag vorher, zwei Schiff auf dem Main niedergeworfen. Und ich geh mit Franzen von Sickingen im Wirtshaus zum

Hirsch in Haidelberg die Trepp hinauf. Eh man noch ganz droben ist, ist ein Absatz und ein eisen Geländerlein, da stund der Bischof und gab Franzen die Hand, wie er vorbei ging, und gab sie mir auch, wie ich hinten drein kam. Ich lacht' in meinem Herzen, und ging zum Landgrafen von Hanau, der mir gar ein lieber Herr war, und sagte: Der Bischof hat mir die Hand geben, ich wett' er hat mich nicht gekannt. Das hört der Bischof, denn ich redt laut mit Fleiß, und kam zu uns trotzig — und sagte: Wohl, weil ich euch nicht kannt hab, gab ich euch die Hand. Da sagt' ich: Herre, ich merkt's wohl, daß ihr mich nicht kanntet, und hiermit habt ihr eure Hand wieder. Da ward das Männlein so rot am Hals wie ein Krebs vor Zorn, und lief in die Stube zu Pfalzgraf Ludwig und dem Fürsten von Nassau, und klagt's ihnen. Wir haben nachher uns oft was drüber zu Gute getan.

WEISLINGEN Ich wollt' ihr ließt mich allein.

GÖTZ Warum das? Ich bitt' euch seid aufgeräumt. Ihr seid in meiner Gewalt, und ich werd sie nicht mißbrauchen.

WEISLINGEN Dafür war mir's noch nicht bange. Das ist eure Ritterpflicht.

GÖTZ Und ihr wißt, daß die mir heilig ist.

WEISLINGEN Ich bin gefangen; das Übrige ist eins.

GÖTZ Ihr solltet nicht so reden. Wenn ihr's mit Fürsten zu tun hättet; und sie euch in tiefen Thurn an Ketten aufhingen, und der Wächter euch den Schlaf wegpfeifen müßte.

Die Knechte mit den Kleidern.

WEISLINGEN *zieht sich aus und an.*

KARL *kommt.*

KARL Guten Morgen, Vater.

GÖTZ *(küßt ihn).* Guten Morgen, Junge. Wie habt ihr die Zeit gelebt?

KARL Recht geschickt, Vater! Die Tante sagt: ich sei recht geschickt.

GÖTZ So!

KARL Hast du mir was mitgebracht?

GÖTZ Diesmal nicht.

KARL Ich hab viel gelernt.

GÖTZ Ei!

KARL Soll ich dir vom frommen Kind erzählen?

GÖTZ Nach Tische.

KARL Ich weiß noch was.

GÖTZ Was wird das sein?

KARL Jaxthausen ist ein Dorf und Schloß an der Jaxt, gehört seit zweihundert Jahren den Herrn von Berlichingen erb- und eigentümlich zu.

GÖTZ Kennst du den Herrn von Berlichingen?

KARL *sieht ihn starr an.*

GÖTZ *(vor sich).* Er kennt wohl vor lauter Gelehrsamkeit seinen Vater nicht. — Wem gehört Jaxthausen?

KARL Jaxthausen ist ein Dorf und Schloß an der Jaxt.

GÖTZ Das frag' ich nicht. — Ich kannte alle Pfade, Weg und Furten, eh ich wußte wie Fluß, Dorf und Burg hieß. — Die Mutter ist in der Küche?

KARL Ja, Vater! Sie kocht weiße Rüben und ein Lammsbraten.
GÖTZ Weißt du's auch, Hanns Küchenmeister?
KARL Und für mich zum Nachtisch hat die Tante einen Apfel gebraten.
GÖTZ Kannst du sie nicht roh essen?
KARL Schmeckt so besser.
GÖTZ Du mußt immer was Apartes haben. — Weislingen! ich bin gleich wieder bei euch. Ich muß meine Frau doch sehn. Komm mit, Karl.
KARL Wer ist der Mann?
GÖTZ Grüß' ihn. Bitt' ihn er soll lustig sein.
KARL Da, Mann! hast du eine Hand, sei lustig, das Essen ist bald fertig.
WEISLINGEN *(hebt ihn in die Höh und küßt ihn).* Glückliches Kind! das kein Übel kennt, als wenn die Suppe lang ausbleibt. Gott laß' euch viel Freud am Knaben erleben, Berlichingen.
GÖTZ Wo viel Licht ist, ist starker Schatten doch wär mir's willkommen. Wollen sehn was es gibt. *(Sie gehn.)*
WEISLINGEN O daß ich aufwachte! und das alles wäre ein Traum! In Berlichingens Gewalt! von dem ich mich kaum losgearbeitet habe, dessen Andenken ich mied wie Feuer, den ich hoffte zu überwältigen! Und er — der alte treuherzige Götz! Heiliger Gott, was will, will aus dem allen werden? Rückgeführt, Adelbert, in den Saal! wo wir als Buben unsere Jagd trieben — da du ihn liebtest, an ihm hingst wie an deiner Seele. Wer kann ihm nahen und ihn hassen? Ach! ich bin so ganz nichts hier! Glückselige Zeiten, ihr seid vorbei, da noch der alte Berlichingen hier am Kamin saß, da wir um ihn durch einander spielten, und uns liebten wie die Engel. Wie wird sich der Bischof ängstigen, und meine Freunde. Ich weiß, das ganze Land nimmt Teil an meinem Unfall. Was ist's! Können sie mir geben, wornach ich strebe?
GÖTZ *(mit einer Flasche Wein und Becher).* Bis das Essen fertig wird, wollen wir eins trinken. Kommt, setzt euch, tut als wenn ihr zu Hause wärt! Denkt, ihr seid einmal wieder bei'm Götz. Haben doch lange nicht beisammen gesessen, lang keine Flasche mit einander ausgestochen. *(Bringt's ihm.)* Ein fröhlich Herz!
WEISLINGEN Die Zeiten sind vorbei.
GÖTZ Behüte Gott! Zwar vergnügtere Tage werden wir wohl nicht wieder finden, als an des Markgrafen Hof, da wir noch beisammen schliefen und mit einander umher zogen. Ich erinnere mich mit Freuden meiner Jugend. Wißt ihr noch, wie ich mit dem Polacken Händel kriegte, dem ich sein gepicht und gekräuselt Haar von ungefähr mit dem Ärmel verwischte?
WEISLINGEN Es war bei Tische, und er stach nach euch mit dem Messer.
GÖTZ Den schlug ich wacker aus dazumal, und darüber wurdet ihr mit seinem Kameraden zu Unfried. Wir hielten immer redlich zusammen als gute brave Jungen, dafür erkennte uns auch jedermann. *(Schenkt ein und bringt's.)* Castor und Pollux! Mir tat's immer im Herzen wohl, wenn uns der Markgraf so nannte.
WEISLINGEN Der Bischof von Würzburg hatte es aufgebracht.
GÖTZ Das war ein gelehrter Herr, und dabei so leutselig. Ich erinnere mich seiner so lange ich lebe, wie er uns liebkos'te, unsere Eintracht lobte, und

den Menschen glücklich pries, der ein Zwillingsbruder seines Freundes wäre.

WEISLINGEN Nichts mehr davon!

GÖTZ Warum nicht? Nach der Arbeit wüßt' ich nichts Angenehmers als mich des Vergangenen zu erinnern. Freilich, wenn ich wieder so bedenke, wie wir Liebs und Leids zusammen trugen, einander alles waren, und wie ich damals wähnte so sollt's unser ganzes Leben sein! War das nicht all mein Trost, wie mir diese Hand weggeschossen ward vor Landshut, und du mein pflegtest, und mehr als Bruder für mich sorgtest? Ich hoffte, Adelbert wird künftig meine rechte Hand sein. Und nun —

WEISLINGEN Oh!

GÖTZ Wenn du mir damals gefolgt hättest, da ich dir anlag mit nach Brabant zu ziehen, es wäre alles gut geblieben. Da hielt dich das unglückliche Hofleben, und das Schlenzen und Scherwenzen mit den Weibern. Ich sagt' es dir immer, wenn du dich mit den eiteln garstigen Vetteln abgabst, und ihnen erzähltest von mißvergnügten Ehen, verführten Mädchen, der rauhen Haut einer Dritten, oder was sie sonst gern hören, du wirst ein Spitzbub, sagt' ich, Adelbert.

WEISLINGEN Wozu soll das alles?

GÖTZ Wollte Gott ich könnt's vergessen, oder es wär' anders! Bist du nicht eben so frei, so edel geboren als einer in Deutschland, unabhängig, nur dem Kaiser untertan, und du schmiegst dich unter Vasallen? Was hast du von dem Bischof? Weil er dein Nachbar ist? dich necken könnte? Hast du nicht Arme und Freunde, ihn wieder zu necken? Verkennst den Wert eines freien Rittersmanns, der nur abhängt von Gott, seinem Kaiser und sich selbst! Verkriechst dich zum ersten Hofschranzen eines eigensinnigen neidischen Pfaffen!

WEISLINGEN Laßt mich reden.

GÖTZ Was hast du zu sagen?

WEISLINGEN Du siehst die Fürsten an wie der Wolf den Hirten. Und doch, darfst du sie schelten, daß sie ihrer Leut und Länder Bestes wahren? Sind sie denn einen Augenblick vor den ungerechten Rittern sicher, die ihre Untertanen auf allen Straßen anfallen, ihre Dörfer und Schlösser verheeren? Wenn nun auf der andern Seite unsers teuern Kaisers Länder der Gewalt des Erbfeindes ausgesetzt sind, er von den Ständen Hülfe begehrt, und sie sich kaum ihres Lebens erwehren; ist's nicht ein guter Geist, der ihnen einrät auf Mittel zu denken Deutschland zu beruhigen, Recht und Gerechtigkeit zu handhaben, um einen jeden, Großen und Kleinen, die Vorteile des Friedens genießen zu machen. Und uns verdenkst du's, Berlichingen, daß wir uns in ihren Schutz begeben, deren Hülfe uns nah ist, statt daß die entfernte Majestät sich selbst nicht beschützen kann.

GÖTZ Ja! Ja! Ich versteh! Weislingen, wären die Fürsten wie ihr sie schildert, wir hätten alle was wir begehren. Ruh und Frieden! Ich glaub's wohl! Den wünscht jeder Raubvogel, die Beute nach Bequemlichkeit zu verzehren. Wohlsein eines jeden! Daß sie sich nur darum graue Haare wachsen ließen! Und mit unserm Kaiser spielen sie auf eine unanständige Art. Er meint's gut und möcht gern bessern. Da kommt denn alle Tage ein neuer Pfannenflicker und meint so und so. Und weil der Herr geschwind etwas begreift, und nur reden darf um tausend Hände in Bewegung zu setzen, so denkt er, es wär' auch alles so geschwind und leicht ausgeführt. Nun ergehn Verordnungen über Verordnungen, und wird eine über die andere vergessen; und was den Fürsten in ihren Kram dient, da sind sie hinter her, und glorieren von Ruh und Sicherheit des Reichs, bis sie die Kleinen unter'm Fuß haben. Ich will darauf schwören, es dankt mancher in seinem Herzen Gott, daß der Türk dem Kaiser die Wage hält.

WEISLINGEN Ihr seht's von eurer Seite.

GÖTZ Das tut jeder. Es ist die Frage auf welcher Licht und Recht ist, und eure Gänge scheuen wenigstens den Tag.

WEISLINGEN Ihr dürft reden, ich bin der Gefangne.

GÖTZ Wenn euer Gewissen rein ist, so seid ihr frei. Aber wie war's um den Landfrieden? Ich weiß noch, als ein Bub von sechzehn Jahren war ich mit dem Markgrafen auf dem Reichstag. Was die Fürsten da für weite Mäuler machten, und die Geistlichen am ärgsten. Euer Bischof lärmte dem Kaiser die Ohren voll, als wenn ihm wunder wie! die Gerechtigkeit an's Herz gewachsen wäre; und jetzt wirft er mir selbst einen Buben nieder, zur Zeit da unsere Händel vertragen sind, ich an nichts Böses denke. Ist nicht alles zwischen uns geschlichtet? Was hat er mit dem Buben?

WEISLINGEN Es geschah ohne sein Wissen.

GÖTZ Warum gibt er ihn nicht wieder los?

WEISLINGEN Er hat sich nicht aufgeführt wie er sollte.

GÖTZ Nicht wie er sollte? Bei meinem Eid, er hat getan wie er sollte, so gewiß er mit eurer und des Bischofs Kundschaft gefangen ist. Meint ihr, ich komm' erst heut auf die Welt, daß ich nicht sehen soll, wo alles hinaus will?

WEISLINGEN Ihr seid argwöhnisch und tut uns Unrecht.

GÖTZ Weislingen, soll ich von der Leber weg reden? Ich bin euch ein Dorn in den Augen, so klein ich bin, und der Sickingen und Selbitz nicht weniger, weil wir fest entschlossen sind zu sterben eh, als jemanden die Luft zu verdanken, außer Gott, und unsere Treu und Dienst zu leisten, als dem Kaiser. Da ziehen sie nun um mich herum, verschwärzen mich bei Ihro Majestät und ihren Freunden und meinen Nachbarn, und spionieren nach Vorteil über mich. Aus dem Wege wollen sie mich haben, wie's wäre. Darum nahmt ihr meinen Buben gefangen, weil ihr wußtet, ich hatt' ihn auf Kundschaft ausgeschickt; und darum tat er nicht was er sollte, weil er mich nicht an euch verriet. Und du, Weislingen, bist ihr Werkzeug!

WEISLINGEN Berlichingen!

GÖTZ Kein Wort mehr davon! Ich bin ein Feind von Explikationen; man betriegt sich oder den andern, und meist beide.

KARL Zu Tisch, Vater.

GÖTZ Fröhliche Botschaft! — Kommt, ich hoffe, meine Weibsleute sollen euch munter machen. Ihr wart sonst ein Liebhaber, die Fräulein wußten von euch zu erzählen. Kommt! *(Ab.)*

Im Bischöflichen Palaste zu Bamberg. Der Speisesaal

BISCHOF VON BAMBERG. ABT VON FULDA. OLEARIUS. LIEBETRAUT. HOFLEUTE.

An Tafel. Der Nachtisch und die großen Pokale werden aufgetragen.

BISCHOF Studieren jetzt viele Deutsche von Adel zu Bologna?

OLEARIUS Vom Adel- und Bürgerstande. Und ohne Ruhm zu melden, tragen sie das größte Lob davon. Man pflegt im Sprichwort auf der Akademie zu sagen: So fleißig wie ein Deutscher von Adel. Denn indem die Bürgerlichen einen rühmlichen Fleiß anwenden, durch Talente den Mangel der Geburt zu ersetzen; so bestreben sich jene, mit rühmlicher Wetteiferung, ihre angeborne Würde durch die glänzendsten Verdienste zu erhöhen.

ABT Ei!

LIEBETRAUT Sag' einer was man nicht erlebet. So fleißig wie ein Deutscher von Adel! Das hab' ich mein Tage nicht gehört.

OLEARIUS Ja, sie sind die Bewunderung der ganzen Akademie. Es werden ehestens einige von den ältesten und geschicktesten als Doktores zurückkommen. Der Kaiser wird glücklich sein die ersten Stellen damit besetzen zu können.

BISCHOF Das kann nicht fehlen.

ABT Kennen Sie nicht zum Exempel einen Junker? — Er ist aus Hessen —

OLEARIUS Es sind viel Hessen da.

ABT Er heißt — er ist — Weiß es keiner von euch? — Seine Mutter war eine von — Oh! Sein Vater hatte nur *ein* Aug — und war Marschall.

LIEBETRAUT Von Wildenholz?

ABT Recht — von Wildenholz.

OLEARIUS Den kenn' ich wohl, ein junger Herr von vielen Fähigkeiten. Besonders rühmt man ihn wegen seiner Stärke im Disputieren.

ABT Das hat er von seiner Mutter.

LIEBETRAUT Nur wollte sie ihr Mann niemals drum rühmen.

BISCHOF Wie sagtet ihr, daß der Kaiser hieß, der euer Corpus Juris geschrieben hat?

OLEARIUS Justinianus.

BISCHOF Ein trefflicher Herr! er soll leben!

OLEARIUS Sein Andenken! *(Sie trinken.)*

ABT Es mag ein schön Buch sein.

OLEARIUS Man möcht's wohl ein Buch aller Bücher nennen; eine Sammlung aller Gesetze; bei jedem Fall der Urteilsspruch bereit; und was ja noch abgängig oder dunkel wäre, ersetzen die Glossen, womit die gelehrtesten Männer das vortrefflichste Werk geschmückt haben.

ABT Eine Sammlung aller Gesetze! Potz! Da müssen wohl auch die zehn Gebote drin sein.

OLEARIUS Implicite wohl, nicht explicite.

ABT Das mein' ich auch, an und vor sich, ohne weitere Explikation.

BISCHOF Und was das Schönste ist, so könnte, wie ihr sagt, ein Reich in sicherster Ruhe und Frieden leben, wo es völlig eingeführt und recht gehandhabt würde.

OLEARIUS Ohne Frage.

BISCHOF Alle Doktores Juris!

OLEARIUS Ich werd's zu rühmen wissen. *(Sie trinken.)* Wollte Gott man spräche so in meinem Vaterlande!

ABT Wo seid ihr her, hochgelahrter Herr?

OLEARIUS Von Frankfurt am Main, Ihro Eminenz zu dienen.

BISCHOF Steht ihr Herrn da nicht wohl angeschrieben? Wie kommt das?

OLEARIUS Sonderbar genug. Ich war da, meines Vaters Erbschaft abzuholen; der Pöbel hätte mich fast gesteinigt, wie er hörte, ich sei ein Jurist.

ABT Behüte Gott!

OLEARIUS Aber das kommt daher: Der Schöppenstuhl, der in großem Ansehn weit umher steht, ist mit lauter Leuten besetzt, die der Römischen Rechte unkundig sind. Man glaubt es sei genug, durch Alter und Erfahrung sich eine genaue Kenntnis des innern und äußern Zustandes der Stadt zu erwerben. So werden, nach altem Herkommen und wenigen Statuten, die Bürger und die Nachbarschaft gerichtet.

ABT Das ist wohl gut.

OLEARIUS Aber lange nicht genug. Der Menschen Leben ist kurz, und in Einer Generation kommen nicht alle Casus vor. Eine Sammlung solcher Fälle von vielen Jahrhunderten ist unser Gesetzbuch. Und dann ist der Wille und die Meinung der Menschen schwankend; dem deucht heute das recht, was der andere morgen mißbilliget; und so ist Verwirrung und Ungerechtigkeit unvermeidlich. Das alles bestimmen die Gesetze; und die Gesetze sind unveränderlich.

ABT Das ist freilich besser.

OLEARIUS Das erkennt der Pöbel nicht, der, so gierig er auf Neuigkeiten ist, das Neue höchst verabscheuet, das ihn aus seinem Gleise leiten will, und wenn er sich noch so sehr dadurch verbessert. Sie halten den Juristen so arg, als einen Verwirrer des Staats, einen Beutelschneider, und sind wie rasend, wenn einer dort sich niederzulassen gedenkt.

LIEBETRAUT Ihr seid von Frankfurt! Ich bin wohl da bekannt. Bei Kaiser Maximilians Krönung haben wir euern Bräutigams was vorgeschmaus't. Euer Name ist Olearius? Ich kenne so niemanden.

OLEARIUS Mein Vater hieß Öhlmann. Nur, den Mißstand auf dem Titel meiner lateinischen Schriften zu vermeiden, nenn' ich mich, nach dem Beispiel und auf Anraten würdiger Rechtslehrer, Olearius.

LIEBETRAUT Ihr tatet wohl, daß ihr euch übersetztet. Ein Prophet gilt nichts in seinem Vaterlande, es hätt' euch in eurer Muttersprache auch so gehen können.

OLEARIUS Es war nicht darum.

LIEBETRAUT Alle Dinge haben ein paar Ursachen.

ABT Ein Prophet gilt nichts in seinem Vaterlande!

LIEBETRAUT Wißt ihr auch warum, hochwürdiger Herr?

ABT Weil er da geboren und erzogen ist.

LIEBETRAUT Wohl! Das mag die *eine* Ursache sein. Die andere ist: Weil, bei einer näheren Bekanntschaft mit den Herrn, der Nimbus von Ehrwürdigkeit und Heiligkeit wegschwindet, den uns eine neblichte Ferne um sie herum lügt; und dann sind sie ganz kleine Stümpfchen Unschlitt.

OLEARIUS Es scheint ihr seid dazu bestellt Wahrheiten zu sagen.

LIEBETRAUT Weil ich's Herz dazu hab, so fehlt mir's nicht am Maul.

OLEARIUS Aber doch an Geschicklichkeit sie wohl anzubringen.

LIEBETRAUT Schröpfköpfe sind wohl angebracht wo sie ziehen.

OLEARIUS Bader erkennt man an der Schürze und nimmt in ihrem Amte ihnen nichts übel. Zur Vorsorge tätet ihr wohl wenn ihr eine Schellenkappe trügt.

LIEBETRAUT Wo habt ihr promoviert? Es ist nur zur Nachfrage, wenn mir einmal der Einfall käme, daß ich gleich vor die rechte Schmiede ginge.

OLEARIUS Ihr seid verwegen.

LIEBETRAUT Und ihr sehr breit.

Bischof und Abt lachen.

BISCHOF Von was anders! — Nicht so hitzig, ihr Herrn. Bei Tisch geht alles drein — Einen andern Diskurs, Liebetraut!

LIEBETRAUT Gegen Frankfurt liegt ein Ding über, heißt Sachsenhausen —

OLEARIUS *(zum Bischof).* Was spricht man vom Türkenzug, Ihro Fürstliche Gnaden?

BISCHOF Der Kaiser hat nichts Angelegners, als vorerst das Reich zu beruhigen, die Fehden abzuschaffen, und das Ansehn der Gerichte zu befestigen. Dann, sagt man, wird er persönlich gegen die Feinde des Reichs und der Christenheit ziehen. Jetzt machen ihm seine Privathändel noch zu tun, und das Reich ist, trotz ein vierzig Landfrieden, noch immer eine Mördergrube. Franken, Schwaben, der Oberrhein und die angränzenden Länder werden von übermütigen und kühnen Rittern verheeret. Sickingen, Selbitz mit Einem Fuß, Berlichingen mit der eisernen Hand spotten in diesen Gegenden des Kaiserlichen Ansehens —

ABT Ja, wenn Ihro Majestät nicht bald dazu tun, so stecken einen die Kerl am End in Sack.

LIEBETRAUT Das müßt' ein Kerl sein, der das Weinfaß von Fuld in den Sack schieben wollte.

BISCHOF Besonders ist der Letzte seit vielen Jahren mein unversöhnlicher Feind, und molestiert mich unsäglich; aber es soll nicht lang mehr währen, hoff' ich. Der Kaiser hält jetzt seinen Hof zu Augsburg. Wir haben unsere Maßregeln genommen, es kann uns nicht fehlen. — Herr Doktor, kennt ihr Adelberten von Weislingen?

OLEARIUS Nein, Ihro Eminenz.

BISCHOF Wenn ihr die Ankunft dieses Manns erwartet, werdet ihr euch freuen, den edelsten, verständigsten und angenehmsten Ritter in Einer Person zu sehen.

OLEARIUS Es muß ein vortrefflicher Mann sein, der solche Lobeserhebungen aus solch einem Munde verdient.

LIEBETRAUT Er ist auf keiner Akademie gewesen.

BISCHOF Das wissen wir. *(Die Bedienten laufen an's Fenster.)* Was gibts?

EIN BEDIENTER Eben reit Färber, Weislingens Knecht, zum Schloßtor herein.

BISCHOF Seht was er bringt, er wird ihn melden. *(Liebetraut geht. Sie stehn auf und trinken noch eins.)*

LIEBETRAUT *kommt zurück.*

BISCHOF Was für Nachrichten?
LIEBETRAUT Ich wollt' es müßt sie euch ein andrer sagen. Weislingen ist gefangen.
BISCHOF O!
LIEBETRAUT Berlichingen hat ihn und drei Knechte bei Haslach weggenommen. Einer ist entronnen euch's anzusagen.
ABT Eine Hiobs-Post.
OLEARIUS Es tut mir von Herzen leid.
BISCHOF Ich will den Knecht sehn, bringt ihn herauf — Ich will ihn selbst sprechen. Bringt ihn in mein Kabinett. *(Ab.)*
ABT *(setzt sich).* Noch einen Schluck.
Die Knechte schenken ein.
OLEARIUS Belieben Ihro Hochwürden nicht eine kleine Promenade in den Garten zu machen? Post coenam stabis seu passus mille meabis.
LIEBETRAUT Wahrhaftig, das Sitzen ist Ihnen nicht gesund. Sie kriegen noch einen Schlagfluß.
Abt hebt sich auf.
LIEBETRAUT *(vor sich).* Wann ich ihn nur draußen hab, will ich ihm für's Exercitium sorgen. *(Gehn ab.)*

Jaxthausen

MARIA. WEISLINGEN.

MARIA Ihr liebt mich, sagt ihr. Ich glaub' es gerne, und hoffe mit euch glücklich zu sein, und euch glücklich zu machen.
WEISLINGEN Ich fühle nichts, als nur daß ich ganz dein bin. *(Er umarmt sie.)*
MARIA Ich bitte euch, laßt mich. Einen Kuß hab' ich euch zum Gottespfennig erlaubt; ihr scheint aber schon von dem Besitz nehmen zu wollen, was nur unter Bedingungen euer ist.
WEISLINGEN Ihr seid zu streng, Maria! Unschuldige Liebe erfreut die Gottheit, statt sie zu beleidigen.
MARIA Es sei! Aber ich bin nicht dadurch erbaut. Man lehrte mich: Liebkosungen sein wie Ketten, stark durch ihre Verwandtschaft, und Mädchen, wenn sie liebten, sein schwächer als Simson nach Verlust seiner Locken.
WEISLINGEN Wer lehrte euch das?
MARIA Die Äbtissin meines Klosters. Bis in mein sechzehntes Jahr war ich bei ihr, und nur mit euch empfind' ich das Glück, das ich in ihrem Umgang genoß. Sie hatte geliebt, und durfte reden. Sie hatte ein Herz voll Empfindung! Sie war eine vortreffliche Frau.
WEISLINGEN Da glich sie dir! *(Er nimmt ihre Hand.)* Wie wird mir's werden, wenn ich euch verlassen soll!

MARIA *(zieht ihre Hand zurück).* Ein bißchen eng, hoff' ich, denn ich weiß wie's mir sein wird. Aber ihr sollt fort.

WEISLINGEN Ja, meine Teuerste, und ich will. Denn ich fühle welche Seligkeiten ich mir durch dies Opfer erwerbe. Gesegnet sei dein Bruder, und der Tag an dem er auszog mich zu fangen!

MARIA Sein Herz war voll Hoffnung für ihn und dich. Lebt wohl! sagt' er bei'm Abschied, ich will sehen daß ich ihn wieder finde.

WEISLINGEN Er hat's. Wie wünscht' ich die Verwaltung meiner Güter und ihre Sicherheit nicht durch das leidige Hofleben so versäumt zu haben! Du könntest gleich die Meinige sein.

MARIA Auch der Aufschub hat seine Freuden.

WEISLINGEN Sage das nicht, Maria, ich muß sonst fürchten du empfindest weniger stark als ich. Doch ich büße verdient, und welche Hoffnungen werden mich auf jedem Schritt begleiten! Ganz der Deine zu sein, nur in dir und dem Kreise von Guten zu leben, von der Welt entfernt, getrennt, alle Wonne zu genießen, die so zwei Herzen einander gewähren! Was ist die Gnade des Fürsten, was der Beifall der Welt gegen diese einfache einzige Glückseligkeit? Ich habe viel gehofft und gewünscht, das widerfährt mir über alles Hoffen und Wünschen.

GÖTZ *kommt.*

GÖTZ Euer Knab ist wieder da. Er konnte vor Müdigkeit und Hunger kaum etwas vorbringen. Meine Frau gibt ihm zu essen. So viel hab' ich verstanden: der Bischof will den Knaben nicht heraus geben, es sollen Kaiserliche Kommissarien ernannt, und ein Tag ausgesetzt werden, wo die Sache dann verglichen werden mag. Dem sei wie ihm wolle, Adelbert, ihr seid frei; ich verlange weiter nichts als eure Hand, daß ihr inskünftige meinen Feinden weder öffentlich noch heimlich Vorschub tun wollt.

WEISLINGEN Hier fass' ich eure Hand. Laßt, von diesem Augenblick an, Freundschaft und Vertrauen, gleich einem ewigen Gesetz der Natur, unveränderlich unter uns sein! Erlaubt mir zugleich diese Hand zu fassen, *(Er nimmt Mariens Hand.)* und den Besitz des edelsten Fräuleins.

GÖTZ Darf ich Ja für euch sagen?

MARIA Wenn ihr es mit mir sagt.

GÖTZ Es ist ein Glück, daß unsere Vorteile diesmal mit einander gehn. Du brauchst nicht rot zu werden. Deine Blicke sind Beweis genug. Ja denn, Weislingen! Gebt euch die Hände, und so sprech' ich Amen! — Mein Freund und Bruder! — Ich danke dir, Schwester! Du kannst mehr als Hanf spinnen. Du hast einen Faden gedreht, diesen Paradiesvogel zu fesseln. Du siehst nicht ganz frei, Adelbert! Was fehlt dir? Ich — bin ganz glücklich; was ich nur träumend hoffte, seh' ich, und bin wie träumend. Ach! nun ist mein Traum aus. Mir war's heute Nacht, ich gäb dir meine rechte eiserne Hand, und du hieltest mich so fest, daß sie aus den Armschienen ging wie abgebrochen. Ich erschrak und wachte drüber auf. Ich hätte nur fort träumen sollen, da würd' ich gesehen haben, wie du mir eine neue lebendige Hand ansetztest — Du sollst mir jetzo fort, dein Schloß und deine Güter in vollkommenen Stand zu setzen. Der verdammte Hof hat dich beides versäumen machen. Ich muß meiner Frau rufen. Elisabeth!

MARIA Mein Bruder ist in voller Freude.

WEISLINGEN Und doch darf ich ihm den Rang streitig machen.

GÖTZ Du wirst anmutig wohnen.

MARIA Franken ist gesegnetes Land.

WEISLINGEN Und ich darf wohl sagen, mein Schloß liegt in der gesegnetsten und anmutigsten Gegend.

GÖTZ Das dürft ihr, und ich will's behaupten. Hier fließt der Main, und allmählich hebt der Berg an, der, mit Äckern und Weinbergen bekleidet, von euerm Schloß gekrönt wird, dann biegt sich der Fluß schnell um die Ecke hinter dem Felsen eures Schlosses hin. Die Fenster des großen Saals gehen steil herab auf's Wasser, eine Aussicht viel Stunden weit.

ELISABETH *kommt.*

ELISABETH Was schafft ihr?

GÖTZ Du sollst deine Hand auch dazu geben, und sagen: Gott segne euch! Sie sind ein Paar.

ELISABETH So geschwind.

GÖTZ Aber nicht unvermutet.

ELISABETH Möget ihr euch so immer nach ihr sehnen, als bisher da ihr um sie warbt! Und dann! Möchtet ihr so glücklich sein, als ihr sie lieb behaltet!

WEISLINGEN Amen! Ich begehre kein Glück als unter diesem Titel.

GÖTZ Der Bräutigam, mein liebe Frau, tut eine kleine Reise; denn die große Veränderung zieht viel geringe nach sich. Er entfernt sich zuerst vom Bischöflichen Hof, um diese Freundschaft nach und nach erkalten zu lassen. Dann reißt er seine Güter eigennützigen Pachtern aus den Händen. Und — kommt Schwester, komm Elisabeth! Wir wollen ihn allein lassen. Sein Knab hat ohne Zweifel geheime Aufträge an ihn.

WEISLINGEN Nichts als was ihr wissen dürft.

GÖTZ Braucht's nicht. — Franken und Schwaben! Ihr seid nun verschwisterter als jemals. Wie wollen wir den Fürsten den Daumen auf dem Aug halten! *(Die drei gehn.)*

WEISLINGEN Gott im Himmel! Konntest du mir Unwürdigem solch eine Seligkeit bereiten? Es ist zu viel für mein Herz. Wie ich von den elenden Menschen abhing die ich zu beherrschen glaubte, von den Blicken des Fürsten, von dem ehrerbietigen Beifall umher! Götz, teurer Götz, du hast mich mir selbst wieder gegeben, und, Maria, du vollendest meine Sinnesänderung. Ich fühle mich so frei wie in heiterer Luft. Bamberg will ich nicht mehr sehen, will all die schändlichen Verbindungen durchschneiden, die mich unter mir selbst hielten. Mein Herz erweitert sich, hier ist kein beschwerliches Streben nach versagter Größe. So gewiß ist der allein glücklich und groß, der weder zu herrschen noch zu gehorchen braucht, um Etwas zu sein!

FRANZ *tritt auf.*

FRANZ Gott grüß' euch, gestrenger Herr! Ich bring' euch so viel Grüße, daß ich nicht weiß wo anzufangen. Bamberg, und zehn Meilen in die Runde, entbieten euch ein tausendfaches: Gott grüß' euch!

WEISLINGEN Willkommen, Franz! Was bringst du mehr?

FRANZ Ihr steht in einem Andenken bei Hof und überall, daß es nicht zu sagen ist.

WEISLINGEN Das wird nicht lange dauern.

FRANZ So lang ihr lebt! und nach eurem Tod wird's heller blinken, als die messingenen Buchstaben auf einem Grabstein. Wie man sich euern Unfall zu Herzen nahm!

WEISLINGEN Was sagte der Bischof?

FRANZ Er war so begierig zu wissen, daß er mit geschäftiger Geschwindigkeit der Fragen meine Antwort verhinderte. Er wußt' es zwar schon; denn Färber, der von Haslach entrann, brachte ihm die Botschaft. Aber er wollte alles wissen. Er fragte so ängstlich, ob ihr nicht versehrt wäret? Ich sagte: er ist ganz, von der äußersten Haarspitze bis zum Nagel des kleinen Zehs.

WEISLINGEN Was sagte er zu den Vorschlägen?

FRANZ Er wollte gleich alles herausgeben, den Knaben und noch Geld darauf, nur euch zu befreien. Da er aber hörte, ihr solltet ohne das loskommen, und nur euer Wort das Äquivalent gegen den Buben sein; da wollte er absolut den Berlichingen vertagt haben. Er sagte mir hundert Sachen an euch — ich hab sie wieder vergessen. Es war eine lange Predigt über die Worte: Ich kann Weislingen nicht entbehren.

WEISLINGEN Er wird's lernen müssen!

FRANZ Wie meint ihr? Er sagte, mach' ihn eilen, es wartet alles auf ihn.

WEISLINGEN Es kann warten. Ich gehe nicht nach Hof.

FRANZ Nicht nach Hof? Herr! Wie kommt euch das? Wenn ihr wüßtet was ich weiß. Wenn ihr nur träumen könntet was ich gesehen habe.

WEISLINGEN Wie wird dir's?

FRANZ Nur von der bloßen Erinnerung komm' ich außer mir. Bamberg ist nicht mehr Bamberg, ein Engel in Weibesgestalt macht es zum Vorhofe des Himmels.

WEISLINGEN Nichts weiter?

FRANZ Ich will ein Pfaff werden, wenn ihr sie sehet und nicht außer euch kommt.

WEISLINGEN Wer ist's denn?

FRANZ Adelheid von Walldorf.

WEISLINGEN Die! Ich habe viel von ihrer Schönheit gehört.

FRANZ Gehört? Das ist eben als wenn ihr sagtet, ich hab die Musik gesehen. Es ist der Zunge so wenig möglich eine Linie ihrer Vollkommenheiten auszudrücken, da das Aug sogar in ihrer Gegenwart sich nicht selbst genug ist.

WEISLINGEN Du bist nicht gescheit.

FRANZ Das kann wohl sein. Das letztemal da ich sie sahe hatte ich nicht mehr Sinne als ein Trunkener. Oder vielmehr, kann ich sagen, ich fühlte in dem Augenblick, wie's den Heiligen bei himmlischen Erscheinungen sein mag. Alle Sinne stärker, höher, vollkommener, und doch den Gebrauch von keinem.

WEISLINGEN Das ist seltsam.

FRANZ Wie ich von dem Bischof Abschied nahm, saß sie bei ihm. Sie spielten Schach. Er war sehr gnädig, reichte mir seine Hand zu küssen, und sagte mir vieles, davon ich nichts vernahm. Denn ich sah seine Nachbarin, sie hatte ihr Auge auf's Brett geheftet, als wenn sie einem großen Streich nachsänne. Ein feiner lauernder Zug um Mund und Wange! Ich hätt der elfenbeinerne König sein mögen. Adel und Freundlichkeit herrschten auf ihrer Stirn. Und das blendende Licht des Angesichts und des Busens, wie es von den finstern Haaren erhoben ward!

WEISLINGEN Du bist drüber gar zum Dichter geworden.

FRANZ So fühl' ich denn in dem Augenblick was den Dichter macht, ein volles, ganz von Einer Empfindung volles Herz! Wie der Bischof endigte und ich mich neigte, sah sie mich an, und sagte: Auch von mir einen Gruß, unbekannter Weise! Sag' ihm, er mag ja bald kommen. Es warten neue Freunde auf ihn; er soll sie nicht verachten, wenn er schon an alten so reich ist. — Ich wollte was antworten, aber der Paß vom Herzen nach der Zunge war versperrt, ich neigte mich. Ich hätte mein Vermögen gegeben, die Spitze ihres kleinen Fingers küssen zu dürfen! Wie ich so stund, warf der Bischof einen Bauern herunter, ich fuhr darnach und rührte im Aufheben den Saum ihres Kleides, das fuhr mir durch alle Glieder, und ich weiß nicht wie ich zur Tür hinausgekommen bin.

WEISLINGEN Ist ihr Mann bei Hofe?

FRANZ Sie ist schon vier Monat Witwe. Um sich zu zerstreuen hält sie sich in Bamberg auf. Ihr werdet sie sehen. Wenn sie einen ansieht, ist's als wenn man in der Frühlingssonne stünde.

WEISLINGEN Es würde eine schwächere Wirkung auf mich haben.

FRANZ Ich höre, ihr seid so gut als verheiratet.

WEISLINGEN Wollte ich wär's. Meine sanfte Marie wird das Glück meines Lebens machen. Ihre süße Seele bildet sich in ihren blauen Augen. Und weiß wie ein Engel des Himmels, gebildet aus Unschuld und Liebe, leitet sie mein Herz zur Ruhe und Glückseligkeit. Pack zusammen! und dann auf mein Schloß! Ich will Bamberg nicht sehen, und wenn Sankt Veit in Person meiner begehrte. *(Geht ab.)*

FRANZ Da sei Gott vor! Wollen das Beste hoffen! Maria ist liebreich und schön, und einem Gefangenen und Kranken kann ich's nicht übel nehmen der sich in sie verliebt. In ihren Augen ist Trost, gesellschaftliche Melancholie. — Aber um dich, Adelheid, ist Leben, Feuer, Mut — Ich würde! — Ich bin ein Narr — dazu machte mich Ein Blick von ihr. Mein Herr muß hin! Ich muß hin! Und da will ich mich wieder gescheit oder völlig rasend gaffen.

ZWEITER AKT

Bamberg. Ein Saal

BISCHOF, ADELHEID *spielen Schach.* LIEBETRAUT *mit einer Zither.* FRAUEN, HOFLEUTE *um ihn herum am Kamin.*

LIEBETRAUT *(spielt und singt).*

Mit Pfeilen und Bogen
Cupido geflogen,
Die Fackel in Brand,
Wollt muthilich kriegen
Und männilich siegen
Mit stürmender Hand.
Auf! Auf!
An! An!
Die Waffen erklirrten,
Die Flügelein schwirrten,
Die Augen entbrannt.

Da fand er die Busen
Ach leider so bloß,
Sie nahmen so willig
Ihn all auf den Schoß.
Er schüttet die Pfeile
Zum Feuer hinein,
Sie herzten und drückten
Und wiegten ihn ein.
Hei ei o! Popeio!

ADELHEID Ihr seid nicht bei eurem Spiele. Schach dem König!

BISCHOF Es ist noch Auskunft.

ADELHEID Lange werdet ihr's nicht mehr treiben. Schach dem König!

LIEBETRAUT Dies Spiel spielt' ich nicht wenn ich ein großer Herr wär', und verböt's dem Hofe und im ganzen Land.

ADELHEID Es ist wahr, dies Spiel ist ein Probierstein des Gehirns.

LIEBETRAUT Nicht darum! Ich wollte lieber das Geheul der Totenglocke und ominöser Vögel, lieber das Gebell des knurrischen Hofhunds Gewissen, lieber wollt' ich sie durch den tiefsten Schlaf hören, als von Laufern, Springern und andern Bestien das ewige: Schach dem König!

BISCHOF Wem wird auch das einfallen!

LIEBETRAUT Einem zum Exempel, der schwach wäre und ein stark Gewissen hätte, wie denn das meistenteils beisammen ist. Sie nennen's ein königlich Spiel, und sagen, es sei für einen König erfunden worden, der den Erfinder mit einem Meer von Überfluß belohnt habe. Wenn das wahr ist, so ist mir's, als wenn ich ihn sähe. Er war minorenn an Verstand oder an Jahren, unter der Vormundschaft seiner Mutter oder seiner Frau, hatte Milchhaare im

Bart und Flachshaare um die Schläfe, er war so gefällig wie ein Weidenschößling, und spielte gern Dame und mit den Damen, nicht aus Leidenschaft, behüte Gott! nur zum Zeitvertreib. Sein Hofmeister, zu tätig um ein Gelehrter, zu unlenksam ein Weltmann zu sein, erfand das Spiel in usum Delphini, das so homogen mit Seiner Majestät war — und so ferner.

ADELHEID Matt! Ihr solltet die Lücken unsrer Geschichtsbücher ausfüllen, Liebetraut.

Sie stehen auf.

LIEBETRAUT Die Lücken unsrer Geschlechtsregister, das wäre profitabler. Seitdem die Verdienste unserer Vorfahren mit ihren Porträts zu einerlei Gebrauch dienen, die leeren Seiten nämlich unsrer Zimmer und unsers Charakters zu tapezieren; da wäre was zu verdienen.

BISCHOF Er will nicht kommen, sagtet ihr!

ADELHEID Ich bitt' euch, schlagt's euch aus dem Sinn.

BISCHOF Was das sein mag?

LIEBETRAUT Was? Die Ursachen lassen sich herunterbeten wie ein Rosenkranz. Er ist in eine Art von Zerknirschung gefallen, von der ich ihn leicht kurieren wollt.

BISCHOF Tut das, reitet zu ihm.

LIEBETRAUT Meinen Auftrag!

BISCHOF Er soll unumschränkt sein. Spare nichts, wenn du ihn zurückbringst.

LIEBETRAUT Darf ich euch auch hinein mischen, gnädige Frau?

ADELHEID Mit Bescheidenheit.

LIEBETRAUT Das ist eine weitläufige Kommission.

ADELHEID Kennt ihr mich so wenig, oder seid ihr so jung, um nicht zu wissen in welchem Ton ihr mit Weislingen von mir zu reden habt?

LIEBETRAUT Im Ton einer Wachtelpfeife, denk' ich.

ADELHEID Ihr werdet nie gescheit werden!

LIEBETRAUT Wird man das, gnädige Frau?

BISCHOF Geht, geht. Nehmt das beste Pferd aus meinem Stall, wählt euch Knechte, und schafft mir ihn her!

LIEBETRAUT Wenn ich ihn nicht herbanne, so sagt: ein altes Weib, das Warzen und Sommerflecken vertreibt, verstehe mehr von der Sympathie als ich.

BISCHOF Was wird das helfen! Berlichingen hat ihn ganz eingenommen. Wenn er herkommt wird er wieder fort wollen.

LIEBETRAUT Wollen, das ist keine Frage, aber ob er kann. Der Händedruck eines Fürsten, und das Lächeln einer schönen Frau! Da reißt sich kein Weisling los. Ich eile und empfehle mich zu Gnaden.

BISCHOF Reis't wohl.

ADELHEID Adieu. *(Er geht.)*

BISCHOF Wenn er einmal hier ist, verlass' ich mich auf euch.

ADELHEID Wollt ihr mich zur Leimstange brauchen?

BISCHOF Nicht doch.

ADELHEID Zum Lockvogel denn?

BISCHOF Nein, den spielt Liebetraut. Ich bitt' euch, versagt mir nicht, was mir sonst niemand gewähren kann.

ADELHEID Wollen sehn.

Jaxthausen

HANNS VON SELBITZ. GÖTZ.

SELBITZ Jedermann wird euch loben, daß ihr denen von Nürnberg Fehd angekündigt habt.

GÖTZ Es hätte mir das Herz abgefressen, wenn ich's ihnen hätte lang schuldig bleiben sollen. Es ist am Tag, sie haben den Bambergern meinen Buben verraten. Sie sollen an mich denken!

SELBITZ Sie haben einen alten Groll gegen euch.

GÖTZ Und ich wider sie; mir ist gar recht daß sie angefangen haben.

SELBITZ Die Reichsstädte und Pfaffen halten doch von jeher zusammen.

GÖTZ Sie haben's Ursach.

SELBITZ Wir wollen ihnen die Hölle heiß machen.

GÖTZ Ich zählte auf euch. Wollte Gott der Burgemeister von Nürnberg, mit der güldenen Kett um den Hals, käm' uns in Wurf, er sollt sich mit all seinem Witz verwundern.

SELBITZ Ich höre, Weislingen ist wieder auf eurer Seite. Tritt er zu uns?

GÖTZ Noch nicht; es hat seine Ursachen warum er uns noch nicht öffentlich Vorschub tun darf; doch ist's eine Weile genug, daß er nicht wider uns ist. Der Pfaff ist ohne ihn, was das Meßgewand ohne den Pfaffen.

SELBITZ Wann ziehen wir aus?

GÖTZ Morgen oder übermorgen. Es kommen nun bald Kaufleute von Bamberg und Nürnberg aus der Frankfurter Messe. Wir werden einen guten Fang tun.

SELBITZ Will's Gott. *(Ab.)*

Bamberg. Zimmer der Adelheid

ADELHEID. KAMMERFRÄULEIN.

ADELHEID Er ist da! sagst du. Ich glaub' es kaum.

FRÄULEIN Wenn ich ihn nicht selbst gesehn hätte, würd' ich sagen, ich zweifle.

ADELHEID Den Liebetraut mag der Bischof in Gold einfassen: er hat ein Meisterstück gemacht.

FRÄULEIN Ich sah ihn, wie er zum Schloß hereinreiten wollte, er saß auf einem Schimmel. Das Pferd scheute wie's an die Brücke kam, und wollte nicht von der Stelle. Das Volk war aus allen Straßen gelaufen ihn zu sehn. Sie freuten sich über des Pferds Unart. Von allen Seiten ward er gegrüßt, und er dankte allen. Mit einer angenehmen Gleichgültigkeit saß er droben, und mit Schmeicheln und Drohen bracht' er es endlich zum Tor herein, der Liebetraut mit, und wenig Knechte.

ADELHEID Wie gefällt er dir?

FRÄULEIN Wie mir nicht leicht ein Mann gefallen hat. Er glich dem Kaiser hier, *(deutet auf Maximilians Porträt)* als wenn er sein Sohn wäre. Die Nase nur etwas kleiner, eben so freundliche lichtbraune Augen, eben so ein blondes schönes Haar, und gewachsen wie eine Puppe. Ein halb trauriger Zug auf seinem Gesicht — ich weiß nicht — gefiel mir so wohl!

ADELHEID Ich bin neugierig ihn zu sehen.

FRÄULEIN Das wär' ein Herr für euch.

ADELHEID Närrin!

FRÄULEIN Kinder und Narren —

LIEBETRAUT *kommt.*

LIEBETRAUT Nun, gnädige Frau, was verdien' ich?

ADELHEID Hörner von deinem Weibe. Denn nach dem zu rechnen, habt ihr schon manches Nachbars ehrliches Hausweib aus ihrer Pflicht hinausgeschwatzt.

LIEBETRAUT. Nicht doch, gnädige Frau! Auf ihre Pflicht wollt ihr sagen; denn wenn's ja geschah, schwatzt' ich sie auf ihres Mannes Bette.

ADELHEID Wie habt ihr's gemacht ihn herzubringen?

LIEBETRAUT Ihr wißt zu gut wie man Schnepfen fängt; soll ich euch meine Kunststückchen noch dazu lehren? — Erst tat ich als wüßt' ich nichts, verstünd nichts von seiner Aufführung, und setzt' ihn dadurch in den Nachteil die ganze Historie zu erzählen. Die sah ich nun gleich von einer ganz andern Seite an als er, konnte nicht finden — nicht einsehen — und so weiter. Dann redete ich von Bamberg allerlei durch einander, Großes und Kleines, erweckte gewisse alte Erinnerungen, und wie ich seine Einbildungskraft beschäftigt hatte, knüpfte ich wirklich eine Menge Fädchen wieder an, die ich zerrissen fand. Er wußte nicht wie ihm geschah, fühlte einen neuen Zug nach Bamberg, er wollte — ohne zu wollen. Wie er nun in sein Herz ging, und das zu entwickeln suchte, und viel zu sehr mit sich beschäftigt war um auf sich Acht zu geben, warf ich ihm ein Seil um den Hals, aus drei mächtigen Stricken, Weiber-, Fürstengunst und Schmeichelei gedreht, und so hab' ich ihn hergeschleppt.

ADELHEID Was sagtet ihr von mir?

LIEBETRAUT Die lautre Wahrheit. Ihr hättet wegen eurer Güter Verdrießlichkeiten — hättet gehofft, da er bei'm Kaiser so viel gelte, werde er das leicht enden können.

ADELHEID Wohl.

LIEBETRAUT Der Bischof wird ihn euch bringen.

ADELHEID Ich erwarte sie. *(Liebetraut ab.)* Mit einem Herzen wie ich selten Besuch erwarte.

Im Spessart

BERLICHINGEN. SELBITZ. GEORG *als Reitersknecht.*

GÖTZ Du hast ihn nicht angetroffen, Georg!

GEORG Er war Tags vorher mit Liebetraut nach Bamberg geritten und zwei Knechte mit.

GÖTZ Ich seh nicht ein was das geben soll.

SELBITZ Ich wohl. Eure Versöhnung war ein wenig zu schnell als daß sie dauerhaft hätte sein sollen. Der Liebetraut ist ein pfiffiger Kerl; von dem hat er sich beschwätzen lassen.

GÖTZ Glaubst du, daß er bundbrüchig werden wird?

SELBITZ Der erste Schritt ist getan.

GÖTZ Ich glaub's nicht. Wer weiß wie nötig es war an Hof zu gehen; man ist ihm noch schuldig; wir wollen das Beste hoffen.

SELBITZ Wollte Gott er verdient' es, und täte das Beste!

GÖTZ Mir fällt eine List ein. Wir wollen Georgen des Bamberger Reiters erbeuteten Kittel anziehen, und ihm das Geleitzeichen geben; er mag nach Bamberg reiten und sehen wie's steht.

GEORG Da hab' ich lange drauf gehofft.

GÖTZ Es ist dein erster Ritt. Sei vorsichtig, Knabe! Mir wäre leid wenn dir ein Unfall begegnen sollt.

GEORG Laßt nur, mich irrt's nicht wenn noch so viel um mich herum krabbeln, mir ist's als wenn's Ratten und Mäuse wären. *(Ab.)*

Bamberg

BISCHOF. WEISLINGEN.

BISCHOF Du willst dich nicht länger halten lassen!

WEISLINGEN Ihr werdet nicht verlangen, daß ich meinen Eid brechen soll.

BISCHOF Ich hätte verlangen können du solltest ihn nicht schwören. Was für ein Geist regierte dich? Konnt' ich dich ohne das nicht befreien? Gelt' ich so wenig am Kaiserlichen Hofe?

WEISLINGEN Es ist geschehen; verzeiht mir wenn ihr könnt.

BISCHOF Ich begreif nicht, was nur im geringsten dich nötigte den Schritt zu tun! Mir zu entsagen? Waren denn nicht hundert andere Bedingungen los zu kommen? Haben wir nicht seinen Buben? Hätt' ich nicht Gelds genug gegeben, und ihn wieder beruhigt? Unsere Anschläge auf ihn und seine Gesellen wären fortgegangen — Ach ich denke nicht, daß ich mit seinem Freunde rede, der nun wider mich arbeitet, und die Minen leicht entkräften kann, die er selbst gegraben hat.

WEISLINGEN Gnädiger Herr!

BISCHOF Und doch — wenn ich wieder dein Angesicht sehe, deine Stimme höre. Es ist nicht möglich, nicht möglich.

WEISLINGEN Lebt wohl, gnädiger Herr.

BISCHOF Ich gebe dir meinen Segen. Sonst, wenn du gingst, sagt' ich; Auf Wiedersehn! Jetzt — Wollte Gott wir sähen einander nie wieder!

WEISLINGEN Es kann sich vieles ändern.

BISCHOF Vielleicht seh' ich dich noch einmal, als Feind vor meinen Mauern, die Felder verheeren, die ihren blühenden Zustand dir jetzo danken.

WEISLINGEN Nein, gnädiger Herr.

BISCHOF Du kannst nicht Nein sagen. Die weltlichen Stände, meine Nachbarn, haben alle einen Zahn auf mich. So lang ich dich hatte — Geht, Weislingen! Ich habe euch nichts mehr zu sagen. Ihr habt vieles zu nichte gemacht. Geht!

WEISLINGEN Und ich weiß nicht was ich sagen soll. *(Bischof ab.)*

FRANZ *tritt auf.*

FRANZ Adelheid erwartet euch. Sie ist nicht wohl. Und doch will sie euch ohne Abschied nicht lassen.

WEISLINGEN Komm.

FRANZ Gehn wir denn gewiß?

WEISLINGEN Noch diesen Abend. —

FRANZ Mir ist als wenn ich aus der Welt sollte.

WEISLINGEN Mir auch, und noch darzu als wüßt' ich nicht wohin.

Adelheidens Zimmer

ADELHEID. FRÄULEIN.

FRÄULEIN Ihr seht blaß, gnädige Frau.

ADELHEID — Ich lieb' ihn nicht, und wollte doch daß er bliebe. Siehst du, ich könnte mit ihm leben, ob ich ihn gleich nicht zum Manne haben möchte.

FRÄULEIN Glaubt ihr, er geht?

ADELHEID Er ist zum Bischof um Lebewohl zu sagen.

FRÄULEIN Er hat darnach noch einen schweren Stand.

ADELHEID Wie meinst du?

FRÄULEIN Was fragt ihr, gnädige Frau? Ihr habt sein Herz geangelt, und wenn er sich losreißen will, verblutet er.

ADELHEID. WEISLINGEN.

WEISLINGEN Ihr seid nicht wohl, gnädige Frau?

ADELHEID Das kann euch einerlei sein. Ihr verlaßt uns, verlaßt uns auf immer. Was fragt ihr ob wir leben oder sterben.

WEISLINGEN Ihr verkennt mich.

ADELHEID Ich nehme euch wie ihr euch gebt.

WEISLINGEN Das Ansehn trügt.

ADELHEID So seid ihr ein Chamäleon?

WEISLINGEN Wenn ihr mein Herz sehen könntet!

ADELHEID Schöne Sachen würden mir vor die Augen kommen.

WEISLINGEN Gewiß! Ihr würdet euer Bild drin finden.

ADELHEID In irgend einem Winkel bei den Porträten ausgestorbener Familien. Ich bitt' euch, Weislingen, bedenkt ihr redet mit mir. Falsche Worte gelten zum höchsten wenn sie Masken unserer Taten sind. Ein Vermummter, der kenntlich ist, spielt eine armselige Rolle. Ihr leugnet eure Handlungen nicht und redet das Gegenteil; was soll man von euch halten?

WEISLINGEN Was ihr wollt. Ich bin so geplagt mit dem was ich bin, daß mir wenig bang ist, für was man mich nehmen mag.

ADELHEID Ihr kommt um Abschied zu nehmen.

WEISLINGEN Erlaubt mir eure Hand zu küssen, und ich will sagen, lebt wohl. Ihr erinnert mich! Ich bedachte nicht — Ich bin beschwerlich, gnädige Frau.

ADELHEID Ihr legt's falsch aus: ich wollte euch fort helfen; denn ihr wollt fort.

WEISLINGEN O sagt, ich muß. Zöge mich nicht die Ritterpflicht, der heilige Handschlag —

ADELHEID Geht! Geht! Erzählt das Mädchen, die den Teuerdank lesen, und sich so einen Mann wünschen. Ritterpflicht! Kinderspiel!

WEISLINGEN Ihr denkt nicht so.

ADELHEID Bei meinem Eid, ihr verstellt euch! Was habt ihr versprochen? Und wem? Einem Mann, der seine Pflicht gegen den Kaiser und das Reich verkennt, in eben dem Augenblick Pflicht zu leisten, da er durch eure Gefangennehmung in die Strafe der Acht verfällt. Pflicht zu leisten! die nicht gültiger sein kann als ungerechter gezwungener Eid. Entbinden nicht unsere Gesetze von solchen Schwüren? Macht das Kindern weiß, die den Rübezahl glauben. Es stecken andere Sachen dahinter. Ein Feind des Reichs zu werden, ein Feind der bürgerlichen Ruh und Glückseligkeit! Ein Feind des Kaisers! Geselle eines Räubers! du, Weislingen, mit deiner sanften Seele!

WEISLINGEN Wenn ihr ihn kenntet —

ADELHEID Ich wollt' ihm Gerechtigkeit widerfahren lassen. Er hat eine hohe unbändige Seele. Eben darum wehe dir, Weislingen! Geh und bilde dir ein, Geselle von ihm zu sein. Geh! und laß dich beherrschen. Du bist freundlich, gefällig —

WEISLINGEN Er ist's auch.

ADELHEID Aber du bist nachgebend und er nicht! Unversehens wird er dich wegreißen, du wirst ein Sklave eines Edelmanns werden, da du Herr von Fürsten sein könntest. — Doch es ist Unbarmherzigkeit dir deinen zukünftigen Stand zu verleiden.

WEISLINGEN Hättest du gefühlt wie liebreich er mir begegnete.

ADELHEID Liebreich! Das rechnest du ihm an? Es war seine Schuldigkeit; und was hättest du verloren wenn er widerwärtig gewesen wäre? Mir hätte das willkommner sein sollen. Ein übermütiger Mensch wie der —

WEISLINGEN Ihr redet von euerm Feind.

ADELHEID Ich redete für eure Freiheit — Und weiß überhaupt nicht was ich vor einen Anteil dran nehme. Lebt wohl.

WEISLINGEN Erlaubt noch einen Augenblick. *(Er nimmt ihre Hand und schweigt.)*

ADELHEID Habt ihr mir noch was zu sagen?

WEISLINGEN — — Ich muß fort.

ADELHEID So geht.

WEISLINGEN Gnädige Frau! — Ich kann nicht.

ADELHEID Ihr müßt.

WEISLINGEN Soll das euer letzter Blick sein?

ADELHEID Geht, ich bin krank, sehr zur ungelegnen Zeit.

WEISLINGEN Seht mich nicht so an.

ADELHEID Willst du unser Feind sein, und wir sollen dir lächeln? Geh.
WEISLINGEN Adelheid!
ADELHEID Ich hasse euch!

FRANZ *kommt.*

FRANZ Gnädiger Herr! Der Bischof läßt euch rufen.
ADELHEID Geht! Geht!
FRANZ Er bittet euch eilend zu kommen.
ADELHEID Geht! Geht!
WEISLINGEN Ich nehme nicht Abschied, ich sehe euch wieder! *(Ab.)*
ADELHEID Mich wieder? Wir wollen dafür sein. Margarete, wenn er kommt, weis' ihn ab. Ich bin krank, habe Kopfweh, ich schlafe — Weis' ihn ab. Wenn er noch zu gewinnen ist, so ist's auf diesem Wege. *(Ab.)*

Vorzimmer

WEISLINGEN. FRANZ.

WEISLINGEN Sie will mich nicht sehn?
FRANZ Es wird Nacht, soll ich die Pferde satteln?
WEISLINGEN Sie will mich nicht sehn?
FRANZ Wann befehlen Ihro Gnaden die Pferde?
WEISLINGEN Es ist zu spät! Wir bleiben hier.
FRANZ Gott sei Dank! *(Ab.)*
WEISLINGEN Du bleibst! Sei auf deiner Hut, die Versuchung ist groß. Mein Pferd scheute wie ich zum Schloßtor herein wollte, mein guter Geist stellte sich ihm entgegen, er kannte die Gefahren die mein hier warteten. — Doch ist's nicht recht, die vielen Geschäfte, die ich dem Bischof unvollendet liegen ließ, nicht wenigstens so zu ordnen, daß ein Nachfolger da anfangen kann wo ich's gelassen habe. Das kann ich doch alles tun, unbeschadet Berlichingen und unserer Verbindung. Denn halten sollen sie mich hier nicht. — Wäre doch besser gewesen wenn ich nicht gekommen wäre. Aber ich will fort — morgen oder übermorgen. *(Geht ab.)*

Im Spessart

GÖTZ. SELBITZ. GEORG.

SELBITZ Ihr seht, es ist gegangen, wie ich gesagt habe.
GÖTZ Nein! Nein! Nein!
GEORG Glaubt, ich berichte euch mit der Wahrheit. Ich tat wie ihr befahlt, nahm den Kittel des Bambergischen und sein Zeichen, und damit ich doch mein Essen und Trinken verdiente, geleitete ich Reineckische Bauern hinauf nach Bamberg.

SELBITZ In der Verkappung? Das hätte dir übel geraten können.

GEORG So denk' ich auch hinten drein. Ein Reitersmann, der das voraus denkt, wird keine weiten Sprünge machen. Ich kam nach Bamberg, und gleich im Wirtshaus hörte ich erzählen: Weislingen und der Bischof seien ausgesöhnt, und man redte viel von einer Heirat mit der Witwe des von Walldorf.

GÖTZ Gespräche.

GEORG Ich sah ihn wie er sie zur Tafel führte. Sie ist schön, bei meinem Eid, sie ist schön. Wir bückten uns alle, sie dankte uns allen, er nickte mit dem Kopf, sah sehr vergnügt, sie gingen vorbei, und das Volk murmelte: ein schönes Paar!

GÖTZ Das kann sein.

GEORG Hört weiter. Da er des andern Tags in die Messe ging, paßt' ich meine Zeit ab. Er war allein mit einem Knaben. Ich stund unten an der Treppe und sagte leise zu ihm: ein paar Worte von euerm Berlichingen. Er ward bestürzt; ich sahe das Geständnis seines Lasters in seinem Gesicht, er hatte kaum das Herz mich anzusehen, mich, einen schlechten Reitersjungen.

SELBITZ Das macht, sein Gewissen war schlechter als dein Stand.

GEORG Du bist Bambergisch? sagt' er. Ich bring' einen Gruß vom Ritter Berlichingen, sagt' ich, und soll fragen — Komm morgen früh, sagt' er, an mein Zimmer, wir wollen weiter reden.

GÖTZ Kamst du?

GEORG Wohl kam ich, und mußt' im Vorsaal stehn, lang, lang. Und die seidnen Buben beguckten mich von vorn und hinten. Ich dachte, guckt ihr — Endlich führte man mich hinein, er schien böse, mir war's einerlei. Ich trat zu ihm und legte meine Kommission ab. Er tat feindlich böse, wie einer der kein Herz hat und 's nit will merken lassen. Er verwunderte sich, daß ihr ihn durch einen Reitersjungen zur Rede setzen ließt. Das verdroß mich. Ich sagte, es gäbe nur zweierlei Leut, brave und Schurken, und ich diente Götzen von Berlichingen. Nun fing er an, schwatzte allerlei verkehrtes Zeug, das darauf hinaus ging: Ihr hättet ihn übereilt, er sei euch keine Pflicht schuldig, und wolle nichts mit euch zu tun haben.

GÖTZ Hast du das aus seinem Munde?

GEORG Das und noch mehr — Er drohte mir —

GÖTZ Es ist genug! Der wäre nun auch verloren! Treu und Glaube, du hast mich wieder betrogen. Arme Marie! Wie werd' ich dir's beibringen!

SELBITZ Ich wollte lieber mein ander Bein dazu verlieren als so ein Hundsfott sein. *(Ab.)*

Bamberg

ADELHEID. WEISLINGEN.

ADELHEID Die Zeit fängt mir an unerträglich lang zu werden; reden mag ich nicht, und ich schäme mich mit euch zu spielen. Langeweile, du bist ärger als ein kaltes Fieber.

WEISLINGEN Seid ihr mich schon müde?

ADELHEID Euch nicht sowohl als euern Umgang. Ich wollte ihr wärt wo ihr hinwolltet; und wir hätten euch nicht gehalten.

WEISLINGEN Das ist Weibergunst! Erst brütet sie, mit Mutterwärme, unsere liebsten Hoffnungen an; dann, gleich einer unbeständigen Henne, verläßt sie das Nest, und übergibt ihre schon keimende Nachkommenschaft dem Tode und der Verwesung.

ADELHEID Scheltet die Weiber! Der unbesonnene Spieler zerbeißt und zerstampft die Karten, die ihn unschuldiger Weise verlieren machten. Aber laßt mich euch was von Mannsleuten erzählen. Was seid denn ihr, um von Wankelmut zu sprechen? Ihr, die ihr selten seid was ihr sein wollt, niemals was ihr sein solltet. Könige im Festtagsornat, vom Pöbel beneidet. Was gäb' eine Schneidersfrau drum, eine Schnur Perlen um ihren Hals zu haben, von dem Saum eures Kleids, den eure Absätze verächtlich zurückstoßen!

WEISLINGEN Ihr seid bitter.

ADELHEID Es ist die Antistrophe von eurem Gesang. Eh ich euch kannte, Weislingen, ging mir's wie der Schneidersfrau. Der Ruf, hundertzüngig, ohne Metapher gesprochen, hatte euch so zahnarztmäßig herausgestrichen, daß ich mich überreden ließ zu wünschen: möchtest du doch diese Quintessenz des männlichen Geschlechts, den Phönix Weislingen zu Gesicht kriegen! Ich ward meines Wunsches gewährt.

WEISLINGEN Und der Phönix präsentierte sich als ein ordinärer Haushahn.

ADELHEID Nein, Weislingen, ich nahm Anteil an euch.

WEISLINGEN Es schien so —

ADELHEID Und war. Denn wirklich ihr übertraft euern Ruf. Die Menge schätzt nur den Widerschein des Verdienstes. Wie mir's denn nun geht, daß ich über die Leute nicht denken mag, denen ich wohl will; so lebten wir eine Zeit lang neben einander, es fehlte mir was, und ich wußte nicht was ich an euch vermißte. Endlich gingen mir die Augen auf. Ich sah statt des aktiven Mannes, der die Geschäfte eines Fürstentums belebte, der sich und seinen Ruhm dabei nicht vergaß, der auf hundert großen Unternehmungen, wie auf übereinander gewälzten Bergen, zu den Wolken hinauf gestiegen war; den sah ich auf einmal, jammernd wie einen kranken Poeten, melancholisch wie ein gesundes Mädchen, und müßiger als einen alten Junggesellen. Anfangs schrieb ich's euerm Unfall zu, der euch noch neu auf dem Herzen lag, und entschuldigte euch so gut ich konnte. Jetzt da es von Tag zu Tage schlimmer mit euch zu werden scheint, müßt ihr mir verzeihen wenn ich euch meine Gunst entreiße. Ihr besitzt sie ohne Recht, ich schenkte sie einem andern auf Lebenslang, der sie euch nicht übertragen konnte.

WEISLINGEN So laßt mich los.

ADELHEID Nicht, bis alle Hoffnung verloren ist. Die Einsamkeit ist in diesen Umständen gefährlich. — Armer Mensch! Ihr seid so mißmütig, wie einer dem sein erstes Mädchen untreu wird, und eben darum geb' ich euch nicht auf. Gebt mir die Hand, verzeiht mir, was ich aus Liebe gesagt habe.

WEISLINGEN Könntest du mich lieben, könntest du meiner heißen Leidenschaft einen Tropfen Linderung gewähren! Adelheid! deine Vorwürfe sind höchst ungerecht. Könntest du den hundertsten Teil ahnen von dem, was die Zeit her in mir arbeitet, du würdest mich nicht mit Gefälligkeit, Gleichgültigkeit und Verachtung so unbarmherzig hin und her zerrissen haben — Du lächelst! — Nach dem übereilten Schritt wieder mit mir selbst einig zu werden, kostete mehr als einen Tag. Wider den Menschen zu arbeiten, dessen Andenken so lebhaft neu in Liebe bei mir ist.

ADELHEID Wunderlicher Mann, der du den lieben kannst, den du beneidest! Das ist als wenn ich meinem Feinde Proviant zuführte.

WEISLINGEN Ich fühl's wohl, es gilt hier kein Säumen. Er ist berichtet, daß ich wieder Weislingen bin, und er wird sich seines Vorteils über uns ersehen. Auch, Adelheid, sind wir nicht so träg als du meinst. Unsere Reiter sind verstärkt und wachsam, unsere Unterhandlungen gehen fort, und der Reichstag zu Augsburg soll hoffentlich unsere Projekte zur Reife bringen.

ADELHEID Ihr geht hin?

WEISLINGEN Wenn ich Eine Hoffnung mitnehmen könnte! *(Küßt ihre Hand.)*

ADELHEID O ihr Ungläubigen! Immer Zeichen und Wunder! Geh, Weislingen, und vollende das Werk. Der Vorteil des Bischofs, der deinige, der meinige, sie sind so verwebt, daß, wäre es auch nur der Politik wegen —

WEISLINGEN Du kannst scherzen.

ADELHEID Ich scherze nicht. Meine Güter hat der stolze Herzog inne, die deinigen wird Götz nicht lange ungeneckt lassen; und wenn wir nicht zusammenhalten wie unsere Feinde, und den Kaiser auf unsere Seite lenken, sind wir verloren.

WEISLINGEN Mir ist's nicht bange. Der größte Teil der Fürsten ist unserer Gesinnung. Der Kaiser verlangt Hülfe gegen die Türken, und dafür ist's billig, daß er uns wieder beisteht. Welche Wollust wird mir's sein, deine Güter von übermütigen Feinden zu befreien, die unruhigen Köpfe in Schwaben auf's Kissen zu bringen, die Ruhe des Bistums, unser aller herzustellen. Und dann —?

ADELHEID Ein Tag bringt den andern, und bei'm Schicksal steht das Zukünftige.

WEISLINGEN Aber wir müssen wollen.

ADELHEID Wir wollen ja.

WEISLINGEN Gewiß?

ADELHEID Nun ja. Geht.

WEISLINGEN Zauberin!

Herberge

Bauernhochzeit. Musik und Tanz draußen.

DER BRAUTVATER, GÖTZ, SELBITZ *am Tische.* BRÄUTIGAM *tritt zu ihnen.*

GÖTZ Das Gescheitste war, daß ihr euern Zwist so glücklich und fröhlich durch eine Heirat endigt.

BRAUTVATER Besser als ich mir's hätte träumen lassen. In Ruh und Fried mit meinem Nachbar, und eine Tochter wohl versorgt dazu!

BRÄUTIGAM Und ich im Besitz des strittigen Stücks, und drüber den hübschesten Backfisch im ganzen Dorf. Wollte Gott ihr hättet euch eher drein geben.

SELBITZ Wie lange habt ihr prozessiert?

BRAUTVATER An die acht Jahre. Ich wollte lieber noch einmal so lang das Frieren haben, als von vorn anfangen. Das ist ein Gezerre, ihr glaubt's nicht, bis man den Perücken ein Urteil vom Herzen reißt; und was hat man darnach? Der Teufel hol den Assessor Sapupi! 's is ein verfluchter schwarzer Italiäner.

BRÄUTIGAM Ja, das ist ein toller Kerl. Zweimal war ich dort.

BRAUTVATER Und ich dreimal. Und seht, ihr Herrn: kriegen wir ein Urteil endlich, wo ich so viel Recht hab' als er, und er so viel als ich, und wir eben stunden wie die Maulaffen, bis mir unser Herr Gott eingab, ihm meine Tochter zu geben und das Zeug dazu.

GÖTZ *(trinkt).* Gut Vernehmen kunftig.

BRAUTVATER Geb's Gott! Geh' aber wie's will, prozessieren tu' ich mein Tag nit mehr. Was das ein Geldspiel kost! Jeden Reverenz, den euch ein Prokurator macht, müßt ihr bezahlen.

SELBITZ Sind ja jährlich Kaiserliche Visitationen da.

BRAUTVATER Hab nichts davon gehört. Ist mir mancher schöne Taler nebenausgangen. Das unerhörte Blechen!

GÖTZ Wie meint ihr?

BRAUTVATER Ach, da macht alles hohle Pfötchen. Der Assessor allein, Gott verzeih's ihm, hat mir achtzehn Goldgulden abgenommen.

BRÄUTIGAM Wer?

BRAUTVATER Wer anders als der Sapupi?

GÖTZ Das ist schändlich.

BRAUTVATER Wohl, ich mußt' ihm zwanzig erlegen. Und da ich sie ihm hingezahlt hatte, in seinem Gartenhaus, das prächtig ist, im großen Saal, wollt mir vor Wehmut fast das Herz brechen. Denn seht, eines Haus und Hof steht gut, aber wo soll bar Geld herkommen? Ich stund da, Gott weiß wie mir's war. Ich hatte keinen roten Heller Reisegeld im Sack. Endlich nahm ich mir's Herz und stellt's ihm vor. Nun er sah, daß mir's Wasser an die Seele ging, da warf er mir zwei davon zurück, und schickt mich fort.

BRÄUTIGAM Es ist nicht möglich! Der Sapupi?

BRAUTVATER Wie stellst du dich! Freilich! Kein andrer!

BRÄUTIGAM Den soll der Teufel holen, er hat mir auch funfzehn Goldgülden abgenommen.

BRAUTVATER Verflucht!

SELBITZ Götz! Wir sind Räuber!

BRAUTVATER Drum fiel das Urteil so scheel aus. Du Hund!

GÖTZ Das müßt ihr nicht ungerügt lassen.

BRAUTVATER Was sollen wir tun?

GÖTZ Macht euch auf nach Speyer, es ist eben Visitationszeit, zeigt's an, sie müssen's untersuchen und euch zu dem Eurigen helfen.

BRÄUTIGAM Denkt ihr, wir treiben's durch?

GÖTZ Wenn ich ihm über die Ohren dürfte, wollt' ich's euch versprechen.

SELBITZ Die Summe ist wohl einen Versuch wert.

GÖTZ Bin ich wohl eher um des vierten Teils willen ausgeritten.
BRAUTVATER Wie meinst du?
BRÄUTIGAM Wir wollen, geh's wie's geh.

GEORG *kommt.*

GEORG Die Nürnberger sind im Anzug.
GÖTZ Wo?
GEORG Wenn wir ganz sachte reiten, packen wir sie zwischen Beerheim und Mühlbach im Wald.
SELBITZ Trefflich!
GÖTZ Kommt, Kinder. Gott grüß' euch! Helf' uns allen zum Unsrigen!
BAUER Großen Dank! Ihr wollt nicht zum Nacht-Ims bleiben?
GÖTZ Können nicht. Adies.

DRITTER AKT

Augsburg. Ein Garten

ZWEI NÜRNBERGER KAUFLEUTE.

ERSTER KAUFMANN Hier wollen wir stehn, denn da muß der Kaiser vorbei. Er kommt eben den langen Gang herauf.
ZWEITER KAUFMANN Wer ist bei ihm?
ERSTER KAUFMANN Adelbert von Weislingen!
ZWEITER KAUFMANN Bambergs Freund! Das ist gut.
ERSTER KAUFMANN Wir wollen einen Fußfall tun, und ich will reden.
ZWEITER KAUFMANN Wohl, da kommen sie.

KAISER. WEISLINGEN.

ERSTER KAUFMANN Er sieht verdrießlich aus.
KAISER. Ich bin unmutig, Weislingen, und wenn ich auf mein vergangenes Leben zurück sehe, möcht' ich verzagt werden; so viel halbe, so viel verunglückte Unternehmungen! und das alles, weil kein Fürst im Reich so klein ist, dem nicht mehr an seinen Grillen gelegen wäre als an meinen Gedanken.
Die Kaufleute werfen sich ihm zu Füßen.
KAUFMANN Allerdurchlauchtigster! Großmächtigster!
KAISER Wer seid ihr? Was gibt's?
KAUFMANN Arme Kaufleute von Nürnberg, Eurer Majestät Knechte, und flehen um Hülfe. Götz von Berlichingen und Hanns von Selbitz haben unser dreißig, die von der Frankfurter Messe kamen, im Bambergischen Geleite niedergeworfen und beraubt; wir bitten Eure Kaiserliche Majestät um Hülfe, um Beistand, sonst sind wir alle verdorbene Leute, genötigt unser Brot zu betteln.
KAISER Heiliger Gott! Heiliger Gott! Was ist das? Der eine hat nur Eine

Hand, der andere nur Ein Bein; wenn sie denn erst zwei Hände hätten, und zwei Beine, was wolltet ihr dann tun?

KAUFMANN Wir bitten Eure Majestät untertänigst, auf unsere bedrängten Umstände ein mitleidiges Auge zu werfen.

KAISER Wie geht's zu! Wenn ein Kaufmann einen Pfeffersack verliert, soll man das ganze Reich aufmahnen; und wenn Händel vorhanden sind, daran Kaiserlicher Majestät und dem Reich viel gelegen ist, daß es Königreich, Fürstentum, Herzogtum und anders betrifft, so kann euch kein Mensch zusammen bringen.

WEISLINGEN Ihr kommt zur ungelegnen Zeit. Geht und verweilt einige Tage hier.

KAUFLEUTE Wir empfehlen uns zu Gnaden. *(Ab.)*

KAISER Wieder neue Händel. Sie wachsen nach wie die Köpfe der Hydra.

WEISLINGEN Und sind nicht auszurotten als mit Feuer und Schwert, und einer mutigen Unternehmung.

KAISER Glaubt ihr?

WEISLINGEN Ich halte nichts für tunlicher, wenn Eure Majestät und die Fürsten sich über andern unbedeutenden Zwist vereinigen könnten. Es ist mit nichten ganz Deutschland, das über Beunruhigung klagt. Franken und Schwaben allein glimmt noch von den Resten des innerlichen verderblichen Bürgerkriegs. Und auch da sind viele der Edeln und Freien, die sich nach Ruhe sehnen. Hätten wir einmal diesen Sickingen, Selbitz — Berlichingen auf die Seite geschafft, das Übrige würde bald von sich selbst zerfallen. Denn *sie* sind's, deren Geist die aufrührische Menge belebt.

KAISER Ich möchte die Leute gerne schonen, sie sind tapfer und edel. Wenn ich Krieg führte, müßten sie mit mir zu Felde.

WEISLINGEN Es wäre zu wünschen, daß sie von jeher gelernt hätten ihrer Pflicht zu gehorchen. Und dann wär' es höchst gefährlich ihre aufrührischen Unternehmungen durch Ehrenstellen zu belohnen. Denn eben diese Kaiserliche Mild' und Gnade ist's, die sie bisher so ungeheuer mißbrauchten, und ihr Anhang, der sein Vertrauen und Hoffnung darauf setzt, wird nicht ehe zu bändigen sein, bis wir sie ganz vor den Augen der Welt zu nichte gemacht, und ihnen alle Hoffnung jemals wieder empor zu kommen völlig abgeschnitten haben.

KAISER Ihr ratet also zur Strenge?

WEISLINGEN Ich sehe kein ander Mittel, den Schwindelgeist, der ganze Landschaften ergreift, zu bannen. Hören wir nicht schon hier und da die bittersten Klagen der Edeln, daß ihre Untertanen, ihre Leibeignen sich gegen sie auflehnen und mit ihnen rechten, ihnen die hergebrachte Oberherrschaft zu schmälern drohen, so daß die gefährlichsten Folgen zu fürchten sind?

KAISER Jetzt wär' eine schöne Gelegenheit wider den Berlichingen und Selbitz; nur wollt' ich nicht daß ihnen was zu Leid' geschehe. Gefangen möcht' ich sie haben, und dann müßten sie Urfehde schwören, auf ihren Schlössern ruhig zu bleiben, und nicht aus ihrem Bann zu gehen. Bei der nächsten Session will ich's vortragen.

WEISLINGEN Ein freudiger beistimmender Zuruf wird Eurer Majestät das Ende der Rede ersparen. *(Ab.)*

Jaxthausen

SICKINGEN. BERLICHINGEN.

SICKINGEN Ja, ich komme eure edle Schwester um ihr Herz und ihre Hand zu bitten.

GÖTZ So wollt' ich ihr wärt eher kommen. Ich muß euch sagen: Weislingen hat während seiner Gefangenschaft ihre Liebe gewonnen, um sie angehalten, und ich sagt sie ihm zu. Ich hab' ihn losgelassen, den Vogel, und er verachtet die gütige Hand, die ihm in der Not Futter reichte. Er schwirrt herum, weiß Gott auf welcher Hecke seine Nahrung zu suchen.

SICKINGEN Ist das so?

GÖTZ Wie ich sage.

SICKINGEN Er hat ein doppeltes Band zerrissen. Wohl euch, daß ihr mit dem Verräter nicht näher verwandt worden.

GÖTZ Sie sitzt, das arme Mädchen, verjammert und verbetet ihr Leben.

SICKINGEN Wir wollen sie singen machen.

GÖTZ Wie! Entschließet ihr euch eine Verlaßne zu heiraten?

SICKINGEN Es macht euch beiden Ehre, von ihm betrogen worden zu sein. Soll darum das arme Mädchen in ein Kloster gehn, weil der erste Mann, den sie kannte, ein Nichtswürdiger war? Nein doch! ich bleibe darauf, sie soll Königin von meinen Schlössern werden.

GÖTZ Ich sage euch, sie war nicht gleichgültig gegen ihn.

SICKINGEN Traust du mir nicht zu, daß ich den Schatten eines Elenden sollte verjagen können? Laß uns zu ihr. *(Ab.)*

Lager der Reichsexekution

HAUPTMANN. OFFIZIERE.

HAUPTMANN Wir müssen behutsam gehn und unsere Leute so viel möglich schonen. Auch ist unsere gemessene Ordre ihn in die Enge zu treiben und lebendig gefangen zu nehmen. Es wird schwer halten, denn wer mag sich an ihn machen?

ERSTER OFFIZIER Freilich! Und er wird sich wehren wie ein wildes Schwein. Überhaupt hat er uns sein Lebelang nichts zu Leid' getan, und jeder wird's von sich schieben, Kaiser und Reich zu Gefallen, Arm und Bein daran zu setzen.

ZWEITER OFFIZIER Es wäre eine Schande wenn wir ihn nicht kriegten. Wenn ich ihn nur einmal bei'm Lappen habe, er soll nicht los kommen.

ERSTER OFFIZIER Faßt ihn nur nicht mit Zähnen, er möchte euch die Kinnbakken ausziehen. Guter junger Herr, dergleichen Leut packen sich nicht wie ein flüchtiger Dieb.

ZWEITER OFFIZIER Wollen sehn.

HAUPTMANN Unsern Brief muß er nun haben. Wir wollen nicht säumen, und einen Trupp ausschicken, der ihn beobachten soll.

ZWEITER OFFIZIER Laßt mich ihn führen.
HAUPTMANN Ihr seid der Gegend unkundig.
ZWEITER OFFIZIER Ich hab' einen Knecht, der hier geboren und erzogen ist.
HAUPTMANN Ich bin's zufrieden. *(Ab.)*

Jaxthausen

SICKINGEN.

SICKINGEN Es geht alles nach Wunsch; sie war etwas bestürzt über meinen Antrag, und sah mich vom Kopf bis auf die Füße an; ich wette sie verglich mich mit ihrem Weißfisch. Gott sei Dank, daß ich mich stellen darf. Sie antwortete wenig, und durch einander; desto besser! Es mag eine Zeit kochen. Bei Mädchen, die durch Liebesunglück gebeitzt sind, wird ein Heiratsvorschlag bald gar.

GÖTZ *kommt.*

SICKINGEN Was bringt ihr, Schwager.
GÖTZ In die Acht erklärt!
SICKINGEN Was?
GÖTZ Da les't den erbaulichen Brief. Der Kaiser hat Exekution gegen mich verordnet, die mein Fleisch den Vögeln unter dem Himmel und den Tieren auf dem Felde zu fressen vorschneiden soll.
SICKINGEN Erst sollen *sie* dran. Just zur gelegenen Zeit bin ich hier.
GÖTZ Nein, Sickingen, ihr sollt fort. Eure großen Anschläge könnten darüber zu Grunde gehn, wenn ihr zu so ungelegner Zeit des Reichs Feind werden wolltet. Auch mir werdet ihr weit mehr nutzen, wenn ihr neutral zu sein scheint. Der Kaiser liebt euch, und das Schlimmste das mir begegnen kann, ist gefangen zu werden; dann braucht euer Vorwort, und reißt mich aus einem Elend, in das unzeitige Hülfe uns beide stürzen könnte. Denn was wär's? Jetzo geht der Zug gegen mich; erfahren sie du bist bei mir, so schikken sie mehr, und wir sind um nichts gebessert. Der Kaiser sitzt an der Quelle, und ich wär schon jetzt unwiederbringlich verloren, wenn man Tapferkeit so geschwind einblasen könnte, als man einen Haufen zusammen blasen kann.
SICKINGEN Doch kann ich heimlich ein zwanzig Reiter zu euch stoßen lassen.
GÖTZ Gut. Ich hab schon Georgen nach dem Selbitz geschickt, und meine Knechte in der Nachbarschaft herum. Lieber Schwager, wenn meine Leute beisammen sind, es wird ein Häufchen sein, dergleichen wenig Fürsten beisammen gesehen haben.
SICKINGEN Ihr werdet gegen die Menge wenig sein.
GÖTZ Ein Wolf ist einer ganzen Herde Schafe zu viel.
SICKINGEN Wenn sie aber einen guten Hirten haben?
GÖTZ Sorg du. Es sind lauter Mietlinge. Und dann kann der beste Ritter nichts machen, wenn er nicht Herr von seinen Handlungen ist. So kamen sie mir auch einmal, wie ich dem Pfalzgrafen zugesagt hatte gegen Conrad

Schotten zu dienen; da legt' er mir einen Zettel aus der Kanzlei vor, wie ich reiten und mich halten sollt; da warf ich den Räten das Papier wieder dar, und sagt': ich wüßt nicht darnach zu handeln, ich weiß nicht was mir begegnen mag, das steht nicht im Zettel, ich muß die Augen selbst auftun, und sehn was ich zu schaffen hab.

SICKINGEN Glück zu, Bruder! Ich will gleich fort und dir schicken was ich in der Eil zusammen treiben kann.

GÖTZ Komm noch zu den Frauen, ich ließ sie beisammen. Ich wollte daß du ihr Wort hättest ehe du gingst. Dann schick mir die Reiter, und komm heimlich wieder Marien abzuholen, denn mein Schloß, fürcht' ich, wird bald kein Aufenthalt für Weiber mehr sein.

SICKINGEN Wollen das Beste hoffen. *(Ab.)*

Bamberg. Adelheidens Zimmer

ADELHEID. FRANZ.

ADELHEID So sind die beiden Exekutionen schon aufgebrochen?

FRANZ Ja, und mein Herr hat die Freude gegen eure Feinde zu ziehen. Ich wollte gleich mit, so gern ich zu euch gehe. Auch will ich jetzt wieder fort, um bald mit fröhlicher Botschaft wiederzukehren. Mein Herr hat mir's erlaubt.

ADELHEID Wie steht's mit ihm?

FRANZ Er ist munter. Mir befahl er eure Hand zu küssen.

ADELHEID Da — deine Lippen sind warm.

FRANZ *(vor sich, auf die Brust deutend).* Hier ist's noch wärmer! *(Laut.)* Gnädige Frau, eure Diener sind die glücklichsten Menschen unter der Sonne.

ADELHEID Wer führt gegen Berlichingen?

FRANZ Der von Sirau. Lebt wohl, beste gnädige Frau! Ich will wieder fort. Vergeßt mich nicht.

ADELHEID Du mußt was essen, trinken und rasten.

FRANZ Wozu das? Ich hab' euch ja gesehen. Ich bin nicht müd noch hungrig.

ADELHEID Ich kenne deine Treu.

FRANZ Ach, gnädige Frau!

ADELHEID Du hältst's nicht aus, beruhige dich, und nimm was zu dir.

FRANZ Eure Sorgfalt für einen armen Jungen! *(Ab.)*

ADELHEID Die Tränen stehn ihm in den Augen. Ich lieb' ihn von Herzen. So wahr und warm hat noch niemand an mir gehangen. *(Ab.)*

Jaxthausen

GÖTZ. GEORG.

GEORG Er will selbst mit euch sprechen. Ich kenn' ihn nicht; es ist ein stattlicher Mann, mit schwarzen feurigen Augen.

GÖTZ Bring' ihn herein.

LERSE *kommt.*

GÖTZ Gott grüß euch! Was bringt ihr?

LERSE Mich selbst, das ist nicht viel, doch alles was es ist biet' ich euch an.

GÖTZ Ihr seid mir willkommen, doppelt willkommen, ein braver Mann, und zu dieser Zeit, da ich nicht hoffte neue Freunde zu gewinnen, eher den Verlust der alten stündlich fürchtete. Gebt mir euern Namen.

LERSE Franz Lerse.

GÖTZ Ich danke euch, Franz, daß ihr mich mit einem braven Mann bekannt macht.

LERSE Ich machte euch schon einmal mit mir bekannt, aber damals danktet ihr mir nicht dafür.

GÖTZ Ich erinnere mich eurer nicht.

LERSE Es wäre mir leid. Wißt ihr noch, wie ihr um des Pfalzgrafen willen Conrad Schotten feind wart, und nach Haßfurt auf die Fastnacht reiten wolltet?

GÖTZ Wohl weiß ich es.

LERSE Wißt ihr, wie ihr unterwegs bei einem Dorf fünfundzwanzig Reitern entgegen kamt?

GÖTZ Richtig. Ich hielt sie anfangs nur für zwölfe, und teilt meinen Haufen, waren unser sechzehn, und hielt am Dorf hinter der Scheuer, in willens sie sollten bei mir vorbeiziehen. Dann wollt' ich ihnen nachrucken, wie ich's mit dem andern Haufen abgeredt hatte.

LERSE Aber wir sahn euch, und zogen auf eine Höhe am Dorf. Ihr zogt herbei und hieltet unten. Wie wir sahn ihr wolltet nicht herauf kommen, ritten wir herab.

GÖTZ Da sah ich erst, daß ich mit der Hand in die Kohlen geschlagen hatte. Fünfundzwanzig gegen acht! Da galt's kein Feiern. Erhard Truchses durchstach mir einen Knecht, dafür rannt' ich ihn vom Pferde. Hätten sie sich alle gehalten wie er und ein Knecht, es wäre mein und meines kleinen Häufchens übel gewahrt gewesen.

LERSE Der Knecht, wovon ihr sagtet —

GÖTZ Es war der bravste den ich gesehen habe. Er setzte mir heiß zu. Wenn ich dachte, ich hätt' ihn von mir gebracht, wollte mit andern zu schaffen haben, war er wieder an mir, und schlug feindlich zu. Er hieb mir auch durch den Panzerärmel hindurch, daß es ein wenig gefleischt hatte.

LERSE Habt ihr's ihm verziehen?

GÖTZ Er gefiel mir mehr als zu wohl.

LERSE Nun so hoff' ich daß ihr mit mir zufrieden sein werdet; ich hab mein Probstück an euch selbst abgelegt.

GÖTZ Bist du's? O willkommen, willkommen! Kannst du sagen, Maximilian, du hast unter deinen Dienern Einen so geworben!

LERSE Mich wundert daß ihr nicht eh auf mich gefallen seid.

GÖTZ Wie sollte mir einkommen, daß der mir seine Dienste anbieten würde, der auf das feindseligste mich zu überwältigen trachtete?

LERSE Eben das, Herr! Von Jugend auf dien' ich als Reitersknecht, und hab's mit manchem Ritter aufgenommen. Da wir auf euch stießen, freut' ich mich. Ich kannte euern Namen, und da lernt' ich euch kennen. Ihr wißt, ich hielt nicht Stand; ihr saht, es war nicht Furcht, denn ich kam wieder. Kurz ich lernt' euch kennen, und von Stund an beschloß ich euch zu dienen.

GÖTZ Wie lange wollt ihr bei mir aushalten?

LERSE Auf ein Jahr. Ohne Entgeld.

GÖTZ Nein, ihr sollt gehalten werden wie ein anderer, und drüber, wie der, der mir bei Remlin zu schaffen machte.

GEORG *kommt.*

GEORG Hanns von Selbitz läßt euch grüßen. Morgen ist er hier mit funfzig Mann.

GÖTZ Wohl.

GEORG Es zieht am Kocher ein Trupp Reichsvölker herunter; ohne Zweifel euch zu beobachten.

GÖTZ Wie viel?

GEORG Ihrer funfzig.

GÖTZ Nicht mehr! Komm, Lerse, wir wollen sie zusammenschmeißen, wenn Selbitz kommt daß er schon ein Stück Arbeit getan findet.

LERSE Das soll eine reichliche Vorlese werden.

GÖTZ Zu Pferde! *(Ab.)*

Wald an einem Morast

ZWEI REICHSKNECHTE *begegnen einander.*

ERSTER KNECHT Was machst du hier?

ZWEITER KNECHT Ich hab' Urlaub gebeten meine Notdurft zu verrichten. Seit dem blinden Lärmen gestern Abends ist mir's in die Gedärme geschlagen, daß ich alle Augenblicke vom Pferd muß.

ERSTER KNECHT Hält der Trupp hier in der Nähe?

ZWEITER KNECHT Wohl eine Stunde den Wald hinauf.

ERSTER KNECHT Wie verläufst du dich denn hieher?

ZWEITER KNECHT Ich bitte dich verrat mich nicht. Ich will auf's nächste Dorf, und sehn ob ich nit mit warmen Überschlägen meinem Übel abhelfen kann. Wo kommst du her?

ERSTER KNECHT Vom nächsten Dorf. Ich hab' unserm Offizier Wein und Brot geholt.

ZWEITER KNECHT So, er tut sich was zu Gut vor unserm Angesicht, und wir sollen fasten! Schön Exempel!

ERSTER KNECHT Komm mit zurück, Schurke.

ZWEITER KNECHT Wär' ich ein Narr! Es sind noch viele unter'm Haufen, die gern fasteten, wenn sie so weit davon wären als ich.

ERSTER KNECHT Hörst du! Pferde!

ZWEITER KNECHT O weh!

ERSTER KNECHT Ich klettere auf den Baum.

ZWEITER KNECHT Ich steck mich in's Rohr.

GÖTZ, LERSE, GEORG, KNECHTE *zu Pferde.*

GÖTZ Hier am Teich weg und linker Hand in den Wald, so kommen wir ihnen in Rücken.

Sie ziehen vorbei.

ERSTER KNECHT *(steigt vom Baum).* Da ist nicht gut sein. Michel! Er antwortet nicht? Michel, sie sind fort! *(Er geht nach dem Sumpf.)* Michel! O weh er ist versunken. Michel! Er hört mich nicht, er ist erstickt. Bist doch krepiert, du Memme. — Wir sind geschlagen. Feinde, überall Feinde!

GÖTZ, GEORG *zu Pferde.*

GÖTZ Halt Kerl, oder du bist des Todes!

KNECHT Schont meines Lebens!

GÖTZ Dein Schwert! Georg, führ' ihn zu den andern Gefangenen, die Lerse dort unten am Wald hat. Ich muß ihren flüchtigen Führer erreichen. *(Ab.)*

KNECHT Was ist aus unserm Ritter geworden der uns führte?

GEORG Unterst zu oberst stürzt' ihn mein Herr vom Pferd, daß der Federbusch im Kot stak. Seine Reiter huben ihn auf's Pferd und fort, wie besessen. *(Ab.)*

Lager

HAUPTMANN. ERSTER RITTER.

ERSTER RITTER Sie fliehen von weitem dem Lager zu.

HAUPTMANN Er wird ihnen an den Fersen sein. Laßt ein funfzig ausrücken bis an die Mühle; wenn er sich zu weit verliert, erwischt ihr ihn vielleicht. *(Ritter ab.)*

ZWEITER RITTER *geführt.*

HAUPTMANN Wie geht's junger Herr? Habt ihr ein paar Zinken abgerennt?

RITTER Daß dich die Pest! Das stärkste Geweih wäre gesplittert wie Glas. Du Teufel! Er rannt' auf mich los, es war mir als wenn mich der Donner in die Erd' hinein schlüg.

HAUPTMANN Dankt Gott daß ihr noch davon gekommen seid.

RITTER Es ist nichts zu danken, ein paar Rippen sind entzwei. Wo ist der Feldscher? *(Ab.)*

Jaxthausen

GÖTZ. SELBITZ.

GÖTZ Was sagst du zu der Achtserklärung, Selbitz?

SELBITZ Es ist ein Streich von Weislingen.

GÖTZ Meinst du?

SELBITZ Ich meine nicht, ich weiß.

GÖTZ Woher?

SELBITZ Er war auf dem Reichstag, sag' ich dir, er war um den Kaiser.

GÖTZ Wohl, so machen wir ihm wieder einen Anschlag zu nichte.

SELBITZ Hoff's.

GÖTZ Wir wollen fort! und soll die Hasenjagd angehn.

Lager

HAUPTMANN. RITTER.

HAUPTMANN Dabei kommt nichts heraus, ihr Herrn. Er schlägt uns einen Haufen nach dem andern, und was nicht umkommt und gefangen wird, das läuft in Gottes Namen lieber nach der Türkei als in's Lager zurück. So werden wir alle Tag schwächer. Wir müssen einmal für allemal ihm zu Leib gehen, und das mit Ernst; ich will selbst dabei sein, und er soll sehn mit wem er zu tun hat.

RITTER Wir sind's all zufrieden; nur ist er der Landsart so kundig, weiß alle Gänge und Schliche im Gebirg, daß er so wenig zu fangen ist wie eine Maus auf dem Kornboden.

HAUPTMANN Wollen ihn schon kriegen. Erst auf Jaxthausen zu. Mag er wollen oder nicht, er muß herbei sein Schloß zu verteidigen.

RITTER Soll unser ganzer Hauf marschieren?

HAUPTMANN Freilich! Wißt ihr daß wir schon um hundert geschmolzen sind?

RITTER Drum geschwind, eh der ganze Eisklumpen auftaut; es macht warm in der Nähe, und wir stehn da wie Butter an der Sonne. *(Ab.)*

Gebirg und Wald

GÖTZ. SELBITZ. TRUPP.

GÖTZ Sie kommen mit hellem Hauf. Es war hohe Zeit daß Sickingens Reiter zu uns stießen.

SELBITZ Wir wollen uns teilen. Ich will linker Hand um die Höhe ziehen.

GÖTZ Gut. Und du, Franz, führe mir die funfzig rechts durch den Wald hinauf; sie kommen über die Heide, ich will gegen ihnen halten. Georg, du bleibst um mich. Und wenn ihr seht daß sie mich angreifen, so fallt ungesäumt in die Seiten. Wir wollen sie patschen. Sie denken nicht daß wir ihnen die Spitze bieten können. *(Ab.)*

Heide, auf der einen Seite eine Höhe, auf der andern Wald

HAUPTMANN. EXEKUTIONSZUG.

HAUPTMANN Er hält auf der Heide! Das ist impertinent. Er soll's büßen. Was! Den Strom nicht zu fürchten der auf ihn losbraus't?

RITTER Ich wollt nicht daß ihr an der Spitze rittet; er hat das Ansehn als ob er den Ersten, der ihn anstoßen möchte, umgekehrt in die Erde pflanzen wollte. Reitet hinter drein.

HAUPTMANN Nicht gern.

RITTER Ich bitt' euch. Ihr seid noch der Knoten von diesem Bündel Haselruten; lös't ihn auf, so knickt er sie euch einzeln wie Rietgras.

HAUPTMANN Trompeter, blas'! Und ihr blas't ihn weg. *(Ab.)*

SELBITZ *hinter der Höhe hervor im Galop.*

SELBITZ Mir nach! Sie sollen zu ihren Händen rufen; multipliziert euch. *(Ab.)*

LERSE *aus dem Wald.*

LERSE Götzen zu Hülf! Er ist fast umringt. Braver Selbitz, du hast schon Luft gemacht. Wir wollen die Heide mit ihren Distelköpfen besäen. *(Vorbei. Getümmel.)*

Eine Höhe mit einem Wartturn

SELBITZ *verwundet.* KNECHTE.

SELBITZ Legt mich hieher und kehrt zu Götzen.

ERSTER KNECHT Laßt uns bleiben, Herr, ihr braucht unser.

SELBITZ Steig' einer auf die Warte und seh wie's geht.

ERSTER KNECHT Wie will ich hinauf kommen?

ZWEITER KNECHT Steig' auf meine Schultern, da kannst du die Lücke reichen und dir bis zur Öffnung hinauf helfen.

ERSTER KNECHT *(steigt hinauf).* Ach, Herr!

SELBITZ Was siehest du?

ERSTER KNECHT Eure Reiter fliehen der Höhe zu.

SELBITZ Höllische Schurken! Ich wollt sie stünden und ich hätt' eine Kugel vor'm Kopf. Reit' einer hin! und fluch' und wetter sie zurück. *(Knecht ab.)* Siehest du Götzen?

KNECHT Die drei schwarzen Federn seh' ich mitten im Getümmel.

SELBITZ Schwimm, braver Schwimmer. Ich liege hier!

KNECHT Ein weißer Federbusch, wer ist das?

SELBITZ Der Hauptmann.

KNECHT Götz drängt sich an ihn — Bauz! Er stürzt.

SELBITZ Der Hauptmann?

KNECHT Ja, Herr.

SELBITZ Wohl! Wohl!

KNECHT Weh! Weh! Götzen seh' ich nicht mehr.

SELBITZ So stirb, Selbitz!

KNECHT Ein fürchterlich Gedräng wo er stund. Georgs blauer Busch verschwindt auch.

SELBITZ Komm herunter. Siehst du Lersen nicht?

KNECHT Nichts. Es geht alles drunter und drüber.

SELBITZ Nichts mehr. Komm! Wie halten sich Sickingens Reiter?

KNECHT Gut. — Da flieht Einer nach dem Wald. Noch Einer! Ein ganzer Trupp! Götz ist hin.

SELBITZ Komm herab.

KNECHT Ich kann nicht. — Wohl! Wohl! Ich sehe Götzen! Ich sehe Georgen!

SELBITZ Zu Pferd?

KNECHT Hoch zu Pferd! Sieg! Sieg! Sie fliehn.

SELBITZ Die Reichstruppen?

KNECHT Die Fahne mitten drin, Götz hintendrein. Sie zerstreuen sich. Götz erreicht den Fähndrich — Er hat die Fahn — Er hält. Eine Hand voll Menschen um ihn herum. Mein Kamerad erreicht ihn — Sie ziehn herauf.

GÖTZ. GEORG. LERSE. EIN TRUPP.

SELBITZ Glück zu! Götz. Sieg! Sieg!

GÖTZ *(steigt vom Pferd).* Teuer! Teuer! Du bist verwundt, Selbitz?

SELBITZ Du lebst und siegst! Ich habe wenig getan. Und meine Hunde von Reitern! Wie bist du davon gekommen?

GÖTZ Diesmal galt's! Und hier Georgen dank' ich das Leben, und hier Lersen dank' ich's. Ich warf den Hauptmann vom Gaul. Sie stachen mein Pferd nieder und drangen auf mich ein. Georg hieb sich zu mir und sprang ab, ich wie der Blitz auf seinen Gaul, wie der Donner saß er auch wieder. Wie kamst du zum Pferd?

GEORG Einem, der nach euch hieb, stieß ich meinen Dolch in die Gedärme, wie sich sein Harnisch in die Höhe zog. Er stürzt', und ich half euch von einem Feind und mir zu einem Pferde.

GÖTZ Nun staken wir, bis sich Franz zu uns hereinschlug, und da mähten wir von innen heraus.

LERSE Die Hunde die ich führte sollten von außen hinein mähen bis sich unsere Sensen begegnet hätten; aber sie flohen wie Reichsknechte.

GÖTZ Es flohe Freund und Feind. Nur du kleiner Hauf hieltest mir den Rükken frei; ich hatte mit den Kerls vor mir genug zu tun. Der Fall ihres Hauptmanns half mir sie schütteln und sie flohen. Ich habe ihre Fahne und wenig Gefangene.

SELBITZ Der Hauptmann ist euch entwischt?

GÖTZ Sie hatten ihn inzwischen gerettet. Kommt, Kinder! kommt, Selbitz! — Macht eine Bahre von Ästen; — du kannst nicht auf's Pferd. Komm in mein Schloß. Sie sind zerstreut. Aber unser sind wenig, und ich weiß nicht ob sie Truppen nachzuschicken haben. Ich will euch bewirten, meine Freunde. Ein Glas Wein schmeckt auf so einen Strauß.

Lager

HAUPTMANN.

HAUPTMANN Ich möcht' euch alle mit eigner Hand umbringen! Was, fortlaufen! Er hatte keine Hand voll Leute mehr! Fortzulaufen, vor Einem Mann!

Es wird's niemand glauben, als wer über uns zu lachen Lust hat. — Reit herum, ihr, und ihr, und ihr. Wo ihr von unsern zerstreuten Knechten findt, bringt sie zurück oder stecht sie nieder. Wir müssen diese Scharten auswetzen, und wenn die Klingen drüber zu Grunde gehen sollten.

Jaxthausen

GÖTZ. LERSE. GEORG.

GÖTZ Wir dürfen keinen Augenblick säumen! Arme Jungen, ich darf euch keine Rast gönnen. Jagt geschwind herum und sucht noch Reiter aufzutreiben. Bestellt sie alle nach Weilern, da sind sie am sichersten. Wenn wir zögern, so ziehen sie mir vor's Schloß. *(Die Zwei ab.)* Ich muß einen auf Kundschaft ausjagen. Es fängt an heiß zu werden, und wenn es nur noch brave Kerls wären! aber so ist's die Menge. *(Ab.)*

SICKINGEN. MARIA.

MARIA Ich bitte euch, lieber Sickingen, geht nicht von meinem Bruder! Seine Reiter, Selbitzens, eure, sind zerstreut; er ist allein, Selbitz ist verwundet auf sein Schloß gebracht, und ich fürchte alles.
SICKINGEN Seid ruhig, ich gehe nicht weg.

GÖTZ *kommt.*

GÖTZ Kommt in die Kirch, der Pater wartet. Ihr sollt mir in einer Viertelstund ein Paar sein.
SICKINGEN Laßt mich hier.
GÖTZ In die Kirch sollt ihr jetzt.
SICKINGEN Gern — und darnach?
GÖTZ Darnach sollt ihr eurer Wege gehn.
SICKINGEN Götz!
GÖTZ Wollt ihr nicht in die Kirche?
SICKINGEN Kommt, kommt.

Lager

HAUPTMANN. RITTER.

HAUPTMANN Wie viel sind's in allem?
RITTER Hundert und funfzig.
HAUPTMANN Von Vierhunderten! Das ist arg. Jetzt gleich auf und grad gegen Jaxthausen zu, eh er sich wieder erholt und sich uns wieder in Weg stellt.

Jaxthausen

GÖTZ. ELISABETH. MARIA. SICKINGEN.

GÖTZ Gott segne euch, geb' euch glückliche Tage, und behalte die die er euch abzieht für eure Kinder.

ELISABETH Und die laß' er sein wie ihr seid: rechtschaffen! Und dann laßt sie werden was sie wollen.

SICKINGEN Ich dank' euch. Und dank' euch, Maria. Ich führte euch an den Altar, und ihr sollt mich zur Glückseligkeit führen.

MARIA Wir wollen zusammen eine Pilgrimschaft nach diesem fremden gelobten Lande antreten.

GÖTZ Glück auf die Reise!

MARIA So ist's nicht gemeint, wir verlassen euch nicht.

GÖTZ Ihr sollt, Schwester.

MARIA Du bist sehr unbarmherzig, Bruder!

GÖTZ Und ihr zärtlicher als vorsehend.

GEORG *kommt.*

GEORG *(heimlich).* Ich kann niemand auftreiben. Ein Einziger war geneigt; darnach veränderte er sich und wollte nicht.

GÖTZ Gut, Georg. Das Glück fängt mir an wetterwendisch zu werden. Ich ahnt's aber. *(Laut.)* Sickingen, ich bitt' euch, geht noch diesen Abend. Beredet Maria. Sie ist eure Frau. Laßt sie's fühlen. Wenn Weiber quer in unsere Unternehmung treten, ist unser Feind im freien Feld sichrer als sonst in der Burg.

KNECHT *kommt.*

KNECHT *(leise).* Herr, das Reichsfähnlein ist auf dem Marsch, grad hieher, sehr schnell.

GÖTZ Ich hab sie mit Rutenstreichen geweckt! Wie viel sind ihrer?

KNECHT Ungefähr zweihundert. Sie können nicht zwei Stunden mehr von hier sein.

GÖTZ Noch über'm Fluß?

KNECHT Ja, Herr.

GÖTZ Wenn ich nur funfzig Mann hätte, sie sollten mir nicht herüber. Hast du Lersen nicht gesehen?

KNECHT Nein, Herr.

GÖTZ Biet' allen sie sollen sich bereit halten. — Es muß geschieden sein, meine Lieben. Weine, meine gute Marie, es werden Augenblicke kommen wo du dich freuen wirst. Es ist besser du weinst an deinem Hochzeittag, als daß übergroße Freude der Vorbote künftigen Elends wäre. Lebt wohl, Marie. Lebt wohl, Bruder.

MARIA Ich kann nicht von euch, Schwester. Lieber Bruder, laß uns. Achtest du meinen Mann so wenig, daß du in dieser Extremität seine Hülfe verschmähst?

GÖTZ Ja, es ist weit mit mir gekommen. Vielleicht bin ich meinem Sturz nahe. Ihr beginnt zu leben, und ihr sollt euch von meinem Schicksal trennen. Ich hab' eure Pferde zu satteln befohlen. Ihr müßt gleich fort.

MARIA Bruder! Bruder!

ELISABETH *(zu Sickingen).* Gebt ihm nach! Geht!

SICKINGEN Liebe Marie, laßt uns gehen.

MARIA Du auch? Mein Herz wird brechen.

GÖTZ So bleib denn. In wenigen Stunden wird meine Burg umringt sein.

MARIA Weh! Weh!

GÖTZ Wir werden uns verteidigen so gut wir können.

MARIA Mutter Gottes, hab' Erbarmen mit uns!

GÖTZ Und am Ende werden wir sterben, oder uns ergeben. — Du wirst deinen edeln Mann mit mir in Ein Schicksal geweint haben.

MARIA Du marterst mich.

GÖTZ Bleib! Bleib! Wir werden zusammen gefangen werden. Sickingen, du wirst mit mir in die Grube fallen! Ich hoffte du solltest mir heraushelfen.

MARIA Wir wollen fort. Schwester, Schwester!

GÖTZ Bringt sie in Sicherheit, und dann erinnert euch meiner.

SICKINGEN Ich will ihr Bette nicht besteigen, bis ich euch außer Gefahr weiß.

GÖTZ Schwester — liebe Schwester! *(Küßt sie.)*

SICKINGEN Fort, fort!

GÖTZ Noch einen Augenblick — Ich seh' euch wieder. Tröstet euch. Wir sehn uns wieder.

Sickingen, Maria ab.

GÖTZ Ich trieb sie, und da sie geht möcht' ich sie halten. Elisabeth, du bleibst bei mir!

ELISABETH Bis in den Tod. *(Ab.)*

GÖTZ Wen Gott lieb hat, dem geb' er so eine Frau!

GEORG *kommt.*

GEORG Sie sind in der Nähe, ich habe sie vom Turm gesehen. Die Sonne ging auf und ich sah ihre Piken blinken. Wie ich sie sah, wollt mir's nicht bänger werden, als einer Katze vor einer Armee Mäuse. Zwar wir spielen die Ratten.

GÖTZ Seht nach den Torriegeln. Verrammelt's inwendig mit Balken und Steinen. *(Georg ab.)* Wir wollen ihre Geduld für'n Narren halten, und ihre Tapferkeit, sollen sie mir an ihren eigenen Nägeln verkäuen. *(Trompeter von außen.)* Aha! ein rotröckiger Schurke, der uns die Frage vorlegen wird, ob wir Hundsfötter sein wollen. *(Er geht an's Fenster.)* Was soll's? *(Man hört in der Ferne reden.)*

GÖTZ *(in seinen Bart).* Einen Strick um deinen Hals.

Trompeter redet fort.

GÖTZ Beleidiger der Majestät! — Die Aufforderung hat ein Pfaff gemacht.

Trompeter endet.

GÖTZ *(antwortet).* Mich ergeben! Auf Gnad und Ungnad! Mit wem redet ihr! Bin ich ein Räuber! Sag deinem Hauptmann: Vor Ihro Kaiserliche Majestät hab' ich, wie immer, schuldigen Respekt. Er aber, sag's ihm, er kann mich — — — *(Schmeißt das Fenster zu.)*

Belagerung. Küche

ELISABETH. GÖTZ *zu ihr.*

GÖTZ Du hast viel Arbeit, arme Frau.

ELISABETH Ich wollt' ich hätte sie lang. Wir werden schwerlich lang aushalten können.

GÖTZ Wir hatten nicht Zeit uns zu versehen.

ELISABETH Und die vielen Leute die ihr zeither gespeis't habt. Mit dem Wein sind wir auch schon auf der Neige.

GÖTZ Wenn wir nur auf einen gewissen Punkt halten, daß sie Kapitulation vorschlagen. Wir tun ihnen brav Abbruch. Sie schießen den ganzen Tag und verwunden unsere Mauern und knicken unsere Scheiben. Lerse ist ein braver Kerl; er schleicht mit seiner Büchse herum; wo sich einer zu nahe wagt, blaff liegt er.

KNECHT Kohlen, gnädige Frau.

GÖTZ Was gibt's.

KNECHT Die Kugeln sind alle, wir wollen neue gießen.

GÖTZ Wie steht's Pulver?

KNECHT So ziemlich. Wir sparen unsere Schüsse wohl aus.

Saal

LERSE *mit einer Kugelform.* KNECHT *mit Kohlen.*

LERSE Stellt sie daher, und seht wo ihr im Hause Blei kriegt. Inzwischen will ich hier zugreifen. *(Hebt ein Fenster aus und schlägt die Scheibe ein.)* Alle Vorteile gelten. — So geht's in der Welt, weiß kein Mensch was aus den Dingen werden kann. Der Glaser, der die Scheiben faßte, dachte gewiß nicht, daß das Blei einem seiner Urenkel garstiges Kopfweh machen könnte! und da mich mein Vater zeugte, dachte er nicht, welcher Vogel unter dem Himmel, welcher Wurm auf der Erde mich fressen möchte.

GEORG *kommt mit einer Dachrinne.*

GEORG Da hast du Blei. Wenn du nur mit der Hälfte triffst, so entgeht keiner der Ihro Majestät ansagen kann: Herr, wir haben schlecht bestanden.

LERSE *(haut davon).* Ein brav Stück.

GEORG Der Regen mag sich einen andern Weg suchen! ich bin nicht bang davor; ein braver Reiter und ein rechter Regen kommen überall durch.

LERSE *(Er gießt.)* Halt den Löffel. *(Geht an's Fenster.)* Da zieht so ein Reichsknappe mit der Büchse herum; sie denken wir haben uns verschossen. Er soll die Kugel versuchen, warm wie sie aus der Pfanne kommt. *(Lädt.)*

GEORG *(lehnt den Löffel an).* Laß mich sehn.

LERSE *(schießt).* Da liegt der Spatz.

GEORG Der schoß vorhin nach mir, *(Sie gießen.)* wie ich zum Dachfenster hinausstieg, und die Rinne holen wollte. Er traf eine Taube die nicht weit von mir saß, sie stürzt' in die Rinne; ich dankt' ihm für den Braten und stieg mit der doppelten Beute wieder herein.

LERSE Nun wollen wir wohl laden, und im ganzen Schloß herum gehen, unser Mittagessen verdienen.

GÖTZ *kommt.*

GÖTZ Bleib, Lerse! Ich habe mit dir zu reden! Dich, Georg, will ich nicht von der Jagd abhalten. *(Georg ab.)*

GÖTZ Sie entbieten mir einen Vertrag.

LERSE Ich will zu ihnen hinaus, und hören was es soll.

GÖTZ Es wird sein: ich soll mich auf Bedingungen in ritterlich Gefängnis stellen.

LERSE Das ist nichts. Wie wär's, wenn sie uns freien Abzug eingestünden, da ihr doch von Sickingen keinen Entsatz erwartet? Wir vergrüben Geld und Silber, wo sie's mit keiner Wünschelrute finden sollten, überließen ihnen das Schloß, und kämen mit Manier davon.

GÖTZ Sie lassen uns nicht.

LERSE Es kommt auf eine Prob an. Wir wollen um sicher Geleit rufen, und ich will hinaus. *(Ab.)*

Saal

GÖTZ, ELISABETH, GEORG, KNECHTE *bei Tische.*

GÖTZ So bringt uns die Gefahr zusammen. Laßt's euch schmecken, meine Freunde! Vergeßt das Trinken nicht. Die Flasche ist leer. Noch eine, liebe Frau. *(Elisabeth zuckt die Achsel.)* Ist keine mehr da?

ELISABETH *(leise).* Noch Eine; ich hab sie für dich bei Seite gesetzt.

GÖTZ Nicht doch, Liebe! Gib sie heraus. Sie brauchen Stärkung, nicht ich; es ist ja meine Sache.

ELISABETH Holt sie draußen im Schrank!

GÖTZ Es ist die letzte. Und mir ist's als ob wir nicht zu sparen Ursach hätten. Ich bin lange nicht so vergnügt gewesen. *(Schenkt ein.)* Es lebe der Kaiser!

ALLE Er lebe!

GÖTZ Das soll unser vorletztes Wort sein, wenn wir sterben! Ich lieb' ihn, denn wir haben einerlei Schicksal. Und ich bin noch glücklicher als er. Er muß den Reichsständen die Mäuse fangen, inzwischen die Ratten seine Besitztümer annagen. Ich weiß, er wünscht sich manchmal lieber tot, als länger die Seele eines so krüppligen Körpers zu sein. *(Schenkt ein.)* Es geht just noch einmal herum. Und wenn unser Blut anfängt auf die Neige zu gehen, wie der Wein in dieser Flasche erst schwach, dann tropfenweise rinnt, *(Tröpfelt das Letzte in sein Glas.)* was soll unser letztes Wort sein?

GEORG Es lebe die Freiheit!

GÖTZ Es lebe die Freiheit!

ALLE Es lebe die Freiheit!

GÖTZ Und wenn die uns überlebt, können wir ruhig sterben. Denn wir sehen im Geist unsere Enkel glücklich und die Kaiser unsrer Enkel glücklich. Wenn die Diener der Fürsten so edel und frei dienen wie ihr mir, wenn die Fürsten dem Kaiser dienen wie ich ihm dienen möchte —

GEORG Da müßt's viel anders werden.

GÖTZ So viel nicht als es scheinen möchte. Hab' ich nicht unter den Fürsten treffliche Menschen gekannt, und sollte das Geschlecht ausgestorben sein? Gute Menschen, die in sich und ihren Untertanen glücklich waren; die einen edeln freien Nachbar neben sich leiden konnten, und ihn weder fürchteten, noch beneideten; denen das Herz aufging, wenn sie viel ihres Gleichen bei sich zu Tisch sahen, und nicht erst die Ritter zu Hofschranzen umzuschaffen brauchten um mit ihnen zu leben.

GEORG Habt ihr solche Herrn gekannt?

GÖTZ Wohl. Ich erinnere mich zeitlebens, wie der Landgraf von Hanau eine Jagd gab, und die Fürsten und Herrn die zugegen waren unter freiem Himmel speis'ten, und das Landvolk all herbei lief sie zu sehen. Das war keine Maskerade, die er sich selbst zu Ehren angestellt hatte. Aber die vollen runden Köpfe der Bursche und Mädel, die roten Backen alle, und die wohlhäbigen Männer und stattlichen Greise, und alles fröhliche Gesichter, und wie sie Teil nahmen an der Herrlichkeit ihres Herrn, der auf Gottes Boden unter ihnen sich ergetzte!

GEORG Das war ein Herr, vollkommen wie ihr.

GÖTZ Sollten wir nicht hoffen daß mehr solcher Fürsten auf einmal herrschen können? daß Verehrung des Kaisers, Fried und Freundschaft der Nachbarn, und Lieb der Untertanen der kostbarste Familienschatz sein wird, der auf Enkel und Urenkel erbt? Jeder würde das Seinige erhalten und in sich selbst vermehren, statt daß sie jetzo nicht zuzunehmen glauben, wenn sie nicht andere verderben.

GEORG Würden wir hernach auch reiten?

GÖTZ Wollte Gott es gäbe keine unruhige Köpfe in ganz Deutschland! wir würden noch immer zu tun genug finden. Wir wollten die Gebirge von Wölfen säubern, wollten unserm ruhig ackernden Nachbar einen Braten aus dem Wald holen, und dafür die Suppe mit ihm essen. Wär' uns das nicht genug, wir wollten uns mit unsern Brüdern, wie Cherubim mit flammenden Schwertern, vor die Gränzen des Reichs gegen die Wölfe die Türken, gegen die Füchse die Franzosen lagern, und zugleich unsers teuern Kaisers sehr ausgesetzte Länder und die Ruhe des Reichs beschützen. Das wäre ein Leben! Georg! wenn man seine Haut für die allgemeine Glückseligkeit dran setzte. *(Georg springt auf.)* Wo willst du hin?

GEORG Ach ich vergaß, daß wir eingesperrt sind — und der Kaiser hat uns eingesperrt — und unsere Haut davon zu bringen, setzen wir unsere Haut dran?

GÖTZ Sei gutes Muts.

LERSE *kommt.*

LERSE Freiheit! Freiheit! Das sind schlechte Menschen, unschlüssige bedächtige Esel. Ihr sollt abziehen, mit Gewehr, Pferden und Rüstung. Proviant sollt ihr dahinten lassen.
GÖTZ Sie werden sich kein Zahnweh dran kauen.
LERSE *(heimlich).* Habt ihr das Silber versteckt?
GÖTZ Nein! Frau, geh mit Franzen, er hat dir was zu sagen. *(Alle ab.)*

Schloßhof

GEORG *(im Stall, singt).*

Es fing ein Knab ein Vögelein,
H́m! H́m!
Da lacht er in den Käfig 'nein,
Hm! Hm!
So! So!
H́m! H́m!

Der freut sich traun so läppisch,
H́m! H́m!
Und griff hinein so täppisch,
Hm! Hm!
So! So!
H́m! H́m!

Da flog das Meislein auf ein Haus
H́m! H́m!
Und lacht den dummen Buben aus.
Hm! Hm!
So! So!
H́m! H́m!

GÖTZ Wie steht's?
GEORG *(führt sein Pferd heraus).* Sie sind gesattelt.
GÖTZ Du bist fix.
GEORG Wie der Vogel aus dem Käfig.

ALLE DIE BELAGERTEN.

GÖTZ Ihr habt eure Büchsen? Nicht doch! Geht hinauf und nehmt die besten aus dem Rüstschrank, es geht in Einem hin. Wir wollen voraus reiten.
GEORG Hm! Hm!
So! So!
H́m! H́m!
(Ab.)

Saal

ZWEI KNECHTE *am Rüstschrank.*

ERSTER KNECHT Ich nehm die.

ZWEITER KNECHT Ich die. Da ist noch eine schönere.

ERSTER KNECHT Nicht doch! Mach daß du fort kommst.

ZWEITER KNECHT Horch!

ERSTER KNECHT *(springt ans' Fenster).* Hilf heiliger Gott! Sie ermorden unsern Herrn. Er liegt vom Pferd! Georg stürzt!

ZWEITER KNECHT Wo retten wir uns! An der Mauer den Nußbaum hinunter in's Feld. *(Ab.)*

ERSTER KNECHT Franz hält sich noch, ich will zu ihm. Wenn sie sterben, mag ich nicht leben. *(Ab.)*

VIERTER AKT

Wirtshaus zu Heilbronn

GÖTZ.

GÖTZ Ich komme mir vor wie der böse Geist, den der Kapuziner in einen Sack beschwur. Ich arbeite mich ab und fruchte mir nichts. Die Meineidigen!

ELISABETH *kommt.*

GÖTZ Was für Nachrichten, Elisabeth, von meinen lieben Getreuen?

ELISABETH Nichts Gewisses. Einige sind erstochen, einige liegen im Turn. Es konnte oder wollte niemand mir sie näher bezeichnen.

GÖTZ Ist das Belohnung der Treue? des kindlichen Gehorsams? — Auf daß dir's wohl gehe, und du lange lebest auf Erden!

ELISABETH Lieber Mann, schilt unsern himmlischen Vater nicht. Sie haben ihren Lohn, er ward mit ihnen geboren, ein freies edles Herz. Laß sie gefangen sein, sie sind frei! Gib auf die deputierten Räte Acht, die großen goldnen Ketten stehen ihnen zu Gesicht —

GÖTZ Wie dem Schwein das Halsband. Ich möchte Georgen und Franzen geschlossen sehn!

ELISABETH Es wäre ein Anblick um Engel weinen zu machen.

GÖTZ Ich wollt nicht weinen. Ich wollte die Zähne zusammenbeißen, und an meinem Grimm kauen. In Ketten meine Augäpfel! Ihr lieben Jungen, hättet ihr mich nicht geliebt! — Ich würde mich nicht satt an ihnen sehen können. — Im Namen des Kaisers ihr Wort nicht zu halten!

ELISABETH Entschlagt euch dieser Gedanken. Bedenkt, daß ihr vor den Räten erscheinen sollt. Ihr seid nicht gestellt ihnen wohl zu begegnen, und ich fürchte alles.

GÖTZ Was wollen sie mir anhaben?

ELISABETH Der Gerichtsbote!

GÖTZ Esel der Gerechtigkeit! Schleppt ihre Säcke zur Mühle, und ihren Kehrig auf's Feld. Was gibt's?

GERICHTSDIENER *kommt.*

GERICHTSDIENER Die Herren Kommissarii sind auf dem Rathause versammelt, und schicken nach euch.

GÖTZ Ich komme.

GERICHTSDIENER Ich werde euch begleiten.

GÖTZ Viel Ehre.

ELISABETH Mäßigt euch.

GÖTZ Sei außer Sorgen. *(Ab.)*

Rathaus

KAISERLICHE RÄTE. HAUPTMANN. RATSHERREN VON HEILBRONN.

RATSHERR Wir haben auf euern Befehl die stärksten und tapfersten Bürger versammelt; sie warten hier in der Nähe auf euern Wink um sich Berlichingens zu bemeistern.

ERSTER RAT Wir werden Ihro Kaiserlichen Majestät eure Bereitwilligkeit, Ihrem höchsten Befehl zu gehorchen, mit vielem Vergnügen zu rühmen wissen. — Es sind Handwerker?

RATSHERR Schmiede, Weinschröter, Zimmerleute, Männer mit geübten Fäusten und hier wohl beschlagen. *(Auf die Brust deutend.)*

RATH Wohl.

GERICHTSDIENER *kommt.*

GERICHTSDIENER Götz von Berlichingen wartet vor der Tür.

RAT Laßt ihn herein.

GÖTZ *kommt.*

GÖTZ Gott grüß euch, ihr Herrn, was wollt ihr mit mir?

RAT Zuerst daß ihr bedenkt: wo ihr seid? und vor wem?

GÖTZ Bei meinem Eid, ich verkenn' euch nicht, meine Herrn.

RAT Ihr tut eure Schuldigkeit.

GÖTZ Von ganzem Herzen.

RAT Setzt euch.

GÖTZ Da unten hin? Ich kann stehn. Das Stühlchen riecht so nach armen Sündern, wie überhaupt die ganze Stube.

RAT So steht!

GÖTZ Zur Sache, wenn's gefällig ist.

RAT Wir werden in der Ordnung verfahren.

GÖTZ Bin's wohl zufrieden, wollt' es wär von jeher geschehen.

RAT Ihr wißt wie ihr auf Gnad und Ungnad in unsere Hände kamt.

GÖTZ Was gebt ihr mir wenn ich's vergesse?

RAT Wenn ich euch Bescheidenheit geben könnte, würd' ich eure Sache gut machen.

GÖTZ Gut machen! Wenn ihr das könntet! Dazu gehört freilich mehr als zum Verderben.

SCHREIBER Soll ich das alles protokollieren?

RAT Was zur Handlung gehört.

GÖTZ Meinetwegen dürft ihr's drucken lassen.

RAT Ihr wart in der Gewalt des Kaisers, dessen väterliche Gnade an den Platz der majestätischen Gerechtigkeit trat, euch anstatt eines Kerkers Heilbronn, eine seiner geliebten Städte, zum Aufenthalt anwies. Ihr verspracht mit einem Eid euch wie es einem Ritter geziemt zu stellen, und das Weitere demütig zu erwarten.

GÖTZ Wohl, und ich bin hier und warte.

RAT Und wir sind hier euch Ihro Kaiserlichen Majestät Gnade und Huld zu verkündigen. Sie verzeiht euch eure Übertretungen, spricht euch von der Acht und aller wohlverdienten Strafe los, welches ihr mit untertänigem Dank erkennen, und dagegen die Urfehde abschwören werdet, welche euch hiermit vorgelesen werden soll.

GÖTZ Ich bin Ihro Majestät treuer Knecht wie immer. Noch ein Wort eh ihr weiter geht: Meine Leute, wo sind sie? Was soll mit ihnen werden?

RAT Das geht euch nichts an.

GÖTZ So wende der Kaiser sein Angesicht von euch wenn ihr in Not steckt! Sie waren meine Gesellen, und sind's. Wo habt ihr sie hingebracht?

RAT Wir sind euch davon keine Rechnung schuldig.

GÖTZ Ah! Ich dachte nicht, daß ihr nicht einmal zu dem verbunden seid was ihr versprecht, geschweige —

RAT Unsere Kommission ist euch die Urfehde vorzulegen. Unterwerft euch dem Kaiser, und ihr werdet einen Weg finden um eurer Gesellen Leben und Freiheit zu flehen.

GÖTZ Euern Zettel.

RAT Schreiber, leset!

SCHREIBER Ich Götz von Berlichingen bekenne öffentlich durch diesen Brief: Daß, da ich mich neulich gegen Kaiser und Reich rebellischer Weise aufgelehnt —

GÖTZ Das ist nicht wahr. Ich bin kein Rebell, habe gegen Ihro Kaiserliche Majestät nichts verbrochen, und das Reich geht mich nichts an.

RAT Mäßigt euch und hört weiter.

GÖTZ Ich will nichts weiter hören. Tret' einer auf, und zeuge! Hab' ich wider den Kaiser, wider das Haus Österreich nur einen Schritt getan? Hab' ich nicht von jeher durch alle Handlungen bewiesen, daß ich besser als einer fühle, was Deutschland seinen Regenten schuldig ist? und besonders was die Kleinen, die Ritter und Freien ihrem Kaiser schuldig sind? Ich müßte ein Schurke sein, wenn ich mich könnte bereden lassen das zu unterschreiben.

RAT Und doch haben wir gemessene Ordre, euch in der Güte zu überreden, oder im Entstehungsfall euch in den Turn zu werfen.

GÖTZ In Turn? mich?

RAT Und daselbst könnt ihr euer Schicksal von der Gerechtigkeit erwarten, wenn ihr es nicht aus den Händen der Gnade empfangen wollt.

GÖTZ In Turn! Ihr mißbraucht die Kaiserliche Gewalt. In Turn! Das ist sein Befehl nicht. Was! mir erst, die Verräter! eine Falle zu stellen, und ihren Eid, ihr ritterlich Wort zum Speck drin aufzuhängen! Mir dann ritterlich Gefängnis zusagen, und die Zusage wieder brechen.

RAT Einem Räuber sind wir keine Treue schuldig.

GÖTZ Trügst du nicht das Ebenbild des Kaisers, das ich in dem gesudeltsten Konterfei verehre, du solltest mir den Räuber fressen oder dran erwürgen! Ich bin in einer ehrlichen Fehd begriffen. Du könntest Gott danken und dich vor der Welt groß machen, wenn du in deinem Leben eine so edle Tat getan hättest, wie die ist, um welcher willen ich gefangen sitze.

RAT *winkt dem Ratsherrn, der zieht die Schelle.*

GÖTZ Nicht um des leidigen Gewinnsts willen, nicht um Land und Leute unbewehrten Kleinen wegzukapern, bin ich ausgezogen. Meinen Jungen zu befreien, und mich meiner Haut zu wehren! Seht ihr was Unrechts dran? Kaiser und Reich hätten unsere Not nicht in ihrem Kopfkissen gefühlt. Ich habe Gott sei Dank noch *eine* Hand, und habe wohl getan sie zu brauchen.

BÜRGER *treten herein, Stangen in der Hand, Wehren an der Seite.*

GÖTZ Was soll das?

RAT Ihr wollt nicht hören. Fangt ihn!

GÖTZ Ist das die Meinung? Wer kein Ungrischer Ochs ist, komm mir nicht zu nah! Er soll von dieser meiner rechten eisernen Hand eine solche Ohrfeige kriegen, die ihm Kopfweh, Zahnweh und alles Weh der Erden aus dem Grund kurieren soll. *(Sie machen sich an ihn, er schlägt den einen zu Boden, und reißt einem andern die Wehre von der Seite, sie weichen.)* Kommt! Kommt! Es wäre mir angenehm, den Tapfersten unter euch kennen zu lernen.

RAT Gebt euch.

GÖTZ Mit dem Schwert in der Hand! Wißt ihr, daß es jetzt nur an mir läge, mich durch alle diese Hasenjäger durchzuschlagen und das weite Feld zu gewinnen? Aber ich will euch lehren wie man Wort hält. Versprecht mir ritterlich Gefängnis, und ich gebe mein Schwert weg und bin wie vorher euer Gefangener.

RAT Mit dem Schwert in der Hand wollt ihr mit dem Kaiser rechten?

GÖTZ Behüte Gott! Nur mit euch und eurer edlen Compagnie. — Ihr könnt nach Hause gehn, gute Leute. Für die Versäumnis kriegt ihr nichts, und zu holen ist hier nichts als Beulen.

RAT Greift ihn. Gibt euch eure Liebe zu euerm Kaiser nicht mehr Mut?

GÖTZ Nicht mehr als ihnen der Kaiser Pflaster gibt die Wunden zu heilen, die sich ihr Mut holen könnte.

GERICHTSDIENER *kommt.*

GERICHTSDIENER Eben ruft der Türmer: es zieht ein Trupp von mehr als zweihunderten nach der Stadt zu. Unversehens sind sie hinter der Weinhöhe hervorgedrungen, und drohen unsern Mauern.

RATSHERR Weh uns! was ist das?

WACHE *kommt.*

WACHE Franz von Sickingen hält vor dem Schlag und läßt euch sagen: er habe gehört wie unwürdig man an seinem Schwager bundbrüchig geworden sei, wie die Herrn von Heilbronn allen Vorschub täten. Er verlange Rechenschaft, sonst wolle er binnen einer Stunde die Stadt an vier Ecken anzünden, und sie der Plünderung Preis geben.

GÖTZ Braver Schwager!

RAT Tretet ab, Götz! — Was ist zu tun?

RATSHERR Habt Mitleiden mit uns und unserer Bürgerschaft! Sickingen ist unbändig in seinem Zorn, er ist Mann es zu halten.

RAT Sollen wir uns und dem Kaiser die Gerechtsame vergeben?

HAUPTMANN Wenn wir nur Leute hätten sie zu behaupten. So aber könnten wir umkommen, und die Sache wäre nur desto schlimmer. Wir gewinnen im Nachgeben.

RATSHERR Wir wollen Götzen ansprechen für uns ein gut Wort einzulegen. Mir ist's als wenn ich die Stadt schon in Flammen sähe.

RAT Laßt Götzen herein.

GÖTZ Was soll's?

RAT Du würdest wohl tun deinen Schwager von seinem rebellischen Vorhaben abzumahnen. Anstatt dich vom Verderben zu retten, stürzt er dich tiefer hinein, indem er sich zu deinem Falle gesellt.

GÖTZ *(sieht Elisabeth an der Tür, heimlich zu ihr).* Geh hin! Sag' ihm: er soll unverzüglich hereinbrechen, soll hieher kommen, nur der Stadt kein Leids tun. Wenn sich die Schurken hier widersetzen, soll er Gewalt brauchen. Es liegt mir nichts dran umzukommen, wenn sie nur alle mit erstochen werden.

Ein großer Saal auf dem Rathaus

SICKINGEN. GÖTZ

Das ganze Rathaus ist mit SICKINGENS REITERN *besetzt.*

GÖTZ Das war Hülfe vom Himmel! Wie kommst du so erwünscht und unvermutet, Schwager?

SICKINGEN Ohne Zauberei. Ich hatte zwei, drei Boten ausgeschickt, zu hören wie dir's ginge? Auf die Nachricht von ihrem Meineid macht' ich mich auf den Weg. Nun haben wir sie.

GÖTZ Ich verlange nichts als ritterliche Haft.

SICKINGEN Du bist zu ehrlich. Dich nicht einmal des Vorteils zu bedienen, den der Rechtschaffene über den Meineidigen hat! Sie sitzen im Unrecht, wir wollen ihnen keine Kissen unterlegen. Sie haben die Befehle des Kaisers schändlich mißbraucht. Und wie ich Ihro Majestät kenne, darfst du sicher auf mehr dringen. Es ist zu wenig.

GÖTZ Ich bin von jeher mit wenigem zufrieden gewesen.

SICKINGEN Und bist von jeher zu kurz gekommen. Meine Meinung ist: sie sollen deine Knechte aus dem Gefängnis und dich zusamt ihnen auf deinen Eid nach deiner Burg ziehen lassen. Du magst versprechen, nicht aus deiner Terminei zu gehen, und wirst immer besser sein als hier.

GÖTZ Sie werden sagen: Meine Güter seien dem Kaiser heimgefallen.

SICKINGEN So sagen wir: Du wolltest zur Miete drin wohnen bis sie dir der Kaiser wieder zu Lehn gäbe. Laß sie sich wenden wie Aale in der Reuse, sie sollen uns nicht entschlüpfen. Sie werden von Kaiserlicher Majestät reden, von ihrem Auftrag. Das kann uns einerlei sein. Ich kenne den Kaiser auch und gelte was bei ihm. Er hat immer gewünscht dich unter seinem Heer zu haben. Du wirst nicht lang auf deinem Schlosse sitzen, so wirst du aufgerufen werden.

GÖTZ Wollte Gott bald, eh ich 's Fechten verlerne.

SICKINGEN Der Mut verlernt sich nicht, wie er sich nicht lernt. Sorge für nichts! Wenn deine Sachen in der Ordnung sind, geh' ich nach Hof, denn meine Unternehmung fängt an reif zu werden. Günstige Aspekten deuten mir: Brich auf! Es ist mir nichts übrig, als die Gesinnung des Kaisers zu sondieren. Trier und Pfalz vermuten eher des Himmels Einfall, als daß ich ihnen über'n Kopf kommen werde. Und ich will kommen wie ein Hagelwetter! Und wenn wir unser Schicksal machen können, so sollst du bald der Schwager eines Kurfürsten sein. Ich hoffte auf deine Faust bei dieser Unternehmung.

GÖTZ *(besieht seine Hand).* O! das deutete der Traum den ich hatte, als ich Tags darauf Marien an Weislingen versprach. Er sagte mir Treu zu, und hielt meine Rechte Hand so fest, daß sie aus den Armschienen ging, wie abgebrochen. Ach! Ich bin in diesem Augenblick wehrloser, als ich war da sie mir abgeschossen wurde. Weislingen! Weislingen!

SICKINGEN Vergiß einen Verräter. Wir wollen seine Anschläge vernichten, sein Ansehn untergraben, und Gewissen und Schande sollen ihn zu Tode fressen. Ich seh', ich seh' im Geist meine Feinde, deine Feinde niedergestürzt. Götz, nur noch ein halb Jahr!

GÖTZ Deine Seele fliegt hoch. Ich weiß nicht; seit einiger Zeit wollen sich in der meinigen keine fröhlichen Aussichten eröffnen. — Ich war schon mehr im Unglück, schon einmal gefangen, und so wie mir's jetzt ist war mir's niemals.

SICKINGEN Glück macht Mut. Kommt zu den Perücken! Sie haben lang genug den Vortrag gehabt, laß uns einmal die Müh übernehmen. *(Ab.)*

Adelheidens Schloß

ADELHEID. WEISLINGEN.

ADELHEID Das ist verhaßt!

WEISLINGEN Ich hab die Zähne zusammen gebissen. Ein so schöner Anschlag, so glücklich vollführt, und am Ende ihn auf sein Schloß zu lassen! Der verdammte Sickingen!

ADELHEID Sie hätten's nicht tun sollen.

WEISLINGEN Sie saßen fest. Was konnten sie machen? Sickingen drohte mit Feuer und Schwert, der hochmütige jähzornige Mann! Ich hass' ihn. Sein Ansehn nimmt zu wie ein Strom, der nur einmal ein paar Bäche gefressen hat, die übrigen folgen von selbst.

ADELHEID Hatten Sie keinen Kaiser?

WEISLINGEN Liebe Frau! Er ist nur der Schatten davon, er wird alt und mißmutig. Wie er hörte was geschehen war, und ich nebst den übrigen Regimentsräten eiferte, sagte er: Laßt ihnen Ruh! Ich kann dem alten Götz wohl das Plätzchen gönnen, und wenn er da still ist, was habt ihr über ihn zu klagen? Wir redeten vom Wohl des Staats. O! sagt' er: hätt' ich von jeher Räte gehabt, die meinen unruhigen Geist mehr auf das Glück einzelner Menschen gewiesen hätten!

ADELHEID Er verliert den Geist eines Regenten.

WEISLINGEN Wir zogen auf Sickingen los. — Er ist mein treuer Diener, sagt' er; hat er's nicht auf meinen Befehl getan, so tat er doch besser meinen Willen, als meine Bevollmächtigten, und ich kann's gut heißen, vor oder nach.

ADELHEID Man möchte sich zerreißen.

WEISLINGEN Ich habe deswegen noch nicht alle Hoffnung aufgegeben. Er ist auf sein ritterlich Wort auf sein Schloß gelassen, sich da still zu halten. Das ist ihm unmöglich; wir wollen bald eine Ursach wider ihn haben.

ADELHEID Und desto eher da wir hoffen können der Kaiser werde bald aus der Welt gehn und Karl, sein trefflicher Nachfolger, majestätischere Gesinnungen verspricht.

WEISLINGEN Karl? Er ist noch weder gewählt noch gekrönt.

ADELHEID Wer wünscht und hofft es nicht?

WEISLINGEN Du hast einen großen Begriff von seinen Eigenschaften; fast sollte man denken du sähest sie mit andern Augen.

ADELHEID Du beleidigst mich, Weislingen. Kennst du mich für das?

WEISLINGEN Ich sagte nichts dich zu beleidigen. Aber schweigen kann ich nicht dazu. Karls ungewöhnliche Aufmerksamkeit für dich beunruhigt mich.

ADELHEID Und mein Betragen?

WEISLINGEN Du bist ein Weib. Ihr haßt keinen der euch hofiert.

ADELHEID Aber ihr?

WEISLINGEN Er frißt mir am Herzen, der fürchterliche Gedanke! Adelheid!

ADELHEID Kann ich deine Torheit kurieren?

WEISLINGEN Wenn du wolltest! Du könntest dich vom Hof entfernen.

ADELHEID Sage Mittel und Art. Bist du nicht bei Hofe? Soll ich dich lassen und meine Freunde, um auf meinem Schloß mich mit den Uhus zu unterhalten? Nein, Weislingen, daraus wird nichts. Beruhige dich, du weißt wie ich dich liebe.

WEISLINGEN Der heilige Anker in diesem Sturm, so lang der Strick nicht reißt. *(Ab.)*

ADELHEID Fängst du's so an! Das fehlte noch. Die Unternehmungen meines Busens sind zu groß, als daß du ihnen im Wege stehen solltest. Karl! Großer trefflicher Mann, und Kaiser dereinst! und sollte er der Einzige sein unter den Männern, dem der Besitz meiner Gunst nicht schmeichelte? Weislingen, denke nicht mich zu hindern, sonst mußt du in den Boden, mein Weg geht über dich hin.

FRANZ *kommt mit einem Brief.*

FRANZ Hier, gnädige Frau.

ADELHEID Gab dir Karl ihn selbst?

FRANZ Ja.

ADELHEID Was hast du? Du siehst so kummervoll.

FRANZ Es ist euer Wille, daß ich mich tot schmachten soll; in den Jahren der Hoffnung macht ihr mich verzweifeln.

ADELHEID Er dauert mich — und wie wenig kostet's mich ihn glücklich zu machen! Sei gutes Muts, Junge. Ich fühle deine Lieb' und Treu', und werde nie unerkenntlich sein.

FRANZ *(beklemmt).* Wenn ihr das fähig wärt, ich müßte vergehn. Mein Gott, ich habe keinen Blutstropfen in mir der nicht euer wäre, keinen Sinn als euch zu lieben und zu tun was euch gefällt!

ADELHEID Lieber Junge!

FRANZ Ihr schmeichelt mir. *(In Tränen ausbrechend.)* Wenn diese Ergebenheit nichts mehr verdient als andere sich vorgezogen zu sehn, als eure Gedanken alle nach dem Karl gerichtet zu sehn —

ADELHEID Du weißt nicht was du willst, noch weniger was du redst.

FRANZ *(vor Verdruß und Zorn mit dem Fuß stampfend).* Ich will auch nicht mehr. Will nicht mehr den Unterhändler abgeben.

ADELHEID Franz! Du vergißt dich.

FRANZ Mich aufzuopfern! Meinen lieben Herrn!

ADELHEID Geh mir aus dem Gesicht.

FRANZ Gnädige Frau!

ADELHEID Geh, entdecke deinem lieben Herrn mein Geheimnis. Ich war die Närrin dich für was zu halten das du nicht bist.

FRANZ Liebe gnädige Frau, ihr wißt daß ich euch liebe.

ADELHEID Und du warst mein Freund, meinem Herzen so nahe. Geh, verrat mich.

FRANZ Eher wollt' ich mir das Herz aus dem Leibe reißen! Verzeiht mir, gnädige Frau. Mein Herz ist zu voll, meine Sinnen halten's nicht aus.

ADELHEID Lieber warmer Junge! *(Faßt ihn bei den Händen, zieht ihn zu sich, und ihre Küsse begegnen einander; er fällt ihr weinend um den Hals.)*

ADELHEID Laß mich!

FRANZ *(erstickend in Tränen an ihrem Hals).* Gott! Gott!

ADELHEID Laß mich, die Mauern sind Verräter. Laß mich. *(Macht sich los.)* Wanke nicht von deiner Lieb' und Treu', und der schönste Lohn soll dir werden. *(Ab.)*

FRANZ Der schönste Lohn! Nur bis dahin laß mich leben! Ich wollte meinen Vater ermorden, der mir diesen Platz streitig machte.

Jaxthausen

GÖTZ *an einem Tisch.* ELISABETH *bei ihm mit der Arbeit; es steht ein Licht auf dem Tisch und Schreibzeug.*

GÖTZ Der Müßiggang will mir gar nicht schmecken, und meine Beschränkung wird mir von Tag zu Tag enger; ich wollt' ich könnt schlafen, oder mir nur einbilden die Ruhe sei was Angenehmes.

ELISABETH So schreib doch deine Geschichte aus die du angefangen hast. Gib deinen Freunden ein Zeugnis in die Hand deine Feinde zu beschämen; verschaff' einer edlen Nachkommenschaft die Freude dich nicht zu verkennen.

GÖTZ Ach! Schreiben ist geschäftiger Müßiggang, es kommt mir sauer an. Indem ich schreibe was ich getan, ärger' ich mich über den Verlust der Zeit, in der ich etwas tun könnte.

ELISABETH *(nimmt die Schrift).* Sei nicht wunderlich. Du bist eben an deiner ersten Gefangenschaft in Heilbronn.

GÖTZ Das war mir von jeher ein fataler Ort.

ELISABETH *(lies't).* „Da waren selbst einige von den Bündischen, die zu mir sagten: Ich habe törig getan mich meinen ärgsten Feinden zu stellen, da ich doch vermuten konnte sie würden nicht glimpflich mit mir umgehn; da antwortet' ich:" Nun was antwortetest du? Schreibe weiter.

GÖTZ Ich sagte: setz' ich nicht meine Haut an anderer Gut und Geld, sollt' ich sie nicht an mein Wort setzen?

ELISABETH Diesen Ruf hast du.

GÖTZ Den sollen sie mir nicht nehmen! Sie haben mir alles genommen, Gut, Freiheit —

ELISABETH Es fällt in die Zeiten wie ich die von Miltenberg und Singlingen in der Wirtsstube fand, die mich nicht kannten. Da hatt' ich eine Freude, als wenn ich einen Sohn geboren hätte. Sie rühmten dich unter einander, und sagten: Er ist das Muster eines Ritters, tapfer und edel in seiner Freiheit, und gelassen und treu im Unglück.

GÖTZ Sie sollen mir Einen stellen dem ich mein Wort gebrochen! Und Gott weiß, daß ich mehr geschwitzt hab meinem Nächsten zu dienen als mir, daß ich um den Namen eines tapfern und treuen Ritters gearbeitet habe, nicht um hohe Reichtümer und Rang zu gewinnen. Und Gott sei Dank, warum ich warb ist mir worden.

LERSE. GEORG *mit Wildbret.*

GÖTZ Glück zu, brave Jäger!

GEORG Das sind wir aus braven Reitern geworden. Aus Stiefeln machen sich leicht Pantoffeln.

LERSE Die Jagd ist doch immer was, und eine Art von Krieg.

GEORG Wenn man nur hier zu Lande nicht immer mit Reichsknechten zu tun hätte. Wißt ihr, gnädiger Herr, wie ihr uns prophezeitet: wenn sich die Welt umkehrte, würden wir Jäger werden. Da sind wir's ohne das.

GÖTZ Es kommt auf Eins hinaus, wir sind aus unserm Kreise gerückt.

GEORG Es sind bedenkliche Zeiten. Schon seit acht Tagen läßt sich ein fürchterlicher Komet sehen, und ganz Deutschland ist in Angst, es bedeute den Tod des Kaisers, der sehr krank ist.

GÖTZ Sehr krank! Unsere Bahn geht zu Ende.

LERSE Und hier in der Nähe gibt's noch schrecklichere Veränderungen. Die Bauern haben einen entsetzlichen Aufstand erregt.

GÖTZ Wo?

LERSE Im Herzen von Schwaben. Sie sengen, brennen und morden. Ich fürchte sie verheeren das ganze Land.

GEORG Einen fürchterlichen Krieg gibt's. Es sind schon an die hundert Ortschaften aufgestanden, und täglich mehr. Der Sturmwind neulich hat ganze Wälder ausgerissen, und kurz darauf hat man in der Gegend, wo der Aufstand begonnen, zwei feurige Schwerter kreuzweis in der Luft gesehn.

GÖTZ Da leiden von meinen guten Herrn und Freunden gewiß unschuldig mit!

GEORG Schade daß wir nicht reiten dürfen!

FÜNFTER AKT

Bauernkrieg. Tumult in einem Dorf und Plünderung

WEIBER *und* ALTE *mit* KINDERN *und Gepäcke. Flucht.*

ALTER Fort! Fort! daß wir den Mordhunden entgehen.

WEIB Heiliger Gott, wie blutrot der Himmel ist, die untergehende Sonne blutrot!

MUTTER Das bedeut Feuer.

WEIB Mein Mann! Mein Mann!

ALTER Fort! Fort! In Wald! *(Ziehen vorbei.)*

LINK.

LINK Was sich widersetzt niedergestochen! Das Dorf ist unser. Daß von Früchten nichts umkommt, nichts zurückbleibt. Plündert rein aus und schnell! Wir zünden gleich an.

METZLER *vom Hügel herunter gelaufen.*

METZLER Wie gehts euch, Link?

LINK Drunter und drüber, siehst du, du kommst zum Kehraus. Woher?

METZLER Von Weinsberg. Da war ein Fest.

LINK Wie?

METZLER Wir haben sie zusammengestochen, daß eine Lust war.

LINK Wen alles?

METZLER Dietrich von Weiler tanzte vor. Der Fratz! Wir waren mit hellem wütigem Hauf herum, und er oben auf'm Kirchturn wollt gütlich mit uns handeln. Paff! Schoß ihn einer vor'n Kopf. Wir hinauf wie Wetter, und zum Fenster herunter mit dem Kerl.

LINK Ah!

METZLER *(zu den Bauern).* Ihr Hund, soll ich euch Bein machen! Wie sie zaudern und trenteln, die Esel.

LINK Brennt an! sie mögen drin braten! Fort! Fahrt zu, ihr Schlingel!

METZLER Darnach führten wir heraus den Helfenstein, den Eltershofen, an die dreizehn von Adel, zusammen auf achtzig. Herausgeführt auf die Ebne gegen Heilbronn. Das war ein Jubilieren und ein Tumultuieren von den Unsrigen, wie die lange Reih arme reiche Sünder daherzog, einander anstarrten, und Erd' und Himmel! Umringt waren sie ehe sie sich's versahen, und alle mit Spießen niedergestochen.

LINK Daß ich nicht dabei war!

METZLER Hab mein Tag so kein Gaudium gehabt.

LINK Fahrt zu! Heraus!

BAUER Alles ist leer.

LINK So brennt an allen Ecken.

METZLER Wird ein hübsch Feuerchen geben. Siehst du wie die Kerls über einander purzelten und quiekten wie die Frösche! Es lief mir so warm über's Herz wie ein Glas Branntwein. Da war ein Rixinger, wenn der Kerl sonst auf die Jagd ritt, mit dem Federbusch und weiten Naslöchern, und uns vor sich hertrieb mit den Hunden und wie die Hunde. Ich hatt' ihn die Zeit nicht gesehen, sein Fratzengesicht fiel mir recht auf. Hasch! den Spieß ihm zwischen die Rippen, da lag er, streckt' alle Vier über seine Gesellen. Wie die Hasen bei'm Treibjagen zuckten die Kerls über einander.

LINK Raucht schon brav.

METZLER Dort hinten brennt's. Laß uns mit der Beute gelassen zu dem großen Haufen ziehen.

LINK Wo hält er?

METZLER Von Heilbronn hieher zu. Sie sind um einen Hauptmann verlegen, vor dem alles Volk Respekt hätt. Denn wir sind doch nur ihres Gleichen, das fühlen sie und werden schwürig.

LINK Wen meinen sie?

METZLER Max Stumpf oder Götz von Berlichingen.

LINK Das wär gut, gäb' auch der Sache einen Schein, wenn's der Götz tät'; er hat immer für einen rechtschaffnen Ritter gegolten. Auf! Auf! wir ziehen nach Heilbronn zu! Ruft's herum.

METZLER Das Feuer leucht uns noch eine gute Strecke. Hast du den großen Kometen gesehen?

LINK Ja. Das ist ein grausam erschrecklich Zeichen! Wenn wir die Nacht durch ziehen, können wir ihn recht sehen. Er geht gegen Eins auf.

METZLER Und bleibt nur fünf Viertelstunden. Wie ein gebogner Arm mit einem Schwert sieht er aus, so blutgelbrot.

LINK Hast du die drei Stern gesehen an des Schwerts Spitze und Seite?

METZLER Und der breite wolkenfärbige Streif, mit tausend und tausend Striemen wie Spieß, und dazwischen wie kleine Schwerter.

LINK Mir hat's gegraus't. Wie das alles so bleichrot, und darunter viel feurige helle Flamme, und dazwischen die grausamen Gesichter mit rauchen Häuptern und Bärten.

METZLER Hast du die auch gesehen? Und das zwitzert alles so durch einander, als läg's in einem blutigen Meere, und arbeitet durch einander, daß einem die Sinne vergehn!

LINK Auf! Auf! *(Ab.)*

Feld

Man sieht in der Ferne zwei Dörfer brennen und ein Kloster.

KOHL. WILD. MAX STUMPF. HAUFEN.

MAX STUMPF Ihr könnt nicht verlangen daß ich euer Hauptmann sein soll. Für mich und euch wär's nichts nütze. Ich bin Pfalzgräfischer Diener; wie sollt' ich gegen meinen Herrn führen? Ihr würdet immer wähnen ich tät nicht von Herzen.

KOHL Wußten wohl du würdest Entschuldigung finden.

GÖTZ, LERSE, GEORG *kommen.*

GÖTZ Was wollt ihr mit mir?

KOHL Ihr sollt unser Hauptmann sein.

GÖTZ Soll ich mein ritterlich Wort dem Kaiser brechen, und aus meinem Bann gehen?

WILD Das ist keine Entschuldigung.

GÖTZ Und wenn ich ganz frei wäre, und ihr wollt handeln wie bei Weinsberg an den Edeln und Herrn, und so forthausen wie rings herum das Land brennt und blutet, und ich sollt' euch behülflich sein zu euerm schändlichen rasenden Wesen — eher sollt ihr mich tot schlagen wie einen wütigen Hund, als daß ich euer Haupt würde!

KOHL Wäre das nicht geschehen, es geschähe vielleicht nimmermehr.

STUMPF Das war eben das Unglück, daß sie keinen Führer hatten, den sie geehrt, und der ihrer Wut Einhalt tun können. Nimm die Hauptmannschaft an, ich bitte dich, Götz. Die Fürsten werden dir Dank wissen, ganz Deutschland. Es wird zum Besten und Frommen aller sein. Menschen und Länder werden geschont werden.

GÖTZ Warum übernimmst du's nicht?

STUMPF Ich hab mich von ihnen los gesagt.

KOHL Wir haben nicht Sattelhenkens Zeit, und langer unnötiger Diskurse. Kurz und gut. Götz, sei unser Hauptmann, oder sieh zu deinem Schloß und deiner Haut. Und hiermit zwei Stunden Bedenkzeit. Bewacht ihn.

GÖTZ Was braucht's das! Ich bin so gut entschlossen — jetzt als darnach. Warum seid ihr ausgezogen? Eure Rechte und Freiheiten wieder zu erlangen? Was wütet ihr und verderbt das Land! Wollt ihr abstehen von allen Übeltaten, und handeln als wackre Leute, die wissen was sie wollen; so will ich euch behülflich sein zu euern Forderungen, und auf acht Tag euer Hauptmann sein.

WILD Was geschehen ist, ist in der ersten Hitz geschehen, und braucht's deiner nicht uns künftig zu hindern.

KOHL Auf ein Vierteljahr wenigstens mußt du uns zusagen.

STUMPF Macht vier Wochen, damit könnt ihr beide zufrieden sein.

GÖTZ Meinetwegen.

KOHL Eure Hand!

GÖTZ Und gelobt mir den Vertrag den ihr mit mir gemacht, schriftlich an alle Haufen zu senden, ihm bei Strafe streng nachzukommen.

WILD Nun ja! Soll geschehen.

GÖTZ So verbind' ich mich euch auf vier Wochen.

STUMPF Glück zu! Was du tust, schon' unsern gnädigen Herrn den Pfalzgrafen.

KOHL *(leise).* Bewacht ihn. Daß niemand mit ihm rede außer eurer Gegenwart.

GÖTZ Lerse! Kehr zu meiner Frau. Steh ihr bei. Sie soll bald Nachricht von mir haben.

Götz, Stumpf, Georg, Lerse, einige Bauern ab.

METZLER, LINK *kommen.*

METZLER Was hören wir von einem Vertrag? Was soll der Vertrag?

LINK Es ist schändlich so einen Vertrag einzugehen.

KOHL Wir wissen so gut was wir wollen als ihr, und haben zu tun und zu lassen.

WILD Das Rasen und Brennen und Morden mußte doch einmal aufhören, heut oder morgen! so haben wir noch einen braven Hauptmann dazu gewonnen.

METZLER Was aufhören! Du Verräter! Warum sind wir da? Uns an unsern Feinden zu rächen, uns empor zu helfen! — Das hat euch ein Fürstenknecht geraten.

KOHL Komm, Wild, er ist wie ein Vieh. *(Ab.)*

METZLER Geht nur! Wird euch kein Haufen zustehn. Die Schurken! Link, wir wollen die andern aufhetzen, Miltenberg dort drüben anzünden, und wenn's Händel setzt wegen des Vertrags, schlagen wir den Verträgern zusammen die Köpf ab.

LINK Wir haben doch den großen Haufen auf unsrer Seite.

Berg und Tal. Eine Mühle in der Tiefe

EIN TRUPP REITER. WEISLINGEN *kommt aus der Mühle mit* FRANZEN *und einem* BOTEN.

WEISLINGEN Mein Pferd! — Ihr habt's den andern Herrn auch angesagt?

BOTE Wenigstens sieben Fähnlein werden mit euch eintreffen, im Wald hinter Miltenberg. Die Bauern ziehen unten herum. Überall sind Boten ausgeschickt, der ganze Bund wird in Kurzem zusammen sein. Fehlen kann's nicht; man sagt, es sei Zwist unter ihnen.

WEISLINGEN Desto besser! — Franz!

FRANZ Gnädiger Herr.

WEISLINGEN Richt' es pünktlich aus. Ich bind' es dir auf deine Seele. Gib ihr den Brief. Sie soll vom Hof auf mein Schloß! Sogleich! Du sollst sie abreisen sehn, und mir's dann melden.

FRANZ Soll geschehen wie ihr befehlt.

WEISLINGEN Sag' ihr, sie *soll* wollen. *(Zum Boten.)* Führt uns nun den nächsten und besten Weg.

BOTE Wir müssen umziehen. Die Wasser sind von den entsetzlichen Regen alle ausgetreten.

Jaxthausen

ELISABETH. LERSE.

LERSE Tröstet euch, gnädige Frau!

ELISABETH Ach Lerse, die Tränen stunden ihm in den Augen, wie er Abschied von mir nahm. Es ist grausam, grausam!

LERSE Er wird zurückkehren.

ELISABETH Es ist nicht das. Wenn er auszog rühmlichen Sieg zu erwerben, da war mir's nicht weh ums' Herz. Ich freute mich auf seine Rückkunft, vor der mir jetzt bang ist.

LERSE Ein so edler Mann —

ELISABETH Nenn' ihn nicht so, das macht neu Elend. Die Bösewichter! Sie drohten ihn zu ermorden und sein Schloß anzuzünden. — Wenn er wiederkommen wird — ich seh' ihn finster, finster. Seine Feinde werden lügenhafte Klagartikel schmieden, und er wird nicht sagen können: Nein!

LERSE Er wird und kann.

ELISABETH Er hat seinen Bann gebrochen. Sag Nein!

LERSE Nein! Er ward gezwungen; wo ist der Grund ihn zu verdammen?

ELISABETH Die Bosheit sucht keine Gründe, nur Ursachen. Er hat sich zu Rebellen, Missetätern, Mördern gesellt, ist an ihrer Spitze gezogen. Sage Nein!

LERSE Laßt ab euch zu quälen und mich. Haben sie ihm nicht feierlich zugesagt keine Tathandlungen mehr zu unternehmen, wie die bei Weinsberg? Hört' ich sie nicht selbst halbreuig sagen: wenn's nicht geschehen wäre, geschäh's vielleicht nie? Müßten nicht Fürsten und Herrn ihm Dank wissen, wenn er freiwillig Führer eines unbändigen Volks geworden wäre, um ihrer Raserei Einhalt zu tun und so viel Menschen und Besitztümer zu schonen?

ELISABETH Du bist ein liebevoller Advokat. — Wenn sie ihn gefangen nähmen, als Rebell behandelten, und sein graues Haupt — Lerse, ich möchte von Sinnen kommen.

LERSE Sende ihrem Körper Schlaf, lieber Vater der Menschen, wenn du ihrer Seele keinen Trost geben willst!

ELISABETH Georg hat versprochen Nachricht zu bringen. Er wird auch nicht dürfen wie er will. Sie sind ärger als gefangen. Ich weiß man bewacht sie wie Feinde. Der gute Georg! Er wollte nicht von seinem Herrn weichen.

LERSE Das Herz blutet mir wie er mich von sich schickte. Wenn *ihr* nicht meiner Hülfe bedürftet, alle Gefahren des schmählichsten Todes sollten mich nicht von ihm getrennt haben.

ELISABETH Ich weiß nicht wo Sickingen ist. Wenn ich nur Marien einen Boten schicken könnte.

LERSE Schreibt nur, ich will dafür sorgen. *(Ab.)*

Bei einem Dorf

GÖTZ. GEORG

GÖTZ Geschwind zu Pferde, Georg! ich sehe Miltenberg brennen. Halten sie *so* den Vertrag! Reit' hin, sag' ihnen die Meinung. Die Mordbrenner! Ich sage mich von ihnen los. Sie sollen einen Zigeuner zum Hauptmann machen, nicht mich. Geschwind, Georg. *(Georg ab.)* Wollt' ich wäre tausend Meilen davon, und läg' im tiefsten Turn der in der Türkei steht. Könnt' ich mit Ehren von ihnen kommen! Ich fahr' ihnen alle Tag durch den Sinn, sag' ihnen die bittersten Wahrheiten, daß sie mein müde werden und mich erlassen sollen.

EIN UNBEKANNTER.

UNBEKANNTER Gott grüß' euch, sehr edler Herr.

GÖTZ Gott dank' euch. Was bringt ihr? Euern Namen?

UNBEKANNTER Der tut nichts zur Sache. Ich komme euch zu sagen, daß euer Kopf in Gefahr ist. Die Anführer sind müde sich von euch so harte Worte geben zu lassen, haben beschlossen euch aus dem Weg zu räumen. Mäßigt euch oder seht zu entwischen, und Gott geleit' euch. *(Ab.)*

GÖTZ Auf diese Art dein Leben zu lassen, Götz, und so zu enden! Es sei drum! So ist mein Tod der Welt das sicherste Zeichen, daß ich nichts Gemeines mit den Hunden gehabt habe.

EINIGE BAUERN.

ERSTER BAUER Herr, Herr! Sie sind geschlagen, sie sind gefangen.

GÖTZ Wer?

ZWEITER BAUER Die Miltenberg verbrannt haben. Es zog sich ein Bündischer Trupp hinter dem Berg hervor, und überfiel sie auf einmal.

GÖTZ Sie erwartet ihr Lohn. — O Georg! Georg! — Sie haben ihn mit den Bösewichtern gefangen — Mein Georg! Mein Georg! —

ANFÜHRER *kommen.*

LINK Auf, Herr Hauptmann, auf! Es ist nicht Säumens Zeit. Der Feind ist in der Nähe und mächtig.

GÖTZ Wer verbrannte Miltenberg?

METZLER Wenn ihr Umstände machen wollt, so wird man euch weisen wie man keine macht.

KOHL Sorgt für unsere Haut und eure. Auf! Auf!

GÖTZ *(zu Metzler).* Drohst du mir! Du Nichtswürdiger! Glaubst du, daß du mir fürchterlicher bist, weil des Grafen von Helfenstein Blut an deinen Kleidern klebt?

METZLER Berlichingen!

GÖTZ Du darfst meinen Namen nennen, und meine Kinder werden sich dessen nicht schämen.

METZLER Mit dir feigem Kerl! Fürstendiener!

GÖTZ *haut ihn über den Kopf daß er stürzt. Die andern treten dazwischen.*

KOHL Ihr seid rasend. Der Feind bricht auf allen Seiten 'rein und ihr hadert!

LINK Auf! Auf! *(Tumult und Schlacht.)*

WEISLINGEN. REITER.

WEISLINGEN Nach! Nach! Sie fliehen. Laßt euch Regen und Nacht nicht abhalten. Götz ist unter ihnen, hör' ich. Wendet Fleiß an daß ihr ihn erwischt. Er ist schwer verwundet, sagen die Unsrigen. *(Die Reiter ab.)* Und wenn ich dich habe! — Es ist noch Gnade, wenn wir heimlich im Gefängnis dein Todesurteil vollstrecken. — So verlischt er vor dem Andenken der Menschen, und du kannst freier atmen, törichtes Herz. *(Ab.)*

Nacht, im wilden Wald. Zigeunerlager

ZIGEUNERMUTTER *am Feuer.*

ZIGEUNERMUTTER Flick das Strohdach über der Grube, Tochter, gibt hint Nacht noch Regen genug.

KNAB *kommt.*

KNAB Ein Hamster, Mutter. Da! Zwei Feldmäus.

MUTTER Will sie dir abziehen und braten, und sollst eine Kapp haben von den Fellchen. — Du blutst?

KNAB Hamster hat mich bissen.

MUTTER Hol mir dürr Holz, daß das Feuer loh brennt wenn dein Vater kommt, wird naß sein durch und durch.

ANDERE ZIGEUNERIN *ein Kind auf dem Rücken.*

ERSTE ZIGEUNERIN Hast du brav geheischen?

ZWEITE ZIGEUNERIN Wenig genug. Das Land ist voll Tumult herum, daß man seins Lebens nicht sicher ist. Brennen zwei Dörfer lichterloh.

ERSTE ZIGEUNERIN Ist das dort drunten Brand, der Schein? Seh' ihm schon lang zu. Man ist die Feuerzeichen am Himmel zeither so gewohnt worden.

ZIGEUNERHAUPTMANN, DREI GESELLEN *kommen.*

HAUPTMANN Hört ihr den wilden Jäger?

ERSTER ZIGEUNER Er zieht grad über uns hin.

HAUPTMANN Wie die Hunde bellen! Wau! Wau!

ZWEITER ZIGEUNER Die Peitschen knallen.

DRITTER ZIGEUNER Die Jäger jauchzen holla ho!

MUTTER Bringt ja des Teufels sein Gepäck!

HAUPTMANN Haben im Trüben gefischt. Die Bauern rauben selbst, ist's uns wohl vergönnt.

ZWEITE ZIGEUNERIN Was hast du, Wolf?

WOLF Einen Hasen, da, und einen Hahn; ein Bratspieß; ein Bündel Leinwand; drei Kochlöffel und ein Pferdzaum.

STICKS Ein wullen Deck hab' ich, ein Paar Stiefeln, und Zunder und Schwefel.

MUTTER Ist alles pudelnaß, wollen's trocknen, gebt her.

HAUPTMANN Horch, ein Pferd! Seht! Seht was ist.

GÖTZ *zu Pferd.*

GÖTZ Gott sei dank! Dort seh' ich Feuer, sind Zigeuner. Meine Wunden verbluten, die Feinde hinterher. Heiliger Gott, du endigst gräßlich mit mir!

HAUPTMANN Ist's Friede daß du kommst?

GÖTZ Ich flehe Hülfe von euch. Meine Wunden ermatten mich. Helft mir vom Pferd!

HAUPTMANN Helf' ihm! Ein edler Mann, an Gestalt und Wort.

WOLF *(leise).* Es ist Götz von Berlichingen.

HAUPTMANN Seid willkommen! Alles ist euer was wir haben.

GÖTZ Dank' euch.

HAUPTMANN Kommt in mein Zelt.

Hauptmanns Zelt

HAUPTMANN. GÖTZ.

HAUPTMANN Ruft der Mutter, sie soll Blutwurzel bringen und Pflaster.

GÖTZ *legt den Harnisch ab.*

HAUPTMANN Hier ist mein Feiertagswams.

GÖTZ Gott lohn's.

MUTTER *verbindt ihn.*

HAUPTMANN Ist mir herzlich lieb euch zu haben.
GÖTZ Kennt ihr mich?
HAUPTMANN Wer sollte euch nicht kennen! Götz, unser Leben und Blut lassen wir für euch.

SCHRICKS.

SCHRICKS Kommen durch den Wald Reiter. 'Sind Bündische.
HAUPTMANN Eure Verfolger! Sie sollen nit bis zu euch kommen! Auf Schricks! Biete den andern! Wir kennen die Schliche besser als sie, wir schießen sie nieder, eh sie uns gewahr werden.
GÖTZ *(allein).* O Kaiser! Kaiser! Räuber beschützen deine Kinder. *(Man hört scharf schießen.)* Die wilden Kerls, starr und treu!

ZIGEUNERIN.

ZIGEUNERIN Rettet euch! Die Feinde überwältigen.
GÖTZ Wo ist mein Pferd?
ZIGEUNERIN Hier bei.
GÖTZ *(gürtet sich, und sitzt auf ohne Harnisch).* Zum letztenmal sollen sie meinen Arm fühlen. Ich bin so schwach noch nicht! *(Ab.)*
ZIGEUNERIN Er sprengt zu den Unsrigen. *(Flucht.)*
WOLF Fort fort! Alles verloren. Unser Hauptmann erschossen. Götz gefangen. *(Geheul der Weiber und Flucht.)*

Adelheidens Schlafzimmer

ADELHEID *mit einem Brief.*

ADELHEID Er, oder ich! Der Übermütige! Mir drohen! — Wir wollen dir zuvorkommen. Was schleicht durch den Saal? *(Es klopft.)* Wer ist draußen?

FRANZ *leise.*

FRANZ Macht mir auf, gnädige Frau.
ADELHEID Franz! Er verdient wohl daß ich ihm aufmache. *(Läßt ihn ein.)*
FRANZ *(fällt ihr um den Hals).* Liebe gnädige Frau.
ADELHEID Unverschämter! Wenn dich jemand gehört hätte.
FRANZ O es schläft alles, alles!
ADELHEID Was willst du?
FRANZ Mich läßt's nicht ruhen. Die Drohungen meines Herrn, euer Schicksal, mein Herz.
ADELHEID Er war sehr zornig, als du Abschied nahmst?
FRANZ Als ich ihn nie gesehen. Auf ihre Güter soll sie, sagt' er, sie *soll* wollen.
ADELHEID Und wir folgen?
FRANZ Ich weiß nichts, gnädige Frau.
ADELHEID Betrogener törichter Junge, du siehst nicht wo das hinaus will. Hier

weiß er mich in Sicherheit. Denn lange steht's ihm schon nach meiner Freiheit. Er will mich auf seine Güter. Dort hat er Gewalt mich zu behandeln, wie sein Haß ihm eingibt.

FRANZ Er soll nicht!

ADELHEID Wirst du ihn hindern?

FRANZ Er soll nicht!

ADELHEID Ich seh mein ganzes Elend voraus. Von seinem Schloß wird er mich mit Gewalt reißen, wird mich in ein Kloster sperren.

FRANZ Hölle und Tod!

ADELHEID Wirst du mich retten?

FRANZ Eh alles! alles!

ADELHEID *(die weinend ihn umhals't).* Franz, ach uns zu retten!

FRANZ Er soll nieder, ich will ihm den Fuß auf den Nacken setzen.

ADELHEID Keine Wut! Du sollst einen Brief an ihn haben, voll Demut, daß ich gehorche. Und dieses Fläschchen gieß ihm unter das Getränk.

FRANZ Gebt. Ihr sollt frei sein!

ADELHEID Frei! Wenn du nicht mehr zitternd auf deinen Zehen zu mir schleichen wirst — nicht mehr ich ängstlich zu dir sage: brich auf, Franz, der Morgen kommt.

Heilbronn, vor'm Turn

ELISABETH. LERSE.

LERSE Gott nehm das Elend von euch, gnädige Frau. Marie ist hier.

ELISABETH Gott sei Dank! Lerse, wir sind in entsetzliches Elend versunken. Da ist's nun wie mir alles ahnete! Gefangen, als Meuter, Missetäter in den tiefsten Turn geworfen —

LERSE Ich weiß alles.

ELISABETH Nichts, nichts weißt du, der Jammer ist zu groß! Sein Alter, seine Wunden, ein schleichend Fieber, und mehr als alles das, die Finsternis seiner Seele, daß es so mit ihm enden soll.

LERSE Auch, und daß der Weislingen Kommissar ist.

ELISABETH Weislingen?

LERSE Man hat mit unerhörten Exekutionen verfahren. Metzler ist lebendig verbrannt, zu Hunderten gerädert, gespießt, geköpft, geviertelt. Das Land umher gleicht einer Mezge, wo Menschenfleisch wohlfeil ist.

ELISABETH Weislingen Kommissar! O Gott! Ein Strahl von Hoffnung. Marie soll mir zu ihm, er kann ihr nichts abschlagen. Er hatte immer ein weiches Herz, und wenn er sie sehen wird, die er so liebte, die so elend durch ihn ist — Wo ist sie?

LERSE Noch im Wirtshaus.

ELISABETH Führe mich zu ihr. Sie muß gleich fort. Ich fürchte alles.

Weislingens Schloß

WEISLINGEN.

WEISLINGEN Ich bin so krank, so schwach. Alle meine Gebeine sind hohl. Ein elendes Fieber hat das Mark ausgefressen. Keine Ruh und Rast, weder Tag noch Nacht. Im halben Schlummer giftige Träume. Die vorige Nacht begegnete ich Götzen im Wald. Er zog sein Schwert und forderte mich heraus. Ich faßte nach meinem, die Hand versagte mir. Da stieß er's in die Scheide, sah mich verächtlich an und ging hinter mich. — Er ist gefangen und ich zittre vor ihm. Elender Mensch! Dein Wort hat ihn zum Tode verurteilt, und du bebst vor seiner Traumgestalt wie ein Missetäter! — Und soll er sterben? — Götz! Götz! — Wir Menschen führen uns nicht selbst; bösen Geistern ist Macht über uns gelassen, daß sie ihren höllischen Mutwillen an unserm Verderben üben. *(Setzt sich.)* — Matt! Matt! Wie sind meine Nägel so blau! — Ein kalter, kalter, verzehrender Schweiß lähmt mir jedes Glied. Es dreht mir alles vor'm Gesicht. Könnt' ich schlafen. Ach —

MARIA *tritt auf.*

WEISLINGEN Jesus Marie! — Laß mir Ruh! Laß mir Ruh! — Die Gestalt fehlte noch! Sie stirbt, Marie stirbt, und zeigt sich mir an. — Verlaß mich, seliger Geist, ich bin elend genug.

MARIA Weislingen, ich bin kein Geist. Ich bin Marie.

WEISLINGEN Das ist ihre Stimme.

MARIA Ich komme meines Bruders Leben von dir zu erflehen. Er ist unschuldig, so strafbar er scheint.

WEISLINGEN Still, Marie! Du Engel des Himmels bringst die Qualen der Hölle mit dir. Rede nicht fort.

MARIA Und mein Bruder soll sterben? Weislingen, es ist entsetzlich, daß ich dir zu sagen brauche: er ist unschuldig; daß ich jammern muß, dich von dem abscheulichsten Morde zurück zu halten. Deine Seele ist bis in ihre innersten Tiefen von feindseligen Mächten besessen. Das ist Adelbert!

WEISLINGEN Du siehst, der verzehrende Atem des Todes hat mich angehaucht, meine Kraft sinkt nach dem Grabe. Ich stürbe als ein Elender, und du kommst mich in Verzweiflung zu stürzen. Wenn ich reden könnte, dein höchster Haß würde in Mitleid und Jammer zerschmelzen. O Marie! Marie!

MARIA Weislingen, mein Bruder verkranket im Gefängnis. Seine schweren Wunden, sein Alter. Und wenn du fähig wärst sein graues Haupt — Weislingen, wir würden verzweifeln.

WEISLINGEN Genug. *(Zieht die Schelle.)*

FRANZ *in äußerster Bewegung.*

FRANZ Gnädiger Herr.

WEISLINGEN Die Papiere dort, Franz!

FRANZ *bringt sie.*

WEISLINGEN *(reißt ein Paket auf und zeigt Marien ein Papier).* Hier ist deines Bruders Todesurteil unterschrieben.

MARIA Gott im Himmel!

WEISLINGEN Und so zerreiß' ich's! Er lebt. Aber kann ich wieder schaffen was ich zerstört habe? Weine nicht so, Franz! Guter Junge, dir geht mein Elend tief zu Herzen.

FRANZ *wirft sich vor ihm nieder und faßt seine Knie.*

MARIA *(vor sich).* Er ist sehr krank. Sein Anblick zerreißt mir das Herz. Wie liebt' ich ihn! und nun ich ihm nahe, fühl' ich wie lebhaft.

WEISLINGEN Franz, steh auf und laß das Weinen! Ich kann wieder aufkommen. Hoffnung ist bei den Lebenden.

FRANZ Ihr werdet nicht. Ihr müßt sterben.

WEISLINGEN Ich muß?

FRANZ *(außer sich).* Gift! Gift! Von euerm Weibe! — Ich! Ich! *(Rennt davon.)*

WEISLINGEN Marie, geh ihm nach. Er verzweifelt. *(Maria ab.)* Gift von meinem Weibe! Weh! Weh! Ich fühl's. Marter und Tod!

Maria *(inwendig).* Hülfe! Hülfe!

WEISLINGEN *(will aufstehn).* Gott, vermag ich das nicht!

MARIA *(kommt).* Er ist hin. Zum Saalfenster hinaus stürzt' er wütend in den Main hinunter.

WEISLINGEN Ihm ist wohl. — Dein Bruder ist außer Gefahr. Die übrigen Kommissarien, Seckendorf besonders, sind seine Freunde. Ritterlich Gefängnis werden sie ihm auf sein Wort gleich gewähren. Leb wohl, Maria, und geh.

MARIA Ich will bei dir bleiben, armer Verlaßner.

WEISLINGEN Wohl verlassen und arm! Du bist ein furchtbarer Rächer, Gott! — Mein Weib —

MARIA Entschlage dich dieser Gedanken. Kehre dein Herz zu dem Barmherzigen.

WEISLINGEN Geh, liebe Seele, überlaß mich meinem Elend. — Entsetzlich! Auch deine Gegenwart, Marie, der letzte Trost, ist Qual.

MARIA *(vor sich).* Stärke mich, o Gott! Meine Seele erliegt mit der seinigen.

WEISLINGEN Weh! Weh! Gift von meinem Weibe! — Mein Franz verführt durch die Abscheuliche! Wie sie wartet, horcht auf den Boten, der ihr die Nachricht bringe: er ist tot. Und du, Marie! Marie, warum bist du gekommen, daß du jede schlafende Erinnerung meiner Sünden wecktest! Verlaß mich! Verlaß mich, daß ich sterbe.

MARIA Laß mich bleiben. Du bist allein. Denk', ich sei deine Wärterin. Vergiß alles. Vergesse dir Gott so alles, wie ich dir alles vergesse.

WEISLINGEN Du Seele voll Liebe, bete für mich, bete für mich! Mein Herz ist verschlossen.

MARIA Er wird sich deiner erbarmen. — Du bist matt.

WEISLINGEN Ich sterbe, sterbe und kann nicht ersterben. Und in dem fürchterlichen Streit des Lebens und Todes sind die Qualen der Hölle.

MARIA Erbarmer, erbarme dich seiner! Nur Einen Blick deiner Liebe an sein Herz, daß es sich zum Trost öffne, und sein Geist Hoffnung, Lebenshoffnung in den Tod hinüberbringe!

In einem finstern engen Gewölbe

DIE RICHTER DES HEIMLICHEN GERICHTS. *Alle vermummt.*

ÄLTESTER Richter des heimlichen Gerichts, schwurt auf Strang und Schwert unsträflich zu sein, zu richten im Verborgnen, zu strafen im Verborgnen Gott gleich! Sind eure Herzen rein und eure Hände, hebt die Arme empor, ruft über die Missetäter: Wehe! Wehe!

ALLE Wehe! Wehe!

ÄLTESTER Rufer, beginne das Gericht!

RUFER Ich Rufer rufe die Klag gegen den Missetäter. Deß Herz rein ist, dessen Händ rein sind zu schwören auf Strang und Schwert, der klage bei Strang und Schwert! klage! klage!

KLÄGER *(tritt vor).* Mein Herz ist rein von Missetat, meine Hände von unschuldigem Blut. Verzeih mir Gott böse Gedanken und hemme den Weg zum Willen! Ich hebe meine Hand auf und klage! klage! klage!

ÄLTESTER Wen klagst du an?

KLÄGER Klage an auf Strang und Schwert Adelheiden von Weislingen. Sie hat Ehebruchs sich schuldig gemacht, ihren Mann vergiftet durch ihren Knaben. Der Knab hat sich selbst gerichtet, der Mann ist tot.

ÄLTESTER Schwörst du zu dem Gott der Wahrheit, daß du Wahrheit klagst?

KLÄGER Ich schwöre.

ÄLTESTER Würd' es falsch befunden, beutst du deinen Hals der Strafe des Mords und des Ehebruchs?

KLÄGER Ich biete.

ÄLTESTER Eure Stimmen. *(Sie reden heimlich zu ihm.)*

KLÄGER Richter des heimlichen Gerichts, was ist euer Urteil über Adelheiden von Weislingen, bezüchtigt des Ehebruchs und Mords?

ÄLTESTER Sterben soll sie! sterben des bittern doppelten Todes; mit Strang und Dolch büßen doppelt doppelte Missetat. Streckt eure Hände empor, und rufet Weh über sie! Weh! Weh! In die Hände des Rächers.

ALLE Weh! Weh! Weh!

ÄLTESTER Rächer! Rächer, tritt auf.

RÄCHER *tritt vor.*

ÄLTESTER Faß hier Strang und Schwert, sie zu tilgen von dem Angesicht des Himmels, binnen acht Tage Zeit. Wo du sie findest, nieder mit ihr in Staub! — Richter, die ihr richtet im Verborgenen und strafet im Verborgenen Gott gleich, bewahrt euer Herz vor Missetat und eure Hände vor unschuldigem Blut.

Hof einer Herberge

MARIA. LERSE.

MARIA Die Pferde haben genug gerastet. Wir wollen fort, Lerse.

LERSE Ruht doch bis an Morgen. Die Nacht ist gar zu unfreundlich.

MARIA Lerse, ich habe keine Ruhe bis ich meinen Bruder gesehen habe. Laß uns fort. Das Wetter hellt sich aus, wir haben einen schönen Tag zu gewarten.

LERSE Wie ihr befehlt.

Heilbronn im Turn

GÖTZ. ELISABETH.

ELISABETH Ich bitte dich, lieber Mann, rede mit mir. Dein Stillschweigen ängstet mich. Du verglühst in dir selbst. Komm, laß uns nach deinen Wunden sehen; sie bessern sich um vieles. In der mutlosen Finsternis erkenn' ich dich nicht mehr.

GÖTZ Suchtest du den Götz? Der ist lang hin. Sie haben mich nach und nach verstümmelt, meine Hand, meine Freiheit, Güter und guten Namen. Mein Kopf, was ist an dem? — Was hört ihr von Georgen? Ist Lerse nach Georgen?

ELISABETH Ja Lieber! Richtet euch auf, es kann sich vieles wenden.

GÖTZ Wen Gott niederschlägt, der richtet sich selbst nicht auf. Ich weiß am besten was auf meinen Schultern liegt. Unglück bin ich gewohnt zu dulden. Und jetzt ist's nicht Weislingen allein, nicht die Bauern allein, nicht der Tod des Kaisers und meine Wunden — Es ist alles zusammen. Meine Stunde ist kommen. Ich hoffte sie sollte sein wie mein Leben. *Sein* Wille geschehe.

ELISABETH Willst du nicht was essen?

GÖTZ Nichts, meine Frau. Sieh wie die Sonne draußen scheint.

ELISABETH Ein schöner Frühlingstag.

GÖTZ Meine Liebe, wenn du den Wächter bereden könntest, mich in sein klein Gärtchen zu lassen auf eine halbe Stunde, daß ich der lieben Sonne genösse, des heitern Himmels und der reinen Luft.

ELISABETH Gleich! und er wird's wohl tun.

Gärtchen am Turn

MARIA. LERSE.

MARIA Geh hinein und sieh wie's steht.

Lerse ab.

ELISABETH. WÄCHTER.

ELISABETH Gott vergelt' euch die Lieb' und Treu' an meinem Herrn. *(Wächter ab.)* Maria, was bringst du?

MARIA Meines Bruders Sicherheit. Ach, aber mein Herz ist zerrissen. Weislingen ist tot, vergiftet von seinem Weibe. Mein Mann ist in Gefahr. Die Fürsten werden ihm zu mächtig, man sagt er sei eingeschlossen und belagert.

ELISABETH Glaubt dem Gerüchte nicht. Und laßt Götzen nichts merken.

MARIA Wie steht's um ihn?

ELISABETH Ich fürchtete, er würde deine Rückkunft nicht erleben. Die Hand des Herrn liegt schwer auf ihm. Und Georg ist tot.

MARIA Georg! der goldne Junge!

ELISABETH Als die Nichtswürdigen Miltenberg verbrannten, sandte ihn sein Herr ihnen Einhalt zu tun. Da fiel ein Trupp Bündischer auf sie los. — Georg! hätten sie sich alle gehalten wie er, sie hätten alle das gute Gewissen haben müssen. Viel wurden erstochen, und Georg mit: er starb einen Reiterstod.

MARIA Weiß es Götz?

ELISABETH Wir verbergen's vor ihm. Er fragt mich zehnmal des Tags, und schickt mich zehnmal des Tags zu forschen was Georg macht. Ich fürchte seinem Herzen diesen letzten Stoß zu geben.

MARIA O Gott, was sind die Hoffnungen dieser Erden!

GÖTZ. LERSE. WÄCHTER.

GÖTZ Allmächtiger Gott! Wie wohl ist's einem unter deinem Himmel! Wie frei! — Die Bäume treiben Knospen und alle Welt hofft. Lebt wohl, meine Lieben; meine Wurzeln sind abgehauen, meine Kraft sinkt nach dem Grabe.

ELISABETH Darf ich Lersen nach deinem Sohn in's Kloster schicken, daß du ihn noch einmal siehst und segnest?

GÖTZ Laß ihn, er ist heiliger als ich, er braucht meinen Segen nicht. — An unsrem Hochzeittag, Elisabeth, ahnte mir's nicht daß ich *so* sterben würde. — Mein alter Vater segnete uns, und eine Nachkommenschaft von edeln tapfern Söhnen quoll aus seinem Gebet. — Du hast ihn nicht erhört, und ich bin der Letzte. — Lerse, dein Angesicht freut mich in der Stunde des Todes mehr als im mutigsten Gefecht. Damals führte mein Geist den eurigen; jetzt hältst du mich aufrecht. Ach daß ich Georgen noch einmal sähe, mich an seinem Blick wärmte! — Ihr seht zur Erden und weint — Er ist tot — Georg ist tot. — Stirb, Götz — Du hast dich selbst überlebt, die Edeln überlebt. — Wie starb er? — Ach fingen sie ihn unter den Mordbrennern, und er ist hingerichtet?

ELISABETH Nein, er wurde bei Miltenberg erstochen. Er wehrte sich wie ein Löw um seine Freiheit.

GÖTZ Gott sei Dank! — Er war der beste Junge unter der Sonne und tapfer. — Löse meine Seele nun. — Arme Frau! Ich lasse dich in einer verderbten Welt. Lerse, verlaß sie nicht. — Schließt eure Herzen sorgfältiger als eure Tore. Es kommen die Zeiten des Betrugs, es ist ihm Freiheit gegeben. Die Nichtswürdigen werden regieren mit List, und der Edle wird in ihre Netze fallen. Maria, gebe dir Gott deinen Mann wieder. Möge er nicht so tief fallen, als er hoch gestiegen ist! Selbitz starb, und der gute Kaiser, und mein Georg. — Gebt mir einen Trunk Wasser. — Himmlische Luft — Freiheit! Freiheit! *(Er stirbt.)*

ELISABETH Nur droben, droben bei dir. Die Welt ist ein Gefängnis.

MARIA Edler Mann! Edler Mann! Wehe dem Jahrhundert, das dich von sich stieß!

LERSE Wehe der Nachkommenschaft, die dich verkennt!

PROMETHEUS

Dramatisches Fragment

ERSTER AKT

PROMETHEUS. MERKUR.

PROMETHEUS Ich will nicht, sag' es ihnen!
Und kurz und gut, ich will nicht!
Ihr Wille gegen meinen!
Eins gegen eins,
Mich dünkt es hebt sich!
MERKUR Deinem Vater Zeus das bringen?
Deiner Mutter?
PROMETHEUS Was Vater! Mutter!
Weißt du woher du kommst?
Ich stand, als ich zum ersten Mal bemerkte
Die Füße stehn,
Und reichte, da ich
Diese Hände reichen fühlte,
Und fand die achtend meiner Tritte
Die du nennst Vater, Mutter.
MERKUR Und reichend dir
Der Kindheit nöt'ge Hülfe.
PROMETHEUS Und dafür hatten sie Gehorsam meiner Kindheit,
Den armen Sprößling zu bilden
Dahin, dorthin, nach dem Wind ihrer Grillen.
MERKUR Und schützten dich.
PROMETHEUS Wovor? Vor Gefahren
Die *sie* fürchteten.
Haben sie das Herz bewahrt
Vor Schlangen die es heimlich neidschten?
Diesen Busen gestählt
Zu trotzen den Titanen?
Hat nicht mich zum Manne geschmiedet
Die allmächtige Zeit,
Mein Herr und *Eurer*?
MERKUR Elender! Deinen Göttern *das,*
Den Unendlichen?
PROMETHEUS Göttern? Ich bin kein Gott,
Und bilde mir so viel ein als einer.
Unendlich? — Allmächtig? —
Was könnt Ihr?
Könnt Ihr den weiten Raum
Des Himmels und der Erde
Mir ballen in meine Faust?
Vermögt Ihr zu scheiden
Mich von mir selbst?
Vermögt Ihr mich auszudehnen,
Zu erweitern zu einer Welt?

MERKUR Das Schicksal!
PROMETHEUS Anerkennst du seine Macht?
Ich auch! —
Und geh, ich diene nicht Vasallen!
(Merkur ab.)
PROMETHEUS *(zu seinen Statuen sich kehrend die durch den ganzen Hain zerstreut stehen).*
Unersetzlicher Augenblick!
Aus euerer Gesellschaft
Gerissen von dem Toren,
Meine Kinder!
Was es auch ist das meinen Busen regt, —
(Sich einem Mädchen nahend.)
Der Busen sollte mir entgegen wallen!
Das Auge spricht schon jetzt!
Sprich, rede, liebe Lippe, mir!
O, könnt' ich euch das fühlen geben
Was ihr seid!
(Epimetheus kommt.)
EPIMETHEUS Merkur beklagte sich bitter.
PROMETHEUS Hättest du kein Ohr für seine Klagen,
Er wär' auch ungeklagt zurückgekehrt.
EPIMETHEUS Mein Bruder! Alles was Recht ist
Der Götter Vorschlag
War diesmal billig.
Sie wollen dir Olympus Spitze räumen,
Dort sollst du wohnen,
Sollst der Erde herrschen!
PROMETHEUS Ihr Burggraf sein
Und ihren Himmel schützen? —
Mein Vorschlag ist viel billiger:
Sie wollen mit mir teilen und ich meine,
Daß ich mit ihnen nichts zu teilen habe.
Das was ich habe, können sie nicht rauben,
Und was sie haben, mögen sie beschützen.
Hier Mein und Dein,
Und so sind wir geschieden.
EPIMETHEUS Wie vieles ist denn dein?
PROMETHEUS Der Kreis den meine Wirksamkeit erfüllt!
Nichts drunter und nichts drüber! —
Was haben diese Sterne droben
Für ein Recht an mich,
Daß sie mich begaffen?
EPIMETHEUS Du stehst allein!
Dein Eigensinn verkennt die Wonne
Wenn die Götter, du,
Die Deinigen und Welt und Himmel all
Sich ein innig Ganzes fühlten.

PROMETHEUS Ich kenne das!
Ich bitte, lieber Bruder,
Treib's wie du magst und laß mich!
(Epimetheus ab.)
PROMETHEUS Hier meine Welt, mein All!
Hier fühl' ich mich;
Hier alle meine Wünsche
In körperlichen Gestalten.
Meinen Geist so tausendfach
Geteilt und ganz in meinen teuren Kindern.

(MINERVA *kommt.)*

PROMETHEUS Du wagst es, meine Göttin?
Wagest zu deines Vaters Feind zu treten?
MINERVA Ich ehre meinen Vater,
Und liebe dich, Prometheus!
PROMETHEUS Und du bist meinem Geist
Was er sich selbst ist;
Sind von Anbeginn
Mir deine Worte Himmelslicht gewesen!
Immer als wenn meine Seele spräche zu sich selbst.
Sie sich eröffnete
Und mitgeborne Harmonieen
In ihr erklängen aus sich selbst.
Das waren deine Worte.
So war ich selbst nicht selbst,
Und eine Gottheit sprach,
Wenn ich zu reden wähnte,
Und wähnt' ich eine Gottheit spreche,
Sprach ich selbst.
Und so mit dir und mir
So ein, so innig
Ewig meine Liebe dir!
MINERVA Und ich dir ewig gegenwärtig!
PROMETHEUS Wie der süße Dämmerschein
Der weggeschiednen Sonne
Dort heraufschwimmt
Vom finstern Kaukasus
Und meine Seel' umgibt mit Wonneruh,
Abwesend auch mir immer gegenwärtig,
So haben meine Kräfte sich entwickelt
Mit jedem Atemzug aus deiner Himmelsluft.
Und welch ein Recht
Ergeizen sich die stolzen
Bewohner des Olympus
Auf meine Kräfte?

Sie sind *mein,* und mein ist ihr Gebrauch.
Nicht einen Fußtritt
Für den obersten der Götter mehr!
Für Sie? bin ich für Sie?
MINERVA So wähnt die Nacht.
PROMETHEUS Ich wähne, Göttin, auch
Und bin auch mächtig. —
Sonst! — Hast du mich nicht oft gesehn
In selbst erwählter Knechtschaft
Die Bürde tragen, die sie
In feierlichem Ernst auf meine Schultern legten?
Hab' ich die Arbeit nicht vollendet,
Jedes Tagwerk, auf ihr Geheiß
Weil ich glaubte
Sie sähen das Vergangene, das Zukünftige
Im Gegenwärtigen,
Und ihre Leitung, ihr Gebot
Sei uranfängliche
Uneigennützige Weisheit?
MINERVA Du dientest um der Freiheit wert zu sein.
PROMETHEUS Und möcht' um alles nicht
Mit dem Donnervogel tauschen
Und meines Herrn Blitze stolz
In Skalvenklauen packen.
Was sind sie? Was ich?
MINERVA Dein Haß ist ungerecht!
Den Göttern fiel zum Lose Dauer
Und Macht und Weisheit und Liebe.
PROMETHEUS Haben sie das all
Doch nicht allein!
Ich daure so wie sie.
Wir alle sind ewig! —
Meines Anfangs erinnr' ich mich nicht,
Zu enden hab' ich keinen Beruf,
Und seh' das Ende nicht.
So bin ich ewig, denn ich bin! —
Und Weisheit —
(Minerva an den Bildnissen herumführend.)
Sieh diese Stirne an!
Hat mein Finger nicht
Sie ausgeprägt?
Und dieses Busens Macht
Drängt sich entgegen
Der allanfallenden Gefahr umher.
(Bleibt bei einer weiblichen Bildsäule stehen.)
Und du, Pandora,
Heiliges Gefäß der Gaben alle

Die ergötzlich sind
Unter dem weiten Himmel,
Auf der unendlichen Erde,
Alles was mich je erquickt von Wonnegefühl,
Was in des Schattens Kühle
Mir Labsal ergossen,
Der Sonne Liebe jemals Frühlingswonne,
Des Meeres laue Welle
Jemals Zärtlichkeit an meinen Busen angeschmiegt,
Und was ich je für reinen Himmelsglanz
Und Seelenruhgenuß geschmeckt —
Das all all — — Meine Pandora!

MINERVA Jupiter hat dir entboten
Ihnen allen das Leben zu erteilen,
Wenn du seinem Antrag
Gehör gäbst.

PROMETHEUS Das war das Einzige was mich bedenken machte.
Allein — ich sollte Knecht sein
Und — wie alle —
Anerkennen droben die Macht des Donnerers?
Nein!
Sie mögen hier gebunden sein
Von ihrer Leblosigkeit,
Sie sind doch frei
Und ich fühl' ihre Freiheit!

MINERVA Und sie sollen leben!
Dem Schicksal ist es, nicht den Göttern,
Zu schenken das Leben und zu nehmen;
Komm, ich leite dich zum Quell des Lebens all,
Den Jupiter uns nicht verschließt:
Sie sollen leben und durch dich!

PROMETHEUS Durch dich, o meine Göttin,
Leben, frei sich fühlen,
Leben! — Ihre Freude wird dein Dank sein!

ZWEITER AKT

Auf Olympus

JUPITER. MERKUR.

MERKUR Greuel — Vater Jupiter — Hochverrat!
Minerva, deine Tochter
Steht dem Rebellen bei,
Hat ihm den Lebensquell eröffnet

Und seinen lettenen Hof,
Seine Welt von Ton
Um ihn belebt.
Gleich uns bewegen sie sich all
Und weben, jauchzen um ihn her
Wie wir um dich.
O, deine Donner, Zeus!

JUPITER Sie sind! und werden sein!
Und sollen sein!
Über alles was ist
Unter dem weiten Himmel,
Auf der unendlichen Erde
Ist mein die Herrschaft.
Das Wurmgeschlecht vermehrt
Die Anzahl meiner Knechte.
Wohl ihnen wenn sie meiner Vaterleitung folgen;
Weh ihnen wenn sie meinem Fürstenarm
Sich widersetzen.

MERKUR Allvater! Du Allgütiger,
Der du die Missetat vergibst Verbrechern,
Sei Liebe dir und Preis
Von aller Erd' und Himmel!
O, sende mich, daß ich verkünde
Dem armen erdgebornen Volk
Dich, Vater, deine Güte, deine Macht!

JUPITER Noch nicht! In neugeborner Jugendwonne
Wähnt ihre Seele sich göttergleich.
Sie werden dich nicht hören, bis sie dein
Bedürfen. Überlaß sie ihrem Leben!

MERKUR So weis' als gütig!

Tal am Fuße des Olympus

PROMETHEUS Sieh nieder, Zeus,
Auf meine Welt: sie lebt!
Ich habe sie geformt nach meinem Bilde,
Ein Geschlecht das mir gleich sei,
Zu leiden, weinen, zu genießen und zu freuen sich
Und dein nicht zu achten
Wie ich!

(Man sieht das Menschengeschlecht durch's ganze Tal verbreitet. Sie sind auf Bäume geklettert Früchte zu brechen, sie baden sich im Wasser, sie laufen um die Wette auf der Wiese; Mädchen pflücken Blumen und flechten Kränze.)
(Ein Mann mit abgehauenen jungen Bäumen tritt zu Prometheus).

MANN Sieh hier die Bäume
Wie du sie verlangtest.

PROMETHEUS Wie brachtest du
Sie von dem Boden?

MANN Mit diesem scharfen Steine hab' ich sie
Glatt an der Wurzel weggerissen.
PROMETHEUS Erst ab die Äste! —
Dann ramme diesen
Schräg in den Boden hier
Und diesen hier, so gegenüber;
Und oben verbinde sie! —
Dann wieder zwei hier hinten hin
Und oben einen quer darüber.
Nun die Äste herab von oben
Bis zur Erde,
Verbunden und verschlungen die,
Und Rasen rings umher,
Und Äste drüber, mehr,
Bis daß kein Sonnenlicht
Kein Regen, Wind durchdringe.
Hier, lieber Sohn, ein Schutz und eine Hütte!
MANN Dank, teurer Vater, tausend Dank!
Sag', dürfen alle meine Brüder wohnen
In meiner Hütte?
PROMETHEUS Nein!
Du hast sie dir gebaut und sie ist dein.
Du kannst sie teilen
Mit wem du willst.
Wer wohnen will der bau' sich selber eine.
(Prometheus ab.)

ZWEI MÄNNER.

ERSTER Du sollst kein Stück
Von meinen Ziegen nehmen,
Sie sind mir mein!
ZWEITER Woher?
ERSTER Ich habe gestern Tag und Nacht
Auf dem Gebirg herumgeklettert,
Mit saurem Schweiß
Lebendig sie gefangen,
Diese Nacht bewacht,
Sie eingeschlossen hier
Mit Stein und Ästen.
ZWEITER Nun gib mir eins!
Ich habe gestern auch eine erlegt
Am Feuer sie gezeitigt
Und gessen mit meinen Brüdern.
Brauchst heut nur eine:
Wir fangen morgen wieder.
ERSTER Bleib' mir von meinen Ziegen!

ZWEITER Doch!

(Erster will ihn abwehren, Zweiter gibt ihm einen Stoß, daß er umstürzt, nimmt eine Ziege und fort.)

ERSTER Gewalt! Weh! Weh!

PROMETHEUS *(kommt).* Was gibt's?

MANN Er raubt mir meine Ziege! —
Blut rieselt sich von meinem Haupt —
Er schmetterte
Mich wider diesen Stein.

PROMETHEUS Reiß da vom Baume diesen Schwamm
Und leg' ihn auf die Wunde!

MANN So — teurer Vater!
Schon ist es gestillt.

PROMETHEUS Geh, wasch dein Angesicht.

MANN Und meine Ziege?

PROMETHEUS Laß ihn!
Ist seine Hand wider jedermann,
Wird jedermanns Hand sein wider ihn.

(Mann ab.)

PROMETHEUS Ihr seid nicht ausgeartet, meine Kinder,
Seid arbeitsam und faul,
Und grausam, mild,
Freigebig, geizig,
Gleichet all euren Schicksalsbrüdern,
Gleichet den Tieren und den Göttern.

(PANDORA *kommt).*

PROMETHEUS Was hast du, meine Tochter,
Wie so bewegt?

PANDORA Mein Vater!
Ach, was ich sah, mein Vater,
Was ich fühlte!

PROMETHEUS Nun?

PANDORA O, meine arme Mira! —

PROMETHEUS Was ist ihr?

PANDORA Namenlose Gefühle!
Ich sah sie zu dem Waldgebüsche gehn
Wo wir so oft uns Blumenkränze pflücken;
Ich folgt' ihr nach,
Und, ach, wie ich vom Hügel komme, seh'
Ich sie, im Tal
Auf einen Rasen hingesunken.
Zum Glück war Arbar ungefähr im Wald.
Er hielt sie fest in seinen Armen,
Wollte sie nicht sinken lassen,
Und, ach, sank mit ihr hin.
Ihr schönes Haupt entsank,

Er küßte sie tausendmal,
Und hing an ihrem Munde,
Um seinen Geist ihr einzuhauchen.
Mir ward bang,
Ich sprang hinzu und schrie,
Mein Schrei eröffnet ihr die Sinnen.
Arbar ließ sie; sie sprang auf
Und, ach, mit halb gebrochnen Augen
Fiel sie mir um den Hals.
Ihr Busen schlug,
Als wollt' er reißen,
Ihre Wangen glühten,
Es lechzt' ihr Mund,
Und tausend Tränen stürzten.
Ich fühlte wieder ihre Kniee wanken
Und hielt sie, teurer Vater,
Und ihre Küsse, ihre Glut
Hat solch ein neues unbekanntes
Gefühl durch meine Adern hingegossen,
Daß ich verwirrt, bewegt und weinend
Endlich sie ließ und Wald und Feld. —
Zu dir, mein Vater! sag'
Was ist das alles was sie erschüttert
Und mich?

PROMETHEUS Der Tod!

PANDORA Was ist das?

PROMETHEUS Meine Tochter,
Du hast der Freuden viel genossen.

PANDORA Tausendfach! Dir dank' ich's all.

PROMETHEUS Pandora, dein Busen schlug
Der kommenden Sonne,
Dem wandelnden Mond entgegen,
Und in den Küssen deiner Gespielen
Genossest du die reinste Seligkeit.

PANDORA Unaussprechlich!

PROMETHEUS Was hub im Tanze deinen Körper
Leicht auf vom Boden?

PANDORA Freude!
Wie jedes Glied gerührt vom Sang und Spiel
Bewegte, regte sich,
Ich ganz in Melodie verschwamm.

PROMETHEUS Und alles lös't sich endlich auf in Schlaf,
So Freud' als Schmerz.
Du hast gefühlt der Sonne Glut,
Des Durstes Lechzen,
Deiner Kniee Müdigkeit,
Hast über dein verlornes Schaf geweint,

Und wie geächzt, gezittert
Als du im Wald den Dorn dir in die Ferse tratst,
Eh' ich dich heilte.
PANDORA Mancherlei, mein Vater, ist des Lebens Wonn'
Und Weh!
PROMETHEUS Und fühlst an deinem Herzen
Daß noch der Freuden viele sind,
Der Schmerzen viele,
Die du nicht kennst.
PANDORA Wohl, wohl! — Dies Herze sehnt sich oft
Ach nirgend hin und überall doch hin!
PROMETHEUS Da ist ein Augenblick der alles erfüllt,
Alles was wir gesehnt, geträumt, gehofft,
Gefürchtet, Pandora, —
Das ist der Tod!
PANDORA Der Tod?
PROMETHEUS Wenn aus dem innerst tiefsten Grunde
Du ganz erschüttert alles fühlst
Was Freud' und Schmerzen jemals dir ergossen,
In Sturm dein Herz erschwillt,
In Tränen sich erleichtern will,
Und seine Glut vermehrt,
Und alles klingt an dir und bebt und zittert,
Und all die Sinne dir vergehn,
Und du dir zu vergehen scheinst
Und sinkst,
Und alles um dich her versinkt in Nacht
Und du, in inner eigenstem Gefühl,
Umfassest eine Welt:
Dann stirbt der Mensch.
PANDORA *(ihn umhalsend).* O, Vater, laß uns sterben!
PROMETHEUS Noch nicht.
PANDORA Und nach dem Tod?
PROMETHEUS Wenn alles — Begier und Freud' und Schmerz —
Im stürmenden Genuß sich aufgelös't,
Dann sich erquickt in Wonneschlaf, —
Dann lebst du auf, auf's jüngste wieder auf,
Von neuem zu fürchten, zu hoffen, zu begehren!

DRITTER AKT

PROMETHEUS
(in seiner Werkstatt).

Bedecke deinen Himmel, Zeus,
Mit Wolkendunst,
Und übe, dem Knaben gleich,
Der Disteln köpft,
An Eichen dich und Bergeshöhn;
Mußt mir meine Erde
Doch lassen stehn,
Und meine Hütte, die du nicht gebaut,
Und meinen Herd,
Um dessen Glut
Du mich beneidest.

Ich kenne nichts Ärmeres
Unter der Sonn', als euch, Götter!
Ihr nähret kümmerlich
Von Opfersteuern
Und Gebetshauch
Eure Majestät,
Und darbtet, wären
Nicht Kinder und Bettler
Hoffnungsvolle Toren.

Da ich ein Kind war,
Nicht wußte wo aus noch ein,
Kehrt' ich mein verirrtes Auge
Zur Sonne, als wenn drüber wär'
Ein Ohr, zu hören meine Klage,
Ein Herz, wie meins,
Sich des Bedrängten zu erbarmen.

Wer half mir
Wider der Titanen Übermut?
Wer rettete vom Tode mich,
Von Sklaverei?
Hast du nicht alles selbst vollendet,
Heilig glühend Herz?
Und glühtest jung und gut,
Betrogen, Rettungsdank
Dem Schlafenden da droben?

Ich dich ehren? Wofür?
Hast du die Schmerzen gelindert

Je des Beladenen?
Hast du die Tränen gestillet
Je des Geängsteten?
Hat nicht mich zum Manne geschmiedet
Die allmächtige Zeit
Und das ewige Schicksal,
Meine Herren und deine?

Wähntest du etwa,
Ich sollte das Leben hassen,
In Wüsten fliehen,
Weil nicht alle
Blütenträume reiften?
Hier sitz' ich, forme Menschen
Nach meinem Bilde,
Ein Geschlecht das mir gleich sei,
Zu leiden, zu weinen,
Zu genießen und zu freuen sich,
Und dein nicht zu achten,
Wie ich!

MINERVA *tritt auf, nochmals eine Vermittelung einleitend.*

CLAVIGO

Ein Trauerspiel

PERSONEN

CLAVIGO, *Archivarius des Königs*
CARLOS, *dessen Freund*
BEAUMARCHAIS
MARIE BEAUMARCHAIS
SOPHIE GUILBERT, *geborne* BEAUMARCHAIS
GUILBERT, *ihr Mann*
BUENCO
SAINT GEORGE

Der Schauplatz ist zu Madrid.

ERSTER AKT

Clavigo's Wohnung

CLAVIGO. CARLOS.

CLAVIGO *(vom Schreibtisch aufstehend).* Das Blatt wird eine gute Wirkung tun, es muß alle Weiber bezaubern. Sag' mir, Carlos, glaubst du nicht, daß meine Wochenschrift jetzt eine der ersten in Europa ist?

CARLOS Wir Spanier wenigstens haben keinen neuern Autor, der so viel Stärke des Gedankens, so viel blühende Einbildungskraft mit einem so glänzenden und leichten Stil verbände.

CLAVIGO Laß mich. Ich muß unter dem Volke noch der Schöpfer des guten Geschmacks werden. Die Menschen sind willig allerlei Eindrücke anzunehmen; ich habe einen Ruhm, ein Zutrauen unter meinen Mitbürgern; und, unter uns gesagt, meine Kenntnisse breiten sich täglich aus; meine Empfindungen erweitern sich, und mein Stil bildet sich immer wahrer und stärker.

CARLOS Gut, Clavigo. Doch wenn du mir's nicht übel nehmen willst, so gefiel mir damals deine Schrift weit besser, als du sie noch zu Mariens Füßen schriebst, als noch das liebliche muntere Geschöpf auf dich Einfluß hatte. Ich weiß nicht, das Ganze hatte ein jugendlicheres blühenderes Ansehen.

CLAVIGO Es waren gute Zeiten, Carlos, die nun vorbei sind. Ich gestehe dir gern, ich schrieb damals mit offnerem Herzen: und wahr ist's, sie hatte viel Anteil an dem Beifall, den das Publikum mir gleich Anfangs gewährte. Aber in der Länge, Carlos, man wird der Weiber gar bald satt; und warst du nicht der erste meinem Entschluß Beifall zu geben, als ich mir vornahm sie zu verlassen?

CARLOS Du wärst versauert. Sie sind gar zu einförmig. Nur, dünkt mich, wär's wieder Zeit, daß du dich nach einem neuen Plan umsähest, es ist doch auch nichts wenn man so ganz auf'm Sand ist.

CLAVIGO Mein Plan ist der Hof, und da gilt kein Feiern. Hab' ich's für einen Fremden, der ohne Stand, ohne Namen, ohne Vermögen hierher kam, nicht weit genug gebracht! hier an einem Hofe! unter dem Gedräng von Menschen, wo es schwer hält sich bemerken zu machen? Mir ist's so wohl, wenn ich den Weg ansehe, den ich zurückgelegt habe. Geliebt von den Ersten des Königreichs! geehrt durch meine Wissenschaften, meinen Rang! Archivarius des Königs! Carlos, das spornt mich alles; ich wäre nichts, wenn ich bliebe was ich bin! Hinauf! Hinauf! Und da kostet's Mühe und List! Man braucht seinen ganzen Kopf; und die Weiber, die Weiber! Man vertändelt gar zu viel Zeit mit ihnen.

CARLOS Narre, das ist deine Schuld. Ich kann nie ohne Weiber leben, und mich hindern sie an gar nichts. Auch sag' ich ihnen nicht so viel schöne Sachen, röste mich nicht Monate lang an Sentiments und dergleichen; wie ich denn mit honnetten Mädchen am ungernsten zu tun habe. Ausgeredt hat man bald mit ihnen; hernach schleppt man sich eine Zeitlang herum, und kaum sind sie ein bißchen warm bei einem, hat sie der Teufel gleich mit

Heiratsgedanken und Heiratsvorschlägen, die ich fürchte wie die Pest. Du bist nachdenkend, Clavigo?

CLAVIGO Ich kann die Erinnerung nicht los werden, daß ich Marien verlassen — hintergangen habe, nenn's wie du willst.

CARLOS Wunderlich! Mich dünkt doch, man lebt nur Einmal in der Welt, hat nur Einmal diese Kräfte, diese Aussichten, und wer sie nicht zum Besten braucht, wer sich nicht so weit treibt als möglich, ist ein Tor. Und heiraten! heiraten just zur Zeit, da das Leben erst recht in Schwung kommen soll! sich häuslich niederlassen, sich einschränken, da man noch die Hälfte seiner Wanderung nicht zurückgelegt, die Hälfte seiner Eroberungen noch nicht gemacht hat! Daß du sie liebtest, das war natürlich; daß du ihr die Ehe versprachst, war eine Narrheit, und wenn du Wort gehalten hättest, wär's gar Raserei gewesen.

CLAVIGO Sieh ich begreife den Menschen nicht. Ich liebte sie wahrlich, sie zog mich an, sie hielt mich, und wie ich zu ihren Füßen saß, schwur ich ihr, schwur ich mir, daß es ewig so sein sollte, daß ich der Ihrige sein wollte, sobald ich ein Amt hätte, einen Stand — Und nun, Carlos!

CARLOS Es wird noch Zeit genug sein, wenn du ein gemachter Mann bist, wenn du das erwünschte Ziel erreicht hast, daß du alsdann, um all dein Glück zu krönen und zu befestigen, dich mit einem angesehenen und reichen Hause durch eine kluge Heirat zu verbinden suchst.

CLAVIGO Sie ist verschwunden! glatt aus meinem Herzen verschwunden, und wenn mir ihr Unglück nicht manchmal durch den Kopf führe — Daß man so veränderlich ist!

CARLOS Wenn man beständig wäre, wollt' ich mich verwundern. Sieh doch, verändert sich nicht alles in der Welt? Warum sollten unsere Leidenschaften bleiben? Sei du ruhig, sie ist nicht das erste verlass'ne Mädchen, und nicht das erste das sich getröstet hat. Wenn ich dir raten soll, da ist die junge Witwe gegenüber. —

CLAVIGO Du weißt ich halte nicht viel auf solche Vorschläge. Ein Roman, der nicht ganz von selbst kommt, ist nicht im Stande mich einzunehmen.

CARLOS Über die delikaten Leute!

Clavigo Laß das gut sein, und vergiß nicht daß unser Hauptwerk gegenwärtig sein muß uns dem neuen Minister notwendig zu machen. Daß Whal das Gouvernement von Indien niederlegt, ist immer beschwerlich für uns. Zwar ist mir's weiter nicht bange; sein Einfluß bleibt — Grimaldi und er sind Freunde und wir können schwatzen und uns bücken —

CARLOS Und denken und tun was wir wollen.

CLAVIGO Das ist die Hauptsache in der Welt. *(Schellt dem Bedienten.)* Tragt das Blatt in die Druckerei.

CARLOS Sieht man euch den Abend?

CLAVIGO Nicht wohl. Nachfragen könnt ihr ja.

CARLOS Ich möchte heut Abend gar zu gern was unternehmen das mir das Herz erfreute; ich muß diesen ganzen Nachmittag wieder schreiben. Das endigt nicht.

CLAVIGO Laß es gut sein. Wenn wir nicht für so viele Leute arbeiteten, wären wir so viel Leuten nicht über den Kopf gewachsen. *(Ab.)*

Guilberts Wohnung

SOPHIE GUILBERT. MARIE BEAUMARCHAIS. DON BUENCO.

BUENCO Sie haben eine üble Nacht gehabt?

SOPHIE Ich sagt's ihr gestern Abend. Sie war so ausgelassen lustig und hat geschwatzt bis Eilfe, da war sie erhitzt, konnte nicht schlafen, und nun hat sie wieder keinen Atem, und weint den ganzen Morgen.

MARIA Daß unser Bruder nicht kommt! Es sind zwei Tage über die Zeit.

SOPHIE Nur Geduld, er bleibt nicht aus.

MARIE *(aufstehend).* Wie begierig bin ich diesen Bruder zu sehen, meinen Richter und meinen Retter. Ich erinnre mich seiner kaum.

SOPHIE O ja, ich kann mir ihn noch wohl vorstellen; er war ein feuriger, offner, braver Knabe von dreizehn Jahren, als uns unser Vater hierher schickte.

MARIE Eine edle große Seele. Sie haben den Brief gelesen, den er schrieb, als er mein Unglück erfuhr. Jeder Buchstabe davon steht in meinem Herzen. „Wenn du schuldig bist", schreibt er, „so erwarte keine Vergebung; über dein Elend soll noch die Verachtung eines Bruders auf dir schwer werden, und der Fluch eines Vaters. Bist du unschuldig! O dann alle Rache, alle, alle glühende Rache auf den Verräter!" — Ich zittere! Er wird kommen. Ich zittere, nicht für mich, ich stehe vor Gott in meiner Unschuld. Ihr müßt, meine Freunde — Ich weiß nicht was ich will! O Clavigo!

SOPHIE Du hörst nicht! du wirst dich umbringen.

MARIE Ich will stille sein! Ja ich will nicht weinen. Mich dünkt auch ich hätte keine Tränen mehr! Und warum Tränen? Es ist mir nur leid daß ich euch das Leben sauer mache. Denn im Grunde, worüber beklag' ich mich? Ich habe viel Freude gehabt, so lang unser alter Freund noch lebte. Clavigo's Liebe hat mir viel Freude gemacht, vielleicht mehr als ihm die meinige. Und nun — was ist's nun weiter? Was ist an mir gelegen? an einem Mädchen gelegen, ob ihm das Herz bricht? ob es sich verzehrt und sein armes junges Leben ausquält?

BUENCO Um Gottes willen, Mademoiselle!

MARIE Ob's ihm wohl einerlei ist — daß er mich nicht mehr liebt? Ach warum bin ich nicht mehr liebenswürdig? — Aber bedauern, bedauern sollt' er mich! daß die Arme, der er sich so notwendig gemacht hatte, nun ohne ihn ihr Leben hinschleichen, hinjammern soll. — Bedauern! Ich mag nicht von dem Menschen bedauert sein.

SOPHIE Wenn ich dich ihn könnte verachten lehren, den Nichtswürdigen! den Hassenswürdigen!

MARIE Nein, Schwester! ein Nichtswürdiger ist er nicht; und muß ich denn den verachten, den ich hasse? — Hassen! Ja manchmal kann ich ihn hassen! manchmal, wenn der spanische Geist über mich kommt. Neulich, o neulich als wir ihm begegneten, sein Anblick wirkte volle warme Liebe auf mich! und wie ich wieder nach Hause kam, und mir sein Betragen auffiel, und der ruhige kalte Blick, den er über mich herwarf an der Seite der glänzenden Donna; da ward ich Spanierin in meinem Herzen, und griff nach meinem

Dolch, und nahm Gift zu mir, und verkleidete mich. Ihr erstaunt, Buenco? Alles in Gedanken versteht sich.

SOPHIE Närrisches Mädchen.

MARIE Meine Einbildungskraft führte mich ihm nach, ich sah ihn, wie er zu den Füßen seiner neuen Geliebten alle die Freundlichkeit, alle die Demut verschwendete, mit der er mich vergiftet hat — ich zielte nach dem Herzen des Verräters! Ach Buenco! — Auf einmal war das gutherzige französische Mädchen wieder da, das keine Liebestränke kennt, und keine Dolche zur Rache. Wir sind übel dran! Vaudevilles, unsere Liebhaber zu unterhalten, Fächer, sie zu bestrafen, und wenn sie untreu sind? — Sag', Schwester, wie machen sie's in Frankreich, wenn die Liebhaber untreu sind?

SOPHIE Man verwünscht sie.

MARIE Und?

SOPHIE Und läßt sie laufen.

MARIE Laufen! Nun und warum soll ich Clavigo nicht laufen lassen? Wenn das in Frankreich Mode ist, warum soll's nicht in Spanien sein. Warum soll eine Französin in Spanien nicht Französin sein? Wir wollen ihn laufen lassen und uns einen andern nehmen; mich dünkt sie machen's bei uns auch so.

BUENCO Er hat eine feierliche Zusage gebrochen, und keinen leichtsinnigen Roman, kein gesellschaftliches Attachement. Mademoiselle, Sie sind bis in's innerste Herz beleidigt, gekränkt. O mir ist mein Stand, daß ich ein unbedeutender ruhiger Bürger von Madrid bin, nie so beschwerlich, nie so ängstlich gewesen als jetzt, da ich mich so schwach, so unvermögend fühle, Ihnen gegen den falschen Höfling Gerechtigkeit zu schaffen!

MARIE Wie er noch Clavigo war, noch nicht Archivarius des Königs, wie er der Fremdling, der Ankömmling, der Neueingeführte in unserm Hause war, wie liebenswürdig war er, wie gut! Wie schien all sein Ehrgeiz, all sein Aufstreben ein Kind seiner Liebe zu sein! Für mich rang er nach Namen, Stand, Gütern: er hat's, und ich! — —

GUILBERT *kommt.*

GUILBERT *(Heimlich zu seiner Frau.)* Der Bruder kommt.

MARIE Der Bruder! — *(Sie zittert, man führt sie in einen Sessel.)* Wo? wo? Bringt mir ihn! Bringt mich hin!

ZWEITER AKT

Das Haus des Clavigo

CLAVIGO Wer die Franzosen sein mögen, die sich bei mir haben melden lassen? — Franzosen! Sonst war mir diese Nation willkommen! — Und warum nicht jetzt? Es ist wunderbar, ein Mensch, der sich über so vieles hinaussetzt, wird doch an einer Ecke mit Zwirnsfäden angebunden. —

Weg! — Und wär' ich Marien mehr schuldig als mir selbst? und ist's eine Pflicht mich unglücklich zu machen, weil mich ein Mädchen liebt?

EIN BEDIENTER.

BEDIENTER Die Fremden, mein Herr.
CLAVIGO Führe sie herein. Du sagtest doch ihrem Bedienten, daß ich sie zum Frühstück erwarte?
BEDIENTER Wie Sie befahlen.
CLAVIGO Ich bin gleich wieder hier. *(Ab.)*

BEAUMARCHAIS. SAINT GEORGE.

(Der Bediente setzt ihnen Stühle und geht.)
BEAUMARCHAIS Es ist mir so leicht! so wohl! mein Freund, daß ich endlich hier bin, daß ich ihn habe; er soll mir nicht entwischen. Sein Sie ruhig; wenigstens zeigen Sie ihm die gelassenste Außenseite. Meine Schwester! meine Schwester! Wer glaubte daß du so unschuldig als unglücklich bist? Es soll an den Tag kommen, du sollst auf das grimmigste gerächt werden. Und du guter Gott, erhalte mir die Ruhe der Seele, die du mir in diesem Augenblicke gewährest, daß ich mit aller Mäßigung in dem entsetzlichen Schmerz und so klug handle als möglich.
SAINT GEORGE Ja diese Klugheit, alles, mein Freund, was Sie jemals von Überlegung bewiesen haben, nehm' ich in Anspruch. Sagen Sie mir's zu, mein Bester, noch einmal, daß Sie bedenken wo Sie sind. In einem fremden Königreiche, wo alle Ihre Beschützer, wo all Ihr Geld nicht im Stande ist, Sie gegen die geheimen Maschinen nichtswürdiger Feinde zu sichern.
BEAUMARCHAIS Sein Sie ruhig. Spielen Sie Ihre Rolle gut, er soll nicht wissen mit welchem von uns beiden er's zu tun hat. Ich will ihn martern. O ich bin gutes Humors genug, um den Kerl an einem langsamen Feuer zu braten.

CLAVIGO *kommt wieder.*

CLAVIGO Meine Herren, es ist mir eine Freude, Männer von einer Nation bei mir zu sehen, die ich immer geschätzt habe.
BEAUMARCHAIS Mein Herr, ich wünsche, daß auch wir der Ehre würdig sein mögen, die Sie unsern Landsleuten anzutun belieben.
SAINT GEORGE Das Vergnügen, Sie kennen zu lernen, hat bei uns die Bedenklichkeit überwunden daß wir beschwerlich sein könnten.
CLAVIGO Personen, die der erste Anblick empfiehlt, sollten die Bescheidenheit nicht so weit treiben.
BEAUMARCHAIS Freilich kann Ihnen nicht fremd sein von Unbekannten besucht zu werden, da Sie durch die Vortrefflichkeit Ihrer Schriften sich eben so sehr in auswärtigen Reichen bekannt gemacht haben, als die ansehnlichen Ämter, die Ihro Majestät Ihnen anvertrauen, Sie in Ihrem Vaterlande distinguieren.
CLAVIGO Der König hat viel Gnade für meine geringen Dienste, und das Publikum viel Nachsicht für die unbedeutenden Versuche meiner Feder; ich

wünschte, daß ich einigermaßen etwas zu der Verbesserung des Geschmakkes in meinem Lande, zur Ausbreitung der Wissenschaften beitragen könnte. Denn sie sind's allein, die uns mit andern Nationen verbinden, sie sind's, die aus den entferntesten Geistern Freunde machen, und die angenehmste Vereinigung unter denen selbst erhalten, die leider durch Staatsverhältnisse öfters getrennt werden.

BEAUMARCHAIS Es ist entzückend einen Mann so reden zu hören, der gleichen Einfluß auf den Staat und auf die Wissenschaften hat. Auch muß ich gestehen, Sie haben mir das Wort aus dem Munde genommen, und mich gerades Wegs auf das Anliegen gebracht, um dessen willen Sie mich hier sehen. Eine Gesellschaft gelehrter würdiger Männer hat mir den Auftrag gegeben, an jedem Orte, wo ich durchreis'te und Gelegenheit fände, einen Briefwechsel zwischen ihnen und den besten Köpfen des Königreichs zu stiften. Wie nun kein Spanier besser schreibt als der Verfasser der Blätter, die unter dem Namen: der Denker so bekannt sind, ein Mann, mit dem ich die Ehre habe zu reden —

CLAVIGO *(macht eine verbindliche Beugung).*

BEAUMARCHAIS Und der eine besondere Zierde der Gelehrten ist, indem er gewußt hat mit seinen Talenten einen solchen Grad von Weltklugheit zu verbinden; dem es nicht fehlen kann die glänzenden Stufen zu besteigen, deren ihn sein Charakter und seine Kenntnisse würdig machen: ich glaube meinen Freunden keinen angenehmern Dienst leisten zu können, als wenn ich sie mit einem solchen Manne verbinde.

CLAVIGO Kein Vorschlag in der Welt konnte mir erwünschter sein, meine Herren: ich sehe dadurch die angenehmsten Hoffnungen erfüllt, mit denen sich mein Herz oft ohne Aussicht einer glücklichen Gewährung beschäftigte. Nicht daß ich glaubte, durch meinen Briefwechsel den Wünschen Ihrer gelehrten Freunde genug tun zu können; so weit geht meine Eitelkeit nicht. Aber da ich das Glück habe, daß die besten Köpfe in Spanien mit mir zusammenhängen, da mir nichts unbekannt bleiben mag, was in unserm weiten Reiche von einzelnen, oft verborgenen Männern für die Wissenschaften, für die Künste getan wird: so sahe ich mich bisher als einen Kolporteur an, der das geringe Verdienst hat die Erfindungen anderer gemeinnützig zu machen; nun aber werd' ich durch Ihre Dazwischenkunft zum Handelsmann, der das Glück hat, durch Umsetzung der einheimischen Produkte den Ruhm seines Vaterlandes auszubreiten, und darüber es noch mit fremden Schätzen zu bereichern. Und so erlauben Sie, mein Herr, daß ich einen Mann, der mit solcher Freimütigkeit eine so angenehme Botschaft bringt, nicht wie einen Fremden behandle; erlauben Sie daß ich frage, was für ein Geschäft, was für ein Anliegen Sie diesen weiten Weg geführt hat? Nicht, als wollt' ich durch diese Indiskretion eine eitle Neugierde befriedigen; nein, glauben Sie vielmehr daß es in der reinsten Absicht geschieht, alle Kräfte, allen Einfluß, den ich etwa haben mag, für Sie zu verwenden; denn ich sage Ihnen zum voraus, Sie sind an einen Ort gekommen, wo sich einem Fremden zu Ausführung seiner Geschäfte, besonders bei Hofe, unzählige Schwierigkeiten entgegensetzen.

BEAUMARCHAIS Ich nehme ein so gefälliges Anerbieten mit allem Dank an. Ich habe keine Geheimnisse für Sie, mein Herr, und dieser Freund wird bei meiner Erzählung nicht zu viel sein; er ist sattsam von dem unterrichtet was ich Ihnen zu sagen habe.

CLAVIGO *(betrachtet Saint George mit Aufmerksamkeit).*

BEAUMARCHAIS Ein französischer Kaufmann, der bei einer starken Anzahl von Kindern wenig Vermögen besaß, hatte viel Korrespondenten in Spanien. Einer der reichsten kam vor funfzehn Jahren nach Paris, und tat ihm den Vorschlag: „Gebt mir zwei von euern Töchtern, ich nehme sie mit nach Madrid, und versorge sie. Ich bin ledig, bejahrt, ohne Verwandte, sie werden das Glück meiner alten Tage machen, und nach meinem Tod hinterlass' ich ihnen eine der ansehnlichsten Handlungen in Spanien."
Man vertraute ihm die älteste und eine der jüngsten Schwestern. Der Vater übernahm, das Haus mit allen französischen Waren zu versehn, die man verlangen würde, und so hatte alles ein gutes Ansehn, bis der Korrespondent mit Tode abging, ohne die Französinnen im geringsten zu bedenken, die sich dann in dem beschwerlichen Falle sahen, allein einer neuen Handlung vorzustehen.
Die älteste hatte indessen geheiratet, und unerachtet des geringen Zustandes ihrer Glücksgüter, erhielten sie sich durch gute Aufführung und durch die Annehmlichkeit ihres Geistes eine Menge Freunde, die sich wechselsweise beeiferten ihren Kredit und ihre Geschäfte zu erweitern.

CLAVIGO *(wird immer aufmerksamer).*

BEAUMARCHAIS Ungefähr um eben die Zeit hatte sich ein junger Mensch von den Kanarischen Inseln bürtig, in dem Hause vorstellen lassen.

CLAVIGO *(verliert alle Munterkeit aus seinem Gesicht, und sein Ernst geht nach und nach in eine Verlegenheit über, die immer sichtbarer wird).*

BEAUMARCHAIS Ungeachtet seines geringen Standes und Vermögens nimmt man ihn gefällig auf. Die Frauenzimmer, die eine große Begierde zur französischen Sprache an ihm bemerkten, erleichtern ihm alle Mittel sich in weniger Zeit große Kenntnisse zu erwerben.
Voll von Begierde, sich einen Namen zu machen, fällt er auf den Gedanken, der Stadt Madrid das seiner Nation noch unbekannte Vergnügen einer Wochenschrift im Geschmack des Englischen Zuschauers zu geben. Seine Freundinnen lassen es nicht ermangeln ihm auf alle Art beizustehn; man zweifelt nicht daß ein solches Unternehmen großen Beifall finden würde; genug, ermuntert durch die Hoffnung nun bald ein Mensch von einiger Bedeutung werden zu können, wagt er es der jüngsten einen Heiratsvorschlag zu tun.
Man gibt ihm Hoffnung. „Sucht euer Glück zu machen", sagt die älteste, „und wenn euch ein Amt, die Gunst des Hofes, oder irgend sonst ein Mittel, ein Recht wird gegeben haben an meine Schwester zu denken, wenn sie euch dann andern Freiern vorzieht, kann ich euch meine Einwilligung nicht versagen."

CLAVIGO *(bewegt sich in höchster Verwirrung auf seinem Sessel).*

BEAUMARCHAIS Die jüngste schlägt verschiedene ansehnliche Partien aus; ihre Neigung gegen den Menschen nimmt zu, und hilft ihr die Sorge einer ungewissen Erwartung tragen; sie interessiert sich für sein Glück, wie für ihr eigenes, und ermuntert ihn das erste Blatt seiner Wochenschrift zu geben, das unter einem vielversprechenden Titel erscheint.

CLAVIGO *(ist in der entsetzlichsten Verlegenheit).*

BEAUMARCHAIS *(ganz kalt).* Das Werk macht ein erstaunendes Glück; der König selbst, durch diese liebenswürdige Produktion ergetzt, gab dem Autor öffentliche Zeichen seiner Gnade. Man versprach ihm das erste ansehnliche Amt, das sich auftun würde. Von dem Augenblick an entfernt er alle Nebenbuhler von seiner Geliebten, indem er ganz öffentlich sich um sie bemühte. Die Heirat verzog sich nur in Erwartung der zugesagten Versorgung. — Endlich nach sechs Jahren Harrens, ununterbrochener Freundschaft, Beistands und Liebe von Seiten des Mädchens; nach sechs Jahren Ergebenheit, Dankbarkeit, Bemühungen, heiliger Versicherungen von Seiten des Mannes erscheint das Amt — und er verschwindet.

CLAVIGO *(Es entfährt ihm ein tiefer Seufzer, den er zu verbergen sucht, und ganz außer sich ist.)*

BEAUMARCHAIS Die Sache hatte zu großes Aufsehn gemacht, als daß man die Entwicklung sollte gleichgültig angesehen haben. Ein Haus für zwei Familien war gemietet. Die ganze Stadt sprach davon. Alle Freunde waren auf's höchste aufgebracht und suchten Rache. Man wendete sich an mächtige Gönner; allein der Nichtswürdige, der nun schon in die Kabalen des Hofs initiiert war, weiß alle Bemühungen fruchtlos zu machen, und geht in seiner Insolenz so weit, daß er es wagt den Unglücklichen zu drohen, wagt, denen Freunden, die sich zu ihm begeben, in's Gesicht zu sagen: die Französinnen sollten sich in Acht nehmen, er biete sie auf ihm zu schaden, und wenn sie sich unterständen etwas gegen ihn zu unternehmen, so wär's ihm ein Leichtes sie in einem fremden Lande zu verderben, wo sie ohne Schutz und Hülfe seien.
Das arme Mädchen fiel auf die Nachricht in Konvulsionen, die ihr den Tod drohten. In der Tiefe ihres Jammers schreibt die älteste nach Frankreich die offenbare Beschimpfung, die ihnen angetan worden. Die Nachricht bewegt ihren Bruder auf's schrecklichste, er verlangt seinen Abschied, um in so einer verwirrten Sache selbst Rat und Hülfe zu schaffen, er ist im Fluge von Paris zu Madrid, und der Bruder — bin ich; der alles verlassen hat, Vaterland, Pflichten, Familie, Stand, Vergnügen, um in Spanien eine unschuldige unglückliche Schwester zu rächen.
Ich komme bewaffnet mit der besten Sache und aller Entschlossenheit, einen Verräter zu entlarven, mit blutigen Zügen seine Seele auf sein Gesicht zu zeichnen, und der Verräter — bist Du!

CLAVIGO Hören Sie mich, mein Herr — Ich bin — Ich habe — Ich zweifle nicht —

BEAUMARCHAIS Unterbrechen Sie mich nicht. Sie haben mir nichts zu sagen und viel von mir zu hören.
Nun um einen Anfang zu machen, sein Sie so gütig, vor diesem Herrn, der expreß mit mir aus Frankreich gekommen ist, zu erklären: ob meine Schwester durch irgend eine Treulosigkeit, Leichtsinn, Schwachheit, Unart oder sonst einen Fehler diese öffentliche Beschimpfung um Sie verdient habe.

CLAVIGO Nein, mein Herr. Ihre Schwester Donna Maria, ist ein Frauenzimmer voll Geist, Liebenswürdigkeit und Tugend.

BEAUMARCHAIS Hat sie Ihnen jemals seit Ihrem Umgange eine Gelegenheit gegeben sich über sie zu beklagen, oder sie geringer zu achten?

CLAVIGO Nie! Niemals!

BEAUMARCHAIS *(aufstehend).* Und warum, Ungeheuer! hattest du die Grausamkeit das Mädchen zu Tode zu quälen? Nur weil dich ihr Herz zehn andern vorzog, die alle rechtschaffener und reicher waren als du.

CLAVIGO Oh mein Herr! Wenn Sie wüßten, wie ich verhetzt worden bin, wie ich durch mancherlei Ratgeber und Umstände —

BEAUMARCHAIS Genug! *(Zu Saint George.)* Sie haben die Rechtfertigung meiner Schwester gehört; gehn Sie und breiten Sie es aus. Was ich dem Herrn weiter zu sagen habe, braucht keine Zeugen.

CLAVIGO *(steht auf. Saint George geht).*

BEAUMARCHAIS Bleiben Sie! Bleiben Sie! *(Beide setzen sich nieder.)* Da wir nun so weit sind, will ich Ihnen einen Vorschlag tun, den Sie hoffentlich billigen werden.
Es ist Ihre Konvenienz und meine, daß Sie Marien nicht heiraten, und Sie fühlen wohl, daß ich nicht gekommen bin den Komödienbruder zu machen, der den Roman entwickeln und seiner Schwester einen Mann schaffen will. Sie haben ein ehrliches Mädchen mit kaltem Blute beschimpft, weil Sie glaubten in einem fremden Lande sei sie ohne Beistand und Rächer. So handelt ein Niederträchtiger, ein Nichtswürdiger. Und also, zuvörderst erklären Sie eigenhändig, freiwillig, bei offenen Türen, in Gegenwart Ihrer Bedienten: daß Sie ein abscheulicher Mensch sind, der meine Schwester betrogen, verraten, sie ohne die mindeste Ursache erniedrigt hat; und mit dieser Erklärung geh' ich nach Aranjuez, wo sich unser Gesandter aufhält, ich zeige sie, ich lasse sie drucken, und übermorgen ist der Hof und die Stadt davon überschwemmt. Ich habe mächtige Freunde hier, habe Zeit und Geld, und das alles wend' ich an, um Sie auf alle Weise auf's grausamste zu verfolgen, bis der Zorn meiner Schwester sich legt, befriedigt ist, und sie mir selbst Einhalt tut.

CLAVIGO Ich tue diese Erklärung nicht.

BEAUMARCHAIS Das glaub' ich, denn vielleicht tät' ich sie an Ihrer Stelle eben so wenig. Aber hier ist das andere: Schreiben Sie nicht, so bleib' ich von diesem Augenblick bei Ihnen, ich verlasse Sie nicht, ich folge Ihnen überall hin, bis Sie, einer solchen Gesellschaft überdrüssig, hinter Buenretiro meiner los zu werden gesucht haben. Bin ich glücklicher als Sie; ohne den Gesandten zu sehn, ohne mit einem Menschen hier gesprochen zu haben, fass' ich meine sterbende Schwester in meine Arme, hebe sie in den Wagen und kehre mit ihr nach Frankreich zurück. Begünstigt Sie das Schicksal, so hab' ich das Meine getan, und so lachen Sie denn auf unsere Kosten. Unterdessen das Frühstück!

Beaumarchais zieht die Schelle. Ein Bedienter bringt die Schokolade. Beaumarchais nimmt seine Tasse, und geht in der anstoßenden Galerie spazieren, die Gemälde betrachtend.

CLAVIGO Luft! Luft! — Das hat dich überrascht, angepackt wie einen Knaben — Wo bist du, Clavigo? Wie willst du das enden? — Ein schrecklicher Zustand, in den dich deine Torheit, deine Verräterei gestürzt hat! *(Er greift nach dem Degen auf dem Tisch.)* Ha! Kurz und gut! — *(Läßt ihn liegen.)* — Und da wäre kein Weg, kein Mittel, als Tod — oder Mord? abscheulicher Mord! — Das unglückliche Mädchen ihres letzten Trostes, ihres einzigen Beistandes zu berauben, ihres Bruders! — Des edeln braven Menschen Blut sehen! — Und so den doppelten unerträglichen Fluch einer vernichteten Familie auf dich zu laden! — O das war die Aussicht nicht, als das liebenswürdige Geschöpf dich die ersten Stunden ihrer Bekanntschaft mit so viel Reizen anzog! Und da du sie verließest, sahst du nicht die gräßlichen Folgen deiner Schandtat! — Welche Seligkeit wartet dein in ihren Armen! in der Freundschaft solch eines Bruders! — Marie! Marie! O daß du vergeben könntest! daß ich zu deinen Füßen das alles abweinen dürfte! — Und warum nicht? — Mein Herz geht mir über; meine Seele geht mir auf in Hoffnung! — Mein Herr!

BEAUMARCHAIS Was beschließen Sie?

CLAVIGO Hören Sie mich! Mein Betragen gegen Ihre Schwester ist nicht zu entschuldigen. Die Eitelkeit hat mich verführt. Ich fürchtete, meine Plane, meine Aussichten auf ein ruhmvolles Leben durch diese Heirat zu Grunde zu richten. Hätte ich wissen können, daß sie so einen Bruder habe, sie würde in meinen Augen keine unbedeutende Fremde gewesen sein; ich würde die ansehnlichsten Vorteile von dieser Verbindung gehofft haben. Sie erfüllen mich, mein Herr, mit der größesten Hochachtung für Sie; und indem Sie mir auf diese Weise mein Unrecht lebhaft empfinden machen, flößen Sie mir eine Begierde ein, eine Kraft alles wieder gut zu machen. Ich werfe mich zu Ihren Füßen! Helfen Sie! Helfen Sie, wenn's möglich ist, meine Schuld austilgen und das Unglück endigen. Geben Sie mir Ihre Schwester wieder, mein Herr, geben Sie mich Ihr! Wie glücklich wär' ich, von Ihrer Hand eine Gattin und die Vergebung aller meiner Fehler zu erhalten.

BEAUMARCHAIS Es ist zu spät! Meine Schwester liebt Sie nicht mehr, und ich verabscheue Sie. Schreiben Sie die verlangte Erklärung, das ist alles was ich von Ihnen fordere, und überlassen Sie mir die Sorgfalt einer ausgesuchten Rache.

CLAVIGO Ihre Hartnäckigkeit ist weder gerecht noch klug. Ich gebe Ihnen zu, daß es hier nicht auf mich ankommt, ob ich eine so sehr verschlimmerte Sache wieder gut machen will. — Ob ich sie gut machen kann? das hängt von dem Herzen Ihrer vortrefflichen Schwester ab, ob sie einen Elenden wieder ansehen mag, der nicht verdient das Tageslicht zu sehen. Allein Ihre Pflicht ist's, mein Herr, das zu prüfen und darnach sich zu betragen, wenn Ihr Schritt nicht einer jugendlichen unbesonnenen Hitze ähnlich sehen soll. Wenn Donna Maria unbeweglich ist; o ich kenne das Herz! o ihre Güte, ihre himmlische Seele schwebt mir ganz lebhaft vor! Wenn sie unerbittlich ist, dann ist es Zeit, mein Herr.

BEAUMARCHAIS Ich bestehe auf der Erklärung.

CLAVIGO *(nach dem Tisch zu gehend).* Und wenn ich nach dem Degen greife?

BEAUMARCHAIS *(gehend).* Gut, mein Herr! Schön, mein Herr!

CLAVIGO *(ihn zurückhaltend).* Noch ein Wort. Sie haben die gute Sache; lassen Sie mich die Klugheit für Sie haben. Bedenken Sie, was Sie tun. Auf beide Fälle sind wir alle unwiederbringlich verloren. Müßt' ich nicht für Schmerz, für Beängstigung untergehn, wenn Ihr Blut meinen Degen färben sollte, wenn ich Marien noch über all ihr Unglück auch ihren Bruder raubte, und dann — der Mörder des Clavigo würde die Pyrenäen nicht zurück messen.

BEAUMARCHAIS Die Erklärung, mein Herr, die Erklärung!

CLAVIGO So sei's denn. Ich will alles tun, um Sie von der aufrichtigen Gesinnung zu überzeugen, die mir Ihre Gegenwart einflößt. Ich will die Erklärung schreiben, ich will sie schreiben aus Ihrem Munde. Nur versprechen Sie mir nicht eher Gebrauch davon zu machen, bis ich im Stande gewesen bin Donna Maria von meinem geänderten reuevollen Herzen zu überzeugen; bis ich mit Ihrer Ältesten ein Wort gesprochen, bis diese ihr gütiges Fürwort bei meiner Geliebten eingelegt hat. So lange, mein Herr.

BEAUMARCHAIS Ich gehe nach Aranjuez.

CLAVIGO Gut denn, bis Sie wiederkommen, so lange bleibt die Erklärung in Ihrem Portefeuille; hab' ich meine Vergebung nicht, so lassen Sie Ihrer Rache vollen Lauf. Dieser Vorschlag ist gerecht, anständig, klug, und wenn Sie nicht wollen, so sei's denn unter uns beiden um Leben und Tod gespielt. Und der das Opfer seiner Übereilung wird, sind immer Sie und Ihre arme Schwester.

BEAUMARCHAIS Es steht Ihnen an, die zu bedauern, die Sie unglücklich gemacht haben.

CLAVIGO *(sich setzend)*. Sind Sie das zufrieden?

BEAUMARCHAIS Gut denn, ich gebe nach! Aber keinen Augenblick länger. Ich komme von Aranjuez, ich frage, ich höre! Und hat man Ihnen nicht vergeben, wie ich denn hoffe, wie ich's wünsche! gleich auf, und mit dem Zettel in die Druckerei.

CLAVIGO *(nimmt Papier)*. Wie verlangen Sie's?

BEAUMARCHAIS Mein Herr! in Gegenwart Ihrer Bedienten.

CLAVIGO Wozu das?

BEAUMARCHAIS Befehlen Sie nur daß sie in der anstoßenden Galerie gegenwärtig sind. Man soll nicht sagen daß ich Sie gezwungen habe.

CLAVIGO Welche Bedenklichkeiten!

BEAUMARCHAIS Ich bin in Spanien, und habe mit Ihnen zu tun.

CLAVIGO Nun denn! *(Klingelt. Ein Bedienter.)* Ruft meine Leute zusammen, und begebt euch auf die Galerie herbei.

Der Bediente geht, die übrigen kommen und besetzen die Galerie.

CLAVIGO Sie überlassen mir die Erklärung zu schreiben.

BEAUMARCHAIS Nein, mein Herr! Schreiben Sie, ich bitte, schreiben Sie wie ich's Ihnen sage.

CLAVIGO *(schreibt)*.

BEAUMARCHAIS Ich Unterzeichneter, Joseph Clavigo, Archivarius des Königs —

CLAVIGO Des Königs.

BEAUMARCHAIS — bekenne, daß, nachdem ich in dem Hause der Madame Guilbert freundschaftlich aufgenommen worden —

CLAVIGO Worden.

BEAUMARCHAIS — ich Mademoiselle von Beaumarchais, ihre Schwester, durch hundertfältig-wiederholte Heiratsversprechungen betrogen habe. — Haben Sie's? —

CLAVIGO Mein Herr!

BEAUMARCHAIS Haben Sie ein ander Wort dafür?

CLAVIGO Ich dächte –

BEAUMARCHAIS Betrogen habe. Was Sie getan haben, können Sie ja noch eher schreiben. – Ich habe sie verlassen, ohne daß irgend ein Fehler oder Schwachheit von ihrer Seite einen Vorwand oder Entschuldigung dieses Meineids veranlasset hätte.

CLAVIGO Nun!

BEAUMARCHAIS Im Gegenteil ist die Aufführung des Frauenzimmers immer rein, untadelich, und aller Ehrfurcht würdig gewesen.

CLAVIGO Würdig gewesen.

BEAUMARCHAIS Ich bekenne, daß ich durch mein Betragen, den Leichtsinn meiner Reden, durch die Auslegung der sie unterworfen waren, öffentlich dieses tugendhafte Frauenzimmer erniedrigt habe; weswegen ich sie um Vergebung bitte, ob ich mich gleich nicht wert achte sie zu erhalten.

CLAVIGO *(hält inne).*

BEAUMARCHAIS Schreiben Sie! Schreiben Sie! – Welches Zeugnis ich mit freiem Willen und ungezwungen von mir gegeben habe, mit dem besondern Versprechen, daß, wenn diese Satisfaktion der Beleidigten nicht hinreichend sein sollte, ich bereit bin sie auf alle andere erforderliche Weise zu geben. Madrid.

CLAVIGO *(steht auf, winkt den Bedienten sich wegzubegeben, und reicht ihm das Papier).* Ich habe mit einem beleidigten, aber mit einem edeln Menschen zu tun. Sie halten Ihr Wort, und schieben Ihre Rache auf. In dieser einzigen Rücksicht, in dieser Hoffnung hab' ich das schimpfliche Papier von mir gestellt, wozu mich sonst nichts gebracht hätte. Aber ehe ich es wage vor Donna Maria zu treten, hab' ich beschlossen jemanden den Auftrag zu geben, mir bei ihr das Wort zu reden, für mich zu sprechen – und der Mann sind Sie.

BEAUMARCHAIS Bilden Sie sich das nicht ein.

CLAVIGO Wenigstens sagen Sie ihr die bittere herzliche Reue, die Sie an mir gesehn haben. Das ist alles, alles, warum ich Sie bitte; schlagen Sie mir's nicht ab; ich müßte einen andern, weniger kräftigen Fürsprecher wählen, und Sie sind ihr ja eine treue Erzählung schuldig. Erzählen Sie ihr wie Sie mich gefunden haben.

BEAUMARCHAIS Gut, das kann ich, das will ich. Und so Adieu.

CLAVIGO Leben Sie wohl! *(Er will seine Hand nehmen, Beaumarchais hält sie zurück.)*

CLAVIGO *(allein).* So unerwartet aus einem Zustand in den andern. Man taumelt, man träumt! – Diese Erklärung, ich hätte sie nicht geben sollen. – Es kam so schnell, so unerwartet, als ein Donnerwetter!

CARLOS *kommt.*

CARLOS Was hast du für Besuch gehabt? Das ganze Haus ist in Bewegung; was gibt's?

CLAVIGO Mariens Bruder.

CARLOS Ich vermutet's. Der Hund von einem alten Bedienten, der sonst bei Guilberts war und der mir nun trätscht, weiß es schon seit gestern daß man ihn erwartet habe, und trifft mich erst diesen Augenblick. Er war da?

CLAVIGO Ein vortrefflicher Junge.

CARLOS Den wollen wir bald los sein. Ich habe den Weg über schon gesponnen! — Was hat's denn gegeben? Eine Ausforderung? eine Ehrenerklärung? War er fein hitzig, der Bursch?

CLAVIGO Er verlangte eine Erklärung, daß seine Schwester mir keine Gelegenheit zur Veränderung gegeben.

CARLOS Und du hast sie ausgestellt?

CLAVIGO Ich hielt es für's Beste.

CARLOS Gut, sehr gut! Ist sonst nichts vorgefallen?

CLAVIGO Er drang auf einen Zweikampf, oder die Erklärung.

CARLOS Das letzte war das gescheit'ste. Wer wird sein Leben gegen einen so romantischen Fratzen wagen. Und forderte er das Papier ungestüm?

CLAVIGO Er diktierte mir's, und ich mußte die Bedienten in die Galerie rufen.

CARLOS Ich versteh! Ah! nun hab' ich dich, Herrchen! das bricht ihm den Hals. Heiß' mich einen Schreiber, wenn ich den Buben nicht in zwei Tagen im Gefängnis habe, und mit dem nächsten Transport nach Indien.

CLAVIGO Nein, Carlos. Die Sache steht anders, als du denkst.

CARLOS Wie?

CLAVIGO Ich hoffe durch seine Vermittlung, durch mein eifriges Bestreben, Verzeihung von der Unglücklichen zu erhalten.

CARLOS Clavigo!

CLAVIGO Ich hoff' all das Vergangene zu tilgen, das Zerrüttete wieder herzustellen, und so in meinen Augen und in den Augen der Welt wieder zum ehrlichen Mann zu werden.

CARLOS Zum Teufel, bist du kindisch geworden? Man spürt dir doch immer an daß du ein Gelehrter bist. — Dich so betören zu lassen! Siehst du nicht, daß das ein einfältig angelegter Plan ist, um dich in's Garn zu sprengen?

CLAVIGO Nein, Carlos, er will die Heirat nicht; sie sind dagegen, sie will nichts von mir hören.

CARLOS Das ist die rechte Höhe. Nein, guter Freund, nimm mir's nicht übel, ich hab' wohl in Komödien gesehen, daß man einen Landjunker so geprellt hat.

CLAVIGO Du beleidigst mich. Ich bitte, spare deinen Humor auf meine Hochzeit. Ich bin entschlossen Marien zu heiraten, freiwillig, aus innerm Trieb. Meine ganze Hoffnung, meine ganze Glückseligkeit ruht auf dem Gedanken, ihre Vergebung zu erhalten. Und dann fahr' hin, Stolz! An der Brust dieser Lieben liegt noch der Himmel wie vormals; aller Ruhm den ich erwerbe, alle Größe zu der ich mich erhebe, wird mich mit doppeltem Gefühl ausfüllen: denn das Mädchen teilt's mit mir, die mich zum doppelten Menschen macht. Leb' wohl! ich muß hin! ich muß die Guilbert wenigstens sprechen.

CARLOS Warte nur bis nach Tisch.

CLAVIGO Keinen Augenblick.

(Ab.)

CARLOS *(ihm nachsehend und eine Weile schweigend).* Da macht wieder jemand einmal einen dummen Streich.

(Ab.)

DRITTER AKT

Guilberts Wohnung

SOPHIE GUILBERT. MARIE BEAUMARCHAIS.

MARIE Du hast ihn gesehen? Mir zittern alle Glieder! Du hast ihn gesehen? Ich war nah an einer Ohnmacht, als ich hörte er käme, und du hast ihn gesehen? Nein, ich kann, ich werde, nein, ich kann ihn nie wieder sehn.

SOPHIE Ich war außer mir als er hereintrat; denn ach! liebt' ich ihn nicht, wie du, mit der vollsten, reinsten, schwesterlichsten Liebe? Hat mich nicht seine Entfernung gekränkt, gemartet? — und nun, den Rückkehrenden, den Reuigen zu meinen Füßen! — Schwester! es ist was Bezauberndes in seinem Anblick, in dem Ton seiner Stimme. Er —

MARIE Nimmer, nimmermehr!

SOPHIE Er ist noch der Alte, noch eben das gute, sanfte, fühlbare Herz, noch eben die Heftigkeit der Leidenschaft. Es ist noch eben die Begier, geliebt zu werden, und das ängstliche marternde Gefühl, wenn ihm Neigung versagt wird. Alles! Alles! Und von dir spricht er, Marie! wie in jenen glücklichen Tagen der feurigsten Leidenschaft; es ist, als wenn dein guter Geist diesen Zwischenraum von Untreu und Entfernung selbst veranlaßt habe, um das Einförmige, Schleppende einer langen Bekanntschaft zu unterbrechen und dem Gefühl eine neue Lebhaftigkeit zu geben.

MARIE Du red'st ihm das Wort?

SOPHIE Nein, Schwester; auch versprach ich's ihm nicht. Nur meine Beste, seh' ich die Sachen wie sie sind. Du und der Bruder, ihr seht sie in einem allzu romantischen Lichte. Du hast das mit gar manchem guten Kinde gemein, daß dein Liebhaber treulos ward und dich verließ! und daß er wieder kommt, reuig seinen Fehler verbessern, alle alte Hoffnungen erneuern will — das ist ein Glück, das eine andere nicht leicht von sich stoßen würde.

MARIE Mein Herz würde reißen!

SOPHIE Ich glaube dir. Der erste Anblick muß auf dich eine empfindliche Wirkung machen — und dann, meine Beste, ich bitte dich, halt' diese Bangigkeit, diese Verlegenheit, die dir alle Sinne zu übermeistern scheint, nicht für eine Wirkung des Hasses, für keinen Widerwillen. Dein Herz spricht mehr für ihn als du es glaubst, und eben darum traust du dich nicht ihn wieder zu sehen, weil du seine Rückkehr so sehnlich wünschest.

MARIE Sei barmherzig.

SOPHIE Du sollst glücklich werden. Fühlt' ich daß du ihn verachtetest, daß er dir gleichgültig wäre, so wollt' ich kein Wort weiter reden, so sollt' er mein Angesicht nicht mehr sehen. Doch so, meine Liebe — Du wirst mir danken, daß ich dir geholfen habe diese ängstliche Unbestimmtheit zu überwinden, die ein Zeichen der innigsten Liebe ist.

DIE VORIGEN. GUILBERT. BUENCO.

SOPHIE Kommen Sie, Buenco! Guilbert, kommen Sie! Helft mir dieser Kleinen Mut einsprechen, Entschlossenheit, jetzt da es gilt.

BUENCO Ich wollte daß ich sagen dürfte: nehmt ihn nicht wieder an.

SOPHIE Buenco!

BUENCO Mein Herz wirft sich mir im Leib herum bei dem Gedanken: Er soll diesen Engel noch besitzen, den er so schändlich beleidigt, den er an das Grab geschleppt hat. Und besitzen? — warum? wodurch macht er das alles wieder gut was er verbrochen hat? — Daß er wiederkehrt, daß ihm auf einmal beliebt wiederzukehren, und zu sagen! „Jetzt mag ich sie, jetzt will ich sie." Just als wäre diese treffliche Seele eine verdächtige Ware, die man am Ende dem Käufer doch noch nachwirft, wenn er euch schon durch die niedrigsten Gebote und jüdisches Ab- und Zulaufen bis auf's Mark gequält hat. Nein, meine Stimme kriegt er nicht, und wenn Mariens Herz selbst für ihn spräche. — Wiederzukommen, und warum denn jetzt? — jetzt? — Mußt' er warten bis ein tapferer Bruder käme, dessen Rache er fürchten muß, um wie ein Schulknabe zu kommen und Abbitte zu tun? — Ha! er ist so feig, als er nichtswürdig ist!

GUILBERT Ihr redet wie ein Spanier und als wenn ihr die Spanier nicht kenntet. Wir schweben diesen Augenblick in einer größern Gefahr, als ihr alle nicht seht.

MARIE Bester Guilbert!

GUILBERT Ich ehre die unternehmende Seele unsers Bruders, ich habe im Stillen seinem Heldengange zugesehen, und wünsche daß alles gut ausschlagen möge, wünsche daß Marie sich entschließen könnte, Clavigo ihre Hand zu geben, denn — *(Lächelnd.)* ihr Herz hat er doch. —

MARIE Ihr seid grausam.

SOPHIE Hör' ihn, ich bitte dich, hör' ihn!

GUILBERT Dein Bruder hat ihm eine Erklärung abgedrungen, die dich vor den Augen aller Welt rechtfertigen soll, und die wird uns verderben.

BUENCO Wie?

MARIE O Gott!

GUILBERT Er stellte sie aus in der Hoffnung dich zu bewegen. Bewegt er dich nicht, so muß er alles anwenden um das Papier zu vernichten; er kann's, er wird's. Dein Bruder will es gleich nach seiner Rückkehr von Aranjuez drukken und ausstreuen. Ich fürchte, wenn du beharrest, er wird nicht zurückkehren.

SOPHIE Lieber Guilbert.

MARIE Ich vergehe!

GUILBERT Clavigo kann das Papier nicht auskommen lassen. Verwirfst du seinen Antrag und er ist ein Mann von Ehre, so geht er deinem Bruder entgegen und einer von beiden bleibt; dein Bruder sterbe oder siege, er ist verloren. Ein Fremder in Spanien! Mörder dieses geliebten Höflings! — Schwester, es ist ganz gut daß man edel denkt und fühlt; nur, sich und die Seinigen zu Grunde zu richten —

MARIE Rate mir, Sophie, hilf mir!

GUILBERT Und Buenco, widerlegen Sie mich.

BUENCO Er wagt's nicht, er fürchtet für sein Leben; sonst hätt' er gar nicht geschrieben, sonst böt' er Marien seine Hand nicht an.

GUILBERT Desto schlimmer; so findet er hundert die ihm ihren Arm leihen, hundert die unserm Bruder tückisch auf dem Wege das Leben rauben. Ha! Buenco, bist du so jung? Ein Hofmann sollte keinen Meuchelmörder im Solde haben?

BUENCO Der König ist groß und gut.

GUILBERT Auf denn! Durch alle die Mauern die ihn umschließen, die Wachen, das Zeremoniell, und alle das, womit die Hofschranzen ihn von seinem Volke geschieden haben, dringen Sie durch und retten Sie uns! — Wer kommt?

CLAVIGO *kommt.*

CLAVIGO Ich muß! Ich muß!

MARIE *(tut einen Schrei, und fällt Sophien in die Arme).*

SOPHIE Grausamer! in welchen Zustand versetzen Sie uns! *(Guilbert und Buenco treten zu ihr.)*

CLAVIGO Ja sie ist's! Sie ist's! Und ich bin Clavigo. — Hören Sie mich, Beste, wenn Sie mich nicht ansehen wollen. Zu der Zeit, da mich Guilbert mit Freundlichkeit in sein Haus aufnahm, da ich ein armer unbedeutender Junge war, da ich in meinem Herzen eine unüberwindliche Leidenschaft für Sie fühlte, war's da Verdienst an mir? Oder war's nicht vielmehr innere Übereinstimmung der Charaktere, geheime Zuneigung des Herzens, daß auch Sie für mich nicht unempfindlich blieben, daß ich nach einer Zeit mir schmeicheln konnte dies Herz ganz zu besitzen? Und nun — bin ich nicht eben derselbe? Warum sollt' ich nicht hoffen dürfen? Warum nicht bitten? Wollen Sie einen Freund, einen Geliebten, den Sie nach einer gefährlichen unglücklichen Seereise lange für verloren geachtet, nicht wieder an ihren Busen nehmen, wenn er unvermutet wieder käme, und sein gerettetes Leben zu Ihren Füßen legte? und habe ich weniger auf einem stürmischen Meere die Zeit geschwebet? Sind unsere Leidenschaften, mit denen wir in ewigem Streit leben, nicht schrecklicher, unbezwinglicher, als jene Wellen, die den Unglücklichen fern von seinem Vaterlande verschlagen! Marie! Marie! Wie können Sie mich hassen, da ich nie aufgehört habe Sie zu lieben? Mitten in allem Taumel, durch allen verführerischen Gesang der Eitelkeit und des Stolzes, hab' ich mich immer jener seligen unbefangenen Tage erinnert, die ich in glücklicher Einschränkung zu ihren Füßen zubrachte, da wir eine Reihe von blühenden Aussichten vor uns liegen sahen. — Und nun, warum wollten Sie nicht mit mir alles erfüllen was wir hofften? Wollen Sie das Glück des Lebens nun nicht ausgenießen, weil ein düsterer Zwischenraum sich unsern Hoffnungen eingeschoben hatte? Nein, meine Liebe, glauben Sie, die besten Freuden der Welt sind nicht ganz rein; die höchste Wonne wird auch durch unsere Leidenschaften, durch das Schicksal unterbrochen. Wollen wir uns beklagen daß es uns gegangen ist wie allen andern, und wollen wir uns strafbar machen, indem wir diese Gelegenheit von uns stoßen das Vergangene herzustellen, eine zerrüttete Familie wieder aufzurichten, die heldenmütige Tat eines edeln Bruders zu belohnen, und unser eigen Glück auf ewig zu befestigen? — Meine Freunde, um die ich's nicht verdient habe, meine Freunde, die es sein müssen, weil Sie Freunde der Tugend sind, zu der ich rückkehre, verbinden Sie Ihr Flehen mit dem meinigen. Marie! *(Er wirft sich nieder.)* Marie! Kennst du meine Stimme nicht mehr? Vernimmst du nicht mehr den Ton meines Herzens? Marie! Marie!

MARIE O Clavigo!

CLAVIGO *(springt auf und faßt ihre Hand mit entzückten Küssen).* Sie vergibt mir, Sie liebt mich! *(Umarmt den Guilbert, den Buenco.)* Sie liebt mich noch! O Marie, mein Herz sagt mir's! Ich hätte mich zu deinen Füßen werfen, stumm meinen Schmerz, meine Reue ausweinen wollen; du hättest mich ohne Worte verstanden, wie ich ohne Worte meine Vergebung erhalte. Nein, diese innige Verwandtschaft unserer Seelen ist nicht aufgehoben; nein, sie vernehmen einander noch wie ehemals, wo kein Laut, kein Wink nötig war, um die innersten Bewegungen sich mitzuteilen. Marie — Marie — Marie. —

BEAUMARCHAIS *tritt auf.*

BEAUMARCHAIS Ha!

CLAVIGO *(ihm entgegen fliegend).* Mein Bruder!

BEAUMARCHAIS Du vergibst ihm?

MARIE Laßt, laßt mich! meine Sinne vergehn. *(Man führt sie weg.)*

BEAUMARCHAIS Sie hat ihm vergeben?

BUENCO Es sieht so aus.

BEAUMARCHAIS Du verdienst dein Glück nicht.

CLAVIGO Glaube daß ich's fühle.

SOPHIE *(kommt zurück).* Sie vergibt ihm. Ein Strom von Tränen brach aus ihren Augen. Er soll sich entfernen, rief sie schluchzend, daß ich mich erhole! Ich vergeb' ihm. — Ach Schwester! rief sie, und fiel mir um den Hals, woher weiß er daß ich ihn so liebe?

CLAVIGO *(ihr die Hand küssend).* Ich bin der glücklichste Mensch unter der Sonne. Mein Bruder!

BEAUMARCHAIS *(umarmt ihn).* Von Herzen denn. Ob ich euch schon sagen muß: noch kann ich euch nicht lieben. Und somit seid ihr der Unsrige und vergessen sei alles! Das Papier, das ihr mir gabt, hier ist's. *(Er nimmt's aus der Brieftasche, zerreißt es und gibt's ihm hin.)*

CLAVIGO Ich bin der Eurige, ewig der Eurige.

SOPHIE Ich bitte entfernt euch, daß sie eure Stimme nicht hört, daß sie sich beruhigt.

CLAVIGO *(sie rings umarmend).* Lebt wohl! Lebt wohl! — Tausend Küsse dem Engel. *(Ab.)*

BEAUMARCHAIS Es mag denn gut sein, ob ich gleich wünschte es wäre anders. *(Lächelnd.)* Es ist doch ein gutherziges Geschöpf so ein Mädchen — Und, meine Freunde, auch muß ich's sagen, es war ganz der Gedanke, der Wunsch unsers Gesandten, daß ihm Marie vergeben, und daß eine glückliche Heirat diese verdrießliche Geschichte endigen möge.

GUILBERT Mir ist auch wieder ganz wohl.

BUENCO Er ist euer Schwager, und so Adieu! Ihr seht mich in eurem Hause nicht wieder.

BEAUMARCHAIS Mein Herr!

GUILBERT Buenco!

BUENCO Ich hass' ihn nun einmal bis an's jüngste Gericht. Und gebt Acht mit was für einem Menschen ihr zu tun habt.

(Ab.)

GUILBERT Er ist ein melancholischer Unglücksvogel. Und mit der Zeit läßt er sich doch wieder bereden, wenn er sieht, es geht alles gut.

BEAUMARCHAIS Doch war's übereilt daß ich ihm das Papier zurückgab.

GUILBERT Laßt! Laßt! Keine Grillen!

(Ab.)

VIERTER AKT

Clavigo's Wohnung

CARLOS *(allein).* Es ist löblich, daß man dem Menschen, der durch Verschwendung oder andere Torheiten zeigt daß sein Verstand sich verschoben hat, von Amtswegen Vormünder setzt. Tut das die Obrigkeit, die sich doch sonst nicht viel um uns bekümmert, wie sollten wir's nicht an einem Freunde tun? Clavigo, du bist in übeln Umständen! Noch hoff' ich! Und wenn du nur noch halbweg lenksam bist, wie sonst; so ist's eben noch Zeit dich vor einer Torheit zu bewahren, die bei deinem lebhaften empfindlichen Charakter das Elend deines Lebens machen und dich vor der Zeit in's Grab bringen muß. Er kommt.

CLAVIGO *(nachdenkend).* Guten Tag, Carlos.

CARLOS Ein schwermütiges gepreßtes: Guten Tag! Kommst du in *dem* Humor von deiner Braut?

CLAVIGO Es ist ein Engel! Es sind vortreffliche Menschen!

CARLOS Ihr werdet doch mit der Hochzeit nicht so sehr eilen, daß man sich noch ein Kleid dazu kann sticken lassen?

CLAVIGO Scherz oder Ernst, bei unserer Hochzeit werden keine gestickten Kleider paradieren.

CARLOS Ich glaub's wohl.

CLAVIGO Das Vergnügen an uns selbst, die freundschaftliche Harmonie sollen der Prunk dieser Feierlichkeit sein.

CARLOS Ihr werdet eine stille kleine Hochzeit machen?

CLAVIGO Wie Menschen, die fühlen daß ihr Glück ganz in ihnen selbst beruht.

CARLOS In den Umständen ist es recht gut.

CLAVIGO Umständen! Was meinst du mit den Umständen?

CARLOS Wie die Sache nun steht und liegt und sich verhält.

CLAVIGO Höre, Carlos, ich kann den Ton des Rückhalts an Freunden nicht ausstehen. Ich weiß du bist nicht für diese Heirat; demungeachtet, wenn du etwas dagegen zu sagen hast, sagen willst: so sag's gerade zu. Wie steht denn die Sache? wie verhält sie sich?

CARLOS Es kommen einem im Leben mehr unerwartete wunderbare Dinge vor, und es wäre schlimm wenn alles im Gleise ginge. Man hätte nichts sich zu verwundern, nichts die Köpfe zusammen zu stoßen, nichts in Gesellschaft zu verschneiden.

CLAVIGO Aufsehn wird's machen.

CARLOS Des Clavigo Hochzeit! das versteht sich. Wie manches Mädchen in Madrid harrt auf dich, hofft auf dich, und wenn du ihnen nun diesen Streich spielst?

CLAVIGO Das ist nun nicht anders.

CARLOS Sonderbar ist's. Ich habe wenig Männer gekannt, die so großen und allgemeinen Eindruck auf die Weiber machten als du. Unter allen Ständen gibt's gute Kinder, die sich mit Planen und Aussichten beschäftigen dich habhaft zu werden. Die eine bringt ihre Schönheit in Anschlag, die ihren Reichtum, ihren Stand, ihren Witz, ihre Verwandte. Was macht man mir nicht um deinetwillen für Komplimente! Denn wahrlich, weder meine Stumpfnase, noch mein Krauskopf, noch meine bekannte Verachtung der Weiber kann mir so was zuziehen.

CLAVIGO Du spottest.

CARLOS Wenn ich nicht schon Vorschläge, Anträge in Händen gehabt hätte, geschrieben von eignen zärtlichen kritzlichen Pfötchen, so unorthographisch als ein originaler Liebesbrief eines Mädchens nur sein kann. Wie manche hübsche Duenna ist mir bei der Gelegenheit unter die Finger gekommen!

CLAVIGO Und du sagtest mir von allem dem nichts?

CARLOS Weil ich dich mit leeren Grillen nicht beschäftigen wollte, und niemals raten konnte daß du mit einer einzigen Ernst gemacht hättest. O Clavigo, ich habe dein Schicksal im Herzen getragen wie mein eigenes! Ich habe keinen Freund als dich; die Menschen sind mir alle unerträglich, und du fängst auch an mir unerträglich zu werden.

CLAVIGO Ich bitte dich, sei ruhig.

CARLOS Brenn' einem das Haus ab, daran er zehen Jahre gebauet hat, und schick' ihm einen Beichtvater, der ihm die christliche Geduld empfiehlt. — Man soll sich für niemand interessieren als für sich selbst; die Menschen sind nicht wert — —

CLAVIGO Kommen deine feindseligen Grillen wieder?

CARLOS Wenn ich auf's neue ganz drein versinke, wer ist Schuld dran als du? Ich sagte zu mir: Was soll ihm jetzt die vorteilhafteste Heirat? ihm, der es für einen gewöhnlichen Menschen weit genug gebracht hätte; aber mit seinem Geist, mit seinen Gaben ist es unverantwortlich — ist es unmöglich daß er bleibt was er ist. — Ich machte meine Projekte. Es gibt so wenig Menschen, die so unternehmend und biegsam, so geistvoll und fleißig zugleich sind. Er ist in alle Fächer gerecht; als Archivarius kann er sich schnell die wichtigsten Kenntnisse erwerben, er wird sich notwendig machen, und laßt eine Veränderung vorgehn so ist er Minister.

CLAVIGO Ich gestehe dir, das waren oft auch meine Träume!

CARLOS Träume! So gewiß ich den Turm erreiche und erklettere, wenn ich darauf losgehe, mit dem festen Vorsatze nicht abzulassen bis ich ihn erstiegen habe, so gewiß hättest du auch alle Schwierigkeiten überwunden. Und hernach wär' mir für das übrige nicht bang gewesen. Du hast kein Vermögen von Hause, desto besser; das hätte dich auf die Erwerbung eifriger, auf die Erhaltung aufmerksamer gemacht. Und wer am Zoll sitzt ohne reich zu werden, ist ein Pinsel. Und dann seh' ich nicht, warum das Land dem Minister nicht so gut Abgaben schuldig ist, als dem Könige. Dieser gibt seinen Namen her und jener die Kräfte. Wenn ich denn mit allem dem fertig war, dann sah ich mich erst nach einer Partie für dich um. Ich sah manch stolzes Haus, das die Augen über deine Abkunft zugeblinkt hätte, manches der reichsten, das dir gern den Aufwand deines Standes verschafft haben würde, nur um an der Herrlichkeit des zweiten Königs Teil nehmen zu dürfen — und nun —

CLAVIGO Du bist ungerecht, du setzest meinen gegenwärtigen Zustand zu tief herab. Und glaubst du denn, daß ich mich nicht weiter treiben, nicht auch noch mächtigere Schritte tun kann?

CARLOS Lieber Freund, brich du einer Pflanze das Herz aus, sie mag hernach treiben und treiben unzählige Nebenschößlinge; es gibt vielleicht einen starken Busch, aber der stolze königliche Wuchs des ersten Schusses ist dahin. Und denke nur nicht daß man diese Heirat bei Hofe gleichgültig ansehen wird. Hast du vergessen was für Männer dir den Umgang, die Verbindung mit Marien mißrieten? Hast du vergessen wer dir den klugen Gedanken eingab sie zu verlassen? Soll ich dir sie an den Fingern herzählen?

CLAVIGO Der Gedanke hat mich auch schon gepeinigt, daß so wenige diesen Schritt billigen werden.

CARLOS Keiner! Und deine hohen Freunde sollten nicht aufgebracht sein, daß du, ohne sie zu fragen, ohne ihren Rat, dich so geradezu hingegeben hast, wie ein unbesonnener Knabe auf dem Markte sein Geld gegen wurmstichige Nüsse wegwirft?

CLAVIGO Das ist unartig, Carlos, und übertrieben.

CARLOS Nicht um einen Zug. Denn daß einer aus Leidenschaft einen seltsamen Streich macht, das lass' ich gelten. Ein Kammermädchen zu heiraten, weil sie schön ist wie ein Engel! Gut, der Mensch wird getadelt, und doch beneiden ihn die Leute.

CLAVIGO Die Leute, immer die Leute.

CARLOS Du weißt ich frage nicht ängstlich nach andrer Beifall, doch das ist ewig wahr: wer nichts für andre tut, tut nichts für sich; und wenn die Menschen dich nicht bewundern, oder beneiden, bist du auch nicht glücklich.

CLAVIGO Die Welt urteilet nach dem Scheine. O! wer Mariens Herz besitzt ist zu beneiden!

CARLOS Was die Sache ist scheint sie auch. Aber freilich dacht' ich daß das verborgene Qualitäten sein müssen, die dein Glück beneidenswert machen; denn was man mit seinen Augen sieht, mit seinem Menschenverstande begreifen kann —

CLAVIGO Du willst mich zu Grunde richten.

CARLOS Wie ist das zugegangen? wird man in der Stadt fragen. Wie ist das zugegangen, fragt man bei Hofe. Um Gottes willen, wie ist das zugegangen? Sie ist arm, ohne Stand; hätte Clavigo nicht einmal ein Abenteuer mit ihr gehabt, man wüßte gar nicht, daß sie in der Welt ist. Sie soll artig sein, angenehm, witzig! — Wer wird darum eine Frau nehmen? Das vergeht so in den ersten Zeiten des Ehestands. Ach! sagt einer, sie soll schön sein, reizend, ausnehmend schön. — Da ist's zu begreifen, sagt ein anderer —

CLAVIGO *(wird verwirrt, ihm entfährt ein tiefer Seufzer).* Ach!

CARLOS Schön? O! sagt die eine, es geht an! Ich hab' sie in sechs Jahren nicht gesehn. Da kann sich schon was verändern, sagt eine andere. Man muß doch Acht geben, er wird sie bald produzieren, sagt die dritte. Man fragt, guckt, man geht zu Gefallen, man wartet, man ist ungeduldig, erinnert sich immer des stolzen Clavigo, der sich nie öffentlich sehen ließ, ohne eine herrliche hochäugige Spanierin im Triumph aufzuführen, deren volle Brust, ihre glühenden Wangen, ihre heißen Augen die Welt rings umher zu fragen schienen: Bin ich nicht meines Begleiters wert? und die in ihrem Übermut den seidnen Schlepprock so weit hinten aus im Winde segeln ließ, als möglich, um ihre Erscheinung ansehnlicher und würdiger zu machen. — Und nun erscheint der Herr — und allen Leuten versagt das Wort im Munde — kommt angezogen mit seiner trippelnden, kleinen, hohläugigen Französin, der die Auszehrung aus allen Gliedern spricht, wenn sie gleich ihre Totenfarbe mit Weiß und Rot überpinselt hat. O Bruder, ich werde rasend, ich laufe davon, wenn mich nun die Leute zu packen kriegen, und fragen und quästionieren und nicht begreifen können —

CLAVIGO *(ihn bei der Hand fassend).* Mein Freund, mein Bruder, ich bin in einer schrecklichen Lage. Ich sage dir, ich gestehe dir, ich erschrak als ich Marien wieder sah! Wie entstellt sie ist, — wie bleich, abgezehrt! O das ist meine Schuld, meine Verräterei!

CARLOS Possen! Grillen! Sie hatte die Schwindsucht, da dein Roman noch sehr im Gange war. Ich sagte dir's tausendmal, und — Aber ihr Liebhaber habt keine Augen, keine Nasen. Clavigo, es ist schändlich! So alles, alles zu vergessen, eine kranke Frau, die die Pest unter deine Nachkommenschaft bringen wird, daß alle deine Kinder und Enkel so in gewissen Jahren höflich ausgehen, wie Bettlerslämpchen. — Ein Mann, der Stammvater einer Familie sein könnte, die vielleicht künftig — Ich werde noch närrisch, der Kopf vergeht mir.

CLAVIGO Carlos, was soll ich dir sagen! Als ich sie wieder sah; im ersten Taumel flog ihr mein Herz entgegen — und ach! — da der vorüber war — Mitleiden — innige tiefe Erbarmung flößte sie mir ein: aber Liebe — sieh! es war, als wenn mir in der Fülle der Freuden die kalte Hand des Todes über'n Nacken führe. Ich strebte munter zu sein, wieder vor denen Menschen, die mich umgaben, den Glücklichen zu spielen: es war alles vorbei, alles so steif, so ängstlich. Wären sie weniger außer sich gewesen, sie müßten's gemerkt haben.

CARLOS Hölle! Tod und Teufel! und du willst sie heiraten? —

CLAVIGO *(steht ganz in sich selbst gesunken ohne zu antworten).*

CARLOS Du bist hin! verloren auf ewig! Leb' wohl, Bruder, und laß mich alles vergessen, laß mich mein einsames Leben noch so ausknirschen, über das Schicksal deiner Verblendung. Ha! das alles! sich in den Augen der Welt verächtlich zu machen, und nicht einmal dadurch eine Leidenschaft, eine Begierde befriedigen! dir mutwillig eine Krankheit zuziehen, die, indem sie deine innern Kräfte untergräbt, dich zugleich dem Anblick der Menschen abscheulich macht.

CLAVIGO Carlos! Carlos!

CARLOS Wärst du nie gestiegen, um nie zu fallen! Mit welchen Augen werden sie das ansehn! Da ist der Bruder, werden sie sagen! das muß ein braver Kerl sein, der hat ihn in's Bockshorn gejagt, er hat sich nicht getraut ihm die Spitze zu bieten. Ha! werden unsre schwadronierenden Hofjunker sagen, man sieht immer, daß er kein Kavalier ist. Pah! ruft einer, und rückt den Hut in die Augen, der Franzos hätte mir kommen sollen, und patscht sich auf den Bauch, ein Kerl, der vielleicht nicht wert wäre dein Reitknecht zu sein.

CLAVIGO *(fällt in dem Ausbruch der heftigsten Beängstigung, mit einem Strom von Tränen, dem Carlos um den Hals).* Rette mich! Freund! mein Bester, rette mich! Rette mich von dem gedoppelten Meineid, von der unübersehlichen Schande, von mir selbst — ich vergehe!

CARLOS Armer! Elender! Ich hoffte, diese jugendlichen Rasereien, diese stürmenden Tränen, diese versinkende Wehmut sollte vorüber sein, ich hoffte dich als Mann nicht mehr erschüttert, nicht mehr in dem beklemmenden Jammer zu sehen, den du ehemals so oft in meinen Busen ausgeweint hast. Ermanne dich, Clavigo, ermanne dich!

CLAVIGO Laß mich weinen! *(Wirft sich in einen Sessel.)*

CARLOS Weh dir, daß du eine Bahn betreten hast, die du nicht endigen wirst! Mit deinem Herzen, deinen Gesinnungen, die einen ruhigen Bürger glücklich machen würden, mußtest du den unseligen Hang nach Größe verbinden! Und was ist Größe, Clavigo? Sich in Rang und Ansehn über andre zu erheben? Glaub' es nicht! Wenn dein Herz nicht größer ist, als andrer Herzen; wenn du nicht im Stande bist, dich gelassen über Verhältnisse hinaus zu setzen, die einen gemeinen Menschen ängstigen würden, so bist du mit allen deinen Bändern und Sternen, bist mit der Krone selbst nur ein gemeiner Mensch. Fasse dich, beruhige dich!

CLAVIGO *(richtet sich auf, sieht Carlos an und reicht ihm die Hand, die Carlos mit Heftigkeit anfaßt).*

CARLOS Auf! auf, mein Freund! und entschließe dich. Sieh, ich will alles bei Seite setzen, ich will sagen: Hier liegen zwei Vorschläge auf gleichen Schalen. Entweder du heiratest Marien und findest dein Glück in einem stillen bürgerlichen Leben, in den ruhigen häuslichen Freuden; oder du führest auf der ehrenvollen Bahn deinen Lauf weiter nach dem nahen Ziele. — Ich will alles bei Seite setzen, und will sagen: die Zunge steht inne; es kommt auf deinen Entschluß an, welche von beiden Schalen den Ausschlag haben soll! Gut! Aber entschließe dich! — Es ist nichts erbärmlicher in der Welt als ein unentschlossener Mensch, der zwischen zweien Empfindungen schwebt, gern beide vereinigen möchte, und nicht begreift, daß nichts sie vereinigen kann, als eben der Zweifel, die Unruhe, die ihn peinigen. Auf, und gib Marien deine Hand, handle als ein ehrlicher Kerl, der das Glück seines Lebens seinen Worten aufopfert, der es für seine Pflicht achtet, was er verdorben hat wieder gut zu machen, der auch den Kreis seiner Leidenschaften und Wirksamkeit nie weiter ausgebreitet hat, als daß er im Stande ist, alles wieder gut zu machen was er verdorben hat: und so genieße das Glück einer ruhigen Beschränkung, den Beifall eines bedächtigen Gewissens, und alle Seligkeit, die denen Menschen gewährt ist, die im Stande sind sich ihr eigen Glück zu schaffen und Freude den Ihrigen — Entschließe dich; so will ich sagen, du bist ein ganzer Kerl —

CLAVIGO Einen Funken, Carlos, deiner Stärke, deines Muts.

CARLOS Er schläft in dir, und ich will blasen bis er in Flammen schlägt. Sieh auf der andern Seite das Glück und die Größe die dich erwarten. Ich will dir diese Aussichten nicht mit dichterischen bunten Farben vormalen; stelle sie dir selbst in der Lebhaftigkeit dar, wie sie in voller Klarheit vor deiner Seele standen, ehe der französische Strudelkopf dir die Sinne verwirrte. Aber auch da, Clavigo, sei ein ganzer Kerl, und mache deinen Weg stracks, ohne rechts und links zu sehen. Möge deine Seele sich erweitern, und die Gewißheit des großen Gefühls über dich kommen, daß außerordentliche Menschen eben auch darin außerordentliche Menschen sind, weil ihre Pflichten von den Pflichten des gemeinen Menschen abgehen; daß der, dessen Werk es ist, ein großes Ganze zu übersehen, zu regieren, zu erhalten, sich keinen Vorwurf zu machen braucht, geringe Verhältnisse vernachlässigt, Kleinigkeiten dem Wohl des Ganzen aufgeopfert zu haben. Tut das der Schöpfer in seiner Natur, der König in seinem Staate; warum sollten wir's nicht tun, um ihnen ähnlich zu werden?

CLAVIGO Carlos, ich bin ein kleiner Mensch.

CARLOS Wir sind nicht klein, wenn Umstände uns zu schaffen machen, nur wenn sie uns überwältigen. Noch einen Atemzug, und du bist wieder bei dir selber. Wirf die Reste einer erbärmlichen Leidenschaft von dir, die dich in jetzigen Tagen eben so wenig kleiden, als das graue Jäckchen und die bescheidene Miene, mit denen du nach Madrid kamst. Was das arme Mädchen für dich getan hat, hast du ihr lange gelohnt; und daß du ihr die erste freundliche Aufnahme schuldig bist — Oh! eine andre hätte um das Vergnügen deines Umgangs eben so viel und mehr getan, ohne solche Prätensionen zu machen — und wird dir einfallen, deinem Schulmeister die Hälfte deines Vermögens zu geben, weil er dich vor dreißig Jahren das Abc gelehrt hat? Nun, Clavigo?

CLAVIGO Das ist all gut; im Ganzen magst du Recht haben, es mag also sein; nur wie helfen wir uns aus der Verwirrung in der wir stecken? Da gib Rat, da schaff' Hülfe, und dann rede.

CARLOS Gut! Du willst also?

CLAVIGO Mach' mich können, so will ich. Ich habe kein Nachdenken; hab's für mich.

CARLOS Also denn. Zuerst gehst du, den Herrn an einen dritten Ort zu bescheiden, und alsdann forderst du mit der Klinge die Erklärung zurück, die du gezwungen und unbesonnen ausgestellt hast.

CLAVIGO Ich habe sie schon, er zerriß und gab mir sie.

CARLOS Trefflich! Trefflich! Schon den Schritt getan — und du hast mich so lange reden lassen? — Also kürzer! Du schreibst ihm ganz gelassen: „Du fändest nicht für gut, seine Schwester zu heiraten; die Ursache könnte er erfahren, wenn er sich heute Nacht, von einem Freunde begleitet, und mit beliebigen Waffen versehen, da oder dort einfinden wolle." Und somit signiert. — Komm, Clavigo, schreib' das. Ich bin dein Sekundant und — es müßte mit dem Teufel zugehen —

CLAVIGO *(geht nach dem Tische).*

CARLOS Höre! Ein Wort! Wenn ich's so recht bedenke, ist das ein einfältiger

Vorschlag. Wer sind wir, um uns gegen einen aufgebrachten Abenteurer zu wagen? Und die Aufführung des Menschen, sein Stand verdient nicht, daß wir ihn für unsers Gleichen achten. Also hör' mich! Wenn ich ihn nun peinlich anklage, daß er heimlich nach Madrid gekommen, sich bei dir unter einem falschen Namen mit einem Helfershelfer anmelden lassen, dich erst mit freundlichen Worten vertraulich gemacht, dann dich unvermutet überfallen, eine Erklärung dir abgenötigt und sie auszustreuen weggegangen ist — Das bricht ihm den Hals: er soll erfahren, was das heißt, einen Spanier mitten in der bürgerlichen Ruhe zu befehden.

CLAVIGO Du hast Recht.

CARLOS Wenn wir nun aber unterdessen, bis der Prozeß eingeleitet ist, bis dahin uns der Herr noch allerlei Streiche machen könnte, das Gewisse spielten, und ihn kurz und gut bei'm Kopfe nähmen?

CLAVIGO Ich verstehe, und kenne dich, daß du Mann bist es auszuführen.

CARLOS Nun auch! wenn ich, der ich schon fünf und zwanzig Jahre mitlaufe, und dabei war, da den Ersten unter den Menschen die Angsttropfen auf dem Gesichte standen, wenn ich so ein Possenspiel nicht entwickeln wollte. Und somit lässest du mir freie Hand; du brauchst nichts zu tun, nichts zu schreiben. Wer den Bruder einstecken läßt, gibt pantomimisch zu verstehen, daß er die Schwester nicht mag.

CLAVIGO Nein, Carlos! Es gehe wie es wolle, das kann, das werd' ich nicht leiden. Beaumarchais ist ein würdiger Mensch, und er soll in keinem schimpflichen Gefängnisse verschmachten um seiner gerechten Sache willen. Einen andern Vorschlag, Carlos, einen andern!

CARLOS Pah! Pah! Kindereien! Wir wollen ihn nicht treffen, er soll wohl aufgehoben und versorgt werden, und lang kann's auch nicht währen. Denn siehe, wenn er spürt daß es Ernst ist, kriecht sein theatralischer Eifer gewiß zum Kreuz, er kehrt bedutzt nach Frankreich zurück, und dankt auf das höflichste, wenn man ja seiner Schwester ein jährliches Gehalt aussetzen will, warum's ihm vielleicht einzig und allein zu tun war.

CLAVIGO So sei's denn! Nur verfahrt gut mit ihm.

CARLOS Sei unbesorgt. — Noch eine Vorsicht! Man kann nicht wissen wie's verschwätzt wird, wie er Wind kriegt, und er überläuft dich, und alles geht zu Grunde. Drum begib dich aus deinem Hause, daß auch kein Bedienter weiß, wohin. Laß nur das Nötigste zusammenpacken. Ich schicke dir einen Burschen, der dir's forttragen und dich hinbringen soll, wo dich die heilige Hermandad selbst nicht findet. Ich hab' so ein paar Mauslöcher immer offen. Adieu.

CLAVIGO Leb' wohl!

CARLOS Frisch! Frisch! Wenn's vorbei ist, Bruder, wollen wir uns laben.

Guilberts Wohnung

SOPHIE GUILBERT. MARIE BEAUMARCHAIS *(mit Arbeit).*

MARIE So ungestüm ist Buenco fort?

SOPHIE Das war natürlich. Er liebt dich, und wie konnte er den Anblick des Menschen ertragen, den er doppelt hassen muß?

MARIE Es ist der beste tugendhafteste Bürger, den ich je gekannt habe. *(Ihr die Arbeit zeigend.)* Mich dünkt, ich mach' es so? Ich ziehe hier das ein und das Ende steck' ich hinauf. Es wird gut stehn.

SOPHIE Recht gut. Und ich will paille Band zu den Häubchen nehmen! es kleid't mich keins besser. Du lächelst?

MARIE Ich lache über mich selbst. Wir Mädchen sind doch eine wunderliche Nation: kaum heben wir den Kopf nur ein wenig wieder, so ist gleich Putz und Band was uns beschäftigt.

SOPHIE Das kannst du dir nicht nachsagen; seit dem Augenblick, da Clavigo dich verließ, war nichts im Stande dir eine Freude zu machen.

MARIE *(fährt zusammen und sieht nach der Tür).*

SOPHIE Was hast du?

MARIE *(beklemmt).* Ich glaubte, es käme jemand! Mein armes Herz! O es wird mich noch umbringen. Fühl' wie es schlägt, von dem leeren Schrecken.

SOPHIE Sei ruhig. Du siehst blaß! ich bitte dich, meine Liebe!

MARIE *(auf die Brust deutend.)* Es drückt mich hier so. — Es sticht mich so. — Es wird mich umbringen.

SOPHIE Schone dich.

MARIE Ich bin ein närrisches unglückliches Mädchen. Schmerz und Freude haben mit all ihrer Gewalt mein armes Leben untergraben. Ich sage dir, es ist nur halbe Freude daß ich ihn wieder habe. Ich werde das Glück wenig genießen, das mich in seinen Armen erwartet; vielleicht gar nicht.

SOPHIE Schwester, meine liebe Einzige! Du nagst mit solchen Grillen an dir selber.

MARIE Warum soll ich mich betriegen?

SOPHIE Du bist jung und glücklich und kannst alles hoffen.

MARIE Hoffnung! O der süße einzige Balsam des Lebens bezaubert oft meine Seele. Mutige jugendliche Träume schweben vor mir, und begleiten die geliebte Gestalt des Unvergleichlichen, der nun wieder der meine wird. O Sophie, wie reizend ist er! Seit ich ihn nicht sah, hat er — ich weiß nicht, wie ich's ausdrücken soll — es haben sich alle großen Eigenschaften, die ehemals in seiner Bescheidenheit verborgen lagen, entwickelt. Er ist ein Mann worden, und muß mit diesem reinen Gefühle seiner selbst, mit dem er auftritt, das so ganz ohne Stolz, ohne Eitelkeit ist, er muß alle Herzen wegreißen. — Und er soll der meinige werden? — Nein, Schwester, ich war seiner nicht wert — Und jetzt bin ich's viel weniger!

SOPHIE Nimm ihn nur und sei glücklich. — Ich höre deinen Bruder!

BEAUMARCHAIS *kommt.*

BEAUMARCHAIS Wo ist Guilbert?

SOPHIE Er ist schon eine Weile weg; lang kann er nicht mehr ausbleiben.

MARIE Was hast du, Bruder? — *(Aufspringend, und ihm um den Hals fallend.)* Lieber Bruder, was hast du?

BEAUMARCHAIS Nichts! Laß mich, meine Marie!

MARIE Wenn ich deine Marie bin, so sag' mir, was du auf dem Herzen hast?

SOPHIE Laß ihn. Die Männer machen oft Gesichter, ohne just was auf dem Herzen zu haben.

MARIE Nein, nein. Ach ich sehe dein Angesicht nur wenige Zeit; aber schon drückt es mir alle deine Empfindungen aus, ich lese jedes Gefühl dieser unverstellten unverdorbenen Seele auf deiner Stirne. Du hast etwas was dich stutzig macht. Rede, was ist's?

BEAUMARCHAIS Es ist nichts, meine Lieben. Ich hoffe, im Grunde ist's nichts. Clavigo —

MARIE Wie?

BEAUMARCHAIS Ich war bei Clavigo. Er ist nicht zu Hause.

SOPHIE Und das verwirrt dich?

BEAUMARCHAIS Sein Pförtner sagt, er sei verreis't, er wisse nicht wohin? es wisse niemand, wie lange? Wenn er sich verleugnen ließe! Wenn er wirklich verreis't wäre! Warum das?

MARIE Wir wollen's abwarten.

BEAUMARCHAIS Deine Zunge lügt. Ha! Die Blässe deiner Wangen, das Zittern deiner Glieder, alles spricht und zeugt, daß du das nicht abwarten kannst. Liebe Schwester! *(Faßt sie in seine Arme.)* An diesem klopfenden, ängstlich bebenden Herzen schwör' ich dir. Höre mich, Gott, der du gerecht bist! Höret mich, alle seine Heiligen! Du sollst gerächet werden, wenn er — die Sinne vergehn mir über dem Gedanken, — wenn er rückfiele, wenn er doppeltes gräßliches Meineids sich schuldig machte, unsers Elends spottete — Nein, es ist, es ist nicht möglich, nicht möglich — Du sollst gerächet werden.

SOPHIE Alles zu früh, zu voreilig. Schone ihrer, ich bitte dich, mein Bruder.

MARIE *(setzt sich).*

SOPHIE Was hast du? Du wirst ohnmächtig.

MARIE Nein, nein. Du bist gleich so besorgt.

SOPHIE *(reicht ihr Wasser).* Nimm das Glas.

MARIE Laß doch! wozu soll's? — Nun meinetwegen, gib her.

BEAUMARCHAIS Wo ist Guilbert? Wo ist Buenco? Schicke nach ihnen, ich bitte dich. *(Sophie ab.)* Wie ist dir, Marie?

MARIE Gut, ganz gut! Denkst du denn, Bruder? —

BEAUMARCHAIS Was, meine Liebe?

MARIE Ach!

BEAUMARCHAIS Der Atem wird dir schwer?

MARIE Das unbändige Schlagen meines Herzens versetzt mir die Luft.

BEAUMARCHAIS Habt ihr denn kein Mittel? Brauchst du nichts Niederschlagendes?

MARIE Ich weiß ein Mittel, und darum bitt' ich Gott schon lange.

BEAUMARCHAIS Du sollst's haben, und ich hoffe von meiner Hand.

MARIE Schon gut.

SOPHIE *kommt.*

SOPHIE So eben gibt ein Kurier diesen Brief ab; er kommt von Aranjuez.

BEAUMARCHAIS Das ist das Siegel und die Hand unsers Gesandten.

SOPHIE Ich hieß ihn absteigen und einige Erfrischungen zu sich nehmen; er wollte nicht, weil er noch mehr Depeschen habe.

MARIE Willst du doch, Liebe, das Mädchen nach dem Arzte schicken?

SOPHIE Fehlt dir was? Heiliger Gott! was fehlt dir?

MARIE Du wirst mich ängstigen, daß ich zuletzt kaum traue ein Glas Wasser zu begehren — Sophie! — Bruder! — Was enthält der Brief? Sieh, wie er zittert! wie ihn aller Mut verläßt!

SOPHIE Bruder, mein Bruder!

BEAUMARCHAIS *(wirft sich sprachlos in einen Sessel und läßt den Brief fallen).*

SOPHIE Mein Bruder! *(Hebt den Brief auf und lies't.)*

MARIE Laßt mich ihn sehn! ich muß — *(Will aufstehn.)* Weh! Ich fühl's. Es ist das Letzte. Schwester, aus Barmherzigkeit den letzten schnellen Todesstoß! Er verrät uns! —

BEAUMARCHAIS *(aufspringend).* Er verrät uns! *(An die Stirn schlagend und auf die Brust.)* Hier! hier! es ist alles so dumpf, so tot vor meiner Seele, als hätt' ein Donnerschlag meine Sinne gelähmt. Marie! Marie! du bist verraten! — und ich stehe hier! Wohin? — Was? — Ich sehe nichts, nichts! keinen Weg, keine Rettung! *(Wirft sich in den Sessel.)*

GUILBERT *kommt.*

SOPHIE Guilbert! Rat! Hülfe! Wir sind verloren!

GUILBERT Weib!

SOPHIE Lies! Lies! Der Gesandte meldet unserm Bruder: Clavigo habe ihn peinlich angeklagt, als sei er unter einem falschen Namen in sein Haus geschlichen, habe ihm im Bette die Pistole vorgehalten, habe ihn gezwungen, eine schimpfliche Erklärung zu unterschreiben; und wenn er sich nicht schnell aus dem Königreiche entfernt, so schleppen sie ihn in's Gefängnis, daraus ihn zu befreien der Gesandte vielleicht selbst nicht im Stande ist.

BEAUMARCHAIS *(aufspringend).* Ja, sie sollen's! sie sollen's! sollen mich in's Gefängnis schleppen. Aber von seinem Leichname weg, von der Stätte weg, wo ich mich in seinem Blute werde geletzt haben. — Ach! der grimmige entsetzliche Durst nach seinem Blute füllt mich ganz. Dank sei dir, Gott im Himmel, daß du dem Menschen mitten im glühenden unerträglichsten Leiden ein Labsal sendest, eine Erquickung. Wie ich die dürstende Rache in meinem Busen fühle! wie aus der Vernichtung meiner selbst, aus der stumpfen Unentschlossenheit mich das herrliche Gefühl, die Begier nach seinem Blute herausreißt, mich über mich selbst reißt! Rache! Wie mir's wohl ist! wie alles an mir nach ihm hin strebt, ihn zu fassen, ihn zu vernichten!

SOPHIE Du bist fürchterlich, Bruder.

BEAUMARCHAIS Desto besser. — Ach! Keinen Degen, kein Gewehr! Mit diesen Händen will ich ihn erwürgen, daß mein die Wonne sei! ganz mein eigen das Gefühl: ich hab' ihn vernichtet.

MARIE Mein Herz! Mein Herz!

BEAUMARCHAIS Ich habe dich nicht retten können, so sollst du gerächt werden. Ich schnaube nach seiner Spur, meine Zähne gelüstet's nach seinem Fleisch, meinen Gaumen nach seinem Blut. Bin ich ein rasendes Tier geworden! Mir glüht in jeder Ader, mir zuckt in jeder Nerve die Begier nach ihm! — Ich würde den ewig hassen, der mir ihm jetzt mit Gift vergäbe, der mir ihn meuchelmörderisch aus dem Wege räumte. O hilf mir. Guilbert, ihn aufsuchen! Wo ist Buenco? Helft mir ihn finden.

GUILBERT Rette dich! Rette dich! Du bist außer dir.

MARIE Fliehe, mein Bruder!

SOPHIE Führ' ihn weg; er bringt seine Schwester um.

BUENCO *kommt.*

BUENCO Auf, Herr! Fort! Ich sah's voraus. Ich gab auf alles Acht. Und nun! man stellt euch nach, ihr seid verloren, wenn ihr nicht im Augenblick die Stadt verlaßt.

BEAUMARCHAIS Nimmermehr! Wo ist Clavigo?

BUENCO Ich weiß nicht.

BEAUMARCHAIS Du weißt's. Ich bitte dich fußfällig, sag' mir's.

SOPHIE Um Gottes willen, Buenco!

MARIE Ach! Luft! Luft! *(Fällt zurück.)* Clavigo! —

BUENCO Hülfe, sie stirbt!

SOPHIE Verlaß uns nicht, Gott im Himmel! — Fort, mein Bruder, fort!

BEAUMARCHAIS *(fällt vor Marien nieder, die ungeachtet aller Hülfe nicht wieder zu sich selbst kommt).* Dich verlassen! Dich verlassen!

SOPHIE So bleib', und verderb' uns alle, wie du Marien getötet hast. Du bist hin, o meine Schwester! durch die Unbesonnenheit deines Bruders.

BEAUMARCHAIS Halt, Schwester!

SOPHIE *(spottend).* Retter! — Rächer — Hilf dir selber!

BEAUMARCHAIS Verdien' ich das?

SOPHIE Gib mir sie wieder! Und dann geh in Kerker, geh auf's Martergerüst, geh, vergieße dein Blut, und gib mir sie wieder.

BEAUMARCHAIS Sophie!

SOPHIE Ha! und ist sie hin, ist sie tot — so erhalte dich uns! *(Ihm um den Hals fallend.)* Mein Bruder, erhalte dich uns! unserm Vater! Eile, eile! Das war ihr Schicksal! Sie hat's geendet. Und ein Gott ist im Himmel, dem laß die Rache.

BUENCO Fort! fort! Kommen Sie mit mir, ich verberge Sie, bis wir Mittel finden, Sie aus dem Königreiche zu schaffen.

BEAUMARCHAIS *(fällt auf Marien und küßt sie).* Schwester! *(Sie reißen ihn los, er faßt Sophien, sie macht sich los, man bringt Marien weg, und Buenco mit Beaumarchais ab.)*

GUILBERT. EIN ARZT.

SOPHIE *(aus dem Zimmer zurückkommend darein man Marien gebracht hat).* Zu spät! Sie ist hin! Sie ist tot!

GUILBERT Kommen Sie, mein Herr! Sehen Sie selbst! Es ist nicht möglich! *(Ab.)*

FÜNFTER AKT

Straße vor dem Hause Guilberts. Nacht

Das Haus ist offen. Vor der Türe stehen drei in schwarze Mäntel gehüllte MÄNNER *mit Fackeln.* CLAVIGO *in einen Mantel gewickelt, den Degen unter'm Arm, kommt. Ein* BEDIENTER *geht voraus mit einer Fackel.*

CLAVIGO.

CLAVIGO Ich sagte dir's, du solltest diese Straße meiden.

BEDIENTER Wir hätten einen gar großen Umweg nehmen müssen, und Sie eilen so. Es ist nicht weit von hier, wo Don Carlos sich aufhält.

CLAVIGO Fackeln dort?

BEDIENTER Eine Leiche. Kommen Sie, mein Herr.

CLAVIGO Mariens Wohnung! Eine Leiche! Mir fährt ein Todesschauer durch alle Glieder. Geh, frag, wen sie begraben?

BEDIENTER *(geht zu den Männern).* Wen begrabt ihr?

DIE MÄNNER Marien Beaumarchais.

CLAVIGO *(setzt sich auf einen Stein und verhüllt sich).*

BEDIENTER *(kommt zurück).* Sie begraben Marien Beaumarchais.

CLAVIGO *(aufspringend).* Mußtest du's wiederholen, Verräter? Das Donnerwort wiederholen, das mir alles Mark aus meinen Gebeinen schlägt?

BEDIENTER Stille, mein Herr, kommen Sie. Bedenken Sie die Gefahr, in der Sie schweben.

CLAVIGO Geh in die Hölle! Ich bleibe.

BEDIENTER O Carlos! O daß ich dich fände, Carlos! Er ist außer sich! *(Ab.)*

CLAVIGO *(In der Ferne die Leichenmänner.)*

CLAVIGO Tot! Marie tot! Die Fackeln dort! ihre traurigen Begleiter! Es ist ein Zauberspiel, ein Nachtgesicht, das mich erschreckt, das mir einen Spiegel vorhält, darin ich das Ende meiner Verrätereien ahnungsweise erkennen soll. — Noch ist es Zeit! Noch! — Ich bebe, mein Herz zerfließt in Schauer! Nein! Nein! du sollst nicht sterben. Ich komme! Ich komme! — Verschwindet, Geister der Nacht, die ihr euch mit ängstlichen Schrecknissen mir in den Weg stellt — *(Geht auf sie los.)* Verschwindet! — Sie stehen! Ha! sie sehen sich nach mir um! Weh! Weh mir! es sind Menschen wie ich. — Es ist wahr — Wahr? — Kannst du's fassen? — Sie ist tot — Es ergreift mich mit allem Schauer der Nacht das Gefühl: sie ist tot! Da liegt sie, die Blume zu deinen Füßen — und du — Erbarm' dich meiner, Gott im Himmel, ich habe sie nicht getötet! — Verbergt euch, Sterne, schaut nicht hernieder, ihr, die ihr so oft den Missetäter saht in dem Gefühl des innigsten Glückes diese Schwelle verlassen, durch eben diese Straße mit Saitenspiel und Gesang in goldnen Phantasien hinschweben, und sein am heimlichen Gitter lauschendes Mädchen mit wonnevollen Erwartungen entzünden! — Und du füllst nun das Haus mit Wehklagen und Jammer! und diesen Schauplatz deines Glückes mit Grabgesang! — Marie! Marie! nimm mich mit dir!

nimm mich mit dir! *(Eine traurige Musik tönt einige Laute von innen.)* Sie beginnen den Weg zum Grabe! — Haltet! haltet! Schließt den Sarg nicht! Laßt mich sie noch einmal sehen! *(Er geht auf's Haus los.)* Ha! wem, wem wag' ich's unter's Gesicht zu treten? wem in seinen entsetzlichen Schmerzen zu begegnen? — Ihren Freunden? Ihrem Bruder! dem wütender Jammer den Busen füllt! *(Die Musik geht wieder an.)* Sie ruft mir! sie ruft mir! Ich komme! — Welche Angst umgibt mich! Welches Beben hält mich zurück!

Die Musik fängt zum drittenmale an und fährt fort. Die Fackeln bewegen sich vor der Tür, es treten noch drei andere zu ihnen, die sich in Ordnung reihen, um den Leichenzug einzufassen, der aus dem Hause kommt. Sechs tragen die Bahre, darauf der bedeckte Sarg steht. GUILBERT, BUENCO *in tiefer Trauer.*

CLAVIGO *(hervortretend).* Haltet!

GUILBERT Welche Stimme!

CLAVIGO Haltet! *(Die Träger stehen.)*

BUENCO Wer untersteht sich den ehrwürdigen Zug zu stören?

CLAVIGO Setzt nieder!

GUILBERT Ha!

BUENCO Elender! Ist deiner Schandtaten kein Ende? Ist dein Opfer im Sarge nicht sicher vor dir?

CLAVIGO Laßt! macht mich nicht rasend! die Unglücklichen sind gefährlich! Ich muß sie sehen! *(Er wirft das Tuch ab. Marie liegt weißgekleidet und mit gefalteten Händen im Sarge. Clavigo tritt zurück und verbirgt sein Gesicht.)*

BUENCO Willst du sie erwecken, um sie wieder zu töten?

CLAVIGO Armer Spötter! — Marie! *(Er fällt vor dem Sarge nieder.)*

BEAUMARCHAIS *kommt.*

BEAUMARCHAIS Buenco hat mich verlassen. Sie ist nicht tot, sagen sie, ich muß sehen, trotz dem Teufel! Ich muß sie sehen. Fackeln, Leiche! *(Er rennt auf sie los, erblickt den Sarg und fällt sprachlos drüber hin; man hebt ihn auf, er ist wie ohnmächtig. Guilbert hält ihn.)*

CLAVIGO *(der an der andern Seite des Sargs aufsteht).* Marie! Marie!

BEAUMARCHAIS *(auffahrend).* Das ist seine Stimme! Wer ruft Marie? Wie mit dem Klang der Stimme sich eine glühende Wut in meine Adern goß!

CLAVIGO Ich bin's.

BEAUMARCHAIS *(wild hinsehend und nach dem Degen greifend. Guilbert hält ihn).*

CLAVIGO Ich fürchte deine glühenden Augen nicht, nicht die Spitze deines Degens! Sieh hier her, dieses geschlossene Auge, diese gefalteten Hände!

BEAUMARCHAIS Zeigst du mir das? *(Er reißt sich los, dringt auf Clavigo ein, der zieht, sie fechten, Beaumarchais stößt ihm den Degen in die Burst.)*

CLAVIGO *(sinkend).* Ich danke dir, Bruder! Du vermählst uns. *(Er sinkt auf den Sarg.)*

BEAUMARCHAIS *(ihn wegreißend).* Weg von dieser Heiligen, Verdammter!

CLAVIGO Weh! *(Die Träger halten ihn.)*

BEAUMARCHAIS Blut! Blick' auf, Marie, blick' auf deinen Brautschmuck, und dann schließ deine Augen auf ewig. Sieh, wie ich deine Ruhestätte geweiht habe mit dem Blute deines Mörders! Schön! Herrlich!

SOPHIE *kommt.*

SOPHIE Bruder! Gott! was gibt's?

BEAUMARCHAIS Tritt näher, Liebe, und schau. Ich hoffte ihr Brautbette mit

Rosen zu bestreuen; sieh die Rosen, mit denen ich sie ziere auf ihrem Wege zum Himmel.

SOPHIE Wir sind verloren!

CLAVIGO Rette dich, Unbesonnener! rette dich, eh' der Tag anbricht. Gott, der dich zum Rächer sandte, begleite Dich. — Sophie — vergib mir! — Bruder — Freunde, vergebt mir!

BEAUMARCHAIS Wie sein fließendes Blut alle die glühende Rache meines Herzens auslöscht! wie mit seinem wegfliehenden Leben meine Wut verschwindet! *(Auf ihn losgehend.)* Stirb, ich vergebe dir!

CLAVIGO Deine Hand! und deine, Sophie! Und eure! *(Buenco zaudert.)*

SOPHIE Gib sie ihm, Buenco.

CLAVIGO Ich danke dir! du bist die alte. Ich danke euch! Und wenn du noch hier diese Stätte umschwebst, Geist meiner Geliebten, schau herab, sieh diese himmlische Güte, sprich deinen Segen dazu, und vergib mir auch! — Ich komme! ich komme! — Rette dich, mein Bruder! Sagt mir, vergab sie mir? Wie starb sie?

SOPHIE Ihr letztes Wort war dein unglücklicher Name! Sie schied weg ohne Abschied von uns.

CLAVIGO Ich will ihr nach, und ihr den eurigen bringen.

CARLOS. EIN BEDIENTER.

CARLOS Clavigo! Mörder!

CLAVIGO Höre mich, Carlos! Du siehst hier die Opfer deiner Klugheit — und nun, um des Blutes willen, in dem mein Leben unaufhaltsam dahin fließt! rette meinen Bruder —

CARLOS Mein Freund! Ihr steht da? Lauft nach Wundärzten! *(Bedienter ab.)*

CLAVIGO Es ist vergebens. Rette! rette den unglücklichen Bruder! — Deine Hand darauf! Sie haben mir vergeben, und so vergeb' ich dir. Du begleitest ihn bis an die Gränze, und — ah!

CARLOS *(mit dem Fuße stampfend).* Clavigo! Clavigo!

CLAVIGO *(sich dem Sarge nähernd, auf den sie ihn niederlassen).* Marie! deine Hand! *(Er entfaltet ihre Hände, und faßt die rechte.)*

SOPHIE *(zu Beaumarchais).* Fort, Unglücklicher! fort!

CLAVIGO Ich hab' ihre Hand! Ihre kalte Totenhand! Du bist die meinige — Und noch diesen Bräutigamskuß. Ah!

SOPHIE Er stirbt. Rette dich, Bruder!

BEAUMARCHAIS *(fällt Sophien um den Hals).*

SOPHIE *(umarmt ihn, indem sie zugleich eine Bewegung macht ihn zu entfernen).*

EGMONT

Ein Trauerspiel
in fünf Aufzügen

PERSONEN

MARGARETE VON PARMA, *Tochter Karls des Fünften, Regentin der Niederlande*
GRAF EGMONT, *Prinz von Gaure*
WILHELM VON ORANIEN
HERZOG VON ALBA
FERDINAND, *sein natürlicher Sohn*
MACHIAVELL, *im Dienste der Regentin*
RICHARD, *Egmonts Geheimschreiber*
SILVA } *unter Alba dienend*
GOMEZ }
CLÄRCHEN, *Egmonts Geliebte*
IHRE MUTTER
BRACKENBURG, *ein Bürgerssohn*
SOEST, *Krämer* }
JETTER, *Schneider* } *Bürger von Brüssel*
ZIMMERMANN }
SEIFENSIEDER }
BUYCK, *Soldat unter Egmont*
RUYSUM, *Invalide und taub*
VANSEN, *ein Schreiber*
VOLK, GEFOLGE, WACHEN *u. s. w.*

Der Schauplatz ist in Brüssel.

ERSTER AUFZUG

Armbrustschießen

SOLDAT *und* BÜRGER *mit Armbrüsten.*

JETTER, *Bürger von Brüssel, Schneider, tritt vor und spannt die Armbrust.* SOEST, *Bürger von Brüssel, Krämer.*

SOEST Nun schießt nur hin, daß es alle wird! Ihr nehmt mir's doch nicht! Drei Ringe schwarz, die habt ihr eure Tage nicht geschossen. Und so wär' ich für dies Jahr Meister.

JETTER Meister und König dazu. Wer mißgönnt's euch? Ihr sollt dafür auch die Zeche doppelt bezahlen; ihr sollt eure Geschicklichkeit bezahlen, wie's recht ist.

BUYCK, *ein Holländer, Soldat unter Egmont.*

BUYCK Jetter, den Schuß handl' ich euch ab, teile den Gewinst, traktiere die Herren: ich bin so schon lange hier und für viele Höflichkeit Schuldner. Fehl' ich, so ist's als wenn ihr geschossen hättet.

SOEST Ich sollte drein reden: denn eigentlich verlier' ich dabei. Doch, Buyck, nur immerhin.

BUYCK *(schießt).* Nun, Pritschmeister, Reverenz! — Eins! Zwei! Drei! Vier!

SOEST Vier Ringe? Es sei!

ALLE Vivat, Herr König, hoch! und abermal hoch!

BUYCK Danke, ihr Herren. Wäre Meister zu viel! Danke für die Ehre.

JETTER Die habt ihr euch selbst zu danken.

RUYSUM, *ein Friesländer, Invalide und taub.*

RUYSUM Daß ich euch sage!

SOEST Wie ist's, Alter?

RUYSUM Daß ich euch sage! — Er schießt wie sein Herr, er schießt wie Egmont.

BUYCK Gegen ihn bin ich nur ein armer Schlucker. Mit der Büchse trifft er erst, wie keiner in der Welt. Nicht etwa wenn er Glück oder gute Laune hat; nein! wie er anlegt, immer rein schwarz geschossen. Gelernt habe ich von ihm. Das wäre auch ein Kerl, der bei ihm diente und nichts von ihm lernte. — Nicht zu vergessen, meine Herren! Ein König nährt seine Leute; und so, auf des Königs Rechnung, Wein her!

JETTER Es ist unter uns ausgemacht, daß jeder —

BUYCK Ich bin fremd und König, und achte eure Gesetze und Herkommen nicht.

JETTER Du bist ja ärger als der Spanier; der hat sie uns doch bisher lassen müssen.

RUYSUM Was?

SOEST *(laut).* Er will uns gastieren; er will nicht haben daß wir zusammenlegen, und der König nur das Doppelte zahlt.

RUYSUM Laßt ihn! doch ohne Präjudiz! Das ist auch seines Herrn Art splendid zu sein, und es laufen zu lassen wo es gedeiht.

Sie bringen Wein.

ALLE Ihro Majestät Wohl! Hoch!

JETTER *(zu Buyck).* Versteht sich Eure Majestät.

BUYCK Danke von Herzen, wenn's doch so sein soll.

SOEST Wohl! Denn unserer spanischen Majestät Gesundheit trinkt nicht leicht ein Niederländer von Herzen.

RUYSUM Wer?

SOEST *(laut).* Philipps des Zweiten, Königs in Spanien.

RUYSUM Unser allergnädigster König und Herr! Gott geb' ihm langes Leben.

SOEST Hattet ihr seinen Herrn Vater, Karl den Fünften, nicht lieber?

RUYSUM Gott tröst' ihn! Das war ein Herr! Er hatte die Hand über den ganzen Erdboden, und war euch alles in allem; und wenn er euch begegnete, so grüßt' er euch wie ein Nachbar den andern; und wenn ihr erschrocken wart, wußt' er mit so guter Manier — Ja, versteht mich — Er ging aus, ritt aus, wie's ihm einkam, gar mit wenig Leuten. Haben wir doch alle geweint, wie er seinem Sohn das Regiment hier abtrat — sagt' ich, versteht mich — der ist schon anders, der ist majestätischer.

JETTER Er ließ sich nicht sehen, da er hier war, als in Prunk und königlichem Staate. Er spricht wenig, sagen die Leute.

SOEST Es ist kein Herr für uns Niederländer. Unsre Fürsten müssen froh und frei sein wie wir, leben und leben lassen. Wir wollen nicht verachtet noch gedruckt sein, so gutherzige Narren wir auch sind.

JETTER Der König, denk' ich, wäre wohl ein gnädiger Herr, wenn er nur bessere Ratgeber hätte.

SOEST Nein, nein! Er hat kein Gemüt gegen uns Niederländer, sein Herz ist dem Volke nicht geneigt, er liebt uns nicht; wie können wir ihn wieder lieben? Warum ist alle Welt dem Grafen Egmont so hold? Warum trügen wir ihn alle auf den Händen? Weil man ihm ansieht daß er uns wohl will; weil ihm die Fröhlichkeit, das freie Leben, die gute Meinung aus den Augen sieht; weil er nichts besitzt, das er dem Dürftigen nicht mitteilte, auch dem, der's nicht bedarf. Laßt den Grafen Egmont leben! Buyck, an euch ist's die erste Gesundheit zu bringen! Bringt eures Herrn Gesundheit aus.

BUYCK Von ganzer Seele denn: Graf Egmont hoch!

RUYSUM Überwinder bei St. Quintin.

BUYCK Dem Helden von Gravelingen!

ALLE Hoch!

RUYSUM St. Quintin war meine letzte Schlacht. Ich konnte kaum mehr fort, kaum die schwere Büchse mehr schleppen. Hab' ich doch den Franzosen noch Eins auf den Pelz gebrennt, und da kriegt' ich zum Abschied noch einen Streifschuß an's rechte Bein.

BUYCK Gravelingen! Freunde! da ging's frisch! Den Sieg haben wir allein. Brannten und sengten die wälschen Hunde nicht durch ganz Flandern? Aber ich mein', wir trafen sie! Ihre alten handfesten Kerle hielten lange wider, und wir drängten und schossen und hieben, daß sie die Mäuler verzerrten und ihre Linien zuckten. Da ward Egmont das Pferd unter dem

Leibe niedergeschossen, und wir stritten lange hinüber herüber, Mann für Mann, Pferd gegen Pferd, Haufe mit Haufe, auf dem breiten flachen Sand an der See hin. Auf einmal kam's, wie vom Himmel herunter, von der Mündung des Flusses, bav, bau! immer mit Kanonen in die Franzosen drein. Es waren Engländer, die unter dem Admiral Malin von ungefähr von Dünkirchen her vorbeifuhren. Zwar viel halfen sie uns nicht; sie konnten nur mit den kleinsten Schiffen herbei, und das nicht nah genug; schossen auch wohl unter uns — Es tat doch gut! Es brach die Wälschen und hob unsern Mut. Da ging's! Rick! rack! herüber, hinüber! Alles tot geschlagen, alles in's Wasser gesprengt. Und die Kerle ersoffen, wie sie das Wasser schmeckten; und was wir Holländer waren, gerad hinten drein. Uns, die wir beidlebig sind, ward erst wohl im Wasser wie den Fröschen; und immer die Feinde im Fluß zusammengehauen, weggeschossen wie die Enten. Was nun noch durchbrach, schlugen euch auf der Flucht die Bauerweiber mit Hakken und Mistgabeln tot. Mußte doch die wälsche Majestät gleich das Pfötchen reichen und Friede machen. Und den Frieden seid ihr uns schuldig, dem großen Egmont schuldig.

ALLE Hoch! dem großen Egmont hoch! und abermal hoch! und abermal hoch!

JETTER Hätte man uns den statt der Margrete von Parma zum Regenten gesetzt!

SOEST Nicht so! Wahr bleibt wahr! Ich lasse mir Margareten nicht schelten. Nun ist's an mir. Es lebe unsre gnäd'ge Frau!

ALLE Sie lebe!

SOEST Wahrlich, treffliche Weiber sind in dem Hause. Die Regentin lebe!

JETTER Klug ist sie, und mäßig in allem was sie tut; hielte sie's nur nicht so steif und fest mit den Pfaffen. Sie ist doch mit Schuld, daß wir die vierzehn neuen Bischofsmützen im Lande haben. Wozu die nur sollen? Nicht wahr, daß man Fremde in die guten Stellen einschieben kann, wo sonst Äbte aus den Kapiteln gewählt wurden? Und wir sollen glauben es sei um der Religion willen. Ja es hat sich. An drei Bischöfen hatten wir genug: da ging's ehrlich und ordentlich zu. Nun muß doch auch jeder tun als ob er nötig wäre; und da setzt's allen Augenblick Verdruß und Händel. Und je mehr ihr das Ding rüttelt und schüttelt, desto trüber wird's.

Sie trinken.

SOEST Das war nun des Königs Wille; sie kann nichts davon, noch dazu tun.

JETTER Da sollen wir nun die neuen Psalmen nicht singen. Sie sind wahrlich gar schön in Reimen gesetzt, und haben recht erbauliche Weisen. Die sollen wir nicht singen, aber Schelmenlieder, so viel wir wollen. Und warum? Es seien Ketzereien drin, sagen sie, und Sachen, Gott weiß. Ich hab' ihrer doch auch gesungen; es ist jetzt was Neues, ich hab' nichts drin gesehen.

BUYCK Ich wollte sie fragen! In unsrer Provinz singen wir was wir wollen. Das macht daß Graf Egmont unser Statthalter ist; der fragt nach so etwas nicht. — In Gent, Ypern, durch ganz Flandern singt sie, wer Belieben hat. *(Laut.)* Es ist ja wohl nichts unschuldiger, als ein geistlich Lied? Nicht wahr, Vater?

RUYSUM Ei wohl! Es ist ja ein Gottesdienst, eine Erbauung.

JETTER Sie sagen aber, es sei nicht auf die rechte Art, nicht auf ihre Art; und gefährlich ist's doch immer, da läßt man's lieber sein. Die Inquisitionsdiener schleichen herum und passen auf; mancher ehrliche Mann ist schon unglücklich geworden. Der Gewissenszwang fehlte noch! Da ich nicht tun darf was ich möchte, können sie mich doch denken und singen lassen was ich will.

SOEST Die Inquisition kommt nicht auf. Wir sind nicht gemacht, wie die Spanier, unser Gewissen tyrannisieren zu lassen. Und der Adel muß auch bei Zeiten suchen ihr die Flügel zu beschneiden.

JETTER Es ist sehr fatal. Wenn's den lieben Leuten einfällt in mein Haus zu stürmen, und ich sitz' an meiner Arbeit, und summe just einen französischen Psalm, und denke nichts dabei, weder Gutes noch Böses; ich summe ihn aber weil er mir in der Kehle ist; gleich bin ich ein Ketzer und werde eingesteckt. Oder ich gehe über Land, und bleibe bei einem Haufen Volks stehen, das einem neuen Prediger zuhört, einem von denen die aus Deutschland gekommen sind; auf der Stelle heiß' ich ein Rebell, und komme in Gefahr meinen Kopf zu verlieren. Habt ihr je einen predigen hören?

SOEST Wackre Leute. Neulich hört' ich einen auf dem Felde vor tausend und tausend Menschen sprechen. Das war ein ander Geköch, als wenn unsre auf der Kanzel herumtrommeln und die Leute mit lateinischen Brocken erwürgen. Der sprach von der Leber weg; sagte, wie sie uns bisher hätten bei der Nase herumgeführt, uns in der Dummheit erhalten, und wie wir mehr Erleuchtung haben könnten. — Und das bewies er euch alles aus der Bibel.

JETTER Da mag doch auch was dran sein. Ich sagt's immer selbst, und grübelte so über die Sache nach. Mir ist's lang im Kopf herumgegangen.

BUYCK Es läuft ihnen auch alles Volk nach.

SOEST Das glaub' ich, wo man was Gutes hören kann und was Neues.

JETTER Und was ist's denn nun? Man kann ja einen jeden predigen lassen nach seiner Weise.

BUYCK Frisch, ihr Herren! Über dem Schwätzen vergeßt ihr den Wein und Oranien.

JETTER Den nicht zu vergessen. Das ist ein rechter Wall: wenn man nur an ihn denkt, meint man gleich man könne sich hinter ihn verstecken, und der Teufel brächte einen nicht hervor. Hoch! Wilhelm von Oranien, hoch!

ALLE Hoch! hoch!

SOEST Nun, Alter, bring' auch deine Gesundheit.

RUYSUM Alte Soldaten! Alle Soldaten! Es lebe der Krieg!

BUYCK Bravo, Alter! Alle Soldaten! Es lebe der Krieg!

JETTER Krieg! Krieg! Wißt ihr auch was ihr ruft? Daß es euch leicht vom Munde geht ist wohl natürlich; wie lumpig aber unser einem dabei zu Mute ist, kann ich nicht sagen. Das ganze Jahr das Getrommel zu hören; und nichts zu hören, als wie da ein Haufen gezogen kommt und dort ein andrer, wie sie über einen Hügel kamen und bei einer Mühle hielten, wie viel da geblieben sind, wie viel dort, und wie sie sich drängen, und einer gewinnt, der andere verliert, ohne daß man sein Tage begreift, wer was gewinnt oder verliert. Wie eine Stadt eingenommen wird, die Bürger ermordet werden, und wie's den armen Weibern, den unschuldigen Kindern ergeht. Das ist eine Not und Angst, man denkt jeden Augenblick: „Da kommen sie! Es geht uns auch so."

SOEST Drum muß auch ein Bürger immer in Waffen geübt sein.

JETTER Ja, es übt sich, wer Frau und Kinder hat. Und doch hör' ich noch lieber von Soldaten, als ich sie sehe.

BUYCK Das sollt' ich übel nehmen.

JETTER Auf euch ist's nicht gesagt, Landsmann. Wie wir die spanischen Besatzungen los waren, holten wir wieder Atem.

SOEST Gelt! die lagen dir am schwersten auf?

JETTER Vexier' Er sich.

SOEST Die hatten scharfe Einquartierung bei dir.

JETTER Halt dein Maul.

SOEST Sie hatten ihn vertrieben aus der Küche, dem Keller, der Stube — dem Bette.

Sie lachen.

JETTER Du bist ein Tropf.

BUYCK Friede, ihr Herren! Muß der Soldat Friede rufen? — Nun da ihr von uns nichts hören wollt, nun bringt auch eure Gesundheit aus, eine bürgerliche Gesundheit.

JETTER Dazu sind wir bereit! Sicherheit und Ruhe!

SOEST Ordnung und Freiheit!

BUYCK Brav! das sind auch wir zufrieden.

Sie stoßen an und wiederholen fröhlich die Worte, doch so, daß jeder ein anders ausruft, und es eine Art Kanon wird. Der Alte horcht und fällt endlich auch mit ein.

ALLE Sicherheit und Ruhe! Ordnung und Freiheit!

Palast der Regentin

MARGARETE VON PARMA *in Jagdkleidern.* HOFLEUTE. PAGEN. BEDIENTE.

REGENTIN Ihr stellt das Jagen ab, ich werde heut nicht reiten. Sagt Machiavellen, er soll zu mir kommen.

Alle gehen ab.

Der Gedanke an diese schrecklichen Begebenheiten läßt mir keine Ruhe! Nichts kann mich ergetzen, nichts mich zerstreuen; immer sind diese Bilder, diese Sorgen vor mir. Nun wird der König sagen, dies sei'n die Folgen meiner Güte, meiner Nachsicht; und doch sagt mir mein Gewissen jeden Augenblick, das Rätlichste, das Beste getan zu haben. Sollte ich früher mit dem Sturme des Grimmes diese Flammen anfachen und umhertreiben? Ich hoffte sie zu umstellen, sie in sich selbst zu verschütten. Ja, was ich mir selbst sage, was ich wohl weiß, entschuldigt mich vor mir selbst; aber wie wird es mein Bruder aufnehmen? Denn, ist es zu leugnen? Der Übermut der fremden Lehrer hat sich täglich erhöht; sie haben unser Heiligtum gelästert, die stumpfen Sinne des Pöbels zerrüttet und den Schwindelgeist unter sie gebannt. Unreine Geister haben sich unter die Aufrührer gemischt, und schreckliche Taten sind geschehen, die zu denken schauderhaft ist, und die ich nun einzeln nach Hofe zu berichten habe, schnell und einzeln, damit mir der allgemeine Ruf nicht zuvor komme, damit der König nicht denke man wolle noch mehr verheimlichen. Ich sehe kein Mittel, weder strenges, noch gelindes, dem Übel zu steuern. O was sind wir Großen auf der Woge der Menschheit? Wir glauben sie zu beherrschen, und sie treibt uns auf und nieder, hin und her.

MACHIAVELL *tritt auf.*

REGENTIN Sind die Briefe an den König aufgesetzt?

MACHIAVELL In einer Stunde werdet ihr sie unterschreiben können.

REGENTIN Habt ihr den Bericht ausführlich genug gemacht?

MACHIAVELL Ausführlich und umständlich, wie es der König liebt. Ich erzähle, wie zuerst um St. Omer die bilderstürmerische Wut sich zeigt. Wie eine rasende Menge mit Stäben, Beilen, Hämmern, Leitern, Stricken versehen, von wenig Bewaffneten begleitet, erst Kapellen, Kirchen und Klöster anfallen, die Andächtigen verjagen, die verschlossenen Pforten aufbrechen, alles umkehren, die Altäre niederreißen, die Statuen der Heiligen zerschlagen, alle Gemälde verderben, alles was sie nur Geweihtes, Geheiligtes antreffen, zerschmettern, zerreißen, zertreten. Wie sich der Haufe unterwegs vermehrt, die Einwohner von Ypern ihnen die Tore eröffnen. Wie sie den Dom mit unglaublicher Schnelle verwüsten, die Bibliothek des Bischofs verbrennen. Wie eine große Menge Volks, von gleichem Unsinn ergriffen, sich über Menin, Comines, Verwich, Lille verbreitet, nirgend Widerstand findet, und wie fast durch ganz Flandern in Einem Augenblicke die ungeheure Verschwörung sich erklärt und ausgeführt ist.

REGENTIN Ach, wie ergreift mich auf's neue der Schmerz bei deiner Wiederholung! Und die Furcht gesellt sich dazu, das Übel werde nur größer und größer werden. Sagt mir eure Gedanken, Machiavell!

MACHIAVELL Verzeihen Euer Hoheit, meine Gedanken sehen Grillen so ähnlich; und wenn ihr auch immer mit meinen Diensten zufrieden wart, habt ihr doch selten meinem Rat folgen mögen. Ihr sagtet oft im Scherze: „Du siehst zu weit, Machiavell! Du solltest Geschichtschreiber sein: wer handelt muß für's Nächste sorgen." Und doch, habe ich diese Geschichte nicht voraus erzählt? Hab' ich nicht alles voraus gesehen?

REGENTIN Ich sehe auch viel voraus, ohne es ändern zu können.

MACHIAVELL Ein Wort für tausend: Ihr unterdrückt die neue Lehre nicht. Laßt sie gelten, sondert sie von den Rechtgläubigen, gebt ihnen Kirchen, faßt sie in die bürgerliche Ordnung, schränkt sie ein; und so habt ihr die Aufrührer auf einmal zur Ruhe gebracht. Jede andern Mittel sind vergeblich, und ihr verheert das Land.

REGENTIN Hast du vergessen, mit welchem Abscheu mein Bruder selbst die Frage verwarf, ob man die neue Lehre dulden könne? Weißt du nicht, wie er mir in jedem Briefe die Erhaltung des wahren Glaubens auf's eifrigste empfiehlt? daß er Ruhe und Einigkeit auf Kosten der Religion nicht hergestellt wissen will? Hält er nicht selbst in den Provinzen Spione, die wir nicht kennen, um zu erfahren, wer sich zu der neuen Meinung hinüber neigt?

Hat er nicht zu unsrer Verwunderung uns diesen und jenen genannt, der sich in unsrer Nähe heimlich der Ketzerei schuldig machte? Befiehlt er nicht Strenge und Schärfe? Und ich soll gelind sein? ich soll Vorschläge tun, daß er nachsehe, daß er dulde? Würde ich nicht alles Vertrauen, allen Glauben bei ihm verlieren?

MACHIAVELL Ich weiß wohl; der König befiehlt, er läßt euch seine Absichten wissen. Ihr sollt Ruhe und Friede wieder herstellen, durch ein Mittel, das die Gemüter noch mehr erbittert, das den Krieg unvermeidlich an allen Enden anblasen wird. Bedenkt was ihr tut. Die größten Kaufleute sind angesteckt, der Adel, das Volk, die Soldaten. Was hilft es auf seinen Gedanken beharren, wenn sich um uns alles ändert? Möchte doch ein guter Geist Philippen eingeben, daß es einem Könige anständiger ist, Bürger zweierlei Glaubens zu regieren, als sie durch einander auszureiben.

REGENTIN Solch ein Wort nie wieder. Ich weiß wohl, daß Politik selten Treu' und Glauben halten kann, daß sie Offenheit, Gutherzigkeit, Nachgiebigkeit aus unsern Herzen ausschließt. In weltlichen Geschäften ist das leider nur zu wahr; sollen wir aber auch mit Gott spielen wie unter einander? Sollen wir gleichgültig gegen unsre bewährte Lehre sein, für die so viele ihr Leben aufgeopfert haben? Die sollten wir hingeben an hergelaufne, ungewisse, sich selbst widersprechende Neuerungen?

MACHIAVELL Denkt nur deswegen nicht übler von mir.

REGENTIN Ich kenne dich und deine Treue, und weiß, daß einer ein ehrlicher und verständiger Mann sein kann, wenn er gleich den nächsten besten Weg zum Heil seiner Seele verfehlt hat. Es sind noch andere, Machiavell, Männer die ich schätzen und tadeln muß.

MACHIAVELL Wen bezeichnet ihr mir?

REGENTIN Ich kann es gestehen, daß mir Egmont heute einen recht innerlichen tiefen Verdruß erregte.

MACHIAVELL Durch welches Betragen?

REGENTIN Durch sein gewöhnliches, durch Gleichgültigkeit und Leichtsinn. Ich erhielt die schreckliche Botschaft, eben als ich von vielen und ihm begleitet aus der Kirche ging. Ich hielt meinen Schmerz nicht an, ich beklagte mich laut und rief, indem ich mich zu ihm wendete: „Seht, was in eurer Provinz entsteht! Das duldet ihr, Graf, von dem der König sich alles versprach?"

MACHIAVELL Und was antwortete er?

REGENTIN Als wenn es nichts, als wenn es eine Nebensache wäre, versetzte er: Wären nur erst die Niederländer über ihre Verfassung beruhigt! Das Übrige würde sich leicht geben.

MACHIAVELL Vielleicht hat er wahrer, als klug und fromm gesprochen. Wie soll Zutrauen entstehen und bleiben, wenn der Niederländer sieht, daß es mehr um seine Besitztümer als um sein Wohl, um seiner Seele Heil zu tun ist? Haben die neuen Bischöfe mehr Seelen gerettet, als fette Pfründen geschmaus't, und sind es nicht meist Fremde? Noch werden alle Statthalterschaften mit Niederländern besetzt; lassen sich es die Spanier nicht zu deutlich merken, daß sie die größte unwiderstehlichste Begierde nach diesen Stellen empfinden? Will ein Volk nicht lieber nach seiner Art von den

Seinigen regieret werden, als von Fremden, die erst im Lande sich wieder Besitztümer auf Unkosten aller zu erwerben suchen, die einen fremden Maßstab mitbringen, und unfreundlich und ohne Teilnehmung herrschen?

REGENTIN Du stellst dich auf die Seite der Gegner.

MACHIAVELL Mit dem Herzen gewiß nicht; und wollte, ich könnte mit dem Verstande ganz auf der unsrigen sein.

REGENTIN Wenn du so willst, so tät' es Not, ich träte ihnen meine Regentschaft ab; denn Egmont und Oranien machten sich große Hoffnung, diesen Platz einzunehmen. Damals waren sie Gegner; jetzt sind sie gegen mich verbunden, sind Freunde, unzertrennliche Freunde geworden.

MACHIAVELL Ein gefährliches Paar.

REGENTIN Soll ich aufrichtig reden; ich fürchte Oranien, und ich fürchte für Egmont. Oranien sinnt nichts Gutes, seine Gedanken reichen in die Ferne, er ist heimlich, scheint alles anzunehmen, widerspricht nie, und in tiefster Ehrfurcht, mit größter Vorsicht tut er was ihm beliebt.

MACHIAVELL Recht im Gegenteil geht Egmont einen freien Schritt, als wenn die Welt ihm gehörte.

REGENTIN Er trägt das Haupt so hoch, als wenn die Hand der Majestät nicht über ihm schwebte.

MACHIAVELL Die Augen des Volks sind alle nach ihm gerichtet, und die Herzen hängen an ihm.

REGENTIN Nie hat er einen Schein vermieden; als wenn niemand Rechenschaft von ihm zu fordern hätte. Noch trägt er den Namen Egmont. Graf Egmont freut ihn sich nennen zu hören; als wollte er nicht vergessen, daß seine Vorfahren Besitzer von Geldern waren. Warum nennt er sich nicht Prinz von Gaure, wie es ihm zukommt? Warum tut er das? Will er erloschne Rechte wieder geltend machen?

MACHIAVELL Ich halte ihn für einen treuen Diener des Königs.

REGENTIN Wenn er wollte, wie verdient könnte er sich um die Regierung machen; anstatt daß er uns schon, ohne sich zu nutzen, unsäglichen Verdruß gemacht hat. Seine Gesellschaften, Gastmahle und Gelage haben den Adel mehr verbunden und verknüpft, als die gefährlichsten heimlichen Zusammenkünfte. Mit seinen Gesundheiten haben die Gäste einen dauernden Rausch, einen nie sich verziehenden Schwindel geschöpft. Wie oft setzt er durch seine Scherzreden die Gemüter des Volks in Bewegung, und wie stutzte der Pöbel über die neuen Livreen, über die törichten Abzeichen der Bedienten!

MACHIAVELL Ich bin überzeugt, es war ohne Absicht.

REGENTIN Schlimm genug. Wie ich sage: er schadet uns, und nützt sich nicht. Er nimmt das Ernstliche scherzhaft; und wir, um nicht müßig und nachlässig zu scheinen, müssen das Scherzhafte ernstlich nehmen. So hetzt eins das andre; und was man abzuwenden sucht das macht sich erst recht. Er ist gefährlicher als ein entschiednes Haupt einer Verschwörung; und ich müßte mich sehr irren wenn man ihm bei Hofe nicht alles gedenkt. Ich kann nicht leugnen es vergeht wenig Zeit, daß er mich nicht empfindlich, sehr empfindlich macht.

MACHIAVELL Er scheint mir in allem nach seinem Gewissen zu handeln.

REGENTIN Sein Gewissen hat einen gefälligen Spiegel. Sein Betragen ist oft beleidigend. Er sieht oft aus als wenn er in der völligen Überzeugung lebe er sei Herr und wolle es uns nur aus Gefälligkeit nicht fühlen lassen, wolle uns so gerade nicht zum Lande hinausjagen; es werde sich schon geben.

MACHIAVELL Ich bitte euch, legt seine Offenheit, sein glückliches Blut, das alles Wichtige leicht behandelt, nicht zu gefährlich aus. Ihr schadet nur ihm und euch.

REGENTIN Ich lege nichts aus. Ich spreche nur von den unvermeidlichen Folgen, und ich kenne ihn. Sein niederländischer Adel und sein golden Vlies vor der Brust stärken sein Vertrauen, seine Kühnheit. Beides kann ihn vor einem schnellen willkürlichen Unmut des Königs schützen. Untersuch' es genau; an dem ganzen Unglück, das Flandern trifft, ist er doch nur allein Schuld. Er hat zuerst den fremden Lehrern nachgesehn, hat's so genau nicht genommen, und vielleicht sich heimlich gefreut daß wir etwas zu schaffen hatten. Laß mich nur; was ich auf dem Herzen habe, soll bei dieser Gelegenheit davon. Und ich will die Pfeile nicht umsonst verschießen; ich weiß wo er empfindlich ist. Er ist auch empfindlich.

MACHIAVELL Habt ihr den Rat zusammen berufen lassen? Kommt Oranien auch?

REGENTIN Ich habe nach Antwerpen um ihn geschickt. Ich will ihnen die Last der Verantwortung nahe genug zuwälzen; sie sollen sich mit mir dem Übel ernstlich entgegensetzen oder sich auch als Rebellen erklären. Eile, daß die Briefe fertig werden und bringe mir sie zur Unterschrift. Dann sende schnell den bewährten Vaska nach Madrid; er ist unermüdet und treu; daß mein Bruder zuerst durch ihn die Nachricht erfahre, daß der Ruf ihn nicht übereile. Ich will ihn selbst noch sprechen eh' er abgeht.

MACHIAVELL Eure Befehle sollen schnell und genau befolgt werden.

Bürgerhaus

CLARE. CLARENS MUTTER. BRACKENBURG.

CLARE Wollt ihr mir nicht das Garn halten, Brackenburg?

BRACKENBURG Ich bitt' euch, verschont mich, Clärchen.

CLARE Was habt ihr wieder? Warum versagt ihr mir diesen kleinen Liebesdienst?

BRACKENBURG Ihr bannt mich mit dem Zwirn so fest vor euch hin, ich kann euern Augen nicht ausweichen.

CLARE Grillen! kommt und haltet!

MUTTER *(im Sessel strickend).* Singt doch eins! Brackenburg sekundiert so hübsch. Sonst wart ihr lustig, und ich hatte immer was zu lachen.

BRACKENBURG Sonst.

CLARE Wir wollen singen.

BRACKENBURG Was ihr wollt.

CLARE Nur hübsch munter und frisch weg! Es ist ein Soldatenliedchen, mein Leibstück.

(Sie wickelt Garn und singt mit Brackenburg.)

Die Trommel gerühret!
Das Pfeifchen gespielt!
Mein Liebster gewaffnet
Dem Haufen befiehlt,
Die Lanze hoch führet,
Die Leute regieret.
Wie klopft mir das Herze!
Wie wallt mir das Blut!
O hätt' ich ein Wämslein,
Und Hosen und Hut!

Ich folgt' ihm zum Tor 'naus
Mit mutigem Schritt,
Ging' durch die Provinzen,
Ging' überall mit.
Die Feinde schon weichen,
Wir schießen da drein.
Welch Glück sonder gleichen,
Ein Mannsbild zu sein!

Brackenburg hat unter dem Singen Clärchen oft angesehen; zuletzt bleibt ihm die Stimme stocken, die Tränen kommen ihm in die Augen, er läßt den Strang fallen und geht an's Fenster. Clärchen singt das Lied allein aus, die Mutter winkt ihr halb unwillig, sie steht auf, geht einige Schritte nach ihm hin, kehrt halb unschlüssig wieder um, und setzt sich.

MUTTER Was gibt's auf der Gasse, Brackenburg? Ich höre marschieren.

BRACKENBURG Es ist die Leibwache der Regentin.

CLARE Um diese Stunde? was soll das bedeuten? *(Sie steht auf und geht an das Fenster zu Brakkenburg.)* Das ist nicht die tägliche Wache, das sind weit mehr! Fast alle ihre Haufen. O Brackenburg, geht! hört einmal was es gibt? Es muß etwas Besonderes sein. Geht, guter Brackenburg, tut mir den Gefallen.

BRACKENBURG Ich gehe! Ich bin gleich wieder da. *(Er reicht ihr abgehend die Hand: sie gibt ihm die ihrige.)*

MUTTER Du schickst ihn schon wieder weg.

CLARE Ich bin neugierig; und auch, verdenkt mir's nicht, seine Gegenwart tut mir weh. Ich weiß immer nicht wie ich mich gegen ihn betragen soll. Ich habe Unrecht gegen ihn, und mich nagt's am Herzen, daß er es so lebendig fühlt. — Kann ich's doch nicht ändern!

MUTTER Es ist ein so treuer Bursche.

CLARE Ich kann's auch nicht lassen, ich muß ihm freundlich begegnen. Meine Hand drückt sich oft unversehens zu, wenn die seine mich so leise, so liebevoll anfaßt. Ich mache mir Vorwürfe daß ich ihn betriege, daß ich in seinem Herzen eine vergebliche Hoffnung nähre. Ich bin übel dran. Weiß Gott, ich betrieg' ihn nicht. Ich will nicht daß er hoffen soll, und ich kann ihn doch nicht verzweifeln lassen.

MUTTER Das ist nicht gut.

CLARE Ich hatte ihn gern, und will ihm auch noch wohl in der Seele. Ich hätte ihn heiraten können, und glaube ich war nie in ihn verliebt.

MUTTER Glücklich wärst du immer mit ihm gewesen.

CLARE Wäre versorgt, und hätte ein ruhiges Leben.

MUTTER Und das ist alles durch deine Schuld verscherzt.

CLARE Ich bin in einer wunderlichen Lage. Wenn ich so nachdenke wie es gegangen ist, weiß ich's wohl und weiß es nicht. Und dann darf ich Egmont nur wieder ansehen, wird mir alles sehr begreiflich, ja wäre mir weit *mehr* begreiflich. Ach, was ist's ein Mann! Alle Provinzen beten ihn an, und ich in seinem Arm sollte nicht das glücklichste Geschöpf von der Welt sein?

MUTTER Wie wird's in der Zukunft werden?

CLARE Ach, ich frage nur ob er mich liebt; und ob er mich liebt, ist das eine Frage?

MUTTER Man hat nichts als Herzensangst mit seinen Kindern. Wie das ausgehen wird! Immer Sorge und Kummer! Es geht nicht gut aus! Du hast dich unglücklich gemacht! mich unglücklich gemacht.

CLARE *(gelassen).* Ihr ließet es doch im Anfange.

MUTTER Leider war ich zu gut, bin immer zu gut.

CLARE Wenn Egmont vorbeiritt und ich an's Fenster lief, schaltet ihr mich da? Tratet ihr nicht selbst an's Fenster? Wenn er herauf sah, lächelte, nickte, mich grüßte; war es euch zuwider? Fandet ihr euch nicht selbst in eurer Tochter geehrt?

MUTTER Mache mir noch Vorwürfe.

CLARE *(gerührt).* Wenn er nun öfter die Straße kam, und wir wohl fühlten daß er um meinetwillen den Weg machte, bemerktet ihr's nicht selbst mit heimlicher Freude? Rieft ihr mich ab, wenn ich hinter den Scheiben stand und ihn erwartete?

MUTTER Dachte ich daß es so weit kommen sollte?

CLARE *(mit stockender Stimme und zurückgehaltenen Tränen).* Und wie er uns Abends, in den Mantel eingehüllt, bei der Lampe überraschte, wer war geschäftig ihn zu empfangen, da ich auf meinem Stuhl wie angekettet und staunend sitzen blieb?

MUTTER Und konnte ich fürchten, daß diese unglückliche Liebe das kluge Clärchen so bald hinreißen würde? Ich muß es nun tragen, daß meine Tochter —

CLARE *(mit ausbrechenden Tränen).* Mutter! Ihr wollt's nun! Ihr habt eure Freude, mich zu ängstigen.

MUTTER *(weinend).* Weine noch gar! mache mich noch elender durch deine Betrübnis. Ist mir's nicht Kummer genug, daß meine einzige Tochter ein verworfenes Geschöpf ist?

CLARE *(aufstehend und kalt).* Verworfen! Egmonts Geliebte, verworfen? — Welche Fürstin neidete nicht das arme Clärchen um den Platz an seinem Herzen! O Mutter — meine Mutter, so redetet ihr sonst nicht. Liebe Mutter, seid gut! Das Volk was *das* denkt, die Nachbarinnen was *die* murmeln — Diese Stube, dieses kleine Haus ist ein Himmel, seit Egmonts Liebe drin wohnt.

MUTTER Man muß ihm hold sein! das ist wahr. Er ist immer so freundlich, frei und offen.

CLARE Es ist keine falsche Ader an ihm. Seht, Mutter, und er ist doch der große Egmont. Und wenn er zu mir kommt, wie er so lieb ist, so gut! wie er mir seinen Stand, seine Tapferkeit gerne verbärge! wie er um mich besorgt ist so nur Mensch, nur Freund, nur Liebster.

MUTTER Kommt er wohl heute?

CLARE Habt ihr mich nicht oft an's Fenster gehen sehn? Habt ihr nicht bemerkt wie ich horche, wenn's an der Tür rauscht? — Ob ich schon weiß daß er vor Nacht nicht kommt, vermut' ich ihn doch jeden Augenblick, von Morgens an, wenn ich aufstehe. Wär' ich nur ein Bube und könnte immer mit ihm gehen, zu Hofe und überall hin! Könnt' ihm die Fahne nachtragen in der Schlacht! —

MUTTER Du warst immer so ein Springinsfeld; als ein kleines Kind schon, bald toll, bald nachdenklich. Ziehst du dich nicht ein wenig besser an?

CLARE Vielleicht, Mutter! wenn ich Langeweile habe. — Gestern, denkt, gingen von seinen Leuten vorbei und sangen Lobliedchen auf ihn. Wenigstens war sein Name in den Liedern! das Übrige konnte ich nicht verstehn. Das Herz schlug mir bis an den Hals — Ich hätte sie gern zurückgerufen, wenn ich mich nicht geschämt hätte.

MUTTER Nimm dich in Acht! Dein heftiges Wesen verdirbt noch alles; du verrätst dich offenbar vor den Leuten. Wie neulich bei dem Vetter, wie du den Holzschnitt und die Beschreibung fandst und mit einem Schrei riefst: Graf Egmont! — Ich ward feuerrot.

CLARE Hätt' ich nicht schreien sollen? Es war die Schlacht bei Gravelingen, und ich finde oben im Bilde den Buchstaben C. und suche unten in der Beschreibung C. Steht da: „Graf Egmont, dem das Pferd unter dem Leibe tot geschossen wird." Mich überlief's — und hernach mußt' ich lachen über den holzgeschnitzten Egmont, der so groß war als der Turm von Gravelingen gleich dabei, und die englischen Schiffe an der Seite. — Wenn ich mich manchmal erinnere, wie ich mir sonst eine Schlacht vorgestellt, und was ich mir als Mädchen für ein Bild vom Grafen Egmont machte, wenn sie von ihm erzählten, und von allen Grafen und Fürsten — und wie mir's jetzt ist!

BRACKENBURG *kommt.*

CLARE Wie steht's?

BRACKENBURG Man weiß nichts Gewisses. In Flandern soll neuerdings ein Tumult entstanden sein; die Regentin soll besorgen, er möchte sich hieher verbreiten. Das Schloß ist stark besetzt, die Bürger sind zahlreich an den Toren, das Volk summt in den Gassen. — Ich will nur schnell zu meinem alten Vater. *(Als wollt' er gehen.)*

CLARE Sieht man euch morgen? Ich will mich ein wenig anziehen. Der Vetter kommt, und ich sehe gar zu liederlich aus. Helft mir einen Augenblick, Mutter. — Nehmt das Buch mit, Brackenburg, und bringt mir wieder so eine Historie.

MUTTER Lebt wohl.

BRACKENBURG *(seine Hand reichend).* Eure Hand!

CLARE *(ihre Hand versagend).* Wenn ihr wieder kommt. *(Mutter und Tochter ab.)*

BRACKENBURG *(allein).* Ich hatte mir vorgenommen gerade wieder fort zu gehn; und da sie es dafür aufnimmt und mich gehen läßt, möcht' ich rasend werden. — Unglücklicher! und dich rührt deines Vaterlandes Geschick nicht? der wachsende Tumult nicht? — und gleich ist dir Landsmann oder Spanier, und wer regiert und wer Recht hat? — War ich doch ein andrer Junge als Schulknabe! — Wenn da ein Exerzitium aufgegeben war: „Brutus Rede für die Freiheit, zur Übung der Redekunst"; da war doch immer Fritz der Erste, und der Rektor sagte: wenn's nur ordentlicher wäre, nur nicht alles so über einander gestolpert. — Damals kocht' es und trieb! — Jetzt schlepp' ich mich an den Augen des Mädchens so hin. Kann ich sie doch nicht lassen! Kann sie mich doch nicht lieben! — Ach — Nein — Sie — Sie kann mich nicht ganz verworfen haben — — Nicht ganz — und halb und nichts! — Ich duld' es nicht länger! — — Sollte es wahr sein, was mir ein Freund neulich in's Ohr sagte? daß sie Nachts einen Mann heimlich zu sich einläßt, da sie mich züchtig immer vor Abend aus dem Hause treibt. Nein, es ist nicht wahr, es ist eine Lüge, eine schändliche verleumderische Lüge! Clärchen ist so unschuldig, als ich unglücklich bin. — Sie hat mich verworfen, hat mich von ihrem Herzen gestoßen — — Und ich soll so fort leben? Ich duld', ich duld' es nicht. — — Schon wird mein Vaterland von innerm Zwiste heftiger bewegt, und ich sterbe unter dem Getümmel nur ab! Ich duld' es nicht! — Wenn die Trompete klingt, ein Schuß fällt, mir fährt's durch Mark und Bein! Ach, es reizt mich nicht! es fordert mich nicht, auch mit einzugreifen, mit zu retten, zu wagen. — Elender, schimpflicher Zustand! Es ist besser ich end' auf einmal. Neulich stürzt' ich mich in's Wasser, ich sank — aber die geängstete Natur war stärker; ich fühlte daß ich schwimmen konnte, und rettete mich wider Willen. — — Könnt' ich der Zeiten vergessen da sie mich liebte, mich zu lieben schien! — Warum hat mir's Mark und Bein durchdrungen, das Glück? Warum haben mir diese Hoffnungen allen Genuß des Lebens aufgezehrt, indem sie mir ein Paradies von weitem zeigten? — Und jener erste Kuß! Jener einzige! — Hier, *(Die Hand auf den Tisch legend.)* hier waren wir allein — sie war immer gut und freundlich gegen mich gewesen — da schien sie sich zu erweichen — sie sah mich an — alle Sinnen gingen mir um, und ich fühlte ihre Lippen auf den meinigen. — Und — und nun? — Stirb, Armer! Was zauderst du? *(Er zieht ein Fläschchen aus der Tasche.)* Ich will dich nicht umsonst aus meines Bruders Doktorkästchen gestohlen haben, heilsames Gift! Du sollst mir dieses Bangen, diese Schwindel, diese Todesschweiße auf einmal verschlingen und lösen.

ZWEITER AUFZUG

Platz in Brüssel

JETTER *und ein* ZIMMERMEISTER *treten zusammen.*

ZIMMERMEISTER Sagt' ich's nicht voraus? Noch vor acht Tagen auf der Zunft sagt' ich, es würde schwere Händel geben.

JETTER Ist's denn wahr, daß sie die Kirchen in Flandern geplündert haben?

ZIMMERMEISTER Ganz und gar zu Grunde gerichtet haben sie Kirchen und Kapellen. Nichts als die vier nackten Wände haben sie stehen lassen. Lauter Lumpengesindel! Und das macht unsre gute Sache schlimm. Wir hätten eher, in der Ordnung, und standhaft unsere Gerechtsame der Regentin vortragen und drauf halten sollen. Reden wir jetzt, versammeln wir uns jetzt; so heißt es, wir gesellen uns zu den Aufwieglern.

JETTER Ja so denkt jeder zuerst: was sollst du mit deiner Nase voran? hängt doch der Hals gar nah damit zusammen.

ZIMMERMANN Mir ist's bange, wenn's einmal unter dem Pack zu lärmen anfängt, unter dem Volk das nichts zu verlieren hat. Die brauchen das zum Vorwande, worauf wir uns auch berufen müssen, und bringen das Land in Unglück.

SOEST *tritt dazu.*

SOEST Guten Tag, ihr Herrn! Was gibt's Neues? Ist's wahr, daß die Bilderstürmer gerade hierher ihren Lauf nehmen?

ZIMMERMEISTER Hier sollen sie nichts anrühren.

SOEST Es trat ein Soldat bei mir ein, Tobak zu kaufen; den fragt' ich aus. Die Regentin, so eine wackre kluge Frau sie bleibt, diesmal ist sie außer Fassung. Es muß sehr arg sein, daß sie sich so geradezu hinter ihre Wache versteckt. Die Burg ist scharf besetzt. Man meint sogar, sie wolle aus der Stadt flüchten.

ZIMMERMEISTER Hinaus soll sie nicht! Ihre Gegenwart beschützt uns, und wir wollen ihr mehr Sicherheit verschaffen, als ihre Stutzbärte. Und wenn sie uns unsere Rechte und Freiheiten aufrecht erhält, so wollen wir sie auf den Händen tragen.

SEIFENSIEDER *tritt dazu.*

SEIFENSIEDER Garstige Händel! Üble Händel! Es wird unruhig und geht schief aus! — Hütet euch, daß ihr stille bleibt, daß man euch nicht auch für Aufwiegler hält.

SOEST Da kommen die sieben Weisen aus Griechenland.

SEIFENSIEDER Ich weiß, da sind viele, die es heimlich mit den Calvinisten halten, die auf die Bischöfe lästern, die den König nicht scheuen. Aber ein treuer Untertan, ein aufrichtiger Katholike! —

Es gesellt sich nach und nach allerlei VOLK *zu ihnen und horcht.*

VANSEN *tritt dazu.*

VANSEN Gott grüß' euch Herren! Was Neues?

ZIMMERMEISTER Gebt euch mit dem nicht ab, das ist ein schlechter Kerl.

JETTER Ist es nicht der Schreiber bei'm Doktor Wiets?

ZIMMERMEISTER Er hat schon viele Herren gehabt. Erst war er Schreiber, und wie ihn ein Patron nach dem andern fortjagte, Schelmstreiche halber, pfuscht er jetzt Notaren und Advokaten in's Handwerk, und ist ein Branntweinzapf.

Es kommt mehr VOLK *zusammen und steht truppweise.*

VANSEN Ihr seid auch versammelt, steckt die Köpfe zusammen. Es ist immer redenswert.

SOEST Ich denk' auch.

VANSEN Wenn jetzt einer oder der andere Herz hätte, und einer oder der andere den Kopf dazu; wir könnten die spanischen Ketten auf einmal sprengen.

SOEST Herre! So müßt ihr nicht reden. Wir haben dem König geschworen.

VANSEN Und der König uns. Merkt das.

JETTER Das läßt sich hören! Sagt eure Meinung.

EINIGE ANDERE Horch, der versteht's. Der hat Pfiffe.

VANSEN Ich hatte einen alten Patron, der besaß Pergamente und Briefe von uralten Stiftungen, Kontrakten und Gerechtigkeiten; er hielt auf die rarsten Bücher. In einem stand unsere ganze Verfassung: wie uns Niederländer zuerst einzelne Fürsten regierten, alles nach hergebrachten Rechten, Privilegien und Gewohnheiten; wie unsre Vorfahren alle Ehrfurcht für ihren Fürsten gehabt, wenn er sie regiert wie er sollte; und wie sie sich gleich vorsahen, wenn er über die Schnur hauen wollte. Die Staaten waren gleich hinterdrein: denn jede Provinz, so klein sie war, hatte ihre Staaten, ihre Landstände.

ZIMMERMEISTER Haltet euer Maul! das weiß man lange! Ein jeder rechtschaffene Bürger ist, so viel er braucht, von der Verfassung unterrichtet.

JETTER Laßt ihn reden; man erfährt immer etwas mehr.

SOEST Er hat ganz Recht.

MEHRERE Erzählt! erzählt! So was hört man nicht alle Tage.

VANSEN So seid ihr Bürgersleute! Ihr lebt nur so in den Tag hin; und wie ihr euer Gewerb von euern Eltern überkommen habt, so laßt ihr auch das Regiment über euch schalten und walten, wie es kann und mag. Ihr fragt nicht nach dem Herkommen, nach der Historie, nach dem Recht eines Regenten; und über das Versäumnis haben euch die Spanier das Netz über die Ohren gezogen.

SOEST Wer denkt da dran? wenn einer nur das tägliche Brot hat.

JETTER Verflucht! Warum tritt auch keiner in Zeiten auf, und sagt einem so etwas?

VANSEN Ich sag' es euch jetzt. Der König in Spanien, der die Provinzen durch gut Glück zusammen besitzt, darf doch nicht drin schalten und walten, anders als die kleinen Fürsten, die sie ehemals einzeln besaßen. Begreift ihr das?

JETTER Erklärt's uns.

VANSEN Es ist so klar als die Sonne. Müßt ihr nicht nach euern Landrechten gerichtet werden? Woher käme das?

EIN BÜRGER Wahrlich!

VANSEN Hat der Brüsseler nicht ein ander Recht als der Antwerper? der Antwerper als der Genter? Woher käme denn das?

ANDERER BÜRGER Bei Gott!

VANSEN Aber, wenn ihr's so fortlaufen laßt, wird man's euch bald anders weisen. Pfui! Was Karl der Kühne, Friedrich der Krieger, Karl der Fünfte nicht konnten, das tut nun Philipp durch ein Weib.

SOEST Ja, ja! Die alten Fürsten haben's auch schon probiert.

VANSEN Freilich! — Unsere Vorfahren paßten auf. Wie sie einem Herrn gram wurden, fingen sie ihm etwa seinen Sohn und Erben weg, hielten ihn bei sich, und gaben ihn nur auf die besten Bedingungen heraus. Unsere Väter waren Leute! Die wußten was ihnen nütz war! Die wußten etwas zu fassen und fest zu setzen! Rechte Männer! Dafür sind aber auch unsere Privilegien so deutlich, unsere Freiheiten so versichert.

SEIFENSIEDER Was sprecht ihr von Freiheiten?

DAS VOLK Von unsern Freiheiten, von unsern Privilegien! Erzählt noch was von unsern Privilegien.

VANSEN Wir Brabanter besonders, obgleich alle Provinzen ihre Vorteile haben, wir sind am herrlichsten versehen. Ich habe alles gelesen.

SOEST Sagt an.

JETTER Laßt hören.

EIN BÜRGER Ich bitt' euch.

VANSEN Erstlich steht geschrieben: Der Herzog von Brabant soll uns ein guter und getreuer Herr sein.

SOEST Gut! Steht das so?

JETTER Getreu? Ist das wahr?

VANSEN Wie ich euch sage. Er ist uns verpflichtet, wie wir ihm. Zweitens: Er soll keine Macht oder eignen Willen an uns beweisen, merken lassen, oder gedenken zu gestatten, auf keinerlei Weise.

JETTER Schön! Schön! nicht beweisen.

SOEST Nicht merken lassen.

EIN ANDERER Und nicht gedenken zu gestatten! Das ist der Hauptpunkt. Niemanden gestatten, auf keinerlei Weise.

VANSEN Mit ausdrücklichen Worten.

JETTER Schafft uns das Buch.

EIN BÜRGER Ja, wir müssen's haben.

ANDERE Das Buch! das Buch!

EIN ANDERER Wir wollen zu der Regentin gehen mit dem Buche.

EIN ANDERER Ihr sollt das Wort führen, Herr Doktor.

SEIFENSIEDER O die Tröpfe!

ANDERE Noch etwas aus dem Buche!

SEIFENSIEDER Ich schlage ihm die Zähne in den Hals, wenn er noch ein Wort sagt.

DAS VOLK Wir wollen sehen wer ihm etwas tut. Sagt uns was von den Privilegien! Haben wir noch mehr Privilegien?

VANSEN Mancherlei, und sehr gute, sehr heilsame. Da steht auch: Der Landsherr soll den geistlichen Stand nicht verbessern oder mehren, ohne Verwilligung der Adels und der Stände! Merkt das! Auch den Staat des Landes nicht verändern.

SOEST Ist das so?

VANSEN Ich will's euch geschrieben zeigen, von zwei drei hundert Jahren her.

BÜRGER Und wir leiden die neuen Bischöfe? Der Adel muß uns schützen, wir fangen Händel an!

ANDERE Und wir lassen uns von der Inquisition in's Bockshorn jagen?

VANSEN Das ist eure Schuld.

DAS Volk Wir haben noch Egmont! noch Oranien! Die sorgen für unser Bestes.

VANSEN Eure Brüder in Flandern haben das gute Werk angefangen.

SEIFENSIEDER Du Hund!

Er schlägt ihn.

ANDERE *(widersetzen sich und rufen).* Bist du auch ein Spanier?

EIN ANDERER Was? den Ehrenmann?

EIN ANDERER Den Gelahrten?

Sie fallen den Seifensieder an.

ZIMMERMEISTER Um's Himmels willen, ruht!

Andere mischen sich in den Streit.

ZIMMERMEISTER Bürger, was soll das?

Buben pfeifen, werfen mit Steinen, hetzen Hunde an, Bürger stehn und gaffen, Volk läuft zu, andere gehn gelassen auf und ab, andere treiben allerlei Schalkspossen, schreien und jubilieren.

ANDERE Freiheit und Privilegien! Privilegien und Freiheit!

EGMONT *tritt auf mit Begleitung.*

EGMONT Ruhig! Ruhig, Leute! Was gibt's? Ruhe! Bringt sie aus einander!

ZIMMERMEISTER Gnädiger Herr, ihr kommt wie ein Engel des Himmels. Stille! seht ihr nichts? Graf Egmont! Dem Grafen Egmont Reverenz!

EGMONT Auch hier? Was fangt ihr an? Bürger gegen Bürger! Hält sogar die Nähe unsrer königlichen Regentin diesen Unsinn nicht zurück? Geht aus einander, geht an euer Gewerbe. Es ist ein übles Zeichen wenn ihr an Werktagen feiert. Was war's?

Der Tumult stillt sich nach und nach, und alle stehen um ihn herum.

ZIMMERMEISTER Sie schlagen sich um ihre Privilegien.

EGMONT Die sie noch mutwillig zertrümmern werden — Und wer seid ihr? Ihr scheint mir rechtliche Leute.

ZIMMERMEISTER Das ist unser Bestreben.

EGMONT Eures Zeichens?

ZIMMERMEISTER Zimmermann und Zunftmeister.

EGMONT Und ihr?

SOEST Krämer.

EGMONT Ihr?

JETTER Schneider.

EGMONT Ich erinnere mich, ihr habt mit an den Livreen für meine Leute gearbeitet. Euer Name ist Jetter.

JETTER Gnade, daß ihr euch dessen erinnert.

EGMONT Ich vergesse niemanden leicht, den ich einmal gesehen und gesprochen habe. — Was an euch ist, Ruhe zu erhalten, Leute, das tut; ihr seid übel genug angeschrieben. Reizt den König nicht mehr, er hat zuletzt doch die Gewalt in Händen. Ein ordentlicher Bürger, der sich ehrlich und fleißig nährt, hat überall so viel Freiheit als er braucht.

ZIMMERMEISTER Ach wohl! das ist eben unsre Not! Die Tagdiebe, die Söffer, die Faullenzer, mit Euer Gnaden Verlaub, die stänkern aus Langerweile, und scharren aus Hunger nach Privilegien, und lügen den Neugierigen und Leichtgläubigen was vor, und um eine Kanne Bier bezahlt zu kriegen, fangen sie Händel an, die viel tausend Menschen unglücklich machen. Das ist ihnen eben recht. Wir halten unsere Häuser und Kasten zu gut verwahrt; da möchten sie gern uns mit Feuerbränden davon treiben.

EGMONT Allen Beistand sollt ihr finden; es sind Maßregeln genommen dem Übel kräftig zu begegnen. Steht fest gegen die fremde Lehre, und glaubt nicht durch Aufruhr befestige man Privilegien. Bleibt zu Hause; leidet nicht daß sie sich auf den Straßen rotten. Vernünftige Leute können viel tun.

Indessen hat sich der größte Haufe verlaufen.

ZIMMERMEISTER Danken Euer Exzellenz, danken für die gute Meinung! Alles was an uns liegt. *(Egmont ab.)* Ein gnädiger Herr! der echte Niederländer! Gar so nichts Spanisches.

JETTER Hätten wir ihn nur zum Regenten! Man folgt' ihm gerne.

SOEST Das läßt der König wohl sein. Den Platz besetzt er immer mit den Seinigen.

JETTER Hast du das Kleid gesehen? Das war nach der neuesten Art, nach spanischem Schnitt.

ZIMMERMEISTER Ein schöner Herr!

JETTER Sein Hals wär' ein rechtes Fressen für einen Scharfrichter.

SOEST Bist du toll? was kommt dir ein!

JETTER Dumm genug, daß einem so etwas einfällt. — Es ist mir nun so. Wenn ich einen schönen langen Hals sehe, muß ich gleich wider Willen denken: der ist gut köpfen. — Die verfluchten Exekutionen! man kriegt sie nicht aus dem Sinne. Wenn die Bursche schwimmen, und ich seh' einen nackten Buckel; gleich fallen sie mir zu Dutzenden ein, die ich habe mit Ruten streichen sehen. Begegnet mir ein rechter Wanst, mein' ich, den säh' ich schon am Pfahl braten. Des Nachts im Traume zwickt mich's an allen Gliedern; man wird eben keine Stunde froh. Jede Lustbarkeit, jeden Spaß hab' ich bald vergessen; die fürchterlichen Gestalten sind mir wie vor die Stirne gebrannt.

Egmonts Wohnung

SEKRETÄR *an einem Tisch mit Papieren, er steht unruhig auf.*

SEKRETÄR Er kommt immer nicht! und ich warte schon zwei Stunden, die Feder in der Hand, die Papiere vor mir; und eben heute möcht' ich gern so zeitig fort. Es brennt mir unter den Sohlen. Ich kann vor Ungeduld kaum bleiben. „Sei auf die Stunde da", befahl er mir noch, ehe er wegging; nun kommt er nicht. Es ist so viel zu tun, ich werde vor Mitternacht nicht fertig. Freilich sieht er einem auch einmal durch die Finger. Doch hielt' ich's besser, wenn er strenge wäre, und ließe einen auch wieder zur bestimmten Zeit. Man könnte sich einrichten. Von der Regentin ist er nun schon zwei Stunden weg; wer weiß, wen er unterwegs angefaßt hat.

EGMONT *tritt auf.*

EGMONT Wie sieht's aus?

SEKRETÄR Ich bin bereit, und drei Boten warten.

EGMONT Ich bin dir wohl zu lang geblieben; du machst ein verdrießlich Gesicht.

SEKRETÄR Euerm Befehl zu gehorchen, wart' ich schon lange. Hier sind die Papiere!

EGMONT Donna Elvira wird böse auf mich werden, wenn sie hört daß ich dich abgehalten habe.

SEKRETÄR Ihr scherzt.

EGMONT Nein, nein. Schäme dich nicht. Du zeigst einen guten Geschmack. Sie ist hübsch; und es ist mir ganz recht daß du auf dem Schlosse eine Freundin hast. Was sagen die Briefe?

SEKRETÄR Mancherlei, und wenig Erfreuliches.

EGMONT Da ist gut daß wir die Freude zu Hause haben und sie nicht von auswärts zu erwarten brauchen. Ist viel gekommen?

SEKRETÄR Genug, und drei Boten warten.

EGMONT Sag' an! das Nötigste.

SEKRETÄR Es ist alles nötig.

EGMONT Eins nach dem andern, nur geschwind!

SEKRETÄR Hauptmann Breda schickt die Relation, was weiter in Gent und der umliegenden Gegend vorgefallen. Der Tumult hat sich meistens gelegt. —

EGMONT Er schreibt wohl noch von einzelnen Ungezogenheiten und Tollkühnheiten?

SEKRETÄR Ja! Es kommt noch manches vor.

EGMONT Verschone mich damit.

SEKRETÄR Noch sechs sind eingezogen worden, die bei Verwich das Marienbild umgerissen haben. Er fragt an, ob er sie auch wie die andern soll hängen lassen?

EGMONT Ich bin des Hängens müde. Man soll sie durchpeitschen, und sie mögen gehen.

SEKRETÄR Es sind zwei Weiber dabei; soll er die auch durchpeitschen?

EGMONT Die mag er verwarnen und laufen lassen.

SEKRETÄR Brink von Breda's Compagnie will heiraten. Der Hauptmann hofft, ihr werdet's ihm abschlagen. Es sind so viele Weiber bei dem Haufen, schreibt er, daß, wenn wir ausziehen, es keinem Soldatenmarsch, sondern einem Zigeuner-Geschleppe ähnlich sehen wird.

EGMONT Dem mag's noch hingehen! Es ist ein schöner junger Kerl; er bat mich noch gar dringend, eh' ich wegging. Aber nun soll's keinem mehr gestattet sein, so leid mir's tut, den armen Teufeln, die ohnedies geplagt genug sind, ihren besten Spaß zu versagen.

SEKRETÄR Zwei von euern Leuten, Seter und Hart, haben einem Mädel, einer Wirtstochter übel mitgespielt. Sie kriegten sie allein, und die Dirne konnte sich ihrer nicht erwehren.

EGMONT Wenn es ein ehrlich Mädchen ist, und sie haben Gewalt gebraucht; so soll er sie drei Tage hinter einander mit Ruten streichen lassen, und wenn sie etwas besitzen, soll er so viel davon einziehen, daß dem Mädchen eine Ausstattung gereicht werden kann.

SEKRETÄR Einer von den fremden Lehrern ist heimlich durch Comines gegangen und entdeckt worden. Er schwört, er sei im Begriff nach Frankreich zu gehen. Nach dem Befehl soll er enthauptet werden.

EGMONT Sie sollen ihn in der Stille an die Gränze bringen, und ihm versichern, daß er das zweitemal nicht so wegkommt.

SEKRETÄR Ein Brief von euerm Einnehmer. Er schreibt: es komme wenig Geld ein, er könne auf die Woche die verlangte Summe schwerlich schicken; der Tumult habe in alles die größte Konfusion gebracht.

EGMONT Das Geld muß herbei! er mag sehen wie er es zusammenbringt.

SEKRETÄR Er sagt: er werde sein Möglichstes tun, und wolle endlich den Raymond, der euch so lange schuldig ist, verklagen und in Verhaft nehmen lassen.

EGMONT Der hat ja versprochen zu bezahlen.

SEKRETÄR Das letztemal setzte er sich selbst vierzehn Tage.

EGMONT So gebe man ihm noch vierzehn Tage; und dann mag er gegen ihn verfahren.

SEKRETÄR Ihr tut wohl. Es ist nicht Unvermögen; es ist böser Wille. Er macht gewiß Ernst, wenn er sieht, ihr spaßt nicht. — Ferner sagt der Einnehmer: er wolle den alten Soldaten, den Witwen und einigen andern, denen ihr Gnadengehalte gebt, die Gebühr einen halben Monat zurückhalten; man könne indessen Rat schaffen; sie möchten sich einrichten.

EGMONT Was ist da einzurichten? Die Leute brauchen das Geld nötiger als ich. Das soll er bleiben lassen.

SEKRETÄR Woher befehlt ihr denn daß er das Geld nehmen soll?

EGMONT Darauf mag er denken; es ist ihm im vorigen Briefe schon gesagt.

SEKRETÄR Deswegen tut er die Vorschläge.

EGMONT Die taugen nicht, er soll auf was anders sinnen. Er soll Vorschläge tun die annehmlich sind, und vor allem soll er das Geld schaffen.

SEKRETÄR Ich habe den Brief des Grafen Oliva wieder hieher gelegt. Verzeiht, daß ich euch daran erinnere. Der alte Herr verdient vor allen andern eine ausführliche Antwort. Ihr wolltet ihm selbst schreiben. Gewiß, er liebt euch wie ein Vater.

EGMONT Ich komme nicht dazu. Und unter vielem Verhaßten ist mir das Schreiben das Verhaßteste. Du machst meine Hand ja so gut nach, schreib' in meinem Namen. Ich erwarte Oranien. Ich komme nicht dazu; und wünschte selbst, daß ihm auf seine Bedenklichkeiten was recht Beruhigendes geschrieben würde.

SEKRETÄR Sagt mir nur ungefähr eure Meinung; ich will die Antwort schon aufsetzen und sie euch vorlegen. Geschrieben soll sie werden, daß sie vor Gericht für eure Hand gelten kann.

EGMONT Gib mir den Brief. *(Nachdem er hineingesehen.)* Guter ehrlicher Alter! Warst du in deiner Jugend auch wohl so bedächtig? Erstiegst du nie einen Wall? Bliebst du in der Schlacht, wo es die Klugheit anrät, hinten? — Der treue Sorgliche! Er will mein Leben und mein Glück, und fühlt nicht, daß der schon tot ist, der um seiner Sicherheit willen lebt. — Schreib' ihm, er möge unbesorgt sein; ich handle wie ich soll, ich werde mich schon wahren: sein Ansehn bei Hofe soll er zu meinen Gunsten brauchen, und meines vollkommnen Dankes gewiß sein.

SEKRETÄR Nichts weiter? O er erwartet mehr.

EGMONT Was soll ich mehr sagen? Willst du mehr Worte machen, so steht's bei dir. Es dreht sich immer um den Einen Punkt: ich soll leben wie ich nicht leben mag. Daß ich fröhlich bin, die Sachen leicht nehme, rasch lebe, das ist mein Glück; und ich vertausch' es nicht gegen die Sicherheit eines

Totengewölbes. Ich habe nun zu der spanischen Lebensart nicht einen Blutstropfen in meinen Adern; nicht Lust, meine Schritte nach der neuen bedächtigen Hof-Kadenz zu mustern. Leb' ich nur um auf's Leben zu denken? Soll ich den gegenwärtigen Augenblick nicht genießen, damit ich des folgenden gewiß sei? Und diesen wieder mit Sorgen und Grillen verzehren?

SEKRETÄR Ich bitt' euch, Herr; seid nicht so harsch und rauh gegen den guten Mann. Ihr seid ja sonst gegen alle freundlich. Sagt mir ein gefällig Wort, das den edeln Freund beruhige. Seht, wie sorgfältig er ist, wie leis er euch berührt.

EGMONT Und doch berührt er immer diese Saite. Er weiß von Alters her, wie verhaßt mir diese Ermahnungen sind; sie machen nur irre, sie helfen nichts. Und wenn ich ein Nachtwandler wäre, und auf dem gefährlichen Gipfel eines Hauses spazierte, ist es freundschaftlich mich bei'm Namen zu rufen und mich zu warnen, zu wecken und zu töten? Laßt jeden seines Pfades gehn; er mag sich wahren.

SEKRETÄR Es ziemt euch, nicht zu sorgen, aber wer Euch kennt und liebt —

EGMONT *(in den Brief sehend).* Da bringt er wieder die alten Märchen auf, was wir an einem Abend in leichtem Übermut der Geselligkeit und des Weins getrieben und gesprochen; und was man daraus für Folgen und Beweise durch's ganze Königreich gezogen und geschleppt habe. — Nun gut! wir haben Schellenkappen, Narrenkutten auf unsrer Diener Ärmel sticken lassen, und haben diese tolle Zierde nachher in ein Bündel Pfeile verwandelt; ein noch gefährlicher Symbol für alle, die deuten wollen wo nichts zu deuten ist. Wir haben die und jene Torheit in einem lustigen Augenblick empfangen gleich und geboren; sind Schuld, daß eine ganze edle Schar mit Bettelsäcken und mit einem selbstgewählten Unnamen dem Könige seine Pflicht mit spottender Demut ins' Gedächtnis rief; sind Schuld — was ist's nun weiter? Ist ein Fastnachtspiel gleich Hochverrat? Sind uns die kurzen bunten Lumpen zu mißgönnen, die ein jugendlicher Mut, eine angefrischte Phantasie um unsers Lebens arme Blöße hängen mag? Wenn ihr das Leben gar zu ernsthaft nehmt, was ist denn dran? Wenn uns der Morgen nicht zu neuen Freuden weckt, am Abend uns keine Lust zu hoffen übrig bleibt; ist's wohl des An- und Ausziehens wert? Scheint mir die Sonne heut, um das zu überlegen was gestern war? und um zu raten, zu verbinden, was nicht zu erraten, nicht zu verbinden ist, das Schicksal eines kommenden Tages? Schenke mir diese Betrachtungen; wir wollen sie Schülern und Höflingen überlassen. Die mögen sinnen und aussinnen, wandeln und schleichen, gelangen wohin sie können, erschleichen was sie können. — Kannst du von allem diesem etwas brauchen, daß deine Epistel kein Buch wird, so ist mir's recht. Dem guten Alten scheint alles viel zu wichtig. So drückt ein Freund, der lang unsre Hand gehalten, sie stärker noch einmal wenn er sie lassen will.

SEKRETÄR Verzeiht mir, es wird dem Fußgänger schwindlig, der einen Mann mit rasselnder Eile daher fahren sieht.

EGMONT Kind! Kind! nicht weiter! Wie von unsichtbaren Geistern gepeitscht, gehen die Sonnenpferde der Zeit mit unsers Schicksals leichtem Wagen durch; und uns bleibt nichts als, mutig gefaßt, die Zügel festzuhalten, und bald rechts bald links vom Steine hier, vom Sturze da, die Räder wegzulenken. Wohin es geht, wer weiß es? Erinnert er sich doch kaum, woher er kam.

SEKRETÄR Herr! Herr!

EGMONT Ich stehe hoch, und kann und muß noch höher steigen; ich fühle mir Hoffnung, Mut und Kraft. Noch hab' ich meines Wachstums Gipfel nicht erreicht; und steh' ich droben einst, so will ich fest, nicht ängstlich stehn. Soll ich fallen, so mag ein Donnerschlag, ein Sturmwind, ja ein selbst verfehlter Schritt mich abwärts in die Tiefe stürzen; da lieg' ich mit viel Tausenden. Ich habe nie verschmäht, mit meinen guten Kriegsgesellen um kleinen Gewinnst das blutige Los zu werfen; und sollt' ich knickern, wenn's um den ganzen freien Wert des Lebens geht?

SEKRETÄR O Herr! Ihr wißt nicht was für Worte ihr sprecht! Gott erhalt' euch!

EGMONT Nimm deine Papiere zusammen. Oranien kommt. Fertige aus was am nötigsten ist, daß die Boten fortkommen, eh' die Tore geschlossen werden. Das andere hat Zeit. Den Brief an den Grafen laß bis morgen; versäume nicht Elviren zu besuchen, und grüße sie von mir. — Horche, wie sich die Regentin befindet; sie soll nicht wohl sein, ob sie's gleich verbirgt. *(Sekretär ab.)*

ORANIEN *kommt.*

EGMONT Willkommen, Oranien. Ihr scheint mir nicht ganz frei.

ORANIEN Was sagt ihr zu unsrer Unterhaltung mit der Regentin?

EGMONT Ich fand in ihrer Art uns aufzunehmen nichts Außerordentliches. Ich habe sie schon öfter so gesehen. Sie schien mir nicht ganz wohl.

ORANIEN Merktet ihr nicht daß sie zurückhaltender war? Erst wollte sie unser Betragen bei dem neuen Aufruhr des Pöbels gelassen billigen; nachher merkte sie an, was sich doch auch für ein falsches Licht darauf werfen lasse; wich dann mit dem Gespräche zu ihrem alten gewöhnlichen Diskurs: daß man ihre liebevolle gute Art, ihre Freundschaft zu uns Niederländern, nie genug erkannt, zu leicht behandelt habe, daß nichts einen erwünschten Ausgang nehmen wolle, daß sie am Ende wohl müde werden, der König sich zu andern Maßregeln entschließen müsse. Habt ihr das gehört?

EGMONT Nicht alles; ich dachte unterdessen an was anders. Sie ist ein Weib, guter Oranien, und die möchten immer gern daß sich alles unter ihr sanftes Joch gelassen schmiegte, daß jeder Herkules die Löwenhaut ablegte, und ihren Kunkelhof vermehrte; daß, weil sie friedlich gesinnt sind, die Gärung, die ein Volk ergreift, der Sturm, den mächtige Nebenbuhler gegen einander erregen, sich durch Ein freundlich Wort beilegen ließe, und die widrigsten Elemente sich zu ihren Füßen in sanfter Eintracht vereinigten. Das ist ihr Fall; und da sie es dahin nicht bringen kann, so hat sie keinen Weg als launisch zu werden, sich über Undankbarkeit, Unweisheit zu beklagen, mit schrecklichen Aussichten in die Zukunft zu drohen, und zu drohen — daß sie fortgehn will.

ORANIEN Glaubt ihr dasmal nicht daß sie ihre Drohung erfüllt?

EGMONT Nimmermehr! Wie oft habe ich sie schon reisefertig gesehn! Wo will sie denn hin? Hier Statthalterin, Königin; glaubst du daß sie es unterhalten wird am Hofe ihres Bruders unbedeutende Tage abzuhaspeln? oder nach Italien zu gehen und sich in alten Familienverhältnissen herumzuschleppen?

ORANIEN Man hält sie dieser Entschließung nicht fähig, weil ihr sie habt zaudern, weil ihr sie habt zurücktreten sehn; dennoch liegt's wohl in ihr; neue Umstände treiben sie zu dem lang verzögerten Entschluß. Wenn sie ginge? und der König schickte einen andern?

EGMONT Nun der würde kommen, und würde eben auch zu tun finden. Mit großen Planen, Projekten und Gedanken würde er kommen, wie er alles zurecht rücken, unterwerfen und zusammenhalten wolle; und würde heut mit dieser Kleinigkeit, morgen mit einer andern zu tun haben, übermorgen jene Hindernis finden, einen Monat mit Entwürfen, einen andern mit Verdruß über fehlgeschlagne Unternehmen, ein halb Jahr in Sorgen über eine einzige Provinz zubringen. Auch ihm wird die Zeit vergehn, der Kopf schwindeln, und die Dinge wie zuvor ihren Gang halten, daß er, statt weite Meere nach einer vorgezognen Linie zu durchsegeln, Gott danken mag, wenn er sein Schiff in diesem Sturme vom Felsen hält.

ORANIEN Wenn man nun aber dem König zu einem Versuch riete?

EGMONT Der wäre?

ORANIEN Zu sehen was der Rumpf ohne Haupt anfinge.

EGMONT Wie?

ORANIEN Egmont, ich trage viele Jahre her alle unsere Verhältnisse am Herzen, ich stehe immer wie über einem Schachspiele und halte keinen Zug des Gegners für unbedeutend; und wie müßige Menschen mit der größten Sorgfalt sich um die Geheimnisse der Natur bekümmern, so halt' ich es für Pflicht, für Beruf eines Fürsten, die Gesinnungen, die Ratschläge aller Parteien zu kennen. Ich habe Ursach einen Ausbruch zu befürchten. Der König hat lange nach gewissen Grundsätzen gehandelt; er sieht, daß er damit nicht auskommt; was ist wahrscheinlicher, als daß er es auf einem andern Wege versucht?

EGMONT Ich glaub's nicht. Wenn man alt wird und hat so viel versucht, und es will in der Welt nie zur Ordnung kommen, muß man es endlich wohl genug haben.

ORANIEN Eins hat er noch nicht versucht.

EGMONT Nun?

ORANIEN Das Volk zu schonen und die Fürsten zu verderben.

EGMONT Wie viele haben das schon lange gefürchtet! Es ist keine Sorge.

ORANIEN Sonst war's Sorge; nach und nach ist mir's Vermutung, zuletzt Gewißheit geworden.

EGMONT Und hat der König treuere Diener als uns?

ORANIEN Wir dienen ihm auf unsere Art; und unter einander können wir gestehen, daß wir des Königs Rechte und die unsrigen wohl abzuwägen wissen.

EGMONT Wer tut's nicht? Wir sind ihm untertan und gewärtig, in dem was ihm zukommt.

ORANIEN Wenn er sich nun aber *mehr* zuschriebe, und Treulosigkeit nennte was wir heißen auf unsre Rechte halten?

EGMONT Wir werden uns verteidigen können. Er rufe die Ritter des Vlieses zusammen, wir wollen uns richten lassen.

ORANIEN Und was wäre ein Urteil vor der Untersuchung? eine Strafe vor dem Urteil?

EGMONT Eine Ungerechtigkeit, der sich Philipp nie schuldig machen wird; und eine Torheit, die ich ihm und seinen Räten nicht zutraue.

ORANIEN Und wenn sie nun ungerecht und töricht wären?

EGMONT Nein, Oranien, es ist nicht möglich. Wer sollte wagen Hand an uns zu legen? — Uns gefangen zu nehmen wär' ein verlornes und fruchtloses Unternehmen. Nein, sie wagen nicht das Panier der Tyrannei so hoch aufzustecken. Der Windhauch, der diese Nachricht über's Land brächte, würde ein ungeheures Feuer zusammentreiben. Und wohinaus wollten sie? Richten und verdammen kann nicht der König allein; und wollten sie meuchelmörderisch an unser Leben? — Sie können nicht wollen. Ein schrecklicher Bund würde in einem Augenblick das Volk vereinigen. Haß und ewige Trennung vom spanischen Namen würde sich gewaltsam erklären.

ORANIEN Die Flamme wütete dann über unserm Grabe, und das Blut unsrer Feinde flösse zum leeren Sühnopfer. Laß uns denken, Egmont.

EGMONT Wie sollten sie aber?

ORANIEN Alba ist unterwegs.

EGMONT Ich glaub's nicht.

ORANIEN Ich weiß es.

EGMONT Die Regentin wollte nichts wissen.

ORANIEN Um desto mehr bin ich überzeugt. Die Regentin wird ihm Platz machen. Seinen Mordsinn kenn' ich, und ein Heer bringt er mit.

EGMONT Auf's neue die Provinzen zu belästigen? Das Volk wird höchst schwierig werden.

ORANIEN Man wird sich der Häupter versichern.

EGMONT Nein! Nein!

ORANIEN Laß uns gehen, jeder in seine Provinz. Dort wollen wir uns verstärken; mit offner Gewalt fängt er nicht an.

EGMONT Müssen wir ihn nicht begrüßen, wenn er kommt?

ORANIEN Wir zögern.

EGMONT Und wenn er uns im Namen des Königs bei seiner Ankunft fordert?

ORANIEN Suchen wir Ausflüchte.

EGMONT Und wenn er dringt?

ORANIEN Entschuldigen wir uns.

EGMONT Und wenn er drauf besteht?

ORANIEN Kommen wir um so weniger.

EGMONT Und der Krieg ist erklärt, und wir sind die Rebellen. Oranien, laß dich nicht durch Klugheit verführen; ich weiß daß Furcht dich nicht weichen macht. Bedenke den Schritt.

ORANIEN Ich hab' ihn bedacht.

EGMONT Bedenke, wenn du dich irrst, woran du Schuld bist; an dem verderblichsten Kriege, der je ein Land verwüstet hat. Dein Weigern ist das Signal, das die Provinzen mit Einmal zu den Waffen ruft, das jede Grausamkeit rechtfertigt, wozu Spanien von jeher nur gern den Vorwand gehascht hat.

Was wir lange mühselig gestillt haben, wirst du mit Einem Winke zur schrecklichsten Verwirrung aufhetzen. Denk' an die Städte, die Edeln, das Volk, an die Handlung, den Feldbau, die Gewerbe! und denke die Verwüstung, den Mord! — Ruhig sieht der Soldat wohl im Felde seinen Kameraden neben sich hinfallen; aber den Fluß herunter werden dir die Leichen der Bürger, der Kinder der Jungfrauen entgegenschwimmen, daß du mit Entsetzen dastehst, und nicht mehr weißt wessen Sache du verteidigst, da die zu Grunde gehen, für deren Freiheit du die Waffen ergriffst. Und wie wird dir's sein wenn du dir still sagen mußt: Für meine Sicherheit ergriff ich sie.

ORANIEN Wir sind nicht einzelne Menschen, Egmont. Ziemt es sich uns für Tausende hinzugeben, so ziemt es sich auch uns für Tausende zu schonen.

EGMONT Wer sich schont muß sich selbst verdächtig werden.

ORANIEN Wer sich kennt kann sicher vor- und rückwärts gehen.

EGMONT Das Übel das du fürchtest, wird gewiß durch deine Tat.

ORANIEN Es ist klug und kühn dem unvermeidlichen Übel entgegenzugehn.

EGMONT Bei so großer Gefahr kommt die leichteste Hoffnung in Anschlag.

ORANIEN Wir haben nicht für den leisesten Fußtritt Platz mehr; der Abgrund liegt hart vor uns.

EGMONT Ist des Königs Gunst ein so schmaler Grund?

ORANIEN So schmal nicht, aber schlüpfrig.

EGMONT Bei Gott! man tut ihm Unrecht. Ich mag nicht leiden daß man ungleich von ihm denkt! Er ist Karls Sohn und keiner Niedrigkeit fähig.

ORANIEN Die Könige tun nichts Niedriges.

EGMONT Man sollte ihn kennen lernen.

ORANIEN Eben diese Kenntnis rät uns eine gefährliche Probe nicht abzuwarten.

EGMONT Keine Probe ist gefährlich zu der man Mut hat.

ORANIEN Du wirst aufgebracht, Egmont.

EGMONT Ich muß mit meinen Augen sehen.

ORANIEN O säh'st du diesmal nur mit den meinigen! Freund, weil du sie offen hast, glaubst du du siehst. Ich gehe! Warte du Alba's Ankunft ab, und Gott sei bei dir! Vielleicht rettet dich mein Weigern. Vielleicht daß der Drache nichts zu fangen glaubt, wenn er uns nicht beide auf Einmal verschlingt. Vielleicht zögert er, um seinen Anschlag sicherer auszuführen; und vielleicht siehest du indes die Sache in ihrer wahren Gestalt. Aber dann schnell! schnell! Rette! rette dich! — Leb' wohl! — Laß deiner Aufmerksamkeit nichts entgehen: wie viel Mannschaft er mitbringt, wie er die Stadt besetzt, was für Macht die Regentin behält, wie deine Freunde gefaßt sind. Gib mir Nachricht — — — Egmont —

EGMONT Was willst du?

ORANIEN *(ihn bei der Hand fassend).* Laß dich überreden! Geh mit!

EGMONT Wie? Tränen, Oranien?

ORANIEN Einen Verlornen zu beweinen ist auch männlich.

EGMONT Du wähnst mich verloren?

ORANIEN Du bist's. Bedenke! Dir bleibt nur eine kurze Frist. Leb' wohl! *(Ab.)*

EGMONT *(allein).* Daß andrer Menschen Gedanken solchen Einfluß auf uns haben! Mir wär' es nie eingekommen; und dieser Mann trägt seine Sorglichkeit in mich herüber. — Weg! — Das ist ein fremder Tropfen in meinem Blute. Gute Natur, wirf ihn wieder heraus! Und von meiner Stirne die sinnenden Runzeln wegzubaden, gibt es ja wohl noch ein freundlich Mittel.

DRITTER AUFZUG

Palast der Regentin

MARGARETE VON PARMA.

MARGARETE Ich hätte mir's vermuten sollen. Ha! Wenn man in Mühe und Arbeit vor sich hinlebt, denkt man immer man tue das Möglichste; und der von weitem zusieht und befiehlt, glaubt er verlange nur das Mögliche. — O die Könige! — Ich hätte nicht geglaubt daß es mich so verdrießen könnte. Es ist so schön zu herrschen! — Und abzudanken? — Ich weiß nicht wie mein Vater es konnte; aber ich will es auch.

MACHIAVELL *erscheint im Grunde.*

REGENTIN Tretet näher, Machiavell. Ich denke hier über den Brief meines Bruders.

MACHIAVELL Ich darf wissen was er enthält?

REGENTIN So viel zärtliche Aufmerksamkeit für mich, als Sorgfalt für seine Staaten. Er rühmt die Standhaftigkeit, den Fleiß und die Treue, womit ich bisher für die Rechte seiner Majestät in diesen Landen gewacht habe. Er bedauert mich, daß mir das unbändige Volk so viel zu schaffen mache. Er ist von der Tiefe meiner Einsichten so vollkommen überzeugt, mit der Klugheit meines Betragens so außerordentlich zufrieden, daß ich fast sagen muß, der Brief ist für einen König zu schön geschrieben, für einen Bruder gewiß.

MACHIAVELL Es ist nicht das erstemal daß er euch seine gerechte Zufriedenheit bezeigt.

REGENTIN Aber das erstemal daß es rednerische Figur ist.

MACHIAVELL Ich versteh' euch nicht.

REGENTIN Ihr werdet. — Denn er meint, nach diesem Eingange: ohne Mannschaft, ohne eine kleine Armee werde ich immer hier eine üble Figur spielen! Wir hätten, sagt er, unrecht getan, auf die Klagen der Einwohner unsre Soldaten aus den Provinzen zu ziehen. Eine Besatzung, meint er, die dem Bürger auf dem Nacken lastet, verbiete ihm durch ihre Schwere, große Sprünge zu machen.

MACHIAVELL Es würde die Gemüter äußerst aufbringen.

REGENTIN Der König meint aber, hörst du? — Er meint, daß ein tüchtiger General, so einer, der gar keine Raison annimmt, gar bald mit Volk und Adel, Bürgern und Bauern fertig werden könne; — und schickt deswegen mit einem starken Heere — den Herzog von Alba.

MACHIAVELL Alba?
REGENTIN Du wunderst dich?
MACHIAVELL Ihr sagt: er schickt. Er fragt wohl ob er schicken soll?
REGENTIN Der König fragt nicht; er schickt.
MACHIAVELL So werdet ihr einen erfahrnen Krieger in euren Diensten haben.
REGENTIN In meinen Diensten? Rede g'rad heraus, Machiavell.
MACHIAVELL Ich möcht' euch nicht vorgreifen.
REGENTIN Und ich möchte mich verstellen! Es ist mir empfindlich, sehr empfindlich. Ich wollte lieber mein Bruder sagte wie er's denkt, als daß er förmliche Episteln unterschreibt, die ein Staatssekretär aufsetzt.
MACHIAVELL Sollte man nicht einsehen? —
REGENTIN Und ich kenne sie inwendig und auswendig. Sie möchten's gern gesäubert und gekehrt haben: und weil sie selbst nicht zugreifen, so findet ein jeder Vertrauen, der mit dem Besen in der Hand kommt. O mir ist's, als wenn ich den König und sein Conseil auf dieser Tapete gewirkt sähe.
MACHIAVELL So lebhaft?
REGENTIN Es fehlt kein Zug. Es sind gute Menschen drunter. Der ehrliche Rodrich, der so erfahren und mäßig ist, nicht zu hoch will, und doch nichts fallen läßt, der gerade Alonzo, der fleißige Freneda, der feste Las Vargas, und noch einige die mitgehen, wenn die gute Partei mächtig wird. Da sitzt aber der hohläugige Toledaner mit der ehrnen Stirne und dem tiefen Feuerblick, murmelt zwischen den Zähnen von Weibergüte, unzeitigem Nachgeben, und daß Frauen wohl von zugerittenen Pferden sich tragen lassen, selbst aber schlechte Stallmeister sind, und solche Späße, die ich ehemals von den politischen Herren habe mit durchhören müssen.
MACHIAVELL Ihr habt zu dem Gemälde einen guten Farbentopf gewählt.
REGENTIN Gesteht nur, Machiavell: in meiner ganzen Schattierung, aus der ich allenfalls malen könnte, ist kein Ton so gelbbraun, gallenschwarz, wie Alba's Gesichtsfarbe, und als die Farbe, aus der *er* malt. Jeder ist bei ihm gleich ein Gotteslästerer, ein Majestätsschänder: denn aus diesem Kapitel kann man sie alle sogleich rädern, pfählen, vierteilen und verbrennen. — Das Gute, was ich hier getan habe, sieht gewiß in der Ferne wie nichts aus, eben weil's gut ist. — Da hängt er sich an jeden Mutwillen, der vorbei ist, erinnert an jede Unruhe, die gestillt ist; und es wird dem Könige vor den Augen so voll Meuterei, Aufruhr und Tollkühnheit, daß er sich vorstellt sie fräßen sich hier einander auf, wenn eine flüchtig vorübergehende Ungezogenheit eines rohen Volks bei uns lange vergessen ist. Da faßt er einen recht herzlichen Haß auf die armen Leute; sie kommen ihm abscheulich, ja wie Tiere und Ungeheuer vor; er sieht sich nach Feuer und Schwert um, und wähnt, so bändige man Menschen.
MACHIAVELL Ihr scheint mir zu heftig, ihr nehmt die Sache zu hoch. Bleibt ihr nicht Regentin?
REGENTIN Das kenn' ich. Er wird eine Instruktion bringen. — Ich bin in Staatsgeschäften alt genug geworden, um zu wissen, wie man einen verdrängt, ohne ihm seine Bestallung zu nehmen. — Erst wird er eine Instruktion bringen, die wird unbestimmt und schief sein; er wird um sich greifen, denn er hat die Gewalt; und wenn ich mich beklage, wird er eine geheime

Instruktion vorschützen; wenn ich sie sehen will, wird er mich herumziehen; wenn ich drauf bestehe, wird er mir ein Papier zeigen das ganz was anders enthält; und wenn ich mich da nicht beruhige, gar nicht mehr tun als wenn ich redete. — Indes wird er, was ich fürchte, getan, und was ich wünsche, weit abwärts gelenkt haben.

MACHIAVELL Ich wollt' ich könnt' euch widersprechen.

REGENTIN Was ich mit unsäglicher Geduld beruhigte, wird er durch Härte und Grausamkeiten wieder aufhetzen; ich werde vor meinen Augen mein Werk verloren sehen, und überdies noch seine Schuld zu tragen haben.

MACHIAVELL Erwarten's Eure Hoheit.

REGENTIN So viel Gewalt hab' ich über mich, um stille zu sein. Laß ihn kommen; ich werde ihm mit der besten Art Platz machen, eh' er mich verdrängt.

MACHIAVELL So rasch diesen wichtigen Schritt?

REGENTIN Schwerer als du denkst. Wer zu herrschen gewohnt ist, wer's hergebracht hat, daß jeden Tag das Schicksal von Tausenden in seiner Hand liegt, steigt vom Throne wie in's Grab. Aber besser so, als einem Gespenste gleich unter den Lebenden bleiben, und mit hohlem Ansehn einen Platz behaupten wollen, den ihm ein anderer abgeerbt hat, und nun besitzt und genießt.

Clärchens Wohnung

CLÄRCHEN. MUTTER.

MUTTER So eine Liebe wie Brackenburgs hab' ich nie gesehen; ich glaubte, sie sei nur in Heldengeschichten.

CLÄRCHEN *(geht in der Stube auf und ab, ein Lied zwischen den Lippen summend).*

Glücklich allein
Ist die Seele, die liebt.

MUTTER Er vermutet deinen Umgang mit Egmont; und ich glaube, wenn du ihm ein wenig freundlich tätest, wenn du wolltest, er heiratete dich noch.

CLÄRCHEN *(singt).*

Freudvoll
Und leidvoll,
Gedankenvoll sein;
Langen
Und bangen
In schwebender Pein;
Himmelhoch jauchzend
Zum Tode betrübt;
Glücklich allein
Ist die Seele, die liebt.

MUTTER Laß das Heiopopeio.

CLÄRCHEN Scheltet mir's nicht; es ist ein kräftig Lied. Hab' ich doch schon manchmal ein großes Kind damit schlafen gewiegt.

MUTTER Du hast doch nichts im Kopfe als deine Liebe. Vergäßest du nur nicht alles über das Eine. Den Brackenburg solltest du in Ehren halten, sag' ich dir. Er kann dich noch einmal glücklich machen.

CLÄRCHEN Er?

MUTTER O ja! es kommt eine Zeit! — Ihr Kinder seht nichts voraus, und überhorcht unsre Erfahrungen. Die Jugend und die schöne Liebe, alles hat sein Ende; und es kommt eine Zeit, wo man Gott dankt wenn man irgendwo unterkriechen kann.

CLÄRCHEN *(schaudert, schweigt und fährt auf).* Mutter, laßt die Zeit kommen wie den Tod. Dran vorzudenken ist schreckhaft! — Und wenn er kommt! Wenn wir müssen — dann — wollen wir uns geberden wie wir können — Egmont, ich dich entbehren! — *(in Tränen.)* Nein, es ist nicht möglich, nicht möglich.

EGMONT *(in einem Reitermantel, den Hut ins' Gesicht gedrückt).* Clärchen!

CLÄRCHEN *(tut einen Schrei, fährt zurück).* Egmont! *(Sie eilt auf ihn zu.)* Egmont! *(Sie umarmt ihn und ruht an ihm.)* O du guter, lieber, süßer! Kommst du? bist du da!

EGMONT Guten Abend, Mutter.

MUTTER Gott grüß' euch, edler Herr! Meine Kleine ist fast vergangen daß ihr so lang ausbleibt; sie hat wieder den ganzen Tag von euch geredet und gesungen.

EGMONT Ihr gebt mir doch ein Nachtessen?

MUTTER Zu viel Gnade. Wenn wir nur etwas hätten.

CLÄRCHEN Freilich! Seid nur ruhig, Mutter; ich habe schon alles darauf eingerichtet, ich habe etwas zubereitet. Verratet mich nicht, Mutter.

MUTTER Schmal genug.

CLÄRCHEN Wartet nur! Und dann denk' ich: wenn er bei mir ist hab' ich gar keinen Hunger; da sollte er auch keinen großen Appetit haben wenn ich bei ihm bin.

EGMONT Meinst du?

CLÄRCHEN *stampft mit dem Fuße und kehrt sich unwillig um.*

EGMONT Wie ist dir?

CLÄRCHEN Wie seid ihr heute so kalt! Ihr habt mir noch keinen Kuß angeboten. Warum habt ihr die Arme in den Mantel gewickelt wie ein Wochenkind? Ziemt keinem Soldaten noch Liebhaber die Arme eingewickelt zu haben.

EGMONT Zu Zeiten, Liebchen, zu Zeiten. Wenn der Soldat auf der Lauer steht und dem Feinde etwas ablisten möchte, da nimmt er sich zusammen, faßt sich selbst in seine Arme und kaut seinen Anschlag reif. Und ein Liebhaber —

MUTTER Wollt ihr euch nicht setzen? es euch nicht bequem machen? Ich muß in die Küche; Clärchen denkt an nichts wenn ihr da seid. Ihr müßt fürlieb nehmen.

EGMONT Euer guter Wille ist die beste Würze. *(Mutter ab.)*

CLÄRCHEN Und was wäre denn meine Liebe?

EGMONT So viel du willst.

CLÄRCHEN Vergleicht sie, wenn ihr das Herz habt.

EGMONT Zuvörderst also. *(Er wirft den Mantel ab und steht in einem prächtigen Kleide da.)*

CLÄRCHEN O je!

EGMONT Nun hab' ich die Arme frei. *(Er herzt sie.)*

CLÄRCHEN Laßt! Ihr verderbt euch. *(Sie tritt zurück.)* Wie prächtig! Da darf ich euch nicht anrühren.

EGMONT Bist du zufrieden? Ich versprach dir einmal spanisch zu kommen.

CLÄRCHEN Ich bat euch zeither nicht mehr drum; ich dachte ihr wolltet nicht — Ach und das goldne Vlies!

EGMONT Da siehst du's nun.

CLÄRCHEN Das hat dir der Kaiser umgehängt?

EGMONT Ja, Kind! und Kette und Zeichen geben dem der sie trägt die edelsten Freiheiten. Ich erkenne auf Erden keinen Richter über meine Handlungen als den Großmeister des Ordens, mit dem versammelten Kapitel der Ritter.

CLÄRCHEN O du dürftest die ganze Welt über dich richten lassen. — Der Sammet ist gar zu herrlich, und die Passement-Arbeit ? und das Gestickte! — Man weiß nicht wo man anfangen soll.

EGMONT Sieh dich nur satt.

CLÄRCHEN Und das goldne Vlies! Ihr erzähltet mir die Geschichte und sagtet: es sei ein Zeichen alles Großen und Kostbaren, was man mit Müh und Fleiß verdient und erwirbt. Es ist sehr kostbar — ich kann's deiner Liebe vergleichen. — Ich trage sie eben so am Herzen — und hernach —

EGMONT Was willst du sagen?

CLÄRCHEN Hernach vergleicht sich's auch wieder nicht.

EGMONT Wie so?

CLÄRCHEN Ich habe sie nicht mit Müh und Fleiß erworben, nicht verdient.

EGMONT In der Liebe ist es anders. Du verdienst sie weil du dich nicht darum bewirbst — und die Leute erhalten sie auch meist allein die nicht darnach jagen.

CLÄRCHEN Hast du das von dir abgenommen? Hast du diese stolze Anmerkung über dich selbst gemacht? du, den alles Volk liebt?

EGMONT Hätt' ich nur etwas für sie getan! könnt' ich etwas für sie tun! Es ist ihr guter Wille mich zu lieben.

CLÄRCHEN Du warst gewiß heute bei der Regentin?

EGMONT Ich war bei ihr.

CLÄRCHEN Bist du gut mit ihr?

EGMONT Es sieht einmal so aus. Wir sind einander freundlich und dienstlich.

CLÄRCHEN Und im Herzen?

EGMONT Will ich ihr wohl. Jedes hat seine eignen Absichten. Das tut nichts zur Sache. Sie ist eine treffliche Frau, kennt ihre Leute, und sähe tief genug wenn sie auch nicht argwöhnisch wäre. Ich mache ihr viel zu schaffen, weil sie hinter meinem Betragen immer Geheimnisse sucht, und ich keine habe.

CLÄRCHEN So gar keine?

EGMONT Eh nun! einen kleinen Hinterhalt. Jeder Wein setzt Weinstein in den Fässern an mit der Zeit. Oranien ist doch noch eine bessere Unterhaltung für sie und eine immer neue Aufgabe. Er hat sich in den Kredit gesetzt, daß er immer etwas Geheimes vorhabe: und nun sieht sie immer nach seiner Stirne, was er wohl denken, auf seine Schritte, wohin er sie wohl richten möchte.

CLÄRCHEN Verstellt sie sich?

EGMONT Regentin, und du fragst?

CLÄRCHEN Verzeiht, ich wollte fragen: ist sie falsch?

EGMONT Nicht mehr und nicht weniger, als jeder der seine Absichten erreichen will.

CLÄRCHEN Ich könnte mich in die Welt nicht finden. Sie hat aber auch einen männlichen Geist, sie ist ein ander Weib als wir Nähterinnen und Köchinnen. Sie ist groß, herzhaft, entschlossen.

EGMONT Ja, wenn's nicht gar zu bunt geht. Diesmal ist sie doch ein wenig aus der Fassung.

CLÄRCHEN Wie so?

EGMONT Sie hat auch ein Bärtchen auf der Oberlippe, und manchmal einen Anfall von Podagra. Eine rechte Amazone!

CLÄRCHEN Eine majestätische Frau! Ich scheute mich vor sie zu treten.

EGMONT Du bist doch sonst nicht zaghaft — Es wäre auch nicht Furcht, nur jungfräuliche Scham.

CLÄRCHEN *schlägt die Augen nieder, nimmt seine Hand und lehnt sich an ihn.*

EGMONT Ich verstehe dich! liebes Mädchen! du darfst die Augen aufschlagen. *(Er küßt ihre Augen.)*

CLÄRCHEN Laß mich schweigen! Laß mich dich halten. Laß mich dir in die Augen sehen; alles drin finden, Trost und Hoffnung und Freude und Kummer. *(Sie umarmt ihn, und sieht ihn an.)* Sag' mir! Sage! ich begreife nicht! bist du Egmont? der Graf Egmont? der große Egmont, der so viel Aufsehn macht, von dem in den Zeitungen steht, an dem die Provinzen hängen?

EGMONT Nein, Clärchen, das bin ich nicht.

CLÄRCHEN Wie?

EGMONT Siehst du, Clärchen! — Laß mich sitzen! — *(Er setzt sich, sie kniet sich vor ihn auf einen Schemel, legt ihre Arme auf seinen Schoß und sieht ihn an.)* Jener Egmont ist ein verdrießlicher, steifer, kalter Egmont, der an sich halten, bald dieses bald jenes Gesicht machen muß; geplagt, verkannt, verwickelt ist, wenn ihn die Leute für froh und fröhlich halten; geliebt von einem Volke, das nicht weiß was es will; geehrt und in die Höhe getragen von einer Menge, mit der nichts anzufangen ist; umgeben von Freunden, denen er sich nicht überlassen darf; beobachtet von Menschen, die ihm auf alle Weise beikommen möchten; arbeitend und sich bemühend, oft ohne Zweck, meist ohne Lohn — O laß mich schweigen wie es dem ergeht, wie es dem zu Mute ist. Aber dieser, Clärchen, der ist ruhig, offen, glücklich, geliebt und gekannt von dem besten Herzen, das auch er ganz kennt und mit voller Liebe und Zutrauen an das seine drückt. *(Er umarmt sie.)* Das ist *dein* Egmont.

CLÄRCHEN So laß mich sterben! Die Welt hat keine Freuden auf diese!

VIERTER AUFZUG

Straße

JETTER. ZIMMERMEISTER.

JETTER He! Pst! He, Nachbar, ein Wort!

ZIMMERMEISTER Geh deines Pfads, und sei ruhig.

JETTER Nur ein Wort. Nichts Neues?

ZIMMERMEISTER Nichts, als daß uns von neuem zu reden verboten ist.

JETTER Wie?

ZIMMERMEISTER Tretet hier an's Haus an. Hütet euch! Der Herzog von Alba hat gleich bei seiner Ankunft einen Befehl ausgehen lassen, dadurch zwei oder drei, die auf der Straße zusammen sprechen, des Hochverrats ohne Untersuchung schuldig erklärt sind.

JETTER O weh!

ZIMMERMEISTER Bei ewiger Gefangenschaft ist verboten von Staatssachen zu reden.

JETTER O unsre Freiheit!

ZIMMERMEISTER Und bei Todesstrafe soll niemand die Handlungen der Regierung mißbilligen.

JETTER O unsre Köpfe!

ZIMMERMEISTER Und mit großem Versprechen werden Väter, Mütter, Kinder, Verwandte, Freunde, Dienstboten eingeladen, was in dem Innersten des Hauses vorgeht, bei dem besonders niedergesetzten Gerichte zu offenbaren.

JETTER Gehn wir nach Hause.

ZIMMERMEISTER Und den Folgsamen ist versprochen daß sie weder an Leibe, noch Ehre, noch Vermögen einige Kränkung erdulden sollen.

JETTER Wie gnädig! War mir's doch gleich weh wie der Herzog in die Stadt kam. Seit der Zeit ist mir's als wäre der Himmel mit einem schwarzen Flor überzogen, und hinge so tief herunter daß man sich bücken müsse um nicht dran zu stoßen.

ZIMMERMEISTER Und wie haben dir seine Soldaten gefallen? Gelt! das ist eine andre Art von Krebsen als wir sie sonst gewohnt waren.

JETTER Pfui! Es schnürt einem das Herz ein, wenn man so einen Haufen die Gassen hinab marschieren sieht. Kerzengerad mit unverwandtem Blick, Ein Tritt so viel ihrer sind. Und wenn sie auf der Schildwache stehen und du gehst an einem vorbei, ist's als wenn er dich durch und durch sehen wollte, und sieht so steif und mürrisch aus, daß du auf allen Ecken einen Zuchtmeister zu sehen glaubst. Sie tun mir gar nicht wohl. Unsre Miliz war doch noch ein lustig Volk; sie nahmen sich was heraus, standen mit ausgegrätschten Beinen da, hatten den Hut über'm Ohr, lebten und ließen leben; diese Kerle aber sind wie Maschinen, in denen ein Teufel sitzt.

ZIMMERMEISTER Wenn so einer ruft: „Halt!" und anschlägt, meinst du, man hielte?

JETTER Ich wäre gleich des Todes.

ZIMMERMEISTER Gehn wir nach Hause.
JETTER Es wird nicht gut. Adieu.

SOEST *tritt dazu.*

SOEST Freunde! Genossen!
ZIMMERMEISTER Still! Laßt uns gehen.
SOEST Wißt ihr?
JETTER Nur zu viel!
SOEST Die Regentin ist weg.
JETTER Nun gnad' uns Gott!
ZIMMERMEISTER Die hielt uns noch.
SOEST Auf Einmal und in der Stille. Sie konnte sich mit dem Herzog nicht vertragen; sie ließ dem Adel melden sie komme wieder. Niemand glaubt's.
ZIMMERMEISTER Gott verzeih's dem Adel daß er uns diese neue Geißel über den Hals gelassen hat. Sie hätten es abwenden können. Unsre Privilegien sind hin.
JETTER Um Gotteswillen nichts von Privilegien! Ich wittre den Geruch von einem Exekutionsmorgen; die Sonne will nicht hervor, die Nebel stinken.
SOEST Oranien ist auch weg.
ZIMMERMEISTER So sind wir denn ganz verlassen!
SOEST Graf Egmont ist noch da.
JETTER Gott sei Dank! Stärken ihn alle Heiligen, daß er sein Bestes tut; der ist allein was vermögend.

VANSEN *tritt auf.*

VANSEN Find' ich endlich ein paar die noch nicht untergekrochen sind?
JETTER Tut uns den Gefallen und geht fürbaß.
VANSEN Ihr seid nicht höflich.
ZIMMERMEISTER Es ist gar keine Zeit zu Komplimenten. Juckt euch der Buckel wieder? Seid ihr schon durchgeheilt?
VANSEN Fragt einen Soldaten nach seinen Wunden! Wenn ich auf Schläge was gegeben hätte, wäre sein Tage nichts aus mir geworden.
JETTER Es kann ernstlicher werden.
VANSEN Ihr spürt von dem Gewitter, das aufsteigt, eine erbärmliche Mattigkeit in den Gliedern, scheint's.
ZIMMERMEISTER Deine Glieder werden sich bald wo anders eine Motion machen, wenn du nicht ruhst.
VANSEN Armselige Mäuse, die gleich verzweifeln, wenn der Hausherr eine neue Katze anschafft! Nur ein bißchen anders; aber wir treiben unser Wesen vor wie nach, seid nur ruhig.
ZIMMERMEISTER Du bist ein verwegener Taugenichts.
VANSEN Gevatter Tropf! Laß du den Herzog nur gewähren. Der alte Kater sieht aus als wenn er Teufel statt Mäuse gefressen hätte und könnte sie nun nicht verdauen. Laßt ihn nur erst; er muß auch essen, trinken, schlafen wie andere Menschen. Es ist mir nicht bange, wenn wir unsere Zeit recht nehmen. Im Anfange geht's rasch; nachher wird er auch finden, daß in der

Speisekammer unter den Speckseiten besser leben ist und des Nachts zu ruhen, als auf dem Fruchtboden einzelne Mäuschen zu erlisten. Geht nur, ich kenne die Statthalter.

ZIMMERMEISTER Was so einem Menschen alles durchgeht! Wenn ich in meinem Leben so etwas gesagt hätte, hielt' ich mich keine Minute für sicher.

VANSEN Seid nur ruhig. Gott im Himmel erfährt nichts von euch Würmern, geschweige der Regent.

JETTER Lästermaul!

VANSEN Ich weiß andere, denen es besser wäre, sie hätten statt ihres Heldenmuts eine Schneiderader im Leibe.

ZIMMERMEISTER Was wollt ihr damit sagen?

VANSEN Hm! den Grafen mein' ich.

JETTER Egmont! Was soll der fürchten?

VANSEN Ich bin ein armer Teufel, und könnte ein ganzes Jahr leben von dem was er in Einem Abende verliert. Und doch könnt' er mir sein Einkommen eines ganzen Jahres geben, wenn er meinen Kopf auf eine Viertelstunde hätte.

JETTER Du denkst dich was Rechts. Egmonts Haare sind gescheiter als dein Hirn.

VANSEN Red't ihr! Aber nicht feiner. Die Herren betriegen sich am ersten. Er sollte nicht trauen.

JETTER Was er schwätzt! So ein Herr!

VANSEN Eben weil er kein Schneider ist.

JETTER Ungewaschen Maul!

VANSEN Dem wollt' ich eure Courage nur eine Stunde in die Glieder wünschen, daß sie ihm da Unruh machte und ihn so lange neckte und juckte, bis er aus der Stadt müßte.

JETTER Ihr redet recht unverständig; er ist so sicher wie der Stern am Himmel.

VANSEN Hast du nie einen sich schneuzen gesehn? Weg war er!

ZIMMERMEISTER Wer will ihm denn was tun?

VANSEN Wer will? Willst du's etwa hindern? Willst du einen Aufruhr erregen wenn sie ihn gefangen nehmen?

JETTER Ah!

VANSEN Wollt ihr eure Rippen für ihn wagen?

SOEST Eh!

VANSEN *(sie nachäffend).* Ih! Oh! Uh! Verwundert euch durch's ganze Alphabet. So ist's und bleibt's! Gott bewahre ihn!

JETTER Ich erschrecke über eure Unverschämtheit. So ein edler rechtschaffener Mann sollte was zu befürchten haben?

VANSEN Der Schelm sitzt überall im Vorteil. Auf dem Armensünder-Stühlchen hat er den Richter zum Narren; auf dem Richterstuhl macht er den Inquisiten mit Lust zum Verbrecher. Ich habe so ein Protokoll abzuschreiben gehabt, wo der Kommissarius schwer Lob und Geld vom Hofe erhielt, weil er einen ehrlichen Teufel, an den man wollte, zum Schelmen verhört hatte.

ZIMMERMEISTER Das ist wieder frisch gelogen. Was wollen sie denn heraus verhören, wenn einer unschuldig ist?

VANSEN O Spatzenkopf! Wo nichts heraus zu verhören ist, da verhört man hinein. Ehrlichkeit macht unbesonnen, auch wohl trotzig. Da fragt man erst recht sachte weg, und der Gefangne ist stolz auf seine Unschuld, wie sie's heißen, und sagt alles geradezu, was ein Verständiger verbärge. Dann macht der Inquisitor aus den Antworten wieder Fragen, und paßt ja auf wo irgend ein Widersprüchelchen erscheinen will; da knüpft er seinen Strick an, und läßt sich der dumme Teufel betreten daß er hier etwas zu viel, dort etwas zu wenig gesagt, oder wohl gar aus Gott weiß was für einer Grille einen Umstand verschwiegen hat, auch wohl irgend an einem Ende sich hat schrecken lassen; dann sind wir auf dem rechten Weg! Und ich versichre euch, mit mehr Sorgfalt suchen die Bettelweiber nicht die Lumpen aus dem Kehricht, als so ein Schelmenfabrikant aus kleinen, schiefen, verschobenen, verrückten, verdrückten, geschlossenen, bekannten, geleugneten Anzeigen und Umständen sich endlich einen strohlumpenen Vogelscheu zusammenkünstelt, um wenigstens seinen Inquisiten in effigie hängen zu können. Und Gott mag der arme Teufel danken wenn er sich noch kann hängen sehen.

JETTER Der hat eine geläufige Zunge.

ZIMMERMEISTER Mit Fliegen mag das angehen. Die Wespen lachen eures Gespinstes.

VANSEN Nachdem die Spinnen sind. Seht, der lange Herzog hat euch so ein rein Ansehn von einer Kreuzspinne, nicht einer dickbäuchigen, die sind weniger schlimm, aber so einer langfüßigen, schmalleibigen, die vom Fraße nicht feist wird und recht dünne Fäden zieht, aber desto zähere.

JETTER Egmont ist Ritter des goldnen Vlieses; wer darf Hand an ihn legen? Nur von seines Gleichen kann er gerichtet werden, nur vom gesamten Orden. Dein loses Maul, dein böses Gewissen verführen dich zu solchem Geschwätz.

VANSEN Will ich ihm darum übel? Mir kann's recht sein. Es ist ein trefflicher Herr. Ein paar meiner guten Freunde, die anderwärts schon wären gehangen worden, hat er mit einem Buckel voll Schläge verabschiedet. Nun geht! Geht! Ich rat' es euch selbst. Dort seh' ich wieder eine Runde antreten; die sehen nicht aus als wenn sie so bald Brüderschaft mit uns trinken würden. Wir wollen's abwarten, und nur sachte zusehen. Ich hab' ein paar Nichten und einen Gevatter Schenkwirt; wenn sie von denen gekostet haben, und werden dann nicht zahm; so sind sie ausgepichte Wölfe.

Der Culenburgische Palast. Wohnung des Herzogs von Alba

SILVA *und* GOMEZ *begegnen einander.*

SILVA Hast du die Befehle des Herzogs ausgerichtet?

GOMEZ Pünktlich. Alle tägliche Runden sind beordert, zur bestimmten Zeit an verschiedenen Plätzen einzutreffen, die ich ihnen bezeichnet habe; sie gehen indes, wie gewöhnlich, durch die Stadt, um Ordnung zu erhalten. Keiner weiß von dem andern; jeder glaubt der Befehl gehe ihn allein an, und in einem Augenblick kann alsdann der Kordon gezogen, und alle Zugänge zum Palast können besetzt sein. Weißt du die Ursache dieses Befehls?

SILVA Ich bin gewohnt blindlings zu gehorchen. Und wem gehorcht sich's leichter als dem Herzoge, da bald der Ausgang beweis't, daß er recht befohlen hat?

GOMEZ Gut! Gut! Auch scheint es mir kein Wunder, daß du so verschlossen und einsylbig wirst wie er, da du immer um ihn sein mußt. Mir kommt es fremd vor, da ich den leichteren italiänischen Dienst gewohnt bin. An Treue und Gehorsam bin ich der Alte; aber ich habe mir das Schwätzen und Räsonieren angewöhnt. Ihr schweigt alle und laßt es euch nie wohl sein. Der Herzog gleicht mir einem ehrnen Turm ohne Pforte, wozu die Besatzung Flügel hätte. Neulich hört' ich ihn bei Tafel von einem frohen freundlichen Menschen sagen: er sei wie eine schlechte Schenke mit einem ausgesteckten Branntwein-Zeichen, um Müßiggänger, Bettler und Diebe herein zu locken.

SILVA Und hat er uns nicht schweigend hierher geführt?

GOMEZ Dagegen ist nichts zu sagen. Gewiß! Wer Zeuge seiner Klugheit war, wie er die Armee aus Italien hierher brachte, der hat etwas gesehen. Wie er sich durch Freund und Feind, durch die Franzosen, Königlichen und Ketzer, durch die Schweizer und Verbundnen gleichsam durchschmiegte, die strengste Mannszucht hielt, und einen Zug, den man so gefährlich achtete, leicht und ohne Anstoß zu leiten wußte! — Wir haben was gesehen, was lernen können.

SILVA Auch hier! Ist nicht alles still und ruhig, als wenn kein Aufstand gewesen wäre?

GOMEZ Nun, es war auch schon meist still als wir herkamen.

SILVA In den Provinzen ist es viel ruhiger geworden; und wenn sich noch einer bewegt, so ist es um zu entfliehen. Aber auch diesem wird er die Wege bald versperren, denk' ich.

GOMEZ Nun wird er erst die Gunst des Königs gewinnen.

SILVA Und uns bleibt nichts angelegener als uns die seinige zu erhalten. Wenn der König hieher kommt, bleibt gewiß der Herzog und jeder, den er empfiehlt, nicht unbelohnt.

GOMEZ Glaubst du daß der König kommt?

SILVA Es werden so viele Anstalten gemacht daß es höchst wahrscheinlich ist.

GOMEZ Mich überreden sie nicht.

SILVA So rede wenigstens nicht davon. Denn wenn des Königs Absicht ja nicht sein sollte zu kommen; so ist sie's doch wenigstens gewiß daß man es glauben soll.

FERDINAND, *Alba's natürlicher Sohn.*

FERDINAND Ist mein Vater noch nicht heraus?

SILVA Wir warten auf ihn.

FERDINAND Die Fürsten werden bald hier sein.

GOMEZ Kommen sie heute?

FERDINAND Oranien und Egmont.

GOMEZ *(leise zu Silva).* Ich begreife etwas.
SILVA So behalt' es für dich.

HERZOG VON ALBA.
Wie er herein und hervor tritt, treten die andern zurück.

ALBA Gomez.
GOMEZ *(tritt vor).* Herr!
ALBA Du hast die Wachen verteilt und beordert?
GOMEZ Auf's genaueste. Die täglichen Runden —
ALBA Genug. Du wartest in der Galerie. Silva wird dir den Augenblick sagen, wenn du sie zusammenziehen, die Zugänge nach dem Palast besetzen sollst. Das Übrige weißt du.
GOMEZ Ja, Herr! *(Ab.)*
ALBA Silva!
SILVA Hier bin ich.
ALBA Alles was ich von jeher an dir geschätzt habe, Mut, Entschlossenheit, unaufhaltsames Ausführen, das zeige heut.
SILVA Ich danke euch, daß ihr mir Gelegenheit gebt zu zeigen daß ich der Alte bin.
ALBA Sobald die Fürsten bei mir eingetreten sind, dann eile gleich Egmonts Geheimschreiber gefangen zu nehmen. Du hast alle Anstalten gemacht, die Übrigen, welche bezeichnet sind, zu fahen?
SILVA Vertraue auf uns. Ihr Schicksal wird sie, wie eine wohlberechnete Sonnenfinsternis, pünktlich und schrecklich treffen.
ALBA Hast du sie genau beobachten lassen?
SILVA Alle; den Egmont vor andern. Er ist der Einzige, der, seit du hier bist, sein Betragen nicht geändert hat. Den ganzen Tag von einem Pferd auf's andere, ladet Gäste, ist immer lustig und unterhaltend bei Tafel, würfelt, schießt und schleicht Nachts zum Liebchen. Die andern haben dagegen eine merkliche Pause in ihrer Lebensart gemacht; sie bleiben bei sich; vor ihrer Türe sieht's aus als wenn ein Kranker im Hause wäre.
ALBA Drum rasch! eh' sie uns wider Willen genesen.
SILVA Ich stelle sie. Auf deinen Befehl überhäufen wir sie mit dienstfertigen Ehren. Ihnen graut's; politisch geben sie uns einen ängstlichen Dank, fühlen das Rätlichste sei zu entfliehen, keiner wagt einen Schritt, sie zaudern, können sich nicht vereinigen; und einzeln etwas Kühnes zu tun hält sie der Gemeingeist ab. Sie möchten gern sich jedem Verdacht entziehen, und machen sich immer verdächtiger. Schon seh' ich mit Freuden deinen ganzen Anschlag ausgeführt.
ALBA Ich freue mich nur über das Geschehene; und auch über das nicht leicht: denn es bleibt stets noch übrig, was uns zu denken und zu sorgen gibt. Das Glück ist eigensinnig, oft das Gemeine, das Nichtswürdige zu adeln und wohlüberlegte Taten mit einem gemeinen Ausgang zu entehren. Verweile bis die Fürsten kommen; dann gib Gomez die Ordre die Straßen zu besetzen, und eile selbst Egmonts Schreiber und die Übrigen gefangen zu nehmen, die dir bezeichnet sind. Ist es getan, so komm hierher und meld' es meinem Sohne, daß er mir in den Rat die Nachricht bringe.

SILVA Ich hoffe diesen Abend vor dir stehn zu dürfen.

ALBA *geht nach seinem Sohne, der bisher in der Galerie gestanden.*

SILVA Ich traue mir es nicht zu sagen; aber meine Hoffnung schwankt. Ich fürchte es wird nicht werden wie er denkt. Ich sehe Geister vor mir, die still und sinnend auf schwarzen Schalen das Geschick der Fürsten und vieler Tausende wägen. Langsam wankt das Zünglein auf und ab; tief scheinen die Richter zu sinnen; zuletzt sinkt diese Schale, steigt jene, angehaucht vom Eigensinn des Schicksals, und entschieden ist's. *(Ab.)*

ALBA *mit* FERDINAND *hervortretend.*

ALBA Wie fand'st du die Stadt?

FERDINAND Es hat sich alles gegeben. Ich ritt, als wie zum Zeitvertreib, Straß' auf Straß' ab. Eure wohlverteilten Wachen halten die Furcht so angespannt, daß sie sich nicht zu lispeln untersteht. Die Stadt sieht einem Felde ähnlich, wenn das Gewitter von weitem leuchtet; man erblickt keinen Vogel, kein Tier, als das eilend nach einem Schutzorte schlüpft.

ALBA Ist dir nichts weiter begegnet?

FERDINAND Egmont kam mit einigen auf den Markt geritten; wir grüßten uns; er hatte ein rohes Pferd, das ich ihm loben mußte. „Laßt uns eilen Pferde zuzureiten, wir werden sie bald brauchen!" rief er mir entgegen. Er werde mich noch heute wiedersehn, sagte er, und komme, auf euer Verlangen, mit euch zu ratschlagen.

ALBA Er wird dich wiedersehn.

FERDINAND Unter allen Rittern, die ich hier kenne, gefällt er mir am besten. Es scheint wir werden Freunde sein.

ALBA Du bist noch immer zu schnell und wenig behutsam; immer erkenn' ich in dir den Leichtsinn deiner Mutter, der mir sie unbedingt in die Arme lieferte. Zu mancher gefährlichen Verbindung lud dich der Anschein voreilig ein.

FERDINAND Euer Wille findet mich bildsam.

ALBA Ich vergebe deinem jungen Blute dies leichtsinnige Wohlwollen, diese unachtsame Fröhlichkeit. Nur vergiß nicht, zu welchem Werke ich gesandt bin, und welchen Teil ich dir dran geben möchte.

FERDINAND Erinnert mich, und schont mich nicht wo ihr es nötig haltet.

ALBA *(nach einer Pause).* Mein Sohn!

FERDINAND Mein Vater!

ALBA Die Fürsten kommen bald, Oranien und Egmont kommen. Es ist nicht Mißtrauen, daß ich dir erst jetzt entdecke was geschehen soll. Sie werden nicht wieder von hinnen gehn.

FERDINAND Was sinnst du?

ALBA Es ist beschlossen sie festzuhalten. — Du erstaunst! Was du zu tun hast, höre; die Ursachen sollst du wissen wenn es geschehn ist. Jetzt bleibt keine Zeit sie auszulegen. Mit dir allein wünscht' ich das Größte, das Geheimste zu besprechen; ein starkes Band hält uns zusammmengefesselt; du bist mir wert und lieb; auf dich möcht' ich alles häufen. Nicht die Gewohnheit zu gehorchen allein möcht' ich dir einprägen; auch den Sinn auszudrücken, zu befehlen, auszuführen, wünscht' ich in dir fortzupflanzen; dir ein großes Erbteil, dem Könige den brauchbarsten Diener zu hinterlassen; dich mit dem Besten was ich habe auszustatten, daß du dich nicht schämen dürftest unter deine Brüder zu treten.

FERDINAND Was werd' ich dir nicht für diese Liebe schuldig, die du mir allein zuwendest, indem ein ganzes Reich vor dir zittert!

ALBA Nun höre was zu tun ist. Sobald die Fürsten eingetreten sind, wird jeder Zugang zum Palaste besetzt. Dazu hat Gomez die Ordre. Silva wird eilen, Egmonts Schreiber mit den Verdächtigsten gefangen zu nehmen. Du hältst die Wache am Tore und in den Höfen in Ordnung. Vor allen Dingen besetze diese Zimmer hier neben mit den sichersten Leuten; dann warte auf der Galerie, bis Silva wiederkommt, und bringe mir irgend ein unbedeutend Blatt herein, zum Zeichen, daß sein Auftrag ausgerichtet ist. Dann bleib' im Vorsaale bis Oranien weggeht; folg' ihm; ich halte Egmont hier, als ob ich ihm noch was zu sagen hätte. Am Ende der Galerie fordre Oraniens Degen, rufe die Wache an, verwahre schnell den gefährlichsten Mann; und ich fasse Egmont hier.

FERDINAND Ich gehorche, mein Vater. Zum Erstenmal mit schwerem Herzen und mit Sorge.

ALBA Ich verzeihe dir's; es ist der erste große Tag, den du erlebst.

SILVA *tritt herein.*

SILVA Ein Bote von Antwerpen. Hier ist Oraniens Brief! Er kommt nicht.

ALBA Sagt' es der Bote?

SILVA Nein, mir sagt's das Herz.

ALBA Aus dir spricht mein böser Genius. *(Nachdem er den Brief gelesen, winkt er beiden, und sie ziehen sich in die Galerie zurück. Er bleibt allein auf dem Vorderteile.)* Er kommt nicht! Bis auf den letzten Augenblick verschiebt er sich zu erklären. Er wagt es *nicht* zu kommen! So war denn diesmal wider Vermuten der Kluge klug genug, nicht klug zu sein! — Es rückt die Uhr! Noch einen kleinen Weg des Seigers, und ein großes Werk ist getan oder versäumt, unwiederbringlich versäumt: denn es ist weder nachzuholen noch zu verheimlichen. Längst hatt' ich alles reiflich abgewogen, und mir auch diesen Fall gedacht, mir festgesetzt was auch in diesem Falle zu tun sei; und jetzt, da es zu tun ist, wehr' ich mir kaum, daß nicht das *Für* und *Wider* mir auf's neue durch die Seele schwankt. — Ist's rätlich die andern zu fangen, wenn Er mir entgeht? Schieb' ich es auf, und lass' Egmont mit den Seinigen, mit so vielen entschlüpfen, die nun, vielleicht nur heute noch, in meinen Händen sind? So zwingt dich das Geschick denn auch, du Unbezwinglicher? Wie lang gedacht! Wie wohl bereitet! Wie groß, wie schön der Plan! Wie nah die Hoffnung ihrem Ziele! und nun im Augenblick des Entscheidens bist du zwischen zwei Übel gestellt; wie in einen Lostopf greifst du in die dunkle Zukunft; was du fassest ist noch zugerollt, dir unbewußt, sei's Treffer oder Fehler! *(Er wird aufmerksam, wie einer der etwas hört, und tritt an's Fenster.)* Er ist es! Egmont! — Trug dich dein Pferd so leicht herein, und scheute vor dem Blutgeruche nicht, und vor dem Geiste mit dem blanken Schwert, der an der Pforte dich empfängt? — Steig ab! — So bist du mit dem einen Fuß im Grab! und so mit beiden! — Ja streichl' es nur, und klopfe für seinen mutigen Dienst zum letztenmale den Nacken ihm — Und mir bleibt keine Wahl. In der Verblendung, wie hier Egmont naht, kann er dir nicht zum zweitenmal sich liefern! — Hört!

FERDINAND *und* SILVA *treten eilig herbei.*

ALBA Ihr tut was ich befahl; ich ändre meinen Willen nicht. Ich halte, wie es gehn will, Egmont auf, bis du mir von Silva die Nachricht gebracht hast. Dann bleib' in der Nähe. Auch dir raubt das Geschick das große Verdienst, des Königs größten Feind mit eigener Hand gefangen zu haben. *(Zu Silva.)* Eile! *(Zu Ferdinand.)* Geh ihm entgegen. *(Alba bleibt einige Augenblicke allein und geht schweigend auf und ab.)*

EGMONT *tritt auf.*

EGMONT Ich komme die Befehle des Königs zu vernehmen, zu hören, welchen Dienst er von unserer Treue verlangt, die ihm ewig ergeben bleibt.

ALBA Er wünscht vor allen Dingen euern Rat zu hören.

EGMONT Über welchen Gegenstand? Kommt Oranien auch? Ich vermutete ihn hier.

ALBA Mir tut es leid daß er uns eben in dieser wichtigen Stunde fehlt. Euern Rat, eure Meinung wünscht der König, wie diese Staaten wieder zu befriedigen. Ja, er hofft ihr werdet kräftig mitwirken, diese Unruhen zu stillen und die Ordnung der Provinzen völlig und dauerhaft zu gründen.

EGMONT Ihr könnt besser wissen als ich, daß schon alles genug beruhigt ist, ja, noch mehr beruhigt war, eh' die Erscheinung der neuen Soldaten wieder mit Furcht und Sorge die Gemüter bewegte.

ALBA Ihr scheint andeuten zu wollen, das Rätlichste sei gewesen, wenn der König mich gar nicht in den Fall gesetzt hätte euch zu fragen.

EGMONT Verzeiht! Ob der König das Heer hätte schicken sollen, ob nicht vielmehr die Macht seiner majestätischen Gegenwart allein stärker gewirkt hätte, ist meine Sache nicht zu beurteilen. Das Heer ist da, Er nicht. Wir aber müßten sehr undankbar, sehr vergessen sein, wenn wir uns nicht erinnerten was wir der Regentin schuldig sind. Bekennen wir! Sie brachte durch ihr so kluges als tapferes Betragen die Aufrührer mit Gewalt und Ansehn, mit Überredung und List zur Ruhe, und führte zum Erstaunen der Welt ein rebellisches Volk in wenigen Monaten zu seiner Pflicht zurück.

ALBA Ich leugne es nicht. Der Tumult ist gestillt, und jeder scheint in die Gränzen des Gehorsams zurückgebannt. Aber hängt es nicht von eines jeden Willkür ab sie zu verlassen? Wer will das Volk hindern loszubrechen? Wo ist die Macht sie abzuhalten? Wer bürgt uns daß sie sich ferner treu und untertänig zeigen werden? Ihr guter Wille ist alles Pfand das wir haben.

EGMONT Und ist der gute Wille eines Volks nicht das sicherste, das edelste Pfand? Bei Gott! Wann darf sich ein König sicherer halten als wenn sie alle für einen, einer für alle stehn? Sicherer gegen innere und äußere Feinde?

ALBA Wir werden uns doch nicht überreden sollen daß es jetzt hier so steht?

EGMONT Der König schreibe einen General-Pardon aus, er beruhige die Gemüter; und bald wird man sehen wie Treue und Liebe mit dem Zutrauen wieder zurückkehrt.

ALBA Und jeder der die Majestät des Königs, der das Heiligtum der Religion geschändet, ginge frei und ledig hin und wider! lebte den andern zum bereiten Beispiel, daß ungeheure Verbrechen straflos sind?

EGMONT Und ist ein Verbrechen des Unsinns, der Trunkenheit nicht eher zu entschuldigen, als grausam zu bestrafen? Besonders wo so sichre Hoffnung, wo Gewißheit ist, daß die Übel nicht wiederkehren werden? Waren Könige darum nicht sicherer? Werden sie nicht von Welt und Nachwelt gepriesen, die eine Beleidigung ihrer Würde vergeben, bedauern, verachten konnten? Werden sie nicht eben deswegen Gott gleich gehalten, der viel zu groß ist als daß an ihn jede Lästerung reichen sollte?

ALBA Und eben darum soll der König für die Würde Gottes und der Religion, wir sollen für das Ansehn des Königs streiten. Was der Obere abzulehnen verschmäht, ist unsere Pflicht zu rächen. Ungestraft soll, wenn ich rate, kein Schuldiger sich freuen.

EGMONT Glaubst du daß du sie alle erreichen wirst? Hört man nicht täglich, daß die Furcht sie hie und dahin, sie aus dem Lande treibt? Die Reichsten werden ihre Güter, sich, ihre Kinder und Freunde flüchten; der Arme wird seine nützlichen Hände dem Nachbar zubringen.

ALBA Sie werden, wenn man sie nicht verhindern kann. Darum verlangt der König Rat und Tat von jedem Fürsten, Ernst von jedem Statthalter; nicht nur Erzählung wie es ist, was werden könnte wenn man alles gehen ließe wie's geht. Einem großen Übel zusehen, sich mit Hoffnung schmeicheln, der Zeit vertrauen, etwa einmal drein schlagen, wie im Fastnachtsspiel, daß es klatscht und man doch etwas zu tun scheint wenn man nichts tun möchte, heißt das nicht sich verdächtig machen, als sehe man dem Aufruhr mit Vergnügen zu, den man nicht erregen, wohl aber hegen möchte!

EGMONT *(im Begriff aufzufahren, nimmt sich zusammen, und spricht nach einer kleinen Pause gesetzt).* Nicht jede Absicht ist offenbar, und manches Mannes Absicht ist zu mißdeuten. Muß man doch auch von allen Seiten hören: es sei des Königs Absicht weniger die Provinzen nach einförmigen und klaren Gesetzen zu regieren, die Majestät der Religion zu sichern, und einen allgemeinen Frieden seinem Volke zu geben, als vielmehr sie unbedingt zu unterjochen, sie ihrer alten Rechte zu berauben, sich Meister von ihren Besitztümern zu machen, die schönen Rechte des Adels einzuschränken, um derentwillen der Edle allein ihm dienen, ihm Leib und Leben widmen mag. Die Religion, sagt man, sei nur ein prächtiger Teppich, hinter dem man jeden gefährlichen Anschlag nur desto leichter ausdenkt. Das Volk liegt auf den Knieen, betet die heiligen gewirkten Zeichen an, und hinten lauscht der Vogelsteller der sie berücken will.

ALBA Das muß ich von *dir* hören?

EGMONT Nicht meine Gesinnungen! Nur was bald hier, bald da, von Großen und von Kleinen, Klugen und Toren gesprochen, laut verbreitet wird. Die Niederländer fürchten ein doppeltes Joch, und wer bürgt ihnen für ihre Freiheit?

ALBA Freiheit? Ein schönes Wort, wer's recht verstände. Was wollen sie für Freiheit? Was ist des Freiesten Freiheit? — Recht zu tun! — und daran wird sie der König nicht hindern. Nein! nein! sie glauben sich nicht frei, wenn sie sich nicht selbst und andern schaden können. Wäre es nicht besser abzudanken als ein solches Volk zu regieren? Wenn auswärtige Feinde drängen, an die kein Bürger denkt, der mit dem Nächsten nur beschäftigt ist, und der König verlangt Beistand; dann werden sie uneins unter sich, und verschwören sich gleichsam mit ihren Feinden. Weit besser ist's sie einzuengen, daß man sie wie Kinder halten, wie Kinder zu ihrem Besten leiten kann. Glaube nur ein Volk wird nicht alt, nicht klug; ein Volk bleibt immer kindisch.

EGMONT Wie selten kommt ein König zu Verstand! Und sollen sich viele nicht lieber Vielen vertrauen als Einem? und nicht einmal dem Einen, sondern den Wenigen des Einen, dem Volke, das an den Blicken seines Herrn altert. Das hat wohl allein das Recht klug zu werden.

ALBA Vielleicht eben darum, weil es sich nicht selbst überlassen ist.

EGMONT Und darum niemand gern sich selbst überlassen möchte. Man tue was man will; ich habe auf deine Frage geantwortet, und wiederhole: Es geht nicht! Es kann nicht gehen! Ich kenne meine Landsleute. Es sind Männer, wert Gottes Boden zu betreten; ein jeder rund für sich, ein kleiner König, fest, rührig, fähig, treu, an alten Sitten hangend. Schwer ist's ihr Zutrauen zu verdienen; leicht zu erhalten. Starr und fest! Zu drücken sind sie; nicht zu unterdrücken.

ALBA *(der sich indes einigemal umgesehen hat).* Solltest du das alles in des Königs Gegenwart wiederholen?

EGMONT Desto schlimmer, wenn mich seine Gegenwart abschreckte! Desto besser für ihn, für sein Volk, wenn er mir Mut machte, wenn er mir Zutrauen einflößte noch weit mehr zu sagen.

ALBA Was nützlich ist kann ich hören wie er.

EGMONT Ich würde ihm sagen: Leicht kann der Hirt eine ganze Herde Schafe vor sich hintreiben, der Stier zieht seinen Pflug ohne Widerstand; aber dem edeln Pferde, das du reiten willst, mußt du seine Gedanken ablernen, du mußt nichts Unkluges, nichts unklug von ihm verlangen. Darum wünscht der Bürger seine alte Verfassung zu behalten, von seinen Landsleuten regiert zu sein, weil er weiß wie er geführt wird, weil er von ihnen Uneigennutz, Teilnehmung an seinem Schicksal hoffen kann.

ALBA Und sollte der Regent nicht Macht haben dieses alte Herkommen zu verändern? und sollte nicht eben dies sein schönstes Vorrecht sein? Was ist bleibend auf dieser Welt? und sollte eine Staatseinrichtung bleiben können? Muß nicht in einer Zeitfolge jedes Verhältnis sich verändern, und eben darum eine alte Verfassung die Ursache von tausend Übeln werden, weil sie den gegenwärtigen Zustand des Volkes nicht umfaßt? Ich fürchte, diese alten Rechte sind darum so angenehm, weil sie Schlupfwinkel bilden, in welchen der Kluge, der Mächtige, zum Schaden des Volks, zum Schaden des Ganzen, sich verbergen oder durchschleichen kann.

EGMONT Und diese willkürlichen Veränderungen, diese unbeschränkten Eingriffe der höchsten Gewalt, sind sie nicht Vorboten, daß Einer tun will was Tausende nicht tun sollen? Er will sich allein frei machen, um jeden seiner Wünsche befriedigen, jeden seiner Gedanken ausführen zu können. Und wenn wir uns ihm, einem guten weisen Könige, ganz vertrauten, sagt er uns für seine Nachkommen gut? daß keiner ohne Rücksicht, ohne Schonung regieren werde? Wer rettet uns alsdann von völliger Willkür, wenn er uns seine Diener, seine Nächsten sendet, die ohne Kenntnis des Landes und seiner Bedürfnisse nach Belieben schalten und walten, keinen Widerstand finden, und sich von jeder Verantwortung frei wissen.

ALBA *(der sich indes wieder umgesehen hat).* Es ist nichts natürlicher als daß ein König durch sich zu herrschen gedenkt, und denen seine Befehle am liebsten aufträgt die ihn am besten verstehen, verstehen wollen, die seinen Willen unbedingt ausrichten.

EGMONT Und eben so natürlich ist's daß der Bürger von dem regiert sein will der mit ihm geboren und erzogen ist, der gleichen Begriff mit ihm von Recht und Unrecht gefaßt hat, den er als seinen Bruder ansehen kann.

ALBA Und doch hat der Adel mit diesen seinen Brüdern sehr ungleich geteilt.

EGMONT Das ist vor Jahrhunderten geschehen, und wird jetzt ohne Neid geduldet. Würden aber neue Menschen ohne Not gesendet, die sich zum zweitenmale auf Unkosten der Nation bereichern wollten, sähe man sich einer strengen, kühnen, unbedingten Habsucht ausgesetzt; das würde eine Gärung machen, die sich nicht leicht in sich selbst auflös'te.

ALBA Du sagst mir was ich nicht hören sollte; auch ich bin fremd.

EGMONT Daß ich dir's sage, zeigt dir daß ich dich nicht meine.

ALBA Und auch so, wünscht' ich es nicht von dir zu hören. Der König sandte mich mit Hoffnung daß ich hier den Beistand des Adels finden würde. Der König *will* seinen Willen. Der König hat nach tiefer Überlegung gesehen was dem Volke frommt; es kann nicht bleiben und gehen wie bisher. Des Königs Absicht ist, sie selbst zu ihrem eignen Besten einzuschränken, ihr eigenes Heil, wenn's sein muß, ihnen aufzudringen, die schädlichen Bürger aufzuopfern, damit die übrigen Ruhe finden, des Glücks einer weisen Regierung genießen können. Dies ist sein Entschluß; diesen dem Adel kund zu machen habe ich Befehl; und Rat verlang' ich in seinem Namen, *wie* es zu tun sei, nicht *was:* denn das hat Er beschlossen.

EGMONT Leider rechtfertigen deine Worte die Furcht des Volks, die allgemeine Furcht! So hat er denn beschlossen was kein Fürst beschließen sollte. Die Kraft seines Volks, ihr Gemüt, den Begriff den sie von sich selbst haben, will er schwächen, niederdrücken, zerstören, um sie bequem regieren zu können. Er will den innern Kern ihrer Eigenheit verderben; gewiß in der Absicht sie glücklicher zu machen. Er will sie vernichten, damit sie etwas werden, ein ander Etwas. O wenn seine Absicht gut ist, so wird sie mißgeleitet! Nicht dem Könige widersetzt man sich; man stellt sich nur dem Könige entgegen, der einen falschen Weg zu wandeln die ersten unglücklichen Schritte macht.

ALBA Wie du gesinnt bist scheint es ein vergeblicher Versuch uns vereinigen zu wollen. Du denkst gering vom Könige und verächtlich von seinen Räten, wenn du zweifelst das alles sei nicht schon gedacht, geprüft, gewogen worden. Ich habe keinen Auftrag jedes *Für* und *Wider* noch einmal durchzugehen. Gehorsam fordre ich von dem Volke: — und von euch, ihr Ersten, Edelsten, Rat und Tat, als Bürgen dieser unbedingten Pflicht.

EGMONT Fordre unsre Häupter, so ist es auf Einmal getan. Ob sich der Nakken diesem Joche biegen, ob er sich vor dem Beile ducken soll, kann einer edeln Seele gleich sein. Umsonst hab' ich so viel gesprochen: die Luft hab' ich erschüttert, weiter nichts gewonnen.

FERDINAND *kommt.*

FERDINAND Verzeiht, daß ich euer Gespräch unterbreche. Hier ist ein Brief, dessen Überbringer die Antwort dringend macht.

ALBA Erlaubt mir daß ich sehe was er enthält. *(Tritt an die Seite.)*

FERDINAND *(zu Egmont).* Es ist ein schönes Pferd das eure Leute gebracht haben euch abzuholen.

EGMONT Es ist nicht das schlimmste. Ich hab' es schon eine Weile; ich denk' es wegzugeben. Wenn es euch gefällt, so werden wir vielleicht des Handels einig.

FERDINAND Gut, wir wollen sehn.

ALBA *winkt seinem Sohne, der sich in den Grund zurückzieht.*

EGMONT Lebt wohl! Entlaßt mich: denn ich wüßte bei Gott! nicht mehr zu sagen.

ALBA Glücklich hat dich der Zufall verhindert deinen Sinn noch weiter zu verraten. Unvorsichtig entwickelst du die Falten deines Herzens, und klagst dich selbst weit strenger an, als ein Widersacher gehässig tun könnte.

EGMONT Dieser Vorwurf rührt mich nicht; ich kenne mich selbst genug, und weiß wie ich dem König angehöre; weit mehr als viele, die in seinem Dienst sich selber dienen. Ungern scheid' ich aus diesem Streite ohne ihn beigelegt zu sehen, und wünsche nur daß uns der Dienst des Herrn, das Wohl des Landes bald vereinigen möge. Es wirkt vielleicht ein wiederholtes Gespräch, die Gegenwart der übrigen Fürsten die heute fehlen, in einem glücklichern Augenblick, was heut unmöglich scheint. Mit dieser Hoffnung entfern' ich mich.

ALBA *(der zugleich seinem Sohn Ferdinand ein Zeichen gibt).* Halt, Egmont! — Deinen Degen! — *(Die Mitteltür öffnet sich: man sieht die Galerie mit Wache besetzt, die unbeweglich bleibt.)*

EGMONT *(der staunend eine Weile geschwiegen).* Dies war die Absicht? Dazu hast du mich berufen? *(Nach dem Degen greifend, als wenn er sich verteidigen wollte).* Bin ich denn wehrlos?

ALBA Der König befiehlt's, du bist mein Gefangener. *(Zugleich treten von beiden Seiten Gewaffnete herein.)*

EGMONT *(nach einer Stille).* Der König? — Oranien! Oranien! *(Nach einer Pause, seinen Degen hingebend.)* So nimm ihn! Er hat weit öfter des Königs Sache verteidigt, als diese Brust beschützt. *(Er geht durch die Mitteltür ab: die Gewaffneten, die im Zimmer sind, folgen ihm; ingleichen Alba's Sohn. Alba bleibt stehen. Der Vorhang fällt.)*

FÜNFTER AUFZUG

Straße. Dämmerung

CLÄRCHEN. BRACKENBURG. BÜRGER.

BRACKENBURG Liebchen, um Gottes willen, was nimmst du vor?

CLÄRCHEN Komm mit, Brackenburg! Du mußt die Menschen nicht kennen; wir befreien ihn gewiß. Denn was gleicht ihrer Liebe zu ihm? Jeder fühlt, ich schwör' es, in sich die brennende Begier ihn zu retten, die Gefahr von einem kostbaren Leben abzuwenden, und dem Freiesten die Freiheit wiederzugeben. Komm! Es fehlt nur an der Stimme die sie zusammenruft. In ihrer Seele lebt noch ganz frisch was sie ihm schuldig sind! und daß sein mächtiger Arm allein von ihnen das Verderben abhält, wissen sie. Um seinet- und ihretwillen müssen sie alles wagen. Und was wagen wir? Zum höchsten unser Leben, das zu erhalten nicht der Mühe wert ist wenn er umkommt.

BRACKENBURG Unglückliche! du siehst nicht die Gewalt, die uns mit ehernen Banden gefesselt hat.

CLÄRCHEN Sie scheint mir nicht unüberwindlich. Laß uns nicht lang vergebliche Worte wechseln. Hier kommen von den alten, redlichen, wackern Männern! Hört, Freunde! Nachbarn, hört! — Sagt, wie ist es mit Egmont?

ZIMMERMEISTER Was will das Kind? Laß sie schweigen!

CLÄRCHEN Tretet näher, daß wir sachte reden, bis wir einig sind und stärker. Wir dürfen nicht einen Augenblick versäumen! Die freche Tyrannei, die es wagt ihn zu fesseln, zuckt schon den Dolch ihn zu ermorden. O Freunde! mit jedem Schritt der Dämmerung werd' ich ängstlicher. Ich fürchte diese Nacht. Kommt! wir wollen uns teilen; mit schnellem Lauf von Quartier zu Quartier rufen wir die Bürger heraus. Ein jeder greife zu seinen alten Waffen. Auf dem Markte treffen wir uns wieder und unser Strom reißt einen jeden mit sich fort. Die Feinde sehen sich umringt und überschwemmt, und sind erdrückt. Was kann uns eine Hand voll Knechte widerstehen? Und Er in unsrer Mitte kehrt zurück, sieht sich befreit, und kann *uns* einmal danken, uns, die wir ihm so tief verschuldet worden. Er sieht vielleicht — gewiß er sieht das Morgenrot am freien Himmel wieder.

ZIMMERMEISTER Wie ist dir, Mädchen?

CLÄRCHEN Könnt ihr mich mißverstehn? Vom Grafen sprech' ich! Ich spreche von Egmont.

JETTER Nennt den Namen nicht! Er ist tödtlich.

CLÄRCHEN Den Namen nicht! Wie? Nicht diesen Namen? Wer nennt ihn nicht bei jeder Gelegenheit? Wo steht er nicht geschrieben? In diesen Sternen hab' ich oft mit allen seinen Lettern ihn gelesen. Nicht nennen? Was soll das? Freunde! Gute teure Nachbarn, ihr träumt; besinnt euch. Seht mich nicht so starr und ängstlich an! Blickt nicht schüchtern hie und da bei Seite. Ich ruf' euch ja nur zu was jeder wünscht. Ist meine Stimme nicht eures Herzens eigne Stimme? Wer würfe sich in dieser bangen Nacht, eh' er sein unruhvolles Bette besteigt, nicht auf die Knie, ihn mit ernstlichem Gebet vom Himmel zu erringen? Fragt euch einander! fragte jeder sich selbst! und wer spricht mir nicht nach: „Egmonts Freiheit oder den Tod!"

JETTER Gott bewahr' uns! Da gibt's ein Unglück.

CLÄRCHEN Bleibt! Bleibt, und drückt euch nicht vor seinem Namen weg, dem ihr euch sonst so froh entgegen drängtet! — Wenn der Ruf ihn ankündigte, wenn es hieß: „Egmont kommt! Er kommt von Gent!" da hielten die Bewohner der Straßen sich glücklich, durch die er reiten mußte. Und wenn ihr seine Pferde schallen hörtet, warf jeder seine Arbeit hin, und über die bekümmerten Gesichter, die ihr durch's Fenster stecktet, fuhr wie ein Sonnenstrahl von seinem Angesichte ein Blick der Freude und Hoffnung. Da hobt ihr eure Kinder auf der Türschwelle in die Höhe und deutetet ihnen: „Sieh, das ist Egmont, der größte da! Er ist's! Er ist's, von dem ihr bessere Zeiten, als eure armen Väter lebten, einst zu erwarten habt." Laßt eure Kinder nicht dereinst euch fragen: „Wo ist er hin? Wo sind die Zeiten hin die ihr verspracht?" — Und so wechseln wir Worte! sind müßig, verraten ihn.

SOEST Schämt euch, Brackenburg! Laßt sie nicht gewähren! Steuert dem Unheil!

BRACKENBURG Liebes Clärchen! wir wollen gehen! Was wird die Mutter sagen? Vielleicht —

CLÄRCHEN Meinst du, ich sei ein Kind, oder wahnsinnig? Was kann vielleicht? — Von dieser schrecklichen Gewißheit bringst du mich mit keiner Hoffnung weg. — Ihr sollt mich hören, und ihr werdet: denn ich seh's, ihr seid bestürzt und könnt euch selbst in euerm Busen nicht wiederfinden. Laßt durch die gegenwärtige Gefahr nur Einen Blick in das Vergangene dringen, das kurz Vergangene. Wendet eure Gedanken nach der Zukunft. Könnt ihr denn leben? werdet ihr, wenn er zu Grunde geht? Mit seinem Atem flieht der letzte Hauch der Freiheit. Was war er euch? Für wen übergab er sich der dringendsten Gefahr? Seine Wunden flossen und heilten nur für euch. Die große Seele, die euch alle trug, beschränkt ein Kerker, und Schauer tückischen Mordes schweben um sie her. Er denkt vielleicht an euch, er hofft auf euch, Er, der nur zu geben, nur zu erfüllen gewohnt war.

ZIMMERMEISTER Gevatter, kommt.

CLÄRCHEN Und ich habe nicht Arme, nicht Mark wie ihr; doch hab' ich, was euch allen eben fehlt, Mut und Verachtung der Gefahr. Könnt' euch mein Atem doch entzünden! könnt' ich an meinen Busen drückend euch erwärmen und beleben! Kommt! In eurer Mitte will ich gehen! — Wie eine Fahne wehrlos ein edles Heer von Kriegern wehend anführt, so soll mein Geist um eure Häupter flammen, und Liebe und Mut das schwankende zerstreute Volk zu einem fürchterlichen Heer vereinigen.

JETTER Schaff' sie bei Seite, sie dauert mich.

Bürger ab.

BRACKENBURG Clärchen! siehst du nicht wo wir sind?

CLÄRCHEN Wo? Unter dem Himmel, der so oft sich herrlicher zu wölben schien, wenn der Edle unter ihm herging. Aus diesen Fenstern haben sie herausgesehn, vier, fünf Köpfe über einander; an diesen Türen haben sie gescharrt und genickt, wenn er auf die Memmen herabsah. O ich hatte sie so lieb wie sie ihn ehrten! Wäre er Tyrann gewesen, möchten sie immer vor seinem Falle seitwärts gehn. Aber sie liebten ihn! — O ihr Hände, die ihr an die Mützen grifft, zum Schwert könnt ihr nicht greifen — Brackenburg, und wir? — Schelten wir sie? — Diese Arme, die ihn so oft fest hielten, was tun sie für ihn? — List hat in der Welt so viel erreicht — Du kennst Wege und Stege, kennst das alte Schloß. Es ist nichts unmöglich, gib mir einen Anschlag.

BRACKENBURG Wenn wir nach Hause gingen!

CLÄRCHEN Gut.

BRACKENBURG Dort an der Ecke seh' ich Alba's Wache; laß doch die Stimme der Vernunft dir zu Herzen dringen. Hältst du mich für feig? Glaubst du nicht, daß ich um deinetwillen sterben könnte? Hier sind wir beide toll, ich so gut wie du. Siehst du nicht das Unmögliche? Wenn du dich faßtest! Du bist außer dir.

CLÄRCHEN Außer mir! Abscheulich! Brackenburg, ihr seid außer euch. Da ihr laut den Helden verehrtet, ihn Freund und Schutz und Hoffnung nanntet, ihm Vivat rieft wenn er kam; da stand ich in meinem Winkel, schob das Fenster halb auf, verbarg mich lauschend, und das Herz schlug mir höher als euch allen. Jetzt schlägt mir's wieder höher als euch allen! Ihr verbergt euch da es Not ist, verleugnet ihn, und fühlt nicht daß ihr untergeht, wenn er verdirbt.

BRACKENBURG Komm nach Hause.

CLÄRCHEN Nach Hause?

BRACKENBURG Besinne dich nur! Sieh dich um! Dies sind die Straßen, die du nur sonntäglich betratst, durch die du sittsam nach der Kirche gingst, wo du übertrieben ehrbar zürntest, wenn ich mit einem freundlichen grüßenden Wort mich zu dir gesellte. Du stehst und redest, handelst vor den Augen der offnen Welt; besinne dich, Liebe! wozu hilft es uns?

CLÄRCHEN Nach Hause! Ja, ich besinne mich. Komm, Brackenburg, nach Hause! Weißt du, wo meine Heimat ist? *(Ab.)*

Gefängnis durch eine Lampe erhellt, ein Ruhebett im Grunde

EGMONT *(allein).*

Alter Freund! immer getreuer Schlaf, fliehst du mich auch wie die übrigen Freunde? Wie willig senktest du dich auf mein freies Haupt herunter, und kühltest, wie ein schöner Myrtenkranz der Liebe, meine Schläfe! Mitten unter Waffen, auf der Woge des Lebens, ruht' ich leicht atmend, wie ein aufquellender Knabe, in deinen Armen. Wenn Stürme durch Zweige und Blätter saus'ten, Ast und Wipfel sich knirrend bewegten, blieb innerst doch der Kern des Herzens ungeregt. Was schüttelt dich nun? was erschüttert den festen treuen Sinn? Ich fühl's, es ist der Klang der Mordaxt die an meiner Wurzel nascht. Noch steh' ich aufrecht und ein innrer Schauer durchfährt mich. Ja, sie überwindet, die verräterische Gewalt; sie untergräbt den festen hohen Stamm, und eh' die Rinde dorrt, stürzt krachend und zerschmetternd deine Krone.

Warum denn jetzt, der du so oft gewalt'ge Sorgen gleich Seifenblasen dir vom Haupte weggewiesen, warum vermagst du nicht die Ahnung zu verscheuchen, die tausendfach in dir sich auf- und niedertreibt? Seit wann begegnet der Tod dir fürchterlich, mit dessen wechselnden Bildern, wie mit den übrigen Gestalten der gewohnten Erde, du gelassen lebtest? — Auch ist Er's nicht, der rasche Feind, dem die gesunde Brust wetteifernd sich entgegen sehnt; der Kerker ist's, des Grabes Vorbild, dem Helden wie dem Feigen widerlich. Unleidlich ward mir's schon auf meinem gepolsterten Stuhle, wenn in stattlicher Versammlung die Fürsten, was leicht zu entscheiden war, mit wiederkehrenden Gesprächen überlegten, und zwischen düstern Wänden eines Saals die Balken der Decke mich erdrückten. Da eilt' ich fort, sobald es möglich war, und rasch auf's Pferd mit diesem Atemzuge. Und frisch hinaus, da wo wir hingehören! in's Feld, wo aus der Erde dampfend jede nächste Wohltat der Natur, und durch die Himmel wehend alle Segen der Gestirne uns unwittern; wo wir, dem erdgebornen Riesen gleich, von der Berührung unsrer Mutter kräftiger uns in die Höhe reißen; wo wir die Menschheit ganz, und menschliche Begier in allen Adern fühlen; wo das Verlangen vorzudringen, zu besiegen, zu erhaschen, seine Faust zu brauchen, zu besitzen, zu erobern, durch die Seele des jungen Jägers glüht; wo der Soldat sein angebornes Recht auf alle Welt mit raschem Schritt sich anmaßt, und in fürchterlicher Freiheit wie ein Hagelwetter durch Wiese, Feld und Wald verderbend streicht, und keine Gränzen kennt, die Menschenhand gezogen.

Du bist nur Bild, Erinnerungstraum des Glücks das ich so lang besessen; wo hat dich das Geschick verräterisch hingeführt! Versagt es dir, den nie gescheuten Tod im Angesicht der Sonne rasch zu gönnen, um dir des Grabes Vorgeschmack im ekeln Moder zu bereiten? Wie haucht er mich aus diesen Steinen widrig an! Schon starrt das Leben, vor dem Ruhebette wie vor dem Grabe scheut der Fuß. —

O Sorge! Sorge! die du vor der Zeit den Mord beginnst, laß ab! — Seit wann ist Egmont denn allein, so ganz allein in dieser Welt! Dich macht der Zweifel hülflos, nicht das Glück. Ist die Gerechtigkeit des Königs, der du lebenslang vertrautest, ist der Regentin Freundschaft, die fast, (du darfst es dir gestehn) fast Liebe war, sind sie auf einmal, wie ein glänzend Feuerbild der Nacht, verschwunden? und lassen dich allein auf dunkelm Pfad zurück? Wird an der Spitze deiner Freunde Oranien nicht wagend sinnen? Wird nicht ein Volk sich sammeln und mit anschwellender Gewalt den alten Freund erretten?

O haltet, Mauern, die ihr mich einschließt, so vieler Geister wohlgemeintes Drängen nicht von mir ab; und welcher Mut aus meinen Augen sonst sich über *sie* ergoß, der kehre nun aus *ihren* Herzen in meines wieder. O ja, sie rühren sich zu Tausenden! sie kommen! stehen mir zur Seite! Ihr frommer Wunsch eilt dringend zu dem Himmel, er bittet um ein Wunder. Und steigt zu meiner Rettung nicht ein Engel nieder; so seh' ich sie nach Lanz' und Schwertern greifen. Die Tore spalten sich, die Gitter springen, die Mauer stürzt von ihren Händen ein, und der Freiheit des einbrechenden Tages steigt Egmont fröhlich entgegen. Wie manch bekannt Gesicht empfängt mich jauchzend! Ach Clärchen, wärst du Mann; so säh' ich dich gewiß auch hier zuerst und dankte dir, was einem Könige zu danken hart ist, Freiheit.

Clärchens Haus

CLÄRCHEN *(kommt mit einer Lampe und einem Glas Wasser aus der Kammer; sie setzt das Glas auf den Tisch und tritt an's Fenster).*

CLÄRCHEN Brackenburg? Seid ihr's? Was hört' ich denn? noch niemand? Es war niemand! Ich will die Lampe ins' Fenster setzen, daß er sieht, ich wache noch, ich warte noch auf ihn. Er hat mir Nachricht versprochen. Nachricht? Entsetzliche Gewißheit! — Egmont verurteilt! — Welch Gericht darf ihn fordern? und sie verdammen ihn! Der König verdammt ihn? oder der Herzog? Und die Regentin entzieht sich! Oranien zaudert, und alle seine Freunde! — — Ist dies die Welt, von deren Wankelmut, Unzuverlässigkeit ich viel gehört und nichts empfunden habe? Ist dies die Welt? — Wer wäre bös genug den Teuern anzufeinden? Wäre Bosheit mächtig genug den allgemein Erkannten schnell zu stürzen? Doch ist es so — es ist — O Egmont, sicher hielt ich dich vor Gott und Menschen, wie in meinen Armen! Was war ich dir? Du hast mich *dein* genannt, mein ganzes Leben widmete ich deinem Leben. — Was bin ich nun? Vergebens streck' ich nach der Schlinge, die dich faßt, die Hand aus. Du hülflos und ich frei! — Hier ist der Schlüssel zu meiner Tür. An meiner Willkür hängt mein Gehen und mein Kommen, und dir bin ich zu nichts! — — O bindet mich, damit ich nicht verzweifle; und werft mich in den tiefsten Kerker, daß ich das Haupt an feuchte Mauern schlage, nach Freiheit wins'le, träume, wie ich ihm helfen wollte wenn Fesseln mich nicht lähmten, wie ich ihm helfen würde. — Nun bin ich frei, und in der Freiheit liegt die Angst der Ohnmacht. — Mir selbst bewußt, nicht fähig ein Glied nach seiner Hülfe zu rühren. Ach leider, auch der kleine Teil von deinem Wesen, dein Clärchen ist wie du gefangen, und regt getrennt im Todeskrampfe nur die letzten Kräfte. — Ich höre schleichen, husten — Brackenburg — er ist's! — Elender guter Mann, dein Schicksal bleibt sich immer gleich; dein Liebchen öffnet dir die nächtliche Tür, und ach zu welch unseliger Zusammenkunft!

BRACKENBURG *tritt auf.*

CLÄRCHEN Du kommst so bleich und schüchtern, Brackenburg! Was ist's?

BRACKENBURG Durch Umwege und Gefahren such' ich dich auf. Die großen Straßen sind besetzt; durch Gäßchen und durch Winkel hab' ich mich zu dir gestohlen.

CLÄRCHEN Erzähl', wie ist's?

BRACKENBURG *(indem er sich setzt).* Ach Cläre, laß mich weinen. Ich liebt' ihn nicht. Er war der reiche Mann und lockte des Armen einziges Schaf zur bessern Weide herüber. Ich hab' ihn nie verflucht; Gott hat mich treu geschaffen und weich. In Schmerzen floß mein Leben vor mir nieder, und zu verschmachten hofft' ich jeden Tag.

CLÄRCHEN Vergiß das, Brackenburg! Vergiß dich selbst. Sprich mir von ihm! Ist's wahr? Ist er verurteilt?

BRACKENBURG Er ist's! ich weiß es ganz genau.

CLÄRCHEN Und lebt noch?

BRACKENBURG Ja, er lebt noch.

CLÄRCHEN Wie willst du das versichern? — Die Tyrannei ermordet in der Nacht den Herrlichen! vor allen Augen verborgen fließt sein Blut. Ängstlich im Schlafe liegt das betäubte Volk, und träumt von Rettung, träumt ihres ohnmächtigen Wunsches Erfüllung; indes unwillig über uns sein Geist die Welt verläßt. Er ist dahin! — Täusche mich nicht! dich nicht!

BRACKENBURG Nein gewiß, er lebt! — Und leider es bereitet der Spanier dem Volke, das er zertreten will, ein fürchterliches Schauspiel, gewaltsam jedes Herz, das nach der Freiheit sich regt, auf ewig zu zerknirschen.

CLÄRCHEN Fahre fort und sprich gelassen auch mein Todesurteil aus! Ich wandle den seligen Gefilden schon näher und näher, mir weht der Trost aus jenen Gegenden des Friedens schon herüber. Sag' an.

BRACKENBURG Ich konnt' es an den Wachen merken, aus Reden, die bald da bald dorten fielen, daß auf dem Markte geheimnisvoll ein Schrecknis zubereitet werde. Ich schlich durch Seitenwege, durch bekannte Gänge nach meines Vettern Hause, und sah aus einem Hinterfenster nach dem Markte. — Es wehten Fackeln in einem weiten Kreise spanischer Soldaten hin und wider. Ich schärfte mein ungewohntes Auge, und aus der Nacht stieg mir ein schwarzes Gerüst entgegen, geräumig, hoch; mir graus'te vor dem Anblick. Geschäftig waren viele rings umher bemüht, was noch von Holzwerk weiß und sichtbar war, mit schwarzem Tuch einhüllend zu verkleiden. Die Treppen deckten sie zuletzt auch schwarz, ich sah es wohl. Sie schienen die Weihe eines gräßlichen Opfers vorbereitend zu begehn. Ein weißes Kruzifix, das durch die Nacht wie Silber blinkte, ward an der einen Seite hoch aufgesteckt. Ich sah, und sah die schreckliche Gewißheit immer gewisser. Noch wankten Fackeln hie und da herum; allmählich wichen sie und erloschen. Auf einmal war die scheußliche Geburt der Nacht in ihrer Mutter Schoß zurückgekehrt.

CLÄRCHEN Still, Brackenburg! Nun still! Laß diese Hülle auf meiner Seele ruhn. Verschwunden sind die Gespenster, und du, holde Nacht, leih deinen Mantel der Erde, die in sich gärt; sie trägt nicht länger die abscheuliche Last, reißt ihre tiefen Spalten grausend auf, und knirscht das Mordgerüst hinunter. Und irgend einen Engel sendet der Gott, den sie zum Zeugen ihrer Wut geschändet; vor des Boten heiliger Berührung lösen sich Riegel und Bande und er umgießt den Freund mit mildem Schimmer; er führt ihn durch die Nacht zur Freiheit sanft und still. Und auch mein Weg geht heimlich in dieser Dunkelheit, ihm zu begegnen.

BRACKENBURG *(sie aufhaltend).* Mein Kind, wohin? was wagst du?

CLÄRCHEN Leise, Lieber, daß niemand erwache! daß wir uns selbst nicht wekken! Kennst du dies Fläschchen, Brackenburg? Ich nahm dir's scherzend, als du mit übereiltem Tod oft ungeduldig drohtest. — Und nun, mein Freund —

BRACKENBURG In aller Heiligen Namen!

CLÄRCHEN Du hinderst nichts. Tod ist mein Teil! und gönne mir den sanften schnellen Tod, den du dir selbst bereitetest. Gib mir deine Hand! — Im Augenblick, da ich die dunkle Pforte eröffne, aus der kein Rückweg ist, könnt' ich mit diesem Händedruck dir sagen: wie sehr ich dich geliebt, wie sehr ich dich bejammert. Mein Bruder starb mir jung; dich wählt' ich seine

Stelle zu ersetzen. Es widersprach dein Herz und quälte sich und mich, verlangtest heiß und immer heißer was dir nicht beschieden war. Vergib mir und leb' wohl! Laß mich dich Bruder nennen! Es ist ein Name, der viel Namen in sich faßt. Nimm die letzte schöne Blume der Scheidenden mit treuem Herzen ab — nimm diesen Kuß — Der Tod vereinigt alles, Brakkenburg, uns denn auch.

BRACKENBURG So laß mich mit dir sterben! Teile! Teile! Es ist genug, zwei Leben auszulöschen.

CLÄRCHEN Bleib! du sollst leben, du kannst leben. — Steh meiner Mutter bei, die ohne dich in Armut sich verzehren würde. Sei ihr, was ich ihr nicht mehr sein kann; lebt zusammen, und beweint mich. Beweint das Vaterland, und den der es allein erhalten konnte. Das heutige Geschlecht wird diesen Jammer nicht los; die Wut der Rache selbst vermag ihn nicht zu tilgen. Lebt, ihr Armen, die Zeit noch hin, die keine Zeit mehr ist. Heut steht die Welt auf einmal still; es stockt ihr Kreislauf, und mein Puls schlägt kaum noch wenige Minuten. Leb' wohl!

BRACKENBURG O lebe du mit uns, wie wir für dich allein! Du tötest uns in dir, o leb' und leide. Wir wollen unzertrennlich dir zu beiden Seiten stehn, und immer achtsam soll die Liebe den schönsten Trost in ihren lebendigen Armen dir bereiten. Sei unser! Unser! Ich darf nicht sagen, mein.

CLÄRCHEN Leise, Brackenburg! Du fühlst nicht was du rührst. Wo Hoffnung dir erscheint ist mir Verzweiflung.

BRACKENBURG Teile mit den Lebendigen die Hoffnung! Verweil' am Rande des Abgrundes, schau' hinab und sieh auf uns zurück.

CLÄRCHEN Ich hab' überwunden, ruf' mich nicht wieder zum Streit.

BRACKENBURG Du bist betäubt; gehüllt in Nacht suchst du die Tiefe. Noch ist nicht jedes Licht erloschen, noch mancher Tag! —

CLÄRCHEN Weh! über dich Weh! Weh! Grausam zerreißest du den Vorhang vor meinem Auge. Ja, er wird grauen der Tag! vergebens alle Nebel um sich ziehn und wider Willen grauen! Furchtsam schaut der Bürger aus seinem Fenster, die Nacht läßt einen schwarzen Flecken zurück; er schaut, und fürchterlich wächs't im Lichte das Mordgerüst. Neuleidend wendet das entweihte Gottesbild sein flehend Auge zum Vater auf. Die Sonne wagt sich nicht hervor; sie will die Stunde nicht bezeichnen, in der er sterben soll. Träge gehn die Zeiger ihren Weg, und eine Stunde nach der andern schlägt. Halt! Halt! Nun ist es Zeit! mich scheucht des Morgens Ahnung in das Grab. *(Sie tritt an's Fenster, als sähe sie sich um, und trinkt heimlich.)*

BRACKENBURG Cläre! Cläre!

CLÄRCHEN *(geht nach dem Tisch und trinkt das Wasser.)* Hier ist der Rest! Ich locke dich nicht nach. Tu' was du darfst, leb' wohl. Lösche diese Lampe still und ohne Zaudern, ich geh' zur Ruhe. Schleiche dich sachte weg, ziehe die Tür nach dir zu. Still! Wecke meine Mutter nicht! Geh, rette dich! Rette dich! wenn du nicht mein Mörder scheinen willst. *(Ab.)*

BRACKENBURG Sie läßt mich zum letztenmale wie immer. O könnte eine Menschenseele fühlen, wie sie ein liebend Herz zerreißen kann. Sie läßt mich stehn, mir selber überlassen; und Tod und Leben ist mir gleich verhaßt. — Allein zu sterben! — Weint, ihr Liebenden! Kein härter Schicksal ist als meins! Sie teilt mit mir den Todestropfen, und schickt mich weg! von ihrer Seite weg! sie zieht mich nach, und stößt in's Leben mich zurück. O Egmont, welch preiswürdig Los fällt dir! Sie geht voran; der Kranz des Siegs aus ihrer Hand ist dein, sie bringt den ganzen Himmel dir entgegen! — Und soll ich folgen? wieder seitwärts stehn? den unauslöschlichen Neid in jene Wohnungen hinüber tragen? — Auf Erden ist kein Bleiben mehr für mich, und Höll' und Himmel bieten gleiche Qual. Wie wäre der Vernichtung Schreckenshand dem Unglückseligen willkommen.

Brackenburg geht ab; das Theater bleibt einige Zeit unverändert. Eine Musik, Clärchens Tod bezeichnend, beginnt; die Lampe, welche Brackenburg auszulöschen vergessen, flammt noch einigemal auf, dann erlischt sie. Bald verwandelt sich der Schauplatz in das

Gefängnis

EGMONT *liegt schlafend auf dem Ruhebette. Es entsteht ein Gerassel mit Schlüsseln und die Tür tut sich auf. Diener mit Fackeln treten herein; ihnen folgt* FERDINAND, *Alba's Sohn, und* SILVA, *begleitet von Gewaffneten. Egmont fährt aus dem Schlaf auf.*

EGMONT Wer seid ihr? die ihr mir unfreundlich den Schlaf von den Augen schüttelt. Was künden eure trotzigen unsichern Blicke mir an? Warum diesen fürchterlichen Aufzug? Welchen Schreckenstraum kommt ihr der halberwachten Seele vorzulügen?

SILVA Uns schickt der Herzog dir dein Urteil anzukündigen.

EGMONT Bringst du den Henker auch mit es zu vollziehen?

SILVA Vernimm es, so wirst du wissen was deiner wartet.

EGMONT So ziemt es euch und euerm schändlichen Beginnen! In Nacht gebrütet und in Nacht vollführt. So mag diese freche Tat der Ungerechtigkeit sich verbergen! — Tritt kühn hervor, der du das Schwert verhüllt unter dem Mantel trägst; hier ist mein Haupt, das freieste, das je die Tyrannei vom Rumpf gerissen.

SILVA Du irrst! Was gerechte Richter beschließen, werden sie vor'm Angesicht des Tages nicht verbergen.

EGMONT So übersteigt die Frechheit jeden Begriff und Gedanken.

SILVA *(nimmt einem Dabeistehenden das Urteil ab, entfaltet's und lies'ts).* „Im Namen des Königs, und Kraft besonderer von Seiner Majestät uns übertragenen Gewalt, alle seine Untertanen, wes Standes sie seien, zugleich die Ritter des goldnen Vlieses zu richten, erkennen wir —"

EGMONT Kann die der König übertragen?

SILVA „Erkennen wir, nach vorgängiger genauer gesetzlicher Untersuchung, Dich Heinrich Grafen Egmont, Prinzen von Gaure, des Hochverrats schuldig, und sprechen das Urteil: daß du mit der Frühe des einbrechenden Morgens aus dem Kerker auf den Markt geführt, und dort vor'm Angesicht des Volks zur Warnung aller Verräter mit dem Schwerte vom Leben zum Tode gebracht werden sollest. Gegeben Brüssel im" *(Datum und Jahrzahl werden undeutlich gelesen, so, daß sie der Zuhörer nicht versteht.)* „Ferdinand, Herzog von Alba, Vorsitzer des Gerichts der Zwölfe." Du weißt nun dein Schicksal; es bleibt dir wenige Zeit dich drein zu ergeben, dein Haus zu bestellen und von den Deinigen Abschied zu nehmen.

Silva mit dem Gefolge geht ab. Es bleibt Ferdinand und zwei Fackeln; das Theater ist mäßig erleuchtet.

EGMONT *(hat eine Weile in sich versenkt stille gestanden, und Silva ohne sich umzusehen abgehen lassen. Er glaubt sich allein, und da er die Augen aufhebt, erblickt er Alba's Sohn).* Du stehst und bleibst? Willst du mein Erstaunen, mein Entsetzen noch durch deine Gegenwart vermehren? Willst du noch etwa die willkommne Botschaft deinem Vater bringen, daß ich unmännlich verzweifle? Geh! Sag' ihm! Sag' ihm, daß er weder mich noch die Welt belügt. Ihm, dem Ruhmsüchtigen, wird man es erst hinter den Schultern leise lispeln, dann laut und lauter sagen, und wenn er einst von diesem Gipfel herabsteigt, werden tausend Stimmen es ihm entgegenrufen! Nicht das Wohl des Staats, nicht die Würde des Königs, nicht die Ruhe der Provinzen haben ihn hierher gebracht. Um sein selbst willen hat er Krieg geraten, daß der Krieger im Kriege gelte. Er hat diese ungeheure Verwirrung erregt, damit man seiner bedürfe. Und ich falle, ein Opfer seines niedrigen Hasses, seines kleinlichen Neides. Ja, ich weiß es, und ich darf es sagen; der Sterbende, der tödlich Verwundete kann es sagen: mich hat der Eingebildete beneidet; mich wegzutilgen hat er lange gesonnen und gedacht.

Schon damals, als wir noch jünger mit Würfeln spielten, und die Haufen Goldes, einer nach dem andern, von seiner Seite zu mir herübereilten; da stand er grimmig, log Gelassenheit, und innerlich verzehrte ihn die Ärgernis, mehr über mein Glück als über seinen Verlust. Noch erinnere ich mich des funkelnden Blicks, der verräterischen Blässe, als wir an einem öffentlichen Feste vor vielen tausend Menschen um die Wette schossen. Er forderte mich auf, und beide Nationen standen; die Spanier, die Niederländer wetteten und wünschten. Ich überwand ihn; seine Kugel irrte, die meine traf; ein lauter Freudenschrei der Meinigen durchbrach die Luft. Nun trifft mich sein Geschoß. Sag' ihm, daß ich's weiß, daß ich ihn kenne, daß die Welt jede Siegszeichen verachtet, die ein kleiner Geist erschleichend sich aufrichtet. Und du! wenn einem Sohne möglich ist von der Sitte des Vaters zu weichen, übe bei Zeiten die Scham, indem du dich für den schämst, den du gerne von ganzem Herzen verehren möchtest.

FERDINAND Ich höre dich an, ohne dich zu unterbrechen! Deine Vorwürfe lasten wie Keulschläge auf einem Helm; ich fühle die Erschütterung, aber ich bin bewaffnet. Du triffst mich, du verwundest mich nicht; fühlbar ist mir allein der Schmerz, der mir den Busen zerreißt. Wehe mir! Wehe! Zu einem solchen Anblick bin ich aufgewachsen, zu einem solchen Schauspiele bin ich gesendet!

EGMONT Du brichst in Klagen aus? Was rührt, was bekümmert dich? Ist es eine späte Reue, daß du der schändlichen Verschwörung deinen Dienst geliehen? Du bist so jung und hast ein glückliches Ansehn. Du warst so zutraulich, so freundlich gegen mich. So lang ich dich sah, war ich mit deinem Vater versöhnt. Und eben so verstellt, verstellter als er, lockst du mich in das Netz. Du bist der Abscheuliche! Wer Ihm traut, mag er es auf seine Gefahr tun; aber wer fürchtete Gefahr dir zu vertrauen? Geh! Geh! Raube mir nicht die wenigen Augenblicke! Geh, daß ich mich sammle, die Welt und dich zuerst vergesse! —

FERDINAND Was soll ich dir sagen? Ich stehe und sehe dich an, und sehe dich nicht, und fühle mich nicht. Soll ich mich entschuldigen? Soll ich dir versichern, daß ich erst spät, erst ganz zuletzt des Vaters Absichten erfuhr, daß ich als ein gezwungenes, ein lebloses Werkzeug seines Willens handelte? Was fruchtet's welche Meinung du von mir haben magst? Du bist verloren; und ich Unglücklicher stehe nur da, um dir's zu versichern, um dich zu bejammern.

EGMONT Welche sonderbare Stimme, welch ein unerwarteter Trost begegnet mir auf dem Wege zum Grabe? Du, Sohn meines ersten, meines fast einzigen Feindes, du bedauerst mich, du bist nicht unter meinen Mördern? Sage, rede! Für wen soll ich dich halten?

FERDINAND Grausamer Vater! Ja ich erkenne dich in diesem Befehle. Du kanntest mein Herz, meine Gesinnung, die du so oft als Erbteil einer zärtlichen Mutter schaltest. Mich dir gleich zu bilden sandtest du mich hierher. Diesen Mann am Rande des gähnenden Grabes, in der Gewalt eines willkürlichen Todes zu sehen zwingst du mich, daß ich den tiefsten Schmerz empfinde, daß ich taub gegen alles Schicksal, daß ich unempfindlich werde, es geschehe mir was wolle.

EGMONT Ich erstaune! Fasse dich! Stehe, rede wie ein Mann.

FERDINAND O daß ich ein Weib wäre! daß man mir sagen könnte: was rührt dich? was ficht dich an? Sage mir ein größeres, ein ungeheureres Übel, mache mich zum Zeugen einer schrecklichern Tat; ich will dir danken, ich will sagen: es war nichts.

EGMONT Du verlierst dich. Wo bist du?

FERDINAND Laß diese Leidenschaft rasen, laß mich losgebunden klagen! Ich will nicht standhaft scheinen, wenn alles in mir zusammenbricht. Dich soll ich hier sehn? — Dich? — Es ist entsetzlich! Du verstehst mich nicht! Und sollst du mich verstehen? Egmont! Egmont! *(Ihm um den Hals fallend.)*

EGMONT Löse mir das Geheimnis.

FERDINAND Kein Geheimnis.

EGMONT Wie bewegt dich so tief das Schicksal eines fremden Mannes?

FERDINAND Nicht fremd! Du bist mir nicht fremd. Dein Name war's, der mir in meiner ersten Jugend gleich einem Stern des Himmels entgegenleuchtete. Wie oft hab' ich nach dir gehorcht, gefragt! Des Kindes Hoffnung ist der Jüngling, des Jünglings der Mann. So bist du vor mir her geschritten; immer vor, und ohne Neid sah ich dich vor, und schritt dir nach, und fort und fort. Nun hofft' ich endlich dich zu sehen, und sah dich und mein Herz flog dir entgegen. Dich hatt' ich mir bestimmt, und wählte dich auf's neue da ich dich sah. Nun hofft' ich erst mit dir zu sein, mit dir zu leben, dich zu fassen, dich — Das ist nun alles weggeschnitten, und ich sehe dich hier!

EGMONT Mein Freund, wenn es dir wohl tun kann, so nimm die Versicherung, daß im ersten Augenblick mein Gemüt dir entgegenkam. Und höre mich. Laß uns ein ruhiges Wort unter einander wechseln. Sage mir: ist es der strenge ernste Wille deines Vaters, mich zu töten?

FERDINAND Er ist's.

EGMONT Dieses Urteil wäre nicht ein leeres Schreckbild, mich zu ängstigen, durch Furcht und Drohung zu strafen, mich zu erniedrigen, und dann mit königlicher Gnade mich wieder aufzuheben?

FERDINAND Nein, ach leider nein! Anfangs schmeichelte ich mir selbst mit dieser ausweichenden Hoffnung; und schon da empfand ich Angst und Schmerz dich in diesem Zustande zu sehen. Nun ist es wirklich, ist gewiß. Nein, ich regiere mich nicht. Wer gibt mir eine Hülfe, wer einen Rat dem Unvermeidlichen zu entgehen?

EGMONT So höre mich. Wenn deine Seele so gewaltsam dringt mich zu retten, wenn du die Übermacht verabscheust die mich gefesselt hält, so rette mich! Die Augenblicke sind kostbar. Du bist des Allgewaltigen Sohn, und selbst gewaltig — Laß uns entfliehen! Ich kenne die Wege; die Mittel können dir nicht unbekannt sein. Nur diese Mauern, nur wenige Meilen entfernen mich von meinen Freunden. Löse diese Bande, bringe mich zu ihnen und sei unser. Gewiß, der König dankt dir dereinst meine Rettung. Jetzt ist er überrascht, und vielleicht ist ihm alles unbekannt. Dein Vater wagt; und die Majestät muß das Geschehen billigen, wenn sie sich auch davor entsetzet. Du denkst? O denke mir den Weg der Freiheit aus! Sprich, und nähre die Hoffnung der lebendigen Seele.

FERDINAND Schweig'! o schweige! Du vermehrst mit jedem Worte meine Verzweiflung. Hier ist kein Ausweg, kein Rat, keine Flucht. — Das quält mich, das greift und faßt mir wie mit Klauen die Brust. Ich habe selbst das Netz zusammengezogen; ich kenne die strengen festen Knoten; ich weiß wie jeder Kühnheit, jeder List die Wege verrennt sind; ich fühle mich mit dir und mit allen andern gefesselt. Würde ich klagen, hätte ich nicht alles versucht? Zu seinen Füßen habe ich gelegen, geredet und gebeten. Er schickte mich hierher, um alles was von Lebenslust und Freude mit mir lebt, in diesem Augenblicke zu zerstören.

EGMONT Und keine Rettung?

FERDINAND Keine!

EGMONT *(mit dem Fuße stampfend).* Keine Rettung! — — Süßes Leben! schöne freundliche Gewohnheit des Daseins und Wirkens! von dir soll ich scheiden! So gelassen scheiden! Nicht im Tumulte der Schlacht, unter dem Geräusch der Waffen, in der Zerstreuung des Getümmels gibst du mir ein flüchtiges Lebewohl; du nimmst keinen eiligen Abschied, verkürzest nicht den Augenblick der Trennung. Ich soll deine Hand fassen, dir noch einmal in die Augen sehn, deine Schöne, deinen Wert recht lebhaft fühlen, und dann mich entschlossen losreißen und sagen: Fahre hin!

FERDINAND Und ich soll daneben stehn, zusehn, dich nicht halten, nicht hindern können! O welche Stimme reichte zur Klage! Welches Herz flösse nicht aus seinen Banden vor diesem Jammer?

EGMONT Fasse dich!

FERDINAND Du kannst dich fassen, du kannst entsagen, den schweren Schritt an der Hand der Notwendigkeit heldenmäßig gehn. Was kann ich? Was soll ich? Du überwindest dich selbst und uns; du überstehst; ich überlebe dich und mich selbst. Bei der Freude des Mahls hab' ich mein Licht, im Getümmel der Schlacht meine Fahne verloren. Schal, verworren, trüb scheint mir die Zukunft.

EGMONT Junger Freund, den ich durch ein sonderbares Schicksal zugleich gewinne und verliere, der für mich die Todesschmerzen empfindet, für mich leidet, sieh mich in diesen Augenblicken an; du verlierst mich nicht. War dir mein Leben ein Spiegel, in welchem du dich gerne betrachtetest; so sei es auch mein Tod. Die Menschen sind nicht nur zusammen, wenn sie beisammen sind; auch der Entfernte, der Abgeschiedene lebt uns. Ich lebe dir, und habe mir genug gelebt. Eines jeden Tages hab' ich mich gefreut; an jedem Tag mit rascher Wirkung meine Pflicht getan, wie mein Gewissen mir sie zeigte. Nun endigt sich das Leben wie es sich früher, früher, schon auf dem Sande von Gravelingen hätte endigen können. Ich höre auf zu leben; aber ich habe gelebt. So leb' auch du, mein Freund, gern und mit Lust, und scheue den Tod nicht.

FERDINAND Du hättest dich für uns erhalten können, erhalten sollen. Du hast dich selber getötet. Oft hört' ich, wenn kluge Männer über dich sprachen, feindselige, wohlwollende, sie stritten lang über deinen Wert; doch endlich vereinigten sie sich, keiner wagt' es zu leugnen, jeder gestand: ja, er wandelt einen gefährlichen Weg. Wie oft wünscht' ich dich warnen zu können! Hattest du denn keine Freunde?

EGMONT Ich war gewarnt.

FERDINAND Und wie ich punktweise alle diese Beschuldigungen wieder in der Anklage fand, und deine Antworten! Gut genug dich zu entschuldigen; nicht triftig genug dich von der Schuld zu befreien —

EGMONT Dies sei bei Seite gelegt. Es glaubt der Mensch sein Leben zu leiten, sich selbst zu führen; und sein Innerstes wird unwiderstehlich nach seinem Schicksale gezogen. Laß uns darüber nicht sinnen; dieser Gedanken entschlag' ich mich leicht — schwerer der Sorge für dieses Land? doch auch dafür wird gesorgt sein. Kann mein Blut für viele fließen, meinem Volke Friede bringen, so fließt es willig. Leider wird's nicht so werden. Doch es ziemt dem Menschen, nicht mehr zu grübeln, wo er nicht mehr wirken soll. Kannst du die verderbende Gewalt deines Vaters aufhalten, lenken, so tu's. Wer wird das können? — Leb' wohl!

FERDINAND Ich kann nicht gehn.

EGMONT Laß meine Leute dir auf's beste empfohlen sein! Ich habe gute Menschen zu Dienern; daß sie nicht zerstreut, nicht unglücklich werden! Wie steht es um Richard, meinen Schreiber?

FERDINAND Er ist dir vorangegangen. Sie haben ihn als Mitschuldigen des Hochverrats enthauptet.

EGMONT Arme Seele! — Noch Eins, und dann leb' wohl, ich kann nicht mehr. Was auch den Geist gewaltsam beschäftigt, fordert die Natur zuletzt doch unwiderstehlich ihre Rechte; und wie ein Kind, umwunden von der Schlange, des erquickenden Schlafs genießt, so legt der Müde sich noch einmal vor der Pforte des Todes nieder und ruht tief aus, als ob er einen weiten Weg zu wandern hätte. — Noch Eins — Ich kenne ein Mädchen; du wirst sie nicht verachten, weil sie mein war. Nun ich sie dir empfehle, sterb' ich ruhig. Du bist ein edler Mann; ein Weib, das den findet, ist geborgen. Lebt mein alter Adolph? ist er frei?

FERDINAND Der muntre Greis, der euch zu Pferde immer begleitete?

EGMONT Derselbe.

FERDINAND Er lebt, er ist frei.

EGMONT Er weiß ihre Wohnung; laß dich von ihm führen, und lohn' ihm bis an sein Ende, daß er dir den Weg zu diesem Kleinode zeigt. — Leb' wohl!

FERDINAND Ich gehe nicht.

EGMONT *(ihn nach der Tür drängend).* Leb' wohl!

FERDINAND O laß mich noch!

EGMONT Freund, keinen Abschied.

Er begleitet Ferdinanden bis an die Tür, und reißt sich dort von ihm los. Ferdinand, betäubt, entfernt sich eilend.

EGMONT *(allein).* Feindseliger Mann! Du glaubtest nicht mir diese Wohltat durch deinen Sohn zu erzeigen. Durch ihn bin ich der Sorgen los und der Schmerzen, der Furcht und jedes ängstlichen Gefühls. Sanft und dringend fordert die Natur ihren letzten Zoll. Es ist vorbei, es ist beschlossen! und was die letzte Nacht mich ungewiß auf meinem Lager wachend hielt, das schläfert nun mit unbezwinglicher Gewißheit meine Sinnen ein.

Er setzt sich auf's Ruhebett. Musik.

Süßer Schlaf! Du kommst wie ein reines Glück ungebeten, unerfleht am willigsten. Du lösest die Knoten der strengen Gedanken, vermischest alle Bilder der Freude und des Schmerzes; ungehindert fließt der Kreis innerer Harmonien, und eingehüllt in gefälligen Wahnsinn, versinken wir und hören auf zu sein.

Er entschläft; die Musik begleitet seinen Schlummer. Hinter seinem Lager scheint sich die Mauer zu eröffnen, eine glänzende Erscheinung zeigt sich. Die Freiheit in himmlischem Gewande, von einer Klarheit umflossen, ruht auf einer Wolke. Sie hat die Züge von Clärchen, und neigt sich gegen den schlafenden Helden. Sie drückt eine bedauernde Empfindung aus, sie scheint ihn zu beklagen. Bald faßt sie sich, und mit aufmunternder Geberde zeigt sie ihm das Bündel Pfeile, dann den Stab mit dem Hute. Sie heißt ihn froh sein, und indem sie ihm andeutet, daß sein Tod den Provinzen die Freiheit verschaffen werde, erkennt sie ihn als Sieger und reicht ihm einen Lorbeerkranz. Wie sie sich mit dem Kranze dem Haupte nahet, macht Egmont eine Bewegung, wie einer der sich im Schlafe regt, dergestalt, daß er mit dem Gesicht aufwärts gegen sie liegt. Sie hält den Kranz über seinem Haupte schwebend: man hört ganz von weitem eine kriegerische Musik von Trommeln und Pfeifen: bei dem leisesten Laut derselben verschwindet die Erscheinung. Der Schall wird stärker. Egmont erwacht; das Gefängnis wird vom Morgen mäßig erhellt. Seine erste Bewegung ist, nach dem Haupte zu greifen: er steht auf und sieht sich um, indem er die Hand auf dem Haupte behält.

Verschwunden ist der Kranz! Du schönes Bild, das Licht des Tages hat dich verscheuchet! Ja sie waren's, sie waren vereint, die beiden süßesten Freuden meines Herzens. Die göttliche Freiheit, von meiner Geliebten borgte sie die Gestalt; das reizende Mädchen kleidete sich in der Freundin himmlisches Gewand. In einem ernsten Augenblick erscheinen sie vereinigt, ernster als lieblich. Mit blutbefleckten Sohlen trat sie vor mir auf, die wehenden Falten des Saumes mit Blut befleckt. Es war mein Blut und vieler Edeln Blut. Nein, es ward nicht umsonst vergossen. Schreitet durch! Braves Volk! Die Siegesgöttin führt dich an! Und wie das Meer durch eure Dämme bricht, so brecht, so reißt den Wall der Tyrannei zusammen, und schwemmt ersäufend sie von ihrem Grunde, den sie sich anmaßt, weg!

Trommeln näher.

Horch! Horch! Wie oft rief mich dieser Schall zum freien Schritt nach dem Felde des Streits und des Siegs! Wie munter traten die Gefährten auf der gefährlichen rühmlichen Bahn! Auch ich schreite einem ehrenvollen Tode aus diesem Kerker entgegen; ich sterbe für die Freiheit, für die ich lebte und focht, und der ich mich jetzt leidend opfre.

Der Hintergrund wird mit einer Reihe spanischer Soldaten besetzt, welche Hellebarten tragen.

Ja, führt sie nur zusammen! Schließt eure Reihen, ihr schreckt mich nicht.

Ich bin gewohnt vor Speeren gegen Speere zu stehn, und, rings umgeben von dem drohenden Tod, das mutige Leben nur doppelt rasch zu fühlen.

Trommeln.

Dich schließt der Feind von allen Seiten ein! Es blinken Schwerter; Freunde, höhern Mut! Im Rücken habt ihr Eltern, Weiber, Kinder!

Auf die Wache zeigend.

Und diese treibt ein hohles Wort des Herrschers, nicht ihr Gemüt. Schützt eure Güter! Und euer Liebstes zu erretten, fallt freudig, wie ich euch ein Beispiel gebe.

Trommeln. Wie er auf die Wache los und auf die Hintertür zu geht, fällt der Vorhang: die Musik fällt ein und schließt mit einer Siegessymphonie das Stück.

IPHIGENIE AUF TAURIS

Ein Schauspiel

PERSONEN

IPHIGENIE.
THOAS, *König der Taurier.*
OREST.
PYLADES.
ARKAS.

Schauplatz. Hain vor Dianens Tempel.

ERSTER AUFZUG

Erster Auftritt

IPHIGENIE Heraus in eure Schatten, rege Wipfel
Des alten, heil'gen, dichtbelaubten Haines,
Wie in der Göttin stilles Heiligtum,
Tret' ich noch jetzt mit schauderndem Gefühl,
Als wenn ich sie zum erstenmal beträte,
Und es gewöhnt sich nicht mein Geist hierher.
So manches Jahr bewahrt mich hier verborgen
Ein hoher Wille, dem ich mich ergebe;
Doch immer bin ich, wie im ersten, fremd.
Denn ach mich trennt das Meer von den Geliebten,
Und an dem Ufer steh' ich lange Tage
Das Land der Griechen mit der Seele suchend;
Und gegen meine Seufzer bringt die Welle
Nur dumpfe Töne brausend mir herüber.
Weh dem, der fern von Eltern und Geschwistern
Ein einsam Leben führt! Ihm zehrt der Gram
Das nächste Glück vor seinen Lippen weg,
Ihm schwärmen abwärts immer die Gedanken
Nach seines Vaters Hallen, wo die Sonne
Zuerst den Himmel vor ihm aufschloß, wo
Sich Mitgeborne spielend fest und fester
Mit sanften Banden an einander knüpften.
Ich rechte mit den Göttern nicht; allein
Der Frauen Zustand ist beklagenswert.
Zu Haus und in dem Kriege herrscht der Mann
Und in der Fremde weiß er sich zu helfen.
Ihn freuet der Besitz; ihn krönt der Sieg!
Ein ehrenvoller Tod ist ihm bereitet.
Wie eng-gebunden ist des Weibes Glück!
Schon einem rauhen Gatten zu gehorchen,
Ist Pflicht und Trost; wie elend, wenn sie gar
Ein feindlich Schicksal in die Ferne treibt!
So hält mich Thoas hier, ein edler Mann,
In ernsten heil'gen Sklavenbanden fest.
O wie beschämt gesteh' ich, daß ich dir
Mit stillem Widerwillen diene, Göttin,
Dir meiner Retterin! Mein Leben sollte
Zu freiem Dienste dir gewidmet sein.
Auch hab' ich stets auf dich gehofft und hoffe
Noch jetzt auf dich, Diana, die du mich,
Des größten Königes verstoßne Tochter,
In deinen heil'gen sanften Arm genommen.
Ja, Tochter Zeus, wenn du den hohen Mann,

Den du, die Tochter fordernd, ängstigtest,
Wenn du den göttergleichen Agamemnon,
Der dir sein Liebstes zum Altare brachte,
Von Troja's umgewandten Mauern rühmlich
Nach seinem Vaterland zurück begleitet,
Die Gattin ihm, Elektren und den Sohn,
Die schönen Schätze, wohl erhalten hast;
So gib auch mich den Meinen endlich wieder,
Und rette mich, die du vom Tod errettet,
Auch von dem Leben hier, dem zweiten Tode!

Zweiter Auftritt

IPHIGENIE. ARKAS.

ARKAS Der König sendet mich hierher und beut
Der Priesterin Dianens Gruß und Heil.
Dies ist der Tag, da Tauris seiner Göttin
Für wunderbare neue Siege dankt.
Ich eile vor dem König und dem Heer,
Zu melden, daß er kommt und daß es naht.
IPHIGENIE Wir sind bereit sie würdig zu empfangen,
Und unsre Göttin sieht willkommnem Opfer
Von Thoas Hand mit Gnadenblick entgegen.
ARKAS O fänd' ich auch den Blick der Priesterin,
Der werten, vielgeehrten, deinen Blick,
O heil'ge Jungfrau, heller, leuchtender,
Uns allen gutes Zeichen! Noch bedeckt
Der Gram geheimnisvoll dein Innerstes;
Vergebens harren wir schon Jahre lang
Auf ein vertraulich Wort aus deiner Brust.
So lang ich dich an dieser Stätte kenne,
Ist dies der Blick, vor dem ich immer schaudre;
Und wie mit Eisenbanden bleibt die Seele
In's Innerste des Busens dir geschmiedet.
IPHIGENIE Wie's der Vertriebnen, der Verwais'ten ziemt.
ARKAS Scheinst du dir hier vertrieben und verwais't?
IPHIGENIE Kann uns zum Vaterland die Fremde werden?
ARKAS Und dir ist fremd das Vaterland geworden.
IPHIGENIE Das ist's, warum mein blutend Herz nicht heilt.
In erster Jugend, da sich kaum die Seele
An Vater, Mutter und Geschwister band;
Die neuen Schößlinge, gesellt und lieblich,
Vom Fuß der alten Stämme himmelwärts
Zu dringen strebten; leider faßte da
Ein fremder Fluch mich an und trennte mich

Von den Geliebten, riß das schöne Band
Mit ehrner Faust entzwei. Sie war dahin,
Der Jugend beste Freude, das Gedeihn
Der ersten Jahre. Selbst gerettet, war
Ich nur ein Schatten mir, und frische Lust
Des Lebens blüht in mir nicht wieder auf.
ARKAS Wenn du dich *so* unglücklich nennen willst,
So darf ich dich auch wohl undankbar nennen.
IPHIGENIE Dank habt ihr stets.
ARKAS Doch nicht den reinen Dank,
Um dessentwillen man die Wohltat tut;
Den frohen Blick, der ein zufriednes Leben
Und ein geneigtes Herz dem Wirte zeigt.
Als dich ein tief geheimnisvolles Schicksal
Vor so viel Jahren diesem Tempel brachte,
Kam Thoas dir, als einer Gottgegebnen,
Mit Ehrfurcht und mit Neigung zu begegnen,
Und dieses Ufer ward dir hold und freundlich,
Das jedem Fremden sonst voll Grausens war,
Weil niemand unser Reich vor dir betrat,
Der an Dianens heil'gen Stufen nicht,
Nach altem Brauch, ein blutig Opfer, fiel.
IPHIGENIE Frei atmen macht das Leben nicht allein.
Welch Leben ist's das an der heil'gen Stätte,
Gleich einem Schatten um sein eigen Grab,
Ich nur vertrauern muß? Und nenn' ich das
Ein fröhlich selbstbewußtes Leben, wenn
Uns jeder Tag, vergebens hingeträumt,
Zu jenen grauen Tagen vorbereitet,
Die an dem Ufer Lethe's selbstvergessend,
Die Trauerschar der Abgeschiednen feiert?
Ein unnütz Leben ist ein früher Tod;
Dies Frauenschicksal ist vor allen meins.
ARKAS Den edlen Stolz, daß du dir selbst nicht g'nügest,
Verzeih' ich dir, so sehr ich dich bedaure;
Er raubet den Genuß des Lebens dir.
Du hast hier nichts getan seit deiner Ankunft?
Wer hat des Königs trüben Sinn erheitert?
Wer hat den alten grausamen Gebrauch,
Daß am Altar Dianens jeder Fremde
Sein Leben blutend läßt, von Jahr zu Jahr,
Mit sanfter Überredung aufgehalten,
Und die Gefangnen vom gewissen Tod
In's Vaterland so oft zurückgeschickt?
Hat nicht Diane, statt erzürnt zu sein,
Daß sie der blut'gen alten Opfer mangelt,
Dein sanft Gebet in reichem Maß erhört?

Umschwebt mit frohem Fluge nicht der Sieg
Das Heer? und eilt er nicht sogar voraus?
Und fühlt nicht jeglicher ein besser Los,
Seitdem der König, der uns weis' und tapfer
So lang geführet, nun sich auch der Milde
In deiner Gegenwart erfreut und uns
Des schweigenden Gehorsams Pflicht erleichtert?
Das nennst du unnütz, wenn von deinem Wesen
Auf Tausende herab ein Balsam träufelt?
Wenn du dem Volke, dem ein Gott dich brachte,
Des neuen Glückes ew'ge Quelle wirst,
Und an dem unwirtbaren Todes-Ufer
Dem Fremden Heil und Rückkehr zubereitest?

IPHIGENIE Das Wenige verschwindet leicht dem Blick,
Der vorwärts sieht, wie viel noch übrig bleibt.

ARKAS Doch lobst du den, der was er tut nicht schätzt?

IPHIGENIE Man tadelt den, der seine Taten wägt.

ARKAS Auch den, der wahren Wert zu stolz nicht achtet.
Wie den, der falschen Wert zu eitel hebt.
Glaub' mir und hör' auf eines Mannes Wort,
Der treu und redlich dir ergeben ist:
Wenn heut der König mit dir redet, so
Erleichtr' ihm was er dir zu sagen denkt.

IPHIGENIE Du ängstest mich mit jedem guten Worte;
Oft wich ich seinem Antrag mühsam aus.

ARKAS Bedenke was du tust und was dir nützt.
Seitdem der König seinen Sohn verloren,
Vertraut er wenigen der Seinen mehr,
Und diesen wenigen nicht mehr wie sonst.
Mißgünstig sieht er jedes Edlen Sohn
Als seines Reiches Folger an, er fürchtet
Ein einsam hülflos Alter, ja vielleicht
Verwegnen Aufstand und frühzeit'gen Tod.
Der Skythe setzt in's Reden keinen Vorzug,
Am wenigsten der König. Er, der nur
Gewohnt ist zu befehlen und zu tun,
Kennt nicht die Kunst, von weitem ein Gespräch
Nach seiner Absicht langsam fein zu lenken.
Erschwer's ihm nicht durch ein rückhaltend Weigern,
Durch ein vorsetzlich Mißverstehen. Geh
Gefällig ihm den halben Weg entgegen.

IPHIGENIE Soll ich beschleunigen was mich bedroht?

ARKAS Willst du sein Werben eine Drohung nennen?

IPHIGENIE Es ist die schrecklichste von allen mir.

ARKAS Gib ihm für seine Neigung nur Vertraun.

IPHIGENIE Wenn er von Furcht erst meine Seele lös't.

ARKAS Warum verschweigst du deine Herkunft ihm?

IPHIGENIE Weil einer Priesterin Geheimnis ziemt.
ARKAS Dem König sollte nichts Geheimnis sein;
Und ob er's gleich nicht fordert, fühlt er's doch
Und fühlt es tief in seiner großen Seele,
Daß du sorgfältig dich vor ihm verwahrst.
IPHIGENIE Nährt er Verdruß und Unmut gegen mich?
ARKAS So scheint es fast. Zwar schweigt er auch von dir;
Doch haben hingeworfne Worte mich
Belehrt, daß seine Seele fest den Wunsch
Ergriffen hat dich zu besitzen. Laß,
O überlaß ihn nicht sich selbst! damit
In seinem Busen nicht der Unmut reife
Und dir Entsetzen bringe, du zu spät
An meinen treuen Rat mit Reue denkest.
IPHIGENIE Wie? Sinnt der König, was kein edler Mann,
Der seinen Namen liebt und dem Verehrung
Der Himmlischen den Busen bändiget,
Je denken sollte? Sinnt er vom Altar
Mich in sein Bette mit Gewalt zu ziehn?
So ruf' ich alle Götter und vor allen
Dianen, die entschloss'ne Göttin, an,
Die ihren Schutz der Priesterin gewiß
Und Jungfrau einer Jungfrau gern gewährt.
ARKAS Sei ruhig! Ein gewaltsam neues Blut
Treibt nicht den König, solche Jünglingstat
Verwegen auszuüben. Wie er sinnt,
Befürcht' ich andern harten Schluß von ihm,
Den unaufhaltbar er vollenden wird:
Denn seine Seel' ist fest und unbeweglich.
Drum bitt' ich dich, vertrau' ihm, sei ihm dankbar,
Wenn du ihm weiter nichts gewähren kannst.
IPHIGENIE O sage was dir weiter noch bekannt ist.
ARKAS Erfahr's von ihm. Ich seh' den König kommen;
Du ehrst ihn, und dich heißt dein eigen Herz,
Ihm freundlich und vertraulich zu begegnen.
Ein edler Mann wird durch ein gutes Wort
Der Frauen weit geführt.
IPHIGENIE *(allein).* Zwar seh' ich nicht,
Wie ich dem Rat des Treuen folgen soll;
Doch folg' ich gern der Pflicht, dem Könige
Für seine Wohltat gutes Wort zu geben,
Und wünsche mir, daß ich dem Mächtigen,
Was ihm gefällt, mit Wahrheit sagen möge.

Dritter Auftritt

IPHIGENIE. THOAS.

IPHIGENIE Mit königlichen Gütern segne dich
Die Göttin! Sie gewähre Sieg und Ruhm
Und Reichtum und das Wohl der Deinigen·
Und jedes frommen Wunsches Fülle dir!
Daß, der du über viele sorgend herrschest,
Du auch vor vielen seltnes Glück genießest.

THOAS Zufrieden wär' ich wenn mein Volk mich rühmte:
Was ich erwarb, genießen andre mehr
Als ich. Der ist am glücklichsten, er sei
Ein König oder ein Geringer, dem
In seinem Hause Wohl bereitet ist.
Du nahmest Teil an meinen tiefen Schmerzen,
Als mir das Schwert der Feinde meinen Sohn,
Den letzten, besten, von der Seite riß.
So lang die Rache meinen Geist besaß,
Empfand ich nicht die Öde meiner Wohnung;
Doch jetzt, da ich befriedigt wiederkehre,
Ihr Reich zerstört, mein Sohn gerochen ist,
Bleibt mir zu Hause nichts das mich ergetze.
Der fröhliche Gehorsam, den ich sonst
Aus einem jeden Auge blicken sah,
Ist nun von Sorg' und Unmut still gedämpft.
Ein jeder sinnt was künftig werden wird,
Und folgt dem Kinderlosen, weil er muß.
Nun komm' ich heut in diesen Tempel, den
Ich oft betrat, um Sieg zu bitten und
Für Sieg zu danken. Einen alten Wunsch
Trag' ich im Busen, der auch dir nicht fremd
Noch unerwartet ist: ich hoffe, dich,
Zum Segen meines Volks und mir zum Segen,
Als Braut in meine Wohnung einzuführen.

IPHIGENIE Der Unbekannten bietest du zu viel,
O König, an. Es steht die Flüchtige
Beschämt vor dir, die nichts an diesem Ufer
Als Schutz und Ruhe sucht, die du ihr gabst.

THOAS Daß du in das Geheimnis deiner Ankunft
Vor mir wie vor dem Letzten stets dich hüllest,
Wär' unter keinem Volke recht und gut.
Dies Ufer schreckt die Fremden: das Gesetz
Gebietet's und die Not. Allein von dir,
Die jedes frommen Rechts genießt, ein wohl
Von uns empfangner Gast, nach eignem Sinn
Und Willen ihres Tages sich erfreut,

Von dir hofft' ich Vertrauen, das der Wirt
Für seine Treue wohl erwarten darf.
IPHIGENIE Verbarg ich meiner Eltern Namen und
Mein Haus, o König, war's Verlegenheit,
Nicht Mißtrauen. Denn vielleicht, ach wüßtest du
Wer vor dir steht, und welch verwünschtes Haupt
Du nährst und schützest, ein Entsetzen faßte
Dein großes Herz mit seltnem Schauer an,
Und statt die Seite deines Thrones mir
Zu bieten, triebest du mich vor der Zeit
Aus deinem Reiche; stießest mich vielleicht,
Eh' zu den Meinen frohe Rückkehr mir
Und meiner Wandrung Ende zugedacht ist,
Dem Elend zu, das jeden Schweifenden,
Von seinem Haus Vertriebnen überall
Mit kalter fremder Schreckenshand erwartet.
THOAS Was auch der Rat der Götter mit dir sei,
Und was sie deinem Haus und dir gedenken;
So fehlt es doch, seitdem du bei uns wohnst
Und eines frommen Gastes Recht genießest,
An Segen nicht, der mir von oben kommt.
Ich möchte schwer zu überreden sein,
Daß ich an dir ein schuldvoll Haupt beschütze.
IPHIGENIE Dir bringt die Wohltat Segen, nicht der Gast.
THOAS Was man Verruchten tut wird nicht gesegnet.
Drum endige dein Schweigen und dein Weigern;
Es fordert dies kein ungerechter Mann.
Die Göttin übergab dich meinen Händen;
Wie du ihr heilig warst, so warst du's mir.
Auch sei ihr Wink noch künftig mein Gesetz:
Wenn du nach Hause Rückkehr hoffen kannst,
So sprech' ich dich von aller Fordrung los.
Doch ist der Weg auf ewig dir versperrt,
Und ist dein Stamm vertrieben, oder durch
Ein ungeheures Unheil ausgelöscht,
So bist du mein durch mehr als Ein Gesetz.
Sprich offen! und du weißt, ich halte Wort.
IPHIGENIE Vom alten Bande löset ungern sich
Die Zunge los, ein lang verschwiegenes
Geheimnis endlich zu entdecken. Denn
Einmal vertraut, verläßt es ohne Rückkehr
Des tiefen Herzens sichre Wohnung, schadet,
Wie es die Götter wollen, oder nützt.
Vernimm! Ich bin aus Tantalus Geschlecht.
THOAS Du sprichst ein großes Wort gelassen aus.
Nennst du Den deinen Ahnherrn, den die Welt
Als einen ehmals Hochbegnadigten

Der Götter kennt? Ist's jener Tantalus,
Den Jupiter zu Rat und Tafel zog,
An dessen alterfahrnen, vielen Sinn
Verknüpfenden Gesprächen Götter selbst,
Wie an Orakelsprüchen, sich ergetzten?

IPHIGENIE Er ist es; aber Götter sollten nicht
Mit Menschen, wie mit ihres Gleichen, wandeln;
Das sterbliche Geschlecht ist viel zu schwach
In ungewohnter Höhe nicht zu schwindeln.
Unedel war er nicht und kein Verräter;
Allein zum Knecht zu groß, und zum Gesellen
Des großen Donnrers nur ein Mensch. So war
Auch sein Vergehen menschlich; ihr Gericht
War streng, und Dichter singen: Übermut
Und Untreu' stürzten ihn von Jovis Tisch
Zur Schmach des alten Tartarus hinab.
Ach und sein ganz Geschlecht trug ihren Haß!

THOAS Trug es die Schuld des Ahnherrn oder eigne?

IPHIGENIE Zwar die gewalt'ge Brust und der Titanen
Kraftvolles Mark war seiner Söhn' und Enkel
Gewisses Erbteil; doch es schmiedete
Der Gott um ihre Stirn ein ehern Band.
Rat, Mäßigung und Weisheit und Geduld
Verbarg er ihrem scheuen düstern Blick;
Zur Wut ward ihnen jegliche Begier,
Und gränzenlos drang ihre Wut umher.
Schon Pelops, der Gewaltig-wollende,
Des Tantalus geliebter Sohn, erwarb
Sich durch Verrat und Mord das schönste Weib,
Önomaus Erzeugte, Hippodamien.
Sie bringt den Wünschen des Gemahls zwei Söhne,
Thyest und Atreus. Neidisch sehen sie
Des Vaters Liebe zu dem ersten Sohn
Aus einem andern Bette wachsend an.
Der Haß verbindet sie, und heimlich wagt
Das Paar im Brudermord die erste Tat.
Der Vater wähnet Hippodamien
Die Mörderin, und grimmig fordert er
Von ihr den Sohn zurück, und sie entleibt
Sich selbst —

THOAS Du schweigest? Fahre fort zu reden!
Laß dein Vertraun dich nicht gereuen! Sprich!

IPHIGENIE Wohl dem, der seiner Väter gern gedenkt,
Der froh von ihren Taten, ihrer Größe
Den Hörer unterhält, und still sich freuend
An's Ende dieser schönen Reihe sich
Geschlossen sieht! Denn es erzeugt nicht gleich

Ein Haus den Halbgott noch das Ungeheuer;
Erst eine Reihe Böser oder Guter
Bringt endlich das Entsetzen, bringt die Freude
Der Welt hervor. — Nach ihres Vaters Tode
Gebieten Atreus und Thyest der Stadt,
Gemeinsam-herrschend. Lange konnte nicht
Die Eintracht dauern. Bald entehrt Thyest
Des Bruders Bette. Rächend treibet Atreus
Ihn aus dem Reiche. Tückisch hatte schon
Thyest, auf schwere Taten sinnend, lange
Dem Bruder einen Sohn entwandt und heimlich
Ihn als den seinen schmeichelnd auferzogen.
Dem füllet er die Brust mit Wut und Rache
Und sendet ihn zur Königsstadt, daß er
Im Oheim seinen eignen Vater morde.
Des Jünglings Vorsatz wird entdeckt: der König
Straft grausam den gesandten Mörder, wähnend,
Er töte seines Bruders Sohn. Zu spät
Erfährt er, wer vor seinen trunknen Augen
Gemartert stirbt; und die Begier der Rache
Aus seiner Brust zu tilgen, sinnt er still
Auf unerhörte Tat. Er scheint gelassen,
Gleichgültig und versöhnt, und lockt den Bruder
Mit seinen beiden Söhnen in das Reich
Zurück, ergreift die Knaben, schlachtet sie,
Und setzt die ekle schaudervolle Speise
Dem Vater bei dem ersten Mahle vor.
Und da Thyest an seinem Fleische sich
Gesättigt, eine Wehmut ihn ergreift,
Er nach den Kindern fragt, den Tritt, die Stimme
Der Knaben an des Saales Türe schon
Zu hören glaubt, wirft Atreus grinsend
Ihm Haupt und Füße der Erschlagnen hin. —
Du wendest schaudernd dein Gesicht, o König:
So wendete die Sonn' ihr Antlitz weg
Und ihren Wagen aus dem ewg'en Gleise.
Dies sind die Ahnherrn deiner Priesterin;
Und viel unseliges Geschick der Männer,
Viel Taten des verworrnen Sinnes deckt
Die Nacht mit schweren Fittigen und läßt
Uns nur in grauenvolle Dämmrung sehn.

THOAS Verbirg sie schweigend auch. Es sei genug
Der Greuel! Sage nun, durch welch ein Wunder
Von diesem wilden Stamme du entsprangst.

IPHIGENIE Des Atreus ält'ster Sohn war Agamemnon:
Er ist mein Vater. Doch ich darf es sagen,
In ihm hab' ich seit meiner ersten Zeit

Ein Muster des vollkommnen Manns gesehn.
Ihm brachte Klytämnestra mich, den Erstling
Der Liebe, dann Elektren. Ruhig herrschte
Der König, und es war dem Hause Tantals
Die lang entbehrte Rast gewährt. Allein
Es mangelte dem Glück der Eltern noch
Ein Sohn, und kaum war dieser Wunsch erfüllt,
Daß zwischen beiden Schwestern nun Orest
Der Liebling wuchs, als neues Übel schon
Dem sichern Hause zubereitet war.
Der Ruf des Krieges ist zu euch gekommen,
Der, um den Raub der schönsten Frau zu rächen,
Die ganze Macht der Fürsten Griechenlands
Um Trojens Mauern lagerte. Ob sie
Die Stadt gewonnen, ihrer Rache Ziel
Erreicht, vernahm ich nicht. Mein Vater führte
Der Griechen Heer. In Aulis harrten sie
Auf günst'gen Wind vergebens: denn Diane,
Erzürnt auf ihren großen Führer, hielt
Die Eilenden zurück und forderte
Durch Kalchas Mund des Königs ält'ste Tochter.
Sie lockten mit der Mutter mich in's Lager;
Sie rissen mich vor den Altar und weihten
Der Göttin dieses Haupt. — Sie war versöhnt:
Sie wollte nicht mein Blut, und hüllte rettend
In eine Wolke mich; in diesem Tempel
Erkannt' ich mich zuerst vom Tode wieder.
Ich bin es selbst, bin Iphigenie,
Des Atreus Enkel, Agamemnons Tochter,
Der Göttin Eigentum, die mit dir spricht.
THOAS Mehr Vorzug und Vertrauen geb' ich nicht
Der Königstochter als der Unbekannten.
Ich wiederhole meinen ersten Antrag:
Komm, folge mir und teile was ich habe.
IPHIGENIE Wie darf ich solchen Schritt, o König, wagen?
Hat nicht die Göttin, die mich rettete,
Allein das Recht auf mein geweihtes Leben?
Sie hat für mich den Schutzort ausgesucht,
Und sie bewahrt mich einem Vater, den
Sie durch den Schein genug gestraft, vielleicht
Zur schönsten Freude seines Alters hier.
Vielleicht ist mir die frohe Rückkehr nah;
Und ich, auf ihren Weg nicht achtend, hätte
Mich wider ihren Willen hier gefesselt?
Ein Zeichen bat ich, wenn ich bleiben sollte.
THOAS Das Zeichen ist, daß du noch hier verweilst.
Such' Ausflucht solcher Art nicht ängstlich auf.

Man spricht vergebens viel, um zu versagen;
Der andre hört von allem nur das Nein.
IPHIGENIE Nicht Worte sind es, die nur blenden sollen;
Ich habe dir mein tiefstes Herz entdeckt.
Und sagst du dir nicht selbst, wie ich dem Vater,
Der Mutter, den Geschwistern mich entgegen
Mit ängstlichen Gefühlen sehnen muß?
Daß in den alten Hallen, wo die Trauer
Noch manchmal stille meinen Namen lispelt,
Die Freude, wie um eine Neugeborne,
Den schönsten Kranz von Säul' an Säulen schlinge.
O sendetest du mich auf Schiffen hin!
Du gäbest mir und allen neues Leben.
THOAS So kehr' zurück! Tu' was dein Herz dich heißt,
Und höre nicht die Stimme guten Rats
Und der Vernunft. Sei ganz ein Weib und gib
Dich hin dem Triebe, der dich zügellos
Ergreift und dahin oder dorthin reißt.
Wenn ihnen eine Lust im Busen brennt,
Hält vom Verräter sie kein heilig Band,
Der sie dem Vater oder dem Gemahl
Aus langbewährten, treuen Armen lockt;
Und schweigt in ihrer Brust die rasche Glut,
So dringt auf sie vergebens treu und mächtig
Der Überredung goldne Zunge los.
IPHIGENIE Gedenk', o König, deines edeln Wortes!
Willst du mein Zutraun so erwiedern? Du
Schienst vorbereitet alles zu vernehmen.
THOAS Auf's Ungehoffte war ich nicht bereitet;
Doch sollt' ich's auch erwarten: wußt' ich nicht,
Daß ich mit einem Weibe handeln ging?
IPHIGENIE Schilt nicht, o König, unser arm Geschlecht.
Nicht herrlich wie die euern, aber nicht
Unedel sind die Waffen eines Weibes.
Glaub' es, darin bin ich dir vorzuziehn,
Daß ich dein Glück mehr als du selber kenne.
Du wähnest, unbekannt mit dir und mir,
Ein näher Band werd' uns zum Glück vereinen.
Voll guten Mutes, wie voll guten Willens,
Dringst du in mich, daß ich mich fügen soll;
Und hier dank' ich den Göttern, daß sie mir
Die Festigkeit gegeben, dieses Bündnis
Nicht einzugehen, das sie nicht gebilligt.
THOAS Es spricht kein Gott; es spricht dein eignes Herz.
IPHIGENIE Sie reden nur durch unser Herz zu uns.
THOAS Und hab' Ich, sie zu hören, nicht das Recht?
IPHIGENIE Es überbraust der Sturm die zarte Stimme.

THOAS Die Priesterin vernimmt sie wohl allein?
IPHIGENIE Vor allen andern merke sie der Fürst.
THOAS Dein heilig Amt und dein geerbtes Recht
An Jovis Tisch bringt dich den Göttern näher,
Als einen erdgebornen Wilden.
IPHIGENIE So
Büß' ich nun das Vertraun, das du erzwangst.
THOAS Ich bin ein Mensch; und besser ist's, wir enden.
So bleibe denn mein Wort: Sei Priesterin
Der Göttin, wie sie dich erkoren hat;
Doch mir verzeih' Diane, daß ich ihr,
Bisher mit Unrecht und mit innerm Vorwurf,
Die alten Opfer vorenthalten habe.
Kein Fremder nahet glücklich unserm Ufer;
Von Alters her ist ihm der Tod gewiß.
Nur du hast mich mit einer Freundlichkeit,
In der ich bald der zarten Tochter Liebe,
Bald stille Neigung einer Braut zu sehn
Mich tief erfreute, wie mit Zauberbanden
Gefesselt, daß ich meiner Pflicht vergaß.
Du hattest mir die Sinnen eingewiegt,
Das Murren meines Volks vernahm ich nicht;
Nun rufen sie die Schuld von meines Sohnes
Frühzeit'gem Tode lauter über mich.
Um deinetwillen halt' ich länger nicht
Die Menge, die das Opfer dringend fordert.
IPHIGENIE Um meinetwillen hab ich's nie begehrt.
Der mißversteht die Himmlischen, der sie
Blutgierig wähnt; er dichtet ihnen nur
Die eignen grausamen Begierden an.
Entzog die Göttin mich nicht selbst dem Priester?
Ihr war mein Dienst willkommner, als mein Tod.
THOAS Es ziemt sich nicht für uns, den heiligen
Gebrauch mit leicht beweglicher Vernunft
Nach unserm Sinn zu deuten und zu lenken.
Tu' deine Pflicht, ich werde meine tun.
Zwei Fremde, die wir in des Ufers Höhlen
Versteckt gefunden, und die meinem Lande
Nichts Gutes bringen, sind in meiner Hand.
Mit diesen nehme deine Göttin wieder
Ihr erstes, rechtes, lang entbehrtes Opfer!
Ich sende sie hierher; du weißt den Dienst.

Vierter Auftritt

IPHIGENIE *(allein).* Du hast Wolken, gnädige Retterin,
Einzuhüllen unschuldig Verfolgte,

Und auf Winden dem ehrnen Geschick sie
Aus den Armen, über das Meer,
Über der Erde weiteste Strecken
Und wohin es dir gut dünkt zu tragen.
Weise bist du und siehest das Künftige;
Nicht vorüber ist dir das Vergangne,
Und dein Blick ruht über den Deinen
Wie dein Licht, das Leben der Nächte,
Über der Erde ruhet und waltet.
O enthalte vom Blut meine Hände!
Nimmer bringt es Segen und Ruhe;
Und die Gestalt des zufällig Ermordeten
Wird auf des traurig-unwilligen Mörders
Böse Stunden lauern und schrecken.
Denn die Unsterblichen lieben der Menschen
Weit verbreitete gute Geschlechter,
Und sie fristen das flüchtige Leben
Gerne dem Sterblichen, wollen ihm gerne
Ihres eigenen, ewigen Himmels
Mitgenießendes fröhliches Anschaun
Eine Weile gönnen und lassen.

ZWEITER AUFZUG

Erster Auftritt

OREST. PYLADES.

OREST Es ist der Weg des Todes, den wir treten:
Mit jedem Schritt wird meine Seele stiller.
Als ich Apollen bat, das gräßliche
Geleit der Rachegeister von der Seite
Mir abzunehmen, schien er Hülf' und Rettung
Im Tempel seiner vielgeliebten Schwester,
Die über Tauris herrscht, mit hoffnungsreichen
Gewissen Götterworten zu versprechen;
Und nun erfüllet sich's, daß alle Not
Mit meinem Leben völlig enden soll.
Wie leicht wird's mir, dem eine Götterhand
Das Herz zusammendrückt, den Sinn betäubt,
Dem schönen Licht der Sonne zu entsagen.
Und sollen Atreus Enkel in der Schlacht
Ein siegbekröntes Ende nicht gewinnen;
Soll ich wie meine Ahnen, wie mein Vater,
Als Opfertier im Jammertode bluten:
So sei es! Besser hier vor dem Altar,

Als im verworfnen Winkel, wo die Netze
Der nahverwandte Meuchelmörder stellt.
Laßt mir so lange Ruh, ihr Unterird'schen,
Die nach dem Blut ihr, das von meinen Tritten
Hernieder träufelnd meinen Pfad bezeichnet,
Wie losgelass'ne Hunde spürend hetzt.
Laßt mich, ich komme bald zu euch hinab;
Das Licht des Tags soll euch nicht sehn, noch mich.
Der Erde schöner grüner Teppich soll
Kein Tummelplatz für Larven sein. Dort unten
Such' ich euch auf: dort bindet alle dann
Ein gleich Geschick in ew'ge matte Nacht.
Nur dich, mein Pylades, dich, meiner Schuld
Und meines Banns unschuldigen Genossen,
Wie ungern nehm' ich dich in jenes Trauerland
Frühzeitig mit! Dein Leben oder Tod
Gibt mir allein noch Hoffnung oder Furcht.

PYLADES Ich bin noch nicht, Orest, wie du bereit,
In jenes Schattenreich hinabzugehn.
Ich sinne noch, durch die verworrnen Pfade,
Die nach der schwarzen Nacht zu führen scheinen,
Uns zu dem Leben wieder aufzuwinden.
Ich denke nicht den Tod; ich sinn' und horche,
Ob nicht zu irgend einer frohen Flucht
Die Götter Rat und Wege zubereiten.
Der Tod, gefürchtet oder ungefürchtet,
Kommt unaufhaltsam. Wenn die Priesterin
Schon, unsre Locken weihend abzuschneiden,
Die Hand erhebt, soll dein' und meine Rettung
Mein einziger Gedanke sein. Erhebe
Von diesem Unmut deine Seele; zweifelnd
Beschleunigest du die Gefahr. Apoll
Gab uns das Wort: im Heiligtum der Schwester
Sei Trost und Hülf' und Rückkehr dir bereitet.
Der Götter Worte sind nicht doppelsinnig,
Wie der Gedrückte sie im Unmut wähnt.

OREST Des Lebens dunkle Decke breitete
Die Mutter schon mir um das zarte Haupt,
Und so wuchs ich herauf, ein Ebenbild
Des Vaters, und es war mein stummer Blick
Ein bittrer Vorwurf ihr und ihrem Buhlen.
Wie oft, wenn still Elektra, meine Schwester,
Am Feuer in der tiefen Halle saß,
Drängt' ich beklommen mich an ihren Schoß,
Und starrte, wie sie bitter weinte, sie
Mit großen Augen an. Dann sagte sie
Von unserm hohen Vater viel: wie sehr

Verlangt' ich ihn zu sehn, bei ihm zu sein!
Mich wünscht' ich bald nach Troja, ihn bald her.
Es kam der Tag —

PYLADES O laß von jener Stunde
Sich Höllengeister nächtlich unterhalten!
Uns gebe die Erinnrung schöner Zeit
Zu frischem Heldenlaufe neue Kraft.
Die Götter brauchen manchen guten Mann
Zu ihrem Dienst auf dieser weiten Erde.
Sie haben noch auf dich gezählt; sie gaben
Dich nicht dem Vater zum Geleite mit,
Da er unwillig nach dem Orkus ging.

OREST O wär' ich, seinen Saum ergreifend, ihm
Gefolgt!

PYLADES So haben die, die dich erhielten,
Für *mich* gesorgt: denn was ich worden wäre,
Wenn du nicht lebtest, kann ich mir nicht denken;
Da ich mit dir und deinetwillen nur
Seit meiner Kindheit leb' und leben mag.

OREST Erinnre mich nicht jener schönen Tage,
Da mir dein Haus die freie Stätte gab,
Dein edler Vater klug und liebevoll
Die halberstarrte junge Blüte pflegte;
Da du ein immer munterer Geselle,
Gleich einem leichten bunten Schmetterling
Um eine dunkle Blume, jeden Tag
Um mich mit neuem Leben gaukeltest,
Mir deine Lust in meine Seele spieltest,
Daß ich, vergessend meiner Not, mit dir
In rascher Jugend hingerissen schwärmte.

PYLADES Da fing mein Leben an, als ich dich liebte.

OREST Sag: meine Not begann, und du sprichst wahr.
Das ist das Ängstliche von meinem Schicksal,
Daß ich, wie ein verpesteter Vertriebner,
Geheimen Schmerz und Tod im Busen trage;
Daß, wo ich den gesund'sten Ort betrete,
Gar bald um mich die blühenden Gesichter
Den Schmerzenszug langsamen Tod's verraten.

PYLADES Der Nächste wär' ich diesen Tod zu sterben,
Wenn je dein Hauch, Orest, vergiftete.
Bin ich nicht immer noch voll Mut und Lust?
Und Lust und Liebe sind die Fittige
Zu großen Taten:

OREST Große Taten? Ja,
Ich weiß die Zeit, da wir sie vor uns sahn!
Wenn wir zusammen oft dem Wilde nach
Durch Berg' und Täler rannten, und dereinst

An Brust und Faust dem hohen Ahnherrn gleich
Mit Keul' und Schwert dem Ungeheuer so,
Dem Räuber auf der Spur zu jagen hofften;
Und dann wir Abends an der weiten See
Uns aneinander lehnend ruhig saßen,
Die Wellen bis zu unsern Füßen spielten,
Die Welt so weit, so offen vor uns lag;
Da fuhr wohl Einer manchmal nach dem Schwert,
Und künft'ge Taten drangen wie die Sterne
Rings um uns her unzählig aus der Nacht.
PYLADES Unendlich ist das Werk, das zu vollführen
Die Seele dringt. Wir möchten jede Tat
So groß gleich tun als wie sie wächs't und wird,
Wenn Jahre lang durch Länder und Geschlechter
Der Mund der Dichter sie vermehrend wälzt.
Es klingt so schön was unsre Väter tâten,
Wenn es in stillen Abendschatten ruhend
Der Jüngling mit dem Ton der Harfe schlürft;
Und was wir tun ist, wie es ihnen war,
Voll Müh' und eitel Stückwerk!
So laufen wir nach dem, was vor uns flieht,
Und achten nicht des Weges den wir treten,
Und sehen neben uns der Ahnherrn Tritte
Und ihres Erdelebens Spuren kaum.
Wir eilen immer ihrem Schatten nach,
Der göttergleich in einer weiten Ferne
Der Berge Haupt auf goldnen Wolken krönt.
Ich halte nichts von dem, der von sich denkt
Wie ihn das Volk vielleicht erheben möchte.
Allein, o Jüngling, danke du den Göttern,
Daß sie so früh durch dich so viel getan.
OREST Wenn sie dem Menschen frohe Tat bescheren
Daß er ein Unheil von den Seinen wendet,
Daß er sein Reich vermehrt, die Gränzen sichert,
Und alte Feinde fallen oder fliehn;
Dann mag er danken! denn ihm hat ein Gott
Des Lebens erste, letzte Lust gegönnt.
Mich haben sie zum Schlächter auserkoren,
Zum Mörder meiner doch verehrten Mutter,
Und, eine Schandtat schändlich rächend, mich
Durch ihren Wink zu Grund' gerichtet. Glaube,
Sie haben es auf Tantals Haus gerichtet,
Und ich, der Letzte, soll nicht schuldlos, soll
Nicht ehrenvoll vergehn.
PYLADES Die Götter rächen
Der Väter Missetat nicht an dem Sohn;
Ein jeglicher, gut oder böse, nimmt

Sich seinen Lohn mit seiner Tat hinweg.
Es erbt der Eltern Segen, nicht ihr Fluch.
OREST Uns führt ihr Segen, dünkt mich, nicht hierher.
PYLADES Doch wenigstens der hohen Götter Wille.
OREST So ist's ihr Wille denn, der uns verderbt.
PYLADES Tu' was sie dir gebieten und erwarte.
Bringst du die Schwester zu Apollen hin,
Und wohnen beide dann vereint zu Delphi,
Verehrt von einem Volk das edel denkt;
So wird für diese Tat das hohe Paar
Dir gnädig sein, sie werden aus der Hand
Der Unterird'schen dich erretten. Schon
In diesen heil'gen Hain wagt keine sich.
OREST So hab' ich wenigstens geruh'gen Tod.
PYLADES Ganz anders denk' ich, und nicht ungeschickt
Hab' ich das schon Geschehne mit dem Künft'gen
Verbunden und im Stillen ausgelegt.
Vielleicht reift in der Götter Rat schon lange
Das große Werk. Diana sehnet sich
Von diesem rauhen Ufer der Barbaren
Und ihren blut'gen Menschenopfern weg.
Wir waren zu der schönen Tat bestimmt,
Uns wird sie auferlegt, und seltsam sind
Wir an der Pforte schon gezwungen hier.
OREST Mit seltner Kunst flichtst du der Götter Rat
Und deine Wünsche klug in Eins zusammen.
PYLADES Was ist des Menschen Klugheit, wenn sie nicht
Auf Jener Willen droben achtend lauscht?
Zu einer schweren Tat beruft ein Gott
Den edeln Mann, der viel verbrach, und legt
Ihm auf was uns unmöglich scheint zu enden.
Es siegt der Held, und büßend dienet er
Den Göttern und der Welt, die ihn verehrt.
OREST Bin ich bestimmt zu leben und zu handeln,
So nehm' ein Gott von meiner schweren Stirn
Den Schwindel weg, der auf dem schlüpfrigen,
Mit Mutterblut besprengten Pfade fort
Mich zu den Toten reißt. Er trockne gnädig
Die Quelle, die, mir aus der Mutter Wunden
Entgegen sprudelnd, ewig mich befleckt.
PYLADES Erwart' es ruhiger! Du mehrst das Übel
Und nimmst das Amt der Furien auf dich.
Laß mich nur sinnen, bleibe still! Zuletzt,
Bedarf's zur Tat vereinter Kräfte, dann
Ruf' ich dich auf, und beide schreiten wir
Mit überlegter Kühnheit zur Vollendung.
OREST Ich hör' Ulyssen reden.

PYLADES Spotte nicht.
Ein jeglicher muß seinen Helden wählen,
Dem er die Wege zum Olymp hinauf
Sich nacharbeitet. Laß es mich gestehn:
Mir scheinen List und Klugheit nicht den Mann
Zu schänden, der sich kühnen Taten weiht.
OREST Ich schätze den, der tapfer ist und g'rad.
PYLADES Drum hab' ich keinen Rat von dir verlangt.
Schon ist ein Schritt getan. Von unsern Wächtern
Hab' ich bisher gar vieles ausgelockt.
Ich weiß, ein fremdes, göttergleiches Weib
Hält jenes blutige Gesetz gefesselt;
Ein reines Herz und Weihrauch und Gebet
Bringt sie den Göttern dar. Man rühmet hoch
Die Gütige; man glaubet, sie entspringe
Vom Stamm der Amazonen, sei geflohn,
Um einem großen Unheil zu entgehn.
OREST Es scheint, ihr lichtes Reich verlor die Kraft
Durch des Verbrechers Nähe, den der Fluch
Wie eine breite Nacht verfolgt und deckt.
Die fromme Blutgier lös't den alten Brauch
Von seinen Fesseln los, uns zu verderben.
Der wilde Sinn des Königs tötet uns;
Ein Weib wird uns nicht retten, wenn er zürnt.
PYLADES Wohl uns, daß es ein Weib ist! denn ein Mann,
Der beste selbst, gewöhnet seinen Geist
An Grausamkeit, und macht sich auch zuletzt
Aus dem, was er verabscheut, ein Gesetz,
Wird aus Gewohnheit hart und fast unkenntlich.
Allein ein Weib bleibt stät auf *einem* Sinn
Den sie gefaßt. Du rechnest sicherer
Auf sie im Guten wie im Bösen. — Still!
Sie kommt; laß uns allein. Ich darf nicht gleich
Ihr unsre Namen nennen, unser Schicksal
Nicht ohne Rückhalt ihr vertraun. Du gehst,
Und eh' sie mit dir spricht, treff' ich dich noch.

Zweiter Auftritt

IPHIGENIE. PYLADES.

IPHIGENIE Woher du seist und kommst, o Fremdling, sprich!
Mir scheint es, daß ich eher einem Griechen
Als einem Skythen dich vergleichen soll.
(Sie nimmt ihm die Ketten ab.)
Gefährlich ist die Freiheit, die ich gebe;
Die Götter wenden ab was euch bedroht!

PYLADES O süße Stimme! Vielwillkommner Ton
Der Muttersprach' in einem fremden Lande!
Des väterlichen Hafens blaue Berge
Seh' ich Gefangner neu willkommen wieder
Vor meinen Augen. Laß dir diese Freude
Versichern, daß auch ich ein Grieche bin!
Vergessen hab' ich einen Augenblick,
Wie sehr ich dein bedarf, und meinen Geist
Der herrlichen Erscheinung zugewendet.
O sage, wenn dir ein Verhängnis nicht
Die Lippe schließt, aus welchem unsrer Stämme
Du deine göttergleiche Herkunft zählst.
IPHIGENIE Die Priesterin, von ihrer Göttin selbst
Gewählet und geheiligt, spricht mit dir.
Das laß dir g'nügen; sage, wer du seist
Und welch unselig-waltendes Geschick
Mit dem Gefährten dich hierher gebracht.
PYLADES Leicht kann ich dir erzählen, welch ein Übel
Mit lastender Gesellschaft uns verfolgt.
O könntest du der Hoffnung frohen Blick
Uns auch so leicht, du Göttliche, gewähren!
Aus Kreta sind wir, Söhne des Adrasts:
Ich bin der jüngste, Cephalus genannt,
Und er Laodamas, der älteste
Des Hauses. Zwischen uns stand rauh und wild
Ein mittlerer, und trennte schon im Spiel
Der ersten Jugend Einigkeit und Lust.
Gelassen folgten wir der Mutter Worten,
So lang des Vaters Kraft vor Troja stritt;
Doch als er beutereich zurücke kam
Und kurz darauf verschied, da trennte bald
Der Streit um Reich und Erbe die Geschwister.
Ich neigte mich zum ält'sten. Er erschlug
Den Bruder. Um der Blutschuld willen treibt
Die Furie gewaltig ihn umher.
Doch diesem wilden Ufer sendet uns
Apoll, der Delphische, mit Hoffnung zu.
Im Tempel seiner Schwester hieß er uns
Der Hülfe segensvolle Hand erwarten.
Gefangen sind wir und hierher gebracht,
Und dir als Opfer dargestellt. Du weißt's.
IPHIGENIE Fiel Troja? Teurer Mann, versichr' es mir.
PYLADES Es liegt. O sichre du uns Rettung zu!
Beschleunige die Hülfe, die ein Gott
Versprach. Erbarme meines Bruders dich.
O sag' ihm bald ein gutes holdes Wort;
Doch schone seiner wenn du mit ihm sprichst,

Das bitt' ich eifrig: denn es wird gar leicht
Durch Freud' und Schmerz und durch Erinnerung
Sein Innerstes ergriffen und zerrüttet.
Ein fieberhafter Wahnsinn fällt ihn an,
Und seine schöne freie Seele wird
Den Furien zum Raube hingegeben.
IPHIGENIE So groß dein Unglück ist, beschwör' ich dich,
Vergiß es, bis du mir genug getan.
PYLADES Die hohe Stadt, die zehen lange Jahre
Dem ganzen Heer der Griechen widerstand,
Liegt nun im Schutte, steigt nicht wieder auf.
Doch manche Gräber unsrer Besten heißen
Uns an das Ufer der Barbaren denken.
Achill liegt dort mit seinem schönen Freunde.
IPHIGENIE So seid ihr Götterbilder auch zu Staub!
PYLADES Auch Palamedes, Ajax Telamons,
Sie sahn des Vaterlandes Tag nicht wieder.
IPHIGENIE Er schweigt von meinem Vater, nennt ihn nicht
Mit den Erschlagnen. Ja! er lebt mir noch!
Ich werd' ihn sehn! O hoffe, liebes Herz!
PYLADES Doch selig sind die Tausende, die starben
Den bittersüßen Tod von Feindes Hand!
Denn wüste Schrecken und ein traurig Ende
Hat den Rückkehrenden statt des Triumphs
Ein feindlich aufgebrachter Gott bereitet.
Kommt denn der Menschen Stimme nicht zu euch?
So weit sie reicht, trägt sie den Ruf umher
Von unerhörten Taten die geschahn.
So ist der Jammer, der Mykenens Hallen
Mit immer wiederholten Seufzern füllt,
Dir ein Geheimnis? — Klytämnestra hat
Mit Hülf' Ägisthens den Gemahl berückt,
Am Tage seiner Rückkehr ihn ermordet! —
Ja, du verehrest dieses Königs Haus!
Ich seh' es, deine Brust bekämpft vergebens
Das unerwartet ungeheure Wort.
Bist du die Tochter eines Freundes? bist
Du nachbarlich in dieser Stadt geboren?
Verbirg es nicht und rechne mir's nicht zu,
Daß ich der Erste diese Greuel melde.
IPHIGENIE Sag' an, wie ward die schwere Tat vollbracht?
PYLADES Am Tage seiner Ankunft, da der König
Vom Bad erquickt und ruhig, sein Gewand
Aus der Gemahlin Hand verlangend, stieg,
Warf die Verderbliche ein faltenreich
Und künstlich sich verwirrendes Gewebe
Ihm auf die Schultern, um das edle Haupt;

Und da er wie von einem Netze sich
Vergebens zu entwickeln strebte, schlug
Ägisth ihn, der Verräter, und verhüllt
Ging zu den Toten dieser große Fürst.
IPHIGENIE Und welchen Lohn erhielt der Mitverschworne?
PYLADES Ein Reich und Bette, das er schon besaß.
IPHIGENIE So trieb zur Schandtat eine böse Lust?
PYLADES Und einer alten Rache tief Gefühl.
IPHIGENIE Und wie beleidigte der König sie?
PYLADES Mit schwerer Tat, die, wenn Entschuldigung
Des Mordes wäre, sie entschuldigte.
Nach Aulis lockt' er sie und brachte dort,
Als eine Gottheit sich der Griechen Fahrt
Mit ungestümen Winden widersetzte,
Die ält'ste Tochter, Iphigenien,
Vor den Altar Dianens, und sie fiel
Ein blutig Opfer für der Griechen Heil.
Dies, sagt man, hat ihr einen Widerwillen
So tief ins' Herz geprägt, daß sie dem Werben
Ägisthens sich ergab und den Gemahl
Mit Netzen des Verderbens selbst umschlang.
IPHIGENIE *(sich verhüllend).* Es ist genug. Du wirst mich wiedersehn.
PYLADES *(allein).* Von dem Geschick des Königs-Hauses scheint
Sie tief gerührt. Wer sie auch immer sei,
So hat sie selbst den König wohl gekannt
Und ist, zu unserm Glück, aus hohem Hause
Hierher verkauft. Nur stille, liebes Herz,
Und laß dem Stern der Hoffnung, der uns blinkt,
Mit frohem Mut uns klug entgegen steuern.

DRITTER AUFZUG

Erster Auftritt

IPHIGENIE. OREST.

IPHIGENIE Unglücklicher, ich löse deine Bande
Zum Zeichen eines schmerzlichern Geschicks.
Die Freiheit, die das Heiligtum gewährt,
Ist, wie der letzte lichte Lebensblick
Des schwer Erkrankten, Todesbote. Noch
Kann ich es mir und darf es mir nicht sagen,
Daß ihr verloren seid! Wie könnt' ich euch
Mit mörderischer Hand dem Tode weihen?
Und niemand, wer es sei, darf euer Haupt,
So lang ich Priesterin Dianens bin,
Berühren. Doch verweigr' ich jene Pflicht,

Wie sie der aufgebrachte König fordert;
So wählt er eine meiner Jungfraun mir
Zur Folgerin, und ich vermag alsdann
Mit heißem Wunsch allein euch beizustehn.
O werter Landsmann! Selbst der letzte Knecht,
Der an den Herd der Vatergötter streifte,
Ist uns in fremdem Lande hoch willkommen:
Wie soll ich euch genug mit Freud' und Segen
Empfangen, die ihr mir das Bild der Helden,
Die ich von Eltern her verehren lernte,
Entgegen bringet und das innre Herz
Mit neuer schöner Hoffnung schmeichelnd labet!
OREST Verbirgst du deinen Namen, deine Herkunft
Mit klugem Vorsatz? oder darf ich wissen,
Wer mir, gleich einer Himmlischen begegnet?
IPHIGENIE Du sollst mich kennen. Jetzo sag' mir an,
Was ich nur halb von deinem Bruder hörte,
Das Ende derer, die von Troja kehrend
Ein hartes unerwartetes Geschick
Auf ihrer Wohnung Schwelle stumm empfing.
Zwar ward ich jung an diesen Strand geführt;
Doch wohl erinnr' ich mich des scheuen Blicks,
Den ich mit Staunen und mit Bangigkeit
Auf jene Helden warf. Sie zogen aus,
Als hätte der Olymp sich aufgetan
Und die Gestalten der erlauchten Vorwelt
Zum Schrecken Ilions herabgesendet,
Und Agamemnon war vor allen herrlich!
O sage mir! Er fiel, sein Haus betretend,
Durch seiner Frauen und Ägisthens Tücke?
OREST Du sagst's!
IPHIGENIE Weh dir, unseliges Myken!
So haben Tantals Enkel Fluch auf Fluch
Mit vollen wilden Händen ausgesät!
Und gleich dem Unkraut, wüste Häupter schüttelnd
Und tausendfält'gen Samen um sich streuend,
Den Kindeskindern nahverwandte Mörder
Zur ew'gen Wechselwut erzeugt! Enthülle,
Was von der Rede deines Bruders schnell
Die Finsternis des Schreckens mir verdeckte.
Wie ist des großen Stammes letzter Sohn,
Das holde Kind, bestimmt des Vaters Rächer
Dereinst zu sein, wie ist Orest dem Tage
Des Bluts entgangen? Hat ein gleich Geschick
Mit des Avernus Netzen ihn umschlungen?
Ist er gerettet? Lebt er? Lebt Elektra?
OREST Sie leben.

IPHIGENIE Goldne Sonne, leihe mir
Die schönsten Strahlen, lege sie zum Dank
Vor Jovis Thron! denn ich bin arm und stumm.
OREST Bist du gastfreundlich diesem Königs-Hause,
Bist du mit nähern Banden ihm verbunden,
Wie deine schöne Freude mir verrät:
So bändige dein Herz und halt' es fest!
Denn unerträglich muß dem Fröhlichen
Ein jäher Rückfall in die Schmerzen sein.
Du weißt nur, merk' ich, Agamemnons Tod.
IPHIGENIE Hab' ich an dieser Nachricht nicht genug?
OREST Du hast des Greuels Hälfte nur erfahren.
IPHIGENIE Was fürcht' ich noch? Orest, Elektra leben.
OREST Und fürchtest du für Klytämnestren nichts?
IPHIGENIE Sie rettet weder Hoffnung, weder Furcht.
OREST Auch schied sie aus dem Land der Hoffnung ab.
IPHIGENIE Vergoß sie reuig wütend selbst ihr Blut?
OREST Nein, doch ihr eigen Blut gab ihr den Tod.
IPHIGENIE Sprich deutlicher, daß ich nicht länger sinne.
Die Ungewißheit schlägt mir tausendfältig
Die dunkeln Schwingen um das bange Haupt.
OREST So haben mich die Götter ausersehn
Zum Boten einer Tat, die ich so gern
In's klanglos-dumpfe Höhlenreich der Nacht
Verbergen möchte? Wider meinen Willen
Zwingt mich dein holder Mund; allein er darf
Auch etwas Schmerzlichs fordern und erhält's.
Am Tage, da der Vater fiel, verbarg
Elektra rettend ihren Bruder: Strophius,
Des Vaters Schwäher, nahm ihn willig auf,
Erzog ihn neben seinem eignen Sohne,
Der, Pylades genannt, die schönsten Bande
Der Freundschaft um den Angekommnen knüpfte.
Und wie sie wuchsen, wuchs in ihrer Seele
Die brennende Begier des Königs Tod
Zu rächen. Unversehen, fremd gekleidet,
Erreichen sie Myken, als brächten sie
Die Trauernachricht von Orestens Tode
Mit seiner Asche. Wohl empfänget sie
Die Königin; sie treten in das Haus.
Elektren gibt Orest sich zu erkennen;
Sie blas't der Rache Feuer in ihm auf,
Das vor der Mutter heil'ger Gegenwart
In sich zurückgebrannt war. Stille führt
Sie ihn zum Orte, wo sein Vater fiel,
Wo eine alte leichte Spur des frech
Vergoss'nen Blutes oftgewaschnen Boden

Mit blassen ahndungsvollen Streifen färbte.
Mit ihrer Feuerzunge schilderte
Sie jeden Umstand der verruchten Tat,
Ihr knechtisch elend durchgebrachtes Leben,
Den Übermut der glücklichen Verräter,
Und die Gefahren, die nun der Geschwister
Von einer stiefgewordnen Mutter warteten. —
Hier drang sie jenen alten Dolch ihm auf,
Der schon in Tantals Hause grimmig wütete,
Und Klytämnestra fiel durch Sohnes Hand.

IPHIGENIE Unsterbliche, die ihr den reinen Tag
Auf immer neuen Wolken selig lebet,
Habt ihr nur darum mich so manches Jahr
Von Menschen abgesondert, mich so nah
Bei euch gehalten, mir die kindliche
Beschäftigung, des heil'gen Feuers Glut
Zu nähren aufgetragen, meine Seele
Der Flamme gleich in ew'ger frommer Klarheit
Zu euern Wohnungen hinaufgezogen,
Daß ich nur meines Hauses Gräuel später
Und tiefer fühlen sollte? — Sage mir
Vom Unglücksel'gen! Sprich mir von Orest! —

OREST O könnte man von seinem Tode sprechen!
Wie gärend stieg aus der Erschlagnen Blut
Der Mutter Geist
Und ruft der Nacht uralten Töchtern zu:
„Laßt nicht den Muttermörder entfliehn!
Verfolgt den Verbrecher! Euch ist er geweiht!"
Sie horchen auf, es schaut ihr hohler Blick
Mit der Begier des Adlers um sich her.
Sie rühren sich in ihren schwarzen Höhlen,
Und aus den Winkeln schleichen ihre Gefährten,
Der Zweifel und die Reue, leis herbei.
Vor ihnen steigt ein Dampf vom Acheron;
In seinen Wolkenkreisen wälzet sich
Die ewige Betrachtung des Geschehnen
Verwirrend um des Schuld'gen Haupt umher.
Und sie, berechtigt zum Verderben, treten
Der gottbesäten Erde schönen Boden,
Von dem ein alter Fluch sie längst verbannte.
Den Flüchtigen verfolgt ihr schneller Fuß;
Sie geben nur um neu zu schrecken Rast.

IPHIGENIE Unseliger, du bist in gleichem Fall,
Und fühlst was er, der arme Flüchtling, leidet!

OREST Was sagst du mir? Was wähnst du gleichen Fall?

IPHIGENIE Dich drückt ein Brudermord wie jenen; mir
Vertraute dies dein jüngster Bruder schon.

OREST Ich kann nicht leiden, daß du große Seele
Mit einem falschen Wort betrogen werdest.
Ein lügenhaft Gewebe knüpf' ein Fremder
Dem Fremden, sinnreich und der List gewohnt,
Zur Falle vor die Füße; zwischen uns
Sei Wahrheit!
Ich bin Orest! Und dieses schuld'ge Haupt
Senkt nach der Grube sich und sucht den Tod;
In jeglicher Gestalt sei er willkommen!
Wer du auch seist, so wünsch' ich Rettung dir
Und meinem Freunde; mir wünsch' ich sie nicht.
Du scheinst hier wider Willen zu verweilen;
Erfindet Rat zur Flucht und laßt mich hier.
Es stürze mein entseelter Leib vom Fels,
Es rauche bis zum Meer hinab mein Blut,
Und bringe Fluch dem Ufer der Barbaren!
Geht ihr, daheim im schönen Griechenland
Ein neues Leben freundlich anzufangen.
(Er entfernt sich.)
IPHIGENIE So steigst du denn, Erfüllung, schönste Tochter
Des größten Vaters, endlich zu mir nieder!
Wie ungeheuer steht dein Bild vor mir!
Kaum reicht mein Blick dir an die Hände, die
Mit Frucht und Segenskränzen angefüllt
Die Schätze des Olympus niederbringen.
Wie man den König an dem Übermaß
Der Gaben kennt: denn ihm muß wenig scheinen
Was Tausenden schon Reichtum ist; so kennt
Man euch, ihr Götter, an gesparten, lang
Und weise zubereiteten Geschenken.
Denn ihr allein wißt was uns frommen kann,
Und schaut der Zukunft ausgedehntes Reich,
Wenn jedes Abends Stern- und Nebelhülle
Die Aussicht uns verdeckt. Gelassen hört
Ihr unser Flehn, das um Beschleunigung
Euch kindisch bittet; aber eure Hand
Bricht unreif nie die goldnen Himmelsfrüchte;
Und wehe dem, der ungeduldig sie
Ertrotzend saure Speise sich zum Tod
Genießt. O laßt das lang erwartete,
Noch kaum gedachte Glück nicht, wie den Schatten
Des abgeschiednen Freundes, eitel mir
Und dreifach schmerzlicher vorübergehn!
OREST *(tritt wieder zu ihr).* Rufst du die Götter an für dich und Pylades,
So nenne meinen Namen nicht mit eurem.
Du rettest den Verbrecher nicht, zu dem
Du dich gesellst, und teilest Fluch und Not.

IPHIGENIE Mein Schicksal ist an deines fest gebunden.
OREST Mit nichten! Laß allein und unbegleitet
Mich zu den Toten gehn. Verhülltest du
In deinen Schleier selbst den Schuldigen;
Du birgst ihn nicht vor'm Blick der Immerwachen,
Und deine Gegenwart, du Himmlische,
Drängt sie nur seitwärts und verscheucht sie nicht.
Sie dürfen mit den ehrnen frechen Füßen
Des heil'gen Waldes Boden nicht betreten;
Doch hör' ich aus der Ferne hier und da
Ihr gräßliches Gelächter. Wölfe harren
So um den Baum, auf den ein Reisender
Sich rettete. Da draußen ruhen sie
Gelagert; und verlass' ich diesen Hain,
Dann steigen sie, die Schlangenhäupter schüttelnd,
Von allen Seiten Staub erregend auf
Und treiben ihre Beute vor sich her.
IPHIGENIE Kannst du, Orest, ein freundlich Wort vernehmen?
OREST Spar' es für einen Freund der Götter auf.
IPHIGENIE Sie geben dir zu neuer Hoffnung Licht.
OREST Durch Rauch und Qualm seh' ich den matten Schein
Des Totenflusses mir zur Hölle leuchten.
IPHIGENIE Hast du Elektren, Eine Schwester nur?
OREST Die Eine kannt' ich; doch die ält'ste nahm
Ihr gut Geschick, das uns so schrecklich schien,
Bei Zeiten aus dem Elend unsers Hauses.
O laß dein Fragen, und geselle dich
Nicht auch zu den Erinnyen; sie blasen
Mir schadenfroh die Asche von der Seele,
Und leiden nicht, daß sich die letzten Kohlen
Von unsers Hauses Schreckensbande still
In mir verglimmen. Soll die Glut denn ewig,
Vorsätzlich angefacht, mit Höllenschwefel
Genährt, mir auf der Seele marternd brennen?
IPHIGENIE Ich bringe süßes Rauchwerk in die Flamme.
O laß den reinen Hauch der Liebe dir
Die Glut des Busens leise wehend kühlen.
Orest, mein Teurer, kannst du nicht vernehmen?
Hat das Geleit der Schreckensgötter so
Das Blut in deinen Adern aufgetrocknet?
Schleicht, wie vom Haupt der gräßlichen Gorgone,
Versteinernd dir ein Zauber durch die Glieder?
O wenn vergoss'nen Mutterblutes Stimme
Zur Höll' hinab mit dumpfen Tönen ruft;
Soll nicht der reinen Schwester Segenswort
Hülfreiche Götter vom Olympus rufen?
OREST Es ruft! es ruft! So willst du mein Verderben!

Verbirgt in dir sich eine Rachegöttin?
Wer bist du, deren Stimme mir entsetzlich
Das Innerste in seinen Tiefen wendet?
IPHIGENIE Es zeigt sich dir im tiefsten Herzen an:
Orest, ich bin's! Sieh Iphigenien!
Ich lebe!
OREST Du!
IPHIGENIE Mein Bruder!
OREST Laß! Hinweg!
Ich rate dir, berühre nicht die Locken!
Wie von Kreusa's Brautkleid zündet sich
Ein unauslöschlich Feuer von mir fort.
Laß mich! Wie Herkules will ich Unwürd'ger
Den Tod voll Schmach, in mich verschlossen, sterben.
IPHIGENIE Du wirst nicht untergehn! O daß ich nur
Ein ruhig Wort von dir vernehmen könnte!
O löse meine Zweifel, laß des Glückes,
Des lang erflehten, mich auch sicher werden.
Es wälzet sich ein Rad von Freud' und Schmerz
Durch meine Seele. Von dem fremden Manne
Entfernet mich ein Schauer; doch es reißt
Mein Innerstes gewaltig mich zum Bruder.
OREST Ist hier Lyäens Tempel? und ergreift
Unbändig-heil'ge Wut die Priesterin?
IPHIGENIE O höre mich! O sieh mich an, wie mir
Nach einer langen Zeit das Herz sich öffnet,
Der Seligkeit, dem Liebsten, was die Welt
Noch für mich tragen kann, das Haupt zu küssen,
Mit meinen Armen, die den leeren Winden
Nur ausgebreitet waren, dich zu fassen!
O laß mich! Laß mich! Denn es quillet heller
Nicht vom Parnaß die ew'ge Quelle sprudelnd
Von Fels zu Fels in's goldne Tal hinab,
Wie Freude mir vom Herzen wallend fließt,
Und wie ein selig Meer mich rings umfängt.
Orest! Orest! Mein Bruder!
OREST Schöne Nymphe,
Ich traue dir und deinem Schmeicheln nicht.
Diana fordert strenge Dienerinnen
Und rächet das entweihte Heiligtum.
Entferne deinen Arm von meiner Brust!
Und wenn du einen Jüngling rettend lieben,
Das schöne Glück ihm zärtlich bieten willst,
So wende meinem Freunde dein Gemüt,
Dem würd'gern Manne zu. Er irrt umher
Auf jenem Felsenpfade; such' ihn auf,
Weis' ihn zurecht und schone meiner.

IPHIGENIE Fasse
Dich, Bruder, und erkenne die Gefundne!
Schilt einer Schwester reine Himmelsfreude
Nicht unbesonnene, strafbare Lust.
O nehmt den Wahn ihm von dem starren Auge,
Daß uns der Augenblick der höchsten Freude
Nicht dreifach elend mache! Sie ist hier,
Die längst verlorne Schwester. Vom Altar
Riß mich die Göttin weg und rettete
Hierher mich in ihr eigen Heiligtum.
Gefangen bist du, dargestellt zum Opfer,
Und findest in der Priesterin die Schwester.
OREST Unselige! So mag die Sonne denn
Die letzten Greuel unsers Hauses sehn!
Ist nicht Elektra hier? damit auch sie
Mit uns zu Grunde gehe, nicht ihr Leben
Zu schwererem Geschick und Leiden friste.
Gut, Priesterin! ich folge zum Altar:
Der Brudermord ist hergebrachte Sitte
Des alten Stammes; und ich danke, Götter,
Daß ihr mich ohne Kinder auszurotten
Beschlossen habt. Und laß dir raten, habe
Die Sonne nicht zu lieb und nicht die Sterne;
Komm, folge mir in's dunkle Reich hinab!
Wie sich vom Schwefelpfuhl erzeugte Drachen
Bekämpfend die verwandte Brut verschlingen,
Zerstört sich selbst das wütende Geschlecht;
Komm kinderlos und schuldlos mit hinab!
Du siehst mich mit Erbarmen an? Laß ab!
Mit solchen Blicken suchte Klytämnestra
Sich einen Weg nach ihres Sohnes Herzen;
Doch sein geschwungner Arm traf ihre Brust.
Die Mutter fiel! — Tritt auf, unwill'ger Geist!
Im Kreis geschlossen tretet an, ihr Furien,
Und wohnet dem willkommnen Schauspiel bei,
Dem letzten, gräßlichsten, das ihr bereitet!
Nicht Haß und Rache schärfen ihren Dolch;
Die liebevolle Schwester wird zur Tat
Gezwungen. Weine nicht! Du hast nicht Schuld.
Seit meinen ersten Jahren hab' ich nichts
Geliebt, wie ich dich lieben könnte, Schwester.
Ja, schwinge deinen Stahl, verschone nicht,
Zerreiße diesen Busen, und eröffne
Den Strömen die hier sieden einen Weg!
(Er sinkt in Ermattung.)
IPHIGENIE Allein zu tragen dieses Glück und Elend
Vermag ich nicht. — Wo bist du, Pylades?

Wo find' ich deine Hülfe, teurer Mann?
(Sie entfernt sich suchend.)

ZWEITER AUFTRITT

OREST *(aus seiner Betäubung erwachend und sich aufrichtend).*
Noch Einen! reiche mir aus Lethe's Fluten
Den letzten kühlen Becher der Erquickung.
Bald ist der Krampf des Lebens aus dem Busen
Hinweggespült; bald fließet still mein Geist,
Der Quelle des Vergessens hingegeben,
Zu euch, ihr Schatten, in die ew'gen Nebel.
Gefällig laßt in eurer Ruhe sich
Den umgetriebnen Sohn der Erde laben! —
Welch ein Gelispel hör' ich in den Zweigen,
Welch ein Geräusch aus jener Dämmrung säuseln? —
Sie kommen schon, den neuen Gast zu sehn!
Wer ist die Schar, die herrlich mit einander
Wie ein versammelt Fürstenhaus sich freut?
Sie gehen friedlich, Alt' und Junge, Männer
Mit Weibern; göttergleich und ähnlich scheinen
Die wandelnden Gestalten. Ja, sie sind's,
Die Ahnherrn meines Hauses! — Mit Thyesten
Geht Atreus in vertraulichen Gesprächen;
Die Knaben schlüpfen scherzend um sie her.
Ist keine Feindschaft hier mehr unter euch?
Verlosch die Rache wie das Licht der Sonne?
So bin auch ich willkommen, und ich darf
In euern feierlichen Zug mich mischen.
Willkommen, Väter! euch grüßt Orest,
Von euerm Stamme der letzte Mann;
Was ihr gesät, hat er geerntet:
Mit Fluch beladen stieg er herab,
Doch leichter träget sich hier jede Bürde:
Nehmt ihn, o nehmt ihn in euern Kreis! —
Dich, Atreus, ehr' ich, auch dich Thyesten:
Wir sind hier alle der Feindschaft los. —
Zeigt mir den Vater, den ich nur Einmal
Im Leben sah! — Bist du's, mein Vater?
Und führst du Mutter vertraut mit dir?
Darf Klytämnestra die Hand dir reichen;
So darf Orest auch zu ihr treten
Und darf ihr sagen: sieh deinen Sohn! —
Seht euern Sohn! Heißt ihn willkommen.
Auf Erden war in unserm Hause
Der Gruß des Mordes gewisse Losung,

Und das Geschlecht des alten Tantalus
Hat seine Freuden jenseits der Nacht.
Ihr ruft: Willkommen! und nehmt mich auf!
O führt zum Alten, zum Ahnherrn mich!
Wo ist der Alte? daß ich ihn sehe,
Das teure Haupt, das vielverehrte,
Das mit den Göttern zu Rate saß.
Ihr scheint zu zaudern, euch wegzuwenden?
Was ist es? Leidet der Göttergleiche?
Weh mir! es haben die Übermächt'gen
Der Heldenbrust grausame Qualen
Mit ehrnen Ketten fest aufgeschmiedet.

Dritter Auftritt

OREST. IPHIGENIE. PYLADES.

OREST Seid ihr auch schon herabgekommen?
Wohl Schwester dir! Noch fehlt Elektra:
Ein güt'ger Gott send' uns die Eine
Mit sanften Pfeilen auch schnell herab.
Dich, armer Freund, muß ich bedauern!
Komm mit! komm mit! zu Pluto's Thron,
Als neue Gäste den Wirt zu grüßen.
IPHIGENIE Geschwister, die ihr an dem weiten Himmel
Das schöne Licht bei Tag und Nacht herauf
Den Menschen bringet, und den Abgeschiednen
Nicht leuchten dürfet, rettet uns Geschwister!
Du liebst, Diane, deinen holden Bruder
Vor allem, was dir Erd' und Himmel bietet,
Und wendest dein jungfräulich Angesicht
Nach seinem ew'gen Lichte sehnend still.
O laß den einz'gen Spätgefundnen mir
Nicht in der Finsternis des Wahnsinns rasen!
Und ist dein Wille, da du hier mich bargst,
Nunmehr vollendet, willst du mir durch ihn
Und ihm durch mich die sel'ge Hülfe geben;
So lös' ihn von den Banden jenes Fluchs,
Daß nicht die teure Zeit der Rettung schwinde.
PYLADES Erkennst du uns und diesen heil'gen Hain
Und dieses Licht, das nicht den Toten leuchtet?
Fühlst du den Arm des Freundes und der Schwester,
Die dich noch fest, noch lebend halten? Faß
Uns kräftig an; wir sind nicht leere Schatten.
Merk' auf mein Wort! Vernimm es! Raffe dich
Zusammen! Jeder Augenblick ist teuer,

Und unsre Rückkehr hängt an zarten Fäden,
Die, scheint es, eine günst'ge Parze spinnt.
OREST *(zu Iphigenien).* Laß mich zum Erstenmal mit freiem Herzen
In deinen Armen reine Freude haben!
Ihr Götter, die mit flammender Gewalt
Ihr schwere Wolken aufzuzehren wandelt,
Und gnädig-ernst den lang erflehten Regen
Mit Donnerstimmen und mit Windesbrausen
In wilden Strömen auf die Erde schüttet,
Doch bald der Menschen grausendes Erwarten
In Segen auflös't und das bange Staunen
In Freudeblick und lauten Dank verwandelt,
Wenn in den Tropfen frischerquickter Blätter
Die neue Sonne tausendfach sich spiegelt,
Und Iris freundlich bunt mit leichter Hand
Den grauen Flor der letzten Wolken trennt;
O laßt mich auch in meiner Schwester Armen,
An meines Freundes Brust, was ihr mir gönnt
Mit vollem Dank genießen und behalten.
Es löset sich der Fluch, mir sagt's das Herz.
Die Eumeniden ziehn, ich höre sie,
Zum Tartarus und schlagen hinter sich
Die ehrnen Tore fernabdonnernd zu.
Die Erde dampft erquickenden Geruch.
Und ladet mich auf ihren Flächen ein,
Nach Lebensfreud' und großer Tat zu jagen.
PYLADES Versäumt die Zeit nicht, die gemessen ist!
Der Wind der unsre Segel schwellt, er bringe
Erst unsre volle Freude zum Olymp.
Kommt! Es bedarf hier schnellen Rat und Schluß.

VIERTER AUFZUG

Erster Auftritt

IPHIGENIE Denken die Himmlischen
Einem der Erdgebornen
Viele Verwirrungen zu,
Und bereiten sie ihm
Von der Freude zu Schmerzen
Und von Schmerzen zur Freude
Tief-erschütternden Übergang;
Dann erziehen sie ihm
In der Nähe der Stadt,
Oder am fernen Gestade,

Daß in Stunden der Not
Auch die Hülfe bereit sei,
Einen ruhigen Freund.
O segnet, Götter, unsern Pylades
Und was er immer unternehmen mag!
Er ist der Arm des Jünglings in der Schlacht,
Des Greises leuchtend Aug' in der Versammlung:
Denn seine Seel' ist stille; sie bewahrt
Der Ruhe heil'ges unerschöpftes Gut,
Und den Umhergetriebnen reichet er
Aus ihren Tiefen Rat und Hülfe. Mich
Riß er vom Bruder los; den staunt' ich an
Und immer wieder an, und konnte mir
Das Glück nicht eigen machen, ließ ihn nicht
Aus meinen Armen los, und fühlte nicht
Die Nähe der Gefahr die uns umgibt.
Jetzt gehn sie ihren Anschlag auszuführen
Der See zu, wo das Schiff mit den Gefährten
In einer Bucht versteckt auf's Zeichen lauert,
Und haben kluges Wort mir in den Mund
Gegeben, mich gelehrt was ich dem König
Antworte, wenn er sendet und das Opfer
Mir dringender gebietet. Ach! ich sehe wohl,
Ich muß mich leiten lassen wie ein Kind.
Ich habe nicht gelernt zu hinterhalten,
Noch jemand etwas abzulisten. Weh!
O weh der Lüge! Sie befreiet nicht,
Wie jedes andre wahrgesprochne Wort,
Die Brust; sie macht uns nicht getrost, sie ängstet
Den, der sie heimlich schmiedet, und sie kehrt,
Ein losgedruckter Pfeil, von einem Gotte
Gewendet und versagend, sich zurück
Und trifft den Schützen. Sorg' auf Sorge schwankt
Mir durch die Brust. Es greift die Furie
Vielleicht den Bruder auf dem Boden wieder
Des ungeweihten Ufers grimmig an.
Entdeckt man sie vielleicht? Mich dünkt, ich höre
Gewaffnete sich nahen! — Hier! — Der Bote
Kommt von dem Könige mit schnellem Schritt,
Es schlägt mein Herz, es trübt sich meine Seele,
Da ich des Mannes Angesicht erblicke,
Dem ich mit falschem Wort begegnen soll.

Zweiter Auftritt

IPHIGENIE. ARKAS.

ARKAS Beschleunige das Opfer, Priesterin!
Der König wartet und es harrt das Volk.
IPHIGENIE Ich folgte meiner Pflicht und deinem Wink,
Wenn unvermutet nicht ein Hindernis
Sich zwischen mich und die Erfüllung stellte.
ARKAS Was ist's, das den Befehl des Königs hindert?
IPHIGENIE Der Zufall, dessen wir nicht Meister sind.
ARKAS So sage mir's, daß ich's ihm schnell vermelde:
Denn er beschloß bei sich der beiden Tod.
IPHIGENIE Die Götter haben ihn noch nicht beschlossen.
Der ält'ste dieser Männer trägt die Schuld
Des nahverwandten Bluts, das er vergoß.
Die Furien verfolgen seinen Pfad,
Ja in dem innern Tempel faßte selbst
Das Übel ihn, und seine Gegenwart
Entheiligte die reine Stätte. Nun
Eil' ich mit meinen Jungfraun, an dem Meere
Der Göttin Bild mit frischer Welle netzend,
Geheimnisvolle Weihe zu begehn.
Es störe niemand unsern stillen Zug!
ARKAS Ich melde dieses neue Hindernis
Dem Könige geschwind; beginne du
Das heil'ge Werk nicht eh' bis er's erlaubt.
IPHIGENIE Dies ist allein der Priestrin überlassen.
ARKAS Solch seltnen Fall soll auch der König wissen.
IPHIGENIE Sein Rat wie sein Befehl verändert nichts.
ARKAS Oft wird der Mächtige zum Schein gefragt.
IPHIGENIE Erdringe nicht, was ich versagen sollte.
ARKAS Versage nicht, was gut und nützlich ist.
IPHIGENIE Ich gebe nach, wenn du nicht säumen willst.
ARKAS Schnell bin ich mit der Nachricht in dem Lager,
Und schnell mit seinen Worten hier zurück.
O könnt' ich ihm noch eine Botschaft bringen,
Die alles lös'te, was uns jetzt verwirrt:
Denn du hast nicht des Treuen Rat geachtet.
IPHIGENIE Was ich vermochte, hab' ich gern getan.
ARKAS Noch änderst du den Sinn zur rechten Zeit.
IPHIGENIE Das steht nun einmal nicht in unsrer Macht.
ARKAS Du hältst unmöglich, was dir Mühe kostet.
IPHIGENIE Dir scheint es möglich, weil der Wunsch dich trügt.
ARKAS Willst du denn alles so gelassen wagen?
IPHIGENIE Ich hab' es in der Götter Hand gelegt.
ARKAS Sie pflegen Menschen menschlich zu erretten.

IPHIGENIE Auf ihren Fingerzeig kömmt alles an.
ARKAS Ich sage dir, es liegt in deiner Hand.
Des Königs aufgebrachter Sinn allein
Bereitet diesen Fremden bittern Tod.
Das Heer entwöhnte längst vom harten Opfer
Und von dem blut'gen Dienste sein Gemüt.
Ja, mancher, den ein widriges Geschick
An fremdes Ufer trug, empfand es selbst,
Wie göttergleich dem armen Irrenden,
Umhergetriebnen an der fremden Gränze,
Ein freundlich Menschenangesicht begegnet.
O wende nicht von uns was du vermagst!
Du endest leicht was du begonnen hast:
Denn nirgends baut die Milde, die herab
In menschlicher Gestalt vom Himmel kommt,
Ein Reich sich schneller, als wo trüb und wild
Ein neues Volk, voll Leben, Mut und Kraft,
Sich selbst und banger Ahnung überlassen,
Des Menschenlebens schwere Bürden trägt.
IPHIGENIE Erschüttre meine Seele nicht, die du
Nach deinem Willen nicht bewegen kannst.
ARKAS So lang es Zeit ist, schont man weder Mühe
Noch eines guten Wortes Wiederholung.
IPHIGENIE Du machst dir Müh und mir erregst du Schmerzen:
Vergebens beides: darum laß mich nun.
ARKAS Die Schmerzen sind's, die ich zu Hülfe rufe:
Denn es sind Freunde, Gutes raten sie.
IPHIGENIE Sie fassen meine Seele mit Gewalt,
Doch tilgen sie den Widerwillen nicht.
ARKAS Fühlt eine schöne Seele Widerwillen
Für eine Wohltat, die der Edle reicht?
IPHIGENIE Ja, wenn der Edle, was sich nicht geziemt,
Statt meines Dankes mich erwerben will.
ARKAS Wer keine Neigung fühlt, dem mangelt es
An einem Worte der Entschuld'gung nie.
Dem Fürsten sag' ich an, was hier geschehn.
O wiederholtest du in deiner Seele,
Wie edel er sich gegen dich betrug
Von deiner Ankunft an bis diesen Tag.

DRITTER AUFTRITT

IPHIGENIE *(allein).* Von dieses Mannes Rede fühl' ich mir
Zur ungelegnen Zeit das Herz im Busen
Auf einmal umgewendet. Ich erschrecke! —
Denn wie die Flut mit schnellen Strömen wachsend
Die Felsen überspült, die in dem Sand

Am Ufer liegen: so bedeckte ganz
Ein Freudenstrom mein Innerstes. Ich hielt
In meinen Armen das Unmögliche.
Es schien sich eine Wolke wieder sanft
Um mich zu legen, von der Erde mich
Empor zu heben und in jenen Schlummer
Mich einzuwiegen, den die gute Göttin
Um meine Schläfe legte, da ihr Arm
Mich rettend faßte. — Meinen Bruder
Ergriff das Herz mit einziger Gewalt:
Ich horchte nur auf seines Freundes Rat;
Nur sie zu retten drang die Seele vorwärts.
Und wie den Klippen einer wüsten Insel
Der Schiffer gern den Rücken wendet: so
Lag Tauris hinter mir. Nun hat die Stimme
Des treuen Manns mich wieder aufgeweckt,
Daß ich auch Menschen hier verlasse, mich
Erinnert. Doppelt wird mir der Betrug
Verhaßt. O bleibe ruhig, meine Seele!
Beginnst du nun zu schwanken und zu zweifeln
Den festen Boden deiner Einsamkeit
Mußt du verlassen! Wieder eingeschifft
Ergreifen dich die Wellen schaukelnd, trüb
Und bang verkennest du die Welt und dich.

Vierter Auftritt

IPHIGENIE. PYLADES.

PYLADES Wo ist sie? daß ich ihr mit schnellen Worten
Die frohe Botschaft unsrer Rettung bringe!
IPHIGENIE Du siehst mich hier voll Sorgen und Erwartung
Des sichern Trostes, den du mir versprichst.
PYLADES Dein Bruder ist geheilt! Den Felsenboden
Des ungeweihten Ufers und den Sand
Betraten wir mit fröhlichen Gesprächen;
Der Hain blieb hinter uns, wir merkten's nicht.
Und herrlicher und immer herrlicher
Umloderte der Jugend schöne Flamme
Sein lockig Haupt; sein volles Auge glühte
Von Mut und Hoffnung, und sein freies Herz
Ergab sich ganz der Freude, ganz der Lust,
Dich, seine Retterin, und mich zu retten.
IPHIGENIE Gesegnet seist du, und es möge nie
Von deiner Lippe, die so Gutes sprach,
Der Ton des Leidens und der Klage tönen!
PYLADES Ich bringe mehr als das: denn schön begleitet,

Gleich einem Fürsten, pflegt das Glück zu nahn.
Auch die Gefährten haben wir gefunden.
In einer Felsenbucht verbargen sie
Das Schiff und saßen traurig und erwartend.
Sie sahen deinen Bruder, und es regten
Sich alle jauchzend, und sie baten dringend
Der Abfahrt Stunde zu beschleunigen.
Es sehnet jede Faust sich nach dem Ruder,
Und selbst ein Wind erhob vom Lande lispelnd,
Von allen gleich bemerkt, die holden Schwingen.
Drum laß uns eilen, führe mich zum Tempel,
Laß mich das Heiligtum betreten, laß
Mich unsrer Wünsche Ziel verehrend fassen.
Ich bin allein genug, der Göttin Bild
Auf wohl geübten Schultern wegzutragen;
Wie sehn' ich mich nach der erwünschten Last!
(Er geht gegen den Tempel unter den letzten Worten, ohne zu bemerken, daß Iphigenie nicht folgt; endlich kehrt er sich um.)
Du stehst und zauderst — Sage mir — du schweigst!
Du scheinst verworren! Widersetzet sich
Ein neues Unheil unserm Glück? Sag' an!
Hast du dem Könige das kluge Wort
Vermelden lassen, das wir abgeredet?

IPHIGENIE Ich habe, teurer Mann; doch wirst du schelten.
Ein schweigender Verweis war mir dein Anblick.
Des Königs Bote kam, und wie du es
Mir in den Mund gelegt, so sagt' ich's ihm.
Er schien zu staunen, und verlangte dringend
Die seltne Feier erst dem Könige
Zu melden, seinen Willen zu vernehmen;
Und nun erwart' ich seine Wiederkehr.

PYLADES Weh uns! Erneuert schwebt nun die Gefahr
Um unsre Schläfe! Warum hast du nicht
In's Priesterrecht dich weislich eingehüllt?

IPHIGENIE Als eine Hülle hab' ich's nie gebraucht.

PYLADES So wirst du, reine Seele, dich und uns
Zu Grunde richten. Warum dacht' ich nicht
Auf diesen Fall voraus, und lehrte dich
Auch dieser Fordrung auszuweichen!

IPHIGENIE Schilt
Nur mich, die Schuld ist mein, ich fühl' es wohl:
Doch konnt' ich anders nicht dem Mann begegnen,
Der mit Vernunft und Ernst von mir verlangte,
Was ihm mein Herz als Recht gestehen mußte.

PYLADES Gefährlicher zieht sich's zusammen; doch auch so
Laß uns nicht zagen, oder unbesonnen
Und übereilt uns selbst verrathen. Ruhig

Erwarte du die Wiederkunft des Boten,
Und dann steh fest, er bringe was er will:
Denn solcher Weihung Feier anzuordnen
Gehört der Priesterin und nicht dem König.
Und fordert er den fremden Mann zu sehn,
Der von dem Wahnsinn schwer belastet ist;
So lehn' es ab, als hieltest du uns beide
Im Tempel wohl verwahrt. So schaff' uns Luft,
Daß wir auf's eiligste, den heil'gen Schatz
Dem rauh unwürd'gen Volk entwendend, fliehn.
Die besten Zeichen sendet uns Apoll,
Und, eh' wir die Bedingung fromm erfüllen,
Erfüllt er göttlich sein Versprechen schon.
Orest ist frei, geheilt! — Mit dem Befreiten
O führet uns hinüber, günst'ge Winde,
Zur Felsen-Insel die der Gott bewohnt;
Dann nach Myken, daß es lebendig werde,
Daß von der Asche des verloschnen Herdes
Die Vatergötter fröhlich sich erheben,
Und schönes Feuer ihre Wohnungen
Umleuchte! Deine Hand soll ihnen Weihrauch
Zuerst aus goldnen Schalen streuen. Du
Bringst über jene Schwelle Heil und Leben wieder,
Entsühnst den Fluch und schmückest neu die Deinen
Mit frischen Lebensblüten herrlich aus.

IPHIGENIE Vernehm' ich dich, so wendet sich, o Teurer,
Wie sich die Blume nach der Sonne wendet,
Die Seele, von dem Strahle deiner Worte
Getroffen, sich dem süßen Troste nach.
Wie köstlich ist des gegenwärt'gen Freundes
Gewisse Rede, deren Himmelskraft
Ein Einsamer entbehrt und still versinkt.
Denn langsam reift, verschlossen in dem Busen,
Gedank' ihm und Entschluß; die Gegenwart
Des Liebenden entwickelte sie leicht.

PYLADES Leb' wohl! Die Freunde will ich nun geschwind
Beruhigen, die sehnlich wartend harren.
Dann komm' ich schnell zurück und lausche hier
Im Felsenbusch versteckt auf deinen Wink —
Was sinnest du? Auf einmal überschwebt
Ein stiller Trauerzug die freie Stirne.

IPHIGENIE Verzeih! Wie leichte Wolken vor der Sonne,
So zieht mir vor der Seele leichte Sorge
Und Bangigkeit vorüber.

PYLADES Fürchte nicht!
Betrüglich schloß die Furcht mit der Gefahr
Ein enges Bündnis; beide sind Gesellen.

IPHIGENIE Die Sorge nenn' ich edel, die mich warnt,
Den König, der mein zweiter Vater ward,
Nicht tückisch zu betrügen, zu berauben.
PYLADES Der deinen Bruder schlachtet, dem entfliehst du.
IPHIGENIE Es ist derselbe, der mir Gutes tat.
PYLADES Das ist nicht Undank, was die Not gebeut.
IPHIGENIE Es bleibt wohl Undank; nur die Not entschuldigt.
PYLADES Vor Göttern und vor Menschen dich gewiß.
IPHIGENIE Allein mein eigen Herz ist nicht befriedigt.
PYLADES Zu strenge Fordrung ist verborgner Stolz.
IPHIGENIE Ich untersuche nicht, ich fühle nur.
PYLADES Fühlst du dich recht, so mußt du dich verehren.
IPHIGENIE Ganz unbefleckt genießt sich nur das Herz.
PYLADES So hast du dich im Tempel wohl bewahrt;
Das Leben lehrt uns, weniger mit uns
Und andern strenge sein; du lernst es auch.
So wunderbar ist dies Geschlecht gebildet,
So vielfach ist's verschlungen und verknüpft,
Daß keiner in sich selbst, noch mit den andern
Sich rein und unverworren halten kann.
Auch sind wir nicht bestellt uns selbst zu richten;
Zu wandeln und auf seinen Weg zu sehen
Ist eines Menschen erste, nächste Pflicht:
Denn selten schätzt er recht was er getan,
Und was er tut weiß er fast nie zu schätzen.
IPHIGENIE Fast überred'st du mich zu deiner Meinung.
PYLADES Braucht's Überredung, wo die Wahl versagt ist?
Den Bruder, dich, und einen Freund zu retten
Ist nur Ein Weg; fragt sich's ob wir ihn gehn?
IPHIGENIE O laß mich zaudern! denn du tätest selbst
Ein solches Unrecht keinem Mann gelassen,
Dem du für Wohltat dich verpflichtet hieltest.
PYLADES Wenn wir zu Grunde gehen, wartet dein
Ein härtrer Vorwurf, der Verzweiflung trägt.
Man sieht, du bist nicht an Verlust gewohnt,
Da du dem großen Übel zu entgehen
Ein falsches Wort nicht einmal opfern willst.
IPHIGENIE O trüg' ich doch ein männlich Herz in mir!
Das, wenn es einen kühnen Vorsatz hegt,
Vor jeder andern Stimme sich verschließt.
PYLADES Du weigerst dich umsonst; die ehrne Hand
Der Not gebietet, und ihr ernster Wink
Ist oberstes Gesetz, dem Götter selbst
Sich unterwerfen müssen. Schweigend herrscht
Des ew'gen Schicksals unberatne Schwester.
Was sie dir auferlegt, das trage: tu'
Was sie gebeut. Das Andre weißt du. Bald

Komm' ich zurück, aus deiner heil'gen Hand
Der Rettung schönes Siegel zu empfangen.

Fünfter Auftritt

IPHIGENIE *(allein).* Ich muß ihm folgen: denn die Meinigen
Seh' ich in dringender Gefahr. Doch ach!
Mein eigen Schicksal macht mir bang und bänger.
O soll ich nicht die stille Hoffnung retten,
Die in der Einsamkeit ich schön genährt?
Soll dieser Fluch denn ewig walten? Soll
Nie dies Geschlecht mit einem neuen Segen
Sich wieder heben? — Nimmt doch alles ab!
Das beste Glück, des Lebens schönste Kraft
Ermattet endlich, warum nicht der Fluch?
So hofft' ich denn vergebens, hier verwahrt,
Von meines Hauses Schicksal abgeschieden,
Dereinst mit reiner Hand und reinem Herzen
Die schwer befleckte Wohnung zu entsühnen!
Kaum wird in meinen Armen mir ein Bruder
Vom grimm'gen Übel wundervoll und schnell
Geheilt, kaum naht ein lang erflehtes Schiff,
Mich in den Port der Vaterwelt zu leiten,
So legt die taube Not ein doppelt Laster
Mit ehrner Hand mir auf: das heilige
Mir anvertraute, viel verehrte Bild
Zu rauben und den Mann zu hintergehn,
Dem ich mein Leben und mein Schicksal danke.
O daß in meinem Busen nicht zuletzt
Ein Widerwille keime! der Titanen
Der alten Götter tiefer Haß auf euch,
Olympier, nicht auch die zarte Brust
Mit Geierklauen fasse! Rettet mich,
Und rettet euer Bild in meiner Seele!

Vor meinen Ohren tönt das alte Lied —
Vergessen hatt' ich's und vergaß es gern —
Das Lied der Parzen, das sie grausend sangen,
Als Tantalus vom goldnen Stuhle fiel:
Sie litten mit dem edeln Freunde; grimmig
War ihre Brust, und furchtbar ihr Gesang.
In unsrer Jugend sang's die Amme mir
Und den Geschwistern vor, ich merkt' es wohl.

Es fürchte die Götter
Das Menschengeschlecht!

Sie halten die Herrschaft
In ewigen Händen,
Und können sie brauchen
Wie's ihnen gefällt.

Der fürchte sie doppelt
Den je sie erheben!
Auf Klippen und Wolken
Sind Stühle bereitet
Um goldene Tische.

Erhebt ein Zwist sich:
So stürzen die Gäste
Geschmäht und geschändet
In nächtliche Tiefen,
Und harren vergebens,
Im Finstern gebunden,
Gerechten Gerichtes.

Sie aber, sie bleiben
In ewigen Festen
An goldenen Tischen.
Sie schreiten vom Berge
Zu Bergen hinüber:
Aus Schlünden der Tiefe
Dampft ihnen der Atem
Erstickter Titanen,
Gleich Opfergerüchen,
Ein leichtes Gewölke.

Es wenden die Herrscher
Ihr segnendes Auge
Von ganzen Geschlechtern,
Und meiden, im Enkel
Die ehmals geliebten
Still redenden Züge
Des Ahnherrn zu sehn.

So sangen die Parzen;
Es horcht der Verbannte
In nächtlichen Höhlen
Der Alte die Lieder,
Denkt Kinder und Enkel
Und schüttelt das Haupt.

FÜNFTER AUFZUG

Erster Auftritt

THOAS. ARKAS.

ARKAS Verwirrt muß ich gestehn, daß ich nicht weiß,
Wohin ich meinen Argwohn richten soll.
Sind's die Gefangnen, die auf ihre Flucht
Verstohlen sinnen? Ist's die Priesterin,
Die ihnen hilft? Es mehrt sich das Gerücht:
Das Schiff, das diese beiden hergebracht,
Sei irgend noch in einer Bucht versteckt.
Und jenes Mannes Wahnsinn, diese Weihe,
Der heil'ge Vorwand dieser Zögrung, rufen
Den Argwohn lauter und die Vorsicht auf.
THOAS Es komme schnell die Priesterin herbei!
Dann geht, durchsucht das Ufer scharf und schnell
Vom Vorgebirge bis zum Hain der Göttin.
Verschonet seine heil'gen Tiefen, legt
Verdächt'gen Hinterhalt und greift sie an;
Wo ihr sie findet, faßt sie wie ihr pflegt.

Zweiter Auftritt

THOAS *(allein)*. Entsetzlich wechselt mir der Grimm im Busen;
Erst gegen sie, die ich so heilig hielt;
Dann gegen mich, der ich sie zum Verrat
Durch Nachsicht und durch Güte bildete.
Zur Sklaverei gewöhnt der Mensch sich gut
Und lernet leicht gehorchen, wenn man ihn
Der Freiheit ganz beraubt. Ja, wäre sie
In meiner Ahnherrn rohe Hand gefallen,
Und hätte sie der heil'ge Grimm verschont:
Sie wäre froh gewesen, sich allein
Zu retten, hätte dankbar ihr Geschick
Erkannt und fremdes Blut vor dem Altar
Vergossen, hätte Pflicht genannt
Was Not war. Nun lockt meine Güte
In ihrer Brust verwegnen Wunsch herauf.
Vergebens hofft' ich, sie mir zu verbinden;
Sie sinnt sich nun ein eigen Schicksal aus.
Durch Schmeichelei gewann sie mir das Herz:
Nun widersteh' ich der; so sucht sie sich
Den Weg durch List und Trug, und meine Güte
Scheint ihr ein alt verjährtes Eigentum.

Dritter Auftritt

IPHIGENIE. THOAS.

IPHIGENIE Du forderst mich! was bringt dich zu uns her?
THOAS Du schiebst das Opfer auf; sag' an, warum?
IPHIGENIE Ich hab' an Arkas alles klar erzählt.
THOAS Von dir möcht' ich es weiter noch vernehmen.
IPHIGENIE Die Göttin gibt dir Frist zur Überlegung.
THOAS Sie scheint dir selbst gelegen, diese Frist.
IPHIGENIE Wenn dir das Herz zum grausamen Entschluß
Verhärtet ist: so solltest du nicht kommen!
Ein König, der Unmenschliches verlangt,
Find't Diener g'nug, die gegen Gnad' und Lohn
Den halben Fluch der Tat begierig fassen;
Doch seine Gegenwart bleibt unbefleckt.
Er sinnt den Tod in einer schweren Wolke,
Und seine Boten bringen flammendes
Verderben auf des Armen Haupt hinab;
Er aber schwebt durch seine Höhen ruhig,
Ein unerreichter Gott, im Sturme fort.
THOAS Die heil'ge Lippe tönt ein wildes Lied.
IPHIGENIE Nicht Priesterin! nur Agamemnons Tochter.
Der Unbekannten Wort verehrtest du;
Der Fürstin willst du rasch gebieten? Nein!
Von Jugend auf hab' ich gelernt gehorchen,
Erst meinen Eltern und dann einer Gottheit,
Und folgsam fühlt' ich immer meine Seele
Am schönsten frei; allein dem harten Worte,
Dem rauhen Ausspruch eines Mannes mich
Zu fügen, lernt' ich weder dort noch hier.
THOAS Ein alt Gesetz, nicht ich, gebietet dir.
IPHIGENIE Wir fassen ein Gesetz begierig an,
Das unsrer Leidenschaft zur Waffe dient.
Ein andres spricht zu mir, ein älteres,
Mich dir zu widersetzen, das Gebot,
Dem jeder Fremde heilig ist.
THOAS Es scheinen die Gefangnen dir sehr nah
Am Herzen: denn vor Anteil und Bewegung
Vergissest du der Klugheit erstes Wort,
Daß man den Mächtigen nicht reizen soll.
IPHIGENIE Red' oder schweig' ich, immer kannst du wissen,
Was mir im Herzen ist und immer bleibt.
Lös't die Erinnerung des gleichen Schicksals
Nicht ein verschloss'nes Herz zum Mitleid auf?
Wie mehr denn meins! In ihnen seh' ich mich.
Ich habe vor'm Altare selbst gezittert,
Und feierlich umgab der frühe Tod

Die Knieende; das Messer zuckte schon,
Den lebenvollen Busen zu durchbohren;
Mein Innerstes entsetzte wirbelnd sich,
Mein Auge brach, und — ich fand mich gerettet.
Sind wir, was Götter gnädig uns gewährt,
Unglücklichen nicht zu erstatten schuldig?
Du weißt es, kennst mich, und du willst mich zwingen!

THOAS Gehorche deinem Dienste, nicht dem Herrn.

IPHIGENIE Laß ab! Beschönige nicht die Gewalt,
Die sich der Schwachheit eines Weibes freut.
Ich bin so frei geboren als ein Mann.
Stünd' Agamemnons Sohn dir gegenüber,
Und du verlangtest was sich nicht gebührt:
So hat auch Er ein Schwert und einen Arm,
Die Rechte seines Busens zu verteid'gen.
Ich habe nichts als Worte, und es ziemt
Dem edlen Mann, der Frauen Wort zu achten.

THOAS Ich acht' es mehr als eines Bruders Schwert.

IPHIGENIE Das Los der Waffen wechselt hin und her:
Kein kluger Streiter hält den Feind gering.
Auch ohne Hülfe gegen Trutz und Härte
Hat die Natur den Schwachen nicht gelassen.
Sie gab zur List ihm Freude, lehrt' ihn Künste;
Bald weicht er aus, verspätet und umgeht.
Ja, der Gewaltige verdient, daß man sie übt.

THOAS Die Vorsicht stellt der List sich klug entgegen.

IPHIGENIE Und eine reine Seele braucht sie nicht.

THOAS Sprich unbehutsam nicht dein eigen Urteil.

IPHIGENIE O sähest du wie meine Seele kämpft,
Ein bös Geschick, das sie ergreifen will,
Im ersten Anfall mutig abzutreiben!
So steh' ich denn hier wehrlos gegen dich?
Die schöne Bitte, den anmut'gen Zweig,
In einer Frauen Hand gewaltiger
Als Schwert und Waffe, stößest du zurück:
Was bleibt mir nun, mein Innres zu verteid'gen?
Ruf' ich die Göttin um ein Wunder an?
Ist keine Kraft in meiner Seele Tiefen?

THOAS Es scheint, der beiden Fremden Schicksal macht
Unmäßig dich besorgt. Wer sind sie? sprich,
Für die dein Geist gewaltig sich erhebt.

IPHIGENIE Sie sind — sie scheinen — für Griechen halt' ich sie.

THOAS Landsleute sind es? und sie haben wohl
Der Rückkehr schönes Bild in dir erneut?

IPHIGENIE *(nach einigem Stillschweigen).* Hat denn zur unerhörten Tat der Mann
Allein das Recht? Drückt denn Unmögliches
Nur Er an die gewalt'ge Heldenbrust?

Was nennt man groß? Was hebt die Seele schaudernd
Dem immer wiederholenden Erzähler?
Als was mit unwahrscheinlichem Erfolg
Der Mutigste begann. Der in der Nacht
Allein das Heer des Feindes überschleicht,
Wie unversehen eine Flamme wütend
Die Schlafenden, Erwachenden ergreift,
Zuletzt gedrängt von den Ermunterten
Auf Feindes Pferden, doch mit Beute kehrt,
Wird der allein gepriesen? der allein,
Der, einen sichern Weg verachtend, kühn
Gebirg' und Wälder durchzustreifen geht,
Daß er von Räubern eine Gegend säubre?
Ist uns nichts übrig? Muß ein zartes Weib
Sich ihres angebornen Rechts entäußern,
Wild gegen Wilde sein, wie Amazonen
Das Recht des Schwerts euch rauben und mit Blute
Die Unterdrückung rächen? Auf und ab
Steigt in der Brust ein kühnes Unternehmen:
Ich werde großem Vorwurf nicht entgehn,
Noch schwerem Übel wenn es mir mißlingt;
Allein Euch leg' ich's auf die Kniee! Wenn
Ihr wahrhaft seid, wie ihr gepriesen werdet;
So zeigt's durch euern Beistand und verherrlicht
Durch mich die Wahrheit! — Ja, vernimm, o König,
Es wird ein heimlicher Betrug geschmiedet;
Vergebens fragst du den Gefangnen nach;
Sie sind hinweg und suchen ihre Freunde,
Die mit dem Schiff am Ufer warten, auf.
Der ält'ste, den das Übel hier ergriffen
Und nun verlassen hat — es ist Orest,
Mein Bruder, und der andre sein Vertrauter,
Sein Jugendfreund, mit Namen Pylades.
Apoll schickt sie von Delphi diesem Ufer
Mit göttlichen Befehlen zu, das Bild
Dianens wegzurauben und zu ihm
Die Schwester hinzubringen, und dafür
Verspricht er dem von Furien Verfolgten,
Des Mutterblutes Schuldigen, Befreiung.
Uns beide hab' ich nun, die Überbliebnen
Von Tantals Haus, in deine Hand gelegt:
Verdirb uns — wenn du darfst.

THOAS Du glaubst, es höre
Der rohe Skythe, der Barbar, die Stimme
Der Wahrheit und der Menschlichkeit, die Atreus,
Der Grieche, nicht vernahm?

IPHIGENIE Es hört sie jeder,

Geboren unter jedem Himmel, dem
Des Lebens Quelle durch den Busen rein
Und ungehindert fließt. — Was sinnst du mir,
O König, schweigend in der tiefen Seele?
Ist es Verderben? so töte mich zuerst!
Denn nun empfind' ich, da uns keine Rettung
Mehr übrig bleibt, die gräßliche Gefahr,
Worein ich die Geliebten übereilt
Vorsetzlich stürzte. Weh! Ich werde sie
Gebunden vor mir sehn! Mit welchen Blicken
Kann ich von meinem Bruder Abschied nehmen,
Den ich ermorde? Nimmer kann ich ihm
Mehr in die vielgeliebten Augen schaun!

THOAS So haben die Betrüger künstlich-dichtend
Der lang Verschloss'nen, ihre Wünsche leicht
Und willig Glaubenden, ein solch Gespinst
Um's Haupt geworfen!

IPHIGENIE Nein! o König, nein!
Ich könnte hintergangen werden; diese
Sind treu und wahr. Wirst du sie anders finden,
So laß sie fallen und verstoße mich,
Verbanne mich zur Strafe meiner Torheit
An einer Klippen-Insel traurig Ufer.
Ist aber dieser Mann der lang erflehte,
Geliebte Bruder: so entlaß uns, sei
Auch den Geschwistern wie der Schwester freundlich!
Mein Vater fiel durch seiner Frauen Schuld,
Und sie durch ihren Sohn. Die letzte Hoffnung
Von Atreus Stamme ruht auf ihm allein.
Laß mich mit reinem Herzen, reiner Hand,
Hinübergehn und unser Haus entsühnen.
Du hältst mir Wort! — Wenn zu den Meinen je
Mir Rückkehr zubereitet wäre, schwurst
Du mich zu lassen; und sie ist es nun.
Ein König sagt nicht, wie gemeine Menschen,
Verlegen zu, daß er den Bittenden
Auf einen Augenblick entferne; noch
Verspricht er auf den Fall, den er nicht hofft:
Dann fühlt er erst die Höhe seiner Würde,
Wenn er den Harrenden beglücken kann.

THOAS Unwillig, wie sich Feuer gegen Wasser
Im Kampfe wehrt und gischend seinen Feind
Zu tilgen sucht, so wehret sich der Zorn
In meinem Busen gegen deine Worte.

IPHIGENIE O laß die Gnade, wie das heil'ge Licht
Der stillen Opferflamme, mir, umkränzt
Von Lobgesang und Dank und Freude, lodern.

THOAS Wie oft besänftigte mich diese Stimme!
IPHIGENIE O reiche mir die Hand zum Friedenszeichen.
THOAS Du forderst viel in einer kurzen Zeit.
IPHIGENIE Um Gut's zu tun braucht's keiner Überlegung.
THOAS Sehr viel! denn auch dem Guten folgt das Übel.
IPHIGENIE Der Zweifel ist's, der Gutes böse macht.
Bedenke nicht; gewähre wie du's fühlst.

VIERTER AUFTRITT

OREST *(gewaffnet)*. DIE VORIGEN.

OREST *(nach der Szene gekehrt)*. Verdoppelt eure Kräfte! Haltet sie
Zurück! Nur wenig Augenblicke! Weicht
Der Menge nicht, und deckt den Weg zum Schiffe
Mir und der Schwester.
(Zu Iphigenien ohne den König zu sehen.)
Komm, wir sind verraten.
Geringer Raum bleibt uns zur Flucht. Geschwind!
(Er erblickt den König.)
THOAS *(nach dem Schwerte greifend)*. In meiner Gegenwart führt ungestraft
Kein Mann das nackte Schwert.
IPHIGENIE Entheiliget
Der Göttin Wohnung nicht durch Wut und Mord.
Gebietet eurem Volke Stillstand, höret
Die Priesterin, die Schwester.
OREST Sage mir!
Wer ist es, der uns droht?
IPHIGENIE Verehr' in ihm
Den König, der mein zweiter Vater ward!
Verzeih mir, Bruder! doch mein kindlich Herz
Hat unser ganz Geschick in seine Hand
Gelegt. Gestanden hab' ich euern Anschlag
Und meine Seele vom Verrat gerettet.
OREST Will er die Rückkehr friedlich uns gewähren?
IPHIGENIE Dein blinkend Schwert verbietet mir die Antwort.
OREST *(der das Schwert einsteckt)*. So sprich! Du siehst, ich horche deinen
Worten.

FÜNFTER AUFTRITT

DIE VORIGEN. PYLADES *Bald nach ihm* ARKAS. *(Beide mit bloßen Schwertern.)*

PYLADES Verweilet nicht! Die letzten Kräfte raffen
Die Unsrigen zusammen; weichend werden

Sie nach der See langsam zurückgedrängt.
Welch ein Gespräch der Fürsten find' ich hier!
Dies ist des Königes verehrtes Haupt!

ARKAS Gelassen, wie es dir, o König, ziemt,
Stehst du den Feinden gegenüber. Gleich
Ist die Verwegenheit bestraft; es weicht
Und fällt ihr Anhang, und ihr Schiff ist unser.
Ein Wort von dir, so steht's in Flammen.

THOAS Geh!
Gebiete Stillstand meinem Volke! keiner
Beschädige den Feind, so lang wir reden.
(Arkas ab.)

OREST Ich nehm' es an. Geh, sammle, treuer Freund,
Den Rest des Volkes; harret still, welch Ende
Die Götter unsern Taten zubereiten.
(Pylades ab.)

Sechster Auftritt

IPHIGENIE. THOAS. OREST.

IPHIGENIE Befreit von Sorge mich, eh' ihr zu sprechen
Beginnet. Ich befürchte bösen Zwist,
Wenn du, o König, nicht der Billigkeit
Gelinde Stimme hörest; du, mein Bruder,
Der raschen Jugend nicht gebieten willst.

THOAS Ich halte meinen Zorn, wie es dem Ältern
Geziemt, zurück. Antworte mir! Womit
Bezeugst du, daß du Agamemnons Sohn
Und Dieser Bruder bist?

OREST Hier ist das Schwert,
Mit dem er Troja's tapfre Männer schlug.
Dies nahm ich seinem Mörder ab, und bat
Die Himmlischen, den Mut und Arm, das Glück
Des großen Königes mir zu verleihn,
Und einen schönern Tod mir zu gewähren.
Wähl' einen aus den Edeln deines Heers
Und stelle mir den Besten gegenüber.
So weit die Erde Heldensöhne nährt,
Ist keinem Fremdling dies Gesuch verweigert.

THOAS Dies Vorrecht hat die alte Sitte nie
Dem Fremden hier gestattet.

OREST So beginne
Die neue Sitte denn von dir und mir!
Nachahmend heiliget ein ganzes Volk
Die edle Tat der Herrscher zum Gesetz.

Und laß mich nicht allein für unsre Freiheit,
Laß mich, den Fremden für die Fremden, kämpfen.
Fall' ich, so ist ihr Urteil mit dem meinen
Gesprochen: aber gönnet mir das Glück
Zu überwinden; so betrete nie
Ein Mann dies Ufer, dem der schnelle Blick
Hülfreicher Liebe nicht begegnet, und
Getröstet scheide jeglicher hinweg!

THOAS Nicht unwert scheinest du, o Jüngling, mir
Der Ahnherrn, deren du dich rühmst, zu sein.
Groß ist die Zahl der edeln tapfern Männer,
Die mich begleiten; doch ich stehe selbst
In meinen Jahren noch dem Feinde, bin
Bereit mit dir der Waffen Los zu wagen.

IPHIGENIE Mit nichten! Dieses blutigen Beweises
Bedarf es nicht, o König! Laßt die Hand
Vom Schwerte! Denkt an mich und mein Geschick.
Der rasche Kampf verewigt einen Mann:
Er falle gleich, so preiset ihn das Lied.
Allein die Tränen, die unendlichen
Der überbliebnen, der verlass'nen Frau,
Zählt keine Nachwelt, und der Dichter schweigt
Von tausend durchgeweinten Tag- und Nächten,
Wo eine stille Seele den verlornen,
Rasch abgeschiednen Freund vergebens sich
Zurückzurufen bangt und sich verzehrt.
Mich selbst hat eine Sorge gleich gewarnt,
Daß der Betrug nicht eines Räubers mich
Vom sichern Schutzort reiße, mich der Knechtschaft
Verrate. Fleißig hab' ich sie befragt,
Nach jedem Umstand mich erkundigt, Zeichen
Gefordert, und gewiß ist nun mein Herz.
Sieh hier an seiner rechten Hand das Mal
Wie von drei Sternen, das am Tage schon,
Da er geboren ward, sich zeigte, das
Auf schwere Tat mit dieser Faust zu üben
Der Priester deutete. Dann überzeugt
Mich doppelt diese Schramme, die ihm hier
Die Augenbraune spaltet. Als ein Kind
Ließ ihn Elektra, rasch und unvorsichtig
Nach ihrer Art, aus ihren Armen stürzen.
Er schlug auf einen Dreifuß auf — Er ist's —
Soll ich dir noch die Ähnlichkeit des Vaters,
Soll ich das innre Jauchzen meines Herzens
Dir auch als Zeugen der Versichrung nennen?

THOAS Und hübe deine Rede jeden Zweifel
Und bändigt' ich den Zorn in meiner Brust:

So würden doch die Waffen zwischen uns
Entscheiden müssen; Frieden seh' ich nicht.
Sie sind gekommen, du bekennest selbst,
Das heil'ge Bild der Göttin mir zu rauben.
Glaubt ihr, ich sehe dies gelassen an?
Der Grieche wendet oft sein lüstern Auge
Den fernen Schätzen der Barbaren zu,
Dem goldnen Felle, Pferden, schönen Töchtern;
Doch führte sie Gewalt und List nicht immer
Mit den erlangten Gütern glücklich heim.

OREST Das Bild, o König, soll uns nicht entzweien!
Jetzt kennen wir den Irrtum, den ein Gott
Wie einen Schleier um das Haupt uns legte,
Da er den Weg hierher uns wandern hieß.
Um Rat und um Befreiung bat ich ihn
Von dem Geleit der Furien; er sprach:
„Bringst du die Schwester, die an Tauris Ufer
Im Heiligtume wider Willen bleibt,
Nach Griechenland; so löset sich der Fluch."
Wir legten's von Apollens Schwester aus,
Und er gedachte *dich*! Die strengen Bande
Sind nun gelös't; du bist den Deinen wieder,
Du Heilige, geschenkt. Von dir berührt
War ich geheilt; in deinen Armen faßte
Das Übel mich mit allen seinen Klauen
Zum letztenmal, und schüttelte das Mark
Entsetzlich mir zusammen; dann entfloh's
Wie eine Schlange zu der Höhle. Neu
Genieß' ich nun durch dich das weite Licht
Des Tages. Schön und herrlich zeigt sich mir
Der Göttin Rat. Gleich einem heil'gen Bilde,
Daran der Stadt unwandelbar Geschick
Durch ein geheimes Götterwort gebannt ist,
Nahm sie dich weg, dich Schützerin des Hauses;
Bewahrte dich in einer heil'gen Stille
Zum Segen deines Bruders und der Deinen.
Da alle Rettung auf der weiten Erde
Verloren schien, gibst du uns alles wieder.
Laß deine Seele sich zum Frieden wenden,
O König! Hindre nicht, daß sie die Weihe
Des väterlichen Hauses nun vollbringe,
Mich der entsühnten Halle wiedergebe,
Mir auf das Haupt die alte Krone drücke!
Vergilt den Segen, den sie dir gebracht,
Und laß des nähern Rechtes mich genießen!
Gewalt und List, der Männer höchster Ruhm,
Wird durch die Wahrheit dieser hohen Seele

Beschämt, und reines kindliches Vertrauen
Zu einem edeln Manne wird belohnt.
IPHIGENIE Denk' an dein Wort, und laß durch diese Rede
Aus einem g'raden treuen Munde dich
Bewegen! Sieh uns an! Du hast nicht oft
Zu solcher edeln Tat Gelegenheit.
Versagen kannst du's nicht; gewähr' es bald!
THOAS So geht!
IPHIGENIE Nicht so, mein König! Ohne Segen,
In Widerwillen, scheid' ich nicht von dir.
Verbann' uns nicht! Ein freundlich Gastrecht walte
Von dir zu uns: so sind wir nicht auf ewig
Getrennt und abgeschieden. Wert und teuer,
Wie mir mein Vater war, so bist du's mir,
Und dieser Eindruck bleibt in meiner Seele.
Bringt der Geringste deines Volkes je
Den Ton der Stimme mir in's Ohr zurück,
Den ich an euch gewohnt zu hören bin,
Und seh' ich an dem Ärmsten eure Tracht;
Empfangen will ich ihn wie einen Gott,
Ich will ihm selbst ein Lager zubereiten,
Auf einen Stuhl ihn an das Feuer laden,
Und nur nach dir und deinem Schicksal fragen.
O geben dir die Götter deiner Taten
Und deiner Milde wohlverdienten Lohn!
Leb' wohl! O wende dich zu uns und gib
Ein holdes Wort des Abschieds mir zurück!
Dann schwellt der Wind die Segel sanfter an,
Und Tränen fließen lindernder vom Auge
Des Scheidenden. Leb' wohl! und reiche mir
Zum Pfand der alten Freundschaft deine Rechte.
THOAS Lebt wohl!

TORQUATO TASSO

Ein Schauspiel

PERSONEN

ALPHONS DER ZWEITE, *Herzog von Ferrara.*
LEONORE VON ESTE, *Schwester des Herzogs.*
LEONORE SANVITALE, *Gräfin von Scandiano.*
TORQUATO TASSO.
ANTONIO MONTECATINO, *Staatssekretär.*

Der Schauplatz ist auf Belriguardo, einem Lustschlosse.

ERSTER AUFZUG

Erster Auftritt

Gartenplatz, mit Hermen der epischen Dichter geziert. Vorn an der Szene zur Rechten Virgil, zur Linken Ariost.

PRINZESSIN. LEONORE.

PRINZESSIN Du siehst mich lächelnd an, Eleonore,
Und siehst dich selber an und lächelst wieder.
Was hast du? Laß es eine Freundin wissen!
Du scheinst bedenklich, doch du scheinst vergnügt.
LEONORE Ja, meine Fürstin, mit Vergnügen seh' ich
Uns beide hier so ländlich ausgeschmückt.
Wir scheinen recht beglückte Schäferinnen,
Und sind auch wie die Glücklichen beschäftigt.
Wir winden Kränze. Dieser, bunt von Blumen,
Schwillt immer mehr und mehr in meiner Hand;
Du hast mit höherm Sinn und größerm Herzen
Den zarten schlanken Lorbeer dir gewählt.
PRINZESSIN Die Zweige, die ich in Gedanken flocht,
Sie haben gleich ein würdig Haupt gefunden,
Ich setze sie Virgilen dankbar auf.
(Sie kränzt die Herme Virgils.)
LEONORE So drück' ich meinen vollen frohen Kranz
Dem Meister Ludwig auf die hohe Stirne —
(Sie kränzt Ariostens Herme.)
Er, dessen Scherze nie verblühen, habe
Gleich von dem neuen Frühling seinen Teil.
PRINZESSIN Mein Bruder ist gefällig, daß er uns
In diesen Tagen schon auf's Land gebracht;
Wir können unser sein und stundenlang
Uns in die goldne Zeit der Dichter träumen.
Ich liebe Belriguardo, denn ich habe
Hier manchen Tag der Jugend froh durchlebt,
Und dieses neue Grün und diese Sonne
Bringt das Gefühl mir jener Zeit zurück.
LEONORE Ja es umgibt uns eine neue Welt!
Der Schatten dieser immer grünen Bäume
Wird schon erfreulich. Schon erquickt uns wieder
Das Rauschen dieser Brunnen. Schwankend wiegen
Im Morgenwinde sich die jungen Zweige.
Die Blumen von den Beeten schauen uns
Mit ihren Kinderaugen freundlich an.
Der Gärtner deckt getrost das Winterhaus
Schon der Zitronen und Orangen ab,
Der blaue Himmel ruhet über uns,

Und an dem Horizonte lös't der Schnee
Der fernen Berge sich in leisen Duft.

PRINZESSIN Es wäre mir der Frühling sehr willkommen,
Wenn er nicht meine Freundin mir entführte.

LEONORE Erinnre mich in diesen holden Stunden,
O Fürstin, nicht wie bald ich scheiden soll.

PRINZESSIN Was du verlassen magst, das findest du
In jener großen Stadt gedoppelt wieder.

LEONORE Es ruft die Pflicht, es ruft die Liebe mich
Zu dem Gemahl, der mich so lang entbehrt.
Ich bring' ihm seinen Sohn, der dieses Jahr
So schnell gewachsen, schnell sich ausgebildet,
Und teile seine väterliche Freude.
Groß ist Florenz und herrlich, doch der Wert
Von allen seinen aufgehäuften Schätzen
Reicht an Ferrara's Edelsteine nicht.
Das Volk hat jene Stadt zur Stadt gemacht,
Ferrara ward durch seine Fürsten groß.

PRINZESSIN Mehr durch die guten Menschen, die sich hier
Durch Zufall trafen und zum Glück verbanden.

LEONORE Sehr leicht zerstreut der Zufall was er sammelt.
Ein edler Mensch zieht edle Menschen an
Und weiß sie fest zu halten, wie ihr tut.
Um deinen Bruder und um dich verbinden
Gemüter sich, die euer würdig sind,
Und ihr seid eurer großen Väter wert.
Hier zündete sich froh das schöne Licht
Der Wissenschaft, des freien Denkens an,
Als noch die Barbarei mit schwerer Dämmrung
Die Welt umher verbarg. Mir klang als Kind
Der Name Hercules von Este schon,
Schon Hippolyt von Este voll in's Ohr.
Ferrara ward mit Rom und mit Florenz
Von meinem Vater viel gepriesen! Oft
Hab' ich mich hingesehnt; nun bin ich da.
Hier ward Petrarch bewirtet, hier gepflegt,
Und Ariost fand seine Muster hier.
Italien nennt keinen großen Namen,
Den dieses Haus nicht seinen Gast genannt.
Und es ist vorteilhaft den Genius
Bewirten: gibst du ihm ein Gastgeschenk,
So läßt er dir ein schöneres zurück.
Die Stätte, die ein guter Mensch betrat,
Ist eingeweiht; nach hundert Jahren klingt
Sein Wort und seine Tat dem Enkel wieder.

PRINZESSIN Dem Enkel, wenn er lebhaft fühlt wie du;
Gar oft beneid' ich dich um dieses Glück.

LEONORE Das du, wie wenig andre, still und rein
Genießest. Drängt mich doch das volle Herz
Sogleich zu sagen was ich lebhaft fühle;
Du fühlst es besser, fühlst es tief und — schweigst.
Dich blendet nicht der Schein des Augenblicks,
Der Witz besticht dich nicht, die Schmeichelei
Schmiegt sich vergebens künstlich an dein Ohr:
Fest bleibt dein Sinn und richtig dein Geschmack,
Dein Urteil g'rad, stets ist dein Anteil groß
Am Großen, das du wie dich selbst erkennst.
PRINZESSIN Du solltest dieser höchsten Schmeichelei
Nicht das Gewand vertrauter Freundschaft leihen.
LEONORE Die Freundschaft ist gerecht, sie kann allein
Den ganzen Umfang deines Werts erkennen.
Und laß mich der Gelegenheit, dem Glück
Auch ihren Teil an deiner Bildung geben;
Du hast sie doch, und bist's am Ende doch,
Und dich mit deiner Schwester ehrt die Welt
Vor allen großen Frauen eurer Zeit.
PRINZESSIN Mich kann das, Leonore, wenig rühren,
Wenn ich bedenke wie man wenig ist,
Und was man ist, das blieb man andern schuldig.
Die Kenntnis alter Sprachen und des Besten
Was uns die Vorwelt ließ, dank' ich der Mutter;
Doch war an Wissenschaft, an rechtem Sinn
Ihr keine beider Töchter jemals gleich;
Und soll sich eine ja mit ihr vergleichen,
So hat Lucretia gewiß das Recht.
Auch, kann ich dir versichern, hab' ich nie
Als Rang und als Besitz betrachtet, was
Mir die Natur, was mir das Glück verlieh.
Ich freue mich wenn kluge Männer sprechen,
Daß ich verstehen kann wie sie es meinen.
Es sei ein Urteil über einen Mann
Der alten Zeit und seiner Taten Wert;
Es sei von einer Wissenschaft die Rede,
Die, durch Erfahrung weiter ausgebreitet,
Dem Menschen nutzt, indem sie ihn erhebt;
Wohin sich das Gespräch der Edlen lenkt,
Ich folge gern, denn mir wird leicht zu folgen.
Ich höre gern dem Streit der Klugen zu,
Wenn um die Kräfte, die des Menschen Brust
So freundlich und so fürchterlich bewegen,
Mit Grazie die Rednerlippe spielt;
Gern, wenn die fürstliche Begier des Ruhms,
Des ausgebreiteten Besitzes, Stoff
Dem Denker wird, und wenn die feine Klugheit,

Von einem klugen Manne zart entwickelt,
Statt uns zu hintergehen uns belehrt.
LEONORE Und dann nach dieser ernsten Unterhaltung
Ruht unser Ohr und unser innrer Sinn
Gar freundlich auf des Dichters Reimen aus,
Der uns die letzten lieblichsten Gefühle
Mit holden Tönen in die Seele flößt.
Dein hoher Geist umfaßt ein weites Reich,
Ich halte mich am liebsten auf der Insel
Der Poesie in Lorbeerhainen auf.
PRINZESSIN In diesem schönen Lande, hat man mir
Versichern wollen, wächs't vor andern Bäumen
Die Myrte gern. Und wenn der Musen gleich
Gar viele sind, so sucht man unter ihnen
Sich seltner eine Freundin und Gespielin,
Als man dem Dichter gern begegnen mag,
Der uns zu meiden, ja zu fliehen scheint,
Etwas zu suchen scheint, das wir nicht kennen
Und er vielleicht am Ende selbst nicht kennt.
Da wär' es denn ganz artig, wenn er uns
Zur guten Stunde träfe, schnell entzückt
Uns für den Schatz erkenne, den er lang
Vergebens in der weiten Welt gesucht.
LEONORE Ich muß mir deinen Scherz gefallen lassen,
Er trifft mich zwar, doch trifft er mich nicht tief.
Ich ehre jeden Mann und sein Verdienst,
Und ich bin gegen Tasso nur gerecht.
Sein Auge weilt auf dieser Erde kaum;
Sein Ohr vernimmt den Einklang der Natur;
Was die Geschichte reicht, das Leben gibt,
Sein Busen nimmt es gleich und willig auf:
Das weit Zerstreute sammelt sein Gemüt,
Und sein Gefühl belebt das Unbelebte.
Oft adelt er was uns gemein erschien,
Und das Geschätzte wird vor ihm zu nichts.
In diesem eignen Zauberkreise wandelt
Der wunderbare Mann, und zieht uns an
Mit ihm zu wandeln, Teil an ihm zu nehmen:
Er scheint sich uns zu nahn, und bleibt uns fern;
Er scheint uns anzusehn, und Geister mögen
An unsrer Stelle seltsam ihm erscheinen.
PRINZESSIN Du hast den Dichter fein und zart geschildert,
Der in den Reichen süßer Träume schwebt.
Allein mir scheint auch ihn das Wirkliche
Gewaltsam anzuziehn, und fest zu halten.
Die schönen Lieder, die an unsern Bäumen
Wir hin und wieder angeheftet finden,

Die, goldnen Äpfeln gleich, ein neu Hesperien
Uns duftend bilden, erkennst du sie nicht alle
Für holde Früchte einer wahren Liebe?

LEONORE Ich freue mich der schönen Blätter auch.
Mit mannichfalt'gem Geist verherrlicht er
Ein einzig Bild in allen seinen Reimen.
Bald hebt er es in lichter Glorie
Zum Sternenhimmel auf, beugt sich verehrend
Wie Engel über Wolken vor dem Bilde;
Dann schleicht er ihm durch stille Fluren nach,
Und jede Blume windet er zum Kranz.
Entfernt sich die Verehrte, heiligt er
Den Pfad, den leis ihr schöner Fuß betrat.
Versteckt im Busche, gleich der Nachtigall,
Füllt er aus einem liebekranken Busen
Mit seiner Klagen Wohllaut Hain und Luft:
Sein reizend Leid, die sel'ge Schwermut lockt
Ein jedes Ohr und jedes Herz muß nach —

PRINZESSIN Und wenn er seinen Gegenstand benennt,
So gibt er ihm den Namen Leonore.

LEONORE Es ist dein Name wie es meiner ist.
Ich nähm' es übel wenn's ein andrer wäre.
Mich freut es, daß er sein Gefühl für dich
In diesem Doppelsinn verbergen kann.
Ich bin zufrieden, daß er meiner auch
Bei dieses Namens holdem Klang gedenkt.
Hier ist die Frage nicht von einer Liebe,
Die sich des Gegenstands bemeistern will,
Ausschließend ihn besitzen, eifersüchtig
Den Anblick jedem andern wehren möchte.
Wenn er in seliger Betrachtung sich
Mit deinem Wert beschäftigt, mag er auch
An meinem leichtern Wesen sich erfreun.
Uns liebt er nicht, — verzeih, daß ich es sage! —
Aus allen Sphären trägt er was er liebt
Auf einen Namen nieder, den wir führen,
Und sein Gefühl teilt er uns mit; wir scheinen
Den Mann zu lieben, und wir lieben nur
Mit ihm das Höchste was wir lieben können.

PRINZESSIN Du hast dich sehr in diese Wissenschaft
Vertieft, Eleonore, sagst mir Dinge,
Die mir beinahe nur das Ohr berühren
Und in die Seele kaum noch übergehn.

LEONORE Du? Schülerin des Plato! nicht begreifen,
Was dir ein Neuling vorzuschwatzen wagt?
Es müßte sein, daß ich zu sehr mich irrte;
Doch irr' ich auch nicht ganz, ich weiß es wohl.

Die Liebe zeigt in dieser holden Schule
Sich nicht, wie sonst, als ein verwöhntes Kind;
Es ist der Jüngling, der mit Psychen sich
Vermählte, der im Rat der Götter Sitz
Und Stimme hat. Er tobt nicht frevelhaft
Von einer Brust zur andern hin und her;
Er heftet sich an Schönheit und Gestalt
Nicht gleich mit süßem Irrtum fest, und büßet
Nicht schnellen Rausch mit Ekel und Verdruß.
PRINZESSIN Da kommt mein Bruder! Laß uns nicht verraten
Wohin sich wieder das Gespräch gelenkt;
Wir würden seinen Scherz zu tragen haben,
Wie unsre Kleidung seinen Spott erfuhr.

Zweiter Auftritt

DIE VORIGEN. ALPHONS.

ALPHONS Ich suche Tasso, den ich nirgends finde,
Und treff' ihn — hier sogar bei euch nicht an.
Könnt ihr von ihm mir keine Nachricht geben?
PRINZESSIN Ich sah ihn gestern wenig, heute nicht.
ALPHONS Es ist ein alter Fehler, daß er mehr
Die Einsamkeit als die Gesellschaft sucht.
Verzeih' ich ihm, wenn er den bunten Schwarm
Der Menschen flieht, und lieber frei im Stillen
Mit seinem Geist sich unterhalten mag;
So kann ich doch nicht loben, daß er selbst
Den Kreis vermeidet, den die Freunde schließen.
LEONORE Irr' ich mich nicht, so wirst du bald, o Fürst,
Den Tadel in ein frohes Lob verwandeln.
Ich sah ihn heut von fern; er hielt ein Buch
Und eine Tafel, schrieb und ging und schrieb.
Ein flüchtig Wort, das er mir gestern sagte,
Schien mir sein Werk vollendet anzukünden.
Er sorgt nur kleine Züge zu verbessern,
Um deiner Huld, die ihm so viel gewährt,
Ein würdig Opfer endlich darzubringen.
ALPHONS Er soll willkommen sein, *wenn* er es bringt,
Und losgesprochen sein auf lange Zeit.
So sehr ich Teil an seiner Arbeit nehme,
So sehr in manchem Sinn das große Werk
Mich freut und freuen muß, so sehr vermehrt
Sich auch zuletzt die Ungeduld in mir.
Er kann nicht enden, kann nicht fertig werden,
Er ändert stets, ruckt langsam weiter vor,
Steht wieder still, er hintergeht die Hoffnung;

Unwillig sieht man den Genuß entfernt
In späte Zeit, den man so nah geglaubt.
PRINZESSIN Ich lobe die Bescheidenheit, die Sorge,
Womit er Schritt vor Schritt zum Ziele geht.
Nur durch die Gunst der Musen schließen sich
So viele Reime fest in Eins zusammen!
Und seine Seele hegt nur diesen Trieb,
Es soll sich sein Gedicht zum Ganzen ründen:
Er will nicht Märchen über Märchen häufen,
Die reizend unterhalten und zuletzt
Wie lose Worte nur verklingend täuschen.
Laß ihn, mein Bruder! denn es ist die Zeit
Von einem guten Werke nicht das Maß;
Und wenn die Nachwelt mit genießen soll,
So muß des Künstlers Mitwelt sich vergessen.
ALPHONS Laß uns zusammen, liebe Schwester, wirken!
Wie wir zu beider Vorteil oft getan.
Wenn ich zu eifrig bin, so lindre du:
Und bist du zu gelind, so will ich treiben.
Wir sehen dann auf einmal ihn vielleicht
Am Ziel, wo wir ihn lang gewünscht zu sehn.
Dann soll das Vaterland, es soll die Welt
Erstaunen, welch ein Werk vollendet worden.
Ich nehme meinen Teil des Ruhms davon,
Und er wird in das Leben eingeführt.
Ein edler Mensch kann einem engen Kreise
Nicht seine Bildung danken. Vaterland
Und Welt muß auf ihn wirken. Ruhm und Tadel
Muß er ertragen lernen. Sich und andre
Wird er gezwungen recht zu kennen. Ihn
Wiegt nicht die Einsamkeit mehr schmeichelnd ein.
Es *will* der Feind — es *darf* der Freund nicht schonen;
Dann übt der Jüngling streitend seine Kräfte,
Fühlt was er ist, und fühlt sich bald ein Mann.
LEONORE So wirst du, Herr, für ihn noch alles tun,
Wie du bisher für ihn schon viel getan.
Es bildet ein Talent sich in der Stille,
Sich ein Charakter in dem Strom der Welt.
O daß er sein Gemüt wie seine Kunst
An deinen Lehren bilde! daß er nicht
Die Menschen länger meide, daß sein Argwohn
Sich nicht in Furcht und Haß verwandle!
ALPHONS Die Menschen fürchtet nur wer sie nicht kennt,
Und wer sie meidet wird sie bald verkennen.
Das ist sein Fall, und so wird nach und nach
Ein frei Gemüt verworren und gefesselt.
So ist er oft um meine Gunst besorgt

Weit mehr als es ihm ziemte; gegen viele
Hegt er ein Mißtraun, die, ich weiß es sicher,
Nicht seine Feinde sind. Begegnet ja,
Daß sich ein Brief verirrt, daß ein Bedienter
Aus seinem Dienst in einen andern geht,
Daß ein Papier aus seinen Händen kommt,
Gleich sieht er Absicht, sieht Verräterei
Und Tücke, die sein Schicksal untergräbt.

PRINZESSIN Laß uns, geliebter Bruder, nicht vergessen,
Daß von sich selbst der Mensch nicht scheiden kann.
Und wenn ein Freund, der mit uns wandeln sollte,
Sich einen Fuß beschädigte, wir würden
Doch lieber langsam gehn und unsre Hand
Ihm gern und willig leihen.

ALPHONS Besser wär's,
Wenn wir ihn heilen könnten, lieber gleich
Auf treuen Rat des Arztes eine Kur
Versuchten, dann mit dem Geheilten froh
Den neuen Weg des frischen Lebens gingen.
Doch hoff' ich, meine Lieben, daß ich nie
Die Schuld des rauhen Arztes auf mich lade.
Ich tue was ich kann, um Sicherheit
Und Zutraun seinem Busen einzuprägen.
Ich geb' ihm oft in Gegenwart von vielen
Entschiedne Zeichen meiner Gunst. Beklagt
Er sich bei mir, so lass' ich's untersuchen,
Wie ich es tat, als er sein Zimmer neulich
Erbrochen glaubte. Läßt sich nichts entdecken,
So zeig' ich ihm gelassen, wie ich's sehe;
Und da man alles üben muß, so üb' ich,
Weil er's verdient, an Tasso die Geduld:
Und ihr, ich weiß es, steht mir willig bei.
Ich hab' euch nun auf's Land gebracht und gehe
Heut' Abend nach der Stadt zurück. Ihr werdet
Auf einen Augenblick Antonio sehen;
Er kommt von Rom und holt mich ab. Wir haben
Viel auszureden, abzutun. Entschlüsse
Sind nun zu fassen, Briefe viel zu schreiben;
Das alles nötigt mich zur Stadt zurück.

PRINZESSIN Erlaubst du uns, daß wir dich hinbegleiten?

ALPHONS Bleibt nur in Belriguardo, geht zusammen
Hinüber nach Consandoli! Genießt
Der schönen Tage ganz nach freier Lust.

PRINZESSIN Du kannst nicht bei uns bleiben? die Geschäfte
Nicht hier so gut als in der Stadt verrichten?

LEONORE Du führst uns gleich Antonio hinweg,
Der uns von Rom so viel erzählen sollte?

ALPHONS Es geht nicht an, ihr Kinder; doch ich komme
Mit ihm so bald als möglich ist zurück:
Dann soll er euch erzählen, und ihr sollt
Mir ihn belohnen helfen, der so viel
In meinem Dienst auf's neue sich bemüht.
Und haben wir uns wieder ausgesprochen,
So mag der Schwarm dann kommen, daß es lustig
In unsern Gärten werde, daß auch mir,
Wie billig, eine Schönheit in dem Kühlen,
Wenn ich sie suche, gern begegnen mag.
LEONORE Wir wollen freundlich durch die Finger sehen.
ALPHONS Dagegen wißt ihr, daß ich schonen kann.
PRINZESSIN *(nach der Szene gekehrt).* Schon lange seh' ich Tasso kommen.
Langsam bewegt er seine Schritte, steht bisweilen
Auf einmal still, wie unentschlossen, geht
Dann wieder schneller auf uns los, und weilt
Schon wieder.
ALPHONS Stört ihn, wenn er denkt und dichtet,
In seinen Träumen nicht und laßt ihn wandeln.
LEONORE Nein, er hat uns gesehn, er kommt hierher.

DRITTER AUFTRITT

DIE VORIGEN. TASSO.

TASSO *(mit einem Buche in Pergament geheftet).*
Ich komme langsam, dir ein Werk zu bringen,
Und zaudre noch es dir zu überreichen.
Ich weiß zu wohl, noch bleibt es unvollendet,
Wenn es auch gleich geendigt scheinen möchte.
Allein, war ich besorgt es unvollkommen
Dir hinzugeben, so bezwingt mich nun
Die neue Sorge: möcht' ich doch nicht gern
Zu ängstlich, möcht' ich nicht undankbar scheinen.
Und wie der Mensch nur sagen kann: Hie bin ich
Daß Freunde seiner schonend sich erfreuen;
So kann ich auch nur sagen: Nimm es hin!
(Er übergibt den Band.)
ALPHONS Du überraschest mich mit deiner Gabe
Und machst mir diesen schönen Tag zum Fest.
So halt' ich's endlich denn in meinen Händen,
Und nenn' es in gewissem Sinne mein!
Lang wünscht' ich schon, du möchtest dich entschließen
Und endlich sagen: Hier! es ist genug.
TASSO Wenn ihr zufrieden seid, so ist's vollkommen;
Denn euch gehört es zu in jedem Sinn.
Betrachtet' ich den Fleiß, den ich verwendet,

Sah ich die Züge meiner Feder an;
So konnt' ich sagen: Dieses Werk ist mein.
Doch seh' ich näher an, was dieser Dichtung
Den innern Wert und ihre Würde gibt;
Erkenn' ich wohl, ich hab' es nur von euch.
Wenn die Natur der Dichtung holde Gabe
Aus reicher Willkür freundlich mir geschenkt,
So hatte mich das eigensinn'ge Glück
Mit grimmiger Gewalt von sich gestoßen;
Und zog die schöne Welt den Blick des Knaben
Mit ihrer ganzen Fülle herrlich an,
So trübte bald den jugendlichen Sinn
Der teuern Eltern unverdiente Not.
Eröffnete die Lippe sich zu singen,
So floß ein traurig Lied von ihr herab,
Und ich begleitete mit leisen Tönen
Des Vaters Schmerzen und der Mutter Qual.
Du warst allein, der aus dem engen Leben
Zu einer schönen Freiheit mich erhob;
Der jede Sorge mir vom Haupte nahm,
Mir Freiheit gab, daß meine Seele sich
Zu mutigem Gesang entfalten konnte;
Und welchen Preis nun auch mein Werk erhält,
Euch dank' ich ihn, denn euch gehört es zu.

ALPHONS Zum zweitenmal verdienst du jedes Lob,
Und ehrst bescheiden dich und uns zugleich.

TASSO O könnt' ich sagen wie ich lebhaft fühle,
Daß ich von euch nur habe, was ich bringe!
Der tatenlose Jüngling — nahm er wohl
Die Dichtung aus sich selbst? Die kluge Leitung
Des raschen Krieges — hat er die ersonnen?
Die Kunst der Waffen, die ein jeder Held
An dem beschiednen Tage kräftig zeigt,
Des Feldherrn Klugheit und der Ritter Mut,
Und wie sich List und Wachsamkeit bekämpft,
Hast du mir nicht, o kluger, tapfrer Fürst,
Das alles eingeflößt, als wärest du
Mein Genius, der eine Freude fände
Sein hohes, unerreichbar hohes Wesen
Durch einen Sterblichen zu offenbaren?

PRINZESSIN Genieße nun des Werks, das uns erfreut!

ALPHONS Erfreue dich des Beifalls jedes Guten!

LEONORE Des allgemeinen Ruhms erfreue dich!

TASSO Mir ist an diesem Augenblick genug.
An euch nur dacht' ich, wenn ich sann und schrieb;
Euch zu gefallen war mein höchster Wunsch,
Euch zu ergetzen war mein letzter Zweck.

Wer nicht die Welt in seinen Freunden sieht,
Verdient nicht, daß die Welt von ihm erfahre.
Hier ist mein Vaterland, hier ist der Kreis,
In dem sich meine Seele gern verweilt.
Hier horch' ich auf, hier acht' ich jeden Wink.
Hier spricht Erfahrung, Wissenschaft, Geschmack;
Ja, Welt und Nachwelt seh' ich vor mir stehn.
Die Menge macht den Künstler irr' und scheu:
Nur wer euch ähnlich ist, versteht und fühlt,
Nur der allein soll richten und belohnen!

ALPHONS Und stellen wir denn Welt und Nachwelt vor,
So ziemt es nicht nur müßig zu empfangen.
Das schöne Zeichen, das den Dichter ehrt,
Das selbst der Held, der seiner stets bedarf,
Ihm ohne Neid um's Haupt gewunden sieht,
Erblick' ich hier auf deines Ahnherrn Stirne.
(Auf die Herme Virgils deutend.)
Hat es der Zufall, hat's ein Genius
Geflochten und gebracht? Es zeigt sich hier
Uns nicht umsonst. Virgilen hör' ich sagen:
Was ehret ihr die Toten? Hatten die
Doch ihren Lohn und Freude da sie lebten;
Und wenn ihr uns bewundert und verehrt,
So gebt auch den Lebendigen ihr Teil;
Mein Marmorbild ist schon bekränzt genug;
Der grüne Zweig gehört dem Leben an.

(Alphons winkt seiner Schwester; sie nimmt den Kranz von der Büste Virgils und nähert sich Tasso. Er tritt zurück.)

LEONORE Du weigerst dich? Sieh, welche Hand den Kranz,
Den schönen unverwelklichen, dir bietet!

TASSO O laßt mich zögern! Seh' ich doch nicht ein,
Wie ich nach dieser Stunde leben soll.

ALPHONS In dem Genuß des herrlichen Besitzes,
Der dich im ersten Augenblick erschreckt.

PRINZESSIN *(indem sie den Kranz in die Höhe hält).*
Du gönnest mir die seltne Freude, Tasso,
Dir ohne Wort zu sagen wie ich denke.

TASSO Die schöne Last aus deinen teuern Händen
Empfang' ich knieend auf mein schwaches Haupt.

(Er kniet nieder, die Prinzessin setzt ihm den Kranz auf.)

LEONORE *(applaudierend).* Es lebe der zum erstenmal Bekränzte!
Wie zieret den bescheidnen Mann der Kranz!

TASSO *steht auf.*

ALPHONS Es ist ein Vorbild nur von jener Krone,
Die auf dem Kapitol dich zieren soll.

PRINZESSIN Dort werden lautre Stimmen dich begrüßen;
Mit leiser Lippe lohnt die Freundschaft hier.

TASSO O nehmt ihn weg von meinem Haupte wieder,
Nehmt ihn hinweg! Er sengt mir meine Locken,
Und wie ein Strahl der Sonne, der zu heiß
Das Haupt mir träfe, brennt er mir die Kraft
Des Denkens aus der Stirne. Fieberhitze
Bewegt mein Blut. Verzeiht! Es ist zu viel!
LEONORE Es schützet dieser Zweig vielmehr das Haupt
Des Manns, der in den heißen Regionen
Des Ruhms zu wandeln hat, und kühlt die Stirne.
TASSO Ich bin nicht wert die Kühlung zu empfinden,
Die nur um Heldenstirnen wehen soll.
O hebt ihn auf, ihr Götter, und verklärt
Ihn zwischen Wolken, daß er hoch und höher
Und unerreichbar schwebe! daß mein Leben
Nach diesem Ziel ein ewig Wandeln sei!
ALPHONS Wer früh erwirbt, lernt früh den hohen Wert
Der holden Güter dieses Lebens schätzen;
Wer früh genießt, entbehrt in seinem Leben
Mit Willen nicht was er einmal besaß;
Und wer besitzt, der muß gerüstet sein.
TASSO Und wer sich rüsten will, muß eine Kraft
Im Busen fühlen, die ihm nie versagt.
Ach! sie versagt mir eben jetzt! Im Glück
Verläßt sie mich, die angeborne Kraft,
Die standhaft mich dem Unglück, stolz dem Unrecht
Begegnen lehrte. Hat die Freude mir,
Hat das Entzücken dieses Augenblicks
Das Mark in meinen Gliedern aufgelös't?
Es sinken meine Kniee! Noch einmal
Siehst du, o Fürstin, mich gebeugt vor dir!
Erhöre meine Bitte; nimm ihn weg!
Daß, wie aus einem schönen Traum erwacht,
Ich ein erquicktes neues Leben fühle.
PRINZESSIN Wenn du bescheiden ruhig das Talent,
Das dir die Götter gaben, tragen kannst,
So lern' auch diese Zweige tragen, die
Das Schönste sind was wir dir geben können.
Wem einmal würdig sie das Haupt berührt,
Dem schweben sie auf ewig um die Stirne.
TASSO So laßt mich denn beschämt von hinnen gehn!
Laßt mich mein Glück im tiefen Hain verbergen,
Wie ich sonst meine Schmerzen dort verbarg.
Dort will ich einsam wandeln, dort erinnert
Kein Auge mich an's unverdiente Glück.
Und zeigt mir ungefähr ein klarer Brunnen
In seinem reinen Spiegel einen Mann,
Der wunderbar bekränzt im Widerschein

Des Himmels zwischen Bäumen, zwischen Felsen
Nachdenkend ruht: so scheint es mir, ich sehe
Elysium auf dieser Zauberfläche
Gebildet. Still bedenk' ich mich und frage,
Wer mag der Abgeschiedne sein! Der Jüngling
Aus der vergangnen Zeit? So schön bekränzt?
Wer sagt mir seinen Namen? Sein Verdienst?
Ich warte lang und denke: Käme doch
Ein andrer und noch einer, sich zu ihm
In freundlichem Gespräche zu gesellen!
O säh' ich die Heroen, die Poeten
Der alten Zeit um diesen Quell versammelt,
O säh' ich hier sie immer unzertrennlich,
Wie sie im Leben fest verbunden waren!
So bindet der Magnet durch seine Kraft
Das Eisen mit dem Eisen fest zusammen,
Wie gleiches Streben Held und Dichter bindet.
Homer vergaß sich selbst, sein ganzes Leben
War der Betrachtung zweier Männer heilig.
Und Alexander in Elysium
Eilt den Achill und den Homer zu suchen.
O daß ich gegenwärtig wäre, sie,
Die größten Seelen, nun vereint zu sehen!

LEONORE Erwach'! Erwache! Laß uns nicht empfinden,
Daß du das Gegenwärt'ge ganz verkennst.

TASSO Es ist die Gegenwart, die mich erhöht;
Abwesend schein' ich nur, ich bin entzückt!

PRINZESSIN Ich freue mich, wenn du mit Geistern redest,
Daß du so menschlich sprichst, und hör' es gern.

(Ein Page tritt zu dem Fürsten und richtet leise etwas aus.)

ALPHONS Er ist gekommen! recht zur guten Stunde.
Antonio! — Bring ihn her — Da kommt er schon!

VIERTER AUFTRITT

DIE VORIGEN. ANTONIO.

ALPHONS Willkommen! der du uns zugleich dich selbst
Und gute Botschaft bringst.

PRINZESSIN Sei uns gegrüßt!

ANTONIO Kaum wag' ich es zu sagen, welch Vergnügen
In eurer Gegenwart mich neu belebt.
Vor euren Augen find' ich alles wieder,
Was ich so lang entbehrt. Ihr scheint zufrieden
Mit dem was ich getan, was ich vollbracht;
Und so bin ich belohnt für jede Sorge,

Für manchen bald mit Ungeduld durchharrten,
Bald absichtsvoll verlornen Tag. Wir haben
Nun was wir wünschen, und kein Streit ist mehr.

LEONORE Auch ich begrüße dich, wenn ich schon zürne.
Du kommst nur eben, da ich reisen muß.

ANTONIO Damit mein Glück nicht ganz vollkommen werde,
Nimmst du mir gleich den schönen Teil hinweg.

TASSO Auch meinen Gruß! Ich hoffe mich der Nähe
Des vielerfahrnen Mannes auch zu freun.

ANTONIO Du wirst mich wahrhaft finden, wenn du je
Aus deiner Welt in meine schauen magst.

ALPHONS Wenn du mir gleich in Briefen schon gemeldet,
Was du getan und wie es dir ergangen;
So hab' ich doch noch manches auszufragen,
Durch welche Mittel das Geschäft gelang.
Auf jenem wunderbaren Boden will der Schritt
Wohl abgemessen sein, wenn er zuletzt
An deinen eignen Zweck dich führen soll.
Wer seines Herren Vorteil rein bedenkt,
Der hat in Rom gar einen schweren Stand:
Denn Rom will alles nehmen, geben nichts;
Und kommt man hin um etwas zu erhalten,
Erhält man nichts, man bringe denn was hin,
Und glücklich, wenn man da noch was erhält.

ANTONIO Es ist nicht mein Betragen, meine Kunst,
Durch die ich deinen Willen, Herr, vollbracht.
Denn welcher Kluge fänd' im Vatikan
Nicht seinen Meister? Vieles traf zusammen,
Das ich zu unserm Vorteil nutzen konnte.
Dich ehrt Gregor und grüßt und segnet dich.
Der Greis, der würdigste, dem eine Krone
Das Haupt belastet, denkt der Zeit mit Freuden,
Da er in seinen Arm dich schloß. Der Mann,
Der Männer unterscheidet, kennt und rühmt
Dich hoch! Um deinetwillen tat er viel.

ALPHONS Ich freue seiner guten Meinung mich,
Sofern sie redlich ist. Doch weißt du wohl,
Vom Vatikan herab sieht man die Reiche
Schon klein genug zu seinen Füßen liegen,
Geschweige denn die Fürsten und die Menschen.
Gestehe nur was dir am meisten half.

ANTONIO Gut! wenn du willst: der hohe Sinn des Papsts.
Er sieht das Kleine klein, das Große groß.
Damit er einer Welt gebiete, gibt
Er seinen Nachbarn gern und freundlich nach.
Das Streifchen Land, das er dir überläßt,
Weiß er, wie deine Freundschaft, wohl zu schätzen.

Italien soll ruhig sein, er will
In seiner Nähe Freunde sehen, Friede
Bei seinen Gränzen halten, daß die Macht
Der Christenheit, die er gewaltig lenkt,
Die Türken da, die Ketzer dort vertilge.

PRINZESSIN Weiß man die Männer, die er mehr als andre
Begünstigt, die sich ihm vertraulich nahn?

ANTONIO Nur der erfahrne Mann besitzt sein Ohr,
Der tätige sein Zutraun, seine Gunst.
Er, der von Jugend auf dem Staat gedient,
Beherrscht ihn jetzt, und wirkt auf jene Höfe,
Die er vor Jahren als Gesandter schon
Gesehen und gekannt und oft gelenkt.
Es liegt die Welt so klar vor seinem Blick,
Als wie der Vorteil seines eignen Staats.
Wenn man ihn handeln sieht, so lobt man ihn,
Und freut sich, wenn die Zeit entdeckt was er
Im Stillen lang bereitet und vollbracht.
Es ist kein schönrer Anblick in der Welt,
Als einen Fürsten sehn, der klug regieret;
Das Reich zu sehn, wo jeder stolz gehorcht,
Wo jeder sich nur selbst zu dienen glaubt,
Weil ihm das Rechte nur befohlen wird.

LEONORE Wie sehnlich wünscht' ich jene Welt einmal
Recht nah zu sehn!

ALPHONS Doch wohl um mit zu wirken?
Denn bloß beschaun wird Leonore nie.
Es wäre doch recht artig, meine Freundin,
Wenn in das große Spiel wir auch zuweilen
Die zarten Hände mischen könnten — Nicht?

LEONORE *(zu Alphons).* Du willst mich reizen, es gelingt dir nicht.

ALPHONS Ich bin dir viel von andern Tagen schuldig.

LEONORE Nun gut, so bleib' ich heut in deiner Schuld!
Verzeih und störe meine Fragen nicht.
(Zu Antonio.)
Hat er für die Nepoten viel getan?

ANTONIO Nicht weniger noch mehr als billig ist.
Ein Mächtiger, der für die Seinen nicht
Zu sorgen weiß, wird von dem Volke selbst
Getadelt. Still und mäßig weiß Gregor
Den Seinigen zu nutzen, die dem Staat
Als wackre Männer dienen, und erfüllt
Mit Einer Sorge zwei verwandte Pflichten.

TASSO Erfreut die Wissenschaft, erfreut die Kunst
Sich seines Schutzes auch? und eifert er
Den großen Fürsten alter Zeiten nach?

ALPHONS Er ehrt die Wissenschaft, sofern sie nutzt,

Den Staat regieren, Völker kennen lehrt;
Er schätzt die Kunst, sofern sie ziert, sein Rom
Verherrlicht, und Palast und Tempel
Zu Wunderwerken dieser Erde macht.
In seiner Nähe darf nichts müßig sein!
Was gelten soll, muß wirken und muß dienen.
ALPHONS Und glaubst du, daß wir das Geschäfte bald
Vollenden können? daß sie nicht zuletzt
Noch hie und da uns Hindernisse streuen?
ANTONIO Ich müßte sehr mich irren, wenn nicht gleich
Durch deinen Namenszug, durch wenig Briefe
Auf immer dieser Zwist gehoben wäre.
ALPHONS So lob' ich diese Tage meines Lebens
Als eine Zeit des Glückes und Gewinns.
Erweitert seh' ich meine Gränze, weiß
Sie für die Zukunft sicher. Ohne Schwertschlag
Hast du's geleistet, eine Bürgerkrone
Dir wohl verdient. Es sollen unsre Frauen
Vom ersten Eichenlaub am schönsten Morgen
Geflochten dir sie um die Stirne legen.
Indessen hat mich Tasso auch bereichert;
Er hat Jerusalem für uns erobert,
Und so die neue Christenheit beschämt,
Ein weit entferntes, hoch gestecktes Ziel
Mit frohem Mut und strengem Fleiß erreicht.
Für seine Mühe siehst du ihn gekrönt.
ANTONIO Du lösest mir ein Rätsel. Zwei Bekränzte
Erblickt' ich mit Verwundrung da ich kam.
TASSO Wenn du mein Glück vor deinen Augen siehst,
So wünscht' ich, daß du mein beschämt Gemüt
Mit eben diesem Blicke schauen könntest.
ANTONIO Mir war es lang bekannt, daß im Belohnen
Alphons unmäßig ist, und du erfährst
Was jeder von den Seinen schon erfuhr.
PRINZESSIN Wenn du erst siehst was er geleistet hat,
So wirst du uns gerecht und mäßig finden.
Wir sind nur hier die ersten stillen Zeugen
Des Beifalls, den die Welt ihm nicht versagt,
Und den ihm zehnfach künft'ge Jahre gönnen.
ANTONIO Er ist durch euch schon seines Ruhms gewiß.
Wer dürfte zweifeln, wo ihr preisen könnt?
Doch sage mir, wer druckte diesen Kranz
Auf Ariostens Stirne?
LEONORE Diese Hand.
ANTONIO Und sie hat wohl getan! Er ziert ihn schön,
Als ihn der Lorbeer selbst nicht zieren würde.
Wie die Natur die innig reiche Brust

Mit einem grünen bunten Kleide deckt,
So hüllt er alles, was den Menschen nur
Ehrwürdig, liebenswürdig machen kann,
In's blühende Gewand der Fabel ein.
Zufriedenheit, Erfahrung und Verstand
Und Geisteskraft, Geschmack und reiner Sinn
Für's wahre Gute, geistig scheinen sie
In seinen Liedern und persönlich doch
Wie unter Blüten-Bäumen auszuruhn,
Bedeckt vom Schnee der leicht getragnen Blüten,
Umkränzt von Rosen, wunderlich umgaukelt
Vom losen Zauberspiel der Amoretten.
Der Quell des Überflusses rauscht darneben
Und läßt uns bunte Wunderfische sehn.
Von seltenem Geflügel ist die Luft,
Von fremden Herden Wies' und Busch erfüllt;
Die Schalkheit lauscht im Grünen halb versteckt,
Die Weisheit läßt von einer goldnen Wolke
Von Zeit zu Zeit erhabne Sprüche tönen,
Indes auf wohl gestimmter Laute wild
Der Wahnsinn hin und her zu wühlen scheint,
Und doch im schönsten Takt sich mäßig hält.
Wer neben diesen Mann sich wagen darf,
Verdient für seine Kühnheit schon den Kranz.
Vergebt, wenn ich mich selbst begeistert fühle,
Wie ein Verzückter weder Zeit noch Ort,
Noch was ich sage wohl bedenken kann;
Denn alle diese Dichter, diese Kränze,
Das seltne festliche Gewand der Schönen
Versetzt mich aus mir selbst in fremdes Land.

PRINZESSIN Wer Ein Verdienst so wohl zu schätzen weiß,
Der wird das andre nicht verkennen. Du
Sollst uns dereinst in Tasso's Liedern zeigen,
Was wir gefühlt und was nur du erkennst.

ALPHONS Komm mit, Antonio! manches hab' ich noch,
Worauf ich sehr begierig bin, zu fragen.
Dann sollst du bis zum Untergang der Sonne
Den Frauen angehören. Komm! Lebt wohl!

(Dem Fürsten folgt Antonio, den Damen Tasso.)

ZWEITER AUFZUG

Erster Auftritt

Saal.

PRINZESSIN. TASSO.

TASSO Unsicher folgen meine Schritte dir,
O Fürstin, und Gedanken ohne Maß
Und Ordnung regen sich in meiner Seele.
Mir scheint die Einsamkeit zu winken, mich
Gefällig anzulispeln: komm, ich löse
Die neu erregten Zweifel deiner Brust.
Doch werf' ich einen Blick auf dich, vernimmt
Mein horchend Ohr ein Wort von deiner Lippe,
So wird ein neuer Tag um mich herum,
Und alle Bande fallen von mir los.
Ich will dir gern gestehn, es hat der Mann,
Der unerwartet zu uns trat, nicht sanft
Aus einem schönen Traum mich aufgeweckt;
Sein Wesen, seine Worte haben mich
So wunderbar getroffen, daß ich mehr
Als je mich doppelt fühle, mit mir selbst
Auf's neu' in streitender Verwirrung bin.
PRINZESSIN Es ist unmöglich, daß ein alter Freund,
Der lang entfernt ein fremdes Leben führte,
Im Augenblick, da er uns wiedersieht,
Sich wieder gleich wie ehmals finden soll.
Er ist in seinem Innern nicht verändert;
Laß uns mit ihm nur wenig Tage leben,
So stimmen sich die Saiten hin und wieder,
Bis glücklich eine schöne Harmonie
Auf's neue sie verbindet. Wird er dann
Auch näher kennen, was du diese Zeit
Geleistet hast; so stellt er dich gewiß
Dem Dichter an die Seite, den er jetzt
Als einen Riesen dir entgegen stellt.
TASSO Ach meine Fürstin, Ariostens Lob
Aus seinem Munde hat mich mehr ergetzt
Als daß es mich beleidigt hätte. Tröstlich
Ist es für uns, den Mann gerühmt zu wissen,
Der als ein großes Muster vor uns steht.
Wir können uns im stillen Herzen sagen:
Erreichst du einen Teil von seinem Wert,
Bleibt dir ein Teil auch seines Ruhms gewiß.
Nein, was das Herz im tiefsten mir bewegte,

Was mir noch jetzt die ganze Seele füllt,
Es waren die Gestalten jener Welt,
Die sich lebendig, rastlos, ungeheuer,
Um Einen großen, einzig klugen Mann
Gemessen dreht und ihren Lauf vollendet,
Den ihr der Halbgott vorzuschreiben wagt.
Begierig horcht' ich auf, vernahm mit Lust
Die sichern Worte des erfahrnen Mannes;
Doch ach! je mehr ich horchte, mehr und mehr
Versank ich vor mir selbst, ich fürchtete
Wie Echo an den Felsen zu verschwinden.
Ein Widerhall, ein Nichts mich zu verlieren.

PRINZESSIN Und schienst noch kurz vorher so rein zu fühlen,
Wie Held und Dichter für einander leben,
Wie Held und Dichter sich einander suchen,
Und keiner je den andern neiden soll?
Zwar herrlich ist die liedeswerte Tat,
Doch schön ist's auch, der Taten stärkste Fülle
Durch würd'ge Lieder auf die Nachwelt bringen.
Begnüge dich, aus einem kleinen Staate,
Der dich beschützt, dem wilden Lauf der Welt,
Wie von dem Ufer, ruhig zuzusehn.

TASSO Und sah ich hier mit Staunen nicht zuerst,
Wie herrlich man den tapfern Mann belohnt?
Als unerfahrner Knabe kam ich her,
In einem Augenblick, da Fest auf Fest
Ferrara zu dem Mittelpunkt der Ehre
Zu machen schien. O! welcher Anblick war's!
Den weiten Platz, auf dem in ihrem Glanze
Gewandte Tapferkeit sich zeigen sollte,
Umschloß ein Kreis, wie ihn die Sonne nicht
Sobald zum zweitenmal bescheinen wird.
Es saßen hier gedrängt die schönsten Frauen,
Gedrängt die ersten Männer unsrer Zeit.
Erstaunt durchlief der Blick die edle Menge;
Man rief: Sie alle hat das Vaterland,
Das *eine,* schmale, meerumgebne Land,
Hierher geschickt. Zusammen bilden sie
Das herrlichste Gericht, das über Ehre,
Verdienst und Tugend je entschieden hat.
Gehst du sie einzeln durch, du findest keinen,
Der seines Nachbarn sich zu schämen brauche! —
Und dann eröffneten die Schranken sich;
Da stampften Pferde, glänzten Helm und Schilde,
Da drängten sich die Knappen, da erklang
Trompetenschall, und Lanzen krachten splitternd,
Getroffen tönten Helm und Schilde, Staub,

Auf einen Augenblick, umhüllte wirbelnd
Des Siegers Ehre, des Besiegten Schmach.
O laß mich einen Vorhang vor das ganze,
Mir allzu helle Schauspiel ziehen, daß
In diesem schönen Augenblicke mir
Mein Unwert nicht zu heftig fühlbar werde.

PRINZESSIN Wenn jener edle Kreis, wenn jene Taten
Zu Müh und Streben damals dich entflammten,
So konnt' ich, junger Freund, zu gleicher Zeit
Der Duldung stille Lehre dir bewähren.
Die Feste, die du rühmst, die hundert Zungen
Mir damals priesen und mir manches Jahr
Nachher gepriesen haben, sah ich nicht.
Am stillen Ort, wohin kaum unterbrochen
Der letzte Widerhall der Freude sich
Verlieren konnte, mußt' ich manche Schmerzen
Und manchen traurigen Gedanken leiden.
Mit breiten Flügeln schwebte mir das Bild
Des Todes vor den Augen, deckte mir
Die Aussicht in die immer neue Welt.
Nur nach und nach entfernt' es sich, und ließ
Mich, wie durch einen Flor, die bunten Farben
Des Lebens, blaß doch angenehm, erblicken.
Ich sah lebend'ge Formen wieder sanft sich regen.
Zum erstenmal trat ich, noch unterstützt
Von meinen Frauen, aus dem Krankenzimmer,
Da kam Lucretia voll frohen Lebens
Herbei und führte dich an ihrer Hand.
Du warst der erste, der im neuen Leben
Mir neu und unbekannt entgegen trat.
Da hofft' ich viel für dich und mich; auch hat
Uns bis hierher die Hoffnung nicht betrogen.

TASSO Und ich, der ich betäubt von dem Gewimmel
Des drängenden Gewühls, von so viel Glanz
Geblendet, und von mancher Leidenschaft
Bewegt, durch stille Gänge des Palasts,
An deiner Schwester Seite schweigend ging,
Dann in das Zimmer trat, wo du uns bald
Auf deine Fraun gelehnt erschienest — Mir
Welch ein Moment war dieser! O vergib!
Wie den Bezauberten von Rausch und Wahn
Der Gottheit Nähe leicht und willig heilt;
So war auch ich von aller Phantasie,
Von jeder Sucht, von jedem falschen Triebe
Mit Einem Blick in deinen Blick geheilt.
Wenn unerfahren die Begierde sich
Nach tausend Gegenständen sonst verlor,

Trat ich beschämt zuerst in mich zurück,
Und lernte nun das Wünschenswerte kennen.
So sucht man in dem weiten Sand des Meers
Vergebens eine Perle, die verborgen
In stillen Schalen eingeschlossen ruht.

PRINZESSIN Es fingen schöne Zeiten damals an,
Und hätt' uns nicht der Herzog von Urbino
Die Schwester weggeführt, uns wären Jahre
Im schönen ungetrübten Glück verschwunden.
Doch leider jetzt vermissen wir zu sehr
Den frohen Geist, die Brust voll Mut und Leben,
Den reichen Witz der liebenswürd'gen Frau.

TASSO Ich weiß es nur zu wohl, seit jenem Tage,
Da sie von hinnen schied, vermochte dir
Die reine Freude niemand zu ersetzen.
Wie oft zerriß es meine Brust! Wie oft
Klagt' ich dem stillen Hain mein Leid um dich!
Ach! rief ich aus, hat denn die Schwester nur
Das Glück, das Recht, der Teuern viel zu sein?
Ist denn kein Herz mehr wert, daß sie sich ihm
Vertrauen dürfte, kein Gemüt dem ihren
Mehr gleich gestimmt? Ist Geist und Witz verloschen?
Und war die Eine Frau, so trefflich sie
Auch war, denn alles? Fürstin! o verzeih!
Da dacht' ich manchmal an mich selbst, und wünschte
Dir etwas sein zu können. Wenig nur,
Doch etwas, nicht mit Worten, mit der Tat
Wünscht' ich's zu sein, im Leben dir zu zeigen,
Wie sich mein Herz im Stillen dir geweiht.
Doch es gelang mir nicht, und nur zu oft
Tat ich im Irrtum, was dich schmerzen mußte,
Beleidigte den Mann, den du beschütztest,
Verwirrte unklug, was du lösen wolltest,
Und fühlte so mich stets im Augenblick,
Wenn ich mich nahen wollte, fern und ferner.

PRINZESSIN Ich habe, Tasso, deinen Willen nie
Verkannt, und weiß wie du dir selbst zu schaden
Geschäftig bist. Anstatt daß meine Schwester
Mit jedem, wie er sei, zu leben weiß,
So kannst du selbst nach vielen Jahren kaum
In einen Freund dich finden.

TASSO Tadle mich!
Doch sage mir hernach, wo ist der Mann,
Die Frau, mit der ich wie mit dir
Aus freiem Busen wagen darf zu reden?

PRINZESSIN Du solltest meinem Bruder dich vertraun.

TASSO Er ist mein Fürst! — Doch glaube nicht, daß mir

Der Freiheit wilder Trieb den Busen blähe.
Der Mensch ist nicht geboren frei zu sein,
Und für den Edlen ist kein schöner Glück,
Als einem Fürsten, den er ehrt, zu dienen.
Und so ist er mein Herr, und ich empfinde
Den ganzen Umfang dieses großen Worts.
Nun muß ich schweigen lernen wenn er spricht,
Und tun wenn er gebietet, mögen auch
Verstand und Herz ihm lebhaft widersprechen.
PRINZESSIN Das ist der Fall bei meinem Bruder nie.
Und nun, da wir Antonio wieder haben,
Ist dir ein neuer kluger Freund gewiß.
TASSO Ich hofft' es ehmals, jetzt verzweifl' ich fast.
Wie lehrreich wäre mir sein Umgang, nützlich
Sein Rat in tausend Fällen! Er besitzt,
Ich mag wohl sagen, alles was mir fehlt.
Doch — haben alle Götter sich versammelt
Geschenke seiner Wiege darzubringen;
Die Grazien sind leider ausgeblieben,
Und wem die Gaben dieser Holden fehlen,
Der kann zwar viel besitzen, vieles geben,
Doch läßt sich nie an seinem Busen ruhn.
PRINZESSIN Doch läßt sich ihm vertraun, und das ist viel.
Du mußt von Einem Mann nicht alles fordern,
Und dieser leistet was er dir verspricht.
Hat er sich erst für deinen Freund erklärt,
So sorgt er selbst für dich, wo du dir fehlst.
Ihr müßt verbunden sein! Ich schmeichle mir
Dies schöne Werk in Kurzem zu vollbringen.
Nur widerstehe nicht wie du es pflegst!
So haben wir Lenoren lang besessen,
Die fein und zierlich ist, mit der es leicht
Sich leben läßt; auch dieser hast du nie,
Wie sie es wünschte, näher treten wollen.
TASSO Ich habe dir gehorcht, sonst hätt' ich mich
Von ihr entfernt anstatt mich ihr zu nahen.
So liebenswürdig sie erscheinen kann,
Ich weiß nicht wie es ist, konnt' ich nur selten
Mit ihr ganz offen sein, und wenn sie auch
Die Absicht hat, den Freunden wohlzutun,
So fühlt man Absicht und man ist verstimmt.
PRINZESSIN Auf diesem Wege werden wir wohl nie
Gesellschaft finden, Tasso! Dieser Pfad
Verleitet uns durch einsames Gebüsch,
Durch stille Täler fortzuwandern; mehr
Und mehr verwöhnt sich das Gemüt, und strebt,
Die goldne Zeit, die ihm von außen mangelt,

In seinem Innern wieder herzustellen,
So wenig der Versuch gelingen will.

TASSO O welches Wort spricht meine Fürstin aus!
Die goldne Zeit wohin ist sie geflohen?
Nach der sich jedes Herz vergebens sehnt!
Da auf der freien Erde Menschen sich
Wie frohe Herden im Genuß verbreiteten;
Da ein uralter Baum auf bunter Wiese
Dem Hirten und der Hirtin Schatten gab,
Ein jüngeres Gebüsch die zarten Zweige
Um sehnsuchtsvolle Liebe traulich schlang;
Wo klar und still auf immer reinem Sande
Der weiche Fluß die Nymphe sanft umfing;
Wo in dem Grase die gescheuchte Schlange
Unschädlich sich verlor, der kühne Faun
Vom tapfern Jüngling bald bestraft entfloh;
Wo jeder Vogel in der freien Luft,
Und jedes Tier, durch Berg' und Täler schweifend,
Zum Menschen sprach: Erlaubt ist was gefällt.

PRINZESSIN Mein Freund, die goldne Zeit ist wohl vorbei:
Allein die Guten bringen sie zurück;
Und soll ich dir gestehen wie ich denke:
Die goldne Zeit, womit der Dichter uns
Zu schmeicheln pflegt, die schöne Zeit, sie war,
So scheint es mir, so wenig als sie ist;
Und war sie je, so war sie nur gewiß,
Wie sie uns immer wieder werden kann.
Noch treffen sich verwandte Herzen an
Und teilen den Genuß der schönen Welt:
Nur in dem Wahlspruch ändert sich, mein Freund,
Ein einzig Wort: Erlaubt ist was sich ziemt.

TASSO O wenn aus guten, edlen Menschen nur
Ein allgemein Gericht bestellt entschiede,
Was sich denn ziemt! anstatt daß jeder glaubt,
Es sei auch schicklich was ihm nützlich ist.
Wir sehn ja, dem Gewaltigen, dem Klugen
Steht alles wohl, und er erlaubt sich alles.

PRINZESSIN Willst du genau erfahren was sich ziemt,
So frage nur bei edlen Frauen an.
Denn ihnen ist am meisten dran gelegen,
Daß alles wohl sich zieme was geschieht.
Die Schicklichkeit umgibt mit einer Mauer
Das zarte, leicht verletzliche Geschlecht.
Wo Sittlichkeit regiert, regieren sie,
Und wo die Frechheit herrscht, da sind sie nichts.
Und wirst du die Geschlechter beide fragen:
Nach Freiheit strebt der Mann, das Weib nach Sitte.

TASSO Du nennest uns unbändig, roh, gefühllos?
PRINZESSIN Nicht das! Allein ihr strebt nach fernen Gütern,
Und euer Streben muß gewaltsam sein.
Ihr wagt es, für die Ewigkeit zu handeln,
Wenn wir ein einzig nah beschränktes Gut
Auf dieser Erde nur besitzen möchten,
Und wünschen, daß es uns beständig bleibe.
Wir sind von keinem Männerherzen sicher,
Das noch so warm sich einmal uns ergab.
Die Schönheit ist vergänglich, die ihr doch
Allein zu ehren scheint. Was übrig bleibt,
Das reizt nicht mehr, und was nicht reizt, ist tot.
Wenn's Männer gäbe, die ein weiblich Herz
Zu schätzen wüßten, die erkennen möchten,
Welch einen holden Schatz von Treu' und Liebe
Der Busen einer Frau bewahren kann;
Wenn das Gedächtnis einzig schöner Stunden
In euren Seelen lebhaft bleiben wollte;
Wenn euer Blick, der sonst durchdringend ist,
Auch durch den Schleier dringen könnte, den
Uns Alter oder Krankheit überwirft:
Wenn der Besitz, der ruhig machen soll,
Nach fremden Gütern euch nicht lüstern machte:
Dann wär' uns wohl ein schöner Tag erschienen,
Wir feierten dann unsre goldne Zeit.
TASSO Du sagst mir Worte, die in meiner Brust
Halb schon entschlafne Sorgen mächtig regen.
PRINZESSIN Was meinst du, Tasso? Rede frei mit mir.
TASSO Oft hört' ich schon, und diese Tage wieder
Hab' ich's gehört, ja hätt' ich's nicht vernommen,
So müßt' ich's denken: edle Fürsten streben
Nach deiner Hand! Was wir erwarten müssen,
Das fürchten wir und möchten schier verzweifeln.
Verlassen wirst du uns, es ist natürlich;
Doch wie wir's tragen wollen, weiß ich nicht.
PRINZESSIN Für diesen Augenblick seid unbesorgt!
Fast möcht' ich sagen: unbesorgt für immer.
Hier bin ich gern und gerne mag ich bleiben;
Noch weiß ich kein Verhältnis, das mich lockte;
Und wenn ihr mich denn ja behalten wollt,
So laßt es mir durch Eintracht sehn, und schafft
Euch selbst ein glücklich Leben, mir durch euch.
TASSO O lehre mich das Mögliche zu tun!
Gewidmet sind dir alle meine Tage.
Wenn dich zu preisen, dir zu danken sich
Mein Herz entfaltet, dann empfind' ich erst
Das reinste Glück, das Menschen fühlen können;

Das göttlichste erfuhr ich nur in dir.
So unterscheiden sich die Erdengötter
Vor andern Menschen, wie das hohe Schicksal
Vom Rat und Willen selbst der klügsten Männer
Sich unterscheidet. Vieles lassen sie,
Wenn wir gewaltsam Wog' auf Woge sehn,
Wie leichte Wellen, unbemerkt vorüber
Vor ihren Füßen rauschen, hören nicht
Den Sturm, der uns umsaus't und niederwirft,
Vernehmen unser Flehen kaum, und lassen,
Wie wir beschränkten armen Kinder tun,
Mit Seufzern und Geschrei die Luft uns füllen.
Du hast mich oft, o Göttliche, geduldet,
Und wie die Sonne, trocknete dein Blick
Den Tau von meinen Augenlidern ab.

PRINZESSIN Es ist sehr billig, daß die Frauen dir
Auf's freundlichste begegnen; es verherrlicht
Dein Lied auf manche Weise das Geschlecht.
Zart oder tapfer, hast du stets gewußt
Sie liebenswert und edel vorzustellen;
Und wenn Armide hassenswert erscheint,
Versöhnt ihr Reiz und ihre Liebe bald.

TASSO Was auch in meinem Liede widerklingt,
Ich bin nur Einer, Einer alles schuldig!
Es schwebt kein geistig unbestimmtes Bild
Vor meiner Stirne, das der Seele bald
Sich überglänzend nahte, bald entzöge.
Mit meinen Augen hab' ich es gesehn,
Das Urbild jeder Tugend, jeder Schöne;
Was ich nach ihm gebildet, das wird bleiben:
Tancredens Heldenliebe zu Chlorinden,
Erminiens stille, nicht bemerkte Treue,
Sophroniens Großheit und Olindens Not,
Es sind nicht Schatten, die der Wahn erzeugte,
Ich weiß es, sie sind ewig, denn sie sind.
Und was hat mehr das Recht, Jahrhunderte
Zu bleiben und im Stillen fortzuwirken,
Als das Geheimnis einer edlen Liebe,
Dem holden Lied bescheiden anvertraut?

PRINZESSIN Und soll ich dir noch einen Vorzug sagen,
Den unvermerkt sich dieses Lied erschleicht?
Es lockt uns nach, und nach, wir hören zu,
Wir hören und wir glauben zu verstehn,
Was wir verstehn, das können wir nicht tadeln,
Und so gewinnt uns dieses Lied zuletzt.

TASSO Welch einen Himmel öffnest du vor mir,
O Fürstin! Macht mich dieser Glanz nicht blind,

So seh' ich unverhofft ein ewig Glück
Auf goldnen Strahlen herrlich niedersteigen.
PRINZESSIN Nicht weiter, Tasso! Viele Dinge sind's,
Die wir mit Heftigkeit ergreifen sollen:
Doch andre können nur durch Mäßigung
Und durch Entbehren unser eigen werden.
So sagt man, sei die Tugend, sei die Liebe,
Die ihr verwandt ist. Das bedenke wohl!

Zweiter Auftritt

TASSO Ist dir's erlaubt die Augen aufzuschlagen?
Wagst du's umherzusehn? Du bist allein!
Vernahmen diese Säulen was sie sprach?
Und hast du Zeugen, diese stummen Zeugen
Des höchsten Glücks zu fürchten? Es erhebt
Die Sonne sich des neuen Lebenstages,
Der mit den vorigen sich nicht vergleicht.
Hernieder steigend hebt die Göttin schnell
Den Sterblichen hinauf. Welch neuer Kreis
Entdeckt sich meinem Auge, welches Reich!
Wie köstlich wird der heiße Wunsch belohnt!
Ich träumte mich dem höchsten Glücke nah,
Und *dieses* Glück ist über alle Träume.
Der Blindgeborne denke sich das Licht,
Die Farben wie er will; erscheinet ihm
Der neue Tag, ist's ihm ein neuer Sinn.
Voll Mut und Ahnung, freudetrunken schwankend
Betret' ich diese Bahn. Du gibst mir viel,
Du gibst, wie Erd' und Himmel uns Geschenke
Mit vollen Händen übermäßig reichen,
Und forderst wieder, was von mir zu fordern
Nur eine solche Gabe dich berechtigt.
Ich soll entbehren, soll mich mäßig zeigen,
Und *so* verdienen, daß du mir vertraust.
Was tat ich je, daß sie mich wählen konnte?
Was soll ich tun, um ihrer wert zu sein?
Sie konnte dir vertraun, und dadurch bist du's.
Ja, Fürstin, deinen Worten, deinen Blicken
Sei ewig meine Seele ganz geweiht!
Ja, fordre was du willst, denn ich bin dein!
Sie sende mich, Müh und Gefahr und Ruhm
In fernen Landen aufzusuchen, reiche
Im stillen Hain die goldne Leier mir,
Sie weihe mich der Ruh und ihrem Preis:
Ihr bin ich, bildend soll sie mich besitzen;
Mein Herz bewahrte jeden Schatz für Sie.

O hätt' ein tausendfaches Werkzeug mir
Ein Gott gegönnt, kaum drückt' ich dann genug
Die unaussprechliche Verehrung aus.
Des Malers Pinsel und des Dichters Lippe,
Die süßeste, die je von frühem Honig
Genährt war, wünscht' ich mir. Nein, künftig soll
Nicht Tasso zwischen Bäumen, zwischen Menschen
sich einsam, schwach und trübgesinnt verlieren!
Er ist nicht mehr allein, er ist mit Dir.
O daß die edelste der Taten sich
Hier sichtbar vor mich stellte, rings umgeben
Von gräßlicher Gefahr! Ich dränge zu
Und wagte gern das Leben, das ich nun
Von ihren Händen habe — forderte
Die besten Menschen mir zu Freunden auf,
Unmögliches mit einer edeln Schar
Nach Ihrem Wink und Willen zu vollbringen.
Voreiliger, warum verbarg dein Mund
Nicht das was du empfandst, bis du dich wert
Und werter ihr zu Füßen legen konntest?
Das war dein Vorsatz, war dein kluger Wunsch.
Doch sei es auch! Viel schöner ist es, rein
Und unverdient ein solch Geschenk empfangen,
Als halb und halb zu wähnen, daß man wohl
Es habe fordern dürfen. Blicke freudig!
Es ist so groß, so weit, was vor dir liegt;
Und hoffnungsvolle Jugend lockt dich wieder
In unbekannte lichte Zukunft hin!
— Schwelle Brust! — O Witterung des Glücks,
Begünst'ge diese Pflanze doch einmal!
Sie strebt gen Himmel, tausend Zweige dringen
Aus ihr hervor, entfalten sich zu Blüten.
O daß sie Frucht, o daß sie Freude bringe!
Daß eine liebe Hand den goldnen Schmuck
Aus ihren frischen reichen Ästen breche!

Dritter Auftritt

TASSO. ANTONIO.

TASSO Sei mir willkommen, den ich gleichsam jetzt
Zum erstenmal erblicke! Schöner ward
Kein Mann mir angekündigt. Sei willkommen!
Dich kenn' ich nun und deinen ganzen Wert,
Dir biet' ich ohne Zögern Herz und Hand,
Und hoffe, daß auch du mich nicht verschmähst.
ANTONIO Freigebig bietest du mir schöne Gaben,

Und ihren Wert erkenn' ich wie ich soll,
Drum laß mich zögern eh' ich sie ergreife.
Weiß ich doch nicht, ob ich dir auch dagegen
Ein Gleiches geben kann. Ich möchte gern
Nicht übereilt und nicht undankbar scheinen:
Laß mich für beide klug und sorgsam sein.

TASSO Wer wird die Klugheit tadeln? Jeder Schritt
Des Lebens zeigt, wie sehr sie nötig sei;
Doch schöner ist's, wenn uns die Seele sagt,
Wo wir der feinen Vorsicht nicht bedürfen.

ANTONIO Darüber frage jeder sein Gemüt,
Weil er den Fehler selbst zu büßen hat.

TASSO So sei's! Ich habe meine Pflicht getan;
Der Fürstin Wort, die uns zu Freunden wünscht,
Hab' ich verehrt und mich dir vorgestellt.
Rückhalten durft' ich nicht, Antonio; doch gewiß,
Zudringen will ich nicht. Es mag denn sein.
Zeit und Bekanntschaft heißen dich vielleicht
Die Gabe wärmer fordern, die du jetzt
So kalt bei Seite lehnst und fast verschmähst.

ANTONIO Der Mäßige wird öfters kalt genannt
Von Menschen, die sich warm vor andern glauben,
Weil sie die Hitze fliegend überfällt.

TASSO Du tadelst was ich tadle, was ich meide.
Auch ich verstehe wohl, so jung ich bin,
Der Heftigkeit die Dauer vorzuziehn.

ANTONIO Sehr weislich! Bleibe stets auf diesem Sinne.

TASSO Du bist berechtigt mir zu raten, mich
Zu warnen, denn es steht Erfahrung dir
Als lang erprobte Freundin an der Seite.
Doch glaube nur, es horcht ein stilles Herz
Auf jedes Tages, jeder Stunde Warnung,
Und übt sich ingeheim an jedem Guten,
Das deine Strenge neu zu lehren glaubt.

ANTONIO Es ist wohl angenehm, sich mit sich selbst
Beschäft'gen, wenn es nur so nützlich wäre.
Inwendig lernt kein Mensch sein Innerstes
Erkennen; denn er mißt nach eignem Maß
Sich bald zu klein und leider oft zu groß.
Der Mensch erkennt sich nur im Menschen, nur
Das Leben lehret jedem was er sei.

TASSO Mit Beifall und Verehrung hör' ich dich.

ANTONIO Und dennoch denkst du wohl bei diesen Worten
Ganz etwas anders, als ich sagen will.

TASSO Auf diese Weise rücken wir nicht näher.
Es ist nicht klug, es ist nicht wohl getan,
Vorsetzlich einen Menschen zu verkennen,

Er sei auch wer er sei. Der Fürstin Wort
Bedurft' es kaum, leicht hab' ich dich erkannt:
Ich weiß, daß du das Gute willst und schaffst.
Dein eigen Schicksal läßt dich unbesorgt;
An andre denkst du, andern stehst du bei,
Und auf des Lebens leicht bewegter Woge
Bleibt dir ein stätes Herz. So seh' ich dich.
Und was wär' ich, ging' ich dir nicht entgegen?
Sucht' ich begierig nicht auch einen Teil
An dem verschloss'nen Schatz, den du bewahrst?
Ich weiß, es reut dich nicht, wenn du dich öffnest;
Ich weiß du bist mein Freund, wenn du mich kennst:
Und eines solchen Freunds bedurft' ich lange.
Ich schäme mich der Unerfahrenheit
Und meiner Jugend nicht. Still ruhet noch
Der Zukunft goldne Wolke mir um's Haupt.
O nimm mich, edler Mann, an deine Brust,
Und weihe mich, den Raschen, Unerfahrnen,
Zum mäßigen Gebrauch des Lebens ein.
ANTONIO In Einem Augenblicke forderst du,
Was wohlbedächtig nur die Zeit gewährt.
TASSO In Einem Augenblick gewährt die Liebe,
Was Mühe kaum in langer Zeit erreicht.
Ich bitt' es nicht von dir, ich darf es fodern.
Dich ruf' ich in der Tugend Namen auf,
Die gute Menschen zu verbinden eifert.
Und soll ich dir noch einen Namen nennen?
Die Fürstin hofft's, Sie will's — Eleonore,
Sie will mich zu dir führen, dich zu mir.
O laß uns ihrem Wunsch entgegen gehn!
Laß uns verbunden vor die Göttin treten,
Ihr unsern Dienst, die ganze Seele bieten,
Vereint für sie das Würdigste zu tun.
Noch einmal! — Hier ist meine Hand! Schlag' ein!
Tritt nicht zurück, und weigre dich nicht länger,
O edler Mann, und gönne mir die Wollust,
Die schönste guter Menschen, sich dem Bessern
Vertrauend ohne Rückhalt hinzugeben!
ANTONIO Du gehst mit vollen Segeln! Scheint es doch
Du bist gewohnt zu siegen, überall
Die Wege breit, die Pforten weit zu finden.
Ich gönne jeden Wert und jedes Glück
Dir gern; allein ich sehe nur zu sehr,
Wir stehn zu weit noch von einander ab.
TASSO Es sei an Jahren, an geprüftem Wert:
An frohem Mut und Willen weich' ich keinem.
ANTONIO Der Wille lockt die Taten nicht herbei;

Der Mut stellt sich die Wege kürzer vor.
Wer angelangt am Ziel ist, wird gekrönt,
Und oft entbehrt ein Würd'ger eine Krone.
Doch gibt es leichte Kränze, Kränze gibt es
Von sehr verschiedner Art; sie lassen sich
Oft im Spazierengehn bequem erreichen.

TASSO Was eine Gottheit diesem frei gewährt
Und jenem streng versagt, ein solches Gut
Erreicht nicht jeder wie er will und mag.

ANTONIO Schreib' es dem Glück vor andern Göttern zu,
So hör' ich's gern, denn seine Wahl ist blind.

TASSO Auch die Gerechtigkeit trägt eine Binde,
Und schließt die Augen jedem Blendwerk zu.

ANTONIO Das Glück erhebe billig der Beglückte!
Er dicht' ihm hundert Augen für's Verdienst
Und kluge Wahl und strenge Sorgfalt an,
Nenn' es Minerva, nenn' es wie er will,
Er halte gnädiges Geschenk für Lohn,
Zufälligen Putz für wohlverdienten Schmuck.

TASSO Du brauchst nicht deutlicher zu sein. Es ist genug!
Ich blicke tief dir in das Herz und kenne
Für's ganze Leben dich. O kennte so
Dich meine Fürstin auch! Verschwende nicht
Die Pfeile deiner Augen, deiner Zunge!
Du richtest sie vergebens nach dem Kranze,
Dem unverwelklichen, auf meinem Haupt.
Sei erst so groß, mir ihn nicht zu beneiden!
Dann darfst du mir vielleicht ihn streitig machen.
Ich acht' ihn heilig und das höchste Gut:
Doch zeige mir den Mann, der das erreicht,
Wornach ich strebe, zeige mir den Helden,
Von dem mir die Geschichten nur erzählten;
Den Dichter stell' mir vor, der sich Homeren,
Virgilen sich vergleichen darf, ja, was
Noch mehr gesagt ist, zeige mir den Mann,
Der dreifach diesen Lohn verdiente, den
Die schöne Krone dreifach mehr als mich
Beschämte: dann sollst du mich kniend sehn
Vor jener Gottheit, die mich so begabte;
Nicht eher stünd' ich auf, bis sie die Zierde
Von meinem Haupt auf seins hinüber drückte.

ANTONIO Bis dahin bleibst du freilich ihrer wert.

TASSO Man wäge mich, das will ich nicht vermeiden;
Allein Verachtung hab' ich nicht verdient.
Die Krone, der mein Fürst mich würdig achtete,
Die meiner Fürstin Hand für mich gewunden,
Soll keiner mir bezweifeln noch begrinsen!

ANTONIO Es ziemt der hohe Ton, die rasche Glut
Nicht dir zu mir, noch dir an diesem Orte.
TASSO Was du dir hier erlaubst, das ziemt auch mir.
Und ist die Wahrheit wohl von hier verbannt?
Ist im Palast der freie Geist gekerkert?
Hat hier ein edler Mensch nur Druck zu dulden?
Mich dünkt, hier ist die Hoheit erst an ihrem Platz,
Der Seele Hoheit! Darf sie sich der Nähe
Der Großen dieser Erde nicht erfreun?
Sie darf's und soll's. Wir nahen uns dem Fürsten
Durch Adel nur, der uns von Vätern kam;
Warum nicht durch's Gemüt, das die Natur
Nicht jedem groß verlieh, wie sie nicht jedem
Die Reihe großer Ahnherrn geben konnte.
Nur Kleinheit sollte hier sich ängstlich fühlen,
Der Neid, der sich zu seiner Schande zeigt:
Wie keiner Spinne schmutziges Gewebe
An diesen Marmorwänden haften soll.
ANTONIO Du zeigst mir selbst mein Recht dich zu verschmähn!
Der übereilte Knabe will des Manns
Vertraun und Freundschaft mit Gewalt ertrotzen?
Unsittlich wie du bist, hältst du dich gut?
TASSO Viel lieber, was ihr euch unsittlich nennt,
Als was ich mir unedel nennen müßte.
ANTONIO Du bist noch jung genug, daß gute Zucht
Dich eines bessern Wegs belehren kann.
TASSO Nicht jung genug, vor Götzen mich zu neigen,
Und Trotz mit Trotz zu bänd'gen, alt genug.
ANTONIO Wo Lippenspiel und Saitenspiel entscheiden,
Ziehst du als Held und Sieger wohl davon.
TASSO Verwegen wär' es, meine Faust zu rühmen,
Denn sie hat nichts getan; doch ich vertrau' ihr.
ANTONIO Du traust auf Schonung, die dich nur zu sehr
Im frechen Laufe deines Glücks verzog.
TASSO Daß ich erwachsen bin, das fühl' ich nun.
Mit dir am wenigsten hätt' ich gewünscht
Das Wagespiel der Waffen zu versuchen:
Allein du schürest Glut auf Glut, es kocht
Das innre Mark, die schmerzliche Begier
Der Rache siedet schäumend in der Brust.
Bist du der Mann, der du dich rühmst, so steh mir.
ANTONIO Du weißt so wenig wer, als wo du bist.
TASSO Kein Heiligtum heißt uns den Schimpf ertragen.
Du lästerst, *du* entweihest diesen Ort,
Nicht ich, der ich Vertraun, Verehrung, Liebe,
Das schönste Opfer, dir entgegen trug.
Dein Geist verunreint dieses Paradies,

Und deine Worte diesen reinen Saal,
Nicht meines Herzens schwellendes Gefühl,
Das braus't, den kleinsten Flecken nicht zu leiden.
ANTONIO Welch hoher Geist in einer engen Brust!
TASSO Hier ist noch Raum dem Busen Luft zu machen.
ANTONIO Es macht das Volk sich auch mit Worten Luft.
TASSO Bist du ein Edelmann wie ich, so zeig' es.
ANTONIO Ich bin es wohl, doch weiß ich wo ich bin.
TASSO Komm mit herab, wo unsre Waffen gelten.
ANTONIO Wie du nicht fordern solltest, folg' ich nicht.
TASSO Der Feigheit ist solch Hindernis willkommen.
ANTONIO Der Feige droht nur, wo er sicher ist.
TASSO Mit Freuden kann ich diesem Schutz entsagen.
ANTONIO Vergib dir nur, dem Ort vergibst du nichts.
TASSO Verzeihe mir der Ort, daß ich es litt.
(Er zieht den Degen.)
Zieh oder folge, wenn ich nicht auf ewig,
Wie ich dich hasse, dich verachten soll!

Vierter Auftritt

ALPHONS. DIE VORIGEN.

ALPHONS In welchem Streit treff' ich euch unerwartet?
ANTONIO Du findest mich, o Fürst, gelassen stehn
Vor einem, den die Wut ergriffen hat.
TASSO Ich bete dich als eine Gottheit an,
Daß du mit Einem Blick mich warnend bändigst.
ALPHONS Erzähl', Antonio, Tasso, sag' mir an,
Wie hat der Zwist sich in mein Haus gedrungen?
Wie hat er euch ergriffen, von der Bahn
Der Sitten, der Gesetze kluge Männer
Im Taumel weggerissen? Ich erstaune.
TASSO Du kennst uns beide nicht, ich glaub' es wohl.
Hier dieser Mann, berühmt als klug und sittlich,
Hat roh und hämisch, wie ein unerzogner
Unedler Mensch, sich gegen mich betragen.
Zutraulich naht' ich ihm, er stieß mich weg;
Beharrlich liebend drang ich mich zu ihm,
Und bitter, immer bittrer ruht' er nicht,
Bis er den reinsten Tropfen Bluts in mir
Zu Galle wandelte. Verzeih! Du hast mich hier
Als einen Wütenden getroffen. Dieser
Hat alle Schuld, wenn ich mich schuldig machte.
Er hat die Glut gewaltsam angefacht,
Die mich ergriff und mich und ihn verletzte.
ANTONIO Ihn riß der hohe Dichterschwung hinweg!

Du hast, o Fürst, zuerst mich angeredet,
Hast mich gefragt: es sei mir nun erlaubt,
Nach diesem raschen Redner auch zu sprechen.

TASSO O ja, erzähl', erzähl' von Wort zu Wort!
Und kannst du jede Silbe, jede Miene
Vor diesen Richter stellen, wag' es nur!
Beleidige dich selbst zum zweitenmale,
Und zeuge wider dich! Dagegen will
Ich keinen Hauch und keinen Pulsschlag leugnen.

ANTONIO Wenn du noch mehr zu reden hast, so sprich:
Wo nicht, so schweig' und unterbrich mich nicht.
Ob ich, mein Fürst, ob dieser heiße Kopf
Den Streit zuerst begonnen? wer es sei,
Der Unrecht hat? ist eine weite Frage,
Die wohl zuvörderst noch auf sich beruht.

TASSO Wie das? Mich dünkt, das ist die erste Frage,
Wer von uns beiden Recht und Unrecht hat.

ANTONIO Nicht ganz, wie sich's der unbegränzte Sinn
Gedenken mag.

ALPHONS Antonio!

ANTONIO Gnädigster,
Ich ehre deinen Wink, doch laß ihn schweigen:
Hab' ich gesprochen, mag er weiter reden;
Du wirst entscheiden. Also sag' ich nur:
Ich kann mit ihm nicht rechten, kann ihn weder
Verklagen, noch mich selbst verteid'gen, noch
Ihm jetzt genug zu tun mich anerbieten.
Denn wie er steht, ist er kein freier Mann.
Es waltet über ihm ein schwer Gesetz,
Das deine Gnade höchstens lindern wird.
Er hat mir hier gedroht, hat mich gefordert;
Vor dir verbarg er kaum das nackte Schwert.
Und tratst du, Herr, nicht zwischen uns herein,
So stünde jetzt auch ich als pflichtvergessen,
Mitschuldig und beschämt vor deinem Blick.

ALPHONS *(zu Tasso).*
Du hast nicht wohl getan.

TASSO Mich spricht, o Herr,
Mein eigen Herz, gewiß auch deines frei.
Ja, es ist wahr, ich drohte, forderte,
Ich zog. Allein, wie tückisch seine Zunge
Mit wohlgewählten Worten mich verletzt,
Wie scharf und schnell sein Zahn das feine Gift
Mir in das Blut geflößt, wie er das Fieber
Nur mehr und mehr erhitzt — du denkst es nicht!
Gelassen, kalt, hat er mich ausgehalten,
Auf's höchste mich getrieben. O! du kennst,

Du kennst ihn nicht, und wirst ihn niemals kennen!
Ich trug ihm warm die schönste Freundschaft an;
Er warf mir meine Gaben vor die Füße;
Und hätte meine Seele nicht geglüht,
So war sie deiner Gnade, deines Dienstes
Auf ewig unwert. Hab' ich des Gesetzes
Und dieses Orts vergessen, so verzeih.
Auf keinem Boden darf ich niedrig sein,
Erniedrigung auf keinem Boden dulden.
Wenn dieses Herz, es sei auch wo es will,
Dir fehlt und sich, dann strafe, dann verstoße,
Und laß mich nie dein Auge wiedersehn.

ANTONIO Wie leicht der Jüngling schwere Lasten trägt,
Und Fehler wie den Staub vom Kleide schüttelt!
Es wäre zu verwundern, wenn die Zauberkraft
Der Dichtung nicht bekannter wäre, die
Mit dem Unmöglichen so gern ihr Spiel
Zu treiben liebt. Ob du auch so, mein Fürst,
Ob alle deine Diener diese Tat
So unbedeutend halten, zweifl' ich fast.
Die Majestät verbreitet ihren Schutz
Auf jeden, der sich ihr wie einer Gottheit
Und ihrer unverletzten Wohnung naht.
Wie an dem Fuße des Altars, bezähmt
Sich auf der Schwelle jede Leidenschaft.
Da blinkt kein Schwert, da fällt kein drohend Wort,
Da fordert selbst Beleid'gung keine Rache.
Es bleibt das weite Feld ein offner Raum
Für Grimm und Unversöhnlichkeit genug.
Dort wird kein Feiger drohn, kein Mann wird fliehn.
Hier diese Mauern haben deine Väter
Auf Sicherheit gegründet, ihrer Würde
Ein Heiligtum befestigt, diese Ruhe
Mit schweren Strafen ernst und klug erhalten;
Verbannung, Kerker, Tod ergriff den Schuldigen,
Da war kein Ansehn der Person, es hielt
Die Milde nicht den Arm des Rechts zurück;
Und selbst der Frevler fühlte sich geschreckt.
Nun sehen wir nach langem schönem Frieden
In das Gebiet der Sitten rohe Wut
Im Taumel wiederkehren. Herr, entscheide,
Bestrafe! denn wer kann in seiner Pflicht
Beschränkten Gränzen wandeln, schützet ihn
Nicht das Gesetz und seines Fürsten Kraft?

ALPHONS Mehr als ihr beide sagt und sagen könnt,
Läßt unparteiisch das Gemüt mich hören.
Ihr hättet schöner eure Pflicht getan,

Wenn ich dies Urteil nicht zu sprechen hätte.
Denn hier sind Recht und Unrecht nah verwandt.
Wenn dich Antonio beleidigt hat,
So hat er dir auf irgend eine Weise
Genug zu tun, wie du es fordern wirst.
Mir wär' es lieb, ihr wähltet mich zum Austrag.
Indessen, dein Vergehen macht, o Tasso,
Dich zum Gefangnen. Wie ich dir vergebe:
So lindr' ich das Gesetz um deinetwillen.
Verlaß uns, Tasso! Bleib auf deinem Zimmer,
Von dir und mit dir selbst allein bewacht.

TASSO Ist dies, o Fürst, dein richterlicher Spruch?

ANTONIO Erkennest du des Vaters Milde nicht?

TASSO *(zu Antonio).*
Mit dir hab' ich vorerst nichts mehr zu reden.
(Zu Alphons.)
O Fürst, es übergibt dein ernstes Wort
Mich Freien der Gefangenschaft. Es sei!
Du hältst es Recht. Dein heilig Wort verehrend,
Heiß' ich mein innres Herz im tiefsten schweigen.
Es ist mir neu, so neu, daß ich fast dich
Und mich und diesen schönen Ort nicht kenne.
Doch diesen kenn' ich wohl — Gehorchen will ich,
Ob ich gleich hier noch manches sagen könnte,
Und sagen sollte. Mir verstummt die Lippe.
War's ein Verbrechen? Wenigstens es scheint,
Ich bin als ein Verbrecher angesehn.
Und, was mein Herz auch sagt, ich bin gefangen.

ALPHONS Du nimmst es höher, Tasso, als ich selbst.

TASSO Mir bleibt es unbegreiflich wie es ist;
Zwar unbegreiflich nicht, ich bin kein Kind;
Ich meine fast, ich müßt' es denken können.
Auf einmal winkt mich eine Klarheit an,
Doch augenblicklich schließt sich's wieder zu,
Ich höre nur mein Urteil, beuge mich.
Das sind zu viel vergebne Worte schon!
Gewöhne dich von nun an zu gehorchen;
Ohnmächt'ger! du vergaßest wo du standst;
Der Götter Saal schien dir auf gleicher Erde,
Nun überwältigt dich der jähe Fall:
Gehorche gern, denn es geziemt dem Manne,
Auch willig das Beschwerliche zu tun.
Hier nimm den Degen erst, den du mir gabst,
Als ich dem Kardinal nach Frankreich folgte;
Ich führt' ihn nicht mit Ruhm, doch nicht mit Schande,
Auch heute nicht. Der hoffnungsvollen Gabe
Entäußr' ich mich mit tief gerührtem Herzen.

ALPHONS Wie ich zu dir gesinnt bin fühlst du nicht.
TASSO Gehorchen ist mein Los und nicht zu denken!
Und leider eines herrlichern Geschenks
Verleugnung fordert das Geschick von mir.
Die Krone kleidet den Gefangnen nicht:
Ich nehme selbst von meinem Haupt die Zierde,
Die für die Ewigkeit gegönnt mir schien.
Zu früh war mir das schönste Glück verliehen,
Und wird, als hätt' ich sein mich überhoben,
Mir nur zu bald geraubt.
Du nimmst dir selbst, was keiner nehmen konnte,
Und was kein Gott zum zweitenmale gibt.
Wir Menschen werden wunderbar geprüft;
Wir könnten's nicht ertragen, hätt' uns nicht
Den holden Leichtsinn die Natur verliehn.
Mit unschätzbaren Gütern lehret uns
Verschwenderisch die Not gelassen spielen:
Wir öffnen willig unsre Hände, daß
Unwiederbringlich uns ein Gut entschlüpfe.
Mit diesem Kuß vereint sich eine Träne,
Und weiht dich der Vergänglichkeit! Es ist
Erlaubt, das holde Zeichen unsrer Schwäche.
Wer weinte nicht, wenn das Unsterbliche
Vor der Zerstörung selbst nicht sicher ist?
Geselle dich zu diesem Degen, der
Dich leider nicht erwarb, um ihn geschlungen,
Ruhe, wie auf dem Sarg der Tapfern, auf
Dem Grabe meines Glücks und meiner Hoffnung!
Hier leg' ich beide willig dir zu Füßen;
Denn wer ist wohl gewaffnet, wenn du zürnst?
Und wer geschmückt, o Herr, den du verkennst?
Gefangen geh' ich, warte des Gerichts.
(Auf des Fürsten Wink hebt ein Page den Degen mit dem Kranze auf und trägt ihn weg.)

Fünfter Auftritt

ALPHONS. ANTONIO.

ANTONIO Wo schwärmt der Knabe hin? Mit welchen Farben
Malt er sich seinen Wert und sein Geschick?
Beschränkt und unerfahren hält die Jugend
Sich für ein einzig auserwähltes Wesen,
Und alles über alle sich erlaubt.
Er fühle sich gestraft und strafen heißt
Dem Jüngling wohltun, daß der Mann uns danke.

ALPHONS Er ist gestraft, ich fürchte, nur zu viel.
ANTONIO Wenn du gelind mit ihm verfahren magst,
So gib, o Fürst, ihm seine Freiheit wieder,
Und unsern Zwist entscheide dann das Schwert.
ALPHONS Wenn es die Meinung fordert, mag es sein.
Doch sprich, wie hast du seinen Zorn gereizt?
ANTONIO Ich wüßte kaum zu sagen, wie's geschah.
Als Menschen hab' ich ihn vielleicht gekränkt,
Als Edelmann hab' ich ihn nicht beleidigt,
Und seinen Lippen ist im größten Zorn
Kein sittenloses Wort entflohn.
ALPHONS So schien
Mir euer Streit, und was ich gleich gedacht,
Bekräftigt deine Rede mir noch mehr.
Wenn Männer sich entzweien, hält man billig
Den Klügsten für den Schuldigen. Du solltest
Mit ihm nicht zürnen; ihn zu leiten stünde
Dir besser an. Noch immer ist es Zeit:
Hier ist kein Fall, der euch zu streiten zwänge.
So lang mir Friede bleibt, so lange wünsch' ich
In meinem Haus ihn zu genießen. Stelle
Die Ruhe wieder her; du kannst es leicht.
Lenore Sanvitale mag ihn erst
Mit zarter Lippe zu besänft'gen suchen:
Dann tritt zu ihm, gib ihm in meinem Namen
Die volle Freiheit wieder, und gewinne
Mit edeln wahren Worten sein Vertraun.
Verrichte das, sobald du immer kannst;
Du wirst als Freund und Vater mit ihm sprechen.
Noch eh' wir scheiden, will ich Friede wissen,
Und dir ist nichts unmöglich, wenn du willst.
Wir bleiben lieber eine Stunde länger,
Und lassen dann die Frauen sanft vollenden,
Was du begannst; und kehren wir zurück,
So haben sie von diesem raschen Eindruck
Die letzte Spur vertilgt. Es scheint, Antonio,
Du willst nicht aus der Übung kommen! Du
Hast Ein Geschäft kaum erst vollendet, nun
Kehrst du zurück und schaffst dir gleich ein neues.
Ich hoffe, daß auch dieses dir gelingt.
ANTONIO Ich bin beschämt, und seh' in deinen Worten,
Wie in dem klarsten Spiegel meine Schuld!
Gar leicht gehorcht man einem edlen Herrn,
Der überzeugt, indem er uns gebietet.

DRITTER AUFZUG

Erster Auftritt

PRINZESSIN *(allein).* Wo bleibt Eleonore? Schmerzlicher
Bewegt mir jeden Augenblick die Sorge
Das tiefste Herz. Kaum weiß ich was geschah,
Kaum weiß ich wer von beiden schuldig ist.
O daß sie käme! Möcht' ich doch nicht gern
Den Bruder nicht, Antonio nicht sprechen,
Eh' ich gefaßter bin, eh' ich vernommen,
Wie alles steht, und was es werden kann.

Zweiter Auftritt

PRINZESSIN. LEONORE.

PRINZESSIN Was bringst du, Leonore? Sag' mir an:
Wie steht's um unsre Freunde? Was geschah?
LEONORE Mehr als wir wissen hab' ich nicht erfahren.
Sie trafen hart zusammen, Tasso zog,
Dein Bruder trennte sie: allein es scheint,
Als habe Tasso diesen Streit begonnen.
Antonio geht frei umher und spricht
Mit seinem Fürsten; Tasso bleibt dagegen
Verbannt in seinem Zimmer und allein.
PRINZESSIN Gewiß hat ihn Antonio gereizt,
Den Hochgestimmten kalt und fremd beleidigt.
LEONORE Ich glaub' es selbst. Denn eine Wolke stand,
Schon als er zu uns trat, um seine Stirn.
PRINZESSIN Ach daß wir doch dem reinen stillen Wink
Des Herzens nachzugehn so sehr verlernen!
Ganz leise spricht ein Gott in unsrer Brust,
Ganz leise, ganz vernehmlich, zeigt uns an,
Was zu ergreifen ist und was zu fliehn.
Antonio erschien mir heute früh
Viel schroffer noch als je, in sich gezogner.
Es warnte mich mein Geist, als neben ihn
Sich Tasso stellte. Sieh das Äußre nur
Von beiden an, das Angesicht, den Ton,
Den Blick, den Tritt! Es widerstrebt sich alles;
Sie können ewig keine Liebe wechseln.
Doch überredete die Hoffnung mich,
Die Gleisnerin: sie sind vernünftig beide,
Sind edel, unterrichtet, deine Freunde;
Und welch ein Band ist sichrer als der Guten?
Ich trieb den Jüngling an; er gab sich ganz;

Wie schön, wie warm ergab er ganz sich mir!
O hätt' ich gleich Antonio gesprochen!
Ich zauderte; es war nur kurze Zeit;
Ich scheute mich, gleich mit den ersten Worten,
Und dringend ihm den Jüngling zu empfehlen;
Verließ auf Sitte mich und Höflichkeit,
Auf den Gebrauch der Welt, der sich so glatt
Selbst zwischen Feinde legt; befürchtete
Von dem geprüften Manne diese Jähe
Der raschen Jugend nicht. Es ist geschehn!
Das Übel stand mir fern, nun ist es da.
O gib mir einen Rat! Was ist zu tun?

LEONORE Wie schwer zu raten sei, das fühlst du selbst
Nach dem, was du gesagt. Es ist nicht hier
Ein Mißverständnis zwischen Gleichgestimmten;
Das stellen Worte, ja im Notfall stellen
Es Waffen leicht und glücklich wieder her.
Zwei Männer sind's, ich hab' es lang gefühlt,
Die darum Feinde sind, weil die Natur
Nicht Einen Mann aus ihnen beiden formte.
Und wären sie zu ihrem Vorteil klug,
So würden sie als Freunde sich verbinden;
Dann stünden sie für *einen* Mann und gingen
Mit Macht und Glück und Lust durch's Leben hin.
So hofft' ich selbst, nun seh' ich wohl, umsonst.
Der Zwist von heute, sei er wie er sei,
Ist beizulegen: doch das sichert uns
Nicht für die Zukunft, für den Morgen nicht.
Es wär' am besten, dächt' ich, Tasso reis'te
Auf eine Zeit von hier; er könnte ja
Nach Rom, auch nach Florenz sich wenden; dort
Träf' ich in wenig Wochen ihn, und könnte
Auf sein Gemüt als eine Freundin wirken.
Du würdest hier indessen den Antonio,
Der uns so fremd geworden, dir auf's neue
Und deinen Freunden näher bringen: so
Gewährte das, was itzt unmöglich scheint,
Die gute Zeit vielleicht, die vieles gibt.

PRINZESSIN Du willst dich in Genuß, o Freundin, setzen,
Ich soll entbehren; heißt das billig sein?

LEONORE Entbehren wirst du nichts, als was du doch
In diesem Falle nicht genießen könntest.

PRINZESSIN So ruhig soll ich einen Freund verbannen?

LEONORE Erhalten, den du nur zum Schein verbannst.

PRINZESSIN Mein Bruder wird ihn nicht mit Willen lassen.

LEONORE Wenn er es sieht wie wir, so gibt er nach.

PRINZESSIN Es ist so schwer, im Freunde sich verdammen.

LEONORE Und dennoch rettest du den Freund in dir.
PRINZESSIN Ich gebe nicht mein Ja, das es geschehe.
LEONORE So warte noch ein größres Übel ab.
PRINZESSIN Du peinigst mich, und weißt nicht ob du nützest.
LEONORE Wir werden bald entdecken, wer sich irrt.
PRINZESSIN Und soll es sein, so frage mich nicht länger.
LEONORE Wer sich entschließen kann, besiegt den Schmerz.
PRINZESSIN Entschlossen bin ich nicht, allein es sei,
Wenn er sich nicht auf lange Zeit entfernt—
Und laß uns für ihn sorgen, Leonore,
Daß er nicht Mangel etwa künftig leide,
Daß ihm der Herzog seinen Unterhalt
Auch in der Ferne willig reichen lasse.
Sprich mit Antonio, denn er vermag
Bei meinem Bruder viel, und wird den Streit
Nicht unserm Freund und uns gedenken wollen.
LEONORE Ein Wort von dir, Prinzessin, gälte mehr.
PRINZESSIN Ich kann, du weißt es, meine Freundin, nicht
Wie's meine Schwester von Urbino kann,
Für mich und für die Meinen was erbitten.
Ich lebe gern so stille vor mich hin,
Und nehme von dem Bruder dankbar an,
Was er mir immer geben kann und will.
Ich habe sonst darüber manchen Vorwurf
Mir selbst gemacht; nun hab' ich überwunden.
Es schalt mich eine Freundin oft darum:
Du bist uneigennützig, sagte sie,
Das ist recht schön: allein so sehr bist du's,
Daß du auch das Bedürfnis deiner Freunde
Nicht recht empfinden kannst. Ich lass' es gehn,
Und muß denn eben diesen Vorwurf tragen.
Um desto mehr erfreut es mich, daß ich
Nun in der Tat dem Freunde nützen kann;
Es fällt mir meiner Mutter Erbschaft zu,
Und gerne will ich für ihn sorgen helfen.
LEONORE Und ich, o Fürstin, finde mich im Falle,
Daß ich als Freundin auch mich zeigen kann.
Er ist kein guter Wirt; wo es ihm fehlt,
Werd' ich ihm schon geschickt zu helfen wissen.
PRINZESSIN So nimm ihn weg, und, soll ich ihn entbehren,
Vor allen andern sei er dir gegönnt:
Ich seh' es wohl, so wird es besser sein.
Muß ich denn wieder diesen Schmerz als gut
Und heilsam preisen? Das war mein Geschick
Von Jugend auf; ich bin nun dran gewöhnt.
Nur halb ist der Verlust des schönsten Glücks,
Wenn wir auf den Besitz nicht sicher zählten.

LEONORE Ich hoffe, dich so schön du es verdienst
Glücklich zu sehn.
PRINZESSIN Eleonore! Glücklich?
Wer ist denn glücklich? — Meinen Bruder zwar
Möcht' ich so nennen, denn sein großes Herz
Trägt sein Geschick mit immer gleichem Mut;
Allein was er verdient, das ward ihm nie.
Ist meine Schwester von Urbino glücklich?
Das schöne Weib, das edle große Herz!
Sie bringt dem jüngern Manne keine Kinder;
Er achtet sie, und läßt sie's nicht entgelten,
Doch keine Freude wohnt in ihrem Haus.
Was half denn unsrer Mutter ihre Klugheit?
Die Kenntnis jeder Art, ihr großer Sinn?
Konnt' er sie vor dem fremden Irrtum schützen?
Man nahm uns von ihr weg: nun ist sie tot;
Sie ließ uns Kindern nicht den Trost, daß sie
Mit ihrem Gott versöhnt gestorben sei.
LEONORE O blicke nicht nach dem, was jedem fehlt;
Betrachte, was noch einem jeden bleibt!
Was bleibt nicht dir, Prinzessin?
PRINZESSIN Was mir bleibt?
Geduld, Eleonore! Üben konnt' ich die
Von Jugend auf. Wenn Freunde, wenn Geschwister
Bei Fest und Spiel gesellig sich erfreuten,
Hielt Krankheit mich auf meinem Zimmer fest,
Und in Gesellschaft mancher Leiden mußt'
Ich früh entbehren lernen. Eines war,
Was in der Einsamkeit mich schön ergetzte,
Die Freude des Gesangs; ich unterhielt
Mich mit mir selbst, ich wiegte Schmerz und Sehnsucht
Und jeden Wunsch mit leisen Tönen ein.
Da wurde Leiden oft Genuß, und selbst
Das traurige Gefühl zur Harmonie.
Nicht lang war mir dies Glück gegönnt, auch dieses
Nahm mir der Arzt hinweg: sein streng Gebot
Hieß mich verstummen; leben sollt' ich, leiden,
Den einz'gen kleinen Trost sollt' ich entbehren.
LEONORE So viele Freunde fanden sich zu dir,
Und nun bist du gesund, bist lebensfroh.
PRINZESSIN Ich bin gesund, das heißt, ich bin nicht krank;
Und manche Freunde hab' ich, deren Treue
Mich glücklich macht. Auch hatt' ich einen Freund —
LEONORE Du hast ihn noch.
PRINZESSIN Und werd' ihn bald verlieren.
Der Augenblick, da ich zuerst ihn sah,
War viel bedeutend. Kaum erholt' ich mich

Von manchen Leiden; Schmerz und Krankheit waren
Kaum erst gewichen; still bescheiden blickt' ich
In's Leben wieder, freute mich des Tags
Und der Geschwister wieder, sog beherzt
Der süßen Hoffnung reinsten Balsam ein.
Ich wagt' es vorwärts in das Leben weiter
Hinein zu sehn, und freundliche Gestalten
Begegneten mir aus der Ferne. Da,
Eleonore, stellte mir den Jüngling
Die Schwester vor; er kam an ihrer Hand,
Und, daß ich dir's gestehe, da ergriff
Ihn mein Gemüt und wird ihn ewig halten.

LEONORE O meine Fürstin, laß dich's nicht gereuen!
Das Edle zu erkennen ist Gewinst,
Der nimmer uns entrissen werden kann.

PRINZESSIN Zu fürchten ist das Schöne, das Fürtreffliche,
Wie eine Flamme, die so herrlich nützt,
So lange sie auf deinem Herde brennt,
So lang sie dir von einer Fackel leuchtet,
Wie hold! wer mag, wer kann sie da entbehren?
Und frißt sie ungehütet um sich her,
Wie elend kann sie machen! Laß mich nun.
Ich bin geschwätzig, und verbärge besser
Auch selbst vor dir, wie schwach ich bin und krank.

LEONORE Die Krankheit des Gemütes löset sich
In Klagen und Vertraun am leicht'sten auf.

PRINZESSIN Wenn das Vertrauen heilt, so heil' ich bald;
Ich hab' es rein und hab' es ganz zu dir.
Ach meine Freundin! Zwar ich bin entschlossen:
Er scheide nur! Allein ich fühle schon
Den langen ausgedehnten Schmerz der Tage, wenn
Ich nun entbehren soll, was mich erfreute.
Die Sonne hebt von meinen Augenlidern
Nicht mehr sein schön verklärtes Traumbild auf;
Die Hoffnung ihn zu sehen füllt nicht mehr
Den kaum erwachten Geist mit froher Sehnsucht;
Mein erster Blick hinab in unsre Gärten
Sucht ihn vergebens in dem Tau der Schatten.
Wie schön befriedigt fühlte sich der Wunsch
Mit ihm zu sein an jedem heitern Abend!
Wie mehrte sich im Umgang das Verlangen
Sich mehr zu kennen, mehr sich zu verstehn!
Und täglich stimmte das Gemüt sich schöner
Zu immer reinern Harmonien auf.
Welch eine Dämmrung fällt nun vor mir ein!
Der Sonne Pracht, das fröhliche Gefühl
Des hohen Tags, der tausendfachen Welt

Glanzreiche Gegenwart ist öd' und tief
Im Nebel eingehüllt, der mich umgibt.
Sonst war mir jeder Tag ein ganzes Leben;
Die Sorge schwieg, die Ahnung selbst verstummte,
Und glücklich eingeschifft, trug uns der Strom
Auf leichten Wellen ohne Ruder hin:
Nun überfällt in trüber Gegenwart
Der Zukunft Schrecken heimlich meine Brust.

LEONORE Die Zukunft gibt dir deine Freunde wieder,
Und bringt dir neue Freude, neues Glück.

PRINZESSIN Was ich besitze, mag ich gern bewahren:
Der Wechsel unterhält, doch nutzt er kaum.
Mit jugendlicher Sehnsucht griff ich nie
Begierig in den Lostopf fremder Welt,
Für mein bedürfend unerfahren Herz
Zufällig einen Gegenstand zu haschen.
Ihn mußt' ich ehren, darum liebt' ich ihn;
Ich mußt' ihn lieben, weil mit ihm mein Leben
Zum Leben ward, wie ich es nie gekannt.
Erst sagt' ich mir, entferne dich von ihm!
Ich wich und wich und kam nur immer näher,
So lieblich angelockt, so hart bestraft!
Ein reines wahres Gut verschwindet mir,
Und meiner Sehnsucht schiebt ein böser Geist
Statt Freud' und Glück verwandte Schmerzen unter.

LEONORE Wenn einer Freundin Wort nicht trösten kann;
So wird die stille Kraft der schönen Welt,
Der guten Zeit dich unbemerkt erquicken.

PRINZESSIN Wohl ist sie schön die Welt! In ihrer Weite
Bewegt sich so viel Gutes hin und her.
Ach, daß es immer nur um einen Schritt
Von uns sich zu entfernen scheint,
Und unsre bange Sehnsucht durch das Leben,
Auch Schritt vor Schritt, bis nach dem Grabe lockt!
So selten ist es daß die Menschen finden,
Was ihnen doch bestimmt gewesen schien,
So selten, daß sie das erhalten, was
Auch einmal die beglückte Hand ergriff!
Es reißt sich los was erst sich uns ergab,
Wir lassen los was wir begierig faßten.
Es gibt ein Glück, allein wir kennen's nicht:
Wir kennen's wohl, und wissen's nicht zu schätzen.

Dritter Auftritt

LEONORE *(allein).* Wie jammert mich das edle schöne Herz!
Welch traurig Los, das ihrer Hoheit fällt!
Ach sie verliert — und denkst du zu gewinnen?
Ist's denn so nötig, daß er sich entfernt?
Machst du es nötig, um allein für dich
Das Herz und die Talente zu besitzen,
Die du bisher mit einer andern teilst,
Und ungleich teilst? Ist's redlich so zu handeln?
Bist du nicht reich genug? Was fehlt dir noch?
Gemahl und Sohn und Güter, Rang und Schönheit,
Das hast du alles, und du willst noch ihn
Zu diesem allen haben? Liebst du ihn?
Was ist es sonst, warum du ihn nicht mehr
Entbehren magst? Du darfst es dir gestehn. —
Wie reizend ist's, in seinem schönen Geiste
Sich selber zu bespiegeln! Wird ein Glück
Nicht doppelt groß und herrlich, wenn sein Lied
Uns wie auf Himmels-Wolken trägt und hebt?
Dann bist du erst beneidenswert! Du bist,
Du hast das nicht allein, was viele wünschen;
Es weiß, es kennt auch jeder, was du hast!
Dich nennt dein Vaterland und sieht auf dich,
Das ist der höchste Gipfel jedes Glücks.
Ist *Laura* denn allein der Name, der
Von allen zarten Lippen klingen soll?
Und hatte nur Petrarch allein das Recht,
Die unbekannte Schöne zu vergöttern?
Wo ist ein Mann, der meinem Freunde sich
Vergleichen darf? Wie ihn die Welt verehrt,
So wird die Nachwelt ihn verehrend nennen.
Wie herrlich ist's, im Glanze dieses Lebens
Ihn an der Seite haben! so mit ihm
Der Zukunft sich mit leichtem Schritte nahn!
Alsdann vermag die Zeit, das Alter nichts
Auf dich, und nichts der freche Ruf,
Der hin und her des Beifalls Woge treibt:
Das was vergänglich ist, bewahrt sein Lied.
Du bist noch schön, noch glücklich, wenn schon lange
Der Kreis der Dinge dich mit fortgerissen.
Du mußt ihn haben, und ihr nimmst du nichts:
Denn ihre Neigung zu dem werten Manne
Ist ihren andern Leidenschaften gleich.
Sie leuchten, wie der stille Schein des Monds
Dem Wandrer spärlich auf dem Pfad zu Nacht;
Sie wärmen nicht, und gießen keine Lust

Noch Lebensfreud' umher. Sie wird sich freuen,
Wenn sie ihn fern, wenn sie ihn glücklich weiß,
Wie sie genoß, wenn sie ihn täglich sah.
Und dann, ich will mit meinem Freunde nicht
Von ihr und diesem Hofe mich verbannen:
Ich komme wieder, und ich bring' ihn wieder.
So soll es sein! — Hier kommt der rauhe Freund;
Wir wollen sehn, ob wir ihn zähmen können.

Vierter Auftritt

LEONORE. ANTONIO.

LEONORE Du bringst uns Krieg statt Frieden: scheint es doch,
Du kommst aus einem Lager, einer Schlacht,
Wo die Gewalt regiert, die Faust entscheidet,
Und nicht von Rom, wo feierliche Klugheit
Die Hände segnend hebt, und eine Welt
Zu ihren Füßen sieht, die gern gehorcht.
ANTONIO Ich muß den Tadel, schöne Freundin dulden,
Doch die Entschuld'gung liegt nicht weit davon.
Es ist gefährlich, wenn man allzu lang
Sich klug und mäßig zeigen muß. Es lauert
Der böse Genius dir an der Seite,
Und will gewaltsam auch von Zeit zu Zeit
Ein Opfer haben. Leider hab' ich's diesmal
Auf meiner Freunde Kosten ihm gebracht.
LEONORE Du hast um fremde Menschen dich so lang
Bemüht und dich nach ihrem Sinn gerichtet:
Nun, da du deine Freunde wieder siehst,
Verkennst du sie, und rechtest wie mit Fremden.
ANTONIO Da liegt, geliebte Freundin, die Gefahr!
Mit fremden Menschen nimmt man sich zusammen,
Da merkt man auf, da sucht man seinen Zweck
In ihrer Gunst, damit sie nutzen sollen;
Allein bei Freunden läßt man frei sich gehn,
Man ruht in ihrer Liebe, man erlaubt
Sich eine Laune, ungezähmter wirkt
Die Leidenschaft, und so verletzen wir
Am ersten die, die wir am zärtsten lieben.
LEONORE In dieser ruhigen Betrachtung find' ich dich
Schon ganz, mein teurer Freund, mit Freuden wieder.
ANTONIO Ja, mich verdrießt — und ich bekenn' es gern —
Daß ich mich heut so ohne Maß verlor.
Allein gestehe, wenn ein wackrer Mann
Mit heißer Stirn von saurer Arbeit kommt,

Und spät am Abend in ersehnten Schatten
Zu neuer Mühe auszuruhen denkt,
Und findet dann von einem Müßiggänger
Den Schatten breit besessen, soll er nicht
Auch etwas Menschlichs in dem Busen fühlen?

LEONORE Wenn er recht menschlich ist, so wird er auch
Den Schatten gern mit einem Manne teilen,
Der ihm die Ruhe süß, die Arbeit leicht
Durch ein Gespräch, durch holde Töne macht.
Der Baum ist breit, mein Freund, der Schatten gibt,
Und keiner braucht den andern zu verdrängen.

ANTONIO Wir wollen uns, Eleonore, nicht
Mit einem Gleichnis hin und wieder spielen.
Gar viele Dinge sind in dieser Welt,
Die man dem andern gönnt und gerne teilt;
Jedoch es ist ein Schatz, den man allein
Dem Hochverdienten gerne gönnen mag,
Ein andrer, den man mit dem Höchstverdienten
Mit gutem Willen niemals teilen wird —
Und fragst du mich nach diesen beiden Schätzen:
Der Lorbeer ist es und die Gunst der Frauen.

LEONORE Hat jener Kranz um unsers Jünglings Haupt
Den ernsten Mann beleidigt? Hättest du
Für seine Mühe, seine schöne Dichtung
Bescheidnern Lohn doch selbst nicht finden können.
Denn ein Verdienst, das außerirdisch ist,
Das in den Lüften schwebt, in Tönen nur,
In leichten Bildern unsern Geist umgaukelt,
Es wird denn auch mit einem schönen Bilde,
Mit einem holden Zeichen nur belohnt;
Und wenn er selbst die Erde kaum berührt,
Berührt der höchste Lohn ihn kaum das Haupt.
Ein unfruchtbarer Zweig ist das Geschenk,
Das der Verehrer unfruchtbare Neigung
Ihm gerne bringt, damit sie einer Schuld
Auf's leicht'ste sich entlade. Du mißgönnst
Dem Bild des Märtyrers den goldnen Schein
Um's kahle Haupt wohl schwerlich; und gewiß,
Der Lorbeerkranz ist, wo er dir erscheint,
Ein Zeichen mehr des Leidens als des Glücks.

ANTONIO Will etwa mich dein liebenswürd'ger Mund
Die Eitelkeit der Welt verachten lehren?

LEONORE Ein jedes Gut nach seinem Wert zu schätzen,
Brauch' ich dich nicht zu lehren. Aber doch,
Es scheint, von Zeit zu Zeit bedarf der Weise
So sehr wie andre, daß man ihm die Güter,
Die er besitzt, im rechten Lichte zeige.

Du, edler Mann, du wirst an ein Phantom
Von Gunst und Ehre keinen Anspruch machen.
Der Dienst, mit dem du deinem Fürsten dich,
Mit dem du deine Freunde dir verbindest,
Ist wirkend, ist lebendig, und so muß
Der Lohn auch wirklich und lebendig sein.
Dein Lorbeer ist das fürstliche Vertraun,
Das auf den Schultern dir, als liebe Last,
Gehäuft und leicht getragen ruht; es ist
Dein Ruhm das allgemeine Zutraun.
ANTONIO Und von der Gunst der Frauen sagst du nichts,
Die willst du mir doch nicht entbehrlich schildern?
LEONORE Wie man es nimmt. Denn du entbehrst sie nicht,
Und leichter wäre sie dir zu entbehren,
Als sie es jenem guten Mann nicht ist.
Denn sag', geläng' es einer Frau, wenn sie
Nach ihrer Art für dich zu sorgen dächte,
Mit dir sich zu beschäft'gen unternähme?
Bei dir ist alles Ordnung, Sicherheit;
Du sorgst für dich, wie du für andre sorgst,
Du hast was man dir geben möchte. Jener
Beschäftigt uns in unserm eignen Fache.
Ihm fehlt's an tausend Kleinigkeiten, die
Zu schaffen eine Frau sich gern bemüht.
Das schönste Leinenzeug, ein seiden Kleid
Mit etwas Stickerei, das trägt er gern.
Er sieht sich gern geputzt, vielmehr, er kann
Unedlen Stoff, der nur den Knecht bezeichnet,
An seinem Leib nicht dulden, alles soll
Ihm fein und gut und schön und edel stehn.
Und dennoch hat er kein Geschick, das alles
Sich anzuschaffen, wenn er es besitzt,
Sich zu erhalten; immer fehlt es ihm
An Geld, an Sorgsamkeit. Bald läßt er da
Ein Stück, bald eines dort. Er kehret nie
Von einer Reise wieder, daß ihm nicht
Ein Dritteil seiner Sachen fehle. Bald
Bestiehlt ihn der Bediente. So, Antonio,
Hat man für ihn das ganze Jahr zu sorgen.
ANTONIO Und diese Sorge macht ihn lieb und lieber.
Glücksel'ger Jüngling, dem man seine Mängel
Zur Tugend rechnet, dem so schön vergönnt ist,
Den Knaben noch als Mann zu spielen, der
Sich seiner holden Schwäche rühmen darf!
Du müßtest mir verzeihen, schöne Freundin,
Wenn ich auch hier ein wenig bitter würde.
Du sagst nicht alles, sagst nicht was er wagt,

Und daß er klüger ist als wie man denkt.
Er rühmt sich zweier Flammen! knüpft und löst
Die Knoten hin und wieder, und gewinnt
Mit *solchen* Künsten *solche* Herzen! Ist's
Zu glauben?
LEONORE Gut! Selbst das beweis't ja schon,
Daß es nur Freundschaft ist, was uns belebt.
Und wenn wir denn auch Lieb' um Liebe tauschten,
Belohnten wir das schöne Herz nicht billig,
Das ganz sich selbst vergißt und hingegeben
Im holden Traum für seine Freunde lebt?
ANTONIO Verwöhnt ihn nur und immer mehr und mehr,
Laßt seine Selbstigkeit für Liebe gelten,
Beleidigt alle Freunde, die sich euch
Mit treuer Seele widmen, gebt dem Stolzen
Freiwilligen Tribut, zerstöret ganz
Den schönen Kreis geselligen Vertrauns!
LEONORE Wir sind nicht so parteiisch wie du glaubst,
Ermahnen unsern Freund in manchen Fällen;
Wir wünschen ihn zu bilden, daß er mehr
Sich selbst genieße, mehr sich zu genießen
Den andern geben könne. Was an ihm
Zu tadeln ist, das bleibt uns nicht verborgen.
ANTONIO Doch lobt ihr vieles was zu tadeln wäre.
Ich kenn' ihn lang, er ist so leicht zu kennen,
Und ist zu stolz sich zu verbergen. Bald
Versinkt er in sich selbst, als wäre ganz
Die Welt in seinem Busen, er sich ganz
In seiner Welt genug, und alles rings
Umher verschwindet ihm. Er läßt es gehn,
Läßt's fallen, stößt's hinweg und ruht in sich —
Auf einmal, wie ein unbemerkter Funke
Die Mine zündet, sei es Freude, Leid,
Zorn oder Grille, heftig bricht er aus:
Dann will er alles fassen, alles halten,
Dann soll geschehn, was er sich denken mag;
In einem Augenblicke soll entstehn,
Was Jahre lang bereitet werden sollte,
In einem Augenblick gehoben sein,
Was Mühe kaum in Jahre lösen könnte.
Er fordert das Unmögliche von sich,
Damit er es von andern fordern dürfe.
Die letzten Enden aller Dinge will
Sein Geist zusammen fassen; das gelingt
Kaum Einem unter Millionen Menschen,
Und er ist nicht der Mann: er fällt zuletzt,
Um nichts gebessert, in sich selbst zurück.

LEONORE Er schadet andern nicht, er schadet sich.
ANTONIO Und doch verletzt er andre nur zu sehr.
Kannst du es leugnen, daß im Augenblick
Der Leidenschaft, die ihn behend ergreift,
Er auf den Fürsten, auf die Fürstin selbst,
Auf wen es sei, zu schmähn, zu lästern wagt?
Zwar, augenblicklich nur; allein genug,
Der Augenblick kommt wieder: er beherrscht
So wenig seinen Mund als seine Brust.
LEONORE Ich sollte denken, wenn er sich von hier
Auf eine kurze Zeit entfernte, sollt'
Es wohl für ihn und andre nützlich sein.
ANTONIO Vielleicht, vielleicht auch nicht. Doch eben jetzt
Ist nicht daran zu denken: denn ich will
Den Fehler nicht auf meine Schultern laden;
Es könnte scheinen, daß ich ihn vertreibe,
Und ich vertreib' ihn nicht. Um meinetwillen
Kann er an unserm Hofe ruhig bleiben;
Und wenn er sich mit mir versöhnen will.
Und wenn er meinen Rat befolgen kann,
So werden wir ganz leidlich leben können.
LEONORE Nun hoffst du selbst auf ein Gemüt zu wirken,
Das dir vor kurzem noch verloren schien.
ANTONIO Wir hoffen immer, und in allen Dingen
Ist besser hoffen als verzweifeln. Denn
Wer kann das Mögliche berechnen? Er
Ist unserm Fürsten wert. Er muß uns bleiben.
Und bilden wir dann auch umsonst an ihm,
So ist er nicht der einz'ge, den wir dulden.
LEONORE So ohne Leidenschaft, so unparteiisch
Glaubt' ich dich nicht. Du hast dich schnell bekehrt.
ANTONIO Das Alter muß doch Einen Vorzug haben,
Daß, wenn es auch dem Irrtum nicht entgeht,
Es doch sich auf der Stelle fassen kann.
Du warst, mich deinem Freunde zu versöhnen,
Zuerst bemüht. Nun bitt' ich es von dir.
Tu' was du kannst, daß dieser Mann sich finde,
und alles wieder bald im Gleichen sei.
Ich gehe selbst zu ihm, sobald ich nur
Von dir erfahre, daß er ruhig ist,
Sobald du glaubst, daß meine Gegenwart
Das Übel nicht vermehrt. Doch was du tust,
Das tu' in dieser Stunde; denn es geht
Alphons heut Abend noch zurück, und ich
Werd' ihn begleiten. Leb' indessen wohl.

Fünfter Auftritt.

LEONORE *(allein).* Für diesmal, lieber Freund, sind wir nicht eins;
Mein Vorteil und der deine gehen heut
Nicht Hand in Hand. Ich nütze diese Zeit
Und suche Tasso zu gewinnen. Schnell!

VIERTER AUFZUG

Erster Auftritt

Zimmer

TASSO *(allein).* Bist du aus einem Traum erwacht, und hat
Der schöne Trug auf einmal dich verlassen?
Hat dich an einem Tag der höchsten Lust
Ein Schlaf gebändigt, hält und ängstet nun
Mit schweren Fesseln deine Seele. Ja,
Du wachst und träumst. Wo sind die Stunden hin,
Die um dein Haupt mit Blumenkränzen spielten?
Die Tage, wo dein Geist mit freier Sehnsucht
Des Himmels ausgespanntes Blau durchdrang?
Und dennoch lebst du noch, und fühlst dich an,
Du fühlst dich an, und weißt nicht ob du lebst.
Ist's meine Schuld, ist's eines andern Schuld,
Daß ich mich nun als schuldig hier befinde?
Hab' ich verbrochen, daß ich leiden soll?
Ist nicht mein ganzer Fehler ein Verdienst?
Ich sah ihn an, und ward vom guten Willen,
Vom Hoffnungswahn des Herzens übereilt:
Der sei ein Mensch, der menschlich Ansehn trägt.
Ich ging mit off'nen Armen auf ihn los,
Und fühlte Schloß und Riegel, keine Brust.
O hatt' ich doch so klug mir ausgedacht,
Wie ich den Mann empfangen wollte, der
von alten Zeiten mir verdächtig war!
Allein was immer dir begegnet sei,
So halte dich an *der* Gewißheit fest:
Ich habe *sie* gesehn! Sie stand vor mir!
Sie sprach zu mir, ich habe sie vernommen!
Der Blick, der Ton, der Worte holder Sinn,
Sie sind auf ewig mein, es raubt sie nicht
Die Zeit, das Schicksal, noch das wilde Glück!
Und hob mein Geist sich da zu schnell empor,
Und ließ ich allzu rasch in meinem Busen

Der Flamme Luft, die mich nun selbst verzehrt,
So kann mich's nicht gereun, und wäre selbst
Auf ewig das Geschick des Lebens hin.
Ich widmete mich ihr, und folgte froh
Dem Winke, der mich in's Verderben rief.
Es sei! So hab' ich mich doch wert gezeigt
Des köstlichen Vertrauens, das mich erquickt,
In dieser Stunde selbst erquickt, die mir
Die schwarze Pforte langer Trauerzeit
Gewaltsam öffnet. — Ja, nun ist's getan!
Es geht die Sonne mir der schönsten Gunst
Auf einmal unter; seinen holden Blick
Entziehet mir der Fürst, und läßt mich hier
Auf düstrem schmalem Pfad verloren stehn.
Das häßliche zweideutige Geflügel.
Das leidige Gefolg' der alten Nacht,
Es schwärmt hervor und schwirrt mir um das Haupt.
Wohin, wohin beweg' ich meinen Schritt,
Dem Ekel zu entfliehn, der mich umsaus't,
Dem Abgrund zu entgehn, der vor mir liegt?

Zweiter Auftritt

LEONORE. TASSO.

LEONORE Was ist begegnet? Lieber Tasso, hat
Dein Eifer dich, dein Argwohn so getrieben?
Wie ist's geschehn? Wir alle stehn bestürzt.
Und deine Sanftmut, dein gefällig Wesen,
Dein schneller Blick, dein richtiger Verstand,
Mit dem du jedem gibst was ihm gehört,
Dein Gleichmut, der erträgt, was zu ertragen
Der Edle bald, der Eitle selten lernt,
Die kluge Herrschaft über Zung' und Lippe —
Mein teurer Freund, fast ganz verkenn' ich dich.
TASSO Und wenn das alles nun verloren wäre?
Wenn einen Freund, den du einst reich geglaubt,
Auf einmal du als einen Bettler fändest?
Wohl hast du recht, ich bin nicht mehr ich selbst,
Und bin's doch noch so gut als wie ich's war.
Es scheint ein Rätsel, und doch ist es keins.
Der stille Mond, der dich bei Nacht erfreut,
Dein Auge, dein Gemüt mit seinem Schein
Unwiderstehlich lockt, er schwebt am Tage
Ein unbedeutend blasses Wölkchen hin.
Ich bin vom Glanz des Tages überschienen,
Ihr kennet mich, ich kenne mich nicht mehr.

LEONORE Was du mir sagst, mein Freund, versteh' ich nicht,
Wie du es sagst. Erkläre dich mit mir.
Hat die Beleidigung des schroffen Manns
Dich so gekränkt, daß du dich selbst und uns
So ganz verkennen magst? Vertraue mir.
TASSO Ich bin nicht der Beleidigte, du siehst
Mich ja bestraft, weil ich beleidigt habe.
Die Knoten vieler Worte lös't das Schwert
Gar leicht und schnell, allein ich bin gefangen.
Du weißt wohl kaum — erschrick nicht, zarte Freundin —
Du triffst den Freund in einem Kerker an.
Mich züchtiget der Fürst wie einen Schüler.
Ich will mit ihm nicht rechten, kann es nicht.
LEONORE Du scheinest mehr als billig ist bewegt.
TASSO Hältst du mich für so schwach, für so ein Kind,
Daß solch ein Fall mich gleich zerrütten könne?
Das was geschehn ist kränkt mich nicht so tief,
Allein das kränkt mich was es mir bedeutet.
Laß meine Neider, meine Feinde nur
Gewähren! Frei und offen ist das Feld.
LEONORE Du hast gar manchen fälschlich in Verdacht,
Ich habe selbst mich überzeugen können.
Und auch Antonio feindet dich nicht an,
Wie du es wähnst. Der heutige Verdruß —
TASSO Den lass' ich ganz bei Seite, nehme nur
Antonio wie er war und wie er bleibt.
Verdrießlich fiel mir stets die steife Klugheit,
Und daß er immer nur den Meister spielt.
Anstatt zu forschen, ob des Hörers Geist
Nicht schon für sich auf guten Spuren wandle,
Belehrt er dich von manchem, das du besser
Und tiefer fühltest, und vernimmt kein Wort
Das du ihm sagst, und wird dich stets verkennen.
Verkannt zu sein, verkannt von einem Stolzen,
Der lächelnd dich zu übersehen glaubt!
Ich bin so alt noch nicht und nicht so klug,
Daß ich nur duldend gegenlächeln sollte.
Früh oder spat, es konnte sich nicht halten,
Wir mußten brechen; später wär' es nur
Um desto schlimmer worden. Einen Herrn
Erkenn' ich nur, den Herrn der mich ernährt,
Dem folg' ich gern, sonst will ich keinen Meister.
Frei will ich sein im Denken und im Dichten;
Im Handeln schränkt die Welt genug uns ein.
LEONORE Er spricht mit Achtung oft genug von dir.
TASSO Mit Schonung, willst du sagen, fein und klug.
Und das verdrießt mich eben; denn er weiß

So glatt und so bedingt zu sprechen, daß
Sein Lob erst recht zum Tadel wird, und daß
Nichts mehr, nichts tiefer dich verletzt, als Lob
Aus seinem Munde.

LEONORE Möchtest du, mein Freund,
Vernommen haben, wie er sonst von dir
Und dem Talente sprach, das dir vor vielen
Die gütige Natur verlieh. Er fühlt gewiß
Das was du bist und hast, und schätzt es auch.

TASSO O glaube mir, ein selbstisches Gemüt
Kann nicht der Qual des engen Neids entfliehen.
Ein solcher Mann verzeiht dem andern wohl
Vermögen, Stand und Ehre; denn er denkt,
Das hast du selbst, das hast du wenn du willst,
Wenn du beharrst, wenn dich das Glück begünstigt.
Doch das was die Natur allein verleiht,
Was jeglicher Bemühung, jedem Streben
Stets unerreichbar bleibt, was weder Gold,
Noch Schwert, noch Klugheit, noch Beharrlichkeit
Erzwingen kann, das wird er nie verzeihn.
Er gönnt es mir? Er, der mit steifem Sinn
Die Gunst der Musen zu ertrotzen glaubt?
Der, wenn er die Gedanken mancher Dichter
Zusammenreiht, sich selbst ein Dichter scheint?
Weit eher gönnt er mir des Fürsten Gunst,
Die er doch gern auf sich beschränken möchte,
Als das Talent, das jene Himmlischen
Dem armen, dem verwais'ten Jüngling gaben.

LEONORE O sähest du so klar, wie ich es sehe!
Du irrst dich über ihn; so ist er nicht.

TASSO Und irr' ich mich an ihm, so irr' ich gern!
Ich denk' ihn mir als meinen ärgsten Feind,
Und wär' untröstlich, wenn ich mir ihn nun
Gelinder denken müßte. Töricht ist's
In allen Stücken billig sein; es heißt
Sein eigen Selbst zerstören. Sind die Menschen
Denn gegen uns so billig? Nein, o nein!
Der Mensch bedarf in seinem engen Wesen
Der doppelten Empfindung, Lieb' und Haß.
Bedarf er nicht der Nacht als wie des Tags?
Des Schlafens wie des Wachens? Nein, ich muß
Von nun an diesen Mann als Gegenstand
Von meinem tiefsten Haß behalten; nichts
Kann mir die Luft entreißen, schlimm und schlimmer
Von ihm zu denken.

LEONORE Willst du, teurer Freund,
Von deinem Sinn nicht lassen, seh' ich kaum

Wie du am Hofe länger bleiben willst.
Du weißt wie viel er gilt und gelten muß.
TASSO Wie sehr ich längst, o schöne Freundin, hier
Schon überflüssig bin das weiß ich wohl.
LEONORE Das bist du nicht, das kannst du nimmer werden!
Du weißt vielmehr wie gern der Fürst mit dir,
Wie gern die Fürstin mit dir lebt; und kommt
Die Schwester von Urbino, kommt sie fast
So sehr um dein't- als der Geschwister willen.
Sie denken alle gut und gleich von dir,
Und jegliches vertraut dir unbedingt.
TASSO O Leonore, welch Vertraun ist das?
Hat er von seinem Staate je ein Wort,
Ein ernstes Wort mit mir gesprochen? Kam
Ein eigner Fall, worüber er sogar
In meiner Gegenwart mit seiner Schwester,
Mit andern sich beriet, mich fragt' er nie.
Da hieß es immer nur: Antonio kommt!
Man muß Antonio schreiben! Fragt Antonio!
LEONORE Du klagst anstatt zu danken. Wenn er dich
In unbedingter Freiheit lassen mag,
So ehrt er dich, wie er dich ehren kann.
TASSO Er läßt mich ruhn, weil er mich unnütz glaubt.
LEONORE Du bist nicht unnütz, eben weil du ruhst.
So lange hegst du schon Verdruß und Sorge,
Wie ein geliebtes Kind, an deiner Brust.
Ich hab' es oft bedacht, und mag's bedenken
Wie ich es will, auf diesem schönen Boden,
Wohin das Glück dich zu verpflanzen schien,
Gedeihst du nicht. O Tasso! — Rat' ich dir's?
Sprech' ich es aus? — Du solltest dich entfernen!
TASSO Verschone nicht den Kranken, lieber Arzt!
Reich' ihm das Mittel, denke nicht daran,
Ob's bitter sei. — Ob er genesen könne,
Das überlege wohl, o kluge, gute Freundin!
Ich seh' es alles selbst, es ist vorbei!
Ich kann ihm wohl verzeihen, er nicht mir;
Und sein bedarf man, leider meiner nicht.
Und er ist klug, und leider bin ich's nicht.
Er wirkt zu meinem Schaden, und ich kann,
Ich mag nicht gegenwirken. Meine Freunde,
Sie lassen's gehn, sie sehen's anders an,
Sie widerstreben kaum, und sollten kämpfen.
Du glaubst, ich soll hinweg; ich glaub' es selbst —
So lebt denn wohl! Ich werd' auch das ertragen.
Ihr seid von mir geschieden — werd' auch mir,
Von euch zu scheiden, Kraft und Mut verliehn!

LEONORE Auch in der Ferne zeigt sich alles reiner,
Was in der Gegenwart uns nur verwirrt.
Vielleicht wirst du erkennen welche Liebe
Dich überall umgab, und welchen Wert
Die Treue wahrer Freunde hat, und wie
Die weite Welt die Nächsten nicht ersetzt.
TASSO Das werden wir erfahren! Kenn' ich doch
Die Welt von Jugend auf, wie sie so leicht
Uns hülflos, einsam läßt, und ihren Weg
Wie Sonn' und Mond und andre Götter geht.
LEONORE Vernimmst du mich, mein Freund, so sollst du nie
Die traurige Erfahrung wiederholen.
Soll ich dir raten, so begibst du dich
Erst nach Florenz, und eine Freundin wird
Gar freundlich für dich sorgen. Sei getrost,
Ich bin es selbst. Ich reise, den Gemahl
Die nächsten Tage dort zu finden, kann
Nichts freudiger für ihn und mich bereiten,
Als wenn ich dich in unsre Mitte bringe.
Ich sage dir kein Wort, du weißt es selbst,
Welch einem Fürsten du dich nahen wirst,
Und welche Männer diese schöne Stadt
In ihrem Busen hegt, und welche Frauen.
Du schweigst? Bedenk' es wohl! Entschließe dich.
TASSO Gar reizend ist, was du mir sagst, so ganz
Dem Wunsch gemäß, den ich im Stillen nähre;
Allein es ist zu neu: ich bitte dich,
Laß mich bedenken, ich beschließe bald.
LEONORE Ich gehe mit der schönsten Hoffnung weg
Für dich und uns und auch für dieses Haus.
Bedenke nur, und wenn du recht bedenkst,
So wirst du schwerlich etwas Bessers denken.
TASSO Noch eins, geliebte Freundin! sage mir,
Wie ist die Fürstin gegen mich gesinnt?
War sie erzürnt auf mich? Was sagte sie? —
Sie hat mich sehr getadelt? Rede frei.
LEONORE Da sie dich kennt, hat sie dich leicht entschuldigt.
TASSO Hab' ich bei ihr verloren? Schmeichle nicht.
LEONORE Der Frauen Gunst wird nicht so leicht verscherzt.
TASSO Wird sie mich gern entlassen, wenn ich gehe.
LEONORE Wenn es zu deinem Wohl gereicht, gewiß.
TASSO Werd' ich des Fürsten Gnade nicht verlieren?
LEONORE In seiner Großmut kannst du sicher ruhn.
TASSO Und lassen wir die Fürstin ganz allein?
Du gehst hinweg; und wenn ich wenig bin,
So weiß ich doch, daß ich ihr etwas war.
LEONORE Gar freundliche Gesellschaft leistet uns

Ein ferner Freund, wenn wir ihn glücklich wissen.
Und es gelingt, ich sehe dich beglückt,
Du wirst von hier nicht unzufrieden gehn.
Der Fürst befahl's, Antonio sucht dich auf.
Er tadelt selbst an sich die Bitterkeit,
Womit er dich verletzt. Ich bitte dich,
Nimm ihn gelassen auf so wie er kommt.
TASSO Ich darf in jedem Sinne vor ihm stehn.
LEONORE Und schenke mir der Himmel, lieber Freund,
Noch eh' du scheidest dir das Aug' zu öffnen:
Daß niemand dich im ganzen Vaterlande
Verfolgt und haßt, und heimlich drückt und neckt!
Du irrst gewiß, und wie du sonst zur Freude
Von andern dichtest, leider dichtest du
In diesem Fall ein seltenes Gewebe,
Dich selbst zu kränken. Alles will ich tun,
Um es entzwei zu reißen, daß du frei
Den schönen Weg des Lebens wandeln mögest.
Leb' wohl! Ich hoffe bald ein glücklich Wort.

Dritter Auftritt

TASSO *(allein).* Ich soll erkennen, daß mich niemand haßt,
Daß niemand mich verfolgt, daß alle List
Und alles heimliche Gewebe sich
Allein in meinem Kopf spinnt und webt!
Bekennen soll ich, daß ich Unrecht habe,
Und manchem Unrecht tue, der es nicht
Um mich verdient! Und das in einer Stunde,
Da vor dem Angesicht der Sonne klar
Mein volles Recht, wie ihre Tücke, liegt.
Ich soll es tief empfinden, wie der Fürst
Mit offner Brust mir seine Gunst gewährt,
Mit reichem Maß die Gaben mir erteilt,
Im Augenblicke, da er, schwach genug,
Von meinen Feinden sich das Auge trüben
Und seine Hand gewiß auch fesseln läßt!

Daß er betrogen ist, kann er nicht sehen,
Daß sie Betrieger sind, kann ich nicht zeigen;
Und nur damit er ruhig sich betriege,
Daß sie gemächlich ihn betriegen können,
Soll ich mich stille halten, weichen gar!

Und wer gibt mir den Rat? Wer dringt so klug
Mit treuer lieber Meinung auf mich ein?

Lenore selbst, Lenore Sanvitale,
Die zarte Freundin! Ha, dich kenn' ich nun!
O warum traut' ich ihrer Lippe je?
Sie war nicht redlich, wenn sie noch so sehr
Mir ihre Gunst, mir ihre Zärtlichkeit
Mit süßen Worten zeigte! Nein, sie war
Und bleibt ein listig Herz; sie wendet sich
Mit leisen klugen Tritten nach der Gunst.

Wie oft hab' ich mich willig selbst betrogen,
Auch über sie! Und doch im Grunde hat
Mich nur — die Eitelkeit betrogen. Wohl!
Ich kannte sie, und schmeichelte mir selbst.
So ist sie gegen andre, sagt' ich mir,
Doch gegen dich ist's offne treue Meinung.
Nun seh' ich's wohl, und seh' es nur zu spät:
Ich war begünstigt, und sie schmiegte sich
So zart — an den Beglückten. Nun ich falle,
Sie wendet mir den Rücken wie das Glück.

Nun kommt sie als ein Werkzeug meines Feindes,
Sie schleicht heran und zischt mit glatter Zunge,
Die kleine Schlange, zauberische Töne.
Wie lieblich schien sie! Lieblicher als je!
Wie wohl tat von der Lippe jedes Wort!
Doch konnte mir die Schmeichelei nicht lang
Den falschen Sinn verbergen; an der Stirne
Schien ihr das Gegenteil zu klar geschrieben
Von allem was sie sprach. Ich fühl' es leicht,
Wenn man den Weg zu meinem Herzen sucht
Und es nicht herzlich meint. Ich soll hinweg?
Soll nach Florenz, sobald ich immer kann?

Und warum nach Florenz? Ich seh' es wohl.
Dort herrscht der Mediceer neues Haus;
Zwar nicht in offner Feindschaft mit Ferrara,
Doch hält der stille Neid mit kalter Hand
Die edelsten Gemüter aus einander.
Empfang' ich dort von jenen edlen Fürsten
Erhabne Zeichen ihrer Gunst, wie ich
Gewiß erwarten dürfte, würde bald
Der Höfling meine Treu' und Dankbarkeit
Verdächtig machen; leicht geläng' es ihm.

Ja, ich will weg, allein nicht wie ihr wollt;
Ich will hinweg, und weiter als ihr denkt.

Was soll ich hier? Wer hält mich hier zurück?
O ich verstand ein jedes Wort zu gut,
Das ich Lenoren von den Lippen lockte!
Von Sylb' zu Sylbe nur erhascht ich's kaum
Und weiß nun ganz wie die Prinzessin denkt—
Ja, ja, auch das ist wahr, verzweifle nicht!
„Sie wird mich gern entlassen wenn ich gehe,
Da es zu meinem Wohl gereicht." O! fühlte
Sie eine Leidenschaft im Herzen, die mein Wohl
Und mich zu Grunde richtete! willkommner
Ergriffe mich der Tod, als diese Hand,
Die kalt und starr mich von sich läßt — Ich gehe!—
Nun hüte dich, und laß dich keinen Schein
Von Freundschaft oder Güte täuschen! Niemand
Betriegt dich nun, wenn *du* dich nicht betriegst.

Vierter Auftritt

ANTONIO. TASSO.

ANTONIO Hier bin ich, Tasso, dir ein Wort zu sagen,
Wenn du mich ruhig hören magst und kannst.
TASSO Das Handeln, weißt du, bleibt mir untersagt;
Es ziemt mir wohl zu warten und zu hören.
ANTONIO Ich treffe dich gelassen, wie ich wünschte,
Und spreche gern zu dir aus freier Brust.
Zuvörderst lös' ich in des Fürsten Namen
Das schwache Band, das dich zu fesseln schien.
TASSO Die Willkür macht mich frei, wie sie mich band;
Ich nehm' es an und fordre kein Gericht.
ANTONIO Dann sag' ich dir von mir: Ich habe dich
Mit Worten, scheint es, tief und mehr gekränkt,
Als ich, von mancher Leidenschaft bewegt,
Es selbst empfand. Allein kein schimpflich Wort
Ist meinen Lippen unbedacht entflohen;
Zu rächen hast du nichts als Edelmann,
Und wirst als Mensch Vergebung nicht versagen.
TASSO Was härter treffe, Kränkung oder Schimpf,
Will ich nicht untersuchen; jene dringt
In's tiefe Mark, und dieser ritzt die Haut.
Der Pfeil des Schimpfs kehrt auf den Mann zurück,
Der zu verwunden glaubt; die Meinung andrer
Befriedigt leicht das wohl geführte Schwert—
Doch ein gekränktes Herz erholt sich schwer.
ANTONIO Jetzt ist's an mir! daß ich dir dringend sage:
Tritt nicht zurück, erfülle meinen Wunsch,
Den Wunsch des Fürsten, der mich zu dir sendet.

TASSO Ich kenne meine Pflicht und gebe nach.
Es sei verziehn, so fern es möglich ist!
Die Dichter sagen uns von einem Speer,
Der eine Wunde, die er selbst geschlagen,
Durch freundliche Berührung heilen konnte.
Es hat des Menschen Zunge diese Kraft;
Ich will ihr nicht gehässig widerstehn.
ANTONIO Ich danke dir, und wünsche, daß du mich
Und meinen Willen, dir zu dienen, gleich
Vertraulich prüfen mögest. Sage mir,
Kann ich dir nützlich sein? Ich zeig' es gern.
TASSO Du bietest an was ich nur wünschen konnte.
Du brachtest mir die Freiheit wieder; nun
Verschaffe mir, ich bitte, den Gebrauch.
ANTONIO Was kannst du meinen? Sag' es deutlich an.
TASSO Du weißt, geendet hab' ich mein Gedicht:
Es fehlt noch viel, daß es vollendet wäre.
Heut überreicht' ich es dem Fürsten, hoffte
Zugleich ihm eine Bitte vorzutragen.
Gar viele meiner Freunde find' ich jetzt
In Rom versammelt; einzeln haben sie
Mir über manche Stellen ihre Meinung
In Briefen schon eröffnet; vieles hab' ich
Benutzen können, manches scheint mir noch
Zu überlegen; und verschiedne Stellen
Möcht' ich nicht gern verändern, wenn man mich
Nicht mehr, als es geschehn ist, überzeugt.
Das alles wird durch Briefe nicht getan;
Die Gegenwart lös't diese Knoten bald.
So dacht' ich heut den Fürsten selbst zu bitten:
Ich fand nicht Raum; nun darf ich es nicht wagen,
Und hoffe diesen Urlaub nun durch dich.
ANTONIO Mir scheint nicht rätlich, daß du dich entfernst
In dem Moment, da dein vollendet Werk
Dem Fürsten und der Fürstin dich empfiehlt.
Ein Tag der Gunst ist wie ein Tag der Ernte:
Man muß geschäftig sein sobald sie reift.
Entfernst du dich, so wirst du nichts gewinnen,
Vielleicht verlieren was du schon gewannst.
Die Gegenwart ist eine mächt'ge Göttin;
Lern' ihren Einfluß kennen, bleibe hier!
TASSO Zu *fürchten* hab' ich nichts; Alphons ist edel,
Stets hat er gegen mich sich groß gezeigt:
Und was ich *hoffe*, will ich seinem Herzen
Allein verdanken, keine Gnade mir
Erschleichen; nichts will ich von ihm empfangen
Was ihn gereuen könnte, daß er's gab.

ANTONIO So fordre nicht von ihm, daß er dich jetzt
Entlassen soll; er wird es ungern tun,
Und ich befürchte fast, er tut es nicht.
TASSO Er wird es gern, wenn recht gebeten wird,
Und du vermagst es wohl, sobald du willst.
ANTONIO Doch welche Gründe, sag' mir, leg' ich vor?
TASSO Laß mein Gedicht aus jeder Stanze sprechen!
Was ich gewollt ist löblich, wenn das Ziel
Auch meinen Kräften unerreichbar blieb.
An Fleiß und Mühe hat es nicht gefehlt.
Der heitre Wandel mancher schönen Tage,
Der stille Raum so mancher tiefen Nächte
War einzig diesem frommen Lied geweiht.
Bescheiden hofft' ich jenen großen Meistern
Der Vorwelt mich zu nahen; kühn gesinnt,
Zu edlen Taten unsern Zeitgenossen
Aus einem langen Schlaf zu rufen, dann
Vielleicht mit einem edlen Christen-Heere
Gefahr und Ruhm des heil'gen Kriegs zu teilen.
Und soll mein Lied die besten Männer wecken,
So muß es auch der besten würdig sein.
Alphonsen bin ich schuldig was ich tat;
Nun möcht' ich ihm auch die Vollendung danken.
ANTONIO Und eben dieser Fürst ist hier, mit andern,
Die dich so gut als Römer leiten können.
Vollende *hier* dein Werk, hier ist der Platz,
Und um zu wirken eile dann nach Rom.
TASSO Alphons hat mich zuerst begeistert, wird
Gewiß der letzte sein, der mich belehrt,
Und deinen Rat, den Rat der klugen Männer
Die unser Hof versammelt, schätz' ich hoch.
Ihr sollt entscheiden, wenn mich ja zu Rom
Die Freunde nicht vollkommen überzeugen.
Doch diese *muß* ich sehn. Gonzaga hat
Mir ein Gericht versammelt, dem ich erst
Mich stellen muß. Ich kann es kaum erwarten.
Flaminio de' Nobili, Angelio
Da Barga, Antoniano, und Speron Speroni!
Du wirst sie kennen. — Welche Namen sind's!
Vertraun und Sorge flößen sie zugleich
In meinen Geist, der gern sich unterwirft.
ANTONIO Du denkst nur dich, und denkst den Fürsten nicht.
Ich sage dir, er wird dich nicht entlassen;
Und wenn er's tut, entläßt er dich nicht gern.
Du willst ja nicht verlangen, was er dir
Nicht gern gewähren mag. Und soll ich hier
Vermitteln, was ich selbst nicht loben kann?

TASSO Versagst du mir den ersten Dienst, wenn ich
Die anngebotne Freundschaft prüfen will?
ANTONIO Die wahre Freundschaft zeigt sich im Versagen
Zur rechten Zeit, und es gewährt die Liebe
Gar oft ein schädlich Gut, wenn sie den Willen
Des Fordernden mehr als sein Glück bedenkt.
Du scheinest mir in diesem Augenblick
Für gut zu halten, was du eifrig wünschest,
Und willst im Augenblick, was du begehrst.
Durch Heftigkeit ersetzt der Irrende,
Was ihm an Wahrheit und an Kräften fehlt.
Es fordert meine Pflicht, so viel ich kann
Die Hast zu mäß'gen, die dich übel treibt.
TASSO Schon lange kenn' ich diese Tyrannei
Der Freundschaft, die von allen Tyranneien
Die unerträglichste mir scheint. Du denkst
Nur anders und du glaubst deswegen
Schon recht zu denken. Gern erkenn' ich an
Du willst mein Wohl; allein verlange nicht
Daß ich auf deinem Weg es finden soll.
ANTONIO Und soll ich dir sogleich mit kaltem Blut,
Mit voller, klarer Überzeugung schaden?
TASSO Von dieser Sorge will ich dich befrein!
Du hältst mich nicht mit diesen Worten ab.
Du hast mich frei erklärt, und diese Türe
Steht mir nun offen, die zum Fürsten führt.
Ich lasse dir die Wahl. Du oder ich!
Der Fürst geht fort. Hier ist kein Augenblick
Zu harren. Wähle schnell! Wenn du nicht gehst,
So geh' ich selbst, und werd' es wie es will.
ANTONIO Laß mich nur wenig Zeit von dir erlangen,
Und warte nur des Fürsten Rückkehr ab!
Nur heute nicht!
TASSO Nein, diese Stunde noch,
Wenn's möglich ist! Es brennen mir die Sohlen
Auf diesem Marmorboden; eher kann
Mein Geist nicht Ruhe finden, bis der Staub
Des freien Wegs mich Eilenden umgibt.
Ich bitte dich! Du siehst, wie ungeschickt
In diesem Augenblick ich sei, mit meinem Herrn
Zu reden; siehst — wie kann ich das verbergen —
Daß ich mir selbst in diesem Augenblick,
Mir keine Macht der Welt gebieten kann.
Nur Fesseln sind es, die mich halten können!
Alphons ist kein Tyrann, er sprach mich frei.
Wie gern gehorcht' ich seinen Worten sonst!
Heut kann ich nicht gehorchen. Heute nur

Laßt mich in Freiheit, daß mein Geist sich finde!
Ich kehre bald zu meiner Pflicht zurück.
ANTONIO Du machst mich zweifelhaft. Was soll ich tun?
Ich merke wohl, es steckt der Irrtum an.
TASSO Soll ich dir glauben, denkst du gut für mich,
So wirke was ich wünsche, was du kannst.
Der Fürst entläßt mich dann, und ich verliere
Nicht seine Gnade, seine Hülfe nicht.
Das dank' ich dir, und will dir's gern verdanken.
Doch hegst du einen alten Groll im Busen,
Willst du von diesem Hofe mich verbannen,
Willst du auf ewig mein Geschick verkehren;
Mich hülflos in die weite Welt vertreiben;
So bleib' auf deinem Sinn und widersteh!
ANTONIO Weil ich dir doch, o Tasso, schaden soll,
So wähl' ich denn den Weg, den du erwählst.
Der Ausgang mag entscheiden wer sich irrt!
Du willst hinweg! Ich sag' es dir zuvor:
Du wendest diesem Hause kaum den Rücken,
So wird dein Herz zurück verlangen, wird
Dein Eigensinn dich vorwärts treiben; Schmerz,
Verwirrung, Trübsinn harrt in Rom auf dich,
Und du verfehlest hier und dort den Zweck.
Doch sag' ich dies nicht mehr um dir zu raten;
Ich sage nur voraus, was bald geschieht,
Und lade dich auch schon im voraus ein,
Mir in dem schlimmsten Falle zu vertraun.
Ich spreche nun den Fürsten, wie du's forderst.

FÜNFTER AUFTRITT

TASSO *(allein).* Ja, gehe nur, und gehe sicher weg,
Daß du mich überredest was du willst.
Ich lerne mich verstellen, denn du bist
Ein großer Meister, und ich fasse leicht.
So zwingt das Leben uns zu scheinen, ja,
Zu sein wie jene, die wir kühn und stolz
Verachten konnten. Deutlich seh' ich nun
Die ganze Kunst des höfischen Gewebes!
Mich will Antonio von hinnen treiben,
Und will nicht scheinen, daß er mich vertreibt.
Er spielt den Schonenden, den Klugen, daß
Man nur recht krank und ungeschickt mich finde,
Bestellet sich zum Vormund, daß er mich
Zum Kind erniedrige, den er zum Knecht
Nicht zwingen konnte. So umnebelt er
Die Stirn des Fürsten und der Fürstin Blick.

Man soll mich halten, meint er: habe doch
Ein schön Verdienst mir die Natur geschenkt;
Doch leider habe sie mit manchen Schwächen
Die hohe Gabe wieder schlimm begleitet,
Mit ungebundnem Stolz, mit übertriebner
Empfindlichkeit und eignem düsterm Sinn.
Es sei nicht anders, einmal habe nun
Den Einen Mann das Schicksal so gebildet;
Nun müsse man ihn nehmen wie er sei,
Ihn dulden, tragen und vielleicht an ihm,
Was Freude bringen kann, am guten Tage
Als unerwarteten Gewinst genießen,
Im übrigen, wie er geboren sei,
So müsse man ihn leben, sterben lassen.

Erkenn' ich noch Alphonsens festen Sinn?
Der Feinden trotzt, und Freunde treulich schützt,
Erkenn' ich ihn wie er nun mir begegnet?
Ja wohl erkenn' ich ganz mein Unglück nun!
Das ist mein Schicksal, daß nur gegen mich
Sich jeglicher verändert, der für andre fest
Und treu und sicher bleibt, sich leicht verändert
Durch einen Hauch, in einem Augenblick.

Hat nicht die Ankunft dieses Manns allein
Mein ganz Geschick zerstört, in Einer Stunde?
Nicht dieser das Gebäude meines Glücks
Von seinem tiefsten Grund aus umgestürzt?
O muß ich das erfahren, muß ich's heut!
Ja, wie sich alles zu mir drängte, läßt
Mich alles nun; wie jeder mich an sich
Zu reißen strebte, jeder mich zu fassen,
So stößt mich alles weg und meidet mich.
Und das warum? Und wiegt denn er allein
Die Schale meines Werts und aller Liebe,
Die ich so reichlich sonst besessen, auf?

Ja, alles flieht mich nun. Auch du! Auch du!
Geliebte Fürstin, du entziehst dich mir!
In diesen trüben Stunden hat sie mir
Kein einzig Zeichen ihrer Gunst gesandt.
Hab' ich's um sie verdient? — Du armes Herz,
Dem so natürlich war sie zu verehren! —
Vernahm ich ihre Stimme, wie durchdrang
Ein unaussprechliches Gefühl die Brust!
Erblickt' ich sie, da ward das helle Licht
Des Tags mir trüb; unwiderstehlich zog

Ihr Auge mich, ihr Mund mich an, mein Knie
Erhielt sich kaum, und aller Kraft
Des Geists bedurft' ich aufrecht mich zu halten,
Vor ihre Füße nicht zu fallen; kaum
Vermocht' ich diesen Taumel zu zerstreun.
Hier halte fest, mein Herz! Du klarer Sinn
Laß hier dich nicht umnebeln. Ja, auch Sie!
Darf ich es sagen? und ich glaub' es kaum;
Ich glaub' es wohl, und möcht' es mir verschweigen.
Auch Sie! Auch Sie! Entschuldige sie ganz,
Allein verbirg dir's nicht: auch Sie! auch Sie!

O dieses Wort, an dem ich zweifeln sollte,
So lang ein Hauch von Glauben in mir lebt,
Ja, dieses Wort, es gräbt sich wie ein Schluß
Des Schicksals noch zuletzt am ehrnen Rande
Der vollgeschriebnen Qualentafel ein.
Nun sind erst meine Feinde stark, nun bin ich
Auf ewig einer jeden Kraft beraubt.
Wie soll ich streiten, wenn *Sie* gegenüber
Im Heere steht? Wie soll ich duldend harren,
Wenn *Sie* die Hand mir nicht von ferne reicht?
Wenn nicht *ihr* Blick dem Flehenden begegnet?
Du hast's gewagt zu denken, hast's gesprochen,
Und es ist wahr eh' du es fürchten konntest!
Und eh' nun die Verzweiflung deine Sinnen
Mit ehrnen Klauen aus einander reißt,
Ja, klage nur das bittre Schicksal an,
Und wiederhole nur: auch Sie! auch Sie.

FÜNFTER AUFZUG

Erster Auftritt

Garten

ALPHONS. ANTONIO.

ANTONIO Auf deinen Wink ging ich das zweitemal
Zu Tasso hin, ich komme von ihm her.
Ich hab' ihm zugeredet, ja gedrungen;
Allein er geht von seinem Sinn nicht ab,
Und bittet sehnlich, daß du ihn nach Rom
Auf eine kurze Zeit entlassen mögest.
ALPHONS Ich bin verdrießlich, daß ich dir's gestehe,
Und lieber sag' ich dir, daß ich es bin,

Als daß ich den Verdruß verberg' und mehre.
Er will verreisen; gut! ich halt' ihn nicht.
Er will hinweg, er will nach Rom; es sei!
Nur daß mir Scipio Gonzaga nicht,
Der kluge Medicis, ihn nicht entwende!
Das hat Italien so groß gemacht,
Daß jeder Nachbar mit dem andern streitet,
Die Bessern zu besitzen, zu benutzen.
Ein Feldherr ohne Heer scheint mir ein Fürst,
Der die Talente nicht um sich versammelt:
Und wer der Dichtkunst Stimme nicht vernimmt,
Ist ein Barbar, er sei auch wer er sei.
Gefunden hab' ich diesen und gewählt,
Ich bin auf ihn als meinen Diener stolz,
Und da ich schon für ihn so viel getan,
So möcht' ich ihn nicht ohne Not verlieren.

ANTONIO Ich bin verlegen, denn ich trage doch
Vor dir die Schuld von dem was heut geschah;
Auch will ich meinen Fehler gern gestehn,
Er bleibet deiner Gnade zu verzeihn:
Doch wenn du glauben könntest, daß ich nicht
Das Mögliche getan ihn zu versöhnen,
So würd' ich ganz untröstlich sein. O! sprich
Mit holdem Blick mich an, damit ich wieder
Mich fassen kann, mir selbst vertrauen mag.

ALPHONS Antonio, nein, da sei nur immer ruhig,
Ich schreib' es dir auf keine Weise zu;
Ich kenne nur zu gut den Sinn des Mannes,
Und weiß nur allzu wohl was ich getan,
Wie sehr ich ihn geschont, wie sehr ich ganz
Vergessen, daß ich eigentlich an ihn
Zu fordern hätte. Über vieles kann
Der Mensch zum Herrn sich machen, seinen Sinn
Bezwinget kaum die Not und lange Zeit.

ANTONIO Wenn andre vieles um den Einen tun;
So ist's auch billig, daß der Eine wieder
Sich fleißig frage was den andern nützt.
Wer seinen Geist so viel gebildet hat,
Wer jede Wissenschaft zusammengeizt,
Und jede Kenntnis, die uns zu ergreifen
Erlaubt ist, sollte der sich zu beherrschen
Nicht doppelt schuldig sein? Und denkt er dran?

ALPHONS Wir sollen eben nicht in Ruhe bleiben!
Gleich wird uns, wenn wir zu genießen denken,
Zur Übung unsrer Tapferkeit ein Feind,
Zur Übung der Geduld ein Freund gegeben.

ANTONIO Die erste Pflicht des Menschen, Speis' und Trank

Zu wählen, da ihn die Natur so eng
Nicht wie das Tier beschränkt, erfüllt er die?
Und läßt er nicht vielmehr sich wie ein Kind
Von allem reizen was dem Gaumen schmeichelt?
Wann mischt er Wasser unter seinen Wein?
Gewürze, süße Sachen, stark Getränke,
Eins um das andre schlingt er hastig ein,
Und dann beklagt er seinen trüben Sinn,
Sein feurig Blut, sein allzu heftig Wesen,
Und schilt auf die Natur und das Geschick.
Wie bitter und wie töricht hab' ich ihn
Nicht oft mit seinem Arzte rechten sehn;
Zum Lachen fast, wär' irgend lächerlich
Was einen Menschen quält und andre plagt.
„Ich fühle dieses Übel," sagt er bänglich
Und voll Verdruß: „Was rühmt ihr eure Kunst?
Schafft mir Genesung!" Gut! versetzt der Arzt,
So meidet das und das. — „Das kann ich nicht." —
So nehmet diesen Trank. — „O nein! der schmeckt
Abscheulich, er empört mir die Natur." —
So trinkt denn Wasser. — „Wasser? Nimmermehr!
Ich bin so wasserscheu als ein Gebiss'ner." —
So ist euch nicht zu helfen. — „Und warum?" —
Das Übel wird sich stets mit Übeln häufen,
Und, wenn es euch nicht töten kann, nur mehr
Und mehr mit jedem Tag euch quälen. — „Schön!
Wofür seid ihr ein Arzt? Ihr kennt mein Übel;
Ihr solltet auch die Mittel kennen, sie
Auch schmackhaft machen, daß ich nicht noch erst,
Der Leiden los zu sein, recht leiden müsse."
Du lächelst selbst und doch ist es gewiß,
Du hast es wohl aus seinem Mund gehört?

ALPHONS Ich hab' es oft gehört und oft entschuldigt.

ANTONIO Es ist gewiß, ein ungemäßigt Leben,
Wie es uns schwere wilde Träume gibt,
Macht uns zuletzt am hellen Tage träumen.
Was ist sein Argwohn anders als ein Traum?
Wohin er tritt, glaubt er von Feinden sich
Umgeben. Sein Talent kann niemand sehn,
Der ihn nicht neidet, niemand ihn beneiden,
Der ihn nicht haßt und bitter ihn verfolgt.
So hat er oft mit Klagen dich belästigt:
Erbrochne Schlösser, aufgefangne Briefe,
Und Gift und Dolch! Was alles vor ihm schwebt!
Du hast es untersuchen lassen, untersucht,
Und hast du was gefunden? Kaum den Schein.
Der Schutz von keinem Fürsten macht ihn sicher,

Der Busen keines Freundes kann ihn laben,
Und willst du einem solchen Ruh und Glück,
Willst du von ihm wohl Freude *dir* versprechen?
ALPHONS Du hättest Recht, Antonio, wenn in ihm
Ich meinen nächsten Vorteil suchen wollte!
Zwar ist es schon mein Vorteil, daß ich nicht
Den Nutzen g'rad und unbedingt erwarte.
Nicht alles dienet uns auf gleiche Weise;
Wer vieles brauchen will, gebrauche jedes
In seiner Art, so ist er wohl bedient.
Das haben uns die Medicis gelehrt,
Das haben uns die Päpste selbst gewiesen,
Mit welcher Nachsicht, welcher fürstlichen
Geduld und Langmut trugen diese Männer
Manch groß Talent, das ihrer reichen Gnade
Nicht zu bedürfen schien und doch bedurfte!
ANTONIO Wer weiß es nicht, mein Fürst? Des Lebens Mühe
Lehrt uns allein des Lebens Güter schätzen.
So jung hat er zu vieles schon erreicht,
Als daß genügsam er genießen könnte.
O sollt' er erst erwerben, was ihm nun
Mit offnen Händen angeboten wird;
Er strengte seine Kräfte männlich an,
Und fühlte sich von Schritt zu Schritt begnügt.
Ein armer Edelmann hat schon das Ziel
Von seinem besten Wunsch erreicht, wenn ihn
Ein edler Fürst zu seinem Hofgenossen
Erwählen will, und ihn der Dürftigkeit
Mit milder Hand entzieht. Schenkt er ihm noch
Vertraun und Gunst, und will an seine Seite
Vor andern ihn erheben, sei's im Krieg,
Sei's in Geschäften oder im Gespräch;
So, dächt' ich, könnte der bescheidne Mann
Sein Glück mit stiller Dankbarkeit verehren.
Und Tasso hat zu allem diesem noch
Das schönste Glück des Jünglings: daß ihn schon
Sein Vaterland erkennt und auf ihn hofft.
O glaube mir, sein launisch Mißbehagen
Ruht auf dem breiten Polster seines Glücks.
Er kommt, entlaß ihn gnädig, gib ihm Zeit,
In Rom und in Neapel, wo er will,
Das aufzusuchen was er hier vermißt,
Und was er hier nur wiederfinden kann.
ALPHONS Will er zurück erst nach Ferrara gehn?
ANTONIO Er wünscht in Belriguardo zu verweilen.
Das Nötigste, was er zur Reise braucht,
Will er durch einen Freund sich senden lassen.

ALPHONS Ich bin's zufrieden. Meine Schwester geht
Mit ihrer Freundin gleich zurück, und reitend
Werd' ich vor ihnen noch zu Hause sein.
Du folgst uns bald, wenn du für ihn gesorgt.
Dem Kastellan befiehl das Nötige,
Daß er hier auf dem Schlosse bleiben kann
So lang er will, so lang bis seine Freunde
Ihm das Gepäck gesendet, bis wir ihm
Die Briefe schicken, die ich ihm nach Rom
Zu geben Willens bin. Er kommt. Leb' wohl!

Zweiter Auftritt

ALPHONS. TASSO.

TASSO *(mit Zurückhaltung).* Die Gnade, die du mir so oft bewiesen,
Erscheinet heute mir im vollem Licht.
Du hast verziehen, was in deiner Nähe
Ich unbedacht und frevelhaft beging;
Du hast den Widersacher mir versöhnt,
Du willst erlauben, daß ich eine Zeit
Von deiner Seite mich entferne, willst
Mir deine Gunst großmütig vorbehalten.
Ich scheide nun mit völligem Vertraun,
Und hoffe still, mich soll die kleine Frist
Von allem heilen was mich jetzt beklemmt.
Es soll mein Geist auf's neue sich erheben,
Und auf dem Wege, den ich froh und kühn,
Durch deinen Blick ermuntert, erst betrat,
Sich deiner Gunst auf's neue würdig machen.
ALPHONS Ich wünsche dir zu deiner Reise Glück,
Und hoffe, daß du froh und ganz geheilt
Uns wieder kommen wirst. Du bringst uns dann
Den doppelten Gewinst für jede Stunde,
Die du uns nun entziehst, vergnügt zurück.
Ich gebe Briefe dir an meine Leute,
An Freunde dir nach Rom, und wünsche sehr,
Daß du dich zu den Meinen überall
Zutraulich halten mögest, wie ich dich
Als *mein*, obgleich entfernt, gewiß betrachte.
TASSO Du überhäufst, o Fürst, mit Gnaden den,
Der sich unwürdig fühlt, und selbst zu danken
In diesem Augenblicke nicht vermag.
Anstatt des Danks eröffn' ich eine Bitte!
Am meisten liegt mir mein Gedicht am Herzen.
Ich habe viel getan, und keine Mühe

Und keinen Fleiß gespart; allein es bleibt
Zu viel mir noch zurück. Ich möchte dort,
Wo noch der Geist der großen Männer schwebt,
Und wirksam schwebt, dort möcht' ich in die Schule
Auf's neue mich begeben; würdiger
Erfreute deines Beifalls sich mein Lied.
O gib die Blätter mir zurück, die ich
Jetzt nur beschämt in deinen Händen weiß.

ALPHONS Du wirst mir nicht an diesem Tage nehmen,
Was du mir kaum an diesem Tag gebracht.
Laß zwischen dich und zwischen dein Gedicht
Mich als Vermittler treten: hüte dich
Durch strengen Fleiß die liebliche Natur
Zu kränken, die in deinen Reimen lebt,
Und höre nicht auf Rat von allen Seiten!
Die tausendfältigen Gedanken vieler
Verschiedner Menschen, die im Leben sich
Und in der Meinung widersprechen, faßt
Der Dichter klug in Eins, und scheut sich nicht
Gar manchem zu mißfallen, daß er manchem
Um desto mehr gefallen möge. Doch
Ich sage nicht, daß du nicht hie und da
Bescheiden deine Feile brauchen solltest;
Verspreche dir zugleich, in kurzer Zeit
Erhältst du abgeschrieben dein Gedicht.
Es bleibt von deiner Hand in meinen Händen,
Damit ich seiner erst mit meinen Schwestern
Mich recht erfreuen möge. Bringst du es
Vollkommner dann zurück; wir werden uns
Des höheren Genusses freun, und dich
Bei mancher Stelle nur als Freunde warnen.

TASSO Ich wiederhole nur beschämt die Bitte:
Laß mich die Abschrift eilig haben. Ganz
Ruht mein Gemüt auf diesem Werke nun.
Nun muß es werden was es werden kann.

ALPHONS Ich billige den Trieb, der dich beseelt!
Doch, guter Tasso, wenn es möglich wäre,
So solltest du erst eine kurze Zeit
Der freien Welt genießen, dich zerstreuen.
Dein Blut durch eine Kur verbessern. Dir
Gewährte dann die schöne Harmonie
Der hergestellten Sinne, was du nun
Im trüben Eifer nur vergebens suchst.

TASSO Mein Fürst, so scheint es; doch, ich bin gesund
Wenn ich mich meinem Fleiß ergeben kann,
Und so macht wieder mich mein Fleiß gesund.
Du hast mich lang gesehn, mir ist nicht wohl

In freier Üppigkeit. Mir läßt die Ruh
Am mindsten Ruhe. Dies Gemüt ist nicht
Von der Natur bestimmt, ich fühl' es leider,
Auf weichem Element der Tage froh
In's weite Meer der Zeiten hinzuschwimmen.
ALPHONS Dich führet alles, was du sinnst und treibst,
Tief in dich selbst. Es liegt um uns herum
Gar mancher Abgrund, den das Schicksal grub;
Doch hier in unserm Herzen ist der tiefste,
Und reizend ist es sich hinab zu stürzen.
Ich bitte dich, entreiße dich dir selbst!
Der Mensch gewinnt, was der Poet verliert.
TASSO Ich halte diesen Drang vergebens auf,
Der Tag und Nacht in meinem Busen wechselt.
Wenn ich nicht sinnen oder dichten soll,
So ist das Leben mir kein Leben mehr.
Verbiete du dem Seidenwurm zu spinnen,
Wenn er sich schon dem Tode näher spinnt.
Das köstliche Geweb' entwickelt er
Aus seinem Innersten, und läßt nicht ab,
Bis er in seinen Sarg sich eingeschlossen.
O geb' ein guter Gott uns auch dereinst
Das Schicksal des beneidenswerten Wurms,
Im neuen Sonnental die Flügel rasch
Und freudig zu entfalten!
ALPHONS Höre mich!
Du gibst so vielen doppelten Genuß
Des Lebens; lern', ich bitte dich,
Den Wert des Lebens kennen, das du noch
Und zehnfach reich besitzest. Lebe wohl!
Je eher du zu uns zurücke kehrst,
Je schöner wirst du uns willkommen sein.

Dritter Auftritt

TASSO *(allein).* So halte fest, mein Herz, so war es recht!
Es wird dir schwer, es ist das erstemal,
Daß du dich so verstellen magst und kannst.
Du hörtest wohl, das war nicht sein Gemüt,
Das waren seine Worte nicht; mir schien
Als klänge nur Antonio's Stimme wieder.
O gib nur Acht! Du wirst sie nun so fort
Von allen Seiten hören. Fest, nur fest!
Um einen Augenblick ist's noch zu tun.
Wer spät im Leben sich verstellen lernt,
Der hat den Schein der Ehrlichkeit voraus.

Es wird schon gehn, nur übe dich mit ihnen.
(Nach einer Pause.)
Du triumphierst zu früh, dort kommt sie her!
Die holde Fürstin kommt! O welch Gefühl!
Sie tritt herein; es lös't in meinem Busen
Verdruß und Argwohn sich in Schmerzen auf.

Vierter Auftritt

PRINZESSIN. TASSO. *Gegen das Ende des Auftritts* DIE ÜBRIGEN.

PRINZESSIN Du denkst uns zu verlassen, oder bleibst
Vielmehr in Belriguardo noch zurück,
Und willst dich dann von uns entfernen, Tasso?
Ich hoffe, nur auf eine kurze Zeit.
Du gehst nach Rom?

TASSO Ich richte meinen Weg
Zuerst dahin, und nehmen meine Freunde
Mich gütig auf, wie ich es hoffen darf,
So leg' ich da mit Sorgfalt und Geduld
Vielleicht die letzte Hand an mein Gedicht.
Ich finde viele Männer dort versammelt,
Die Meister aller Art sich nennen dürfen.
Und spricht in jener ersten Stadt der Welt
Nicht jeder Platz, nicht jeder Stein zu uns?
Wie viele tausend stumme Lehrer winken
In ernster Majestät uns freundlich an!
Vollend' ich *da* nicht mein Gedicht, so kann
Ich's nie vollenden. Leider, ach, schon fühl' ich,
Mir wird zu keinem Unternehmen Glück!
Verändern werd' ich es, vollenden nie.
Ich fühl', ich fühl' es wohl, die große Kunst,
Die jeden nährt, die den gesunden Geist
Stärkt und erquickt, wird mich zu Grunde richten,
Vertreiben wird sie mich. Ich eile fort!
Nach Napel will ich bald!
PRINZESSIN Darfst du es wagen?
Noch ist der strenge Bann nicht aufgehoben,
Der dich zugleich mit deinem Vater traf.
TASSO Du warnest recht, ich hab' es schon bedacht.
Verkleidet geh' ich hin, den armen Rock
Des Pilgers oder Schäfers zieh' ich an.
Ich schleiche durch die Stadt, wo die Bewegung
Der Tausende den Einen leicht verbirgt.
Ich eile nach dem Ufer, finde dort

Gleich einen Kahn mit willig guten Leuten,
Mit Bauern, die zum Markte kamen, nun
Nach Hause kehren, Leute von Sorrent;
Denn ich muß nach Sorrent hinüber eilen.
Dort wohnet meine Schwester, die mit mir
Die Schmerzensfreude meiner Eltern war.
Im Schiffe bin ich still, und trete dann
Auch schweigend an das Land, ich gehe sacht
Den Pfad hinauf, und an dem Tore frag' ich:
Wo wohnt Cornelia? Zeigt mir es an!
Cornelia Sersale? Freundlich deutet
Mir eine Spinnerin die Straße, sie
Bezeichnet mir das Haus. So steig' ich weiter.
Die Kinder laufen nebenher und schauen
Das wilde Haar, den düstern Fremdling an.
So komm' ich an die Schwelle. Offen steht
Die Türe schon, so tret' ich in das Haus —

PRINZESSIN Blick ' auf, o Tasso, wenn es möglich ist,
Erkenne die Gefahr, in der du schwebst!
Ich schone dich; denn sonst würd' ich dir sagen:
Ist's edel, so zu reden, wie du sprichst?
Ist's edel, nur allein an sich zu denken,
Als kränktest du der Freunde Herzen nicht?
Ist's dir verborgen wie mein Bruder denkt?
Wie beide Schwestern dich zu schätzen wissen?
Hast du es nicht empfunden und erkannt?
Ist alles denn in wenig Augenblicken
Verändert? Tasso! Wenn du scheiden willst,
So laß uns Schmerz und Sorge nicht zurück.

TASSO *wendet sich weg.*

PRINZESSIN Wie tröstlich ist es einem Freunde, der
Auf eine kurze Zeit verreisen will,
Ein klein Geschenk zu geben, sei es nur
Ein neuer Mantel, oder eine Waffe!
Dir kann man nichts mehr geben, denn du wirfst
Unwillig alles weg was du besitzest.
Die Pilgermuschel und den schwarzen Kittel,
Den langen Stab erwählst du dir, und gehst
Freiwillig arm dahin, und nimmst uns weg,
Was du mit uns allein genießen konntest.

TASSO So willst du mich nicht ganz und gar verstoßen?
O süßes Wort, o schöner teurer Trost!
Vertritt mich! Nimm in deinen Schutz mich auf! —
Laß mich in Belriguardo hier, versetze
Mich nach Consandoli, wohin du willst!
Es hat der Fürst so manches schöne Schloß,
So manchen Garten, der das ganze Jahr

Gewartet wird, und ihr betretet kaum
Ihn Einen Tag, vielleicht nur Eine Stunde.
Ja, wählet den entfernt'sten aus, den ihr
In ganzen Jahren nicht besuchen geht,
Und der vielleicht jetzt ohne Sorge liegt,
Dort schickt mich hin! Dort laßt mich euer sein!
Wie will ich deine Bäume pflegen! Die Zitronen
Im Herbst mit Brettern und mit Ziegeln decken,
Und mit verbundnem Rohre wohl verwahren!
Es sollen schöne Blumen in den Beeten
Die breiten Wurzeln schlagen; rein und zierlich
Soll jeder Gang und jedes Fleckchen sein.
Und laßt mir auch die Sorge des Palastes!
Ich will zur rechten Zeit die Fenster öffnen,
Daß Feuchtigkeit nicht den Gemälden schade;
Die schön mit Stukkatur verzierten Wände
Will ich mit einem leichten Wedel säubern;
Es soll das Estrich blank und reinlich glänzen;
Es soll kein Stein, kein Ziegel sich verrücken;
Es soll kein Gras aus einer Ritze keimen!

PRINZESSIN Ich finde keinen Rat in meinem Busen,
Und finde keinen Trost für dich und — uns.
Mein Auge blickt umher, ob nicht ein Gott
Uns Hülfe reichen möchte? möchte mir
Ein heilsam Kraut entdecken, einen Trank,
Der deinem Sinne Frieden brächte, Frieden uns!
Das treuste Wort, das von der Lippe fließt,
Das schönste Heilungsmittel wirkt nicht mehr.
Ich muß dich lassen, und verlassen kann
Mein Herz dich nicht.

TASSO Ihr Götter, ist sie's doch,
Die mit dir spricht und deiner sich erbarmt!
Und konntest du das edle Herz verkennen?
War's möglich, daß in ihrer Gegenwart
Der Kleinmut dich ergriff und dich bezwang?
Nein, nein, *du* bist's! und nun ich bin es auch.
O fahre fort, und laß mich jeden Trost
Aus deinem Munde hören! Deinen Rat
Entzieh mir nicht! O sprich: was soll ich tun?
Damit dein Bruder mir vergeben könne,
Damit du selbst mir gern vergeben mögest,
Damit ihr wieder zu den Euren mich
Mit Freuden zählen möget? Sag' mir an!

PRINZESSIN Gar wenig ist's was wir von dir verlangen;
Und dennoch scheint es allzuviel zu sein.
Du sollst dich selbst uns freundlich überlassen.
Wir wollen nichts von dir, was du nicht bist,

Wenn du nur erst dir mit dir selbst gefällst.
Du machst uns Freude, wenn du Freude hast,
Und du betrübst uns nur, wenn du sie fliehst;
Und wenn du uns auch ungeduldig machst,
So ist es nur, daß wir dir helfen möchten
Und, leider! sehn, daß nicht zu helfen ist;
Wenn du nicht selbst des Freundes Hand ergreifst,
Die, sehnlich ausgereckt, dich nicht erreicht.

TASSO Du bist es selbst, wie du zum erstenmal,
Ein heil'ger Engel, mir entgegen kamst!
Verzeih dem trüben Blick des Sterblichen,
Wenn er auf Augenblicke dich verkannt.
Er kennt dich wieder! Ganz eröffnet sich
Die Seele, nur dich ewig zu verehren.
Es füllt sich ganz das Herz von Zärtlichkeit —
Sie ist's, sie steht vor mir. Welch ein Gefühl!
Ist es Verirrung, was mich nach dir zieht?
Ist's Raserei? Ist's ein erhöhter Sinn,
Der erst die höchste reinste Wahrheit faßt?
Ja, es ist das Gefühl, das mich allein
Auf dieser Erde glücklich machen kann,
Das mich allein so elend werden ließ.
Wenn ich ihm widerstand und aus dem Herzen
Es bannen wollte. Diese Leidenschaft
Gedacht' ich zu bekämpfen, stritt und stritt
Mit meinem tiefsten Sein, zerstörte frech
Mein eignes Selbst, dem du so ganz gehörst —

PRINZESSIN Wenn ich dich, Tasso, länger hören soll,
So mäßige die Glut, die mich erschreckt.

TASSO Beschränkt der Rand des Bechers einen Wein,
Der schäumend wallt und brausend überschwillt?
Mit jedem Wort erhöhest du mein Glück,
Mit jedem Worte glänzt dein Auge heller.
Ich fühle mich im Innersten verändert,
Ich fühle mich von aller Not entladen,
Frei wie ein Gott, und alles dank' ich dir!
Unsägliche Gewalt, die mich beherrscht,
Entfließet deinen Lippen; ja, du machst
Mich ganz dir eigen. Nichts gehöret mehr
Von meinem ganzen Ich mir künftig an.
Es trübt mein Auge sich in Glück und Licht,
Es schwankt mein Sinn. Mich hält der Fuß nicht mehr.
Unwiderstehlich ziehst du mich zu dir,
Und unaufhaltsam dringt mein Herz dir zu.
Du hast mich ganz auf ewig dir gewonnen,
So nimm denn auch mein ganzes Wesen hin!

(Er fällt ihr in die Arme und drückt sie fest an sich.)

PRINZESSIN *(ihn von sich stoßend und hinweg eilend).*
Hinweg!

LEONORE *(die sich schon eine Weile im Grunde sehen lassen, herbei eilend).*
Was ist geschehen? Tasso! Tasso! *(Sie geht der Prinzessin nach.)*

TASSO *(im Begriff ihnen zu folgen).*
O Gott!

ALPHONS *(der sich schon eine Zeit lang mit Antonio genähert).*
Er kommt von Sinnen, halt ihn fest.
(Ab.)

Fünfter Auftritt

TASSO. ANTONIO.

ANTONIO O stünde jetzt, so wie du immer glaubst,
Daß du von Feinden rings umgeben bist,
Ein Feind bei dir, wie würd' er triumphieren!
Unglücklicher, noch kaum erhol' ich mich!
Wenn ganz was Unerwartetes begegnet,
Wenn unser Blick was Ungeheures sieht,
Steht unser Geist auf eine Weile still,
Wir haben nichts womit wir das vergleichen.

TASSO *(nach einer langen Pause.)*
Vollende nur dein Amt, ich seh', du bist's!
Ja du verdienst das fürstliche Vertraun;
Vollende nur dein Amt, und martre mich,
Da mir der Stab gebrochen ist, noch langsam
Zu Tode! Ziehe! Zieh am Pfeile nur,
Daß ich den Widerhaken grimmig fühle,
Der mich zerfleischt!
Du bist ein teures Werkzeug des Tyrannen;
Sei Kerkermeister, sei der Marterknecht,
Wie wohl! wie eigen steht dir beides an!
(Gegen die Szene.)
Ja, gehe nur, Tyrann! Du konntest dich
Nicht bis zuletzt verstellen, triumphiere!
Du hast den Sklaven wohl gekettet, hast
Ihn wohl gespart zu ausgedachten Qualen:
Geh nur, ich hasse dich, ich fühle ganz
Den Abscheu, den die Übermacht erregt,
Die frevelhaft und ungerecht ergreift.
(Nach einer Pause.)
So seh' ich mich am Ende denn verbannt,
Verstoßen und verbannt als Bettler hier!
So hat man mich bekränzt, um mich geschmückt
Als Opfertier vor den Altar zu führen!
So lockte man mir noch am letzten Tage
Mein einzig Eigentum, mir mein Gedicht
Mit glatten Worten ab, und hielt es fest!

Mein einzig Gut ist nun in euren Händen,
Das mich an jedem Ort empfohlen hätte;
Das mir noch blieb, vom Hunger mich zu retten!
Jetzt seh' ich wohl warum ich feiern soll.
Es ist Verschwörung, und du bist das Haupt.
Damit mein Lied nur nicht vollkommner werde,
Daß nur mein Name sich nicht mehr verbreite,
Daß meine Neider tausend Schwächen finden,
Daß man am Ende meiner gar vergesse,
Drum soll ich mich zum Müßiggang gewöhnen,
Drum soll ich mich und meine Sinne schonen.
O werte Freundschaft, teure Sorglichkeit!
Abscheulich dacht' ich die Verschwörung mir,
Die unsichtbar und rastlos mich umspann,
Allein abscheulicher ist es geworden.

Und du, Sirene! die du mich so zart,
So himmlisch angelockt, ich sehe nun
Dich auf einmal! O Gott, warum so spät!

Allein wir selbst betriegen uns so gern,
Und ehren die Verworfnen, die uns ehren.
Die Menschen kennen sich einander nicht;
Nur die Galeerensklaven kennen sich,
Die eng an Eine Bank geschmiedet keuchen;
Wo keiner was zu fordern hat und keiner
Was zu verlieren hat, sie kennen sich;
Wo jeder sich für einen Schelmen gibt,
Und seines Gleichen auch für Schelmen nimmt.
Doch wir verkennen nur die andern höflich,
Damit sie wieder uns verkennen sollen.

Wie lang verdeckte mir dein heilig Bild
Die Buhlerin, die kleine Künste treibt.
Die Maske fällt; Armiden seh' ich nun
Entblößt von allen Reizen — Ja, du bist's!
Von dir hat ahnungsvoll mein Lied gesungen!

Und die verschmitzte kleine Mittlerin!
Wie tief erniedrigt seh' ich sie vor mir!
Ich höre nun die leisen Tritte rauschen,
Ich kenne nun den Kreis, um den sie schlich.
Euch alle kenn' ich! Sei mir das genug!
Und wenn das Elend alles mir geraubt,
So preis' ich's doch; die Wahrheit lehrt es mich.

ANTONIO Ich höre, Tasso, dich mit Staunen an,
So sehr ich weiß, wie leicht dein rascher Geist

Von einer Gränze zu der andern schwankt.
Besinne dich! Gebiete dieser Wut!
Du lästerst, du erlaubst dir Wort auf Wort,
Das deinen Schmerzen zu verzeihen ist,
Doch das du selbst dir nie verzeihen kannst.

TASSO O sprich mir nicht mit sanfter Lippe zu,
Laß mich kein kluges Wort von dir vernehmen!
Laß mir das dumpfe Glück, damit ich nicht
Mich erst besinne, dann von Sinnen komme.
Ich fühle mir das innerste Gebein
Zerschmettert, und ich leb' um es zu fühlen.
Verzweiflung faßt mit aller Wut mich an,
Und in der Höllenqual, die mich vernichtet,
Wird Lästrung nur ein leiser Schmerzenslaut.
Ich will hinweg! und wenn du redlich bist,
So zeig' es mir, und laß mich gleich von hinnen!

ANTONIO Ich werde dich in dieser Not nicht lassen;
Und wenn es dir an Fassung ganz gebricht,
So soll mir's an Geduld gewiß nicht fehlen.

TASSO So muß ich mich dir denn gefangen geben?
Ich gebe mich, und so ist es getan;
Ich widerstehe nicht, so ist mir wohl —
Und laß es dann mich schmerzlich wiederholen,
Wie schön es war, was ich mir selbst verscherzte.
Sie gehn hinweg — O Gott! dort seh' ich schon
Den Staub, der von den Wagen sich erhebt —
Die Reiter sind voraus — Dort fahren sie,
Dort gehn sie hin! Kam ich nicht auch daher?
Sie sind hinweg, sie sind erzürnt auf mich.
O küßt' ich nur noch einmal seine Hand!
O daß ich nur noch Abschied nehmen könnte!
Nur einmal noch zu sagen: O verzeiht?
Nur noch zu hören: Geh, dir ist verziehn!
Allein ich hör' es nicht, ich hör' es nie —
Ich will ja gehn! Laßt mich nur Abschied nehmen,
Nur Abschied nehmen! Gebt, o gebt mir nur
Auf einen Augenblick die Gegenwart
Zurück! Vielleicht genes' ich wieder. Nein,
Ich bin verstoßen, bin verbannt, ich habe
Mich selbst verbannt, ich werde diese Stimme
Nicht mehr vernehmen, diesem Blicke nicht,
Nicht mehr begegnen —

ANTONIO Laß eines Mannes Stimme dich erinnern,
Der neben dir nicht ohne Rührung steht!
Du bist so elend nicht, als wie du glaubst.
Ermanne dich! Du gibst zu viel dir nach.

TASSO Und bin ich denn so elend, wie ich scheine?

Bin ich so schwach, wie ich vor dir mich zeige?
Ist alles denn verloren? Hat der Schmerz,
Als schütterte der Boden, das Gebäude
In einen grausen Haufen Schutt verwandelt?
Ist kein Talent mehr übrig, tausendfältig
Mich zu zerstreun, zu unterstützen?
Ist alle Kraft erloschen, die sich sonst
In meinem Busen regte? Bin ich nichts,
Ganz nichts geworden?
Nein, es ist alles da! und ich bin nichts!
Ich bin mir selbst entwandt, sie ist es mir!

ANTONIO Und wenn du ganz dich zu verlieren scheinst,
Vergleiche dich! Erkenne was du bist!

TASSO Ja, du erinnerst mich zur rechten Zeit! —
Hilft denn kein Beispiel der Geschichte mehr?
Stellt sich kein edler Mann mir vor die Augen,
Der mehr gelitten, als ich jemals litt,
Damit ich mich mit ihm vergleichend fasse?
Nein, alles ist dahin! — Nur eines bleibt:
Die Träne hat uns die Natur verliehen,
Den Schrei des Schmerzens, wenn der Mann zuletzt
Es nicht mehr trägt — Und mir noch über alles —
Sie ließ im Schmerz mir Melodie und Rede,
Die tiefste Fülle meiner Not zu klagen:
Und wenn der Mensch in seiner Qual verstummt,
Gab mir ein Gott, zu sagen wie ich leide.

ANTONIO *tritt zu ihm und nimmt ihn bei der Hand.*

TASSO O edler Mann! Du stehest fest und still,
Ich scheine nur die sturmbewegte Welle.
Allein bedenk', und überhebe nicht
Dich deiner Kraft! die mächtige Natur,
Die diesen Felsen gründete, hat auch
Der Welle die Beweglichkeit gegeben.
Sie sendet ihren Sturm, die Welle flieht
Und schwankt und schwillt und beugt sich schäumend über.
In dieser Woge spiegelte so schön
Die Sonne sich, es ruhten die Gestirne
An dieser Brust, die zärtlich sich bewegte.
Verschwunden ist der Glanz, entflohn die Ruhe. —
Ich kenne mich in der Gefahr nicht mehr,
Und schäme mich nicht mehr es zu bekennen.
Zerbrochen ist das Steuer, und es kracht
Das Schiff an allen Seiten. Berstend reißt
Der Boden unter meinen Füßen auf!
Ich fasse dich mit beiden Armen an!
So klammert sich der Schiffer endlich noch
Am Felsen fest, an dem er scheitern sollte.

FAUST

Eine Tragödie

ZUEIGNUNG

Ihr naht euch wieder, schwankende Gestalten,
Die früh sich einst dem trüben Blick gezeigt.
Versuch' ich wohl euch diesmal fest zu halten?
Fühl' ich mein Herz noch jenem Wahn geneigt?
Ihr drängt euch zu! nun gut, so mögt ihr walten,
Wie ihr aus Dunst und Nebel um mich steigt;
Mein Busen fühlt sich jugendlich erschüttert
Vom Zauberhauch, der euren Zug umwittert.

Ihr bringt mit euch die Bilder froher Tage,
Und manche liebe Schatten steigen auf;
Gleich einer alten halbverklungnen Sage
Kommt erste Lieb' und Freundschaft mit herauf;
Der Schmerz wird neu, es wiederholt die Klage
Des Lebens labyrinthisch irren Lauf,
Und nennt die Guten, die, um schöne Stunden
Vom Glück getäuscht, vor mir hinweggeschwunden.

Sie hören nicht die folgenden Gesänge,
Die Seelen, denen ich die ersten sang;
Zerstoben ist das freundliche Gedränge,
Verklungen ach! der erste Widerklang.
Mein Lied ertönt der unbekannten Menge,
Ihr Beifall selbst macht meinem Herzen bang,
Und was sich sonst an meinem Lied erfreuet,
Wenn es noch lebt, irrt in der Welt zerstreuet.

Und mich ergreift ein längst entwöhntes Sehnen
Nach jenem stillen ernsten Geisterreich,
Es schwebet nun in unbestimmten Tönen
Mein lispelnd Lied, der Äolsharfe gleich,
Ein Schauer faßt mich, Träne folgt den Tränen,
Das strenge Herz es fühlt sich mild und weich;
Was ich besitze seh' ich wie im Weiten,
Und was verschwand wird mir zu Wirklichkeiten.

VORSPIEL AUF DEM THEATER

DIREKTOR, THEATERDICHTER, LUSTIGE PERSON.

DIREKTOR Ihr beiden, die ihr mir so oft,
In Not und Trübsal, beigestanden,
Sagt was ihr wohl in deutschen Landen
Von unsrer Unternehmung hofft?
Ich wünschte sehr der Menge zu behagen,
Besonders weil sie lebt und leben läßt.
Die Pfosten sind, die Bretter aufgeschlagen,
Und jedermann erwartet sich ein Fest.
Sie sitzen schon mit hohen Augenbraunen
Gelassen da und möchten gern erstaunen.
Ich weiß wie man den Geist des Volks versöhnt;
Doch so verlegen bin ich nie gewesen;
Zwar sind sie an das Beste nicht gewöhnt,
Allein sie haben schrecklich viel gelesen.
Wie machen wir's, daß alles frisch und neu
Und mit Bedeutung auch gefällig sei?
Denn freilich mag ich gern die Menge sehen,
Wenn sich der Strom nach unsrer Bude drängt,
Und mit gewaltig wiederholten Wehen
Sich durch die enge Gnadenpforte zwängt,
Bei hellem Tage, schon vor Vieren,
Mit Stößen sich bis an die Kasse ficht
Und, wie in Hungersnot um Brot an Bäckertüren,
Um ein Billet sich fast die Hälse bricht.
Dies Wunder wirkt auf so verschiedne Leute
Der Dichter nur; mein Freund, o! tu' es heute!
DICHTER O sprich mir nicht von jener bunten Menge,
Bei deren Anblick uns der Geist entflieht.
Verhülle mir das wogende Gedränge,
Das wider Willen uns zum Strudel zieht.
Nein, führe mich zur stillen Himmelsenge,
Wo nur dem Dichter reine Freude blüht;
Wo Lieb' und Freundschaft unsres Herzens Segen
Mit Götterhand erschaffen und erpflegen.

Ach! was in tiefer Brust uns da entsprungen,
Was sich die Lippe schüchtern vorgelallt,
Mißraten jetzt und jetzt vielleicht gelungen,
Verschlingt des wilden Augenblicks Gewalt.
Oft wenn es erst durch Jahre durchgedrungen
Erscheint es in vollendeter Gestalt.
Was glänzt ist für den Augenblick geboren;
Das Echte bleibt der Nachwelt unverloren.

LUSTIGE PERSON Wenn ich nur nichts von Nachwelt hören sollte;
Gesetzt daß *ich* von Nachwelt reden wollte,
Wer machte denn der Mitwelt Spaß?
Den will sie doch und soll ihn haben.
Die Gegenwart von einem braven Knaben
Ist, dächt' ich, immer auch schon was.
Wer sich behaglich mitzuteilen weiß,
Den wird des Volkes Laune nicht erbittern;
Er wünscht sich einen großen Kreis,
Um ihn gewisser zu erschüttern.
Drum seid nur brav und zeigt euch musterhaft,
Laßt Phantasie, mit allen ihren Chören,
Vernunft, Verstand, Empfindung, Leidenschaft,
Doch, merkt euch wohl! nicht ohne Narrheit hören.
DIREKTOR Besonders aber laßt genug geschehn!
Man kommt zu schaun, man will am liebsten sehn.
Wird vieles vor den Augen abgesponnen,
So daß die Menge staunend gaffen kann,
Da habt ihr in der Breite gleich gewonnen,
Ihr seid ein vielgeliebter Mann.
Die Masse könnt ihr nur durch Masse zwingen,
Ein jeder sucht sich endlich selbst was aus.
Wer vieles bringt, wird manchem etwas bringen;
Und jeder geht zufrieden aus dem Haus.
Gebt ihr ein Stück, so gebt es gleich in Stücken!
Solch ein Ragout es muß euch glücken;
Leicht ist es vorgelegt, so leicht als ausgedacht.
Was hilft's, wenn ihr ein Ganzes dargebracht,
Das Publikum wird es euch doch zerpflücken.
DICHTER Ihr fühlet nicht, wie schlecht ein solches Handwerk sei!
Wie wenig das dem echten Künstler zieme!
Der saubern Herren Pfuscherei
Ist, merk' ich, schon bei euch Maxime.
DIREKTOR Ein solcher Vorwurf läßt mich ungekränkt:
Ein Mann, der recht zu wirken denkt,
Muß auf das beste Werkzeug halten.
Bedenkt, ihr habet weiches Holz zu spalten,
Und seht nur hin für wen ihr schreibt!
Wenn diesen Langeweile treibt,
Kommt jener satt vom übertischten Mahle,
Und, was das allerschlimmste bleibt,
Gar mancher kommt vom Lesen der Journale.
Man eilt zerstreut zu uns, wie zu den Maskenfesten,
Und Neugier nur beflügelt jeden Schritt;
Die Damen geben sich und ihren Putz zum Besten
Und spielen ohne Gage mit.
Was träumet ihr auf eurer Dichter-Höhe?

Was macht ein volles Haus euch froh?
Beseht die Gönner in der Nähe!
Halb sind sie kalt, halb sind sie roh.
Der, nach dem Schauspiel, hofft ein Kartenspiel,
Der eine wilde Nacht an einer Dirne Busen.
Was plagt ihr armen Toren viel,
Zu solchem Zweck, die holden Musen?
Ich sag' euch, gebt nur mehr, und immer, immer mehr,
So könnt ihr euch vom Ziele nie verirren,
Sucht nur die Menschen zu verwirren,
Sie zu befriedigen ist schwer — —
Was fällt euch an? Entzückung oder Schmerzen?
DICHTER Geh hin und such dir einen andern Knecht!
Der Dichter sollte wohl das höchste Recht,
Das Menschenrecht, das ihm Natur vergönnt,
Um deinetwillen freventlich verscherzen!
Wodurch bewegt er alle Herzen?
Wodurch besiegt er jedes Element?
Ist es der Einklang nicht, der aus dem Busen dringt,
Und in sein Herz die Welt zurücke schlingt?
Wenn die Natur des Fadens ew'ge Länge,
Gleichgültig drehend, auf die Spindel zwingt,
Wenn aller Wesen unharmon'sche Menge
Verdrießlich durch einander klingt;
Wer teilt die fließend immer gleiche Reihe
Belebend ab, daß sie sich rhythmisch regt?
Wer ruft das Einzelne zur allgemeinen Weihe,
Wo es in herrlichen Akkorden schlägt?
Wer läßt den Sturm zu Leidenschaften wüten?
Das Abendrot im ernsten Sinne glühn?
Wer schüttet alle schönen Frühlingsblüten
Auf der Geliebten Pfade hin?
Wer flicht die unbedeutend grünen Blätter
Zum Ehrenkranz Verdiensten jeder Art?
Wer sichert den Olymp, vereinet Götter?
Des Menschen Kraft im Dichter offenbart.
LUSTIGE PERSON So braucht sie denn die schönen Kräfte
Und treibt die dichtrischen Geschäfte,
Wie man ein Liebesabenteuer treibt.
Zufällig naht man sich, man fühlt, man bleibt
Und nach und nach wird man verflochten;
Es wächs't das Glück, dann wird es angefochten,
Man ist entzückt, nun kommt der Schmerz heran,
Und eh' man sich's versieht, ist's eben ein Roman.
Laßt uns auch so ein Schauspiel geben!
Greift nur hinein in's volle Menschenleben!
Ein jeder lebt's, nicht vielen ist's bekannt,

Und wo ihr's packt, da ist's interessant.
In bunten Bildern wenig Klarheit,
Viel Irrtum und ein Fünkchen Wahrheit,
So wird der beste Trank gebraut,
Der alle Welt erquickt und auferbaut.
Dann sammelt sich der Jugend schönste Blüte
Vor eurem Spiel und lauscht der Offenbarung,
Dann sauget jedes zärtliche Gemüte
Aus eurem Werk sich melanchol'sche Nahrung,
Dann wird bald dies bald jenes aufgeregt,
Ein jeder sieht was er im Herzen trägt.
Noch sind sie gleich bereit zu weinen und zu lachen,
Sie ehren noch den Schwung, erfreuen sich am Schein;
Wer fertig ist, dem ist nichts recht zu machen;
Ein Werdender wird immer dankbar sein.

DICHTER So gib mir auch die Zeiten wieder,
Da ich noch selbst im Werden war,
Da sich ein Quell gedrängter Lieder
Ununterbrochen neu gebar.
Da Nebel mir die Welt verhüllten,
Die Knospe Wunder noch versprach,
Da ich die tausend Blumen brach,
Die alle Täler reichlich füllten.
Ich hatte nichts und doch genug,
Den Drang nach Wahrheit und die Lust am Trug.
Gib ungebändigt jene Triebe,
Das tiefe schmerzenvolle Glück,
Des Hasses Kraft, die Macht der Liebe,
Gib meine Jugend mir zurück!

LUSTIGE PERSON Der Jugend, guter Freund, bedarfst du allenfalls,
Wenn dich in Schlachten Feinde drängen,
Wenn mit Gewalt an deinen Hals
Sich allerliebste Mädchen hängen,
Wenn fern des schnellen Laufes Kranz
Vom schwer erreichten Ziele winket,
Wenn nach dem heft'gen Wirbeltanz
Die Nächte schmausend man vertrinket.
Doch in's bekannte Saitenspiel
Mit Mut und Anmut einzugreifen,
Nach einem selbstgesteckten Ziel
Mit holdem Irren hinzuschweifen,
Das, alte Herrn, ist eure Pflicht,
Und wir verehren euch darum nicht minder.
Das Alter macht nicht kindisch, wie man spricht,
Es findet uns nur noch als wahre Kinder.

DIREKTOR Der Worte sind genug gewechselt,
Laßt mich auch endlich Taten sehn;

Indeß ihr Komplimente drechselt,
Kann etwas Nützliches geschehn.
Was hilft es viel von Stimmung reden?
Dem Zaudernden erscheint sie nie.
Gebt ihr euch einmal für Poeten,
So kommandiert die Poesie.
Euch ist bekannt, was wir bedürfen,
Wir wollen stark Getränke schlürfen;
Nun braut mir unverzüglich dran!
Was heute nicht geschieht, ist morgen nicht getan,
Und keinen Tag soll man verpassen,
Das Mögliche soll der Entschluß
Beherzt sogleich bei'm Schopfe fassen,
Er will es dann nicht fahren lassen,
Und wirket weiter, weil er muß.

Ihr wißt auf unsern deutschen Bühnen
Probiert ein jeder was er mag;
Drum schonet mir an diesem Tag
Prospekte nicht und nicht Maschinen.
Gebraucht das groß' und kleine Himmelslicht,
Die Sterne dürfet ihr verschwenden;
An Wasser, Feuer, Felsenwänden,
An Tier und Vögeln fehlt es nicht.
So schreitet in dem engen Bretterhaus
Den ganzen Kreis der Schöpfung aus,
Und wandelt mit bedächt'ger Schnelle
Vom Himmel durch die Welt zur Hölle.

PROLOG IM HIMMEL

DER HERR, DIE HIMMLISCHEN HEERSCHAREN, NACHHER MEPHISTOPHELES.

Die DREI ERZENGEL *treten vor.*

RAPHAEL Die Sonne tönt nach alter Weise
In Brudersphären Wettgesang,
Und ihre vorgeschriebne Reise
Vollendet sie mit Donnergang.
Ihr Anblick gibt den Engeln Stärke,
Wenn keiner sie ergründen mag;
Die unbegreiflich hohen Werke
Sind herrlich wie am ersten Tag.
GABRIEL Und schnell und unbegreiflich schnelle
Dreht sich umher der Erde Pracht;
Es wechselt Paradieses-Helle
Mit tiefer schauervoller Nacht;
Es schäumt das Meer in breiten Flüssen
Am tiefen Grund der Felsen auf,
Und Fels und Meer wird fortgerissen
In ewig schnellem Sphärenlauf.
MICHAEL Und Stürme brausen um die Wette,
Vom Meer auf's Land, vom Land auf's Meer,
Und bilden wütend eine Kette
Der tiefsten Wirkung rings umher.
Da flammt ein blitzendes Verheeren
Dem Pfade vor des Donnerschlags;
Doch deine Boten, Herr, verehren
Das sanfte Wandeln deines Tags.
ZU DREI Der Anblick gibt den Engeln Stärke
Da keiner dich ergründen mag,
Und alle deine hohen Werke
Sind herrlich wie am ersten Tag.
MEPHISTOPHELES Da du, o Herr, dich einmal wieder nahst
Und fragst wie alles sich bei uns befinde,
Und du mich sonst gewöhnlich gerne sahst,
So siehst du mich auch unter dem Gesinde.
Verzeih, ich kann nicht hohe Worte machen,
Und wenn mich auch der ganze Kreis verhöhnt;
Mein Pathos brächte dich gewiß zum Lachen,
Hätt'st du dir nicht das Lachen abgewöhnt.
Von Sonn- und Welten weiß ich nichts zu sagen,
Ich sehe nur wie sich die Menschen plagen.
Der kleine Gott der Welt bleibt stets von gleichem Schlag,
Und ist so wunderlich als wie am ersten Tag.
Ein wenig besser würd' er leben,

Hätt'st du ihm nicht den Schein des Himmelslichts gegeben;
Er nennt's Vernunft und braucht's allein,
Nur tierischer als jedes Tier zu sein.
Er scheint mir, mit Verlaub von Ew. Gnaden,
Wie eine der langbeinigen Zikaden,
Die immer fliegt und fliegend springt
Und gleich im Gras ihr altes Liedchen singt;
Und läg' er nur noch immer in dem Grase!
In jeden Quark begräbt er seine Nase.

DER HERR Hast du mir weiter nichts zu sagen?
Kommst du nur immer anzuklagen?
Ist auf der Erde ewig dir nichts recht?

MEPHISTOPHELES Nein Herr! ich find' es dort, wie immer, herzlich schlecht.
Die Menschen dauern mich in ihren Jammertagen,
Ich mag sogar die armen selbst nicht plagen.

DER HERR Kennst du den Faust?

MEPHISTOPHELES Den Doktor?

DER HERR Meinen Knecht!

MEPHISTOPHELES Fürwahr! er dient euch auf besondre Weise.
Nicht irdisch ist des Toren Trank noch Speise.
Ihn treibt die Gärung in die Ferne,
Er ist sich seiner Tollheit halb bewußt;
Vom Himmel fordert er die schönsten Sterne
Und von der Erde jede höchste Lust,
Und alle Näh und alle Ferne
Befriedigt nicht die tiefbewegte Brust.

DER HERR Wenn er mir jetzt auch nur verworren dient,
So werd' ich ihn bald in die Klarheit führen.
Weiß doch der Gärtner, wenn das Bäumchen grünt,
Daß Blüt' und Frucht die künft'gen Jahre zieren.

MEPHISTOPHELES Was wettet ihr? den sollt ihr noch verlieren,
Wenn ihr mir die Erlaubnis gebt
Ihn meine Straße sacht zu führen.

DER HERR So lang er auf der Erde lebt,
So lange sei dir's nicht verboten.
Es irrt der Mensch so lang er strebt.

MEPHISTOPHELES Da dank' ich euch; denn mit den Toten
Hab' ich mich niemals gern befangen.
Am meisten lieb' ich mir die vollen frischen Wangen.
Für einen Leichnam bin ich nicht zu Haus;
Mir geht es wie der Katze mit der Maus.

DER HERR Nun gut, es sei dir überlassen!
Zieh diesen Geist von seinem Urquell ab,
Und führ' ihn, kannst du ihn erfassen,
Auf deinem Wege mit herab,
Und steh beschämt, wenn du bekennen mußt:

Ein guter Mensch in seinem dunklen Drange
Ist sich des rechten Weges wohl bewußt.

MEPHISTOPHELES Schon gut! nur dauert es nicht lange.
Mir ist für meine Wette gar nicht bange.
Wenn ich zu meinem Zweck gelange,
Erlaubt ihr mir Triumph aus voller Brust.
Staub soll er fressen, und mit Lust,
Wie meine Muhme, die berühmte Schlange.

DER HERR Du darfst auch da nur frei erscheinen;
Ich habe Deinesgleichen nie gehaßt.
Von allen Geistern die verneinen
Ist mir der Schalk am wenigsten zur Last.
Des Menschen Tätigkeit kann allzuleicht erschlaffen,
Er liebt sich bald die unbedingte Ruh;
Drum geb' ich gern ihm den Gesellen zu,
Der reizt und wirkt und muß als Teufel schaffen.
Doch ihr, die echten Göttersöhne,
Erfreut euch der lebendig reichen Schöne!
Das Werdende, das ewig wirkt und lebt,
Umfass' euch mit der Liebe holden Schranken,
Und was in schwankender Erscheinung schwebt,
Befestiget mit dauernden Gedanken.

Der Himmel schließt, die ERZENGEL *verteilen sich.*

MEPHISTOPHELES *allein.* Von Zeit zu Zeit seh' ich den Alten gern,
Und hüte mich mit ihm zu brechen.
Es ist gar hübsch von einem großen Herrn,
So menschlich mit dem Teufel selbst zu sprechen.

Nacht

In einem hochgewölbten engen gotischen Zimmer
FAUST *unruhig auf seinem Sessel am Pulte.*

FAUST Habe nun, ach! Philosophie,
Juristerei und Medizin,
Und leider auch Theologie!
Durchaus studiert, mit heißem Bemühn.
Da steh' ich nun, ich armer Tor!
Und bin so klug als wie zuvor;
Heiße Magister, heiße Doktor gar,
und ziehe schon an die zehen Jahr,
Herauf, herab und quer und krumm,
Meine Schüler an der Nase herum —
Und sehe, daß wir nichts wissen können!
Das will mir schier das Herz verbrennen.
Zwar bin ich gescheiter als alle die Laffen,
Doktoren, Magister, Schreiber und Pfaffen;
Mich plagen keine Skrupel noch Zweifel,
Fürchte mich weder vor Hölle noch Teufel —
Dafür ist mir auch alle Freud' entrissen,
Bilde mir nicht ein was Rechts zu wissen,
Bilde mir nicht ein ich könnte was lehren
Die Menschen zu bessern und zu bekehren.
Auch hab' ich weder Gut noch Geld,
Noch Ehr' und Herrlichkeit der Welt;
Es möchte kein Hund so länger leben!
Drum hab' ich mich der Magie ergeben,
Ob mir durch Geistes Kraft und Mund
Nicht manch Geheimnis wurde kund;
Daß ich nicht mehr, mit sauerm Schweiß.
Zu sagen brauche was ich nicht weiß;
Daß ich erkenne was die Welt
Im Innersten zusammenhält,
Schau' alle Wirkenskraft und Samen,
Und tu' nicht mehr in Worten kramen.

O sähst du, voller Mondenschein,
Zum letztenmal auf meine Pein.
Den ich so manche Mitternacht
An diesem Pult herangewacht:
Dann, über Büchern und Papier,
Trübsel'ger Freund, erschienst du mir!
Ach! könnt' ich doch auf Berges-Höhn
In deinem lieben Lichte gehn,
Um Bergeshöhle mit Geistern schweben,

Auf Wiesen in deinem Dämmer weben,
Von allem Wissensqualm entladen
In deinem Tau gesund mich baden!

Weh! steck' ich in dem Kerker noch?
Verfluchtes dumpfes Mauerloch,
Wo selbst das liebe Himmelslicht
Trüb durch gemalte Scheiben bricht!
Beschränkt von diesem Bücherhauf,
Den Würme nagen, Staub bedeckt,
Den, bis an's hohe Gewölb' hinauf,
Ein angeraucht Papier umsteckt;
Mit Gläsern, Büchsen rings umstellt,
Mit Instrumenten vollgepfropft,
Urväter Hausrat drein gestopft —
Das ist deine Welt! das heißt eine Welt!

Und fragst du noch, warum dein Herz
Sich bang in deinem Busen klemmt?
Warum ein unerklärter Schmerz
Dir alle Lebensregung hemmt?
Statt der lebendigen Natur,
Da Gott die Menschen schuf hinein,
Umgibt in Rauch und Moder nur
Dich Tiergeripp' und Totenbein.

Flieh! Auf! Hinaus in's weite Land!
Und dies geheimnisvolle Buch,
Von Nostradamus eigner Hand,
Ist dir es nicht Geleit genug?
Erkennest dann der Sterne Lauf,
Und wenn Natur dich unterweis't,
Dann geht die Seelenkraft dir auf,
Wie spricht ein Geist zum andern Geist.
Umsonst, daß trocknes Sinnen hier
Die heil'gen Zeichen dir erklärt.
Ihr schwebt, ihr Geister, neben mir;
Antwortet mir, wenn ihr mich hört!
Er schlägt das Buch auf und erblickt das Zeichen des Makrokosmus.
Ha! welche Wonne fließt in diesem Blick
Auf einmal mir durch alle meine Sinnen!
Ich fühle junges heil'ges Lebensglück
Neuglühend mir durch Nerv' und Adern rinnen.
War es ein Gott, der diese Zeichen schrieb,
Die mir das innre Toben stillen,
Das arme Herz mit Freude füllen,
Und mit geheimnisvollem Trieb

Die Kräfte der Natur rings um mich her enthüllen?
Bin ich ein Gott? Mir wird so licht!
Ich schau' in diesen reinen Zügen
Die wirkende Natur vor meiner Seele liegen.
Jetzt erst erkenn' ich was der Weise spricht:
„Die Geisterwelt ist nicht verschlossen;
„Dein Sinn ist zu, dein Herz ist tot!
„Auf, bade, Schüler, unverdrossen
„Die ird'sche Brust im Morgenrot!"
Er beschaut das Zeichen.
Wie alles sich zum Ganzen webt,
Eins in dem andern wirkt und lebt!
Wie Himmelskräfte auf und nieder steigen
Und sich die goldnen Eimer reichen!
Mit segenduftenden Schwingen
Vom Himmel durch die Erde dringen,
Harmonisch all' das All durchklingen!

Welch Schauspiel! aber ach! ein Schauspiel nur!
Wo fass' ich dich, unendliche Natur?
Euch Brüste, wo? Ihr Quellen alles Lebens,
An denen Himmel und Erde hängt,
Dahin die welke Brust sich drängt—
Ihr quellt, ihr tränkt, und schmacht' ich so vergebens?
Er schlägt unwillig das Buch um und erblickt das Zeichen des Erdgeistes.
Wie anders wirkt dies Zeichen auf mich ein!
Du, Geist der Erde, bist mir näher;
Schon fühl' ich meine Kräfte höher,
Schon glüh' ich wie von neuem Wein,
Ich fühle Mut mich in die Welt zu wagen,
Der Erde Weh, der Erde Glück zu tragen,
Mit Stürmen mich herumzuschlagen,
Und in des Schiffbruchs Knirschen nicht zu zagen.
Es wölkt sich über mir—
Der Mond verbirgt sein Licht—
Die Lampe schwindet!
Es dampft! — Es zucken rote Strahlen
Mir um das Haupt — Es weht
Ein Schauer vom Gewölb' herab
Und faßt mich an!
Ich fühl's, du schwebst um mich, erflehter Geist.
Enthülle dich!
Ha! wie's in meinem Herzen reißt!
Zu neuen Gefühlen
All' meine Sinnen sich erwühlen!
Ich fühle ganz mein Herz dir hingegeben!
Du mußt! du mußt! und kostet' es mein Leben!

Er faßt das Buch und spricht das Zeichen des Geistes geheimnisvoll aus. Es zuckt eine rötliche Flamme, der GEIST *erscheint in der Flamme.*

GEIST Wer ruft mir?
FAUST *abgewendet.* Schreckliches Gesicht!
GEIST Du hast mich mächtig angezogen,
An meiner Sphäre lang gesogen,
Und nun —
FAUST Weh! ich ertrag' dich nicht!
GEIST Du flehst eratmend mich zu schauen,
Meine Stimme zu hören, mein Antlitz zu sehn;
Mich neigt dein mächtig Seelenflehn,
Da bin ich! — Welch erbärmlich Grauen
Faßt Übermenschen dich! Wo ist der Seele Ruf?
Wo ist die Brust, die eine Welt in sich erschuf,
Und trug und hegte, die mit Freudebeben
Erschwoll, sich uns, den Geistern, gleich zu heben?
Wo bist du, Faust, des Stimme mir erklang,
Der sich an mich mit allen Kräften drang?
Bist *du* es, der, von meinem Hauch umwittert,
In allen Lebenstiefen zittert,
Ein furchtsam weggekrümmter Wurm?
FAUST Soll ich dir, Flammenbildung, weichen?
Ich bin's, bin Faust, bin Deinesgleichen!
GEIST In Lebensfluten, im Tatensturm
Wall' ich auf und ab,
Wehe hin und her!
Geburt und Grab,
Ein ewiges Meer,
Ein wechselnd Weben,
Ein glühend Leben,
So schaff' ich am sausenden Webstuhl der Zeit,
Und wirke der Gottheit lebendiges Kleid.
FAUST Der du die weite Welt umschweifst,
Geschäftiger Geist, wie nah fühl' ich mich dir!
GEIST Du gleichst dem Geist den du begreifst,
Nicht mir!
Verschwindet.
FAUST *zusammenstürzend.* Nicht dir?
Wem denn?
Ich Ebenbild der Gottheit!
Und nicht einmal dir!
Es klopft.
O Tod! ich kenn's — das ist mein Famulus —
Es wird mein schönstes Glück zu nichte!
Daß diese Fülle der Gesichte
Der trockne Schleicher stören muß!

WAGNER *im Schlafrocke und der Nachtmütze, eine Lampe in der Hand. Faust wendet sich unwillig.*

WAGNER Verzeiht! ich hör' euch deklamieren;
Ihr las't gewiß ein griechisch Trauerspiel?
In dieser Kunst möcht' ich was profitieren,
Denn heut zu Tage wirkt das viel.
Ich hab' es öfters rühmen hören,
Ein Komödiant könnt' einen Pfarrer lehren.
FAUST Ja, wenn der Pfarrer ein Komödiant ist;
Wie das denn wohl zu Zeiten kommen mag.
WAGNER Ach! wenn man so in sein Museum gebannt ist,
Und sieht die Welt kaum einen Feiertag,
Kaum durch ein Fernglas, nur von weiten,
Wie soll man sie durch Überredung leiten?
FAUST Wenn ihr's nicht fühlt, ihr werdet's nicht erjagen,
Wenn es nicht aus der Seele dringt,
Und mit urkräftigem Behagen
Die Herzen aller Hörer zwingt.
Sitzt ihr nur immer! Leimt zusammen,
Braut ein Ragout von andrer Schmaus,
Und blas't die kümmerlichen Flammen
Aus eurem Aschenhäufchen h'raus!
Bewundrung von Kindern und Affen,
Wenn euch darnach der Gaumen steht;
Doch werdet ihr nie Herz zu Herzen schaffen,
Wenn es euch nicht von Herzen geht.
WAGNER Allein der Vortrag macht des Redners Glück;
Ich fühl' es wohl noch bin ich weit zurück.
FAUST Such' Er den redlichen Gewinn!
Sei Er kein schellenlauter Tor!
Es trägt Verstand und rechter Sinn
Mit wenig Kunst sich selber vor;
Und wenn's euch Ernst ist was zu sagen,
Ist's nötig Worten nachzujagen?
Ja, eure Reden, die so blinkend sind,
In denen ihr der Menschheit Schnitzel kräuselt,
Sind unerquicklich wie der Nebelwind,
Der herbstlich durch die dürren Blätter säuselt!
WAGNER Ach Gott! die Kunst ist lang!
Und kurz ist unser Leben.
Mir wird, bei meinem kritischen Bestreben,
Doch oft um Kopf und Busen bang.
Wie schwer sind nicht die Mittel zu erwerben,
Durch die man zu den Quellen steigt!
Und eh' man nur den halben Weg erreicht,
Muß wohl ein armer Teufel sterben.
FAUST Das Pergament ist das der heil'ge Bronnen,

Woraus ein Trunk den Durst auf ewig stillt?
Erquickung hast du nicht gewonnen,
Wenn sie dir nicht aus eigner Seele quillt.
WAGNER Verzeiht! es ist ein groß Ergetzen,
Sich in den Geist der Zeiten zu versetzen,
Zu schauen wie vor uns ein weiser Mann gedacht,
Und wie wir's dann zuletzt so herrlich weit gebracht.
FAUST O ja, bis an die Sterne weit!
Mein Freund, die Zeiten der Vergangenheit
Sind uns ein Buch mit sieben Siegeln;
Was ihr den Geist der Zeiten heißt,
Das ist im Grund der Herren eigner Geist,
In dem die Zeiten sich bespiegeln.
Da ist's denn wahrlich oft ein Jammer!
Man läuft euch bei dem ersten Blick davon.
Ein Kehrichtfaß und eine Rumpelkammer,
Und höchstens eine Haupt- und Staatsaktion
Mit trefflichen pragmatischen Maximen,
Wie sie den Puppen wohl im Munde ziemen!
WAGNER Allein die Welt! des Menschen Herz und Geist!
Möcht' jeglicher doch was davon erkennen.
FAUST Ja was man so erkennen heißt!
Wer darf das Kind bei'm rechten Namen nennen?
Die wenigen, die was davon erkannt,
Die töricht g'nug ihr volles Herz nicht wahrten,
Dem Pöbel ihr Gefühl, ihr Schauen offenbarten,
Hat man von je gekreuzigt und verbrannt.
Ich bitt' euch, Freund, es ist tief in der Nacht,
Wir müssen's diesmal unterbrechen.
WAGNER Ich hätte gern nur immer fortgewacht,
Um so gelehrt mit euch mich zu besprechen.
Doch morgen, als am ersten Ostertage,
Erlaubt mir ein' und andre Frage.
Mit Eifer hab' ich mich der Studien beflissen;
Zwar weiß ich viel, doch möcht' ich alles wissen.
Ab.
FAUST *allein.* Wie nur dem Kopf nicht alle Hoffnung schwindet,
Der immerfort an schalem Zeuge klebt,
Mit gier'ger Hand nach Schätzen gräbt,
Und froh ist wenn er Regenwürmer findet!

Darf eine solche Menschenstimme hier,
Wo Geisterfülle mich umgab, ertönen?
Doch ach! für diesmal dank' ich dir,
Dem ärmlichsten von allen Erdensöhnen.
Du rissest mich von der Verzweiflung los,
Die mir die Sinne schon zerstören wollte.

Ach! die Erscheinung war so riesengroß,
Daß ich mich recht als Zwerg empfinden sollte.

Ich, Ebenbild der Gottheit, das sich schon
Ganz nah gedünkt dem Spiegel ew'ger Wahrheit,
Sein selbst genoß in Himmelsglanz und Klarheit,
Und abgestreift den Erdensohn;
Ich, mehr als Cherub, dessen freie Kraft
Schon durch die Adern der Natur zu fließen
Und, schaffend, Götterleben zu genießen
Sich ahnungsvoll vermaß, wie muß ich's büßen!
Ein Donnerwort hat mich hinweggerafft.

Nicht darf ich dir zu gleichen mich vermessen!
Hab' ich die Kraft dich anzuziehn besessen,
So hatt' ich dich zu halten keine Kraft.
In jenem sel'gen Augenblicke
Ich fühlte mich so klein, so groß;
Du stießest grausam mich zurücke,
In's ungewisse Menschenlos.
Wer lehret mich? was soll ich meiden?
Soll ich gehorchen jenem Drang?
Ach! unsre Taten selbst, so gut als unsre Leiden,
Sie hemmen unsres Lebens Gang.

Dem Herrlichsten, was auch der Geist empfangen,
Drängt immer fremd und fremder Stoff sich an;
Wenn wir zum Guten dieser Welt gelangen,
Dann heißt das Bess're Trug und Wahn.
Die uns das Leben gaben, herrliche Gefühle,
Erstarren in dem irdischen Gewühle.

Wenn Phantasie sich sonst mit kühnem Flug
Und hoffnungsvoll zum Ewigen erweitert,
So ist ein kleiner Raum ihr nun genug,
Wenn Glück auf Glück im Zeitenstrudel scheitert.
Die Sorge nistet gleich im tiefen Herzen,
Dort wirket sie geheime Schmerzen,
Unruhig wiegt sie sich und störet Lust und Ruh;
Sie deckt sich stets mit neuen Masken zu,
Sie mag als Haus und Hof, als Weib und Kind erscheinen,
Als Feuer, Wasser, Dolch und Gift;
Du bebst vor allem was nicht trifft,
Und was du nie verlierst das mußt du stets beweinen.

Den Göttern gleich' ich nicht! Zu tief ist es gefühlt;
Dem Wurme gleich' ich, der den Staub durchwühlt;

Den, wie er sich im Staube nährend lebt,
Des Wandrers Tritt vernichtet und begräbt.

Ist es nicht Staub was diese hohe Wand,
Aus hundert Fächern, mir verenget;
Der Trödel, der mit tausendfachem Tand
In dieser Mottenwelt mich dränget?
Hier soll ich finden was mir fehlt?
Soll ich vielleicht in tausend Büchern lesen,
Daß überall die Menschen sich gequält,
Daß hie und da ein Glücklicher gewesen? —
Was grinsest du mir hohler Schädel her?

Als daß dein Hirn wie meines einst verwirret
Den leichten Tag gesucht und in der Dämmrung schwer,
Mit Lust nach Wahrheit, jämmerlich geirret.
Ihr Instrumente freilich spottet mein,
Mit Rad und Kämmen, Walz' und Bügel:
Ich stand am Tor, ihr solltet Schlüssel sein;
Zwar euer Bart ist kraus, doch hebt ihr nicht die Riegel.
Geheimnisvoll am lichten Tag
Läßt sich Natur des Schleiers nicht berauben,
Und was sie deinem Geist nicht offenbaren mag,
Das zwingst du ihr nicht ab mit Hebeln und mit Schrauben.

Du alt Geräte das ich nicht gebraucht,
Du stehst nur hier, weil dich mein Vater brauchte.
Du alte Rolle, du wirst angeraucht,
So lang an diesem Pult die trübe Lampe schmauchte.
Weit besser hätt' ich doch mein Weniges verpraßt,
Als mit dem Wenigen belastet hier zu schwitzen!
Was du ererbt von deinen Vätern hast,
Erwirb es um es zu besitzen.
Was man nicht nützt ist eine schwere Last;
Nur was der Augenblick erschafft das kann er nützen?

Doch warum heftet sich mein Blick auf jene Stelle?
Ist jenes Fläschchen dort den Augen ein Magnet?
Warum wird mir auf einmal lieblich helle,
Als wenn im nächt'gen Wald uns Mondenglanz umweht?

Ich grüße dich, du einzige Phiole!
Die ich mit Andacht nun herunterhole,
In dir verehr' ich Menschenwitz und Kunst.
Du Inbegriff der holden Schlummersäfte,
Du Auszug aller tödlich feinen Kräfte,
Erweise deinem Meister deine Gunst!

Ich sehe dich, es wird der Schmerz gelindert,
Ich fasse dich, das Streben wird gemindert,
Des Geistes Flutstrom ebbet nach und nach.
In's hohe Meer werd' ich hinausgewiesen,
Die Spiegelflut erglänzt zu meinen Füßen,
Zu neuen Ufern lockt ein neuer Tag.

Ein Feuerwagen schwebt, auf leichten Schwingen,
An mich heran! Ich fühle mich bereit
Auf neuer Bahn den Äther zu durchdringen,
Zu neuen Sphären reiner Tätigkeit.
Dies hohe Leben, diese Götterwonne!
Du, erst noch Wurm, und die verdienest du?
Ja, kehre nur der holden Erdensonne
Entschlossen deinen Rücken zu!
Vermesse dich die Pforten aufzureißen,
Vor denen jeder gern vorüber schleicht.
Hier ist es Zeit durch Taten zu beweisen,
Daß Manneswürde nicht der Götterhöhe weicht,
Vor jener dunkeln Höhle nicht zu beben,
In der sich Phantasie zu eigner Qual verdammt,
Nach jenem Durchgang hinzustreben,
Um dessen engen Mund die ganze Hölle flammt;
Zu diesem Schritt sich heiter zu entschließen
Und, wär' es mit Gefahr, in's Nichts dahin zu fließen.

Nun komm herab, krystallne reine Schale!
Hervor aus deinem alten Futterale,
An die ich viele Jahre nicht gedacht!
Du glänztest bei der Väter Freudenfeste,
Erheitertest die ernsten Gäste,
Wenn einer dich dem andern zugebracht.
Der vielen Bilder künstlich reiche Pracht,
Des Trinkers Pflicht, sie reimweis zu erklären,
Auf Einen Zug die Höhlung auszuleeren,
Erinnert mich an manche Jugend-Nacht;
Ich werde jetzt dich keinem Nachbarn reichen,
Ich werde meinen Witz an deiner Kunst nicht zeigen;
Hier ist ein Saft, der eilig trunken macht.
Mit brauner Flut erfüllt er deine Höhle.
Den ich bereitet, den ich wähle,
Der letzte Trunk sei nun, mit ganzer Seele,
Als festlich hoher Gruß, dem Morgen zugebracht!
Er setzt die Schale an den Mund.

Glockenklang und *Chorgesang.*

CHOR DER ENGEL
Christ ist erstanden!
Freude dem Sterblichen,
Den die verderblichen,
Schleichenden, erblichen
Mängel umwanden.

FAUST Welch tiefes Summen, welch ein heller Ton,
Zieht mit Gewalt das Glas von meinem Munde?
Verkündiget ihr dumpfen Glocken schon
des Osterfestes erste Feierstunde?
Ihr Chöre singt ihr schon den tröstlichen Gesang,
Der einst, um Grabes Nacht, von Engelslippen klang,
Gewißheit einem neuen Bunde?

CHOR DER WEIBER Mit Spezereien
Hatten wir ihn gepflegt,
Wir seine Treuen
Hatten ihn hingelegt;
Tücher und Binden
Reinlich umwanden wir,
Ach! und wir finden
Christ nicht mehr hier.

CHOR DER ENGEL Christ ist erstanden!
Selig der Liebende,
Der die betrübende,
Heilsam' und übende
Prüfung bestanden.

FAUST Was sucht ihr mächtig und gelind,
Ihr Himmelstöne, mich am Staube?
Klingt dort umher, wo weiche Menschen sind.
Die Botschaft hör' ich wohl, allein mir fehlt der Glaube;
Das Wunder ist des Glaubens liebstes Kind.
Zu jenen Sphären wag' ich nicht zu streben,
Woher die holde Nachricht tönt;
Und doch, an diesen Klang von Jugend auf gewöhnt,
Ruft er auch jetzt zurück mich in das Leben.
Sonst stürzte sich der Himmels-Liebe Kuß
Auf mich herab, in ernster Sabbathstille;
Da klang so ahnungsvoll des Glockentones Fülle,
Und ein Gebet war brünstiger Genuß;
Ein unbegreiflich holdes Sehnen
Trieb mich durch Wald und Wiesen hinzugehn,
Und unter tausend heißen Tränen
Fühlt' ich mir eine Welt entstehn.
Dies Lied verkündete der Jugend muntre Spiele,
Der Frühlingsfeier freies Glück;
Erinnrung hält mich nun mit kindlichem Gefühle
Vom letzten ernsten Schritt zurück.

O tönet fort ihr süßen Himmelslieder!
Die Träne quillt, die Erde hat mich wieder!
CHOR DER JÜNGER Hat der Begrabene
Schon sich nach oben,
Lebend Erhabene,
Herrlich erhoben;
Ist er in Werdelust
Schaffender Freude nah;
Ach! an der Erde Brust
Sind wir zum Leide da.
Ließ er die Seinen
Schmachtend uns hier zurück;
Ach! wir beweinen
Meister dein Glück.
CHOR DER ENGEL Christ ist erstanden,
Aus der Verwesung Schoß;
Reißet von Banden
Freudig euch los!
Tätig ihn preisenden,
Liebe beweisenden,
Brüderlich speisenden,
Predigend reisenden,
Wonne verheißenden
Euch ist der Meister nah,
Euch ist er da.

Vor dem Tor

SPAZIERGÄNGER ALLER ART *ziehen hinaus.*

EINIGE HANDWERKSBURSCHE Warum denn dort hinaus?
ANDRE Wir gehn hinaus auf's Jägerhaus.
DIE ERSTEN Wir aber wollen nach der Mühle wandern.
EIN HANDWERKSBURSCH Ich rat' euch nach dem Wasserhof zu gehn.
ZWEITER Der Weg dahin ist gar nicht schön.
DIE ZWEITEN Was tust denn du?
EIN DRITTER Ich gehe mit den andern.
VIERTER Nach Burgdorf kommt herauf, gewiß dort findet ihr
Die schönsten Mädchen und das beste Bier,
Und Händel von der ersten Sorte.
FÜNFTER Du überlustiger Gesell,
Juckt dich zum drittenmal das Fell?
Ich mag nicht hin, mir graut es vor dem Orte.
DIENSTMÄDCHEN Nein, nein! Ich gehe nach der Stadt zurück.
ANDRE Wir finden ihn gewiß bei jenen Pappeln stehen.
ERSTE Das ist für mich kein großes Glück;

Er wird an deiner Seite gehen,
Mit dir nur tanzt er auf dem Plan.
Was gehn mich deine Freuden an!

ANDRE Heut ist er sicher nicht allein,
Der Krauskopf, sagt er, würde bei ihm sein.

SCHÜLER Blitz, wie die wackern Dirnen schreiten!
Herr Bruder komm! wir müssen sie begleiten.
Ein starkes Bier, ein beizender Toback,
Und eine Magd im Putz das ist nun mein Geschmack.

BÜRGERMÄDCHEN Da sieh mir nur die schönen Knaben!
Es ist wahrhaftig eine Schmach;
Gesellschaft könnten sie die allerbeste haben,
Und laufen diesen Mägden nach!

ZWEITER SCHÜLER *zum ersten.*
Nicht so geschwind! dort hinten kommen zwei,
Sie sind gar niedlich angezogen,
's ist meine Nachbarin dabei;
Ich bin dem Mädchen sehr gewogen.
Sie gehen ihren stillen Schritt
Und nehmen uns doch auch am Ende mit.

ERSTER Herr Bruder, nein! Ich bin nicht gern geniert.
Geschwind! daß wir das Wildpret nicht verlieren.
Die Hand, die Samstags ihren Besen führt,
Wird Sonntags dich am besten caressieren.

BÜRGER Nein, er gefällt mir nicht der neue Burgemeister!
Nun, da er's ist, wird er nur täglich dreister.
Und für die Stadt was tut denn er?
Wird es nicht alle Tage schlimmer?
Gehorchen soll man mehr als immer,
Und zahlen mehr als je vorher.

BETTLER *singt.* Ihr guten Herrn, ihr schönen Frauen,
So wohlgeputzt und backenrot,
Belieb' es euch mich anzuschauen,
Und seht und mildert meine Not!
Laßt hier mich nicht vergebens leiern!
Nur der ist froh, der geben mag.
Ein Tag den alle Menschen feiern,
Er sei für mich ein Erntetag.

ANDRER BÜRGER Nichts Bessers weiß ich mir an Sonn- und Feiertagen,
Als ein Gespräch von Krieg und Kriegsgeschrei,
Wenn hinten, weit, in der Türkei,
Die Völker auf einander schlagen.
Man steht am Fenster, trinkt sein Gläschen aus
Und sieht den Fluß hinab die bunten Schiffe gleiten;
Dann kehrt man Abends froh nach Haus,
Und segnet Fried' und Friedenszeiten.

DRITTER BÜRGER Herr Nachbar, ja! so laß ich's auch geschehn,
Sie mögen sich die Köpfe spalten,
Mag alles durch einander gehn;
Doch nur zu Hause bleib's bei'm Alten.
ALTE *zu den Bürgermädchen.* Ei! wie geputzt! das schöne junge Blut!
Wer soll sich nicht in euch vergaffen? —
Nur nicht so stolz! Es ist schon gut!
Und was ihr wünscht das wüßt' ich wohl zu schaffen.
BÜRGERMÄDCHEN Agathe fort! ich nehme mich in Acht
Mit solchen Hexen öffentlich zu gehen;
Sie ließ mich zwar, in Sankt Andreas Nacht,
Den künft'gen Liebsten leiblich sehen —
DIE ANDRE Mir zeigte sie ihn im Krystall,
Soldatenhaft, mit mehreren Verwegnen;
Ich seh' mich um, ich such' ihn überall,
Allein mir will er nicht begegnen.
SOLDATEN Burgen mit hohen
Mauern und Zinnen,
Mädchen mit stolzen
Höhnenden Sinnen
Möcht' ich gewinnen!
Kühn ist das Mühen,
Herrlich der Lohn!

Und die Trompete
Lassen wir werben,
Wie zu der Freude,
So zum Verderben.
Das ist ein Stürmen!
Das ist ein Leben!
Mädchen und Burgen
Müssen sich geben.
Kühn ist das Mühen,
Herrlich der Lohn!
Und die Soldaten
Ziehen davon.

FAUST *und* WAGNER.

FAUST Vom Eise befreit sind Strom und Bäche
Durch des Frühlings holden belebenden Blick;
Im Tale grünet Hoffnungs-Glück;
Der alte Winter, in seiner Schwäche,
Zog sich in rauhe Berge zurück.
Von dorther sendet er, fliehend, nur
Ohnmächtige Schauer körnigen Eises
In Streifen über die grünende Flur;

Aber die Sonne duldet kein Weißes,
Überall regt sich Bildung und Streben,
Alles will sie mit Farben beleben;
Doch an Blumen fehlt's im Revier,
Sie nimmt geputzte Menschen dafür.
Kehre dich um, von diesen Höhen
Nach der Stadt zurück zu sehen.
Aus dem hohlen finstern Tor
Dringt ein buntes Gewimmel hervor.
Jeder sonnt sich heute so gern.
Sie feiern die Auferstehung des Herrn,
Denn sie sind selber auferstanden,
Aus niedriger Häuser dumpfen Gemächern,
Aus Handwerks- und Gewerbes-Banden,
Aus dem Druck von Giebeln und Dächern,
Aus der Straßen quetschender Enge,
Aus der Kirchen ehrwürdiger Nacht
Sind sie alle an's Licht gebracht.
Sieh nur, sieh! wie behend sich die Menge
Durch die Gärten und Felder zerschlägt,
Wie der Fluß, in Breit' und Länge,
So manchen lustigen Nachen bewegt,
Und bis zum Sinken überladen
Entfernt sich dieser letzte Kahn.
Selbst von des Berges fernen Pfaden
Blinken uns farbige Kleider an.
Ich höre schon des Dorfs Getümmel,
Hier ist des Volkes wahrer Himmel,
Zufrieden jauchzet Groß und Klein:
Hier bin ich Mensch, hier darf ich's sein!

WAGNER Mit euch, Herr Doktor, zu spazieren
Ist ehrenvoll und ist Gewinn;
Doch würd' ich nicht allein mich her verlieren,
Weil ich ein Feind von allem Rohen bin.
Das Fiedeln, Schreien, Kegelschieben,
Ist mir ein gar verhaßter Klang;
Sie toben wie vom bösen Geist getrieben
Und nennen's Freude, nennen's Gesang.

BAUERN *unter der Linde. Tanz und Gesang.*

Der Schäfer putzte sich zum Tanz,
Mit bunter Jacke, Band und Kranz,
Schmuck war er angezogen.
Schon um die Linde war es voll;
Und alles tanzte schon wie toll.
Juchhe! Juchhe!

Juchheisa! Heisa! He!
So ging der Fiedelbogen.

Er drückte hastig sich heran,
Da stieß er an ein Mädchen an
Mit seinem Ellenbogen;
Die frische Dirne kehrt' sich um
Und sagte: nun das find' ich dumm!
Juchhe! Juchhe!
Juchheisa! Heisa! He!
Seid nicht so ungezogen.

Doch hurtig in dem Kreise ging's,
Sie tanzten rechts, sie tanzten links
Und alle Röcke flogen.
Sie wurden rot, sie wurden warm
Und ruhten atmend Arm in Arm,
Juchhe! Juchhe!
Juchheisa! Heisa! He!
Und Hüft' an Ellenbogen.

Und tu' mir doch nicht so vertraut!
Wie mancher hat nicht seine Braut
Belogen und betrogen!
Er schmeichelte sie doch bei Seit'
Und von der Linde scholl es weit:
Juchhe! Juchhe!
Juchheisa! Heisa! He!
Geschrei und Fiedelbogen.

ALTER BAUER Herr Doktor, das ist schön von euch,
Daß ihr uns heute nicht verschmäht,
Und unter dieses Volksgedräng',
Als ein so Hochgelahrter, geht.
So nehmet auch den schönsten Krug,
Den wir mit frischem Trunk gefüllt,
Ich bring' ihn zu und wünsche laut,
Daß er nicht nur den Durst euch stillt;
Die Zahl der Tropfen, die er hegt,
Sei euren Tagen zugelegt.
FAUST Ich nehme den Erquickungs-Trank,
Erwidr' euch allen Heil und Dank.

DAS VOLK *sammelt sich im Kreis umher.*

ALTER BAUER Fürwahr es ist sehr wohl getan,
Daß ihr am frohen Tag erscheint;

Habt ihr es vormals doch mit uns
An bösen Tagen gut gemeint!
Gar mancher steht lebendig hier,
Den euer Vater noch zuletzt
Der heißen Fieberwut entriß,
Als er der Seuche Ziel gesetzt.
Auch damals ihr, ein junger Mann,
Ihr gingt in jedes Krankenhaus,
Gar manche Leiche trug man fort,
Ihr aber kamt gesund heraus;
Bestandet manche harte Proben;
Dem Helfer half der Helfer droben.

ALLE Gesundheit dem bewährten Mann,
Daß er noch lange helfen kann!

FAUST Vor jenem droben steht gebückt,
Der helfen lehrt und Hülfe schickt.

Er geht mit Wagner weiter.

WAGNER Welch ein Gefühl mußt du, o großer Mann,
Bei der Verehrung dieser Menge haben!
O glücklich, wer von seinen Gaben
Solch einen Vorteil ziehen kann!
Der Vater zeigt dich seinem Knaben,
Ein jeder fragt und drängt und eilt,
Die Fiedel stockt, der Tänzer weilt.
Du gehst, in Reihen stehen sie,
Die Mützen fliegen in die Höh:
Und wenig fehlt, so beugten sich die Knie,
Als käm' das Venerabile.

FAUST Nur wenig Schritte noch hinauf zu jenem Stein,
Hier wollen wir von unsrer Wandrung rasten.
Hier saß ich oft gedankenvoll allein
Und quälte mich mit Beten und mit Fasten.
An Hoffnung reich, im Glauben fest,
Mit Tränen, Seufzen, Händeringen
Dacht' ich das Ende jener Pest
Vom Herrn des Himmels zu erzwingen.
Der Menge Beifall tönt mir nun wie Hohn.
O könntest du in meinem Innern lesen,
Wie wenig Vater und Sohn
Solch eines Ruhmes wert gewesen!
Mein Vater war ein dunkler Ehrenmann,
Der über die Natur und ihre heil'gen Kreise,
In Redlichkeit, jedoch auf seine Weise,
Mit grillenhafter Mühe sann.
Der, in Gesellschaft von Adepten,
Sich in die schwarze Küche schloß,
Und, nach unendlichen Rezepten,

Das Widrige zusammengoß.
Da ward ein roter Leu, ein kühner Freier,
Im lauen Bad der Lilie vermählt
Und beide dann mit offnem Flammenfeuer
Aus einem Brautgemach in's andere gequält.
Erschien darauf mit bunten Farben
Die junge Königin im Glas,
Hier war die Arzenei, die Patienten starben,
Und niemand fragte: wer genas?
So haben wir mit höllischen Latwergen
In diesen Tälern, diesen Bergen,
Weit schlimmer als die Pest getobt.
Ich habe selbst den Gift an Tausende gegeben,
Sie welkten hin, ich muß erleben
Daß man die frechen Mörder lobt.

WAGNER Wie könnt ihr euch darum betrüben!
Tut nicht ein braver Mann genug,
Die Kunst, die man ihm übertrug,
Gewissenhaft und pünktlich auszuüben?
Wenn du, als Jüngling, deinen Vater ehrst,
So wirst du gern von ihm empfangen;
Wenn du, als Mann, die Wissenschaft vermehrst,
So kann dein Sohn zu höhrem Ziel gelangen.

FAUST O glücklich, wer noch hoffen kann
Aus diesem Meer des Irrtums aufzutauchen!
Was man nicht weiß das eben brauchte man,
Und was man weiß kann man nicht brauchen.
Doch laß uns dieser Stunde schönes Gut
Durch solchen Trübsinn nicht verkümmern!
Betrachte wie in Abendsonne-Glut
Die grünumgebnen Hütten schimmern.
Sie rückt und weicht, der Tag ist überlebt,
Dort eilt sie hin und fördert neues Leben.
O daß kein Flügel mich vom Boden hebt,
Ihr nach und immer nach zu streben!
Ich säh' im ewigen Abendstrahl
Die stille Welt zu meinen Füßen,
Entzündet alle Höhn, beruhigt jedes Tal,
Den Silberbach in goldne Ströme fließen.
Nicht hemmte dann den göttergleichen Lauf
Der wilde Berg mit allen seinen Schluchten;
Schon tut das Meer sich mit erwarmten Buchten
Vor den erstaunten Augen auf.
Doch scheint die Göttin endlich wegzusinken;
Allein der neue Trieb erwacht,
Ich eile fort ihr ew'ges Licht zu trinken,
Vor mir den Tag und hinter mir die Nacht,

Den Himmel über mir und unter mir die Wellen.
Ein schöner Traum, indessen sie entweicht.
Ach! zu des Geistes Flügeln wird so leicht
kein körperlicher Flügel sich gesellen.
Doch ist es jedem eingeboren,
Daß sein Gefühl hinauf und vorwärts dringt,
Wenn über uns, im blauen Raum verloren,
Ihr schmetternd Lied die Lerche singt;
Wenn über schroffen Fichtenhöhen
Der Adler ausgebreitet schwebt,
Und über Flächen, über Seen,
Der Kranich nach der Heimat strebt.
WAGNER Ich hatte selbst oft grillenhafte Stunden,
Doch solchen Trieb hab' ich noch nie empfunden.
Man sieht sich leicht an Wald und Feldern satt,
Des Vogels Fittig werd' ich nie beneiden.
Wie anders tragen uns die Geistesfreuden,
Von Buch zu Buch, von Blatt zu Blatt!
Da werden Winternächte hold und schön,
Ein selig Leben wärmet alle Glieder,
Und ach! entrollst du gar ein würdig Pergamen
So steigt der ganze Himmel zu dir nieder.
FAUST Du bist dir nur des einen Triebs bewußt;
O lerne nie den andern kennen!
Zwei Seelen wohnen, ach! in meiner Brust,
Die eine will sich von der andern trennen;
Die eine hält, in derber Liebeslust,
Sich an die Welt mit klammernden Organen;
Die andre hebt gewaltsam sich vom Dust
Zu den Gefilden hoher Ahnen.
O gibt es Geister in der Luft,
Die zwischen Erd' und Himmel herrschend weben,
So steiget nieder aus dem goldnen Duft
Und führt mich weg, zu neuem buntem Leben!
Ja, wäre nur ein Zaubermantel mein!
Und trüg' er mich in fremde Länder,
Mir sollt' er um die köstlichsten Gewänder,
Nicht feil um einen Königsmantel sein.
WAGNER Berufe nicht die wohlbekannte Schar,
Die strömend sich im Dunstkreis überbreitet,
Dem Menschen tausendfältige Gefahr,
Von allen Enden her, bereitet.
Von Norden dringt der scharfe Geisterzahn
Auf dich herbei, mit pfeilgespitzten Zungen;
Von Morgen ziehn, vertrocknend, sie heran,
Und nähren sich von deinen Lungen;
Wenn sie der Mittag aus der Wüste schickt,

Die Glut auf Glut um deinen Scheitel häufen,
So bringt der West den Schwarm, der erst erquickt,
Um dich und Feld und Aue zu ersäufen.
Sie hören gern, zum Schaden froh gewandt,
Gehorchen gern, weil sie uns gern betrügen,
Sie stellen wie vom Himmel sich gesandt,
Und lispeln englisch, wenn sie lügen.
Doch gehen wir! Ergraut ist schon die Welt,
Die Luft gekühlt, der Nebel fällt!
Am Abend schätzt man erst das Haus. —
Was stehst du so und blickst erstaunt hinaus?
Was kann dich in der Dämmrung so ergreifen?
FAUST Siehst du den schwarzen Hund durch Saat und Stoppel streifen?
WAGNER Ich sah ihn lange schon, nicht wichtig schien er mir.
FAUST Betracht' ihn recht! Für was hältst du das Tier?
WAGNER Für einen Pudel, der auf seine Weise
Sich auf der Spur des Herren plagt.
FAUST Bemerkst du, wie in weitem Schneckenkreise
Er um uns her und immer näher jagt?
Und irr' ich nicht, so zieht ein Feuerstrudel
Auf seinen Pfaden hinterdrein.
WAGNER Ich sehe nichts als einen schwarzen Pudel;
Es mag bei euch wohl Augentäuschung sein.
FAUST Mir scheint es, daß er magisch leise Schlingen
Zu künft'gem Band um unsre Füße zieht.
WAGNER Ich seh' ihn ungewiß und furchtsam uns umspringen,
Weil er, statt seines Herrn, zwei Unbekannte sieht.
FAUST Der Kreis wird eng, schon ist er nah!
WAGNER Du siehst! ein Hund, und kein Gespenst ist da.
Er knurrt und zweifelt, legt sich auf den Bauch,
Er wedelt. Alles Hunde Brauch.
FAUST Geselle dich zu uns! Komm hier!
WAGNER Es ist ein pudelnärrisch Tier.
Du stehest still, er wartet auf;
Du sprichst ihn an, er strebt an dir hinauf;
Verliere was, er wird es bringen,
Nach deinem Stock in's Wasser springen.
FAUST Du hast wohl Recht; ich finde nicht die Spur
Von einem Geist, und alles ist Dressur.
WAGNER Dem Hunde, wenn er gut gezogen,
Wird selbst ein weiser Mann gewogen.
Ja deine Gunst verdient er ganz und gar,
Er der Studenten trefflicher Scolar.
Sie gehen in das Stadt-Tor.

Studierzimmer

FAUST *mit dem Pudel hereintretend.*

FAUST Verlassen hab' ich Feld und Auen,
Die eine tiefe Nacht bedeckt,
Mit ahnungsvollem heil'gem Grauen
In uns die bess're Seele weckt.
Entschlafen sind nun wilde Triebe,
Mit jedem ungestümen Tun;
Es reget sich die Menschenliebe,
Die Liebe Gottes regt sich nun.

Sei ruhig Pudel! renne nicht hin und wieder!
An der Schwelle was schnoperst du hier?
Lege dich hinter den Ofen nieder,
Mein bestes Kissen geb' ich dir.
Wie du draußen auf dem bergigen Wege
Durch Rennen und Springen ergetzt uns hast,
So nimm nun auch von mir die Pflege,
Als ein willkommner stiller Gast.

Ach wenn in unsrer engen Zelle
Die Lampe freundlich wieder brennt,
Dann wird's in unserm Busen helle,
Im Herzen, das sich selber kennt.
Vernunft fängt wieder an zu sprechen,
Und Hoffnung wieder an zu blühn;
Man sehnt sich nach des Lebens Bächen,
Ach! nach des Lebens Quelle hin.

Knurre nicht Pudel! Zu den heiligen Tönen,
Die jetzt meine ganze Seel' umfassen,
Will der tierische Laut nicht passen.
Wir sind gewohnt, daß die Menschen verhöhnen
Was sie nicht verstehn,
Daß sie vor dem Guten und Schönen,
Das ihnen oft beschwerlich ist, murren;
Will es der Hund, wie sie, beknurren?

Aber ach! Schon fühl' ich, bei dem besten Willen,
Befriedigung nicht mehr aus dem Busen quillen.
Aber warum muß der Strom so bald versiegen,
Und wir wieder im Durste liegen?
Davon hab' ich so viel Erfahrung.
Doch dieser Mangel läßt sich ersetzen,
Wir lernen das Überirdische schätzen,
Wir sehnen uns nach Offenbarung,

Die nirgends würd'ger und schöner brennt
Als in dem neuen Testament.
Mich drängt's den Grundtext aufzuschlagen,
Mit redlichem Gefühl einmal
Das heilige Original
In mein geliebtes Deutsch zu übertragen.
Er schlägt ein Volum auf und schickt sich an.
Geschrieben steht: „im Anfang war das *Wort*!"
Hier stock' ich schon! Wer hilft mir weiter fort?
Ich kann das *Wort* so hoch unmöglich schätzen,
Ich muß es anders übersetzen,
Wenn ich vom Geiste recht erleuchtet bin.
Geschrieben steht: im Anfang war der *Sinn*.
Bedenke wohl die erste Zeile,
Daß deine Feder sich nicht übereile!
Ist es der *Sinn*, der alles wirkt und schafft?
Es sollte stehn: im Anfang war die *Kraft*!
Doch, auch indem ich dieses niederschreibe,
Schon warnt mich was, daß ich dabei nicht bleibe.
Mir hilft der Geist. Auf einmal seh' ich Rat
Und schreibe getrost: im Anfang war die *Tat*!

Soll ich mit dir das Zimmer teilen,
Pudel, so laß das Heulen,
So laß das Bellen!
Solch einen störenden Gesellen
Mag ich nicht in der Nähe leiden.
Einer von uns beiden
Muß die Zelle meiden.
Ungern heb' ich das Gastrecht auf,
Die Tür ist offen, hast freien Lauf.
Aber was muß ich sehen!
Kann das natürlich geschehen?
Ist es Schatten? ist's Wirklichkeit?
Wie wird mein Pudel lang und breit!
Er hebt sich mit Gewalt,
Das ist nicht eines Hundes Gestalt!
Welch ein Gespenst bracht' ich in's Haus!
Schon sieht er wie ein Nilpferd aus,
Mit feurigen Augen, schrecklichem Gebiß.
O! du bist mir gewiß!
Für solche halbe Höllenbrut
Ist Salomonis Schlüssel gut.

GEISTER *auf dem Gange.*
Drinnen gefangen ist einer!
Bleibet haußen, folg' ihm keiner!
Wie im Eisen der Fuchs

Zagt ein alter Höllenluchs.
Aber gebt Acht!
Schwebet hin, schwebet wieder,
Auf und nieder,
Und er hat sich losgemacht
Könnt ihr ihm nützen,
Laßt ihn nicht sitzen!
Denn er tat uns allen
Schon viel zu Gefallen.

FAUST Erst zu begegnen dem Tiere,
Brauch' ich den Spruch der Viere:

Salamander soll glühen,
Undene sich winden,
Sylphe verschwinden,
Kobold sich mühen.
Wer sie nicht kennte
Die Elemente,
Ihre Kraft
Und Eigenschaft,

Wäre kein Meister
Über die Geister.
Verschwind' in Flammen
Salamander!
Rauschend fließe zusammen
Undene!
Leucht' in Meteoren-Schöne
Sylphe!
Bring' häusliche Hülfe
Incubus! incubus!
Tritt hervor und mache den Schluß.

Keines der Viere
Steckt in dem Tiere.
Es liegt ganz ruhig und grins't mich an;
Ich hab' ihm noch nicht weh getan.
Du sollst mich hören
Stärker beschwören.

Bist du Geselle
Ein Flüchtling der Hölle?
So sieh dies Zeichen!
Dem sie sich beugen
Die schwarzen Scharen.

Schon schwillt es auf mit borstigen Haaren.

Verworfnes Wesen!
Kannst du ihn lesen?

Den nie Entspross'nen,
Unausgesprochnen,
Durch alle Himmel Gegoss'nen,
Freventlich Durchstochnen?

Hinter den Ofen gebannt
Schwillt es wie ein Elephant,
Den ganzen Raum füllt es an,
Es will zum Nebel zerfließen.
Steige nicht zur Decke hinan!
Lege dich zu des Meisters Füßen!
Du siehst daß ich nicht vergebens drohe.
Ich versenge dich mit heiliger Lohe!
Erwarte nicht
Das dreimal glühende Licht!
Erwarte nicht
Die stärkste von meinen Künsten!

MEPHISTOPHELES *tritt, indem der Nebel fällt, gekleidet wie ein fahrender Scholasticus, hinter dem Ofen hervor.*

MEPHISTOPHELES Wozu der Lärm? was steht dem Herrn zu
Diensten?
FAUST Das also war des Pudels Kern!
Ein fahrender Scolast? Der Kasus macht mich lachen.
MEPHISTOPHELES Ich salutiere den gelehrten Herrn!
Ihr habt mich weidlich schwitzen machen.
FAUST Wie nennst du dich?
MEPHISTOPHELES Die Frage scheint mir klein
Für einen der das Wort so sehr verachtet,
Der, weit entfernt von allem Schein,
Nur in der Wesen Tiefe trachtet.
FAUST Bei euch, ihr Herrn, kann man das Wesen,
Gewöhnlich aus dem Namen lesen,
Wo es sich allzudeutlich weis't,
Wenn man euch Fliegengott, Verderber, Lügner heißt.
Nun gut, wer bist du denn?
MEPHISTOPHELES Ein Teil von jener Kraft,
Die stets das Böse will und stets das Gute schafft.
FAUST Was ist mit diesem Rätselwort gemeint?
MEPHISTOPHELES Ich bin der Geist der stets verneint!
Und das mit Recht; denn alles was entsteht
Ist wert daß es zu Grunde geht;
Drum besser wär's daß nichts entstünde.
So ist denn alles was ihr Sünde,
Zerstörung, kurz das Böse nennt,
Mein eigentliches Element.
FAUST Du nennst dich einen Teil, und stehst doch ganz vor mir?
MEPHISTOPHELES Bescheidne Wahrheit sprech' ich dir.

Wenn sich der Mensch, die kleine Narrenwelt,
Gewöhnlich für ein Ganzes hält;
Ich bin ein Teil des Teils, der Anfangs alles war,
Ein Teil der Finsternis, die sich das Licht gebar,
Das stolze Licht, das nun der Mutter Nacht
Den alten Rang, den Raum ihr streitig macht,
Und doch gelingt's ihm nicht, da es, so viel es strebt,
Verhaftet an den Körpern klebt.
Von Körpern strömt's, die Körper macht es schön,
Ein Körper hemmt's auf seinem Gange,
So, hoff' ich, dauert es nicht lange
Und mit den Körpern wird's zu Grunde gehn.
FAUST Nun kenn' ich deine würd'gen Pflichten!
Du kannst im Großen nichts vernichten
Und fängst es nun im Kleinen an.
MEPHISTOPHELES Und freilich ist nicht viel damit getan.
Was sich dem Nichts entgegenstellt,
Das Etwas, diese plumpe Welt,
So viel als ich schon unternommen,
Ich wußte nicht ihr beizukommen,
Mit Wellen, Stürmen, Schütteln, Brand,
Geruhig bleibt am Ende Meer und Land!
Und dem verdammten Zeug, der Tier- und Menschenbrut,
Dem ist nun gar nichts anzuhaben.
Wie viele hab' ich schon begraben!
Und immer zirkuliert ein neues frisches Blut.
So geht es fort, man möchte rasend werden!
Der Luft, dem Wasser, wie der Erden
Entwinden tausend Keime sich,
Im Trocknen, Feuchten, Warmen, Kalten!
Hätt' ich mir nicht die Flamme vorbehalten,
Ich hätte nichts Aparts für mich.
FAUST So setzest du der ewig regen,
Der heilsam schaffenden Gewalt
Die kalte Teufelsfaust entgegen,
Die sich vergebens tückisch ballt!
Was Anders suche zu beginnen
Des Chaos wunderlicher Sohn!
MEPHISTOPHELES Wir wollen wirklich uns besinnen,
Die nächstenmale mehr davon!
Dürft' ich wohl diesmal mich entfernen?
FAUST Ich sehe nicht warum du fragst.
Ich habe jetzt dich kennen lernen,
Besuche nun mich wie du magst.
Hier ist das Fenster, hier die Türe,
Ein Rauchfang ist dir auch gewiß.
MEPHISTOPHELES Gesteh' ich's nur! Daß ich hinausspaziere

Verbietet mir ein kleines Hindernis,
Der Drudenfuß auf eurer Schwelle —
FAUST Das Pentagramma macht dir Pein?
Ei sage mir, du Sohn der Hölle,
Wenn das dich bannt, wie kamst du denn herein?
Wie ward ein solcher Geist betrogen?
MEPHISTOPHELES Beschaut es recht! es ist nicht gut gezogen;
Der eine Winkel, der nach außen zu,
Ist, wie du siehst, ein wenig offen.
FAUST Das hat der Zufall gut getroffen!
Und mein Gefangner wärst denn du?
Das ist von ungefähr gelungen!
MEPHISTOPHELES Der Pudel merkte nichts als er hereingesprungen,
Die Sache sieht jetzt anders aus;
Der Teufel kann nicht aus dem Haus.
FAUST Doch warum gehst du nicht durch's Fenster?
MEPHISTOPHELES 's ist ein Gesetz der Teufel und Gespenster:
Wo sie hereingeschlüpft, da müssen sie hinaus.
Das Erste steht uns frei, bei'm Zweiten sind wir Knechte.
FAUST Die Hölle selbst hat ihre Rechte?
Das find' ich gut, da ließe sich ein Pakt,
Und sicher wohl, mit euch ihr Herren schließen?
MEPHISTOPHELES Was man verspricht, das sollst du rein genießen,
Dir wird davon nichts abgezwackt.
Doch das ist nicht so kurz zu fassen,
Und wir besprechen das zunächst;
Doch jetzo bitt' ich, hoch und höchst,
Für diesesmal mich zu entlassen.
FAUST So bleibe doch noch einen Augenblick,
Um mir erst gute Mär' zu sagen.
MEPHISTOPHELES Jetzt laß mich los! ich komme bald zurück;
Dann magst du nach Belieben fragen.
FAUST Ich habe dir nicht nachgestellt,
Bist du doch selbst in's Garn gegangen.
Den Teufel halte wer ihn hält!
Er wird ihn nicht sobald zum zweitenmale fangen.
MEPHISTOPHELES Wenn dir's beliebt, so bin ich auch bereit
Dir zur Gesellschaft hier zu bleiben;
Doch mit Bedingnis, dir die Zeit,
Durch meine Künste, würdig zu vertreiben.
FAUST Ich seh' es gern, das steht dir frei;
Nur daß die Kunst gefällig sei!
MEPHISTOPHELES Du wirst, mein Freund, für deine Sinnen,
In dieser Stunde mehr gewinnen,
Als in des Jahres Einerlei.
Was dir die zarten Geister singen,
Die schönen Bilder, die sie bringen,

Sind nicht ein leeres Zauberspiel.
Auch dein Geruch wird sich ergetzen,
Dann wirst du deinen Gaumen letzen,
Und dann entzückt sich dein Gefühl.
Bereitung braucht es nicht voran,
Beisammen sind wir, fanget an!

GEISTER Schwindet, ihr dunkeln
Wölbungen droben!
Reizender schaue
Freundlich der blaue
Äther herein!
Wären die dunkeln
Wolken zerronnen!
Sternelein funkeln,
Mildere Sonnen
Scheinen darein.
Himmlischer Söhne
Geistige Schöne,
Schwankende Beugung
Schwebet vorüber.
Sehnende Neigung
Folget hinüber;
Und der Gewänder
Flatternde Bänder
Decken die Länder,
Decken die Laube!
Wo sich für's Leben,
Tief in Gedanken,
Liebende geben.
Laube bei Laube!
Sprossende Ranken!
Lastende Traube
Stürzt in's Behälter
Drängender Kelter,
Stürzen in Bächen
Schäumende Weine,
Rieseln durch reine
Edle Gesteine,
Lassen die Höhen
Hinter sich liegen,
Breiten zu Seen
Sich um's Genügen
Grünender Hügel.
Und das Geflügel
Schlürfet sich Wonne,
Flieget der Sonne,
Flieget den hellen

Inseln entgegen,
Die sich auf Wellen
Gauklend bewegen;
Wo wir in Chören
Jauchzende hören,
Über den Auen
Tanzende schauen,
Die sich im Freien
Alle zerstreuen.
Einige klimmen
Über die Höhen,
Andere schwimmen
Über die Seen,
Andere schweben;
Alle zum Leben,
Alle zur Ferne
Liebender Sterne,
Seliger Huld.

MEPHISTOPHELES Er schläft! So recht, ihr luft'gen zarten Jungen!
Ihr habt ihn treulich eingesungen!
Für dies Konzert bin ich in eurer Schuld.
Du bist noch nicht der Mann den Teufel fest zu halten!
Umgaukelt ihn mit süßen Traumgestalten,
Versenkt ihn in ein Meer des Wahns;
Doch dieser Schwelle Zauber zu zerspalten
Bedarf ich eines Rattenzahns.
Nicht lange brauch' ich zu beschwören,
Schon raschelt eine hier und wird sogleich mich hören.

Der Herr der Ratten und der Mäuse,
Der Fliegen, Frösche, Wanzen, Läuse,
Befiehlt dir dich hervor zu wagen
Und diese Schwelle zu benagen,
So wie er sie mit Öl betupft —
Da kommst du schon hervorgehupft!
Nur frisch an's Werk! Die Spitze, die mich bannte,
Sie sitzt ganz vornen an der Kante.
Noch einen Biß, so ist's geschehn. —
Nun, Fauste, träume fort, bis wir uns wiedersehn.

FAUST *erwachend.*
Bin ich denn abermals betrogen?
Verschwindet so der geisterreiche Drang,
Daß mir ein Traum den Teufel vorgelogen,
Und daß ein Pudel mir entsprang?

Studierzimmer

FAUST. MEPHISTOPHELES.

FAUST Es klopft? Herein! Wer will mich wieder plagen?
MEPHISTOPHELES Ich bin's.
FAUST Herein!
MEPHISTOPHELES Du mußt es dreimal sagen.
FAUST Herein denn!
MEPHISTOPHELES So gefällst du mir.
Wir werden, hoff' ich, uns vertragen!
Denn dir die Grillen zu verjagen
Bin ich, als edler Junker, hier,
In rotem goldverbrämtem Kleide,
Das Mäntelchen von starrer Seide,
Die Hahnenfeder auf dem Hut,
Mit einem langen spitzen Degen,
Und rate nun dir, kurz und gut,
Dergleichen gleichfalls anzulegen;
Damit du, losgebunden, frei,
Erfahrest was das Leben sei.
FAUST In jedem Kleide werd' ich wohl die Pein
Des engen Erdelebens fühlen.
Ich bin zu alt, um nur zu spielen,
Zu jung, um ohne Wunsch zu sein.
Was kann die Welt mir wohl gewähren?
Entbehren sollst du! sollst entbehren!
Das ist der ewige Gesang,
Der jedem an die Ohren klingt,
Den, unser ganzes Leben lang,
Uns heiser jede Stunde singt.
Nur mit Entsetzen wach' ich Morgens auf,
Ich möchte bittre Tränen weinen,
Den Tag zu sehn, der mir in seinem Lauf
Nicht Einen Wunsch erfüllen wird, nicht Einen,
Der selbst die Ahnung jeder Lust
Mit eigensinnigem Krittel mindert,
Die Schöpfung meiner regen Brust
Mit tausend Lebensfratzen hindert.
Auch muß ich, wenn die Nacht sich niedersenkt,
Mich ängstlich auf das Lager strecken;
Auch da wird keine Rast geschenkt,
Mich werden wilde Träume schrecken.
Der Gott, der mir im Busen wohnt,
Kann tief mein Innerstes erregen;
Der über allen meinen Kräften thront,
Er kann nach außen nichts bewegen;

Und so ist mir das Dasein eine Last,
Der Tod erwünscht, das Leben mir verhaßt.
MEPHISTOPHELES Und doch ist nie der Tod ein ganz willkommner Gast.
FAUST O selig der, dem er im Siegesglanze
Die blut'gen Lorbeern um die Schläfe windet,
Den er, nach rasch durchras'tem Tanze,
In eines Mädchens Armen findet!
O wär' ich vor des hohen Geistes Kraft
Entzückt, entseelt dahin gesunken!
MEPHISTOPHELES Und doch hat jemand einen braunen Saft,
In jener Nacht, nicht ausgetrunken.
FAUST Das Spionieren, scheint's, ist deine Lust.
MEPHISTOPHELES Allwissend bin ich nicht; doch viel ist mir bewußt.
FAUST Wenn aus dem schrecklichen Gewühle
Ein süß bekannter Ton mich zog,
Den Rest von kindlichem Gefühle
Mit Anklang froher Zeit betrog;
So fluch' ich allem was die Seele
Mit Lock- und Gaukelwerk umspannt,
Und sie in diese Trauerhöhle
Mit Blend- und Schmeichelkräften bannt!
Verflucht voraus die hohe Meinung,
Womit der Geist sich selbst umfängt!
Verflucht das Blenden der Erscheinung,
Die sich an unsre Sinne drängt!
Verflucht was uns in Träumen heuchelt,
Des Ruhms, der Namensdauer Trug!
Verflucht was als Besitz uns schmeichelt,
Als Weib und Kind, als Knecht und Pflug!
Verflucht sei Mammon, wenn mit Schätzen
Er uns zu kühnen Taten regt,
Wenn er zu müßigem Ergetzen
Die Polster uns zurechte legt!
Fluch sei dem Balsamsaft der Trauben!
Fluch jener höchsten Liebeshuld!
Fluch sei der Hoffnung! Fluch dem Glauben,
Und Fluch vor allen der Geduld!
GEISTER-CHOR *unsichtbar.* Weh! weh!
Du hast sie zerstört,
Die schöne Welt,
Mit mächtiger Faust;
Sie stürzt, sie zerfällt!
Ein Halbgott hat sie zerschlagen!
Wir tragen
Die Trümmern in's Nichts hinüber,
Und klagen
Über die verlorne Schöne.

Mächtiger
Der Erdensöhne,
Prächtiger
Baue sie wieder,
In deinem Busen baue sie auf!
Neuen Lebenslauf
Beginne,
Mit hellem Sinne,
Und neue Lieder
Tönen darauf!

MEPHISTOPHELES Dies sind die kleinen
Von den Meinen.
Höre, wie zu Lust und Taten
Altklug sie raten!
In die Welt weit,
Aus der Einsamkeit,
Wo Sinnen und Säfte stocken,
Wollen sie dich locken.
Hör' auf mit deinem Gram zu spielen,
Der, wie ein Geier, dir am Leben frißt;
Die schlechteste Gesellschaft läßt dich fühlen,
Daß du ein Mensch mit Menschen bist.
Doch so ist's nicht gemeint
Dich unter das Pack zu stoßen.
Ich bin keiner von den Großen;
Doch willst du, mit mir vereint,
Deine Schritte durch's Leben nehmen,
So will ich mich gern bequemen
Dein zu sein, auf der Stelle.
Ich bin dein Geselle
Und, mach' ich dir's recht,
Bin ich dein Diener, bin dein Knecht!

FAUST Und was soll ich dagegen dir erfüllen?

MEPHISTOPHELES Dazu hast du noch eine lange Frist.

FAUST Nein, nein! der Teufel ist ein Egoist
Und tut nicht leicht um Gottes Willen
Was einem andern nützlich ist.
Sprich die Bedingung deutlich aus;
Ein solcher Diener bringt Gefahr in's Haus.

MEPHISTOPHELES Ich will mich *hier* zu deinem Dienst verbinden,
Auf deinen Wink nicht rasten und nicht ruhn;
Wenn wir uns *drüben* wieder finden,
So sollst du mir das Gleiche tun.

FAUST Das Drüben kann mich wenig kümmern;
Schlägst du erst diese Welt zu Trümmern,
Die andre mag darnach entstehn.
Aus dieser Erde quillen meine Freuden,

Und diese Sonne scheinet meinen Leiden;
Kann ich mich erst von ihnen scheiden,
Dann mag was will und kann geschehn.
Davon will ich nichts weiter hören,
Ob man auch künftig haßt und liebt,
Und ob es auch in jenen Sphären
Ein Oben oder Unten gibt.
MEPHISTOPHELES In diesem Sinne kannst du's wagen.
Verbinde dich; du sollst, in diesen Tagen,
Mit Freuden meine Künste sehn,
Ich gebe dir was noch kein Mensch gesehn.
FAUST Was willst du armer Teufel geben?
Ward eines Menschen Geist, in seinem hohen Streben,
Von Deinesgleichen je gefaßt?
Doch hast du Speise die nicht sättigt, hast
Du rotes Gold, das ohne Rast,
Quecksilber gleich, dir in der Hand zerrinnt,
Ein Spiel, bei dem man nie gewinnt,
Ein Mädchen, das an meiner Brust
Mit Äugeln schon dem Nachbar sich verbindet,
Der Ehre schöne Götterlust,
Die, wie ein Meteor, verschwindet?
Zeig' mir die Frucht, die fault, eh' man sie bricht,
Und Bäume die sich täglich neu begrünen!
MEPHISTOPHELES Ein solcher Auftrag schreckt mich nicht,
Mit solchen Schätzen kann ich dienen.
Doch, guter Freund, die Zeit kommt auch heran
Wo wir was Guts in Ruhe schmausen mögen.
FAUST Werd' ich beruhigt je mich auf ein Faulbett legen,
So sei es gleich um mich getan!
Kannst du mich schmeichelnd je belügen
Daß ich mir selbst gefallen mag,
Kannst du mich mit Genuß betrügen;
Das sei für mich der letzte Tag!
Die Wette biet' ich!
MEPHISTOPHELES Top!
FAUST Und Schlag auf Schlag!
Werd' ich zum Augenblicke sagen:
Verweile doch! du bist so schön!
Dann magst du mich in Fesseln schlagen,
Dann will ich gern zu Grunde gehn!
Dann mag die Totenglocke schallen,
Dann bist du deines Dienstes frei,
Die Uhr mag stehn, der Zeiger fallen,
Es sei die Zeit für mich vorbei!
MEPHISTOPHELES Bedenk' es wohl, wir werden's nicht vergessen.
FAUST Dazu hast du ein volles Recht,

Ich habe mich nicht freventlich vermessen.
Wie ich beharre bin ich Knecht,
Ob dein, was frag' ich, oder wessen.
MEPHISTOPHELES Ich werde heute gleich, bei'm Doktorschmaus,
Als Diener, meine Pflicht erfüllen.
Nur eins! — Um Lebens oder Sterbens willen,
Bitt' ich mir ein paar Zeilen aus.
FAUST Auch was Geschriebnes forderst du Pedant?
Hast du noch keinen Mann, nicht Mannes-Wort gekannt?
Ist's nicht genug, daß mein gesprochnes Wort
Auf ewig soll mit meinen Tagen schalten?
Ras't nicht die Welt in allen Strömen fort,
Und mich soll ein Versprechen halten?
Doch dieser Wahn ist uns in's Herz gelegt,
Wer mag sich gern davon befreien?
Beglückt wer Treue rein im Busen trägt,
Kein Opfer wird ihn je gereuen!
Allein ein Pergament, beschrieben und beprägt,
Ist ein Gespenst, vor dem sich alle scheuen.
Das Wort erstirbt schon in der Feder,
Die Herrschaft führen Wachs und Leder.
Was willst du böser Geist von mir?
Erz, Marmor, Pergament, Papier?
Soll ich mit Griffel, Meißel, Feder schreiben?
Ich gebe jede Wahl dir frei.
MEPHISTOPHELES Wie magst du deine Rednerei
Nur gleich so hitzig übertreiben?
Ist doch ein jedes Blättchen gut.
Du unterzeichnest dich mit einem Tröpfchen Blut.
FAUST Wenn dies dir völlig G'nüge tut,
So mag es bei der Fratze bleiben.
MEPHISTOPHELES Blut ist ein ganz besondrer Saft.
FAUST Nur keine Furcht, daß ich dies Bündniß breche!
Das Streben meiner ganzen Kraft
Ist g'rade das was ich verspreche.
Ich habe mich zu hoch gebläht;
In deinen Rang gehör' ich nur.
Der große Geist hat mich verschmäht,
Vor mir verschließt sich die Natur.
Des Denkens Faden ist zerrissen,
Mir ekelt lange vor allem Wissen.
Laß in den Tiefen der Sinnlichkeit
Uns glühende Leidenschaften stillen!

In undurchdrungnen Zauberhüllen
Sei jedes Wunder gleich bereit!
Stürzen wir uns in das Rauschen der Zeit,

In's Rollen der Begebenheit!
Da mag denn Schmerz und Genuß,
Gelingen und Verdruß,
Mit einander wechseln wie es kann;
Nur rastlos betätigt sich der Mann.
MEPHISTOPHELES Euch ist kein Maß und Ziel gesetzt.
Beliebt's euch überall zu naschen,
Im Fliehen etwas zu erhaschen,
Bekomm' euch wohl was euch ergetzt.
Nur greift mir zu und seid nicht blöde!
FAUST Du hörest ja, von Freud' ist nicht die Rede.
Dem Taumel weih' ich mich, dem schmerzlichsten Genuß,
Verliebtem Haß, erquickendem Verdruß.
Mein Busen, der vom Wissensdrang geheilt ist,
Soll keinen Schmerzen künftig sich verschließen,
Und was der ganzen Menschheit zugeteilt ist,
Will ich in meinem innern Selbst genießen,
Mit meinem Geist das Höchst' und Tiefste greifen,
Ihr Wohl und Weh auf meinen Busen häufen,
Und so mein eigen Selbst zu ihrem Selbst erweitern,
Und, wie sie selbst, am End' auch ich zerscheitern.
MEPHISTOPHELES O glaube mir, der manche tausend Jahre
An dieser harten Speise kaut,
Daß von der Wiege bis zur Bahre
Kein Mensch den alten Sauerteig verdaut!
Glaub' unser einem, dieses Ganze
Ist nur für einen Gott gemacht!
Er findet sich in einem ew'gen Glanze,
Uns hat er in die Finsternis gebracht,
Und euch taugt einzig Tag und Nacht.
FAUST Allein ich will!
MEPHISTOPHELES Das läßt sich hören!
Doch nur vor Einem ist mir bang;
Die Zeit ist kurz, die Kunst ist lang.
Ich dächt', ihr ließet euch belehren.
Assoziiert euch mit einem Poeten,
Laßt den Herrn in Gedanken schweifen,
Und alle edlen Qualitäten
Auf euren Ehren-Scheitel häufen,
Des Löwen Mut,
Des Hirsches Schnelligkeit,
Des Italiäners feurig Blut,
Des Nordens Daurbarkeit.
Laßt ihn euch das Geheimnis finden,
Großmut und Arglist zu verbinden,
Und euch, mit warmen Jugendtrieben,
Nach einem Plane, zu verlieben.

Möchte selbst solch einen Herren kennen,
Würd' ihn Herrn Mikrokosmus nennen.
FAUST Was bin ich denn, wenn es nicht möglich ist
Der Menschheit Krone zu erringen,
Nach der sich alle Sinne dringen?
MEPHISTOPHELES Du bist am Ende — was du bist.
Setz' dir Perücken auf von Millionen Locken,
Setz' deinen Fuß auf ellenhohe Socken,
Du bleibst doch immer was du bist.
FAUST Ich fühl's, vergebens hab' ich alle Schätze
Des Menschengeists auf mich herbeigerafft,
Und wenn ich mich am Ende niedersetze,
Quillt innerlich doch keine neue Kraft;
Ich bin nicht um ein Haar breit höher,
Bin dem Unendlichen nicht näher.
MEPHISTOPHELES Mein guter Herr, ihr seht die Sachen,
Wie man die Sachen eben sieht;
Wir müssen das gescheiter machen,
Eh' uns des Lebens Freude flieht.
Was Henker! freilich Händ' und Füße
Und Kopf und H — — die sind dein;
Doch alles, was ich frisch genieße,
Ist das drum weniger mein?
Wenn ich sechs Hengste zahlen kann,
Sind ihre Kräfte nicht die meine?
Ich renne zu und bin ein rechter Mann,
Als hätt' ich vier und zwanzig Beine.
Drum frisch! Laß alles Sinnen sein,
Und g'rad' mit in die Welt hinein!
Ich sag' es dir: ein Kerl, der spekuliert,
Ist wie ein Tier, auf dürrer Heide
Von einem bösen Geist im Kreis herum geführt,
Und rings umher liegt schöne grüne Weide.
FAUST Wie fangen wir das an?
MEPHISTOPHELES Wir gehen eben fort.
Was ist das für ein Marterort?
Was heißt das für ein Leben führen,
Sich und die Jungens ennuyieren?
Laß du das dem Herrn Nachbar Wanst!
Was willst du dich das Stroh zu dreschen plagen?
Das Beste, was du wissen kannst,
Darfst du den Buben doch nicht sagen.
Gleich hör' ich einen auf dem Gange!
FAUST Mir ist's nicht möglich ihn zu sehn.
MEPHISTOPHELES Der arme Knabe wartet lange,
Der darf nicht ungetröstet gehn.
Komm, gib mir deinen Rock und Mütze;

Die Maske muß mir köstlich stehn.
Er kleidet sich um.
Nun überlaß es meinem Witze!
Ich brauche nur ein Viertelstündchen Zeit;
Indessen mache dich zur schönen Fahrt bereit!

FAUST *ab.*

MEPHISTOPHELES *in Fausts langem Kleide.*
Verachte nur Vernunft und Wissenschaft,
Des Menschen allerhöchste Kraft,
Laß nur in Blend- und Zauberwerken
Dich von dem Lügengeist bestärken,
So hab' ich dich schon unbedingt —
Ihm hat das Schicksal einen Geist gegeben,
Der ungebändigt immer vorwärts dringt,
Und dessen übereiltes Streben
Der Erde Freuden überspringt.
Den schlepp' ich durch das wilde Leben,
Durch flache Unbedeutenheit,
Er soll mir zappeln, starren, kleben,
Und seiner Unersättlichkeit
Soll Speis' und Trank vor gier'gen Lippen schweben;
Er wird Erquickung sich umsonst erflehn,
Und hätt' er sich auch nicht dem Teufel übergeben,
Er müßte doch zu Grunde gehn!

Ein SCHÜLER *tritt auf.*

SCHÜLER Ich bin allhier erst kurze Zeit,
Und komme voll Ergebenheit,
Einen Mann zu sprechen und zu kennen,
Den alle mir mit Ehrfurcht nennen.
MEPHISTOPHELES Eure Höflichkeit erfreut mich sehr!
Ihr seht einen Mann wie andre mehr.
Habt ihr euch sonst schon umgetan?
SCHÜLER Ich bitt' euch, nehmt euch meiner an!
Ich komme mit allem guten Mut,
Leidlichem Geld und frischem Blut;
Meine Mutter wollte mich kaum entfernen;
Möchte gern was Rechts hieraußen lernen.
MEPHISTOPHELES Da seid ihr eben recht am Ort.
SCHÜLER Aufrichtig, möchte schon wieder fort:
In diesen Mauern, diesen Hallen,
Will es mir keineswegs gefallen.
Es ist ein gar beschränkter Raum,
Man sieht nichts Grünes, keinen Baum,
Und in den Sälen, auf den Bänken,
Vergeht mir Hören, Sehn und Denken.
MEPHISTOPHELES Das kommt nur auf Gewohnheit an.

So nimmt ein Kind der Mutter Brust
Nicht gleich im Anfang willig an,
Doch bald ernährt es sich mit Lust.
So wird's euch an der Weisheit Brüsten
Mit jedem Tage mehr gelüsten.

SCHÜLER An ihrem Hals will ich mit Freuden hangen;
Doch sagt mir nur, wie kann ich hingelangen?

MEPHISTOPHELES Erklärt euch, eh' ihr weiter geht,
Was wählt ihr für eine Fakultät?

SCHÜLER Ich wünschte recht gelehrt zu werden,
Und möchte gern was auf der Erden
Und in dem Himmel ist erfassen,
Die Wissenschaft und die Natur.

MEPHISTOPHELES Da seid ihr auf der rechten Spur;
Doch müßt ihr euch nicht zerstreuen lassen.

SCHÜLER Ich bin dabei mit Seel' und Leib;
Doch freilich würde mir behagen
Ein wenig Freiheit und Zeitvertreib
An schönen Sommerfeiertagen.

MEPHISTOPHELES Gebraucht der Zeit, sie geht so schnell von hinnen,
Doch Ordnung lehrt euch Zeit gewinnen.
Mein teurer Freund, ich rat' euch drum
Zuerst Collegium Logicum.
Da wird der Geist euch wohl dressiert,
In spanische Stiefeln eingeschnürt,
Daß er bedächtiger so fortan
Hinschleiche die Gedankenbahn,
Und nicht etwa, die Kreuz und Quer,
Irrlichteliere hin und her.
Dann lehret man euch manchen Tag,
Daß, was ihr sonst auf einen Schlag
Getrieben, wie Essen und Trinken frei,
Eins! Zwei! Drei! dazu nötig sei.
Zwar ist's mit der Gedanken-Fabrik
Wie mit einem Weber-Meisterstück,
Wo Ein Tritt tausend Fäden regt,
Die Schifflein herüber hinüber schießen,
Die Fäden ungesehen fließen,
Ein Schlag tausend Verbindungen schlägt:
Der Philosoph der tritt herein,
Und beweis't euch, es müßt' so sein:
Das Erst' wär' so, das Zweite so,
Und drum das Dritt' und Vierte so;
Und wenn das Erst' und Zweit' nicht wär',
Das Dritt' und Viert' wär' nimmermehr.
Das preisen die Schüler aller Orten,
Sind aber keine Weber geworden.

Wer will was Lebendigs erkennen und beschreiben,
Sucht erst den Geist heraus zu treiben,
Dann hat er die Teile in seiner Hand,
Fehlt leider! nur das geistige Band.
Encheiresin naturae nennt's die Chemie,
Spottet ihrer selbst und weiß nicht wie.
SCHÜLER Kann euch nicht eben ganz verstehen.
MEPHISTOPHELES Das wird nächstens schon besser gehen,
Wenn ihr lernt alles reduzieren
Und gehörig klassifizieren.
SCHÜLER Mir wird von alle dem so dumm,
Als ging' mir ein Mühlrad im Kopf herum.
MEPHISTOPHELES Nachher, vor allen andern Sachen,
Müßt ihr euch an die Metaphysik machen!
Da seht daß ihr tiefsinnig faßt,
Was in des Menschen Hirn nicht paßt;
Für was drein geht und nicht drein geht,
Ein prächtig Wort zu Diensten steht.
Doch vorerst dieses halbe Jahr
Nehmt ja der besten Ordnung wahr.
Fünf Stunden habt ihr jeden Tag;
Seid drinnen mit dem Glockenschlag!
Habt euch vorher wohl präpariert,
Paragraphos wohl einstudiert,
Damit ihr nachher besser seht,
Daß er nichts sagt, als was im Buche steht;
Doch euch des Schreibens ja befleißt,
Als diktiert' euch der Heilig' Geist!
SCHÜLER Das sollt ihr mir nicht zweimal sagen!
Ich denke mir wie viel es nützt;
Denn, was man schwarz auf weiß besitzt,
Kann man getrost nach Hause tragen.
MEPHISTOPHELES Doch wählt mir eine Fakultät!
SCHÜLER Zur Rechtsgelehrsamkeit kann ich mich nicht bequemen.
MEPHISTOPHELES Ich kann es euch so sehr nicht übel nehmen,
Ich weiß wie es um diese Lehre steht.
Es erben sich Gesetz' und Rechte
Wie eine ew'ge Krankheit fort;
Sie schleppen von Geschlecht sich zum Geschlechte,
Und rücken sacht von Ort zu Ort.
Vernunft wird Unsinn, Wohltat Plage;
Weh dir, daß du ein Enkel bist!
Vom Rechte, das mit uns geboren ist,
Von dem ist leider! nie die Frage.
SCHÜLER Mein Abscheu wird durch euch vermehrt.
O glücklich der! den ihr belehrt.
Fast möcht' ich nun Theologie studieren.

MEPHISTOPHELES Ich wünschte nicht euch irre zu führen.
Was diese Wissenschaft betrifft,
Es ist so schwer den falschen Weg zu meiden,
Es liegt in ihr so viel verborgnes Gift,
Und von der Arzenei ist's kaum zu unterscheiden.
Am besten ist's auch hier, wenn ihr nur Einen hört,
Und auf des Meisters Worte schwört.
Im Ganzen — haltet euch an Worte!
Dann geht ihr durch die sichre Pforte
Zum Tempel der Gewißheit ein.
SCHÜLER Doch ein Begriff muß bei dem Worte sein.
MEPHISTOPHELES Schon gut! Nur muß man sich nicht allzu ängstlich quälen;
Denn eben wo Begriffe fehlen,
Da stellt ein Wort zur rechten Zeit sich ein.
Mit Worten läßt sich trefflich streiten,
Mit Worten ein System bereiten,
An Worte läßt sich trefflich glauben,
Von einem Wort läßt sich kein Jota rauben.
SCHÜLER Verzeiht, ich halt' euch auf mit vielen Fragen,
Allein ich muß euch noch bemühn.
Wollt ihr mir von der Medizin
Nicht auch ein kräftig Wörtchen sagen?
Drei Jahr ist eine kurze Zeit,
Und, Gott! das Feld ist gar zu weit.
Wenn man einen Fingerzeig nur hat,
Läßt sich's schon eher weiter fühlen.
MEPHISTOPHELES *für sich.* Ich bin des trocknen Tons nun satt,
Muß wieder recht den Teufel spielen.
Laut.
Der Geist der Medizin ist leicht zu fassen;
Ihr durchstudiert die groß' und kleine Welt
Um es am Ende gehn zu lassen,
Wie's Gott gefällt.
Vergebens daß ihr ringsum wissenschaftlich schweift,
Ein jeder lernt nur was er lernen kann;
Doch der den Augenblick ergreift,
Das ist der rechte Mann.
Ihr seid noch ziemlich wohlgebaut,
An Kühnheit wird's euch auch nicht fehlen,
Und wenn ihr euch nur selbst vertraut,
Vertrauen euch die andern Seelen.
Besonders lernt die Weiber führen;
Es ist ihr ewig Weh und Ach
So tausendfach
Aus Einem Punkte zu kurieren,
Und wenn ihr halbweg ehrbar tut,

Dann habt ihr sie all' unter'm Hut.
Ein Titel muß sie erst vertraulich machen,
Daß eure Kunst viel Künste übersteigt;
Zum Willkomm' tappt ihr dann nach allen Siebensachen,
Um die ein andrer viele Jahre streicht,
Versteht das Pülslein wohl zu drücken,
Und fasset sie, mit feurig schlauen Blicken,
Wohl um die schlanke Hüfte frei,
Zu sehn, wie fest geschnürt sie sei.

SCHÜLER Das sieht schon besser aus! Man sieht doch wo und wie?

MEPHISTOPHELES Grau, teurer Freund, ist alle Theorie,
Und grün des Lebens goldner Baum.

SCHÜLER Ich schwör' euch zu, mir ist's als wie ein Traum.
Dürft' ich euch wohl ein andermal beschweren,
Von eurer Weisheit auf den Grund zu hören?

MEPHISTOPHELES Was ich vermag, soll gern geschehn.

SCHÜLER Ich kann unmöglich wieder gehn,
Ich muß euch noch mein Stammbuch überreichen.
Gönn' eure Gunst mir dieses Zeichen!

MEPHISTOPHELES Sehr wohl.

Er schreibt und gibt's.

SCHÜLER *liest.* Eritis sicut Deus, scientes bonum et malum.

Macht's ehrerbietig zu und empfiehlt sich.

MEPHISTOPHELES Folg' nur dem alten Spruch und meiner Muhme der Schlange,
Dir wird gewiß einmal bei deiner Gottähnlichkeit bange!

FAUST *tritt auf.*

FAUST Wohin soll es nun gehn?

MEPHISTOPHELES Wohin es dir gefällt.
Wir sehn die kleine, dann die große Welt.
Mit welcher Freude, welchem Nutzen,
Wirst du den Cursum durchschmarutzen!

FAUST Allein bei meinem langen Bart
Fehlt mir die leichte Lebensart.
Es wird mir der Versuch nicht glücken;
Ich wußte nie mich in die Welt zu schicken,
Vor andern fühl' ich mich so klein;
Ich werde stets verlegen sein.

MEPHISTOPHELES Mein guter Freund, das wird sich alles geben;
Sobald du dir vertraust, sobald weißt du zu leben.

FAUST Wie kommen wir denn aus dem Haus?
Wo hast du Pferde, Knecht und Wagen?

MEPHISTOPHELES Wir breiten nur den Mantel aus,
Der soll uns durch die Lüfte tragen.
Du nimmst bei diesem kühnen Schritt
Nur keinen großen Bündel mit.
Ein bißchen Feuerluft, die ich bereiten werde,

Hebt uns behend von dieser Erde.
Und sind wir leicht, so geht es schnell hinauf;
Ich gratuliere dir zum neuen Lebenslauf.

Auerbachs Keller in Leipzig

ZECHE LUSTIGER GESELLEN.

FROSCH Will keiner trinken? keiner lachen?
Ich will euch lehren Gesichter machen!
Ihr seid ja heut wie nasses Stroh,
Und brennt sonst immer lichterloh.
BRANDER Das liegt an dir; du bringst ja nichts herbei,
Nicht eine Dummheit, keine Sauerei.
FROSCH *gießt ihm ein Glas Wein über den Kopf.*
Da hast du beides!
BRANDER Doppelt Schwein!
FROSCH Ihr wollt es ja, man soll es sein!
SIEBEL Zur Tür hinaus wer sich entzweit!
Mit offner Brust singt Runda, sauft und schreit!
Auf! Holla! Ho!
ALTMAYER Weh mir, ich bin verloren!
Baumwolle her! der Kerl sprengt mir die Ohren.
SIEBEL Wenn das Gewölbe widerschallt,
Fühlt man erst recht des Basses Grundgewalt.
FROSCH So recht, hinaus mit dem der etwas übel nimmt!
A! tara lara da!
ALTMAYER A! tara lara da!
FROSCH Die Kehlen sind gestimmt.
Singt.
Das liebe heil'ge Röm'sche Reich,
Wie hält's nur noch zusammen?
BRANDER Ein garstig Lied! Pfui! ein politisch Lied
Ein leidig Lied! Dankt Gott mit jedem Morgen,
Daß ihr nicht braucht für's Röm'sche Reich zu sorgen!
Ich halt' es wenigstens für reichlichen Gewinn,
Daß ich nicht Kaiser oder Kanzler bin.
Doch muß auch uns ein Oberhaupt nicht fehlen;
Wir wollen einen Papst erwählen.
Ihr wißt, welch eine Qualität
Den Ausschlag gibt, den Mann erhöht.
FROSCH *singt.* Schwing' dich auf, Frau Nachtigall
Grüß' mir mein Liebchen zehentausendmal.
SIEBEL Dem Liebchen keinen Gruß! ich will davon nichts hören!
FROSCH Dem Liebchen Gruß und Kuß! du wirst mir's nicht verwehren!

Singt.
Riegel auf! in stiller Nacht.
Riegel auf! der Liebste wacht.
Riegel zu! des Morgens früh.
SIEBEL Ja, singe, singe nur, und lob' und rühme sie!
Ich will zu meiner Zeit schon lachen.
Sie hat mich angeführt, dir wird sie's auch so machen.
Zum Liebsten sei ein Kobold ihr beschert.
Der mag mit ihr auf einem Kreuzweg schäkern;
Ein alter Bock, wenn er vom Blocksberg kehrt,
Mag im Galopp noch gute Nacht ihr meckern!
Ein braver Kerl von echtem Fleisch und Blut
Ist für die Dirne viel zu gut.
Ich will von keinem Gruße wissen,
Als ihr die Fenster eingeschmissen!
BRANDER *auf den Tisch schlagend.*
Paßt auf! paßt auf! Gehorchet mir!
Ihr Herrn gesteht, ich weiß zu leben;
Verliebte Leute sitzen hier,
Und diesen muß, nach Standsgebühr,
Zur guten Nacht ich was zum Besten geben.
Gebt Acht! Ein Lied vom neusten Schnitt!
Und singt den Rundreim kräftig mit!
Er singt.
Es war eine Ratt' im Kellernest,
Lebte nur von Fett und Butter,
Hatte sich ein Ränzlein angemäst't,
Als wie der Doktor Luther.
Die Köchin hatt' ihr Gift gestellt;
Da ward's so eng ihr in der Welt,
Als hätte sie Lieb' im Leibe.
CHORUS *jauchzend.* Als hätte sie Lieb' im Leibe.
BRANDER Sie fuhr herum, sie fuhr heraus,
Und soff aus allen Pfützen,
Zernagt', zerkratzt' das ganze Haus,
Wollte nichts ihr Wüten nützen;
Sie tät gar manchen Ängstesprung,
Bald hatte das arme Tier genung,
Als hätt' es Lieb' im Leibe.
CHORUS Als hätt' es Lieb' im Leibe.
BRANDER Sie kam vor Angst am hellen Tag
Der Küche zugelaufen,
Fiel an den Herd und zuckt' und lag,
Und tät erbärmlich schnaufen.
Da lachte die Vergifterin noch:
Ha! sie pfeift auf dem letzten Loch,
Als hätte sie Lieb' im Leibe.

CHORUS Als hätte sie Lieb' im Leibe.
SIEBEL Wie sich die platten Bursche freuen!
Es ist mir eine rechte Kunst,
Den armen Ratten Gift zu streuen!
BRANDER Sie stehn wohl sehr in deiner Gunst?
ALTMAYER Der Schmerbauch mit der kahlen Platte!
Das Unglück macht ihn zahm und mild;
Er sieht in der geschwollnen Ratte
Sein ganz natürlich Ebenbild.

FAUST *und* MEPHISTOPHELES.

MEPHISTOPHELES Ich muß dich nun vor allen Dingen
In lustige Gesellschaft bringen,
Damit du siehst wie leicht sich's leben läßt.
Dem Volke hier wird jeder Tag ein Fest.
Mit wenig Witz und viel Behagen
Dreht jeder sich im engen Zirkeltanz,
Wie junge Katzen mit dem Schwanz.
Wenn sie nicht über Kopfweh klagen,
So lang der Wirt nur weiter borgt,
Sind sie vergnügt und unbesorgt.
BRANDER Die kommen eben von der Reise,
Man sieht's an ihrer wunderlichen Weise;
Sie sind nicht eine Stunde hier.
FROSCH Wahrhaftig du hast Recht! Mein Leipzig lob' ich mir!
Es ist ein klein Paris, und bildet seine Leute.
SIEBEL Für was siehst du die Fremden an?
FROSCH Laßt mich nur gehn! Bei einem vollen Glase,
Zieh' ich, wie einen Kinderzahn,
Den Burschen leicht die Würmer aus der Nase.
Sie scheinen mir aus einem edlen Haus,
Sie sehen stolz und unzufrieden aus.
BRANDER Marktschreier sind's gewiß, ich wette!
ALTMAYER Vielleicht.
FROSCH Gib Acht, ich schraube sie!
MEPHISTOPHELES *zu Faust.* Den Teufel spürt das Völkchen nie,
Und wenn er sie bei'm Kragen hätte.
FAUST Seid uns gegrüßt, ihr Herrn!
SIEBEL Viel Dank zum Gegengruß.
Leise, Mephistopheles von der Seite ansehend.
Was hinkt der Kerl auf Einem Fuß?
MEPHISTOPHELES Ist es erlaubt, uns auch zu euch zu setzen?
Statt eines guten Trunks, den man nicht haben kann,
Soll die Gesellschaft uns ergetzen.
ALTMAYER Ihr scheint ein sehr verwöhnter Mann.
FROSCH Ihr seid wohl spät von Rippach aufgebrochen?
Habt ihr mit Herren Hans noch erst zu Nacht gespeis't?

MEPHISTOPHELES Heut sind wir ihn vorbei gereis't!
Wir haben ihn das letztemal gesprochen.
Von seinen Vettern wußt' er viel zu sagen,
Viel Grüße hat er uns an jeden aufgetragen.
Er neigt sich gegen Frosch.
ALTMAYER *leise.* Da hast du's! der versteht's!
SIEBEL Ein pfiffiger Patron!
FROSCH Nun, warte nur, ich krieg' ihn schon!
MEPHISTOPHELES Wenn ich nicht irrte, hörten wir
Geübte Stimmen Chorus singen?
Gewiß, Gesang muß trefflich hier
Von dieser Wölbung widerklingen!
FROSCH Seid ihr wohl gar ein Virtuos?
MEPHISTOPHELES O nein! die Kraft ist schwach, allein die Lust ist groß.
ALTMAYER Gebt uns ein Lied!
MEPHISTOPHELES Wenn ihr begehrt, die Menge.
SIEBEL Nur auch ein nagelneues Stück!
MEPHISTOPHELES Wir kommen erst aus Spanien zurück,
Dem schönen Land des Weins und der Gesänge.
Singt.
Es war einmal ein König,
Der hatt' einen großen Floh —
FROSCH Horcht! Einen Floh! Habt ihr das wohl gefaßt?
Ein Floh ist mir ein saubrer Gast.
MEPHISTOPHELES *singt.* Es war einmal ein König,
Der hatt' einen großen Floh,
Den liebt' er gar nicht wenig,
Als wie seinen eignen Sohn.
Da rief er seinen Schneider,
Der Schneider kam heran:
Da, miß dem Junker Kleider,
Und miß ihm Hosen an!
BRANDER Vergeßt nur nicht dem Schneider einzuschärfen,
Daß er mir auf's genauste mißt,
Und daß, so lieb sein Kopf ihm ist,
Die Hosen keine Falten werfen!
MEPHISTOPHELES In Sammet und in Seide
War er nun angetan,
Hatte Bänder auf dem Kleide,
Hatt' auch ein Kreuz daran,
Und war sogleich Minister,
Und hatt' einen großen Stern.
Da wurden seine Geschwister
Bei Hof auch große Herrn.
Und Herrn und Fraun am Hofe,
Die waren sehr geplagt

Die Königin und die Zofe
Gestochen und genagt,
Und durften sie nicht knicken,
Und weg sie jucken nicht.
Wir knicken und ersticken
Doch gleich wenn einer sticht.
CHORUS *jauchzend.* Wir knicken und ersticken
Doch gleich wenn einer sticht.
FROSCH Bravo! Bravo! Das war schön!
SIEBEL So soll es jedem Floh ergehn!
BRANDER Spitzt die Finger und packt sie fein!
ALTMAYER Es lebe die Freiheit! Es lebe der Wein!
MEPHISTOPHELES Ich tränke gern ein Glas, die Freiheit hoch zu ehren,
Wenn eure Weine nur ein bißchen besser wären.
SIEBEL Wir mögen das nicht wieder hören!
MEPHISTOPHELES Ich fürchte nur der Wirt beschweret sich;
Sonst gäb' ich diesen werten Gästen
Aus unserm Keller was zum Besten.
SIEBEL Nur immer her! ich nehm's auf mich.
FROSCH Schafft ihr ein gutes Glas, so wollen wir euch loben.
Nur gebt nicht gar zu kleine Proben;
Denn wenn ich judizieren soll,
Verlang' ich auch das Maul recht voll.
ALTMAYER *leise.* Sie sind vom Rheine, wie ich spüre.
MEPHISTOPHELES Schafft einen Bohrer an!
BRANDER Was soll mit dem geschehn?
Ihr habt doch nicht die Fässer vor der Türe?
ALTMAYER Dahinten hat der Wirt ein Körbchen Werkzeug stehn.
MEPHISTOPHELES *nimmt den Bohrer. Zu Frosch.*
Nun sagt, was wünschet ihr zu schmecken?
FROSCH Wie meint ihr das? Habt ihr so mancherlei?
MEPHISTOPHELES Ich stell' es einem jeden frei.
ALTMAYER *zu Frosch.* Aha, du fängst schon an die Lippen abzulecken.
FROSCH Gut! wenn ich wählen soll, so will ich Rheinwein haben.
Das Vaterland verleiht die allerbesten Gaben.
MEPHISTOPHELES *indem er an dem Platz, wo Frosch sitzt, ein Loch in den Tischrand bohrt.*
Verschafft ein wenig Wachs, die Pfropfen gleich zu machen!
ALTMAYER Ach das sind Taschenspielersachen.
MEPHISTOPHELES *zu Brander.* Und ihr?
BRANDER Ich will Champagner Wein,
Und recht mussierend soll er sein!
Mephistopheles bohrt, einer hat indessen die Wachspfropfen gemacht und verstopft.
BRANDER Man kann nicht stets das Fremde meiden,
Das Gute liegt uns oft so fern.
Ein echter deutscher Mann mag keinen Franzen leiden,
Doch ihre Weine trinkt er gern.
SIEBEL *indem sich Mephistopheles seinem Platze nähert.*

Ich muß gestehn, den sauern mag ich nicht,
Gebt mir ein Glas vom echten süßen!

MEPHISTOPHELES *bohrt.* Euch soll sogleich Tokayer fließen.

ALTMAYER Nein, Herren, seht mir in's Gesicht!
Ich seh' es ein, ihr habt uns nur zum Besten.

MEPHISTOPHELES Ei! Ei! Mit solchen edlen Gästen
Wär' es ein bißchen viel gewagt.
Geschwind! Nur g'rad' heraus gesagt!
Mit welchem Weine kann ich dienen?

ALTMAYER Mit jedem! Nur nicht lang gefragt.

Nachdem die Löcher alle gebohrt und verstopft sind,

MEPHISTOPHELES *mit seltsamen Gebärden.*
Trauben trägt der Weinstock!
Hörner der Ziegenbock;
Der Wein ist saftig, Holz die Reben,
Der hölzerne Tisch kann Wein auch geben.
Ein tiefer Blick in die Natur!
Hier ist ein Wunder, glaubet nur!
Nun zieht die Pfropfen und genießt!

ALLE *indem sie die Pfropfen ziehen und jedem der verlangte Wein in's Glas läuft.*
O schöner Brunnen, der uns fließt!

MEPHISTOPHELES Nur hütet euch, daß ihr mir nichts vergießt!

Sie trinken wiederholt.

ALLE *singen.* Uns ist ganz kannibalisch wohl,
Als wie fünfhundert Säuen!

MEPHISTOPHELES Das Volk ist frei, seht an, wie wohl's ihm geht!

FAUST Ich hätte Lust nun abzufahren.

MEPHISTOPHELES Gib nur erst Acht, die Bestialität
Wird sich gar herrlich offenbaren.

SIEBEL *trinkt unvorsichtig, der Wein fließt auf die Erde, und wird zur Flamme.*
Helft! Feuer! Helft! Die Hölle brennt!

MEPHISTOPHELES *die Flamme besprechend.*
Sei ruhig, freundlich Element!
Zu dem Gesellen.
Für diesmal war es nur ein Tropfen Fegefeuer.

SIEBEL Was soll das sein? Wart'! Ihr bezahlt es teuer!
Es scheinet, daß ihr uns nicht kennt.

FROSCH Laß Er uns das zum zweitenmale bleiben!

ALTMAYER Ich dächt', wir hießen ihn ganz sachte seitwärts gehn.

SIEBEL Was Herr? Er will sich unterstehn,
Und hier sein Hokuspokus treiben?

MEPHISTOPHELES Still, altes Weinfaß!

SIEBEL Besenstiel!
Du willst uns gar noch grob begegnen?

BRANDER Wart' nur! Es sollen Schläge regnen!

ALTMAYER *zieht einen Pfropf aus dem Tisch, es springt ihm Feuer entgegen.*
Ich brenne! ich brenne!

SIEBEL Zauberei!
Stoßt zu! der Kerl ist vogelfrei!
Sie ziehen die Messer und gehn auf Mephistopheles los.
MEPHISTOPHELES *mit ernsthafter Gebärde.*
Falsch Gebild und Wort
Verändern Sinn und Ort!
Seid hier und dort!
Sie stehn erstaunt und sehn einander an.
ALTMAYER Wo bin ich? Welches schöne Land!
FROSCH Weinberge! Seh' ich recht?
SIEBEL Und Trauben gleich zur Hand!
BRANDER Hier unter diesem grünen Laube,
Seht, welch ein Stock! Seht, welche Traube!
Er faßt Siebeln bei der Nase. Die andern tun es wechselseitig und heben die Messer.
MEPHISTOPHELES *wie oben.* Irrtum, laß los der Augen Band!
Und merkt euch wie der Teufel spaße.
Er verschwindet mit FAUST, *die Gesellen fahren aus einander.*
SIEBEL Was gibt's?
ALTMAYER Wie?
FROSCH War das deine Nase?
BRANDER *zu Siebel.* Und deine hab' ich in der Hand!
ALTMAYER Es war ein Schlag, der ging durch alle Glieder!
Schafft einen Stuhl, ich sinke nieder!
FROSCH Nein, sagt mir nur, was ist geschehn?
SIEBEL Wo ist der Kerl? Wenn ich ihn spüre,
Er soll mir nicht lebendig gehn!
ALTMAYER Ich hab' ihn selbst hinaus zur Kellertüre —
Auf einem Fasse reiten sehn — —
Es liegt mir bleischwer in den Füßen.
Sich nach dem Tische wendend.
Mein! Sollte wohl der Wein noch fließen?
SIEBEL Betrug war alles, Lug und Schein.
FROSCH Mir däuchte doch als tränk' ich Wein.
BRANDER Aber wie war es mit den Trauben?
ALTMAYER Nun sag' mir eins, man soll kein Wunder glauben!

Hexenküche

Auf einem niedrigen Herde steht ein grosser Kessel über dem Feuer. In dem Dampfe, der davon in die Höhe steigt, zeigen sich verschiedene Gestalten. EINE MEERKATZE *sitzt bei dem Kessel und schäumt ihn, und sorgt daß er nicht überläuft.* DER MEERKATER *mit den* JUNGEN *sitzt darneben und wärmt sich. Wände und Decke sind mit dem seltsamsten Hexenhausrat ausgeschmückt.*

FAUST. MEPHISTOPHELES.

FAUST Mir widersteht das tolle Zauberwesen;
Versprichst du mir, ich soll genesen,
In diesem Wust von Raserei?
Verlang' ich Rat von einem alten Weibe?
Und schafft die Sudelköcherei
Wohl dreißig Jahre mir vom Leibe?
Weh mir, wenn du nichts Bessers weißt!
Schon ist die Hoffnung mir verschwunden.
Hat die Natur und hat ein edler Geist
Nicht irgend einen Balsam ausgefunden?
MEPHISTOPHELES Mein Freund, nun sprichst du wieder klug!
Dich zu verjüngen gibt's auch ein natürlich Mittel;
Allein es steht in einem andern Buch,
Und ist ein wunderlich Kapitel.
FAUST Ich will es wissen.
MEPHISTOPHELES Gut! Ein Mittel, ohne Geld
Und Arzt und Zauberei zu haben:
Begib dich gleich hinaus auf's Feld,
Fang' an zu hacken und zu graben,
Erhalte dich und deinen Sinn
In einem ganz beschränkten Kreise,
Ernähre dich mit ungemischter Speise,
Leb' mit dem Vieh als Vieh, und acht' es nicht für Raub,
Den Acker, den du erntest, selbst zu düngen;
Das ist das beste Mittel, glaub',
Auf achtzig Jahr dich zu verjüngen!
FAUST Das bin ich nicht gewöhnt, ich kann mich nicht bequemen,
Den Spaten in die Hand zu nehmen.
Das enge Leben steht mir gar nicht an.
MEPHISTOPHELES So muß denn doch die Hexe dran.
FAUST Warum denn just das alte Weib!
Kannst du den Trank nicht selber brauen?
MEPHISTOPHELES Das wär' ein schöner Zeitvertreib!
Ich wollt' indes wohl tausend Brücken bauen.
Nicht Kunst und Wissenschaft allein,
Geduld will bei dem Werke sein.
Ein stiller Geist ist Jahre lang geschäftig;
Die Zeit nur macht die feine Gährung kräftig.
Und alles was dazu gehört
Es sind gar wunderbare Sachen!
Der Teufel hat sie's zwar gelehrt;
Allein der Teufel kann's nicht machen.
Die Tiere erblickend.
Sieh, welch ein zierliches Geschlecht!
Das ist die Magd! das ist der Knecht!
Zu den Tieren.
Es scheint, die Frau ist nicht zu Hause?

DIE TIERE Bei'm Schmause,
Aus dem Haus
Zum Schornstein hinaus!
MEPHISTOPHELES Wie lange pflegt sie wohl zu schwärmen?
DIE TIERE So lange wir uns die Pfoten wärmen.
MEPHISTOPHELES *zu Faust.*
Wie findest du die zarten Tiere?
FAUST So abgeschmackt als ich nur jemand sah!
MEPHISTOPHELES Nein, ein Discours wie dieser da
Ist g'rade der den ich am liebsten führe!
Zu den Tieren.
So sagt mir doch, verfluchte Puppen,
Was quirlt ihr in dem Brei herum?
TIERE Wir kochen breite Bettelsuppen.
MEPHISTOPHELES Da habt ihr ein groß Publikum.
DER KATER *macht sich herbei und schmeichelt dem Mephistopheles.*
O würfle nur gleich,
Und mache mich reich,
Und laß mich gewinnen!
Gar schlecht ist's bestellt,
Und wär' ich bei Geld,
So wär' ich bei Sinnen.
MEPHISTOPHELES Wie glücklich würde sich der Affe schätzen,
Könnt' er nur auch in's Lotto setzen!
Indessen haben die jungen Meerkätzchen mit einer großen Kugel gespielt und rollen sie hervor.
DER KATER Das ist die Welt;
Sie steigt und fällt
Und rollt beständig;
Sie klingt wie Glas;
Wie bald bricht das!
Ist hohl inwendig.
Hier glänzt sie sehr,
Und hier noch mehr,
Ich bin lebendig!
Mein lieber Sohn,
Halt' dich davon!
Du mußt sterben!
Sie ist von Ton,
Es gibt Scherben.
MEPHISTOPHELES Was soll das Sieb?
DER KATER *holt es herunter.* Wärst du ein Dieb,
Wollt' ich dich gleich erkennen.
Er läuft zur Kätzin und läßt sie durchsehen.
Sieh durch das Sieb!
Erkennst du den Dieb,
Und darfst ihn nicht nennen?
MEPHISTOPHELES *sich dem Feuer nähernd.* Und dieser Topf?

KATER und KÄTZIN Der alberne Tropf.
Er kennt nicht den Topf,
Er kennt nicht den Kessel!
MEPHISTOPHELES Unhöfliches Tier!
DER KATER Den Wedel nimm hier,
Und setz' dich in Sessel!
Er nötigt den Mephistopheles zu sitzen.
FAUST *welcher diese Zeit über vor einem Spiegel gestanden, sich ihm bald genähert, bald sich von ihm entfernt hat.*
Was seh' ich? Welch ein himmlisch Bild
Zeigt sich in diesem Zauberspiegel!
O Liebe, leihe mir den schnellsten deiner Flügel,
Und führe mich in ihr Gefild!
Ach wenn ich nicht auf dieser Stelle bleibe,
Wenn ich es wage nah zu gehn,
Kann ich sie nur als wie im Nebel sehn!—
Das schönste Bild von einem Weibe!
Ist's möglich, ist das Weib so schön?
Muß ich an diesem hingestreckten Leibe
Den Inbegriff von allen Himmeln sehn?
So etwas findet sich auf Erden?
MEPHISTOPHELES Natürlich, wenn ein Gott sich erst sechs Tage plagt,
Und selbst am Ende bravo sagt,
Da muß es was Gescheites werden.
Für diesmal sieh dich immer satt;
Ich weiß dir so ein Schätzchen auszuspüren,
Und selig wer das gute Schicksal hat,
Als Bräutigam sie heim zu führen!
FAUST *sieht immerfort in den Spiegel.* MEPHISTOPHELES, *sich in dem Sessel dehnend und mit dem Wedel spielend, fährt fort zu sprechen.*
Hier sitz' ich wie der König auf dem Throne,
Den Zepter halt' ich hier, es fehlt nur noch die Krone.
DIE TIERE *welche bisher allerlei wunderliche Bewegungen durch einander gemacht haben, bringen dem Mephistopheles eine Krone mit großem Geschrei.*
O sei doch so gut,
Mit Schweiß und mit Blut
Die Krone zu leimen!
Sie gehn ungeschickt mit der Krone um und zerbrechen sie in zwei Stücke mit welchen sie herumspringen.
Nun ist es geschehn!
Wir reden und sehn,
Wir hören und reimen;
FAUST *gegen den Spiegel.* Weh mir! ich werde schier verrückt.
MEPHISTOPHELES *auf die Tiere deutend.* Nun fängt mir an fast
selbst der Kopf zu schwanken.
DIE TIERE Und wenn es uns glückt,
Und wenn es sich schickt,
So sind es Gedanken!
FAUST *wie oben.* Mein Busen fängt mir an zu brennen!
Entfernen wir uns nur geschwind.

Der Kessel, welchen die Kätzin bisher außer Acht gelassen, fängt an überzulaufen; es entsteht eine große Flamme, welche zum Schornstein hinaus schlägt. DIE HEXE *kommt durch die Flamme mit entsetzlichem Geschrei herunter gefahren.*

DIE HEXE Au! Au! Au! Au!
Verdammtes Tier! verfluchte Sau!
Versäumst den Kessel, versengst die Frau!
Verfluchtes Tier!
Faust und Mephistopheles erblickend.
Was ist das hier?
Wer seid ihr hier?
Was wollt ihr da?
Wer schlich sich ein?
Die Feuerpein
Euch in's Gebein!
Sie fährt mit dem Schaumlöffel in den Kessel und spritzt Flammen nach Faust, Mephistopheles und den Tieren. Die Tiere winseln.

MEPHISTOPHELES *welcher den Wedel, den er in der Hand hält, umkehrt, und unter die Gläser und Töpfe schlägt.*
Entzwei! entzwei!
Da liegt der Brei!
Da liegt das Glas!
Es ist nur Spaß,
Der Takt, du Aas,
Zu deiner Melodei.
Indem die Hexe voll Grimm und Entsetzen zurücktritt.
Erkennst du mich? Gerippe! Scheusal du!
Erkennst du deinen Herrn und Meister?
Was hält mich ab, so schlag' ich zu,
Zerschmettre dich und deine Katzen-Geister!
Hast du vor'm roten Wams nicht mehr Respekt?
Kannst du die Hahnenfeder nicht erkennen?
Hab' ich dies Angesicht versteckt?
Soll ich mich etwa selber nennen?

DIE HEXE O Herr, verzeiht den rohen Gruß!
Seh' ich doch keinen Pferdefuß.
Wo sind denn eure beiden Raben?

MEPHISTOPHELES Für diesmal kommst du so davon;
Denn freilich ist es eine Weile schon,
Daß wir uns nicht gesehen haben.
Auch die Kultur, die alle Welt beleckt,
Hat auf den Teufel sich erstreckt;
Das nordische Phantom ist nun nicht mehr zu schauen;
Wo siehst du Hörner, Schweif und Klauen?
Und was den Fuß betrifft, den ich nicht missen kann,
Der würde mir bei Leuten schaden;
Darum bedien' ich mich, wie mancher junge Mann,
Seit vielen Jahren falscher Waden.

DIE HEXE *tanzend.* Sinn und Verstand verlier' ich schier,
Seh' ich den Junker Satan wieder hier!

MEPHISTOPHELES Den Namen, Weib, verbitt' ich mir!
DIE HEXE Warum? Was hat er euch getan?
MEPHISTOPHELES Er ist schon lang in's Fabelbuch geschrieben;
Allein die Menschen sind nichts besser dran,
Den Bösen sind sie los, die Bösen sind geblieben.
Du nennst mich Herr Baron, so ist die Sache gut;
Ich bin ein Kavalier, wie andre Kavaliere.
Du zweifelst nicht an meinem edlen Blut;
Sieh her, das ist das Wappen, das ich führe!
Er macht eine unanständige Gebärde.
DIE HEXE *lacht unmäßig.* Ha! Ha! Das ist in eurer Art!
Ihr seid ein Schelm, wie ihr nur immer wart!
MEPHISTOPHELES *zu Faust.* Mein Freund, das lerne wohl verstehn!
Dies ist die Art mit Hexen umzugehn.
DIE HEXE Nun sagt, ihr Herren, was ihr schafft.
MEPHISTOPHELES Ein gutes Glas von dem bekannten Saft,
Doch muß ich euch um's ält'ste bitten;
Die Jahre doppeln seine Kraft.
DIE HEXE Gar gern! Hier hab' ich eine Flasche,
Aus der ich selbst zuweilen nasche,
Die auch nicht mehr im mind'sten stinkt;
Ich will euch gern ein Gläschen geben.
Leise.
Doch wenn es dieser Mann unvorbereitet trinkt,
So kann er, wißt ihr wohl, nicht eine Stunde leben.
MEPHISTOPHELES Es ist ein guter Freund, dem es gedeihen soll;
Ich gönn' ihm gern das Beste deiner Küche.
Zieh deinen Kreis, sprich deine Sprüche,
Und gib ihm eine Tasse voll!

Die Hexe mit seltsamen Gebärden, zieht einen Kreis und stellt wunderbare Sachen hinein; indessen fangen die Gläser an zu klingen, die Kessel zu tönen, und machen Musik. Zuletzt bringt sie ein großes Buch, stellt die Meerkatzen in den Kreis, die ihr zum Pult dienen und die Fackeln halten müssen. Sie winkt Fausten, zu ihr zu treten.

FAUST *zu Mephistopheles.* Nein, sage mir, was soll das werden?
Das tolle Zeug, die rasenden Gebärden,
Der abgeschmackteste Betrug,
Sind mir bekannt, verhaßt genug.
MEPHISTOPHELES Ei, Possen! Das ist nur zum Lachen;
Sei nur nicht ein so strenger Mann!
Sie muß als Arzt ein Hokuspokus machen,
Damit der Saft dir wohl gedeihen kann.
Er nötigt Fausten in den Kreis zu treten.
DIE HEXE *mit großer Emphase fängt an aus dem Buche zu deklamieren.*
Du mußt verstehn!
Aus Eins mach' Zehn,
Und Zwei laß gehn,
Und Drei mach' gleich,
So bist du reich.

Verlier' die Vier!
Aus Fünf und Sechs,
So sagt die Hex',
Mach' Sieben und Acht,
So ist's vollbracht:
Und Neun ist Eins,
Und Zehn ist keins.
Das ist das Hexen-Einmal-Eins!

FAUST Mich dünkt, die Alte spricht im Fieber.

MEPHISTOPHELES Das ist noch lange nicht vorüber,
Ich kenn' es wohl, so klingt das ganze Buch;
Ich habe manche Zeit damit verloren,
Denn ein vollkommner Widerspruch
Bleibt gleich geheimnisvoll für Kluge wie für Toren.
Mein Freund, die Kunst ist alt und neu.
Es war die Art zu allen Zeiten,
Durch Drei und Eins, und Eins und Drei
Irrtum statt Wahrheit zu verbreiten.
So schwätzt und lehrt man ungestört;
Wer will sich mit den Narrn befassen?
Gewöhnlich glaubt der Mensch, wenn er nur Worte hört,
Es müsse sich dabei doch auch was denken lassen.

DIE HEXE *fährt fort.* Die hohe Kraft
Der Wissenschaft,
Der ganzen Welt verborgen!
Und wer nicht denkt,
Dem wird sie geschenkt,
Er hat sie ohne Sorgen.

FAUST Was sagt sie uns für Unsinn vor?
Es wird mir gleich der Kopf zerbrechen.
Mich dünkt, ich hör' ein ganzes Chor
Von hunderttausend Narren sprechen.

MEPHISTOPHELES Genug, genug, o treffliche Sibylle!
Gib deinen Trank herbei, und fülle
Die Schale rasch bis an den Rand hinan;
Denn meinem Freund wird dieser Trunk nicht schaden:
Er ist ein Mann von vielen Graden,
Der manchen guten Schluck getan.

Die Hexe mit vielen Ceremonien, schenkt den Trank in eine Schale; wie sie Faust an den Mund bringt, entsteht eine leichte Flamme.

MEPHISTOPHELES Nur frisch hinunter! Immer zu!
Es wird dir gleich das Herz erfreuen.
Bist mit dem Teufel du und du,
Und willst dich vor der Flamme scheuen?

Die Hexe lös't den Kreis. Faust tritt heraus.

MEPHISTOPHELES Nun frisch hinaus! Du darfst nicht ruhn.

DIE HEXE Mög' euch das Schlückchen wohl behagen!

MEPHISTOPHELES *zur Hexe.* Und kann ich dir was zu Gefallen tun,
So darfst du mir's nur auf Walpurgis sagen.
DIE HEXE Hier ist ein Lied! wenn ihr's zuweilen singt,
So werdet ihr besondre Wirkung spüren.
MEPHISTOPHELES *zu Faust.* Komm nur geschwind und laß dich führen;
Du mußt notwendig transpirieren,
Damit die Kraft durch Inn- und Äußres dringt.
Den edlen Müßiggang lehr' ich hernach dich schätzen,
Und bald empfindest du mit innigem Ergetzen,
Wie sich Cupido regt und hin und wieder springt.
FAUST Laß mich nur schnell noch in den Spiegel schauen!
Das Frauenbild war gar zu schön!
MEPHISTOPHELES Nein! Nein! Du sollst das Muster aller Frauen
Nun bald leibhaftig vor dir sehn.
Leise.
Du siehst, mit diesem Trank im Leibe,
Bald Helenen in jedem Weibe.

STRASSE

FAUST. MARGARETE *vorüber gehend.*

FAUST Mein schönes Fräulein, darf ich wagen,
Meinen Arm und Geleit Ihr anzutragen?
MARGARETE Bin weder Fräulein, weder schön,
Kann ungeleitet nach Hause gehn.
Sie macht sich los und ab.
FAUST Bei'm Himmel, dieses Kind ist schön!
So etwas hab' ich nie gesehn.
Sie ist so sitt- und tugendreich,
Und etwas schnippisch doch zugleich.
Der Lippe Rot, der Wange Licht,
Die Tage der Welt vergess' ich's nicht!
Wie sie die Augen niederschlägt,
Hat tief sich in mein Herz geprägt;
Wie sie kurz angebunden war,
Das ist nun zum Entzücken gar!
MEPHISTOPHELES *tritt auf.*
FAUST Hör', du mußt mir die Dirne schaffen!
MEPHISTOPHELES Nun, welche?
FAUST Sie ging just vorbei.
MEPHISTOPHELES Da die? Sie kam von ihrem Pfaffen,
Der sprach sie aller Sünden frei;
Ich schlich mich hart am Stuhl vorbei,

Es ist ein gar unschuldig Ding,
Das eben für nichts zur Beichte ging;
Über die hab' ich keine Gewalt!
FAUST Ist über vierzehn Jahr doch alt.
MEPHISTOPHELES Du sprichst ja wie Hans Liederlich,
Der begehrt jede liebe Blum' für sich,
Und dünkelt ihm es wär' kein' Ehr'
Und Gunst die nicht zu pflücken wär';
Geht aber doch nicht immer an.
FAUST Mein Herr Magister Lobesan,
Laß Er mich mit dem Gesetz in Frieden!
Und das sag' ich Ihm kurz und gut,
Wenn nicht das süße junge Blut
Heut Nacht in meinen Armen ruht,
So sind wir um Mitternacht geschieden.
MEPHISTOPHELES Bedenkt was gehn und stehen mag!
Ich brauche wenigstens vierzehn Tag,
Nur die Gelegenheit auszuspüren.
FAUST Hätt' ich nur sieben Stunden Ruh,
Brauchte den Teufel nicht dazu,
So ein Geschöpfchen zu verführen.
MEPHISTOPHELES Ihr sprecht schon fast wie ein Franzos;
Doch bitt' ich, laßt's euch nicht verdrießen:
Was hilft's nur g'rade zu genießen?
Die Freud' ist lange nicht so groß,
Als wenn ihr erst herauf, herum,
Durch allerlei Brimborium,
Das Püppchen geknetet und zugericht't,
Wie's lehret manche wälsche Geschicht'.
FAUST Hab' Appetit auch ohne das.
MEPHISTOPHELES Jetzt ohne Schimpf und ohne Spaß.
Ich sag' euch, mit dem schönen Kind
Geht's ein- für allemal nicht geschwind.
Mit Sturm ist da nichts einzunehmen;
Wir müssen uns zur List bequemen.
FAUST Schaff' mir etwas vom Engelsschatz!
Führ' mich an ihren Ruheplatz!
Schaff mir ein Halstuch von ihrer Brust,
Ein Strumpfband meiner Liebeslust!
MEPHISTOPHELES Damit ihr seht, daß ich eurer Pein
Will förderlich und dienstlich sein;
Wollen wir keinen Augenblick verlieren,
Will euch noch heut in ihr Zimmer führen.
FAUST Und soll sie sehn? sie haben?
MEPHISTOPHELES Nein!
Sie wird bei einer Nachbarin sein.
Indessen könnt ihr ganz allein

An aller Hoffnung künft'ger Freuden
In ihrem Dunstkreis satt euch weiden.
FAUST Können wir hin?
MEPHISTOPHELES Es ist noch zu früh.
FAUST Sorg' du mir für ein Geschenk für sie. *Ab.*
MEPHISTOPHELES Gleich schenken? Das ist brav! Da wird er reüssieren!
Ich kenne manchen schönen Platz
Und manchen alt vergrabnen Schatz;
Ich muß ein bißchen revidieren. *Ab.*

ABEND

Ein kleines reinliches Zimmer.

MARGARETE *ihre Zöpfe flechtend und aufbindend*

MARGARETE Ich gäb' was drum, wenn ich nur wüßt',
Wer heut der Herr gewesen ist!
Er sah gewiß recht wacker aus,
Und ist aus einem edlen Haus;
Das konnt' ich ihm an der Stirne lesen —
Er wär' auch sonst nicht so keck gewesen. *Ab.*

MEPHISTOPHELES. FAUST.

MEPHISTOPHELES Herein, ganz leise, nur herein!
FAUST *nach einigem Stillschweigen.*
Ich bitte dich, laß mich allein!
MEPHISTOPHELES *herumspürend.*
Nicht jedes Mädchen hält so rein. *Ab.*
FAUST *rings aufschauend.*
Willkommen süßer Dämmerschein!
Der du dies Heiligtum durchwebst.
Ergreif' mein Herz, du süße Liebespein!
Die du vom Tau der Hoffnung schmachtend lebst.
Wie atmet rings Gefühl der Stille,
Der Ordnung, der Zufriedenheit!
In dieser Armut welche Fülle!
In diesem Kerker welche Seligkeit!
Er wirft sich auf den ledernen Sessel am Bette.
O nimm mich auf! der du die Vorwelt schon
Bei Freud' und Schmerz im offnen Arm empfangen!
Wie oft, ach! hat an diesem Väter-Thron
Schon eine Schar von Kindern rings gehangen!
Vielleicht hat, dankbar für den heil'gen Christ,

Mein Liebchen hier, mit vollen Kinderwangen,
Dem Ahnherrn fromm die welke Hand geküßt.
Ich fühl', o Mädchen, deinen Geist
Der Füll' und Ordnung um mich säuseln,
Der mütterlich dich täglich unterweis't,
Den Teppich auf den Tisch dich reinlich breiten heißt,
Sogar den Sand zu deinen Füßen kräuseln.
O liebe Hand! so göttergleich!
Die Hütte wird durch dich ein Himmelreich.
Und hier!

Er hebt einen Bettvorhang auf.

Was faßt mich für ein Wonnegraus!
Hier möcht' ich volle Stunden säumen.
Natur! Hier bildetest in leichten Träumen
Den eingebornen Engel aus;
Hier lag das Kind! mit warmem Leben
Den zarten Busen angefüllt,
Und hier mit heilig reinem Weben
Entwirkte sich das Götterbild!

Und du! Was hat dich hergeführt?
Wie innig fühl' ich mich gerührt!
Was willst du hier? Was wird das Herz dir schwer?
Armsel'ger Faust! ich kenne dich nicht mehr.

Umgibt mich hier ein Zauberduft?
Mich drang's so g'rade zu genießen,
Und fühle mich in Liebestraum zerfließen!
Sind wir ein Spiel von jedem Druck der Luft?

Und träte sie den Augenblick herein,
Wie würdest du für deinen Frevel büßen!
Der große Hans, ach wie so klein!
Läg', hingeschmolzen, ihr zu Füßen.

MEPHISTOPHELES *kommt.*

MEPHISTOPHELES Geschwind! ich seh' sie unten kommen.
FAUST Fort! Fort! Ich kehre nimmermehr!
MEPHISTOPHELES Hier ist ein Kästchen leidlich schwer,
Ich hab's wo anders hergenommen.
Stellt's hier nur immer in den Schrein,
Ich schwör' euch, ihr vergehn die Sinnen;
Ich tat euch Sächelchen hinein,
Um eine andre zu gewinnen.
Zwar Kind ist Kind und Spiel ist Spiel.
FAUST Ich weiß nicht soll ich?

MEPHISTOPHELES Fragt ihr viel?
Meint ihr vielleicht den Schatz zu wahren?
Dann rat' ich eurer Lüsternheit,
Die liebe schöne Tageszeit
Und mir die weitre Müh zu sparen.
Ich hoff' nicht daß ihr geizig seid!
Ich kratz' den Kopf, reib' an den Händen —
Er stellt das Kästchen in den Schrein und drückt das Schloß wieder zu.
Nur fort! geschwind! —
Um euch das süße junge Kind
Nach Herzens Wunsch und Will' zu wenden;
Und ihr seht drein,
Als solltet ihr in den Hörsaal hinein,
Als stünden grau leibhaftig vor euch da
Physik und Metaphysica!
Nur fort! *Ab.*

MARGARETE *mit einer Lampe.*

MARGARETE Es ist so schwül, so dumpfig hie
Sie macht das Fenster auf.
Und ist doch eben so warm nicht drauß'.
Es wird mir so, ich weiß nicht wie —
Ich wollt', die Mutter käm' nach Haus.
Mir läuft ein Schauer über'n ganzen Leib —
Bin doch ein töricht furchtsam Weib!
Sie fängt an zu singen, indem sie sich auszieht.

Es war ein König in Thule
Gar treu bis an das Grab,
Dem sterbend seine Buhle
Einen goldnen Becher gab.

Es ging ihm nichts darüber,
Er leert' ihn jeden Schmaus;
Die Augen gingen ihm über,
So oft er trank daraus.

Und als er kam zu sterben,
Zählt' er seine Städt' im Reich,
Gönnt' alles seinem Erben,
Den Becher nicht zugleich.

Er saß bei'm Königsmahle,
Die Ritter um ihn her,
Auf hohem Väter-Saale,
Dort auf dem Schloß am Meer.

Dort stand der alte Zecher,
Trank letzte Lebensglut,
Und warf den heiligen Becher
Hinunter in die Flut.

Er sah ihn stürzen, trinken
Und sinken tief in's Meer,
Die Augen täten ihm sinken,
Trank nie einen Tropfen mehr.
Sie eröffnet den Schrein, ihre Kleider einzuräumen, und erblickt das Schmuckkästchen.
Wie kommt das schöne Kästchen hier herein?
Ich schloß doch ganz gewiß den Schrein.
Es ist doch wunderbar! Was mag wohl drinne sein?
Vielleicht bracht's jemand als ein Pfand,
Und meine Mutter lieh darauf.
Da hängt ein Schlüsselchen am Band,
Ich denke wohl ich mach' es auf!
Was ist das? Gott im Himmel! Schau',
So was hab' ich mein' Tage nicht gesehn!
Ein Schmuck! Mit dem könnt' eine Edelfrau
Am höchsten Feiertage gehn.
Wie sollte mir die Kette stehn?
Wem mag die Herrlichkeit gehören?
Sie putzt sich damit auf und tritt vor den Spiegel.
Wenn nur die Ohrring' meine wären!
Man sieht doch gleich ganz anders drein.
Was hilft euch Schönheit, junges Blut?
Das ist wohl alles schön und gut,
Allein man läßt's auch alles sein;
Man lobt euch halb mit Erbarmen.
Nach Golde drängt,
Am Golde hängt
Doch alles. Ach wir Armen!

Spaziergang

FAUST *in Gedanken auf und ab gehend. Zu ihm* MEPHISTOPHELES.

MEPHISTOPHELES Bei aller verschmähten Liebe! Bei'm höllischen Elemente!
Ich wollt' ich wüßte was Ärgers, daß ich's fluchen könnte.
FAUST Was hast? was kneipt dich denn so sehr?
So kein Gesicht sah ich in meinem Leben!
MEPHISTOPHELES Ich möcht' mich gleich dem Teufel übergeben,
Wenn ich nur selbst kein Teufel wär'!
FAUST Hat sich dir was im Kopf verschoben?
Dich kleidet's, wie ein Rasender zu toben!

MEPHISTOPHELES Denkt nur, den Schmuck für Gretchen angeschafft,
Den hat ein Pfaff hinweggerafft! —
Die Mutter kriegt das Ding zu schauen,
Gleich fängt's ihr heimlich an zu grauen:
Die Frau hat gar einen feinen Geruch,
Schnuffelt immer im Gebetbuch,
Und riecht's einem jeden Möbel an,
Ob das Ding heilig ist oder profan;
Und an dem Schmuck da spürt sie's klar,
Daß dabei nicht viel Segen war.
Mein Kind, rief sie, ungerechtes Gut
Befängt die Seele, zehrt auf das Blut.
Wollen's der Mutter Gottes weihen,
Wird uns mit Himmels-Manna erfreuen!
Margretlein zog ein schiefes Maul,
Ist halt, dacht' sie, ein geschenkter Gaul,
Und wahrlich! gottlos ist nicht der,
Der ihn so fein gebracht hierher.
Die Mutter ließ einen Pfaffen kommen;
Der hatte kaum den Spaß vernommen,
Ließ sich den Anblick wohl behagen.
Er sprach: So ist man recht gesinnt!
Wer überwindet der gewinnt.
Die Kirche hat einen guten Magen,
Hat ganze Länder aufgefressen,
Und doch noch nie sich übergessen;
Die Kirch' allein, meine lieben Frauen,
Kann ungerechtes Gut verdauen.
FAUST Das ist ein allgemeiner Brauch,
Ein Jud' und König kann es auch.
MEPHISTOPHELES Strich drauf ein Spange, Kett' und Ring',
Als wären's eben Pfifferling',
Dankt' nicht weniger und nicht mehr,
Als ob's ein Korb voll Nüsse wär',
Versprach ihnen allen himmlischen Lohn —
Und sie waren sehr erbaut davon.
FAUST Und Gretchen?
MEPHISTOPHELES Sitzt nun unruhvoll,
Weiß weder was sie will noch soll,
Denkt an's Geschmeide Tag und Nacht,
Noch mehr an den der's ihr gebracht.
FAUST Des Liebchens Kummer tut mir leid.
Schaff' du ihr gleich ein neu Geschmeid'!
Am ersten war ja so nicht viel.
MEPHISTOPHELES O ja, dem Herrn ist alles Kinderspiel!
FAUST Und mach', und richt's nach meinem Sinn,
Häng' dich an ihre Nachbarin!

Sei Teufel doch nur nicht wie Brei,
Und schaff' einen neuen Schmuck herbei!
MEPHISTOPHELES Ja, gnäd'ger Herr, von Herzen gerne.
FAUST *ab.*
MEPHISTOPHELES So ein verliebter Tor verpufft
Euch Sonne, Mond und alle Sterne
Zum Zeitvertreib dem Liebchen in die Luft. *Ab.*

Der Nachbarin Haus

MARTHE *allein.*

MARTHE Gott verzeih's meinem lieben Mann,
Er hat an mir nicht wohl getan!
Geht da stracks in die Welt hinein,
Und läßt mich auf dem Stroh allein.
Tät ihn doch wahrlich nicht betrüben,
Tät ihn, weiß Gott, recht herzlich lieben.
Sie weint.
Vielleicht ist er gar tot! — O Pein! — —
Hätt' ich nur einen Totenschein!

MARGARETE *kommt.*

MARGARETE Frau Marthe!
MARTHE Gretelchen, was soll's?
MARGARETE Fast sinken mir die Kniee nieder!
Da find' ich so ein Kästchen wieder
In meinem Schrein, von Ebenholz,
Und Sachen herrlich ganz und gar,
Weit reicher als das erste war.
MARTHE Das muß Sie nicht der Mutter sagen;
Tät's wieder gleich zur Beichte tragen.
MARGARETE Ach seh' Sie nur! ach schau' Sie nur!
MARTHE *putzt sie auf.* O du glücksel'ge Kreatur!
MARGARETE Darf mich, leider, nicht auf der Gassen,
Noch in der Kirche mit sehen lassen.
MARTHE Komm du nur oft zu mir herüber,
Und leg' den Schmuck hier heimlich an;
Spazier' ein Stündchen lang dem Spiegelglas vorüber,
Wir haben unsre Freude dran;
Und dann gibt's einen Anlaß, gibt's ein Fest,
Wo man's so nach und nach den Leuten sehen läßt.
Ein Kettchen erst, die Perle dann in's Ohr;
Die Mutter sieht's wohl nicht, man macht ihr auch was vor.

MARGARETE Wer konnte nur die beiden Kästchen bringen?
Es geht nicht zu mit rechten Dingen!
Es klopft.
MARGARETE Ach Gott! mag das meine Mutter sein?
MARTHE *durch's Vorhängel guckend.*
Es ist ein fremder Herr — Herein!

MEPHISTOPHELES *tritt auf.*

MEPHISTOPHELES Bin so frei g'rad' herein zu treten,
Muß bei den Frauen Verzeihn erbeten.
Tritt ehrerbietig vor Margareten zurück.
Wollte nach Frau Marthe Schwerdtlein fragen!
MARTHE Ich bin's, was hat der Herr zu sagen?
MEPHISTOPHELES *leise zu ihr.*
Ich kenne Sie jetzt, mir ist das genug;
Sie hat da gar vornehmen Besuch.
Verzeiht die Freiheit die ich genommen,
Will Nachmittage wieder kommen.
MARTHE *laut.* Denk', Kind, um alles in der Welt!
Der Herr dich für ein Fräulein hält.
MARGARETE Ich bin ein armes junges Blut;
Ach Gott! der Herr ist gar zu gut:
Schmuck und Geschmeide sind nicht mein.
MEPHISTOPHELES Ach, es ist nicht der Schmuck allein;
Sie hat ein Wesen, einen Blick so scharf!
Wie freut mich's daß ich bleiben darf.
MARTHE Was bringt Er denn? Verlange sehr —
MEPHISTOPHELES Ich wollt' ich hätt' eine frohere Mär'!
Ich hoffe Sie läßt mich's drum nicht büßen:
Ihr Mann ist tot und läßt Sie grüßen.
MARTHE Ist tot? das treue Herz! O weh!
Mein Mann ist tot! Ach ich vergeh'!
MARGARETE Ach! liebe Frau, verzweifelt nicht!
MEPHISTOPHELES So hört die traurige Geschicht'!
MARGARETE Ich möchte drum mein' Tag' nicht lieben;
Würde mich Verlust zu Tode betrüben.
MEPHISTOPHELES Freud' muß Leid, Leid muß Freude haben.
MARTHE Erzählt mir seines Lebens Schluß!
MEPHISTOPHELES Er liegt in Padua begraben
Bei'm heiligen Antonius,
An einer wohlgeweihten Stätte
Zum ewig kühlen Ruhebette.
MARTHE Habt ihr sonst nichts an mich zu bringen?
MEPHISTOPHELES Ja, eine Bitte, groß und schwer;
Lass' Sie doch ja für ihn dreihundert Messen singen!
Im übrigen sind meine Taschen leer.

MARTHE Was! Nicht ein Schaustück? Kein Geschmeid'?
Was jeder Handwerksbursch im Grund des Säckels spart,
Zum Angedenken aufbewahrt,
Und lieber hungert, lieber bettelt!
MEPHISTOPHELES Madam, es tut mir herzlich leid;
Allein er hat sein Geld wahrhaftig nicht verzettelt.
Auch er bereute seine Fehler sehr,
Ja, und bejammerte sein Unglück noch viel mehr.
MARGARETE Ach! daß die Menschen so unglücklich sind!
Gewiß ich will für ihn manch Requiem noch beten.
MEPHISTOPHELES Ihr wäret wert, gleich in die Eh zu treten:
Ihr seid ein liebenswürdig Kind.
MARGARETE Ach nein, das geht jetzt noch nicht an.
MEPHISTOPHELES Ist's nicht ein Mann, sei's derweil' ein Galan.
's ist eine der größten Himmelsgaben,
So ein lieb Ding im Arm zu haben.
MARGARETE Das ist des Landes nicht der Brauch.
MEPHISTOPHELES Brauch oder nicht! Es gibt sich auch.
MARTHE Erzählt mir doch!
MEPHISTOPHELES Ich stand an seinem Sterbebette,
Es war was besser als von Mist,
Von halbgefaultem Stroh; allein er starb als Christ,
Und fand daß er weit mehr noch auf der Zeche hätte.
Wie, rief er, muß ich mich von Grund aus hassen,
So mein Gewerb, mein Weib so zu verlassen!
Ach! die Erinnrung tötet mich.
Vergäb' sie mir nur noch in diesem Leben! —
MARTHE *weinend.* Der gute Mann! ich hab' ihm längst vergeben.
MEPHISTOPHELES Allein, weiß Gott! sie war mehr Schuld als ich.
MARTHE Das lügt er! Was? am Rand des Grabs zu lügen!
MEPHISTOPHELES Er fabelte gewiß in letzten Zügen,
Wenn ich nur halb ein Kenner bin.
Ich hatte, sprach er, nicht zum Zeitvertreib zu gaffen,
Erst Kinder, und dann Brot für sie zu schaffen,
Und Brot im allerweit'sten Sinn,
Und konnte nicht einmal mein Teil in Frieden essen.
MARTHE Hat er so aller Treu', so aller Lieb' vergessen,
Der Plackerei bei Tag und Nacht!
MEPHISTOPHELES Nicht doch, er hat euch herzlich dran gedacht.
Er sprach: Als ich nun weg von Malta ging,
Da betet' ich für Frau und Kinder brünstig;
Uns war denn auch der Himmel günstig,
Daß unser Schiff ein türkisch Fahrzeug fing,
Das einen Schatz des großen Sultans führte.
Da ward der Tapferkeit ihr Lohn,
Und ich empfing denn auch, wie sich gebührte,
Mein wohlgemess'nes Teil davon.

MARTHE Ei wie? Ei wo? Hat er's vielleicht vergraben?
MEPHISTOPHELES Wer weiß, wo nun es die vier Winde haben.
Ein schönes Fräulein nahm sich seiner an,
Als er in Napel fremd umher spazierte;
Sie hat an ihm viel Liebs und Treus getan,
Daß er's bis an sein selig Ende spürte.
MARTHE Der Schelm! der Dieb an seinen Kindern!
Auch alles Elend, alle Not
Konnt' nicht sein schändlich Leben hindern!
MEPHISTOPHELES Ja seht! dafür ist er nun tot.
Wär' ich nun jetzt an eurem Platze,
Betraurt' ich ihn ein züchtig Jahr,
Visierte dann unterweil' nach einem neuen Schatze.
MARTHE Ach Gott! wie doch mein erster war,
Find' ich nicht leicht auf dieser Welt den andern!
Es konnte kaum ein herziger Närrchen sein.
Er liebte nur das allzuviele Wandern,
Und fremde Weiber, und fremden Wein,
Und das verfluchte Würfelspiel.
MEPHISTOPHELES Nun, nun, so konnt' es gehn und stehen,
Wenn er euch ungefähr so viel
Von seiner Seite nachgesehen.
Ich schwör' euch zu, mit dem Beding
Wechselt' ich selbst mit euch den Ring!
MARTHE O es beliebt dem Herrn zu scherzen!
MEPHISTOPHELES *für sich.* Nun mach' ich mich bei Zeiten fort!
Die hielte wohl den Teufel selbst bei'm Wort.
Zu Gretchen.
Wie steht es denn mit Ihrem Herzen?
MARGARETE Was meint der Herr damit?
MEPHISTOPHELES *für sich.* Du guts unschuldigs Kind!
Laut.
Lebt wohl ihr Fraun!
MARGARETE Lebt wohl!
MARTHE O sagt mir doch geschwind!
Ich möchte gern ein Zeugnis haben,
Wo, wie und wann mein Schatz gestorben und begraben.
Ich bin von je der Ordnung Freund gewesen,
Möcht' ihn auch tot im Wochenblättchen lesen.
MEPHISTOPHELES Ja, gute Frau, durch zweier Zeugen Mund
Wird allerwegs die Wahrheit kund;
Habe noch gar einen feinen Gesellen,
Den will ich euch vor den Richter stellen.
Ich bring' ihn her.
MARTHE O tut das ja!
MEPHISTOPHELES Und hier die Jungfrau ist auch da? —

Ein braver Knab'! ist viel gereis't,
Fräuleins alle Höflichkeit erweis't.
MARGARETE Müßte vor dem Herren schamrot werden.
MEPHISTOPHELES Vor keinem Könige der Erden.
MARTHE Da hinter'm Haus in meinem Garten
Wollen wir der Herrn heut Abend warten.

STRASSE

FAUST. MEPHISTOPHELES.

FAUST Wie ist's? Will's fördern? Will's bald gehn?
MEPHISTOPHELES Ah bravo! Find' ich euch in Feuer?
In kurzer Zeit ist Gretchen euer.
Heut Abend sollt ihr sie bei Nachbar' Marthen sehn:
Das ist ein Weib wie auserlesen
Zum Kuppler- und Zigeunerwesen!
FAUST So recht!
MEPHISTOPHELES Doch wird auch was von uns begehrt.
FAUST Ein Dienst ist wohl des andern wert.
MEPHISTOPHELES Wir legen nur ein gültig Zeugnis nieder,
Daß ihres Ehherrn ausgereckte Glieder
In Padua an heil'ger Stätte ruhn.
FAUST Sehr klug! Wir werden erst die Reise machen müssen!
MEPHISTOPHELES Sancta Simplicitas! darum ist's nicht zu tun;
Bezeugt nur ohne viel zu wissen.
FAUST Wenn Er nichts Bessers hat, so ist der Plan zerrissen.
MEPHISTOPHELES O heil'ger Mann! Da wärt ihr's nun!
Ist es das erstemal in eurem Leben,
Daß ihr falsch Zeugnis abgelegt?
Habt ihr von Gott, der Welt und was sich drin bewegt,
Vom Menschen, was sich ihm in Kopf und Herzen regt,
Definitionen nicht mit großer Kraft gegeben?
Mit frecher Stirne, kühner Brust?
Und wollt ihr recht in's Innre gehen,
Habt ihr davon, ihr müßt es g'rad' gestehen,
So viel als von Herrn Schwerdtleins Tod gewußt!
FAUST Du bist und bleibst ein Lügner, ein Sophiste.
MEPHISTOPHELES Ja, wenn man's nicht ein bißchen tiefer wüßte.
Denn morgen wirst, in allen Ehren,
Das arme Gretchen nicht betören,
Und alle Seelenlieb' ihr schwören?
FAUST Und zwar von Herzen.
MEPHISTOPHELES Gut und schön!
Dann wird von ewiger Treu' und Liebe,

Von einzig überallmächt'gem Triebe —
Wird das auch so von Herzen gehn?
FAUST Laß das! Es wird! — Wenn ich empfinde,
Für das Gefühl, für das Gewühl
Nach Namen suche, keinen finde,
Dann durch die Welt mit allen Sinnen schweife,
Nach allen höchsten Worten greife,
Und diese Glut, von der ich brenne,
Unendlich, ewig, ewig nenne,
Ist das ein teuflisch Lügenspiel?
MEPHISTOPHELES Ich hab' doch Recht!
FAUST Hör'! merk' dir dies —
Ich bitte dich, und schone meine Lunge —
Wer Recht behalten will und hat nur eine Zunge,
Behält's gewiß.
Und komm, ich hab' des Schwätzens Überdruß,
Denn du hast Recht, vorzüglich weil ich muß.

Garten

MARGARETE *an* FAUSTENS *Arm,* MARTHE *mit* MEPHISTOPHELES *auf und ab spazierend.*

MARGARETE Ich fühl' es wohl, daß mich der Herr nur schont,
Herab sich läßt, mich zu beschämen.
Ein Reisender ist so gewohnt
Aus Gütigkeit fürlieb zu nehmen;
Ich weiß zu gut, daß solch erfahrnen Mann
Mein arm Gespräch nicht unterhalten kann.
FAUST Ein Blick von dir, Ein Wort mehr unterhält,
Als alle Weisheit dieser Welt.
Er küßt ihre Hand.
MARGARETE Inkommodiert euch nicht! Wie könnt ihr sie nur küssen?
Sie ist so garstig, ist so rauh!
Was hab' ich nicht schon alles schaffen müssen!
Die Mutter ist gar zu genau.
Gehn vorüber.
MARTHE Und ihr, mein Herr, ihr reis't so immer fort?
MEPHISTOPHELES Ach, daß Gewerb und Pflicht uns dazu treiben!
Mit wie viel Schmerz verläßt man manchen Ort,
Und darf doch nun einmal nicht bleiben!
MARTHE In raschen Jahren geht's wohl an,
So um und um frei durch die Welt zu streifen;
Doch kömmt die böse Zeit heran,
Und sich als Hagestolz allein zum Grab zu schleifen,
Das hat noch keinem wohl getan.

MEPHISTOPHELES Mit Grausen seh' ich das von weiten.
MARTHE Drum, werter Herr, beratet euch in Zeiten.
Gehn vorüber.
MARGARETE Ja, aus den Augen aus dem Sinn!
Die Höflichkeit ist euch geläufig;
Allein ihr habt der Freunde häufig,
Sie sind verständiger als ich bin.
FAUST O Beste! glaube, was man so verständig nennt,
Ist oft mehr Eitelkeit und Kurzsinn.
MARGARETE Wie?
FAUST Ach, daß die Einfalt, daß die Unschuld nie
Sich selbst und ihren heil'gen Wert erkennt!
Daß Demut, Niedrigkeit, die höchsten Gaben
Der liebevoll austeilenden Natur —
MARGARETE Denkt ihr an mich ein Augenblickchen nur,
Ich werde Zeit genug an euch zu denken haben.
FAUST Ihr seid wohl viel allein?
MARGARETE Ja, unsre Wirtschaft ist nur klein,
Und doch will sie versehen sein.
Wir haben keine Magd; muß kochen, fegen, stricken
Und nähn, und laufen früh und spat;
Und meine Mutter ist in allen Stücken
So akkurat!
Nicht daß sie just so sehr sich einzuschränken hat;
Wir könnten uns weit eh'r als andre regen:
Mein Vater hinterließ ein hübsch Vermögen,
Ein Häuschen und ein Gärtchen vor der Stadt.
Doch hab' ich jetzt so ziemlich stille Tage;
Mein Bruder ist Soldat,
Mein Schwesterchen ist tot.
Ich hatte mit dem Kind wohl meine liebe Not;
Doch übernähm' ich gern noch einmal alle Plage,
So lieb war mir das Kind.
FAUST Ein Engel, wenn dir's glich.
MARGARETE Ich zog es auf, und herzlich liebt' es mich.
Es war nach meines Vaters Tod geboren.
Die Mutter gaben wir verloren,
So elend wie sie damals lag,
Und sie erholte sich sehr langsam, nach und nach.
Da konnte sie nun nicht dran denken
Das arme Würmchen selbst zu tränken,
Und so erzog ich's ganz allein,
Mit Milch und Wasser; so ward's mein.
Auf meinem Arm, in meinem Schoß
War's freundlich, zappelte, ward groß.
FAUST Du hast gewiß das reinste Glück empfunden.
MARGARETE Doch auch gewiß gar manche schwere Stunden.

Des Kleinen Wiege stand zu Nacht
An meinem Bett, es durfte kaum sich regen,
War ich erwacht;
Bald mußt' ich's tränken, bald es zu mir legen,
Bald, wenn's nicht schwieg, vom Bett aufstehn,
Und tänzelnd in der Kammer auf und nieder gehn,
Und früh am Tage schon am Waschtrog stehn;
Dann auf dem Markt und an dem Herde sorgen,
Und immer fort wie heut so morgen.
Da geht's, mein Herr, nicht immer mutig zu;
Doch schmeckt dafür das Essen, schmeckt die Ruh.

Gehn vorüber.

MARTHE Die armen Weiber sind doch übel dran:
Ein Hagestolz ist schwerlich zu bekehren.
MEPHISTOPHELES Es käme nur auf Euresgleichen an,
Mich eines Bessern zu belehren.
MARTHE Sagt g'rad', mein Herr, habt ihr noch nichts gefunden?
Hat sich das Herz nicht irgendwo gebunden?
MEPHISTOPHELES Das Sprichwort sagt: Ein eigner Herd,
Ein braves Weib, sind Gold und Perlen wert.
MARTHE Ich meine, ob ihr niemals Lust bekommen?
MEPHISTOPHELES Man hat mich überall recht höflich aufgenommen.
MARTHE Ich wollte sagen: ward's nie Ernst in eurem Herzen?
MEPHISTOPHELES Mit Frauen soll man sich nie unterstehn zu scherzen.
MARTHE Ach, ihr versteht mich nicht!
MEPHISTOPHELES Das tut mir herzlich leid!
Doch ich versteh' — daß ihr sehr gütig seid.

Gehn vorüber.

FAUST Du kanntest mich, o kleiner Engel, wieder,
Gleich als ich in den Garten kam?
MARGARETE Saht ihr es nicht? ich schlug die Augen nieder.
FAUST Und du verzeihst die Freiheit, die ich nahm,
Was sich die Frechheit unterfangen,
Als du jüngst aus dem Dom gegangen?
MARGARETE Ich war bestürzt, mir war das nie geschehn;
Es konnte niemand von mir Übels sagen.
Ach, dacht' ich, hat er in deinem Betragen
Was Freches, Unanständiges gesehn?
Es schien ihn gleich nur anzuwandeln,
Mit dieser Dirne g'rade hin zu handeln.
Gesteh' ich's doch! Ich wußte nicht was sich
Zu eurem Vorteil hier zu regen gleich begonnte;
Allein gewiß, ich war recht bös' auf mich,
Daß ich auf euch nicht böser werden konnte.
FAUST Süß Liebchen!
MARGARETE Laßt einmal!

Sie pflückt eine Sternblume und zupft die Blätter ab, eins nach dem andern.

FAUST Was soll das? Einen Strauß?
MARGARETE Nein, es soll nur ein Spiel.
FAUST Wie?
MARGARETE Geht! ihr lacht mich aus.

Sie rupft und murmelt.

FAUST Was murmelst du?
MARGARETE *halb laut* Er liebt mich — liebt mich nicht.
FAUST Du holdes Himmels-Angesicht!
MARGARETE *fährt fort.*
Liebt mich — Nicht — Liebt mich — Nicht —

Das letzte Blatt ausrupfend, mit holder Freude.

Er liebt mich!
FAUST Ja, mein Kind! Laß dieses Blumenwort
Dir Götterausspruch sein. Er liebt dich!
Verstehst du, was das heißt? Er liebt dich!

Er faßt ihre beiden Hände.

MARGARETE Mich überläuft's!
FAUST O schaudre nicht! Laß diesen Blick,
Laß diesen Händedruck dir sagen,
Was unaussprechlich ist:
Sich hinzugeben ganz und eine Wonne
Zu fühlen, die ewig sein muß!
Ewig! — Ihr Ende würde Verzweiflung sein.
Nein, kein Ende! Kein Ende!

MARGARETE *drückt ihm die Hände, macht sich los und läuft weg. Er steht einen Augenblick in Gedanken, dann folgt er ihr.*

MARTHE *kommend.* Die Nacht bricht an.
MEPHISTOPHELES Ja, und wir wollen fort.
MARTHE Ich bät' euch länger hier zu bleiben,
Allein es ist ein gar zu böser Ort.
Es ist als hätte niemand nichts zu treiben
Und nichts zu schaffen,
Als auf des Nachbarn Schritt und Tritt zu gaffen,
Und man kommt in's Gered', wie man sich immer stellt.
Und unser Pärchen?
MEPHISTOPHELES Ist den Gang dort aufgeflogen.
Mutwill'ge Sommervögel!
MARTHE Er scheint ihr gewogen.
MEPHISTOPHELES Und sie ihm auch. Das ist der Lauf der Welt.

Ein Gartenhäuschen.

MARGARETE *springt herein, steckt sich hinter die Tür, hält die Fingerspitze an die Lippen, und guckt durch die Ritze.*

MARGARETE Er kommt!

FAUST *kommt.*

FAUST Ach Schelm, so neckst du mich!
Treff' ich dich!
Er küßt sie.

MARGARETE *ihn fassend und den Kuß zurückgebend.*
Bester Mann! von Herzen lieb' ich dich!

MEPHISTOPHELES *klopft an.*

FAUST *stampfend.* Wer da?
MEPHISTOPHELES Gut Freund!
FAUST Ein Tier!
MEPHISTOPHELES Es ist wohl Zeit zu scheiden.

MARTHE *kommt.*

MARTHE Ja, es ist spät, mein Herr.
FAUST Darf ich euch nicht geleiten?
MARGARETE Die Mutter würde mich — Lebt wohl!
FAUST Muß ich denn gehn?
Lebt wohl!
MARTHE Ade!
MARGARETE Auf baldig Wiedersehn!

FAUST *und* MEPHISTOPHELES *ab.*

MARGARETE Du lieber Gott! was so ein Mann
Nicht alles, alles denken kann!
Beschämt nur steh' ich vor ihm da,
Und sag' zu allen Sachen ja.
Bin doch ein arm unwissend Kind,
Begreife nicht was er an mir find't. *Ab.*

Wald und Höhle

FAUST *allein.*

FAUST Erhabner Geist, du gabst mir, gabst mir alles,
Warum ich bat. Du hast mir nicht umsonst
Dein Angesicht im Feuer zugewendet.
Gabst mir die herrliche Natur zum Königreich,
Kraft, sie zu fühlen, zu genießen. Nicht
Kalt staunenden Besuch erlaubst du nur,
Vergönnest mir in ihre tiefe Brust
Wie in den Busen eines Freunds zu schauen.

Du führst die Reihe der Lebendigen
Vor mir vorbei, und lehrst mich meine Brüder
Im stillen Busch, in Luft und Wasser kennen.
Und wenn der Sturm im Walde braus't und knarrt,
Die Riesenfichte stürzend Nachbaräste
Und Nachbarstämme quetschend nieder streift,
Und ihrem Fall dumpf hohl der Hügel donnert;
Dann führst du mich zur sichern Höhle, zeigst
Mich dann mir selbst, und meiner eignen Brust
Geheime tiefe Wunder öffnen sich.
Und steigt vor meinem Blick der reine Mond
Besänftigend herüber: schweben mir
Von Felsenwänden, aus dem feuchten Busch,
Der Vorwelt silberne Gestalten auf,
Und lindern der Betrachtung strenge Luft.

O daß dem Menschen nichts Vollkommnes wird,
Empfind' ich nun. Du gabst zu dieser Wonne,
Die mich den Göttern nah und näher bringt,
Mir den Gefährten, den ich schon nicht mehr
Entbehren kann, wenn er gleich, kalt und frech,
Mich vor mir selbst erniedrigt, und zu nichts,
Mit einem Worthauch, deine Gaben wandelt.
Er facht in meiner Brust ein wildes Feuer
Nach jenem schönen Bild geschäftig an.
So tauml' ich von Begierde zu Genuß,
Und im Genuß verschmacht' ich nach Begierde.

MEPHISTOPHELES *tritt auf.*

MEPHISTOPHELES Habt ihr nun bald das Leben g'nug geführt?
Wie kann's euch in die Länge freuen?
Es ist wohl gut, daß man's einmal probiert;
Dann aber wieder zu was Neuen!
FAUST Ich wollt', du hättest mehr zu tun,
Als mich am guten Tag zu plagen.
MEPHISTOPHELES Nun nun! ich lass' dich gerne ruhn,
Du darfst mir's nicht im Ernste sagen.
An dir Gesellen unhold, barsch und toll,
Ist wahrlich wenig zu verlieren.
Den ganzen Tag hat man die Hände voll!
Was ihm gefällt und was man lassen soll,
Kann man dem Herrn nie an der Nase spüren.
FAUST Das ist so just der rechte Ton!
Er will noch Dank, daß er mich ennuyiert.
MEPHISTOPHELES Wie hätt'st du, armer Erdensohn,
Dein Leben ohne mich geführt?
Vom Kribskrabs der Imagination

hab' ich dich doch auf Zeiten lang kuriert;
Und wär' ich nicht, so wärst du schon
Von diesem Erdball abspaziert.
Was hast du da in Höhlen, Felsenritzen
Dich wie ein Schuhu zu versitzen?
Was schlurfst aus dumpfem Moos und triefendem Gestein,
Wie eine Kröte, Nahrung ein?
Ein schöner süßer Zeitvertreib!
Dir steckt der Doktor noch im Leib.

FAUST Verstehst du, was für neue Lebenskraft
Mir dieser Wandel in der Öde schafft?
Ja, würdest du es ahnen können,
Du wärest Teufel g'nug mein Glück mir nicht zu gönnen.

MEPHISTOPHELES Ein überirdisches Vergnügen!
In Nacht und Tau auf den Gebirgen liegen,
Und Erd' und Himmel wonniglich umfassen,
Zu einer Gottheit sich aufschwellen lassen,
Der Erde Mark mit Ahnungsdrang durchwühlen,
Alle sechs Tagewerk' im Busen fühlen,
In stolzer Kraft ich weiß nicht was genießen,
Bald liebewonniglich in alles überfließen,
Verschwunden ganz der Erdensohn,
Und dann die hohe Intuition —
Mit einer Gebärde.
Ich darf nicht sagen wie — zu schließen.

FAUST Pfui über dich!

MEPHISTOPHELES Das will euch nicht behagen;
Ihr habt das Recht gesittet pfui zu sagen.
Man darf das nicht vor keuschen Ohren nennen,
Was keusche Herzen nicht entbehren können.
Und kurz und gut, ich gönn' Ihm das Vergnügen,
Gelegentlich sich etwas vorzulügen;
Doch lange hält Er das nicht aus.
Du bist schon wieder abgetrieben,
Und, währt es länger, aufgerieben
In Tollheit oder Angst und Graus.
Genug damit! Dein Liebchen sitzt dadrinne,
Und alles wird ihr eng und trüb.
Du kommst ihr gar nicht aus dem Sinne,
Sie hat dich übermächtig lieb.
Erst kam deine Liebeswut übergeflossen,
Wie vom geschmolznen Schnee ein Bächlein übersteigt;
Du hast sie ihr in's Herz gegossen;
Nun ist dein Bächlein wieder seicht.
Mich dünkt, anstatt in Wäldern zu thronen,
Ließ' es dem großen Herren gut,
Das arme affenjunge Blut

Für seine Liebe zu belohnen.
Die Zeit wird ihr erbärmlich lang;
Sie steht am Fenster, sieht die Wolken ziehn
Über die alte Stadtmauer hin.
Wenn ich ein Vöglein wär'! so geht ihr Gesang
Tagelang, halbe Nächte lang.
Einmal ist sie munter, meist betrübt,
Einmal recht ausgeweint,
Dann wieder ruhig, wie's scheint,
Und immer verliebt.

FAUST Schlange! Schlange!

MEPHISTOPHELES *für sich.* Gelt! daß ich dich fange!

FAUST Verruchter! hebe dich von hinnen,
Und nenne nicht das schöne Weib!
Bring' die Begier zu ihrem süßen Leib
Nicht wieder vor die halb verrückten Sinnen!

MEPHISTOPHELES Was soll es denn? Sie meint, du seist entflohn,
Und halb und halb bist du es schon.

FAUST Ich bin ihr nah, und wär' ich noch so fern,
Ich kann sie nie vergessen, nie verlieren;
Ja, ich beneide schon den Leib des Herrn,
Wenn ihre Lippen ihn indes berühren.

MEPHISTOPHELES Gar wohl, mein Freund! Ich hab' euch oft beneidet
Um's Zwillingspaar, das unter Rosen weidet.

FAUST Entfliehe, Kuppler!

MEPHISTOPHELES Schön! Ihr schimpft und ich muß lachen.
Der Gott, der Bub und Mädchen schuf,
Erkannte gleich den edelsten Beruf,
Auch selbst Gelegenheit zu machen.
Nur fort, es ist ein großer Jammer!
Ihr sollt in eures Liebchens Kammer,
Nicht etwa in den Tod.

FAUST Was ist die Himmelsfreud' in ihren Armen?
Laß mich an ihrer Brust erwarmen!
Fühl' ich nicht immer ihre Not?
Bin ich der Flüchtling nicht? der Unbehaus'te?
Der Unmensch ohne Zweck und Ruh,
Der wie ein Wassersturz von Fels zu Felsen braus'te
Begierig wütend nach dem Abgrund zu?
Und seitwärts sie, mit kindlich dumpfen Sinnen,
Im Hüttchen auf dem kleinen Alpenfeld,
Und all ihr häusliches Beginnen
Umfangen in der kleinen Welt.
Und ich, der Gottverhaßte,
Hatte nicht genug,
Daß ich die Felsen faßte
Und sie zu Trümmern schlug!

Sie, ihren Frieden mußt' ich untergraben!
Du, Hölle, mußtest dieses Opfer haben!
Hilf, Teufel, mir die Zeit der Angst verkürzen!
Was muß geschehn, mag's gleich geschehn!
Mag ihr Geschick auf mich zusammenstürzen
Und sie mit mir zu Grunde gehn.

MEPHISTOPHELES Wie's wieder siedet, wieder glüht!
Geh ein und tröste sie, du Tor!
Wo so ein Köpfchen keinen Ausgang sieht,
Stellt er sich gleich das Ende vor.
Es lebe wer sich tapfer hält!
Du bist doch sonst so ziemlich eingeteufelt,
Nichts Abgeschmackters find' ich auf der Welt,
Als einen Teufel der verzweifelt.

Gretchens Stube

GRETCHEN *am Spinnrade allein.*

GRETCHEN
Meine Ruh ist hin,
Mein Herz ist schwer;
Ich finde sie nimmer
Und nimmermehr.

Wo ich ihn nicht hab'
Ist mir das Grab,
Die ganze Welt
Ist mir vergällt.

Mein armer Kopf
Ist mir verrückt,
Mein armer Sinn
Ist mir zerstückt.

Meine Ruh ist hin,
Mein Herz ist schwer;
Ich finde sie nimmer
Und nimmermehr.

Nach ihm nur schau' ich
Zum Fenster hinaus,
Nach ihm nur geh' ich
Aus dem Haus.

Sein hoher Gang,
Sein' edle Gestalt,
Seines Mundes Lächeln,
Seiner Augen Gewalt,

Und seiner Rede
Zauberfluß,
Sein Händedruck,
Und ach sein Kuß!

Meine Ruh ist hin,
Mein Herz ist schwer;
Ich finde sie nimmer
Und nimmermehr.

Mein Busen drängt
Sich nach ihm hin.
Ach dürft' ich fassen
Und halten ihn,

Und küssen ihn
So wie ich wollt',
An seinen Küssen
vergehen sollt'!

Marthens Garten

MARGARETE. FAUST.

MARGARETE Versprich mir, Heinrich!
FAUST Was ich kann!
MARGARETE Nun sag', wie hast du's mit der Religion?
Du bist ein herzlich guter Mann,
Allein ich glaub', du hält'st nicht viel davon.
FAUST Laß das, mein Kind! Du fühlst, ich bin dir gut;
Für meine Lieben ließ' ich Leib und Blut,
Will niemand sein Gefühl und seine Kirche rauben.
MARGARETE Das ist nicht recht, man muß dran glauben!
FAUST Muß man?
MARGARETE Ach! wenn ich etwas auf dich könnte!
Du ehrst auch nicht die heil'gen Sakramente.
FAUST Ich ehre sie.
MARGARETE Doch ohne Verlangen.
Zur Messe, zur Beichte bist du lange nicht gegangen.
Glaubst du an Gott?

FAUST Mein Liebchen, wer darf sagen:
Ich glaub' an Gott?
Magst Priester oder Weise fragen,
Und ihre Antwort scheint nur Spott
Über den Frager zu sein.
MARGARETE So glaubst du nicht?
FAUST Mißhör' mich nicht, du holdes Angesicht!
Wer darf ihn nennen?
Und wer bekennen:
Ich glaub' ihn?
Wer empfinden
Und sich unterwinden
Zu sagen: ich glaub' ihn nicht?
Der Allumfasser,
Der Allerhalter,
Faßt und erhält er nicht
Dich, mich, sich selbst?
Wölbt sich der Himmel nicht dadroben?
Liegt die Erde nicht hierunten fest?
Und steigen freundlich blickend
Ewige Sterne nicht herauf?
Schau' ich nicht Aug' in Auge dir,
Und drängt nicht alles
Nach Haupt und Herzen dir,
Und webt in ewigem Geheimnis
Unsichtbar sichtbar neben dir?
Erfüll' davon dein Herz, so groß es ist,
Und wenn du ganz in dem Gefühle selig bist,
Nenn' es dann wie du willst,
Nenn's Glück! Herz! Liebe! Gott!
Ich habe keinen Namen
Dafür! Gefühl ist alles;
Name ist Schall und Rauch,
Umnebelnd Himmelsglut.
MARGARETE Das ist alles recht schön und gut;
Ungefähr sagt das der Pfarrer auch,
Nur mit ein bißchen andern Worten.
FAUST Es sagen's aller Orten
Alle Herzen unter dem himmlischen Tage,
Jedes in seiner Sprache;
Warum nicht ich in der meinen?
MARGARETE Wenn man's so hört, möcht's leidlich scheinen,
Steht aber doch immer schief darum;
Denn du hast kein Christentum.
FAUST Liebs Kind!
MARGARETE Es tut mir lang schon weh,
Daß ich dich in der Gesellschaft seh'.

FAUST Wie so?
MARGARETE Der Mensch, den du da bei dir hast,
Ist mir in tiefer innrer Seele verhaßt;
Es hat mir in meinem Leben
So nichts einen Stich in's Herz gegeben,
Als des Menschen widrig Gesicht.
FAUST Liebe Puppe, fürcht' ihn nicht!
MARGARETE Seine Gegenwart bewegt mir das Blut.
Ich bin sonst allen Menschen gut;
Aber, wie ich mich sehne dich zu schauen,
Hab' ich vor dem Menschen ein heimlich Grauen,
Und halt' ihn für einen Schelm dazu!
Gott verzeih mir's, wenn ich ihm Unrecht tu'!
FAUST Es muß auch solche Käuze geben.
MARGARETE Wollte nicht mit Seinesgleichen leben!
Kommt er einmal zur Tür herein,
Sieht er immer so spöttisch drein,
Und halb ergrimmt;
Man sieht, daß er an nichts keinen Anteil nimmt;
Es steht ihm an der Stirn' geschrieben,
Daß er nicht mag eine Seele lieben.
Mir wird's so wohl in deinem Arm,
So frei, so hingegeben warm,
Und seine Gegenwart schnürt mir das Innre zu.
FAUST Du ahnungsvoller Engel du!
MARGARETE Das übermannt mich so sehr,
Daß, wo er nur mag zu uns treten,
Mein' ich sogar, ich liebte dich nicht mehr.
Auch wenn er da ist, könnt' ich nimmer beten,
Und das frißt mir in's Herz hinein;
Dir, Heinrich, muß es auch so sein.
FAUST Du hast nun die Antipathie!
MARGARETE Ich muß nun fort.
FAUST Ach kann ich nie
Ein Stündchen ruhig dir am Busen hängen,
Und Brust an Brust und Seel' in Seele drängen?
MARGARETE Ach wenn ich nur alleine schlief'!
Ich ließ' dir gern heut Nacht den Riegel offen;
Doch meine Mutter schläft nicht tief:
Und würden wir von ihr betroffen,
Ich wär' gleich auf der Stelle tot!
FAUST Du Engel, das hat keine Not.
Hier ist ein Fläschchen! Drei Tropfen nur
In ihren Trank umhüllen
Mit tiefem Schlaf gefällig die Natur.
MARGARETE Was tu' ich nicht um deinetwillen?
Es wird ihr hoffentlich nicht schaden!

FAUST Würd' ich sonst, Liebchen, dir es raten?
MARGARETE Seh' ich dich, bester Mann, nur an,
Weiß nicht was mich nach deinem Willen treibt;
Ich habe schon so viel für dich getan,
Daß mir zu tun fast nichts mehr übrig bleibt. *Ab.*

MEPHISTOPHELES *tritt auf.*

MEPHISTOPHELES Der Grasaff'! ist er weg?
FAUST Hast wieder spioniert?
MEPHISTOPHELES Ich hab's ausführlich wohl vernommen,
Herr Doktor wurden da katechisiert;
Hoff' es soll Ihnen wohl bekommen.
Die Mädels sind doch sehr interessiert,
Ob einer fromm und schlicht nach altem Brauch.
Sie denken, duckt er da, folgt er uns eben auch.
FAUST Du Ungeheuer siehst nicht ein,
Wie diese treue liebe Seele
Von ihrem Glauben voll,
Der ganz allein
Ihr selig machend ist, sich heilig quäle,
Daß sie den liebsten Mann verloren halten soll.
MEPHISTOPHELES Du übersinnlicher sinnlicher Freier,
Ein Mägdelein nasführet dich.
FAUST Du Spottgeburt von Dreck und Feuer!
MEPHISTOPHELES Und die Physiognomie versteht sie meisterlich.
In meiner Gegenwart wird's ihr sie weiß nicht wie,
Mein Mäskchen da weissagt verborgnen Sinn;
Sie fühlt, daß ich ganz sicher ein Genie,
Vielleicht wohl gar der Teufel bin.
Nun heute Nacht —?
FAUST Was geht dich's an?
MEPHISTOPHELES Hab' ich doch meine Freude dran!

Am Brunnen

GRETCHEN *und* LIESCHEN *mit Krügen.*

LIESCHEN Hast nichts von Bärbelchen gehört?
GRETCHEN Kein Wort. Ich komm' gar wenig unter Leute.
LIESCHEN Gewiß, Sibylle sagt' mir's heute!
Die hat sich endlich auch betört.
Das ist das Vornehmtun!
GRETCHEN Wie so?
LIESCHEN Es stinkt!
Sie füttert zwei, wenn sie nun ißt und trinkt.

GRETCHEN Ach!
LIESCHEN So ist's ihr endlich recht ergangen.
Wie lange hat sie an dem Kerl gehangen!
Das war ein Spazieren,
Auf Dorf und Tanzplatz Führen,
Mußt' überall die Erste sein,
Curtesiert' ihr immer mit Pastetchen und Wein;
Bild't' sich was auf ihre Schönheit ein,
War doch so ehrlos sich nicht zu schämen
Geschenke von ihm anzunehmen.
War ein Gekos' und ein Geschleck';
Da ist denn auch das Blümchen weg!
GRETCHEN Das arme Ding!
LIESCHEN Bedauerst sie noch gar!
Wenn unser eins am Spinnen war,
Uns Nachts die Mutter nicht hinunterließ,
Stand sie bei ihrem Buhlen süß,
Auf der Türbank und im dunkeln Gang
Ward ihnen keine Stunde zu lang.
Da mag sie denn sich ducken nun,
Im Sünderhemdchen Kirchbuß' tun!
GRETCHEN Er nimmt sie gewiß zu seiner Frau.
LIESCHEN Er wär' ein Narr! Ein flinker Jung'
Hat anderwärts noch Luft genung.
Er ist auch fort.
GRETCHEN Das ist nicht schön!
LIESCHEN Kriegt sie ihn, soll's ihr übel gehn.
Das Kränzel reißen die Buben ihr,
Und Häckerling streuen wir vor die Tür! *Ab.*
GRETCHEN *nach Hause gehend.*
Wie konnt' ich sonst so tapfer schmälen,
Wenn tät ein armes Mägdlein fehlen!
Wie konnt' ich über andrer Sünden
Nicht Worte g'nug der Zunge finden!
Wie schien mir's schwarz, und schwärzt's noch gar,
Mir's immer doch nicht schwarz g'nug war,
Und segnet' mich und tat so groß,
Und bin nun selbst der Sünde bloß!
Doch — alles was dazu mich trieb,
Gott! war so gut! ach war so lieb!

Zwinger

In der Mauerhöhle ein Andachtsbild der Mater dolorosa, Blumenkrüge davor.

GRETCHEN *steckt frische Blumen in die Krüge.*

GRETCHEN Ach neige,
Du Schmerzenreiche,
Dein Antlitz gnädig meiner Not!

Das Schwert im Herzen,
Mit tausend Schmerzen
Blickst auf zu deines Sohnes Tod.

Zum Vater blickst du,
Und Seufzer schickst du
Hinauf um sein' und deine Not.

Wer fühlet,
Wie wühlet
Der Schmerz mir im Gebein?
Was mein armes Herz hier banget,
Was es zittert, was verlanget,
Weißt nur du, nur du allein!

Wohin ich immer gehe,
Wie weh, wie weh, wie wehe
Wird mir im Busen hier!
Ich bin ach kaum alleine,
Ich wein', ich wein', ich weine,
Das Herz zerbricht in mir.

Die Scherben vor meinem Fenster
Betaut' ich mit Tränen, ach!
Als ich am frühen Morgen
Dir diese Blumen brach.

Schien hell in meine Kammer
Die Sonne früh herauf,
Saß ich in allem Jammer
In meinem Bett schon auf.

Hilf! rette mich von Schmach und Tod!
Ach neige,
Du Schmerzenreiche,
Dein Antlitz gnädig meiner Not!

Nacht

Straße vor Gretchens Türe

VALENTIN *Soldat, Gretchens Bruder.*

VALENTIN Wenn ich so saß bei einem Gelag,
Wo mancher sich berühmen mag,
Und die Gesellen mir den Flor
Der Mägdlein laut gepriesen vor,
Mit vollem Glas das Lob verschwemmt,
Den Ellenbogen aufgestemmt
Saß ich in meiner sichern Ruh,
Hört' all' dem Schwadronieren zu,
Und streiche lächelnd meinen Bart,
Und kriege das volle Glas zur Hand
Und sage: alles nach seiner Art!
Aber ist Eine im ganzen Land,
Die meiner trauten Gretel gleicht,
Die meiner Schwester das Wasser reicht?
Top! Top! Kling! Klang! das ging herum;
Die einen schrieen: er hat Recht,
Sie ist die Zier vom ganzen Geschlecht!
Da saßen alle die Lober stumm.
Und nun! — um's Haar sich auszuraufen
Und an den Wänden hinauf zu laufen! —
Mit Stichelreden, Naserümpfen
Soll jeder Schurke mich beschimpfen!
Soll wie ein böser Schuldner sitzen,
Bei jedem Zufallswörtchen schwitzen!
Und möcht' ich sie zusammenschmeißen;
Könnt' ich sie doch nicht Lügner heißen.
Was kommt heran! Was schleicht herbei?
Irr' ich nicht, es sind ihrer zwei.
Ist er's, gleich pack' ich ihn bei'm Felle,
Soll nicht lebendig von der Stelle!

FAUST. MEPHISTOPHELES.

FAUST Wie von dem Fenster dort der Sakristei
Aufwärts der Schein des ew'gen Lämpchens flämmert
Und schwach und schwächer seitwärts dämmert,
Und Finsternis drängt ringsum bei!
So sieht's in meinem Busen nächtig.
MEPHISTOPHELES Und mir ist's wie dem Kätzlein schmächtig,
Das an den Feuerleitern schleicht,
Sich leis' dann um die Mauern streicht;
Mir ist's ganz tugendlich dabei,
Ein bißchen Diebsgelüst, ein bißchen Rammelei.

So spukt mir schon durch alle Glieder
Die herrliche Walpurgisnacht.
Die kommt uns übermorgen wieder,
Da weiß man doch warum man wacht.
FAUST Rückt wohl der Schatz indessen in die Höh,
Den ich dorthinten flimmern seh'?
MEPHISTOPHELES Du kannst die Freude bald erleben,
Das Kesselchen herauszuheben.
Ich schielte neulich so hinein,
Sind herrliche Löwentaler drein.
FAUST Nicht ein Geschmeide, nicht ein Ring,
Meine liebe Buhle damit zu zieren?
MEPHISTOPHELES Ich sah dabei wohl so ein Ding,
Als wie eine Art von Perlenschnüren.
FAUST So ist es recht! Mir tut es weh,
Wenn ich ohne Geschenke zu ihr geh'.
MEPHISTOPHELES Es sollt' euch eben nicht verdrießen
Umsonst auch etwas zu genießen.
Jetzt da der Himmel voller Sterne glüht,
Sollt ihr ein wahres Kunststück hören:
Ich sing' ihr ein moralisch Lied,
Um sie gewisser zu betören.
Singt zur Zither.
Was machst du mir
Vor Liebchens Tür,
Kathrinchen, hier
Bei frühem Tagesblicke?
Laß, laß es sein!
Er läßt dich ein
Als Mädchen ein,
Als Mädchen nicht zurücke.

Nehmt euch in Acht!
Ist es vollbracht,
Dann gute Nacht
Ihr armen, armen Dinger!
Habt ihr euch lieb,
Tut keinem Dieb
Nur nichts zu Lieb',
Als mit dem Ring am Finger.
VALENTIN *tritt vor.* Wen lockst du hier? bei'm Element!
Vermaledeiter Rattenfänger!
Zum Teufel erst das Instrument!
Zum Teufel hinterdrein den Sänger!
MEPHISTOPHELES Die Zither ist entzwei! an der ist nichts zu halten.
VALENTIN Nun soll es an ein Schädelspalten!
MEPHISTOPHELES *zu Faust.* Herr Doktor nicht gewichen! Frisch!

Hart an mich an, wie ich euch führe.
Heraus mit eurem Flederwisch!
Nur zugestoßen! Ich pariere.
VALENTIN Pariere den!
MEPHISTOPHELES Warum denn nicht?
VALENTIN Auch den!
MEPHISTOPHELES Gewiß!
VALENTIN Ich glaub' der Teufel ficht!
Was ist denn das? Schon wird die Hand mir lahm.
MEPHISTOPHELES *zu Faust.* Stoß' zu!
VALENTIN *fällt.* O weh!
MEPHISTOPHELES Nun ist der Lümmel zahm!
Nun aber fort! Wir müssen gleich verschwinden:
Denn schon entsteht ein mörderlich Geschrei.
Ich weiß mich trefflich mit der Polizei,
Doch mit dem Blutbann schlecht mich abzufinden.
MARTHE *am Fenster.* Heraus! Heraus!
GRETCHEN *am Fenster.* Herbei ein Licht!
MARTHE *wie oben.*
Man schilt und rauft, man schreit und ficht.
VOLK Da liegt schon einer tot!
MARTHE *heraustretend.* Die Mörder sind sie denn entflohn?
GRETCHEN *heraustretend.* Wer liegt hier?
VOLK Deiner Mutter Sohn.
GRETCHEN Allmächtiger! welche Not!
VALENTIN Ich sterbe! das ist bald gesagt
Und bälder noch getan.
Was steht ihr Weiber, heult und klagt?
Kommt her und hört mich an!
Alle treten um ihn.
Mein Gretchen sieh! du bist noch jung,
Bist gar noch nicht gescheit genung,
Machst deine Sachen schlecht.
Ich sag' dir's im Vertrauen nur:
Du bist doch nun einmal eine Hur';
So sei's auch eben recht.
GRETCHEN Mein Bruder! Gott! Was soll mir das?
VALENTIN Laß unsern Herr Gott aus dem Spaß.
Geschehn ist leider nun geschehn,
Und wie es gehn kann, so wird's gehn.
Du fingst mit Einem heimlich an,
Bald kommen ihrer mehre dran,
Und wenn dich erst ein Dutzend hat,
So hat dich auch die ganze Stadt.

Wenn erst die Schande wird geboren,
Wird sie heimlich zur Welt gebracht,

Und man zieht den Schleier der Nacht
Ihr über Kopf und Ohren;
Ja, man möchte sie gern ermorden.
Wächs't sie aber und macht sich groß,
Dann geht sie auch bei Tage bloß,
Und ist doch nicht schöner geworden.
Je häßlicher wird ihr Gesicht,
Je mehr sucht sie des Tages Licht.

Ich seh' wahrhaftig schon die Zeit,
Daß alle brave Bürgersleut',
Wie von einer angesteckten Leichen,
Von dir, du Metze! seitab weichen.
Dir soll das Herz im Leib verzagen,
Wenn sie dir in die Augen sehn!
Sollst keine goldne Kette mehr tragen!
In der Kirche nicht mehr am Altar stehn!
In einem schönen Spitzenkragen
Dich nicht bei'm Tanze wohlbehagen!
In eine finstre Jammerecken
Unter Bettler und Krüppel dich verstecken,
Und wenn dir denn auch Gott verzeiht,
Auf Erden sein vermaledeit!
MARTHE Befehlt eure Seele Gott zu Gnaden!
Wollt ihr noch Lästrung auf euch laden?
VALENTIN Könnt' ich dir nur an den dürren Leib,
Du schändlich kupplerisches Weib!
Da hofft' ich aller meiner Sünden
Vergebung reiche Maß zu finden.
GRETCHEN Mein Bruder! Welche Höllenpein!
VALENTIN Ich sage, laß die Tränen sein!
Da du dich sprachst der Ehre los,
Gabst mir den schwersten Herzensstoß.
Ich gehe durch den Todesschlaf
Zu Gott ein als Soldat und brav.
Stirbt.

Dom

Amt, Orgel und Gesang

GRETCHEN *unter vielem Volke.* BÖSER GEIST *hinter Gretchen.*

BÖSER GEIST Wie anders, Gretchen, war dir's,
Als du noch voll Unschuld
Hier zum Altar trat'st,
Aus dem vergriffnen Büchelchen
Gebete lalltest,
Halb Kinderspiele,

Halb Gott im Herzen!
Gretchen!
Wo steht dein Kopf?
In deinem Herzen,
Welche Missetat?
Bet'st du für deiner Mutter Seele, die
Durch dich zur langen, langen Pein hinüberschlief?
Auf deiner Schwelle wessen Blut?
— Und unter deinem Herzen
Regt sich's nicht quillend schon,
Und ängstet dich und sich
Mit ahnungsvoller Gegenwart?

GRETCHEN Weh! Weh!
Wär' ich der Gedanken los,
Die mir herüber und hinüber gehen
Wider mich!

CHOR Dies irae, dies illa
Solvet saeclum in favilla.

Orgelton.

BÖSER GEIST Grimm faßt dich!
Die Posaune tönt!
Die Gräber beben!
Und dein Herz,
Aus Aschenruh
Zu Flammenqualen
Wieder aufgeschaffen,
Bebt auf!

GRETCHEN Wär' ich hier weg!
Mir ist als ob die Orgel mir
Den Atem versetzte,
Gesang mein Herz
Im Tiefsten lös'te.

CHOR Judex ergo cum sedebit,
Quidquid latet adparebit,
Nil inultum remanebit.

GRETCHEN Mir wird so eng!
Die Mauern-Pfeiler
Befangen mich!
Das Gewölbe
Drängt mich — Luft!

BÖSER GEIST Verbirg dich! Sünd' und Schande
Bleibt nicht verborgen.
Luft? Licht?
Weh dir!

CHOR Quid sum miser tunc dicturus?
Quem patronum rogaturus?
Cum vix justus sit securus.

BÖSER GEIST Ihr Antlitz wenden
Verklärte von dir ab.
Die Hände dir zu reichen,
Schauert's den Reinen.
Weh!
CHOR Quid sum miser tunc dicturus?
GRETCHEN Nachbarin! Euer Fläschchen! —
Sie fällt in Ohnmacht.

WALPURGISNACHT

Harzgebirg. Gegend von Schierke und Elend

FAUST. MEPHISTOPHELES.

MEPHISTOPHELES Verlangst du nicht nach einem Besenstiele?
Ich wünschte mir den allerderbsten Bock.
Auf diesem Weg sind wir noch weit vom Ziele.
FAUST So lang ich mich noch frisch auf meinen Beinen fühle,
Genügt mir dieser Knotenstock.
Was hilft's daß man den Weg verkürzt! —
Im Labyrinth der Täler hinzuschleichen,
Dann diesen Felsen zu ersteigen,
Von dem der Quell sich ewig sprudelnd stürzt,
Das ist die Lust, die solche Pfade würzt!
Der Frühling webt schon in den Birken
Und selbst die Fichte fühlt ihn schon;
Sollt' er nicht auch auf unsre Glieder wirken?
MEPHISTOPHELES Fürwahr ich spüre nichts davon!
Mir ist es winterlich im Leibe;
Ich wünschte Schnee und Frost auf meiner Bahn.
Wie traurig steigt die unvollkommne Scheibe
Des roten Monds mit später Glut heran,
Und leuchtet schlecht, daß man bei jedem Schritte,
Vor einen Baum, vor einen Felsen rennt!
Erlaub' daß ich ein Irrlicht bitte!
Dort seh' ich eins, das eben lustig brennt.
He da! mein Freund! Darf ich dich zu uns fodern?
Was willst du so vergebens lodern?
Sei doch so gut und leucht' uns da hinauf!
IRRLICHT Aus Ehrfurcht, hoff' ich, soll es mir gelingen,
Mein leichtes Naturell zu zwingen;
Nur zickzack geht gewöhnlich unser Lauf.
MEPHISTOPHELES Ei! Ei! Er denkt's den Menschen nachzuahmen.
Geh' Er nur g'rad', in's Teufels Namen!
Sonst blas' ich Ihm Sein Flacker-Leben aus.
IRRLICHT Ich merke wohl, ihr seid der Herr vom Haus,
Und will mich gern nach euch bequemen.
Allein bedenkt! der Berg ist heute zaubertoll,

Und wenn ein Irrlicht euch die Wege weisen soll,
So müßt ihr's so genau nicht nehmen.

FAUST, MEPHISTOPHELES, IRRLICHT *im Wechselgesang.*

In die Traum- und Zaubersphäre
Sind wir, scheint es, eingegangen.
Führ' uns gut und mach' dir Ehre!
Daß wir vorwärts bald gelangen,
In den weiten öden Räumen.

Seh' die Bäume hinter Bäumen,
Wie sie schnell vorüber rücken,
Und die Klippen, die sich bücken,
Und die langen Felsennasen,
Wie sie schnarchen, wie sie blasen!

Durch die Steine, durch den Rasen
Eilet Bach und Bächlein nieder.
Hör' ich Rauschen? hör' ich Lieder?
Hör' ich holde Liebesklage,
Stimmen jener Himmelstage?
Was wir hoffen, was wir lieben!
Und das Echo, wie die Sage
Alter Zeiten, hallet wider.

Uhu! Schuhu! tönt es näher,
Kauz und Kibitz und der Häher,
Sind sie alle wach geblieben?
Sind das Molche durch's Gesträuche?
Lange Beine, dicke Bäuche!
Und die Wurzeln, wie die Schlangen,
Winden sich aus Fels und Sande,
Strecken wunderliche Bande,
Uns zu schrecken, uns zu fangen;
Aus belebten derben Masern
Strecken sie Polypenfasern
Nach dem Wandrer. Und die Mäuse
Tausendfärbig, scharenweise,
Durch das Moos und durch die Heide!
Und die Funkenwürmer fliegen,
Mit gedrängten Schwärme-Zügen,
Zum verwirrenden Geleite.

Aber sag' mir ob wir stehen,
Oder ob wir weiter gehen?
Alles, alles scheint zu drehen,
Fels und Bäume, die Gesichter
Schneiden, und die irren Lichter,
Die sich mehren, die sich blähen.

MEPHISTOPHELES Fasse wacker meinen Zipfel!
Hier ist so ein Mittelgipfel,
So man mit Erstaunen sieht,
Wie im Berg der Mammon glüht.
FAUST Wie seltsam glimmert durch die Gründe
Ein morgenrötlich trüber Schein!
Und selbst bis in die tiefen Schlünde
Des Abgrunds wittert er hinein.
Da steigt ein Dampf, dort ziehen Schwaden,
Hier leuchtet Glut aus Dunst und Flor,
Dann schleicht sie wie ein zarter Faden,
Dann bricht sie wie ein Quell hervor.
Hier schlingt sie eine ganze Strecke,
Mit hundert Adern, sich durch's Tal,
Und hier in der gedrängten Ecke
Vereinzelt sie sich auf einmal.
Da sprühen Funken in der Nähe,
Wie ausgestreuter goldner Sand.
Doch schau'! in ihrer ganzen Höhe
Entzündet sich die Felsenwand.
MEPHISTOPHELES Erleuchtet nicht zu diesem Feste
Herr Mammon prächtig den Palast?
Ein Glück daß du's gesehen hast;
Ich spüre schon die ungestümen Gäste.
FAUST Wie ras't die Windsbraut durch die Luft!
Mit welchen Schlägen trifft sie meinen Nacken!
MEPHISTOPHELES Du mußt des Felsens alte Rippen packen,
Sonst stürzt sie dich hinab in dieser Schlünde Gruft.
Ein Nebel verdichtet die Nacht.
Höre wie's durch die Wälder kracht!
Aufgescheucht fliegen die Eulen.
Hör', es splittern die Säulen
Ewig grüner Paläste.
Girren und Brechen der Äste!
Der Stämme mächtiges Dröhnen!
Der Wurzeln Knarren und Gähnen!
Im fürchterlich verworrenen Falle
Über einander krachen sie alle,
Und durch die übertrümmerten Klüfte
Zischen und heulen die Lüfte.
Hörst du Stimmen in der Höhe?
In der Ferne, in der Nahe?
Ja, den ganzen Berg entlang
Strömt ein wütender Zaubergesang!
HEXEN IM CHOR Die Hexen zu dem Brocken ziehn,
Die Stoppel ist gelb, die Saat ist grün.
Dort sammelt sich der große Hauf,

Herr Urian sitzt oben auf.
So geht es über Stein und Stock,
Es f—t die Hexe, es st—t der Bock.
STIMME Die alte Baubo kommt allein;
Sie reitet auf einem Mutterschwein.
CHOR So Ehre denn, wem Ehre gebührt!
Frau Baubo vor! und angeführt!
Ein tüchtig Schwein und Mutter drauf,
Da folgt der ganze Hexenhauf.
STIMME Welchen Weg kommst du her?
STIMME Über'n Ilsenstein!
Da guckt' ich der Eule in's Nest hinein.
Die macht' ein Paar Augen!
STIMME O fahre zur Hölle!
Was reit'st du so schnelle!
STIMME Mich hat sie geschunden,
Da sieh nur die Wunden!
HEXEN. CHOR Der Weg ist breit, der Weg ist lang,
Was ist das für ein toller Drang?
Die Gabel sticht, der Besen kratzt,
Das Kind erstickt, die Mutter platzt.
HEXENMEISTER. HALBES CHOR Wir schleichen wie die Schneck' im Haus,
Die Weiber alle sind voraus.
Denn, geht es zu des Bösen Haus,
Das Weib hat tausend Schritt voraus.
ANDRE HÄLFTE Wir nehmen das nicht so genau,
Mit tausend Schritten macht's die Frau;
Doch, wie sie auch sich eilen kann,
Mit Einem Sprunge macht's der Mann.
STIMME *oben.* Kommt mit, kommt mit, vom Felsensee!
STIMMEN *von unten.* Wir möchten gerne mit in die Höh.
Wir waschen und blank sind wir ganz und gar;
Aber auch ewig unfruchtbar.
BEIDE CHÖRE Es schweigt der Wind, es flieht der Stern,
Der trübe Mond verbirgt sich gern.
Im Sausen sprüht das Zauber-Chor
Viel tausend Feuerfunken hervor.
STIMME *von unten.* Halte! Halte!
STIMME *von oben.* Wer ruft da aus der Felsenspalte?
STIMME *unten.* Nehmt mich mit! Nehmt mich mit!
Ich steige schon dreihundert Jahr,
Und kann den Gipfel nicht erreichen.
Ich wäre gern bei Meinesgleichen.
BEIDE CHÖRE Es trägt der Besen, trägt der Stock,
Die Gabel trägt, es trägt der Bock;
Wer heute sich nicht heben kann,
Ist ewig ein verlorner Mann.

HALBHEXE *unten.* Ich tripple nach, so lange Zeit;
Wie sind die andern schon so weit!
Ich hab' zu Hause keine Ruh,
Und komme hier doch nicht dazu.
CHOR DER HEXEN Die Salbe gibt den Hexen Mut,
Ein Lumpen ist zum Segel gut,
Ein gutes Schiff ist jeder Trog;
Der flieget nie, der heut nicht flog.
BEIDE CHÖRE Und wenn wir um den Gipfel ziehn,
So streichet an dem Boden hin.
Und deckt die Heide weit und breit
Mit eurem Schwarm der Hexenheit.
Sie lassen sich nieder.
MEPHISTOPHELES Das drängt und stößt, das ruscht und klappert!
Das zischt und quirlt, das zieht und plappert!
Das leuchtet, sprüht und stinkt und brennt!
Ein wahres Hexenelement!
Nur fest an mir! sonst sind wir gleich getrennt.
Wo bist du?
FAUST *in der Ferne.* Hier!
MEPHISTOPHELES Was! dort schon hingerissen?
Da werd' ich Hausrecht brauchen müssen.
Platz! Junker Voland kommt. Platz! süßer Pöbel, Platz!
Hier, Doktor, fasse mich! und nun, in Einem Satz,
Laß uns aus dem Gedräng' entweichen;
Es ist zu toll, sogar für Meinesgleichen.
Dort neben leuchtet was mit ganz besondrem Schein,
Es zieht mich was nach jenen Sträuchen.
Komm, komm! wir schlupfen da hinein.
FAUST Du Geist des Widerspruchs! Nur zu! du magst mich führen.
Ich denke doch, das war recht klug gemacht;
Zum Brocken wandeln wir in der Walpurgisnacht,
Um uns beliebig nun hieselbst zu isolieren.
MEPHISTOPHELES Da sieh nur welche bunten Flammen!
Es ist ein muntrer Club beisammen.
Im Kleinen ist man nicht allein.
FAUST Doch droben möcht' ich lieber sein!
Schon seh' ich Glut und Wirbelrauch.
Dort strömt die Menge zu dem Bösen;
Da muß sich manches Rätsel lösen.
MEPHISTOPHELES Doch manches Rätsel knüpft sich auch.
Laß du die große Welt nur sausen,
Wir wollen hier im Stillen hausen.
Es ist doch lange hergebracht,
Daß in der großen Welt man kleine Welten macht.
Da seh' ich junge Hexchen nackt und bloß,
Und alte die sich klug verhüllen.

Seid freundlich, nur um meinetwillen;
Die Müh ist klein, der Spaß ist groß.
Ich höre was von Instrumenten tönen!
Verflucht Geschnarr! Man muß sich dran gewöhnen.
Komm mit! Komm mit! Es kann nicht anders sein,
Ich tret' heran und führe dich herein,
Und ich verbinde dich auf's neue.
Was sagst du, Freund? das ist kein kleiner Raum.
Da sieh nur hin! du siehst das Ende kaum.
Ein Hundert Feuer brennen in der Reihe;
Man tanzt, man schwatzt, man kocht, man trinkt, man liebt;
Nun sage mir, wo es was Bessers gibt?

FAUST Willst du dich nun, um uns hier einzuführen,
Als Zaubrer oder Teufel produzieren?

MEPHISTOPHELES Zwar bin ich sehr gewohnt inkognito zu gehn,
Doch läßt am Galatag man seinen Orden sehn.
Ein Knieband zeichnet mich nicht aus,
Doch ist der Pferdefuß hier ehrenvoll zu Haus.
Siehst du die Schnecke da? Sie kommt herangekrochen;
Mit ihrem tastenden Gesicht
Hat sie mir schon was abgerochen.
Wenn ich auch will, verleugn' ich hier mich nicht.
Komm nur! von Feuer gehen wir zu Feuer,
Ich bin der Werber und du bist der Freier.
Zu einigen, die um verglimmende Kohlen sitzen.
Ihr alten Herrn, was macht ihr hier am Ende?
Ich lobt' euch, wenn ich euch hübsch in der Mitte fände,
Von Saus umzirkt und Jugendbraus;
Genug allein ist jeder ja zu Haus.

GENERAL Wer mag auf Nationen trauen!
Man habe noch so viel für sie getan;
Denn bei dem Volk, wie bei den Frauen,
Steht immerfort die Jugend oben an.

MINISTER Jetzt ist man von dem Rechten allzuweit,
Ich lobe mir die guten Alten;
Denn freilich, da wir alles galten,
Da war die rechte goldne Zeit.

PARVENU Wir waren wahrlich auch nicht dumm,
Und taten oft was wir nicht sollten;
Doch jetzo kehrt sich alles um und um,
Und eben da wir's fest erhalten wollten.

AUTOR Wer mag wohl überhaupt jetzt eine Schrift
Von mäßig klugem Inhalt lesen!
Und was das liebe junge Volk betrifft,
Das ist noch nie so naseweis gewesen.

MEPHISTOPHELES *der auf einmal sehr alt erscheint.*
Zum jüngsten Tag fühl' ich das Volk gereift,

Da ich zum letztenmal den Hexenberg ersteige,
Und, weil mein Fäßchen trübe läuft,
So ist die Welt auch auf der Neige.
TRÖDELHEXE Ihr Herren geht nicht so vorbei!
Laßt die Gelegenheit nicht fahren!
Aufmerksam blickt nach meinen Waren;
Es steht dahier gar mancherlei.
Und doch ist nichts in meinem Laden,
Dem keiner auf der Erde gleicht,
Das nicht einmal zum tücht'gen Schaden
Der Menschen und der Welt gereicht.
Kein Dolch ist hier, von dem nicht Blut geflossen,
Kein Kelch, aus dem sich nicht, in ganz gesunden Leib,
Verzehrend heißes Gift ergossen,
Kein Schmuck, der nicht ein liebenswürdig Weib
Verführt, kein Schwert, das nicht den Bund gebrochen,
Nicht etwa hinterrücks den Gegenmann durchstochen.
MEPHISTOPHELES Frau Muhme! Sie versteht mir schlecht die Zeiten,
Getan geschehn! Geschehn getan!
Verleg' Sie sich auf Neuigkeiten!
Nur Neuigkeiten ziehn uns an.
FAUST Daß ich mich nur nicht selbst vergesse!
Heiß' ich mir das doch eine Messe!
MEPHISTOPHELES Der ganze Strudel strebt nach oben;
Du glaubst zu schieben und du wirst geschoben.
FAUST Wer ist denn das?
MEPHISTOPHELES Betrachte sie genau!
Lilith ist das.
FAUST Wer?
MEPHISTOPHELES Adams erste Frau.
Nimm dich in Acht vor ihren schönen Haaren,
Vor diesem Schmuck, mit dem sie einzig prangt.
Wenn sie damit den jungen Mann erlangt,
So läßt sie ihn sobald nicht wieder fahren.
FAUST Da sitzen zwei, die Alte mit der Jungen;
Die haben schon was Rechts gesprungen!
MEPHISTOPHELES Das hat nun heute keine Ruh.
Es geht zum neuen Tanz; nun komm! wir greifen zu.
FAUST *mit der Jungen tanzend.* Einst hatt' ich einen schönen Traum;
Da sah ich einen Apfelbaum,
Zwei schöne Äpfel glänzten dran,
Sie reizten mich, ich stieg hinan.
DIE SCHÖNE Der Äpfelchen begehrt ihr sehr
Und schon vom Paradiese her.
Von Freuden fühl' ich mich bewegt,
Daß auch mein Garten solche trägt.

MEPHISTOPHELES *mit der Alten.* Einst hatt' ich einen wüsten Traum;
Da sah ich einen gespaltnen Baum,
Der hatt' ein — — —;
So — es war, gefiel mir's doch.
DIE ALTE Ich biete meinen besten Gruß
Dem Ritter mit dem Pferdefuß!
Halt' Er einen — — bereit,
Wenn Er — — — nicht scheut.
PROKTOPHANTASMIST Verfluchtes Volk! was untersteht ihr euch?
Hat man euch lange nicht bewiesen,
Ein Geist steht nie auf ordentlichen Füßen?
Nun tanzt ihr gar, uns andern Menschen gleich!
DIE SCHÖNE *tanzend.* Was will denn der auf unserm Ball?
FAUST *tanzend.* Ei! der ist eben überall.
Was andre tanzen muß er schätzen.
Kann er nicht jeden Schritt beschwätzen,
So ist der Schritt so gut als nicht geschehn.
Am meisten ärgert ihn, sobald wir vorwärts gehn.
Wenn ihr euch so im Kreise drehen wolltet,
Wie er's in seiner alten Mühle tut,
Das hieß' er allenfalls noch gut;
Besonders wenn ihr ihn darum begrüßen solltet.
PROKTOPHANTASMIST Ihr seid noch immer da! Nein das ist unerhört.
Verschwindet doch! Wir haben ja aufgeklärt!
Das Teufelspack es fragt nach keiner Regel.
Wir sind so klug und dennoch spukt's in Tegel.
Wie lange hab' ich nicht am Wahn hinausgekehrt
Und nie wird's rein, das ist doch unerhört!
DIE SCHÖNE So hört doch auf uns hier zu ennuyieren!
PROKTOPHANTASMIST Ich sag's euch Geistern in's Gesicht,
Den Geistesdespotismus leid' ich nicht;
Mein Geist kann ihn nicht exercieren.
Es wird fortgetanzt.
Heut, seh' ich, will mir nichts gelingen;
Doch eine Reise nehm' ich immer mit
Und hoffe noch, vor meinem letzten Schritt,
Die Teufel und die Dichter zu bezwingen.
MEPHISTOPHELES Er wird sich gleich in eine Pfütze setzen,
Das ist die Art wie er sich soulagiert,
Und wenn Blutegel sich an seinem Steiß ergetzen,
Ist er von Geistern und von Geist kuriert.
Zu Faust, der aus dem Tanz getreten ist.
Was lässest du das schöne Mädchen fahren,
Das dir zum Tanz so lieblich sang?
FAUST Ach! mitten im Gesange sprang
Ein rotes Mäuschen ihr aus dem Munde.
MEPHISTOPHELES Das ist was Rechts! Das nimmt man nicht genau;

Genug die Maus war doch nicht grau.
Wer fragt darnach in einer Schäferstunde?
FAUST Dann sah ich —
MEPHISTOPHELES Was?
FAUST Mephisto, siehst du dort
Ein blasses schönes Kind allein und ferne stehen?
Sie schiebt sich langsam nur vom Ort,
Sie scheint mit geschloss'nen Füßen zu gehen.
Ich muß bekennen, daß mir däucht,
Daß sie dem guten Gretchen gleicht.
MEPHISTOPHELES Laß das nur stehn! Dabei wird's niemand wohl.
Es ist ein Zauberbild, ist leblos, ein Idol.
Ihm zu begegnen ist nicht gut;
Vom starren Blick erstarrt des Menschen Blut,
Und er wird fast in Stein verkehrt,
Von der Meduse hast du ja gehört.
FAUST Fürwahr es sind die Augen einer Toten,
Die eine liebende Hand nicht schloß.
Das ist die Brust, die Gretchen mir geboten,
Das ist der süße Leib, den ich genoß.
MEPHISTOPHELES Das ist die Zauberei, du leicht verführter Tor!
Denn jedem kommt sie wie sein Liebchen vor.
FAUST Welch eine Wonne! welch ein Leiden!
Ich kann von diesem Blick nicht scheiden.
Wie sonderbar muß diesen schönen Hals
Ein einzig rotes Schnürchen schmücken,
Nicht breiter als ein Messerrücken!
MEPHISTOPHELES Ganz recht! ich seh' es ebenfalls.
Sie kann das Haupt auch unter'm Arme tragen;
Denn Perseus hat's ihr abgeschlagen. —
Nur immer diese Lust zum Wahn!
Komm doch das Hügelchen heran,
Hier ist's so lustig wie im Prater;
Und hat man mir's nicht angetan,
So seh' ich wahrlich ein Theater.
Was gibt's denn da?
SERVIBILIS Gleich fängt man wieder an.
Ein neues Stück, das letzte Stück von sieben;
Soviel zu geben ist allhier der Brauch.
Ein Dilettant hat es geschrieben,
Und Dilettanten spielen's auch.
Verzeiht ihr Herrn, wenn ich verschwinde;
Mich dilettiert's den Vorhang aufzuziehn.
MEPHISTOPHELES Wenn ich euch auf dem Blocksberg finde,
Das find' ich gut; denn da gehört ihr hin.

Walpurgisnachtstraum

oder Oberons und Titanias goldne Hochzeit

Intermezzo

THEATERMEISTER Heute ruhen wir einmal
Miedings wackre Söhne.
Alter Berg und feuchtes Tal,
Das ist die ganze Szene!
HEROLD Daß die Hochzeit golden sei
Soll'n funfzig Jahr sein vorüber;
Aber ist der Streit vorbei,
Das golden ist mir lieber.
OBERON Seid ihr Geister wo ich bin,
So zeigt's in diesen Stunden;
König und die Königin,
Sie sind auf's neu verbunden.
PUCK Kommt der Puck und dreht sich quer
Und schleift den Fuß im Reihen;
Hundert kommen hinterher
Sich auch mit ihm zu freuen.
ARIEL Ariel bewegt den Sang
In himmlisch reinen Tönen;
Viele Fratzen lockt sein Klang,
Doch lockt er auch die Schönen.
OBERON Gatten, die sich vertragen wollen,
Lernen's von uns beiden!
Wenn sich zweie lieben sollen,
Braucht man sie nur zu scheiden.
TITANIA Schmollt der Mann und grillt die Frau,
So faßt sie nur behende,
Führt mir nach dem Mittag Sie
Und Ihn an Nordens Ende.
ORCHESTER TUTTI. *Fortissimo.* Fliegenschnauz' und Mückennas'
Mit ihren Anverwandten,
Frosch im Laub und Grill' im Gras
Das sind die Musikanten!
SOLO Seht da kommt der Dudelsack!
Es ist die Seifenblase.
Hört den Schneckeschnickeschnack
Durch seine stumpfe Nase.
GEIST DER SICH ERST BILDET Spinnenfuß und Krötenbauch
Und Flügelchen dem Wichtchen!
Zwar ein Tierchen gibt es nicht,
Doch gibt es ein Gedichtchen.
EIN PÄRCHEN Kleiner Schritt und hoher Sprung
Durch Honigtau und Düfte;

Zwar du trippelst mir genung,
Doch geht's nicht in die Lüfte.
NEUGIERIGER REISENDER Ist das nicht Maskeraden-Spott?
Soll ich den Augen trauen,
Oberon den schönen Gott
Auch heute hier zu schauen?
ORTHODOX Keine Klauen, keinen Schwanz!
Doch bleibt es außer Zweifel,
So wie die Götter Griechenlands,
So ist auch er ein Teufel.
NORDISCHER KÜNSTLER Was ich ergreife das ist heut
Fürwahr nur skizzenweise;
Doch ich bereite mich bei Zeit
Zur italiän'schen Reise.
PURIST Ach, mein Unglück führt mich her:
Wie wird nicht hier geludert!
Und von dem ganzen Hexenheer
Sind zweie nur gepudert.
JUNGE HEXE Der Puder ist so wie der Rock
Für alt' und graue Weibchen;
Drum sitz' ich nackt auf meinem Bock
Und zeig' ein derbes Leibchen.
MATRONE Wir haben zu viel Lebensart
Um hier mit euch zu maulen;
Doch hoff' ich, sollt ihr jung und zart,
So wie ihr seid, verfaulen.
CAPELLMEISTER Fliegenschnauz' und Mückennas'
Umschwärmt mir nicht die Nackte!
Frosch im Laub und Grill' im Gras
So bleibt doch auch im Takte!
WINDFAHNE *nach der einen Seite.* Gesellschaft wie man wünschen kann.
Wahrhaftig lauter Bräute!
Und Junggesellen, Mann für Mann,
Die hoffnungsvollsten Leute.
WINDFAHNE *nach der andern Seite.* Und tut sich nicht der Boden auf
Sie alle zu verschlingen,
So will ich mit behendem Lauf
Gleich in die Hölle springen.
XENIEN Als Insekten sind wir da,
Mit kleinen scharfen Scheren,
Satan, unsern Herrn Papa,
Nach Würden zu verehren.
HENNINGS Seht! wie sie in gedrängter Schar
Naiv zusammen scherzen.
Am Ende sagen sie noch gar,
Sie hätten gute Herzen.
MUSAGET Ich mag in diesem Hexenheer

Mich gar zu gern verlieren;
Denn freilich diese wüßt' ich eh'r,
Als Musen anzuführen.

CI-DEVANT GENIUS DER ZEIT Mit rechten Leuten wird man was.
Komm, fasse meinen Zipfel!
Der Blocksberg, wie der deutsche Parnaß,
Hat gar einen breiten Gipfel.

NEUGIERIGER REISENDER Sagt wie heißt der steife Mann?
Er geht mit stolzen Schritten.
Er schnopert was er schnopern kann.
„Er spürt nach Jesuiten."

KRANICH In dem Klaren mag ich gern
Und auch im Trüben fischen;
Darum seht ihr den frommen Herrn
Sich auch mit Teufeln mischen.

WELTKIND Ja für die Frommen, glaubet mir,
Ist alles ein Vehikel;
Sie bilden auf dem Blocksberg hier
Gar manches Konventikel.

TÄNZER Da kommt ja wohl ein neues Chor?
Ich höre ferne Trommeln.
Nur ungestört! es sind im Rohr
Die unisonen Dommeln.

TANZMEISTER Wie jeder doch die Beine lupft!
Sich wie er kann herauszieht!
Der Krumme springt, der Plumpe hupft
Und fragt nicht wie es aussieht.

FIDELER Das haßt sich schwer das Lumpenpack
Und gäb' sich gern das Restchen;
Es eint sie hier der Dudelsack
Wie Orpheus Leier die Bestjen.

DOGMATIKER Ich lasse mich nicht irre schrein,
Nicht durch Kritik noch Zweifel.
Der Teufel muß doch etwas sein;
Wie gäb's denn sonst auch Teufel?

IDEALIST Die Phantasie in meinem Sinn
Ist diesmal gar zu herrisch.
Fürwahr, wenn ich das alles bin,
So bin ich heute närrisch.

REALIST Das Wesen ist mir recht zur Qual
Und muß mich baß verdrießen;
Ich stehe hier zum erstenmal
Nicht fest auf meinen Füßen.

SUPERNATURALIST Mit viel Vergnügen bin ich da
Und freue mich mit diesen;
Denn von den Teufeln kann ich ja
Auf gute Geister schließen.

SKEPTIKER Sie gehn den Flämmchen auf der Spur,
Und glaub'n sich nah dem Schatze.
Auf Teufel reimt der Zweifel nur;
Da bin ich recht am Platze.
KAPELLMEISTER Frosch im Laub und Grill' im Gras
Verfluchte Dilettanten!
Fliegenschnauz' und Mückennas'
Ihr seid doch Musikanten!
DIE GEWANDTEN Sanssouci so heißt das Heer
Von lustigen Geschöpfen,
Auf den Füßen geht's nicht mehr,
Drum gehn wir auf den Köpfen.
DIE UNBEHÜLFLICHEN Sonst haben wir manchen Bissen erschranzt,
Nun aber Gott befohlen!
Unsere Schuhe sind durchgetanzt,
Wir laufen auf nackten Sohlen.
IRRLICHTER Von dem Sumpfe kommen wir,
Woraus wir erst entstanden;
Doch sind wir gleich im Reihen hier
Die glänzenden Galanten.
STERNSCHNUPPE Aus der Höhe schoß ich her
Im Stern- und Feuerscheine,
Liege nun im Grase quer,
Wer hilft mir auf die Beine?
DIE MASSIVEN Platz und Platz! und ringsherum!
So gehn die Gräschen nieder,
Geister kommen, Geister auch
Sie haben plumpe Glieder.
PUCK Tretet nicht so mastig auf
Wie Elefantenkälber,
Und der plumpst' an diesem Tag
Sei Puck der derbe selber.
ARIEL Gab die liebende Natur
Gab der Geist euch Flügel,
Folget meiner leichten Spur,
Auf zum Rosenhügel!
ORCHESTER. *Pianissimo.* Wolkenzug und Nebelflor
Erhellen sich von oben.
Luft im Laub und Wind im Rohr
Und alles ist zerstoben.

Trüber Tag

Feld

FAUST. MEPHISTOPHELES.

FAUST Im Elend! Verzweifelnd! Erbärmlich auf der Erde lange verirrt und nun gefangen! Als Missetäterin im Kerker zu entsetzlichen Qualen eingesperrt das holde unselige Geschöpf! Bis dahin! dahin! — Verräterischer nichtswürdiger Geist, und das hast du mir verheimlicht! — Steh nur, steh! Wälze die teuflischen Augen ingrimmend im Kopf herum! Steh und trutze mir durch deine unerträgliche Gegenwart! Gefangen! Im unwiederbringlichen Elend! Bösen Geistern übergeben und der richtenden gefühllosen Menschheit! Und mich wiegst du indes in abgeschmackten Zerstreuungen, verbirgst mir ihren wachsenden Jammer und lässest sie hülflos verderben!

MEPHISTOPHELES Sie ist die Erste nicht.

FAUST Hund! abscheuliches Untier! — Wandle ihn, du unendlicher Geist! wandle den Wurm wieder in seine Hundsgestalt, wie er sich oft nächtlicher Weile gefiel vor mir herzutrotten, dem harmlosen Wandrer vor die Füße zu kollern und sich dem niederstürzenden auf die Schultern zu hängen. Wandl' ihn wieder in seine Lieblingsbildung, daß er vor mir im Sand auf dem Bauch krieche, ich ihn mit Füßen trete, den verworfnen! — Die Erste nicht! — Jammer! Jammer! von keiner Menschenseele zu fassen, daß mehr als ein Geschöpf in die Tiefe dieses Elendes versank, daß nicht das erste genug tat für die Schuld aller übrigen in seiner windenden Todesnot vor den Augen des ewig Verzeihenden! Mir wühlt es Mark und Leben durch, das Elend dieser Einzigen; du grinsest gelassen über das Schicksal von Tausenden hin!

MEPHISTOPHELES Nun sind wir schon wieder an der Gränze unsres Witzes, da wo euch Menschen der Sinn überschnappt. Warum machst du Gemeinschaft mit uns, wenn du sie nicht durchführen kannst? Willst fliegen und bist vor'm Schwindel nicht sicher? Drangen wir uns dir auf, oder du dich uns?

FAUST Fletsche deine gefräßigen Zähne mir nicht so entgegen! Mir ekelt's! — Großer herrlicher Geist, der du mir zu erscheinen würdigtest, der du mein Herz kennest und meine Seele, warum an den Schandgesellen mich schmieden, der sich am Schaden weidet und am Verderben sich letzt?

MEPHISTOPHELES Endigst du?

FAUST Rette sie! oder weh dir! Den gräßlichsten Fluch über dich auf Jahrtausende!

MEPHISTOPHELES Ich kann die Bande des Rächers nicht lösen, seine Riegel nicht öffnen. — Rette sie! — Wer war's, der sie in's Verderben stürzte? Ich oder du?

Faust blickt wild umher.

MEPHISTOPHELES Greifst du nach dem Donner? Wohl, daß er euch elenden Sterblichen nicht gegeben ward! Den unschuldig Entgegnenden zu zerschmettern, das ist so Tyrannen-Art sich in Verlegenheiten Luft zu machen.

FAUST Bringe mich hin! Sie soll frei sein!

MEPHISTOPHELES Und die Gefahr der du dich aussetzest? Wisse, noch liegt auf der Stadt Blutschuld von deiner Hand. Über des Erschlagenen Stätte schweben rächende Geister und lauern auf den wiederkehrenden Mörder.

FAUST Noch das von dir? Mord und Tod einer Welt über dich Ungeheuer! Führe mich hin, sag' ich, und befrei' sie!

MEPHISTOPHELES Ich führe dich und was ich tun kann, höre! Habe ich alle Macht im Himmel und auf Erden? Des Türners Sinne will ich umnebeln, bemächtige dich der Schlüssel und führe sie heraus mit Menschenhand. Ich wache! die Zauberpferde sind bereit, ich entführe euch. Das vermag ich.

FAUST Auf und davon!

NACHT

Offen Feld

FAUST, MEPHISTOPHELES, *auf schwarzen Pferden daher brausend.*

FAUST Was weben die dort um den Rabenstein?
MEPHISTOPHELES Weiß nicht was sie kochen und schaffen.
FAUST Schweben auf, schweben ab, neigen sich, beugen sich.
MEPHISTOPHELES Eine Hexenzunft.
FAUST Sie streuen und weihen.
MEPHISTOPHELES Vorbei! Vorbei!

KERKER

FAUST *mit einem Bund Schlüssel und einer Lampe, vor einem eisernen Türchen.*

FAUST Mich faßt ein längst entwohnter Schauer,
Der Menschheit ganzer Jammer faßt mich an.
Hier wohnt sie hinter dieser feuchten Mauer,
Und ihr Verbrechen war ein guter Wahn!
Du zauderst zu ihr zu gehen!
Du fürchtest sie wieder zu sehen!
Fort! Dein Zagen zögert den Tod heran.
Er ergreift das Schloß. Es singt inwendig.
Meine Mutter, die Hur',
Die mich umgebracht hat!
Mein Vater, der Schelm,
Der mich gessen hat!
Mein Schwesterlein klein
Hub auf die Bein',
An einem kühlen Ort;
Da ward ich ein schönes Waldvögelein;
Fliege fort, fliege fort!

FAUST *aufschließend.* Sie ahnet nicht, daß der Geliebte lauscht,
Die Ketten klirren hört, das Stroh, das rauscht.
Er tritt ein.
MARGARETE *sich auf dem Lager verbergend.*
Weh! Weh! Sie kommen. Bittrer Tod!
FAUST *leise.* Still! Still! ich komme dich zu befreien.
MARGARETE *sich vor ihn hinwälzend.*
Bist du ein Mensch, so fühle meine Not.
FAUST Du wirst die Wächter aus dem Schlafe schreien!
Er faßt die Ketten, sie aufzuschließen.
MARGARETE *auf den Knieen.* Wer hat dir Henker diese Macht
Über mich gegeben!
Du holst mich schon um Mitternacht.
Erbarme dich und laß mich leben!
Ist's morgen früh nicht zeitig genung?
Sie steht auf.
Bin ich doch noch so jung, so jung!
Und soll schon sterben!
Schön war ich auch, und das war mein Verderben.
Nah war der Freund, nun ist er weit;
Zerrissen liegt der Kranz, die Blumen zerstreut.
Fasse mich nicht so gewaltsam an!
Schone mich! Was hab ich dir getan?
Laß mich nicht vergebens flehen,
Hab' ich dich doch mein' Tage nicht gesehen!
FAUST Werd' ich den Jammer überstehen!
MARGARETE Ich bin nun ganz in deiner Macht.
Laß mich nur erst das Kind noch tränken.
Ich herzt' es diese ganze Nacht;
Sie nahmen mir's um mich zu kränken
Und sagen nun, ich hätt' es umgebracht.
Und niemals werd' ich wieder froh.
Sie singen Lieder auf mich! Es ist bös von den Leuten!
Ein altes Märchen endigt so,
Wer heißt sie's deuten?
FAUST *wirft sich nieder.* Ein Liebender liegt dir zu Füßen
Die Jammerknechtschaft aufzuschließen.
MARGARETE *wirft sich zu ihm.*
O laß uns knien die Heil'gen anzurufen!
Sieh! unter diesen Stufen,
Unter der Schwelle
Siedet die Hölle!
Der Böse,
Mit furchtbarem Grimme,
Macht ein Getöse!
FAUST *laut.* Gretchen! Gretchen!

MARGARETE *aufmerksam.* Das war des Freundes Stimme!
Sie springt auf. Die Ketten fallen ab.
Wo ist er? Ich hab' ihn rufen hören.
Ich bin frei! Mir soll niemand wehren.
An seinen Hals will ich fliegen,
An seinem Busen liegen!
Er rief Gretchen! Er stand auf der Schwelle.
Mitten durch's Heulen und Klappen der Hölle,
Durch den grimmigen teuflischen Hohn,
Erkannt' ich den süßen, den liebenden Ton.
FAUST Ich bin's!
MARGARETE Du bist's! O sag' es noch einmal!
Ihn fassend.
Er ist's! Er ist's! Wohin ist alle Qual?
Wohin die Angst des Kerkers? der Ketten?
Du bist's! Kommst mich zu retten!
Ich bin gerettet! —
Schon ist die Straße wieder da,
Auf der ich dich zum erstenmale sah.
Und der heitere Garten,
Wo ich und Marthe deiner warten.
FAUST *fortstrebend.* Komm mit! Komm mit!
MARGARETE O weile!
Weil' ich doch so gern wo du weilest.
Liebkosend.
FAUST Eile!
Wenn du nicht eilest,
Werden wir's teuer büßen müssen.
MARGARETE Wie? du kannst nicht mehr küssen?
Mein Freund, so kurz von mir entfernt,
Und hast's Küssen verlernt?
Warum wird mir an deinem Halse so bang?
Wenn sonst von deinen Worten, deinen Blicken
Ein ganzer Himmel mich überdrang,
Und du mich küßtest als wolltest du mich ersticken.
Küsse mich!
Sonst küss' ich dich!
Sie umfaßt ihn.
O weh! deine Lippen sind kalt,
Sind stumm.
Wo ist dein Lieben
Geblieben?
Wer brachte mich drum?
Sie wendet sich von ihm.
FAUST Komm! Folge mir! Liebchen, fasse Mut!
Ich herze dich mit tausendfacher Glut;
Nur folge mir! Ich bitte dich nur dies!

MARGARETE *zu ihm gewendet.*
Und bist du's denn? Und bist du's auch gewiß?
FAUST Ich bin's! Komm mit!
MARGARETE Du machst die Fesseln los,
Nimmst wieder mich in deinen Schoß.
Wie kommt es, daß du dich vor mir nicht scheust? —
Und weißt du denn, mein Freund, wen du befreist?
FAUST Komm! komm! Schon weicht die tiefe Nacht.
MARGARETE Meine Mutter hab' ich umgebracht,
Mein Kind hab' ich ertränkt.
War es nicht dir und mir geschenkt?
Dir auch. — Du bist's! ich glaub' es kaum.
Gib deine Hand! Es ist kein Traum!
Deine liebe Hand! — Ach aber sie ist feucht!
Wische sie ab! Wie mich däucht
Ist Blut dran.
Ach Gott! Was hast du getan!
Stecke den Degen ein;
Ich bitte dich drum!
FAUST Laß das Vergangne vergangen sein,
Du bringst mich um.
MARGARETE Nein, du mußt übrig bleiben!
Ich will dir die Gräber beschreiben.
Für die mußt du sorgen
Gleich morgen;
Der Mutter den besten Platz geben,
Meinen Bruder sogleich darneben,
Mich ein wenig bei Seit',
Nur nicht gar zu weit!
Und das Kleine mir an die rechte Brust.
Niemand wird sonst bei mir liegen! —
Mich an deine Seite zu schmiegen
Das war ein süßes, ein holdes Glück!
Aber es will mir nicht mehr gelingen;
Mir ist's als müßt' ich mich zu dir zwingen,
Als stießest du mich von dir zurück;
Und doch bist du's und blickst so gut, so fromm.
FAUST Fühlst du daß ich es bin, so komm!
MARGARETE Dahinaus?
FAUST In's Freie.
MARGARETE Ist das Grab drauß',
Lauert der Tod, so komm!
Von hier in's ewige Ruhebett
Und weiter keinen Schritt —
Du gehst nun fort? O Heinrich, könnt' ich mit!
FAUST Du kannst! So wolle nur! Die Tür steht offen.
MARGARETE Ich darf nicht fort; für mich ist nichts zu hoffen.

Was hilft es fliehn? Sie lauern doch mir auf.
Es ist so elend betteln zu müssen,
Und noch dazu mit bösem Gewissen!
Es ist so elend in der Fremde schweifen,
Und sie werden mich doch ergreifen!
FAUST Ich bleibe bei dir.
MARGARETE Geschwind! Geschwind!
Rette dein armes Kind.
Fort! Immer den Weg
Am Bach hinauf,
Über den Steg,
In den Wald hinein,
Links wo die Planke steht,
Im Teich.
Faß es nur gleich!
Es will sich heben,
Es zappelt noch!
Rette! rette!
FAUST Besinne dich doch!
Nur Einen Schritt, so bist du frei!
MARGARETE Wären wir nur den Berg vorbei!
Da sitzt meine Mutter auf einem Stein,
Es faßt mich kalt bei'm Schopfe!
Da sitzt meine Mutter auf einem Stein
Und wackelt mit dem Kopfe;
Sie winkt nicht, sie nickt nicht, der Kopf ist ihr schwer,
Sie schlief so lange, sie wacht nicht mehr.
Sie schlief damit wir uns freuten.
Es waren glückliche Zeiten!
FAUST Hilft hier kein Flehen, hilft kein Sagen;
So wag' ich's dich hinweg zu tragen.
MARGARETE Laß mich! Nein, ich leide keine Gewalt!
Fasse mich nicht so mörderisch an!
Sonst hab' ich dir ja alles zu Lieb' getan.
FAUST Der Tag graut! Liebchen! Liebchen!
MARGARETE Tag! Ja es wird Tag! der letzte Tag dringt herein;
Mein Hochzeittag sollt' es sein!
Sag' niemand daß du schon bei Gretchen warst.
Weh meinem Kranze!
Es ist eben geschehn!
Wir werden uns wiedersehn;
Aber nicht bei'm Tanze.
Die Menge drängt sich, man hört sie nicht.
Der Platz, die Gassen
Können sie nicht fassen.
Die Glocke ruft, das Stäbchen bricht.
Wie sie mich binden und packen!

Zum Blutstuhl bin ich schon entrückt.
Schon zuckt nach jedem Nacken
Die Schärfe die nach meinem zückt.
Stumm liegt die Welt wie das Grab!

FAUST O wär' ich nie geboren!

MEPHISTOPHELES *erscheint draußen.*

MEPHISTOPHELES Auf! oder ihr seid verloren.
Unnützes Zagen! Zaudern und Plaudern!
Meine Pferde schaudern,
Der Morgen dämmert auf.

MARGARETE Was steigt aus dem Boden herauf?
Der! der! Schick' ihn fort!
Was will der an dem heiligen Ort?
Er will mich!

FAUST Du sollst leben!

MARGARETE Gericht Gottes! Dir hab' ich mich übergeben!

MEPHISTOPHELES *zu Faust.*
Komm! komm! Ich lasse dich mit ihr im Stich.

MARGARETE Dein bin ich, Vater! Rette mich!
Ihr Engel! Ihr heiligen Scharen,
Lagert euch umher, mich zu bewahren!
Heinrich! Mir graut's vor dir.

MEPHISTOPHELES Sie ist gerichtet!

STIMME *von oben* Ist gerettet!

MEPHISTOPHELES *zu Faust* Her zu mir!
Verschwindet mit Faust.

STIMME *von innen, verhallend.* Heinrich! Heinrich!

DER TRAGÖDIE ZWEITER TEIL

in fünf Akten

ERSTER AKT

Anmutige Gegend

FAUST *auf blumigen Rasen gebettet, ermüdet, unruhig, schlafsuchend. Dämmerung.*

GEISTER-KREIS *schwebend bewegt, anmutige kleine Gestalten.*

ARIEL *Gesang von Äolsharfen begleitet.*

Wenn der Blüten Frühlings-Regen
Über alle schwebend sinkt,
Wenn der Felder grüner Segen
Allen Erdgebornen blinkt,
Kleiner Elfen Geistergröße
Eilet wo sie helfen kann,
Ob er heilig, ob er böse,
Jammert sie der Unglücksmann.

Die ihr dies Haupt umschwebt im luft'gen Kreise,
Erzeigt euch hier nach edler Elfen Weise,
Besänftiget des Herzens grimmen Strauß,
Entfernt des Vorwurfs glühend bittre Pfeile,
Sein Innres reinigt von erlebtem Graus.
Vier sind die Pausen nächtiger Weile,
Nun ohne Säumen füllt sie freundlich aus.
Erst senkt sein Haupt auf's kühle Polster nieder,
Dann badet ihn im Tau aus Lethe's Flut;
Gelenk sind bald die krampferstarrten Glieder,
Wenn er gestärkt dem Tag entgegen ruht;
Vollbringt der Elfen schönste Pflicht,
Gebt ihn zurück dem heiligen Licht.

CHOR *Einzeln, zu zweien und vielen, abwechselnd und gesammelt.*

Wenn sich lau die Lüfte füllen
Um den grünumschränkten Plan,
Süße Düfte, Nebelhüllen
Senkt die Dämmerung heran.
Lispelt leise süßen Frieden,
Wiegt das Herz in Kindesruh;
Und den Augen dieses Müden
Schließt des Tages Pforte zu.

Nacht ist schon hereingesunken,
Schließt sich heilig Stern an Stern,
Große Lichter, kleine Funken
Glitzern nah und glänzen fern;
Glitzern hier im See sich spiegelnd,
Glänzen droben klarer Nacht,

Tiefsten Ruhens Glück besiegelnd
Herrscht des Mondes volle Pracht.

Schon verloschen sind die Stunden,
Hingeschwunden Schmerz und Glück;
Fühl' es vor! Du wirst gesunden;
Traue neuem Tagesblick.
Täler grünen, Hügel schwellen,
Buschen sich zu Schatten-Ruh;
Und in schwanken Silberwellen
Wogt die Saat der Ernte zu.

Wunsch um Wünsche zu erlangen
Schaue nach dem Glanze dort!
Leise bist du nur umfangen,
Schlaf ist Schale, wirf sie fort!
Säume nicht dich zu erdreisten,
Wenn die Menge zaudernd schweift;
Alles kann der Edle leisten,
Der versteht und rasch ergreift.

Ungeheures Getöse verkündet das Herannahen der Sonne.

ARIEL Horchet! horcht dem Sturm der Horen!
Tönend wird für Geistes-Ohren
Schon der neue Tag geboren.
Felsentore knarren rasselnd,
Phöbus Räder rollen prasselnd,
Welch Getöse bringt das Licht!
Es trommetet, es posaunet,
Auge blinzt und Ohr erstaunet,
Unerhörtes hört sich nicht.
Schlüpfet zu den Blumenkronen,
Tiefer, tiefer, still zu wohnen,
In die Felsen, unter's Laub;
Trifft es euch, so seid ihr taub.
FAUST Des Lebens Pulse schlagen frisch lebendig,
Ätherische Dämmerung milde zu begrüßen;
Du, Erde, warst auch diese Nacht beständig
Und atmest neu erquickt zu meinen Füßen,
Beginnest schon mit Lust mich zu umgeben,
Du regst und rührst ein kräftiges Beschließen,
Zum höchsten Dasein immerfort zu streben. —
In Dämmerschein liegt schon die Welt erschlossen,
Der Wald ertönt von tausendstimmigem Leben,
Tal aus, Tal ein ist Nebelstreif ergossen,
Doch senkt sich Himmelsklarheit in die Tiefen,

Und Zweig' und Äste, frisch erquickt, entsprossen
Dem duft'gen Abgrund wo versenkt sie schliefen;
Auch Farb' an Farbe klärt sich los vom Grunde,
Wo Blum' und Blatt von Zitterperle triefen,
Ein Paradies wird um mich her die Runde.

Hinaufgeschaut! — Der Berge Gipfelriesen
Verkünden schon die feierlichste Stunde,
Sie dürfen früh des ewigen Lichts genießen
Das später sich zu uns hernieder wendet.
Jetzt zu der Alpe grüngesenkten Wiesen
Wird neuer Glanz und Deutlichkeit gespendet,
Und stufenweis herab ist es gelungen; —
Sie tritt hervor! — und, leider schon geblendet,
Kehr' ich mich weg, vom Augenschmerz durchdrungen.

So ist es also, wenn ein sehnend Hoffen
Dem höchsten Wunsch sich traulich zugerungen,
Erfüllungspforten findet flügeloffen;
Nun aber bricht aus jenen ewigen Gründen
Ein Flammen-Übermaß, wir stehn betroffen;
Des Lebens Fackel wollten wir entzünden,
Ein Feuermeer umschlingt uns, welch ein Feuer!
Ist's Lieb'? Ist's Haß? die glühend uns umwinden,
Mit Schmerz- und Freuden wechselnd ungeheuer,
So daß wir wieder nach der Erde blicken,
Zu bergen uns in jugendlichstem Schleier.

So bleibe denn die Sonne mir im Rücken!
Der Wassersturz, das Felsenriff durchbrausend,
Ihn schau' ich an mit wachsendem Entzücken.
Von Sturz zu Sturzen wälzt er jetzt in tausend
Dann abertausend Strömen sich ergießend,
Hoch in die Lüfte Schaum an Schäume sausend.
Allein wie herrlich diesem Sturm ersprießend,
Wölbt sich des bunten Bogens Wechsel-Dauer,
Bald rein gezeichnet, bald in Luft zerfließend,
Umher verbreitend duftig kühle Schauer.
Der spiegelt ab das menschliche Bestreben.
Ihm sinne nach und du begreifst genauer:
Am farbigen Abglanz haben wir das Leben.

Kaiserliche Pfalz

Saal des Thrones

STAATSRAT *in Erwartung des Kaisers.*
Trompeten. HOFGESINDE *aller Art, prächtig gekleidet, tritt vor.*
Der KAISER *gelangt auf den Thron, zu seiner Rechten der* ASTROLOG.

KAISER Ich grüße die Getreuen, Lieben,
Versammelt aus der Näh und Weite; —
Den Weisen seh' ich mir zur Seite,
Allein wo ist der Narr geblieben?
JUNKER Gleich hinter deiner Mantel-Schleppe
Stürzt' er zusammen auf der Treppe,
Man trug hinweg das Fett-Gewicht,
Tot oder trunken? weiß man nicht.
ZWEITER JUNKER Sogleich mit wunderbarer Schnelle
Drängt sich ein andrer an die Stelle.
Gar köstlich ist er aufgeputzt,
Doch fratzenhaft daß jeder stutzt;
Die Wache hält ihm an der Schwelle
Kreuzweis die Hellebarden vor —
Da ist er doch der kühne Tor!
MEPHISTOPHELES *am Throne knieend.*
Was ist verwünscht und stets willkommen?
Was ist ersehnt und stets verjagt?
Was immerfort in Schutz genommen?
Was hart gescholten und verklagt?
Wen darfst du nicht herbeiberufen?
Wen höret jeder gern genannt?
Was naht sich deines Thrones Stufen?
Was hat sich selbst hinweggebannt?
KAISER Für diesmal spare deine Worte!
Hier sind die Rätsel nicht am Orte,
Das ist die Sache dieser Herrn. —
Da löse du! das hört' ich gern.
Mein alter Narr ging, fürcht' ich, weit in's Weite;
Nimm seinen Platz und komm an meine Seite.
Mephistopheles steigt hinauf und stellt sich zur Linken.
GEMURMEL DER MENGE Ein neuer Narr — Zu neuer Pein —
Wo kommt er her — Wie kam er ein —
Der alte fiel — Der hat vertan —
Es war ein Faß — Nun ist's ein Span —
KAISER Und also ihr Getreuen, Lieben,
Willkommen aus der Näh und Ferne,
Ihr sammelt euch mit günstigem Sterne,
Da droben ist uns Glück und Heil geschrieben.

Doch sagt, warum in diesen Tagen,
Wo wir der Sorgen uns entschlagen,
Schönbärte mummenschänzlich tragen
Und Heitres nur genießen wollten,
Warum wir uns ratschlagend quälen sollten?
Doch weil ihr meint, es ging' nicht anders an,
Geschehen ist's, so sei's getan.

KANZLER Die höchste Tugend, wie ein Heiligen-Schein,
Umgibt des Kaisers Haupt, nur er allein
Vermag sie gültig auszuüben:
Gerechtigkeit! — Was alle Menschen lieben,
Was alle fordern, wünschen, schwer entbehren,
Es liegt an ihm dem Volk es zu gewahren.
Doch ach! Was hilft dem Menschengeist Verstand,
Dem Herzen Güte, Willigkeit der Hand,
Wenn's fieberhaft durchaus im Staate wütet,
Und Übel sich in Übeln überbrütet.
Wer schaut hinab von diesem hohen Raum
In's weite Reich, ihm scheint's ein schwerer Traum,
Wo Mißgestalt in Mißgestalten schaltet,
Das Ungesetz gesetzlich überwaltet,
Und eine Welt des Irrtums sich entfaltet.

Der raubt sich Herden, der ein Weib,
Kelch, Kreuz und Leuchter vom Altare,
Berühmt sich dessen manche Jahre
Mit heiler Haut, mit unverletztem Leib.
Jetzt drängen Kläger sich zur Halle,
Der Richter prunkt auf hohem Pfühl,
Indessen wogt, in grimmigem Schwalle,
Des Aufruhrs wachsendes Gewühl.
Der darf auf Schand' und Frevel pochen
Der auf Mitschuldigste sich stützt,
Und: *Schuldig!* hörst du ausgesprochen
Wo Unschuld nur sich selber schützt.
So will sich alle Welt zerstückeln,
Vernichtigen was sich gebührt;
Wie soll sich da der Sinn entwickeln
Der einzig uns zum Rechten führt?
Zuletzt ein wohlgesinnter Mann
Neigt sich dem Schmeichler, dem Bestecher,
Ein Richter der nicht strafen kann
Gesellt sich endlich zum Verbrecher.
Ich malte schwarz, doch dichtern Flor
Zög' ich dem Bilde lieber vor.
Pause.
Entschlüsse sind nicht zu vermeiden,

Wenn alle schädigen, alle leiden,
Geht selbst die Majestät zu Raub.
HEERMEISTER Wie tobt's in diesen wilden Tagen!
Ein jeder schlägt und wird erschlagen
Und für's Kommando bleibt man taub.
Der Bürger hinter seinen Mauern,
Der Ritter auf dem Felsennest
Verschwuren sich uns auszudauern
Und halten ihre Kräfte fest.
Der Mietsoldat wird ungeduldig,
Mit Ungestüm verlangt er seinen Lohn,
Und wären wir ihm nichts mehr schuldig,
Er liefe ganz und gar davon.
Verbiete wer was alle wollten,
Der hat in's Wespennest gestört;
Das Reich das sie beschützen sollten
Es liegt geplündert und verheert.
Man läßt ihr Toben wütend hausen,
Schon ist die halbe Welt vertan;
Es sind noch Könige da draußen,
Doch keiner denkt, es ging' ihn irgend an.
SCHATZMEISTER Wer wird auf Bundsgenossen pochen!
Subsidien die man uns versprochen,
Wie Röhrenwasser, bleiben aus.
Auch, Herr, in deinen weiten Staaten
An wen ist der Besitz geraten?
Wohin man kommt da hält ein Neuer Haus
Und unabhängig will er leben,
Zusehen muß man wie er's treibt;
Wir haben so viel Rechte hingegeben,
Daß uns auf nichts ein Recht mehr übrig bleibt.
Auch auf Parteien, wie sie heißen,
Ist heut zu Tage kein Verlaß;
Sie mögen schelten oder preisen,
Gleichgültig wurden Lieb' und Haß.
Die Ghibellinen wie die Guelfen
Verbergen sich um auszuruhn;
Wer jetzt will seinem Nachbar helfen?
Ein jeder hat für sich zu tun.
Die Goldespforten sind verrammelt,
Ein jeder kratzt und scharrt und sammelt
Und unsre Kassen bleiben leer.
MARSCHALK Welch Unheil muß auch ich erfahren;
Wir wollen alle Tage sparen
Und brauchen alle Tage mehr.
Und täglich wächs't mir neue Pein.
Den Köchen tut kein Mangel wehe;

Wildschweine, Hirsche, Hasen, Rehe,
Wälschhühner, Hühner, Gäns' und Enten,
Die Deputate, sichre Renten,
Sie gehen noch so ziemlich ein.
Jedoch am Ende fehlt's an Wein.
Wenn sonst im Keller Faß an Faß sich häufte,
Der besten Berg' und Jahresläufte,
So schlürft unendliches Gesäufte
Der edlen Herrn den letzten Tropfen aus.
Der Stadtrat muß sein Lager auch verzapfen,
Man greift zu Humpen, greift zu Napfen,
Und unter'm Tische liegt der Schmaus.
Nun soll ich zahlen, alle lohnen;
Der Jude wird mich nicht verschonen,
Der schafft Antizipationen,
Die speisen Jahr um Jahr voraus.
Die Schweine kommen nicht zu Fette,
Verpfändet ist der Pfühl im Bette,
Und auf den Tisch kommt vorgegessen Brot.

KAISER *nach einigem Nachdenken zu Mephistopheles.*
Sag', weißt du Narr nicht auch noch eine Not?

MEPHISTOPHELES Ich keineswegs. Den Glanz umher zu schauen,
Dich und die Deinen! — Mangelte Vertrauen,
Wo Majestät unweigerlich gebeut,
Bereite Macht Feindseliges zerstreut,
Wo guter Wille, kräftig durch Verstand
Und Tätigkeit, vielfältige, zur Hand?
Was könnte da zum Unheil sich vereinen,
Zur Finsternis, wo solche Sterne scheinen?

GEMURMEL Das ist ein Schalk — Der's wohl versteht —
Er lügt sich ein — So lang es geht —
Ich weiß schon — Was dahinter steckt —
Und was denn weiter? — Ein Projekt —

MEPHISTOPHELES Wo fehlt's nicht irgendwo auf dieser Welt?
Dem dies, dem das, hier aber fehlt das Geld.
Vom Estrich zwar ist es nicht aufzuraffen;
Doch Weisheit weiß das Tiefste herzuschaffen.
In Bergesadern, Mauergründen
Ist Gold gemünzt und ungemünzt zu finden,
Und fragt ihr mich wer es zu Tage schafft:
Begabten Manns Natur- und Geisteskraft.

KANZLER Natur und Geist — so spricht man nicht zu Christen.
Deshalb verbrennt man Atheisten,
Weil solche Reden höchst gefährlich sind.
Natur ist Sünde, Geist ist Teufel,
Sie hegen zwischen sich den Zweifel,
Ihr mißgestaltet Zwitterkind.

Uns nicht so! — Kaisers alten Landen
Sind zwei Geschlechter nur entstanden,
Sie stützen würdig seinen Thron:
Die Heiligen sind es und die Ritter;
Sie stehen jedem Ungewitter
Und nehmen Kirch' und Staat zum Lohn.
Dem Pöbelsinn verworrner Geister
Entwickelt sich ein Widerstand,
Die Ketzer sind's! die Hexenmeister!
Und sie verderben Stadt und Land.
Die willst du nun mit frechen Scherzen
In diese hohen Kreise schwärzen,
Ihr hegt euch an verderbtem Herzen,
Dem Narren sind sie nah verwandt.

MEPHISTOPHELES Daran erkenn' ich den gelehrten Herrn!
Was ihr nicht tastet steht euch meilenfern,
Was ihr nicht faßt das fehlt euch ganz und gar,
Was ihr nicht rechnet glaubt ihr sei nicht wahr,
Was ihr nicht wägt hat für euch kein Gewicht,
Was ihr nicht münzt das meint ihr gelte nicht.

KAISER Dadurch sind unsre Mängel nicht erledigt,
Was willst du jetzt mit deiner Fastenpredigt?
Ich habe satt das ewige Wie und Wenn;
Es fehlt an Geld, nun gut so schaff' es denn.

MEPHISTOPHELES Ich schaffe was ihr wollt und schaffe mehr;
Zwar ist es leicht, doch ist das Leichte schwer;
Es liegt schon da, doch um es zu erlangen
Das ist die Kunst, wer weiß es anzufangen?
Bedenkt doch nur: in jenen Schreckensläuften
Wo Menschenfluten Land und Volk ersäuften,
Wie der und der, so sehr es ihn erschreckte,
Sein Liebstes da- und dortwohin versteckte.
So war's von je in mächtiger Römer Zeit,
Und so fortan, bis gestern, ja bis heut.
Das alles liegt im Boden still begraben,
Der Boden ist des Kaisers, der soll's haben.

SCHATZMEISTER Für einen Narren spricht er gar nicht schlecht,
Das ist fürwahr des alten Kaisers Recht.

KANZLER Der Satan legt euch goldgewirkte Schlingen:
Es geht nicht zu mit frommen rechten Dingen.

MARSCHALK Schafft' er uns nur zu Hof willkommne Gaben,
Ich wollte gern ein bißchen Unrecht haben.

HEERMEISTER Der Narr ist klug, verspricht was jedem frommt;
Fragt der Soldat doch nicht woher es kommt.

MEPHISTOPHELES Und glaubt ihr euch vielleicht durch mich betrogen;
Hier steht ein Mann! da! fragt den Astrologen,

In Kreis' um Kreise kennt er Stund' und Haus;
So sage denn: wie sieht's am Himmel aus?

GEMURMEL Zwei Schelme sind's — Verstehn sich schon —
Narr und Phantast — So nah dem Thron —
Ein mattgesungen — Alt Gedicht —
Der Tor bläs't ein — Der Weise spricht —

ASTROLOG *spricht, Mephistopheles bläs't ein.*
Die Sonne selbst sie ist ein lautres Gold,
Mercur der Bote dient um Gunst und Gold,
Frau Venus hat's euch allen angetan,
So früh als spat blickt sie euch lieblich an;
Die keusche Luna launet grillenhaft,
Mars, trifft er nicht, so dräut euch seine Kraft.
Und Jupiter bleibt doch der schönste Schein,
Saturn ist groß, dem Auge fern und klein.
Ihn als Metall verehren wir nicht sehr,
An Wert gering, doch im Gewichte schwer.
Ja! wenn zu Sol sich Luna fein gesellt,
Zum Silber Gold, dann ist es heitre Welt,
Das Übrige ist alles zu erlangen,
Paläste, Gärten, Brüstlein, rote Wangen,
Das alles schafft der hochgelahrte Mann
Der das vermag was unser keiner kann.

KAISER Ich höre doppelt was er spricht
Und dennoch überzeugt's mich nicht.

GEMURMEL Was soll uns das — Gedroschner Spaß —
Kalenderei — Chymisterei —
Das hört' ich oft — Und falsch gehofft —
Und kommt er auch — So ist's ein Gauch —

MEPHISTOPHELES Da stehen sie umher und staunen,
Vertrauen nicht dem hohen Fund,
Der eine faselt von Alraunen
Der andre von dem schwarzen Hund.
Was soll es daß der eine witzelt,
Ein andrer Zauberei verklagt,
Wenn ihm doch auch einmal die Sohle kitzelt,
Wenn ihm der sichre Schritt versagt.

Ihr alle fühlt geheimes Wirken
Der ewig waltenden Natur,
Und aus den untersten Bezirken
Schmiegt sich herauf lebend'ge Spur.
Wenn es in allen Gliedern zwackt,
Wenn es unheimlich wird am Platz,
Nur gleich entschlossen grabt und hackt,
Da liegt der Spielmann, liegt der Schatz!

GEMURMEL Mir liegt's im Fuß wie Bleigewicht —

Mir krampft's im Arme — Das ist Gicht —
Mir krabbelt's an der großen Zeh —
Mir tut der ganze Rücken weh —
Nach solchen Zeichen wäre hier
Das allerreichste Schatzrevier.

KAISER Nur eilig! du entschlüpfst nicht wieder,
Erprobe deine Lügenschäume,
Und zeig' uns gleich die edlen Räume.
Ich lege Schwert und Szepter nieder,
Und will mit eignen hohen Händen,
Wenn du nicht lügst, das Werk vollenden,
Dich, wenn du lügst, zur Hölle senden!

MEPHISTOPHELES Den Weg dahin wüßt' allenfalls zu finden —
Doch kann ich nicht genug verkünden
Was überall besitzlos harrend liegt.
Der Bauer der die Furche pflügt
Hebt einen Goldtopf mit der Scholle,
Salpeter hofft er von der Leimenwand
Und findet golden-goldne Rolle
Erschreckt, erfreut in kümmerlicher Hand.
Was für Gewölbe sind zu sprengen,
In welchen Klüften, welchen Gängen
Muß sich der Schatzbewußte drängen,
Zur Nachbarschaft der Unterwelt!
In weiten altverwahrten Kellern,
Von goldnen Humpen, Schüsseln, Tellern,
Sieht er sich Reihen aufgestellt.
Pokale stehen aus Rubinen
Und will er deren sich bedienen
Daneben liegt uraltes Naß.
Doch — werdet ihr dem Kundigen glauben —
Verfault ist längst das Holz der Dauben,
Der Weinstein schuf dem Wein ein Faß.
Essenzen solcher edlen Weine,
Gold und Juwelen nicht alleine
Umhüllen sich mit Nacht und Graus.
Der Weise forscht hier unverdrossen;
Am Tag erkennen das sind Possen,
Im Finstern sind Mysterien zu Haus.

KAISER Die lass' ich dir! Was will das Düstre frommen?
Hat etwas Wert, es muß zu Tage kommen.
Wer kennt den Schelm in tiefer Nacht genau?
Schwarz sind die Kühe, so die Katzen grau.
Die Töpfe drunten, voll von Goldgewicht,
Zieh deinen Pflug, und ackre sie an's Licht.

MEPHISTOPHELES Nimm Hack' und Spaten, grabe selber,
Die Bauernarbeit macht dich groß,

Und eine Herde goldner Kälber
Sie reißen sich vom Boden los.
Dann ohne Zaudern, mit Entzücken,
Kannst du dich selbst, wirst die Geliebte schmücken;
Ein leuchtend Farb- und Glanzgestein erhöht
Die Schönheit wie die Majestät.

KAISER Nur gleich, nur gleich! Wie lange soll es währen!

ASTROLOG *wie oben.*
Herr mäßige solch dringendes Begehren,
Laß erst vorbei das bunte Freudenspiel;
Zerstreutes Wesen führt uns nicht zum Ziel.
Erst müssen wir in Fassung uns versühnen,
Das Untre durch das Obere verdienen.
Wer Gutes will der sei erst gut;
Wer Freude will besänftige sein Blut;
Wer Wein verlangt der keltre reife Trauben;
Wer Wunder hofft der stärke seinen Glauben.

KAISER So sei die Zeit in Fröhlichkeit vertan!
Und ganz erwünscht kommt Aschermittwoch an.
Indessen feiern wir, auf jeden Fall,
Nur lustiger das wilde Carneval.

Trompeten, Exeunt.

MEPHISTOPHELES Wie sich Verdienst und Glück verketten
Das fällt den Toren niemals ein;
Wenn sie den Stein der Weisen hätten,
Der Weise mangelte dem Stein.

Weitläufiger Saal mit Nebengemächern

verziert und aufgeputzt zur Mummenschanz

HEROLD Denkt nicht ihr seid in deutschen Gränzen
Von Teufels-, Narren- und Totentänzen,
Ein heitres Fest erwartet euch.
Der Herr, auf seinen Römerzügen,
Hat, sich zu Nutz, euch zum Vergnügen,
Die hohen Alpen überstiegen,
Gewonnen sich ein heitres Reich.
Der Kaiser, er, an heiligen Sohlen
Erbat sich erst das Recht zur Macht,
Und als er ging die Krone sich zu holen,
Hat er uns auch die Kappe mitgebracht.
Nun sind wir alle neugeboren;
Ein jeder weltgewandte Mann
Zieht sie behaglich über Kopf und Ohren;
Sie ähnlet ihn verrückten Toren,
Er ist darunter weise wie er kann.

Ich sehe schon wie sie sich scharen,
Sich schwankend sondern, traulich paaren;
Zudringlich schließt sich Chor an Chor.
Herein, hinaus, nur unverdrossen;
Es bleibt doch endlich nach wie vor
Mit ihren hunderttausend Possen
Die Welt ein einzig großer Tor.

GÄRTNERINNEN *Gesang begleitet von Mandolinen.*
Euren Beifall zu gewinnen
Schmückten wir uns diese Nacht,
Junge Florentinerinnen
Folgten deutschen Hofes Pracht;

Tragen wir in braunen Locken
Mancher heitern Blume Zier;
Seidenfäden, Seidenflocken
Spielen ihre Rolle hier.

Denn wir halten es verdienstlich,
Lobenswürdig ganz und gar,
Unsere Blumen, glänzend künstlich,
Blühen fort das ganze Jahr.

Allerlei gefärbten Schnitzeln
Ward symmetrisch Recht getan;
Mögt ihr Stück für Stück bewitzeln,
Doch das Ganze zieht euch an.

Niedlich sind wir anzuschauen,
Gärtnerinnen und galant;
Denn das Naturell der Frauen
Ist so nah mit Kunst verwandt.

HEROLD Laßt die reichen Körbe sehen
Die ihr auf den Häupten traget,
Die sich bunt am Arme blähen,
Jeder wähle was behaget.
Eilig daß in Laub und Gängen
Sich ein Garten offenbare,
Würdig sind sie zu umdrängen
Krämerinnen wie die Ware.

GÄRTNERINNEN Feilschet nun am heitern Orte,
Doch kein Markten findet statt!
Und mit sinnig kurzem Worte
Wisse jeder was er hat.

OLIVENZWEIG MIT FRÜCHTEN Keinen Blumenflor beneid' ich,
Allen Widerstreit vermeid' ich;

Mir ist's gegen die Natur:
Bin ich doch das Mark der Lande,
Und, zum sichern Unterpfande,
Friedenszeichen jeder Flur;
Heute, hoff' ich, soll mir's glücken
Würdig schönes Haupt zu schmücken.
ÄHRENKRANZ *golden.* Ceres Gaben, euch zu putzen,
Werden hold und lieblich stehn:
Das Erwünschteste dem Nutzen
Sei als eure Zierde schön.
PHANTASIEKRANZ Bunte Blumen Malven ähnlich
Aus dem Moos ein Wunderflor!
Der Natur ist's nicht gewöhnlich,
Doch die Mode bringt's hervor.
PHANTASIESTRAUSS Meinen Namen euch zu sagen
Würde Theophrast nicht wagen,
Und doch hoff' ich wo nicht allen,
Aber mancher zu gefallen,
Der ich mich wohl eignen möchte,
Wenn sie mich in's Haar verflöchte,
Wenn sie sich entschließen könnte,
Mir am Herzen Platz vergönnte.
AUSFORDERUNG Mögen bunte Phantasien
Für des Tages Mode blühen,
Wunderseltsam sein gestaltet
Wie Natur sich nie entfaltet;
Grüne Stiele, goldne Glocken,
Blickt hervor aus reichen Locken!
Doch wir
ROSENKNOSPEN halten uns versteckt,
Glücklich wer uns frisch entdeckt.

Wenn der Sommer sich verkündet,
Rosenknospe sich entzündet,
Wer mag solches Glück entbehren?
Das Versprechen, das Gewähren,
Das beherrscht, in Florens Reich,
Blick und Sinn und Herz zugleich.
Unter grünen Laubgängen putzen die Gärtnerinnen zierlich ihren Kram auf.
GÄRTNER *Gesang begleitet von Theorben.*
Blumen sehet ruhig sprießen,
Reizend euer Haupt umzieren,
Früchte wollen nicht verführen,
Kostend mag man sie genießen.

Bieten bräunliche Gesichter
Kirschen, Pfirschen, Königspflaumen,

Kauft! denn gegen Zung' und Gaumen
Hält sich Auge schlecht als Richter.

Kommt von allerreifsten Früchten
Mit Geschmack und Lust zu speisen!
Über Rosen läßt sich dichten,
In die Äpfel muß man beißen.

Sei's erlaubt uns anzupaaren
Eurem reichen Jugendflor,
Und wir putzen reifer Waren
Fülle nachbarlich empor.

Unter lustigen Gewinden
In geschmückter Lauben Bucht,
Alles ist zugleich zu finden:
Knospe, Blätter, Blume, Frucht.

Unter Wechselgesang, begleitet von Guitarren und Theorben, fahren beide Chöre fort ihre Waren stufenweis in die Höhe zu schmücken und auszubieten.

MUTTER *und* TOCHTER.

MUTTER Mädchen, als du kamst an's Licht
Schmückt ich dich im Häubchen,
Warst so lieblich von Gesicht,
Und so zart am Leibchen.
Dachte dich sogleich als Braut,
Gleich dem Reichsten angetraut,
Dachte dich als Weibchen.

Ach! Nun ist schon manches Jahr
Ungenützt verflogen,
Der Sponsierer bunte Schar
Schnell vorbei gezogen;
Tanztest mit dem einen flink,
Gabst dem andern feinen Wink
Mit dem Ellenbogen.

Welches Fest man auch ersann,
Ward umsonst begangen,
Pfänderspiel und dritter Mann
Wollten nicht verfangen;
Heute sind die Narren los,
Liebchen, öffne deinen Schoß,
Bleibt wohl einer hangen.

GESPIELINNEN *jung und schön gesellen sich hinzu, ein vertrauliches Geplauder wird laut.*

FISCHER *und* VOGELSTELLER *mit Netzen, Angeln und Leimruten, auch sonstigem Geräte treten auf, mischen sich unter die schönen Kinder. Wechselseitige Versuche zu gewinnen, zu fangen, zu entgehen und fest zu halten geben zu den angenehmsten Dialogen Gelegenheit.*

HOLZHAUER *treten ein ungestüm und ungeschlacht.*

Nur Platz! nur Blöße!
Wir brauchen Räume,
Wir fällen Bäume
Die krachen, schlagen:
Und wenn wir tragen
Da gibt es Stöße.
Zu unserm Lobe
Bringt dies in's Reine;
Denn wirkten Grobe
Nicht auch im Lande,
Wir kämen Feine
Für sich zu Stande,
So sehr sie witzten?
Des seid belehret!
Denn ihr erfröret,
Wenn wir nicht schwitzten.

PULCINELLE *täppisch, fast läppisch.*

Ihr seid die Toren,
Gebückt geboren.
Wir sind die Klugen
Die nie was trugen;
Denn unsre Kappen,
Jacken und Lappen
Sind leicht zu tragen.
Und mit Behagen
Wir immer müßig,
Pantoffelfüßig,
Durch Markt und Haufen
Einher zu laufen,
Gaffend zu stehen,
Uns anzukrähen;
Auf solche Klänge
Durch Drang und Menge
Aalgleich zu schlüpfen,
Gesamt zu hüpfen,
Vereint zu toben.
Ihr mögt uns loben,
Ihr mögt uns schelten,
Wir lassen's gelten.

PARASITEN *schmeichelnd-lüstern.*

Ihr wackern Träger
Und eure Schwäger,

Die Kohlenbrenner,
Sind unsre Männer.
Denn alles Bücken,
Bejahndes Nicken,
Gewundne Phrasen,
Das Doppelblasen,
Das wärmt und kühlet
Wie's einer fühlet,
Was könnt' es frommen?
Es möchte Feuer
Selbst ungeheuer
Vom Himmel kommen,
Gäb' es nicht Scheite
Und Kohlentrachten
Die Herdesbreite
Zur Glut entfachten.
Da brät's und prudelt's,
Da kocht's und strudelt's.
Der wahre Schmecker,
Der Tellerlecker,
Er riecht den Braten,
Er ahnet Fische;
Das regt zu Taten
An Gönners Tische.

TRUNKNER *unbewußt.*

Sei mir heute nichts zuwider!
Fühle mich so frank und frei;
Frische Luft und heitre Lieder
Holt' ich selbst sie doch herbei.
Und so trink' ich! Trinke, trinke.
Stoßet an ihr! Tinke, Tinke!
Du dorthinten komm heran!
Stoßet an, so ist's getan.

Schrie mein Weibchen doch entrüstet,
Rümpfte diesem bunten Rock,
Und, wie sehr ich mich gebrüstet,
Schalt mich einen Maskenstock.
Doch ich trinke! Trinke, trinke!
Angeklungen! Tinke, Tinke!
Maskenstöcke, stoßet an!
Wenn es klingt, so ist's getan.

Saget nicht daß ich verirrt bin,
Bin ich doch wo mir's behagt.
Borgt der Wirt nicht, borgt die Wirtin,
Und am Ende borgt die Magd.

Immer trink' ich! Trinke, trinke!
Auf ihr andern! Tinke, Tinke!
Jeder jedem! so fortan!
Dünkt mich's doch es sei getan.

Wie und wo ich mich vergnüge
Mag es immerhin geschehn;
Laßt mich liegen wo ich liege,
Denn ich mag nicht länger stehn.

CHOR Jeder Bruder trinke, trinke!
Toastet frisch ein Tinke, Tinke!
Sitzet fest auf Bank und Span,
Unter'm Tisch Dem ist's getan.

Der HEROLD *kündigt verschiedene Poeten an, Naturdichter, Hof- und Rittersänger, zärtliche so wie Enthusiasten. Im Gedräng von Mitwerbern aller Art läßt keiner den andern zum Vortrag kommen. Einer schleicht mit wenigen Worten vorüber.*

SATIRIKER Wißt ihr was mich Poeten
Erst recht erfreuen sollte?
Dürft' ich singen und reden
Was niemand hören wollte.

Die Nacht- und Grabdichter lassen sich entschuldigen, weil sie so eben im interessantesten Gespräch mit einem frischerstandenen Vampyren begriffen seien, woraus eine neue Dichtart sich vielleicht entwickeln könnte; der Herold muß es gelten lassen und ruft indessen die griechische Mythologie hervor, die, selbst in moderner Maske, weder Charakter noch Gefälliges verliert.

Die GRAZIEN.

AGLAIA Anmut bringen wir in's Leben;
Leget Anmut in das Geben.
HEGEMONE Leget Anmut in's Empfangen,
Lieblich ist's den Wunsch erlangen.
EUPHROSYNE Und in stiller Tage Schranken
Höchst anmutig sei das Danken.

Die PARZEN.

ATROPOS Mich die älteste zum Spinnen
Hat man diesmal eingeladen;
Viel zu denken, viel zu sinnen
Gibt's bei'm zarten Lebensfaden.

Daß er euch gelenk und weich sei
Wußt' ich feinsten Flachs zu sichten;
Daß er glatt und schlank und gleich sei
Wird der kluge Finger schlichten.

Wolltet ihr bei Luft und Tänzen
Allzu üppig euch erweisen;

Denkt an dieses Fadens Gränzen,
Hütet euch! Er möchte reißen!

KLOTHO Wißt, in diesen letzten Tagen
Ward die Schere mir vertraut;
Denn man war von dem Betragen
Unsrer Alten nicht erbaut.

Zerrt unnützeste Gespinste
Lange sie an Licht und Luft,
Hoffnung herrlichster Gewinste
Schleppt sie schneidend zu der Gruft.

Doch auch ich im Jugend-Walten
Irrte mich schon hundertmal;
Heute mich im Zaum zu halten,
Schere steckt im Futteral.

Und so bin ich gern gebunden,
Blicke freundlich diesem Ort;
Ihr in diesen freien Stunden
Schwärmt nur immer fort und fort.

LACHESIS Mir, die ich allein verständig,
Blieb das Ordnen zugeteilt;
Meine Weife, stets lebendig,
Hat noch nie sich übereilt.

Fäden kommen, Fäden weifen,
Jeden lenk' ich seine Bahn,
Keinen lass' ich überschweifen,
Füg' er sich im Kreis heran.

Könnt' ich einmal mich vergessen
Wär' es um die Welt mir bang,
Stunden zählen, Jahre messen
Und der Weber nimmt den Strang.

HEROLD Die jetzo kommen werdet ihr nicht kennen,
Wärt ihr noch so gelehrt in alten Schriften;
Sie anzusehn die so viel Übel stiften,
Ihr würdet sie willkommne Gäste nennen.

Die *Furien* sind es, niemand wird uns glauben,
Hübsch, wohlgestaltet, freundlich, jung von Jahren;
Laßt euch mit ihnen ein, ihr sollt erfahren
Wie schlangenhaft verletzen solche Tauben.

Zwar sind sie tückisch, doch am heutigen Tage
Wo jeder Narr sich rühmet seiner Mängel,
Auch sie verlangen nicht den Ruhm als Engel,
Bekennen sich als Stadt- und Landesplage.

Die FURIEN.

ALEKTO Was hilft es euch, ihr werdet uns vertrauen,
Denn wir sind hübsch und jung und Schmeichelkätzchen;
Hat einer unter euch ein Liebe-Schätzchen,
Wir werden ihm so lang die Ohren krauen,

Bis wir ihm sagen dürfen, Aug' in Auge:
Daß sie zugleich auch dem und jenem winke,
Im Kopfe dumm, im Rücken krumm, und hinke,
Und, wenn sie seine Braut ist, gar nichts tauge.

So wissen wir die Braut auch zu bedrängen:
Es hat sogar der Freund, vor wenig Wochen,
Verächtliches von ihr zu *der* gesprochen! —
Versöhnt man sich, so bleibt doch etwas hängen.

MEGÄRA Das ist nur Spaß! denn, sind sie erst verbunden,
Ich nehm' es auf, und weiß in allen Fällen
Das schönste Glück durch Grille zu vergällen;
Der Mensch ist ungleich, ungleich sind die Stunden.

Und niemand hat Erwünschtes fest in Armen,
Der sich nicht nach Erwünschterem törig sehnte,
Vom höchsten Glück, woran er sich gewöhnte;
Die Sonne flieht er, will den Frost erwarmen.

Mit diesem allen weiß ich zu gebaren,
Und führe her Asmodi den Getreuen,
Zu rechter Zeit Unseliges auszustreuen,
Verderbe so das Menschenvolk in Paaren.

TISIPHONE Gift und Dolch statt böser Zungen
Misch' ich, schärf' ich dem Verräter;
Liebst du andre, früher, später
Hat Verderben dich durchdrungen.

Muß der Augenblicke Süßtes
Sich zu Gischt und Galle wandeln!
Hier kein Markten, hier kein Handeln,
Wie er es beging', er büßt es.

Singe keiner vom Vergeben!
Felsen klag' ich meine Sache,
Echo! Horch! erwidert Rache;
Und wer wechselt soll nicht leben.

HEROLD Belieb' es euch zur Seite wegzuweichen,
Denn was jetzt kommt ist nicht von Euresgleichen.
Ihr seht wie sich ein Berg herangedrängt,
Mit bunten Teppichen die Weichen stolz behängt,
Ein Haupt mit langen Zähnen, Schlangenrüssel,
Geheimnisvoll, doch zeig' ich euch den Schlüssel.
Im Nacken sitzt ihm zierlich-zarte Frau,
Mit feinem Stäbchen lenkt sie ihn genau,
Die andre droben stehend herrlich-hehr
Umgibt ein Glanz der blendet mich zu sehr.
Zur Seite gehn gekettet edle Frauen.
Die eine bang, die andre froh zu schauen,
Die eine wünscht, die andre fühlt sich frei,
Verkünde jede wer sie sei.

FURCHT Dunstige Fackeln, Lampen, Lichter,
Dämmern durch's verworrne Fest,
Zwischen diese Truggesichter
Bannt mich ach die Kette fest.

Fort, ihr lächerlichen Lacher!
Euer Grinsen gibt Verdacht;
Alle meine Widersacher
Drängen mich in dieser Nacht.

Hier! ein Freund ist Feind geworden,
Seine Maske kenn' ich schon;
Jener wollte mich ermorden,
Nun entdeckt schleicht er davon.

Ach wie gern in jeder Richtung
Flöh' ich zu der Welt hinaus;
Doch von drüben droht Vernichtung,
Hält mich zwischen Dunst und Graus.

HOFFNUNG Seid gegrüßt, ihr lieben Schwestern.
Habt ihr euch schon heut und gestern
In Vermummungen gefallen,
Weiß ich doch gewiß von allen
Morgen wollt ihr euch enthüllen.
Und wenn wir bei Fackelscheine
Uns nicht sonderlich behagen,
Werden wir in heitern Tagen,

Ganz nach unserm eignen Willen,
Bald gesellig, bald alleine
Frei durch schöne Fluren wandeln,
Nach Belieben ruhn und handeln
Und in sorgenfreiem Leben
Nie entbehren, stets erstreben;
Überall willkommne Gäste
Treten wir getrost hinein:
Sicherlich es muß das Beste
Irgendwo zu finden sein.

KLUGHEIT Zwei der größten Menschenfeinde,
Furcht und Hoffnung angekettet,
Halt' ich ab von der Gemeinde;
Platz gemacht! ihr seid gerettet.

Den lebendigen Kolossen
Führ' ich, seht ihr, turmbeladen,
Und er wandelt unverdrossen
Schritt vor Schritt auf steilen Pfaden.

Droben aber auf der Zinne
Jene Göttin mit behenden
Breiten Flügeln, zum Gewinne
Allerseits sich hinzuwenden.

Rings umgibt sie Glanz und Glorie
Leuchtend fern nach allen Seiten;
Und sie nennet sich Victorie,
Göttin aller Tätigkeiten.

ZOILO-THERSITES Hu! Hu! da komm' ich eben recht,
Ich schelt' euch allzusammen schlecht!
Doch was ich mir zum Ziel ersah
Ist oben Frau Victoria,
Mit ihrem weißen Flügelpaar,
Sie dünkt sich wohl sie sei ein Aar,
Und wo sie sich nur hingewandt
Gehör' ihr alles Volk und Land;
Doch, wo was Rühmliches gelingt
Es mich sogleich in Harnisch bringt.
Das Tiefe hoch, das Hohe tief,
Das Schiefe g'rad, das G'rade schief,
Das ganz allein macht mich gesund,
So will ich's auf dem Erdenrund.
HEROLD So treffe dich, du Lumpenhund,
Des frommen Stabes Meisterstreich,
Da krümm' und winde dich sogleich! —

Wie sich die Doppelzwerggestalt
So schnell zum eklen Klumpen ballt! —
— Doch Wunder! — Klumpen wird zum Ei,
Das bläht sich auf und platzt entzwei.
Nun fällt ein Zwillingspaar heraus,
Die Otter und die Fledermaus;
Die eine fort im Staube kriecht,
Die andre schwarz zur Decke fliegt.
Sie eilen draußen zum Verein;
Da möcht' ich nicht der Dritte sein.

GEMURMEL Frisch! dahinten tanzt man schon —
Nein! Ich wollt' ich wär' davon —
Fühlst du, wie uns das umflicht,
Das gespenstische Gezücht? —
Saus't es mir doch über's Haar —
Ward ich's doch am Fuß gewahr —
Keiner ist von uns verletzt —
Alle doch in Furcht gesetzt —
Ganz verdorben ist der Spaß —
Und die Bestien wollten das.

HEROLD Seit mir sind bei Maskeraden
Heroldspflichten aufgeladen,
Wach' ich ernstlich an der Pforte,
Daß euch hier am lustigen Orte
Nichts Verderbliches erschleiche,
Weder wanke, weder weiche.
Doch ich fürchte durch die Fenster
Ziehen luftige Gespenster,
Und von Spuk und Zaubereien
Wüßt' ich euch nicht zu befreien.
Machte sich der Zwerg verdächtig,
Nun! dort hinten strömt es mächtig.
Die Bedeutung der Gestalten
Möcht' ich amtsgemäß entfalten.
Aber was nicht zu begreifen
Wüßt' ich auch nicht zu erklären,
Helfet alle mich belehren! —
Seht ihr's durch die Menge schweifen? —
Vierbespannt ein prächtiger Wagen
Wird durch alles durchgetragen;
Doch er teilet nicht die Menge,
Nirgend seh' ich ein Gedränge.
Farbig glitzert's in der Ferne,
Irrend leuchten bunte Sterne,
Wie von magischer Laterne,
Schnaubt heran mit Sturmgewalt.
Platz gemacht! Mich schaudert's!

KNABE WAGENLENKER Halt!
Rosse hemmet eure Flügel,
Fühlet den gewohnten Zügel,
Meistert euch wie ich euch meistre,
Rauschet hin wenn ich begeistre —
Diese Räume laßt uns ehren!
Schaut umher wie sie sich mehren
Die Bewundrer, Kreis um Kreise.
Herold auf! nach deiner Weise,
Ehe wir von euch entfliehen,
Uns zu schildern uns zu nennen;
Denn wir sind Allegorien
Und so solltest du uns kennen.
HEROLD Wüßte nicht dich zu benennen,
Eher könnt' ich dich beschreiben.
KNABE LENKER So probier's!
HEROLD Man muß gestehn:
Erstlich bist du jung und schön.
Halbwüchsiger Knabe bist du; doch die Frauen
Sie möchten dich ganz ausgewachsen schauen.
Du scheinest mir ein künftiger Sponsierer,
Recht so von Haus aus ein Verführer.
KNABE LENKER Das läßt sich hören! fahre fort,
Erfinde dir des Rätsels heitres Wort.
HEROLD Der Augen schwarzer Blitz, die Nacht der Locken
Erheitert von juwelnem Band!
Und welch ein zierliches Gewand
Fließt dir von Schultern zu den Socken,
Mit Purpursaum und Glitzertand!
Man könnte dich ein Mädchen schelten,
Doch würdest du, zu Wohl und Weh,
Auch jetzo schon bei Mädchen gelten,
Sie lehrten dich das A. B. C.
KNABE LENKER Und dieser der als Prachtgebilde
Hier auf dem Wagenthrone prangt?
HEROLD Er scheint ein König reich und milde,
Wohl dem der seine Gunst erlangt!
Er hat nichts weiter zu erstreben,
Wo's irgend fehlte späht sein Blick,
Und seine reine Lust zu geben
Ist größer als Besitz und Glück.
KNABE LENKER Hiebei darfst du nicht stehen bleiben,
Du mußt ihn recht genau beschreiben.
HEROLD Das Würdige beschreibt sich nicht.
Doch das gesunde Mondgesicht,
Ein voller Mund, erblühte Wangen,
Die unter'm Schmuck des Turbans prangen;

Im Faltenkleid ein reich Behagen!
Was soll ich von dem Anstand sagen?
Als Herrscher scheint er mir bekannt.
KNABE LENKER Plutus, des Reichtums Gott genannt,
Derselbe kommt in Prunk daher,
Der hohe Kaiser wünscht ihn sehr.
HEROLD Sag' von dir selber auch das *Was* und *Wie?*
KNABE LENKER Bin die Verschwendung, bin die Poesie;
Bin der Poet, der sich vollendet
Wenn er sein eigenst Gut verschwendet.
Auch ich bin unermeßlich reich
Und schätze mich dem Plutus gleich,
Beleb' und schmück' ihm Tanz und Schmaus,
Das was ihm fehlt das teil' ich aus.
HEROLD Das Prahlen steht dir gar zu schön,
Doch laß uns deine Künste sehn.
KNABE LENKER Hier seht mich nur ein Schnippchen schlagen,
Schon glänzt's und glitzert's um den Wagen.
Da springt eine Perlenschnur hervor;
Immerfort umherschnippend.
Nehmt goldne Spange für Hals und Ohr;
Auch Kamm und Krönchen ohne Fehl,
In Ringen köstlichstes Juwel;
Auch Flämmchen spend' ich dann und wann,
Erwartend wo es zünden kann.
HEROLD Wie greift und hascht die liebe Menge!
Fast kommt der Geber in's Gedränge.
Kleinode schnippt er wie ein Traum
Und alles hascht im weiten Raum.
Doch da erleb' ich neue Pfiffe:
Was einer noch so emsig griffe
Des hat er wirklich schlechten Lohn,
Die Gabe flattert ihm davon.
Es lös't sich auf das Perlenband,
Ihm krabbeln Käfer in der Hand,
Er wirft sie weg der arme Tropf,
Und sie umsummen ihm den Kopf.
Die andern statt solider Dinge
Erhaschen frevle Schmetterlinge.
Wie doch der Schelm so viel verheißt,
Und nur verleiht was golden gleißt!
KNABE LENKER Zwar Masken, merk' ich, weißt du zu verkünden,
Allein der Schale Wesen zu ergründen
Sind Herolds Hofgeschäfte nicht;
Das fordert schärferes Gesicht.
Doch hüt' ich mich vor jeder Fehde;
An dich, Gebieter, wend' ich Frag' und Rede.

Zu Plutus gewendet.
Hast du mir nicht die Windesbraut
Des Viergespannes anvertraut?
Lenk' ich nicht glücklich wie du leitest?
Bin ich nicht da wohin du deutest?
Und wußt' ich nicht auf kühnen Schwingen
Für dich die Palme zu erringen?
Wie oft ich auch für dich gefochten,
Mir ist es jederzeit geglückt:
Wenn Lorbeer deine Stirne schmückt,
Hab' ich ihn nicht mit Sinn und Hand geflochten?

PLUTUS Wenn's nötig ist daß ich dir Zeugnis leiste,
So sag' ich gern. Bist Geist von meinem Geiste.
Du handelst stets nach meinem Sinn,
Bist reicher als ich selber bin.
Ich schätze, deinen Dienst zu lohnen,
Den grünen Zweig vor allen meinen Kronen.
Ein wahres Wort verkünd' ich allen:
Mein lieber Sohn, an dir hab' ich Gefallen.

KNABE LENKER *zur Menge.* Die größten Gaben meiner Hand
Seht! hab' ich rings umher gesandt.
Auf dem und jenem Kopfe glüht
Ein Flämmchen das ich angesprüht,
Von einem zu dem andern hüpft's,
An diesem hält sich's, dem entschlüpft's,
Gar selten aber flammt's empor,
Und leuchtet rasch in kurzem Flor;
Doch vielen, eh' man's noch erkannt,
Verlischt es, traurig ausgebrannt.

WEIBER-GEKLATSCH Da droben auf dem Viergespann
Das ist gewiß ein Scharlatan;
Gekauzt da hintendrauf Hanswurst,
Doch abgezehrt von Hunger und Durst,
Wie man ihn niemals noch erblickt;
Er fühlt wohl nicht, wenn man ihn zwickt.

DER ABGEMAGERTE Vom Leibe mir, ekles Weibsgeschlecht!
Ich weiß, dir komm' ich niemals recht. —
Wie noch die Frau den Herd versah,
Da hieß ich Avaritia;
Da stand es gut um unser Haus:
Nur viel herein, und nichts hinaus!
Ich eiferte für Kist' und Schrein;
Das sollte wohl gar ein Laster sein.
Doch als in allerneusten Jahren
Das Weib nicht mehr gewohnt zu sparen,
Und, wie ein jeder böser Zahler,
Weit mehr Begierden hat als Taler,

Da bleibt dem Manne viel zu dulden,
Wo er nur hinsieht da sind Schulden.
Sie wendet's, kann sie was erspulen,
An ihren Leib, an ihren Buhlen;
Auch speis't sie besser, trinkt noch mehr
Mit der Sponsierer leidigem Heer;
Das steigert mir des Goldes Reiz:
Bin männlichen Geschlechts, der Geiz!

HAUPTWEIB Mit Drachen mag der Drache geizen,
Ist's doch am Ende Lug und Trug!
Er kommt die Männer aufzureizen,
Sie sind schon unbequem genug.

WEIBER IN MASSE Der Strohmann! Reich' ihm eine Schlappe!
Was will das Marterholz uns dräun?
Wir sollen seine Fratze scheun!
Die Drachen sind von Holz und Pappe,
Frisch an und dringt auf ihn hinein!

HEROLD Bei meinem Stabe! Ruh gehalten! —
Doch braucht es meiner Hülfe kaum,
Seht wie die grimmen Ungestalten
Bewegt im rasch gewonnenen Raum
Das Doppel-Flügelpaar entfalten.
Entrüstet schütteln sich der Drachen
Umschuppte feuerspeiende Rachen;
Die Menge flieht, rein ist der Platz.

Plutus steigt vom Wagen.

HEROLD Er tritt herab, wie königlich!
Er winkt, die Drachen rühren sich,
Die Kiste haben sie vom Wagen
Mit Gold und Geiz herangetragen,
Sie steht zu seinen Füßen da:
Ein Wunder ist es wie's geschah.

PLUTUS *zum Lenker.* Nun bist du los der allzulästigen Schwere,
Bist frei und frank, nun frisch zu deiner Sphäre!
Hier ist sie nicht! Verworren, schäckig, wild
Umdrängt uns hier ein fratzenhaft Gebild.
Nur wo du klar in's holde Klare schaust,
Dir angehörst und dir allein vertraust,
Dorthin wo Schönes, Gutes nur gefällt,
Zur Einsamkeit! — Da schaffe deine Welt.

KNABE LENKER So acht' ich mich als werten Abgesandten,
So lieb' ich dich als nächsten Anverwandten.
Wo du verweilst ist Fülle, wo ich bin
Fühlt jeder sich im herrlichsten Gewinn;
Auch schwankt er oft im widersinnigen Leben:
Soll er sich dir? soll er sich mir ergeben?
Die Deinen freilich können müßig ruhn,

Doch wer mir folgt hat immer was zu tun.
Nicht in's geheim vollführ' ich meine Taten
Ich atme nur und schon bin ich verraten.
So lebe wohl! Du gönnst mir ja mein Glück,
Doch lisple leis und gleich bin ich zurück.

Ab wie er kam.

PLUTUS Nun ist es Zeit die Schätze zu entfesseln!
Die Schlösser treff' ich mit des Herolds Rute.
Es tut sich auf! schaut her! in ehrnen Kesseln
Entwickelt sich's und wallt von goldnem Blute,
Zunächst der Schmuck von Kronen, Ketten, Ringen;
Es schwillt und droht ihn schmelzend zu verschlingen.

WECHSELGESCHREI DER MENGE
Seht hier, o hin! wie's reichlich quillt,
Die Kiste bis zum Rande füllt. —
Gefäße, goldne, schmelzen sich,
Gemünzte Rollen wälzen sich. —
Dukaten hüpfen wie geprägt,
O wie mir das den Busen regt —
Wie schau' ich alle mein Begehr!
Da kollern sie am Boden her. —
Man bietet's euch, benutzt's nur gleich
Und bückt euch nur und werdet reich. —
Wir andern, rüstig wie der Blitz,
Wir nehmen den Koffer in Besitz.

HEROLD Was soll's, ihr Toren? soll mir das?
Es ist ja nur ein Maskenspaß.
Heut Abend wird nicht mehr begehrt;
Glaubt ihr man geb' euch Gold und Wert?
Sind doch für euch in diesem Spiel
Selbst Rechenpfennige zu viel.
Ihr Täppischen! ein artiger Schein
Soll gleich die plumpe Wahrheit sein.
Was soll euch Wahrheit? — Dumpfen Wahn
Packt ihr an allen Zipfeln an. —
Vermummter Plutus, Maskenheld,
Schlag' dieses Volk mir aus dem Feld.

PLUTUS Dein Stab ist wohl dazu bereit,
Verleih ihn mir auf kurze Zeit. —
Ich tauch' ihn rasch in Sud und Glut. —
Nun! Masken seid auf eurer Hut.
Wie's blitzt und platzt, in Funken sprüht!
Der Stab schon ist er angeglüht.
Wer sich zu nah herangedrängt
Ist unbarmherzig gleich versengt —
Jetzt fang' ich meinen Umgang an.

GESCHREI *und* GEDRÄNG O weh! Es ist um uns getan. —
Entfliehe wer entfliehen kann! —
Zurück, zurück du Hintermann! —
Mir sprüht es heiß in's Angesicht. —
Mich drückt des glühenden Stabs Gewicht —
Verloren sind wir all' und all'. —
Zurück, zurück du Maskenschwall!
Zurück, zurück unsinniger Hauf! —
O hätt' ich Flügel, flög' ich auf. —
PLUTUS Schon ist der Kreis zurückgedrängt
Und niemand glaub' ich ist versengt.
Die Menge weicht,
Sie ist verscheucht. —
Doch solcher Ordnung Unterpfand
Zieh' ich ein unsichtbares Band.
HEROLD Du hast ein herrlich Werk vollbracht,
Wie dank' ich deiner klugen Macht!
PLUTUS Noch braucht es, edler Freund, Geduld:
Es droht noch mancherlei Tumult.
GEIZ So kann man doch, wenn es beliebt,
Vergnüglich diesen Kreis beschauen;
Denn immerfort sind vornen an die Frauen
Wo's was zu gaffen, was zu naschen gibt.
Noch bin ich nicht so völlig eingerostet!
Ein schönes Weib ist immer schön;
Und heute weil es mich nichts kostet,
So wollen wir getrost sponsieren gehn.
Doch weil am überfüllten Orte
Nicht jedem Ohr vernehmlich alle Worte,
Versuch' ich klug und hoff' es soll mir glücken,
Mich pantomimisch deutlich auszudrücken.
Hand, Fuß, Gebärde reicht mir da nicht hin,
Da muß ich mich um einen Schwank bemühn.
Wie feuchten Ton will ich das Gold behandeln,
Denn dies Metall läßt sich in alles wandeln.
HEROLD Was fängt der an der magre Tor!
Hat so ein Hungermann Humor?
Er knetet alles Gold zu Teig,
Ihm wird es unter'n Händen weich,
Wie er es drückt und wie es ballt
Bleibt's immer doch nur ungestalt.
Er wendet sich zu den Weibern dort,
Sie schreien alle, möchten fort,
Gebärden sich gar widerwärtig;
Der Schalk erweis't sich übelfertig.
Ich fürchte daß er sich ergetzt,
Wenn er die Sittlichkeit verletzt.

Dazu darf ich nicht schweigsam bleiben,
Gib meinen Stab, ihn zu vertreiben.
PLUTUS Er ahnet nicht was uns von außen droht;
Laß ihn die Narrentheidung treiben,
Ihm wird kein Raum für seine Possen bleiben;
Gesetz ist mächtig, mächtiger ist die Not.
GETÜMMEL *und* GESANG Das wilde Heer es kommt zumal
Von Bergeshöh und Waldes Tal,
Unwiderstehlich schreitet's an:
Sie feiern ihren großen Pan.
Sie wissen doch was keiner weiß
Und drängen in den leeren Kreis.
PLUTUS Ich kenn' euch wohl und euren großen Pan!
Zusammen habt ihr kühnen Schritt getan.
Ich weiß recht gut was nicht ein jeder weiß
Und öffne schuldig diesen engen Kreis.
Mag sie ein gut Geschick begleiten!
Das Wunderlichste kann geschehn;
Sie wissen nicht wohin sie schreiten,
Sie haben sich nicht vorgesehn.
WILDGESANG Geputztes Volk du, Flitterschau!
Sie kommen roh, sie kommen rauh,
In hohem Sprung, in raschem Lauf,
Sie treten derb und tüchtig auf.
FAUNEN Die Faunenschar
Im lustigen Tanz,
Den Eichenkranz
Im krausen Haar,
Ein feines zugespitztes Ohr
Dringt an dem Lockenkopf hervor,
Ein stumpfes Näschen, ein breit Gesicht
Das schadet alles bei Frauen nicht.
Dem Faun wenn er die Patsche reicht
Versagt die schönste den Tanz nicht leicht.
SATYR Der Satyr hüpft nun hinterdrein
Mit Ziegenfuß und dürrem Bein,
Ihm sollen sie mager und sehnig sein,
Und gemsenartig auf Bergeshöhn
Belustigt er sich umherzusehn.
In Freiheitsluft erquickt alsdann
Verhöhnt er Kind und Weib und Mann,
Die tief in Tales Dampf und Rauch
Behaglich meinen sie lebten auch,
Da ihm doch rein und ungestört
Die Welt dort oben allein gehört.
GNOMEN Da trippelt ein die kleine Schar,
Sie hält nicht gern sich Paar und Paar;

Im moosigen Kleid mit Lämplein hell
Bewegt sich's durcheinander schnell,
Wo jedes für sich selber schafft,
Wie Leuchtameisen wimmelhaft;
Und wuselt emsig hin und her,
Beschäftigt in die Kreuz und Quer.

Den frommen Gütchen nah verwandt,
Als Felschirurgen wohl bekannt;
Die hohen Berge schröpfen wir,
Aus vollen Adern schöpfen wir;
Metalle stürzen wir zu Hauf,
Mit Gruß getrost: Glück auf! Glück auf!
Das ist von Grund aus wohl gemeint:
Wir sind der guten Menschen Freund'.
Doch bringen wir das Gold zu Tag
Damit man stehlen und kuppeln mag,
Nicht Eisen fehle dem stolzen Mann,
Der allgemeinen Mord ersann.
Und wer die drei Gebot' veracht't
Sich auch nichts aus den andern macht.
Das alles ist nicht unsre Schuld,
Drum habt sofort wie wir Geduld.

RIESEN Die wilden Männer sind s' genannt,
Am Harzgebirge wohl bekannt,
Natürlich nackt in aller Kraft,
Sie kommen sämtlich riesenhaft.
Den Fichtenstamm in rechter Hand
Und um den Leib ein wulstig Band,
Den derbsten Schurz von Zweig und Blatt,
Leibwache wie der Papst nicht hat.

NYMPHEN IM CHOR. *Sie umschließen den großen Pan.*
Auch kommt er an! —
Das All der Welt
Wird vorgestellt
Im großen Pan.
Ihr Heitersten umgebet ihn,
Im Gaukeltanz umschwebet ihn,
Denn weil er ernst und gut dabei,
So will er daß man fröhlich sei.
Auch unter'm blauen Wölbedach
Verhielt er sich beständig wach,
Doch rieseln ihm die Bäche zu,
Und Lüftlein wiegen ihn mild in Ruh.
Und wenn er zu Mittage schläft
Sich nicht das Blatt am Zweige regt;
Gesunder Pflanzen Balsamduft

Erfüllt die schweigsam stille Luft;
Die Nymphe darf nicht munter sein
Und wo sie stand da schläft sie ein.
Wenn unerwartet mit Gewalt
Dann aber seine Stimm' erschallt,
Wie Blitzes Knattern, Meergebraus,
Dann niemand weiß wo ein noch aus,
Zerstreut sich tapfres Heer im Feld
Und im Getümmel bebt der Held.
So Ehre dem, dem Ehre gebührt
Und Heil ihm der uns hergeführt!

DEPUTATION DER GNOMEN *an den großen Pan.*
Wenn das glänzend reiche Gute
Fadenweis durch Klüfte streicht,
Nur der klugen Wünschelrute
Seine Labyrinthe zeigt,

Wölben wir in dunklen Grüften
Troglodytisch unser Haus,
Und an reinen Tageslüften
Teilst du Schätze gnädig aus.

Nun entdecken wir hieneben
Eine Quelle wunderbar,
Die bequem verspricht zu geben
Was kaum zu erreichen war.

Dies vermagst du zu vollenden,
Nimm es Herr in deine Hut:
Jeder Schatz in deinen Händen
Kommt der ganzen Welt zu Gut.

PLUTUS *zum Herold.* Wir müssen uns im hohen Sinne fassen
Und was geschieht getrost geschehen lassen,
Du bist ja sonst des stärksten Mutes voll.
Nun wird sich gleich ein Greulichstes eräugnen,
Hartnäckig wird es Welt und Nachwelt leugnen:
Du schreib' es treulich in dein Protokoll.

HEROLD *den Stab anfassend, welchen Plutus in der Hand behält.*
Die Zwerge führen den großen Pan
Zur Feuerquelle sacht heran,
Sie siedet auf vom tiefsten Schlund,
Dann sinkt sie wieder hinab zum Grund,
Und finster steht der offne Mund;
Wallt wieder auf in Glut und Sud,
Der große Pan steht wohlgemut,
Freut sich des wundersamen Dings,

Und Perlenschaum sprüht rechts und links.
Wie mag er solchem Wesen traun?
Er bückt sich tief hinein zu schaun. —
Nun aber fällt sein Bart hinein! —
Wer mag das glatte Kinn wohl sein?
Die Hand verbirgt es unserm Blick. —
Nun folgt ein großes Ungeschick,
Der Bart entflammt und fliegt zurück,
Entzündet Kranz und Haupt und Brust,
Zu Leiden wandelt sich die Lust. —
Zu löschen läuft die Schar herbei,
Doch keiner bleibt von Flammen frei,
Und wie es patscht und wie es schlägt
Wird neues Flammen aufgeregt;
Verflochten in das Element
Ein ganzer Maskenklump verbrennt.

Was aber hör' ich wird uns kund
Von Ohr zu Ohr, von Mund zu Mund!
O ewig unglücksel'ge Nacht
Was hast du uns für Leid gebracht!
Verkünden wird der nächste Tag
Was niemand willig hören mag;
Doch hör' ich aller Orten schrein
„Der *Kaiser*" leidet solche Pein.
O wäre doch ein Andres wahr!
Der Kaiser brennt und seine Schar.
Sie sei verflucht die ihn verführt,
In harzig Reis sich eingeschnürt,
Zu toben her mit Brüll-Gesang
Zu allerseitigem Untergang.
O Jugend, Jugend wirst du nie
Der Freude reines Maß bezirken?
O Hoheit, Hoheit wirst du nie
Vernünftig wie allmächtig wirken?

Schon geht der Wald in Flammen auf,
Sie züngeln leckend spitz hinauf,
Zum holzverschränkten Deckenband,
Uns droht ein allgemeiner Brand.
Des Jammers Maß ist übervoll,
Ich weiß nicht wer uns retten soll.
Ein Aschenhaufen einer Nacht
Liegt morgen reiche Kaiserpracht.

PLUTUS Schrecken ist genug verbreitet,
Hülfe sei nun eingeleitet! —

Schlage heil'gen Stabs Gewalt,
Daß der Boden bebt und schallt!
Du geräumig weite Luft
Fülle dich mit kühlem Duft.
Zieht heran, umherzuschweifen,
Nebeldünste, schwangre Streifen,
Deckt ein flammendes Gewühl;
Rieselt, säuselt, Wölkchen kräuselt,
Schlüpfet wallend, leise dämpfet,
Löschend überall bekämpfet,
Ihr, die lindernden, die feuchten,
Wandelt in ein Wetterleuchten
Solcher eitlen Flamme Spiel. —
Drohen Geister uns zu schädigen
Soll sich die Magie betätigen.

Lustgarten

Morgensonne.

DER KAISER, HOFLEUTE. FAUST, MEPHISTOPHELES, *anständig, nicht auffallend, nach Sitte gekleidet; beide knieen.*

FAUST Verzeihst du, Herr, das Flammengaukelspiel?
KAISER *zum Aufstehn winkend.*
Ich wünsche mir dergleichen Scherze viel. —
Auf einmal sah ich mich in glühnder Sphäre,
Es schien mir fast als ob ich Pluto wäre.
Aus Nacht und Kohlen lag ein Felsengrund,
Von Flämmchen glühend. Dem und jenem Schlund
Aufwirbelten viel tausend wilde Flammen
Und flackerten in Ein Gewölb zusammen.
Zum höchsten Dome züngelt' es empor,
Der immer ward und immer sich verlor.
Durch fernen Raum gewundner Feuersäulen
Sah ich bewegt der Völker lange Zeilen,
Sie drängten sich im weiten Kreis heran,
Und huldigten, wie sie es stets getan.
Von meinem Hof erkannt' ich ein- und andern,
Ich schien ein Fürst von tausend Salamandern.
MEPHISTOPHELES Das bist du, Herr! weil jedes Element
Die Majestät als unbedingt erkennt.
Gehorsam Feuer hast du nun erprobt;
Wirf dich in's Meer wo es am wildsten tobt,
Und kaum betrittst du perlenreichen Grund,
So bildet wallend sich ein herrlich Rund;
Siehst auf und ab lichtgrüne schwanke Wellen,
Mit Purpursaum, zur schönsten Wohnung schwellen,
Um dich, den Mittelpunkt. Bei jedem Schritt,

Wohin du gehst, gehn die Paläste mit.
Die Wände selbst erfreuen sich des Lebens,
Pfeilschnellen Wimmlens, Hin- und Widerstrebens.
Meerwunder drängen sich zum neuen milden Schein,
Sie schießen an, und keines darf herein.
Da spielen farbig goldbeschuppte Drachen,
Der Haifisch klafft, du lachst ihm in den Rachen.
Wie sich auch jetzt der Hof um dich entzückt,
Hast du doch nie ein solch Gedräng erblickt.
Doch bleibst du nicht vom Lieblichsten geschieden:
Es nahen sich neugierige Nereiden
Der prächt'gen Wohnung in der ew'gen Frische,
Die jüngsten scheu und lüstern wie die Fische,
Die spätern klug. Schon wird es Thetis kund,
Dem zweiten Peleus reicht sie Hand und Mund. —
Den Sitz alsdann auf des Olymps Revier . . .

KAISER Die luft'gen Räume die erlass' ich dir:
Noch früh genug besteigt man jenen Thron.

MEPHISTOPHELES Und, höchster Herr! die Erde hast du schon.

KAISER Welch gut Geschick hat dich hieher gebracht,
Unmittelbar aus Tausend Einer Nacht?
Gleichst du an Fruchtbarkeit Scheherazaden,
Versichr' ich dich der höchsten aller Gnaden.
Sei stets bereit, wenn eure Tageswelt,
Wie's oft geschieht, mir widerlichst mißfällt.

MARSCHALK *tritt eilig auf.*
Durchlauchtigster, ich dacht' in meinem Leben
Vom schönsten Glück Verkündung nicht zu geben
Als diese, die mich hoch beglückt,
In deiner Gegenwart entzückt:
Rechnung für Rechnung ist berichtigt,
Die Wucherklauen sind beschwichtigt,
Los bin ich solcher Höllenpein;
Im Himmel kann's nicht heitrer sein.

HEERMEISTER *folgt eilig.* Abschläglich ist der Sold entrichtet,
Das ganze Heer auf's neu' verpflichtet,
Der Lanzknecht fühlt sich frisches Blut,
Und Wirt und Dirnen haben's gut.

KAISER Wie atmet eure Brust erweitert!
Das faltige Gesicht erheitert!
Wie eilig tretet ihr heran!

SCHATZMEISTER *der sich einfindet.*
Befrage diese die das Werk getan.

FAUST Dem Kanzler ziemt's die Sache vorzutragen.

KANZLER *der langsam herankommt.*
Beglückt genug in meinen alten Tagen. —
So hört und schaut das schicksalschwere Blatt,

Das alles Weh in Wohl verwandelt hat.
Er lies't.
„Zu wissen sei es jedem der's begehrt:
Der Zettel hier ist tausend Kronen wert.
Ihm liegt gesichert, als gewisses Pfand,
Unzahl vergrabnen Guts im Kaiserland.
Nun ist gesorgt, damit der reiche Schatz,
Sogleich gehoben, diene zum Ersatz."
KAISER Ich ahne Frevel, ungeheuren Trug!
Wer fälschte hier des Kaisers Namenszug?
Ist solch Verbrechen ungestraft geblieben?
SCHATZMEISTER Erinnre dich! hast selbst es unterschrieben;
Erst heute Nacht. Du standst als großer Pan,
Der Kanzler sprach mit uns zu dir heran:
„Gewähre dir das hohe Festvergnügen,
Des Volkes Heil, mit wenig Federzügen."
Du zogst sie rein, dann ward's in dieser Nacht
Durch Tausendkünstler schnell vertausendfacht,
Damit die Wohltat allen gleich gedeihe,
So stempelten wir gleich die ganze Reihe,
Zehn, Dreißig, Funfzig, Hundert sind parat.
Ihr denkt euch nicht wie wohl's dem Volke tat.
Seht eure Stadt, sonst halb im Tod verschimmelt,
Wie alles lebt und lustgenießend wimmelt!
Obschon dein Name längst die Welt beglückt,
Man hat ihn nie so freundlich angeblickt.
Das Alphabet ist nun erst überzählig,
In diesem Zeichen wird nun jeder selig.
KAISER Und meinen Leuten gilt's für gutes Gold?
Dem Heer, dem Hofe g'nügt's zu vollem Sold?
So sehr mich's wundert muß ich's gelten lassen.
MARSCHALK Unmöglich wär's die Flüchtigen einzufassen;
Mit Blitzeswink zerstreute sich's im Lauf.
Die Wechsler-Bänke stehen sperrig auf,
Man honoriert daselbst ein jedes Blatt
Durch Gold und Silber, freilich mit Rabatt.
Nun geht's von da zum Fleischer, Bäcker, Schenken;
Die halbe Welt scheint nur an Schmaus zu denken,
Wenn sich die andre neu in Kleidern bläht.
Der Krämer schneidet aus, der Schneider näht.
Bei: „Hoch dem Kaiser!" sprudelt's in den Kellern,
Dort kocht's und brät's und klappert mit den Tellern.
MEPHISTOPHELES Wer die Terrassen einsam abspaziert,
Gewahrt die Schönste, herrlich aufgeziert,
Ein Aug' verdeckt vom stolzen Pfauenwedel,
Sie schmunzelt uns und blickt nach solcher Schedel;
Und hurt'ger als durch Witz und Redekunst

Vermittelt sich die reichste Liebesgunst.
Man wird sich nicht mit Börs' und Beutel plagen,
Ein Blättchen ist im Busen leicht zu tragen,
Mit Liebesbrieflein paart's bequem sich hier.
Der Priester trägt's andächtig im Brevier,
Und der Soldat, um rascher sich zu wenden,
Erleichtert schnell den Gürtel seiner Lenden.
Die Majestät verzeihe wenn in's Kleine
Das hohe Werk ich zu erniedern scheine.

FAUST Das Übermaß der Schätze, das, erstarrt,
In deinen Landen tief im Boden harrt,
Liegt ungenutzt. Der weiteste Gedanke
Ist solchen Reichtums kümmerlichste Schranke,
Die Phantasie, in ihrem höchsten Flug,
Sie strengt sich an und tut sich nie genug.
Doch fassen Geister, würdig tief zu schauen,
Zum Gränzenlosen gränzenlos Vertrauen.

MEPHISTOPHELES Ein solch Papier, an Gold und Perlen Statt,
Ist so bequem, man weiß doch was man hat,
Man braucht nicht erst zu markten noch zu tauschen,
Kann sich nach Lust in Lieb' und Wein berauschen;
Will man Metall, ein Wechsler ist bereit,
Und fehlt es da, so gräbt man eine Zeit.
Pokal und Kette wird verauktioniert,
Und das Papier, sogleich amortisiert,
Beschämt den Zweifler der uns frech verhöhnt.
Man will nichts anders, ist daran gewöhnt.
So bleibt von nun an allen Kaiser-Landen
An Kleinod, Gold, Papier genug vorhanden.

KAISER Das hohe Wohl verdankt euch unser Reich,
Wo möglich sei der Lohn dem Dienste gleich.
Vertraut sei euch des Reiches innrer Boden,
Ihr seid der Schätze würdigste Kustoden.
Ihr kennt den weiten wohlverwahrten Hort,
Und wenn man gräbt, so sei's auf euer Wort.
Vereint euch nun, ihr Meister unsres Schatzes,
Erfüllt mit Lust die Würden eures Platzes,
Wo mit der obern sich die Unterwelt,
In Einigkeit beglückt, zusammenstellt.

SCHATZMEISTER Soll zwischen uns kein fernster Zwist sich regen,
Ich liebe mir den Zaubrer zum Kollegen.

Ab mit Faust.

KAISER Beschenk' ich nun bei Hofe Mann für Mann,
Gesteh' er mir wozu er's brauchen kann.

PAGE *empfangend.* Ich lebe lustig, heiter, guter Dinge.

EIN ANDRER *gleichfalls.*
Ich schaffe gleich dem Liebchen Kett' und Ringe.

KÄMMERER *annehmend.*
Von nun an trink' ich doppelt bess're Flasche.
EIN ANDRER *gleichfalls.*
Die Würfel jucken mich schon in der Tasche.
BANNERHERR *mit Bedacht.*
Mein Schloß und Feld ich mach' es schuldenfrei.
EIN ANDRER *gleichfalls.*
Es ist ein Schatz, den leg' ich Schätzen bei.
KAISER Ich hoffte Lust und Mut zu neuen Taten;
Doch wer euch kennt, der wird euch leicht erraten.
Ich merk' es wohl, bei aller Schätze Flor
Wie ihr gewesen bleibt ihr nach wie vor.
NARR *herbeikommend.*
Ihr spendet Gnaden, gönnt auch mir davon.
KAISER Und lebst du wieder, du vertrinkst sie schon.
NARR Die Zauber-Blätter! ich versteh's nicht recht.
KAISER Das glaub' ich wohl, denn du gebrauchst sie schlecht.
NARR Da fallen andere, weiß nicht was ich tu'.
KAISER Nimm sie nur hin, sie fielen dir ja zu. *Ab.*
NARR Fünftausend Kronen wären mir zu Handen!
MEPHISTOPHELES Zweibeiniger Schlauch, bist wieder auferstanden?
NARR Geschieht mir oft, doch nicht so gut als jetzt.
MEPHISTOPHELES Du freust dich so, daß dich's in Schweiß versetzt.
NARR Da seht nur her, ist das wohl Geldes wert?
MEPHISTOPHELES Du hast dafür was Schlund und Bauch begehrt.
NARR Und kaufen kann ich Acker, Haus und Vieh?
MEPHISTOPHELES Versteht sich! biete nur, das fehlt dir nie.
NARR Und Schloß, mit Wald und Jagd und Fischbach?
MEPHISTOPHELES Traun!
Ich möchte dich gestrengen Herrn wohl schaun!
NARR Heut Abend wieg' ich mich im Grundbesitz! — *Ab.*
MEPHISTOPHELES *solus.* Wer zweifelt noch an unsres Narren Witz!

Finstere Galerie

FAUST. MEPHISTOPHELES.

MEPHISTOPHELES Was ziehst du mich in diese düstern Gänge?
Ist nicht da drinnen Lust genug,
Im dichten bunten Hofgedränge
Gelegenheit zu Spaß und Trug?
FAUST Sag' mir das nicht, du hast's in alten Tagen
Längst an den Sohlen abgetragen;
Doch jetzt, dein Hin- und Widergehn
Ist nur um mir nicht Wort zu stehn.
Ich aber bin gequält zu tun,
Der Marschalk und der Kämmrer treibt mich nun.

Der Kaiser will, es muß sogleich geschehn,
Will Helena und Paris vor sich sehn;
Das Musterbild der Männer so der Frauen
In deutlichen Gestalten will er schauen.
Geschwind an's Werk! ich darf mein Wort nicht brechen.
MEPHISTOPHELES Unsinnig war's leichtsinnig zu versprechen.
FAUST Du hast, Geselle, nicht bedacht
Wohin uns deine Künste führen;
Erst haben wir ihn reich gemacht,
Nun sollen wir ihn amüsieren.
MEPHISTOPHELES Du wähnst es füge sich sogleich;
Hier stehen wir vor steilern Stufen,
Greifst in ein fremdestes Bereich,
Machst frevelhaft am Ende neue Schulden,
Denkst Helenen so leicht hervorzurufen
Wie das Papiergespenst der Gulden. —
Mit Hexen-Fexen, mit Gespenst-Gespinsten,
Kielkröpfigen Zwergen steh' ich gleich zu Diensten;
Doch Teufels-Liebchen, wenn auch nicht zu schelten,
Sie können nicht für Heroinen gelten.
FAUST Da haben wir den alten Leierton!
Bei dir gerät man stets in's Ungewisse.
Der Vater bist du aller Hindernisse,
Für jedes Mittel willst du neuen Lohn.
Mit wenig Murmeln weiß ich ist's getan,
Wie man sich umschaut bringst du sie zur Stelle.
MEPHISTOPHELES Das Heidenvolk geht mich nichts an,
Es haus't in seiner eignen Hölle;
Doch gibt's ein Mittel.
FAUST Sprich, und ohne Säumnis!
MEPHISTOPHELES Ungern entdeck' ich höheres Geheimnis. —
Göttinnen thronen hehr in Einsamkeit,
Um sie kein Ort noch weniger eine Zeit,
Von ihnen sprechen ist Verlegenheit.
Die *Mütter* sind es!
FAUST *aufgeschreckt* Mütter!
MEPHISTOPHELES Schaudert's dich?
FAUST Die Mütter! Mütter! — 's klingt so wunderlich.
MEPHISTOPHELES Das ist es auch. Göttinnen, ungekannt
Euch Sterblichen, von uns nicht gern genannt.
Nach ihrer Wohnung magst in's Tiefste schürfen;
Du selbst bist Schuld daß ihrer wir bedürfen.
FAUST Wohin der Weg?
MEPHISTOPHELES Kein Weg! In's Unbetretene,
Nicht zu Betretende; ein Weg an's Unerbetene,
Nicht zu Erbittende. Bist du bereit? —
Nicht Schlösser sind, nicht Riegel wegzuschieben,

Von Einsamkeiten wirst umhergetrieben.
Hast du Begriff von Öd' und Einsamkeit?
FAUST Du spartest dächt' ich solche Sprüche,
Hier wittert's nach der Hexenküche,
Nach einer längst vergangnen Zeit.
Mußt' ich nicht mit der Welt verkehren?
Das Leere lernen, Leeres lehren? —
Sprach ich vernünftig wie ich's angeschaut,
Erklang der Widerspruch gedoppelt laut;
Mußt' ich sogar vor widerwärtigen Streichen
Zur Einsamkeit, zur Wildernis entweichen;
Und um nicht ganz versäumt, allein zu leben
Mich doch zuletzt dem Teufel übergeben.
MEPHISTOPHELES Und hättest du den Ozean durchschwommen,
Das Gränzenlose dort geschaut,
So sähst du dort doch Well' auf Welle kommen,
Selbst wenn es dir vor'm Untergange graut.
Du sähst doch etwas. Sähst wohl in der Grüne
Gestillter Meere streichende Delphine;
Sähst Wolken ziehen, Sonne, Mond und Sterne;
Nichts wirst du sehn in ewig leerer Ferne,
Den Schritt nicht hören den du tust,
Nichts Festes finden wo du ruhst.
FAUST Du sprichst als erster aller Mystagogen,
Die treue Neophyten je betrogen;
Nur umgekehrt. Du sendest mich in's Leere,
Damit ich dort so Kunst als Kraft vermehre;
Behandelst mich, daß ich, wie jene Katze,
Dir die Kastanien aus den Gluten kratze.
Nur immer zu! wir wollen es ergründen,
In deinem Nichts hoff' ich das All zu finden.
MEPHISTOPHELES Ich rühme dich eh' du dich von mir trennst,
Und sehe wohl, daß du den Teufel kennst;
Hier diesen Schlüssel nimm.
FAUST Das kleine Ding!
MEPHISTOPHELES Erst faß ihn an und schätz' ihn nicht gering.
FAUST Er wächs't in meiner Hand! er leuchtet, blitzt!
MEPHISTOPHELES Merkst du nun bald was man an ihm besitzt?
Der Schlüssel wird die rechte Stelle wittern,
Folg' ihm hinab, er führt dich zu den Müttern.
FAUST *schaudernd.* Den Müttern! Trifft's mich immer wie ein Schlag!
Was ist das Wort das ich nicht hören mag?
MEPHISTOPHELES Bist du beschränkt daß neues Wort dich stört?
Willst du nur hören was du schon gehört?
Dich störe nichts wie es auch weiter klinge,
Schon längst gewohnt der wunderbarsten Dinge.
FAUST Doch im Erstarren such' ich nicht mein Heil,

Das Schaudern ist der Menschheit bestes Teil;
Wie auch die Welt ihm das Gefühl verteure,
Ergriffen, fühlt er tief das Ungeheure.

MEPHISTOPHELES Versinke denn! Ich könnt' auch sagen: steige!
's ist einerlei. Entfliehe dem Entstandnen
In der Gebilde losgebundne Reiche!
Ergetze dich am längst nicht mehr Vorhandnen;
Wie Wolkenzüge schlingt sich das Getreibe,
Den Schlüssel schwinge, halte sie vom Leibe.

FAUST *begeistert.* Wohl! fest ihn fassend fühl' ich neue Stärke,
Die Brust erweitert, hin zum großen Werke.

MEPHISTOPHELES Ein glühnder Dreifuß tut dir endlich kund
Du seist im tiefsten, allertiefsten Grund.
Bei seinem Schein wirst du die Mütter sehn,
Die einen sitzen, andre stehn und gehn,
Wie's eben kommt. Gestaltung, Umgestaltung,
Des ewigen Sinnes ewige Unterhaltung,
Umschwebt von Bildern aller Kreatur.
Sie sehn dich nicht, denn Schemen sehn sie nur.
Da faß ein Herz, denn die Gefahr ist groß,
Und gehe g'rad' auf jenen Dreifuß los,
Berühr' ihn mit dem Schlüssel!

Faust macht eine entschieden gebietende Attitüde mit dem Schlüssel.

MEPHISTOPHELES *ihn betrachtend* So ist's recht!
Er schließt sich an, er folgt als treuer Knecht;
Gelassen steigst du, dich erhebt das Glück,
Und eh' sie's merken bist mit ihm zurück.
Und hast du ihn einmal hierher gebracht,
So rufst du Held und Heldin aus der Nacht,
Der erste der sich jener Tat erdreistet;
Sie ist getan und du hast es geleistet.
Dann muß fortan, nach magischem Behandeln,
Der Weihrauchsnebel sich in Götter wandeln.

FAUST Und nun was jetzt?

MEPHISTOPHELES Dein Wesen strebe nieder;
Versinke stampfend, stampfend steigst du wieder.

FAUST *stampft und versinkt.*

MEPHISTOPHELES Wenn ihm der Schlüssel nur zum besten frommt!
Neugierig bin ich ob er wieder kommt?

Hell erleuchtete Säle

KAISER *und* FÜRSTEN, HOF *in Bewegung.*

KÄMMERER *zu Mephistopheles.*
Ihr seid uns noch die Geisterszene schuldig;
Macht euch daran! der Herr ist ungeduldig.

MARSCHALK So eben fragt der Gnädigste darnach;
Ihr! zaudert nicht der Majestät zur Schmach.
MEPHISTOPHELES Ist mein Kumpan doch deshalb weggegangen,
Er weiß schon wie es anzufangen,
Und laboriert verschlossen still,
Muß ganz besonders sich befleißen;
Denn wer den Schatz, das Schöne, heben will,
Bedarf der höchsten Kunst, Magie der Weisen.
MARSCHALK Was ihr für Künste braucht ist einerlei,
Der Kaiser will daß alles fertig sei.
BLONDINE *zu Mephistopheles.*
Ein Wort, mein Herr! Ihr seht ein klar Gesicht,
Jedoch so ist's im leidigen Sommer nicht!
Da sprossen hundert bräunlich rote Flecken,
Die zum Verdruß die weiße Haut bedecken.
Ein Mittel!
MEPHISTOPHELES Schade! so ein leuchtend Schätzchen,
Im Mai getupft wie eure Pantherkätzchen.
Nehmt Froschlaich, Krötenzungen, cohobiert,
Im vollsten Mondlicht sorglich distilliert;
Und, wenn er abnimmt, reinlich aufgestrichen,
Der Frühling kommt, die Tupfen sind entwichen.
BRAUNE Die Menge drängt heran euch zu umschranzen.
Ich bitt' um Mittel! Ein erfrorner Fuß
Verhindert mich am Wandeln wie am Tanzen,
Selbst ungeschickt beweg' ich mich zum Gruß.
MEPHISTOPHELES Erlaubet einen Tritt von meinem Fuß.
BRAUNE Nun das geschieht wohl unter Liebesleuten.
MEPHISTOPHELES Mein Fußtritt, Kind! hat Größres zu bedeuten.
Zu Gleichem Gleiches, was auch einer litt!
Fuß heilet Fuß, so ist's mit allen Gliedern.
Heran! Gebt Acht! Ihr sollt es nicht erwidern.
BRAUNE *schreiend.*
Weh! Weh! das brennt! das war ein harter Tritt,
Wie Pferdehuf.
MEPHISTOPHELES Die Heilung nehmt ihr mit.
Du kannst nunmehr den Tanz nach Lust verüben,
Bei Tafel schwelgend füßle mit dem Lieben.
DAME *herandringend.*
Laß mich hindurch! zu groß sind meine Schmerzen,
Sie wühlen siedend mir im tiefsten Herzen;
Bis gestern sucht' Er Heil in meinen Blicken,
Er schwatzt mit ihr und wendet mir den Rücken.
MEPHISTOPHELES Bedenklich ist es, aber höre mich.
An ihn heran mußt du dich leise drücken;
Nimm diese Kohle, streich' ihm einen Strich
Auf Ärmel, Mantel, Schulter wie sich's macht;

Er fühlt im Herzen holden Reuestich.
Die Kohle doch mußt du sogleich verschlingen,
Nicht Wein, nicht Wasser an die Lippen bringen;
Er seufzt vor deiner Tür noch heute Nacht.

DAME Ist doch kein Gift?

MEPHISTOPHELES *entrüstet* Respekt wo sich's gebührt!
Weit müßtet ihr nach solcher Kohle laufen;
Sie kommt von einem Scheiterhaufen
Den wir sonst emsiger angeschürt.

PAGE Ich bin verliebt, man hält mich nicht für voll.

MEPHISTOPHELES *bei Seite.*
Ich weiß nicht mehr, wohin ich hören soll.
Zum Pagen.
Müßt euer Glück nicht auf die Jüngste setzen.
Die Angejahrten wissen euch zu schätzen. —
Andere drängen sich herzu.
Schon wieder Neue! Welch ein harter Strauß!
Ich helfe mir zuletzt mit Wahrheit aus;
Der schlechteste Behelf! Die Not ist groß. —
O Mütter, Mütter! Laßt nur Fausten los!
Umherschauend.
Die Lichter brennen trübe schon im Saal,
Der ganze Hof bewegt sich auf einmal.
Anständig seh' ich sie in Folge ziehn,
Durch lange Gänge, ferne Galerien.
Nun! sie versammeln sich im weiten Raum
Des alten Rittersaals, er faßt sie kaum.
Auf breite Wände Teppiche spendiert,
Mit Rüstung Eck- und Nischen ausgeziert.
Hier braucht es dächt' ich keine Zauberworte;
Die Geister finden sich von selbst zum Orte.

Rittersaal

Dämmernde Beleuchtung.

KAISER *und* HOF *sind eingezogen.*

HEROLD Mein alt Geschäft, das Schauspiel anzukünden,
Verkümmert mir der Geister heimlich Walten;
Vergebens wagt man aus verständigen Gründen
Sich zu erklären das verworrene Schalten.
Die Sessel sind, die Stühle schon zur Hand;
Den Kaiser setzt man g'rade vor die Wand;
Auf den Tapeten mag er da die Schlachten
Der großen Zeit bequemlichstens betrachten.
Hier sitzt nun alles, Herr und Hof im Runde,

Die Bänke drängen sich im Hintergrunde;
Auch Liebchen hat, in düstern Geisterstunden,
Zur Seite Liebchens lieblich Raum gefunden.
Und so, da alle schicklich Platz genommen,
Sind wir bereit, die Geister mögen kommen!

Posaunen.

ASTROLOG Beginne gleich das Drama seinen Lauf,
Der Herr befiehlt's, ihr Wände tut euch auf!
Nichts hindert mehr, hier ist Magie zur Hand,
Die Tepp'che schwinden, wie gerollt vom Brand;
Die Mauer spaltet sich, sie kehrt sich um,
Ein tief Theater scheint sich aufzustellen,
Geheimnisvoll ein Schein uns zu erhellen,
Und ich besteige das Proszenium.

MEPHISTOPHELES *aus dem Souffleurloche auftauchend.*
Von hier aus hoff' ich allgemeine Gunst,
Einbläsereien sind des Teufels Redekunst.
Zum Astrologen.
Du kennst den Takt, in dem die Sterne gehn,
Und wirst mein Flüstern meisterlich verstehn.

ASTROLOG Durch Wunderkraft erscheint allhier zur Schau,
Massiv genug, ein alter Tempelbau.
Dem Atlas gleich der einst den Himmel trug
Stehn, reihenweis, der Säulen hier genug;
Sie mögen wohl der Felsenlast genügen,
Da zweie schon ein groß Gebäude trügen.

ARCHITEKT Das wär' antik! ich wüßt' es nicht zu preisen,
Es sollte plump und überlästig heißen.
Roh nennt man edel, unbehülflich groß.
Schmal-Pfeiler lieb' ich, strebend, gränzenlos;
Spitzbögiger Zenit erhebt den Geist;
Solch ein Gebäu erbaut uns allermeist.

ASTROLOG Empfangt mit Ehrfurcht sterngegönnte Stunden;
Durch magisch Wort sei die Vernunft gebunden;
Dagegen weit heran bewege frei
Sich herrliche verwegne Phantasei.
Mit Augen schaut nun was ihr kühn begehrt,
Unmöglich ist's, drum eben glaubenswert.

FAUST *steigt auf der andern Seite des Proszeniums herauf.*

ASTROLOG Im Priesterkleid, bekranzt, ein Wundermann,
Der nun vollbringt was er getrost begann.
Ein Dreifuß steigt mit ihm aus hohler Gruft,
Schon ahn' ich aus der Schale Weihrauchduft.
Er rüstet sich das hohe Werk zu segnen,
Es kann fortan nur Glückliches begegnen.

FAUST *großartig.* In eurem Namen, Mütter, die ihr thront
Im Gränzenlosen, ewig einsam wohnt,
Und doch gesellig. Euer Haupt umschweben
Des Lebens Bilder, regsam, ohne Leben.
Was einmal war, in allem Glanz und Schein,
Es regt sich dort; denn es will ewig sein.
Und ihr verteilt es, allgewaltige Mächte,
Zum Zelt des Tages, zum Gewölb der Nächte.
Die einen faßt des Lebens holder Lauf,
Die andern sucht der kühne Magier auf;
In reicher Spende läßt er, voll Vertrauen,
Was jeder wünscht, das Wunderwürdige schauen.
ASTROLOG Der glühnde Schlüssel rührt die Schale kaum,
Ein dunstiger Nebel deckt sogleich den Raum,
Er schleicht sich ein, er wogt nach Wolkenart,
Gedehnt, geballt, verschränkt, geteilt, gepaart.
Und nun erkennt ein Geister-Meister-Stück!
So wie sie wandeln machen sie Musik.
Aus luft'gen Tönen quillt ein Weißnichtwie,
Indem sie ziehn wird alles Melodie.
Der Säulenschaft, auch die Triglyphe klingt,
Ich glaube gar der ganze Tempel singt.
Das Dunstige senkt sich; aus dem leichten Flor
Ein schöner Jüngling tritt im Takt hervor.
Hier schweigt mein Amt, ich brauch' ihn nicht zu nennen,
Wer sollte nicht den holden Paris kennen!

PARIS *hervortretend.*

DAME O! welch ein Glanz aufblühender Jugendkraft!
ZWEITE Wie eine Pfirsche frisch und voller Saft!
DRITTE Die fein gezognen, süß geschwollnen Lippen!
VIERTE Du möchtest wohl an solchem Becher nippen?
FÜNFTE Er ist gar hübsch, wenn auch nicht eben fein.
SECHSTE Ein bißchen könnt' er doch gewandter sein.
RITTER Den Schäferknecht glaub' ich allhier zu spüren,
Vom Prinzen nichts und nichts von Hofmanieren.
ANDRER Eh nun! halb nackt ist wohl der Junge schön,
Doch müßten wir ihn erst im Harnisch sehn!
DAME Er setzt sich nieder, weichlich, angenehm.
RITTER Auf seinem Schoße wär' euch wohl bequem?
ANDRE Er lehnt den Arm so zierlich über's Haupt.
KÄMMERER Die Flegelei! Das find' ich unerlaubt!
DAME Ihr Herren wißt an allem was zu mäkeln.
DERSELBE In Kaisers Gegenwart sich hinzuräkeln!
DAME Er stellt's nur vor! Er glaubt sich ganz allein.
DERSELBE Das Schauspiel selbst, hier sollt' es höflich sein.

DAME Sanft hat der Schlaf den Holden übernommen.
DERSELBE Er schnarcht nun gleich, natürlich ist's vollkommen!
JUNGE DAME *entzückt.*
Zum Weihrauchsdampf was duftet so gemischt?
Das mir das Herz zum innigsten erfrischt.
ÄLTERE Fürwahr! Es dringt ein Hauch tief in's Gemüte,
Er kommt von ihm!
ÄLTESTE Es ist des Wachstums Blüte,
Im Jüngling als Ambrosia bereitet,
Und atmosphärisch rings umher verbreitet.

HELENA *hervortretend.*

MEPHISTOPHELES Das wär' sie denn! Vor dieser hätt' ich Ruh,
Hübsch ist sie wohl, doch sagt sie mir nicht zu.
ASTROLOG Für mich ist diesmal weiter nichts zu tun,
Als Ehrenmann gesteh', bekenn' ich's nun.
Die Schöne kommt, und hätt' ich Feuerzungen!
Von Schönheit ward von jeher viel gesungen;
Wem sie erscheint wird aus sich selbst entrückt,
Wem sie gehörte ward zu hoch beglückt.
FAUST Hab' ich noch Augen? Zeigt sich tief im Sinn
Der Schönheit Quelle reichlichstens ergossen?
Mein Schreckensgang bringt seligsten Gewinn,
Wie war die Welt mir nichtig, unerschlossen!
Was ist sie nun seit meiner Priesterschaft?
Erst wünschenswert, gegründet, dauerhaft!
Verschwinde mir des Lebens Atemkraft,
Wenn ich mich je von dir zurückgewöhne! —
Die Wohlgestalt die mich voreinst entzückte,
In Zauberspiegelung beglückte,
War nur ein Schaumbild solcher Schöne! —
Du bist's der ich die Regung aller Kraft,
Den Inbegriff der Leidenschaft,
Dir Neigung, Lieb', Anbetung, Wahnsinn zolle.
MEPHISTOPHELES *aus dem Kasten.*
So faßt euch doch, und fallt nicht aus der Rolle!
ÄLTERE DAME Groß, wohlgestaltet, nur der Kopf zu klein.
JÜNGERE Seht nur den Fuß! Wie könnt' er plumper sein!
DIPLOMAT Fürstinnen hab' ich dieser Art gesehn,
Mich däucht sie ist vom Kopf zum Fuße schön.
HOFMANN Sie nähert sich dem Schläfer listig mild.
DAME Wie häßlich neben jugendreinem Bild!
POET Von ihrer Schönheit ist er angestrahlt.
DAME Endymion und Luna! wie gemalt!
DERSELBE Ganz recht! Die Göttin scheint herabzusinken,
Sie neigt sich über, seinen Hauch zu trinken;
Beneidenswert! — Ein Kuß! — Das Maß ist voll.

DUENNA Vor allen Leuten! Das ist doch zu toll!
FAUST Furchtbare Gunst dem Knaben! —
MEPHISTOPHELES Ruhig! still!
Laß das Gespenst doch machen was es will.
HOFMANN Sie schleicht sich weg, leichtfüßig; er erwacht.
DAME Sie sieht sich um! Das hab' ich wohl gedacht.
HOFMANN Er staunt! Ein Wunder ist's was ihm geschieht.
DAME Ihr ist kein Wunder was sie vor sich sieht.
HOFMANN Mit Anstand kehrt sie sich zu ihm herum.
DAME Ich merke schon sie nimmt ihn in die Lehre;
In solchem Fall sind alle Männer dumm,
Er glaubt wohl auch daß er der erste wäre.
RITTER Laßt mir sie gelten! Majestätisch fein! —
DAME Die Buhlerin! Das nenn' ich doch gemein!
PAGE Ich möchte wohl an seiner Stelle sein!
HOFMANN Wer würde nicht in solchem Netz gefangen?
DAME Das Kleinod ist durch manche Hand gegangen,
Auch die Verguldung ziemlich abgebraucht.
ANDRE Vom zehnten Jahr an hat sie nichts getaugt.
RITTER Gelegentlich nimmt jeder sich das Beste;
Ich hielte mich an diese schönen Reste.
GELAHRTER Ich seh' sie deutlich, doch gesteh' ich frei,
Zu zweiflen ist, ob sie die rechte sei.
Die Gegenwart verführt in's Übertriebne,
Ich halte mich vor allem an's Geschriebne.
Da les' ich denn: sie habe wirklich allen
Graubärten Troja's sonderlich gefallen;
Und, wie mich dünkt, vollkommen paßt das hier,
Ich bin nicht jung und doch gefällt sie mir.
ASTROLOG Nicht Knabe mehr! Ein kühner Heldenmann
Umfaßt er sie, die kaum sich wehren kann.
Gestärkten Arms hebt er sie hoch empor,
Entführt er sie wohl gar?
FAUST Verwegner Tor!
Du wagst! Du hörst nicht! halt! das ist zu viel!
MEPHISTOPHELES Machst du's doch selbst das Fratzengeisterspiel!
ASTROLOG Nur noch ein Wort! Nach allem was geschah
Nenn ich das Stück den *Raub der Helena.*
FAUST Was Raub! Bin ich für nichts an dieser Stelle!
Ist dieser Schlüssel nicht in meiner Hand!
Er führte mich, durch Graus und Wog' und Welle
Der Einsamkeiten, her zum festen Strand.
Hier fass' ich Fuß! Hier sind es Wirklichkeiten,
Von hier aus darf der Geist mit Geistern streiten,
Das Doppelreich, das große, sich bereiten.
So fern sie war, wie kann sie näher sein!
Ich rette sie und sie ist doppelt mein.

Gewagt! Ihr Mütter! Mütter! müßt's gewähren!
Wer sie erkannt der darf sie nicht entbehren.

ASTROLOG Was tust du, Fauste! Fauste! — Mit Gewalt
Faßt er sie an, schon trübt sich die Gestalt.
Den Schlüssel kehrt er nach dem Jüngling zu,
Berührt ihn! — Weh uns, Wehe! Nu! im Nu!

Explosion, Faust liegt am Boden. Die Geister gehen in Dunst auf.

MEPHISTOPHELES *der Fausten auf die Schulter nimmt.*
Da habt ihr's nun! mit Narren sich beladen
Das kommt zuletzt dem Teufel selbst zu Schaden.

Finsternis, Tumult.

ZWEITER AKT

Hochgewölbtes enges gotisches Zimmer,

ehemals Faustens, unverändert

MEPHISTOPHELES *hinter einem Vorhang hervortretend. Indem er ihn aufhebt und zurücksieht, erblickt man Fausten hingestreckt auf einem altväterischen Bette.*

Hier lieg', Unseliger! verführt
Zu schwergelös'tem Liebesbande!
Wen Helena paralysiert
Der kommt so leicht nicht zu Verstande.

Sich umschauend.

Blick' ich hinauf, hierher, hinüber,
Allunverändert ist es, unversehrt;
Die bunten Scheiben sind, so dünkt mich, trüber,
Die Spinneweben haben sich vermehrt;
Die Tinte starrt, vergilbt ist das Papier;
Doch alles ist am Platz geblieben;
Sogar die Feder liegt noch hier,
Mit welcher Faust dem Teufel sich verschrieben.
Ja! tiefer in dem Rohre stockt
Ein Tröpflein Blut, wie ich's ihm abgelockt.
Zu einem solchen einzigen Stück
Wünscht' ich dem größten Sammler Glück.
Auch hängt der alte Pelz am alten Haken,
Erinnert mich an jene Schnaken
Wie ich den Knaben einst belehrt,
Woran er noch vielleicht als Jüngling zehrt.
Es kommt mir wahrlich das Gelüsten,
Rauchwarme Hülle, dir vereint,
Mich als Dozent noch einmal zu erbrüsten,
Wie man so völlig Recht zu haben meint.
Gelehrte wissen's zu erlangen,

Dem Teufel ist es längst vergangen.

Er schüttelt den herabgenommenen Pelz, Zikaden, Käfer und Farfarellen fahren heraus.

CHOR DER INSEKTEN Willkommen! willkommen,
Du alter Patron,
Wir schweben und summen
und kennen dich schon.
Nur einzeln im Stillen
Du hast uns gepflanzt,
Zu Tausenden kommen wir,
Vater, getanzt.
Der Schalk in dem Busen
Verbirgt sich so sehr,
Vom Pelze die Läuschen
Enthüllen sich eh'r.

MEPHISTOPHELES
Wie überraschend mich die junge Schöpfung freut!
Man säe nur, man erntet mit der Zeit.
Ich schüttle noch einmal den alten Flaus,
Noch eines flattert hier und dort hinaus. —
Hinauf! umher! in hunderttausend Ecken
Eilt euch, ihr Liebchen, zu verstecken.
Dort wo die alten Schachteln stehn,
Hier im bebräunten Pergamen,
In staubigen Scherben alter Töpfe,
Dem Hohlaug' jener Totenköpfe.
In solchem Wust und Moderleben
Muß es für ewig Grillen geben.

Schlüpft in den Pelz.

Komm, decke mir die Schultern noch einmal!
Heut bin ich wieder Prinzipal.
Doch hilft es nichts mich so zu nennen,
Wo sind die Leute die mich anerkennen!

Er zieht die Glocke die einen gellenden durchdringenden Ton erschallen läßt; wovon die Hallen erbeben und die Türen aufspringen.

FAMULUS *den langen finstern Gang herwankend.*
Welch ein Tönen! welch ein Schauer!
Treppe schwankt, es bebt die Mauer;
Durch der Fenster buntes Zittern
Seh' ich wetterleuchtend Wittern.
Springt das Estrich, und von oben
Rieselt Kalk und Schutt verschoben.
Und die Türe, fest verriegelt,
Ist durch Wunderkraft entsiegelt. —
Dort! Wie fürchterlich! Ein Riese
Steht in Faustens altem Vliese!
Seinen Blicken, seinem Winken
Möcht' ich in die Kniee sinken.

Soll ich fliehen? Soll ich stehn?
Ach wie wird es mir ergehn!

MEPHISTOPHELES *winkend.*
Heran, mein Freund! — Ihr heißet Nicodemus.

FAMULUS Hochwürdiger Herr! so ist mein Nam' — Oremus.

MEPHISTOPHELES Das lassen wir!

FAMULUS Wie froh! daß ihr mich kennt.

MEPHISTOPHELES Ich weiß es wohl, bejahrt und noch Student,
Bemoos'ter Herr! Auch ein gelehrter Mann
Studiert so fort, weil er nicht anders kann.
So baut man sich ein mäßig Kartenhaus,
Der größte Geist baut's doch nicht völlig aus.
Doch euer Meister das ist ein Beschlagner:
Wer kennt ihn nicht den edlen Doktor Wagner,
Den Ersten jetzt in der gelehrten Welt!
Er ist's allein der sie zusammenhält,
Der Weisheit täglicher Vermehrer.
Allwißbegierige Horcher, Hörer
Versammeln sich um ihn zu Hauf.
Er leuchtet einzig vom Katheder;
Die Schlüssel übt er wie Sankt Peter,
Das Untre so das Obre schließt er auf.
Wie er vor allen glüht und funkelt,
Kein Ruf, kein Ruhm hält weiter Stand;
Selbst Faustus Name wird verdunkelt,
Er ist es, der allein erfand.

FAMULUS Verzeiht! Hochwürdiger Herr! wenn ich euch sage,
Wenn ich zu widersprechen wage:
Von allem dem ist nicht die Frage,
Bescheidenheit ist sein beschieden Teil.
In's unbegreifliche Verschwinden
Des hohen Manns weiß er sich nicht zu finden,
Von dessen Wiederkunft erfleht er Trost und Heil.
Das Zimmer, wie zu Doktor Faustus Tagen,
Noch unberührt seitdem er fern,
Erwartet seinen alten Herrn.
Kaum wag' ich's mich herein zu wagen.
Was muß die Sternenstunde sein? —
Gemäuer scheint mir zu erbangen;
Türpfosten bebten, Riegel sprangen,
Sonst kamt ihr selber nicht herein.

MEPHISTOPHELES Wo hat der Mann sich hingetan?
Führt mich zu ihm, bringt ihn heran.

FAMULUS Ach! sein Verbot ist gar zu scharf,
Ich weiß nicht ob ich's wagen darf.
Monate lang, des großen Werkes willen,
Lebt' er im allerstillsten Stillen.

Der zarteste gelehrter Männer
Er sieht aus wie ein Kohlenbrenner,
Geschwärzt vom Ohre bis zur Nasen,
Die Augen rot vom Feuerblasen,
So lechzt er jedem Augenblick;
Geklirr der Zange gibt Musik.

MEPHISTOPHELES Sollt' er den Zutritt mir verneinen?
Ich bin der Mann das Glück ihm zu beschleunen.

Der Famulus geht ab, Mephistopheles setzt sich gravitätisch nieder.

Kaum hab' ich Posto hier gefaßt
Regt sich dort hinten, mir bekannt, ein Gast.
Doch diesmal ist er von den Neusten,
Er wird sich gränzenlos erdreusten.

BAKKALAUREUS *den Gang herstürmend.*

Tor und Türe find' ich offen!
Nun, da läßt sich endlich hoffen,
Daß nicht, wie bisher, im Moder
Der Lebendige wie ein Toter
Sich verkümmere, sich verderbe,
Und am Leben selber sterbe.

Diese Mauern, diese Wände
Neigen, senken sich zum Ende
Und wenn wir nicht bald entweichen
Wird uns Fall und Sturz erreichen.
Bin verwegen, wie nicht einer,
Aber weiter bringt mich keiner.

Doch was soll ich heut erfahren!
War's nicht hier, vor so viel Jahren,
Wo ich, ängstlich und beklommen,
War als guter Fuchs gekommen?
Wo ich diesen Bärtigen traute,
Mich an ihrem Schnack erbaute.

Aus den alten Bücherkrusten
Logen sie mir was sie wußten,
Was sie wußten, selbst nicht glaubten,
Sich und mir das Leben raubten.
Wie? — Dort hinten in der Zelle,
Sitzt noch Einer dunkel-helle!

Nahend seh' ich's mit Erstaunen,
Sitzt er noch im Pelz, dem braunen;
Wahrlich wie ich ihn verließ,
Noch gehüllt im rauhen Vlies!
Damals schien er zwar gewandt,
Als ich ihn noch nicht verstand.

Heute wird es nichts verfangen,
Frisch an ihn herangegangen!

Wenn, alter Herr, nicht Lethe's trübe Fluten
Das schiefgesenkte kahle Haupt durchschwommen,
Seht anerkennend hier den Schüler kommen,
Entwachsen akademischen Ruten.
Ich find' euch noch wie ich euch sah;
Ein Anderer bin *ich* wieder da.
MEPHISTOPHELES Mich freut daß ich euch hergeläutet.
Ich schätzt' euch damals nicht gering;
Die Raupe schon, die Chrysalide deutet
Den künftigen bunten Schmetterling.
Am Lockenkopf und Spitzenkragen
Empfandet ihr ein kindliches Behagen. —
Ihr trugt wohl niemals einen Zopf? —
Heut schau' ich euch im Schwedenkopf.
Ganz resolut und wacker seht ihr aus,
Kommt nur nicht absolut nach Haus.
BAKKALAUREUS Mein alter Herr! Wir sind am alten Orte,
Bedenkt jedoch erneuter Zeiten Lauf
Und sparet doppelsinnige Worte;
Wir passen nun ganz anders auf.
Ihr hänseltet den guten treuen Jungen,
Das ist euch ohne Kunst gelungen,
Was heut zu Tage niemand wagt.
MEPHISTOPHELES Wenn man der Jugend reine Wahrheit sagt
Die gelben Schnäbeln keineswegs behagt,
Sie aber hinterdrein nach Jahren
Das alles derb an eigner Haut erfahren,
Dann dünkeln sie es käm' aus eignem Schopf;
Da heißt es denn: der Meister war ein Tropf.
BAKKALAUREUS Ein Schelm vielleicht! — denn welcher Lehrer spricht
Die Wahrheit uns direkt in's Angesicht?
Ein jeder weiß zu mehren wie zu mindern,
Bald ernst, bald heiter klug zu frommen Kindern.
MEPHISTOPHELES Zum Lernen gibt es freilich eine Zeit,
Zum Lehren seid ihr, merk' ich, selbst bereit.
Seit manchen Monden, einigen Sonnen
Erfahrungsfülle habt ihr wohl gewonnen.
BAKKALAUREUS Erfahrungswesen! Schaum und Dust!
Und mit dem Geist nicht ebenbürtig.
Gesteht! was man von je gewußt
Es ist durchaus nicht wissenswürdig . . .
MEPHISTOPHELES *nach einer Pause.*
Mich deucht es längst. Ich war ein Tor,

Nun komm' ich mir recht schal und albern vor.
BAKKALAUREUS Das freut mich sehr! Da hör' ich doch Verstand;
Der erste Greis, den ich vernünftig fand!
MEPHISTOPHELES Ich suchte nach verborgen-goldnem Schatze,
Und schauerliche Kohlen trug ich fort.
BAKKALAUREUS Gesteht nur, euer Schädel, eure Glatze
Ist nicht mehr wert als jene hohlen dort?
MEPHISTOPHELES *gemütlich.*
Du weißt wohl nicht, mein Freund, wie grob du bist?
BAKKALAUREUS Im Deutschen lügt man, wenn man höflich ist.
MEPHISTOPHELES *der mit seinem Rollstuhle immer näher in's Proszenium rückt, zum Parterre.*
Hier oben wird mir Licht und Luft benommen,
Ich finde wohl bei euch ein Unterkommen?
BAKKALAUREUS Anmaßlich find' ich daß zur schlecht'sten Frist
Man etwas sein will, wo man nichts mehr ist.
Des Menschen Leben lebt im Blut, und wo
Bewegt das Blut sich wie im Jüngling so?
Das ist lebendig Blut in frischer Kraft,
Das neues Leben sich aus Leben schafft.
Da regt sich alles, da wird was getan,
Das Schwache fällt, das Tüchtige tritt heran.
Indessen wir die halbe Welt gewonnen
Was habt ihr denn getan? genickt, gesonnen,
Geträumt, erwogen, Plan und immer Plan.
Gewiß! das Alter ist ein kaltes Fieber
Im Frost von grillenhafter Not.
Hat einer dreißig Jahr vorüber,
So ist er schon so gut wie tot.
Am besten wär's euch zeitig totzuschlagen.
MEPHISTOPHELES Der Teufel hat hier weiter nichts zu sagen.
BAKKALAUREUS Wenn ich nicht will, so darf kein Teufel sein.
MEPHISTOPHELES *abseits.*
Der Teufel stellt dir nächstens doch ein Bein.
BAKKALAUREUS Dies ist der Jugend edelster Beruf!
Die Welt sie war nicht eh' ich sie erschuf;
Die Sonne führt' ich aus dem Meer herauf;
Mit mir begann der Mond des Wechsels Lauf;
Da schmückte sich der Tag auf meinen Wegen,
Die Erde grünte, blühte mir entgegen.
Auf meinen Wink, in jener ersten Nacht,
Entfaltete sich aller Sterne Pracht.
Wer, außer mir, entband euch aller Schranken
Philisterhaft einklemmender Gedanken?
Ich aber frei, wie mir's im Geiste spricht,
Verfolge froh mein innerliches Licht,
Und wandle rasch, im eigensten Entzücken,
Das Helle vor mir, Finsternis im Rücken. *Ab.*

MEPHISTOPHELES Original, fahr' hin in deiner Pracht! —
Wie würde dich die Einsicht kränken:
Wer kann was Dummes, wer was Kluges denken
Das nicht die Vorwelt schon gedacht? —
Doch sind wir auch mit diesem nicht gefährdet,
In wenig Jahren wird es anders sein:
Wenn sich der Most auch ganz absurd gebärdet,
Es gibt zuletzt doch noch e' Wein.
Zu dem jüngern Parterre das nicht applaudiert.
Ihr bleibt bei meinem Worte kalt,
Euch guten Kindern lass' ich's gehen;
Bedenkt: der Teufel der ist alt,
So werdet alt, ihn zu verstehen!

Laboratorium

im Sinne des Mittelalters, weitläufige unbehülfliche Apparate, zu phantastischen Zwecken

WAGNER *am Herde.* Die Glocke tönt, die fürchterliche,
Durchschauert die berußten Mauern.
Nicht länger kann das Ungewisse
Der ernstesten Erwartung dauern.
Schon hellen sich die Finsternisse;
Schon in der innersten Phiole
Erglüht es wie lebendige Kohle,
Ja wie der herrlichste Karfunkel,
Verstrahlend Blitze durch das Dunkel;
Ein helles weißes Licht erscheint!
O daß ich's diesmal nicht verliere! —
Ach Gott! was rasselt an der Türe?
MEPHISTOPHELES *eintretend.* Willkommen! es ist gut gemeint.
WAGNER *ängstlich.* Willkommen! zu dem Stern der Stunde.
Leise.
Doch haltet Wort und Atem fest im Munde,
Ein herrlich Werk ist gleich zu Stand gebracht.
MEPHISTOPHELES *leiser.* Was gibt es denn?
WAGNER *leiser.* Es wird ein Mensch gemacht.
MEPHISTOPHELES Ein Mensch? Und welch verliebtes Paar
Habt ihr in's Rauchloch eingeschlossen?
WAGNER Behüte Gott! wie sonst das Zeugen Mode war
Erklären wir für eitel Possen.
Der zarte Punkt aus dem das Leben sprang,
Die holde Kraft die aus dem Innern drang
Und nahm und gab, bestimmt sich selbst zu zeichnen,
Erst Nächstes, dann sich Fremdes anzueignen,
Die ist von ihrer Würde nun entsetzt;
Wenn sich das Tier noch weiter dran ergetzt,

So muß der Mensch mit seinen großen Gaben
Doch künftig höhern, höhern Ursprung haben.
Zum Herd gewendet.
Es leuchtet! seht! — Nun läßt sich wirklich hoffen,
Daß, wenn wir aus viel hundert Stoffen
Durch Mischung, denn auf Mischung kommt es an,
Den Menschenstoff gemächlich komponieren,
In einen Kolben verlutieren
Und ihn gehörig cohobieren,
So ist das Werk im Stillen abgetan.
Zum Herd gewendet.
Es wird! die Masse regt sich klarer,
Die Überzeugung wahrer, wahrer:
Was man an der Natur Geheimnisvolles pries,
Das wagen wir verständig zu probieren,
Und was sie sonst organisieren ließ,
Das lassen wir krystallisieren.

MEPHISTOPHELES Wer lange lebt hat viel erfahren,
Nichts Neues kann für ihn auf dieser Welt geschehn,
Ich habe schon, in meinen Wanderjahren,
Krystallisiertes Menschenvolk gesehn.

WAGNER *bisher immer aufmerksam auf die Phiole.*
Es steigt, es blitzt, es häuft sich an,
Im Augenblick ist es getan.
Ein großer Vorsatz scheint im Anfang toll;
Doch wollen wir des Zufalls künftig lachen,
Und so ein Hirn, das trefflich denken soll,
Wird künftig auch ein Denker machen.
Entzückt die Phiole betrachtend.
Das Glas erklingt von lieblicher Gewalt,
Es trübt, es klärt sich; also muß es werden!
Ich seh' in zierlicher Gestalt
Ein artig Männlein sich gebärden.
Was wollen wir, was will die Welt nun mehr?
Denn das Geheimnis liegt am Tage.
Gebt diesem Laute nur Gehör,
Er wird zur Stimme, wird zur Sprache.

HOMUNCULUS *in der Phiole zu Wagner.*
Nun Väterchen! wie steht's? es war kein Scherz.
Komm, drücke mich recht zärtlich an dein Herz,
Doch nicht zu fest, damit das Glas nicht springe.
Das ist die Eigenschaft der Dinge:
Natürlichem genügt das Weltall kaum,
Was künstlich ist, verlangt geschloss'nen Raum.
Zu Mephistopheles.
Du aber Schalk, Herr Vetter, bist du hier?
Im rechten Augenblick, ich danke dir.

Ein gut Geschick führt dich zu uns herein,
Dieweil ich bin, muß ich auch tätig sein.
Ich möchte mich sogleich zur Arbeit schürzen.
Du bist gewandt, die Wege mir zu kürzen.

WAGNER Nur noch ein Wort! bisher mußt' ich mich schämen,
Denn alt und jung bestürmt mich mit Problemen.
Zum Beispiel nur: noch niemand konnt' es fassen
Wie Seel' und Leib so schön zusammenpassen,
So fest sich halten als um nie zu scheiden,
Und doch den Tag sich immerfort verleiden.
Sodann —

MEPHISTOPHELES Halt' ein! ich wollte lieber fragen:
Warum sich Mann und Frau so schlecht vertragen?
Du kommst, mein Freund, hierüber nie in's Reine.
Hier gibt's zu tun, das eben will der Kleine.

HOMUNCULUS Was gibt's zu tun?

MEPHISTOPHELES *auf eine Seitentüre deutend.*
Hier zeige deine Gabe!

WAGNER *immer in die Phiole schauend.*
Fürwahr, du bist ein allerliebster Knabe!

Die Seitentür öffnet sich, man sieht FAUST *auf dem Lager hingestreckt.*

HOMUNCULUS *erstaunt.* Bedeutend! —

Die Phiole entschlüpft aus Wagners Händen, schwebt über Faust und beleuchtet ihn.

Schön umgeben! — Klar Gewässer
Im dichten Haine, Fraun die sich entkleiden;
Die allerliebsten! — Das wird immer besser.
Doch eine läßt sich glänzend unterscheiden,
Aus höchstem Helden-, wohl aus Götterstamme.
Sie setzt den Fuß in das durchsichtige Helle;
Des edlen Körpers holde Lebensflamme
Kühlt sich im schmiegsamen Krystall der Welle. —
Doch welch Getöse rasch bewegter Flügel,
Welch Sausen, Plätschern wühlt im glatten Spiegel?
Die Mädchen fliehn verschüchtert; doch allein
Die Königin sie blickt gelassen drein
Und sieht, mit stolzem weiblichem Vergnügen,
Der Schwäne Fürsten ihrem Knie sich schmiegen,
Zudringlich-zahm. Er scheint sich zu gewöhnen. —
Auf einmal aber steigt ein Dunst empor
Und deckt mit dichtgewebtem Flor
Die lieblichste von allen Szenen.

MEPHISTOPHELES Was du nicht alles zu erzählen hast!
So klein du bist, so groß bist du Phantast.
Ich sehe nichts —

HOMUNCULUS Das glaub' ich. Du aus Norden,
Im Nebelalter jung geworden,
Im Wust von Rittertum und Pfäfferei,

Wo wäre da dein Auge frei!
Im Düstern bist du nur zu Hause.
Umherschauend.
Verbräunt Gestein, bemodert, widrig,
Spitzbögig, schnörkelhaftest, niedrig! —
Erwacht uns dieser, gibt es neue Not,
Er bleibt gleich auf der Stelle tot.
Waldquellen, Schwäne, nackte Schönen,
Das war sein ahnungsvoller Traum;
Wie wollt' er sich hierher gewöhnen!
Ich, der bequemste, duld' es kaum.
Nun fort mit ihm.

MEPHISTOPHELES Der Ausweg soll mich freuen.

HOMUNCULUS Befiehl den Krieger in die Schlacht,
Das Mädchen führe du zum Reihen,
So ist gleich alles abgemacht.
Jetzt eben, wie ich schnell bedacht,
Ist klassische Walpurgisnacht;
Das Beste was begegnen könnte
Bringt ihn zu seinem Elemente.

MEPHISTOPHELES Dergleichen hab' ich nie vernommen.

HOMUNCULUS Wie wollt' es auch zu euren Ohren kommen?
Romantische Gespenster kennt ihr nur allein,
Ein echt Gespenst auch klassisch hat's zu sein.

MEPHISTOPHELES Wohin denn aber soll die Fahrt sich regen?
Mich widern schon antikische Kollegen.

HOMUNCULUS Nordwestlich, Satan, ist dein Luftrevier;
Südöstlich diesmal aber segeln wir —
An großer Fläche fließt Peneios frei,
Umbuscht, umbaumt, in still- und feuchten Buchten,
Die Ebne dehnt sich zu der Berge Schluchten,
Und oben liegt Pharsalus alt und neu.

MEPHISTOPHELES O weh! hinweg! und laßt mir jene Streite
Von Tyrannei und Sklaverei bei Seite.
Mich langeweilt's, denn kaum ist's abgetan,
So fangen sie von vorne wieder an;
Und keiner merkt: er ist doch nur geneckt
Vom Asmodeus der dahinter steckt.
Sie streiten sich, so heißt's, um Freiheitsrechte,
Genau besehn sind's Knechte gegen Knechte.

HOMUNCULUS Den Menschen laß ihr widerspenstig Wesen,
Ein jeder muß sich wehren wie er kann,
Vom Knaben auf, so wird's zuletzt ein Mann.
Hier fragt sich's nur wie dieser kann genesen?
Hast du ein Mittel so erprob' es hier,
Vermagst du's nicht so überlaß es mir.

MEPHISTOPHELES Manch Brockenstückchen wäre durchzuproben,

Doch Heidenriegel find' ich vorgeschoben.
Das Griechenvolk es taugte nie recht viel!
Doch blendet's euch mit freiem Sinnen-Spiel,
Verlockt des Menschen Brust zu heitern Sünden,
Die unsern wird man immer düster finden.
Und nun was soll's?

HOMUNCULUS Du bist ja sonst nicht blöde;
Und wenn ich von thessalischen Hexen rede,
So denk' ich hab' ich was gesagt.

MEPHISTOPHELES *lüstern.*
Thessalische Hexen! Wohl! das sind Personen
Nach denen hab' ich lang gefragt.
Mit ihnen Nacht für Nacht zu wohnen
Ich glaube nicht daß es behagt;
Doch zum Besuch! Versuch!

HOMUNCULUS Den Mantel her,
Und um den Ritter umgeschlagen!
Der Lappen wird euch, wie bisher,
Den einen mit dem andern tragen,
Ich leuchte vor.

WAGNER *ängstlich* Und ich?

HOMUNCULUS Eh nun
Du bleibst zu Hause Wichtigstes zu tun.
Entfalte du die alten Pergamente,
Nach Vorschrift sammle Lebens-Elemente
Und füge sie mit Vorsicht eins an's andre.
Das *Was* bedenke, mehr bedenke *Wie?*
Indessen ich ein Stückchen Welt durchwandre
Entdeck' ich wohl das Tüpfchen auf das I.
Dann ist der große Zweck erreicht,
Solch einen Lohn verdient ein solches Streben:
Gold, Ehre, Ruhm, gesundes langes Leben,
Und Wissenschaft und Tugend — auch vielleicht.
Leb' wohl!

WAGNER *betrübt.* Leb' wohl! Das drückt das Herz mir nieder.
Ich fürchte schon ich seh' dich niemals wieder.

MEPHISTOPHELES Nun zum Peneios frisch hinab,
Herr Vetter ist nicht zu verachten.
Ad Spectatores.
Am Ende hängen wir doch ab
Von Kreaturen die wir machten.

Klassische Walpurgisnacht

Pharsalische Felder

Finsternis.

ERICHTHO Zum Schauderfeste dieser Nacht, wie öfter schon,
Tret' ich einher, Erichtho, ich die düstere;
Nicht so abscheulich wie die leidigen Dichter mich
Im Übermaß verlästern ... Endigen sie doch nie
In Lob und Tadel ... Überbleicht erscheint mir schon
Von grauer Zelten Woge weit das Tal dahin,
Als Nachgesicht der sorg- und grauenvollsten Nacht.
Wie oft schon wiederholt' sich's! Wird sich immerfort
In's Ewige wiederholen ... Keiner gönnt das Reich
Dem andern, dem gönnt's keiner der's mit Kraft erwarb
Und kräftig herrscht. Denn jeder, der sein innres Selbst
Nicht zu regieren weiß, regierte gar zu gern
Des Nachbars Willen, eignem stolzem Sinn gemäß ...
Hier aber ward ein großes Beispiel durchgekämpft:
Wie sich Gewalt Gewaltigerem entgegenstellt,
Der Freiheit holder tausendblumiger Kranz zerreißt,
Der starre Lorbeer sich um's Haupt des Herrschers biegt.
Hier träumte Magnus früher Größe Blütentag,
Dem schwanken Zünglein lauschend wachte Cäsar dort!
Das wird sich messen. Weiß die Welt doch wem's gelang.

Wachfeuer glühen, rote Flammen spendende,
Der Boden haucht vergoss'nen Blutes Widerschein,
Und angelockt von seltnem Wunderglanz der Nacht
Versammelt sich hellenischer Sage Legion.
Um alle Feuer schwankt unsicher, oder sitzt
Behaglich, alter Tage fabelhaft Gebild ...
Der Mond, zwar unvollkommen, aber leuchtend hell,
Erhebt sich, milden Glanz verbreitend überall;
Der Zelten Trug verschwindet, Feuer brennen blau.

Doch, über mir! welch unerwartet Meteor?
Es leuchtet und beleuchtet körperlichen Ball.
Ich wittre Leben. Da geziemen will mir's nicht
Lebendigem zu nahen, dem ich schädlich bin;
Das bringt mir bösen Ruf und frommt mir nicht.
Schon sinkt es nieder. Weich' ich aus mit Wohlbedacht!
Entfernt sich.

Die LUFTFAHRER *oben.*

HOMUNCULUS Schwebe noch einmal die Runde
Über Flamm- und Schaudergrauen;
Ist es doch in Tal und Grunde
Gar gespenstisch anzuschauen.

MEPHISTOPHELES Seh' ich, wie durch's alte Fenster
In des Nordens Wust und Graus,
Ganz abscheuliche Gespenster;
Bin ich hier wie dort zu Haus.
HOMUNCULUS Sieh! da schreitet eine Lange
Weiten Schrittes vor uns hin.
MEPHISTOPHELES Ist es doch als wär' ihr bange;
Sah uns durch die Lüfte ziehn.
HOMUNCULUS Laß sie schreiten! setz' ihn nieder
Deinen Ritter, und sogleich
Kehret ihm das Leben wieder,
Denn er sucht's im Fabelreich.
FAUST *den Boden berührend.* Wo ist sie? —
HOMUNCULUS Wüßten's nicht zu sagen,
Doch hier wahrscheinlich zu erfragen.
In Eile magst du, eh' es tagt,
Von Flamm' zu Flamme spürend gehen:
Wer zu den Müttern sich gewagt
Hat weiter nichts zu überstehen.
MEPHISTOPHELES Auch ich bin hier an meinem Teil;
Doch wüßt' ich Besseres nicht zu unserm Heil
Als: jeder möge durch die Feuer
Versuchen sich sein eigen Abenteuer.
Dann, um uns wieder zu vereinen,
Laß deine Leuchte, Kleiner, tönend scheinen.
HOMUNCULUS So soll es blitzen, soll es klingen.
Das Glas dröhnt und leuchtet gewaltig.
Nun frisch zu neuen Wunderdingen! *Ab.*
FAUST *allein.* Wo ist sie! — Frage jetzt nicht weiter nach ...
Wär's nicht die Scholle die sie trug,
Die Welle nicht die ihr entgegen schlug,
So ist's die Luft die ihre Sprache sprach.
Hier! durch ein Wunder, hier in Griechenland!
Ich fühlte gleich den Boden wo ich stand;
Wie mich, den Schläfer, frisch ein Geist durchglühte,
So steh' ich, ein Antäus an Gemüte.
Und find' ich hier das Seltsamste beisammen,
Durchforsch' ich ernst dies Labyrinth der Flammen.
Entfernt sich.
MEPHISTOPHELES *umherspürend.*
Und wie ich diese Feuerchen durchschweife,
So find' ich mich doch ganz und gar entfremdet,
Fast alles nackt, nur hie und da behemdet:
Die Sphinxe schamlos, unverschämt die Greife,
Und was nicht alles, lockig und beflügelt,
Von vorn und hinten sich im Auge spiegelt ...
Zwar sind auch wir von Herzen unanständig,

Doch das Antike find' ich zu lebendig;
Das müßte man mit neustem Sinn bemeistern
Und mannichfaltig modisch überkleistern ...
Ein widrig Volk! doch darf mich's nicht verdrießen
Als neuer Gast anständig sie zu grüßen ...
Glückzu! den schönen Fraun, den klugen Greisen.

GREIF *schnarrend.* Nicht Greisen! Greifen! — Niemand hört es gern
Daß man ihn Greis nennt. Jedem Worte klingt
Der Ursprung nach wo es sich her bedingt:
Grau, grämlich, griesgram, greulich, Gräber, grimmig,
Etymologisch gleicherweise stimmig,
Verstimmen uns.

MEPHISTOPHELES Und doch, nicht abzuschweifen,
Gefällt das *Grei* im Ehrentitel *Greifen.*

GREIF *wie oben und immer so fort.*
Natürlich! die Verwandtschaft ist erprobt,
Zwar oft gescholten, mehr jedoch gelobt;
Man greife nun nach Mädchen, Kronen, Gold,
Dem Greifenden ist meist Fortuna hold.

AMEISEN *von der kolossalen Art.*
Ihr sprecht von Gold, wir hatten viel gesammelt,
In Fels- und Höhlen heimlich eingerammelt;
Das Arimaspen-Volk hat's ausgespürt,
Sie lachen dort, wie weit sie's weggeführt.

GREIFE Wir wollen sie schon zum Geständnis bringen.

ARIMASPEN Nur nicht zur freien Jubelnacht.
Bis morgen ist's alles durchgebracht,
Es wird uns diesmal wohl gelingen.

MEPHISTOPHELES *hat sich zwischen die Sphinxe gesetzt.*
Wie leicht und gern ich mich hierher gewöhne,
Denn ich verstehe Mann für Mann.

SPHINX Wir hauchen unsre Geistertöne
Und ihr verkörpert sie alsdann.
Jetzt nenne dich bis wir dich weiter kennen.

MEPHISTOPHELES Mit vielen Namen glaubt man mich zu nennen —
Sind Briten hier? Sie reisen sonst so viel,
Schlachtfeldern nachzuspüren, Wasserfällen,
Gestürzten Mauern, klassisch dumpfen Stellen;
Das wäre hier für sie ein würdig Ziel.
Sie zeugten auch: Im alten Bühnen-Spiel
Sah man mich dort als old Iniquity.

SPHINX Wie kam man drauf?

MEPHISTOPHELES Ich weiß es selbst nicht wie.

SPHINX Mag sein! Hast du von Sternen einige Kunde?
Was sagst du zu der gegenwärt'gen Stunde?

MEPHISTOPHELES *aufschauend.*
Stern schießt nach Stern, beschnittner Mond scheint helle

Und mir ist wohl an dieser trauten Stelle,
Ich wärme mich an deinem Löwenfelle.
Hinauf sich zu versteigen wär' zum Schaden,
Gib Rätsel auf, gib allenfalls Charaden.

SPHINX Sprich nur dich selbst aus, wird schon Rätsel sein.
Versuch' einmal dich innigst aufzulösen:
„Dem frommen Manne nötig wie dem bösen,
Dem ein Plastron, asketisch zu rapieren,
Kumpan dem andern, Tolles zu vollführen,
Und beides nur, um Zeus zu amüsieren."

ERSTER GREIF *schnarrend.* Den mag ich nicht!

ZWEITER GREIF *stärker schnarrend.* Was will uns der?

BEIDE Der Garstige gehöret nicht hierher!

MEPHISTOPHELES *brutal.*
Du glaubst vielleicht des Gastes Nägel krauen
Nicht auch so gut wie deine scharfen Klauen?
Versuch's einmal!

SPHINX *milde.* Du magst nur immer bleiben,
Wird dich's doch selbst aus unsrer Mitte treiben;
In deinem Lande tust dir was zu Gute,
Doch, irr' ich nicht, hier ist dir schlecht zu Mute.

MEPHISTOPHELES Du bist recht appetitlich oben anzuschauen,
Doch unten hin, die Bestie macht mir Grauen.

SPHINX Du Falscher kommst zu deiner bittern Buße,
Denn unsre Tatzen sind gesund;
Dir mit verschrumpftem Pferdefuße
Behagt es nicht in unserem Bund.

SIRENEN *präludieren oben.*

MEPHISTOPHELES Wer sind die Vögel in den Ästen
Des Pappelstromes hingewiegt?

SPHINX Gewahrt euch nur! die Allerbesten
Hat solch ein Sing-Sang schon besiegt.

SIRENEN Ach was wollt ihr euch verwöhnen
In dem Häßlich-Wunderbaren!
Horcht, wir kommen hier zu Scharen
Und in wohlgestimmten Tönen,
So geziemet es Sirenen.

SPHINXE *sie verspottend in derselben Melodie.*
Nötigt sie herabzusteigen!
Sie verbergen in den Zweigen
Ihre garstigen Habichtskrallen,
Euch verderblich anzufallen,
Wenn ihr euer Ohr verleiht.

SIRENEN Weg! das Hassen, weg! das Neiden;
Sammeln wir die klarsten Freuden,

Unter'm Himmel ausgestreut!
Auf dem Wasser, auf der Erde
Sei's die heiterste Gebärde
Die man dem Willkommnen beut.

MEPHISTOPHELES Das sind die saubern Neuigkeiten
Wo aus der Kehle, von den Saiten
Ein Ton sich um den andern flicht.
Das Trallern ist bei mir verloren,
Es krabbelt wohl mir um die Ohren
Allein zum Herzen dringt es nicht.

SPHINXE Sprich nicht vom Herzen! das ist eitel;
Ein lederner verschrumpfter Beutel
Das paßt dir eher zu Gesicht.

FAUST *herantretend.*
Wie wunderbar! das Anschaun tut mir G'nüge,
Im Widerwärtigen große, tüchtige Züge.
Ich ahne schon ein günstiges Geschick;
Wohin versetzt mich dieser ernste Blick?
Auf Sphinxe bezüglich.
Vor solchen hat einst Ödipus gestanden;
Auf Sirenen bezüglich.
Vor solchen krümmte sich Ulyß in hänfnen Banden;
Auf Ameisen bezüglich.
Von solchen ward der höchste Schatz gespart;
Auf Greife bezüglich.
Von diesen treu und ohne Fehl bewahrt.
Vom frischen Geiste fühl' ich mich durchdrungen,
Gestalten groß, groß die Erinnerungen.

MEPHISTOPHELES Sonst hättest du dergleichen weggeflucht,
Doch jetzo scheint es dir zu frommen;
Denn wo man die Geliebte sucht,
Sind Ungeheuer selbst willkommen.

FAUST *zu den Sphinxen.*
Ihr Frauenbilder müßt mir Rede stehn:
Hat eins der Euren Helena gesehn?

SPHINXE Wir reichen nicht hinauf zu ihren Tagen,
Die letztesten hat Hercules erschlagen.
Von Chiron könntest du's erfragen;
Der sprengt herum in dieser Geisternacht,
Wenn er dir steht, so hast du's weit gebracht.

SIRENEN Sollte dir's doch auch nicht fehlen! . . .
Wie Ulyß bei uns verweilte,
Schmähend nicht vorübereilte,
Wußt' er vieles zu erzählen;
Würden alles dir vertrauen,
Wolltest du zu unsern Gauen
Dich an's grüne Meer verfügen.

SPHINX Laß dich, Edler, nicht betrügen.
Statt daß Ulyß sich binden ließ,
Laß unsern guten Rat dich binden;
Kannst du den hohen Chiron finden,
Erfährst du was ich dir verhieß.

FAUST *entfernt sich.*

MEPHISTOPHELES *verdrießlich.*
Was krächzt vorbei mit Flügelschlag?
So schnell daß man's nicht sehen mag,
Und immer eins dem andern nach,
Den Jäger würden sie ermüden.

SPHINX Dem Sturm des Winterwinds vergleichbar,
Alcides Pfeilen kaum erreichbar;
Es sind die raschen Stymphaliden.
Und wohlgemeint ihr Krächzegruß,
Mit Geierschnabel und Gänsefuß.
Sie möchten gern in unsern Kreisen
Als Stammverwandte sich erweisen.

MEPHISTOPHELES *wie verschüchtert.*
Noch andres Zeug zischt zwischen drein.

SPHINX Vor diesen sei euch ja nicht bange,
Es sind die Köpfe der lernäischen Schlange,
Vom Rumpf getrennt, und glauben was zu sein.
Doch sagt, was soll nur aus euch werden?
Was für unruhige Gebärden?
Wo wollt ihr hin? Begebt euch fort!...
Ich sehe, jener Chorus dort
Macht euch zum Wendehals. Bezwingt euch nicht,
Geht hin! begrüßt manch reizendes Gesicht.
Die Lamien sind's, lustfeine Dirnen,
Mit Lächelmund und frechen Stirnen,
Wie sie dem Satyrvolk behagen;
Ein Bocksfuß darf dort alles wagen.

MEPHISTOPHELES
Ihr bleibt doch hier? daß ich euch wiederfinde.

SPHINXE Ja! Mische dich zum lustigen Gesinde.
Wir, von Ägypten her, sind längst gewohnt
Daß unsereins in tausend Jahre thront.
Und respektiert nur unsre Lage,
So regeln wir die Mond- und Sonnentage.
Sitzen vor den Pyramiden,
Zu der Völker Hochgericht;
Überschwemmung, Krieg und Frieden —
Und verziehen kein Gesicht.

PENEIOS *umgeben von Gewässern und* NYMPHEN.

PENEIOS Rege dich du Schilfgeflüster!
Hauche leise Rohrgeschwister,
Säuselt leichte Weidensträuche,
Lispelt Pappelzitterzweige
Unterbrochnen Träumen zu! . . .
Weckt mich doch ein grauslich Wittern,
Heimlich allbewegend Zittern
Aus dem Wallestrom und Ruh.

FAUST *an den Fluß tretend.*
Hör' ich recht, so muß ich glauben:
Hinter den verschränkten Lauben
Dieser Zweige, dieser Stauden
Tönt ein menschenähnlichs Lauten.
Scheint die Welle doch ein Schwätzen,
Lüftlein wie — ein Scherzergetzen.

NYMPHEN *zu Faust.* Am besten geschäh' dir,
Du legtest dich nieder,
Erholtest im Kühlen
Ermüdete Glieder,
Genössest der immer
Dich meidenden Ruh;
Wir säuseln, wir rieseln,
Wir flüstern dir zu.

FAUST Ich wache ja! O laß sie walten
Die unvergleichlichen Gestalten
Wie sie dorthin mein Auge schickt.
So wunderbar bin ich durchdrungen!
Sind's Träume? Sind's Erinnerungen?
Schon einmal warst du so beglückt.
Gewässer schleichen durch die Frische
Der dichten, sanft bewegten Büsche,
Nicht rauschen sie, sie rieseln kaum;
Von allen Seiten hundert Quellen
Vereinen sich in reinlich hellen,
Zum Bade flach vertieften Raum.
Gesunde junge Frauenglieder
Vom feuchten Spiegel doppelt wieder
Ergetztem Auge zugebracht!
Gesellig dann und fröhlich badend,
Erdreistet schwimmend, furchtsam watend;
Geschrei zuletzt und Wasserschlacht.
Begnügen sollt' ich mich an diesen,
Mein Auge sollte hier genießen,
Doch immer weiter strebt mein Sinn.
Der Blick dringt scharf nach jener Hülle,
Das reiche Laub der grünen Fülle
Verbirgt die hohe Königin.

Wundersam! auch Schwäne kommen
Aus den Buchten hergeschwommen,
Majestätisch rein bewegt.
Ruhig schwebend, zart gesellig,
Aber stolz und selbstgefällig
Wie sich Haupt und Schnabel regt...
Einer aber scheint vor allen
Brüstend kühn sich zu gefallen,
Segelnd rasch durch alle fort;
Sein Gefieder bläht sich schwellend,
Welle selbst, auf Wogen wellend,
Dringt er zu dem heiligen Ort...
Die andern schwimmen hin und wieder
Mit ruhig glänzendem Gefieder,
Bald auch in regem prächtigen Streit
Die scheuen Mädchen abzulenken,
Daß sie an ihren Dienst nicht denken,
Nur an die eigne Sicherheit.

NYMPHEN Leget, Schwestern, euer Ohr
An des Ufers grüne Stufe;
Hör' ich recht, so kommt mir's vor
Als der Schwall von Pferdes Hufe.
Wußt' ich nur wer dieser Nacht
Schnelle Botschaft zugebracht.

FAUST Ist mir doch als dröhnt' die Erde
Schallend unter eiligem Pferde.
Dorthin mein Blick!
Ein günstiges Geschick,
Soll es mich schon erreichen?
O Wunder ohne Gleichen!
Ein Reuter kommt herangetrabt,
Er scheint von Geist und Mut begabt,
Von blendend-weißem Pferd getragen...
Ich irre nicht, ich kenn' ihn schon,
Der Philyra berühmter Sohn. —
Halt, Chiron! halt! Ich habe dir zu sagen...

CHIRON Was gibt's? Was ist's?

FAUST Bezähme deinen Schritt!

CHIRON Ich raste nicht.

FAUST So bitte! Nimm mich mit!

CHIRON Sitz' auf! So kann ich nach Belieben fragen:
Wohin des Wegs? Du stehst am Ufer hier,
Ich bin bereit dich durch den Fluß zu tragen.

FAUST *aufsitzend.*
Wohin du willlst. Für ewig dank' ich's dir...
Der große Mann, der edle Pädagog,
Der, sich zum Ruhm, ein Heldenvolk erzog,

Den schönen Kreis der edlen Argonauten
Und alle die des Dichters Welt erbauten.
CHIRON Das lassen wir an seinem Ort!
Selbst Pallas kommt als Mentor nicht zu Ehren;
Am Ende treiben sie's nach ihrer Weise fort
Als wenn sie nicht erzogen wären.
FAUST Den Arzt, der jede Pflanze nennt,
Die Wurzeln bis in's Tiefste kennt,
Dem Kranken Heil, dem Wunden Lindrung schafft,
Umarm' ich hier in Geist' und Körperkraft!
CHIRON Ward neben mir ein Held verletzt,
Da wußt' ich Hülf' und Rat zu schaffen!
Doch ließ ich meine Kunst zuletzt
Den Wurzelweibern und den Pfaffen.
FAUST Du bist der wahre große Mann
Der Lobeswort nicht hören kann;
Er sucht bescheiden auszuweichen
Und tut als gäb' es Seinesgleichen.
CHIRON Du scheinest mir geschickt zu heucheln,
Dem Fürsten wie dem Volk zu schmeicheln.
FAUST So wirst du mir denn noch gestehn:
Du hast die Größten deiner Zeit gesehn,
Dem Edelsten in Taten nachgestrebt,
Halbgöttlich ernst die Tage durchgelebt.
Doch unter den heroischen Gestalten
Wen hast du für den Tüchtigsten gehalten?
CHIRON Im hehren Argonautenkreise
War jeder brav nach seiner Weise,
Und, nach der Kraft die ihn beseelte,
Konnt' er genügen, wo's den andern fehlte.
Die Dioskuren haben stets gesiegt
Wo Jugendfüll' und Schönheit überwiegt.
Entschluß und schnelle Tat zu andrer Heil
Den Boreaden ward's zum schönen Teil.
Nachsinnend, kräftig, klug, im Rat bequem,
So herrschte Jason, Frauen angenehm.
Dann Orpheus, zart und immer still bedächtig,
Schlug er die Leier allen übermächtig.
Scharfsichtig Lynceus, der, bei Tag und Nacht,
Das heil'ge Schiff durch Klipp' und Strand gebracht...
Gesellig nur läßt sich Gefahr erproben:
Wenn einer wirkt, die andern alle loben.
FAUST Von Hercules willst nichts erwähnen?
CHIRON O weh! errege nicht mein Sehnen...
Ich hatte Phöbus nie gesehn,
Noch Ares, Hermes, wie sie heißen,
Da sah ich mir vor Augen stehn

Was alle Menschen göttlich preisen.
So war er ein geborner König,
Als Jüngling herrlichst anzuschaun;
Dem ältern Bruder untertänig
Und auch den allerliebsten Fraun.
Den zweiten zeugt nicht Gäa wieder;
Nicht führt ihn Hebe himmelein;
Vergebens mühen sich die Lieder,
Vergebens quälen sie den Stein.

FAUST So sehr auch Bildner auf ihn pochen,
So herrlich kam er nie zur Schau.
Vom schönsten Mann hast du gesprochen,
Nun sprich auch von der schönsten Frau!

CHIRON Was!... Frauen-Schönheit will nichts heißen,
Ist gar zu oft ein starres Bild;
Nur solch ein Wesen kann ich preisen
Das froh und lebenslustig quillt.
Die Schöne bleibt sich selber selig;
Die Anmut macht unwiderstehlich,
Wie Helena, da ich sie trug.

FAUST Du trugst sie?

CHIRON Ja, auf diesem Rücken.

FAUST Bin ich nicht schon verwirrt genug,
Und solch ein Sitz muß mich beglücken!

CHIRON Sie faßte so mich in das Haar
Wie du es tust.

FAUST O ganz und gar
Verlier' ich mich! Erzähle wie?
Sie ist mein einziges Begehren!
Woher? wohin? ach, trugst du sie?

CHIRON Die Frage läßt sich leicht gewähren.
Die Dioskuren hatten, jener Zeit,
Das Schwesterchen aus Räuberfaust befreit.
Doch diese, nicht gewohnt besiegt zu sein,
Ermannten sich und stürmten hinterdrein.
Da hielten der Geschwister eiligen Lauf
Die Sümpfe bei Eleusis auf;
Die Brüder wateten, ich patschte, schwamm hinüber;
Da sprang sie ab und streichelte
Die feuchte Mähne, schmeichelte
Und dankte lieblich-klug und selbstbewußt.
Wie war sie reizend! jung, des Alten Lust!

FAUST Erst zehen Jahr!...

CHIRON Ich seh', die Philologen
Sie haben dich so wie sich selbst betrogen.
Ganz eigen ist's mit mythologischer Frau;
Der Dichter bringt sie, wie er's braucht, zur Schau:

Nie wird sie mündig, wird nicht alt,
Stets appetitlicher Gestalt,
Wird jung entführt, im Alter noch umfreit;
G'nug, den Poeten bindet keine Zeit.

FAUST So sei auch sie durch keine Zeit gebunden!
Hat doch Achill auf Pherä sie gefunden,
Selbst außer aller Zeit. Welch seltnes Glück:
Errungen Liebe gegen das Geschick!
Und sollt' *ich* nicht, sehnsüchtigster Gewalt,
In's Leben ziehn die einzigste Gestalt?
Das ewige Wesen, Göttern ebenbürtig,
So groß als zart, so hehr als liebenswürdig?
Du sahst sie einst, *heut* hab' ich sie gesehn,
So schön wie reizend, wie ersehnt so schön.
Nun ist mein Sinn, mein Wesen streng umfangen,
Ich lebe nicht, kann ich sie nicht erlangen.

CHIRON Mein fremder Mann! als Mensch bist du entzückt;
Doch unter Geistern scheinst du wohl verrückt.
Nun trifft sich's hier zu deinem Glücke;
Denn alle Jahr, nur wenig Augenblicke,
Pfleg' ich bei Manto vorzutreten,
Der Tochter Äsculaps; im stillen Beten
Fleht sie zum Vater: daß, zu seiner Ehre,
Er endlich doch der Ärzte Sinn verkläre
Und vom verwegnen Totschlag sie bekehre...
Die liebste mir aus der Sibyllengilde;
Nicht fratzenhaft bewegt, wohltätig milde;
Ihr glückt es wohl, bei einigem Verweilen,
Mit Wurzelkräften dich von Grund zu heilen.

FAUST Geheilt will ich nicht sein, mein Sinn ist mächtig;
Da wär' ich ja wie andre niederträchtig.

CHIRON Versäume nicht das Heil der edlen Quelle!
Geschwind herab! Wir sind zur Stelle.

FAUST Sag' an! Wohin hast du, in grauser Nacht,
Durch Kiesgewässer, mich an's Land gebracht?

CHIRON Hier trotzten Rom und Griechenland im Streite,
Peneios rechts, links den Olymp zur Seite,
Das größte Reich das sich im Sand verliert;
Der König flieht, der Bürger triumphiert.
Blick' auf! hier steht, bedeutend nah,
Im Mondenschein der ewige Tempel da.

MANTO *inwendig träumend.*
Von Pferdes Hufe
Erklingt die heilige Stufe,
Halbgötter treten heran.

CHIRON Ganz recht!
Nur die Augen aufgetan!

MANTO *erwachend.*
Willkommen! ich seh' du bleibst nicht aus.
CHIRON Steht dir doch auch dein Tempelhaus!
MANTO Streifst du noch immer unermüdet?
CHIRON Wohnst du doch immer still umfriedet,
Indes zu kreisen mich erfreut.
MANTO Ich harre, mich umkreis't die Zeit.
Und dieser?
CHIRON Die verrufene Nacht
Hat strudelnd ihn hierhergebracht.
Helenen, mit verrückten Sinnen,
Helenen will er sich gewinnen,
Und weiß nicht wie und wo beginnen;
Asklepischer Kur vor andern wert.
MANTO Den lieb' ich, der Unmögliches begehrt.

CHIRON *ist schon weit weg.*

MANTO Tritt ein, Verwegner, sollst dich freuen;
Der dunkle Gang führt zu Persephoneien.
In des Olympus hohlem Fuß
Lauscht sie geheim verbotnem Gruß.
Hier hab' ich einst den Orpheus eingeschwärzt,
Benutz' es besser, frisch! beherzt!
Sie steigen hinab.

Am obern Peneios
wie zuvor

SIRENEN Stürzt euch in Peneios Flut!
Plätschernd ziemt es da zu schwimmen,
Lied um Lieder anzustimmen,
Dem unseligen Volk zu Gut.
Ohne Wasser ist kein Heil!
Führen wir mit hellem Heere
Eilig zum ägäischen Meere,
Würd' uns jede Lust zu Teil.
Erdbeben.
SIRENEN Schäumend kehrt die Welle wieder,
Fließt nicht mehr im Bett darnieder;
Grund erhebt, das Wasser staucht,
Kies und Ufer berstend raucht.
Flüchten wir! Kommt alle, kommt!
Niemand dem das Wunder frommt.

Fort! ihr edlen frohen Gäste
Zu dem seeisch heitern Feste,

Blinkend, wo die Zitterwellen,
Ufernetzend, leise schwellen;
Da wo Luna doppelt leuchtet,
Uns mit heil'gem Tau befeuchtet.
Dort ein freibewegtes Leben,
Hier ein ängstlich Erde-Beben;
Eile jeder Kluge fort!
Schauderhaft ist's um den Ort.

SEISMOS *in der Tiefe brummend und polternd.*
Einmal noch mit Kraft geschoben,
Mit den Schultern brav gehoben!
So gelangen wir nach oben,
Wo uns alles weichen muß.

SPHINXE Welch ein widerwärtig Zittern,
Häßlich grausenhaftes Wittern!
Welch ein Schwanken, welches Beben,
Schaukelnd Hin- und Widerstreben!
Welch unleidlicher Verdruß!
Doch wir ändern nicht die Stelle,
Bräche los die ganze Hölle.

Nun erhebt sich ein Gewölbe
Wundersam. Es ist derselbe,
Jener Alte, längst Ergraute,
Der die Insel Delos baute,
Einer Kreißenden zu Lieb'
Aus der Wog' empor sie trieb.
Er, mit Streben, Drängen, Drücken,
Arme straff, gekrümmt den Rücken,
Wie ein Atlas an Gebärde,
Hebt er Boden, Rasen, Erde,
Kies und Gries und Sand und Letten,
Unsres Ufers stille Betten.
So zerreißt er eine Strecke
Quer des Tales ruhige Decke.
Angestrengtest, nimmer müde,
Kolossale Karyatide;
Trägt ein furchtbar Steingerüste,
Noch im Boden bis zur Büste;
Weiter aber soll's nicht kommen,
Sphinxe haben Platz genommen.

SEISMOS Das hab' ich ganz allein vermittelt,
Man wird mir's endlich zugestehn;
Und hätt' ich nicht geschüttelt und gerüttelt,
Wie wäre diese Welt so schön? —
Wie ständen eure Berge droben
In prächtig-reinem Ätherblau,

Hätt' ich sie nicht hervorgeschoben
Zu malerisch-entzückter Schau!
Als, angesichts der höchsten Ahnen,
Der Nacht, des Chaos, ich mich stark betrug
Und, in Gesellschaft von Titanen,
Mit Pelion und Ossa als mit Ballen schlug.
Wir tollten fort in jugendlicher Hitze,
Bis überdrüssig, noch zuletzt,
Wir dem Parnaß, als eine Doppelmütze,
Die beiden Berge frevelnd aufgesetzt...
Apollen hält ein froh Verweilen
Dort nun mit seliger Musen Chor.
Selbst Jupitern und seinen Donnerkeilen
Hob ich den Sessel hoch empor.
Jetzt so, mit ungeheurem Streben,
Drang aus dem Abgrund ich herauf
Und fordre laut, zu neuem Leben,
Mir fröhliche Bewohner auf.

SPHINXE Uralt müßte man gestehen
Sei das hier Emporgebürgte,
Hätten wir nicht selbst gesehen
Wie sich's aus dem Boden würgte.
Bebuschter Wald verbreitet sich hinan,
Noch drängt sich Fels auf Fels bewegt heran;
Ein Sphinx wird sich daran nicht kehren:
Wir lassen uns im heiligen Sitz nicht stören.

GREIFE Gold in Blättchen, Gold in Flittern
Durch die Ritzen seh' ich zittern.
Laßt euch solchen Schatz nicht rauben;
Imsen auf! es auszuklauben.

CHOR DER AMEISEN Wie ihn die Riesigen
Empor geschoben,
Ihr Zappelfüßigen
Geschwind nach oben!
Behendest aus und ein!
In solchen Ritzen
Ist jedes Bröselein
Wert zu besitzen.
Das Allermindeste
Müßt ihr entdecken
Auf das geschwindeste
In allen Ecken.
Allemsig müßt ihr sein,
Ihr Wimmelscharen;
Nur mit dem Gold herein!
Den Berg laßt fahren.

GREIFE Herein! Herein! Nur Gold zu Hauf,
Wir legen unsre Klauen drauf;
Sind Riegel von der besten Art,
Der größte Schatz ist wohl verwahrt.
PYGMÄEN Haben wirklich Platz genommen,
Wissen nicht wie es geschah.
Fraget nicht woher wir kommen,
Denn wir sind nun einmal da!
Zu des Lebens lustigem Sitze
Eignet sich ein jedes Land;
Zeigt sich eine Felsenritze;
Ist auch schon der Zwerg zur Hand.
Zwerg und Zwergin, rasch zum Fleiße,
Musterhaft ein jedes Paar;
Weiß nicht, ob es gleicher Weise
Schon im Paradiese war.
Doch wir finden's hier zum besten,
Segnen dankbar unsern Stern;
Denn, im Osten wie im Westen,
Zeugt die Mutter Erde gern.
DAKTYLE Hat sie in einer Nacht
Die Kleinen hervorgebracht;
Sie wird die Kleinsten erzeugen,
Finden auch Ihresgleichen.
PYGMÄEN-ÄLTESTE Eilet bequemen
Sitz einzunehmen!
Eilig zum Werke;
Schnelle für Stärke!
Noch ist es Friede;
Baut euch die Schmiede,
Harnisch und Waffen
Dem Heer zu schaffen.

Ihr Imsen alle,
Rührig im Schwalle,
Schafft uns Metalle!
Und ihr Daktyle,
Kleinste, so viele,
Euch sei befohlen
Hölzer zu holen!
Schichtet zusammen
Heimliche Flammen,
Schaffet uns Kohlen.
GENERALISSIMUS Mit Pfeil und Bogen
Frisch ausgezogen!
An jenem Weiher
Schießt mir die Reiher,

Unzählig nistende,
Hochmütig brüstende,
Auf einen Ruck!
Alle wie Einen;
Daß wir erscheinen
Mit Helm und Schmuck.

IMSEN *und* DAKTYLE Wer wird uns retten!
Wir schaffen 's Eisen,
Sie schmieden Ketten.
Uns loszureißen
Ist noch nicht zeitig,
Drum seid geschmeidig.

DIE KRANICHE DES IBYKUS Mordgeschrei und Sterbeklagen!
Ängstlich Flügelflatterschlagen!
Welch ein Ächzen, welch Gestöhn
Dringt herauf zu unsern Höhn!
Alle sind sie schon ertötet,
See von ihrem Blut gerötet;
Mißgestaltete Begierde
Raubt des Reihers edle Zierde.
Weht sie doch schon auf dem Helme
Dieser Fettbauch-Krummbein-Schelme.
Ihr Genossen unsres Heeres.
Reihenwanderer des Meeres,
Euch berufen wir zur Rache
In so nahverwandter Sache;
Keiner spare Kraft und Blut,
Ewige Feindschaft dieser Brut!

Zerstreuen sich krächzend in den Lüften.

MEPHISTOPHELES *in der Ebne.*
Die nordischen Hexen wußt' ich wohl zu meistern,
Mir wird's nicht just mit diesen fremden Geistern.
Der Blocksberg bleibt ein gar bequem Lokal,
Wo man auch sei, man findet sich zumal.
Frau *Ilse* wacht für uns auf ihrem *Stein*,
Auf seiner *Höh* wird *Heinrich* munter sein,
Die *Schnarcher* schnauzen zwar das *Elend* an,
Doch alles ist für tausend Jahr getan.
Wer weiß denn hier nur, wo er geht und steht,
Ob unter ihm sich nicht der Boden bläht?..
Ich wandle lustig durch ein glattes Tal
Und hinter mir erhebt sich auf einmal
Ein Berg, zwar kaum ein Berg zu nennen,
Von meinen Sphinxen mich jedoch zu trennen
Schon hoch genug — hier zuckt noch manches Feuer
Das Tal hinab, und flammt um's Abenteuer...
Noch tanzt und schwebt mir lockend, weichend vor,

Spitzbübisch gaukelnd, der galante Chor.
Nur sachte drauf! Allzugewohnt an's Naschen
Wo es auch sei, man sucht was zu erhaschen.

LAMIEN *Mephistopheles nach sich ziehend.*
Geschwind, geschwinder!
Und immer weiter!
Dann wieder zaudernd,
Geschwätzig plaudernd.
Es ist so heiter
Den alten Sünder
Uns nach zu ziehen,
Zu schwerer Buße.
Mit starrem Fuße
Kommt er geholpert,
Einher gestolpert;
Er schleppt das Bein,
Wie wir ihn fliehen,
Uns hinterdrein.

MEPHISTOPHELES *stillstehend.*
Verflucht Geschick! Betrogne Mannsen!
Von Adam her verführte Hansen!
Alt wird man wohl, wer aber klug?
Warst du nicht schon vernarrt genug!

Man weiß, das Volk taugt aus dem Grunde nichts,
Geschnürten Leibs, geschminkten Angesichts.
Nichts haben sie Gesundes zu erwidern,
Wo man sie anfaßt, morsch in allen Gliedern.
Man weiß, man sieht's, man kann es greifen,
Und dennoch tanzt man, wenn die Luder pfeifen!

LAMIEN *innehaltend.* Halt! er besinnt sich, zaudert, steht;
Entgegnet ihm, daß er euch nicht entgeht!

MEPHISTOPHELES *fortschreitend.* Nur zu! und laß dich in's Gewebe
Der Zweifelei nicht törig sein;
Denn wenn es keine Hexen gäbe,
Wer Teufel möchte Teufel sein!

LAMIEN *anmutigst.* Kreisen wir um diesen Helden;
Liebe wird in seinem Herzen
Sich gewiß für Eine melden.

MEPHISTOPHELES Zwar bei ungewissem Schimmer
Scheint ihr hübsche Frauenzimmer,
Und so möcht' ich euch nicht schelten.

EMPUSE *eindringend.* Auch nicht mich! als eine solche
Laßt mich ein in eure Folge.

LAMIEN Die ist unserm Kreis zuviel,
Verdirbt doch immer unser Spiel.

EMPUSE *zu Mephistopheles.* Begrüßt von Mühmichen Empuse,

Der Trauten mit dem Eselsfuße;
Du hast nur einen Pferdefuß
Und doch, Herr Vetter, schönsten Gruß!

MEPHISTOPHELES Hier dacht' ich lauter Unbekannte
Und finde leider Nahverwandte;
Es ist ein altes Buch zu blättern:
Vom Harz bis Hellas immer Vettern!

EMPUSE Entschieden weiß ich gleich zu handeln,
In vieles könnt ich mich verwandeln;
Doch euch zu Ehren hab ich jetzt
Das Eselsköpfchen aufgesetzt.

MEPHISTOPHELES Ich merk' es hat bei diesen Leuten
Verwandtschaft Großes zu bedeuten;
Doch mag sich was auch will eräugnen,
Den Eselskopf möcht' ich verleugnen.

LAMIEN Laß diese Garstige, sie verscheucht
Was irgend schön und lieblich deucht;
Was irgend schön und lieblich wär',
Sie kommt heran, es ist nicht mehr!

MEPHISTOPHELES Auch diese Mühmchen, zart und schmächtig,
Sie sind mir allesamt verdächtig;
Und hinter solcher Wänglein Rosen
Fürcht' ich doch auch Metamorphosen.

LAMIEN Versuch' es doch! sind unsrer viele.
Greif' zu! Und hast du Glück im Spiele,
Erhasche dir das beste Los.
Was soll das lüsterne Geleier?
Du bist ein miserabler Freier,
Stolzierst einher und tust so groß! —
Nun mischt er sich in unsre Scharen;
Laßt nach und nach die Masken fahren
Und gebt ihm euer Wesen bloß.

MEPHISTOPHELES Die Schönste hab' ich mir erlesen...

Sie umfassend.

O weh mir! welch ein dürrer Besen!

Eine andere ergreifend.

Und diese?... Schmähliches Gesicht!

LAMIEN Verdienst du's besser? dünk' es nicht.

MEPHISTOPHELES Die Kleine möcht' ich mir verpfänden...
Lazerte schlüpft mir aus den Händen!
Und schlangenhaft der glatte Zopf.
Dagegen fass' ich mir die Lange...
Da pack' ich eine Thyrsusstange!
Den Pinienapfel als den Kopf.
Wo will's hinaus?... Noch eine Dicke,
An der ich mich vielleicht erquicke;
Zum letztenmal gewagt! Es sei!

Recht quammig, quappig, das bezahlen
Mit hohem Preis Orientalen...
Doch ach! der Bovist platzt entzwei!

LAMIEN Fahrt auseinander, schwankt und schwebet
Blitzartig, schwarzen Flugs umgebet
Den eingedrungnen Hexensohn!
Unsichre, schauderhafte Kreise.
Schweigsame Fittigs, Fledermäuse!
Zu wohlfeil kommt er doch davon.

MEPHISTOPHELES *sich schüttelnd.*
Viel klüger, scheint es, bin ich nicht geworden;
Absurd ist's hier, absurd im Norden,
Gespenster hier wie dort vertrackt,
Volk und Poeten abgeschmackt.
Ist eben hier eine Mummenschanz,
Wie überall ein Sinnentanz,
Ich griff nach holden Maskenzügen
Und faßte Wesen daß mich's schauerte...
Ich möchte gerne mich betrügen,
Wenn es nur länger dauerte.

Sich zwischen dem Gestein verirrend.
Wo bin ich denn? Wo will's hinaus?
Das war ein Pfad, nun ist's ein Graus.
Ich kam daher auf glatten Wegen,
Und jetzt steht mir Geröll entgegen.
Vergebens klettr' ich auf und nieder,
Wo find' ich meine Sphinxe wieder?
So toll hätt' ich mir's nicht gedacht,
Ein solch Gebirg in Einer Nacht!
Das heiß' ich frischen Hexenritt,
Die bringen ihren Blocksberg mit.

OREAS *vom Naturfels.* Herauf hier! Mein Gebirg ist alt,
Steht in ursprünglicher Gestalt.
Verehre schroffe Felsensteige,
Des Pindus letztgedehnte Zweige.
Schon stand ich unerschüttert so
Als über mich Pompejus floh.
Daneben, das Gebild des Wahns
Verschwindet schon bei'm Krähn des Hahns.
Dergleichen Märchen seh' ich oft entstehn
Und plötzlich wieder untergehn.

MEPHISTOPHELES Sei Ehre dir, ehrwürdiges Haupt!
Von hoher Eichenkraft umlaubt;
Der allerklarste Mondenschein
Dringt nicht zur Finsternis herein.—
Doch neben am Gebüsche zieht
Ein Licht das gar bescheiden glüht.

Wie sich das alles fügen muß!
Fürwahr! es ist Homunculus.
Woher des Wegs, du Kleingeselle?
HOMUNCULUS Ich schwebe so von Stell' zu Stelle
Und möchte gern im besten Sinn entstehn,
Voll Ungeduld mein Glas entzwei zu schlagen;
Allein was ich bisher gesehn,
Hinein da möcht' ich mich nicht wagen.
Nun, um dir's im Vertraun zu sagen:
Zwei Philosophen bin ich auf der Spur,
Ich horchte zu, es hieß: Natur! Natur!
Von diesen will ich mich nicht trennen,
Sie müssen doch das irdische Wesen kennen;
Und ich erfahre wohl am Ende
Wohin ich mich am allerklügsten wende.
MEPHISTOPHELES Das tu' auf deine eigne Hand.
Denn, wo Gespenster Platz genommen,
Ist auch der Philosoph willkommen.
Damit man seiner Kunst und Gunst sich freue,
Erschafft er gleich ein Dutzend neue.
Wenn du nicht irrst, kommst du nicht zu Verstand!
Willst du entstehn, entsteh auf eigne Hand!
HOMUNCULUS Ein guter Rat ist auch nicht zu verschmähn.
MEPHISTOPHELES So fahre hin! Wir wollen's weiter sehn.

Trennen sich.

ANAXAGORAS *zu* THALES
Dein starrer Sinn will sich nicht beugen,
Bedarf es Weitres dich zu überzeugen?
THALES Die Welle beugt sich jedem Winde gern,
Doch hält sie sich vom schroffen Felsen fern.
ANAXAGORAS Durch Feuerdunst ist dieser Fels zu Handen.
THALES Im Feuchten ist Lebendiges erstanden.
HOMUNCULUS *zwischen beiden.*
Laßt mich an eurer Seite gehn,
Mir selbst gelüstet's zu entstehn!
ANAXAGORAS Hast du, o Thales, je, in Einer Nacht,
Solch einen Berg aus Schlamm hervorgebracht?
THALES Nie war Natur und ihr lebendiges Fließen
Auf Tag und Nacht und Stunden angewiesen.
Sie bildet regelnd jegliche Gestalt,
Und selbst im Großen ist es nicht Gewalt.
ANAXAGORAS Hier aber war's! Plutonisch grimmig Feuer,
Äolischer Dünste Knallkraft ungeheuer
Durchbrach des flachen Bodens alte Kruste
Daß neu ein Berg sogleich entstehen mußte.
THALES Was wird dadurch nun weiter fortgesetzt?
Er ist auch da, und das ist gut zuletzt.

Mit solchem Streit verliert man Zeit und Weile
Und führt doch nur geduldig Volk am Seile.

ANAXAGORAS Schnell quillt der Berg von Myrmidonen,
Die Felsenspalten zu bewohnen,
Pygmäen, Imsen, Däumerlinge
Und andre tätig kleine Dinge.

Zum Homunculus.

Nie hast du Großem nachgestrebt,
Einsiedlerisch-beschränkt gelebt;
Kannst du zur Herrschaft dich gewöhnen,
So lass' ich dich als König krönen.

HOMUNCULUS Was sagt mein Thales?

THALES Will's nicht raten;
Mit Kleinen tut man kleine Taten,
Mit Großen wird der Kleine groß.
Sieh hin! die schwarze Kranich-Wolke!
Sie droht dem aufgeregten Volke
Und würde so dem König drohn.
Mit scharfen Schnäbeln, krallen Beinen,
Sie stechen nieder auf die Kleinen;
Verhängnis wetterleuchtet schon.
Ein Frevel tötete die Reiher,
Umstellend ruhigen Friedensweiher.
Doch jener Mordgeschosse Regen
Schafft grausam-blut'gen Rache-Segen,
Erregt der Nahverwandten Wut
Nach der Pygmäen frevlem Blut.
Was nützt nun Schild und Helm und Speer?
Was hilft der Reiherstrahl den Zwergen?
Wie sich Daktyl und Imse bergen!
Schon wankt, es flieht, es stürzt des Heer.

ANAXAGORAS *nach einer Pause feierlich.*

Konnt' ich bisher die Unterirdischen loben,
So wend' ich mich in diesem Fall nach oben...
Du! droben ewig unveraltete,
Dreinamig-Dreigestaltete,
Dich ruf' ich an bei meines Volkes Weh,
Diana, Luna, Hekate!
Du Brust-erweiternde, im-Tiefsten-sinnige,
Du ruhig-scheinende, gewaltsam-innige,
Eröffne deiner Schatten grausen Schlund,
Die alte Macht sei ohne Zauber kund!

Pause.

Bin ich zu schnell erhört!
Hat mein Flehn
Nach jenen Höhn
Die Ordnung der Natur gestört?

Und größer, immer größer nahet schon
Der Göttin rundumschriebner Thron,
Dem Auge furchtbar, ungeheuer!
In's Düstre rötet sich sein Feuer...
Nicht näher! drohend-mächtige Runde,
Du richtest uns und Land und Meer zu Grunde!

So wär' es wahr, daß dich thessalische Frauen,
In frevlend magischem Vertrauen,
Von deinem Pfad herabgesungen?
Verderblichstes dir abgerungen?...
Das lichte Schild hat sich umdunkelt,
Auf einmal reißt's und blitzt und funkelt!
Welch ein Geprassel! Welch ein Zischen!
Ein Donnern, Windgetüm dazwischen! —
Demütig zu des Thrones Stufen! —
Verzeiht! Ich hab' es hergerufen.

Wirft sich auf's Angesicht.

THALES Was dieser Mann nicht alles hört' und sah!
Ich weiß nicht recht wie uns geschah;
Auch hab' ich's nicht mit ihm empfunden.
Gestehen wir, es sind verrückte Stunden,
Und Luna wiegt sich ganz bequem
An ihrem Platz so wie vordem.

HOMUNCULUS Schaut hin nach der Pygmäen Sitz,
Der Berg war rund, jetzt ist er spitz.
Ich spürt' ein ungeheures Prallen,
Der Fels war aus dem Mond gefallen,
Gleich hat er, ohne nachzufragen,
So Freund als Feind gequetscht, erschlagen.
Doch muß ich solche Künste loben,
Die schöpferisch, in einer Nacht,
Zugleich von unten und von oben,
Dies Berggebäu zu Stand gebracht.

THALES Sei ruhig! Es war nur gedacht.
Sie fahre hin die garstige Brut!
Daß du nicht König warst ist gut.
Nun fort zum heitern Meeresfeste,
Dort hofft und ehrt man Wundergäste.

Entfernen sich.

MEPHISTOPHELES *an der Gegenseite kletternd.*
Da muß ich mich durch steile Felsentreppen,
Durch alter Eichen starre Wurzeln schleppen!
Auf meinem Harz der harzige Dunst
Hat was vom Pech und das hat meine Gunst;
Zunächst der Schwefel... Hier, bei diesen Griechen
Ist von dergleichen kaum die Spur zu riechen;

Neugierig aber wär' ich, nachzuspüren,
Womit sie Höllenqual und Flamme schüren.
DRYAS In deinem Lande sei einheimisch klug,
Im fremden bist du nicht gewandt genug.
Du solltest nicht den Sinn zur Heimat kehren,
Der heiligen Eichen Würde hier verehren.
MEPHISTOPHELES Man denkt an das was man verließ,
Was man gewohnt war bleibt ein Paradies.
Doch sagt: was in der Höhle dort,
Bei schwachem Licht, sich dreifach hingekauert?
DRYAS Die Phorkyaden! Wage dich zum Ort
Und sprich sie an, wenn dich nicht schauert.
MEPHISTOPHELES Warum denn nicht! — Ich sehe was, und staune.
So stolz ich bin, muß ich mir selbst gestehn:
Dergleichen hab' ich nie gesehn,
Die sind ja schlimmer als Alraune...
Wird man die urverworfnen Sünden
Im mindesten noch häßlich finden,
Wenn man dies Dreigetüm erblickt?
Wir litten sie nicht auf den Schwellen
Der grauenvollsten unsrer Höllen.
Hier wurzelt's in der Schönheit Land,
Das wird mit Ruhm antik genannt...
Sie regen sich, sie scheinen mich zu spüren,
Sie zwitschern pfeifend, Fledermaus-Vampyren.
PHORKYAS Gebt mir das Auge, Schwestern, daß es frage,
Wer sich so nah an unsre Tempel wage.
MEPHISTOPHELES Verehrteste! Erlaubt mir euch zu nahen
Und euren Segen dreifach zu empfahen.
Ich trete vor, zwar noch als Unbekannter,
Doch, irr' ich nicht, weitläufiger Verwandter.
Altwürdige Götter hab' ich schon erblickt,
Vor Ops und Rhea tiefstens mich gebückt;
Die Parzen selbst, des Chaos, eure Schwestern,
Ich sah sie gestern — oder ehegestern;
Doch Euresgleichen hab' ich nie erblickt,
Ich schweige nun und fühle mich entzückt.
PHORKYADEN Er scheint Verstand zu haben dieser Geist.
MEPHISTOPHELES
Nur wundert's mich daß euch kein Dichter preis't.
Und sagt! wie kam's, wie konnte das geschehn?
Im Bilde hab' ich nie euch Würdigste gesehn;
Versuch's der Meißel doch euch zu erreichen,
Nicht Juno, Pallas, Venus und dergleichen.
PHORKYADEN Versenkt in Einsamkeit und stillste Nacht
Hat unser Drei noch nie daran gedacht!
MEPHISTOPHELES Wie sollt' es auch? da ihr, der Welt entrückt,

Hier niemand seht und niemand euch erblickt.
Da müßtet ihr an solchen Orten wohnen
Wo Pracht und Kunst auf gleichem Sitze thronen,
Wo jeden Tag, behend, im Doppelschritt,
Ein Marmorblock als Held in's Leben tritt.
Wo —

PHORKYADEN Schweige still und gib uns kein Gelüsten!
Was hülf' es uns und wenn wir's besser wüßten?
In Nacht geboren, Nächtlichem verwandt,
Beinah uns selbst, ganz allen unbekannt.

MEPHISTOPHELES In solchem Fall hat es nicht viel zu sagen,
Man kann sich selbst auch andern übertragen.
Euch Dreien g'nügt Ein Auge, g'nügt Ein Zahn,
Da ging' es wohl auch mythologisch an
In zwei die Wesenheit der drei zu fassen,
Der dritten Bildniß mir zu überlassen,
Auf kurze Zeit.

EINE Wie dünkt's euch? ging' es an?

DIE ANDERN Versuchen wir's! — doch ohne Aug' und Zahn.

MEPHISTOPHELES Nun habt ihr g'rad das Beste weggenommen,
Wie würde da das strengste Bild vollkommen!

EINE Drück' du ein Auge zu, 's ist leicht geschehn,
Laß alsofort den Einen Raffzahn sehn,
Und, im Profil, wirst du sogleich erreichen
Geschwisterlich vollkommen uns zu gleichen?

MEPHISTOPHELES Viel Ehr! Es sei!

PHORKYADEN Es sei!

MEPHISTOPHELES *als Phorkyas im Profil* Da steh' ich schon,
Des Chaos vielgeliebter Sohn!

PHORKYADEN Des Chaos Töchter sind wir unbestritten.

MEPHISTOPHELES Man schilt mich nun, o Schmach! Hermaphroditen.

PHORKYADEN Im neuen Drei der Schwestern welche Schöne!
Wir haben zwei der Augen, zwei der Zähne.

MEPHISTOPHELES Vor aller Augen muß ich mich verstecken,
Im Höllenpfuhl die Teufel zu erschrecken. *Ab.*

Felsbuchten des ägäischen Meers

Mond im Zenit verharrend.

SIRENEN *auf den Klippen umher gelagert, flötend und singend.*
Haben sonst bei nächtigem Grauen
Dich thessalische Zauberfrauen
Frevelhaft herabgezogen,
Blicke ruhig von dem Bogen
Deiner Nacht auf Zitterwogen
Mildeblitzend Glanzgewimmel

Und erleuchte das Getümmel
Das sich aus den Wogen hebt.
Dir zu jedem Dienst erbötig,
Schöne Luna, sei uns gnädig!

NEREIDEN *und* TRITONEN *als Meerwunder.*
Tönet laut in schärfern Tönen,
Die das breite Meer durchdröhnen,
Volk der Tiefe ruft fortan!
Vor es Sturmes grausen Schlünden
Wichen wir zu stillsten Gründen,
Holder Sang zieht uns heran.
Seht! Wie wir im Hochentzücken
Uns mit goldenen Ketten schmücken,
Auch zu Kron- und Edelsteinen
Spang- und Gürtelschmuck vereinen.
Alles das ist eure Frucht.
Schätze, scheiternd hier verschlungen,
Habt ihr uns herangesungen,
Ihr Dämonen unsrer Bucht.

SIRENEN Wissen's wohl, in Meeresfrische
Glatt behagen sich die Fische,
Schwanken Lebens ohne Leid;
Doch! Ihr festlich regen Scharen,
Heute möchten wir erfahren
Daß ihr mehr als Fische seid.

NEREIDEN *und* TRITONEN Ehe wir hieher gekommen
Haben wir's zu Sinn genommen,
Schwestern, Brüder, jetzt geschwind!
Heut bedarf's der kleinsten Reise
Zum vollgültigsten Beweise
Daß wir mehr als Fische sind.

Entfernen sich.

SIRENEN Fort sind sie im Nu!
Nach Samothrace g'rade zu,
Verschwunden mit günstigem Wind.
Was denken sie zu vollführen
Im Reiche der hohen Kabiren?
Sind Götter! Wundersam eigen,
Die sich immerfort selbst erzeugen
Und niemals wissen was sie sind.

Bleibe auf deinen Höhn,
Holde Luna, gnädig stehn;
Daß es nächtig verbleibe,
Uns der Tag nicht vertreibe.

THALES *am Ufer zu* HOMUNCULUS
Ich führte dich zum alten Nereus gern;

Zwar sind wir nicht von seiner Höhle fern,
Doch hat er einen harten Kopf,
Der widerwärtige Sauertopf.
Das ganze menschliche Geschlecht
Macht's ihm, dem Griesgram, nimmer recht.
Doch ist die Zukunft ihm entdeckt,
Dafür hat jedermann Respekt
Und ehret ihn auf seinem Posten;
Auch hat er manchem wohlgetan.

HOMUNCULUS Probieren wir's und klopfen an!
Nicht gleich wird's Glas und Flamme kosten.

NEREUS Sind's Menschenstimmen die mein Ohr vernimmt?
Wie es mir gleich im tiefsten Herzen grimmt!
Gebilde, strebsam Götter zu erreichen,
Und doch verdammt sich immer selbst zu gleichen.
Seit alten Jahren konnt' ich göttlich ruhn,
Doch trieb mich's an den Besten wohlzutun;
Und schaut' ich dann zuletzt vollbrachte Taten,
So war es ganz als hätt' ich nicht geraten.

THALES Und doch, o Greis des Meers, vertraut man dir;
Du bist der Weise, treib' uns nicht von hier!
Schau' diese Flamme, menschenähnlich zwar,
Sie deinem Rat ergibt sich ganz und gar.

NEREUS Was Rat! Hat Rat bei Menschen je gegolten?
Ein kluges Wort erstarrt im harten Ohr.
So oft auch Tat sich grimmig selbst gescholten,
Bleibt doch das Volk selbstwillig wie zuvor.
Wie hab' ich Paris väterlich gewarnt,
Eh' sein Gelüst ein fremdes Weib umgarnt.
Am griechischen Ufer stand er kühnlich da,
Ihm kündet' ich was ich im Geiste sah:
Die Lüfte qualmend, überströmend Rot,
Gebälke glühend, unten Mord und Tod:
Troja's Gerichtstag, rhythmisch festgebannt,
Jahrtausenden so schrecklich als gekannt.
Des Alten Wort dem Frechen schien's ein Spiel,
Er folgte seine Lust und Ilios fiel —
Ein Riesenleichnam, starr nach langer Qual,
Des Pindus Adlern gar willkommnes Mahl.
Ulyssen auch! sagt' ich ihm nicht voraus
Der Circe Listen, des Cyklopen Graus?
Das Zaudern sein, der Seinen leichten Sinn,
Und was nicht alles! Bracht' ihm das Gewinn?
Bis vielgeschaukelt ihn, doch spät genug,
Der Woge Gunst an gastlich Ufer trug.

THALES Dem weisen Mann gibt sich Betragen Qual,
Der gute doch versucht es noch einmal.

Ein Quentchen Danks wird, hoch ihn zu vergnügen,
Die Zentner Undanks völlig überwiegen.
Denn nichts Geringes haben wir zu flehn:
Der Knabe da wünscht weislich zu entstehn.

NEREUS Verderbt mir nicht den seltensten Humor!
Ganz andres steht mir heute noch bevor:
Die Töchter hab' ich alle herbeschieden,
Die Grazien des Meeres, die Doriden.
Nicht der Olymp, nicht euer Boden trägt
Ein schön Gebild das sich so zierlich regt.
Sie werfen sich, anmutigster Gebärde,
Vom Wasserdrachen auf Neptunus Pferde,
Dem Element auf's zarteste vereint,
Daß selbst der Schaum sie noch zu heben scheint.
Im Farbenspiel von Venus Muschelwagen
Kommt Galatee, die schönste, nun getragen,
Die, seit sich Kypris von uns abgekehrt,
In Paphos wird als Göttin selbst verehrt.
Und so besitzt die Holde, lange schon,
Als Erbin, Tempelstadt und Wagenthron.

Hinweg! Es ziemt, in Vaterfreudenstunde,
Nicht Haß dem Herzen, Scheltwort nicht dem Munde.
Hinweg zu Proteus! Fragt den Wundermann:
Wie man entstehn und sich verwandlen kann.

Entfernt sich gegen das Meer.

THALES Wir haben nichts durch diesen Schritt gewonnen,
Trifft man auch Proteus, gleich ist er zerronnen;
Und steht er euch, so sagt er nur zuletzt
Was staunen macht und in Verwirrung setzt.
Du bist einmal bedürftig solchen Rats,
Versuchen wir's und wandlen unsres Pfads!

Entfernen sich.

SIRENEN *oben auf den Felsen.*
Was sehen wir von weiten
Das Wellenreich durchgleiten?
Als wie nach Windes Regel
Anzögen weiße Segel,
So hell sind sie zu schauen,
Verklärte Meeresfrauen.
Laßt uns herunterklimmen,
Vernehmt ihr doch die Stimmen.

NEREIDEN *und* TRITONEN
Was wir auf Händen tragen
Soll allen euch behagen.
Chelonens Riesen-Schilde
Entglänzt ein streng Gebilde:

Sind Götter die wir bringen;
Müßt hohe Lieder singen.
SIRENEN Klein von Gestalt,
Groß von Gewalt,
Der Scheiternden Retter,
Uralt verehrte Götter.
NEREIDEN *und* TRITONEN
Wir bringen die Kabiren,
Ein friedlich Fest zu führen;
Denn wo sie heilig walten,
Neptun wird freundlich schalten.
SIRENEN Wir stehen euch nach,
Wenn ein Schiff zerbrach,
Unwiderstehbar an Kraft
Schützt ihr die Mannschaft.
NEREIDEN *und* TRITONEN
Drei haben wir mitgenommen,
Der vierte wollte nicht kommen,
Er sagte, er sei der rechte
Der für sie alle dächte.
SIRENEN Ein Gott den andern Gott
Macht wohl zu Spott.
Ehrt ihr alle Gnaden,
Fürchtet jeden Schaden.
NEREIDEN *und* TRITONEN
Sind eigentlich ihrer sieben.
SIRENEN Wo sind die drei geblieben?
NEREIDEN *und* TRITONEN
Wir wüßten's nicht zu sagen,
Sind im Olymp zu erfragen;
Dort wes't auch wohl der achte,
An den noch niemand dachte.
In Gnaden uns gewärtig,
Doch alle noch nicht fertig.

Diese Unvergleichlichen
Wollen immer weiter,
Sehnsuchtsvolle Hungerleider
Nach dem Unerreichlichen.
SIRENEN Wir sind gewohnt,
Wo es auch thront,
In Sonn' und Mond
Hinzubeten, es lohnt.
NEREIDEN *und* TRITONEN
Wie unser Ruhm zum höchsten prangt
Dieses Fest anzuführen!
SIRENEN Die Helden des Altertums

Ermangeln des Ruhms,
Wo und wie er auch prangt,
Wenn sie das goldne Vlies erlangt,
Ihr die Kabiren.
Wiederholt als Allgesang.
Wenn sie das goldne Vlies erlangt,
Wir! ihr! die Kabiren.

NEREIDEN *und* TRITONEN *ziehen vorüber.*

HOMUNCULUS Die Ungestalten seh' ich an
Als irden-schlechte Töpfe,
Nun stoßen sich die Weisen dran
Und brechen harte Köpfe.
THALES Das ist es ja was man begehrt,
Der Rost macht erst die Münze wert.
PROTEUS *unbemerkt.* So etwas freut mich alten Fabler!
Je wunderlicher desto respektabler.
THALES Wo bist du, Proteus?
PROTEUS *bauchrednerisch, bald nah, bald fern.*
Hier! und hier!
THALES Den alten Scherz verzeih' ich dir;
Doch, einem Freund nicht eitle Worte!
Ich weiß, du sprichst vom falschen Orte.
PROTEUS *als aus der Ferne.* Leb' wohl!
THALES *leise zu Homunculus.*
Er ist ganz nah. Nun leuchte frisch,
Er ist neugierig wie ein Fisch;
Und wo er auch gestaltet stockt,
Durch Flammen wird er hergelockt.
HOMUNCULUS Ergieß' ich gleich des Lichtes Menge,
Bescheiden doch, daß ich das Glas nicht sprenge.
PROTEUS *in Gestalt einer Riesen-Schildkröte.*
Was leuchtet so anmutig schön?
THALES *den Homunculus verhüllend.*
Gut! Wenn du Lust hast, kannst du's näher sehn.
Die kleine Mühe laß dich nicht verdrießen
Und zeige dich auf menschlich beiden Füßen.
Mit unsern Gunsten sei's, mit unserm Willen,
Wer schauen will was wir verhüllen.
PROTEUS *edel gestaltet.*
Weltweise Kniffe sind dir noch bewußt.
THALES Gestalt zu wechseln bleibt noch deine Lust.
Hat den Homunculus enthüllt.
PROTEUS *erstaunt.*
Ein leuchtend Zwerglein! Niemals noch gesehn!
THALES Es fragt um Rat und möchte gern entstehn.

Er ist, wie ich von ihm vernommen,
Gar wundersam nur halb zur Welt gekommen.
Ihm fehlt es nicht an geistigen Eigenschaften,
Doch gar zu sehr am greiflich Tüchtighaften.
Bis jetzt gibt ihm das Glas allein Gewicht,
Doch wär' er gern zunächst verkörperlicht.
PROTEUS Du bist ein wahrer Jungfern-Sohn,
Eh' du sein solltest bist du schon!
THALES *leise.*
Auch scheint es mir von andrer Seite kritisch,
Er ist, mich dünkt, hermaphroditisch.
PROTEUS Da muß es desto eher glücken,
So wie er anlangt wird sich's schicken.
Doch gilt es hier nicht viel Besinnen,
Im weiten Meere mußt du anbeginnen!
Da fängt man erst im Kleinen an
Und freut sich Kleinste zu verschlingen,
Man wächs't so nach und nach heran
Und bildet sich zu höherem Vollbringen.
HOMUNCULUS Hier weht gar eine weiche Luft,
Es grunelt so und mir behagt der Duft!
PROTEUS Das glaub' ich, allerliebster Junge!
Und weiter hin wird's viel behäglicher,
Auf dieser schmalen Strandeszunge
Der Dunstkreis noch unsäglicher;
Da vorne sehen wir den Zug,
Der eben herschwebt, nah genug.
Kommt mit dahin!
THALES Ich gehe mit.
HOMUNCULUS Dreifach merkwürd'ger Geisterschritt!

TELCHINEN VON RHODOS *auf Hippokampen und Meerdrachen, Neptunens Dreizack handhabend.*

CHOR Wir haben den Dreizack Neptunen geschmiedet
Womit er die regesten Wellen begütet.
Entfaltet der Donnrer die Wolken, die vollen,
Entgegnet Neptunus dem greulichen Rollen;
Und wie auch von oben es zackig erblitzt,
Wird Woge nach Woge von unten gespritzt;
Und was auch dazwischen in Ängsten gerungen,
Wird, lange geschleudert, vom Tiefsten verschlungen,
Weshalb er uns heute den Szepter gereicht,
Nun schweben wir festlich, beruhigt und leicht.
SIRENEN Euch, dem Helios Geweihten,
Heitern Tags Gebenedeiten,
Gruß zur Stunde, die bewegt
Luna's Hochverehrung regt!
TELCHINEN Alllieblichste Göttin am Bogen da droben!

Du hörst mit Entzücken den Bruder beloben.
Der seligen Rhodus verleihst du ein Ohr,
Dort steigt ihm ein ewiger Päan hervor.
Beginnt er den Tagslauf und ist es getan,
Er blickt uns mit feurigem Strahlenblick an.
Die Berge, die Städte, die Ufer, die Welle
Gefallen dem Gotte, sind lieblich und helle.
Kein Nebel umschwebt uns, und schleicht er sich ein,
Ein Strahl und ein Lüftchen, die Insel ist rein!
Da schaut sich der Hohe in hundert Gebilden,
Als Jüngling, als Riesen, den großen, den milden.
Wir ersten wir waren's, die Göttergewalt
Aufstellten in würdiger Menschengestalt.

PROTEUS Laß du sie singen, laß sie prahlen!
Der Sonne heiligen Lebestrahlen
Sind tote Werke nur ein Spaß.
Das bildet, schmelzend, unverdrossen;
Und haben sie's in Erz gegossen,
Dann denken sie, es wäre was.
Was ist's zuletzt mit diesen Stolzen?
Die Götterbilder standen groß, —
Zerstörte sie ein Erdestoß;
Längst sind sie wieder eingeschmolzen.

Das Erdetreiben, wie's auch sei,
Ist immer doch nur Plackerei;
Dem Leben kommt die Welle besser;
Dich trägt in's ewige Gewässer
Proteus-Delphin.

Er verwandelt sich.

Schon ist's getan!
Da soll es dir zum schönsten glücken,
Ich nehme dich auf meinen Rücken,
Vermähle dich dem Ocean.

THALES Gib nach dem löblichen Verlangen
Von vorn die Schöpfung anzufangen!
Zu raschem Wirken sei bereit!
Da regst du dich nach ewigen Normen,
Durch tausend, abertausend Formen,
Und bis zum Menschen hast du Zeit.

Homunculus besteigt den Proteus-Delphin.

PROTEUS Komm geistig mit in feuchte Weite,
Da lebst du gleich in Läng' und Breite,
Beliebig regest du dich hier;
Nur strebe nicht nach höheren Orden,
Denn bist du erst ein Mensch geworden,
Dann ist es völlig aus mit dir.

THALES Nachdem es kommt; 's ist auch wohl fein
Ein wackrer Mann zu seiner Zeit zu sein.
PROTEUS *zu Thales* So einer wohl von deinem Schlag!
Das hält noch eine Weile nach;
Denn unter bleichen Geisterscharen
Seh' ich dich schon seit vielen hundert Jahren.
SIRENEN *auf den Felsen.*
Welch ein Ring von Wölkchen ründet
Um den Mond so reichen Kreis?
Tauben sind es, liebentzündet,
Fittige wie Licht so weiß.
Paphos hat sie hergesendet,
Ihre brünstige Vogelschar;
Unser Fest, es ist vollendet,
Heitre Wonne voll und klar!
NEREUS *zu Thales tretend.*
Nennte wohl ein nächtiger Wanderer
Diesen Mondhof Lufterscheinung;
Doch wir Geister sind ganz anderer
Und der einzig richtigen Meinung.
Tauben sind es, die begleiten
Meiner Tochter Muschelfahrt,
Wunderflugs besondrer Art,
Angelernt vor alten Zeiten.
THALES Auch ich halte das für's Beste
Was dem wackern Mann gefällt,
Wenn im stillen, warmen Neste
Sich ein Heiliges lebend hält.
PSYLLEN *und* MARSEN *auf Meerstieren, Meerkälbern und Widdern.*
In Cyperns rauhen Höhle-Grüften,
Vom Meergott nicht verschüttet,
Vom Seismos nicht zerrüttet,
Umweht von ewigen Lüften,
Und, wie in den ältesten Tagen,
In still-bewußtem Behagen
Bewahren wir Cypriens Wagen
Und führen, bei'm Säuseln der Nächte,
Durch liebliches Wellengeflechte,
Unsichtbar dem neuen Geschlechte,
Die lieblichste Tochter heran.
Wir leise Geschäftigen scheuen
Weder Adler noch geflügelten Leuen,
Weder Kreuz noch Mond,
Wie es oben wohnt und thront,
Sich wechselnd wegt und regt,
Sich vertreibt und totschlägt,
Saaten und Städte niederlegt.

Wir, so fortan,
Bringen die lieblichste Herrin heran.

SIRENEN Leicht bewegt, in mäßiger Eile,
Um den Wagen, Kreis um Kreis,
Bald verschlungen Zeil' an Zeile
Schlangenartig reihenweis,
Naht euch, rüstige Nereiden,
Derbe Fraun, gefällig wild,
Bringet, zärtliche Doriden,
Galateen, der Mutter Bild:
Ernst, den Göttern gleich zu schauen,
Würdiger Unsterblichkeit,
Doch wie holde Menschenfrauen
Lockender Anmutigkeit.

DORIDEN *im Chor an Nereus vorbeiziehend, sämtlich auf Delphinen.*
Leih' uns Luna Licht und Schatten,
Klarheit diesem Jugendflor;
Denn wir zeigen liebe Gatten
Unserm Vater bittend vor.
Zu Nereus.
Knaben sind's, die wir gerettet
Aus der Brandung grimmem Zahn,
Sie, auf Schilf und Moos gebettet,
Aufgewärmt zum Licht heran,
Die es nun mit heißen Küssen
Treulich uns verdanken müssen;
Schau' die Holden günstig an!

NEREUS Hoch ist der Doppelgewinn zu schätzen:
Barmherzig sein, und sich zugleich ergetzen.

DORIDEN Lobst du, Vater, unser Walten,
Gönnst uns wohl erworbene Lust,
Laß uns fest, unsterblich halten
Sie an ewiger Jugendbrust.

NEREUS Mögt euch des schönen Fanges freuen,
Den Jüngling bildet euch als Mann;
Allein ich könnte nicht verleihen
Was Zeus allein gewähren kann.
Die Welle, die euch wogt und schaukelt,
Läßt auch der Liebe nicht Bestand,
Und hat die Neigung ausgegaukelt,
So setzt gemächlich sie an's Land.

DORIDEN Ihr, holde Knaben, seid uns wert,
Doch müssen wir traurig scheiden;
Wir haben ewige Treue begehrt,
Die Götter wollen's nicht leiden.

DIE JÜNGLINGE Wenn ihr uns nur so ferner labt,
Uns wackre Schiffer-Knaben;

Wir haben's nie so gut gehabt
Und wollen's nicht besser haben.

GALATEE *auf dem Muschelwagen nähert sich.*

NEREUS Du bist es, mein Liebchen!
GALATEE O Vater! das Glück!
Delphine, verweilet! mich fesselt der Blick.
NEREUS Vorüber schon, sie ziehen vorüber
In kreisenden Schwunges Bewegung;
Was kümmert sie die innre herzliche Regung!
Ach! nähmen sie mich mit hinüber!
Doch ein einziger Blick ergetzt,
Daß er das ganze Jahr ersetzt.
THALES Heil! Heil! auf's neue!
Wie ich mich blühend freue,
Vom Schönen, Wahren durchdrungen . . .
Alles ist aus dem Wasser entsprungen!!
Alles wird durch das Wasser erhalten!
Ocean, gönn' uns dein ewiges Walten.
Wenn du nicht Wolken sendetest,
Nicht reiche Bäche spendetest,
Hin und her nicht Flüsse wendetest,
Die Ströme nicht vollendetest,
Was wären Gebirge, was Ebnen und Welt?
Du bist's der das frischeste Leben erhält.
ECHO. *Chorus der sämtlichen Kreise.*
Du bist's dem das frischeste Leben entquellt.
NEREUS Sie kehren schwankend fern zurück,
Bringen nicht mehr Blick zu Blick;
In gedehnten Kettenkreisen
Sich festgemäß zu erweisen,
Windet sich die unzählige Schar.
Aber Galatea's Muschelthron
Seh' ich schon und aber schon.
Er glänzt wie ein Stern
Durch die Menge;
Geliebtes leuchtet durch's Gedränge,
Auch noch so fern
Schimmert's hell und klar,
Immer nah und wahr.
HOMUNCULUS In dieser holden Feuchte
Was ich auch hier beleuchte
Ist alles reizend schön.
PROTEUS In dieser Lebensfeuchte
Erglänzt erst deine Leuchte
Mit herrlichem Getön.

NEREUS Welch neues Geheimnis in Mitte der Scharen
Will unseren Augen sich offengebaren?
Was flammt um die Muschel, um Galatee's Füße?
Bald lodert es mächtig, bald lieblich, bald süße,
Als wär' es von Pulsen der Liebe gerührt.
THALES Homunculus ist es, von Proteus verführt...
Es sind die Symptome des herrischen Sehnens,
Mir ahnet das Ächzen beängsteten Dröhnens;
Er wird sich zerschellen am glänzenden Thron;
Jetzt flammt es, nun blitzt es, ergießet sich schon.
SIRENEN Welch feuriges Wunder verklärt uns die Wellen,
Die gegen einander sich funkelnd zerschellen?
So leuchtet's und schwanket und hellet hinan:
Die Körper sie glühen auf nächtlicher Bahn,
Und ringsum ist alles vom Feuer umronnen;
So herrsche denn Eros der alles begonnen!

Heil dem Meere! Heil den Wogen!
Von dem heiligen Feuer umzogen;
Heil dem Wasser! Heil dem Feuer!
Heil dem seltnen Abenteuer!
ALL ALLE! Heil den mildgewogenen Lüften!
Heil geheimnisreichen Grüften!
Hochgefeiert seid allhier,
Element' ihr alle vier!

DRITTER AKT

Vor dem Palaste des Menelas zu Sparta

HELENA *tritt auf und* CHOR GEFANGENER TROJANERINNEN. PANTHALIS *Chorführerin.*

HELENA Bewundert viel und viel gescholten Helena
Vom Strande komm' ich wo wir erst gelandet sind,
Noch immer trunken von des Gewoges regsamem
Geschaukel, das vom phrygischen Blachgefild uns her
Auf sträubig-hohem Rücken, durch Poseidons Gunst
Und Euros Kraft, in vaterländische Buchten trug.
Dort unten freuet nun der König Menelas
Der Rückkehr samt den tapfersten seiner Krieger sich.
Du aber heiße mich willkommen, hohes Haus,
Das Tyndareos, mein Vater, nah dem Hange sich
Von Pallas Hügel wiederkehrend aufgebaut
Und, als ich hier mit Klytämnestren schwesterlich,
Mit Castor auch und Pollux fröhlich spielend wuchs,
Vor allen Häusern Sparta's herrlich ausgeschmückt.
Gegrüßet seid mir, der ehrnen Pforte Flügel ihr!

Durch euer gastlich ladendes Weiteröffnen einst
Geschah's daß mir, erwählt aus vielen, Menelas
In Bräutigams-Gestalt entgegen leuchtete.
Eröffnet mir sie wieder, daß ich ein Eilgebot
Des Königs treu erfülle, wie der Gattin ziemt.
Laßt mich hinein! und alles bleibe hinter mir,
Was mich umstürmte bis hieher, verhängnisvoll.
Denn seit ich diese Schwelle sorgenlos verließ,
Cytherens Tempel besuchend, heiliger Pflicht gemäß,
Mich aber dort ein Räuber griff, der phrygische,
Ist viel geschehen, was die Menschen weit und breit
So gern erzählen, aber der nicht gerne hört
Von dem die Sage wachsend sich zum Märchen spann.

CHOR Verschmähe nicht, o herrliche Frau,
Des höchsten Gutes Ehrenbesitz!
Denn das größte Glück ist dir einzig beschert,
Der Schönheit Ruhm der vor allen sich hebt.
Dem Helden tönt sein Name voran,
Drum schreitet er stolz,
Doch beugt sogleich hartnäckigster Mann
Vor der allbezwingenden Schöne den Sinn.

HELENA Genug! mit meinem Gatten bin ich hergeschifft
Und nun von ihm zu seiner Stadt vorausgesandt;
Doch welchen Sinn er hegen mag errat' ich nicht.
Komm' ich als Gattin? komm' ich eine Königin?
Komm' ich ein Opfer für des Fürsten bittern Schmerz
Und für der Griechen lang erduldetes Mißgeschick?
Erobert bin ich, ob gefangen weiß ich nicht!
Denn Ruf und Schicksal bestimmten fürwahr die Unsterblichen
Zweideutig mir, der Schöngestalt bedenkliche
Begleiter, die an dieser Schwelle mir sogar
Mit düster drohender Gegenwart zur Seite stehn.
Denn schon im hohlen Schiffe blickte mich der Gemahl
Nur selten an, auch sprach er kein erquicklich Wort.
Als wenn er Unheil sänne saß er gegen mir.
Nun aber, als des Eurotas tiefem Buchtgestad
Hinangefahren der vordern Schiffe Schnäbel kaum
Das Land begrüßten, sprach er, wie vom Gott bewegt:
Hier steigen meine Krieger, nach der Ordnung, aus,
Ich mustre sie am Strand des Meeres hingereiht,
Du aber ziehe weiter, ziehe des heiligen
Eurotas fruchtbegabtem Ufer immer auf,
Die Rosse lenkend auf der feuchten Wiese Schmuck,
Bis daß zur schönen Ebene du gelangen magst,
Wo Lakedämon, einst ein fruchtbar weites Feld,
Von ernsten Bergen nah umgeben, angebaut.
Betrete dann das hochgetürmte Fürstenhaus

Und mustere mir die Mägde, die ich dort zurück
Gelassen, samt der klugen alten Schaffnerin.
Die zeige dir der Schätze reiche Sammlung vor,
Wie sie dein Vater hinterließ und die ich selbst
In Krieg und Frieden, stets vermehrend, aufgehäuft.
Du findest alles nach der Ordnung stehen: denn
Das ist des Fürsten Vorrecht, daß er alles treu
In seinem Hause, wiederkehrend, finde, noch
An seinem Platze jedes wie er's dort verließ.
Denn nichts zu ändern hat für sich der Knecht Gewalt.

CHOR Erquicke nun am herrlichen Schatz,
Dem stets vermehrten, Augen und Brust;
Denn der Kette Zier, der Krone Geschmuck
Da ruhn sie stolz und sie dünken sich was;
Doch tritt nur ein und fordre sie auf,
Sie rüsten sich schnell.
Mich freuet zu sehn Schönheit in dem Kampf
Gegen Gold und Perlen und Edelgestein.

HELENA Sodann erfolgte des Herren ferneres Herrscherwort:
Wenn du nun alles nach der Ordnung durchgesehn,
Dann nimm so manchen Dreifuß als du nötig glaubst
Und mancherlei Gefäße sie der Opfrer sich
Zur Hand verlangt, vollziehend heiligen Festgebrauch.
Die Kessel, auch die Schalen, wie das flache Rund,
Das reinste Wasser aus der heiligen Quelle sei
In hohen Krügen, ferner auch das trockne Holz,
Der Flammen schnell empfänglich, halte da bereit,
Ein wohlgeschliffnes Messer fehle nicht zuletzt;
Doch alles andre geb' ich deiner Sorge heim.
So sprach er, mich zum Scheiden drängend; aber nichts
Lebendigen Atems zeichnet mir der Ordnende
Das er, die Olympier zu verehren, schlachten will.
Bedenklich ist es, doch ich sorge weiter nicht
Und alles bleibe hohen Göttern heimgestellt,
Die das vollenden, was in ihrem Sinn sie deucht,
Es möge gut von Menschen, oder möge bös
Geachtet sein, die Sterblichen wir ertragen das.
Schon manchmal hob das schwere Beil der Opfernde
In des erdgebeugten Tieres Nacken weihend auf
Und konnt' es nicht vollbringen, denn ihn hinderte
Des nahen Feindes oder Gottes Zwischenkunft.

CHOR Was geschehen werde sinnst du nicht aus;
Königin, schreite dahin
Guten Muts.
Gutes und Böses kommt
Unerwartet dem Menschen;
Auch verkündet glauben wir's nicht.

Brannte doch Troja, sahen wir doch
Tod vor Augen, schmählichen Tod;
Und sind wir nicht hier
Dir gesellt, dienstbar freudig,
Schauen des Himmels blendende Sonne
Und das Schönste der Erde
Huldvoll, dich, uns Glücklichen.

HELENA Sei's wie es sei! Was auch bevorsteht, mir geziemt
Hinaufzusteigen ungesäumt in das Königshaus,
Das lang entbehrt und viel ersehnt und fast verscherzt
Mir abermals vor Augen steht, ich weiß nicht wie.
Die Füße tragen mich so mutig nicht empor
Die hohen Stufen die ich kindisch übersprang *Ah*

CHOR Werfet, o Schwestern, ihr
Traurig gefangenen,
Alle Schmerzen in's Weite;
Teilet der Herrin Glück,
Teilet Helenens Glück,
Welche zu Vaterhauses Herd,
Zwar mit spätzurückkehrendem,
Aber mit desto festerem
Fuße freudig herannaht.

Preiset die heiligen,
Glücklich herstellenden
Und heimführenden Götter!
Schwebt der Entbundene
Doch wie auf Fittigen
Über das Rauhste, wenn umsonst
Der Gefangene sehnsuchtsvoll
Über die Zinne des Kerkers hin
Armausbreitend sich abhärmt.

Aber sie ergriff ein Gott
Die Entfernte;
Und aus Ilios Schutt
Trug er hierher sie zurück,
In das alte, das neugeschmückte
Vaterhaus,
Nach unsäglichen
Freuden und Qualen,
Früher Jugendzeit
Angefrischt zu gedenken.

PANTHALIS *als Chorführerin.*
Verlasset nun des Gesanges freudumgebnen Pfad
Und wendet nach der Türe Flügeln euren Blick.
Was seh' ich, Schwestern? Kehret nicht die Köngin,

Mit heftigen Schrittes Regung, wieder zu uns her?
Was ist es, große Königin, was konnte dir
In deines Hauses Hallen, statt der Deinen Gruß,
Erschütterndes begegnen? Du verbirgst es nicht;
Denn Widerwillen seh' ich an der Stirne dir,
Ein edles Zürnen das mit Überraschung kämpft.

HELENA *welche die Türflügel offen gelassen hat, bewegt.*
Der Tochter Zeus geziemet nicht gemeine Furcht
Und flüchtig-leise Schreckenshand berührt sie nicht;
Doch das Entsetzen, das dem Schoß der alten Nacht
Von Urbeginn entsteigend, vielgestaltet noch
Wie glühende Wolken, aus des Berges Feuerschlund,
Herauf sich wälzt, erschüttert auch des Helden Brust.
So haben heute grauenvoll die Stygischen
In's Haus den Eintritt mir bezeichnet, daß ich gern
Von oft betretner, langersehnter Schwelle mich,
Entlass'nem Gaste gleich, entfernend scheiden mag.
Doch nein! gewichen bin ich her an's Licht, und sollt
Ihr weiter nicht mich treiben, Mächte, wer ihr seid.
Auf Weihe will ich sinnen, dann gereinigt mag
Des Herdes Glut die Frau begrüßen wie den Herrn.

CHORFÜHRERIN Entdecke deinen Dienerinnen, edle Frau,
Die dir verehrend beistehn, was begegnet ist.

HELENA Was ich gesehen sollt ihr selbst mit Augen sehn,
Wenn ihr Gebilde nicht die alte Nacht sogleich
Zurück geschlungen in ihrer Tiefe Wunderschoß.
Doch daß ihr's wisset, sag' ich's euch mit Worten an:
Als ich des Königs-Hauses ernsten Binnenraum,
Der nächsten Pflicht gedenkend, feierlich betrat,
Erstaunt' ich ob der öden Gänge Schweigsamkeit.
Nicht Schall der emsig Wandelnden begegnete
Dem Ohr, nicht raschgeschäftiges Eiligtun dem Blick,
Und keine Magd erschien mir, keine Schaffnerin,
Die jeden Fremden freundlich sonst begrüßenden.
Als aber ich dem Schoße des Herdes mich genaht,
Da sah ich, bei verglommner Asche lauem Rest,
Am Boden sitzen welch verhülltes großes Weib,
Der Schlafenden nicht vergleichbar, wohl der Sinnenden.
Mit Herrscherworten ruf' ich sie zur Arbeit auf,
Die Schaffnerin mir vermutend, die indes vielleicht
Des Gatten Vorsicht hinterlassend angestellt;
Doch eingefaltet sitzt die Unbewegliche;
Nur endlich rührt sie, auf mein Dräun, den rechten Arm,
Als wiese sie von Herd und Halle mich hinweg.
Ich wende zürnend mich ab von ihr und eile gleich
Den Stufen zu, worauf empor der Thalamos
Geschmückt sich hebt und nah daran das Schatzgemach;

Allein das Wunder reißt sich schnell vom Boden auf,
Gebietrisch mir den Weg vertretend, zeigt es sich
In hagrer Größe, hohlen, blutig-trüben Blicks,
Seltsamer Bildung, wie sie Aug' und Geist verwirrt.
Doch red' ich in die Lüfte; denn das Wort bemüht
Sich nur umsonst Gestalten schöpferisch aufzubaun.
Da seht sie selbst! sie wagt sogar sich an's Licht hervor!
Hier sind wir Meister, bis der Herr und König kommt.
Die grausen Nachtgeburten drängt der Schönheitsfreund,
Phöbus, hinweg in Höhlen, oder bändigt sie.

PHORKYAS *auf der Schwelle zwischen den Türpfosten auftretend.*

CHOR Vieles erlebt' ich, obgleich die Locke
Jugendlich wallet mir um die Schläfe!
Schreckliches hab' ich vieles gesehen,
Kriegrischen Jammer, Ilios Nacht,
Als es fiel.

Durch das umwölkte, staubende Tosen
Drängender Krieger hört' ich die Götter
Fürchterlich rufen, hört' ich der Zwietracht
Eherne Stimme schallen durch's Feld,
Mauerwärts.

Ach! sie standen noch, Ilios
Mauern, aber die Flammenglut
Zog vom Nachbar zum Nachbar schon
Sich verbreitend von hier und dort
Mit des eignen Sturmes Wehn
Über die nächtliche Stadt hin.

Flüchtend sah ich, durch Rauch und Glut
Und der züngelnden Flamme Loh'n,
Gräßlich zürnender Götter Nahn,
Schreitend Wundergestalten
Riesengroß durch düsteren
Feuerumleuchteten Qualm hin.

Sah ich's, oder bildete
Mir der angstumschlungene Geist
Solches Verworrene? sagen kann
Nimmer ich's, doch daß ich dies
Gräßliche hier mit Augen schau'
Solches gewiß ja weiß ich;
Könnt' es mit Händen fassen gar,
Hielte von dem Gefährlichen
Nicht zurücke die Furcht mich.

Welche von Phorkys
Töchtern nur bist du?
Denn ich vergleiche dich
Diesem Geschlechte.
Bist du vielleicht der graugebornen,
Eines Auges und Eines Zahns
Wechselweis teilhaftigen
Graien eine gekommen?

Wagest du Scheusal
Neben der Schönheit
Dich vor dem Kennerblick
Phöbus zu zeigen?
Tritt du dennoch hervor nur immer,
Denn das Häßliche schaut Er nicht,
Wie sein heilig Auge noch
Nie erblickte den Schatten.

Doch uns Sterbliche nötigt, ach,
Leider trauriges Mißgeschick
Zu dem unsäglichen Augenschmerz,
Den das Verwerfliche, Ewig-unselige
Schönheitliebenden rege macht.

Ja so höre denn, wenn du frech
Uns entgegenest, höre Fluch,
Höre jeglicher Schelte Drohn,
Aus dem verwünschenden Munde der Glücklichen
Die von Göttern gebildet sind.

PHORKYAS

Alt ist das Wort, doch bleibet hoch und wahr der Sinn,
Daß Scham und Schönheit nie zusammen, Hand in Hand,
Den Weg verfolgen über der Erde grünen Pfad.
Tief eingewurzelt wohnt in beiden alter Haß,
Daß, wo sie immer irgend auch des Weges sich
Begegnen, jede der Gegnerin den Rücken kehrt.
Dann eilet jede wieder heftiger, weiter fort,
Die Scham betrübt, die Schönheit aber frech gesinnt,
Bis sie zuletzt des Orcus hohle Nacht umfängt,
Wenn nicht das Alter sie vorher gebändigt hat.
Euch find' ich nun, ihr Frechen, aus der Fremde her
Mit Übermut ergossen, gleich der Kraniche
Laut-heiser klingendem Zug, der über unser Haupt,
In langer Wolke, krächzend sein Getön herab
Schickt, das den stillen Wandrer über sich hinauf
Zu blicken lockt; doch ziehn sie ihren Weg dahin,
Er geht den seinen; also wird's mit uns geschehn.

Wer seid denn ihr? daß ihr des Königs Hochpalast
Mänadisch wild, Betrunknen gleich umtoben dürft?
Wer seid ihr denn, daß ihr des Hauses Schaffnerin
Entgegen heulet, wie dem Mond der Hunde Schar?
Wähnt ihr, verborgen sei mir welch Geschlecht ihr seid,
Du kriegerzeugte, schlachterzogne junge Brut?
Mannlustige du, so wie verführt verführende,
Entnervend beide, Kriegers auch und Bürgers Kraft.
Zu Hauf euch sehend scheint mir ein Zikaden-Schwarm
Herabzustürzen, deckend grüne Feldersaat.
Verzehrerinnen fremden Fleißes! Naschende
Vernichterinnen aufgekeimten Wohlstands ihr,
Erobert', marktverkauft', vertauschte Ware du!

HELENA Wer gegenwarts der Frau die Dienerinnen schilt,
Der Gebietrin Hausrecht tastet er vermessen an;
Denn ihr gebührt allein das Lobenswürdige
Zu rühmen, wie zu strafen was verwerflich ist.
Auch bin des Dienstes ich wohl zufrieden, den sie mir
Geleistet als die hohe Kraft von Ilios
Umlagert stand und fiel und lag; nicht weniger
Als wir der Irrfahrt kummervolle Wechselnot
Ertrugen, wo sonst jeder sich der nächste bleibt.
Auch hier erwart' ich gleiches von der muntren Schar;
Nicht was der Knecht sei, fragt der Herr, nur wie er dient.
Drum schweige du und grinse sie nicht länger an.
Hast du das Haus des Königs wohl verwahrt bisher,
Anstatt der Hausfrau, solches dient zum Ruhme dir;
Doch jetzo kommt sie selber, tritt nun du zurück,
Damit nicht Strafe werde statt verdienten Lohns.
PHORKYAS Den Hausgenossen drohen bleibt ein großes Recht,
Das gottbeglückten Herrschers hohe Gattin sich
Durch langer Jahre weise Leitung wohl verdient.
Da du, nun Anerkannte! neu den alten Platz
Der Königin und Hausfrau wiederum betrittst,
So fasse längst erschlaffte Zügel, herrsche nun,
Nimm in Besitz den Schatz und sämtlich uns dazu.
Vor allem aber schütze mich die ältere
Vor dieser Schar, die, neben deiner Schönheit Schwan,
Nur schlecht besittigt', schnatterhafte Gänse sind.
CHORFÜHRERIN Wie häßlich neben Schönheit zeigt sich Häßlichkeit.
PHORKYAS Wie unverständig neben Klugheit Unverstand.

Von hier an erwidern die Choretiden, einzeln aus dem Chor heraustretend.

CHORETIDE 1 Von Vater Erebus melde, melde von Mutter Nacht.
PHORKYAS So sprich von Scylla, leiblich dir Geschwisterkind.
CHORETIDE 2 An deinem Stammbaum steigt manch Ungeheuer empor.
PHORKYAS Zum Orcus hin! da suche deine Sippschaft auf.

CHORETIDE 3 Die dorten wohnen sind dir alle viel zu jung.
PHORKYAS Tiresias den Alten gehe buhlend an.
CHORETIDE 4 Orions Amme war die Ur-Urenkelin.
PHORKYAS Harpyen wähn' ich fütterten dich im Unflat auf.
CHORETIDE 5 Mit was ernährst du so gepflegte Magerkeit?
PHORKYAS Mit Blute nicht, wonach du allzulüstern bist.
CHORETIDE 6 Begierig du auf Leichen, ekle Leiche selbst!
PHORKYAS Vampyren-Zähne glänzen dir im frechen Maul.
CHORFÜHRERIN Das deine stopf' ich, wenn ich sage wer du seist.
PHORKYAS So nenne dich zuerst, das Rätsel hebt sich auf.
HELENA Nicht zürnend, aber traurend schreit' ich zwischen euch,
Verbietend solchen Wechselstreites Ungestüm!
Denn Schädlicheres begegnet nichts dem Herrscherherrn
Als treuer Diener heimlich unterschworner Zwist.
Das Echo seiner Befehle kehrt alsdann nicht mehr
In schnell vollbrachter Tat wohlstimmig ihm zurück,
Nein, eigenwillig brausend tos't es um ihn her,
Den selbstverirrten, in's Vergebne scheltenden.
Dies nicht allein. Ihr habt in sittelosem Zorn
Unsel'ger Bilder Schreckgestalten hergebannt,
Die mich umdrängen, daß ich selbst zum Orcus mich
Gerissen fühle, vaterländ'scher Flur zum Trutz.
Ist's wohl Gedächtnis? war es Wahn, der mich ergreift?
War ich das alles? Bin ich's? Werd' ich's künftig sein,
Das Traum- und Schreckbild jener Städteverwüstenden?
Die Mädchen schaudern, aber du die älteste
Du stehst gelassen, rede mir verständig Wort.
PHORKYAS Wer langer Jahre mannichfaltigen Glücks gedenkt,
Ihm scheint zuletzt die höchste Göttergunst ein Traum.
Du aber hochbegünstigt, sonder Maß und Ziel,
In Lebensreihe sahst nur Liebesbrünstige,
Entzündet rasch zum kühnsten Wagstück jeder Art.
Schon Theseus haschte früh dich, gierig aufgeregt,
Wie Herakles stark, ein herrlich schön geformter Mann.
HELENA Entführte mich, ein zehenjährig schlankes Reh,
Und mich umschloß Aphidnus Burg in Attika.
PHORKYAS Durch Castor und durch Pollux aber bald befreit,
Umworben standst du ausgesuchter Helden-Schar.
HELENA Doch stille Gunst vor allen, wie ich gern gesteh',
Gewann Patroclus, er des Peliden Ebenbild.
PHORKYAS Doch Vaterwille traute dich an Menelas,
Den kühnen Seedurchstreicher, Hausbewahrer auch.
HELENA Die Tochter gab er, gab des Reichs Bestellung ihm.
Aus ehlichem Beisein sproßte dann Hermione.
PHORKYAS Doch als er fern sich Creta's Erbe kühn erstritt,
Dir Einsamen da erschien ein allzuschöner Gast.

HELENA Warum gedenkst du jener halben Witwenschaft?
Und welch Verderben gräßlich mir daraus erwuchs?
PHORKYAS Auch jene Fahrt mir freigebornen Creterin
Gefangenschaft erschuf sie, lange Sklaverei.
HELENA Als Schaffnerin bestellt' er dich sogleich hieher,
Vertrauend vieles, Burg und kühn erworbnen Schatz.
PHORKYAS Die du verließest, Ilios umtürmter Stadt
Und unerschöpften Liebesfreuden zugewandt.
HELENA Gedenke nicht der Freuden! allzuherben Leids
Unendlichkeit ergoß sich über Brust und Haupt.
PHORKYAS Doch sagt man, du erschienst ein doppelhaft Gebild,
In Ilios gesehen und in Ägypten auch.
HELENA Verwirre wüsten Sinnes Aberwitz nicht gar
Selbst jetzo, welche denn ich sei, ich weiß es nicht.
PHORKYAS Dann sagen sie: aus hohlem Schattenreich herauf
Gesellte sich inbrünstig noch Achill zu dir!
Dich früher liebend gegen allen Geschicks Beschluß.
HELENA Ich als Idol, ihm dem Idol verband ich mich.
Es war ein Traum, so sagen ja die Worte selbst.
Ich schwinde hin und werde selbst mir ein Idol.
Sinkt dem Halbchor in die Arme.
CHOR Schweige, schweige!
Mißblickende, mißredende du!
Aus so gräßlichen einzahnigen
Lippen was enthaucht wohl
Solchem furchtbaren Greuelschlund.

Denn der Bösartige wohltätig erscheinend,
Wolfesgrimm unter schafwolligem Vlies,
Mir ist er weit schrecklicher als des drei-
köpfigen Hundes Rachen.
Ängstlich lauschend stehn wir da,
Wann? wie? wo nur bricht's hervor
Solcher Tücke
Tiefauflauerndes Ungetüm?

Nun denn, statt freundlich mit Trost reich begabten,
Letheschenkenden, holdmildesten Worts
Regest du auf aller Vergangenheit
Bösestes mehr denn Gutes,
Und verdüsterst allzugleich
Mit dem Glanz der Gegenwart
Auch der Zukunft
Mild aufschimmerndes Hoffnungslicht.

Schweige, schweige!
Daß der Königin Seele,
Schon zu entfliehen bereit,

Sich noch halte, festhalte
Die Gestalt aller Gestalten
Welche die Sonne jemals beschien.

Helena hat sich erholt und steht wieder in der Mitte.

PHORKYAS
Tritt hervor aus flüchtigen Wolken, hohe Sonne dieses Tags,
Die verschleiert schon entzückte, blendend nun im Glanze herrscht.
Wie die Welt sich dir entfaltet schaust du selbst mit holdem Blick.
Schelten sie mich auch für häßlich, kenn' ich doch das Schöne wohl.

HELENA
Tret' ich schwankend aus der Öde die im Schwindel mich umgab,
Pflegt' ich gern der Ruhe wieder, denn so müd' ist mein Gebein:
Doch es ziemet Königinnen, allen Menschen ziemt es wohl,
Sich zu fassen, zu ermannen, was auch drohend überrascht.

PHORKYAS
Stehst du nun in deiner Großheit, deiner Schöne vor uns da,
Sagt dein Blick, daß du befiehlest, was befiehlst du? sprich es aus.

HELENA
Eures Haders frech Versäumnis auszugleichen seid bereit,
Eilt ein Opfer zu bestellen wie der König mir gebot.

PHORKYAS
Alles ist bereit im Hause, Schale, Dreifuß, scharfes Beil,
Zum Besprengen, zum Beräuchern; das zu Opfernde zeig' an.

HELENA Nicht bezeichnet' es der König.

PHORKYAS Sprach's nicht aus? O Jammerwort!

HELENA Welch ein Jammer überfällt dich?

PHORKYAS Königin, du bist gemeint!

HELENA Ich?

PHORKYAS Und diese.

CHOR Weh und Jammer!

PHORKYAS Fallen wirst du durch das Beil.

HELENA Gräßlich! doch geahnt, ich Arme!

PHORKYAS Unvermeidlich scheint es mir.

CHOR Ach! Und uns? was wird begegnen?

PHORKYAS Sie stirbt einen edlen Tod;
Doch an hohen Balken drinnen, der des Daches Giebel trägt,
Wie im Vogelfang die Drosseln, zappelt ihr der Reihe nach.

Helena und Chor stehen erstaunt und erschreckt, in bedeutender, wohl vorbereiteter Gruppe.

PHORKYAS
Gespenster! — — — Gleich erstarrten Bildern steht ihr da,
Geschreckt vom Tag zu scheiden der euch nicht gehört.
Die Menschen, die Gespenster sämtlich gleich wie ihr,
Entsagen auch nicht willig hehrem Sonnenschein;
Doch bittet oder rettet niemand sie vom Schluß;
Sie wissen's alle, wenigen doch gefällt es nur.
Genug, ihr seid verloren! Also frisch an's Werk.

Klatscht in die Hände; darauf erscheinen an der Pforte vermummte Zwerggestalten, welche die ausgesprochenen Befehle alsobald mit Behendigkeit ausführen.

Herbei du düstres, kugelrundes Ungetüm,
Wälzt euch hieher, zu schaden gibt es hier nach Lust.
Dem Tragaltar, dem goldgehörnten, gebet Platz,
Das Beil, es liege blinkend über dem Silberrand,
Die Wasserkrüge füllet, abzuwaschen gibt's
Des schwarzen Blutes greuelvolle Besudelung.
Den Teppich breitet köstlich hier am Staube hin,
Damit das Opfer niederkniee königlich
Und eingewickelt, zwar getrennten Haupts sogleich,
Anständig würdig aber doch bestattet sei.

CHORFÜHRERIN Die Königin stehet sinnend an der Seite hier,
Die Mädchen welken gleich gemähtem Wiesengras;
Mir aber deucht, der Ältesten, heiliger Pflicht gemäß
Mit dir das Wort zu wechseln, Ur-Uralteste.
Du bist erfahren, weise, scheinst uns gut gesinnt,
Obschon verkennend hirnlos diese Schar dich traf.
Drum sage, was du möglich noch von Rettung weißt.

PHORKYAS Ist leicht gesagt: Von der Königin hängt allein es ab
Sich selbst zu erhalten, euch Zugaben auch mit ihr.
Entschlossenheit ist nötig und die behendeste.

CHOR Ehrenwürdigste der Parzen, weiseste Sibylle du,
Halte gesperrt die goldene Schere, dann verkünd' uns Tag und Heil;
Denn wir fühlen schon im Schweben, Schwanken, Bammeln unergetzlich
Unsere Gliederchen, die lieber erst im Tanze sich ergetzten,
Ruhten drauf an Liebchens Brust.

HELENA Laß diese bangen! Schmerz empfind' ich, keine Furcht;
Doch kennst du Rettung, dankbar sei sie anerkannt.
Dem Klugen, Weitumsichtigen zeigt fürwahr sich oft
Unmögliches noch als möglich. Sprich und sag' es an.

CHOR Sprich und sage, sag' uns eilig: wie entrinnen wir den grausen,
Garstigen Schlingen? die bedrohlich, als die schlechtesten Geschmeide,
Sich um unsre Hälse ziehen. Vorempfinden wir's, die Armen,
Zum Entatmen, zum Ersticken, wenn du, Rhea, aller Götter
Hohe Mutter, dich nicht erbarmst.

PHORKYAS Habt ihr Geduld des Vortrags langgedehnten Zug
Still anzuhören? Mancherlei Geschichten sind's.

CHOR Geduld genug! Zuhörend leben wir indes.

PHORKYAS Dem der zu Hause verharrend edlen Schatz bewahrt
Und hoher Wohnung Mauern auszukitten weiß,
Wie auch das Dach zu sichern vor des Regens Drang,
Dem wird es wohlgehn lange Lebenstage durch:
Wer aber seiner Schwelle heilige Richte leicht
Mit flüchtigen Sohlen überschreitet freventlich,
Der findet wiederkehrend wohl den alten Platz,
Doch umgeändert alles, wo nicht gar zerstört.

HELENA Wozu dergleichen wohlbekannte Sprüche hier?
Du willst erzählen, rege nicht an Verdrießliches.
PHORKYAS Geschichtlich ist es, ist ein Vorwurf keineswegs.
Raubschiffend ruderte Menelas von Bucht zu Bucht,
Gestad' und Inseln, alles streift' er feindlich an,
Mit Beute wiederkehrend, wie sie drinnen starrt.
Vor Ilios verbracht' er langer Jahre zehn,
Zur Heimfahrt aber weiß ich nicht wie viel es war.
Allein wie steht es hier am Platz um Tyndareos
Erhabnes Haus? wie stehet es mit dem Reich umher?
HELENA Ist dir denn so das Schelten gänzlich einverleibt,
Daß ohne Tadeln du keine Lippe regen kannst?
PHORKYAS So viele Jahre stand verlassen das Tal-Gebirg,
Das hinter Sparta nordwärts in die Höhe steigt,
Taygetos im Rücken, wo als muntrer Bach
Herab Eurotas rollt und dann durch unser Tal
An Rohren breit hinfließend eure Schwäne nährt.
Dort hinten still im Gebirgtal hat ein kühn Geschlecht
Sich angesiedelt, dringend aus cimmerischer Nacht,
Und unersteiglich feste Burg sich aufgetürmt,
Von da sie Land und Leute placken wie's behagt.
HELENA Das konnten sie vollführen? Ganz unmöglich scheint's.
PHORKYAS Sie hatten Zeit, vielleicht an zwanzig Jahre sind's.
HELENA Ist Einer Herr? sind's Räuber viel, Verbündete?
PHORKYAS Nicht Räuber sind es, Einer aber ist der Herr.
Ich schelt' ihn nicht und wenn er schon mich heimgesucht.
Wohl konnt' er alles nehmen, doch begnügt' er sich
Mit wenigen Freigeschenken, nannt' er's, nicht Tribut.
HELENA Wie sieht er aus?
PHORKYAS Nicht übel! mir gefällt er schon.
Es ist ein munterer, kecker, wohlgebildeter,
Wie unter Griechen wenig' ein verständ'ger Mann.
Man schilt das Volk Barbaren, doch ich dächte nicht
Daß grausam einer wäre, wie vor Ilios
Gar mancher Held sich menschenfresserisch erwies.
Ich acht' auf seine Großheit, ihm vertraut' ich mich.
Und seine Burg! die solltet ihr mit Augen sehn!
Das ist was anderes gegen plumpes Mauerwerk
Das eure Väter, mir nichts dir nichts, aufgewälzt,
Cyklopisch wie Cyklopen, rohen Stein sogleich
Auf rohe Steine stürzend; dort hingegen, dort
Ist alles senk- und waagerecht und regelhaft.
Von außen schaut sie! himmelan sie strebt empor,
So starr, so wohl in Fugen, spiegelglatt wie Stahl.
Zu klettern hier — ja selbst der Gedanke gleitet ab.
Und innen großer Höfe Raumgelasse, rings
Mit Baulichkeit umgeben, aller Art und Zweck'.

Da seht ihr Säulen, Säulchen, Bogen, Bögelchen,
Altane, Galerien, zu schauen aus und ein,
Und Wappen.

CHOR Was sind Wappen?

PHORKYAS Ajax führte ja
Geschlungene Schlang' im Schilde, wie ihr selbst gesehn.
Die Sieben dort vor Theben trugen Bildnerein
Ein jeder auf seinem Schilde, reich bedeutungsvoll.
Da sah man Mond und Stern' am nächtigen Himmelsraum,
Auch Göttin, Held und Leiter, Schwerter, Fackeln auch,
Und was Bedrängliches guten Städten grimmig droht.
Ein solch Gebilde führt auch unsre Heldenschar
Von seinen Ur-Urahnen her in Farbenglanz.
Da seht ihr Löwen, Adler, Klau' und Schnabel auch,
Dann Büffelhörner, Flügel, Rosen, Pfauenschweif,
Auch Streifen, gold und schwarz und silbern, blau und rot.
Dergleichen hängt in Sälen Reih an Reihe fort,
In Sälen, gränzenlosen, wie die Welt so weit;
Da könnt ihr tanzen!

CHOR Sage, gibt's auch Tänzer da?

PHORKYAS Die besten! goldgelockte, frische Bubenschar.
Die duften Jugend, Paris duftete einzig so,
Als er der Königin zu nahe kam.

HELENA Du fällst
Ganz aus der Rolle, sage mir das letzte Wort!

PHORKYAS Du sprichst das letzte, sagst mit Ernst vernehmlich ja!
Sogleich umgeb' ich dich mit jener Burg.

CHOR O sprich
Das kurze Wort! und rette dich und uns zugleich.

HELENA Wie? Sollt' ich fürchten, daß der König Menelas
So grausam sich verginge mich zu schädigen?

PHORKYAS Hast du vergessen, wie er deinen Deiphobus,
Des totgekämpften Paris Bruder, unerhört
Verstümmelte, der starrsinnig Witwe dich erstritt
Und glücklich kebs'te; Nas' und Ohren schnitt er ab
Und stümmelte mehr so; Greuel war es anzuschaun.

HELENA Das tat er jenem, meinetwegen tat er das.

PHORKYAS Um jeneswillen wird er dir das Gleiche tun.
Unteilbar ist die Schönheit; der sie ganz besaß
Zerstört sie lieber, fluchend jedem Teilbesitz.

Trompeten in der Ferne; der Chor fährt zusammen.

Wie scharf der Trompete Schmettern Ohr und Eingeweid'
Zerreißend anfaßt, also krallt sich Eifersucht
Im Busen fest des Mannes, der das nie vergißt
Was einst er besaß und nun verlor, nicht mehr besitzt.

CHOR
Hörst du nicht die Hörner schallen? siehst der Waffen Blitze nicht?

PHORKYAS
Sei willkommen, Herr und König, gerne geb' ich Rechenschaft.
CHOR Aber wir?
PHORKYAS Ihr wißt es deutlich, seht vor Augen ihren Tod,
Merkt den eurigen da drinne; nein, zu helfen ist euch nicht.
Pause.
HELENA Ich sann mir aus das Nächste was ich wagen darf.
Ein Widerdämon bist du, das empfind' ich wohl
Und fürchte, Gutes wendest du zum Bösen um.
Vor allem aber folgen will ich dir zur Burg;
Das andre weiß ich; was die Königin dabei
Im tiefen Busen geheimnisvoll verbergen mag,
Sei jedem unzugänglich. Alte! geh voran.
CHOR O wie gern gehen wir hin,
Eilenden Fußes;
Hinter uns Tod,
Vor uns abermals
Ragender Veste
Unzugängliche Mauer.
Schütze sie eben so gut,
Eben wie Ilios Burg,
Die doch endlich nur
Niederträchtiger List erlag.
Nebel verbreiten sich, umhüllen den Hintergrund, auch die Nähe, nach Belieben.
Wie? aber wie?
Schwestern, schaut euch um!
War es nicht heiterer Tag?
Nebel schwanken streifig empor
Aus Eurotas heil'ger Flut;
Schon entschwand das liebliche
Schilfumkränzte Gestade dem Blick,
Auch die frei, zierlich-stolz
Sanfthingleitenden Schwäne
In gesell'ger Schwimmlust
Seh' ich, ach, nicht mehr!

Doch, aber doch
Tönen hör' ich sie,
Tönen fern heiseren Ton!
Tod verkündenden, sagen sie;
Ach daß uns er nur nicht auch,
Statt verheißender Rettung Heil,
Untergang verkünde zuletzt;
Uns den schwangleichen, lang-
Schön weißhalsigen, und ach!
Unsrer Schwanerzeugten.
Weh uns, weh, weh!

Alles deckte sich schon
Rings mit Nebel umher.
Sehen wir doch einander nicht!
Was geschieht? gehen wir?
Schweben wir nur
Trippelnden Schrittes am Boden hin?
Siehst du nichts? schwebt nicht etwa gar
Hermes voran? Blinkt nicht der goldne Stab
Heischend, gebietend uns wieder zurück
Zu dem unerfreulichen, grautagenden,
Ungreifbarer Gebilde vollen,
Überfüllten, ewig leeren Hades?

Ja, auf einmal wird es düster, ohne Glanz entschwebt der Nebel
Dunkelgräulich, mauerbräunlich. Mauern stellen sich dem Blicke,
Freiem Blicke starr entgegen. Ist's ein Hof? ist's tiefe Grube?
Schauerlich in jedem Falle! Schwestern, ach! wir sind gefangen,
So gefangen wie nur je.

Innerer Burghof, umgeben von reichen phantastischen Gebäuden des Mittelalters

CHORFÜHRERIN
Vorschnell und töricht, echt wahrhaftes Weibsgebild!
Vom Augenblick abhängig, Spiel der Witterung,
Des Glücks und Unglücks, keins von beiden wißt ihr je
Zu bestehn mit Gleichmut. Eine widerspricht ja stets
Der andern heftig, überquer die andern ihr;
In Freud' und Schmerz nur heult und lacht ihr gleichen Tons.
Nun schweigt! und wartet horchend was die Herrscherin
Hochsinnig hier beschließen mag für sich und uns.

HELENA Wo bist du, Pythonissa? heiße wie du magst,
Aus diesen Gewölben tritt hervor der düstern Burg.
Gingst etwa du, dem wunderbaren Heldenherrn
Mich anzukündigen, Wohlempfang bereitend mir,
So habe Dank und führe schnell mich ein zu ihm;
Beschluß der Irrfahrt wünsch' ich. Ruhe wünsch' ich nur.

CHORFÜHRERIN
Vergebens blickst du, Königin, allseits um dich her;
Verschwunden ist das leidige Bild, verblieb vielleicht
Im Nebel dort, aus dessen Busen wir hieher,
Ich weiß nicht wie, gekommen, schnell und sonder Schritt.
Vielleicht auch irrt sie zweifelhaft im Labyrinth
Der wundersam aus vielen einsgewordnen Burg,
Den Herrn erfragend fürstlicher Hochbegrüßung halb.
Doch sieh, dort oben regt in Menge sich allbereits
In Galerien, am Fenster, in Portalen rasch

Sich hin und her bewegend viele Dienerschaft;
Vornehm-willkommnen Gastempfang verkündet es.

CHOR Aufgeht mir das Herz! o, seht nur dahin
Wie so sittig herab mit verweilendem Tritt
Jungholdeste Schar anständig bewegt
Den geregelten Zug. Wie? auf wessen Befehl
Nur erscheinen gereiht und gebildet so früh
Von Jünglingsknaben das herrliche Volk?
Was bewundr' ich zumeist! Ist es zierlicher Gang,
Etwa des Haupts Lockhaar um die blendende Stirn,
Etwa der Wänglein Paar, wie die Pfirsiche rot
Und eben auch so weichwollig beflaumt?
Gern biss' ich hinein, doch ich schaure davor,
Denn in ähnlichem Fall, da erfüllte der Mund
Sich, gräßlich zu sagen! mit Asche.

Aber die schönsten
Sie kommen daher;
Was tragen sie nur?
Stufen zum Thron,
Teppich und Sitz,
Umhang und zelt-
artigen Schmuck;
Über überwallt er,
Wolkenkränze bildend,
Unsrer Königin Haupt,
Denn schon bestieg sie
Eingeladen herrlichen Pfühl.
Tretet heran,
Stufe für Stufe
Reihet euch ernst.
Würdig, o würdig, dreifach würdig
Sei gesegnet ein solcher Empfang!

Alles vom Chor Ausgesprochene geschieht nach und nach.

FAUST. *Nachdem* KNABEN *und* KNAPPEN *in langem Zug herabgestiegen, erscheint er oben an der Treppe in ritterlicher Hofkleidung des Mittelalters und kommt langsam würdig herunter.*

CHORFÜHRERIN *ihn aufmerksam beschauend.*
Wenn diesem nicht die Götter, wie sie öfter tun,
Für wenige Zeit nur wundernswürdige Gestalt,
Erhabnen Anstand, liebenswerte Gegenwart
Vorübergänglich liehen; wird ihm jedesmal
Was er beginnt gelingen, sei's in Männerschlacht,
So auch im kleinen Kriege mit den schönsten Fraun.
Er ist fürwahr gar vielen andern vorzuziehn,
Die ich doch auch als hochgeschätzt mit Augen sah.

Mit langsam-ernstem, ehrfurchtsvoll gehaltnem Schritt
Seh' ich den Fürsten; wende dich, o Königin!

FAUST *herantretend, einen Gefesselten zur Seite.*

Statt feierlichsten Grußes, wie sich ziemte,
Statt ehrfurchtsvollem Willkomm bring' ich dir
In Ketten hart geschlossen solchen Knecht,
Der, Pflicht verfehlend, mir die Pflicht entwand.
Hier kniee nieder! dieser höchsten Frau
Bekenntnis abzulegen deiner Schuld.
Dies ist, erhabne Herrscherin, der Mann
Mit seltnem Augenblitz vom hohen Turm
Umherzuschaun bestellt, dort Himmelsraum
Und Erdenbreite scharf zu überspähn,
Was etwa da und dort sich melden mag,
Vom Hügelkreis in's Tal zur festen Burg
Sich regen mag, der Herden Woge sei's,
Ein Heereszug vielleicht; wir schützen jene,
Begegnen diesem. Heute, welch Versäumnis!
Du kommst heran, er meldet's nicht, verfehlt
Ist ehrenvoller, schuldigster Empfang
So hohen Gastes. Freventlich verwirkt
Das Leben hat er, läge schon im Blut
Verdienten Todes; doch nur du allein
Bestrafst, begnadigst, wie dir's wohl gefällt.

HELENA So hohe Würde wie du sie vergönnst,
Als Richterin, als Herrscherin, und wär's
Versuchend nur, wie ich vermuten darf;
So üb' ich nun des Richters erste Pflicht,
Beschuldigte zu hören. Rede denn.

TURMWÄRTER LYNCEUS

Laß mich knieen, laß mich schauen,
Laß mich sterben, laß mich leben,
Denn schon bin ich hingegeben
Dieser gottgegebnen Frauen.

Harrend auf des Morgens Wonne,
Östlich spähend ihren Lauf,
Ging auf einmal mir die Sonne
Wunderbar im Süden auf.

Zog den Blick nach jener Seite,
Statt der Schluchten, statt der Höhn,
Statt der Erd- und Himmelsweite,
Sie die Einzige zu spähn.

Augenstrahl ist mir verliehen
Wie dem Luchs auf höchstem Baum,

Doch nun mußt' ich mich bemühen
Wie aus tiefem, düsterm Traum.

Wüßt' ich irgend mich zu finden?
Zinne? Turm? geschloss'nes Tor?
Nebel schwanken, Nebel schwinden,
Solche Göttin tritt hervor!

Aug' und Brust ihr zugewendet
Sog ich an den milden Glanz,
Diese Schönheit wie sie blendet
Blendete mich Armen ganz.

Ich vergaß des Wächters Pflichten,
Völlig das beschworne Horn;
Drohe nur mich zu vernichten,
Schönheit bändigt allen Zorn.

HELENA Das Übel das ich brachte darf ich nicht
Bestrafen. Wehe mir! Welch streng Geschick
Verfolgt mich, überall der Männer Busen
So zu betören, daß sie weder sich
Noch sonst ein Würdiges verschonten. Raubend jetzt,
Verführend, fechtend, hin und her entrückend,
Halbgötter, Helden, Götter, ja Dämonen,
Sie führten mich im Irren her und hin.
Einfach die Welt verwirrt' ich, doppelt mehr,
Nun dreifach, vierfach bring' ich Not auf Not.
Entferne diesen Guten, laß ihn frei;
Den Gottbetörten treffe keine Schmach.
FAUST Erstaunt, o Königin, seh' ich zugleich
Die sicher Treffende, hier den Getroffnen;
Ich seh' den Bogen, der den Pfeil entsandt,
Verwundet jenen. Pfeile folgen Pfeilen
Mich treffend. Allwärts ahn' ich überquer
Gefiedert schwirrend sie in Burg und Raum.
Was bin ich nun? Auf einmal machst du mir
Rebellisch die Getreusten, meine Mauern
Unsicher. Also fürcht' ich schon, mein Heer
Gehorcht der siegend unbesiegten Frau.
Was bleibt mir übrig als mich selbst und alles,
Im Wahn das Meine, dir anheim zu geben?
Zu deinen Füßen laß mich, frei und treu,
Dich Herrin anerkennen, die sogleich
Auftretend sich Besitz und Thron erwarb.
LYNCEUS *mit einer Kiste und Männer die ihm andere nachtragen.*
Du siehst mich, Königin, zurück!

Der Reiche bettelt einen Blick,
Er sieht dich an und fühlt sogleich
Sich bettelarm und fürstenreich.

Was war ich erst? was bin ich nun?
Was ist zu wollen? was zu tun?
Was hilft der Augen schärfster Blitz!
Er prallt zurück an deinem Sitz.

Von Osten kamen wir heran
Und um den Westen war's getan;
Ein lang- und breites Volksgewicht,
Der erste wußte vom letzten nicht.

Der erste fiel, der zweite stand,
Des dritten Lanze war zur Hand;
Ein jeder hundertfach gestärkt,
Erschlagne Tausend unbemerkt.

Wir drängten fort, wir stürmten fort,
Wir waren Herrn von Ort zu Ort;
Und wo ich herrisch heut befahl,
Ein andrer morgen raubt' und stahl.

Wir schauten, — eilig war die Schau;
Der griff die allerschönste Frau,
Der griff den Stier von festem Tritt,
Die Pferde mußten alle mit.

Ich aber liebte zu erspähn
Das Seltenste was man gesehn,
Und was ein andrer auch besaß,
Das war für mich gedörrtes Gras.

Den Schätzen war ich auf der Spur,
Den scharfen Blicken folgt' ich nur,
In alle Taschen blickt' ich ein,
Durchsichtig war mir jeder Schrein.

Und Haufen Goldes waren mein,
Am herrlichsten der Edelstein:
Nun der Smaragd allein verdient
Daß er an deinem Herzen grünt.

Nun schwanke zwischen Ohr und Mund
Das Tropfenei aus Meeresgrund;
Rubinen werden gar verscheucht,
Das Wangenrot sie niederbleicht.

Und so den allergrößten Schatz
Versetz' ich hier auf deinen Platz,
Zu deinen Füßen sei gebracht
Die Ernte mancher blut'gen Schlacht.

So viele Kisten schlepp' ich her,
Der Eisenkisten hab' ich mehr;
Erlaube mich auf deiner Bahn
Und Schatzgewölbe füll' ich an.

Denn du bestiegest kaum den Thron,
So neigen schon, so beugen schon
Verstand und Reichtum und Gewalt
Sich vor der einzigen Gestalt.

Das alles hielt ich fest und mein,
Nun aber lose, wird es dein,
Ich glaubt' es würdig, hoch und bar,
Nun seh' ich, daß es nichtig war.

Verschwunden ist was ich besaß,
Ein abgemähtes, welkes Gras:
O gib mit einem heitern Blick
Ihm seinen ganzen Wert zurück!

FAUST Entferne schnell die kühn erworbne Last,
Zwar nicht getadelt, aber unbelohnt.
Schon ist Ihr alles eigen was die Burg
Im Schoß verbirgt, Besondres Ihr zu bieten
Ist unnütz. Geh und häufe Schatz auf Schatz
Geordnet an. Der ungesehnen Pracht
Erhabnes Bild stell' auf! Laß die Gewölbe
Wie frische Himmel blinken, Paradiese
Von lebelosem Leben richte zu.
Voreilend ihren Tritten laß beblümt
An Teppich Teppiche sich wälzen, ihrem Tritt
Begegne sanfter Boden, ihrem Blick,
Nur Göttliche nicht blendend, höchster Glanz.
LYNCEUS Schwach ist was der Herr befiehlt,
Tut's der Diener, es ist gespielt:
Herrscht doch über Gut und Blut
Dieser Schönheit Übermut.
Schon das ganze Heer ist zahm,
Alle Schwerter stumpf und lahm,
Vor der herrlichen Gestalt
Selbst die Sonne matt und kalt,
Vor dem Reichtum des Gesichts
Alles leer und alles nichts. *Ab.*

HELENA *zu Faust.*
Ich wünsche dich zu sprechen, doch herauf
An meine Seite komm! der leere Platz
Beruft den Herrn und sichert mir den meinen.
FAUST Erst knieend laß die treue Widmung dir
Gefallen, hohe Frau; die Hand die mich
An deine Seite hebt laß mich sie küssen.
Bestärke mich als Mitregenten deines
Gränzunbewußten Reichs, gewinne dir
Verehrer, Diener, Wächter all' in Einem.
HELENA Vielfache Wunder seh' ich, hör' ich an,
Erstaunen trifft mich, fragen möcht' ich viel.
Doch wünscht' ich Unterricht, warum die Rede
Des Manns mir seltsam klang, seltsam und freundlich.
Ein Ton scheint sich dem andern zu bequemen,
Und hat ein Wort zum Ohre sich gesellt,
Ein andres kommt, dem ersten liebzukosen.
FAUST Gefällt dir schon die Sprechart unsrer Völker,
O so gewiß entzückt auch der Gesang,
Befriedigt Ohr und Sinn im tiefsten Grunde.
Doch ist am sichersten wir üben's gleich,
Die Wechselrede lockt es, ruft's hervor.
HELENA So sage denn, wie sprech' ich auch so schön?
FAUST Das ist gar leicht, es muß von Herzen gehn.
Und wenn die Brust von Sehnsucht überfließt,
Man sieht sich um und fragt —
HELENA Wer mit genießt.
FAUST Nun schaut der Geist nicht vorwärts, nicht zurück,
Die Gegenwart allein —
HELENA Ist unser Glück.
FAUST Schatz ist sie, Hochgewinn, Besitz und Pfand;
Bestätigung wer gibt sie?
HELENA Meine Hand.
CHOR Wer verdächt' es unsrer Fürstin,
Gönnet sie dem Herrn der Burg
Freundliches Erzeigen.
Denn gesteht, sämtliche sind wir
Ja Gefangene, wie schon öfter,
Seit dem schmählichen Untergang
Ilios und der ängstlich-
Labyrinthischen Kummerfahrt.

Fraun, gewöhnt an Männerliebe,
Wählerinnen sind sie nicht,
Aber Kennerinnen.
Und wie goldlockigen Hirten,
Vielleicht schwarzborstigen Faunen,

Wie es bringt die Gelegenheit,
Über die schwellenden Glieder
Vollerteilen sie gleiches Recht.

Nah und näher sitzen sie schon
An einander gelehnet,
Schulter an Schulter, Knie an Knie,
Hand in Hand wiegen sie sich
Über des Throns
Aufgepolsterter Herrlichkeit.
Nicht versagt sich die Majestät
Heimlicher Freuden
Vor den Augen des Volkes
Übermütiges Offenbarsein.

HELENA Ich fühle mich so fern und doch so nah
Und sage nur zu gern: da bin ich! da!

FAUST Ich atme kaum, mir zittert, stockt das Wort,
Es ist ein Traum, verschwunden Tag und Ort.

HELENA Ich scheine mir verlebt und doch so neu,
In dich verwebt, dem Unbekannten treu.

FAUST Durchgrüble nicht das einzigste Geschick,
Dasein ist Pflicht und wär's ein Augenblick.

PHORKYAS *heftig eintretend.*
Buchstabiert in Liebes-Fibeln,
Tändelnd grübelt nur am Liebeln,
Müßig liebelt fort im Grübeln,
Doch dazu ist keine Zeit.
Fühlt ihr nicht ein dumpfes Wettern?
Hört nur die Trompete schmettern,
Das Verderben ist nicht weit.
Menelas mit Volkes-Wogen
Kommt auf euch herangezogen;
Rüstet euch zu herbem Streit!
Von der Sieger-Schar umwimmelt,
Wie Deiphobus verstümmelt
Büßest du das Fraun-Geleit
Bammelt erst die leichte Ware,
Dieser gleich ist am Altare
Neugeschliffnes Beil bereit.

FAUST Verwegne Störung! widerwärtig dringt sie ein,
Auch nicht in Gefahren mag ich sinnlos Ungestüm.
Den schönsten Boten Unglücksbotschaft häßlicht ihn;
Du Häßlichste gar, nur schlimme Botschaft bringst du gern.
Doch diesmal soll dir's nicht geraten, leeren Hauchs
Erschüttere du die Lüfte. Hier ist nicht Gefahr,
Und selbst Gefahr erschiene nur als eitles Dräun.

Signale, Explosionen von den Türmen, Trompeten und Zinken, kriegerische Musik, Durchmarsch gewaltiger Heereskraft.

FAUST Nein, gleich sollst du versammelt schauen
Der Helden ungetrennten Kreis:
Nur der verdient die Gunst der Frauen,
Der kräftigst sie zu schützen weiß.
Zu den Heerführern, die sich von den Kolonnen absondern und herantreten.
Mit angehaltnem stillen Wüten,
Das euch gewiß den Sieg verschafft,
Ihr Nordens jugendliche Blüten,
Ihr Ostens blumenreiche Kraft.

In Stahl gehüllt, vom Strahl umwittert,
Die Schar die Reich um Reich zerbrach,
Sie treten auf, die Erde schüttert,
Sie schreiten fort, es donnert nach.

An Pylos traten wir zu Lande,
Der alte Nestor ist nicht mehr,
Und alle kleinen Königsbande
Zersprengt das ungebundne Heer.

Drängt ungesäumt von diesen Mauern
Jetzt Menelas dem Meer zurück;
Dort irren mag er, rauben, lauern,
Ihm war es Neigung und Geschick.

Herzoge soll ich euch begrüßen,
Gebietet Sparta's Königin,
Nun legt ihr Berg und Tal zu Füßen,
Und euer sei des Reichs Gewinn.

Germane du! Corinthus Buchten
Verteidige mit Wall und Schutz,
Achaia dann mit hundert Schluchten
Empfehl' ich, Gote, deinem Trutz.

Nach Elis ziehn der Franken Heere,
Messene sei der Sachsen Los,
Normanne reinige die Meere
Und Argolis erschaff' er groß.

Dann wird ein jeder häuslich wohnen,
Nach außen richten Kraft und Blitz;
Doch Sparta soll euch überthronen,
Der Königin verjährter Sitz.

All-Einzeln sieht sie euch genießen
Des Landes dem kein Wohl gebricht;

Ihr sucht getrost zu ihren Füßen
Bestätigung und Recht und Licht.

Faust steigt herab, die Fürsten schließen einen Kreis um ihn, Befehl und Anordnung näher zu vernehmen.

CHOR Wer die Schönste für sich begehrt,
Tüchtig vor allen Dingen
Seh' er nach Waffen weise sich um;
Schmeichelnd wohl gewann er sich
Was auf Erden das Höchste;
Aber ruhig besitzt er's nicht:
Schleicher listig entschmeicheln sie ihm,
Räuber kühnlich entreißen sie ihm,
Dieses zu hinderen sei er bedacht.

Unsern Fürsten lob' ich drum,
Schätz' ihn höher vor andern,
Wie er so tapfer klug sich verband
Daß die Starken gehorchend stehn
Jedes Winkes gewärtig.
Seinen Befehl vollziehn sie treu,
Jeder sich selbst zu eignem Nutz
Wie dem Herrscher zu lohnendem Dank,
Beiden zu höchlichem Ruhmes-Gewinn.

Denn wer entreißet sie jetzt
Dem gewalt'gen Besitzer?
Ihm gehört sie, ihm sei sie gegönnt,
Doppelt von uns gegönnt, die er
Samt ihr zugleich innen mit sicherster Mauer,
Außen mit mächtigstem Heer umgab.

FAUST Die Gaben, diesen hier verliehen —
An jeglichen ein reiches Land —
Sind groß und herrlich, laß sie ziehen!
Wir halten in der Mitte Stand.

Und sie beschützen um die Wette,
Ringsum von Wellen angehüpft,
Nichtinsel dich, mit leichter Hügelkette
Europens letztem Bergast angeknüpft.

Das Land, vor aller Länder Sonnen,
Sei ewig jedem Stamm beglückt,
Nun meiner Königin gewonnen,
Das früh an ihr hinaufgeblickt.

Als, mit Eurotas Schilfgeflüster,
Sie leuchtend aus der Schale brach,

Der hohen Mutter, dem Geschwister
Das Licht der Augen überstach.

Dies Land, allein zu dir gekehret,
Entbietet seinen höchsten Flor;
Dem Erdkreis, der dir angehöret,
Dein Vaterland, o! zieh es vor.

Und duldet auch auf seiner Berge Rücken
Das Zackenhaupt der Sonne kalten Pfeil,
Läßt nun der Fels sich angegrünt erblicken,
Die Ziege nimmt genäschig kargen Teil.

Die Quelle springt, vereinigt stürzen Bäche,
Und schon sind Schluchten, Hänge, Matten grün.
Auf hundert Hügeln unterbrochner Fläche
Siehst Wollenherden ausgebreitet ziehn.

Verteilt, vorsichtig abgemessen schreitet
Gehörntes Rind hinan zum jähen Rand,
Doch Obdach ist den sämtlichen bereitet,
Zu hundert Höhlen wölbt sich Felsenwand.

Pan schützt sie dort und Lebensnymphen wohnen
In buschiger Klüfte feucht erfrischtem Raum,
Und, sehnsuchtsvoll nach höhern Regionen,
Erhebt sich zweighaft Baum gedrängt an Baum.

Alt-Wälder sind's! Die Eiche starret mächtig
Und eigensinnig zackt sich Ast an Ast;
Der Ahorn mild, von süßem Safte trächtig,
Steigt rein empor und spielt mit seiner Last.

Und mütterlich im stillen Schattenkreise
Quillt laue Milch bereit für Kind und Lamm;
Obst ist nicht weit, der Ebnen reife Speise,
Und Honig trieft vom ausgehöhlten Stamm.

Hier ist das Wohlbehagen erblich,
Die Wange heitert wie der Mund,
Ein jeder ist an seinem Platz unsterblich:
Sie sind zufrieden und gesund.

Und so entwickelt sich am reinen Tage
Zu Vaterkraft das holde Kind.
Wir staunen drob; noch immer bleibt die Frage:
Ob's Götter, ob es Menschen sind?

So war Apoll den Hirten zugestaltet
Daß ihm der schönsten einer glich;
Denn wo Natur im reinsten Kreise waltet
Ergreifen alle Welten sich.
Neben ihr sitzend.
So ist es mir, so ist es dir gelungen,
Vergangenheit sei hinter uns getan;
O fühle dich vom höchsten Gott entsprungen,
Der ersten Welt gehörst du einzig an.

Nicht feste Burg soll dich umschreiben!
Noch zirkt, in ewiger Jugendkraft
Für uns, zu wonnevollem Bleiben,
Arkadien in Sparta's Nachbarschaft.

Gelockt auf sel'gem Grund zu wohnen,
Du flüchtetest in's heiterste Geschick!
Zur Laube wandeln sich die Thronen,
Arkadisch frei sei unser Glück!

Der Schauplatz verwandelt sich durchaus. An eine Reihe von Felsenhöhlen lehnen sich geschloss'ne Lauben. Schattiger Hain bis an die rings umgebende Felsensteile hinan. Faust und Helena werden nicht gesehen. Der CHOR *liegt schlafend verteilt umher.*

PHORKYAS Wie lange Zeit die Mädchen schlafen weiß ich nicht,
Ob sie sich träumen ließen was ich hell und klar
Vor Augen sah, ist ebenfalls mir unbekannt.
Drum weck' ich sie. Erstaunen soll das junge Volk;
Ihr Bärtigen auch, die ihr da drunten sitzend harrt,
Glaubhafter Wunder Lösung endlich anzuschaun.
Hervor! hervor! Und schüttelt eure Locken rasch;
Schlaf aus den Augen! Blinzt nicht so, und hört mich an!

CHOR Rede nur, erzähl', erzähle was sich Wunderliches begeben,
Hören möchten wir am liebsten was wir gar nicht glauben können,
Denn wir haben lange Weile diese Felsen anzusehn.

PHORKYAS
Kaum die Augen ausgerieben, Kinder, langeweilt ihr schon?
So vernehmt: in diesen Höhlen, diesen Grotten, diesen Lauben
Schutz und Schirmung war verliehen, wie idyllischem Liebespaare,
Unserm Herrn und unsrer Frauen.

CHOR
Wie, da drinnen?

PHORKYAS
Abgesondert
Von der Welt, nur mich die Eine riefen sie zu stillem Dienste.
Hochgeehrt stand ich zur Seite, doch, wie es Vertrauten ziemet,
Schaut' ich um nach etwas andrem. Wendete mich hier- und dorthin,
Suchte Wurzeln, Moos und Rinden, kundig aller Wirksamkeiten,
Und so blieben sie allein.

CHOR Tust du doch als ob da drinnen ganze Weltenräume wären,
Wald und Wiese, Bäche, Seen; welche Märchen spinnst du ab!

PHORKYAS
Allerdings, ihr Unerfahrnen! das sind unerforschte Tiefen:
Saal an Sälen, Hof an Höfen, diese spürt' ich sinnend aus.
Doch auf einmal ein Gelächter echo't in den Höhlen-Räumen;
Schau' ich hin, da springt ein Knabe von der Frauen Schoß zum Manne,
Von dem Vater zu der Mutter; das Gekose, das Getändel,
Töriger Liebe Neckereien, Scherzgeschrei und Lustgejauchze
Wechselnd übertäuben mich.
Nackt ein Genius ohne Flügel, faunenartig ohne Tierheit,
Springt er auf den festen Boden, doch der Boden gegenwirkend
Schnellt ihn zu der luft'gen Höhe, und im zweiten, dritten Sprunge
Rührt er an das Hochgewölb.

Ängstlich ruft die Mutter: springe wiederholt und nach Belieben,
Aber hüte dich zu fliegen, freier Flug ist dir versagt.
Und so mahnt der treue Vater: in der Erde liegt die Schnellkraft,
Die dich aufwärts treibt, berühre mit der Zehe nur den Boden,
Wie der Erdensohn Antäus bist du alsobald gestärkt.
Und so hüpft er auf die Masse dieses Felsens, von der Kante
zu dem andern und umher so wie ein Ball geschlagen springt.

Doch auf einmal in der Spalte rauher Schlucht ist er verschwunden,
Und nun scheint er uns verloren. Mutter jammert, Vater tröstet,
Achselzuckend steh' ich ängstlich. Doch nun wieder welch Erscheinen!
Liegen Schätze dort verborgen? Blumenstreifige Gewande
Hat er würdig angetan.
Quasten schwanken von den Armen, Binden flattern um den Busen,
In der Hand die goldne Leier, völlig wie ein kleiner Phöbus
Tritt er wohlgemut zur Kante, zu dem Überhang; wir staunen.
Und die Eltern vor Entzücken werfen wechselnd sich an's Herz.
Denn wie leuchtet's ihm zu Haupten? Was erglänzt ist schwer zu sagen,
Ist es Goldschmuck, ist es Flamme übermächtiger Geisteskraft.
Und so regt er sich gebärdend, sich als Knabe schon verkündend
Künftigen Meister alles Schönen, dem die ewigen Melodien
Durch die Glieder sich bewegen; und so werdet ihr ihn hören,
Und so werdet ihr ihn sehn zu einzigster Bewunderung.

CHOR Nennst du ein Wunder dies,
Creta's Erzeugte?
Dichtend belehrendem Wort
Hast du gelauscht wohl nimmer?
Niemals noch gehört Ioniens,
Nie vernommen auch Hellas
Urväterlicher Sagen
Göttlich-heldenhaften Reichtum?

Alles was je geschieht
Heutigen Tages
Trauriger Nachklang ist's
Herrlicher Ahnherrn-Tage;
Nicht vergleicht sich dein Erzählen
Dem was liebliche Lüge,
Glaubhaftiger als Wahrheit,
Von dem Sohne sang der Maja.

Diesen zierlich und kräftig doch
Kaum geborenen Säugling
Faltet in reinster Windeln Flaum,
Strenget in köstlicher Wickeln Schmuck
Klatschender Wärterinnen Schar
Unvernünftigen Wähnens.
Kräftig und zierlich aber zieht
Schon der Schalk die geschmeidigen
Doch elastischen Glieder
Listig heraus, die purpurne
Ängstlich drückende Schale
Lassend ruhig an seiner Statt;
Gleich dem fertigen Schmetterling,
Der aus starrem Puppenzwang
Flügel entfaltend behendig schlüpft,
Sonne-durchstrahlten Äther kühn
Und mutwillig durchflatternd.

So auch er, der behendeste,
Daß er Dieben und Schälken,
Vorteilsuchenden allen auch
Ewig günstiger Dämon sei.
Dies betätigt er alsobald
Durch gewandteste Künste.
Schnell des Meeres Beherrscher stiehlt
Er den Trident, ja dem Ares selbst
Schlau das Schwert aus der Scheide;
Bogen und Pfeil dem Phöbus auch,
Wie dem Hephästos die Zange;
Selber Zeus, des Vaters, Blitz
Nähm' er, schreckt' ihn das Feuer nicht;
Doch dem Eros siegt er ob
In beinstellendem Ringerspiel;
Raubt auch Cyprien, wie sie ihm kos't,
Noch vom Busen den Gürtel.

Ein reizendes, reinmelodisches Saitenspiel erklingt aus der Höhle. Alle merken auf und scheinen bald innig gerührt. Von hier an bis zur bemerkten Pause durchaus mit vollstimmiger Musik.

PHORKYAS Höret allerliebste Klänge,
Macht euch schnell von Fabeln frei,

Eurer Götter alt Gemenge
Laßt es hin, es ist vorbei.
Niemand will euch mehr verstehen,
Fordern wir doch höhern Zoll:
Denn es muß von Herzen gehen,
Was auf Herzen wirken soll.

Sie zieht sich nach den Felsen zurück.

CHOR Bist du, fürchterliches Wesen,
Diesem Schmeichelton geneigt,
Fühlen wir, als frisch genesen,
Uns zur Tränenlust erweicht.
Laß der Sonne Glanz verschwinden,
Wenn es in der Seele tagt,
Wir im eignen Herzen finden
Was die ganze Welt versagt.

HELENA, FAUST, EUPHORION *in dem oben beschriebenen Kostüm.*

EUPHORION Hört ihr Kindeslieder singen,
Gleich ist's euer eigner Scherz;
Seht ihr mich im Takte springen,
Hüpft euch elterlich das Herz.

HELENA Liebe, menschlich zu beglücken
Nähert sie ein edles Zwei,
Doch zu göttlichem Entzücken
Bildet sie ein köstlich Drei.

FAUST Alles ist sodann gefunden:
Ich bin dein und du bist mein;
Und so stehen wir verbunden,
Dürft' es doch nicht anders sein!

CHOR Wohlgefallen vieler Jahre
In des Knaben mildem Schein
Sammelt sich auf diesem Paare.
O! wie rührt mich der Verein.

EUPHORION Nun laßt mich hüpfen,
Nun laßt mich springen,
Zu allen Lüften
Hinauf zu dringen
Ist mir Begierde,
Sie faßt mich schon.

FAUST Nur mäßig! mäßig!
Nicht in's Verwegne,
Daß Sturz und Unfall
Dir nicht begegne,
Zu Grund uns richte
Der teure Sohn.

EUPHORION Ich will nicht länger

Am Boden stocken;
Laßt meine Hände,
Laßt meine Locken,
Laßt meine Kleider,
Sie sind ja mein.

HELENA O denk'! o denke
Wem du gehörest!
Wie es uns kränke,
Wie du zerstörest
Das schön errungene
Mein, Dein und Sein.

CHOR Bald lös't, ich fürchte,
Sich der Verein!

HELENA *und* FAUST Bändige! bändige!
Eltern zu Liebe
Überlebendige,
Heftige Triebe!
Ländlich im Stillen
Ziere den Plan.

EUPHORION Nur euch zu Willen
Halt' ich mich an.
Durch den Chor sich schlingend und ihn zum Tanze fortziehend.
Leichter umschweb' ich hie
Muntres Geschlecht.
Ist nun die Melodie,
Ist die Bewegung recht?

HELENA Ja, das ist wohlgetan,
Führe die Schönen an
Künstlichem Reihn.

FAUST Wäre das doch vorbei!
Mich kann die Gaukelei
Gar nicht erfreun.

Euphorion und Chor tanzend und singend bewegen sich in verschlungenem Reihen.

CHOR Wenn du der Arme Paar
Lieblich bewegest,
Im Glanz dein lockig Haar
Schüttelnd erregest,
Wenn dir der Fuß so leicht
Über die Erde schleicht,
Dort und da wieder hin
Glieder um Glied sich ziehn,
Hast du dein Ziel erreicht,
Liebliches Kind;
All' unsre Herzen sind
All' dir geneigt.
Pause.

EUPHORION Ihr seid so viele

Leichtfüßige Rehe,
Zu neuem Spiele
Frisch aus der Nähe
Ich bin der Jäger,
Ihr seid das Wild.

CHOR Willst du uns fangen,
Sei nicht behende,
Denn wir verlangen
Doch nur am Ende
Dich zu umarmen,
Du schönes Bild!

EUPHORION Nur durch die Haine!
Zu Stock und Steine!
Das leicht Errungene
Das widert mir,
Nur das Erzwungene
Ergetzt mich schier.

HELENA *und* FAUST
Welch ein Mutwill'! welch ein Rasen!
Keine Mäßigung ist zu hoffen.
Klingt es doch wie Hörnerblasen
Über Tal und Wälder dröhnend;
Welch ein Unfug! welch Geschrei!

CHOR *einzeln schnell eintretend.*
Uns ist er vorbei gelaufen,
Mit Verachtung uns verhöhnend
Schleppt er von dem ganzen Haufen
Nun die Wildeste herbei.

EUPHORION *ein junges Mädchen hereintragend.*
Schlepp' ich her die derbe Kleine
Zu erzwungenem Genusse.
Mir zur Wonne, mir zur Lust
Drück' ich widerspenstige Brust,
Küss' ich widerwärtigen Mund,
Tue Kraft und Willen kund.

MÄDCHEN Laß mich los! In dieser Hülle
Ist auch Geistes Mut und Kraft,
Deinem gleich ist unser Wille
Nicht so leicht hinweggerafft.
Glaubst du wohl mich im Gedränge?
Deinem Arm vertraust du viel!
Halte fest, und ich versenge
Dich den Toren mir zum Spiel.

Sie flammt auf und lodert in die Höhe.

Folge mir in leichte Lüfte,
Folge mir in starre Grüfte,
Hasche das verschwundne Ziel.

EUPHORION *die letzten Flammen abschüttelnd.*
Felsengedränge hier
Zwischen dem Waldgebüsch,
Was soll die Enge mir,
Bin ich doch jung und frisch.
Winde sie sausen ja,
Wellen sie brausen da,
Hör' ich doch beides fern,
Nah wär' ich gern.
Er springt immer höher felsauf.

HELENA, FAUST *und* CHOR.
Wolltest du den Gemsen gleichen?
Vor dem Falle muß uns graun.

EUPHORION Immer höher muß ich steigen,
Immer weiter muß ich schaun.
Weiß ich nun wo ich bin!
Mitten der Insel drin,
Mitten in Pelops Land,
Erde- wie seeverwandt.

CHOR Magst nicht in Berg und Wald
Friedlich verweilen?
Suchen wir alsobald
Reben in Zeilen,
Reben am Hügelrand;
Feigen und Apfelgold.
Ach in dem holden Land
Bleibe du hold!

EUPHORION Träumt ihr den Friedenstag?
Träume wer träumen mag.
Krieg! ist das Losungswort.
Sieg! und so klingt es fort.

CHOR Wer im Frieden
Wünschet sich Krieg zurück
Der ist geschieden
Vom Hoffnungsglück.

EUPHORION Welche dies Land gebar
Aus Gefahr in Gefahr,
Frei, unbegränzten Muts,
Verschwendrisch eignen Bluts;
Dem nicht zu dämpfenden
Heiligen Sinn,
Alle den Kämpfenden
Bring' es Gewinn!

CHOR Seht hinauf wie hoch gestiegen!
Und er scheint uns doch nicht klein,
Wie im Harnisch, wie zum Siegen,
Wie von Erz und Stahl der Schein.

EUPHORION Keine Wälle, keine Mauern,
Jeder nur sich selbst bewußt;
Feste Burg um auszudauern
Ist des Mannes ehrne Brust.
Wollt ihr unerobert wohnen,
Leicht bewaffnet rasch in's Feld;
Frauen werden Amazonen
Und ein jedes Kind ein Held.

CHOR Heilige Poesie,
Himmelan steige sie,
Glänze, der schönste Stern,
Fern und so weiter fern,
Und sie erreicht uns doch
Immer, man hört sie noch,
Vernimmt sie gern.

EUPHORION Nein, nicht ein Kind bin ich erschienen,
In Waffen kommt der Jüngling an;
Gesellt zu Starken, Freien, Kühnen,
Hat er im Geiste schon getan.
Nun fort!
Nun dort
Eröffnet sich zum Ruhm die Bahn.

HELENA *und* FAUST Kaum in's Leben eingerufen,
Heitrem Tag gegeben kaum,
Sehnest du von Schwindelstufen
Dich zu schmerzenvollem Raum.
Sind denn wir
Gar nichts dir?
Ist der holde Bund ein Traum?

EUPHORION Und hört ihr donnern auf dem Meere?
Dort widerdonnern Tal um Tal,
In Staub und Wellen Heer dem Heere,
In Drang um Drang zu Schmerz und Qual.
Und der Tod
Ist Gebot,
Das versteht sich nun einmal.

HELENA, FAUST *und* CHOR
Welch Entsetzen! welches Grauen!
Ist der Tod denn dir Gebot?

EUPHORION Sollt' ich aus der Ferne schauen?
Nein! ich teile Sorg' und Not.

DIE VORIGEN Übermut und Gefahr,
Tödliches Los!

EUPHORION Doch! — und ein Flügelpaar
Faltet sich los!
Dorthin! Ich muß! ich muß!

Gönnt mir den Flug!

Er wirft sich in die Lüfte, die Gewande tragen ihn einen Augenblick, sein Haupt strahlt, ein Lichtschweif zieht nach.

CHOR Ikarus! Ikarus!
Jammer genug.

Ein schöner Jüngling stürzt zu der Eltern Füßen, man glaubt in dem Toten eine bekannte Gestalt zu erblicken; doch das Körperliche verschwindet sogleich, die Aureole steigt wie ein Komet zum Himmel auf, Kleid, Mantel und Lyra bleiben liegen.

HELENA *und* FAUST Der Freude folgt sogleich
Grimmige Pein.

EUPHORIONS *Stimme aus der Tiefe.*

Laß mich im düstern Reich,
Mutter, mich nicht allein!

Pause.

CHOR. *Trauergesang.*

Nicht allein! — wo du auch weilest,
Denn wir glauben dich zu kennen,
Ach! wenn du dem Tag enteilest,
Wird kein Herz von dir sich trennen.
Wüßten wir doch kaum zu klagen,
Neidend singen wir dein Los:
Dir in klar- und trüben Tagen
Lied und Mut war schön und groß.

Ach! zum Erdenglück geboren,
Hoher Ahnen, großer Kraft,
Leider! früh dir selbst verloren,
Jugendblüte weggerafft.
Scharfer Blick die Welt zu schauen,
Mitsinn jedem Herzensdrang,
Liebesglut der besten Frauen
Und ein eigenster Gesang.

Doch du ranntest unaufhaltsam
Frei in's willenlose Netz,
So entzweitest du gewaltsam
Dich mit Sitte, mit Gesetz;
Doch zuletzt das höchste Sinnen
Gab dem reinen Mut Gewicht,
Wolltest Herrliches gewinnen,
Aber es gelang dir nicht.

Wem gelingt es? — Trübe Frage,
Der das Schicksal sich vermummt,
Wenn am unglückseligsten Tage
Blutend alles Volk verstummt.
Doch erfrischet neue Lieder,
Steht nicht länger tief gebeugt:
Denn der Boden zeugt sie wieder,
Wie von je er sie gezeugt.

Völlige Pause. Die Musik hört auf.

HELENA *zu Faust.*

Ein altes Wort bewährt sich leider auch an mir:
Daß Glück und Schönheit dauerhaft sich nicht vereint.
Zerrissen ist des Lebens wie der Liebe Band,
Bejammernd beide, sag' ich schmerzlich Lebewohl!
Und werfe mich noch einmal in die Arme dir.
Persephoneia, nimm den Knaben auf und mich.

Sie umarmt Faust, das Körperliche verschwindet, Kleid und Schleier bleiben ihm in den Armen.

PHORKYAS *zu Faust.*

Halte fest was dir von allem übrig blieb.
Das Kleid laß es nicht los. Da zupfen schon
Dämonen an den Zipfeln, möchten gern
Zur Unterwelt es reißen. Halte fest!
Die Göttin ist's nicht mehr die du verlorst,
Doch göttlich ist's. Bediene dich der hohen,
Unschätzbarn Gunst und hebe dich empor,
Es trägt dich über alles Gemeine rasch
Am Äther hin, so lange du dauern kannst.
Wir sehn uns wieder, weit, gar weit von hier.

Helenens Gewande lösen sich in Wolken auf, umgeben Faust, heben ihn in die Höhe und ziehen mit ihm vorüber.

PHORKYAS *nimmt Euphorions Kleid, Mantel und Lyra von der Erde, tritt in's Proszenium, hebt die Exuvien in die Höhe und spricht:*

Noch immer glücklich aufgefunden!
Die Flamme freilich ist verschwunden,
Doch ist mir um die Welt nicht leid.
Hier bleibt genug, Poeten einzuweihen,
Zu stiften Gild- und Handwerksneid;
Und kann ich die Talente nicht verleihen,
Verborg' ich wenigstens das Kleid.

Sie setzt sich im Proszenium an eine Säule nieder.

PANTHALIS

Nun eilig, Mädchen! Sind wir doch den Zauber los,
Der alt-thessalischen Vettel wüsten Geisteszwang;
So des Geklimpers viel-verworrner Töne Rausch,
Das Ohr verwirrend, schlimmer noch den innern Sinn.
Hinab zum Hades! Eilte doch die Königin
Mit ernstem Gang hinunter. Ihrer Sohle sei
Unmittelbar getreuer Mägde Schritt gefügt.
Wir finden sie am Throne des Unerforschlichen.

CHOR Königinnen freilich überall sind sie gern;
Auch im Hades stehen sie oben an,
Stolz zu ihres Gleichen gesellt,
Mit Persephonen innigst vertraut;
Aber wir im Hintergrunde
Tiefer Asphodelos-Wiesen,
Langgestreckten Pappeln,
Unfruchtbaren Weiden zugesellt,
Welchen Zeitvertreib haben wir?

Fledermaus-gleich zu piepsen,
Geflüster, unerfreulich, gespenstig.

PANTHALIS

Wer keinen Namen sich erwarb, noch Edles will,
Gehört den Elementen an, so fahret hin!
Mit meiner Königin zu sein verlangt mich heiß;
Nicht nur Verdienst, auch Treue wahrt uns die Person. *Ab.*

ALLE Zurückgegeben sind wir dem Tageslicht,
Zwar Personen nicht mehr,
Das fühlen, das wissen wir,
Aber zum Hades kehren wir nimmer.
Ewig lebendige Natur
Macht auf uns Geister,
Wir auf sie vollgültigen Anspruch.

EIN TEIL DES CHORS

Wir, in dieser tausend Äste Flüsterzittern, Säuselschweben,
Reizen tändlend, locken leise, wurzelauf des Lebens Quellen
Nach den Zweigen; bald mit Blättern, bald mit Blüten überschwänglich
Zieren wir die Flatterhaare frei zu luftigem Gedeihn.
Fällt die Frucht, sogleich versammeln lebenslustig Volk und Herden
Sich zum Greifen, sich zum Naschen, eilig kommend, emsig drängend;
Und, wie vor den ersten Göttern, bückt sich alles um uns her.

EIN ANDRER TEIL

Wir, an dieser Felsenwände weithinleuchtend glattem Spiegel
Schmiegen wir, in sanften Wellen uns bewegend, schmeichelnd an;
Horchen, lauschen jedem Laute, Vogelsängen, Röhrigflöten,
Sei es Pans furchtbarer Stimme, Antwort ist sogleich bereit;
Säuselt's, säuseln wir erwidernd, donnert's, rollen unsre Donner
In erschütterndem Verdoppeln, dreifach, zehnfach hinten nach.

EIN DRITTER TEIL

Schwestern! Wir, bewegtern Sinnes, eilen mit den Bächen weiter;
Denn es reizen jener Ferne reichgeschmückte Hügelzüge,
Immer abwärts, immer tiefer, wässern wir, mäandrisch wallend,
Jetzt die Wiese, dann die Matten, gleich den Garten um das Haus.
Dort bezeichnen's der Zypressen schlanke Wipfel, über Landschaft,
Uferzug und Wellenspiegel nach dem Äther steigende.

EIN VIERTER TEIL

Wallt ihr andern wo's beliebet, wir umzingeln, wir umrauschen
Den durchaus bepflanzten Hügel, wo am Stab die Rebe grünt;
Dort zu aller Tage Stunden läßt die Leidenschaft des Winzers
Uns des liebevollsten Fleißes zweifelhaft Gelingen sehn.
Bald mit Hacke, bald mit Spaten, bald mit Häufeln, Schneiden, Binden,
Betet er zu allen Göttern, fördersamst zum Sonnengott.
Bacchus kümmert sich, der Weichling, wenig um den treuen Diener,
Ruht in Lauben, lehnt in Höhlen, faselnd mit dem jüngsten Faun.
Was zu seiner Träumereien halbem Rausch er je bedurfte,
Immer bleibt es ihm in Schläuchen, ihm in Krügen und Gefäßen

Rechts und links der kühlen Grüfte ewige Zeiten aufbewahrt.
Haben aber alle Götter, hat nun Helios vor allen,
Lüftend, feuchtend, wärmend, glutend Beeren-Füllhorn aufgehäuft,
Wo der stille Winzer wirkte, dort auf einmal wird's lebendig,
Und es rauscht in jedem Laube, raschelt um von Stock zu Stock.
Körbe knarren, Eimer klappern, Tragebutten ächzen hin,
Alles nach der großen Kufe zu der Keltrer kräft'gem Tanz;
Und so wird die heilige Fülle reingeborner saftiger Beeren
Frech zertreten, schäumend, sprühend mischt sich's widerlich zerquetscht.
Und nun gellt in's Ohr der Cymbeln mit der Becken Erzgetöne,
Denn es hat sich Dionysos aus Mysterien enthüllt;
Kommt hervor mit Ziegenfüßlern, schwenkend Ziegenfüßlerinnen,
Und dazwischen schreit unbändig grell Silenus öhrig Tier.
Nichts geschont! Gespaltne Klauen treten alle Sitte nieder,
Alle Sinne wirbeln taumlich, gräßlich übertäubt das Ohr.
Nach der Schale tappen Trunkne, überfüllt sind Kopf und Wänste,
Sorglich ist noch ein- und andrer, doch vermehrt er die Tumulte,
Denn um neuen Most zu bergen, leert man rasch den alten Schlauch!

Der Vorhang fällt.

PHORKYAS *im Proszenium richtet sich riesenhaft auf, tritt aber von den Kothurnen herunter, lehnt Maske und Schleier zurück und zeigt sich als Mephistopheles, um, in sofern es nötig wäre, im Epilog das Stück zu kommentieren.*

VIERTER AKT

Hochgebirg

starre, zackige Felsen-Gipfel. Eine Wolke zieht herbei, lehnt sich an, senkt sich auf eine vorstehende Platte herab. Sie teilt sich.

FAUST *tritt hervor.*

Der Einsamkeiten tiefste schauend unter meinem Fuß,
Betret' ich wohlbedächtig dieser Gipfel Saum,
Entlassend meiner Wolke Tragewerk, die mich sanft
An klaren Tagen über Land und Meer geführt.
Sie lös't sich langsam, nicht zerstiebend, von mir ab.
Nach Osten strebt die Masse mit geballtem Zug,
Ihr strebt das Auge staunend in Bewundrung nach.
Sie teilt sich wandelnd, wogenhaft, veränderlich.
Doch will sich's modeln. — Ja! das Auge trügt mich nicht! —
Auf sonnbeglänzten Pfühlen herrlich hingestreckt,
Zwar riesenhaft, ein göttergleiches Fraungebild,
Ich seh's! Junonen ähnlich, Leda'n, Helenen,
Wie majestätisch lieblich mir's im Auge schwankt.
Ach! schon verrückt sich's! Formlos breit und aufgetürmt,
Ruht es in Osten, fernen Eisgebirgen gleich,
Und spiegelt blendend flücht'ger Tage großen Sinn.

Doch mir umschwebt ein zarter lichter Nebelstreif

Noch Brust und Stirn, erheiternd, kühl und schmeichelhaft.
Nun steigt es leicht und zaudernd hoch und höher auf,
Fügt sich zusammen. — Täuscht mich ein entzückend Bild,
Als jugenderstes, längstentbehrtes höchstes Gut?
Des tiefsten Herzens frühste Schätze quellen auf,
Aurorens Liebe, leichten Schwung bezeichnet's mir,
Den schnellempfundnen, ersten, kaum verstandnen Blick,
Der, festgehalten, überglänzte jeden Schatz.
Wie Seelenschönheit steigert sich die holde Form,
Lös't sich nicht auf, erhebt sich in den Äther hin
Und zieht das Beste meines Innern mit sich fort.

Ein Sieben-Meilenstiefel tappt auf. Ein anderer folgt alsbald. MEPHISTOPHELES *steigt ab. Die Stiefel schreiten eilig weiter.*

MEPHISTOPHELES Das heiß' ich endlich vorgeschritten!
Nun aber sag', was fällt dir ein?
Steigst ab in solcher Greuel Mitten,
Im gräßlich gähnenden Gestein?
Ich kenn' es wohl, doch nicht an dieser Stelle,
Denn eigentlich war das der Grund der Hölle.

FAUST Es fehlt dir nie an närrischen Legenden,
Fängst wieder an dergleichen auszuspenden.

MEPHISTOPHELES *ernsthaft.*
Als Gott der Herr — ich weiß auch wohl warum —
Uns, aus der Luft, in tiefste Tiefen bannte,
Da, wo zentralisch glühend, um und um,
Ein ewig Feuer flammend sich durchbrannte,
Wir fanden uns bei allzugroßer Hellung
In sehr gedrängter, unbequemer Stellung.
Die Teufel fingen sämtlich an zu husten,
Von oben und von unten aus zu pusten;
Die Hölle schwoll von Schwefel-Stank und Säure,
Das gab ein Gas! Das ging in's Ungeheure,
So daß gar bald der Länder flache Kruste,
So dick sie war, zerkrachend bersten mußte.
Nun haben wir's an einem andern Zipfel,
Was ehmals Grund war ist nun Gipfel.
Sie gründen auch hierauf die rechten Lehren
Das Unterste in's Oberste zu kehren.
Denn wir entrannen knechtisch-heißer Gruft.
In's Übermaß der Herrschaft freier Luft.
Ein offenbar Geheimnis wohl verwahrt
Und wird nur spät der Völkern offenbart. *(Ephes. 6. 12.)*

FAUST Gebirgesmasse bleibt mir edel-stumm,
Ich frage nicht woher und nicht warum?
Als die Natur sich in sich selbst gegründet,
Da hat sie rein den Erdball abgeründet,
Der Gipfel sich, der Schluchten sich erfreut

Und Fels an Fels und Berg an Berg gereiht;
Die Hügel dann bequem hinabgebildet,
Mit sanftem Zug sie in das Tal gemildet.
Da grünt's und wächst's, und um sich zu erfreuen
Bedarf sie nicht der tollen Strudeleien.

MEPHISTOPHELES
Das sprecht ihr so! Das scheint euch sonnenklar,
Doch weiß es anders der zugegen war.
Ich war dabei, als noch da drunten, siedend,
Der Abgrund schwoll und strömend Flammen trug;
Als Molochs Hammer, Fels an Felsen schmiedend,
Gebirges-Trümmer in die Ferne schlug.
Noch starrt das Land von fremden Zentnermassen;
Wer gibt Erklärung solcher Schleudermacht?
Der Philosoph er weiß es nicht zu fassen,
Da liegt der Fels, man muß ihn liegen lassen,
Zu Schanden haben wir uns schon gedacht. —
Das treu-gemeine Volk allein begreift
Und läßt sich im Begriff nicht stören;
Ihm ist die Weisheit längst gereift:
Ein Wunder ist's, der Satan kommt zu Ehren.
Mein Wandrer hinkt, an seiner Glaubenskrücke,
Zum Teufelsstein, zur Teufelsbrücke.

FAUST Es ist doch auch bemerkenswert zu achten,
Zu sehn wie Teufel die Natur betrachten.

MEPHISTOPHELES Was geht mich's an! Natur sei wie sie sei!
's ist Ehrenpunkt! — Der Teufel war dabei.
Wir sind die Leute Großes zu erreichen;
Tumult, Gewalt und Unsinn! sieh das Zeichen! —
Doch, daß ich endlich ganz verständlich spreche,
Gefiel dir nichts an unsrer Oberfläche?
Du übersahst, in ungemess'nen Weiten,
Die Reiche der Welt und ihre Herrlichkeiten; *(Matth. 4.)*
Doch, ungenügsam wie du bist,
Empfandest du wohl kein Gelüst?

FAUST Und doch! ein Großes zog mich an.
Errate!

MEPHISTOPHELES Das ist bald getan.
Ich suchte mir so eine Hauptstadt aus,
Im Kerne Bürger-Nahrungs-Graus,
Krummenge Gäßchen, spitze Giebeln,
Beschränkten Markt, Kohl, Rüben, Zwiebeln;
Fleischbänke wo die Schmeißen hausen
Die fetten Braten anzuschmausen;
Da findest du zu jeder Zeit
Gewiß Gestank und Tätigkeit.
Dann weite Plätze, breite Straßen

Vornehmen Schein sich anzumaßen;
Und endlich, wo kein Tor beschränkt,
Vorstädte gränzenlos verlängt.
Da freut' ich mich an Rollekutschen,
Am lärmigen Hin- und Widerrutschen,
Am ewigen Hin- und Widerlaufen
Zerstreuter Ameis-Wimmelhaufen.
Und wenn ich führe, wenn ich ritte,
Erschien' ich immer ihre Mitte,
Von Hunderttausenden verehrt.
FAUST Das kann mich nicht zufrieden stellen!
Man freut sich daß das Volk sich mehrt,
Nach seiner Art behäglich nährt,
Sogar sich bildet, sich belehrt,
Und man erzieht sich nur Rebellen.
MEPHISTOPHELES
Dann baut' ich, grandios, mir selbst bewußt,
Am lustigen Ort ein Schloß zur Lust.
Wald, Hügel, Flächen, Wiesen, Feld
Zum Garten prächtig umbestellt.
Vor grünen Wänden Sammet-Matten,
Schnurwege, kunstgerechte Schatten,
Kaskadensturz, durch Fels zu Fels gepaart,
Und Wasserstrahlen aller Art;
Ehrwürdig steigt es dort, doch an den Seiten
Da zischt's und pißt's, in tausend Kleinigkeiten.
Dann aber ließ' ich allerschönsten Frauen
Vertraut-bequeme Häuslein bauen;
Verbrächte da gränzenlose Zeit
In allerliebst-geselliger Einsamkeit.
Ich sage Fraun; denn ein für allemal
Denk' ich die Schönen im Plural.
FAUST Schlecht und modern! Sardanapal!
MEPHISTOPHELES Errät man wohl wornach du strebtest?
Es war gewiß erhaben kühn.
Der du dem Mond um so viel näher schwebtest,
Dich zog wohl deine Sucht dahin?
FAUST Mit nichten! dieser Erdenkreis
Gewährt noch Raum zu großen Taten.
Erstaunenswürdiges soll geraten,
Ich fühle Kraft zu kühnem Fleiß.
MEPHISTOPHELES Und also willst du Ruhm verdienen?
Man merkt's du kommst von Heroinen.

FAUST Herrschaft gewinn' ich, Eigentum!
Die Tat ist alles, nichts der Ruhm.
MEPHISTOPHELES Doch werden sich Poeten finden,

Der Nachwelt deinen Glanz zu künden,
Durch Torheit Torheit zu entzünden.
FAUST Von allem ist dir nichts gewährt.
Was weißt du was der Mensch begehrt?
Dein widrig Wesen, bitter scharf,
Was weiß es was der Mensch bedarf?
MEPHISTOPHELES Geschehe denn nach deinem Willen!
Vertraue mir den Umfang deiner Grillen.
FAUST Mein Auge war auf's hohe Meer gezogen,
Es schwoll empor, sich in sich selbst zu türmen.
Dann ließ es nach und schüttete die Wogen,
Des flachen Ufers Breite zu bestürmen.
Und das verdroß mich; wie der Übermut
Den freien Geist, der alle Rechte schätzt,
Durch leidenschaftlich aufgeregtes Blut
In's Mißbehagen des Gefühls versetzt.
Ich hielt's für Zufall, schärfte meinen Blick,
Die Woge stand und rollte dann zurück,
Entfernte sich vom stolz erreichten Ziel;
Die Stunde kommt, sie wiederholt das Spiel.
MEPHISTOPHELES *ad Spectatores.*
Da ist für mich nichts Neues zu erfahren,
Das kenn' ich schon seit hunderttausend Jahren.
FAUST *leidenschaftlich fortfahrend.*
Sie schleicht heran, an abertausend Enden
Unfruchtbar selbst Unfruchtbarkeit zu spenden;
Nun schwillt's und wächs't und rollt und überzieht
Der wüsten Strecke widerlich Gebiet.
Da herrschet Well' auf Welle kraftbegeistet,
Zieht sich zurück und es ist nichts geleistet,
Was zur Verzweiflung mich beängstigen könnte!
Zwecklose Kraft unbändiger Elemente!
Da wagt mein Geist sich selbst zu überfliegen;
Hier möcht' ich kämpfen, dies möcht' ich besiegen.

Und es ist möglich! — flutend wie sie sei,
An jedem Hügel schmiegt sie sich vorbei;
Sie mag sich noch so übermütig regen,
Geringe Höhe ragt ihr stolz entgegen,
Geringe Tiefe zieht sie mächtig an.
Da faßt' ich schnell im Geiste Plan auf Plan:
Erlange dir das köstliche Genießen
Das herrische Meer vom Ufer auszuschließen,
Der feuchten Breite Gränzen zu verengen
Und, weit hinein, sie in sich selbst zu drängen.
Von Schritt zu Schritt wußt' ich mir's zu erörtern;
Das ist mein Wunsch, den wage zu befördern!

Trommeln und kriegerische Musik im Rücken der Zuschauer, aus der Ferne, von der rechten Seite her.

MEPHISTOPHELES
Wie leicht ist das! Hörst du die Trommeln fern?
FAUST Schon wieder Krieg! der Kluge hört's nicht gern.
MEPHISTOPHELES Krieg oder Frieden. Klug ist das Bemühen
Zu seinem Vorteil etwas auszuziehen.
Man paßt, man merkt auf jedes günstige Nu.
Gelegenheit ist da, nun, Fauste, greife zu!
FAUST Mit solchem Rätselkram verschone mich!
Und kurz und gut, was soll's? Erkläre dich.
MEPHISTOPHELES
Auf meinem Zuge blieb mir nicht verborgen,
Der gute Kaiser schwebt in großen Sorgen;
Du kennst ihn ja. Als wir ihn unterhielten,
Ihm falschen Reichtum in die Hände spielten,
Da war die ganze Welt ihm feil.
Denn jung ward ihm der Thron zu Teil,
Und ihm beliebt' es falsch zu schließen:
Es könne wohl zusammengehn,
Und sei recht wünschenswert und schön,
Regieren und zugleich genießen.
FAUST Ein großer Irrtum. Wer befehlen soll,
Muß im Befehlen Seligkeit empfinden.
Ihm ist die Brust von hohem Willen voll,
Doch was er will, es darf's kein Mensch ergründen.
Was er den Treusten in das Ohr geraunt,
Es ist getan und alle Welt erstaunt.
So wird er stets der Allerhöchste sein,
Der Würdigste —, Genießen macht gemein.
MEPHISTOPHELES So ist er nicht! Er selbst genoß und wie?
Indes zerfiel das Reich in Anarchie,
Wo groß und klein sich kreuz und quer befehdeten,
Und Brüder sich vertrieben, töteten,
Burg gegen Burg, Stadt gegen Stadt,
Zunft gegen Adel — Fehde hat,
Der Bischof mit Kapitel und Gemeinde;
Was sich nur ansah waren Feinde.
In Kirchen Mord und Totschlag, vor den Toren
Ist jeder Kauf- und Wandersmann verloren.
Und allen wuchs die Kühnheit nicht gering;
Denn leben hieß sich wehren — Nun, das ging.
FAUST Es ging, es hinkte, fiel, stand wieder auf;
Dann überschlug sich's, rollte plump zu Hauf.
MEPHISTOPHELES
Und solchen Zustand durfte niemand schelten,
Ein jeder konnte, jeder wollte gelten.
Der Kleinste selbst er galt für voll.

Doch war's zuletzt den Besten allzutoll.
Die Tüchtigen sie standen auf mit Kraft
Und sagten: Herr ist der uns Ruhe schafft.
Der Kaiser kann's nicht, will's nicht — laßt uns wählen,
Den neuen Kaiser neu das Reich beseelen,
Indem er jeden sicher stellt,
In einer frisch geschaffnen Welt
Fried' und Gerechtigkeit vermählen.

FAUST Das klingt sehr pfäffisch.

MEPHISTOPHELES Pfaffen waren's auch,
Sie sicherten den wohlgenährten Bauch.
Sie waren mehr als andere beteiligt.
Der Aufruhr schwoll, der Aufruhr ward geheiligt;
Und unser Kaiser, den wir froh gemacht,
Zieht sich hieher, vielleicht zur letzten Schlacht.

FAUST Er jammert mich, er war so gut und offen.

MEPHISTOPHELES
Komm, sehn wir zu, der Lebende soll hoffen.
Befrein wir ihn aus diesem engen Tale!
Einmal gerettet ist's für tausendmale.
Wer weiß wie noch die Würfel fallen?
Und hat er Glück, so hat er auch Vasallen.

Sie steigen über das Mittelgebirg herüber und beschauen die Anordnung des Heeres im Tal. Trommeln und Kriegsmusik schallt von unten auf.

MEPHISTOPHELES
Die Stellung, seh' ich, gut ist sie genommen;
Wir treten zu, dann ist der Sieg vollkommen.

FAUST Was kann da zu erwarten sein?
Trug! Zauberblendwerk! Hohler Schein.

MEPHISTOPHELES Kriegslist um Schlachten zu gewinnen!
Befestige dich bei großen Sinnen,
Indem du deinen Zweck bedenkst.
Erhalten wir dem Kaiser Thron und Lande,
So kniest du nieder und empfängst
Die Lehn von gränzenlosem Strande.

FAUST Schon manches hast du durchgemacht,
Nun, so gewinn' auch eine Schlacht.

MEPHISTOPHELES Nein, du gewinnst sie! Diesesmal
Bist du der Obergeneral.

FAUST Das wäre mir die rechte Höhe
Da zu befehlen wo ich nichts verstehe!

MEPHISTOPHELES Laß du den Generalstab sorgen
Und der Feldmarschall ist geborgen.
Kriegsunrat hab' ich längst verspürt,
Den Kriegsrat gleich voraus formiert
Aus Urgebirgs Urmenschenkraft;
Wohl dem der sie zusammenrafft.

FAUST Was seh' ich dort was Waffen trägt?
Hast du das Bergvolk aufgeregt?
MEPHISTOPHELES Nein! aber, gleich Herrn Peter Squenz,
Vom ganzen Praß die Quintessenz.

DIE DREI GEWALTIGEN *treten auf. (Sam. II. 23. 8.)*

MEPHISTOPHELES Da kommen meine Bursche ja!
Du siehst, von sehr verschiednen Jahren,
Verschiednem Kleid und Rüstung sind sie da,
Du wirst nicht schlecht mit ihnen fahren.
Ad Spectatores.
Es liebt sich jetzt ein jedes Kind
Den Harnisch und den Ritterkragen;
Und, allegorisch wie die Lumpe sind,
Sie werden nur um desto mehr behagen.
RAUFEBOLD *jung, leicht bewaffnet, bunt gekleidet.*
Wenn einer mir in's Auge sieht,
Werd' ich ihm mit der Faust gleich in die Fresse fahren,
Und eine Memme, wenn sie flieht,
Fass' ich bei ihren letzten Haaren.
HABEBALD *männlich, wohl bewaffnet, reich bekleidet.*
So leere Händel das sind Possen,
Damit verdirbt man seinen Tag;
Im Nehmen sei nur unverdrossen,
Nach allem andern frag' hernach.
HALTEFEST *bejahrt, stark bewaffnet, ohne Gewand.*
Damit ist auch nicht viel gewonnen,
Bald ist ein großes Gut zerronnen,
Es rauscht im Lebensstrom hinab.
Zwar nehmen ist recht gut, doch besser ist's behalten;
Laß du den grauen Kerl nur walten
Und niemand nimmt dir etwas ab.
Sie steigen allzusammen tiefer.

Auf dem Vorgebirg

Trommeln und kriegerische Musik von unten. Des Kaisers Zelt wird aufgeschlagen.

KAISER. OBERGENERAL. TRABANTEN.

OBERGENERAL Noch immer scheint der Vorsatz wohl erwogen,
Daß wir, in dies gelegene Tal,
Das ganze Heer gedrängt zurückgezogen;
Ich hoffe fest uns glückt die Wahl.
KAISER Wie es nun geht, es muß sich zeigen;
Doch mich verdrießt die halbe Flucht, das Weichen.
OBERGENERAL Schau hier, mein Fürst, auf unsre rechte Flanke.

Solch ein Terrain wünscht sich der Kriegsgedanke;
Nicht steil die Hügel, doch nicht allzu gänglich,
Den Unsern vorteilhaft, dem Feind verfänglich.
Wir, halb versteckt, auf wellenförmigem Plan;
Die Reiterei sie wagt sich nicht heran.
KAISER Mir bleibt nichts übrig als zu loben;
Hier kann sich Arm und Brust erproben.
OBERGENERAL Hier, auf der Mittelwiese flachen Räumlichkeiten,
Siehst du den Phalanx, wohlgemut zu streiten.
Die Piken blinken flimmernd in der Luft,
Im Sonnenglanz, durch Morgennebelduft.
Wie dunkel wogt das mächtige Quadrat!
In Tausenden glüht's hier auf große Tat.
Du kannst daran der Masse Kraft erkennen,
Ich trau' ihr zu der Feinde Kraft zu trennen.
KAISER Den schönen Blick hab' ich zum erstenmal.
Ein solches Heer gilt für die Doppelzahl.
OBERGENERAL Von unsrer Linken hab' ich nichts zu melden,
Den starren Fels besetzen wackere Helden.
Das Steingeklipp, das jetzt von Waffen blitzte,
Den wichtigen Paß der engen Klause schützt.
Ich ahne schon hier scheitern Feindeskräfte
Unvorgesehn im blutigen Geschäfte.
KAISER Dort ziehn sie her die falschen Anverwandten,
Wie sie mich Oheim, Vetter, Bruder nannten,
Sich immer mehr und wieder mehr erlaubten,
Dem Zepter Kraft, dem Thron Verehrung raubten,
Dann, unter sich entzweit, das Reich verheerten
Und nun gesamt sich gegen mich empörten.
Die Menge schwankt im ungewissen Geist,
Dann strömt sie nach wohin der Strom sie reißt.
OBERGENERAL Ein treuer Mann, auf Kundschaft ausgeschickt,
Kommt eilig felsenab; sei's ihm geglückt!
ERSTER KUNDSCHAFTER Glücklich ist sie uns gelungen,
Listig, mutig unsre Kunst
Daß wir hin und her gedrungen;
Doch wir bringen wenig Gunst,
Viele schwören reine Huldigung
Dir, wie manche treue Schar;
Doch Untätigkeits-Entschuldigung:
Innere Gärung, Volksgefahr.
KAISER Sich selbst erhalten bleibt der Selbstsucht Lehre,
Nicht Dankbarkeit und Neigung, Pflicht und Ehre.
Bedenkt ihr nicht, wenn eure Rechnung voll,
Daß Nachbars Hausbrand Euch verzehren soll?
OBERGENERAL Der zweite kommt, nur langsam steigt er nieder,
Dem müden Manne zittern alle Glieder.

ZWEITER KUNDSCHAFTER Erst gewahrten wir vergnüglich
Wilden Wesens irren Lauf;
Unerwartet, unverzüglich
Trat ein neuer Kaiser auf.
Und auf vorgeschriebnen Bahnen
Zieht die Menge durch die Flur;
Den entrollten Lügenfahnen
Folgen alle. — Schafsnatur!
KAISER Ein Gegenkaiser kommt mir zum Gewinn,
Nun fühl' ich erst daß Ich der Kaiser bin.
Nur als Soldat legt' ich den Harnisch an,
Zu höherm Zweck ist er nun umgetan.
Bei jedem Fest, wenn's noch so glänzend war,
Nichts ward vermißt, *mir* fehlte die Gefahr.
Wie ihr auch seid, zum Ringspiel rietet ihr,
Mir schlug das Herz, ich atmete Turnier.
Und hättet ihr mir nicht vom Kriegen abgeraten,
Jetzt glänzt' ich schon in lichten Heldentaten.
Selbstständig fühlt' ich meine Brust besiegelt,
Als ich mich dort im Feuerreich bespiegelt,
Das Element drang gräßlich auf mich los,
Es war nur Schein, allein der Schein war groß.
Von Sieg und Ruhm hab' ich verwirrt geträumt,
Ich bringe nach was frevelhaft versäumt.
Die HEROLDE *werden abgefertigt zu Herausforderung des Gegenkaisers.*

FAUST *geharnischt, mit halbgeschloss'nem Helme.*
DIE DREI GEWALTIGEN *gerüstet und gekleidet wie oben.*

FAUST Wir treten auf und hoffen, ungescholten;
Auch ohne Not hat Vorsicht wohl gegolten.
Du weißt das Bergvolk denkt und simuliert,
Ist in Natur- und Felsenschrift studiert.
Die Geister, längst dem flachen Land entzogen,
Sind mehr als sonst dem Felsgebirg gewogen.
Sie wirken still durch labyrinthische Klüfte,
Im edlen Gas metallisch reicher Düfte;
In stetem Sondern, Prüfen und Verbinden,
Ihr einziger Trieb ist Neues zu erfinden.
Mit leisem Finger geistiger Gewalten,
Erbauen sie durchsichtige Gestalten;
Dann im Krystall und seiner ewigen Schweignis
Erblicken sie der Oberwelt Ereignis.
KAISER Vernommen hab' ich's und ich glaube dir;
Doch, wackrer Mann, sag' an: was soll das hier?
FAUST Der Nekromant von Norcia, der Sabiner,
Ist dein getreuer, ehrenhafter Diener.

Welch greulich Schicksal droht' ihm ungeheuer,
Das Reisig prasselte, schon züngelte das Feuer;
Die trocknen Scheite, rings umher verschränkt,
Mit Pech und Schwefelruten untermengt;
Nicht Mensch, noch Gott, noch Teufel konnte retten,
Die Majestät zersprengte glühende Ketten.
Dort war's in Rom. Er bleibt dir hoch verpflichtet,
Auf deinen Gang in Sorge stets gerichtet.
Von jener Stund' an ganz vergaß er sich,
Er fragt den Stern, die Tiefe nur für Dich.
Er trug uns auf, als eiligstes Geschäfte,
Bei dir zu stehn. Groß sind des Berges Kräfte;
Da wirkt Natur so übermächtig frei,
Der Pfaffen Stumpfsinn schilt es Zauberei.

KAISER Am Freudentag wenn wir die Gäste grüßen,
Die heiter kommen, heiter zu genießen,
Da freut uns jeder wie er schiebt und drängt,
Und, Mann für Mann, der Säle Raum verengt.
Doch höchst willkommen muß der Biedre sein,
Tritt er als Beistand kräftig zu uns ein,
Zur Morgenstunde, die bedenklich waltet,
Weil über ihr des Schicksals Wage schaltet.
Doch lenket hier, im hohen Augenblick,
Die starke Hand vom willigen Schwert zurück,
Ehrt den Moment, wo manche Tausend schreiten,
Für oder wider mich zu streiten.
Selbst ist der Mann! Wer Thron und Kron' begehrt,
Persönlich sei er solcher Ehren wert.
Sei das Gespenst, das gegen uns erstanden
Sich Kaiser nennt und Herr von unsern Landen,
Des Heeres Herzog, Lehnsherr unsrer Großen,
Mit eigner Faust in's Totenreich gestoßen!

FAUST Wie es auch sei das Große zu vollenden,
Du tust nicht wohl dein Haupt so zu verpfänden.
Ist nicht der Helm mit Kamm und Busch geschmückt!
Er schützt das Haupt das unsern Mut entzückt.
Was, ohne Haupt, was förderten die Glieder?
Denn schläfert jenes, alle sinken nieder,
Wird es verletzt, gleich alle sind verwundet,
Erstehen frisch, wenn jenes rasch gesundet.
Schnell weiß der Arm sein starkes Recht zu nützen,
Er hebt den Schild den Schädel zu beschützen,
Das Schwert gewahret seiner Pflicht sogleich,
Lenkt kräftig ab und wiederholt den Streich;
Der tüchtige Fuß nimmt Teil an ihrem Glück,
Setzt dem Erschlagnen frisch sich in's Genick.

KAISER Das ist mein Zorn, so möcht' ich ihn behandeln,
Das stolze Haupt in Schemeltritt verwandeln!

HEROLDE *kommen zurück.* Wenig Ehre, wenig Geltung
Haben wir daselbst genossen,
Unsrer kräftig edlen Meldung
Lachten sie als schaler Possen:
„Euer Kaiser ist verschollen,
Echo dort im engen Tal;
Wenn wir sein gedenken sollen,
Märchen sagt: — Es war einmal."

FAUST Dem Wunsch gemäß der Besten ist's geschehn,
Die, fest und treu, an deiner Seite stehn.
Dort naht der Feind, die Deinen harren brünstig,
Befiehl den Angriff, der Moment ist günstig.

KAISER Auf das Kommando leist' ich hier Verzicht.
Zum Oberfeldherrn.
In deinen Händen, Fürst, sei deine Pflicht.

OBERGENERAL So trete denn der rechte Flügel an!
Des Feindes Linke, eben jetzt im Steigen,
Soll, eh' sie noch den letzten Schritt getan,
Der Jugendkraft geprüfter Treue weichen.

FAUST Erlaube denn daß dieser muntre Held
Sich ungesäumt in deine Reihen stellt,
Sich deinen Reihen innigst einverleibt
Und, so gesellt, sein kräftig Wesen treibt.
Er deutet zur Rechten.

RAUFEBOLD *tritt vor.*
Wer das Gesicht mir zeigt der kehrt's nicht ab
Als mit zerschlagnen Unter- und Oberbacken;
Wer mir den Rücken kehrt, gleich liegt ihm schlapp
Hals, Kopf und Schopf hinschlotternd graß im Nacken.
Und schlagen deine Männer dann
Mit Schwert und Kolben wie ich wüte,
So stürzt der Feind, Mann über Mann,
Ersäuft im eigenen Geblüte. *Ab.*

OBERGENERAL Der Phalanx unsrer Mitte folge sacht,
Dem Feind begegn' er, klug mit aller Macht,
Ein wenig rechts, dort hat bereits, erbittert,
Der Unsern Streitkraft ihren Plan erschüttert.

FAUST *auf den Mittelsten deutend.*
So folge denn auch dieser deinem Wort.
Er ist behend, reißt alles mit sich fort.

HABEBALD *tritt hervor.*
Dem Heldenmut der Kaiserscharen
Soll sich der Durst nach Beute paaren;
Und allen sei das Ziel gestellt:
Des Gegenkaisers reiches Zelt.

Er prahlt nicht lang auf seinem Sitze,
Ich ordne mich dem Phalanx an die Spitze.

EILEBEUTE *Marketenderin, sich an ihn anschmiegend.*
Bin ich auch ihm nicht angeweibt,
Er mir der liebste Buhle bleibt.
Für uns ist solch ein Herbst gereift!
Die Frau ist grimmig wenn sie greift,
Ist ohne Schonung wenn sie raubt;
Im Sieg voran! und alles ist erlaubt.
Beide ab.

OBERGENERAL Auf unsre Linke, wie vorauszusehn,
Stürzt ihre Rechte, kräftig. Widerstehn
Wird Mann für Mann dem wütenden Beginnen
Den engen Paß des Felswegs zu gewinnen.

FAUST *winkt nach der Linken.*
So bitte, Herr, auch diesen zu bemerken,
Es schadet nichts, wenn Starke sich verstärken.

HALTEFEST *tritt vor.*
Dem linken Flügel keine Sorgen!
Da wo ich bin ist der Besitz geborgen;
In ihm bewähret sich der Alte,
Kein Strahlblitz spaltet was ich halte. *Ab.*

MEPHISTOPHELES *von oben herunter kommend.*
Nun schauet wie im Hintergrunde
Aus jedem zackigen Felsenschlunde
Bewaffnete hervor sich drängen,
Die schmalen Pfade zu verengen,
Mit Helm und Harnisch, Schwertern, Schilden
In unserm Rücken eine Mauer bilden,
Den Wink erwartend zuzuschlagen.
Leise zu den Wissenden.
Woher das kommt müßt ihr nicht fragen.
Ich habe freilich nicht gesäumt,
Die Waffensäle ringsum ausgeräumt;
Da standen sie zu Fuß, zu Pferde
Als wären sie noch Herrn der Erde;
Sonst waren's Ritter, König, Kaiser,
Jetzt sind es nichts als leere Schneckenhäuser;
Gar manch Gespenst hat sich darein geputzt,
Das Mittelalter lebhaft aufgestutzt.
Welch Teufelchen auch drinne steckt,
Für diesmal macht es doch Effekt.
Laut.
Hört wie sie sich voraus erbosen,
Blechklappernd aneinander stoßen!
Auch flattern Fahnenfetzen bei Standarten,
Die frischer Lüftchen ungeduldig harrten.

Bedenkt, hier ist ein altes Volks bereit
Und mischte gern sich auch zum neuen Streit.

Furchtbarer Posaunenschall von oben, im feindlichen Heere merkliche Schwankung.

FAUST Der Horizont hat sich verdunkelt,
Nur hie und da bedeutend funkelt
Ein roter ahnungsvoller Schein;
Schon blutig blinken die Gewehre,
Der Fels, der Wald, die Atmosphäre,
Der ganze Himmel mischt sich ein.

MEPHISTOPHELES Die rechte Flanke hält sich kräftig;
Doch seh' ich, ragend unter diesen,
Hans Raufbold, den behenden Riesen,
Auf seine Weise rasch geschäftig.

KAISER Erst sah ich Einen Arm erhoben,
Jetzt seh' ich schon ein Dutzend toben,
Naturgemäß geschieht es nicht.

FAUST Vernahmst du nichts von Nebelstreifen
Die auf Siciliens Küsten schweifen?
Dort, schwankend klar, im Tageslicht,
Erhoben zu den Mittellüften,
Gespiegelt in besondern Düften,
Erscheint ein seltsames Gesicht:
Da schwanken Städte hin und wider,
Da steigen Gärten auf und nieder,
Wie Bild um Bild den Äther bricht.

KAISER Doch wie bedenklich! Alle Spitzen
Der hohen Speere seh' ich blitzen;
Auf unsrer Phalanx blanken Lanzen
Seh' ich behende Flämmchen tanzen.
Das scheint mir gar zu geisterhaft.

FAUST Verzeih, o Herr, das sind die Spuren
Verschollner geistiger Naturen,
Ein Widerschein der Dioskuren,
Bei denen alle Schiffer schwuren;
Sie sammeln hier die letzte Kraft.

KAISER Doch sage: wem sind wir verpflichtet
Daß die Natur, auf uns gerichtet,
Das Seltenste zusammenrafft?

MEPHISTOPHELES Wem als dem Meister, jenem hohen,
Der dein Geschick im Busen trägt?
Durch deiner Feinde starkes Drohen
Ist er im Tiefsten aufgeregt.
Sein Dank will dich gerettet sehen,
Und sollt' er selbst daran vergehen.

KAISER Sie jubelten mich pomphaft umzuführen,
Ich war nun was, das wollt' ich auch probieren
Und fand's gelegen, ohne viel zu denken,

Dem weißen Barte kühle Luft zu schenken.
Dem Klerus hab' ich eine Lust verdorben
Und ihre Gunst mir freilich nicht erworben.
Nun sollt' ich, seit so manchen Jahren,
Die Wirkung frohen Tuns erfahren?

FAUST Freiherzige Wohltat wuchert reich;
Laß deinen Blick sich aufwärts wenden!
Mich deucht Er will ein Zeichen senden,
Gib Acht, es deutet sich sogleich.

KAISER Ein Adler schwebt im Himmelhohen,
Ein Greif ihm nach mit wildem Drohen.

FAUST Gib Acht: gar günstig scheint es mir.
Greif ist ein fabelhaftes Tier;
Wie kann er sich so weit vergessen
Mit echtem Adler sich zu messen?

KAISER Nunmehr, in weitgedehnten Kreisen,
Umziehn sie sich; — in gleichem Nu,
Sie fahren auf einander zu
Sich Brust und Hälse zu zerreißen.

FAUST Nun merke wie der leidige Greif,
Zerzerrt, zerzaus't, nur Schaden findet
Und mit gesenktem Löwenschweif,
Zum Gipfelwald gestürzt, verschwindet.

KAISER Sei's, wie gedeutet, so getan!
Ich nehm' es mit Verwundrung an.

MEPHISTOPHELES *gegen die Rechte.*
Dringend wiederholten Streichen
Müssen unsre Feinde weichen,
Und, mit ungewissem Fechten,
Drängen sie nach ihrer Rechten
Und verwirren so im Streite
Ihrer Hauptmacht linke Seite.
Unsers Phalanx feste Spitze
Zieht sich rechts und gleich dem Blitze
Fährt sie in die schwache Stelle. —
Nun, wie sturmerregte Welle
Sprühend, wüten gleiche Mächte
Wild in doppeltem Gefechte;
Herrlichers ist nichts ersonnen,
Uns ist diese Schlacht gewonnen!

KAISER *an der linken Seite zu Faust.*
Schau! Mir scheint es dort bedenklich,
Unser Posten steht verfänglich.
Keine Steine seh' ich fliegen,
Niedre Felsen sind erstiegen,
Obre stehen schon verlassen.
Jetzt! — Der Feind, zu ganzen Massen

Immer näher angedrungen,
Hat vielleicht den Paß errungen,
Schlußerfolg unheiligen Strebens!
Eure Künste sind vergebens.

Pause.

MEPHISTOPHELES Da kommen meine beiden Raben,
Was mögen die für Botschaft haben?
Ich fürchte gar es geht uns schlecht.
KAISER Was sollen diese leidigen Vögel?
Sie richten ihre schwarzen Segel
Hierher vom heißen Felsgefecht.
MEPHISTOPHELES *zu den Raben.*
Setzt euch ganz nah zu meinen Ohren.
Wen ihr beschützt ist nicht verloren,
Denn euer Rat ist folgerecht.
FAUST *zum Kaiser.*
Von Tauben hast du ja vernommen,
Die aus den fernsten Landen kommen,
Zu ihres Nestes Brut und Kost.
Hier ist's mit wichtigen Unterschieden:
Die Taubenpost bedient den Frieden,
Der Krieg befiehlt die Rabenpost.
MEPHISTOPHELES Es meldet sich ein schwer Verhängnis,
Seht hin! gewahret die Bedrängnis
Um unsrer Helden Felsenrand.
Die nächsten Höhen sind erstiegen,
Und würden sie den Paß besiegen,
Wir hätten einen schweren Stand.
KAISER So bin ich endlich doch betrogen!
Ihr habt mich in das Netz gezogen,
Mir graut seitdem es mich umstrickt.
MEPHISTOPHELES Nur Mut! Noch ist es nicht mißglückt.
Geduld und Pfiff zum letzten Knoten;
Gewöhnlich geht's am Ende scharf.
Ich habe meine sichern Boten,
Befehlt daß ich befehlen darf.
OBERGENERAL *der indessen herangekommen.*
Mit diesen hast du dich vereinigt,
Mich hat's die ganze Zeit gepeinigt,
Das Gaukeln schafft kein festes Glück.
Ich weiß nichts an der Schlacht zu wenden,
Begannen sie's, sie mögen's enden,
Ich gebe meinen Stab zurück.
KAISER Behalt' ihn bis zu bessern Stunden,
Die uns vielleicht das Glück verleiht.

Mir schaudert vor dem garstigen Kunden
Und seiner Rabentraulichkeit.
Zu Mephistopheles.
Den Stab kann ich dir nicht verleihen,
Du scheinst mir nicht der rechte Mann,
Befiehl und such' uns zu befreien;
Geschehe, was geschehen kann.
Ab in's Zelt mit dem Obergeneral.

MEPHISTOPHELES Mag ihn der stumpfe Stab beschützen!
Uns andern könnt' er wenig nützen,
Es war so was vom Kreuz daran.

FAUST Was ist zu tun?

MEPHISTOPHELES Es ist getan! —
Nun, schwarze Vettern, rasch im Dienen,
Zum großen Bergsee! grüßt mir die Undinen
Und bittet sie um ihrer Fluten Schein.
Durch Weiberkünste, schwer zu kennen,
Verstehen sie vom Sein den Schein zu trennen,
Und jeder schwört das sei das Sein.
Pause.

FAUST Den Wasserfräulein müssen unsre Raben
Recht aus dem Grund geschmeichelt haben,
Dort fängt es schon zu rieseln an.
An mancher trocknen, kahlen Felsenstelle
Entwickelt sich die volle, rasche Quelle,
Um jener Sieg ist es getan.

MEPHISTOPHELES Das ist ein wunderbarer Gruß,
Die kühnsten Klettrer sind konfus.

FAUST Schon rauscht ein Bach zu Bächen mächtig nieder,
Aus Schluchten kehren sie gedoppelt wieder,
Ein Strom nun wirft den Bogenstrahl,
Auf einmal legt er sich in flache Felsenbreite
Und rauscht und schäumt, nach der und jener Seite,
Und stufenweise wirft er sich in's Tal.
Was hilft ein tapfres, heldenmäßiges Stemmen?
Die mächtige Woge strömt sie wegzuschwemmen.
Mir schaudert selbst vor solchem wilden Schwall.

MEPHISTOPHELES Ich sehe nichts von diesen Wasserlügen,
Nur Menschen-Augen lassen sich betrügen
Und mich ergetzt der wunderliche Fall.
Sie stürzen fort zu ganzen hellen Haufen,
Die Narren wähnen zu ersaufen,
Indem sie frei auf festem Lande schnaufen
Und lächerlich mit Schwimmgebärden laufen.
Nun ist Verwirrung überall.
Die Raben sind wieder gekommen.
Ich werd' euch bei dem hohen Meister loben;

Wollt ihr euch nun als Meister selbst erproben,
So eilet zu der glühnden Schmiede,
Wo das Gezwerg-Volk, nimmer müde,
Metall und Stein zu Funken schlägt.
Verlangt, weitläufig sie beschwatzend,
Ein Feuer, leuchtend, blinkend, platzend,
Wie man's im hohen Sinne hegt.
Zwar Wetterleuchten in der weiten Ferne,
Blickschnelles Fallen allerhöchster Sterne
Mag jede Sommernacht geschehn;
Doch Wetterleuchten in verworrnen Büschen
Und Sterne die am feuchten Boden zischen,
Das hat man nicht so leicht gesehn.
So müßt ihr, ohn' euch viel zu quälen,
Zuvörderst bitten, dann befehlen.

Raben ab. Es geschieht wie vorgeschrieben.

MEPHISTOPHELES Den Feinden dichte Finsternisse!
Und Tritt und Schritt in's Ungewisse!
Irrfunken-Blick an allen Enden,
Ein Leuchten plötzlich zu verblenden.
Das alles wäre wunderschön,
Nun aber braucht's noch Schreckgetön.

FAUST Die hohlen Waffen aus der Säle Grüften
Empfinden sich erstarkt in freien Lüften;
Da droben klappert's, rasselt's lange schon,
Ein wunderbarer, falscher Ton.

MEPHISTOPHELES Ganz recht! Sie sind nicht mehr zu zügeln,
Schon schallt's von ritterlichen Prügeln,
Wie in der holden alten Zeit.
Armschienen, wie der Beine Schienen,
Als Guelfen und als Ghibellinen,
Erneuen rasch den ewigen Streit.
Fest, im ererbten Sinne wöhnlich,
Erweisen sie sich unversöhnlich,
Schon klingt das Tosen weit und breit.
Zuletzt, bei allen Teufelsfesten,
Wirkt der Parteihaß doch zum besten,
Bis in den allerletzten Graus;
Schallt wider-widerwärtig panisch,
Mitunter grell und scharf-satanisch,
Erschreckend in das Tal hinaus.

Kriegstumult im Orchester, zuletzt übergehend in militärisch heitre Weisen.

Des Gegenkaisers Zelt

Thron, reiche Umgebung.

HABEBALD. EILEBEUTE.

EILEBEUTE So sind wir doch die ersten hier!
HABEBALD Kein Rabe fliegt so schnell als wir.
EILEBEUTE O! Welch ein Schatz liegt hier zu Hauf!
Wo fang' ich an? Wo hör' ich auf?
HABEBALD Steht doch der ganze Raum so voll!
Weiß nicht wozu ich greifen soll.
EILEBEUTE Der Teppich wär' mir eben recht,
Mein Lager ist oft gar zu schlecht.
HABEBALD Hier hängt von Stahl ein Morgenstern,
Dergleichen hätt' ich lange gern.
EILEBEUTE Den roten Mantel goldgesäumt,
So etwas hatt' ich mir geträumt.
HABEBALD *die Waffe nehmend.*
Damit ist es gar bald getan,
Man schlägt ihn tot und geht voran.
Du hast soviel schon aufgepackt
Und doch nichts Rechtes eingesackt.
Den Plunder laß an seinem Ort,
Nehm' eines dieser Kistchen fort!
Die ist des Heers beschiedner Sold,
In seinem Bauche lauter Gold.
EILEBEUTE Das hat ein mörderisch Gewicht,
Ich heb' es nicht, ich trag' es nicht.
HABEBALD Geschwinde duck' dich! Mußt dich bücken!
Ich hucke dir's auf den starken Rücken.
EILEBEUTE O weh! O weh, nun ist's vorbei!
Die Last bricht mir das Kreuz entzwei.
Das Kistchen stürzt und springt auf.
HABEBALD Da liegt das rote Gold zu Hauf,
Geschwinde zu und raff' es auf.
EILEBEUTE *kauert nieder.*
Geschwinde nur zum Schoß hinein!
Noch immer wird's zur G'nüge sein.
HABEBALD Und so genug! und eile doch!
Sie steht auf.
O weh, die Schürze hat ein Loch!
Wohin du gehst und wo du stehst
Verschwenderisch die Schätze säst.
TRABANTEN *unsres Kaisers.*
Was schafft ihr hier am heiligen Platz?
Was kramt ihr in dem Kaiserschatz?

HABEBALD Wir trugen unsre Glieder feil
Und holen unser Beuteteil.
In Feindes-Zelten ist's der Brauch
Und wir, Soldaten sind wir auch.
TRABANTEN Das passet nicht in unsern Kreis
Zugleich Soldat und Diebsgeschmeiß,
Und wer sich unserm Kaiser naht
Der sei ein redlicher Soldat.
HABEBALD Die Redlichkeit die kennt man schon,
Sie heißet: Kontribution.
Ihr alle seid auf gleichem Fuß:
Gibt her! das ist der Handwerksgruß.
Zu Eilebeute.
Mach' fort und schleppe was du hast,
Hier sind wir nicht willkommner Gast.
ERSTER TRABANT Sag', warum gabst du nicht sogleich
Dem frechen Kerl einen Backenstreich?
ZWEITER Ich weiß nicht, mir verging die Kraft,
Sie waren so gespensterhaft.
DRITTER Mir ward es vor den Augen schlecht,
Da flimmert' es, ich sah nicht recht.
VIERTER Wie ich es nicht zu sagen weiß:
Es war den ganzen Tag so heiß,
So bänglich, so beklommen schwül,
Der eine stand, der andre fiel,
Man tappte hin und schlug zugleich,
Der Gegner fiel vor jedem Streich,
Vor Augen schwebt' es wie ein Flor,
Dann summt's und saust's und zischt' im Ohr.
Das ging so fort, nun sind wir da
Und wissen selbst nicht wie's geschah.

KAISER *mit* VIER FÜRSTEN *treten auf. Die* TRABANTEN *entfernen sich.*

KAISER Es sei nun wie ihm sei! uns ist die Schlacht gewonnen,
Des Feinds zerstreute Flucht im flachen Feld zerronnen.
Hier steht der leere Thron, verräterischer Schatz,
Von Teppichen umhüllt, verengt umher den Platz.
Wir, ehrenvoll geschützt von eigenen Trabanten,
Erwarten Kaiserlich der Völker Abgesandten;
Von allen Seiten her kommt frohe Botschaft an:
Beruhigt sei das Reich, uns freudig zugetan.
Hat sich in unsern Kampf auch Gaukelei geflochten,
Am Ende haben wir uns nur allein gefochten.
Zufälle kommen ja dem Streitenden zu Gut,
Vom Himmel fällt ein Stein, dem Feinde regnet's Blut,
Aus Felsenhöhlen tönt's von mächtigen Wunderklängen,

Die unsre Brust erhöhn, des Feindes Brust verengen.
Der Überwundne fiel, zu stets erneutem Spott,
Der Sieger, wie er prangt, preis't den gewognen Gott.
Und alles stimmt mit ein, er braucht nicht zu befehlen,
Herr Gott, dich loben wir! aus Millionen Kehlen.
Jedoch zum höchsten Preis wend' ich den frommen Blick,
Das selten sonst geschah, zur eignen Brust zurück.
Ein junger, muntrer Fürst mag seinen Tag vergeuden,
Die Jahre lehren ihn des Augenblicks Bedeuten.
Deshalb denn ungesäumt verbind' ich mich sogleich
Mit euch vier Würdigen, für Haus und Hof und Reich.

Zum ersten.

Dein war, o Fürst! des Heers geordnet kluge Schichtung,
Sodann, im Hauptmoment, heroisch kühne Richtung;
Im Frieden wirke nun wie es die Zeit begehrt,
Erzmarschall nenn' ich dich, verleihe dir das Schwert.

ERZMARSCHALL Dein treues Heer, bis jetzt im Inneren beschäftigt,
Wenn's an der Gränze dich und deinen Thron bekräftigt,
Dann sei es uns vergönnt, bei Festesdrang im Saal
Geräumiger Väterburg, zu rüsten dir das Mahl.
Blank trag' ich's dir dann vor, blank halt' ich dir's zur Seite,
Der höchsten Majestät zu ewigem Geleite.

DER KAISER *zum zweiten.*

Der sich, als tapfrer Mann, auch zart gefällig zeigt,
Du! sei Erzkämmerer, der Auftrag ist nicht leicht.
Du bist der Oberste von allem Hausgesinde,
Bei deren innerm Streit ich schlechte Diener finde;
Dein Beispiel sei fortan in Ehren aufgestellt,
Wie man dem Herrn, dem Hof und allen wohlgefällt.

ERZKÄMMERER Des Herren großen Sinn zu fördern bringt zu Gnaden,
Den Besten hülfreich sein, den Schlechten selbst nicht schaden,
Dann klar sein ohne List, und ruhig ohne Trug!
Wenn du mich, Herr, durchschaust, geschieht mir schon genug.
Darf sich die Phantasie auf jenes Fest erstrecken?
Wenn du zur Tafel gehst, reich' ich das goldne Becken,
Die Ringe halt' ich dir, damit zur Wonnezeit
Sich deine Hand erfrischt, wie mich dein Blick erfreut.

KAISER Zwar fühl' ich mich zu ernst auf Festlichkeit zu sinnen,
Doch sei's! Es fördert auch frohmütiges Beginnen.

Zum dritten.

Dich wähl' ich zum Erztruchseß! Also sei fortan
Dir Jagd, Geflügel-Hof und Vorwerk untertan;
Der Lieblingsspeisen Wahl laß mir zu allen Zeiten
Wie sie der Monat bringt und sorgsam zubereiten.

ERZTRUCHSESS Streng Fasten sei für mich die angenehmste Pflicht,
Bis, vor dich hingestellt, dich freut ein Wohlgericht.
Der Küche Dienerschaft soll sich mit mir vereinigen,

Das Ferne beizuziehn, die Jahrszeit zu beschleunigen.
Dich reizt nicht Fern und Früh womit die Tafel prangt,
Einfach und kräftig ist's wornach dein Sinn verlangt.

KAISER *zum vierten.*
Weil unausweichlich hier sich's nur von Festen handelt,
So sei mir, junger Held, zum Schenken umgewandelt.
Erzschenke, sorge nun daß unsre Kellerei
Auf's reichlichste versorgt mit gutem Weine sei.
Du selbst sei mäßig, laß nicht über Heiterkeiten,
Durch der Gelegenheit Verlocken, dich verleiten.

ERZSCHENK Mein Fürst, die Jugend selbst, wenn man ihr nur vertraut,
Steht, eh' man sich's versieht, zu Männern auferbaut.
Auch ich versetze mich zu jenem großen Feste;
Ein Kaiserlich Büffet schmück' ich auf's allerbeste,
Mit Prachtgefäßen, gülden, silbern allzumal,
Doch wähl' ich dir voraus den lieblichsten Pokal:
Ein blank venedisch Glas, worin Behagen lauschet,
Des Weins Geschmack sich stärkt und nimmermehr berauschet.
Auf solchen Wunderschatz vertraut man oft zu sehr;
Doch deine Mäßigkeit, du Höchster, schützt noch mehr.

KAISER Was ich euch zugedacht in dieser ernsten Stunde,
Vernahmt ihr mit Vertraun aus zuverlässigem Munde.
Des Kaisers Wort ist groß und sichert jede Gift,
Doch zur Bekräftigung bedarf's der edlen Schrift,.
Bedarf's der Signatur. Die förmlich zu bereiten,
Seh' ich den rechten Mann zu rechter Stunde schreiten.

Der ERZBISCHOF-ERZKANZLER *tritt auf.*

KAISER Wenn ein Gewölbe sich dem Schlußstein anvertraut,
Dann ist's mit Sicherheit für ewige Zeit erbaut.
Du siehst vier Fürsten da! Wir haben erst erörtert,
Was den Bestand zunächst von Haus und Hof befördert.
Nun aber, was das Reich in seinem Ganzen hegt,
Sei, mit Gewicht und Kraft, der Fünfzahl auferlegt.
An Ländern sollen sie vor allen andern glänzen,
Deshalb erweitr' ich gleich jetzt des Besitztums Gränzen,
Vom Erbteil jener die sich von uns abgewandt.
Euch Treuen sprech' ich zu so manches schöne Land,
Zugleich das hohe Recht euch, nach Gelegenheiten,
Durch Anfall, Kauf und Tausch in's Weitre zu verbreiten;
Dann sei bestimmt vergönnt zu üben ungestört
Was von Gerechtsamen euch Landesherrn gehört.
Als Richter werdet ihr die Endurteile fällen,
Berufung gelte nicht von euern höchsten Stellen.
Dann Steuer, Zins und Beth', Lehn und Geleit und Zoll,
Berg-, Salz- und Münzregal auch angehören soll.

Denn meine Dankbarkeit vollgültig zu erproben,
Hab' ich euch ganz zunächst der Majestät erhoben.
ERZBISCHOF Im Namen aller sei dir tiefster Dank gebracht,
Du machst uns stark und fest und stärkest deine Macht.
KAISER Euch fünfen will ich noch erhöhtere Würde geben.
Noch leb' ich meinem Reich und habe Lust zu leben;
Doch hoher Ahnen Kette zieht bedächtigen Blick
Aus rascher Strebsamkeit in's Drohende zurück.
Auch werd' ich, seiner Zeit, mich von den Teuren trennen,
Dann sei es eure Pflicht den Folger zu ernennen.
Gekrönt erhebt ihn hoch auf heiligem Altar,
Und friedlich ende dann was jetzt so stürmisch war.
ERZKANZLER Mit Stolz in tiefster Brust, mit Demut an Gebärde,
Stehn Fürsten dir gebeugt, die ersten auf der Erde.
So lang das treue Blut die vollen Adern regt,
Sind wir der Körper den dein Wille leicht bewegt.
KAISER Und also sei, zum Schluß, was wir bisher betätigt,
Für alle Folgezeit durch Schrift und Zug bestätigt.
Zwar habt ihr den Besitz als Herren völlig frei,
Mit dem Beding jedoch, daß er unteilbar sei.
Und wie ihr auch vermehrt was ihr von uns empfangen,
Es soll's der ält'ste Sohn in gleichem Maß erlangen.
ERZKANZLER Dem Pergament alsbald vertrau' ich wohlgemut,
Zum Glück dem Reich und uns, das wichtigste Statut;
Reinschrift und Sieglung soll die Kanzelei beschäftigen,
Mit heiliger Signatur wirst du's, der Herr, bekräftigen.
KAISER Und so entlaß' ich euch, damit den großen Tag,
Gesammelt, jedermann sich überlegen mag.

Die WELTLICHEN FÜRSTEN *entfernen sich.*

Der GEISTLICHE *bleibt und spricht pathetisch.*

Der Kanzler ging hinweg, der Bischof ist geblieben,
Vom ernsten Warnegeist zu deinem Ohr getrieben!
Sein väterliches Herz von Sorge bangt's um dich.
KAISER Was hast du Bängliches zur frohen Stunde? sprich!
ERZBISCHOF Mit welchem bittern Schmerz find' ich, in dieser Stunde,
Dein hochgeheiligt Haupt mit Satanas im Bunde.
Zwar, wie es scheinen will, gesichert auf dem Thron,
Doch leider! Gott dem Herrn, dem Vater Papst zum Hohn.
Wenn dieser es erfährt, schnell wird er sträflich richten,
Mit heiligem Strahl dein Reich, das sündige, zu vernichten.
Denn noch vergaß er nicht wie du, zur höchsten Zeit,
An deinem Krönungstag den Zauberer befreit.
Von deinem Diadem, der Christenheit zum Schaden,
Traf das verfluchte Haupt der erste Strahl der Gnaden.
Doch schlag' an deine Brust und gib, vom frevlen Glück,

Ein mäßig Schärflein gleich dem Heiligtum zurück;
Den breiten Hügelraum, da wo dein Zelt gestanden,
Wo böse Geister sich zu deinem Schutz verbanden,
Dem Lügenfürsten du ein horchsam Ohr geliehn,
Den stifte, fromm belehrt, zu heiligem Bemühn;
Mit Berg und dichtem Wald, so weit sie sich erstrecken,
Mit Höhen die sich grün zu fetter Weide decken,
Fischteichen, klaren Seen, dann Bächlein ohne Zahl,
Wie sie sich, eilig schlängelnd, stürzen ab zu Tal;
Das breite Tal dann selbst, mit Wiesen, Gauen, Gründen:
Die Reue spricht sich aus, und du wirst Gnade finden.
KAISER Durch meinen schweren Fehl bin ich so tief erschreckt,
Die Gränze sei von dir nach eignem Maß gesteckt.
ERZBISCHOF Erst! der entweihte Raum, wo man sich so versündigt,
Sei alsobald zum Dienst des Höchsten angekündigt.
Behende steigt im Geist Gemäuer stark empor,
Der Morgensonne Blick erleuchtet schon das Chor,
Zum Kreuz erweitert sich das wachsende Gebäude,
Das Schiff erlängt, erhöht sich zu der Gläubigen Freude,
Sie strömen brünstig schon durch's würdige Portal,
Der erste Glockenruf erscholl durch Berg und Tal,
Von hohen Türmen tönt's, wie sie zum Himmel streben,
Der Büßer kommt heran, zu neugeschaffnem Leben.
Dem hohen Weihetag, er trete bald herein!
Wird deine Gegenwart die höchste Zierde sein.
KAISER Mag ein so großes Werk den frommen Sinn verkündigen,
Zu preisen Gott den Herrn, so wie mich zu entsündigen.
Genug! Ich fühle schon wie sich mein Sinn erhöht.
ERZBISCHOF Als Kanzler fördr' ich nun Schluß und Formalität.
KAISER Ein förmlich Dokument, der Kirche das zu eignen,
Du legst es vor, ich will's mit Freuden unterzeichnen.
ERZBISCHOF *hat sich beurlaubt, kehrt aber bei'm Ausgang um.*
Dann widmest du zugleich dem Werke, wie's entsteht,
Gesamte Landsgefälle: Zehnten, Zinsen, Beth',
Für ewig. Viel bedarf's zu würdiger Unterhaltung,
Und schwere Kosten macht die sorgliche Verwaltung.
Zum schnellen Aufbau selbst auf solchem wüsten Platz
Reichst du uns einiges Gold, aus deinem Beuteschatz.
Daneben braucht man auch, ich kann es nicht verschweigen,
Entferntes Holz und Kalk und Schiefer und dergleichen.
Die Fuhren tut das Volk, vom Predigtstuhl belehrt,
Die Kirche segnet den der ihr zu Diensten fährt. *Ab.*
KAISER Die Sünd' ist groß und schwer womit ich mich beladen,
Das leidige Zaubervolk bringt mich in harten Schaden.
ERZBISCHOF *abermals zurückkehrend mit tiefster Verbeugung.*
Verzeih, oh Herr! Es ward dem sehr verrufnen Mann
Des Reiches Strand verliehn; doch diesen trifft der Bann,

Verleihst du reuig nicht der hohen Kirchenstelle
Auch dort den Zehnten, Zins und Gaben und Gefälle.

KAISER *verdrießlich.*
Das Land ist noch nicht da, im Meere liegt es breit.

ERZBISCHOF Wer's Recht hat und Geduld für den kommt auch die Zeit.
Für uns mög' Euer Wort in seinen Kräften bleiben! *Ab.*

KAISER *allein.*
So könnt' ich wohl zunächst das ganze Reich verschreiben.

FÜNFTER AKT

Offene Gegend

WANDRER Ja! sie sind's die dunkeln Linden,
Dort, in ihres Alters Kraft.
Und ich soll sie wieder finden,
Nach so langer Wanderschaft!
Ist es doch die alte Stelle,
Jene Hütte, die mich barg,
Als die sturmerregte Welle
Mich an jene Dünen warf!
Meine Wirte möcht' ich segnen,
Hülfsbereit, ein wackres Paar,
Das, um heut mir zu begegnen,
Alt schon jener Tage war.
Ach! das waren fromme Leute!
Poch' ich? ruf' ich? — Seid gegrüßt!
Wenn, gastfreundlich, auch noch heute
Ihr des Wohltuns Glück genießt.

BAUCIS *Mütterchen, sehr alt.*
Lieber Kömmling! Leise! Leise!
Ruhe! laß den Gatten ruhn!
Langer Schlaf verleiht dem Greise
Kurzen Wachens rasches Tun.

WANDRER Sage, Mutter, bist du's eben,
Meinen Dank noch zu empfahn,
Was du für des Jünglings Leben
Mit dem Gatten einst getan?
Bist du Baucis, die, geschäftig,
Halberstorbnen Mund erquickt?

Der GATTE *tritt auf.*

Du Philemon, der, so kräftig,
Meinen Schatz der Flut entrückt?
Eure Flammen raschen Feuers,
Eures Glöckchens Silberlaut,

Jenes grausen Abenteuers
Lösung war euch anvertraut.

Und nun laßt hervor mich treten,
Schaun das gränzenlose Meer;
Laßt mich knieen, laßt mich beten,
Mich bedrängt die Brust so sehr.

Er schreitet vorwärts auf der Düne.

PHILEMON *zu Baucis.*
Eile nur den Tisch zu decken,
Wo's im Gärtchen munter blüht.
Laß ihn rennen, ihn erschrecken,
Denn er glaubt nicht was er sieht.

Neben dem Wandrer stehend.

Das euch grimmig mißgehandelt,
Wog' auf Woge, schäumend wild,
Seht als Garten ihr behandelt,
Seht ein paradiesisch Bild.
Älter, war ich nicht zu Handen,
Hülfreich nicht wie sonst bereit,
Und, wie meine Kräfte schwanden,
War auch schon die Woge weit.
Kluger Herren kühne Knechte
Gruben Gräben, dämmten ein,
Schmälerten des Meeres Rechte,
Herrn an seiner Statt zu sein.
Schaue grünend Wies' an Wiese,
Anger, Garten, Dorf und Wald. —
Komm nun aber und genieße,
Denn die Sonne scheidet bald. —
Dort im Fernsten ziehen Segel!
Suchen nächtlich sichern Port.
Kennen doch ihr Nest die Vögel,
Denn jetzt ist der Hafen dort.
So erblickst du in der Weite
Erst des Meeres blauen Saum,
Rechts und links, in aller Breite,
Dichtgedrängt bewohnten Raum.

Am Tische zu drei, im Gärtchen.

BAUCIS Bleibst du stumm? und keinen Bissen
Bringst du zum verlechzten Mund?
PHILEMON Möcht' er doch vom Wunder wissen,
Sprichst so gerne, tu's ihm kund.
BAUCIS Wohl! ein Wunder ist's gewesen!
Läßt mich heut noch nicht in Ruh;
Denn es ging das ganze Wesen
Nicht mit rechten Dingen zu.

PHILEMON Kann der Kaiser sich versünd'gen
Der das Ufer ihm verliehn?
Tät's ein Herold nicht verkünd'gen
Schmetternd im Vorüberziehn?
Nicht entfernt von unsern Dünen
Ward der erste Fuß gefaßt,
Zelte, Hütten! — Doch im Grünen
Richtet bald sich ein Palast.

BAUCIS Tags umsonst die Knechte lärmten,
Hack' und Schaufel, Schlag um Schlag;
Wo die Flämmchen nächtig schwärmten
Stand ein Damm den andern Tag.
Menschenopfer mußten bluten,
Nachts erscholl des Jammers Qual,
Meerab flossen Feuergluten,
Morgens war es ein Kanal.
Gottlos ist er, ihn gelüstet
Unsre Hütte, unser Hain;
Wie er sich als Nachbar brüstet
Soll man untertänig sein.

PHILEMON Hat er uns doch angeboten
Schönes Gut im neuen Land!

BAUCIS Traue nicht dem Wasserboden,
Halt' auf deiner Höhe Stand!

PHILEMON Laßt uns zur Kapelle treten!
Letzten Sonnenblick zu schaun.
Laßt uns läuten, knieen, beten!
Und dem alten Gott vertraun.

Palast

Weiter Ziergarten, großer gradgeführter Kanal.

FAUST *im höchsten Alter wandelnd, nachdenkend.*

LYNCEUS *der* TÜRMER *durch's Sprachrohr.*
Die Sonne sinkt, die letzten Schiffe
Sie ziehen munter hafenein.
Ein großer Kahn ist im Begriffe
Auf dem Kanale hier zu sein.
Die bunten Wimpel wehen fröhlich,
Die starren Masten stehn bereit,
In dir preis't sich der Bootsmann selig,
Dich grüßt das Glück zur höchsten Zeit.
Das Glöckchen läutet auf der Düne.

FAUST *auffahrend.* Verdammtes Läuten! Allzuschändlich
Verwundet's, wie ein tückischer Schuß;

Vor Augen ist mein Reich unendlich,
Im Rücken neckt mich der Verdruß,
Erinnert mich durch neidische Laute:
Mein Hochbesitz er ist nicht rein,
Der Lindenraum, die braune Baute,
Das morsche Kirchlein ist nicht mein.
Und wünscht' ich dort mich zu erholen,
Vor fremdem Schatten schaudert mir,
Ist Dorn den Augen, Dorn den Sohlen,
O! wär' ich weit hinweg von hier!

TÜRMER *wie oben.* Wie segelt froh der bunte Kahn
Mit frischem Abendwind heran!
Wie türmt sich sein behender Lauf
In Kisten, Kasten, Säcken auf!

Prächtiger Kahn, reich und bunt beladen mit Erzeugnissen fremder Weltgegenden.

MEPHISTOPHELES. DIE DREI GEWALTIGEN GESELLEN.

CHORUS Da landen wir,
Da sind wir schon.
Glückan! dem Herren,
Dem Patron.

Sie steigen aus, die Güter werden an's Land geschafft.

MEPHISTOPHELES So haben wir uns wohl erprobt,
Vergnügt wenn der Patron es lobt.
Nur mit zwei Schiffen ging es fort,
Mit zwanzig sind wir nun im Port.
Was große Dinge wir getan,
Das sieht man unsrer Ladung an.
Das freie Meer befreit den Geist,
Wer weiß da was Besinnen heißt!
Da fördert nur ein rascher Griff,
Man fängt den Fisch, man fängt ein Schiff,
Und ist man erst der Herr zu drei,
Dann hakelt man das vierte bei;
Da geht es denn dem fünften schlecht,
Man hat Gewalt, so hat man Recht.
Man fragt um's *Was?* und nicht um's *Wie?*
Ich müßte keine Schifffahrt kennen:
Krieg, Handel und Piraterie,
Dreieinig sind sie, nicht zu trennen.

DIE DREI GEWALTIGEN GESELLEN
Nicht Dank und Gruß!
Nicht Gruß und Dank!
Als brächten wir
Dem Herrn Gestank.
Er macht ein

Widerlich Gesicht;
Das Königsgut
Gefällt ihm nicht.

MEPHISTOPHELES Erwartet weiter
Keinen Lohn,
Nahmt ihr doch
Euren Teil davon.

DIE GESELLEN Das ist nur für
Die Langeweil,
Wir alle fordern
Gleichen Teil.

MEPHISTOPHELES Erst ordnet oben
Saal an Saal
Die Kostbarkeiten
Allzumal.
Und tritt er zu
Der reichen Schau,
Berechnet er alles
Mehr genau,
Er sich gewiß
Nicht lumpen läßt
Und gibt der Flotte
Fest nach Fest.
Die bunten Vögel kommen morgen,
Für die werd' ich zum besten sorgen.

Die Ladung wird weggeschafft.

MEPHISTOPHELES *zu Faust.*
Mit ernster Stirn, mit düstrem Blick
Vernimmst du dein erhaben Glück.
Die hohe Weisheit wird gekrönt,
Das Ufer ist dem Meer versöhnt;
Vom Ufer nimmt, zu rascher Bahn,
Das Meer die Schiffe willig an;
So sprich daß hier, hier vom Palast
Dein Arm die ganze Welt umfaßt.
Von dieser Stelle ging es aus,
Hier stand das erste Bretterhaus;
Ein Gräbchen ward hinabgeritzt
Wo jetzt das Ruder emsig spritzt.
Dein hoher Sinn, der Deinen Fleiß
Erwarb des Meers, der Erde Preis.
Von hier aus —

FAUST Das verfluchte *hier*!
Das eben, leidig lastet's mir.
Dir Vielgewandtem muß ich's sagen,
Mir gibt's im Herzen Stich um Stich,
Mir ist's unmöglich zu ertragen!

Und wie ich's sage schäm' ich mich.
Die Alten droben sollten weichen,
Die Linden wünscht' ich mir zum Sitz,
Die wenig Bäume, nicht mein eigen,
Verderben mir den Welt-Besitz.
Dort wollt' ich, weit umher zu schauen,
Von Ast zu Ast Gerüste bauen,
Dem Blick eröffnen weite Bahn,
Zu sehn was alles ich getan,
Zu überschaun mit einem Blick
Des Menschengeistes Meisterstück,
Betätigend, mit klugem Sinn,
Der Völker breiten Wohngewinn.

So sind am härt'sten wir gequält
Im Reichtum fühlend was uns fehlt.
Des Glöckchens Klang, der Linden Duft
Umfängt mich wie in Kirch' und Gruft.
Des allgewaltigen Willens Kür
Bricht sich an diesem Sande hier.
Wie schaff' ich mir es vom Gemüte!
Das Glöcklein läutet und ich wüte.

MEPHISTOPHELES Natürlich! daß ein Hauptverdruß
Das Leben dir vergällen muß.
Wer leugnet's! Jedem edlen Ohr
Kommt das Geklingel widrig vor.
Und das verfluchte Bim-Baum-Bimmel,
Umnebelnd heitern Abendhimmel,
Mischt sich in jegliches Begebnis,
Vom ersten Bad bis zum Begräbnis,
Als wäre, zwischen Bim und Baum,
Das Leben ein verschollner Traum.

FAUST Das Widerstehn, der Eigensinn
Verkümmern herrlichsten Gewinn,
Daß man, zu tiefer, grimmiger Pein,
Ermüden muß gerecht zu sein.

MEPHISTOPHELES Was willst du dich denn hier genieren,
Mußt du nicht längst kolonisieren?

FAUST So geht und schafft sie mir zur Seite! –
Das schöne Gütchen kennst du ja,
Das ich den Alten ausersah.

MEPHISTOPHELES Man trägt sie fort und setzt sie nieder,
Eh' man sich umsieht stehn sie wieder;
Nach überstandener Gewalt
Versöhnt ein schöner Aufenthalt.

Er pfeift gellend.

DIE DREI *treten auf.*

MEPHISTOPHELES Kommt! Wie der Herr gebieten läßt,
Und morgen gibt's ein Flottenfest.
DIE DREI Der alte Herr empfing uns schlecht,
Ein flottes Fest ist uns zu Recht. *Ab.*
MEPHISTOPHELES *ad Spectatores.*
Auch hier geschieht was längst geschah,
Denn Naboths Weinberg war schon da. *(Regum I. 21.)*

Tiefe Nacht

LYNCEUS *der* TÜRMER *auf der Schloßwarte, singend.*
Zum Sehen geboren,
Zum Schauen bestellt,
Dem Turme geschworen
Gefällt mir die Welt.
Ich blick' in die Ferne,
Ich seh' in der Näh
Den Mond und die Sterne,
Den Wald und das Reh.
So seh' ich in allen
Die ewige Zier,
Und wie mir's gefallen
Gefall' ich auch mir.
Ihr glücklichen Augen
Was je ihr gesehn,
Es sei wie es wolle,
Es war doch so schön!
Pause.
Nicht allein mich zu ergetzen
Bin ich hier so hoch gestellt;
Welch ein greuliches Entsetzen
Droht mir aus der finstern Welt!
Funkenblicke seh' ich sprühen
Durch der Linden Doppelnacht,
Immer stärker wühlt ein Glühen
Von der Zugluft angefacht.
Ach! die innre Hütte lodert,
Die bemoos't und feucht gestanden,
Schnelle Hülfe wird gefodert,
Keine Rettung ist vorhanden.
Ach! die guten alten Leute,
Sonst so sorglich um das Feuer,
Werden sie dem Qualm zur Beute!
Welch ein schrecklich Abenteuer!

Flamme flammet, rot in Gluten
Steht das schwarze Moosgestelle;
Retteten sich nur die Guten
Aus der wildentbrannten Hölle!
Züngelnd lichte Blitze steigen
Zwischen Blättern, zwischen Zweigen;
Äste dürr, die flackernd brennen,
Glühen schnell und stürzen ein.
Sollt ihr Augen dies erkennen!
Muß ich so weitsichtig sein!
Das Kapellchen bricht zusammen
Von der Äste Sturz und Last.
Schlängelnd sind, mit spitzen Flammen,
Schon die Gipfel angefaßt.
Bis zur Wurzel glühn die hohlen
Stämme, purpurrot im Glühn. —

Lange Pause, Gesang.

Was sich sonst dem Blick empfohlen,
Mit Jahrhunderten ist hin.

FAUST *auf dem Balkon, gegen die Dünen.*

Von oben welch ein singend Wimmern?
Das Wort ist hier, der Ton zu spat;
Mein Türmer jammert; mich, im Innern,
Verdrießt die ungeduld'ge Tat.
Doch sei der Lindenwuchs vernichtet
Zu halbverkohlter Stämme Graun,
Ein Luginsland ist bald errichtet,
Um in's Unendliche zu schaun.
Da seh' ich auch die neue Wohnung,
Die jenes alte Paar umschließt,
Das, im Gefühl großmütiger Schonung,
Der späten Tage froh genießt.

MEPHISTOPHELES *und* DIE DREIE *unten.*

Da kommen wir mit vollem Trab,
Verzeiht! es ging nicht gütlich ab.
Wir klopften an, wir pochten an,
Und immer ward nicht aufgetan;
Wir rüttelten, wir pochten fort,
Da lag die morsche Türe dort;
Wir riefen laut und drohten schwer,
Allein wir fanden kein Gehör.
Und wie's in solchem Fall geschicht,
Sie hörten nicht, sie wollten nicht;
Wir aber haben nicht gesäumt;
Behende dir sie weggeräumt.
Das Paar hat sich nicht viel gequält,
Vor Schrecken fielen sie entseelt.

Ein Fremder, der sich dort versteckt
Und fechten wollte, ward gestreckt.
In wilden Kampfes kurzer Zeit,
Von Kohlen, rings umher gestreut,
Entflammte Stroh. Nun lodert's frei,
Als Scheiterhaufen dieser drei.

FAUST Wart ihr für meine Worte taub!
Tausch wollt' ich, wollte keinen Raub.
Dem unbesonnenen wilden Streich
Ihm fluch' ich, teilt es unter euch!

CHORUS Das alte Wort, das Wort erschallt:
Gehorche willig der Gewalt!
Und bist du kühn und hältst du Stich,
So wage Haus und Hof und — Dich. *Ab.*

FAUST *auf dem Balkon.*
Die Sterne bergen Blick und Schein,
Das Feuer sinkt und lodert klein;
Ein Schauerwindchen fächelt's an,
Bringt Rauch und Dunst zu mir heran.
Geboten schnell, zu schnell getan! —
Was schwebet schattenhaft heran?

Mitternacht

VIER GRAUE WEIBER *treten auf.*

ERSTE Ich heiße der Mangel.
ZWEITE Ich heiße die Schuld.
DRITTE Ich heiße die Sorge.
VIERTE Ich heiße die Not.
ZU DREI Die Tür ist verschlossen, wir können nicht ein,
Drin wohnet ein Reicher, wir mögen nicht 'nein.
MANGEL Da werd' ich zum Schatten.
SCHULD Da werd' ich zu nicht.
NOT Man wendet von mir das verwöhnte Gesicht.
SORGE Ihr Schwestern, ihr könnt nicht und dürft nicht hinein.
Die Sorge sie schleicht sich durch's Schlüsselloch ein.
SORGE *verschwindet.*
MANGEL Ihr, graue Geschwister, entfernt euch von hier.
SCHULD Ganz nah an der Seite verbind' ich mich dir.
NOT Ganz nah an der Ferse begleitet die Not.
ZU DREI Es ziehen die Wolken, es schwinden die Sterne!
Dahinten, dahinten! von ferne, von ferne,
Da kommt er der Bruder, da kommt er der — —
— — Tod. *Ab.*
FAUST *im Palast.* Vier sah ich kommen, drei nur gehn,
Den Sinn der Rede konnt' ich nicht verstehn.

Es klang so nach als hieß es — Not,
Ein düstres Reimwort folgte — Tod.
Es tönte hohl, gespensterhaft gedämpft.
Noch hab' ich mich in's Freie nicht gekämpft.
Könnt' ich Magie von meinem Pfad entfernen,
Die Zaubersprüche ganz und gar verlernen;
Stünd' ich, Natur! vor dir ein Mann allein,
Da wär's der Mühe wert ein Mensch zu sein.

Das war ich sonst, eh' ich's im Düstern suchte,
Mit Frevelwort mich und die Welt verfluchte.
Nun ist die Lust von solchem Spuk so voll
Daß niemand weiß wie er ihn meiden soll.
Wenn auch Ein Tag uns klar vernünftig lacht,
In Traumgespinst verwickelt uns die Nacht;
Wir kehren froh von junger Flur zurück,
Ein Vogel krächzt; was krächzt er? Mißgeschick.
Von Aberglauben früh und spat umgarnt:
Es eignet sich, es zeigt sich an, es warnt.
Und so verschüchtert stehen wir allein.
Die Pforte knarrt und niemand kommt herein.
Erschüttert.
Ist jemand hier?
SORGE Die Frage fordert ja!
FAUST Und du, wer bist denn du?
SORGE Bin einmal da.
FAUST Entferne dich!
SORGE Ich bin am rechten Ort.
FAUST *erst ergrimmt, dann besänftigt für sich.*
Nimm dich in Acht und sprich kein Zauberwort.
SORGE Würde mich kein Ohr vernehmen,
Müßt' es doch im Herzen dröhnen;
In verwandelter Gestalt
Üb' ich grimmige Gewalt.
Auf den Pfaden, auf der Welle,
Ewig ängstlicher Geselle,
Stets gefunden, nie gesucht,
So geschmeichelt wie verflucht.
Hast du die Sorge nie gekannt?
FAUST Ich bin nur durch die Welt gerannt.
Ein jed Gelüst ergriff ich bei den Haaren,
Was nicht genügte ließ ich fahren,
Was mir entwischte ließ ich ziehn.
Ich habe nur begehrt und nur vollbracht,
Und abermals gewünscht und so mit Macht
Mein Leben durchgestürmt; erst groß und mächtig;
Nun aber geht es weise, geht bedächtig.

Der Erdenkreis ist mir genug bekannt,
Nach drüben ist die Aussicht uns verrannt;
Tor! wer dorthin die Augen blinzelnd richtet,
Sich über Wolken Seinesgleichen dichtet;
Er stehe fest und sehe hier sich um;
Dem Tüchtigen ist diese Welt nicht stumm;
Was braucht er in die Ewigkeit zu schweifen;
Was er erkennt läßt sich ergreifen;
Er wandle so den Erdentag entlang;
Wenn Geister spuken, geh' er seinen Gang,
Im Weiterschreiten find' er Qual und Glück,
Er! unbefriedigt jeden Augenblick.

SORGE Wen ich einmal mir besitze
Dem ist alle Welt nichts nütze,
Ewiges Düstre steigt herunter,
Sonne geht nicht auf noch unter,
Bei vollkommnen äußern Sinnen
Wohnen Finsternisse drinnen,
Und er weiß von allen Schätzen
Sich nicht in Besitz zu setzen.
Glück und Unglück wird zur Grille,
Er verhungert in der Fülle,
Sei es Wonne, sei es Plage
Schiebt er's zu dem andern Tage,
Ist der Zukunft nur gewärtig
Und so wird er niemals fertig.

FAUST Hör' auf! so kommst du mir nicht bei!
Ich mag nicht solchen Unsinn hören.
Fahr' hin! die schlechte Litanei
Sie könnte selbst den klügsten Mann betören.

SORGE Soll er gehen, soll er kommen,
Der Entschluß ist ihm genommen;
Auf gebahnten Weges Mitte
Wankt er tastend halbe Schritte.
Er verliert sich immer tiefer,
Siehet alle Dinge schiefer,
Sich und andre lästig drückend,
Atem holend und erstickend;
Nicht erstickt und ohne Leben,
Nicht verzweifelnd, nicht ergeben.
So ein unaufhaltsam Rollen,
Schmerzlich Lassen, widrig Sollen,
Bald Befreien, bald Erdrücken,
Halber Schlaf und schlecht Erquicken,
Heftet ihn an seine Stelle
Und bereitet ihn zur Hölle.

FAUST Unselige Gespenster! So behandelt ihr

Das menschliche Geschlecht zu tausendmalen;
Gleichgültige Tage selbst verwandelt ihr
In garstigen Wirrwarr netzumstrickter Qualen.
Dämonen, weiß ich, wird man schwerlich los,
Das geistig-strenge Band ist nicht zu trennen;
Doch deine Macht, o Sorge, schleichend groß,
Ich werde sie nicht anerkennen.

SORGE Erfahre sie, wie ich geschwind
Mich mit Verwünschung von dir wende!
Die Menschen sind im ganzen Leben blind,
Nun Fauste! werde du's am Ende.
Sie haucht ihn an. Ab.

FAUST *erblindet.* Die Nacht scheint tiefer tief hereinzudringen,
Allein im Innern leuchtet helles Licht,
Was ich gedacht ich eil' es zu vollbringen;
Des Herren Wort es gibt allein Gewicht.
Vom Lager auf, ihr Knechte! Mann für Mann!
Laßt glücklich schauen was ich kühn ersann.
Ergreift das Werkzeug, Schaufel rührt und Spaten!
Das Abgesteckte muß sogleich geraten.
Auf strenges Ordnen, raschen Fleiß
Erfolgt der allerschönste Preis;
Daß sich das größte Werk vollende
Genügt Ein Geist für tausend Hände.

Großer Vorhof des Palasts

Fackeln.

MEPHISTOPHELES *als Aufseher, voran.*
Herbei, herbei! Herein, herein!
Ihr schlotternden Lemuren,
Aus Bändern, Sehnen und Gebein
Geflickte Halbnaturen.

LEMUREN *im Chor.* Wir treten dir sogleich zur Hand,
Und, wie wir halb vernommen,
Es gilt wohl gar ein weites Land
Das sollen wir bekommen.

Gespitzte Pfähle die sind da,
Die Kette lang zum Messen;
Warum an uns der Ruf geschah
Das haben wir vergessen.

MEPHISTOPHELES Hier gilt kein künstlerisch Bemühn;
Verfahret nur nach eignen Maßen;
Der Längste lege längelang sich hin,
Ihr andern lüftet rings umher den Rasen;

Wie man's für unsre Väter tat,
Vertieft ein längliches Quadrat!
Aus dem Palast in's enge Haus,
So dumm läuft es am Ende doch hinaus.

LEMUREN *mit neckischen Gebärden grabend.*
Wie jung ich war und lebt' und liebt',
Mich deucht das war wohl süße,
Wo's fröhlich klang und lustig ging
Da rührten sich meine Füße.

Nun hat das tückische Alter mich
Mit seiner Krücke getroffen;
Ich stolpert' über Grabes Tür,
Warum stand sie just offen!

FAUST *aus dem Palaste tretend tastet an den Türpfosten.*
Wie das Geklirr der Spaten mich ergetzt!
Es ist die Menge, die mir frönet,
Die Erde mit sich selbst versöhnet,
Den Wellen ihre Gränze setzt,
Das Meer mit strengem Band umzieht.

MEPHISTOPHELES *bei Seite.* Du bist doch nur für uns bemüht
Mit deinen Dämmen, deinen Buhnen;
Denn du bereitest schon Neptunen,
Dem Wasserteufel, großen Schmaus.
In jeder Art seid ihr verloren; —
Die Elemente sind mit uns verschworen,
Und auf Vernichtung läuft's hinaus.

FAUST Aufseher!

MEPHISTOPHELES Hier!

FAUST Wie es auch möglich sei
Arbeiter schaffe Meng' auf Menge,
Ermuntere durch Genuß und Strenge,
Bezahle, locke, presse bei!
Mit jedem Tage will ich Nachricht haben
Wie sich verlängt der unternommene Graben.

MEPHISTOPHELES *halblaut.*
Man spricht, wie man mir Nachricht gab,
Von keinem Graben, doch vom Grab.

FAUST Ein Sumpf zieht am Gebirge hin,
Verpestet alles schon Errungene;
Den faulen Pfuhl auch abzuziehn,
Das Letzte wär' das Höchsterrungene.
Eröffn' ich Räume vielen Millionen,
Nicht sicher zwar, doch tätig-frei zu wohnen.
Grün das Gefilde, fruchtbar; Mensch und Herde
Sogleich behaglich auf der neusten Erde,
Gleich angesiedelt an des Hügels Kraft,

Den aufgewälzt kühn-emsige Völkerschaft.
Im Innern hier ein paradiesisch Land,
Da rase draußen Flut bis auf zum Rand,
Und wie sie nascht gewaltsam einzuschießen,
Gemeindrang eilt die Lücke zu verschließen.
Ja! diesem Sinne bin ich ganz ergeben,
Das ist der Weisheit letzter Schluß:
Nur der verdient sich Freiheit wie das Leben,
Der täglich sie erobern muß.
Und so verbringt, umrungen von Gefahr,
Hier Kindheit, Mann und Greis sein tüchtig Jahr.
Solch ein Gewimmel möcht' ich sehn,
Auf freiem Grund mit freiem Volke stehn.
Zum Augenblicke dürft' ich sagen:
Verweile doch, du bist so schön!
Es kann die Spur von meinen Erdetagen
Nicht in Äonen untergehn. –
Im Vorgefühl von solchem hohen Glück
Genieß' ich jetzt den höchsten Augenblick.

Faust sinkt zurück, die Lemuren fassen ihn auf und legen ihn auf den Boden.

MEPHISTOPHELES Ihn sättigt keine Lust, ihm g'nügt kein Glück,
So buhlt er fort nach wechselnden Gestalten;
Den letzten, schlechten, leeren Augenblick
Der Arme wünscht ihn fest zu halten.
Der mir so kräftig widerstand,
Die Zeit wird Herr, der Greis hier liegt im Sand.
Die Uhr steht still –

CHOR Steht still! Sie schweigt wie Mitternacht.
Der Zeiger fällt

MEPHISTOPHELES Er fällt, es ist vollbracht.

CHOR Es ist vorbei.

MEPHISTOPHELES Vorbei! ein dummes Wort.
Warum vorbei?
Vorbei und reines Nicht, vollkommnes Einerlei!
Was soll uns denn das ew'ge Schaffen!
Geschaffenes zu nichts hinwegzuraffen!
Das ist's vorbei! Was ist daran zu lesen?
Es ist so gut als wär' es nicht gewesen,
Und treibt sich doch im Kreis als wenn es wäre.
Ich liebte mir dafür das Ewig-Leere.

Grablegung

LEMUR. *Solo.* Wer hat das Haus so schlecht gebaut,
Mit Schaufeln und mit Spaten?

LEMUREN. *Chor.* Dir, dumpfer Gast im hänfnen Gewand,

Ist's viel zu gut geraten.
LEMUR. *Solo.* Wer hat den Saal so schlecht versorgt?
Wo blieben Tisch und Stühle?
LEMUREN. *Chor.* Es war auf kurze Zeit geborgt;
Der Gläubiger sind so viele.
MEPHISTOPHELES Der Körper liegt und will der Geist entfliehn,
Ich zeig' ihm rasch den blutgeschriebnen Titel; —
Doch leider hat man jetzt so viele Mittel
Dem Teufel Seelen zu entziehn.
Auf altem Wege stößt man an,
Auf neuem sind wir nicht empfohlen;
Sonst hätt' ich es allein getan,
Jetzt muß ich Helfershelfer holen.

Uns geht's in allen Dingen schlecht!
Herkömmliche Gewohnheit, altes Recht,
Man kann auf gar nichts mehr vertrauen.
Sonst mit dem letzten Atem fuhr sie aus,
Ich paßt' ihr auf und, wie die schnellste Maus,
Schnapps! hielt ich sie in fest verschloss'nen Klauen.
Nun zaudert sie und will den düstern Ort,
Des schlechten Leichnams ekles Haus nicht lassen;
Die Elemente die sich hassen,
Die treiben sie am Ende schmählich fort.
Und wenn ich Tag' und Stunden mich zerplage,
Wann? wie? und *wo?* das ist die leidige Frage;
Der alte Tod verlor die rasche Kraft,
Das *Ob?* sogar ist lange zweifelhaft;
Oft sah ich lüstern auf die starren Glieder;
Es war nur Schein, das rührte, das regte sich wieder.
Phantastisch-flügelmännische Verschwörungs-Gebärden.
Nur frisch heran! verdoppelt euren Schritt,
Ihr Herrn von g'raden, Herrn vom krummen Horne,
Von altem Teufelsschrot und Korne,
Bringt ihr zugleich den Höllenrachen mit.
Zwar hat die Hölle Rachen viele! viele!
Nach Standsgebühr und Würden schlingt sie ein;
Doch wird man auch bei diesem letzten Spiele
In's künftige nicht so bedenklich sein.
Der greuliche Höllenrachen tut sich links auf.
Eckzähne klaffen; dem Gewölb des Schlundes
Entquillt der Feuerstrom in Wut,
Und in dem Siedequalm des Hintergrundes
Seh' ich die Flammenstadt in ewiger Glut.
Die rote Brandung schlägt hervor bis an die Zähne,
Verdammte, Rettung hoffend, schwimmen an;
Doch kolossal zerknirscht sie die Hyäne

Und sie erneuen ängstlich heiße Bahn.
In Winkeln bleibt noch vieles zu entdecken,
So viel Erschrecklichstes im engsten Raum!
Ihr tut sehr wohl die Sünder zu erschrecken,
Sie halten's doch für Lug und Trug und Traum.
Zu den Dickteufeln vom kurzen, g'raden Horne.
Nun wanstige Schuften mit den Feuerbacken!
Ihr glüht so recht vom Höllenschwefel feist;
Klotzartige, kurze, nie bewegte Nacken!
Hier unten lauert ob's wie Phosphor gleißt:
Das ist das Seelchen, Psyche mit den Flügeln,
Die rupft ihr aus, so ist's ein garstiger Wurm;
Mit meinem Stempel will ich sie besiegeln,
Dann fort mit ihr im Feuer-Wirbel-Sturm.

Paßt auf die niedern Regionen,
Ihr Schläuche, das ist eure Pflicht;
Ob's ihr beliebte da zu wohnen,
So akkurat weiß man das nicht.
Im Nabel ist sie gern zu Haus,
Nehmt es in Acht, sie wischt euch dort heraus.
Zu den Dürrteufeln vom langen, krummen Horne.
Ihr Firlefanze, flügelmännische Riesen,
Greift in die Luft, versucht euch ohne Rast;
Die Arme strack, die Klauen scharf gewiesen,
Daß ihr die flatternde, die flüchtige faßt.
Es ist ihr sicher schlecht im alten Haus
Und das Genie es will gleich obenaus.

GLORIE *von oben, rechts.*

HIMMLISCHE HEERSCHAR
Folget Gesandte,
Himmelsverwandte,
Gemächlichen Flugs:
Sündern vergeben,
Staub zu beleben;
Allen Naturen
Freundliche Spuren
Wirket im Schweben
Des weilenden Zugs.

MEPHISTOPHELES Mißtöne hör' ich, garstiges Geklimper,
Von oben kommt's mit unwillkommnem Tag;
Es ist das bübisch-mädchenhafte Gestümper,
Wie frömmelnder Geschmack sich's lieben mag.
Ihr wißt wie wir, in tiefverruchten Stunden,
Vernichtung sannen menschlichem Geschlecht;

Das Schändlichste was wir erfunden
Ist ihrer Andacht eben recht.

Sie kommen gleisnerisch die Laffen!
So haben sie uns manchen weggeschnappt,
Bekriegen uns mit unsern eignen Waffen;
Es sind auch Teufel, doch verkappt.
Hier zu verlieren wär' euch ew'ge Schande;
An's Grab heran und haltet fest am Rande!

CHOR DER ENGEL *Rosen streuend.*
Rosen, ihr blendenden,
Balsam versendenden!
Flatternde, schwebende,
Heimlich belebende,
Zweiglein beflügelte,
Knospen entsiegelte,
Eilet zu blühn.

Frühling entsprieße,
Purpur und Grün;
Tragt Paradiese
Dem Ruhenden hin.

MEPHISTOPHELES *zu den Satanen.*
Was duckt und zuckt ihr? ist das Höllenbrauch?
So haltet Stand und laßt sie streuen.
An seinen Platz ein jeder Gauch!
Sie denken wohl mit solchen Blümeleien
Die heißen Teufel einzuschneien;
Das schmilzt und schrumpft vor eurem Hauch.
Nun pustet, Püstriche! — Genug, genug!
Vor eurem Broden bleicht der ganze Flug. —
Nicht so gewaltsam! schließet Maul und Nasen!
Fürwahr ihr habt zu stark geblasen.
Daß ihr doch nie die rechten Maße kennt.
Das schrumpft nicht nur, es bräunt sich, dorrt, es brennt!
Schon schwebt's heran mit giftig klaren Flammen,
Stemmt euch dagegen, drängt euch fest zusammen!
Die Kraft erlischt, dahin ist aller Mut!
Die Teufel wittern fremde Schmeichelglut.

ENGEL. *Chor.*
Blüten die seligen,
Flammen die fröhlichen,
Liebe verbreiten sie,
Wonne bereiten sie,
Herz wie es mag.
Worte die wahren,

Äther im Klaren,
Ewigen Scharen,
Überall Tag.

MEPHISTOPHELES O Fluch! o Schande solchen Tröpfen!
Satane stehen auf den Köpfen,
Die Plumpen schlagen Rad auf Rad
Und stürzen ärschlings in die Hölle.
Gesegn' euch das verdiente heiße Bad!
Ich aber bleib' auf meiner Stelle. —

Sich mit den schwebenden Rosen herumschlagend.

Irrlichter, fort! du! leuchte noch so stark,
Du bleibst gehascht ein ekler Gallert-Quark.
Was flatterst du? Willst du dich packen! —
Es klemmt wie Pech und Schwefel mir im Nacken.

ENGEL. *Chor.*

Was euch nicht angehört
Müsset ihr meiden,
Was euch das Innre stört
Dürft ihr nicht leiden.
Dringt es gewaltig ein,
Müssen wir tüchtig sein.
Liebe nur Liebende
Führet herein.

MEPHISTOPHELES

Mir brennt der Kopf, das Herz, die Leber brennt,
Ein überteuflisch Element!
Weit spitziger als Höllenfeuer. —
Drum jammert ihr so ungeheuer,
Unglückliche Verliebte! die, verschmäht,
Verdrehten Halses nach der Liebsten späht.

Auch mir! Was zieht den Kopf auf jene Seite?
Bin ich mit ihr doch in geschworenem Streite!
Der Anblick war mir sonst so feindlich scharf.
Hat mich ein Fremdes durch und durch gedrungen?
Ich mag sie gerne sehn die allerliebsten Jungen;
Was hält mich ab daß ich nicht fluchen darf? —
Und wenn ich mich betören lasse,
Wer heißt denn künftighin der Tor?
Die Wetterbuden die ich hasse
Sie kommen mir doch gar zu lieblich vor! —

Ihr schönen Kinder, laßt mich wissen:
Seid ihr nicht auch Lucifers Geschlecht?
Ihr seid so hübsch, fürwahr ich möcht' euch küssen,
Mir ist's als kämt ihr eben recht.
Es ist mir so behaglich, so natürlich
Als hätt' ich euch schon tausendmal gesehn,

So heimlich-kätzchenhaft begierlich;
Mit jedem Blick aufs neue schöner schön.
O nähert euch, o gönnt mir Einen Blick!

ENGEL Wir kommen schon, warum weichst du zurück?
Wir nähern uns und wenn du kannst so bleib'.

Die Engel nehmen, umherziehend, den ganzen Raum ein.

MEPHISTOPHELES *der in's Proszenium gedrängt wird.*
Ihr scheltet uns verdammte Geister
Und seid die wahren Hexenmeister;
Denn ihr verführet Mann und Weib. —
Welch ein verfluchtes Abenteuer!
Ist dies das Liebeselement?
Der ganze Körper steht in Feuer,
Ich fühle kaum daß es im Nacken brennt. —
Ihr schwanket hin und her, so senkt euch nieder,
Ein bißchen weltlicher bewegt die holden Glieder;
Fürwahr der Ernst steht euch recht schön.
Doch möcht' ich euch nur einmal lächeln sehn;
Das wäre mir ein ewiges Entzücken.
Ich meine so, wie wenn Verliebte blicken,
Ein kleiner Zug am Mund so ist's getan.
Dich, langer Bursche, dich mag ich am liebsten leiden,
Die Pfaffenmiene will dich gar nicht kleiden,
So sieh mich doch ein wenig lüstern an!
Auch könntet ihr anständig-nackter gehen,
Das lange Faltenhemd ist übersittlich —
Sie wenden sich — Von hinten anzusehen! —
Die Racker sind doch gar zu appetitlich.

CHOR *der Engel* Wendet zur Klarheit
Euch, liebende Flammen!
Die sich verdammen
Heile die Wahrheit;
Daß sie vom Bösen
Froh sich erlösen,
Um in dem Allverein
Selig zu sein.

MEPHISTOPHELES *sich fassend.*
Wie wird mir! — Hiobsartig, Beul' an Beule
Der ganze Kerl, dem's vor sich selber graut,
Und triumphiert zugleich, wenn er sich ganz durchschaut,
Wenn er auf sich und seinen Stamm vertraut;
Gerettet sind die edlen Teufelsteile,
Der Liebesspuk er wirft sich auf die Haut;
Schon ausgebrannt sind die verruchten Flammen,
Und, wie es sich gehört, fluch' ich euch allzusammen!

CHOR *der Engel* Heilige Gluten!
Wen sie umschweben

Fühlt sich im Leben
Selig mit Guten.
Alle vereinigt
Hebt euch und preis't,
Luft ist gereinigt,
Atme der Geist!

Sie erheben sich, Faustens Unsterbliches entführend.

MEPHISTOPHELES *sich umsehend.*
Doch wie? — wo sind sie hingezogen?
Unmündiges Volk, du hast mich überrascht,
Sind mit der Beute himmelwärts entflogen;
Drum haben sie an dieser Gruft genascht!
Mir ist ein großer, einziger Schatz entwendet,
Die hohe Seele die sich mir verpfändet
Die haben sie mir pfiffig weggepascht.

Bei wem soll ich mich nun beklagen?
Wer schafft mir mein erworbenes Recht?
Du bist getäuscht in deinen alten Tagen,
Du hast's verdient, es geht dir grimmig schlecht.
Ich habe schimpflich mißgehandelt,
Ein großer Aufwand, schmählich! ist vertan,
Gemein Gelüst, absurde Liebschaft wandelt
Den ausgepichten Teufel an.
Und hat mit diesem kindisch-tollen Ding
Der Klugerfahrne sich beschäftigt,
So ist fürwahr die Torheit nicht gering
Die seiner sich am Schluß bemächtigt.

Bergschluchten,

Wald, Fels, Einöde

HEILIGE ANACHORETEN *gebirgauf verteilt gelagert zwischen Klüften.*

CHOR *und* ECHO Waldung, sie schwankt heran,
Felsen, sie lasten dran,
Wurzeln, sie klammern an,
Stamm dicht an Stamm hinan.
Woge nach Woge spritzt,
Höhle die tiefste schützt.
Löwen, die schleichen stumm-
Freundlich um uns herum,
Ehren geweihten Ort,
Heiligen Liebeshort.

PATER ECSTATICUS *auf- und abschwebend.*
Ewiger Wonnebrand,

Glühendes Liebeband,
Siedender Schmerz der Brust,
Schäumende Gottes-Lust.
Pfeile, durchdringet mich,
Lanzen, bezwinget mich,
Keulen, zerschmettert mich,
Blitze, durchwettert mich;
Daß ja das Richtige
Alles verflüchtige,
Glänze der Dauerstern,
Ewiger Liebe Kern.

PATER PROFUNDUS. *Tiefe Region.*
Wie Felsenabgrund mir zu Füßen
Auf tiefem Abgrund lastend ruht,
Wie tausend Bäche strahlend fließen
Zum grausen Sturz des Schaums der Flut,
Wie strack, mit eignem kräftigen Triebe,
Der Stamm sich in die Lüfte trägt,
So ist es die allmächtige Liebe
Die alles bildet, alles hegt.

Ist um mich her ein wildes Brausen,
Als wogte Wald und Felsengrund,
Und doch stürzt, liebevoll im Sausen,
Die Wasserfülle sich zum Schlund,
Berufen gleich das Tal zu wässern;
Der Blitz, der flammend niederschlug,
Die Atmosphäre zu verbessern
Die Gift und Dunst im Busen trug;

Sind Liebesboten, sie verkünden
Was ewig schaffend uns umwallt.
Mein Innres mög' es auch entzünden
Wo sich der Geist, verworren, kalt,
Verquält in stumpfer Sinne Schranken,
Scharfangeschloss'nem Kettenschmerz.
O Gott! beschwichtige die Gedanken,
Erleuchte mein bedürftig Herz.

PATER SERAPHICUS. *Mittlere Region.*
Welch ein Morgenwölkchen schwebet
Durch der Tannen schwankend Haar;
Ahn' ich was im Innern lebet?
Es ist junge Geisterschar.

CHOR SELIGER KNABEN Sag' uns, Vater, wo wir wallen,
Sag' uns, Guter, wer wir sind?
Glücklich sind wir, allen, allen
Ist das Dasein so gelind.

PATER SERAPHICUS Knaben! Mitternachts Geborne,
Halb erschlossen Geist und Sinn,
Für die Eltern gleich Verlorne,
Für die Engel zum Gewinn.
Daß ein Liebender zugegen
Fühlt ihr wohl, so naht euch nur;
Doch von schroffen Erdewegen,
Glückliche! habt ihr keine Spur.
Steigt herab in meiner Augen
Welt- und erdgemäß Organ,
Könnt sie als die euern brauchen,
Schaut euch diese Gegend an.
Er nimmt sie in sich.
Das sind Bäume, das sind Felsen,
Wasserstrom, der abestürzt
Und mit ungeheurem Wälzen
Sich den steilen Weg verkürzt.

SELIGE KNABEN *von innen.* Das ist mächtig anzuschauen,
Doch zu düster ist der Ort,
Schüttelt uns mit Schreck und Grauen,
Edler, Guter, laß uns fort.

PATER SERAPHICUS Steigt hinan zu höherm Kreise,
Wachset immer unvermerkt,
Wie, nach ewig reiner Weise,
Gottes Gegenwart verstärkt.
Denn das ist der Geister Nahrung
Die im freisten Äther waltet,
Ewigen Liebens Offenbarung
Die zur Seligkeit entfaltet.

CHOR SELIGER KNABEN *um die höchsten Gipfel kreisend.*
Hände verschlinget
Freudig zum Ringverein,
Regt euch und singet
Heil'ge Gefühle drein;
Göttlich belehret
Dürft ihr vertrauen,
Den ihr verehret
Werdet ihr schauen.

ENGEL *schwebend in der höheren Atmosphäre, Faustens Unsterbliches tragend.*
Gerettet ist das edle Glied
Der Geisterwelt vom Bösen,
„Wer immer strebend sich bemüht
Den können wir erlösen."
Und hat an ihm die Liebe gar
von oben Teil genommen,
Begegnet ihm die selige Schar
Mit herzlichem Willkommen.

DIE JÜNGEREN ENGEL Jene Rosen, aus den Händen
Liebend-heiliger Büßerinnen,
Halfen uns den Sieg gewinnen,
Uns das hohe Werk vollenden,
Diesen Seelenschatz erbeuten.
Böse wichen als wir streuten,
Teufel flohen als wir trafen.
Statt gewohnter Höllenstrafen
Fühlten Liebesqual die Geister;
Selbst der alte Satans-Meister
War von spitzer Pein durchdrungen.
Jauchzet auf! es ist gelungen.
DIE VOLLENDETEREN ENGEL Uns bleibt ein Erdenrest
Zu tragen peinlich,
Und wär' er von Asbest
Er ist nicht reinlich.
Wenn starke Geisteskraft
Die Elemente
An sich herangerafft,
Kein Engel trennte
Geeinte Zwienatur
Der innigen Beiden,
Die ewige Liebe nur
Vermag's zu scheiden.
DIE JÜNGEREN ENGEL Nebelnd um Felsenhöh
Spür' ich so eben,
Regend sich in der Näh,
Ein Geister-Leben.
Die Wölkchen werden klar,
Ich seh' bewegte Schar
Seliger Knaben,
Los von der Erde Druck,
Im Kreis gesellt,
Die sich erlaben
Am neuen Lenz und Schmuck
Der obern Welt.
Sei er zum Anbeginn,
Steigendem Vollgewinn
Diesen gesellt!
DIE SELIGEN KNABEN Freudig empfangen wir
Diesen im Puppenstand;
Also erlangen wir
Englisches Unterpfand.
Löset die Flocken los
Die ihn umgeben,
Schon ist er schön und groß
Von heiligem Leben.

DOCTOR MARIANUS. *In der höchsten, reinlichsten Zelle.*

Hier ist die Aussicht frei,
Der Geist erhoben.
Dort ziehen Fraun vorbei,
Schwebend nach oben.
Die Herrliche, mitteninn,
Im Sternenkranze,
Die Himmelskönigin,
Ich seh's am Glanze.

Entzückt.

Höchste Herrscherin der Welt!
Lasse mich, im blauen
Ausgespannten Himmelszelt,
Dein Geheimnis schauen.
Billige was des Mannes Brust
Ernst und zart beweget
Und mit heiliger Liebeslust
Dir entgegen träget.

Unbezwinglich unser Mut
Wenn du hehr gebietest,
Plötzlich mildert sich die Glut
Wie du uns befriedest.
Jungfrau, rein im schönsten Sinn,
Mutter, Ehren würdig,
Uns erwählte Königin,
Göttern ebenbürtig.

Um sie verschlingen
Sich leichte Wölkchen,
Sind Büßerinnen,
Ein zartes Völkchen,
Um Ihre Kniee
Den Äther schlürfend,
Gnade bedürfend.

Dir, der Unberührbaren,
Ist es nicht benommen
Daß die leicht Verführbaren
Traulich zu dir kommen.

In die Schwachheit hingerafft
Sind sie schwer zu retten;
Wer zerreißt aus eigner Kraft
Der Gelüste Ketten?
Wie entgleitet schnell der Fuß
Schiefem, glattem Boden?
Wen betört nicht Blick und Gruß,
Schmeichelhafter Odem?

MATER GLORIOSA *schwebt einher.*

CHOR DER BÜSSERINNEN Du schwebst zu Höhen
Der ewigen Reiche,
Vernimm das Flehen,
Du Ohnegleiche,
Du Gnadenreiche!

MAGNA PECCATRIX *(St. Lucae VII. 36).*
Bei der Liebe die den Füßen
Deines gottverklärten Sohnes
Tränen ließ zum Balsam fließen,
Trotz des Pharisäer-Hohnes;
Beim Gefäße das so reichlich
Tropfte Wohlgeruch hernieder,
Bei den Locken die so weichlich
Trockneten die heil'gen Glieder —

MULIER SAMARITANA *(St. Joh. IV).*
Bei dem Bronn zu dem schon weiland
Abram ließ die Herde führen,
Bei dem Eimer der dem Heiland
Kühl die Lippe durft' berühren;
Bei der reinen, reichen Quelle
Die nun dorther sich ergießet,
Überflüssig, ewig helle,
Rings durch alle Welten fließet —

MARIA AEGYPTIACA *(Acta Sanctorum).*
Bei dem hochgeweihten Orte
Wo den Herrn man niederließ,
Bei dem Arm der von der Pforte
Warnend mich zurücke stieß,
Bei der vierzigjährigen Buße
Der ich treu in Wüsten blieb,
Bei dem seligen Scheidegruße
Den im Sand ich niederschrieb —

ZU DREI Die du großen Sünderinnen
Deine Nähe nicht verweigerst
Und ein büßendes Gewinnen
In die Ewigkeiten steigerst,
Gönn' auch dieser guten Seele,
Die sich einmal nur vergessen,
Die nicht ahnte daß sie fehle,
Dein Verzeihen angemessen!

UNA POENITENTIUM *sonst* GRETCHEN *genannt. Sich anschmiegend.*
Neige, neige,
Du Ohnegleiche,
Du Strahlenreiche,
Dein Antlitz gnädig meinem Glück.

Der früh Geliebte,
Nicht mehr Getrübte
Er kommt zurück.

SELIGE KNABEN *in Kreisbewegung sich nähernd.*

Er überwächs't uns schon
An mächtigen Gliedern;
Wird treuer Pflege Lohn
Reichlich erwiedern.
Wir wurden früh entfernt
Von Lebechören,
Doch dieser hat gelernt,
Er wird uns lehren.

DIE EINE BÜSSERIN *sonst* GRETCHEN *genannt.*

Vom edlen Geisterchor umgeben,
Wird sich der Neue kaum gewahr,
Er ahnet kaum das frische Leben,
So gleicht er schon der heiligen Schar.
Sieh! wie er jedem Erdenbande
Der alten Hülle sich entrafft,
Und aus ätherischem Gewande
Hervortritt erste Jugendkraft.
Vergönne mir ihn zu belehren,
Noch blendet ihn der neue Tag.

MATER GLORIOSA Komm! hebe dich zu höhern Sphären,
Wenn er dich ahnet, folgt er nach.

DOCTOR MARIANUS *auf dem Angesicht anbetend.*

Blicket auf zum Retterblick,
Alle reuig Zarten,
Euch zu seligem Geschick,
Dankend umzuarten.
Werde jeder beß're Sinn
Dir zum Dienst erbötig;
Jungfrau, Mutter, Königin,
Göttin, bleibe gnädig!

CHORUS MYSTICUS Alles Vergängliche
Ist nur ein Gleichnis;
Das Unzulängliche
Hier wird's Ereignis;
Das Unbeschreibliche
Hier ist's getan;
Das Ewig-Weibliche
Zieht uns hinan.

Finis

ZEICHNUNGEN

Goethe hat etwa viertausend Zeichnungen hinterlassen; allein während des knapp ein Jahr dauernden zweiten römischen Aufenthalts 1787/88 schuf er mehrere hundert Sepiablätter. Michael Ruetz, ein moderner Fotograf, der sich diese Arbeiten ansah, bevor er „auf Goethes Spuren" reiste und fotografierte, umreißt ihren Charakter: „Die Art, in der er das Gesehene in Zeichnungen festhielt, gleicht der Art, mit der man heute mit der Kamera Notizen macht . . ."
Zeichnen hat Goethe schon in der Kindheit und Jugend in Frankfurt großes Vergnügen bereitet. Als Student in Leipzig hat er bei dem Kupferstecher Stock Stechen, Holzschneiden und Radieren gelernt, in Oesers Mal- und Zeichenakademie auch für ihn wesentliche und bleibende Ansichten (im Sinne von „edler Einfalt, stiller Größe") übernommen: „Den Geschmack, den ich am Schönen habe, meine Kenntnis, meine Einsichten, habe ich die nicht alle durch Sie?" hat er aus Frankfurt dankbar an Oeser geschrieben. Noch in seiner frühen Weimarer Zeit und während der Monate in Italien hat er davon gesprochen, daß er eigentlich Maler werden wollte.
So hat sein zeichnerisches Werk neben dem dichterischen eine nicht unerhebliche Bedeutung. Darauf soll die folgende kleine Auswahl wenigstens hinweisen. H. R.

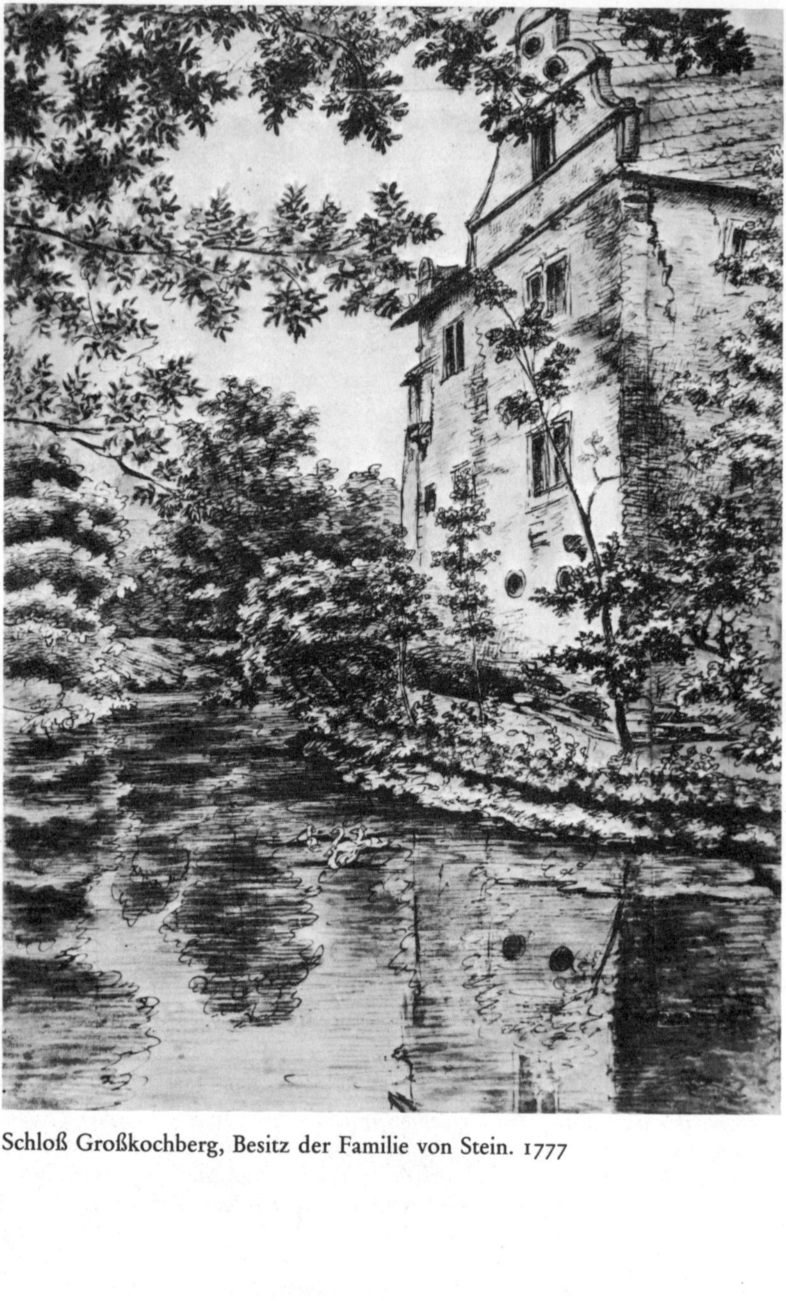

Schloß Großkochberg, Besitz der Familie von Stein. 1777

Fritz von Stein,
Lieblingssohn
der Frau von Stein,
im Alter
von etwa fünf Jahren.
Um 1777

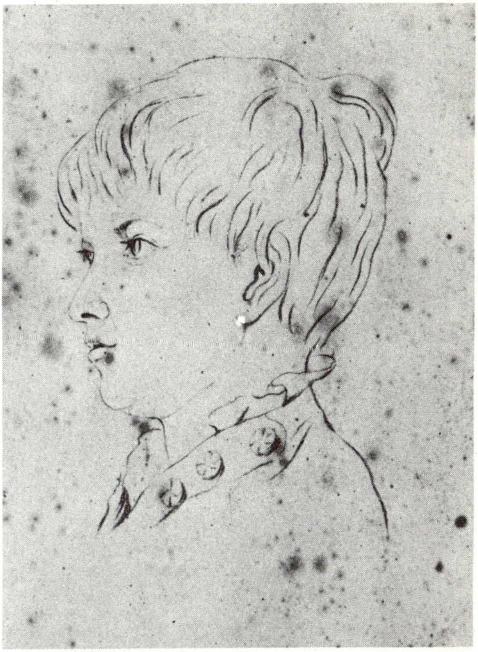

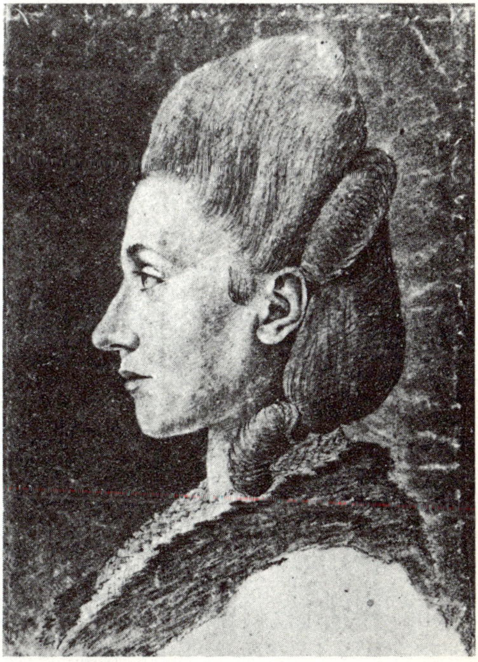

Charlotte von Stein. 1777

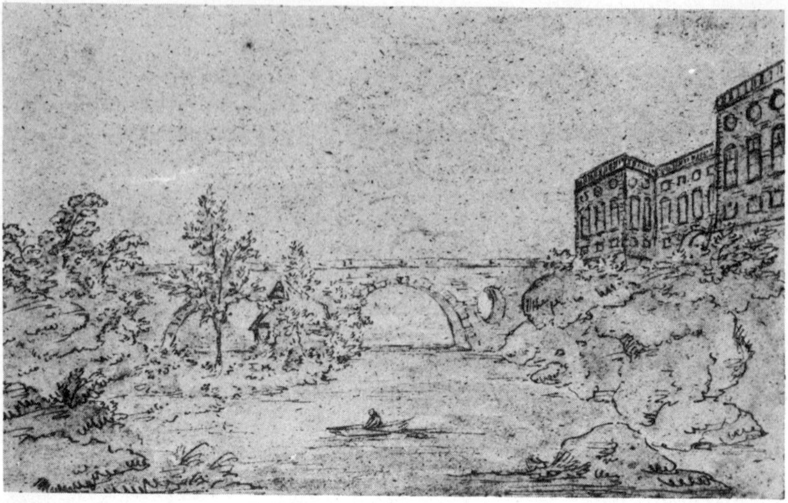

Weimar: Sternbrücke und Ostseite des Schlosses. (Goethe hat hier eine von ihm erdachte, beim Neubau des Schlosses nicht verwirklichte Fassade dargestellt.) 1783

Weimar: Luisenkloster. 1778

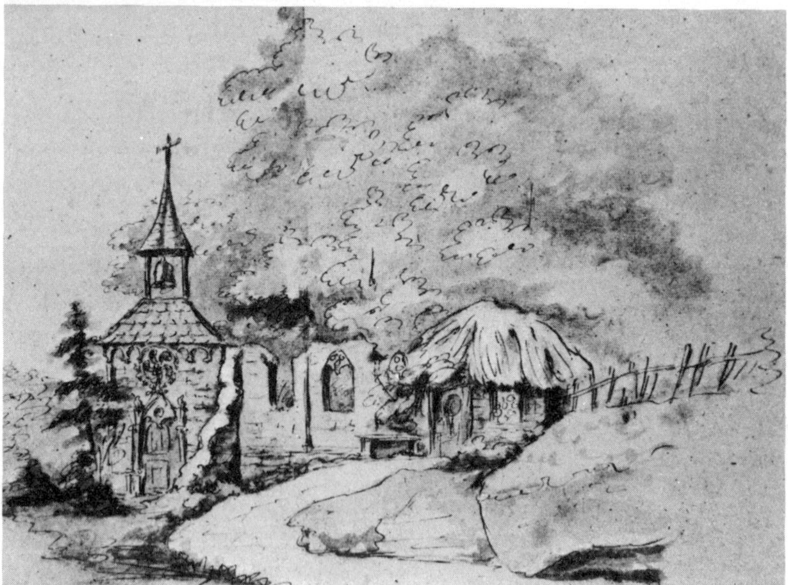

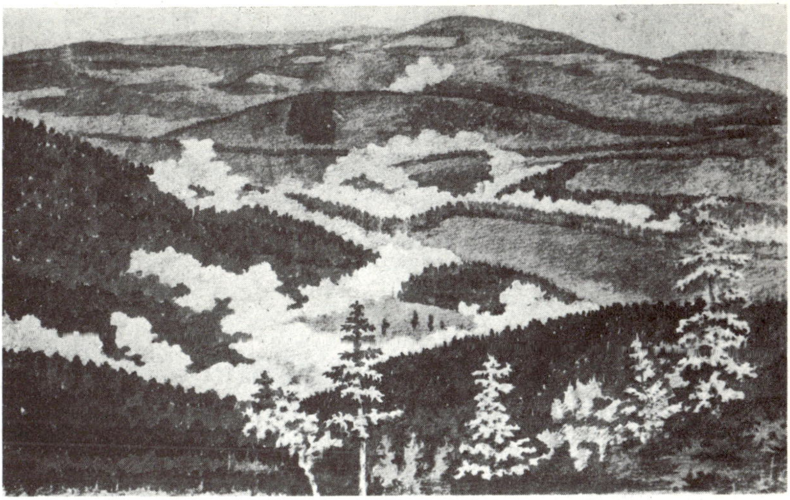

Dampfende Täler bei Ilmenau. 1776

Der Stützerbacher Grund, gesehen vom Schloßberg aus. 1776

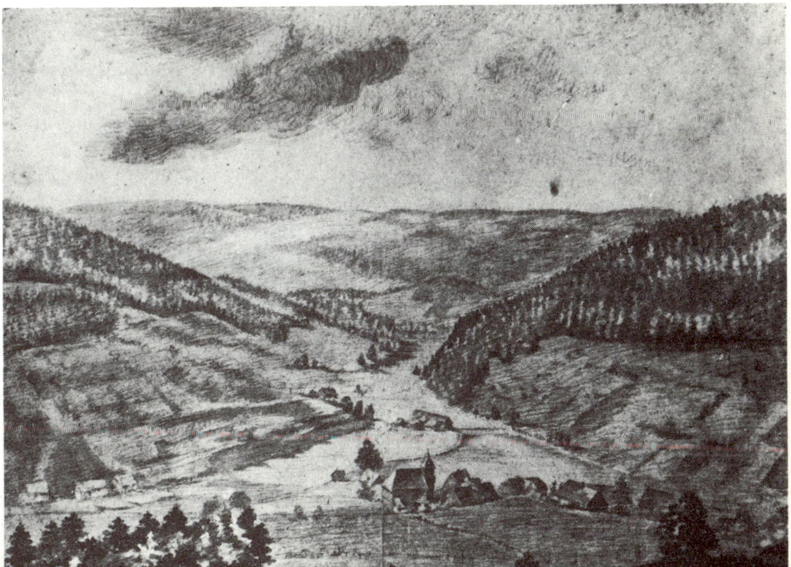

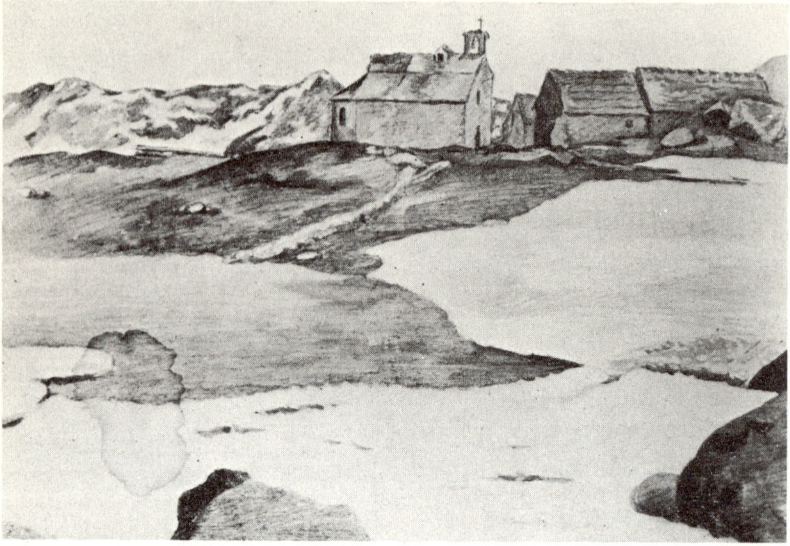

Auf dem St. Gotthard „mitten in Schnee und Wolken". Erste Schweizer Reise, 1775

Der Brocken im Mondlicht, vom Torfhaus aus gesehen. Erste Reise in den Harz, Ende 1777

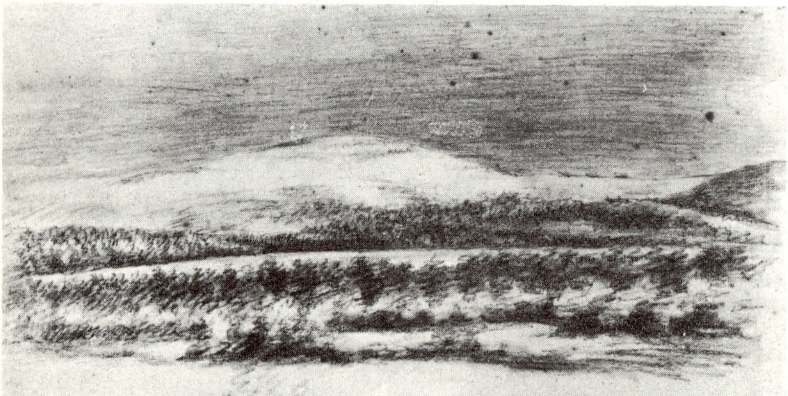

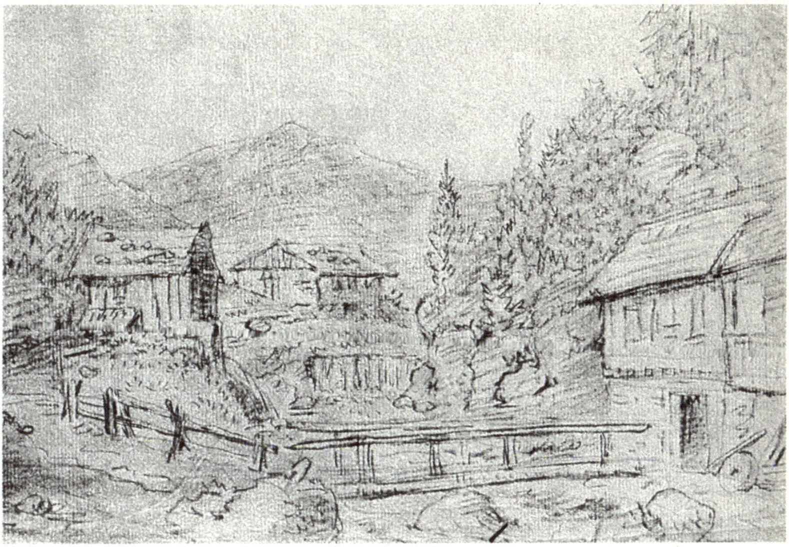

„Gegen den Brenner". Italienische Reise, 1786

Albanersee mit Blick auf Monte Cavo und Rocca di Papa. Italienische Reise, 1787

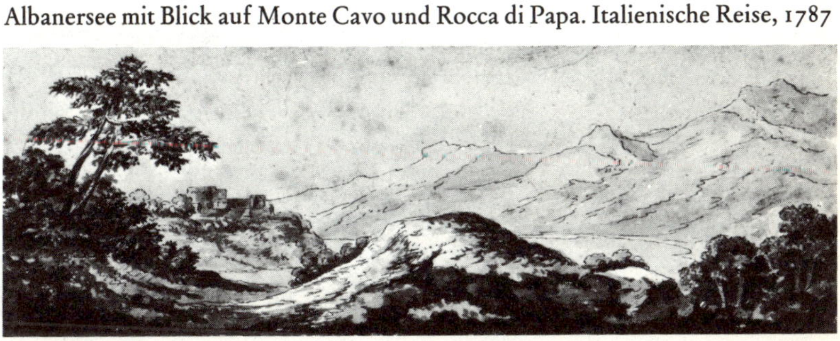

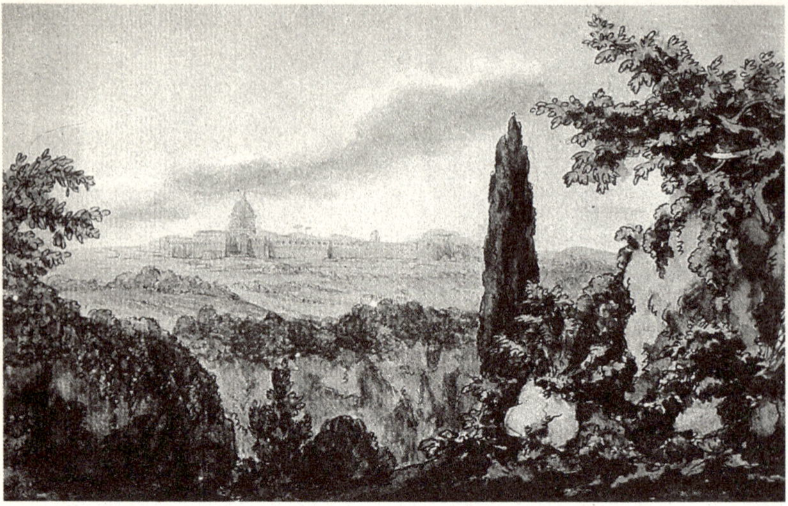

Rom: Blick auf die Peterskirche von Villa Pamfili aus. 1787

Die Pyramide des Cestius im Vollmondlicht. 1788

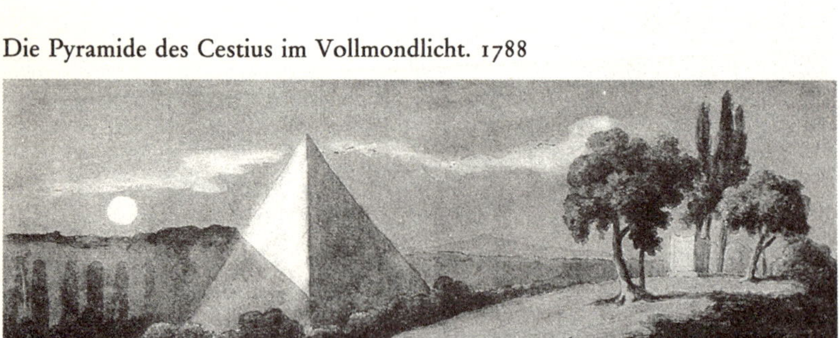

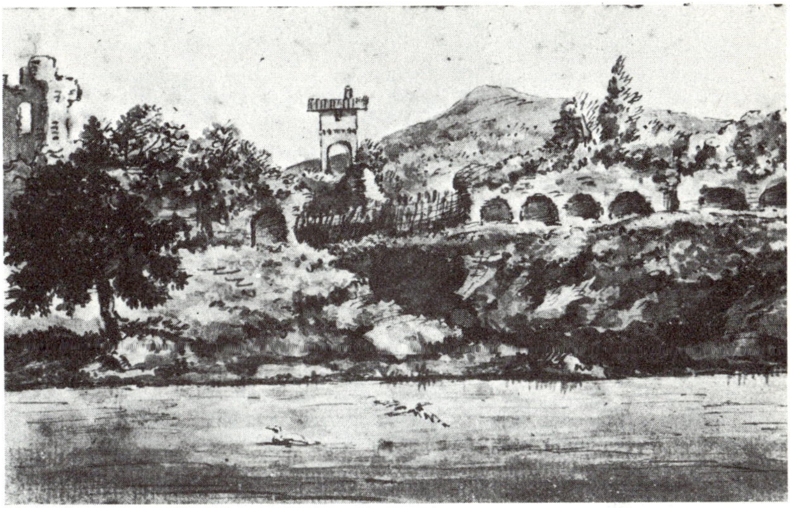

Der Tiber unterhalb Roms. 1787

Italienische Küstenlandschaft bei Vollmond. 1787

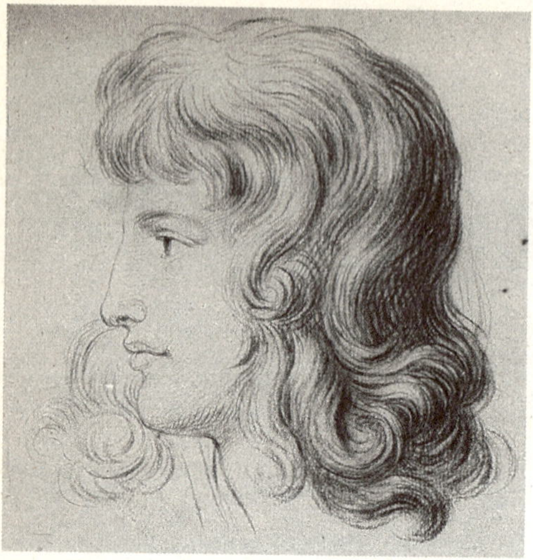

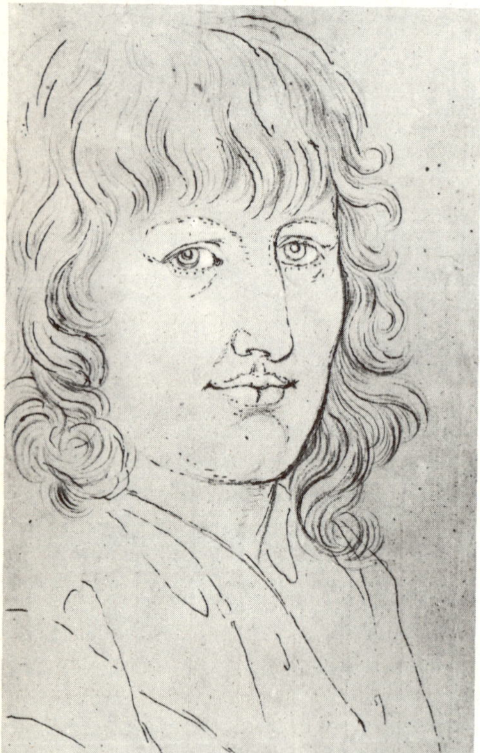

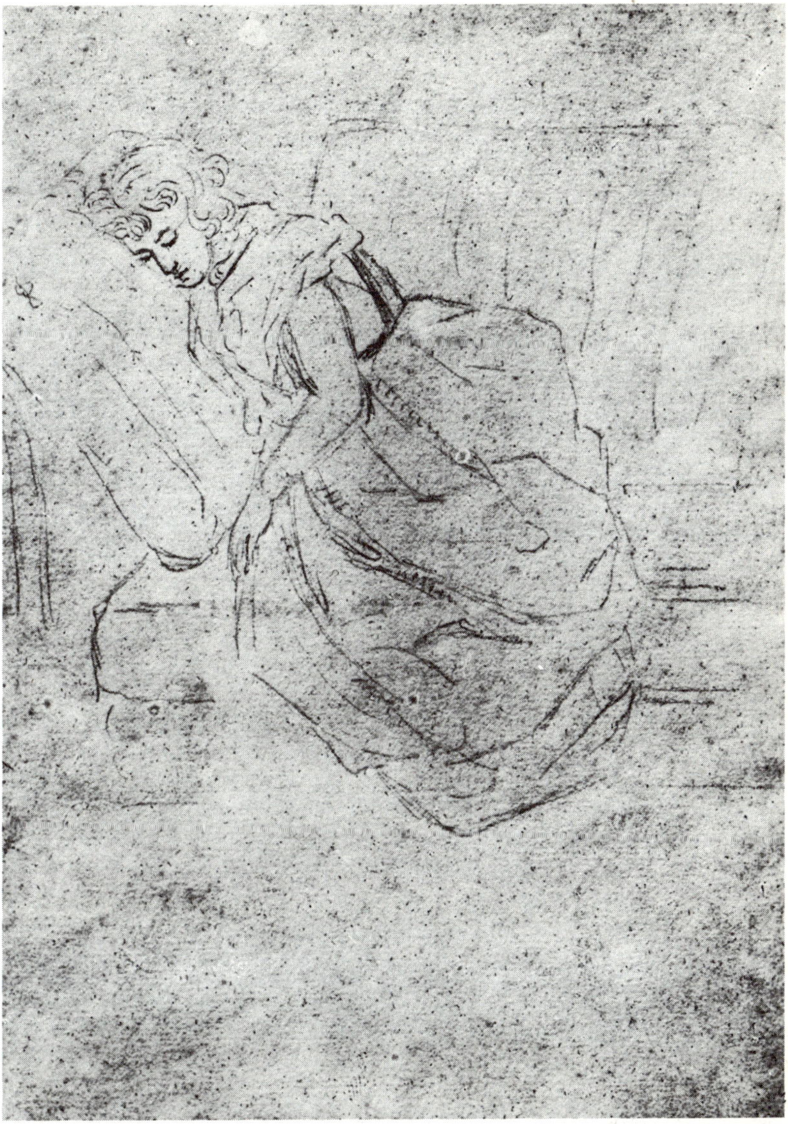

Linke Seite und oben: Christiane Vulpius. „Gedichte . . . und Zeichnungen zeugen von dieser Liebesbeziehung, am schönsten vielleicht eine Skizze, die Christiane schlummernd auf dem Sofa zeigt“ (Friedenthal)

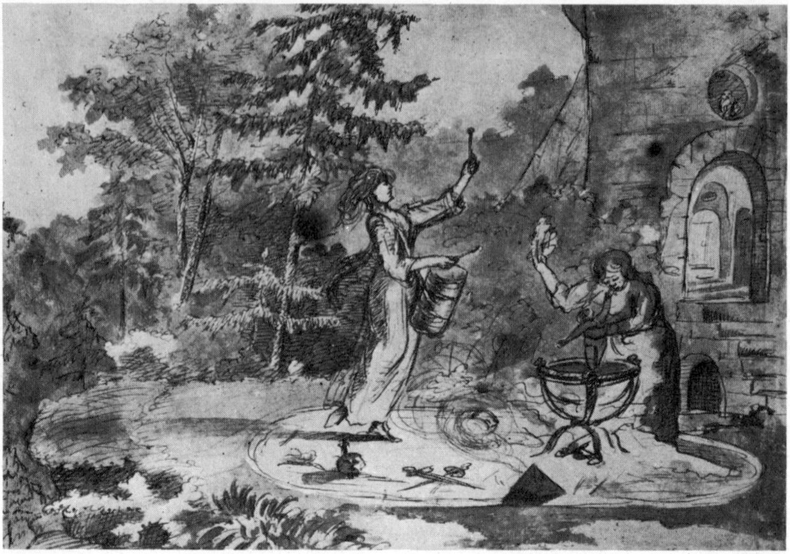

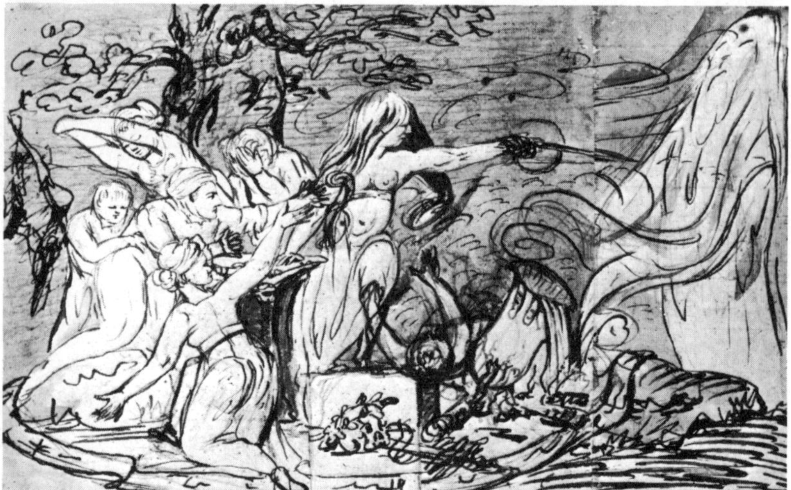

Hexenszene und Beschwörungsszene — Zeichnungen, in denen Bildwelt des „Faust“ wiedergegeben ist. Um 1776/78

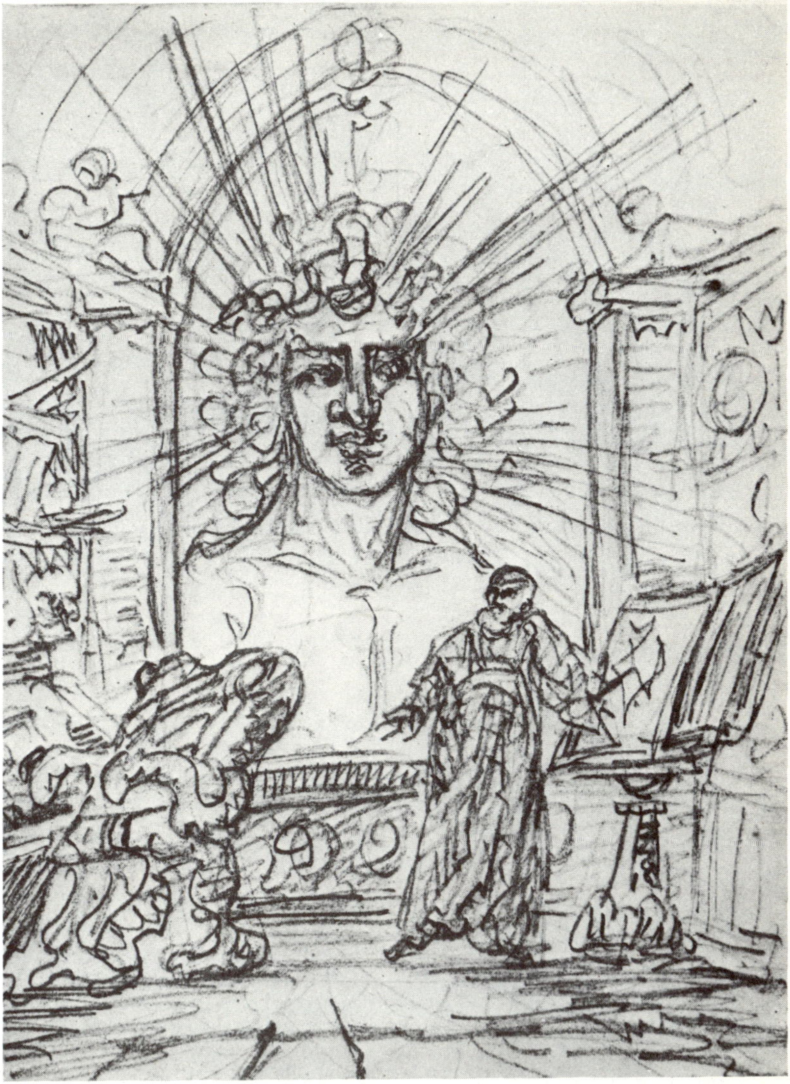

Die Erscheinung des Erdgeists. Um 1810/12

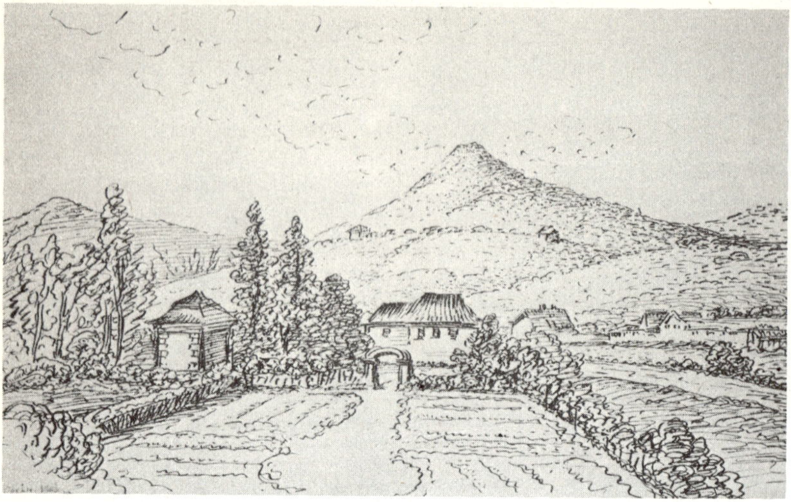

Jena: Blick aus Knebels Fenster auf den Klippsteinschen Garten und den Hausberg. 1810

Marienbad mit Kreuzbrunnen. Nach 1820

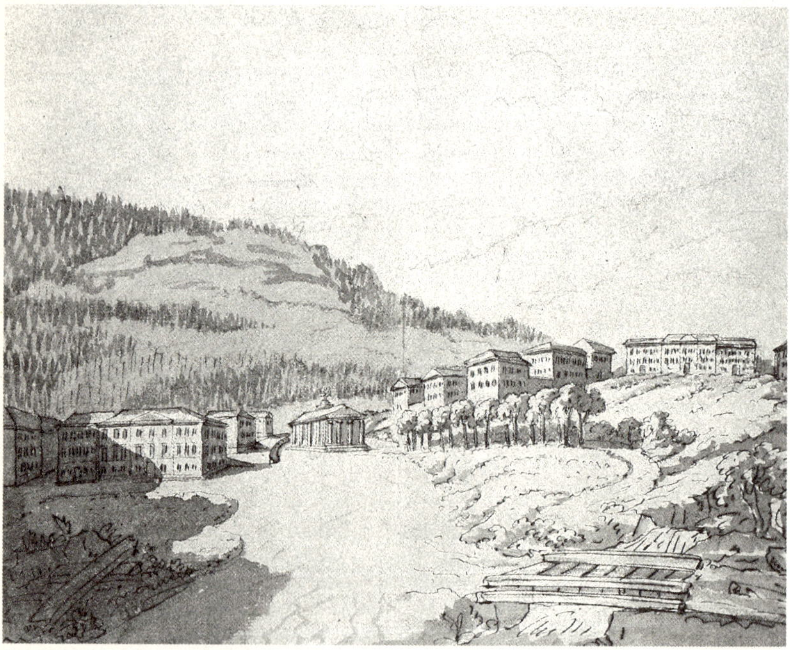

ANHANG

Nachwort

Unter den großen Dichtern der Weltliteratur steht Goethe in seiner produktiven Existenz weit mehr auf sich selbst als alle anderen von gleichem Rang. Das epische Werk Homers wurzelt im Mythos, Vergils „Äneis" ist das große Nationalepos des römischen Weltreichs unter Augustus. Dantes „Divina Commedia" ist gebunden an die christliche Theologie und eine festgegründete Glaubenswelt. Shakespeare ist der Dichter des machtvollen elisabethanischen Englands und seiner Bühne, für die er als Schauspieler und Dramatiker arbeitet. Racine ist eingefügt in die höfische Gesellschaft im Paris Ludwigs des XIV. und schreibt für die Hofbühne wie Molière, der selbst Schauspieler ist. Bindungen solcher Art gab es für Goethe nicht, er stand, verglichen mit diesen Autoren, allein. Das bedeutet freilich nicht, daß er etwa außerhalb seiner Zeit gestanden und frei von geschichtlichen Bedingungen geschaffen hätte. Im Gegenteil, er ist durchaus der Sohn seines Jahrhunderts, des achtzehnten, und es ist gerade seine geschichtliche Situation, die ihm Bindungen an einen Mythos, an eine Kirche, an die Machtsphäre großen Herrschertums und eine die Gesellschaft repräsentierende Bühne großen Stils versagte.

Ganz spät, in seinem letzten Lebensjahr, hat Goethe ausgesprochen, worin er seine eigene Bedeutung für seine Zeitgenossen sah. „Wenn ich aber aussprechen soll, was ich den Deutschen überhaupt, besonders den jungen Dichtern geworden bin, so darf ich mich wohl ihren Befreier nennen; denn sie sind an mir gewahr worden, daß, wie der Mensch von innen heraus leben, der Künstler von innen heraus wirken müsse, indem er, gebärde er sich, wie er will, immer nur sein Individuum zutage fördern wird."

Dieses Wort, im Rückblick auf ein langes schöpferisches Leben gesprochen und, wie es dem Alter gemäß ist, auf das Wesentliche, den Kern der Dinge gerichtet, ist überaus bedeutsam für das Verständnis Goethes. Er sieht sich selbst in einem umfassenden Sinn als Befreier.

Wovon er die Deutschen befreite, sagt er nicht unmittelbar, aber es läßt sich erschließen aus seinem Hinweis darauf, wozu er sie befreite. Er nennt es „von innen heraus leben", also frei sein im Sinne der Selbstbestimmung, der Autonomie. Sie war die entscheidende Forderung, das eigentliche Ziel jener Bewegung, die man „Aufklärung" nennt.

Natürlich kann es für keinen Menschen eine absolute Autonomie, eine völlige Unabhängigkeit geben. Das versteht sich von selbst. Goethe hat, wie sein Jahrhundert, das Wort nur als Bezeichnung eines Annäherungswertes gemeint. „Und Leben ist, wie das Ganze, in dem wir enthalten sind, auf eine unbegreifliche Weise aus Freiheit und Notwendigkeit zusammengesetzt." So schreibt Goethe in „Dichtung und Wahrheit". Aber die Grenzen, die „Notwendigkeit" der Freiheit setzt, sind sehr unterschiedlich, und Goethe weiß sich als Befreier darin, daß er ein hohes Maß von Selbstbestimmung den Menschen als möglich gezeigt und es gefordert hat. Autonomie heißt für ihn Freiwerden von den Fremdbestimmungen, die durch die Kirche und ihren Glaubenszwang, durch den absolutistischen Staat gesetzt waren, durch gesellschaftliche Zwänge und geistige Bevormundungen aller Art, von Knechtung und Unterdrückung, die den Menschen hindern, „von innen heraus" zu leben, und die ebenso den Künstler verhindern wollen, „von innen heraus" zu wirken. Damit verwandelt Goethe den Mangel an einer bindenden, überpersönlichen Instanz, wie sie für Homer und Dante, Shakespeare und Racine usw. als tragendes Element gegeben war, in einen Vorzug, in etwas Positives: die persönliche Freiheit, die seine Dichtung bestimmt. In dieser Weise hat man zu verstehen, was oft mißverstanden worden ist: daß Goethes Dichtung, wie die bekannte Formel lautet, „individuelle Erlebnisdichtung" ist. Damit ist nicht gemeint, daß diese Dichtung nur Mitteilung privater Gefühle und Konflikte, zufälliger, rein subjektiver Erfahrungen sei, die als solche unser Interesse beanspruchen. „Von innen heraus" zu dichten bedeutet vielmehr, aus eigenem Impuls zu schaffen, nicht im Auftrag eines Fürsten, im Dienste der Kirche oder einer Gesellschaft, nicht von außen her gegebene oder bestimmte Themen und Vorgänge im Wort zu gestalten. Was aber Goethe so aus eigenem Impuls, als selbst Erlebtes, dichterisch formt, gewinnt damit eine objektive Geltung, ist reizvoll und bedeutsam nicht deshalb, weil es Erlebnisse von Wolfgang Goethe spiegelt, sondern weil dessen Erfahrungen, Vorstellungen, Gedanken in geformte Gebilde transponiert sind, so daß sie menschliches Leben und Schicksal überhaupt zur Anschauung bringen, beispielhaft werden für den Leser.

Goethes Dichtung lebt, wie jedes dichterische Werk, nur in den Lesern weiter, und es verändert sich in dieser Rezeption, weil die Leser späterer Zeiten anders beschaffen sind als die Zeitgenossen des Dichters, in einer anderen Umwelt leben, andere Vorstellungen mitbringen. Auch das Bild, das die Literaturwissenschaft von Goethe herstellt, und die Interpretation seiner Dichtungen ändert sich ständig, die Akzente wechseln, die Wertungen variieren. Die Goetheforschung, unübersehbar angewachsen und eine riesige Bibliothek füllend, hat sehr vieles zum Verständnis der Texte, zur Erkenntnis des Autors beigetragen. Sie entfaltet ihre Aktivität nicht nur in Deutschland, sondern in allen europäischen Ländern und nicht minder außerhalb Europas, in Amerika oder in Japan. Goethe ist ein Weltautor.

Auch in dieser Weise, als Gegenstand der Forschung, lebt sein Werk weiter. Aber in erster Linie ist es doch darauf angewiesen, gelesen zu werden, um gegenwärtig zu bleiben. Eine unmittelbare, unbefangene, interessierte Aufnahme durch empfängliche Leser: das ist notwendig, und es ist durchaus auch möglich. Man muß sich nur frei machen von dem Vorurteil, daß Goethes dichterische Welt uns heute allzu fremd geworden sei, weil die Lebensumstände anders sind, weil die Menschen nicht mehr bei der Öllampe sitzen, in der Postkutsche fahren und ihre Gefühle meist weniger leidenschaftlich, heftig und hemmungslos äußern. Gewiß ist vieles fremd in diesem Werk, auch in seiner Sprache, die außer Gebrauch gekommene Worte und Wendungen enthält. Aber das alles ist sekundär und ergibt keine Begründung für die zuweilen geäußerte Meinung, Goethe habe uns wegen seiner Gebundenheit an eine lange vergangene Zeit „nichts mehr zu sagen".

Was den unmittelbaren Zugang zum Goetheschen Werk vielleicht noch schwieriger macht als dieses mißtrauische Vorurteil, ist die umgekehrte Einstellung: ein zu großer konventioneller Respekt vor dem „Klassiker", dessen Lektüre ein Übermaß von Wissen, Schulung, Information aller Art voraussetzt. Auch hat die Goetheliteratur im 19. und frühen 20. Jahrhundert viel dazu beigetragen, aus Goethe etwas wie einen nationalen Heros zu machen, einen „Dichterfürsten", der als Person und mit seinem, wie man gern sagte, „zum Kunstwerk gestalteten Leben" zu exemplarischer Bedeutung hinaufstilisiert, gleichsam auf einen Sockel gestellt wurde. Goethe war ein sehr großer Dichter, ein sehr bedeutender Mensch, das steht außer Frage auch für eine durchaus kritische Betrachtung seines Wesens und Werkes. Wenn man seine Gestalt jedoch zum Monument erhöht, wird seine wahre Größe gerade nicht erkennbar, der Blick für sie wird eher verstellt, sein Bild wird starr. Man muß Hugo von Hofmannsthal zustimmen, wenn er wünscht, es sollte gegenüber Goethe und allen anderen großen Dichtern „alles gehäufte Lob" und „der Ton von Schulmeistern" verschwinden und ein anderer Ton gefunden werden, „ein menschlicher Ton, ein männlicher Ton, ein Ton des Zutrauens und der freien ungekünstelten Ehrfurcht ... Denn vor allem ist es unter der Würde toter wie lebendiger Dichter, ein anderes Lob anzunehmen als das reelle des Zutrauens lebendiger Menschen". Der lebendigen Aufnahme der Goetheschen Werke würde das zugute kommen. Denn die Monumentalisierung hat leicht zur Folge, daß das Lesen von Goethes Dichtungen zur Bildungspflicht wird und daß man meint, sie als klassische von vornherein unbedingt und ausnahmslos gut finden zu müssen. Mit solchem Lesen aber wird ein Dichter ruiniert. Niemand gewiß wird behaupten wollen, Goethes Dichtungen ließen sich so leicht und glatt lesen wie ein heutiger Unterhaltungsroman. Sie fordern den Leser anders, er muß sich auf sie einlassen, muß nachdenken, und zuweilen auch die Hilfe eines Kommentars benützen. Sie stellen einen hohen Anspruch, aber keinen höheren, als jede bedeutende Dichtung ihn stellt, auch die heutige. James Joyce oder die Gedichte von Celan sind schwieriger zu lesen. Der unbefangene Leser wird z.B. vom Anfang des Romans „Wilhelm Meisters Lehrjahre" ganz unmittelbar gefesselt sein. „Das Schauspiel dauerte sehr lange. Die alte Barbara trat einigemal ans Fenster und horchte, ob die Kutschen nicht rasseln wollten." Diese Barbara ist die Dienerin der reizvollen Schauspielerin Mariane, die noch auf der Bühne steht, etwas später nach Hause kommt und ihren Liebhaber Wilhelm, den jungen Kaufmannssohn, empfängt. Es wird erzählt, wie Wilhelm das bürgerliche Geschäft seines Vaters verlassen und sich der Wanderbühne anschließen möchte; wie er Mariane von seiner Theaterleidenschaft berichtet, die sich schon in seiner Kinderzeit beim Spiel mit dem Marionettentheater regte. Wilhelm erfährt dann, so wird weiter berichtet, daß Mariane seit längerer Zeit eine Liaison mit einem anderen, reichen Liebhaber hat, und er verläßt sie tief enttäuscht und verletzt. Als bloße Geschichte genommen, ist dieses Kapitel des umfangreichen Romans gewiß reizvoll und unterhaltsam, und das gilt auch von vielen weiteren Kapiteln, obwohl der Roman freilich nicht nur eine spannende Geschichte ist, sondern die Wege und Irrwege eines jungen Menschen als Beispiel der Entwicklung latenter Anlagen in einer Begegnung eines Ich mit der Welt in all ihren reichen Sinnbezügen darstellt.

Eine kurze Nachzeichnung des Goetheschen Lebensganges leitet diese Ausgabe ein, so daß hier zwar einige Fakten zu erwähnen sind, aber die Entwicklung Goethes nicht darzustellen ist. Um in knappen Umrissen ein Bild von Goethes produktiver Existenz zu gewinnen, ist es nicht notwendig, bei seinen Anfängen zu beginnen, wie es der Konvention entspricht. Es ist vielleicht günstiger, an seinen ersten großen literarischen Erfolg anzuknüpfen. Den erreicht er 1774, mit fünfundzwanzig Jahren, durch den Briefroman „Die Leiden des jungen Werthers". Es war ein ungewöhnlich großer Erfolg, ein Welterfolg, der Goethe überall in Europa und sogar im fernen China berühmt machte. Er blieb für lange Zeit hauptsächlich der Dichter des „Werther", und noch 1808 sprach Napoleon, als er Goethe zu einer Unterredung nach Erfurt bestellte, sogleich über den „Werther" mit ihm, obgleich Goethe inzwischen viele andere bedeutende Dichtungen veröffentlicht hatte.

Goethe traf mit diesem Roman genau die Bewußtseinslage und die Gefühlswelt seiner Generation, auch ihr empfindungsstarkes, spürbar von Rousseau inspiriertes Verhältnis zur Natur. Die Form des Romans in Briefen, von Richardson und Rousseau vorgebildet und in Deutschland auch von Goethes Freundin Sophie Laroche in ihrer „Geschichte des Fräuleins von Sternheim" verwendet, wurde von Goethe so weitergebildet, daß diese Briefe zu einem extremen Ausdruck des ganz persönlichen Gefühls wurden. Der einzelne Mensch, die individuelle Person entdeckten sich gleichsam selbst in diesem von aller Konvention gelösten, freigesetzten Gefühl, das sich leidenschaftlich steigert und dadurch gefährlich, zerstörend wirkt. Denn es erhebt den Anspruch, die Wirklichkeit müsse sich ihm fügen, und der Mensch muß erfahren, daß dieser Anspruch keineswegs erfüllt wird. Auch die höchste, absolute Liebe zu einem Mädchen kann sich nicht verwirklichen, wenn dieses Mädchen bereits an einen anderen gebunden ist und zu ihm hält, so wie die von Werther geliebte Lotte. Das treibt Werther zur Verzweiflung, zumal die Wirklichkeitswelt — ein zweites Motiv in Goethes Roman — ihm auch die gesellschaftliche Anerkennung als Bürger versagt: der adlige Gesandte, bei dem er als Sekretär arbeitet, brüskiert ihn, weist ihn aus dem Zimmer, als adlige Besucher erscheinen. Der Konflikt mit der Realität ist unversöhnbar, Werther erschießt sich.

Der Selbstmord, von den christlichen Kirchen verurteilt und allgemein verpönt, wird hier gerechtfertigt. Das wirkte sensationell. Ebenso wirksam war die Tatsache, daß in diesem Roman so deutlich wie nie zuvor Vorgänge der Wirklichkeit im Roman erkennbar wurden: Goethes vier Monate dauernder Aufenthalt als Referendar am Reichskammergericht in Wetzlar (1772), seine Liebe zu Lotte Buff, die mit dem ebenfalls am Gericht arbeitenden Johann Christian Kestner verlobt war. Freilich wich der Roman stark von der Wirklichkeit ab. Gewiß, nach Goethes Weggang aus Wetzlar hatte sich einer seiner Tischgenossen namens Jerusalem aus unglücklicher Liebe erschossen. Das war ein Anknüpfungspunkt für den Roman. Goethe selbst freilich zog sich resolut aus Wetzlar zurück, als das Verhältnis zu Kestner und Lotte bedenklich wurde. Er tröstete sich schnell mit einer anderen Liebelei. Zwei Jahre später schrieb er den Roman.

Goethe hat einen so breiten, allgemeinen Erfolg nie wieder erreicht. Von diesem ersten Höhepunkt seines dichterischen Weges aus läßt sich leicht auf die vorangehende Zeit zurück-, auf die kommende vorausblicken. Ein Jahr später ergibt sich auch in Goethes Lebensgang der entscheidende Wendepunkt. Er verdankt dem Ruhm als Dichter des „Werther" die Einladung des Herzogs Karl August nach Weimar und geht 1775 in diese Stadt. Zunächst also der Rückblick. In der Zeit zwischen Goethes Geburt (28. August 1749 in Frankfurt) und dem für seine Entwicklung entscheidenden Jahr in Straßburg (1770—71) hat sich die deutsche Literatur aus dem Bannkreis des nachbarocken Klassizismus Gottscheds befreit. Wieland war der beliebteste und am meisten gelesene, Klopstock der am tiefsten verehrte und schwärmerisch geliebte Dichter; Lessing der bewunderte Dramatiker und einflußreiche Kritiker. Sie bestimmten, zusammen mit Autoren geringeren Ranges, die literarische Atmosphäre, in die Goethe, schon als Knabe dichtend, hineinwächst.

Der Vater, Sohn eines aus Thüringen in Frankfurt eingewanderten Schneiders, der durch einen Gasthof, den seine zweite Frau in die Ehe brachte, reich geworden war, lebte als vermögender Erbe, als Privatmann mit erkauftem Ratstitel in der freien Reichsstadt, bestimmte den Sohn zum Juristen und schickte ihn, als er sechzehn war, zum Studium nach Leipzig. Doch er hatte keine Neigung zur Rechtswissenschaft, wollte als Schriftsteller wirken und Altertumswissenschaft studieren und sich „zu einer akademischen Lehrstelle fähig" machen, wie er später in seiner Selbstbiographie schrieb. Mit seiner Mutter, der Tochter des Frankfurter Juristen und späteren Stadtschultheißen Textor, war Goethe sich immer herzlich einig. Sie war eine ungemein liebenswerte, als Person sehr starke Frau, warmherzig, verständig, originell. Vom pedantischen, eigensinnigen Vater mußte er sich distanzieren, und noch der alte Goethe bejaht diese rigorose „Impietät" als naturgewollt. „So lösen sich in gewissen Epochen Kinder von Eltern, Diener von Herren, Begünstigte von Gönnern los, und ein solcher Versuch, sich auf seine Füße zu stellen, sich unabhängig zu machen, für sein eigen Selbst zu leben, er gelinge oder nicht, ist immer dem Willen der Natur gemäß." Goethe, der sich später selbst als „Befreier" der Deutschen verstand, beginnt in der dreijährigen Leipziger Studienzeit (1765—68) „für sein eigen Selbst zu leben". Rechtswissenschaft betreibt er kaum, er tut sich in anderen Bereichen der Universität und des geistigen Lebens um und schreibt im Stil des Rokoko spielerische, oft frivol-pointierte Gedichte und ein Schäferspiel „Die Laune des Verliebten".

Goethes Vaterstadt, die freie Reichsstadt Frankfurt, war noch durch fortwirkende mittelalterliche Strukturen bestimmt. Die lebhafte Handelsstadt Leipzig, eleganter und moderner, mit freierer Geselligkeit, bot viele Bildungsmöglichkeiten, die Goethe ausnützte. 1769, krank und ohne Studienabschluß nach Frankfurt zurückkehrend, als Genesender keineswegs mit Juristerei, sondern mit spekulativer Naturphilosophie, chemischen Experimenten noch im Stil der Alchemie beschäftigt, mußte Goethe dem väterlichen Willen schließlich doch einigermaßen folgen und in Straßburg sein Studium abschließen. Aber er tat es lässig und nebenbei; die Doktordissertation wurde abgelehnt, durch mündliche Prüfung, eine Disputation von Thesen, wurde er „Lizentiat der Rechte", was für die Zulassung zur Anwaltspraxis genügte, auch die Führung des Doktortitels ermöglichte.

Goethes eigentliche Interessen galten auch in Straßburg anderen Gebieten: der Medizin, der Baukunst, der Literatur. Die Leipziger Dichtungen waren Zeugnisse seines Talents, nicht seines Genies; Proben des Könnens, nicht der produktiven Leidenschaft und Phantasie. Diese wurde in Straßburg geweckt durch die Begegnung mit Johann Gottfried Herder, die Goethe „das bedeutendste Ereignis" der Straßburger Zeit nennt. Herder war ein überlegener Geist, kritisch und fordernd gegenüber dem jungen Freunde, der „durch Nachgiebigkeit verzogen" war, und er konnte ihn „zu neuen Ansichten täglich, ja stündlich befördern". Als Kritiker weniger „Kunstrichter" in der Art Lessings, sondern einfühlender Interpret, mit besonderem Sinn für die Ausdruckskraft einer unverkünstelten Sprache, für das Naturhafte und Ursprüngliche, machte er Goethe „mit der Poesie von einer ganz anderen Seite, in einem anderen Sinne bekannt", wie Goethe schreibt. Er zeigte ihm, „daß die Dichtkunst überhaupt eine Welt- und Völkergabe sei, nicht das Privaterbteil einiger feinen, gebildeten Männer". Durch Herders Vermittlung gewinnt Goethe neue Vorbilder für die poetische Sprache: er liebt jetzt Volkslieder und Balladen oder Pindar anstelle der spielerisch-künstlichen Rokoko-Formen, die Bibel und Homer oder die alten Volksbücher anstelle rationalistisch reflektierender Prosa, Shakespeare anstelle der französischen Dramatiker. Aber diese Orientierung an neuen Vorbildern bedeutete nicht Übernahme von Mustern, sondern sie befreiten ihn vom Zwang der herrschenden literarischen Konventionen und halfen Goethe, seine eigene, ausdrucksstarke Sprache zu finden, „von innen heraus" zu dichten. In Straßburg entstanden die ersten Natur- und Liebesgedichte eines neuen lyrischen Stiles, etwa „Mailied", „Willkommen und Abschied". Bald nach der Rückkehr nach Frankfurt dramatisierte Goethe die Selbstbiographie des Ritters Gottfried von Berlichingen, die im derben Deutsch des 16. Jahrhunderts überliefert ist, wie auch das fragmentarische, damals nicht veröffentlichte Faust-Drama auf eine Prosaerzählung des 16. Jahrhunderts zurückgeht. Der Rückgriff auf das „Altdeutsche", die spätmittelalterliche Welt, war ein Mittel der Distanzierung von der höfischen Rokoko-Gesellschaft, ihren Konventionen und ihrem Geschmack. Goethe wurde der geistige und literarische Führer jener Bewegung der jungen Generation, die in Opposition zur Kultur des Rokoko stand und als „Sturm und Drang" bezeichnet wurde, weil sie laut und ungestüm neue Forderungen und Werte verkündete: Natur, Gefühl, Freiheit, personales Kraftbewußtsein. Michael Reinhold Lenz, Maximilian Klinger, Heinrich Leopold Wagner sind die wichtigsten dichterischen Gefährten des jungen Goethe.

Es war lange üblich, diesen „Sturm und Drang" als Gegenbewegung gegen die Aufklärung anzusehen, aber das hat man jetzt als unhaltbar erkannt. Denn Aufklärung läßt sich keineswegs mit engstirnigem Rationalismus gleichsetzen, sondern es geht ihr auf vielen Wegen um Emanzipation des Bürgertums von kirchlichen Bindungen und gesellschaftlicher Unterordnung, um die Selbstbestimmung, die Autonomie des Menschen. So ist der „Sturm und Drang" eine kurze, jugendlich heftige Phase dieser Aufklärungsbewegung selbst. Menschliche Autonomie ist das Grundthema fast aller größeren Dichtungen des frühen Goethe. Seinen Götz von Berlichingen nennt er „einen Selbsthelfer in wilder anarchischer Zeit", und ein Selbsthelfer ist auch Faust, der sich von der theologischen Bevormundung in der Erkenntnis frei macht, ist auch Prometheus, der sich (in einem zweiaktigen Fragment) von den Göttern lossagt. Selbst Werther kann man so nennen, weil er sich das Recht nimmt, über sein Leben uneingeschränkt zu verfügen und es zu beenden, wenn ihm das Dasein unerträglich geworden ist.

In dieser Frühzeit hat sich die geistige Gestalt Goethes in ihrer Grundform herausgebildet. Um sie zu erkennen, kann man sich an zwei Äußerungen von ihm selbst halten, die in Geltung bleiben durch alle Phasen seiner reichen, immer weiter ausgreifenden, auf Universalität gerichteten Entwicklung. Die eine dieser Selbstdeutungen steht in „Dichtung und Wahrheit", ist also im Alter, in Rückblick auf die Frühzeit geschrieben und bekennt sich zum Dichtertum als seiner Grundanlage, die ihn, obwohl er damals und auch später (besonders in Rom) sehr viel zeichnete und sich zuweilen zum Maler bestimmt glaubte, schließlich doch als sein entscheidendes Vermögen bewußt wurde. In den siebziger Jahren wird ihm nach seiner Erinnerung dieses Bewußtsein völlig deutlich. „Indem ich mich also nach Bestätigung der Selbständigkeit umsah, fand ich als die sicherste Base derselben mein produktives Talent. Es verließ mich seit einigen Jahren keinen Augenblick . . . Wie ich nun über diese Naturgabe nachdachte und fand, daß sie mir ganz eigen angehöre und durch nichts Fremdes weder begünstigt noch gehindert werden könne, so mochte ich gern hierauf mein ganzes Dasein in Gedanken gründen." In der Tat, was Goethe auszeichnet, ist ein Höchstmaß an produktiver Begabung, die sowohl als außerordentliches Vermögen zu sprachlicher Formung wie als Vorstellungskraft, als schöpferische Phantasie verstanden werden muß. Insbesondere im Bereich des lyrischen Ausdrucks läßt sich die spontane Produktivität Goethes in allen Phasen seines Lebens wahrnehmen. Auch in Zeiten geringer dichterischer Ergiebigkeit, wie im ersten Weimarer Jahrzehnt, als er wenig schrieb und kein größeres Werk abschloß, entstanden viele herrliche Gedichte, z. B. „An den Mond", „Über allen Gipfeln". Nach der Rückkehr aus Italien und der Vollendung des Dramas „Torquato Tasso" kommt eine neue poetische Schaffensphase zuerst in der Lyrik in Gang, in dem schönen Zyklus der sinnenfrohen „Römischen Elegien". Später, als er nach den Jahren kriegerischer und politischer Unruhen 1814 eine Reise nach Frankfurt unternimmt, verjüngt und belebt sich der Fünfundsechzigjährige in der Hervorbringung einer Folge von Gedichten ganz neuer Art durch die Aufnahme orientalischer Motive, einer von der Phantasie erschlossenen östlichen Welt. In den folgenden Jahren wird diese Reihe erweitert und 1819 unter dem Titel „West-östlicher Diwan" veröffentlicht. Von den Zeitgenossen nicht sehr geschätzt, ist dieser vieldeutige, später noch ergänzte Zyklus schließlich als ein Gipfelwerk lyrischer Poesie überhaupt erkannt worden. Bis ins höchste Alter blieb Goethe die Gabe des lyrischen Wortes unvermindert erhalten, das sprachliche Vermögen melodischer Fülle, suggestiver Bildhaftigkeit, rhythmischer Subtilität. In dem faszinierendsten Altersgedicht, der „Marienbader Elegie" des vierundsiebzigjährigen Goethe, konzentrieren sich noch einmal all diese Elemente lyrischer Sprachkunst.

Man hat zuweilen in der Lyrik die eigentliche, dominierende Begabung Goethes gesehen. Aber mit etwa dem gleichen Recht hat man ihn eine epische Natur genannt, und wenn auch in der Sprache des „Werther" lyrische Ausdrucksformen integriert sind, so bestätigt sich diese Anschauung durch die erzählerische Kraft in dem Roman „Wilhelm Meisters Lehrjahre", der einen noch lange Zeit wirksamen Romantypus, den „Entwicklungsroman", prägt, ferner durch das Versepos „Hermann und Dorothea" und vor allem durch eine bedeutende Variation der Romanform, „Die Wahlverwandtschaften". Als Dramatiker im Sinne etwa Schillers oder Kleists wird man Goethe nicht ansprechen, und doch gehört „Iphigenie auf Tauris" sicherlich zu seinen Hauptwerken, „Torquato Tasso" zu seinen künstlerisch vollendetsten Dichtungen überhaupt, und der „Faust" ist vielleicht das bedeutendste seiner Werke, ein „Weltgedicht" in dramatischer Form. Goethes dichterische Gabe ist universal.

Das Wort von der dichterischen Produktivität als „Base" seiner Existenz ist die eine der beiden fundamentalen Äußerungen, an die sich von der Mitte der siebziger Jahre aus der Rückblick wie der Vorblick auf Goethes schöpferische Existenz anknüpfen läßt. Die zweite grundlegende Aussage steht in einem Brief, den Goethe 1770 an seinen Freund Hetzler in Frankfurt schreibt; er rät ihm zur genauen Beobachtung aller Erscheinungen der Welt. „Die Sachen anzusehen so gut wir können, sie in unser Gedächtnis schreiben, aufmerksam zu seyn und keinen Tag ohne etwas zu sammeln, vorbeygehen lassen." Das ist ein frühes Zeugnis für einen Urtrieb Goethes, der gleichfalls bis in seine spätesten Tage wirksam bleibt: die breite und genaue Aufnahme von Wirklichkeiten aller Art, scharf beobachtendes Sehen und das Festhalten des Gesehenen. Der Produktivität des Goetheschen Genies entspricht eine ebenso ungewöhnliche Rezeptivität. Wie er es in jenem Brief fordert, hat er sich sein Leben lang verhalten: „aufmerksam" den Menschen, der Natur, den Dingen sich zugewendet, ob er 1779 in die Schweiz fährt oder als Weimarer Minister sich Einblicke in den Bergbau von Ilmenau verschafft, ob er in Italien Kunstwerke oder Pflanzen betrachtet, überall die Wolkenbildungen studiert oder in Karlsbad Steine untersucht für seine geologischen Studien. Das sind nur wenige Beispiele für die stetige Regsamkeit eines so intensiven wie umfassenden Interesses, das stets neue Gebiete und Gegenstände findet und sich zueignet. Kein Tag sollte „ohne etwas zu sammeln" vorbeigehen, heißt es 1770 — und wirklich wurde Goethe ein leidenschaftlicher Sammler von Kupferstichen, Büchern, Handschriften, Gemmen, Pflanzen, Steinen und vielen anderen Dingen. Sein Weimarer Haus wurde zu einem privaten, sorgsam geordneten Museum. Zahlreiche Aufsätze zur Kunst und Literatur bezeugen, wie „aufmerksam" Goethe das literarische und künstlerische Leben aufnahm und seine Kenntnisse unaufhörlich vermehrte. Es ist klar, daß von dieser rezeptiven Leidenschaft viele Impulse auf Goethes Dichtung ausgingen; so hat z. B. die Kenntnis der persischen Dichtung des Hafis und anderer, die Goethe in der Übersetzung von Hammer-Purgstall kennenlernte, den „West-östlichen Diwan" inspiriert.

Schließlich ist der Trieb, die „Sachen anzusehen", die Anschauung der Naturgegenstände zu intensivieren, auch die Grundlage von Goethes naturwissenschaftlicher Arbeit, die in der Weimarer Zeit ein immer größeres Interesse für ihn gewinnt und zeitweise sogar in seiner geistigen Existenz dominiert. Er hat eine große Reihe von Arbeiten zur Botanik, Zoologie und Anatomie, zur Geologie, Mineralogie und schließlich zur physiologischen Optik, zum Phänomen der Farbe veröffentlicht. Seine Beobachtungsschärfe ermöglichte eine anatomische Entdeckung: das früher bestrittene Vorhandensein des Zwischenkieferknochens auch im menschlichen Schädel.

Was Goethe im Bereich der organischen Natur immer wieder fesselt, ist die Entwicklung der Pflanzen- und Tierformen, die „Morphologie". Er beobachtet die Abwandlung der Grundformen, die „Metamorphose", wie er gern sagte. Sie ist für ihn nicht willkürlich, sondern erfolgt nach festen Bildungsgesetzen. Alle Umformungen sind im Keim angelegt, es geht immer um „geprägte Form, die lebend sich entwickelt", beim einzelnen Exemplar wie durch die ganze Pflanzen- und Tierwelt hindurch, deren Vielfalt er als Ergebnis zusammenhängender Entfaltung begreift. Dieses auf Morphologie konzentrierte Interesse zeigt übrigens, daß Goethes wissenschaftlich-experimentierende und beobachtende Arbeit nicht zu trennen ist von seinen naturphilosophischen und religiösen Grundüberzeugungen.

Sie haben sich ausgebildet beim Studium der alten, etwa durch Paracelsus repräsentierten Naturphilosophie, später unter dem Einfluß Spinozas. Dessen Grundprinzip, Gott mit der Natur gleichzusetzen („deus sive natura"), entspricht Goethes Begriff der Gott-Natur. 1829, als Goethe den Schädel Schillers, der damals ausgegraben und umgebettet wurde, in der Hand hielt, meditiert er darüber in großartigen Versen. Was die Form des Naturgebildes ihm vermittelt, ist ein visionärer Blick auf das Ganze der hervorbringenden Natur,

Ein Blick, der mich an jenes Meer entrückte,
Das flutend strömt gesteigerte Gestalten.

Dieses Meer ist der Bereich der elementaren Kräfte, die immer neue, von primitiven bis zu hochdifferenzierten Lebewesen sich steigernde Naturformen entwickeln. Diese religiöse Naturverehrung rechtfertigt das genaue Anschauen, die forschende Bemühung. Es ist verständlich, daß Goethe selbst den spekulativen Charakter mancher seiner Vorstellungen, etwa der von der „Urpflanze", nicht durchschauen konnte. Anschauung und Beobachtung, die seine Stärke sind und die Erfolge seiner Naturforschung begründen, bestimmen freilich auch deren Grenzen. Auf Anschauung bedacht, wehrt sich Goethe gegen die besonders von Newton durchgesetzte Mathematisierung der Naturwissenschaft, die über die reine Anschauung hinausführt, und er bleibt daher mit seiner Theorie der Farben dem leidenschaftlich, ja mit Haß bekämpften Newton durchaus unterlegen. Goethes nach langjähriger Arbeit 1810 veröffentlichte „Farbenlehre", die er selber gelegentlich für bedeutender als seine Dichtungen hielt, ist trotz vieler interessanter Beobachtungen und fruchtbarer Ansätze im Ganzen ein verfehltes Werk, aber kennzeichnend für seine Art, aus der intensiven Rezeption der Erscheinungen dieser Welt eine „Tätigkeit" zu machen.

Aus den beiden Selbstaussagen Goethes über sein dichterisches Talent und seine Leidenschaft des Beobachtens und Sammelns ließ sich die Einsicht in seine Gesamtexistenz andeutend entwickeln. Es mag angebracht sein, eine dritte Äußerung hinzuzunehmen, die Goethe seinem in „Dichtung und Wahrheit" gegebenen Bericht über die Entstehung des Dramas „Clavigo" einfügt. Goethe erzählt, daß er das Stück in einer Woche niederschrieb, aufgrund eines Versprechens, das er einer Freundin in Frankfurter geselligen Kreisen gegeben hatte. Er hatte dort das eben erschienene „Mémoire", das Beaumarchais gegen den Verführer seiner Schwester veröffentlicht hatte, vorgelesen. Nun dramatisierte er diese Streitschrift, und die Zuhörer nahmen dieses Drama, das er ihnen vorlas, beifällig auf. Nur sein kritischer Freund Merck fand das Stück unbedeutend und unter Goethes Niveau. „Und doch hatt' er hierin unrecht. Muß ja doch nicht alles über alle Begriffe hinausgehen, die man nun einmal gefaßt hat; es ist auch gut, wenn manches sich an den gewöhnlichen Sinn anschließt." Das gilt für einen beträchtlichen Teil von Goethes sehr umfangreichem literarischem Werk. Er verschmähte es nicht, sein Talent auch zu Gelegenheitsarbeiten für das Theater zu verwenden oder es in den Dienst fürstlicher Auftraggeber zu stellen. Widmungs- und Huldigungsverse, Singspiele und Maskenzüge für höfische Feste entstanden reichlich in Weimar, vieles, was „sich an den gewöhnlichen Sinn anschließt" und grundsätzlich nicht den künstlerischen Rang des „Werther" oder der „Wahlverwandtschaften", des „Tasso" oder des „Faust" und der großen Natur- und Liebeslyrik erreicht oder auch nur anstrebt. Es gibt in diesen Gelegenheitswerken hier und da einen schönen und ausdrucksmächtigen Vers, einen bedeutenden Einfall, aber im Ganzen sind es Nebenwerke, spielerische Betätigung des Goetheschen Talents, die oft liebenswürdig, oft mittelmäßig sind und keineswegs „über alle Begriffe hinausgehen".

Damit ist neben den dichterischen Werken und den reflektierenden und analysierenden Schriften ein dritter Bereich der Goetheschen Tätigkeit abgesteckt. Es bleibt die Frage, was es eigentlich war, was ihn 1775 an den unbedeutenden Hof des Weimarer Kleinfürsten Karl August zog und dort ein Leben lang festhielt. Man muß dabei seine Situation in Frankfurt bedenken. Er hatte seine Anwaltspraxis sehr lässig und interesselos betrieben und die Arbeit an den Prozessen seinem Vater überlassen. Nach dem großen Erfolg des „Werther", der viele von dem jungen „Genie" begeisterte Besucher in das Frankfurter Haus lockte, hatte Goethe weniger als je Lust zu diesem Anwaltsberuf, den er aber wohl ernsthaft hätte betreiben müssen, wenn er seine Verlobte Lili Schönemann, die Tochter eines (damals noch) reichen Bankiers, geheiratet hätte. Die Einladung nach Weimar bot einen Ausweg, bewahrte ihn vor der unerwünschten Seßhaftigkeit in der Heimatstadt, vor der Anwaltspraxis. Wenn er sein poetisches Talent als die Basis seines Daseins ansah, so ließ sich doch eine äußere Existenz darauf nicht gründen. Niemand konnte damals von der Feder leben, auch Lessing, der es versucht hatte, war es nicht gelungen, er mußte Bibliothekar beim Herzog von Braunschweig werden. Goethe ging es vor allem darum, sein produktives Dasein äußerlich möglichst gut zu sichern. Sein Instinkt leitete ihn bei diesem Entschluß für Weimar, seine Erfahrung dort bestätigte, daß es keine günstigere Möglichkeit für ihn gab, eine großzügige Versorgung für relativ geringe Gegenleistungen zu erreichen. Der Vater, Bürger der freien Reichsstadt, war gegen eine Stellung im „Hofdienst", und daß Goethe sich seinen Zwängen einfügen wollte, scheint überraschend. Der Wetzlarer Freund Kestner gab 1772 in einem Brief eine sehr eingehende, bedeutende Charakterisierung des jungen Goethe, in der es heißt: „Aller Zwang ist ihm verhaßt." Warum war er trotzdem bereit, sich einem Hof und seinem Zeremoniell zu unterwerfen?

Goethe ging nach Weimar nicht als „Hofdichter" im herkömmlichen Sinne, wenn er auch bei manchen Gelegenheiten Spiele und Verse für höfische Feste schrieb. Er war der Günstling des Herzogs, und die Position des Favoriten, die es an den Höfen häufig gab, hatte große Vorteile. Der Herzog machte ihn, gegen Widerstände seiner Verwaltungsbeamten, 1776 zum Mitglied des „Geheimen Conseils", der vierköpfigen Regierungsspitze. Er wurde reichlich besoldet und mit einem Gartenhaus vor der Stadt beschenkt, wurde bald Geheimrat und erhielt den Adelstitel. Er arbeitete in verschiedenen Zweigen der Verwaltung, verantwortlich für Wegebau, Bergbau, Finanzwesen. Er arbeitete ernsthaft, aber man darf Maß und Anspruch dieser Tätigkeit nicht überschätzen. Die Stadt Weimar zählte damals 6000 Einwohner, das ganze finanzschwache Herzogtum 106 000 Bewohner. Die Verwaltungsaufgaben waren die des Stadtrats einer heutigen Kleinstadt. Für Goethe waren sie gewichtig genug, um Ansehen, Einfluß und Erfahrungen vieler Art, Einblicke und Menschenkenntnis zu gewinnen, aber sie waren auch begrenzt genug, so daß er nicht alle Kräfte im Aktenkram verbrauchen mußte. Er war der einflußreichste Ratgeber des Herzogs, der als Souverän alle Entscheidungen traf, aber seine Pläne zu Reformen scheiterten an der Enge der Verhältnisse, an den strukturellen Schwächen des späten Absolutismus.

Indessen lernte Goethe schnell, mit der erzieherischen Hilfe seiner geliebten Freundin, der Hofdame Charlotte von Stein, den höfischen Gesellschaftston, das Zeremoniell. Er hat sich den gesellschaftlichen Konventionen eingefügt, teils gutwillig, teils widerwillig, immer aber mit Ironie, im Bewußtsein, daß er um den Preis äußerer Unterordnung sich Freiheit erkaufte — ein Maß von Freiheit, das keine andere Position ihm geboten hätte. Er konnte es sich z. B. leisten, 1786 seine Aufgaben einfach im Stich zu lassen und ohne Urlaub, in heimlicher Flucht nach Italien zu fahren und zwei Jahre dort zu bleiben. Der Herzog nahm das hin und zahlte seine Bezüge weiter. Schiller, damals noch in feindlichem Spannungsverhältnis zu Goethe, schrieb mißgünstig: „Während er in Italien malt, müssen die Voigts und Schmidts für ihn wie die Lasttiere schwitzen. Er verzehrt in Italien für Nichtstun eine Besoldung von 1800 Thalern, und sie müssen für die Hälfte des Geldes doppelte Lasten tragen."

Nach der Rückkehr 1788 ließ sich Goethe von seinen Amtsgeschäften entbinden und behielt nur noch die „Oberaufsicht" über die Anstalten für Wissenschaft und Kunst, leitete auch bis 1817 das Hoftheater. Er richtete sich in dem stattlichen Haus am Frauenplan ein, das ihm der Herzog 1792 schenkte, nahm Christiane Vulpius, die Näherin in einer Werkstatt für künstliche Blumen war, als Geliebte in sein Haus — auch das ein Akt seiner unbekümmerten Selbstherrlichkeit. Er zog Sekretäre, Helfer für seine Sammlungen und Arbeiten, für die Redaktion seiner Schriften ins Haus, in dem er in einer Art bürgerlicher Hofhaltung „residierte", mit vielen Besuchern aus allen europäischen Ländern. Ein 1794 in Jena geschlossenes Bündnis mit Schiller, der 1799 nach Weimar übersiedelte, gab kräftige Anstöße für Goethes dichterisches Schaffen und wurde, trotz oder auch wegen der Gegensätzlichkeit ihrer Naturen, fruchtbar auch im brieflichen Gespräch über poetologische Probleme.

Als Goethe nach der Rückkehr aus Italien seine Weimarer Existenz neu und endgültig gefestigt hatte, erschütterte die Französische Revolution 1789 die Länder Europas. Goethe hat diese Revolution, die von vielen führenden Geistern in Deutschland zunächst freudig begrüßt wurde, von vornherein als bedenklich und gefährlich, als Unheil beurteilt. Er tat das gewiß nicht nur aus Loyalität für seinen Herzog und wegen der Vorteile seiner eigenen Stellung in Weimar, sondern es entsprach seiner Denkweise, ihren konservativen Zügen, der Skepsis gegen gewaltsame politische Neuerungen, die, wie er meinte, nur neue Herrschaftsformen an die Stelle der alten setzen würden. Auf Freiheit des Einzelmenschen bedacht, durchschaute er nicht, in welchem Maße diese individuelle Freiheit von der Befreiung des Bürgertums abhängig war. Doch er verkannte nicht, daß die Zeit des ancien régime in Europa zu Ende ging. Gegen die Unruhe und Verwirrung, die die Napoleonischen Kriege hervorriefen, suchte er sein eigenes Dasein, seine breit fundierte Weimarer Existenz mit ihren vielfältigen geistigen Tätigkeiten, sein poetisches Schöpfertum zu behaupten. Man hat oft gesagt, er habe die Zeitereignisse kühl und gleichgültig an sich vorbeiziehen lassen, aber das ist ein Irrtum. Er nahm wachsamen Anteil, war tief betroffen. 1806, als Napoleon gesiegt hatte, „brannte die Welt in allen Ecken und Enden, Europa hatte eine andere Gestalt angenommen", so sagte er im Rückblick. Doch er blieb bis zu seinem Tode 1832 unermüdlich bemüht, sein Werk, so gut es ging, zu Ende zu bringen. Er hielt das für seine Pflicht, in der Hoffnung, dadurch den geistigen Besitzstand der Deutschen zu vermehren, die einem ungewissen geschichtlichen Schicksal entgegengingen — die Deutschen wie die ganze europäische Welt. „Es gibt keine patriotische Kunst und keine patriotische Wissenschaft. Beide gehören, wie alles hohe Gute, der ganzen Welt und können nur durch allgemeine, freie Wechselwirkung aller zugleich Lebenden, in steter Rücksicht auf das, was uns vom Vergangenen übrig und bekannt ist, gefördert werden."

Wolfdietrich Rasch

Über die vorliegende Ausgabe

Goethe ist keineswegs in Gefahr, vergessen zu werden. Dennoch ist es wichtig und nötig, für die leichte Erreichbarkeit seiner dichterischen Werke zu sorgen, um ihre breite Aufnahme und Wirkung zu sichern. Sie müssen auch für diejenigen Leser zur Verfügung stehen, für die die großen, reich kommentierten, oft auf Vollständigkeit bedachten Ausgaben zu aufwendig sind. Auf den ersten Blick mag es absurd erscheinen, aus den 143 Bänden der berühmten Weimarer Goethe-Ausgabe zwei Bände zu machen. Aber so stellt sich die Aufgabe ja nicht. Was die Weimarer Edition ausfüllt, sind die verschiedenen Lesarten und Fassungen der Goetheschen Dichtungen, ferner die kritischen Aufsätze und die naturwissenschaftlichen Arbeiten, die autobiographischen Schriften, Tagebücher und Briefe, kurzum: alles von Goethe schriftlich Überlieferte. Man muß die unvergleichlich weitgespannten, universalen Interessen Goethes verstehen und würdigen. Aber man muß auch sehen, daß die dichterische Produktivität die Mitte seiner vielfältigen Begabungen ausmacht und, wie er selbst gesagt hat, die „Base" seiner Existenz bedeutet hat. So rechtfertigt sich das Unternehmen, das dichterische Werk allein herauszugeben.

Die vorliegende Ausgabe sucht das in ihren beiden Bänden zu leisten, mit Verzicht auf manche Nebenwerke und einige reizvolle, auch interessante Texte, die aber nicht zu den großen Goetheschen Schöpfungen von höchstem Rang gehören, wie etwa die frühen Leipziger Spiele, die für den Weimarer Hof geschriebenen Singspiele und Maskenzüge, die Revolutionsdramen. Schwerer wiegt freilich, daß ein so bedeutendes Drama wie „Die natürliche Tochter" oder das schöne späte Fragment „Pandora" fehlen, ebenso wie „Wilhelm Meisters Wanderjahre" oder das frühe Schauspiel „Stella", das Versepos „Reineke Fuchs". Diese Werke waren in einer zweibändigen, also handlichen und übersichtlichen Ausgabe nicht unterzubringen. Was weggelassen werden mußte, sind Dichtungen, von denen man annehmen kann, daß sie dem Interesse des heutigen Lesers wohl etwas ferner gerückt sind als „Götz von Berlichingen" oder „Faust", „Iphigenie" oder „Die Wahlverwandtschaften".

Es ist also eine Auswahl, die hier vorliegt, aber eine genau überlegte und sehr reiche Auswahl, die ein getreues Bild von der Fülle und Vielfalt des Goetheschen Schaffens vermittelt und das enthält, was Goethe in aller Welt berühmt gemacht hat. Alle aufgenommenen Texte sind vollständig; es wurde Wert darauf gelegt, Kürzungen zu vermeiden. So findet sich der große Gedichtzyklus „West-östlicher Diwan" vollständig abgedruckt. Die „Maximen und Reflexionen" konnten nicht insgesamt aufgenommen werden. Doch wurden auch hier nicht einzelne Aphorismen herausgezupft, sondern es wird eine geschlossene Folge, die in der Zeitschrift „Kunst und Altertum" veröffentlicht war, mitgeteilt.

Nur bei den Gedichten war eine Auswahl unumgänglich. Goethes lyrisches Gesamtwerk hätte allein einen ganzen Band ausgefüllt.

Wenngleich diese Ausgabe dem dichterischen Werk Goethes gilt, so schien es doch erforderlich, den in den „Maximen und Reflexionen" erscheinenden reflektierenden Goethe und den Verfasser theoretischer Aufsätze wenigstens in den Blick zu rücken, seine leise geistige Anwesenheit der Stimme des Dichters zuzugesellen. Dieser Absicht dient der große, bahnbrechende Aufsatz „Von deutscher Baukunst" und die gewichtige kunsttheoretische Arbeit „Einfache Nachahmung der Natur, Manier, Stil". Die Abhandlung „Über den Granit" ist ein Beispiel für die naturwissenschaftliche Arbeits- und Denkweise Goethes. Mit diesen Beiträgen wird an den großen Schriftsteller und Naturwissenschaftler Goethe wenigstens erinnert.

Wolfdietrich Rasch

Prinzipien der Textredaktion

Der Text der Ausgabe fußt auf der 1887 ff. im Auftrag der Großherzogin Sophie von Sachsen herausgegebenen „Weimarer Ausgabe" von Goethes Werken. Zweifel wurden im Einzelfall unter Heranziehung moderner Goethe-Ausgaben geklärt. Um die Lesbarkeit zu erhöhen, wurde die Orthographie behutsam dem heutigen Gebrauch angeglichen. Durch diese Eingriffe werden jedoch Lautstand, Rhythmus sowie alle Sprach- und Stileigentümlichkeiten Goethes nicht berührt. Die Groß- und Kleinschreibung, Getrennt- und Zusammenschreibung sowie die Interpunktion wurden beibehalten. Prinzipiell unverändert bleiben auch sämtliche Orts- und Eigennamen, selbst wenn sie, wie z. B. *Constanz, Damascus, Haidelberg, Hercules* etc. nur in der Schreibung, nicht jedoch im Lautstand abweichen. Eigenheiten des Fraktursatzes, wie die Auszeichnung fremdsprachiger Wörter durch Antiqua oder die Hervorhebung durch Sperrung, wurden den heute gültigen Richtlinien für den Schriftsatz angepaßt.

Zum Lautstand: Nichteingedeutschte Fremdwörter (z. B. *Lieutenant*, nicht jedoch: *Courier, delicat, Soufleur*) bleiben in der von Goethe gewählten Schreibweise. Dies gilt auch für solche Fremdwörter, die sich zwar phonetisch nicht von der (neueren) eingedeutschten Form unterscheiden, aber in ihren Flexionsformen (z. B. *Acteurs*) oder in ihrer Bedeutung von der eingedeutschten Form abweichen (z. B. *Medicus* als lateinische Berufsbezeichnung, ohne die scherzhafte Bedeutung von *Medikus*).

Apostrophe bleiben grundsätzlich erhalten, um die von Goethe kenntlich gemachten Wortverkürzungen als solche kenntlich zu lassen (z. B. *lös'te*).

Manches fremdartig Scheinende in der Rechtschreibung wurde im Einzelfall belassen: seien es Goethes eigenwillige Schreibweisen (z. B. *Schawl*), seien es Schreibweisen der Zeit, die eine (evtl. vermeintliche) Etymologie anklingen lassen oder Bedeutungen konnotieren, die in unserer modernen Schreibung verlorengehen müßten (z. B. *erwiedern*). Das letztgenannte Beispiel illustriert auch den Fall, daß Variationen der Rechtschreibung innerhalb eines Textes grundsätzlich beibehalten werden (z. B. *erwiedern*; aber: *Widerspruch*).

Eindeutige Druckfehler wurden stillschweigend verbessert.

Andreas Hamburger

ERLÄUTERUNGEN

Goethes lyrisches Werk

Im Siebenten Buch von „Dichtung und Wahrheit" behandelt der über sechzigjährige Goethe den „Zustand der deutschen Literatur" zu jener Zeit, da er als Sechzehnjähriger 1765 sein Studium in Leipzig begann und bald selbst als Dichter hervortrat. Er erzählt, daß er mit „gewissen kleinen Gedichten in Liederform oder freierem Silbenmaß" angefangen habe: „Sie entspringen aus Reflexionen, handeln vom Vergangenen und nehmen meist eine epigrammatische Wendung."

Dann fährt er fort: „Und so begann diejenige Richtung, von der ich mein ganzes Leben über nicht abweichen konnte, nämlich dasjenige, was mich erfreute oder quälte, oder sonst beschäftigte, in ein Bild, ein Gedicht zu verwandeln und darüber mit mir selbst abzuschließen, um sowohl meine Begriffe von den äußeren Dingen zu berichtigen, als mich im Innern deshalb zu beruhigen. Die Gabe hierzu war wohl niemand nötiger als mir, den seine Natur immerfort aus einem Extrem in das andere warf. Alles, was daher von mir bekannt geworden, sind nur Bruchstücke einer großen Konfession ..."

Mit diesem berühmten Wort ist der Antrieb für das Entstehen des Großteils der Goethischen Lyrik umrissen.

Johannes Klein (dessen Darstellung der Entwicklung des lyrischen Werks Goethes in der 1957 erschienenen „Geschichte der deutschen Lyrik" eine der Grundlagen der folgenden Skizze ist) stellt sieben ausgeprägte Stationen im Ablauf von fast sieben Lebensjahrzehnten Goethes als lyrischer Dichter heraus:

Den Beginn bildet jene mit Goethes eigenen Worten erwähnte Leipziger Zeit der Jahre 1765 bis 1768. Goethe fing an im Stil der Zeit des Rokoko (einem „Zeitalter des Endes"), gab sich zunächst „altklug einer alten Kultur" hin und produzierte eine Reihe anakreontischer Lieder. Doch nicht nur; die Oden an den Freund Behrisch z. B. lassen schon den Dichter des Sturm und Drang ahnen.

Die der Leipziger und der anschließenden Frankfurter Zeit folgende: die Straßburger in den Jahren 1770/71, brachte bereits den Durchbruch zu einem neuen Ton, ist gekennzeichnet durch Selbst- (und damit Stil-)Findung. Nicht von ungefähr war es die (durch Herder vermittelte) Welt des Volkslieds, die sich nun den Künstlichkeiten des Rokoko als überlegen erwies und Goethe weitertrug. Die Sesenheimer Lieder für Friederike Brion sind die unvergeßbaren Schöpfungen dieser bedeutsamen Monate.

Im August 1771 kam Goethe nach Frankfurt zurück, in diesem Monat wurde er zweiundzwanzig. Im nächsten Jahr war er für wenige Monate in Wetzlar, dann von 1773 bis 1775 in der Heimatstadt. Er verkehrte u. a. im Darmstädter Zirkel der Empfindsamen, der „Götz" erschien in diesen Jahren und „Werther" — Goethe war das Haupt der literarischen Bewegung des „Sturm und Drang" geworden. Liebesgedichte (u. a. an Lili Schönemann, die Verlobte) und Gedankengedichte (u. a. „Prometheus", „An Schwager Kronos") sind herausragende Sturm-und-Drang-Werke.

Der entscheidende Einschnitt in Goethes Jugendleben: die Übersiedlung nach Weimar im Spätherbst 1775, bezeichnet in etwa auch den Abschluß dieser Periode, den Beginn der vor- und frühklassischen. Am Beginn des ersten Weimarer Jahrzehnts standen die vieldiskutierten Wochen des „Genietreibens", an seinem Ende die Abreise nach Italien; dazwischen lagen Jahre des Ruhigerwerdens, der Veränderung. Sie wurden für Goethe beherrscht durch seine Tätigkeiten für einen kleinen Staat und die Liebe zu Charlotte von Stein. Neben großartigen Liebesgedichten und lyrischen Dokumenten der Einsamkeit entstanden auch jetzt bedeutende Gedankengedichte („Gränzen der Menschheit", „Das Göttliche").

Das Italien-Erlebnis der Jahre 1786—1788 hat dann für längere Zeit auch Goethes Lyrik grundlegend verändert. „Jetzt gibt für ihn nicht mehr die Bewegung die Urkraft der Natur wieder, sondern die planmäßige Form" (Klein).

Die veränderten Auffassungen prägen u.a. die „Römischen Elegien" und eine Reihe „klassischer" Balladen.

Und dann war es die Zeit, die sich in unvorstellbarer Weise wandelte: 1789 brach die Französische Revolution los, die Napoleonischen Kriege und die Bezwingung des Eroberers reihten sich an.

Noch in die Zeit des Großen Kriegs fiel 1814 Goethes (er war nun fünfundsechzig) Begegnung mit orientalischer Poesie, vor allem dem Werk des Hafis (Hafez, um 1327—1390), das er in der Übersetzung von Josef von Hammer-Purgstall kennenlernte; er empfand sich diesem Dichter des Ostens tief geistesverwandt. Zu dieser glücklichen Anregung „kam das Gefühl körperlicher und geistiger Verjüngung", einer „wiederholten Pubertät", die er später als das Charakteristikum „genialer Naturen" definierte (H. Eilert). Er bereiste im Sommer und frühen Herbst 1814 sowie noch einmal im nächsten Jahr etwa zur gleichen Jahreszeit die Landschaften der Jugend: die Rhein-Main-Gegenden. Er lernte Marianne Jung kennen, kurz darauf Gattin seines Freundes Johann Jakob von Willemer; die Leidenschaft zwischen ihm und dieser vielseitig begabten, damals etwa dreißigjährigen Frau ist eins der zentralen Ereignisse in dem Zyklus „West-östlicher Diwan" (zu dem Marianne eigene Gedichte beitrug, die Goethe in das Werk eingefügt hat). Kenntnisse der östlichen Welt, Anregungen aus östlicher Dichtung (die Goethe „musterhaft" erschienen) verschmolzen also mit Westlichem, vor allem dem eigenen Erleben. Dieser Zyklus, der 1819 erschien, „hat mit Klassik nichts mehr zu tun", „eine innere, eine Traumreise vollendet die Abwendung von der Klassik"(Klein).

Im letzten guten Jahrzehnt von Goethes Leben erreichte vor allem seine Weltbild-Lyrik nochmals höchste Höhen (u.a. „Urworte. Orphisch"). Die „Marienbader Elegie" des Jahres 1823, Ausdruck der späten Liebe des Vierundsiebzigjährigen zu der neunzehn Jahre alten Ulrike von Levetzow, war noch einmal eins der einzigartigen „Bruchstücke einer großen Konfession" — jener „Richtung", die ein Sechzehn-, Achtzehnjähriger einst aufgenommen hatte und die nun für einen bald Achtzigjährigen allmählich ausklang.

Die Gedicht-Auswahl der vorliegenden Ausgabe ordnet die Gedichte in der Reihenfolge ihres Entstehens an. Zur Überprüfung älterer diesbezüglicher Angaben wurde die Edition „Goethe Gedichte in zeitlicher Folge", herausgegeben von Heinz Nicolai (Wiesbaden 1958), dankbar herangezogen.

S. 8 Behrisch Ernst Wolfgang Behrisch (1738—1809), zu dessen Kreis in Leipzig Goethe gehört hat, war durch Intrigen aus einer Hofmeister-Stelle vertrieben worden · *S. 11 Luna* Göttin des Mondes · *Zephyr* milder Westwind · *S. 12 buhlerisch* kosend · *Luna* s. Anm. zu S. 11 · *erstes Licht* d.h. die Sonne · *tagverschloss'nen* dem Tag verschlossen · *gläsernes Gegitter* d.h. ... der Fensterscheiben · *S. 13 Endymion* ein schöner Schäfer, in den sich Luna verliebte (griech. Sage) · *S. 14 gemaltes Band* Mode-Artikel der Zeit. Goethe berichtet, daß er das Gedicht mit gemalten Bändern Friederike in Sesenheim schickte · *Zephyr* s. Anm. zu S. 11 · *S. 15 „Heidenröslein"* In einem Liederbuch des frühen 17. Jahrhunderts erschien ein Gedicht, „in welchem einige Strophen parallele Motive zeigen ... Die Parallelen sind beschränkt auf den Kehrreim und einzelne Wendungen" (Trunz) · *S. 16 Schlossensturm* Hagel · *Deukalions Flutschlamm* Deukalion und Pyrrha überlebten eine von Zeus ausgelöste Sintflut (griech. Sage) · *Python* Drache, der von Apoll getötet wurde (griech. Sage) · *Pythius Apollo* Apoll, der Python-Töter · *unterspreiten* unterlegen (d.h. im Sinne von ausbreiten) · *Charitinnen* Göttinnen der Anmut, Grazien · *S. 17 Vater Bromius* Dionysos, Bacchus (als Gott des Weines, Rausches) · *Pindarn* Pindar, griech. Lyriker des 5. Jahrh. v. Chr. · *Phöbus Apoll* Apoll, der Liebesgott · *Jupiter Pluvius* Jupiter als Regengott · *kastalischer Quell* Quelle am Fuß des Parnaß, Stätte der Musen · *S. 18 Anakreon* griech. Lyriker des 6. Jahrh. v. Chr., als Verfasser graziöser Lieder um Liebe und Wein gesehen · *An des Sybaris Strand* archaische Kolonie in Süditalien; im Altertum war das Wohlleben ihrer Bewohner sprichwörtlich · *S. 19 Zwillingspaar* gemeint ist das Sternbild der Zwillinge · *S. 20 Architrav* Deckbalken über Säulen · *S. 24 Cuma* zu Goethes Zeit berühmte Ruinengegend in Süditalien · *Lila* Luise von Ziegler, Mitglied des Darmstädter Freundeskreises, zu dem Goethe 1772 stieß · *Turm* gemeint ist der Turm des Schlosses in Homburg, in dem Lila wohnte · *S. 25 Mahomet* Mohammed · *S. 27 Zedernhäuser* Schiffe aus Zedernholz · *Atlas* die Welt tragender Riese · *Ganymed* ein schöner Jüngling, den Zeus (in Gestalt eines Adlers) auf den Olymp entführte (griech. Sage) · *S. 28 Schwager* Kutscher einer Postkutsche, Postillon · *Kronos* Vater des Zeus, beherrschte vor ihm die Welt; von Goethe ist zugleich Chronos gemeint, der Gott der Zeit · *Spude dich* spute, beeile dich · *S. 29 Prometheus* Sohn eines Titanen, formte aus Lehm die ersten Menschen, brachte ihnen das von Zeus gehütete Feuer (griech. Sage) · *S. 32 „An Belinden"* = an Lili Schönemann · *S. 33 „Auf dem See"* Nach einer Fahrt auf dem Züricher See 1775 während der ersten Schweizer Reise geschrieben · *S. 34 Park* Tierpark · *Ambrosia* Speise der Götter (griech. Sage) · *S. 35 Filetschurz* Filet = netzartiges Gewebe; Schurz = „um die Hüften gebundenes Kleidungsstück" · *wildzt* führt sich wild auf · *Boulingreen* = Bowling green, d.h. Rasen für Spiele · *S. 36 bleit* zieht bleischwer herunter · *Oreaden* Nymphen · *Allons tout...* Seien wir hübsch sanft! Gib Pfötchen! Und mach einen Diener wie ein feiner Herr · *S. 38 Sendung* Aufgabe · *Kneipe* Kneif, d.h. Schustermesser · *S. 40 gesyn* gewesen · *S. 41 Fürm* Form · *S. 50 Gränzen* Grenzen · *Menschheit* hier: Menschsein · *S. 51 „Gesang der Geister über den Wassern"* Geschrieben in Lauterbrunnen in der Schweiz nach dem Erlebnis des Staubbach-Wasserfalls 1779 · *S. 52 „Wandrers Nachtlied"* Entstanden auf dem Kickelhahn bei Ilmenau am 6. 9. 1780 · *Jovis* Jupiters · *S. 54 Epiphaniasfest* Mit diesem Lied führte Goethe 1781 das Sternsingen bei Hof in Weimar ein · *Spezerein* Gewürze · *S. 55 Myrrhe* aromatisches Harz · *„Erlkönig"* Nach Herders Übersetzung einer dänischen Volksballade — wobei er das Wort „ellerkonge" (Elfenkönig) mit Erlkönig übertragen hat · *S. 59 „Der Morgen kam..."* Zunächst den „Schriften" Goethes (1789) vorangestellt, später den Ausgaben der Gedichte · *S. 62 „Kophtisches Lied"* Dieses und das folgende Lied ursprünglich Arien für eine (unvollendete) Oper „Die Mystifizierten" (um die Halsbandaffäre und Cagliostro am Pariser Hof) · *Kophtisches...* den Kophta betreffendes Lied, einen ägyptischen Weisen, der sich mit Geheimnissen umgibt · *Merlin der Alte* Zauberer der Artus-Sage · *S. 63 Cupido* (römischer) Liebesgott · *„Römische Elegien"* Ursprünglicher Titel „Erotica Romana". Niederschlag von Erinnerungen an den Aufenthalt in Rom und der nach 1788 gegenwärtigen Liebe zu Christiane Vulpius in Weimar. Formal in der Tradition der antiken erotischen Elegie · *Genius* gemeint ist der genius loci, d.h. der Geist Roms · *S. 64 Malbrough* Das angeführte Spottlied war auf den angeblichen Tod des Herzogs von Marlborough bei Malplaquet (Schlacht 1709) verfaßt worden · *Napel* Neapel · *im Idäischen Hain* Hain am Ida, einem Berg · *Anchises* Ein trojanischer Fürst. Der Held Äneas ging aus seiner Vereinigung mit der Göttin Aphrodite hervor · *Hero erblickte Leandern* Liebespaar in den „Heroiden" Ovids — Leander durchschwamm nachts den Hellespont, um zu der geliebten Hero zu kommen · *Rhea Sylvia* Sie, eine Priesterin, wurde vom Kriegsgott Mars verführt und gebar die Zwillinge Romulus und Remus, die dann Rom gründeten · *S. 65 Dämonen* hier im alten Sinn: göttliche Wesen, die den Menschen das Schicksal zuteilen · *Erinnyen* Rachegöttinnen der griechischen Sage · *... des Zeus/Hartes Gericht...* Ixion wurde, weil er Zeus' Gattin Hera liebte, auf ein feuriges Rad gebunden; Prometheus wurde, weil er den Menschen das Feuer gebracht hatte, an einen Felsen geschmiedet · *Proteus* Ein Halbgott, der sich verwandeln konnte · *Thetis* Auch sie konnte sich verwandeln (entzog sich damit den sie begehrenden Heroen) · *S. 66 Triumvirn* Hier sind die drei römischen Liebeslyriker Catull, Tibull und Properz gemeint · *Surtout* Überrock · *Falconieri* Name eines römischen Adelsgeschlechts · *Albani* weiteres römisches Adelsgeschlecht · *Ostia* Hafen an der Mündung des Tiber · *vier Brunnen* quattro fontane am Quirinal · *Rotstrumpf... Violettstrumpf* Kardinal, Prälat · *S. 67 Phöbus* Apoll als Gott des Lichts · *ambrosisches Haus* unsterbliches, d. h. göttliches Haus · *Jupiter Xenius* der gastliche, die Fremden schützende Jupiter · *Hebe* Göttin der Jugend · *Capitolinischer Berg* Berg in Rom, alter Ort der Jupiter-Verehrung · *Hermes* der Götterbote, auch Begleiter der Toten · *Cestius Mal* die Cestius-Pyramide in Rom, dem protestantischen Friedhof benachbart · *Orkus* Unterwelt · *S. 68 Heinrich* Hier ist Heinrich IV. von Frankreich gemeint · *Lethe* Fluß der Unterwelt · *Grazien* Göttinnen der Anmut · *Pantheon* hier: Versammlungsort der Götter · *Minerva* Göttin der Weisheit · *Bacchus* Gott des Weines und Rausches · *Cythere* = Aphrodite bzw. Venus, Göttin der Schönheit und Liebe; sie und Bacchus waren die Eltern des Fruchtbarkeitsgottes Priapus · *Flaminischer Weg* Via Flaminia, in die Campagna hinaus · *Ceres* Göttin der Fruchtbarkeit und des Ackerbaus · *mystische Feier, ... von Eleusis* Mysterien von Eleusis bei Athen · *Demeter* = Ceres, s. o. · *S. 69 Jasion* sagenhafter kretischer König, Geliebter der Demeter · *prosodisches Maß* geregeltes Versmaß · *S. 70 Ariadne* Tochter eines sagenhaften kretischen Königs · *Theseus* Geliebter der Ariadne; er verließ die Schlafende auf der Insel Naxos · *Florus* Eine Anekdote: Der Dichter Florus habe dem Kaiser Hadrian geschrieben, er möchte nicht Kaiser sein und weit nach Britannien reisen. Darauf Hadrian: Und er möchte nicht Florus sein und durch die Kneipen und Garküchen ziehen · *Popine* Garküche, Kneipe · *Osterien* Gasthäuser · *S. 71 Horaz* römischer Dichter (68—8 v. Chr.) · *Siebengebirg* die sieben Hügel, auf denen Rom erbaut ist · *Parze* Schicksalsgöttin · *zur Vigne* zum Weinberg · *S. 72 Quiriten* Bürger Roms · *Fama* Ruf, Gerücht, Leumund · *Jovis* Jupiters · *Alkmene* Gattin Amphitrions; Jupiter zeugte mit ihr Herkules · *S. 73 ... der Amazonen Besieger* Herkules, Herakles (er raubte der Amazonen-Königin den Gürtel) · *Rocken* Spinnrocken · *Vulcan* Gott des (verheerenden) Feuers · *Hahnrei* betrogener Ehemann · *S. 74 prygischer Bund* hohe Hüte der Phrygier · *Midas* König der Phrygier · *S. 75 „Epigramme"* Goethe lebte 1790 von Ende März bis Mai in Venedig. An Herder schrieb er im April, daß er „ein wenig intoleranter gegen das Sauleben dieser Nation als das vorige Mal" sei. Seine Venezianischen „Epigramme" (zum größten Teil aus dieser sowie der anschließenden Zeit) folgen antiker literarischer Tradition; Vorbild war ihm vor allem Martial (um 40—102 n. Chr.) · *Rolle* antike Schriftrolle; gemeint ist: Buch · *Wiege Virgils* Geburtsort des Dichters Vergil war Antes bei Mantua · *Vetturine* Lohnkutscher · *Dogane* Zollämter · *Rinaldo* Hauptgestalt in Tassos „Befreitem Jerusalem"; dort in den Zaubergarten Armidas entrückt · *S. 76 Faustinen* Goethe erlebte Faustine in Rom (Römische Elegie 18) · *Daphne* Anspielung auf Daphnes Verwandlung in einen Lorbeerbaum · *Eine Liebe hatt' ich...* Goethe schrieb Karl August, die Reise nach Venedig habe seiner Liebe für Italien einen tödlichen Stoß versetzt · *Nuntius* päpstlicher Gesandter · *S. 77 Nieswurz* nach Ansicht des Altertums Mittel gegen Wahnsinn · *S. 78 Arsenal* Hafenbezirk in Venedig · *Mutter der Götter* Kybele; sie wurde mit einem Löwengespann dargestellt · *der neue geflügelte Kater* der geflügelte Löwe des Schutzpatrons Venedigs · *Jupiter Pluvius* Jupiter der Regenspender · *rotbemäntelte Frösche* Venezianer in roten Mänteln (?) · *Broccoli* eine Kohlsorte · *Bajä* altes Seebad in Neapel · *Sardinien, ... Tibur* Sardinien: nach Ansicht der Römer eine ungesunde Insel. Tibur (Tivoli) dagegen galt als ein besonders gesunder Ort. Anspielung auf eine Wendung bei Martial: „Wenn der Tod kommt, ist Sardinien mitten in Tibur." · *S. 80 den zerrütteten Gast* gemeint ist Werther · *August und Mäzen* gemeint ist Kaiser Augustus und Virgils sprichwörtlicher Gönner Maecenas · *Johannes Bellin* Giovanni Bellini, Maler (1428—1516) · *Paul Veronese* venezianischer Maler (1528—1588) · *S. 81 Molluska* ein Weichtier · *Ganymed* ein schöner Knabe, der Mundschenk der Götter (griech. Sage) · *Breughel* Pieter Breughel d. J., niederländischer Maler (1564—1638), „Höllen-Breughel" · *Bottegha* „Far Bottegha"-machen: nach einer brieflichen Äußerung Goethes eine Gewohnheit der Gaukler, „die zudringenden Zuschauer vor Anfang des Spiels nach Verhältnis (zu) entfernen und sich den nötigen Raum (zu) verschaffen, den einige vorher mit Kreide bezeichnen ..." · *Seelen* gemeint sind die Kinder des Gauklers · *S. 82 Höke* Hausierer (der die Ware auf dem Rücken trägt) · *Zechinen* venezianische Goldmünzen · *S. 83 Franzen ... Franken* Franzosen · *S. 84 dem hohen Apostel* Petrus; siehe Apostelgeschichte 10, 11 ff. · *Chloe* ein Schäfername · *Philarchos* Herrschsüchtiger · *†* Für dieses Kreuz steht in einer Handschrift Goethes: Christ · *Lazerten* Eidechsen · *S. 86 Newton* Nach Newtons Theorie sind im Weiß alle Farben enthalten; Goethe dagegen behauptete, die Farben bestünden aus unterschiedlichen Mischungen von Dunkel und Licht · *Morpheus* Gott des Schlafs · *S. 87 Aurora* Göttin der Morgenröte · *Phöbus* Apollon · *Memnonisches Bild* Die Memnonssäulen (Memnonskolosse): zwei 21 Meter hohe Sitzfiguren Pharao Amenophes III. bei Theben. Angeblich begrüßten sie den Sonnenaufgang mit Tönen · *lustiges Spiel* entsprach dem modernen Jo-Jo · *S. 88 Aphrodite* die Göttin der Schönheit und Liebe · *... eine Flamme, der Sohn* gemeint ist Amor · *Äolus* Beherrscher der Winde · *Midas* Ihm verwandelte sich alles, was er berührte, zu Gold — auch die Speisen · *S. 89 Horen* Göttinnen der Jahreszeiten · *gebeut* gebietet · *Neptunische Stadt* die dem Meergott zugeschriebene Stadt Venedig · *Äolus* Beherrscher der Winde · *S. 93 „Die Braut von Corinth"* von Goethe selbst als „vampyrisches Gedicht" bezeichnet · *S. 94 Hier ist Ceres, hier ist Bacchus Gabe* Brot und Wein · *Hymen* Hochzeitsgott · *S. 97 Bajadere* indische Tänzerin · *Mahadöh* ein Beiname Shivas, einer der drei höchsten indischen Götter · *Kommt herab zum sechstenmal* Goethe schreibt hier Shiva zu, was die indische Mythologie für Wischnu annahm: zehn menschliche Inkarnationen · *S. 102 Amyntas, Nikias* Namen aus Theokrits Idyllen · *S. 108 Pfühl* Bett, Lager · *S. 111 Vanitas! Vanitatum Vanitas!* Der Titel geht von einer Vulgata-Formulierung aus: „vanitas, vanitatum, et omnia vanitas" — Eitelkeit der Eitelkeiten, und alles Eitelkeit · *S. 113 Zum Bühle* einer erhöhten Stelle im Gelände · *S. 114 Turn* Turm · *Ergo Bibamus!* Also laßt uns trinken! · *Der Filz von dem Leibe sich schmorgt* Filz = Geizhals; schmorgt = angestrengt abspart · *S. 115 — aliam tenui, sed ...* Oft eine andre umarmt ich; doch eh ich noch Freuden gekostet, / Mahnt mich Venus an *sie*, ließ das Gelüst mir vergehen (Tibull) · *S. 118 Nestelknüpfen* Hochzeitsnesteln sind Büschel aus roten Bändern für das Brautpaar, zu tragen am Hut. (Ein oberdeutscher Brauch) · *S. 120 Eckart* in der Volkssage Warner vor dem Wilden Heer · *S. 121 Aldermann* führender, durch ein Amt hervorgehobener Mann · *S. 125 Proömion* „Teil vor dem Gesang"; in der antiken Dichtung: Einleitungshymnus mit Musenanruf und Themenangabe (Brockhaus Enzyklopädie) · *S. 126 Sybillen* weissagende Frauen ·

S. 127 Äonen hier: „weiteste Zeiträume, sinnbildlich für das Irdische überhaupt" (Trunz) · *S. 129 Paria* indisch: als „unrein" geltend · *Brama* oberste Gottheit der indischen Religion · *Bramen, Rajas* indisch: zwei der drei „reinen" Kasten · *S. 133 Äolsharfen* Musikinstrumente, die vom Wind zum Tönen gebracht werden · *S. 134 „An Werther"* Vorspruch einer Jubiläumsausgabe von „Werthers Leiden" 1824; (erstmals vor 50 Jahren — 1774 — erschienen) · *S. 136 „Elegie"* geschrieben im September 1823 nach dem Abschied von Ulrike von Levetzow · *Cherub* Wächter des Paradieses · *S. 137 Seraph gleich* engelsgleich · *S. 139 Pandoren* „mit allem Beschenkte" der Götter; doch zugleich Besitzerin des Gefäßes, das alles Unheil für die Menschen enthält · *„Im ernsten Beinhaus..."* Schiller war 1805 im Landschaftskassengewölbe des St.-Jakob-Friedhofs in Weimar beigesetzt worden; seine Gebeine waren 1826 geborgen worden, als man diesen Friedhof räumte. Danach hatte Goethe den Schädel Schillers eine Zeitlang in seinem Haus; Wilhelm von Humboldt sah ihn dort und sprach von einem „unendlich ergreifenden Anblick". Damals schrieb Goethe „Im ernsten Beinhaus ...". Im Dezember 1827 kamen Schillers Überreste in die Fürstengruft · *Beinhaus* Aufbewahrungsstätte für Gebeine, Schädel · *S. 140 Adepten* Eingeweihten · *S. 141 Mandarine* hohe chinesische Beamte (in Europa übliche Bezeichnung) · *S. 143 Luna* Bezeichnung für den Mond

Zum Verständnis des „West-östlichen Diwan"

Goethe hat im Hinblick auf dieses Werk formuliert (im Mai 1815 an Cotta): „Meine Absicht ist dabei, auf heitere Weise den Westen und den Osten, das Vergangene und Gegenwärtige, das Persische und Deutsche zu verknüpfen und beiderseitige Sitten und Denkarten übereinandergreifen zu lassen ..."

Zum besseren Verständnis des „Diwan" sei hier jener Text wiedergegeben, den er im „Morgenblatt für gebildete Stände" am 24. Februar 1816 veröffentlichte:

West-östlicher Diwan
oder Versammlung deutscher Gedichte
in stetem Bezug auf den Orient

Das erste Gedicht, *Hegire* überschrieben, gibt uns von Sinn und Absicht des Ganzen sogleich genugsame Kenntnis. Es beginnt:

Nord und West und Süd zersplittern,
Throne bersten, Reiche zittern,
Flüchte du, im reinen Osten
Patriarchenluft zu kosten.
Unter Lieben, Trinken, Singen
Soll dich Chisers Quell verjüngen.

Der Dichter betrachtet sich als einen Reisenden. Schon ist er im Orient angelangt. Er freut sich an Sitten, Gebräuchen, an Gegenständen, religiösen Gesinnungen und Meinungen, ja er lehnt den Verdacht nicht ab, daß er selbst ein Muselmann sei. In solchen allgemeinen Verhältnissen ist sein eigenes Poetisches verwebt, und Gedichte dieser Art bilden das erste Buch unter der Rubrik *Moganni Nameh, Buch des Dichters.* Hierauf folgt *Hafis Nameh,* das *Buch Hafis,* der Charakterisierung, Schätzung, Verehrung dieses außerordentlichen Mannes gewidmet. Auch wird das Verhältnis ausgesprochen, in welchem sich der Deutsche zu dem

Perser fühlt, zu welchem er sich leidenschaftlich hingezogen äußert und ihn der Nacheiferung unerreichbar darstellt.

Das *Buch der Liebe*, heiße Leidenschaft zu einem verborgenen unbekannten Gegenstand ausdrückend. Manche dieser Gedichte verleugnen die Sinnlichkeit nicht, manche aber können nach orientalischer Weise auch geistig gedeutet werden. Das *Buch der Freunde* enthält heitere Worte der Liebe und Neigung, welche bei verschiedenen Gelegenheiten geliebten und verehrten Personen, meist nach persischer Art mit goldbeblümten Rändern, überreicht worden, worauf die Gedichte selbst anspielen. Das *Buch der Betrachtung* ist praktischer Moral und Lebensklugheit gewidmet, orientalischer Sitte und Wendung gemäß. Das *Buch des Unmuts* enthält Gedichte, deren Art und Ton dem Osten nicht fremd ist. Denn gerade ihre Dichter, welche Gönnern und Beschützern die herrlichsten Lobpreisungen erteilen, verlieren alles Maß, wenn sie sich zurückgesetzt sehen oder nicht hinreichend belohnt glauben. Ferner liegen sie immer mit Mönchen, Heuchlern und dergleichen im Streit; auch mit der Welt, wie sie den verworrenen Gang der Dinge, der beinahe von Gott unabhängig erscheint, nennen, sind sie immerfort im Kampfe begriffen. Auf gleiche Weise verfährt der deutsche Dichter, indem er das, was ihn widerwärtig berührt, heftig und gewaltsam abweist. Mehrere dieser Gedichte werden sich erst in späten Zeiten für den Druck eignen. *Timur Nameh, Buch des Timur*, faßt ungeheure Weltbegebenheiten wie in einem Spiegel auf, worin wir zu Trost und Untrost den Widerschein eigner Schicksale erblicken. Erfreulicher ist das *Buch der Sprüche*. Es besteht aus kleinen Gedichten, zu welchen orientalische Sinnreden meist den Anlaß gegeben. Das *Buch der Parabeln* enthält bildliche Darstellungen mit Anwendung auf menschliche Zustände. Das *Buch Suleika*, leidenschaftliche Gedichte enthaltend, unterscheidet sich vom Buch der Liebe dadurch, daß die Geliebte genannt ist, daß sie mit einem entschiedenen Charakter erscheint, ja persönlich als Dichterin auftritt und in froher Jugend mit dem Dichter, der sein Alter nicht verleugnet, an glühender Leidenschaft zu wetteifern scheint. Die Gegend, worin dieses Duodrama spielt, ist ganz persisch. Auch hier dringt sich manchmal eine geistige Bedeutung auf und der Schleier irdischer Liebe scheint höhere Verhältnisse zu verhüllen. *Saki Nameh, Buch des Schenken*. Der Dichter überwirft sich mit dem gemeinen Kellner und wählt einen anmutigen Knaben, der ihm den Genuß des Weins durch gefällige Bedienung versüße. Das Kind wird sein Lehrling, sein Vertrauter, dem er höhere Ansichten mitteilt. Eine wechselseitige edle Neigung belebt das ganze Buch. *Buch des Parsen*. Hier wird die Religion der Feueranbeter möglichst zur Darstellung gebracht, welches um so nötiger ist, als ohne einen klaren Begriff von diesem frühesten Zustande die Umwandlungen des Orients immer dunkel bleiben. Das *Buch des Paradieses* enthält sowohl die Sonderbarkeiten des mahometanischen Paradieses als auch die höheren Züge gläubigen Frommsinns, welche sich auf diese zugesagte künftige heitere Glückseligkeit beziehen. Man findet hier die Legende von den sieben Schläfern nach orientalischen Überlieferungen und andere, die im gleichen Sinn den fröhlichen Umtausch irdischer Glückseligkeit mit der himmlischen darstellen. Es schließt sich mit dem Abschiede des Dichters an sein Volk, und der Diwan selbst ist geschlossen.

S. 147 Diwan Versammlung; hier: Gedichtsammlung

BUCH DES SÄNGERS *S. 149 Zeit der Barmekiden* die „glänzendste Epoche" des Kalifats zu Bagdad (778–803) · *Hegire* = Hedschra: Mohammeds Flucht von Mekka nach Medina 622 · *Chisers Quell* Quell des Lebens · *Moschus* ein Duftstoff · *Hafis* eigentl. Schemsed-Din Mohammed, persischer Dichter (um 1327–1390) · *S. 150 Ambralocken* Ambra = ein duftendes Harz · *Huris* die Schönen des Paradieses; sie empfangen dort die Seligen · *Skapuliere* mönchische Umhänge · *Abraxas* göttlicher Geheimname aus der Gnostik · *S. 153 Elohim* Name Gottes (Mehrzahlform) · *S. 154 Phöbus* Apollo, Gott des Lichts · *Vesir* Titel der höchsten Staatsbeamten · *S. 155 Schiras* Geburtsort des Hafis, Stadt der Früchte und Blumen · *sich nachbarlich* diese Stelle ursprünglich: „die um Erfurt sich . . .". Das Gedicht entstand beim Anblick der Blumenfelder um Erfurt · *Cupido* (römischer) Liebesgott · *Mavors* Mars, (römischer) Kriegsgott · *Kriegesthunder* Kriegsdonner · *S. 156 Dreistigkeit* hier: Beherztheit · *S. 158 Mahmud* Beiname mehrerer Kalifen · *grunelt* grün wird, nach frischem Grün riecht

BUCH HAFIS *S. 161 Mirza* Name mehrerer persischer Dichter · *Fetwa* Gutachten einer kirchlichen Autorität · *Theriak* Arznei, Gegengift bei Schlangenbiß · *Ebusuud* berühmtes geistliches Oberhaupt des Islam des 16. Jahrhunderts · *S. 162 Mufti* islamischer Rechtsgelehrter · *Misri* Dichter des 17. Jahrhunderts; ihm wurden gefährliche Irrlehren vorgeworfen · *S. 163 in deine Reimart* d. h. die des Hafis · *S. 164 wandelnde Zypresse* schlanke Geliebte · *Oden* Odem, Atem · *S. 165 Schenke* (Wein) einschenkender Diener; Mundschenk (Wahrig) · *Schach* = Schah, d. h. etwa: Kaiser

BUCH DER LIEBE *S. 166 Rustan und Rodawu* Eigentlich Sal und Rodawu (Rustan ist ihr Sohn): sie verliebten sich ineinander, bevor sie sich überhaupt sahen · *Jussuph und Suleika* Ursprünglich Joseph und die Frau des Potiphar (1. Mose 39). Aus der unerfüllten Liebe der Suleika wird eine Liebe zu Gott und dem Islam · *Ferhad und Schirin* Der Künstler Ferhad liebte Schirin, die Gattin eines Perserkönigs wurde. Da sie sich nicht gehören konnten, gaben sie sich beide den Tod · *Medschnun und Leila* Die beiden gehörten verfeindeten Beduinenstämmen an. Im Leben wurden sie getrennt und starben bald nacheinander, im Paradies fanden sie sich wieder · *Dschemil auf Boteinah* Sie liebten sich lebenslang und auch noch im hohen Alter · *Wamik und . . . Asra* Ein Liebespaar der persischen Dichtung vor Mohammed. Die Dichtung wurde aus religiösem Fanatismus vernichtet, die Geschichte vergessen — nur die Namen blieben · *S. 167 Nisami* Gemeint ist der türkische Dichter Nischami; Goethe hat ihn mit dem persischen Nisami verwechselt · *S. 168 Bogen* Augenbrauen · *fünfgezackter Kamm* gemeint ist die Hand · *S. 169 Hudhud* Wiedehopf (als Liebesbote) · *S. 171 Schehâb-eddin* Name eines Scheichs, einer der „Leuchten des Islam" · *Arafat* heiliger Berg des Islam · *entmantelt* den Mantel abgelegt, entkleidet

BUCH DER BETRACHTUNGEN *S. 173 Pend-Nameh* „Buch des Rats" des Persers Ferideddin Attar · *S. 176 . . . ein Gänsespiel* ein Würfelspiel, bei dem eine Gänsefigur bewegt wird · *S. 177 Schach Schedschan* ein Wissenschaften und Künste fördernder Herrscher, Gönner des Hafis; mit „seinesgleichen" meint Goethe den eigenen Gönner Karl August · *Transoxanen* Menschen jenseits des Oxus (Amudarja), d. h. in Turkestan · *S. 178 Ferdusi* persischer Dichter, gestorben im frühen 11. Jahrhundert · *Dschelâl-Eddîn Rumi* bedeutender mystischer Dichter des 13. Jahrhunderts

BUCH DES UNMUTS *S. 180 Antichambern* Vorzimmern · *Koriandern* Gewürz (kleine Kügelchen) · *S. 181 Ulrich Hutten* deutscher Humanist (1488—1523) · *braun' und blaue Kutten* Mönchsgewänder. Gemeint ist: Hutten stritt gegen braungekleidete christliche Mönche, Hafis gegen blaugewandete islamische · *S. 183 Medschnun* ein Besessener · *Tischer* Tischler · *S. 185 Sure* Abschnitt des Korans · *Mahomet* Mohammed

BUCH DER SPRÜCHE *S. 187 Enweri* persischer Dichter des 12. Jahrhunderts · *S. 190 Autos epha* „Er selbst (nämlich: die Autorität) hat es gesagt!" · *S. 191 Lokman* ein angeblich sehr häßlich aussehender Weiser des Orients · *Calderon* großer spanischer Dramatiker des 17. Jahrhunderts · *Pisé* Lehmziegel

BUCH DES TIMUR *S. 193 Timur* Mongolischer Eroberer (1336—1405), Gründer des zweiten mongolischen Großreichs. Er wollte zuletzt China erobern, scheiterte aber in einem strengen Winter und starb bald danach. Goethe sah die Parallele zu Napoleons Rußland-Feldzug 1812 · *Mars* (römischer) Kriegsgott · *Saturnus* (römischer) Saatgott · *S. 194 Bulbul* Nachtigall; (sie hielt in der Poesie des Orients die Rose) · *Myriaden* Unzahl, Unmengen

BUCH SULEIKA *S. 195 Hatem Thai* bekannt als: der Freigebigste · *Hatem Zograi* Gemeint ist wohl Hassan Thograi, ein Dichter, der für seinen materiellen Reichtum wie auch den Reichtum an Tugenden und schönen Eigenschaften bekannt war · *S. 198 Gingo Biloba* Gingkobaum; jedes seiner eigenartigen Blätter scheint aus zwei zusammengewachsenen Blättern zu bestehen (Sinnbild der Freundschaft) · *S. 199 Tulbend* Turban orientalischer Herrscher · *Abbas* gemeint: Abbas I., persischer Herrscher (1586—1628) · *S. 200 Musselin* leichtes, weiches Gewebe · *Badakschan* persische Provinz, wo die schönsten Rubine gefunden wurden · *Hyrkan'sches Meer* alter Name für das Kaspische Meer · *Bochâra* Buchara in Usbekestan; war Hauptstadt des Timur-Reiches · *Ormus* Stadt auf einer Insel am Persischen Golf (Straße von Hormus) · *Lande der Bramanen* Indien · *Soumelpour* bengalischer Ort mit großen Diamantenvorkommen · *Grus, Gerill, Geschiebe* grober Sand und Gestein verschiedener Art · *S. 201 Bassora* die alte berühmte Stadt Basra · *Balch* Stadt in Afghanistan · *S. 202 Aufrös'le* auftrenne · *S. 203 Rabbi* jüdischer Theologe; Gottesgelehrter · *Ferdusi* persischer Dichter; verließ den Hof, als der erwartete Lohn des Schah nicht seinen Erwartungen entsprach · *Motanabbi* Dichter; trat gegen Mohammed an und behauptete, der Bessere von beiden zu sein · *Dschemil und Boteinah* berühmtes Liebespaar, das sich bis ins hohe Alter liebte · *S. 204 bewhelmen* nach dem englischen to whelm = überwölben · *S. 207 Saki* Schenke, Mundschenk · *S. 208 Chiffer* Zeichen, Geheimzeichen · *Nisami, ... Saadi, ... Dschami* persische Dichter · *S. 209 Behramgur, ... Dilaram* Goethe greift eine persische Überlieferung auf: Die ersten Reimverse entstanden, als König Behramgur (5. Jahrh.) die Geliebte Dilaram ansprach und sie im gleichen Rhythmus und Endklang antwortete · *Sassaniden* persische Herrscherdynastie · *S. 211 Phosphor* aus dem Griechischen: Lichtträger, -bringer · *S. 216 Alexandern* Alexander der Große (der der Sage nach einen Spiegel besaß, in dem er seine wenn auch fernen Feinde beobachten konnte)

SCHENKENBUCH *S. 219 Eilfer* Wein des Jahrgangs 1811 (der gut ausgefallen war) · *S. 221 klecken* glücken · *Saki* der Schenke · *S. 222 Schwänchen* kleines „Misch-Geschenk", Nachtisch · *S. 224 gestängelt* auf der Stange · *S. 225 Die Strohwitwe, die Aurora* Die Göttin der Morgenröte war mit dem Menschen Tithonos verbunden, der alterte und schrumpfte und als Gatte untauglich wurde

BUCH DER PARSEN *S. 229 Hagelschloßen* große Hagelkörner · *Darnawend* Demawend, d.h. eine Bergkette bei Isfahan · *S. 230 Senderud* Fluß, der im Demawend entspringt · *Pambeh* Baumwolle

BUCH DES PARADIESES *S. 232 Schlacht von Bedr* An diesem Ort zwischen Mekka und Medina schlug Mohammed 624 seine Gegner · *S. 234 Mahoms Gattin* Mohammeds erste Frau Chadidscha · *Englisch* hier: engelsgleich · *S. 238 Äonen* Ewigkeiten · *S. 242 Jamblika* der Älteste der sechs · *S. 243 Gabriel* Erzengel Gabriel · *Heroen* in die Gefilde der Seligen versetzte große Menschen

Götz von Berlichingen

Der „Götz" ist ein Werk nach der Vorstellung eines zweiundzwanzigjährigen Studenten, konzipiert in dem für Goethe so anregenden Straßburger Sommer

1771. In „Dichtung und Wahrheit" berichtet er vier Jahrzehnte später, wie er nach der Heimkehr im Herbst jenes Jahres seiner Schwester von diesem Plan erzählt habe; da habe sie ihn gedrängt, doch etwas aufs Papier zu bringen. „Durch diesen Antrieb bestimmt, fing ich eines Morgens zu schreiben an, ohne daß ich einen Entwurf oder Plan vorher aufgesetzt hätte. In etwa sechs Wochen hatte ich das Vergnügen, das Manuskript geheftet zu erblicken."

In der öffentlichen Bibliothek des Heimatorts Frankfurt hatte Goethe die erst 1731 erschienene autobiographische „Lebensbeschreibung Herrn Goezens von Berlichingen, zugenannt mit der eisernen Hand", vorgefunden; von ihr ging er aus. Daneben hat er sich u. a. in J. St. Pütters „Grundriß der Staatsveränderungen des deutschen Reiches" (1764) und in J. Mösers Schrift „Von dem Faustrechte" (1770) informiert.

An der ersten Fassung des „Götz" von 1771 (dieser „Urgötz" erschien erst 1832 nach Goethes Tod) hat vor allem Herder, der große Anreger der Straßburger Monate, Kritik geübt: „Shakespeare hat Euch ganz verdorben." Ja: Goethe hatte die herkömmlichen Gesetze der regelmäßig gebauten französischen Tragödie rücksichtslos mißachtet; man konnte durchaus darüber streiten, ob dieses „Kaleidoskop von 57 Szenen" überhaupt ein Drama sei. Goethe selbst sah die Unzulänglichkeiten des ersten Wurfs und machte sich bald an eine gründliche Überarbeitung.

Er nannte sein Stück nun „Götz von Berlichingen mit der eisernen Hand. Ein Schauspiel". So kam es 1773 im Selbstverlag heraus, gestraffter und überschaubarer in der Szenenabfolge, die „große Natur" Götz eindeutiger Mittelpunkt des Geschehens.

Es wurde zu einem Großereignis in der Geschichte des deutschen Dramas, und zwar in mehrfacher Hinsicht.

„Fragt man, ob die Deutschen ein nationales Schauspiel haben", schrieb Ernst Beutler noch 1949, „man müßte an erster Stelle den „Götz von Berlichingen" nennen." Zu keiner Zeit sei Goethe „mit seinem Herzen seiner Nation so nahe gewesen, hat er sich selbst so als Deutscher gefühlt, als da er dies Stück vom Kaiser und vom Ritter, von Bürgern und von Reisigen, von Pfeffersäcken und Edelleuten, von Bischöfen, Haudegen und mißbrauchten, geknechteten, aufrührerischen Bauern schrieb. Alle Stände treten zusammen und spielen die Geschichte einer Nation." Schwaben und Franken, alte deutsche Kulturlandschaften, geben dabei den Schauplatz ab für das Drama um einen Streiter für die Unterdrückten und das Recht, kurz: das Volk. Aus diesen Landschaften erwuchs auch die Sprache für das Stück, eine schlechthin großartige Leistung des noch so jungen Dichters.

Vor allem: Die Wirkung des Schauspiels auf die interessierten Zeitgenossen scheint sensationell gewesen zu sein, und auch die folgenden Generationen konnten sich ihm kaum entziehen: „Letztlich schuldete jeder Dramatiker bis hin zum Naturalismus Goethe erster und genialer Tragödie Dank" (Gisela Hesse).

Das heißt nicht, daß die Zeitgenossen nur lobten. Das sehr abfällige Wort des greisen, aufs Französische fixierten Friedrich des Großen (dessen Zeit allerdings zu Ende ging) mochte man noch übersehen: „imitation détestable de ces mauvaises pièces Anglaises" (abscheuliche Nachahmung jener schlechten englischen Stücke). Schwerer wog das Urteil Lessings, der sich über die Formlosigkeit des Dramas entsetzte. Doch Klopstock und Wieland stimmten Goethe zu, und die Jüngeren (u.a. Bürger, Gerstenberg, Schubart) waren begeistert. Rückschauend äußerte Goethe, der „Götz" sei zum „Panier" des „Sturm und Drang" geworden.

Die Geschichte der ersten Aufführungen wirkt daneben bescheiden und ist nicht frei von seltsamen, ja kuriosen Zügen.

Goethe selbst meinte noch 1826 zu Eckermann, daß das Schauspiel „als Theaterstück nicht recht gehen" wolle; und das lag nur zum Teil daran, daß seine Form die Regisseure vor erhebliche Probleme stellte. 1774 kam es zur ersten Aufführung ausgerechnet in Friedrichs des Großen Berlin; wir hören von einem Zigeunerballett als Einlage, aber auch, daß die Kostüme erstmals historisch gewählt worden seien und nicht mehr die übliche französische Hoftracht waren. Die ein halbes Jahr später folgende Hamburger Aufführung hatte auch Dekorationen, die der Zeit des Stücks entsprachen und nicht mehr dem Rokoko. U.a. gab es 1810 eine Aufführung in Wien als „Roßkomödie" mit einem großen Aufwand an Pferden. Als Goethe selbst ein Menschenalter nach Niederschrift und Überarbeitung eine Inszenierung in Weimar betrieb (1804), „stutzte und putzte" er es nach seinem neuen Ideal des klassizistischen Dramas „befremdlich und verhängnisvoll zurecht" (Beutler).

Über diese späte Version ist die Zeit rasch hinweggegangen. Uns Heutigen gilt längst die des Jahres 1773 als die geniale bleibende Leistung, hervorgebracht von einem noch sehr jungen Dichter.

Geschrieben 1771 („Urgötz")/1773. Erschienen (Neufassung von 1773) 1773 im Selbstverlag von Goethe und Merck.

ERSTER AKT *S. 247 auf'n Dienst lauert* nachstellt · *vertragen* versöhnt, beigelegt · *unerhört* ohne zu verhören · *lausen* hier: hart anpacken, verprügeln · *das Bad gesegnet und ihn ausgerieben haben* etwa: ihn verprügelt haben · *S. 248 passen* teilnahmslos verharren, warten · *Bengel* Knüttel, Knüppel · *Bratspieße* Reiterlanzen · *S. 249 Küraß* Brustharnisch · *Blechhaube* Helm · *S. 250 Dachsbach* Ort nordwestlich von Neustadt a.d. Aisch · *Bringt's ihm* trinkt ihm zu · *Laborant* Helfer in der Apotheke · *S. 252 Haslacher Wald* in der Umgebung von Neustadt a.d. Aisch · *S. 254 Weck* Wecken, Brötchen · *Türner* Türmer · *S. 255 nistelten* hefteten · *S. 257 Flasche ... ausgestochen ...* ausgetrunken · *Polacken* Polen · *gepicht* mit Pech überzogen, verklebt · *Castor und Pollux* unzertrennliche Brüder (griech. Sage) · *S. 258 dir anlag* dich mit der Bitte, dem Wunsch bestürmte (Wahrig) · *Schlenzen und Scherwenzen* Herumbummeln und eifrig den Hof machen · *necken* Schaden antun · *Hofschranze* kriecherischer Höfling · *Erbfeind* gemeint ist hier der Türke · *S. 259 glorieren* sich berühmen · *Kundschaft* Kenntnis · *wie's wäre* wie auch immer, einerlei wie · *Explikationen* Textauslegungen · *Liebhaber* hier: Kavalier · *S. 260 Corpus Juris* Gesetzsammlung des oströmischen Kaisers Justinian I. · *Justianus* Justinian I. (6. Jahrh.) · *abgängig* fehlend · *Implicite wohl, nicht explicite* inbegriffen, nicht ausgesprochen · *S. 261 Doktores Juris* Doktoren der Rechtswissenschaft · *Schöppenstuhl* Schöffenstuhl (Laienrichter) · *Casus* Rechtsfälle · *Beutelschneider* Taschendieb · *vorgeschmaus't* etwas (bei den Bräuten) vorher gegessen · *S. 262 Unschlitt* Talg (von Kerzen) · *Schröpfköpfe* Saugglocken (zum Entziehen von Blut) · *Bader* ursprünglich Wärter oder Besitzer eines Badehauses, Barbier und zugleich Wundarzt (für einfache Behandlungen) · *promoviert* hier: die Schellenkappe erworben · *Sachsenhausen* Die Frankfurter sagten den Sachsenhausern Plumpheit und Tölpelhaftigkeit nach · *molestiert* belustigt · *S. 263 Post coenam ...* etwa das deutsche Sprichwort: Nach dem Essen sollst du ruhn oder tausend Schritte tun · *Exercitium* Übung, Bewegung · *Gottespfennig* wörtliche Bedeutung: für die Armen bestimmter Tribut · *Simson* siehe Buch der Richter 16, 19 · *S. 264 Paradiesvogel* schwer zu ergreifender, noch schwerer zu haltender Vogel · *S. 265 behaupten* aufrechterhalten · *Was schafft ihr?* Was wünscht, befehlt ihr? · *S. 266 den Berlichingen vertagt* die Sache Berlichingens zu einem späteren Termin angesetzt · *gehe ... nach Hof* ... an den Hof · *S. 267 Paß vom Herzen* Durchgang, Weg · *Sankt Veit* einer der Nothelfer, u.a. Schutzheiliger gegen den Veitstanz

ZWEITER AKT *S. 268 Cupido* Liebesgott · *muthilich... männilich* Verkleinerungsformen von: mutig, männlich · *Auskunft* Herauskommen, Entkommen · *Probierstein* Stein (schwarzer Schiefer) zur Prüfung von Gold und Silber (auf ihre Echtheit) · *ominöser Vogel* Unheil ankündigender... · *minorenn* minderjährig · *S. 269 in usum Delphini* für den Gebrauch des Dauphins (franz. Thronfolgers); (man stellte ihm im 17. Jahrh. von anstößigen Stellen gereinigte Klassiker-Ausgaben her) · *Kommission* Auftrag, Bestellung · *Wachtelpfeife* Pfeife zum Anlocken von Wachteln · *Sympathie* hier: magische Heilkraft · *Weisling* Weißfisch (Spiel mit Weislingens Namen) · *Leimstange* Vorrichtung zum Fangen von Vögeln · *S. 270 eine Weile* mittlerweile · *S. 272 Geleitzeichen* „Zeichen als Merkmal bezahlten und damit erhaltenen Geleits" (Götz-Wörterbuch) · *S. 273 Chamäleon* Echse, die ihre Hautfarbe wechseln kann · *S. 274 Teuerdank* von Kaiser Maximilian I. angeregter und z.T. auch verfaßter Ritterroman (1517) · *Rübezahl* Berggeist des Riesengebirges · *Geselle* Kamerad · *S. 275 dafür sein* davor, d.h. dagegen sein, es verhindern · *Reineckische Bauern* Bauern des Grafen von Reineck · *S. 277 Antistrophe* Gegenstrophe (im Chorgesang der griechischen Tragödie) · *Metapher* bildlicher Ausdruck · *zahnarztmäßig* marktschreierisch · *Quintessenz* hier: Inbegriff · *Phönix* Vogel der griech. Sage, dort Sinnbild von Unsterblichkeit und Auferstehung · *S. 278 ungeneckt* hier: unbeschädigt · *auf's Kissen zu bringen* d.h. ein erzwungenes Ruhekissen, zur (Todes-)Ruhe · *S. 279 Perücken* hier: Richter · *Assessor Sapupi* durch Umstellung von Buchstaben aus dem Namen Papius abgeleitet, einem wegen Bestechlichkeit entlassenen Assessor des Reichskammergerichts in Wetzlar · *Geldspiel* Menge Geld · *Prokurator* Anwalt · *scheel* schief (d.h. ungünstig) · *Speyer* in jener Zeit Sitz des Reichskammergerichts · *S. 280 Nacht-Ims* Nacht-Imbiß

DRITTER AKT *S. 281 Hydra* sagenhafte Schlange; ihr wuchsen für jeden abgefallenen Kopf zwei neue · *Urfehde* Friedensversprechen mit Verzicht auf Rache · *Bann* Bezirk, in dem eine Strafmaßnahme erfolgen kann · *Session* Sitzung · *S. 282 Reichsexekution* Strafvollzugs-Truppe des Reiches · *S. 283 Weißfisch* Weislingen · *gebeizt* mürbe gemacht (wie Fleisch durch Beize) · *Exekution* Strafvollzug · *Vorwort* hier: Fürspruch, -sprache · *Mietlinge* angeworbene Knechte · *S. 283/284 Conrad Schotten* Conrad von Schott, Raubritter; der Schwäbische Bund zog gegen ihn · *S. 285 gefleischt* das Fleisch verletzt · *S. 287 ein paar Zinken...* Geweihspitzen · *S. 288 mit hellem Hauf* mit dem ganzen Haufen · *patschen* mit den Händen zusammenhauen · *S. 289 multipliziert euch* vervielfältigt euch · *die Lücke reichen* das Loch, durch das man hinein kann · *S. 290 staken* steckten fest · *S. 292 Reichsfähnlein* Fähnlein = Schlachthaufen · *Biet' allen* entbiet, teil mit · *in dieser Extremität...* äußersten Verlegenheit · *S. 293 Piken* Spieße, Lanzen · *Hundsfötter* Schurken · *S. 296 Cherubim* das Paradies bewachende Engel

VIERTER AKT *S. 298 Kapuziner* Mitglied des Kapuzinerordens (eines Zweigs des Franziskanerordens) · *deputierte Räte* die Bevollmächtigten (Götz-Wörterbuch) · *geschlossen* gefesselt · *gestellt* aufgelegt · *S. 299 Kehrig* Kehricht, Unrat · *Weinschröter* Schröter = Fuhrmann · *S. 301 Entstehungsfall* Weigerungsfall · *Wehren* Waffen · *die Versäumnis* Zeitverlust · *S. 302 vor dem Schlag* Schlagbaum, hier: Stadttor · *Gerechtsame* hier: Berechtigung, zu richten · *S. 303 Terminei* Gerichtsbezirk · *Reuse* Gerät zum Fischfang · *Günstige Aspekten...* Ansichten, Anzeichen · *S. 306 deine Geschichte* gemeint ist die Selbstbiographie · *von den Bündischen* Mitgliedern des Schwäbischen Bundes · *S. 307 mit Reitknechten* abfällig gemeint: mit Hasen

FÜNFTER AKT *S. 308 trenteln* trödeln · *S. 309 rauchen* rauhen · *zwitzert* glitzert, flimmert · *S. 310 Sattelhenkens Zeit* Zeit zum Abnehmen und Aufhängen des Sattels, d.h. Ausruhen · *S. 311 Bann gebrochen* wortbrüchig den Bezirk verlassen ·

Tathandlungen Gewalttaten · *S. 312 mich erlassen* loslassen · *nichts Gemeines ...* Gemeinsames · *S. 313 hint* heute nacht · *S. 314 geheischen* verlangt, gebettelt · *wullen* wollen · *Zunder* Zündmittel, leicht Brennbares · *Ist's Friede ...* Ist es in friedlicher Absicht ... · *Blutwurzel* blutstillendes Mittel · *S. 315 überwältigen* gewinnen die Überhand · *S. 316 Mezge* Metzgerei, Fleischerei · *S. 317 verkranken* durch Krankheit enden · *S. 318 ersterben* ganz sterben · *S. 319 rufe die Klag* fordere auf zu klagen · *auf Strang und Schwert* auf Hinrichtung durch den Strang oder das Schwert

Prometheus

Dieses dramatische Fragment hat eine merkwürdige Geschichte:

Goethe schrieb es als Vierundzwanzigjähriger im Sommer 1773; dann hat es ihn offenbar jahrzehntelang nicht mehr berührt, ja es ging ihm verloren. Als er vierzig Jahre nach der Niederschrift, 1813, in „Dichtung und Wahrheit" darauf zu sprechen kam, mußte er sich auf die Erinnerung verlassen.

Sechs Jahre später, 1819, wurde plötzlich berichtet, das Fragment habe sich in einer Abschrift im Nachlaß des 1792 verstorbenen Jakob Michael Reinhold Lenz in Livland gefunden. So bekam es auch Goethe wieder in die Hände.

Aber der hatte sich von den Ansichten der Jugend weit entfernt und schrieb im Mai 1820 ängstlich an Zelter: „Lasset ja das Manuskript nicht zu offenbar werden, damit es nicht in Druck erscheine. Es käme unserer revolutionären Jugend recht willkommen ..."

Er nahm es ein weiteres Jahrzehnt später, 1830, dann doch in die Ausgabe letzter Hand auf. Die Prometheus-Ode „Bedecke deinen Himmel, Zeus" fügte er als dritten Akt hinzu, obwohl sie Wiederholungen aus den ersten beiden Akten enthält.

Ein möglicher Fortgang des Dramas läßt sich aus dem Vorliegenden nicht ableiten. Hat der junge Goethe überhaupt ein ganzes Stück geplant? Auch diese Frage wurde aufgeworfen und eher verneint.

Entstanden 1773. Erschienen 1830 in den „Werken" (Ausgabe letzter Hand), Band 33, in Stuttgart/Tübingen bei Cotta.

ERSTER AKT *S. 325 Prometheus* Sohn eines Titanen, formte aus Lehm Menschen, brachte ihnen das von Zeus gehütete Feuer · *Merkur* der Götterbote · *neidschten* quälten · *S. 326 Epimetheus* Bruder des Prometheus, Gegensatz zu ihm · *ungeklagt* ohne sich beklagt zu haben · *billig, billiger* gerecht, gerechter · *S. 327 Ergeizen* nach Art Geiziger an sich ziehen · *S. 328 So wähnt die Macht* So wähnt, wer im Besitz der Macht ist · *Donnervogel* der Adler des Zeus · *S. 329 entboten* angeboten

ZWEITER AKT *S. 330 lettenen Hof* tönernen Hofstaat (Letten = Töpferton) · *S. 331 gezeitigt* hier: gegart · *S. 332 ausgeartet* aus der Art geschlagen, entartet

Clavigo

Goethe berichtet im Fünfzehnten Buch von „Dichtung und Wahrheit" von einer Frankfurter Gesellschaft „junger Männer und Frauenzimmer" des Jahres 1774, die sich einmal in der Woche traf. Ein Spiel dieses Zirkels bestand darin, daß man jedesmal loste, um für die nächsten sieben Tage „wahrhafte Ehegatten“ zu bestimmen.

Ihn führte das Los zweimal mit einem „sehr guten Wesen“ zusammen, „die man sich als Frau gerne denken mag“. Diese Susanna Magdalena Münch war es dann, die eines Tages, als Goethe das gerade erschienene „Quatrième Memoire“ des französischen Schriftstellers Beaumarchais gegen Clavigo vorgelesen hatte, anregte, „dieses Memoire in ein Schauspiel zu verwandeln“. Goethe versprach, das innerhalb von nur acht Tagen zu tun, und er hielt die Zusage ein. Er hat das Theaterstück vermutlich zwischen dem 13. und 20. Mai jenes Jahres geschrieben.

Das Thema des Trauerspiels: ein Mann, (nach Goethe) „ein unbestimmter, halb groß, halb kleiner Mensch“, zwischen der Liebe zu einer nicht herausragenden Frau und der Berufung zu Großem. Man denkt an Goethes Verhalten Friederike Brion gegenüber, und er hat bestätigt, daß er sich, nachdem er sie verlassen hatte, schuldig fühlte und durch „selbstquälerische Büßung“ in Gestalt einer „poetischen Beichte“ einer „innern Absolution würdig zu werden“ versucht habe.

Schon im August 1774 lag das Stück gedruckt vor. Die Form betreffend hatte Goethe sich diesmal nicht, wie für den „Götz“, Shakespeare zum Vorbild genommen, sondern eher die streng gebauten Stücke Lessings. Das machte es den Bühnen weitaus einfacher, und die gingen gern darauf ein und hatten Erfolg. Gleich die erste Aufführung (Ende August 1774 in Hamburg) wird als bedeutend geschildert.

Geschrieben im Mai 1774. Erschienen im August 1774 in Leipzig in der Weygandschen Buchhandlung.

S. 338 Archivarius Leiter eines Archivs, hier: der königlichen Urkundensammlung

ERSTER AKT *S. 339 Sentiments* Empfindungen · *honnett* ehrsam, anständig · *S. 340 Whal* = Wall, spanischer Außenminister · *Grinaldi* spanischer Minister · *S. 342 Vaudevilles* hier: volkstümliche Lieder · *Roman* hier: Liebesabenteuer · *Attachement* Anhänglichkeit · *ängstlich* hier im Sinne von: beengend

ZWEITER AKT *S. 343 distinguieren* auszeichnen · *S. 344 Kolporteur* Verbreiter von Neuigkeiten · *Indiskretion* hier im Sinn von Neugierde, Zudringlichkeit · *S. 345 Englischen Zuschauers* die Zeitschrift „Spectator“, ein berühmtes Wochenblatt · *S. 346 Kabalen* Intrigen, Ränke · *initiiert* eingeweiht · *Insolenz* Unverschämtheit, Anmaßung · *biete sie auf* fordere sie auf · *Konvulsionen* Krämpfe · *expreß* hier im Sinne von: extra · *S. 347 Konvenienz* Schicklichkeit, Übereinkunft · *entwickeln* hier: entwirren · *Aranjuez* eine Residenz des spanischen Hofes · *Buenretiro* Lustschloß der spanischen Könige im großen Park El Retiro von Madrid · *S. 349 die Pyrenäen nicht zurück messen* Umschreibung für die Flucht nach Frankreich · *Portefeuille* Aktentasche, Brieftasche

DRITTER AKT *S. 352 romantisch* hier im früheren Sinn: romanhaft · *S. 353 auskommen* herauskommen (im Sinn von herauslassen) · *S. 354 Hofschranzen* kriecherische Höflinge

VIERTER AKT *S. 356 verschneiden* hier: durchhecheln (mit der Absicht zu schaden) · *S. 357 Duenna* Dame · *S. 359 quästionieren* ausfragen · *S. 360 die Zunge steht inne* die Zunge der Waage steht in der Mitte · *S. 361 Prätensionen* Forderungen, Ansprüche stellen · *S. 362 Das Gewisse* d. h. das Sichere · *die heilige Hermandad* scherzhafte Bezeichnung der Polizei · *S. 363 paille Band* strohfarbenes Band · *S. 364 Niederschlagendes* ein Mittel, das Erregung niederschlägt, d. h. dämpft · *S. 365 mit Gift vergäbe* vergiftete

Egmont

Die Entsstehungsgeschichte des Trauerspiels beginnt 1774/75 und endet erst 1787. Das bedeutet: ein Stürmer und Dränger hat sich das Werk vorgenommen, ein Mann etwa in der Mitte seines Lebens, der in Italien immer mehr zu klassischen Auffassungen kam, hat es abgeschlossen. Liegen die Anfänge in der Nähe des „Götz" und des „Werther", so fällt die Beendigung in die Umgebung von „Iphigenie" und „Tasso"; und der etwa Vierzigjährige konnte kaum dieselben Ansichten wie der Fünfundzwanzigjährige haben. Nicht wenige der Mühen, das Werk überhaupt noch zu Ende zu bringen, lagen darin begründet.

In „Dichtung und Wahrheit" erzählt Goethe, daß er sich in der spätesten Frankfurter Zeit u. a. mit der Geschichte der „nachher vereinigten Niederlande" beschäftigt habe und daß ihm die Situationen „höchst dramatisch" erschienen seien. Als Hauptfigur, „um welche sich die übrigen am glücklichsten versammeln ließen", war ihm Egmont aufgefallen, „dessen menschlich ritterliche Größe" ihm „am meisten behagte". Als Quellen haben ihm vor allem gedient: Emanuel von Meterons „Eygentlich und vollkommene historische Beschreibung dess Niederländischen Kriegs" (1627) und Famiamus Stradas, eines Spaniers, Werk „De bello belgico decades duae" (1632). Freilich sah er wohl bald, daß er das Urbild seines Helden längst nicht in allem übernehmen konnte, sondern daß er für seine Absichten besser in einigen wesentlichen Punkten ganz erheblich abänderte. Darüber sagte er 1827 zu Eckermann: „Hätte ich den Egmont so machen wollen, wie ihn die Geschichte meldet, als Vater von einem Dutzend Kindern, so würde sein leichtsinniges Handeln sehr absurd erschienen sein. Ich mußte aber einen anderen Egmont haben, wie er besser mit seinen Handlungen und meinen dichterischen Absichten in Harmonie stände; und dies ist, wie Klärchen sagt, *mein* Egmont." Anfangs hat Goethe sich wohl sehr weitgehend mit Egmont identifizieren können, dem er „die ungemessene Lebenslust, das grenzenlose Zutrauen zu sich selbst" sowie „die Gabe, alle Menschen an sich zu ziehen" zuschrieb („Dichtung und Wahrheit", 20. Buch). Das Dämonische der Figur hat ihn offenbar fasziniert.

Die Arbeit an dem Werk verlief gleichsam in Schüben. Die erste Arbeitsphase fällt vor allem ins Jahr 1775, die zweite in den Dezember 1778, und im Mai 1779 sollte möglichst das Ganze fertig werden. Doch es stellten sich immer neue Behinderungen ein; und erst 1782 kam es zu weiteren konkreten Bemühungen, und abermals hören wir von der Hoffnung, das Stück „endlich zu zwingen". Doch nochmals vergingen darüber Jahre; und vielleicht war es schließlich ein äußerer Grund: eine geplante erste Gesamtausgabe der Goetheschen Werke, der zum Abschluß drängte. Der (italienische) Sommer 1787 ging dann mit intensiver Arbeit an diesem Trauerspiel hin; am 15. September des Jahres konnte Goethe es endlich an Herder schicken.

1788 ist es erschienen. Erst drei Jahre später fand in Weimar die erste Aufführung statt — ohne sonderliche Resonanz. Die Bemühungen um die Bühne wurden also ebenfalls mühsam. Fünf Jahre danach, 1796, wagte es Goethe mit einer von Schiller durchgeführten ziemlich rigorosen Überarbeitung; auch diese Version überzeugte nicht. Nach Beginn des 19. Jahrhunderts hat dann Goethe selbst nochmals eine Fassung für die Weimarer Bühne erarbeitet; danach konnte er in „Dichtung und Wahrheit" von der „Gunst" sprechen, die das Stück „freilich nicht gleich, aber doch später und zur rechten Zeit" erlangt habe, „deren es noch jetzt genießt".

Entstanden: 1774/75—1787. Erstdruck: Im 5. Band der „Schriften", erschienen 1788 in Leipzig bei G. J. Göschen.

ERSTER AUFZUG *S. 373 traktieren* bewirten · *Pritschmeister* lustiger Ordner bei Schützenfesten (Wahrig) · *Reverenz* Ehrfurchtsbezeigung · *uns gastieren* zu Gast laden, freihalten · *S. 374 ohne Präjudiz* ohne für spätere Fälle maßgebend zu sein · *splendid* freigebig, großzügig · *wälschen* hier: französischen · *hielten lange wider* boten lange Widerpart, d.h. Gegnerschaft · *S. 375 die wir beidlebig sind* die wir sowohl auf dem Land als auch auf dem Wasser leben · *die wälsche Majestät* Heinrich II. von Frankreich (1519—1559) · *aus den Kapiteln* Versammlungen von Geistlichen · *die neuen Psalmen* des französischen Autors Clément Marot (1496 bis 1544). Er übersetzte die Psalmen sehr frei; der Papst hielt diese Version für ketzerisch · *S. 376 Inquisition, Inquisitionsdiener* katholisches Ketzergericht; Beauftragte dieses Gerichts · *Geköch* gekochtes Gericht, Speise · *S. 377 Vexier' Er sich!* Foppe, necke er sich selbst! · *eine Art Kanon* Kanon = Kettengesang · *Schwindelgeist* Schwindel hier im Sinn von Lüge, Betrug · *S. 378 Machiavell* Einen Machiavell hat es im Gefolge der Margarete tatsächlich gegeben. Goethe hat wohl bewußt diesen Namen genommen, weil er zugleich der des italienischen Politikers Niccolò Machiavelli (1469—1527) ist, der Begründer einer Wissenschaft der Politik war und einer durch keine moralischen Bedenken gehemmten Machtpolitik das Wort redete · *Grillen* Launen · *S. 379 fette Pfründen* ergiebige, ziemlich mühelose Einkommen · *S. 380 er ist heimlich* er hat Heimlichkeiten · *mit seinen Gesundheiten* mit seinen Gesundheitswünschen, d.h. seinen Trinksprüchen · *die neuen Livreen* Einige niederländische Adlige hatten sie für ihre Bedienten eingeführt; u.a. waren sie derart mit Narrenkappen verziert, daß man darin eine Verspottung des Kardinalshuts sehen konnte · *nicht alles gedenkt* nicht alles nachträgt · *S. 381 sein golden Vlies* 1429 war der berühmte Orden vom Goldenen Vlies (goldenes Vlies = Fell eines goldenen Widders) gegründet worden · *der Ruf* das Gerücht · *sekundiert* leistet Beistand, hier: singt die zweite Stimme · *S. 384 besorgen* in Sorge sein, befürchten · *S. 385 Exerzitium* Übung, Schulübung

ZWEITER AUFZUG *S. 385 Zunft* Vereinigung der Handwerker · *S. 386 die sieben Weisen aus Griechenland* altgriechische Philosophen; hier: Verspottung mahnender Schwätzer · *Patron* Förderer, Schutzherr, Herr · *ein Branntweinzapf* Branntweintrinker, Säufer · *S. 387 hat Pfiffe* ist pfiffig, verschlagen · *Pergamente* Schriftstücke (auf Pergament) · *Kontrakten und Gerechtigkeiten* Verträge und Berechtigungen · *ihre Staaten* hier: ständische Vertretungen · *Landstände* Vertreter der bevorrechtigten Stände auf Landtagen · *S. 388 Staat des Landes* Status, gesetzlicher Zustand des Landes · *S. 390 Exekutionen* Hinrichtungen · *S. 391 Relation* Bericht · *S. 393 Hof-Kadenz* „In Hofkadenz liegt das Zeremonielle und Gleichaltrige der Bewegung" (Kayser) · *harsch* hart · *sich wahren* sich in acht nehmen · *Bettelsäcke* Säcke, in denen man das Erbettelte trug; Emblem der Geusen · *Unnamen* Beinamen; gemeint ist die Bezeichnung „Geusen" (Bettler), den sich die Freiheitskämpfer zugelegt hatten · *S. 394 Diskurs* Erörterung · *Herkules* Held der griechischen Sage, Sinnbild der Stärke · *Kunkelhof* Kunkel = Spindel; gemeint ist: Weiberhof · *S. 395 abzuhaspeln* im Sinn von: herunterleiern · *gewärtig* dienstbereit · *S. 396 Panier* Banner, Wahrzeichen · *S. 397 die Handlung* den Handel

DRITTER AUFZUG *S. 399 Episteln* längere kunstvolle Briefe, Sendschreiben · *Conseil* Rat, Ratsversammlung · *der hohläugige Toledaner* gemeint ist Alba, Herzog von Toledo · *aus diesem Kapitel* Kapitel der Strafgesetze · *S. 402 Passement-Arbeit* Arbeit mit wertvollen Borten · *in den Kredit gesetzt* in das Ansehen gebracht · *S. 403 Podagra* Fußgicht · *Amazone* Angehörige eines kriegerischen Frauenvolks der griechischen Sage

VIERTER AUFZUG *S. 404 eine Art von Krebsen* Krebse: im Sinn von Gepanzerte (?) · *Unsre Miliz* Bürgerwehr · *ausgegrätschten Beinen* ausgespreizten . . . · *S. 405 der ist allein was vermögend* der kann allein was ausrichten · *Motion* Bewegung ·

S. 406 sich schneuzen hier etwa: rasch verlöschen · *Inquisiten* Verhörten · *zum Schelmen verhört* im früheren Sinn: zum Bösewicht, ehrlosen Menschen ... · *S. 407 in effigie* „im Bilde" · *ausgepichte Wölfe* abgefeimte ... · *S. 408 Kordon* Absperrung · *Königliche und Ketzer* französische Katholiken und Hugenotten · *Schweizer und Verbundne* die Schweizer und die ihnen verbündeten Genfer und Graubünder · *S. 409 politisch* im Sinn von: geschickt sich anpassend · *S. 411 Seiger* Zeiger · *Lostopf* Topf mit Losen · *S. 412 General-Pardon* allgemeiner Straferlaß · *S. 413 Waren Könige darum nicht sicherer* ... darum weniger sicher · *abzulehnen* (wie ein Fechter) zu parieren · *ein doppeltes Joch* d. h. sowohl durch weltliche wie geistliche Macht

FÜNFTER AUFZUG *S. 419 innerst* im Innersten · *S. 420 dem erdgebornen Riesen gleich* dem Antaios der griechischen Sage, Sohn des Poseidon und der Gäa (Erdgöttin) · *S. 421 nach seiner Hülfe* zu seiner Hilfe · *S. 424 des Gerichts der Zwölfe* von Elba eingesetztes Gericht, nach Meinung des Volkes ein Blutrat · *S. 425 Ansehn* Aussehen · *S. 427 ich regiere mich nicht* beherrsche mich nicht · *verrennt* versperrt · *S. 429 das Bündel Pfeile* d. h. ein Einigkeit anzeigendes Bild

Iphigenie auf Tauris

Am 14. Februar 1779 notierte Goethe in seinem Tagebuch: „... früh Iphigenia anfangen dictieren." Am selben Tag schrieb er an Charlotte von Stein: „Den ganzen Tag brüt' ich über ‚Iphigenien', daß mir der Kopf ganz wüst ist ..."

Er war damals fast dreißig Jahre alt und seit etwa drei Jahren in Weimar. Amtsgeschäfte nahmen ihn gerade in jenen Wochen des endenden Winters ziemlich her, als die erste Fassung des Werks entstand: Wir hören von Rekruten-Aushebungen, Besichtigung von Straßen im Herzogtum, und das heißt: Ritte, Reisen, kleine Orte, Wirtshäuser. In Apolda zum Beispiel hält er fest: „Hier will das Drama gar nicht fort, es ist verflucht, der König von Tauris soll reden, als wenn kein Strumpfwürker in Apolde hungerte." Und trotzdem — es gleicht einem kleinen Wunder — kann er schon am 28. März 1779 niederschreiben: „Abends: ‚Iphigenie' geendigt."

In derselben Raschheit, ja auffallenden Eile ging es weiter: Noch im März hatte er begonnen, die erste Aufführung des Werks vorzubereiten, und schon am 6. April 1779 wurde es auf Schloß Ettersburg bei Weimar gespielt (von einer Liebhabertruppe mit Goethe als Orest und Corona Schröter als Iphigenie — Georg Melchior Kraus hat einen Auftritt der beiden in einem Ölbild festgehalten).

Doch Goethe war mit der ersten, der 1779 abgeschlossenen Prosa-Fassung nicht zufrieden. Im Herbst des folgenden Jahres schrieb er an Lavater, daß er ihr u. a. „noch mehr Harmonie im Stil zu verschaffen" versuche. Die Geschichte der verschiedenen Fassungen dieses Schauspiels, eindrucksvolles Zeugnis für das Ringen eines großen Dichters um ein Werk, soll hier nur kurz wiedergegeben werden. Wir erfahren von zwei Umarbeitungen der Prosa-Fassung (1780, 1781), dazu auch schon von einer zweiten Fassung in freien Jamben (1780). Diese zweite Fassung wurde die Grundlage für die weitere Arbeit an dem Schauspiel in den folgenden Jahren bis zu der endgültigen Fassung in Italien.

Die ersten Monate dort im Süden, September bis Dezember 1786, führten dann in intensiver Arbeit (über die es zahlreiche Brief- und Tagebuch-Zeugnisse gibt) zu der Umarbeitung in fünffüßigen Jamben. In dieser Version ist das Werk 1787 erstmals gedruckt erschienen. Die Erstaufführung fand (in einer Bearbeitung Schillers für die Bühne) erst am 15. Mai 1802 statt.

Den Stoff hatte Goethe in dem bekannten Werk des Euripides, „Iphigenie bei den Tauriern" vorgefunden. Er ist jedoch dem altgriechischen Tragiker in wesentlichen Zügen nicht gefolgt, erheblicher noch: er schuf ein „frühklassisches Seelendrama" (Kurt May), das die gewandelte Weltsicht und das veränderte Selbstverständnis des Dreißig-, Fünfunddreißigjährigen dokumentiert: unter dem Einfluß der Charlotte von Stein (die, wie er selbst dichtete, „Mäßigung dem heißen Blute" gebracht hat) hatte er die jugendliche Verherrlichung großer Männergestalten (Götz von Berlichingen) hinter sich gelassen, strebte nach Maß, Harmonie, Reinheit, schuf er das Bild einer edlen, kompromißlos wahrhaftigen Frau.

Dieses Bild der Iphigenie hat bis in unsere Zeit die Auseinandersetzung herausgefordert und nicht nur Begeisterung oder wenigstens lobende Zustimmung ausgelöst. Richard Friedenthal schreibt z. B. in seinem „Goethe" (1963): „Kein Schrei hallt in Goethes Werk. Kaum sind Kontraste angedeutet. Alle Gestalten sind edel, bis zu den Nebenfiguren. Auch der Barbarenkönig ist vornehm und verzeiht." Und über die Hauptfigur, „eine Idealgestalt": „Ihr fehlt selbst der geringste kleinmenschliche oder frauliche Zug." Eine umfangreiche, vielbeachtete Deutung veröffentlichte 1979 Wolfdietrich Rasch: „Goethes Iphigenie auf Tauris als Drama der Autonomie."

Entstanden: 1779—1786. Erstausgabe: Im 3. Band der „Schriften", erschienen 1787 in Leipzig bei G. J. Göschen.

S. 432 Iphigenie griechische Sagengestalt, Tochter des Agamemnon und der Klytämnestra, Schwester des Orest und der Elektra · *Tauris* alter Name für die Halbinsel Krim · *Dianens Tempel* Diana = (römische) Göttin der Jagd; entspricht der griechischen Artemis

ERSTER AUFZUG *S. 433 Zeus* der höchste Gott der Griechen · *S. 434 Troja* antike Stadt im Nordwesten Kleinasiens; Ort des Trojanischen Kriegs (wohl im 12. Jahrhundert v. Chr.) · *umgewandte Mauern* umgeworfene, d. h. zerstörte · *S. 435 Lethe* in der griechischen Mythologie Fluß in der Unterwelt; tranken die Seelen der Verstorbenen sein Wasser, so wurde ihnen Vergessen beschert · *S. 436 Skythe* Bewohner von Tauris · *S. 438 gerochen* gerächt · *S. 440 Jupiter, Jovis* höchster Gott der Römer; entspricht dem griechischen Zeus · *Tartarus* in der griechischen Mythologie Strafort der Unterwelt · *Titanen* in der griechischen Mythologie die riesenhaften Kinder des Uranos und der Gäa; sie lehnten sich gegen Zeus-Jupiter auf und wurden in den Tartarus verbannt · *Tantalus* sagenhafter griechischer König. (Er mußte „Tantalusqualen" erleiden, nachdem er den Göttern seinen geschlachteten Sohn Pelops als Mahl vorgesetzt hatte.) · *Hippodamia* Frau des Pelops · *S. 442 Aulis* griechische Hafenstadt des Altertums · *Kalchas* Priester Dianas und Seher der Griechen zur Zeit des Trojanischen Kriegs

ZWEITER AUFZUG *S. 445 Apollen* Apollon, griechischer Gott des Lichts, u. a. auch Schutzherr der Musen · *S. 447 Orkus* Unterwelt; = Tartarus · *das Ängstliche von* das Beängstigende an · *S. 449 Delphi* antike Stadt in Griechenland; im dortigen Apollon-Tempel verkündete Pythia ihre Orakel · *das Amt der Furien* die Furien = Erinnyen waren Rache-Göttinnen · *Ich hör' Ulyssen reden* d. h. ich höre jemanden reden wie den listenreichen Ulyssus (Odysseus) · *S. 450 ausgelockt* aus ihnen herausgelockt, erfragt · *Stamm der Amazonen* ein sagenhaftes kriegerisches Frauenvolk · *wenden ab* mögen abwenden · *S. 451 Söhne des Adrasts: ... Cephalus ..., Laodamas* willkürlich gewählte falsche Namen · *S. 452 Barbaren* Die Griechen bezeichneten ursprünglich alle nicht griechisch Sprechenden als Barbaren; hier Bezeichnung für die Trojaner · *Achill ... Palamedes ... Ajax Telamons* griechische Helden vor Troja · *Mykenens Hallen* Burg des altgriechischen Ortes Mykene, bei

Homer Sitz des Königs Agamemnon, d.h. Vaters von Iphigenie und Orest · *S. 453 entwickeln* herauswickeln

DRITTER AUFZUG *S. 454 Herd der Vatergötter...* der Götter des väterlichen Hauses · *Olymp* Berg in Griechenland; er galt als Sitz der Götter · *Avernus Netze* Der Avernus, ein Kratersee in Italien, galt als Tor zur Unterwelt · *Elektra* Schwester von Iphigenie und Orest · *S. 456 stiefgewordne Mutter* zur Stiefmutter geworden · *Acheron* nach der griechischen Sage ein die Unterwelt umströmender Fluß · *S. 458 der Immerwachen* d.h. der Furien (Rachegöttinnen) · *Erinnyen* = Furien, d.h. Rachegöttinnen, Rächerinnen von Freveln · *Gorgone* Beim Anblick der Gorgonen, weiblichen Schreckensgestalten der Sage, mußten Menschen entsetzt zu Stein werden · *S. 459 Kreusa's Brautkleid* Jason hatte Medea wegen Kreusa verlassen; darauf vergiftete Medea das Gewand der Kreusa und tötete sie · *Herkules* = Herakles, Sohn des Zeus und der Alkmene, größter der sagenhaften griechischen Helden · *Lyäens Tempel* Lyäus = Dionysos, Bacchus, der Gott des Weines und Rausches · *Parnaß* Berg in Griechenland, der im Altertum als Sitz der Musen und des Apollon galt; dort entsprang der kastalische Quell · *Nymphe* eine niedere weibliche Naturgottheit · *S. 462 Pluto* Gott der Unterwelt · *Geschwister* gemeint sind hier die Lichtbringer Apollo und Diana als Gottheiten von Sonne und Mond · *S. 463 Parze* (römische) Schicksalsgöttin · *Iris* Göttin des Regenbogens; auch Botin der Götter · *Eumeniden* = beschönigende Bezeichnung für die Erinnyen, d.h. Rachgöttinnen · *Schluß* Entschluß

VIERTER AUFZUG *S. 464 zu hinterhalten* etwa: hinterhältig zu sein, d.h. die An- und Absichten zu verbergen · *S. 465 menschlich zu erretten* d.h. nicht durch außermenschliche Kräfte · *S. 471 Port der Vaterwelt* Hafen der Heimat

FÜNFTER AUFZUG *S. 478 horche* gehorche · *S. 481 Dem goldnen Felle* dem goldenen Widderfell, d.h. goldenen Vlies, das die Argonauten erbeuteten

Torquato Tasso

Tasso ist ein Werk Goethes in seinem vierten Lebensjahrzehnt, begonnen um 1780, abgeschlossen 1789.

Am 30. März 1780 schrieb er in sein Tagebuch: „... hatt' ich den erfindenden Tag ... Zu Mittag nach Tiefurt zu Fuß. Gute Erfindung ‚Tasso'." Und gegen Ende Oktober des Jahres: „Tasso angefangen zu schreiben." Mitte November ist der Anfang des zweiten Aktes erreicht; doch erst ein Jahr später, im November 1781, geht dieser zweite Akt mit der Post nach Zürich zu Barbara Schultheß und zu Lavater, dem Goethe u.a. schreibt: „... Die Unruhe, in der ich lebe, läßt mich nicht über dergleichen vergnüglichen Arbeiten bleiben, und so sehe ich auch noch nicht den Raum vor mir, die übrigen Acte zu enden."

Er hatte es damit zutreffend vorausgesehen. Erst Anfang 1787 in Rom wandte er sich wieder diesem Werk zu: „Nun wird an ‚Tasso' gearbeitet, der geendigt werden soll" (19. 2. an Knebel). Er nahm das vor Jahren „in poetischer Prosa" Geschriebene auf die Reise nach Sizilien mit: „Die zwei ersten Acte des Tasso ... hatte ich von allen Papieren allein mit über See. Diese beiden Acte ... hatten etwas Weichliches, Nebelhaftes, welches sich bald verlor, als ich nach neueren Ansichten die Form vorwalten und den Rhythmus eintreten ließ" („Italienische Reise"). Auch für diese Weiterarbeit war nun also von vornherein der jambische Blankvers vorgesehen.

Offenbar trat nochmals eine Verzögerung ein. Erst genau ein Jahr später, März 1788, schrieb Goethe an Carl August: „Ich lese jetzt das Leben des Tasso, das Abbate Serassi und zwar recht gut geschrieben hat. Meine Absicht ist, meinen Geist mit dem Charakter und den Schicksalen dieses Dichters zu füllen, um auf der Reise etwas zu haben, das mich beschäftigt." Diese Reise war die Rückreise aus Rom (über Florenz und Mailand) nach Hause; erst dort in Weimar kam die Arbeit ein Jahr später, wohl im Juni 1789, in etwa zum Abschluß: in diesem Monat ging das Manuskript an den Verleger Göschen ab.

Erst im August aber sprach Goethe davon, daß das Werk „fertig" sei: er habe „noch immer an den letzten zwei Acten zu thun gehabt." Anfang 1790 ist das Schauspiel erschienen.

Es werden uns zwei Quellen für das Werk genannt: für die Arbeit vor 1788 „Vita di Torquato Tasso" von Giovanni Battista Manso (um 1620); und dann — wie es auch die oben zitierte Briefstelle belegt — „La vita di Torquato Tasso" von Abbate Pierantonio Serassi (die erst 1785 erschien). Freilich ist Goethe auch in diesem Fall mit der überlieferten Wirklichkeit ziemlich frei verfahren; der historische Herzog z.B. ist ein kalter Despot gewesen, und um ihn hat sich zur Zeit von Gegenreformation und Inquisition nicht ein edler aristokratischer Kreis bewegt. Goethe ist es mehr um die eigenen bewegenden, auch bedrückenden Erfahrungen seines ersten Weimarer Jahrzehnts gegangen, die er nun freilich nicht mehr direkt und deutlich wiedergab wie z.B. fünfzehn Jahre früher die Wetzlarer Erlebnisse im „Werther".

„Die Tragödie des Dichters" betitelte Wolfdietrich Rasch (1954) seine Arbeit über Goethes „Tasso". Kurt May stellte fest, der Dichter und Weltmann Goethe habe in diesem Dichterdrama „den Untergang des weltlosen, heillos weltfremden Dichters gestaltet". Von Goethe selbst gibt es jene auf Tasso bezogene Formulierung von der „Disproportion des Talents mit dem Leben", die Caroline Herder überliefert hat. Der moderne Leser oder Theaterbesucher hat es mit diesem Schauspiel nicht leicht: da ist seine Handlungs-Armut, da ist vor allem das Bild einer ausschließlich edlen Welt, Produkt einer Sehnsucht des Dichters, daran zu glauben fällt uns Heutigen sehr schwer. „Solche Menschen müßte der Dichter um sich haben", schreibt Richard Friedenthal mit nicht überhörbarer Kritik, „edel alle, auch der frühere Intrigant, wahre Genies des Verständnisses für jede Seelenregung"; doch ebenso eindeutig umreißt er dann den Wert des Schauspiels: „Der ‚Tasso' ist Goethes größtes Kunstwerk, als Kunstgebilde ein Kammerspiel, ein Quintett mit fünf gleichberechtigten Instrumenten und feinster Stimmführung."

Zu Goethes Zeit hatte ein Franzose, Jean-Jacques Ampère, den „Tasso" „einen gesteigerten Werther" genannt; dem Dichter hat das angeblich sehr zugesagt.

Einer Inszenierung des Schauspiels hat sich Goethe eher entgegengestellt; erst nach fast zwanzig Jahren, 1807, fand die Uraufführung in Weimar statt, halb gegen seinen Willen. Das 19. Jahrhundert hindurch folgte dann eine wahre Flut von Künstlerdramen dem von Goethe geschaffenen Vorbild.

Entstanden: 1780—1789. Erstdruck: Im 6. Band der „Schriften", erschienen 1790 in Leipzig bei G. J. Göschen.

ERSTER AUFZUG *S. 485 Herme* auf einer Säule stehende Büste · *Meister Ludwig* Lodovico Ariosto, italienischer Dichter der Renaissance (1474—1533) · *S. 486 Ferrara* bedeutender lombardischer Fürstenhof der italienischen Renaissance · *Herkules von Este* Herzog von Ferrara, Großvater der Prinzessin; er nahm den Dichter Matteo Maria Boiardo an seinen Hof auf. Sein Sohn, Kardinal Hippolyt von Este, nahm Ariost in sein Gefolge auf · *Petrarch* Petrarca, italienischer Dichter (1300—1374) · *S. 487 Mutter* Renata, Tochter Ludwigs XII. von Frankreich, war nach einem Besuch Calvins in Ferrara zum Calvinismus übergetreten und mußte daraufhin in die Verbannung gehen · *Lucretia* die Schwester der Prinzessin · *S. 488 Myrte* der heilige Baum der Liebesgöttin · *gemein* alltäglich · *S. 489 Hesperien* mythischer Garten im äußersten Westen, dessen goldene Äpfel von singenden Nymphen, den Hesperiden, bewacht wurden · *Schülerin des Plato* Platon interpretiert Eros, den Gott der geschlechtlichen Liebe, in einem über das bloß Sinnliche hinausgehenden Sinne · *S. 490 mit Psychen sich vermählte* gemeint ist der Liebesgott Eros · *S. 492 Consandoli* kleines Schloß bei Ferrara · *S. 494 Der teuern Eltern unverdiente Not* Torquatos Vater Bernado war Hofdichter eines neapolitanischen Adligen. Er verfiel der Ächtung und mußte seine Familie in Armut zurücklassen (Kuhn) · *S. 495 auf dem Kapitol* In Rom zum ,poeta laureatus' (dem mit Lorbeer gekrönten Dichter) gekrönt zu werden war die höchste Ehrung · *S. 497 Elysium* Wohnort der Seligen · *Alexander* Alexander der Große · *Achill und Homer* der sagenumwobene Held des Trojanischen Krieges und der, der ihn besungen hat · *S. 498 Gregor* Papst Gregor XIII. Ferrara war päpstliches Lehen · *S. 499 für die Nepoten viel getan* Vetternwirtschaft betrieben · *S. 500 Jerusalem ... erobert* Tassos Hauptwerk heißt ,Das befreite Jerusalem'

ZWEITER AUFZUG *S. 503 Echo* Nymphe, von Hera dazu verurteilt, immer nur die letzten Silben der anderen nachzusprechen. Aus Liebeskummer verkümmerte sie schließlich zur bloßen Stimme · *S. 505 Herzog von Urbino* heiratete 1570 Lucretia von Este, die Schwester der Prinzessin · *S. 506 Grazien* Personifizierungen der Anmut · *S. 507 Die goldene Zeit* Es folgen Motive aus Torquato Tassos Schäferspiel „Aminta" (1580) · *S. 509 Armide, Tancred, Chlorinde, Erminie, Sophronie, Olinde* Personen aus ,Das befreite Jerusalem' · *S. 511 des Dichters Lippe* Pindar soll als Kind von Bienen die Lippen mit Honig beträufelt bekommen haben (Insel) · *S. 514 Minerva* Göttin der Weisheit · *S. 515 unsittlich* unhöflich · *frech* kühn · *steh mir* stelle dich mir zum Zweikampf · *S. 516 Vergib dir nur* Schade deiner Würde nur ... · *S. 517 schwer Gesetz* Burgfrieden, auf dessen Verletzung Freiheitsstrafe stand · *ausgehalten* „den Gegner durch an sich haltende Ruhe abwehren und zugleich reizen, ablaufen lassen (singuläre Bedeutung)" (Goethe-Wörterbuch der Akademie der Wissenschaften zu Berlin-DDR 1966) · *S. 518 Wenn dieses Herz ... Dir fehlt und sich ...* Verfehlungen gegen Dich und sich selbst begeht (Betonung auf Herz!) · *S. 519 Kardinal* Tasso war vorher in Diensten des Kardinals Luigi von Este, Alfons' Bruder

DRITTER AUFZUG *S. 523 Jähe* Heftigkeit · *mit Willen* freiwillig · *S. 525 dem fremden Irrtum* Calvinismus (s. o.) · *S. 528 Laura* die Angebetete in Petrarcas Liedern · *S. 532 Er rühmt sich zweier Flammen! knüpft und löst/Die Knoten hin und wider und gewinnt/Mit solchen Künsten solche Herzen! Ist's/Zu glauben?* Aus einem gegen Tasso gerichteten Sonett seines Gegners Guarini (Insel)

VIERTER AUFZUG *S. 534 Glück* Zufall · *S. 536 übersehen* überblicken · *S. 539 Welch einem Fürsten* Franz I. von Medici, Großherzog von Toskana. Die Medici waren reicher und mächtiger als die Este, letztere jedoch älter; daher der *S. 541 stille Neid* von dem Tasso im folgenden Auftritt spricht · *S. 543 Speer* Speer des Achill, der König Telephos verwundete und heilte · *S. 544 Stanze* italienische Strophenform aus acht Verszeilen · *Gonzaga* Scipione Gonzaga, ein Studienfreund Tassos. Das *Gericht* besteht aus zeitgenössischen Literaten

FÜNFTER AUFZUG *S. 549 Der kluge Medicis* Kardinal Ferdinand von Medici, der Bruder des Großherzogs von Toskana · *S. 550 als ein Gebiss'ner* wie ein Tollwütiger · *S. 552 vorbehalten* bewahren · *S. 555 Napel* Neapel (von wo Tassos Vater verbannt wurde) · *S. 556 Sorrent* Tassos Vaterstadt · *Pilgermuschel* Muschel auf Pilgerhut und -kragen · *schwarzer Kittel* Pilgerkleid · *vertritt mich!* verteidige mich! · *S. 560 Sirene* Vögel mit Mädchenköpfen, die durch ihren betörenden Gesang die Seefahrer in ihre verderbliche Nähe lockten

Faust

1

Schier unendlich viel ist über Goethes „Faust“ schon geschrieben worden, die „Faust“-Bibliographie nennt Tausende von Titeln — das belastet jede weitere Äußerung über dieses Werk, sogar eine kurze Einführung wie diese. Weit mehr noch als im Falle der anderen Dichtungen Goethes, die diese Ausgabe enthält, war zu fragen: Was mag den Leser von heute an das Werk heranführen; wie nützlich wäre die Wiedergabe von Teilen jenes imposanten Wissens, das die Fachleute im Laufe von einhundertfünfzig Jahren zusammengetragen haben; wäre sehr vieles davon nicht eher eine Ablenkung?

So konzentriert sich diese Hinführung zu Goethes „Faust“ auf zweierlei: erstens eine Skizze der Figur Faust, wie sie historisch nachweisbar ist und sich dann im Lauf von über zwei Jahrhunderten abwandelte bis zu jenem Bild, das der junge Goethe vorfand; zweitens eine kurzgefaßte Entstehungsgeschichte seines „Faust“. Dessen Bedeutung als unbestritten größte Dichtung in deutscher Sprache darf als allgemein bekannt vorausgesetzt werden. Eine Ausdeutung dieser Dichtung, wie sie schon unzählige Male versucht wurde (und trotzdem wohl noch niemals völlig und endgültig gelang), ginge über den Rahmen einer Einführung wie dieser hinaus.

2

Hat Faust tatsächlich gelebt, wie haben wir ihn uns vorzustellen?

Der historische Faust, der vielleicht Georg (oder Johann) Zabel hieß und sich selber nach Art der Zeit latinisiert Georgius Sabellicus Faustus (= der Glückliche) nannte (die Sage machte daraus Dr. Johann Faust), ist eine ziemlich zwielichtige Figur des frühen 16. Jahrhunderts: jener Zeitwende, Luther-Zeit. Sie war auch beherrscht von Aberglaube, Wahrsagerei, Quacksalberei: Luther glaubte den Teufel leibhaftig vor sich zu sehen, Geistliche und Gelehrte (wie z. B. der Abt Johannes Trithemius) standen zugleich im Geruch übernatürlicher Kräfte, und wie es um die Mediziner der Zeit stand, erhellen die Paracelsus-Biographien. Das haben wir bei einem Urteil über Fausts Treiben mit zu berücksichtigen.

Faust wurde um 1480 geboren, wohl im nordwürttembergischen Knittlingen (heute Enzkreis), doch auch Helmstadt im Kraichgau wurde als Geburtsort genannt. Seit 1506 gibt es geschriebene Berichte über ihn, die ziemlich übereinstimmen: er trat als ein Prahlhans auf, wurde als Astrolog, Wahrsager aus der Hand usw. tätig sowie auch als Arzt (muß man sagen: Quacksalber?). Fast überall bekam er schließlich Ärger; die Bezeichnung Schwindler ist kaum zu umgehen.

1506 war er in Gelnhausen: pries sich als großen Magier an und Mann voller Weisheit. In Würzburg scheint er das kurz darauf noch überboten zu haben: Christi Wunder, soll er geprahlt haben, könne auch er tun, und zwar so viel und so oft er wolle! In Kreuznach geriet er 1507 an Franz von Sickingen und wurde von ihm als Lehrer und wohl mehr noch als Alchimist angestellt; doch er soll sich an Knaben vergangen haben (diese Behauptung wurde Jahre später andernorts wiederholt) und rettete sich durch Flucht. 1513 trat er in der Universitätsstadt Erfurt mit den bekannten Aufschneidereien auf; der bedeutende dortige Humanist Mutian nannte ihn einen albernen Burschen und dreisten Schwätzer. 1520 hat er als „Doktor und Philosoph“ nachweislich dem Bischof Georg von Bamberg das Horoskop gestellt. 1528 wurde er aus Ingolstadt gewiesen, 1532 aus Nürnberg. Nach 1536 und vor 1539 muß der damals über Fünfzigjährige gestorben sein — als der Arzt Philipp Begard 1539 seine Gesundheitslehre veröffentlichte, bezeichnete er den nicht mehr Lebenden als ein Beispiel für einen schlechten Arzt. Als Sterbeort wird Staufen im Breisgau genannt.

Viel Staat ist mit dem historischen Faust also nicht zu machen. Doch scheint es auch mit solidem Wissen und Können und einem annehmbaren Lebenswandel nicht weit her gewesen zu sein: Er war offenbar eine eindrucksvolle Erscheinung für's Volk und man vergaß ihn nicht.

3

Faust lebte wohl noch, da begann bereits die Sagenbildung, wobei ältere Episoden und Motive sich mit den Berichten und Gerüchten über ihn mischten. Generationen wandelten das ursprüngliche Bild vom Schwarzkünstler und Scharlatan ab, bis hin zu den Dichtungen von Marlowe, Lessing und dann eben Goethe.

Daß Faust einen Bund mit dem Teufel geschlossen haben soll: davon ist bei keinem von denen die Rede, die ihn noch erlebt haben und kaum ein gutes Haar an ihm lassen. Doch schon zwanzig Jahre später war das verbreitete Überzeugung: Faust war vollends zu einer Sagenfigur jener magie- und gespenstergläubigen Zeit geworden.

Schon um 1570 soll es in Wittenberg (und diese Stadt war durch Luther zum geistigen Zentrum in Deutschland geworden) eine geschriebene Geschichte um Fausts Leben in Lateinisch gegeben haben. 1587 erschien dann das erste der Faust-Bücher, die „Historia von D. Johann Fausten, dem weitbeschreyten Zauberer und Schwartzkünstler . . .“; nach ihrem Drucker Spieß in Frankfurt am Main nennt man sie das „Spießsche Faustbuch“ oder das „Volksbuch vom Doktor Faust“.

Was ist in dem halben Jahrhundert seit seinem Tod schon alles auf diesen Faust gehäuft worden! In Wittenberg, heißt es, habe er Theologie studiert, sich dann aber der Medizin und vor allem der Zauberei zugewendet. Mit dem Teufel habe er einen Bund auf vierundzwanzig Jahre geschlossen und einen Geist Mephistopheles als Diener an die Seite bekommen; sein Famulus hieß Wagner, und zum Beweis seiner Zauberkunst ließ er Helena erscheinen. Er habe nicht übel dahingelebt bis zu jenem Zeitpunkt, da ihn wie vereinbart der Teufel holte.

Auf diesem Faustbuch basierten im endenden 16., 17. und auch noch frühen 18. Jahrhundert weitere, so das von Widmann (1599) und das von Pfizer (1674). Das Letztere ist in unserem Zusammenhang wieder von besonderem Interesse: u. a. erzählt es von der Liebe Fausts zu einer Magd, die Gretchen-Tragödie deutet sich an (doch Goethe schrieb sie, bevor er dieses Faust-Buch kennenlernte). Zur Grundlage jener Jahrmarktsdrucke, die auch zu Goethes Jugendzeit noch greifbar waren, wurde ein Faustbuch von 1725, das auf Pfizer fußte.

Die bedeutendste Faust-Dichtung vor Goethe schuf der Engländer Christopher Marlowe (1564—1593). Er war auf den deutschen Stoff in Form einer englischen Übersetzung des Spießschen Faustbuches von 1587 gestoßen; schon 1589 präsentierte er sein Werk. »Eigentlich erst hier wurde aus dem Satansbündler ein Empörer gegen die Macht Gottes, der nach überirdischer Erkenntnis und höchster weltlicher Macht strebte“ (Boerner). Englische Komödianten brachten das Stück auch nach Deutschland; doch allmählich sank der Stoff von dieser Höhe „bis zum Spektakel- und Zauberstück herab“ (E. Frenzel) sowie zur Version für Puppenspieler. Goethe hat zunächst nur die „bedeutende Puppenspiel-Fabel“ gekannt; erst 1818 bekam er auch eine Übersetzung der Marlowschen „Tragical History of Doctor Faust“ in die Hand.

4

Das Zeitalter der Aufklärung wußte dann mit der Faust-Sage nicht mehr sonderlich viel anzufangen: Welcher Vernünftige glaubte noch an Zauberei, zauberische Beschwörungen und dergleichen! Das Absinken des Dramas in die Sphäre des Puppentheaters kam also nicht von ungefähr, und auch nicht, daß Lessings

„Faust" Fragment blieb (1759). Doch Lessing bereitete das Goethesche Faust-Bild vor, indem er dem Helden seines Wissensdrangs wegen Rettung zuteil werden läßt.

Die Dichter des „Sturms und Drangs" näherten sich der Figur wieder stärker: das Titanische und das Dämonische der Sagengestalt zog sie an, der Empörer gegen die bestehenden Ordnungen; Friedrich Müller (Maler Müller), Lenz und Klinger haben sich u.a. mit ihr beschäftigt.

Und Goethe seit etwa 1770 und dann sein Leben lang; noch fünf Tage vor seinem Tod 1832 schrieb er darüber an Wilhelm von Humboldt. Ein Ereignis des Jahres 1772 scheint — nach Beutler — „das Werden der Dichtung in Fluß" gebracht zu haben: die Hinrichtung einer fünfundzwanzigjährigen Frankfurter Kindesmörderin.

Die erste Entstehungs-Periode von Goethes „Faust" fällt in seine letzten Frankfurter Jahre bis 1775. Wahrscheinlich entstanden in ihr als die ältesten Szenen: „Trüber Tag. Feld", „Auerbachs Keller", die Schüler-Szene, die Erdgeist-Szene, „Nacht. Offen Feld", die Kerker-Szene. Wir wissen, daß Goethe in seiner frühen Weimarer Zeit aus dem Manuskript vorgelesen hat; die Hofdame Luise von Göchhausen fertigte sich damals eine Abschrift an — erst 1887 wurde dieses Exemplar gefunden, es ist die einzige uns bekannte Überlieferung von 22 frühen Szenen und wird als „Urfaust" bezeichnet.

Nach 1775 ruhte die Arbeit an diesem Werk dann für über ein Jahrzehnt; erst 1788 in Italien nahm Goethe sie wieder auf. Er meinte, „den Faden wiedergefunden zu haben", und berichtete darüber in Briefen; ihm gelang in Rom die „Hexenküche". Weiteres sah er als „Winterarbeit" (für 1788/89) vor. Doch daraus wurde nicht viel, und im Sommer 1789 faßte er im Hinblick auf einen Druck in den „Schriften" bei Göschen einen Entschluß: „‚Faust' will ich als Fragment geben aus mehr als einer Ursache" (an Karl August). Im 7. Band erschien 1790 dieses Fragment — vielmehr als eine Versbearbeitung und gewisse Ergänzung des bereits früher Vorhandenen ist aus der zweiten Entstehungs-Periode nicht hervorgegangen.

Es entstand dann wieder eine Pause von sieben Jahren. Schiller war es, der zur Weiterarbeit drängte: er hielt das Fragment für einen „Torso des Herkules" und stellte in den Szenen „eine Kraft und eine Fülle des Genies" fest, „die den ersten Meister unverkennbar zeigt" (1794 an Goethe). Doch erst 1797 entschloß sich Goethe, „an meinen ‚Faust' zu gehen und ihn, „wo nicht zu vollenden, doch wenigstens um ein gutes Teil weiter zu bringen" (an Schiller). Er erarbeitete ein „ausführliches Schema" und schrieb in diesem Jahr u.a. die „Zuneigung" und das „Vorspiel auf dem Theater". In den folgenden Jahren dieser dritten Entstehungs-Periode rückte die Arbeit weiter vor; im April 1806 konnte Goethe notieren: „Fausts letztes Arrangement zum Druck". 1808 erschien im 8. Band der „Werke" „Faust. Eine Tragödie". Vor dem Text stand: „Erster Teil". Der Prolog im Himmel, der Pakt mit Mephisto, die Walpurgisnacht sind die wesentlichsten Hinzufügungen zu dem 1790 Erschienenen.

Seit 1800 war Goethe mit dem Plan des zweiten Teils beschäftigt. Doch nach 1808 stockte die Arbeit wieder, und nun für volle siebzehn Jahre bis 1825. Es ist vor allem Eckermanns Drängen zu danken, daß es nach so langer Zeit zu einer neuen Entstehungs-Periode kam, der vierten und letzten, die bis 1831 dauerte: der Greis, am Anfang sechsundsiebzig, am Ende zweiundachtzig, erkannte in dieser Arbeit das „Hauptgeschäft" seines Alters, das er mit bewundernswerter Intensität und Konsequenz zu Ende führte. Endlich, im Juli 1831, war „Faust II" vollendet. Der alte Dichter war überaus glücklich: „Mein ferneres Leben", sagte er zu Eckermann, „kann ich nunmehr als reines Geschenk ansehen, und es ist jetzt im Grunde ganz einerlei, ob und was ich noch tue." Erste Teile waren 1827 und 1828 gedruckt worden, doch das Ganze siegelte er ein — es sollte erst nach seinem Tod erscheinen.

Sechzig Jahre hatte die Figur Faust ihn beschäftigt und im Grunde all die Wandlungen mitgemacht, die der Mensch Goethe vom Jünglings- bis zum Greisenalter durchlebt hatte; das große Werk „zeigt eine gewachsene und insofern keine logische Einheit".

Und dann hören wir, daß Goethe im Januar 1832 kurz vor Ende seines Lebens das Siegel wieder löste, die Arbeit noch einmal aufnahm: „Neue Aufregung zu ‚Faust' in Rücksicht größerer Ausführung der Hauptmotive, die ich, um fertig zu werden, allzu lakonisch behandelt hatte . . ." (24. 1. 1832). Das hat, über das Interesse an der Dichtung hinaus, etwas Rührendes; — erst der Tod war es, der eine weitere Verbesserung des „Faust" nicht mehr zuließ, das Ende bestimmte.

5

Goethes Vermutung sollte sich leider bewahrheiten: Der zweite Teil des „Faust" wurde nach dem Erscheinen zunächst allgemein abgelehnt, und zwar fast ausschließlich aus weltanschaulichen Gründen. Doch dann setzte die Aufwertung der Figur zum nationalen Symbol ein, ja Sinnbild des deutschen Geistes und Wesens, gesteigert nach der Reichsgründung von 1871: Faust galt als der ins Grenzenlose strebende leidenschaftliche Denker und Forscher, der sich vor Gott und Teufel nicht fürchtet. Oswald Spengler sprach 1918 sogar von der faustischen Seele der gesamten abendländischen Kultur.

Dieser ideologische Mißbrauch der Figur, die mit dem Geist der Dichtung Goethes kaum etwas zu tun hatte, mußte mühsam wieder abgebaut werden. Dazu haben auch zwei bedeutende Autoren unseres Jahrhunderts beigetragen: Paul Valérys episch-dramatische Fragmente „Mon Faust" (entstanden 1940) beinhalten „eine Absage an die Möglichkeit, durch Erkenntnis zum Sinn vorzudringen" (E. Frenzel); und in Thomas Manns „Doktor Faustus" (1947) wird (so E. Kahler) „diese repräsentative Symbolfigur . . . zu einem Abschluß" gebracht.

ZUEIGNUNG *S. 565 schwankend* hier: noch ohne feste Form · *Äolsharfe* Windharfe

VORSPIEL AUF DEM THEATER *S. 571 Prospekt* gemalter Bühnenhintergrund

Erster Teil

NACHT *S. 577 Magister* Universitätsgrad, steht unter dem Doktortitel · *S. 578 Nostradamus* Michel de Notredame (1503—1566), französischer Arzt, Weissager und Astrologe · *Makrokosmus* großer Kosmos, Weltall. Seiner Ordnung entspricht im Kleinen der Mikrokosmus, der Mensch · *S. 579 Erdgeist* Goethes eigene Erfindung. Er soll einen faßbaren Ausschnitt aus dem Weltganzen symbolisieren: das Irdische, die Tat · *S. 580 Gesicht* hier: Vision · *Famulus* Assistent · *S. 581 Museum* hier: Studierstube · *S. 582 Haupt- und Staatsaktion* beliebte Prachtschauspiele des Barock · *Maximen* praktische Lebensregeln

VOR DEM TOR *S. 588 Plan* hier: Tanzboden · *caressieren* liebkosen · *S. 589 Sankt Andreas Nacht* Nacht vor dem 30. November · *S. 592 Venerabile* geweihte Hostie in der Monstranz; das Allerheiligste · *Adept* in eine Geheimwissenschaft, hier die Alchimie, Eingeweihter · *S. 593 das Widrige* Stoffe, die nicht zur Verbindung neigen; hier z.B. *Leu* (Löwe = Quecksilberoxyd) und *Lilie* (weiße Salzsäure), die erst nach entsprechenden Prozeduren die *Königin*, den schillernden Niederschlag von Quecksilberchlorid ergeben (nach Barth) · *Aus einem Brautgemach in's andere gequält* Die alchemistische Technik beruht auf wiederholten Destillationsverfahren (*Brautgemach* = Retorte) (nach Jüttner) · *Latwerge* sirupartige Arznei · *S. 595 Scolar* Student

STUDIERZIMMER *S. 596 Liebe Gottes* Liebe zu Gott · *S. 597 Volum* Volumen: Band, hier i.S.v. ‚Wälzer' · *Salomonis Schlüssel* Clavicula Salomonis, 1376 erstmals erwähntes weitverbreitetes Zauberbuch jüdisch-arabischen oder griechischen Ursprungs; zu Fausts Zeit bereits verboten · *S. 598 Salamander, Undene, Sylphe, Kobold* Elementargeister (Feuer, Wasser, Luft und Erde) · *Incubus* buhlerischer Geist oder Teufel, Beischläfer einer Hexe; hier auf den obenerwähnten Kobold bezogen · *S. 599 Lohe* Feuer · *salutieren* hier: ehrerbietig begrüßen · *Fliegengott* Beelzebub, Baal-Sebub, der Gott der Philister (nach Barth) · *S. 601 Drudenfuß* (Hexenfuß) oder *Pentagramm* fünfzackiger, in einer Linie durchgezogener Stern, der auch die fünf Buchstaben des Namens JESUS symbolisiert und die Geister der Hölle bannt (nach Trunz)

STUDIERZIMMER *S. 607 Verbinde dich* schließe den Vertrag · *S. 608 Doktorschmaus* Festessen anläßlich der Verleihung der Doktorwürde · *beprägt* besiegelt · *Wachs und Leder* Siegel und Pergament · *S. 610 ellenhohe Socken* lat. soccus = Schuh. Der hohe Schuh (Kothurn) der antiken griechischen Schauspieler (nach E. Schmidt). Oder von ital. zocco = Sockel (nach O. Pniower). (zit. nach Trunz) · *ennuyieren* langweilen · *S. 612 Collegium Logicum* Vorlesung über Logik · *spanische Stiefel* Folterinstrument (Fußschrauben) · *S. 613 Encheiresin naturae* „Handgriff der Natur", organische Verknüpfungskräfte der Stoffe · *reduzieren* auf die Elemente zurückführen · *Metaphysik* Wissenschaft von dem nicht direkt erkennbaren Wesen alles Seienden · *Paragraphos* Abschnitt des Lehrbuchs · *S. 615 Eritis sicut Deus, scientes bonum et malum* Die Worte der Schlange im Paradies (1. Buch Mose 3,5): „Ihr werdet sein wie Gott und wissen, was gut und böse ist." · *kleine, ... große Welt* bürgerliche und adlige Gesellschaft; Anspielung auf Mikro- und Makrokosmos · *Cursum durchschmarutzen* einen Kurs besuchen, ohne das Kolleggeld zu entrichten

AUERBACHS KELLER *S. 616 Runda* Refrain studentischer Trinklieder · *für's ... Reich zu sorgen* sich unnütze Sorgen machen (Insel) · *S. 618 Rippach* Hans Arsch von Rippach war eine beliebte Figur der Studentenwitze

HEXENKÜCHE *S. 622 Meerkatze* Affenart · *S. 623 Sudel* Dreck · *S. 627 Kavalier* Edelmann · *schafft* anschafft, wünscht · *S. 628 Hexen-Einmal-Eins* Anspielung auf die Zehn Gebote, in Mephistos Antwort Anspielung auf die Dreieinigkeit. Die Worte *Schweiß und Blut* spielen auf die Französische Revolution an (nach Insel) · *Sibylle* in Rätseln sprechende Wahrsagerin Apolls, auch allgemein für Prophetin; hier ironisch · *S. 629 Cupido* römischer Liebesgott; entspricht z.T. dem griechischen Eros · *Helena* Tochter des Zeus und der Leda; Inbegriff begehrenswerter Schönheit

STRASSE *S. 629 Fräulein* Anrede an Damen von Adel · *S. 630 Schimpf* Scherz

ABEND *S. 633 Thule* sagenhafter nordischer Königssitz · *Buhle* Geliebte

DER NACHBARIN HAUS *S. 638 Schaustück* Gedenkmünze · *S. 639 Napel* Neapel · *viel Liebs ... spürte* Anspielung auf die Syphilis, genannt „mal de Naples" (neapolitanische Krankheit) (Insel)

STRASSE *S. 640 Sancta Simplicitas* Heilige Einfalt · *Sophiste* Haarspalter

GARTEN *S. 641 inkommodieren* sich Mühe machen · *S. 644 Sommervögel* Schmetterlinge

WALD UND HÖHLE *S. 647 Schuhu* Uhu · *S. 648 Zwillingspaar, das unter Rosen weidet* Brüste (Hoheslied 4,5)

MARTHENS GARTEN *S. 653 katechisieren* im Katechismus unterweisen; hier: Kenntnis der Glaubensgrundsätze prüfen

AM BRUNNEN *S. 654 curtesieren* den Hof machen

ZWINGER *S. 655 Zwinger* Raum zwischen innerer und äußerer Stadtmauer · *Mater dolorosa* die schmerzensreiche Maria, die ihren toten Sohn beweint · *Scherben* Blumentöpfe

NACHT *S. 656 Flor* Blüte *S. 659 Metze* Hure

DOM *S. 660 Dies irae . . .* Tag des Zornes, jener Tag löst die Welt in Asche auf. Der Hymnus ‚Dies irae . . .' gehört zur Liturgie der Totenmesse · *Judex ergo cum sedebit . . .* Wenn sich also der Richter setzt, wird alles Verborgene, was es auch sei, an den Tag treten, nichts wird ungerächt bleiben · *Quid sum miser tunc dicturus? . . .* Was werde ich Elender dann sagen? Welchen Schutzherrn anrufen, wenn kaum der Gerechte sicher sein wird? · *S. 661 Fläschchen* enthält Riechsalz, das gegen die herannahende Ohnmacht helfen soll

WALPURGISNACHT *S. 661 fodern* fordern · *S. 662 Masern* Wurzelknollen · *S. 663 Mammon* der Gelddämon Mammon erbaute dem Satan einen Palast mit feurigen Goldadern (Trunz) · *S. 664 Urian* Teufel · *Baubo* in der orphischen Tradition eine besonders derbe und schamlose Hexe. Die Verbindung mit dem Schwein ist Goethes eigene Erfindung · *S. 665 ruscht* raschelt · *Junker Voland* der Teufel · *S. 666 sich produzieren* auftreten · *Knieband* Hosenbandorden · *umzirkt* umgeben · *S. 667 Lilith* Name der ersten Frau, die Gott noch vor Eva schuf; gilt als Satan in Weibsgestalt · *S. 668 Proktophantasmist* wörtlich ‚der mit dem Hintern Geister sieht'. Satire auf den Aufklärer Fr. Nicolai, der berichtet hatte, er sei von Spukgesichtern durch am Gesäß angesetzte Blutegel *soulagiert* (erleichtert) worden (Trunz, Insel) · *Reise* Fr. Nicolai, Beschreibung einer Reise durch Deutschland und die Schweiz im Jahre 1781. Nebst Bemerkungen über Gelehrsamkeit, Industrie, Religion und Sitten (8 Bde, Berlin, Stettin 1785—1787) · *S. 669 geschloss'nen* gefesselten · *Idol* hier: Trugbild · *Meduse* antikes Ungeheuer mit Schlangenhaaren, dessen Anblick Menschen zu Stein erstarren ließ · *Servibilis* der Dienerische · *Dilettant* (vom ital. dilettare = ergötzen): Kunstliebhaber

WALPURGISNACHTSTRAUM *S. 670 Oberon und Titania* der Elfenkönig und seine Frau aus Shakespeares ‚Sommernachtstraum' · *Intermezzo* Zwischenspiel · *Miedings wackre Söhne* Bühnenarbeiter, nach dem Weimarer Theatermeister J. M. Mieding · *Puck* Kobold aus Shakespeares ‚Sommernachtstraum' · *Ariel* Luftgeist aus Shakespeares ‚Sturm' · *S. 671 Orthodox* rechtgläubiger Christ, dem alle heidnischen Götter als Teufel gelten · *Purist* nach Reinheit der Sprache, hier: der Sitten, Strebender. Gemeint ist (nach Insel) Friedrich Leopold Graf zu Stolberg · *Windfahne* hier: Doppelzüngiger · *Xenien* Gastgeschenke; hier: Goethes und Schillers unter diesem Titel im ‚Musenalmanach für das Jahr 1797' erschienene satirische Gedichte · *Hennings* holsteinischer Politiker und Schriftsteller, Herausgeber der Zeitschrift ‚*Genius der Zeit*', die 1800 einen anderen Namen erhielt (daher ci-devant . . . = der ehemalige . . .). Die Literaturbeilage der Zeitschrift hieß *Musaget*, der Musenführer (Beiname Apolls) · *S. 672 Jesuiten* Nicolai witterte überall verkappte Mitglieder dieses dem Aufklärer verhaßten Gegenreformations-Ordens · *Kranich* spöttisch für den Schweizer Schriftsteller und Geistlichen Lavater; dagegen *Weltkind*: evtl. Goethe selbst · *Konventikel* außerkirchliche Erbauungsstunde · *unisono* im selben Ton · *Dogmatiker, Idealist, Realist, Supernaturalist, Skeptiker* Vertreter philosophischer Richtungen · *S. 673 Die Gewandten, die Unbehülflichen, Irrlichter, Sternschnuppen, die Massiven* Politikertypen seit der französischen Revolution · *Sanssouci* ohne Sorge · *erschranzt* erdienert · *mastig* plump · *Rosenhügel* Oberons Wohnsitz

TRÜBER TAG. FELD *S. 675 Türner* Türmer, Wächter des Turms, in dem Gretchen gefangen ist

NACHT. OFFEN FELD *S. 675 Rabenstein* Richtstätte · *Hexenzunft* in Wirklichkeit sind es Engel (vgl. Faust, Zweiter Teil, Fünfter Akt; in diesem Band S. 850/851)

Zweiter Teil

ERSTER AKT · ANMUTIGE GEGEND *S. 683 Strauß* Kampf · *Lethe* Unterweltsfluß, dessen Wasser das Gedächtnis auslöschte; ‚Trank des Vergessens' · *Plan* Ebene · *S. 684 Horen* Göttinnen der Jahreszeiten, öffnen das Tor für *Phöbus*/Apoll im Sonnenwagen · *trommetet* literarisch-archaisch für ‚trompetet'

KAISERLICHE PFALZ — SAAL DES THRONES *S. 687 Schönbärte* Gesichtsmasken (Schembart) · *Kanzler* geistlicher Kurfürst (Erzbischof von Mainz) · *Pfühl* Kissen, Polsterstuhl · *S. 688 zu Raub* zugrunde (Insel) · *Subsidien* Hilfsmittel · *Röhrenwasser* Wasserzufuhr aus Fernleitungen, die, anders als eigene Brunnen, bei einer Belagerung unterbrochen werden können · *Ghibellinen, Guelfen* Waiblinger und Welfen, die in Norditalien für bzw. wider die staufischen Kaiser verbündeten Städte und Bürger · *S. 689 Wälschhühner* Truthühner · *Deputate* Abgaben in Naturalien · *Jude* Geldverleiher · *Antizipationen* im voraus zahlbare Zinsen · *S. 690 Dem Pöbelsinn* ... Aus dem Pöbelsinn ... · *schwärzen* einschmuggeln · *S. 691 Die Sonne selbst* ... Die Planeten mit ihren antiken Götternamen sowie Sol, die Sonne — im Lateinischen männlich! — und Luna, der Mond — im Lateinischen weiblich! — stehen hier im alchimistischen Zusammenhang auch für Metalle: Sonne = Gold, Merkur = Quecksilber, Venus = Kupfer, Mond = Silber, Mars = Eisen, Jupiter = Zinn, Saturn = Blei. Diese Zusammenhänge sind dem alchimistischen Denken selbstverständlich, daher auch die Reaktion · *Kalenderei* Weissagungen, Kalendermacherei · *Chymisterei* Goldmacherei · *Gauch* Narr · *Alraune* Zauberwurzel, die jedoch nur ein *schwarzer Hund* aus dem Boden ziehen kann · *S. 692 Leimenwand* Lehmwand · *Dauben* Faßbretter · *S. 693 Exeunt* Sie gehen ab

WEITLÄUFIGER SAAL MIT NEBENGEMÄCHERN *S. 693 heilige Sohlen* Pantoffeln des Papstes, die der Kaiser bei der Krönungszeremonie küssen muß · *Kappe* Narrenkappe · *S. 694 zudringlich* herandrängend · *S. 695 Ceres* römische Göttin des Getreides · *Theophrast* griechischer Philosoph und Botaniker · *Ausforderung* Herausforderung an die künstlichen, „der Natur nicht gewöhnlichen" Phantasiekränze und -blumen · *Theorbe* tiefgestimmte italienische Laute des 16. bis 18. Jahrhunderts · *Pfirsiche* Pfirsich · *Königspflaume* Reineclaude · *S. 696 Sponsierer* Freier · *S. 697 Pulcinelle* Hanswurst der italienischen Commedia dell'arte · *Parasiten* schmarotzende Schmeichler, typische Gestalten der altrömischen Komödie · *S. 698 unbewußt* bezeichnet hier den Grad der Trunkenheit · *Rümpfte diesem* tadelte diesen · *Maskenstock* Kleiderständer · *S. 699 Grazien* (griechisch Charites) Personifikationen der Anmut · *Parzen* Atropos, Klotho, Lachesis; Schicksalsgöttinnen, die den Lebensfaden spinnen, ordnen und durchschneiden. Hier in veränderter Reihenfolge und Funktion · *S. 700 Weife* Garnhaspel · *Furien* (grch. Erinnyen); Rachegöttinnen, die ihre Opfer mit Wahnsinn schlagen. Hier in stark veränderter Gestalt · *S. 701 Asmodi* ein biblischer böser Dämon, der die sieben Männer der Sara in Ekbatana umbrachte (Tobias 3,8); daher ‚Eheteufel' · *S. 702 Schlüssel* Erklärung; Goethe schildert hier einen geschmückten Elefanten aus dem ‚Thriumphzug Caesars' von Mantegna · *S. 703 Victorie* Victoria, römische Siegesgöttin; hier als Allegorie für Goethes zentralen Begriff *Tätigkeit* · *Zoilo-Thersites* Namensbildung Goethes aus dem athenischen Redner *Zoilos*, der Homer kritisiert hat und dessen Name sprichwörtlich für ‚Kritteler' geworden ist, und *Thersites*, einem in der Ilias als häßlich und lahm geschilderten höhnischen Spötter. Nach Trunz eine Maske, in der Mephistopheles sich selbst spielt · *S. 705 Knabe Wagenlenker* in der Handschrift Euphorion, der geflügelte Sohn der Helena und des Achilleus; erscheint im III. Akt als Sohn Fausts und Helenas. Hier Personifizierung der Poesie · *S. 706 Plutus* Gott des Reichtums; in dieser Maske führt Mephistopheles Faust ein · *S. 707 gekauzt* geduckt · *Avaritia* Habsucht · *S. 708 erspulen* am Spinnrad zusammensparen · *Schlappe* Ohrfeige · *Marterholz* mageres Gerippe (sc. des Gekreuzigten) (Insel) · *S. 709 Rechenpfennig* Spielgeld · *S. 711 Narrentheidung* Unfug · *Pan* sinnliche Naturgottheit; wörtliche Bedeutung: ‚alles‘; hier: Maske des Kaisers, der als Genußmensch und gleichzeitig als ‚All der Welt‘ auftritt · *Satyr* gehörnte Waldgeister mit Pferdebeinen aus dem Gefolge des Dionysos · *S. 712 wuselt* wimmelt · *Gütchen* die ‚Holden‘, hilfreiche Hauszwerge · *S. 713 das Gute* metallhaltiges Gestein · *fadenweis ... streicht* sich in Adern hinzieht (Insel) · *Troglodyten* Höhlenbewohner · *eräugnen* vor Augen treten, begegnen · *S. 714 Ungeschick* Mißgeschick

LUSTGARTEN *S. 715 Pluto* wörtlich ‚der Reiche‘, Beiname des griechischen Totengottes Hades · *S. 716 Nereiden* Meeresnymphen; eigentlich die fünfzig Töchter des friedlichen alten Meergottes Nereus; ihre vornehmste ist die Gattin des thessalischen Prinzen Peleus, Thetis, Mutter des Achill · *Scheherazade* die Erzählerin der Tausendundeinen Nacht · *S. 717 Schedel* Zettel · *S. 718 amortisiert* bezahlt · *Kustoden* Wächter, hier i. S. v. Verwalter · *S. 719 fehlt* mißglückt · *solus* allein · *Witz* im Sinn von Mutterwitz, Verstand

FINSTERE GALERIE *S. 720 Paris* Wie Helena als die schönste Frau galt, so ihr Liebhaber Paris als schönster Mann · *Fex, Kielkröpfiger* Mißgestalt · *S. 721 Wildernis* Wildnis · *versäumt* verlassen · *Mystagogen* Priester der eleusinischen Mysterien, die die *Neophyten* (Neulinge) in den Kult einführten (Trunz) · *S. 722 Dreifuß* dreibeiniges Räucherbecken als Symbol der antiken Orakel (Trunz); Herdstativ der Alchimisten (Barth)

HELL ERLEUCHTETE SÄLE *S. 723 cohobieren* klären durch wiederholtes Destillieren · *S. 724 Rüstung* Hausrat

RITTERSAAL *S. 724 Tapeten* Wandteppiche · *S. 726 der kühne Magier* in der Handschrift noch: ‚getrost der Dichter‘ · *Triglyphe* dreiteiliges Feld am Fries dorischer Tempel · *Schäferknecht* Prinz Paris war als Säugling ausgesetzt worden und wuchs als Schafhirte auf · *S. 727 Ambrosia* duftende Götterspeise · *Endymion* der schöne, aber nicht leicht zu gewinnende Geliebte der Mondgöttin Selene (lat. Luna) · *S. 728 Duenna* Anstandsdame · *darf* braucht

ZWEITER AKT · HOCHGEWÖLBTES, ENGES GOTISCHES ZIMMER *S. 729 Schnaken* Schwänke · *rauchwarm* pelzwarm · *erbrüsten* sich brüsten · *S. 730 Farfarellen* Teufelchen (bei Dante), ähnlich dem italienischen farfalletta = kleiner Schmetterling (Witkowski, zit. nach Trunz) · *Grillen* ähnliches Wortspiel wie oben *Schnaken* · *Vlies* Fell · *S. 731 Oremus* Lasset uns beten · *bemoos'ter Herr* (Studentenjargon): ewiger Student · *S. 732 Bakkalaureus* akademischer Grad unter dem Magister · *S. 733 Chrysalide* Schmetterlingspuppe · *im Schwedenkopf* mit kurzgeschnittenen Haaren · *resolut/absolut* tatkräftig vs. in die idealistische Philosophie versponnen

LABORATORIUM *S. 736 verlutieren* einkitten · *organisieren/krystallisieren* organisches Wachsen im Gegensatz zum Zusammenschießen der kristallinen Scheinorganismen · *krystallisiertes Menschenvolk* Anspielung auf Lots Weib, die zur Salzsäule erstarrte? (Trunz) · *Homunculus* künstliches Menschlein, seit Paracelsus alchimistisches Problem (Trunz) · *S. 737 Gabe* Er kann Fausts Gedanken lesen, der gerade die Zeugung der Helena durch Leda und den Schwan (Zeus) träumt · *S. 738 der bequemste* der Wendigste · *Peneios* Hauptfluß Thessaliens · *Pharsalus* Stadt in Thessalien, wo am 9. 8. 48 v. Chr. auf den *Pharsalischen Feldern* die Entscheidungsschlacht zwischen Pompeius und Cäsar stattfand · *Asmodeus* der Eheteufel (s. o. 701), hier allgemein: der Teufel · *S. 739 thessalische Hexen* galten als besonders verführerisch und schamlos · *Ad Spectatores* an die Zuschauer

KLASSISCHE WALPURGISNACHT *S. 740 Erichtho* in der Literatur mehrfach als scheußlich erwähnte Hexe, vor allem bei Lukan · *Nachgesicht* Bild, das man nach dem Schließen der Augen noch sieht; hier: Vision der Schlacht auf den Pharsalischen Feldern · *Magnus* der Große; Beiname des Pompejus · *S. 741 Antäus* Gigant, der seine Kraft aus der Berührung seiner Mutter Gaia, der Erde, bezieht · *S. 742 Greife, Ameisen, Arimaspen* antike Sagenwesen · *old Iniquity* Personifizierung des Lasters im altenglischen Theater · *S. 743 Charaden* Silbenrätsel; die Sphinx von Theben gab Ödipus ebenfalls ein Rätsel auf · *Plastron, asketisch zu rapieren* unter Benutzung der Fechtersprache soviel wie: ein Stichleder zum Trainieren der ‚Waffe' Entsagung (Barth) · *Sirenen* Fabelwesen, oft in Gestalt von Vögeln mit Mädchenköpfen dargestellt. Sie lockten durch ihren betörenden Gesang Seefahrer in ihre verderbliche Nähe · *S. 744 Chiron* der weiseste aller Kentauren, halb Mensch, halb Pferd, Erzieher vieler Helden der griechischen Mythologie · *S. 745 Alcides* Herkules; zu seinen zwölf Aufgaben gehörte die Vertreibung bzw. Tötung der Vögel vom See Stymphalos (hier *Stymphaliden* genannt), die mit ihren eisenbewehrten Federn die Menschen beschossen, und der *Lernäischen Schlange* oder Hydra, eines vielköpfigen Seeungeheuers · *Lamien* vampirartige Gespenster · *S. 747 Philyra* Tochter des Okeanos; sie empfing den weisen Kentauren Chiron von Kronos, Zeus' Vater, der sich in ein Pferd verwandelt hatte · *S. 748 Argonauten* Seefahrer, die unter Führung Jasons auf der ‚Argo' auszogen, das Goldene Vlies zu holen · *Pallas* stand in der Gestalt des weisen Freundes *Mentor* Odysseus' Sohn Telemachos bei · *Dioskuren* Kastor und Polydeukes (Pollux), Brüder der Helena · *Boreaden* Kalais und Zetes, geflügelte Zwillingssöhne des Nordwind-Gottes Boreas, nahmen an der Argonautenfahrt teil · *Orpheus* Der legendäre Sänger war ebenfalls mit auf der Argo · *Lynceus* Der mit übernatürlicher Scharfsicht begabte Sohn des Königs von Messenien war Steuermann der Argo · *Ares* Kriegsgott · *Hermes* Gott der Reisenden, Diebe und Kaufleute, Götterbote · *S. 749 Gäa* (Gaia, Ge) Erde; das erste Wesen der griechischen Schöpfungsgeschichte, Urmutter · *Hebe* Jugend, Mundschenk der Götter im Olymp. Als Herakles in den Olymp aufgenommen wurde, erhielt er Hebe zur zweiten, himmlischen Gemahlin · *Räuberfaust* Theseus hatte Helena als Kind entführt · *Eleusis* Küstenstadt bei Athen · *S. 750 Pherä* thessalische Stadt; hier als Wohnort Achills und Helenas genannt, die beide aus dem Schattenreich zurückkehren und zusammenleben durften · *Manto* Sibylle, Tochter des thebanischen Sehers Tiresias; Goethe macht sie zur Tochter des Asklepios (lat. Äskulap), des Gottes der Heilkunst · *S. 751 Persephone* Gemahlin des Hades, des Gottes der Unterwelt · *S. 752 Seismos* der Erderschütterer Poseidon. In der Mythologie werden die Erdbeben dem Meergott zugeschrieben; bei Goethe besteht jedoch ein Gegensatz zwischen dem Vulkanischen und dem Neptunischen · *Delos* Poseidon stellte der vor Hera fliehenden Leto, der Mutter Apolls und Artemis', die schwimmende Insel Delos zur Verfügung; Hera hatte nämlich jedem Land verboten, sie aufzunehmen · *Letten* Lehm · *Karyatide* Säulenfigur an altgriechischen Tempeln · *S. 753 Nacht, Chaos* Chaos, die vorgeschichtliche Leere, aus der die Erde (Gaia), der Tartaros, die Urfinsternis Erebos und die Nacht entsprang; nach einigen Überlieferungen auch Eros · *Pelion, Ossa* von den Zwillingsriesen Otos und Ephialtes im Kampf mit den Göttern aufgetürmte Berge · *Parnaß* doppelgipfliger Lieblingsberg Apolls und der Musen · *Imsen* Ameisen · *Berg* (hier): taubes Gestein · *S. 754 Daktyle* Däumlinge, die den größeren Pygmäen als Schmiede dienen müssen · *S. 754/755 Reiher, Kraniche* Feinde der Zwerge. Die Bezeichnung *Kraniche des Ibykus* deutet, in bezug zu dem von Schiller bearbeiteten Stoff, die Rolle der Kraniche als Rächer an · *S. 755 Ilse, Stein, Höh, Heinrich, Schnarcher* Anspielungen auf Felsen im Harzgebirge in der Nähe des Brocken · *S. 756 entgegnen* entgegenhalten · *Empuse* verwandlungsfähiges Gespenst, bei Aristophanes mit Eselsfüßen · *S. 757 Metamorphosen* Verwandlungen · *Lazerte* Eidechse; bei Goethe oft für Freudenmädchen · *Thyrsusstange* mit Weinlaub umwundene Stäbe, die an der Spitze einen *Pinienapfel* (Pinienzapfen) hatten, gehörten zur Ausstattung der rasenden Mänaden bei den Dionysos-Festen ·

S. 758 Oreas Bergnymphe · *Pindus* Gebirge an der Grenze Thessaliens · *S. 759 Anaxagoras, Thales* Anaxagoras und der gut hundert Jahre ältere Thales stehen hier für die bisher nur bildhaft gezeigten Gegensätze Vulkanisch — Neptunisch, die jedoch auch Bezüge zu geologischen Theorien der Goethezeit aufweisen (Trunz) · *S. 760 Myrmidonen* aus Ameisen in Menschen verwandeltes Volk in Thessalien; hier für die Ameisen · *S. 762 Dryas* Baumnymphe der Eiche · *Phorkyaden* die Graien, Töchter des Meergreises Phorkys (wie auch die Gorgonen und andere Ungeheuer), drei uralte Weiber, die zusammen nur über ein Auge und einen Zahn verfügen · *Ops* römische Göttin der Fülle, oft mit der Titanin *Rhea* gleichgesetzt, die ihrem Bruder Kronos die Götter Hestia, Demeter, Hera, Hades, Poseidon und Zeus gebar

FELSBUCHTEN DES ÄGÄISCHEN MEERES *S. 764 Tritonen* Meerwesen mit Fischleib und Männeroberkörper; bei Ovid (Metamorphosen 1, 330 ff.) blasen sie auf Spiralmuscheln · *Kabiren* frühe Fruchtbarkeitsgötter der nördlichen Ägäis, die vor allem in den Mysterien auf der Insel Samothrake verehrt wurden. Die zu Goethes Zeit verbreiteten sehr abweichenden Ansichten über die Kabiren werden auf den folgenden Seiten zitiert · *S. 765 Ilios* Troja · *Circe* Zauberin, die Odysseus' Gefährten in Schweine verwandelte · *Cyklopen* einäugige Riesen · *S. 766 Doriden* Nereiden, hier benannt nach Doris, der Gattin des Nereus · *Galatee* die ‚Milchweiße', Schönste der Nereiden · *Kypris* Aphrodite, hier als Schutzgöttin Zyperns · *Paphos* Heiligtum der Aphrodite in Zypern · *Proteus* wahrsagender alter Meergott, der jedoch immer versuchte, sich seinen Fragern durch seine außerordentliche Verwandlungsfähigkeit zu entziehen · *Chelone* Schildkröte · *S. 767 wes't* lebt · *S. 768 Töpfe* „Man dachte solche Idole in der Goethezeit im ägyptischen Stil als ‚Kruggötter'" (Kerényi, zit. nach Trunz) · *Weise* zeitgenössische Mythenforscher (Creuzer, Schelling u. a.) · *S. 769 grunelt* grünt; riecht nach frischem Gras · *Telchinen* sagenhafte Ureinwohner von Rhodos, der Insel des Sonnengottes *Helios*, als Schmiede und Wetterkundige berühmt · *Hippokampen* halb Pferd, halb Fisch · *Göttin am Bogen da droben* Selene (Luna), die Schwester des Helios, am Himmelsbogen · *S. 770 Päan* Lobgesang · *S. 771 Tauben* Die Vögel der Aphrodite kündigen die aus dem Heiligtum auf Zypern nahende Galatea an · *Psyllen* libysche Gemeinschaft von Heilkundigen, insbesondere bei Schlangenbissen. *Marsen:* Hirtenvolk d. Abruzzen; die Marsen galten als Schlangenbeschwörer (Pauly) · *Adler, Leuen, Kreuz, Mond* Wappensymbole für Rom, Venedig, Kreuzfahrer, Türken, die nacheinander auf Zypern herrschten

DRITTER AKT · VOR DEM PALASTE DES MENELAS ZU SPARTA *S. 774 Menelas* Menelaos, König von Sparta und Gatte der Helena · *Panthalis* (wörtl.: jugendl. Anmut), nach Pausanias eine Dienerin der Helena · *phrygisches Blachgefild* Schlachtfeld vor Troja · *Euros* der Südostwind · *Tyndareos* König von Sparta; seine Gattin war Leda, mit der Zeus in Gestalt eines Schwanes Helena und die Dioskuren Kastor und Polydeukes (lat. Pollux) zeugte. Von Tyndareos empfing Leda *Klytämnestra*, die spätere Gattin Agamemnons. Helena widerspricht sich hier, wenn sie erst Tyndareos, dann Zeus als ihren Vater bezeichnet · *S. 775 Cythere* Aphrodite, hier als Schutzgöttin der spartanischen Insel Kythera, von wo sie Paris, der *phrygische Räuber*, entführte, allerdings der Sage nach nicht gegen ihren Willen · *Eurotas* Hauptfluß Spartas · *Lakedämon* Sparta · *Schaffnerin* Beschließerin, Haushälterin · *S. 778 die Stygischen* Götter der Unterwelt, nach Styx, dem Totenfluß · *Thalamos* Schlafgemach · *S. 779 Phöbus* Apoll, der Gott des Lichts · *Phorkyas* Mephisto hatte im II. Akt die Gestalt einer der Graien, also einer Tochter des *Phorkys*, angenommen · *Zwietracht* Eris, Göttin der Zwietracht; sie hatte den Goldenen Apfel mit der Aufschrift ‚Der Schönsten' unter die Götter geworfen, der zum Wettstreit zwischen Athene, Hera und Aphrodite geführt hatte. Paris war Schiedsrichter,

Aphrodite bestach ihn erfolgreich mit der Liebe Helenas, der schönsten Frau. Er raubte sie, und diese Entführung war Anlaß zum Trojanischen Krieg · *S. 780 Orcus* Unterwelt · *S. 781 Mänadisch* rasend wie Dionysos' Gefolge · *Erebus* Urfinsternis, Sohn des Chaos · *Scylla* Schiffe verschlingendes Ungeheuer, eine Tochter des Phorkys und der Meeresnymphe Krataiis · *S. 782 Tiresias* thebanischer Seher, dem Zeus ein langes Leben verliehen hatte (er lebte fast sieben Generationen lang) · *Orions Amme* Orion, riesenhafter Jäger der Vorzeit, soll aus Urin geboren sein · *Harpyen* böse Geister (Vögel mit Mädchenoberkörper), die alles beschmutzen, was sie nicht verschlingen · *unterschworen* schwärend · *Aphidnus* Theseus entführte Helena als Kind nach Aphidna · *Patroclus* Busenfreund des *Peliden* (= Sohn von König Peleus) Achill · *S. 783 Ägypten* Nach Stesichoros und Euripides war nur ein Luftbild der Helena in Troja, während sie selbst in Ägypten blieb · *dreiköpfiger Hund* der Höllenhund Cerberus, der den Eingang zur Unterwelt bewacht · *Lethe* ein Unterweltsfluß; sein Wasser war ‚Trank des Vergessens' · *S. 785 Rhea* Phorkyas wird hier mit ihrer Tante, der Zeusmutter Rhea gleichgesetzt, die den kleinen Zeus vor ihrem blutgierigen Bruder und Gatten Kronos versteckt hielt · *S. 786 Taygetos* Gebirge bei Sparta · *cimmerische Nacht* Bei Homer wohnen die Kimmerier am Rande des Okeanos, nahe dem Eingang zum Hades, in ewiger Nacht · *S. 787 Sieben dort vor Theben* durch Äschylos' Drama bekannt gewordene Belagerung Thebens durch sieben Fürsten, bei deren Zustandekommen die Embleme zweier Schilde eine Rolle spielten · *kebs'te* zum Kebsweib (Nebenfrau) nahm · *S. 789 Hermes* Der Götterbote hatte (als ‚Hermes Psychopompos') auch die Aufgabe, die toten Sterblichen hinab zum Fluß Styx zu geleiten

INNERER BURGHOF *S. 789 Pythonissa* Pythia hieß die Prophetin in Apolls Heiligtum Delphi, nach dem Drachen Python, der vor Apolls Einzug dort hauste. Hier ist Mephisto/Phorkyas gemeint · *S. 790 in ähnlichem Fall* bei den Sodomsäpfeln; vgl. Miltons ‚Paradise Lost' und Lord Byrons ‚Childe Harold' (Insel) · *S. 793 Tropfenei aus Meeresgrund* Perle · *S. 795 seltsam* durch den Reim! · *S. 796 Zinken* Holzblasinstrumente · *S. 797 Nestor* der älteste Griechenfürst im Trojanischen Krieg, König von *Pylos*, einer Hafenstadt im westlichen Peloponnes · *Achaia, Elis, Messene, Argolis* Landschaften des Peloponnes, hier verteilt an Stämme der Völkerwanderung · *verjährt* durch Gewohnheitsrecht erworben · *S. 798 Nichtinsel* Peloponnes · *S. 800 Arkadien* Landschaft freien Hirtenlebens; steht für die Goldene Zeit · *S. 801 Ionien* kleinasiatische Küstenlandschaft · *S. 802 Sohn der Maja* Hermes · *strenget* wickelt fest ein · *Trident* Dreizack des Poseidon · *Hephästos* Gott des Feuers und der Schmiedearbeit · *Cypris* Aphrodite · *S. 803 Euphorion* in der Antike Sohn des Achill und der Helena; hier Sohn Fausts und der Helena · *S. 804 künstlich* kunstvoll · *S. 806 Pelops' Land* Peloponnes, benannt nach dem Sohn des Tantalus · *S. 808 Ikarus* Sohn des Erfinders Daidalos, kam bei dem Versuch, mit von Daidalos selbst aus Federn und Wachs verfertigten Flügeln aus dem Labyrinth des Minos zu entfliehen, der Sonne zu nahe, das Wachs schmolz und er stürzte ab · *bekannte Gestalt* Lord Byron, auf den sich auch der folgende Trauergesang bezieht · *Aureole* Heiligenschein · *Lyra* Leier · *S. 809 Exuvien* abgestreifte Haut, Hülle · *Asphodelos-Wiesen* Wiesen der Unterwelt · *S. 810 mäandrisch* sich schlängelnd wie der Fluß Mäander in Kleinasien · *Bacchus* Dionysos, Gott des Weines · *S. 811 Ziegenfüßler* Satyr, Faun aus dem Gefolge des Dionysos

VIERTER AKT · HOCHGEBIRG *S. 811 modeln* formen · *Juno* Gattin des Jupiter, das römische Pendant zu Hera · *S. 812 Aurora* römische Göttin der Morgenröte · *S. 813 Moloch* biblischer Götze der Ammoniter (3. Mos. 18,21); bei Milton und Klopstock ein höllischer Geist · *Schmeißen* Schmeißfliegen · *S. 814 Sardanapal* schwelgerischer König von Ninive; Drama von Lord Byron · *S. 816 auszuziehen* herauszuholen · *S. 818 Peter Squenz* (nach Shakespeares ‚Sommernachtstraum' und Andreas Gryphius' ‚Peter Squenz') Haupt einer erbärmlichen Laienschauspieltruppe · *Praß* Zeug, Gesindel · *Quintessenz* das Wesentliche

AUF DEM VORGEBIRG *S. 819 Phalanx* Schlachtordnung · *Klause* enges Tal · *S. 820 Ringspiel* Ringelstechen · *simuliert* hier: grübelt · *Nekromant von Norcia* Geisterseher, Zauberer aus Norcia in den Sabiner Bergen; die Begnadigung eines Zauberers aus Norcia anläßlich der Kaiserkrönung ist eine wahre Begebenheit (Trunz) · *S. 824 Gewehre* Waffen · *S. 827 Undinen* Wassernixen

DES GEGENKAISERS ZELT *S. 830 Kontribution* Besteuerung des unterworfenen Landes · *S. 831 Erzmarschall, Erzkämmerer, Erztruchseß, Erzschenk* die vier Reichsämter, die die vier weltlichen Kurfürsten innehatten · *Vorwerk* Gutshof · *S. 832 Gift* Gabe · *Signatur ... bereiten* Die unterschriftsreife Ausfertigung von Dokumenten war Aufgabe der Hofkanzlei, die im Mittelalter aus Geistlichen bestand. Nach der Reichsverfassung war der Fürstbischof von Mainz gleichzeitig Reichskanzler · *Anfall* Erbschaft · *Beth* Naturalienabgabe · *Geleit* Wegzoll · *Regal* kaiserliches Kronrecht

FÜNFTER AKT · OFFENE GEGEND *S. 835 Philemon und Baucis* greises Ehepaar, das Zeus und Hermes gastlich aufnahm und sich auf die Frage der Götter hin als einzigen Lohn ausbat, gemeinsam sterben zu dürfen

PALAST ... ZIERGARTEN ... KANAL *S. 839 widerlich* abweisend · *S. 840 vom ersten Bad* von der Taufe · *S. 841 Naboths Weinberg* Im 1. Buch der Könige, Kap. 21, wird eine ähnliche Geschichte wie hier zwischen Faust, Mephisto und den Alten zwischen König Ahab, seiner Frau und dem frommen Naboth erzählt

MITTERNACHT *S. 844 es eignet sich* es erscheint · *ängstlich* beklemmend · *S. 847 Buhnen* quer zum Ufer ins Meer vorgebaute Dämme · *S. 848 Er fällt, es ist vollbracht* Worte des Pakts; letzte Worte Jesu am Kreuz

GRABLEGUNG *S. 848 Lemuren* Geister Verstorbener · *S. 849 Titel* Urkunde · *flügelmännisch* Flügelmann = der Größte, der Anführer · *S. 850 Psyche* hier Schmetterling als antikes Bild der Seele (Barth) · *S. 851 Püstrich* feuerspeiender Dämon · *S. 854 weggepascht* weggeschmuggelt

BERGSCHLUCHTEN, WALD, FELS, EINÖDE *S. 854ff. Anachoreten* Einsiedler, und zwar verschiedener Eigenart: *Pater Ecstaticus* (der der Verzückung Fähige), *Pater Profundus* (der ins Irdische sich Versenkende), *Pater Seraphicus* (der den höheren Engeln Verwandte), *Doctor Marianus* (Marienverehrer) · *S. 857 Puppenstand* geläufig für Puppenstadium · *S. 859 Magna Peccatrix* die große Sünderin · *Mulier Samaritana* die Frau aus Samaria · *überflüssig* im Überfluß · *Maria Ägyptiaca* Die kirchliche Sammlung von Heiligenlegenden *Acta Sanctorum* erzählt von einer ägyptischen Sünderin namens Maria, die von einer geheimnisvollen Kraft am Betreten der Grabeskirche in Jerusalem gehindert wurde und daraufhin Buße tat · *Una Poenitentium* eine von den Büßenden

Alphabetisches Verzeichnis der Gedicht-Überschriften und Gedicht-Anfänge

Bildquellen

Archiv für Kunst und Geschichte, Berlin *867 oben, 868 oben und unten, 871*
Goethe-Museum, Düsseldorf *869 unten (Foto: Klein)*
Nationale Forschungs- und Gedenkstätten der klassischen deutschen Literatur, Weimar *2, 862, 863 oben u. unten, 864 oben u. unten, 865 oben u. unten, 866 oben u. unten, 867 unten, 869 oben, 870 oben u. unten, 872 oben u. unten, 873, 874 unten*
Bildarchiv Preußischer Kulturbesitz, Berlin *874 oben*

Inhalt